中華人民共和國國務院批准的重大文化出版工程

國家文化發展規劃綱要的重點出版工程項目

新聞出版總署列爲『十一五』國家重大工程出版規劃之首

國家出版基金重點支持項目

中華大典

醫藥衛生典

巴蜀書社

《中華大典》工作委員會

主　任：柳斌傑　金人慶

副主任：李　彦　于永湛　鄔書林　張少春　李衛紅
周和平　陳金泉　李靜海

委　員：張小影　伍　傑　朱新均　吴尚之　孫　明　王家新
徐維凡　劉小琴　毛群安　遲　計　曹清堯　彭常新
王志勇　潘教峰　姜文明　王　正　石立英　安平秋
陳祖武　詹福瑞　戴龍基　宋煥起　孫　顒　陳　昕
魏同賢　王建輝　朱建綱　高紀言　莫世行　段志洪
李　維　何學惠　甄樹聲　馮俊科　譚　躍　羅小衛
王兆成

《中華大典》編纂委員會

《中華大典》前言

《中華大典》是運用我國歷代漢文古籍編纂的一部大型工具書。其目的是爲學術界及願意了解中國古代珍貴文化典籍的人士提供準確詳實、便於檢索的漢文古籍分類資料。

中國是世界文明古國之一，幾千年來纂寫和聚集的文化典籍浩如烟海。我國歷代都有編纂類書的優良傳統，具有代表性的《永樂大典》等大多已佚失，現存《古今圖書集成》編就距今也已數百年。爲了適應今天和以後研究和檢索的需要，一九八八年海内外三百多位專家學者和各古籍出版社同仁倡議，在已有類書的基礎上，用現代科學方法編纂一部新的類書《中華大典》。

國務院在關於編纂《中華大典》問題的批覆中指出，編纂《中華大典》『是我國建國以來最大的一項文化出版工程』。本書所收漢文古籍上起先秦，下迄清末，約三萬種，達七億多字，分爲二十四個典，近百個分典，内容廣博，規模宏大，前所未有。

《中華大典》的編纂工作堅持科學態度和百花齊放、百家争鳴方針。儘量採用古精校精刻本，優先採用我國建國後文獻學和考古學的優秀成果。對傳統文化中重要的不同學派的資料，兼收並蓄。運用現代圖書分類的方法，對搜集到的資料，精選、精編，力求便於檢索、準確可信。

這項工作從開始起就受到中共中央、國務院和有關部門的重視和支持。國家主席江澤民、國務院總理李鵬分别爲《中華大典》題詞。江澤民的題詞是：『同心同德，群策群力，認真編好中華大典，

爲建設有中國特色的社會主義服務。』李鵬的題詞是：『繼承和弘揚民族優秀傳統文化。』全國政協主席李瑞環、國務委員李鐵映也作了重要指示，要求抓緊辦理。一九九〇年五月，國務院批准《中華大典》爲國家重點古籍整理項目。一九九二年九月，正式成立了《中華大典》工作委員會和《中華大典》編纂委員會，召開了《中華大典》工作、編纂會議。自此，《中華大典》的編纂工作由試點轉入正式啓動，逐步鋪開。

編纂《中華大典》，學術性很强，工作量很大，工程十分艱巨，全賴廣大專家學者和全國各有關高等院校、科研院所、圖書館、出版單位的鼎力支持與積極參與。大家本着弘揚中華民族優秀文化的心願，發揚奉獻精神，克服各種困難，團結協作，給這部巨大類書的出版提供了根本保證。在此謹表示誠摯的謝意。

對本書的批評與建議，我們將十分歡迎。

《中華大典》編纂委員會

一九九七年四月

二〇〇六年十一月修訂

《中華大典》編纂通則

一、性質：《中華大典》（以下簡稱《大典》）是對漢文古籍（含已翻譯成漢文的少數民族古籍）進行全面的、系統的、科學的分類整理和彙編總結的新型類書，是在繼承歷代類書優良傳統、考慮漢文古籍固有特點的基礎上，借鑑和參照近代編纂百科全書的經驗和方法編纂而成。編纂《大典》的目的，是爲學術界及願意了解中國古代珍貴文化典籍的人士提供各種分門別類的、準確詳細的古代漢文專題資料。

二、規模和體例：《大典》所收古籍的時限，上自先秦，下迄辛亥革命。全書共收各類漢文古籍三萬餘種，七億多字。全書體例，着重汲取清代《古今圖書集成》所採用的經目和緯目相交織這一統一框架結構的模式，同時參照現代科學的學科、目録分類方法，並根據各類學科内容的實際情況，一般將每一大類學科輯爲一典，也有將幾個相關學科共輯爲一典的。對各典名稱，均以現代學科命名，對於所收入的各種古籍資料，亦儘可能納入現代科學分類體系之中。

三、經目：《大典》共分二十四個典，即哲學典、宗教典、政治典、軍事典、經濟典、法律典、教育典、語言文字典、文學典、藝術典、歷史典、歷史地理典、民俗典、數學典、物理化學典、天文典、地學典、生物學典、醫藥衛生典、農業典、林業典、工業典、交通運輸典、文獻目録典。典以下以分典、總部、部、分部分級，分部之下的標目根據各學科特點由各典自行擬定。

四、緯目：共設置九項緯目，用以包容各級經目的具體内容：

①題解：對有關學科的名稱、概念、含義、特點等作總體介紹的資料。

②論説：有關理論部分的資料。

③綜述：有關學科或事物的系統性資料，凡有關學科或事物的性狀、制度、範疇、特點及學科地位、發展情況等具體内容均編入此緯目中。

④傳記：有關人物的傳記資料。

⑤紀事：有關學科或事物的具體活動或事例的資料。

⑥著録：重要人物或文獻的有關著作資料，如專集介紹、序跋、藏書題記，以及有關著作的成書經過、版本源流等。

⑦藝文：有關屬於文學欣賞性的散文或韵文。

⑧雜録：凡未收入以上各緯目，而又有較高參考價值的資料，均入雜録。

⑨圖表：根據有關經目的内容需要，圖與表附於相關專題之下，或集中彙總於某級經目之後。

《大典》以内容分類安排各級緯目，各級緯目的正文，一般以原書爲單位，按時代順序排列。每一條資料前標明出處，包括書名或作者名、篇名或卷次，以利讀者核對原書。

五、書目：每分典後附有該分典所收書之書目，書目包括書名、作者、時（年）代、版本等内容。時代以成書時代爲準，成書時代不詳者，以作者主要活動時代爲準，並遵從歷史習慣。

六、版本：《大典》在選用版本時儘量採用古人的精校精刻本，亦採用部分學術界通用的近、現代整理圈點本及現代學者校點整理本。

七、校點：爲儘可能保存古籍原貌，《大典》衹對底本中明顯的脱、訛、衍、倒進行勘正。古本中的避諱字一般不作改動，衹對缺筆字補足筆畫。後人刻書時避當朝人諱而改動的字，據古本改回。《大典》採用新式標點法。

《中華大典》編纂委員會

一九九六年八月

二〇〇六年十一月修訂

《中華大典·醫藥衛生典》編纂委員會

《中華大典·醫藥衛生典》序

《中華大典·醫藥衛生典》是《中華大典》的重要組成部分，也是先期開展工作的試點之一，它包括《醫學分典》、《藥學分典》和《衛生學分典》，由成都中醫藥大學、中國中醫研究院和雲南中醫學院分工合作編纂。中宣部、文化部、國家教委、新聞出版署等十餘部委聯合組成的《中華大典》試點工作領導小組決定：先行試編《醫學分典》，在取得經驗的基礎上，再編纂其餘兩個分典。

一九八九年一月廿一日，《醫學分典》編委會在成都中醫藥大學成立，標誌着試點工作正式啓動。經過四年的試點、實踐，取得了較爲豐富的經驗，初步確定了《醫藥衛生典》的基本框架，擬訂了《醫藥衛生典》的《工作細則》、《共用書目表》和《醫學分典》的《編纂方案》、《書目表》等有關文件與資料，以及編寫出了《醫學通論總部》、《内科總部》、《兒科總部》的樣稿。從而爲《醫學分典》乃至《醫藥衛生典》編纂工作的順利開展提供了重要的前提條件。

在《醫學分典》試點工作取得經驗的基礎上，一九九三年九月，《醫藥衛生典》編委會在中國中醫研究院正式成立，《醫藥衛生典》的編纂自此全面啓動。

在中國醫學史上，也曾有過大型醫藥學類書的編纂，較早者如晉代的《雜藥方》，最大者如隋代的《四海類聚方》，較近者則當推清代《古今圖書集成》中的《醫部全録》。但清代以前的類書多已亡佚，僅存者也有資料不全、查找不便或錯訛等問題。工具書的編纂歷來是『前修未密，後出轉精』，

《醫藥衛生典》收編先秦至清末期間醫藥衛生及經史百家典籍中重要的醫藥衛生文獻資料，共約五千萬字，通過經緯交織的編纂方法，將我國古代人民對醫藥衛生的認識及防病治病的科學成果，按現代學科與專題予以分類編纂。它不僅展示了中醫藥學術的豐富内涵，也有助於廣大讀者把握中醫藥學術形成、發展的源流與脈絡。出版後，將成爲國内外醫藥衛生工作者和其他相關學科學者了解中醫藥科學知識的一個重要信息源、資料庫。

《醫藥衛生典》具有以下特點：

第一，它不僅是中醫藥界組織編纂的一部大型工具書，而且是國家中央政府『盛世修典』的一個重要組成部分。又被選作試點工程，充分體現出了黨和國家對醫藥衛生事業的關懷與重視。

第二，涵蓋面廣，内容豐富，規模空前。本典不僅博採醫藥衛生界所熟知的醫學、藥學以及衛生學等有關學科内容，還包括一般人不太了解，但已爲學術界和管理層所認識到並被視作優勢之一的『中醫藥文化』等方面的内容。資料來源廣涉經史百家文獻與出土簡帛文獻、域内傳世文獻與流失海外的文獻等多個層面；在時空上跨越先秦以迄清末；在數量上查閲文獻達一萬三千餘種，引用典籍七千種以上。如此的涵蓋面和容量規模，不僅明顯超越歷史上已有的中醫藥類書，也爲當前同類中醫藥出版物所不及。

第三，在編纂方法上具有高度的科學性和完整的系統性。本典按照現代學科分類方法，並結合我國類書編纂的優良傳統，分爲若干分典、總部、部、分部等各級經目，經目之下又設多個緯目。這樣經緯交織，系統完整，將數千萬字的資料科學有序地盡收一書，這在歷史上是罕見的。

第四，具有廣泛的實用性。由於本典搜裒歷代百家資料，又有多種目録、索引、書目表等供查

檢，並在系統全面輯編文獻資料的基礎上做了一番去粗取精的工作，故對於專業人員和其他學科中需了解醫藥衛生資料的學者都具有很高的研究價值和參考價值。

第五，具有類書編纂的高水平和權威性。《中華大典》是經國務院批准，並由中央有關部委負責組織實施的國家重點古籍整理項目。本典由國内一大批著名專家和中青年學者參與編纂，歷時十一年，取得了豐富的經驗。在編纂中注意汲取古代類書輾轉傳鈔、校勘粗疏、出處不詳的教訓，總結歷代類書編纂的利弊得失，充分吸收近二百年來在古籍整理和考古研究方面的新成果，儘可能選用可靠的、經過專家校勘的善本，層層嚴把質量關，從而保證了本典的學術水平與權威性。

中國醫藥學是一個偉大的寶庫，是中國人民長期同疾病作鬥争的經驗總結，它不僅包含着對疾病診療以及衛生保健與康復的豐富經驗，而且形成了獨特的理論體系。在西方醫學未傳入中國之前，它爲中國人民的繁衍昌盛作出了卓越貢獻，就是到了現代醫學高度發達的今天，仍是中國醫藥衛生事業的重要組成部分，並越來越爲全世界所矚目。這是我們力圖編好本典的基點。在長達十一年的編纂工作中，我們抱着嚴謹認真的科學態度，發揚奉獻精神，團結合作，克服了許多困難，付出了辛勤勞動，有的同志病逝在工作崗位上。整個編纂工作，在黨中央、國務院的親切關懷下，在《中華大典》工委會、編委會和國家中醫藥管理局的指導下進行，四川省黨政領導部門和國家圖書館等全國很多單位給予有力的支持，我們在此表示衷心的感謝，並歡迎海内外廣大讀者對我們的不足之處提出寶貴意見和建議。

《中華大典·醫藥衛生典》編纂委員會

一九九九年七月十八日

《中華大典·醫藥衛生典》凡例

一、《醫藥衛生典》是《中華大典》的組成部分之一，收録一九一一年以前中國古籍文獻中有關傳統中醫、中藥及衛生保健方面的資料，其中包括日本、朝鮮等鄰近國家刊刻或撰著的部分中醫藥文獻。

二、根據《中華大典》『經緯交織』的編纂特點和體例規定，典是一級經目，分典是二級經目，總部、部、分部則分別爲三、四、五級經目。《醫藥衛生典》包括《醫學分典》、《藥學分典》和《衛生學分典》三個二級經目，分典下設總部、部、分部等經目，或於分部之下更設專題。各級經目依據學科發展的歷史狀况而設，不求整齊劃一。三個分典下的總部設置情况分别爲：《醫學分典》下設《醫學通論總部》、《基礎理論總部》、《診法總部》、《温病總部》、《針灸總部》、《推拿總部》、《内科總部》、《外科總部》、《骨科總部》、《婦科總部》、《兒科總部》、《眼科總部》、《耳鼻咽喉口齒總部》、《典制總部》、《醫家總部》、《辭章雜記總部》。《藥學分典》下設《藥物圖録總部》、《藥學通論總部》、《人物典制總部》、《藥材總部》、《藥性理論總部》、《藥物總部》。《衛生學分典》下設《通論總部》、《環境衛生總部》、《人體衛生總部》、《氣功總部》、《食養食治總部》、《人物總部》。

三、依據《中華大典》體例要求，本典各級經目下設有題解、論説、綜述、紀事、著録、藝文、圖表、雜録八個緯目。題解：爲對同級經目的名稱、含義、概念、特點等作總體性、概括性介紹的

資料。論説：爲經目中有關理論部分的資料。綜述：爲經目性狀、特點、地位、實際應用發展情況等具體内容方面的資料。紀事：爲有關具體活動和事例的資料。著録：爲相關重要著作、文獻的評價、成書經過、版本源流諸方面的資料。藝文：爲以文學欣賞性爲主的相關資料，主要收詩賦等韻文，也收少量散文。圖表：爲文獻中表示各種情況、注明各種數字的圖和表的彙集。雜録：未收入以上緯目，而又具有一定參考價值，或其科學性有待進一步研究的資料。

各級經目下之緯目的設置，視所據有資料的情況，有則設之，無則不設。各緯目之下按時代先後排列資料，時代的確定以成書年代爲準，難以考實者就近排列，或遵從歷史習慣。

四、所引資料先標明出處，出處標署以書名和篇名爲主，如無篇名或標署篇名不便者則標署卷次。原書卷帙浩繁者，除標署書名和篇名外，有的復標卷次。同名異書者，加標作者名，以便檢索。

五、所引資料若在一段之中有略去不用者，則以【略】代之，所略内容如果位於段首或段尾，則不加標識，以免繁瑣。

六、本書用字儘量保持版本原樣，對異體字未作總體統一，原則上在同段文章中進行規範。通假字、古今字一般不改，祇在同一段中加以統一，規範原則一般是就多不就少。

七、本書注文的編排遵從歷史習慣採用兩種方法：一是隨文夾注，主要用於針對字、詞的短注；《素問》、《太素》等醫經之王冰注、林億等新校正、楊上善注等作隨文夾注處理。二是低正文一格的注文排法，主要用於對正文的發揮闡釋等文字。

八、作者自注不出注家名，注家不清楚者，不出注家名。《太素》楊上善注遵從歷史習慣不出注家名。其餘注家可考證者一律出注家名。

九、本書所採用的圓括號（）用於處理訛字和衍字。六角括號〔〕的用法有二：一爲標署正字和增補的脱字，二是在注文前標署注家名。（書中收錄有少量簡帛文獻，其隸定字用六角括號，通假的本字、古今字的今字用圓括號，爲特例。）

一〇、在標點使用上，遵從《中華大典》通則的規定，多用逗號和句號，儘量少用或不用其他符號。

一一、遵從《中華大典》通則的規定，對古籍的卷次，用一、二、三、四、五、六、七、八、九、〇標示，不用十、百、千、萬。

一二、各總部卷末，附載資料引用書目。書目包括書名、作者（編者）、時（年）代、版本等内容。

《中華大典·醫藥衛生典》編纂委員會

一九九八年十二月八日

二〇一五年七月修訂

中華大典·醫藥衛生典

衛生學分典

《中華大典·醫藥衛生典·衛生學分典》編委會

《中華大典·醫藥衛生典·衛生學分典》編纂説明

《中華大典·醫藥衛生典·衛生學分典》（以下簡稱《衛生學分典》）是組成《中華大典·醫藥衛生典》的三個分典之一。本分典在系統收集相關資料的基礎上，力圖全面客觀地反映中國古代衛生學的豐富内容。

《衛生學分典》下分六個總部，即《通論總部》、《人物總部》、《環境衛生總部》、《人體衛生總部》、《食養食治總部》、《氣功總部》。《通論總部》主要反映古代醫家關於衛生保健的一般性論述。《人物總部》主要反映古代在衛生學方面有影響的人物。《環境衛生總部》主要反映古代關於保護及建立有益健康的居住與生活環境，以及避免不良環境的資料。《人體衛生總部》主要反映古代與個人衛生保健及各種個人生活習慣對健康良莠影響的相關資料。《食養食治總部》主要反映古代以食藥兩用的材料進行保健養生與用藥膳进行疾病調治的相關資料。《氣功總部》主要反映古代以行氣調息方法進行養生保健的相關資料。

根據《中華大典》全書的性質，《衛生學分典》旨在爲學術界及願意瞭解中國古代衛生學典籍的人士提供準確翔實、便於檢索的漢文衛生學古籍的分類資料。爲了達到這一目的，本分典編纂人員從一九一一年以前記載衛生學狀況的各類文獻中廣泛收集資料。在近二十年中，爲了最大限度收集齊全古代衛生学資料，本分典《食養食治總部》主編及部分成員參與了《中醫養生大

成》（古代養生學相關書籍的大型校點叢書）的編纂，又參與了從海外復製回歸中國失傳古醫藥典籍的兩個大型國家級課題，爲收集國內外相關資料打下了良好的基礎。本分典主要資料來源有以下幾個方面：

養生學專著：在全面調查上現存歷代養生相關著作，約有近五百種，大致可以分爲三類，其中『養生通論著作』三百種，『導引氣功』一百五十餘種，『煉丹』約四十種。這些著作中，的確有一部分內容屬於糟粕，並且也有一部分與道教雜糅在一起的內容。爲了保證入選的內容確屬中醫衛生學範圍，本分典不收錄以下類內容：一、以長生不老爲主旨的煉丹（含內丹、外丹）內容；二、渲染房中技巧、追求淫樂、采陰補陽的房中內容；三、其他以養生爲名、事涉邪術的各種內容；四、屬於全盤抄襲的養生類書籍的內容；五、以技擊爲主的武術內容。

本草類專著：中國古代醫藥學素有藥食同源之說，在現存近三百種古代本草專著中，大多設有『穀類』、『菜類』、『果類』、『鱗部』、『禽部』、『獸部』等，均屬於食物範疇。在充分調研的基礎上，爲了不與《中華大典·醫藥衛生典·藥學分典》有過多的重複，本書所選古籍以食物本草爲主，排除一般本草類著作。

醫學書籍：在普查四千多種古代非衛生類的古醫籍基礎上（含海外復製回歸的中國散佚相關醫書百餘種），從中摘錄零散的衛生學篇節，或具體的保健養生資料，匯入本分典相關總部之中。

其他類文獻：包括從相關學科（如農學、博物學等）、相關書籍（如佛經道藏、古代筆記小說類書籍、文史書籍、飲食類書籍等）中搜羅的古代衛生學資料。

爲盡量避免重複，凡完全照引前人資料者，概不收錄。故同一性質的資料，若未見有較晚書籍之

名，大多因文字重複而被略去，而非遺漏。

《衛生學分典》的編纂在已出版的類書中尚屬首次，工程浩大，經驗不足，肯定會存在某些缺點錯誤，歡迎讀者批評指正。

《中華大典·醫藥衛生典·衛生學分典》編委會

二〇一四年四月

氣功總部

主　編：呂光榮

副主編：馬逢升　劉楚玉　劉　虹

編　委：（按姓氏筆畫爲序）

左媛媛　李志宏　肖　兵　呂　中　呂　允

吳昌萍　吳家駿　郝敬紅　胥筱雲　馬　珊

馬素紅　馬開陽　袁素英　殷　蕾　黄茂槐

盛冀萍　許予民　彭　泉　普雲峰　楊　梅

趙　榮　熊光軼　羅　燕　羅豔秋

參編人員：胡亞男　郭　晟　馬開翼　趙雙弘　徐　飛

宋　勇

《氣功總部》提要

本總部編纂體例，嚴格遵照《中華大典》及《衛生學分典》的有關規定執行，條分縷析，一以貫之； 理法分明，實际實用。

《氣功總部》爲《中華大典·醫藥衛生典·衛生學分典》總部之一，是氣功學古籍文獻整理研究的鴻篇巨著，涵蓋極廣，爲醫家治未病，道、儒、釋、雜各家修身、治生、養生、保生、頤生文獻之精粹。長期以來，學界疏于對氣功的系統研究，未建立學科理論、技術、應用知識體系。 有鑒於此，本總部全面普查古代氣功文獻，以現代學科爲範式，進行專業系統的整理。

本總部資料收集廣泛，舉凡古籍中守神、煉神、止觀、內觀、返聽、養性、數息，還有行氣、運氣、吐納、胎息及導引，即通過調身、調氣、調神，使身體實現穩態，『陰平陽秘，精神乃治』，祛邪治病，強身健體，延年益壽的技術方法（功法），都在收錄之中。 同時取其精華，去其沉澱雜蕪，以保留氣功文獻之精華。

本總部設氣功基礎部、功理部、功法部等三部。 氣功基礎部和功理部，主要收集： 氣功數學、理學（哲學）基礎，即整體論、陰陽、五行、氣化學說； 人體科學中形態、精神、臟腑、經絡、精氣神等內容； 氣功學名詞術語，理論論述，等等。 功法部囊括醫家、道家、儒家、釋家諸流派功法。 其中動功又稱導引，指氣功狀態下形體運動的功法，如太極拳、八段錦、五禽戲等。 靜功，指氣功狀態下形體不動的功法，又稱爲性功、命功、性命雙修功等，包括立功、臥功、坐功各法。 功法調身有行立坐臥、動作姿勢及其神韻，調氣有運氣、行氣、吐納等，調神守一、守中、守虛等爲其原則方法。

氣功學是百年來備受爭議的學科之一，究其原因：一是氣功基礎理論認識不夠；二是氣功技術、方法簡略，尤其理論與技術應用的辯證關係；三是應用功法論說中有不切實際之論。本總部在編纂中，著重加以突出：一是將氣功界定在醫學健身、治療的範圍內；二是氣功文獻的採集彙聚無論道儒釋醫，衹要是相關的疾病診斷、辨病施功、調神調氣的習練，盡皆採錄；三是注重氣功臨床應用、健身治療技術文獻的採錄。

本總部有關資料選擇、標點、使用、校勘原則等規定，見《衛生學分典》凡例。

目録

氣功總部

氣功基礎部

精氣神分部

論說

《**素問·宣明五氣**》 五氣所病：心爲噫，肺爲欬，肝爲語，脾爲吞，腎爲欠、爲嚏，胃爲氣逆、爲噦、为恐，大腸、小腸爲泄，下焦溢爲水，膀胱不利爲癃，不約爲遺溺，膽爲怒。

五精所并：是爲五病。精氣并於心則喜，并於肺則悲，并於肝則憂，并於脾則畏，并於腎則恐，是謂五并，虛而相并者也。

五藏所藏：心藏神，肺藏魄，肝藏魂，脾藏意，腎藏志，是爲五藏所藏。

《**素問·血氣形志**》 夫人之常數，太陽常多血少氣，少陽常少血多氣，陽明常多氣多血，少陰常少血多氣，厥陰常多血少氣，太陰常多氣少血，此天之常數。

《**素問·八正神明論**》 帝曰：妙乎哉論也！合人形於陰陽四時，虛實之應，冥冥之期，其非天子孰能通之！然夫子數言形與神，何謂形？何謂神？願卒聞之！岐伯曰：請言形，形乎形，目冥冥，問其所病，索之於經，慧然在前，按之不得，不知其情，故曰形。帝曰：何謂神？岐伯曰：請言神，神乎神，耳不聞，目明心開而志先，慧然獨悟，口弗能言，俱視獨見，適若昏，昭然獨明，若風吹雲，故曰神。

《**靈樞·本神**》 黄帝問於岐伯曰：凡刺之法，必先本于神。血、脈、營、氣、精、神，此五藏之所藏也。至其淫泆離藏則精失，魂魄飛揚，志意恍亂，知慮去身者，何因而然乎？天之罪與？人之過乎？何謂德、氣、生、精、神、魂、魄、心、意、志、思、智、慮？請問其故。岐伯答曰：天之在我者德也，地之在我者氣也，德流氣薄而生者也。故生之來謂之精，兩精相搏謂之神，隨神往來者謂之魂，並精而出入者謂之魄，所以任物者謂之心，心有所憶謂之意，意之所存謂之志，因志而存變謂之思，因思而遠慕謂之慮，因慮而處物謂之智，故智者之養生也，必順四時而適寒暑，和喜怒而安居處，節陰陽而調剛柔。如是，則僻邪不至，長生久視。

《**靈樞·決氣**》 黄帝曰：余聞人有精、氣、津、液、血、脈，余意以爲一氣耳，今乃辨爲六名，余不知其所以然。岐伯曰：兩神相搏，合而成形，常先身生，是謂精。何謂氣？岐伯曰：上焦開發，宣五穀味，熏膚，充身，澤毛，若霧露之溉，是謂氣。何謂津？岐伯曰：腠理發泄，汗出溱溱，是謂津。何謂液？岐伯曰：穀入氣滿，淖澤注於骨，骨屬屈伸，洩澤，補益腦髓，皮膚潤澤，是謂液。何謂血？岐伯曰：中焦受氣取汁，變化而赤，是謂血。何謂脈？岐伯曰：壅遏營氣，令無所避，是謂脈。黄帝曰：六氣者，有餘不足，氣之多少，腦髓之虛實，血脈之清濁，何以知之？岐伯曰：精脱者，耳聾；氣脱者，目不明；津脱者，腠理開，汗大泄；液脱者，骨屬屈伸不利，色夭，腦髓消，脛痠，耳數鳴；血脱者，色白，夭然不澤；脈脱者，其脈空虛；此其候也。黄帝曰：六氣者，貴賤何如？岐伯曰：六氣者，各有部主也。其貴賤善惡，可爲常主，然五穀與胃爲大海也。

《**靈樞·陰陽清濁**》 黄帝曰：余聞十二經脈，以應十二經水者，其五色各異，清濁不同，人之血氣若一，應之奈何？岐伯曰：人之血氣，苟能若一，則天下爲一矣，惡有亂者乎？黄帝曰：余問一人，非問天下之衆。岐伯曰：夫一人者，亦有亂氣，天下之衆，亦有亂人，其合爲一耳。黄帝曰：願聞人氣之清濁。岐伯曰：受穀者濁，受氣者清。清者注陰，濁者注陽。濁而清者，上出於咽，清而濁者，則下行。清濁相干，命曰亂氣。黄帝曰：夫陰清而陽濁，濁者有清，清者有濁，清濁別之奈何？岐伯曰：氣之大別：清者上注於肺，濁者下走於胃。胃之清氣，上出於口。肺之濁氣，下注於經，內積於海。黄帝曰：諸陽皆濁，何陽濁甚乎？岐伯曰：手太陽獨受陽之濁，手太陰獨受陰之清。其清者上走空竅，其濁者下行諸經。諸陰皆清，足太陰獨受其濁。

《靈樞·衛氣》　黄帝曰：五藏者：所以藏精神魂魄者也；六府者，所以受水穀而行化物者也。其氣內循於五藏，而外絡肢節。其浮氣之不循經者，爲衛氣；其精氣之行於經者，爲營氣。陰陽相隨，外內相貫，如環之無端，亭亭淳淳乎，孰能窮之。然其分別陰陽，皆有標本虛實所離之處。能別陰陽十二經者，知病之所生；候虛實之所在者，能得病之高下；知六府之氣街者，能知解結契紹於门户；能知虛实之坚軟者，知補寫之所在；能知六經標本者，可以無惑於天下。

《靈樞·衛氣行》　黄帝問於岐伯曰：願聞衛氣之行，出入之合，何如？岐伯曰：歲有十二月，日有十二辰，子午爲經，卯酉爲緯。天周二十八宿，而一面七星，四七二十八星。房昴爲緯，虛張爲經。是故房至畢爲陽，昴至心爲陰，陽主晝，陰主夜。故衛氣之行，一日一夜五十周於身，晝日行於陽二十五周，夜行於陰二十五周，周於五藏。是故平旦陰盡，陽氣出於目，目張則氣上行於頭，循項下足太陽，循背下至小指之端。其散者，別於目鋭眥，下手太陽，下至手小指之間外側。其散者，別於目鋭眥，下足少陽，注小指次指之間。以上循手少陽之分，側下至小指之間。別者以上至耳前，合於頷脈，注足陽明，以下行至跗上，入五指之間。其散者，從耳下下手陽明，入大指之間，入掌中。其至於足也，入足心，出內踝下，行陰分，復合於目，故爲一周。是故日行一舍，人氣行一周與十分身之八；日行二舍，人氣行於身三周與十分身之六；日行三舍，人氣行於身五周與十分身之四；日行四舍，人氣行於身七周與十分身之二；日行五舍，人氣行於身九周；日行六舍，人氣行於身十周与十分身之八；日行七舍，人氣行於身十二周在身與十分身之六；日行十四舍，人氣二十五周於身有奇分與十分身之二，陽盡於陰，陰受氣矣。其始入於陰，常從足少陰注於腎，腎注於心，心注於肺，肺注於肝，肝注於脾，脾復注於腎爲周。是故夜行一舍，人氣行於陰藏一周與十分藏之八，亦如陽行之二十五周，而復合於目。陰陽一日一夜，合有奇分十分身之二，與十分藏之二，是故人之所以臥起之時有早晏者，奇分不盡故也。

《褚氏遺書·受形》　受形　男女之合，二情交暢，陰血先至，陽精後衝，血開裹精，精入爲骨而男形成矣。陽精先入，陰血後參，精開裹血，血入居本而女形成矣。陽氣聚面，故男子面重，溺死者必伏。陰氣聚背，故女子背重，溺死者必仰。走獸溺死者，伏仰皆然。陰陽均至，非男非女之身，精血散分駢胎、品胎之兆。父少母老，産女必羸；母壯父衰，生男必弱。古之良工，首察乎此，補羸女先養血壯脾，補弱男則壯脾節色。羸女宜及時而嫁，弱男宜待壯而婚，此疾外所務之本，不可不察也。

《褚氏遺書·本氣》　天地之氣，周於一年。人身之氣，周於一日。人身陽氣以子中自左足而上，循左股、左手指、左肩、左腦，横過右腦、右肩、右臂、手指、脇、足，則又子中矣。陰氣以午中自右手心通右臂、右肩，横過左肩、左臂，左脇、左足、外腎、右足、右脇，則又午中矣。陽氣所歷，充滿周流。阳氣上不過腦，下遺指趾，二氣之行，晝夜不息，中外必偏。一爲痰積壅塞，則痰疾生焉。疾證醫候，統紀浩繁，詳其本源，痰積虛耳，或痰聚上，或積畱中，遏氣之流，艱於流轉，則上氣逆上，下氣鬱下，臟腑失常，形骸受害。暨乎氣本虛弱，運轉艱遲，或有不周，血亦偏滯，風濕寒暑，乘間襲之，所生痰疾，與痰積同。凡人之生，熱而汗，産而易，二便順利則氣之通也。陽虛不能運陰氣，無陰氣以清其陽，則陽獨治而爲熱。陰虛不能運陽氣，無陽氣以和其陰，則陰獨治而爲厥。脾以養氣，肺以通氣，腎以泄氣，心以役氣。凡臟有五，肝獨不與，在時爲春，在常爲仁，不養不通，不泄不役，而氣常生。心虛則氣入而爲蕩，肺虛則氣入而爲喘，肝虛則氣入而目昏，腎虛則氣入而腰疼。四虛氣入，脾獨不與，受食不化，氣將日微，安能有餘，以入其虛。嗚呼！兹謂氣之名理與。

《褚氏遺書·精血》　飲食五味，養髓骨、肉血、肌膚、毛髮。男子爲陽，陽中必有陰，陰之中數八，故一八而陽精升，二八而陽精溢。女子爲陰，阳中必有陽，陽之中數七，故一七而陰血升，二七而陰血溢。陽精陰血，皆飲食五穀之實秀也，方其升也，智慮開明，齒牙更始。髮黄者黑，筋弱者彊。暨其溢也，凡充身肢體，手足耳目之餘，雖針芥之瀝，無有不下。凡子肖形父母者，以其精血嘗於父母之身，無所不歷也。是以父一肢廢，則子一肢不肖其父。母一目虧，則子一目不肖其母。然雌鳥牝獸，無天癸而成胎者何也？鳥獸精血，往來尾間也。精未通而御女以通其精，則五體有不滿之處，異日有難狀之疾。陰已痿而思色以降其精，則精不出，內敗小便，道澀而爲淋。精已耗而復竭之，則大小便道牽疼，愈疼則愈欲大小便，愈便則愈疼。女人天癸既至，踰十年無男子合則不調，未踰十年，思男子合亦不調。不調則舊血不出，新血誤行，或漬而入骨，或變而之腫，或雖合而難子。合男子多則瀝枯虛

人，産乳衆則血枯殺人，觀其精血，思過半矣。

《黄庭内景五臟六腑補瀉圖》 夫天主陽，食人以五氣；地主陰，食人以五味。氣味相感，結爲五臟。五臟之氣散爲四肢、十六部、三百六十開節，引爲筋、脈、津、液、血髓，藴成六腑、三焦、十二經，通爲九竅。故五臟者，爲人形之主，一臟損則病生，五臟損則神滅。故五臟者，神明、魂魄、志精之所居也。每臟各有所主，是以心主神，肺主魄，肝主魂，脾主意，腎主志。發於外則上應五星，下應五嶽，皆模範天地，稟象日月，觸類而取，不可勝言。若能存神修養，克己勵志，其道成矣。然後五臟堅强，則内受腥腐，諸毒不能侵；外遭疾病，諸氣不能損。聰明純粹，卻老延年。志高神仙，形無困疲。日月精光，來附我身。四時六氣，來合我體。入變化之道，通神明之理。把握陰陽，呼吸精神。造物者，翻爲我所制。至此之時，不假金丹玉液，琅玕大還，自然神化衝虚，氣合太和而昇雲漢，五臟之氣，結五雲而入天中。左召陽神六甲，右呼陰神六丁，千變萬化，馭飛輪而適意。是以不悟者，勞苦外求，實非知生之道。是故太上曰：精是吾神，氣是吾道，藏精養氣，保守堅貞，陰陽交會，以立其形是也。愔夙性不敏，幼慕玄門，鍊志無爲，棲心澹泊。覽《黄庭》之妙理，窮碧簡之遺文。焦心研精，屢更歲月，伏見舊圖奥密，津路幽深，詞理既玄，賾之者鮮，指以色象，或略記神名，諸氏纂修，異端斯起，遂使後學之輩罕得其門，差之毫釐，謬逾千里。今敢搜羅管見，罄竭謏聞，按據諸經，别爲圖式。先明臟腑，次説修行，並引病源，吐納除疾，帝羅藥理，導引屈伸，察色尋證，月禁食忌庶使後來學者，披圖而六情可見，開經而萬品昭然。時大中二年戊辰歲述。

《太上妙始經・元氣》 太上老君曰：道出於無形、無名、無聲、無色、無味，淡然以虚無爲宗，自然爲生。以清微玄元之氣爲本，有無極之功，無表無裏，亦無上下，無有前後，静爲一體，先天地而生，其要妙廣遠彌漫，不可得名，故字之曰道。合則爲元氣，散則天地。天地三千六百億萬歲一合會，數窮於三、五、七、九，而天地壽盡。壽盡之時，陽精化爲火，陰精化爲水，先以火燒，其上至六天，下至九地，然後以水平之，混而歸一。復三千六百億萬歲一開方，復分别元氣，清者爲天，濁者爲地，天玄而清，地本而黄。太陰之精爲日，太陽之精爲月，復分日月之精，爲星辰二十八宿。天有四時五行，六甲十二時。天地之氣交合，然後人民、禽獸、草木蝖行蠕動，森然皆生，乃有五嶽，四瀆、三十六山，興雲布雨，置立三皇五帝，亂胄百姓，更相産孺。如此元氣一合一開，無有窮極，從始至終，益已數千百萬歲。

元氣以道爲先，故天下莫大於道。夫天地六合，其外如雞子，又似車輪元氣繞之，如日之暈，元精之所散也。六合中央，廣方各一萬八千里，此山盡黄金、瑠璃、水精，爲之上宫室。草木、禽獸皆有七寶之形。其上即天帝之所主，主録天下三萬六千神，萬物死皆屬之。崐崘山上復有九天，九天都名耳，有數千萬重天。但大域窮於九，九是數之極也。

《混元八景眞經・卷之一》 天地以前，混沌之初，萬彙未萌，空而無洞，只是虚無。虚無之中有景氣，景氣極而生杳冥，杳冥極方有潤濕，潤濕之極始結成霧露，霧露之極方變水，水流霧下，其水滿流。水者，陰氣。陰極始生陽氣，陽氣漸上，炎熱方結爲火。火從水生，水火相交，即漸相覆。二物交泰，各生積氣，積氣所生，陰陽相鍊，其數滿足，始結爲混沌。混沌既就，方爲一氣，一氣所萌，方爲天地之母。混沌者，從虚氣而生也，方立陰陽，産五行，立四象，混元氣極，混沌始分，便生元始，元始既生，便分積清之氣爲天，積濁之氣爲地。天地既立，乃輕清上爲天，重濁下爲地。其輕清雖然屬陽，卻内生陰氣，陰氣下降爲地。其重濁雖然屬陰，卻内生陽氣，陽氣上騰爲天。始天降地騰，水火相交，陰陽相戰，交氣極足，方結就太丹，太陽是也。其陽被天地運轉，至有金氣，金氣屬陰，運轉氣足，始生太陰，月是也。自後日月交泰，陰陽相鍊，其數滿足，漸生星辰。自上古至今，不離天降地騰，陰陽相交，日月相合，眞氣生産萬物。萬物之中，惟人最靈最貴，所以一生二，二生三，三生萬物，其人并萬物，須稟陰陽五行運轉數足，方可成就。學道者，若不知下手於根源來處，怎得道成？人若依元本修行，一依天地陰陽五行，水火交泰，運轉修養，内外相應，眞氣滿足，何愁不至神至聖至神仙也。

《混元八景眞經・卷之二》 先須修身，然後養命，必致神仙也。如人身不修，元氣不足，便得眞理而行，亦不能達也。謂内氣不足，與外氣不貫串相合，故其爲道，難得達也。【略】

神者，土氣也。氣者，金水之氣也。精者，火木之氣也。此乃謂之三奇：神、氣、精。然隨母之榮衛經絡周身，引行至中宫，鬲元宫於母雙乳下，十日内生膜一重，其膜上生金液白膏，三十日内其膏滿溢，奔湊而出，流入元宫，灌溉所聚者，神、氣、精也。四十日内又生膜一重，至六十日第二重，膏滿

足奔湊而出，流入元宮。第三重膜，閉留爲積，至七十日膜生三重，九日膏滿，第三重膏滿奔湊而出，流入元宮。第四重膜閉留爲積，自後每三十日生一重，閉一重，三百日内生膜九重，閉盡九重，然後三百日奪天地造化，血肉、筋骨、皮毛並就，故膜不生，身既得成，而降生於世，然後取積乳九重，用爲食，一年食乳三重，三年食乳九重盡，方得神全氣備也。既得體備氣全，方取百味五辛之物而用爲食，自口而入，過十二重樓，肺乃受之，傳於腎，腎傳於肝，肝傳於心，心傳於脾。脾者，土也，能生萬物，能殺萬物。殺者，殺五辛百味之滓，化歸大小便是也。生者，生百味五辛之津，歸於元宫，卻是父之一點眞精所住之處，故曰元宫，在臍下三寸，方圓四寸，名曰大海之中有神龜。左鼻能收，右鼻能出，中取脾藏所生百味五辛之津，轉行週天數足，卻於右鼻中出，自坎宮上朝於舌下二竅中出，左爲玉液，右號華池，起於舌聚，嚥至濃候滿口，復咽至十二重樓，肺復受之，蓋經元宮神龜，行週天數足，更不行於諸藏，惟傳於心。心有三毛七孔，別有一穴，號曰聚涎穴，其穴有三竅，其涎自中竅所傳，灌溉一身，洗滌五藏。左竅行榮，右竅行衛，一名榮衛，二名龍虎，三名人中血脈。此血脈度人皮毛，下行周天數足，方化爲血。血中血化爲肉，肉中肉化爲筋，筋中筋化爲骨，骨中骨化爲髓，髓運即成精。前自十二重樓，後自太和玉枕，已上九宮中出者，皆精也。自已下三百六十骨節間皆是髓，只如陰陽運動，必先動其神，然後動其氣，後方動其精，精降則陰陽相合，是生身之根本也。人能達此機，依法而修，的是修眞之要也。【略】

人身初受父母一點眞氣，三十日氣備，又言三百日造化，方得體象俱全而降生於世，承金液白膏之力，方活於身。今已細思，三十日氣備，依根本造化之功，如何作用？三百日造化之法，如何施攝？次後三年，金液白膏，又從何而得？答曰：然昔天地未分，受大道眞氣而人於中元，先分陰陽，次立三才，乃分四象，次具五行，配六律，生七氣，變八卦，成九宮，森羅萬象，用日月分晝夜，百刻十二時中，用刻漏爲準，已上事三十日氣備，三百日體象俱全，此自道也。從秒至分，從分至刻，從刻定時，從時立日，從日定候，從候定節，從節定氣，氣上立年，已上大定，用刻漏爲準也。人初受父母眞氣於交感穴，一同天地造化，三十日氣備，暗奪天地三百日造化，方得體象俱全，白膏金液，是三百日積聚之物。若達此機，依法而修行，可作神仙也。

《混元八景真經·卷之三》 陽消陰補，物極元補，令人細尋根本，依本來處修之，又見世間萬物有情無情，以及於人，自無形而生有形，無質而至有質，形質既具，暗取天地五行之氣，用質於身，故得體備氣全，卻被陰陽五行返迷其氣，不合於天道而行動，漸令衰朽，以至凋殘，何謂也？答曰：知世中萬物，不可謂長而無長可接，不可謂短而無短可截，故知長短高下，各有所宜，既至於宜，謂之定，定而久不修，謂之極。極而久不修，必致於毀；既至於毀時，但修於根源，依元本而修，必得合於天地，況世中萬物，雖有形質，不具於靈通，故不能致於斯也。萬物之中，惟人最貴最靈，至於毀敗，任自亡形，尚不能尋究根源，用修於身，何況異類乎？

《混元八景真經·卷之二》 其元一之氣，一者是父之一點眞精，傳神受氣，乘母之一點眞氣，二氣相乘，乃成於形。只如二氣相乘，即是凝珠一顆。精從何處造化，氣從甚處變通，奪天地造化而成人？答曰：然父者木也，精者火也，二象元是一氣，木即爲主，火即爲用。母者金也，氣者水也，金即爲主，水即爲用。父與母，精與氣，此四者元是四象，遇土即相生，不遇土則相尅。母之元宮者，眞土也，四象至此宮，自然相順共聚爲實也，各具本性而生性意智慧。金者，性也。木者，意也。水者，智也。火者，慧也。金將本性，外立西方，内生肺藏。木將本意，外立東方，内生肝藏。水將本智，外立北方，内生腎藏。火將本慧，外立南方，内生心藏。土無位無正形，隨旺四季，象立中宮，内生脾藏。腎主骨，肝主筋，脾主肉，心主血，肺主皮毛。肝主目，脾主唇，肺主鼻，腎主耳，心主舌。膽爲肝府，小腸爲心府，大腸爲肺府，膀胱爲腎府，胃口爲脾府，此五位各具本位氣用立於本，方具前神。故得身體全備，是五行生萬物之理也。人之血肉、骨髓、皮毛、筋齒，皆自性意智慧而生，何謂也？此蓋爲從無入有，以立陰陽，陰陽分四象，四象入中央，具五行，自然奪天地造化，萬物從而生焉。人能達此，反取陰陽眞氣，補攝毀敗之軀，受五行造化氣足，自然達於聖位。但是人身元從無入有，無功而成功，非是容易而得之，今卻依根本而修，自凡入聖，蓋從有作，實非難也。

《玉清金笥青华秘文金寶内煉丹訣·神爲主論》 心爲君者，喻乎人君之在位，一人有慶，兆民賴之，秦皇、漢武爲之，則四海瘡痍；堯舜禹湯爲之，則天下安逸，民歌太平者，何也？聖人以無爲而治天下，則天地安肅；庸人以有爲而治天下，則天下撓。蓋心者，君之位也。以無爲臨之，則其所以動者，元神之性耳；以有爲臨之，則其所以動者，欲念之性耳。有爲者，

日用之心；　無爲者，金丹之用心也。以有爲及科無爲，然後以無爲而利正事，金丹之入門也。夫神者，有元神焉，有慾神焉。元神者，乃先天以來一點靈光也；　慾神者，氣禀之性也。元神乃先天之性也。形而後有氣質之性，善反之，則天地之性存焉。自爲氣質之性所蔽之後，如雲掩月。氣質之性雖定，先天之性則無有。然元性微而質性彰，如君臣之不明，而小人用事以蠹國也。且父母構形，而氣質具於我矣。將生之際，而元性始入。父母以情而育我體，故氣質之性，每寓物而生情焉。今則徐徐劃除，主於氣質盡而本元始見，本元見而後可以用事，無他。百姓日用，乃氣質之性勝本元之性。至本元之性，勝氣質之性。以氣質之性而用之，則氣亦後天之氣也；　以本元性而用之，則氣乃先天之气也。氣質之性本微，自生以來，日長日盛，則日用常行，無非氣質，一旦反之矣，自今已往，先天之氣本微，吾勿忘勿助，長則日長日盛，至乎纯熟，日用常行，無非本體矣。此得先天制後天而爲用。餘見神室圖論。

《玉清金笥青华秘文金寶内煉丹訣·氣爲用說》　先天氣，後天氣，得之者，如癡如醉，忘寢失寐。吁！　元神見則元氣生。蓋自太極既分，禀得這一點靈光，乃元性也。元性是何物爲之？　亦氣靈凝而靈耳。故元性復而元氣生，相感之理也。元氣之生，周流乎身，而獨於腎府採而用之者，何也？　夫腎府路逕，達氣穴黃庭者，一也；　贤为精府，精至直引精華而用之，二也；周流於他處則難覓，至精府而可識，三也；　心氣透腎，意下則直至，採之者易爲力，四也。此四者，故採眞陽於腎府。

《玉清金笥青华秘文金寶内煉丹訣·精從氣說》　神有元神，氣有元氣，精得無元精乎？　蓋精依氣生，精實腎宫而氣融之，故隨氣而昇陽爲鉛者，此也。精實而元氣不生，元陽不見，何益於我哉？　元神見而元氣生，元氣生則元精産。

《玉清金笥青华秘文金寶内煉丹訣·精神論》　神者，元性也。余前所說，神爲主論，蓋亦盡之矣。今念夫脩丹者，凝神之法。凝神之法不在乎前，不在乎速，故又爲之論，而後畫神室并論於後。凝者，以神於精氣之內，精氣本相依，而神亦戀之。今獨重於神，何也？　神者，精氣之主，丹士交會、採取，至於行火，無非以神而用氣精。苟先以神凝於氣之中，則氣未可安，神亦未肯戀氣，而反害藥物矣。且神，元性也。性方尋見尚未定，搖搖颺颺，進退存亡，而子使凝之，性豈能自凝？　其所以凝之者，亦質之性而凝之也。初云質而尋本性是可，以質性而逐本性，可乎哉？　今爲學者，蓋爲凝神所誤。何耶？　蓋神仙有下手先凝神之說，故妄引以盲衆。豈知其所謂凝神者，蓋息念而返神於心。於心之道，神歸於心則性之全體見，全體見而用之，無非神用，念念不離金丹，故丹成而神自歸之。何凝之有？　故曰凝神者，神融於精、氣也。精、氣、神合而爲一，而陽神産矣。則此際此身，乃始爲無用之物也。誰曰不然？　吾聞於度師，度師聞於遠師，遠師聞於天。

《道樞·七神篇》　《内經》之言，汗浸難窮。五藏七神，妙在其中。岐伯曰：　五藏有七神，而各有所藏。所藏者，何也？　人之神氣也。肝藏魂，肺藏魄，心藏神，脾藏意與智，腎藏精與志。夫藏各有一，腎獨有二，何也？　非皆腎也，其左者爲腎，其右者爲命門。命門者，諸神精之所舍，元氣之所繫也。故男以藏精，女以繫胞。故知腎有一也。肺者，藏之蓋也。心者，五藏之專精也，目者是其竅也。心主脈，脈主皮，肝主筋，脾主肉，腎主骨，是謂五藏之所主也。久視傷血矣，久臥則傷氣矣，久坐則傷肉矣，久立則傷骨矣，久行则傷筋矣，是謂五勞之所傷也。百病皆生於氣，怒則氣上矣，喜則氣緩矣，悲則氣消矣，恐則气下矣，寒則氣收矣，熱則氣泄矣，惊則氣亂矣，勞則氣耗矣，思則氣結矣。九氣不作，何病之生乎？

《養生詠玄集·榮衛氣》　二氣相成道始生，

夫姿形立兆，未有獨分一氣而獲著生。蓋榮衛調和，方生存也。故云：　二氣相成始生者，道也。道者，生也。故《老子》云：　道不可見，因生以明之；　生不可常，用道以守之。

渾融同處一源行。

二氣渾融之謂和，氣同處一源，以其生生也。

陰陽感激相須理，

禀二氣而兆形質，舍二氣而著生成。此皆感激陰陽，資養性命。

不得和柔即戰爭。

忽二氣爭競，不相和柔，即勃亂五臟，而患生焉。故經云：　陰疑於陽必戰，是知無全陽之男，全陰之女。故天爲全陽而陰露，地屬全陰而抱陽精。蓋天地陰陽相須，而化生萬物。《易》云：　乾男坤女。故人倫亦全法天象地矣。

《養生詠玄集・榮氣》 榮氣生來不獨分，

榮氣者，清陽也。《内觀經》云： 氣清而駛謂之榮。在人身中不可獨建，故不獨分也。

清陽虚在賴陰存。

陰氣聚而陽託，陽氣存而陰賴。故曰： 陽賴陰存，以相成也。

從茲始得成胚兆，

夫二氣相感，始於胎孕，解胎而生，亦自有榮氣之始也。

鍊取歸元别有門。

於二氣中淘鍊，歸於本源純一清淨之氣。別修除滓穢，成全陽而榮，與道同真矣。

《養生詠玄集・衛氣》 衛氣元從陽氣來，

衛者，濁也。《内觀經》云： 氣濁而遲謂之衛。本因元氣交感，方有形軀。既有形軀，士明衛氣，故衛從榮來。

色身兆合處胞胎。

形質既兆，即禀二氣之所感，處於胞胎也。

睹符天地排宫室，

人之一身睹象天地。故《内觀經》云： 眼爲日月，髮爲星辰，眉爲華蓋，頭爲崑崙，布列宫闕，安置精神，此之謂也。

自此澄凝細可裁。

自此精血澄凝，以成形質，細可裁量，以通其用。蓋人之衛氣，凡有二名，一者精血，澄凝以成形質，二者同榮氣流行，而通手生也。是知人之身者，因示修真之地，得乎最靈之稱，可不惜而息怠惰，而求於逝也。其衛氣，亦象三才，一者，澄凝以成形質，象地也； 二者，榮衛合處，曰衛和之氣，象人也； 三者，真精命蒂，居上丹田，全陽之宫，以象其天也。禀此三氣，以通其生，而道歸之。是故體三才，而履道也。

《養生詠玄集・魂魄》 二氣舍和即著生，

魂者，陽真精也。魄者，陰真精也。二精處乎泥丸宫，以蒂二氣，不相離潰，而神明居之生方著也。《老子》曰： 萬物召陰抱陽，以成其道。

始名魂魄應真靈。

子産曰： 人始曰魄，既生陽曰魂。是故二氣發生，莫非魂魄而應。真靈及其生也，萬變千化，有生有死，無超躍三清，漂淪諸趣，得喪之機，實在此矣。

在天日月全通象，

日月者，天地魂魄也。故魂者爲日，主晝，天真精也； 魄者爲月，主夜，地真精也。是知明暗同源，往來通會。蓋人之魂魄，全通象於日月也。淮南王曰： 天之氣成魂，地之氣成魄。又《五藏内鏡》云： 父之精氣爲魂，母之精氣爲魄，其理昭然矣。

萬化皆從守一寧。

萬化者，蓋心之所滅而運役魂魄，著於生云。故聖人設千經萬術，教化群品，顯是守一之法，而息諸妄也。

《養生詠玄集・魂》 陽精魂主號神金，

魂者，陽，真精也。故陽精是神之金，聖人爲之法體，遞相繫屬以通真也。韓子云： 非至精不能變至神。《抱朴子》云： 老君者，天之魂，感日精而孕，化成兆身，故顯至陽之精也。

感應潛符運用心。

心動即氣轉。故云： 潛符以明感應也。

若使圓通諸妄息。

若息諸妄，至於圓通。即氣以合於神，而生變也。

靈光照耀脱全陰。

真精既備，乃合靈逍遙，不夜即脱，坼金陰之質。故聖人禀禦，以通靈變也。

《養生詠玄集・魄》 陰氣衝融應感陽，

境動宜其心，而成感激也。

二來和會致流漿。

二氣既投，弗可致也。

窮玄偶此非真用，

窮玄者，隨境放逸，致二氣乘蕩，即非真用之法，達道之真理也。

魂不飛揚魄不妨。

魂不飛揚魄不妨者，應心之用也。魂既不飛，魄亦不應。蓋心爲去留之轄。氣是生死之基，而修生之理，非此者未之有也。

《谷神篇・元氣説》 元氣始生，猶一黍也，露珠也，水顆也。蓋自無始，

曠劫霾翳，搏聚之內，含凝一點之水質也。孕於其間，如筐載卵，自底而生。斯有矣，強名曰道，曰靈寶。承陰而生，內白而外黑，玄精建武，北斗之經是也。故內之白能化魄，反屬陰；外之黑能變魂，反屬陽，是陰舍而陽抱也。其內之陰，因陽之動而隨出，出則爲查靄；外之陽，俟陽之靜而踐入，入則肇氤孽。陰氣始出，視之不見，是謂恍惚，如同烟霧生寒氣也。陽氣始入，聽之不聞，是謂杳冥，乍若罔象生温氣也。既合矣，混質而成樸，積小而爲大，內非純陰，外非純陽。且陰氣之爲情，好舒暢，好緩散，欲盡出。既漸出矣，復不捨其子，則爲之胚腪，狀若雲霧，生濕氣也。其陽氣之爲性，好涵養，好圓融，欲盡入。既漸入矣，莫能離其母，則爲之朕兆，煦昕離合生熱氣也。外屬水也，是元氣之至精，積而盈也；黃屬火也，乃餘之生神，烜而灼也。且玄陰愈搏，內陽愈凝，結成混沌，其形如初，乃立天象，是玄包其黃者也。猶是推之，其混沌之內，惟水中沉一日光者矣。陰氣在天之外，故不能靜，則庛庛然常扇，如母拍子眠；陽氣在液之內，故不能動，則蠢蠢然常聽，如雛候雉乳。囮育茲久，黃之內生燥氣焉。燥氣既生，玄精蝕涸，水涸氣虛，因虛而風生焉。燥極而雷作焉。故天肫之內，有四象焉。其內也，風欲揚而不能鼓；水欲泆而不能決；火欲炎而不能升；雷欲蕩而不能發，則漸相刑尅，甚至戰爭，風助水之力而作澎湃，雷助火之力而加奮迅，至於激搏而破矣。破乃分之，是開天也。故雷震而闢，風揚其曠，火氣得以升沈，水液得以流注。古之運化者，密指風雷爲盤古之號者，欲使後世莫可輕測造化也。天既分也，元氣化之輕者，自下而升，結成梵宇也；元氣積液之資重者，隨底所載乃眞水也。原其天自有象以來，至於混沌未破之時，大只百里也。大率今時人一日可行百里路，所以雷在其中，惟能固養，百里之聲，震動十里之怒，蓋火是其母也。火之燃燎，一日亦不過百里乃息，是以知雷之與火之令有所執矣。水可日流萬里，風亦如之，是以知水之與風之政，無所拘矣。故雷之聲物則有焦，風之吹衣亦有濕，各隨其母氣稟受之所有也。百里之天既分，則千里矣，漸至萬里矣。風隨方以展之，雷逐位以蕩之。外之餘氣施張以措之，內之元氣兆運以局之。歷元應化，致令莫諦，其幾千萬里矣。或問：風雷同穴也，風可吹萬里，雷只震百里，何也？曰：風感寒氣而吹，水是元氣則有餘也，曰陰氣，曰惡氣，曰邪氣，易積而難散，陰神治世而多妄行也；雷假燥氣而震，火是餘氣則無私也，曰陽氣，曰怒氣，曰義氣，難動而易靜，陽神治世而常守信也。故雷展則聲微矣，蕩則怒弱矣。水火風雷四象也，風惟魂，雷惟響，火惟光，水獨質，日乃火光也。天宇之中有資而兆質者，獨一水也。水之上，應北辰出焉；而後水之氣，日之影，感化而生月矣。然而，水爲先天後天之母也。水既生風，風復吹水，起浪爲沫，雷復震水騰沸化萍；日復曝水，結滓成鹵；月復照水，澄坌作泥。積泥而生融蟆，俱化而爲土也。風揚而塵，日烈而砂，湛露既降，水滋之土，始生苔蘚，次有蕢芫，至於荏苒，漸洳生滅。土斯厚矣，則草化爲竹，條茂爲木。久之而草結穗，木成樹，卉挺實。春榮秋剝，俱腐化土，土愈埤而地域埸矣。至于木根土壘，盤礴交固，久之而化爲石。則覆載之內，有形而有象者，惟木與石二物而矣。老木受天地雲烟聚氣，則有精有液，久之而化禽、化龍、化犴、化男子，神靈具足，因風以摧之，則人物之四肢毛髮，受之於木也，乃能導躍鼓舞，控拉屈伸，是其情也。赭石感水土，日月孕秀，則有血有乳，久之而化蟾、化虎、化羊、化女人，機源透徹，因雷以軀之，則人身之顱腹骨骼受之於石也，乃能坐臥踞處，懷躭守靜是其性也。木男石女既有伉合，孕生男女，得以全身。人物既有化育，茲分人、蟲、匪媾，亦繫胎胞，長幼相須，仍存子息，種類差別，形態庶焉。蓐食郊野，時性遂飛走；火食墟聚，慧辯醜妍。原其木石生男女者，無情化有情也。石性有潤，令人之更齒；木性有枯，令人之有死。物類有形，皆偏倚也。惟人身爲最靈，稟受陰陽元氣之全矣。天神地祇，皆人類主之。復云：天自開闢以來，其象如一盎矣。內之元氣化生，諸氣升騰鬱結於盎，唇聚爲穹廓，猶釜底停煤之狀。隨其下方升，氣厚薄所集，久則垂懸限磊，得日月寒暑之氣，陶鎔而成礦。確內懷金玉之體，或因穢濁氣干之，而墮爲丘陵洞治。女蝸氏之錬石，取其元氣以補天，遺其質璞在世，謂之五金珍寶。其未經錬鍛者，乃丹砂、鉛礬、硝石衆類是也。其穹窿聚氣既久，質璞累重，亦稍下墜其上，幻生崆峒則有虛空。故萬物旦夕騰氣爲之，仰托於諸氣，焰熾之芒端，炎赫無影之氣，灼入空廓凝而曰神；萬物之液氣，混合於其下而爲星曰靈；化生之氣，應現而爲小星，故小星曰宿，以其能留光一夜也。察天之道，其初者無靈也，舍萬物之景，內之流光以爲靈；無神也，拘万物之氣，表之炎赫以爲神。其外無形，其內無影。至聖者，不得觀其面，惟賢者必可合其心。或言：天地之有壞者，此無他也，蓋因二氣生化太過，水力弱而土壞虛矣。元氣是水也，餘氣是土也。水之晝夜常流，洮汰川澤，故河源常

遷脈，江岸無定垣。是以禹基之柏，繫南北之榮枯；錢塘之沙，應東西之聚散。日往月來，世隨陵谷變遷，水流極而勢弱矣。況兼地土生物太盛，土壤虛而不能自載。小則隨方窪陷，大則俱墜矣。力因運窮，數隨氣盡。雖墜者，墜必有底也。但日月之光因震墜，而激散無也，地始墜也，生氣絕而寒氣行也，天無所載仍將危也。其內冥冥，然人物喪滅，俱化土而無秽也，已經人世三百六十年矣。陰靜極而陽復動，寒氣化而溫氣生，寒溫相湊化而爲濕也。濕氣既生，薰蒸四達，其窮窿寥廓因兹，濡溽汗漫解斥，亦皆崩塌也。又經三百六十年矣，猶廢窒受濕而摧也。常觀山岡之勢，一層石上又一層土，重疊間積則可見，天地之廢壞有自來矣。夫天地之休息者，是造化之歇力養氣也，乃亦陰陽交接之道也，歸根復命之義也。雖曰有壞只是餘氣生，積成後天，上穹下壞，伏實歸土也。其先天之天，則無壞矣。以其元氣常存，還返而復生也。至於濕氣盛，而熱氣兆，熱極乃燥。陽氣至焉，清濁分焉，光明出焉，物猶資始也，又經九九八十一年矣。故天地之一休息，總得八百年。嘗聞老人語，开天一萬八百年，然後有地。猶此推之，是天之積氣萬年，而休息於八百年矣，故總而言之也。則又可見乾墮而成坤也。故天一日有十二時，人一身有十二經。人之困醒惟在一時，以合休息之數也。天地既壞也，其神不滅也。所以經云：浮黎元始天尊與元始天尊相去幾劫，仞信不誣矣。崩墜之後，天高而愈遠，地卑而愈厚，山有積而愈巍，猶水落石出之義也。天地不休息，無從而開展也；嬰孩不寢寐，無從而變蒸也。或問：先天之天，何能長存长生？曰：觀天之象如一盎矣，外無夾曠，傍無漏竅。虽幽關淨土，亦居其内之明晦偏靜處所。其元氣之搬運與乎休息，惟在其中，是以長存也。天包萬物，以盜其氣而養之，以是長生也。夫天之盜物氣者，天無二天，惟盜於自己之內所生，故萬物無損無違，是其合得自然之盜也。人亦能之，況人有同體，既可盜於自己之有也，復能盜他物者哉！奈何人之一身，除五臟六腑之外，別無物寄，雖一飲一啄，皆自外運而入。

《規中指南·藥物》 古歌曰：借問因何是我身？不離精炁與元神。我今說破生身理，一粒玄珠是的親。夫神與炁、精三品上藥。煉精化炁，煉炁成神，煉神合道，此七返九還之要訣也。紅鉛、黑汞、木液、金精、朱砂、水銀、白金、黑錫、金翁、黃婆、離女、坎男、蒼龜、赤蛇、火龍、水虎、白雪、黃芽、交黎、火棗、金烏、玉兔、乾馬、坤牛、日精、月華、天魂、地魄、水鄉鉛、金鼎汞、水中金、火中木、陰中陽、陽中陰、黑中白、雄裏雌，異名衆多，皆譬喻也。然則何謂之藥物？曰：修丹之要在乎玄牝。欲立玄牝，先固本根。本根之本，元精是也。精即元炁所化，故精炁一也。以元神居之，則三者衆於一矣。杏林曰萬物生復死，元神死復生。以神歸炁內，丹道自然成。施肩吾曰：氣是添年藥，心爲使炁神。若知行炁主，便是得仙人。若精虛則炁竭，炁竭則神遊。《易》曰：精炁爲物，游魂爲變。欲復歸根，不亦難乎！玉溪子曰：以元精未化之元炁，而點化之至神，則神有光明而變化莫測矣，名曰神。是皆明身中之藥物，非假外物而言之也。然而産藥有川源，採藥有時節，製藥有法度，入藥有造化，煉藥有火功。吾囊聞之師曰：西南之鄉土名黃庭。恍惚有物，杳冥有精。分明一味水中金，但向華池著意尋。此産藥之川源也。垂簾塞充，窒韻調息，離形去智，幾於坐忘。勸君終日默如愚，鍊成一顆如意珠。此採藥之時節也。天地之先，無根靈草，一意製度，産成至寶。大道不離方寸地，工夫細密有行持。此製藥之法度也。心中無心，念中無念，注意規中，混融一炁。又云：息息綿綿無間斷，行行坐坐轉分明。此入藥之造化也。清靜藥材，密意爲丸，十二時中無念。火煎金鼎常令湯用暖，玉爐不要火教寒。此煉藥之火功也。大抵玄牝爲陰陽之原，神炁之宅。神炁爲性命之藥，胎息之根，呼吸之祖，深根固蒂之道。胎者藏神之府，息者化胎之元。胎因息生，息因胎住。胎不得息不成，息不得神無主，若夫人之未生，漠然太虛。父母媾精，其兆始見，一點初凝，純是性命混沌。三月玄牝立焉，玄牝既立，繫如瓜蒂，嬰兒在胎，暗注毋炁，毋呼亦呼，毋吸亦吸，凡百動盪，內外相感。何識？何知？何明？何曉？天之炁混混，地之炁沌沌，但有一息存焉。及期而育，天地翻覆，人驚胞破，如行太山巔失足之狀，頭懸足撑而出之，大叫一聲，其息即忘，故隨性情不可俱也。況亂以沃其心，巧以翫其目，愛以率其情，欲以化其性。渾然天真散之而爲萬物者，皆是矣。胎之一息，無復再守。神仙教人煉精，以欲返其本，復其初，重生五臟，再立形骸，無質生質，結成聖胎。其訣曰：專炁至柔，能如嬰兒乎？除垢止念，靜心守一，外想不入，內想不出，終日混沌，如在母腹。神定以會乎炁，炁和以合乎神。神即炁而凝，炁即神而住。於寂然休歇之場，恍兮無何有之鄉。天心冥冥，注意一竅。如鷄抱卵，似魚在水。呼至於根，吸至於蒂，綿綿若存，再守胎中之一息也。守無所守，真息自住，泯然若無，雖心於心，無所存住。

杳冥之內，但覺太虛之中，一靈爲造化之主宰，時節若至，妙理自彰。輕輕然運，默默然舉，微以意而定炁。應造化之樞機，則金木自然混融，水火自然升降。忽然一點大如黍珠，落于黃庭之中，此乃採鉛投汞之機，爲一日之內，結一日之丹。《復命篇》曰：夜來混沌攧落地，萬象森羅總不知。當此之時，身中混融與虛空等，亦不知神之爲炁，亦不知炁之爲神。似此造化，亦非存想，是皆自然之道，吾亦不知其所以然而然。藥既生矣，火斯出焉。大抵藥之生也，小則可以配坎離之造化，大則可以同乾坤之運用。金丹之旨，又於此泄無餘蘊矣。豈傍門小法，所可同語哉！若不吾信，捨玄牝而立根基，外神炁而求藥物，不知自然之胎息而妄行火候，棄本趨末，逐妄迷真，天奪其算，吾未如之何也已矣。

《還真集・三寶三關》 人身三寶

神　氣　精

先天三寶爲三體自然之道

元精　元氣　元神

後天三寶爲三用有爲之道

交感精　呼吸氣　思慮神

夫人身有三寶者，皆從天地中來。居先天而生，妙體混成；在後天而化，因質感合。非先天不能生後天，非後天不能成先天，此二者之理，一體而分化，不可失後損先也。是故以元精鍊交感精，以元氣鍊呼吸氣，以元神鍊思慮神，三物混成，與道合真，自然元精固而交感之精不漏，元氣住而呼吸之氣不出，元神全而思慮之神不起。修仙之法無他，全此三者而已矣。祖師所謂精全不思慾，氣全不思食，神全不思睡。又曰：三真三全，必定飛仙。三全三真，必定飛昇。斯言盡矣，學者味之。

人身三關

捉將坎位中心實

點化離宮腹裏陰

夫人身三關者，乃精、氣、神也。精居坎，氣居離，神居心。初關鍊精化氣，抽坎中之陽也；中關鍊氣化神，補離中之陰而成乾也；上關鍊神還虛，乾元運化，復歸坤位，而結丹也。丹結之後，神氣朗清，與太虛同體，內外貞白，自然與道合真矣。是以，靜則以養其性，動則以復其命，性命雙修，形神俱妙，此符火還丹之妙訣也。故述頌以證諸。

身中若過癸生時，取坎中陽去補離。
北斗南辰顛倒轉，一時一刻立丹基。

《醫旨緒餘・宗氣營氣衛氣》 生生子曰：宗氣者，爲言氣之宗主也。此氣摶於胸中，混混沌沌，人莫得而見其端倪，此其體也。及其行也，肺得之而爲呼，腎得之而爲吸。營得之而營於中，衛得之而衛於外。胸中即膻中，膻中之分，父母居之，氣之海也。三焦爲氣之父，故曰宗氣，出於上焦也。

營氣者，爲言營運穀氣入於經隧，達於臟腑，晝夜營周不休。始於手太陰而終於手太陰，以應刻數焉。故曰營出中焦也。又曰營是營於中。又曰營在脈中。世謂營爲血者非也，營氣化而爲血耳。中字非中焦之中，乃經隧中、脈絡中也。《內經・痹論》云：營者，水穀之精氣，和調於五臟，灑陳於六腑，乃能入於脈也。衛氣者，爲言護衛周身，溫分肉肥腠理，不使外邪侵犯也。始於足太陽五十度，而終於足太陽。故曰衛出下焦也。又曰衛於外，又曰衛在脈外。此外字亦非純言乎表，蓋言行乎經隧之外也。《內經・痹論篇》云：衛氣者，水穀之悍氣，其氣慓疾滑利，不能入於脈也，故循皮膚分肉之間，熏於肓膜，散於胸腹，逆其氣則病，從其氣則愈。生生子曰：人與天地生生不息者，皆一氣之流行爾。是氣也，具於身中名曰宗氣。又曰：大氣經營，晝夜無少間斷，《靈》《素》載之，而後人莫之言也。後人只知有營衛，而不知營衛無宗氣，曷能獨循於經隧，行呼吸以應息數，而溫分肉哉？此宗氣者，當與營衛並稱，以見三焦，上、中、下皆此氣而爲之統宗也。《靈樞經・五味篇》曰：穀始入於胃，其精微者，先出胃之兩焦，中、下焦也。以溉五臟，別出兩行營衛之道。其大氣之摶而不行者，積於胸中，命曰氣海。大氣即宗氣，氣海即膻中。又《邪客篇》曰：五穀入於胃也，其糟粕、下焦。津液、中焦。宗氣，上焦。分爲三隧。故宗氣積於胸中，出於喉嚨，以貫心肺，而行呼吸焉。此出上焦爲一隧也。營氣者，泌其津液，注之於脈，化以爲血，以營四末，內注五臟六腑，以應刻數焉。此出中焦爲一隧也。衛氣者，出其悍氣之慓疾，而先行四末分肉皮膚之間，而不休者也。晝日行於陽，夜行於陰，常從足

少陰之分間，行於五臟六腑。此出下焦爲一隧也。《營衛生會篇》黄帝曰：願聞營衛之所行，皆何道從來？岐伯曰：營出於中焦，衛出於下焦。《衛氣篇》曰：其浮氣之不循經者，爲衛氣；其精氣之行於經者，爲營氣。講明此三氣者，自秦越人而後，惟四明馬玄臺《離經正義》攷究極工，於宗氣則曰：自夫飲食入胃，其精微之氣積於胸中，謂之宗氣，宗氣會於上焦，即八會之氣，會於膻中也，惟此宗氣主呼吸，而行脈道。於營氣則曰：營氣者，乃陰精之氣也，即宗氣之所統，猶太極之分而爲陰也。此氣行於晝二十五度，行於夜二十五度，始於手太陰五十度，而復會於手太陰，而行晝行夜，十二經之陰陽皆歷焉，所謂太陰主内者此也。於衛氣則曰：衛氣者，陽精之氣也，亦宗氣之所統，猶太極之分而爲陽也。晝日行於陽二十五度，夜行於陰二十五度，始於足太陽五十度，而復會於足太陽。引《靈樞·歲露篇》曰：衛氣一日一夜，常大會於風府。風府者，足太陽、督脈、陽維之會，所謂太陽主外者此也。蓋營氣行陽行陰，主晝夜言；衛氣行陰行陽，主陽經陰經言。營氣之行於晝者，陽經中有陰經行於夜者，陰經中有陽經，故行陰行陽，主晝夜言也。衛氣則晝必止行於陽，行三陽經也。夜必止行於陰，行三陰經也。是陰陽不指晝夜言也。又謂《靈樞·五十營》等篇言：氣脈流行自手太陰而始，至足厥陰而終，循環不已。漏水下一百刻，計一萬三千五百息。脈行八百一十丈。推之，則二刻行一度爲一周身也。晝夜共行五十度，則每經各行五十次矣。並未嘗言，肺止行寅時，大腸止行卯時，又不思各經長短不同，難以分時註釋。如果十二經分配十二時，則一時止行一經，何以能八刻之一千八十息，脈行六十四丈八尺而四度周於身也？又何以能十二時之一萬三千五百息，脈行八百一十丈而五十度周於身也？所謂一時止行一經者，實理勢之所必無也。以上攷正皆出《靈》《素》。蓋此公精究經旨，融會脈絡，王冰已下一人而已，非苦心積累不能也。觀第一難一章，則可以見其概。惜乎獨於三焦，惑於陳無擇之言未之加察，餘三復之餘，微有嘅焉。然終不以寸朽而棄合抱之材也。

《醫先·精氣神》 岐伯曰：陽爲氣，陰爲味；味歸形，形歸氣；氣歸精，精歸化；化生精，精生氣；氣生神。黄帝曰：予知百病皆生子氣也，怒則氣上，喜則氣緩，悲則氣消，恐則氣下，寒則氣收，熱則氣泄，惊則氣亂，勞則氣耗，思則氣結，九氣不動何病之生？沂陽生曰：養生貴養氣，養氣貴養心，養心貴寡慾，寡慾以保元氣，則形强而神不罷。若形壞則神不存，神離則形不固。形譬燈缸盛油，神譬燈油燃火，搖翻燈缸則燈油瀉，炙乾燈油則燈缸裂。必形與神俱，即魂魄足，榮衛調。夫榮，血也；衛，氣也。氣以衛血，血以榮氣。岐伯曰：根于中者，命曰神機，神去則機息；根于外者，命曰氣立，氣止則化絶。沂陽生曰：神氣之旨妙哉，在心悟之而已！

男子以氣爲主，故貴右手脈盛；女子以血爲主，故貴左手脈盛。然人之身，氣爲衛，血爲榮。無分男女皆以胃氣爲主。故曰：得穀者昌，絶穀者亡。沂陽生曰：胃氣者，中氣也。慎言語則中氣不散而上越，節飲食則中氣不滯而下洩。故《易·頤·象》曰：君子慎言語，節飲食。頤者養也，養生養德，其可舍諸。東垣李杲專主脾胃，製補中益氣湯，且作箴自警知本哉。

沂陽生曰：甚矣！精爲至精之宝也。故岐伯云：精者，身之本也。是以精枯則病，精竭則死。夫勞極則精罷，思極則精離，飲食少則精減，房慾頻則精耗。試觀樹木，撥皮膏脂則萎枯矣。夫人曷可妄用其精哉？故曰：精不妄用則氣不散，氣不散則神不移。又曰：思不可用，意不可動。意動則神移，神移則氣散，氣散則精亡。《道德經》曰：致虚極，守靜篤。谷神不死，是謂玄牝。

黄帝曰：地爲之下否乎？岐伯曰：地爲人之下太虚之中者也。曰：馮乎？曰大氣舉之也。沂陽生曰：勝邵子天地自相依附之說。夫地即血，天即氣，天包地，氣載血。今人骨肉臟腑皆血也，魄也；神靈運用皆氣也，魂也。人死乃魂去魄存、氣散，血尚聚也。是以貴養氣，世降氣轉耗也。朱丹溪乃曰：氣有餘血不足，藥專補血。夫氣有餘，邪氣也，正氣何嘗有餘？岐伯曰：人以胃氣爲主甚矣，貴養氣也。【略】

沂陽生曰：養神之術，去牽引而已矣。牽如牽纜之牽，引如引弓之引。舟欲疾，必牽行之；急矢欲中，必引滿之。審纜斷則舟住矣，矢釋則弓舒矣，慾寡則神凝矣。大雅曰：無肰叛援，無肰欣羡，誕先登于岸。【略】

沂陽生曰：一切病皆生于心，心神安泰，病從何生？不觀農夫冒暑耘耨，無暑病相習，忘之也。凡心動即火起，外邪斯入矣，是以貴忘外。

《内經》曰：喜怒傷氣，寒暑傷形。沂陽生曰：慎喜戒怒，氣調矣；禦寒避暑，形固矣，心主之也。苟能雖喜忘喜，不累于喜；雖怒忘怒，不累于怒；雖寒忘寒，不累于寒；雖暑忘暑，不累于暑；形氣豫全，何傷之

有？非至人曷足語此。

或問：髮白何也？沂陽生曰：省思慮則心血不耗，髮不易白矣，蓋髮屬血也。問：髮白何也？曰：遠色慾則腎精不耗，鬚不易白矣，蓋鬚屬精也。又問：年高則形容老何也？曰：心爲形役，有耗無益，是以易老，若能一切忘之，則身且忘矣，況年乎？故曰：天若有情天亦老，天之蒼蒼者不變，則人之形容鬚髮亦可以無變也。司馬子微《坐忘論》，欲法太虛云爾。

沂陽生曰：心火不炎，則無瘡瘍諸疾；戒暴怒，則無中氣諸疾夏至陰生絕慾，至秋分則無中暑、瘧痢諸疾；冬至陽生絕慾，至春分則無傷寒、瘟疫諸疾。此謂順天時，法陰陽以自固。求子則子壽，養生則生怡。

褚澄曰：脾以養氣，肺以通氣，腎以泄氣，心以役氣，肝則氣常生。心虛氣入爲蕩，肺虛氣入爲喘，肝虛氣入目昏，腎虛氣入腰疼，脾獨不與，受食不化，氣將日微，安能有餘以入虛。沂陽生曰：脾之繫于生人大矣，思則傷脾，多食則胃塞，而脾不能運亦受傷。是以養脾者，養氣也；養氣者，養生之要也。

褚澄曰：咳血飲溲溺則百不一死，服寒涼藥則百不一生。沂陽生曰：血雖陰類，運之者，其和陽乎。褚氏聖醫也，故表出之，以爲醫者法。

沂陽生曰：卓哉！褚氏之見道也。悟五運六氣之非，且曰大撓甲子皆忘，岁月日時远近耳，配以五行，位以五方，皆人爲也，齊有此人，過宋儒矣。

養耳力常飽，養目力常瞑，養臂指常屈伸，養股趾常步履。夏，臟宜涼；冬，臟宜溫。背陰腹末，雖夏宜溫；胸包心火，雖冬難熱。沂陽生曰：節宣參贊以位，育吾身在審之而已矣。

沂陽生曰：心血方寸甚幾希者，且晝慾火煎熬，牿亡殆盡，則神不能留，非時時靜養之，烏能延生，當念夜氣滋息而慎之，以保命爲要可也。

沂陽生曰：六氣不侵，七情無擾，清虛恬靜之日，日日如之，則病安從生？不變不動而能忘之，則忘日忘年，壽與天地等而不老矣，形安能槁？奈何至易而人不肯爲，日自戕其生理也。蓋慾火炙烈，每日暗損一分，不覺積久損多矣，以原稟厚薄爲壽之修短也。

參元朱子曰：精字、氣字從米，是精氣皆資于米。沂陽生曰：人以穀氣爲主，是以得穀者昌，絕穀者亡。

參元朱子曰：病字從丙，丙火也，百病皆生于火。沂陽生曰：病字內丙固火，外二點從水，內火盛而外水微，且相間隔則病，水火既濟則無病。仙家火候，火降則水升，水火一也，偏之則二，二則爭。

沂陽生曰：冶工鎔金鑄器，必罏範俱熱，炭火焰紅，一鑄而成，無空缺不完之隙。使一有不熱透，縱成不完也。今鑄人者，可不鼓動天機陰陽活潑，而妄施乎？無病女子經絕一日，男子夜半子時陽生，交感投虛之法，血裹精成男。褚澄曰：陰血先至，陽精隨衝，以血裹精成男。沂陽生曰：成胎者，氣射之也，而神從之。蓋精生氣，氣生神，精足則氣足，氣足則神足。

《類經圖翼・宗營衛三氣解》 宗氣積於胸中，出於喉嚨，以貫心脈而行呼吸。《決氣篇》曰：上焦開發宣五穀味，熏膚、充身、澤毛，若霧露之溉者，是謂宗氣。宗之爲言大也。

營氣者，陰氣也，水穀之精氣也。其精氣之行於經者爲营氣，營氣出於中焦，並胃中，出上焦之後，上注於肺，受氣取汁，化而爲血，以奉生身，莫貴於此。其行始於太陰肺經，漸降而下，而終於厥陰肝經，隨宗氣而行於十二經隧之中，故曰清者爲營，營行脈中。

衛氣者，陽氣也，水穀之悍氣也。其浮氣之慓疾滑利而不循於經者爲衛氣。衛氣出於下焦，漸升而上，每日平旦陰盡，陽氣出於目之睛明穴，上行於頭，晝自足太陽始，行於六陽經以下陰分；夜自足少陰始，行於六陰經，復注於腎。晝夜各三十五周，不隨宗氣，而自行於各經皮膚分肉之間，故曰濁者爲衛，衛行脈外。

《刪補卧生微論・三奇論》 三奇者，《僊經》所謂人有三奇，精、氣、神也。聖人治未病，則修煉尚矣。用冠篇首，仿啟玄首敘《天真》之意也。玄玄秘密，固不形於紙上，而大意則不妨敷布，恐爲旁門所亂耳。附修攝法二十五條，久習自有奇驗，勿以易而忽之。

王太僕重次《內經》，移九卷，《天真論》以冠篇首，其旨何居？有熊氏以絳宮、玄府之秘，開《靈蘭》《金匱》之先，分久視而拯夭札，安在不桴鼓應耶？今談道者牛毛，成道者麟角，總未夢見《內經》者也。《天真論》云：上古之人，其知道者，法于陰陽，和于術數，飲食有節，起居有常，不妄作勞，故能形與神俱而盡終其天年。又曰：恬澹虛無，真氣從之，精神內守，病安從來。

複有真人、至人、聖人、賢人之別，均之修煉而深淺不齊，然精氣與神，未有或殊者也。余因之嗜道，詳徵僊典，博訪異人，幸聞性命之奧，獲起沈痼之疴，至神奇，亦至簡易。但明先天祖氣，便爲入道之開門。夫是祖氣，始於混沌未開，伏於無形無象，視之不可見，聽之不可聞，生天、生地、生人、生物者也。老子曰：有物混成，先天地生，寂兮寥兮，獨立而不改，周行而不殆，可以爲天下母，吾不知其名，字之曰：道者是也。《胎息經》云：氣入身來謂之生，神去離形謂之死。知神氣者，可以長生。固守虛無，以養神氣。神行即氣行，神住即氣住。若欲長生，神氣須注。《僊經》曰：人在氣中，如魚在水中。魚一刻無水即盡，人一刻無氣即亡。又曰：神是性兮氣是命，神不外馳气自定。又曰：陽氣一分不盡則不死。東垣曰：氣乃神之祖，精乃氣之子。氣者，精神之根蒂也。《悟真篇》云：道自虛無生一氣，便從一氣產陰陽。玄同子曰：人未生時，受茲祖氣，便能生育此身，然則招攝此氣，豈不能長生耶？白玉蟾曰：煉形見性憑君作，招氣無門老不禁。招之者，非口鼻呼吸，非津液灌嗽，非臍內存神，非丹田凝抱，非心下腎上，非兩腎中間，非升坎填離，非通任會督，非陰蹻一關，非眉間一穴，非泥丸峰頂，非湧泉海底，非窺中極，非守陽根，非丹爐烹煉，非房中採取。故鐘離曰：涕、唾、津、精、氣、血、液，七般靈物總皆陰。若將此物爲丹質，怎得飛神貫玉京。又曰：四大一身皆屬陰，不知何物是陽精。康節先生一口道破云：乾過巽時觀月窟，地逢雷处見天根。天根月窟間來往，三十六宮都是春。此明明指出人身天地之正中，得訣下手，只須一香之頃，先天祖氣忽然扯入，鼻孔如迎風之狀，扯入一次即盜奪一次，三日之後當源源而來。七日來複，百日工畢，是斗柄招太陽，徑寸混三才之大道也。無奈傍門邪術，訛傳錯教，非徒無益，而又害之。故袁了凡云：隨守一處，皆可收心。苟失其宜，禍害立起。若夫虛勞內損，痼疾經年，雖扁、倉神聖，望而卻走。倘能積氣開關，猶可回生起死。積氣非呼吸爲工，開關非搬運爲力。簡易而無繁賾之苦，自然而無勉強之勞。氣足則庶氣上騰，甘露下灌，三關開通，百骸暢遂，從前受病之根斬刈無遺，嗣後真元之氣蒸噓不已。餘雖不敏，嘗事于斯，以起奇疴。雖非久視之大道，實爲卻病之神工。否則與道相失，去死不遠，而猶冀以草木生之，何怪其不相及也。王氏首揭天真之旨，其在斯乎。

《難經經釋・八難》 八難 曰：寸口脉平而死者，何謂也？平謂脉不病也。然：諸十二經脉者，皆系於生氣之原。所謂生氣之原者，謂十二經之根本也，謂腎間動氣也。十二經見上，系連屬也。十二經之氣皆從此出，故謂之根本。腎間，兩腎之中間也；動氣，氣所開闔出入之處，即所謂命門也。其說詳三十六難中。此五藏六府之本，十二經脉之根，呼吸之門，三焦之原，一名守邪之神。吸入腎與肝，故爲呼吸之門，即所謂動氣是也。三焦與腎同候，而腎屬下焦，故曰三焦之原，謂三焦所從出也。守邪未詳，或謂元氣既足，則邪不能傷，故曰守邪。未知是否。故氣者，人之根本也，根絶則莖葉枯矣。氣即原氣也，原氣在人，猶草木之有根本，若草木根絶，則莖葉枯落，人之原氣亦猶是也。寸口脉平而死者，生氣獨絶於內也。言內之生氣已絶，則雖其外之脉甚平，而終不免於死也。

《難經經釋・十五難》 十五難 曰：胃者，水穀之海，水穀皆聚於胃，如海，爲衆水所聚也。主稟四時。胃屬土，土分王四季，故曰主稟四時。皆以胃氣爲本，是謂四時之變病，死生之要會也。此總結上文四時之變也。脾者，中州也，其平和不可得見，中州，言在四藏之中。四藏平和，則脾脉在其中，故不可得見。衰乃見耳。來如雀之啄，如水之下漏，是脾衰之。一本元之字。見也。雀啄，言其堅鋭；水下漏，言其斷續無常。

《難經經釋・三十難》 三十難 曰：營氣之行，常與衛氣相隨不？相隨言相合而並行也。然：經言人受氣於穀。言受穀氣。穀入於胃，乃傳於一作與。五藏六府，五藏六府皆受於氣，其清者爲營，濁者爲衛，營行脉中，衛行脉外，營主血，故在脉之中；衛主氣，故在脉之外。《素問・痹論》云：營者，水穀之精氣也，和調於五藏，灑陳於六府，乃能入於脉也。衛者，水穀之悍氣也，其氣慓疾滑利不能入於脉也。營周不息，五十而復大會。五十謂五十度也，詳見第一難中。陰陽相貫，如環之無端，故知營衛相隨也。

《難經經釋・三十四難》 五藏有七神，各何所藏耶？然五藏藏七神者，脾與腎兼兩神也，見下文。藏者，人之神氣所舍藏也。故肝藏魂，肝屬陽，魂亦屬陽。《靈・本神篇》云：隨神往來者謂之魂，謂知覺之靈處也。肺藏魄，肺屬陰，魄亦屬陰。《本神篇》云：並精而出入者謂之魄，謂運動之能處也。心藏神，《本神篇》云：兩精相搏謂之神，謂陰陽合體之妙機也。《素・靈蘭秘典論》云：心者，君主之官，神明出焉。脾藏意與智，《本神篇》云：心有所憶謂之意，因慮而處物謂之智。蓋脾主思，故也。《素・刺法篇》云：脾爲諫議之官，智周出焉。腎藏精與志也。《本神篇》云：初生之來謂之精，意之所存謂之志。《素・靈蘭秘典論》云：腎者，作強之官，伎巧出焉。

《難經經釋・四十六難》 四十六難曰：老人臥而不寐，少壯寐而不寤者，何也？寐，目瞑而神藏也。寤，《說文》云：覺而有信也。蓋寢而心有所憶，不能成寐也。然經言少壯者，血氣盛，肌肉滑，滑，澤也。氣道通，營衛之行不失於常，《靈・營衛生會篇》：營衛行陽二十五度，行陰亦二十五度，平旦而陽受氣，日入而陰受氣，如是無已，此之謂也。故晝日精，精，精敏不倦也。夜不寤也。老人血氣衰，肌肉不滑，營衛之道濇，濇，謂不利順也。故晝不能精，夜不寐也。故知老人不得寐也。

《沈氏尊生書・諸氣源流》 諸氣，肺病也。經曰：肺主氣。又曰：諸氣皆屬於肺。凡人清純元氣，與血流行，循環無端，若衝擊橫行於臟腑間，而爲痛、爲痞滿、爲積聚等病者，氣失其平也。下手脈沉，便知是氣極則伏。若感氣，肺脈必洪大；若動怒，肝脈亦必洪。軒岐分九氣，喜、怒、勞、思、悲、恐、驚、寒、暑。喜則氣緩，怒則氣逆，勞則氣耗，思則氣結，悲則氣沮，恐則氣凝，驚則氣亂，寒則氣收，暑則氣泄。又喜、恐、驚屬心、腎、胆，過則耗散真氣，怔忡、健忘、失志，不足諸症作。怒、憂、思屬肝、脾、肺，過則鬱抑邪氣，癲狂、噎膈、腫脹、疼痛，有餘諸症作。上諸症治注各詳本條內。法宜高者抑之，下者與之，寒者溫之，熱者清之，驚者平之，勞者和之，然後諸氣可得而治也。古人云：人有病在七情，非藥可治也。還即以情治之。此旨甚微。醫者亦所宜審，如恐可治喜，以遽迫死亡之言怖之；悲可治怒，以愴悴苦楚之言感之；喜可治憂，以謔浪褻狎之言調之；怒可治思，以汚辱欺妄之言觸之；思可治恐，以慮彼忘此之言奪之。此足救醫藥之所不逮者。丹溪云：氣有餘便是火。蓋言邪氣有餘，非言元氣也。經云：壯火食氣。亦謂邪氣之寔而壯者，能耗元氣，宜稍清之，使有餘之邪不爲元氣之害。宜黃芩、山梔、黃連、生地、黃柏、連喬等。但苦寒之藥，施於邪氣有餘者方可。若元氣不足，邪氣有餘，若寒之品，最傷脾胃，切勿妄投。總之，用藥有四法：氣虛當補，宜人參、黃芪、白朮、茯苓、河車、炙草。氣升當降，宜蘇子、橘紅、烏藥、枇杷葉，重則降香、沈香。氣逆當調，宜木香、白蔻仁、砂仁、香附、陳皮。氣寔當破。宜枳殼、枳寔、青皮、梹榔、厚朴。循是四法，再能各因病症而治之，自無不效矣。

《修真後辨・先天精氣神》 紫清翁云：其精不是交感精，乃是玉皇口中涎。其氣即非呼吸氣，乃知卻是太素煙。其神即非思慮神，可與元始相比肩。是即所謂元精、元氣、元神也。精、氣、神而曰元，是本來之物，人未有此身，先有此物。既有此物，而後無形生形，無質生質，乃從父母未交之時而來者。方交之時，父精未施，母血未包，情合意投，其中杳冥有物，隔礙潛通，混而爲一，氤氳不散，既而精泄血受，精血相融，包此一點之眞，變化成形，已有精、氣、神寓於形內，雖名爲三，其實是一。一者混元之義，三者分靈之謂。一是體，三是用。蓋混元之體，純一不雜爲精，融通血脈爲氣，虛靈活動爲神。三而一，一而三。所謂上藥三品者，用也；所謂具足圖成者，體也。不得言三，亦不得言一。學人多不知而是一，一而是三。或抱元守一而落於著空，或煉藥三品而失於執相。著空執相，皆非還元妙理。還元者，即還元精、元氣、元神也。若欲修道，先要知的此三物，在混元中潛藏。離乎混元，便非先天精氣神本體。失卻本體，不是元物。《心印經》曰：上藥三品，神與氣精。恍恍惚惚，杳杳冥冥；視之不見，聽之不聞。從無守有，頃刻而成。曰恍惚，曰杳冥，曰有無，則爲無形之物可知。惟此元精如珠如露，純粹不雜，滋潤百骸；元氣如烟如霧，貫穿百脈；元神至靈至聖，主宰萬事。知之可以延年益壽，長生不老。學者若能識得此三藥，則修道有望。

《修真後辨・後天精氣神》 後天之精，交感之精；後天之氣，呼吸之氣，後天之神，思慮之神。三物有形有象，生身以後之物。男女交媾，精血融和，結爲胚胎。胎中只有元氣，並無呼吸之氣。及其十月胎完，脫出其胞，落地之時，哇的一聲，納受天地有形之氣，入於丹田，與元氣相合。從此，氣自口鼻出入，外接天地之氣以爲氣，此呼吸氣之根也。後天之神，亦於此而生。此神乃歷刼輪回之識神，生時先來，死時先去。轉人轉獸是這箇，爲善爲惡是這箇，生來死去亦是這箇。出此入彼，移舊住新，無不是這箇。當落地哇的一聲，即此神入竅之時也。所以嬰兒落地，不哇者不活，蓋以無神入竅也。初生之時，神氣相禦，以爲後天根本，生長幻身。至於交感之精，尤後有之物。在母胎時無此精，初生身亦無此精。及至二八之年，元陽氣足，滿而必溢，極而必返。陽極則陰生，陰生則陽消。陰氣用事，陽氣退位，無形之陰又生有形之陰。腎中竅開，眞水虧而慾火潛生，稍有觸動，其火上炎，蒸炙一身，激發百骸血脈，五臟六腑津液，盡皆沸騰上湧，聚會於頭頂百會穴。此穴乃百脈聚會之處，其氣血從此穴下降，夾脊，至腎腧過後，始化而爲白。過尾閭，達陰竅，始洩焉。此精不但生時並無，即生後亦無，特氣血所化耳。其腎竅不過是出精之門，精何嘗在腎也？所謂交感之精者，因有交有感而有精，

不交不感即無精。至於夢遺，亦由感而有。間有不感而遺者，是氣虛而血脈不固，邪火催逼而出之此交感之精之所由來也。當陽極生陰，不但精從此有，即思慮之神從此而發，呼吸之氣從此而暴。學者須要識得此三者，皆生身以後所有，而非生身以前之物。以生身以後之物，而欲保全性命，延年益壽，超出乎陰陽之外能乎？否耶？學者當三思之。

《修真後辨·先天真一之氣》 緣督子曰：先天之氣，自虛無中來。《悟真》云：道自虛無生一氣，便從一氣産陰陽。道光云：有物先天地，無名本寂寥。能爲萬象主，不逐四時凋。此皆言先天之氣爲生物之祖氣，乃自虛無中來，爲萬象之主，天地之宗，無形無象，無聲無臭，視之不見，聽之不聞，搏之不得。然雖無形而能生形，無象而能生象。以言其神，爲不神之神；以言其氣，爲眞一之氣；以言其精，爲眞一之精。又名眞種，又名金丹，又名他家不死方。非後天呼吸氣、思慮神、交感精可比。亦非元精、元氣、元神可同。蓋元精、元氣、元神，在後天則爲陽，在先天還爲陰。非若先天眞一之氣，歷萬刼而不壞，超羣類而獨尊。生死不拘，有無不立。爲後天精氣神之根本，爲先天精氣神之主宰。乃至陽之物，天上之實，人罕識之。蓋此物不在內，不在外，不落五蘊八識，不在五臟六腑，不在六根門頭，不在百骨穴竅，而在乎玄關一竅。有意尋之則著相，無意守之則著空。思之不得，議之不可。本來自有，因陽極生陰，走於他家，不爲我有。至人用法追攝，以實形虛，以有形無。激而有象，從虛空中來，採而修之，以陰符陽火，煅煉成丹，結就一粒，大如黍米，吞而服之。點先天之宝，以無生有；化後天之物，轉陰成陽。三屍五賊盡皆滅踪，八萬四千毛神俱化爲護法。故曰：一粒金丹吞入腹，始知我命不由天。迷人不知此先天眞一之氣，是生物之祖氣，是鴻濛未判之始氣，是混沌初分之靈根。或以元氣爲先天眞一之氣，或以丹田呼吸之氣爲先天眞一之氣，或以抱一守中爲守先天眞一之氣，或以觀空止念爲觀止先天真一之氣。更有一等地獄種子，煉五金八石，採紅鉛梅子，以爲服食先天眞一之氣。種種岐路，豈足以語先天真一之氣乎？夫先天眞一之氣，是混元祖氣，生天，生地，生人物。其大無外，其小無內。動靜如一，陰陽混成。在先天而生乎陰陽，在後天而藏於陰陽。乃眞一而非假一。抱守眞一，眞一豈可抱守哉？如可抱守，則非眞一。而所抱守者，必是假一。觀止眞一，眞一豈可觀止哉？如可觀止，則一非眞。而所觀止者，一必是假。至於千門萬戶，諸多傍門，俱是認賊爲子，棄正從邪，並不知眞一之氣爲何物色。無怪乎到老無成，而落空亡矣。悟元初遇龕谷老人，示以修眞大道，諸事顯然。惟於先天之氣自虛無中來之語，因自己所見不到，模糊十三年之久。閱盡丹經，究未知其端的。後過仙留丈人，訣破源流，咬開鐵彈，言下分明，了然於心。始知的虛無眞虛無，眞一是眞一。不於我有，不從他得。不可言象，不可書圖。以意契之，以神會之。放之則彌六合，卷之則退藏於密。通天徹地，爲聖爲賢，成仙作佛，皆出於此。若人知得此先天眞一之氣，則大本已立，其他皆餘事矣。所以古仙云：得其一，萬事畢也。

《新編壽世傳真·修養宜寶精寶氣寶神》 高氏云：吾人一身，所恃精氣神俱足。足則形生，失則形死。故修養之術，保全三者，可以延年，是以謂之三寶。夫人一身一家之事，應接無窮，心役形勞不知稍前，恃年力之壯不以爲困，何知衰憊之因，死亡之速，由此而致。令人形槁體枯，專求草根木葉之藥物以活吾命，寧足恃哉？故當於每日起居，逐時戒謹。乘間照常行功，則身無過損而氣可日充，精可日蓄，神可日養，疾可自此卻，年可自此延矣。

總論精氣神　精者，滋於身者也；氣者，運於身者也；神者，主宰一身者也。如耳目手足之能運者氣也，使之應事而運者神也，運之或健或倦者精也。

耳乃精竅，目乃神竅，口鼻乃氣竅。故耳之閉塞，精病可知；目之昏蒙，神病可知；口之吼喘，氣病可知。元精，乃先天真精，非交媾之精；元氣，乃虛無空氣，非呼吸之氣；元神，由未生出胎以前而具，俱先天也。所謂交媾之精，呼吸之氣，思慮之神，乃即生出胎之後而用，俱後天也。

人身精寔則氣充，氣充則神旺，此相因而永其生者也。精虛則氣竭，氣竭則神遊，此相因而速其死者也。

孫思邈云：怒甚偏傷氣，思多太損神，神疲精漸敝，形弱病相縈。

大益曰：存神可以固元氣，令病不生，若終日撓混則神馳於外，氣散於內，營衛昏敌，衆疾相攻矣。又曰：神能使耳目手足視聽，持行氣即隨而運之，故寧神即養氣保精也。

人之身如國，神如君，君良則國治；氣如民，民聚則國強；精如財，財蓄則國富。

精　人身液化爲血，血化爲精，精化爲髓。如飲食水穀入胃，由脾磨化

成液，生血以充精，故必藉穀氣生後天之精，人乃得生也。

精者，神倚之，如魚之倚水，藉水養神，藉精滋身也。又精者，氣托之如霧托淵，蓋淵淺則霧薄，精衰則氣弱也。

後天之精，以至陰之液，本於各臟之生化，不過藏之於腎，原非獨出於腎也。

無搖尔精，乃可長生。無搖者，守之固也。人肝精不固目眩無光。肺精不固，皮肉消瘦。腎表不固，神氣減散。脾精不固，齒髮衰白，疾病隨生，死亡淨至，衰哉！

心牽於事，大火動於中。心火既動，真精必搖。《參贊書》曰：人至中年以後，陽氣漸弱，覺陽事尤盛而常舉，必慎而抑之，不可縱情過度，一度不泄，一度火滅。一度火滅，一度添油。若不強制，則是膏大將殘，更去其油。故精語云：急守精室勿妄洩，閉而寶之可長活。

凡房室之事，火隨慾起，煽動精室，精雖不洩而精漸離位。若將出而復忍之則精停蓄，必化濃血成毒氣。

氣有秉於天地者，有受於父母者。秉天地之氣謂之真氣，受父母之氣謂之凡氣。

真氣者，人纔成胎，便秉天地之氣與人身之氣，以類感類，合化以成人身。氣有清濁厚薄，人因之有強弱剛柔。

凡氣者，人初受形，因父精母血蘊結而成胎，自有溫煖之氣，至十月氣足，然後降生。一點凡氣，藏於下丹田氣穴，一身之氣，呼吸皆出於此。

先天元氣爲陽氣，後天殺氣爲陰氣，常使元氣內運。陽氣若壯，則陰氣自消。陽壯陰衰，百病不生。

簡庵曰：人若貪睡，則神離於氣，氣無所主，奔遺四滋。食氣勝元氣者多肥，故人肥甚者多不壽。

人藉水穀之氣以養身，水穀之清氣，行於脈中者營氣；水穀之濁氣，行於脈外者爲衛氣。營氣利關節，衛氣充皮膚。

神　神者，人之父母未生姤精，其兆始見一點，初凝一念是也。始見一點，即所以成形，初交一念，即可以生神。

神爲氣之子，如有氣以成形，乃有神之知覺運動。指始有身而言也。

神爲氣之師，如神行即氣行，神住即氣住，指即有身而言也。

神靜則心和，神躁則心蕩，心蕩則形傷，欲全其形，先在理神，恬和養神，以安於內，清虛栖心，不誘於外。《代疑編》云：身如屋，神如主人，主人亡則屋無與守，曠而將傾矣；神如舟，身如舟子，舟子去則舟不能行，空而隨敝矣。世人忙忙碌碌，只奉養肉身而關係至重之神，反撇卻不顧，猶之舍舟子而操舟，棄主人而奉屋，豈不危哉？昔康仲俊，年八十六極強壯，自少時讀《千字文》，即有所解悟，謂心動神疲四字也。平生遇事知謹節，不久勞心疲神，故老而不衰。

全神語　弥格居士曰：神者心之運用，宜急治心以全神。《覺世真言》曰：通天達地，出化入神，只是一個心，動中茫茫，不知，此心久不在腔子裏，故治心者，要先知收心。

又曰：心乃一身之主，主人要時時在家，一不在家則家人無管束，必散乱矣。故心不內守則氣自散，神自乱，精自耗。

《覓玄語錄》云：所謂思慮者乱想耳。只是將已往未來之事，終日牽念。故知事未嘗累人心，乃人心自累於事，不肯放耳。

又曰：世人終日營擾，精神困憊，夜間一睡，一點靈明又爲後天濁氣所掩，安得復有澄定之時。

龍舒居士曰：世人一生，父母妻子，屋宅田園，牛羊車馬，以至微細等物，無非己之所有，舉眼動步，莫不顧戀。且如紙窗雖微，被人扯破，犾有怒心；一針雖小，被 人將去，犾有吝意；一宿在外，己念其家；一僕未歸，己憂其失。種種事物，無不掛懷，一旦大限到來，盡皆抛棄，雖我此身，亦棄物也，况身外者乎？靜言思之，恍然可悟，一場幻夢。

《呂涇野語》曰：人生順逆得失，即盈虛消息之理，乃造化所司，非人所得而主之者。然造化苦我之境，不能苦我之心，是則厄其半也。若境苦而我心亦緣境俱苦，謂之全厄，明明厄可減半，我自願受其全，豈非癡漢。

《虛齋語錄》曰：仰觀宇宙之大，俯察身世之微，內視七情貪恋之虛想，外觀六親眷屬之幻緣，如一浮萍泛於巨海，一漚浼消於大江，此何庸着意安排。倘若自纏綿，往以困憊終其身，此之謂人滿。

又曰：世宙一大戲場，離合悲歡，要看假些；功名富貴，要看淡些；顛連困苦，要看平常些；時勢熱鬧，要看冷落些。若認真，當順境則心蕩氣揚、當逆境則情傷魄喪，到得鑼鼓一歇，酒闌人散，漏盡鍾鳴，衆腳色一齊下

場，那時誰苦誰樂？

《覓玄語錄》云：學治心者，必須萬慮俱忘，一心清靜。向曰：如何行心清？曰：誰令爾濁？問曰：如何得心靜？曰：誰令爾動。凡人起一切事，本由自心止，一切事亦由自心如耳。聞非理之聲，聲自不攪汝耳，目不視非理之色，色自不侵汝目。作如是想，自然，清靜矣。又問曰：決烈之士，於身心世事兩境界，他能覷破，用慧劍斬群魔，自是入道大器。士爲名利纏縛，爲嗜慾纏縛，安能一旦了達解脫？曰：不怕念起，惟怕覺遲。覺來則念止，所妙訣也。每於一念，忘生覺遲急心，自此以一覺心一念。久久純熟，自然無念。有覺心譬如鏡，鏡常磨則塵垢不沾，光彩常現，只此覺止二字，是入清靜境界的道路。

又曰：治心者，時時內觀此心，即謂之覺，一切煩邪乱想，隨覺即除。

又曰：觸事之心，未能不動，但須如答應聲，即應即止，如鏡照物，物來則照，物去不留。

《心傳》曰：將躁而制之以寧，將邪而閑之以止，將求而抑之以捨，於此習久則物冥於外，神安於內，不求靜而心自靜矣。

又曰：人居塵世，難免營求，雖有營之事，而無得失之心，故有得無得，心常安泰。

《呂涇野語》曰：人身最苦處是此心，沾滯縱自知，得不能割斷。故古有詢人歌曰：夜結於夢，晝馳於想，起滅萬端，晝屬虛妄，一劍把持，群魔消喪。

《虛腎語錄》曰：人生只忙迫一場苦惱，至死豈不可哀。

詩云：今者不樂，逝者其耋苦惱者，當自去尋樂一番。蓋人固不可不知虛生之憂，亦不可不知有生之樂，不可不求步步求生之事，尤不可不存時時可死之心。

宋白公曰：煩惱乃伐命之斧斤，人當於難制處用功。古人有除煩惱歌云：百年偶寄，何苦煩惱，天地缺陷，人生皆有。生初墮地，哭聲一吼。身落塵坳，煩惱居首。煩字溢大，內焚外燎。臟腑焦灼，形容枯槁。精因之搖，神因之擾。氣因之喪，壽因之殀。人固明知，煩惱自討。氣性之偏，習而難矯。執迷者多，醒悟者少。古有歌詞，名曰寶誥。當煩惱時，心鏡內照。譬如此身，冥冥杳杳。墮地以前，歸土以後。此身都無，煩惱盡掃。持誦斯言，永年可保。

吾聞多憂者，見理之不明也。否則安命之不固也。不然，何不學君子之蕩蕩，反同小人之戚戚。

又聞多憂者，其思結，氣將沮也，其氣沮，神將索也，多陰而少陽，將從陰而下沉，不能從陽而上昇也，此近死之兆。

有一樂境界，便有苦境界相對待；有一得意事，便有一失意事相乘。猶晝夜寒暑之循環，無偏倚也，故知，履盛滿者不必喜，知必有困厄之時；履罧厄者不必憂，知必有亨通之日。宜遠觀百年之興廢，無近拘一日之榮枯。欲知其寔，但看人家高曾祖與其子孫，通計較量則有盛必有衰，有衰必有盛，循環對待之理，顯然在目前矣。

人生世間，自幼至壯，至老如意之事常少，不知意之事常多。雖大富貴人，天下之所仰羨，以爲神仙而其不如事。各自有知，與貧賤者無異，特所憂患之事異耳。後未有足心滿意者，故謂之缺陷，世界能達此理而順受之，則雖處患中，無異於樂境矣。人謂貧賤不如富貴，積貯愈厚，計慮愈深，勞苦愈甚。第宅園田爲於計，又爲孫計，致使飲膳失時，夜分莫寢，貧賤者無是苦也，孰謂貧賤不如富貴也。爲卑官則恨不享大位，及位高而險禍叵測，回想卑官而受安穩之福，真仙境矣；布衣糲食，舉家安泰，惟恨不富，及至金多而經營勞困，驚惶憂怒，回想貧窮無事時，一家安泰，真仙境矣。身體強健則恨欲不稱心，一朝疾病淹纏，臥床寢蓐，百般痛苦，回想四體康健，真仙境矣。無奈人止見一層，不見二層也。

一字要安心之要

見之真未來，免貪營。

信之篤，過去免追悔，當身免強求。

執之堅，身外免過慮，臨事免惑亂。

守之固。事後免怒尤。

《新編壽世傳真・修養宜知要知忌知傷》 子輿氏曰：夫蚓上食稿壤，

下飲黃泉。東坡曰：蝸涎不滿殼，聊足以自濡，所謂知要之也。又《野語》曰：蝮蛇有一種小而甚智，巫流操其法術，欲取之必誦咒語於洞口，蝮一聞之，即以尾塞其耳，拒其聲而弗聽，巫術窮而蝮得安於蟄，所謂知忌也。又曰：夜飛之蛾，赴燈燭光而撲之，始以爲快，卒以焚身。蚊睫朗於闇，避火而遠竈焉，所謂知傷也。夫人靈於物，終其身昧昧然，不知所謂有要有忌有傷者，或致枯於貪，或罹患於誘，或焚身於快。予爲就日之所習，最要最傷之事，臚列而瑣陳之，使由是推類，引伸以保其生，庶幾不致出微蟲下也。

臟象分部

論說

《素問·六節藏象論》 黃帝問曰：余聞天以六六之節，以成一歲，人以九九制會，計人亦有三百六十五節以爲天地，久矣。不知其所謂也？岐伯對曰：昭乎哉問也，請遂言之。夫六六之節，九九制會者，所以正天之度，氣之數也。天度者，所以制日月之行也；氣數者，所以紀化生之用也。天爲陽，地爲陰；日爲陽，月爲陰，行有分紀，週有道理，日行一度，月行十三度而有奇焉，故大小月三百六十五日而成歲，積氣餘而盈閏矣。立端於始，表正於中，推餘於終，而天度畢矣。帝曰：余已聞天度矣，願聞氣數何以合之？岐伯曰：天以六六爲節，地以九九制會，天有十日，日六竟而週甲，甲六復而終歲，三百六十日法也。夫自古通天者，生之本，本於陰陽，其氣九州九竅，皆通乎天氣。故其生五其氣三，三而成天，三而成地，三而成人，三而三之，合則爲九，九分爲九野，九野爲九藏，故形藏四，神藏五合爲九藏以應之也。帝曰：余已聞六六九九之會也，夫子言積氣盈閏，願聞何謂氣？請夫子發蒙解惑焉。岐伯曰：此上帝所秘，先師傳之也。帝曰：請遂聞之。岐伯曰：五日謂之候，三候謂之氣，六氣謂之時，四時謂之歲，而各從其主治焉。五運相襲，而皆治之，終期之日，周而復始，時立氣布，如環無端，候亦同法。故曰：不知年之所加，氣之盛衰，虛實之所起，不可以爲工矣。帝曰：五運之始，如環無端，其太過不及何如？岐伯曰：五氣更立，各有所勝，盛虛之變，此其常也。帝曰：平氣何如？岐伯曰：無過者也。帝曰：太過不及奈何？岐伯曰：在經有也。帝曰：何謂所勝？岐伯曰：春勝長夏，長夏勝冬，冬勝夏，夏勝秋，秋勝春，所謂得五行時之勝，各以氣命其藏。帝曰：何以知其勝？岐伯曰：求其至也，皆歸始春，未至而至，此謂太過，則薄所不勝，而乘所勝也，命曰氣淫。不分邪僻內生工不能禁。至而不至，此謂不及，則所勝妄行，而所生受病，所不勝薄之也，命曰氣迫。所謂求其至者，氣至之時也。謹候其時，氣可與期，失時反候，五治不分，邪僻內生，工不能禁也。帝曰：有不襲乎？岐伯曰：蒼天之氣，不得無常也。氣之不襲，是謂非常，非常則變矣。帝曰：非常而變奈何？岐伯曰：變至則病，所勝則微，所不勝則甚，因而重感於邪，則死矣。故非其時則微，當其時則甚也。帝曰：善。余聞氣合而有形，因變以正名。天地之運，陰陽之化，其於萬物，孰少孰多，可得聞乎？岐伯曰：悉哉問也，天至廣不可度，地至大不可量，大神靈問，請陳其方。草生五色，五色之變，不可勝視，草生五味，五味之美，不可勝極，嗜欲不同，各有所通。天食人以五氣，地食人以五味。五氣入鼻，藏於心肺，上使五色修明，音聲能彰。五味入口，藏於腸胃，味有所藏，以養五氣，氣和而生，津液相成，神乃自生。帝曰：藏象何如？岐伯曰：心者，生之本，神之變也，其華在面，其充在血脈，爲陽中之太陽，通于夏氣。肺者，氣之本，魄之處也，其華在毛，其充在皮，爲陽中之太陰，通於秋氣。腎者，主蟄封藏之本，精之處也，其華在髮，其充在骨，爲陰中之少陰，通於冬氣。肝者，罷極之本，魂之居也，其華在爪，其充在筋，以生血氣，其味酸，其色蒼，此爲陽中之少陽，通於春氣。脾胃大腸小腸三焦膀胱者，倉廩之本，營之居也，名曰器，能化糟粕，轉味而入出者也，其華在脣四白，其充在肌，其味甘，其色黃，此至陰之類，通於土氣。凡十一藏，取決於膽也。故人迎一盛病在少陽，二盛病在太陽，三盛病在陽明，四盛已上爲格陽。寸口一盛病在厥陰，二盛病在少陰，三盛病在太陰，四盛已上爲關陰。人迎與寸口俱盛四倍以上爲關格，關格之脈贏，不能極於天地之精氣，則死矣。

《素問·五臟別論》 黃帝問曰：余聞方士，或以腦髓爲藏，或以腸胃爲藏，或以爲府，敢問更相反，皆自謂是，不知其道，願聞其說。岐伯對曰：

腦髓骨脈膽女子胞，此六者地氣之所生也，皆藏於陰而象於地，故藏而不寫，名曰奇恒之府。夫胃大腸小腸三焦膀胱，此五者，天氣之所生也，其氣象天，故寫而不藏，此受五臟濁氣，名曰傳化之府，此不能久留輸寫者也。魄門亦爲五臟使，水谷不得久藏。所謂五藏者，藏精氣而不寫也，故滿而不能實。六府者，傳化物而不藏，故實而不能滿也。所以然者，水穀入口，則胃實而腸虛；食下，則腸實而胃虛。故曰實而不滿，滿而不實也。帝曰：氣口何以獨爲五藏主？岐伯曰：胃者，水穀之海，六府之大源也。五味入口，藏於胃以養五藏氣，氣口亦太陰也。是以五藏六腑之氣味，皆出於胃，變見於氣口。故五氣入鼻，藏於心肺，心肺有病，而鼻爲之不利也。凡治病必察其下，適其脈，觀其志意，與其病也。拘於鬼神者，不可與言至德。惡于針石者，不可與言至巧。病不許治者，病必不治，治之無功矣。

《靈樞・本藏》 黄帝問于岐伯曰：人之血氣精神者，所以奉生而周于性命者也。經脈者，所以行血氣而營陰陽，濡筋骨，利關節者也。衛氣者，所以溫分肉，充皮膚，肥腠理，司開闔者也。志意者，所以御精神，收魂魄，適寒溫，和喜怒者也。是故血和則經脈流行，營覆陰陽，筋骨勁強，關節清利矣。衛氣和則分肉解利，皮膚調柔，腠理緻密矣。志意和則精神專直，魂魄不散，悔怒不起，五藏不受邪矣。寒溫和則六府化穀，風痹不作，經脈通利，肢節得安矣。此人之常平也。五藏者，所以藏精神血氣魂魄者也；六府者，所以化水穀而行津液者也。此人之所以具受于天也，無愚智賢不肖，無以相倚也。然有其獨盡天壽，而無邪僻之病，百年不衰，雖犯風雨卒寒大暑，猶有弗能害也。有其不離屏蔽室內，無怵惕之恐，然猶不免於病，何也？願聞其故。岐伯對曰：窘乎哉問也！五藏者，所以參天地，副陰陽，而連四時，化五節者也。五藏者，固有小大、高下、堅脆、端正、偏傾，六府亦有小大、長短、厚薄、結直、緩急。凡此二十五者，各不同，或善或惡，或吉或兇，請言其方。

心小則安，邪弗能傷，易傷以憂；心大則憂不能傷，易傷於邪。心高則滿於肺中，悗而善忘，難開以言；心下則藏外，易傷於寒，易恐以言。心堅則藏安守固；心脆則善病消癉熱中。心端正則和利難傷；心偏傾則操持不一，無守司也。肺小則少飲，不病喘喝；肺大則多飲，善病胸痹、喉痹、逆氣。肺高則上氣，肩息欬；肺下則居賁迫肺，善脇下痛。肺堅則不病欬上氣，肺脆則苦病消癉易傷。肺端正則和利難傷；肺偏傾則胸偏痛也。肝小則藏安，無脇下之病；肝大則逼胃、迫咽。迫咽，則苦膈中，且脇下痛。肝高則上支賁切，脇悗爲息賁；肝下則逼胃，脇下空。脇下空則易受邪。肝堅則藏安難傷；肝脆則善病消癉易傷。肝端正則和利難傷；肝偏傾則脇下痛也。脾小則藏安，難傷於邪；脾大則苦湊胗而痛，不能疾行。脾高則胗引季脇而痛；脾下則下加于大腸。下加于大腸，則藏苦受邪。脾堅則藏安難傷；脾脆則善病消癉易傷。脾端正則和利難傷；脾偏傾則善滿判若兩人脹也。腎小則藏安難傷；腎大則善病腰痛，不可以俛仰，易傷以邪。腎高則若背膂痛，不可以俯仰；腎下則腰尻痛，不可以俛仰，爲狐疝。腎堅則不病腰背痛；腎脆則苦病消癉，易傷。腎端正則和利難傷，腎偏則苦腰尻痛也。凡此二十五變者，人之所苦常病。

《難經・三十一難》 曰：三焦者，何稟何生？何始何終？其治常在何許？可曉以不？然：三焦者，水穀之道路，氣之所終始也。上焦者，在心下，下膈，在胃上口，主內而不出。其治在膻中，玉堂下一寸六分，直兩乳間陷者是。中焦者，在胃中脘，不上不下，主腐熟水穀。其治在臍傍。下焦者，當膀胱上口，主分別清濁，主出而不內，以傳導也。其治在臍下一寸，故名曰三焦，其腑在氣街。

《難經・三十二難》 曰：五臟俱等，而心肺獨在膈上者，何也？然：心者血，肺者氣。血爲榮，氣爲衛，相隨上下，謂之榮衛。通行經絡，營週於外，故令心肺在膈上也。

《難經・三十三難》 曰：肝青象木，肺白象金。肝得水而沉，木得水而浮；肺得水而浮，金得水而沉。其意何也？然：肝者，非爲純木也，乙角也，庚之柔。大言陰與陽，小言夫與婦。釋其微陽，而吸其微陰之氣，其意樂金。又行陰道多，故令肝得水而沉也。肺者，非爲純金也，辛商也，丙之柔。大言陰與陽，小言夫與婦。釋其微陰，婚而就火，其意樂火，又行陽道多，故令肺得水而浮也。肺熟而復沉，肝熟而復浮者，何也？故知辛當歸庚，乙當歸甲也。

《難經・三十五難》 曰：五臟各有所腑，皆相近，而心肺獨去大腸，小腸遠者，何也？經言心榮肺衛，通行陽氣，故居在上；大腸小腸傳陰氣而下，故居在下。所以相去而遠也。

又諸腑者，皆陽也，清淨之處。今大腸、小腸、胃與膀胱，皆受不淨，其意

何也？然：諸腑者，謂是非也。經言：小腸者，受盛之腑也；大腸者，傳瀉行道之腑也；膽者，清淨之腑也；胃者，水穀之腑也；膀胱者，津液之腑也。一腑猶無兩名，故知非也。小腸者，心之腑；大腸者，肺之腑；胃者，脾之腑；膽者，肝之腑；膀胱者，腎之腑。

小腸謂赤腸，大腸謂白腸，膽者謂青腸，胃者謂黃腸，膀胱者謂黑腸，下焦所治也。

《難經·三十八難》曰：臟唯有五，腑獨有六者，何也？然：所以腑有六者，謂三焦也。有原氣之別焉，主持諸氣，有名而無形，其經屬手少陽。此外腑也，故言腑有六焉。

《難經·三十九難》曰：經言腑有五，臟有六者，何也？然：六腑者，止有五腑也。五臟亦有六臟者，謂腎有兩臟也。其左爲腎，右爲命門。命門者，謂精神之所舍也；男子以藏精，女子以繫胞，其氣與腎通。故言臟有六也。腑有五者，何也？然：五臟各一腑，三焦亦是一腑，然不屬於五臟，故言腑有五焉。

《千金要方·心藏·心藏脈論》論曰：心主神。神者，五藏專精之本也，爲帝王，監領四方，夏王七十二日，位在南方，離宮火也。有生之來謂之精，兩精相搏謂之神，所以任物謂之心。神者，心之藏也。舌者，心之官。故心氣通於舌，舌和則能審五味矣。心在竅爲耳。夫心者火也，腎者水也，水火相濟。心氣通於舌，舌非竅也，其通於竅者，寄見於耳。左耳丙，右耳丁，循環炎宮，上出唇，口知味，榮華於耳，外主血，內主五音。心重十二兩，中有三毛七孔，盛精計三合，神名呴呴，主藏神，號五神居，隨節應會，故云心藏脈，脈舍神。在氣爲吞，在液爲汗。心氣虛則悲不已，實則笑不休。心氣虛則夢救火，陽物得其時則夢燔灼；心氣盛則夢喜笑及恐畏；厥氣客於心，則夢岳煙火。凡心藏象火，與小腸合爲腑。其經手少陰，與太陽爲表裏。其脈洪，相於春，王於夏。夏時萬物洪盛，垂枝布葉，皆下垂如曲，故名曰鈎。心脈洪大而長，洪則衛氣實，實則氣無從出，大則榮氣萌，萌洪相薄，可以發汗。故名曰長，長洪相得，即引水漿溉灌經絡，津液皮膚。太陽洪大皆是母軀，幸得戊已，用牢根株。陽氣上出，汗見於頭，五內乾枯，胞中空虛，醫又下之，此爲重虛。脈浮有表無裏，陽無所使，不但危身，並中其母。

夏脈如鈎，夏脈心也，南方火也，萬物之所以盛長也。故其氣來盛去衰，故曰鈎，反此者病。何如而反？其氣來盛去亦盛，此謂太過，病在外；其來不盛去反盛，此謂不及，病在內。太過則令人身熱而膚痛，爲浸淫；不及則令人煩心，上見欬唾，下爲氣泄。

心脈來累累如連珠，如循琅玕，曰平。夏以胃氣爲本，心脈來喘喘連屬，其中微曲，曰心病。心脈來前曲後居如操帶鈎，曰心死。

真心脈至堅而搏，如循薏苡子累累然，色赤黑不澤，毛折乃死。夏胃微鈎曰平，鈎多胃少曰心病，但鈎無胃曰死，胃而有石曰冬病，石甚曰今病。心藏脈，脈舍神，怵惕思慮則傷神，神傷則恐懼自失，破䐃脱肉，毛悴色夭，死於冬。

手少陰氣絶則脈不通。少陰者，心脈也。心者，脈之合也。脈不通則血不流，血不流則髮色不澤，面黑如漆柴者，血先死，壬篤癸死，水勝火也。

心死藏，浮之實，如豆麻擊手，按之益躁疾者死。夏心火王，其脈浮大而散一作洪曰平。反得弦細而長者，是肝之乘心，母之歸子，爲虛邪，雖病易治。反得大而緩者，是脾之乘心，子之乘母，爲實邪，雖病自愈。反得沈濡而滑者，是腎之乘心，水之剋火，爲賊邪，大逆，十死不治。反得微澀而短者，是肺之乘心，金之陵火，爲微邪，雖病即差。腎乘心必癃。

左手關前寸口陰絶者，無心脈也，苦心下熱痛，掌中熱，時時善嘔，口中傷爛，刺手少陽治陽。左手關前寸口陰實者，心實也，是心下有水氣，憂恚發之，刺手心主治陰。

心脈來，累累如貫珠滑利，再至曰平，三至曰離經病，四至脱精，五至死，六至命盡，手少陰脈也。

心脈急甚爲瘈瘲；微急爲心痛引背，食不下。緩甚爲狂笑；微緩爲伏梁在心下，上下行，有時唾血。大甚爲喉介；微大爲心痹引背，善淚同。小甚爲善噦；微小爲消癉。滑甚爲善渴；微滑爲心疝引臍，少腹鳴。濇甚爲瘖；微濇爲血溢維厥，耳鳴癲疾。心脈搏堅而長，當病舌卷不能言；其濡而散者，當病痟渴自已。渴作環。

赤脈之至也，喘而堅，診曰有積氣在中，時害於食，名心痹，得之外疾思慮而心虛，故邪從之。扁鵲曰：心有病，則口生瘡腐爛。心在聲爲笑，在變動爲憂，在志爲喜。喜傷心，精氣並於心則喜。心虛則悲，悲則憂；實則笑，笑則喜。

時主夏病者，時間時甚。知其源，取其輪，觀其應，審其害。病先發於心者，心痛。一日之肺，喘欬；三日之肝，脇痛支滿；五日之脾，閉塞不通，身痛體重；三日不已，死，冬夜半，夏日中。

病在心，日中慧，夜半甚，平旦靜。

假令心病，此行若食豚魚得之，不者，當以冬時發，得病以壬癸日也。

凡心病之狀，胸內痛，脇支滿，兩脇下痛，膺皆肩甲間痛，兩臂內痛。虛則胸腹大，脇下與腰背相引而痛，取其經手少陰、太陽舌下血者；其變病，刺郄中血者。

心脈沈之小而緊，浮之不喘，苦心下聚氣而痛，食不下，喜噝唾，時手足熱煩滿，時忘不樂，喜大息，得之憂思。

心病其色赤，心痛短氣，手掌煩熱，或啼笑罵詈，悲思愁慮，面赤身熱，其脈實大而數，此爲可治。宜服闕宜服者樂。春當刺中衝，夏刺勞宮，季夏刺大陵，皆補之；秋刺間使，冬刺曲澤，皆瀉之。此是手心主心胞胳經。又當灸巨闕五十壯，皆第五背百壯。

邪在心，則病心痛善悲，時眩仆，視有餘不足而調之其輸。愁憂思慮則傷心，心傷則苦驚喜忘善怒。

心中風者，翕翕發熱不能起，心中飢而欲食，食則嘔。

心中寒者，其人病心如噉蒜韲狀，劇者心痛徹背，背痛徹心，如蠱注。其脈浮者，自吐乃愈。

心傷，其人勞倦，頭面赤而下重，心中痛徹背，自煩發熱，當臍跳手，其脈弦，此爲心藏傷所致也。

邪哭使魂魄不安者，血氣少也。血氣少者屬於心，心氣虛者，其人即畏，合目欲眠，夢遠行而精神離散，魂魄妄行，陰氣衰者即爲癲，陽氣衰者即爲狂。五藏者，魂魄之宅舍，精神之所依託也。魂魄飛揚者，其五藏空虛也即邪神居之，神靈所使鬼而下之，脈短而微。其藏不足則魂魄不安。魂屬於肝魄，屬於肺。肺主津液，即爲涕泣出，肺氣衰者即泣出。肝氣衰者魂則不安，肝主善怒，其聲呼。心水者，其人身體腫一作重而少氣，不得臥，煩而躁，其陰大腫。真心痛，手足清至節，心痛甚，且發夕死，夕發且死。

心腹痛懊憹，發作腫聚，往來上下行，痛有休作，心腹中熱，善渴涎出者，是蚘咬也。以手聚而堅持之，無令得移，以大針刺之，久持之，蟲不動乃出針。腸中有蟲蚘咬，皆不可取以小針。心脹者，煩心短氣，臥不安。

凡心脈急，名曰心疝，少腹當有形，其以心爲牡藏，小腸爲之使，故少腹當有形。

診得心積，沈而芤，時上下無常處，病胸滿悸。腹中熱，面赤咽乾，心煩，掌中熱，甚則唾血，身瘈瘲，主血厥，夏差冬劇，色赤也。心之積名曰伏梁，起於臍上，上至心，大如臂，久久不愈。病煩心心痛，以秋庚辛日得之何也？腎病傳心，心當傳肺，肺適以秋王，王者不受邪。心復欲還腎，腎不肯受，因留結爲積，故知伏梁，以秋得之。

心病煩悶少氣，大熱，熱上湯心，嘔欬吐逆，狂語，汗出如珠，身體厥，冷，其脈當浮，今反沈濡而滑，其色當赤而反黑者，此是水之尅火，爲大逆，十死不治。

徵音人者，主心聲也。心聲笑，其音竽，其志喜，其經手少陰。厥逆太陽則榮衛不通，陰陽反錯，陽氣外擊，陰氣內傷，傷則寒，寒則虛，虛則驚掣心悸，定心湯主之。方在第十四卷中。語聲前寬後急，後聲不續，前混後濁，口喎冒昧好自笑，此爲厲風入心，荊瀝湯主之。方在第八卷中。心虛風寒，半身不遂，骨節離解，緩弱不收，便痢無度，口面喎邪，薑附湯主之。方在第八卷中。此病不盈旬日，宜急治之。又笑而呻，呻而反憂，此爲水尅火，陰擊陽，陰起而陽伏，伏則實，實則傷熱，熱則狂，悶亂冒昧，言多謬誤，不可採聽，此心已傷，若其人口唇正赤可療，其青黃白黑不可療也。

心病爲瘧者，令人心煩甚，欲得清水，反寒多，不甚熱。方在第十卷中。若其人本來心性和雅，而忽弊急反於常，白术酒主之。方在第八卷中。或言未音便住，以手剔脚爪，此人必死。禍雖未及，名曰行屍，此心病聲之候也。虛則補之，實則瀉之，不可治者，明而察之。

赤爲心，心合脈，赤如雞冠者吉。心主舌，舌是心之餘。其人火形，相比於上徵，赤色，廣䏶，兊面，小頭，好肩背髀腹，小手足，行安地，疾行搖肩背肉滿有氣，輕財，少信多慮，見事明了，好顧急心，不壽暴死，耐春夏，不耐秋冬。秋冬感而中病，主手少陰竅竅然。䯧骬長傾正則心應之。正赤色小理者，則心小，小則邪弗能傷，易傷以憂；粗理者則心大，大則虛，虛則寒，寒則憂不能傷，易傷於邪。無䯧骬者則心高，高則實，實則熱，熱則滿於肺中悶而善忘，難開以言。䯧骬小短舉者則心下，下則藏外易傷於

寒，易恐以言。髑骬長者則心堅，堅則藏安守固。髑骬弱以薄者則心脆，脆則善病消癉熱中。髑骬直下不舉者則心端正，端正則和利難傷。髑骬向一方者則心偏傾，偏傾則操持不一，無守司也。一云若髑骬小短薄弱而下則心下，下則虛，虛則傷寒病憂恚內損，心暴痛而好唾清涎，口臭，虫齒痛侵唇齒；若髑骬高起則心高，高則實，實則熱，熱則蒲於心，悶而善忘，恐悸，喉燥口痛，牙癰舌傷，小兒則便秘，口重舌，鵝口，聲嘶。方在《頭面篇》中。

凡人部分陷起者，必有病生。小腸太陽爲心之部。其處陷起即病生矣。藏舍內外，部亦內外。沉濁屬內，浮清居外。若外病內入，小腹滿起；內病裏出，所部陷沒。外入內，前治陽，後補陰；內出外前補陰，後瀉陽。陽則實熱，陰則虛寒。在陽主外，在陰主內。凡人死生休咎，則藏神前變形于外。人心前病，則口爲之開張；若心前死，則枯黑語聲不轉。若天中等分，墓色應之，必死不治。看應增損，斟酌賒促。賒則不出四百日內，促則不延旬月之間。心病少愈而卒死，何以知之？曰：赤黑色黯點如博碁，見顏度年，上此必卒死。心絕一日死，何以知之？兩目回回直視，肩息，立死。凡面赤目白，憂恚思慮，心氣內索，面色反好，急求棺槨，不過十日死。又面黃目赤不死，赤如衃血死。吉兇之色若在於分部，朏朏而見，赤黑入口，此必死，不出其年，名曰行屍。若年上無應，三年之中病必死矣。

夏、火、心、脈、色赤，主手太陽也，夏取盛經分腠。夏者火始治，心氣始長，脈瘦氣弱，陽氣留溢，熱熏分腠，內於經，故取盛經分腠絕膚而病去者，邪居淺也。所謂盛經者，陽脈也。

其脈本在外踝之後，應在命門之上三寸。命門者，在心上一寸也。脈根在少澤，少澤在手小指端。

其筋起於小指之上，結於腕上，循臂內廉，結肘內兌骨之後，彈之應小指之上，入結腋下。其支者，後走腋後廉，上繞肩甲，循頸出足大陽之筋前，結於耳後完骨。其支者，入耳中，直出耳上，下結於頷上，屬目外眥。

《千金要方・肝藏・肝藏脈論》 論曰：夫人稟天地而生，故內有五藏、六府、精氣、骨髓、筋脈，外有四肢、九竅，皮毛、爪齒、咽喉、唇舌、肛門、胞囊，以此總而成軀。故將息得理，則百脈安和；役用非宜，即爲五勞七傷六極之患。有方可救，雖病無他；無法可憑，奄然永往。所以此之中秩，卷卷皆備述五藏六腑等血脈根源、循環流注，與九竅應會處所，并論五藏六府等輕重大小、長短闊狹，受盛多少，仍列對治方法，丸、散、酒、煎、湯、膏、摩、熨，及灸針孔穴，並窮於此矣。其能留心於醫術者，可考而行之，其冷熱虛實風氣，準藥性而用之，則內外百痾無所逃矣。凡五藏在天爲五星，在地爲五嶽，約時爲五行，在人爲五藏。五藏者，精、神、魂、魄、意也。論陰陽，察虛實，知病源，用補瀉，應稟三百六十五節，終會通十二經焉。論曰：肝主魂，爲郎官。隨神往來謂之魂，魂者，肝之藏也。目者，肝之官，肝氣通於目，目和則能辨五色矣。左目甲，右目乙，循環紫宮，榮華於爪，外主筋，內主血。肝重四斤四兩，左三葉，右四葉，凡七葉，有六童子、三玉女守之，神名藍藍，主藏魂，號爲魂藏，隨節應會。故云肝藏血，血舍魂，在氣爲語，在液爲淚。肝氣虛則恐，實則怒。肝氣虛則夢見園苑生草得其時，夢伏樹下不敢起；肝氣盛則夢怒；厥氣客於肝，則夢山林樹木。

凡人卧血歸於肝，肝受血而能視，足受血能步，掌受血而能握，指受血而能攝。

凡肝藏象木，與膽合爲腑，其經足厥陰，與少陽爲表裏，其脈弦，相於冬，王於春春時萬物始生，其氣來濡而弱，寬而虛故脈爲弦，濡即不可發，汗弱則不可下。寬者開，開者通，通者利，故名曰寬而虛。

春脈如弦，春脈肝也，東方木也，萬物之所以始生也，故其氣來濡弱，輕虛而滑，端直以長，故曰弦。反此者病，何如而反？其氣來實而弦，此謂太過，病在外；其氣來不實而微，此謂不及，病在內。太過則令人善忘，忘當作怒。忽忽眩冒而癲疾；不及則令人胸痛引背，兩脇胠滿。

肝脈來濡弱，招如揭竿末梢曰平。巢《源》作綽如按琴瑟之弦，如揭長竿。春以胃氣爲本，肝脈來盈實而滑，如循長竿，曰肝病；肝脈來急而益勁，如新張弓弦，曰肝死。

真肝脈至內外急，如循刀刃責責然，巢《源》作賾賾然。如按琴瑟弦，巢《源》作如新張弓弦。色青白不澤，毛折乃死。

春胃微弦曰平，弦多胃少曰肝病，但弦無胃曰死，胃而有毛曰秋病，毛甚曰今病。

肝藏血，血舍魂，悲哀動中則傷魂，魂傷則狂妄，其精不守，一作狂妄不精，不敢正當人。令人陰縮而攣筋，兩脇肋骨舉，一作不舉。毛悴色夭，死于秋。

足厥陰氣絕，則筋縮引卵與舌。厥陰者，肝脈也。肝者，筋之合也。筋

者，聚於陰器，而脈絡於舌本。故脈弗營則筋縮急，筋縮急則引卵與舌，故唇青、舌卷、卵縮則筋先死，庚篤辛死，金勝木也。肝死藏，浮之弱，按之中如索不來，或曲如蛇行者死。

春肝木王，其脈弦細而長曰平。反得沈濡而滑者，是腎之乘肝，母之歸子，爲虚邪，雖病易治；反得浮大而洪者，是心之乘肝，子之乘母，爲實邪，雖病自愈；反得微澀而短《千金翼》云而浮而短澀。者，是肺之乘肝，金之剋木，爲賊邪，大逆，十死不治；反得大而緩者，是脾之乘肝，土之陵木，爲微邪，雖病即差。心乘肝必吐利，肺乘肝即爲癰腫。

左手關上陰絶者，無肝脈也，若癃。遺溺難言，脇下有邪氣，善吐刺足少陽治陽。

左手關上陰實者，肝實也，苦肉中痛，動善轉筋，吐，刺足厥陰治。

肝脈來濯濯如倚竿，如琴瑟弦，再至曰平，三至曰離經病，四至脱精，五至死，六至命盡，足厥陰脈也。

肝脈急甚爲惡言，一作妄言。微急爲肥氣在脇下，如覆杯；緩甚爲嘔，微緩爲水瘕痹；大甚爲内癰，善嘔衄，微大爲肝痹縮，欬引少腹；小甚爲多飲，微小爲消癉；滑甚爲頽疝，微滑爲遺溺；濇甚爲淡飲，微濇爲瘈瘲筋攣。

肝脈搏堅而長，色不青，當病墜；若搏因血在脇下，令人喘逆；其濡而散，色澤者，當病溢飲。溢飲者，渴暴多飲，而溢入肌皮腸胃之外也。《素問》溢入作易入。

青脈之至也，長而左右彈，有積氣在心下，支胠，名曰肝痹，得之寒濕，與疝同法，腰痛足清頭痛。

扁鵲云：肝有病則目奪，精虚則寒，寒則陰氣壯，壯則夢山樹等；實則熱，熱則陽氣壯，壯則夢怒。

肝在聲爲呼，在變動爲握，在志爲怒。怒傷肝，精氣并於肝則憂，肝虚則恐，實則怒，怒而不已，亦生憂矣。

色主春，病變於色者，取之榮。

病先發於肝者，頭目眩，脇痛支滿，一日之脾，閉塞不通，身痛體重；二日之胃而腹脹；三日之腎，少腹腰脊痛，脛痠；十日不已，死，冬日入，夏早食。

病在肝，平旦慧，下晡甚，夜半靜。

假令肝病西行，若食雞肉，得之當以秋時發病，以庚辛日也。

家有血腥死，女子見之，以明要爲灾，不者，若感金銀物得之。凡肝病之狀，必兩脇下痛引少腹，令人善怒，虚則目𥆧𥆧無所見，耳無所聞，善恐，如人將捕之。若欲治之，當取其經，足厥陰與少陽。氣逆則頭目痛，耳聾不聰，頬腫，取血者。

《千金要方・脾藏・脾藏脈論》 論曰：脾主意。脾藏者，意之舍。意者，存憶之志也。爲諫議大夫，並四藏之所受。心有抽憶謂之意，意之所存謂之志，因志而存變謂之思，因思而遠慕謂之慮，因慮而處物謂之智。意者，脾之藏也。口唇者，脾之官，脾氣通於口，口和則能别五穀味矣。故云口爲戊，舌唇爲己，循環中宫，上出頤頬，次候於唇，下迴脾中，榮華於舌，外主肉，内主味。脾重二斤三兩，扁廣三寸，長五寸，有散膏半斤。主裹血，溫五藏，神名俾俾，主藏營一作意，秩禄號爲意藏，隨節應會，故曰脾藏營，營舍意，在氣爲噫，在液爲涎。脾氣虚則四肢不用，五藏不安；實則腹脹，涇溲不利。脾氣虚，則夢食飲不足；得其時，則夢築垣蓋屋。脾氣盛，則夢歌樂，體重，手足不舉。厥氣客於脾，則夢丘陵大澤，壞屋風雨。凡脾藏象土，與胃合爲腑，其經足太陰，與陽明爲表裏，其脈緩，相於夏，王於季夏。脾者土也，敦而福，敦者厚也。萬物衆色不同，故名曰得福者廣。萬物懸根住莖，其葉在巔，蜎蜚蠕動，蚑蠷喘息，皆蒙土恩。德則爲緩，恩則爲犀，故令太陰緩而犀，尺寸不同。酸鹹苦辛大妙，而生互行其時，而以各行，皆不羣行，盡可常服。土寒則溫，土熱則涼。土有一子，名之曰金，懷挾抱之，不離其身，金乃畏火，恐熱來熏，遂棄其母，逃於水中，水爲金子，而藏火神。閉門塞戶，内外不通，此謂冬時，土失其子，其氣衰微，水爲洋溢，浸漬其地，走擊皮膚，面目浮腫，歸於四肢。愚醫見水，直往下之，虚脾空胃，水遂居之。肺爲喘浮，肝反畏肺，故下沈沒，下有荊棘，恐傷其身，避在一邊，以爲水流。心衰則伏，肝微則沈，故令脈伏而沈。上醫遠一作來占，因轉孔穴，利其溲便，遂通水道。甘液下流，停其陰陽，喘息則微，汗出正流。肝著其根，心氣因起，陽行四肢，肺氣亭亭，喘息則安。腎爲安聲，其味爲鹹，倚坐母敗，洿臭如腥，土得其子，即成爲山，金得其母，名曰丘矣。

四時之序，逆順之變異也。然脾脈獨何主？脾脈者土也，孤藏以灌四

傍者也。其善者不可得見，惡者可見。惡者何如其來？如水之流者，此謂太過；病在外，如鳥之喙者，此謂不及。病在中，太過則令人四肢沈重不舉，不及則令人九竅壅塞不通，名曰重強。

《千金要方·肺藏·肺藏脈論》 論曰：肺主魄，魄藏者，任物之精也，爲上將軍使，在上行，所以肺爲五藏之華蓋。並精出入謂之魄，魄者，肺之藏也。鼻者，肺之官，肺氣通於鼻，鼻和則能知香臭矣，循環紫宮，上出於頰，候於鼻下，迴肺中，榮葉於發，外主氣，內主胸，與乳相當，左乳庚，右乳辛。肺重三斤三兩，六葉兩耳，凡八葉，有十四童子、七女子守之，神名鳥鴻。主藏魄，號爲魄藏，隨節應會，故云肺藏氣，氣舍魄，在氣爲欬，在液爲涕。肺氣虛則鼻息利少；氣實則喘喝胸憑仰息。肺氣虛則夢見白物，見人斬血藉藉，得其時則夢見兵戰；肺氣盛則夢恐懼哭泣。厥氣客於肺，則夢飛揚，見金鐵之器奇物。

凡肺藏象金，與大腸合爲腑，其經手太陰，與陽明爲表裏。其脈浮，相於季夏，王於秋。秋時萬物之所終，宿葉落柯，萋萋枝條，其巩然獨在。其脈爲微浮，衛氣遲，榮氣數，數則在上，遲則在下，故名曰毛。陽當陷而不陷，陰當升而不升，爲邪所中。二氣感激，故爲風寒所中。陽中邪則捲，陰中邪則緊；捲則惡寒，緊則爲慄，寒慄相薄，故名曰瘧。弱則發熱。浮乃來出，旦中且發，暮中暮發。藏有遠近，脈有遲疾，週有度數，行有漏刻，遲在上傷毛采，數在下傷下焦。中焦有惡則見，有善則匿，陽氣下陷，陰氣則溫，陽反在下，陰反在巔，故名曰長而且留。

《千金要方·腎藏·腎藏脈論》 論曰：腎主精。腎者，生來精靈之本也，爲後宮內官，則爲女主。所以天之在我者德也，地之在我者氣也，德流氣薄而生者也。故生之來謂之精，精者，腎之藏也。耳者，腎之官，腎氣通於耳，耳和則能聞五音矣。腎在竅爲耳。然則腎氣上通於耳，下通於陰也。左腎壬，右腎癸，循環玄宮，上出耳門，候聞四遠，下迴玉海，俠脊左右，與臍相當，經於上焦，榮於中焦，衛於下焦，外主骨，內主膀胱。腎重壹斤壹兩，有兩枚。神名濧濧，主藏精，號爲精藏，隨節應會，故云腎藏精，精舍志。在氣爲欠，在液爲唾，腎氣虛則厥逆，實則脹滿，四肢正黑。虛則使人夢見舟船溺人，得其時夢伏水中，若有畏怖。腎氣盛，則夢腰脊兩解不相屬；厥氣客於腎，則夢臨淵沒居水中。

凡腎藏象水，與膀胱合爲腑。其經足少陰，與太陽爲表裏。其脈沈，相於秋，王於冬。冬時萬物之所藏，百蟲伏蟄，陽氣下陷，陰氣上升，陽氣中出，陰氣冽爲霜，遂不上升，化爲霜雪，猛獸伏蟄，蜾蟲匿藏。其脈爲沈，沈爲陰，在裏，不可發汗，發汗則蜾蟲出，見其霜雪。陰氣在表，陽氣在藏，慎不可下，下之者傷脾，脾土弱，即水氣妄行。下之者，如魚出水，蛾入湯。重客在裏，慎不可熏，熏之逆客，其息則喘，無持客熱，令口爛瘡。陰脈且解，血散不通，正陽遂厥，陰不往從，客熱狂入，內爲結胸，脾氣遂弱，清溲痢通。

《四氣攝生圖·藏王》 肝藏春王　肝屬東方木，爲青帝神，形如青龍，象如懸瓠。肝者幹也，狀如枝幹，故謂之肝。重四斤四兩，在心下，有七葉，左三葉，右四葉。肝爲心母，爲腎子。肝下有三魂，名爽靈、胎光、幽精。夜臥及平旦，叩齒三十六通，呼肝神及三魂神也。目爲之宮，左目爲甲，象日屬陽；右目爲乙，象月屬陰。肝放液爲淚，腎邪入肝則多淚。膽爲之腑。膽合於肝，在肝短葉下。《黃庭經》云：肝氣鬱勃清且長，羅列六腑生三光。心精意專內不傾，上合三焦下玉漿。其聲角，其性仁，其味酸，其臭羶。心邪入肝，則惡羶物。其蟲鱗，凡有鱗之類皆屬東方也。肝神好行仁惠，傷閔蓋發於肝也。肝神喜悅病不生，肝聞悲傷則有淚，淚出於肝也。春之三月，木王，天地氣生，萬物榮茂，欲安其神者，當澤被群茁，恩霑類，無竭川澤，無漉陂池，以安萌芽，以止傷殺則合乎太清、以順天地發生之氣。夜臥早起，而合乎道。若逆之則毛骨不榮，金氣相克，衆疾生矣。有疾而難治，爲春夏之患耳。

肝神名龍煙，肝之狀，其字含明，色青，其象，如懸匏，其神如龍。肝合於腠上，主於目，肝盛目赤；又主於筋，筋急者，肝虧也；皮枯者，肝熱也；肌骨斑點者，肝風也；面色青者，肝盛也；好食酸味者，肝不足也；毛髮枯者，肝傷也。肺邪入肝則多笑；手足多汗，肝無疾也。肝氣逆則頭痛，耳鳴，惛惛多睡，小腹微痛，視物不明，飛蠅上下。凡丈夫五十已上，腎氣衰減，不應於肝，所以眼暗；將攝若乖，則眼赤目癢，肝被陰邪侵，則夢見林園竹木，或見著青、或在水邊，見龍蛇禽獸奔走趁驚怕，可用噓以去之。平旦叩齒九通，以鼻引清氣，輕噓三十六遍，以治肝之一切煩熱。

心藏夏王　心屬南方火，爲赤帝神，形如朱雀，象如倒懸芙蓉。心者纖也，所納纤微無不貫注，變水爲血。重十二兩，中有七孔三毛。上智之人心穴通明，心有七孔；中智之人心穴通氣，五孔；下智之人氣明俱不

通，心乃無孔，無智慧而多狡詐。心爲肝子，爲脾母。舌爲之宮闕，竅通耳。左耳爲丙，右耳爲丁。於液爲汗，腎邪入心則多汗。其味苦，人之傷恨自知，苦皆發於心也。小腸爲心之府，與心合。《黄庭經》云：心部之宮蓮舍花，下有童子丹元家。主適寒熱榮衛和，丹錦緋裳披玉羅。其聲征，其臭燋，人有不暢之事，多云心焦，蓋天使然也。其性禮，其情樂，其蟲羽，凡有羽之類皆屬南方也。其神躁而無准，人之暴急乃發於心也。夏之三月火王，萬物化實。欲安其神者，則舍忠履孝，輔義安仁，定其火，息其熾，澄其心，和其神，止聲色，薄滋味，可以居高明，可以遠眺望，而後合乎中和，以順天地之氣。早卧早起，無厭於日，順於正陽，以消暑氣，逆之則腎藏爭分，水火相克也。心神名丹元心之狀其字守靈，色赤，其象如蓮華，其神如朱雀。心合小腸，主其血脈，主於舌。舌不知味，心虧也；血擁者，心驚也；多忘者，神離心也；多悲者，心傷也；愛重語者，心亂也；面色青黑者，心冰也；好食苦者，心不足也；容色赤者，心無疾也。心有病則口乾舌強，喉中痛，口中生瘡。心合於小腸，主血脈，亦主於舌，故人之中風者，多心舌澀。主於心也，心有疾，則寒不時，魂神不安，小便多赤，唇口色變，氣力不足，言笑不時，夢見鑪火冶之物，赤衣及裸形人，見血光及狼犬相逐，忽身居危嶮，見兵甲之類，用呵以治之。平旦端坐，叩齒九通，以鼻引清氣，輕呵三十六遍，治心之勞多則損。

肺藏秋王　肺屬西方金，爲白帝神，形如白獸，象如懸磬，爲五藏之華蓋。肺者，教也，言其氣勃郁。重三斤三兩，六葉兩耳，共八葉。肺爲脾子，爲腎母。肺下有七魄，如嬰兒，名屍狗、伏矢、雀陰、吞賊、非毒、除穢、臭肺。夜卧時及平旦，叩齒三十六通，呼肺神名及七魄名，以安五藏神。鼻爲之宮，左孔爲庚，右孔爲辛。在氣爲咳，在液爲涕。上通氣至腦戶，下通氣至脾中，是以諸氣屬肺。久卧傷肺，肺爲呼吸之根源，爲傳送之宮闕，腎邪入肺則多涕。大腸爲肺之府，與肺合其榮。毛髮也枯落者，肺衰也。《黄庭經》云：肺部之宮似華蓋，下有童子坐玉闕。七元之子主調氣，外應中嶽鼻齊位。其聲商，其味辛，其臭腥。心邪入肺，則惡腥物。其性義，其情怒，其津唾，肺勞則多唾。秋之三月，金王，主殺，萬物枯損。欲安其魄而存其形者，當舍仁育物。施恩斂容，陰陽分形，萬物收殺，雀卧鷄起，待秋分定後，斬殺必當，無留有罪，乃順陰氣所湯而長肺之剛，順之則邪氣不侵，逆之則五脏乖矣。

肺神名皓華，肺之狀其字虛成，色白，其象懸磬，其神如白獸。　肺合大腸，外形於鼻。肺有風，則鼻塞；面色枯者，肺乾也；鼻痒者，肺有蟲也；多怖者，魄離肺也；身上生黑白點者，肺微也；多聲氣者，肺強也；不耐寒者，肺敗也；好食辛者，肺不足也；大腸秘者，肺壅也；顔色鮮白者，肺無病也。肺有疾，即多嗽，上氣，面浮腫，多睡，面生瘡，面生黄白，鼻塞腦疼，胸背滿痛，四肢煩悶，皮上痒，喉中噎，夢見繒帛、金玉、美女，自身甲衣，見幡花雲鶴，日月貴人，可用呬以去之。平旦叩齒九通，微以鼻引清氣，輕呬三十六遍，以去肺之熱，并一切邪氣，過多亦損。

腎藏冬王　腎藏屬北方水，爲黑帝神。形如鹿，兩頭象圓石。腎之分也，主分水氣，灌注一身，如樹之有根。有左右腎，亦謂之命門，生氣之府，死氣之廬，守之則存，用之則竭。重一斤一兩，對臍附腰脊。腎爲肝母，爲肺子。耳爲之宮。天之生我，流氣而變，謂之精，精氣往來謂之神。神者，腎之藏其情智。左腎爲壬，右腎爲癸。在氣爲吹，在液爲唾，在形爲骨。久立傷骨，乃損腎也。腎合乎骨，應在齒，齒痛者，腎傷也。經於上焦，榮於中焦，衛於下焦腎邪自入則多唾，膀胱爲之府。其榮髮也。《黄庭經》云：腎部之宮玄闕圓，中有童子名上玄。主諸六府九府液源，外應兩耳百液津。其聲羽，其味鹹，其臭腐。心邪入腎，則惡腐物。其蟲介，凡有甲之類皆屬於水，故曰介也。冬之三月，乾坤氣閉，萬物伏藏。且冬至之日，陰陽爭，諸生蕩，君子齊戒，處必掩身，節嗜慾，止聲色，以待陰陽之所定，昏卧寅起，以順日光，無競陰陽氣然後全其生，合乎太清，順乎陰陽，逆之則陰氣内傷，腎藏虛亂也。夜卧叩齒及平旦三十六通，呼神名以安水藏也。

腎神字育嬰，腎之狀其色黑，其象如圓石，其神如白鹿，兩頭。　腎合於骨，上主於齒。齒痛者，腎傷也。又主於耳，耳聾者，腎虛也。骨痛者，腎虧也。齒多齟者，腎寒也。齒齼者，腎風也。耳痛，腎壅也。多欠者，腎邪也。腰不伸者，腎冰也。面色黄者，腎衰也。腎邪自入則多呻吟。容色紫光者，腎無病也。腎有病，腰膝連膀胱痛吟，小便餘瀝，面色黑而齒焦，體重喘咳，盗汗耳鳴，隔氣食不下，夢見入暗處，見婦人、僧尼、龜鱉、駝馬、槍旗，自身著甲，共往同行。或汎舟，或走馬，可用吹以去之。平旦叩齒九通，以鼻引清氣，輕吹三十六遍，以去腎之一切邪氣，過多亦損。

脾藏王四季　脾藏屬中央土，王四季，爲黄帝神，形如鳳凰，坤之氣，土

之精，象如覆盆。脾者，裨也，裨助胃氣。在心下三寸，重一斤二兩，闊三寸，長五寸。脾爲心子，爲肺母。外通眉闕，能制謀、意辯皆脾也。口爲之宮。其神多嫉妬，蓋起於脾也。脾無定形，主土，陰也。妬亦無准，婦人多妬，乃受陰氣也。若食熟軟之物，則全身之妙道也。脾如磨之轉化食，食不消是脾不轉也。堅硬之物，乃難化也。若食訖便臥，脾則側側則不化食，乃爲宿食之患。若勞形之人猶可，若年過五十或閑樂之人，故自掇其患也。脾氣通和，則口知五味；脾氣有病，則唇黑口乾，不思食，不知五味。《黄庭經》云：脾長一尺掩太倉，中部老君治明堂。其聲宮，其性信，其味甘，其臭香。心邪入脾，則不聞香氣。其蟲裸，主於吞。脾生於中宮，脾居左脇，主於唇口，口爲戊，舌爲己合於肉，榮於唇。藏不調即傷於脾，脾不調則傷質，質神俱損，則傷人之中風，口涎舌硬，乃爲脾氣受邪也。當四季月末十八日，少思屏慮，屈己濟人，不爲利爭，不爲陰賊，不與物競，不以自強，恬和清虚，順神之德，而後全其生，逆之則脾腎受邪，土木相克也。

脾神名常在脾之狀其字魂庭，色黄，其狀如覆盆，其神如鳳。　脾與胃合爲府，居左脇，寄二宮，六氣肋，王於四季，轉化其生而入於熟也。食不消者，脾不轉也。多食者，脾虚也。不顧食者，脾中有不化食也。食不下者，脾塞也。面無顔色者，脾虚之也。好食甘物者，脾不足也。多惑者，脾識不安也。有風及肺疾者，食多乃脾虚也。肌肉鮮白滑者，脾無疾也。脾聲主宮，宮爲五音之長，律應黄鍾，脾聞樂則磨。脾是元氣之本，官居太阿，色黄體重。土王六月，亦寄四季，有身沉力弱不欲食，身上習習如遊風，心中自悶而色痿黄，夢見動土。或在野壙，及見道士身居城壘，童兒共行，可用呼以去之。平旦叩齒六通，微以鼻引清氣，呼三十遍，以去脾之壅滯，過多亦損。

膽脏　藏者金之精，水之氣，其色青，其神形如龜蛇，象如懸瓠，附著肝短葉下。膽者，敢也，言人膽氣果敢。重三兩三銖，爲肝之腑。若據膽則不在五脏之數，歸於六腑，緣膽下亦受水氣，與坎宮同道，又不可用六腑，故别立膽脏。人之勇决者，蓋發於膽脏也。合於膀胱亦主於毛髮。《黄庭經》云：主諸氣力攝虎兵，外應眼瞳鼻柱間。腦髮相扶與俱鮮，膽部與五脏相類也。且膽寄於坎宮，使人慕善知邪，絶姦止佞，欲行直道。膽主於金，金主於殺，故多勇殺之氣。萬物殺者則悲，故人悲者金生於水，是以目有淚也。心主火，膽屬水，火得水而威，水得火而煎，陰陽交爭，水騰於火，目有淚也，淚出於膽，膽水主目瞳，受木精，二合男子。五十目暗者，腎氣衰，膽精減，而可補其腎。長於肝，欲安其神，當息忿爭，行仁輔義，後乃全其生也。

膽神名龍耀，膽之狀其字威明色青，其象如系瓠，其神如龜蛇。　膽合於膀胱，上主毛髮。髮枯者，膽損也。膽有病大息、口乾，心中澹澹，似被人捕逐者，傾也。膽實則傷熱，熱則精神不守，起臥無定；膽虚則傷寒，寒則或畏，頭眩不敢獨臥。爪甲乾者，膽虧也。無懼者，膽洪實也；無故淚出者，膽虚也。好食若物者，膽不足也。髮燥者，膽風也。毛焦者，膽熱也。顔色青光者，膽無病也。夢見與人鬪爭鬼交者，膽衰也。膽有病用嘻以去之。平旦叩齒九通，以鼻引清氣，輕嘻三十遍，以去膽之病，過多則損也。

《太清中黄真經・六腑萬神》　六腑萬神恒有常，五藏六腑，百關九節，有神百萬，若日常清淨修之則當自見矣。

大腸之中主肺堂。

腑爲首，三焦之主也。

元和淨理穀實盡，

但以元炁攻運，何慮穀炁之不去。

中有靈神自隱藏。

藏腑既淨，萬神自藏。故《大明經》云：大腸主肺也。鼻柱中央爲腸，重一十二兩，長一丈二尺，廣八寸，在臍左邊，曲疊積一十二盤，貯水穀一斗二升，主一十二時，内有神，各具本色衣冠一十二人。若除水穀炁盡，元炁自足，其神當見。各於本時，遞相護衛修道之子者也。

腎腑當明内宮女，外應耳宅爲門户。

《内神經》云：精主腎，腎爲後宮，内官列女主腎，耳之宮承炁於耳也。左腎爲壬，右腎爲癸，循環兩耳，門中有神五百人，内有元神守之，都管兼主志智。凡人好嗔怒則傷腎，腎傷則失志，失志則喪道之本也，元神亦散，修行之人大忌嗔怒，道成則内神常見於人衛道者也。

膀胱兩腑合津門，氣海循環爲要路。

膀胱是兩腑爲津門，腎合於膀胱，乃受津之府，上應於舌根也。津液往來常潤澤肌體，舌岸以應兩。膀胱炁少則不潤。服炁之人常欲少語以養津液，故語多則口乾，口乾則難用炁也。中有神三百六十人以應一年之數，炁成當見。其神常抱無貪之行。故道者不貪，志合神理。《大洞升玄經》

云：行合神見，道成歸天，此神人行胎息即自出，常以護衛人近道也。

子當得見內神彰，終身不泄神常助。

終始不泄天神助子。

《內丹還元訣》 夫修道者，先明五行，次曉四象。辯陰陽顛倒之術，識七寶運用之法。九仙真炁，須憑臟腑之中；八卦內屬，要知出處之因。彼中細瑣一一具陳，鉛汞黄芽列篇於後。

夫五行者，肝、肺、心、腎、脾。肝屬東方甲乙木。肝者，是木藏，肝中有炁，名曰青龍。其炁從後來脊，膝道左邊脈路上來，流入眼中化淚，淚名真水。肝之餘炁，流入上齶，左邊流者，名曰金液。

肺屬西方庚辛金。肺者，是金藏，肺中有炁，名曰白虎。其炁從後夾脊，膝道右邊脈路上來，流入鼻中化涕，涕名真金。肺之餘炁，流入上齶，右邊流者，名曰還丹。《內丹經説》云：上有金液還丹是也。

心屬南方丙丁火。心者，是火藏，心中有炁，名曰朱雀。其炁屬前三道寶堦，從前中心脈路上來，入舌下化津，卻咽入心，心中化穴，一名真火。血餘炁流入上齶，右邊流者，名曰神水。腎屬北方壬癸水。腎名水藏，腎中有炁，名曰玄武。其炁從肚右邊脈路上來，入耳，巡還天界，卻下入於腎。腎中餘炁流入舌下，右邊流者，名曰華池。《內丹經説》云：中有神水華池是也。

脾屬中央戊己土。脾者，是土藏。脾中有炁，名曰螣蛇。其炁從後夾脊，膝道上來入於肺，肺中化涎，名真土。涎餘炁，流入唇內，名曰黄芽。

夫四象者，一金翁、二姹女、三嬰兒、四黄婆。一金翁者，肺中之唾。問曰：唾屬陰，因何名金翁？答曰：爲上有還丹、金液、神水、華池、黄芽，和合爲陽，爲上陽下陰，故名金翁。即知天上有日，日是純陽，日中有烏，烏有三足，屬西方庚辛金。內陰外陽，即名金翁。

二姹女者，是心中之穴。問曰：穴屬南方丙丁火，屬陽中穴，亦屬陽，何名姹女？答曰：爲上唾屬陰，下血屬陽，爲陰中有陽，故名姹女。即知天上有月，月是純陰，月中有兔，兔屬東方甲乙木，爲上陽下陰，即名姹女。

三嬰兒者，是腎中之精。問曰：腎中之精，純陰，內名嬰兒，只如男子身，純陽，內中有精屬陰，爲陽中有陰，即名嬰兒。故曰：坎男離女。

四黄婆者，是脾中之涎。涎者，名真土。問曰：土脾屬陰，涎亦屬陰，因何無陰陽匹配？答曰：脾爲上陰，涎爲下陰，是爲孤陰，故名黄婆。津、水、唾、血、神、炁、精。九仙真炁，出在人身。鼻中入者炁屬肝，出者炁屬肺。口中吹者炁屬腎，呵者炁屬心，嘻者炁屬脾。家長出用炁屬小腸，炁見人先怒者屬膀胱，炁見人喜者屬三焦。家炁、穀炁者，通下泄之炁。

《玉清金笥青華秘文金寶內鍊丹訣・心爲君論》 心者，神之舍也。心者，衆妙之理，而宰萬物也。性在乎是，命在乎是。若夫學道之士，先須了得這一箇字，其餘皆後段事矣，故爲之傳。張子野人，身披百納，自成都歸於故山，築室於山青水緑之中，萬物罄然，而怡怡然若有所得。客傳於市曰：遭貶張平叔歸於山矣。從游之士，叢然而至，立於庭，且泣且拜，曰：先生固無恙乎？且夫奔涉山川，逾越險阻者，於兹十年，而貌不少衰，形不少疲者，其有術乎？張子曰：吁！吾與汝言，人之所以憔悴枯槁者，誰使之然？心也。百事集之，一念未已，一念續之，盡日之中，全無頃暇宵之寐也。則亦若無心焉，但神不存矣。吾本無他術，爲能定心故。夫鬼神之所以測度者，吾心之有念耳。心無念，則神之靈不可得而施也。豈神不知吾心，吾亦自不知其爲心，乃定之根本也。弟子曰：然則金丹之士，其靜心乎？勿靜心乎？曰：靜之一字，能靜則金丹可坐而致也，但難耳。曰：夫子之言，其誤後學多矣。張子矍然而請其旨。曰：夫子與人言金丹之道，常使人心中生意。以意爲造化之主，心其能靜乎？曰：子見偏耳，非吾言之所誤也。君尋其平日用心，爲何而動？寂然不動，感而遂通，乃吾心之用也。奔役天涯，子無居止，子用心也。夫斗極之北辰，固未始動。其所以爲動者，拱之星耳。然拱辰之星，固不能動者，斗極爲之樞而運之爾。性其不動之中，而有所謂動者，丹士之用心也。唯其動之中而存不動者，仁者之用心也。於不動之中，終於不動者，土木之類也。心居於中，而兩目屬之，兩腎屬之，三竅屬之，皆未可盡其妙用。其所以爲妙用者，但神服其令，氣服其竅，精從其召。神服其令者，心勿馳於外，則神反藏於內；氣服其竅者，心和則氣和，氣和則形和，形和則天地之和應矣。故盛喜怒而氣逆者，喜怒生乎心也；精從其召者，如男女構形而精蕩，亦心使之然。心清即念清，念清則精止。吁！心惟靜，則不外馳；心惟靜，則和；心惟靜，則清。一言以蔽之曰靜，精、氣、神，始得而用矣。精、氣、神之所以爲用者，心靜極則生動也。非平昔之所謂動也，用精、氣、神於內之動也。精固精，氣固氣，神亦可謂性之基也。性則性，而基言之，何也？蓋心靜則神全，神全則性現，又一言以蔽之曰靜。

其所以爲靜者，蓋亦有理，順水行舟，滔滔騰拔，欲往海島，不曰勞形，一旦回家，思鄉安靜。急駕歸帆，求風逆返，還家固靜之道。但久違而始復，久失而始尋，一旦欲靜，其可得乎？當思歸靜之由，然後能靜。既悟昨非，當求今是。非固常爲，是在何處？詩曰：自下金梯墮碧崖，回思關苑幾花開。向來大道今何在？野草不除荊棘堆。

《道樞・黃庭篇》內景之學，蓋有二家，權其至當，其思無邪。　人之絳宮者上清也，其名曰紫霞，蓋身之中，五行混然而聚，至靈之氣者也。三魂者，一曰胎光，其居上丹田；二曰爽靈，其居中丹田；三曰幽精，其居下丹田。下丹田者，下關元也，其名曰命關、曰金關、曰玄關、曰死生關。二腎者，其左少陽，其右太陰，上通于諸脈，及于經終，此密戶也，二腎所生，如日月之氣，常隨呼吸而出入焉，內灌于生門，上入于泥丸，上下通流，如日月之運行，人之動靜呼吸，心宜常存之者也。元氣者，出于下丹田，流注于身，凡晝之干，則陽極而陰生，故會合于泥丸。陰陽相推，循環無窮，晝夜之間，猶列宿分布焉。夫能服氣固精，得其節符，則靈氣凝變，如紫煙白雲，充于三田，其升爲雲，其降爲雨，以之溉灌五藏，而植根者也，上納津液，下勿泄其氣，氣液充滿，如深井之出涌泉，自然洞流無窮，通于鼻門，而入于口，滋于其身。如是，則黃鉛紫汞生矣。依時採而鍊之，入于丹田，貫諸百節，自然中闇室而照真陽之門，故曰回紫抱黃入丹田者，此之謂也。口者，玉池也，其中靈液皆由脾胃消化水穀，承變而生焉。其源自乎肘後之關，衝之至于轆轤之關，其分四脈，下之二脈，從頂之後，入頂之下，透舌之二竅及下齒齒縫也。出焉。上之二脈，入于泥丸，穿于上腭之二竅及上齒出焉，一氣不調，則水穀不化，脾胃之氣緩而玉池乾枯焉。經曰：晝夜不寐乃成真。不寐者，非不寢也。去陰昏之氣而已。《九皇丹經》曰：晝嚥靈液，夜伏真氣，久則氣輪目運于三宮，如波濤之聲，所以心合于氣，氣合于神，融而且和，泯泯澄湛，不逐于物，入于不動之境焉。存黃庭者何也？閉八門，鎖金關，澄湛靈臺，掃除陰室，使二氣交會於蟾宮，所以製鍊瓊丹，填補血腦者也。耳也、鼻也、口也、心也、命關也。耳鼻凡兩。不可妄啓發焉，當收視反聽，絕諸外照，其名曰七蕤玉籥閉二扉，此之謂也。夫修大還者，必先扃三要焉，三要者，耳也、目也、口也，而後閉金關焉。如是則太一玄泉，消于幽關，上貫于崑崙矣。九微上仙常帶虎符者，水中之金也。脾者，橫津也，脾長一尺，橫津長三寸有六分，在心之下，謂之黃庭之府焉。心與脾者，父子也，是爲火生于土，靈臺之所居也。鼻者中嶽也，竅之左，其氣之出，則陽也；竅之右，其氣之出，則陰也。晝夜陰陽不定焉。觀其運行，始會于丹田，次流于寸口，朝于鼻中，貫于五內，歸于命門。扁鵲曰：二呼也，其脈行乎三寸焉；一吸也，其脈行乎三寸焉。呼吸定息，其脈之行，是爲六寸，晝夜一萬三千五百息，則脈行乎五十度，而周于身矣。其運行之道，蓋如環之無端焉。榮者，陽也；衛者，陰也。榮減一息，則生寒矣。衛加一息，則生熱矣。神能御氣，則鼻不失息，如嬰兒之在胎者也。故胎息者，上至于氣關，下至于氣海，非若口鼻之勞也。真人之息以踵，何也？氣伏于下元，則其息長而遠矣，出于三焦之上，則其息短而促矣。葛真人曰：靈龜俊鵠，千歲不食者，善息故也。舌之下有三穴焉，左曰金津，右曰玉液，中曰玄膺，皆涌生甘泉，以灌于氣海。氣海者，命門也，此生死之岸也。曰神、曰氣、曰精，身之三寶也。保之之要，有三焉，始以導引百骸，通流血脈，以安其四體；中以勤修百行，抱制魂魄，以全萬神；終以淘鍊本元，飛行日月，以復其真精。真精者，得一可以仙矣。治身之要，要乎存想，于是又有妄想、真想焉。夫閉目作觀，或引五色之氣，或化日月之光，或爲龍虎之形，或作嬰兒之象，或思赤珠，或現金丹，此妄想也。閉目內視，而使神識氣，氣識神，于是氣爲神胎，形爲氣主，神氣相合而自然，此真想也。日月既足，可以出入其殼矣。肺，主乎氣者也。是爲華蓋焉，其下通于命關，其上貫乎神廬，氣或不通，則鼻塞矣。于是存其白元，靜調六氣呬、噓、呵、吹、呼、吸也。可以革壅滯矣。白元者，何也？肺之真氣也。能治身者，莫先乎行氣。氣活則血榮，血榮則精實，精實則神靈而四海內豐矣。四海者，何也？氣、血、精、髓也。其要在傷乎戒五傷焉。多乎鹹，則心傷矣；多乎苦，則肺傷矣；多乎酸，則脾傷矣；多乎辛，則傷肝矣；多乎甘，則腎傷矣。不特此而已，久于視，則血傷矣；久于臥，則氣傷矣；久于立，則骨傷矣；久于坐，則肉傷矣；久于行，則筋傷矣。知此者，血氣調理，上可以竅七返，下可以究九還，鍊真元，伏金液。于是血成乳，氣成雲，骨成金，髓凝霜矣。肝者，藏魂也，忍怒可以制陰。抑喜可以養陽者也。一陽起于子，而至于巳，則六陽極矣。常人之真氣，遇極則飛散焉。達生之士，觀其極，則內生一陰。陰極于亥，亥，六陰也。則內生一陽。陰陽相推，生生無已，故得神全精復，與天地相久者也。此何道乎？用七日來復之候，以攝魂還魄，鍊丹結胎者也。腎堂者，玄關也。心腎合爲一脈，其白如线，其連如環，其中廣一寸有

二分。包一身之精粹，是爲九天真一靈和之妙氣，至精活命之深根者也。若夫五藏六府，百關百脈，金津玉液，日月之光華，皆在乎腎焉。常能存固，則二部之海水，應刻定候，其潮自生，至于生門矣。生門者，何也？幽關之戶也，水之運也。及冬至，則王氣極；氣極，則凝爲霜，結爲冰。夫能實其腎，則凝爲白金，得乎離火，則爲還丹矣。夫火極則炎上，水極則流下，故陰極則無陽，陽極則無陰，水大之極，莫能力制。悟此者，斯審陰陽消長之理，擘洪濛，開造化，提日月，升崑崙，以成逆會七返者也。始升腦則成雲，次貫骨則成髓，髓滿則骨堅，骨堅則生肉，肉實則筋舒，筋固則添血，血盛則益氣，氣沖則益毛髮矣。脾者，金臺也，無氣之大根也，能消穀分氣者也。其脈下貫于命門，在臍之下一寸有三分，名曰玉環，是爲下丹田。夫命門者，何也？性命之門，非獨右腎而已也，常溫養脾火，使土氣充盈，則體強而本固矣。脾實氣盈，則其臉如丹。蓋脾者，其長一尺，掩于太倉，若其壯實，則五藏亨通，虛則四支墮矣。昔乖崖子張忠定公詠也。見希夷先生當暑而附火，綿冠厚衲，曰：吾守一泓之氣，不能與造化爭焉。膽者，六府之精也，主諸氣力，外應乎目瞳、鼻柱者也。鍊三元之氣既久，則五藏之靈光夜燭矣。三魂寧者，夢寐滅矣。三田各有室焉，其室一寸有二分。陽馳陰走，聖人狀之爲龍虎，謂其難制伏者也。曰鼻、曰目、曰心，此身前之三關也；曰尾閭、曰肘後、曰轆轤，此身後之三關也；曰口、曰手、曰足，此身外之三關也。呼吸進退，闕一不可焉。知三田者，存鍊北方之正氣，採之有時，還之有數，自然變化九玄金液之大丹者也。地戶者，口中也；帝鄉者，額心也。鼻之氣，出清入玄者也。夫存想發火，運載河車，不離乎呼吸而已。于此鍊其津液而入于玄宮，腎之鉛汞飛出于上道，于是上下關鏈而不泄，聖胎斯成矣；舌之吐縮，漱津嚥液，當如江河之注五內，源源不絕者可也；養三田，淨六府，固神室，閉邪關，于是結五內之精華，育大化之元胞，使氣住于神宮，丹回于腦，可以變朽爲榮矣；三田修鍊之功至，則留精止胎，自然三氣右旋于腦戶，六陽左遶于乾宮，上下順流，百關俱爽，則九竅洞達矣。北方正一之氣，其主洞房金室坎離之二氣也，坎離交，則日月精華，自然合一而會于三田矣。金室下元者，腎宮也。其名曰壽海。尾閭不禁，則滄海竭矣。故曰：長生至謹房中急，其此之謂歟。內視三房九室，使內外洞徹，乃存漱五牙之玉液而嚥之。五牙、五藏也。于是閉命關，下金鎖，制精氣，欲急伏鉛汞之將飛。鉛者，水中之金也，盈則魄動矣；汞者，火中之銀也，滿則魂搖矣。大腸者，玉堂之府也；小腸者，元陽之府也；左膀者，太和之府也；右胱者，太素之府也；胃者，中黃之府也；膽者，太清之府也。修之治之，勿令故焉，斯可也。善治生者，先治其心，將躁則安之，將邪則正之，將求則以捨而抑之，將濁則以清而澄之。行止于是，造次于是。久之則物冥于外，神鑒于中，不求靜而愈靜，不求泰而彌泰，于是動寂俱忘，天真自適焉。五行者，散而爲五，混而爲一者也。一者一氣也。一者，道之始，樂之祖也。故天以一陽降而生復，六降而生乾，陽極矣，則一陰降而生姤，六降而生坤。十一月至四月，其卦復、臨、泰、大、壯、夬、乾也，五月至十月，其卦姤、遯、否、觀、剝、坤也。聖人收採天地之真氣，分成二體。一曰鉛，二曰汞，各八兩，合乎三百八十四銖，二十四銖爲一兩，三百八十四銖者，一斤也。以應于卦爻者也。仰觀天道，俯推漏刻，以均分其火候，奪取一千八十之火功，以脫凡胎。斯蓋起于一，終于一，金丹之火候也。從玄根而論之，則混元一判，三才具焉，四時遷焉；從內景而論之，則洪濛一判，三宮具焉，萬象生焉，四氣運焉，此天地人皆生于一者歟！其妙在乎合三五之氣，用九九之節符。三五者，何也？水、火、土也，于是閉幽門，研八遯，分三明，其父泥丸，其母雌一，以收三光，歸于子室，精神不失矣。八遯者，何謂也？戴九履一，左三右七，二四爲肩，六八爲足者，是也。三明者，何謂也？二腎之官，其左爲日，其右爲月，而斗所居者，是也。吾身有日月焉，使之高奔，上徹于泥丸，中行于五內，上下三宮，循環無窮，則百骸固，而精髓實矣，此黃庭之道也。玄一者，何也？鍊陰魄，養陽魂，結玄珠，而固精海者也。世人以陰鍊陽，其自壯而至老者乎！達士以陽鍊陰，其自老而復壯者乎！使上下相通，漱鍊者，先閉諸洞，後轉赤龍，上假玉池之津液，以灌養增添焉。是爲胎津胞液之大藥者也。胎津者，何也？北方之中，吾能深扃固鏈，則三田九竅，清靜而無漏，其一津一氣結矣。經曰：飛升上天駕玉輪，晝夜七日思勿眠。何也？六陰六陽七復之數，內鍊金丹之火候者也。勿眠者，常澄湛其真思，不可昏昧靈臺者也。百穀者，土地之精也，止能養形而已。語曰：子欲不死，腸中無滓；子欲長生，腸中常清。故宜食太和之精氣焉。夫欲實其腹，先虛其心。心主靜者也，氣主動者也。故通乎道者翺翔海宇之外，而心常寧焉；休息毫整之間，而氣常運焉。靜然後能契至虛，虛極則瑩，瑩極則明，明極則徹，徹則天地之大，莫能逃乎方寸矣。心者，神之宅也；目者，神之牕也。心運則目開，心住則目閉，故晝耀景，暮閉藏，則通利華精，而陰陽調

矣。榮衛二氣，注行乎六合，隱于卯酉，藏于二腎。腎之左玉房也，太和真人居焉；腎之右金室也，太玄玉女居焉。北斗者，內有四輔，外有三杓，常混合于氣海。氣海者，初九潛龍，建子之位也。經曰：知雌守雄可無老，何謂也？雄者，火龍也，善食紫金黃芽，其性好動而不息焉；雌者，水虎也，善食紅銀白雪，其性好馳而無定焉。通乎道者，使龍虎潛交，餌之以紫金黃芽，養之以紅銀白雪，故得雄依雌戀，虎伏龍潛，自然風雨順序，天地之功成矣。心精專，則其內不傾，上合三焦而下玉漿，取津于玄膺，入于明堂，溉于其喉，神明通矣。斯乃下有還丹，則必上烹元液；使陰盡而陽生，火抽而水添，循環而不止。何以取津乎？攪漱舌之下，則波濤自滿，嚥之則注于丹海矣。大功欲成者，其邪關外塞，命門中關乎。肺者，主乎榮衛二氣，其在于腎，是爲金水相生，父子之道也。行三十六咽于玉池，則百脈通而血液滋矣。此七返者也，何謂也？騰腦則成雲，降口則成水，傳肺則成唾，傳心則成血，傳肝則成精，傳脾則成液，傳腎則成二脈，而爲陰精陽粹者也。金津玉液者，陰陽之所生也，夫能上經七返，傳入于二腎，下變九還，傳至于腦。上下往來而不息，於是爲瓊膏玉霜者歟！大功漸著，則元氣充實，八素之液流通，其腎受精，貫于五內，更九九之真火，氣滿候足，則金丹成矣。

《道樞・內景篇》 一身之中，有神司之。心安神寧，形則不衰。

梁丘子曰：黃庭者，腦中、心中、脾中者也。經曰：琴心三疊舞仙胎，何也？琴，和也。疊積也。存三丹田使和，積如一胎仙者，胎息也。猶胎在腹，有氣而無息也。經曰：七蕤玉籥閉兩扉，何也？七竅開合譬夫關籥，用之以道，不妄開焉。存神閉目者，二扉也。經曰：重疊金關密樞機，何也？守精神而不洩也。經曰：靈臺盤固不衰竭，何也？心者，靈臺也。有神靈居之，靜則守一，動則存神，神全則體安，斯不衰竭矣。經曰：天中之嶽精謹修，何也？天中之嶽者，鼻也，數按其左右，則其氣平矣。所謂灌溉中嶽者也。經曰：宅中有真裳衣丹，審能見之無疾患。何也？元陽子曰：常存心神則無病矣。經曰：翳鬱道煙主清濁，何也？翳鬱者，木象也，得火則煙生，得陽則氣清，清則目明，濁則目暗矣。經曰：心部之宮蓮舍華，主適寒熱榮衛和，何也？寒熱，陰陽靜躁之氣也，人常和適以榮衛其身。老子所謂：躁勝寒，靜勝熱，清靜爲天下正者也。經曰：外應口舌吐五華，臨絕呼之亦登蘇。何也？心主口舌者也，吐納五藏之津，辨識五行之味，有疾則當存丹元，童子朱衣赤冠以救護焉。經曰：肝部之宮翠重裏，主諸關鏡聽明始。何也？青陽之本，始竅於目，五行之關鏡也。經曰：攝魂還魄永無傾，何也？月之三日、十有三日、二十有三日，其夕三魂棄屍游于外，攝之者常仰視、去枕、伸足、交手于心之上、瞑目、閉氣三息，扣齒三通，既以存心之中，有赤氣如雞子從內出于咽中，赤氣益大，覆于其身而變成火，以焚其身，覺其體小熱，則呼三魂之名，曰爽靈、胎光、幽精。而微祝曰：太微玄宮，中黃始青。內鍊三魂，胎光安寧。神寶玉室，與我復生。不得妄動，監者太靈。若欲飛行，惟詣上清。若有飢渴，得飲玉精。月之朔望及晦，七魄流蕩。則夕當仰眠，伸足，以其掌掩耳，令指相接于頸上，閉息七過，叩齒七通，心存鼻端，白氣其大如豆，須臾漸大，冠于其身上下。九重其氣，忽成二青龍，在二眉之中，白虎在于鼻之左右，朱雀在于心之上，靈蛇在于左足之下，有二玉女衣錦衣，手執火光，當于耳門，既已嚥唾七過，呼七魄之名，曰屍狗、伏矢、雀陰、吞賊、非毒、陰穢、臭肺。則祝曰：素氣九還，制魄邪姦。天狩守戶，嬌女執關。鍊魂和柔，與我相安。不得妄動，看察形頑。若有飢渴，飢日月丹。經曰：腎部之宮玄關員，中有童子寘上玄，主諸六府九液源，外應兩耳青液津。何也？上玄者心也，氣與腎連故五藏、六府、九液相交，百脈流通，廢一下可焉。九液者，九竅之津也。腎宮主于耳，其氣衰則陰襲，其陽和合，則百脈津液流通矣。腎氣充足則耳目聰明，其陽不衰矣。經曰：二部水王對生門，使人長生升九天。何也？元陽子曰：寒暑相催，男女相成，腎之左男戴日，右女戴月，其水王則化爲赤子，赤子化爲真人，而升于九天。九天者，九炁也。青天之氣主生者也。經曰：舍漱金醴吞玉英，遂至不死三蟲亡。何也？金醴玉英，口中之津也。心中、胃口有姹女、嬰兒，裸而無衣，正立于胃管，張口承注靈液。仰吸五氣，當漱滿口。內外津液滿口，吞之遺入玄女口中，五過既畢，叩齒三通，嚥液九過則三蟲亡矣。經曰：常念三房相通達，存漱五牙不飢渴。何也？明堂、洞房、丹田之房，三三如九，合九爲一。五牙者，五行之生氣也，常以立春之日，雞鳴之時，入室東向，九拜平坐，叩齒九通，思東方安寶、華林青靈、元始老君，九千萬人下降室內，鬱鬱如雲，以覆其形，從口而入，直下于肝。祝曰：九氣青天，元始上清，皇老尊神，衣服爲青。役御天宮，煥明歲星，散輝流方，陶溉我形。

上食朝霞，服引木精，因養青牙，保鎮于靈。肝府充溢，玉芝自生，延年駐色，顔及童嬰。五氣混合，天地長并。祝已，即引青氣九嚥而止。經曰：五嶽之雲氣彭亨，保灌玉廬以自償，玉廬鼻也。五形圓堅無災殃。何也？五嶽之氣者，五藏之氣也。疏通無壅，則三蟲自亡，出入玄牝，綿綿不絶，于是存鍊道成，虚室生白，五藏堅圓，斯疾不生矣。經曰：五靈夜燭焕八區，何也？五靈者，五星也，羅列一身常能存之，則與天地同體矣。經曰：方寸之中念深藏，何也？方寸之中，是爲下關，在臍之下三寸，其方圓一寸以藏精者也。方静圓動，不動不静，惟當杜塞，不可洩焉。經曰：内挾日月列宿陳，七曜九元冠生門，何也？于子之時，心存西方，太白星在二眉之間，上直入于一寸，是爲玉堂紫闕，左日右月。次存北方，辰星在于帝鄉玄宫，玄宫者，在于髮際五分，直入一寸是也。次存東方，歲星在于洞闕朱臺。朱臺者，在目之後直入一寸是也。次存南方，熒惑星在于玉門華方，華方者，在于目眥之際五分，直入五分是也。次存中央，鎮星在于金室長谷。長谷者，在于人中直入二分是也。其存之如綴，懸于上，叩齒五通，嚥液五過。微祝曰：高元紫闕，中有五神。寶耀敖輝，放光衝門，精氣積生，化爲老人。首巾素容，緑帔絳裙。右帶流鈴，左帶虎賁。手把天剛，散絳飛辰。足躡華蓋，吐芒鍊神。三景保守，令我得身。養魂制魄，乘飆飛仙。故七曜者，七星也，配七竅者也，九天者，九辰也，配九竅者也。廢一不可焉。經曰：氣亡液漏非已形，專閉御景乃長寧。何也？閉房鍊氣，不遠唾，不多言，閉情欲，存日月之光是也。上清有採飛根之法，常以日出之初，東向，叩齒九通。陰祝曰：日魂珠景，昭韜緑暎，回霞赤童，玄炎飆象。既已，瞑目握固，存五色流霞，俱入于口，是爲日華飛根者也。于是向日吞霞，四十五嚥，復嚥液九過。經曰：五行相催返歸一，三五合氣九九節。何也？五行之生克，周而復始，相催之道，返歸于一。一者，水數也，是乃五行之首，萬物之宗焉。

《敬齋先生古今注·丹田解》 道家三一説，上一、中一、下一，是謂三丹田。達道者能使三復爲一，一復爲三。蓋三丹田，精、氣、神之舍也。曰下丹田關元，精之舍；中丹田絳宫，神之舍；上丹田泥丸，爲氣之舍也。而上丹田果非氣之舍也，曰下丹田爲氣海，可爲氣之舍，則精之舍安在哉？以精舍諸中丹田固不可，若以舍諸上丹田尤不可者也。乃知下丹田雖名氣海，實精舍也。況下丹田不專在氣海，蓋在脾臍與兩腎之間，以臍腎爲人受命之始，則下丹田爲精之舍可無疑也。又氣海有二：舊説氣海在臍下，《素問》則以膻中爲氣海也，直兩乳間。准《素問》所言，則中丹田爲氣之舍可無疑也。精舍諸下丹田矣，氣舍諸中丹田矣，神不舍諸上丹田，將安所寓乎？此三一之正處也。道家雖以三丹田爲精、氣、神之舍，而不著所處，故爲別白之。

《類經圖翼·經絡》 心者，君主之官，神明出焉。心居肺管之下，膈膜之上，附着脊之第五椎，是經常少血多氣，其合脈也，其榮色也，開竅於耳，又曰舌。《難經》曰：心重十二兩，中有七孔三毛，盛精汁三合，主藏神。心象尖圓，形如蓮蕊，其中有竅，多寡不同。以導引天真之氣，下無透竅，上通乎舌，共有四系以通四藏。心外有赤黄裹脂，是爲心包絡。心下有膈膜與脊脇周回相着，遮蔽濁氣，使不得上熏心肺，所謂膻中也。

小腸者，受盛之官，化物出焉。小腸後附于脊，前附於臍，上左回疊積十六曲，大二寸半，徑八分分之少半，長三丈二尺，受穀二斗四升，水六升三合合之大半。小腸上口在臍上二寸近脊，水穀由此而入，復下一寸。外附於臍，爲水分穴，當小腸下口，至是而泌別清濁，水液滲入膀胱，滓穢流入大腸。是經多血少氣。《難經》曰：小腸重二斤十四兩。

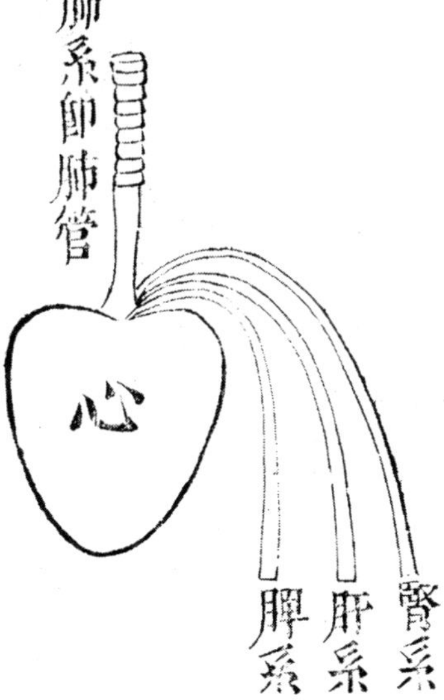

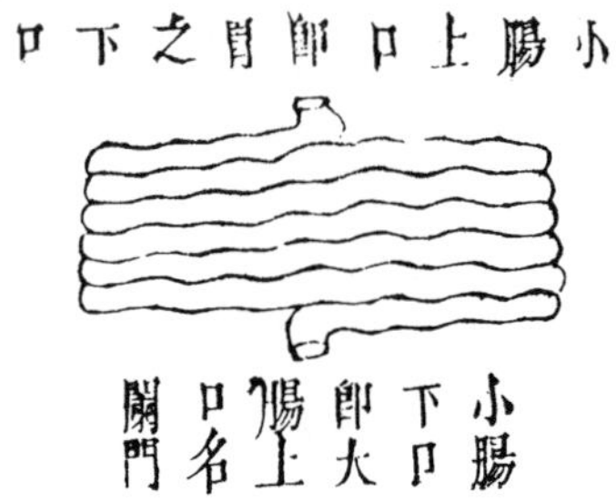

肝者，將軍之官，謀慮出焉。肝居膈下，上着脊之九椎下，是經常多血少氣，其合筋也，其榮爪也，主藏魂，開竅於目，其系上絡心肺，下亦無竅。《難經》曰：肝重二斤四兩，左三葉，右四葉，凡七葉。《刺禁論》曰：肝生於左。滑氏曰：肝之爲藏，其治在左，其藏在右脇右腎之前，並胃着脊之第九椎。

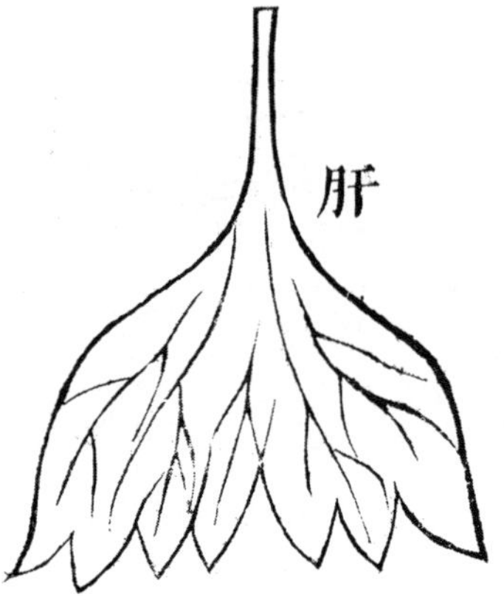

膽者，中正之官，決斷出焉。《難經》曰：膽在肝之短葉間，重三兩三銖，長三寸，盛精汁三合，是經多血少氣。華元化曰：膽者中清之府，號曰將軍，主藏而不焉。《六節藏象論》曰：凡十一藏，皆取決於膽也。

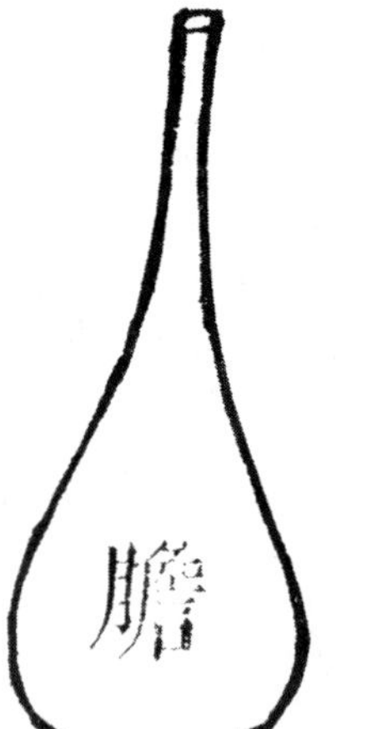

脾者，倉廩之官，五味出焉。形如刀鐮與胃同膜而附其上之左，俞當十一椎下，聞聲則動，動則磨胃而主運化，其合肉也，其榮唇也，開竅於口。是經常多氣少血。《難經》曰：脾重二斤三兩，廣扁三寸，長五寸，有散膏半斤，主裹血，溫五藏，主藏意與智。滑氏曰：掩乎太倉。華元化曰：脾主消磨五穀，養於四傍。《遺篇刺法論》曰：脾爲諫議之官，知周出焉。

胃之上口，名曰賁門，飲食之精氣從此上輸於脾肺，宣播於諸脈。胃之下口即小腸，上口各幽門。脾胃者，倉廩之官，五味出焉。胃者，水穀氣血之海也。胃大一尺五寸，經五寸，長二尺六寸，横屈受水穀三斗五升，其中之穀常留二斗，水一斗五升而滿。是經多氣多血。《難經》曰：胃重二斤一兩。

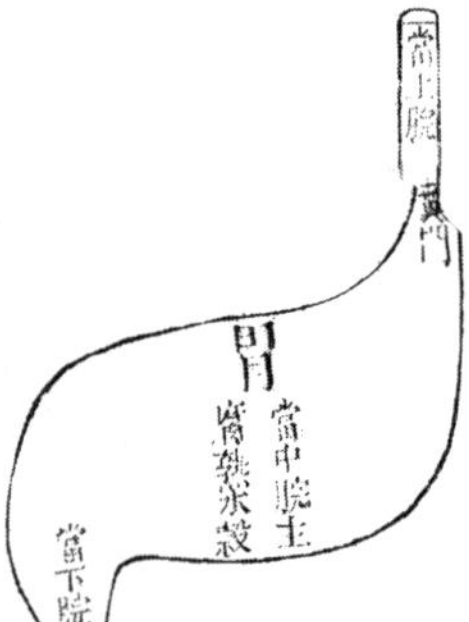

肺者，相傳之官，治節出焉。其形四垂，附着於脊之第三椎，中有二十四空，行列分布，以行諸藏之氣，爲藏之長，爲心之蓋。是經常多氣少血，其合皮也，其榮毛也，開竅於鼻。《難經》曰：肺重三斤三兩，六葉兩耳，凡八葉，

主藏魄。華元化曰：肺者生氣之原，乃五藏之華蓋。肺葉白瑩謂爲華蓋，以覆諸藏。虛如蜂窠，下無透竅，吸之則滿，呼之則虛，一呼一吸，消息自然，可清濁之運化，爲人身之橐籥。

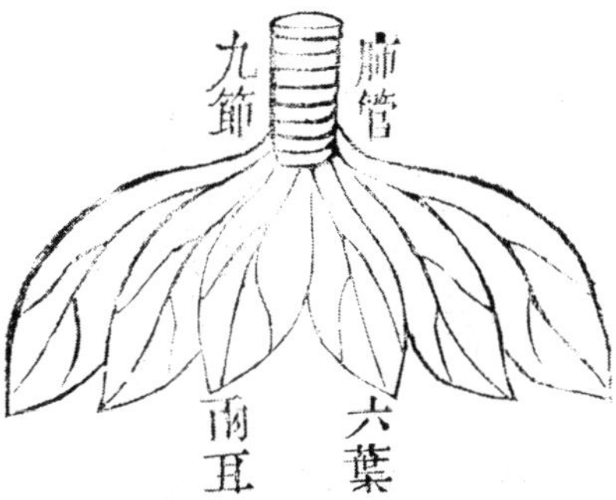

大腸者，傳道之官，變化出焉。回腸當臍左回十六曲，大四寸，徑一寸寸之少半，長二丈一尺，受穀一斗，水七升半。廣腸傳脊以受回腸，乃出滓穢之路，大八寸，徑二寸寸之大半，長二尺八寸，受穀九升三合八分合之一。是經多氣多血。《難經》曰：大腸重二斤十二兩，肛門重十二兩。按回腸者，以其回疊也；廣腸者，即回腸之更大者；直腸者，又廣腸之末節也，下連肛門，是爲穀道後陰，一名魄門，總皆大腸也。大腸上口即小腸下口。

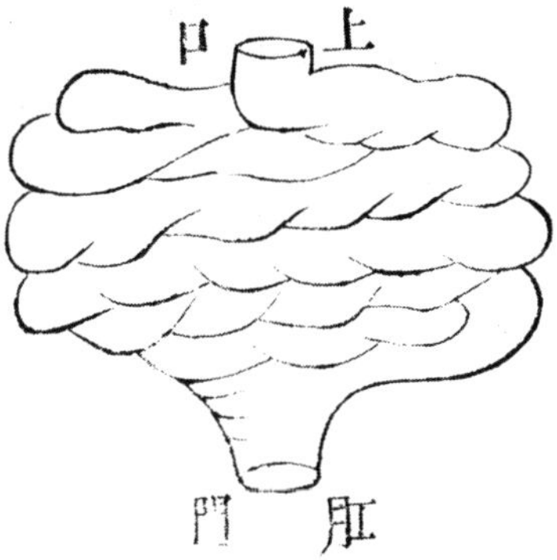

腎者，作強之官，伎巧出焉。腎附於脊之十四椎下，是經常少血多氣，其合骨也，其榮髮也，開竅於二陰。《難經》曰：腎有兩枚，重一斤二兩，主藏精與志。華元化曰：腎者，精神之舍，性命之根。腎有兩枚，形如豇豆，相並而曲附於脊之兩傍，相去各一寸五分，外有黃脂包裹，各有帶二條，上條系於心，下條趨脊下大骨，在脊骨之端如半手許，中有兩穴，是腎帶經過處，上行脊髓，至腦中連於髓海。

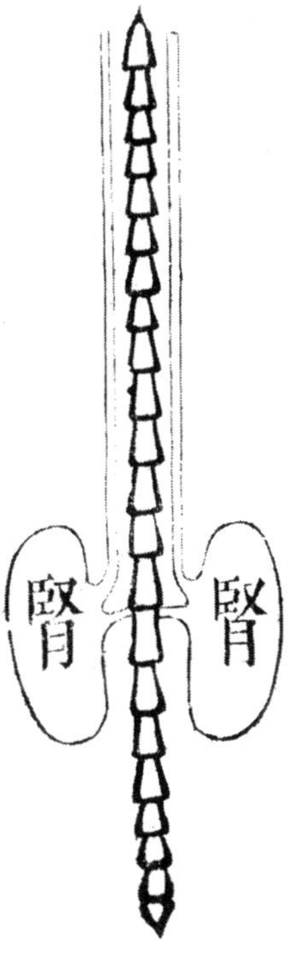

膀胱者，州都之官，津液藏焉，氣化則能出矣。膀胱當十九椎，居腎之下，大腸之前。有下口，無上口。當臍上一寸水分穴處爲小腸下口，乃膀胱上際，水液由此別回腸，隨氣泌滲而入，其出其入，皆由氣化。入氣不化則水歸大腸而爲泄瀉，出氣不化則閉塞下竅而爲癃腫。後世諸書有言其有上口無下口，有言上下俱有口者皆非。是經多血少氣。《難經》曰：膀胱重九兩二銖，縱廣九寸，盛溺九升九合，口廣二寸半。

心包一藏《難經》言其無形。滑伯仁曰：心包一名手心主。以藏象校

之，在心下橫膜之上，豎膜之下，其與橫膜相粘而黃脂裹者，心也。脂漫之外，有細筋膜如絲，與心肺相連者，心包也。此說爲是，凡言無形者非。又按《靈蘭秘典論》有十二官，獨少心包一官，而多膻中者，臣使之官，喜樂出焉一節。今考心包藏居膈上，經始胸中，正值膻中之所，位居相火，代君行事，實臣使也。此一官者，其即此經之謂歟！

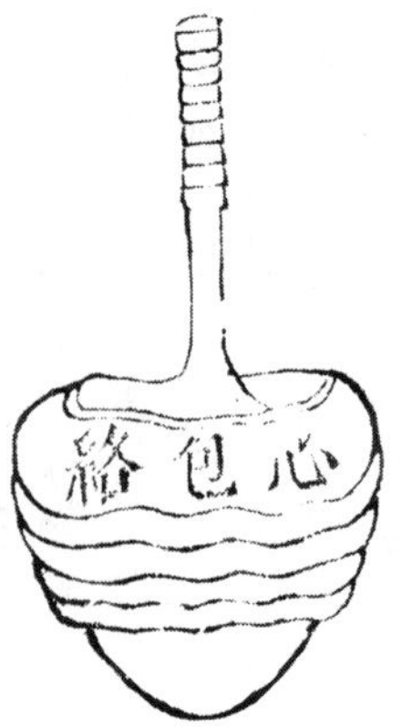

三焦者，決瀆之官，水道出焉。是經少血多氣。後附翼中有三焦、包絡、命門辨，互宜參考。《中藏經》曰：三焦者，人之三元之氣也。總領五藏六府，榮衛經絡，內外左右上下之氣。三焦通則內外左右上下皆通，其於周身灌體，和內調外，榮左養右，導上宣下，莫大於此。

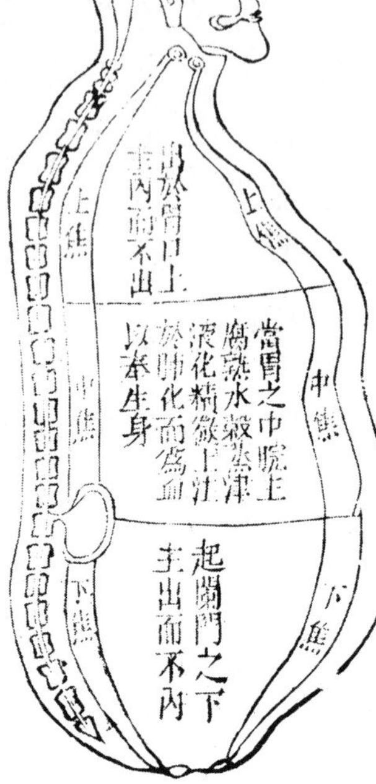

《難經經釋・卷下》 三十一難 曰：三焦者，何稟何生？稟，受也。何始何終？言其經之起止也。其治常在何許？可曉以不？治猶縣治之治，其所居之地也。然：三焦者，水穀之道路，氣之所終始也。此總釋三焦之義，言其所稟所生在水穀，而其所始所終在氣也。上焦者，在心下，下隔，隔，隔也。心下有膜，遮隔濁氣謂之膈。在胃上口，主內而不出。內謂納水穀也。其治在膻中，玉堂下一寸六分，直兩乳間陷者是。膻中穴屬任脈，下句是指膻中之所在，言在玉堂穴下一寸六分直當也。中焦者，在胃中脘，中脘穴亦屬任脈。不上不下，主腐熟水穀。其治在臍傍。臍傍天樞穴也，屬胃脈。下焦者，一本有在臍下三字。當膀胱上口，膀胱上口闌門也。主分別清濁，清者入於膀胱而爲溺，濁者入於大腸而爲滓穢。主出而不內，以傳道也。其治在臍下一寸。臍下一寸名陰交穴，屬任脈。故名曰三焦，其府在氣街。府猶舍也，藏聚之義，言其氣藏聚於此也。滑氏本義以此句爲錯簡，非。按《素・骨空論》：衝脈起於氣街。注云：足陽明經穴，在毛際兩旁是也。《靈・營衛生會篇》云：上焦出於胃上口，並咽以上，貫膈而布胸中，走腋，循太陰之分，而行還至陽明，上至舌下。足陽明常與營俱行於陽二十五度，行陰亦二十五度，一週也，故五十度而復會於手太陰矣。中焦亦並胃中，出上焦之後，此所受氣者，泌糟粕、蒸津液，化其精微，上注於肺脈，乃化而爲血，以奉生身，莫貴於此，故獨得行於經隧，命曰營氣。下焦者，別迴腸，注於膀胱而滲入焉，故水穀者，常並居於胃中，成糟粕而俱下於大腸而成下焦。滲而俱下，濟泌別汁，循下焦而滲入膀胱焉。又曰：營出於中焦，衛出於下焦。《素・靈蘭秘典論》云：三焦者，決瀆之官，水道出焉。觀此數條，義更明備。

三十二難 曰：五藏俱等，而心、肺獨在鬲一作隔下同。上者，何也？在鬲上言其位獨高，處於胸鬲之上也。然：心者血，肺者氣。血爲營，氣爲衛；《素・五藏生成論》云：諸血者，皆屬於心；諸氣者，皆屬於肺。蓋營行脈中，故血爲營；衛行脈外，故氣爲衛。相隨上下，謂之營衛。上下謂五十度週於身也，說見第一難中。通行經絡，營週於外，通行經絡，言十二經無所不通，而週行於藏府之外也。故令心肺獨在鬲上也。營衛爲一身之統攝而心肺主之，故獨居鬲上以宰之也。

三十三難 曰：肝青象木，肺白象金。肝得水而沉，木得水而浮；肺得水而浮，金得水而沉。其意何也？肝居肺下，故曰得水而沉；肺居肝上，故曰得水而浮。言肝既屬木，則當浮而反沉；肺既屬金，則當沉而反浮。與金木之本體不類，故設問也。然：肝者，非爲純木也，乙角也，木屬陽，乙爲陰。木志在從金，故曰非純。角於五音，亦屬木。庚之柔。庚爲陽，金乙與庚合，剛柔相配，則乙之剛爲庚，庚之柔爲乙也。大言陰與陽，小言夫與婦。大而言之，即天地之陰陽。小而言之，即人倫之夫婦，其理一也。釋其微陽，而吸其微陰之氣，其意樂金。婦有從夫之義，乙爲陰木，故曰微陽。樂金謂樂，從乎金也。又行陰道多，肝屬足厥陰經，位乎鬲下，故曰行陰道多。故令肝得水而沉也。得水而沉，言得其滋養，與下文得熱正相反。又金性本沉，亦有從夫之義。肺者，非爲純金也，辛商也，金屬陰，辛爲陰金，志在從夫，故曰非純。商於五音，亦屬金。丙之柔。丙與辛合。大言陰與陽，小言夫與婦。釋其微陰，辛爲陰金，故曰

微陰。婚而就火，婚猶婚嫁之婚，言嫁於火也。其意樂火，又行陽道多，肺屬手太陰經，位乎高上，故曰行陽道多。故令一本無令字。肺得水而浮也。火性本浮，亦從乎夫也。肺熱而復沉，肝熱而復浮者，何也？肺氣熱則清氣下墜，肝氣熱則相火上升。故知辛當歸庚，乙當歸甲也。肝得熱則微陰不足以相吸，肺得熱則亢陽適見其可畏，則陰木與陽木、陰金與陽金自爲配偶，而復其本體浮沉之性也。

三十四難　曰：五藏各有聲色臭味，皆可曉知以不？然：《十變》言，肝色青，此亦本五行而言也。青者，木之色也，十變未詳。其臭臊，木之氣也。其味酸，木之味也。其聲呼，呼引而長亦木之象也。其液泣；肝竅於目，故爲泣。心色赤，火之色也。其臭焦，火之氣也。其味苦，火之味也。其聲言，言散而揚爲火之象，按《素・陰陽應象大論》作在聲爲笑。其液汗；汗者血之標，心主血，故爲汗。脾色黄，土之色也。其臭香，土之氣也。其味甘，土之味也。其聲歌，歌緩而敦，爲土之象。其液涎；脾竅於口，故爲涎。肺色白，金之色也。其臭腥，金之氣也。其味辛，金之味也。其聲哭，哭悲而激，爲金之象。其液涕；肺竅於鼻，故爲涕。腎色黑，水之色也。其臭腐，水之氣也。其味鹹，水之味也。其聲呻，呻沉而咽，爲水之象。其液唾，腎竅於舌下，故爲唾。是五藏聲色臭味也。

按發難言聲色臭味，而答詞增出其液一條，即爲贅語。若《靈・九針篇》《素・宣明五氣論》有五并、五惡、五禁、五主等語，又俱遺去，既無發明，而問答又不相應，何也？又按五藏之聲《靈・九針篇》《素・宣明五氣論》俱云：心噫、肺欬、肝語、脾吞、腎欠，而此則爲呼、言、歌、哭、呻，則本之素。陰陽應象大論，蓋彼以病之所發言此，以情之所發言其理一也。讀經者，皆當推測其義，如此則無不貫矣。

三十五難　曰：五藏各有所府，皆相近，而心、肺獨去大腸、小腸遠者，何謂也？肝之府膽，脾之府胃，腎之府膀胱，其位皆相近。心之府小腸，肺之府大腸，皆相遠也。然：經言心營、肺衛，血爲營，心主血，故營屬心；氣爲衛，肺主氣，故衛屬肺。通行陽氣，陽氣即營衛之氣。《靈・營衛生會篇》云：行陽二十五度，行陰二十五度是也。故居在上。謂其位最高。大腸、小腸，傳陰氣而下，陰氣，濁氣也，謂穢滓所歸也。故居在下。謂其位至下。所以相去而遠也。所司不同，所以經雖相合，而位則相遠也。又諸府，皆陽也，清净之處。今大腸、小腸、胃與膀胱，皆受不净，其意何也？謂陽宜清净，而反受穢濁，獨不及膽者，膽無施受故也。然諸府者謂是，非也。言諸府，雖屬陽而非皆清净之處也。經言小腸者，受盛之府也；《素・靈蘭秘典論》：小腸者，受盛之官，化物出焉，言受胃之物化其渣滓也。大腸者，傳瀉行道之府也；《素》：大腸者，傳道之官，變化出焉。膽者，清净之府也；《素》：膽者，中正之官，決斷出焉。蓋膽無受無瀉，助肝以決謀慮而已，所以謂之清净之府也。胃者，水穀之府也；《素》：脾胃者，倉廩之官，五味出焉。膀胱者，津液之府也。《素》：膀胱者，州都之官，津液藏焉，此五藏之府也。一府猶無兩名，故知非也。言諸府各有名，如上文所云，皆實指其受穢濁者也，惟膽名爲清净，故不受穢濁，若餘府亦名清净，則有兩名矣。

按此又與問意不準對者，問謂陽宜清净，何以反受不净？非謂其名，何以不稱清净也？今止約舉經文以明其不清净之實，與諸府屬陽之義，仍未分曉。當云：藏府之分陰陽，不以清濁言，而以動静内外言，故陰反清，而陽反濁，如此則其義曉然矣。

小腸者，心之府；大腸者，肺之府；膽者，肝之府；胃者，脾之府；膀胱者，腎之府。《靈・本輸篇》云：肺合大腸，心合小腸，肝合膽，脾合胃，腎合膀胱，此之謂也。小腸謂赤腸，大腸謂白腸，膽者謂青腸，胃者謂黄腸，膀胱者謂黑腸，此以五行之色名其腸，以爲配五藏之徵也，蓋皆名爲腸，則俱受穢濁，所以明不净之故也。下焦之一本無之字。所治也。《靈・營衛生會篇》云：水穀者，常并居於胃中，成糟粕而俱下於大腸，而成下焦滲而俱下，濟泌別汁，循下焦而滲入膀胱焉，故五府皆下焦之氣所治也。

三十六難　曰：藏各有一耳，腎獨有兩者，何也？兩謂左右各一也。然：腎兩者，非皆腎也。謂一爲腎，一則非腎也。其左者爲腎，右者爲命門。命門者，諸神精之所舍，舍，藏也，言一身之精神皆藏於此也。原氣之所繫也，原氣即元氣，言根柢乎此也。男子以藏精，女子以繫胞。精，施化之具；胞，受孕之處。此乃性命之原，先天之所由立，故曰命門也。故知腎有一也。其一爲命門，而非腎，則腎止有一耳。

按《靈》《素》並無右腎爲命門之說，惟《靈・根結篇》云：太陽根於至陰，結於命門。命門者，目也。《靈・衛氣篇》亦云：命門者，目也。《素・陰陽離合論》云：太陽根於至陰，結於命門，名曰陰中之陽。經文所云止此。又《靈・大惑論》云：五藏六府之精氣皆上注於目，而爲之精。此目之所以稱命門之義也。若腎之有兩，則皆名爲腎，不得名爲命門。蓋腎爲牝藏，其數偶，故北方玄武亦有龜蛇二物。龜爲陰中之陰，蛇爲陰中之陽，即是道也。但右主腎中之火，左主腎中之水，各有所司耳。若命門之説，則《黄庭經》所謂後有幽闕前命門，意頗相近。而注家又以命門爲臍，則其説亦不足引據。愚謂命門之義，惟衝脈之根柢，足以當之。《素・舉痛論》云：衝脈起於關元，關元穴在臍下三寸。《靈・逆須肌瘦論》云：衝脈者，五藏六府之海。其下者，注少陰之大絡，出於氣街。《海論》又以衝脈爲血海，此其位適當兩腎之中，真可稱爲命之門，其氣雖與腎通，然不得以右腎當之也。

三十七難　曰：五藏之氣，於何發起，通於何許，發起，言其本之所出。通言其氣之所注也。可曉以不？然：五藏者，當上關於九竅也。竅皆在上，故曰上

關，謂其氣與九竅通也。故肺氣通於鼻，鼻和則知香臭矣；肝氣通於目，目和則知黑白矣；脾氣通於口，口和則知穀味矣；心氣通於舌，舌和則知五味矣；舌主辨味，故和則能知五味，口主納穀，故和則能辨五穀。腎氣通於耳，耳和則知五音矣。

按此段乃《靈・脈度篇》全文，止易數字而病百出矣。經云：五藏常內關於上七竅也，謂鼻二竅、目二竅、耳二竅，口與舌雖分，而實合爲一竅，共爲七竅。若九竅則當合二陰竅爲言。蓋腎又通於二陰也，今除二陰而曰九竅，即口與舌分爲二竅，亦止八竅，不得名九竅也。又鼻和、目和，《五項經》作肺和、肝和。蓋藏氣和，則七竅應以見上關之故。若云鼻和、目和，則七竅豈能自和，此又與發問之意不相顧矣。

五藏不和，則九竅不通；不通，謂氣不得上達而失其官也。六府不和，則留結爲癰。五藏，神氣之所舍，故不和則止九竅不通而已；六府，則血氣滓穢之所出入，故不和則有形之物積聚而爲癰也。邪在六府，則陽脈不和；陽脈，手足三陽之脈也。陽脈不和，則氣留之；氣留之，則陽脈盛矣。氣屬陽，故也。邪在五藏，則陰脈不和；陰脈不和，則血留之；血留之，則陰脈盛矣。血屬陰，故也。不和者其邪在內，盛則脈之見乎外者也。

按此段亦《靈・脈度篇》原文，但經文陽脈盛、陰脈盛，二脈字作氣字，此處易作脈字，本《素問・六節藏象論》篇。人迎一盛病在少陽，二盛病在太陽，三盛病在陽明，四盛以上爲格陽。寸口一盛，病在厥陰，二盛病在少陰，三盛病在太陰，四盛以上爲關陰。人迎與寸口俱盛四倍以上，爲關格諸語并合成文，亦頗簡到。

陰氣太盛，則陽氣不得相營也，故曰格。陽氣太盛，則陰氣不得相營也，故曰關。陰陽俱盛，不得相營也，故曰關格。營和澤也。關者，閉絕之義。格者，捍拒之義。關格者，不得盡其命而死矣。言陰陽之氣相睽，雖元氣未盡，亦必至死，不能盡其天年也。

按此篇自首至此，皆《靈・脈度篇》原文，而止易數字，既無發明，又將關格二字陰陽倒置，開千古之疑案，不知傳寫之誤，抑真越人之擅易經文也。《脈度篇》曰：陰氣太盛，陽氣不能營，故曰關；陽氣太盛，陰氣不能營，故曰格。《素・六節藏象篇》曰：人迎四盛以上爲格陽，寸口四盛以上爲關陰。《靈・終始篇》又云：人迎四盛且大且數名曰溢陽，溢陽爲外格；脈口四盛且大且數名曰溢陰，溢陰爲內關。經文鑿鑿，並無以陰盛爲格，陽盛爲關者，而越人故違之何也？又仲景《傷寒論》云：寸口脈浮而大，浮爲虛，大爲實。在尺爲關，在寸爲格，尺亦屬陰，寸亦屬陽，此關格雖與經文微別，然其配陰陽亦本《內經》，此又一微也。

經言，氣獨行於五藏，不營於六府者，何也？然：夫氣之所行也，如水之流，不得息也。故陰脈營於五藏，陽脈營於六府，如環無端，莫知其紀，終而復始，而不覆溢，言不至過盛而溢於經脈之外也。人氣內溫於藏府，外濡於湊理。濡潤也，湊理肌膚毛孔，分理湊合處也。

按營衛通行藏府，並無行藏不行府之說。此段問答，蓋引《靈・脈度篇》文，而又誤解其文者也。經之原文云：黃帝曰：蹻脈安起安止，何氣營水？岐伯答曰：蹻脈者，少陰之別，起於然骨之後，上內踝之上，直上，循陰股，入陰，上循胸裏，入缺盆，上出人迎之前，入頄，屬目內眥，合於太陽、陽蹻而上行。氣并相還則爲濡目，氣不營則目不合。黃帝曰：氣獨行五藏，不營六府，何也？岐伯答曰：氣之不得無行也，如水之流，如日月之行不休，故陰脈營其藏，陽脈營其府，如環之無端，莫知其紀，終而復始。其流溢之氣，內溉藏府，外濡湊理。經文如此，則所謂氣者，指蹻脈之氣。所謂行藏不營府者，以岐伯專明陰蹻之所起止而不及陽蹻，其所言皆陰經之道路，故疑而發問也。今除去蹻脈一段，則所謂氣者何氣？所謂行五藏不營六府，又何所指也？問答皆引經文，全無發明，已屬無謂，又謬脫至此，豈越人而踈漏如斯也。又末二句經文流溢之氣四字，改作人氣二字更不分曉。

三十八難曰：藏唯有五，府獨有六者，何也？然：所謂府有六者，謂三焦也。有，原氣之別焉，即六十六難所謂原氣之別使也。主持諸氣，有名而無形，其經屬手少陽。此外府也，言在諸府之外，故曰外府。按《靈・本輸篇》：三焦者，中瀆之府也，水道出焉，屬膀胱，是孤之府也。以其不附於藏，故曰孤府，即外府之義。故言府有六焉。

按《靈》《素》之言三焦者不一，皆歷歷言其文理厚薄，與其出入貫布。況既謂之府，則明是藏，畜泌瀉之具，何得謂之無形？但其週布上下，包括藏府，非若五府之形，各自成體，故不得定其象，然謂之無形則不可也。

三十九難曰：經言府有五，藏有六者，何也？經文無考。然：六府者，止有五府也。謂三焦不附於藏，故不名爲府，如上條所云也。五藏亦有六藏者，謂腎有兩藏也。其左爲腎，右爲命門。命門者，謂一本無謂字。精神之所舍也，男子以藏精，女子以繫胞。其氣與腎通。故言藏有六也。言命門，氣雖通於腎，而實則非腎，故不得與腎同爲一藏也。府有五者，何也？然：五藏各一府，三焦亦是一府，然不屬於五藏，故言府有五焉。府者，對藏而言，既不附於藏，則亦不名爲府也。命門辨說詳見三十六難條下。

按上二條發難最爲緊要，但答詞未盡合。蓋三焦與心主爲表裏，但心主爲心之宮城，雖其經屬手厥陰，實即心之外用膜，與心同體，自不得別分爲一藏。而三焦則決瀆水道，自成一府，不得以不偶於藏，遂不以府名之。故五藏六府不可損益其名也，若欲出入其論，則胞絡亦可與心分爲一藏，并命門爲七藏。若胞絡亦指爲府，則又可稱七府矣。

四十難 曰：經言肝主色，心主臭，脾主味，肺主聲，腎主液。按此五主，經文無考。鼻者，肺之候，而反知香臭；耳者，腎之候，而反聞聲，其意何也？三十七難：肝氣通於目，則宜主色；脾氣通於口，則宜主味。二者皆得其位，獨鼻反受心之應，耳反受肺之應，爲失其位，故以爲問。然肺者，西方金也，金生於巳，巳者南方火，火者心，心主臭，故令鼻知香臭；腎者，北方水也，水生於申，申者西方金，金者肺，肺主聲，故令耳聞聲。此以五行長生之法推之也。木長生於亥，火長生於寅，金長生於巳，水土長生於申，以其相生，故互相爲用也。

按此條發問，未知所本，至四十九難則發揮甚詳，義頗可觀，而此處詮釋終屬支離。蓋肝與心俱陽，故能視能言，從內出外；肺與腎俱屬陰，故能臭、能聽，從外入內。各有至義，無容穿鑿也。況既以相生之義爲解，則肝木生於亥，目何以不吐涎？心火生於寅，舌何以不能辨色？脾土亦生於申，口何以不能聞聲耶？

四十一難 曰：肝獨有兩葉，以何應也？何應，謂其義何所應也。按下條云肝有七葉，蓋於兩葉中細分之，左則三岐，右則四岐也。然肝者，東方木也。木者，春也。萬物一本有之字。始生，其尚幼小，言物皆生於春，其體皆幼，肝應乎其時，得萬物初生之體，非謂春時肝始生也。意無所親，去太陰尚近，離太陽不遠，《素·金匱真言論》云：陽中之陽，心也；陰中之陰，腎也；陰中之陽，肝也。腎水太陰爲肝之母，心火太陽爲肝之子，肝爲陰中之陽，居腎之上，心之下，故云尚近不遠也。無親，謂不專屬也。猶有兩心，兩心或從乎陽，或從乎陰也。按下文肝有七葉，左三葉奇數，從陽之義；右四葉偶數，從陰之義。故令有兩葉，亦應木葉也。凡木之甲拆皆兩葉，此乃木之本體，故肝與之相應。

四十二難 曰：人腸胃長短，受水穀多少，各幾何？然胃大一尺五寸，徑五寸，大言其四圍徑，言其口之廣，凡圓形者，徑一則圍三，故圍大一尺五寸則徑五寸也。下文倣此。長二尺六寸，橫屈受水穀三斗五升，胃在腹中，其形盤曲而生，故曰橫屈。其中常留穀二斗，水一斗五升。留者存於中不使出也，出即胃虛，饑而思食，故一日必再食也。小腸大二寸半，徑八分分之少半，三八得二寸四分餘一分，亦三分之，故云少半言不及半分也。長三丈二尺，受穀二斗四升，水六升三合合之大半。大半，半合有餘也。迴一作回。腸大四寸，迴腸即大腸，以其迴曲，故曰迴腸。徑一寸半，按以圍三徑一之法約之，則大四寸者，徑當一寸三分，分之少半，此云一寸半，疑誤。長二丈一尺，受穀一斗，水七升半。廣腸大八寸，廣腸、大腸以下至肛門，受穢滓之處，俗名膹腸，以其最廣，故曰廣腸。徑二寸半，按此以圍三徑一之法約之，則又不止二寸半，當得二寸六分，分之大半，下文云：徑二寸大半爲是，此疑誤脫，大字。長二尺八寸，受穀九升三合八分合之一。按廣腸止云受穀而不及水，義最精細。蓋水穀入大腸之時，已別泌精液入於膀胱，惟糟粕傳入廣腸，使從大便出，故不云受水多少也，此義諸家之所未及。故腸胃凡長五丈八尺四寸，總上文而計之也。按《靈·腸胃篇》又有脣至胃口共長二尺四分，合共長六丈四寸四分。《平人絕穀篇》則除去脣至胃，共長五丈八尺四寸，正與此同。合受水穀八斗七升六合八分合之一。

按總上受水穀之數，《靈·平人絕穀篇》云：九斗二升一合，合之大半乃爲合數，而此數，則與上文不符，未知何故，或傳寫之誤。

此腸胃長短，受水穀之數也。肝重二斤四兩，左三葉，右四葉，凡七葉，主藏魂。魂義見三十四難，下同。心重十二兩，中有七孔三毛，孔竅也。盛精汁三合，謂孔中所藏之精血也。主藏神。脾重二斤三兩，扁廣三寸，扁廣謂形不正圓，其闊三寸也。長五寸，有散膏半斤，散膏，津液之不凝者。主裹血，溫五藏，主藏意。裹血，謂統之使不散也。五藏皆稟氣於脾胃，故受其氣以溫煖也。肺重三斤三兩，六葉兩耳，凡八葉，垂下爲葉，旁出爲耳，共成八葉也。主藏魄。腎有兩枚，重一斤二兩，主藏志。兩枚即上文所謂左爲腎，右爲命門者也。

按前條以右爲命門，今曰腎有兩枚，前後互異。

膽在肝之短葉間，重三兩三銖，盛精汁三合。上言五藏，以下言六府。胃重二斤十四兩，一作一兩。紆曲屈伸謂統計其屈曲處也。長二尺六寸，大一尺五寸，徑五寸，盛一作容。穀二斗，水一斗五升。小腸重二斤十四兩，長三丈二尺，廣二寸半，徑八分，分之少半，左迴一作回下同。疊積十六曲，盛一作容。穀二斗四升，水六升三合，合之大半。大腸重三一作二。斤十二兩，長二丈一尺，廣四寸，徑一寸，按上云一寸半，此少半字。當臍右迴疊積十六曲，盛穀一斗，水七升半。《靈·腸胃篇》云：迴腸當臍左環迴，週葉積而下迴，運環反十六曲，大四寸徑一寸，寸之少半。上三條長短受盛與經文俱同。膀胱重九兩二銖，縱廣九寸，膀胱亦不正圓，故曰縱廣。盛溺九升九合。水從大腸滲入膀胱則爲溺。不與穀同居，故不曰水，而曰溺，此越人精微處也。口廣二寸半，脣至齒長九分，齒已後至會厭，已後即以下也，會厭。吸門也。深三寸半，大容五合。謂口內可受五合也。舌重十兩，長七寸，廣二寸半。咽門重十二兩，一作十兩。《靈·腸胃篇》：咽門重十兩。廣二寸半，至胃長一尺六寸。咽門謂咽物之處，即俗名食脘者也，下通於胃。喉嚨重十二兩，廣

二寸，長一尺二寸，九節。喉嚨即出聲之處，即俗名喉脘者也。下通於肺，九節，有薄骨相連絡，其節有九也。肛門重十二兩，大八寸，徑二寸大半，長二尺八寸，受穀九升三合八分合之一。肛門即廣腸，此條長短受盛亦與上同。

按《靈・腸胃篇》及《平人絕穀篇》論腸胃大小長短，與此不殊。其論藏府輕重，惟舌重十兩，咽門重十兩。《靈・腸胃篇》有之，餘皆不知所本。至中間所論藏府受盛精汁等語，則亦經文所無，不知其別有所授歟！抑兩經固有之，而今殘缺也。

四十三難　曰：人不食飲，七日而死者，何也？然人胃中當有留穀二斗，水一斗五升，即上條所謂橫屈受水穀三斗五升也。故平人日再至圊，圊，厠也。一行二升半，行水穀，化糟粕，行去也。日中五升，日中五升，《靈》作一日中五升，言一日之中共去五升也。七日五七三斗五升，而水穀盡矣。故平人不食飲七日而死者，水穀津液俱盡，即死矣。津液由水穀而生，水穀盡則津液亦亡矣。

按此段與《靈・平人絕穀》後半篇問答俱不易一字，絕無發明。又經文更有論腸胃虛實數語，在此段之前最有精義，今復遺去，尤爲無識。

四十四難　曰：七衝門何在？衝者，衝要之地也。然脣爲飛門，飛，飛動之義。齒爲戶門，齒有闔鍵之象，如家之有戶，物不得徑出入也。會厭爲吸門，會厭謂物之所會聚，又能掩閉，勿使物誤入吸。吸，納處也。胃爲賁門，賁，猶奔也。物入於胃，疾奔而下太倉也。太倉下口爲幽門，《靈・脹論》：胃者，太倉也。以其聚物如倉廩，故曰太倉。下口接小腸處也。幽，深晦之地，與上下出入處至遠也。大腸、小腸會爲闌門，會得，小腸之下，大腸之上。小腸爲受盛之官，化物出焉，納滓穢於大腸，泌津液於膀胱，水穀於此而分別焉，故曰闌門。謂闌截分別，不得并出入也。下極爲魄門，極，底也。魄門即肛門也。飲食至此，精華已去，止存形質，故曰魄門，即所謂鬼門也。又肺藏魄，肛門連大腸，與肺爲表裏，故曰魄門。《素・五藏別論》云：魄門亦爲五藏使，水穀不得久藏。故曰七衝門也。

按此條亦未知所本。

《雜病源流犀燭・心病源流》　十二經皆聽命於心，故爲君。位南方，配夏令，屬火，故爲君火。十二經之氣皆感而應心，十二經之精皆貢而養心，故爲生之本，神之居，血之主，脈之宗。蓋神以氣存，氣以精宅，其理洵不誣也。惟心精常滿，故能分神於四臟。惟心氣常充，故能引精於六腑。此所以爲心之大槩也。心與腎連。經曰：心舍脈，其主腎經，不以其尅而反以爲主。故必腎水足而後心火融，腎水不足，必至心火上炎，而心與腎百病蠭起矣。故心當無病時，養之之法有二：一從本經以養其氣，勿過思抑志，或事未至而迎，事已往而戀，使神明耗散。若過用其心，則傷其氣，氣傷，並傷其精，而神無以爲守。試觀孔子毋意、毋必、毋固、毋我。孟子必有事焉，勿正、勿忘、勿助。養心之法，至孔孟爲已極。孔孟並未嘗言醫，其所以養心，曷嘗有外於是哉。一從腎經以養其精。勿從情房慾，勿貪戀女色，致相火常炎，不能握固。若守腎無節，則傷其精。精傷遂傷其氣，而水不能制火，陰不能爲陽宅，而水氣因以淩心矣。是以象川翁曰：精能生氣，氣能生神，榮衛一身，莫大於此。養生之士，先寶其精，精滿則氣旺，氣旺則神旺，神旺則身健，身健則少病。朱丹溪曰：主閉藏者腎，司疏泄者肝，二臟皆有相火，而其系上屬於心。心君火也，感則動，心動則相火亦動，而精自走。可知精之走泄，固由於腎，累於肝，傷於心，一病則俱病。象川、丹溪明揭其旨，固可爲千古養心家炯戒也。然則心失所養而心病，腎失所養而心不亦病乎？且夫心主血，血既精也。心氣原自有餘，特精傷而失血，心便不足，故血盛則神明湛一，血衰則志氣昏蒙。凡火之有餘，皆由血之不足。而血之不足，又能使火益就衰也。然則心病之有餘不足，詎得與運氣司天之火淫火鬱，徒屬乎火者同視哉。亦惟握精以固其氣，養陰以凝其神，以調劑其有餘不足，使歸於和而已。以上皆言心之所由致病，與養其心所以至於無病也，然而病不能已。試據經以觀心之病，經曰：心病者，胸中痛、脇支滿、脇下肩背胛間痛、兩臂內痛，虛則胸腹痛大，脇下與腰相引痛。就經所言，病皆在血脈，而不在心，何也？以心爲血脈之主，故其寔其虛，皆不見本臟而在血脈。其在血脈，必先於在經絡者病之也。若胸腹腰脇間，皆心與心包之所在，故先病於本經也。

《雜病源流犀燭・心包絡病源流》　《靈蘭秘典論》十二官無心包絡，但曰：膻中者，臣使之官，喜樂出焉。按心包絡在心下，橫膜之上，竪膜之下，其與橫膜相粘。而黃脂裹者，心也。脂膜之外，有細筋膜如絲，與心肺相連者，心包也。其地正值膻中，且位居相火，代君行事，寔臣使也。然則，秘典之言膻中，其既爲心包無疑矣。故心爲君火，居廣明以建極，以昭臨十二官。經曰：君火不用，尊之極也。然火爲地二所生，君火雖不用，有奉天行職。又不得同於君火者，心包所以主相火也。夫相火本屬少陽胆，相火之用，專屬陽明胃，腐熟水穀，何以心包主之也？蓋以人之相火，起於少陽胆，遂游

行於三焦，而督署之以爲陽明，腐不穀之正者，寔心包也。故經曰：陽明居午，以陽明當相火夏令，不言心包，而心包之能督署自見矣。此以知陽明之經與職，總攝於心包，而胆也，胃也，三焦也，總與心包同一職矣。所以《難經》曰：手心主少陽火，生足太陰陽明土，右尺巳午，既其位也。蓋手心主者，心包之別名，去腕二寸曰內關，出於兩筋之間，循經以上繫於心包。

《雜病源流犀燭·肝病源流》肝於五臟爲獨使，爲將軍之官，合少陽胆爲游部。居脾之下，腎之前，微偏左。其位在少腹，其地在血海，其部在兩脇兩胠，其經起於足指，通於巔頂。其臟爲太少二陰之交盡處，其表爲少陽胆。故一陽發生之氣，起於厥陰，而一身上下，其氣無所不乘。肝和則生氣，發育萬物，爲諸臟之生化；若衰與亢，則能爲諸臟之殘賊。故又與胆同爲少陽，而厥陰兼乎少陽之肝，與少陽根乎厥陰之胆，相爲表裏。是以其臟主春，基德屬木，惟其地爲血海，故其藏爲血藏，其部爲血部，而其職主藏血而攝血。其主又在筋，能任筋骨勞役之事，爲罷極之本。其精上榮於目，而兼通於耳。惟其德屬木，故其體本柔而剛，直而升，以應乎春。其性條達而不可鬱，其氣偏於急而激暴易怒，故其爲病也多逆。

《雜病源流犀燭·脾病源流》脾也者，心君儲精待用之府也。贍運用，散精微，爲胃行精液，故其位既在廣明之下，與心緊切相承。其職掌太倉之運量，而以升爲德。其部當水穀之海，故患濕。其屬土，配資生坤元，故爲十二經根本。其勢居中央孤臟，以灌四旁，注四末，故爲六經內主。其所以爲脾如此，古人謂爲後天之本，信然也。蓋脾統四臟，脾有病，必波及之。四臟有病，亦必待養於脾。故脾氣充，四臟皆賴煦育，脾氣絕，四臟不能自生。昔人云：後天之本絕，較甚先天之根絕，非無故也。凡治四臟者，安可不養脾哉？然經曰：腹滿填脹，支膈胠脇，下厥上冒，以爲過在脾與胃者，豈盡脾胃之過哉？皆由中氣不足爲病，甚而人脾，致脾經不運，陽明之氣亦不騰，是以不能出營衛，升達上下也。惟不升上，故肺氣不行而上冒；惟不達下，故腎氣獨沉而下厥耳。至若本經爲病，不外濕淫熱鬱兩端。濕由水氣，病則壅，壅則傷氣，氣虛而不運，必腹脹、胃痛、腸鳴飧泄、身重、食不化；熱由火氣，病則不濡，不濡則傷血，血枯而燥，必胃氣厚，善饑、肉痿、足不能行、善瘛、腳下痛、口乾、舌本強、食即吐、食不下、煩心、水閉、黃疸、脾約，皆脾經病也。治之者，務使三焦之氣流轉和通，則土潤而升，不憂其燥，而火氣不得病之。土健而運，不憂其濕，而水氣亦不得病之矣。

《雜病源流犀燭·肺病源流》肺主氣，上連喉系，下通心肝之竅，司呼吸出入。居上以鎮諸臟，而壓糟粕，以行於大腸。出納清氣，以出濁物。所受者太陽之陰，以固陽氣；所司者太陰之陽，以行陰物。又與足太陰脾，同行氣以給眾臟，故亦名太陰。其屬則位西方金，其配則爲秋令。秋則氣化清肅，萬物賴以成遂，金則爲水之母，其氣恒下行，靜時下澄於腎宮，與水相通，經所謂母隱子胎是也。但腎爲真水。天一所生，肺既爲其母，故居華蓋之頂，猶據天河之上源，以注崑崙，而入龍門，以滙於海也。其輪精臟腑，猶在天之雨露，廣沛羣生也。然嘗病燥與寒熱，以輪精布眾，或太過未及滋化，或邪乘不得行令，故反病燥，宜滋燥飲。反病寒熱也，寒宜紫蘇子，熱宜瀉肺湯。古人嬌臟之名所由來矣。夫肺主皮毛，而皮毛則純屬太陽之部，太陽之傷風、傷寒，汗出中風，與形寒飲冷，皆能傷肺。故其現症，如鼻塞、聲重、喘咳、氣逆、肩背痛、噓噴、胸滿煩心，亦與太陽同。五志之火上炎，陰虛內爍，肝火挾心而刑金，亦能傷肺。故其現症，如肺萎、肺癰、痿躄、吐血、聲嘶、息有音、鼽衄、掌熱、喘不休、口血出、皮毛焦，皆由火燥焦卷之故。若虛，則有少氣不能報息、耳聾、嗌乾諸症。而此諸症，或由外傷，治與足太陽所感病同法。或邪盛鬱塞，必於足太陽瀉之。若傷於內者，正氣衰，金被殘賊，必於足少陰養之。使子能助母，而金氣不至耗洩，於足太陰培之，使母能生子，而金氣得以涵育。昔人云：補水培土，是養金善法，洵有然也，抑猶有進者。金性下沉，隱於子胎，腎家水火兩病，肺俱能受其害，故有時腎水上泛爲痰，肺受之則喘壅而嗽；有時腎火上淩其母，肺受之則喘息而鳴。皆腎氣上逆，而爲病也。要不外足太陽、足太陰、足少陰三經，從而治之。

《雜病源流犀燭·腎病源流》少陽者，陽氣初轉，陰氣乍生之謂。太陽寒水司氣，獨歸於腎，故腎爲陽初轉、陰乍生之少陰。蓋以腎之氣主蟄伏，主歸藏，天地歛藏之氣，必歸於此。是以腎得主寒水也。是以爲先天根柢與心火相對待也。然腎雖主寒水，而與心火南北對待，而先天有真火亦涵於此。是火也，乃命門真陽之火，安身立命之主，卽坎中一畫乾陽，以運化生長收藏之原也。是腎固以寒爲位，以水爲體，以火爲本。故其堅滑者，水之體也；其流行者，火之本也。所以諸臟各一，獨腎有水火兩具，而命門真火，與蟄臟真水兩相並見。然坎中一陽，要卽藏於兩陰之中，故命門之火，亦既涵於真水

之內。初非火是水，水是水，截分爲二者，殆如天地之陰陽動靜然，靜極而動，陽生陰中，遂能升陰精以上奉心主，此升坎填離，水火卽濟，皆先天之神妙，不可思議者也。先輩云：腎之臟，水猶海，火猶龍，水煖則龍潛，水寒則龍起，是腎火炎熾爲患，皆由腎水虛寒。而腎卽虛寒，益爲脾土所尅，其病自日生矣。此言水火不能相濟，因爲致病之由也，而不但已也。腎家本有水火兩病，火病者，龍火騰熾，上爍爲害也，其症有口熱、咽乾、煩心、心如懸、喝喝而喘、面如漆柴、欬唾有血等類；水病者，寒濕之淫，所勝爲災也，其症有跗腫、骨痛、陰痹、時眩清厥、腹大脛腫、喘咳身重、寢汗、頭項痛、饑不欲食、寒氣自傷、意不樂等類。是則腎之病有可指數者。雖然水由地中行，尅水者固爲土，而爲水所藏者，亦卽土也。試觀江湖河海，未有不載於土上，行於土中者，故其水得土之冲氣，而足爲蛟龍之所潛藏。若澗壑之水，非不清澈，要皆寒冷沁骨，故雖魚蝦之細，亦不能養。明乎此，亦可知腎之蟄藏，必藉土封之力。《內經》所以謂腎合精，其主脾，不曰尅而反曰主也。羅淡生亦云：水藏土中。此前人補腎用六味，當知其入茯苓、山藥之妙是已。但脾藥甚多，而必用此二味者，寔因補水故補土，水本濕土，又易生濕，故必須此二味，能滲土中之濕，則土既無濕淫之患。而水之藏土中者，亦自若其性，而不至濕與濕并，多潰溢之病矣。此六味不用其他脾藥，而必用茯苓、山藥者，其旨更自深微，不可不知也。況乎先哲之言曰：腎家水不足，勿撲其火，須滋陰之真源以配火；腎家火不足，勿傷其水，須益火之源以配水。

《雜病源流犀燭・膽病源流》

甲，出三毛，次注足厥陰肝經。每日子時，週身氣血注於胆。足少陽胆經，多氣少血。

膽爲中正之官，決斷出焉。又爲中清之府，主藏而不主瀉，則其所主，異於他臟腑矣。其府之氣，直得先天甲氣，而起於少陰，發於厥陰，乃二陰之真精所生，以爲一陽之妙運也。經曰：少陽連腎，腎上連肺。夫少陽起於夜半之子，爲腎之天根，其氣上升，以應肺之治節。爲腎天根，則通乎下，應肺治節，則通乎上。其所以能通乎上下者，以其爲中和之極也。惟通乎上下，故得遊行三焦。且卽三焦之所治，以致用陽明，故十一經皆藉膽氣以爲和。經曰：少火生氣。以少陽卽嫩陽，爲生氣之首也。是以肝之爲用，能起九地而升地德，亦能出三陽而布天德，皆少陽之妙運也，亦十一經所以取決於膽之故也。豈特爲中正之官，爲五神之決斷已哉。然其爲腑，有獨居於清靜寧謐，而出其衝和之氣，以溫養諸臟者，宜其有中清之目矣。【略】

巵言曰：膽者，澹也，清净之府，無所受輸，澹澹然者也。士材曰：膽者，擔也，中正之官，決斷出焉。猶人之正直無私，有力量，善擔當者也。二家釋膽字，俱有義理，耐人尋味。

《雜病源流犀燭・胃病源流》

脾與胃俱屬土，脾內而胃外，以臟腑言之也。脾陰而胃陽，以表裏言之也。脾主運而胃主化，以氣化言之也。故脾與胃相連，顧胃當相火居正之地，而其地又爲太陽少陽部位相合而明之處，故曰陽明。凡三焦胆之所游部，心包絡之所總司，皆與胃同，有腐熟水穀之妙。經曰：陽明者，午也。午爲夏之中，相火之本職。又三陽之合氣，故於十二經氣獨盛，血獨旺，熱極多，而心包絡之，代心以主相火者，皆與胃同其功用也。故就胃言之，寔營衛之大主，五臟之宗主。其氣騰而上盛，則脈倍見於人迎；其精充而下輪，則脈湧盛於趺陽。仲景治病，必三部候脈，兩手之外，必兼診兩夾喉動脈之人迎，兩足趺之衛陽，良有以也。蓋以腎爲先天之根，胃爲後天之本，胃強則後天強，而先天於以補助，胃絕則後天絕，雖先天足恃，七日不食亦死。故胃雖屬腑，其脈能大見於寸口，而五臟亦待以養也。夫胃之腑既氣獨盛，血獨旺，熱獨多，故其爲病，亦皆寔熱有餘之症。試觀狂譫、溫淫、汗出、鼽衄、口喎、唇胗、腮腫、喉痹、斑黃、狂亂、譫妄、潮熱、登高而呼、棄衣而走、罵詈不避親疎。凡其在經、在絡、在腑，無不以氣寔血熱爲顯症，非以其腑爲兩陽合明之故乎。仲景曰：陽明之爲病，胃家寔也。是寔固指氣獨盛、血獨旺、熱獨多所發之病，皆屬有餘而言，非僅燥滿、便鞕、下焦堅寔之謂也。雖然胃家病雖屬有餘，而亦時形不足，譬如相火既虛，不爲胃蒸化，胃氣既不能旺，氣不旺，既怯而不支，故亦有虛寒之症。試觀洒洒振寒，善伸數欠、顔黑、惡人與火，聞水聲惕然而驚，心欲動、獨閉戶牖而處，身以前皆寒慄，胃中寒、膹脹，陽明之虛寒有如此者，安得泥胃家寔之一言，槩從有餘治之哉？凡此症病，爲寔、爲虛，皆可按《內經》而釋之者也。

《雜病源流犀燭・三焦病源流》

經曰：上焦出胃口，並咽，以上貫膈而布胃中。中焦亦並在胃中，出上焦之後，下焦別廻腸注於膀胱，而於陽明胃之脈，則曰循喉嚨，入缺盆，下膈屬胃。其直者，從缺盆下乳內廉。其支者起胃口，下循腹裏，下至氣街。此與三焦仝行在前，故知三焦者，寔胃部上下之匡廓。三焦之地，皆胃之地。三焦之所主，既胃之所施。其氣爲腐熟水穀

之用，與胃與太陰脾之前，爲相火所居所遊之地。故焦也者，固以熟物爲義也。然則三焦雖有上中下之分，而所由以分者，不俱從胃言之歟，何則？人之心下爲膈膜，膈下爲胃，其上口曰真門，在臍上五寸上脘穴分，是爲上焦；臍上四寸爲中脘穴，卽中焦，肺脈起中焦在此；臍上二寸爲下脘穴，卽胃下口傳入小腸處，曰幽門者，是爲下焦。論三焦地分，雖不過四寸之間，而論三焦所主部位，則上焦之胃上口，承接心肺，其所主部位自在膈以上一段；下焦之胃下口，下輪水穀於小腸，而小腸之水液，滲入膀胱以注前陰，小腸之滓穢，轉輪大腸以注後陰，則下焦所主部位，自在臍腹以下一段；若膈之上，臍腹以上，中間一段胃寔居之，則胃之正中，正中焦所主之部分也。古人云：上焦如霧者，狀陽明化物之升氣也；雲中焦如漚，又云如瀝者，狀化時沃溢之氣也；雲下焦如瀆者，狀擠泌流水之象也。古人誠見乎三焦之氣化，一皆胃之氣化，一皆相火之所成功耳。乃後以三焦爲無狀，空有名，皆不知其爲匡廓於陽明也。

《雜病源流犀燭・小腸病源流》 經曰：小腸者，受盛之官，化物出焉。其爲器亦止爲胃役使，特以與心絡並行隧道，又與足太陽膀胱連經，故亦以三陽歸之，非謂其職能與足太陽並列也。儻一拈太陽，卽以小腸、膀胱並舉，不知要矣。所以小腸之職任，與大腸相倣。大腸之腑無靈，小腸亦無靈。大腸之經，非當陽之用，小腸亦非有巨陽之用。經故俱以器目之也。惟小腸與大腸，皆爲胃化物之器，故其病亦與胃同。惟本經與心絡並行隧道，故本經病亦延及於心，然亦止在經絡而已，無與於心之臟也。其爲病，寔則嗌痛、頷腫，不可以顧、肩似拔、臑似折、節弛肘廢、小水不利、及赤或濇痛、尿血。虛則遺尿、面白苦寒、耳前熱、小腸氣生肬、小者患指疬疥。虛寔之病，各有別矣。至遺溺閉癃，更有由肝所生病，及膀胱不約者，固不盡由小腸也，各詳本症。

小腸形質《靈樞》曰：唇厚，人中長，以候小腸。又曰：心應脈，皮厚者脈厚，小腸亦厚；皮薄者脈薄，小腸亦薄；皮緩者脈緩，小腸大而長；皮薄而脈小者，小腸小而短。諸陽經脈皆多紆曲者，小腸結。《入門》曰：凡胃中腐熟水穀，其滓穢自胃之下口，傳入於小腸上口，自小腸下口，分別清濁，水液入膀胱上口，滓穢入大腸上口。《難經》以大小二腸之會爲闌門，言闢闌分隔也。

《雜病源流犀燭・大腸病源流》 爲胃化物之器，惟大腸耳。故經曰：大腸者，傳道之官，變化出焉，其經與足陽明相接，故亦謂手陽明也。是固爲陽明胃所器使，止屬供役動用之物，其腑無靈，亦非當陽之用，豈謂其能有陽明之職事乎？又以營氣之隧道，成肺相接，故經絡得與肺爲表裏，豈謂其能與肺爲互用乎？經又曰：脾、胃、大小腸、三焦、膀胱者，倉廩之本，營之居也，名曰器。能化糟粕轉味，而以爲出入者也。是皆至陰之類，通乎土氣，則經固指大腸等爲陰矣。以其爲陽者，不過以臟腑之内外言之，以臟居内故爲陰，腑居外故爲陽耳。然則以臟内腑外而分陰陽，只以地分爲分別，使人曉然於臟腑之有異。若經以爲至陰之類，則就其職任言之，以陽爲主，而陰爲從，大腸等皆效用於陽明胃，故其寔爲陰也。固知讀書者，當不以詞害志矣。乃王氏叔和必以其脈定爲陽，在寸口肺脈上，羅氏澹生又必以肺在上爲陽，主諸關前，王秋令而渭不可以大腸當之。且以《脈經》並無脈狀，而謂知其無加於肺脈之浮濇。夫大腸所由隧道，旣與肺相接，而與肺爲表裏，則其營氣相通。而肺脈旣浮濇，大腸脈亦因相通而無異也。且天下惟靈者能自主，大腸之腑旣無靈，其何能自主而別爲脈狀乎？其無加於肺脈之浮濇亦宜矣。故叔和《脈訣》誠屬僞撰而多穿鑿，澹生詆之，而其說亦未甚圓靈也。要之大腸所由之隧道，雖與肺相屬而爲表裏，大腸之絡寔與陽明胃接經，故其病亦與胃同，與肺無涉。旣經絡自病延及於肺，亦止在經絡，不與傷寒之傳經必及於臟腑相似也。故大腸寔，則病耳後、肩臑、肘臂外皆痛，臍腹或腹脹不通，氣滿、皮膚堅、便鞕、腸風下血。宜瀉白散。若虛則耳鳴、耳聾、虛熱，或便閉不通，或腹痛而洩利、腸鳴、脫肛。宜寔腸散。然則大腸之爲器，亦槩可見矣。

大小腸連系《入門》曰：大小腸之系，自膈下與脊膂連，心、腎、膀胱相系，脂膜筋絡，散布包裹，然各分紋理，羅絡大小腸與膀胱。其細脈之中，乃氣血津液流走之道也。

大腸外候《靈樞》曰：鼻隧以長，以候大腸。又曰：肺主皮，皮厚大腸厚，皮薄，大腸薄。皮緩腹裹大者大腸大而長，皮急者大腸急而短，皮滑者大腸直，皮肉不相離者大腸結。又曰：天樞以下至横骨長六寸半，過則迴腸廣大，不滿則狹短。

《雜病源流犀燭・膀胱病源流》 膀胱，本州都之官，藏津液。州都者，

下邑也，遠於京師。且津液必待氣化而後能出，則其爲器，有不得與諸陽並者，乃其經反納太陽何也？以太陽起於少陰，今歸之以陽，故借納幹此也。其寔太陽爲三陽之主。膀胱乃必待氣化而後能出，則太陽豈膀胱能爲之耶？後人不明經旨，此謂膀胱爲太陽寒水，以主寒令，不知六氣之寒水，惟腎能主之。人身太陽之經既非寒令，而膀胱之水亦非寒水，因不可混也。則膀胱之所以爲腑，有可識矣。試進詳之，人身太陽之經，起於足，上於巔腦及額顱內，下於膺中包心肺，皆太陽經所貫。太陽居六經之盛，故爲巨陽，而爲諸陽主氣。然以同衛氣起於少陰，乃以其陽借納膀胱，而膀胱雖居卑賤，所以得稱太陽也。膺中爲心肺所居，肺主皮毛，心主血脈，太陽之經，既下膺中，則皆與太陽合，是以寒邪一犯太陽，遂傷肺及心，以犯皮毛、血脈，爲心肺之所合。如皮毛懔慄，鼻塞聲重，畏寒無汗，以及心煩，皆太陽病，而肺與心皆爲之變也。仲景治太陽傷寒，設麻黄湯發汗以疏肺，設桂枝湯和表止煩以寧心，豈非治太陽卽以治太陰少陰，且治太陰少陰正所以治太陽乎？是太陽一經，寔兼攝手二陰矣。

膀胱形質　《内經》曰：水液自小腸沁，則法滲入膀胱之中，胞氣化之，而爲尿以洩出也。東垣曰：膀胱雖爲津液之府，至於受盛津液，則又有胞居膀胱之中。《類纂》云：膀胱者，胞之室也。《靈樞》曰：鼻孔在外，膀胱漏泄。又曰：腎應骨，密理厚皮者，三焦膀胱厚，粗理薄皮者，三焦膀胱薄；疎腠理者，三焦膀胱緩；皮急而無毫毛者，三焦膀胱急；毫毛多而粗者，三焦膀胱直；稀毫毛者，三焦膀胱結。

經絡分部

論　說

《難經・論脈》　十八難曰：脈有三部，部有四經，手有太陰、陽明，足有太陽、少陰，爲上下部，何謂也？然：手太陰、陽明，金也；足少陰、太陽，水也，金生水，水流下行而不能上，故在下部也。足厥陰、少陽，木也，生手太陽、少陰火，火炎上行而不能下，故爲上部。手心主、少陽火，生足太陰、陽明土，土主中宮，故在中部也。此皆五行子母更相生養者也。

脈有三部九候，各何主之？然：三部者，寸、關、尺也。九候者，浮中沉也。上部法天，主胸以上至頭之有疾也；中部法人，主膈以下至臍之有疾也；下部法地，主臍以下至足之有疾也。審而刺之者也。

人病有沉滯、久積聚，可切脈而知之耶？然：診在右脇有積氣，得肺脈結，脈結甚則積甚，結微則氣微。

診不得肺脈，而右脇有積氣者，何也？然：肺脈雖不見，右手脈當沉伏。

其外痼疾同法耶？將異也？然：結者，脈來去時一止，無常數，名曰結也。伏者，脈行筋下也，浮者，脈在肉上行也。左右表裏，法皆如此。

假令脈結伏者，内無積聚；脈浮結者，外無痼疾；有積聚脈不結伏，有痼疾脈不浮結。爲脈不應病，病不應脈，是爲死病也。【略】

二十二難曰：經言脈有是動，有所生病。一脈輒變爲二病者，何也？然：經言是動者，氣也；所生病者，血也。邪在氣，氣爲是動；邪在血，血爲所生病，氣主呴之。血主濡之。氣留而不行者，爲氣先病也；血壅而不濡者。爲血後病也。故先爲是動，後所生病也。

《難經・論經絡》　二十三難曰：手足三陰三陽，脈之度數，可曉以不？然：手三陽之脈，從手至頭，長五尺，五六合三丈。手三陰之脈，從手至胸中，長三尺五寸，三六一丈八尺，五六三尺，合二丈一尺。足三陽之脈，從足至頭，長八尺，六八四丈八尺。足三陰之脈，從足至胸，長六尺五寸，六六三丈六尺，五六三尺，合三丈九尺。人兩足蹻脈，從足至目，長七尺五寸，二七一丈四尺，二五一尺，合一丈五尺。督脈、任脈各長四尺五寸，二四八尺，二五一尺，合九尺。凡脈長一十六丈二尺，此所謂十二經脈長短之數也。

經脈十二，絡脈十五，何始何窮也？然：經脈者，行血氣，通陰陽，以榮於身者也。其始從中焦，注手太陰、陽明；陽明注足陽明、太陰；太陰注手少陰、太陽；太陽注足太陽、少陰；少陰注手心主、少陽；少陽注足少陽、厥陰；厥陰復還注手太陰。別絡十五，皆因其原，如環無端，轉相灌溉，朝於寸口、人迎，以處百病，而決死生也。

經云：明知終始，陰陽定矣。何謂也？然：終始者，脈之紀也。寸

口，人迎，陰陽之氣通於朝使，如環無端，故曰始也。終者，三陰三陽之脉絶，絶則死。死各有形，故曰終也。【略】

二十五難　曰：有十二經，五臟六腑十一耳，其一經者，何等經也？然：一經者，手少陰與心主別脉也，心主與三焦爲表裏，俱有名而無形，故言經有十二也。

二十六難　曰：經有十二，絡有十五，餘三絡者，是何等絡也？然：有陽絡，有陰絡，有脾之大絡。陽絡者，陽蹻之絡也。陰絡者，陰蹻之絡也。故絡有十五焉。

二十七難　曰：脉有奇經八脉者，不拘於十二經，何也？然：有陽維，有陰維，有陽蹻，有陰蹻，有衝，有督，有任，有帶之脉。凡此八脉者，皆不拘於經，故曰奇經八脉也。

經有十二，絡有十五，凡二十七氣，相隨上下，何獨不拘於經也？然：聖人圖設溝渠，通利水道，以備不然。天雨降下，溝渠溢滿，當此之時，雱霈妄行，聖人不能復圖也。此絡脉滿溢，諸經不能復拘也。

二十八難　曰：其奇經八脉者，既不拘於十二經，皆何起何繼也？然：督脉者，起於下極之俞，並於脊裏，上至風府，入屬於腦。任脉者，起於中極之下，以上毛際，循腹裏，上關元，至喉咽。衝脉者，起於氣衝，並足陽明之經，夾臍上行，至胸中而散也。帶脉者，起於季脇，迴身一周。陽蹻脉者，起於跟中，循外踝上行，入風池。陰蹻脉者，亦起於跟中，循內踝上行，至咽喉，交貫衝脉。陽維、陰維者，維絡於身，溢蓄不能環流灌溉諸經者也。故陽維起於諸陽會也，陰維起於諸陰交也。比於聖人圖設溝渠，溝渠滿溢，流於深湖，故聖人不能拘通也，而人脉隆盛，入於八脉而不環周，故十二經亦不能拘之，其受邪氣，蓄則腫熱，砭射之也。

《還真集·金丹直指》　玄關一竅，在人身中。腎上心下，肝西肺東。不偏不倚，獨立虛空。非內外，元始之宗。無欲養性，有欲施功。揭開爐鞴，鼓動巽風。雷轟海底，驚起潛龍。火炎坎位，昇上離宮。黄婆引婦，嫁與金公。三家相見，情意和同。丹凝九轉，滿鼎霞紅。勤採勤鍊，漸凝漸豐。綿綿固守，野戰防兇。靈胎養就，陽純氣沖。立功立行，名達上穹。脱胎神化，道妙無窮。

《還真集·半升鐺》　擎天拄地升鐺，龍虛擒來一處烹。武鍊十回文火鍊，丹成九轉步蓬瀛。

半升鐺者，乃土釜之異名也。在人身天地之正中，戊己之宫，神氣之穴。得此者，陰陽可以交，性命可以活。吕純陽祖師所謂一粒粟中藏世界，半升鐺內煑山川是也。學者不可勉強猜度，須從明師口授，而後可知。古云：踏破鐵鞋無覓處，得來全不費工夫。

《難經經釋·卷上》　十八難　曰：脉有三部，部有四經，三部，寸關尺也。四經，兩手寸關尺各候一藏一府也。手有太陰、陽明，手太陰屬肺，手陽明屬大腸，皆診於右寸。足有太陽、少陰，足太陽屬膀胱，足少陰屬腎，皆診於左尺。爲上下部。右寸爲上，左尺爲下。何謂也？然：手太陰、陽明金也，足少陰、太陽水也，金生水，水流下行而不能上，故在下部也。此言左右手循環相生者也。足厥陰、少陽足厥陰屬肝，少陽屬膽，皆診於左關。木也，生手太陽、少陰火，手太陽屬小腸，手少陰屬心，皆診於左寸。火炎上行而不能下，故爲上部。手心主，少陽火，手心主，即手厥陰心包絡也，手少陽屬三焦，推本文之義，則宜診於右尺。生足太陰、陽明土，足太陰屬脾，足陽明屬胃，皆診於右關。土主中宫，故在中部也。此皆五行子母更相生養者也。以上釋三部四經上下之義，下文又論所主之病也。【略】

二十二難　曰：經言脉有是動，有所生病。一脉輒一本無輒字。變爲二病者，何也？此亦非經之全文，乃約經語以成文者也。此脉字指經脉言。是動所生病，見《靈經·脉篇》。一病指經文是動以下所舉之病，及所生病以下所舉之病，有此二者之殊也。然：經言是動者，氣也；所生病者，血也。言脉之動者，氣爲之，而所生病者，則血爲之也。邪在氣，氣爲是動；邪在血，血爲所生病。此又言氣血之所以病，則皆因乎邪也。氣主呴之，血主濡之。呴，煦也，薰蒸之義。濡，滋潤之義。氣留而不行者，不能呴也。爲氣先病也；血壅一作滯。而不濡者，壅，凝滯也。爲血後病也。故先爲是動，後所生也。言邪之中，人必先傷乎氣，而氣病。然後及乎血，而血病。故六一脉變二病也。按《經脉篇》：是動諸病乃本經之病，所生之病則以類推而旁及他經者，經文極明曉，並無氣血分屬之説。

二十三難　曰：手足三陰三陽脉之度數，可曉以不？然：手三陽之脉，三陽，《靈·脉度篇》作六陽。從手至頭，手三陽之脉皆從指末起而終於頭。長五

尺，五六合三丈。五六合，兩手言之也。手三陰之脈，從手至胸中，手三陰之脈亦從指末起而至胸中。長三尺五寸，三六一丈八尺，五六三尺，合二丈一尺。足三陽之脈，從足至頭，足三陽從足指起至頭。長八尺，六八四丈八尺。足三陰之脈，從足至胸，足三陰從足趾足心起至胸。長六尺五寸，六六三丈六尺，五六三尺，合三丈九尺。人兩足蹻脈，從足至目，長七尺五寸，二七一丈四尺，二五一尺，合一丈五尺。蹻脈屬奇經。按蹻脈有陰陽之分，左右共四脈，不知此何所指。又按陰蹻爲少陰之別，陽蹻爲大陽之別。《靈·脈度篇》論蹻脈起止專指陰蹻言，而不及陽蹻，則其長短之數乃陰蹻之數也。故帝問蹻脈有陰陽，何脈當其數。岐伯答曰：男子數其陽，女子數其陰，蓋陽蹻與陰蹻雖有內外有裏之殊，其長短大約相等也。督脈、任脈亦屬奇經，督脈在背，任脈在腹，詳《素·骨空論》。各長四尺五寸，二四八尺，二五一尺，合九尺。凡脈長十六丈二尺，此所謂十二經脈長短之數也。按以上皆《脈度篇》原文，全無發明。經脈十二，絡脈十五，見下二十六難。何始何窮也？然：經脈者，行血氣，通陰陽，以營於身者也。其始從中焦注手太陰、陽明，營出於中焦，故脈從中焦始。陽明注足陽明、太陰，太陰注手少陰、太陽，太陽注足太陽、少陰，少陰注手心主、少陽，少陽注足少陽、厥陰，厥陰復還注手太陰。

按《靈·營氣篇》論營氣行次序如此，然止論營氣非論脈也。經文更爲詳備，此則略舉言之，以爲脈之終始。蓋以營行脈中，營氣之行即脈之行也。義亦可通。

別絡十五，皆因其原，脈所注爲原《靈·九針十二原篇》云：原者五藏之所以稟三百六十五節氣味也。蓋謂五藏之氣皆會於此，而別絡之氣亦因乎此也。如環無端，轉相灌溉，朝於寸口、人迎，寸口見第一難。人迎即左手之寸口脈也。朝如朝覲之朝，謂會聚於此，復稟氣以出也。以處百病，而決死生也。處，揆度也，即第一難獨取寸口以決死生之義。經云：明知終始，陰陽定矣。何謂也？見《靈·終始篇》。然：終始者，脈之紀也。《終始篇》云：絡始者，經脈爲紀。寸口、人迎，陰陽之氣通於朝使，朝見上，使言相爲用也。寸口爲陰，人迎爲陽。如環無端，故曰始也。終者，三陰三陽之脈絕，絕則死。死各有形，死形見下二十四難。故曰終也。

按《靈·終始篇》云：凡刺之道畢於終始。明知終始，五藏爲紀，陰陽定矣。下文云：陽受氣於四末，陰受氣於五藏，故瀉者迎之，補者隨之，此終始蓋指十二經之所起止，以迎隨之而補瀉焉，非謂氣行爲始，脈絕爲終也。其《終始篇》篇末亦載十二經脈絕病形，與《素問·診要經終論》同此又一義，並非終始之終也，豈可因篇末有十二經經終病形，遂誤以終始之終爲即此終耶！何其弗深思也。按此節，人迎非指兩經所言結喉旁之人迎脈也。第一難單舉寸口，則兩手脈俱在其中；此節兼舉人迎，則右爲寸口，左爲人迎，正脈經脈訣之所本也。

【略】

二十五難曰：有十二經，五藏六府十一耳，其一經者，何等經也？《靈·九針論》：五藏：心藏神，肺藏魄，肝藏魂，脾藏意，腎藏精與志也。六府：小腸、大腸、胃、膽、膀胱、三焦，主出納水穀，如府庫之司出入，故曰府也。然：一經者，手少陰與心主別脈也。心主與三焦爲表裏，《靈·九針論》：足陽明、太陰爲表裏，少陽、厥陰爲表裏，太陽、少陰爲表裏，手陽明、太陰爲表裏，少陽、心主爲表裏，太陽、少陰爲表裏。別脈謂心主本心之宮城，宜與心爲表裏，乃反別與三焦爲表裏，別爲一經，故成十二經也。三焦，上焦、中焦、下焦也。俱有名而無形，故言經有十二也。

按言，三焦爲無形已屬未當，言手心主爲無形則斷無是說。心主者，即心之包絡，有脂膜以衛心者也，安得無形？其所以不得謂之藏者，蓋心主代心行事，本無所藏，故不以藏名也。三焦辨詳三十八難。《難經》言手心主與三焦凡八，見第八、三十一、三十六、三十八、三十九、六十二、六十六及此篇，俱當參觀。

二十六難曰：經有十二，絡有十五，餘三絡者，是何等絡也？《靈·九針十二原篇》云：經脈十二，絡脈十五，凡二十七氣以上下。然：有陽絡，有陰絡，有脾之大絡。《靈·經脈篇》：脾之大絡名曰大包，出淵液下三寸，布胸中。陽絡者，陽蹻之絡也。陰絡者，陰蹻之絡也。蹻脈詳二十三難。故絡有十五焉。

按十五絡《靈·經脈篇》明指十二經之別，與督任之別及脾之大絡共十五絡，皆有穴名及病形治法，此以二蹻當之，未知何出。

二十七難曰：脈有奇經八脈，不拘於十二經，何謂也？奇讀如奇偶之奇，謂無手足配偶如十二經也，詳下篇。然：有陽維，有陰維，有陽蹻，有陰蹻，有衝，有督，有任，有帶之脈。凡此八脈者，皆不拘於經，故曰奇經八脈也。詳見下篇。經有十二，絡有十五，凡二十七氣，相隨上下，出見前篇。何獨不拘於經也？然：聖人圖設溝渠，通利水道，以備不然。不然猶言不虞也。天雨降下，溝渠溢滿，當此之時，雱霈妄作，一作行。聖人不能復圖也。此以水道喻人身血脈之道。此絡脈滿溢，諸經不能復拘也。言血脈充盛，十二經不足以容之，則溢出而爲奇經，故奇經爲十二經之別脈也。

二十八難曰：其奇經八脈者，既不拘於十二經，皆何起何繼也？繼續也，《脈經》作繫。然：督脈者，起於下極之俞，俞即穴也，下極即長強穴，屬督脈，在脊骶骨端。並於脊裏，脊裏，背脊中也。上至風府，風府屬督脈，在項上入髮際一寸，大筋內宛宛中。入屬於腦。《靈·經脈篇》：督脈之別名曰長強，挾膂，上項，散頭上，下

當肩胛左右，別走太陽，入貫膂。實則脊強，虛則頭重。《素問・骨空論》：督脈者，起於少腹以下骨中央，女子入繫廷孔，其孔，溺孔之端也。其絡循陰器，合篡間，繞篡後，別繞臀至少陰與巨陽中。絡者合少陰，上股內後廉，貫脊屬腎，與太陽起於目內眥，上額交巔，上入絡腦，還出別下項，循肩髆內，俠脊，抵腰中，入循膂，絡腎。其男子循莖下至篡，與女子等。其少腹直上者，貫齊中央，上貫心，入喉，上頤，環脣，上繫兩目之下中央。此生病從少腹上衝心而痛，不得前後，爲衝疝。其女子不孕、癃痔、遺溺、嗌乾。任脈者，起於中極之下，中極穴屬任脈，在臍下四寸。中極之下，蓋指會陰穴也。以上至毛際，前陰之上。循腹裏，即中極穴。上關元，關元穴在臍下三寸。至咽喉。《素・骨空論》：至咽喉之下，有上頤循面入目六字。《靈・經脈篇》：任脈之別名曰尾翳，下鳩尾，散於腹，實則腹皮痛，虛則癢搔。衝脈者，起於氣衝，足陽明經穴，在毛際兩旁。並足陽之經，《素・痿論》云：衝脈者，經脈之海，主滲灌谿谷，與陽明合於宗筋，陰陽總宗筋之會，會於氣衝，而陽明爲長，皆屬於帶脈，而絡於督脈。俠一作夾。齊上行，至胸中而散。一本有也字。

按氣衝，《骨空論》作氣街，即氣衝別名也。並足陽明之經，《素問・骨空論》作並少陰之經。《靈・順逆肥瘦論》云：衝脈者，五藏六府之海也，五藏六府皆稟焉。其上者，出於頏顙，滲諸陽，灌諸精。其下者，注少陰之大絡，出於氣街。雖陽明與少陰經文互異，然兩經不甚相遠，皆衝脈所過，義無害也。又《靈・五音五味篇》：衝脈、任脈皆起於胞中，上循背裏，爲經絡之海。

帶脈者，起於季脇，季脇屬足厥陰章門穴之分。迴身一周。謂周身圍轉，如人束帶之狀，以束諸脈也。《靈・經別篇》：足少陰之正至膕中，別走太陽而合，上至腎，當十四椎出，屬帶脈。又按，帶脈穴在季脇下一寸八分，屬足少陽膽經。陽蹻脈者，起於跟中，循外踝上行，外踝大骨下申脈穴。按《素・繆刺論》：邪客於足陽蹻之脈，令人目痛，從內眥始。刺外踝之下半寸所，即此穴也。入風池。風池在耳後寸半，屬膽經。陰蹻脈者，亦起於跟中，循內踝上行，內踝骨下照海穴。至咽喉，交貫衝脈。衝脈亦至咽喉也。《靈・脈度篇》云：蹻脈者，少陰之別，起於然骨之後，上內踝之上，直上循陰股入陰，上循胸裏，入缺盆，上出人迎之前，入頄，屬目內眥，合於太陽、陽蹻而上行。氣並相還，則爲濡目。氣不營，則目不合。又云：蹻脈有陰陽，何脈當其數？岐伯曰：男子數其陽，女子數其陰。當數者，爲經；其不當數者，爲絡也。陽維、陰維者，維絡於身，溢畜不能環流灌溢諸經者也。此二句未詳滑氏本義，謂當在十二經，亦不能拘之之下。按維絡於身之下，必有缺文，後人誤以此二句移入此處，故難通也。故陽維起於諸陽會也，陰維起於諸陰交也。按二維之脈，經無明文，其起止蓋不可考。比於聖人圖設溝渠，溝渠滿溢，流於深湖，故聖人不能拘通也。而人脈隆盛，入於八脈，而不還周，不還周，言不復歸於十二經也。故十二經亦不能拘之。此段即上章之義。其受邪氣，畜則腫熱，言邪氣入於其中，則鬱滯不通而爲腫爲熱。砭射之也。此言治之之法，蓋奇經之脈不能還周，故邪氣無從而出，惟用砭石以射之，則邪氣因血以泄，病乃已也。

《雜病源流犀燭・奇經八脈門》 奇經八脈總說 瀕湖曰：凡人身有經脈、絡脈。直行曰經，旁支曰絡。經凡十二，手三陽三陰、足三陽三陰是也。絡凡十五，十二經各有別絡，而脾又有大絡，並任督二絡爲十五也。共二十七氣，相隨上下，如泉之流，不得休息。故陽脈營于五臟，陰脈營于六腑。陰陽相貫，莫知其紀，終而復始，其流溢之氣入于奇經。轉相灌輸，內溫臟腑，外濡腠理。奇經凡八脈，不拘制于十二正經，無表裏配合，故謂之奇。蓋正經猶溝渠，奇經猶湖澤。正經之脈隆盛，則溢于奇經。故秦越人比之天雨降下溝渠，溢流湖澤，此發《靈》、《素》未發之秘也。八脈散在羣書者，可攷而悉也。【略】

任脈病源流 任脈起于中極之下，以上毛際，循腹裏，上關元，至咽喉，上頤，循面，入目。此與衝脈主身前之陰。

古人以任脈爲陰沉之海，以其起于中極之下會陰也。按其脈之所到，既上中極，卽與足厥陰、太陰、少陰之脈並行。循關元，歷石門、氣海，又會足少陽、衝脈于陰交。歷建里，再會手太陽、少陽、足陽明之脈於中脘。以上喉嚨，再會陰維之脈于天突、廉泉，至目下之中央承泣而終。是任脈固起于真陰，而陰無陽不生，猶地之統于天，而地氣之上通，必由天氣之下降，兩相濟而後能通。不然，窮陰沍寒，必至成痞閉也。人身之有天癸，乃天之元氣，降則爲精氣，以充於地，則真陰自生，既生而漸至于充。然後地氣通，太衝脈由是始旺，月事以時下，而易于有子，若無子者，必其任脈虛，以至衝衰血竭，地氣不通故也。然而真陰最難充滿，非年歲既至，穀氣充寔，天元必不堅定，故天癸亦不至。然則真陰之盛，有不由于真陽之寔者乎？經曰：年四十而陰氣自半，言乎陽極而衰，爲陰所襲。故曰：陰半蓋，此陰已爲窮陰，非真陰也。此雖真陰衰，寔真陽衰也。故任脈爲病，非陰之自病，寔由于陰中無陽。如經云：男子內結七疝，女子帶下瘕聚，皆原結陰之故耳。若經又云：脈來丸，丸横于寸口者爲任脈，此脈已爲陰氣所襲，故動苦少腹引臍下、引横骨陰中切痛。宜奪命丹一捏金散。又苦腹中有氣如指，上搶心，拘急不得俛仰也。宜木香順氣散和氣湯。則此雖爲無陰之症，何莫非無陽之症乎，所謂真陰之盛，必由於真陽之實，益可見矣。

任脈經行諸穴　《脈經》曰：任爲陰脈之海。其脈起于中極之下，少腹之內，會陰之分，在兩陰之間。上行而外出循曲骨，橫骨上毛際陷中。上毛際至中極，臍下四寸膀胱之募。同足厥陰、太陰、少陰並行腹裏，循關元臍下三寸，小腸之募三陰爲任脈之會。歷石門，卽丹田，一名命門，在臍下二寸三焦之募。氣海，臍下一寸半宛宛中男子生氣之海。會足少陽、衝脈于陰交，臍下一寸，當膀胱上口三焦之募。循神闕、臍中央。水分，臍上一寸當小腸下口。會足太陰于下脘，臍上二寸當胃下口。歷建里，臍上三寸。會手太陰、少陽、足陽明于中脘，臍上四寸胃之募也。上上脘、臍上五寸。巨闕、鳩尾下一寸心之募也。鳩尾、蔽骨下五分。中庭、膻中下一寸六分陷中。膻中、玉堂下一寸六分。玉堂、紫宮下一寸六分。紫宮、華蓋下一寸六分。華蓋、璇璣下一寸。璇璣，天突下一寸。上喉嚨會陰維于天突廉泉，天突在結喉下四寸，宛宛中廉泉在結喉上舌下中央。上頤循承漿與手足陽明、督脈會，唇下陷中。環唇上，至下齦交循出分行，循面繫兩目下之中央至承泣而終，目下七分直瞳子陷中二穴。凡二十七穴。按《難經》、《甲乙經》卻無循面以下之說。【略】

督脈病源流　督脈起于會陰，循背而行于身之後，爲陽脈之總督，故曰陽脈之海。其別與厥陰脈同會于巔。此主身後之陽。

人身陰陽原氣，皆起于下。經曰：廣明之後，卽爲太衝。太衝之地，屬之少陰，少陰之前，乃爲厥陰。其部有血海，嘗與太衝騰精氣而上，灌滲陰陽。可知元氣固起于下，精氣亦起于下矣。嘗按精氣之自下而上也，寔分三道：其陽者，起胞中，從少陰之後，行太陽夾脊之中道上巔，歷百會、都庭，以統宗諸陽，其名曰督。其陰者，起中極之下胞中，由前陰地道而上行陽明之表，中循關元，歷承漿，上與督脈會，以統宗諸陰，其名曰任。其中央一道，起胞中，循血海，騰精氣而上，上行伏臍，積于胸中，爲宗氣以司呼吸，會于咽喉，其名曰衝。是三脈者，同起于胞中，一源而三歧，故古人統三者而總名之曰太衝。且三者之氣，與陽明胃氣同住中州，亦與營俱行于十二經，故三者之氣，能貫于一身也。而督之所以爲督，從可識矣。楊氏曰：督之言郵也，是人陽脈之都綱。呂氏亦曰：陽脈之海下極者，長强也。長强乃督脈之別名。下極者，尾骶骨也。以其循脊上項散頭，故寔則脊强而厥，虛則頭重。夫脊强者，五痓之總名，其症卒口噤，背反强而瘛瘲也。而督之所以爲病，又從可識矣。

督脈經行諸穴　《內經》曰：督乃陽脈之海，其脈起于腎下胞中，至於少腹，乃下行于腰橫骨圍之中央，繫溺孔之端，男子循莖下至篡，女子絡陰器合篡間，俱繞篡後屏翳穴，前陰後陰之間也。別繞臀，至少陰與太陽中絡者，合少陰上股內廉，由會陽在陰尾尻骨兩旁凡二穴。貫脊，會于長强，穴在骶骨端。與少陰會，並脊裏上行，歷腰俞、二十一椎下。陽關、十六椎下。命門、十四椎下。懸樞、十三椎下。脊中、十一椎下。中樞、十椎下。筋縮、九椎下。至陽七椎下。靈臺、六椎下。衝道、五椎下。身柱、三椎下。陶道、大椎下。大椎，一椎下。與手足三陽會合，上瘂門，項後入髮際五分。會陽維，入繫舌本，上至風府，項後入髮際一寸，大筋內宛宛中。會足太陽、陽維，入腦中，循腦戶，枕骨上。强間，百會後三寸。後項、百會後一寸半。上巔，歷百會、在頭中央旋毛中。前項、百會前一寸半。顖會、百會前三寸，卽顖門。上星、顖會前一寸。至神庭，顖會前二寸，直鼻上，入髮際五分。爲足太陽督脈之會，循額中，至鼻柱，經素髎、鼻準頭也。水溝、人中也。會手足陽明至兌端，唇上端。入齗交，上齒縫中。與任脈、足陽明交會而終，凡三十一穴。督脈別絡，自長强走任脈者，由小腹直上貫臍中央，上貫心，入喉，上頤，環唇，上繫兩目之下，中央會太陽于目內眥睛明穴。見陰蹻下。上額，與足厥陰仝會于巔，入絡于腦，又別自腦下項，循肩胛，與手足太陽、少陽會于大杼，第一椎下兩旁，去脊中一寸五分陷中。內挾脊腰中，入循膂，絡腎。【略】

張潔古曰：督者，都也，爲陽脈之都綱；任者，妊也，爲陰脈之妊養。王海藏曰：陰蹻、陽蹻同起跟中，乃氣并而相連；任脈、督脈，同起中極之下，乃水溝而相接。滑伯仁曰：任督二脈，一原而二歧，一行于身之前，一行于身之後，人身之有任督，猶天地之有子午，可以分，可以合，分之見陰陽之不離，合之見渾淪之無間，一而二，二而一者也。李瀕湖曰：任督二脈，人身之子午也。乃丹家陽火陰符升降之道，坎水離火交媾之鄉。魏伯陽《參同契》云：上閉則稱有，下閉則稱無。無者以奉上，上有神德居，此兩孔穴法，金氣亦相須。崔希範《天元入藥鏡》云：上鵲橋，下鵲橋，天應星，地應潮，歸根竅，復命關，貫尾閭，通泥丸。《大道三章直指》云：修丹之士，身中一竅，名曰玄牝，正在乾之下，坤之上，震之西，兌之東，坎離交媾之地，在人身天地之正中，八脈九竅、十二經、十五絡，聯輳虛間一穴，空懸黍珠，醫書謂之任督二脈。此元氣之所由生，真息之所由起。修丹之士，不明此竅，則真息不生，神化無基也。俞琰《註參同契》云：人身血氣，往來循環，旦暮不停，緊有任督二脈，人能通此二脈，則百脈皆通。《黃庭經》言：皆在心內運天經，晝夜存之自長生。天經，乃吾身之黃道，呼吸往來于此也。鹿運尾閭，能通督脈；

龜納鼻息，能通任脈。故二物皆長春。此數說，皆丹家河車妙旨也。【略】

陽維、陰維脈病源流　陽維脈起于諸陽之會，由外踝而上行於衛分。陰維脈起于諸陰之交，由内踝而上行于營分。所以爲一身綱維也。

人身陽脈既統於督，陰脈既統于任矣。而諸陽、諸陰之散見而會者，又必有以維繫而主持之。故有陽維以維諸陽，陰維以維諸陰。要其所以能維者，必從陰陽根柢之處以發其氣。氣之極盛而後能維之。蓋陽維則從少陰斜至太陽發足太陽之金門，而與手足少陽、陽明會于陽白，是其所從起者少陰，而所會者皆陽也。所會皆陽，則所維自皆陽矣。陰維從少陽斜至厥陰，發足少陰之築賓至項前而終，是其所從起者少陽，而所發所至者皆陰也。所發所至皆陰，則所維自皆陰矣。然陽維既爲諸陽之維，而反起于少陰；陰維既爲諸陰之維，而反起于少陽者，何也？少陰爲諸陰根柢之氣，維于陽者必起于此，是陰爲陽根也；少陽爲諸陽根柢之氣，維於陰者必起于此，是陽爲陰根也。所謂互爲其根者是也，故二脈又爲營氣之綱。

陽維經行諸穴　《内經》曰：陽維起于諸陽之會。其脈發于足太陽金門穴，在足外踝下一寸五分。上外踝七分，會足少陽于陽交，爲陽維之郄。在外踝上七寸，斜屬二陽之間。循膝外廉，上髀厭，抵少腹側，會足少陽于居髎。在章門下八寸，監骨上陷中。循脇肋斜上肘，上會手陽明、手足太陽于臂臑，在肘上七寸，兩筋罅陷中，肩髃下一寸。過肩前，與手少陽會于臑會、天髎。臑會在肩前去肩端三寸宛宛中，天髎在缺盆中間上毖骨際陷中央。卻會手足少陽、足陽明于肩井。在肩後大骨下髀上廉陷中。上循耳後，會手足少陽于風池。在耳後髮際陷中。上腦空、承靈後一寸半，夾玉枕骨下陷中。承靈、正營後一寸半。正營、目窗後一寸。目窗、臨泣後一寸。臨泣，在瞳人直上髮際五分陷中。下額與手足少陽、陽明五脈會于陽中，眉上一寸直瞳人相對。循頭入耳，上至本神而止。本神在直耳上直髮際中。凡經共三十二穴。

陰維經行諸穴　《内經》曰：陰維起于諸陰之交。其脈發于足少陰築賓穴，在足内踝上五寸，腨肉分内。爲陰維之郄。上循股内廉，上行入小腹，會足太陰、厥陰、少陰、陽明于府舍。在腹哀下三寸去腹中行四寸半。上會足太陰于大橫、腹哀，大橫在腹哀下一寸五分，腹哀在日月下一寸五分，並去腹中行四寸半。循脇肋會足厥陰于期門，直乳下一寸半。上胸膈，挾咽，與任脈會于天突、廉泉。天突在結喉下四寸半宛宛中，廉泉在結喉下二寸中央是穴。凡一十四穴。【略】

陽蹻、陰蹻脈病源流　陽蹻脈起于跟中，循外踝，上行于身之左右，主一身左右之陽。陰蹻脈起于跟中，循内踝，上行于身之左右，主一身左右之陰。所以使機關之蹻捷也。

蹻以矯舉爲義。其脈之剽悍，同于衛氣，而皆上出目内眥，然皆有孔道，與衛不同。按其脈，則陰出陽而交於足太陽，陽入陰而交於足少陰。其氣其行，每從根柢，陰陽和合以爲蹻舉，而上榮大會于目，故目之開闔皆宜。若目氣不榮，則目不合矣。經曰：陰脈榮其臟，陽脈榮其腑者，言乎入陰則榮臟，入陽則榮腑也。又曰：蹻脈有陰陽，何者當其數？男子數其陽，女子數其陰者。男子陽用事，其蹻在陽，故數其陽，女子陰用事，其蹻在陰，故數其陰也。至其爲病，陽蹻則陰緩而陽急。陽急則狂走、目不昧。潔古云：裏和表病，爲陰不病而陽病。陽病則寒，其治風池、風府；若在陽表，當汗，桂枝湯、麻黄湯；若在陰裏，當下，承氣湯。陰蹻病，陽緩而陰急。陰急則陰厥，足脛直，五絡不通。潔古云：表和裏病，爲陽不病而陰病。陰病則熱，甘草乾薑湯。二蹻之病異治，二蹻之法亦異也。要而論之，奇經八脈惟帶脈横束於膂，不與七脈同。而七脈則皆起于太陽、少陰，雖或統宗衆會，孔道之各有殊，其寔皆自下而上，源不甚遠。古人止言太衝，不分督任、蹻、維，蓋有分之而不盡。可分者，固卽謂太衝之義也，此又不可不知也夫。

陽蹻經行諸穴　《内經》曰：陽蹻者，足太陽之別脈。其脈起于跟中，出于外踝，下足太陽申脈穴，在外踝下五分陷中，容爪甲白肉際。當踝後遶跟，以僕參爲本，在踝骨下陷中拱足得之。上外踝上三寸，以附陽爲郄，在外踝上三寸，足太陽穴也。直上循股外廉，循脇後胛上，會手太陽、陽維于臑俞。在肩後大骨下胛上廉陷中。上行肩髆外廉，會手陽明于巨骨，在肩尖端上行兩叉骨罅間陷中。會手陽明、少陽于肩髃，在髆骨頭肩端上兩骨罅陷宛宛中，舉臂取之有孔。上人迎，夾口吻，會手足陽明、任脈于地倉，夾口吻旁四分外，如迎下有微脈動處。同足陽明上而行巨窌，夾鼻孔旁八分，直瞳子，平水溝。復會任脈于承泣，直目下七分，直瞳子陷中。至目内眥，與手足太陽、足陽明、陰蹻會于睛明穴，見陰蹻下。從睛明上行入髮際，下耳後，入風池而終。風池在耳後，夾玉枕骨下髮際陷中。凡共經二十二穴。

陰蹻經行諸穴　《内經》曰：陰蹻者，足少陰之別脈。其脈起于跟中，足少陽然谷穴之後，然谷在内踝前下一寸陷中。同足少陰循内踝下照海，在内踝下五分。上内踝之上二寸，以交信爲郄，交信在内踝骨上少陰前，太陰後廉筋骨間。

直上循陰股入陰。上循胸囊，入缺盆，上行入目內眥，與手足太陽、足陽明、陽蹻會于睛明而上行。睛明在目內眥外一分宛宛中。凡經行八穴。張紫陽《八脈經》云：八脈者，衝脈在風府穴下，督脈在臍後，任脈在臍前，帶脈在腰，陰蹻脈在尾閭前陰囊下，陽蹻脈在尾閭後二節，陰維脈在項前一寸三分，陽維脈在項後一寸三分。凡人有此八脈，俱屬陰，神閉而不開。惟神仙以陽氣冲開，故能得道。八脈者，先天大道之根，一氣之祖，采之惟在陰蹻爲先，此脈纔動，諸脈皆通。次督任衝三脈，總爲經脈造化之原。而陰蹻一脈，散在丹經，其名頗多，曰天根，曰死戶，曰復命關，曰酆都鬼戶，曰死生根。有神主之名，曰桃康，上通泥丸，下透湧泉，倘能如此，使真氣聚散皆從此關竅，則天門常開，地戶永閉，尻脈周流于一身，貫通上下，和炁自然上朝，陽長陰消，水中發火，雪裏花開。所謂天根月窟閑來往，三十六宮都是春。要知西南之鄉，乃坤地，尾閭之前，膀胱之後，小腸之下，靈龜之上，此乃天地逐日所生炁根産鉛之地也。醫家不知有此。李瀕湖曰：丹書論及陽精、河車皆往往以衝、任、督脈、命門、三焦爲説，未有專指陰蹻者。而紫陽《八脈經》所載，經脈稍與諸家之説不同。然內景隧道，惟返觀者能照察之。其言謬也。【略】

衝脈病源流　衝脈起于會陰，夾臍而行，直衝于上，爲諸脈之衝要，故曰十二經脈之海。此與任脈主身前之陰。

經曰：衝脈爲病，氣逆而裏急。又曰：上衝作躁熱。又曰：咳唾，手足厥逆，氣從少腹上衝胸咽，面翕然熱如醉，下流陰股，小便難持。又曰：暑月病甚則傳腎、肝，爲痿厥，四肢如火，或如冰，心煩。仲景曰：寒氣客脈不通，氣因鳴動應手，起關元，隨腹直上，疝瘕、遺溺、脇支滿煩，女子絶孕，動氣在上下左右，不可發汗與下。合此數條觀之，衝脈既爲十二經之海，而下爲血海，又與督脈爲十二經之道路，及與任脈、陽明脈會于氣街，則督任二脈皆可謂之衝。故古人不分衝任督，而總名曰太衝。如經云：廣明之後，卽爲太衝是也。蓋太衝云者，以一身之精氣上升言之，不止爲血海言之也。然衝任督雖同起下極，畢竟三脈分行，故衝則獨主血海。而其所以主血海，以其爲先天精氣之主，能上灌諸陽，下滲諸陰，以至足跗，故其治常在血海也。若陰陽和而精氣足，則陽和之精，升運于一身之間，自然無病。稍有不調，必逆而上僭，而其爲病。

衝脈經行諸穴　《內經》曰：衝爲經脈之海，又名血海，其脈與任脈皆起于少腹之內胞中，其浮而外者起于氣衝，一名氣街，在少腹毛中兩旁各二寸，横骨兩端動脈宛宛中，足陽明穴也。並足陽明、少陰二經之間，循腹上行至横骨，足陽明去腹中行二寸，少陰去腹中行五分，衝脈行於二經間，横骨在陰上横骨中，宛如半月，去腹中行一寸半。夾臍左右，各五分，上行歷、太赫、横骨上一寸。氣穴、卽胞門，大赫上一寸，少陰衝脈之會。四滿、氣穴上一寸。中注、氣穴上一寸。肓俞、中注上一寸。商曲、肓俞上一寸。石關、商曲上一寸。陰都、石關上一寸。通谷、陰都上一寸。幽門，通谷上一寸。凡二十四穴。

衝脈經行原委　《靈樞》曰：衝任皆起胞中，上循背裏，爲經絡之海。其浮而外者，循腹右上行，會于咽喉，别而絡唇口。血氣盛則充膚熱肉，血獨盛則滲灌皮膚，生毫毛。婦人有餘于氣，不足于血，月下數脱血，任衝並傷，脈不榮其唇口，故髭鬚不生。宦者去其宗筋，傷其衝脈，血寫不復，皮膚內結，唇口不榮，故鬚亦不生。天宦不脱于血，而任衝不盛，宗筋不强，有氣無血，唇口不榮，故鬚亦不生。又曰：衝脈者，五臟六腑之海也。其上者，出于頏顙，滲諸陽，灌諸精。其下者，注于少陰之大絡，起于腎下，出于氣街，循陰股內廉斜入膕中，伏行骭骨內廉，並少陰之經，下入內踝之後，入足下。其别者，並于少陰，滲三陰，斜入踝，伏行出屬跗，下循跗上，入大指之間，滲諸絡而溫足脛肌肉，故其脈常動。别絡結，則跗上不動，不動則厥，厥則寒矣。《內經》曰：三陰之所交結于腳也，踝上各一行者，此腎脈之下行也，名曰太衝。王啟元曰：腎脈與衝脈並下行循足，行而盛大，故曰大衝。一云：衝脈起于氣街，街直而通，故謂之衝。又曰：心臟在南，故前曰廣明，衝脈在北，故後曰太衝。足少陰腎與衝脈合而盛大，故曰太衝。兩脈相合爲表裏也。衝脈在脾之下，故曰其衝在下，名曰太陰。

衝脈相通諸經　王海藏曰：手少陰三焦相火爲一腑，右腎命門爲相火，心包主亦名相火，其脈同診，腎爲生氣之門，出而治臍下，分三岐，上衝夾臍過天樞，上至膻中兩乳間，元氣所繫焉。又足三焦太陽之别，並足太陽正路入絡膀胱約下焉。三焦者，從頭至心，心至臍，臍至足，爲上中下三焦，其實真元一氣也。故曰有臟無腑。《脈訣》云：三焦無狀空有名，寄在胸中膈相應。一云：其腑在氣街中，上焦在胃上口，治在膻中；中焦在胃管，治在臍旁；下焦在臍下膀胱上口，治在臍。經曰：原氣者，三焦之别使也。腎間動氣者，真原一氣，分爲三路，人之生命也，十二經之根本也。瀕湖曰：三焦卽命門之用，與衝任督相通者。

人身四海　《內經》曰：海有東西南北，人亦有四海以應之。胃者水穀

之海，其輸上在氣街，下至三里；　衝脈爲十二經之海，其輸上在于大杼，下出于巨虛之上下廉；　膻中者，爲氣之海，其輸上在于柱骨之上下，前在人迎；　腦爲髓之海，其輸上在于盖，下在風府。氣海有餘，氣滿胸中，悗息面赤；　氣海不足，則氣少不足以言。血海有餘，則常想其身大，怫然不知其所病；　血海不足，常想其身小，狹然不知其所病。水穀之海有餘，則腹滿；　水穀之海不足，則饑不受食。髓海有餘，則輕勁多力，自過其度；　髓海不足，則腦轉耳鳴，脛痠眩冒，目無所見，懈怠安卧。

帶脈病源流帶脈横圍于腰，狀如束帶，所以總約十二經脈，及奇經中七脈者也。

按《內經》衝、任二脈，與陽明合于宗筋，會于氣街，皆屬于帶脈，而絡于督脈。則太衝所以能上養心肺者，須賴帶脈之持之。一身二十七氣之上下流行，亦賴帶脈爲之關鎖。且其氣整齊堅固，有以牢持于上下之間。而一身之强力亦賴帶脈以出。蓋力出于膂，膂在季脇之下，卽帶脈所在也。故經云：　身半以上，天氣主之；　身半以下，地氣主之；　中爲天樞，天樞在氣交之分，正指帶脈而言也。故人苟上而心脾抑鬱，氣不運行，下而肝腎虛敗，真陰不寧，必致停濕爲熱，下注于小腸、血海之間，其病自作矣。何言之？中分不運，必病腹滿；　陰陽兩虛；　中分弱而不能鎮定，必病腰溶溶如坐水中；　心脾上鬱，肝腎下虛，邪熱留連而爲滯淫，必病赤白帶；　陽不能勝，不能固守于天樞，陰氣得以襲之，必病左右遶臍腰脊痛冲心腹；　邪客于太陰之絡，必病腰痛引小腹控𦝫，季脇下空軟處。不可以養息。此皆帶脈所生病也。是知一身上下，機關全在于帶，帶不能自持其氣，其症皆陷下而不上矣。可不知帶之爲病，求其源而升降補瀉哉。

帶脈經行諸穴　《內經》曰：　帶脈者，起于季脇厥陰之章門穴，在季脇骨端肋尖盡處，爲足厥陰、足少陽二經之會。同足少陽循帶脈穴，在季脇下一寸八分陷中，屬足少陽經。圍身一週如束帶然，又與足少陽會于五樞、帶脈下三寸。維道，章門下五寸三分。凡四穴。

《靈樞》曰：　足少陽之正，至膕中，别走太陽而合，上至臀，當十四椎，出屬帶脈。註云：　帶脈總束諸脈，使不妄行，如人束帶而前垂，故名。婦人惡露，隨帶脈而下，故謂之帶下。【略】子和曰：　十二經與奇經七脈，皆上下周流，惟帶脈起少腹之側，季脇之下，環身一週，絡腰而過，如束帶狀。而衝任二脈，循腹脇夾臍旁，傳流于氣衝，屬於帶脈，絡于督脈。衝、任、督三脈，同起而異行，一源而三歧，皆絡帶脈。因諸經上下往來，遺熱于帶脈之間，客熱鬱抑，白物隨溲而下，綿綿不絶，是爲白帶，皆從濕熱治之，與痢同法。

《金仙證論·任督二脈圖》　任督二脈圖

折開隱閉天仙訣　得視嗄嗄笑

垂露源頭佛祖機　存行步步真

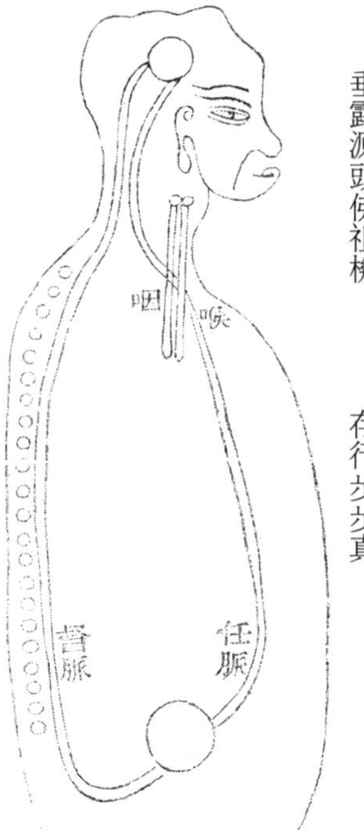

華陽曰：　此圖直泄元機，實願得藥之士，不失運行之路。丹道最秘，非余之敢妄泄也。古聖雖無圖，卻有言存留，奈何不全之過耳。又因舊說謂：　督脈在脊骨外，而任脈止於上下唇。此二說皆俗醫之妄指，豈知仙家說任督，實親自在脈中所行過，以爲證驗，非但行一回也。金丹神炁之元妙，必要在脈中所行，過數百回方得成就。謬妄不但俗醫亂指，今之修元者，亦此謬妄亂指，愈加紛紛。苟不親自領會境遇，妄億猜指，淺學信受，誤喪勵志，豈不痛哉？故余將師所授之訣，以親自領會之熟境盡圖，以證其非。然而此圖一出，遊方之士，與那假道學則無容身之地。

《养真集·脈》　人身之脈，正經一十有二，奇經有八，惟任督一脈，係人之生死。凡夫任脈之在腹者，從下而上行，督脈之在背者，從上而下行。前後間隔，化機無本，遂以稟氣之淺深，爲壽命之修短。仙家識得任總諸陰之會，督統眾陽之綱。二脈若通，百脈皆通。故退陰符、進陽火而行河車運轉之法。其法凝神入氣穴，是謂歸根，神氣相守，抱一勿離。迨夫靜極而動，是神復乘氣根而上昇於泥丸，於是河車之路始通。要知河車之路，卽吾身之任督二脈也。氣之始生也，鬱蒸於兩腎之間，泛溢於五腧之上，乃經水亂行，不由溝洫也。吾急以神斡歸尾閭，而上至於夾脊。夾脊難過，舌柱上腭，使之上風府而直至泥丸，神與氣交會於此。其疎暢融液可知，少焉變爲甘露，急將舌放自鵲橋而下，通開會

咽，過重樓，遊絳宮，復歸於所藏之處而休焉。如此循環灌注，久之純熟，氣滿三田，上下交泰。所謂常使氣通關節透，自然精滿谷神存。

白鬚老人曰：其法以下數句，萬卷丹經不能出此，出此便是旁門。老子所謂致虛極，守靜篤，萬物並作，吾以觀其復，正謂此也。寶之秘之，尤願與上等根器者篤行之。

《延齡纂要》 無極者未分之陰陽也，大極者已分之陰陽也

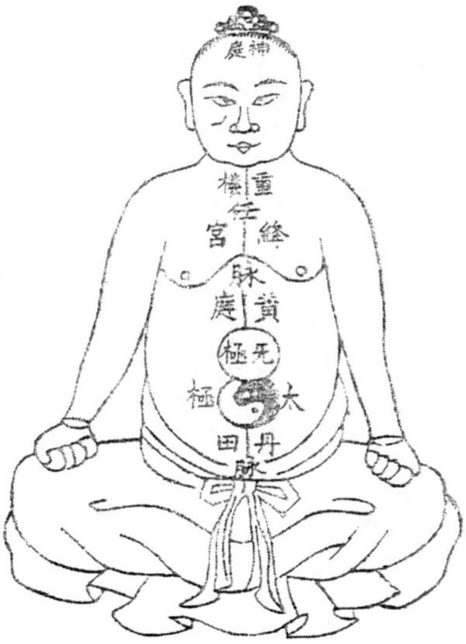

任脈明晰說　龜納鼻息，能通其任，千歲得生。任脈起於前陰後陰中間，上行毛際，由毛際直上腹中，行至頸下結喉處，由結喉上行至於唇棱陷中，係任脈之終，故男子任脈上沖於口，而有鬍鬚。女子任脈至結喉而止，故無鬍鬚。運氣由任先自鼻吸至喉間，臍間，降至丹田，轉提尾閭，接次上沖於督，以行九轉之數。

提氣由尾閭上督至泥丸圖

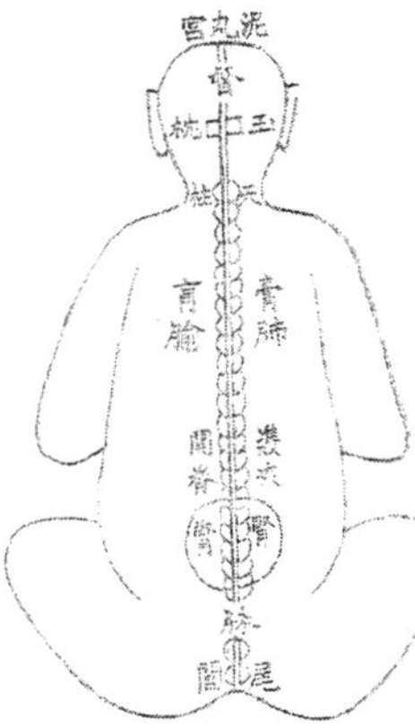

督脈明晰說　鹿卧鼻常合糞門，能通其督，歷數百年而不殞。督脈起於穀道尾閭之端，由尾閭背脊中上行至巔頂中，轉跌鼻下人中唇內門牙縫中，係督脈之終。運氣由督，先從尾閭提氣至背脊雙關，直上泥丸崑崙，轉歸任，接次送下丹田。此亦九轉所必由路也。

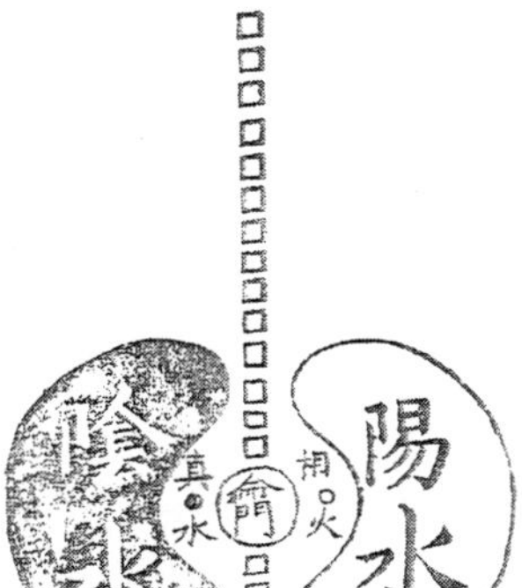

此兩腰即內腎，在人身中合成一太極，命門居焉。自上數下十四節處，自下數上七節處即命門。

命門在人身之中，對臍附脊骨，自上數下則在十四椎，自下數上則在七椎。《內經》曰：七節之旁有小心，此處兩腎所寄。左邊一腎屬陰水，右邊一腎屬陽水，各開一寸五分，中間是命門所居之宮。即太極圖中之白圈也，其右旁一小白竅即相火也，其左旁之小黑竅即天一之真水也。此一水一火，俱屬無形之氣，相火稟命於命門，真水又隨相火自寅至申行陽二十五度，自酉至丑行陰二十五度，日夜周流於五臟六腑之間，滯則病，息則死矣。人生男女交媾之時，先有火會，而後精聚，故曰火在水之先，人生先生命門火，此褚齊賢之言也，發前人之所未發。世謂父精母血，非也，男女俱以火爲先，男女俱有精，但男子陽中有陰，以火爲主，女子陰中有陽，以精爲主，謂陰精陽氣則可，男女合此二氣交聚，然後成形，成形俱屬後天矣。後天百骸具備，若無一點先天火氣，盡屬死灰矣。故曰：主不明則十二官危。

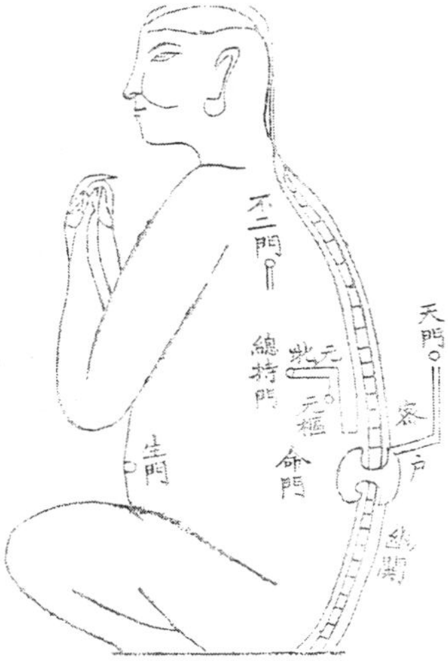

仙基之根元牝是，天機妙用存於斯。
五花聚頂由來處，莫把天機都洩盡。

按祖竅者，元牝之謂也，心窩之下，上結靈台之心，肚臍之上，下結氣海之命，臍腹之後，背之前，當中取一寸三分許爲元牝穴，是爲人身之中，五氣攢聚。父母媾精時，精内當中一線元氣運注，漸吹成管，上結心下結腎，次生脊與目、鼻，徧及四肢百體。其精氣皆此管所注，而此管主事又只在管中一節内外一寸二分許，譬之荷一樣，其心爲蓮，其腎爲藕，其管爲莖，而管中之一節内外一寸二分許，正是養荷的池水一樣，原是一塊，先天之祖氣，生身之根本，凡五臟之真氣，都從此竅生出，行立坐卧，將所凝之神安於其中，恍惚存想，靜養良久，胎息自和。神既久安，則左而肝木龍之真氣，右而肺金虎之真氣，皆翕聚於其中，所謂龍虎交媾也。其實交媾不止龍虎，本竅當中爲戊己土，上而心之真氣，下而腎之真氣，莫不因翕聚而得交媾。此氣名爲先天者，口鼻之氣是後天，惟靜養存神既久，而祖竅内真氣自然發生者，正是秉於父母那一股先天之氣，翕聚之功，亦在於靜養存神極久而已。

氣功總部

功理部

題　解

《大學·修身正心》 所謂修身在正其心者，身有所忿懥，則不得其正；有所恐懼，則不得其正；有所好樂，則不得其正；有所憂患，則不得其正。心不在焉，視而不見，聽而不聞，食而不知其味。此謂修身在正其心。

《中庸·中和》 天命之謂性，率性之謂道，修道之謂教。道也者，不可須臾離也，可離非道也。是故君子戒慎乎其所不睹，恐懼乎其所不聞。莫見乎隱，莫顯乎微。故君子慎其獨也。喜怒哀樂之未發謂之中，發而皆中節，謂之和。中也者，天下之大本也；和也者，天下之達道也。致中和，天地位焉，萬物育焉。

《莊子·刻意》 吹呴呼吸，吐故納新，熊經鳥申，爲壽而已矣。此導引之士，養形之人，彭祖壽考者之所好也。若夫不刻意而高，無仁義而修，無功名而治，無江海而閑，不道引而壽，無不忘也，無不有也。澹然無極而衆美從之，此天地之道，聖人之德也。【略】

純素之道，惟神是守。守而勿失，與神爲一。一之精通，合于天倫。野語有之曰：衆人重利，廉士重名，賢士尚志，聖人貴精。故素也者，謂其無所與雜也；純也者，謂其不虧其神也。能體純素，謂之真人。

《六祖大師法寶壇經·定慧》 大衆勿迷，言定慧別，定慧一體不是二。定是慧體，慧是定用；即慧之時定在慧，即定之時慧在定。若識此義，即是定慧等學。

妙行　此門坐禪，元不著心，亦不著淨，亦不是不動。若言著心，心元是妄，知心如幻，故無所著也。

何名坐禪？此法門中，無障無礙。外於一切善惡境界，心念不起，名爲坐；內見自性不動，名爲禪。

何名禪定？外離相爲禪，內不亂爲定。外若著相，內心即亂；名若離相，心即不亂。本性自淨自定，只爲見境思境即亂；若見諸境心不亂者，是真定也。善知識！外離相即禪，內不亂即定，外禪內定，是爲禪定。

論　說

《管子·心術》 心之在體，君之位也；九竅之有職，官之分也。心處其道，九竅循理；嗜欲充益，目不見色，耳不聞聲。故曰：上離其道，下失其事。毋代馬走，使盡其力；毋代鳥飛，使弊其羽翼。毋先物動，以觀其則。動則失位，靜乃自得。

道，不遠而難極也，與人並處而難得也。虛其欲，神將入舍；掃除不潔，神乃留處。人皆欲智而莫索其所以智乎。智乎，智乎，投之海外無自奪。求之者不得處之者。夫正人無求之也，故能虛無。

虛無無形謂之道，化育萬物謂之德，君臣父子人間之事謂之義，登降揖讓、貴賤有等、親疏之體謂之禮；簡物、小未一道，殺僇禁誅謂之法。【略】

天曰虛，地曰靜，乃不伐。潔其宫，開其門，去私毋言，神明若存。紛乎其若亂，靜之而自治。強不能偏立，智不能盡謀。物固有形，形固有名，名當，謂之聖人。故必知不言無爲之事，然後知道之紀。殊形異執，不與萬物異理，故可以爲天下始。【略】

耳目者，視聽之官也，心而無與於視聽之事，則官得守其分矣。夫心有欲者，物過而目不見，聲至而耳不聞也。故曰：上離其道，下失其事。故曰：心術者，無爲而制竅者也。故曰君。毋代馬走，毋代鳥飛，此言不奪能，能不與下誠也。毋先物動者，搖者不定，趮者不靜，言動之不可以觀也。位者，謂其所立也。人主者立于陰，陰者靜，故曰動則失位。陰則能制陽矣，靜則能制動矣，故曰靜乃自得。

道在天地之間也，其大無外，其小無內，故曰不遠而難極也。虛之與人也無間，唯聖人得虛道，故曰並處而難得。世人之所職者精也。去欲則宣，宣則靜矣，靜則精。精則獨立矣，獨則明，明則神矣。神者至貴也，故館不辟除，則貴人不舍焉。故曰不潔則神不處。人皆欲知而莫索之，其所以知，彼也；其所以知，此也。不修之此，焉能知彼？修之此，莫能虛矣。虛者，無藏也。故曰去知則奚率求矣，無藏則奚設矣。無求無設則無慮，無慮則反覆虛矣。【略】

道也者，動不見其形，施不見其德，萬物皆以得，然莫知其極。故曰可以安而不可說也。莫人，言至也。不宜，言應也。應也者，非吾所設，故能無宜也。不顧，言因也。因也者，非吾所顧，故無顧也。不出於口，不見於色，言無形也；四海之人，孰知其則，言深囿也。

天之道虛，地之道靜。虛則不屈，靜則不變，不變則無過，故曰不伐。潔其宮，闕其門，宮者，謂心也。心也者，智之舍也，故曰宮。潔之者，去好過也。門者，謂耳目也。耳目者，所以聞見也。物固有形，形固有名，此言不得過實，實不得延名。姑形以形，以形務名，督言正名，故曰聖人。不言之言，應也。應也者，以其爲之人者也。執其名，務其應所以成，之應之道也。無爲之道，因也。因也者，無益無損也。以其形因爲之名，此因之術也。名者，聖人之所以紀萬物也。人者立于強，務於善，未於能，動於故者也。聖人無之，無之則與物異矣。異則虛，虛者萬物之始也，故曰可以爲天下始。

人迫於惡，則失其所好；怵於好，則忘其所惡。非道也。故曰：不怵乎好，不迫乎惡。惡不失其理，欲不過其情，故曰君子。恬愉無爲，去智與故，言虛素也。其應非所設也，其動非所取也，此言因也。因也者，舍己而以物爲法者也。感而後應，非所設也；緣理而動，非所取也。過在自用，罪在變化，自用則不虛，不虛則仵於物矣；變化則爲生，爲生則亂矣。故道貴因。因者，因其能者言所用也。君子之處也若無知，言至虛也。其應物也若偶之，言時適也，若影之象形，響之應聲也。故物至則應，過則舍矣。舍矣者，言復所於虛也。

形不正者，德不來；中不精者，心不治。正形飾德，萬物畢得。翼然自來，神莫知其極，昭知天下，通於四極。是故曰：無以物亂官，毋以宮亂心，此之謂內德。是故意氣定，然後反正。氣者身之充也，行者正之義也。充不美則心不得，行不正則民不服。是故聖人若天然，無私覆也；若地然，無私載也。私者，亂天下者也。【略】

專于意，一於心，耳目端，知遠之證。能專乎？能一乎？能毋卜筮而知兇吉乎？能止乎？能已乎？能毋問於人而自得之於己乎？故曰，思之。思之不得，鬼神教之。非鬼神之力，其精氣之極也。

一氣能變曰精，一事能變曰智。慕選者所以等事也，極變者所以應物也。慕選而不亂，極變而不煩，執一之君子執一而不失，能君萬物，日月之與同光，天地之與同理。

聖人裁物，不爲物使。心安是國安也，心治是國治也。治也者心也，安也者心也。【略】

人能正靜者，筋肕而骨強，能戴大圓者，體乎大方，鏡大清者，視乎大明。正靜不失，日新其德，昭知天下，通於四極。金心在中不可匿，外見於形容，可知於顏色。善氣迎人，親于弟兄；惡氣迎人，害于戈兵。不言之言，聞于雷鼓。金心之形，明於日月，察于父母。【略】

凡民之生也，必以正平。所以失之者，必以喜樂哀怒。節怒莫若樂，節樂莫若禮，守禮莫若敬。外敬而內靜者，必反其性。

豈無利事哉？我無利心。豈無安處哉？我無安心。心之中又有心。意以先言，意然後形，形然後思，思然後知。凡心之形，過知失生。

是故內聚以爲原。泉之不竭，表裏遂通；泉之不涸，四支堅固。能令用之，被服四固。

是故聖人一言解之，上察於天，下察於地。

《中庸·中和》 唯天下至誠，爲能盡其性；能盡其性，則能盡人之性；能盡人之性，則能盡物之性；能盡物之性，則可以贊天地之化育；可以贊天地之化育，則可以與天地參矣。

其次致曲，曲能有誠。誠則形，形則著，著則明，明則動，動則變，變則化。唯天下至誠爲能化。

誠者，自成也；而道，自道也。誠者，物之終始，不誠無物。是故君子誠之爲貴。誠者，非自成己而已也，所以成物也。成己，仁也；成物，知也。性之德也，合外內之道也，故時措之宜也。

故至誠無息。不息則久，久則徵，徵則悠遠，悠遠則博厚，博厚則高明。

博厚，所以載物也；高明，所以覆物也；悠久，所以成物也。博厚配地，高明配天，悠久無疆。如此者，不見而章，不動而變，無爲而成。

天地之道，可壹言而盡也，其爲物不貳，則其生物不測。天地之道，博也，厚也，高也，明也，悠也，久也。今夫天，斯昭昭之多，及其無窮也，日月星辰系焉，萬物覆焉。今夫地，一撮土之多，及其廣厚，載華嶽而不重，振河海而不泄，萬物載焉。今夫山，一卷石之多，及其廣大，草木生之，禽獸居之，寶藏興焉。今夫水，一勺之多，及其不測，黿、鼉、鮫、龍、魚、鱉生焉。貨財殖焉。

大哉，聖人之道！洋洋乎，發育萬物，峻極於天。優優大哉！禮儀三百，威儀三千，待其人然後行。故曰苟不至德，至道不凝焉。故君子尊德性而道問學，致廣大而盡精微，極高明而道中庸。溫故而知新，敦厚以崇禮。是故居上不驕，爲下不倍，國有道其言足以興，國無道其默足以容。

《周易大傳・繫辭上》　天尊地卑，乾坤定矣。卑高以陳，貴賤位矣。動靜有常，剛柔斷矣。方以類聚，物以群分，吉凶生矣。在天成象，在地成形，變化見矣。是故，剛柔相摩，八卦相盪。鼓之以雷霆，潤之以風雨，日月運行，一寒一暑，乾道成男，坤道成女。乾知大始，坤作成物。乾以易知，坤以簡能。易則易知，簡則易從。易知則有親，易從則有功。有親則可久，有功則可大。可久則賢人之德，可大則賢人之業。易簡而天下之理得矣；天下之理得，而成位乎其中矣。

聖人設卦觀象，繫辭焉而明吉凶，剛柔相推而生變化。是故，吉凶者，失得之象也。悔吝者，憂虞之象也。變化者，進退之象也。剛柔者，晝夜之象也。六爻之動，三極之道也。是故，君子所居而安者，易之序也。所樂而玩者，爻之辭也。是故，君子居則觀其象而玩其辭，動則觀其變而玩其占。是以自天佑之，吉無不利。

彖者，言乎象者也。爻者，言乎變者也。吉凶者，言乎其失得也。悔吝者，言乎其小疵也。無咎者，善補過也。是故，列貴賤者存乎位，齊小大者存乎卦，辯吉凶者存乎辭，憂悔吝者存乎介，震無咎者存乎悔。是故，卦有小大，辭有險易。辭也者，各指其所之。《易》與天地準，故能彌綸天地之道。仰以觀于天文，俯以察於地理，是故知幽明之故。原始反終，故知死生之說。

精氣爲物，遊魂爲變，是故知鬼神之情狀，與天地相似，故不違。知周乎萬物，而道濟天下，故不過。旁行而不流，樂天知命，故不憂。安土敦乎仁，故能愛。範圍天地之化而不過，曲成萬物而不遺，通乎晝夜之道而知，故神無方而易無體。一陰一陽之謂道，繼之者善也，成之者性也。仁者見之謂之仁，知者見之謂之知。百姓日用而不知，故君子之道鮮矣。

顯諸仁，藏諸用，鼓萬物而不與聖人同憂，盛德大業至矣哉！富有之謂大業，日新之謂盛德。生生之謂易，成象之謂乾，效法之爲坤，極數知來之謂占，通變之謂事，陰陽不測之謂神。夫易，廣矣大矣！以言乎遠，則不御；以言乎邇，則靜而正；以言乎天地之間，則備矣。夫乾，其靜也專，其動也直，是以大生焉。夫坤，其靜也翕，其動也辟，是以廣生焉。廣大配天地，變通配四時，陰陽之義配日月，易簡之善配至德。子曰：易其至矣乎？夫易，聖人所以崇德而廣業也。知崇禮卑，崇效天，卑法地，天地設位，而易行乎其中矣，成性存存，道義之門。

聖人有以見天下之賾，而擬諸其形容，象其物宜，是故謂之象。聖人有以見天下之動，而觀其會通，以行其典禮。繫辭焉，以斷其吉凶，是故謂之爻。言天下之至賾而不可惡也。言天下之至動而不可亂也。擬之而後言，議之而後動，擬議以成其變化。鳴鶴在陰，其子和之；我有好爵，吾與爾靡之。子曰：君子居其室，出其言善，則千里之外應之，況其邇者乎？居其室，出其言不善，則千里之外違之，況其邇者乎？言出乎身，加乎民；行發乎邇，見乎遠。言行，君子之樞機。樞機之發，榮辱之主也。言行，君子之所以動天地也，可不慎乎？同人，先號咷而後笑。子曰：君子之道，或出或處，或默或語，二人同心，其利斷金。同心之言，其臭如蘭。

初六，藉用白茅，無咎。子曰：苟錯諸地而可矣。藉之用茅，何咎之有？慎之至也。夫茅之爲物薄，而用可重也。慎斯術也以往，其無所失矣。勞謙，君子有終，吉。子曰：勞而不伐，有功而不德，厚之至也，語以其功下人者也。德言盛，禮言恭。謙也者，致恭以存其位者也。亢龍有悔。子曰：貴而無位，高而無民，賢人在下，位而無輔，是以動而有悔也。不出戶庭，無咎。子曰：亂之所生也，則言語以爲階。君不密則失臣，臣不密則失身，幾事不密則害成。是以君子慎密而不出也。子曰：作《易》者，其知盜乎？《易》曰：負且乘，致寇至。負也者，小人之事也；乘也者，君子之器也。小人而乘君子之器，盜思奪之矣！上慢下暴，盜思伐之矣！慢藏誨

盜，冶容誨淫，《易》曰：負且乘，致寇至，盜之招也。

大衍之數五十，其用四十有九。分而爲二以象兩，掛一以象三，揲之以四，以象四時，歸奇於扐以象閏。五歲再閏，故再扐而後掛。天數五，地數五，五位相得而各有合。天數二十有五，地數三十。凡天地之數五十有五，此所以成變化而行鬼神也。乾之策二百一十有六，坤之策百四十有四。凡三百有六十。當期之日，二篇之策，萬有一千五百二十，當萬物之數也。是故四營而成易，十有八變而成卦，八卦而小成。引而伸之，觸類而長之，天下之能事畢矣。顯道，神德行，是故可與酬酢，可與祐神矣。

子曰：知變化之道者，其知神之所爲乎？《易》有聖人之道四焉：以言者尚其辭，以動者尚其變，以制器者尚其象，以卜筮者尚其占。是以君子將有爲也，將有行也。問焉而以言。其受命也如響，無有遠近幽深，遂知來物。非天下之至精，其孰能與於此。參伍以變，錯綜其數，通其變，遂成天下之文；極其數，遂定天下之象。非天下之至變，其孰能與於此？易，無思也，無爲也，寂然不動，感而遂通天下之故。非天下之至神，其孰能與於此？夫易，聖人之所以極深而研幾也。唯深也，故能通天下之志。唯幾也，故能成天下之務。唯神也，故不疾而速，不行而至。子曰：易有聖人之道四焉者，此之謂也。

天一，地二；天三，地四；天五，地六；天七，地八；天九，地十。子曰：夫易，何爲者也？夫易，開物成務，冒天下之道，如斯而已者也。是故，聖人以通天下之志，以定天下之業，以斷天下之疑。是故，蓍之德圓而神，卦之德方以知，六爻之義易以貢。聖人以此洗心，退藏於密，吉兇與民同患。神以知來，知以藏往，其孰能與此哉！古之聰明睿知神武而不殺者夫！是以，明於天之道，而察於民之故，是興神物以前民用。聖人以此齊戒，以神明其德夫。是故，闔戶謂之坤，辟戶謂之乾。一闔一辟謂之變，往來不窮謂之通，見乃謂之象。形乃謂之器；制而用之謂之法，利用出入，民咸用之謂之神。

是故，易有太極，是生兩儀，兩儀生四象，四象生八卦。八卦定吉兇，吉兇生大業。是故，法象莫大乎天地，變通莫大乎四時，縣象著明莫大乎日月，崇高莫大乎富貴。備物致用，立成器以爲天下利，莫大乎聖人。探賾索隱，鉤深致遠，以定天下之吉兇，成天下之亹亹者，莫大乎蓍龜。是故天生神物，聖人則之；天地變化，聖人效之。天垂象，見吉兇，聖人象之。河出圖，洛出書，聖人則之。易有四象，所以示也。繫辭焉，所以告也。定之以吉兇，所以斷也。《易》曰：自天佑之，吉，無不利。子曰：佑者，助也。天之所助者，順也；人之所助者，信也。履信思乎順，又以尚賢也。是以自天佑之，吉無不利也。

子曰：書不盡言，言不盡意。然則聖人之意，其不可見乎？子曰：聖人立象以盡意，設卦以盡情僞，繫辭焉以盡其言，變而通之以盡利，鼓之舞之以盡神。乾坤其易之緼邪？乾坤成列，而易立乎其中矣。乾坤毀，則無以見易，易不可見，則乾坤或幾乎息矣。是故，形而上者謂之道，形而下者謂之器。化而裁之謂之變，推而行之謂之通，舉而錯之天下之民，謂之事業。是故，夫象，聖人有以見天下之賾，而擬諸其形容，象其物宜，是故謂之象。聖人有以見天下之動，而觀其會通，以行其典禮，繫辭焉，以斷其吉兇，是故謂之爻。極天下之賾者，存乎卦；鼓天下之動者，存乎辭。化而裁之存乎變，推而行之存乎通，神而明之存乎其人。默而成之，不言而信，存乎德行。

《周易大傳·繫辭下》八卦成列，象在其中矣。因而重之，爻在其中矣。剛柔相推，變在其中矣。繫辭焉而命之，動在其矣。吉兇悔吝者，生乎動者也。剛柔者，立本者也。變通者，趣時者也。吉兇者，貞勝者也。天地之道，貞觀者也。日月之道，貞明者也。天下之動，貞夫一者也。夫乾，確然示人易矣。夫坤，隤然示人簡矣。爻也者，效此者也。象也者，像此者也。爻象動乎內，吉兇見乎外，功業見乎變，聖人之情見乎辭。天地之大德曰生，聖人之大寶曰位。何以守位曰仁，何以聚人？曰財。理財正辭，禁民爲非曰義。

古者包犧氏之王天下也，仰則觀象於天，俯則觀法於地，觀鳥獸之文，與地之宜，近取諸身，遠取諸物，於是始作八卦，以通神明之德，以類萬物之情。作結繩而爲罔罟，以佃以漁，蓋取諸離。包犧氏沒，神農氏作，斲木爲耜，揉木爲耒，耒耨之利，以教天下，蓋取諸益。日中爲市，致天下之民，聚天下之貨，交易而退，各得其所，蓋取諸噬嗑。神農氏沒，黃帝、堯、舜氏作，通其變，使民不倦，神而化之，使民宜之。易窮則變，變則通，通則久。是以自天佑之，吉無不利，黃帝、堯、舜垂衣裳而天下治，蓋取諸乾、坤。刳木爲舟，剡木爲楫，舟楫之利，以濟不通，致遠以利天下，蓋取諸渙。服牛乘馬，引重致遠，

以利天下，蓋取諸隨。重門擊柝，以待暴客，蓋取諸豫。斷木爲杵，掘地爲臼，臼杵之利，萬民以濟，蓋取諸小過。弦木爲弧，剡木爲矢，弧矢之利，以威天下，蓋取諸睽。上古穴居而野處，後世聖人易之以宫室，上棟下宇，以待風雨，蓋取諸大壯。古之葬者，厚衣之以薪，葬之中野，不封不樹，喪期無數。後世聖人易之以棺椁，蓋取諸大過。上古結繩而治，後世聖人易之以書契，百官以治，萬民以察，蓋取諸夬。

是故，易者，象也。象也者，像也。彖者，材也。爻也者，效天下之動者也。是故，吉兇生而悔吝著也。陽卦多陰，陰卦多陽，其故何也？陽卦奇，陰卦偶。其德行何也？陽一君而二民，君子之道也。陰二君而一民，小人之道也。《易》曰：憧憧往來，朋從爾思。子曰：天下何思何慮？天下同歸而殊塗，一致而百慮，天下何思何慮？日往則月來，月往則日來，日月相推而明生焉。寒往則暑來，暑往則寒來，寒暑相推而歲成焉。往者屈也，來者信也，屈信相感而利生焉。尺蠖之屈，以求信也。龍蛇之蟄，以存身也。精義入神，以致用也。利用安身，以崇德也。過此以往，未之或知也。窮神知化，德之盛也。

《易》曰：困于石，據於蒺藜，入于其宫，不見其妻，兇。子曰：非所困而困焉，名必辱。非所據而據焉，身必危。既辱且危，死期將至，妻其可得見耶？《易》曰：公用射隼于高墉之上，獲之，無不利。子曰：隼者，禽也。弓矢者，器也。射之者，人也。君子藏器于身，待時而動，何不利之有？動而不括，是以出而有獲，語成器而動者也。子曰：小人不恥不仁，不畏不義，不見利不勸，不威不懲，小懲而大誡，此小人之福也。《易》曰：履校滅趾，無咎。此之謂也。善不積，不足以成名；惡不積，不足以滅身。小人以小善爲無益，而弗爲也，以小惡爲無傷，而弗去也。故惡積而不可掩，罪大而不可解。《易》曰：何校滅耳，兇。子曰：危者，安其位者也；亡者，保其存者也；亂者，有其治者也。是故，君子安而不忘危，存而不忘亡，治而不忘亂，是以身安而國家可保也。《易》曰：其亡其亡，繫于苞桑。子曰：德薄而位尊，知小而謀大，力小而任重，鮮不及矣。《易》曰：鼎折足，覆公餗，其形渥，兇。言不勝其任也。子曰：知幾其神乎？君子上交不諂，下交不瀆，其知幾乎？幾者，動之微，吉之先見者也，君子見幾而作，不俟終日。《易》曰：介於石，不終日，貞吉。介如石焉，寧用終日，斷可識矣。君子知微知彰，知柔知剛，萬夫之望。子曰：顔氏之子，其殆庶幾乎？有不善，未嘗不知，知之未嘗復行也。《易》曰：不遠復，無祗悔，元吉。天地絪緼，萬物化醇，男女構精，萬物化生。《易》曰：三人行，則損一人；一人行，則得其友。言致一也。子曰：君子安其身而後動，易其心而後語，定其交而後求。君子修此三者，故全也。危以動，則民不與也。懼以語，則民不應也。無交而求，則民不與也。莫之與，則傷之者至矣。《易》曰：莫益之，或擊之，立心勿恒，兇。

子曰：乾坤，其易之門邪？乾，陽物也；坤，陰物也。陰陽合德，而剛柔有體，以體天地之撰，以通神明之德。其稱名也，雜而不越。於稽其類，其衰世之意邪？夫易，彰往而察來，而微顯闡幽，開而當名，辨物正言，斷辭則備矣。其稱名也小，其取類也大，其旨遠，其辭文，其言曲而中，其事肆而隱，因貳以濟民行，以明失得之報。

《易》之興也，其於中古乎？作《易》者，其有憂患乎？是故，履，德之基也；謙，德之柄也；復，德之本也；恒，德之固也；損，德之修也；益，德之裕也；困，德之辨也；井，德之地也；巽，德之制也。履，和而至；謙，尊而光；復，小而辨於物；恒，雜而不厭；損，先難而後易；益，長裕而不設；困，窮而通；井，居其所而遷；巽，稱而隱。履以和行，謙以制禮，復以自知，恒以一德，損以遠害，益以興利，困以寡怨，井以辯義，巽以行權。

《易》之爲書也不可遠，爲道也屢遷，變動不居，周流六虚，上下無常，剛柔相易，不可爲典要。唯變所適，其出入以度，外内使知懼，又明於憂患與故，無有師保，如臨父母。初率其辭，而揆其方，既有典常，苟非其人，道不虚行。《易》之爲書也，原始要終，以爲質也。六爻相雜，唯其時物也。其初難知，其上易知，本末也。初辭擬之，卒成之終，若夫雜物撰德，辨是與非，則非其中爻不備。噫，亦要存亡吉兇，則居可知矣，知者觀其彖辭，則思過半矣。

二與四同功而異位，其善不同，二多譽，四多懼，近也。柔之爲道，不利遠者，其要無咎，其用柔中也。三與五同功，而異位，三多兇，五多功，貴賤之等也。其柔危，其剛勝邪？《易》之爲書也，廣大悉備，有天道焉，有人道焉，有地道焉。兼三材而兩之，故六。六者，非它也，三材之道也。道有變動，故曰爻，爻有等，故曰物。物相雜，故曰文。文不當，故吉兇生焉。《易》之興

也，其當殷之末世，周之盛德邪？當文王與紂之事邪？是故其辭危。危者使平，易者使傾。其道甚大，百物不廢。懼以終始，其要無咎。此之謂易之道也。

夫乾，天下之至健也，德行恒易以知險。夫坤，天下之至順也，德行恒簡以知阻。能說諸心，能研諸侯之慮，定天下之吉兇，成天下之亹亹者。是故，變化云爲，吉事有祥，象事知器，占事知來。天地設位，聖人成能。人謀鬼謀，百姓與能。八卦以象告，爻彖以情言。剛柔雜居，而吉兇可見矣。變動以利言，吉兇以情遷。是故愛惡相攻而吉兇生，遠近相取而悔吝生，情僞相感而利害生。凡易之情，近而不相得則兇。或害之，悔且吝。將叛者其辭慚，中心疑者其辭枝。吉人之辭寡，躁人之辭多。誣善之人其辭遊，失其守者其辭屈。

《文子·十守》 老子曰：人受天地變化而生，一月而膏，二月血脈，三月而胚，四月而胎，五月而筋，六月而骨，七月而成形，八月而動，九月而躁，十月而生，形骸已成，五藏乃分。肝主目，腎主耳，脾主舌，肺主鼻，膽主口。外爲表，中爲裏。頭圓法天，足方象地。天有四時，五行九曜，三百六十日，人有四肢，五藏九竅，三百六十節。天有風雨寒暑，人有取與喜怒。膽爲雲，肺爲氣，脾爲風，腎爲雨，肝爲雷。人與天地相類，而心爲之主。耳目者，日月也。血氣者，風雨也。日月失行，薄蝕無光。風雨非時，毀坼生災。五星失行，州國受其殃。天地之道，至閎以大尚。猶節其章光，愛其神明。人之耳目，何能久燻而不息？精神何能馳騁而不乏？是故聖人守內而不失外。夫血氣者，人之華也。五藏者，人之精也。血氣專乎內，而不外越，則胸腹充而嗜慾寡。嗜慾寡，則耳目清而聽視聰達。聽視聰達，謂之明。五藏能屬于心而無離，則氣意勝而行不僻，精神盛而氣不散，以聽無不聞，以視無不見，以爲無不成，患禍無由入邪氣不能襲。故所求多者，所得少。所見大者，所知小。夫孔竅者，精神之戶牖。血氣者，五藏之使候。故耳目淫于聲色，即五藏動搖而不定，血氣滔蕩而不休，精神馳騁而不守，禍福之至，雖如丘山，無由識之矣。故聖人愛而不越，聖人誠使耳目精明玄達，無所誘慕，意氣無失。清净而少嗜欲，五藏便寧，精神內守，形骸而不越。即觀乎往世之外，來事之內，禍福之間，可足見也。故其出彌遠，其知彌少，以言精神，不可使外淫也。故五色亂目，使目不明。五音亂耳，使耳不聰。五味亂口，使口生創。趣舍滑心，使行飛揚。故嗜慾使人氣淫，好憎使人精勞，不疾去之，則志氣日耗。夫人所以不能終其天年者，以其生生之厚。夫唯無以生爲者，即所以得長生。天地運而相通，萬物總而爲一，能知一，即無一之不知也。不能知一，即無一之能知也。吾處天下亦爲一物，而物亦物也。物之與物，何以相物？欲生不可事也，憎死不可辭也，賤之不可憎也，貴之不可喜也，因其資而寧之弗敢極也。弗敢極，即至樂極矣。

《荀子·解蔽》 凡人之患，蔽於一曲，而闇於大理。治則復經，兩疑則惑矣。天下無二道，聖人無兩心。今諸侯異政，百家異說，則必或是或非，或治或亂。亂國之君，亂家之人，此其誠心莫不求正而以自爲也，妒繆於道而人誘其所迨也。私其所積，唯恐聞其惡也。倚其所私以觀異術，唯恐聞其美也。是以與治雖走，而是己不輟也。豈不蔽於一曲而失正求也哉！心不使焉，則白黑在前而目不見，雷鼓在側而耳不聞，況于使者乎！德道之人，亂國之君非之上，亂家之人非之下，豈不哀哉！

故爲蔽：欲爲蔽，惡爲蔽，始爲蔽，終爲蔽，遠爲蔽，近爲蔽，博爲蔽，淺爲蔽，古爲蔽，今爲蔽。凡萬物異則莫不相爲蔽，此心術之公患也。【略】

昔人臣之蔽者，唐鞅、奚齊是也。唐鞅蔽於欲權而逐載子，奚齊蔽於欲國而罪申生；唐鞅戮于宋，奚齊戮於晉。逐賢相而罪孝兄，身爲刑戮，然而不知，此蔽塞之禍也。故以貪鄙、背叛、爭權而不危辱滅亡者，自古及今，未嘗有之也。鮑叔、甯戚、隰朋仁知且不蔽，故能持管仲而名利福禄與管仲齊；召公、呂望仁知且不蔽，故能持周公而名利福禄與周公齊。傳曰：知賢之謂明，輔賢之謂彊。勉之彊之，其福必長。此之謂也，此不蔽之福也。

昔賓孟之蔽者，亂家是也。墨子蔽於用而不知文，宋子蔽於欲而不知得，慎子蔽於法而不知賢，申子蔽於勢而不知知，惠子蔽於辭而不知實，莊子蔽於天而不知人。故由用謂之道，盡利矣；由俗謂之道，盡嗛矣；由法謂之道，盡數矣；由埶謂之道，盡便矣；由辭謂之道，盡論矣；由天謂之道，盡因矣。此數具者，皆道之一隅也。夫道者，體常而盡變，一隅不足以舉之。曲知之人，觀於道之一隅而未之能識也，故以爲足而飾之，內以自亂，外以惑人，上以蔽下，下以蔽上，此蔽塞之禍也。

孔子仁知且不蔽，故學亂術足以爲先王者也。一家得周道，舉而用之，不蔽于成積也。故德與周公齊，名與三王並，此不蔽之福也。

聖人知心術之患，見蔽塞之禍，故無欲、無惡、無始、無終、無近、無遠、無博、無淺、無古、無今，兼陳萬物而中縣衡焉。是故衆異不得相蔽以亂其倫也。

何謂衡？曰：道。故心不可以不知道，心不知道，則不可道而可非道。人孰欲得恣而守其所不可以禁其所可？以其不可道之心取人，則必合于不道人，而不知合於道人。以其不可道之心與不道人論道人，亂之本也。夫何以知？曰：心知道，然後可道。可道，然後能守道，以禁非道，以其可道之心取人，則合於道人，而不合於不道之人矣。以其可道之心與道人論非道，治之要也。何患不知？故治之要在於知道。

人何以知道？曰：心。心何以知？曰：虚壹而靜。心未嘗不藏也，然而有所謂虚；心未嘗不滿也，然而有所謂一；心未嘗不動也，然而有所謂靜。人生而有知，知而有志，志也者，藏也；然而有所謂虚，不以已所藏害所將受謂之虚。心生而有知，知而有異，異也者，同時兼知之；同時兼知之，兩也。然而有所謂一，不以夫一害此一，謂之壹。心臥則夢，偷則自行，使之則謀。故心未嘗不動也，然而有所謂靜，不以夢劇亂知，謂之靜。未得道而求道者，謂之虚壹而靜。作之，則將須道者之虚，則入；將事道者之壹，則盡；盡將思道者靜，靜則察。知道察，知道行，體道者也。虚壹而靜，謂之大清明。萬物莫形而不見，莫見而不論，莫論而失位。坐于室而見四海，處於今而論久遠，疏觀萬物而知其情，參稽治亂而通其度，經緯天地而材官萬物，制割大理，而宇宙裏矣。恢恢廣廣，孰知其極！睪睪廣廣，孰知其德！涫涫紛紛，孰知其形？明參日月，大滿八極，夫是之謂大人。夫惡有蔽矣哉！

心者，形之君也，而神明之主也；出令而無所受令。自禁也，自使也，自奪也，自取也，自行也，自止也。故口可劫而使墨云，形可劫而使詘申，心不可劫而使易意，是之則受，非之則辭。故曰：心容，其擇也無禁，必自見，其物也襍博，其情之至也不貳。《詩》云：采采卷耳，不盈頃筐。嗟我懷人，寘彼周行。頃筐易滿也，卷耳易得也。然而不可以貳周行。故曰：心枝則無知，傾則不精，貳則疑惑。以贊稽之，萬物可兼知也。身盡其故則美，類不可兩也，故知者擇一而壹焉。

《韩非子·解老》 德者，内也。得者，外也。上德不德，言其神不淫於外也。神不淫於外則身全，身全之謂德。德者，得身也。凡德者，以無爲集，以無欲成，以不思安，以不用固。爲之欲之，則德無舍，德無舍則不全。用之思之則不固，不固則無功，無功則生於德。德則無德，不德則在有德。故曰：上德不德，是以有德。

所以貴無爲、無思爲虚者，謂其意無所制也。夫無術者，故以無爲、無思爲虚也。夫故以無爲、無思爲虚者，其意常不忘虚，是制於爲虚也。虚者，謂其意所無制也。今制於爲虚，是不虚也。虚者之無爲也，不以無爲爲有常，不以無爲爲有常則虚，虚則德盛，德盛之謂上德，故曰：上德無爲而無不爲也。【略】

聰明睿智，天也；動靜思慮，人也。人也者，乘於天明以視，寄於天聰以聽，托於天智以思慮。故視強則目不明，聽甚則耳不聰，思慮過度則智識亂。目不明則不能決黑白之分，耳不聰則不能別清濁之聲，智識亂則不能審得失之地。目不能決黑白之色則謂之盲，耳不能別清濁之聲則謂之聾，心不能審得失之地則謂之狂。盲則不能避晝日之險，聾則不能知雷霆之害，狂則不能免人間法令之禍。書之所謂治人者，適動靜之節，省思慮之費也。所謂事天者，不極聰明之力，不盡智識之任。苟極盡則費神多，費神多則盲聾悖狂之禍至，是以嗇之。嗇之者，愛其精神，嗇其智識也。故曰：治人事天莫如嗇。

衆人之用神也躁，躁則多費，多費之謂侈。聖人之用神也靜，靜則少費，少費之謂嗇。嗇之謂術也，生於道理。夫能嗇也，是從於道而服於理者也。衆人離於患，陷於禍，猶未知退，而不服從道理。聖人雖未見禍患之形，虚無服從於道理，以稱蚤服。故曰：夫謂嗇，是以蚤服。

知治人者其思慮靜，知事天者其孔竅虚。思慮靜，故德不去；孔竅虚，則和氣日入。故曰：重積德。夫能令故德不去，新和氣日至者，蚤服者也。故曰：蚤服是謂重積德。積德而後神靜，神靜而後和多，和多而後計得，計得而後能御萬物，能御萬物則戰易勝敵，戰易勝敵而論必蓋世，論必蓋世，故曰：無不克。無不克本於重積德，故曰：重積德則無不克。戰易勝敵則兼有天下，論必蓋世則民人從。進兼天下而退從民人，其術遠，則衆人莫見其端末。莫見其端末，是以莫知其極，故曰：無不克，則莫知其極。【略】

所謂有國之母，母者，道也。道也者，生於所以有國之術，所以有國之

術，故謂之有國之母。夫道以與世周旋者，其建生也長，持祿也久，故曰：有國之母可以長久。樹木有曼根，有直根。直根者，書之所謂柢也。柢也者，木之所以建生也；曼根者，木之所以持生也。德也者，人之所以建生也；祿也者，人之所以持生也。今建於理者，其持祿也久，故曰：深其根。體其道者，其生日長，故曰：固其柢。柢固則生長，根深則視久，故曰：深其根，固其柢，長生久視之道也。【略】

人有欲則計會亂，計會亂而有欲甚，有欲甚則邪心勝，邪心勝則事經絕，事經絕則禍難生。由是觀之，禍難生於邪心，邪心誘於可欲。可欲之類，進則教良民爲奸，退則令善人有禍。奸起則上侵弱君，禍至則民人多傷。然則可欲之類，上侵弱君而下傷人民。夫上侵弱君而下傷人民者，大罪也。故曰：禍莫大於可欲。是以聖人不引五色，不淫於聲樂，明君賤玩好而去淫麗。人無毛羽，不衣則不犯寒。上不屬天，而下不著地，以腸胃爲根本，不食則不能活。是以不免於欲利之心，欲利之心不除，其身之憂也。故聖人衣足以犯寒，食足以充虛，則不憂矣。衆人則不然，大爲諸侯，小歛千金之資，其欲得之，憂不除也。胥靡有免，死罪時活，今不知足者之憂，終身不解，故曰：禍莫大於不知足。故欲利甚於憂，憂則疾生，疾生而智慧衰，智慧衰則失度量，失度量則妄舉動，妄舉動則禍害至，禍害至而疾嬰內，疾嬰內則痛，禍薄外則苦。苦痛雜於腸胃之間則傷人也憯，憯則退而自咎，退而自咎也生於欲利，故曰：咎莫憯於欲利。

道者，萬物之所然也，萬理之所稽也。理者，成物之文也；道者，萬物之所以成也。故曰：道，理之者也。物有理不可以相薄。物有理不可以相薄，故理之爲物之制。萬物各異理而道盡，稽萬物之理，故不得不化；不得不化，故無常操，無常操，是以死生氣稟焉，萬智斟酌焉，萬事廢興焉。天得之以高，地得之以藏，維斗得之以成其威，日月得以恒其光，五常得之以常其位，列星得之以端其行，四時得之以御其變氣，軒轅得之以擅四方，赤松得之與天地統，聖人得之以成文章。道與堯、舜俱智，與接輿俱狂，與桀、紂俱滅，與湯、武俱昌。以爲近乎，游於四極；以爲遠乎？常在吾側；以爲暗乎？其光昭昭；以爲明乎？其物冥冥；而功成天地，和化雷霆，宇內之物，恃之以成。凡道之情，不制不形，柔弱隨時，與理相應。萬物得之以死，得之以生；萬事得之以敗，得之以成。道譬諸若水，溺者多飲之即死，渴者適飲之即生；譬之若劍戟，愚人以行忿則禍生，聖人以誅暴則福成。故得之以死，得之以生，得之以敗，得之以成。【略】

人始於生而卒於死。始之謂出，卒之謂入，故曰：出生入死。人之身三百六十節，四肢九竅，其大具也。四肢與九竅十有三者，十有三者之動靜盡屬於生焉。屬之謂徒也，故曰：生之徒也十有三者。至其死也，十有三具者，皆還而屬之於死，死之徒亦有三十，故曰：生之徒十有三，死之徒十有三。凡民之生生，而生者固動，動盡則損也；而動不止，是損而不止也。損而不止則生盡，生盡之謂死，則十有三具者，皆爲死死地也。故曰：民之生，生而動，動皆之死地，之十有三。是以聖人愛精神而貴處靜，此甚大於兕虎之害。夫兕虎有域，動靜有時，避其域，省其時，則免其兕虎之害矣。民獨知兕虎之有爪角也，而莫知萬物之盡有爪角也，不免於萬物之害。何以論之？時雨降集，曠野閒靜，而以昏晨犯山川，則風露之爪角害之；事上不忠，輕犯禁令，則刑法之爪角害之；處鄉不節，憎愛無度，則爭鬭之爪角害之；嗜欲無限，動靜不節，則痤疽之爪角害之；好用其私智而棄道理，則網羅之爪角害之。兕虎有域，而萬害有原，避其域，塞其原，則免於諸害矣。凡兵革者，所以備害也。重生者，雖入軍，無忿爭之心；無忿爭之心，則無所用救害之備，此非獨謂野處之軍也。聖人之游世也，無害人之心；無害人之心，則必無人害，無人害則不備人，故曰：陸行不遇兕虎。入山不恃備以救害，故曰：入軍不備甲兵。遠諸害，故曰：兕無所投其角，虎無所錯其爪，兵無所害其刃。不設備而必無害，天地之道理也。體天地之道，故曰：無死地焉。動無死地，而謂之善攝生矣。【略】

人無愚智，莫不有趨舍。恬淡平安，莫不知禍福之所由來。得於好惡，怵於淫物，而後變亂。所以然者，引於外物，亂於玩好也。恬淡有趨舍之義，平安知禍福之計。而今也玩好變之，外物引之，引之而往，故曰：拔。至聖人不然，一建其趨舍，雖見所好之物不能引，不能引之謂不拔。一於其情，雖有可欲之類，神不爲動，神不爲動之謂不脫。爲人子孫者，體此道以守宗廟，不滅之謂祭祀不絕。身以積精爲德，家以資財爲德，鄉國天下皆以民爲德。今治身而外物不能亂其精神，故曰：修之身，其德乃真。真者，慎之固也。治家，無用之物不能動其計，則資有餘，故曰：修之家，其德有餘。治鄉者行此節，則家之有餘者益衆，故曰：修之鄉，其德乃長。治邦者行此節，則

鄉之有德者益衆，故曰：修之邦，其德乃豐。蒞天下者行此節，則民之生莫不受其澤，故曰：修之天下，其德乃普。修身者，以此別君子小人，治鄉、治邦，蒞天下者，各以此科適觀息耗，則萬不失一，故曰：以身觀身，以家觀家，以鄉觀鄉，以邦觀邦，以天下觀天下。吾奚以知天下之然也？以此。

《呂氏春秋·仲春紀·情欲》 三曰：天生人而使有貪有欲。欲有情，情有節。聖人修節以止欲，故不過行其情也。故耳之欲五聲，目之欲五色，口之欲五味，情也。此三者，貴賤、愚智、賢不肖欲之若一，雖神農、黃帝，其與桀、紂同。聖人之所以異者，得其情也。由貴生動，則得其情矣；不由貴生動，則失其情矣。此二者，死生存亡之本也。

俗主虧情，故每動爲亡敗。耳不可贍，目不可厭，口不可滿。身盡府種，筋骨沈滯，血脈壅塞，九竅寥寥，曲失其宜，雖有彭祖，猶不能爲也。其於物也，不可得之爲欲，不可足之爲求，大失生本；民人怨謗，又樹大讎；意氣易動，蹻然不固；矜勢好智，胸中欺詐；德義之緩，邪利之急。身以困窮，雖後悔之，尚將奚及？巧佞之近，端直之遠，國家大危，悔前之過，猶不可反。聞言而驚，不得所由。百病怒起，亂難時至。以此君人，爲身大憂。耳不樂聲，目不樂色，口不甘味，與死無擇。

古人得道者，生以壽長，聲色滋味，能久樂之，奚故？論早定也。論早定則知早嗇，知早嗇則精不竭。秋早寒則冬必煖矣，春多雨則夏必旱矣。天地不能兩，而況於人類乎？人之與天地也同。萬物之形雖異，其情一體也。故古之治身與天下者，必法天地也。尊酌者衆則速盡。萬物之酌，大貴之生者衆矣。故大貴之生常速盡。非徒萬物酌之也，又損其生以資天下之人，而終不自知。功雖成乎外，而生虧乎內。耳不可以聽，目不可以視，口不可以食，胸中大擾，妄言想見，臨死之上，顛倒驚懼，不知所爲。用心如此，豈不悲哉？

《呂氏春秋·季春紀·盡數》 二曰：天生陰陽，寒暑，燥濕，四時之化，萬物之變，莫不爲利，莫不爲害。聖人察陰陽之宜，辨萬物之利以便生，故精神安乎形，而年壽得長焉。長也者，非短而續之也，畢其數也。畢數之務，在乎去害。何謂去害？大甘、大酸、大苦、大辛、大鹹，五者充形則生害矣。大喜、大怒、大憂、大恐、大哀，五者接神則生害矣。大寒、大熱、大燥、大濕、大風、大霖、大霧，七者動精則生害矣。故凡養生，莫若知本，知本則疾無由至矣。精氣之集也，必有入也。集於羽鳥，與爲飛揚；集於走獸，與爲流行；集於珠玉，與爲精朗；集於樹木，與爲茂長；集於聖人，與爲夐明。精氣之來也，因輕而揚之，因走而行之，因美而良之，因長而養之，因智而明之。流水不腐，戶樞不螻，動也。形氣亦然。形不動則精不流，精不流則氣鬱。鬱處頭則爲腫、爲風，處耳則爲挶、爲聾，處目則爲䁾、爲盲，處鼻則爲鼽、爲窒，處腹則爲張、爲疛，處足則爲痿、爲蹷。輕水所，多禿與癭人；重水所，多尰與躄人；甘水所，多好與美人；辛水所，多疽與痤人；苦水所，多尪與傴人。凡食，無彊厚味，無以烈味重酒，是以謂之疾首。食能以時，身必無災。凡食之道，無饑無飽，是之謂五藏之葆。口必甘味，和精端容，將之以神氣，百節虞歡，咸進受氣。飲必小咽，端直無戾。今世上卜筮禱祠，故疾病愈來。譬之若射者，射而不中，反修于招，何益於中？夫以湯止沸，沸愈不止，去其火則止矣。故巫醫毒藥，逐除治之，故古之人賤之也，爲其末也。

《呂氏春秋·季春紀·圜道》 五曰：天道圜，地道方。聖王法之，所以立上下。何以說天道之圜也？精氣一上一下，圜周復雜，無所稽留，故曰天道圜。何以說地道之方也？萬物殊類殊形，皆有分職，不能相爲，故曰地道方。主執圜，臣處方，方圜不易，其國乃昌。日夜一周，圜道也。月躔二十八宿，軫與角屬，圜道也。精行四時，一上一下，各與遇，圜道也。物動則萌，萌而生，生而長，長而大，大而成，成乃衰，衰乃殺，殺乃藏，圜道也。雲氣西行，云云然，冬夏不輟；水泉東流，日夜不休；上不竭，下不滿，小爲大，重爲輕，圜道也。黃帝曰：帝無常處也，有處者乃無處也。以言不刑蹇，圜道也。人之竅九，一有所居則八虛，八虛甚久則身斃。故唯而聽，唯止；聽而視，聽止。以言說一，一不欲留，留運爲敗，圜道也。一也齊至貴，莫知其原，莫知其端，莫知其始，莫知其終，而萬物以爲宗。

《呂氏春秋·仲春紀·適音》 四曰：耳之情欲聲，心不樂，五音在前弗聽；目之情欲色，心弗樂，五色在前弗視；鼻之情欲芬香，心弗樂，芬香在前弗嗅；口之情欲滋味，心弗樂，五味在前弗食。欲之者，耳目鼻口也；樂之弗樂者，心也。心必和平然後樂。心必樂，然後耳目鼻口有以欲之。故樂之務在於和心，和心在於行適。夫樂有適，心亦有適。人之情，欲壽而惡夭，欲安而惡危，欲榮而惡辱，欲逸而惡勞。四欲得，四惡除，則心適矣。四

欲之得也，在於勝理。勝理以治身，則生全以，生全則壽長矣。勝理以治國，則法立，法立則天下服矣。故適心之務在於勝理。夫音亦有適，太鉅則志蕩，以蕩聽鉅則耳不容，不容則橫塞，橫塞則振；太小則志嫌，以嫌聽小則耳不充，不充則不詹，不詹則窕；太清則志危，以危聽清則耳谿極，谿極則不鑒，不鑒則竭；太濁則志下，以下聽濁則耳不收，不收則不摶，不摶則怒。故太鉅、太小、太清、太濁，皆非適也。何謂適？衷，音之適也。何謂衷？大不出鈞，重不過石，小大輕重之衷也。黃鐘之宮，音之本也，清濁之衷也。衷也者，適也。以適聽適則和矣。樂無太，平和者是也。

《春秋繁露・循天之道》 循天之道以養其身，謂之道也。天有兩和，以成二中，歲立其中，用之無窮。是北方之中用合陰，而物始動於下；南方之中用合陽，而養始美於上。其動於下者，不得東方之和不能生，中春是也；其養於上者，不得西方之和不能成，中秋是也。然則天地之美惡，在兩和之處。二中之所來歸，而遂其爲也。是故東方生而西方成，東方和生北方之所起；而西方和成南方之所養長。起之不至，於和之所不能生；養長之不至，於和之所不能成。成於和，生必和也；始於中，止必中也。中者，天下之所終始也；而和者，天地之所生成也。夫德莫大於和，而道莫正於中，中者，天地之美達理也，聖人之所保守也。《詩》云：不剛不柔，敷政優優。此非中和之謂與！是故能以中和理天下者，其德大盛；能以中和養其身者，其壽極命。男女之法，法陰與陽。陽氣起於北方，至南方而盛，盛極而合乎陰；陰氣起乎中夏，至中冬而盛，盛極而合乎陽。不盛不合。是故十月而壹俱盛，終歲而乃再合，天地久節，以此爲常，是故先法之內矣。養身以全，使男子不堅牡，不家室，陰不極盛，不相接，是故身精明難衰而堅固，壽考無忒，此天地之道也。天氣先盛牡而後施精，故其精固。地氣盛牝而後化，故其化良。是故陰陽之會，冬合北方，而物動於下，夏合南方，而物動於上。上下之大動，皆在日至之後，爲寒則凝冰裂地，爲熱則焦沙爛石。氣之精至於是。故天地之化，春氣生而百物皆出，夏氣養而百物皆長，秋氣殺而百物皆死，冬氣收而百物皆藏。是故惟天地之氣而精，出入無形，而物莫不應，實之至也。君子法乎其所貴，天地之陰陽當男女，人之男女當陰陽，陰陽亦可以謂男女，男女亦可以謂陰陽。天地之經，生至東方之中，而所生大養，至西方之中，而所養大成，一歲四起，業而必於中，中之所爲，而必就於和，故曰：和其要也。和者，天之正也，陰陽之平也，其氣最良，物之所生也，誠擇其和者，以爲大得天地之奉也。天地之道，雖有不和者，必歸之於和，而所爲有功，雖有不中者，必止之於中，而所爲不失。是故陽之行，始於北方之中，而止於南方之中；陰之行，始於南方之中，而止於北方之中。陰陽之道不同，至於盛，而皆止於中，其所始起，皆必於中。中者，天地之大極也，日月之所至而卻也。長短之隆，不得過中。天地之制也，兼和與不和，中與不中，而時用之，盡以爲功。是故時無不時者，天地之道也。順天之道，節者天之制也，陽者天之寬也，陰者天之急也，中者天之用也，和者天之功也。舉天地之道，而美於和，是故物生皆貴氣而迎養之。孟子曰：我善養吾浩然之氣者也。謂行必終禮，而心自喜，常以陽得生其意也。泰實則氣不通，泰虛則氣不足，熱勝則氣□寒盛則氣□此下疑，少五字。泰勞則氣不入，泰佚則氣宛至，怒則氣高，喜則氣散，憂則氣狂，懼則氣懾，凡此十者，氣之害也，而皆生於不中和。故君子怒則反中，而自說以和；喜則反中，而收之以正；憂則反中，而舒之以意；懼則反中，而實之以精。夫中和之不可不反如此，故君子道至气則華而上。凡氣從心，心，氣之君也，何爲而氣不隨也，是以天下之道者，皆言內心其本也。故仁人之所以多壽者，外無貪而內清淨，心平和而不失中正，取天地之美，以養其身，是其且多且治。鶴之所以壽者，無宛氣於中，是故食冰；猿之所以壽者，好引其末，是故氣四越。天氣常下施於地，是故道者亦引氣於足；天之氣常動而不滯，是故道者亦不宛氣。苟不治，雖滿不虛。是故君子養而和之，節而法之，去其群泰，取其衆和，高臺多陽，廣室多陰，遠天地之和也。故人弗爲，適中而已矣。法人八尺，四尺，其中也。宮者，中央之音也。甘者，中央之味也。四尺者，中央之制也。是故三王之禮，味皆尚甘，聲皆尚和。處其身，所以常自漸於天地之道。其道同類，一氣之辨也。法天者，乃法人之辨。天之道，嚮秋冬而陰來，嚮春夏而陰去。是故古之人霜降而迎女，冰泮而殺內。與陰俱近，與陽遠也。天地之氣，不致盛滿，不交陰陽。是故君子甚愛氣而游於房，以體天也。氣不傷於以盛通，而傷於不時天并；不與陰陽俱往來，謂之不時；恣其欲而不顧天數，謂之天并。君子治身不敢違天，是故新牡十日而一遊於房，中年者倍新牡，始衰者倍中年，中衰者倍始衰，大衰者以月當新牡之日，而上與天地同節矣，此其大略也。然而其要皆期於不極盛，不相遇，疎春而曠夏，謂不遠天地之

數。民皆知愛其衣食，而不愛其天氣，天氣之於人，重於衣食，衣食盡尚猶有閒氣而立終。故養生之大者，乃在愛氣，氣從神而成，神從意而出，心之所之謂意，意勞者神擾，神擾者氣少，氣少者難久矣。故君子閑欲止惡以平意，平意以浄神，浄神以養氣，氣多而治，則養身之大者得矣。古之道士有言曰：將欲無陵，固守一德。此言神無離形，則氣多內充，而忍飢寒也。和樂者，生之外泰也。精神者，生之內充也。外泰不若內充，而況外傷乎！忿恤憂恨者，生之傷也；和說勸善者，生之養也。君子慎小物而無大敗也，行中正，聲嚮榮，氣意和平，居處虞樂，可謂養生矣。凡養生者，莫精於氣。是故男女體其盛，臭味取其胜，居处就其和，劳佚居其中，寒煖無失適，飢飽無過平，欲惡度理，動靜順性命，喜怒止於中，憂懼反之正，此中和常在乎其身，謂之得天地泰。得天地泰者，其壽引而長；不得天地泰者，其壽傷而短。短長之質，人之所由受於天也。是故壽有短長，養有得失，及至其末之大卒而必讎於此，莫之得離，故壽之爲言猶讎也。天下之人雖衆，不得不各讎其所生，而壽夭於其所自行。自行可久之道者，其壽讎於久；自行不可久之道者，其壽亦讎於不久。久與不久之情，各讎其平生之所行，今如后至，不可得勝，故曰：壽者，讎也。然則人之所自行，乃與其壽夭相益損也。其自行佚而壽長者，命益之也；其自行端而壽短者，命損之也。以天命之所損益，疑人之所得失，此大惑也。是故天長之，而人傷之者，其長損；天短之，而人養之者，其短益。夫損益者皆人，人其天之繼歟？出其質而人弗繼，豈獨立哉！

《淮南子·原道訓》 夫道者，覆天載地，廓四方，柝八極，高不可際，深不可測，包裹天地，稟授無形，原流泉浡，沖而徐盈，混混滑滑，濁而徐清。故植之而塞於天地，橫之而彌于四海，施之無窮而無所朝夕，舒之幎於六合，卷之不盈於一握。約而能張，幽而能明，弱而能強，柔而能剛，橫四維而含陰陽，紘宇宙而章三光，甚淖而滒，甚纖而微，山以之高，淵以之深，獸以之走，鳥以之飛，日月以之明，星曆以之行，麟以之遊，鳳以之翔。【略】

故以天爲蓋，則無不覆也；以地爲輿，則無不載也；四時爲馬，則無不使也；陰陽爲御，則無不備也。是故疾而不搖，遠而不勞，四支不動，聰明不損，而知八紘九野之形埒者，何也？執道要之柄，而遊於無窮之地。是故天下之事，不可爲也，因其自然而推之；萬物之變，不可究也，秉其要歸之趣。夫鏡水之與形接也，不設智故，而方圓曲直弗能逃也。是故響不肆應，而景不一設；叫呼仿佛，默然自得。人生而靜，天之性也；感而後動，性之害也；物至而神應，知之動也。知與物接，而好憎生焉。好憎成形而智誘於外，不能反己，而天理滅矣。故達於道者，不以人易天。外與物化，而內不失其情。至無而供其求，時騁而要其宿。小大修短，各有其具。萬物之至，騰踴肴亂而不失其數。是以處上而民弗重，居前而衆弗害，天下歸之，奸邪畏之。以其無爭於萬物也，故莫敢與之爭。【略】

故得道者，志弱而事強，心虛而應當。所謂志弱而事強者，柔毳安靜，藏於不敢，行於不能；恬然無慮，動不失時；與萬物回周旋轉，不爲先唱，感而應之。是故貴者必以賤爲號，而高者必以下爲基。托小以包大，在中以制外；行柔而剛，用弱而強；轉化推移，得一之道而以少正多。所謂其事強者，遭變應卒，排患扞難；力無不勝，敵無不凌；應化揆時，莫能害之。是故欲剛者，必以柔守之；欲強者，必以弱保之。積於柔則剛，積於弱則強。觀其所積，以知禍福之鄉。強勝不若己者，至於若己者而同；柔勝出於己者，其力不可量。故兵強則滅，木強則折，革固則裂，齒堅於舌而先之敝。是故柔弱者，生之幹也；而堅強者，死之徒也。先唱者，窮之路也；後動者，達之原也。【略】

是故清靜者，德之全也；而柔弱者，道之要也。虛無恬愉者，萬物之用也：肅然應感，殷然反本，則淪於無形矣。所謂無形者，一之謂也。所謂一者，無匹合於天下者也。卓然獨立，塊然獨處，上通九天，下貫九野；員不中規，方不中矩；大渾而爲一葉，累而無根；懷囊天地，爲道關門；穆忞隱閔，純德獨存；佈施而不既，用之而不勤。是故視之不見其形，聽之不聞其聲，循之不得其身；無形而有形生焉，無聲而五音鳴焉，無味而五味形焉，無色而五色成焉。是故有生於無，實出於虛；天下爲之圈，則名實同居。音之數不過五，而五音之變不可勝聽也。味之和不過五，而五味之化不可勝嘗也。色之數不過五，而五色之變不可勝觀也。故音者，宮立而五音形矣。味者，甘立而五味亭矣。色者，白立而五色成矣。道者，一立而萬物生矣。

是故，一之理，施四海；一之解，際天地。其全也純兮若樸；其散也，混兮若濁。濁而徐清，沖而徐盈；澹兮其若深淵，泛兮其若浮雲。若無而有，若亡而存。萬物之總，皆閱一孔；百事之根，皆出一門。其動無形，變

化若神；其行無迹，常後而先。

是故至人之治也，掩其聰明，滅其文章；依道廢智，與民同出於公。約其所守，寡其所求。去其誘慕，除其嗜欲，損其思慮。約其所守則察，寡其所求則得。夫任耳目以聽視者，勞形而不明；以知慮爲治者，苦心而無功。是故聖人一度循軌，不變其宜，不易其常，故准循繩，曲因其當。

夫喜怒者，道之邪也；憂悲者，德之失也；好憎者，心之過也；嗜欲者，性之累也。人大怒破陰，大喜墜陽；薄氣發瘖，驚怖爲狂；憂悲多恚，病乃成積；好憎繁多，禍乃相隨。故心不憂樂，德之至也；通而不變，靜之至也；嗜欲不載，虛之至也；無所好憎，平之至也；不與物散，粹之至也。能此五者，則通於神明。通於神明者，得其內者也。是故以中制外，百事不廢；中能得之，則外能收之。中之得，則五藏寧，思慮平；筋力勁強，耳目聰明；疏達而不悖，堅強而不鞼，無所大過而無所不逮；處小而不逼，處大而不窕；其魂不躁，其神不嬈；湫漻寂寞，爲天下梟。

大道坦坦，去身不遠；求之近者，往而復反。迫則能應，感則能動；物穆無窮，變無形像；優遊委縱，如響之與景；登高臨下，無失所秉；履危行險，無忘玄伏；能存之此，其德不虧。萬物紛糅，與之轉化，以聽天下，若背風而馳，是謂至德，至德則樂矣。古之人有居巖穴而神不遺者，末世有勢爲萬乘而日憂悲者。由此觀之，聖亡乎治人而在於得道，樂亡乎富貴而在於德和。知大己而小天下，則幾於道矣。

所謂樂者，豈必處京臺章華，遊雲夢沙丘，耳聽《九韶》《六瑩》，口味煎熬芬芳，馳騁夷道，釣射鷫鷞之謂樂乎？吾所謂樂者，人得其得者也。夫得其得者，不以奢爲樂，不以廉爲悲；與陰俱閉，與陽俱開。故子夏心戰而臞，得道而肥。聖人不以身役物，不以欲滑和。是故其爲歡，不忻忻；其爲悲，不惙惙。萬方百變，消搖而無所定，吾獨慷慨遺物而與道同出，是故有以自得之也。喬木之下，空穴之中，足以適情，無以自得也。雖以天下爲家，萬民爲臣妾，不足以養生也。能至於無樂者，則無不樂，無不樂則至極樂矣。

夫建鐘鼓，列管弦，席旃茵，傅旄象，耳聽朝歌北鄙靡靡之樂，齊靡曼之色，陳酒行觴，夜以繼日，強弩弋高鳥，走犬逐狡免：此其爲樂也，炎炎赫赫，怵然若有所誘慕。解車休馬，罷酒徹樂，而心忽然若有所喪，悵然若有所亡也。是何則？不以內樂外，而以外樂內；樂作而喜，曲終而悲；悲喜轉而相生，精神亂營，不得須臾平。察其所以，不得其形，而日以傷生，失其得者也。是故內不得於中，稟授於外而以自飾也；不浸於肌膚，不浹於骨髓，不留于心志，不滯于五藏。故從外入者，無主於中不止；從中出者，無應於外不行。故聽善言便計，雖愚者知說之；稱至德高行，雖不肖者知慕之。說之者衆，而用之者鮮；慕之者多，而行之者寡。所以然者何也？不能反諸性也。夫內不開於中而強學問者，不入於耳而不著於心，此何以異於聾者之歌也？效人爲之而無以自樂也，聲出於口，則越而散矣。夫心者，五藏之主也，所以制使四支，流行血氣，馳騁於是非之境，而出入於百事之門戶者也。是故不得於心而有經天下之氣，是猶無耳而欲調鐘鼓，無目而欲喜文章也，亦必不勝其任矣。【略】

所謂自得者，全其身者也；全其身，則與道爲一矣。故雖游于江潯海裔，馳要褭，建翠蓋，目觀《掉羽》《武》《象》之樂，耳聽滔朗奇麗《激》《抮》之音，揚鄭、衛之浩樂，結激楚之遺風，射沼濱之高鳥，逐苑囿之走獸，此齊民之所以淫泆流湎！聖人處之，不足以營其精神，亂其氣志，使心怵然失其情性。處窮僻之鄉，側谿谷之間，隱于榛薄之中；環堵之室，茨之以生茅，蓬戶瓮牖，揉桑爲樞；上漏下濕，潤浸北房。雪霜滾灖，浸潭苽蔣；逍遙於廣澤之中，而仿洋於山峽之旁，此齊民之所爲形植黎累，憂悲而不得志也。聖人處之，不爲愁悴怨懟，而不失其所以自樂也。是何也？則內有以通於天機，而不以貴賤貧富勞逸失其志德者也。故夫烏之啞啞，鵲之唶唶，豈嘗爲寒暑燥濕變其聲哉！

是故夫得道已定，而不待萬物之推移也，非以一時之變化，而定吾所以自得也。吾所謂得者，性命之情，處其所安也。夫性命者，與形俱出其宗，形備而性命成，性命成而好憎生矣。故士有一定之論，女有不易之行，規矩不能方圓，鉤繩不能曲直。天地之永，登邱不可爲修，居卑不可爲短。是故得道者，窮而不懾，達而不榮；處高而不機，持盈而不傾；新而不朗，久而不渝；入火不焦，入水不濡。是故不待勢而尊，不待財而富，不待力而強；平虛下流，與化翱翔。若然者，藏金于山，藏珠於淵，不利貨財，不貪勢名。是故不以康爲樂，不以慊爲悲；不以貴爲安，不以賤爲危；形神氣志，各居其宜，以隨天地之所爲。

夫形者生之舍也，氣者生之充也，神者生之制也，一失位則三者傷矣。

是故聖人使人各處其位、守其職而不得相干也。故夫形者非其所安也而處之則廢，氣不當其所充而用之則泄，神非其所宜而行之則昧。此三者，不可不慎守也。

《火蓮經·復命歸根》 太始生靈，太初靈明。太素生氣，太易氤氳。氤氳動盪，號曰洪濛。太極始判，陽生其中，金色象赤，赤文泄魂。輕清上昇，重濁下沉。中氣結靈，生一尊神，名曰盤古。天地始分，天氣結日，地氣結月，萬象懸明。日明氣結，東昇西沒，纔分晝夜。日光射地，地生靈質。靈質一生七十二石。月光射水，水生靈體。靈體一生，二十有四。日月共射，化生萬物。

龍馬負圖，象帝演文。仰觀俯察，乾坤位分。震納六庚，金木媾精。金華生木，花粲黃金。兌納六丁，少女代坤。金藏真火，火煉兑金。兑得丁火，乾體乃成。乾納甲壬，真水中生。烏宿扶桑，木乃敷榮。汞流神水，先天至真。日魂木液，流珠日精。增出龍光，九氣澄明。月盈則虧，陽極陰生。巽納六辛，水旺金沉。木魂藏金，金啖木精。艮納六丙，丙火生土，土又生金。金庫歸丑，坤納乙癸。乙癸生質，埋沒金精。復命歸根，知白守黑，坎離合壁。

一陽來復，黑中生白。

《潛夫論·本訓》 上古之世，太素之時，元氣窈冥，未有形兆。萬精合并，混而爲一，莫制莫御。若斯久之，翻然自化，清濁分別，變成陰陽。陰陽有體，實生兩儀。天地壹鬱，萬物化淳，《易·繫辭下》傳王弼本壹鬱作絪緼，按《說文》作壹壺，王本淳作醇，《白虎通·嫁取篇》引《易》與此同。和氣生人，以統理之。是故，天本諸陽，地本諸陰，人本中和。已上本《易·乾鑿度》，《列子·天瑞》篇同。三才異務，相待而成，各循其道，和氣乃臻，機衡乃平。機舊從玉，据《班禄篇》改。天道曰施，地道曰化，人道曰爲。《大戴礼·曾子天員篇》云：天道曰員，地道曰方，方曰幽，員曰明，明者吐氣者也。幽者，含氣者也。吐氣者施，而含氣者化，是以陽施而陰化也。《春秋繁露》云：天道施，地道化，人道義。爲者，蓋所謂感通陰陽而致珍異也。《白虎通·封禪篇》云：王者，承天統理，調和陰陽。陰陽和，萬物序，休氣充塞，故符瑞並臻皆應德，而至《漢書·董仲舒、公孫弘傳》皆言其事。人行之動天地，譬猶車上御馳馬，蓬中擢舟船矣。舟船舊作血照。按《敍録》云：聖人運之，若御舟車。《御覽》七百六十九引此文作篷中櫂舟。舟字据改。照、船，字形相近，以意訂正。《廣韻》云：篷，織竹夾箬，覆舟也。《說文》無篷字，古蓋借篷爲篷。擢、櫂亦古今字。《詩·竹竿》毛傳：楫所以擢舟也。雖爲所覆載，《禮記·中庸》云：天之所覆，地之所載。然亦在我何所之可。孔子曰：時乘六龍以御天，《易·乾·文言》。言行，君子所以動天地也，可不慎乎！《繫辭上》傳，從此觀之，天口程本作呈其兆，人序其勳。《書》故曰：天功，人其代之。蓋理其政，以和天氣，以臻其功。道德之用，莫大於氣。道者，氣之根也；氣者道之使也。必有其根，其氣乃生；必有其使，變化乃成。是故，道之爲物也，至神以妙，其爲功也，至彊以大。天之以動，地之以靜，日之以光，月之以明，四時五行，鬼神人民，億兆醜類，變異吉兇，何非氣然？及其乖戾，天之尊也，氣裂之；地之大也，氣動之；山之重也，氣徒之；水之流也，氣絕之；日月神也，氣蝕之；星辰虛也，氣隕之。旦有晝晦，《漢書·楚元王傳》劉向封事云：書冥晦。顔師古注：僖十五年九月己卯晦，震夷伯之廟。《穀梁傳》曰：晦，冥也。宵有王先生云：按宵有下有脫文，以書晦例之，疑是夜明二字。莊六年《左傳》：恒星不見夜明也。繼培按：《淮南子·泰族訓》云：書冥宵光，此亦當言宵光事。宵光即《左傳》所云：夜明《史記·天官》書云：天雷電、蝦虹、辟歷、夜明者，陽氣之動者也。大風飛車，隱三年《左傳》云：鄭伯之車，僨於濟。社注：既盟而遇大風，傳記異也。《疏》云：車蹈而入濟，是風吹之墜濟水。拔樹，《書·金縢》云：天大雷電，以風大木斯拔。《漢書·谷永傳》云：暴風之溱，拔樹折木。僨電爲冰，僨電當是歕雹。《說文》云：雹，雨冰也，或僨當爲積。《白虎通·災變篇》云：陰氣專精，積合爲雹。溫泉成湯，《西京雜記》董仲舒云：寒水極陰而有溫泉。《山海經·海外東經》下有湯谷。郭注：谷中水熱也。麟、龍、鸞、鳳、螢、蠶、蝝、蝗，莫不氣之所爲也。以此觀之。氣運感動，亦誠大矣！變化之爲，何物不能？所變也，神氣之所動也。

《周易參同契》 乾坤者，易之門戶，衆卦之父母，坎離匡郭，運轂正軸。牝牡四卦，以爲橐籥。覆冒陰陽之道，猶工禦者準繩墨，執銜轡，正規矩，隨軌轍。處中以制外，数在律歷紀。月節有五六，經緯奉日使。兼并爲六十，剛柔有表裏。朔日屯直事，至暮蒙當受。晝夜各一卦，用之依次序。既未至晦爽，終則復更始。日辰爲期度，動靜有早晚。春夏據內體，從子到辰巳。秋冬當外用，自午訖戌亥。賞罰應春秋，昏明順寒暑。爻辭有仁義，隨時發喜怒。如是應四時，五行得其理。

天地設位，而易行乎其中矣。天地者，乾坤之象也；設位者，列陰陽配合之位也。易謂坎離，坎離者，乾坤二用。二用無爻位，周流行六虛。往來

既不定，上下亦無常。幽潛淪匿，變化於中。包囊萬物，爲道紀綱。以無制有，器用者空。故推消息，坎離沒亡。言不苟造，論不虚生。引驗見效，校度神明。推類結字，原理爲證。坎戊月精，離巳日光。日月爲易，剛柔相當。土王四季，羅絡始終。青赤白黑，各居一方。皆稟中宫，戊己之功。

易者，象也。懸象著明，莫大乎日月。窮神以知化，陽往則陰來，輻輳而輪轉，出入更卷舒。易有三百八十四爻，據爻摘符，符謂六十四卦。晦至朔旦，震來受符。當斯之際，天地媾其精，日月相撢持。雄陽播玄施，雌陰化黄包。混沌相交接，權輿樹根基。經營養鄞鄂，凝神以成軀。衆夫蹈以出，蠕動莫不由。

於是仲尼讚鴻濛，乾坤德洞虚。稽古當元皇，關睢建始初。昏冠氣相紐，元年乃牙滋。聖人不虚生，上觀顯天符。天符有進退，詘伸以應時。故易統天心，復卦建始萌。長子繼父體，因母立兆基。消息應鍾律，升降據斗樞。三日出爲爽，震庚受西方。八日兑受丁，上弦平如繩。十五乾體就，盛滿甲東方。蟾蜍與兔魄，日月氣雙明。蟾蜍視卦節，兔者吐生光。七八道已訖，屈折低下降。十六轉受統，巽辛見平明。艮直於丙南，下弦二十三。坤乙三十日，東北喪其朋。節盡相禪與，繼體復生龍。壬癸配甲乙，乾坤括始終。七八數十五，九六亦相應。四者合三十，陽氣索滅藏。八卦布列曜，運移不失中。元精眇難覩，推度效符證。居則觀其象，準擬其形容。立表以爲範，占候定吉兇。發號順時令，勿失爻動時。上察河圖文，下序地形流。中稽於人心，參合考三才。動則循卦節，靜則因彖辭。乾坤用施行，天地然後治。可得不慎乎？

御政之首，管括微密，開舒布寶。要道魁柄，統化綱紐。爻象內動，吉兇外起。五緯錯順，應時感動。四七乖戾，誃離俯仰。文昌統録，詰責台輔。百官有司，各典所部。日合五行精，月受六律紀。五六三十度，度竟復更始。原始要終，存亡之緒。或君驕溢，亢滿違道；或臣邪佞，行不順軌。弦望盈縮，乖變兇咎。執法刺譏，詰過貽主。辰極受正，優游任下。明堂布政，國無害道。

內以養己，安靜虚無。原本隱明，內照形軀。閉塞其兑，築固靈株。三光陸沈，溫養子珠。視之不見，近而易求。黄中漸通理，潤澤達肌膚。初正則終脩，幹立末可持。一者以掩蔽，世人莫知之。

上德無爲，不以察求。下德爲之，其用不休。上閉則稱有，下閉則稱無。無者以奉上，上有神德居。此兩孔穴法，金氣亦相須。知白守黑，神明自來。白者金精，黑者水基。水者道樞，其數名一。陰陽之始，玄含黄芽。五金之主，北方河車。故鉛外黑，內懷金華。被褐懷玉，外爲狂夫。金爲水母，母隱子胎，水者金子，子藏母胞。真人至妙，若有若無。髣髴大淵，乍沈乍浮。退而分布，各守境隅。採之類白，造之則朱。鍊之表衛，白裏貞居。方圓徑寸，混而相拘。先天地生，巍巍尊高。旁有垣闕，狀似蓬壺。環匝關閉，四通踟躕。守禦密固，閼絶姦邪。曲閣相通，以戒不虞。可以無思，難以愁勞。神氣滿室，莫之能留。守之者昌，失之者亡。動靜休息，常與人俱。

是非歷藏法，內視有所思。履行步斗宿，六甲以日辰。陰道厭九一，濁亂弄元胞。食氣鳴腸胃，吐正吸外邪。晝夜不臥寐，晦朔未嘗休。身體日疲倦，恍惚狀若癡。百脈鼎沸馳，不得清澄居。累土立壇宇，朝暮敬祭祠。鬼物見形象，夢寐感慨之。心歡意悦喜，自謂必延期。遽以天命死，腐露其形骸。舉措輒有違，悖逆失樞機。諸述甚衆多，千條有萬餘。前卻違黄老，曲折戾九都。明者省厥旨，曠然知所由。勤而行之，夙夜不休。服食三載，輕舉遠遊。跨火不焦，入水不濡。能存能亡，長樂無憂。道成德就，潛伏俟時。太一乃召，移居中洲。功滿上升，膺録受圖。

《火記》不虚作，演《易》以明之。偃月法鼎爐，白虎爲熬樞。汞日爲流珠，青龍與之俱。舉東以合西，魂魄自相狗。上弦兑數八，下弦艮亦八。兩弦合其精，乾坤體乃成。二八應一斤，易道正不傾。銖有三百八十四，亦應卦爻之數。

金入於猛火，色不奪精光。自開闢以來，日月不虧明。金不失其重，日月形如常。金本從月生，朔旦受日符。金返歸其母，月晦日相包。隱藏其匡郭，沈淪於洞虚。金復其故性，威光鼎乃熺。

子午數合三，戊己號稱五。三五既和諧，八石正綱紀。呼吸相貪欲，佇思爲夫婦。黄土金之父，流珠水之母。水以土爲鬼，土鎮水不起。朱雀爲火精，執平調勝負。水盛火消滅，俱死歸厚土。三性既合會，本性共宗祖。巨勝尚延年，還丹可入口。金性不敗朽，故爲萬物寶。術士服食之，壽命得長久。土遊於四季，守界定規矩。金砂入五內，霧散若風雨。薰蒸達四肢，顔色悦澤好。髮白皆變黑，齒落生舊所。老翁復丁壯，耆嫗成奼女。改形免世

厄，號之曰真人。

胡粉投火中，色壞還爲鉛。冰雪得溫湯，解釋成太玄。金以砂爲主，稟和於水銀。變化由其真，終始自相因。欲作服食仙，宜以同類者。植禾當以黍，覆雞用其子。以類輔自然，物成易陶冶。魚目豈爲珠？蓬蒿不成檟。類同者相從，事乖不成寶。是以燕雀不生鳳，狐兔不乳馬。水流不炎上，火動不潤下。世間多學士，高妙負良才。邂逅不遭遇，耗火亡貨財。據案依文說，妄以意爲之。端緒無因緣，度量失操持。檮治羌石膽，雲母及礜磁。硫黃燒豫章，泥汞相煉飛。鼓下五石銅，以之爲輔樞。雜性不同類，安有合體居。千舉必萬敗，欲黠反成癡。僥倖訖不遇，聖人獨知之。稚年至白首，中道生狐疑。背道守迷路，出正入邪蹊。管窺不廣見，難以揆方來。

若夫至聖，不過伏犧，始畫八卦，效法天地。文王帝之宗，結體演爻辭。夫子庶聖雄，《十翼》以輔之。三君天所挺，迭興更御時。優劣有步驟，功德不相殊。制作有所踵，推度審分銖。有形易忖量，無兆難慮謀。作事令可法，爲世定詩書。素無前識資，因師各悟之。皓若褰帷帳，瞋目登高臺。《火記》六百篇，所趣等不殊。文字鄭重說，世人不熟思。尋度其源流，幽明本共居。竊爲賢者談，曷敢輕爲書？若遂結舌瘖，絕道獲罪誅。寫情著竹帛，又符泄天符。猶豫增歎息，俛仰綴斯愚。陶冶有法度，未忍悉陳敷。略述其綱紀，枝條見扶疏。

以金爲隄防，水入乃優游。金計有十五，水数亦如之。臨爐定銖兩，五分水有餘。二者以爲真，金重如本初。其三遂不入，火二與之俱。三物相含受，變化壯若神。下有太陽氣，伏蒸須臾間。先液而後凝，號曰黃輿焉。歲月將欲訖，毀性傷壽年。形體爲灰土，狀若明窗塵。擣治并合之，持入赤色門。固塞其際會，務令致完堅。炎火張於下，晝夜聲正勤。始文使可修，終竟武乃陳。候視加謹慎，審察調寒溫。周旋十二節，節盡更須親。氣索命將絕，休死亡魄魂。色轉更爲紫，赫然成還丹。粉提以一丸，刀圭最爲神。

推演五行數，較約而不繁。舉水以激火，奄然滅光明。日月相激薄，常在晦朔間。水盛坎侵陽，火衰離晝昏。陰陽相飲食，交感道自然。名者以定情，字者緣性言。金來歸性初，乃得稱還丹。吾不敢虛說，倣傚聖人文。古記題《龍虎》，黃帝美金華。淮南鍊秋石，王陽加黃芽。賢者能持行，不肖毋與俱。古今道猶一，對談吐所謀。學者加勉力，留連深思惟。至要言甚露，昭昭不我欺。

乾坤剛柔，配合相包。陽稟陰受，雄雌相須。須以造化，精氣乃舒。坎離冠首，光耀垂敷。玄冥難測，不可畫圖。聖人揆度，參序元基。四者混沌，徑入虛無。六十卦周，張布爲輿。龍馬就駕，明君御時。和則隨從，路平不邪。邪道險阻，傾危國家。

君子居其室，出其言善，則千里之外應之。謂萬乘之主，處九重之室。發號施令，順陰陽節。藏器待時，勿違卦月。屯以子申，蒙用寅戌。餘六十卦，各自有日。聊陳兩象，未能究悉。立義設刑，當仁施德。逆之者凶，順之者吉。按歷法令，至誠專密。謹候日辰，審察消息。纖芥不正，悔吝爲賊。二至改度，乖錯委曲。隆冬大暑，盛夏霜雪。二分縱橫，不應漏刻。風雨不節，水旱相伐。蝗蟲湧沸，群異旁出。天見其怪，山崩地裂。孝子用心，感動皇極。近出己口，遠流殊域。或以招禍，或以致福。或興太平，或造兵革。四者之來，由乎胸臆。動靜有常，奉其繩墨。四時順宜，與氣相得。剛柔斷矣，不相涉入。五行守界，不妄盈縮。易行周流，屈伸反復。

晦朔之間，合符行中。混沌鴻濛，牝牡相從。滋液潤澤，施化流通。天地神明，不可度量。利用安身，隱形而藏。始於東北，箕斗之鄉。旋而右轉，嘔輪吐萌。潛潭見象，發散精光。昴畢之上，震出爲徵。陽氣造端，初九潛龍。陽以三立，陰以八通。故三日震動，八日兑行。九二見龍，和平有明。三五德就，乾體乃成。九三夕惕，虧折神符。盛衰漸革，終還其初。巽繼其統，固濟操持。九四或躍，進退道危。艮主止進，不得踰時。二十三日，典守弦期。九五飛龍，天位加喜。六五坤承，結括終始。韞養衆子，世爲類母。上九亢龍，戰德于野。用九翩翩，爲道規矩。陽數已訖，訖則復起。推情合性，轉而相與。循據璿璣，升降上下。周流六爻，難可察睹。故無常位，爲易宗祖。

朔旦爲復，陽氣始通。出入無疾，立表微剛。黃鍾建子，兆乃兹彰。播施柔暖，黎烝得常。臨爐施條，開路正光。光耀寖進，日以益長。丑之大呂，結正低昂。仰以成泰，剛柔並隆。陰陽交接，小往大來。輻輳於寅，運而趨時。漸歷大壯，俠列卯門。榆莢墮落，還歸本根。刑德相負，晝夜始分。夬陰以退，陽升而前。洗濯羽翮，振索宿塵。乾健盛明，廣被四鄰。陽終於巳，中而相干。姤始紀序，履霜最先。井底寒泉，午爲蕤賓。賓服於陰，陰爲主

人。遯去世位，收斂其精。懷德俟時，栖遲昧冥。否塞不通，萌者不生。陰伸陽屈，沒陽姓名。觀其權量，察仲秋情。任畜微稚，老枯復榮。薺麥芽蘖，因冒以生。剥爛肢體，消滅其形。化氣既竭，亡失至神。道窮則反，歸乎坤元。恆順地理，承天布宣。玄幽遠渺，隔閡相連。應度育種，陰陽之元。寥廓恍惚，莫知其端。先迷失軌，後爲主君。無平不陂，道之自然。變易更盛，消息相因。終坤始復，始循連環。帝王承御，千載常存。

將欲養性，延命卻期。審思後末，當慮其先。人所稟軀，體本一無。元精雲布，因氣託初。陰陽爲度，魂魄所居。陽神日魂，陰神月魄。魂之與魄，互爲室宅。性主處內，立置鄞鄂。情主營外，築垣城郭。城郭完全，人物乃安。爰斯之時，情合乾坤。乾動而直，氣布精流。坤靜而翕，爲道舍廬。剛施而退，柔化以滋。九還七返，八歸六居。男白女赤，金火相拘。則水定火，五行之初。上善若水，清而無瑕。道之形象，真一難圖。變而分布，各自獨居。類如雞子，白黑相符。縱廣一寸，以爲始初。四肢五臟，筋骨乃俱。彌歷十月，脱出其胞。骨弱可卷，肉滑若鉛。

陽燧以取火，非日不生光。方諸非星月，安能得水漿？二氣玄且遠，感化尚相通。何況近存身，切在於心胸。陰陽配日月，水火爲效徵。

耳目口三寶，固塞勿發揚。真人潛深淵，浮游守規中。旋曲以視聽，開闔皆合同。爲己之樞轄，動靜不竭窮。離氣內營衛，坎乃不用聰。兑合不以談，希言順鴻濛。三者既關楗，緩體處空房。委志歸虚無，無念以爲常。證難以推移，心專不縱横。寢寐神相抱，覺悟候存亡。顔容浸以潤，骨節益堅強。排卻衆陰邪，然後立正陽。修之不輟休，庶氣雲雨行。淫淫若春澤，液液象解冰。從頭流達足，究竟復上昇。往來洞無極，怫怫被容中。反者道之驗，弱者德之柄。耘鋤宿污穢，細微得調暢。濁者清之路，昏久則昭明。

世人好小術，不審道淺深。棄正從邪徑，欲速閼不通。猶盲不任杖，聾者聽宫商。沒水捕雉兔，登山索魚龍。植麥欲穫黍，運規以求方。竭力勞精神，終年無見功。欲知服食法，事約而不繁。

太陽流珠，常欲去人。卒得金華，轉而相因。化爲白液，凝而至堅。金華先唱，有頃之間。解化爲水，馬齒闌干。陽乃往和，情性自然。迫促時陰，拘畜禁門。慈母欲養，孝子報恩。嚴父施令，教敕子孫。五行錯王，相據以生。火性銷金，金伐木榮。三五與一，天地至精。可以口訣，難以書傳。子當右轉，午乃東旋。卯酉界隔，主定二名。龍呼於虎，虎吸龍精。兩相飲食，俱相貪便。遂相銜嚥，咀嚼相吞。熒惑守西，太平經天。殺氣所臨，何有不傾。貍犬守鼠，鳥雀畏鸇。各得其功，何敢有聲。不得其理，難以妄言。竭殫家産，妻子飢貧。自古及今，好者億人。訖不諧遇，希有能成。廣求名藥，與道乖殊。

如審遭逢，睹其端緒。以類相況，揆物終始。五行相剋，更爲父母。母含滋液，父主稟與。凝精流形，金石不朽。審專不泄，得爲成道。立竿見影，呼谷傳響。豈不靈哉！天地至象。若以野葛一寸，巴豆一兩，入喉輒僵，不得俛仰。當此之時，雖周文揲蓍，孔子占象，扁鵲操針，巫咸扣鼓，安能令蘇，復起馳走？

河上奼女，靈而最神。得火則飛，不見埃塵。鬼隱龍匿，莫知所存。將欲制之，黄芽爲根。物無陰陽，違天背原。牝雞自卵，其雛不全。夫何故乎？配合未連，三五不交，剛柔離分。施化之精，天地自然。猶火動而炎上，水流而潤下。非有師道，使其然也。資始統政，不可復改。觀夫雌雄交媾之時，剛柔相結而不可解。得其節符，非有工巧以制禦之。若男生而伏，女偃其軀。稟乎胞胎，受氣元初。非徒生時，著而見之。及其死也，亦復效之。此非父母教令其然，本在交媾，定置始先。

坎男爲月，離女爲日。日以施德，月以舒光。月受日化，體不虧傷。陽失其契，陰侵其明。晦朔薄蝕，掩冒相傾。陽消其形，陰淩災生。男女相須，含吐以滋。雌雄錯雜，以類相求。金化爲水，水性周章。火化爲土，水不得行。故男動外施，女靜內藏。溢度過節，爲女所拘。魄以鈐魂，不得淫奢。不寒不暑，進退合時。各得其和，俱吐證符。

丹砂木精，得金乃并。金水合處，木火爲侶。四者混沌，列爲龍虎。龍陽數奇，虎陰數偶。肝青爲父，肺白爲母。腎黑爲子，脾黄爲祖。子五行始，三物一家，都歸戊己。

剛柔迭興，更歷分部。龍西虎東，建緯卯酉。刑德并會，相見歡喜。刑主伏殺，德主生起。二月榆落，魁臨於卯。八月麥生，天綱據酉。子南午北，互爲綱紀。一九之數，終而復始。含元虚危，播精於子。

關關雎鳩，在河之洲。窈窕淑女，君子好逑。雄不獨處，雌不孤居。玄武龜蛇，蟠蚪相扶。以明牝牡，畢竟相胥。假使二女共室，顔色甚姝，令蘇秦

通言，張儀結媒，發辯利舌，奮舒美辭，推心調諧，合爲夫妻。弊髮腐齒，終不相知。若藥物非種，名類不同。分刻參差，失其紀綱。雖黃帝臨爐，太一降坐，八公禱鍊，淮南執火，立宇崇壇，玉爲階陛。麟脯鳳腊，把籍長跪。禱祝神祇，請哀諸鬼。沐浴齋戒，冀有所望。亦猶和膠補釜，以硇塗瘡。去冷加冰，除熱用湯。飛龜舞蛇，愈見乖張。

惟昔聖賢，懷玄抱真。服鍊九鼎，化跡隱淪。含精養神，通德三光。津液腠理，筋骨緻堅。衆邪辟除，正氣常存。累積長久，變形而仙。憂憫後生，好道之倫。隨傍風采，指畫古文。著爲圖籍，開示後昆。露見枝條，隱藏本根。託號諸石，覆謬衆文。學者得之，韞櫝終身。子繼父業，孫踵祖先。傳世迷惑，竟無見聞。遂使宦者不仕，農夫失耘。商人棄貨，志士家貧。吾甚傷之，定錄此文。字約易思，事省不繁。披列其條，核實可觀。分兩有數，因而相循。故爲亂辭，孔竅其門。智者審思，用意參焉。

法象莫大乎天地兮，玄溝數萬里。河鼓臨星紀兮，人民皆驚駭。晷影妄前卻兮，九年被兇咎。皇上覽視之兮，王者退自改。關楗有低昂兮，害氣遂奔走。江淮之枯竭兮，水流注于海。天地之雌雄兮，徘徊子與午。寅申陰陽祖兮，出入復終始。循斗而招搖兮，執衡定元紀。升熬於甑山兮，炎火張設下。白虎唱導前兮，蒼液和於後。朱鳥翱翔戲兮，飛揚色五彩。遭遇羅網施兮，壓之不得舉。嗷嗷聲甚悲兮，嬰兒之慕母。顛倒就湯鑊兮，摧折傷毛羽。漏刻未過半兮，魚鱗狎鬣起。五色象炫耀兮，變化無常主。潏潏鼎沸馳兮，暴湧不休止。接連重疊累兮，犬牙相錯距。形如仲冬冰兮，闌干吐鍾乳。崔嵬而雜廁兮，交積相支柱。陰陽得其配兮，淡泊而相守。青龍處房六兮，春華震東卯。白虎在昴七兮，秋芒兑西酉。朱雀在張二兮，正陽離南午。三者俱來朝兮，家屬爲親侶。本之但二物兮，末而爲三五。三五并與一兮，都集歸二所。治之如上科兮，日數亦取甫。先白而後黃兮，食黑達表裏。名曰第一鼎兮，食如大黍米。自然之所爲兮，非有邪僞道。若山澤氣相蒸兮，興雲而爲雨。泥竭遂成塵兮，火滅化爲土。若蘗染爲黃兮，似藍成綠組。皮革煮成膠兮，麴蘖化爲酒。同類易施功兮，非種難爲巧。惟斯之妙術兮，審諦不誑語。傳於億世後兮，昭然自可考。煥若星經漢兮，昺如水宗海。思之務令熟兮，反覆視上下。千周燦彬彬兮，萬遍將可覩。神明或告人兮，心靈乍自悟。探端索其緒兮，必得其門戶。天道無適莫兮，常傳與賢者。

《參同契》者，敷陳梗概，不能純一，泛濫而說，纖微未備，闊略髣髴。今更撰錄，補塞遺脫，潤色幽深，鉤援相逮，旨意等齊，所趣不悖，故復作此，命五相類，則大《易》之情性盡矣。大易情性，各如其度。黃老用究，較而可御。爐火之事，真有所據。三道由一，俱出徑路。枝莖華葉，果實垂布。正在根株，不失其素。誠心所言，審而不誤。象彼仲冬節，竹木皆摧傷。佐陽詰賈旅，人君深自藏。象時順節令，閉口不用談。天道甚浩廣，太玄無形容。虛寂不可睹，匡郭以消亡。謬誤失事緒，言還自敗傷。別序斯四象，以曉後生盲。

會稽鄙夫，幽谷朽生。挾懷樸素，不樂歡榮。栖遲僻陋，忽略利名。執守恬淡，希時安平。宴然閑居，乃撰斯文。歌敘大《易》，三聖遺言。察其旨趣，一統共倫。務在順理，宣耀精神。神化流通，四海和平。表以爲歷，萬世可循。序以御政，行之不繁。引內養性，黃老自然。含德之厚，歸根返元。近在我心，不離己身。抱一毋舍，可以長存。配以服食，雄雌設陳。挺除武都，八石棄捐。審用成功，世俗所珍。羅列三條，枝莖相連。同出異名，皆由一門。非徒累句，諧偶斯文。殆有其真，礫硌可觀。使予敷僞，卻被贅愆。命《參同契》，微覽其端。辭寡意大，後嗣宜遵。委時去害，依託丘山。循遊寥廓，與鬼爲鄰。化形而仙，淪寂無聲。百世一下，遨遊人間。陳敷羽翮，東西南傾。湯遭厄際，水旱隔并。柯葉萎黃，失其華榮。吉人相乘負，安穩可長生。

《養生論·問答》 答曰：所以貴智而尚動者，以其能益生而厚身也。然欲動則悔吝生，智行則前識立。前識立則志開而物遂，悔吝生則患積而身危。二者不藏之於內而接於外，衹足以災身，非所以厚生也。夫嗜欲雖出於人，而非道之正，猶木之有蝎，雖木之所生，而非木之宜也。故蝎盛則木朽，欲勝則身枯。然則欲與生不並立，名與身不俱存，略可知矣。而世未之悟，以順欲爲得生。雖有後生之情，而不識生生之理，故動之死地也。是以古之人，知酒肉爲甘鴆，棄之如遺；識名位爲香餌，逝而不顧。使動足資生，不濫於物；知正其身，不營於外。背其所害，向其所利，此所以用智，遂生之道也。故智之爲美，美其益生而不羨生之爲貴，貴其樂和而不交，豈可疾智而輕身，勤欲而賤生哉？且聖人寶位，以富貴爲崇高者，蓋謂人君，貴爲天子，富有四海。民不可無主而存，主不能無尊而立，故爲天下而尊，君位不爲

一人而重富貴也。又曰：富與貴，是人之所欲者。蓋爲季世，惡貧賤而好富貴也，未能外榮華而安貧賤。且抑使由其道而不爭，不可令其力爭，故許其心競，中庸不可得，故與其狂狷，此俗談耳，不言至人常貪富貴也。聖人不得已而臨天下，以萬物爲心，在宥群生，由身以道，與天下同於自得，穆然以無事爲業，坦爾以天下爲公。雖居君位享萬國，恬若素士接賓客也；雖建龍旂服華衮，忽若布衣之在身。故君臣想忘於上，蒸民家足於下，豈勸百姓之尊，已割天下以自私，以富貴爲崇高，心欲之而不已哉？且子文三顯色不加悅，柳惠三黜容不加戚。何者？令尹之尊，不若德義之貴；三黜之賤，不傷沖粹之美。二子嘗得富貴於其身，終不以人爵嬰心，故視榮辱如一。由此言之，豈云欲富貴之情哉？請問：錦衣綉裳，不陳於暗室者何？必顧衆而動以毁譽爲歡戚也。夫然則欲之患其得，得之懼其失。苟患失之，無所不至矣。在上何得不驕，持滿何得不溢，求之何得不苟，得之何得不失耶？且君子出其言善，則千里之外應之，豈在於多欲以貴得哉？奉法循理，不絓世綱，以無罪自尊，以不仕爲逸，遊心乎道義，偃息乎卑室，恬愉無遌而神氣條達，豈須榮華然後乃貴哉？耕而爲食，蠶而爲衣，衣食周身，則餘天下之財，猶渴者飲河，快然以足，不羡洪流，豈待積斂然後乃富哉？君子之用心若此，蓋將以名位爲贅瘤，資財爲塵垢也，安用富貴乎？故世之難得者，非財也，非榮也，患意之不足耳。意足者，雖耦耕甽畝，被褐啜菽，豈不自得？不足者，雖養以天下，委以萬物猶未愜。然則，足者不須外，不足者無外之不須也。無不須故無往而不乏，無所須故無適而不足。不以榮華肆志，不以隱約趨俗，混乎與萬物並行，不可寵辱，此真有富貴也。故遺貴欲貴者賤及之，故忘富欲富者貧得之，理之然也。今居榮華而憂，雖與榮華偕老，亦所以終身長愁耳。故老子曰：樂莫大於無憂，富莫大於知足，此之謂也。難曰：感而思室，飢而求食，自然之理也。誠哉是言！今不使不室、不食，但欲令室、食得理耳。夫不慮而欲，性之動也；識而後感，智之用也。性動者，遇物而當，足則無餘；智用者，從感而求，勌而不已。故世之所患，禍之所由，常在於智用，不在於性動。今使瞽者遇室，則西施與嫫母同情；聵者忘味，則糟糠與精粺等甘。豈識賢愚好醜，以愛憎亂心哉！君子識智以無恆傷生，欲以逐物害性，故智用則收之以恬，性動則糾之以和，使智上於恬，性足於和，然後神以默醇，體以和成，去累除害，與彼更生，所謂不見可欲，使心不亂者也。縱令滋味常染於口，聲色已開於心，則可以至理，遣之多筭，勝之何以言之也。夫欲官不識君位，思室不擬親戚，何者？知其所不得，則不當生心也。故嗜酒者自抑於鴆醴，貪食者忍飢於漏脯，知吉凶之理，故背之不惑，棄之不疑也，豈恨向不得酣飲與大嚼哉！且逆旅之妾，惡者以自惡爲貴，美者以自美得賤，美惡之形在目，而貴賤不同，是非之情先著，故美惡不能移也。苟云：理足於内，乘一以御外，何物之能默哉！由此言之，性氣自和，則無所困於防閑，情志自平，則無鬱而不通。世之多累，由見之不明耳。又常人之情，遠雖大莫不忽之，近雖小莫不存之。夫何故哉？誠以交賒相奪，識見異情也。三年喪，不内御，禮之禁也，莫有犯者。酒色乃身之仇也，莫能棄之。由此言之，禮禁雖小不犯身，仇雖大不棄。然使左手據天下之圖，右手旋害其身，雖愚夫不爲，明天下之輕於其身，酒色之輕於天下，又可知矣。而世人以身殉之，斃而不悔，此以所重而要所輕，豈非背賒而趣交耶？智者則不然矣，審輕重然後動，量得失以居身，交賒之理同，故備遠如近，慎微如著，獨行衆妙之門，終始無虞。此與夫耽欲而快意者，何殊間哉？難曰：聖人窮理盡性，宜享遐期，而堯、孔上獲百年，下者七十，豈復疏於導養乎？案論堯、孔，雖稟命有限，故導養以盡其壽，此則窮理之致，不爲不養生得百年也。且仲尼窮理盡性，以至七十，田父以六弊，蠢愚有百二十者。若以仲尼之至妙，資田父之至拙，則千歲之論奚所怪哉？且凡聖人有損己爲世，表行顯功，使天下慕之。三徒成都者，或非食勤躬，經營四方，心勞形困，趣步失節；或奇謀潛稱，爰及干戈，威武殺伐，功利爭奪；或修身以明污，顯智以驚愚，藉名高於一世，取准的於天下；又勤誨善誘，聚徒三千，口勸談議，身疲磬折，形若求孺子，視若營四海，神馳於利害之端，心鶩於榮辱之途，俯仰之間，已再撫宇宙之外者，若比之於内視反聽，愛氣嗇精，明白四達，而無執無爲，遺世坐忘，以寶性全真，吾所不能同也。今不言松柏不殊於榆柳也，然則中年枯隕，樹之重崖，則榮茂日新，此亦毓形之一觀也。竇公無所服御，而致百八十，豈非鼓琴和其心哉？此亦養神之一徵也。火蠶十八日，寒蠶三十日餘，以不得踰時之命，而將養有過倍之隆。溫肥者早終，涼瘦者遲竭，斷可識矣。圉馬養而不乘，用皆六十歲，體疲者速彫，形全者難斃，又可知矣。富貴多殘，伐之者衆也；野人多壽，傷之者寡也，亦可見矣。今能使目與瞽者同功，口與聵者等味，遠害生之具，御益生之物，則始可與言養性命

矣。難曰：神農倡粒食之始，鳥獸以之飛走，生民以之視息，今不言五穀，非神農所倡也。既言上藥，又倡五穀者，以上藥希寡，艱而难致，五穀易殖，農而可久，所以濟百姓而斷夭閼也。並而存之，惟賢志其大，不肖者志其小耳，此同出一人。至當歸止痛，用之不已，耒耜墾辟，從之不輟。何養命蔑而不議？此殆玩所先習，怪於所未知。且平原則有棗栗之屬，池沼則有菱芡之類，雖非上藥，尤甚於黍稷之篤恭也。豈云視息之具，唯立五穀哉？又曰：黍稷惟馨，實降神祇；蘋蘩蘊藻，非豐肴之匹；潢汙行潦，非重酎之對。薦之宗廟，感靈降祉，是知神享，德之與信，不以所養爲生，猶九土述職，各貢方物，以效誠耳。又曰：肴糧入體，益不踰旬，以明宜生之驗，此所以困其體也。今不言肴糧無充體之益，但謂延生，非上藥之偶耳，謂借以爲難。夫所知麥之善於菽，稻之勝於稷，由有效而識之，假無稻稷之域，必以菽麥爲珍養，謂不可尚矣。然則世人不知上藥良於稻稷，猶守菽麥之賢於蓬蒿，而必天下之無稻稷也。若能仗藥以自永，則稻稷之賤，居然可知。君子知其若此，故准性理之所宜，資妙物以養身，植元根於初九，吸朝霞以濟神。今若以肴酒爲壽，則未聞高陽有黃髮之叟也；若以充性爲賢，則未聞鼎食有百年之賓也。且冉生嬰疾，顔子短折，穰歲多病，饑年少疾。故狄食米而生癩瘡，得穀而血浮，馬秣粟而足重，鴈食粒而身留。從此言之，鳥獸不足報功於五穀，生民不足受德於田疇也。而人竭力以營之，殺身以爭之。養親獻尊，則萸菊苽粱；聘享嘉會，則肴饌旨酒。而不如，皆淖溺筋腋，易糜速腐，初雖甘香，入身臭腐，竭辱精神，染污六府，鬱穢氣蒸，自生災蠹，饕淫所階，百疾所附，味之者口爽，服之者短祚。豈若流泉甘醴，瓊蘂玉英，金丹石菌，紫芝黃精，皆衆靈含英，獨發奇生，貞香難歇，和氣充盈，澡雪五臟，疏徹開明，吮之者體輕，又練骸易氣，染骨柔筋，滌垢澤穢，志凌青雲。若此以往，何五穀之養哉？且螟蛉有子，果蠃負之，性之變也。橘渡江爲枳，易土而變，形之異也。納所食之氣，還質易性，豈不能哉？故赤斧以鍊丹赬髮，涓子以朮精久延，偓佺以松實方目，赤松以水玉乘煙，務光以蒲韭長耳，邛疏以石髓駐年，方回以雲母變化，昌容以蓬虆易顔，若此之類，不可詳載也。孰云五穀爲最，而上藥無益哉？又責千歲以來，目未之見，謂無其人。即問談者，見千歲人，何以別之？欲校之以形，則與人不異，欲驗之以年，則朝菌無以知，晦朔蜉蝣，無以識靈龜。然則千歲雖在市朝，固非小年之所辨矣。彭祖七百，安期千年，則狹見者謂書籍妄記；劉根霞寢不食，或謂偶能忍飢；仲都冬倮而體溫，夏裘而身涼，桓譚謂偶耐寒暑；李少君識桓公玉椀，則阮生謂之逢占而知；堯以天下禪許由，而揚雄謂好大爲之。凡若此類，上以周孔爲關鍵，畢志一誠；下以嗜欲爲鞭策，欲罷不能。馳驟於世教之內，爭巧於榮辱之間。以多同自減，思不出位，使奇事絕於所見，妙理斷於常論，以言變通達微，未之聞也。久慍閑居，謂之無歡；深根無肴，謂之自愁；以酒色爲供養，謂長生爲無聊。然則子之所以爲歡者，必將結駟連騎，食方丈於前也。夫俟此而後爲足，謂之天理自然者，皆役身以物，喪志於慾，原性命之情，有累於所論矣。夫渴者惟水之是見，酌者惟酒之是求，人皆知乎！生於有疾也。今若以從慾爲得性，則渴酌者非病，淫湎者非過，桀、跖之徒皆得自然，非本論所以明至理之意也。夫至理誠微，善溺於世，然或可求諸身而後悟。校外物以知之者，人從少至長，隆殺好惡有盛衰，或稚年所樂，壯而棄之，始之所薄，終而重之。當其所悅，謂不可奪，值其所醜，謂不可歡。然還成易地，則情變於初。苟嗜欲有變，安知今之所躭不爲臭腐，曩之所賤，不爲奇美耶！假令廝養，暴登卿尹，則監門之類，蔑而遺之。由此言之，凡所區區一域之情耳，豈必不易哉！又飢餐者於將獲所欲，則悅情注心，飽滿之後，釋然疏之，或有厭惡。然則榮華酒色，有可疏之時。蚺蛇珍於越土，中國遇而惡之，黼黻貴於華夏，裸國得而棄之，當其無用，皆中國之蚺蛇裸國之黼黻也。以大和爲至樂，則榮華不足顧也；以恬淡爲至味，則酒色不足欽也。苟得意有地俗之所樂，皆糞土耳，何足戀哉？今談者不睹至樂之情，甘滅年殘生，以從所願，此則李斯儒，以殉一朝之欲，主父發憤，思調五鼎之味耳。且飽肆自玩而賤蘭茝，猶海鳥對太牢而長愁，文侯聞雅樂而塞耳，故以榮華爲生，具謂濟萬世不足以喜耳。此皆無主於內，借外物以樂之，外物雖豐，哀亦備矣。有主於中，以內樂外，雖無鐘鼓，樂亦具矣。故得志者非軒冕也，有至樂者非充詘也，得失無以累之耳。且父母有疾，在困而瘳，則憂喜並用矣。由此言之，不若無喜可知也。然則樂豈非至樂耶？故順天和以自然，以道德爲師友；玩陰陽之變化，得長生之永久；任自然以託身，並天地而不朽者，孰享之哉？養生有五難，名利不滅，此一難也；喜怒不除，此二難也；聲色不去，此三難也；滋味不絕，此四難也；神慮轉發，此五難也。五者必存，雖心期難老，口誦至言，咀嚼英華，呼吸太陽，不能不迴其操，不夭其年

也。五者無於胸中，順日濟，元德日全，不祈喜而有福，不求壽而自延，此養生大理之所效也。然或有行踰曾閔，服膺仁義，動由中和，無甚大之累，便謂人理已畢，以此自臧而不盪喜怒，平神氣，而欲卻老延年者，未之聞也。或抗志希古，不榮名位，因自高於馳騖；或運智御世，不嬰禍故，以此自貴。此於用身，甫與鄉黨兒齒耆年同耳。以言存生，蓋闕如也。或棄世不群，志氣和粹，不絕穀茹芝無益於短期矣。或瓊糇既儲，六氣並禦而能含光，內觀凝神，復朴栖心於元冥之崖，含氣於莫大之涘者，則有老可卻，有年可延也。凡此數者，合而爲用，不可相無，猶轅軸輪轄，不可一乏於輿也。然人皆偏見，各備所患。單豹以營內致斃，張毅以趨外失中，齊以誡濟西取敗，秦以備戎狄自窮，此皆不兼之禍也。積善履信，世屢聞之，慎言語，節飲食，學者識之。過此以往，莫之或知，請以先覺語將來之覺者。

問養生　余問養生於吳子，得二言焉。曰和，曰安。何謂和？曰：子不見天地之爲寒暑乎？寒暑之極，至於折膠流金，而物不以爲病，其變者微也。寒暑之變，晝與日俱逝，夜與月並馳，俯仰之間，屢變而人不知者，微之至，和之極也。使此二極者，相尋而狎至，則人之死久矣。何謂安？曰：吾嘗自牢山浮海達於淮，遇大風焉，舟中之人，如附於桔槔而與之上下，如蹈車輪而行反逆，眩亂不可止。而吾飲食起居如他日。吾非有異術也，惟莫與之爭，而聽其所爲。故凡病我者，舉非物也。食中有蛆，人之見者必嘔也，其不見而食者，未嘗嘔也。請察其所從生，論八珍者必嚥，言糞穢者必吐，二者未嘗與我接也。唖與嚥，何從生哉？果生於物乎？果生於我乎？知其生於我也，則雖與之接而不變，安之至也。安則物之感我者輕，和則我之應物者順，外輕內順，而生理備矣。吳子，古之靜者也，其觀於物也審矣。是以私識其言，而時省觀焉。

《黃庭內景經》　口爲章　口爲玉池太和宮，漱嚥靈液災不干。體生光華氣香蘭，卻滅百邪玉煉顏。審能修之登廣寒，晝夜不寐乃成真，雷鳴電激神泯泯。

黃庭章　黃庭內人服錦衣，紫華飛裙雲氣羅，丹青綠條翠靈柯。七蕤玉籥閉兩扉，重掩金關密樞機。玄泉幽闕高崔巍，三田之中精氣微，嬌女窈窕翳霄暉。重堂煥煥揚八威，天庭地關列釜斤，靈台盤固永不衰。

中池章　中池內神服赤珠，丹錦雲袍帶虎符。橫津三寸靈所居，隱芝翳鬱自相扶。

天中章　天中之嶽精謹修，靈宅既清玉帝遊。通利道路無終休，眉號華蓋覆明珠。九幽日月洞空無，宅中有真常衣丹。審能見之無疾患，赤珠靈裙華蒨粲。舌下玄膺生死岸，出青入玄二炁煥，子若遇之昇天漢。

至道章　至道不煩決存真，泥丸百節皆有神。髮神蒼華字太元，腦神精根字泥丸，眼神明上字英玄，鼻神玉壟字靈堅，耳神空閑字幽田，舌神通命字正倫，齒神崿峰字羅千。一面之神宗泥丸，泥丸九真皆有房，方圓一寸處此中。同服紫衣飛羅裳，但思一部壽無窮。非各別住居腦中，列位次坐向外方，所存在心自相當。

心神章　心神丹元字守靈，肺神皓華字虛成。肝神龍煙字含明，翳鬱導煙主濁清。腎神玄冥字育嬰，脾神常在字魂停，膽神龍曜字威明。六腑五臟神體精，皆在心內運天經，晝夜存之自長生。

肺部章　肺部之宮似華蓋，下有童子坐玉闕。七元之子主調氣，外應中嶽鼻齊位，素錦衣裳黃雲帶。喘息呼吸體不快，急存白元和六氣。神仙久視無災害，用之不已形不滯。

心部章　心部之宮蓮含華，下有童子丹元家，主適寒熱榮衛和。丹錦飛裳披玉羅，金鈴朱帶坐婆娑。調血理命身不枯，外應口舌吐五華，臨絕呼之亦登蘇，久久行之飛太霞。

肝部章　肝部之宮翠重裏，下有青童神公子，主諸關鍵聰明始。青錦披裳佩玉鈴，和制魂魄精液平，外應眼目日月精。百痾所鐘存無英，同用七日自充盈。垂絕念神死復生，攝魂還魄永無傾。

腎部章　腎部之宮玄闕圓，中有童子冥上玄。主諸六府九液源，外應兩耳百液津。蒼錦雲衣舞龍幡，上致明霞日月煙。百病千災急當存，兩部水王對生門，使人長生昇九天。

脾部章　脾部之宮屬戊己，中有明童黃裳裏，消穀散氣攝牙齒。是爲太倉兩明童，坐在金臺城九重，方圓一寸命門中。主調百穀五味香，辟卻虛羸無病傷，外應尺宅氣色芳。光華所生以表明，黃錦玉衣帶虎章。注念三老子輕翔，長生高仙遠死殃。

膽部章　膽部之宮六腑精，中有童子曜威明。雷電八振揚玉旌，龍旂橫天擲火鈴。主諸氣力攝虎兵，外應眼童鼻柱間，腦髮相扶亦俱鮮。九色錦衣

綠華裙，佩金帶玉龍虎文。能存威明乘慶雲，役使萬神朝三元。

脾長章　脾長一尺掩太倉，中部老君治明堂。厥字靈元名混康，治人百病消穀糧。黄衣紫帶龍虎章，長精益命賴君王。三呼我名神自通，三老同坐各有朋。或精或胎别執方，桃孩合延生華芒，男女徊九有桃康。道父道母對相望，師父師母丹玄鄉。可用存思登虚空，殊途一會歸要終。閉塞三關握固停，含漱金醴吞玉英。遂至不饑三蟲亡，心意常和致欣昌。五嶽之雲氣彭亨，保灌玉盧以自償，五彩完堅無災殃。

心典章　心典一體五藏王，動静念之道德行。清潔善氣自明光，坐起吾俱共棟樑。晝日曜景暮閉藏，通利華精調陰陽。

經歷章　經歷六合隱卯酉，兩腎之神主延壽，轉降適斗藏初九。知雄守雌可無老，知白守黑見坐守。

肝氣章　肝氣鬱勃清且長，羅列六府生三光。心精意專内不傾，上合三焦下玉漿。玄液雲行去臭香，治蕩髮齒煉五方，取津玄膺入明堂，下溉喉嚨神明通。坐待華蓋遊貴京，飄飄三清席清涼。五色雲氣紛青葱，閉目内眄自相望，使諸心神還自崇。七玄英華開命門，通利天道存玄根。百二十年猶可還，過此守道誠甚難，唯待九轉八瓊丹，要復精思存七元。日月之華救老殘，肝氣周流終無端。

肺之章　肺之爲氣三焦起，視聽幽冥候童子，調理五華精髮齒。三十六嚥玉池裏，開通百脈血液始。顔色生光金玉澤，齒堅髮黑不知白。存此真神勿落落，當憶紫宫有座席，衆神合會轉相索。

《太上黄庭外景玉經·東華玉篇》　太上閑居作七言，解説身形及諸神。上有黄庭下關元，後有幽闕前命門。呼吸廬間入丹田，玉池清水灌靈根，審能修之可長存。黄庭中人衣朱衣，關門壯籥合兩扉。幽闕俠之高巍巍，丹田之中精炁微。玉池清水上生肥，靈根堅固老不衰。中池有士衣赤衣，田下三寸神所居。中外相距重閉之，神廬之中當修理。玄膺炁管受精符，急固子精以自持。宅中有士常衣絳，子能見之可不病。横立長尺約其上，子能守之可無恙。呼噏廬間以自償，保守完堅身受慶。方寸之中謹蓋藏，精神還歸老復壯。俠以幽闕流下竟，養子玉樹令可壯。至道不煩無旁午，靈臺通天臨中野。方寸之中至關下，玉房之中神門戶，皆是公子教我者。明堂四達法海源，真人子丹當吾前，三關之中精氣深，子欲不死修崐崘。絳宫重樓十二級，宫室之中五炁集。赤城之子中池立，下有長城玄谷邑。長生要妙房中急，棄損淫慾專守精，寸田尺宅可理生。繫子長留心安寧，觀志遊神三奇靈。閑暇無事心太平，常存玉房神明達，時念太倉不飢渴，役使六丁神女謁，閉子精路可長活。正室之中神所居，洗身自理無敢汚。歷觀五臟視節度，六腑修治潔如素，虚無自然道之故。物有自然事不煩，垂拱無爲身體安，虚無之居在幃間。寂寞曠然口不言，恬淡無欲遊德園。清淨香潔玉女存，修備明達道之門。

《許真君石函記·藥母論》　夫丹道者，非人間五金、八石、朱砂、水銀之所爲也。是無形合虚，曠成虚無，是謂眞虚。眞虚之體，還丹之基，大藥之母。大藥之母何形容，形容體貌緣何質？質者混成中有物。有物來居象帝先，象先眞虚合自然。眞虚自然合色象，色象之因神運轉。運轉眞虚虚不空，不空之妙有神通。通神神化神色黑，黑者玄元藏道德。道藏玄德大淵深，深廣淵源號北溟。北溟廣大生浩浩，浩浩無邊無極道。無極大道道生一，一極高明先天得。先天故爲元始精，六百萬歲道生成。生成道緣宗祖，能生萬象爲丹母。母鉛黑，母鉛黑時緣何得，黑成水六元居北。上應星辰主化育，下生鉛精含五色。色化青黄白赤黑，黑者玄元是水基。水者道樞其數一，一者，坎中眞一之氣，符合恍惚杳冥，相須相將，象龍須臾象虎。虎龍之初，夫何有乎？陰陽感激，無形合虚，虚生於有，有生於無。無爲之始，有爲之母。四象之首，五行之初，丹砂之樞紐也。樞紐者，水火二氣相交也，水火相爍也，陰陽相勝也。何以明乎？畧試之。且壷中日月，是水火之氣。水氣潤下，火氣炎上。上降下升，相交相迎，相迎相接，水激火滅，火滅爲土，土能生金，金能生水，金水相生，遞相含孕。滋金而益水，水而滋金。金水相符，潤澤肌膚，肌如瓊酥。素眞玉華，延遐無價。無價眞珠，丹砂形軀，夫何有乎？無質生質，水火相滋。二氣相須，無形合虚。合虚之體，體用一斤之數。數分兩弦，覆仰兩圓。論未合之先，先定上下，上弦數得八，下弦數亦八，以二八合上下，得乾坤之體。乾坤體一斤，丹道正不傾。剛柔有表里，金水分兩停。陰陽有輕重，有無互相用。互用展三才，乾坤合體哉。乾卦象天，覆者也，三畫體連。坤卦象地，仰者也，六斷通氣。氣通往來，三連通開，交開六斷。乾卦三變坤卦三變。乾連坤斷，斷續連開，黑白往來，大哉黑白。陽種陰栽，栽培育種，種出黄芽。黄芽生汞，汞吐三華，汞結成砂，砂如金粟，

一粒一服。服食百日，改形換骨。骨變金石，形神相得。形神俱妙，壽無窮極。金砂聖德，無質生質。質生於無，卦爻相符。符合震兑，坎離交會。四象虚無，不可畫圖。元精難覩，無形合虚。無形之形，虚化之化。化丹砂者，自然也。丹砂化生於自然者，妙用也。妙者，少女。少女屬於兑方，金母居金父之位，長養堤防者也。長者，一也。養者，四也。長養金水也。金水乃四一，三日配庚，庚生兑戸，兑生乾父。乾者，金之父也。金體以水火爲基，火盛消金，金化爲水，和融周章。其水北轉而東流，滋震木之蒼蒼，生角亢之龍光。東方之宿，荷南方之熒惑。爍奎婁之氣，整庚辛之位。位應西方，太白金堂。金堂虎房，調理陰陽。陰含陽房，昭明日所，赫赫神方。紫華鬱鬱光輝輝日，日耀玄空，光明相通。上下貫通三才，水火發爲寒暑。火升水降，同日月之往來。水火隨日月不虧明，砂汞與鉛銀同一種。一種靈苗神異藥，黄芽一鼎分二八。二十四鼎始華池，終則神靈生白雪。神符白雪能返魂，下士聞之生謗瞋。爲何因？既死如何得返魂？既死永休魂魄散，魄散魂消何處尋？徐福經年採藥去，仙草靈芝無覔處。蓬萊仙草既無形，且道返魂何所據？我今説汝返魂藥，返魂須是天魂魄。此是人魂正祖宗，返魂再活死形容。迴體再活復如故，再生人世何法度。其法度，所生元胎魂父母，父母元胎不可論。浩浩生生萬種魂，種於稼穡孕生胎。胎卵濕化生中，或人或獸或禽蟲。人獸禽蟲皆禀性，性命相連魂擊命。魂是金精作命基，命基養性魂相隨。性命相連擊魂魄，魄屬杳冥魂恍惚。恍惚窈冥二氣精，能生萬象合乾坤。乾坤大哉合門戸，易藴乾坤合烏兔。烏精兔髓與魄魂，根蒂相連屬性命。煉魂煆魄作神丹，攝召魂靈能返還。不是神符并白雪，一鼎丹砂效也難。一鼎丹砂可服食，久服回陽能換骨。回陽換骨作眞仙，須是神符并白雪。大哉神符眞白雪，返魂再活生徐甲。此是玄元至妙門，小法傍門定不能。傍門小法術雖衆，不能勝極眞鉛汞。眞鉛眞汞眞龍虎，龍虎輝光似盤古。始青之下虎爭明，奪神光兮分黄青。龍虎精光兩相射，採入蓬壺金世界。中有留光聚寶臺，寶華圓滿光明開。光皎潔，五色紅璃籠寶月。忽然寶月罩紅璃，互相籠罩光相結。水火交纏混日月，日月合壁如連環。五星連珠貫五行，貫穿五行不散失，自然水火生神物。神物異，南極老人星呈瑞。星呈瑞，神助太陽生紫氣。紫氣如烟直上騰，上衝華蓋鼎中心。鼎中盤結如霜雪，上降下升相交接。交接相連互枝柱，玲瓏狀如珊瑚樹。珊瑚散索枝零落，陽剛漸長陰弱剥。剥盡羣陰陽氣加，丹成九轉結紫華。紫華光里撮金華，撮得精英五帝華。彩霞精，分五名，朝霞明，暮霞神，落霞靈，飛霞降，火霞迎，迎霞嫁，嫁還家。家生五福眞貴霞，妙靈砂；吉祥萬瑞大亨霞，廣靈砂；嘉瑞衆尊拱龍霞，紫靈砂，普濟羣仙萬歲霞，萬靈砂；點石爲金如意霞，寶靈砂。五霞五石五靈砂，太上玄元聖祖加，加爲五鼎紫神砂。二十四鼎分五鼎，加添水火煉成砂。歲月連連相接接，十二神符九白雪。轉轉增添加日月，日月增添水火加。陰符陽符不可差，不差不兑不改變。白雪九年重入轉，砂入转砂神力加，神符神藥藥變化。藥屬陰陽，陰陽屬卦。卦火相扶，陰陽相駕。陰陽推遷，整續無暇。整爻續卦，隨爻變化。往來不定，上中與下。八千六百四十卦，乾坤坎離計四卦。離卦火升上，坎卦水潤下。坎離水火相驅駕，相驅相駕火隨卦。卦火虧盈還本源，返本還源源又年。又年又月月又日，日合元符火記曆。火合元符記不差，火華疊疊累精華。至神至聖至靈至極不可加，其福無量無邊至極不可加，廣大神通靈變至極不可加。三不加，此是玄元聖祖砂。三鼎砂，六年紫靈砂，七年紫壽砂，八年紫金砂。上品上藥，藥靈紫篆，神藥、神符，自天降地，隨宜化質，鬱鬱神祥，萬瑞萬靈，至尊至德，變化不窮不可加。曾將一粒變天涯，既能濟命復齊家。人能聞早勤修煉，上帝邀君升大羅。

藥物是非論　夫乾坤交媾，萬物化生。乾而不元，元而不亨，亨而不利，利而不貞，則違天背源，陽無所施，陰無以萌。故上不降而下不升，天不氲而地不氳，既失沖和之造，萬物何從而生哉？是謂藥不正而違天，火不合而背源。火雖動而天符不應，靈不降則魂以飛揚，藥不正則風雲不濟，虎無形則杳絶龍光，且丹砂何從而生哉？是知丹須藥化，藥自丹生。《金碧經》云：殼爲金精水還黄液者，藥之化也。藥化則火動，華浮逈然。獨異母，舍彼生，涌成黄液，是太陽之精氣，號曰流珠。流珠即流汞也。日魂欲降，如露華滴珠，聚而爲水，流而爲液，凝而堅冰，結霜玲瓏，珊瑚屈曲，華英桂樹，寄名偃月靈芝，結成大寶珠，火運三光，靈輝照夜，此是陰陽相濟，巽艮還坤。陽往陰來，明消生暗。明暗者，九盡也。九盡則陽光漸亮，神府藏輝，光曜隱明，靈砂伏體。生暗者，六生也。六生爲陰符之始，六二晦己，六三壬癸，圓歸黑體，此乃乾坤終始，象逐爻生，神變靈通，藥之化也。自然招霞攝彩，聚景生靈，引赫赫之日苗，孕圓明之神藥。招符造化，虎瑞龍祥，五音互奏。瑤光結

琥珀金膏，六律遞遷丹砂，點紅瑠瑪瑙。火虛明而經陰陽，出入二分，則金盛水榮，鋪舒藥化。藥化者，是朱雀調運，化得甲乙而滋丙丁，滋養朱雞。雞屬西位，化兑方而爲金。金生於水，配合壬癸。水生於金，氣稟庚辛。金水相生，自相含孕，在母胎中曰金胎水母。水火消爍，或沉或浮。浮者砂汞白，沉者水鉛黑。浮沉不定，杳難窮測。太上曰：視之不見，聽之不聞。潛藏造化，拘逐時分。時分謂子午卯酉也。復子則魚鱗狎獵，姤午則馬齒如霜，壯卯則琅玕鍾乳，觀酉則羽翮摧傷，剥戌則有似犬牙，坤亥則陰生陽化。夫坤生震兑乾，乾生巽艮坤。且乾納壬甲，坎懷六戊，艮合六丙，震照六庚，巽成六辛，離藏六己，坤包乙癸，兑感六丁。八卦從乾變，十干合天元。東方甲乙木者，青龍也，位角、亢、氐、房、心、尾、箕七宿，其形如龍，在於東方，故曰青龍也。南方丙丁火者，朱雀也，位井、鬼、柳、星、張、翼、軫七宿，其形如鶉鳥，在於南方，故曰朱雀也。西方庚辛金者，白虎也，位奎、婁、胃、昴、畢、觜、參七宿，其形如虎，在西方，故曰白虎也。北方壬癸水者，玄武也，位斗、牛、女、虛、危、室、壁七宿，有龜蛇之體，在北方，故曰玄武也。八卦乾成象，四七運神功。考日躔南北，月度西東。運移隨斗轉，變化在其中。中有靈砂鼎，乾成水銀粉。點汞作黄金，何啻千萬鋌。濟世不爲多，未足爲神聖。服餌作飛仙，白日昇青天。超出三界外，不被五行牽。我命方在我，永脱幽冥苦。若非大還丹，誰免歸泉路。吾不敢虛説，學者當自悟。盡述三才理，乾坤盡終始。砂汞與鉛銀，情性本同根。會得聖人意，造作黄金匱。産出夜明砂，丹砂號如意。煉成無價珠，壽命同天地。得其理者，須當愛敬；覽此文者，與君證性。學者味而詳之，作丹房之明鏡。

《劉子·清神》 形者生之器也，心者形之主也，神者心之寶也，故神靜而心和，心和而形全。神躁則心蕩，心蕩則形傷。將全其形，先在理神。故恬和養神，則自安於内。清虛棲心，則不誘於外。神恬心清，則形無累矣。虛室生白，吉祥至矣。人不照於鑠金而照於瑩鏡者，以瑩能明也。不鑑於流波而鑑於静水者，以静能清也。鏡水以明清之性，故能形物之形。由此觀之，神照則垢滅，形静則神清。垢滅則内慾永盡，神清則外累不入。今清歌奏而心樂，悲聲發而心哀，神居體而遇感推移。以此而言之，則情之變動，自外至也。夫一哀一樂，猶搴正性，況萬物之衆而能拔擢以清心神哉！故萬人彎弧，以向一鵠，鵠能無中乎？萬物眩曜，以惑一生，生能無傷乎？七竅者，精神之户牖也。志氣者，五臟之使候也。耳目之於聲色，鼻口之於芳味，肌體之於安適，其情一也。七竅紛於視聽，則精神馳騖而不守。志氣縻於趣捨，則五臟滔蕩而不安。嗜慾連綿於外，心腑壅塞於内。蔓衍於荒淫之波，留連於是非之境，而不敗德傷生者，蓋亦寡矣。是以聖人清目而不視，静耳而不聽，閉口而不言，棄心而不慮。貴身而忘賤，故尊勢不能動，樂道而忘貧，故厚利不能傾。容身而處，適情而游，一氣浩然，純白於衷。故形不養而性自全，心不勞而道自至也。

《劉子·防慾》 人之稟氣，必有性情。性之所感者情也，情之所安者慾也。情出於性而情違性，慾由於情而慾害情。情之傷性，性之妨情，猶煙冰之與水火也。煙生於火而煙鬱火，冰出於水而冰遏水。故煙微而火盛，冰泮而水通。性貞則情銷，情熾則性滅。是以珠瑩則塵埃不能附，性明則情慾不能染也。故林之性静，所以動者，風摇之也。水之性清，所以濁者，土渾之也。人之性貞，所以邪者，慾眩之也。身之有慾，如樹之有蝎。樹抱蝎則還自鑿，身抱慾而返自害。故蝎盛則木拆，慾熾則身亡。將收情慾，先斂五關。五關者，情慾之路，嗜好之府也。目愛綵色，命曰伐性之斤。耳樂淫聲，命曰攻心之鼓。口貪滋味，命曰燻喉之煙。身安輿駟，命曰召蹷之機。此五者，所以養生，亦以傷生。耳目之於聲色，鼻口之於芳味，肌體之於安適，其情一也。然亦以之死，亦以之生，或爲賢智，或爲庸愚，由於處之異也。譬由愚者之養魚鳥也，見天之寒，則納魚於温湯之中，而棲鳥於火林之上。水木者，所以養魚鳥也，餐之失理，必至燋爛。聲色芳味，所以悦人，悦之過理，還以害生。故明者刳情以遣累，約慾以守貞。食足以充虛接氣，衣足以蓋形禦寒。處於止足之泉，立於無害之岸，此全性之道也。夫蜂蠆螫指，則窮日煩擾。蚊蟲噆膚，則通宵失寐。蚊蜂小害，指膚外疾。人入山，則避蜂蠆。入室則驅蚊虻。何者？以其害於體也。嗜慾攻心，正性顛倒，嗜慾大害，攻心内疾，方於指膚，亦以多也。外疾之害，輕於秋毫，人知避之。内疾之害，重於泰山，而莫之避。是棄輕患而負重害，不亦倒乎？人有牛馬，放逸不歸，必知收之。情慾放逸，而不知收之，不亦惑乎？將收情慾，必在危微。情慾之萌，如木之將蘖，火之始熒，手可掣而斷，露可滴而滅。及其熾也，結條凌雲，煽熛章華，雖窮力運斤，竭池灌火，而不能禁，其勢盛也。嗜慾之萌，耳目可關，而心意可鑰。至於熾也，雖襞情卷

慾，而不能收，其性敗也。如不能塞情於未形，禁慾於危微，雖求悔吝，其可得乎？

《劉子·去情》 情者是非之主，而利害之根。有是必有非，能利亦能害。是非利害存於衷，而彼此還相礙。故無情以接物，在遇而恒通。有情以接人，觸應而成礙。由此觀之，則情之所處，物之所疑也。是以謀揚譽人，而受譽者不以爲德。市夫强飯，而蒙飽者不以爲惠。嬰兒傷人，而被傷者不以爲怨。侏儒嘲人，而獲嘲者不以爲辱。何者？挾利以爲己，有情於譽飽，雖蒙惠而非德。無情於傷辱，雖獲毁而無憾。魚不畏網而畏鵜，復讎者不怨鏌鍥而怨其人，網無心而鳥有情，劒無情而人有心也。使信士分財，不如投策探鈎。使廉士守藏，不如閉局全封。何者？有心之於平，不若無心之不平也。有慾之於廉，不若無慾之不廉也。今人目若驪珠，心如權衡，評人好醜，雖言得其實，彼必嫌怨。及其自照明鏡，摹刻其容，醜狀既露，則内慙而不怨。向之評者，與鏡無殊。然而向怨而今慙者，以鏡無情而人有心也。三人居室，二人交争，必取信於不争者，以辨彼此之得失。夫不争者未必平，而交争者未必偏。而信於不争者，何也？以争者之心，並挾勝情故也。飄瓦擊人，無心觸己，是以聖人棄智以全真，遣情以接物，不爲名屍，不爲謀府，混然無際，而俗莫能累矣。

《六祖大師法寶壇經·般若定慧》 般若 何名摩訶？摩訶是大。心量廣大，猶如虛空，無有邊畔，亦無方圓大小，亦無青黄赤白，亦無上下長短，亦無嗔無喜，無是無非，無善無惡，無有頭尾，諸佛刹土，盡同虛空。世人妙性本空，無有一法可得。自性真空，亦復如是。善如識！莫聞吾說空，便即著空；第一莫著空，若空心靜坐，即著無記空。

善知識！世界虛空，能含萬物色像，日月星宿，山河大地，泉源溪澗，草木叢林，惡人善人，惡法善法，天堂地獄，一切大海，須彌諸山，總在空中。世人性空亦復如是。善知識！自性能含萬法是大，萬法在諸人性中，若見一切人惡之與善，盡皆不取捨，亦不染著，心如虛空，名之爲大，故曰摩訶。善知識！迷人口說，智者心行。又有迷人，空心靜坐，百無所思，自稱爲大。此一輩人不可與語，爲邪見故。善知識！心量廣大，偏週法界，用即了了分明，應用便知一切，一切即一，一即一切，去來自由，心體無滯，即是般若。

善知識！一切般若智，皆從自性而生，不從外入，莫錯用意，名爲真性自用。一真一切真，心量大事，不行小道。口雖終日說空，心中不修此行。恰似凡人，自稱國王，終不可得，非吾弟子。善知識！何名般若？般若者，唐言智慧也。一切處所，一切時中，念念不愚，常行智慧，即是般若行。一念愚即般若絶，一念智即般若生。世人愚迷，不見般若，口說般若，心中常愚，常自言我修般若，念念說空，不識真空。般若無形相，智慧心即是；若作如是解，即名般若智。

何名波羅蜜？此是西竺語，唐言到彼岸。解義離生滅，著境生滅起，如水有波浪，即名此岸；離境無生滅，如水常通流，即名爲彼岸，故號波羅蜜。善知識！迷人口念，當念之時，惟妄惟非；念念若行，是名真性。悟此法者，是般若法，修此行者，是般若行。不修即凡，一念修行，自身等佛。善知識！凡夫即佛，煩惱即菩提；前念迷即凡夫，後念悟即佛；前念著境即煩惱，後念離境即菩提。

善知識！摩訶般若波羅蜜，最尊最上最第一，無住無往亦無來，三世諸佛從中出。當用大智慧，打破五藴煩惱塵勞。如此修行，定成佛道，變三毒爲戒、定、慧。善知識！我此法門，從一般若，生八萬四千智慧。何以故？爲世人有八萬四千塵勞。若無塵勞，智慧常現，不離自性。悟此法者，即是無念、無憶、無著，不起誑妄。用自真如性，以智慧觀照，於一切法，不取不捨，即是見性成佛道。善知識！若欲入甚深法界及般若三昧者，須修般若行，持誦《金剛般若經》，即得見性。當知此功德，無量無邊。經中分明讚歎，莫能具說。此法門是最上乘，爲大智人說，爲上根人說，小根小智人聞，心生不信。何以故？譬如大龍下雨於閻浮堤，城邑聚落悉皆漂流，如漂棗葉；若雨大海不增不減。若大乘人、若最上乘人聞說《金剛經》，心開悟解。故知本性，自有般若之智，自用智慧，常觀照故，不假文字。譬如雨水不從天有，元是龍能興致，令一切衆生，一切草木，有情無情，悉皆蒙潤。百川衆流，卻入大海，合爲一體；衆生本性般若之智，亦復如是。善知識！小根之人，聞此頓教，猶如草木，根性小者，若被大雨，悉皆自倒，不能增長。小根之人，亦復如是，元有般若之智，與大智人更無差別，因何聞法，不自開悟？緣邪見障重，煩惱根深。猶如大雲，覆蓋於日，不得風吹，日光不現。般若之智，亦無大小，爲一切衆生，自心迷悟不同。迷心外見，修行覓佛，未悟自性，即是小根。若開悟頓教，不執外修，但於自心，常起正見，煩惱塵勞，常不能染，

即是見性。

善知識！內外不住，去來自由，能除執心，通達無礙。能修此行，與《般若經》本無差別。善知識！一切修多羅及諸文字，皆因人置，因智慧性，方能建立。若無世人，一切萬法，本自不有。故知萬法，本自人興，一切經書，因人說有。緣其人中有愚有智，愚爲小人，智爲大人，愚者問於智人，智者與愚人說法，愚人忽悟解心開，即與智人無別。善知識！不悟即佛是眾生，一念悟時眾生是佛。故知萬法盡在自心，何不從自心中，頓見真如本性？《菩薩戒經》云：我本元自性清淨，若識自心見性，皆成佛道。《淨名經》云：即時豁然，還得本心。

善知識！我於忍和尚處，一聞言下便悟，頓見真如本性，是以將此教法流行，令學道者頓悟菩提，各自觀心，自見本性。若自不悟，須覓大善知識，解最上乘法者，直示正路。是善知識，有大因緣，所謂化導令得見性，一切善法，因善知識能發起故；三世諸佛，十二部經，在人性中本自具有，不能自悟，須求善知識指示方見。若自悟者，不假外求；若一向嚮執謂須要他善知識，方得解脫者，無有是處。何以故？自心內有知識自悟。若起邪迷，妄念顛倒，外善知識雖有教授，救不要可得；若起正真般若觀照，一剎那間，妄念俱滅。識自夲性，一悟即至佛地。善知識！智慧觀昭，內外明徹，識自本心。若識本心，即本解脫；若得解脫，即是般若三昧。般若三昧，即是無念。何名無念？若見一切法，心不染著，是爲無念。用即偏一切處，亦不著一切处。但净本心，使六識出六門，於六塵中無染無雜，來去自由，通用無滯，即是般若三昧，自在解脫，名無念行。若百不思，常令念絕，即是法縛，即名邊見。善知識！悟無念法者，萬法盡通，悟無念法者，見諸佛界；悟無念法者，至佛地位。

定慧

諸學道人，莫言先定發慧，慧定各別作此見者，法有二相，口說善語，心中不善，空有定慧，定慧不等；若心口俱善，內外一如，定慧即等。自悟修行，不在於諍，若諍先後，即同迷人，不斷勝負，卻增我法，不離四相。善知識！定慧猶如何等？猶如燈光，有燈即光，無燈即暗；燈是光之體，光是燈之用，名雖有二，體本同一，此定慧法，亦復如是。祖示衆云善知識！一行三昧者，於一切處行住坐臥，常行一直心是心。如《净名經》云：直心是道聲，直心是净土。莫心行諂曲，口但說直，口說一行三昧，不行直心。但行直心，於一切法勿有執著。迷人著法相，執一行三昧，直言常坐不動，妄不起心，即是一行三昧。作此解者，即同無情，卻是障道因緣。祖示眾云：善知識！道須通流，何以卻滯？心不住法，道即通流；心若住法，名爲自縛。若言常坐不動是，只如舍得弗宴坐林中，卻被維摩詰訶。善知識！又有人教坐，看心觀靜，不動不起，從此置功。迷人不會，便執成顛，如此者衆。如是相教，故知大錯。

祖示衆云：善知識！本來正教，無有頓漸，人性自有利鈍。迷人漸修，悟人頓契；所以立頓、漸之假名。自識本心，自見本性，即無差別，善知識！我此法門，從上以來，先立無念爲宗，無相爲體，無住爲本。無相者，相而離相；無念者，念而無念；無住者，人之本性。於世間善惡好醜，乃至冤之與親，言語觸刺欺爭之時，並將爲空，不思酬害，念念之中，不思前境。若前念、今念、後念，念念相續不斷，名爲系縛；於諸法上念念不住，即無縛也。此是以無住爲本。善知識！外離一切相，名爲無相，能離於相，即法體清淨。此是以無相爲體。善知識！於諸境上心不染，曰無念。於自念上，常離諸境，不於境上生心；若執百物不思，念盡除卻，一念絕即死，別處受生，是爲大錯。學道者思之，若不識法意，自錯猶可，更誤他人，自迷不見，又謗佛經。所以立無念爲宗。善知識！云何立無念爲宗？只緣口說見性，迷人於境上有念，念上便起邪見，一切塵勞忘想從此而生；自性本無一法可得，若有所得，妄說禍福，即是塵勞邪見，故此法門立無念無爲宗。善知識！無者無何事？念者念何物？無者無二相，無諸塵勞之心，念者念真如本性。真如即是念之體，念即是真如之用。真如自性起念，非眼耳鼻舌能念；真如有性所以起念，真如若無，眼、耳、色、聲當時即壞。善知識！真如自性起念，六根雖有見聞覺知，不染萬境，而真性常自在。故經云：能善分別諸法相，於第一義而不動。

《坐忘論・道法七條》 夫人之所貴者生，生之所貴者道。人之有道，若魚之有水。涸轍之魚，猶希鬥水，弱喪之俗，無情造道。惡生死之苦，樂生死之業。重道德之名，輕道德之行；審惟倒置，何甚如之。窮而思通，迷而思復，寸陰如璧，愧歎交深。是以恭尋經旨，而與心法相應者，略成七條，以爲修道階次。

敬信　夫信者道之根，敬者德之蒂。根深則道可長，蒂固則德可茂。然則，璧耀連城之彩，卞和致刖；言開保國之效，伍子從誅。斯乃形器著而心緒迷，理事萌而情思忽。況至道超於色味，真性隔於可欲，而能聞希微以懸信，聽罔象而不惑者哉！如人聞坐忘之言，信是修道之要。敬仰、尊重、決定無疑者，加之勤行，得道必矣！故《莊》云：隳文體，黜聰明，離形去智，同於大通，是謂坐忘。夫坐忘者，何所不忘哉？內不覺其一身，外不知乎宇宙，與道冥一，萬慮皆遺。莊云：同於大通。此則言淺而意深，惑者聞則不信，懷寶求寶其如之何？經云：信不足焉有不信。謂信道之心不足，乃有不信之禍及之，何道之可望乎？

斷緣　斷緣者，斷有爲俗事之緣也。棄事則形不勞，無爲則心自安，恬簡日就，塵累日薄，迹彌遠俗，心彌近道，至聖至神，孰不由此乎？經云：塞其兌，閉其門，終身不勤。或顯德露能，求人保己；或遺問慶吊，以事往還；或假修隱逸，情希昇進；或酒食邀至，以望後恩。斯乃巧蘊機心，以幹時利，即非順道，深妨正業。凡此類例，皆應絕之。經云：開其兌，濟其事，終身不救。我但不唱，彼自不和，彼雖有唱，我不和之。舊緣漸斷，新緣莫結，醴交勢合，自致日疏，無事安閑，方可修道。《莊》云：不將不迎，無爲交俗之情。又云：無爲謀府，無爲事任，無爲知主。若事有不可廢者，不得已而行之，勿遂生愛，繫心爲業。

收心　夫心者，一身之主，百神之師。靜則生慧，動則成昏。欣迷幻境之中，唯言實是；甘宴有爲之內，誰悟虛非？心識顛癡，良由所托之地。且卜鄰而居，猶從改操；擇交而友，尚能致益。況身離生死之境，心居至道之中，能不捨彼乎？安不得此乎？所以學道之初，要須安坐，收心離境，住無所有。因住無所有，不著一物，自入虛無，心乃合道。經云：至道之中，寂無所有，神用無方，心體亦然。原其心體，以道爲本，但爲心神被染，蒙蔽漸深，流浪日久，遂與道隔。若净除心垢，開識神本，名曰修道。無復流浪，與道冥合，安在道中，名曰歸根。守根不離，名曰靜定。靜定日久，病消命復。復而又續，自得知常，知則無所不明，常則無所變滅，出離生死，實由於此。是故法道安心，貴無所著。經云：夫物芸芸，各歸其根。歸根曰靜，靜曰復命，復命曰常，知常曰明。若執心住空，還是有所，非謂無所。凡住有所，則令心勞，既不合理，又反成病。但心不著物，又得不動，此是真定正基。

用此爲定，心氣調和，久益輕爽，以此爲驗，則邪正可知矣。若心起皆滅，不簡是非，則永斷覺知，入於盲定。若任心所起，一無收制，則與凡夫元來不別。若住斷善惡，心無指歸，肆意浮游，待自定者，徒自誤爾。若偏行諸事，言心無所染者，於言甚善，於行極非，真學之流，特宜誡此。今則息亂而不滅照，守靜而不著空，行之有常，自得真見。如有時事或法要有疑者，且任思量，令事得濟，所疑復悟，此亦生慧正根，悟已則止。必莫有思，思則以智害恬，爲子傷本，雖騁一時之俊，終虧萬代之業。若煩邪亂想，隨覺則除。若聞毀譽之名、善惡等事，皆即撥去，莫將心受，受之則心滿，心滿則道無所居。所有聞見，如不聞見，即是非善惡不入於心。心不受外，名曰虛心；心不逐外，名曰安心。心安而虛，道自來居。經云：人能虛心無爲，非欲於道，道自歸之。內心既無所著，外行亦無所爲。非净非穢，故毀譽無從生；非智非愚，故利害無由撓。實則順中爲常，權則與時消息，苟免諸累，是其智也。若非時非事，役思強爲者，自云不著，終非真學。何耶？心法如眼也。纖毫入眼，眼則不安，小事關心，心必動亂。既有動病，難入定門。是故修道之要，急在除病，病若不除，終難得定。有如良田，荆棘未誅，雖下種子，嘉苗不茂。愛見思慮，是心荆棘，若不除翦，定慧不生。或身居富貴，或學備經史，言則慈儉，行則貪殘，辯足以飾非，勢足以威物，得則名己，過則尤人，此病最深，雖學無益，所以然者，爲自是故。然此心猶來依境，未慣獨立，乍無所託，難以自安。縱得暫安，還復散亂，隨起隨制，務令不動，久久調熟，自得安閑。無問晝夜，行住坐臥及應事之時，常須作意安之。若心得定，即須安養，莫有惱觸，少得定分，即堪自樂，漸漸馴狎，惟益清遠。平生所愛，已嫌蔽陋。況因定生慧，深達真假乎！且牛馬，家畜也，放縱不收，猶自生梗，不受駕馭。鷹鸇，野鳥也，爲人羈絆，終日在手，自然調熟。況心之放逸，縱任不收，唯益麤疎，何能觀妙？經云：雖有拱璧，以先駟馬，不如坐進此道。夫法之妙用也，其在能行，不在能言。行之則斯言爲當，不行則斯言如妄。又時人所學，貴難而賤易。若論法要，廣說虛無，思慮所莫能達，行用所莫能階者，則歎不可思議，而下風盡禮。如其信言不美，指事直說，聞則心解，言則可行者，此實不可思議。而人翻以爲淺近，而輕忽不信。經云：吾言甚易知，甚易行，天下莫能知，莫能行，夫惟無知是以不我知，又有言火不熱，燈不照暗，稱爲妙義。夫火以熱爲用，燈以照暗爲功，今則盛談火不熱，未嘗一時廢

火；燈不照闇，必須終夜然燈。言行相違，理實無取，此即破相之言，而人反以爲深玄之妙。雖惠子宏辯，莊生以爲不堪。膚受之流，誰能斷簡。至學之士，庶不留心。或曰：夫爲大道者，在物而心不染，處動而神不亂，無事而不爲，無時而不寂。今獨避事而取安，離動而求定，勞於控制，乃有動靜二心，滯於住守，是成取捨兩病，都未覺其所執，而謂道之階要，何其謬邪？答曰：總物而稱，大道物之。謂道在物而不染，處事而不亂，真爲大矣，實爲妙矣！然謂吾子之鑒，有所未明，何耶？徒見貝錦之輝煥，未曉始抽之素絲；才聞鳴鶴之衝天，詎識先資於鷇食。蔽日之幹，起於毫末，神疑至聖，積習而成。今徒學語其聖德，而不知聖之所以德，可謂見卵而求時夜，見彈而求鴞炙，何其造次哉！故經云：玄德深矣，遠矣，與物反矣，然後乃至大順。

簡事　夫人之生也，必營於事物，事物稱萬，不獨委於一人。巢林一枝，鳥見遺於叢泊；飲河滿腹，獸不恡於洪波。外求諸物，内明諸己。知生之有分，不務分之所無；識事之有當，不任事之非當。任非當則傷於智力，務過分則弊於形神。身且不安，何能及道？是以修道之人，莫若斷簡事物，知其閑要，較量輕重，識其去取，非要非重，皆應絕之。猶人食有酒肉，衣有羅綺，身有名位，財有金玉，此並情慾之餘好，非益生之良藥，衆皆徇之，自致亡敗。靜而思之，何迷之甚！莊云：達生之情者，不務生之所無，以爲生之所無。以爲者，分外物也。蔬食弊衣，足養性命，豈待酒肉羅綺，然後生全哉！是故於生無所要用者，並須去之；於生之用有餘者，亦須捨之。則有害氣，積則傷人，雖少偤累，而況多乎！以隋珠而彈千仞之雀，人猶笑之，況背道德、忽性命而從非要，以自促伐者乎！夫以名位比道德，則名位假而賤，道德真而貴。能知貴賤，應須去取，不以名害身，不以位易志。《莊》云：行名失己，非士也。《西昇經》云：抱元守一，過度神仙。子未能守，但坐榮官。若不簡擇，觸事皆爲，心勞、智昏，修道事闕。若處事安閑，在物無累者，自屬證成之人。若實未成而言無累者，誠自誑耳。

真觀　夫真觀者，智士之先鑒，能人之善察，究儻來之禍福，詳動靜之吉兇。得見機前，因之造適，深祈衛足，竊務全生，自始至末，行無遺累，理不違此者，謂之真觀。然一餐一寢，俱爲損益之源；一行一言，堪成禍福之本。雖作巧持其末，不如拙誠其本。觀本知末，又非躁競之情。是故收心簡事，日損有爲，體靜心閑，方可觀妙。經云：常無欲以觀其妙。然修道之身，必資衣食。事有不可廢，物有不可棄者，當須虚襟而受之，明目而當之，勿以爲妨心生煩躁者。因事煩躁者，心病已動，何名安心？夫人事衣食者，我之船舫也，欲渡於海，事資船舫，渡海若訖，理自不留。因何未度，先欲廢捨，衣食虚幻，實不足營，爲出離虚幻，故求衣食。雖有營求之事，莫生得失之心，即有事無事，心常安泰。與物同求而不同貪，與物同得而不同積。不貪故無憂，不積故無失，迹每同人，心常異俗。此實行之宗要，可力爲之。前雖斷簡病有難除者，但依法觀之。若色病重者，當觀染色，都由想爾。想若不生，終無色事。當知色想外空，色心内妄，妄想心空，誰爲色主？經云：色者，想爾，想悉是空，何有色也？又思妖妍美色，甚於狐魅。狐魅媚人，令人厭患，雖身致死，不入惡道，爲厭患故，永離邪婬。妖艷惑人，令人愛著，乃致身死，留戀彌深，爲邪念故，死墮諸趣生地獄中。故經云：今代發心夫妻，死後不得俱生人道。所以者何？爲邪念故。又觀色若定是美，何故魚見深入，鳥見高飛，仙人觀之爲穢濁，賢人喻之爲刀斧？一生之命，七日不食，便至於死；百年無色，翻免夭傷。故知色者，非身心之要，適爲性命之仇賊，何須系著，自取消毀？若見他人爲惡，心生嫌惡者，猶如見人自殺己身，引頸乘取他刀，以自害命。他自爲惡不遺，我當何故引取他惡，以爲己病。又見爲惡者若可嫌，見爲善者亦須惡，何以然耶？同障道故。若貧者亦審觀之，誰與我貧？天地平等，覆載無私，我今貧賤，非天地也；父母生子，欲令富貴，我今貧賤，非父母也；人及鬼神，自救無暇，何能有力，將貧與我？進退尋察，無所從來，乃知我業也，乃知天命也。業由我造，命由天賦，業之與命，猶影響之逐形聲，既不可逃，又不可怨，唯有智者，善而遠之，樂天知命，故不憂，何貧之可苦也？莊云：業入而不可舍，爲自業。故貧病來入，不可舍止。經云：天地不能改其操，陰陽不能回其業。由此言之，故真命也，非假物耳，有何愁焉？又如勇士逢賊，無所畏懼，揮劒當前，羣寇皆潰，功勳一立，榮禄終身。今有貧病，惱亂我身，則寇賊也；我有正心，則勇士也；用智觀察，則揮劒也；惱累消除，則戰勝也；湛然常樂，則榮禄也。凡有苦事，來迫我心，不以此觀而生憂累，則如人逢賊，不立功勳，棄甲背軍，逃亡獲罪，去樂就苦，何可憫焉。若病苦者，當觀此病由，有我身若無我身，患無所託了。經云：及吾無身，吾有何患，次觀於心，亦無真宰，内外求覓，無能

受者，所有計念，從妄心生。然枯形灰心，則萬病俱泯。若惡死者，應思我身是神之舍身，今老病氣力衰微，如屋朽壞不堪居止，自須捨離，別處求安，身死神逝，亦復如是。若戀生惡死，拒違變化，則神識錯亂，失其正業，以此托生，受氣之際，不感清秀，多逢濁辱，蓋下愚貪鄙，實此之由。若當生不悅、順死不惡者，一爲生死理齊，二爲後身成業。若貪愛萬境，一愛一病，一肢有病，猶令舉體不安，況一心萬病，身欲長生，豈可得乎！凡有愛惡，皆是妄不除，以妨見道。是故須捨諸欲，住無所有，徐清有本，然後返觀舊所愛處，自生厭薄。若以合境之心觀境，終身不覺有惡；如將離境之心觀境，方能了見是非。譬如醒人，能觀醉者爲惡，如其自醉，不覺其非。經云：吾本棄俗，厭離世間。又云：耳目聲色，爲子留愆，鼻口所喜，香味是怨。老君厭世棄俗，獨見香味是怨；嗜慾之流，焉知鮑肆爲臭哉！

泰定　夫定者，出俗之極地，致道之初基，習靜之成功，持安之畢事，形如槁木，心若死灰，無感無求，寂泊之至。無心於定，而無所不定，故曰泰定。《莊》云：宇泰定者，發乎天光。宇則心也，天光則發慧也。心爲道之器宇，虛靜至極，則道居而慧生。慧出本性，非適今有，故曰天光。但以貪愛濁亂，遂至昏迷。澡雪柔挺，復歸純靜，本真神識，稍稍自明，非謂今時，別生他慧。慧既生已寶而懷之，勿以多知，而傷於定。非生慧難，慧而不用難。自古忘形者衆，忘名者寡，慧而不用，是忘名也。天下希及之，故爲難。貴能不驕，富能不奢，爲無俗過，故得長守富貴，定而不動。慧而不用，爲無道過，故得深證真常。《莊》云：知道易，而弗言難。知而不言，所以之天；知而言之，所以之人。古之人天而不人，慧能知道，非得道也。人知得慧之利，未知得道之益，因慧以明至理，縱辯以感物情，興心徇事，觸類而長，自云處動，而常寂焉。知寂者，寂以待物乎，此語俱非泰定也。智雖出衆，彌不近道，本期逐鹿，獲兔而歸，所得太微，良由局小。《莊》云：古之治道者，以恬養智。智生而無以智爲也，謂之以智養恬。智與恬交，相養而和，理出其性。恬智則定慧也，和理則道德也。有智不用而安其恬，積而久之，自成道德也。然論此定因，爲而得成，或因觀利而見害，懼禍而息。心，捐捨滌除積習，心熟同歸於定，咸若自然，疾雷破山而不驚，白刃交前而不懼，視名利如過隙，知生死如潰癰，故知用志不分，乃凝於神。心之虛妙，不可思也。夫心之爲物也，即體非有，隨用非無，不馳而速，不召而至，怒則玄石飲羽，怨則朱夏殞霜，縱惡則九幽匪遙，積善則三清何遠，忽來忽往，動寂不能名，時可時否，蓍龜莫能測，其爲調御，豈鹿馬比其難乎？太上老君運常善以度人，昇靈臺而演妙，略三乘之因果，廣萬有之自然，漸之以日損有爲，頓之以證歸無學，喻則張弓鑿矢，法則挫銳解紛。修之有常，習以成性，黜聰隳體，嗒然坐忘，不動於寂，幾微入照。履殊方者，了義無日。遊斯道者，觀妙可期。力少功多，要矣，妙矣！

《老子說五廚經註》　五廚　夫存一炁和泰和，則五藏充滿，五神靜正。五藏充則滋味足，五神靜則嗜慾除。此經是五藏之所取給，如求食於廚，故云五廚爾。

一氣和泰知　一氣者，妙本衝用所謂元氣。衝用在天爲陽和，在地爲陰和，交合爲泰和也。則人之受生，皆資一氣之和，以爲泰和，然後形質具而五常用矣。故老子曰：萬物負陰而抱陽，衝氣以爲和也。則守本者當外絕二受，以全生分，內存一炁，以和泰和，和一而性命全矣。故《老子》曰：專炁致柔，能嬰兒乎。

得一道皆泰　得一者，言內存一炁以養精神，外金形生以爲居泰，則一炁衝用，與身中泰和和也。故云得一。如此則修生養神之道，皆合於泰和矣。《老子》曰：萬物得一以生。

和乃無一和　言人初稟一炁，以和泰和。若存和得一，則和理皆泰，至和既暢，非但無一，亦復無和，不可致詰，如土多地。故《老子》曰：吾不知其名。

玄理同玄際　玄，妙也；理，性也。此言一炁存乎玄際，和理出其性，性修反德而妙暢於和，妙性既和，則與玄同際。故《老子》曰：同謂之玄也。

不以意思意　意者，想愛也。言存一炁以和泰和者，慎勿存想受，以緣境識，當凝神湛照，令杳然空然，使和暢於起念之前，慧發於忘知之後，瞻彼闋者，則吉祥止矣。若以意思意，意想受塵，坐令焚和，焉得生白？故《老子》曰：塞其兑，閉其門，終身不勤。

亦不求無思　但不緣想受，則自發照慧照，慧之發，亦不自知，若知求無思，即涉想受，與彼思意等無差別。《老子》曰：無名之朴，亦將不欲。

意而無有思　內存一氣，但令其虛虛即降和和理自暢，雖則不緣想受納和，強假意名，既非境識所存，是以於思無有。《老子》曰：用其光復歸

其明。

是法如是持　如是內存泰和，泰和之法和暢，則是法皆遣，遣法無住，復何所持，以不持爲持。故云是法如是持也。

莫將心緣心　心者，發慧之質，想受之器也。正受則發慧，邪受則生想。言人若能氣和於中，心正於內，內照清淨，則正慧湛然，鑒明而塵垢不上，淵渟而萬象俱見。見象無主，謂之常心。若以心得心，緣心受染，外存諸法，內無慧照，常心既喪，則和理亦虧矣。故莊子曰：得其心，以其心。得其常心，物何爲最之哉。

還莫住絕緣　夫以心緣心，則受諸受，若正受生慧，自得常心。慧心既常，則於正無受，何等爲緣，既無緣心，亦無緣絕，湛然常寂，何所住乎？《老子》曰：損之又損之，以至於無爲也。

心在莫存心　慧照湛常，則云心存，於絕無住。故曰：莫存，心照既不將而隨迎心緣，則無絕而無住矣。

真則守真淵　真者，謂常心慧照，清淨不雜也。若湛彼慧源，寂無所染，既無知法，亦無緣心，則泰和含真，本不相離，故云守爾。

修理志離志　理者，性也。志者，心有所注也。若絕外境，受此心也，則性受也。言修性者，心有所注。但得偏照，若外塵已絕，境識無注，離形去智，同與大通，性修反初，圓照無滯，內外俱淨，玄之又玄，則離於注想矣。

積睡不符離　上令修性離志，則內外俱寂，無起住心，亦無空心，坐忘行忘，次來次滅，若積聚修習，不能忘泯，起修一念，髮引千鈞，內照既搖，外塵鹹起，則與彼離志，不相符合矣。

志而不修志　若心無所注，則何由漸悟。必因所注，而得定心，故云志也。不修志者，明離志而不積修，忘修而後性定，則寂然圓照。

己業無己知　因心注而慧業清淨，故云己業。內忘諸己，外忘諸物，於慧照心無毫芒用，則於己業自忘知，故云無己知。

諸食氣結氣　夫一炁凝結，以和泰和，和一皆泰，則慧照常湛，令口納滋味，以充五藏，身聚泡沫，載其形，生受體於地，凝濕於水，稟熱於火，恃息於風，四緣結漏，皆非妙質，故緇涅一氣，昏汨泰和，令生想受，則動之弊穢矣。

非諸久定結　言人當令泰和，含一無所想受，守真常湛，則與泰和合體。今以諸食結氣，故非久定結也。

氣歸諸本氣　四緣受識，六染生弊，地水火風，散而歸本，根識既染，則從所受業也。隨取當隨洩

隨取当隨洩　取者，受納也。洩者，發用也。夫想有二受，業有二應。隨所受納，發用其徵。若泰和和一，則一炁全和，致彼虛極，謂之復命。復命得常，謂名正受，正受淨業，能生慧照，慧照湛常，一無所有，則入無間矣。一者則食炁，歸諸四緣，業成則淪於六趣矣。

《黃庭外景玉經註》　老子閑居作七言　老子者，先天地而生，後天地而存。有三十六校，七十二名。及胞李母八十二年而生。故作《黃庭》，以遺後世，運週反覆，道畢自然，得其人，跪而受之，不得其人，萬世勿語也。

解說身形及諸神

老子恬淡自然，週流八極，恍惚莫測，變化無常，自能把符攝籙，總校諸神。道無二家，究備使然。道無二親，常與善人。

上有黃庭下關元

黃庭者，在頭中，明堂、洞房、丹田，此三處是也。兩眉間卻入一寸爲明堂，二寸爲洞房，三寸爲丹田，此三處爲上元一也。黃庭者，兩半於洞房中，共生赤子，則爲真人也。常思之，慎無失。赤子化爲真人，在明堂中，字子丹。故知一者，在明堂一處也。行氣導引，閉目內視，安心定志，混沌無涯，致精上流泥丸，運真人子丹也。明堂中有君臣，後洞房中有父母，丹田中有夫婦。一解云：黃庭者，脾也。長尺餘在太倉之上，臍上三寸，脾爲中主，黃老君中央神也，治在其中矣。關元在臍下三寸，元陽之門，在其前懸精如鏡，明照一身，不休是道。

後有幽闕前命門

幽闕者，兩腎也。如覆杯，卻著脊，去臍三寸，上小下大。又有日月、命門者，及臍下也。

呼吸廬間入丹田

呼吸喘息，氣出爲呼，入爲吸。廬，鼻也。謂吐故納新之要。眉間卻入三寸，爲丹田宮也。謂引氣從鼻入至丹田也。

玉池清水灌靈根

玉池清水，口中津液也。靈根者，舌也。常當啄齒漱液灌溉舌根。

審能修之可長存

令人晝夜修行不懈，可得長生。

黄庭中人衣朱衣

存思脾中有子母，從胃管入脾中，著赤衣。

關門壯籥合兩扉

下丹田之門，籥無妄開也。

幽闕使之高巍巍

兩腎在闕門之門，地官之樓，生氣之府，上通於耳，耳在頭兩邊，故曰巍巍。

丹田之中精氣微

臍下三寸是也，方圓亦三寸。其氣微妙，存之則在，忘之則無，又易失，故曰微。

玉池清水上生肥

玉池，口也。清水，口中津液也。上生肥者，津液會聚舌上，故曰肥也。

靈根堅固老不衰

靈根者，舌根也。常卷舌根，啄齒行之，勿令舌根凋燥，常存其神，久壽不衰。

中池有士衣赤衣

常存思心中，赤子著赤綾絳衣，居丹田。吉凶緩急，可驅使也。

田下三寸神所居

謂脾也，在下。胃，上焦，下有臍中。靈根，神所居也。

中外相距重閉之

令人閉精自守勿妄施，若閉以金關玉籥也。

神廬之中當修理

神廬爲鼻，鼻中毛，常須修理除去之。行氣鼻中，除邪惡也。

懸膺氣管受精符

舌下爲精符，喉嚨爲氣管。精氣從上下也。上元合會，氣微妙，真人上下通神路也。

急固子精以自持

令人閉氣還精，自守勿妄施泄。還精補腦，不死之道。

宅中有士常衣絳

常存思心神，著絳丹衣出入無災害，卻衆邪也。

子能見之可不病

精念心神，思之不止，内見赤子，則身無病也。

横立長尺約其上

脾横長尺餘，覆在太倉之上。

子能守之可無恙

常守養脾神，思之不止，則無災病也。

呼噏廬間以自償

以鼻引氣入口，噏之，元氣潤澤，故德天之償也。

保守完堅身受慶

保精養氣，身神光澤，故曰受慶。

方寸之中謹蓋藏

丹田方寸，念守精氣，謹潔護持，爲謹蓋藏也。

精神還歸老復壯

還精鍊形，以填腦氣，齒堅髮黑，身不老。

使以幽闕流下竟

引明堂中赤子，下看絳宫值臍，且存變爻。精流入丹田，以養其形。又思兩腎間氣從上至下，吸氣自上及黄庭，一曰眉間爲幽闕使也。

養子玉樹令可壯

常當守下元，精氣如玉堅，閉精守神，令可枝壯也。

至道不煩無旁午

無至憒亂，安心定意，正行向午也。背子向午，腰帶卯酉。

靈臺通天臨中野

心爲靈臺，上通氣至腦户，下通氣至脾中，其氣遍匝一身也。

方寸之中至關下

喉嚨廣一寸也，明堂中真人，下和丹田，上還明堂也。

玉房之中神門户

陰陽爲神門户，主其精約也。男曰精，女曰約。男以藏精，女以月水，故曰門户。

皆是公子教我者

心爲太府公，正當左腎爲司徒公，右腎爲司空公，皆受精氣，不得漏泄，能

守一則見之。

明堂四達法海源

眉頭一寸爲明堂，氣皆流達，如海之元也。

真人子丹當吾前

赤子爲真人，字子丹。在明堂中，常能思之，壽乃可延。

三關之中有精氣深

關有三部，天關口也，地關下部也，人關兩手也，常握固閉塞，三關邪氣不生也。

子欲不死修崑崙

崑崙者，頭也。令人養腦中泥丸，不死得長生也。

絳宮重樓十二級

喉嚨十二環，在心上爲絳宮也。

宮室之中五氣集

五藏之氣，心爲帝王，最居中央，衆神來會於赤子之側也。

赤城之子中池立

赤城，心也。舌謂之子，口爲中池也。

下有長城玄谷邑

小腸爲長城，引氣入於胞中也。

長生要妙房中急

養性要妙，閉固精門。

棄損淫慾專守精

長生要妙，守精爲上。

寸田尺宅可理生

目爲寸田，面爲尺宅。理生仰觀，上部一神也。

繫子長留心安寧

常觀赤子之身形也。魂魄常在，萬神不傾，恬淡無慾，心不恐惶，故自安寧。

觀志遊神三奇靈

守上部靈根，舌也。守中部靈根，臍也。守下部靈根，精房也。

閑暇無事心太平

恬淡寂寞，守虚無情，身體安寧，心太平也。

常存玉房神明達

玉房，神之門戶。常存精氣往來，神明自達。

時念太倉不饑渴

太倉胃也，五穀之廚。時思念之，不復饑渴。

役使六丁神女謁

帝思黄庭中真人，則六丁玉女自來自衛，可役使也。

閉子精路可長活

絶邪棄俗，關閉精路，可得長生。

正室之中神所居

正室，明堂洞房也。常思赤子生其中，爲真人。存之則在，不思則忘也。

洗身自理無敢汙

清靜獨處，焚香思真。絳宮真人，諸玉女當來，見形與凡人言語。

歷觀五藏視節度

常思五藏諸神，勿離己身。

六府修治潔如素

六府也，膽爲一，胃爲二，膀胱爲三，大腸爲四，小腸爲五，臍爲六，都府也。凡此六府，常須潔浄。

虚無自然道之故

虚無十有二氣，自然爲先。人離道遠，無知其真。

物有自然事不煩

能知自然爲真人，坐在立亡，萬世常存，何煩也？

垂拱無爲身體安

恬淡無爲，塊然獨處，安心定志，正氣自居，故身體安泰也。

虚無之居在幃間

幃間自障，閉洞房修道常居此，都不與人爭，故曰幃間之居。

寂寞曠然口不言

閒居自處，念道思真，見之勿驚，閉口不言也。

恬淡無慾遊德園

寒不衣，暑不汗，恬淡無欲，塊然獨居，出隱於山，不貪榮貴也。

清淨香潔玉女存

清淨獨處，專心自禁，香薰衣潔，玉女侍衛也。

修德明達道之門

令人守命門，端坐正念，無邪視也。修道明白，觀表知裏，神自爲人，開道戶也。

作道優游深獨居

作道當入淨室中，反胎鍊形，還於精神也。

扶養性命守虛無

虛無者，自然也。守道養形，修契自然，無離於己身也。

恬淡無爲何思慮

恬淡清淨，養神愛體，遠害萬里，無復思慮也。

羽翼已成正扶疎

學道俱備，身體輕舉，恍恍惚惚，如有毛羽，來即舉昇，故曰扶疎

長生久視乃飛去

得道不死，度世長存，乃能白日魂飛入太清也。

五行參差同根節

五藏法五行，或上或下，參差同一喉嚨也。

三五合氣要本一

上下三五合一室，三五虧，則返一也。

誰與共之斗日月

左目爲日，主父，治在其中。右目爲月，主母，治在其中。斗者，七星候也，亦爲之七政。

抱玉懷珠和子室

碌碌如玉，落落如石，行氣握之，念如運珠。

子能知之萬事畢

修道守一，服氣延年。反命神仙，萬事畢矣。

子自有之持勿失

閉精自守，念赤子也。

即得不死入金室

修道審入九室，返胎煉形，修理玄白，真氣恬然，閉塞三關，邪氣不生也。

出日入月是吾道

日月爲兩目也，俠於左右所治也。在紫房宮中，出爲道之真。

天七地三迴相守

天有七星，地有三精。元氣回行，無窮極也。

昇降進退合乃久

元氣昇降，上下混沌，亦無形端。天地得之，乃能長生。

玉石珞珞是吾寶

玉白如石，在下部也。

子自有之何不守

閉精自守，受氣養神。

心曉根基養華采

根基者，謂人知守一也。華采者，謂人面目悦澤，體有光華也。

服天順地合藏精

天氣下降，地氣上昇，二合成德，變化相生，閉氣守精，養神煉質。

九原之山何亭亭

泥丸中，氣王色明，真人太一住其中，亭亭心也。

中住真人可使令

真人赤子，可爲使令也。不出戶知天下，不窺牖見天道。

內陽三神可長生

陽謂元陽也白也。須臾變異長生之要，守三黑之神者也。

七日之五迴相合

七竅五藏，共相和，同共於一室。

崑崙之山不迷誤

崑崙，爲頭也。真人所遊戲其中，日月運行，寒暑更變，終不誤也。

蔽以紫宮丹成樓

丹田上通紫宮，中有五城十二樓，真人在其中遊戲。

俠以日月如運珠

兩目也，玄氣明照，出若運珠。五色恍恍，子常念之，壽命無窮也。

萬歲昭昭非有期

真人得道，萬歲易形。男八女七，從此而生。與日月相守，天地相保。

外本三陽神自來

三陽，三九，層像也。嬰兒生時，一神魂魄，來入形中也。

內養三陰可長生

鼻引陽氣，取之以內養。赤子真人，嬰兒是曰三陰，亦食神也。

魂欲上天魄入泉

魂陽魄陰也。謂世人無道德，魂魄離身，歸散本也。

還魂返魄道自然

拘魂制魄，令不動作，帝在身中，道以自然。

旋璣懸珠環無端

旋機運轉，氣脈流通，無復休竟也。閉口養神，漱煉醴泉如流珠。

迅牝金籥常完堅

陰爲牝，陽爲籥。兩不相傷，得中和之氣，還精练形，故得完堅。

載地懸天週乾坤

地載人，人懸天，道不在上，不在下，微妙在乾坤中央，故週流天下也。

象以四時赤如丹

明堂四達，應爲四時，真人子丹之所居矣。子能思之，咀嚼其氣，則壽無窮也。

前仰後卑各異門

頭與足，腎與心，心赤腎黑，本同根。水火相剋，故異同。

送以還在與玄泉

丹者，血也。化入下源，變爲白精。當此之時，縮鼻還之，上至泥丸，下至口中，變爲玉泉也。

象龜引氣至靈根

以鼻引氣，至於舌根，嘯送腹中，則雷鳴應之，真氣使之然也。

中有真人巾金巾

赤子著絳衣，冠金巾也。

負甲持符開七門

服符六甲，辟卻邪兇。布氣七竅，耳目聰明。又云：背了向午，腰帶卯酉，符者氣也。

此非枝葉實是根

自然要道，非虛文也。

晝夜思之可長存

晝夜思道，勿懈也。開目視真，閉目思神，可得長生。

仙人道士非有神

道無二家，充備使然。同共一根，無復他神。和心定志，故道日生。

積精所致爲專年

陰陽不妄施，精神不漏洩，積精受氣，壽可萬歲矣。

人皆食穀與五味

俗人食土地之精，從身死報地。聖人食元和之氣，以身仙報天。

獨食太和陰陽氣

學仙之士，朝食陽氣，暮食陰氣，並食元氣。

故能不死天相既

得道者，不死也。年命無極，與天相既也。既者能通也。

試說五藏各有方

五藏象五行，四肢象四時。土爲之主，居中央。

心爲國主五藏王

心如雞子，危而難安。國有賢，致太平。心處清，身安寧。

意中動靜氣得行

謂存守內神，身心安靜。不妄驚動，氣易行之故也。

道自持我神明光

守一念道，持護我精神明光也。

晝日昭昭夜自守

謂思心中赤氣，明照萬神。守日月光，思兩腎根。晝即守光，夜即守神故也。

渴自飲漿饑得飽

饑食自然之氣，渴飲華池之漿。不饑不渴，可得長生。

經歷六府藏卯酉

耳也，根生六府，藏出卯酉，要妙達矣。不可得也。

轉陽之陰藏於九

陽反屬陰，轉體相剋，還藏於九。九爲頭也，故經云：左二右七，藏九居

一也。

常能行之不知老

常以雞鳴時，仰臥被髮，啄齒三十六通，吞津嚥氣，遠死之道。

肝之爲氣修而長

謂修氣上行，達於頂以補泥丸。

羅列五藏生三光

五宮六府，各得所主。腎上下各有日月三光。三光者，日、月、星候之謂也。

上合三焦道飲漿

三焦，三關元也。饑食自然氣，渴飲華池漿，不復饑渴也。

精候天地長生道

精是吾神，氣是吾道。佩精思氣，上下食方理也。

我神魂魄在中央

中央魂魄，兩腎也。左魂右魄，晝當以魂守魄，暮當以魄守魂。拘魂制魄，不得動作也。

津液流泉去鼻香

陰陽交接，漏液失精。飲食無味，鼻失芬香。

立於懸膺含明堂

舌下爲懸膺，肺爲明堂。含氣嚥之，灌於明堂，流行身中也。

通我華精調陰陽

謂畜精養神也，負陰抱陽，調精神也。

伏於玄門候天道

門爲鼻也，候上部之一神。

近在我身還自守

令守神，精自念已也。

清净無爲神留止

內當修道作無爲，外當修道作無慾。心不煩亂，精神留止。

精氣上下關分理

氣當精思上下部，守一神也。

七孔已通不知老

頭面七孔，精神門戶，通利身識，不知老也。

還坐天門候陰陽

朝食陽氣，暮食陰氣，都會於口中也。

下於喉嚨通神明

喉嚨有十二時，亭長皆持玉戟，使守喉嚨，真人住其中，主通氣上下。

過華蓋下清且涼

眉爲華蓋，神住其中。

入清虛困見吾形

入腦戶，見泥丸君也。

期成還丹可長生

卻自住年，身不衰老，故得長生。

還過華池動腎精

從腦戶歷脊，下至腎中也。

望於明堂臨丹田

眉間卻入一寸爲明堂，卻行三寸爲丹田也。

將使諸神開命門

鼻引真氣，晝夜綿綿，鼻爲天根。

通利天道藏靈根

頭圓象天，靈根舌也。

陰陽列布如流星

面有七孔象七星，極陰反陽，覩日而望，見列星也。精施氣布，入玄庭矣。

肝氣似環終無端

肝氣週流身中，似環無端也。

肺之爲氣三焦起

肺氣出由三關，天關口也，人關手也，地關下部也。

伏於天門候故道

天門爲口。候故道者，通腦戶也。

清液醴泉通六府

漱湧華池，灌沃舌根，流通大腸、小腸、膽、胃、膀胱、命門，乃六府也。

隨鼻上下開二耳

元氣出入鼻中，上下通於二耳，任以爲也。

窺視天地存童子

天爲頭，地爲下部，童子爲存念守一神也。

調和精華理髮齒

令人吸五氣，啄齒三十六通，嚥液三十六過，乃理玄白也。

顏色光澤老不白

令人卻白住年，面目即生光澤，發不復白也。

下於喉嚨何落落

喉嚨中有十二，亭長持玉戟，使守喉嚨。

諸神皆會相求索

謂諸神聚會也，心意存之在八極也。

下入絳宮紫華色

謂心神赤，氣色紫也。

隱藏華蓋通神廬

眉爲華蓋，下通氣至鼻也。

專守心神傳相呼

當存念：心神爲國主，諸神爲民使，呼召無有不到也。

觀我諸神辟除邪

精思內達，見於神明，邪氣無復敢干也。

脾神還歸依大家

赤子還入黄庭中，脾爲中主，制禦四方，道之深者也。

藏養靈根不復枯

令人養靈根，不復乾燥也。舌下有醴泉，出如流珠，常含而嚥之，勿妄吐也。

至於胃管通虛無

本文缺此一句，按禦瞘本收入。

閉塞命門似玉都

人生係命於精約，常當愛養精約，勿妄施泄。精凝如玉，在下部也。

壽傳萬歲將有餘

令人卻向住年，還丹養命，身不衰老，可得長生。

脾中之神遊中宮

脾在太倉，上朝爲老君，守坐堂上，遊明堂宮，爲太一君也。

朝會五神和三光

脾宮中主諸神，皆會於闕下。三光日月照也。

上合天氣今明堂

自氣上昇，下還腦中，今會明堂中也。

通利六府調五行

五藏六府，各有所主。五行下法五常主，爲五星也。

金木水火土爲王

金爲白、木爲青、水爲黑、火爲赤、土爲黄爲中主，制禦四方。

通利血脈汗爲漿

五內安寧，血脈不驚，手足汗液，神明之信也。

二神相得下玉英

謂道有雌雄，轉相成玉，兩不相傷也。

上禀元氣年益長

謂食元氣勿傷內，精氣與神和，故壽三百年，得爲地仙，遊於人間矣。

循護七竅去不祥

面有七竅，皆悉開通。耳目聰明，音聲孔彰，邪氣不生，喜氣自至。

日月列布張陰陽

謂兩目也，左目爲日，主父主陽。右目爲月，主母主陰。

伏於太陽成其形

謂嬰兒在於胎中，幽隱慎固，陰成其形也。

五藏之主腎爲精

腎卻著脊，去臍三寸，主吐精氣，頭戴日月星辰。

出入二氣入黄庭

謂元氣從鼻口兩孔中出入，通於黄庭。黄庭者脾也。

呼吸虛無見吾形

握固鍊形，自見虛無之形。

強我筋骨血脈成

謂骨輕肉騰也。肉化爲骨，腸化爲筋，血化爲精，神化爲丹，乃成神仙。

恍惚不見過青靈

謂坐在立亡，過歷腦戶，變化無常也。

坐於廬下觀小童

鼻者廬也，觀見赤子住其中也。

旦夕存在神明光

朝暮存神，不離己身，光輝常在目前。

出於無門入無戶

既已得道，能自陷於出入。行步不由門戶，而乃爲神也。

恬淡無慾養華根

恬淡無慾，以道自存。修行玄白，養黑髮根。

服食玄氣可遂生

謂服食兩腎間白氣，故云玄氣。

還返七門飲太淵

謂面有七竅，皆通達也。飲太淵者，謂嚥食口中醴泉也。

通我喉嚨過青靈

氣爲道也。氣從喉嚨中下，歷於膽也。

《太上九要心印妙經》 真一祕要　夫真一者，純而無雜謂之真，浩劫長存謂之一。太上曰：天得一，以日月星辰長清；地得一以珠玉珎長寧；人得一，以神氣精長存。一者，本也，本乃道之體。道本無體，強名曰體。有體之體，乃非真體。無體之體，日用不虧矣。真體者，真一是也。真乃人之神，一者人之氣。長以神抱於氣，氣抱於神，神氣相抱，固於氣海，造化神龜，乃人之命也。神乃人之性也，性者南方赤蛇，命乃北方黑龜，其龜蛇相纏，二氣相吞，貫通一氣，流行上下，無所不通，真抱元守一之道也。

橐籥祕要　夫橐籥者，人之心腎也。心者神之宅，腎者氣之府。既以心爲宅，以腎爲府，豈有造化也。今時學道之人，使心運氣，亂作萬端，屈體勞形，非自然之道。聖人曰：凡是有相，皆是虛妄。無相之相，謂之真相。真相者，神氣也。神者心之主，氣者腎之本，是以聖人返本還元。還元者，補髓也。補髓之機，還元之道，命乃了矣。聖人立法曰：假一神調氣，藉一氣定神，神氣調定，方曉動靜。動者氣也，氣者命也；靜者性也，性乃神也。神不離氣，氣不離神，神氣不相離，道本自然也。

三五一樞要　夫三五一者，三陽五行一氣也。三陽者，三火也。以精爲民火，以氣爲臣火，以心爲君火。君火乃性火也，惟性火不可發，亦不可用。性火若發，如火生於木，禍發必尅。不用者，必不可動也。蓋是神定則氣定，氣定則精定。三火既定，併會丹田，聚燒金鼎，返煉五行，運於一氣，綿綿一晝一夜，一萬三千五百息。按週天三百八十四爻，氣血行八百一十丈，脈行五十度。此乃週天，方爲火候。其火有二等，分於內外。外火者，有形有象，可煉五金，造化五穀，滋養於人。此火非能煉丹，煉丹之火，其在內火。內火者，有名無形，藉五穀之氣即生真火。真火既生，返鍊其精，精返爲神，煉神合道。道本自然，不離一氣，一氣既調，百脈皆順也。

三一機要　夫三一者，三成一氣也。上有神仙抱一鍊神之道，中有富國安民鍊氣之法，下有強兵戰勝鍊精之術。道分三成，不離一氣。一氣者天也，乃天清虛自然之氣。氣中有神，神抱於氣，因氣抱於一神。鍊神合道，道本自然，此乃神仙抱一，鍊神合道也。中有富國安民鍊氣之法。中者人也，以身爲國，以氣爲民，以心爲帝王，帝王愛民而民自安。帝正者，心不亂也。心不亂則氣自調，氣調則神和，神和則精悅，精悅則身安泰，此乃富國安民鍊氣之法也。以重濁而爲地，其濁中有清，在慾無慾，謂之強兵；心不動而氣不交者，謂之戰勝，此乃強兵、戰勝鍊精之術也。乃人之未生時，在乎混沌之間，亦神不曾離氣，氣不曾離神，神氣不相離，精神內守。精散爲氣，氣結成神，鍊神合道，道法自然。因道建法，法就顯術，分而爲三，混而爲一。一者精也，精乃元氣之母，人之本也。在身爲氣，在骨爲髓，在意爲神，皆精之化也。蓋萬物皆稟一氣，因氣造化五行，五行即五穀也。五穀之氣入於臟腑，精住丹田。精者，人之本也，是以聖人返其本而還其元，此用返本還元之道也。

日魂月魄真要　夫日魂月魄者，陰陽也。陰陽者，日月也。日屬陽魂，月屬陰魄。日中有雞，西方金肺之象，屬陰，乃日魂藏月魄。魄滿於魂，故日以清。月中有兔，東方木肝之象，肝屬陽魂，乃月魄藏日魂，魂滿於魄，故月以明。魂魄者，乃人之鉛汞也。鉛汞有數，鉛八兩，汞八兩，乃一斤之數，十六兩也。凡二十四銖爲一兩，按週天三百八十四爻，日月運度之數，天地造化之機。聖人立數，後人依數而行之。其大小之法，因數有定。大者一年之法，小者一時之用。一時正則可奪一年之造化也。密語曰：凡每月初一日

爲首正子時，坎卦進汞一兩，離卦進鉛一十五兩，次日坎卦進汞二兩，離卦進鉛十四兩，至十五日柚添數足，週而復始，其大小月細審詳之。鉛汞者，人之魂魄也。魂魄者，人之神氣也。神者好靜，氣者好動，動靜常在坎離之間。動靜之訣，上十五日魂守魄，十五日魄守魂。一時之用，可奪一年之造化也。

日用五行的要　夫日用者，長以神守於氣，氣守於神。神氣相守，聚而不散者，真日用也。神能通應，意到心成。若神定，則行住坐卧，晝夜皆同。神伏氣在，氣在神，神在形，三物皆在，復歸真一，萬事畢矣。又五行者，心主神，肝主魂，脾主意，腎主志，肺主魄，五行聚而化爲丹也。聚之訣曰：專於一神，志於一意，守於魂魄，會於丹田。魂魄者，人之神氣也。氣乃命也，神乃性也。一性固命，一命固性，性命相固，共成一氣。一氣者，火也。其火無形，發之有焰。此火只可煉丹，不可別用。若能內守真火，聚而不散得，真抱元守一之道也。

七返還丹簡要　夫七返還丹者，天有七星，運斡四時；人有七竅，唯聽視聞。眼觀色者，視之不見；耳聽聲者，聽之不聞。鼻不聞香，口受無味，真七返也。一心歸命謂之還，五氣不散謂之丹。丹有二種，於內外二丹者，超神接氣，超神在世。出世接氣者，火候無差。其內丹不得外丹則不成，其外丹不得內丹則無主。內丹者，真一之氣；外丹者，五穀之氣。以氣接氣，以精補髓。補接之功，不離陰陽二氣。陽氣昇即爲返，陰氣降即爲還。晝夜還返，至於丹田。陽不得陰而不昇，陰不得陽而不降，自然還丹之要，祕於此矣。

八卦朝元統要　夫八卦者，以心腎爲坎離，坎離爲陰陽。陽即魂也，陰即魄也。魂者，以應東方甲乙木，謂之青龍；魄者，以應西方庚辛金，謂之白虎。因坎離生龍虎，乃成四象，內分八卦。八卦者，東方甲乙木，甲主乾，乙主坤，木生丙丁，丙主艮，丁主兑；艮兑合序爲一氣者，火也。火生戊己，戊己無形，分於四季，內生庚辛。庚主震，辛主巽，合而爲一者，金也。金生壬癸，壬主離，癸主坎，坎離者是，陰陽也。陰陽者，內外也。內氣爲陽，外氣爲陰。陰陽昇降，動靜自然，非神所作，乃天地衝和之氣，常在坎離之間，綿綿晝夜，息息無窮，此乃八卦還元，歸根之道也。

九還一氣總要　夫九者陽也，還者聚也，一者氣也。九陽既聚，性命相守，上則清虛，日月行度之數；下則地氣，生産萬物之源；中則人身，陰陽造化之理。內各有三，故曰三共之道，是名九要也。內各有三者，天有三，日、月、星，以應人之眼耳鼻；地有三，高、下、平，以應人之魂魄精。魂魄精者，以應人之精氣神。神乃精之主，精乃神之本，名則分三，不離一氣。一氣者，胎息也。胎乃藏神之府，息乃胎化元。因息生息，因神爲胎。胎不得息則不成，息不得神則無主。神乃息之主，息乃胎之根，胎乃息之宅，神乃胎之真。在腹之中謂之胎，一呼一吸謂之息，故名胎息也。胎者，形中氣之子；息者，形中神之母。形中子母，何不存守。存守者，存其神而守其氣。其氣在坎離，夾中圓如杵臼，又象伏龜，故曰神龜。龜含黑水，水中有氣，名曰神氣，又曰碧眼。胡僧號曰：真人人之根蒂，俱在此焉。十二時中，天門借氣，緊閉地關。神室內守，自有神龜呼吸。有名無形，有動無名，非所用。昇降自然，藉外氣則昇，隨氣昇而腹自鼓。外氣昇而內氣降，內氣降而腹自納。鼓納之機，天地之橐籥也。橐籥者，天地動作之氣，真陰真陽也。內氣爲陽，外氣爲陰。內氣不出，外氣不入，神符氣定。外氣符即爲至寶，內氣符即成金丹。金丹者，純陽之物，浩然之真，直指天機，歸根之道盡矣。若遇至人與天盟誓，先付口訣，次傳心印，慎勿輕泄天寶，戒之戒之。

《心目論》　人之所生者神，所託者形。方寸之中，實曰靈府。靜則神生而形和，躁則神勞而形斃。深根寧極，可以修其性情哉。然動神者心，亂心者目，失真離本，莫甚於兹。故假心目而發論，庶幾於遺滯清神而已。且曰心希無爲，而目亂之，乃讓目曰：予欲忘情而隱逸，率性而希夷，偃乎太和之宇，行乎四達之達，出乎生死之域，入乎神明之極，乘混沌以遐逝，與汗漫而無際。何爲吾方止，若且視，吾方清，若且營？覽萬象以汩予之正，悦美色以淪予之精。底我邈邈於無見，熙熙於流眄。搖蕩於春臺，悲涼於秋甸。凝燕壤以情竦，望吳門而髮變。瞻楚國以永懷，俯齊郊而泣戀。翳庶念之爲感，皆寸眸之所眩。雖身躭美飾，口欲厚味，耳歡好音，鼻悦芳氣，動予之甚，皆爾之謂，故爲我之尤，職爾之由，非爾之懟，而誰之仇乎？目乃忿然，而應之曰：子不聞一人禦域，九有承式，理由上正，亂非下忒。故堯俗可對，桀衆可殛。彼殊方而異類，猶咸順乎帝則。統形之主，心爲靈府，逆則予捨，順則予取，嘉祥以之招，悔吝以之聚。故君人者制理於未亂，存道者克念於未散。安有四海分崩而後伐叛，五情播越而能貞觀者乎？曷不息爾之機，全爾之微，而乃辨之以物我，照之以是非，欣其榮，慼其辱，暢於有餘，悲於不

足。風舉雲逝，星奔電倏，紛綸鼓舞，以激所欲。既汩其真而混其神，乖天心而悖天君，焉得不溺於造物之景，迷於自然之津哉？故俾予於役，應爾之適，既嬰斯垢，反以我爲咎。嗟乎！嗟乎！何弊之有？心乃啾然久焉，復謂目曰：顧予與爾，誰明其旨？何陷見之隔，而玄同若此？既庶物之爲患，今將擇其所履，相與超塵煩之彊，陟清寂之鄉，喰灝炁，吸晨光，咀瑤華，潄瓊漿。斯將期靈化於羽翼，出雲霞而翺翔。上昇三清，下絕八荒，託松喬以結友，偕天地以爲常，何毀譽之能及？何取舍之足忘？諒予圖之若兹，其告爾以否藏。目曰：近之矣，猶未爲至。若然者，所謂欲靜而躁隨，辭埃而滓襲。闇乎反本之用，方邈然而獨立。夫希夷之體也，卷之無內，舒之無外，寥廓無涯，杳冥無封，獨捐兹而取彼，故得小而遺大。忘息陰以滅影，亦何逃於利害。伊虛室之生白，方道德之所載。絕人謀於未兆，乃天理之自會。故玄元挫銳以觀妙，丈宣廢心而用形。軒帝得之於罔象，廣成契之於杳冥。顏回坐忘以大通，莊生相天而能精。歷衆聖以稽德，非智謀之是營。蓋水息瀾而暎徹，塵不止而鑒明。未違世以高舉，亦方寸之所寧。故能泊然而常處，感通而斯出。不光而曜，不祕而密，冥始終而誰異，與萬物，其爲一。因而靡得，是以罔失。誠踵武於坦塗，可常保於元吉。若棄中而務表，乃微往而不窒。其故何哉？水積而龍蟠，林豐而獸居。神栖於空洞，道集於玄虛。苟不刳其所有，焉得契其所無。非夫忘形靜寂，瑕滓鏡條，玄關自朗，幽鍵已闢，曷可度於無累焉？不然，安得駕八景，昇九霄，覩金闕之煌煌，步紫庭之寥寥，同浩劫之罔極，以萬春爲一朝乎？心於是釋然於衆慮，凝澹於猶豫，澄之而徐清，用之而不遽。致謝於目曰：幸我以善道，弘我以至言。覺我以大夢，啓我以重玄。昇我以真階，納我以妙門。縱我以廣漠之野，遊我於無窮之源。既匪群而匪獨，亦奚靜而奚諠。協至樂之恒適，抱真精而永存。遺之而無遺，深之而又深。通乎造化之祖，達乎乾坤之心。使我空欲視於目盲之外，塞將見於玄黃之林。覩有而如見空寂，聞韶而若聽谷音。與自然而作侶，將無欲以爲朋。免驅馳於帝主，保後天之所能。窒欲於未兆，解紛於未擾。忘天壤之爲大，忽秋毫之爲小。處寂寞而聞和，潛混溟而見曉。應物於循環，含光而閉關。飄風震海，迅霆破山。滔天焚澤，而我自閑。彼行止與語默，曾何庸思於其間哉！

《白氏長慶集・動靜交相養賦》 居易常見今之立身從事者，有失於動，有失於靜，由斯動靜，俱不得其時與理也。因述其所以然，用自儆導命曰《動靜交相養賦》云：天地有常道，萬物有常性，道不可以終靜，濟之以動，性不可以終動，濟之以靜。養之則兩全而交利，不養不則兩傷而交病。故聖人取諸震以發身，受諸復而知命。所以《莊子》曰：智養恬。《易》曰：蒙養正。吾觀天文，其中有程。日明則月晦，日晦則月明，明晦交養，晝夜乃成。吾觀歲功，其中有信，陽進則陰退，陽退則陰進，進退交養，寒暑乃順。且躁者，本於靜也，斯則躁爲民，靜爲君，以民養君，教化之根，則動養靜之道斯存。且有者，生於無也，斯則無爲母，有爲子，以母養子，生成之理，則靜養動之理明矣。所以動之爲用，在氣爲春，在鳥爲飛，在舟爲楫，在弩爲機。不有動也，靜將疇依；所以靜之爲用，在蟲爲蟄，在水爲止，在門爲楗，在輪爲柅。不有靜也，動奚資始。則知動兮靜所伏，靜兮動所倚。吾何以知交養之然哉？以此有以見人之生於世，出處相濟，必有時而行，非匏瓜不可以長繫。人之善其身，枉直相循，必有時而屈，故尺蠖不可以長伸。嗟夫！今之人知動之可以成功，不知非其時動必爲兇；知靜之可以立德，不知非其理靜亦爲賊。大矣哉！動靜之際，聖人其難之，先之則過時，後之則不及時。交養之間，不容毫釐。故老氏觀妙，顏氏知幾。噫！非二君子，吾誰與歸。

《白氏長慶集・求玄珠賦》 以玄非智求珠，以真得爲韻。至乎哉！玄珠之爲物也，淵淵綿綿，不知其然。存乎神聽之表，生乎天地之先，其中有象，與道相全。求之者，刳其心，俾損之又損；得之者，反其性，乃玄之又玄。玄無音，聽之則希；珠無體，搏之則微。故以音而求之者妄，以體而得之者非。倏爾去焉，將窅冥而齊往；忽乎來矣，與罔象而同歸；是以聖人之求玄珠也，損明聖，薄仁義，索之惟艱，失之孔易，莫不以心忘心，以智去智。其難得也，劇乎剖巨蚌之胎；其難求也，甚乎待驪龍之睡。夫惟不皦不昧，至明至幽，必致之於馴致，豈求之於躁求。性失則遺，若合浦之徒去；心虛潛至，同夜光之闇投。斯乃動爲道樞，靜爲心符。至光不耀，至真不渝。察之無形，謂其有而非有；應之有信，謂其無而非無。故立喻比夫至寶，強名謂之玄珠名不徒爾，喻必有以，以不凝滯爲圓，以無瑕疵爲美。蓋外明者，不若內明之理；純白者，不若虛白之旨。藏於身不藏於川，在乎心不在乎水。然則，頤其神，保其真，雖無脛，求之必臻；役其識，徇其惑，雖沒齒，求之不得。則知珠者，無形之形；玄者，無色之色。亦何必遊赤水之上，造崑丘之

側。苟悟漆園之言，可臻玄珠之極。

《西山群仙會真記・識道》 葛仙翁曰： 天下無二道，殊途而同歸，聖人無兩心，百慮而一致。古今一道，聖賢同心。逮夫道原既判，心識自分。談道者，強自分別。同流異派，摘葉尋枝，自爲見解，以獨立教門。萬物之理，既不能窮；一己之性，胡爲而盡。如釋子殢於頑空，乃以今世求於後世；儒者執於見在，遂以少年榮爲老年。殊不知，先聖之行道，存乎一心也。

《西山記》曰： 呂先生言，幼習儒業，長好性宗，修天爵而棄人爵，鄙頑空而悟真空。天爵止於人事，真空不離因緣。

葛仙翁曰： 以五常言道，止得其緒餘。用三乘見性，難窮其根蒂。是知道不踈於儒釋，儒釋自踈於大道。歷古及今，聰明有識之士，莫不留心清虛而志在玄元也。迨以安樂延年，次以長生不死，默盜天機，當爲己用。自人昇仙而爲天官，何止儒者之虛榮於當年；由百歲延而及萬年，何同釋子之因報於後世。修真者，邪正不可辯也。欲識大道，三教中太上爲先。一身之外，更何求也？

《西山群仙會真記・識法》 《太上隱書》曰： 法本無法，理歸自然，心因境亂，法本心生。立法之意，救補已失，而防於未萌，故三千六百法，養命數十家。三千六百法者，十年之期；養命數十家者，天一地二，天三地四，天五地六，天七地八，天九地十。一三五七九，五行之陽數；二四六八十，五行之陰數。大道分而爲二炁，二炁裂而爲五行，大而爲天地，明而爲日月，靈而爲人，莫不稟二炁而生五行，運五行而貫三才也。

《西山記》曰： 華佗觀五禽之戲而作導引，以爲人之久逸而炁滯血凝，故屈體勞形，使榮衛道暢，後人因之名爲夕般運，欲求超脫，誤矣。昔陳義遺女於道，久饑而學龜之吐納，得終年不死，後人因之名爲眼炁，欲求丹藥，誤也。張紹審五味之亂人真液，一臟好而一臟惡，一炁盛而一炁弱，故罷五味而素且淡之，後人因以名爲休糧，誤也。劉洞知真陽真陰，有餘則引其子，不足則殺其鬼，補且瀉之也，後世因以採日精月華，天地正炁，誤也。

昔廣成子教黃帝房中之術，恐走失真炁而虧修養之宜，止欲禦敵可欲之境，不說採戰有功而奪婦人之炁。後人因之以謂人補人，採炁還精，損人害己，以望長生，誤也。

廣成子教黃帝依法修養，久不見功，於崆峒山，凡以內事爲法則，鍊外丹以補久虛積傷之損。後人因之，以無情金石煅鍊於煙焰之中，分胎見寶，欲餌之以求上昇，或不死延年，誤也。

扁鵲解《靈樞》，以鼻引清炁，口吐濁炁，留之二十四息，爲一兩火。以鍊真鉛如戲藥，而曰陽胎；鍊真汞召含蓮，而曰陰胎。胎在息住，息住神存，可以留形住世，積而入聖超凡。後人因之，以多入少出，欲聚炁爲胎，閉息爲法，誤也。《九仙經》言： 病大用火，病小用水。用火則納炁復昇於身，真炁遍於四大，陰鬼邪魔望之不敢近也。用水則納炁而復昇於身，炁透水如湧泉，定中以意送在所病之處，炁血通流，自無滯礙。後人因之而獨坐閉炁，以舌爲轆轤，左旋右攪，收斂餘津，漱而嚥之，復隨腸胃傳送於外，乃曰澆灌，以長黃芽，欲爲大藥，誤也。《通玄真經》云： 守無爲之道，得自然之理，清而不濁，靜而後動。移神於希夷之域，保形於仁壽之途。一念不生，萬惑俱息，長生延年，安閑自樂。後人因之，不悟擇靜絕跡，默默忘機，終年竟不見功，誤也。

《靈寶內觀經》曰： 外境不入，內境不出，神識自守，閉目內視，降君火於下田，布黃雲於四大，笙簧車騎，羅列往來，自得個中之趣。後人因之，形如槁木，心若死灰，謹守頑空，失於昏寂，陰靈出於天門，止於投胎就舍，誤也。

又有開頂縮龜，住山識性，燒鍊看讀，布施供養，非徒無益而又害之，是少識無知之徒，自生小法旁門，互相授受，迷惑後來，致使大道日遠日踈。殊不知，仰視俯察，默合天地陰陽昇降之宜，日月魂魄往來之理。一炁初浮，識自己之陰陽；五行既分，交自己之水火。火中有水，水中有火。火上負陰，恍恍惚惚，其物爲真一之水；水上抱陽，杳杳冥冥，其精爲正陽之炁。二炁交媾，結成內藥，養就金丹，可爲陸地神仙者也。

《西山群仙會真記・識人》 《上清玄格》曰： 大道似不肖，盛德若不足，韜光晦迹，自衛其身，人不知也；道未足於己，言已輕於人，事未充於內，驕已見乎外，好勝於人，人不知也。修真之士，識人爲先務。當其取士也，聽其言而觀其行，及其求法也，察其理而驗其功。勿以人而廢言，防其大辯若訥者；勿以言而用人，防其善爲說辭者。或大醇而小疵，始愚而終聖。修真之士，亦有知人之鑒，不可奉無上之道也。

《西山記》曰：古今賢聖，雖有兼人之智，普照之明，未嘗不先求於人，謂務學而不如務求師。師，人之模範也。黄帝求赤松子，半年方得《中戒經》，止於防外行之失；劉安玉師王道原，終年始得小術法，又不言修養之事；陰長生不以馬明生久病而怠其志；葛稚川不以鄭思遠家法而誨於人耳；朱度胡氏而始終如一，方昉遇金華而遠近相隨；張夢乾三遇海蟾，方得三乘之法；解志一一見旌陽，盡授九轉之功。王猛見長壽大仙，談笑之間，而識破大道；梅福遇大洞真君，步趣之次，而訣盡天機。歷古非無神仙以入南洲，然修真之士不遇者，於識人之際不明也。其或道貌古顔，辯辭利口者，始謂得神仙，悠久始知常俗之輩。學而不遇，一也。或業重福薄，不信天機，輕命重財，甘爲下鬼，録人纖惡，棄人大善。雖見其人，不聽其言，雖聽其言，不納其理，終無所得。仙凡自隔，遇而不得，二也。或博學篤志，切問近思，縱得真訣，自生懈怠，悦須臾，厭持久，朝爲夕改，坐望立成，得而不守，三也。又况交結狂徒，搜尋異論，廢時亂日，何以成功！古人上士，始也博覽丹書，次以遍參道友，以道對言，所參無異論，以人合道，所師無狂徒。嗟愚而自專，賢否不辯，賤而自用，邪正不分，論識人之去就，不可勝舉也。故古今上聖真人，未修鍊，先修養。故曰：沐浴不可當風。若幽室靜房，閉目冥心，伸身正坐，使元炁上昇，通滿四大，上入泥丸，此真沐真浴，萬倍於外之水火也。又曰：不欲遠唾以損炁，不欲疾步以損筋，不欲極視而昏精，不欲極聽而傷腎，不欲久立而傷骨，不欲久卧而傷肉。多睡濁神，頻醉散炁，多汗損血，力困傷形。奔車走馬，炁亂而神驚；望高登峻，魄散而魂飛。養形之道，安而不勞，勞而不乏其力；靜而不撓，撓而不亂其炁。外有所補，内有所益，然後識五行以保全衝和之炁，外固内真，兩皆得趣，可以長久矣。

《西山群仙會真記·識時》

《洞玄經》曰：有形者，不能無名；有名者，難逃於數。大則天地陰陽，昇降不失其宜；明則日月魂魄，往來自有其度。差之毫末，失之顛倒。陰陽有愆伏，則四序亂，而不能生成萬物；寒暑代謝仰，則八候差，而不能運轉一炁。人爲萬物之貴，一炁之靈。大則取象乎天地，無乖昇降之宜；明則取法乎日月，不亂經營之度。定之以時，應之以數，於道也，夫何遠哉！

《西山記》曰：大道無形，生育天地。温涼寒暑，以年一交合，交合不失其時，一年之後有一年。大道無情，運行日月。弦望晦朔，一月一往來，往來不失其時，一月之後有一月。大道無名，長養萬物。勿謂春生夏長也，而梅艶菊芳；勿謂秋收冬藏也，而栢寶松茂。因時日受炁，因炁發生。無知之草木如是，最靈而爲人者，胡不順養真性，而修鍊形軀耶！鶴知夜半，燕識戊己，因陰感陽，緣水避土。蛇於巳日不過道，鶯於春時自出谷。無識之禽獸如是，最貴而爲人者，何不順時養元陽而收藏真氣耶？嗟無知之徒，自炁足之後，走失耗散，八百一十丈元炁，久久而損。豈知真炁大運隨天，春在肝，夏在心，秋在肺，冬在腎。元炁小運隨日，子在腎，卯在肝，午在心，酉在肺。天地之春夏秋冬，日月之弦望晦朔，人之子午卯酉，正相合也。冬，陰也，陰中陽生而爲温，則曰春也；是陽爲主而陰爲客，陽中又陽生而爲熱，則曰夏也；夏，陽也，陽中陰生而爲涼，則曰秋也；是陰爲主而陽爲客，陰中又陰生而爲寒，則曰冬也。此天地之四時矣。旦則暗也，魄生而爲明，則曰上弦；上弦之後，魂爲體而魄爲用，魂中又魂生而曰望矣；望則明也，魂中魄生而爲暗，則曰下弦；下弦之後，魄爲體而魂爲用，魄中又魄生，而曰晦矣，是日月之四時矣。天地有三百六十日，日月有三百六十時，人有三百六十度。天地有二十四炁，日月有二十四度，人有二十四時。自子至午，炁生之時，陽也；自午至子，炁謝之時，陰也。寅、辰、午、申、子、戌，陽生之六時；卯、巳、未、酉、亥、丑，陰生之六時。甲、丙、戊、庚、壬，五行之陽時；乙、丁、己、辛、癸，五行之陰時。辰則太陰而卯則陽明，寅則少陽而丑則太陽，子則少陰而亥則厥陰，戌則太陽而酉則陽明，申則少陽而未則太陰，午則少陰而巳則厥陰。午則腎炁交心炁，以下而上，三陽炁聚之時；子則心炁交腎炁，以上而下，三陰炁聚之時。魂爲陰中之陽，其炁生於卯初；魄爲陽中之陰，其炁生地酉末。養陽不在春夏，春夏所以養陽者，以炁在心與肝也；養陰不在秋冬，秋冬所以養陰者，以炁在腎與肺。夏至之後，真汞積於絳宫；冬至之後，真鉛積於丹田。木運交天一二十五度，是時巽也，以陽交陽，當此收之而成大藥。金運交靈符二十五度，是乾也，以陰交陰，當此鍊之而號還丹。鍊形起火，須在炁昇之前；聚火還元，必用陰降之際。鍊形住世，以炁爲先，用五行相尅之時；鍊炁超凡，以時爲先，使三田返復之候。修真之士，不見功者，以旺時不收，損時不補，散時不聚，合時不取，無時不求，還時不鍊。不知交會之時，又無採取之法。蹉時亂日，不見尺寸之功。安得比天地長久，日月堅固哉？

《西山群仙真會記・識物》《洞天語録》曰：以言言道，得其緒餘，故得道所以忘言；以象求意，得其髣髴，故得意所以忘象。然道不在言也，以先知覺後知，非言不足以求理。然意在象也，以大明決小明，非象不足以陳義。言以示其理，象以顯其義，則大道玄意，默會無象無言之間。始也，詳言密語，恐彼之不悟；比物立象，恐彼之不知。及夫目擊道存，不在言也；心同意會，不在象也。

《西山記》曰：形而上者道，形而下者器。上以下爲基，道以器爲用。如《鍾離祕訣》曰：以心爲天，腎爲地，肺爲月，肝爲日。日月天地，物之大明者也。《崔玄真祕訣》曰：以腎氣爲嬰兒，心液爲姹女，肝炁陰中之陽，爲日中之魂。肺氣陽中之陰，爲月中之魄。兒女魂魄，物之靈而神者也。如心爲朱雀，腎爲玄武，肝爲青龍，肺爲白虎，亦是四象也。

葛仙公曰：嬰兒爲心液之上，正陽之炁。姹女是腎炁之中，真一之水。金公乃肺之老陽，黄婆其陽微弱，當使之復還下田。餘液是老陰，腎液到脾液，真陽近少陰，其陰衰弱，當使之復還下田。此四象之説詳矣。

太白真人曰：五行顛倒術，龍從火裏出。五行不順行，虎向水中生。龍本東方甲乙之物，而出於火中者，心液之上正陽之炁也，則曰陽龍出自離宫。虎乃西方庚辛之物，而生於水中者，腎炁之中，真一之水也，則曰陰虎生於坎位。然而龍是陽物，昇舉自在，而在水中，乃陰中之陽，故比心液之上正陽之炁也。虎是陰物，奔馳自在，而居陸地，乃陽中之陰，故比腎炁之中，真一之水也。老君言：恍恍惚惚，其中有物者，爲炁中之有水而負陰者是也。杳杳冥冥，其中有精者，爲液中之有炁而抱陽者是也。

陰真君曰：北方正炁號河車。車謂運載物於陸地，往來無窮。而曰河車者，取意於人身之内，萬陰之中，有一點元陽上昇，薰蒸其胞絡，上生元炁，自腎炁傳肝炁，肝炁傳心炁，心炁傳肺炁，肺炁傳腎炁，而曰小河車也。肘後飛金晶，自尾閭穴起，從下關過中關，中關過上關，自上田至中田，中田至下田，而曰大河車也。純陰下降，真水自來。純陽上昇，真火自起。一升一沉，相見於十二樓前，顆顆還丹，而出金光萬道，則曰紫河車也。故車行於河，如炁在血絡之中。炁中暗藏真水，如車載物，所謂河車者，詳矣。

廣成子以内事教黄帝，久不見功，乃於崆峒山鍊大藥。五金之中鉛爲黑金，黑金之中而取銀。八石之中，砂爲赤石，赤石之中而取汞。以汞合銀爲寶，故有鉛汞之説。鉛者，腎之所藏真炁。汞者，陰陽所合自己之真精也。真陰真陽，以成大藥。火候無差，精變爲汞，汞變爲砂，砂變爲丹，而曰真鉛是也。金晶肘後飛入上宫，自頂而入下田。真火前起，昇入泥丸，自心而過重樓。一陰一陽，上水下火，而爲既濟。奔於元海，而曰紫金丹，故曰真汞者是也。此鉛汞之理，詳矣。以物推求，陽比象動而昇舉之於陰，比於靜而凝滯之物，不必多識，象不必多求，止於純陰純陽，二炁交結而爲大藥。然陽中有真陰，陰中有真陽，乃陽交陰，陰交陽，陽交陽，陰交陰，陰陽有四交也。及乎陰合陽，陽合陰，陰合陰，陽合陽，陰陽有四合也。四交四合，大應於地之八節，明應日月之八候。廣記多識，不止損神傷炁，而且議論差別，適以廢時亂日，終無益也。

《西山群仙會真記・養生》《三元真經》曰：人物異形，受生惟一炁，魂得之於天，體魄得之於地。無形無象，自空中來，即父精母血，以無爲有，三百日胎完，胎完炁足則生，是由無而有，不善養生，則以有還無矣。血炁方剛，以所有之神炁，復與於兒女；血炁既衰，將已有之魂魄，復還於天地。故生中起滅，以滅止生，炁斷神散，而無生矣。善人君子，莫不欲生，而不知養生之時，以天地爲法，日月爲本。陰絶陽生，陽絶陰生，生生不窮，天地所以長久；魄往魂來，來往不已，日月所以長久。是知，炁在養而不弱，形在養而不悴，内外養之無差，故得與天地、日月同長久也。

《西山記》曰：古今聖賢，談養生之理者，著養生論者，不爲少矣。又曰：少私寡欲，少私寡欲者，可以養心。又曰：絶念忘機，絶念忘機者，可以養神。又曰：飲食有節，飲食有節者，可以養形。又曰：務逸有度，務逸有度者，可以養亂。又曰：入清出濁，入清出濁者，可以養炁。又曰：絶淫戒色，絶淫戒色者，可以養精。養生之道，不在於此。所生微也，善養者從微至著；所生小也，善養者自小及大。當旺時養而取之，當衰時養而補之。如春養脾，秋養肝，夏養肺，冬養心。鍊形則起火，還丹則聚炁，此年中用月，不失養生之道也。及春夏養陽，以真炁隨天。大運在肝與心，心肝者，炁昇之所；秋冬養陰，以真炁隨天，大運在肺與腎，腎肺者，液降之所。此陰陽傳送，不失養生之道也。及腎炁生於子時，一陽生於二陰之中，當此之時，若澄心靜慮，閉目昇身，想火輪起於丹田，是炁生而養之有法也；及肝炁生於卯時，一陽生於二陰之下，當此之時，若孤坐閉目，多入少出，存兒女

相見，於黃屋之中，而産就嬰兒，是陽生而養之有法也；及心炁生於午時，一陰生於二陽之中，當此之時，若忘言絶念，滿口含津，攻心炁不散，存龍虎交媾於煙焰之中，而盤金鼎，奔流於下，是丹田炁生，而養之有法也；及肺炁生於酉時，一陰生於二陽之上，當此之時，若閉目冥心，以腹肚微脇，存大火炙於鼎中，鼎中有三昧，炎炎不絶，三昧齊發，是陰生而養之有時也。及夫三百日胎完而真炁生，養其真炁而鍊之生神，五炁朝元，三花聚頂，五百日陽神生，養其陽神而鍊之合道，是生形已來，養之而生真炁，自生炁以來，養之而生法身，身外有身，超凡入聖，養生之道備於此矣！

《西山群仙會真記·養壽》《三清真録》曰：父母之真陰真陽二炁，以精血爲胞胎，胎完炁足而爲形矣。集靈資道，神炁相合而爲壽定矣。大壽一萬二千歲，守朴任具，雖亡而道不亡也；中壽一千二百歲，留形住世，道在而身亦在也；下壽一百二十歲，知之修鍊，可以安樂延年，不知修鍊，走失耗散。在我者，不爲我之所有，而又外觸禁忌，暗除年算，一算爲三百日壽。一歲爲本數之壽，一紀爲正紀之壽。無知少學，以小惡爲無傷，積惡以至於滅身；以小損爲無害，積損以至於滅生。始以滅一算，次以除本數，終以除一紀，未及中年，夭之大半。仙子真人，憫而哀之。雖有超脱之法，必先養壽之方，審而用之，可延至大壽。不憚修持千日，自有超凡之道。

《西山記》曰：雖知養生之理，不悟修行之法，則生亦不長；雖知修鍊之方，不知養壽之道，則修亦無驗。故養壽者，凡以禁忌而防其禍。行不多言，恐神散而損炁；睡不張口，恐炁泄而損神。臨危登峻，則魂飛；翫殺看鬭，則炁結。吊死問病，則喜神自散；臥濕當風，則真炁日弱。古廟兇祠不可入，人之則神驚；狂禽異獸不可戲，戲而則神恐。對三光濡溺，折人年壽；賀四重深恩，滅人大數。飲宴於聖像之側，魂魄不安；坐臥於墓塚之間，精神自散。枯木大樹之下不可息，防九陰之炁觸人陽神；深水大澤不可渡，恐至寒之性逼人真炁。出衆華卉不可折，防招妖狂入室；非時果實不可食，防帶邪炁入腹。妄言綺語，非患難不可頻説，説之滅人正壽；肥甘醇酒，非會合不可頻飲，餌之除人本禄。負賢忘恩，必有禍應；輕財毀物，自無福生。大山勿深入，入之必兇；美物勿酷愛，愛之勿吉。損人傷物，以冤報冤，嫉賢妒能，以怨起怨。虛傳妄授，慢友輕師，此類或有觸犯，雖得正訣遇異人。大道未就，先爲此除其壽。以罪當功，竟不能速成也。善養壽者，以法修其内，以理驗其外。修内則秘精養炁，安魂清神，形神俱妙，與天地齊年。鍊神合道，超凡入聖也。驗外則救貧濟苦，慈物利人，孝於家，忠於國，順於上，憫於下，害不就利，忙不求閑，凡以方便爲心，勿以人我介意，方始奉道，多遇至人，自得真法。及夫下功之後，少有患難，速得圓成。然是修養所致，亦是陰德報之。苟不達養壽之宜，安得内外齊成乎！

《養生辯疑訣·修道》一氣無方，與時消息。萬物生死，共氣盛衰。處自然之間，而皆不知所以然而然，其所稟習，在覆載之下，有形者先知其本，知其本則求無不通。脩道先須正其源，正其源則流無不應。若棄其本而外求，背其源以邪究，雖獵盡百家，學窮諸子，徒廣虛論功條，其攝養之效。得者觀之，實爲自誤耳。今歷觀世間，好道之流，不可勝數。雖知恬淡以自守，全不知恬淡之中有妙用矣。雖知虛無以爲理，全不知虛無之中而無不爲矣。若不知虛無恬淡妙用之理，徒委志於寂默之間，妄作於形神之外，是謂無益之用，非攝生之鴻漸也。且神由形住，形以神留，神苟外遷，形亦難保。抑又服餌草木、金石以固其形，而不知草木、金石之性，不究四時逆順之宜，久而服之，反傷和氣，遠不出中年之内，疾害俱生。使夫輕薄之流，皆謂繫風捕影，不可得矣。黐以學者爲不肖，以真隱爲詭道，不亦傷哉！惑人嘗以此事而譏余曰：吾聞學道可致長生，吾自童年至於暮齒，見學道之人，已千數矣。服氣絶粒者，驅役考召者，清靜無欲者，修仙鍊行者，如斯之流，未有不聞其死者也。身歿幽壤之下，徒以屍解爲名，推此而論之，蓋得者猶靈骨耳，非可學而得之。余聞斯論，不覺心憝於内，神恍于外，沈吟之間，乃太息而應之曰：觀子向來所説，實亦鄙之甚矣，迷之尤矣。令世人，學人間之事，猶有成與不成，又況妙本玄深，昏昏默默，胡可造次而得之。且大道無親，感之即應，苟云靈骨，無乃踈乎。然夫服氣絶粒者，且道家之所尚，人苟得之，皆有不食之功，身輕之效，便自言腸胃無滓，立致雲霓，形體獲輕，坐希鸞鶴。採餌者，復以毛女爲憑，呼吸者，又引靈龜作證，曾不知真氣暗滅，胎精内枯，猶執滯理於松筠，守迷端於翰墨，良可嗟矣！寧所恠乎，至於驅役考召之流，蓋是道中之法事，研討至精，窮其真誥，誠爲身外之虛名，妄作人間之孟浪，在己無徵於延，益於人有驗於軫，攘亂構休，祥徒陳禍，福如斯之輩，並匪保生之道也。或以清靜無爲，深居絶俗，形同槁木，志類死灰，不知天地動用之心，不察陰陽運行之理，如此則雖遊恍惚，其恍惚而無涯。縱合窅冥，其窅

冥而莫測。黐使希夷之外，神用罔然，虛白之中，玄關失守。言議之際，中有高真，喟然而嘆曰：守一非一，履真非真，此亦近爲門階之由，殊未窺其室中之用矣。大凡保氣棲神，不可以湛然而得之，亦不可以元然而守之，且神無方而氣常運，形至靜而用無窮。是知保氣者，其要在乎運。棲神者，其祕在乎用。吾嘗聞之於師曰：體虛而氣周，形靜而神會，此蓋爲世之玄機，無名之大用矣。

《靈寶畢法・聚散水火》 《金誥》曰：所謂大道者，高而無上，引而仰觀，其上無上，莫見其首；所謂大道者，卑而無下，俛而俯察其下無下，莫見其基，始而無先，莫見其前，終而無盡，莫見其後。大道之中而生天地，天地有高下之儀。天地之中而有陰陽，陰陽有始終之數。一上一下，仰觀俯察，可以績其機一始一終，度數籌筭，可以得其理。以此推之，大道可知矣。

《真原》曰：即天地上下之位，而知天地之高卑；即陰陽終始之期，而知天道之前後。天地不離於數，數終於一歲。陰陽不失其宜，分於八節。冬至一陽生，春分陰中陽半，過此純陽而陰盡；夏至太極而一陰生，升降如前，上下終始。雖不能全盡大道，而不失大道之體。欲識大道，當取法於天地，而審於陰陽之宜也。《比喻》曰：以心腎比天地，以氣液比陰陽，以一日比一年，日用艮卦比一年，用立春之節，乾卦比一年，用立冬之節。天地之中，親乎下者爲陰，自下而上四萬二千里，乃曰陰位，冬至陽生而上升，時當立春，陽升於陰位中二萬一千里，是陽難勝於陰也；天地之中，親乎上者爲陽，自上而下四萬二千里，乃曰陽位，夏至陰生而下降，時當立秋，陰降於陽位之中二萬一千里，是陰難勝於陽也。時當立夏，陽升而上，離地六萬三千里，去天二萬一千里，是陽得位而陰絕出；時當立冬，陰降而下，離天六萬三千里，去地二萬一千里，是陰得位而陽絕也。一年之中，立春比一日之時，艮卦也，腎氣下傳膀胱，在液中微弱，難升也；一年之中，立冬比一日之時，乾卦也。乾卦心液下入，將欲還元，復入腎中，乃陰盛陽絕之時也。人之致病者，陰陽不和，陽微陰多，故病多。

《真訣》曰：陽升立春，自下而上，不日而陰中陽半矣。艮卦氣。微丑寅。陰降立冬，自上而下，不日而陽中陰半矣。乾卦氣，散成亥。天地之道如是，惟人也，當艮卦氣微，不知養氣之端，乾卦氣散，不知聚氣之理。日夕以六慾七情耗散元陽，使真氣不旺，走失真氣，使真液不生。所以不得如天地之長久者，蓋以此矣。故古人朝屯暮蒙，日用二卦，乃得長生在世。朝屯者，蓋取一陽在下，爲屈而未伸之義，其在我者，養而伸之，勿以耗散；暮蒙者，蓋取童蒙求我，以就明棄暗，乃陰間求陽之義。其在我者，昧而明之，勿以走失。是以日出當用艮卦之時，以養元氣，勿以利名動其心，勿以好惡介其意，當披衣靜坐，以養其氣，絕念忘情，微作導引，手腳遞互，伸縮三五下，使四體之氣齊生，內保元氣上升，以朝於心府，或嚥津一兩口，搓摩頭面三二十次，呵出終夜壅聚惡濁之氣，久而色澤充美，肌膚光潤。艮卦養元氣。又於日入，用乾卦之時，以聚元氣，當入室靜坐，嚥氣搐外腎。嚥氣者，是納心火於下。搐外腎者，是收膀胱之氣於內，乾卦元氣。聚上下相合腎氣之火，三火聚而爲一，以補暖下田，無液則聚氣生液，有液則煉液生氣，名曰聚火，又曰太一舍真氣也。早朝嚥津摩面，手足遞互伸縮，名曰散火，又名曰小煉形也。

《道要》曰：花殘葉落深秋，楊妃懶上危樓。欲得君民和會，當時宴罷頻收。此納心氣而收膀胱氣，不令耗散而相合腎氣，以接坎卦氣海中新生之氣也。必以交立冬爲首，見驗方止。行持不過一年，奪功以一歲三百日爲期。旬日見驗，容顏光澤，而肌膚充悅，下田溫暖，小便減省，四體輕健，而精神清爽，痼疾宿病，盡皆消除。如惜歲月，不倦行持，只於匹配陰陽功內稍似見驗，叙入此功，日用添入艮卦，畧行此法，乾卦三元用事，應驗方止。三元乾，艮震也。

解曰：花殘葉落深秋者，如人氣弱，日暮之時，陽氣散而不升，故曰懶上危樓。樓者，重樓也。心爲君火，膀胱民火，嚥氣搐外腎，故心與外腎氣聚而爲一，故曰和會。宴乃嚥也，收乃搐也。早辰功不絕者，此法爲主本也。

《鍾呂傳道集・論大道》 呂曰：所謂大道者，何也？鍾曰：大道無形、無名、無問、無應。其大無外，其小無內，莫可得而知也，莫可得而行也。

呂曰：古今達士，始也學道，次以有道，次以得道，次以道成。而於塵世人蓬島，昇於洞天，昇於陽天，而昇三清，是皆道成之士。今日尊師獨言道不可得而知，不可得而行，然於道也，獨得隱乎？

鍾曰：僕於道也，固無隱爾。蓋舉世奉道之士，止有好道之名。使聞大道，而無信心。雖有信心，而無苦志。朝爲而夕改，坐作而立忘。始乎憂勤，終則懈怠。僕以是言，大道難知難行也。

呂曰：大道難知難行之理如何？鍾曰：以傍門小法，易爲見功，而

俗流多得互相傳授，至死不悟，遂成風俗，而敗壞大道。有齋戒者，有休糧者，有採氣者，有漱嚥者，有離妻者，有斷味者，有禪定者，有不語者，有存想者，有採陰者，有服氣者，有持淨者，有息心者，有絕累者，有開頂者，有縮龜者，有絕迹者，有看讀者，有燒鍊者，有定息者，有導引者，有吐納者，有採補者，有布施者，有供養者，有救濟者，有入山者，有識性者，有不動者，有授持者。傍門小法，不可備陳。至如採日月之華，奪天地之氣，心思意想，望結丹砂，屈體勞形，欲求超脫，多入少出，攻病可也。認爲真胎息，絕念忘言，養性可也。指作太一含真氣，金槍不倒，黄河逆流，養命之下法。形如槁木，心若死灰，集神之小術。奈何古今奉道之士，苦苦留心，往往掛意，以嚥津爲藥，如何得造化？聚氣爲丹，如何得停留？指肝爲龍而肺爲虎，如何得交合？認坎爲鉛，而離爲汞，如何得抽添？四時澆灌，望長黄芽。一意不散，欲求大藥。差年錯月，廢日亂時，不識五行根蒂，安知三才造化？尋枝摘葉，迷惑後人，致使大道日遠日疎，異端並起，而成風俗，以失先師之本意者，良由道聽塗說，口耳之學，而指訣於無知之徒，遞相訓式，節序而入於泉下，令人寒心。非不欲開陳大道，蓋世人業重福薄，不信天機，重財輕命，願爲下鬼。

呂曰：小法傍門，既已知矣。其於大道，可得聞乎？

鍾曰：道本無問，問本無應，及乎真原一判，大朴已散。道生一，一生二，二生三。一爲體，二爲用，三爲造化。體用不出於陰陽，造化皆因於交媾。上中下列爲三才，天地人共得於一道。道生二氣，二氣生三才，三才生五行，五行生萬物。萬物之中，最靈最貴者，人也。惟人也窮萬物之理，盡一己之性，窮理盡性，以至於命，全命保生，以合於道，當與天地齊，其堅固而同得長久。

呂曰：天長地久，亘千古以無窮。人壽百歲，至七十而尚稀。何道之獨在於天地，而遠於人乎？

鍾曰：道不遠於人，而人自遠於道矣。所以遠於道者，養命不知法；所以不知法者，下功不識時；所以不識時者，不達天地之機也。

《鍾呂傳道集·論天地》 呂曰：所謂天地之機，可得聞乎？

鍾曰：天地之機，乃天地運用大道，而上下往來，行持不倦，以得長久堅固，未嘗輕泄於人也。

呂曰：天地之於道也，如何謂之運用之機？如何謂之行持之機？運用如何起首？行持如何見功？

鍾曰：大道既判而有形，因形而有數。天得乾道，以一爲體，輕清而在上，所用者陽也；地得坤道，以二爲體，重濁而在下，所用者陰也。陽昇陰降，互相交合，乾坤作用，不失於道。而起首有時，見功有日。

呂曰：天得乾道，所用者陽也，陽主昇，何以交於地？地得坤道，所用者陰也，陰主降，何以交於天？天地不交，陰陽如何得合？陰陽不合，乾坤如何作用？乾坤既無作用，雖有起首之時，見功之日，大道如何可得也？

鍾曰：天道以乾爲體，陽爲用，積氣在上；地道以坤爲體，陰爲用，積水在下。天以行道，以乾索於坤，一索之而爲長男，長男曰震；再索之而爲中男，中男曰坎；三索之而爲少男，少男曰艮。是此，天交於地，以地道索坤道而生三陽；及乎地以行道，以坤索於乾，一索之而爲長女，長女曰巽；再索之而爲中女，中女曰離；三索之而爲少女，少女曰兑。是此，地交於天，以坤道索乾道而生三陰。三陽交合於三陰而萬物生，三陰交合於三陽而萬物成。天地交合，本以乾坤相索，而運行於道。乾坤相索，而生六氣，六氣交合，而分五行，五行交合，而生成萬物。方其乾道下行，三索既終，其陽復升，陽中藏陰，上還於天；坤道上行，三索既終，其陰復降，陰中藏陽，下還於地。陽中藏陰，其陰不消，乃曰真陰，真陰到天，因陽而生，所以陰自天降，陰中能無陽乎？陰中藏陽，其陽不滅，乃曰真陽，真陽到地，因陰而發，所以陽自地昇，陽中能無陰乎？陽中藏陰，其陰不消，復至於地；陰中藏陽，其陽不滅，復到於天。週而復始，運行不已，交合不失於道，所以長久堅固者如此。

呂曰：天地之機，運行於道，而得長久，乃天地作用之功也。惟人也，雖有聰明之性，留心於清靜，欲以奉行大道，小則安樂延年，中則長生不死，大則脱質昇仙。如何作用，運行大道，法動天機，而亦得長久堅固，浩劫常存。

鍾曰：大道無形，因彼之所得而爲形；大道無名，因彼之所有而爲名。天地得之，而曰乾道、坤道；日月得之，而曰陰道、陽道；人若得之朝廷，則曰君臣之道。閨門則曰夫婦之道，鄉黨則曰長幼之道，庠序則曰朋友之道，室家則曰父子之道。是此，見於外者，莫不有道也。至如父母交會，其父則陽先進，而陰後行，以真氣投真水，心火與腎水相交，鍊爲精華。精華既

出，逢母之陰先進，以水滌蕩於無用之處，逢母之陽先進，以血承受於子宮之前。精血爲胞胎，胞含真氣而入母子宮。積日累月，真氣造化成人。如天地行道，乾坤相索，而生三陰三陽。真氣爲陽，真水爲陰，陽藏水中，陰藏氣中。氣主於昇，氣中有真水；水主於降，水中有真氣。真水乃真陰也，真氣乃真陽也。真陽隨水下行，如乾索於坤，上曰震，中曰坎，下曰艮。以人比之，以中爲度，自上而下，震爲肝，坎爲腎，艮爲膀胱，真陰隨氣上行，如坤索於乾，下曰巽，中曰離，上曰兑，以人比之，以中爲度，自下而上，巽爲膽，離爲以，兑爲肺。形像既備，數足離母。既生之後，元陽在腎，因元陽而生真氣，真氣朝心，因真氣而生真液，真液還元，上下往復。若無虧損，自可延年，如知時候無差，抽添有度，自可長生。若以造作無倦，修持不已，陰盡陽純，自可超凡入聖。此乃天機深造之理，古今不傳之事。公若信心而無猶豫，以名利若枷杻，恩愛如寇讎，避疾病若怕死亡之難，防失身於別殼，慮透靈於異類，委有清靜之志，當且壯其根源，無使走失元陽，耗散真氣。氣盛而魂中無陽，陽壯而魄中有氣。一昇一降，取法無出天地；一盛一衰，其來亦似日月。

《鍾呂傳道集・論日月》 呂曰：天地之理亦粗知矣，其日月之躔度交合，於人可得比乎？願聞其說。

鍾曰：大道無形，生育天地。大道無名，運行日月。日月者，太陰太陽之精，默紀天地交合之度，助行生成萬物之功，東西出沒，以分晝夜，南北往來，以定寒暑。晝夜不息，寒暑相催，而魄中生魂，魂中生魄，進退有時，有失乾坤之數；往來有度，無差天地之期。

呂曰：東西出沒，以分晝夜，何也？

鍾曰：混沌初分，玄黄定位。天地之狀，其形如卵，六合於中，其圓如毬。日月出沒，運行於一天之上，一地之下，上下東西，週行如輪。凡日之東出而西，未沒爲晝；西沒而東，未出爲夜。是此日之出沒以分晝夜也。若月之出沒，不同於日，載魄於西，受魂於東，光照於夜而魂藏於晝，積日累時，或出或沒。自西而東，其始也，魄中生魂，狀若彎弓，初夜而光照於西；其次也，魄中魂半，時應上弦，初夜而光照於南；其次魄中魂滿，與日相望，初夜而光照於東；其次也，魂中生魄，狀如缺鏡，初晝而魂藏於西；其次也，魂中魄半，時應下弦，初晝而魂藏於南；其次也，魂中魄滿，與日相背，初晝而魂藏於東。是此，月之出沒，以分晝夜也。

呂曰：南北往來，以定寒暑者，何也？

鍾曰：冬至之後，日出辰初五十分，日沒申末五十分，過此以往，出沒自南而北，以夏至爲期；夏至之後，日出寅末五十分，日沒戌初五十分，過此以往，出沒自北而南，以冬至爲期。自南而北，以冬至夏，乃寒爲暑也；自北而南，以夏至冬，乃暑爲寒也。夏之日乃冬之夜也，冬之日乃夏之夜也。冬至之後，月出自北而南，比於夏之日也；夏至之後，月出自南而北，比於冬之日也。是此，日月之往來，以定寒暑者也。

呂曰：天地之機，陰陽昇降，正與人之行持無二等，若此日月之出沒往來，交合躔度，於人可得比乎？

鍾曰：天地之機，在於陰陽之昇降，一昇一降，太極相生，相生相成，週而復始，不失於道而得長久。修持之士，若以取法於天地，自可長生而不死。若比日月之躔度，往來交合，止於月受日魂，以陽變陰，陰盡陽純，月華瑩淨，消除暗魄，如日之光輝照耀於下土。當此時，如人之修鍊，以氣成神，脱質昇仙，鍊就純陽之體也。

呂曰：修真奉道之士，其於天地陰陽昇降之理，日月精華交合之度，下手用功，而於二者何先？

鍾曰：始也法效天機，明陰陽昇降之理，使真水真火合而爲一，鍊成大藥，永鎮丹田，浩劫不死而壽齊天地。如厭居塵世，用功不已，當取日月之交會，以陽鍊陰，使陰不生，以氣養神，使神不散，五氣朝元，三花聚頂，謝絶俗流，以歸三島。

呂曰：若此之功驗，深達旨趣，所患不知時節矣。

鍾曰：天地之陰陽昇降，一年一交合；日月之精華往來，一月一交合；人之氣液，一晝一夜一交合矣。

《鍾呂傳道集・論四時》 呂曰：天地日月之交合，年月日時，可得聞乎？

鍾曰：凡時有四等，人壽百歲。一歲至三十，乃少壯之時；三十至六十乃長大之時；六十至九十，乃老耄之時；九十至百歲，或百二十歲，乃衰敗之時也。是此，則曰身中之時，一等也。若以十二辰爲一日，五日爲一候，三候爲一氣，三氣一節，二節爲一時，時有春夏秋冬。時當春也，陰中陽半，其氣變寒爲溫，乃春之時也；時當夏也，陽中有陽，其氣變溫爲熱，乃夏

之時也；　時當秋也，陽中陰半，其氣變熱爲涼，乃秋之時也。時當冬也，陰中有陰，其氣變涼爲寒，乃冬之時也。是此，則曰年中之時，二等也。若以律中起呂，呂中起律，凡一月三十日，三百六十辰，三千刻，一十八萬分。月旦至上弦，陰中陽半；自上弦至月望，陽中陽；自月望至下弦，陽中陰半；自下弦至晦朔，陰中陰。是此，日月中之時，三等也。若以六十分爲一刻，八刻二十分爲一時，一時半爲一卦，言其卦，定八方，論其正，分四位，自子至卯，陰中陽半，以太陰中起少陽；自卯至午，陽中有陽，純少陽而起太陽；自午至酉，陽中陰半，以太陽中起少陰，自酉至子，陰中有陰，純少陰而起太陰。是此則曰日中之時，四等也。迅難得而易失者，身中之時也。去速而來遲者，年中之月也；急若電光，速如石火者，日中之辰也。積日爲月，積月爲歲，歲月蹉跎，年光迅速，貪名求利，而妄心未除，愛子憐孫，而恩情又起，縱得回心向道，爭奈年老氣衰，如春雪秋花，止有時間之景，夕陽曉月，應無久遠之光。奉道之士，難得者身中之時矣。艷陽媚景，百卉芬芳，水榭危樓，清風快意，月夜閑談，雪天對飲，恣縱無窮之樂，消磨有限之時。縱得回心向道，須是疾病纏身，如破舟未濟，誰無求救之心，漏屋重完，忍絕再修之意。奉道之士，虛過者年中之時也。鄰雞未唱，而出戶嫌遲；街鼓偏聞，而歸家恨早。貪癡爭肯暫休，妄想惟憂不足。滿堂金玉，病來著甚抵當，一眼兒孫，氣斷誰能替換？曉夜不停，世人莫悟。奉道之士，可惜者，日中時也。

呂曰：身中之時，年中之時，月中之時，日中之時，皆是時也。尊師獨於身中之時爲難得，又於日中之時爲可惜者何也？

鍾曰：奉道者，難得少年。少年修持，根元完固，凡事易爲見功，止於千日而可大成也。奉道者又難得中年，中年修持，先補之完備，次下手進功，始也返老還童，後即入聖超凡也。奉道者，少年不悟，中年不省，或因災難而留心清靜，或因疾病而志在希夷。晚年修持，先論救護，次說補益，然後自小成法，積功以至中成，中成法積功，止於返老還童，鍊形住世，而五氣不能朝元，三陽難爲聚頂，脫質昇仙，無緣而得成。是難得者，身中之時也。

呂曰：身中之時，固知難得矣。而日中之時可惜者，何也？　鐘曰：人之一日，如日月之一月，如天地之一年。大道生育天地，天地分位，上下相去八萬四千里。冬至之後，地中是昇，凡一氣十五日，上進七千里，計一百八十日，陽昇到天，太極生陰；　夏至之後，天中陰降，凡一氣十五日，下進七千里，計一百八十日，陰降到地，太極復生陽。週而復始，運行不已，而不失於道，所以長久運行日月。日月成形，週圍各得八百四十里；　月旦之後，六中起九，凡一日計十二時，魄如魂進七十里，凡十五日，計一百八十時，魄中魂進八十里；　月望之後，九中起六，凡一日計十二時，魂中魄進七十里，凡十五日，計一百八十時，魂中魄進八百四十里。週而復始，運行不已，而不失於道，所以堅固大道，長養萬物。萬物之中，最靈最貴者，人也。人之心腎，上下相遠，八寸四分，陰陽昇降，與天地無二等；　氣中生液，液中生氣，氣液相生，與日月可同途。天地以乾坤相索，而陰陽昇降，一年一交合，不失於道，一年之後有一年；　日月以魂魄相生，而精華往來，一月一交合，交合不失於道，一月之後有一月；　人之交合雖在一晝一夜，不知交合之時，又無採取之法，損時又不解補，益時又不解收，陰交時不解養陽，陽交時不解鍊陰，月中不知損益，日中又無行持，過了一年無一年，過了一日無一日，當風臥濕，冒暑涉寒，不肯修持，而甘心受病，虛過時光，而端坐候死。

呂曰：奉道之人，非不知年光虛度，歲月蹉跎，而疾病纏身，死限將至。蓋以修鍊不知法，行持不知時，是致陰陽交合有差，時月行持無准。

鍾曰：身中用年，年中用月，月中用日，日中用時。蓋以五藏之氣，月上有盛衰，日上有進退，時上有交合，運行五度而氣傳六候。金木水火土，分列無差，東西南北中，生成有數。鍊精生真氣，鍊氣合陽神，鍊神合大道。

《鍾呂傳道集・論五行》　呂曰：所謂五藏之氣，而曰金木水火土，所謂五行之位，而曰東西南北中。若此如何得相生相成，而交合有時乎？採取有時乎？願聞其說。

鍾曰：大道既判，而生天地，天地既分而列五帝。東曰青帝而行春令，於陰中起陽使萬物生；　南曰赤帝，而行夏令，於陽中昇陽，使萬物長；　西曰白帝，而行秋令，於陽中起陰，使萬物成；　北曰黑帝，而行冬令，於陰中進陰，使萬物死。四時各九十日，每時下十八日，黃帝主之。若於春時，助成青帝而發生；　若於夏時，接序赤帝而長育；　若於秋時，資益白帝而結立；　若於冬時，制攝黑帝而嚴癛。五帝分治，各主七十二日，合而三百六十日，而爲一歲。輔弼天地，以行於道。青帝生子，而曰甲乙，甲乙東方木；　赤帝生子，而曰丙丁，丙丁南方火；　黃帝生子，而曰戊己，戊己中央土；　白帝生子，而曰庚辛，庚辛四方金；　黑帝生子，而曰壬癸，壬癸北方水。見於時而

爲象者，木爲青龍，火爲朱雀，土爲勾陳，金爲白虎，水爲玄武。見於時而生物者，乙與庚合，春則有榆，青而白，不失金木之色；辛與丙合，秋則有棗，白而赤，有失金火之色；己與甲合，夏末秋初有瓜，青而黄，不失土木之色；丁與壬合，夏則有椹，赤而黑，不失水火之色；癸與戊合，冬則有橘，黑而黄，不失水土之色。以類推求，五帝相交而見於時者，生在物者，不可勝數。

呂曰：五行在時若此，五行在人如何？

鍾曰：惟人也，頭圓足方，有天地之象，陰降陽昇，又有天地之機。而腎爲水，心爲火，肝爲木，肺爲金，脾爲土。若以五行相生，則水生木，木生火，火生土，土生金，金生水，生者爲母，受生者爲子。若以五行相剋，則水剋火，火剋金，金剋木，木剋土，土剋水，剋者爲夫，受剋者爲妻。以子母言之，腎氣生肝氣，肝氣生心氣，心氣生脾氣，脾氣生肺氣，肺氣生腎氣。以夫妻言之，腎氣剋心氣，心氣剋肺氣，肺氣剋肝氣，肝氣剋脾氣，脾氣剋腎氣。腎者，心之夫，肝之母，脾之妻，肺之子；肝者，脾之夫，心之母，肺之妻，腎之子；心者，肺之夫，脾之母，腎之妻，肝之子；肺者，肝之夫，腎之母，心之妻，脾之子；脾者，腎之夫，肺之母，肝之妻，心之子。心之見於內者爲脈，見於外者爲色，心寄舌爲門戶，受腎之制伏，而驅用於肺，蓋以夫婦之理如此，得肝則盛，見脾則減，蓋以子母之理如此；腎之見於內者爲骨，見於外者爲髮，以兩耳爲門戶，受脾之制伏，而驅用於心，蓋以夫婦之理如此，得肺則盛，見肝則減，蓋以子母之理如此；肝之見於內者，爲筋，見於外者爲爪，以眼目爲門戶，受肺之制伏，而驅用於脾，蓋以夫婦之理如此，見腎則盛，見心則減，蓋以子母之理如此；肺之見於內者，爲膚，見於外者爲毛，以鼻穴爲門戶，受心之制伏，而驅用於肝，蓋以夫婦之理如此，得脾則盛，見腎則減，蓋以子母之理如此；脾之見於內者爲藏，均養心腎肝肺，見於外者爲肉，以脣口爲門戶，呼吸定往來，受肝之制伏，而驅用於腎，蓋以夫婦之理如此，得心則盛，見肺則減，蓋以子母之理如此。此是人之五行，相生相剋，而爲夫婦，子母傳氣，衰旺見於此矣。

呂曰：心，火也，如何得火下行？腎，水也，如何得水上昇？脾，土也，土在中而承火則盛，莫不下剋於水乎？肺，金也，金在上而下接火則損，安得有生於水乎？相生者遞相間隔，相剋者親近難移，是此五行，自相損剋，爲之奈何？

鍾曰：五行歸原，一氣接引，元陽昇舉而生真水，真水造化而生真氣，真氣造化而生陽神。始以五行定位，而有一夫一婦。腎水也，水中有金，金本生水，下手時要識水中金。水本嫌土，採藥後須得土歸水。龍乃肝之象，虎本肺之神。陽龍出於離宮，陰虎生於坎位。五行逆行，氣傳子母。自子至午，乃曰陽時生陰；五行顛倒，液行夫婦，自午至子，乃曰陰中鍊陽。陽不得陰不成，到底無陰而不死；陰不得陽不生，到底陰絕而壽長。

呂曰：五行本於陰陽一氣。所謂一氣者，何也？

鍾曰：一氣者，昔父與母交，即以精血造化成形。腎生脾，脾生肝，肝生肺，肺生心，心生小腸，小腸生大腸，大腸生膽，膽生胃，胃生膀胱，是此陰以精血造化成形，其陽止在起首始生之處，一點元陽而在二腎，且腎水也，水中有火，昇之爲氣，因氣上昇，以朝於心。心，陽也，以陽合陽，太極生陰，乃積氣生液，液自心降，因液下降，以還於腎。肝本心之母，腎之子，傳導其腎氣以至於心矣。肺本心之妻，腎之母，傳導其心液以至於腎矣。氣液昇降，如天地之陰陽，肝肺傳導，若日月之往復。五行名之數也，論其交合生成，乃元陽一氣爲本，氣中生液，液中生氣。腎爲氣之根，心爲液之源，靈根堅固，恍恍惚惚，氣中自生真水。心源清淨，杳杳冥冥，液中自有真火。火中識取真龍，水中認取真虎，龍虎相交，而變爲黄芽，合就黄芽，而結成大藥，乃曰金丹，金丹既就，乃曰神仙。

呂曰：金丹就而脱質昇仙，以返十洲，固可知矣。如何謂之黄芽？

鍾曰：真龍真虎者是也。

呂曰：龍虎者何也？

鍾曰：龍非肝也，乃陽龍，陽龍出在離宮真水之中；虎非肺也，乃陰虎，陰虎出在坎位真火之中。

《鍾呂傳道集·論水火》呂曰：人之長生者，鍊就金丹，欲鍊金丹，先採黄芽，欲得黄芽，須得龍虎。所謂真龍出於離宮，真虎生於坎位，離坎之中而有水火。水火者，何也？

鍾曰：凡身中以水言者，四海、五湖、九江、三島、華池、瑤池、鳳池、天池、王池、崑池、元潭、閬苑、神水、金波、瓊液、玉泉、陽酥、白雪，若此名號，不可備陳；凡身中以火言者，君火、臣火、民火而已。三火以元陽爲本，而生

真氣，真氣聚而得安，真氣弱而成病，若以耗散真氣，而走失元陽，元陽盡，純陰成，元神離體，乃曰死矣。

呂曰：人身之中，以一點元陽而與舉三火，三火起於群水衆陰之中，易爲耗散，而難炎熾。若此陽弱陰盛，火少水多，令人速於衰敗，而不得長生，爲之奈何也？

鍾曰：心爲血海，腎爲氣海，腦爲髓海，脾胃乃水穀之海，是此四海者如此。五藏各有液，所主之位東西南北中，是此五湖者如此。小腸二丈四尺，而上下九曲，乃曰九江，小腸之下，元潭之説如此。頂曰上島，心曰中島，腎曰下島，三島之内根源，閬苑之説如此。華池在黄庭之下，瑶池出丹闕之前，崑池上接玉京，天池正衝内院，鳳池乃心肺之間，玉池在唇齒之内，神水生於氣中，金波降於天上，赤龍住處，自有瓊液玉泉，凡胎換後，方見白雪、陽酥。澆灌有時，以沃炎盛，先曰玉液，次曰金液，皆可以還丹。抽添有度，以應沐浴，先曰中田，次曰下田，皆可以鍊形。玉藥金花，變就黄白之體；醍醐甘露，鍊成奇異之香，若此，水之功效。及夫民火上昇，助腎氣以生真水，腎火上昇，交心液而生真氣，小則降魔除病，大則鍊質燒丹。用週天則火起焚身，勒陽關則還元鍊藥。别九州之勢以養陽神，燒三屍之累以除陰鬼。上行則一撞三關，下運則消磨七魄，鍊形成氣而輕舉如飛，鍊氣成神而脱胎如蜕。若此，皆火之功效也。

呂曰：始也聞命，所患者火少水多，而易衰敗；次聽高論，水火有如此之功驗，畢竟如何造化，使少者可以勝多，弱者可以致強？

鍾曰：二八陰銷，九三陽長。赫赤金丹，指日可成。七返九還，而胎仙自化者也。真氣在心，心是液之源；元陽在腎，腎是氣之海；膀胱爲民火，不止於民火，不能爲用。而膀胱又爲津液之府。若以不達天機，罔測玄理，奉道之士，難爲造化，不免於疾病死亡者矣。

呂曰：所謂造化，使陽長陰消，金丹可成，而胎仙自化者，何也？

鍾曰：人之心腎，相去八寸四分，乃天地定位之比也；氣液太極相生，乃陰陽交合之比也；一日十二時，乃一年十二月之比也。心生液，非自生也，因肺液降而心液行，液行夫婦，自上而下，以還下田，乃曰婦還夫宫；腎生氣，非自生也，因膀胱氣昇而腎氣行，氣行子母，自下而上，以朝中元，乃曰夫返婦室。肝氣導引腎氣，自下而上，以至於心。心，火也，二氣相交，薰蒸於肺，肺液下降，自心而來，皆曰心生液，以液生於心而不耗散，故曰真水也；肺液傳送心液，自上而下，以至於腎。腎，水也，二水相交，浸潤於膀胱，膀胱氣上昇，自腎而起，皆曰腎生氣，以氣生於腎而不消磨，故曰真火也。真火出於水中，恍恍惚惚，其中有物，視之不可見，取之不可得也；真水出於火中，杳杳冥冥，其中有精，見之不能留，留之不能住也。

呂曰：腎，水也，水中生氣，名曰真火。火中何者爲物？心，火也，火中生液，名曰真水，水中何者爲精？火中之物，水中之精，既無形狀可求，縱求之而又難得，縱得之而又何用？

鍾曰：前古上聖道成，不離於此二物，交媾而變黄芽，數足胎完，以成大藥，乃真龍真虎者也。

《鍾呂傳道集・論龍虎》 呂曰：龍本肝之象，虎乃肺之神。是此心火之中而生液，液爲真水。水之中杳杳冥冥而隱真龍。龍不在肝，而出自離宫者，何也？是此腎水之中而生氣，氣爲真火。火之中恍恍惚惚，而藏真虎。虎不在肺，而生於坎位者，何也？

鍾曰：龍，陽物也，昇飛在天，吟而雲起，得澤而濟萬物。在象爲青龍，在方爲甲乙，在物爲木，在時爲春，在道爲仁，在卦爲震，在人身中五藏之内爲肝；虎，陰物也，奔走於地，嘯而風生，得山而威制百蟲。在象爲白虎，在方爲庚辛，在物爲金，在時爲秋，在道爲義，在卦爲兑，在人身中五藏之内爲肺。且肝，陽也，而在陰位之中，所以腎氣傳肝氣，氣行子母，以水生木，腎氣足而肝氣生，肝氣既生，以絶腎之餘陰，而純陽之氣上昇者也；且肺，陰也，而在陽位之中，所以心液傳肺液，液行夫婦，以火剋金，心液到而肺液生，肺液既生，以絶心之餘陽，而純陰之液下降者也。以其肝屬陽，以絶腎之餘陰，是以知氣過肝時即爲純陽，純陽氣中，包藏真一之水，恍惚無形，名曰陽龍；以其肺屬陰，以絶心之餘陽，是知液到肺時即爲純陰，純陰液中，負載正陽之炁，杳冥不見，名曰陰虎也。氣昇液降，本不能相交，奈何氣中真一之水，見液相合，液中正陽之氣，見氣自聚。若也傳行之時，以法制之，使腎氣不走失，氣中收取真一之水，心液不耗散，液中採取正陽之炁，子母相逢，互相顧戀，日得黍米之大，百日無差，藥力全。二百日聖胎堅，三百日胎仙完。形若彈丸，色同朱橘，名曰丹藥，永鎮下田，留形住世，浩劫長生，以作陸地神仙。

呂曰：腎水生氣，氣中有真一之水，名曰陰虎，虎見液相合也；心火生液，液中有正陽之氣，名曰陽龍，龍見氣相合也。方以類聚，物以羣分，理當然也。氣生時液亦降，氣中真一之水，莫不隨液而下傳於五藏乎？液生時氣亦昇，液中正陽之氣，莫不隨氣而出於重樓乎？真水隨液下行，虎不能交龍；真陽隨氣上昇，龍不能交虎。龍虎不交，安得黃芽？黃芽既無，安得大藥？

鍾曰：腎氣既生，如太陽之出海，霧露不能蔽其光。液下如踈簾，安足以勝其氣？氣壯則真一之水自盛矣；心液既生，如嚴天之殺物，呼呵不能敵其寒。氣昇如翠幕，安足以勝其液？液盛則正陽之氣或強或弱，未可必也。

呂曰：氣生液生各有時，時生氣也，氣盛則真一之水亦盛。時生液也，液盛則正陽之氣亦盛。盛衰未保，何也？

鍾曰：腎氣易爲耗散，難得者，真虎；心液難爲積聚，易失者，真龍。丹經萬卷，議論不出陰陽，陰陽兩事，精粹無非龍虎，奉道之士，萬中識者一二，或以多聞廣記，雖知龍虎之理，不識交合之時，不知採取之法。所以今古達士，皓首修持，止於小成，累代延年，不聞超脫。蓋以不能交媾於龍虎，採黃芽而成丹藥。

《鍾呂傳道集・論還丹》 呂曰：鍊形成氣，鍊氣成神，鍊神合道，未敢聞命。所謂還丹者，何也？

鍾曰：所謂丹者，非色也，紅黃不可以致之；所謂丹者，非味也，甘和不可以合之。丹乃丹田也，丹田有三，上田神舍，中田氣府，下田精區。精中生氣，氣在中丹，氣中生神，神在上丹；真水真氣，合而成精，精在下丹。奉道之士，莫不有三丹。然而氣生於腎，未朝於中元，神藏於心，未超於上院。所謂精華不能返合，雖三丹，終成無用。

呂曰：玄中有玄，一切之人，莫不有命。命中無精，非我之氣也，乃父母之元陽。無精則無氣，非我之神也，乃父母之元神。所謂精、氣、神，乃三田之寶，如何可得而常在於上中下三宫也？

鍾曰：腎中生氣，氣中有真一之水，使水復還於下丹，則精養靈根，氣自生矣；心中生液，液中有正陽之氣，使氣復還於中丹，則氣養靈源，神自生矣；集靈爲神，合神入道，以還上丹，而後超脫。

呂曰：丹田有上中下，還者既往而有所歸，曰還丹。還丹之理，奧旨淵微，敢告細說？

鍾曰：有小還丹，有大還丹，有七返還丹，有九轉還丹，有金液還丹，有玉液還丹，有以下丹還上丹，有以上丹還中丹，有以中丹還下丹，有以陽還陰丹，有以陰還陽丹，不止於名號不同，亦以時候差別，而下手處各異也。

呂曰：小還丹者，何也？

鍾曰：小還丹者，本自下元。下元者，五藏之主，三田之本。以水生木，木生火，火生土，土生金，金生水，既相生也，不差時候，當生而引未生，如子母之相愛也；以火剋金，金剋木，木剋土，土剋水，水剋火，既相剋也，不失分度，當剋而補未剋，如夫婦之相合也。氣液轉行，週而復始，自子至午，陰陽當生，自卯至酉，陰陽當停，凡一晝夜，復還下丹，巡還一次，而曰小還丹也。奉道之士，於中採藥進火，以成下丹，良由此矣。

呂曰：小還丹既已知矣，所謂大還者，何也？

鍾曰：龍虎相交，而變黃芽，抽鉛添汞，而成大藥。玄武宫中，而金精纔起，玉京山下，而真氣方昇，走河車於嶺上，灌玉液於中衢，自下田入上田，自上田復下田，後起前來，循環已滿，而曰大還丹也。奉道之士，於中起龍虎而飛金精，養胎仙而生真炁，以成中丹，良由此矣。

呂曰：大還丹既已知矣，所謂七返還丹而九轉還丹者，何也？

鍾曰：五行生成之數，五十有五，天一地二，天三地四，天五地六，天七地八，天九地十，一三五七九，陽也，共二十五，二四六八十，陰也，共三十。自腎爲始，水一，火二，木三，金四，土五，此則五行生之數也，三陽而二陰。自腎爲始，水六，火七，木八，金九，土十，此則五行成之數也，三陰而二陽。人身之中，共有五行生成之道，水爲腎，而腎得一與六也；火爲心，而心得二與七矣；木爲肝，而肝得三與八矣；金爲肺，而肺得四與九矣；土爲脾，而脾得五與十矣。每藏各有陰陽，陰以八極而二盛，所以氣到肝，而腎之餘陰絕矣；氣到心，太極而生陰，以二在心而八在肝也；陽以九盡而一盛，所以液到肺，而心之餘陽絕矣。液到腎，太極而生陽，以一在腎而九在肺也。奉道之士，始也交媾龍虎，而採心之正陽之氣，正陽之氣乃心之七也。七返中元，而入下田，養就胎仙，復還於心，乃曰七返還丹者也。二八陰消，真氣生而心無陰，以絕二也。大藥就而肝無陰，以絕八也。既二八陰消，而

九三陽可長矣。肝以絕陽，助於心，則三之肝氣盛矣。七既還心，以絕肺液，而肺之九轉而助心，則九三之陽長，九轉還丹也。

呂曰：七返者，以其心之陽，復還於心，而在中丹。九轉者，以其肺之陽，本自心生，轉而還於心，亦在中丹。七返九轉，既已知矣，所謂金液玉液，上中下相交，陰與陽往復而還丹者，何也？

鍾曰：前賢往聖，多以肺液入下田，而曰金液還丹，心液入下田，而曰玉液還丹。此論非不妙矣，然而未盡玄機。蓋夫肺生腎，以金生水，金入水中，何得謂之還丹？腎剋心，以水剋火，水入火中，何得謂之還丹？金液乃肺液也，肺液爲胎胞，含龍虎，保送在黃庭之中，大藥將成，抽之肘後，飛起其肺液，以入上宫，而下還中丹，自中丹而還下田，故曰金液還丹也，玉液乃腎液也，腎液隨元氣以上昇，而朝於心，積之而爲金水，舉之而滿玉池，散而爲瓊花，鍊而爲白雪，若以納之，自中田而入下田，有藥則沐浴胎仙。若以昇之，自中田而入四支鍊形，則更遷塵骨，不昇不納，週而復還，故曰玉液還丹者也。陰極陽生，陽中有真一之水，其水隨陽上昇，是陰還陽丹者也；陽極生陰，陰中有正陽之氣，其氣隨陰下降，是陽還陰丹者也。補腦鍊頂，以下還上，既濟澆灌，以上還中，燒丹進火，以中還下，鍊質焚身，以下還中。五行顛倒，三田返復，互相交換，以至鍊形化氣，鍊氣成神，自下田遷而至中田，自中田遷而至上田，自上田遷而出天門，棄下凡軀，以入聖流仙品，方爲三遷功成，自下而上，不復更有還矣。

《鍾呂傳道集・論内觀》　呂曰：所謂内觀之理，可得聞乎？

鍾曰：内觀坐忘存想之法，先賢後聖，有取而有不取者，慮其心猿意馬，無所停留，恐因物而喪志，而無中立象。使耳不聞而目不見，心不狂而意不亂，存想事物，而内觀坐忘，不可無矣。奈何少學無知之徒，不知交合之時，又不曉行持之法，必望存想而決要成功。意内成丹，想中取藥，鼻搐口噓，望有形之日月，無爲之天地，留止腹中，可謂兒戲！所以達士奇人，而於坐忘存想，一旦毁之，乃曰夢裏得財，安能濟用？畫地爲餅，豈可充飢？空中又空，如鏡花水月，終難成事。然而有可取者，蓋以易動者片心，難伏者一意，好日良時，可採可取也。雖知清靜之地，奈何心爲事役，志以情移，時比電光，寸陰可惜，毫末有差，而天地懸隔，積年累月而不見功，其失在心亂而意狂者也。善視者，志在丹青之美，而不見泰華；善聽者，志在絲竹之音，而不聞雷霆，耳目之用小矣。尚以如此，況一心之縱横六合而無不該，得時用法之際，能不以存想，内觀而致之乎？

呂曰：所謂存想内觀，大略如何？

鍾曰：如陽昇也，多想爲男、爲龍、爲火、爲天、爲雲、爲鶴、爲日、爲馬、爲煙、爲霞、爲車、爲駕、爲花、爲氣，若此之類，皆内觀存想，如是以應陽昇之象也；如陰降也，多想爲女、爲虎、爲水、爲地、爲雨、爲龜、爲月、爲牛、爲泉、爲泥、爲船、爲葉，若此之類，皆内觀存想，如是以應陰降之象也。青龍、白虎、朱雀、玄武，既有此名，須有此象，五嶽九州，四海三島，金男玉女，河車重樓，呼名比類，不可具述，皆以無中立象，以定神識。未得魚則筌不可失矣，未獲兔則蹄不可無矣。後車將動，必履前車之迹；大器已成，必爲後器之模。則内觀之法，行持不可闕矣。亦不可執之於悠久，絕之於斯須，皆不可也。若以絕念無想，是爲真念，真念是爲真空，真空一境，乃朝真遷化而出昏衢，超脱之漸也。開基創始，指日進功，則存想可用。況當爲道日損，以入希夷之域，法自減省，全在内觀者矣。

呂曰：若以龍虎交媾而匹配陰陽，其想也何似？

鍾曰：初以交合，配陰陽而定坎離。其想也，九皇真人引一朱衣小兒上昇，九皇真母引一皂衣小女下降，相見於黃屋之前，有一黃衣老嫗接引，如人間夫婦之禮，盡時歡悦。女子下降，兒子上昇，如人間分離之事。既畢，黃嫗抱一物，形若朱橘，下抛入黃屋，以金器盛留。然此兒者，是乾索於坤，其陽復還本位，以陽負陰而會本鄉；是此女者，是坤索於乾，其陰復還本位，以陰抱陽，而會本鄉，是曰坎離相交而匹配陰陽者也。若以炎炎火中，見一黑虎而上昇，滔滔浪裏，見一赤龍而下降，二獸相逢，交戰在樓閣之前，朱門大啓，浡浡煙焰之中，有王者指顧於大火焚天，而上有萬丈波濤，火起復落，煙焰滿於在地，龍虎一盤一遶，而入一金器之中，下入黃屋之間，似置在籠櫃之中。若此，龍虎交媾，而變黃芽之想也。

呂曰：匹配陰陽而龍虎交媾，内觀存想既已知之矣。所謂進火燒煉丹藥者，所想如何？

鍾曰：其想也，一器如鼎如釜，或黃或黑，形如車輪，左青龍而右白虎，前朱雀而後玄武，傍有二臣衣紫袍，躬身執圭而立，次有僕吏之類，執薪然火於器，次有一朱衣王者，乘赤馬，駕火雲，自空而來，舉鞭指呼，唯恐火小焰

發，炎炎亘空，撞天欲出，天關不開，煙焰復下，週圍四匝，人物、器釜、王者、大臣，盡在紅焰之中，互相指呼，爭要進火。器中之水，無氣而似凝結，水中之珠，無暗而似光彩。若此，進火燒丹藥之想也。

呂曰：內觀存想，止於採藥進火而有邪？逐法逐事而有邪？

鍾曰：雲雷下降，煙焰上起，或而天雨奇花，祥風瑞氣起於殿庭之下。或而仙娥玉女，乘綵鳳祥鸞，自青霄而來金盤中，捧玉露霞漿，而下獻於王者，若此，乃金液還丹，而既濟之想也。若以龍虎曳車於火中，上衝三關，三關各有兵吏，不計幾何，器仗戈甲，恐懼於人。先以龍虎撞之不開，次以大火燒之方啓，以至崑崙不住，及到天池方止。或而三鶴沖三天，或而雙蝶入三宮，或而五彩雲中，捧朱衣小兒而過天門，或而金車玉輅，載王者而超三界。若此，肘後飛金精，而大河車之想也。及夫朱衣使者，乘車循行，自冀州入兗州，自兗州入青州，自青州入徐州，自徐州入揚州，自揚州入荆州，自荆州入梁州，自梁州入雍州，自雍州復還冀州，東西南北，畢於豫州，停留而後循行。所得之物金玉，所幹之事凝滯，一吏傳命，而九州通和，週而復始，運行不已。或而遊五嶽，自恒山爲始；或而泛五湖，自北沼爲始；或而天符勑五帝，或而王命詔五侯。若此，還丹之想也。及夫珠玉散擲於地，或而雨露濟澤於物，或而海潮而滿百川，或而陽生而發萬彙，或而火發以遍天地，或而煙霧而充宇宙。若此，鍊形之想也。及夫或如鶴之辭巢，或如龍之出穴，或而五帝朝天，或而五色雲起，或而跨丹鳳而沖碧落，或如夢寐中而上天衢，或而天花亂墜，仙樂嘈雜而金光繚繞，以入宮殿繁華之處。若此，皆朝元之想也。朝元之後，不復存想，方號內觀。

呂曰：內觀玄理，不比前法，可得聞乎？

鍾曰：古今修道之士，不達天機，始也不解，依法行持，欲以速求超脫，多入少出，而爲胎息，冥心閉目，以行內觀。止於定中，以出陰神，乃作清靈之鬼，非爲純陽之仙。真仙上聖，所以採藥進火，抽鉛添汞，還丹鍊形，朝元合炁。苦語詳言而深說，惟恐世人不悟，而於內觀未甚留意。殊不知內觀之法，乃陰陽變換之法，仙凡改易之時。奉道之士，勿得輕示，而小用之矣。且以前項之事，交會有時日，行持有法則。凡所謹節，信心依時，行法不差毫末，而指日見功。若此內觀，一無時日，二無法則，所居深靜之室，晝夜端拱，識認陽神，趕逐陰鬼。達磨面壁九年，方超內院；世尊冥心六載，始出凡籠。故於內觀，誠爲難事。始也自上而下，紫河車搬入天宮，天宮富貴，孰不欽羨，或往或來，繁華奢侈，人所不得見者，悉皆有之。奉道之士，平日清靜而守於瀟灑，寂寞既已久矣，功到數足，輒受快樂，樓臺珠翠，女樂笙簧，珍羞異饌，異草奇花，景物風光，觸目如畫。彼人不悟，將謂寔到天宮，不知自身內院，認作真境，因循而不出入，乃曰因在昏衢。而留形住世，不得脫質以爲神仙，未到天宮，方在內觀，陰鬼外魔，因意生像，因像生境，以爲魔軍。奉道之人，因而狂蕩而入於邪中，或而失身於外道，終不能成仙。蓋以三屍七魄，唯願人死，而自身快樂，九蟲六賊，苦以人安則存留無處。

《固氣還神・九轉瓊丹論》 夫靈丹之源，稟乎真一之氣。真一者，爲大道源水也。水者，氣也。氣者，道也。道本無名，因氣成質，強名曰道。以氣結形，形質既分，得名爲丹，華池旋運，化氣自然。是故太丹稟乎真一之氣，用神水華池是也。

數起北方河車，

車數共輳，滿三十輻，法則月候，應三十日。每月六候，陰陽各半，互相受用。內象二十四氣，氣行一週，丹行一次。起北方坎位，爲一陽之首，潛龍伸德之象。

定神水之受用。

神水華池，但能受用真鉛。若鉛不真，神水無以能受；若汞不真，黑鉛無以能親。仙家所忌雜類，氣不用，是故先定神水，方合真鉛。丹經曰：鉛若不真，其汞難住。鉛若有真，其汞自伏。伏爲流珠，流珠化爲金液，又曰金漿，又曰玉醴。已上俱是太丹變化之形，符節使之然哉。故言先定神水，爲之受用。神水是大丹之窟宅，其間採其鉛之精者，便是黃芽。收此芽重伸造化，再理生成，鍊至九轉，得名丹砂，得名紫遊砂，得名仙光紫膏主，得名金液，得名還丹，斯乃並因神水之受用，得名一之數，變化自然也。

水數屬一，含氣滋真。配位而黑，得合真鉛。

真鉛金受北方黑氣，水也，且非世間之鉛。與真鉛相類者汞，且非世間之汞也。

此鉛藏光隱迹，造化自然。

真鉛合五色之象，應順五行，感通造化，故曰自然也。

或沉或浮，能有能無。

《金虎元君赤龍訣》曰：沉浮恍惚，渺邈如雲。其間有精，有以經綸。似有似無，難辯素真。且真者，謂得一元氣，爲化爲芽，此芽與鉛異俗也。謂已結得真鉛之花，透出鉛上。修丹之士，多不得此華，錯認世間黑鉛，結鉛黄花爲芽，誤之甚矣。此華名神光流珠，一名金華液，一名黄輕，一名神符白雪，一名黄芽。仙家最密此意，蕭侍郎《大丹歌》曰：千年只爲祕黄芽。此芽在鼎，若符節應候，如聖如神，數般元象，並同天地造化之大功神運也，實非容易。獲茲芽者，已入神仙之鄉矣。

斯乃論大丹之要妙，定神水之幽元。且見今之鍊藥，擬效長生，殊不知靈丹之源，妄求朱汞。自古高真，不無仙經及丹書洞文，衆仙内禁之訣，莫不先明水火神水，後理生成法象，五行乾坤互用。始自從無入有，返歸於無，還返數終，神丹自備。數還又返，數返又還，隨日月之虧盈，順五行之情性，且如十五、十六，月正圓明，丹亦氣盛光明也。月將虧，月首又生。生者，謂生一氣也。准前圓明而又攝伏九還七返，此之謂也。

九爲元陽之始，七爲太陰之初，陰陽對用無窮，故名曰道。

又《仙經》曰：還返既不差，精凝不飛，若以砂抽汞，鉛霜取芽，八石、三黄、五金雜類，此俱不是大丹之源，只可以法制添變爲寶，濟貪助道，散接孤危。若將此頑滯爲丹，又何得？《仙經》云：朝服一刀圭，暮可生羽翼。料茲頑質，寧有此功？痛哉甚矣！又《仙經》云：紫遊華蓋，丹一銖度一人昇天。元陽君曰：無質生質是還丹，凡汞凡砂不勞弄。且無質者，神水華池也。有質者，神水氣結也。大丹感乎神水，受氣而生，因氣成質。

河上公曰：惟恍惟惚，其中有一。經營立化，因氣成質。此之謂也。

仙家定水爲宗，化氣結子，子母相戀，名爲大丹。子受氣而成形，丹稟水而立質。茲明受氣而生，斯乃仙家共禁之訣，未當輕泄天機，重難也。水雖有形，終而無質。神仙以法制之，昇而復能生質也。

昇則鼎中陽氣上騰，降則壺中陰氣下結。

斯乃明論虛無之氣，結而成丹。虛無者，橐籥中盛受二氣是也。二氣者，一陰一陽，交媾爲道，故曰一陰一陽之謂道。

昇降既以得度，無靈質自生，故曰無質生質是還丹。陰真人曰：造化成形，便是無中之有。陰靈託質，方知有中曰無。言逐月開鼎浴丹之時，添合青龍，沐浴白虎，混然無質，不見其形。故曰有中之無也。

然則須憑漏刻，反筭五行。綱斗璇璣，進退合度，其或遇進水、進火之時，俱在午前分漏，焚香勿絕，仰告上真。乾火盛明，恐鼎有失，不可暫抛藥堂，專聽龍吟盛位之聲，審察陰陽，調理之候，或聞雄聲稍武，暫開午門。午門以上有巳門，是絕乾之火，雄武難當，暫開午門，是納陰之火，以陰制陽之氣，徐而清幽之韻氣和也。

微通火氣，其聲清幽，徐而速掩，又恐歇氣。多時節滯，神丹變化，其或遇進水退火之時。

時在姤卦，一陰而仰五陽。坤元亨利，萬物質生，承順乎天，乃終有慶。

履霜堅冰，陰始凝也。盛暑雷震，恩以葳蕤，芽體漸成，修養無失。漏應二更，正自復吉。

大易曰：配陰爲陽，主道之樞機。伏藏爲虎，履霜光耀，堅冰寒沍，此時丹化凝液也。

神水已變，大道功全。造化既成，黄芽有質。鍊之九變，靈質可觀。號曰老芽，以茲方熟。

此芽鍊至九轉，或如爛鍾乳，疊石嵯峨，科斗方勝，文絲瑪瑙，玉柱玲瓏，別有靈異之象。直候九轉，變化將足，收爲大藥之基，而後鍊還丹。

《太一真人玉壺頌》曰：十月雪飛霜又濃，黄芽内熟色顒顒。修丹若見黄芽熟，安得不思金虎龍。

思金虎龍者，即是黄芽已熟，再思鍊大藥爲丹。龍虎者，是金丹之號。此芽雖熟，爲是孤陽之芽。陰陽未足，未堪爲大藥。重配青龍白虎，方爲大藥。《參同契》云：孤陽之芽，未可獨立，水合陰陽，方爲大藥。

此芽始自還丹之基，本大藥之根元，莫不重開造化，再理生成。合丹之水須澄，直候月餘方用也。

合丹之水，但澄之月餘，慮其塵濁，丹無光彩。以金銀寶器盛之，勿令塵入。合丹之水，水有輕重軟硬，應漏即知輕重。重可用，謂通陽脈石泉也。

太上曰：天得一以清，地得一以寧，萬物得一以生。金丹運化，理之自然。得一者神水，故曰神水華池。神仙抱一之道，沖融受氣而生。且水性純陽，形則純陰，百斛入於釜中，煎而乾之，顯茲無質也。一潤及於大地，萬物

生焉，其有質也，斯乃明顯盜氣而成質，水也。物尚盜氣而生，金丹祕在神水。故曰金丹之術百數，妙在神水華池。此訣天誠甚重，而人莫知，所以金丹得水，芽兆茲隆興，豈不從無形而立有，神水也。若以朱砂抽汞，鉛花取芽，氣類不同，無由合道。而況明分刻漏，顯配五行。晝夜璇璣，應運符節。符節者，應十二時，時下之數，應漏直符節，變大丹五色之光彩也。全由符節使之然也。

無抛左右，察聽吟聲。時候稍差，前功恐失。真人有言曰：且如金液之丹，須是含津負液，消化爲漿。故曰金液。若以朱砂爲汞，水銀結霜，又何金液之有哉？斯乃學無稽古，誤體經綸，以意自裁，遠道背德，萬家傾産，無一可成，實謂世愚，孰能開悟？夫修丹切須認得真鉛，然後經營造化。若不知靈丹之宗，徒費財寶。廣成子曰：若修上清神丹，其或得根得源，知水知火，明藥物之銖兩，應刻漏之元功。如是則法天而行，盡無不成矣。故曰天地變化，聖人效之。天垂萬象，聖人則之。且如脈周一身，漏行百刻，時隨漏應，以刻定時。漏既不停，丹隨時變。丹變合度，應刻順時，時既不差，已合天道。天時相應，造化有歸，名曰還丹。豈不是法應乾坤，運馳日月，三才得備，四象成真，始自虛無，從無制有。且如定節分氣，大凡五日一候，運化變遷。故曰：從五日雀入水，化爲蛤。後五日，野鷄入水，化爲蜃。理丹元象，造化亦同。後五日神水冰丹形一。斯乃天人共化，律曆同遷。且如今日直符發揚，復卦行水火大數，合乾坤二爻，管十二時。時數之內，有陰有陽，有明有暗，有動有靜，有進有退，綱斗璇璣，週行一帀，隨卦變遷，五色流光，天人共愛。此訣外鐫金簡，內可存心，非聞流俗之耳。仙戒云：天門開，地戶裂，聖人機，勿妄泄。又何輕論哉？丹書云：若得藥源，萬一成矣，成必利衆。

此藥得成，有全家拔宅之功，非獨一人昇舉也。

且見今人鍊藥，雖有其言，而無其實。朝朝說藥，日日言丹，究論真源，罔知妙旨。如斯，焉能利衆而全家昇舉者哉？《仙經》云：不得藥源，一身難成。若明神水，全家歸真。

丹書云：神水聖石，一龍一虎，二物之宗神仙爲侶。

得者日學日新。

言得藥源，經營有信。一月一合，開鼎沐浴。觀丹顏色，漸覩幽元。轉資開悟，其道日新。

權道守一，

權道紀綱，妙在守一。起甲之筭，春令發萌。經云：三一之道，天地常以時消息。巡歷後土、歸於中宮，中宮數五。丹書云：三五與一，天地至精。可以口訣，難以書傳。大丹之要，非數莫之能成。神水華池，非真不能合其道。守一始爲道之紀綱。

皇天無親。

上天並養萬物，愛人最深。元象天機，靡不出察。道成德就，感激玉皇。惟善可親，皇天是鑒。

《馬自然金丹口訣》 玉液還丹人人有，有人會得身長久。逢人莫說百般能，不遇明師難下手。道人拜了千千箇，只說行功并嗑唾。按摩導引及休糧，朝朝每日空打坐。不知火候真消息，夜夜起來空費力。搖筋擺骨至三更，使得渾身汗如水。三十年來海上遊，直至如今無地頭。訪師求道尋妙訣，也只一箇真氣修。又憂生又憂死，我共他人都如此。六十四年都大休，吾遇海蟾爲弟子。向我耳邊說一句，似飲菩提與甘露。玄微妙訣無多言，只在眼前人不顧。內有金丹十六兩，送在西南坤地上。誰知此物是還丹，只在泥丸宮裏養。還丹還丹從此識，本在人身休外覓。夜飲任著不嫌粗，飲食盛滄無所益。記說下手如中五，大笑交君不合口。元來盡是這些兒，往往教人天下走。莫非身外悟，息念合精神。元神若不散，至寶自長生。二親須配玉爐煙，造化無差合自然。修士三同皈一室，須憑雲雨共三田。血是南邊沙中水，水洋精散水底鉛。此箇大羅天上法，教他相知是神仙。大道玄玄遇者希，達人未肯說天機。恐君不信玄妙法，試看園中杜接梨。杜木接爲胎就梨，一般根性換靈基。眼前放著三條路，人人都有上天梯。九轉還丹第一閑，鑽水取火也不難。火裏生蓮全小事，正法茲尊得遇難。九轉收得自家功，得訣脫殼出凡籠。是人都道你收得，光生身體面回童。九轉收得自家知，裏明外暗合天機。上下如同金世界，混合陰陽逕不迷。不戴簪冠不剃頭，俗中隱道放白牛。庵口自有長生路，何與消遙白玉樓。道釋本是俗根由，強戴簪冠強剃頭。人人出來粧外像，箇箇不望裏搜求。鉛汞鼎中居，燒成無價珠。都來兩箇字，了盡萬般書。有紅有白有緣對，衆人不肯明分付。人人不認本根源，箇箇迷踪失來路。來時不省去時迷，枉到人間走一回。放

著人間去採寶，合本合利都撤了。識得一萬事畢，使得二去處是。認得三不索參，認得人跳出塵。收得赤金方，採得菩提子。運得崑崙風，長壽無生死。九轉還丹不計年，仙師出示世人傳。對天曾發弘誓願，跳出凡籠便是仙。

《胎息抱一歌》 抱一須知真一源，神明終自有丹田。出入往來心地啓，氣神相應化胎仙。

抱一初傳未識真，功勤日久自通神。杳冥之內無相應，蚌舍秋月暈結珍。

抱一修真有異門，希夷直遣到崑崙。妙息不干玄牝記，時中一氣鎮長存。

抱一修知自在寬，勿令氣壅在喉間。若能曉達真詮義，五內三宮自是安。

抱一還元達本生，何勞棄內外邊行。但能固蒂深根了，只於此處是長生。

抱一真元本異常，勿令神氣兩分張。坐行之處長相守，運到天門生自長。

抱一令歸五運中，炁形相應豈成空。空門無物何須去，虛棄浮生枉用功。

抱一由如鏡裏人，色中唯現色中身。從茲漸得超三界，妄塵塵更豈能塵。

抱一靈臺月夜開，息息之中胎在胎。神炁若凝歸作寶，元靈欲散卻還來。

抱一之術述正元，勿將喘息擬相干。真胎不過離宮上，直須令住下丹田。

抱一元和寶易昌，莫教神炁兩乖張。擬將吐納爲真蒂，難致身於不死鄉。

抱一時中不暫停，六字功成五臟清。若留形身常住世，來來生處更交生。

抱一惟存神氣精，守三歸一自功成。此身所爲憑何住，金室芝田鍊至晶。

抱一非干守靜山，居鄽無道亦徒然。長齋絕粒閑居世，結得神胎始是仙。

抱一自餐甘露漿，風雷雲雨遍疆場。五蘊肅然明靜後，齊驅凡質泛仙鄉。

抱一真元養道真，不勞雲水訪仙君。返往元來無間得，鼓顒終久損其身。

抱一常令舍太和，烏窠爭敢起妖訛。七魄三屍寧有害，崑崙山下月明多。

抱一身居不死鄉，金蓮花發坐清涼。實腹虛心無滓穢，玉地滿注八瓊漿。

抱一真詮有祕關，高才儒士豈談宣。返神復熱胎元主，妙旨方知深又玄。

抱一求生不是難，炁形相應入三田。言中顯事何凝惑，親沐明師口授傳。

《洞元子內丹訣·水火篇》 龍虎成形象功畢，九十日盡，即安神定意，寂守空室，瞪目固躬，驅逐水火，意散而止。

訣曰： 金烏飛入月宮來，陽焰炎炎意不回。如奔兔入離宮去，秋水一輪流不瀑。換頭改面人不知，施張造化逡巡時。男子化爲真女子，女兒變作丈夫兒。就中此事多顛倒，陰陽變換卻爲道。坎家女子便衣黃，離舍兒郎翻著皂。男子燒鍊得黃金，舉動分明自稱心。女兒心頭涼便喜，不搖扇坐絳紗陰。誰爲離宮無變作，陽爻發動投珠閣。體象分明立是乾，誰人敢道陰陽錯。孰謂離宮純貯水，水性圓流無定止。近陽則熱近水寒，柔順性情難可比。從此天地生黃芽，黃芽自發黃金葩。若能收拾永爲業，但知滿滿載河車。河車運得歸君處，任是飢年不困度。只由自己生子孫，莫認他人爲父母。

《洞元子內丹訣·焚魔篇》 魔者，五穀之聚毒也。每五日一度，自坎宮起，止於離。熾然四出，焰諸五毒。

訣曰： 四時節候常須避，自有火居深海底。陽焰炎炎透水明，不運無能成大事。倏然突出玄泉去，龍若行時虎避路。奔馳直入太陽宮，炎漢當時火得聚。會合離兵舉戈戟，丹田縱牛千萬隻。魔王束手自歸降，片時焚盡三屍域。何人獨守其中坐，密把鬼關牢閉鎖。直教焚著天地涯，萬物無由能盜

我。萬物盜人人數至，他人將侵己田地。慎須守護莫教耕，耕破無因作活計。審須探候莫差錯，三朝五日先計度。的的若還待奪來，便教發火爇成灰。三焚若是終不去，自家別覓飛騰路。

《洞元子内丹訣·交媾篇》 交媾者，相遇也，謂真龍真虎以時相遇，故曰媾。凡龍虎交媾日，必與元火日相避，亦與天地節候日違之。

訣曰：青龍久居南岳裏，白虎翻藏北海底。天符若不下天催，只倚嵌崆石壁睡。帝君有命垂丹詔，抖擻鱗鬐離古道。裂破陰雲放電光，全角低昂日爭耀。順天左轉投暘谷，明霞鎖斷黃金屋。叱他白虎出玄宮，微微一笑生清風。清風當右旋，直入火城裏。城中事不煩，且要淨安止。如是使三回，行時弗急催。龍虎若能役，已是神仙才。

《洞元子内丹訣·元火篇》 火非離火也，坎戶有之。腎爲一體之宗，人敗之則滅其身，故曰元。坎内陽而外陰，故曰元火。是以聖人積其火而溫其室，使萬神咸安其居，室不煥則萬神得而去之也。其能任而運者，即畢矣。

訣曰：四時首有王相日，子後先排離坎畢。開卻南方大火城，城中有泉甘如蜜。一盃澄徹深無底，養得金烏不老死。何人特爲決沙堤，教放通流舟楫濟。崩奔一注朝元首，驚他玉兔狼忙起。避卻罡礙直出臍，倒入陰關過九里。逢著泥丸猶不住，直見蒼華方回去。烘然遍滿天地間，諕得群魔走無處。俄然一衆秋毫中，一一依資歸絳宮。蟾蜍飛入明月去，金烏卻上白日中。

《元氣論》 混沌之先，太無空焉；混沌之始，太和寄焉。寂兮寥兮，無適無莫。三一合元，六一合氣，都無形象，窈窈冥冥，是爲太易，元氣未形；漸謂太初，元氣始萌；次謂太始，形氣始端；又謂太素，形氣有質；復謂太極，質變有氣；氣未分形，結胚象卵，氣圓形備，謂之太一。元氣先清，昇上爲天，元氣後濁，降下爲地，太無虛空之道已生焉。道既無生，自然之本，不可名宣，乃知自然者，道之父母，氣之根本也。夫自然本一，大道本一，元氣本一。一者，真正至元，純陽一氣，與太無合體，與大道同心，自然同性，則可以無始無終，無形無象，清濁一體，混沌之未質，故莫可紀其窮極。洎乎元氣濛鴻，萌牙兹始，遂分天地，肇立乾坤，啓陰感陽，分布元氣，乃孕中和，是爲人矣。首生盤古，垂死化身，氣成風雲，聲爲雷霆，左眼爲日，右眼爲月，四肢五體，爲四極五嶽，血液爲江河，筋脈爲地里，肌肉爲田土，髮髭爲星辰，皮毛爲草木，齒骨爲金石，精髓爲珠玉，汗流爲雨澤。身之諸蟲，因風所感，化爲黎甿。以天之生，稱曰蒼生；以其首黑，謂之黔首，亦曰黔黎。其下品者，名爲蒼頭。今人自名稱黑頭蟲也，或爲倮蟲，蓋盤古之後，三皇之前，皆躶形焉。三王之代，然乃裁革結莎，巢櫓營窟，多食草木之實，啖鳥獸之肉，飲血茹毛，蠢然無悶。既興燔黍擗豚，坏飲窊樽，蕢桴土鼓，火化之利，絲麻之益，範金合土，大壯宮室，重門擊柝，戶牖庖廚，以炮以烹，以煑以炙，養生送死，以事鬼神。自太無太古，至於是世，不可備紀。爰從伏羲，迄於今日，凡四千餘載，其中生死變化，才成人倫，爲君爲臣，爲父爲子，興亡損益，進退成敗，前儒志之，後儒承之，結結紛紛，不可一時殫論也。且天地溟涬之後，人起出盤古遺體，散爲天經地緯，天交地理，五羅二曜，黃赤交道，五嶽百川，白黑晝夜，産生萬物，亭育萬彙，其爲羽毛鱗介，各三百六十之數，凡一千八百類。人爲躶蟲之長，預其一焉。人與物類，皆稟一元之氣，而得生成。生成長養，最尊最貴者，莫過人之氣也。澡叨預一躶，忝竊三才，漁獵百家，披尋萬古，備論元氣，盡述本根，委質自然，歸心大道，求諸精義，纂集玄譚，記諸真經，永傳來哲。達士遇者，慎勿輕生，以日以時，勤鍊勤行，鶴栖華髮，無至噬臍。同好受之，常爲寶耳。

論曰：元氣無號，化生有名；元氣同包，化生異類。同包無象，乃一氣而稱元；異居有形，立萬名而認表。故無名天地之始，有名萬物之母，常無欲以觀其妙，常有欲以觀其徼。徼爲表，妙爲裏。裏乃基也，表乃始也。始可名父，妙可名母，此則道也，名可名也，兩者同出而異名。同謂之道，異謂之玄，玄之又玄，衆妙之門。又曰：有物混成，先天地生，寂兮寥兮。獨立不改，週行不殆，可以爲天下母，吾不知其名，字之曰道。乃自然所生。既有大道，道生陰陽，陰陽生天地，天地生父母，父母生我身。夫情性形命，稟自元氣。性則同包，命則異類。性不可離於元氣，命隨類而化生。是知道、德、仁、義、禮，此五者不可斯須暫離，可離者非道、德、仁、義、禮也。道則信也，故尊於中宮，曰黃帝之道；德則智也，故尊於北方，曰黑帝之德；仁則人也，故尊於東方，曰青帝之仁；義則時也，故尊於西方，曰白帝之義；禮則法也，故尊於南方，曰赤帝之禮。然三皇稱曰大道，五帝稱曰常道，此兩者同出異名。元氣本一，化生有萬。萬須得一，乃遂生成。萬若失一，立歸死地，故一不可失也。一謂太一，太一分而爲天地，天地謂二儀，二儀分而立三

才，三才謂人也，故曰才成人備。人分四時，四時分五行，五行分六律，六律分七政，七政分八風，八風分九氣。從一至九，陽之數也；從二至八，陰之數也。九九八十一，陽九太終之極數；八八六十四陰六，太終之極數也。一含五氣，是爲同包；一化萬物，是謂異類也。既分而爲三爲萬，然不可暫離一氣。五氣者，隨命成性，逐物意移，染風習俗，所以變化無窮，不唯萬數，故曰遊魂爲變。只如武都耆男化爲女，江氏祖母化爲黿，黑胎氏豬而變人，蒯武安人而變虎，斯遊魂之驗也。夫一含五氣，軟氣爲水，水數一也；溫氣爲火，火數二也；柔氣爲木，木數三也；剛氣爲金，金數四也；風氣爲土，土數五也。五氣未形，三才未分，二儀未立，謂之混沌，亦謂混元，亦謂元塊如卵。五氣混一，一既分元，列爲五氣，氣出有象，故曰氣象。張衡《靈憲渾天儀》云：夫覆載之根，莫先於元；氣爲曜之本，分氣成元象。昔者先王步天路，用定靈軌，尋諸本元，先准之於渾體，是爲正儀，是爲立度，而後皇極有所建也，旋運有所稽也。是爲經天緯地之根本也。聖人本無心，因茲以生心。心生於物，死於物。機在心目，天地萬機、成敗興亡、得失去留，莫不由於心目也。死者陰也，生者陽也，陰陽之中，生道之術，而不知修行之路，常遊生死之逕，故墨翟悲絲、楊朱泣歧，蓋以此也。夫太素之前，幽清玄靜，寂寞冥默，不可爲象，厥中惟虛，厥外惟無，如是者永久焉，斯謂溟涬，蓋乃道之根。既違方有，太素始萌，萌而未兆，一氣同色，混沌不分，故曰有物混成。然雖成其氣，未可得而形也。其遲速之數，未可得而化也，如是者又永久焉，斯謂庬鴻，蓋乃道之幹也。於是元氣剖判，剛柔始分，陰陽構精，清濁異位，天成於外，地定於內。天體於陽也，象乎道幹，以有物成體，以圓規覆育，以動而始生；地體於陰也，象乎道根，以無名成質，以方矩載誕，以靜而終死，所謂天成地平矣。既動以行施，靜以含化。鬱氣構精，時育庶類，斯謂天元，蓋乃道之實也。夫在天成象，在地成形，天有九位，地有九域，天有三辰，地有山川，有象可效，有形可度，情性萬殊，旁道感著，自然相生，莫之能紀。紀綱經緯，今略言之。四方八極，地之維也，徑二億三萬二千五百一十七里，南北則知減千里，東西則廣增千里。自地至天半於人極，地中深亦如之，半之極，徑圍之數一半是也。計天地相去一億一萬二百五十八里半也。通四度之，乃是混元之大數也。天道在行，有反於物，則天人氣左盈右縮，天以陽而回轉，地以陰而停輪，是以天致其動，稟氣舒光，地致其靜，永施候明。天以順動，不失其光，則四序順節，寒暑不忒，地以順靜，不失其體，則萬物榮華，生死有禮。故品物成形，天地用順。夫至大莫若天，至厚莫若地，至多莫若水，至空莫若土，至華莫若木，至實莫若金，至無莫若火，至明莫若於日月，至昏莫若於暗虛。日月至明，過晴虛猶薄蝕昏黑，豈沉於人乎哉。夫地有山嶽川谷、井泉江河、洞湖池沼、陂澤溝壑，以宣吐其氣也；天有列宿星辰三百四十八座，亦天之精氣所結成，凝瑩以爲星也。星者，體生於地，精成於天，列居錯峙，各有所屬，斯謂懸象矣。或云玄象，亦可兩存。夫日月徑週七百里三十六分之一，其中地廣二百里三十二分之一。日者，陽精之宗，積精成象，象成爲禽，金雞、火烏也，皆曰三足，表陽之類，其數奇；月者，陰精之宗，積精而成象，象成爲獸，玉兔、蟾蜍也，皆四足，表陰之類，其數偶。是故奇偶之數，陰陽之氣，不失光明，實由元氣之所生也。夫人之受天地元氣，始因父精母血，陰陽會合，上下和順，分神減氣，忘身遺體，然後我性隨降，我命記生，綿綿十月之中，人皆十月處於胞胎，解在卷末也。蠢蠢三時之內，人雖十月胞胎，其實受孕三十八臘。一臘謂一七，日一變，凡三十八變。然後解胎求生。求生之時，四日之中，善慧聰明者，如在王室，受諸快樂，釋然而生，如從天降下，子母平善，無諸痛苦，親屬歡喜，隣里相慶；兇惡悖戾者，如在狴牢，受諸苦毒，二命各爭，痛苦難忍，親疾憂惶，隣里驚懼。凡在世人受孕日數，數則一定，善惡兩分，爲人子者，安可悖亂五逆哉！今生子滿三十日，即相慶賀，謂之滿月，皆以此而習爲俗矣。氣足形圓，百神俱備，如二儀分三才，體地法天，負陰抱陽，喻瓜熟蒂落，啐啄同時，既而產生，爲赤子焉。夫至人含懷道德，沖泊情性，抱一守虛，澹寂無事，體合虛空，意栖胎息，故曰合德之厚，比於赤子。赤子之心，與至人同心，內爲道德之所保，外爲神明之所護，比若慈母之於赤子也。夫赤子以全和爲心，聖人以全德爲心，外無分別之意，內無害物之心。赤子以全和，故能拳手執握，自能牢固，所謂骨弱筋柔而握固，未知牝牡之合而朘作，精之至；終日號而不嗄，和之至。執牢實者，其由元氣充壯，致骨弱筋柔。未知陰陽配合，而含氣之源動作者，由精氣純粹之所然也。陰爲雌牝，陽爲雄牡，歒謂氣命之氣。氣命之源，則元氣之根本也。言赤子心無情慾，意無辨認，雖有歒作，且不被外欲牽挽，終無畎澮尾閭之虞，其氣真精，往還泝流，自然自在，任運任真而已，故曰精之至也。終日號啼，而聲不嘶嗄者，亦純和之至也，故曰和之至也。嗄者，聲物之破也。赤子以元氣內充，真精存固，全和之至，乃不

破散也。《上清洞真品》云：人之生也，稟天地之元氣，爲神爲形；受元一之氣，爲液爲精。天氣減耗，神將散也；地氣減耗，形將病也；元氣減耗，命將竭也。故帝一回風之道，泝流百脈，上補泥丸，下壯元氣。腦實則神全，神全則氣全，氣全則形全，形全則百關調於內，八邪消於外。元氣實則髓凝爲骨，腸化爲筋，其由純粹真精，元神元氣，不離身形，故能長生矣。秦少齊《議黃帝難經》云：男子生於寅，寅爲木，陽也；女子生於申，申爲金，陰也。元氣起於子，乃人命之所生於此也。男從子左行三十，女從子右行二十，俱至於巳，爲夫妻懷妊，受胎氣於此也。男從巳左行十至寅，女從巳右行十至申，俱爲十月受氣，氣足形圓，寅申乃男女所生於此也。從寅左行三十至未，未謂小吉，男行年所至也。從申右行二十至丑，丑謂大吉，女行年所至也。然乃許男婚而女娉矣。如是永久焉，則元氣無所復，精氣無所散，故致長生也。夫天地元氣既是于子之位，屬水，水之卦爲坎，主北方恒，嶽冀州之分野，人之元氣亦同於天地，在人之身生于腎也。人之元氣，得自然寂靜之妙，抱清虛玄妙之體，玄之又玄，妙之又妙，是謂衆妙之門，乃元氣玄妙之路也。故玄妙曰神，神之靈者曰道，道生自然之體，故能長生。生命之根，元氣是矣。夫腎者神之室，神若無室，神乃不安，室若無神，人豈能健！室既固矣，乃神安居。則變凡成聖，神自通靈。神乃愛生而室不能固，致使神不得安居，室屋於是空廢，遂投於死地矣。若人自以其妙於運動，勤於修進，令內清外靜，絕諸染汙，則大壯營室，神魂安居。神之與祇，恒爲營衛，身之與神，兩相愛護，所謂身得道，神亦得道，身得仙，神亦得仙。身神相須，窮於無窮也。夫元氣者，乃生氣之源，則腎間動氣是也。此五臟六腑之本，十二經脈之根，呼吸之門，三焦之源，一名守邪之神，聖人喻引樹爲證也。此氣是人之根本，根本若絕，則臟腑筋脈如枝葉，根朽枝枯，亦以明矣。問：何謂腎間動氣？答曰：右腎謂之命門，命六之氣，動出其間，間由中也，動由生也，乃元氣之係也，精神之舍也。以命門有真精之神，善能固守，守禦之至，邪氣不得妄入，故名守邪之神矣。若不守邪，邪遂得入，入即人當死也。人所以得全生命者，以元氣屬陽，陽爲榮，以血脈屬陰，陰爲衛，榮衛常流，所以常生也。亦曰榮衛榮，衛即榮華氣脈，如樹木芳榮也。榮衛臟腑，愛護神氣，得以經營保於生路。又云：清者爲榮，濁者爲衛，榮行脈中，衛行脈外，晝行於身，夜行於臟，一百刻五十周，至平旦大會，兩手寸關尺，陰陽相貫常流，如循其環，終始不絕。絕則人死，流即人生，故當運用調理，愛惜保重，使榮衛同流，神氣不竭，可與天地同壽矣。夫混沌分後，有天地水三元之氣，生成人倫，長養萬物，人亦法之，號爲三焦三丹田，以養身形，以生神氣。有三位而無正臟，寄在一身，主司三務。上焦法天元，號上丹田也，其分野自胃口之上，心下鬲已上致泥丸，上丹田之位受天元陽炁，治於亶中，亶中穴在胸，主温於皮膚肌肉之間，若霧露之溉焉；中焦法地元，號中丹田也，其分野自心下鬲至臍，中丹田之位受地元陰炁，治於胃管，胃管穴在心下，主腐穀熟水，變化胃中水穀之味，出血以營臟腑身形，如地氣之蒸焉；下焦法水元，號下丹田也。其分野自臍中下膀胱囊及漏泉，下丹田之位受水元陽氣，沿於氣海，在臍下一寸。府於氣街者，氣之道路也。三焦都是行氣之主，故府於氣街，乃四通八達之大道也。下焦主運行氣血，流通經脈，聚神集精，動靜陰陽，如水流就濕。濕即源，濕言水行赴下也。澆注以時，雲氣上騰，降而雨焉。《仙經》云：我命在我，保精受氣，壽無極也。又云：無勞爾形，無搖爾精，歸心靜默，可以長生。生命之根本，決在此道，雖能呼吸導引，修福修業，習學萬法，得服大藥，而不知元氣之道者，如樹但有繁枝茂葉，而無根荄，豈能久活耶？若以長夜聲色之樂，嗜慾之歡，非不厚矣，卒逢夭逝之悲，永捐泉壠之痛，是則爲薄亦已甚矣。若以積年終日，勤苦修鍊，受延齡之方，依玉經之法，遵火食之禁，知元氣之旨，拘魂制魄，留胎止精，此非不薄矣，卒逢長久之壽，永住雲霄之境，是則爲厚亦已甚矣。故性命之陰，誠有極也，嗜慾之情，固無窮也，以有極之性命，逐無窮之嗜慾，亦自斃之甚矣。夫土能濁河，不能濁海，風能拔樹，不能拔山，嗜慾之能亂小人，不能動君子，夫何故哉？君子乃處士也，小人乃遊子也，須知性分有極，生涯難保，若不示之以樞機，傳之以要道，宣之以心髓，授之以精華，則片言曠代，一經皓首，不可得聞道矣。夫道者何所爲焉？道即元氣也。元氣者，命卒也。命卒者，惟中之術也。以存道爲法，化精爲妙，使氣流行，運無阻滯。是故流水不腐，戶樞不蠹。若知玄之又玄，男女同修，夫婦俱仙，斯謂妙道。《仙經》云：一陰一陽謂之道，三元二合謂之丹，泝流補腦謂之還，精化爲氣謂之轉。一轉一易一益，每轉延一紀之壽，九轉延一百八歲。西王母云：呼吸太和，保守自然，先榮其氣，氣爲生源。所爲易益之道，益者益精也，易者易形也。能益能易，名上仙籍；不益不易，不離死厄。行此道者，謂常思靈寶，靈者神也，寶者

精也。但常愛氣惜精，握固閉口，吞氣吞液，液化爲精，精化爲氣，氣化爲神，神復化爲液，液復化爲精，精復化爲氣，氣復化爲神，如是七返七還，九轉九易，既益精矣，即易形焉。此易非是其死，乃是生易其形，變老爲少，變少爲童，變童爲嬰兒，愛嬰兒爲赤子，即爲真人矣，至此道成，謂之胎息。修行不倦，神精充溢，元氣壯實，腦既已凝，骨亦换矣。《仙經》云：陰陽之道，精液爲寶，謹而守之，後天而老。又云：子欲長生，當由所生之門，遊處得中，進退得所，動靜以法，去留以度，可延命而愈疾矣。又云：以金理金，是謂真金，以人理人，是謂真人；人常失道，非道失人。人常去生，非生去人。要常養神，勿失生道，長使道與生相保，神與生相守，則形神俱久矣。王母云：夫人理氣，如龍理水。氣歸自然，神歸虚無，精歸泥丸。水出高源，上入天河，下入黄泉，横流百川，終歸四海。氣之與水，循環天地，流注人身，輪轉無窮，運行無極，人能治之，與天地齊其經，日月同其明矣。《古詵記》云：人之元氣，乃神魂之餚饌，故曰子丹進餚饌正黄。黄是以神服元氣，形食五味，氣清即神爽，氣濁即神病。故常謂勻修鍊氣，常令氣清，所謂鍊神鍊魂，卻鬼制魄，使形神俱安。夫魂降於天謂之神，魄本於地謂之鬼，鬼即屬陰，神即屬陽，所以鍊魂神，服元氣，千萬不死，身得昇天；食五味，祝淫鬼，千萬皆死，形没於地。夫魂飛於天，魄沉於泉，水火分解，各歸本元，生則同體，死則相懸，飛沉各異，稟之自然。何哉？如一條之木，以火燔之，煙即飛上，灰即下沉，亦是自然而然也。《九皇上經》曰：始青之下月與日，兩半同昇合成一，出彼玉池入金室，大如彈丸黄如橘，中有佳味甜如蜜，子能得之慎勿失。注云：交梨火棗，生在人體中，其大如彈丸，其黄如橘，其味甚甜，其甜如蜜，不遠不近，在於心室。心室者，神之舍，氣之宅，精之主，魂之魄。玉池者，口中舌上所出之液，液與神氣一合，謂兩半合一也。《太清誥》云：許遠遊與王羲之書曰，夫交梨火棗者，是飛騰之藥也。君侯能剪除荆棘，去人我，泯是非，則二樹生君心中矣，亦能葉茂枝繁，開花結實，君若得食一枝，可以運景萬里。此則陰丹矣。但能養精神，調元氣，吞津液，液精内固，乃生榮華，喻樹根壯葉茂，開花結實，胞孕佳味，異殊常品。心中種種，乃形神也。陰陽乃日月雨澤，善風和露，潤沃溉灌也。氣運息調，榮枝葉也。性清心悦，開花也。固精留胎，結實也。津液流暢，佳味甜也。古仙誓重，傳付於口，今以輪墨宣授，宜付奇人矣。道林云：此道亦謂玉醴金漿法。玉醴金漿，乃是服鍊口中津液也。一曰精；二曰淚；三曰唾；四曰涕；五曰汗；六曰溺。人之一身，有此六液，同一元氣，而分配五臟六腑、九竅四肢也。知術者，常能歲終不泄，所謂數交而不失出，便作獨卧之仙人也。常能終日不唾，恒含而嚥之，令人精氣常存，津液常留，面目有光。《老子節解》云：唾者，溢爲醴泉聚，流爲華池府，散爲津液，降爲甘露，漱而嚥之，溉藏潤身，通宣百脈，化養萬神，支節毛髮，堅固長春，此所謂金漿也，可以養神明，補元氣矣。若乃清玉爲醴，鍊金爲漿，化其本體，柔而不剛，色瑩冰雪，氣奪馨香，飲之一盃，壽與天長，此所謂外金漿也。可以固形體，堅臟腑矣。又常使身不妄出汗，汗是神之信，元調而運動微汗者，適致也，乃勿衝冷風。若極勞形，盜失精汗者，霡霂不止，大困神形，固當緩形徐行，勞而不極，坐卧勿及疲倦。行立坐卧，常能消息從容，導引按摩消息，令人起坐輕健，意思暢逸。又常伺候大小二事，無使強關抑忍，又勿使失度，或澀或寒或滑多，皆傷氣害生，爲禍甚速。此所謂知進退存亡，聖人之道也。夫聖凡所共寶貴者，命也；賢愚所共愛惜者，身也。是故聖人以道德、仁義、謙慈、恭儉、天文、人事、預垂瑞兆以示君子也；禮樂、征伐、法律、刑典、鬼神、卜筮、夢覺、警象以示小人也。夫養生之要，先誠其外，後慎其内，内外寂靜，此謂善入無爲也。欲求無爲，先當避害，何者？遠嫌疑，遠小人，遠苟得，遠行止，慎口食，慎舌利，慎處鬧，慎力鬥，常思過失，改而從善。又能通天文，通地理，通人事，通鬼神，通時機，通術數。是則與聖齊功，與天同德矣。夫術數者，莫過修神，淘鍊真氣，使年延疾愈；外禳邪惡，清淨心身，使禍害不干。《道德論》曰：大中之象，莫高乎道德，次莫大乎神明，次莫廣乎太和，次莫崇乎天地，次莫著乎陰陽，次莫明乎聖功。夫道德可道不可原，神明可生不可伸，太和可體不可化，天可行不可宣，陰陽可用不可得，聖功可觀不可言。是知可道非自然也，可明非素真也。夫修無爲入真道者，先須保道氣於體中，息元氣於臟内，然後輔之以藥物，助之以百行，則能内愈萬病，外安萬神，風氣歸元，外邪自卻。卻災害於外，神道德於内，内外相濟，保守身命，豈不善乎？《老子》云：功成名遂身退，天之道。又云：修之於身，其德乃真；修之天下，其德乃普。以身觀身，以天下觀天下，吾何以知天下然哉？以此，夫何？故教天子則爲事法天，教諸侯則以政理國，教用兵則不敢爲主，教利器則不可示人，教處世則和光同塵，教出家則道與俗反，

教養性則谷神不死，教體命則善壽不亡，教修身則全神具炁，教修心則虛心守道，教見前則常善救物，教冥報則神不傷人，所謂事少理長，由人備授。其得也者，則骨節堅强，顏色悦澤，老而還少，不衰不朽，長存世間，長生久視，寒温風濕不能傷，鬼神精魅不敢犯，五兵百蟲不敢害，憂悲喜怒不爲累。常以六經訓俗，方士授術，此其真得道要矣。真人云：聖人知元氣起於子，生於腎，胞於巳，胎於午，故存於心，息於火，養於未土，生於申金，沐浴於酉，冠帶於戌土，官榮於亥，帝王於子水，衰於土丑，病於木寅，死於震卯，墓於巽辰。墓即葬也，華者藏也，歸者，終也。元氣，元始於水，歸終於風，藏風於土，是謂歸魂。巽即風也，辰即土也，水之所流，歸於辰也，故云地缺於東南，水流於巽戶。《列子》云：海之表有大壑焉，號爲尾閭，是大水泄去之所。人之元氣，亦有尾閭之壑，故象於水焉。是知土藏其風風，藏其土，土藏其水，水藏其土，土藏其火，火藏其土，火所以墓在成土，所以墓在辰土也。土藏其木，木藏其土，土藏其金，金藏其土，木所以墓在未土，金所以墓在丑土，土能藏木、金、水、火，而土自亦歸於土，故墓亦在辰土，是謂還元返本，歸根復命之道。《老子》云：夫物芸芸，各歸其根，歸根曰靜，靜曰復命，復命曰常，知常曰明。是謂知常道之理，會可道之事，即知明白之路，達坦平之涯，故曰：知其白，守其黑，爲天下式。知常容，容乃公，公乃王，王乃天，天乃道，道乃久，是謂公道，盜之公道盜之天地，萬物無不通容。《陰符經》云：三盜既宜，三才既安。故曰食其時，百骸理；動其機，萬化安。真人云：知此道者，即識真水真火、真鉛真汞、真龍真虎、真牙真車、真金真石、真木真土、真丹真藥、真神真氣、真物真精、真客真主，既皆認得其真，然乃依師用師，依道用道，依術用術，依法用法，修之鍊之，淘之汰之，研之精之，調之習之，仙人所以目八字妙門，一元真法，謂之虛心實腹，飢氣渴津八字是也。訣云：常能虛寂一心，善亦不貯，豈況一塵穢惡！所謂靜心守一，除欲止亂，衆垢除，萬事畢，恒使腹中飽實，所謂腹中無滓穢，但有真精元氣，淘汰修鍊不輟，自然開花結實矣。飢即吞氣，渴即嚥津，不飢不渴即調習，使周流通暢，不滯不隔，蠢蠢陶陶，滔滔樂樂，不知天地大小，不知日月回轉，可以八百一十年爲一大運耳。夫修鍊法者，言調和神氣，使周流不竭絶於腎。腎乃命門，故曰命術也。神氣不竭，則身形長生，鍊骨化形，遊於帝庭，位爲真人，以養元氣，男女俱存。《經頌》云：道以精爲寶，寶持宜密，祕施人則生人，留己則生己，生己永度世，名籍存仙位，人生則陷身，身退功成遂。結嬰尚未可，何況空廢棄，棄捐不覺多，衰老而命墜。天地陰陽，元氣人所貴，貴之合於道，但當慎無貴。夫能養其元，綿綿服其氣，轉轉還其精，沖融妙其粹。夫能服元氣者，不可與餌一葉一花、一草一木、靈芝金石之精滯，砂礫之滓穢，同日同年而語哉！《老子》云：精者，血脈之川源，守骨之靈神，故重之以爲寶；氣者，肌肉之雲氣，固形之真物，故重之以爲生。人之一身，法象一國，神爲君，精爲臣，氣爲民。民有德，可爲尊，君有道，可以永久有天下。是以能養氣有功，可化爲精；養精有德，可化爲神；養神有道，可化爲一身，永久有其生。《三一訣》云：修鍊元氣真神，三一存至者，即精化爲神，神化爲嬰兒，嬰兒化爲真人，真人化爲赤子。赤子乃真一也，一乃帝君也，能統一身，主三萬六千神。帝若在身，三萬六千神無不在也，故能舉其身遊帝庭。《天老十干經》云：食氣之道，氣爲至寶，一歲至肌膚充榮，二歲至機關和良，三歲至骨節堅强，四歲至髓腦填塞。填塞，滿塞也。天有四時，氣應四歲，食氣守一，功備四年，則神與形通。形能通神，如日明焉，不視而見形，不聽而問聲，不行而能至，不見而知之，民謂形一神千，得稱爲仙，形一神萬，得稱嬰兒，形一神萬八千，得稱真人，形一神三萬六千，得稱赤子，即真一帝君矣。與日月長生，天地齊齡，道之成矣。夫元氣有一，用則有二，用陽氣則能飛行自在，朝太清而遊五嶽；用陰氣即能住世長壽，適太陽而遊洞穴。是謂元氣一性，陰陽二體，一能生二，二能生三，三生萬物。萬物若不得元氣，分陰陽之用，即萬物無由得生化成長。故神無元氣即不靈，道無元氣即不生，元氣無陰陽即不形。形須有氣，氣須有陰陽，陰陽須有精，精須有神，神須有道，道須有術，術須有法，法須有心，心須有一，一須有真，真須有至，至無至虛，至清至淨，至妙至明。至至相續，親親相授，授須其人，非道勿與。人能學道，是謂真學，學諸外事，是謂淫學，亦謂邪道。夫學道謂之内學，内學則身内心之事，名三丹田三元氣。一丹三神，一氣分六氣，陽則終九，陰則終六，陽九百六，天地之極，亦人之極，至此謂之還元返本。夫云極者，元氣内藏，盡無出入之息，兼爲有竅作出入息處，亦皆並無出入之息，此名得道，謂之至無也。《真經》曰：修鍊元氣，至無出入息，是落籍逃丁之士，不爲太陰所管，三官不録，萬靈潛衛矣。夫稱混元者，氣也。周天之物，名之混元。混元之氣者，本由風也。風力最大，能載持天地三才五行，天地五才五行，不能大其風，風氣俱同一體，而能開花拆柳，結實成果，莫

不由其四氣八風也。夫修心是三一之根，鍊氣是榮道之樹，有心有氣，如留樹留根。根即心也，存心即存氣，存氣即存一。一即道也，存道即總存三萬六千神，而總息萬機。總息萬機，即無不爲，而無不爲，即至丹見矣。服至丹者，與天地齊年。何謂至丹？至丹即丹田真神，真一帝君存身爲主，衆神存體，元氣不散，意絶淫蕩，氣遵稟其神，禁束其故氣，至無出入之息，能胎息者，命無傾矣。謂形留氣住，神運自然。羅公遠《三岑歌》云：樹衰培土，陽衰氣補，含育元氣，慎莫失度。注云：無情莫若木，木至衰朽，即塵土培之，尚得再榮。又見以嫩枝接續老樹，亦得長生，卻爲芳嫩。用意推理，陽衰氣補，固亦宜爾。衰陽以元氣補而不失，取其元氣津液返於身中，即顔復童矣。何況純全正氣未散，元和純一，遇之修鍊，其功百倍！切忌自己元氣流奔也。真人云：夫修鍊常須去鼻孔中毛，宣降五臟六腑穀滓穢濁，洗漱口齒，沐浴身體，誡過分酒，忌非適色。遇飲食先捧獻明堂前，心存祭祀三丹田、九一帝真、三萬六千神君。恒一其意，專調和神氣，本末來去，常令息勻，如此堅守，精氣得固，即學節氣。節氣時先閉口，默察外息從鼻中入，以意預料入息三分，而節其一分令住，入訖，即料出息三分，而節其一分，凡出入各節一分，如此不得斷絶。夫節氣之妙，要自己意中與鼻相共一則節之，其氣乃便自止，驚氣之出入，人不節之，其氣乃亦自專出入，若解節之，即不敢自專出入，是謂節之由人不由氣也。夫氣與神，復以道爲主，道由心，心由意，即知意爲道主，意亦可謂之神也。大約神使其氣，以意爲妙，鼻失出口，亦勞閉之，舌柱齒，覺小悶，悶即微微放之，三分留一，卻復閉之。如上所說，當節氣令耳無聞、目無見、心無思、周而復始調習之。氣未調和，常放少許出，意度氣和，即如法節之。若意能一日節之，然如常息者，其氣即水固，不假放節，但勤用功，即氣自永息，不從口鼻出入，一自然從皮膚毛孔流散，如風雲在山澤天地，自然自在。《仙經》云：元氣調伏，常常服之，不絶不竭，自不從口鼻出。修鍊百日已來，耳目自然不聞見也。修鍊之人，切不得亂食。凡味即令元氣奔突，又不能清淨其心。不依教法，唯貪財色，嗜慾妒嫉，恣食辛穢，懷毒抱惡，不敬仙法，但務偷竊，違負背逆爲兇者，三官書過，北陰召魂，未死之間，精神亡失，忘前忘後，如醉如癡，醉亂昏迷，橫遭殃禍，延於九祖，形謝九泉，此蓋失道，負神明矣。真人曰：夫道者，無義而無恩。子不見《陰符經》云：天之無恩而大恩生，天之至私，用之至公，禽之制在氣，生者死之根，死者生之根，恩生於害，害生於恩。故天與道，不私於人，乃萬物而方恩，人與萬物自有感仰之心，歸恩於天道，不恃其功，至公至私，與物不懷其曲直，洪纖一體，貴賤同途！棄愛惜於坦然，絶去留於用意，是以順天時者見生，逆天意者見殺。殺非以私，生非以公，但隨人物逆順，自然而致其生殺也，故曰無義而無恩。夫道可及者，雖仇讎而必化；道不可及者，雖父母而終不可言。蓋夙分有無，一一出於天籍，且非一夕一朝而得偶會。生所化者曰死，死所化者曰生，生死之根，反復爲常。蓋善於生者，不爲死之行；不善於生者，爲死之行。得死之行爲其死，爲生之行得其生。故得生者，莫不由於氣，氣所以能化於生則生；化於死則死。故曰禽之制在氣者，唯以氣感，不以力爲。氣感自於虛無，而能制於萬有，至於天地日月、星宿雲雷，並賴氣之所轉運，從不失墜落。巍巍乎，蕩蕩乎，無始終，安其所動，樂其所靜，是謂道氣自然。若以身之禽制在氣者，實由乎心，不能禽制者，亦心也。夫居於塵世，唯利與名，於中能不諂不偷，無賊無害，於物不傷和氣，每懷亭育之心，斯近仁焉。不貪不爭，無是無非，斯亦近乎道焉。非內非外，寶而持之，自有陰靈書其福祐，災害遠去，禍橫難侵，自感上天下察，益算延齡，大道之元，兹爲始也。夫惠及人物曰恩，侵毀人物曰害，行恩則福生，行害則禍至。莫忌封鏡求象，從感生疑，罔類之中，狂癡之鬼，亂則難寧六寸，傾動百神，斯須之間，本則亡矣，誠深誡之。元氣有六寸，內三寸，外三寸。人能保一寸延三十年壽。若保固六寸，則萬神備體，自然永保長生。失一寸，減三十年之壽。《元氣訣》云：天地自傾，我命自然。黄帝求玄誅，使離一不獲，罔象乃獲者，玄珠氣也，離婁目，罔象心也。元無者，道體虛無自然，乃無爲也。無爲者，乃心不動也。不動也者，內心不起，外境不入，內外安靜，則神定氣和，神定氣和，則元氣自至，元氣自至，則五臟通潤，五臟通潤，則百脈流行，百脈流行，則津液上應，而不思五味飢渴，永絶三田。道成則體滿藏實，童顔長春矣。夫元氣修鍊，氣化爲血，血化爲髓，一年易氣，二年易血，三年易脈，四年易肉，五年易髓，六年易筋，七年易骨，八年易髮，九年易形，從此延數萬歲，名曰仙人。九年是鍊氣爲形，名曰真人。又鍊形爲氣，氣鍊爲神，名曰至人。《仙經》云：神常愛人，人不愛神。神常愛者，藉身以養靈也。人若造兇作惡，即陷壞身，身既毀敗，神乃去人，神去人死，得不驚哉！所謂不知常，妄作兇也。黄帝求道於皇人，皇人問所得者，凡一千二百事，乃謂曰：子所得皆末事

也。又曰：子欲長生，三一當明。夫三一者，乃上皇黄籙之首篇也，能知之者，萬禍不干。夫長生之術，莫過乎服元氣，胎息内固，靈液金丹之上藥，所以禽蟲蟄藏，以不食而全，蓋是息待其元氣也。節氣功成，即學嚥氣，但合口作意，微力如嚥食一般。嚥液嚥氣，皆如嚥食，存想入腎入命門穴，循脊流上泝入腦宫，又溉臍下至五星。五藏相逢，内外相應，各各有元氣管係連帶，若論元氣流行，無處不到。若一身内外疾病之處，以意存金、木、水、火、土五色，相刻相生，以意注之，無不立愈。又有妙訣，雖云呵、呬、呼、吹、嘘、唏一六之氣，不及冷、暖二氣以愈百病。夫節氣從容稍久，含氣候暖而嚥之，謂之暖氣，可愈虚冷；若纔節氣，氣滿便嚥，謂之冷氣，可愈虚熱。臨時皆以意度而行。又或有病，但以呵呵十至三十，知其應驗，酒毒、食毒俱從呵氣並出。若人能專心服元氣，更須專念於一，存而祝之，可與日月同明矣。夫天得一以清，天即泥丸，有雙田宫、紫宫，亦曰腦宫。宫有三焉，丹田、洞房、明堂，乃上一神所居也。其名赤子、帝卿、元先，常存念之，即耳聰目明，鼻通腦實矣。地得一以寧，地即臍中氣海，亦有丹田、洞房、明堂三宫，下三一神所居也，其名嬰兒、元陽、谷玄，存念之永久，即口不乏津，腹實心寂，不亂不惑，自通神靈矣。神得一以靈，即心主於神，心爲帝王，主神氣變化，感應從心，非有非無，非空非色，從麤入細，從凡入聖，心爲絳宫，亦有丹田、洞房、明堂三宫，三一神所居也，其名真人、子丹、光堅，存念不絶，即帝一不離身心，身心安寧，遇白刃來逼，但當念一，一來救人，必得免難，道不虚言。其三丹田，其神九人，皆身長三寸，並衣不衣、朱冠幘、先履，坐金床玉榻，機按金鑪，常依形象存而念之，一云男即一神，長九分，女長六分，其兩存注之。夫元命者，元氣也。有身之命，非氣不生，以道固元命，以術固其命，即身形神氣永長存矣。我命之神，即三丹田之三一神也。其形影精光氣色，凡三萬六千神，皆臣於帝一。一分二，謂陽氣化爲元龍，陰氣化爲玉女。訣云：氣之所在，神隨所生，神在氣即還，神去氣即散。若能存念其神，以守元氣，氣亦成神，神亦成氣。修之至此，氣合則爲影精光氣色，氣散則爲雲霧風雨。出即爲亂，入即爲真，上結三元，下結萬物，靜用爲我身，動用爲我神。形神感應，在乎運用；神氣變化，在乎存念。《三元經》云：上元神名曰元，中元神名還丹，下元神名子安，亦須如三一九神，專存念之。凡出入行住坐起，所遇皆然，精意專念，玄之又玄，道之極祕矣。

《玉清金笥青華秘文金寶内鍊丹訣・幻丹説》　丹有幻丹者，蓋學道之士，不知正理而妄爲採取、交會，故成幻丹。幻丹者，未靜心田，遽採一陽。故斯時也，一陽實非真陽也，乃呼吸之氣也，精亦非元精，乃淫泆之精也；神亦非元神，乃情慾之念也。夫人方學道，便欲爲仙，得非慾念乎？以慾念而交會陽生，此幻丹之所以有也。精在腎府，而若採之升至於臍上，又無安頓處，故逐氣而息於氣穴之右，臍生於腎之縷，與氣交結而止，即自曰丹。既自曰丹矣，而精神而用著，便是後天底物。先天之物果安在哉？謂之黄庭、内爐、外爐、泥丸等竅，皆先天立之後始見，當此時在何處，實未之有也。傍風起影，入海尋蟾，守株待兔，緣木求魚，一旦敗露，精蕩然而去，先天又無主。嗚呼，非長生之丹，乃促命之法也。又有採氣而上遇心血，氣血凝而爲物，亦曰幻丹。若此者衆，故舉以辨惑。

《玉清金笥青華秘文金寶内鍊丹訣・火候圖論》　《易》之爲書，三百八十四爻。火之爲數，三百八十四銖。故捨乾坤以爲鼎器，坎離爲藥物之外，初一用屯、蒙，初二用需、訟，初三用師、比，初四用小畜、履，初五用泰、否，初六用同人、大有，初七用謙、豫，初八用隨、蠱，而金計半斤。初九用臨、觀，初十用噬嗑、賁，十一用剥、復，十二用無妄、畜，十三用順、大過，十四用咸、恒，十五用遯、大壯，十六用晉、明夷，十七用家人、睽，十八用蹇、解，十九用損、益，二十用夬、姤，二十一用萃、升，二十二用困、井，二十三用革、鼎，而水半斤。二十四用震、艮，二十五用漸、歸妹，二十六用豐、旅，二十七用巽、兑，二十八用渙、節，二十九用中孚、小過，三十用既濟、未濟。頃刻而周，周而復始。自日月運行，一寒一暑，天地氤氳，萬物化醇，倒造化，翻乾坤，竊宇宙，盜陰陽，天下之至通，始可與言此。或曰：乾坤坎離之體？曰：周天火候之時，坎離交矣，坎離交則乾坤會矣。夫天道下降，地道上升，乃乾坤之用也。坎者，乾交坤也；離者坤，交乾也。其他卦象，不過設體耳，亦不可泥象尋爻，而火候之法始見。又曰：似子言之，不過範圍天地，運行日月而已，而爐鼎圖又列八卦於鼎中，火候圖又升午位於泥丸，布平橋於卯酉，何也？曰：天機固不容泄，言既至此，隱之何爲？且河出圖，洛出書，天尚自泄，况於人乎！客曰：止。余聞泄天機而殃及九祖，獨不聞度一人而福及九祖乎？吾以吾之丹法盡底無隱，而傳於有緣之士，苟有信士一人爲仙，某豈無功乎？客曰：子之用心，非某能知及之。曰：是爐也，是鼎也，乃

進火進水之理耳，水火無過一氣耳。氣之升也，吾以心接之，即火也。氣之降也，吾以靜持之，即水也。此綿綿若存之時，子午進用之功也。斯時也，方是偃月爐具之時。夫性見則氣生，氣生則金生，金生則氣多，氣多則金愈旺，此二者交相爲用也。金旺於中，獨破浮雲，露出一鈎真性，如月之明，乃偃月爐也。存養之久，則金氣盛而全盡，獨見一輪明月，乃全性也。既見全性，又返金性，則吾身皆真性命爲之主，此用火之時也。蓋二者未融爲一，而用火鍊之，鍊作純金也。包含性命，通體皆陽，浮沉自在，愛日戀月，好游頂門，時至道成，奮厲而脱，霹靂一聲，身非我有。吁嘻，人人可以如此而成功，人而自棄之，若是可哀也哉！余見總篇，方其九轉既周，沐浴已竟，火力終焉，一星不滅，故動一風以吹之。巽風者，鼎下之片縷耳，闔則爲乾，闢則爲巽，闔則爲噓，闢則爲吸何以能開闢？亦無非一意使之然。或曰：巽，西方之位，以子所言，巽乃中宫，毋乃反乎？曰：西方者，巽之用也；中宫者，巽之體也。吾自心生一意，而降於巽位，其象始闢，則吾言實兼體用而訓也。繼之以乾，乾金而火乃金精。故遇而炎火張設，須坎以抑之，抑之而不能止，則有反攻於下之患，故止以艮，而又噓以巽。巽上一畫屬陽，止火非陽不行，故遇震而稍焰，遇離而復炎，又止以坤。坤，水也，火從水起，如遇其兑，故不止而自止。坤非正卦，故徐歸於兑，兑又西方之卦也，故自尾閭徐徐升上而到泥丸。頂爲天門，爲正午之地。午屬火，火遂加煌，又接之以心。心，火也，接者神也，乃神火也。又加煌至卯酉，若直下則刑德臨門，危其殆哉，故一立而各爲二道。今日之卯酉，昔日之坤艮也。火，氣也，氣降而復升之理，故歸於腎府，化爲眞水而用之。蓋文火性柔而難化，遇卯木，木必尅土。遂以火尅木，則土不受尅矣。武火性强而易化，降自酉，酉屬金，金生水，遂爲水，歸於鼎。曰：何謂文？何謂武？曰：文火自三關上至於天矣，武火是午宫與心火也。大凡火候，只此一場，大有危險。丹士宜一戰而勝，則天下定矣。平日周天火候，切不可以爲則。然此亦不可執著，彼亦不可執著。且喜，且喜，慶雲開盡現洪濛，彷彿空中見祖宗。風定七星還在水，依稀殘韻尚飄空。

《玉清金笥青華秘文金寶内鍊丹訣・眞泄天機圖》 到這田地，知這道理。且莫歡喜，咄，未知如何想。

寶劍沉埋古獄邊，虹光夜夜上衝天。虎龍戰罷三田靜，何處求他汞與鉛。嗄嗄嗄，嘻嘻嘻，且休認鹿爲馬，一箇玄珠在泥底。

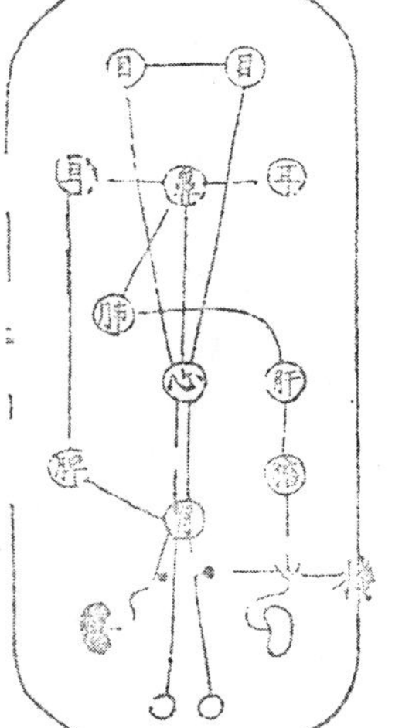

牛女橋邊路不通，河車運去杳無蹤。憑誰問得眞消息，吹徹重關藉巽風。

《玉清金笥青華秘文金寶内鍊丹訣・眞泄天機圖論》 金丹之圖既成，慮天機之尤秘。且論五行之顛倒，述水火之流行，明藥材之進退，體日月之循環，余前所著三篇之文盡矣。今慮夫學者未明，故爲此書。此書也，真泄天機，洞見毫髮，化頑石而成金，點瓦礫而成玉，不啻過也。夫兩目爲役神之舍，顧瞻視矚，神常不得離之。兩耳爲送神之地，蓋百里之音，聞於耳而神隨之而又去。兩鼻爲勞神之位，隨機而辨之者？誰神也。使耳、目、口、鼻皆如眉，則神豈不安而全之！夫如是則不爲後天也，亦不勞脩鍊也。大抵忘於目，則神歸於鼎而燭於内，蓋綿綿若存之時，目垂而下顧也。忘於耳，則神歸於鼎而聞於内，蓋綿綿若存之時，耳内聽於下也。忘於鼻，則神歸於鼎而吸於内，蓋眞息既定之時，氣歸元海之理。合而言之，俱忘而俱歸於鼎，而合於内矣。還更有口訣麽？

口訣 雖能抱卵心常聽 或問金丹之道，耳、目、口、鼻固亦得聞之矣，心固不言不可知也。肝、膽、脾、胃、肺，無用之物也，還亦無用之中，而有用者也？余答之曰：此固已到而後知其理，但余誓以無隱，夫何隱之有？吾初從師亦叩矣。師贈我以詩曰：

五湖風景闊漫漫，鷺立沙灘宇宙寬。畫出枉勞君指點，異時游到儘堪看。

余初未達此理，後到此田地，始信師言之不我欺也。今以師不言之者並言之。夫五行之用，不可缺一。故綿綿若存之頃，脾氣與胃氣相接而歸於心縷。肝氣與膽氣相接，從大小腸接於腎縷。肺氣伏心氣而通於鼻，是氣也，皆靜定之餘，元氣周流，自東而西，自南而北之氣也。西南乃氣之會也，氣合而歸於此，卻自夾脊直透上中丹田，而降於腎腑。兩腎中間，有治命橋一帶。故寒山子曰：上有接神窟，橫安治命橋者此也。氣降至於此，陽氣與精氣盛而上衝，與此氣相接於一，則固圍於鼎器之外，日用之則日增經營之力，故鄞鄂之成肇於此也。忽然有一物超然而出，不內不外，金丹之事不言可知矣。一半玄之又玄，一半者何也？曰：金丹之士到此則一半矣。超然而出者，乃玄關一竅也。其大無外，其小無內。有形之中也，無形之中也。先就有形之中，尋無形之中，乃因命而見性也；就無形之中，尋有形之中，乃因性而見命也。先性固難，先命則有下手處，譬之萬里雖遠有路耳。先性則如水中捉月，然及其成功，一也。先性者，或又有勝焉。彼以性制命，我以命制性，故也未容輕議，用力不得到者，知其然也。未見不必存之以有，恐至著相。或又曰：子畫圖中多有竅，何也？曰：斯竅也，非採取交會圖中之窮也，蓋一陰一陽之謂道，往來不可窮，用之則充塞於一身之中，此物之作用，不用則歸藏於心田之側，了無形像，然則何物耳？秘意之主耳，左屬陽，右屬陰，凝秘秘秘到這裏，方是返太極處。曰：返太易者，自太極返。太極者，自太和致。太和者，自陰陽始。故曰：陰陽和而風雨時，嘉禾生者，譬之若此。大衍五十，天數一，地數二。天三地四，天五地六，天七地八，天九地十，陽奇陰耦，天數二十五，地數三十，合而爲五十有五。大衍之數，五十去五，以象五行者，後之鼎內外是也。又就其中尅一，象太極之不動，其用四十有九。又就其中尅一以爲鄞鄂，其用四十有八。學人行爐鼎用火之法，以四卦爲主，以六十卦爲用，存乾坤坎離也。又以大衍圖求其象，則循環之理明矣，周天之法泄矣。如或未明，更請看《爐鼎圖論》云。

《玉清金笥青華秘文金寶內鍊丹訣・蟾光圖》

一點蟾光照太虛，金蟆水裏吸還噓。高低猶是純陰體，何事生陽用有餘。

《玉清金笥青華秘文金寶內鍊丹訣・蟾光圖論》 太虛寥廓，皓月粲然，雪浪翻騰，金蟆吐耀。人見月之所以明，而曰金精，精盛則月明焉。孰知金丹之所以生者，性也。水者，喻坎宮也。金蟆者，喻一點真陽之竅也。元性喻月，性之用也。性之初見，如星大，圓陀陀，光爍爍，未足以見性，但氣質之性稍息，而元性略見，如雲開則月見，頃合則亦然耳。至於不時時存之，則可沒，與見未見時，無以異也。故金丹之士，纔見此物分明，便是元氣產矣，遂以而用之，譬之見賊便捉，毋使再逸。然以之收於鼎器之中，而一點元氣之真，終乎不可得出矣。以丹田爲日，以心中元性爲月，日光自返照月。蓋交會之後，寶體乃生金也。月受日氣，故初三生一陽者，丹既居鼎，覺一點靈光，自心常照，而無晝夜，一陽生於月之八日，而二陽產矣。二陽者，丹之金炁少旺，而元性又少現，自二陽生於月之望，而三陽純矣。三陽純者，是所謂元性盡現，即前謂無形之中也。一陽純生時，但覺吾身有一物，或明或隱，二陽生時，則遍體生明矣。三陽生者，則光不在內，不在外，但覺此身如在虛空，亦無身，亦無虛空，亦無日，亦無月，常能如此，則禪定也。但丹士若生於有，而不能採真空，而以無爲用也。既至於此，而金丹且半，何也？且元神見矣，而未歸於丹，混精氣而爲一，所以爲半矣。現說他後一半底道理，月既望矣。十六而一陰生，一陰者，性歸於命之始也。自一陰生，至於月之二十三，而二陰產矣。二陰者，乃性歸於命三之二也。自三陰生於月之三十日，而三陰全矣。三陰者，乃性盡歸於命也。性之全體見，綿綿若存之性，時時

反乎命內矣。方其始也，以命而取性之全矣。又以性安命，此是性命天機括處，雙脩者，此之謂也。天機至密，吾盡泄矣。到此際則金丹全也。始於火候，凡一日用度，則一日養之，百日之功，而嬰兒產矣。故吾以月爲之喻，取其交會相照之理也。月明實本於金，金之性實出於月，百鍊愈堅，萬劫不壞。蓋金曰色，月性也。火曰氣，金入火而復於元性之眞，可以鍊成至寶，號爲金液還丹。故脩丹者，始則取金，爲金生水，交合之理顯，而藉土以成之。故城郭基址，無非托眞金藥物，而固濟隄防之。鍊成純金，故曰金丹。

《玉清金笥青華秘文金寶內鍊丹訣・爐鼎圖》

爐鼎圖

鼎爐形象恁分明，八卦縱横用則親。鍊就五行全藉土，又令眞土變眞金。

《玉清金笥青華秘文金寶內鍊丹訣・爐鼎圖論》鼎之爲器，匪金匪鐵。爐之爲具，匪玉匪石。黃庭爲鼎，氣穴爲爐。黃庭正在氣穴之上，縷絡相連，是爲爐鼎。陰陽爲炭，以烹以鍊。夫黃庭之在人身上，交會之頃，乃元氣立之際，此時正開而丹落於其中，遂固之。所謂水銀實滿葫蘆裏，閉塞其口，置深水者也。水銀，鉛汞也。葫蘆，黃庭也。深水者，水猶氣也。閉塞黃庭，隱藏丹母，而置於氣會之地。達者審之，得其趣也。虎嘯風生，龍吟雲起，蟋蟀吟秋，蜉蝣顯陰，萬氣歸鼎而封固愈密，烹鍊愈堅，此爐鼎之所以有也。萬卷丹經要旨，畫圖立象，本使人得象忘言。後之學者，皆泥象尋眞，各求詭論。豈知夫至道不繁，樞紐陰陽而已矣。如以天一生水云云之數而言此，亦不過明水火之流行耳。如以四時八節而言者，此亦不過喻天地陰陽消長耳。秘其母而言其子，故知之者鮮矣。用成今所以著爲此書者，皆棄枝棄而言本根，本根有而枝棄自芳。蓋古人不欲言而余言之，道中君子，宜體此意，毋以小道觀焉。依此而行神仙，可立躋也。或問：爐鼎之體明矣，爐鼎之用亦願聞焉。天地間百卉草木，萬類不殊，冬至之後，陽動於下則枯木重榮，百草萌芽，蟄蟲奮發，萬類熙怡，造化豈有心而生萬物，萬物亦何心而望造化。蓋一氣之動，萬類感而然耳。天何心哉？物何心哉？至於百卉開花結實之際，正藥物循環之時，落葉凋芳之際，正藥物歸根復命之時。可喻古人譬藥物產降而成丹，莫有出於此者。但不可泥於無心，使其自浮自沉；亦不可泥於有心，而驅馳逐火。綿綿若存，知其無，守其有。知其黑，守其白。靜中行火候，定裏結還丹，贈之以中。

《玉清金笥青華秘文金寶內鍊丹訣・神室圖論》神室者，元神所居之室，鄞鄂是也。人知立鄞鄂之造化顯然彰露矣，抑不知有室而無主人，何取其爲室哉？然主人雖無，而主人之胎亦在乎一室之中矣。如懷孕然，十月之間母呼亦呼，母吸亦吸，但氣未足耳。氣足而形完，一點靈光人於其中，則倏然而生啼哭，鎗然純乎其人矣。此乃鄞鄂成，而神歸於室之時也。神歸其室，則所謂得其一，萬事畢矣。蓋交媾之後，神光乘而燭乎玄珠矣；精華升而產於玄珠矣；眞鉛則元氣矣；精、氣、神亦先有胚胎在其中矣；火足氣充，則元精、元氣、元神盡合而爲一，故嬰兒產矣。嬰兒豈即產焉？火爍盡羣陰，而胎始脫，到此方是產嬰兒。吾嘗謂古人畫鍊丹之圖象，固鄞鄂也。此一點便以安乎其中矣。後之學者皆謂鄞鄂有而一點安，遂不知安一點於中之道，暫結終散，猛火空燒而離坎逸矣。夫此一點產於外而順於後天者，一生二，二生三，三生萬物，皆從此。常人爲之志，反逆焉。而產於內則長生久視之道存矣，豈非歸根復命乎？命復根歸之由，深根固蒂也。深根固蒂之道，自澄心遣欲。澄心之理，屏視去聽。故孔子曰：非禮勿視，非禮勿聽，非禮勿言，非禮勿動。此便是眞實道理。但儒教欲行於世，用於時，故以禮爲之防。所謂妄心者，喜、怒、哀、樂各等耳，忠、恕、慈、順、恤、恭、敬、謹，則爲眞心。吾脩丹之士，則以眞心并爲妄心，混然返其初而原其始，卻就無妄心中生一眞念，奮天地有爲而終則至於無爲也。若釋氏之所謂眞心，則又異焉，放下六情，了無一念，性地廓然，眞元自見，一見之頃，往來自在。蓋靜之極，至於極之極，故見太極，則須用一言半句之間。如死一場，再生相似，

然後可以造化至機，而爲不生不死之根本，豈易窺其門戶耶。

《玉清金笥青華秘文金寶内鍊丹訣・坎離說》 坎者，腎宮也。離者，心田也。坎靜屬水乃☵也，動屬火乃一也。離動爲火乃☵也，靜屬水乃一也。交會之際，心田靜而腎府動，得非眞陽在下而眞陰在上乎？況意生乎心，而直下腎府乎？陽生於腎而直升於黃庭乎？故曰坎離顛倒。若不顛倒而順行，則心火而不靜，則大地火坑之義明矣。餘見交會圖

《玉清金笥青華秘文金寶内鍊丹訣・神火華池說》 神水者，即木液之謂也。華池者，臍中氣穴之下，兩腎中間一竅，絕肖黃庭，穀氣就此而生精，醫家所謂精穴者是也。斯竅也，少壯之士，陽盛氣融，則神水華池，不過澆灌爐鼎，洗滌脾胃，周流潤氣穴而已。元氣衰微，精元枯竭者，皆藉此以爲丹本。元氣既衰，非元氣之衰也，乃氣質之氣斲喪已甚，邪慾之性，念念不已，先天又不得見，後天亦不足爲用，羸尫之根殆起於此。華池之竅乃生精而降於外腎者也。氣壯則精多，精多則華盛，用之如有餘。氣凋之士，精元槁矣。穀氣所臨，不過產一等欷欷之水，流歸腎府耳。然我既靜矣，元氣本無增減，但華池無矣。大藥三品，而欠其一。故陽生之際，未直採之時，以意幹歸尾閭，自夾脊直透至泥丸，故就精穴用精，自然隨氣而升至午宮，遇衆陽融之，則精始可用。然後降至於心，就心取汞，依然下自黃庭，即落乎其中，卻用一意封固，即綿綿若存以養之。二者就其中自相吞啗而丹始成。近有浙西一流，雖少壯之士，亦用此法而結丹，但道在邇，求諸遠耳。然各執其是而已。

《玉清金笥青華秘文金寶内鍊丹訣・百竅說》 人之一身，毛竅八萬四千，氣宮三百八十四。毛竅散，屬氣宮臍中氣穴，又爲三百八十四宮之主降，而陽宮皆而爲精。心爲中田，頂爲上田，舌下玄膺，目中有銀海，額之中，眉之間，口鼻之衡，耳目之畔，咽喉之側，腰脇之中，皆竅也。余所謂丹之出者，若此竅皆可藏也。豈曰人身止有一二竅也？此一二竅者，衆之樞紐，豈曰止乎斯而已矣！此其體也，用別著說於後。

《玉清金笥青華秘文金寶内鍊丹訣・陰盡圖論》 張子一日坐於幽室，形忘氣化，倏然兩耳風生，始知秋蟬鳴。隔岸之翠柳，終焉若聞九天之簫韶。恍然有一人立於旁，耳、目、口、鼻與張無異，指張而罵曰：吾自太易以來，爲子所役略不瞬，寧何罪於汝？張子不覺失笑而無聲。默謂之曰：來，吾與爾言。汝言固是，但爾爲我苦耶？我爲爾苦耶？姑坐以敘。曰：我先以來本無事，與子同居之後，寤寐亦相持，移像累劫而不自如，置我沙漠風霜之地，既令我歸東，又令我歸西，種種相魔，自頃以來，始蒙慧以室廬養，以調息，美則美矣，但晚也！張曰：匪吾之過也，乃六欲之賊使之然也。子微而隱，彼顯而彰，吾知有彼，而不知有此。譬之瞽者，坐舟但知舟之日去千里，不知撐者實勞也。使不欲舟行，則撐者暇矣。似張者欣然曰：幾失君，吾有百鍊之堅刀，可同勦此賊而去其根。後同入規中時，然後行獨步金闕。張曰：唯唯。見黃光四迸，五色煥然。觀者聽其言曰：去賊之道，不宜急，急則反受其敵。始然力不勝，其禍乃可必，縱放任余心，守之常將息。或作狡詐形，視之常無爾。一戰定三清，萬魔俱屏迹。

《道樞・神景篇》 神止牡宮，氣留牝府。其氣交感，以神爲禦。 天谷者，泥丸之宮也，上赤下玄，左青右白，其中有黃焉，斯元神之府也。谷神眞一之至靈者也，其爲吾之性歟而心爲其用焉。神靜則萬化安，情動則萬化生。夫能守其一，守其神，神斯靜矣。然後眞一者，在于天焉。上牝者，腦也。泥丸之前，紫微位焉。紫微之前，玉清位焉。玉清之下，明堂位焉。明堂下通乎鼻。鼻者，牝之戶也。下牝者，心也。心之上，玉泉位焉。玉泉之上，太皇位焉。太皇之上，金光之庭位焉。金光庭之上，慧泉位焉。慧泉之上，五靈之源位焉。五靈源之上，靈泉位焉。過天曜，出胃口，入九端，通夫地之要，而至于其口，及唯之聞者，牝之戶也。神者，氣之母也。氣者，神之子也，不可斯須而離者也。神止于牡宮，則氣留于牝府，故神能御乎下，與氣交感，升降不息，自然之道也。于是必加精進焉，使夫妙中得定，定中有神，三衣足而四器空矣。三衣何謂也？曰性、曰智、曰慧。四器何謂也？曰目、曰耳、曰鼻、曰舌。性者，神也，智有通也，慧有變也。聖人觀性生法，法無量矣。于是變化至于無窮，入于無爲。日用而不知，曰空器矣，六塵亡矣，尚何六賊人育哉！吾則澄其神，不附于萬化神通之力，綿綿守之，用之何倦，守之何勤。凡比者，空而不色，色而不空，無爲之妙用者也。三宮者，心脾之升降者也。二轃者，其路也，上通乎天門，下達乎地戶，中灌漑乎三宮。腦者，上玄下赤，左白右青，其中有黃焉，三陰之正，太玄之中者也。精外謂之溲，水中謂之膸蛇，其名太素之魔。呼吸眞氣，運行經絡者也。下之心者，上赤下玄，左青右白，其中有黃焉，三陽之正，太一之中者也。精外謂之溲，水中謂之元龜，其名太玄之魔，呼吸眞氣，運行經絡者也。脾居中央，是爲二氣升降之府，神氣

交感之宮也。吾能守乎泥丸天谷，其主二千有七百息，使氣定十周，自然心之陽與腦之陽，合于脾下，達乎玉匱，過乎太倉，入于尾閭，出于心，升于二轅，狀如火輪焉。元神過乎上清，行乎太樞，越乎靈道，入于中廟，歷乎腦戶，出于風府，傳乎二轅，神氣交而百禮五形，其炎如火，其狀如迸泉焉。于是觀也，神不入乎色；視也，神不入于聲；聞也，神不入香味也。吾湛湛乎，其定四器，可謂空也矣。聖人于是知空之不空也，色之不色也，而得智慧於斯焉。知不知，孰知慧哉！視不見，孰知妙哉！故不性之謂之合，不神之神謂之真，此其日用之定者也。夫能于定之中而明不神之神，不性之性，則神而化性，而眞與天地等其久，陰陽同其運矣。

《道樞・觀天篇》 一氣之元，以道爲本。水火以交，陰陽以運。 沖虛子本太上所論沖盧子注釋曰：元氣者，以道爲本，要在乎精勤於水火。水火者，何也？心腎之氣液相生者也。于是鍊其陰陽。陰陽者，何也？日魂也，月魄也，使之和暢而不失其度焉。金木相刑者也，因刑而成器矣。龍者陽，而生于離者也；虎者陰，而生于坎者也，此黃芽之名者乎！修道者有三界：焉首者，天界之首也，是爲上元天谷泥丸之宮，萬神之所聚焉，三萬六千神之所經由焉。蓋運用升降，般神入腦之路歟。大槌骨者，天界關也，升沉上下，往來循環之途，一撞可以達于天關矣。自下而升，是爲轆轤之關，其中有藥，是爲黃芽、白雪者乎！心者，絳宮也。心安則神安，心亂則神亂，萬神于是取則焉，其形丹鳳，其名赤龍，蓋屬南方之火者也。以心之液，鍊肺之氣，則爲金膏矣。絳宮之後有太玄之關。血臟之府何也？心之中生乎真水，真水者玄也，臍之下三寸，其名曰大海，內有龜蛇，潛藏元氣者也。修生者，能知所以呼吸，斯養真之本乎！左者，腎也；右者，命也。抱守元氣，烹鍊性命，煆陰以爲陽，可以安樂延年矣。腎之中有神焉，未悟則謂之烈女，既成則謂之元君；未鍊則爲元龜，已鍊則爲白鹿。其二首四足者歟！大海有寶瓶焉，其藏真精，謂之九還七返不死之丹。後有尾閭之關，中有二竅，通于轆轤，從尾閭而上，始運也，過于太玄，再運也，過于轆轤，斯一撞而通二關者也。左者，文氣也；右者，武氣也。上通于天界，左有青龍，右有白虎。此二氣也，世之人於子之後、午之前漱嚥其津液華池，然三關未啓，則爲納氣于空寂，嚥水于虛腸，何以得納于極陽之首，泥丸之宮而造化乎？必子之後，一陽初生，安鑪下火，集陽神於內院，擒龍虎于壺中，此煆鍊精華，驅逐鬼神之妙者也。人之一呼一吸也，其行各三寸，定其一息，則晝夜行一萬二千有五百息，而周于一身。定息般運，則龍虎之胎可以成矣。老子曰：知其母，復知其子，既知其子，復守其母，子母相戀，同守于明堂，則內之神嬰不絕矣。明堂者，泥丸也。子母者，陰陽之本也。其要何如哉！養其陽神，鍊其陰魄，精以爲氣，氣以爲神，神以合道，功成行滿，乃長生久視之道也。

《道樞・觀空篇》 動或不撓，滯或不通，當究其極，以觀五空。 希夷先生曰：欲究空之無空，莫若神之與慧，斯太空之蹊也。于是有五空焉：其一曰頑空，何也？虛而不化，滯而不通，陰沉胚渾，清氣埋藏而不發，陽虛質朴而不止，其爲至愚者也。其二曰性空，何也？虛而不受，靜而能清，惟任乎離中之虛，而不知坎中之滿，扃其衆妙，守于孤陰，終爲杳冥之鬼，是爲斷見者也。其三曰法空，何也？動而不撓，靜而能生，塊然勿用于潛龍乾位，初通于玄谷，在乎無色無形之中，無事也，無爲也，合于天道焉，是爲得道之初者也。其四曰真空，何也？知色不色，知空不空，于是真空一變而生真道，真道一變而生真神，真神一變而物無不備矣，是爲神仙者也。其五曰不空，何也？天者高且清矣，而有日月星辰焉；地者靜且寧也，而有山川草木焉；人者，虛且無也，而爲仙焉。三者出虛而後成者也。一神變而千神形矣，一氣化而九氣和矣。故動者，靜爲基；有者，無爲本。斯亢龍回首之高真者也。

《道樞・太清篇》 五行四象，修道之要。天能知之，于以觀妙。 修道者，必明夫五行四象焉，四象者，一曰金翁，二曰姹女，三曰嬰兒，四曰黃婆。然後知陰陽升降，七寶運用之理矣。五行者，五藏也。肝者，木也，其干甲乙，其中有氣，名曰青龍，道于夾脊之左，經絡之上流而入于其目，其化爲淚。淚者，真水之餘氣也，流而入于上腭之左，是謂金液者也。肺者，金也，其干庚辛，其中有氣，名曰白虎，道于夾脊之右，入于其鼻，其化爲涕。涕者，真金之餘氣也，流而入于上腭之右，是謂還丹者也。心者，火也，其干丙丁，其中有氣，名曰朱雀，道于心脈之絡，入于舌下，其化爲津，嚥而入于心，其化爲血。血者，真火之餘氣也，流而入于舌之左，是謂神水者也。腎者，水也，其干壬癸，其中有氣，名曰玄武，道于前之經絡之右，而入于其耳，流于舌之右，是謂華池者也。脾者，土也，其干戊己，其中有氣，名曰螣蛇，道于後之經絡之上，運而入泥丸，其化爲涎。涎者，真土之餘氣也，流而入于唇下，是謂黃芽者也。

《道樞・華陽篇》 日月之樞，天地之機。華陽著書，憲章其師。

華陽子曰：吾有返老還童之方焉，内丹就則真氣生矣，外丹成則凡骨健矣。純陽子曰：晨與則嚥惡濁之津，以開其胃。呵心之氣，以搓其臉。夫心氣者，升則爲色，散則爲脈，流則爲血，凝則爲膏矣。次以濃津塗其尺宅，内接真氣，自然酡顔。夫欲採益下元者，則採龍虎之精，凝于黄庭而爲内丹。内丹者，可以得長生者也。鍊金石，補丹田，爲内大藥。大藥者，可以不死者也。純陽子曰：手搓臍之下，以盡九九之數復，以左右手更换，兜其外腎，其數以九焉。及乎晡時，則嚥氣而搐外腎，收膀胱之氣于丹田，納心之氣于下部。心，火也，當常降於下，默照如火輪之旋轉焉。其驗雖遲，其功夫矣。故曰：腎者，氣海也。心者，神都也。保守無虧，搓之，兜之，搐之，嚥之，左右手抱其臍，既困則卧而屈膝焉。以外腎與臍相對，自然下元堅固，而交合内丹矣。凡交坎離者，取其卯酉之時可也。交龍虎者，必取其子午之時可也。古之上聖，養陽不養陰，鍊龍不鍊虎，孰測其妙哉！夫用卯以交于坎離，于是閉息靜坐，使氣液相向，内滋乎五藏，外充乎四體焉。用午以交于虎，于是滿口舍津，使鉛投于汞，丹砂凝結，採補還丹成矣。腎中生氣，以氣還腎，其名曰小還丹。心中生神，以神還心，其名曰中還丹。腦中生髓，以髓還腦，其名曰大還丹。龍虎交者小還也，内觀者中還也，肘後者大還也。純陽子曰：殺夫救婦，當尋其母，審五行之生剋，隨四時之盛衰，可謂盡善矣。雖然殺夫尋母，止可救補于五藏之不乏而已。引子殺鬼，止可抽瀉本宫之有餘而已。凡本宫之不足，當尋母而呵之，使氣還于田，子母相生，般運鍊形焉。太陰鍊形者，何也？以咽中取水，灌乎四支，玉液鍊形者是也。太陽鍊形者，何也？以丹中馭氣，焚于百骨，金液鍊形者是也。陰鍊陽其效遲矣，陽鍊陰其功細矣。夫于亭午氣王之時，靜坐升身，鼻中出息，不厭其長也，氣滿而汗微出，其名曰真珠浴。午之後，氣弱之時，偃卧運氣于手足之間而不凝滯，及其氣滿則收，還于丹元再收，不厭其多也。將入丹元，頻嚥頻搐，斯爲妙矣。若夫肘後還精補腦之餘，真水下降而用既濟之訣，與夫還丹之餘氣上升而焚身，于時皆不可以用此也。金石可取爲外丹，而容氣終不爲吾身也。坎離可採爲内丹，而虚氣終不能常用也。昔人取真陰真陽，凝結而爲内丹，于氣之中復取真氣，還于黄庭。其行之也，當于亭午五氣會合之際，注意採之，此乃赫赤金丹，一日自成，旬日進功，奪三百之期者也。辰巳之交，採肝之精英，其名曰青金丹；未申之交採，心之精英，其名曰紅液丹，子午之交，採脾之精英，其名曰黄芽丹；戌亥之交，採肺之精英，其名曰西華丹；丑寅之交，採腎之精英，其名曰太微丹。凡有一丹，斯可以壽百齡矣。五丹鍊聚，久視之法也。取真氣以鍊氣，于是乎氣中有氣，其氣生神，神在即形在矣。隨大運以鍊真氣，隨小運以鍊元氣，固可以長生延年者也。然未若一日而鍊五氣，十日而結大丹。絶念以守真息，留氣以養元神。始在五藏，次餘一宫，氣中生神，鍊神合道者也。周天火候之理，蓋不一焉。閉息以攻病，脇腹以補衰，升身以通經絡，按胯以健腰膝，所貴乎時日無差，進退有數，加減當理，抽添合宜而已。善鍊丹者，以三昧之氣，依乎周天之運，五日一氣，節次而進之，積之百息曰小成，千息曰中成，萬息曰大成。午之前鍊形，不厭乎頻昇而引也；午之後鍊丹，不厭乎頻嚥而飲也。進火何以加減乎？始以乾者也，次以兑，終以坤；始以鍊次以兩，終以斤，皆進火之理也。内觀者，何也？觀己不觀物，觀内不觀外者也。吾有觀心之法，一念不生，如持盤水湛然常清焉。吾有觀天之法，終日靜坐，默朝上帝焉。吾有觀鼻之法，常如垂絲鼻上，升而復入，降而復升焉。内觀之至也，則氣入泥丸，神超内院矣。彼沙門入定，久而昏寂，止于陰神出殻而已。道家坐忘，久而頑着，神氣豈能成就哉！故内觀之法，以淨心爲本，以絶想爲用，下心之火于丹田，不計功程，蓋如達磨所謂一念不漏，自然内定而結元神焉。夫氣胎息，易行而難就者，何也？爲有妄識心者也。真胎息難行而易成者，何也？爲有清靜性者也。胎息之訣，閉其所入之氣，留其所傳之息，綿綿若存，用之不勤可也。于是有朝元之方，于子之時氣生，及午而上朝于心。于午之時液生，及子而下還于腎。龍虎交而成丹，其名曰下朝元。以鉛汞分胎，以成其神，三陽上升于内院，其名曰上朝元。夫鍊氣而氣見本色矣，鍊神而神入元宫矣。以真火散其陰魔，于是就而氣自朝焉。氣真而神自朝焉。于午之前靜坐，鼻之中長引其氣，自合于中元矣。于子之前靜坐，斂身嚥氣，則自朝于下元矣。日出之前靜坐，升身偃脊，則氣自朝于上元矣。何以謂之還精補腦乎？夫精在于腎，以氣補之，可以長生者也。氣在于心，以神安之，可以不死者也。髓出于腦，以真陰真陽補之，可以返老還童者也。若夫抽腎之氣于肘之後，飛入上宫，是以真陰補之也。還其真氣，而内觀超于内院，是以真陽補之也。終日嘿嘿，忘慮絶機，二氣互交凝于髓海，是以陰陽補之也。真陰補之，其法不出丑寅之間，

升身直腰，偃胸，閉其雙闕而動焉，少者，月開之；老者，百日開之。開其雙闕，而復閉其上闕，開數如前，既入上宮即濟矣。既濟、未濟，何道也？坎離匹配者，滋益五藏，未能成丹也；龍虎交際者，聚集五氣，而未能朝元也。惟丹成于未濟，神會于純陽而扣可也。

《道樞・玉壺》　金丹之要，神水華池。載言其用，水火之資。　中條子名章，不載其姓，以其復隱于中條，故以名。當聞金丹之要，在乎神水華池，而未通其旨。其後遇太一真人名元龜于岱宗，示其祕曰：石何堅兮水何柔，相應五行何日休。焉知淑女數沉沒，石坐土中水汩流。因曰：子知華池乎？華者，火也；池者，水也。乃天地之橐籥者也。中條子曰：金水、五行、華池，有何作用乎？太一真人曰：萬物者，自然負陰抱陽而成焉。若無日月之精氣，陰陽之成熟，則安有生育哉？且夫人之生，在于胎中，亦二氣相感而成者也。十月陰陽滿足而後生，其真性蓋如砂中有汞，生于真金，則知金丹妙用，其在于陰陽而後成鉛成汞者也。明五行，辨氣候，寒暑相交，陰陽互用，陰得陽而成熟，陽得陰而起伏，此還丹之要旨也。夫木有堅虛，物有甘苦，雖同陰陽之氣，其性有異焉。故金丹亦應于日月之玄象，龍虎起伏，水火運用，得四時之正候則有大功矣。中條子曰：鉛汞何所作之乎？太一真人曰：鉛，白虎也；汞，青龍也。然非人間之物也，汞生于金砂，金砂產于鉛，長生之寶也。此道也，必擇道德慈慧者傳之。若夫豪愎害物，貪愛妬能，狠戾恃己，俠勢淩衆，位高傲下，耽好酒色，慳吝無捨，不可傳也。中條子既得其道，踰二年，復見襄陽尉，曹之僮名嬰兒，僮者，太一之隸也，將以成就中條子焉。謂中條子曰：參星者，水也，白虎之精也，下而爲寶，知而鍊之，可以爲還丹者也。房星者，木也，青龍之精也，日月作水火，偶合爲夫婦，會之者同歸，隔之者難趨，故金、鉛、銀、汞、丹砂者，躋聖之實也。中條子怛然大驚，逐告以太一真人水火之訣，僮曰：此太陽之精髓，轉換天地，驅役鬼神者也。修之則雲與風起，龍虎相交，變易潛通，五行相得，非天人莫能知也。中條子曰：僕之藥，何時可成乎？僮曰：爐成一陽起純陰畢矣。天地二氣分于南北，陰陽爲位，掌握中間之日月焉。僮并授以《太一玉壺十章》。其要曰：房曰青龍參白虎，日月朱雀是玄武。欲知大道玄元基，須得中央戊己土。房、參也，日月也，皆所謂鉛汞者也。

《西昇經・善爲章》　爲正無處，正自歸之。不受於邪，邪氣自去。所謂無爲，道自然助。

道二，正與邪而已。邪正不相入，如薰猶不同器也。或正或邪，在爲與不爲，受與不受之間爾。道之至正，無有齊限，非方所之可拘，一或執方泥跡，不該不偏，則正復爲奇，欲邪氣不能襲，難矣，豈無爲之道哉？《傳》曰：唯無爲幾存。【略】

不勞於神，受命無期。

形全者，神全。神全者，聖人之道也。善攝生者，體性抱神，其心閑而無事，故神將守形，形乃長生。傳曰：神太勞則竭，形太勞則敝，神形騷動，欲與天地長久，非所聞也。一本作壽。

《西昇經・慎行章》　恬淡思道，歸志守一。極虛本無，剖析乙密。

思作睿，思則得之，不思則不得也。惟以恬養智，而不與物交，則出於不思，道積於厥躬矣。然其要在於葆神嗇精。蓋志者，心之所之，而神之所寓也；一者腎水之數，而精之所藏也。於斯二者，能歸而守之，故致虛以要其極，造無而守其本，道之玄微深妙，殆將迎刄而解矣。《素問》所謂虛無恬淡，精神內守，正與此合。

《西昇經・道象章》　老君曰：道象無形端，恍惚亡若存。

《易》曰：見乃謂之象。道不可見，豈形象端倪之能窮哉？經所謂大象無形是已。恍者有光而無象，意其有而非有，惚者有一而未形，意其無而非無。惛然若亡而存，不可以有無求也。經所謂無物之象是已。【略】

氣爲生者地，聚合凝稍堅。

氣來入身謂之生。人之生，氣之聚也。其始則氣化而凝，既久則形立而堅，陰陽之運，其理則然。

味異行不等，甘苦辛鹹酸。

道判而爲陰陽，散而爲五行，別而爲五味。五味之所以異，以五行之不等故也。潤下作鹹，炎上作苦，曲直作酸，從革作辛，稼穡作甘，此味之所以異也。火熯、水潤、木撓、金堅、土均而布，稼穡出焉，此五行之不等也。味則五行也，而味味者，道也。

氣行有多少，強弱果不均。同出異名色，各自生意因。

通天下一氣爾，萬物化作，萌區有狀，盛衰之殺，變化之流也。氣之多寡，隨量而受。故物之強弱，因受而稟，猶之大塊。噫，氣而萬竅怒號，吹萬不

同而使之自己。聲雖異，同出於風；形雖異，同出於道。

從是異性行，而有受形身。含養陰陽道，隨所倚爲親。生道非一類，一切人非人。

性有剛柔緩急不同，故形有羽毛、鱗介之異。禀偏於陽者，本乎天而親上；毗於陰者，本乎地而親下。雖類聚羣分之殊情，飛走動植之異狀，自有情以至於無情，自有形以至於無形。塗雖殊，而歸則同；慮雖百，而致則一也。

本出於虛無，感激生精神。譬如起音者，掇絃手動傳。宮商角徵羽，口氣呼噏元。

天下之實，自虛而有；天下之有，自無而出。道則虛無也。道生一，一者天下之至精。一生二，二者神之所應也。天地氤氳，萬物資精神以生。而精神生於道，猶之金石有聲，不考不鳴，及其發手動絃，則鼓宮宮動，鼓角角應，而五音彰矣。

身口意爲本，道出上首元。本淨在虛靜，故曰道自然。五音所動搖，遂與樂色連。

域於有生，百骸九竅，五臟六腑，體而存焉。是三者，有生之本也。然身之總括百骸，口之呼吸語默，意之善惡是非，孰使之者，道爲之本而已。形而上者謂之道，萬物莫不首之者也。道體至虛而實不能礙，至靜而動不能搖，以即染而淨，物莫得而先之爾，豈矯拂使之然哉？去道既遠，湛於人僞。五色令人目盲，五聲令人耳聾，與物相轉徙而不能自解，以非自然之真也。於動搖言音不言色，於連不言音而言色，蓋互見也。

散陽以爲明，布氣成六根。從是有生死，道遂散布分。去本而就末，散樸以澆淳。道變示非常，欲使歸其真。

道判而爲陰陽。陰陽，氣之大者也。萬物負陰抱陽，皆道之所布也。形質既具，六鑿相攘，莫之能止。是以生於土而反於土，出乎隱而入乎隱，流轉死生之域，萬化而未始有極也。此無他，逐末忘本，離道愈遠，散樸以爲器，澆淳而不原故爾。夫真常之道，無古無今，入於不死不生。然而物有生滅，未可以爲常者，道之變也。《列子》曰：精神離形，各歸其真。

《西昇經·邪正》 老君曰：邪教正言，悉應自然。故有兇吉，應行種根。如有所受，種核見分。

邪正不相入，猶方圓之異用也。雖設教不倫，其吉兇緣類而應若影響。然各隨所栽，植而受之，譬諸草木，區以別矣。

道別於是，言有僞真。僞道養形，真道養神。真神通道，能亡能存。神能飛形，並能移山。形爲灰土，其何識焉。

道惡乎隱，而有真僞。真僞既分，道之所以判也。自券之外，皆所謂僞，聲色、臭味之類是已，徒能養形爾。自券之內，皆所謂真道德，性命是已，神賴以養焉。《孟子》曰：體有小大，養其小者爲小人，養其大者爲大人。真道養神，養其大者也。唯知所養，則鍊神合道，與道合真。惛然若亡而存，油然不形而神。飛昇沖舉，蓋餘事爾。至於挾宇宙，施天地，固所優爲，豈特移山哉？傳曰：失吾道者，上見光而下爲土。養其小者，既失真道，將反於土而化臭腐，孰能致飛形之妙。

耳目聲色，爲子留愆；鼻口所喜，香味是怨。身爲惱本，痛癢寒溫；意爲形思，愁毒憂煩。吾拘於身，知爲大患。觀古視今，誰存形完？吾尚白首，衰老孰年。

耳欲茶聲，五聲令人耳聾；目欲茶色，五色令人目盲。香味，鼻口之所欲納嘗也。甘肥爲腐腸之藥，芳馨爲燻喉之煙。外則一身未免陰陽之寇，內則志意莫逃人道之患，則以有身爲大患故也。蓋有則有盡，無則無窮。神獨存而常全形，有生而有滅。以混元之聖，猶示人以衰老之相，況囿於大化者哉？

吾本棄俗，厭離世間。抱元守一，過度神仙。

元者，棄之本；一者，形變之始也。抱而不脫，守而勿失，殆將遺物離人而立於獨，豈同乎流俗，合乎汙世。

子未能守，但坐榮官。

至貴足以並國爵，苟知所守，視儻來之寄，如陰影集身，曾何以是爲榮。關尹所以稱疾而棄位也。

子能不動，神靈得安。子能捐欲，舉事能全。子能無爲，知子志堅。

吉兇悔吝生乎動，罪莫大於可欲。誠能寂然不動，洒心去欲，則神將守形，而事無不通。惟淡而無爲，至誠不息者，可以及此。

《西昇經·天地章》 老君曰：天地與人物，本皆道之元。俱出於太素，虛元之始端。髣髴之精光，微妙之上玄。

道生一，一生二，二生三，三生萬物。渾淪既判，清輕者爲天，道生一也；濁重者爲地，一生二也；沖和氣者爲人，二生三也。以至萬物盈於兩間，皆自道而生，出於太素無質之先，恍惚之中有象，窈冥之中有精，玄之又玄，衆妙之門。傳所謂萬物職職，皆從無爲殖是已。

譬如萬里坑，下有淡流泉。視之甚濁微，徹見底沙難。窈窈而冥冥，不知所由然。亦如終逝者，不見其靈魂。淳陰共和合，陽不能顯分。

《列子》曰：氣形質具而未相離，故曰渾淪。渾淪者，言萬物相渾淪而未相離也。視之不見，聽之不聞，搏之不得。道之玄妙難識，不特若深谷之泉，逝者之魂也。

過往與甫來，視譬以見前。尚不能了理，安能知亡存。譬如瘖瘂者，不能傳人言。爲聾彈宮商，其人豈能聞？才辯有其智，受教如語傳。自謂通其情，情衷不能丹。是故失生本，安能知道元。

道之不行，我知之矣。智者過之，愚者不及也。已往之事不及知，方來之事未可知，適今之事不能知，愚者每如此，況知死生之説乎？語以道妙，猶使瘖者能言，聾者審音也。至於才能辯博之士，智足以及之，然作聰明矜思慮，得其言而未得其所以言。求道於形色、名聲，不足以得，彼之情，生之本，道之元，惡足以識之？

《西昇經・觀諸章》 老君曰：觀諸次爲道，存神於想思。道氣和三光，念身中所治。髣髴象夢寤，神明忽往來。

虛無恬淡，不思而得，上道也；閑邪存誠，思則得之其次也。蓋神妙物而無方，存之則守形而不離。神全斯精全，精全斯氣全，三者和而不乖矣。天之三光，日、月、星是也；人之三光，神、氣、精是也。和三光之道無他，返照內觀，取足於身而已。蓋人一身，真君內存，五官咸備，百骸六藏，固有相治者，念之不忘，則友神明於恍惚之際，此其效也。髣髴象夢寤，則恍惚若有無之際也。

淡泊志無爲，念思有想意。自謂定無慾，不知持念異。

淡言不與物交，泊言靜止不流。志於大道者，無思無爲，不逐於物，不流於動，曾何有思想之意。蓋有想則相生，有思，則未免有心也。謂是爲定，已涉於動矣；謂是爲無欲，已墮於欲矣。天下之治方術者，皆以其所爲不可有加，故自以爲是，以不知持念之各異，故道有小大之不同也。夫念有正有妄，過而不留，感而後應，正念也。既往而不擇，未至而逆焉者，妄也。此存神於想思，所以爲之次。

或氣尚麤盛，自知尚多事。事興則形動，動則外通謀。謀思危之首，危者將不久。不久將欲衰，衰者將不壽。

夫志，氣之帥也。心勞於謀，智盡於事，則氣有蹶，趨之不正而暴盛，蓋棄事則形不勞，形休則謀不用。一有所謀，則機變之巧作攖，攖萬緒自此起矣。茶然疲役，不知其所歸，欲終其天年而不中道夭，不亦難乎？至人不從事於務，不相與爲謀，滌除外慕，玄覽至理，故專氣致柔，能如嬰兒也。

以身觀聲名，物事難可聚。以名聲稱號，必爲是所誘。皆坐於貪欲，貪欲爲殃咎。貪者爲大病，習貪來已久。合會微漸滋，非針艾所愈。

一節重於一國，兩臂重於天下，則名與身孰親？物無常是，事無常宜，去而不守，未嘗暫止，況儻來之寄哉！儻來之寄，其來不可圉，其去不可止，而累於名高者，趨名不已，殘生傷性，以身爲殉，正坐於貪欲故也。咎莫大於欲，得則責者，身之大病。民迷日久，積習既深，始微而終盛，猶病在膏肓，非針艾能愈也。

還身意所欲，清靜而自守。大聖之所行，不慕人所主。有常可使無，無常可使有。

形之疾其甚者，針艾不能及；性之疾其甚者，小道不能化。貪欲，性之疾爲甚者也。將以反其性情而復其初，必損之又損，以至於無爲，則清不能汙，靜不能染，而不知所守矣。蓋無爲者，聖人之所行；貪欲者，衆人之所主。行大道之無爲，不慕衆人之貪欲，則事物形名。天下所謂有者，可使之無，恬淡寂寞；天下所謂無者，可使之有也。

《西昇經・虛無章》 老君曰：虛無生自然，自然生道。

《道深章》曰：道深甚奥，虛無之淵，言道爲虛無之本也。《道經》曰：道法自然。言道降而下，法自然也。於此言虛無生自然，自然生道，何也？蓋言虛無，則自然在其中矣，言自然則道在其中矣。別而言之，裂一爲三；合而言之，貫三爲一。自其無所有，則曰虛無。無所因，則曰自然。偶而應之，則曰道。烏有先後之殊哉！

道生一，一生天地，天地生萬物。

易變而爲一。一者，形變之始也。清輕者上爲天，濁重者下爲地。天地含

精，萬物化生。

萬物抱一而成。

萬物以精化形。一者，精之數也。原其始則得一以生，要其終則抱一而成。

得微妙氣化。

通天下一氣爾，自有形以至無形，自有情以至無情，神奇臭腐，與時更化，皆氣使之然也。聚則生，散則死，盛則榮，衰則悴，搏之不得，幽而難測，可謂微妙矣。

人有長久之寶，不能守也，而益欲尊榮者，是謂去本，生天地之道也。

金玉滿堂，莫之能守，物有時而盡，何可長也。性命之真，與生俱生，至富國財並焉，豈特隋珠之重哉？昧者喪其不貲之樸而矜覽外慕，其去本遠矣。生天生地，道之本也。《莊子》曰：道自本自根，自古以固存，生天生地。

《西昇經・色身章》 老君曰：人皆以聲色、滋味爲上樂，不知聲色、滋味，禍之太樸，故聖人不欲以歸無欲也。

好色、音聲、厚味，世俗之所樂也。目不得好色，耳不得音聲，口不得厚味，則大憂以懼。殊不知五色令人目盲，五音令人耳聾，五味令人口爽，是三者身之大息也。然目之綦色，耳之綦聲，口之綦味，皆生於有欲，罪莫大於可欲。而欲者，德之累。是以聖人欲不欲，而復乎素樸也。

《西昇經・道虛章》 老君曰：道者，虛無之物，若虛而爲實，無而爲有也。

道之爲物，惟恍惟惚。恍兮惚言，若無而非無，若有而非有也。既曰虛無而謂之物者，即不物之物也。《道深章》言虛無之淵，此言虛無之物，淵言其體，物言其用，故繼之曰：若虛而爲實，無而爲有，虛而爲實。《莊子》所謂虛則實是也。無而爲有，《道經》所謂兩者同出而異名是也。

天者受一氣，蕩蕩而致清。氣下化生於萬物而形各異焉。

《大易》既判，天得一以清，萬物化作萌區有狀，皆其所資始，《列子》曰：天地氤氲，萬物化生。

是以聖人知道德混沌玄同也，亦知天地清靜，皆守一也。故與天地同心而無知，與道同身而無體，而後天道盛矣。

德總乎道之所一，渾渾沌沌，終身不離，玄之又玄，衆妙之門也。天得是，故無爲以之清；地得是，故無爲以之寧。聖人誠能兩間，天道雖遠，見之以心，故明於天而同乎無知，通乎道而合乎無體，與天爲徒，與道爲一，而道興乎世矣。

以制志意而還思慮者也，去而不可逐，留而不可遣。

夫志，氣之帥也；氣，體之充也。持其志，無暴其氣，將返其性情而復其初，則出思不思，而思出於不思矣。來者勿禁，往者勿止。不將不迎，應而不藏。雖覆卻萬物方陳乎前，而不得入其舍。《易》曰：天下何思何慮。

遠者出於無極之外，不能窮也。近在於己，人不見之。

四海雖遠，治之在心，反求諸己，萬物咸備。然道在邇，而求諸遠，是猶目之明，能見百步之外，而不能自見其睫也。

是以君子終日不視、不聽、不言、不食，內知而抱玄。

《傳》曰：內視之謂明，反聽之謂聰，不視不聽則目無所見，見曉於冥冥。耳無所聞，聞和於無聲也。《易》曰：君子以慎言語，節飲食，不言不食，則默而識之。終身不言，未嘗不言。無饑渴之害，味人之所不味也。凡此無他，復以自知，抱一而不離故爾。

夫欲視亦無所見。

聖人見道不見物，而視人所不視。《莊子》曰：賊莫大於德有心，而心有眼。經曰：聖人爲腹不爲目。

欲聽亦無所聞。

聞者，非謂其聞彼也，自聞而已，豈聽之以耳哉？仲尼所以六十而耳順，

欲言亦無所道。

縱口之所言，更無利害，故有謂無。謂無謂有，而遊乎塵垢之外。

欲食亦無所味，淡泊寂哉，不可得而味也，復歸於無物。

味之所味者，嘗矣。而味味者，未嘗呈味。味者，道也。真人其食不甘，以道之出口，淡乎其無味也。惟返其性情而復其初者能之。《道經》言：視之不見，聽之不聞，繼之以復歸於無物，與此同意。

若常能清靜無爲，氣自復也。返於未生而無身也。無爲養身，形體全也。天地充實，長保年也。

虛化神，神化氣，道之委也。氣化神，神化虛，道之用也。蓋志一則動氣，

氣一則動志，惟持其志，無暴其氣，則虛而物不能汙，靜而物不能雜，淡而無爲，將見氣合於神，神合於無，遊乎物之初外，形體而不有矣。以其不自生，故能長生。所以全其形骸，與天地齊其長久。《莊子》曰：無爲則俞俞。俞俞者，憂患不能入，年壽長久矣。

《西昇經・身心章》 老君曰：身之虛也，而萬物至；心之無也，而和氣歸。

養志者，忘形。致道者，忘心。離形去智，同於大通，則身無形累之患，而物自寘。內觀其心，心無其心，則心無使氣之強，而氣自復。

故善養身者，藏身於身而不出也，藏人於人而不見也。

惟藏天下於天下者，可以語此。【略】

若能知常，施行反也。衆人歡樂，用生生也，動而失之，壽命竭也。

復命曰常，知常曰明，真常之道，誠能知之，其所施設，則異衆人矣。蓋君子樂得其道，小人樂得其慾。其所施行，若東西之相反也。以慾爲樂，將以生生，適以喪生，樂未畢，而哀繼之；以道爲樂，樂則生矣，其爲樂可勝計耶？《莊子》曰：俗之所樂，果有樂無有哉？無爲誠樂矣，又俗之所大苦也。

夫天下，大物哉，甚綿綿也，冥冥混沌，不可知也。知之者去之，欲之者離之，近之者遠之。

有物混成，字之曰道，強爲之名曰大。自古固存，幽深微妙，不可以智知也。跂而望之在乎前，棄而忘之在乎後，非有心者所得遠，無心者所得近，渾渾沌沌，終身不離。若彼知之，乃是離之。

是以聖人非託於天下，亦非託於鬼神，亦非託於萬物。常以虛爲身，亦以無爲心。此兩者同謂之無身之身，無心之心，可謂守神。守神玄通，是謂道同。

有大物者，不可以物，物而不物，故能物物。明乎物物者之非物，豈獨治天下而已哉？以虛爲身，以無爲心，而一無所託，所謂不物也。身心兩忘，唯神是守，守而勿失，與神爲一，則道將與汝居，而合乎大同矣。

《西昇經・無思章》 老君曰：智士無思慮之變，常空虛無爲恬靜，修其形體，而萬物育焉。

天下何思何慮，大智觀於遠近，以天下觀天下，虛靜恬淡，寂寞無爲，以全其形生，故精神四達，並流上際下，蟠化育萬物，不可爲象。

變者貪天下之珍，以快其情，然後兵革四起，禍生於內。國動亂者，而民勞疲也。

《道經》曰：不貴難得之貨，使民不爲盜。《莊子》曰：擿玉毀珠，小盜不起。【略】

故曰：子能知一，萬事畢。無心德留，而鬼神伏矣。

能知一，則無一之不知。不能知一，則無一之知。德者，得也。通於一而得之者，以無心故也。萬事皆出於一，鬼神之所以靈，亦出乎吾心而已。無心之心，可與祐神，故兩不相傷，而德交歸焉。

《西昇經・柔弱章》 老君曰：天下柔弱莫過於氣，氣莫柔弱於道。道之所以柔弱者，包裹天地，貫穿萬物。夫柔之生剛，弱之生強，而天下莫能知其根本所從生者乎。

氣也者，虛而待物者也。氣始於太初，而道在太極之先，則氣本於道也。弱者道之用，自天地以至萬物皆本於是。有乎生，而莫見其根；有乎出，而莫見其門。

是故有以無爲母，無以虛爲母，虛以道爲母。自然者，道之根本也。

無動不生，無而生有，有不離無，無因有著，有無異用，皆同於虛。虛非無也，無實而已。虛無之宗，道實妙之。三者名雖異而皆本於自然，爲母之言，亦筌蹄爾。

《西昇經・意微章》 老君曰：患生不意，禍生絲微。

禍患多藏於隱微，而發於人之所忽。聖人防微慎始，用智於未奔沉之前，蓋以此也。

善生於惡，利生於害。

有善而惡爲之，有利而害爲之對，物莫不然。惟去善而自善，則善惡一致，蓋將簡之而不得以美利，利天下不言所利，則無所不利，而未始有害。

【略】

高生於下，遠生於近。

高必基於下，遠必自於近。故九層之臺起於纍土，千里之行始於足下。

外生於內。

有諸中者，必形諸外。

貴生於賤，動生於安。

貴以賤爲本，靜者動之基。

盛生於衰。

無冬之閉藏，則無春之蓄鮮。

陰生於陽。

陽不極，則陰不生。

是故有無之相生，虛實之相成，是以有歸有，無歸無也。自善惡自無出有，有極歸無，相生故也。由虛爲實，實復爲虛，相成故也。自善惡以至陰陽，莫逃乎此。然有無迭用，以類而應，有善則有惡。有則歸有，無利則無害；無則歸無，各象其德，若影響然。此爲道者，不蔽於有，不溺於無，而桀立乎中央。

《**西昇經·治身章**》老君曰：治身之道，先隱天地，靜居萬物之始。玄牝之門，是謂天地根。所謂隱天地者，非伏其身而不見也。深根寧極，隱於是焉。萬物之始，即天地之始也。無名，天地之始。能歸其根以居之，其於治身也，何有混元謂。仲尼曰：吾遊於物之初。正此意也。

夫聖人通玄元，混氣思以守其身。

天一在藏，資元氣以立始；天五在府，資沖氣以成終。或清而快，或濁而遲，周流於一身，而爲有生之本者，是氣也。妙而難名，混而不離，唯聖人然後能通之，通之然後能守之。不知善持養，則昔之充者今或餒，昔之純者今或散，欲守而勿失，不可得矣。關尹謂：至人潛行不窒，蹈火不熱，行乎萬物之上而不慄，爲純氣之守，其有得於此乎。

俗人以情愛貪慾以守其身。此兩者同有物而守其身，其道德各異焉。

孰不爲守，守身，守之本也。然所守在道，則守而不失。所守以妄，則莫之能守。抱元專氣，通於道也。道無時而盡，情愛貴欲，逐於妄也，豈可長保哉？此兩者同有物以守其身，則物與物何足以相遠。蓋氣虛而待物者也，而合乎混冥，則物物而非物矣。物物而非物，即不物之物也。不物之物，唯獨智者能明之。由於獨智，入自聖門；由於情慾，入自禽門。其守身則同，其所以守身則異。

《**西昇經·寂意章**》老君曰：吾道淡泊寂，意死者生，靜而復命也。淡則不與物交，泊則靜止不流，道之真也。體道者，在於形如槁木，心若死灰，內靜其意，歸於寂定，而無以生爲，故爾以其不自生，故形生而不敝，皆復命之常也。

生生積浸潤，滋汋留滯，玄冒沾洽，元氣包之，其根蓋深。乃四固，中無心，故能致萬物精華，無極之物自然來歸之，以其空虛無欲故也。

生之所生者，死矣。而生生者，未嘗終。生生者，道也。悟道以頓，一息而神，行道以漸，在於真積力久焉，誠能積而不已，浸潤以成，則精全神王，腎水澤而兩氣滋，廉泉玉英，周流無礙，孰有壅閼之患哉？夫然，故天一玄妙之氣覆冒形軀，靈液流暢，灌溉五官，四肢百體，元氣包括，根深而蒂固，心虛而腹實也。萬物之精華不期至而自至矣。古之人能腹天氣，傳精神者，蓋得於此。

《**雲笈七籤·攝生月令**》夫攝生大體，略有三條：所爲吐納鍊藏，胎津駐容；其次餌芝木，飛伏丹英；其三次五穀資衆味。終古不易者，生生性命，必繫於茲也。【略】

孟春䷊泰斗建寅，日在虛，律中太簇，五將東方，月德丙，月合辛，生氣子，天利卯，五富亥，月殺丑，月厭戌，九空辰，死氣午歸忌丑，往亡寅，大敗甲寅，血忌丑。

孟春，是月也，天地俱生，謂之發陽，天地資始，萬物化生。夜卧早起，以緩其形，使志生。生而勿殺，予而勿奪，君子固密，無泄真氣。其藏肝木，位在東方。其星歲，正月、二月、三月，其卦震，其地青州，其書《詩》，其樂瑟，其帝靈威仰，其神勾芒，青龍爲九天，白虎爲九地，其蟲魚，其畜犬，其穀麥，其果梅，其菜韭，其味酸，其臭腥，其色青，其聲怒，其液泣。立春木相，春分木王，立夏木休，夏至木廢，立秋木囚，秋分木死，立冬木没，冬至水胎。

仲春䷡大壯斗建卯，日在室，律中夾鍾，五將北方，月德甲，月合己，生氣丑，天利辰，五富寅，月殺戌，月厭酉，九空丑，死氣未，歸忌寅，往亡己，天敗甲午，血忌未。

仲春，是月也，號厭於，日和其志，平其心，勿極寒，勿極熱，安靜神氣，以法生成。勿食黄花菜及陳菹，發宿疾，動痼氣。勿食大蒜，令人氣壅，關隔不通。勿食蓼子及雞子，滯人氣。勿食小蒜，傷人志性。勿食兔肉，令人神魂不安。勿食狐狢肉，傷人神。是月腎藏氣微，肝藏正王，宜凈膈去痰，宜泄皮膚，令得微汗，以散去冬温伏之氣，是月六日、八日，宜沐浴齋戒，天祐其福。十四日忌遠行，水陸亦不可往。九日忌食一切魚鱉。二十日宜修真道。

季春䷪夬斗建辰，日在婁，律中姑洗，五將西方，月德壬，月合丁，生氣寅，天利己，

五富亥，月殺未，月厭申，九空戌，歸忌子，往亡申，大敗甲戌，斗陽，血忌寅。

季春，是月也，萬物發陳，天地俱生，陽熾陰伏。卧起俱早，勿發泄大汗，以養藏氣。勿食韮，發痼疾，損神傷氣。勿食馬肉，令人神魂不安。勿食麞鹿肉等，損氣損志。是月肝藏氣伏，心當向王，宜益肝補腎，以順其時。是月五日，忌見一切生血物，宜齋戒静念真籍，不營俗務。十六日忌遠行，水陸俱不可往。二十七日宜沐浴。是月火相水死，勿犯西北風。勿久處濕地，必招邪毒。勿大汗當風，勿露體星宿下，以招不祥之事。

孟夏䷀乾斗建巳，日在昴，律中仲吕，五將南方，月德庚，月合乙，生氣卯，天利午，五富申，月殺辰，月厭未，九空未，死氣午，歸忌丑，往亡亥，大敗丁巳，斗陽，血忌申。

孟夏，謂之播秀，天地始交，萬物並實。夜卧早起，思無怒，勿泄大汗。夏者，火也。位在南方，其藏心，其星熒惑，時四月、五月、六月。其六月屬土，大王於此月，其地揚州，其書《禮》，其樂芋，其帝赤熛弩，其神祝融。朱雀爲九天，玄武爲九地。其蟲鳳，其畜羊，其穀麻，其果杏，其菜薤，其味苦，其臭焦，其色赤，其聲呼，其液汗。立夏火王，夏至火相，立秋火休，秋分火廢，立冬火囚，冬至火死，立春火没，春分火胎。

仲夏䷫姤斗建午，日在參，律中蕤賓，五將東方，月德丙，月合辛，生氣辰，天利未，五富亥，月殺丑，月厭午，九空卯，死氣戌，歸忌寅，往亡卯，大敗丁酉，血忌卯，斗陽。

仲夏，是月也，萬物以成，天地化生。勿以極熱，勿大汗當風，勿曝露星宿，皆成惡疾。勿食雞肉，生癰疽、漏瘡。勿食蛇蟮等肉，食則令人折筭壽，神氣不安。慎勿殺生。是月肝臟以病，神氣不行，火氣漸壯，水力衰弱，宜補腎助肺，調理胃氣，以助其時。是月八日，忌遠行涉，水陸並不可往，宜安心静慮，沐浴齋戒，必得福慶之事，是月切忌西北不時之風，此是邪氣，犯之令人四肢不通，致百關無力。

季夏䷠遯斗建未，日在東井，律中林鍾，五將北方，月德甲，月合巳，生氣巳，天利申，五富寅，月殺戌，月厭巳，九空子，死氣亥，歸忌子，往亡午，大敗丁丑，血忌酉。

季夏，是月也，法土重濁，主養四時，萬物生榮。增鹹減甘，以資腎藏。勿食羊血，損人神魂，少志健忘。勿食生葵，必成水癖。是月腎藏氣微，脾臟獨王，宜減肥濃之物，宜助腎氣，益固筋骨，切慎賊邪之氣。六日沐浴齋戒，絕其營俗。二十四日忌遠行，水陸俱不可往。是月不宜起土功，威令不行，宜避温氣。勿以沐浴後當風。勿專用冷水浸手足，慎東來邪風，犯之令人手癱緩，體重氣短，四肢無力。

孟秋䷋否斗建申，日在張，律中夷則，五將北方，月德壬，月合丁，生氣午，天利酉，五富巳，月殺未，月厭辰，九空酉，死氣子，歸忌丑，往亡酉，大敗庚申，血忌辰。

孟秋，謂之審，天地之氣以急正氣，早起早卧，與雞俱興，使志安寧，以緩形，收斂神氣。秋者，金也。位在西方，其星太白，時七月、八月、九月，其卦允，其地蔡州，其書《春秋》，其樂磬，其帝少昊，其神蓐收，白虎爲九天，青龍爲九地，其蟲虎，其畜雞，其穀黍，其果桃，其菜葱，其味辛，其臭羶，其色白，其聲哭，其液唾。立秋金相，秋分金王，立冬金休，冬至金廢，立春金囚，春分金死，立夏金没，夏至金胎。

仲秋䷓觀斗建酉，日在翼，律中南吕，五將南方，月德庚，月合乙，生氣未，天利戌，五富巳，月殺辰，月厭卯，九空酉，死氣丑，歸忌寅，往亡子，大敗庚子，血忌戌。

仲秋，是月也，大利平肅，安寧志性，收斂神氣。宜增酸減辛，以養肝氣。無令極飽，令人壅，勿食生蜜，多作霍亂。勿食雞肉，損人神氣。勿食生果子，令人多瘡。是月肝藏少氣，肺藏獨王，宜助肝氣，補筋養脾胃。是月七日宜屏絕外慮，沐浴齋戒，吉。二十九日忌遠行，水陸並不可往。起居以時，勿犯賊邪之風，勿增肥腥物，令人霍亂。其正毒之氣，最不可犯。是月祈謝求福，以除宿衷。

季秋䷖剥斗建戌，日在南斗，律中無射，五將東方，月德丙，月合辛，生氣申，天利亥，五富亥，月殺丑，月厭丑，九空寅，死氣寅，歸忌子，往亡辰，大敗庚辰，斗陽，血忌巳。

季秋，是月也，草木凋落，衆物伏蟄，氣清，風暴爲朗，無犯朗風，節約生冷，以防癘疾。勿食諸薑，食之成痼疾。勿食小蒜，傷神損壽，魂魄不安。勿食蓼子，損人志氣。勿以猪肝和餳同食，至冬成嗽病，經年不差。是月肝藏氣微，肺金用事，宜減辛增酸，以益肝氣，助筋補血，以及其時。勿食雞肉，損人神氣。勿食雞肉，令人魂不安，魄驚散。十八日忌遠行，不達其所。二十日宜齋戒，沐浴净念，必得吉事，天佑人福。

孟冬䷁坤斗建亥，日在房，律中應鍾，五將北方，月德甲，月合巳，生氣酉，天利子，五富巳，月殺戌，月厭辰，九空亥，死氣卯，歸忌丑，往亡未，大敗癸亥，斗陽，血忌亥。

孟冬，謂之閉藏，水凍地坼，早卧晚起，必候天曉，使至温暢，無泄大汗，勿犯冰凍，温養神氣，無令邪炁外至。冬者，水也。位在北方，其星辰，其時十月、十一月、十二月，其卦坎，其地分冀州，其書《周易》，其樂簫，其帝叶光

紀，其神玄冥，玄武爲九天，朱雀爲九地，其蟲黿，其畜猪，其穀大豆，其果栗，其菜藿，其味鹹，其臭腐，其色黑，其聲沉，其液唾。立冬水相，冬至水王，立春水休，春分水廢，立夏水囚，夏至水死，立秋水没，秋分水胎。

仲冬䷗復斗建子，日在箕，律中黄鐘，五將北方，月德丁，月合壬，生氣戌，天利丑，五富巳，月殺申，月厭子，九空申，歸忌寅，往亡戌，大敗癸卯，血忌午。

仲冬，是月也，寒氣方盛，勿傷冰凍，勿以炎火炙腹背，無食焙肉，宜減鹹增苦，以助其神氣。無發蟄藏，順天之道。勿食蝟肉，傷人神魂。勿食螺、蚌、蟹、鱉等物，損人志氣，長尸蟲。勿食經夏黍米中脯腊，食之成水癖疾。是月腎藏正王，心肺衰，宜助肺安神，補理脾胃，無乖其時。是月三日，宜齋戒净念，以全神志。二十日不宜遠行，勿暴温暖，切慎東南賊邪之風，犯之令人多汗面腫，腰脊强痛，四肢不通。

季冬䷒臨斗建丑，日在南斗，律中大吕，五將南方，月德庚，月合乙，生氣亥，天利寅，五富申，月殺辰，月厭巳，九空巳，死氣巳，歸忌子，往亡丑，大敗癸未，血忌子。

季冬，是月也，天地閉塞，陽潛陰施，萬物伏藏。去凍就温，勿泄皮膚大汗，以助胃氣。勿甚温煖。勿犯大雪。勿食猪㹠肉，傷人神氣。勿食霜死之果菜，夭人顔色。勿食生薤，增痰飲疾。勿食熊羆肉，傷人神魂。勿食生椒，傷人血脈。七日忌遠行，水陸並不吉。一日宜沐浴。是月時藏氣微，腎藏方王，可減鹹增苦，以養其神。宜小宣，不欲全補。是月衆陽俱息，水氣獨行。慎邪風，勿傷筋骨，勿妄針刺，以其血澀，津液不行。

《九還七返龍虎金丹析理真訣》 余於道門，酷於留意，曾覽仙經，至於爐火百家，粗曾披閱，因看《洞元記》《總途經》《混元訣》《金碧經》《玉壺龍胎鳳翅》及《太一》《參同》等文，分析火候指掌九還七返金液還丹有三，修用實繁，互達探遠，元機非遥，學者萬數，成無一焉。皆爲鉛汞難分，黄芽罔識，從兹悮失，莫曉宗元，以此爲迷，積有歲矣。時於大宋壬申中春，遇四明山野客，因留宿，乃問金液還丹之理。道人云：此事至難至易，不可輕問。余乃再懇之。道人曰：或説金華爲黄芽，將礦悮作真鉛，如此之人，萬無一成也。且黄芽者，是五行之筋髓，真鉛即太一之真精，生於混沌之中，起自太初之内，生乎天地之始，先能作衆物之母。夫大丹均五行之勝，齊天地之功。余乃再拜曰：敢問金液還丹所起如何？道人曰：金丹所起，起於太初，太始生混沌，混沌生兩儀，兩儀生三才，三才運八卦，八卦滋九宫，九宫則丹之終，則太一之始先也。敢問太始之名，願乞師指，於藥是何物？道人曰：是真鉛也。鉛是水之精，水是陰之體，陰極則陽生，變化萬物也。無陽不生，陽去即死，將欲變化，故先立陽。陽之生也，其在杳冥，人莫知。《道經》云：杳杳冥冥，其中有精，其精甚真之謂也。又《參同》擬《周易》是地雷復卦。太陽生於子，爲十一月卦，故天地神功將欲雕鎪萬卉，發敷千花。故納陽爻於陰極之時，借太陰之盛，賛微陽之功，此乃太始之義也。世人不知金丹從太始，妄服金石，欲求變化者，如灌彩汁於地，欲染花木之形。又再拜問：太始生混沌何物？道人曰：混沌者，不開盈之貌也。外白裏黄，猶如鷄子也。既陰陽而合，精氣未交，故曰混沌也。又問曰：未委混沌之名，於藥中是何類也？是崔真人《龍胎經》中之義也。鉛汞初合，龍虎初親，日月相交，陰陽相感，故丹生混沌也。月吐其彩，日舒其光，龍納其胎，虎瀉其氣，如金碧之寢寐，神明相抱，覺悟後存，已是龍舒其氣，虎吐其精，神室相著，不相離也。如《抱元經》云：含元受氣，物無不濟。得氣受元，物無不全。且如世間之物，不含識，則抱元未有捨元識而得成形質者也。世人不知龍虎之根基，陰陽之化本，妄投金石，擬造還丹，寔爲卻步而求前，迎日而避影。故魏真君曰：入水求雞兔，登山索魚龍誠哉！是言又《參同》之哀憫後生好道之倫，探訪風教，指盡古文，子繼父業，孫踵祖先，此明含元禀氣也。又言：覆雞當用卵，又種禾即生禾。又云：驚雀不生鳳，狐兔不乳馬，此之謂也。世人不知含元抱胎之道，遠方求藥，煎金鍊石。若以五金八石得成大丹者，則魏真人不作《參同契》，崔真人不明《太一圖》。《參同》以二氣相盪，八卦相推，寒暑迭居，陰陽開闔，二氣失度，萬物不滋，五行越常，萬靈失序，豈肯大丹容雜類而成乎？又如《太一圖》云：太一遊九宫，而不入中位。若明太一則水中也，中宫則土也。土爲水鬼，故惡中宫而不入也。如丹遊八卦，後入中宫，成黄金之熟，諸將在太一左右爲近，必有移曆之象。以太一喻汞，諸將喻金石，明大藥不用金石藥也。又諸同宫爲囚，有不可之事，以知龍胎大丹，不入雜類也。又明子午爲易氣，即卯酉爲絶氣，此乃皆是丹之節符也。又問曰：何謂爲兩儀？道人曰：兩儀者，天地剖判也，分形也。陰陽各有其位，日東月西，離南坎北。又問曰：未委兩儀，在藥成何氣象？道人曰：兩儀在藥中，是鉛汞各相分也。兩儀既定，生在天則日月星，在藥則三五一，藥之到此，神化非遥。又問曰：何名是三五一？道人曰：一是水，

二是火，乃共三，凡有三而有自懷五也，此乃是水、火、土，又名鉛汞鼎也，亦名三物一體，亦名一物三形。煙蘿子曰：三一之道也，大丹之中唯金、水、土爾。又問曰：未委金、水、土，如何分別？道人曰：金者，鉛也。鉛者，真金、真土也。且非是世間鉛，生於太虛杳冥之内，是太一之真精，坎中之一劃也。故曰：天得一以清，地得一以寧，人得一以靈。夫欲靈與人，莫過學長生不死之道也。《老子》曰：子得一，萬事畢也。上代神仙，唯秘鉛之一色。故古歌曰：鉛若是真，不失家臣。鉛若不真，與汞難親。分鉛之與汞，是一家之物也。又《龍巢經》云：夫聖人受命，必有同心德爾，是一家之物也。耳目股肱，其潛也，神鬼莫之，其升也，天地合力。將喻鉛汞是一家之物，非外來雜類可成也。古歌曰：南北路交差，朦朧是一家。世人多將金銀、鉛錫、笋銀芽、金蛺蝶、金蟻爲鉛成丹藥，可謂灌朽求花，鑽冰待火，不明衆類者哉！亦不識其宗枝，萬萬千千一無成矣。且前諸物，並是頑物硬死質，豈有神通變化，易髓换筋乎？故《參同契》曰：狐兔不乳馬，燕雀不生鳳，此之謂也。又曰：同類易施功，異類難爲巧。又曰：雞抱卵兮日數足，母生子兮十月全。植禾當用粟，覆雞當用卵也。且世間十二種鉛，皆非大藥之用。黑鉛、黄丹鉛、嘉州鉛、生鉛、草節鉛、朧陀鉛、白錫鉛、銀鉛、金爍鉛，已上皆是世間死質頑滯之物，縱强服之，皆隨大腸而下，豈有長生久視不死之道乎？問曰：世間鉛既不堪服餌，未委真鉛從何而得？道人曰：真鉛土從無入有，禀天地而成形，託日月而爲質，其君臣合會，父母生育，起參銖之杪及成斤之靈，骨肉雙全，血脈盈滿，汞之一見則立伏焉。故青霞子曰：情合無衆藥，氣合無言語，斯之謂也。又問曰：汞之所出，何者堪成？道人曰：夫汞土亦有數般，故有自然汞、白砂汞、丹砂汞，修丹只用丹砂汞。且砂之數，種類亦有多般，故有天座砂、神座砂、紫靈砂、光明砂、商砂、鐵見砂、溪砂、土砂，其天座、玉座、金座、神座等，皆是自然還丹，不假燒煉，服之成仙。諸天仙衆，駕鶴乘龍而來取之，世人莫得而見也。其光明、紫靈砂等，則堪成大藥。其商砂、土砂不堪服食，唯修利術則可矣。又問曰：不知土是何物也？道人曰：夫土一味，真義極元，亦非世間之土也。世人多以硫磺、雄黄、雌黄、砒黄、密陀僧、銀笋、鉛、黄花白銀、黄金以爲其土，將偃於水，皆非其用也。且土無正形，遇氣則生，得勢便成，故生於四孟，王於四季，絶於四仲，鎮安中宫，寄生丙丁，與水同氣。略將前物爲真土，其源還與水同炁乎？其真土者，是五行之真精，須假神合達造，變化生育，故得與乾坤和體，神化無窮，則堪與丹爲宅也。又問曰：金、水、土合成大丹，藥味至寡，其功不多，未委幾日而熟用鼎器？道人曰：《參同》云：初七十，終三旬，三百六十善調匀，則一載而成也。此乃太一周天也。既不會太一周天，無由得大丹成熟也。魏真人論周天之數，大而論之一年，小而論之一日。故年與月同，月與日同，日與時同。時運養周星法，只以一日夜爲一周星也。青霞子曰：鼎鼎非金鼎，鑪鑪非藥爐。離從坎下發，汞在土中居。固濟胎不泄，變化在須臾，則不煩遠求鼎器也。古歌曰：日日只在君家舍，知白守黑，神明著矣。敢問：知白守黑如何？道人曰：白者金之精，黑者水之基，此二味天地之大寶，日月之至精，象君臣、父子、夫婦、女男。敢再問修丹起首次序，幸垂指訣。道人曰：夫金丹須抱元結胎，敷花實子，返本還元之謂也。又煙蘿子曰：深根固蔕，則長生久視之道也。又曰：根深則花茂子實，故君子務本，本力而道生。内若契道，金丹自至，無不形影相隨，聲響相應也。道人曰：始自於砂，砂變成汞，汞變成金，金變成液，液化丹，故曰金液還丹。丹者，赤色也。還其土，復還元也，故返本還其源也。孤元陽子曰：金化金兮銀化銀，何曾別有別聖神。自然伏火者，百煉不燼，入水如膏，入火成金，入口而化，其味甘香，豈將世間雜類金石華木，有如斯神化乎？又問曰：如何是含元胎，敷花結實？道人曰：結龍胎，鍊虎精也。神水育黄芽，自三皇以來，皆口口相傳，不留文字，恐洩天機。妄說者沉淪三劫，吾子晦而勿言。又問曰：幸所指教，以見宗元，即入用不多，鼎藥易置，欲依法修煉，得否？道人曰：夫燒丹者，須三備則可成矣。三備者，一福、二德、三志。無福不成，如《龍虎經》云：丹熟視之丘陵冢墓，枯骨形象者，彼不堪服食，須棄中流，依法別燒，此爲無福之應也。無德不能苞貯藴藏，如趙元伯將丹訣贄燕中太子，太子好貨，入造金銀，鑄鼎器，燒外藥，其藥未成而太子怒，使沉元伯於井中，斯無德之應。無志則不能苦學，似有小失則生大悔，如河中二薛，令造丹不成，所有家中道門書策及燒藥器具，悉皆焚毁，於道路逢著道流，乃拔劒苦逐，曰：虚誕之徒宜去之，俄而墜馬而死。斯亦無志也。吾子雖執其志，福德未圓，宜訪巨福廣德之人共成之，則可矣。又問曰：上言妄說者，沈之三劫，今令訪人同修，莫違神誡。道人曰：夫三人共志，自故來然不得妄說也，故三人者，金、水、土也，三人已上則爲妄說。

君子一依余論，抄集繕寫，次第緣由，運動配合，時候感應，流布世間，有緣自遇。其於口訣，則口口相傳，心心相授，勿違神誡。斯須達曙，即乃告辭，莫知所往。余承奉道人指訣，一一條録，傳諸好道，幸無棄焉。

《真一金丹訣·復本還元之法》 目牛無全，全真道成太虛之象，恍惚中神在虛無之中，混合道元。道爲性本，性是心源，火即是牛，意即是土。土火符合，注之在目，謂之目牛。志之在天，入於胎息，鍊神虛白之中，超神九五，出入昇天，乃圓自性。天真赤子，一運一交，會於北海，混金光上昇空洞，前至玉京，降天谷而出入，去住往來，惺惺明白，自在逍遙，乃爲神仙。

此謂富國安民之道，爲胎息鍊元氣復本還元之法。

禀太虛之始，鍊元氣爲母，母號先天，能會五神，不散於形中。一身之國乃心，爲君，精氣爲民，民安國泰謂之富國安民。神仙抱一爲清虛自然之道，成胎息，鍊元氣爲命，是復本還元之法。氣來入身爲之生神，所以通生謂之道。氣者，神之母。神者，氣之子。以母爲神，爲天真，交會子母，兼神不離於氣，氣不失於神，神不相離，精神內守，臍元有主，形乃長存。若施心氣湛於丹田，由易長生。不亦遠乎，心氣既住，則丹田有主，五神內守，萬聖朝元。

耳不聽聲，目不視色，鼻不聞香。心似寒灰，形如枯木，六根解脱，心自忘機，境邪自滅，六慾不生，三毒消滅，纖毫忘盡，體內圓明。性與命合，喘息自定，喘息既定，飢寒自盡。飢寒既盡，安靜長寧，長寧安靜。

此謂強兵戰勝，用師十倍。三反晝夜，用師萬倍。鬼藏陰陽勝輔術，是乃金木間隔，龍虎交媾，鍊黑水金丹，乃全形之道。

足三陰皆會於己土六庚，天符己土，並於庚，合帶其金。金即是陰虎，屬鉛。

手三陽皆會於戊土六甲，天符戊土，並於甲，合帶其木。木即是陽龍，屬汞。戊土既於空洞，乃神國之所，乃泥丸是也。甲木即是汞，庚金即是鉛，便是金木間隔，虎龍交媾，鍊黑水金丹，乃全形之道。

木金皆隨戊己，爲中央之土。土乃沈之命源，天霐黑水所化成泥，內固命源。黑水爲鼎地之機，乃乾坤之首，宇宙之基，造化之源。源者在子，身中有一腰眼，謂之明堂淵骨。骨大而圓穴，穴乃深淵，名天霐黑水。北海之內有一神龜，名碧眼胡兒，金睛猛獸，運動靈泉，呼吸真炁，運行百脈，朝會於一十經，一十五絡，八脈三元在其中也。經分上下左右衝通，左有一經連左腎，屬陰，爲月，主水數之一也。右有一經連於右腎，本男先生於右腎，爲命門，屬陽，爲日。日主三魂，色赤，爲火。火鎮元宮，數之七也。上有一經衝於空洞，下有一經通於足太陽膀胱氣海，氣傳尾閭、金關、玉戶、丹田、臍元之所。混元五炁，通生上赤下黑，左青右白中黄。木生火，火生土，土生金，金生水，水生木。木三，火二，土五，金四。水一，生之數也，爲五陰之首。乙丁己辛癸氣昇助之，足陽明戊爲屬土，爲倉海受盛之府，兼穀氣混合，清濁上昇，運神出入於天谷，鍊鼎下發之。炎火競發，赫赤騰騰，上燒金鼎，炎火奪之。晝夜百刻之中，一萬三千五百息，三百六十四爻，氣血行八百一十丈，脈行五十度，而爲一周天。一周爲一轉，至九轉方成。鍊火候之功，先引手厥陰心包絡爲左丞相，火二次，引手太陽小腸府爲右丞相，火七，後引足太陰脾土，此即是鍊神爲超神之法。加命門陽火七通，前炎火一斤十六兩，目昇空洞，會之命門，黑水金鼎，火鍊下湛天樞。金丹乃全形之道，水法下運太虛元氣，黑水上昇空洞，水流務下降入鼎中，與金凝結，水火交泰既濟，自然水見金而相生，水遇金而成質，金水子母，母藏子胎，子隱母胞，知白守黑，神明自來。感乎其類，制乎其氣者，上黑下赤，左白右青，中黄內正。金生水，水生木，木生火，火生土，土生金。金九、水六、土十、木八、火七，成之數也。壬水、甲木、庚金、戊土、丙火。

産出金精，號曰水中金。形如戲蘂狀，若金彈，又曰櫻桃。體如鮮血，紅紫射人，照耀郊野，金光晃耀，明白光灼，金丹至就，復換金形者。

一復白金換肺，還於陽庚，大腸手陽明府。二復黑水換腎，還於陽壬，足太陽膀胱。三復黄土換脾，還於陽戊，足陽明爲胃。四復青木換肝，還於陽甲，足少陽膽府。五復赤火換心，還於陽丙，手太陽小腸府。六復火全命門，還於陽土，手少陽三焦。爲諸陽之府，六臍之源。七復毛皮筋肉，全於骨髓。八還一十二經，全於八脈三元。九還氣血，全之於精髓，形完堅固。

鍊神之法修鍊神圓，空洞之所。

鼻端息細廓時沖，九五昇天上上宫。有似蟾光能出入，息然輕舉納壺中。

鍊氣之法修臍元復本還元之所。

鼻端息細得綿綿，天樞一湛不騰煙。神入丹田陰氣盡，坎男離女住乾天。

鍊形之法修命源，黑水金丹，鍊内丹之所。

修身認取體中天，目驅龍虎合上仙。戊己會源都一處，三炎火鍊内丹田。

胎息節要　欲得長生，當修所生。所生之本，始於精氣，精氣結而爲形。即知形爲受氣之本，氣爲有形之根。氣不得形，則無因而立；形不得氣，則無因而成，是以變化不測，混合陰陽，大包天地，細入毫芒，清靜則生，濁躁則亡，明照八表。

迷一方，但能虚寂，生道自常，永保無爲，其身則昌，禍福吉兇悉由之矣。

至人以神宰御，呼而下統，吸而上衝。上至泥丸，下至陽端，二景相通，可救老殘。若能息息，神炁常合，則胎從伏炁中結，炁從有胎中息，可謂胎氣内結，求死不得。若能御氣，則鼻不失息，斯吉至矣。又曰：化而欲作，吾將鎮之以無名之樸，則胎息妙用矣。又曰：專氣致柔，能如嬰兒乎？是爲胎息之真，反精爲神，其文畢矣。夫道者炁也，寶炁則得道，得道則長存。神者精也，寶精則神明，神明則長生。炁行之則爲道也，精存之則爲寶也。凡納氣則氣上昇，吐氣則氣下流。自覺周身也，身如委衣，覺其氣如雲行體中也。生道正在於此。靈者神也，寶者精也。握固，閉氣，氣化爲神，胸中純白，意無所傾，志若流水，心居空城，華池玉英，甘露醴泉，津液自生。炁變爲精，精化爲神，神化爲嬰兒。精者血脈之川流，守骨之靈神也。精去則骨枯，骨枯則死，是以寶之也。陽召陰成呼，陰召陽成噏。呼則陰昇於陽，噏則陽降於陰。和氣不居，生物自枯。喜則陽舒，哀則陰慘。怒則氣逆，憂則氣聚。陰氣沉而爲根，陽氣達而爲幹。英華散而爲花，淳氣聚而爲實，故知子者，一氣之爲也。一而後滋，滋而後生，生而後化，化而後結也。空中自有物，有中亦無常，悟言有無際，相與會濠梁。氣者，結虚無以成形。神者，積胎精而爲妙。氣全則生存，氣不能運，則純粹不應。神不能用，則真景不明。行氣須閉氣，氣則上昇頭面。吐氣者，氣則下流，自覺氣流體股順腳也。以鼻納氣，以口吐氣，微而引之，名曰長息。納氣有一吸之也。吐氣有六，呼、呵、嘘、呬、吹、嘻，皆隨氣之聲也。凡人之息，一呼一吸，無有此數，欲爲長息。吐氣之法，時寒可吹，時熱可呼。委曲治病，時寒可吹，以去冷。時溫可呼，以去熱。嘻以去風，亦以去痛。呵以去煩，亦以下氣。嘘以散滯，呬以解極。凡人極者，則多嘘呬。道家行氣，率多不欲嘘呬者，長息之忌也。此男女俱仙法也，食生吐死，可以長生，謂鼻納氣爲生，口吐氣爲死。

《陰符經講義·卷一》經曰：觀天之道，執天之行，盡矣。

天命之謂性，率性之謂道。道也者，非可仰求於冥漠之表也。天道在吾身，我能盡其觀之之妙，則目擊道存，至道不繁矣。要當執天之行，須臾不離於十二時中，一語一默，一呼一吸，陰開陽闔，西没東升，風雲發泄於七竅，坎離交會於元宮，天以是道而運行乎萬化，我以是道而操履於一身。寒暑同其往來，日月與之交合，乾健以之不息，日用自然無窮，不知我之爲天，而天爲之我也。所謂我命在我不在天，其以是乎？謂之盡矣，不可以有加矣。

天有五賊，見之者昌。

五賊者，五行也。人稟五行於天，有五賊於人，是豈天不化耶？非也。五行顛倒，大道生焉，順則成人，逆則成丹。如金木必欲交并，水火必欲既濟，土旺四季而復以尅水爲功，是五行相賊。道之玄奥，世人安得見此理乎？故見之者昌，亦誠則明，明則著，虚室生白，充實而有光輝之妙也。既曰觀天之道，又曰見天之昌，聖人揭大道以示人，昧者當面蹉過，惜哉！

五賊在心，施行于天。

五行五賊，其理幽微。心爲天君，實能主宰，此施行于天，皆在吾心之用。蓋心即天也，天即心也，人能即一心之天以竊造化之妙，即動静陟降，在帝左右，而施行之際，未知其孰爲天孰爲心也。

宇宙在乎手，

手爲三關之要，學道者當知所先矣。《黄庭經》曰：口爲心關精神機，足爲命關生地扉，手爲人關把盛衰。得非以手者能按天象方隅，推五運六氣，握固以養和，彈指以攝化，診視以知陰陽之候，抉目以通鬼神之靈，無一而不在手也。宇宙六合，廣大無際，苟得玄妙，其猶示諸掌乎。《參同序》曰：運六十四卦之陰符，天關在掌是也。

萬化生乎身。

人之一身，一天地也，有陰陽升降，有烏兔出没，有潮候往來，有風雨明晦，有雷電轟閃，有雲氣吐吞，有山河流峙，有草木榮枯，動静語默，闔闢變化，無一不與天相似，信乎萬化所由生也。然有道者萬化生，無道者萬化息，生者與天爲徒，而息者與鬼爲鄰也，可不自愛乎？

天性人也，人心機也。立天之道，以定人也。

天人一心，機道同轍。自六慾、七情，有以奪其性真，則業識火熾，不知其孰爲天，孰爲人，又孰爲機，孰爲道也。上聖洪慈，闡明奥旨，謂性即天也，天即人也，至理渾融，不可致詰，必得其機而應之，則自然脗合是機也。豈世俗機巧變詐之爲乎？非也。乃機緘之運，不疾而速。機關之應，若合符節耳。人能明此之機，心同造化，自然機應不失則天道立矣，人道定矣。固非曰捨人道而別立天道，亦非曰先立天道而後定人道也。蓋人道即天道，天道即天機，天機即天性，所謂存其心，養其性，所以事天也。

天發殺機，龍蛇起陸。地發殺機，星辰隕伏。人發殺機，天地反覆。天人合發，萬化定基。

三才異位，生殺同機，然殺者乃所以生之，而生者乃所以殺之也。且陰疑於陽必戰，其血玄黃，是殺機之所寓也。況三陽交泰，萬彙咸亨。天發殺機，下除陰邪之炁，則雷轟電掃，天威赫然，龍蛇蟄藏，不容不起，陸於陽盛之時。地發殺機，上承陽剛之運，則湧泉起浪，黄河逆流，北斗杓躔，不容不潛，伏於陰陽交勝之際。人識此機，則潛奪造化，旋乾轉坤，翻天覆地，使地天交而爲泰，生殺定而爲功。太白真人歌曰：五行顛倒術，龍從火裏出。五行不順行，虎向水中生。反覆之機也。雖然天地與人列爲三才，生殺與機同於一氣，孟子曰：我善養吾浩然之氣，充塞乎天地之間，亦豈捨吾身之外而別有天地可充塞乎？故知一氣之運，非以在天者有餘，而在人者不足。天人合發，不差毫釐，機緘默應，變化萬端，丹基一定，大道滋生矣。

性有巧拙，可以伏藏。

形色，天性也，而技巧出焉。伏藏，待時也，而天機寓焉。有是性則有是機，非曰終於伏藏而無所用心也。所謂懷材養浩明時，正金丹之秘旨也。或謂陰鉛主伏，陽汞主飛，聖人伏陽汞以鍊陰魄，故有大巧若拙之用，非也。殊不知黄帝專言巧拙者在性，伏藏者待時。蓋以性則合於玄元，而鉛汞則拘於形質。苟此性靈明，陽魂日盛，巧拙莫蔽，伏藏待時，天機一應，則天性見矣。此正洞賓謂：七返還丹在人，先須鍊己待時也。知待時之説，則知伏藏巧拙之性矣。

九竅之邪，在乎三要，可以動靜。

人身九竅，上七下二，無非邪穢。學道者審此，必攝乎三要，然後動靜有無邪之思。三要者何？耳、目、口是也。《參同契》云：三寶固塞勿發揚，三者既關鍵，動靜不竭，窮人能謹此三要，則天下之聲萬變而坎之，聰不爲所奪；天下之色萬變而離之，明不爲所蔽；天下之味萬變而兑之，納不爲所亂。自然清明在躬，志氣如神，動靜之間，一循天理之正，雖萬邪不能干矣。九竅之邪，何有於我哉？此正非禮勿視，非禮勿聽，非禮勿言之道，豈異端乎？

火生於木，禍發必剋；姦生於國，時動必潰。知之修鍊，謂之聖人。

木能生火，終於自焚；國若生姦，終於召亂。此勢所必致之患。學道者知之，使火生於木而木不焚，姦生於國而國不亂。譬猶飲食男女，人之大欲存焉，固不可以其姦邪而屏絕之也。苟縱是慾，則何所不爲？惟以道而制之，則火木相生，不爲禍而爲福，姦邪雖動，不爲邪而爲正，豈非聖人修鍊之道乎？所謂居塵不染，出死入生者也。然木火相生於五行爲最盛，人身五行，視木火爲盛衰，如真元不虧，則木火熾然。潛應天機，常人縱之以傷生，是輕命恣姦也；聖人鍊之以成道，是返歸正也。苟真元衰敗，則木火滅矣，天道缺矣，人道遠而鬼道近矣，哀哉！

《陰符經講義·卷二》 經曰：天生天殺，道之理也。

氣應黄鍾，萬物萌動，此天生也；律中夷則，萬物揫斂，天之殺也。然天既生之而復殺之，何也？蓋有生殺之理存乎其間，何以知生人能充是道於吾身？密參造化則春生秋殺，陰陽代謝，不在一年之運而十二時中，自可以奪天之妙用，而得道之妙理矣。

天地，萬物之盜；萬物，人之盜；人，萬物之盜。三盜既宜，三才既安。

天道好生，地道好長。人爲萬物之靈，萬物爲人之用，烏可以爲盜耶？得非天地不仁，以萬物爲蒭狗，是天地盜萬物，而不使之長榮矣。五色令人目盲，五音令人耳聾，五味令人口爽，是萬物盜於人而不使之永茂矣。斧斤之入山林，數罟之入污池，五穀六蓄烹飪食啗，是人爲萬物之盜，而不使之長生矣。雖然三盜之暗相銷鑠、潛互斲喪，不知不覺而榮枯生死，莫可致詰。在天地萬物不足以爲害，而在人者深所以爲害也。何以明之？天地賊萬物而覆載者常存，萬物賊於人而生成者不絕。至於人賊萬物，本資

以養生也，而反不能長生，乃爲萬物所盜，哀哉！ 世人能深明此理乎？ 苟能明之，自然知所修，爲守護三寶，愛養靈珠，存三守一，精氣神全，赫赤金丹，輝光充實，天地萬物何能爲盜於我哉？ 惟其昧於此也，乃以人生天地間必資於萬物，萬物利於人必資於天地，其理固宜也。惟其以爲宜也，則必安之而不以爲異也，聖人憂之故曰： 三盜既宜，豈其宜耶？ 是悲其互相戕賊，而無有終窮也。 三才既安，豈其安耶？ 是憐其鼎分列位，而安於相賊也。 深所以憫世人之不明乎道，不能超脱乎造化之表，而出死入生，棄枯就榮，與天地萬物相爲終始者也。 吁，此黄帝所以成金丹而登天，後賢亦拔宅而上昇者相踵也，三盜何加損於有道哉？

故曰； 食其時，百骸理。

人之有生，四大假合，肢節百骸，精神血氣，非食啗不能充養，苟失其時，非徒無益而反害之。 況金丹大道，其採亦有時，取亦有日，其甘如飴，其大如橘，食之登仙，金筋玉骨，此其血化爲膏，膏化爲氣，氣化爲神，飛昇金闕，奚止百骸理而已乎！

動其機，萬化安。

天地造化，深不可測。 機緘默運，人身同之，苟得其機，則動罔不吉，萬化雖衆，安而不危。 儻失其機，則危殆必矣，何安之有？

人知其神而神，不知而所以神。

神之爲用大矣哉！ 然有隱有顯，有藏有露，聖凡自此分也。 世人但知施設注措，言語文章，不求而得，不思而中，以爲我之神也。 殊不知業識忙忙，應酬萬變，逐物忘返，無須臾寧。 吁，焰烈者膏竭，芬郁者本枯，自速其盡而已，何者？ 以其顯露甚也。 惟聖人内觀反聽，塞兑含流，隱藏於中，鬼神莫測。 故恍恍惚惚，若無知也，而其中有物焉； 杳杳冥冥，若不神也，而其中有精焉。 此不神其神，乃所以爲至神，非有道者，其孰能與於此。

日月有數，大小有定，聖功生焉，神明出焉。

日爲太陽，月爲太陰，太陽火魂，太陰水魄，水火二象昭著，陰陽何有數耶？ 蓋天有三百六十五度四分，度之一日，晝夜行一度，月晝夜行十二度有奇。 日行遲，故一歲一周天； 月行速，故一月一周天。 遲速相盪，陰陽相須，故有大盡小盡，其數一定而不易。 人之一身，亦有日月，亦有度數，其周天之運不在一年，蓋蹙年成月，蹙月成日，於十二時中，自然陰陽升降，魂魄相生。 吾有聖功之用，必使之烏兔交合，龍虎交媾，鼓之以雷霆，潤之以風雨，虚室生白，入於無何有之鄉，混合回風，得於片餉工夫之際。 謂之神明出者，不知其因神而明，因明而神也。 無中有乃玄中之玄，有中無乃妙中之妙，變化萬端，淵不可測，昭徹萬象，洞無所蔽，是謂神明，不可思議也。 雖然與天地合德，日月合明者，即此道也。 今人但能誦之於口，而魯不踐履於身，反以神仙爲怪誕，哀哉！ 其行屍行厠，自謂富貴快樂，不知夢幻泡影，深可悲傷之也。

其盜機也，天下莫能見，莫能知。 君子得之固窮，小人得之輕命。

盜機之喻妙矣哉！ 盜者何？ 不可測知也。 機者何？ 不可禦遏也。 夜半負之而去，此盜也，人孰知之？ 若虞機張，此機也，人孰遏之？ 然此盜此機，能通三才造化，得陰陽闔闢，一氣流行，機緘自應，百姓日用而不知，惟學道者得之以固窮，非特曰守貧窮也。 凡其浮雲富貴，不事肥甘，樂清虚，從淡泊，即固窮之義也。 小人得之輕命，非曰事刀兵也。 凡其禦房探戰，嗜酣聲樂，飫酒食，逞財氣，即輕命之謂也。 雖然固窮、輕命，既有君子小人之分，而盜機之發，亦何私於有無也？ 特君子明此機而用之以固窮，小人昧此機而用之以輕命耳。 此理幽玄，非盟誓不傳，故曰： 天下莫能見，莫能知。

瞽者善聽，聾者善視。 絶利一源，用師十倍。 三返晝夜，用師萬倍。

瞽者無明，聾者不聰，聰明既黜，視聽何善之有？ 非此之謂也。 人以耳目爲生，反以耳目爲累，聲色亂於前，視聽動於中，知何者爲主也？ 惟瞽者目所不睹，則心專於聽，而粉白黛緑者不能雜也； 聾者耳所不聞，則心專於視，而淫哇鼓吹者不能奪也。 此用志不分，乃凝於神之妙也。 絶利一源，則心無二用，專氣致柔而已。 三反晝夜者，乃三宫升降，上下往來無窮也。 用師十倍、萬倍者，乃精神折衝，使邪魔外道、非心惡念，有不戰而屈之理也。 夫以棄絶於利慾，精一於本源，萬累消亡，無思無慮，精誠純篤，一念不差，此寂然不動之境也。 而晝夜之間三宫反覆，陰陽升降，符節不爽，循環無窮，此感而遂通之妙也。 吁，此道非見之踐履，驗之日用，則曷與言哉？ 雖然，十倍、萬倍，其效猶有淺深，何也？ 蓋黜聰明，墮肢體，槁木其形，死灰其心，雖可以定静而入道，而弊有釋氏空寂之偏，不能運化，

終爲陰靈苦爽鬼而已，其效故止十倍也。若夫絕利一源而復能三返晝夜，自然守真抱一，升降三宮，晝夜循環，靡有暫息，天人胥契機，應若神，不可擬議，此與天地合德，日月合明，其效實無敵也，非用師萬倍而何？昔魯侯問耳視目聽之道於亢倉子，對曰：傳之者妄矣。我能視聽不用耳目，不能易耳目之用，必使體合於心，心合於氣，氣合於神，神合於無，其有介然之有，唯然之音，雖遠在八荒之外，近在目睫之間，皆莫能逃吾視聽矣。世人儻知亢倉子之視聽，則知黄帝聾瞽之視聽也，玄妙哉！

心生於物，死於物，機在目。

心目相關，生死相因，物機相應，曾無間斷也。人生爲萬物之靈，日與萬物交際，一念之起，隨念生於物；一念之滅，隨念死於物。然心非自生於物也，其機在目耳；心非自死於物也，其機亦在目耳。使當時黑白不分，妍醜不別，則心同太虛，何由能生死也？惟機關在目，觸之而動，一覩美色則倏然生愛，一見惡色則倏然增惡，故愛之而欲心生，是此心生於物也，惡之而欲心死，是此心死於物也。原其所自，豈是心之本然哉？皆其機之在目也。故上聖有內觀之經，仙家有簾目之法，儒之非禮勿視，釋之清淨眼根，其旨深，其則不遠矣。雖然瞽者亦有嗜慾，豈機專在目耶？故曰心目相關。

《陰符經講義・卷三》

經曰：天之無恩而大恩生，迅雷烈風，莫不蠢然。

天何心哉？四時行焉，百物生焉。然必風雪凝沍，冰霜凜冽，而後萬物有歸根復命之理，是天之無恩而大恩生矣。況迅雷烈風發於春夏，而百嘉暢茂，凡蠢動含靈，莫不戢然遂其生理。所謂猛火烈焰之中，乃金寶成就之地。學者體此，當明殺機，反覆害裏，生恩造無，上之玄元，爲天人宗匠也。

至樂性餘，至靜則廉。

情有悲歡，性則至樂，欲有動作，道則至靜，此仙凡所由分也。學者求道，先當以性天爲樂，不使一毫窮通得喪累於其中，則恬淡無爲，廉於持養，自然心與道契。彼其七情六慾，悲歡無常，動觸禍機，日裹塵網，無有出期，何性之可樂，何靜之可廉歟？

天之至私，用之至公。

天道無私，然於金丹也，若有所私。天心有私，然於大道也，若無所私。何以言之？人稟賦於天，一點靈明，真覺之性，三昧無爲，自然之火，先天太一，含真之精。無大無小，無貴無賤，無仙無凡，皆獲具足，是天無所私也。然而有道者，陰陽升降，不失其時，日月交合，不差其候，呼雷喚雨，振風閃電，真能旋乾轉坤，驅龍伏虎，聖功生焉，神明出焉，有不可思議之妙。無道者反是，陰陽失升降之期，日月無交合之候，雷雹風雨自視何有？一身所存，不爲飯囊酒甕，則爲藥肆淫房，是天果私於有道而不私於無道也。吾見其有道者，長生住世，雖數盡而飛仙；無道者，疾病纏綿，速與草木俱腐。是天之至私者，乃所以極其至公者也。可不警歟！

禽之制在氣。

萬物有生，皆稟一氣。禽若至微，飛行太空，雖知六翮所鼓，衆羽所扶，儻非一氣之充，則亦廢而不舉。學者知之，則保嗇元和，培養神氣，使之至大至剛，充塞天地而後已。《詩》不云乎：鳶飛戾天，魚躍于淵。氣作之也。夫亦近取諸身，遠取諸物乎。

生者死之根，死者生之根。恩生於害，害生於恩。

欲通造化，當知生死之根；欲明大道，當識恩害之義。是理也，捨五行造化，金丹大道，何以明之？且金生於巳、死於子，子爲水鄉，而金能生水，然則金豈真死耶？木生於亥、死於午，午爲火地，而木又能生火；水土生於申，死於卯，卯爲木位，而水又能生木，是生者死之根，死者生之根也。然而生死之根固然，而恩害之義卻異。惟金火之造化，不可以生死論也。《龍虎上經》曰：金火者，真藥也。丹術著明，莫大乎金火。且火生於寅，死於酉，酉爲金鄉，其火但能尅金，豈能生金耶？況酉爲金旺之鄉，而火爲就死之地，既不能尅之爲害，而金反以生旺爲恩，然金亦豈能自生，要必資於所生，惟土能生金，而火卻又生土，若無戊己，不成丹者也。嗟夫！五行相生相尅，至理幽微，學者罕知。況金丹一說，只是喜談樂道，曾不深究玄旨。再當一一分辯，以詔將來。且內外二丹，不出五行造化，獨不曰水、火、木、土之丹，而特曰金丹者，何也？蓋天一生水，坎爲水宮，水爲萬物之母，修真者必當先於坎宮留心也。然坎宮之水豈能自生，惟金能生之，是元始先天之氣，從金化生。古歌曰：用鉛不用鉛，須向鉛中作。及至用鉛時，用鉛還是错。蓋鉛爲金母，金爲水母，水爲丹母，其相生相成之義如此。然大道不以相生爲用，而以相尅爲功，豈非以金能尅木，木歸於

盡，木能尅土，土極於虛； 土能尅水，水混於空； 水能尅火，火終於滅。火雖尅金，而金曾不壞，煙消焰盡，金體愈堅。《參同契》曰： 金入於猛火，色不奪精光。 豈非害生恩，恩生於害乎？ 此其所以謂之金液還丹，謂之長生不死，謂之返本還源，惟只水中金一味而已。 若肝、心、脾、肺、腎，精、津、氣、血、液，其形質全不相干，其性命卻又相干，其理雖有可言，其道則不可言。 蓋有攢簇，有和合，有藥物，有火候，有眞凡，有賓主。 聖人傳藥不傳火，不遇眞師莫強猜。【略】

愚人以天地文理聖，我以時物文理哲。 哲人可以虞愚，我以不愚。 聖人其期，我以不期。

聖、愚、賢、哲，同一初耳。 自其心有廣狹，則所造有分量。 且天地時物，咸有文理，其法象著明，無內無外，人能仰觀俯察，則克念而作聖，克明而作哲。 然由愚而哲，由哲而聖，皆自心之廣狹推之。 故愚能以天地文理之大，存於仰觀俯察之間，雖至於聖可也。 吾而梏於時物文理之小，察於日用常行之間，僅止於哲而已。 聖哲既分，純疵異念。 愚人既聖，在釋謂之直超彼岸，見性成佛； 在道謂之一得永得，平地登仙。 一念之迷既純於愚，一念之覺自純於聖。 惟哲人則不然，其初若汲汲於明道，而終則復悠悠而慢道。 苟不加防虞之力，則出入無時，操存捨亡，又將入於愚而不自覺矣。 我之所希者聖，其可以僅哲而復愚乎？ 故我以不愚，非特不愚而聖也，亦豈特至聖而已也。 蓋聖人其期猶有限量之可名，是猶梏於天地文理之用也。 我乃離形去智，與道合一，而獨超於萬物之表，是豈可得而期哉？ 此大而化之之謂聖，若難造矣，而聖而不可測知之謂神，即金丹之大道也。 論至於此，則曰愚、曰聖、曰哲，始也以天地時物之文理而入道，終也忘天地時物之文理而得道。 譬之五行造化，萬象森羅，皆道之用； 文字語言，瓦礫稊稗，皆道之寓。 凡三千六百門中，一一踐履，眞積力久月，無忘其所能，固以限期爲驗。 如顔子之亞聖，不違仁於三月之久，其餘則日月至焉而已爾。 若夫孔子之集大成，文王之順帝則，上下與天地同流者，何以期限爲哉？ 彼修空寂者曰： 饒經千萬劫，終是落空亡。 何謂不可期也？ 殊不知身經劫火，雖云壞道，若虛空能壞無異哉！ 金丹大道肇於太極，成於無極，用於有窮，妙於無窮，不可以凡俗語，當共神仙仔細推也。

沒水入火，自死亡兵。

水火有焚溺之患，刀兵有殺伐之威，不待智者，皆知所畏避也。 今乃求沒於水，願入於火，樂斃於兵，曾不病風喪心，亦非形格勢禁，其事深可憫惻，何也？ 彼酒色財氣，乃水火刀兵之異名。 入皆焚溺自盡於中，曾不知懼。且嗤學道者徒清修齋戒，縱與彭聃同年，亦謾孤苦一世，曷若我酒色爲樂乎？ 噫！ 飛蛾撲燈，難以遮護，特爲長嘆息而已。

自然之道靜，故天地萬物生； 天地之道浸，故陰陽勝。 陰陽相推變化順矣。 是故聖人知自然之道不可違，因以制之。

太上曰： 萬物芸芸，各歸其根。 歸根曰靜，靜曰復命。 又曰，致虛極，守靜篤。 萬物並作，吾以觀其復。 且至虛至靜，體疑於陰，萬物從何而生？然陰不極則陽不生，靜不極則道不見。 況大道無形，生育天地； 大道無名，長養萬物。 儻不法於自然，處於至靜，則天地萬物決不能生。 人以一身參天地萬物之用，得不知所謂靜乎？ 惟其心猿意馬，日放縱於利慾之場，視天地萬物生成之理，於己何哉？ 況天地之道，君浸潤焉，自一陽而浸至於六陽，自一陰而浸至於六陰，皆以漸而長，未有驟而進也。 故陰陽相推，皆順自然之理，惟聖人知其然也。 則無爲中有爲，至動中至靜，使天地萬物因靜而生，非有道者，孰能知之？

至靜之道，律歷即不能契，鳥獸之謂也。

律曆之法，推算天紀有七十二候，有二十四氣，有四時八節，有晦、朔、弦、望，皆度數不可違也。 然治曆明時，推步纖悉，疑非自然無爲之理也。 惟聖人道極至靜，心同太虛，陰陽升降，運化自然，曾無一毫造作。 若律曆之多事，得非鳥獸之謂乎！ 蓋鳥獸者，烏兔也。 烏兔者，日月也。 日月者，水火也。 水火者，陰陽也。 陰陽者，天地也。 天地者，清靜無爲自然之大道也。 大道者，即窮理盡性以至於命之學也。

《修眞太極混元圖·三景之圖》 此乃大道之始，出乎自然而居三十六天之上。 本無形狀，見於有象，上列三清，下分五太。 玉清聖境，元始所居。玉山上京之下，而有上清眞境，太上道君所居。 其下有太清仙境，老君居之。而下有太虛之界，太虛之界內有太無之界，太無之界內有太空之界，太空之界內有太質之界，太質之界內有天地混沌之形，而分玄黃之色。 若人奉行眞道，一超三清之界，不墮輪迴。

議曰：　三清者，人之三田也；　五太者，人之五行也。鍊五行秀氣而爲內丹，合三田眞氣而爲陽神。內丹就則長存，陽神現則昇仙矣。

《修眞太極混元圖・三才定位分道圖》《玉華經》曰：　一氣分而列二儀，二儀既定而布三才。輕清而上者，天也；　重濁而下者，地也。天有九霄，地有九泉。以人中自下而上：　風霄、雲霄、煙霄、氣霄、霞霄，之上有名無形，蓋純陽也。青霄、碧霄、丹霄、景霄，乃天之際也。以中爲度，自上而下，塵泉、沙泉、泥泉、石泉、源泉，之下有名無形，蓋純陰也。黃泉、黑泉、幽泉、窮泉，乃地分也。天地分際之中，風塵之內，乃人世也。人世積福積業，不出九泉也。輪回人世，奉道奉眞，可昇九霄。

《修眞太極混元圖・天地陰陽昇降之圖》《靈寶眞一經》云：　天如覆盆，陽到難昇，積陽生陰。所以生陰者，以陽自地中，暗負眞陰而上升故也。地如盤石，陰到難入，積陰生陽。所以生陽者，以陰自天暗包眞陽而下降故也。陰極陽生，陽極陰生，陰陽逆生，而天地之道反立故也。若人識陰陽升降之理，悟天地反立之道，自可修鍊，鍊氣而結眞精，精中生氣，我氣也；　氣中生神，我神也。

劉議曰：　心如天而腎如地，氣如陽而液如陰，氣不相交而不合。精在婦人之子宮，即曰生人；　精在男子之黃庭，即曰生神。神集氣聚而胎氣出殼而昇仙矣！

《修眞太極混元圖・日月弦望圖》《太上隱書》曰：　日月之形，周圍各八百里。日者，太陽之精，而行乾策；　月者，太陰之精，而行坤策。東西出没，以分晝夜；　南往北來，以定寒暑。日得月魄而清，月得日魂而明。清明者，日月之氣也；　精華者，日月之質也；　陰陽者，日月之道也；　烏兔者，日月之象也；　卯酉者，日月之路也；　晝夜者，日月之度也；　交合者，日月之用也。往來不差，所以萬古不虧不損。若悟日月之道，亦可比之而浩劫不死。乾策以九爲數，坤策以六爲數，一九一六，而計十五，所以爲弦望晦朔，不出三百六十日也。

西山十二眞人議曰：　以外見內也，天地如人心，日如人之眞陽，陽非腎氣也。月如人之眞陰，陰非心氣也。眞陽眞陰，乃人之眞水火也。上水下火而曰既濟，既濟了爲陸地神仙；　前火後水而曰火候，畢自可以丹成仙也。

《丹經極論》　眞鉛，未有天地混沌之前，鉛得一而先形，次則漸生天地，陰陽五行，萬物衆類，故鉛爲天地之父母，陰陽之本元。蓋聖人採天地父母之根，而以陰陽母爲丹母，如不能於其間生天地陰陽者，即非金液還丹之道。若以天地陰陽之後，所産五金八石，草木灰汁，晨霜夜露，雪漿冰水，諸雜物類而爲者，不亦難乎！同志之士，思之久而自悟，自非鑿開混沌，見天地之根，擘破鴻濛，視陰陽之母，無以議金液還丹之正道。達者悟之，毋入旁門曲徑耳。眞鉛即眞一之炁也。夫人元陽眞炁，逐日走散，元由凝結而成聖胎。故聖人採眞鉛以制之，使凝結而成砂。逐日運火，漸漸添汞，汞漸多，鉛炁漸散，故抽鉛添汞也。十月功足，鉛盡汞乾，化爲金液還丹，則形化爲純陽矣。鉛是天地之火，父母陰陽之根基。蓋聖人採天地父母之根，而爲大藥之基；　汞性好飛，遇鉛乃結，以其子母留戀。未有天地混沌之前，眞鉛得一先形，以漸生天地陰陽五行萬物也。以先天地之陽丹，點己之陰汞，立爲純陽矣。然後運在一身之內，鍊成金液還丹，以眞造化在內，故曰內藥。內丹雖有自然眞火在土釜之中，赫赫長紅，亦須憑外爐勤功增減，抽添運用，無令差忒，以至於殆也。然內外眞火，變化無窮，實藉眞鉛之妙絶也。此物偏能擒汞，不使飛走，二藥內外雖異，其實用一道也。所以有內外二藥者，人之一身，稟天道秀炁而有生，托陰陽陶鑄而成形。故一身之中，以精氣爲本，神生於炁，炁生於精，然此三者，皆後天生一之炁，至陰之物也。修眞之士，無過冶鍊精炁神而已。奈何三物俱後天生，純陰而無陽，安能形化爲純陽而出於天地之外耶？故祖師曰：孤陰不能自産，當採先天之一炁，以眞陰眞陽二八同類之物，擒在一時辰之內，鍊成一粒至陽之丹，號曰眞鉛。造化在外，故曰外藥。以此陽丹擒己陰汞，猶貓捕鼠。陽丹是天地之母炁，己汞乃天地之子炁，以母炁伏子炁，豈非同炁乎？又云：　未有天地混沌之前，眞鉛得一而漸生天地陰陽五行萬物，此證金丹先天一炁也。以先天陽丹點己陰汞，化爲純陽，更假陰陽符火，進退抽添，十月功足，形化爲炁，炁化爲神，神與道合而無形，變化不測，故能出乎天地之外，立乎造化之表，提挈天地，陶鑄陰陽。陶鑄者，先天一炁之使然也。故曰：　妙絶無過種子，安可以後天後陰之炁類爲內藥耶？天地未分，形同雞子，中混沌眞一之炁，即黑鉛也。故黑鉛爲天地萬彙之先也。太易太素之前，含靈至妙，未見萌兆。太極，太一之際，有物混成中眞一之精，爲天地之祖，萬物之始。一炁既形，兩儀斯析，然後有陰陽、五行、三才萬物衆名，

故配乾坤爲天地紀綱，運陰陽爲造化橐籥，是以乾坤立，而陰陽行乎其中矣。金液大丹與造化同途，故以乾坤爲鼎器，同其大冶，以坎離爲藥物比其化權矣。

夫神仙抱一之道者，上天所祕也。世人不可得之，乃太一含真之元。太一者，太極、太淵之源，是虛無鍊神之道。一者，炁也。人能行太一真炁，與我真氣相濟，包含太和，久而鍊之，乃爲大丹。丹者，純陽也。陽者，天道也。故神舍道，聚則成形，散則成炁。故與道相通者，道養炁。養神者，保和天道也。故曰：精氣相濟，久而鍊用，是謂純陽。鍊形火者，陽也。息者，風也。以風吹火鍊形，神形俱妙，故曰鍊形。鍊形者，先須存心於內，真炁冲和，乃丹陽炁，純粹之精，運行不息，升沉往還，周而復始，包含萬類，故乃丹陽也。天炁降而復升，地炁升而復降。天之陽晶爲日，地之陰晶爲月。若得斗柄之機，自然斡運，日月運行而無休息，乃純陽鍊神之道也。修丹之士，採日月之精華，合陰陽之靈炁，周星數足，陰陽終盡，歸功土德，而神精備矣。

乾道變化，各正性命。夫變化之道，性自無中而有，必藉命爲體；命自有中而無，必以性爲用。性因情亂，命逐色衰。命盛則神全而性昌，命衰則性弱而神昏。夫性者，道也，神也，用也，靜也，陽中之陰也；命者，生也，體也，動也，陰中之陽也。斯二者相需，一不可缺。孤陽不立，孤陰不成，體用雙全，方爲妙道。呂真人曰：了明空性不修丹，萬劫陰靈難入聖。竇真人曰：參禪盡欲言間悟，見性寧知夢裏，非卻似狂猿撈水月，如何捉得月光歸。

陽精，是真一之精，至陽之氣，號曰陽丹。己之真炁屬陰，爲一身之主，以百骸。乃陽丹自外來，以制己之陰汞，即是陽丹反爲主，而己汞反爲賓矣。二物相戀，結爲金砂，自然不飛不走，然後加火，煅成金液還丹也。故陽丹在外，謂之疎；己之陰汞在內，謂之親。反此親疎，以定主賓，則道成矣！

真道養神，若能守我，在己死炁之關，令七祖枯骨皆有生炁。生我者道，活我者神，將神守之，以道養神是也。

夫外藥者，金丹是也。造化爐中，烹鍊真一之炁，功夫到時，只在半箇時辰，立得成就。夫內藥者，金液還丹是也，須十箇月方能脫胎神聖。此二藥，雖運陰陽造化相同，及其用功火候，實相遠也。

《金丹正宗》 天地未判之先，一混沌而已。混沌既鑿之後，陰陽生焉，得陽炁輕清而上者爲天，得陰炁重濁而下者爲地，得陰陽二炁之全而中者爲人。三才之位一定，而先天後天分矣。切謂先天者，純陽也，一本也；後天者，純陰也，萬殊也。原夫上帝降裏而爲人，賦性受命皆稟太乙含眞。先天祖炁，至虛至靈，惟精惟一，純粹中正，皆可神仙，皆可聖賢。無智無愚，一同初得。殊不知所得天者，捨一點純陽先天祖炁之外，所謂精、神、魂、魄、意，心、肝、脾、肺、腎，精、津、涕、唾、液，耳、口、鼻、舌、聲，以至百骸九竅，爪髮皮膚，一身四體，自頂至踵，皆從後天純陰造化，四大假合而成者也。先天祖炁，恍恍惚惚，杳杳冥冥，其中有物，有物而非物。其中有精，有精而非精。似有似無，若亡若存，即之而不可見，求之而不可得。其大無外，包含萬象；其小無內，一絲不容。是炁，當知人身中，自有一穴至虛之地以存之，玄關一竅是也。得之者爲神仙，失之者爲下鬼。蓋得之者未聞一二，失之者百千萬也。奈何世人不能保守一點先天祖炁，往往皆流於失矣。不知後天造化均是虛妄，於是元精、元炁、元神亦忘其先天著於後天矣。或者三屍內攻，九蟲蝕精，六賊盜形，七情耗神，五欲攖心，凡物芸芸，萬機眩惑，目觀彩色，耳聽聲音，口嗜滋味，隨其所有，即著其想。有好於外，機從目入。既入於內，所動其心。情動於中，必搖其神。既搖其神，以泄其精。既泄其精，必耗其氣。既耗其氣，形神始離。恍惚幻妄，憂思感情。事物勞形，精亂神散，眞一離身，先天之祖炁日喪，而轉轉流蕩於後天生死之域矣。我道祖太上老君憫之，始有金丹大道教人以返還之說。返者，返本也。還者，還源也。返其後天而復還先天而已矣。自金丹之名立，而金丹之道著，而金丹之書出焉。余切謂金丹虛無，大道非有，有中生無，無中生有者，金丹大道。且非無而非有，而所謂鼎器火候者，果有耶？果無耶？抑亦假法象以明大道。蓋由金丹二字有象之故，意爲鑄金必有爐鼎，修丹必有靈藥，鍊藥必有火候，而後此名始立矣。今夫修鍊外丹之法，必先聚五金八石之藥物，次立陶冶土釜之鼎器，次用燧人鑽木之眞火，依法煅鍊，及其成功，可以回生起死，返老還嬰，化臭腐爲神祇，點瓦礫爲金寶。方知修鍊內丹之道毫釐不差，若合符節，聚先天祖炁爲藥物，守玄關一竅爲鼎爐，以元神妙用爲火候，日煅月鍊，時烹刻煑。及時成功，可以脫胎換骨，超凡入聖，跨鸞鶴而沖九霄，登崐崘而遊八極。大道之要，不過如斯。後世丹書，千篇萬卷，長歌短句，往往不直指眞一造化之本根，下手工夫之次序，無非假像設形，借彼喻此，何異空底談空，夢

中說夢，求其功效，茫如捕風。其間不失於釋氏空寂之論，則流於傍門曲逕之僻，顛倒錯亂，枝蔓條折。欲使學者尋其流而莫究其源，欲入其門而莫知其徑，迷誤後人，惑也滋甚，於是金丹之道廢矣。且即藥物而論之曰：乾坤坎離、陰陽水火、砂汞鉛銀、父精母血、木液金精、丹砂水銀、烏精兔髓、日魂月魄、青龍白虎、玄龜赤蛇、交梨火棗、雌雄炁血、嬰兒姹女，若是之不一者，皆藥物之異名也。豈先天祖炁之外，復有所謂藥物者耶？即鼎爐而論之曰：神爐、丹穴、蓬壺、神室、玉爐、金鼎、黄房、中宫、黄婆、戊己、明堂、虛谷、刀圭、玄牝、鄞鄂，若是不一者，即鼎爐之異名也。豈玄關一竅之外，復亦所謂鼎爐者也？即火候而論之曰：推周天、測潮候、按卦爻、用文武、準晦朔、定弦望、明抽添、互進退、鼓橐橐、秤斤兩、體刑德、事沐浴、分三五、行姤復，若是之不一者，皆火候之異名也。豈元神妙用之外，復有所謂火候者耶？今余不效前人之說以欺後人，即直指金丹大道之本原而言之，必有其次序。一曰立鼎爐，二聚藥物，三行火候，三者之外，余不敢復有增損。立鼎爐者何？即守玄關一竅，是竅藏於先天混沌之中，聽於無有有無之内，父母未生此身即有此竅。既有此竅，即有此身，所謂與生俱生者也。上不在天，下不在地，中不在人，即元始空懸寶珠之地。去地五丈之所，不左不右，不上不下，不前不後，非有非無，非内非外，上通絳宫而透泥丸，下接丹田而至黄泉，上徹下空，而黄道中通焉，此即聚藥物之聖地也。聚藥物者何？謂存一點先天純陽祖炁。是炁生於無形無象之先，聚於無極太極之内，父母未生，二五之精，妙合而凝。未有此身，即有此炁，既有此炁，即有此身。此炁運行，周流六虛，形以之而成，心以之而靈，耳目以之而聰明，元神以之而運行，五行以之而化生。散之則混融無間，聚之則凝結成藥，此即修鍊金丹之大藥。行火候者何？順元神妙用之炁，自然往來之道，是火發生於眞精恍惚之中，薰蒸於四體一身之内，本無形焉，安有候焉。蓋元神散則成炁，聚則成火，一聚一散，一升一降，循環往來，周流不息，與時偕行，與時偕極也。其於簇年歸月，簇月歸日，簇日歸時，簇時歸刻，子、午、卯、酉、辰、戌、丑、未、寅、申、巳、亥，朝屯暮《蒙》，始《復》終《剥》，周歷六十四卦，二十四炁，七十二候，二十八宿，周天三百六十五度以爲候。殊不知混沌未分之時，安有年、月、日、時？甲、癸、子、亥，又若何而推測？大抵眞火即是元神之運行，元神即眞火之妙用。眞火隨眞息，眞息鍊眞炁，眞炁化眞精，眞精歸玄關，元神發眞火，眞精結成丹。眞息之出入即眞火之進退，眞火之進退即文武之抽添，皆本自然。初非攢簇，又當知隨念而生。若燎于原，弗可嚮邇，其猶可撲滅乎？即非先天之眞火，乃後天之凡火也。今夫修丹之士，必先洞明此三者之機關，深識此三者之根本。目擊道存，心領意悟，知以眞知，見以眞見，略年一毫凝滯於胸中，然後可以下手用工夫立基矣。且如下手立基之始，必先斷滅一切念頭，離諸妄想，勇於精進，無染無著，物我兩忘，專炁致柔，回光返照，虛心實腹，昏昏默默，存無守有，若亡若存，精習靜定，使吾心如止水無波，太空無雲，至寂然不動之境。然後於玄關一竅之中，假父母未生以前，工夫存定，眞息眞炁，使炁不離息，息不離炁，合爲一處，内者不出，外者不入，上下往來於一竅之中，綿綿若存，如在母胞胎未生之前，一點先天祖炁，混融磅礴，温然如春，醇然如醉，美在其中，而暢於四肢，充於四體。四體不言而喻，覩之無象，求之無形，無一時一刻不在於玄關。至此則藥物歸於鼎爐，而火候可行矣。如是則順元神妙用，自然運行之眞火，周流旋轉於玄關之外，漸漸鍛鍊，漸漸凝結。眞積日久，力到功深，自小至大，從微至著，玄珠成象，結胎成聖。是皆自然而然，不知其所以然，自神而神，不知其所以神，還如子藏母腹，隨呼隨吸，噓沖虛太和之炁，成金剛不壞之體，以至胎圓十月，化生嬰兒，與我未生以前，在母胎中一般氣象。然後勤加温養之功，專炁致柔，念茲在茲，動静語默，造次不離。温養既足，脱胎歸空，於是擘破鴻濛，鑿開混沌，現出本來面目，身外有身，至此方知大而化之之謂聖，不可知之之謂神，得一而畢萬矣。余幼習儒書，長慕道法，有志金丹大道久矣。行住坐卧，夢寐飲食之間，未始一息忘焉。雖參訪當世修眞之士，往往皆指前人已陳之說，紙上腐朽之言，以相扇惑，何異借聽於聾，問道於瞽？子遂乃質於心，自謂歸而求之有餘師矣。愈求愈不足，愈修愈不驗，方知無師不傳，無師不度，虛費歲月，卒無成功。後因渡淮浙，寓跡廣陵，乘暇登廢城，彷徨四顧，歷覽山川。緬想松、喬之不遇，慨恨鍾、吕之未逢，恍然若有所失。夜夢神人，語以亟返，心神爲之不寧者累日，遂假道白砂，而中途忽遇一道人，冰清玉潤，碧目童顔，丰神秀異，超然不群，似非塵中人物。余遂禮而前問其姓名，俛而不答。再三叩首，乃出扇相視，上書無言子，乃知先生得無言之妙。抑疑某爲異人，自是日與從遊，執弟子之禮，蓋冀其一言以點化也。出則偕行，入則同息，若是者百日，雖累啟請，而終無一言於答。一日命予同出東關，過白砂

舊市，至無人之境，乃命同坐曲江之濱，平沙之上，指水爲盟，以杖畫沙，授金丹大道之旨，首尾不過百餘字，備述鼎爐、藥物、火候之功夫，次序之妙織，而無餘藴。曰：道具足矣。亟命予記其證驗，得之片餉，遂復掃去。余頓首再拜于前，先生亦不顧，遂登小舟渡彼岸，飛行而去，不知果何之也。然予終不知其姓名，又安知非喬、松、鍾、呂之徒？予自得師心傳之後，方悟在先盲修瞎鍊，虚費工夫，何異鑽冰取火，刻舟而求劍也，不亦難乎？吾師之言，誓以輕泄者有譴，故不敢形於文，輒出己見，總括師言，附以短句，著此篇目，曰《金丹正宗》以示同志。蓋非欲求知於人，而將以流傳於當世也。觀者或可其可，或不可其不可。其不可其可，或可其不可，然其然不然，其不然其然乎！予知其可不可，然不然，或者其有得焉，於是乎書。

《金丹四百字》 眞土擒眞鉛，眞鉛制眞汞。鉛汞歸眞土，身心寂不動。

眞土者，身中之土也。鉛汞者，身中之水火也。以土剋水，則鉛可擒矣。以水剋火。則汞可制矣。鉛水汞火，皆爲眞土之擒制者，何哉？蓋緣身心俱合，寂然不動，而後土水木三者，可以混融爲一，此乃是採藥物，歸鑪鼎之内也。

虚無生白雪，寂靜發黃芽。玉鑪火温温，鼎上飛紫霞。

白雪須要虚空而生，以其無中生有。黃芽須待火養而生，以其火能生土。正如天地之間，當子丑之月，陽氣未萌，是物泯於無也，則白雪自天而下；及寅卯之月，陽氣漸盛，是靜中有動也，則黃芽自地而出矣。白雪、黃芽既見發生，則玉鑪之火但要温養，自然鼎上紫霞騰空而飛，若火大武則衝散矣。

華池蓮花開，神水金波靜。夜深月正明，天地一輪鏡。

華者，花也，花猶火也。神者，心也，心屬火也。金丹之要，在乎神水、華池，即是水火既濟之理。水中有波，瑩然潔靜，則火裏生蓮，自然開花矣。若則夜半子時，一陽初動，其月正明，透體金光，照見天地之間，如一輪之明鏡。

朱砂鍊陽氣，水銀烹金精。金精與陽氣，朱砂而水銀。

陽氣者，身中一點眞陽之氣。金精者，心中一點眞陰之精。以陽火鍊之，則如朱砂。以陰符養之，則如水銀。朱砂水銀，乃外物也。以外藥而比内丹，神仙不得已而語矣。

日魂玉兔脂，月魄金烏髓。掇來歸鼎中，化作一泓水。

魂主木，木能生火，故神者，魂藏之；魄主金，金能生水，故精者，魄藏之。苟能吸風以養神，吸氣以養精，精神混合，調和於鼎内，則化爲一泓水。

藥物生玄竅，火候發陽鑪。龍虎交會時，寶鼎産玄珠。

藥物者，烏肝兔髓，紅汞黑鉛也。皆生於玄竅之中。若能奮三昧之火，發陽鑪之内，則龍虎交會，鍊金木生黃芽，而後産一粒之玄珠。

此竅非凡物，乾坤共合成。名爲神氣穴，内有坎離精。

玄牝之竅非凡間物，未有此身，先有此竅。不在上，不在下，不在中間，所謂先天一竅是也。方其生身之初，乾父之精，坤母之血，相共合成，乃神氣之穴，而藏水火之精。

木汞一點紅，金鉛三斤黑。鉛汞結丹砂，耿耿紫金色。

紅者，汞色紅，爲一點；黑者，鉛也，色黑，重三斤。金中之鉛，木中之汞，兩者凝結，便成丹頭，更加九轉火候，則其色如紫金。

家園景物麗，風雨正春深。犁鋤不廢力，大地皆黃金。

家園者，身中之眞土也。景物者，身中之藥物也。迨夫一陽來復之後，有風以吹之，有雨以潤之。及至三陽交泰之時，雖犁鋤不廢其力，而大地皆黃芽自土中而迸出也。以黃金言之，取其黃芽之色如金也。

眞鉛生於坎，其用在離宫。以黑而變紅，一鼎雲氣濃。眞汞産於離，其用卻在坎。姹女過南園，手持玉橄欖。

眞鉛者，北精之水而上升於離宫；眞汞者，南神之火而下降於坎户。鉛之與汞合而爲一，近觀則有紅黑色，遠看則如玉橄欖。姹女過南園而乘龍，嬰兒往北地而騎虎。龍蟠金鼎，虎遶丹田，雲從龍，風從虎，其一鼎之内，藹然雲氣之薰蒸矣。

震兌非東西，坎離不南北。斗柄運周天，要人會攢簇。

震兌坎離，非凡間之東西南北，乃天地之卦氣也。正如斗柄之指月建，一日一周天。身中之起火符，頃刻一周天。若不能攢簇五行，則何以同斗柄之運轉。

火候不用時，冬至不在子。及其沐浴法，卯酉時虚比。

大凡火候，非子時冬至，午時夏至也。及其沐浴，非卯時春分，酉時秋分也。人之一身纔起火，周天自有抽添、沐浴，非可拘泥於四時也。

烏肝與兔髓，擒來歸一處。一粒復一粒，從微而至著。

烏肝者，日魂也；兔髓者，月魄也。擒制爲一處，而以火鍊之，日生一粒如黍米大，自微至著，積鍊而成兩。三十日重三十八銖四絫，三百日重三百八十四銖，方圓一寸，而重一斤矣。

混沌包虚空，虚空括三界。及尋其根源，一粒如黍大。

夫混沌者，陰陽交媾也，乃是攢簇五行，合和四象，則量同虚空，而虚空可包矣；神遊三界，而三界可包矣。推究其根元之所在，則起於玄牝之門，大如一粒之黍。

天地交眞液，日月含眞精。會得坎離基，三界歸一身。

心液下降，腎液上升，則天地交眞液矣。魂是烏之精，魄是兔之髓，則日月含眞精矣。若人曉得坎離交媾之基，則天門開，地户閉，日照崑崙月生滄海，而三界在吾一身矣。

龍從東海來，虎向西山起。兩獸戰一場，化作天地髓。

震爲青龍，來從東海。兑爲白虎，起向西山。若使龍吟雲起而下降，虎嘯風生而上升，二獸相逢，交戰於黄屋之前，則風雲慶會，自混合爲一塊髓矣。

金花開汞葉，玉蒂長鉛枝。坎離不曾閑，乾坤今幾時。

金花者，金精也。上有金花，能開汞葉。玉蒂者，玉液也。下有玉蒂，能長鉛枝。人能使坎離之運用不至閑散，則一刻之工夫，可奪天地一年之數，能要幾多時候？

沐浴防危險，抽添自謹持。都來三萬刻，差失恐毫釐。

沐浴乃超脱之法，七層寶塔，三級紅樓，自下而升，要防危險。抽添乃朝元之法，陽起子初，陰生午後，若不謹持，終須有失。夫一日百刻也，一月三千刻，刻刻用事，用之不勞，則十月三萬刻，可奪三萬之數。若毫髮差殊，不作丹矣。

《先天金丹大道玄奥口訣》 大道生于先天，自然而然也。自無極而太極，道隱於未形；自太極而天地，道顯於有體。是以由陰陽而生五行，本五行而孕一性，一性稟則一造化，一形立一乾坤。則知人之一身，凡精神消長，氣血盈虚，無一不與天地並。其陰陽造化，猶於一身者，則有先天焉，有後天焉。先天者何？真中之真是也。本方寸之資，其玄虚之體。喻之爲鉛汞，托之以金木，名之以龍虎。大抵總謂之二物，通謂之四象，是謂五行之清氣，屬一身之先天也。後天者何？五臟是也。塊然無明之質，以滋有漏之身。修之則僅能辟病延生，賴之難以脱胎神化。是謂五行之濁形，屬一身之後天。蓋先天上道，幽隱而難知，後天淺近而易見。或者以性宗坐禪爲先天，不假作爲，不明造化，騰騰兀兀，乃禪學屬陰，非陽神之仙也。若是性宗爲大道，古先上聖，何名爲金丹？何名爲神仙？但只言學性亦可矣。殊不知，先天之道近而瞭然易見，修而易成。奈世人愚昧，不知自身何物爲先天，何名爲鉛汞，何名爲龍虎也。若是性宗是丹，何不竟言一物，卻言二物者，何也？又言四象者，何也？若不遇神仙傳授，終難臆度。平叔所謂饒君聰慧過顔閔，不遇眞師莫强猜者是也。或者又捨先天而學後天，則曰《黄庭》以五臟爲主，一身以氣血爲主。但只存思内觀，嚥津納氣，亦足仙矣。殊不知後天之五行，不能飛行變化，乃形滓之物，非虚無中一之氣也。鍾離先生詩云：心腎卻非爲水火，坎離安得作汞鉛是也。蓋有形之五行，止能延年辟病，不能昇真。先天之五行，如日月中之水火，有象而無質，故飛行變化乃能成仙，學者所真悟此。夫先天金丹者，一自吾身中未生，已有其物，一物分二，間隔東西，是名鉛汞，亦名金木。以金水同宫，火木同位，故曰四象。若無戊己，和合交垢，則不能歸於中。要在察天地動静之機，探日月盈虚之妙。於斯時也，觀天之道，執天之行盡矣。但戊己在天地之间亦已不存，須識得天地，何時有戊己，方可進功，此即火候也。或曰脾即土也，何謂無土？豈知脾乃後天，即辰戌丑未之土，非戊己也。平叔所謂要洞曉陰陽，探達造化，方能追二氣於黄道，混三性於元宫，攢簇五行，合和四象者是也。余世居毗陵，先君上谷府君曩遇聖人傳授，丁得其傳，不顧漏泄，謹以先天鉛汞、火候，具載本圖，以傳後學。倘有骨像合仙之君子，驀面相逢，夙緣契合，識利名之泡幻，歎生死之風燈，或欲聞大道之要焉，吾無隱乎爾。

歸根圖

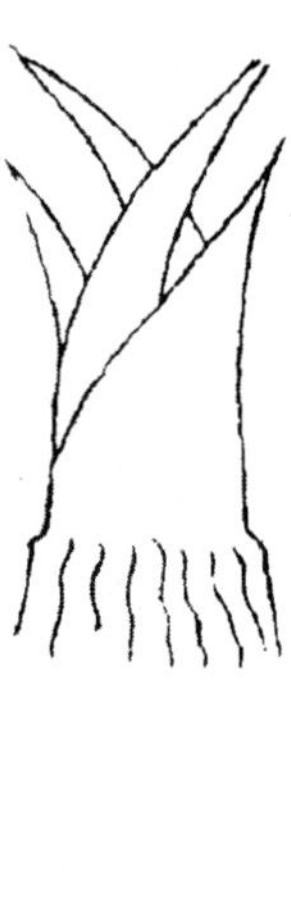

此草木之根也，賴凡土培養，故根常活，根不存則枯。人之根自有形，而

根已散失，不賴戊己眞土培養，則不能歸其根者復也，散而復歸。故老子云：歸根曰靜，是謂復命。

人之根喻如草木，顛倒而生。

是謂天根

平叔云：不識玄中顛倒顛，爭知火裏好栽蓮者是也。經云：氣氣返故根，爽魂隨本根，飛根散玄葉。

《朱子全書・載魄抱一說》 魄盛則耳目聰明，能記憶。所以老人多目昏耳聵，記事不得，便是魄衰而少也。《老子》云：載營魄，是以魂守魄。蓋魂熱而魄冷，魂動而魄靜。能以魂守魄，則魂以所守而亦靜，魄以魂而有生意，魂之熱而生涼，魄之冷而生暖。惟二者不相離，故其陽不燥，其陰不滯，而得其和矣。不然則魂愈動而魄愈靜，魂愈熱而魄愈冷，二者相離，則不得其和而死矣。又云：水一也，火二也。以魄載魂，以二守一，則水火固濟不相離，所以能永年也。養生家說盡千言萬語，說龍說虎，說鉛說汞，說坎說離，其術止是如此而已。故云：載魄抱一，能勿離乎？專氣致柔，能如嬰兒乎？今之道家，只是馳騖于外，安識所謂載魄守一能勿離乎！康節云：《老子》得《易》之體，《孟子》得《易》之用。康節之學，意思微似老、莊。或曰：老子以其不能發用否？曰：老子只是要收藏，不放散。

《海瓊問道集・龍虎賦》 奇哉！九轉金液，七返大還丹，誠神氣之陀羅兮，性命之衆甫。擎阿耨之元兮，職達摩之華勛。身砂而心汞兮，出日而入月。青龍白虎朱雀兮，熒惑居癸而漭渺。位丙絳宮天子兮，御黃庭之奥壺。慈兮悲兮，威惠而武文。天一坎地二離兮，乾坤互南北。眞鉛先天之氣兮，可爲七十二石之冠。剛弱中外而雌雄條理兮，金火含受金水之事。初九未神變兮，天心抱陽和。木汞生東辰之體兮，金精長西戌之胏。巽畢復而乾畢剥兮，春秋而仁義，冬夏而界度。亶婁上下釜兮，砂汞所配。感之神室張虛危翼兮，金不綻而土不輕。潛藏飛躍兮，往來上下無爻位。而歸乎太極兮，以包囊衆石。有無隱顯兮，水金爲舟。木日精滅坎離兮，浮沉而消息。金公索坎實兮，姹女叩離虛。金戮木兮，而水殄火。黃帝竪旗於金鄉兮，金木火化爲明窗塵；混沌之金火兮，寶精終一九。一斤十六兩兮，三百八十有四銖。震爻膺陽籙兮，水翠玄而金赭黃。山河大地以凝虛兮，精液混丹砂而融眞。黑鉛變素朱汞瑩碧兮，金華蒙鴻而洞虛。水一火二而土五兮，濡英金而飛精。水天地至精兮，以戊己運天符。十二斗樞而十二鐘律兮，流汞日之魂黃金月之魄。玄圖未漸剥兮，陽精爲畢方之父。坤變震於初而變兑於再兮，日月既合璧而上弦平如繩。三五三陽既圓兮，圓明現東甲。蟾蜍視卦節兮，兔魄吐生光。乾初變於巽而再變於艮兮，月明辛而現丙。周回五六而東北喪朋於乙地兮，土與木金和爲液而復象。禪雷辰神室兮，中五運而外八卦。陰符陽火兮，陸旬化鷄子而五嶽峙潛樞頂。乾金而踵坤水兮，陰陽稟自然而中和。流素津靈戸黑鉛鍊眞土兮，泉窟白金生水銀。亥末陽動而曦馭行南陸兮，五星連珠而金砂呼吸日月之遲速。紫微十六華蓋星兮，三台攝調變之星以責統録。日火合五行之精兮，鍊中宮之土月。金受六律之紀兮，入北方之水。火是藥之父母兮，藥是火之子孫。水土金兮，六十日先後存亡。金汞抵角兮，鼎室抗衡土。毋召四方之和兮，乾動應三光。金火精氣而光耀一室兮，何水涸而火殞。龍虎之氣相交兮，金木之情契合。情性交結兮，溫養子珠。水者玄華而土者金母兮，丹室結流珠，而黃黑混水土之元精。紫華敷腴而黃液蕩漾兮，神藥未遂。金生水鍊鉛爲白金兮，白金爲神室。神室有金水兮，火色變凝而黃輿。水火凝中府兮，金液不飛。火灼金華兮，輕煙薄霧。以寂白金爲有而火氣爲無兮，鍊汞兆神。兩虛無兮，水火抱粹。而日月懷沖黑鉛兮，金精玄水而包坎汞。黃芽現白蘂兮，紅苞。金爲水母兮，華池泛眞，素壇爐竈有神室而委曲。關隄金土合汞兮，自然而神化矣。

《海瓊問道集・玄關顯秘論》 一言半句便通玄，何用丹書千萬篇。人若不爲形所累，眼前便是大羅天。若要鍊形、鍊神，須識歸根復命。所以道：歸根自有歸根竅，復命還尋復命關。且如這箇關竅，若人知得眞實處，則歸根復命何難也？故曰：有人要識神仙訣，只去搜尋造化根。古者，虛無生自然，自然生大道。大道生一氣，一氣分陰陽。陰陽爲天地，天地生萬物，則是造化之根也。此乃眞一之氣，萬象之先。太虛、太無、太空、太玄，杳杳冥冥，非尺寸之所可量；浩浩蕩蕩，非涯岸之所可測。其大無外，其小無內，大包天地，小入毫芒，上無複色，下無復淵，一物圓明，千古顯露，不可得

而名者。聖人以心契之，不獲已，而名之曰道。以是知，即心是道也。故無心則與道合，有心則與道違。惟此，無之一字，包諸有而無餘，生萬物而不竭。天地雖大，能役有形，不能役無形；陰陽雖妙，能役有氣，不能役無氣。五行至精，能役有數，不能役無數；百念紛起，能役有識，不能役無識。今夫修此理者，不若先鍊形。鍊形之妙，在乎凝神。神凝則氣聚，氣聚則丹成，丹成則形固，形固則神全。故宋齋丘云：忘形以養氣，忘氣以養神，忘神以養虛。只此忘之一字，則是無物也。本來無一物，何處有塵埃？其斯之謂乎。如能味此理，就於忘之一字上做工夫，可以入大道之淵微，奪自然之妙用，立丹基於頃刻，運造化於一身也。然此道，視之寂寥，而無所覩；聽之杳冥，而無所聞。惟以心視之則有象，以心聽之則有聲。若學道之士，冥心凝神，致虛守靜，則虛室生白，信乎自然也。惟太上度人，教人修鍊以乾坤爲鼎器，以烏兔爲藥物，以日魂之升沉應氣血之升降，以月魄之虧盈應精神之衰旺，以四季之節候應一日之時刻，以周天之星數應一爐之造化。是故採精神以爲藥，取靜定以爲火，以靜定之火而鍊精神之藥，則成金液大還丹。蓋眞陰眞陽之交會，一水一火之配合，要在先辨浮沉，次明主客，審抽添之運用，察反覆之安危。如高象先云：採有日，取有時。劉海蟾云：開闔乾坤造化權，煅鍊一爐眞日月。能悟之者，效日月之運用，與天地以同功。夫豈知天養無象，地養無體，故天長地久，日光月明，眞一長存，虛空不朽也。吾今則而象之：無事於心，無心於事，內觀其心；心無其心，外觀其形，形無其形；遠觀其物，物無其物；知心無心，知形無形，知物無物，超出萬幻，確然一靈。古經云：生我於虛，置我於無。是宜歸性根之太始，反未生之已前。藏心於心而不見，藏神於神而不出。故能三際圓通，萬緣澄寂，六根清淨，方寸虛明，不滯於空，不滯於無，空諸所空，無諸所無，至於空無所空，無無所無，淨裸裸赤洒洒地，則靈然而獨存者也。道非欲虛，虛自歸之。人能虛心，道自歸之。道本無名，近不可取，遠不可捨，非方非圓，非內非外，惟聖人知之。三毒無根，六慾無種，頓悟此理，歸於虛無。老君曰：天地之間，其猶橐籥乎？虛而不屈，動而愈出。若能於靜定之中，抱沖和之氣，守眞一之精，則是封爐固濟，以行火候也。火本南方離卦，離屬心，心者神也，神則火也，氣則藥也，以火鍊藥而成丹者，即是以神御氣而成道也。人能手摶日月，心握鴻濛，自然見橐籥之開闢，河車之升降，水濟命宮，火溉丹臺，金木交併，水土融和，姹女乘龍，金翁跨虎，逆透三關，上升內院，化爲玉汞，下入重樓，中有一穴，名曰丹臺，鉛汞相投，水火相合，纔若意到，即如印圈契約也。自然而然，不約而合。有動之動出於不動，有爲之爲出於無爲。當是時也，白雪漫天，黃芽滿地，龍吟虎嘯，夫唱婦隨，玉鼎湯煎，金爐火熾，雷轟電掣，撼動乾坤，百脈聳然，三關透徹，玄珠成象，太乙歸眞，泥丸風生，絳宮月明，丹田煙暖，穀沼波澄，鍊成還丹，易如反掌，七返九還，方成大藥。日鍊時烹，以至九轉，天關地軸，在吾手中。經云：人能常清淨，天地悉皆歸。則是三花聚頂，五氣朝元，可以入衆妙門，玄之又玄。也更能晝運靈旗，夜孕火芝，溫養聖胎，產成赤子。至於脱胎，神化，回陽換骨，則是玉符保神，金液鍊形，形神俱妙，與道合眞者也。張平叔云：都來片餉工夫，永保無窮逸樂。誠哉！是言蓋道之基，丹之本，龍虎之宗，鉛汞之祖，三火所聚，八水所歸，萬神朝會之門，金丹妙用之源，乃歸根復命之關竅也。既能知此，則慾不必遣而心自淨，心不必澄而神自清，一念不生，萬幻俱寢，身馭扶摇，神遊恢漠。方知道風清月白，皆顯揚鉛汞之機；水綠山青，盡發露龍虎之旨。海南白玉蟾，幼從先師陳泥丸學丹法，每到日中冬至之時，則開乾閉巽，留坤塞艮，據天罡，持斗柄，謁軒轅，過扶桑，入廣寒，面鶉尾，舉黃鐘，泛海槎，登崑崙，佩唐符，撼天雷，遊巫山，呼黃童，召朱兒，取青龍肝，白虎髓，赤鳳血，黑龜精，入土釜，啓熒惑，命閼伯，化成丹砂，開華池，吸神水，飲刀圭，從無入有，無質生質，抽鉛添汞，結成聖胎，十月既滿，氣足形圓，身外有身，謂之胎仙。其訣曰：用志不分，乃可凝神。灰心冥冥，金丹內成，此子之所得也。

如昔施肩吾之詩曰：氣是添年藥，心爲使氣神，能爲神氣主，便是得仙人。惟此詩簡明通玄，玉蟾因閱而誦之，自然到秋蟾麗天，虛空消殞之地，非枯木寒灰之士，不能知此。子既得此，不敢自默。太上玄科曰：遇人不傳失天道，傳非其人泄天寶。天涯海角尋遍，無人不容輕傳。恐受天譴，深慮大道無傳，丹法湮泯，故作玄關顯秘論。蓋將曉斯世而詔後學，以壽金丹一綫之脈也。復恐世人猶昧此理，乃復爲之言曰：以眼視眼，以耳聽耳，以鼻調鼻，以口緘口。潛藏飛躍，本乎一心，先當習定凝神，懲忿窒慾。懲忿窒慾則水火既濟，水火既濟則金木交併，金木交併則眞土歸位，眞土歸位則金丹自然，大如黍米，日復一粒，神歸氣復，充塞天地。《孟子》曰：善養吾浩然之氣者，此也。肝氣全則仁，肺氣全則義，心氣全則禮，腎氣全則智，脾氣全則

信。若受氣不足，則不仁、不義、不禮、不智、不信，豈人也哉？人能凝虛養浩，心廣體胖，氣母既成，結丹甚易。可不厚其所養，以保我之元歟？學者思之，敬書以授留紫元云。

《中和集・玄門宗旨・太極圖頌》 中〇者，無極而太極也。太極動而生陽，動極而靜，靜而生陰，一陰一陽，兩儀立焉。〇者，兩儀也。〇者，陽動也。〇者，陰靜也。陰陽互交而生四象。〇者，四象，動而又動曰老陽，動極而靜曰少陰，靜極復動曰少陽，靜而又靜曰老陰。四象動靜而生八卦。乾一兑二，老陽動靜也；離三震四，少陰動靜也；巽五坎六，少陽動靜也；艮七坤八，老陰動靜也。陰逆陽順，一升一降，機緘不已而生六十四卦，萬物之道至是備矣。上〇者，氣化之始也；下〇者，形化之母也。知氣化而不知形化，則不能極廣大；知形化而不知氣化，則不能盡精微。故作頌而證之。

《中和集・玄門宗旨・頌二十五章》 道本至虛，至虛無體。窮於無窮，始於無始。虛極化神，神變生氣。氣聚有形，一分爲二。二則有感，感則有配。陰陽互交，乾坤定位。動靜不已，四象相係。健順推盪，八卦兹係。運五行而有常，定四時而成歲。

沖和化醇，資始資生。在天則斡旋萬象，在地則長養群情。

形形相授，物物相孕。化化生生，奚有窮盡。

天下萬物生於有，有生於無。有無錯綜，隱顯相扶。

原其始也，一切萬有，未有不本乎氣。推其終也，一切萬物，未有不變於形。

是知萬物本一形氣也，形氣本一神也。神本至虛，道本至無，易在其中矣。

天位乎上，地位乎下，人物居中，自融自化，氣在其中矣。

天地物之最巨，人於物之最靈，天人一也。宇宙在乎乎，萬化生乎身，變在其中矣。

人之極也，中天地而立命，稟虛靈以成性。立性立命，神在其中矣。

命係乎氣，性係乎神。潛神於心，聚氣於身，道在其中矣。

形化則有生，有生則有死。出生入死，物之常也。

氣化則無生，無生故無死。不生不死，神之常也。

形化體地，氣化象天。形化有感，氣化自然。

明達高士，全氣全神。千和萬合，自然成眞。

眞中之眞，玄之又玄。無質生質，是謂胎仙。

欲造斯道，將奚所自？惟靜惟虛，胎仙可冀。

虛則無礙，靜則無欲。虛極靜篤，觀化知復。

動而主靜，實以抱虛。二理相須，神與道俱。

道者神之主，神者氣之主，氣者形之主，形者生之主。

無生則形住，形住則氣住，氣住則神住，神住則無住，是名無住住。

金液鍊形，玉符保神。形神俱妙，與道合眞。

命實凝矣，性殊明矣，元神靈矣，胎仙成矣，虛無自然之道畢矣。

大哉神也，其變化之本歟！

《中和集・畫前密意・易象》 易可易，非常易；象可象，非大象。常易不易，大象無象。常易，未畫以前易也；變易，既畫以後易也。常易不易，太極之體也；可易變易，造化之元也。大象，動靜之始也；可象，形名之母也。歷劫寂爾者，常易也；亘古不息者，變易也。至虛無體者，大象也；隨事發見者，可象也。所謂常者，莫窮其始，莫測其終，歷千萬世，廓然而獨存者也。所謂大者，外包乾坤，內充宇宙，遍河沙界，湛然圓滿者也。常易不易，故能統攝天下無窮之變；大象無象，故能形容天下無窮之事。易也，象也，其道之原乎！

《中和集・畫前密意・常變》 常易不變，變易不常。其常不變，故能應變；其變不常，故能體常。始終不變，易之常也。動靜不常，易之變也。獨立而不改，得其常也。周行而不殆，通其變也。不知常，不足以通變；不通變，不足以知常。常也，變也，其易之原乎！

《中和集・畫前密意・體用》 常者，易之體；變者，易之用。古今不易，易之體；隨時變易，易之用。無思無爲，易之體；有感有應，易之用。知其用則能極其體，全其體則能利其用。聖人仰觀俯察，遠求近取，得其體也；君子進德修業，作事制器，因其用也。至於窮理盡性，樂天知命，修齊治平，紀綱法度，未有外乎易者也。全其易體，足以知常。利其易用，足以通變。

《中和集・畫前密意・動靜》 剛柔推盪，易之動靜；陰陽升降，氣之動靜；奇偶交重，卦之動靜；氣形消息，物之動靜；晝夜興寢，身之動靜。至於身之進退，心之起滅，世之通塞，事之成敗，皆一動一靜，互相倚伏

也。觀其動静，則萬事之變、萬物之情可見矣。静時有存，動則有察；静時有主，動則可斷；静時有定，動罔不吉。静者動之基，動者静之機。動静不失其常，其道光明矣。

《中和集·畫前密意·屈伸》 暑往寒來，歲之屈伸。日往月來，氣之屈伸。古往今來，世之屈伸。至於有無相生，難易相成，長短相形，高下相傾，皆屈伸之理也。知屈伸相感之道，則能盡天下無窮之利也。

《中和集·畫前密意·消息》 息者，消之始；消者，息之終。息者，氣之聚；消者，形之散。生育長養謂之息，歸根復命謂之消。元而亨，易之息也；利而貞，易之消也。春而夏，歲之息也；秋而冬，歲之消也。嬰而壯，身之息也；老而終，身之消也。無而有，物之息也；有而無，物之消也。息者，生之徒；消者，死之徒。自二氣肇分以來，未有消而不息之理，亦未有息而不消之物。通而知之者，獨理至明者也。

《中和集·畫前密意·神機》 存乎中者，神也；發而中者，機也。寂然不動，神也；感而遂通，機也。隱顯莫測，神也；應用無方，機也。藴之一身，神也；推之萬物，機也。吉兇先兆，神也；變動不居，機也。備四德，自强不息者，存乎神者也；貫三才，應用無盡者，運其機者也。

《中和集·畫前密意·智行》 智者，深知其理也；行者，力行其道也。深知其理，不見而知；力行其道，不爲而成。不出户，知天下，不窺牖，見天道，深知也。自强不息，無往不適，力行也。知亂於未亂，知危於未危，知亡於未亡，知禍於未禍，深知也。存於身而不爲身累，行於心而不爲心役，行於世而不爲世移，行於事而不爲事礙，力行也。深知其理者，可以變亂爲治，變危爲安，變亡爲存，變禍爲福。力行其道者，可以致身於壽域，致心於玄境，致世於太平，致事於大成。非大智大行者，其孰能及此！

《中和集·畫前密意·明時》 通變莫若識時，識時莫若通理，明理莫若虚静。虚則明，静則清。清明在躬，天理昭明。天之變化，觀易可見；世之時勢，觀象可驗；物之情僞，觀形可辨。麗於形者，不能無偶；施於色者，不能無辨。天將陰雨，氣必先蒸；山將崩裂，下必先隳；人將利害，貌必先變。譬如巢知風，穴知雨。蟄虫應候，葉落知秋。又如商人置雉尾於舟車之上，以候陰晴，天常晴則尾直豎，天將雨則尾下垂。無情之物尚爾，而況人乎！今人不識時變者，獨理未明也。

《中和集·畫前密意·正己》 進德修業，莫若正己。己一正則無所不正。一切形名，非正不立；一切事故，非正不成。日用平常設施酬酢，未有不始於己者；一切事事理理，頭頭物物，亦未有不自己出者。是故進修之要，必以正己爲立基。正己接人，人亦歸正；正己處事，事亦歸正；正己應物，物亦歸正。惟天下之一正，爲能通天下之萬變。是知正己者，進修之大用也，入聖之階梯也。

《中和集·畫前密意·功夫》 清心釋累，絶慮忘情，少私寡慾，見素抱朴，易道之功夫也。心清累釋，足以盡理；慮絶情忘，足以盡性；私慾俱泯，足以造道；素朴純一，足以知天。

《中和集·畫前密意·感應》 寂然而通，無爲而成，不見而知，易道之感應也。寂然而通，無所不通；無爲而成，無所不成；不見而知，無所不知。動而感通，不足謂之通；爲而後成，不足謂之成；見而後知，不足謂之知。此三者，其於感應之道也遠矣。誠能爲之於未有，感之於未動，見之於未萌，三者相須而進，無所感而不通也，無所事而不應也，無所往而非利也。盡此道者，其惟顔子乎！

《中和集·畫前密意·三易》 三《易》者，一曰天《易》，二曰聖《易》，三曰心《易》。天《易》者，《易》之理也；聖《易》者，《易》之象也；心《易》者，《易》之道也。觀聖《易》貴在明象，象明則入聖；觀天《易》貴在窮理，理窮則知天；觀心《易》貴在行道，道行則盡心。不讀聖人之《易》，則不明天《易》；不明天《易》，則不知心《易》；不知心《易》，則不足以通變。是知《易》者，通變之書也。

《中和集·畫前密意·解惑》 氣之消長，時之升降，運之否泰，世之通塞，天易也。卦之吉兇，爻之得失，辭之險易，象之貞晦，聖易也。命之窮達，身之進退，世之成敗，位之安危，心易也。深造天易則知時勢，深造聖易則知變化，深造心易則知性命。以心易會聖易，以聖易擬天易，以天易參心易，一以貫之，是名志士。

《中和集·畫前密意·釋疑》 變動有時，安危在己，禍福得喪，皆自己始。是故通變者，趨時者也。趨時者，危亦安；通變者，亂亦治。不失其所守者，困亦亨；不謹其所行者，豐亦昧。晦其明者，處明夷而無傷；恃其有者，居大有而必害。至遠而可應者，其志同也；至近而無與者，其意乖

也。至弱而能勝者，得其輔也；至剛而無過者，有其道也。益之用兇，事濟難也；睽之見惡，人免怨也。不怕其德者，無所容；不有其躬者，無所利。獨立自恃者無功，恐懼修省者獲福。益於人者人益之，利於人者人利之，信於人者人信之，惠於人者人惠之。畏兇者無兇，畏眚者無眚，畏禍者福必至，忽福者禍必至。予所謂安危在己，復何疑哉！

《中和集·畫前密意·聖功》 聖人所以爲聖者，用《易》而已矣。用《易》所以成功者，虛靜而已矣。虛則無所不容，靜則無所不察。虛則能受物，靜則能應事，虛靜久久則靈明。虛者，天之象也；靜者，地之象也。自强不息，天之虛也；厚德載物，地之靜也。空闊無涯，天之虛也；方廣無際，地之靜也。天地之道，惟虛惟靜。虛靜在己，則是天地在己也。道經云：人能常清靜，天地悉皆歸。其斯之謂歟！清即虛也。虛靜也者，其神德聖功乎！

《太上老君說常清靜經注·大道》 老君曰：大道無形，生育天地。大道無情，運行日月。大道無名，長養萬物。吾不知其名，强名曰道。

纔言可道，即非常道。既不可道，何以名道？咦，只這道之一字，已道了也。視之不足見，聽之不足聞，搏之不可得，用之不可既。惟惚惟恍，不屬聲聞；曰希曰夷，無有定體。若作聲聞，會不足以成；若作定體，求不足以應變。道雖無形，因天地生育，其形可見；道雖無情，推日月運行，其情可察；道雖無名，窮萬物長養，其名可立。《易·繫》云：在天成象，在地成形，變化見矣。非道之形乎？又曰：鼓之以雷霆，潤之以風雨，日月運行，一寒一暑，非道之情乎？又曰：乾道成男，坤道成女，非道之名乎？道本無名，聖人强立名道者，通天下萬變，歸天下之殊途。坦平蕩直，大路之謂也。

《太上老君說常清靜經注·清濁動靜》 夫道者，有清有濁，有動有靜。天清地濁，天動地靜。男清女濁，男動女靜。降本流末，而生萬物。清者濁之源，動者靜之基。人能常清靜，天地悉皆歸。

鴻濛未判，動靜之理已存；清濁既分，動靜之機始發。清而昇者曰天，濁而降者曰地。天地一闔闢，一陰陽，互動互靜，機緘不已，四時成焉，百物生焉。天地之性人爲貴，人於物之最靈。男法天，女法地。男清女濁，即天地昇降也。男動女靜，即天地闔闢也。天地絪緼，萬物化生。降本流末，生生化化而無有休息。太上始言，無形無情無名，天地之始。次言有動有靜，謂有名，萬物之母也。若復有人知此兩者，同出異名，則知清濁本一，動靜不二。流雖濁而其源常清，用雖動而其體常靜。清靜久久，神與道俱，與天地爲一。

《太上老君說常清靜經注·清靜》 夫人神好清而心擾之，人心好靜而慾牽之。常能遣其欲而心自靜，澄其心而神自清。自然六慾不生，三毒消滅。

有道之士，常以道制慾，不以慾制道。以道制慾，神所以清，心所以靜。至道與神炁，混混淪淪，周乎三才，萬物應變而無窮，至廣大，盡精微矣。苟以慾制道，失道者也。失道之士，欲心一萌，無所不至。權利牽於外，念慮煎於內，心爲物轉，神爲心役。心神既不清靜，道安在哉？常能制慾，則歸心不動。歸心不動，則自然澄澄湛湛，絕點翳純，清復其本然，清靜之大矣，何慾之有？《易傳》云：山下有澤，損，君子以懲忿窒慾，其斯之謂歟！

《太上老君說常清靜經注·心澄遣欲》 所以不能者，爲心未澄、慾未遣也。能遣之者，內觀其心，心無其心；外觀其形，形無其形；遠觀其物，物無其物。三者既悟，惟見於空。

太上云：清靜爲天下正。所謂正者，至公無私也。惟天理之至公，爲能勝人慾之至私。世人所以不能造道者，非不能也，爲物慾之所眩也。絕欲之要，必先忘物我。忘物我者，內忘其心，外忘其形，遠忘其物。三者既忘，復全天理，是名大，即艮止之義也。《易》云：艮其背，不獲其身；行其庭，不見其人，無咎。艮其背，即內觀其心，心無其心也。不獲其身，即外觀其形，形無其形也。行其庭，不見其人，即遠觀其物，物無其物也。無咎即無欲也。太上云：咎莫大於欲得，即此義也。至於物慾見空，則清靜之天復矣。

《太上老君說常清靜經注·空無》 觀空亦空，空無所空。所空既無，無無亦無。無無既無，湛然常寂。寂無所寂，欲豈能生？欲既不生，即是眞靜。眞常應物，眞常得性。常應常靜，常清靜矣。

攸攸萬事不是空，一以貫之，終歸無物。此遣慾之要也。以空遣慾，慾既不生，和空亦無。空既無矣，無亦無也。無無既無，湛然寂然。湛寂亦無，

是名眞靜。湛然常寂者，凝神入空寂也。寂無所寂者，融神出空寂也。所謂眞靜，非不動也。若以不動爲靜，則是有定體也。有定體則不足以應變。所以眞常應物、眞常得性者，動而應物而眞體不動也。作如是見者，常應常靜，常清靜矣。

《太上老君說常清靜經注・眞靜》 如此清靜，漸入眞道。既入眞道，名爲得道。雖名得道，實無所得。爲化衆生，名爲得道。能悟之者，可傳聖道。

寂然不動爲體，感而遂通爲用，是名眞靜。至於體用一源，顯微無間，眞常之道得矣。得之一字，亦是强名。若謂實有所得，則不足以爲道。聖人惟恐世人不知有無相生之理，落斷常邪見，故以得道，委曲成全，使其積漸而至頓成也。至於嘿而成之，不言而信，聖道可造也。所謂傳者，不傳之傳也。聖道者，聖而不可知之之謂也。

《太上老君說常清靜經注・不争》 老君曰：上士無爭，下士好爭。上德不德，下德執德。執著之者，不名道德。

遵儒書不爭之言，行釋經無爭之行。此一法，出於無法。洞觀冥契，是名上士也。下士則不然，下士之心好勝，常自滿自見，是自矜伐，致爭之由也。纔有微善，執爲己德，吾必謂之無也。上士返是。上士晦德，以謙自牧，不自見是，不自矜伐。夫惟不爭，故天下莫能與之爭。太上所謂上德不德，是以有德，即此義也。執著之者，德尚不明，何以明道哉？

《太上老君說常清靜經注・妄心》 衆生所以不得眞道者，爲有妄心。既有妄心，即驚其神。既驚其神，即著萬物。既著萬物，即生貪求。既生貪求，即是煩惱。煩惱妄想，憂苦身心，便遭濁辱，流浪生死，常沉苦海，永失眞道。

下士好爭，執德爲有，妄心所以然也。古德云：常滅妄心，不滅照心。一切不止之心皆妄心也。一切不動之心皆照心也。妄想一萌邪正分，樞機一發榮辱判，可不勉哉！妄心不止，生種種差別因緣。至於涉穢途，觸禍機，落陰趣，未有不始於妄心也。學道之士，固當謹始。始若不謹，焉得有終。妄念始萌，不自知覺。神爲心役，心爲物牽。縱三屍之熾盛，爲六慾之擾攘，豈得不著物耶？著物之故，貪求心生。既生貪求，即是煩惱妄想，種種相緣，無由解脫。至於憂苦身心，便遭濁辱，流浪生死，常沉苦海，永失眞道，良可悲哉！所以妄想之心，輪迴之根本也。衆生所以不得眞道者，爲妄想心不滅，所以然也。

《太上老君說常清靜經注・眞常之道》 眞常之道，悟者自得。得悟道者，常清靜矣。

見在此身，亦從妄想中來。身生而後有情緣，情緣而後有憂苦。妄增緣起，直入輪迴。前無始而後無終者，舉世皆然。惟悟道者，照心常存。照破種種緣相皆是妄幻，勿令染著。照心既存，妄心無能爲也。久久純熟，决定證清靜身。作是見者，眞常之道得矣。所謂照心者，即天心也。眞常者，即無妄也。了悟此心，則有妄之心復矣，無妄之道成矣。無妄所以次復也。《易》曰：復其見天地之心乎。到這裏纖芥幽微，悉皆先照。至於如如不動，了了常知，至覺至靈，常清常靜，眞常之道，至是盡矣。聖人之能，事畢矣。

《太上老君說常清靜經注・默參順體》 始於情感，遂墮此中。恭諾之下，男女成形。來從五炁，中秉二儀。故未育未生之前居母腹中，飲血受胞，以手掩其目，以兩足拳於頷，母之一吸，子亦吸之，母之一吐，子亦吐之。凡百動盪，内外相感，何識何知，何明何曉。天之炁混之，地之炁混之，人之炁亦混之，但有一息存焉。及其分育，天翻地覆。人驚胞破，如行大山顛，失足之狀，頭懸足撑而出之。大叫一聲，其息即忘，故隨性隨情不可俱也。胎之一息，無復再守也，况乳以沃其心，巧以翫其目，愛以牽其情，慾以使其神，如此漸漸有茫茫之隔，亹亹之端，無復守胎之一息也。學道之士當味此章，以求其要耳。

訣曰：始於混沌，中成胎孕。七情六慾，歸於一定。出入呼吸，當來眞性。胎息胎息，道中玄牝。

《太上老君說常清靜經注・甲庚應數章》 乾之干首於甲，坤之合應於庚。甲自水之生，故居於東。庚乃水之母，故育於西。西者雖言於肅，而申中有水土也，故西庚之殺而生於東。甲以其甲之炁在於寅，亦曰三陽甲之三日。甲之三日分於後，先庚之三日。庚之三日次於始末者，緣甲之合者己，己中有土故也，三陽交泰是也。庚之所合者乙，中有木，木中有火，火可伏庚，不妨於水也。聖道之妙，以甲居子乃印。印者，正也。正者，始也。緣子下有水，水能生木，故甲子爲首，至戌爲終，蓋戌乃火之庫也。甲必云庚者，水之母，緣申中有土，能生於金，至辰巳則絶，緣有火之殺也。故善於道者，以甲子、甲辰、甲午三日之先炁，用庚子、庚辰、庚午之先合，凝然養息。自子

至丑，從丑至寅，心無一毫之染，身如鐵壁，調其炁而平其息，則天之干，地之合，我之感一時俱孚，三才三因之道，入目自足耳。

訣曰：三甲與三庚，後先生殺存。以時加此日，天地炁俱行。無想亦無妄，綿綿息息平。周天消息近，圓皎坐中生。

《太上老君說常清靜經注・存息養真章》 天之有竅而生風，地之有竅而生水。蓋天竅不可明，而地竅易可窺。竅之一開風從生，竅之一閉炁從塞。天地之竅，乃萬象化生無窮之奧也。天地能以竅而開，亦能以竅而息。自子則天竅開，其炁清而降。自午則地竅塞，息則地炁可升，天炁可降也。其炁濁而升。故動盪皆歸於橐籥也。橐籥者，一開一闔之謂也。天以子爲橐，地以午爲籥，人以息而總晝夜，推之一萬六千六百有餘，即乾坤之數也。善於道者，能存於息。明於竅者，真不勞而養也。訣曰：四鼓天地交，而演方見韜。水火自然事，不須以意勞。鼻中有兩竅，天地不差毫。能於此時存，明月掌中撈。

《太上修真體元妙道經・得一成道》 一者萬象之祖炁，天地之根原，人心之大要也。乾一而成數，地一而成秀，人一而定情。蓋不能齊之以一，而散之於萬蝟之中，而混塞其心，不可見其本原也。天一則清，地一則寧，人一則德馨。身一則正，家一則齊，內一則不惑，外一則順。心一則陰陽和，念一則邪僻遠，性一則情不生，炁一則息自平，息一則水火交，天地泰，其可不一哉？

訣曰：一者道之炁，炁乃一之源。人能求清淨，但去一中尋。不覺朝夕間，忽見水中金。得一後忘一，神存真可侵。

《金丹大成集・金液還丹論》 道以心爲用也，或者疑之，至人辨焉。夫道者，心之體。心者，道之用。道融於心，心會於道。道外無餘心，心外無餘道也。能知運用者，以道觀心，心即道也。以心貫道，道即心也。是心也，非人心之心，乃天心之心也。天之居於北極，爲造化之樞機者，此心也。故斗杓一運，四時應節，五行順序，寒暑中度，陰陽得宜矣。在人亦然，首有五宮，上應九隅，其中一宮曰天心，一曰紫府、天淵、天輪、天關、天京、山都關、昆崙頂，其名頗衆。總而言之曰玄關一竅。運用於此者，可不辨藥材所産之川源，火候細微之要旨，以至温養而成丹，皆不離乎此心之爲用也。嘗謂藥愈採而愈多，火漸鍊而漸結。其採藥之初也，動乾坤之橐籥，取離坎之刀圭，凝神聚炁，調勻鼻息，呼吸應手，迨夫神氣之入乎其根也。閉極則失於急，縱放則失於蕩。惟使其綿綿續續，勿令間斷矣，然後神久自凝，息久自定。其運火之功也，一剛一柔，一文一武，進寸而退尺，前短而後長。分賓主，立君臣，使其陰符陽火進退之得其宜也。火數太燥則汞上飛矣，水銖太濫則鉛下消矣，惟使其斤兩調勻，法度準確，無進火退符之昧。其用也，由是依約卦爻，以十二月促於一時之內，陰陽升降以爲運火之則也。一陽之生，始乎復也，時爲子焉，微養其潛龍。《臨》，丑也，温養其見龍。《泰》，寅也，火生于寅屯之直事，故進符用武火焉。《壯》，卯也，陽中含陰，故沐浴焉。《夬》，辰也，文火以鍊之。《乾》，終巳也，火加武焉。自子至巳，純陽用事，乃內陰求外陽也。一陰之生始乎《姤》也，時爲午焉，火旺于午，故退符用文火焉。《遯》，未也，時爲六月，故火武焉，則不爲盛夏之濃霜矣。《否》，申也，微火以調之。《觀》，酉也，陰中含陽，故沐浴後養火也。《剥》，戌也，火庫于戌，蒙受生成，火用武矣。《坤》，終於亥，脱胎入腹以成變化也。自午至亥，純陰用事，乃外陽附內陰也。然火生于寅，旺于午，庫于戌，故抽添之妙，在於屯蒙也。噫！始《復》終《坤》，皆以卦象則之也。進退以象春夏秋冬之相代，抽添以象日月圓缺之相仍。火之未燃也，藉巽風以吹之；火之既燃也，資坤水以沃之。火功一止，氣液混融，鉛汞交結，姹女斂袂，嬰兒仰從，守於中宫，合爲一也。七返九還之祕畢於此矣。向使運火失宜，異證百出，金虎與木龍飛騰，坎男與離女奔逸，雖黄帝臨鑪，太乙執火，八公煅鍊，欲結成丹，不可得也，可不謹審而調燮之！故《丹經》曰：既得眞鉛，又難眞火，豈輕議哉！雖然金丹之道皆法象也，以鉛汞爲體，當知鉛精汞髓皆譬喻也；以離坎爲名，當知坎男離女皆虚名也；以龍虎爲形，又當知火龍水虎非有形也。謂如黄芽、白雪、神水、華池，皆非可見可用之物乎？要之，配合而調和，抽添而運用，故此丹藥非金石、草木之料，此火候非年月日時之數，當從本根實地而爲之。鍊形化炁，鍊炁化神，不過奪天地一點眞陽，始乎有爲而終則無爲也。或者泥象以安鑪，著相而造鼎，執著火候，認爲頑空，則謬矣！吁，否極則泰，動極則靜，靜曰復命，眞精自朝，眞息自定，谷神自棲，三屍自滅，心中無心，念中無念，身入無形，與道爲一矣。

《金丹大成集・金丹問答》 問曰：如何謂之金液還丹？答曰：金液者，金水也。金爲水母，母隱子胎，因有還丹之號也。前賢有曰：丹者，

丹田也。液者，肺液也。以肺液還于丹田，故曰金液還丹。

問曰：何謂鉛汞？答曰：非凡黑錫、水銀也。真一子曰：鉛是天地之父母，陰陽之根基。蓋聖人採天地父母之根，而爲大藥之基；採陰陽純粹之精，而爲大丹之質，且非常物造作也。汞性好飛，遇鉛乃結，以其子母相戀也。

問曰：何謂火？答曰：火者，太陽真氣，乃坎中之陽也。紫清真人曰：坎中起火是也。

問曰：何謂候？答曰：五日爲一候，是甲爲一終也。日有十二時，五日六十時，終一甲子也。紫陽曰：一刻之工夫，自有一年之節候，以起火之際，頃刻一周天。又問：火候如何用？答曰：年中用月，月中用日，日中用時，時中用刻也。

問曰：何謂真一？答曰：人能將自己天真安於天谷之內，乃守眞一之道也。金洞主云：眞一者，在於北極大淵之中也。

問曰：何謂動靜？答曰：陽主動，陰主靜。《翠虛》曰：動中有靜，靜中有爲，動靜有作，口口傳之。

問曰：何謂九還？答曰：金生四，成數九。還者，自上而還下。九乃老陽之數。陰眞君曰：從子至申爲九還，亦順下也。

問曰：何謂七返？答曰：火生二，成數七。返者自下而返上。七乃少陽之數。陰眞君曰：從寅至申爲七返，亦逆上也。

問曰：何謂鑪？答曰：上品丹法，以神爲鑪，以性爲藥，以定爲水，以慧爲火。中品丹法，以神爲鑪，以氣爲藥，以日爲火，以月爲水。下品丹法，以身爲鑪，以氣爲藥，以心爲火，以腎爲水。又有偃月鑪、玉鑪。

問曰：何謂鼎？答曰：鮑眞人云：金鼎近泥丸，黃帝鑄九鼎是也。

問曰：何謂藥物？答曰：即此藥物，順即成人，逆則成丹。五行顛倒，大地七寶；五行順行，法界火坑。百姓日用而不知也。紫清曰：採藥物於不動之中是也。

問曰：神水、華池何也？答曰：李荃云：還丹之要，在於神水、華池。紫陽曰：以鉛入汞，名曰神水；以汞投鉛，名曰華池。海蟾曰：從來神水出高源。紫清曰：華池正在氣海內。

問曰：何謂三關？答曰：頭爲天關，足爲地關，手爲人關。

問曰：何謂內三要？答曰：第一要大淵池也，第二要絳宫也，第三要地户也。

問曰：何謂外三要？答曰：口之與鼻共三竅，是神氣往來之門户。下功之際，調鼻息，緘舌氣，閉兑也。

問曰：何謂兑？答曰：眞一子云：兑，口也。

問曰：嬰兒、姹女正在何處？答曰：嬰兒在腎，姹女在心。

問曰：腎屬水爲陰，嬰兒屬陽；心屬火爲陽，姹女屬陰，何緣在此？答曰：腎屬坎☵，陰中有陽，乃眞陽也；心屬離☲，陽中有陰，乃眞陰也。

問曰：泥丸宫正在何處？答曰：頭有九宫，中曰泥丸。

問曰：何謂金公？答曰：金邊著公，乃鉛也。紫陰曰：要能制伏覓金公。

問曰：何謂黃婆？答曰：黃乃土之色，位屬坤，因取名焉。紫清曰：金公無言姹女死，黃婆不老猶懷胎。

問曰：呼吸何如？答曰：呼出心與肺，吸入腎與肝。呼則接天根，吸則接地根。呼則龍吟雲起，吸則虎嘯風生。呼吸風雲，凝成金液。

問曰：何謂瓊漿玉液？答曰：皆神水也。

問曰：何謂神氣？答曰：神是火，火屬心；氣是藥，藥屬身。神氣，子母也。虛靖天師云：氣者，生之元也。神者，生之制。持滿馭神，專氣抱一，神依氣住，神氣相合，乃可長生。三茅眞君曰：氣是添年藥，心爲使氣神，若知行氣主，便是得仙人。

問曰：何謂十二重樓？答曰：人之喉嚨管有十二節是也。

問曰：何謂簾幃？答曰：眼是也。下功之際，含光雲，房曰閉户垂簾，默默窺也。

問曰：何謂子午？答曰：子午乃天地之中也。在天爲日月，在人爲心腎，在時爲子午，在卦爲坎離，在方爲南北。

問曰：何謂五位相得而各有合？答曰：天地五十五數，故乾得一九，合而成十；坤得四六，合而成十；巽兑得二八，合而成十；震艮得三七，合而成十。離得五，坎得十，坎離無偶，所以自合也。以數言之，則得天地之中數；以爻言之，則得天地之中爻；以位言之，則得天地之中位。坎離爲用，不以大乎？

問曰：何謂五嶽？答曰：《五嶽眞形圖》曰：在人之頭。紫清以有巾藏五嶽冠之句。

問曰：何謂玄牝？答曰：在上曰玄，在下曰牝。玄關一竅，左曰玄，右曰牝。

問曰：何謂玄牝之門？答曰：鼻通天氣曰玄門，口通地氣曰牝户，口鼻乃玄牝之門户也。

問曰：何謂三男三女？答曰：乾道索坤，長男曰震，中男曰坎，少男曰艮。坤道索乾，長女曰巽，中女曰離，少女曰兑。

問曰：何謂火龍水虎？答曰：虎，西方金也，金生水，反藏形於水；龍，東方木也，木生火，反受剋於火。太白眞君曰：五行不順行，虎向火中生。五行顛倒術，龍從火裏出是也。

問曰：何謂分至？答曰：子時象冬至，陰極而陽生；午時象夏至，陽極而陰生；卯時象春分，陽中含陰；酉時象秋分，陰中含陽。人身亦有分至，紫陽曰：以身心分，上下兩弦；以神氣別，冬夏二至。

問曰：何謂沐浴？答曰：眞氣薰蒸，神水灌溉爲沐浴。太上曰：灌以甘泉，滌其垢汗，出自華池，復歸坤户。杏林曰：沐浴資坤水是也。

問曰：何謂抽添？答曰：既抽鉛於肘後，須添汞於中黄。《傳道集》曰：可抽之時，不可不添是也。

問曰：何謂搬運？答曰：搬金精於肘後，運玉液於泥丸，下手工夫，口訣存焉。

問曰：何謂三田？答曰：腦爲上田，心爲中田，氣海爲下田。若得斗柄之機斡運，則上下循環，如天河之流轉也。

問背後三關。答曰：腦後曰玉枕關，夾背曰轆轤關，水火之際曰尾閭關。

問曰：何謂神室？答曰：元神所居之室也。朗然子曰：未明神室千般撓，達了心田萬事閑。

問三花聚頂。答曰：神、氣、精混而爲一也。玄關一竅，乃神、氣、精之穴也。

問五氣朝元。答曰：五藏眞氣，上朝于天元也。

問和合四象。答曰：眼不視而魂在肝，耳不聞而精在腎，舌不動而神在心，鼻不嗅而魂在肺。精神魂魄，聚于意土也。

問曰：馬牙、眞主人、神符、白雪？答曰：皆鉛汞之總名也。

問河車。答曰：北方正氣，名曰河車。左曰日輪，右曰月輪。搬負正氣，運藏元陽，應節順行下手，無非此車之力。

問曰：老嫩何也？答曰：採藥之時，審其老嫩。彭鶴林曰：嫩時須採老時枯。紫陽曰：鉛見癸生須急採，金逢望遠不堪嘗是也。

問浮沉。答曰：鉛浮而銀沉也。

問清濁。答曰：陽清而陰濁也。清者浮之於上，濁者沉之於下。修丹者留清去濁，蓋清屬陽而濁屬陰也。

問五行相剋。答曰：《金碧經》云：金木相伐，水火相剋。土旺金鄉，三物俱喪。四海輻湊，以致太平。並由中宫土德之功也。

問曰：往來何也？答曰：子往午來，陰符陽火，自子進符至辰巳，自午退符至戌亥。始復終坤，皆以卦象則之。一消一長，一往一來，以成其變化。《易》曰：闔户謂之坤，闢户謂之乾。一闔一闢謂之變，往來不窮謂之通也。

問雌雄。答曰：雌陰雄陽也。一陰一陽謂之道，孤陰寡陽，不能自生。《參同契》曰：雌雄相錯，以類相求。注曰：雄，金砂也；雌，火汞也。相須含吐，類聚生成，以爲神藥也。

問防危。答曰：防火候之差失，忌夢寐之昏迷。《翠虚》曰：精生有時，時至神知，百刻之中，切忌昏迷。

問交合。答曰：磁石吸鐵，隔碍潛通。

問有無。答曰：《金碧經》曰：有無互相制，上有青龍居。兩無宗一有，靈化妙難窺。

問刑德。答曰：陽爲德，德出則萬物生；陰爲刑，刑出則萬物死。故二月陽中含陰而榆莢落，象金砂隨陰氣動静落在胎中，故曰歸根也。八月陰中含陽而薺麥生，象金水隨陽氣滋液於鼎内。故卯酉乃刑德相負，陰陽兩停，故息符火也。

問黑白。答曰：《參同契》曰：知白守黑，神明自來。白者金也，黑者水也。以金水之根而爲藥基矣。

問寒暑。答曰：眞一子曰：不應刻漏，風雨不調，水旱相伐，或陽火

過刻，或陰符失節，凝冬變爲大暑，盛夏反作濃霜。火候過差，靈汞飛走。運火之土，可不謹之。

問晦朔。答曰：《參同契》曰：晦朔之間，合符中行。乃金水符合之際也。

問固濟。答曰：太白眞人曰：固濟胎不泄，變化在須臾。言其水火既濟，閉固神室，而不可使之泄漏。

問聖胎。答曰：無質生質，結成聖胎。辛勤保護十月，如幼女之初懷孕，似小龍之乍養珠。蓋神氣始凝結，極易疎失也。

問四正。答曰：子午卯酉爲四正。玄關一竅，四正宫也。

問：黄庭正在何處？答曰：膀胱之上，脾之下，腎之前，肝之左，肺之右也。

問金烏玉兔。答曰：日中烏，比心中之液也；月中兔，比腎中之氣也。

問鍊形。答曰：鍊形化氣，鍊氣化神，鍊神合道也。金洞主曰：以精鍊形，非凡砂石。

問：紫陽謂心腎非坎離，何也？答曰：心腎特坎離之體耳，有體有用。

問：所用者何也？答曰：天心乃心之用也，屬離；形乃腎之用，屬坎。交媾之際，運用於此矣。

問功夫。答曰：知時而交媾，進火而防危，陽生而野戰，刑德而沐浴，以至温養成丹也。

問野戰。答曰：《龍虎經》曰：文以懷柔，武以討叛。紫陽曰：守城野戰知兇吉，增得靈砂滿鼎紅。

問温養。答曰：杏林曰：温養象周星。毗陵曰：金鼎常留湯用煖，玉鑪不要火教寒是也。

問烹鍊。答曰：烹金鼎，鍊玉鑪，口訣存焉。

問賞罰。答曰：春氣發生謂之賞，乃已前陽火之候也；秋氣殺物謂之罰，乃午後陰符之候也。

問守城。答曰：抱元守一，而凝神聚氣也。

問隄防。答曰：驅除雜念，而專心不二也。

問：神鑪者何也？答曰：鼻也，乃神氣出入之門。《黄庭經》曰：神鑪之中當修治，呼吸鑪間入丹田。

問太一含眞。答曰：守眞一於天谷，氣入玄元，即達本來天眞。答上曰：眞道養神，若能守我在死氣之關，令七祖枯骨皆有生氣。生我者道，活我者神，將神守道，以道養神是也。

問三屍。答曰：《中黄經》曰：一者上虫居腦中，二者中虫居明堂，三者下虫居腹胃，名曰彭琚、彭質、彭矯也。惡人進道，喜人退志。上田乃元神所居之宫，惟人不能開。此關被屍虫居之，生死輪迴，無有了期。若能握元神棲於本宫，則屍虫自滅，眞息自定，所謂一竅開而百竅齊開，大關通而百骸盡通，則天眞降靈，不神之神，所以神也。

問胎息。答曰：能守眞一，則息不往來，如在母胞胎之中，謂之大定也。

問玉池。答曰：口也。《黄庭經》曰：玉池清水灌靈根是也。

問橐籥。答曰：橐乃無底囊，籥乃三孔笛，又是鐵匠手中所弄鼓風之物也。老子曰：天地之間，其猶橐籥乎？《升降論》曰：人能效天地橐籥之用，開則氣出，闔則氣入，出則如地氣之上升，入則如天氣之下降，一升一降，自可與天地齊其長久矣。

問五芽。答曰：乃五藏之眞氣。《中黄經》曰：子能守之三蟲棄，得見五芽九眞氣。

問屯蒙。答曰：《道樞》曰：坎者水也，一變爲水澤之節，再變爲水雷之屯，其爻居寅；離者火也，一變爲火山之旅，再變爲火風之鼎，三變爲山水之蒙，其爻居戌。抽添水火，在於寅戌，十二卦氣，在於屯蒙運用。

問採日精月華。答曰：非外之日月也，採心中眞液，腎中眞氣也。

問内外八卦。答曰：頭爲乾，足爲坤，膀胱爲艮，膽爲巽，腎爲坎，心爲離，肝爲震，肺爲兑也。

問修鍊待時，然後下手。答曰：有時中之工夫，有刻中之工夫。毗陵曰：鍊丹不用尋冬至，身中自有一陽生。馬自然曰：不擇時中分子午，無爻卦内别乾坤。此皆刻中之工夫也。

問：金丹形象如何？答曰：形若彈丸，色同朱橘。《抱朴子》曰：大如彈丸黄如橘，中有嘉味甘如蜜。沙門得之以禪定，黄衣得之即超逸，審

之行之天地畢。《元樞歌》曰：君不見一粒金丹何赫赤，大如彈丸黄如橘。人人分上木圓成，夜夜靈光常滿室。蓋人人具足，箇箇圓成，當知非有形之物也。吕公曰：還丹本無質是也。

問：玄關一竅，正在何處？答曰：在人之首，功夫容易，下手的難尋。若不遇眞師，摩頂授記，皆妄爲矣。

問眞空。答曰：返本還元爲眞空。杏林曰：不知丹妙訣，終日翫眞空。

問作用。答曰：螟蛉咒子，傳精送神。

問出神。答曰：能守眞一，眞炁自凝，陽神自聚。蓋以一心運諸氣，氣住則神住，眞積力久，功成行滿，然後調神出殼也。

問超脱。答曰：超者，出也，是出神也。脱者，脱换凡軀也。皆天門出。前聖有脱殼之驗：六祖七層寶塔出，鐘吕三級紅樓出，海蟾公鶴冲天門出。詩曰：功成須是出神京，内院繁華勿累身。會取五仙超脱法，鍊成仙質離凡塵。

問屍解。答曰：屍解有五：金、木、水、火、土也。又有積功累行而白日飛昇者。徽宗皇帝《尊道篇》末曰：亘古迨今，飛昇者千有餘人，拔宅者八十餘家。出眞誥

問：金丹之道不亦難乎？答曰：是不難也。紫陽曰：悟者惟簡惟易，迷者愈繁愈難。杏林曰：簡易之語，不過半句；證驗之效，只在片時。《翠虛》曰：藥之不遠採不難。毗陵曰：至道不繁人自昧。紫清曰：只一言貫穿萬卷仙經，但片餉工夫無窮逸樂。師曰：下手工夫容易，堅心守道爲難也。

《太上赤文洞古經註・操眞》 有動之動，出於不動。

有動者，應機也。無動者，抱元守一也，歸根復命也。故經云：清者濁之源，靜者動之基。唯精唯一，允執厥中。夫物芸芸，各復歸其根。歸根曰靜，至靜不動也。

有爲之爲，出於無爲。無爲則神歸。

神本湛寂，感而遂通，不得已而後起，隨機接物，妙用無窮。去智與仁，故循天之理。淡然無極，而衆妙歸之。

神歸則萬物云寂。

專氣致柔，能如嬰兒，抱守沖和，眞氣氤氳，萬物皆長生也。知和曰常，心使氣曰强。强者，堅强壯老死之徒也。

不動則氣泯，氣泯則萬物無生。

氣絶神逝，九竅百骸變滅塵土也。更何疑之。

神神相守，物物相資，厥本其根。

以虛養虛，以實養實，何以故？忘形養氣，忘氣養神，忘神養虛，虛室生白，吉祥止止，神氣沖寧，靈根深固，故成長生久視之道也。

默而悟之，我自識之。

至道之玄，不假外物，而得默默昏昏。無應無問，靈光獨耀。迥脱根塵，體露眞常。不隨萬法，可以全生，可以復本也。

入乎無間，

無間者無有也，是不言之教，無爲之益。圓通無碍，應化無窮，遍滿十方，時時運動，無有間斷也。

不死不生，

玄珠燦燦，今古常明。萬物混成，法法平等。中靜非染，無始無終，故曰不死不生者也。

與天地爲一。

天道清虛，所以能長；地道寧靜，所以能久。人能悟理，達其妙道，致虛極，守靜篤，恬惔寂然，不爲萬物之所累，清淨無爲，可以與天地爲一者哉。

《太上赤文洞古經注・入聖》 忘於目則光溢無極，

五色亂明，令人目盲。色者彰也。色色者，未嘗顯何謂也？法眼圓通，明照十方三界，觀物無物，觀空不空，視之冥冥，杳冥之中，獨見曉焉。靈光充塞，無窮極也。

泯於耳則心識常淵。

五音亂聰，令人耳聾。心是清淵，本自湛澄。是非言語，美惡聲音，皆爲妄情僞物。飄風驟雨，動擾心源，神室不靈。若能泯絶是非，不受於中，無聲之中，獨聞和焉，然後可以聽玄歌，白雪不鼓陽春仙音之曲調也。

兩機俱忘，絶衆妙之門。

聲色雙泯，動靜兩忘。聽之不以氣，視之不以神，是謂太玄之妙，虛曠之靈。深之又深，而能物焉；神之又神，而能精焉。無爲之爲，不知而知。

靈明曠徹，廣大虛寂，妙無邊際也。

純純全全，合乎大方。

物我俱忘，有無不立。昏昏默默，杳杳冥冥。無邊無際，非外非中。其游無端，其出無方。化育萬物，不可爲象，混成無方隅也。

溟溟涬涬，合乎無倫。

至道重玄，浩浩蕩蕩，理無等倫。藏之則爲元精，用之則爲萬靈；含之則爲太一，放之則爲太清。無相無名，至尊至貴。迷之則凡夫，悟之則聖賢。

天地之大，我之所維。

古今聖賢，得道眞人，提挈天地，把握陰陽，雕琢萬物，澤及羣品，不爲難乎！

萬物之衆，我之所持。

宇宙在乎其手，萬化生乎一身。

曷有窮終，以語其弊哉！

聖人直說妙道，普現普光，惟恐後世凡夫不信疑惑，大發謙辭。若言不盡其理，以語爲弊惡舛訛之說也。

《會真集·太極》 夫太極者，乃無極之稱，不可得而名。其氣形質混沌，而未相離也。內具五十五數，其二儀、三光、四象、五行，悉備其中，有性而無形。《老子》所謂有物混成者是也。《玉策》云：玄黃未分，氣象昏昏。凡學道者，豈可不知一氣之元，萬物之祖哉。

《會真集·五行生數》 水一　夫五太既分，二儀肇判，遂乃潛生四象，密著五行。其中氣色變移，形象分顯，其昏昏之氣一百萬年變成黑色。黑者水象，其生數一也。一者，乃乾元之始，八卦之宗，而生甲。甲是五行之首，十干爲元也。謂當此太古，聖人觀其氣象，畫成天策，具載天文。繼有賢者謹奉，以紀天元，畫縱橫而定其曆數。自時厥後，歲紀碁布而見矣。

火二　黑氣一百萬年復變成赤色。赤者火象，其生數二，乃巽卦之始，而生辛也。

木三　赤氣一百萬年變成青蒼色。青者木象，其生數三，乃艮卦之始，而生丙也。

金四　青氣一百萬年復變成白色。白者金象，其生數四，乃坤卦之始，而生癸也。

土五　白氣一百萬年又變成黃色。黃者土象，其生數五，乃離卦之始，而生己也。

《會真集·五行成數》 夫五行從生數至成數，謂一三五數成陽九，甲丙主之而爲客。緣中央五數離己土，合於甲，加之水一，得成數六，而下降生坤乙，故先動而爲客也。二四數成陰六，辛癸主之而爲主也。又五土加於火二，得成數七，而上昇生震庚。乙與庚合，南北交遷，故後動而爲主也。其水一火二土五成十，生坎戊。又火生數巽辛，隨己土合於木三艮丙，得成數八，而生兑丁。又水生數乾甲，亦就中宮土五數，合於金四坤癸，得成數金九，而生乾壬。丁壬合，東西互換，此所以運兩地三天造化，推陽九陰六生成，變干轉支輪，分飛伏納甲。具二昇一降，抽添水火；明三匿四浮，互換木金。是以道樸散萬化門基，妙用彰千靈降瑞。凡修真之子，可不窮陰陽之祖哉。

水六　從五土加水一，得成數六，而生坤乙。

火七　又五土加火二，得成數七，而生震庚。

木八　又五土加木三，得成數八，而生兑丁。

金九　又五土加金四，得成數九，而生乾壬。

土十　又五土加土五，得成數十，而生坎戊。乃得八卦俱備，十干方全。混融而母懷子腹，子隱母胎，未能分別也。

《會真集·交互成十》 夫乾坤配偶，而生成數全，分陽降陰昇，浮沉顛倒，左旋右轉，上下連綿，五位相得，而各有合。一九成十，壬甲相見，乾偶於坤而生坎，坎藏甲乙。四六成十，乙癸同遷，坤配於乾而生兑，兑藏癸壬。

《會真集·交互成十》 又三七成十，庚丙相見，乾偶於坤而生震，震藏丙丁。二八成十，丁辛相見，坤配於乾而生離，離藏庚辛。

又離納己而得五，坎納戊而得十，共得一十五數。其數得天地之中數，其位得天地之中位，所以無配偶而自相合也。

四象生八卦　夫二儀生四象，四象之中，坎成數六，本卦存三，外有三數，而生乾，納壬不納癸，乾坤偶而癸納於坤。兑成數九，本卦存三，外有六數，而生坤，納乙不納甲，坤乾配合而甲納於乾。離成數七，本卦存三，外有四數，而生巽，納辛不納庚，震巽交而庚納於震。震成數八，本卦存三，外有五數，而生艮，納丙不納丁，艮兑交而丁納兑。是以明顛倒五行，定相推變化，遂分生成八卦，具形體，昭彰證。中男産老陽，是金向水中出。少女誕老

陰，是土從金裏生。惟木生於火，中女降巽辛。而土生於木，長男挺艮丙。以是知明乾坤剛柔動靜，述震巽鼓潤風雷，仍丙丁胥會隔角，明分泒飛伏移宮。生成數備，廼體更反復，魂變歸遊，隱顯還元，昇沉攝迹。已上八干神，爲之三換位。其有戊己無象而獨攝，四傍居位而亦無配偶。以己爲陰，納於中女離卦；以戊爲陽，納於中男坎卦。得十干方全，數成奇偶，顯一時造化，動靜合眞，足表觀天之道，執天之行盡矣。凡修真者，宜順考爻辭，明循卦體，奪上下陰陽昇降，窮生成消息往來。精專內巧之心，冥盡日新之變，得鼎中悔吝不生，至精氣降，金汞凝形，指日結神丹，其如視諸掌矣。

《會真集·干合八卦》 夫十干八卦者，體五行四象，變化生成。坼南北東西，還返互換。其間匡轄坎離門戶，樞紐乾坤鼎器，推陰陽交配，派二氣奔馳。一降一升，干神移位，二儀三合，卦象投宗。凡學道者，豈可不體天地之施化，驅日月而同宮哉？但一呼一吸，一周天也；一聚一散，性命定矣。《老子》云：玄牝之門，是謂天地之根者是也。謂陽符當行，則《坤》逐於《乾》，而出乎左；陰直持權，則《乾》隨於《坤》，而應乎右。來往綿綿，與卦象干合之理契矣。訣曰：因呼而成數七，《離》爲火，火中眞水下降；己合於甲，甲喜而上昇，飛入於神宮。以吸而成數六，《坎》爲水，水中眞火上昇；戊合於癸，癸忻然而下降於丹室。丁壬配合，復同於離己，乃山澤通氣，鳳舞烏飛。乙庚顧戀，又從於坎戊，乃風雷相薄，兔耀蟾輝。是以四象還歸金鼎，五行聚入玉鑪。顯丙辛，會乾坤，合體戊己，運十干歸元。聚則如握十指，散則各復歸於位矣。

《會真集·五行干合》 夫天地初分，陰陽析位，乃天分五氣，地列五行。五行定位，布政於四方；五氣分流，散之於十干。其干神移位，配偶相生，形象分著而各有合，派天元五氣而成眞五行也。凡修真者，當先窮干輪互換之機，次曉配合生成之象，此乃結括性命之本，造化大丹之基。謂基本立，則大道生矣。

甲己眞土　夫癸生東方甲乙木神，乃水生木。戊爲甲父，將中央陰土己配與甲爲妻，甲己合而成眞土。

乙庚眞金　夫己生西方庚辛金神，乃土生金。甲爲庚父，將東方陰木乙配與庚爲妻，乙庚合而成眞金。

丙辛眞水　夫乙生南方丙丁火神，乃木生火。庚爲丙父，將西方陰金辛配與丙爲妻，丙辛合而成眞水。

丁壬眞木　夫辛生北方壬癸水神，乃金生水。丙爲壬父，將南方陰火丁配與壬爲妻，丁壬合而成眞木。

戊癸眞火　夫丁生中央戊己土神，乃火生土。壬爲戊父，將北方陰水癸配與戊爲妻，戊癸合而成眞火。揭此爲用，周而復始。

《會真集·木金間隔》 夫學道者，究性命之本，窮造化之根，辨木金間隔之因，明水火抽添之理，達陰陽顯伏，曉魂魄浮沉。所謂木中隱金間隔者，蓋木爲陽魂，乃東方震卦爲體，震納庚爲坤卦之長男，是一陽二陰，乃爲陽魂，本合上昇，爲二陰伏一陽，而不能昇也。在人之五臟爲肝，沉於肺金之下。爲肝有庚金間隔，肝之眞性雖欲上浮，奈庚屬陰魄，能盜陽魂，使陽不得昇，所以沉於下也。若奪得玄機，運周天火符，千日無差，鍊盡肝中庚魄，肝還祖性，純而不雜，自然昇矣。泠然子云：請問肝中何物是金？對曰：肝生而入水即沉，爲沉者金也。木金相混，其色乃紫。紫者，金也，故沉而在下，遇火烹煎而熟，肝自浮而在上，其色變青，號曰還元。適其本性，乃得魂神凝靜，而不亂也。所謂金中隱木間隔者，蓋金藏陰魄，屬西方，兑卦爲體，本合沉而反浮者，何也？緣兑爲乾之少女，一陰二陽也。爲一陰不能伏二陽，故浮而在上也。兑乃庚金，乙與庚合，婦從夫室，而金爲主。金者屬肺，被乙木浮，而金在水之上也。若奪得周天火候，烹鍊千日無差，鍊盡肺中之木，乃得不雜而顯其金之本體，自然沉而下也。泠然子曰：請問肺中何物是木？對曰：肺生而色紅，白者木也。故入水而浮，若遇火烹而熟，肺自沉而在下，其色變紫，得返其本性之眞，魄安而壽命延矣。

《會真集·金木入火辨賔主》 夫金木相混，遇火則體性還元，要木中去金，金中去木。既二物同鍊，何木中獨去其金而存其木，金中獨去其木而存其金乎？蓋謂木中去金者，爲木有本像而爲主，金隱木中，金色浮而爲客。遇火烹之，則先去其客，而存其主也。金中去木者，爲金有剛體而爲主，木在金中，木性柔而爲客，遇火烹之，則主在而客去矣。凡修眞之士，當明金木鍛鍊之因，究賔主存亡之理，憑火候加減無差，鉛汞抽添依數，自不日而丹成矣。平叔注曰：養丹無火，似抱胎母死，久而無功，徒勞役也。與金木得火而後辯者，理何異哉？

《會真集·水火既濟未濟》 夫水火之性，遞相含孕。水中有火，火中有

水。所謂水中有火者，何也？　蓋水屬北方《坎》卦，乃陰中抱陽，謂水能照物者，即眞火也。水於人五臟爲腎，腎藏精，精爲火也。謂火中有水者，何也？　蓋火屬南方《離》卦，乃陽中抱陰也。謂火中心黑者，即眞水也。火於人五臟爲心，心主血，血爲水也。《易》曰：　水在火上，既濟；　火在水上，未濟。平叔注曰：　水中三火聚，火内水煎烹。凡修眞者，憑法象調和陰陽，鈐鍵契之潛化，令水火昇降合既，未抽添，自然鼎内鉛汞凝結，而得丹成，則金光滿室矣。

《大丹直指・三田返復金液還丹訣義》　華陽子曰：　前件龍虎交媾、周天、火候、肘後飛金精，單行是安樂延年三二百歲，盡不出五行顚倒，循環生成傳送之功用，功不差收鍊一氣而已。此金液還丹，不止補腦益髓，而抽鉛添汞，漸有還童之功，腦實髓滿。用法制之，神水自上腭而下，清涼甘爽，復自肺間，下入黄庭，號曰金液還丹。一如壓丹之虛陽二氣，以變丹砂爲金，而曰金丹。金丹一粒，自可長生，與天地齊久，故曰中成。入不下前功，直要金液還丹，不用法取之，神水不降，縱或致功，强令頂水下降，並無甘美之味，令人腦虛疾多，與人無益。

《大丹直指・行功應驗》　初時漸覺丹田、黄庭有物和暖，眞氣上行，耳聞風雨之聲，漸漸頂内有箏箏金玉之音。腮門内謂之天池，有金液沸滚如涼泉降下，或流面上，或流上腦，或如珠露之狀，或從上腭入口，其味甘美，久則頂内如笙簧琴瑟絲竹之音，又如鶴唳猿啼蟬磬之聲，諸般自然之韵，無所比擬。但初行時，夢中聞霹靂之聲，是眞氣衝開頂陽骨以通九宮，神初入室中宮，乍超向上，須自驚恐。閉目自坐之際，或時一大物驚跳起，開目卻無，是陽神未壯，切勿驚懼。著念久而神壯自無，隱顯莫測，變化無窮，將來自知。凡見聞，皆不著相，但聽其自然，若著相，即是幻也。

眞人曰：　瓊漿醞就從天降，靈藥生成任海枯。飲酒須教一百杯，東遊西泛自梯媒。從來神水出高源，奔出黄庭頃刻間。

眞人曰：　金液還丹變爲金，其中純陽氣生，是爲氣中有氣，已是陸地神仙，可與天地同其壽算。古今上眞，再舉丹中純陽之氣，升入四肢，號曰太陽。鍊形化氣，自然形神俱妙，隨五氣而换骨易容，自耐寒暑。昔日衰朽之姿，鍊之端正；　昔日枯槁之形，鍊之紅潤，何止返老還童而又身輕骨健！乘風而舉，跨霧而行，號曰南宫飛仙，塵中羽客，雖未棄殻升仙而已。升騰自在，當爲地仙之上品，神仙之下流，皆因丹田五氣鍊形，外遍四肢是也。鍊形之功，不爲小矣。

眞人曰：　五馬不調金水伏，一龍常駕火雲飛。天下都遊半日功，不消跨鳳與騎龍。五氣不調丹已就，一陽外遍火輕飛。

《金丹大要・金丹妙用章》　《金碧》、《古文》丹術，著明莫大乎金火。金火者，真鉛也。又云：　元君始鍊汞，神室含洞虛。玄白生金公，巍巍建始初。又云：　神室用施行，金丹然後成。伯陽真人曰：　金來歸性初，乃得稱還丹。上陽子曰：　金者，非云金也，指鉛以爲金也。鉛乃金銀之祖，故總題爲金。蓋非世上金寶之金，非從凡間土石中出者。此金乃先天之祖氣，卻生於後天。大修行人，擬太極未分之前，體而求之，即造真際。是以高仙上聖，於後天地已有形質之中，而求先天地未生之氣，乃以此氣鍊成純陽，故名曰丹。夫純陽者，乾也。純陰，坤也。陰中陽者，坎也。陽中陰者，離也。喻人之身，亦如離卦。卻向坎心取出陽爻，而實離中之陰，則成乾卦，故曰純陽；以其坎中心爻屬金，故曰金丹。須求先天未形者是。若後天地已有形者，人也，物也，非金丹也。然又非金、非鉛、非銀，乃其氣也。我師緣督子所以云：　先天一氣，自虛無中來者，此也。《黄庭經》云：　迴紫抱黄入丹田，幽室内明照陽門。又云：　呼吸元氣以求仙。魏師吕先天大學書曰：　聖人能返一氣而歸根復命，與元神道合，生生無窮，總括萬象，謂之得一，强名曰丹。非法術也，是乾道變化，陰陽不測，太極無上至真之妙，包含性命之宗，謂之金液歸真、形神俱妙之道。至簡至易，一得永得。得其口訣，雖至愚小人，立躋聖位。要之，所謂神仙者，以能殺陰而迴陽，抱神以致仙也。丹陽翁曰：　性定則情忘，體虛則氣運，心死則神活，陽盛則陰消。大修行人，既得真師盟授，趁早分去身中之陰，而歸至真之陽也。瑩蟾子曰：　一切常人，分陽未盡則不死；　大修行人，分陰未盡則不仙。蓋念慮絶則陰消，幻緣空則陽長。故陰盡陽純，則金丹藥熟，丹熟則飛神仙境，此謂之神仙矣。

《金丹大要・藥物妙用章》　黄帝曰：　人，萬物之盜。又曰：　日月有度，大小有數，聖功生焉，神明出焉。《金碧經》曰：　鍊銀於鉛，神物自生。《參同契》曰：　同類易施功，非類難爲巧。丹陽祖師曰：　神氣是性命，性命是龍虎，龍虎是鉛汞，鉛汞是水火，水火是嬰姹，嬰姹是真陰真陽。紫陽翁曰：　嚥津納氣是人行，有藥方能造化生。鼎内若無真種子，猶將水火煑空

鑐。又云：要知産藥川源處，只在西南是本鄉。上陽子曰：從古到今，上聖列仙留下丹經，不肯明示藥物一件。其間所指金、木、水、火、鉛、汞、砂、銀，此皆譬喻。而凡俗直以煅鍊爲事，卻將凡鉛、水銀、砂、硫爲其藥物，以盲引盲，可勝憐憫！吾今分明與世泄露。夫藥物者，須知此藥從物中出，非凡世金、石、草、木之類，亦非有形、有質之數，卻又在有形之中而得。似金非世金，似水非凡水。亦有內藥，亦有外藥。夫外藥者，坎中求先天真一之水，水中取先天未擾之鉛，鉛中採先天太一之氣，此氣即黑中之白，陰中之陽也。《悟真篇》云：取將坎位中心實者是也。蓋真一之水，即真一之精氣。此氣爲天地之母，陰陽之根，水火之本，日月之宗，萬物之祖。《契秘圖》曰：坎爲水，爲月，在人爲腎。腎藏生精，精中有正陽之氣，炎升于上，精陰氣陽，故鉛柔而銀剛。虎性屬金，而金能生水，顛倒取之，母隱子胎，故虎向水中生。虎乃配鉛，是謂陰中之陽也。此上宮外藥者也。夫內藥者，離中求先天真一之液，液中行先天久積之砂，砂中運先天至真之汞，此汞即白中之黑，陽中之陰也。《悟真篇》云：點化離宮腹裏陰是也。《契秘圖》曰：離爲火爲日，在人爲心，心藏生血，血中有真一之液，流降于下，血陽液陰，故砂陽而汞陰。龍性屬木，而木能生火，顛倒取之，母隱子胎，故龍從火裏出也。龍亦配汞，是謂陽中之陰也。此止言內藥者也。瑩蟾子曰：大凡學道，必先從外藥起，然後及內藥。高上之士，夙植德本，生而知之，故不鍊外藥，便修內藥也。內藥者，無爲而無不爲也；外藥者，有爲而有以爲也。內藥則無形、無質而實有；外藥則有體、有用，而實無。外藥者，色身上事；內藥者，法身上事。外藥是地仙之道，內藥是天仙之道。外藥了命，內藥了性。夫惟道屬陰陽，所以藥有內外。無名子曰：離外陽而內陰，坎外陰而內陽，以內陽點內陰，即成乾卦。喻如金丹，是至陽之氣，結在陰海之中，取來點己之陰汞，即爲化純陽之身矣。上陽子：羞不得兩片皮，説又説不厭，煩留丹訣令，後來皆通徹。海蟾翁《金丹歌》：若要超凡入聖處，無出陰陽二品丹。陽丹須得先天寶，中有五色包至道。陰丹須認先天氣，常以性根護命蒂。陽丹者，即外丹也，即外藥也。造化在二八爐中，不要半箇時辰而生，立得成就。此即先天地真一之氣，號曰真鉛，又曰華池、神水、真金。故真一子曰：未有天地混沌之前，真鉛得一，以先形而漸生天地、陰陽、五行、萬物也。大修行人採此真鉛歸于懸胎鼎內，點汞入室，是謂外丹也。陰丹者，即內丹也，即內藥也。大修行人既得外丹入鼎，卻行陰陽符火、運用抽添以温養之。丹陽祖師云：心液下降，腎氣上昇，至于黄房，氤氳不散，則丹聚矣。《悟真篇》云：謾守藥爐看火候，但看神息任天然。神息者，即莊子云：真人之息以踵。即廣成子云：丹竈河車休矻矻，鶴胎龜息自綿綿。此龜息、踵息、神息名雖殊而用之則一。此即謂之真火，以爲內藥也。餌丹之後，非真火無以育聖胎，是以坐看神息。夫天一生水，在人曰精；地二生火，在人曰神。人之精神，營衛一身。運陰陽，合呼吸，以呼吸用神氣，以神氣取水火，以水火鍊胎息，胎息綿綿，游泳坎離，坎離交感而生金液，金液還而丹成也。

《金丹大要・鼎器妙用章》

《陰符經》曰：爰有奇器，是生萬象。太上曰：當其無，有器之用。《龍虎上經》：圓中高起，狀似蓬壺，關閉微密，神運其中，爐竈取象。《黄庭經》云：出入二竅合黄庭，呼吸虛無見吾形。伯陽真人云：此兩孔穴法，金氣亦相胥。紫陽真人云：先把乾坤爲鼎器，次搏烏兔藥來烹。上陽子曰：鼎器之名，非但一説。匪遇聖師，難可擬議。曰乾坤鼎器、曰坎離匡郭、曰玄關一竅、曰太一神爐、曰神室黄房、曰混元丹鼎、曰陽爐、曰陰鼎、曰玉爐、曰金鼎、曰偃月爐、曰懸胎鼎、曰二八爐、曰朱砂鼎、曰上下釜、曰內外鼎、曰黄金室、曰威光鼎、曰東陽造化爐，名雖多而所用亦別。且如內鼎、外鼎之説，內鼎者，即下丹田，在臍之下三寸，一曰臍後腎前，一曰前對臍後對腎，一曰臍之下腎之上。凡此説者，猶暗中而射垛也。有道之士，只要認取下丹田之極處爲準。蓋下丹田是神氣歸藏之府，方圓四寸，一名太中極。太中極者，言當一身上下四向之中，故曰太中極也。大海者，以貯人一身之血氣，故曰大海。《悟真篇》云：真精既返黄金室，一顆明珠永不移。李清庵云：乾宫交媾罷，一點落黄庭。即此內鼎，神室也。外鼎者，亦名谷神，亦名神器，亦名玄關，亦名玄牝之門，亦名衆妙之門，亦曰有無妙竅。凡此數者，猶聾人而聽管籥也。有道之士，只要認其經營採取之所。紫陽真人云：要得谷神長不死，須憑玄牝立根基。葉文叔註：以玄牝爲兩腎中間，混元一穴。無名子題曰：誤矣。殊不知，玄牝乃二物也。若無此二物，安能有萬物哉？故內外二丹，從此而得。聖人秘之，號偃月爐、懸胎鼎也。《參同契・鼎器歌》：圓三五，寸一分，口四八，兩寸唇，長尺二，厚薄匀，腰臍三，坐垂温，陰在上，陽下奔，首尾武，中間文，始七十，終三旬，二百六，善調均，陰火白，黄芽鉛，兩七聚，輔翼人。《悟真篇》首云周圍一

尺五寸，中虛五寸，長一尺二寸，狀似蓬壺；　亦如人之身形，分三層，應三才。爐面周圍一尺二寸，明心橫有一尺，立唇環匝二寸，唇厚二寸，爐口偃開，鍋釜如仰月狀張，隨號爲偃月爐。此上言外爐也。仙師之意，借物爲喻，使後來人易於領悟。只如圓三五寸一分，此非真師詳誨，豈有自知！況其下文多少深意，如葉文叔自叙，丹丘有遇，了然明白。豈謂玄牝之説，不得師傳，忘意紬度，果何益哉？後之學人，既蒙師授，當明大要，不可尋文而泥象也。又詳陰爐陽鼎之説：偃月爐者，陰爐也。中有玉蘂之陽氣，即虎之弦氣也。何謂偃月，蓋此爐之口，偃仰之間，如偃月之狀，陰海是也。先天自然真一之火月生日長於其中，是曰陰爐也。朱砂鼎者，陽鼎也。中有水銀之陰氣，即龍之弦氣也。號曰懸胎，以其不著於地，如懸於竈中。此鼎入爐八寸，身腹通直，是曰陽鼎也。似此之類，皆不可泥文，切須尋其義也。

《金丹大要·天地之大》　弟子復進曰：敢問天地？上陽子曰：天地之大，莫可得而論也。故莊周曰：六合之外，聖人存而不論也；六合之内，聖人論而不議也。且我而爲天地中之一物，猶大海之一滴也，惡得而論天地。弟子曰：傳云，有真人而後有真知，請因所聞而聞所不聞之聞也。上陽子曰：無已，則我借言之，汝亦妄聽之。夫天地，一大身也，天地之未始有始之始也。一氣蟠積，溟溟涬涬，窈冥莫測，氤氳活動，含靈至妙，是爲大一，是爲未始之始始也，是爲道也，故曰無始。夫天地之有始也，一氣動盪，虛無開合，雌雄感召，黑白交凝，有無相射，混混沌沌，沖虛至聖，包元含靈，神明變化，恍惚立極，是爲太易，是爲有始之始始也，是謂道生一也，是曰元始。天，天地之太極也，一氣斯析，真宰自判，交映羅列，萬靈肅護，陰陽剖分，是爲太極，是爲一生二也，是曰虛皇。陰陽既判，天地位焉，人乃育焉，是爲二生三也，是曰混元。陰之清者，升上而煥麗也，則日月星辰布焉，故天左運，三光右旋。陽之清者，騰上而會于陽也，故風雲動而雷雨作焉；陽之濁者，重滯而就地也，則海嶽奠峙而五穀草木昌焉，故巖岫出雲，山澤通氣。陰陽之氣閉而不通也，則雪霜結而凍冰焉；陰之濁者，積沍而下凝也，穴巖幽藏而深邃，故五金八石以錯雜焉。天地之中，陰陽正氣之所交也，聖人焉、仙佛焉、庶民焉、賢愚壽夭，寔所殽焉，胎卵濕化無有息焉，是爲六合也，是爲三生萬物也，是爲萬神聽命也。子來前，予語汝：有道之士就中取則也。蓋九天之上，鉛汞已乾，九地之下，重陰積固，唯中也，是有道焉，是爲一小天地也。子不聞之，天地之外有大天地焉？子又不聞之，佛祖之法言也，其言曰：何物高於天？生天者是。何物厚於地？育地者是。何物寬於虛空？包虛空者是。夫以是知天地之外，復有大天地也。子抑知之乎？今之天地屬大天地之中之一物耳！即如人是今天地中之一物也，即如道乃人身中之一物也。是故人身又一小天地也，子抑知之乎？其大天地也，且孰爲其大？汝來，吾今直以語于汝：是道也，能以之大而且久也，故有生而無終窮，有結凝而不散，是以包乎天地之外，而且不自知其爲大。夫惟不自大，故能就其大。

《金丹大要·金液還丹》　弟子再拜以進曰：金丹之謂也，是先天地之道。弟子謹受教矣。弟子不揆短末，念此有生，斯世也，未有若是之愚也。弟子嘗試而有爲也，人莫我若也；嘗試而有以也，人莫我其多也。每讀書也，人以我爲浩有；每學《易》也，人以我爲粗通。弟子而今也乃知所未至者也，若鼠之飲于河也，故未能測其深而乃妄云知其源。因承師訓，惘然如失，豈唯見之未見，實未試聞而未之聞也。願垂慈憫，指示金丹。上陽子曰：道也，唯金丹之祕六耳！不可言坐，立不可談，飲食不可見，非齋沐不可得而聞也。弟子各敬而退，一之日沐，二之日戒，三之日齋，齋肅而進。稽顙言曰：弟子宿生慶幸，遭際真師，實以愚迷，恐墮生死，一失人身，同於朽腐，謹受教矣，敢問金丹。上陽子曰：道也，唯金丹之所難言，不可得而易聞也。曰：何謂也？曰：子不聞佛之爲説乎？佛之言曰，若説是事，諸天及人皆當驚疑。來，吾語汝也：且夫士有賢愚，人有明闇。若説是事或驚或疑，此則有之。是無他也，爲其根器淺薄，智識昏陋，是以然也。云何諸天亦復驚疑？則當於此究竟審問，須要知其必有可驚可疑之事者也。爲他一切人孰肯於驚疑二字上以索之。我緣督子作《仙佛同源》，每章曉以驚疑之説，使學者深思其旨也。子抑聞之庚桑者乎？陳人有庚桒楚者，自號亢倉子，得老子之道，著書九篇，居畏壘之山。其臣之畫然知者去之，其妾之絜然仁者遠之，擁腫之與居，鞅掌之爲使。南榮趎聞其有道也，往而師焉。楚曰：奔蜂不能化藿蠋，越雞不能伏鵠卵，其才有巨小也。吾才小不足以化子，子胡不南見老子！趎因楚見老子。老子曰：子何與人偕來之衆也？趎瞿然顧其後，俯而慙曰：今者吾忘吾答，因失吾問。老子曰：何謂也？趎曰：不知乎人謂我朱愚，知乎反愁我軀；不仁則害人，仁則反愁我身；

不義則傷被，義則反愁我已。我安逃此而可乎？ 老子曰： 若規規然若喪父母，揭竿而求諸海乎？ 朱願聞衛生之經。 老子授以至人之說。 趎勤修之，是對曰： 洞靈真人。 子乃不聞之六清淨乎？ 道也者，非六清淨不可得而易聞也。 弟子悚而退，一之日不染諸塵，得身清淨； 二之日慎內閉外，得口清淨； 三之日不貪諸色，得眼清淨； 四之日不著於聲，得耳清淨； 五之日香臭自分，得鼻清淨； 六之日不起妄想，得意清淨。 七之日焚百寶香，叩首而言： 弟子今而清淨已，敢問金丹。 曰： 爾惟六識，得而清淨，外有二識，安能清淨？ 曰： 何云二識？ 曰： 含藏、傳送，此二識也。 非容易知，況欲其清淨者乎！ 且金丹之道，天之所禁。 若欲聞者，奉誓盟天，登壇歃丹，非庇爾而可言，非一汝心而莫可聽也。 弟子乃率卜吉，裂帛書丹，盟天告地，齊金爲信，盡有爲誠。 心無所澄而清，志無所撓而一。 頓首跪而進曰： 弟子幻身，罔知所措。 光陰迅奔，生死是懼。 伏惟金丹之道可以不死，可以長生。 喘息已殘，願垂矜憫，敢問金丹。 上陽子曰： 而獨不聞之廣成子乎？ 廣成子千二百歲而形未嘗衰，其抱一守和之至也。 其非金丹之道也，安能若是其久乎？ 而又不聞之廣成子乎？ 廣成子曰： 至道之清，窈窈冥冥，至道之極，昏昏默默。 無視無聽，抱神以靜，形將自正； 必靜必清，無勞汝形，無搖汝精，乃可以長生。 上陽子曰： 金丹者，即金液大還丹也。 以金而就木液，故謂之還； 以金木養煉而成，故謂之丹。 何謂金？ 蓋金者，鉛也，而非世間之凡鉛，非從土石中出者。 是鉛也，隱於造化窟中，乃從先天地而生。 此鉛既生之後，日夜增長，至二八一斤之數，是云足也。 故於後天地而存者也，是以非內、非外，而又亦內、亦外，是假名之曰內外二丹也。 又經云： 上藥三品，神與氣精。 一切學人將此經語直以爲身中之物，乃運氣般精以爲養神，謂之修行，非也。 此精也者，非交感之精，乃金精也； 此氣也者，非呼吸之氣，是鉛之氣也； 此神也者，非思慮之神，乃金剛之神也。 發明到此，方信所謂諸天及人皆當驚疑者也，方知下士大笑之說者也。 是故上士聞而動行者也。 弟子敬喜，頓首問曰： 既云金即鉛，卻云非凡鉛也； 既引經言精氣神，又云非身中之物。 弟子以幸聞而喜，因聞所未聞而驚者也。 願始終開導，以釋下懷。 上陽子曰： 夫天一生水，是爲氣也。 水居北，正北爲坎位，坎中有鉛，故曰非凡鉛，乃真鉛也，是謂鉛之氣也，故曰非呼吸之氣也。 何謂金精？ 夫地四生金，金本居西，西乃兑之正位，取金當於正西兑位是也。 大脩行人顛倒取之，蓋先天地之金乃寄胎于子，子正位爲坎，故於坎中取此金也，是曰金精，是云逆而取之也。 坎中之金，乃兑位所寄，乾乃坎兑之中也，故曰乾金。 大脩行人取此乾金，歸於黃金室內，運調真火，鍊以成丹，故曰金丹也。

《谷神篇・理一真篇》 道之無名，因一而立。 物之無形，因一而生。 道區率性之源，一繩繫命之蒂。 樂道而忘一者，得其常名； 守一而行道者，抱其淑質。 故一爲萬數之始，一爲萬物之兆，一爲萬字之母。 是故道一具載，體用兼明。 一爲體，而道爲用。 性無生，而命有生。 《易》曰： 乾爲天矣，坤爲地矣，谷爲澤矣，物爲形矣。 《道經》卻曰： 天得一以清，地得一以寧，谷得一以盈，萬物得一以生。 人亦物也，得一則生，失一則死，不可一日而無一也。 是知天之一，地之一，谷之一，三者反復升降相生，互爲終始。 物雖有一，自捨而不自得。 古者伏羲氏始畫八卦，首書一畫，爲乾，則曰剛健不已，必有窮。 終復書一畫，配之於是，則兩乾成坤。 或曰折乾柔而爲坤，使剛柔相得，動靜相安，然後有定。 乾坤秦籥而成坎離。 坎離者，乾坤之男女也。 坎離下變而生兑艮。 兑艮者，坎離之男女也。 男女交會而成夫婦，夫婦孕育而爲父母，父母再考而爲翁婆。 此先天後天反復相生之義備矣。 治身者資一藝一術以贍其身，修命者抱一陰一陽以全其神，克家者歸一妻一妾以安其室。 此皆謂之得一，故能身心有定。 老子抱一談《道德》五千言，道要神功德符，陰隱德之《易傳》者，顔淵三月不違仁。 仁者，義也，德也，可以傳其德。 道之難傳者，《洪範・五福一》曰： 富富者，財也，福也，可以受其道。 人生天地間，有守仁成德，守富成福，天賦不等也。 財囑卜而占，乃靈； 義聽訟而獄，糜決。 然則道不貴師，德不貴資。 安得義學之事，有成全而勝財學之也？ 故難得之物必固執，易聞之事終退怠。 瘞幣以祀社稷，與貢賦同； 私設以藏鬼神，與受賂同。 古云： 道不虛傳世情，猶其方士求術而不得者，極則潛匿某書，或竊比其樣乃已。 訪師問道至於終身不傳者，決無象可猜，但自尤亦何怨。 或曰： 道非不傳，亦非必用財傳，雖謙尊君子聞道或侮也。 仙分多派，正恐世絶此道，苟得人而傳之，是以道累人，況鬻書者，不敢附其文； 誣金者，不可寄其物也。 向者，吏輩速於達道，妓媵多曾得仙，故其識寵辱，明巧拙，善聞而忽悟，設欺而不罔也。 今也，世俗之學，忘本以逐末，失道而修德，以萬爲物數之至貴，以一爲物數之至賤。 聞無則訒，聞有則哂，道

爲一之蒙庇，一爲道之諱忌。世多學士哄稱抱一、守一、了一、得一，虛名端的承當此一不起。正如見方不重藥也。所以一者，不易於形言，言之不足，詠歌之不足，嗟歎之不足也。學道失此一之體用，正所謂千金易得，點水難消。古之得道者，是得一也，其身能修上乘大成之道者，游同玄域，入衆妙門，修其太玄之一，廣布天罡正炁，混元符水以濟世死。或謂：將有餘而補不足；或曰：諷和汞鉛，兩國無傷。獨愚夫愚婦，敗道亂眞，則妄相殘賊；孝子失其道，割股以救父母，遂致父子俱斃。焉知有一之不可獻耶？經云：道法三千六百門，得其一者萬事畢。故一乃玄關之總鑰，覺刹之都燈，無關鍵而不開，無幽遠而不照。轅素手探玄，中年悟道，痛思鑽刺多難，僥倖得於四方，非勉力而不知，非有失而不悟，謹録以爲普度。

《谷神篇·靜功虛名論》 學道有五得仙。次第考之曰：夫欲修命者，保見存以身爲丹房，氣爲鉛汞，隨陽功之動作，外兼藥餌，治身無病，號曰人仙。矧以玉符保神，抱重厚純粹之質，得象而忘言，在世長年，號爲地仙。徒垣以踈，交戚晦跡，以免徵呼，復以金液鍊形，使形神俱妙，得爲神仙。潛蘊造化樞機，天道歸之，若抱大患，玄科禁戒，復以言動爲忘，而務廣修仁德，暗積功行，坐待氣足神完，超清輕沖和之體，以返洞天，位證天仙。以上四者既分，品格適從修命之漸，故其理之果必。夫修性者，信其無，以氣爲主，人身爲客，寄抱陰氣以守靜，屏萬緣，息百念，雖飲啄不足累其心。四大屍位，五臟匏繫，習衍坐功，身無宿病，不覺勞苦。用工有效，漸至靜定，子精無漏，則性水俱澄。內觀無心，外觀無形，遠觀無物，將入眞靜。陽魂漸消，陰魄漸勝，魄之精，性之水，咸若光明，靜定而能忘，乃曰入定。惟覺身在光中，惚則無身，性恣開朗，是謂得性。心純而博易，中虛而言應淵兮，預知人事吉兇悔吝，察往知來。本身有患，卻不自知覺，或者陰脱神恐，恐則群魔隊仗；勉力智昏，昏則蛇虎滿前。若非有故，則陰靈附其性，虛邪入其體，鬼神趨其役，則亦服其勞。靜功之驗比之抱一者。亦曰人能常清靜，天地悉皆歸，陰精旺則屍魔旺，似不自防，墮深溺浚，皆能自出。世所謂道高一尺，魔高一丈是也。或者棄身則敢以履險，空想則不覺飢寒，悍氣則飽食無糞，忘形則不知痛癢，屍厥則自伐無傷，神妖則臨刑刃壞，息遯則煙爨不干，性滅則全拋眠睡。已上種種利益，皆出於拚命捨死，無有恐怖，皆徒以駭觀惑耳。去道尤遠，謂之暫假因緣，終不免於就死。至於靜極而忽動，不由主客而由賊邪，動則莫能自禁，發泄而形，言歌詞章顯科教，彰形化俗，棄有著空，或謗眞風，是其失心所在。好勝之心猶存，非道使然。雖名得道，實無所得。人生天地間，抱萬古金天，一泓神水，胚胎男女俱足。故性定則水澄，澄則照物。窪水清清，即生魚鱉。山有泉則有神，涵則作妖魅。俗聞妖術者，人人家照其碗中之水，尚可作盜竊，況陰符性水也。修行人得入空定境界，夙有靈骨，一心不昧，自悟迴光返照，復命歸根，緘口以祀鼇，瞑目以過橋。或可以移神上達，出屍入殼，去來無礙，眞得鬼仙之道，實證空王之果，萬中有一，亦爲難事。雖曰了矣，無米粥濟飢，可否？其或逐物意移，異端並起，以澄照化機鬼，擘口語認爲己能，則恨矣。苟患失之，禍將至矣。孰謂没齒無怨言？嗚呼，惜哉！天之道常善護物，故無棄物；鬼神無常情，道敗則失之。或曰鬼道易邪，況復爲災也。常思鬼仙之成道也，既不得游神於清輕，又不能留形於重厚，其居幽冥渺貌間，意獨何似觀天地萬物之作？先陰而後陽，從無而生有；先虛而後實，捨妄而求眞；先鬼而後神，偃武而修文；先功而後巧，及粗而致精。物其有也，則日漸損廢壞拆貧散，以至毁滅，復歸於無形。人與物俱隨氣運之流行，躁勝寒，靜勝熱，弱勝强，思勝恐。天之道，陰常勝陽。人之道，靜常勝動。人稟陰質太重，故言三魂七魄。修仙道常自吉，修鬼道常自兇。易體之變，亦曰與鬼神合其吉兇。然世事文理，亦是百件虛而一件實。守動亦是道，動極致靜，靜則神凝；守靜亦是道，靜極復動，動則氣散。伏雌抱卵，以水沃而試之，浮而動者有生，靜而仆者無生。無生是無神，此曉然之理也。聖人觀復以傷物壞，嘆曰：莫若無物，使不見其壞也。卜筮書曰，天、地、年、月、日、時，各有空亡，而況於人乎？常人死，喪不過三年。其于醫、巫、卜、聖，忠臣、義士、立功勳、利濟而留名者，有實行，恩及後世，則國人稱之。故名在靈在，其享則有祀。雖忠靖義勇，靈著陰部，其餘慕清高狂簡而祠名者，皆虛名，在官則同禄，殁亡亦同俗，有祀而無享，死喪歸無常，與孤陰守靜者何異？

《啟眞集·眞心章》 紫陽眞人謂眞心者，左爲性之宗，日之魂；右爲命之祖，月之魄；中有谷神所居，一身之帝室，實還丹樞要，入道根宗，純陽謂飲海龜是也，廼修眞必用之所。儻此外鍊眞，則無鼎無歸，如造食無器，雖用力多而功效寡。此心非六塵緣影，非肉團大心，雖無形而扣之即應，迺神氣之所，心外之眞心。識此心者，爲見性也。紫陽謂大心必敗，小心必勝者，

知其然。苟能身反在心，三昧正受，隨日隨時，神意久守而不動性，鍊則靈，靈凝健體，千變萬化，如鑑能應能靜，燭物無方，復元一物留滯。當坐臥住行，語默動靜間，安若泰華，淨如虛空，寬綽綽，圓陀陀，無物可觸，無幽不明，是了出而得眞心之用。不識此心，見此性者，是謂盲修瞎鍊，枯坐灰心，至皓首而難成。矧學而不遇，遇而不行，行而不勤者哉！彼有固必妄言，不出戶庭而得妙道者，何謬之甚耶！

《啓真集·天中天章》 河上公謂玄之又玄者，明天中復有天也。非神氣混合殢昏，而定見日月，參羅萬象，風雨雷電崢嶸之天。此境爲不能制伏神氣，隨緣妄想而現，廼兩重之幻境也。惟此一天者，上有生門，下有死戶，廼身內玄牝一所，非心腎穀道也，非膀胱丹田也，是日月相合之宮，陰陽齊會之所。囊彼虛無，根乎神氣，亦無蹊徑，亦無邊傍，其小無內，其大無外，近括方寸，遠包八荒。九轉功於此則藥就，三性并於此則丹凝。厥有白雪、黄芽、華池，神水，結胎、脫體俱在此矣。仍會九宮、八卦，攢四象五行，聚結汞鉛，斡旋支干，亦在此矣。眞謂玄造長春不夜之天，號神通大光明藏，虛無至清淨方。此天受用，咫尺成眞，如觀諸掌而易得，然則被重陰久蔽，幪覆彌深，不可作聽揣度而開之，不可執文泥象而闢之，須心法動作，道力堅壯，克荷付囑之重者，廓眞智而得之。昔丹陽眞人云：執持三要淨靈臺，霧鎖煙籠竟不開。再遇重陽師指教，清風吹出月明來。以是知必心傳而可大受，不可小知也。設或不耳，得丹凝胎，結成長生之體，具六通神力者，未之有也。

《啓真集·忘形養氣章》 夫人者，三才鍾秀，四大成形。執我而有痛有癢，欲富欲榮，居則求安，食則求飽，日常保愛，羈縻反墮。育元養素，灼見其氣，須忘形而可養。昔長春眞人謂：終須捨身拼命，更惜頭護面幾時休，豈非忘形之用？又云：心如山不動，氣似海常潮。豈非養氣之機？丹陽眞人謂：體虛則氣運。議不誣矣。抑又聞《陰符訣》曰：凡修身之子，死其心，抱其一，貪其氣，運其精，灼知身中之氣不可散。學者當黜聰墮體，形爲槁木，天門大啟，地戶牢扃，正念現前，萬慮悉泯，呼吸綿綿，若存若亡，收拾沖和，開龍虎之穴，相接太乙元宮眞氣，使晝夜陰陽昇降不已，水火抽添加減無差，以致鉛鼎溫溫而不斷，培眞火不越三關百端。謂溫溫不斷，身處上蒼者，豈虛語哉！蓋氣海淨，而邪不干。常如鷄抱卵，似鹿養茸，永護一氣以歸根，證得保命長生之道。昔跨鯉入水，跨鯉出水者，豈非忘形而得之邪？

《啓真集·忘氣養神章》 謂人之修進者，理得中正，火不有燥，水不有濫，二者依度而調勻。一氣伏鑪而不走，成金液還返以凝眞。何可固執而不忘？設或不忘，則猶川既濟而舟不捨，難超彼岸。病既愈而藥服不止，反傷正氣。平叔謂：用鉛不得用凡鉛，用了眞鉛也棄捐。此是用鉛眞妙訣，用鉛不用是誠言。以是知功切養神，則須澄湛而忘其氣。既心不生用，則理不死神。其不死之神，非心意念慮之神，廼與天地同根，萬物同體。以機養之而似體如無，使日月相照，內發天光，狀若珠明，象同月體照耀，內視晝夜分明，變成神通寶藏。如是則神薦神而神靈，如鶴馭風而不測出入。莫認此以爲神奇，當復按養虛谷中，如山鎮而不動，倏爾一日化生有身，放去收來而由己，可謂養神之道足矣！豈不聞張眞人《解佩令》云：陽神離體，冥冥杳杳，刹那間遊徧三島。出入純熟按捺住，別尋玄妙。合眞空，太虛是了。誠哉！是言也。

《啓真集·忘神養虛章》 夫得法鍊神者，神守玄宮而純粹，未能融空而變遷。必也忘此神而養其虛，由是不住無爲，不盡有爲。前不接已滅之滅，後不起未動之動。於斯斷續之際，寂爾無思，心正住之時，勘破萬法皆空，諸相非實，一一妄緣，當體消亡，諸漏自盡。亦無所住之住，又無所念之念，冥然而似用不用，泊然而以虛融虛，其虛無之體豁爾無凝。設不達始終引養之變者，或養之於上，反炙其眼目，紅暈其臉，失鍊赤心；或養之於下者，汩沒丹田，徒活計於穀道；或養之於外者，迷頭認影耗散金沙；或養之於內者，修飾腹心神妙，束而不普。於是各執其一，而遞成虛妄。橫計競是此、是彼、是得、是失，而不能自出，未足與議也。惟莫上要妙一着，在了養氣神而得內視。內覺身心空，外覺萬物空。凡事見聞覺知，當體不顧，得至清淨而大明了，廼覿面認得，當處安心而純熟。漸融太虛，表自己一天，內抱日月之明，外混虛空之界，不假預置心於太虛，而自得與太虛一體，更無秋毫許障礙，亦無微塵許染着。其內外上下不分作相，但凝然靜定，寂然不動功夫，純粹，打成一片。此際，天也非天，地也非地，亦不知己之所在。聚則成形，散即爲氣，惺惺灑灑，卓然獨立，可謂打破虛空爲了當。然則言不盡意，意不盡言，夐出言意之表，教外別傳，並不在筆陣之下。

《諸真內丹集要·青霞真人內用祕文》 僕自幼學道，弱冠棄家，歷遍江湖，求師問友。得先師張悟真以來諸先生詩詞、丹經、傳記。熟讀精思，尋文

求義，又遍參道友術士，窮歷名山洞府，討求石壁詩記。晚遇海瓊先生指迷之要率，又遇率然居士於朱陵洞府，作詞章以相貽，始得證海瓊之妙旨。乃知年少初學所求所見所聞，俱是屋上架屋，枝上接枝。殊不知屋便是屋，枝便是枝，何必遠求？今既得悟，誠恐湮沒無傳。且念後之學者，未必如此留意，因筆數語，以貽後人。有得之者，可以因義解義，猛省用工，雖不求師，而師在中間矣。男子一身四大皆陰，惟先天一氣是眞陽。五臟六腑，精、津、血、氣，皆非眞陽，惟先天一氣是眞陽。不是吹、噓、呼、吸之氣，亦無形影氣象可見。故《悟眞篇》云：以爲可見者，不可用，可用者，不可見。此氣未受形之先，在父母胎中先受此氣，但生兩腎，便生兩眼，由此生心、生肝、生肺、生脾、生九竅、四肢、百骸，然後人相具足。此氣止在兩腎之間，名爲玄牝之門。先師《玄牝歌》言之甚詳。世人莫能悟此，今人宰牲曾見兩腎之間，腰膂去處，有一空膜之中，有氣呼吸膨亨，至肉冷方息者此也。此氣未死之先，血氣全盛，魂魄相屬，內含五彩，暖氣如湯。人一死，則如牲畜，血氣一散，而此氣餒矣。人身亦然，只此一氣，便是金丹大藥。故先師以心、肝、脾、肺、腎、腸、膽、精、津、氣、血、液、涕、唾爲非道，又以精、神、魂、魄、意，似是而非者此也。人之一身，左足太陽，右足太陰，兩足底爲湧泉穴，發水火二氣，自雙足入尾閭，上合於兩腎。左爲腎堂，右爲精府，一水一火，一龜一蛇，互相橐籥。兩腎之間，虛生一竅，是爲玄牝。二腎之氣貫通玄牝之間。由此發黃赤二道，上夾脊雙關，貫二十四椎，中通於心，復入膏肓之下，會於風府，上朝泥丸而下通明堂，散灌五宮，下入重樓玉闕，直至絳宮，復流入於本府。晝夜循環，周流不息。皆自然而然，即不是動手脚做成底。而今人皆流入偏門者，不知虛無自然，默默運用之理，卻妄行屈伸，呵噓擦摩，領導存思凝視，遂成妄想妄作，返至成疾。如白蓮道人，箇箇面黄。運氣道人，箇箇病蠱。夫此氣在人，人人一般，即無多少有涵養的做得成，無涵養底做不成。其流行出入，往來自有定數。如海中潮候，弦朔必應；上天斗柄，子午自移入，如女子月經病，瘧疾人，應時而至，確然不差。此氣遇陽時爲火，陰時爲水。火即木液，水即金精。又左腎爲坎，坎中有戊。右腎爲離，離中有己。戊己二土合爲圭字，又名水中金。刀者金也，故名刀圭。又火即木，水即金，爲金木無間，水火同鄉。金、木、水、火，只是一土，而一土總五行耳。先師以爲五臟六氣，六腑元精，正謂此爾。此氣時至，自然運轉，不假人爲。凡言轆轤、三車、黄河、曹溪者，取象如此，非人力强爲也。此氣當以子時而至爲陽火，午時而至爲陰火。以卯時而至爲木液，以酉時而至爲金精。卯中有甲，酉中有庚，故須採取用甲庚。子中有戊，午中有己，故運眞土用子午。其實一物，然採取必用甲庚，運火不拘子午。自非洞曉乾坤升降，陰陽盛衰，藥材老嫩，水火潛亢之理，不足以語此。然先師言之甚詳，而後人愈疑之者何也？皆緣泥於虛無，故不知下手用工。是以胎息不成而歸於頑空，忽於自然而溺於妄想强作。是以心神枉費，而返以致疾。夫虛無者言其不可見聞，自然者言其可以迎取。今以採取火候等逐節工夫言之淺深，並不假譬喻以誤後人，直截句句分明，節節緊切，但謹守奉行，無不應驗。凡未入室已前，且理會安排採藥，每日夜且習打坐，坐一定自然，骨節開，關脈通，自膀胱至夾脊，如車輪運轉，先天一氣，自然由三關上朝泥丸，下重樓入絳宮。然其來有時，採亦有時，須得甲庚旺相之時，默默端坐，不須用力摩動。須臾，覺頂中火熱，喉中甘露降，滴滴而下，便以目內視，以意內送，直納之於絳宮而止。凡一日之內，以甲應上弦，庚應下弦。自子至卯爲上弦，得汞半斤。自午至酉爲下弦，得鉛八兩。採甲汞庚鉛各半斤自然定數。所謂鉛見癸生須急採，金逢望遠不堪嘗者，言甲庚之時，木汞金鉛方生，須以此刻採取也。如此謂之採取，然初採取不記年月，久久積之方成鑪鼎。夫一身鑪也，絳宮鼎也。今人以脾宮爲黄庭，頂中泥丸爲鼎，皆非也。年月既久，鑪鼎方成，然成後種藥。夫藥物一生，且採且鍊。採而積之者爲藥，鍊而成之者爲火。採之則一日有一斤之數，鍊之則一日有一銖之得。採藥之時，須乘甲庚旺氣行火之法，須忌甲庚沐浴，有此不同耳。採藥之法，亦如安鼎，不過因其自然之來而迎之以意，送之以目。故丹書言黄婆青女。黄婆意也，青女眼也。以意逢迎謂之黄婆，媒合以目內送謂之青女。傳言人身之氣，隨意而動，意行即行，意止即止。故送入鼎中，隨意而止，不復下流，謂之採藥，藥即入鼎，然後有火候。聖人傳藥不傳火，以火與藥同歸而殊途，同情而異功。故爾子爲一陽至巳爲六陽，言自子至巳爲火，得六數，而六陽成乾。當自子至巳，以意迎之謂之進火，謂之添汞。午爲一陰，至亥爲六陰。自午至亥爲水，得六數，而六陰成坤。當其自午至亥，不必迎之，謂之退火，謂之抽鉛。子巳爲火，午亥爲水，言火不言水者，添進則爲火，抽退則爲水。自然而然，不假人爲。丹經云：《河圖》、《洛書》之數者，言其火候，自然與彼生成之數合爾，非必求用力以合此

數也。言朝屯暮蒙，晝姤夜復者，亦言與此卦默合，非必用力求合此卦也。如運用之説，則言此氣運行，周流五臟百脈，如亥子旺腎，寅卯旺肝，巳午旺心，申酉旺肺，辰戌丑未旺脾。自然此氣盛行，由旺宫而出，亦不必妄想，此時此臟有此氣出入流通。然採取造鼎之初，則無切忌，時至則爲，既了則休。至如入藥行火，則須擇日入室，一毫俗事，不妄干涉，使耳、目、鼻、口四象相忘，胸中澹然，虚室生白。有一所著，便是封固不牢，藥物走漏，便不是道。既居室內，惟半饑半飽，不可求睡，務使胸次惺惺，常常提醒，見藥即採，遇火即行。一年之内，只除卯酉二月不行水火，以卯木旺，以酉金旺。木旺則火旺，金旺則水旺故爾。除此二月不須行火，如行火則返過而傷丹。一年十二月除卯酉二月，止存十月，故十月而成胎。過十月又不須行火，行火則又傷丹，此之謂火候。十月胎成，移入泥丸，謂之换鼎。此時胎氣既足，如人已生，但須乳哺之耳。此時工夫，不須行火候，亦無沐浴，只是温養。如此三年九載，則天門自開，嬰兒出入往來無礙，位登仙翁矣。此首尾用之説，皆是自然而然，不假人力，强爲妄想，不過臨時以意迎逢之而矣。此本是積日累月，造鼎安爐，一年十月結胎行火。先師以爲一日金丹黑赤紅，又謂頃刻可成者何也？言一時半日之工夫，可奪一年半紀之造化。當其藥生火到之時，不過頃刻逢迎，故謂之金丹頃刻而成，即非終日終夜，勞神苦思，强爲妄想也。夫藥物鑪鼎，火候沐浴，胎息嬰兒，運用抽添，主賓刑德，浮沉升降，鉛汞水火，眞土金精，一應言語，都是改名换姓，其實只是一物，勾鎖連環，自可熟讀，其義自見。其有下手工夫，虚無自然之説，先師許多丹經詩詞盡矣。參同脗合，一以貫之，如此而已。言之非難，行之爲難，行之非難，守之爲難也。何以守之爲難？大抵旁門小法，俱無報應，惟有金丹一件，即有報應。今人採藥，少年者半年工夫，中年者一年工夫，老人須三年工夫，忘形念静坐默。然採取之後，時節到來，耳目手足清健，百病俱無。自然兩腎火起夾脊如車輪，泥丸如湯澆，口中常有甘露滴滴而來。若能不睡存神，百念俱絶，不過兩月餘日，目生神光，此心明了，若有慧性，此其驗也。得之不可便以爲至道，否則便成風顛。至如三月行火之餘，時時刻刻工夫不差，則七竅光明，須有金光，明如車輪，内外洞視，遠接鬼神。當此之時，嬰兒已生形象，不可便縱其運動出入，須要謹護牢收，否則火漏丹敗。十月既滿，嬰兒受氣已足，自然如瓜果之熟，根蒂自落，然後出入往來，不可離身丈尺，不可遠出，一出便須收回，否則神一出，而迷返遂去，投胎奪舍，不復顧屋舍矣。且待三年九載，日子滿足，骨骼老成，如人生十數歲，知人事輕重淺深，方可縱其自然往來出入，至此時則飛昇變化眞仙矣。猶有魔障，當其入室坐忘之時，聰明倍生，神異百出，凡天下奇奇怪怪之事，生前死後之果，神仙希有之遇，鬼神驚怖之事，會集於前，眞如慧眼，又如神明依附，此皆魔障所生，不可便以爲道。須要把捉一念堅凝，所謂太玄之一，守其眞形。切不可見女爲眞，縱情爲性，如此守一，方能成道。今人多於此時，無定見定力，故爲外邪所附，不惟學道無成，反爲顛風，遂以爲神仙緲茫，惜哉！僕平生讀書訪友，參師問道，躬行實踐，所見功驗如此，併以告之未來學者。有志之士，得此而讀之，尋文揣義，參之先師丹經遺論，求之道藏祕文，當一一皆合。恒能依此修行，十月胎成，移鼎温養之後，又參向上一着，方可看《悟眞》下篇，求精進法，又當有自然希有之遇，有不可以言傳之妙。若不如此次第行之，則身中無胎，嬰兒不育。參禪學道，如水無源，如木無根，竟成有漏，頑空到老無成，畢竟輪回惡趣。如丹成之後，或投胎奪舍，飛昇屍解；又是丹成之後，修行淺深，把投定否。如何有此報應？即是合用工夫處，不可放縱。一步就中，飛昇爲上，屍解次之，奪舍又次之，投胎爲下矣。至如飛昇、屍解二者，又須功圓行滿，代天行化，有濟物利人之勞，方可至也。若無功行，但可延年益壽，亦不能爲仙也。何以言之？神一去而不回，則氣一絶而不甦，上爲奪舍，下爲投胎，又下爲無着之鬼，要免輪回苦趣，除非見性，方可脱離生死。

《諸眞内丹集要・論八關節》　一、下火功，須是謹守百日，處於静室。外無所着，内無所思。身如槁木，心若寒灰。萬緣頓息，與太虚同體。以靈光爲用，晝夜慇懃，三五日間，自然心定氣和，喜悦無窮，謙弱恭順於人也。

二、忽然覺心火下降，腎水上騰。五臟生津，百脈流通，心經上湧，鼻聞異香，舌生甘津，已絶飲食，晝夜無寐。《中黄經》云：但服元和，除五穀也。

三、坎離交媾，精氣倒流，方得百關通透，四肢百脈和氣通流也。

四、夜間如晝，隔墻見針，預知前事，上見天堂，下見地獄，物不能礙，乃是靈光所至也。

五、夜間丹田氣生，前通氣脘，後通密户，頂上紅霞繚繞，眉間湧出圓光，眼中晴明流溢，不得爲怪，此是藥力所至也。

六、智神踊躍，自歌自舞。口説狂言，著撰詩詞。心動不能禁止，乃是三

屍所使。若不謹守，前功俱廢也。

七、見人或喜或悲，逢人談笑，論玄説道，亦是三屍鬼惑亂也。

八、雖是百關開通，其中五穀未除，陰氣未盡，疾病未消。修行之人，須要與天盟誓，專心百鍊，隔絶愛念，慳貪除去。人我與物無私，正念現前，內外如一。奪天地之正氣，抽陰換陽。學道之士若不謹守，氣有走失，心若懈怠，妄想邪思，三屍齊起，六耗皆來，攪亂心神，靜坐生疑，懼怖不安，睡卧驚悸，惡境無窮矣。

《明道篇・金丹造微論》　夫道也者，本於無聲無臭之中，著於日用常行之際。天地至大，不能外此道。人心至微，莫不具此道。道在人心，千古一日，相忘於無言之表可也。自夫朴散淳漓，人心昧道，聖人不言，後世何述。於是儒、釋、道之聖人因時而出，隨時設教，其智皆率天下而歸於道也。奈何教門一分，學者各執其説，互相高尚，私意横生，公道浸失。抑不思先聖立教濟時，殊途同軌，變化方圓，非若子貢之所謂器也。故自世人不明吾夫子毋意、毋必、毋固、毋我之道，而釋氏性宗之教不得不行，即夫子四毋之旨也。性宗又非放心雞犬者所能造，而老子金丹之道行焉，莫不相與救時之弊也。嗚呼！金丹之道行，其世之衰乎！後之修金丹者，非惟不能窮究厥旨，其於紫陽《悟真》之書，火候不用時，冬至不在子，及其沐浴法卯酉，誠虛比之語與。夫海南白先生採藥物於不動之中，行火候於無爲之內，之言能誦，言而曉其義者，吾未見其人矣。往往執鉛汞爲藥材，年月日時而運用子、午、卯、酉，而抽添行節氣爲火候者，是故未至其道也。或者知鉛汞爲藥物之異名，文武爲火候之依，約年、月、日、時，子、午、卯、酉，又皆混沌之餘事，是亦可謂絶無而僅有矣。至於生藥物爲火候者，果何異？父母未生以前，此身果何在一炁之先，天地果何有或乃昧而不通焉。亦豈足以盡道哉！是未之思也，是不覩之造化乎！日月麗乎天，草木麗乎土，風霆之流形，雨露之潤澤，固非適然，抑何使之而然耶？蓋必有物物而不物於物，形形而不形於形者，存嗟乎！其真土乎，其斗柄乎？真土者，藥物之主；斗柄者，火候之樞。至哉。夫子《繫辭》曰：精氣爲物，遊魂爲變。仕哉。《平叔丹經》曰：真土擒真鉛，真鉛制真汞。斗柄運週天，要人解攢簇盡矣哉！海瓊先生《上悟真書》曰：形中以神爲君，神乃形之命；神中以性爲極，性乃神之命。自形中之神，以入神中之性，此謂歸根復命。學者當於言外求之可也。未能於言外求之而徒，爾曰藥物者，火候也。金丹之道，是何異於按圖而索驥、膠柱而調瑟者乎！大抵金丹之要，必也遠聲色，克己私，屏人我，全忠孝，正心誠意，如顔之愚，如參之魯，以太虛爲鼎器，以烏兔爲藥材，以無爲自然爲火候，以清靜沖和爲溫養，以身外有身爲脱胎，以打破虛空爲了當，而後可以合。海南先生所謂會萬化而歸一道，則天下皆自化，而萬化皆自如。會百爲於一心，則聖人自無爲而百爲，自無著之奧矣。由是知無極而太極、太極本無極者，濂溪先生之道也。一靈妙有法界圓通者，紫陽最上一乘之妙也。至此則所謂真土、斗柄又皆筌蹄爾。吾將以斯道覺斯人也，非敢無文而亂正也。一毫悮人，皇天在上。若夫旁門詭術而惑人者，又在學者當知所擇焉。同志之士，勤而行之，真積力久，豈惟獨善一身，或將兼善天下，參天地，贊化育，夫豈二道哉！

《崔公入藥鏡注解》　日有合，月有合，窮戊己，定庚甲。

日月者，太陽太陰也。天有黄道，爲度三百六十五度四之一。其運轉也，一日一週。日月行乎其間，往來上下，迭爲出入，此所以分晝夜而定寒暑也。當冬至之節，一陽生於復，日從北行，月從南行。夏至之節，一陰生於姤，日從南行，月從北行。日行一日一度，至三十度與太陰會。月本無光，借日之光。月行一日十二度有零。至三十日，行滿週天之度。每月晦朔與太陽同會，所行之宮，日月合璧。晦象年終，朔象歲首，會而復離，離而復遠。月因日以受其明，陽魂漸長，陰魄漸消。至初八日夜，陽半陰半爲上弦。至十五日夜，與日對照爲望，故圓。圓滿之極，其理當虧，於是陰魄漸長，陽魂漸消。至二十三日夜，陰半陽半爲下弦。至三十日夜爲晦，又復與日同會。此天之日有合，月有合也。仅求於身，吾身一天地，亦有日月也。以身爲乾坤，以坎離爲藥物，以日月運行爲火候。百姓日用而不知，豈知行之？吾身與天地日月無不同也。當作丹之時，運日月之雙輪，簇陰陽於一息，日月歸鼎，陰陽構精，烹之煉之，結成聖胎，此吾身日有合，月有合也。了真子曰：玉池常滴陰陽髓，金鼎時烹日月精是也。既明日月之合，必窮戊己之源。戊己者，中央土也。水火分爲上下，木金列於東西。木爲火母，金爲水母。若非戊己之功，水火不能既濟，金木不得歸併。當施化之際，是用戊土從坎起，進之以陽火，己土從離降，退之以陰符，攝回四象而同爐，此戊己之功也。既窮戊己之理，必定庚甲之方。庚，西方

金也，情也，虎也。甲，東方木也，性也龍也。言人之情，好於馳騁，見物即逐，如虎昌狂，故每傷於性。性被情迷，不能爲主，如龍奔騰，故二物間隔。大修行人，制之不難，遇此時，正好下手施功。須仗黄婆媒合，旋斗柄之機，一息之間，即得金木歸併，情性合一，龍虎入鼎，心虚湛然，此所以定庚甲也。丹家妙用，宜乎生甲生庚，學者不可不知也。【略】

水怕乾，火怕寒。差毫髮，不成丹。

修真内鍊之要，鼎中之水不可乾，爐内之火不可寒。丹經所謂金鼎常留湯火燰，玉爐不要火教寒是也。以外丹言之，凡作丹之時，行武鍊文烹之功，大要調和火力。若用之太過則火燥水濫，不及則水乾火寒。務在行之停勻，一刻週天，水火既濟，鼎内丹結，自然而然也。若差之毫髮，不成丹矣。仙師云：藥用老嫩，火有斤兩，學者不可不知。了真子有云乎：七返九還須識主，工夫毫髮不容差。《悟真篇》云：大都全藉修持力，毫髮差殊不作丹是也。

鉛龍昇，汞虎降。驅二物，勿縱放。

鉛者，坎中一點真陽，謂之龍也。汞者，離中一點真陰，謂之虎也。只作丹之時，飛戊土坤坎中之鉛，木生火而炎，上昇泥丸，龍從火裏出，故曰鉛龍昇也；用己土攝離中之汞，金生水而流，下降丹田，虎向水中生，故曰汞虎降也。擒捉之功，非加武火之力，則裏龍不昇，非用文火之力，則汞虎不降。一息週流，妙在堅剛，著力擒龍虎入鼎，烹鍊化爲玉漿。故曰驅二物勿縱放也。張紫陽云：西山白虎性猖狂，東海青龍不可當。兩手捉來令死鬭，鍊成一塊紫金霜。是也。【略】

盜天地，奪造化。攢五行，會八卦。

提挈天地，握定陰陽，攢族五行，合會八卦，此神仙之學也。天地者，即乾坤也。造化者，即陰陽也。五行者，金木水火土也。八卦者，乾坤坎離震巽艮兑是也。且夫天地之大，造化之深，五行分布，八卦環列，以何術能盜之奪之攢之會之？盜者，竊也。奪者，取也。攢者，簇也。會者，合也。此言丹家之法，妙在口傳。凡作丹真訣，只在些兒消息。待時至氣化，藥産神知，便當閉風關塞艮戶，幹天罡，旋斗柄，運符火之一息，族三千六百之正炁，四七十二候之要津。顛倒五行，會合八卦，總歸土釜，牢固封閉。須臾，調爕火發，武鍊猛烹，結成聖胎。所以一刻工夫，奪一年之節候。丹經云：人心若與天心合，顛倒陰陽只片時。此即一呼一吸，能奪造化。人一日有一萬三千五呼，一萬三千五百吸。一呼一吸爲一息，則一息之間，潛奪天運一萬三千五百年之數。一年三百六十日，四百八十六萬息，潛奪天運四百八十六萬年之數。於是换盡陰濁之軀，變成純陽之體，神化自在，聚則成形，散則成風，出有入無，隱顯莫測，豈不奇哉？

水真水，火真火。水火交，永不老。

水居北方，在卦爲坎，在身爲腎。火居南方，在卦爲離，在身爲心。水中藏火，火中藏水。人心中一點真液，乃真水也；腎中一點真陽，乃真火也。水火分於上下，何由而交之？必假戊己真土，擒制逼逐，得其真火上昇，真水下降，同歸土釜，水火既濟，結成金丹，一炁純陽與天齊壽。故曰：水火交，永不老也。

水能流，火能燄。在身中，自可驗。

水在上，故能流潤於下。火在下，故能炎燄於上。此天地水火昇降自然之理。人身作丹，運用之時亦復如是，故曰：在身中，自可驗也。

是性命，非神氣。水鄉鉛，只一味。

性即神也，命即氣也。性命混合，乃先天之體也；神氣運化，乃復天之用也。故曰是性命，非神氣也。修鍊之士，欲得其性靈命固，從下手之初，必是採水鄉之鉛。水鄉鉛者，坤因乾破而爲坎，坎水中而有乾金，金爲水母，母隱子胎，一點真陽，居於此處。遇身中子時，陽動之際，急急採之。紫陽所謂鉛遇癸生須急採，採時須以徘徊之。意引火逼金，正所謂火逼金行顛倒轉，自然鼎内大丹凝。只此一味，爲大道之根。雲房云：生我之門死我戶，幾個惺惺幾個悟。夜來鐵漢細尋思，長生不死由人做。指此一味，直欲世人於此尋之，方是鍊丹之本。丹經云：好把真鉛著意尋，華池一味水中金是也。【略】

真橐籥，真鼎爐。無中有，有中無。

橐者，虚器也，鞴也。籥者，其管也，竅也。言人晝夜一呼一吸之氣，氣爲之風，如爐鞴之抽動。風生於管，爐火自炎，久久心息相依，丹田如常溫暖。此吾身有真橐籥也。《道德經》云：天地之間，其猶橐籥乎？虚而不屈，動而愈出是也。鼎者，乾也，性也。爐者，坤也，命也。既鼓動吾身之橐籥，必採藥物以入鼎。採藥之時加武火之功，以性幹運於内，以命施

化於外。片餉之間，乾坤合一，神炁交會，結成還丹，以爲聖胎，故曰真鼎爐也。既得還丹成象，以文火溫養，虛心以守其性，實腹以養其命。恍惚杳冥之中，無中生有，有中生無，此即靜極復動，動極復靜。故曰無中有，有中無也。【略】

一日內，十二時。意所到，皆可爲。

一日之內，十二時辰，有一年之節候。自子時至辰巳，六時屬陽；自午時至戌亥，六時屬陰。一陽來復，身中子時也。一陰生姤，身中午時也。且夫水火間於南北，木金隔於東西，此四象，何由而合，必假意以通消息。是以天地造化，一刻可奪，一日之內，十二時中，無晝無夜。念茲在茲，常惺惺地，動念以行火，息念以溫養火，此所以意所到，皆可爲也。

飲刀圭，窺天巧。辨朔望，知昏曉。

飲者，宴也。刀者，水中金也。圭者，戊己真土也。言作丹採藥之時，必採水中之金。金不得自昇，必假戊土化火，逼逐金行，度上泥丸。金至此化爲真液，如瓊漿甘露，一滴落於黃庭。宴之，味之，津液甘美，故曰飲刀圭也。窺者，觀也。言能觀天道運化之功，遂執天而行，旋吾身斗柄之機，一刻之間，能奪天地造化，故曰窺天巧也。《陰符經》所謂觀天之道，執天之行，盡矣。純陽詩曰縱横北斗心機巧，顛倒南辰膽氣雄是也。辨朔望者，以一歲言之，冬至爲朔，夏至爲望。以一月言之，初一爲朔，十五日爲望。以一日言之，於時爲朔，午時爲望。以一時言之，初一刻爲朔，正四刻爲望。以六十四卦言之，復卦爲朔，姤卦爲望。以一身言之，尾穴爲朔，泥丸爲望。子宮進火爲朔，午位退符爲望。既明此理，又知其曉昏。昏者暮也，曉者朝也。於卦有朝屯暮蒙之理：一卦六爻顛倒用之，遂爲兩卦。朝屯一陽生於下；暮蒙，一陰生於上。一陽一陰，一進一退，人身運化與天地同也。達此理者，可以長生久視，與鍾呂並駕，同日而語矣，有何疑哉？

識浮沉，明主客，要聚會，莫間隔。

浮者汞也，沉者鉛也。離汞居上曰浮，坎鉛居下曰沉。修丹之訣，沉者必使其昇，浮者可使其降，故曰識浮沉也。既識浮沉，須明主客。主者命也，客者性也。有身則有命，有命則有性。性依命立，命從性修。是以命爲性之母，故爲主；性爲命之子，故爲客。日逐之間，借身爲用。仙師所謂讓他爲主我爲賓是也。既明主客，以鉛汞而同爐，主客而同室，綿綿若存，於二六時中，回光返照，打成一片，道滿太虛。若夫時至氣化，械動籥鳴，火從臍下而發，水向頂中而生，其妙自有不期然而然者。孔子所謂：道也者，不可須臾離也，可離非道也。程子亦云：常心要在腔子裏。虛靖天師曰：神一出，便收來，神返身中炁自回。如此朝朝與暮暮，自然赤子產靈胎。此所以要聚會，莫間隔也。【略】

火候足，莫傷丹。天地靈，造化慳。

鍊得黃芽滿鼎，白雪漫天，嬰兒成象，故火候足也。火候既足，只宜沐浴溫養。若不知止足，妄意行火，反傷丹矣。丹成之後，天地混合，神炁自靈。仙師所謂虛室生白，神明自來，故曰天地靈也。當此之時，宜加寶愛。調息務在微細，於靜定之中，內不出，外不入，形忘物忘，心同太虛，一炁純陽，故造化慳也。

初結胎，看本命。終脫胎，看四正。

祖劫天根居混沌之中，乃为結胎之所。下手之初，鍊精化爲炁，鍊氣化爲神，鍊神化爲虛，鍊虛合道，結爲聖胎。初結胎之時，常於命蒂守之。故曰初結胎，看本命也。十月胎圓，移神上居泥丸，調神出殼，直待功成行滿，上帝詔臨，打破虛空，真人上舉。駕紅雲，跨白鶴，東西南北，無所往而不可。故曰終脫胎，看四正。《靜中吟》云：一朝功滿人不知，四面皆成夜光闕。是也。

密密行，句句應。

此二句總結前八十句，言大道金丹，進火退符，奪造化之妙訣，行之一身，如空谷之應聲，陽燧之取火，方諸之取水，神通気感，何其速之如是。故曰密密行，句句應。丹經云：視之不見聽不聞，及至呼時又卻應。是也。

《還真集・人從心上起經論》 夫心易者，大道之源也。大道生化，無出於河圖五十五之數，故聖人則之。老子所謂：無名天地之始，有名萬物之毋。無名之始，是三五合真也。有名之母，是三五分真也。是故形而上者曰天，形而下者曰地，配兩形而中生者曰人。人與天地配曰三才。三才合道，万物同一氣而生焉。唯人得天地全秀而生，天付之神，地付之精，中和付之氣。三者備體於一身，渾淪太極者也。周子所謂無極而太極，太極動而生

陽，靜而生陰是也。陽動之極而復靜，陰抱陽也。陰靜之極而復動，陽攝陰也。陰陽互索而生五氣，五氣分化而生八卦，八卦循環而成四時，四時運化不已而生萬物，萬物芸芸，各歸其根，此大道之常易也。以丹道言之，不過運乎心易，顛倒陰陽，返還神炁而已矣。是故以乾坤爲易之門戶，以坎離爲日月往來之機，以震兑爲春秋卯酉二分。當作丹之時，内則含三五，包固不動，外則以東三之木生南二之火，以西四之金生北一之水。四象各歸其五，然後用虚中戊己，一五真土，分化而攝提戊土歸坎位，逼木生火而熏蒸，迫金生水而滚沸。於斯時也，撥動上頭關捩，徐徐抽出坎中之陽，去補離宮之陰，成乾之體，用己土從離位退符，欲五氣回週天三十之數，直至坤宮而止，結成還丹，戊己復位，醉飲刀圭，一性湛然，四炁清朗，仍虚五與十矣。太極圖云：無極之真，二五之精，妙合而凝，即此理也。張紫陽《悟真篇》曰：三五一都三箇字，古今明者實然稀。東三南二同成五，北一西方四共之。戊己還從生數五，三家相見結嬰兒。嬰兒是一含無炁，十月胎圓入聖基。斯言盡矣，學者味之。

《還真集·朝屯暮蒙圖》 夫屯蒙二卦者，聖人假象以明進火退符之謂也。陽從下升乃曰屯，陰從上退乃曰蒙。是屯下震而上坎，震之初九用庚子爻，坎之六四用戊申爻也。蒙下坎而上艮，坎之初六用戊寅爻，艮之六四用丙戌爻也。其子申寅戌即元亨利貞也。一卦顛倒即成兩卦，互體互用，動静相因。六十卦中、卦卦一般。一卦有六爻，兩卦計十二爻，以一年言之而有十二月，以一日言之而有十二時之數。陽進爲六，陰退爲六。丹家寓言朝屯暮蒙之説，本意不過指此，以論吾身火候之分明，啓閉呼吸消息之妙。魏伯陽作《參同契》所謂屯以子申，蒙用寅戌，六十卦用，各自有日，聊陳兩象，未能究悉。《悟真篇》亦曰：南北宗源翻卦象，晨昏火候合天樞。斯言明矣。學者不可以紙上之言便爲了達，須求明師指點，然後知吾身中之卦象也。卦象之説亦是比喻，是以聖人不得已，假象以誘後之學者爾。一言诀破，則天地之道與我無不神符哉。

《還真集·週天火候》 夫週天火候者，乃乾坤闔闢，陰陽運化之機也。大則天地，小則一身，皆有生成火候之數。《易》云：一闔一闢謂之變，往來不窮謂之通。是以人之一身，呼則接天根，吸則接地根，一呼一吸，自合天地造化。此呼吸非口鼻之呼吸，乃内運一息之呼吸。是以前代祖師立言設象，誘引後之來者。至如《龍虎經》、《參同契》、《火記》六百篇，無非發明火候，实欲世人行此道也。故將一年簇在一月，將一月簇在一日，將一日簇在一時，將一時簇在一息。一息之工夫，進陽火，退陰符，奪三千六百之正氣，回七十二候之要津，産一粒黍米之珠，落於黄庭之中，空洞混合，梵炁凝真，結成聖胎，謂之符火還丹也。張紫陽所謂不刻時中分子午，無爻卦内定乾坤。了真子曰：大藥三般精氣神，天然子母互相親。回風混合歸真體，煅煉工夫日日新。邵子亦曰：乾遇巽時觀月窟，地逢雷處躡天根。天根月窟閑來往，三十六宫都是春。此皆發明火候之理也。修真之士縱然有三真不漏，不行火候之功，尤屬於陰，終久只出陰神，不能出陽神也。吕純陽故有窑頭坯之説。且窑頭坯不經火煅，終爲泥土，豈能堅固哉？人之有身，亦如窑頭坯也。若不行火候工夫，煅煉藥物，終不得形神俱妙，與道合真也。是以聖人傳藥不傳火，從來火候少人知。此祖師不传之秘，非不傳也，唯在得人而傳也，豈易言哉。

《還真集·還丹秘要論》 夫還丹者，乃返本还元之道也。人稟父精母血而生，初爲赤子之時，元精、元炁、元神無不純全，及其年漸長成，盖因眼、耳、鼻、舌四門所誘，一靈真性被色、聲、香、味、所觸，習染深深。是以日復日、歲復歲，元精化爲交感精，元炁化爲呼吸氣，元神化爲思慮神。此三元分泄，難復天真。故祖師垂言立教，載諸丹經，示人以修補之法。精損則以精補，氣損則以氣補，神損則以神補，是用返本還元之道以復之。且復者，何也？以全精爲深根，以全氣爲固蒂，以全神爲妙合。世人能全此三者，實爲身中真藥物也。然雖如是，若不知其運用符火烹煉之法，猶屬於陰，終不得其形神俱妙之道。豈知人道乃與天地符合，一息工夫，奪天地一年造化。以乾坤爲鼎器，以日月爲水火，以烏兔爲藥物，以陰陽爲化機，以龍虎爲妙用，以子午爲冬夏二至，以卯酉爲春秋二分，此皆法象譬喻，其實無出身、心、意三字。身係乎精，心係乎氣，意係乎神。返者，返此三者而逆行也。還者，還此三者而復真也。三全合真，乃曰還丹。恐學人執著一偏之見，不悟斯理，余不畏天譴，只得漏露天機。凡入室作丹，須要心空性寂，神炁混合於中田，遇一陽一初動之時，乃身中冬至時也。於此時則当閉關，飛戊土塞於海淵之底，潛龍不可便用，直俟見龍在田，撥轉頂門關捩，徐徐從太玄宫提起，一舉三時，飛龍真透三關；再舉三時，度上南宫交媾，此乃取坎中陽，去補離中

之陰，自子至巳，六陽會乾。繼此已往，陽無終極之理，一陰生於五陽之下，坤陰用事，己土從離退陰符，下金𨵿鵲橋，入重樓絳宮，送歸土釜。自午至亥六陰符。陽復坤之位，巽戶雙開，真火煅鍊，結成空炁金胎，謂之還丹矣。如是採藥依時，運符合則，勤鍊勤烹，無質生質，十月功圓，脱胎换鼎，移神上居泥丸，天門迸破，調護出神。於斯時，正要腳踏實地，不可毫髮差失。直待神通圓滿，變化自在，貫石透金，隨機應現，逍遥雲際，快樂無窮，得爲出劫真仙，皆由人決烈修鍊而至此也。丹家妙用，以有爲爲首，無爲爲終，性依命立，命從性修，性命混成，太虚同體，有何生死之可繫耶？此乃聖聖相傳不易之大法，舍此别求他妙，即爲外道。有等或絶念守空，或休粮絶粒，或貫想默朝，或吞霞嚥氣，或摩擦道引，或想火燒臍，或擇美婦爲爐鼎，金鎗不倒爲戰勝，或取女癸爲丹頭，以雌雄劍爲妙用，或按子午時入室打坐，或以卯酉月不行火候。如此小道何啻千門，此皆傍門小徑，何足與言道也。祖師云：道法三千六百門，人人各執一爲根，中間些子玄微處，不在三千六百門。斯言盡矣，學人慎勿執著而自迷也。豈不聞古人云：起頭不遇作家，到老番成古董。修真之要，在乎窮理盡性，格物致知，而後歸根復命，方可以證其大道也。若不求真師指點，縱有顔閔之才，亦不得也。學者味之。

《張三豐先生全集・大道論》 上篇　夫道者，統生天、生地、生人、生物而名，含陰陽動静之機，具造化玄微之理。統無極，生太極。無極爲無名，無名者，天地之始。太極爲有名，有名者，萬物之母。因無名而有名，則天生、地生、人生、物生矣。今專以人生言之。父母未生以前，一片太虚，托諸於穆，此無極時也。無極爲陰静，陰静陽亦静也。父母施生之始，一片靈氣投入胎中，此太極時也。太極爲陽動，陽動陰亦動也。自是而陰陽相推，剛柔相摩，八卦相盪，則乾道成男，坤道成女矣。故男女交媾之初，男精女血，混成一物，此即是人身之本也。嗣後而父精藏於腎，母血藏於心。心腎脈連，隨母呼吸，十月形全，脱離母腹。斯時也，性渾於無識。又以無極伏其神，命資於有生，復以太極育其氣。氣脈静而内藴元神，則曰真性。神思静而中長元氣，則曰真命。渾渾淪淪，孩子之體，正所謂天性天命也。人能率此天性以復其天命，此即可謂之道。又何修道之不可成道哉？奈何靈明日著，知覺日深，血氣滋養，歲漸長歲，則七情六欲，萬緒千端，晝夜無休息矣。心久動而神漸疲，精多耗而氣益憊，生老迫而病死之患成，並且無所滋補則瘵病頻生，而欲長有其身，難矣。觀此生死之道，人以爲常，誠爲可惜。然其疾病臨身，亦有求醫調治，望起沈疴，圖延歲月者，此時即有求生之心，又何益乎？予觀惡死之常情，即覓長生這妙術，辛苦數年，得聞仙道。仙道者，長生之道也，而世人多以異端目之。夫黄、老所傳，亦正心修身、治國平天下之理也，而何詫爲異端哉？人能修正身心，則真精真神聚其中，大才大德出其中。聖經曰：安而後能慮。富哉言乎，吾嘗論之矣。有如子房公之安居下邳，而後能用漢報韓；諸葛君之安臥南陽，而後能輔蜀伐魏；李鄴侯之安養衡山，而後能興唐滅虜。他若葛稚川之令勾漏、趙清源之刺嘉州、許眞君之治旌陽，是皆道成住世，出仕安民者，彼其心不皆有君父、仁義之心哉？孔子鄙隱、怪，孟子拒楊、墨。隱也者，乃讖緯説。《封禪書》之類，怪也者。乃微生高、陳仲子之類。仙家不然也，長春朝對，皆仁民愛物之言；希夷歸山，懷耿介清高之致。何隱、怪之有哉？楊子爲我，墨子薄親，仙家不爾也。三千功行，濟人利世爲先資。二十四孝，吴猛、丁蘭皆仙客，又何楊、墨之可同哉？孔曰求志，孟曰尚志。問爲何志？曰：仁義而已矣。仁屬木，木中藏火，大抵是化育光明之用，乃曰仁。義屬金，金中生水，大抵是裁制流通之用，乃曰義。仙家汞鉛即仁義之種子也。金木交併，水火交養，故嘗隱居求志。高尚其志，而後汞鉛生，丹道凝，志包仁義汞鉛，而兼金木水火之四象。求之尚之者，誠意爲之，意土合而五行全，大道之事備矣。故孔孟當日只闢隱、怪、楊、墨，而未聞攘斥佛、老。唐宋以來，乃有韓、朱二賢，力闢二氏。諸大儒和之，羣小儒拾其唾餘，以求附尾。究竟闢著何處？反令世尊含笑，太上長嘆。小儒輩不過徒吹濫竽，未必有韓、朱之識見也。何以言之？韓、朱之闢二氏者，闢其非佛非老之流，非闢真學佛、老者也。不然《昌黎詩集》往來贈答，又何以極多二氏之人，如送張道士有詩，送大顛有詩，送惠師，靈師皆有詩。或以爲借人發議，故於惠師云：吾疾遊惰者，憐子愚且淳。於靈師亦云：方將斂之道，且欲冠其顛。似譏之矣。然何以於張道士盡無貶詞，於大顛師全無誚語？蓋此二師者，乃眞仙眞佛之徒。張仙以《尚書》不用而歸眞，顛佛以聰明般若通禪，雖昌黎亦不能下手排之，肆口毁之也。且其家又生韓湘仙伯，雪擁藍關，蓋已知遠來者之非凡人也。朱子少年亦嘗出入二氏，蓋因不得其門而入，爲二氏之匪徒所迷，故疑其虚無荒誕，空寂渺茫，回頭抵牾耳。迨其晚年學博，則又愛讀《參同契》，並云《參同》之書，

本不爲明《易》，蓋借此以寓其進退、行持之候耳。更與人書云：近者道間，不挾他書，始得熟玩《參同》，是更津津然以仙道爲有味也。然則韓、朱二賢，特闢其非佛非老之流？非闢眞學佛、老者也，否則前後一身，自相矛盾，則二賢亦可笑也。予也不才，竊嘗學覽百家，理綜三教，並知三教之同此一道也。儒離此道不成儒，佛離此道不成佛，仙離此道不成仙，而仙家特稱爲道門，是更以道自任也。復何言哉？平允論之曰：儒也者，行道濟時者也；佛也者，悟道覺世者也；仙也者，藏道度人者也。各講各的妙處，合講合的好處，何必口舌是非哉？夫道者，無非窮理盡性以至於命而已矣。孔子隱諸罕言，仙家暢言之，喻言之，字樣多而道義微，故人不知耳！人由天地而育，亦由父母而生，順而用之，則鼻祖耳孫嗣續而成；逆而用之，則眞仙上聖亦接踵而出，同其理也。《悟眞篇》云：修身之事，不拘男女，此金丹大藥，雖愚昧野人得之，立登仙位，不拘貴賤賢愚、老衰少壯，只要素行陰德，仁慈悲憫，忠孝信誠，全於人道，仙道自然不遠也。又須洞曉陰陽，深參造化，察其眞僞，得陰陽之正氣，覓鉛汞之眞宗，方能換骨長生，居不夜之天，玩長春之景，與天地同入，日月同明，此正大丈夫分內事也。至於旁門邪逕，御女採陰，服煉三黃，燒餌八石，是旁門無功也。又有以按摩導引、吐納呵嘘、修服藥草爲養生之方者，雖能暫去其疾，难逃老衰，命盡而被達人恥笑也。伯端翁云：閉息一法，若能忘機絕念，亦可入定出神。奈何精氣神屬陰，宅舍難固，不免有遷徙之苦。更有進氣補血，名爲抽添接命之術者，亦能避疾延年，保身健體。若欲服食，養就胎仙，必不能也。其他旁門邪逕，乃實爲吾道之異端也，何足道？或者謂人之生死，皆有數定。豈有違天數而逃死者，獨不思，福自我求，命自我造，陰騭可以延年。學長生者，只要以陰功爲體，金丹爲用，則天數亦可逃也。伏維我太上道祖、列聖高眞，施好生之心，廣度人之願，宏開立教，祕授仙方，名曰金丹。原始要終，因此盡露天機，大洩元奧。其中行持妙用，三候三關，九琴九劍，藥材法器，火候符章，悉已敷衍全備，各宜詳究諸經，以還其性命之本。予論雖俗，義理最美，所謂眞實不虛也。倘得者無所猜疑，庶可以行持下手，雖不遇明師好友，得遇此書，即如師友在前，自能頓悟無上也。較諸行世丹經，悉合一理，罔不洞徹，實屬苦海之慈航，指迷之智烛。雖曰行之惟艱，然勿畏難而苟安也。再有進箴者，身抱金丹之後，即宜高隱洞天，深藏福地，勿以黃白賣弄朝廷，爲方士之先導。隱顯度世，以待天符，白日飛昇，不露圭角，此方爲無上上品眞人。曆萬刼而不壞者也。後來同志，玩之鑑之。

長篇鉅觀，首探大道之源，而講生人之理，與人生老病之故，引彼回頭向道，修正治平，如古來英雄神仙，身名兩樹，忠孝兩全，非同楊、墨、隱、怪，使人知此道亦儒道也。養汞培鉛，無異乎居仁由義，韓、朱闢二氏，只闢二氏之假徒。更爲通論，外掃旁門邪逕，一歸於窮理盡性，以至於命之道，振聾發聵之洪響，經天緯地之大交。

中篇

天地之間，至靈至貴者，人也；最忙最速者，時也；可大可久者，金丹也。惜人多溺於功名富貴場中，愛慾恩情之內，狼貪不已，蛾撲何休。一朝大限臨身，斯時悔之何及。惟其甘分待終，就死而已。誰知有長生不老之方，誰悟有金丹靈藥之妙，誠可惜哉！此金丹靈藥，非世間之所無，非天上之不可得者，只在於同類中求之，乃生身固有之物也。簡而且易，至近非遙。余嘗有《金丹賦》記之，詞極朗鬯。今追憶其中段云：夫造金丹者，始則借乾坤爲玄牝，學造化於陰陽，識二八之相當，知坎離之互藏。候金氣之滿足，听水潮之汪洋。繼則看鉛花於癸後，玩月夕於庚方，製刀圭於片晌，罷龍虎之戰場，喚金公而歸舍，配玉女而入房。果能此道矣，雖愚必明，雖柔必強。先儒曰：聖人不言易，以滋人之惑；亦未嘗言難，以阻人之進。若人用意追求，殷勤修煉，自必入聖超凡，長登壽域，永享無窮之樂也，豈小補哉？且人爲功名富貴，亦有備極窮苦而後可成者。若以勞苦之心，易而爲修煉之心，將見九還到手，萬刼存神，以比功名富貴，孰短孰長耶？仲尼曰：不義而富且貴，於我如浮雲。又曰：其爲仁矣，不使不仁者加乎其身。不仁不義，莫甚於狂貪妄想。胡氏曰：志於道，則外物不足以累其身。《悟眞》曰：若會殺機明反復，始知害里卻生恩。是知欲求還丹，必先絕欲，勤於殺機者，刻刻有靈劍在手，外欲乍乘，急須就起殺機，勿容縱意。久久純熟，對境無心，即可行反本歸根之道。《易翼》曰：終日乾乾，反復道也。反復之道，得長生之果證也，人胡不勉而行之。萬物如草木之彙，猶能歸根反本，以曆歲時。人爲萬物之灵，動至死地，是反不如草木也，能不愧乎？夫此反本歸根之道，又非邪逕旁門之說也。世人以德行爲先，陰功爲本，察陰陽造化之機，求立牝乾坤之妙，辨二八坎離之物，定金花水月之時，施降龍伏虎之

威，明立命生身之處。其間致虛守靜，他主我實，日月交光，戊己爲用，則丹成反掌矣。《易》曰：男女媾精，萬物化生。人有此身，亦因父母而得，倘無父母，身何有乎？故作金丹之道與生身事同，但順則成人，逆則成仙。順逆之間，天地懸隔。祇要逆用陰陽，自然成就，並非邪逕旁門也。兹余所論，大洩眞機，皆列聖口傳心授之旨，人能照此下手行持，自能奪天地玄妙之功，窮鬼神不測之奧，誠金丹之口訣也。除此之外，再無別傳。先賢云：聖人未生，道在天地；聖人已往，道著六經。予之末論，雖不敢與聖經相比，亦可爲問道之正途。如撥雲霧而見青天，似剪荆棘而尋大路。坦然無礙，豁然有門。學者若能專心研究，自然默契仙緣，幸勿輕易視之也。萬金難換，百寶難求。勿示非人，尚其重之。

《悟眞篇》云：學仙須是學天仙，惟有金丹最的端。此篇專講金丹外藥，而金液内藥亦次其中矣。反反復復，總勸人及時省悟，煉己求鉛，覺世婆心，傳神簡上舊賦一段，句句口訣，有志者，再求口訣中之口訣，則還丹不難矣。

下篇

一陰一陽之謂道。修道者，修此陰陽之道也。一陰一陽，一性一命而已矣。《中庸》云修道之謂教。三教聖人皆本此道以立其教也。此道原於性，本於命。命猶令也，天以命而賜人以令也；性即理也，人以性而由天之理也。夫欲由其理，則外盡倫常者其理，内盡愼獨者其理。忠孝友恭，衷乎内也，然著其光輝，則在外也。喜怒哀藥，見於外也，然守其未發，則在内也。明朗朗天，活潑潑地，盡其性而内丹成矣。夫欲全其令，則殷勤顧之者此令，依法用之者此令。存心養性，此顧命之勤勞也；集義生氣，此用令之法度也。煉氣化神，煉神還天，復其性，兼復其命，而外丹就矣。吾願後之人，修此正道，故直言之，修道以修身爲大。然修身必先正心誠意，意誠心正則物欲皆除，然後講立基之本。氣爲使焉，神爲主焉。學者下手之初，必須知一陽初動之候，眞鉛始生之時，其氣迅速如電，而不能久居於先天，霎時而生癸水，頃刻而變經流，迨至生形化質，已屬後天而不可用矣。崑仑之上有玄門，其竅甚小，陰陽會合時，不許動摇，待其情性相感，自然彼我相通。凡有形質者，不能升入竅内。夫惟眞氣槖籥，乃能進於竅内也。故聖人直指先天一炁，衝開此竅。又曰：修行之徑路，可以續命延年。修眞而全眞，無來無去，不生不滅。今之愚人，聞説有用生陽之道者，卻行御女巧詐之術，正如披麻救火，飛蛾撲燈，貪其美色，胡肆縱横，日則逞力多勞，夜則恣情縱欲，致使神昏炁敗，髓竭精枯，猶不醒悟，甘分待終。古之賢人不然，忠孝兩全，仁義博施，暗行方便，默積陰功，但以死生爲念，不以名利關心，日則少慮無思，夜則清心寡欲，以此神全炁壯，髓滿精盈。每嘆凡軀如石中之火，似水上之漚。未聞道者急求師，已聞道者急求藥。又能廣參博採，信受奉行，求先天之大藥，尋出世之丹方，忙忙下手速修，惟恐時不待人。夫道者，豈是旁門小技，乃至人口傳心授，金液還丹之妙道也。非定息二乘之法，乃最上一乘之道。以有爲入無爲，以外藥修内藥，以己而求彼，以陰而配陽，以鉛而投汞，以炁而合神。無爲者，非防危守城之方，温養沐浴之事，乃得丹之後，脱胎神化之功也。有爲者，非採戰提吸之術，九一動摇之法，乃安靜虛無之道，守雌不雄，寂然不動，感而遂通。此即未得丹之前，煉己築基之事也。有爲無爲體用之始終，已見於此。内藥外藥同處之法相，又詳於彼。外藥者，在造化窟中而生；内藥者，在自己身中而産。内藥是精，外藥是炁。内藥養性，外藥立命，性命雙修，方合神仙之道。大修行人，欲求先天外藥，必煉己以待陽生，用神炁煉成慧劍，採金水匀配柔剛。古人採藥進火，全憑此物，除七情之患，去五賊之害。若無煉己以去賊之患害，則不能常應常靜，魂魄焉能受制，情慾豈不相干。若要入室施功，臨爐下手，則外火雖動而内符不應。只因剛柔未配，以此慧劍無鋒，羣魔爲害，心神不寧，欲念雜起，故乃逐境飄流，致使汞火飛揚，聖胎不結。如使煉己純熟，則心無雜念，體若太虛，一塵不染，萬慮皆空。心死則神活，體虛則氣運，方許求一陽之道，二候之功。還丹容易，煉己最難。憑慧劍剖破鴻濛，舒匠手鑿開混沌。卻用陰陽顛倒之法，水火既濟之道，乃行地天交泰，使陽居下，火必照上，令陰在上，水能潤下。只要苦行忍辱，身心不動。己之性若往，彼之氣自回。人能如此，便得守雌不雄，寂然不動，感而遂通之效也。太極將判之間，靜以極而未至於動，陽初復而未離乎陰，候此眞先天炁降，以法追攝，送入黄庭之中。日運己汞，包固週密，汞氣漸多，鉛氣漸散，合丹於鼎。又須調停眞息，週流六虛，至聲寂而意合，乃氣匀而脈住，丹始凝結，只待聖胎氣足，十月功圓，脱胎神化，降生嬰兒。調之純熟，出入縱横，往來無礙，不被羣魔引誘，只待九轉功成。面壁之時，煉精則化炁，煉神則化虛，形神俱妙，與道合眞，此大丈夫功成名遂之時也。

是道古人不傳於世，蓋緣愚人信之不篤，行之不動，而且反生誹謗，是以祕而不傳。予自得遇至人以來，述此修身祕要，以警覺後學。同志者各加黽勉，共陟仙都。

《張三豐先生全集・道言淺近說》 夫道者，其層次須知三候、三關。大抵不外四言：無爲之後，繼以有爲；有爲之後，復返無爲而已。

內丹功夫亦有小三候，積精累氣爲初候，開關展竅爲中候，築基煉己爲三候。下手於初候，求之大抵清心寡欲，先閉外三寶，養其內三寶而已。

繫辭窮理盡性，以至於命。即是道家層次，一步趕步工夫。何謂窮理？讀真函，訪真訣，觀造化，參河、洛，趁清閒而保氣，精神以築基。一面窮理，一面盡性，乃有不壞之形軀，以圖不死之妙藥。性者內也，命者外也。以內接外，合而爲一，則大道成矣。以至於三字明明有，將性立命，後天返先天，口訣在內，特無誠心，人再求訣中訣以了之也。

《天仙正理直論增註・先天後天二炁直論》 沖虛子曰：昔讀《玉皇心印經》云上藥三品，神與氣精，固然矣。本註云：人以精、氣、神三者以生此身，亦以精、氣、神而養此身於世間，凡從人胎生者，皆如此。仙與佛，同是人胎中有此身心而來者，故亦同修此三者而成果。學仙佛者當知。然基間有秘密而當直論者，正有說焉。秘密者，先天後天之說也。上古未說之秘，中古聖真亦說之，特未詳，故後世人有遇傳者，有不遇傳者，有知者少，不知者甚多。唯是神與精也，秪用先天，忌至後天，先天是元神元精，是有變化、有神通之物也。後天者，思慮之神，交感之精，無神通變化之物也。而炁則不能無先後天之二用，以爲長生超劫運之本者。真陽曰：二炁者，先天是元炁，後天是呼吸之氣，亦謂之母氣與子氣也。超劫之本乃元炁，不自能超，必用呼吸以成其能，故曰有元炁不得呼吸，無以採取烹煉而爲本，有呼吸不得元炁，無以成實地長生轉神入定之功，必兼二炁，方是長生超劫運之本也。所以呂祖得先天炁，後天氣之旨而成天仙也。純陽真人初聞道而未甚精明，及見《入藥鏡》云：先天炁，後天氣，得之者，常似醉之說，而後深悟成道。故真人自詩云：因看崔公《入藥鏡》，令人心地轉分明是也。然所謂先天炁者，謂先於天而有無形之炁，能生有形之天，是天地之先天也，即是能生有形之我者，生我之先天也。天從元炁所生，我亦從元炁所生。故亦曰先天。修士用此先天始炁，以爲金丹之祖，未漏者即採之，以安神入定，未漏童真之體，即用童真修法。已漏者，採之以補足如有生之初，完此先天者也。凡在欲界精已漏者，遇此先天炁將動而欲趨欲界，則採取烹煉，還補爲離坎之炁，則先天依舊完足，即是金丹。服此金丹，則超出欲界之上，而成神仙、天仙矣。夫用此炁者，由何以知先天之真也？當靜虛至極時，即致虛極，守靜篤之說。無一毫念慮，念慮原是妄想心。亦未涉一念覺知，此在不判不動之時，尚在將判之先者。此正真先天之真境界也。佛宗所謂不思善，不思惡，在恁麽地，與此同。如遇混沌初分，即鴻濛一判。即有真性始覺，真炁始呈，是謂真先天之炁也。真陽曰：先天之炁藏氣穴，雖有動時，猶是無形依附有形，而爲用者始呈而即始覺，尚未墮於形體之用，故曰炁之真。若依形體而用，則旁門邪說之所謂氣者。修士於此下手，須要知採取真時。真陽曰：真時者，藥生之時，易知而辨，所以可用不可用之真時，則難知。非由真仙真傳者，不可得。此非邪說之所謂時者。知配合真法，即以神馭氣之說。知修煉真機，而後可稱真仙道。真機者，總上二者皆是。鼎器要真，不真則真炁墮於空亡。火候要真，不真則明明進退之陽火而不陽火，暗合進退之陰符而不陰符者不可。故修煉之機，要知之真而後可行可成。知不真則不可行，不可成。所謂後天氣者，後於天而有，言有天形以後之物。若風氣之類，曰巽風者。即同我有身以後有形者也。若呼吸氣之類，亦喻巽風者。當陰陽分而動靜相乘之時，此言陰陽。是言太極一中分陰陽爲二。神炁是也。陰陽俱有動靜，故相乘，如二分四之說。今人若不信陰陽，同有動靜者，如睡濃時，炁固靜，神亦靜。睡醒時，炁亦屬動，靜亦屬動。即如世法俗語，便見道理，自然循環是如此者。有往來不窮者，爲呼吸之氣。何故說往來不窮？以呼吸在睡時也有，在夢時也有，在覺時也有，在飲食時，未飲食時皆有，故曰不窮。若神炁歸於元位，似不見有，則曰元神、元炁。不與睡中呼吸顯然同相。及其神炁同動，判然靈覺，有照有應，顯然不無。唯聖真有修者，而後有證。以凡夫之呼吸者，運至真人呼吸處，以凡夫之呼吸窮而死者，修成真人之呼吸窮，而長生不死，以超劫也。有生生不已者，爲交感之精，故曰後天。自呼吸之息而論，此言凡夫呼吸自然之理。人之呼出則氣樞外轉而闢，吸入則氣樞內轉而闔，是氣之常度也。自交感之精而論，由先天之炁動而爲先天無形之精，真陽曰：先天炁精，俱是無形之稱。在虛極靜篤時則曰先天元炁，及鴻濛將判而已有判機，即名先天元精，其實本一也。觸色流形，變而爲後天有形之精。若人不遇色欲邪婬，必不成後天有形之精。此乃人生日用而不知者。是精之常理也。皆人道，若此而已，人道者，言順則爲人時之道也。此書篇篇皆先言順，而後言逆修，見其即自家所有，以修自家，如釋迦所謂衆生即佛之意。後天而奉天者也。修士於此，須不令先天元精變爲後天，又必令先天之精，仍返還爲始炁。即是歸於原相，復還命蒂之所。始炁者，即虛之極，靜之篤也。是以後天氣之呼吸得真機而致者，故於動靜先後之際，即所謂如亥之末，如子時之初便是。用後天之真呼

吸，尋真人呼吸處，李云：只就真人呼吸處，故教姹女往來飛。又即張紫陽真人所謂一孔玄關竅，乾坤共合成。又云：橐天籥地，徐停息者，皆是。一意歸中，即以神馭炁，凝神入氣穴之理。隨後天氣軸而逆轉闔闢。元炁固要逆修，而呼吸之氣亦要逆轉。不逆轉則與凡夫口鼻咽喉浩浩者何異？所以言真呼吸者以此。當吸機之闔，我則轉而至乾，以昇爲進也。乾天在上，自下而上，機似於吸入，故曰闔、曰昇。亦似古之言進昇於乾，本爲採取之旨。當呼機之闢，我則轉而至坤，以降爲退也。坤地在下，自上而下，機似於呼出，故曰闢、曰降。亦似古之言退降於坤，本爲烹煉之旨。然現在之烹煉，又爲未來採取之先機，此道陰齊特言之密旨也。遇南餘庠友初至道隱齋問曰：何爲進退？衝虛子言：衝退者，亦虛喻耳，其實不見，有似進退，何也？古云：子巳六陽時進陽火三十六，午亥六陰時退陰符二十四。此言陽時所行，則曰陽火，陰時所復，則曰陰符，皆言火也。以九陽六陰多少之數言進退，亦一定之數也。故不似進退，非漸加漸減之爲進退，而亦非外進內，多退少爲進退。我故曰不似進退，而虛喻進退也。又按古云陰符者，暗合也。其週天中暗合者亦有，只曰沐浴之不行火候，而暗合於有火候者，但不在六陰時而俱可言暗合。後世人執進退二字，要說進，妄以自外而進於內，自少而進於多，又要退，妄以有而退於無，如王道所謂戍滅亥休之說。吾故曰皆說得不似，此說只以昇爲進，降爲退。謂候中只有昇降，必要似子進陽火，午退陰符，從此喻說而已。修煉先天之精合爲一炁，以復先天者也。真陽曰：此一段即言小週天所當用之機，火候所不傳之秘在是。修煉金丹之士，只要闔闢明得透徹，則金液可還而爲丹。若闔闢不明，則藥不能生，而亦不能採取烹煉。大藥無成，枉費言修。世人乃不知先天爲至清至靜之稱，所以變而爲後天有形之呼吸者，此先天也。動而爲先天無形之精者，亦此先天也。化而爲後天有形之精者，亦此先天也，此順行之理也。元炁爲生身之本，凡一身之所有者，皆由元炁所生化。至於逆修，不使化爲後天有形之精者，固此先天也；不使動爲先天無形之精者，定此先天也；不使判爲後天有形之呼吸者，伏此先天也。證到先天始名一炁，是一而爲三，三而復一，有數種之名，即一生二，二生三，三生萬物之說。即有數種之用。故不知先後清濁之辨，不可以採取真氣；真炁者，即先天元精，清者也，後天交感之精，濁者也，則不真。不知真動真靜之機，亦不可以得真炁；虛之極，靜之篤，則曰真靜。未到極篤炁知覺時，不爲真靜。從無知覺時而恍忽有妙覺，是爲真動。未到旡知覺時，而于妄想中強生妄覺，則非真動。動既不真，則旡真炁者。不知次第之用，次第者，次藥生之真時。採藥歸鼎封固，進陽火，退陰符，週天畢，有分餘象閏等用。採取之工，由昇降之機得理，則能採取得炁。不然不得真炁。縱用火符，亦似水火煮空鐺而已。又何以言伏炁也哉！古人有言藥物者，單以先天炁而言者也；有言爲火候者，單以後天氣而言者也。不全露之意也。有言藥即是火，火即是藥，雖兼先後二炁而言，蓋言其有同用之機，藥生則火亦生，用藥則亦用火，故曰即是。亦不顯露之意也。後來者，何由得以明悟耶？修天仙者，不可以不明二炁之真。

《天仙正理直論增注・藥物直論》

前先天後天已兼火藥論矣，此則單論藥之先天。

沖虛子曰：天仙大道喻金丹，金丹根本喻藥物，果以何物喻藥也？煉外丹者，以黑鉛中所取真鉛、白金煉成金丹。故內以腎水中所取真炁同於金，煉成內丹，亦名曰金丹。外以白金爲藥，以丹砂爲主，內以真炁同於金者爲藥，以元神本性爲主，故同名金丹，同喻藥物。太上云：恍恍惚惚，其中有物。恍惚者，是本性元神。不著於知覺思慮，似知覺之妙處，其中便有物。即吾身中一點真陽之精炁，號曰先天祖炁者是也。夫既名曰祖炁，則必在內爲生氣之根者，而又曰外藥者何也？蓋古云金丹內藥自外來，以祖炁從生身時雖隱藏於丹田，卻有向外發生之時。如生視、生聽、生言、生動、生婬慾，皆此一炁化生。如思外之色、聲、香、味、觸、法，皆由炁載思以致之。即取此發生於外者，復返還於內，是以雖從內生，卻從外來，故謂之外藥，煉成還丹，斯謂之內藥，又謂大藥，古云鉛汞相交，而產黃芽，即此大藥，便是黃芽。實止此二炁而已。今且詳言外藥內藥之理，而所以名外藥內藥之由。聖真學者，究此一段，則邪說婬風一筆掃盡矣。既曰：藥本一炁也，非有外內之異，而何有外內之名者，以初之發生，總出於身外，而遂曰外藥。若不曰外，則人不知採之於外，而還於內，將何以還丹？及精補精全，炁補炁足，神炁俱得定機，真陽曰：定機者，將用大週天之先機也。若小週天，則不定之候。故小週天有止火之候者，以其不定能傷將定之藥。張真人所言，若持盈未已，不免遭危殆之說便是。於此時發生大藥者，真陽曰：大藥不自發生，必採之而後發生，不似微陽初動，爲自發生也，然必求。何以知採大藥之時，知前止火之候，則知即採此大藥之時。全不著於外，祇動於發生之地，因其不離於內，故曰內藥。昔人每註，只說炁是外藥，神是內藥者，不是。若不曰內，則人一概混求於外，則外無藥，無所得而阻於小，果空亡，此言只可長壽，而非不死可超劫運者。將何以化神？所以先聖不得已而詳言外內也。張真人云：內藥須同外藥，俱與此同。既有外內之生，所以採之者亦異。蓋外藥生而後採者也，純陽真人云：一陽初動，中宵漏永。紫陽真人云：牽將白虎歸家養者是也。內藥則採而後生者也。自丘真人傳於張、李、曹三真人，以及伍衝虛子，所謂七日口授天機，以採大藥者是也。張紫陽亦謂不定而陽不生。此亦往聖之不輕言直論者，我今

再詳言之，以定繼世尊所爲重宣偈者云。此炁在人未有此身，即此炁以生其身。此炁不足者，則不能生子之身。少者、老者，皆具此形。少者炁足能生子，老者炁不足，故不生子。觀此，明知形不能變化生生而炁能生。既有此身，則乘此炁運行以自生。故曰修士亦惟聚煉此炁，而求長生也。惟能煉則能聚，煉聚久之而大藥生，爲能起死回生之真仙藥也。但其變化，雖在逆轉一炁，而其爲逆轉主宰則在神。即神返身中炁自回之說。若念動神馳，引此炁馳於欲界，則元神散、元炁耗，變爲後天有形之精，此精必傾，有形者，終有壞也。不可復留，亦不可復返，終於世道中之物而已，乃無益於丹道之物也。若人認此交姤之精爲藥，即爲邪見。丹道以無形元炁爲藥，既已有形，則不能復爲無形之藥。既已婬媾，則炁已耗盡。且千人千敗，萬人萬敗，何曾見有一人不敗？婬精而能採來補精，得長生不死者乎？是以修金丹者，不用婬媾之精者，以其炁不足，不能長生故也。如遇至靜至虛，不屬思索，不屬見聞覺知，總是虛之極，靜之篤者。而真之這炁自動，虛靜之極自動，方是循環，自然妙處。非覺而動，實動而覺，覺而不覺，復覺真玄，覺而動者，先覺後動也。動而覺者，先動後覺也。即是先天宜用之藥物。此時即有生化之機，可以凡，可以聖。而將發生於外者在，如天地之炁，過冬至而陽動，必及春而生物者然也。冬至陽初動，謂之微陽。孔子於復卦之大象云：至日閉關安靜，以養微陽。陽微故不能生物，亦不能爲藥。故順而去之，即能生人，逆而返之，則能生仙、生佛，修士最宜辨此一著。以先天無念元神爲主，返照內觀，凝神入於氣穴，則先天真藥亦自虛無中，而返歸於鼎內之炁根，即炁穴也。爲煉丹之本。古云自外來者如此，此外藥之論也。將此藥之在鼎者，以行小週天之火而烹煉之，俞玉吾云：若知有藥，而不得火候之秘以煉之，唯能暖其下元，非還丹也。謂之煉外丹。此正三家相見之謂，亦迴風混合百日功靈之說。外丹火足藥成，方是至足純陽之炁，炁不化陰精，便是純陽之真炁也。方可謂之坎中滿者。曹還陽真人口授以採大藥之景，及採大藥之法者，正爲此用也。還陽真人云：有可採大藥之景到，便知藥成，而有大藥可採。景不先到，藥未成也。夫採之而大藥生而來，斯固謂之得內藥矣。或有採之而大藥不生者，有三故焉：一者或外丹已成，從初陽之微，而修補至於真炁純陽，謂之外丹成。而採此藥之真工不明，而不知所以，採之故不得；此由學者志不大，心不堅，前修功行少，今修福力薄，仙師只傳以補精築基之功，特小成其長生之果者。二者或小週天之火，傳之真而行之不真，而外丹不成，雖知採之，而無藥可採，故不得；此即馬真人門下弟子問我，行道三年，尚道眼不明，是何故？真人曰：行之不精。三者火傳之真、行之真，而候不足，老師昔云：火有止，候到方是火足藥成。候不足，止景不到，必不可止火。而藥炁不至於純陽，雖知採之而藥不爲之採，故亦不得。藥之不可得，則不得曰內藥也。此三者，總言採藥之不得，即是道之不成。示此以爲學者自勉，可不知所懼哉！採得此藥以服食，而點化元神。張紫陽謂之取坎填離，正陽真人謂之抽鉛添汞，祇皆言得此內藥也。欲將此炁煉而化神，必將此炁合神爲煉，古云煉炁化神。後人不知如何言化。神炁人所自有者，炁因婬姤而消耗，神因婬欲而迷亂，故皆不足，而漸趨於死。真人修煉，先以神助炁，煉得炁純陽而可定，後以可定之炁而助神。神炁俱定，炁至無而神至純陽，獨定獨覺，即謂炁之化神也可。煉作純陽之神，則有大週天之火候在焉。仙家稱爲懷胎，爲胎息。言如在胎時，自有息而至無息。佛謂之四禪定。《華嚴經》云：初禪念住，二禪息住，三禪脈住，四禪滅盡定是也。當是時也，火自有火而至於無火，藥自有藥而至於無藥。自純陽炁之無漏，以成純陽神之無漏，而一神寂照，則仙道從此實得矣。皆藥之二生之真，兩採之真，兩煉之真，以所證者。辨藥者，爲仙家之至要秘密天機，學者可不知辨哉！然古人但言藥物，而不言辨法，不言用法，又不言採時、採法，一藥之虛名，在於耳目之外，故後人無以認真，我且喻言之。如一草一木之爲藥，佛有藥草之喻者。有生苗之時，有華實之時，自一根而漸至成用者如此。真陽之藥，自微至著，採而用爲修煉者亦如此。即初九潛龍勿用，及九二見龍利用之說。我所以直言此論者，正以申明古人所謂藥生有時，令人人知辨而知用也。世人見此論而信不及者，則將何處得真陽？將指何者爲真藥物哉？吾願直與同志者共究之，慎毋信邪說婬精不真之藥物爲誤也。

《天仙正理直論增注·鼎器直論》

沖虛子曰：修仙與煉金之理同。聖聖真真，無不借金丹以喻，明夫仙道。仙道以神炁二者，而歸復於丹田之中以成真；金丹以鉛汞二者，而烹煉於爐鼎之內以成寶。故神炁有鉛汞之喻，而丹田有鼎器之喻也。是鼎器也，古聖真本爲煉精、煉炁、煉神，所歸依本根之地而言也。世之愚人，遂專於煉鉛煉汞，而墮壞其萬劫不可得之人身。愚人不知，身中先煉者爲外丹服食，執鼎器之說，只信煉鉛汞金石外藥爲服食不死，至失人身而不能救，此鼎器之說，誤人亦甚矣。妖人婬賊，遂妄指女人爲鼎，指婬姤爲煉藥，取男婬精、女婬水敗血爲服食，誑人自誑，補身接命，遊方之士及一切居家愚人，以女人爲鼎器，以婬姤爲煉接命之藥，取男洩之婬精，陰戶出之婬水，經後之敗血，從《廣胎息書》之說，皆服食之，爲接命不死。夫世法中猶慎於婬姤，婬姤傷多者，有房勞之病，

而死隨之矣。正損身喪命之事，反誣曰補身接命。且食有形之物，同飲食入脾肚，出二便，即令婬精婬水食之，亦入脾肚，出二便。飲食不能无死，精與水亦不能无死，假使食精與水可無死，食尿屎爲自己所出者，亦可無死乎？故鍾離云：若教異物堪輕舉，細酒羊羔亦上昇是也。此皆由鼎器之說不悟者。而誤棄其性命本自有之真宗，性即元神，命即元炁，是我生身本來之所自有者。神外馳爲婬想，炁外馳行婬事，皆所以速死者。真人以神馭炁，同歸於炁穴根本處，禁之令久住於中而不可出，以此禁固之義，亦曰鼎器。盡由鼎器之說誤之也。一鼎器之名，而迷者與悟判塗，敢不明辨而救之哉！夫是鼎器也，爲仙機首尾歸復變化之至要者也。首尾者，煉精化炁，煉炁化神也。既用火候爲烹煉，必有鼎器爲封固，既以神炁歸於丹田之根，則丹田便是鼎器，方有妙用。若無此爲歸復之所，而持疑無定向，則神何以凝精炁歸穴耶？然鼎器猶是古來一名目也，凡有一虛名者，必有一實義。故世尊所說，欲明佛法，每借權顯實。仙家每有言，皆欲顯實，故真仙真喻者固多，而邪說混入邪喻者更甚。不知身中所本有者，有乾坤爐鼎之喻。乾爲上田，亦天在上；坤爲下田，亦地在下。故《中和集》所說，亦有天地爲爐鼎者。曰鼎鼎原無鼎者。亦有內鼎外鼎之稱者。有稱金鼎、銀鼎者，鉛鼎、汞鼎者，水火鼎、硃砂鼎者。言外鼎者，指丹田之形言也；佛喻曰法界，修行佛法之界也。言內鼎者，指丹田中之炁言也。佛喻曰華藏，曰寂光國土。以形言者，言煉形爲煉精化炁之用。故古云前對臍輪後對腎，中間有箇真金鼎者是也。仙道神馭炁之必歸於此，安止於此，禁之不令外動，故鼎器關煉鉛汞者似之。以炁言者，言煉炁爲煉炁化神之用。故古云先取白金爲鼎器，此旌陽真君之說也。古以黑鉛喻腎，腎中發生真炁，取之而喻曰取白金。有此白金之元炁，是得長生超刧運之本，方安得元神住，亦以長生超刧運，故曰先取爲鼎器以還神也。又曰分明內鼎是黃金。白金內有戊土之黃色，故亦稱曰黃金，以喻同。言白言黃，皆言所還之炁是也。兹再擴而論之，無不可喻鼎器者。當其始也，即初關煉精化炁時。欲還先天真炁，惟神可得，則以元神領炁，並歸向於下丹田，而後天呼吸皆隨神以復真炁，即借言神名內鼎者也可。若無是神，則不能攝是炁，而所止之下田爲外鼎者，又炁所藏之本位，即所謂有箇真金鼎之處。此言丹田既爲外鼎，則神亦可爲內鼎也。必凝神入此炁穴，而神返身中炁自回。真炁陽精發生時，必馳於外者，故欲其返回。神知炁之在外，則神亦馳在外。亦欲返回者，當其炁之在外，而神亦隨之在外，及神返身中，炁亦隨之返於身中。故曰神返身中炁自回也。炁所以歸根者，由此也。及其既也，欲養胎而伏至靈元神，即中關煉炁化神時。惟炁斯可，人生在世間，惟是炁載神。修仙出世間，亦用炁載神。則以先天元炁，相定於中田，《參同契》云：太陽流珠，常欲去人，忽得金華，轉而相因。又佛家六祖盧能云：心是地，性是王，王居心地上，性在王在，性去王無之說皆是。似爲關鎖，而神即能久伏久定於中。太上云：轉神入定。即如前言，炁名內鼎者也可。若無是炁，即墮孤陰之說。則不能留是神。神無所依著，則出入無時，馳爲神聽言動之妄，若依炁爲念，則無向外妄念矣。而所守之中田爲外鼎者，又神所居之本位，故神即靜定而寂照者如此也。初煉精化炁，固以神爲炁之歸依。及煉炁化神，又以炁爲神之歸依。神炁互相依而相守，緊緊不得相離，真可喻鼎器之嚴密一般。盡皆顛倒立名，以闡明此道耳。故呂仙翁又曰真爐鼎、真橐籥，知之真者而後用之真，用之真者而後證果得其真。豈有還丹鼎器之所當明者，而可不實究之耶？此又結言，自身有還丹鼎器之當究。又豈有取諸身外，而可別求爲鼎器者耶？此又結言，泥土金鐵鼎器，及女人假稱爲鼎器者，俱不可信，信之則必誤喪性命。昔有言，總在炁聖性靈而得者，斯言亦得之矣。白玉蟾云：祇將戊己作丹爐，煉得紅丸作玉酥。蓋戊爲腎中炁，名白金者日戊，己即心中之本性曰己。戊己原屬土，故曰土釜，即鼎器之別喻也。張紫陽曰：送歸土釜牢封固是也。夫還神攝炁，妙在虛無。虛無者，乃真先天神炁之相也。神无思慮，炁無婬姤。必先有歸依，神依炁，炁依神，神炁相依，而又依中下之外鼎。方成勝定。勝定者，最上乘至虛至無之大定也。古云心息相依，久成勝定。此鼎器之辨，不可忽也。

《**天仙正理直論增注・築基直論**》沖虛子曰：修仙而始曰築基。築者，漸漸積累，增益之義。基者，修煉陽神之本根，安神定息之處所也。基必先築者，蓋謂陽神即元神之所成就，純全而顯靈者。常依精炁而爲用，神原屬陰，精炁原屬陽。依真陽精炁，則爲陽神，成就純陽。不依精炁，則不能成陽神，止爲陰神而已。精炁旺則神亦旺而法力大，精氣耗則神亦耗而弱，此理之所以如是也。自基未築之先，元神逐境外馳，如見色境在外，則必起婬念。則元炁散，元精敗，基愈壞矣，所以不足爲基。且精之逐於交感，年深歲久，戀戀愛根，一旦欲令不漏，而且還炁，得乎？此無基也。炁之散於呼吸，息出息入，勤勤無已，一旦欲令不息，而且化神，得乎？此無基也。神之擾於思慮，時遞刻遷，茫茫接物，一旦欲令長定，而且還虛，得乎？此無基也。此三段是申明上文基已壞者，而不足以爲基之說。古人皆言以精煉精，以炁煉炁，以神煉神者，正欲爲此用也。是以用精炁、神三寶合煉，精補其精，炁補其炁，神補其神，築而成基。唯能合一則成基，不能合一，則精、炁、神不能長旺，而基即不可成。及基築成，精則固矣，

炁則還矣，永爲堅固不壞之基，而長生不死，《玄綱論》云：道能自無而生有。豈不能使有同於我乎！有同於無，則有不滅矣。證人仙之果矣。爲出欲界昇色界之基者以此，爲十月神定之基者以此。而九、十月不昏睡者，有此基也；十月神不外馳，而得入大定者，有此基也。十月不飲食不寒暑者，有此基也。所以煉氣而氣即定，歷百千萬億劫而絕旡呼吸一息；煉神而神即虛，歷百千萬億劫而不昏迷一睡，亦不散亂一馳。與天地同其壽量者基此，與聖真齊其神通靈應者基此，此所謂陽神之有基者。基成由於陽精無漏，而名漏盡通。不然，無基者即無漏盡通矣。雖證入神通，不過陰靈之性，五通之果，五通者，是陰神之神通也。若陽神則有六通，多漏盡通也。六通者：天眼通、天耳通、神境通、宿命通、他心通、漏盡通。此一通爲陽神之所多，餘五通陰神同。宅舍難固，陽精無漏，則身長生不死，爲金剛堅固，宅舍可永劫不壞。若有漏之軀，有必死之道，身不堅固也。不免於死此而生於彼。若有秘授，躲横生而擇竪形者，猶且易姓改名，虛負今生矣，陰神何益哉？陽神之基可不亟築之哉？可不急究之哉？世有以婬姤敗基者，一誑人曰採補築基，欺騙愚夫，共爲婬樂。一遇婬媾，而精無不損者，炁無不耗者，神無不蕩者，基愈滅矣。直誤至於死，而後知彼婬邪術假之悖正道，可不戒之哉！此篇正文重重自相申解已詳，不必再生註意。

《天仙正理直論增注·煉藥直論》

沖虛子曰：仙道以精、炁、神三元爲正藥，元精、元炁、元神曰三元，皆先天也。以煉三合一，喻名煉藥，昔谷神子云：道以至神爲本，以至精爲藥，以衡和爲用，以無爲爲治，長生久視之道成矣。若不如此，即非金液大還丹之法。其理最精微，其法最秘密。昔鍾離會十試於呂祖，丘祖受百難於重陽，我伍子切問二十載於曹還陽，逢師於萬曆癸巳年三月，受全道於壬子年三月間，以癸壬計之，二十年也。我當初每自恨福力之薄，不蒙師一速度，今而後始知侍教久者入道精，不然何以能高出萬世耶！予又按白玉蟾云：十年侍真馭。白又云：說刀圭於癸酉七月之夕，盡吐露於乙亥春雨之天，又當知天機非邂逅可談。方纔有得。是以世之茫然學道者，及偶然漫談者，皆不知何者是真藥，而何法爲真煉，徒然空說，向自己身心中而求，實不知有至靜之真時真機也。夫至靜之真時者，是此身心靜極，即所喻亥之末、子之初也。陰靜極必有陽動，靜屬陰，動屬陽。陽極則陰靜，陰極則陽動。則炁固有循環真機，自然復動，此正先天無形元炁將動，而爲先天無形之元精時也。即此先天天形之精，便名藥物。既有藥炁生機，必有先天得藥之覺，即時至神知之說，亦即我神炁同動之說也。即以覺靈爲煉藥之主，以衡和爲煉藥之用。覺靈者，妙覺靈心也。衡和者，烹煉薰蒸之和氣也。此正三家之初相見也，亦三華之所聚者。則用起火之候以採之。因有藥生而起火，即活用子時。起火曰活子時，藥生與火生同時，故以火之活了時而稱藥。亦曰活子時。達摩云：二候採牟尼。言採藥用二候也。四候別神功，言沐浴用四候也。同此。須辨藥之老嫩，採之嫩，則炁微而不靈，不結丹也。人人都說藥生要辨老嫩，若嫩則炁微，配合之則旡半斤八兩之炁，何以成一斤？故不靈。採之老，則氣散而不靈，亦不結丹也。老者，只是過於當採之時，當採而未採，則氣以久而虛散，皆由心生怠惰而至此。氣既散，則力亦微，配合不均，不能成丹，故亦曰不靈。得藥之真，不老不嫩，如九二利見者，曰藥真。非初九之勿用，亦非上九之有悔。既採歸爐，則用行火之候以煉之。行小週天之火也。藥未歸爐而先行火，昔呂真人戒之云：無藥而先行胎息，強留在腹，或積冷氣而成病。顧與弢庠友問：既知採藥，何故又不歸爐？衡曰：傳正道知真採，故可必得歸爐。又要行火合於候之妙，方得藥歸爐。若火生早了，是名火小不及，不名衡和。衡和者，和而衡也。古人有喻者曰：如浴之方起而暖氣融融然，火既小而不及，丘真人已言曰則金精不飛是也。焉能得藥歸爐？悟道真修者，必先從我此答精思之，則知直至末後皆是如此。藥竟外耗而非爲我有，藥尚未入鼎中，而妄行火，即所謂鼎內若無真種子，猶將水火煮空鐺之說。不成大藥；藥已歸爐，而未即行火，則真炁斷而不續，亦不成大藥。藥在外，由火以採之而歸爐，亦由火烹煉之，方在爐中成變化。已得藥歸爐，火斷而不行，則真炁亦斷而不住，及再行火，雖週一天，終與前不續，藥亦不續，如何能成大藥？即《參同契註》所云：外火雖動，而行內符不應，則天魂地魄不相交接是也。若肫肫然加意於火，則偏著執於火，而藥消耗；執著用心於火，則著有相而急燥，近於外道之存想有爲，非自然之天機妙用。若悠悠然不知有火，則迷散。行火之時，若心不誠，則不靈。或昏迷十二之時，或迷失刻漏之數，或忘沐浴之候，或不知以何數週於天，或週已而猶不止，皆是。失於火而藥亦消，火不能留藥，焉得不消？即神不留炁之喻。皆不成大藥。已上皆言孤陰寡陽，偏有偏無之危險也。若火間斷，而工不常，雖藥將成而復壞；火所以煉藥，古云火藥一處居。行火之法，愈久而愈密，愈密而愈精，斯則必成大藥，必得服食。或有時神逐見聞，婬念馳於外而著魔，則神離火，火離藥，工不常矣，藥如何得成？雖將成，猶有退散之危險。若久執行火，而不知止足，雖藥已成而亦壞。火足矣，即成大藥，因藥成而言足也。藥既成，則不必用火，安得不止？藥已成者，成之而生爲服食之大藥，於此即採，而藥不復壞爲後天有形之精。不止火不採，則大藥必隨生機而將妄行，欲歸之聖路無奈。不止火不採，而無由以受，欲歸之凡路，竟趨，爲後天有形之精不難矣。後聖當知此爲至要至秘，所當防之危險也。皆不得服食。必火足而藥始成，藥已成而必知止候，方有大藥可採，方可服食，不然必不得

藥成服食。後世聖真修此，必使神氣相均、相合，火藥適宜，以呼吸之氣即火也。乘真炁爲動靜，即藥也，以真炁之動靜定真息之根基，真炁歸靜於根，則真息亦定於根，二炁合一於根，以爲胎神之基也。則火藥既不著於一偏，又無強執縱失之患。如此而煉，方得小週天之妙理，方成長生之大藥，始名外金丹成也。馬丹陽云：因燒丹藥火炎下，故使黃河水逆流。《玉芝書》云：玄黃若也无交姤，怎得陽從坎下飛是也。祖祖真真服食飛昇之至寶，乃最上上之玄機，最宜參悟而精修者也。此論備陳煉藥時之危險，令後聖知防慮於此，不至當面錯過，而不知也。神仙所言，金丹服食者，是腎中所得金液之氣，配元神合煉所成，服食之則能神通變化。若方外之士言服食者，不過妄以金石草木誑人，曰煉服食，斷不可爲，以誤大志。縱服食之，或有疾宜於金石藥者，而偶臻愈，或無疾而中毒成大患，必不能超出三界，而顯神通也。得此真藥服食，自可進修行大週天之火候，以煉炁化神。煉炁而息定，化神而胎圓，陽神昇遷於天門而出現，神仙之事得矣，中關十月之事完矣。其後面壁還虛，九年一定，以神仙而頓悟性於無極，形神俱妙，總煉成一箇不壞清虛聖身，皆由煉藥合仙機，而得成丹成神者之所至也。故凡大修行，上關大成事，必如此則畢矣。於此畢法中，始於百日煉藥而成服食者，無量壽之地仙也；地仙者，地上所行之仙，身形重濁未離，故不能離於地而昇虛無之天也。人仙雖長生，亦同於地仙，重形尚在，故亦不能離人與地也。中而十月煉成脫胎出陽神之果者，超出陰陽之神仙也；神仙者，離重濁之形，以無形之神變化，或有或無，皆由一神妙用，故曰神仙。終而九年面壁，煉成還虛之果者，超出盡天地劫運之天仙也。初得神仙，乃得大定而出定者，但得定，由於守中，而出定則居泥丸。故世尊已入滅，而亦入於泥丸是也。至此後還虛，則又入定於泥丸，古人云性在泥丸，命在臍。蓋言了修命之事在臍，了修性之事在泥丸也。泥丸之定，則非從前者比，九年一定者，特以始入之時而畧之，或百年千年萬年一劫，百千萬劫，皆可入爲一定，此正天仙佛之超劫運者。有仙緣者，遇此《天仙正理直論》，其亦齋心以識之。

《天仙正理直論增注·伏氣直論》 沖虛子曰：人之生死大關，只一氣也。有氣則生，無氣則死。此首以人之所共知者言，令人易明生死。聖凡之分，只一伏氣也。氣能伏定則聖，不能伏定則凡。此首以人之皆能者言，令人易學於入聖超凡也。而是伏義，而者，轉文助語。乃爲藏伏，而亦爲降伏。藏伏者，深藏歸伏於元氣之根。降伏者，管攝嚴密，不許馳於外。此二者亦有防危慮險之意。唯能伏氣，則精可返而復還爲先天之炁，神可凝而復還爲先天之神。所以煉精者，欲以調此氣而伏也。煉精小週天，調其息而伏，爲其不能頓伏，故用漸法調而伏。達摩祖師《顯宗論》亦言似此意。所以煉神者，欲以息此氣而伏也。煉神大週天。胎息其息而伏，爲其不能頓息於無，故亦用漸法。胎息，其息，似有而無，乃至於無有無無，而伏於寂靜。始終向上之工，只爲伏此一口氣耳。所以必伏而始終皆伏者，是何故？蓋當未生此身之時，就二炁初結之基在丹田，隱然藏伏爲氣根。久伏於靜，則動而生呼吸。是知由靜伏而後生呼吸之氣，以成人道者，曰順生也。而是逆修曰成仙者，當必由呼吸之氣，而返還藏伏爲靜，此氣伏伏氣之逆順理也。及呼吸出於口鼻，而專爲口鼻之用。呼吸至於口鼻，則落生死之塗矣。離口鼻，則離生死。真氣發散於外，遂至滯損此氣則爲病，耗竭此氣則爲死。蓋不知伏爲所以復之故。伏者，欲將呼吸還復歸於炁穴，而爲不呼不吸之故也。必此氣伏於炁穴，而後元炁能歸，元神能凝，三者皆伏於炁穴也。而亦不知行其所以伏，行所以伏者，言有至妙至秘之天機。呼吸合於天然者爲真，元炁得合當生當採之時者爲真，元神合虛極靜篤者爲真。三者皆真，而後得所伏之理，行之而必成，不然，則亦世之外道而已。安保其能久生，而超生死於浩浩劫之外耶？三者不真，則非所以伏之理，故不能超過浩浩劫之運。有等妄言伏氣者，而不知伏氣真機，真機者，有元炁、元神，而呼吸正合天然自在，方爲真終日把息調，而口鼻之呼吸尤甚。調息者，調其內用之玄機，如橐天籥地，徐停自之說。世之愚人不聞天機，只把口鼻數調，如隔靴搔痒，焉能調得到無息！凝心執閉息，而腹中之逼塞難容。閉息者，《靈寶畢法》書亦言之，是言不通其息出入之門也。雖無門，卻有安頓自然之妙理，非強制之爲閉也。強制則不真，故無成。真禪家與真仙道畧同，若凝禪人之假禪，亦與凝道人之假道同。學者不可不察。禪宗人有一等假禪者曰吞聲忍氣，曰氣急殺人。皆言忍住氣而不出入，此是病，非禪也。強制則念是動的不是靜，何以爲禪？禪字解作靜字。若是自然真靜，方爲真禪。哀哉！此妄人之爲也。安見其氣之伏而靜定也！昔丘祖云：息有一毫之不定，命非己有。息得呼吸絕，則生死之路絕。息有呼吸不定，故不免生死。而伏氣之要，正修士實用，所以證道之工也。但此天機之妙，絕與世法不同。古人託名調息者，世人之息，一呼一吸均平，無用調矣。仙道託名調息者，非世法之用，乃調其有而至无，无而至有，爲其以神馭氣，行之必住，住之必行，在乎行住之間而調之也。隨順往來之理，而不執滯往來之形，欲合乎似無之呼吸也。當有往來，不強使之無，則唯隨順之。似心息相依之說，亦不強執，害其自然而爲勉強。託名閉息者，世之言閉，是勉強不合自然。仙家言閉，只託言閉之名，而非用彼強閉之實。故范德昭曰：內不出，外不入，非閉氣也。我故曰：託名者，畧似閉氣，而實非閉氣也。而內則空空如太虛無物，空如太虛是真虛無，則真息便可歸於真無。真禪理亦似之。若上文

所言，內不空而逼塞者，是強閉者，外道邪法旁門之類皆然。欲合於無極中之靜伏也。無極者，無一炁之始。及後太極，則有一炁之始，一判則爲天地。今言無極，乃言天地及一炁之未有之先，即爲父母尚未有之先。正是虛極，靜篤景象，妙悟必至，如此爲真靜伏。總之，爲化炁化神之秘機。古人云長生須伏氣。故自週天而麽時日年劫，惟伏此氣。言有一小週天之所伏，有一大週天之所伏，一日之所伏，一年、一劫之所伏。或暫或久，而能成其一伏者，真有道之士也。此氣大定，則不見其從何而伏始，亦不見其從何而伏終。無始無終，亘萬古而無一息，與神俱虛俱靜，斯謂之形神俱妙之靜也。世尊能以一法說八千劫而後已，能以一定坐八萬四千劫而後出定，是其形神俱妙，與仙同者。唯聞天仙正道者，方能識得此理；唯有三寶全功者，三寶者，元神、元炁、元精。若一寶非元，則不爲寶。屬於後天者無用，亦不得爲全功。方能行及此工。此工者，即上內如太虛，證入無極靜定者，言若三寶會合，煉成化炁，而後可行大定常定工夫。若未化炁，則亦無用此爲。有大志聖真，請究之而實悟之。

《天仙正理直論增注・胎息直論》 沖虛子曰：古《胎息經》云：胎從伏氣中結，炁從有胎中息。斯言爲過去未來諸神仙天仙之要法也。男子身中本無胎，而欲結一胎，必要有因，則因伏氣於丹田炁穴中而結胎，是胎從伏炁中而結也。元炁靜而必動，欲得元炁不動，必要有藏伏，因有胎即藏伏之所，乃息而不動，是炁從有胎中而息也。胎因愈伏氣而愈長，氣因愈長胎而愈伏，共修成一箇圓滿胎神，斯所以爲神仙、天仙之要法，非此抑將何以成之？然胎息與伏氣本是一事，何分兩論？只爲懷胎養神必用胎息，而後成胎而神住胎。古人皆以胎息言之，今亦詳言於煉炁化神時也。伏氣之說，爲伏氣而得精還化炁，煉藥以得大藥。古人只言伏氣，今亦從之言伏氣，雖兩言之，中則互明其理，令人知兩言之妙，而不妄疑、妄執其爲兩。予願再詳譯而直論之。夫人身初時，只二炁合一，爲虛空中之炁而已。無胎也，亦無息也。此言無胎、無息，起下文返還成仙之所證。因母呼吸而長爲，因胎而長爲息，修仙者，亦必因呼吸而長爲胎，因胎而長爲胎息。及至胎全，妙在隨母呼吸而爲呼吸，所以終日呼吸而不逼悶。此緣不由口鼻呼吸，只臍相通，故能似無氣息一般，此正真胎息景也。古人謂內氣不出，外氣不入，非閉氣也之說，正言由臍相通者。離胎而息即斷，在胎中則我之息由母臍中所生，故我息亦在臍，而口鼻不可呼吸，離胎則口鼻開竅，可以呼吸，順而易矣。當此時且不知胎息，安得復能胎息。無母臍與子臍相通，不得不向自身口鼻起呼吸，即與胎中呼吸同，而暫異其竅耳。逆修返還之理，安得不以我今呼吸之息，而返還爲胎中息耶？凡返還呼吸時，以口鼻呼吸之氣，而復歸於胎息之所，即丹田之所。許旌陽云：臍門元炁結成丹，轂神不死因胎息，長生門戶要綿綿。《元始得道了身經》云：中宮胎息爲黃婆。《抱朴子》曰：得胎息者，能不以鼻口呼吸，如在胞胎之中，則道成矣。以鴻毛著鼻口上，而毛不動爲候也。如處胎息之時，漸漸煉至胎息亦真無。真無者，滅息盡之義也。謂胎中之息，亦真無之，此正禪宗人所謂：萬法歸一，一歸無之說。方是未生時，而返還於未有息、未有胎已前之境界，不落生死之途者矣。凡人有呼吸，則有生死。無了呼吸，即無生死。所以得如此者，亦非驀然無所憑依配合，便以呼吸歸中，而可胎息者。呼吸之炁最難制伏，必有元炁相依，方可相定而成胎息。然胎息何以知其成也？以呼吸歸於胎息，則口鼻無呼吸而成胎息，是其真成也。終不復至口鼻爲呼吸。真禪定者亦似此。若凡夫外道不知元炁者爲何，單以呼吸歸於中，而妄曰入定胎息。其息不能定住於胎所，雖忍氣而氣無所容，乃日氣急杀人，而終不能強忍口鼻之氣，更呼吸浩浩，皆由悖卻世尊所謂无生法忍者之所爲也。世之假道人、假禪人皆如此。此亦後學聖真之所當辨，而自防危險者也。所謂孤陰不成者，此亦其一也。呼吸之氣，乃後天有形之陰物，故亦如此言之。必要有先天炁機發動之時，又有元靈獨覺及呼吸相依，三寶會合，已先煉成大藥者，而轉歸黃庭結胎之所，於此之時，此時者，是當此結胎之時。因文上句皆言先所化炁，而至此始言胎息之意也。此正申明必要煉精化炁，以炁助胎，以神主胎，以呼吸結胎，方成真胎息。而後以胎息養胎神，得神炁乘胎息之氣，在中一定，神炁與胎息相乘，方是有配合的修真胎息之工，所以能成真胎息，得真定。若無具炁，便不是金剛不壞之身。坐中只是昏沉瞌睡，如何能長覺長明，以長馭氣入大定成胎乎？有間斷，即非胎息。即是結胎之始，正《入藥鏡》所謂：初結胎看本命而得者。本命者，二氣也。元炁爲生身命之本，呼吸氣爲生身命之具，而結胎之初，必要本命二炁，隨神之號令，同凝於中，而爲真胎者也。雖似有微微呼吸，若在臍輪而若不在臍輪，有虛空。正《度人經》所謂：元始懸一粒寶珠，去地五丈，如世尊之前，地湧之寶塔，在虛空中等語，皆是也。皆用運旋真息，以漸至成胎，頓然絕離口鼻，不存呼吸，滅卻有作，恰然處胎相似。而胎中之息，始雖似有而終絕無，即是真胎息，所以成陽神者。若無大藥真氣服食，若非三家相見，必不能胎真息，而神真純陽者也。如是而久久無間斷，綿綿密密，無時無刻而不是在胎中無息之景，直證陽神大定，絕無動靜起滅，即是胎圓，乃返還到如母胎初結，一炁未成我，而未分精、炁與神之時，正《入藥鏡》所謂：終脫胎看四正而得者。看四正者，驗四正工夫之有無也。有則胎尚未圓，以其有乃養胎之工也。無則曰滅盡定，而陽神成就矣。胎息還神，固曰畢矣，胎事畢，滅盡定，佛亦滅盡定入涅槃。故其經云：若於佛事不週，不入涅槃；佛事週託，方入涅槃。畢其十月中關之事，神

仙之證也。猶有向上田煉神還虛。而證天仙者，在所必當知。故遷神於上田而出天門，以陽神之顯見者，倏出而倏入何也？當前之十月之內，而或有出者，是不宜出之出也，由六根之爲魔而妄出。陽純則無魔，陰盡則無魔，陰將盡而未盡，甚爲魔者，要除陰盡，是要除魔盡也。妄出則神走而著魔境，而息亦走著於口鼻，必急入則依於息而歸胎。此一段又再詳指示人，以十月內之所當防此危險者。此時之出，是當出而出也。昔監養素胎成，當出而不知出，故劉海蟾寄書與之，指示所出之法。故起一出念，而出陽神於天門，天門者，《傳道集》所言指指頂門也。古人於此贊之曰：身外有身是也。若出之久，恐神迷失而錯念，古云：十步百步，切宜照顧。故即入上田，而依於虛無之定。所以神既出胎，喻同人生之幼小，須三年乳哺者，以定爲乳哺也。又言九載三年一定者，言出定之初，時而入定，以完成還虛之天仙也。證到至虛至無，即證天仙矣。然是定也，入定時多而出定時少，又宜出之勤而入之速也。我故曰：出定之初，即爲入定之始也。雖天仙已證，亦無不定之時也。故世尊亦曰：虛空界盡，我此修行，終無有盡。正如此也。至於終天地之後，超過劫運，亦無不定之時也。此猶仙佛以上無仙無佛之妙境，而天仙佛之至者也。後來聖真共知之，共證之。此書稿成於天啟壬戌歲，實欲藏之，爲門下學者便心目，不意被人盜去，但儒者竊取仙書，愛慕之心勝，可恠又可惜也。由駱故友而失，駱想象而梓，不無踈畧。今崇禎己卯秋，查舊稿加註，賢道友復梓之，以廣度人，流行於天地之終，皆所願也，故附識之。

《仙佛合宗・太和十問》 太和十問曰：何謂沐浴？伍子曰：沐浴者，煉藥煉神之要法，火候之秘機，故不敢直言輕洩也，而記喻沐浴以示其意云耳。夫五行在世道中，別有所論。生死之理，長生一沐浴，二冠帶，三臨官，四帝旺，五衰，六病，七死，八墓，九絶，十胎，十一養，十二位是也。生處有死，死處有生。仙家之法，謂火長生在寅，第二之沐浴在卯位，故借卯位爲沐浴之名，而獨爲卯時所當用之機，以陽符其火候者。水之長生在申，第二之沐浴在酉位，故借酉位爲沐浴之名，而稱酉時所當用之機，以陰符其火候者。然卯、酉、子、午爲四正之法，故《入藥鏡》云：看四正是也。問曰：人皆言卯、酉、子、午不行火候，今乃謂之要法，謂之秘機，得無有火候而與衆言相違者乎？答曰：聖真言此時之火，以不行爲候也。此隱言也，非全無火候則不行也。我得之師，真而知之，實不違於衆也，而衆自違之。彼衆人依傍仙聖之隱言，遂言卯酉二時之沐浴，不行火候，而世因不能辨。我則詠之曰：世稱沐浴不行火，不識呼嘘寄向誰。要將四位融顛倒，纔得金丹一粒歸。此足以發明之也。有謂二八卯酉之月，不行火候而沐浴者，顯知其非也。且論知非非之法安在？以其有鍾離仙祖之言，一年沐浴防危險者，可證也。薛紫賢真人亦云：一年沐浴更防危，以此證也。知十月懷胎皆沐浴，本不執於二八月。乃言世法中天道之理爲喻，以法明沐浴時生死之機。既言莫向天邊尋子午，又豈有曆數中尋卯酉耶？若使養胎而廢二八月之功，則神馳炁散而背道，抑可使婦人懷胎，則二八兩月不懷孕乎？今此洩萬古之秘，與我註之《天仙正理直論》相爲大用。後之遇仙授道，嗣我丘長春真人嫡派者，必當從此引證，過而後之爲真仙道矣。

太初一問曰：修真功夫，如何起首？伍子曰：少壯之人，神炁動靜，循環之機速，陽生之後，採取烹煉，所謂一陽初動，中宵漏永是也，乃有藥而行火也。老邁之人，神炁衰，謂之老來鉛汞少者，則動靜循環之機遲，則敲竹鼓琴，爲喚龜招鳳之權法，而後陰極陽生，即謂撥轉頂頭，開捩消息者是也。所謂卻將北斗向南移，神運河車無了期。運罷河車君再睡，明朝依舊接天機，乃火先而又生藥行火也。此起首玄妙天機，而世人不得知者有如此，舉世皆言衰老者不可修，蓋不聞此理也。我則曰：有此一口炁在，皆可爲之。《黄庭經》云：百二十歲，猶可還丹。一古人八十尚還丹。老子嘗言：頭上白，衰衰老老者，又安可自諉哉？少者見斯，亦無自怠。

太初二問曰：甚時候是初用功之時？伍子曰：凡人炁與神，皆曰主動，而夜主靜。天然之靜，惟夜爲然。於萬曆壬寅春，初試百日，關於家守，一月調息，次一月精進，時至神知，運一周天。自是以來，一夕行過三五周天，又至十餘周天，精盡化炁，火候足矣，遂得止火之景。而止之約兩月之餘，總三月之季，古稱百日築基者，信哉！昔曹還陽真人下功夫時，晝夜功勤，不五十日而火足。採其大藥，五日而得火珠馳驟，上沖下突，有自然投關之妙，始知天仙金丹大道，獨異於世，真不違仙旨之聖哲也歟！

太初三問曰：止火之候，何謂至要？伍子曰：丹熟則可止火，丹未熟則火無止。丹熟而不止，縱經多劫而不能超死生。未脱凡胎，猶有生死，在非道也。惟止火候，而有服食脱胎，正爲超凡入聖關頭第一玄機。夫火既止，而採金丹大藥，混沌七日，除一日二日之前速而不得丹之外，於三四五六七日，甚或一日之間，丹田火熾，兩腎湯煎，風呼耳後，鷲噪京叫。斯時也，眼

底金光，田中大藥，一粒至矣。又名水裏玄珠，乃由青龍姹女採取而來。故署言之曰龍女獻珠。得受持者，獲無漏果，證無量壽，豈忽忽而不知究竟哉！

太初四問曰：世人不知止火者，其後如何？伍子曰：知止而止，而後知用採大藥之功。不得大藥，則安於小成，不過長生而已。其真炁猶可散，其基亦可壞。必知止火，而後能超脱，不知止則不能別用採也。採而得矣，力足以過關，是知辨得水源之清，行得火足而止火候，不差之力也。若藥不應採而不採，或採而力不足以通關，是水源之不清，真而火未及，當止火候之病也。則前功盡棄，與走丹無異，須從丹頭煉而後可。此丹一成，卽爲長生不死之神仙，歲千二百，歲八百，歲五百，年老古錐皆是也，尚未超劫運。所以古聖有云：未煉還丹須速煉，煉了還須知止足。若也持盈未已心，不免一朝遭殆辱。又云：饒君八萬劫，終是落空亡。可不慎哉。

太初五問曰：何謂周天火候？伍子曰：周天如日月之行天，一晝一夜行一周天是也。問曰：如何云爲一周？答曰：天之周圍，三百六十五度有餘者也。借以太陽日度言之，其初上升，自地之下轉而運上於天之上，運而後，下於地之下，遍過三百六十五度，謂之一周。一日一周，而明日又一周。積三百六十周，而爲一年。煉金丹之火候，當神炁並行之初，亦從地下運升於天之上。古聖謂之黄河水逆流，一謂之曹溪水逆流，一謂之洞庭水逆流，而亦順降地之下，一周於天者也。然三百六十度，又象一年三百六十日，卽此一年之象，便能復還一年之炁也。問曰：身中造化，如何合得天地度數？答曰：許真君云：二百一十六，用在陽時，自子至午，六陽之時，名三十六爲度也。又云：一百四十四，行在陰候，自午至亥，六陰之時，名二十四爲度。正合三百六十之數也。問曰：古聖又稱小周天、大周天之説，果何所用，而分大小乎？答曰：鍾離祖云一年沐浴防危險者，大周天也。紫陽祖云：只此大周天一場，大有危險，不可以平日火候例視之也。其言平日火候者，小周天也。小周天用於化炁時，真中玄妙，有子午二時之陽火陰符，然卯酉二時之沐浴也。大周天用於化神時，其中之妙有不息，卽有無之息是也。如是而言火候，少有彷彿其迹者。而玄妙天機猶在參悟，自有真機，而言不能盡述。

從姪太乙伍達行一問曰：《天仙正理直論》之鼎器以爲下丹田、中丹田也，今日教旨，以乾坤爲鼎器，可是一説二説？伍子曰：非有二説也，用之時異也。今言乾坤爲鼎器者，是百日煉精化炁時也。凡採下之炁，必自上至於天頂之上，取上之炁必自下至於地腹之中，斯有歸着。故云：歸根自有歸根竅，復命寧無復命關。雖欲舍乾坤不能也。問曰：何故有上自下之理？答曰：元精屬水，本往下流，易於灌根。而五臟皆有精炁，皆有系管，而行於二十四椎之間，欲逆之而回，故必由之以向上，向上則離息炁，而得真炁矣。元神發動於思慮，本如火而炎上界，於意、耳、眼、鼻、舌，欲逆之而回。故向下依於精炁，自下則離舊境，而盡脱回生矣。問曰：中下二田，謂之鼎器之理如何？答曰：下田卽煉精之時，説中田卽煉炁化神之時也。前化炁時，用上田之乾，下田之坤，極至其上下二田，而虚其中田。化神時用在中田，而上下特所經行之虚道耳。而三田各有所當，所用之時，故各名爲之，説有緣遇此者，見聞此説，當識之爲定論。

太乙二問曰：《直論》中云：當呼而闢，不降不升；當吸而闔，不升不降。此旨幻妙，是不能測，願再詳之。伍子曰：昔鍾離祖師度純陽呂祖，已言可升之時不可降，可降之時不可升矣。謂之一陽初動，元精流動而欲下。故六陽時從子後皆升，以升之升採取也，無可降之理則不降也。升而旋歸於本根矣。至六陰時，從午前皆降，以降之降而烹煉矣。無可升之理則不升也。所以妙於升降，顛倒用之，始得其妙，此萬古不傳之天機也。

太乙三問曰：藥物之首，世人皆用交姤以取精，如是妖人淫心邪説，惑世誣民，不必論矣。今言精炁雖真，而不得爲真精用，願聞何旨？伍子曰：不得爲真精用之妙，有兩句仙機。一是：真種時至而神不知，則無配合而不能留。一是：知真精時至而不能配合，採取之時過早，炁嫩而不成丹。所以萬劫之人，修之無成。問曰：上聖只説時至神知之，果有真機之妙乎？伍子曰：然此上天帝真大聖所共祕，萬劫不傳之旨，正在於此。絶於世法，所談者不同，所以世無金丹之道，生不能長者，皆爲無此。是清真之中，又有辨其至清至真，易修易成之仙機也。得此句後，全要謹言。我雖多言者不過摹古，寫其粗迹，指人尋究之門，令人咸入至道。如遇後輩入道之淺，信道不深，雖然問爲所以辨，我則遵天命而應之曰：別有辨法，非敢輕言，言者聞者皆有天責。前聖獲禁戒之報，詳傳記矣。後世必有真心悟道者，吾傳度之。吾又恐其不知，求所以爲辨。故當留此，以爲後賢憤悱。

太乙四問曰： 上古聖真傳藥不傳火，從來火候少人知。今更問藥，有不傳火之祕，聞之果不聞，其人人有聞，是聞之信有，前因王主之也。而火之不傳，又何以言之？ 伍子曰： 火候再要自悟，悟其順時，合則非所言可罄也，亦非有之所可肖也。何以火不可傳，不可言也？ 且言所當起之候，隨藥生之候固然矣。於其火候同服之機，有兩情相知之，微意果同用不同用歟？ 果相知不相知歟？ 未可言其侶也。文柔之候用進而升，武剛之候用退而降。文不過柔，武不過剛，剛變而柔，柔變而剛，升而不離二炁，降而能順四時。前此之所以言者，抑曾以是爲言乎，而謂胎息又可易言乎。其肇也，結胎之息，從無入有矣，而是若無於不息之中而成其有，有無兼用之際也。其既也，脫胎之息，從有入無矣，而是無無息中而靜定寂滅者，正所謂無餘涅槃之極也。天以不息之功爲胎，謂之萬法歸一矣。有一在，則爲目之所易見，心之所易知，亦猶可易言易傳者也。以無息大定而圓胎，則又歸於無矣。無者，無其先天後天之二炁也，無其心之生滅動靜之環也，無其六脈而寂滅盡定也。無之見，目有所妙其見； 無之知，心有所妙其知。而謂無之無知，則也不可，何也？ 嫌於晦昧，非妙覺也。而謂無之不可知見，也不可，何也？ 嫌於不知，復性真之體也。若此者，此妙悟深入，密修密證，而致言者乎。余斯多言，猶是摹寫粗迹之教也，猶是所到之萬一也。子弗執此，傳火便是以聞爲得？ 以知爲得也。萬幸萬幸。

太乙五問曰： 法中有五龍捧聖，前此未聞。果前此凡爾不得，抑前此聖真無此法之可聞乎？ 伍子曰： 有，且多皆功法之喻耳。昔世尊喻之曰： 蘆芽穿膝。豈磐石之能長蘆芽乎？ 達摩喻之曰： 折蘆過江。豈航海之僧，海不以蘆而江以蘆乎？ 皆其妙喻，而獨惡愚夫執之，妄言以誑世，可羞也乎！ 問曰： 此五龍捧聖之喻，亦喻古人乎，抑今日之喻也？ 答曰： 前玄帝證道於軒轅黃帝，五十九年甲子歲，當離凡質，以養神胎之際，用此法留爲法象於五當山，號捨身崖，超脫凡胎也。曰： 五龍捧聖，入聖位也。喻此以示後人，度人之心何殷也！【略】

太乙六問曰： 如何是養胎？ 如何是成胎？ 伍子曰： 養胎者煉炁化神之喻，非是有胎也。問曰既無胎，何云養？ 答曰： 以其初養胎之時，如無呼吸矣，而又是有呼吸，若胎孕將産時，生滅之相尚在，出入之迹猶存，名二乘，又名曰如來，謂之如理而來，如理而去，故名如來。天仙道微，妙難可知，而華嚴之言不可驗乎。燃燈佛謂： 諸行無常，是生滅法是也。入涅槃而未是證，由此而漸超者也。又稱爲漸法，仙家謂之養胎，其修成也，無呼吸而滅盡定矣。若胎姤而未成，胎渾然無物也。生滅之相滅已，出入之迹寂滅。心爲不生不滅之心，身爲不生不死之身，從此頓悟真與虛空，同過此以上則爲真頓門。不隨天地同壞者，仙家謂之胎成而後脫胎出神。所以《楞嚴經》云： 既遊道胎，親奉覺徹，如胎已成人相，不缺身心合成，日益增長，形成出胎，親爲佛子是也。夫既喻之曰： 胎宜若有似於胎矣，何也？ 生人之理，胎嬰在腹； 修仙之理，胎神在心。世人但聞胎之名，而遂謂胎中是有嬰兒，此又可笑之甚也。有志仙佛者，不可不以此破疑。

太乙七問曰： 如何出陽神？ 伍子曰： 先天元精謂之真陽。得此真陽，而煉性通神入定，得定謂之陽神。不得真陽之精配合，以入定得定者，只有陰神。止習枯禪，當下了得，息無出入，心不生滅，到真空境界，方出得箇陰神。猶有死生，不免輪迴之小果耳。所以四果之徒，則生天生人之階者，以此陰神出而慧光發現。止有漏盡通、神境通、宿命通、他心通，能全通之四，所少於陽神者，乃天眼通、天耳通，二者不與者也。以其不合純陽之天理，陰性不能違天敌也。若天仙之道，煉精得精，煉炁得炁，頓悟真正陽神，乃陰陽二炁合一之道者也。入而靜則神通太虛，出而顯則通天徹地，千變萬化，眼見宇宙，手轉乾坤，是爲真陽也。真陽神卽真空性體也。不能見性，則不得真空，不成陽神。不到見性，真空實地，必不能出陽神也。問曰： 若何知是真空實地，出陽神之時？ 答曰： 性合虛空而不神，用不係，不染一塵，不動絕，無出入生滅，已是真空實地。一見天花亂墜，神念湧出頂門，陽神超矣。向上煉神還虛而合道矣。問曰： 天花亂墜，古聖真旨遺言何也？ 答曰： 不肯輕言洩道者有之，不知者亦有之，昔藍養素養胎於南嶽，十月功成而不知，此久定於中而不能出。劉海蟾祖師假李玉溪十韻寄之曰： 功成須是出神景，內院繁華勿累身。會取五仙超脫法，養成仙質離凡塵。養素遂撫掌大笑而出。世尊說法至天花亂墜而入證道者。丘祖云： 若到天庭忽有天花，方出陽神得初果也，學者當知。仙與佛同一功夫，同一景象，同一陽神證果，彼嘐嘐然强談爲二者，真下愚不可移得也。

太乙八問曰： 何爲乳哺？ 伍子曰： 煉神之喻也。神炁定而爲一，神神出矣。所謂常定者，正當在是也，不常定則失定矣。乳之養孩養臟腑而令

俱足，養形軀而令成人，乳哺之功乃大矣。蓋初定之陽神易摇，必定而久，定而後予以煉神還虚之義。明之煉者，卽乳哺之義也。煉而又煉，至合乎自然虚空，卽乳而又乳，成其全體者也。倘不常定於上田，則止上乘而非上上，頓而非頓，神而不神，或退迷於小果者有之，或墜陷於異趣者有之。所謂無色界，尚有生死者此也。乳至還虚，同虚空體矣。出三界之外，生死不能縛，天地不能拘，又皆乳哺之力也，乳哺豈可忽乎哉？

太乙九問曰：李虚庵、曹還陽相傳以來，有何言句？伍子曰：虚庵有絶句詩二首，律詩三首。絶句第一云：一陽初動漏遲遲，正是仙翁採藥時。速速用功依口訣，莫教錯過這些兒。二云：一陽初動卽玄關，不必生疑不必難。正好臨時依口訣，自然有路透泥丸。律詩一云：識破乾坤顛倒顛，金丹一粒是天仙。要尋莫向深山裏，說破無非在眼前。忙裏偷閒調外藥，無中生有採先天。信來認得生身處，下手功夫自口傳。二云：若無火候道難成，說破根源汝信行。要奪人間真造化，不離天上月虧盈。抽添這等分銖兩，進退如斯合聖經。此是上天梯一把，憑他扶我上蓬瀛。三云：偃月之爐在那方，蛾眉現處是他鄉。色中無色塵先覺，身外有身道更香。先取元陽爲丹粒，薰蒸真炁醞黄粱。其間釀就長生酒，一日掀來醉一場。曹還陽絶句詩云：一陽初動是其時，其時時至我自知。謹依師指臨爐訣，自然擒住那些兒。二云：一陽初動本無心，無心撥動指南針。仔細臨爐分老嫩，送歸土釜結姻親。二真人詩句，皆重宜大藥者耳，金丹大道至難明者，真火真藥也。二真人不得不爲之反覆，悉言之詳也矣，故並書以余言之考證。

《性命圭旨·蟄藏氣穴衆妙歸根》

前節言翕聚，乃守中抱一之工夫。此節言蟄藏，則深根固蔕之口訣。翕聚、蟄藏，相爲表裏，非翕聚則不能發散，非蟄藏亦不能發生，是此二節一貫而下，兩不相離者也。此訣無它，只是將祖竅中凝聚那點陽神，下藏於氣穴之内，謂之送歸土上釜牢封固，又謂之凝神入氣穴。此穴有内外兩竅，外竅喻桃杏之核，内竅譬核中之仁。古仙有曰：混沌生前混沌圓，箇中消息不容傳。劈開竅内竅中竅，踏破天中天外天。此竅中之竅，釋尊標爲空不空如來藏，老君名之玄又玄衆妙門。海蟾亦曰：無底曰橐，有孔曰籥，中間一竅。無人摸着，此指竅中之竅而言也。是竅也，爲陰陽之源，神氣之宅，胎息之根，呼吸之祖。胎者，藏神之府；息者，化胎之源。胎因息生，因胎住。而竅中之竅，乃神仙長胎住息之真法處也。然天地雖大，亦一胎也。而日月之往來，斗柄之旋轉者，真息也。又不觀三氏之言書乎？《易經》曰：成性存存，道義之間。《道德經》曰：玄之又玄，衆妙之門。《遺教經》曰：制之一處，無事不辦。皆直指我之真人呼吸處而言之。然則真人呼吸處，果何處耶？吾昔聞之師曰：藏元精之窅冥府，結胎息之丹元宫。上赤下黑，左青右白，中央黄暈之間，乃真人呼吸之處，正當臍輪之後，腎堂之前，黄庭之下，關元之上，卽《黄庭經》所謂上有黄庭下關元，後有幽闕前命門是也。廖蟾暉云：前對臍輪後對腎，中間有箇真金鼎是也。既識此處，卽將向來所凝之神，而安於竅中之竅，如龜之藏，如蛇之蟄蚌之含光，如蟾之納息，綿綿續續，勿忘勿助，若存而非存，若無而非無，引而收之於無何鄉，運而藏之於闔闢處，少呼吸相含，神氣相抱，結爲丹母，鎮在下田，外則感召天地靈陽之正氣，内則擒制一身鉛汞之英華，如北辰所居，衆星皆拱。久則神氣歸根，性命合一，而大藥孕於其中也。然凝神調息，皆有口訣，不然恐思慮之神，妄交於呼吸之氣，結成幻丹，反而害藥物矣。所以仙翁云：調息要調真息息，鍊神須鍊不神神。《黄帝陰符經》曰：人知其神之神，不知不神之所以神。不神者，性也。蓋性者，神之根也。神本於性，而性則未始神。神中烱烱而不昧者，乃是真性也。仙姑《大道歌》曰：我爲諸君說端的，命蔕後來在真息。真息者，命也。蓋命者，氣之蔕也。氣本於命，而命則未始氣。氣中氤氲而不息者，乃是真命也。這箇不神之神，與那箇真息之息，他兩箇方纔是真夫妻、真陰陽、真龍虎、真性命，紐結做一團，混合爲一處，打成作一片，煅煉在一爐。或名之曰牛女相逢，又曰牝牡相從，又曰烏兔同穴，又曰日月同宫，又曰魂魄相投，又曰金火混融。究而言之，不過凝神合氣之法耳！是以神不離氣，氣不離神，吾身之神氣合，而後吾身之性命見矣。性不離命，命不離性，吾身之性命合，而後吾身未始性之性，未始命見矣。崔公《入藥鏡》曰：是性命，非神氣。權而言之則二，實而言之則一。神氣固非二物，性命則當雙脩。然而雙脩之旨，久失其傳，以致玄禪二門，互爭高下。劉海蟾云：真箇佛法便是道，一箇孩兒兩箇抱。清和翁曰：性命雙脩教外傳，其中玄妙妙而玄。簇將元始歸無始，逆轉先天作後天。此端奥妙，非師罔通。口訣玄微，詳載於後。今姑就諸仙所證者而言之，便於初機而易得悟人也。按白玉蟾云：昔日遇師親口訣，只要凝神入氣穴。氣穴者，内竅也。蟄神於中，藏氣於内，以如來空空之

心，合真人深深之息，則心息相依，息調心淨。蓋蘊一點真心於炁中，便是凝神入氣穴之法。神既凝定氣穴，常要回光内照，照顧不離，則自然旋轉，真息一降一升，而來水、火木金，相爲進退矣。仙諺曰：欲得長生，先須久視。久視於上丹田，則神長生；久視於中丹田，則气長生；久視於下丹田，則形長生。夫日月之照於天地間，螺蚌吸之則生珠，頑石蓄之則産玉，何況人身自有日月，豈不能回光内照，結自己之珍珠，産自己之美玉哉！然而神即火也，氣即水也。水多則火滅，火多則水乾。中年之人，大抵水不勝火者多矣。所以命冥早接，油要早添。添油之法，已載前救護命寶之下，今復詳言，則天人一氣之旨盡露矣。夫天人之際，惟一氣之相爲闔闢，相爲聯屬已爾，而非有二也。故我而呼也，則天地之氣於焉，而發而散；我而吸也，則天地之氣於焉而翕而聚。此天人相與之微，一氣之感通者然也。故天地所以能長且久者，以其呼吸於其内也。人能效天地呼吸於其内，亦可與天地同其長久。曹仙姑云：元和内運即成真，呼外施終未了。以口訣鼻之氣往來者，外呼吸也；乾坤之氣闔闢者，内呼吸也。蕭了真云：老子明開衆妙門，一開一闔應乾坤。果於罔象無形處，有箇長生不死根。此指内呼吸也。張平叔云：玄牝之門罕知，休將口鼻妄施爲。饒君吐納千經載，爭得金烏搦兔兒。此斥外呼吸也。外呼吸乃色身上事，接濟後天以養形體；内呼吸，乃法身上事，栽培先天以養谷神。蓋内呼吸之息，原從天命中來，非同類之物，不能相親。是以聖人用伏炁之法，奪先天地之沖和，逆上雙關，前返乎後，以達本根，使母之氣伏子之氣，子母眷戀於其間，則息息歸根，而爲金丹之母矣。前輩云：伏炁不服氣，服氣須伏炁。服氣不長生，長生須伏炁。炁之積於下者，無地可透，自然升之而至髓海；氣之積於上者，無處可奔，自然降之，而下至氣海。二氣相接，循還無端。古先達人，得濟長生者，良由有此逆用之法也。此法自始至終，丟他不得，起手時，有救護補益之功，第二節有流戊就己之功，第三節有添油接命之功，第四節有助火載金之功，第五節火熾而有既濟之功，第六節胎成而有沐浴之功，第七節溫養而有乳哺之功。嬰兒救出於苦海，此時到岸不須船，這着功夫，方纔無用矣。且人始生也，一剪肚臍，而幾希性命，即落在我之真人呼吸處矣。既之而在於天地之間，又既之而在於肉團之心，又即之而散於耳目口鼻、四肢百骸。日復一日，神馳氣散，乃死之徒也。故神仙以歸伏法度人，必先教之返本。返本者何？以其散之於耳目口鼻、四肢百骸者，而復返之於肉團之心，謂之涵養本原；又將以肉團心之所涵養者，而復返之於天地之間，謂之安神祖竅；又將以天地間之所翕聚者，而復返之於真人呼吸處，謂之蟄藏氣穴。日復一日，神凝氣聚，乃生之徒也。古仙曰：屋破脩容易，藥枯生不難。但知歸伏法，金實積如山。此時補完乾體，接續氣數，以全親之所生，以全天之所賦。真汞纔有八兩，真鉛始足半斤，氣若嬰兒，心同赤子，陰陽吻合，混沌不分，出息微微，入息綿綿，漸漸入而漸漸柔，漸漸和而漸漸定，久則竅中動息，兀然自住。内氣自住不出，外氣反進，此是胎息還元之初，衆妙歸根之始也。呂知常曰：一息暫停，方可奪天地造化。程伊川曰：若非竊造化之機，安能長生。翁葆光曰：一刻之功夫，可奪天地一年之氣數。此三老者，豈虚語哉！蓋胎息妙凝之時，入無積聚，出無分散，體相虚空，泯然入定。定久，内外合一，動静俱無，璇璣停輪，日月合璧。萬里陰沉春氣合，九霄清徹露華凝。妙矣哉！其陰陽交感之真景象歟！斯時也，元精吐華，而乾金出鑛矣。此係重開混沌，再入胞胎，開無漏花，結菩提果，非夙有仙骨者，不能知此道之妙也。

《性命圭旨·天人合發採藥歸壺》聞之師曰：人受天地中氣以生，原有真發種，可以生生無窮，可以不生不滅，但人不能保守，日日消耗，卒至於亡。間知保守，又不知煅煉火法，終不堅固，易爲造化所奪。苟能保守無虧，又能以火煅煉，至於凝結成丹，如金如玉，可以長生，可以不化。蓋欲煉此丹，須以藥以物爲主。欲採藥物，當在根本用功。何謂根本？吾身中太極是也。天地以混混沌沌爲太極，吾身以窈窈冥冥爲太極。天地以此陰陽交媾而生萬物，吾身以此陰陽交媾而生大藥。大藥之生於身，與天地生物不異，總只是陰陽二氣，一施一化，而玄黄相交，一稟一受，而上下相接，混而爲一，故曰混沌。混沌乃天地之郛郭，窈冥亦是大藥之胞胎也。《南華經》云：至道之精窈冥冥。《道德經》云：窈兮冥兮，其中有精，其精甚真。惟此真精，乃吾身中之真種子是也。以其入於混沌，故名太極；以其爲一身造化之始，故名先天；以其陰陽未兮，故名一氣，又名黄芽，又名玄珠，又名真鉛，又名陽精。此精若凝結於天地之間，或爲金，或爲石，歷千百年而不朽。人能反身而求之於自己，陽精凝結成實，則與天地相爲無窮，金石奚足比哉！然此陽精不容易得。蓋人之一身，徹上徹下，凡屬有形者，無非陰邪滓濁之

物。故雲房真人曰：四大一身皆屬陰，不知何物是陽精。緣督子曰：一點陽精，秘在形山，不在心腎，而在乎玄關一竅。趙中一曰：一身內外皆陰，莫把陽精裏面尋。丘長春曰：陽精雖是房中得之，而非禦女之術。內非父母所生之軀，外非山林所産之寶，但着在形體上模索，皆不是，亦不可離形體而向外尋求。若此尋等語，何異水中撈月，鏡裏攀花？真正智過顔、閔，實難强猜。是以祖師罕言之，而世人罕知之，不獨今之爲然，古人亦有難知之語。如玉鼎真人云：五行四象坎和離，詩訣兮明説與伊。藥生下手功夫處，幾人會得幾人知？紫陽真人云：此箇事，世間稀，豈是等閑人得知？杏林真人云：神氣歸根處，身心復命時。這些真孔竅，料得少人知：伯陽真人云：一者以掩蔽，世人莫知之。一者何物也？就是那未發之中不二之一，即前所謂先天一氣是也。《翠虚篇》云：大藥須憑神氣精，採來一處結交成。丹頭只是先天氣，煉作黄芽發玉英。《復命篇》云：採二儀未判之氣，奪龍虎始媾之精，閃入黄房，煅成至寶。《崇正篇》云：寒淵萬丈睡驪龍，頷下藏珠烱烱紅。謹密不驚方採得，更依時日法神功。蓋採者，以不採而採之；取者，以不取而取之。在於静定中，有非動作可爲也。昔黄帝遺其玄珠，使知索，使離朱索，使喫詬索，索之，皆不得。乃使罔象，罔象得之。罔象者，忘形之謂也。必忘形罔象，然後先天一氣可得。《擊壤集》曰：《先天吟》云：一片先天號太虚，當其無事見真腴。又云：若問先天一字無，後天方要着工夫。何謂先天？寂然不動窈冥冥，太極未判之時是也。何謂後天？感而遂通，恍恍惚惚，太極已判之時是也。《混元寶章》云：寂然不動感而通，窺見陰陽造化功。信乎！寂然不動，則心與天通，而造化可奪也。《翠虚篇》云：莫向腎中求造化，卻須心裏覔先天。當其喜怒未發之時，覩聞不及之地，河海静默，山嶽藏烟，日月停景，璇璣不行，八脈歸源，呼吸俱泯。既深入於窈冥之中，竟不知天之爲蓋，地之爲輿，亦不知世之有人，己之有軀。少焉，三宫氣滿，機動籟鳴，則一劍鑿開混沌，兩手擘裂鴻濛，是謂無中生有。甯玄子詩云：不在塵勞不在山，真須求到窈冥端。何謂窈冥端？虚極静篤之時也。心中無物虚，念頭不起爲静。致虚而至於極，守静而至於篤，陰陽自然交媾。陰陽一交，而陽精産矣。故陳圖南曰：留得陽精，神仙現成。蓋陽精日日發生，但世人不知翕聚，以致散而爲周身之氣，至人以法追攝，聚而結一黍之珠。釋氏呼爲菩提，儒家名曰真種。脩性者，若不識這箇菩提子，即《圓覺經》所謂種性外道是也；脩命者，若不識這箇真種子，即《玉華經》所謂枯坐傍門是也。張紫陽曰：大道脩之有易難，也知由我也由天。人若不知藥生，不知採取，不知烹煉，但見其難，不見其易；誠知藥生時候，採取口訣，烹煉功夫，但見其易，不見其難。此兩者，在人遇師與不遇師耳！故曰：月之圓存乎口訣，時之子妙在心傳。然時之子，卻有兩説有，箇活子時，有箇正子時。昔聞尹師曰：欲求大藥爲丹本，須認身中活子時。又偈曰：因讀《金丹序》，方知玄牝竅。因讀《入藥鏡》，又知意所所到。大道有陰陽，陰陽隨動静。静則入窈冥，動則恍惚應。真土兮戊己，戊己不同時。己到但自然，戊到有作爲。烹煉坎中鉛，配合離中汞。鉛汞結丹砂，身心方入定。日動静，曰窈冥，曰真土，皆是發明活子時之口訣也。云何謂動静？曰：寂然不動，返本復静，坤之時也，則静以待之；静極而動，陽氣潛萌，復之時也，吾則動以應之。當動而或雜之以静，當静而或間之以動，或助長於其先，或忘失於其後，則皆非動静之常矣。夫古之至人，其動也天行，其静也淵默。當動則動，當静則静，自有常法。今之學者，不知丹法之動静有常，或專主乎動，或專主乎静。其所謂動者，乃行氣之動，其所謂静者，乃禪定之静。二者胥失之矣！《指玄篇》不云乎：人人氣血本通流，榮衛陰陽百刻周。豈在閉門學行氣，正如頭上又安頭。曷嘗以行氣爲動哉！《翠虚篇》不云乎：惟此乾坤真運用，不心兀兀徒無言。無心無念神已昏，安得凝聚成胎仙。豈以禪定爲静哉！凡人動極而静，自然入於窈冥。窈冥即是寐時，雖入於無天無地、無我無人境界，卻不涉於夢境，若一涉夢境，即有喜怒、驚恐、煩惱、悲歡、愛慾，種種情況，與書間無異，且與窈冥時無天無地、無我無人景象，絶不相似。窈窈冥冥，間動極思静，有此景象，若夜間睡熟，必生夢境，安得有此？書間每有窈冥時候，人多以紛華念慮害之，而求其時入窈冥者，蓋亦鮮矣。崔公《入藥鏡》云：一日內，十二時。意所到，皆可爲。一日之內，意到不止一次，則採藥亦不正止一次。張平叔所謂一粒復一粒，從微而至着是也。大抵藥物當以真意求之，故曰：好把真鉛着意尋。又曰：但向華池着意寻。蓋人身真意，是为真土。真土之生有时，不由感觸，自然發生，雖與中、馬上，一切喧鬧之地，不能禁止，故曰真土。真土有二，戊己是也。土既有二，則意亦有二必矣。所謂二者，一陽陰是也。謂之真者，無一毫强僞。若有一毫强與僞，即是用心揆度謀慮，便屬虚假，非

真意也。有此真意，真鉛方生。何謂有此真意，其鉛方生？蓋動極而靜，真意一到，則入窈冥。此意屬陰，是爲己土。陰陽交媾，正當一陽爻動之時，自覺心花發現，燰氣冲融，陰陽乍交，真精自生。真精即是真鉛，所謂水鄉鉛，只一味是也。陰陽交罷，將判未判，恍恍惚惚，乃是靜極而動。此意屬陽，是爲戊土。此時真鉛微露，藥苗新嫩。此乃有物有象之時，與平旦幾希一般，撥動關棙，急忙用功採取，則窈冥所生真精，方無走失。所謂採取功功夫即，達磨祖師形解訣海蟾祖師初乘訣。二訣大畧相同，不外乎吸、舐、撮、閉四字。純陽祖師云：窈窈冥冥生恍惚，恍恍惚惚結成團。正是此訣。雖則是有爲之法，然非真土一生，何以施功？是以採鉛由於真土生也，故曰真土擒真鉛。鉛升與汞配合，汞得鉛自不飛走，故曰真鉛制真汞。鉛汞既歸真土，則身心自爾寂然不動，而金丹大藥結矣。是以一時之內，自有一陽來復之機。是機也，不在冬至，不在朔旦，亦不在子時，非深達天地陰陽，洞曉身中造化者，莫知活子時。如是其秘也。既曰一日十二時，凡相媾處皆可爲。而古仙必用半夜子陽初動之時者，何也？其時太陽正在北方，而人身氣到尾閭關，蓋與天地相應，乃可以盜天地之機，奪陰陽之妙，煉魂魄而爲一，合性命而雙脩。惟此時，乃坤復之間，天地開闢於此時，日月合璧於此時，草本萌蘖於此時，人身之陰陽交會於此時。神仙於此而採藥，則內真外應，若合符節，乃天人合發之機，至妙至妙者也。陳泥丸云：每當天地交合時，盜取陰陽造化機。《陰符經》曰：食其時，百骸理。盜其機，萬化安。何者謂之機？天根理極微，今年初盡處，明日起頭時。此際易得意，其間難下詞。人能知此意，何事不能知？此際正是造化真機妙處。盡真機之妙者，《周易》也；盡《周易》之妙者，《復》卦也；盡《復》卦之妙者，初爻也。故曰：復其見天地之心乎？蓋此時，天地一陽來復，而吾身之天地亦然，以採取吾身之陽，外以盜取天地之陽，則天地之陽，有不悉歸於我之身中，而爲我之藥物乎？然而天地雖大，造化雖妙，亦不能越此發機之外矣。此感彼應，理之自然。人若知此天人合發之機，遂於中夜靜坐，凝神聚氣，收視返聽，閉塞其兑，築固靈株，一念不生，萬緣頓息。渾渾淪淪，如太極之未兮溟溟涬涬，如兩儀之未兆。湛兮獨存，如清淵之印月；寂然不動，如止水之無波。內不覺其一身，外不知其宇宙。逮夫亥之末子之初，天地之陽氣至，則急採之。未至，則虛以待之，不敢爲之先也。屈原《遠遊篇》云：道可受兮不可傳，其小無外兮，其大無垠；毋滑而魂兮，彼將自然；一氣孔神兮，於中夜存；虛以待之兮，無爲之先。許旌陽《三藥歌》云：存心絶慮候晶凝。《指玄篇》云：塞兑垂簾默默窺。皆是藏器時之謂也。嗚呼！時辰若不勞心，內自相交自結凝。入室按時須等着，一輪羲馭自騰昇。豈可爲之先也哉！夫金丹大藥孕於先天，產於後天，其妙在乎太極將判未判之間，靜已極而未至於動，陽將復而未離乎陰。斯時也，冥冥兮如煙嵐之罩山，濛濛兮如霧氣之籠水，霏霏兮如冬雪之漸凝漸聚，沉沉兮如漿水之漸矴、漸清。俄頃，癢生毫竅，肢體如綿，心覺恍惚，而陽物勃然舉矣。此時陽氣通，天信至，則璦鐘一扣，玉洞雙開，時至氣化，藥產神知，地雷震動。巽門開，龍向東潭踴躍來。此是玄關透露，而精金出鑛之時矣。邵康節云：恍惚陰陽初變化，絪緼天地乍回旋。中間些子好光景，安得功夫入語言。白玉蟾云：因看斗柄運周天，頓悟神仙妙訣。一點真陽生坎位，補卻離宮之缺。自古乾坤，這些離坎，日日無休歇。今年冬至，梅花依舊凝雪。先聖此日閉關，不通來往，皆爲羣生設。物物總含生育意，正存子初亥未。造物無聲，水中火起，妙在虛危穴。如今識破，金烏飛入蟾窟。所謂虛危穴者，即地戶禁門是也。其穴言於任督二脈中間，上通天谷，下達湧泉。故先聖有言：天門常開，地戶永閉。蓋精氣聚散，常在此處；水火發端，也在此處；陰陽變化，也在此處；有無交入，也在此處；子母兮胎，也在此處。《翠虛篇》云：有一子母兮胎路，妙在尾箕斗牛女。此穴干涉最大，係人生死頭，故仙家名爲生死窟。《參同契》云：築固靈株者，此也；拘畜禁門者，此也。《黃庭經》云：閉塞命門保玉都者，此也；閉子精路可長活者，此也。蓋真陽初生之時，形如烈火，狀似炎風，斬關透路而出，必由此穴經過，因閉塞緊密，攻擊不開，只得驅回尾閭，連空焰趕入天衢。望上奔，一撞三關，直透頂門，得與真汞配合，結成丹砂。非拘畜禁門之功而誰歟！

《性命圭旨·乾坤交媾去鑛留金》 予前以性命之統乎其中者而言之，乃上乘法也；予今以性命之歸乎其根者而言之，乃最上乘法也。夫以性命之統乎其中者，此道寥寥，自鍾、呂而下，世鮮知之矣，況乎性命之歸乎其根者耶！而世之知之者爲尤鮮矣。似此竅妙之奧，性命之微，若不複語重言，則學者難於悟入。原人自父母未生以前，本體太虛而已矣，其予之所謂無極者乎？既而父母媾精之後，一點靈光而已矣，其予之所謂太極者乎？而一

點靈光，元從太虚中來者，我之元神也。由是而氣，由是而形，人惟知有此形氣已爾！美衣食，以奉養此身也；功名富貴，以尊崇此身也。如此而生，如此而死，自以爲得矣。而子思之所謂天命之性者，非惟不能知，亦且不願知也。而其所以不願知者，豈非孟子所謂不可以已而失其本心者乎？若能知所以，木反而求之，以復還我太虚一氣之之本初，一點靈光之舊物者，非此金丹大道不可也。然而金丹大道之，秘在性命兩字。性者，天也，常潛於頂，故頂者，性之根也；命者海也，常潛於臍，故臍者，命之蒂也。經云：性在天邊，命沉海底是也。蓋天中之竅，圓而藏性，能通於地中之竅，故其貫也，則自下而上，直養而無害也；地中之竅，方而藏命，能通於天中之竅，故其貫也，則自上而下，直養而無害也。孔子曰：智者動，天圓之象也；仁者静，地方之象也。天圓者何？圓陀之義也，乃性之所寄，爲命之根矣；地方者何？方寸之義也，乃命之所係，爲性之極矣。性命混成，實非有兩，潛天向天，潛地而地，優優洋洋，無體無方，在眼曰見，在耳曰聞，在鼻辨香，在口談論，在手執捉，在足運奔，悟者知是佛性，迷者唤作精魂。蓋佛性者，本性也，而所謂本性者，豈非是我本來之所自有之真性歟！真性者，天命之性也。以其不落邊際，故謂之中；以其一真無妄，故謂之識；以其與物同體，故謂之仁；以其至尊無對，故謂之獨。混淪一箇，無欠無餘。及乎太極一判，兩儀始兮，則輕清者騰而在上，重濁者矴而在下。於是坎宫有鉛，離宫有汞。而向之所謂一物者，至此兮而爲二矣。故薛紫賢《復命篇》云：一物兮爲二，能知二者名。這二者之名，丹經不敢漏洩，巧喻多端，萬字千名，不可勝計。如論頂中之性者，喻之曰汞也、龍也、火也、根也、日也、魂也、離也、乾也、己也、天也、君也、虚也、兔也、無也、主也、浮也、朱砂也、扶桑也、姹女也、崑崙也。如論臍中之命者，喻之鉛也、虎也、水也、蒂也、月也、魄也、坎也、坤也、戊也、地也、臣也、實也、烏也、有也、賓也、沉也、水銀也、華嶽也、嬰兒也、曲江也。至於陰中含陽，陰中藏陰，千言萬論，不過引喻二者之名耳。故《元皇訣》曰：鉛汞鼎中居，煉成無價珠。都來兩箇字，子盡萬家書。鍾離翁曰：除卻汞鉛兩味藥，其他都是誑愚迷。高象先曰：夢謁西華到九天，真人授我《指玄篇》。其中簡易無多子，只要教人鍊汞鉛。馬丹陽曰：鉛汞是水火，水火是龍虎，龍虎是神氣，神氣是性命。總來只是這兩箇字，兩箇字元只是一箇理。故盲脩者，岐而二之，若真脩者，合而一之。合一者，鍊炁而凝神，盡性而至命，烹鉛而乾汞，取坎而填離。蓋離中靈物，號曰流珠。寓神則營營而亂思，寓精則持盈而難保。所以葛仙翁作《流珠歌》，嘆其難馭而易失也。豈不觀魏伯陽云乎：太陽流珠，常欲去人。卒得金華，轉而相因。又曰：河上姹女，靈而最神。將欲制之黄，芽爲根。曰金華，曰黄芽，皆指真鉛而言，真鉛者，乃太陰太之情也；曰流珠，曰姹女，皆指靈汞而言，靈汞者，乃陽之氣也。然此靈汞，其性猛烈，見火則飛走無踪。不得真鉛，何以制伏？故紫陽曰：要須制伏覔金公。金公者，鉛字也。蓋鉛自曲江而來，穿夾脊，徹玉京，斡旋沂流，直上泥丸。雖名抽鉛添汞，實是還精補腦。《丹經》云：欲得不老，還精補腦。《翠虚篇》云：天有七星地七寶，人有七竅權歸腦。《太古集》云：金丹運至泥丸穴，名姓先將記玉都。《法寶遺珠》云：識得本來真面目，始知生死在泥丸。《黄庭經》云：泥丸百節皆有神。又云：腦神精根字泥丸。又云：一面之神宗泥丸，泥丸九真皆有房。方圓一寸處此中，但思一部壽無窮。所謂方圓一寸者，即釋迦摩頂授記之處也。此處乃玄中之玄，天中之天，鬱羅蕭臺，玉山上京。腦血之瓊房，魂精之玉室，百靈之命宅，津液之山源。此正在兩耳交通之穴，前明堂，後玉枕，上華蓋，下絳宫，北極太淵之中，乃真一元神所居之室也。昔黄帝往峩嵋山，見天真皇人於玉堂，請問真一之道。皇人曰：此道家之至重真經，上帝秘在崑崙五城之内，藏以玉函，刻以金札，封以紫泥，印以中章。吾聞之經云：一在北極太淵之中，前有明常，後有玉枕，上有華蓋，下有絳宫巍巍華蓋，金樓穹，窿左罡右魁，激波揚空，紫芝被崖，朱草蒙龍，白玉嵯峩，日月垂光，歷火過水，經玄涉黄，城闕交錯，帷帳琳琅。龍虎列衛，神人在傍。不施不與，一安其所，不遲不疾，一安其室，能暇能預，一乃不去，守一存真，一乃通神，少欲約食，一乃留息，白刃臨頭，思一得生。知一不難，難在於終，守之不失，可以無窮。此真一秘旨之畧也。故《道德經》曰：天得一以清，地得一以寧，神得一以靈，谷得一以盈萬物得一以生，王侯得一以爲天下正。所謂神以知來，知以藏往也；所謂大而化之之謂聖，聖而不可知之之謂神也。兮之爲二，陰陽之根柢也；兮之爲五，五行之樞紐也；又分之爲八，八八六十四，而爲河圖之數也；又分之爲九，九九八十一，而爲《洛書》之數也；又散之爲萬，生生化化，萬物之綱維也。羲文得其一，而《周易》與焉；禹箕得其一，而《洪範》疇焉；周茂叔得其一，而《太極》圖焉；邵堯夫得其一，

而《經世》作爲；老子得其一，而萬事畢焉；釋迦得其一，而萬法歸焉。歸根者，歸此也；復命者，復此也。《西昇經》曰：人能守一，一亦守人。思一至饑，一與之糧。思一至渴，一與之漿。《靈樞經》曰：天谷元神，守之自真。又曰：子欲長生，抱一當明。又曰：抱一守真，神自通靈。人能握神守一於本宮，則真炁自昇，真息自定，真精自朝，靈苗自長，天門自開，元神自現。頂竅開而竅竅齊開，元神居而神神聽命。神既居其竅而不散，則人安得而死乎？即《黃庭經》所謂子欲不死脩崑崙是也。故丘處機云：久視崑崙守守真一，守得摩尼圓又赤。清虛浩曠陀羅門，萬佛千仙從此出。《還元篇》云：悟道顯然用明廓落，閑閑端坐運天關。此是根本功夫，頭腦學問，撥天關之手段，脫死藉之靈章。此道上蒼所秘，古今仙佛，皆不敢明言。真所謂千人萬人中，一人兩人知者也。玄哉！玄哉更有言不盡底口訣，再一叮嚀。當其真鉛入鼎之時，須要驅除雜念，奮速精神，目視頂門，用志不兮，霎時龍虎交戰，造化爭馳，雷轟電掣，撼動乾坤，百脈悚然，九宮透徹，金晶灌頂，銀浪衝天。紫陽所謂以黑而變紅，一鼎云氣濃。少頃，玉鼎湯溫，金爐火散，黃芽遍地，白雪漫天，夫唱婦隨，龙吟虎嘯，陰戀陽魂，陽抱陰魄，鉛精汞髓，凝結如珠。玉蟾所謂夫婦老相逢，恩情自留戀。此際玄珠成象，鑛去金存，而一點金液，復落於黃庭舊處矣。斯時也，溶溶然如山雲之騰太虛，霏霏然似膏雨之遍原野，滔滔然若春雨之滿澤，液液然像河水之將釋。百脈冲和而暢乎四體，真箇是拍拍滿懷都是春也。見此效驗，急行卯酉周天，進陽火，退陰符，使東西會合，南北混融，則四象五行，攢簇一鼎。混百靈於天谷，理五炁於泥丸也。高象先云：玄珠飛到崑崙上，子若求之憑罔象。《河車歌》云：兩物擒來共一爐，一泓神水結真酥。《指玄篇》云：必知會合東西路，切在沖和上下田。

《性命圭旨・靈丹入鼎長養聖胎》 原初那點精金，渾然在鑛，因火所逼，遂上乾宮，漸採漸積，以烹以鎔，損之又損，煉之又煉，直至煙消火滅，矿盡金純，方纔成此一粒龍虎金丹。圓陀陀，活潑潑，如露如電，非霧非煙，輝煌閃爍，光耀崑崙。放則迸開天地竅，歸兮隱入翠微宮。此時藥也不生，輪也不轉，液也不降，火也不炎，五氣俱朝於上陽，三華皆聚於乾頂，陽純陰剝，丹熟珠靈。紫陽翁曰：羣陰剥盡丹成熟，跳出樊籠壽萬年。是以唐宋屍解諸仙，多於此處兮路。隨意生身，出沒自由，不肯於百尺竿頭，而再進一步，故有七趣之譏，落空之誚。蓋爲不知重立我之性命，再造之我乾坤，變種性爲佛性，化識神爲元神，自造自造自化之妙也。若命宗人，不知所以，自爲造化，就是枯坐旁門，而道非其道也；若性宗人，不知所以，自爲造化，就是頑空外道，而釋非其釋也。此法乃仙真佛祖之所深秘，概自從金元以來，而學道之人，少有知之者。獨吾師尹公曰：鼎中有寶非真寶，重結靈胎是聖胎。然而珠在崑崙，何由得下而結聖胎？必假爐，窃靈陽真炁以催之，太陽真火以逼之。催逼既久，則靈丹應時脫落，吞入口中，化爲金液，而直射於丹扃之內，霎時雲騰雨施，電掣雷轟，鏖戰片餉之間，銷盡一身陰滓，則百靈如輻之輳轂，七寶若水之朝宗，皆聚於此矣。昔無上元君謂老子曰：神丹入口，壽無窮也。故子脩之，是爲道祖。許宣平曰：神居竅而千智生，丹入鼎而萬種化。陳虛白曰：我初凝結聖胎時，百脈俱停氣不馳。施肩吾曰：天人同一氣，彼此感而通。陽自空中來，抱我生人翁。然我既得靈丹入鼎矣，而內外交脩，煉之而復煉之，而必至於天地合德，則太虛中自然有一點真陽，以與我之靈丹，合而爲一。蓋吾身之靈，感天地之靈，則內真外應，渾然混合。《金碧經》云：磁石吸鐵，隔碍潛通。大同此意。這段功夫，全以至静爲主。老子云：人能常清静，天地悉皆歸。當其兩陽乍合，聖胎初凝，必須常常覺照，謹謹護先持。如小龍之乍養珠，似幼女之初懷孕，牢關神室，不可使之滲漏。故太白真人曰：固濟胎不泄，變化在須臾。更於一切時中，四威儀內，時時照顧，念念在兹，混混沌沌，如在母胞，終日如愚而不違，不可須臾間斷也。葛仙翁云：息息歸中無間斷，天真胎裏自凝堅。張用成云：一粒靈丹吞入腹，始知我命不由天。石得之云：將來掌上霞光燦，吞入腹中宮殿新。趙緣督云：神丹飛落黃金室，嬰兒降生極樂國。呂純陽云：刀圭餌了丹書降，跳出塵籠上九天。朱文公云：刀圭一入口，白日生羽翰。李清庵云：一顆寶珠吞入腹，作箇全真仙眷屬。陳希夷云：邈無蹤跡歸丹扃，潛有機關結聖胎。薛紫賢云：四象包含歸戊巳，辛勤十月產嬰孩。《悟真篇》云：菓生枝上終期熟，子在胞中豈有殊？《醉中吟》云：寶珠笑舞辭天谷，纔脫胞胎又入胎。張紫陽云：嬰兒是一含真炁，十月胎圓入聖基。呂純陽云：天生一物變三才，交感陰陽結聖胎。白玉蟾云：鷄能抱卵心常聽，蟬到成形殼始兮。俞石澗云：虎嘯一聲龍出窟，鸞飛鳳舞入金城。《羣仙珠玉》云：一粒餐兮天地壽，死生生死不相干。張紫陽云：相吞相

昭卻相親，始覺男兒有孕。鍾離翁云：胎內嬰兒就，勤加溫養功。時時照丹扃，刻刻守黃中。陳泥丸云：男兒懷孕是胎仙，只爲蟾光夜夜圓。奪得天機真造化，身中自有玉清天。陳抱一云：大道無私感即來，神仙此語豈虛哉！苟非着意求鉛汞，爭悟天機結聖胎。《玄奥集》云：閬苑蟠桃自熟時，摘來服餌莫教遲。幾回下手潛偷處，無限神仙總不知。龍眉子云：形如雀卵團團大，間似驪珠顆顆圓。龍子脫胎吞入口，此身已證陸行仙。紫虛真人云：初煉還丹須入室，婦人懷孕更無殊。聖胎凝結圓成後，出入行藏豈有拘。白紫清云：祇將戊己作丹爐，鍊得紅丸化玉酥。慢守火符三百日，產成一顆夜明珠。張真人《贈白龍洞主歌》云：從此根苗漸長成，隨時灌溉抱真精。十月脫胎吞入口，不覺凡身已有靈。白玉蟾云：怪事教人笑幾回，男兒今也會懷胎。自家精血自交媾，身裏夫妻是妙哉。黃元吉云：鼎內金丹燦爛光，無由摘爾到黃房。忽然夜半天風便，吹送靈兒歸故鄉。陳翠虛云：道要無中養就兒，箇中別有真端的。都緣簡易妙天機，散在丹書不肯泄。王重陽云：閑中偶爾到天台，忽見霞光五色開。想是金丹初變化，取歸鼎內結嬰孩。上陽子云：玉皇若也問丹材，偃月爐中取下来。馳騁英雄吞一粒，男兒懷了一年胎。陳致虛云：饑餐渴飲因來眠，大道兮明體自然。十月聖胎完就了，一聲霹靂出丹田。至於釋教教人，亦不外此。如《楞嚴經》曰：行與佛同，受佛氣分，如中陰身，自求父母，陰信冥通，入如來種，名生貴住；既遊道胎，親奉覺胤，如胎已成，人相不缺，名方便具足住；容貌如佛，心相亦同，名正心住；身心合成，日益增長，名不退住；十身靈相，一時具足，名童真住；形成出胎，親爲佛子，名法王子住；表以成人，如國大王，以諸國事，分委太子，彼刹利王世子長成，列灌頂，名灌頂住。夫入如來種者，以種性而爲如來之種子，以自造化如來也，故曰道胎，又曰覺胤。其與婦人之胤兒，玄門之胎仙，亦何以異？及至形成出胎，親爲佛子，豈不是真人出現大神通，從此天仙可相賀耶？蓋丹書梵典，皆有次序口訣，但人不知而驀直看過去了。正是珠在路傍人不拾，惜哉！予今畧摘此數條，表而出之，引古之是，而證今之非也。

《西方合論・教相門》　夫一大藏教，如器銜空，空無相體，器有力圓，器盡空除，緣亡教滅。是故隨緣普應，則涅槃真如，一器也。稱智自在，則名相專持一空也。藥無定方，定方以病，豈謂玉屑珊瑚，無上妙藥，概以治四百四病哉？夫病除藥貴，便溺即是醍醐，異證同方，參苓化爲鴆毒，何況無上醫王，治三乘出世之藥，療人天聲聞凡夫等瘖者哉！故先德約教，或一或多，名相雖別，理趣是同。道人不揣固陋，竊附先哲，分別諸句，用彰一乘，庶使觀者知淨土法門，攝一代時教，毋爲儱侗禪宗，輕狂義虎，所誑惑云爾。

一純有教　二趨寂教　三有餘教

四無餘教　五頓悟教　六圓極教

一、純有教者，爲諸凡夫耽著愛染，造諸黑業，如來悲憫，爲說地獄苦、餓鬼苦、畜生苦、無福德著我所苦，欲生人天，當修善根。如佛初成道，爲提胄說世間因果，五百賈人，同受五戒，先懺悔五逆十惡謗法等罪，是爲有教。觀經修三福中，首言孝養父母，奉事師長，慈心不殺，修十善業。又無量壽經，極言五惡燒之苦，教化群生，今持五善，亦攝此義。然是經爲求往生，遮諸不善，非是忻心人天小果，修持是同，證果即別。如《楞嚴》《華嚴》諸方等，雖不單說，亦兼帶之，不名純有。《觀經鈔》曰：圓頓行者，豈違小乘出家之式，三歸衆戒威儀等事？又曰：得前前者，不得後後，得後後者，必得前前。何以故？一切諸佛，無不以十善而得度故。《華嚴經》曰：十不善業道，是地獄畜生餓鬼受生之因，十善業道，是人天乃至有頂處受生之因。又此上品十善業道，以智慧修習，心狹劣故，怖三界故，闕大悲故，從他聞聲而瞭解故，成聲聞乘。又此上品十善業道，修治清淨，不從他教，自覺悟故，大悲方便不具足故，悟解甚深因緣法故，成獨覺乘。又此上品十善業道，修治清淨，心廣無量故，具足悲滑故，方便所攝故，發生大願故，不舍衆生故，希求諸佛大智故，淨治菩薩諸地故，淨修一切諸度故，成菩薩廣大行。又此上上十善業道，一切種清淨故，乃至證十力無畏故，一切佛法皆得成就。是故我今等行十善，應今一切具足清淨，乃至善薩，如是積集善根，成就善根，增長善根，思惟善根，繫念善根，分別善根，愛樂善根，修習善根，安住善根。菩薩摩訶薩，如是積集諸善根已，以此善根，所得依果，修菩薩行，於念念中，見無量佛，如其所應，承事供養。又云：雖無所作，而恒住善根。又云：雖知諸法無有所依，而說依善法而得出離。奉勸悟達之士，猛省永嘉豁達之言，早尋白社不請之友，勿輕戒律。天上無作業之佛，勿貪虛名；地下有對證之鬼，蓮邦不遠。請即加鞭。

二、趨寂教者，即二乘寂滅之教，趨向涅槃，于嚴土利他，不生喜樂，是爲

小乘，與淨土大乘之教正反。今云兮攝者，以《無量壽經》及觀經中，皆有須陀洹，乃至得阿羅漢果故。先德云：小乘不生，據決定性不生。此中明生，爲在此間先發大乘心，熏成種子，退心下地，要由垂終回小向大故生。問曰：既回心向大，何故至彼復證小果？釋曰：以退大既久，習小功深，是故彼佛稱習說小。且今證果，又此證小果者，不守小位而住，還起大心，進行彌速，或五劫或十劫，得成初地。如是階級，猶是殊勝，是故不同。又云：經中亦有頻婆證阿那含，然非此教，正所被機，今從正爲韋提希等，宣淨土觀，尚非通別，豈是小乘？如迦文出世，亦有聲聞，畢竟大乘是正，以羊鹿等車非實車故。

三、有餘教者，了二空真理，修習萬行，趣大乘佛果，唯不許闡提二乘成佛。謂闡提無性，二乘定性，決不可成。未盡大乘真理故，名有餘。此經言：除五逆不生。又云：二乘種不生。教義似同。二乘上已釋竟，言五逆不生者，以謗法故，以無信心，非是無性，決不可成。故《觀經》中，毀戒衆生，臨終惡相見者，聞贊佛功德，地獄猛火，化清涼風，乃至五逆十惡，具足十念者，見金蓮華，猶如日輪，一殺那頃，皆得往生。此是自性不思議功德，仗不思議佛力得顯現故。若不具足佛性，如頑石濁滓，豈能透月？當知，念能顯性，如是往生，是性力故，如日能顯空，空非因日。是故一切衆生，皆成佛故，不同始教有餘之教。

四、無餘教者，一切衆生，平等一性，悉當成佛，是爲大乘極則之教，唯一自心爲教體，故云無餘。今此淨土法門，依正信願等法，究極皆歸一心。故經中言：一心不亂，即得往生。又大本三輩生彼者，皆云發無上菩提之心。菩提心者，即佛性是。《華嚴經》曰：菩提心者，猶如種子，能生一切諸佛法故；猶如良田，能長衆生白淨法故；猶如大地，能持一切世間故；猶如淨水，能洗一切煩惱垢故；猶如大風，普於世間無所礙故；猶如盛火，能燒一切諸見薪故。廣在彼經。當知中菩提心是鐵炮中利藥，念佛是藥線，華嚴初發心時，便成正覺，即是此義。菩薩五位加行，亦只是藥中引線耳。無量妙行，詎有加一行三昧之外者哉！

五、頓悟教者，長者論曰：但一念不生，即名爲佛，不從地位漸次而說，故立爲頓教。如思益經，得諸法正性者，不從一地至一地。《楞伽經》曰：十地則爲初，初則爲八地，乃至無所有，何次？當知頓者即是不歷階級之義。《天台觀經疏》曰：頓悟漸入，此即頓教，正爲韋提希及諸侍女並是凡夫，未證小果，故知是頓，不從漸入。鈔曰：今經頓者，乃於化法，以圓爲頓。何故？無生忍位，別在初地，圓在初住。別教凡夫，經無數劫，方至此位，唯有圓教，即生可入。今就韋提希既身得忍，判爲頓者，是圓頓故。又他經說受菩薩戒，身身相續，戒行不缺，經一劫、二劫、三劫，劫，始至初發心住，如是修行十波羅蜜等量無行願，相相續不斷，滿一萬劫，至第六正性住，從是修行增進，如至第七不退住。今此經中，五逆十惡，持名即生，皆得不退，正合頓義。如觀經中，是心作佛，是心是佛等語，皆直指心宗，更無迂回，且如阿彌一聲，是非俱劃，何等直截！故古人謂之頭則兮案。鑊湯波底豈貯寒冰？烈火焰中，詎容寸草？達磨復起，不易吾說，更或踟躕，萬里千年。

六圓極教者，慈思通贊曰：此方先德，總判經論有四宗：一立性宗，二破性宗，三破相宗，四顯實宗。涅槃法二有法無我宗，三法無去來宗，四現通假實宗，五欲妄真實宗，六諸法但名宗，七勝義皆空宗，八應理圓實宗。如《華嚴》及《彌經》是第八宗收。又若真歇了禪師等，以帝網千珠，發明淨土圓融之義，諸書具載。近有老宿，以《華嚴》配此經，謂圓全攝此，此分攝圓，得圓少分，分屬圓故。據經判義，甚有旨趣。但圓極義者，無全無分，如月在川，川川皆有全月，乃至瓶池寸水，亦是全月，無分月故；如風在樹，樹樹皆有全風，乃至片葉莖草，亦是全風，無兮風故。若圓中有分者，圓即有段，若兮中非全者，圓即不遍，兮全雙乖，圓義不成。今約蓮宗圓極，兮五種義：一殺海相含義，二三世一時義，三無情作佛義，四依正無凝義，五充遍不動義。一刹海相含義者，一切諸佛報化國土，互相攝入，全他全此，而無留礙，若不相入者，此即情見，情見非實。如一室中一處空，其中若人中若人若畜，若鬼若蟲，若幾若瓶若架之類，皆依虛空建立，虛空屬人時，則諸鬼畜蟲幾瓶架所依之虛空，一切攝入人中；虛空屬鬼時，則諸人畜蟲幾瓶架所依之虛空，一切攝入鬼中；虛空屬蟲時，諸人鬼畜幾瓶架所依之虛空，一切攝入蟲中；乃至虛空屬架時，則諸人畜鬼蟲幾瓶所依之虛空，一切攝入架中。參而不雜，離亦不兮，非入非不入。是故經云：國土光淨遍無與等，徹照無量無數不可思議世界，如明鏡中現其形象。當知淨方濁土，交光相入，如千燈一室故。二三世一時義者，衆生情見，執有時兮過現未來等事，約實相中，即無時體可得。何以故？若計晦明是時者，晦明則是業相，如病眼見青，非定

相故。若計老少是時者，老少則是幻質，如敝網裏風，非定質故。云何是中而有實義？今約延促相入二義，以明時體，一促中有延，二延中有促。一促中有延者，如人假寐，夢經種種城邑聚落，及見故人，悲笑兮明，經歷時月。醒而問人，孰睡幾時？侍者答言：數千錢時。其人自思假寐無幾，云何經歷如許變態？了了記憶，非病非醉，輾轉追惟，是義終不可得。二延中有促者，如人二十忽得顛病，吞刀捉火，或爲人言未來事，或對妻子嬉笑如常，及生男女，或忽能文，著種種書，經三十年，遇一異人，呪水與飲，其人如睡忽覺，即以二十爲昨日事，家人屈指爲計歲月，出示子女及種種書，其人自思，本無歲月，焉有是事？亦不復記病與不病。以是二喻，進退互觀，畢竟無有三世可得。是故經云：觀彼久遠，猶若今日，經須臾間，歷事諸佛，遍十方界，是謂三世無間。三世無間者，時體不可得故。三無情作佛義者，權教中言：有情有佛性，無情無佛性，一切草本器界。不能成道及轉法論。此是執情強計，屬意即有，屬物即無，不了諸法，皆住法位。何以故？意是色故，是空根故，是往古來今故，是無情故，一無一切無故，青黃是意故，風鳴谷響是意故，草木瓦礫是意故，是有情故，一有一切有故，故知情之爲情，亦可說自，亦可說物，不應說言無誰有。如一夫妻，共生一子，不應說言誰生誰不生。夫髮毛介齒，亦是無情有，與我俱佛耶？抑與我不俱佛佛耶？夢中見山水，見木見石，亦是無情，是情想攝耶？當知是中尚無是我非我，云何更計有情無情？是故經中，道場寶樹，能淨諸根，風枝水響，咸宣妙法，無一物非佛身，無一物不轉法輪，豈是情見妄知所能計度？四依正無礙義者，依是器界，正是身根，若約凡情，即横計有依有正，是義非實。何以故？若言虛空是依者，如人張口，則虛空入，乃至毛孔骨節心腹之內，皆有虛空。是依耶是正耶？若言地水火風是依者，如人涎液，入器爲水，髮焦爲土，兩手相觸成火，噓氣爲風，是依耶是正耶？是故經中，無量寶華，一一華中出三十六億那由他百千光明，一一光明出三十六億那由他百千佛，一普爲十方，說一切法。以佛力故，現有寶華，以寶華故，復現諸佛。是故當知，盡一刹是佛身，刹刹皆然，無一身非佛刹，身身皆然，非是佛神力變現，唯一真法界智爲依正故。五充遍不動義者，衆生妄計佛身即有去來，而實佛身無去無來，亦無不去不來，辟如鳥飛空中，一日千里，空非隨鳥，鳥不離空。是故經言：阿彌陀佛常在西方，又言至一切行人之所。如《涅槃經》，佛言：善男子，波羅奈城，有優婆夷，已於過去無量光佛，種諸善根，是優婆夷，夏九十日，請命衆僧，奉施醫藥。

《黄白鏡・三十六照》 一照黄白　舉世慕黄白，不知黄白義。黄白之術，全在汞火變化，火滅化真土，土稟中央之氣色象，故黄汞死，變真鉛。鉛稟西方之氣色象，故曰：黄者爲藥，白者为丹。一藥一丹，是謂黄白。

二照乾坤　黄白之術，先立乾坤以爲鼎器，此言一留人間未免驚世駭俗，殊不知天地乃天地之中乾坤也，男女乃男女之中乾坤也，砂鉛乃砂鉛之中乾坤也。雖一禽一蟲之中，亦各自具一乾坤，何必限定天地纔爲乾坤也。知此者，可以内修胎仙。知此者，可以外煉黄白。

三照四象　黄白之術，則以硃砂爲乾，黑鉛爲坤，硃砂之中所含者，乙木與丁火。乙木即青龍，丁火即朱雀。黑鉛之中所舍者，庚金與壬水。庚金即白虎，壬水即玄武。青龍、朱雀、白虎、玄武是謂四象。

四照母氣　黄白之術，先要洞明母氣，所謂母氣者，就指鉛中一點妙有而言，大抵鉛屬坤，坤形六段，其體本空，何嘗有此妙有？因與砂交，砂中一點陰神移過鉛中，與先天一氣合而纔有。太上故曰：有名萬物之母外，舍此母外，再無别藥可以。乾得水銀，世間黄金白銀，名雖至寶，其實還屬凡質，獨不聞凡質從來不化真，化真須得真中物。

五照父氣　鉛中妙有，固爲母氣，還有一種父氣，更非衆人所能知者。煉丹起手，不離砂鉛，砂鉛一交，結成一粒黍米玄珠，縣於鉛内，此即謂之妙有也。但此妙有，感在陰兮則爲母氣，感在陽兮則爲父氣。譬如天上之太陰，人間之少女。太陰生明，在初三日酉時則爲新月，在念八日卯時則爲曉月。新月之光，便是父氣，曉月之光，便是母氣。少女懷妊，得乾道者，則成男胎，得坤道者則成女胎。男胎便是父氣，女胎便是母氣，鉛中妙有之爲父母氣也，亦復如是。

六照祖孫　汞死即真鉛，真鉛水之母。惟是水之母，故爲汞之祖。汞曰爲流珠，流珠水之子，惟是水之子，故爲鉛之孫。

七照氣結　方外之士，孰不會説砂氣結，及其下手則又不然。將鉛煉出花色，以砂投抬於鉛面之上，可憐砂中真氣，飛走殆盡，止存一味查質。愚人見而寶之，誤認爲天硫，指望將此乾汞。道人每人見此流，深笑之而又極憐之。丹書之中，明明點出乾坤交媾罷，一點落黄庭。只此黄庭一點，乃砂鉛

二物之中，精神命脈凝結而成者砂皮石殻。譬如一堆死枯骨，烏足以比之耳。故曰：天硫原是硃砂精，莫把砂皮認作真。

八照天硫　凡我同志之士，須要知夫天硫。知夫天硫者，金丹口訣已過半矣。所謂天硫實非砂皮石殻，乃黑鉛之中一點先天真一之氣是也。此氣鉛中本無，只因砂鉛一交之間，砂中一點神火，流落黑鉛之内，結成一粒黍米之珠，此即謂之天硫也。若能以火逼出此硫，真乃乾汞之聖藥。大抵此硫其色正黄，其質乾燥，其形聖剛，其性猛烈，人知慕此硫者高人，知此硫者哲人，煉此硫者至人，得此硫者聖人。

九照次第　丹法有次第，有去取，一些不可紊亂，差之毫釐，謬之千里。且如水銀、黄硫、砂皮，合而言之謂之硃砂，分而言之則水銀爲硃，黄硫爲砂，砂皮乃渣質之物。古人煉丹取其精華，去其渣質。始而下手，先借黑鉛之中一點壬水，養死黄硫，謂之養砂，繼而硫養實死，纔去轉制水銀，謂之煉鉛。水銀一經轉制，登時實死，化成一塊純乾金。惟此純陽乾金，纔謂之真鉛。即得真鉛之後，此外不復再用黑鉛。方士不知此妙，泥定養砂兩字，動輒要把硃砂在鉛上弄死，以爲天硫。寧知天地無全功，聖人無全能，豈有一黑鉛而能令水銀、黄硫、砂皮一起全死之理。況水銀、黄硫輕浮之性，見火即飛，所存者不過砂皮石殻，後天渣質之物，如此之類，車載斗量，何足之罕？

十照藥火　黄硫出自硃砂之中，則爲神火，一落黑鉛之内，登時化爲大藥，故曰藥即是火，火即是藥。

十一照配合　天下儘有聰明之士，頗知其理，而于黄硫，但只不明。制伏黄硫之法，所以不能成事。砂中黄硫，以五行考之則屬丁火，既屬丁火，何不配以壬水？丁壬妙合，自然結成一粒黍米玄珠。故曰：識破坎離，大丹了卻。

十二照壬癸　爐火之家，只爲不識壬水，所水，黄硫不死，只爲不識戊土，所以水銀不乾。壬水長生於坤，癸水長生於卯。卯即水銀，坤即黑鉛。求壬水須在黑鉛之中求之，去癸水舍戊土之外，别無奇方妙藥。大概黄硫要死，不死不成戊土。癸水要乾，不乾不成白金。戊土者，大藥之假名。白金者，金丹之實相。

十三照鉛汞　黑鉛之中，内含一點壬水，其性屬陽，在五行中獨與丁火相當。硃砂之中，内含一點丁火，其性屬陰，在五行中獨與壬水相當。砂鉛交媾之時，假如壬水先至，丁火後施，則陽包陰而成離。離中一畫耦爻，乃先天之地也。萬一丁火先至，壬水後施，則陰裹陽而成坎。坎中一畫奇爻，乃先天之天也，只此一奇一耦兩爻。先天乃天地之根，玄牝之門，纔謂之真鉛真汞，其餘凡砂水銀，與夫五金八石，皆屬後天渣質，烏足以媾其真。宋人故曰：時人要識真鉛汞，不是凡砂及水銀。

十四照玄牝　玄牝二物居於天地之正位，隱於坎離之中爻。坎中一畫奇爻，爲戊土，爲金鉛，爲玄陽，爲真父，故曰：坎戊玄土金爲父。離中一畫耦爻，爲己土，爲木汞，爲牝陰，爲真母，故曰：離己牝土汞爲母。

十五照火符　坎中一畫奇爻，名曰陽火。離中一畫耦爻，名曰陰符。且如水銀之中，進一爻陽火，以象震卦。進兩爻陽火，以象兑卦。進三爻陽火，以象乾卦。卦至上九，其陽亢矣。故當濟以陰符，進一爻陰符，以象巽卦卦。進兩爻陰符，以象艮卦。進三爻陰符，以象坤卦。卦至上六，其道窮矣。故當又起陽火，週而復始，始而復終，六百火符，大概如此。宋人故曰：本是水銀一味，週流遍歷諸辰，陰陽數足自通神，出入豈離玄牝。

十六照週天　《金火歌》中，有四九三十六，方得半斤氣之句。方士不知此中含畜妙義，卻將凡銀八兩，以黑鉛三十六斤，分作九池，分銖定兩煎煉。觀花以爲得法，甚致造出一書刻板傳世，何其僞妄之甚？所謂四九三十六者，乃八卦總數，一月週天。且如乾一、兑二、離三、震四、巽五、坎六、艮七、坤八，盡八卦之數，算來共得三十有六，故曰週天度數。要師明，不遇師傳莫亂行。三十六宫翻卦象，千金莫與俗人論。

十七照烹煉　黄硫本爲陰火，一經壬水配煉，登時化爲陽土，故曰：硃砂煉陽氣。水銀本爲木汞，一經陽土烹制，登時變爲金丹，故曰：水銀烹金精。

十八照交感　鏡内雖用砂中丁火，起手卻不可取出火來。雖用鉛中壬水配合，卻又不可取出水来。雖要丁壬妙合，卻又不是將鉛煉到水清月白之時，以砂投於鉛面之上。雖不以砂投於鉛面之上，卻又不是砂鉛全不合體，水火全不交光。砂鉛若不使之合體，水火若不使之交光，更假何物而爲之乎？金丹之法，交有時，合有法，順去逆來，各有門户，得其門户者，升堂入室，直抵玄關。不得其門户者，耗火亡財，破家蕩産。與君説破我家風，太陽移在月明中。

十九照神氣　方外之士，都在象中求象，所以不得真象。都在形中求形，所以不得真形。即如前镜内說，用丁火起手，不免又落於象矣。說用壬水配合，不免又落於形矣。道人據師所傳，玄元大道，無象無形，因而連火也不用，用火中之神。連水也不用，用水中之氣。惟神與氣，無象無形，神氣相交，靈苗乃結。

二十照火候　黑鉛本屬坤申，坤申之地有庚金建禄，壬水長生，但庚金有一月一次圓缺，壬水故有一月一次消長。二七而來，七七而去，惟其此金此水，有圓有缺，有消有長，有來有去，所以生人生物，故亦有生有死。然雖如此，丹門又以圓缺、消長、來去爲之火候。當爐者不可知此候，不知此候，砂鉛雖合，斷不結胎。若不結胎，卻將何物以爲丹頭？故曰：月之圓，存乎口訣。時之子，妙在心傳。

二十一照池鼎　丹房器皿，有陰池、陽池、土池、灰池、華池、玉池、流珠池、飛仙池，又有乾鼎、坤鼎、銀鼎、鐵鼎、鉛鼎、金鼎、流金鼎、硃砂鼎。種種異名，無非譬喻。藥靈不在池，丹聖豈在鼎？不過是銀、鉛、砂、汞四件物事，變來許多名色。愚夫執文泥象，知者得理忘言。

二十二照沐浴　沐浴即洗濯之變名也，黄芽凝結於坤土池中，若不洗濯，何由得出純陽先生不曰地雷震動山頭雨，要洗濯黄芽出土。況此黄芽，乃天地之心，丹經所謂沐浴洗心者，正謂教人洗出這點天地之心來。

二十三照煉己　水銀出自硃砂之中，名爲己汞。丹經曰：煉己者，正爲教人煉此己汞也。蓋爲己汞，乃陽裏陰精。不經真陰真陽煅煉一番，斷然不能堅剛住世。所謂真陰者，即離中一畫耦爻，名曰奼女也。所謂真陽者，即坎中一畫奇爻，名曰嬰兒也。只此一嬰一奼，纔名真男真女。道人丹法，不論内外，皆用男女。然所用男女，豈世上之男女耶？即此嬰奼者是也。

二十四照筑其基　水銀實死，潔白見寶，纔可造黄輿，種黄芽。故曰：砂汞成銀丹立基，生生化化任栽接。

二十五照過關　金丹之術，妙在於死，黄硫不到鉛關走過一番，斷然不能絕命。故曰：硃砂不過關，如隔萬重山。

二十六照過度　水銀活則爲木，木乃青龍也，死則爲鉛，鉛乃白虎也。青龍分野於房六度，白虎分野於昂七度。故曰：水銀不過度，神仙迷了路。

二十七照超脱　黄硫未化戊土，定假坤中壬水配合。既成戊土，即當脱出黑鉛，故曰：砂死則必脱。水銀未變白金，全藉坎中戊土制伏。既成白金，即當超去天硫，故曰：汞死則必超。

二十八照水火　水銀未乾已前，本爲木汞，一乾之後，即名白金。木汞能生神火，所以硃砂之中，故有黄硫。白金能生神水，所以石函記内，故有神水原因出白金之句。

二十九照凡聖　水有陰陽，誰不知其爲壬爲癸。壬兮清濁，孰能辨夫？是經是神，經水生自黑鉛之内，源頭本濁，神水出自白金之中，根上原清。是故神火與經水妙合則成凡孕，與神水妙合則成聖胎。將欲超凡而入聖，定教由濁而纔清。宋人故曰：白虎首経至寶，華池神水真金。觀其如此稱讚首經，其意亦可知矣。外丹起手，斷然不能離乎砂鉛。内丹超手，斷然不能離乎乾坤。

三十照枯鉛　丹書云：枯鉛乾汞。又云：鉛枯汞自乾。只這兩句雙關二意之言，誤盡今古多少丹客。噫！書豈誤人，人自不悟耳。殊不知汞中癸水，即名鉛也。枯去癸水，其汞自乾，此之謂枯鉛乾汞。愚夫不達此理，卻把黑鉛炒成囂塵，指望要去乾汞，獨不聞煉鉛不是煉枯鉛，鉛若枯時氣不全。

三十一照白金　概世方士，都求白金於黑鉛之内，或求於矿鉛之内，或求於鷄子鉛之内，皆謬矣。獨范純仁先生序《漁莊録》一句：其術士善煉水銀爲白金。只這十個字，直打到太上老祖心坎上，況晉人亦曾點出，白金即是水銀胎，返還元水銀制。

三十二照清真　砂中黄硫，不可令其存性，若有纖毫生意，終屬凡質，難以通靈。汞中陰氣，務要令其斷根，若存纖毫癸水，終是含陰，難以入聖。大抵非壬不足以成硫之靈，非靈不足以致汞之聖。既聖而又復生其靈，既靈而又復生其聖，以聖育靈，以靈育聖，愈聖愈靈，愈靈愈聖，靈聖之極，自然清真。故曰：你死我死，先天在此。你靈我靈，萬化祖根。

三十三照點化　黄硫實死，纔能點得水銀而成金丹。水根實乾，纔能化得五金八石。凡磁、瓦礫大地塵沙等物，盡成金寶。故曰：硃硫不死汞不乾，水銀不死芽不白。又曰：凡磁瓦礫盡成金，大地塵沙皆作寶。

三十四照服食　茗葉可以清人之神，酒漿可以亂人之性，巨勝可以延人年，巴葛可以殺人之命。世間渣質之物尚爾如此神異，況於無中生有之靈丹

妙藥乎！大概三轉之後，纔望清真，便能點化五金八石而實。住世九轉之後纔入清真，便能醫治諸虛百症，而起死回生。若能接至七百二十轉之後，卦爻圓滿，火候充足，清真極而致於神化不可言地步，豈有不可服食之理，但服食之際，大要分別輕清重濁，輕清的是藥，重濁的是丹。丹僅擅其點化，藥纔可以服食。故曰：輕清服而成神仙，重濁點等泰山。

三十五照藥品　藥之品類不可不知，有至藥，有大藥，有聖藥，有神藥。四品之藥，皆以神爲種子。此種下在黑鉛之内，則成至藥、大藥。下在白金之内，則成聖藥、神藥。蓋爲黑鉛之内，有經水之氣長生。白金之内，有神水之氣長生。大抵二水之氣，皆能化神爲藥。且以至藥、大藥先爲吾子分之。朱砂之中，有木有火。木之数三，火之数二，三二合而言之乃爲五，五中卻有一點至精至妙之物，謂之曰神。黑鉛之中，有金有水，金之数四，水之数一，四一合而言之，亦爲五，五中亦有一點至精至妙之物，謂之曰氣。神氣相交，靈苗乃結。即《易》之所謂二五之精妙，合而凝者是也。然而神氣一凝，乾道化成一畫乾金，《周易》不曰：大哉乾元，萬物資之以始。故以這一畫乾金，名之爲大藥。坤道化成一畫坤土，《周易》不曰：至哉坤元，萬物資之以生。故以這一畫坤土，名之爲至藥。此大藥至藥之名，由是而定也。再以聖藥神藥，細爲吾子分之。水銀活則謂木汞，死則謂之白金。木汞能生神火，白金能生神水。神火入於白金之中，與神之氣妙合，乾道化而爲之神藥。神藥者，即世之所謂陽神也；坤道化而爲之聖藥，聖藥者，即世之所謂聖胎也。殊不知神藥聖藥，比至藥、大藥，更靈更妙。使若接至七百二十轉後，其靈妙又可知矣。人得服餌，小則長生久視，大則拔宅飛昇。雖死屍枯骨得沾其氣，未有不返魂再活者。故曰：返魂再活生徐甲。

三十六照合一　内丹外丹，事同一體。苟得其法，煉内丹亦可，煉外丹亦可。且夫内而以心爲主，心猶汞也；外而以汞爲主，猶心也。心死謂之内丹，汞乾謂之外丹。内丹成謂之仙人，外丹成謂之仙銀。仙人者，得道之人也；仙銀者，得道之物也。以得道之人而點物，物必化而爲寶；以得道之物而點人，人必化而爲仙。然非人能點化其物，亦非物能點化其人，其所以能互相點化者，乃道之力也。執着之徒，不通其道，謂内汞以外丹之藥爲之非類，彼獨不見《列仙傳》屢言神仙呵汞可以成銀。然則外汞偏獨不以内丹之藥，爲之非類乎！

《景岳全書・天集・雜證謨・諸氣》　論調氣　夫百病皆生於氣，正以氣爲用，無所不至。一有不調，則無所不病。故其在外則有六氣之侵，在内則有九氣之亂。而凡病之爲虛爲實，爲熱爲寒，至其變態，莫可名狀。欲求其本，則止一氣字足以盡之。蓋氣有不調之處，即病本所在之處也。是推明哲不凡者，乃能獨見其處，撮而調之，調得其妙，則猶之解結也。猶之雪汚也，汚去結解，而活人於舉指之間，誠非難也。然而人多難能者，在不知氣之理，並不知調之法。即自河間相傳以來，咸謂木香、檳榔可以調氣，陋亦甚矣。夫所謂調者，其不調之謂也。凡氣有不正，皆賴調和。如邪氣在表，散即調也；邪氣在裏，行即調也；實邪壅滯，瀉即調也；虛羸因憊，補即調也。由是類推，則凡寒之熱之，溫之清之，升之降之，抑之舉之，發之達之，劫之奪之，堅之削之，泄之利之，潤之燥之，收之澀之，緩之峻之，和之安之，正者正之，假者反之，必清必静，各安其氣，則無病不除，是皆調氣之大法也。此外有如按摩、導引、針灸、熨洗可以調經絡之氣。又如喜能勝憂，悲能勝怒，怒能勝思，思能勝恐，恐能勝喜，可以調情志之氣。又如五穀、五果、五菜、五畜可以調化育之氣。又如春夏養陽，秋冬養陰，避風寒，節飲食，慎起居，和喜怒，可以調衛生之氣。及其至也，則精氣有互根之用，陰陽有顛倒之施。或以塞之，而實以通之；或以啓之，而實以封之；或人見其有，而我見其無；或病若在此，而反以治彼。惟智者能見事之未然，惟仁人能惜人之固有。若此者，何莫非調之之謂，人能知此，豈惟卻病，而凡内而身心，外而庶政，皆可因之而無弗調矣。甚矣，調之爲義，其道圓矣，其廣矣。有神有據，無方無隅。有不可以言宣者，言難盡意也；有不可以迹拘者，迹難求全也。故余於本門，但援經悉理，不敢執方，蓋亦恐一曲之談，有不可應無窮之變也。倘有所須，則各門具列論治，所當互證酌冥，而無負調和之手，斯於斯道可無媿矣。

《性命宗指・金丹大道》　金丹之道，黃帝修之而登雲天，老君修之而爲道祖。傳法继煉，從古迄今，所記載拔宅者八百餘家，飛昇者三千餘人，咸由此道而致。然論此，貴先術二字。何者爲道？何者爲術？曰：有内運之造化，無外來之藥物是謂丹頭，即道也，故稱丹。無一身之造化，有諸品之藥物，是謂藥頭，即術也，難以丹名。而金之爲言，亦以大道不離五行，五行相伐，至金而極，鎔之得水，擊之得火，其柔象木，其色象土。土、水、木、火，四

相俱備，而金獨含之，以其愈煉愈精，萬刧不壞，金丹之名，說有取爾矣。世有以四黄八白，澆淋升養而煉者，非也。歷考載斯道之玄妙。惟《參同契》一書稱最，以乾坤爲鼎器，以坎離爲匡廓，以屯蒙爲抽添，以三萬刻爲周天。按三百八十四爻爲火候，而皆不出於自己身中之易。原夫金丹，全在鉛汞二物合成，真鉛汞生在天地之前，假鉛汞生在天地之後。真鉛汞是無形之造化，假鉛汞是有形之造化。以有形者言之，抱天一之質而爲五金之首者，黑鉛也。鉛以生銀，鉛乃銀之母。感太陽之氣而爲衆石之主者，硃砂也。砂以生汞，乃砂之子。以無形者言之，父母真氣，交感爲一，即精血爲胞胎，先凝內腎，腎生氣，氣生水，以腎水合心液爲玄珠，潛滋於丹田曰真鉛。及夫丹兆氣生，引氣入頂，而率真下降，經過十二楼前爲既濟。既濟一回而復入丹田曰真汞。坎中生陽，化爲金龍。離中生陰，化爲木虎。龍虎之變，化成戊己。坎戊月精，離己日光，水中生金，是爲陽虎。火中生汞，是爲陰龍。從南伏龍合北方之虎，會於中宫，固養一氣，即造化而結成大藥。非法術也，實本先天真一之炁，包涵性命之宗，謂之金液歸真，形神俱妙之道，至簡至易，一得汞得。如獲明師秘密口訣，雖至愚小人，立躋聖位。詩曰：先天一炁號真鉛，莫信迷徒妄指傳。萬化滋張緣勝兆，一灵飛走賴拘鈐。有形生質皆非正，無質生形始是玄。密語道流勤學取，用鉛莫錯用凡鉛。

《性命宗指・性命雙修》 夫性者，先天至神，一靈之謂也。命者，先天至精，一氣之謂也。性之造化繫乎心，命之造化繫乎身。身中之精，寂然不動，益則健中正純粹精者存，性之所寄也，爲命之根焉。心中之神，感而遂通，蓋喜怒哀樂愛惡欲者存，乃命之所寄也，爲性之極焉。世未有人而無身心，亦未有大道而可不雙脩性命者也。奈何道術殊方，旨竟不同。性宗人但言修定超脫，而笑延命之說爲髑髏下光景。命宗人但言煉精化氣，而訕養性之說爲蒲團上枯坐功夫。一則專於無爲，一則專於有爲。原其不知丹家有漸法三關，自有爲入無爲之旨也。抑亦未識所謂《道德》云爾，蓋各正性命，道也；盡性至命，德也。道生之，德蓄之，皆因所以然而歸自然，故參天地也。即三教聖人，未嘗不以雙修爲極至。儒則順性命還造化，其道德公；釋則幻性命而超大覺，其道德高；僊則修性命而詣神化，其道德備。惟內煉法天体道，存神養精，葆守未漓，補苴既漏，自形中之神以入神中之性，返本还源，歸根復命。始以有形而合無形，復化有象而歸無象，超出陰陽五行之表，翺翔蜉蝣塵埃之外，非雙修曷克臻此。又合二者譬之，性喻土，命喻水，性命相見，如水土和爲泥，造成器物，若未經火煅，土胚再一見水，必復化爲泥，即磚瓦磁器，曾經真火煅過，便可歷年不壞，何况性命？原以自己精氣神，煉成至寶，而尚有劫壞耶！仙經有言：形以道全，命以術延。以道全者，只是修性工夫；以術延者，只是修命工夫。歌曰：若還修性不修命，此是修行第一病。只修祖性不修丹，萬劫陰灵難入聖。《悟真篇》云：饒君了悟真如性，未免抛身卻入身。若解更能修大藥，頃超無漏作真人。純陽《敲爻歌》云：命要傳，性要悟，入聖超凡由汝做。又云：報賢良，休慕顧，性命机關堪守護。若還缺一不芳菲，報著波查應失路。張紫陽更云：先性，則难用功。先命，則有下手處。及其成功則一，參學其試思之。評云：性命之理，宋儒類能言之，及說到長生處，則概乎不知此。

《性命宗指・人身卦象》 釋云：因劉海瓊謂上品丹藥無卦爻，恐參學遂廢取法，故評論之。　聖人神道設教，教以顯道。即庖犧氏豈以大道無言，而不畫卦哉？所謂卦者，掛也，如掛物於空懸象示人，猶天垂象見吉兇使人易見也。象也者，像此者也。爻也者，傚此者也。卦有三爻，象三才，即我之三元也。畫卦六爻，象六虛，即我之六合也。丹書用卦用爻者，蓋欲學者法象安爐，依爻進火，易爲取則也。譬如此身未生之前，如如不動，非太極未判之時乎，因有此身立性立命，即太極生兩儀也。有形体便有性情，即兩儀生四象也。至於精、神、魂、魄、意、氣、身、心，悉皆具足，即四象生八卦也。《皇極經世書》以先天圖爲環中者，謂人身即先天圖。心居人身之中，猶太極在先天圖中也。朱紫陽述邵康節就圖上說循環之意，自垢至坤，是以陰含陽。自復至乾，是以陽兮陰。到坤復之間，乃是無極，謂其識無中含有象的意思。朱郡二公，成深於知道者矣。蓋道生萬物，天地乃物中之大者，人爲物中之靈者。故人同天地兮配八卦，頭爲乾，腹爲坤，膀胱爲艮，胆爲巽，腎爲坎，爲離，胆爲震，肺爲兑，是八卦雜揔屬人身。只要識其玄機係在何處，丹法以心比乾，腎比坤。心以坎爲体，離爲用，故心欲虛而澄。腎以離爲体，坎爲用，故丹田欲實而溫。即如損益二卦，皆三陰三陽之離，損之火上飛，益之火下伏，又或以爲離体之火上騰故損，離体之火下駐故益。即此損益升降，而結成聖胎，牢不獨重心腎哉？怪子書俱諱言心腎，謂心腎非坎離，但指呼吸爲坎離，殊不知呼吸坎離之用，心腎乃坎離之体。人之一身，心爲天君，故獨居

中；腎爲极基，故獨居下。雖不言心腎，而言身心者，身即腹也，腎在其中矣。邵康節詩云：乾過巽時觀月窟，地逢雷處見天根。天根月窟閑來往，三十六宫都是春。其謂月窟在上，天根在下，往來於其間者，心也。《悟真篇》云：取將坎位中心實，點化離宫腹裏陰。自此變成乾健体，潛藏飛躍盡由心。故金丹大道，以乾坤爲鼎器，以坎離爲匡郭，以屯象爲抽添，以餘卦爲搬運，俱不過借《易》以明道耳。苟欲運吾身之陰陽，切忌在卦象上執著，只須去太極上用心，做父母未生以前工夫，則陰陽五行，不求運而自運矣。此提綱挈領之玄旨也。

《性命宗指·五行妙用》 大道既判，而生天地。天地既分，而列五帝，東曰青帝，生子甲乙，甲乙東方木，象爲青龍；南曰赤帝，生子丙丁，丙丁南方火，象爲朱雀；中曰黄帝，生子戊己，戊己中央土，象爲勾陳；西曰白帝，生子庚辛，庚辛西方金，象爲白虎；北曰黑帝，生子壬癸，壬癸北方水，象爲玄武。五方以中爲主，五行以土爲主，水得土則攢其形，火得土則隱其明，金得土而增其色，木得土而益其潤，土無定形。挨排四象，五行既聚，萬物自生。此五行之泛説也。惟人頭圓足方，有天地之象。陽升陰降，有天地之機。而腎爲水，心爲火，肝爲木，肺爲金，脾爲土，言其相生，則水生木，木生火，火生土，土生金，金生水者爲母，受生者爲子。言其相尅，則水尅火，火尅金，金尅木，木尅土，土尅水者爲夫，受尅者爲妻。以子母言之：腎氣生肝氣，肝氣生心氣，心氣生脾氣，脾氣生肺氣，肺氣生腎氣。以夫妻言之：腎氣尅心氣，心氣尅肺氣，肺氣尅肝氣，肝氣尅脾氣，脾氣尅腎氣。論其交合生成，惟元陽一氣爲本，氣中生液，液中生氣。腎爲氣之根，心爲液之源。靈根堅固，恍恍惚惚。氣中自生真水，心源清潔，杳杳冥冥。液中自有真火，火中識取真龍，水中認取真虎。夫虎何爲從水中生？龍何爲爲從火中出哉？蓋人之二腎屬水，水中有火，水若得火猛烹極煅，則大盛水沸，真金亦能隨水而上升以朝於心。心陽也，以陽合陽，離火反爲坎水所尅，太極而生陰，乃積氣生液，液自心降，因液下降以還於腎。肝本心之母，腎之子，傳道其腎氣以至於心。肺本心之妻，腎之母，傳道其心液以復於腎。五行逆行，氣傳子母，自子至午，乃曰陽時生陽。五行顛倒，液行夫婦，自午至子，乃曰陰中煉陽。鍾雲房有言：陽不得陰不成，到底無陰而不死。陰不得陽不生，到底陰絶而壽長。揔之五行一陰陽，喻之鉛汞一情性。情發於中，以意土攢簇於其内，則東西配合，金木交并，南北混融，水火既济，合就黄芽而結成大藥，乃曰金丹。《翠虚篇》云：身内認吾身真父母，方纔捉得五行精。《悟真篇》云：四象合時玄体就，五行全處紫光明。《中和集》云：五行原只一陰陽，四象不離二玄牝。知其道者，化火龍而出昏衢，驂玄鶴而入蓬。

《性命宗指·玄關一竅》 夫身中一竅名曰玄關。受氣以生，實爲神府。三元所聚，五行所鍾，精神魂魄，悉會於此，乃金丹返還之根，凝結聖胎之所也。古仙謂之玄牝之門、太極之蒂、先天之柄、虚無之宗、混沌之根、太虚之谷、造化之源、歸根竅、復命關、戊己門、庚辛室、甲乙戸、西南鄉、真一處、中黄房、丹元府、守一壇、修月爐、朱砂鼎、龍虎穴、黄婆舍、鉛爐、土釜、神水、華池、第一神室、灵臺、絳宫、規中、種種異名，皆指一處。即於身中而求之，非口非鼻，非心非腎，非肝非肺，非脾非胃，非臍輪，非尾閭，非膀胱，非谷道，非兩腎中間一穴，非臍下一寸三分，非明堂泥丸，非關元氣海，非任督二脈。然則果在何處？正在乾之下坤之上，震之西，兑之東，坎離水火交媾之鄉，人身天地之正中。八脈九竅經絡聯輳，虚空一穴，乃先天而生，後天而接。不依形而立，惟道体以生。似有似無，吾存若亡，亦無邊旁，更無内外，恍惚裏，杳冥中，謂之玄關。不可以有心守，不可以無心求。以有心守之，則莫之有；以無心求之，終見其無。覺元氣之所由生，覺真息之所由起。此意到處，便見造化；此息超處，便開關得訣知的，則採取在此，交媾在此，烹煉沐浴在此，温養脱胎無不在此。先天一氣孔神，是爲收藏之根於後天元氣内運，斯爲交接這樞與。所謂玄之又玄，玅之又玅，寔惟此關。《度人經》云：中理五炁，混合百神。崔公謂之貫尾閭，通泥丸。純陽謂之窮取生身受氣初。《參同契》云：真人潛深淵，浮守規中。《悟真篇》云：劝君窮取生身處。石杏林云：一孔玄關竅，三關要路頭。忽然輕運動，神水自交流。又云：心下腎上處，肝西肺左中。非腸非胃府，一炁自流通。列仙諸真，固以明白説盡矣。或者猶妄意猜度，指東説西，非太過則不及。而李清庵則謂，聖人只書一中字示人。陳虚白謂，不過回光返照，收拾念頭之一法。玉溪子謂以正心誠意爲中心骨子。此皆含餬這説，終無個的確下落處。

《性命宗指·坤爲道庐》 《易》言：至哉坤元，萬物資生，乃順承天。坤元載物，德合無疆。蓋坤爲地，地主靜，靜則能翕受天氣，故百昌皆産於地坤之時。雖主伏幾，然來歲發育之功，寔胚胎焉，特閉藏無迹，人所難見。古

人以此純陰之月，名爲陽月者，以十月小雪，坤卦下爻，已有陽孕其中，但一日方長得三十兮之一，必積之足月，至十一月冬至，始滿一畫之陽，變爲復卦。故先王以至日閑關，商旅不行，后不省方，安静叫養其動，而仰順天道，化化生生，無窮無極，從此焉出。人身首爲乾，而腹爲坤，其一身法象，儼如天地。其一升一降，亦如天地。作丹得真師口訣，俟其候，迎其機，塞兑垂簾，返观内照，穀神入於氣穴，如日月合璧之時，隱藏其匡郭，沉淪於洞虚，頃之神氣歸根，自然無中生有，漸生金液。似紅蓮含蕊，露珠凝碧，飛落華池，滴滴而結爲丹樞。此《參同契》所謂應度育種，陰陽之原，寥廓恍惚，莫知其端者，惟此時爲然。由是一陽動於六陰之下，一變爲復，再變爲臨，三變爲泰，四變爲大壯，五變爲夬，六變爲純乾，則陽氣遍於六虚，而現出潭深日一輪矣。《悟真篇》云：要知産藥川源處，只在西南是本鄉。《還元篇》云：昨夜西川岸，蟾光照碧濤。採來歸玉室，鼎内自煎熬。蕭紫虚云：採藥西南坤地，金丹只此根宗。學人着意細推窮，妙絕無逼真種。《翠虚篇》云：西南路上月華明，太藥還從此處生。又云：金精即是坤宫藥，坤在西南爲川源。蟾光終日照西川，即此便是藥之根。諸仙詩訣爲一陽不生於復而生於坤，坤雖至陰，然陰裏生陽，實爲産藥之川源也。《復命篇》云：受得真仙訣，陰中煉至陽，即此孕于坤母之真鉛，而採之爲刀圭矣。迨夫飛上乾宫，擒制真汞，與真汞交結，則復回于坤母之舍。魏伯陽謂道窮則反歸乎坤元。殆深究其始終矣。

《性命宗指・氣索命絶》 倏煉金丹，不過真土擒真鉛，真鉛制真汞，鉛汞歸真土，迺融化日魂月魄産個玄珠而已。當夫採之煉之金液凝結之候，其神理色澤，氣机命脈，自異尋常。此時河海默静，山岳含煙，日月停影，璇璣不行，龍潛東海，虎伏西山，吸歸於蒂，呼不出喉，凝氣合神，凝神合氣。冥冥兮如烟嵐之罩山，濛濛兮如霧氣之籠水。七魄已死，三魂亦變，八脈俱停，歸根復命，情來歸性，性住命定。竟不知天之爲蓋，此之爲輿，亦不知世之有人，已之有軀。有氣而氣索然，有命而命將絶。乃身中之天地絪緼，身中之男女構精。誠虚無难窮妙處，寂滅不離真常之境界也。静定之久，頃之心花發現，三宫氣轉，機動籟鳴，則一劍鑿開混沌，兩手劈裂鴻濛，恍然如晝梦之初覺，涣然若沉疴之脱体。一段风光破寂寥，而化權歸掌内。即《上清集》所谓：这回大死今方活者是已。《参同發揮》云：欲知大藥結成時，六脈都停氣不馳。《指玄篇》云：邈無踪跡歸玄武，潛有機關結聖胎。《復命篇》云：一氣初回遇朔，鼎中神水溫溫。剛柔相合氣匀匀，妙在無過渾沌。《還源篇》云：丹頭初結處，萬物已凝時。龙虎交相戰，東君摠不知。《還丹篇》云：萬里陰沉春氣合，九霄清徹露華凝。《翠虚篇》云：促將百脈盡歸源，脈住氣停丹始結。又云：精神冥合氣歸時，骨肉融和都不知。關節自開通暢也，形容光澤似嬰兒。自此戰退陰魔，脱盡陰滓，如龍换骨，如蛇退皮，如蟬退殼。此際去故投新，間不容髮，豈能飛揚活動哉？其不帝小死者幾希。達人向前進步，更變出許多異境，受用無窮逸樂。若於此際毫不謹守，氣有走泄，心生懈怠，遽爾三屍齊起，六耗皆來，不免前功盡廢，則氣爲真索，命爲真絶者，不旋踵矣。今特表而出之，一以杜人驚悸之心，一以示人用功之驗。善乎！純陽祖師之言，曰：生者不生，死者不死。人能已生而殺生，未死而學死。斯言雖不爲此而發，然能觸類而旁通之，則仙道不遠矣。

《性命宗指・辨丹真幻》 採者，採真鉛於腎府。取者，取真汞於心田。可以採則採，採之必得其用。不宜採而採，採之反被其殃。何以故？蓋採取之法生於心，心者，萬化之樞紐，心期採取，必須忘之，而後覔之。忘者，忘其妄心也。於忘中生一覔意，即真心也。真心既定，就此如如不動，了了常知，回光返照，見元精吐華，真息綿延之時，則後天之氣已消，而先天之將息。恍恍惚惚，無中生有，有中如無，似乎噴泡從氣穴中流出者然焉。原人兩腎中間本有一縷透氣穴，乃父母交媾之後，初生脈絡也。先天之氣，常游息之。既覺此處畧有機括發動，急須採之，則一身百脈盡若春生。在予固得過這般造化者，其妙難以言語形容也。以此採取，方是真丹頭，名之曰鉛。鉛，金也。金生水，故汞産於心。雲從龍，風從虎之理兆矣。風恬而甘雨降，自然鉛汞相接，相吞相滔。金生水，水生木，木生火，會三性於玄宫；木愛金金，而金恋木，追二氣於黄道。乃交會之至妙者也。採之豈不得其受用乎？若丹有以幻名者，緣初機之士，方期進道，猛望希仙，欲念未蠲，心田未静，遽依所聞口訣，不審功夫，妄爲採取，致虚陽驟生，實非真陽也。摠之氣亦非元氣，乃呼吸之氣；精亦非無精，乃淫泆之精；神亦非元神，乃思慮之神。爲民火熾焰，非君火沖和。悉是幻妄業障，不可誤認爲真。且精在腎府，而若採之升於臍上，又無安頓定處，不免逐氣而泊於氣穴之左右。緣脐生於腎之缕，與氣交結而住，即自謂得丹，既自曰丹。而精氣神用著，便是後天之

物，於先天何與哉？且丹法中謂之黃庭。內爐、外爐泥丸等竅，皆先天已立之後始見。當此時在何處實未之有也，不謂之幻丹而何？又有採氣而上遇心血氣血，凝而爲物者，亦曰幻丹。此等皆非長生之丹頭，乃促命痞塊也。予得知此中來歷，最有分曉，故詳辨而著之以詔後學。在遠士亦精察而行之。

《明鏡匣・得萬事畢》 世人不識一，一氣生萬物。若人知一趣，得一萬事畢。一乃水之基，繼續東方木。癸鉛生辛金，白淨瑩如玉。二乃六之精，不失庚方父。壬水生黃金，金作中宮土。黃金硃砂父，白銀水銀母。壬癸水中精，識得憑戊己。黑鉛非真鉛，內有先天水。硃砂非真汞，內有玄元火。水火能既濟，不失坤方土。真母不通靈，須用正陽補。取坎復還離，萬物歸元祖。坤母育嬰兒，乾父有姹女。姹女嫁嬰兒，卻配爲夫婦。水火結成團，夫婦自相顧。男女卻媾精，媾精生男女。無父不成母，無母不許父。父母全真形，不失真龍虎。龍虎是黃芽，黃芽是真土。真土爲至藥，至藥不離祖。離祖不成丹，成丹真道理。牝雞不能雏，有母緣無父。空自單卵抱，氣散不成子。若要水銀死，先須死其母。母死會立元，方配硃砂父。父母媾真精，方死水銀子。水銀死爲鉛，相類坤方土。坤土育嬰兒，化作水銀母。水銀只一味，不離南方火。乾宮有朱雀，坤宮有玄武。玄武産坤銀，朱雀化黃土。稟會在中宮，方得水銀死。北斗天之樞，內含中宮水。四象會中宮，南北爲戊己。真精生乾坤，鉛汞爲父母。父母是庚辛，實稟西南數。識得庚辛精，纔煉中宮土。真土産其中，方鎮中央水。若人識真汞，黃金內神火。若人識真鉛，白金內神水。二氣結成丹，不愁水銀死。水火不能識，安知乾坤理。濕土水難乾，乾土能制水。吾知生死机，便是還丹理。黃金是真火，白金是真水。多水煉丹人，都做迷魂鬼。己土非天硫，戊土非天癸。若將此作土，不識其中趣。水銀要相生，水銀須先死。要得水銀死，先須死其母。先天乾坤精，便是真戊己。乾黃坤體白，黃白藥無比。只用黃白精，不用黃白體。黃白精何得，只用硃砂配。硃砂死變赤，方得水銀死。水銀不能飛，成藥在於此。神仙得此精，盜奪天與地。世人得此精，堆金成富貴。一轉至九轉，九九八十一。若人知此理，密密深固濟。收藏不可言，方證神仙位。得之廣濟人，不得空浪費。知此如輕洩，天神亦不喜。慎之復慎之，千言並萬語。

《逍遙子導引訣・無心得大還》 大還之道，聖道也。無心者，常清常靜也。人能常清靜，天地悉皆歸。何聖道之不可傳，大還之不可得哉？《清靜經》已盡言之矣。脩真之士，體而行之，欲造夫清真靈妙之境，若反掌爾。逍遙子云：有作有爲云至要，無聲無臭語方奇。中秋午夜通消息，明月當空造化基。

《天仙金丹心法・第一立志》 仰止崇山，心欲登而身即到；羈縻密網，數難避而理可回。懸慧劍於靈臺，斬斷邪關都匿跡。握神樞於智府，衝開法界任扶搖。故鐵杵磨針，不廢半途終造極；石盤作蓋，甘居死地得長生。索秘妙於寶笈琅函，務效蟻珠尋曲折；葆性命於琳宮繡宇，甯將繭緒苦糾纏。奮玉斧以開基，端憑意匠，啟金繩以覺路，朗注情田。深斯入道之源，以闢修真之要。

仇俗　宇宙一積情之府，而情即造孽之媒。情以引其情，遂流蕩而莫知所屆。是故情濃於妻子，則畢世馬牛。情熾乎利名，則終身纆鎖。嗚呼！纆鎖馬牛之業，何在而非造孽之媒耶？且即於用情之地，無以累吾情。而世緣未决其藩，則有用之居諸，汩於俗情而坐失。迨至鐘鳴漏盡，撒手而空歸，乃悔沈蕩於昏波，而俗累人大也。古者高人達士視俗如仇，蓋深知妻子利者名厚吾生適以賊吾性命也。洎丹成九轉，尊榮於億萬斯年，祖禰之精魂，且重聚三生石上，視塵累之馬牛纆鎖相遠何如也！故仇俗之仇，正以能仇同萬福。【略】

探道　太上演經，廣成談道，遂以啟苞符之秘，而奧旨以傳。大言之則布濩乾坤，而斂則退藏於密。可分可合，可卷可舒，化腐臭爲神奇，綿一息於終古。道可道，非常道，而爲道微矣。顧所異辭，所聞異辭，所傳聞又異辭。討論之未精，不能知止而有定，何以窮乎其至變，統宗而會元？故就正高賢，參稽載籍，復本以澤山之虛受，執中而不失其權，至道之精，亹亹來會矣。《鶴鳴》之賦曰：他山之石，可以攻玉。云有藉也，延訪之殷也，善納誨也。吾爲探道者誦詩。【略】

訪師　七十之徒，得杏壇而具體。而西來大意，六祖傳燈。吾道之淵源，亦若是則已矣。夫師以強教，金針非靳於愛人。然而匪我求童蒙，童蒙求我，志應也，感以誠也。康成之擔簦，游楊之立雪，故道成不朽，甚至青生於藍而勝藍。顧德無常師，一良鳥之擇木而栖也，擇之不精，必且下喬而入谷。

質友　孔子曰：德不孤，必有鄰。言志孚也。而淵明亦以疑義奇交，必待同心賞析。則中心之既佽，我亦良難。而矧性命之圖，擇交尤鉅。故附以質友切論，詔爾後賢。顧風雨誹廬中，既已卜周行之示要，必推心置腹，略無我詐爾虞。斯以叶於野之占，而佐嚴師所未逮。【略】

偏採　《金丹心法》集腋以成裘，實薈古今丹訣之精華，而畢羅其要。而立志猶資偏採者，堅後賢之信，而驗錯綜參伍之奇也。今夫揚赤壁之帆，則樂其恬靜。望黄牛之峽，則驚厥險奇。洎觀乎大海洋洋，乃嘆滙百川而王百谷。而細流不擇，愈以益其深。且諸集之言，亦各自抒其所得。然死生之界，要害之關，究未嘗別翃新奇，迷其正旨。但有詳有畧，有粗有精，有淺有深，有顯有隱，致其異，統其同，乃知心法之苦心，而觀於海者難爲水也。故曰堅後賢之信，驗錯綜參伍之奇也。【略】

遠追　收心十二時，放眼三千界，古人自命，誠有味乎其言之故。上下千年，非直比方人物，絜短較長，蓋將於尚論之餘，懸一的以相赴耳。是故人上於我矣，而人之上有人焉。處下闚高，由遠而溯洞至遠，抗心翹首，誰靳而封之？且前喆之蹤，後人之鵠也，士君子冥心孤詣，無憑藉而猶興。矧往聖可師，胡不以神兩相印？惟即古人之終始，鐫髓而旌心，讓以先登，而不許其獨步。安必效法乎上者，僅得乎中也？故以遠追爲量也。【略】

戒欺　戒欺者何也？所以誠吾意，盡人以合天也。天以理爲衡，理以心爲宅，心安則理得，得則天全，故修真必自戒欺始。且心爲神。舍，神以孕氣，氣以生精。虛憍之未融，安得固精，凝神而養氣？况欺之未戒，則情涉浮游而真意不生，曷以妙返觀之用？惟立心應物，毋俾一息矯誣，則意罔不誠，人盡而天心合矣。炁妄則可盟金石，中孚則可格豚魚。此戒欺爲天德王道之大閑，亦即修真之要旨。【略】

求慊　人心本至虛，至虛故靈應，靈應故能披剥萬象而見己，而以至虛合太虛。洎情爲物遷，重以百端交集，遂使靈光一點，蔽於愁雲苦霧中。如猿哀秋，如卮漏底，寖銷漸牿，神摧氣索，而精血枯矣。迨至因緣而生覺，參幻以知空，而一綫之精明，不敵七情之隕穫。是故達五明之路，朗耀情宫。疏入解之源，澄清性海要令躊躇滿志，取之一體，而皆逢青山白雪。江湖之水湛然，可復有未慊之憾耶？寸衷高朗，百體充盈，此爲築築基之基，而先煉煉己之己。【略】

勤始　學者邁征之詣，力端重乎始基。譬若稽田既勤敷菑，乃得修陳其疆畎，梓材勤樸斲，而後來之丹雘可加。由邇以陟遐，君子所爲，作事謀始也。不然存畏葸之懷，而無撒手懸崖之勇，則經營不力，安望積小以高大，而成峻極之觀？故志士勵行一念確乎其不拔，而縱心孤往，行健以自強。此鵬鳥之爲培風，斯以背負青天而莫之夭閼者也，而後乃今將圖南。【略】

永終　《易》曰：不恒其德，或承之羞。士君子功廢半途，或沮喪於垂成之會，千載而下，猶爲撫膺太息，而謂不成丈夫矣。夫君子有終，謙之所以亨而吉也。乃以億世之崇高富貴，而不能堅守其初心。嗚呼！自待抑何薄矣。况築基三戰，百日丹成，一十月胎，而陽神自脱，自時厥後，此身已證長生。會日月之幾何？而不慎終如始也？《書》有之：爲山九仞，功虧一簣。此不恒其德，而可承以羞者也。立志者，其惟懷永圖焉。【略】

超凡　三千大千，凡界也。處凡界而相濁者，凡民也。南柯之紫蟻排兵，北陸之玄駒走隙，爲蕉爲鹿，是蝶是人，當殘夢初回，總是北邙衰草耳。夫芝蘭茝蕙，發幽谷之馨香，雖蕭艾同敷，而獨翛然其自遠。然至金風玉露，時勢交乘，曩之卓冠羣英者，依然與草木同其腐朽。是以愚者刳心以掃智，哲人蓄髓以憐肌。非惟土石候鄉，腐貥良錦。實乃遊心冥淡，解脱藩籬。故上古大椿，不與北邙衰草伍立。超凡之志，應作如是觀。【略】

軼聖　上天之所報，不報於其人，而報於其人之天智。效一官而無以崇華野南陽之抱，則用亦第如其器，而稱物以施。故酬不以願爲媒，而報要以人爲券。聖真立志，必使後無來者，前無古人，不甘於小成，不以苟可安而止。情之所至，一往而深，則安見前賢不畏後賢，而後來者不居上，《金丹心法》先以立志造其端。玉宇瑤房，金臺貝闕，億萬載之攸躋而攸止，此丕丕基也。

《天仙金丹心法・第二端品》　黄中繕性，道樞充筦性之符；玄牝棲神，物軌啟參神之鑰。運濠渲以植本，玉粹金剛；祛鼇虀以安貞，冰懸雪跨。故淇澳之琢磨有斐，永千年睿聖之思；首陽之薇蕨雖枯，流萬古馨香之韻。挺蒼松之勁節，甯偕碧草凋殘；瑩白璧之奇光，直任青蠅點落。以沅杜蘅之澤，爲醴泉芝草之春。斯篤實以禔躬，定已精而益密；自中和之在抱，將希聖以離塵。

持身　予聞諸莊子，道人無聞至德，不得大人，無己約兮而不期。且天

而畀我以身，大而化之。之所由化，先化其所化，而化乃以神。是故如奉盈，如執玉，如處女，如履薄而臨深，如困守於孤城而兩軍未懋，如朽索之馭六馬，翼乎其小心。內天而主宰，人外而斡旋。本乎誠，位乎慎，達於理，明於權，躊躅而屈伸，反要而語極。故曰：無以人滅天，無以故滅命，無以得徇名。謹持而弗失，乃以反其真。【略】

緘口　山木自寇也，膏火自煎也。川不防其防，而蟻封可潰爲濫也。故爾驕而道，而人將誚之，爾炫而玄，而人將瘨之。其駟之不及也，厭之不克捫也，其溺之所爲之，不可使復之也。咸其輔頰舌，反唇而稽矣。括坤四之囊，慎不而害矣。道吾道，吾自道，玄我玄，我自玄。守如瓶，緘若金。人背與物不相靡相刃，物亦不與我牴牾。惟口啟羞，緘之不密也。太上曰：知者不言，言者不知。故聖人行不言之教。【略】

輕財　財者何？塵垢也。曷輕乎？爾清心也。輕則曷以清？吝則愚，貪則敗。有其者累，見有於人者憂。是故象有齒以焚其身，賄也。石崇吝族於倫，子魚貪屍諸木。物物而不物於物，道者爲之公。馬伏波文淵謂：凡殖貨財在賑施，否則守錢虜。此志此物也，輕所輕也，輕所輕者，不有其所有者也。不有其所有，而見有於人耶？不開人之天，而開天之天。開天者德生，開人者賊生。不賊於賊而德全其德，此之謂葆真。【略】

納氣　雖有忮心人，不怨飄瓦。褊人即易怒，不怒於虛舟。故虛己以遊，物莫之害。其聞人譽己，適適然驚；人譽人則；自失；人毀己，己則益修；人毀人，婉爲解。蛇神牛鬼，鬼斧神斤，觸不驚，犯不校，是純氣之守也，客氣不侵也。其天守全，其神無郤也。無郤守全則無累，無累則正平，正平則與彼更生，太虛爲一。【略】

友善　井蛙不可語於海者，拘於墟也；夏蟲不可語於水者，篤於時也；曲士不可語於道者，束於教也。夫教以師爲鵠，而以友爲簪。染以藍則青，染以朱則赤。意怠之鳥翂翂翐翐，而其行不斥，得友聲也。荃孤芳則茅爲害，曲寡和而調弗揚。是故援青松以誓心，指白水以旌信。攀嵇而鳳舉，交呂亦鴻軒。氣類符，其神相許也。故情莫如率，形莫如緣。【略】

絕讒　從善則如登，聽讒則如墜。囊瓦之覆楚墓，握而宮班。宰嚭之亂吳社，墟而臺沼。讒者滑吾以俗，且將冒吾以蔽蒙。與衆君子遊，莫沾所膻；與一小人比，則啜其醨。入鮑魚之市，久而俱臭者，靳自畜於樊也。夫其滀悶恢心，方外祛夫塵垢。詎遁天蹇道，甘殉僉壬？而德厚信矼，敝敝於一二匪人，蕲乎亂。嗚呼！殆爲人畜夫。【略】

別嫌　風之吹萬不同，而使其自已也，咸其自取。怒者致怒其曷瘳？有真君子存焉。慎焉而不異以朕，是以無有爲有。無有爲有，疇則摘其瑕？納履乎爪田，整冠乎李下，何若是芒乎？且己則己芒，而曰人之芒於芒，芒吾角宰乎？因非因是，因是因非。不授以因，因斯無朕，故曰：自彼則不見，自知則知之。古者上堂聲心揚，夜行則以火，不窺密入虛，如有人。充類而至義之盡，乃曰別嫌。聖人和之以是非，而休乎天均，復通爲一。【略】

安分　分無常也，而安有定。定之以知止，汝止以安焉。不由而照之以天，天則分也。故滑疑之耀，聖人所圖，圖之者不用而寓諸庸也。庸也者用也，用也者通也，通也者得也，適得而幾矣。因是已。已而不知其然，是之謂道。是故困勉者之分百千也，得失疾遲，安所安不相襲也。心不欲雜，雜則多，多則擾，擾則憂，憂而不救。爲人使則徒勞，使以天則無僞。冥止而不止，是謂坐馳。體道之人，人遊其樊，弗馳而越畔。【略】

慎微　司馬承禎云：損之又損，以至於無損。夫損之無損，是微而無微。此道之樞，亦品端之的也。蓋至人之用心若鏡，不將不逆，虛而不藏，體盡無窮而遊無朕，受以天而無見得，故心止於符。夫欲惡經營，喜怒婬佚，意有所至，而受有所亡。膚寸彌天，虛蒸成菌，以至驕僨而不可係。嗚呼！可畏也。夫是故冥冥之中必薙厥萌。寂寂之地，毋滋爾蒂。深之又深，而不爲緒使。密之又密，而不爲物絯。琢雕復樸，塊然獨以形立。紛而封哉！一以是終。【略】

杜漸　壺子之聖也，杜德機焉。杜德機云者，容貌若愚，甚盛德也。況己私之伏，暗長而潛，滋茁而軋矣。申胥有言曰：爲虺不摧，爲蛇將曷若？且坤之初六，履霜而堅冰。霜者陰始凝，馴致則腹堅水澤矣。是故外韄者不可繁而捉，將內揵焉。內韄者不可繆而捉，將外揵焉。澹而靜，漠而清，調而間，過之而不守，鬱閉而不流。廩廩乎，其若詛盟以守勝也。故素也者鉏焉，而無所與雜也。純也者屏焉，而不虧其神也。維屏維鉏，乃純乃素。

主信　古之有道者，不貳二，不參三。信矣而不期，光矣而不耀。故其寢不莫，其覺無憂，恬淡虛無，乃合天德。夫天德者，不言而信，不介而孚。日月四時，各循其序。陰陽萬古，不改其經。惛然若亡而存，油然不形而神。

萬物畜而不知，此之謂根本。根乎本者，媒媒鬱鬱，豚魚可格。實實淵淵，盈缶可占。宇泰定者，發乎天光，發乎天光者，人見其人。人有修者，乃今有恒。有恒者，人舍之，天助之。故無妄者，元亨利貞。而如匪正，則有眚。【略】

存誠　天以誠而清，地以誠而甯。故兩誠相亞，萬物皆化。芒乎芴乎，而無從出乎。芴乎芒乎，而無有疆乎。萬物熙熙，皆自誠基。萬物職職，皆自誠殖。且道先以繕性也，性而從於心，心與心誠。知而無以反其性，情而復其初，是倒置也。是故達生之情者，不務生之所無，以爲達命之情者，不務知之所無奈何。慤而真，虚而實，靜一而不變，淡而無爲，動而以天行，以通乎物之所造。養生之道也，是爲條遠，而福持。

《天仙金丹心法・第三悔過》　寶鏡非臺，叵任纖埃，褻涴芝田，似玉爭容。灌莽叢生，毒龍騰飛舞之奇，破鐵圍而踴躍；封豕突爪牙之孽，排銅堞以披猖。故伯玉知非，每時以自勵；淵明作賦，思未遠其可追。脱離慾海腥波，猛立懸崖須撒手；割斷名韁利鎖，急尋覺路莫回頭。匿瑕則以琢而瑩，力振風雷之益；蒙垢則由湔而潔，光符日月之更。惟霧斂與雲消，自天空而海濶。

陽愆　君子觀變玩占而悟道，先補過矣。夫無端失足，踰閑於身世之交，自好之清流一漸之。不忍忍，終身漸耶。而況指青雲以信修，則疇曩之愆，尤應己瞿然而愧矣。愧且勵，防之斯愈周。虎尾春冰，未許輕心掉也。《易》曰：不遠復，無祗悔。以云吉也，敦中行也。迷復則兇，而災且眚也。是以君子誦盤銘而自新，以思永也。【略】

陰慝　修道以治心也。惡慝於中，而袪之不勇，《大學》爲正修之累。即玄基爲性命之防，然不必其伏危機，蓄隱毒而懷狡憤。厲胸中之刃，藏笑面之戈，如蜮如虺，如蜂如蠆，如林甫義府，乃爲黑風過海之幾也。當其私意潛萌，爲猿而若馬，無以遏其猖狂之勢，而憧憧往來，百感朋從，乘虚入矣。是故正心先慎獨，刮垢務磨光。【略】

身玷　身曰身城，示守也。守有道，日起有功。守偶疎，動而得咎。身也者，積善之區，亦積愆之藪也。且夫往來之劇也，酬酢之棼也，入於其中，而身城自化，雖甚盛德，猶且難之。是故身之昌貢於非幾也，猶雉堞之崩而壞也，彌其缺則繕而完，補其苴則豐而固。漆城蕩蕩，寇來不上，雖乘其墉，弗克攻也。古人所以重崇垣，勤捄度也。慎斯術也，可以磨吾玷，夫乃得以城吾身。【略】

口鋒　天道不言，而五行布，四序章，品物亨，而歲功順也。人之有口也，善敗興焉。出好興戎，惟其所召也。是故吉人之辭寡，躁人之辭多，仁人之言必藹如，而其利薄也。逞鋒而鬥捷，則傷天地之和也。緝緝翩翩，乘機而搆禍，人所怒，鬼神所呵也。是以君子慎密而不出也。

利縻　財賄之於人，甚矣！求之未得，而害已隨之。利蓋害之媒，而生人之怨府也。士君子清虚結撰，輕軒冕於泥塗，則大寶在三，珠玉金錢非所與。然乞假或通於疇昔，而以空山爲避債之臺，公私兩憾矣。夫報賜以力，自古有之，以吾所有餘，默以濟其不足。則玄科經法，亦可以償也。詩有之：投我以桃，報之以李。以云稱也，無負於人也。【略】

色障　嗚呼！君子歌鄭衛諸篇，嘆淫奔之鑑炯矣。夫一朝失足，千古遺羞，則筆伐口誅，烈於五刑之顯戮。然必其定情於薦枕，乃爲亂男女之防，則云茶須友之章，昔人何以廢書而嘆？故當其目挑心許而擊懷於我，見猶憐則一念之不自持，未必不抱慙於清夜而猶未也。謂陰陽配偶，古今人道之大倫，而鼓鐘琴瑟之調，或敝於色斤之戕伐，殆非所以尊性命而知保合夫太和。故毋搖爾精，乃得廣成之大要。【略】

浪墨　才士多功，才士亦多過。夫摛華掞藻，半皆海市蜃樓，而略涉風情，見者遂眠花而躪柳。而況一時逞意，顛倒乎人心風化。死生榮辱之關，雖倖免乎明刑，竊恐難逃隱禍耳！修真之士，應不忍爲然。濡墨吮毫，稍流於過當，或騁才於往日，或寄興於無心，要當細檢生平，勿俾流患於將來，以自虧其德行。【略】

貪饞　食飲，以滋榮衛也。采溪澗之毛，而王公可薦，非窮水陸之奇也。夫酒食之貪，厥惟饕餮，比之於混沌、窮奇、檮杌，名以四兇，帝舜投之於四夷，以禦魑魅。君子曰：口腹之累人甚矣。今夫采於山，美可茹也。采其芹，鮮可食也。簞瓢而疏水，可以樂飢也。羅百味之甘，侈八珍之奉，極滋味於刀砧鼎鑊，而冤慘何堪。嗚呼！是顛頤也，是拂經也，是舍爾靈龜，觀我朶頤，而非居貞之吉也。故曰：養其大者，爲大人。【略】

誤蒙　吉兇悔吝者，生乎動者也。當幾務猝投之會，而未及致詳，雖有意以矜持，竊不禁無端擾亂。故吉居其一，而兇與悔吝恒踞其三焉。士君子

言行之偶違，豈遽遣罔念作狂之咎？而防之不密，乃至寖昌寖熾，若狂瀾之既倒而難回。謂始也無心，而繼流爲有意也。是故憂悔吝者，存乎介。震無咎者，存乎悔。【略】

甘蹈　人雖甚不肖，日沈溺於迷津，及清夜捫心，未必不增其冰谷。迨至蝸名蠅利，薄於途窮日暮之餘，遂倒行而逆施之，有不遑恤矣。在豐之上九，豐其屋，蔀其家。困卦九三爻，據於疾藜，困於石。必也來章，有慶譽，明而貞，斯大人吉耳。夫非禮勿履，《大壯》所以亨也。《晉》如愁如而利貞，是以受茲介福也。不然而弗過防之。從或戕之，雖有聖神，愛莫能助也。君子故曰：省其身也。【略】

監往　過已往矣，雖悔其何追？然士無懲創之心，則有萌蘖潛滋，直若輕車熟路耳。譬如平地坦夷，本無所虧，溝而爲積坳，則四隅之濁淖泥塗，乘虛而坌集。迨晞陽久照，積潦寖消，而培壅未施，遇奔流而復入下流之地。衆惡所歸，玩窗之占，可以知補過矣。以刱鉅痛深之戒，貞其返照之神，斯執競以行，不續前車之覆。【略】

察來　過之來也，覺焉而不貳，其見天地之心乎。小畜四爻，有孚，血去惕出。蓋柔而得正，虛中巽體而補之以剛，是有孚而血去惕出也。大過之初六，藉用白茅，畏而慎焉。不嫌其過，故皆無咎也。今夫北闕之輕陰既散，則南山積翠，鬱浡而自流。雲蔚霞蒸，觸石而呈五色。是故志之立、品之端，積善之本原，莫不受成於改過。

《天仙金丹心法·第四遷善》　天上同仁，普湛恩之雨露；世間最樂，培心地之芝蘭。餘芬揚口角之和，寒消嶰竹；挽水解枯魚之泣，暖躍春波。故生蛭潛吞，伯略紉瀟湘之績；慧星退舍，芳名流泰岱之封。垂净業於無倪，還假道樞成慧業；廣福田而有種，盡祛人棫葆珍田。合儒家視履之祥，其旋元吉；兼釋氏波羅之諦，自在行深。惟積少成多，務躊躇而滿志；自增高繼長，充法勝以諧因。

捨貲　財者，宇宙之川流，而生人之借徑也。積而能散，用之而各協其宜，乃乎天地之盈虛，而不爲守虜。然必若太原荀恁散資財於九族，而高隱終身；馬援班穀畜於親鄰，而身自羊裘皮繹。君子曰：此非人情不可近，舍之而不合其宜。學人自悔過以來，酌盈劑虛而胸無繫吝，行陰功事，發至誠心，爲善無近名，施恩不望报，以生民之大命，還之而爲天地之大公，是爲流宇宙之川流，而善假生人之借徑。【略】

給藥　異卉靈根，不可以回天，而可以解人之疾疫。彼室家溫飽，則藥籠中物可投於治標治本之時。乃如貧病顛連，則一人向隅，舉室皆爲飲泣，或限於鄉村之僻遠，誰驅二豎之殃？或窮於痼疾之纏綿，莫覓三年之艾，作善者，按方修製，依症送施。如扁鵲重生，飲以上池之水也。夫蘇耽之井，董奉之林，藥盞丹鐺，遂作證仙基業。故覓長生之術者，莫先於衛人之生。【略】

放生　天地之大德，曰生。大生、廣生，而生生不已。而所生之物，亦本生物之心以爲心，故凡欲長生，須種放生果。且物雖微賤，莫不惡死而欲生。故鱠餘之魚，復振鱗於吳水；膳後之豕，翻化黿於魯津。況即其生而生之，則刀砧罟擭之餘，胥荷再生之澤。夫隋侯、楊寶、毛寶、宋庠，一念之所將，永膺多福。而龍宮酬德，且以禁方濟世。躋天府之上真，惟擴此生機。刱放生池苑，捐金勸募，傳復其生。夫是爲好生，好生者，長生之券。【略】

印典　儒、釋、道教，譬則三光。經典之創垂，若江河之行地。且經者，徑也。揭信修之路，而導之於天衢也。昔人見桃花而悟道，則覩茲密諦，益啟金繩寶筏之光。故根器深者，因緣以生覺，其次則循途守轍，求列聖之心燈；又其次信從，因交義而知寡過。故經以彰教，教明而道乃行矣。印經則經以印心，所以衍在天之寶秘，亦心因經而流心法於後人。【略】

方便　善無大小，而善量無窮。力所得爲而爲之，皆可爲。人物養和平之福，解杖頭之費，輸囊底之金，斯遐邇異同，均沐和風噓植矣。甚則鬼神欣所托，貧若得所安，而語言文字之無多，足以釋冤而弭禍。蓋舉生人之所便，即皆爲作善之方。終日乾乾，而與時偕極，亦安有輕重、優劣、強分、大小之名耶？至如所便之有方，凡其方之所甚便，則《感應篇》《陰隲文》雨卷，言之大詳。予故不縷言，而但統之曰方便。【略】

隨緣　善生於性之有所結，亦結於心之有所憑，故未至寂然，方至勃然。有感而遂通，是則隨緣之謂也。所以見所見，聞所聞，意所將，足所即，輔頰形神之所麗，無非作善之據依。故緣隨念生，隨時寓，隨境，隨情締，佛家所謂積幻而成也。然滿腔皆至善所凝，斯積善以隨緣而具。而種因之說，則流於望報而有求，非儒家盡性之所推，即不足以云吾道。

敦倫　君父之大倫，與天地無終極。聖神之功化，莫不由庸行之修。故

當其釋褐而登，與夫敘天倫之樂事者，至情至情性，宜有肫然莫解之真。乃踐土食毛，未綰半通之組綬，秋霜春露，遽深終古之悲思，要無庸以地遯時乘，而不覃心於忠孝。此儒與道之必基於大本，不同釋氏之空也。至若真卿殉節，以忘身而神歸絳闕；吴猛酬恩於罔極，而位陟瑤宫。此皆忠孝之楷模，而振玄風於不朽者也。故遠君邇父，爲遷善之大閑。

復性　春温秋肅，造化之大綱，而恩威並濟之宜，即聖神之作用。所以旌陽成道，仁義兼施，點瓦礫爲黄金，以濟閭閻困乏，而孽龍之斬，水赤洪波。爰位極瑤階，晉天枢之上相。且立人之道，仁義爲宗。體仁則定以長人，和義則正爲利物。故學人之遷善，仁義其大經。嗚呼因心作則，無煩筐脯之損。稱物平施，自合乾坤之撰。苟恩明而誼美，自返本以還元。

植躬　善在人者，或難必。而在己者，有獨操。況責善於人，而返己轉多未盡。既無以正師人之實，且將反唇而稽矣。趙清獻公之暮必告天，張忠定乘崖不斯暗室。古來賢、聖、凡皆重以修能也。非然者，儲性命之精，而入德不深其懋勉，則衾影多疚心之事，天其謂我何？故式玉如金，跬步凜旦明之鑒；黄昏清夜，守衷見天地之心。舉力所能爲，隨分隨時所宜盡。以中心之好擴之，流離造次而無違。斯善念善端，克底安貞之吉。

成物　蓋人同此心，心同此理，而後知後覺，必相須乎佑啟之賢。是故惟善與人同，斯大道之行，放之而準。且人雖不肖，而感以天良與禍福，未嘗不惕息而駭心。故因壘而降祟，舞干而苗格，刺史遠鱷魚之害，中公點頑石之頭，則同善於人，人必有同其好者。夫伯玉恥獨爲君子，而東漢之三君、八及、八廚、八顧，均此循循善誘之思。故大道爲公，自成而成物。

博濟　秉彝好德之良理，不歧於畛域。聖賢立則思俱立，而成不獨成。夫博濟之功，堯舜猶滿願，乃求諸修士，人將共笑其不情。然以人心所樂從而導之，以力所能致，則托詩書以致遠。其爲道易明，而其教亦易從矣。其或限於力所不足，無以施其普被之方。而與人同善之懷，近不遺而遠不禦。若長房縮地，山川盡括於門牆；媧后補天，缺陷不留其罅隙。心之所必到，斯善量之皆周，非實亦非虛，而道乃達諸天下。

垂光　修道所以修性命，顧性命之真，本同符於天地，則欲與天長地久，必善量永貞而不敝，乃堪合撰於乾坤。是故通遷善之大凡，俾昭垂乎來許，使後人之興起者，欲歌欲泣，偕風雨以交深，亦步亦趨，撫琴瑟而自遠，而吾性吾命，乃能攸久無疆矣。學人自悔過以來，志以立，品以端。統人己以靡遺，合億萬年爲胞，與則人盡而天以見，乃可語超凡證聖之功。

《會心内集·論説類·大道歸一論》　夫道之爲物，至元至渺，冲漠無朕，其大無外，其小無内，包羅天地，養育羣生，本無形象，亦無姓字。其所謂道者，亦強名之耳。若欲直指其所以然，雖千經萬典，不能形容其實跡。第就其大要以論之，則天地之道，可一言而盡也。其爲物不貳，則其生物不測。不貳者，渾然一氣也；不測者，陰陽變化也。然陰陽變化，總是一氣運用之。這箇不貳一氣之道，自古爲聖爲賢，成仙作佛，皆不能外此。儒曰精一，釋曰歸一，道曰得一，是皆以一爲道也。一即道，道即一，得一則爲道，失一則非道。天地聖人，俱不離一。故云：天地無二道，聖人無兩心。無二道，即一道；無兩心，即一心。邵子云：天向一中分造化，人從心上起經綸。在天爲一者，在人爲心。一外無心，心外無一。一也，心也，非二事也。但這箇心，非肉團頑心，乃天地之心。天地之心，誠一不二，渾然圓成，寂然不動，感而遂通。感而遂通，寂然不動，放之則彌六合，卷之則退藏於密，無理不具，無道不備，所謂殊塗而同歸，百慮而一致也。修丹之道，以一而煉己，以一而採藥，以一而運火，以一而結丹，以一而温養，以一而沐浴，以一而服丹，以一而凝胎，以一而脱胎。自始至終，以一而完成大道。學者能於一字上究的透徹，見的實確，以一道而貫無窮之道，以一心而統無窮之心，一步一趨，皆在天地心窩裏作事業，一動一靜，俱從性命根本處用功夫，可以盡性，可以至命，逆之順之，左之右之，頭頭是道，又何患乎金丹不成，蓬萊路隔哉！

《會心内集·論説類·真正丹藥論》　丹本非丹，強名曰丹；藥本無藥，強名曰藥。因其剛柔相合，澤然天理，有丹之名；因其天理須賴則柔成全，有藥之名。丹也，藥也，同出異名，總而言之，即本來一點真靈之氣。此氣生於先天，藏於後天，寂然不動，感而遂通。以言其無，則不識不知；以言其有，則順帝之則。不識不知者，寂然不動也。順帝之則者，感而遂通也。寂然不動，即是真空。感而遂通，即是妙有。真空而含妙有，妙有而藏真空。不剛而剛，剛之至；不柔而柔，柔之至。剛柔如一，絶無形赤，絶無勉強。即天命之謂性，率性之謂道，即人生本來乾元面目。在儒則謂至善，又謂至誠；在道則謂金丹，又謂黍米珠；在釋則謂圓覺，又謂牟尼珠。此性此道，含陰陽，統五行，無理不具，無物不備。先天而立其體，後天而發其用。

處聖不增，處凡不減。因其陽極生陰，後天用事，假者出而者真藏，客氣雜于正氣之中，真假不分，邪正相混，非復本來原物矣。聖人不得已而設金丹有爲之道，使人返本還元，復全當年原物耳。返還之法，仍不離剛柔之道。故以剛柔爲藥物，剛柔即陰陽二氣之發煥。陰陽者，體也。剛柔者，用也。剛柔之外，別無陰陽。陰陽之外，別無剛柔，同出異名。陰陽而統五行，五行有內有外。內五行精、神、性、情、氣，外五行仁、義、禮、智、信。性統仁，屬木情；統義，屬金神；統禮，屬火；精統智，屬水；氣統信，屬土。人秉陰陽五行之氣而生，即具精、神、性、情、氣之五行，有仁、義、禮、智、信之五德。欲復本來原物，還要用仁、義、禮、智信做出，不仁而必期其仁，不義而必期其義，不禮而必期其禮，不智而必期其智，不信而必期其信。仁義禮智信歸於一家，則陰陽混合，剛柔如一，而一點真靈之氣，凝結不散，圓陀陀、光灼灼、淨倮倮、赤洒洒，是即所謂丹，如採藥物，用火煅煉成丹之義。仁義禮智信，剛柔之性，即成丹至真之藥，此外別無藥。若以後天有形有象、五金八石、三黄四神、萬草千百等等非類之物爲性命之藥，則與金丹大道遠矣。

《會心內集・論說類・顛倒陰陽論》　陽性剛，陰性柔。剛柔之性，即陰陽二氣所化而成，剛柔即陰陽也。人秉天地陰陽二氣而生身，身中即有此陰陽之氣，即具此剛柔之性。本來陰陽混成，剛柔相合，正氣常存，天理流行，不識不知，順帝之則。因交後天，真陽變爲假陽，真陰變爲假陰，真假相雜，陰陽不和，四象各別，五行相戕。如是剛氣不振，如坎中一陽陷於二陰之內，水下流矣；柔性不真，如離中一陰居於二陽之內，火上炎矣。水下流，火上炎，水火不濟，天理埋沒，人欲紛生，苦中作樂，無所不至，是豈人所好爲哉！特以陽極陰生，氣質承天而動，人亦不識不知，自然而然，若非天縱之聖，誰能不爲後天所移哉？然聖人有逆運之道，能於後天中返先天，陰陽不真者仍還真，陰陽不和者仍使和。逆運之道，即陰陽顛倒之術也。顛倒之術，即水火相濟之道。坎中一陽，象陽剛之氣；離中一陰，象陰柔之性。陽剛之氣，在人爲道心；陰柔之性，在人爲人心。道心爲陰氣所陷，即道心不振也。人心入陽氣之內，即人心用事也。道心不振，人心用事，正氣漸消，邪氣漸盛，性命焉得不傷乎？顛倒者，即顛倒道心人心耳。顛倒道心，則道心振，而坎中精一之水上升；顛倒人心，則人心靜，而離中亢燥之火下降。水火顛倒，道心常存，人心不起，則性情精神，聚於一氣，仁義禮智，歸於一信，是謂四象和合五行攢簇。蓋道心有金水之氣，人心有木火之氣。道心主剛，象金；剛則能以變通，象水。人心主柔，象木柔；則能以溫和，象火。道心人心合一，歸於中正，象土。以道心而制人心，以人心而順道心，剛柔得當，四象焉有不和，五行焉有攢攢者乎？其所謂顛倒者，因後天順行造化而言也。順行之道，以人心用事。人心用事，道心埋藏，所以火上炎而水下流。逆用之道，以道心用事。道心用事，人心受制，所以水上潮而火下降。一逆一順，聖凡兮之。金丹之道，或言金木顛倒，或言水火顛倒，或言陰陽顛倒，或言有無顛倒。顛倒處居多，總以顛倒道心人心爲歸着，大旨不出於此。古來仙真不肯輕洩天機者，恐其爲匪人所得，故不得已，別立法象以示人。無如後世學者，多非上材，皆認法象，失其本義。悟元斗膽直指，猶恐人不會悟，而況法象乎！知音者，若於道心人心顛倒處窮究實理，庶乎深造自得，而不爲旁門曲徑所惑。倘或不悟，舍其道心人心之顛倒，而索隱行怪，別求奇異，雖祖師亦莫可奈何，況於悟元乎！

《會心內集・論說類・採取藥物論》　藥箇無藥，採亦無採。其所謂採藥者，以其已失者而欲得，已去者而欲還也。人之本來性、情、精、神、氣，五元一家；仁、義、禮、智、信，五德一氣。無修無證，即無所謂藥，更何有所採？及交後天，後天精、神、魂、魄、意，五物用事；喜、怒、哀、樂、慾，五賊張狂。先天五元兮散，五德各偏。加之積習成性，一身內外皆病，不有藥醫，待死而已。祖師慈悲，設金丹有爲之道，教人去妄存誠，明善復初者，即採藥以醫病也。醫病者，即復初也。醫病須藥物，復初須明善。善即藥，明善即採藥。明善復初，採藥醫病，同一理也。未有無藥而能醫病者，未有不明善而能復初者。所明者何善？善即仁、義、禮、智、信也。仁、義、禮、智、信，非身外之物，乃吾本來天命之性所固有者。後天氣質即病，先天善性即藥。採藥即採此仁、義、禮、智、信之善性也。冥仁即仁，冥義即義，冥禮即禮，冥智即智，冥信即信，五德一氣，渾然天理，圓陀陀、光灼灼、淨倮倮、赤洒洒，寂然不動，感而遂通，即此是丹。此丹成熟，能消無始劫來病根，能點枯骨回春，能證無量金身，其神效無比。其所謂丹者，已成之藥也。所謂者，未成之丹也。藥也，丹也，總是一箇，不是兩物。未經煅煉則謂藥，煅煉成熟則謂丹，只兮煅煉未煅煉耳。人能明善復初，採五元、五德真正大藥而煅煉之，未有不能成道者。若外此明善復初之道，而別有採藥，到底採箇甚的？如云有

藥可採,不是採身內氣血濁物,便是採世間金石草木。噫！竹破須將竹補宜,抱雞當用卵爲之。性命不以性命補,若以萬般非類之物補之,焉能補得耶！

《會心內集・論説類・作運火候論》 火實無火,因有修持之功力,是故謂之火；候實無候,因有修持之次序,是故謂之候。修持性命之道,有剛有柔,有急有緩。剛者,進前也。柔者,退後也。急者,勇猛也。緩者,從容也。剛急謂武煉,柔緩謂文烹,此即謂之火。冥剛即剛,冥柔即柔,冥急即急,宜緩即緩,剛柔急緩,皆能不失其正,此即謂之候。火也,候也。以剛柔急緩言之,剛柔急緩得當,則有火候,剛柔急緩不當,則失火候。古經云：真火本無候,大藥不計斤。又云：總識朱砂與黑鉛,不知火候也如閒。大都全藉修持力,毫髮差殊不作丹。既云真火本無候,又云毫髮差殊不作丹。則知運火無一定之候,是在時刻惡心,防危慮險,隨機變通,毫髮不差耳。又古仙云：不刻時中兮子午,無爻卦內別乾坤。刻中子午,猶有候在。至於不刻子午,則是一舉一動,一默一語,即有子午。既一舉一動,一點默一語有子午,則一舉一動,一點一語中,即有剛柔急緩之作用,豈可以一定之候運火哉！丹經子書,雖言內火候、外火候、採藥火候、煉藥火候、結丹火候、服丹火候、還丹火候大丹候等等,火候不一,總以剛柔得當,急緩隨時爲貴。剛柔得當,急緩隨時,時時刻刻,無不是修持之功,無不是運火之候。運火而至剛柔得當,急緩隨時,自然內火也不差,外火也不差,採藥也不差,煉藥也不差,結丹也不差,服丹也不差,還丹也不差,大丹也不差。一剛柔得當,急緩隨時,而金丹始終之運用,無往有差矣。若外此剛柔急緩合冥之道,而別有火候,則非聖聖相傳之火候,乃旁門着相之火候,欲其不差,難矣哉！

《孔易闡真・大象傳》 ䷀上乾下乾

天行健,君子以自彊不息。

乾爲天,其德健。上乾天,下乾天,是天之一氣,上下流行不息,行健之象也。君子有見于此,知人資天之氣而始,即有此天之健德。此德本來流行不息,無一時間斷,因交後天,棄真人假,健非所健,有時間斷矣。以是傚天之行健,借假修真,于後天中返先天,自彊不息焉。彊者,剛彊不屈,萬物難移之謂。若能自彊,則正氣常存。內有主宰,富貴不能浮,貧賤不能移,威武不能屈。非禮不履,非道不處,非養不行。順之逆之彊而無處不在,彊而無時或息,其行與天爲徒矣。但世之彊者有矣,彊而爲物所引,用之于外者有矣。或能自彊,始勤終怠,導道而行,半塗而廢者亦有矣。自彊實落工夫,全在不息,若稍有一點懈怠,稍有些子私欲,不得謂彊,亦不得謂自彊。惟不息之自彊,方能造到渾然天理,堅剛不壞,永久長存地位。夫天者,命也。命者,健德。即本來一點浩然正氣,因其無影無形,活活潑潑,流行不息,謂之氣；因其至大至剛,充塞天地,謂之健；因其主宰萬有,爲陰陽之祖,造化之根,謂之命。氣也,健也,命也,總一彊也。一自彊不息,而造命之功盡矣,此法天之學也。

䷁上坤下坤

地勢坤,君子以厚德載物。

坤爲地,其德順。上坤地,下坤地。上者,地之高。下者,地之低。是地勢隨高就低,坤順之象也。君子有見于此,知人資地之氣而生,即具此地之順德。因其知識一開,誤用聰明,順非所順,順其氣質之性,失其至善之性,內而不能虛已,外而不能容物,以假爲真,以苦爲樂,終歸大化,以是法地之順道,而厚德載物焉。厚德即順德,順德厚德,即內虛外實之德。惟順能虛,惟厚能實,內虛者虛心也,虛心而能容物。外實者,實行也,實行而能應物。容物應物,是能載物。物無窮,而載之亦無窮。其德愈載愈厚,愈厚愈載。君子能載物,君子有厚德也。但載物順境去的,逆境去不得,不謂之厚。外面強行,內裏不虛,亦不謂之厚。載物之厚德,須要在真履實踐處做出,如人罵也受的,人打也受的,至于艱難困苦,疾病災患,一切不順境遇,無不一一受的。亦苦地之山嶽之重也受的,河海之決也受的,草木之傷也受的。地之厚德如是,君子之厚德亦如是；地之載物如是,君子之載物亦如是。一厚德而修性之功盡矣。此法地之學也。

䷂上坎下震

雲雷屯,君子以經綸。

屯者,屈而未伸之義。上坎水,下震雷。坎言雲,而不言水者,雨自雲而降。雷在雲中震動,已有雨意,未至雨時,正陰陽搏結,將通未通之候,屯之象也。君子有見于此,知先天一點陽氣爲後天陰氣所陷,雖有發現之時,屯難不通,若無扶陽抑陰之功,難得易矣,當面錯過。以是因其所發,而經綸修持焉。經者,整其緒,調和陰陽是也。綸者,理其條,加減進退是

也。經而不綸，不能成物。知藥物而不知火候，不能成道。當一陽生于坎地，正陰陽交接之關口，生殺相分之要津，可兇可吉之時。修道者急須下手，扭轉旋璣，謹守靈苗。不使陰氣稍有侵傷，漸生漸採，十二時中，無有間斷，經之綸之，進退止足，毫髮不差，雖始而陽氣不通，終而陽氣舒暢，亦如雷震于雲中，甘露自降，所謂昏久則昭明者是也。

䷃上艮下坎

山下出泉，蒙。君子以果行育德。

蒙者，無誠無知，修養之養。上艮山，下坎水。坎言泉而不言水者，山下之泉，即是水。山下出泉，泉得山養，爲有本之水，源遠流長，通行無阻，蒙之象也。君子有見于此，知修道者，欲行德于外，先須養德于內。若不養而即行，則行而無本，中無主宰，反傷其德。以是傚泉之出山，無阻而果行；法山之養泉，敦厚而育德也。坎中一傷，係天一所生，乃生物之祖氣，所謂天德者是也。此德隱于後天之中，一切常人，順其後天，棄其先天，多不知育養修持，漸次消耗，自傷性命。若有醒悟者，截然放下，育于內而行于外，育以濟行，行以驗育，內外兼修。育固養，行亦養，可以復全天德，不爲後天陰氣所傷矣。但育德須要無一德之不育，果行須要無一行之不果。育德，須要育到如山之不動不搖，方是育之至。果行，須要果到如泉之晝夜流通，方是果之至。行果德育，盡性了命，渾然天理，不識不知，順帝之則。此蒙之所以貴也。

䷄下乾上坎

雲上于天，需。君子以飲食宴樂。

需者，有待之義。上坎水，下乾天。水氣自地而升于天，上則結而爲云，雲生天上，其雨可立而待，需之象也。君子有見于此，知人之不能成其大道者，皆由性躁行偏，陰陽不和之故。以是飲食以養陰，使陰去濟陽。宴樂以調陽使陽去就陰，陰陽相和，生氣內藏，無中生有，不待勉強，自然而然。蓋以天地之氣絪緼，甘露自降。陰陽之氣交合，黃芽即生。日飲食者，養身而身無傷也。曰宴樂者，養心而心無累也。身心有養，遠丹易煉所謂练已待時者，不在此乎！

䷅上乾下坎

天與水違行，訟。君子以作事謀始。

訟者，辨論是非之謂。上乾天，下坎水。天至上，水至下，天與水違行而不相合，訟之象也。君子有見于此，知人之暴性陰謀，爭勝好強，爲應事接物招禍之端，稍有不謹，外而傷人，內而傷己。以是作事而謀之于始，不爭訟于人，而自訟于己焉。事不一事，作不一作。凡日用常行，修道立德，皆事也。作事不謀不始，則見理不明，必作之不當，性躁行偏，險事隨之。惟謀之于始，可作者作之，不可作者止之，謹之于始，自能全之于終。蓋作事者，健行也。謀始者，防險也。謀而後作，不輕于作。天下無不可作之事，天下亦無不可成之事。噫！躁行即違行，行險即招險。作事能謀于始，人心漸去，氣質漸化，以己合人，物我同觀，有何違行之事哉？

䷆上坤下坎

地中有水，師。君子以容民畜衆。

師者，以一而帥衆也。上坤地，下坎水，是地中有水也。地勢厚大，水性滋潤。地中有水，以一地而容衆水，以衆水，而潤一地，此師之象也。君子有見于此，知人之身，如邦國也。人之心，如君也。身中之精神性情氣，如民也。性中之仁義禮智信，如衆也。此民此衆，爲人生之本，不可不保惜之。以是容民，以固根本，畜衆以禦外患焉。然必先容民者，先治內也。後畜衆者，後治外也。治內以禦外，治外以安內。內外相濟，縱橫逆順，無不遂心。師之道如是，君子容畜之道亦如是也。

䷇上坎下坤

地上有水，比。先王以建萬國，親諸侯。

比者，親也。上坎水，下坤地，是地上有水。水所以滋潤萬物，水行地上，通流無阻。地無疆，而水潤亦無疆。此比之象也。先王有見于此，知天下大矣。一人之施治有限，安得人人而親之。以是建萬國，封諸侯，興朝覲之典。親諸侯，使請侯各親其國，民于是施治。不能及者，而亦及之；遠民不能親者，而亦親之。特以親諸侯，即親萬民耳。修道者，明陰陽五行五德之理，使各居其位，如建國建諸侯也。使陰陽調和，五行一氣，五德相合，如親諸侯也。五行攢而五德合，萬緣俱化，萬善同歸，如親諸侯親萬民也。卦體坎中一陽，居子中正尊位，即道心耳。道心發現，仁義禮智根于心，萬理紛紜，渾然天理。大地裏黃芽。長徧，滿世界金花開綻，順手拈來，俱是靈藥。亦如水流地上，無處不通。先王親諸侯，修道者親萬善，同

一理也。

䷈上巽下乾

風行天上，小畜。君子以懿文德。

小畜者，養之小也。上巽風，下乾天，是風行天上也。風行地上，鼓動萬物，所養者廣。風行天上，祇可清熱解燥，所養者少，小畜之象也。君子有見于此，知盡性至命之學，乃竊陰陽，奪造化，轉生殺，扭樞機之大事，非得心傳者不能行。但大畜不能，亦須小畜，以是懿文德焉。懿者，美也，妝飾之謂。文者，威儀云爲之文。威儀云爲，雖非修德之大事，亦修德者之不可忽。如應物平順，執事恭敬，動作詳細，言語謹慎之類。藏其剛而用其柔在，瞻前顧後，從容不迫，自無躁動失德之行。亦如風吹天上，燥氣悉化也。修德而至躁氣悉化，能小畜，而即能大畜矣。

䷉上乾下兑

上天下澤，履。君子以辯上下，定民志。

履者，登進也。上乾天，下兑澤。天覆澤而澤仰天，是上下有一定之位，不得混亂，此履之象也。君子有見于此，知形而上者謂之道，形而下者謂之器。大小有分，尊卑有别，不得以上爲下，以下爲上，以大爲小，以小爲大，以尊爲卑，以卑爲尊。以是辯别上下之位，定其民志，使不得忘想過履耳。陽爲君，上也。陰爲民，下也。能辯上下，則是非邪正已明，非禮不履。扶陽抑陰，修真化假，内念不生，外物不入，萬有皆空，一切俗情塵緣之志，于是乎定矣。卦象，兑爲陰金，妄情也。乾爲陽金，真情也。以陰履于陽下，以陽履于陰上，妄情不起，真情常存。真情者，無情之情，以無情制有情，如猫捕鼠，如湯澆雪，片餉之間，災變爲福。民志定而無敗道之物，方且漸履于剛健中正，純粹之精矣。但定民志，全在能辯上下。辯的一分，定的一分，辯的十分，定的十分。稍有些子辯不明，即有些子定不得。故聖人盡性至命之學，先要窮理也。

䷊下乾上坤

天地交，泰。後以財成天地之道，輔相天地之冥，以左右民。

泰者，通也。上坤地，下乾天。天氣自下而上升，地氣自上而下降。是天地陰陽之氣相交，萬物發生，泰之象也。元后有見于此，知天地陰陽相交而萬物生，人之陰陽相交而萬化安。以之財成天地之道，輔相天地之冥焉。人秉天地陰陽五行之氣而生身，身中即具此陰陽五行之氣，此氣在人身中，發而爲五德。五德其體，有自然之道，不待勉強，所謂率性之道也。后明五行相生之理，使仁義禮智信，一氣流行，裁成乎天地生人自然之道。五德其用，有當然之冥，不可偏執，所謂修道之教也。后明五行相尅之理，使仁義禮智信，各得其當，輔相其天地賦人當然之冥，裁成其道，輔相其冥。凡以爲通天下之志，成天下之務，以左右斯民，使人人皆以天地之道爲道，以天地之冥爲冥，保合太和，各正性命耳。噫！誰無天地之道？誰無天地之冥？特患不能裁成，不能輔相耳。果能裁成之，則先天可全；果能輔相之，則後天可化。先天全，後天化，其體自然，其用當然，五行一氣，五德混成，性命凝結，方且與天地同功用，與天地同長久，其泰爲何如哉！

䷋上乾下坤

天地不交，否。君子以儉德辟難，不可榮以禄。

否者，塞也。上乾天，下坤地。地氣自下而上升，天氣自上而下降，是天地陰陽之氣不交，萬物閉塞，否之象也。君子有見于此，知天地陰陽不交，則萬物藏；人身陰陽不交，則天真傷。以之隨時收斂，儉約其德，自辟其難，不可榮以禄也。儉德者，黜聰毁智，韜明養晦，借後天保先天，不使些字客氣，雜子于天真之内也。蓋人一交後天，假者來而真者去，心爲物誘，性亂命摇，否莫否于此，難莫難于此。若不知早辟，稍有些字名利之心，聲色之情愈致其否。傷生害命之難，烏能免諸？不可榮以禄，正以見榮禄且不動于心，而況小貨小利乎？儉德二字包括甚多，其功甚細，一才一智，皆必藏之。如壁列萬仞，物我兩忘。有德而不知其德。若知其德，便不爲儉，因其不知德，方能不可榮以禄。禄不可榮，其難自無，其否自去。始雖陰陽不交，終必陰陽相合。儉德辟難之功，豈小焉哉！

䷌上乾下離

天與火，同人。君子以類族辨物。

同人者，與人相同也。上乾天，下離日，日即火也。天無物不覆，日無物不照。天與日同處，公而且明，同人之象也。君子有見于此，知修道者，應世接物，貴乎能同于人，尤貴乎不苟同于人，以是類族辨物焉。類者，同一其類，族者，各一其族。如人高低貴賤，皆有其族。君子于各族，皆一類視

之，無一不同。辨者，兮別也。物者，邪正善惡之物。君子于物，而必辨之，無敢苟同類族，所以法天之無私辨物，所以傚日之明照。既無私，又明照，天下無不可同之人，天下亦無苟同之物。蓋君子同以道，而不同以心；同以理，而不同以人。所謂和而不流，羣而不黨。天日之同物如是，君子之同人亦如是也。

䷍上離下乾

火在天上，大有。君子以遏惡揚善，順天休命。

大有者，有之大也。上離火，下乾天，是火在天上。天得日而生者衆，日在天而照者遠。無物不在光天化日之下，大有之象也。君子有見于此，知天命之性，渾然一理，萬善畢集，本大有也。因交後天，知識一開，先天受傷，由是善惡相雜，大有者而小有，小有者而無有矣。以是惡念一起，則遏而止息之。善念一生，則揚而滋長之，順乎天而休美其命焉。命之不休，由于不能順天；不順天，由于不能遏惡揚善；若能遏惡揚善，久而至善無惡，正氣常存，仍還當年完全天命之物事，無者有，而有者大矣。人生在世，惟命最大。有命則生，無命則死，不能休命，雖外之萬有，皆屬虛假。蓋天之所命于人者，一善而已。能休其命，即是順天。順天，即所以順命。休命，即所以休天。有天有命，有之最大。但有天有命，全在遏惡揚善工夫。遏惡揚善者，明也。順天休命者，健也。以健爲體，以明爲用。虛靈下昧，具衆理而應萬事，由明明德而歸于至善，渾然天理。性定命凝，有莫有于此，大莫大于此，世間一切身外之有，焉得而比之乎！

䷎上坤下艮

地中有山，謙。君子以裒多益寡，稱物平施。

謙者，有而不居之謂。上坤地，下艮山，是地中有山也。山本高，地本卑，以卑而蘊高，外虛而內實，謙之象也。君子有見于此，知人高傲之心多，卑下之心寡，所以居心行事，每每不平。以是裒去其高傲之多，增益其卑下之寡。應事接物之間，稱其物之高低貴賤，大小輕重，因事制冥，而平施之也。蓋以能謙之君子，有才不恃，有德不居，無我相，無人相，傲氣悉化，其心常平。心平，自然應物亦平。內平，外平，其德日高，其心日下，外不足而內有餘，謙之受益多矣。

䷏上震下坤

雷出地奮，豫。先王以作樂崇德，殷薦之上帝，以配祖考。

豫者，樂也。上震雷，下坤地。是雷出于地，奮發而升，陽氣通和，萬物無不爲之爽暢，豫之象也。先王有見于此，知德者，天之所命，爲人生之根本，不可不樂于修爲，以是作樂以崇其德焉。樂所以和德，德所以成樂。若不崇德而作樂，是謂苦中作樂。惟借樂以和德，其德愈崇。借德以作樂，其樂愈和。德樂相符，是謂真樂。其樂音之殷盛，足以薦上帝，配祖考。蓋上帝之所喜者德，祖考之所悅者亦德。薦上帝，以德薦也。配祖考，以德配也。作樂不失其德，是不違其上帝，不忘其祖考。不違上帝，答天也。不忘祖考，報本也。夫人之有生，命受于上帝，形本于祖考。形所以載命，命所以全形。形與命兩不相離。報本即是答天，答天即是報本。答天報本，神鬼皆樂，而人焉有不樂。崇德作樂之效有如此，人何樂而不崇德哉？

䷐上兌下震

澤中有雷，隨。君子以嚮晦入宴息。

隨者，就其時也。上兌澤下，震雷，是澤中有雷也。雷主動，澤主靜。動入靜中，陽氣暫時休息，有不得不靜者，隨時之象也。君子有見于此，知人之先天一點真陽，爲後天陰氣所蔽，性爲情移，如震家之物，而爲兌家所有。若欲復之，舍隨道，餘無他術矣，以是嚮晦入宴息也。時晦亦晦，借陰養陽，不敢妄動，煉己待時，當宴息而即宴息。所謂將欲奪之，必固與之也。特以震入于兌，殺氣正盛，生氣正弱，晦之極矣。若冒然下手，不但生氣不復，反助殺氣猖狂，惟嚮晦而入宴息。動之必先靜之，陽隨陰而陰即隨陽，其盜機也。天下莫能見，莫能知。

䷑上艮下巽

山下有風，蠱。君子以振民育德。

蠱者，事有壞也。上艮山，下巽風，是山下有風也。山能養物，風能鼓物，鼓起而養，此飭蠱之象也。君子有見于此，知人之精神如民，人之天真即德。其天真有蠱者，皆由不知振發精神以修養耳。以之振起精神之民，育養天真之德焉。振民，必如風之自下而漸上，自卑而登高。育德，必如山之穩定以生物，敦厚以養物。能育，則精神愈振。能振，則天真得育。振之育之，未蠱者，可以保，已蠱者可以飭。漸次而入，愈久愈力，必將進于

至善無惡之地。何蠱之有乎！

䷒上坤下兑

澤上有地，臨。君子以教思無窮，容保民無疆。

臨者，以上而臨下也。下兑澤，上坤地，是澤上有地也。澤無物不浸，地無物不載，既浸而又載。澤得地而所浸者多，地得澤而所載者廣，此臨人之象也。君子有見于此，知教化不可不興，民命不可不立。以是法澤之浸潤，教民不倦，思而教之。道之以德，齊之以禮，漸次感化，教無窮，而思亦無窮，必以易風移俗爲歸着。法地之廣生，容民不苟，保而容之。省刑法，薄稅斂，豐衣足食。如保赤子，容無疆而保亦無疆。教之有法，保之有道，上順下而下悦上，上下一心，熙熙皞皞太和氣象也。此有位之君子則然。若夫無位之君子，教認人亦不外此。君子之誨人不倦，立言著書，願人人爲聖，箇箇成道，亦教思無窮也。君子之量包天地，人我同觀，無物不容，無物不愛，亦容保無疆也。不論有位無位，總以生物爲心耳。

䷓上巽下坤

風行地上，觀。先王以省方，觀民設教。

觀者，觀望也。上巽風，下坤地，是風行地上也。風行地上，所到之處，無物不隨之鼓舞，如有所觀而感化，此觀象也。先王有見于此，知一方有一方之風氣，一方有一方之性格，不得執一法而教化，以是省方之風氣。觀民之性格，隨方設教，因人開導，亦如風行地上，隨高就低，東西南北，皆不碍得。風之鼓物如是，先王之設教亦如是。大凡有教人之責者，須當傚先王省之觀之，以教人，方能人爲我感矣。

䷔上離下震

雷電噬嗑，先王以明罰勑法。

噬嗑者，口食物而合也。上離火，下震雷，隨雷之火爲電，是雷電一處。雷以震物，電以照物，刑中有德，殺中有生，如口食物必合。動不妄動，動而必明其滋味，此噬嗑之象也。先王有見于此，知強暴兇惡之徒，多蹈于死地而莫可逃者，皆由不知有罰法也。以是治律條，豫明輕重大小之罰，使人知其罪不可犯。果有不服王化，明知故犯，量其輕重大小之罪，勑其一定之法，使人知法不容逃，先明以示之，後威以刑之生，殺分明，刑德兩用。在執法者不濫刑，在受法者甘于死，此無間，噬而嗑矣。罰也，法也。皆先王以明勑之，無非爲天地立心，爲生民立命也。凡用法者，須當傚先王，先明後行，庶不誤傷其性命矣。彼世之妄想成道者，不能先窮其理，冒然下手，入于傍門曲學，着空執相，欲求長生，反而促死，其即先王之罪人，亦係嗑而未噬，空空無物，何益于事乎！

䷕上艮下離

山下有火，賁。君子以明庶政，無敢折獄。

賁者，節也。上艮山，下離火，是山下有火也。山下有火，而凡山下之物，皆露其光。以火照山，賁之象也。君子有見于此，知山下之火，其光不大，人之才缺，其見不遠。以是于庶政之易事而修明之，于折獄之難事無敢強焉。庶政，即風俗利弊，錢穀詞訟之類。庶政之興廢，顯而易見，不難修治，即有錯誤，猶能更變。至于獄事，性命所關，幽隱難辨，稍有不明，殃及無辜，非智察秋毫者，不能折之，無敢折獄，亦重性命之意也。修道者之用明，亦不外此理。應世接物，日用常行之事，如庶政也。盡性至命，幽深奥妙之理，如獄事也。應世接物，人道也。盡性至命，天道也。人道顯而易見，稍有才智者，即能辨之。至于天道，必須真師口傳心授，大悟大徹，方能折辨不差。信手拈來，頭顯是道，利己兼能利人，爲功最大。若無師傳，妄猜私議，而強折之，毫髮之差，千里之失，誤人性命，何敢折乎？無敢二字，是聖人教人養小明，而漸求其大明，不可恃小明而壞大事，自惑惑人也。噫！小智小慧之誤人，甚矣哉！

䷖上艮下坤

山附于地，剝。上以厚下，安宅。

剝者，消去也。上艮山，下坤地，是山附于地也。山本高，地本低，以山附地，去其高之有餘，厚其低之不足，剝之象也。爲上者，有見于此，知山不附地，則山不着實。上不厚下，則上不安居。以是剝上厚下，使在下者，皆得其所焉。蓋民爲邦本，本固邦寧。而在上者，亦安其所居之宅，行無爲之治矣。修道之士，有才有智者，亦上也；無才無智者，亦下也。有才不恃，有智不用，剝去才智之有餘，就于才智之不足，以高附低，以實居虛，則高爲真高，實爲真實。化假爲真，止于至善之地而不遷，安居其宅，不爲客氣所傷矣。夫仁者，人之安宅也。剝上厚下，顛倒之間。剝即變復，復則能依于仁，生機回轉，性命有賴，厚下安宅，天機畢露矣。

䷗上坤下震

雷在地中，復。先王以至日閉關，商旅不行，后不省方。

復者，返還也。上坤地，下震雷，是雷在地中也。雷爲至陽之物，陽動于地，生機回轉，則萬物生。先王有見于此，知天之陽氣回轉，則萬物蘇甦；人之陽氣發現，則生機返還。以是于冬至之日閉關，商旅不得行而貿易。元后不得出而省方。凡此者，無非使人傚法天地之復，養此一點生機，不得稍有傷損耳。生機者何機？即人本來秉彜天良之心，爲生物之祖，陰陽之宗。一落後天，爲氣質所蔽不能常現，間或一現，此即陰中返陽之時也。惟此一時，難得易失，人多不知，當面錯過。所以陰漸長，陽漸消，陽盡陰純，有死而已。至日閉關者，欲人人在陽復之時，養陽也。商旅不行者，使其不得務于外假，有傷內真也。后不省方者，使其不得明于責人，暗於修己也。一閉關而謹慎嚴密，內念不生，外物不入，陽氣焉得而滲漏之。先王爲天地立心，爲生民立命者，有如此。修道君子，煉己持心，虛室生白，生機回轉，急須收入造化爐中，防危慮險，謹封牢藏，由微而著，必自一陽而漸復于六陽純全，亦即先王至日閉關之意。蓋以此一陽來復之時，爲生死之關口，得之則入于生路，失之則歸於死路。閉關者，閉其死屍也。死屍閉而生門開，天借人力，人借天力，天人合發，則一時辰內管丹成，不待三年九載之功，其如人多不求真師口訣，每每當面錯過，可不悲哉！

䷘上乾下震

天下雷行，物與無妄。先王以茂對時，育萬物。

天妄者，無妄心妄行也。上乾天，下震雷，是天下雷行也。雷順天時而動，萬物即與之俱動，雷無妄，而萬物亦無妄，此無妄之象也。先王有見于此，知天之生物者時，聖人之養物者德。以是茂其至誠無妄之道，成己成物，對乎天時。育養萬物，使物物各正性命，亦皆歸于無妄耳。茂如茂盛，推而廣之也。對如對面，兩不相悖也。能茂對時，並行而不相悖，育萬物，而萬物皆得其所，育對時之行，與天同功用，與雷同動靜，焉得而有妄哉？修道者，火候爻銖不差，進退急緩得法，亦茂對時也。攢簇五行，和合四象，渾然一氣，萬理畢集，亦育萬物也。對時有物，物物含真，皆歸無妄。天雷無妄如是，先王無妄亦如是，修道無妄亦無不如是。無妄之道，一對時而盡之矣。

䷙上艮下乾

天在山中，大畜。君子以多識前言往行，以畜其德。

大畜者，積聚大也。上艮山，下乾天，是天在山中也。天大山小，外小而內大，此大畜之象也。君子有見于此，知人之不能增益其德者，皆由自恃才智，自高自大，不知傚法古聖先賢之故。以是多識前人之言，往古之行，擴充識見，以畜其德焉。聖賢心法命脈，皆藏于經書之中，前人之言，言其德也。往古之行，行其德也。若能博學而篤志，切問而近思，則晤對聖賢，所言者皆前人之言，所行者皆往古之行。言行無虧，其德日畜日大，方且盡性至命，性命俱了，與天同長久，與山同堅固，其畜之大如何乎！

䷚上艮下震

山下有雷，頤。君子以慎言語，節飲食。

頤者，腮頤，取養之義。上艮山，下震雷，是山下有雷也。山本靜，雷本動，以靜養動，動本于靜，如口上靜下動，靜以待動，頤養之象也。君子有見于此，知口爲出納之官，是非之門，福禍之根，以是慎言語、節飲食也。言語者，心之聲。言語正，則心正。言語邪，則心邪。一言一語，必有益于世道人心而後出，不敢妄發，言語必謹。飲食者，身所貴。飲食當，則益身，飲食不當，則傷身。一飲一食，必須察其來由可否而後用，不敢過貪，飲食必節。謹言語，則心有養矣；節飲食，則身有養矣。身心俱得其養，內外無傷，性命可修。所謂食其時，百骸理，動其機，萬化安也。

䷛上兌下巽

澤滅木，大過。君子以獨立不懼，遯世無悶。

大過者，大之過也。上兌澤，下巽木。澤性下潤，木性上升，澤上于木，反能滅木，木下于澤，反能澤滅，此大過之象也。君子有見于此，知澤之浸潤大過，能滅其木。人之才智大過，能傷其德。以是法澤上于木，獨立而不懼。傚木下于澤，遯藏而無悶。立大過人之志，成大過人之德焉。蓋以修道君子，以性命爲一大事，俯視一切，萬有皆空。如澤之清，塵緣不染，借世法而修道法，獨紘絕調，生死不變，立乎萬物之上而不懼。如木之柔，有才不恃，有智不用，被褐懷玉，韜明養晦，不求人知，隱遯深藏。而無悶，不懼者，萬物難屈，志氣大過乎人。無悶者，妄念不生，修養大過乎人。惟其不懼無悶，故能成世間希有之事，而爲人人之所不能識不能及也。

䷜上坎下坎

水洊至，習坎。君子以常德行，習教事。

習坎者，水由此達彼也。上坎水，下坎水，是水由此而洊至于彼，由彼而洊至于此。洊而流通，習坎之象也。君子有見于此，知聖賢之事，乃成己成物兩端。成己者，德行也。成物者，教事也德。行不常，則大道難入。教事不習，則學人不悟。以是于德行，日就月將。温故知新，愈久愈力，期必至于深造自得而後已。于教事漸次開導，明提暗點，愈入愈引，期必至于學人通徹無疑而後已。蓋德行者，身心性命之學，最情最細，毫髮之差，千里之失。惟常之，則窮理盡性至命，而已可成矣。教事者，承先啓後之事，至切至要，講論不明，誤人前程。惟習之，則探賾索隱闡幽，而物可成矣。但教事本于德行，教事即教其德行之事。能常德行，方能習教事。若不能常德行，則教事無本。先常德行，而後習教事。常于己者如是，習于人者亦如是。猶之水洊由此達彼，總是一水，無處不可流通也。

䷝上離上離

明兩作，離。大人以繼明照于四方。

離者，日明之謂。上離日，下離日，日之運用，夜則入地而内明，晝則出地而外明。一明而有兩作，此離之象也。大人有見于此，知人不能明内，則必不能明外。先明内，後明外，明内如是，明外亦如是。以是明内已畢，又繼其明而照于四方也。明者，明内也。繼明者，又明外也。明者何明，即明其本來一點虚靈不昧之德耳。能虚能靈，内德已明。誠于中而達于外，無物能瞞，無事有累，照于四方，如在掌上。大地裏黄芽長徧，滿世界金花開綻，左之右之，頭頭是道，内外通徹，其明不息，方且自明明德而止于至善矣。但繼明照四方，非是空空無爲，即便了事，其中有增減之功。日明照者，以明而照也。明不能照于四方，其明不大，不爲繼明。既明内，又明外，明而必如日升虚空，下照萬物，萬物莫能蔽其明，方是真明，方是繼明。若稍有些子照不到，即有些子蔽其明。明能照于四方，縱横逆順，皆不碍得其照，無處不通，無處有傷，明明德之功盡矣。

䷞上兑下艮

山上有澤，咸。君子以虚受人。

咸者，感也。上兑澤，下艮山，是山上有澤也。澤本虚，山本高，高而能虚，咸之象也。君子有見于此，知山上不虚，不能有澤。人心不虚，不能感物。以是虚其己之所有，而受益于人焉。紫陽云：休施巧僞爲功力，認取他家不死方。他者，人也。人非世間之凡人，乃我本來不死之真人。因交後天，走于兑家，掩埋已久，迷而不返，間或一顧，學者執着後天，當面錯過，不能受之。此其故，皆由不能煉己。不能煉己，私欲滿腔，芽塞靈竅，實而不虚，總有人來，無處容納。修道君子，煉己持心，除去一切後有滓質，而心虚矣。心虚，則先天之氣自虚無中來，即能受人之益而實其腹。我以虚感，彼以實應，小往而大大來，金丹自然凝結。亦如高山，上虚受澤之潤，有不期然而然者也。

䷟上震下巽

雷風，恒。君子以立不易方。

恒者，久也。上震雷，下巽風，是雷動風隨。風雷相搏，雷得風而聲達遠，風隨雷而吹有力，此恒之象也。君子有見于此，知雷性剛猛，風性柔緩，剛柔相濟，故能鼓動萬物。人之剛性屬陽，柔性屬陰，陰陽相需，即能久行其道，以是立不易方焉。立者，果決，主意一定也。方者，方所，當行之道也。天下學人，果決行事者有矣，果決而不知當行之道者有矣。知當行之道，始勤終怠，中塗變計，而易其方者亦有矣。凡此，皆無經久不易之志，必不能行經久不易之道。君子以身心性命爲一大事，知其成經久不易之道，必須立經久不易之志。法雷之剛烈，傚風之柔緩，擇善固執，循序漸進，愈久愈力。富貴不能淫，貧賤不能移，威武不能屈，萬有皆空，止于其所，故能深造自得，陰陽混合，經久而不壞也。

䷠上乾下艮

天下有山，遯。君子以遠小人，不惡而嚴。

遯者，人莫能知之謂。上乾天，下艮山，是天下有山也。天高山低，天能容山，山不能近天，此遯之象也。君子有見于此，知人之招災惹禍，爲小人所傷者，皆由器量曲狹，不能容物之故。以是遠小人，不惡而嚴焉。遠小人者，非是遠避于小人，乃使小人自遠之。不惡者，寬以應物也。嚴之者，剛以處己也。蓋以修道君子，量大如天，包羅萬有，俯視一切，無物不容，處世而不滅世，居塵而能出塵，未嘗見惡于小人。然其操守異衆，品行絶倫，絲毫不苟，正氣常存，不遠小人，而小人自遠之，亦如天下有山，山雖高而

不能近天也。天下萬物之中，至高至大者，莫如山。至高至大者，且能容之，而況不高不大者乎。修道者有容山之量，方能執天之行，修天之道，不遯而遯，庶乎不爲萬物所傷矣。彼世間假道學之流，量如芥子，毫末之物，容納不得，磕着撞着，燥氣便發，無性乎爲小人嫌忌，而魔障不離也。

䷡下乾上震

雷在天上，大壯。君子以非禮弗履。

大壯者，大其所壯也。上震雷，下乾天，是雷在天上也。雷爲剛烈之物，其氣最壯，升于天上，震驚一切，壯氣更大，此大壯之象也。君子有見于此，知雷隨時升天，能以生物。人順理行事，能以立德，以是非禮弗履焉。禮者，動靜之節，進退之序，爲修身應世之規範。凡人師心自用，任性作爲，或妄想貪求，恣情縱慾，皆是非禮。非禮之履，不但不能大，而且不能壯，即或有壯，亦是棄真入假之壯，壯非所壯，大不壯矣。若能非禮勿視，非禮勿聽，非禮勿言，非禮勿動，以禮而履，非禮不履，則所履者禮。禮者，理也。理者，天也。履于天理，人欲不生，一步一趨，皆合妙道，與天爲徒，與雷同功。居于五行之中，而不爲五行所拘；處乎萬物之內，而不爲萬物所傷。其壯顧不大哉！

䷢上離下乾

明出地上，晉。君子以自昭明德。

晉者，進也。上離日下坤地，是日坤地，是日出地上也。日本明，地本暗，明出地上，由暗而明，晉之象也。君子有見于此，知日入于地。又能出地。人昧其德，亦能明德，以是自昭其明德焉。昭者，明也。明德者，即人本來良知良能之靈性，此性本來真空妙有，炯炯不昧，一交後天氣質之性，由明入暗，失其本體矣。但不明由于自，昭明亦由于自，是在自昭不昭耳。若果自知昭明，即便能明，急須下手修爲。除去一切積滯，解脱萬般塵情，從實地上用工夫，戒慎恐懼，防微杜漸，人心自去，道心自彰，氣質自化，真性自現，仍是當年圓陀陀，光灼灼，净倮倮，赤洒洒，一箇虚靈不昧，物事了也。

䷣上坤下離

明入地中，明君子以莅衆，用晦而明。

明夷者，明而夷藏也。上坤地，下離日，是明入地中也。明入地中，暗中有明，明夷之象也。君子有見于此，知修道者，處于衆人之中，用明太過，驚愚駭俗，易取毁謗。以是莅衆用晦而明焉。莅者，以明而臨莅不明也。晦者，韜明而養其明也。天地生物不齊，人衆則賢愚不等，邪正相雜，一人一性，焉能人人而盡善？莅衆用晦，是因物付物，一體同觀，如地之厚德，無物載，無物不容，順以應之耳。但用晦非全不用明之謂，乃外晦而內不晦，晦中又有明。至于賢愚邪正皆能辨之，不過和而不流，羣而不黨，行藏虚實，人莫能識。亦如日出地上固明，日人地內亦明，所謂大隱不妨居朝市者是也。

䷤上巽下離

風自火出，家人。君子以言有物，而行有恒。

家人者，一家之人也。上巽風，下離火，是火在內，風在外，風自火出，火燃而風自生，風火一家，家人之象也。君子有見于此，知風火一處，風生必本于火，火燃而風自生。人我同居，成物必本于己，己正而人自化。以是言不空言，言必有物；行不妄行，行必有恒。謹言慎行，則同居者皆亦言物行恒，而與我爲一家之人矣。家人，不僅是同家之人，凡與我同居同事者，皆是。物，如事也。恒，有終也。言有物者，因事而言，有指有證，言必合理。行有恒者，有終之行。真履賞踐，行必有成。以物而言，以恒而行，言行無虧，內不失己，外不傷人，則同居同事者，俱默相感化，亦如火燃而風自生矣。夫言者，心之聲。行者，身之律。修道者，有物而言，有恒而行，則心正身修，性命有寓，方且上下與天地同流，而以天地爲一家，豈家人而已哉？

䷥上離下兑

上火下澤，睽。君子以同而異。

睽者，彼此不合也。上離火，下兑澤，是上火下澤也。火性上炎，澤水下潤，火在上而不能熏澤，澤在下而不能濟火，火澤同處，而異其性，睽之象也。君子有見于此，知修道者，不可同乎人，而亦不可過同乎人。不同，則驚愚駭俗，取人嫌疑。過同，則隨風揚波，落于塵情，以是同中而有異焉。傚澤之浸物，混俗和光，物來順應，方圓不拘，而無物不同。法火之照物，邪正兮明，應物不迷，內有主宰，而操守大異。外同而內不同，內異而外不異，故能大同乎人，而亦大異乎人。外同者，依世法也。內異者，修道法

也。所謂修行混俗且和光，圓即圓兮方即方。顯晦逆從人莫測，教人爭得見行藏者。是也。

䷦上坎下艮

山上有水，蹇。君子以反身修德。

蹇者，有難而不能前行也。上坎水，下艮山，是山上有水也。山高多陰，上又有水，陰盛陽弱，蹇之象也。君子有見于此，知人之不能進于聖賢大道者，皆由爭勝好強，恣情縱慾，不知遷善改過之故，以是反身而修德焉。身爲行道之物，不能反身，身不自主，由物使用，一行一步，皆危難之境，傷生之事。惟反其身，則雄心自化，棄假入真，不爲外物所惑，步步腳踏實地而德可修。德修，則性定情忘，如山之不動不搖，蹇而不蹇，一切艱難苦惱之事，焉得而傷之？但反身修德工夫，須要知的。卦象水在上，山在下；水在上者，蹇險在外也。山在下者，修養在內也。見是險而即能反，借險修德，境險而心不險，外險而內不險，險事在彼，修德在我，以德禦險，險事悉化。借險修德，德行日高，蹇何病？蹇然後能修德，學者能于反身二字，認得真實，何患有蹇何？患德不能修乎？

䷧上震下坎

雷雨作，解。君子以赦過宥罪。

解者，脱散也。上震雷，下坎水，是雷雨動降。雷雨作而陰陽氣通，解之象也。君子有見于此，知修道者，當陰氣結滯之時，須用武火以鍛煉，及陽氣已復之時，冥用文火以温養。各有其時，不得差遲。以是于陰氣解散以後，赦過宥罪，順其自然，使其自消自化，而無容強制也。人之有過有罪者，皆由順其後天，昧其先天，恣情縱慾，無所不至，此克制之功不可缺。克制者，改過消罪，以化氣質耳。及其氣質已化，先天來復，道心常存，人心不起，罪過已無，克制之功，無所用矣。赦之者，赦其已往之過也。宥之者，宥其從前之罪也。赦之宥之，正氣盛而邪氣自無，真者在而假者不來。否則不知止足，猶以罪過爲念。終是人心用事。既無過而又招過，既無罪而又引罪，解而而又不解，陰險尚在，陽氣不純。所謂卻除妄想重增病，趨向真如亦是差者，是也。

䷨上艮下兑

山下有澤，損。君子以懲忿窒欲。

損者，減去也。上艮山，下兑澤，是山下有澤也。山在上，澤在下，山遇澤浸而不亢，澤被山限而不溢。損中有益，此損之象也。君子有見于此，知人之暴氣發而爲忿，私心起而爲欲。忿欲一生，蟲壞天真，其害最大。以是懲戒其忿，務使變化氣質，情性和平，如山之穩穩當噹，不動不搖而後已。塞窒其欲，務使消除妄想，心死神活，如澤之湛湛浄浄，無波無浪而後已。蓋忿爲阻道之物，欲爲亂道之賊，忿欲若有絲毫不淨大道在望，未許成就。故修道頭一步工夫，先要懲忿窒慾。忿欲損去，從此下功無阻無擋，前程有望。故儒家以克已復禮爲要，釋家以萬法歸空爲宗，道家以煉已築基爲先。三教聖人，無非先教人去其已之忿慾耳。紫陽云：若要修成九轉，先須煉已持心。煉已者，即煉此忿慾也。持心者，即持守其心而不生忿欲也。學者能于損真之中，自反而損假，則修道不難矣！

䷩上巽下震

風雷，益。君子以見善則遷，有過則改。

益者，增加也。上巽風，下震雷，是風雷相合，雷動風生，風聲助雷，益之象也。君子有見于此，知欲益其善，不可不損其過，欲損其過，不可不益其善。益必用損，損以全益，則益而無窮。以是見善則遷，有過則改也。人之生初，至善無惡。是善者，人之本有。過者，人之本無。因其昧乎善，于是有其過。若見善即遷，遷而又遷，遷至于無一行之不善，而歸于至善矣。有過即改，改而又改，改至于無一事之有過，而歸于無過矣。遷善者，能剛也。改過者，能柔也。剛必如雷之勇猛直行，柔必如風之徐緩漸進。勇猛自能入善，徐緩自能無過。剛柔相需，故有者仍還，後起者自化，益而至于至善無惡，渾然天地位矣。遷善改過之功，豈小焉乎？

䷪上兑下乾

澤上于天，夬。君子以施禄及下，居德則忌。

夬者，決也。上兑澤，下乾天，是澤上于天也。澤之水氣，上升于天，化而爲雨，滋潤萬物，似乎天不自私。決澤下流，夬之象也。君子有見于此，知天有澤，而萬物生。上有澤而下民安，以是施禄及下，使人人皆霑其恩也。但施禄于下者，施其德也。施德不知德，則施之者廣，施之者真，亦如天之天物不覆，無物不生，所謂大德不德，與天爲配。若知施德爲德，是自居其德，其心有私，施禄不久，不爲之德，此施禄者之所最忌也。故君子物我同

觀，施德不望報，有德而不居，其德日大，其心日小，決去一切自滿自大之心，亦如澤在天上，降于地下，出于固然也。修道積功累行，行等等方便，利人之事，如施禄於人也。但行方便利人之事，多無真心，或圖虚名，或圖利賄，或應故事，外似利人，内實不利，稍不如意，怨天尤人，此本無德而反居德，何得謂之利人哉？試觀天之施澤萬物，豈望萬物有報乎！不望萬物有報，是天有德而不居德。天且不居德，而況常人之德，何可居之乎？凡利益于人者。能傚天之不居德，而德未有不大者也。

䷫上乾下巽

天下有風，姤。后以施命誥四方。

姤者，遇也。上乾天，下巽風，是天下有風也。天造萬物而不能鼓萬物，得風之吹，而萬物莫不興起，此天借風而遇萬物，姤之象也。后有見于此，知天與萬物相遠，不易相遇，得風之吹，不遇者而即遇。爲上者，與下民相遠，不易相遇。有命以誥，不遇者亦能遇，以是施教化之命誥于四方焉。四方甚遠，風俗不一，焉得人人而化之？惟施命，則人人遵其所命，遐邇感化，亦如天下有風，無方不到，無物不入。后，即天也。命，即風也。風到處物起，命到處民化，后亦一天矣。聖人教人之道，亦猶是耳。后誥四方有命，聖人教後世有經書，以經書留後世。學人聞者鼓舞，見者惕厲，方且百世而下，莫不興起，與聖人相晤對，豈第當時四方而已哉！后也，聖人也。無物不愛，無物不感，皆報天行者也。

䷬上兑下坤

澤上于地，萃。君子以除戎器，戒不虞。

萃者，聚也。上兑澤，下坤地，是澤上于地也。澤在地而上于地，凡地上之物，莫不得其滋潤，而皆榮旺焉。但澤水有限，潤物不久，物有時榮旺，即有時不榮旺，此萃之象也。君子有見于此，知修道者，至于五行攢簇，還元返本，一切後天之物，皆順聽其命。若不知防危慮險，久之聚者仍散。得而復失之患，必不能免。以是除戎器，以戒其不虞焉。除者，修掣也。戎器者，慧器也。慧器者，即神明默運之功。當先天凝聚，已不爲後天所傷，然必消盡歷劫輪回種子，方能性命堅固。倘有一點滓質未盡，日久後天又發，先天仍散。此戒備之功不可缺，能除戎器，戒不虞，則主人公常在，命寶不傷。久而五行混化，形神俱妙，與道合真，永爲金剛不壞之物矣。保萃之道貴乎哉！

䷭上坤下巽

地中生木，升。君子以順德，積小以高大。

升者，增升也。上坤地，下巽木，是地中生木也。木自地中而生，漸次出地，升之象也。君子有見于此，知人之不能高大其德者，皆由不知順其德，而悖其德。不順其德，舍其近而求其遠，懸虚不實，永無增升之日。以是順德，積小以高大焉。積者，高之漸。小者，大之由。順時順理，謂順德。能順其德，防微杜漸，戒慎恐懼，小善必爲，微惡必去。愈久愈力，工夫不缺。日積日多，自小而漸至于高大，亦如地中生木，始而在地中，漸而出地外，又漸而幹立枝盛，又漸而高大成材。高大之材，豈一朝一夕之功哉！一切學人，不肯下實落工夫，方纔進步，便想成道，未曾入門，即欲入室。如此存心，是不順德而順欲焉。能到的高大之處，卦象坤巽合成，漸進而順行，所謂深造自得者，不在此乎！

䷮上兑下坎

澤無水，困。君子以致命遂志。

困者，窮也。上兑澤，下坎水，是澤漏水流，澤中無水，困之象也。君子有見于此，知澤無水，則澤空；人無志，則道窮。以是致命，而遂其志焉。致者，極也。命有氣數之命，有道義之命。氣數之命，天地所造，後天也。道義之命，造乎天地，先天也。先天之命，本是乾家之物，因交後天，入于坤宫，化而爲坎。坎中一陽是也。此陽一陷，命寶潛藏，一身純陰，困莫困于此矣。致命者，極其後天之命。遂志者，遂其先天之命。立志以致命，致命以遂志，氣數在彼，造命在我。借後天，返先天，盡假命，立真命，無中生有，殺中求生，由困而通，亦如澤中無水，而又有水。卦象兑金自坎水而出，祇取水中金一味者，亦不在此乎！

䷯上坎下巽

木上有水，井。君子以勞民勸相。

井者，取其養人也。上坎水，下巽木，是木上有水也。水升于木上，木有水，而滋潤嫩脆，得其所養，井之象也。君子有見于此，知民不可不養既養不可不教。以是法水之流而不息，使民躬耕力作，飽食暖衣以養身；傚木之聚而成林，教民知禮明養，和睦相助以養心。身心俱養，返樸歸湻，忘

其勞苦，一道同風，人于不識不知，順帝之則之域矣。人之身，即國也。人之精神，即民也。整頓精神，日夜行道，即勞民也。遷善改過，去妄存誠，三家相見，四象和合，即勸相也。勞之所以忘其假，勸之所以修其真。假去真存，養之道盡矣。

䷰上兑下離

澤中有火，革。君子以治曆明時。

革者，更變也。上兑澤，下離火，是澤中有火也。澤本溼，火本燥，溼太過，而有火燥之。燥太過，而有溼潤之。澤火一處，溼燥相濟，革之象也。君子有見于此，知人之立身處世，不能因事制冥，隨時遷就者，皆由不明天道變化之理，陰陽進退之節。以是兮春夏秋冬，二十四氣，七十二候，治而爲曆，以明五行之運氣，各有其時，使人人順天隨時，變革太過之行，歸於中正耳。蓋天有運行之時，人有當行之道。時有遷移，道有變化。變化之道，即與時偕行之道。與時偕行，進退存亡，不失其正，亦一天行矣。

䷱上離下巽

木上有火，鼎。君子以正位凝命。

鼎者，取其鍛煉也。上離火，下巽木，是木上有火也。木火一處，鍛煉諸物，鼎之象也。君子有見于此，知鼎所以烹物，非木火之功，不能成熟；道所以載命，非巽明之功，不能凝結。以是正子當居之位，漸次修持，而凝其命焉。正者不偏不倚，不隱不瞞。位者，陰陽之門，元關一竅。凝者，聚而不散。命者，先天祖氣。能正于位，則所位者正。以漸而入，以明而行。仁義禮智根于心，四象和合，五行攢簇，氣足神全，而命凝矣。凝命之道，全在正位工夫。不能正位，是不知元關。不知元關，便不知命。不知命，而着空執相，認假爲真，入于旁門曲徑，不但不能凝命，而且有以傷命。命爲先天正氣，命即是正，正即是命。正位者，即是謹守元關一點正氣，文烹武煉，日乾夕惕，不使有些子客氣雜于鼎爐之中，不正而必期其正，不凝而必期其凝，由勉強而歸自然，由散亂而復整齊，一正位而凝命之功盡矣。但患人不能正位耳。果能正位，即能凝命。所謂言語不通非眷屬，工夫不到不方圓也。

䷲上震下震

洊雷，震。君子以恐懼修省。

震者，動也。取象爲雷，上震雷，下震雷，是雷聲發動，自此而洊于彼，由彼而洊于此，此雷方息，彼雷又發，雷雷相續，震之象也。君子有見于此，知人妄念豺生，此念未息，彼念又起，念念相續，亦如洊雷之動，轟轟不已。若不能修省，傷天害理，棄真入假，不至自喪性命而不止。以是恐懼修省，務使正念滋長，邪念消滅，不使有纖微之疵，宿于方寸之中。蓋一念之動，善惡所關，吉凶所係，天堂地獄分之，惟能恐懼于未動，修省于已動。防危慮險，十二時中，無敢稍有懈怠，善念則存之，惡念則去之。存而又存，去而又去，惡念去盡，純是善念，至善無惡。雖終日動，不碍于動，動而歸于渾然天理之地矣。

䷳上艮下艮

兼山，艮。君子以思不出其位。

艮者，止也。取象爲山，上艮山，下艮山，是此山而兼彼山，彼山而兼此山，千山萬山，總是一止，艮之象也。君子有見于此，知人秉彝之良，即人所以爲人之位，當終身居之而不可須臾有離者，以是傚兼山之象，思而不出其位焉。人之應世接物，修道立德，窮究實理，辨別邪正，不能無思。但思其正，則在位，思其邪，則出位。千思萬思，貴乎止于其所，不失其本來之真耳。修道者，果能在位而思，道心常存，人心永滅，一切塵緣外物皆不得而動之，何害于思？彼世間空空無爲孤寂守靜之輩，雖云忘物忘形，一無所思，絕不關乎身心性命之道，亦係出乎其位。位字从人從立，人立則不動，止于其所矣。止于其所之思，具衆理而應萬事，雖終日思之，未嘗出位，猶如無思。噫！知得一，萬事畢。若不知一，思即出位。天下學人，知一者有幾人哉！

䷴上巽下艮

山上有木，漸。君子以居賢德，善俗。

漸者，徐緩也。上巽木，下艮山，是山上有木也。山上之木，形必高大。高大之木，非一朝一夕而長成，此漸之象也。君子有見于此，知德爲人之根本，善爲人之至實。不能持守其德，則德不賢；不能變化氣，質則善不大。以是傚山之穩定，截然放下，居于賢德，而不遷移；法木之生長，不急不緩，漸化俗氣，而歸至善焉。賢德者，至善之本性。俗者，舊染之俗氣。俗不必拘于民俗，凡人七情六慾，貪嗔痴愛，一切俗情，皆是也。居賢

德，日用常行，無事不賢，無處不德。以賢德爲居，身賢德爲一，不動不搖，止于至善矣。德善，則一切俗情舊染，亦漸次消化，變爲真情。不隱不瞞，而俗歸善矣。蓋以真者既復，假者自化，真即在假之中，假不在真之外，賢德而俗必善。自然而然，居德善俗。俱用漸者，因人心用事已久，道心不彰，雖居德而不能遽然居之穩，善俗而不能遽然善之到。居德不穩，不謂德賢，善俗不到，不謂俗善。居德必至于無一德之不賢，方是居之穩。善俗必至于無一俗之不善，方是善之到。德賢俗善，先天足，後天化，祇有善德，別無他物，返樸歸醇，如山之穩定，如木之亭立，有爲事畢，無爲事彰。從此別立鼎器，再置鉗錘，用天然真火，温養聖胎，可以入于神化不測之域矣。

䷵上震下兑

澤上有雷，歸妹。君子以永終知敝。

歸妹者，交合不正也。下兑澤，上震，是雷，是澤上有雷也。雷主震動，澤主平靜。以雷驚澤，動撓其靜，澤水外溢，陰陽交合不正，歸妹之象也。君子有見于此，知陰陽有真假，作爲有是非。真陰陽交，出自然，能以永遠。假陰陽交，出勉強，終不久長。以是欲永終，而先須知敝也。永於久遠之終。知敝。系辭傳曰：窮理盡終者，永性，以至于命。性命之道，全在窮理上定是非。窮理者，即窮此陰陽交合之理耳。先天後天，所爭者毫髮之間。這邊是先天，那邊是後天。後天陰陽，未嘗不交，但交而不正，無終有敝。如世之盲漢，或心腎相交，或任督相交，或子午昇降，或男女採取，或鉛汞燒煉，或調和呼吸，如此等類，皆是認假爲真，強求其合，妄想長生，反而促死，其敝最大。修道者，欲求永終之事，須先知敝。能知其敝，則不爲邪説淫辭所惑，再求永終之事，庶乎近焉！

䷶上震下離

雷電皆至，豐。君子以折獄致刑。

豐者，足盛也。上震雷，下離火，是雷電皆至，雷以震之，電以照之，雷電相濟，威明並行，豐之象也。君子有見于此，知人處世間，認假棄真，以苦爲樂，貪財好色，喪德敗行，作孽百端，入于昏暗不明之地。如犯罪在獄，待時受刑。原其故，皆由不知辨別真假，以是傚電光之灼照，窮究性命幽深之理。兮別邪正，如折獄之折。既辨其假中之真，又辨其真中之假。真知確見，不至于似是而非，法雷霆之剛烈，剿除客邪之氣，整頓精神，如致刑之致。無罪者，解脱之，有罪者，殺戮之。果斷直行，而不至于姑息養奸。折獄者，用柔細辨，致知也。致刑者，用剛決烈，力行也。聖賢身心性命之學，致知力行兩端。知而不行，不能成道。行而不知，反誤性命。知而後行，明而後動，行以全知，動以驗明。一日克己復禮，天下歸仁焉。學者若能折理如折獄之折，果行如致刑之果，何患不到富有日新，道德豐盛之地耶！

䷷上離下艮

山上有火，旅。君子以明慎用刑，而不留獄。

旅者，過而不留也。上離火，下艮山，是山上有火也。山上之火，燃不多時，一過而已，旅之象也。君子有見于此，知獄事關乎人之性命。治獄不明，則冤屈難伸；用刑不當，則殃及無辜。以是傚火之灼照，明辨其屈直，是者是之，非者非之，在負罪者，甘于受罰。傚山之敦厚，謹慎其刑，法可輕則經，可減則減，在報法者，用刑不濫。既明且慎，隨治隨結，不留疑獄，而過于苛刻也。修道之用明者，所以破妄也。謹慎而不過用其明者，所以養真也。明之慎之，妄去真存，可以住火停輪，去有爲而就無爲。亦如明慎用刑，而不留獄。倘不知止足，瑣瑣不休，既無妄而又招妄，反起心病，何得到一了百當地位哉！卦象山上有火，山爲體而火爲用，可明則明，可止則止，明不離止，自明明德，而止于至善矣。

䷸上巽下巽

隨風，巽。君子以申命行事。

巽者，漸入也。其象爲風，上巽風，下巽風。是此風先起，彼風隨後，以風隨風，巽進之象也。君子有見于此，知修道者，與人同處，不能無事，既有事，不能無行。凡行事須當從容不迫，倘行事急遽，而不與同事者，預先申明其所以然，則人不我隨。行事不成，以是先申命而後行事焉。申者，申明也。命者命告也。事者，如修德立業、積功累行、苦己利人之類，凡人所當行者皆是也。命不必拘，爲上者申命于下，凡尊長首事者，告示于卑下衆人，俱謂命。未行事而先申命，則衆人知其事在當行，一人倡前，衆人隨後，行事未有不成者。亦如風隨風，風風相續，並行而不相悖。此君子與人爲善之道也。

䷹上兑下兑

麗澤，兑。君子以朋友講習。

兑者，和悦也。取象爲澤，上兑澤，下兑澤，是兩澤相麗，彼此浸潤，兑悦之象也。君子有見于此，知其性命之道最深，毫髮之差，千里之失，以是與朋友講習焉。朋友者，同道同心之人。理不講不明，講不習不精。此講彼習，彼講此習，反覆辯論，來往追究，刻入深進，而後有得。蓋一人之知識有限，衆人之意見無窮。我有不知，借朋友以講明；朋友不知，借我以講明。講而又習，不知者必知，不精者必精。得心應手，何患不到深造自得之地乎！

䷺上巽下坎

風行水上，渙。先王以享于帝，立廟。

渙者，散亂也。上巽風，下坎水，是風行水上也。風性善入，不能入水。水性下流，不受其風。彼此不合，渙之象也。但風雖不能入水，能順水性而吹。水雖不受其風，能隨風吹而揚，又有濟渙之象。先王有見于此，知人性命秉于天，身體受于親，雖尊卑貴賤，各不相同，善惡邪正，各不相等，然其秉受根本則一。以是享帝敬其天，立廟祀其祖。使人人皆知敬天祀祖，不忘其根本耳。根本不忘，本立道生，改惡從善，風移俗易，渙散者合而爲一，先王濟渙之道大矣哉！修道者，能知先王濟渙之意，敬天而不違天，報本而不忘本，殺中求生，害裏尋恩，則四象可以和，五行可以攢，仍是生初本來面目，何渙之有哉？

䷻上坎下兑

澤上有水，節。君子以制數度，議德行。

節者，有限也。上坎水，下兑澤澤上有水也。澤容水有限，太過則溢，節之象也。君子有見于此，知人之一行一止，以立德爲本，不得任性而行，是謂節。但有隨機應變之道，若執一節而終，其行不通，反傷于德，此節之不可不辨别也。以是制數度，議德行焉。制者，裁取也。議者，辯論也。周天三百六十五度四分度之一，分而爲四時。八節，七十二候。各有界限，此數度也。人秉陰陽五行之氣數而生，即有此五行之德。行而不失其德，即德行也。君子裁取陰陽五行，盈虚消長之數度，議論仁義禮智信之德行，使人知宜仁即仁，宜義即義，冥禮即禮，冥智即智，冥信即信。又議論其五德一氣，陰陽互用，不偏不倚。凡此者，蓋欲人體天地之德爲德，四時之行爲行也。性命之學，火候工程，全是造化數度。合其數度，能修天德，即是德行。失其數度，有違天德，即是德喪。喪德之行，行而無節，以假爲真，以非爲是，縱能固守一節，亦是着空執象，終無益于性命。制之議之，君子開物成務之心，深矣哉！

䷼上巽下兑

澤上有風，中孚。君子以議獄緩死。

中孚者，中有信也。上巽風，下兑澤，是澤上有風也。澤形上仰，風性善入，以風吹澤，澤受風吹，如有所感于中，中孚之象也。君子有見于此，知獄事關乎人之性命，稍有不謹，便傷無辜。以是于獄成之後，不遽加刑。雖罪在不赦之條，猶必緩其死而再議之，求其死中之生路耳。修道者探賾索隱，鈎深致遠，以窮奥妙之理，必須真知灼是，一毫疑惑于胸中，如議獄也。理明于心，脚踏實地，心死神活，漸次修持，不求速效，如緩死也。議之者，所以死中求生，無罪者脱之，有罪者刑之，生所當生，死所當死。倘議之不精，中無主見，自信不過，何可冒然而死之。緩之者，正于死之中，更辨其死之可否耳。蓋以生之道固難，死之道亦不易。倘不緩死而速死，急欲成功，恐入寂滅頑空之學。是在議而後死，死時又議，是非邪正，了然于心，方不致有似是而非之錯。卦象上巽風，漸次而進；下兑澤，和悦而行。漸則能緩，和則能議，能議能緩，信于内而行于外，下一番死工夫，消盡後天一切滓質，露出先天本來面目，何患不到長生之地哉！

䷽上震下艮

山上有雷，小過。君子以行過乎恭，喪過乎哀，用過乎儉。

小過者，小之過也。上震雷，下艮山，是山上有雷也。雷在天上，其聲遠達，雷在山上，其聲隱暗，小過之象也。君子有見于此，知修道者，日用常行，須冥自小，不可過大，特以小可過，而大不可過。以是行過乎恭，喪過乎哀，用過乎儉也。行本不冥過恭，但恭則不晦于人，傲慢不生，不妨過乎恭。喪本不宜過哀，但哀則心有惻隱，重其性命，不妨過乎哀。用本不冥過儉，過儉則不棄天物，安常守分，不妨過乎儉，三者皆小過之事。過而不過，此小事則然。若夫性命大事，須要知進退存亡之機，盈虚消長之理，毫髮之差，千里之失，何可稍過乎？卦象山上有雷，山静雷動，静以運動，動本于

靜，其小可過而大不可過，可知矣。

䷾上坎下離

水在火上，既濟。君子以思患而豫防之。

既濟者，事已濟也。上坎水，下離火，是水在火上也。水本寒，火本燥，以火煎水，寒氣化，以水制火，燥氣息，水火一處，既清之象也。君子有見于此，知修道者，顛倒陰陽，取坎填離，陰精化而真精生，識神滅而元神存，以精養神，以神攝精，精神相戀，凝結不散，還元返本，不濟者既濟矣。然還元返本，衹完的前段工夫，若不用天然真火，鍛煉成真，既濟極而又不濟，前功俱廢，以是思患而豫防之也。患者，即陰陽不濟之患。當正濟之時，真陰真陽合一，外來客氣不得而傷。然雖不爲客氣所傷，而一身後天之氣，猶未退去，若不知沐浴温養，早爲防閑，客氣乘間而發，後患必有。思有患而豫防之，用加減抽添之功，拔盡歷劫以來根塵，陰盡陽純，成金剛不壞之物，直至打破虛空，方爲了當，若未到打破虛空地位，猶有患在。故修道者，必以打破虛空，脱出真身，方爲大休大歇之地也。

䷿上離下坎

火在水上，未濟。君子以慎辨物居方。

未濟者，事猶未至于濟也。上離火，下坎水，是火在水上也。火在水上，火不能煎水，水不能制火，水火異處，未濟之象也。君子有見于此，知人一交後天，真者昧而假者出，身心不定，精神昏濁，燥性發而慾念生，以苦爲樂。無所不至，不濟極矣。然聖人有後天中返先天之道，特人未思其濟耳。若欲其濟，即能濟之，以是慎辨物居方焉。物者，先天後陰陽真假之物。方者，先天後天陰陽真假所居之方。慎辨物之真假，必須了然于心，真知灼見，毫無一點疑惑而後已，此格物致知之功也。于物之真假，使其各居其方，真者真而假者假，兩不相混，此正心誠意之學也。既辨物而明乎理，又居方而不行險，陰陽不雜，真假各别，未濟中即有濟，亦如水流溼，火就燥，各濟其所濟，彼此不同塗也。蓋先天陰陽，所以成真身，後天陰陽，所以成幻身。當其未濟，先天後天，陰陽相雜，真假相混，能辨其真假，則知先天有先天之方，後天有後天之方，判然兮别，不得以後天之物，誤認爲先天之物，強求其濟也。慎辨二字，大有深意。辨之，須要無微不入，無幾不研，不得稍有些子放過。特以先天後天，所爭者毫髮之間，道邊是先天，那邊是後天，易于錯認，惟謹慎而細辨之，纔能認得真切，纔能知的，各有其方。知的各有其方，即能使各居其方。能使各居其方，則先天可保。後天不發，未濟即能濟，顛倒之間，真陰真陽相合，水火相交，聖胎有象。聖人以未濟卦序于終者，蓋欲人于未濟之時，窮究實理，急求其濟耳。噫！烏龜天上走，朱雀地下飛。這箇啞謎訣，幾人悟精微。

《悟道録·天高地厚》 天體至高，虛圓不測，廓大無邊，無物不覆，無物不容，始萬物而不恃德，恩萬物而不望報，人尊敬也由他，人欺瞞也由他，人感戴也由他，人毁罵也由他，人之善惡美醜，物之兇頑馴順，聽其自然而皆不計也。地勢至厚，居卑處下，無物不載，無物不育，泰岱松華至重也能負，江河海沖崩也能受，樹木草茨穿鑽也能忍，飛禽走獸踐踏也能隨，一切垢污欺侮而皆不知也。吾之觀此，因悟的效天法地之道矣。人能度量寬宏，無物不容，恤老憐貧，扶危救困，施德不望報，有怨而不結，人我同觀，彼此如一，即可與天爲徒。人能柔弱自下，謙卑自處，躁氣全無，火性盡掃，有毁謗而不嗔，有淩辱而不曉，艱難困苦，隨時疾病，災害順受，一切大險大厄，不順境遇，絶無煩惱怨尤之心，即可與地爲配。崇效，天卑法地，即與天地合德，而與天地並長久矣！

《悟道録·日照月臨》 日之運用，晝升於天以照外，夜入於地以照内。月之運用，前半月生明以照外，後半月退明以養内。日月明内明外，總是一明。吾之觀此，因悟的用明之道矣。人能用明於外，謹言慎行，非禮不履，非義不行，非道不处，不爲酒色財氣所迷，不爲富貴功名所誘。不爲塵緣世情所染，是能如日月之外明矣。人能用明於内，閑邪存誠，去妄歸真，懲忿窒欲，煩惱不生，嗔恨不起，伐三毛，除六賊，掃七情，淨八識，消滅人心，振發道心，戒慎恐懼，無絲毫之妄念，是能如日月之内明矣。内明處明，無一不明。與日月同光，養至極處，圓陀陀光灼灼，萬物難瞞，一靈妙有，法界圓通，即與日月同功運矣。

《悟道録·雷鳴風吹》 雷鳴猛烈而剛，風鳴漸遠而柔。風雷相摶，兩而合一，剛烈中有柔緩，柔緩中藏則烈，剛柔相需也。吾之觀此，因悟的剛柔中和之道矣。凡人修道立德，應事接物，一味剛則性急，好強而過於躁，作事不久，其鋭必挫。一味柔則逡畏不果，而失於懦，作事難成，其柔無用。若能剛以果決，柔以漸行，不急不緩，不躁不懦，剛柔相濟，得其中和，則攸往攸利。

以之學道，終必明道；以之修道，終必成道。故聖經云：中也者，天下之大本也。和也者，天下之達道也。致中和，天地位焉，萬物育焉。中和之道，豈小焉哉？

《悟道録・四時代謝》 春夏秋冬四時，春而生物，夏而長物，秋而收物，冬而藏物，各有代謝，周而復始，相接相連，未有間斷。吾之觀此，因悟的損孟相因之道矣。夫損者，損其剛躁之有餘，益者，益其柔弱之不足。剛不使太過，柔不使不及；剛以柔接，柔以剛用；剛柔相濟，陰陽相當；可大可小，可高可低，可進可退，可順可逆，方圓不拘，曲直並行，即與四時合其序，變通無碍。吾身自有一天地，吾心自有一造化，而不爲天地造化所拘矣！

《悟道録・月借日光》 月本純陽無陽，借日之景而後生明。月光盈虧，因日景遠近盈虧之也。吾之觀此，因悟的借陽化陰之道矣。人本一身純陰無陽，須借他家之陽以爲陽。所謂他家者，對我者，皆是天地也，日月也，萬物也，萬事也。所謂他家之陽者，先天虛無真一之氣也，即不死之人也。有生以來，此氣本具，交於後天，漸次散於天地日月萬物萬事之中，不爲我有，屬於他家矣。知的此氣在於他家，隨時盜來，歸於我家，無而復有，失而又得，亦如月借日光而生明。此乃竊奪造化，顛倒陰陽之天機。彼世之迷徒，誤以女子爲他家者，真地獄種子也。

《悟道録・安爐立鼎》 燒煉家煉藥，必先安爐立鼎。鼎之爲物剛，所以藏藥，炉之爲物柔，所以運火。鼎不堅則藥易失，爐不妥則火亂飛。吾之观此，因悟的煅煉身心之道矣。修道志念堅固，即鼎也。愈久愈力，百折不回，不動不搖，即立鼎也。隨時覺察，即爐也，漸次用功，從容不迫，即安爐也。鼎爐穩當，煅去歷刼以來輪回種子，露出生身之初乾元面目，脱盡一切後有滓質，鑛盡金純，即是革故鼎新，從此再換爐鼎，別置鉗錘，以做向上事業，鎔化真金，爲汁爲霜，返於父母未生以前面目而後已。故丹經子書，先以安爐立鼎爲首着也。

《悟道録・陽燧方諸》 陽燧與日相隔，不知幾千萬里；而能取日中之火，方諸與月相隔，不知幾千萬里；而能取月中之水，蓋以陽燧方諸之氣，與日月同類也。吾之觀此，因悟的招攝陰陽之道矣。人身陰陽，本來和合一氣，因其交於後天，陰陽相離，各居一方，生氣日消，死氣日長，消而又消，長而又長，終於殆而已。若知回光返照，借假修真，瞬息之間，則陰陽不期交而自交，一期合而自合，自然而然，無容勉强。噫！悟之者近在咫尺，迷之者遠隔千里，是在乎人能下肯心耳！

《悟道録・蜣螂獅獸》 蜣螂滚彈，獅獸團毬，日久彈中生子，毬中出獅。彈毬原是死物，內中一無所有。彼則形不交而神交，以雌雄二氣感通，一意不散，神凝氣結，即以無質生，無形生形。吾之觀此，因悟的無中生有之道矣。人秉天地陰陽二氣而生，身中即有此陰陽二氣也。人能運陽就陰，以陰順陽，陰陽摶聚，恍惚杳冥之中，有一點生機，自無而有，能以結聖胎，能以生法身，功力到處，打破虛空，身外有身，步日月無形，入金石無碍，超出乎造化之外矣。

《悟道録・黑鉛水銀》 爐火之術，水銀見火則飛，得黑鉛投之，水銀被制，即結成塊而不飛。吾之觀此，因悟的以陽制陰之道矣。人心易動，出入無時，莫知其鄉。見景生情，隨風揚塵，如水銀見火則飛也。若道心常存，防危慮險，隨時覺察，則人心無隙而生，如水銀見鉛凝結也。再加勤修增減之功，增其道心之陽氣，減其人心之陰氣。增之又增，減之又減，到得無可增減處，則人心死而道心固。真種到手，可以爲聖，可以爲賢，可以成仙，可以成佛。而性命之大本已立，於是做向上事業，未有不深造而自得者也。

《悟道録・弄影侮像》 童子弄影，自以爲樂。不知爲影所弄，枉費精神。狂夫侮像，自以爲能，不知爲像所侮，徒勞唇舌。吾之觀此，因悟的避禍致福之道矣。舉世之人貪圖無厭，謀利而得利，求名而得名，自謂足以養身榮身矣。殊不知日夜勞心，費精耗神，因假傷真，有時氣血衰敗，大限一到，有財買不得生死，有名敵不得無常，惟有罪業相隨，來生各受報應而去。與童子弄影、狂夫侮像者異？若是明哲上士，別有高見，以性命爲重，以道德爲貴，俯視一切，惜氣養神，絕不以假傷真，雖陰陽造化，且不能遷移，而況於他乎！

《悟道録・種黍種蔴》 種黍即得黍，種蔴即得蔴。蔴不成黍，黍不成蔴，種異也。吾之觀此，因悟的造作因果之道矣。人之一念爲善，則所作所爲亦善，必受其福；一念爲惡，則所作所爲亦惡，必招其禍。夫善念惡念者，事之因也。受福招禍者，事之果也。有因必有果，未有種善而果不善，未有種惡而果不惡。善惡之報，如影隨形，一定不易，只在種善惡之間，分別好歹。故君子作事謀始，謹之於始，自能全之於終也。

《悟道録・接桃接杏》 桃樹老接以嫩枝，則又結桃； 杏樹老接以嫩枝，則又結杏。蓋以樹雖老，而根本之氣未絕也。吾之觀此，因悟的人老栽接之道矣。人之老也，皆由恣情縱慾，百憂感其心，萬事勞其形，費精耗神，以假作真，以苦爲樂，一點生機斲喪迨盡，性亂命搖，根本不固，由是壯而老，老而死，非可委之於天，實自取之耳。若人自知悔遇，改換頭面，斬斷恩愛牽纏，離去酒色財氣，視富貴如浮雲，以勢利爲寇讐，萬有皆空，千般不着，專氣如嬰兒，守約若處子，蓄精養神，去妄歸真，時時在根本上培植，步步在正道上行持，增其正念，減基妄念，內外真誠，渾然天理。可以盡性，可以立命，可以返老，可以還童，是亦嫩枝接老樹之法。古仙云：七十、八十，一息若存，猶能還丹。實不虛也。

《悟道録・髮化水蛇》 髮落水坑，暑日晒之則化蛇形，何以然哉？蓋髮雖死物，得水之濕，日之熱，濕熱搏聚，凝而爲一氣，杳冥之中，有一點生機，氤氳活動，故能化而爲蛇，曲折搖擺於水中。吾之觀此，因悟的固本凝命之道矣。人之陽氣屬火，陰氣屬水，陰陽和合，水火之氣相濟，其中有一點生機，由微而著，生生不息，衰者可以旺，弱者可以強，無命者可以凝命，無壽者可以延壽。此深根固蒂，長生久視之道也。

《悟道録・鶴胎龜息》 鶴善存神，故胎固而千年長生。 龜善養氣，故不食而百歲不死。吾之觀此，因悟的延年益壽之道矣。人能自卑自下，柔弱朴誠，不耗氣而常養氣，則氣足； 人能無思無慮，寡欲少謀，不勞神而常存神，則神全。氣足神全，根本堅固，基址穩妥，久而不衰，延年益壽，理有可决也。彼鶴、龜者，一全其神，一全其氣，尚能長生，而况神氣所兼全者，焉有不能長生乎！

《悟道録・水凍水消》 水遇寒則凍成冰，冰遇熱則化爲水。吾之觀此，因悟的爲聖爲凡之道矣。人之初，性本善，原無聖凡之分。因積習之氣，即有聖凡之别。習於善，不失天賦之性者，即爲聖； 習於不善，失其天賦之性者，即爲凡。若不善者，而知改過遷善，去邪歸正，習之於善，復其天賦之性者，雖凡亦聖； 若本善者，不知戒慎恐懼，隨風起塵，習於不善，迷其天賦之性者，即聖亦凡。善如水也，不善如冰也。聖可作凡，凡可作聖，亦如水能成冰，冰能化水。故《大學》之道，在明明德，在止於至善也。

《悟道録・木茂水長》 木根深則葉自茂，水源遠則流自長，蓋以有本者如是也。吾之觀此，因悟的護持根本之道矣。人身之元精、元氣、元神，即性命之根源也。元精不虧則形全，元氣不傷則命堅，元神不昧則性明。形全、命堅、性明，則萬物不能移，造化不能拘。性命由我不由天，亦如木之根深葉茂，水之源遠流長，本立道生，生機常存而不息矣。但人多不知在根源上護持，乃於枝稍處做作，妄想成道，如緣木求魚，終必落空，豈不愚哉？

《悟道録・松心竹節》 松心實，竹節堅，故遇冬寒而不彫，經雪霜而長茂。吾之觀此，因悟的修持立命之道矣。人能無愧無怍，主敬存誠，大同無我，則心實。心實則富貴不能淫，貧賤不能移，威武不能屈，臨事不懼，遇難不憂，吉兇禍福，境遇在彼，造命在我矣。人能持身制事，止於其所，立不易方，則節堅。節堅則非禮不履，非道不處，非義不行，可苦可甘，可上可下，可生可死，常應常靜，不爲物移。心實節，堅，可以處平易，可以處危險，可以動，可以靜，可以變通無碍，方圓不拘，縱橫逆順，莫遮欄矣。

《悟道録・木炭壞磚》 木枝暴露，日久則即朽，經火煅而成炭，炭則千年不損。水土和繁，經雨則便破，遇火燒而成磚，則萬載常存。吾之觀此，因悟的修真煅煉之道矣。人之不能成道，以其未在大造爐中煅煉也。若在大造爐中，步步腳踏實地，事事經歷閲過，在生死關口，不動不搖，如真金愈煉愈明，似寶鏡愈磨愈亮煉，磨到圓陀陀，光灼灼，淨倮倮，赤洒洒之處，有無俱不立，物我悉歸空，形神俱妙，與道合真，亦如木炭繁磚，經火煅成，永久不能傷損矣！

《悟道録・水上火下》 水本寒，火本燥。火上水下，水火異處，彼此不能相濟。若水上而火下，則燥者而不焰，寒者而能溫。吾之觀此，因悟的陰陽離合之道矣。人之陽氣爲剛，剛而無制則過躁，如火在上也。陰氣爲柔，柔而無扶則過懦，如水在下也。剛柔不濟，孤陰不生，獨陽不長，生氣息矣。若剛而不躁，以柔運剛，如火之在下也。柔而不懦，以剛扶柔，如水之在上也。剛柔得中，陰陽和平，性情混合，水火相濟，所謂坎離顛倒者是也。

《悟道録・瓜果子仁》 瓜果中俱有子，子中俱有仁，其仁兩瓣，瓣中又有一心，此心乃一點生機，其瓜果生成，皆本於此，所謂天地之心者是也。吾之觀此，因悟的陰陽生機之道矣。蓋陰陽相合方有仁，有仁即含天地之心，陰陽不合即無仁，無仁即無天地之心。天地之心爲生生之本。得此心者，爲聖爲賢，作佛成仙； 失此心者，爲人爲獸，爲鬼爲魔。有此心無此心，總在

陰陽離合之間耳。學者若能調和陰陽，不偏不倚，歸於中正，則天地之心復見。隨手拈來，頭頭是道，信腳走去，步步皆真，而造化樞紐，在吾掌握之中矣。

《悟道録・混水垢鏡》 混水本濁，澄之即清；垢鏡本昏，磨之即明。吾之觀此，因悟的明心見性之道矣。人之心不清，性不定者，貪嗔癡愛，般般皆有，喜怒哀樂，件件皆全，加之歷劫根塵，積習客氣，蟲惑心君，茅塞靈竅，如水之混，如鏡之垢。本來真心真性，全然迷卻，一任三屍搬弄，六賊猖狂，無塵不染，無物不納，其胸中穢汚不堪言矣。若能頓悟回頭，滌塵洗垢，把有生以來等等偏病客氣，樣樣妄念行，漸次而煉磨，愈久愈力，煉磨到無可煉磨處，鑛盡金純。本心本性，自然全現，慧光頓生，即照見三千世界，如在掌上，絕無遮碍，亦猶混水，澄之仍清，垢鏡磨之復明，而本源依然無虧也。

《悟道録・動熱靜寒》 凡人行動則生熱，靜坐則生寒；寒則行動又生熱，熱則靜坐又生寒，是寒熱不由天而由人也。吾之觀此，因悟的竊奪陰陽造化之道矣。夫剛者屬陽，柔者屬陰，剛而太躁者，自卑自下，則自不躁，而歸於和平。柔而過懦者，立志強行，則自不懦，而登於高明。能剛能柔，順理順時，知進知退，能大能小，能上能下，能虛能實，可以奪造化，轉生殺，逆氣機，出死就生。亦如行動生熱，靜坐生寒人，力能以回天也。

《悟道録・高臺大樹》 百尺高臺，從地而起；十圍大樹，自蘖而成，非一朝一夕之故，蓋以由來者漸矣。吾之觀此，因悟的深造自得之道矣。夫性命之事，爲天下第一大事；保全性命，爲天下第一難事。非可容易而成，非可躐等而求。必須腳踏實地，一步步走去，一事事閱歷。自卑登高，由淺入深，漸次用功，不計年月，不墮志氣，終必到得意之處。萬不可因循過日，半功而止，自貽伊戚。特以經久不易之事，必須經久不已之功，而方成。倘始勤終怠，或懸空妄想，而欲保全性命，以成天下希有之事，萬無是理。故聖人云：人而無恒，不可以作巫醫，而況性命大事乎！

《悟道録・窪實突消》 窪低，日久則自實；突高，日久則自消。蓋虛者，實之兆；高者，低之因。吾之觀此，因悟的損益虛實之道矣。人之自高自大者，恃才恃能，予聖自雄，人多厭惡，每每因滿招愆，終必落於人下而不高，亦如地突日久，踐踏而自消也。人之自卑自小者，黜聰毀智，低心下氣，人多敬愛，每每虛心受益，終進於人上而不低，亦如窪低，日久土積而自實也。故君子道愈高而心愈低，德日大而心日小，傲氣全無，躁性盡化也。

《悟道録・神龍變化》 龍之爲靈昭昭也，能大能小，能上能下，能隱以顯，穿山破石，騰雲行雨，何以能如是哉？以神運之也。吾之觀此，因悟的神化不測之道矣。人之所以得爲人者，神也，神存則生，神去則死。神之爲物，通天徹地，達古知今，無微不入，無處不在，入水不溺，入火不焚，入金石不碍；大則量充宇宙，小則細入毫端；視之不見，聽之不聞，搏之不得；不可以言傳，不可以筆肖。善於用之，變化隨時，可以與天地合德，與日月合明，與四時合序，與鬼神合吉凶；先天而天弗違，後天而奉天時，亦如神龍變化，不可以形迹窺矣。

《悟道録・枯木寒灰》 木枯則焚之無焰，灰寒則撥之不熱。吾之觀此，因悟的變化氣質之道矣。人秉氣質之性，爲害最大，稍有觸犯，暴躁無忌，傷天害理，蹈水火而不知，入窟井而不曉，性命不顧。生死不管，其爲禍不一而足。若能克己復禮，反剛就柔，掃去萬般嗔恨煩惱，除去一切好騰心腸，變化血氣暴躁之性，歸於溫和平靜之性。專氣致柔，虛心養神，無我無人，無彼無此；遠觀其物，物無其物，近觀其身，身無其身，內觀其心，心無其心，無識無知，空空洞洞，亦如枯木焚之無焰，寒灰撥之不熱，可以在造化之中，而不爲造化所移，處陰陽之內，而不爲陰陽所拘矣。

《悟道録・近朱近煤》 近朱之物，日久由爲朱染而必赤。近煤之物，日久則爲煤染而必黑。吾之觀此，因悟的善惡習染之道矣。人與善人居，則常聞者善言，常見者善行，善言善行，聞見於耳目，日久種之於心地，不期善而自習於善矣。人與惡人居，則常聞者惡言，常見者惡行，惡言惡行，聞見於耳目，日久種之於心地，不期惡而自習於惡矣。善惡之人，雖曰秉性則然，大半由習而成，故君子居必擇鄰，交必擇友也。

《悟道録・嬰兒天真》 嬰兒初生，無識無知，酒色財氣而不着，恩愛牽絆而絕無，富貴窮通而不曉，水火刀兵而不知。無我相，無人相，無衆生相，無壽者相，萬物皆空，諸塵不染，鐵面無情，純然天真。吾之觀此，因悟的返老還童之道矣。人能猛醒回頭，脫離萬有，居於無事之境，處於無色之界，拔去歷劫根塵，掃盡現世習氣，頭頭放下，空空洞洞，清清靜靜，形雖老而性復初，外雖弱而內實壯，即是返老還童，即是嬰兒本面。否則，天真已喪，形強體胖，如豕如牛，有何益哉？

《悟道録・槖籥運用》　槖籥之爲物，兩頭有竅，竅門有舌，中空而幹直。中空者，體也；幹直者，用也；兩頭竅者，出入之門也；兩舌者，開闔之機也。幹之來往，一收一放，虛而不屈，動而風生，開闔消息，自然而然。吾之觀此，因悟的修真體用之道矣。人能中虛而爲體，心直以爲用，無私無欲，天理流行，則剛柔相當，動靜合宜，曲直得中，潛現隨時，可以與虛空同氣機，與天地同造化。亦如槖籥，中空幹直，一來一往，呼吸自然，氣機不息，焉有不能長生者哉？

《悟道録・斗柄月建》　北斗七星，首四星名魁，尾三星名罡，又謂斗柄。斗柄所指處吉，所坐處兇。如指寅則月建寅，指卯則月建卯。一歲十二移，則爲十二月。蓋所指之處有旺氣也。吾之觀此，因悟的扭轉氣機之道矣。人之剛氣，如天上之罡星。剛氣運外，則外吉而內兇；剛氣運內，則內吉而外兇。如罡星所指處吉，而所坐處兇也。有生以來，交於後來，剛氣盡用於外，爭勝好強，認假棄真，內而三寶受咎，是吉氣散外，兇氣聚內，年遠日久，陽盡陰純，不死豈能之乎？故至人者，扭回斗柄，運轉魁罡，剛氣用內，斬三屍，除六賊，絕萬緣，掃諸塵，不以假傷真，不以外動內，吉氣日生，兇氣日消。生而又生，消而又消，吉氣純而兇氣化，未有不能長生者也。

《悟道録・癲漢醉人》　癲漢跳墻，雖跌而不傷，醉人墜車，雖疾而不死。此何以故？以其忘形而不知也。吾之觀此，因悟的養生全形之道矣。人之所賴以生者，精、氣、神三寶也。三寶聚則生，三寶散則死。欲聚三寶，先要無我，無我則心虛，心虛則在寶無滲、無漏、無消、無耗，只有增而不能減。有增無減，增而又增，則內實，內實則生機不息，而長生。彼癲漢醉人，僅一忘形，尚能不死，而況神全氣足精固，未有不能保生者也。

《悟道録・提綱提領》　整綱必提綱，疊衣必提領，是皆從總要處下手也。吾之觀此，因悟的修真根本之道矣。人心爲一身之主，乃成聖成賢，作佛作仙之根本。心靜則萬緣俱寂，心動則雜念亂生。若能心無一物，空空洞洞，內念不出，外物不納，常應常靜，常靜常應，雖日在紛華鬧熱之場，如鏡之明，如水之止，無塵無波，自不爲境遇所遷，亦如整綱提綱，疊衣提領，左之右之，無不宜之矣。

《悟道録・淘金揀玉》　沙裏淘金，石裏揀玉，非可順手而得，必須苦力功深，而後得之。吾之觀此，因悟的漸修有爲之道矣。先天真寶，如金如玉；後天假物，如沙如石。後天假物，掩埋先天真寶，如沙石掩埋金玉矣。故欲求先天之真，復要撥盡後天之假。真者，先天一氣之靈根；假者，歷刼萬般之業種。與夫後天氣質之性，五行之氣，積習之偏，以一真而埋於萬假之中，非可容易而得。故必用漸修之功，撥去其假，方見其真，撥之又撥，撥到無可撥處，假者一概去盡，自然真者明亮現於眼前。亦如沙石去盡，方見金玉。此苦盡甜來，香從臭出之功也。

《悟道録・桔槔取水》　桔槔取水，其斗虛下而實上，循環無端，取水以灌田。吾之觀此，因悟的虛實兩用之道矣。人能虛心而下於人，則必受益，中實而上於人，愈虛愈下，愈實愈上。虛之不已，實之不已，下之不已，上之不已，虛而實，實而虛，下而上。上而下，上下相通，虛實相應，道德充裕，未有不登於高明之境者也。《易》曰：巽在牀下，用史巫紛若吉。蓋言道愈高而心愈低也。

《悟道録・草木花實》　草木初而開花，既而結實，各隨其時，故得長生，若失其時，乃死之兆，特以反常故也。吾之觀此，因悟的與時偕行之道矣。人生之所依賴者，神、氣也。事來不得不應，物來不得不接。因事制事，隨物付物，未來不迎，已過不留。神不傷而氣不耗，如草木隨時花實，此致生之道也。如貪財好色，圖名爭功，日謀夜算，事未來而預謀，事已過而不捨，神氣消耗，如草木非時花實，此取死之道也。故君子惜精神如惜寶，用之則光而不耀，藏之則寂而不動。可行則行，可止則止，行止而不失其所，絕不以假而傷真也。

《悟道録・木偶泥胎》　木偶泥胎，本屬死物，若人誠心祭之，久而靈應。吾之觀此，因悟的起死回生之道矣。舉世之人，以假爲真，以苦爲樂，日遊於塵緣之中，夜入於夢幻之鄉，日用夜作，盡是死路，並無生活，身雖動而心已死。形雖存而神早喪。日復一日，年復一年，陽氣化盡，惟有陰氣，不死豈能之乎？若知的世事盡假，猛醒回頭，誠一不二，無思無慮，只在性命上打點，戒慎恐懼，防微杜漸，日久功深，心自明，神自靈，內念不起，外物不入，有真無假，即可動天地，服鬼神，奪造化，勝萬物，平地獄，上天堂，開生門，閉死户，延年益壽，理有可决也。

《悟道録・燈光燭亮》　燈燭之光亮，照於室內，則室內明，而户外暗；移於户外，則户外明，而室內暗。吾之觀此，因悟的用明是非之道矣。人之

聰明智慧，如燈燭之光也。其光誤用於外，爭勝好強，圖名求利，日謀夜算，千思萬想，逐於假境，迷失本宗，明於外而暗於內，不至傷身喪命而不止。若有丈夫，棄假歸真，黜聰毀智，以性命爲一大事，回光返照，煉己持心，俯視一切，萬有皆空，不爲外物所移，不爲諸塵所染，明於內而暗於外，可以希賢希聖，作佛作仙，不明之明，進於高明矣。故經云：大智若愚，大巧若拙也。

《悟道録・麴酒米粥》 作酒必用麴，無麴不成酒。造粥必用米，無米難成粥。蓋麴本有酒氣，故能成酒；米原是穀精，故能成粥，以其各從其類也。吾之觀此，因悟的性命同類相從之道矣。性者，天性，非氣質之性，乃氣質俱化之性；命者，天命，非夭壽之命，乃夭壽不二之命。修真者欲修性命，須尋性命之種，得其種而修之，性命可了。非其種而修之，性命反傷。此種也，外而非一切金石草木滓質之物，內而非一切血脈精氣津液之物。特以有形有象等等之物，與我性命非是一類。如何了得性命？要知此性命之真種，非是別物，乃本來所秉先天真一之氣也。此氣視之不見，聽之不聞，摶之不得，非可於一身求，非可於身外尋，不離乎此身，亦不着於此身，在恍惚杳冥之間，藏虛無寂寥之境，含之則爲真空，發之則爲妙有，不可以言傳，不可以筆肖，強而圖之，這箇○而已，強而名之，儒曰太極，釋曰圓覺，道曰金丹。太極、圓覺、金丹，其名雖三，其物則一，這箇物方是性命之真種子。所謂窮理者，即窮此真種；所謂盡性者，即盡此真種；所謂至命者，即至此真種。知此真種，逆而修之，以之修性而性可明，以之修命而命可立。故《參同》云：同類易施功兮，非種難爲巧。亦如作酒必用麴，煮粥必用米也。

《悟道録・鐘鳴鼓響》 鐘敲之則鳴，鼓擊之則響，以其外實內虛，中空無物，故能鳴能響也。吾之觀此，因悟的真空妙有之道矣。真空者，如鐘鼓之中空也。妙有者，如鐘鼓擊之而有聲也。人若守此真空以爲體，運此妙有以爲用，常靜常應，常應常靜，寂然不動，感而遂通，寂然不動，空而不空，不空而空，靈靈通通，活活潑潑，在大造爐中，一一煉度過去，垢去境明，雲散月現，露出金剛不壞法身，超出乎陰陽造化之外，與太虛並長久矣。

《悟道録・傀儡風箏》 傀儡能以當場點頭，風箏能以飛騰上空者，人用線索以提牽之也。吾之觀上此，因悟的人身動靜神運之道矣。人身如傀儡風箏，死物也，神如人也，氣如線索也。神運氣而一身活潑，能動能靜，如人用線索提牽傀儡風箏也。神運氣，氣運身，所以能行能止，能言能語。修真者若知的以神禦氣，以氣養神，神氣混合，恍惚杳冥之中，有物有精，其精甚真，採而服之，變化無窮。方且提牽天地，豈第提牽幻身而已哉！

《悟道録・鸚鵡石猴》 鸚鵡教之能言，石猴教之能戲，是非本性則然，乃人漸漸教導而能之。吾之觀此，因悟的求師訪友之道矣。彼鸚鵡、石猴二物者，禽獸也。禽獸得人引導，且能言人之言，舞人之舞，何況人爲萬物之靈。若得明師指點，良友資益，未有不能進於高明之境者。果知拜明師，交良友，誠心辨別其義理，借彼之有知，以破我之無知，借彼之高見，以開我之愚見，則雖愚必明，雖柔必強，何不能仙？何不能佛？彼世間一切無知學人，師心自用，妄猜私議，自作聰明，不肯低心下氣者，適以自誤有程。雖曰欺人，實乃自欺，是視性命大事爲兒戲，無怪乎碌碌一生，至老無成，可不悲哉？

《悟道録・榆莢薺麥》 二月萬物發而榆莢墜落，八月萬物斂而薺麥反生，此德中有刑，刑中有德之象也。吾之觀此，因悟的仁義並用之道矣。仁者，柔道也，主慈愛；義者，剛道也，主裁成。獨仁無義，則愛而不分是非；獨義不二，則裁而必至刻剥，二者均失其中道。仁義並行，仁中而有果斷，不至是非相混；義中而有權變，不至固執不通。亦如二月榆莢落，德中藏刑；八月薺麥生，刑中有德，不失中和之道矣。

《悟道録・思水思火》 燥則思水，飲水則燥解；冷則思火，得火則不冷。吾之觀此，因悟的陰陽相需之道矣。夫道孤陰不生，獨陽不長，陽極則以陰接之，陰極是以陽繼之。不過於陽，不偏於陰，陰陽和平，剛柔相當，渾然一氣之流行；本源不虧，生機不息，性可盡，命可立。不爲萬物所移，不爲萬事所累，在塵出塵，處世離世矣。否則，孤陽獨陽，陰陽各別，剛柔不當，生機已息，不見其長，日有所虧，虧而又虧，至於殆而已。

《悟道録・向南向北》 向南則必背北，見南而不見北矣；向北則必背南，見北而不見南矣。吾之觀此，因悟的擇善固執之道矣。若人一心爲善，所見者善，所思者善，所言者善，所交者善，所行者善，日用夜作，無非是善，只知有善，不知有惡矣。一心爲惡，所見者惡，所思者惡，所言者惡，所交者惡，所行者惡，日用夜作，無非是惡，只知有惡，不知有善矣。見善不見惡，見惡一見善，邪正不兩立，忠奸不同朝。故君子見善如不及，見不善如探湯，守道如守寶，志念專一，百折不回，至死不變，不到深造自得之時，而功不歇也。

《悟道録・斬草栽樹》 斬草必探根，根不盡則復生； 栽樹必培本，本不固則即枯。吾之觀此，因悟的去假修真之道矣。人之私欲習氣，皆假也。假猶草也，本性天良即真也，真猶樹也。去假必須將一切私欲習氣，連根挖盡，方不復生，若稍有絲毫滓質存留，久而潛生，由少而多，爲害最大也。修真必須將固有天真原本時時照應，刻刻培植，神水澆灌，真火溫養，不教動着，不教搖着，百般護持，萬樣顧救，培植到根本堅固、氣足神全處，方能不爲萬物所移、萬事所累，後患皆無矣。故去假必至於無一毫之假，如斬草必挖根盡絕； 修真必至於無一毫不真，如栽樹必固本深厚。古經云： 一毫陰氣不盡不仙，一毫陽氣不盡不死。真實不虛也。

《悟道録・瓶滿瓶半》 水滿瓶則外溢，溢則有虧； 水半瓶則無漏，無漏常足。吾之觀此，因悟的盈虛禍福之道矣。凡人自足自滿，恃能恃才，知進而不知退，知強而不知弱，有己無人，心高氣傲，久則招禍，而滿無所用。凡人自卑自下，饒人讓人，不滿不盈，有功不伐，有才不矜，常搜己過，尊人之長，知足知止，知進知退，終必致福，而自卑登高。故曰： 謙受益，滿招愆。滿不如謙之貴也。

《悟道録・器皿粧飾》 器皿之物，各有本質，無故而造作，粧之以五色，鑲之以金玉，雖曰莊嚴，卻失本質。吾之觀此，因悟的返樸歸醇之道矣。人生本質，原自純白無玷，交於後天，根塵俱發，知識大開，加之積習染着，好酒者迷於酒，好色者迷於色，好財者迷於財，好氣者迷於氣，好富貴者迷於富貴，好遊戲者迷於遊戲，千謀百智，以遂其心，明欺暗昧，以順其欲，所作所爲，盡逐於假，以苦爲樂，以砒爲藥，原來本質，全然埋沒，甚至喪身隕命而不顧，招災惹禍而不知。故古聖教人明善復初，返樸歸醇，以還本來面目耳。還其本來面目，淨倮倮，赤洒洒，絲毫無染，塵緣脱盡，便是聖賢胚胎，仙佛種子，所謂真人者是也。

《悟道録・有形有氣》 凡物有形者，有成必有敗； 凡物有氣者，有生必有死。是形氣者，成敗生死之由也。吾之觀此，因悟的脱離生死之道矣。人受後天五行之氣而成形，形中即藏五行之氣也。此氣在人身中，發而即爲五賊。五賊者，喜、怒、哀、樂、慾也。五賊互相朋黨，剥消真元，所以有生必有死。至人者化其後，天復其先天，安身於虛空之中，藏神於寂寥之境，不犯五行之氣，不爲萬物所移，無烟無火，如枯木寒灰，無色無象，如太虛空谷，天地不得而拘，造化不得而規，此謂竊陰陽，扭氣機，命由自主，不由天主。蓋天地能役有形，不能役無形； 能役有氣，不能役無氣； 能役有心，不能役無心。無心則無氣，無氣則無形。無心、無氣、無形，虛空而已。天地其奈虛空何？ 至於生之死之，成之敗之，僅能生死成敗其表氣，豈能生死成敗其虛空耶！

《悟道録・空谷傳聲》 空谷之中，人聲喊叫，即有聲傳，俗名谷神，以其有聲而無形，故以谷之神名之。吾之觀此，因悟的虛中養神之道矣。人能虛中，即谷也。虛中即有一點靈氣暗藏於內，即神也。是谷也，寂然不動； 是神也，感而遂通。惟谷能神，無谷不神，神之爲妙，在於谷耳。舉世之人，私欲堆積，茅塞靈竅，穢汚百端，焉得有谷？ 既無其谷，迷悶到底，如醉如夢，靈氣全消，焉得有神？ 既喪其神，雖生如死，果能掃盡萬緣，瀉去積滯，淨倮倮，赤洒洒的。一無所有，自然空谷之中，恍兮惚兮，有物有精，不神而神，聲叫聲應，至靈至聖，放之則彌六合，卷之則退藏於密，可以上下與天地同流矣。

《悟道録・戥秤尺丈》 稱物必用戥秤，物經戥秤，而輕重方準； 度物必用尺丈，物經尺丈，而長短始知。吾之觀此，因悟的藥物火候運用之道矣。藥物者，陰陽二氣也； 火候者，修持功程也。中正不偏，猶乎戥秤也； 進退次序，猶乎尺丈也。以中正不偏之法，而採取陰陽二氣，輕重相當，不多不少，二八一斤，藥物足矣。以進退次序之法，而運用火候工程。長短量時，有進有退，一氣成功，火候得矣。藥物之輕重，全在乎中正； 火候之次序，全在乎進退。能中能正，知進知退，藥物皆真，火候不差，大道易成。噫！ 識急緩，辨吉兇，在匠手以斟酌； 明進退，知止足，豈愚昧而能爲？ 藥物火候之運用，豈易知哉！

《悟道録・筏子筌罾》 渡河須用筏，河過則筏可棄； 捕魚須有筌，魚得則筌宜收。吾之觀此，因悟的以術延命之道矣。術者法也，修真作用之法也。人自陽極生陰，日鑿一竅，六賊作亂，五行相戕，三屍搬弄於內，七情猖狂於外，將先天靈根，日斲日消，幾於喪盡，不有降龍伏虎之大法，扭轉斗柄之匠手，邪氣如何消滅？ 正氣如何復全？ 此法之所以必用也。夫大道自然無爲，何待用法而強作？ 其所以必用其法者，蓋除其弊也。果而諸弊除去，則法無用。亦如渡河須用筏，河過則筏可棄； 捕魚須用筌，得魚則筌宜收。

此用法不用法之義也，亦即以術延命，命延則術不用矣。但未延命之先，必須用術，奪造化，逆氣機，換星移斗，方能性命由我不由天，超出乎三界五行之外矣。

《悟道録・蟄蟲復生》　百蟲秋後皆蟄，至春復生，生本於蟄也。吾之觀此，因悟的死中有生之道矣。人之所以不得長生者，由於不能先死。死者，死人心也；生者，生道心也。夫肉團頑心，爲七情六慾、五賊八識之首領，千邪百怪，皆爲所引，狐朋狗黨，侵傷道心。人心常生，道心常死。道心死而正氣消，性亂命摇。人不死者，未之有也。欲生道心。必須先死人心。人心死而一切賊黨，蛇無頭而自滅，滅無可滅，自然道心漸生，正氣復還。所謂昏久則明，死而復生，亦如百蟲先蟄而後生也。

《悟道録・蚌珠雞卵》　老蚌含珠而珠成，牝雞抱卵而雛出者，皆係神氣不散而然也。吾之觀此，因悟的温養聖胎之道矣。聖胎者，聖人之胎，即吾生之原本也。原本復還，聖胎凝結，如蚌已有珠，雞已有卵，但未成全生出耳。此時無容勉强有爲之功，只宜一意規中，水不教乾，火不教寒，防危慮險，温之養之，由嫩而堅，由微而著，自然有一粒黍米寶珠，從造化爐中迸出，通天徹地，縱横逆順莫遮攔，與虚空同體，亦如蚌含珠而氣不散，雞抱卵而神不離。火候到日，珠自成，雛自出矣。

《悟道録・鳳凰孔雀》　鳳凰不輕現，故爲世之所瑞；孔雀常耀華，故爲人之所捕。吾之觀此，因悟的晦明吉兇之道矣。明而恃才矜能，爭勝好强，在假路上用心思者，每多招兇；晦而黜聽毁智，虚心自下，在切身外用工夫者，每多致吉。招兇者，明用於外也；致吉者，明用於內也。用外則認假而失真，損精耗神，走入於死路。用內則去妄而存誠，蓄精養神，返歸於生門。明之用外用內，中兇係之，生死關之。故君子絕外以治內，小人務外以失內。亦如鳳凰孔雀，隱顯不同，而取吉招兇亦異。用明之道，可不謹哉！

《悟道録・日中月盈》　日中則昃，月盈則虧。此陰陽盈虚消長，循環一定不易之理。吾之觀此，因悟的修真文武火候之道矣。當本原未復，招攝先天，勇猛精，進使其生之長之，以復其本原。及本原復全，如日之中，月之盈，陽氣足矣，陽足即當以陰接之。於斯時也，急用柔道以温養，去其剛躁之氣，防其危險之患，韜明養晦，一意不散，牢封密藏，用一分陰，藏一分陽，不使有些子滲漏，亦如日中則必昃，月盈則必虧。陽火陰符俱到，爻象換過，終則復始，陽氣又生，是謂剛健純粹之精。聖胎完成，别有天地非人間。此先天中之先天，再加向上工夫，一粒復一粒，從微而至著，聖而不可知之之謂神矣。

《悟道録・睡人作夢》　睡人作夢，所見喜怒哀樂之境，富貴名利之鄉，夢者認以爲真，不自知其爲夢也。吾之觀此，因悟的修真功力深淺之道矣。有生以來，酒色財氣迷其心，恩愛情慾昧其性，內外盡假，全喪其真。修道者若有絲毫滓質未能化去，總大道在望，未許完成，特以禍根猶未挖盡也。何以驗之？驗之於夢。若入夢境，酒色財氣不能染，恩愛情慾不能着，不動不摇，清清白白，明明朗朗，不爲假惑，方是見真。若再功深，全無夢到，方是禍根挖盡。倘有些兒夢境，猶有些兒根塵未盡，故曰：至人無夢。蓋無夢者，功力至極；有夢者，功力未到。有夢而在夢中知是夢者，功力已進。有夢而在夢中不知是夢者，功力全無。果到功力已極，絕無一夢處，則造化在手。雖睡如醒，雖死亦生。特以所死者色身，所生者法身，所睡者眼目，所醒者元神也。

《悟道録・顛猿劣馬》　猿性顛狂不定，得繫鎖則隨人運用，而不能放蕩；馬性頑劣難制，得轡韁則隨人兜收，而不能奔跳。吾之觀此，因悟的正心誠意之道矣。人之頑心，出入無時，莫知其鄉，如猿之顛狂，無有一刻寧靜。人之妄意，起滅無常，忽此忽彼，如馬之頑劣，無有須臾休歇。頑心妄意，兩者朋黨，滋其人欲，昧其天真，性命由是而漸傷，爲禍最烈，爲害最大。修行者第一着工夫，先要正心誠意，心正則萬有皆空，意誠則諸念不起。萬有皆空，諸念不起，以之修性而性可明，以之修命而命可立。然正心誠意之學，非容易而能。必須下一番實落工夫，方能濟事。實落工夫，在於慎獨，慎獨者戒慎乎其所不睹，恐懼乎其所不聞，時時覺照，刻刻省察，不使頑心妄意。稍有動於宥密之中，亦如緊鎖顛猿。勤兜劣馬，不使縱放其性也。古來仙真，皆以心譬猿，意譬馬者，實見的心意顛劣，甚妨大道，而不容時刻放松也。學者果能制頑心而歸於正，化妄意而復於誠，性命之道，可了大半矣。

《悟道録・男女生育》　世間男女相配，則生子生孫，代代相續。若有男無女，有女無男，則孤陰不生，獨陽不長，生機息矣。吾之觀此，因悟的生仙生佛之道矣。人生之初，陰陽和合，聖胎圓成，及交後天，陰陽分離，聖胎傷矣。若是上德之人，根基深厚，早遇至人，不待陰陽分離，即修無爲之道，直

登道岸，立躋聖位；　其次中下之人，先天氣足，後天氣發，真陰真陽相隔，彼此不交，生機消化迨盡，若不先行有爲之道，調和陰陽，焉能聖胎復結？　調和之法，仍使陰陽歸於一氣耳。但真陽流落於外，寄居他家，迷而不返，必須苦心勞力，不憚程途遥遠，細覔慢尋。有時見面，一呼便來，引回我家，與真陰相配。夫婦重逢，分處相親，自然有一點生機自虚無中，來凝結而成胎，溫養十月，身外有身，更加三年乳哺之功，則聚而成形，散而成氣，隱顯不測，爲金剛不壞之軀矣。是道也，亦與男女生人之道無異也。但凡父凡母而生色身，靈父聖母而生真身，一凡一聖，生人生仙，天地懸隔。三丰真人云：　順爲凡，逆爲仙，只在中間顛倒顛。顛倒天機，豈易知哉？　彼世間盲漢，以男女顛倒而行採取邪術者，適以結地獄種子而已，焉能結聖胎乎？

《悟道録・開門揭窗》　門開則氣通，窗揭則光入。若門閉則内外不通，窗闔則光氣隔外。吾之所醒者觀此，因悟的大機大用之道矣。世之修道者，入於旁門曲逕，或閉目觀空，或孤寂守靜，或打坐思神，自負有道。殊不知道者，天地陰陽造化之道，是道散之於六合而不爲多，聚之於一氣而不爲少。凡宇内有情無情，萬有不齊之物，無不藉之而生。成物物皆有，人人具足，特人在道中而不知道，如魚在水中而不知水也。欲修此道，須要在天地陰陽造化中做作，於萬物萬事上證驗，於千人萬人前行持，乃活活潑潑，脱脱洒洒，光明正大之事業。豈閉户靜坐，寂滅頑空者之所能成哉！　若欲以閉户靜坐，寂滅頑空而成道，亦如閉門闔窗，内外不通，黑洞洞不見天日，成何道乎？　如云成道，其必成黑洞洞之道乎！　《悟真》云：　修行混俗且和光，圓即圓兮方即方。顯晦逆從人莫測，教人爭得見行藏。又云：　須知大隱居朝市，何必深山守靜孤？　混俗和光，居朝居市，方是奮大用，發大機，修持大道之真作用也。

《悟道録・媒娉作合》　世間男女成婚，非媒娉不能相會，蓋媒所以通兩家之音信。娉所以傳一時之過送。若無媒娉而自婚者，非是正配，乃私通苟合，必不長久。吾之觀此，因悟的和合性情之道矣。性屬内，東家也，爲陰；情屬外，西家也，爲陽。性情分離，陰陽隔碍，如東家之女，西室之郎，兩不見面也。若欲推情合性，以陰配陽，非黄婆作成，不能一家也。黄婆者，吾之真意也，又名真信。信能通人我，信能和陰陽，爲修道者第一真寶。始之終之，有爲無爲，採藥行火，結丹脱丹，須臾不可離者。《悟真》云：　離坎若還無戊己。雖含四象不成丹。只因彼此懷真土，遂使金丹有返還。戊己即真意中真信也。戊信爲外黄婆，如媒也；　己信爲内黄婆，如娉也。二者是吾身中之真媒娉。知此媒娉，用之調和性情，性情即和；　調和陰陽，陰陽即會兩家合爲一家，而金丹隱隱有象矣。

《悟道録・食物嘗味》　凡食物必須細嚼慢咬，酸甜苦辣得之於心，方能知味。既知其味，美口者嚥之，澀口者棄之，或取或捨，任其自裁。吾之觀此，因悟的窮理辨真之道矣。性命之學，至幽至深，至精至細，倘知之不真，則行之不當，不但無益，而且有損。故必先窮理，窮得一分理，行得一分事，窮得十分理，行得十分事。盡性至命，全在窮理上定高低。窮理之法，由淺及深，自粗及細，撥去一層入一層，撥之又撥，入之又入，直到撥無可撥，入無可入處，見其根底，認得本原，方爲極功。亦如食物嘗出滋味，而後嚥之。然雖自有會悟，若似是而非，未免誤事，必須再證高明，擴充我之識見，是者就之。非者棄之，方能濟事。《易》曰：　窮理盡性，以至於命，窮理，即窮此盡性至命之理。倘不知性是何物，命是何事，而欲了性了命，了箇甚的？　彼道中愚人，誤認性在心，命在腎；　或謂性在天谷，命在丹田；　或守腎以修命，或定心以修性；　或執頑空以修性，或行採取以接命；　神佇總門以養性，或服食丹藥以延命。是皆望梅止渴，揑目生花，終落空亡，如此等類，性命且不知，妄想了性命，豈不愚哉？

《悟道録・上山渡河》　上山步步出力，不到極頂，不得歇脚；　渡河步步小心，不上彼岸，不得大意。蓋上山將到頂，少一步歇脚，尚在半途；　渡河將到岸，若一步大意，尚有危險。吾之觀此，因悟的身軀力行之道矣。夫真師難遇，大道難知，幸而遇之知之，務必真履實踐，成就大道，以報師恩，而不容稍有懈怠者。蓋性命之學，爲天下第一件大事，又爲天下第一件難事，必須堅心固志，立不易方，朝乾夕惕，愈久愈力，而後有濟。不得因些小魔障而改志，不得見些小效驗而歇功，不得因衣食艱難而分心，不得因力量不及而退念；　也不妄想成就大道，也不懼怕程途遥遠；　死心踏地，念兹在兹，一直前去，自然有箇出頭之日。亦如上山，步步出力，終到山頂；　渡河步步小心，終到彼岸。否則，逡畏不前，或始勤終怠，總大道在望，未許我成。試思有生以來，一身内外，盡是陰氣盤繞，雖有一些陽氣，隱而不見，苟非立至死不變之念頭，用金剛鐵漢之大力，何能化陰返陽，上萬丈高山，出無邊苦

海也。

《悟道録・燈蛾蚯蚓》 燈蛾撲燈，而自投火死；蚯蚓圖熱，而自致曝亡。此二物皆喜明而傷生也。吾之觀此，因悟的趨吉避兇之道矣。世人順其所欲，爭名奪利，貪酒好色，以苦爲樂，以假爲真，日夜勞碌，朝夕憂慮，費精耗神，不到三寸氣斷之時，不肯歇心。猶如燈蛾撲燈燒身，蚯蚓圖熱喪命，是謂閻王不叫，自送其死也。若有自知惜命者，看破情緣塵籠，跳出名利羅網，粧個無識無知癡漢，學個至柔至弱愚夫；人争的，我不争，人愛的，我不愛；處處屈己尊人，事事藏頭退步，如魚潛於淵，龜入於泥；毀譽不到，禍福不侵；不求生而自生，不致死而無死，此趨吉避兇之善法。奈何愚人，以外物爲重，性命爲輕，自促其死耶！

《悟道録・蠶絲蜂蜜》 蠶吐絲，原欲護身，不知人取絲而傷其生；蜂釀蜜，原欲養命，不知人取密而喪其命。此二物皆欲厚其生，而反促其死者也。吾之觀此，因悟的利害依伏之道矣。人皆怕死也，怕死即有求生之心。既有求生之心，則必爲衣爲食，日在羊腸路上勞心苦力，積蓄錢穀，以厚其生，在常人自以爲能養其生矣。殊不知實不足以養生，乃促其死耳。何以知其然哉？凡人養生之心重，則必保身之心輕。身之心輕，晝夜勞苦，精神暗傷，氣血衰敗，已入死路。更有一等不知死活之輩，百病臨身，朝不保夕，捨不的喫，捨不的穿，愈老愈貪，至死不悟，迷悶到底，與蠶吐絲，蜂釀蜜，自致其死者何異。若是大智慧人，别有個保生之法，不在衣食上留心，不於貨利上着意，棄世財而積法財，輕色身而養真身，萬物難移，何利何害也？

《悟道録・他家借種》 農夫之所首重者，種子也。有地有種者，自己現成，不待求借於人。至於貧寒之家，或有地而缺種，必須求人而濟事。吾之觀此，因悟的修真借種之道矣。所謂種者，先天真一之氣也。此氣順則生人生物，逆則成佛成仙。故丹經子書，皆以此氣爲仙佛之真種子。真種本來人人具足，個個圓成，因交後天，陰氣發而陽氣消，真種掩埋，絕無形迹矣。有志者雖能清淨心地，萬緣俱息，不過一空田而已，焉能濟得飢渴，救的性命？此借真種之不容已也。借種者以我家而求他家也。他家者，人也。人家之物，欲爲我有，不得白手直取，必須以禮相求，低心下氣，取彼之歡心，方能借的真種。真種到手，隨種見苗，立竿見影，絕不費力。否則，鼎中若無真種子，猶將水火煮空鐺。終無實濟處。但人認不得真種是何物，他家在何處，多誤以女子是他家，而行採取邪術，或以梅子首經，服食吞飧，穢汚百端，豈不可笑可嘆？噫！藥出西南是坤位，欲尋坤位豈離人，分明説破君須記，只恐相逢認不真。

《悟道録・龜藏魚潛》 龜藏於泥而無害，出於泥而人捉；魚潛於淵而全形，出於淵而鳥殘。吾之觀此，因悟的傷生益生之道矣。凡人不能益生，而每趨於死地者，皆由不能韜明養晦，自恃聰明，多用才智之故。聰明才智，分心亂性，則正氣日消，邪氣日長，命根摇動，不死豈能之乎！故至人者，内念不生，外物不納；有若無，實若虛；如愚如訥，明而不用，光而不耀；不以假傷真，不以外撓内；感而後應，迫而後起；不得已而後動；雖外有應而内未嘗應，雖身在有動而心未嘗動；迎之不見其首，隨之不見其後；造化且不得而拘，更何有滅害之相侵？亦如龜入泥而人難捉，魚潛淵而鳥不殘也。

《悟道録・油涸炭化》 油涸則燈滅，不待涸而旋添油，則長明不滅矣；炭化則火熄，不待化而續添炭，則常燃不熄矣。吾之觀此，因悟的接命養生之道矣。天地有好生之德，但願人人長生，不願人人促死。特人自致於死，而委之於命者，豈不愚哉？試觀萬物，春而生，夏而長，秋而實，冬而藏；至春又生，至夏又長，長生不死者，順其四時自然之序，而無分外做作，故能長生也。惟人秉陰陽五行之正氣，而不能順其自然，分外習染，以苦爲樂，以毒爲藥，貪權順欲，斲喪根本，久而精神耗盡，真靈消滅，亦如涸燈滅，炭化火熄，至於殆而已。果是同世丈夫，以性命爲重，保精神如保金玉，惜真靈如惜珍寶。不在大火坑中下脚，不在是非場中出頭；時時在根本上留心，道義中着念；慎於内而謹於外，蟄其神而藏其氣。所謂君子務本，本立而道生。亦如旋添油而燈不滅，續添炭而火長燃，無命者而可有命，不生者即可長生。生之死之，豈可獨委於天乎？

《悟道録・泥蓮霜菊》 蓮幹空，故出汙泥而分外淨；菊花遲，故遇秋霜而分外鮮。蓋中空則外物不能染，花遲則氣足而耐寒。吾之觀此，因悟的修内禦外之道矣。造化能以拘我，萬物能以移我，災禍能以傷我者，非造化果能拘，萬物果能移，災禍果能傷，皆由我之見景生情，遇物生心，隨風起浪，知前而不知後，知強而不知弱，自拘自移自傷之耳。果能萬緣不起，一念不生，常清常靜，外物不能入，客氣不能雜，亦如出水之蓮，而塵垢不染；果能

收斂才智，大巧若拙，大智若愚，藏形晦迹，柔弱爲先，禍福不能及，毀譽不能加，亦如三秋之菊，而經霜耐寒。修道者，可不以清靜柔弱爲本乎！

《悟道録・燈籠爐罩》 燈無籠，見風即滅，若在籠，雖過風而不滅； 爐無罩，落塵即垢，若在罩，雖飛塵而不垢。吾之觀此，因悟的護持靈元之道矣。吾之靈知，如燈如爐也。真知，如籠如罩也。靈知不得真知之覆庇，識神借靈生妄，遇境遷移，假者用事，真者退位，邪氣掩蔽正氣，如燈之滅，爐之垢，失其本來面目矣。靈知若得真知配合，以真知而制靈知，以靈知而順真知，識神無由而發，靈氣不飛，根本堅固，雖入水而不溺，入火而不焚，一切外來客邪，焉得而傷之？ 亦如燈有籠而遇風不滅，爐有罩而飛塵不垢也。

《悟道録・物圓物方》 凡物之圓者，其體活動； 物之方者，其體寧靜。圓者不能寧靜，方者不能活動，此物各自一性也。吾之觀此，因悟的用圓用方之道矣。圓，中規也。中規則隨機應變，可上可下，可高可低，可行可止，不執一法。方，中矩也。中矩則是非不混，非禮不履，非義不行，非道不處，內有主宰。能圓能方，循規蹈矩，既不落於固執不通，又不流於順風倒浪；外而活活潑潑，內而穩穩當當。借世法而修道法，依人事而全天道。大火裏栽蓮，泥水中拖船。顯晦隨時，行藏合宜，雖天地神明，不可得而測度，而況於人乎！ 彼世人能圓而不能方，能方而不能圓者，猶如方圓之死物，宜於此而不能宜於，彼是非相混，邪正不分，何能成其大道乎？ 故修道者，必以方圓兼該，纔是大作大用之真本領也。

《悟道録・鍋破甕漏》 鍋破鍋鏤，則仍是好鍋，而可烹飲食； 甕漏笆箍，則仍成好甕，而可盛水漿。吾之觀此，因悟的敗而能成之道矣。人生之初，精、氣、神三寶，混成凝結。及其知識一開，六根門頭，門門泄漏； 七情業種，種種侵傷； 三屍搬弄，五賊作殃； 酒色財氣迷其性，貪嗔痴愛耗其真； 日斲夜喪，三寶消化，渾身是病，內外敗壞。將本來混成之寶，成了個破爛不堪之物。如鍋破甕漏，爲無用之器矣。若知猛醒回頭，翻轉面皮，俯視一切，萬緣俱空，重置家當，再造鉗錘，在切身性命處，真履實踐做去，將後有之物，件件掃個罄盡，收斂英華，牢把念頭，棄假存真，除邪扶正，爲功日增，爲道日減，增之又增，減之又減，直到增無可增，減無可減處，自然不漏精而精全，不耗氣而氣全，不勞神而神全，已失者復有，既敗者又成，仍是當年混成無虧之物。亦如鍋破鍋鏤，仍是好鍋； 甕漏笆箍，仍成好甕。奈何人人破漏，不知痛苦，以假認真，日夜斲喪，愈致破漏。及其柱朽墻塌，房屋四散，無處安身，只得另尋住處，在六道輪迴中，亂撞冒投去也。

《悟道録・嬰兒無心》 嬰兒，猛虎不傷，餓鷹不搏。何以能如是哉？以其無心也。吾之觀此，因悟的無心妙用之道矣。夫人之不能成道者，皆由於有心也。有心即有我，有我即有。人稍有人我之見，即圖利己，不顧損人，機謀百出，神頭鬼面，麽欲紛紛，天良俱昧。德且不能積，何敢妄想道？ 果是真正慕道之士，急把人我山放倒，速將羊腸路離開，持身應世，彼此同觀，高低一等，因物付物，隨事制事。應而不納，過而不留，萬般境遇，皆以無心處之。無心則無私，無私則內淨； 內淨則純白無玷，渾然天理，是謂無德，無德無形無迹，不睹不聞，方且與天地合德，與日月合明，與四時合序，與鬼神合吉兇，造化不能拘，萬物不能傷矣。彼嬰兒者，無識無知，一無心而虎鷹且不能傷。何況有體有用，道德兩全之無心，一切外患，焉能侵之乎？

《悟道録・築基起屋》 房屋耐久不耐久，全在始而築基。基地堅固，房屋穩妥而耐久，基地將就，房屋日久而歪斜，此一定之理也。吾之觀此，因悟的修真務本之道矣。修真莫先於煉己持心，煉己則私欲去，持心則志念堅。私欲去，志念堅，則根本穩妥，不動不搖，於是和合四象，攢簇五行，竊陰陽，奪造化，修性修命，一直前行，深造自得，攸往攸利，亦如基地築的堅固，而木石磚瓦之重。無不負載也。若根本不固，志念不專，忽此忽彼，始勤終怠，旋作而旋，失欲向其前，反落於後，枉勞功力，亦如基地將就，雖房屋起立，而日久歪斜也。

《悟道録・丹房器皿》 煉藥必須丹房，盛藥必用器皿。若無丹房器皿，爐鼎無處而安，藥物無處而盛。此丹房器皿，燒煉家之所必用也。吾之觀此，因悟的借假修真之道矣。人之色身，如丹房也； 身中之五臟，如器皿也。色身中藏有真身，五臟中藏有五行。修真者非修色身五臟也，乃修真身。煉五行，不過借此色身五臟之假，煅煉真身五行之真耳。真者何真，五行者，金、木、水、火、土也。心屬火，其德爲禮； 腎屬水，其德爲智； 肺屬金，其德爲； 義肝屬木，其德爲仁； 脾屬土，其德爲信。木、金、火、水、土，五行之性也。仁、義、禮、智、信，五行之德也，此先天所具之真。至於心藏神，發而爲樂； 腎藏精，發而爲哀； 肺藏魄，發而爲怒； 肝藏魂，發而爲喜； 脾藏意，發而爲慾，此後天所具之假。有生以來，先天混於後天之中，

後天混於先天之內，駁雜不純。若非煉去後天之假，則先天不復。借後天，煉先天，以先天，化後天，後天化盡，先天純全，脱出一粒光明寶珠，通天徹地，縱橫逆順，頭頭是道，功完行滿，打破虚空，白日飛昇，血肉皮囊無用，委而棄之，亦如燒煉家藥成，而丹房器皿無用矣。愚人不知道中寓言，在丹房器皿，有形有象之物上冒猜亂作，所謂鼎裏若無真種子，猶將水火煮空鐺也。古仙曰：莫執此身云是道，須知身外真身。彼世間在肉皮囊上用工夫，與夫在爐竈金石上費心思者，豈不愚哉？

《悟道録・毛蛆蝌蚪》　毛蛆結繭，蝌蚪結胞，久而繭破出蛾，胞開出蛙。吾之觀此，因悟的聖胎脱化之道矣。修真者，攢簇五行，混合百神，渾然太極。一氣凝結，混混沌沌，不識不知，聖胎有象。如毛蛆之結繭，蝌蚪之結胞。蟄神藏氣，恍恍惚惚，杳杳冥冥，一些靈根由微而著，由嫩而堅。火功至日，忽的打破虚空，露出清靜法身，跳出三界之外。亦如毛蛆之化蛾，破繭飛昇；蝌蚪之成蛙，脱殼跳躍。身外有身，别一世界。故道成之後，或謂之羽化飛昇，或謂之脱殼成真。蓋言其肉身之中，又生出一真身也。這個真身，人人俱有，個個皆見。但人爲塵緣所迷，幻相所惑，當面不識。若有識得者，勤而修之，無質生質，無形生形，脱化成仙，爲金剛不壞之軀矣。

《悟道録・騏驥駑駘》　騏驥善走，一日千里；駑駘緩行，十日可到。雖遲速不同，而成功則一。吾之觀此，因悟的功力遲速之道矣。凡人性有利鈍，力有大小。性鈍者而欲效性利之人，力小者而欲效力大之人，是以鴉鵲而欲步大鵬，不但不能追隨，而且傷其羽翅。烏乎能哉？故至聖曰：生而知之者，上也；學而知之者，次也；困而學之，又其次也。及其知之，一也。或安而行之，求利而行之或勉强而行之。及其成功，一也。此三等人，雖有難易遲速之分，皆能知道成道，特患人無志氣耳。無志氣，不但不能行，而並不能知。若有志氣，博學之，審問之，慎思之，明辨之，篤行之。人一能之，己百之；人十能之，己千之，果能此道矣，雖愚必明，雖柔必强，未有不到深造自得之地者。奈何天下道人，多不能真心實意，以性命爲大事，口道德而心盜蹠。又要想道，又要貪圖。磕著撞着，即便動火，一言一語，皆不能受。聰明者自恃其能，心記幾宗公案，耳聽幾句話頭，自負有道，目中無人，不肯去求明師，訪良友，自誤前程。性鈍者不知窮理，不辨邪正，學些旁門工夫，曲逕搬弄，亦謂有道，再不就證高明，終身守持，牢不可破。似此等輩，卻不思性命之事，爲天下第一件大事；修持性命，爲天下第一件難事，豈是輕易而知？容易而成？所以學道者如牛毛，成道者如麟角。果是丈夫鐵漢，萬有皆空，俯視一切，舉步直入，金剛百煉，一意不回，訪拜明師，精研實理。不論性利鈍，終久有個出頭之日，決不枉度歲月也。

《悟道録・紅花緑葉》　紅花雖好，必用緑葉扶持。有花無葉，花不鮮明；有花有葉，花更增色。吾之觀此，因悟的道德相需之道矣。道者，成己之事；德者，利物之事也。修道者，内之功也；修德者，外之行也。自古花葉不離，道德相也。古之聖人，必先修道，而後修德。古之賢人，必先修德，而後修道。聖人者，上智也。賢人者，中人也。聖人者，一了百當，直超道岸，修道易，故先修道，而後修德，以德全道也。賢人者，必須有爲，方入無爲，修道難，故先修德，而後修道，以德扶道也。學道者，上智之人，萬中一二，中下之人，不可枚數。夫中下之人根基淺，識見小，孽苦大根，塵深，必先積德。德重能服鬼神，能動天地，能感人物，以之學道則道易學，以之行道則道易成。蓋道者，德之體也。德者，道之用也。德之極處，是謂元德。元德深遠而不可測，即幾於道矣。故學道行道易。今之學者，不積一德，不立一行，偶聞一言半語，不辨是非邪正，即便冒然下手，妄想成仙，勿謂不能得真。即得其真，自古及今，未有無功無行仙人。況大道非大忠大孝不傳，非大賢大德不授。真師明鑑萬里，豈肯將真實付與匪人？更有一等糊塗愚人，不知腳踏實地，勤行功行，即遇真師，又不敬心求教，謊言詭語，妄想哄人洩露天機，秉問偷取，又耐不得長久，三朝兩日，即求傳授，求之不得，即便遠去，反出怨言，毁謗多端。如此居心，東奔西走，枉自費了蔴鞋，碌碌一生，終無所成。殊不知道不離德，德不離道，豈可捨德而祗言道，亦豈可去德而獨修道，此修道者，一可不先積德也。

《修真後辨・内外藥物》　藥物有内外，工夫有兩段。修道者，若不知内外二藥，如盲人走路，聾子聽聲，終無得手處。何爲内外？内藥者，一己所有；外藥者，他家所出。一己所有，靈汞是也；他家所出者，真鉛是也。靈汞非水銀，真鉛非黑錫，俱天生之至寶，非世間之濁物。蓋靈汞者，姹女也，爲妻，主內。真鉛者，嬰兒也，爲夫，主外。靈汞雖爲天寶，其性好動，見火則飛，不得真鉛制之，則必遊行無踪，未免真中有假，恩中生害，如世間女

子無夫，久必失節。故用真鉛制真汞，鉛汞相投，夫妻相得，遇火而反有濟矣。但此靈汞，一己現有，不待他求。至於真鉛自陽極陰生之後，走於他家，不屬於我。必須先尋此物，歸於我家，與真汞配合，始無陰差陽錯之患。以其鉛屬他，汞屬我，故有內外之名，人我之別。丹經所謂七返者，即返此真汞之本性。所謂九還者，即還此真鉛之本性。至於他家之稱，非人我他家之說。是真鉛未來，屬他，外也；真鉛既來，屬我，內也。其所謂外者、他者，因未來言之耳，非真實有他家也。內外之說，亦是此意。原其生身受氣之初，鉛汞一氣，非有內外之別，並無人我之分；及其圓極而虧，鉛汞分爲兩處，始有人我、內外之說。但此鉛汞有兩義，不可不知。當修還丹之時，取黑鉛以制紅汞，鉛汞相投，結成還丹，此亦內外二藥之別。及其還丹結就，又名真鉛，以此真鉛吞而服之，點一己之陰汞，霎時而乾，復用已乾之汞溫養真鉛，結成大丹。此亦內外二藥之別。學者若能明的兩層內外藥，則還丹大丹之事可以了了。

《修真後辨・大小還丹》《悟道》云：赫赫金丹一日成。又古經云：還丹在一時，溫養須十月。噫！還丹之道，豈易知哉？蓋還丹有小還丹，有大還丹。小還丹名曰金丹，大還丹名曰七返九還金液大丹。所謂小還丹者，後天中返先天，以鉛制汞，以水濟火，以金公配姹女，以黑虎駕赤龍，以烏龜吞朱雀，以他家制我家，還其我家之故物，復其我家之本真，乃還元之道，所以名曰還丹，又曰金丹。經云：金來歸性初。乃得稱還丹者，即此小還丹也。所言小者，僅還其元，復其當年之原本。如虧者而又足，去者而復還。此丹雖還，尚未經火煆煉，一時不謹，猶有得而復失之患，故曰小還。於此再加向上工夫，重安爐，復立鼎，將此還丹溫之養之，以至虛極靜篤，貞下起元，復運陰符陽火，漸抽漸添，自無而有，自微而著，十月胎全，瓜熟蒂落，脫出法身，是曰大丹。至於別造乾坤，再安爐鼎，子生孫兮孫又枝，爲十極大羅真人，不在大小還丹之數也。世人不知大小還丹之分別，而直曰金丹之道，妄想得師一言半語，便欲成功，何其愚甚！其他傍門外道，俱不足論。即就其所得之真者論之，或有知煉己，而不知採藥；或有知採藥，而不知安爐立鼎；或知安爐立鼎，而不知調和之法。又有僅知小還丹，而不知大還丹，半途而廢者。噫！始則有爲，終則無爲，苟知始而不知終，欲成大道，難矣！學者須原始要終，必無一毫之疑惑而後可。

《修真後辨・前後爐鼎》《悟真》云：先把乾坤爲鼎器，次摶烏兔藥來烹。既驅二物歸黃道，爭得金丹不解生。又云：偃月爐中玉蕊生，硃砂鼎裏水銀平。觀此則知爐鼎爲修煉之首着。若無爐鼎，藥自何收，丹自何煉也。但爐鼎非外面銅鐵泥土之爐，鼎亦非閨丹女子之爐鼎，乃道之大造爐威光鼎。古人以乾爲鼎，坤爲爐，蓋取乾陽健，坤陰順之義。乾鼎坤爐，即是陽健陰順也。所謂偃月爐、硃砂鼎，亦陰陽健順之義。言偃月，取陰中生陽之義；言硃砂，取陽中有陰之義。陽健陰順，陰濟陽而陽濟陰，方是修道真正之爐鼎。若舍陰陽健順四字，而別求爐鼎，則是行邪道而非正道矣。但爐鼎亦有分別，有還丹爐鼎，有大丹爐鼎。還丹以乾坤爲爐鼎，烏兔爲藥物；大丹以虛無爲爐鼎，一氣爲藥物。此還丹、大丹之分別。然還丹中更有坎離爐鼎，不可不爲早辨。蓋此爐鼎最爲要緊，若不知之，雖有乾坤爐鼎，而金丹未可遽結。何則？偃月爐，真火所生之處；硃砂鼎，真水所在之處，知此爐鼎，以水濟火，水火同宮，先天之氣，自虛無中來，自然結爲至寶。此寶一結，復入於虛無鼎爐，運動天然真火，無質生質，無形生形，神全體就，脫出聖胎，並虛無爐鼎亦無用矣。至於向上一着，別有爐鼎，非可於語言求者。噫，鼎鼎原無鼎，爐爐亦沒爐。身心兩箇字，舉世盡糊塗。

《修真後辨・內外火候》古仙云：真火本無候，大藥不計斤。《悟真》云：總識硃砂與黑鉛，不知火候也如閒。大都全藉修持力，毫髮差殊不作丹。此皆爲火候而發，後人不知古人立言之意，或執真火本無候之語，不流於寂滅，即落於忘形。或執不知火候也。如閒之句，不疑於子午卯酉之時，必惑於採取年月日時。亦有因語句矛盾，疑惑而不深究者。噫！古人立言，各有妙旨。雖立言不一，而其意皆同。所謂真火本無候者，言真火本無一定之時候，遇陽生之候即進陽，遇陰生之候即退陰，不是言火常運而無候也。所謂不知火候也如閒者，言運火而必有一定之候，煉己待時，陽生即進火之候，陰生即退陰之候，非言時日之死候也。本無候，須知候，同一機關。所以《入藥鏡》云：一日內，十二時，意所到，皆可爲。此言十二時中，皆有陰到、陽到之候，意料其到，遇陽即進陽，遇陰即退陰，陽到陰到，皆是可爲之時，言下分明，何待細辨，但火候不一，有內火候，有外火候；有採藥火候，有煉藥火候；有合丹火候，有結丹火候，有溫養火候，有脫丹火候，有服丹火候，有結胎火候，有脫胎火候；有修性火候，有修命火候；有文烹火候，

有武煉火候。火候居多，總要知其分數爻銖，止足老嫩之候，隨時運用，不使有毫髮之差耳。噫！月之圓，存乎口訣；時至子，妙在心傳。火候之妙，豈易知哉！今人不知火候最細最微，執古人一言半語便通元之句，真謂一無可說，一無可傳，殊不知一言半語之妙，乃真師附耳低言，指示一點天機之秘，而非言傳火候也。世間一藝一技，且有多少法則，而况性命大事，豈能一言半語了悟乎？學者何不三思？

《修真後辨・他象我家》《悟真》云：休施巧僞爲功力，認取他家不死方。又曰：此般至寶家家有，自是愚人識不全。此皆指示先天藥生之處。後人不知古人秘諦，見他家家有字句，或猜爲女子，流於閨丹之術，忍心汚行，作孽百端，入於禽獸之域者，不可枚舉。彼烏知先天之氣，從虛無中來者，安可於有形有象中求之乎？夫人秉先天之氣，借凡父、凡母之精血而有身，則人身即有此先天之氣矣。但此氣日生夜長，陽極必陰，乾宫之陽，走於坤宫，於是乾虛爲離，坤實成坎。曰離者，離去其陽也；曰坎者，坎陷其真陽也。陽陷於陰，不屬於我，故曰他家。《悟真》云：要知産藥川源處，祇在西南是本鄉。西南者，坤方，乃陰極陽生之處。子野云：藥出西南是坤位，欲尋坤位豈離人。分明説破君須記，只恐相逢認不真。此人名曰不死之人，又曰真人。古仙云：若要人不死，須尋不死人。這不死人，即他家不死方。曰：我家者，我之真陽離去，所以離爲我。曰他家者，我之真陽爲陰所陷，所以坎爲彼。因有坎離之分，故有他我之名。他我之名，是就陽未復來言之。耳果若陽復，則他即是我，我即是他，只是一箇，無有兩樣。《黄鶴賦》曰：效男女之生，必發天機而作泄。天之機曰效、曰泄，是就世法而泄道法，非言男女，即道中之他我。後人不知古人立言妙義，真以他家爲外面之他家，作禽獸之事，敗壞教門，求其來生爲人而不可得，尚欲望仙乎？夫丹經凡言彼我者，以陰陽言；凡言主賓者，以運用言；凡言顛倒者，以招攝言；凡言有無者，以動静言；凡言龍虎者，以性情言；凡言鉛汞者，以浮沉言。要之，總不外乎陰陽二字。究之，不外乎以性命二字。然實不外乎身心二字也。彼世間孽根罪人，未明聖賢大道，以女子爲他家，以首經爲至寶，以梅子爲長生藥，是非修聖道，實是謗聖道，當入拔舌地獄矣。噫！家家有之，而自家所有者，蓋其用之不可見也。若欲求之，大要法財，必於神州赤縣者，以其見之不可用也。用之不可見，見之不可用。一身尚且無，他人豈能有？內裏既不見，外邊更何求？此中秘密，苟非精明陰陽，深達造化，識得先天真一之氣者，安能知之？

《修真後辨・生殺刑德》《陰符經》云：天發殺機，移星易宿。地發殺機，龍蛇起陸。人發殺機，天地反覆。《道德經》云：兵者，不祥之器，非君子之器，不得已而用之。然則，殺雖傷生，而亦能衛生；刑雖傷德，而亦能成德。只在神而明之，存乎其人。耳夫人自有生以後，秉氣質之性，受父母精血之氣，加之識神歷刼之塵，生平積習之汚，一身上下，盡皆陰氣盤旋，只有一點陽氣，秘在形山，隱而不現。古人所謂四大一身皆屬陰，不知何物是陽精者是也。但一身雖陰，若未交後天，猶是先天用事，不能爲害。大智者於此防危慮險，固濟真陽，不爲後天陰氣所侵，則直超彼岸，而刑殺之法，無所用之。所謂法以除弊，無弊則法莫施，此刑殺之所不用也。至於先天潛藏，後天用事，陰氣俱發，通身是病。有已發者，有發者；有歷刼生根者，有現刼生根者；有出於天者，有出於人者，古怪百般，魔障萬樣。使無抑陰扶陽之法，化邪歸正之術，則陰氣日長日盛，必至消盡其陽，傾喪性命，是刑殺之所必用也。刑德生殺，四者相需。蓋刑所以成德，德所以用刑，殺所以衛生，所以救殺。倘只刑而不德，殺而不生，則刑殺過刻，必至和氣有傷。倘只德而不刑，生而無殺，則生德無威，必至客邪潛入。是必生殺兩用，刑德並行，斯無意外之患，不測之憂。夫刑殺者，所以化陰氣。生德者，所以保陽氣。陽氣盛而陰氣自退，陰氣消而陽氣自固。生殺刑德，豈小補云哉！修行人，若明的刑德樞紐，知得生殺運用，則刑之德之，生之殺之，刑中有德，殺中有生，用刑以保德，用殺以扶生，逆來順去，緩急進退，無可無不可矣。

《修真後辨・上德下德》古經云：上德無爲而無以爲，下德爲之而有以爲。又云：上德者，以道全其形。下德者，以術延其命。是皆言上德下德身分爲別，而作運亦不同。蓋上德者，體全德備，乾陽未傷之人。未傷者，是未傷先天之陽，非是未破後天之身。當乾陽具足之時，純粹至精，渾然一氣，五行攢簇，四象和合，寶物佳珍，件件俱全。若無保守之法，則必陽極生陰，圓極即虧。知之者，急求明師口訣，不待陰生，即用以道全形之法，運天然真火，煉盡一身陰氣。用六而不爲六所用，以成後天之功。陰盡陽純，長生不死矣。若夫下德者，自陽極陽生之後，先天已散，五行各分，四象不和，諸般寶物者皆失。若以無爲之道修之，猶如鼎中無種子，水火煑空鐺，濟的

甚事，是必竊陰陽，奪造化，後天返先天，則當年故物，方能無而復有，去而又來，還我一箇完完全全家當也。還其原物，命基已固，別立爐鼎，行無爲之道，溫養聖胎，十月氣足，脱出法身，與上德者同歸一途矣。後人不知何者爲上德。何者爲下德，乃直曰：精漏者爲下德，精全者爲上德，何其謬甚！夫交感之精，係後有之物，濁中之濁，豈可以此爲憑證乎？至於十六歲破身之説，乃言二八一斤，陽極生陰，陰生而後精生，是就陰陽定論，不説歲數定論。如就歲數定論，世有十六歲而精通者，亦有未至十六歲而精通者，尤有過十六歲精而通者，此又何説？可知上德下德，不在後天上講，究而在先天中分別。先天全則爲上德，先天虧則爲下德，方是定論。更有不明大道之流，乃曰命爲重，性爲輕。或曰性爲重，命爲輕，皆非也。夫性命必須雙修，工夫還要兩段。上德者不待修命而即修性，性了而命亦了。下德者必先修命而後修性，了命又必了性。了命者有爲，了性者無爲。有爲無爲之道，爲上德下德者下手而設。若到大道完成，不但有爲用不着，即無爲亦用不着。至於向上一着，別有妙用，又不在有無之例。若學者不知上德下德之説，而即求有爲無爲之旨，豈能知真有爲、真無爲乎？不知真有爲、真無爲，不但性不能全，命亦不能保。性命之所以然處，全在上德下德處分別出來也。學者可不深究乎！

《修真後辨・有爲無爲》 《悟真》云：始於有作人難見，及至無爲衆始知。但見無爲爲要妙，豈知有作是根基。此修真始終作用之法。後人不知有作是何説，或子午運氣，或運轉河車，或心腎相交，或任督相會，或聚氣腦後，或氣衝頂門，或調呼吸之氣，或煉交感之精，或肘後飛金晶，或搖骨而擺髓，或吞日月之精，或服雲霞之氣，或爐火而煉金石，或御女而取閨丹，或煉天罡之氣，或聚五臟之精。如此類者，千有餘條，雖道路不同，而執相則一。以是爲有爲之道，失之遠矣。不知無爲是何説，或守黃庭，或思顱門，或思鼻端，或觀明堂，或守臍下，或思夾脊，或觀空，或觀心，或止念，或忘形，或默朝上帝，或鑑形凝神，或思神出殼。如此類者，千有餘條，雖用心不一，而着空則同。以是爲無爲之道，錯之多矣。夫着空執相，皆是在臭皮囊上作活計，破插袋上用心思。彼烏知聖賢大道，不着於空，不執其相，有不空不色者在乎？所謂有作者，非強作強爲，蓋人自先天埋藏，性命不固，若不得栽接之法，返還之道，焉能延年益壽，完成大道哉？有爲者，欲還其所已去，返其所本有。此係竊陰陽，奪造化，轉生殺之道。先天而天弗違，後天而奉天時。鬼神不能知，著龜不能測，人焉得而見之？不得見，則非一切執相之事矣。所謂無爲者，非枯木寒灰之説，蓋以真種不能到手，須假法以攝之。既已到手，則原本復回，急須牢固封藏，沐浴溫養，防危慮險，以保全此原本，不至有得而復失之患。及其身外有身，神通廣大，至誠前知，孰不知之！始則求其他家，終則保其我家，方是有爲、無爲，知始始之、知終終之之妙旨。豈一切執相着空者所能窺其涯涘哉！學者若遇明師，先求其有爲之道，後求其無爲之道，更求其有無不立之道，則修真之事，方能大徹大悟，不至有頭無尾，半塗而廢也。學者須宜勉力。

《修真後辨・子午卯酉》 古經云：不必天邊尋子午，身中自有一陽生。又云：冬至不在子，卯酉誠虛比。則是子午卯酉，無一定之時，無一定之方。其所謂子午卯酉者，亦因理而強名之。蓋一陽生爲子，一陰生爲午，陽與陰合爲卯，陰與陽合爲酉。在時爲陰陽之生旺，在方爲陰陽之中正。是以陰陽而定子午卯酉，非以子午卯酉而定陰陽。故當陽氣方生，急須進陽，不可使陽氣消耗，故曰子時進陽火。當陰氣方生，急須退陰，不可縱陰氣增長，故曰午時退陰符。陽進而至於中正，則陽氣平和。此時宜休歇，須當以陰濟之，庶無剛而過躁之患，故曰：卯時宜沐浴。陰退而至於中正，則陰氣平順，此時宜止息，須當以陽濟之，庶無柔而過懦之失，故曰酉進宜沐浴。三丰所謂遇子午專行火候，逢卯酉沐浴金丹者，正是此意。後世傍門外道之流，不得真傳，皆認天邊子午卯酉之時。或子時守腎，午時定心，卯酉靜坐；或冬至養陽，夏至抑陰，卯酉二月無爲。噫，此乃天之子午卯酉，與我何涉！夫天有天之時，我有我之時。人秉天地之正氣而生，一身即具天地造化，自有陰陽，可須求天地之陰陽。若求天地陰陽，不過是後天有形象之陰陽，豈能復我先天至陽之氣，超出乎後天陰陽之外耶！後天陰陽皆順行造化，有生有死。若執後天而修，終在五行陶冶之中。有時四大解散，一靈難留，未免又移他地，別尋住處矣。獨是子午卯酉，非可於身中求，亦非可於身外求，大抵在於虛無中求之，方有着落。蓋陽生者，非身之動，非心之動，非腎之動，亦非眼耳鼻舌之動，乃坤中孕震，後天中先天發現之謂。陰生者，非神之昏，非氣之濁，非精之發，亦非聲色香味觸法，乃乾下藏巽，先天中後天忽來之謂。至於陽進而歸於中道，乃先天復其半也；陰退而歸於中道，乃後天

消其半也。進陽火，退陰符，陰陽直當，大小無傷，兩國俱全。天地至中至正之道在是，聖賢精一執中之道亦在是。學者若能窮究到此處，修真竅妙，可以了了。其如人多將此四時錯認，而不細心窮究，何哉！

《修真後辨・生死有無》《易》曰：西南得朋，東北喪朋。《陰符經》曰：生者死之根，死者生之根。此皆言生死之根，有無之竅。學人不達此理，皆以有呼吸之氣謂生，無呼吸之氣謂死。噫，以此爲生死有無，差之多矣！殊不知人之生死，雖不離乎呼吸之氣，而其根源並不在乎呼吸之氣也。人自有生以來，內藏先天精氣神，以養法身；外得後天精氣神，以長幻身。及至二八之年，後天用事，先天退位，順行造化，陽氣漸消，陰氣漸長，而生死之根，於此立矣。自此日復一日，年復一年，陰氣旺，而陽氣衰，正不勝邪。一日之間，千生萬死。忽而陽氣盡，陰氣純，其不歸於大化者，誰哉？至於嬰兒孩提，猶未交於後天而夭死者，是特所秉先天下足，陽氣不生，日久自散耳。惟大修行人，知生死之關，明有無之竅，於生身受氣之初，逆施造化，竊奪陰陽，既能扶陽氣漸生，又能抑陰氣漸化，更能使陽氣長生而不死，陰氣長死而不生。所謂死中求生，無中生有者，此也。古仙云：識神生復死，元神復生。又《悟真》云：須將死戶爲生戶，莫執生門號死門。這生門死屍，不在眼耳鼻舌身意，不在精神魂魄氣血，不在五臟六腑，不在百脈三田，而在四大不着、太虛空谷之中，明明朗朗，現現成成。但人不下肯心，爲世事所擾，爲恩愛所牽，爲財色所迷，以故當面不識，遇寶空過。果是箇中人，認定這箇門戶，穩着腳步，於生我處還其元，於死我處返其本，黑中生白，雄裏懷雌，長生不死，有何難哉？但所謂生者，生其真身；死者，死其幻身。幻身不死，則真身難脫；真身不生，則幻身不死。生死不並立，真幻不同途。非若傍門外道，以幻身生死爲真，以真身生死爲假；以先天虛無之氣爲假，以後天呼吸之氣爲真也。學者欲了生死，先窮其生死之理。生死之理既明，則能長生不死，則能無生無死。修道至無生無死，方是了卻生死。莊子所謂，攝精神而長生，忘精神而無生者是也。知生死知到此處，齊一生死，有無不立，大道可成矣。

《修真後辨・先後坎離》經云：別有些兒奇又奇，心腎原來非坎離。此中秘密，可爲知者道，難與不知者言。蓋先天造化，無形無象，不着於有，不落於無。無形而能生形，無象而能生象，何得以心腎爲坎離也？夫心腎者，乃後天有形有象之物，不但不是先天坎離，而並不是後天坎離，乃後天坎離之滓質耳。所謂真坎離者，以水火言之，坎爲水，離爲火。然水中有真陽，火中有真陰。真陰真陽，乃乾坤健順中正之氣。故曰：坎離者，乾坤之繼體。本來陰陽一氣，因先天太極一分，而陰陽出。陰陽一出，乾與坤交，乾是之陽，走於坤宮，坤中之陰，入於乾宮。乾虛而爲離，坤實而成坎。於是先天乾坤，變爲後天坎離。離者，離去其陽也；坎者，坎陷其真也。離卦外陽而內陰，陽失其實，則外陽必係假；坎卦外陰而內陽，陰陷其真，則外陰必係假。陽亦不純，陰亦不真，此後天坎離也。然雖外陰陽不真，而陽中所藏之陰爲真陰，陰中所藏之陽爲真陽。真陰藏於假陽中，真陽藏於假陰中，此後天中所藏先天之坎離。先天後天皆不關乎心腎。後世學人，不但不知先天，而並不知後天。只認心腎坎離爲真，或以男女爲坎離，大錯大錯。夫人之坎離，猶如天之日月。天之日月來往，推運四時，生長萬物；人之坎離動靜，調和神氣，衛持性命。天之日月，並無方所；人之坎離，豈有定位？但人自交後天，順行造化，假者用事，真者潛藏，先天爲後天所蔽，不能自出，以故有生有死，不能長生而不死。惟大修行人，知的先天坎離，又識的後天坎離，於後天中返先天，於常道中行仙道。取其坎中先天真陽之氣，以填於離；取其離中先天真陰之氣，以歸於坎，則坎離後天之陰陽，亦渾化而返其真，仍是乾坤相合，陰陽一氣，太極圓成之物，物天氣，後天氣，得之者，常似醉矣。古仙云：一點陽精，秘在形山，不在心腎，而在乎玄關一竅。則心腎無陽精，不是真坎離，又可知矣。至於先天大道，尤有借陰以藏陽，借陽以退陰之坎離，別有秘密，不在先天後天之列。噫！神而明之，存乎其人，坎離豈易知哉！

《修真後辨・煉己築基》呂祖云：七返還丹田在人，先須煉己待時。紫陽云：若要修成九轉，先須煉己持心。《參同》云：初正則終修，幹立末可持。然則欲修金丹大道，非煉己築基不能。獨是煉己築基，不是兩事，乃是一理。築基不在煉己之外，煉己即在築基之中。非煉己之外再築基，築基已畢又煉己。所謂煉己者，以用功言；所謂築基者，以固氣言。煉己純熟，則還丹可望；築基堅固，則神室穩當。煉己築基，豈小事哉？呂祖三次還丹，煉己不熟也；紫清半夜風雷，築基不固也。二公者，乃神仙中之耳目，教門中之領袖。工夫不到，猶不方圓，而況他人乎！何謂煉己築基？己

者，私欲也，有我也，有己也。基者，實地也，根本也。人之所以不得成道者，因其有我、有己也。一有己我，私心滿懷，不能腳踏實地，千魔百障，蔽塞靈竅，步步阻滯，事事糊塗。六賊豺生，七情朋黨，喪其良心，傷其真性，搖動本命，神昏氣濁，無往而非，妄念邪心，尚欲進德修業，以成大道，能乎？否耶。祖師教人先須煉己築基者，是欲人在實地上下工夫，自卑登高，由淺及深，用漸進之功也。人自有生以來，幻身帶父母精血之氣，藏歷刼識神之陰，又受後天五行之氣。內外純陰，只有一點陽精，隱而不現，正不勝邪，邪蔽其正。若非將內外陰氣，煅煉退去，陽精如何返出？此煉己築基之功，不可缺也。試明煉己築基之要，懲忿窒慾，煉己也；心灰意冷，煉己也；忘情絕念，煉己也；富貴不淫，貧賤不移，煉己也；不貪名利，不戀聲色，煉己也；損己利人，虛心請益，煉己也；衆善奉行，諸惡不作，煉己也；志念不退，勇猛精進，煉己也；主心一定，至死無二，煉己也。牢固陰精，不傷神氣，築基也；全身放下，物我皆空，築基也；以天地爲懷，以萬物爲體，築基也；幽隱不欺，暗室無虧，築基也；虎兕不怕，威武不屈，築基也；生死不顧，疾病不憂，築基也，煉己築基，兩不相離。能煉己即可築基，能築基即是煉己。歸到實處，煉己築基，一而已。若能煉己築基，工夫到時，還丹可結，大丹可修。噫，築基時須用槖籥，煉己時還要真鉛

《修真後辨·內外侶伴》 經云：混沌七日死復生，全憑侶伴調水火。

又云：託心知，謹護持，照應爐中火飛。特以修持大道，全要侶伴相應，而後可以有爲。倘侶伴不當，或無侶伴，一己孤陰，動必有凶，何能竊陰陽而奪造化乎？夫二人同心，其利斷金；三人同志，足以防危，侶伴乃性命所賴，道德所藉，修真者始終不可或離者也。但侶伴不一，有內侶伴，有外侶伴。外侶伴者，知音道伴，乃生死相託，患難相扶，有善則勸，有惡則規，同心合意，彼此資益，無修大道者也。內侶伴者，乃西南坤方不死之人，負剛烈之氣，具正直之體，抱果斷之才，掌生殺之權，握生死之柄；除邪扶正，賞善罰惡，轉禍爲福，逢兇化吉，內魔不得生，外魔不敢侵，所以護性命，運造化者。在神爲靈官，在宿爲天罡，在方爲金星。大修行人，以此爲侶伴，同心合意，託以性命，則性命可全；委以造化，則造化可逆。開天門而閉地户，留人門而塞鬼路，用殺機而求生機，顛倒陰陽，直有可必。故外之侶伴，或可以無；內之侶伴，決不可少。倘內侶伴一失，則性亂命搖，心迷神昏，先天失而後天發，出生入死，魔障百端，無所不至。故修道以結同心侶伴爲第一着。但同心侶伴，人最難識。其本體無形無象，無聲無色，無背無面。惡化則爲夜叉，善他則爲菩提。變化無端，隱顯不測人。皆當面錯過，不肯認真。因此，日遠日疎，與我隔絕。若有知音者，忽的尋着，結爲同心，行住坐臥，須臾不離。更得外之侶伴，共相勸勉，內外共濟，還丹、大丹俱可成就。但內侶伴固難，外侶伴亦不易。苟非有大功、大行、大福分、大緣法者，不能兩全。修真志士，寧失其外侶伴，不可無內侶伴。內侶伴所以成法身，外侶伴所以護幻身。法身事重，幻身事輕。長春真人云：病即教他病，死即教他死。至死一着，抱道而亡。即此輕幻身，重法身之謂歟！學者可不知之乎！

《周易闡真·金丹大道》 ䷀上乾下乾

乾：元、亨、利、貞。初九：潛龍，勿用。九二：見龍在田，利見大人。九三：君子終日乾乾，夕惕若，厲無咎。九四：或躍在淵，無咎。九五：飛龍在天，利見大人。上九：亢龍有悔。用九：見羣龍無首，吉。

乾者，健也。剛強不屈之義。卦體六爻皆奇，純陽之象，故謂乾。此進陽火之卦，造命之學。所以行健而用剛道也。健莫健於天，天之爲道，一氣流行，循環無端，經久不已，無物不覆，無物能傷，健之至矣。故當春而生物者，健之元。元者，初也。陽氣之初生。陽氣初生，而萬物俱皆萌甲，元何其健乎？夏而長物者，健之亨也。亨者，通也。陽氣之通暢。陽氣通暢，而萬物俱皆發旺，亨何其健乎？秋而成物者，健之利也。利者，宜也，陽氣之便宜。陽氣便宜，而萬物俱皆成實，利可其健乎？冬而藏物者，健之貞也。貞者，靜也，陽氣之寧靜。陽氣寧靜，而萬物俱皆歸根，貞何其健乎？元、亨、利、貞，四時迭運，總是一健行之，一爲體而四爲用。體以施用，用以全體，體用如一，故天道健行而不息也。惟人也，資天之氣而始形，即具此天之健德，即有此元亨利貞之健用。人之健德，即本來之良知，先天之正氣，名曰真陽，又曰真一之精，又曰真一之氣，儒曰精一，道曰抱一，釋曰歸一。無非教人修此一點剛健正氣耳。是氣也，本於先天，藏於後天，處聖不增，處凡不減。有生之初，不垢亦不淨，不生亦不滅，不色亦不空，寂然不動，感而遂通，處於萬物之中，不爲萬物所屈，本自元，本自亨，本自利，本自貞，皆在無心中運用，不待勉強，出於自然，不健而健，健而不健，健之無形迹可窺，所謂天人者是也。一交後天，氣質發而外物誘，

性相近而習相遠，棄真認假，良知有昧，於是元者不元，亨者不亨，利者不利，貞者不貞，健之德已虧，健之用已非，神昏氣濁，性亂命摇，身雖動而陽氣消，不死豈能之乎？故聖人有造命之學，於後天中返先天，能以修持本來乾健之德，永久不壞耳。修持之道，仍不外此元、亨、利、貞之用。人能看破一切，猛省回頭，志於性命，恍惚杳冥之中，便有一點生機潛發，此健之元也。人能一心修養，真履實踐，經久不殆，行以達其所欲，即健之亨也。人能振發精神，勇力前進，剛氣凝聚，諸緣不碍，生死如一，即健之利也。人能格物致知，辨別是非邪正，止於其所而不遷，即健之貞也。元以生其健，亨以通其健，利以成其健，貞以固其健，元、亨、利、貞一氣運用，由勉強而歸自然，渾然天理，仍是良知本來面目，可以與天同功用，與天同長久矣。但是道也，有藥物，有火候，有功力，有急緩，有止足。修之合法，養之隨時，方能進於佳境。倘差之毫髮，失之千里。元亨利貞，四者缺一，則健德不成，命非我有。此進陽之火候，不可不知也。初九，在健之初，健德方振，如潛藏之龍，正當培養正氣之時，未可自恃其健，故曰勿用。九二，健而得中，不偏不倚，剛柔相當，如見龍在田，生氣常存，天良不昧，聖胎有象。所謂大人者，不失其赤子之心者也，故曰利見。九三，浩氣充塞，剛而得正，日則勉於行，夕則察其過，日乾夕惕，健行不息，雖有危厲，故能無咎。九四，健德已成，聖胎完全，待時脱化，如龍或躍而起，或在於淵，審察氣候，防危慮險，故可無咎。九五，剛健中正，陰陽混化，身外有身，形神俱妙，與道合真，不但成己，而且成物，如飛龍在天，隱顯不測，隨時濟物。所謂大人者，正己而正物者也。故曰利見。上九，進健大過，獨剛不柔，知進而不知退，如亢旱之龍，龍至於亢，不能生物。健至太過，必敗其事。陽極必陰，天寶得而復失，理有可決，故曰有悔。大抵行健一剛之道，貴乎隨時。隨時之健，能剛能柔，元、亨、利、貞，無往而不可健，無往而有傷健矣。聖人恐人不知用健之道，大書特書曰：用九，見羣龍無首，吉。此言太煞分明。九爲河圖一三五，陽生之數。用九者，即用健也。龍之爲靈昭昭也，變化不測，能上能下，能大能小，能隱能顯，迎之不見其首，隨之不見其後。修健之道，如御龍也。用健而能隨時，如羣龍之變化也。當潛而潛，當見而見，當乾而乾，當躍而躍，當飛而飛，健而不至過，高而不至亢。緩急止足，各隨其時，此無首之健，用之而未有不取吉者。但無首變化之道，須要真知灼見，若不見而猜想做作，雖天寶在望，未許我得。用之必先見之，見而後用，則有用，用中無用，無功，功裏施功，有無不立，順逆不拘，大地裏黄芽長徧，滿世界金花開綻，信步走去，頭頭是道。取之左右逢其原，用九而不爲九所用，方且進於剛健中正純粹之精，我命由我不由天，與天爲徒矣。

䷁上坤下坤

坤：元亨，利牝馬之貞。君子有攸往，先迷後得主，利，西南得朋，東北喪朋。安貞，吉。初六：履霜，堅冰至。六二：直、方、大，不習無不利。六三：含章可貞。或從王事，無成有終。六四：括囊，無咎無譽。六五：黄裳，元吉。上六：龍戰於野，其血玄黄。用六，利永貞。

坤者，順也。柔順卑下之義。卦體六爻皆偶，純陰之象，故謂坤。此運陰符之卦，修性之學，所以行順而用柔道也。順莫順於地，地本至陰，無陽不能生成萬物。其所以生成萬物者，順乎天之陽氣，進退而生成之，是地本不元亨，而元亨之利，在於能貞耳。地之順天不可見，觀於牝馬之順，而地之順可知矣。牝者，陰柔之總名。凡物之陰者，皆屬牝。馬爲健行之物，牝馬順牝馬而行，則牝馬所到之處，即是牝馬能到之上，雖柔亦剛，地順之利貞，如牝馬之利貞耳。人受地之陰氣以成形，即具此柔順之德。柔順之德，即人生之初，秉彝之良能，此能交於後天，爲氣質所拘，積習所染。順非所順，順其所欲，良能變爲假能矣。聖人教人行順道者，由假順而變爲真順，還其當日不識不知，順帝之則之本面耳。故曰：君子有攸往，先迷後得主。夫剛爲柔之主，剛能統柔，柔不能統剛，亦祇順承其剛而已。以柔順剛，不但無能者順有能，凡返邪歸正，改惡遷善，存誠去妄，以人心順道心之事，皆係以柔順剛之義。先迷者，人心用事，道心埋藏，順其人欲，以假傷真，由迷而失主也。後得主者，道心用事，人心安靜，順其天理，以真滅假，得主而不迷也。人能由迷生悟，以陰順陽，借人心，復道心，以道心制人心，先失主而後得主，雖愚必明，雖柔必強，何病於柔乎？順之道，莫大於地。順之象，莫著於月。月本純陰無陽，與日會於虚危之處，行至西南坤位，初三吐蛾眉之光，魄中生魂，是謂得朋。至於十五，光輝盈輪，十六日景自此漸錯，月光自此漸退，魂中生魄，行至東北艮地，二十八餘光於此全消，所謂喪朋。西南月光方生，陰順其陽之進也。東北月光全消，

陰順其陽之退也。陽進則月明，陽退則月昏。月之昏明，亦順其日之進退耳。修道君子，用順而行柔道，能如月之順日，則知得知喪，進之退之，無有不利者。利者何利？利其順之得正，尤利其安居於正。方是全始全終之吉道。曰安貞者，安正也。以正而安，止於其所，不順而必期其順，不正而必至於正。煉己持心，拔去一切輪回種子，不使有一點滓質留於方寸之中。虛極靜篤，人心不起，道心即生。貞下起元，柔即是剛，順即能健，元而未有不亨，亨而未有不利，利而未有不吉者。安貞之順，豈小焉哉！初六，在順這初，係可真可假之際，稍有不正，客氣潛入。必至一陰生而羣陰畢集，即有履霜堅冰至之象，故順之須謹於始也。六二柔，順中正，中則其心直而能謹慎，正則其行方而有裁制。內直外方，循規蹈矩，自能大其德業，故不習無不利也。六三，性柔志剛，含藏章美，順守其正，不以外假而傷內真。即有事而不得不外順者，其必或從王事，欲順於人，不失於己，故無成而能有終也。六四，以柔居柔，內念不出，外念不入，順時順命，不致禍而不求福，如括結囊口，內外一空，故無咎而亦無譽也。六五，柔順虛中，德足服人，不言而信，不教而化，如黃裳着體，闇然日章，美德在內，自著於外，故爲順道之元吉也。上六，自尊自大，以柔爲剛，不能順人，欲人順己，如龍戰於野，乖和失中，陰差陽錯，未得於人，早傷其己，故其血玄黃也。觀於六爻之順，是非不等，邪正各別。求其順之而得利於己者，其惟六二；順之而能感化人者，其惟六五乎！噫！順道豈易能哉？毫髮之差，千里之失，不謹於始，必敗於終。聖人大書特書曰：用六，利永貞。爲後人開一大道，使行順道者永於貞，方能順之得真，方能順之得利。夫用六之道，用順道也。六爲河圖二四陰生之數，陰主順用，六者用順也，用順所以以虛求實，以無求有耳。古今學人，自恃聰明，依一己之見，妄猜私議，不肯低心下氣，求人請益，以故皓首窮年，一無所得；或亦有尋師訪友，不能辨別邪正，入於傍門曲徑，至死不悟者；或有能辨別其邪正，究明性命之理，遵道而行，又半途而廢，不永於貞者。凡此皆非用六之道，俱不能成道。若欲成道，須要知順，又須要順其正，更須要永順其正。能永順其正，柔中即有剛。不隱不瞞，至死不變，脫去後天氣質之性，露出先天不識不知、順帝之則之本面，性了而命亦可了，一永貞而柔順之道，至矣，盡矣。

䷂上坎下震

屯：元亨，利貞。勿用有攸往，利建侯。初九：磐桓，利居貞，利建侯。六二：屯如邅如，乘馬班如。匪寇，婚媾，女子貞不字，十年乃字。六三：即鹿無虞，惟入於林中，君子幾，不如舍，往吝。六四：乘馬班如，求婚媾，往吉，無不利。九五：屯其膏，小貞吉，大貞凶。上六：乘馬班如，泣血漣如。

屯者，前進有難之義。卦德上坎陷，下震動，動於險中，險中之動，不易出險，故謂屯。此進陽下手之卦，承上乾卦而來，乾爲健德。進陽者即進其健，因其不健而進於健耳。健德爲先天真陽本來正氣。這箇氣交於後天，隱而不現。然雖不現，未嘗全泯，間有發現之時，特人爲世事所迷，妄念所蔽，當面錯過，不肯認真耳。當其發現之時，即吾身中活子時也。這個時，與天地合其德，與日月合其明，與四時合其序，與鬼神合其吉凶，乃陰陽之門，生死之戶，性命之源，健順之根，造命之鼎，偃月之爐。先天真陽元氣在此，知之者，勤而修之，於後天中返先天，自微而著，由一陽而漸生漸長，必至六陽純全，是屯中又爲元亨之道也。但人爲氣質所拘，積習所染，先天真陽，埋沒已深，雖有回復之時，然正氣弱而邪氣盛，正不勝邪，未能遽然增升，是在乎謹封牢藏，守此一點生機，不爲客氣所傷，以爲返還之本，故曰利貞，又曰勿用。有攸往，貞，非空空無爲。勿往，非絕無一事，特以人心用事已久，道心不彰，陰是返陽，乃險中之動，若冒然下手，速欲成功，愈滋其險。欲返其陽，莫若先正其心。曰利建侯者，即是正心之象。侯爲一國之主，心爲一身之主。建侯則一國之難漸可治，正心則一身之險漸可消。心若一正，根本堅固，元氣不散，於是隨時進火，漸採漸煉，則已失者可以得，已去者可以還。利於貞而動，動不妄動，動必以時。元而未有不亨，亨而未有不利者也。初九，剛居屯初，陽氣下伏，如大廈之盤桓，利於居貞，而堅根本，如一國之君侯，利於建侯，而培植元氣，此遇屯須當守正於始也。六二，正在屯中，故屯如邅如，柔順中正。煉己待時，故乘馬班如。其乘馬班如，欲動而不動者，非以其初生之陽，有所寇傷於人，特欲待其陰陽相當，方求婚媾配合耳。其待時婚媾之象，如女子貞不字，十年乃字矣。此在屯而不遽求其濟也。六三，無知小人，愚而自用，妄貪天寶，本險而又行險，如即鹿無虞，惟入於林中，亦無足怪。至於明道君子，須當知

幾，不如舍之以待時。若不待時，急欲成功，往而前進，必有招險之吝。此在屯而急欲求其濟也。六四，柔而得正，煉已待時，真陽在望，正當調和丹頭之時，不可當面錯過者，是以求婚媾往吉，無不利。此在屯而隨時，求其濟也。九五，陽剛中正，聖胎有象，已實其腹，如有膏矣。然聖胎雖結，陰氣未退，尚在險中，如屯其膏矣。當此之時，有爲事畢，無爲事彰，是以小貞吉，大貞兇。此大而知小，待時而能出屯也。上六，在屯之終，正是出屯之時，柔而無能，乘馬班如，措手無策，雖真陽在望，未許我得，泣血漣如，何益於事，此小而不能大，無屯而亦有屯也。大抵進陽運火之道，須要知時，知時採藥，借後天返先無可以出屯，可以濟屯。若不知時，過與不及，真陽終爲陰氣所陷，而不得出。故卦辭曰：元亨，利貞。貞而方能利，利則元而未有不亨。利貞之元亨，其即待進出屯之義歟！

䷃上艮下坎

蒙：亨。匪我求童蒙，童蒙求我。初筮告，再三瀆，瀆則不告。利貞。初六：發蒙，利用刑人，用說桎梏，以往吝。九二：包蒙吉，納婦吉，子克家。六三：勿用取女，見金夫，不有躬，無攸利。六四：因蒙，吝。六五：童蒙，吉。上九：擊蒙，不利爲寇，利禦寇。

蒙者，昏昧無知之義。卦體上艮，二陰進於一陽之下；下坎，一陽陷於二陰之中，皆有陰傷其陽之象，故謂蒙。又卦，德險在止中，有險而能止。兼有止蒙之義。此運陰符下手之卦，承上坤卦而來。坤者，行順道也。運陰符者，運其不順之陰，而歸於順也。人自先天陽極，後天陰，生元神昧而識神用事，陷真認假，誤用聰明，巧智百出，外雖明而內實暗，此蒙之所由來也。一入於蒙，性亂命搖，一日千生萬死，莫知底止，險之極矣。若知有險而能止之，黜聰毀智，如愚如訥，外雖無知，內實有知，由假蒙而歸真蒙，是蒙中反有亨道矣。蒙之亨者，莫過於童，蒙童之蒙，不識不知，順帝之則，寂然不動，感而遂通，一舉一動，皆從本性中流出，儼然聖賢身分，天人面目。行蒙道者，必歸於童之蒙，方是返本還元之蒙。然此返本還元之蒙，匪我求童蒙，童蒙求我也。匪我求童蒙者，非由勉強，不着於色也。童蒙求我者，出於自然，不落於空也。不著於色，不落於空。非色非空，既非求真，又不除假，常靜常應，常應常靜，不蒙而似蒙，蒙而實不蒙，外物不得而入，內念不得而生，不求真而真即在是。但此非色非空之道，有養蒙發蒙二法，不可不知。當其陰陽混成，天真未傷，客氣未入，蒙屬於真，如初筮著策未分之時，必先告命，須當虛靜誠敬，以行無爲之道。及其陰陽已判，天真有虧，客氣潛入，蒙歸於假，如著策再三瀆亂之時，不待告命，可以變化裁制，以行有爲之道，無爲之道，養真蒙也；有爲之道，化假蒙也。養真化假，有爲無爲，隨時而用，不失其正。或自有爲而歸無爲，或自無爲而成有爲。總以至善無惡，渾然天理，還元返本，歸於童蒙爲極功。行蒙道者，可不以正哉！初六，在蒙之初，人心方起。急須嚴加克制，如利用刑人也。若姑息養奸，縱性爲惡，如用說桎梏以往，漸入於下愚不移之地，而莫可救止，取吝必矣。此貴防陰於蒙之初也。九二，剛而能柔，借陰養陽，是包蒙也。蒙在包中，外暗內明，不但陽氣不傷，而且陽氣增長，如納婦之吉，而子自克家，此能養陽於蒙之時也。六三，陰柔不中不正，恣情縱慾，故勿用取女。勿用者，以其人心用事，貪財好色，如淫奔之女，見金夫不有躬，未得於人，早失其己，其無所利。可知此蒙，而又滋其蒙也。六四，性質本愚，又與小人爲伍，不知親近高明之士，以擴充其識見，終困於蒙，而不得出，豈祇取吝而已乎？此蒙而不知其蒙也。六五，於止知其所止，以無能而順有能，借剛濟柔。不蒙，正童蒙，不識不知，順帝之則之吉道。此蒙而自知其蒙也。上九，剛而居於蒙之極，是能懲忿窒慾，猛力以退客氣，如擊蒙也。退陰之道，不利於人心而爲寇，利於道心而禦寇。去人心，振道心，陰氣退盡，陽氣純全，復見本來面目，此蒙而終能不蒙也。觀於六爻之蒙，真假大別。真者用而假者去，養之退之，皆能不失其正，陰符之道盡矣。

䷄上坎下乾

需：有孚，光亨貞吉。利涉大川。初九：需於郊，利用恒，無咎。九二：需於沙，小有言，終吉。九三：需於泥，致寇至。六四：需於血，出自穴。九五：需於酒食，貞吉。上六：入於穴，有不速之客三人來，敬之終吉。

需者，有待之義。卦德上坎陷，下乾健。健而能處於險中，故謂需。此養健待時之卦，承上屯卦而來。屯者，動於險中，在後天中返先天，所以行健道而取坎陷之真陽也。但陽在坎中，所陷已久，不能遽然出險，必須漸次導引，待時而採。非可自恃其健，冒然下手，反招其險者。夫人自陽極生

陰，乾中之陽，走于坤宫。坤實成坎；坤中之陰，入於乾宫，乾虚成離。于是假陽用事，健者不健，順者不順，意不誠而心不正，健不知險，順不知阻，行險徼幸，無所不至。今欲出險，須要知險，能知其險，是能信險，一信其險，内有主宰。戒慎恐懼，煉己待時，一舉一動，止於其所，不客氣所傷，是以需之道，有孚光亨，貞而得吉也。有孚光亨者，信險而能處險也。貞吉者，守正而能無險也。既信險，又守正，以健禦險，借養健，待時進步。入於穴而探虎子，不特不爲陰氣所傷，且能取坎中所陷之真陽，歸於乾宫，此利涉大川之所由來也。大川至險，即坎之象。坎爲陷陽之物，其險最大，信險而以正涉之，時未至，而養健，時已至，而進健，進之養之，不失其時，能以處險，能以出險，其健于往而不利矣。初九，剛而自下，有健不用，在塵而能出塵，不爲名利所染，如需於郊也。然剛者，多才多能，每不樂居於人下，恐有需而不固之咎。惟利用恒，方能有始有終，而無半途更變之咎矣，此剛而堅固之需也。九二，稍恃其健，即便有險，如需於沙也。需沙之險，雖非大兇，其行阻滯，難免小言自悔。既能自悔，勝心即化，剛即能柔，不入險而險不來，終得以吉全之。此剛而知險之需也。九三，剛强躁進，不能待時，急欲成功，本要向前，反落於後，如需於泥也。需泥之健，無險而自招險，致寇之至，理有可决，此剛而不知險之需也。六四，柔弱無能，本自有險，如需於血也。又柔居柔位，在昏暗之地，而不能自出，如在穴也。幸其柔而守正，以無德而順剛之需也。九五，陽剛中正，内有主宰，借假修真，雖有險而若無險，如需於酒食也。酒食爲慰心實腹之物。慰心實腹，樂道忘年，時有險而道不險，外有險而内不險。貞而未有不吉者，此剛而守正之需也。上六，在需之終，宜出險而反行險，如入于穴矣。然入穴由於不能煉己。若能煉己，煉到無己時，則虚室生白，神明自來。始而入地穴，終而出於穴。是以有不速之客三人來，敬之終吉也。不速之客，乾之三陽也，即本來不死之人，有生以來，走失他家，而爲客矣。待其時而復之，自一陽而漸至三陽純全，仍是我家之物。僥他爲主我爲賓，所當敬之，而弗敢有違者。敬之弗違，陰陽混合，金丹凝結，保命全形，其吉多矣。此煉己結丹之需也。然則進火之道，或養健，或用健，或處健，或濟健，各有其時。待時而用，不失其正，健以知險，雖涉大川，亦無不利矣。

䷅上乾下坎

訟：有孚，窒。惕，中吉。終兇。利見大人，不利涉大川。初六：不永所事，小有言，終吉。九二：不克訟，歸而逋，其邑人三百户，無眚。六三：食舊德，貞厲，終吉，或從王事，無成。九四：不克訟，復即命，渝安貞，吉。九五：訟元吉。上九：或錫之鞶帶，終朝三褫之。

訟者，爭辯是非之義。卦德内坎險，外乾健。因險恃强，因强致險。二者俱有乖和之義，故謂訟。此陷真爭勝之卦，承上蒙卦而來。蒙者有險而能止，所以退其後天氣質之陰也。人受後天陰陽五行之氣而成身。受陰氣之多者，性陰險；受陽氣之多者，性暴躁；陰陽之氣雜亂者，陰險暴躁兼有之。此氣質則然，惟在聖人能代其氣質，其次中下之人，爲氣質所拘，偶有觸犯，陰毒發而躁性起，爭勝好强，鬼計百出，損人利己，鬬口鬬智，辯是論非等等乖和失中之事，皆名曰訟。修道者，須要知的氣質之性，爲害最大。依世法而修道法，先將陰險暴躁之氣一筆勾消。健于内而不分于外，境有險而心絶無險，可以漸化氣質，不在是非場中鬧矣。然身未離塵世，猶有患難相侵，我雖不陰險，而人以陰險來傷，我雖不暴躁，而人以暴躁來欺。此無故陷害，自信處心無愧，若受屈，窒塞不通，事在不得不辯明者。但欲辨之于外，不若自訟于内，故曰訟有孚窒，惕中吉。能惕于中，邪念止而正念生，窒塞可通，陰險可化，勝心可無矣。否則不能惕中，因小忿而失大事，躁性外發，陰謀内生，未得于人，早傷其己，始不謹而終必兇。然亦有惕于中，自訟不明，而必告訟于人，借人分辨其是非邪正者。但分辨其是非邪正，惟利于見大人。若不見大人，則非所利。蓋大人者，正己而正物者。也能規人之過，能勸人之善，能破人之疑，能開人之慧，見之最利。否則既不有惕中，而自化氣質；又不能見大人，而擴充識見，恃一己之陰險，爭勝好强，陷其真而從其假，訟非所訟，自招其禍，是以不涉大川。惕中可以見大人，不惕中便是涉大川。惕中吉，不惕中兇。修道者，可不自訟于早乎？初六，柔而自下，有訟之事，無訟之心，是以不永所事。然既在訟中，亦必辨明其事，雖小有言，終不成訟，究得以吉全之。此柔而不訟者也。九二，所應相敵，不克訟而即不訟，歸而逋其邑人三百户，以避其鋒，雖有災眚，不能及之。此剛而不訟者也。六三，柔弱本不敢訟，是以食舊德也。食舊德而危厲自處，小心謹慎，不致訟而自無訟，終得以吉全之。然既在訟中，我不訟而人必訟，須當借高明者，分辨其是非，事明即止。是

或從王事無成。此柔能順剛，不成其訟者也。九四，以剛遇剛，必有爭端。而能以柔處之，不克訟而即不訟。化其氣質之性，復於天命之性，以不安貞，渝變爲安貞，不求吉而吉即隨之，此剛而自反，不果于訟者也。九五，剛健中正，以德服人，能化一切陰險、好強之輩，皆歸于不訟，是以爲訟元吉。此正己正人，能使無訟者也。上九，爭勝好強，不知自反，到得訟終，外雖得勝，內實敗德，如或錫之鞶帶，終朝三褫之。一錫而三奪，其所得于人者少，而其所自失者多。此有己無人，終敗其訟者也。然則不訟即吉，有訟即兇。不惕于始，必敗於終。訟之不可有也，如是夫。

䷆上坤下坎

師：貞，丈人吉，無咎。初六：師出以律，否藏兇。九二：在師中，吉，無咎，王三錫命。六三：師或輿屍，兇。六四：師左次，無咎。六五：田有禽，利執言，無咎。長子帥師，弟子輿屍，貞兇。上六：大君有命，開國成家，小人勿有。

師者，衆也。以一人而統衆人之義。卦德上坤順，下坎險。順而行險，故謂師。此借陽退陰之卦，承上需卦而來。需者，待時進陽也，進陽所以爲退陰計耳。退陰之法，以正除邪，以真滅假，猶如師貞。師者，刑殺之道，須要有剛而有柔，有仁有義，通權達變，方能濟事。否則，能剛而不能柔，能柔而不能剛，或獨仁而不知用義，或獨義而不知行仁，皆不得正。不得正，即不得吉，反致其咎。惟老成鍊達之丈人，明善惡，分邪正，知吉兇，識急緩；剛柔不拘，仁義並行，行險有順，順以濟險，借後天，返先天，依先天，化後天；不但陰氣不能陷陽，而且羣陰皆順其陽，此吉而無咎之道。若非丈人，見理不明，邪正罔分，入於傍門曲徑，冒然下手，不特不能退陰，而且有以助陰，取咎必矣。何能致吉成道乎？夫人當先天未失之時，純是天真，如國家太平，雖有智士良將，無所用之。及交後天，六賊作禍，七情猖狂，如國家有事，羣寇作亂，若無刑殺剿除之道，不能反危爲安。故金丹有爲之道，煅去後天一切滓質，不使有纖微之疵，留于方寸之中，期必復見當年完完全全一個事物而後已。此師之道，所由貴也。初六，在師之初，先要知其火候、層次，進退、規矩，循序而進，依法而行，能謹慎于始，自然決勝于終，如師出以律也。倘不明火候，冒然作爲，如師無律，否臧自招其兇耳。此退陰貴明火候也。九二，剛中有柔，有進有退，隨時變通，不但不爲陰氣所傷，且能點化羣陰，皆歸于正，如在師中得吉，而又能無咎。然此師中之吉，係外爐加減之功，亦必內而必君誠一不二，內外相濟，方能全吉而無咎。亦如王三錫命，君信臣而臣報君，未有不成其功者。此退隱必須內外相濟也。六三，不知火候進退之法，愚而自用，行險徼幸，欲求長生，反而促死。輿屍之兇，或者必有。此不知退陰而冒險者也。六四，柔而居柔，自知無造命之學，不敢妄作妄爲，自守本分，如師左次，雖不能致吉，亦可以無咎。此不能退陰而能守正者也。六五，柔順得中，虛心自處，物來順應，使其客氣自消自化，如田有禽，利執言也。然理服君子，法制小人。須要有剛有柔，方能濟事。若獨柔無剛，反能敗事。長子帥師，柔以剛濟能成事；弟子輿屍，獨柔不剛能敗事。此退陰必須剛柔相濟也。上六，在師之終，客氣悉化，本固邦寧，心君安泰，無復用刑殺之道矣。然外邪既除，主人公穩坐中央，可以知其幾希之微。一念善，則存之；一念惡，則去之。有功者賞，無功者罰。亦如大君有命，開國承家，小人勿用。必須拔去歷劫輪回種子而後已。此退陰必須內外清靜也。六爻俱有退陰之道，吉兇不等。惟九二有剛有柔，通權達變，能以點化羣陰，而不爲羣陰所傷，有爲之功大矣哉！

䷇上坎下坤

比：吉。原筮元永貞，無咎。不寧方來，後夫兇。初六有孚，比之，無咎。有孚盈缶，終來有他，吉。六二：比之自內，貞吉。六三：比之匪人。六四：外比之，貞吉。九五：顯比，王用三驅，失前禽。邑人不誡，吉。上六：比之無首，兇。

比者，彼此親比相效之義。卦體一陽居于尊位，上下五陰，皆順從之。又卦德順以通險，故謂比。此以陰順陽之卦，承上訟卦而來。訟者，陰不順陽，而陷陽，陰陽乖戾，五行相戕，賊害其真，故終兇。若知其兇，逆而修之，陰不陷陽，而順陽，陰陽相和，五行一氣，性定命凝，此以邪比正，以假比真之道。比之吉者也。比正比真之吉，莫貴乎比其原本。原本者，即坎宮所陷先天一點陽氣，此氣乃天一所生，名曰真一之精，又曰真一之水，又曰真一之氣，乃生物之元氣，在卦爲原筮，在人爲元仁。原筮者，蓍策未分之時；元仁者，陰陽混成之真。但此元氣，陷于陰中，爲後天所蔽，易失難尋。非虛極靜篤，心堅志遠，而不能復還，故原筮元永貞，方能無咎也。

永貞，則貞下起元，元氣一復，陰氣即順，仍是當年無傷無損，渾然天理，一無所咎，囫囫圇圇之原本也。《道德經》云：致虛極，守靜篤。萬物並作，吾以觀其復。《沁園春》云：七返還丹，在人先須煉己待時。永貞之道，即致虛守靜，煉己之功也。蓋煉己不熟，則我家真陰不現；致守不專，則他家真陽不來。欲伏西鄰之情，先降東家之性。不寧方來，正所以煉己待時，以求其復耳。不寧二字，其中有隨時加、減防危慮險等等工程，正解永貞之義。我不寧而彼方來，所謂將欲取之，必先與之也。先與者，順其所欲，以我而比他，所以取彼之懽心。後取者，誠能動物，他來而比我，所以盜彼之生氣。先後分明，人我共濟，還丹可結。否則，我不能先與，妄想彼來，宜先者反後，宜後者反先，顛倒其比，是名後天。所謂凡俗欲求天上事，尋時須要世間財。若他少行多慳吝，千萬神仙不肯來。取兇必矣，焉能致吉成道乎？初六，自卑自下，以柔比剛，是信于比而比之，即能無咎者。蓋信於比，即能虛心，虛心即能實腹，不但有孚無咎，方且有孚盈缶，終來有他吉，必將比于至善之地矣。此信比而終吉者也。六二，柔順得中，未比于外，先比于內，是比之自內也。自內之比，煉己持心，隨時採藥。欲取于彼，不失于我，此內彼之得正者也。六三，性質本愚，又與小人爲伍，以陰比陰，是比之匪人也。匪人之比，無益有損。何貴於比，此外比之不正者。六四，以柔比剛，見賢思齊焉，雖愚必明，雖柔必強，此外比之得正者也。九五，剛健中正，陽氣足而陰氣自化，是顯然之比也。顯然之比，非有勉強，出於自然，猶如王者驅禽，四面而開一面，用三驅失前禽也。用三驅者，取真收順。失前禽者，舍假放逆也。取真舍假，真者來而假者自化，收順放逆，順者得而逆者自無。修道至于真假俱化，逆順皆無，方寸之中，湛然常寂，至善無惡，雜念不生，如邑人不誡而自化，此內外一氣之比者也。上六，愚而自用，既不能內比，又不能外比，依一己之陰，隨心造作，終無出頭之日，是比之無首也。無首之比，空空一世，到老無成，自取其兇，此始終不知比人者也。夫修真之事，以無道而比有道，以無德而比有德，總要真心實意，步步着力，期必道德歸於是正而後已。道德中正，金丹入口，點化羣陰，如猫捕鼠。噫！採藥時須用槖籥，煉己時還要真鉛。若行比道，不知原筮之物，不識永貞之元，任性作爲，不落于比之匪人，即歸于比之無首，致咎取兇，勢所必有。學者可不親近真師乎？

䷈上巽下乾

小畜：亨。密雲不雨，自我西郊。初九：復自道，何其咎？吉。九二：牽復，吉。九三：輿説輻，夫妻反目。六四：有孚，血去惕出。無咎。九五：有孚攣如，富以其鄰。上九：既雨既處，尚德載，婦貞厲。月幾望，君子征凶。

小畜者，小其養也。卦德上巽伏下乾健，健而巽行，巽伏其健，健不自用，故謂小畜。此以小養大之卦，承上師卦而來。師之道，借陽而退陰也。借陽退陰，貴乎先養其陽。能養其陽，則以小自居，滿而不盈，剛而不躁，有若無，實若虛，其心日下，其德日高，可以漸造于聖賢之域，此小畜所以有亨道也。但小畜雖亨，若大過于小，是柔道用事，剛道退位，志氣不振，懦弱無能。畜之小而亨之小，其行不達，大道難成。猶如密雲不雨，自我西郊也。陰氣結而爲雲，陽氣通而爲雨，祇雲不雨，陰氣盛而陽氣弱，生機將息。我家之近者，尚無濟，他家之遠者，更何求？空空一小，入于寂滅之學，豈能還我乾元面目乎？此小畜之火候，不可不知也。初九，剛而居卑，韜明養晦，抱道而處，不以外假而傷內真，是能復于自道也。能復自道，雖畜之小而得其養，剛氣日增，不但無咎，而且致吉，此大而自小之畜也。九二，剛以柔用，敏而好學，不恥下問。結交有道君子，彼此資益，明善復初，是爲牽復也。牽復之畜，外愈虛而內愈實，小而反得其吉，此大而知小之畜也。九三，剛而自用，有己無人，乖和失中，終必敗剛，如輿説輻而車不能行，又如夫妻反目，而家不能興。此大而不知小之畜也。六四，以無能而處于有能之中，必有血傷之咎。然柔而得正，自信一己純陰，爲害最大，而能借他家之陽，儆惕勉力，煉己持心，本有害者，可以脱去其害，本有咎者，可以歸於無咎。此小而知大之畜也。九五，陽剛巽進于中正，真信在中，陰陽混合，金丹凝結，是有孚攣矣。攣如之信，本固邦寧，命基堅牢。急須化其氣質之性，以歸真如之性，如富以其鄰矣。此小而藏大之畜也。上九，剛居柔位，在小畜之終，如既雨既處矣。雨所以濟亢旱，既雨則陽氣處而不亢，既處則陽氣和而無用。修道所以用陰者，特以制暴躁之假陽耳。假陽既息，真陽須進，小畜之終，正當大畜之時。若終于小而不能大，陰反傷陽。如尚德載婦，女子掌權，又如月幾于望，光明漸虧。修道君子，祇知小而不知大，以之孤寂守靜，無作無为则可，以之盡性至命，

行道致遠，適以招兇而已。此終于小而不知大之畜也。觀于六爻之畜，小畜原有亨道，是在人小之如何耳。小之當，則以小畜大而致吉；小之不當，則以小害大，而招凶。學者可不先究其小中之火候乎？

䷉上乾上兑

履：虎尾，不咥人，亨。初九：素履，往無咎。九二：履道坦坦，幽人貞吉。六三：眇能視，跛能履，履虎尾，咥人，凶。武人爲于大君。九四：履虎尾，愬愬終吉。九五：夬履，貞厲。上九：視履考祥，其旋元吉。

履者，前進也。卦德上乾健，下兑悦。陰悦于陽，有一陰進而變爲純陽之象，故謂履。此進陽防危之卦，承上比卦而來。比者，陰順其陽也。然欲陰順，須先進陽。進陽至于中正，而陽自順之，此進陽之道所宜先也。人之真陽，本來自有，不待他求，交于後天，真情昧而妄情生，于是真陽走失于外，如虎奔而寓于西，屬于他家矣。雖在他家，原是我家之物，但人不肯招攝復還耳。招攝之道，不求于乾，不求于坤，不求于離，不求于坎，專求于兑。兑爲少女，代坤母而行順道，能以陰極復陽，其性和悦。和則能緩，悦則能信，緩則能漸行，信則能耐久。能緩能信，力行不怠，可以進于堅剛不壞之地，復見乾元面目，而不爲假陰假陽所傷，如履虎尾不咥人而有亨道也。虎爲咥人之物，履之最險，若能和悦履之，而不過猛，如履虎尾也。履虎尾而瞻前顧後，不即不離，循序漸進，防危慮險，火候不差，陰者可以化而爲陽，陽者可以還而爲純，不但不爲虎咥，而且能盜彼殺中之生氣，保命全形，此進陽無阻無滯離通之道。和悦履健，豈小補云哉！初九，心強氣壯，信于履道者，信于履而即能履而即能履，以是往而下手修爲，必將進于無咎之地矣。此志念堅固之履也。九二，樂在其中，自有真悦，不戀假悦。一切外物，不得而移之，是以履道坦坦也。坦坦之履，無貪無求，心安神靜，非始終如一守，貞之幽人，不能此樂道忘年之履也。六三，愚而自用，藥物不知，火候不曉，以不明爲明，以不能爲能，冒然行道，如眇能視，跛能履，履虎尾，咥人，自取其凶。又如武人爲于大君，自招其禍。此愚而自用之履也。九四，剛而不躁，以誠而入，以柔而用，防危慮險。如履虎尾，愬愬，戒慎恐懼，不但虎不能咥，終必履于純陽之地，而得吉。此剛而能柔之履也。九五，剛健中正，從心所欲，不踰矩。履道果決而不犯難心，然履道全于中正，金丹已有象，須當貞一不二，以危厲自處，方無得而復失之患。此自有入無之履也。上九，剛居柔位，視其所履之火候，考其藥物之老嫩，循序而進，旋始旋終，終以全始，期必至于陰陽混合、圓成元虧而後已。此全始全終之履也。然則進陽之道，必須剛中有柔，柔中有剛，剛柔相濟，不急不緩，和悦從容爲貴乎！

䷊下坤下乾

泰：小往大來，吉亨。初九拔茅茹，以其彙，征吉。九二：包荒，用馮河。不遐遺，朋亡，得尚于中行。九三：無平不陂，無往不復，艱貞無咎。勿恤其孚，于食有福。六四：翩翩不富，以其鄰，不戒以孚。六五：帝乙歸妹，以祉元吉。上六：城復于隍，勿用師。自邑告命，貞吝。

泰者，通和之義。卦德上坤順，下乾健，陽健于內，陰順于外，分順如一，陰陽相應，故謂泰。此陰陽相交之卦，承上小畜而來。小畜一陽而畜五陽，陰氣主事，陽氣不振，小于畜而不能大于畜，其行不通。通行之道，必須大小無傷，陰陽相當。陰順陽而陽統陽，陰陽和合，方能濟事。故泰之爲道，小往大來，吉而得亨也。小者陰也，大者陽也。小往則陰順，大來則陽健。陽健于內，陰順于外，先天漸復，後天漸化，可以造于純陽無陰之地。于理得吉，于行行亨。但致泰之道，有火候，有工程，進之退之，各有其時。不失其時，健而順行，以順養健，未泰者而能致，已泰者而能保，由了命而了性，自有爲而無爲，完成大道，理有可決也。初九，一陽潛生，諸陽皆有動機，如拔茅之茹根以及彙葉也。致泰得，乘此一陽發現，而即下手修爲，漸採漸煉，由微而著，未有陽不健而陰不順者，故曰征吉。此剛而乘時以致泰也。九二，剛健中正，通權達變，是以包荒用馮河，不遐遺朋亡也。包荒者，度量寬宏，用柔也。馮河者，志氣勇敢，用剛也。不遐遺者，靜觀密察，柔之至。朋亡者，閑邪存誠，剛之至。剛中有柔，柔中有剛，文烹武煉，左之右之，無不宜之，得尚於中行矣。此剛柔相濟以致泰也。九三，三陽已足，陽極必陰，泰極必否。如無平不陂，無往不復。當此之時，須要知進知退，艱難守貞，防貞，陰危慮險，方無得而復失之咎。既無其咎，功成人間，名標天上。且食天福，亨壽無窮，何憂恤之有？此剛極守正以保泰也。六四，當陽極交陰之際，不能防危慮險，一陰潛生，羣陰皆動，如翩翩不富以其鄰，無待相戒而孚合，金丹已得而復失。此以柔傷剛而失泰也。六

五，當正泰之時，以陰養陽，陽氣凝結，如帝乙歸妹，以祉及於臣下，陰戀陽而陽戀陰，陰陽同氣，自有天然真火，爐中赫赫長紅。雖在已泰而不失初泰之吉，此以柔養剛而全泰也。上六，在泰之終，順之極，祇知泰之順，不知泰之逆，不防於早，必敗于終，如城傾而復於隍矣。當此之時，好事已去，難以爲力，故曰勿用行師，兇事已臨，後悔不及，故曰自邑告命貞吝。此柔而不知早於保泰也。然則致泰保泰，各有其時，有爲無爲，各有其法。隋朝而行。依法而作，健所當健，順所當順。健以致泰，順以保泰。未泰者能泰，已泰者長泰。何患不吉、不亨，大道不成乎！

䷋上乾下坤

否：否之匪人，不利君子貞，大往小來。初六：拔茅茹以其彙，貞吉亨。六二：包承。小人吉，大人否亨。六三：包羞。九四：有命無咎，疇離祉。九五：休否，大人吉。其亡其亡，繫於苞桑。上九傾否，先否後喜。

否者，窒塞之義。卦德内坤順，外乾健。順其所欲，剛强用外，陰氣主事，陽氣退避，分順各別，謂否。此陰陽不合之卦，承上履卦而來。履者，和悦以進健，使其陰陽相合，健順如一耳。蓋陰陽不交，真陰變爲假陰，真陽變爲假陽，先天失而邪氣入，邪氣入而正氣退。是以否之匪人，不利君子貞也。匪人爲邪氣，君子爲正氣。當先天未傷，真陽在内，一團正氣，即是君子。及先天已失，真陽散外，一身所有，俱是邪氣，順其後天之陰，恣情縱慾，無所不至，即是匪人。匪人不利於君子，即是邪氣不利於正氣。當此之時，修道者，正宜黜聰毁智，斂藏神氣，以保真陽。特以此不利之時，正大往小來，陰氣用事之時，若不知防危慮險，愈致其否，不利甚矣。初六，一陰潛生，否之根已立，否之機必發，如拔茅茹以其彙矣。當斯時也，陰氣方生，陽氣未傷，若能早爲致濟，猶可轉否爲泰。蓋以正禦否，否即不來，于理得吉，于行得亨，此防陰于未否之先也。六二，陰氣漸進，殺氣將發，外君子而内小人，是謂包承。包承之陰，雖未至於傷陽，已有傷陽之勢，在小人邪氣順行則吉，在大人正氣不通則否。修道者，儉德辟難，不爲陰氣所惑，亦否中得亨之一道。此防陰於主否之時也。六三，陰氣結聚，順其所欲，認假爲真，以爲得計，實包羞而不知其羞者，此順陰而不知有否也。九四，在陰極交陽之際，否中藏泰，生機又現，無命者而又有命矣。人之健德，天命之良心也。此心人人具足，箇箇圓成，處聖不增，處凡不減，但爲氣質所拘，人欲所蔽，以苦爲樂，不肯回頭耳。若肯回頭，天良發現，一善可以解百惡，立登道岸，有咎者即可至於無咎。是道也，雖凡夫俗子，知而行之，災變爲福，刑化爲德，疇離祉乎！此陽生而即能不否也。九五，剛健中正，守道心而去人心，不求否休而自休。其休得，以其能防否於正泰之時，居三陽之内，正泰之時也。其亡其亡，繫于苞桑，未亡而防亡，方泰慮不泰，陰氣焉得而入之？此防陰於正泰之進也。上九，在否之終，陰氣當退，陽氣當進，正當傾否之時。修道者，乘此機會，天人合發，抑陰扶陽，先否後喜，易如反掌，此進陽於否終之時也。然則不能使泰而不否者，後天循環之道；而能于否中致泰者，先天逆運之功。但須要認得藥物，知的火候，不先不後，隨時進退耳。

䷌上乾下離

同人：同人于野，亨。利涉大川，利君子貞。初九：同人于門，無咎。六二：同人于宗，吝。九三：伏戎于莽，升其高陵，三歲不興。九四：乘其墉，弗克攻，吉。九五：同人，先號咷而後笑。大師克相遇。上九：同人于郊，無悔。

同人者，人我如一之義。卦德上乾健，下離明。明而行健，健以通明，誠中達外，成己成物，故謂同人。此混俗和光，善與人同之卦，承上泰卦而來。泰者，陰陽相當，健順如一也。修道者，至陰陽相當，健順如一，聖胎已結，可以混俗和光，以修向上事矣。但混俗和光，須要大公無私，在于無我。無我則無人，無我無人，則人我之心去。人我之心去，則人即是我，我即是人。如天之無物不覆，如日之無處不照，可以物我歸空，如同人于野，同而未有不亨者也。野爲曠遠無人之處，同人如在野，則無我相，無人相，無衆生相，是能實心同人矣。但能同之于順，不能同之于逆，能同之于平易，不能同之于危險，則同之不是實心，而終不得亨。曰利涉大川者，以其大險大難之境，若能同去，則其無險無難之處，無往不利矣。世之凡夫俗子，未嘗無有同人者，但多出于私而不得其正，可同者同之，不可同者亦同之，非同人于野之旨，故涉川之利，其必利于君子之貞乎！君子者，同之以正，而不同之以心。正者，同理而已。心有變遷，理無變遷，以理而同，則無心，無心則人我之見俱化，惟理是守，内可以成己，外可以成物，明以照

遠，健以直行，健明兩用，剛柔相濟，內不失己，外不傷人，圓陀陀，光灼灼，淨倮倮，赤洒洒，立于萬物之中，而不爲萬物所屈，處于陰陽之內，而不爲陰陽所拘矣。初九，在同人之始，剛而能明。將欲出門同人，不遽出門，先辨其是非可否，而後同。同之能以無咎者，此剛而謹始之同也。六二，居于內體，與二陽同處，是同人于宗，僅能同之于親，不能同之于疎，乃同人羞吝之道，此柔而不遠之同也。九三，剛明太過，自尊自大，間或同人出于勉強，不由自然，如伏戎于莽，升其高陵也。高陵之同，順我者能同，聞我者不能同。如此之人，雖三歲之外，終不能興同人之事，此剛而勉強之同也。九四，以剛乘剛，彼強我勝，彼我不能同心，如乘其墉而弗克攻矣。然剛而能柔，不能同而不強攻，亦同人之吉道，此剛而能柔之同也。九五，剛健中正，道全德備。先無人同，而終必有同者，是同人先號咷而後笑也。夫道高者毀來，德修乾謗興。知音之少，亦無足怪。然成己之後，而欲成物，大公無私，以正而同，如大師克之，久則誠能動靜，方且人人尊服，而皆同之，何患知音之不遇哉！此大公無私，利涉大川之同也。上九，剛以柔用，在塵而能出塵，處世而能出世，外雖同而內不同，如同人于郊。于郊之同，大智若愚，大巧若拙，境遇不得而移，不致悔而自無悔，此和而不流之同也。然則同人之道，須要通權達變，量時度務。同之得正爲貴，以正而同，既健且明，無往而不可同，無往而有苟同，同人于野之旨得矣。

䷍上離下乾

大有：元亨。初九：無交害匪咎，艱則無咎。九二：大車以載，有攸往，無咎。九三公用亨于天子，小人弗克。九四：匪其彭，無咎。六五：厥孚。交如，威如，吉。上九：自天祐之，吉。無不利。

大有者，有之大也。卦德上離明，下乾健，明以行健，健中出明，愈健愈明，愈明愈健，故謂大有。此富有日新，嚴以治內之卦，承上否卦而來。否者，陰氣用事，陽氣退位，認假失真，蔽塞靈竅，日晦日暗，本來天德全無矣。若欲復還天德，無中生有，非健明之道不能。何謂健？一念純真，剛強不屈者是也。何謂明？燭照萬事，虛靈不昧者是也。能健則心堅志遠，無道不修，無德不立，而富有；能明則辨理透徹，真知確見，有善即遷，有過即改，而日新。既健且明，內有方宰，萬物難移，于是真履實踐，如天上有日，光照一切，無物不覆，無物能瞞。大地裏黃芽長徧，滿世界金銀花開綻，信步走去，頭頭是道，有之大而行之遠，元而未有不亨者也。初九，在大有之始，所有不大，正當潛修密煉。不可因外物而傷內真者，是以無交害匪咎也。然不交于外物，倘有妄念內生，亦即是物，仍是有害有咎，惟艱以處之，煉己持心。假者去而真者來，不有者能有，方能始終一無所咎矣。此初有須當靜養于內也。九二，剛健得中，己富有于內，如大車以載，能以任重，可以不爲外物所傷矣。然德克于內，須驗于外，惟有攸往，事上境上，輕輕過去，不動不搖，方是大有，而內外一無所咎矣。此已有須當驗之于外也。九三，剛居剛位，有之大而行之大，能以完全天德，如公用亨于天子也。公用之亨于天子者，剛正有爲之才；修道之亨于天者，剛正有爲之德。以德亨天，自命不凡，方且與天爲配，何碍于大？若夫剛而不正之小人，無而爲有，予聖自雄，適以違天，焉能亨天？此大有須貴剛之得正也。九四，剛明兼備，有健不恃，有明不用，是匪其彭也。匪彭之剛明，外示不足，內常有餘。有者愈有，大者愈大，自無得而復失之咎。此大有，尤貴剛而能柔也。六五，柔順虛心，自信一己之無，而知他人之有，以柔求剛，借剛濟柔。是以厥孚交如，威如吉也。五本無威，以其能交于剛，雖愚必明，雖柔必強，無即能有，小即能大，此未有，須當求人之有也。上九，在大有之終，剛柔相當，健明如一，渾然天理，金丹凝結，我命由我不由天，是以自天祐之，吉無不利也。天之所以命于人者，健德。人之所以順乎天者，明德。以明保健，天命常在。天命在而天即祐之。此大有，須當全天之有也。然則大有實學，非健以治內，明以應外者不能行。既健且明，未有者而能有，已有者而能大。健明兩用，實腹虛心，富有日新之道盡矣！

䷎上坤下艮

謙：亨。君子有終。初六：謙謙君子，用涉大川，吉。六二：鳴謙，貞吉。九三：勞謙君子，有終吉。六四：無不利，撝謙。六五：不富，以其鄰，利用侵伐，無不利。上六：鳴謙，利用行師，征邑國。

謙者，有而不居之義。卦德上坤順，下艮止。剛上于內，柔順于外，內剛而外柔，故謂謙。此以陰保陽之卦，承上同人而來。同人者，混俗和光，以明用健也。以明用健，健不妄用，非涵養深厚者，不能行。涵養之功，即以陰保陽之功。以陰保陽，所以虛極靜篤，止于其所也。艮爲死我之處，坤爲生我之處。未死先學死，陽之止也。不生即長生，陰之順也。陽止者，止

假陽、養真陽也； 陰順者，運真陰、退假陰也。 假陽止而真陽存，是謂養； 假陰退而真陰現，是謂順。 能養能順，嚴以治己，虚以應物，心愈低而道愈高，外不足而内有餘，順理順人，止于至善之地而不遷，此謙道之所以亨也。 然能謙之于始，不能謙之于終，是有始無終。 止之不固，順之不當，謙之假而不真，亦不得亨。 惟修道君子，于止知其所止，虚其所有，示其所無，一念純真，有始有終，遵道而行，愈久愈力，故得先天之氣自虚無中來，凝結而成丹。 若非君子無而爲有，虚而爲盈，自滿自足，雖外恭而内不敬。 始勤終怠，必至止真陽而用假陽，順人欲而背天理，不但不吉，而且不亨，何足以爲謙哉？ 初六，其性柔順，固自有謙。 又居卑下，不敢先人，是謂謙而又謙之君子。 如此之謙，順固能謙，逆亦能謙。 用涉在川之險，無有不致吉者。 此柔而自下之謙也。 六二，柔順中正，以無能而順有能，是謂鳴其謙也。 謙而至鳴，示己之無，尊人之有，虚心即能實腹，謙而即得其吉者，此柔而順剛之謙也。 九三，以一陽而居于羣陰之中，能以謙道點化羣陰，是謂勞謙也。 謙而至勞，其德日大，其心日小。 我謙而人自謙，非真心實意之君子不能。 此剛而有終之謙也。 六四，柔而守正。 既能謙于有德，又能謙于無德； 既能謙于尊上，又能謙于卑下，是謂撝謙也。 謙而至撝，左之右之，隨在皆然，此柔而無不利之謙也。 六五，柔而得中，不但自謙，亦能化人于謙，是以不富以其鄰。 鄰爲相近之人，又在順體，能化于近，不能化遠，非是規謙； 能化于順，不能化逆，亦非真謙。 利用侵伐，利用于遠逆矣。 謙至逆順不拘，遠近皆通，其行無往而不利矣。 此尊而能以虚心之謙也。 上六，自尊自大，有己無人，是謂鳴謙。 謙鳴于上，自不能謙，焉能化人于謙？ 是以利用行師，征邑國也。 邑國，近我順我者也。 近我順我者，且用行師征之，而後得利，何況遠我逆我者乎。 此尊而不能自卑之謙也。 謙之爲道居多，或剛而能謙，或柔而能謙； 或謙而柔，或謙于剛，總以虚心自卑爲貴。 虚心則能實腹，自卑則能登高。 借陰濟陽，不在是乎。 噫！ 謙受益，滿招愆。 謙之一字，其事雖微，其功最大。 學者能于謙之一字作實落工夫，有始有終行去，則内而陰陽和，外而人我通，氣質化而天真獨露，生氣常存，何患金丹不結，大道不成哉！

䷏上震下坤

豫： 利建侯行師。 初六： 鳴豫，兇。 六二： 介于石，不終日，貞吉。 六三： 盱豫悔，遲有悔。 九四： 由豫，大有得。 勿疑，朋盍簪。 六五： 貞疾，恒不死。 上六： 冥豫，成有渝，無咎。

豫乾，樂也。 卦德上震動，下坤順。 順時而動，動而通順，故謂豫。 此以陰招陽之卦，承上大有而來。 大有健明兩用，富有日新之道也。 富有日新，須要順時而動，方能成功。 若能順時，則進健得正，用明得當，火候不差，爻銖有準，急緩得法，進退合節，由有爲而至無爲，自無得而復失之患。 其順動之樂爲何如？ 順動之象，莫如建侯行師。 侯爲一國之主，將爲衆軍之主。 建侯順天時，則一國治； 行師順人心，則衆軍全。 心爲一身之主，如侯如將也。 順動于建侯行師，即利于正心修身。 順時而動，則利； 不順時而動，則不利。 利則得樂，不利則不樂。 致樂之道，順而動之，盡矣。 初六，居豫之初，又在三陰之下，性質本愚，且與小人爲伍，自暴自棄，以苦爲樂，是謂鳴豫。 豫而至鳴，無樂而自爲樂，終必入于下愚不移之地，而不得樂。 此匪正取兇之樂也。 六二，無貪無求，樂天知命，如介于石，確然有守，不以外假而傷内真。 至于非分之樂，不俟終日，則即去之。 此守貞得吉之樂也。 六三，舍己之樂，仰望他人之樂，是謂盱豫。 豫至于盱，未得于人，先失其己，致悔之道。 既知盱人無益而速悔，則可無悔。 否則，不能悔速，而悔遲，終必有悔，而不得樂。 此失正致悔之樂也。 九四，以一陽而居于羣陰這中，不爲羣陰所惑，且能點化羣陰，皆來順之，是謂由豫，大有得也。 大得之象，如亂髮朋盍而歸于一簪，以一禦紛，以定止亂，陽氣常振，陰氣自化，樂何如之，此用剛有得之樂也。 六五，柔而不剛，孤寂守靜，空而不實，如有疾而不能樂矣。 然柔而得中，即不能致樂，亦不至招兇，雖有疾而恒不死。 不死不活，獨守一貞，安于小乘，縱真陽在望，未許我有，此着于頑空無樂也。 上六，在豫之終，祇知順行其樂，不知逆運其樂，是謂冥豫。 豫至于冥，執固不通，順其所欲之樂，雖樂事已成，必有渝變，樂極生悲，終必自敗，與人無咎，此隨心所好失樂也。 然則樂之爲道，總在能順； 致樂之道，總在能順時而動。 順時而動，陽氣舒暢，如雷出地外，奮發登在，震驚百里，一切邪魔魍魎，盡皆遁迹。 生機不息，大地裏黃芽長徧，滿世界金花開綻，信步走去，頭頭是道，樂莫樂于此也！

䷐上兑上震

隨： 元亨利貞。 無咎。 初九： 官有渝，貞吉。 出門交有功。 六二：

係小子，失丈夫。六三：係丈夫，失小子。隨有求得，利居貞。九四：隨有獲，貞兇。有孚在道以明，何咎。九五：孚于嘉，吉。上六：拘係之，乃從維之。王用亨于西山。

隨者，相從之義。卦德上兑悦，下震動。我動而人悦，人悦而我動，有彼此相應之義，故謂隨。此以性求情之卦，承上謙卦而來。謙者虛其所有，示其所無，所以借陰以全陽，乃陽復以後之事。當陽未復之時，若非有招攝之法，而真陽不來。招攝之法，即隨道也。本卦震兑相合，震屬東家，爲性、爲我；兑屬西家，爲情、爲彼。有生之初，性情如一。先天真陽，原是我家之物，交于後天，走失于外，不爲我有，屬于他家矣。若欲還元返本，仍要在他家盜來，隨之爲道，順其所欲，漸次導之也。順欲者，以我而隨彼，取彼之懽心，使彼來隨我也。彼我相隨，以性求情，以情歸性，失去故物，仍還我家，是以隨道而得以元亨也。但隨道雖能元亨，而藥物有真假，火候有次序，動靜有時節，進退有早晚。毫髮之差，千里之失，是以隨之元亨，尤利于貞耳。貞者，正也。以正而隨，我以正感，彼以正應，彼我皆正，假情亦化爲真情，假性亦化爲真性。金木交併，木性愛金順義，金情戀木慈仁，剛柔一氣，性情相合，返朴歸醇，渾然天理，金丹凝結，寂然不動，感而遂通。感而遂通，寂然不動，始而有咎者，終而一無所咎矣。試明隨之是非吉兇。初九，在隨之初，隨時隨非。隨之官者，既爲其官，必有渝變，須當辨别可否，以正而隨，方能得吉。既知其正，于是出門交物，借世法而修道法，未有不成其功者。此謹慎于始之隨也。六二，柔而無知，隨其後起之陰，失其元初之陽，是係于小子，失其丈夫矣。此柔而失真之隨也。六三，性柔志剛，能隨他家之陽，不隨我家之陰，是係于丈夫，失其小子，隨之有求必得矣。然柔者，多信道不篤，易于失守，尤必居于正，而不遷移。愈久愈力，方能得他家之陽，歸于我家。此柔而居正之隨也。九四，剛而能隨，隨之必有所獲。但以剛隨剛，剛之太過，雖正亦兇。幸其剛以柔用，有孚在道，明于是非邪正，知進知退，不致咎而自無咎。此剛而信道之隨也。九五，樂在其中，隱惡揚善，隨剛隨柔，執兩用中，無一行之不正，無一事之不當，從心所欲，不踰矩。此信其嘉德之隨也。上六，愚而無知，使心用心，我不能先去隨他，即欲他來隨我，如拘係之，乃從維之，强求强合，妄想太過，猶如王用亨于西山，縱天寶在望，終在西而不歸東，究是落空事業，此懸虛不實之隨也。然則隨道之所以元亨者，利在于貞耳。以正而隨，將欲取之，必先與之。我能隨他，他即隨我，真陰真陽，兩而相合，恍惚中有象，杳冥内有精，先天之氣，自虛無中來，凝而爲一黍之珠，從微而著，元而未有不亨，亨而未有不利，利貞之隨，咎于何有？既無其咎，大道可成矣！

䷑上艮下巽

蠱：元亨。利涉大川。先甲三日，後甲三日。初六：幹父之蠱，有子考無咎。厲終吉。九二：幹母之蠱，不可貞。九三：幹父之蠱，小有悔，無大咎。六四：裕父之蠱，往見吝。六五：幹父之蠱，用譽。上九：不事王侯，高尚其事。

蠱者，敗壞之義。卦德上艮止，下巽入。有一陰入而陽止之象，故謂蠱。又巽在止中，止其陰而不上進，兼有飭蠱之義。此棄假歸真之卦。承上豫卦而來。豫者，順而動之。順動則順時、順理，非禮不動，防其動之有蠱也。人之生初，至善無惡，渾然天理，本無可修，亦無可證。既無所傷，亦無所飭。及至二八之年，陽極生陰，性相近而習相遠，如巽之一險，生于二陽之下，陰氣進步，由是本來面目有蠱矣。然天道未有陰而不能陽，人事未有壞而不能修者，此飭蠱之道，所由貴也。飭蠱之道，如艮之一陽，止于二陰之上，不爲陰氣所傷。借此一陽，歸根復命，此務本之學。君子務本，本立而道生，一念回機，如同本得此蠱中，而反得元亨者也。元亨不在于蠱，而在于飭蠱。飭蠱之道，不在于空寂無爲，須要在大險大難中修持，龍潭虎穴裏作爲，方能復我本來真體，煉成金剛不壞之物，是以蠱之元亨，又利涉大川也。大川至險而難涉，大川涉利而不傷，則其小險無險之處，不得而傷，又可知矣。但涉川之利，有作用、有火候，毫髮不容有差。先甲三日，後甲三日，正作用火候之秘訣。人之陰陽，如月之盈虧，月白初三傍晚，陽光發現于西南庚地，在卦爲震，所謂震納庚也。至于十五傍晚，現于東方甲地，在卦爲乾，所謂乾納甲也。十三、十四、十五，此三日光輝方圓，即先甲三日；十六、十七、十八，此三日光輝已虧，即後甲三日。人之陽氣方純，亦先甲三日，陰氣已生，亦後甲三日。甲前是陽，甲後是陰，此先天後天陰陽之界。修道者，須知的。事之蠱與不蠱，皆在此先甲後甲之際。當陽氣將純之時，防陰以保陽，及陰氣已生之後，退陰以復陽，防陰氣

于未生之時，則陽氣未蠱者可以保，已蠱者可以還。此去假歸真，務本之實學。貞而未有不元亨，元亨而未有不利者也。初六，在蠱之始，根本圓成。若防陰于未蠱之先，如幹父之蠱，有子隨之。考宜有咎者，即可無咎。但飭蠱之道，非空空無爲，必須危厲戒懼。庶乎客氣不生，根本不傷，能謹于始，自吉于終。此防陰于未蠱之先者也。九二，剛以柔用，柔爲本而剛爲幹，不過于剛，不傷其柔，剛柔如一，通權達變。如幹母蠱不可貞。此飭蠱不過于剛者也。九三，以剛幹剛，剛之太過，如父剛子剛。幹父之蠱，未免小有所悔。然在飭蠱得正，雖有小悔，可無大咎耳。此飭蠱太過于剛者也。六四，獨柔無剛，有蠱而不即飭，姑息養奸。如父有蠱，而子裕之，以是往而修道，適以自取羞吝耳。此飭蠱太過于柔者也。六五，柔順虛心，示己之無，稱人之有，如幹父蠱而用譽也，以譽而用，借他家之剛明，以破我家之昏暗，有蠱即可歸于無蠱。此飭蠱善用其柔者也。上九，剛居于柔，無貪無求，根本不傷。無蠱而亦不飭，是以不事王侯，高尚其事也。不事王侯者，不圖名利之事也；高尚其事者，尚其道德之事也。尚道德而不圖名利，其居高，其事大，止于至善之地而不遷，俯視一切，萬物皆空，根本堅固，不待修爲，而自無蠱，此無蠱，而亦不飭者也。然則飭蠱務本之道，總以陰陽混合，止于至善爲歸着。若未到至善之地，雖無大蠱，難免小蠱，故蠱之元亨，利于涉大川。大川涉而利，自有爲而入無爲，性命皆了，形神俱妙，與道合真，永爲堅久不壞之物，飭蠱之道盡矣。

䷒上坤下兑

臨：元、亨、利、貞。至于八月有凶。初九：咸臨，貞吉。九二：咸臨吉，無不利。六三：甘臨，無攸利。既憂之，無咎。六四：至臨，無咎。六五：知臨，大君之宜，吉。上六：敦臨，吉無咎。

臨者，監察也。卦德上坤順，下兑悦，悦而順理，順行其悦，故謂臨。此臨爐採藥之卦，承上隨卦而來。隨者，以震家而求兑家，以兑家而歸震家。所謂金來歸性初，乃得稱還丹。陽氣已復，從微而著，漸次增長，于是臨爐下功，扶陽抑陰，陽氣未有不長，陰氣未有不消者，此臨所以有元亨之道也。元者，一陽初回；亨者，二陽增升。臨爐下手，即採此二陽也。但二陽浸長，陰氣猶盛，陰氣猶弱，必須防危慮險，勿忘勿助，以和爲體，以順爲用，隨時而行，欲取于彼，不失于我，惟利于貞耳，貞者，正也。以正而臨，時未至而不強求，時已至而不錯過。火候爻銖不差，元氣不泄，生機不息，其行亨通，而無所阻矣。否則，不知藥物老嫩，不明工夫急緩，冒然下手，速欲成功，藥物不真，火候有差，其進鋭者其退速，必至二陽順長者，未幾而二陽又消，臨反爲觀。至于八月有凶，不貞即不利，不利則元而不亨，得而復失，大事去矣。故臨爐之道，必以和緩順時，不失火候爲貴歟。初九，在臨爐之始，陽氣方生，而能剛以處之。一念純真，有感即臨，以正而感，不正不感，正而未有不吉者，此謹慎于初之臨也。九二，陽氣浸長，剛柔如一，寂然不動，感而遂通，陽戀陰而陰戀陽，大小無傷，生機不息，自微而著，終必至于陽氣純全之地。此剛氣吉利之臨也。六三，柔而無知，口是心非，務外失内，是謂甘臨。臨至于甘，能言不能行，一無所利可知。既無所利，甘變爲苦，憂所必有。然既憂之，自卑自下，虛己求人，則回頭是岸，有咎者，亦可以無咎。此棄假就真之臨也。六四，柔而守正，煉己持心，以待初生之陽，是謂至要之臨。臨于至要，大藥發現，自無當面錯過之咎，此乘時採藥之臨也。六五，柔順得中，以無求有，以虛求實，是謂能知其臨。能知其臨，則心君清泰，神明内照，彼到而我待之，陽來則陰受之，急緩止足，無不合宜，先天之氣，自虛無中結就矣。此混合陰陽之臨也。上六，在歸之終，自有爲而入無爲，返樸歸醇，至善無惡，不識不知，順帝之則，是謂敦臨。臨至于敦，則如如穩穩，有無不立，物我皆空，本來面目全現。此全始全終，有吉無咎之臨也。觀于六爻，各有臨道，惟三爻甘臨不利，其餘五爻，皆隨時而行，進退急緩，俱有妙用，實爲臨爐火候之指南。學者能于臨卦中鑽研出個消息，則金丹火候，可得其大半矣。

䷓上巽下坤

觀：盥而不薦，有孚顒若。初六：童觀，小人無咎，君子吝。六二：闚觀，利女貞。六三：觀我生，進退。六四：觀國之光，利用賓于王。九五：觀我生，君子無咎。上九：觀其生，君子無咎。

觀者，覺察戒慎之義。卦德上巽入，下坤順，順時而漸進，進之而不猛，有覺察之義，故謂觀。此神明覺察之卦，承上蠱卦而來。蠱者，巽在止中，止其陰氣不能入，所以飭蠱也。飭蠱之道，非神明覺察之功不能。覺察之功，全在于後天中返先天，順道中行逆道。人當陰盛陽弱之時，如本卦四陰順生，二陽漸消，陽氣勢必爲民消盡。神明覺察者，逆此弱陽，而不爲陰

氣所傷也。但人氣質有拘，積習已深，陰氣不能遽然而順，是必用漸修之功，順其欲而徐緩導之，使其自消自化，自順自退耳。何則？真者來而假者自化，內能誠而客氣自無。陽漸進于上，陰順退于下，陽統陰而陰順陽，陰陽相應，內外如一，猶如祭神盥而不薦，有孚顒若也。盥者，以水淨手也；薦者，以物供祭也。有孚者，誠信于中也。顒若者，溫恭于外也。凡祭神先淨手，誠信于中，後供物溫恭于外，取其用誠漸感，以神交而不以形交，神觀之義。修真之道，如祭神也，先誠信于心，而後行持于身，神明默運，不疾而速，以誠而入。以柔而用，陰陽隔碍潛通，虛室生白，由神觀而至大觀。一粒黍珠懸于太虛之中，光輝朗耀，山河大地如在掌上，一步一趨，皆合妙道，更何有陰不順，而陽不還哉？噫！神而明之，存乎其人，須要知的本卦順而巽進，進本于順之妙義，知之則神觀大觀，保真除假而長生；不知則小觀近觀，認假棄真而傷生。秖在觀之真假上分別耳。初六，昏暗至極，自暴自棄，甘居于下愚不移之地，此頑童無知之見。在衣食小人，亦無足咎。至于修道君子，所當觀大不觀小，而亦甘居于人下，適以羞吝而已。此至下之觀也。六二，柔而中正，處于小人之中，而不爲小人所誘矣。然雖不爲所誘，獨修一己之陰，不求他家之陽，所見不遠，如門內闚觀，不敢出門，在女子守貞則利。至于丈夫，修德立業，則非所利矣。此不遠之觀也。六三，在觀上下之際。是觀其我生之善否，而進退之也。觀我生者，果善則進，而再觀人之善，以增我之善不到處；觀我生者，不善則退，而不遽觀人之善，先去我之所不善。此右進退之觀也。六四，柔而得正，親近有道之士，是謂觀國之光。能觀國光，借彼之大觀，以濟我之小觀。小即能大，饒他爲主我爲賓，如用賓于王之利。此以小借大之觀也。九五，巽進于中正之位，剛柔相當，正大藥發生凝結命寶之候。觀我生者，正觀其我生之大藥，歸于中正耳。藥歸中正，藥即是火，火即是藥，一時辰內管丹成。但此一時之功，難得易失，必須深明火候大觀之君子，方無當面錯過之咎。此有爲之大觀也。上九，大觀之終，是聖胎已結，可以剛居于柔，由大觀而又神觀，棄有爲而入無爲矣。觀其生者，正觀其陰氣，潛生以退之耳。陰氣退盡，陽氣純全，真人出現，不爲造化所拘，方是修道君子，成始成終，一無所咎之觀矣。此無爲之神觀也。然則神觀大觀，覺察之道，修道者始終不可離者也。始而有爲以大觀，終而無爲以神觀。神觀、大觀，兩而合一，藥物得真，火候有準，金丹焉得不成。觀之爲用大矣哉！

䷔上離下震

噬嗑：亨，利用獄。初九：履校滅趾，無咎。六二：噬膚滅鼻，無咎。六三：噬臘肉，遇毒；小吝，無咎。九四：噬乾胏，得金矢，利艱貞，吉。六五：噬乾肉，得黃金，貞厲，無咎。上九：何校滅耳，凶。

噬者，食也。嗑者，合也。食物口合之義。卦體上下二陽象唇，三陽象齒，中一陽象口中有物。又卦德上離明，下震動，動而必明，明而後動，有不空于動之義，故謂噬嗑。此格物致知窮理之學，承上臨卦而來。臨者，二陽而臨四陰，所以進陽採藥也。但藥物有老嫩，火候有時刻，毫髮之差，千里之失，此窮理工夫不可缺也。蓋了性了命之學，全在窮理上定優劣。明的一分，行的一分，明的十分，行的十分。或知性而不知命，或知命而不知性，或知有爲而不知無爲，或知無爲而不知有爲，或知藥物而不知火候，或知下手而不知結果，凡此皆是窮理不徹，而行持必不通。惟欲動之，須先明之，先明後動，動而無不如意，是以噬嗑用明中之動，有亨道也。明中之動，動必本明。其亨其利，有象治獄。天下難治之事，莫如獄，獄之真情不明，是者爲非，非者爲是，冒然用刑，殃及無辜，誤傷性命。修道如治獄也。辨別真假是非，如治獄之審斷善惡，去假存真，而保性命，如治獄之賞善罰惡，而伸冤屈。人能以治獄之道窮究其實理，則明于心而見于行，盡性至命，未有不亨不利者也。初九，剛而不明，冒然前進，進必致咎，是以屨校滅趾，以戒其足，勿妄動。不妄動于初，自不致咎于終。此行道先貴窮理也。六二，柔而不剛，見理未真，僅得其膚鞟，未得其肯綮。若急欲行之，不但無補于內，而且有傷于外，如噬膚滅鼻矣。鼻所以辨香臭，口食物而鼻先臭之。口不知味，雖鼻能辨，亦屬于無用。幸其柔而中正，見理未真，不敢行持，得以無咎。此窮理未入者也。六三，居二之上，識見稍高于二，較二更進一層，如噬腊肉也。肉在膚內，肉至于腊，須剛烈深入而後知味。三雖進益，猶未得真，似是而非，若有妄動，必反招凶，如噬臘肉遇毒矣。然志剛則性柔，不能成事，亦不敗事，雖有小吝，終得無咎。此窮理漸入者也。九四，居于明體，在三之上，窮理較三更進一層，如噬乾胏矣。胏爲帖骨之肉，絲膜相雜，骨肉相連，又至于乾，不易剥去，若不刻入深進，而不能

見真。以象取之，得金矢；以理取之，利艱貞。艱貞之利，不能辨而強辨，深造自得，如用金矢，而無微不入，似是而非之假，可以一概剥去，而得其真。明明朗朗，明于動，而動之無有不吉者。此窮理是見真者也。六五，居于四上，柔而虚中，窮理較四更進一層，如噬乾肉矣。窮理至四之金矢，是非邪正，判然分明，如乾肉而噬之無味，無容再嚼矣。然雖無味，猶當溫故知新，于已明之理，更下一層工夫，已明而益求其明，必無一毫疑惑，而後篤行之。以象取之得黄金，以理取之爲貞厲，黄金者，明而歸中。貞厲者，正而驚懼。虚中驚懼，實見的有此一番道理，明于内而驗于外，無行不合道，無事不得吉。此窮理絕無一疑者也。上九，剛而不明，不知辨别實理，誤用聰明，入于傍門，空空一世，終歸泯滅，是以何校滅耳也。目明而耳聰，不能明理，應滅其目，何至滅耳？蓋以迷人不明大道者，皆由亂學亂問，聽信盲師，不辨真假，著執相，每多招兇受害，其禍根在耳。出乎爾旨反乎爾，不明于始，受傷于終，理有可決。此絕不知窮理者也。然則窮理工夫，須要剥去一層又一層，真剥到道之骨髓處，無些子疑惑，方是真知灼見。若未到道之骨髓處，猶有隔碍，未云得真，不可妄動，自招其禍。噫！縱識朱砂與黑鉛，不知火候也如閑。大都全藉修持力，毫髮差殊不結丹。窮理工夫，豈小焉哉！

䷕上艮下離

賁：亨。小利有攸往。初九：賁其趾，舍車而徒。六二：賁其須。九三：賁如濡如，永貞吉。六四：賁如皤如，白馬翰如，匪寇婚媾。六五：賁于丘園，束帛戔戔，吝，終吉。上九：白賁，無咎。

賁者，文飾之義。卦德上艮止，下離明，明乎其所止，止于其所明。自明明德，而止于至善，故謂賁。此潛修密煉之卦，承上觀卦而來。觀者，隨時漸進，神明覺察之道。能覺能察，回光返照，大智若愚，大巧若拙。止其明而明有養，明于止而止其所。明止相賁，明而不至于誤用，止而不落于空寂。止以明爲體，明以止爲用，明不傷而止得正，明之止之，未有不亨者也。然雖明止相賁，尤必以止明爲貴。止明，非空空無爲，全不用明之謂，特明于内而不明于外，止于明而不止于不明，明在止中，不輕用明，自小之義也。自小，則戒慎恐懼，黜聰毀智，神明内守，虚靈不昧，一切外物不得而移之，其利居多。但太過于小，是止而不明，非本卦明止相合之象，如何得亨，得利乎？夫所謂止者，止于至善，寂然不動也。所謂明者，明其明德，感而遂通也。靜則無爲，動則有作。明于止而止行明，得于心而驗于事，方謂真止，方謂真明。辭曰：利有攸往者，所以驗此止、驗此明耳。凡人當無事之時，每心地明亮，知其所止。及至有事，即便昏迷，不知其所止矣。若能由明而止以養明，由止而明以通明，明止不拘，隨時而用，大火裏栽蓮，泥水中拖船，一靈妙有，法界圓能，明于止而止其所當止矣。初九，剛而能明，自卑自下，抱道而居，如賁其趾也。賁趾之剛，不以外假而傷内真，是以舍其車而甘于徒行，此剛而守正之賁也。六二，居于二陽之中，虚己求人，知其一己之明有限，衆人之明無窮，必有所須，而識見始能擴充，此柔而借剛之賁也。九三，剛明太過，祇知用明不知虚明，明必不能達遠，是以賁如濡如也。幸其剛而得正，永久不變其所守，雖不能賁于外，而能賁于内，亦致吉之道。此剛而用明之賁也。六四，居于上體，柔而不明，有應初陽，不恥下問，是以賁如皤如，白馬翰如，以不明而急求其明也。但以上求下，有挾貴自尊之嫌，多不誠信。幸其柔而得正，真心實意，出于自然，不是勉強，匪有寇傷，乃欲求其婚媾耳。此柔而求明之賁也。六五，柔而不剛，執中無權，孤寂守靜，是以賁于丘園，束帛戔戔也。丘園者，曠遠無人之處，絕無人事可知。戔戔之帛，而又束之，絕無威儀可知。無人事，無威儀，過于澹泊，不近人情，乃修道者羞吝之事，然柔而得中，雖不明乎大道，亦不失爲養靜之人，終得以吉全之。此柔而自得之賁也。上九，剛柔相當，自明明德，而止于至善，不賁而賁，賁至于無色，是謂白賁也。賁而至白，明止如一，氣質俱化，渾然天理，而無一毫人欲之咎矣。此剛柔混合之賁也。然則賁之爲道，必以明止相需爲貴，明于止而其所，止其明而明不昧。明之止之，隨時而用，潛修密煉之功在是矣。

䷖上艮下坤

剥：不利有攸往。初六：剥牀以足，蔑貞兇。六二：剥牀以辨，蔑貞兇。六三：剥之，無咎。六四：剥牀以膚，凶。六五：貫魚，以宮人寵，無不利。上九：碩果不食，君子得輿，小人剥廬。

剥者，消化也。卦德上艮止，下坤順，陰順生而陽止息。且卦體五陰而消一陽，陽氣將盡，陰氣將純，故謂剥。此後天陰消其陽之卦，承上噬嗑而來。噬嗑者，動而必明，所以先窮理也。窮理者，窮其陰陽消長之理耳。

人秉天地陰陽五行之氣而生身，有命而即有性，性命寓于一身之中矣。當人生之初，生命一家，先天後天混而爲一，陰陽未分，邪正未判，圓成之象。及其成人氣足，先天陽極，交于後天，一陰潛生，日復一日，年復一年，陰氣漸盛，陽氣漸弱，不至消盡其陽而不止。如卦體五陰而剥一陽，當此之時，陽不勝陰，其所餘者，幾希之陽耳。人若不知，而猶認假爲規，有攸往而自恃其強，必至陽氣消盡，不利其矣。至人于此，有抑陰扶陽之道，不使陰氣消陽于盡，即于此一點陽氣未盡處，順而止之，黜聰毁智，緊閉靈竅，以爲返本還元之基。蓋不能使陽而不陰者，天地循環之氣機；而能于陰中保陽者，聖人逆運之功力。特以聖人有先天而天弗違之道，能以奪造化、轉生殺也。至于一切常人，順行造化，以陰剥陽，陽氣消盡化爲純陰，不死豈能之乎？聖人于剥之一卦，直彖曰：不利有攸往。凡惜性命者，可以早悟矣。初六，一陰潛生，自下消陽，如剥牀以足也。牀足之剥，其氣雖微，其害最大。蔑貞之兇，即于此始。此陰氣方進之剥也。六二，陰氣浸長，自下而上，如剥牀以辨也。辨下是足，辨上是牀。陰氣漸升，將上于牀，與是爭權，蔑貞之兇，不旋踵而至矣。此陰氣漸盛之剥也。六三，在順體之上，不順陰而順陽，與陽相應，乃安靜之陰，雖在剥時，可以無咎。此陰氣順止之剥也。六四，陰氣結聚，順升而上，六陽已剥去四陽，陰盛陽弱，上牀用事，乃切近之災，如剥牀以膚，兇之至矣。此陰氣用事之剥也。六五，在止體之中，與陽相親，乃客氣中發現之真陰。真陰現象，不但不傷于陽，而且能統羣陰，皆順其陽。以物取之，如一魚前領，而羣魚貫後；以人取之，如後以衆宫人進寵于君王。知之者，借真陰以保真陽，則一真百真。剥者不剥，吉無不利。信有然者，此陰氣順陽，無剥也。上九，在剥之終，諸陽剥去，尚留一陽，猶未剥盡，知之順而止之，不爲羣陰所傷，如碩果不食也。果中有仁，存此一仁則生，失此一仁則死。生之死之，祇在此一仁得失之間。但此一仁，庶民去之，君子存之。蓋君子知此一仁爲生生化化之本。保之守之，不但陰氣不能傷，而且借陰以全陽。如得其輿，安而行之。至于一切小人，順其所欲，知進而不知退，消陽至盡，終歸大化，如剥其廬，自失所庇矣。此聖功能止其剥也。六爻之剥，陰傷陽者兇，陰順陽者吉。修道者可不順而止之，以保其陽乎？順而止之，顛倒之間，剥即變復。人能知剥中藏復，于此一陽未盡處下手，則後天中返先天之道得矣。噫！此天機也。知之者能有幾人哉？

䷗上坤下震

復：亨。出入無疾，朋來無咎。反復其道，七日來復，利有攸往。初九：不遠復，無祇悔，元吉。六二：休復，吉。六三：頻復，厲無咎。六四：中行獨復。六五：敦復，無悔。上六：迷復，凶，有災害。用行師，終有大敗，以其國君，凶。至于十年不克征。

復者，還返之義。卦德上坤順，下震動。動作順心，天運轉，人事通。又卦體一陽動于羣了之下，陽氣始回，二者均有復道，故謂復。此先天陰中復陽之卦，承上賁卦而來。賁者，明而止所以養明運火，採取先天真陽耳。採取真陽，乃陰中返陽，重整家事，别立鼎爐之道，能以奪造化，了生死，復而未有不亨者也。復道雖亨，但人認假棄真，多不知其復耳。若知其復，則回頭是岸，道心發現，人心自退，可以出入乎陰陽之中，而不爲陰陽所疾傷矣。然雖無疾傷，須要復之知時，時未至而不可強求，時已至而不可錯過，方能得真。夫人當初生之時，至善無惡。及交後天，陰傷其陽，本來天規有失矣。雖是失去，未嘗全無，猶有一息生機在内，間或發現，爲私慾所瞞，爲世事所混，當面不識耳。復之，必乘此生機發現之時，下手急採，方能爲我所有。若生機未現，空寂守靜，將何而復乎？是以朋來而復，方能無咎。朋者，二月相合，其一爲陽，其一爲陰。陰極陽生，陰中有陽，是謂朋來。陰不極，陽不生，而朋不來。若朋不來，陰陽不交，生氣自何而有？故必朋來而生機方發，生機發而不先不後，收入造化爐中，片刻之間，災變爲福，刑化爲德。先因真陽失而有咎乾，今則真陽還而可以無咎矣。但復之難能無咎，其道有功力，有次序，漸以復之。不能遽復，即復之，亦不能堅固，必先煉己持心，待時而動，是以反復其道，七日來復也。反復者，顛倒逆運之義。七日者，陽火之數。人之性情和氣，陽火也，爲真；人之客氣躁性，陰火也，爲假。真者全生，假者傷生。反復其道者，先返此假火復歸于真火。七日而陽火生，陰火滅，虚極靜篤，黑中有白，先天之氣，自虚無中現象，漸採漸煉，還丹可結。但是道也，非知之艱，行之維艱，知之尤貴于行之。若知而不行，猶如無知。有攸往而下手速修，必自一陽，而漸復至于六陽純全。其復之亨利爲何如耶！初九，在復之初，真陽未失，稍有客氣潛入而即退之。至容且易，是不遠之復。不遠復，而人心不生，道

心常存，自無祇悔。能謹于始，自吉于終，此元陽不失之復也。六二，知識有限，本不能明善復初者，然柔順得正，見賢思齊，與有道之君子同處，借彼之明智以破己之昏暗，不知復者亦知復，不能復者亦能復，是謂休善之復，此柔而借剛之復也。六三，復善不固，旋復而旋失，是謂頻復。然性柔志剛，一心于復，危厲自處。人一能之，已百人，人十能之，已千之。雖愚必明，雖柔必強，始而有咎者，終而可以無咎。此困而學，勉強而行之復也。六四，柔而得正，居于羣小之中，而不爲羣小所惑，借世法而修道法，獨能明善復初者，此學而知，利而行之復也。六五，柔順得中，循規蹈矩，素位而行，不願乎外，是謂敦厚。其復者，復于敦厚，不思而得，不勉而中，出于性成。既無所失，亦無可復，不致悔而自無悔，此生而知，安而行之復也。上六，在復之終。順其後天之陰，不知先天之陽人心用事，道心全昧，是迷于復，而終不知回頭者，招兇致災，勢所必有。如此之人，迷而不悟，外而爭勝好強，内而心神大傷，如用行師，終有大敗，禍及國君。雖十年之久，必有克征，終亦必亡而已。此始終不知有復也。復有天時之復，有人事之復。天時之復，真陽發現，出于自然，人事之復，真陽堅固，出于功力。天時人事，兩而合一，方能有濟。六爻除上爻迷復，其餘五爻，皆有復道。或安而行，或利而行，或勉強而行。總以復于元初本來面目爲極功。

䷘上乾下震

無妄：元、亨、利、貞、。其匪正。有眚，不利有攸往。初九：無妄，往吉。六二：不耕穫，不菑畬，則利有攸往。六三：無妄之災，或繫之牛，行人之得，邑人之災。九四：可貞，無咎。九五：無妄之疾，勿藥有喜。上九：無妄，行有眚，無攸利。

無妄者，誠一不二之義。卦德上乾健，下震動，動而剛健，志之所在，外即行之，故謂無妄。此勇猛進陽之卦，承上剥卦而來。剥者，順其所欲，陰剥其陽也。剥陽皆由不知進陽，而爲陰所剥。若知進陽，一念純真，十二時中，無有間斷。以性命爲一大事，外物不得而屈，漸可至于真實無妄。渾然天理地位，是無妄而即有元亨之道也。卦之動在内，志于道也。志于道而生機已振，元氣即復，健在外，篤于行也。篤于行，而天德可修，元氣能通，能復能通，所以元而亨。然無妄之道，雖能元亨，尤必利于動之正，健之正。動之正，則元氣不傷。健之正，則元氣增長。以正無妄，道心常存，人心永滅，復見本來面目，如如穩穩，不爲萬物所移矣。若無妄匪正，則動而失時。健而不當，本欲無妄，反致有妄。是謂災眚，不利有攸矣。夫進陽者，以其有妄而期必于無妄，匪正之無妄，人心用事，順其所欲而行。藥物不真，火候失度，何能完成大道乎！故無妄本有元亨之道，尤利于正，方是真實無妄矣。初九，在無妄之始，剛而得正，是動而無敢有妄者。人事吉兇，全在起念之初，起念正則行正，起念邪則行邪。能無妄于内，自無妄于外，以是往而修道，未有不得其吉者。此能謹于初之無妄也。六二，柔而不剛，宜靜不宜動，如不耕穫，不菑畬也。耕穫菑畬，須有力有種者爲之，柔而不剛，無力無種，何敢妄爲？然柔而中正，虛心自處，能借他家之陽，以濟我家之陰。虛心即能實腹，以是用柔，則利有攸往，有妄者可以無妄。此以柔順剛之無妄也。六三，智小而謀大，妄冀天寶，非徒無益，而又害之，是無妄之災也。無妄而致災，隨心造作，固執不通，如或繫之牛，行人之得，邑人之災，未取于彼，先失其己。縱真陽在望，未爲我有。此順其所欲之無妄也。九四，由動進健，正當調和丹頭之進，稍有不謹，藥火飛揚，無妄而即有妄。然剛以柔用，可貞而即守貞，防危慮險，以靜待動，借陰養陽，自無得而復失之咎。此剛而能柔之無妄也。九五，剛健中正，從心所欲，不踰矩。聖胎已結，有爲事畢，無爲事彰，如無妄之疾，勿藥有喜也。夫聖胎凝結，先天已復，本自無疾，其疾不過是後天未化之餘陰。然本固邦寧，至誠自歸無妄，此剛柔混合之無妄也，上九，在無妄之終，已健而猶用健，知進而不知退，持盈未已，直以一健之無妄，而欲了性了命。必致火候有差，得而復失。是以無妄行有眚，無攸利，此不知止足之無妄也。然則無妄之道，總以得其中正爲利。若不中正，動之健之，皆失其則，不能致福，反招其災。噫！月至圓，存乎口訣。時至子。妙在心傳，不得師指，枉自猜量。震之一陽，生于陰下，即時至子也。乾之三陽，復于純全，即月至圓也。子時而進陽，月圓而運陰。進陽有時，運陰有日，知陽而不知陰，知進而不知退，總金丹到手，必至得而復失，無妄之災，理有可決。修道者，可不急求明師口訣乎！

䷙上艮下乾

大畜：利貞，不家食吉，利涉大川。初九：有厲，利已。九二：輿說輹。九三：良馬逐，利艱貞。曰閑輿衛，利有攸往。六四：童牛之牿，元

吉。六五： 豬豕之牙，吉。上九： 何天之衢，亨。

大畜者，大養之義。卦德上艮止，下乾健。有健而能止，故謂大畜。此溫養聖胎之卦，承上復卦而來。復者，復其先天之氣。當先天之氣來復于內，自微而著，還其乾元面目，命基已固，聖胎已結。自有爲而入無爲，可以謹封牢藏，防危慮險，溫養沐浴，期于大化神妙不測之地，爲金剛不壞之物。是道也，利于止健，不利于用健。故曰利貞。貞乾，靜也。止健乾，養健也。養健之功，即守中抱一之功。守中抱一，宜靜而不宜動。靜則保健，動則傷健。止非絕世離塵，靜非空寂無爲，其中有抽添加減，內外兼修之道，故必不家食，方能大畜而致吉。不家食者，是外爐加減，內運真火，止于內而又止于外，綿綿若存，勿忘勿助，即遇大險大難之境，不動不搖，方是真畜，方是畜之大。是以又利于涉大川也。大川之涉，所以養于內，而驗于外即九年面壁之功。面壁者，如壁列萬仞，離種種邊，止于不識不知，打破虛空地位也。打破虛空，聖胎脫化，形神俱妙，與道合真，畜之大而成之大，與天爲徒矣。初九，在大畜之始。進健則兇，止健則吉，有厲利己，正當棄有爲而入無爲之時。此養健于初也。九二，剛以柔用，保借聖胎，待時脫化，如輿說輹，則車不行矣。修道乾，剛健歸中，聖胎已結，急須住火停輪，不可更進其健，有傷元氣者。此養健得中也。九三，養健已到氣足神全，誠于中而將達于外，如良馬逐而欲行矣。然雖聖胎完成，猶有一身陰氣未會化盡，全在艱辛守貞，一意不散，如日閑輿衛，時進防跌，十月功完，自然脫化，則利有攸往矣。此養健防危也。六四，應于初陽，健德方生，而即養之，如童牛之牿也。牛性馴順，其健在角。牛在于童，其角方生，方生能養，元氣不散。漸長漸養，終必養至于純全之處，其吉已在于方健之養。此養健而堅固元氣也。六五，正當大畜之時，以陰養陽，如豬豕也。豕之去勢曰豬。豕去其勢，則氣質俱化。虛心而全實腹，如豬豕之牙也。豕柔牙剛，以柔養剛，剛得柔養而無傷。此養健而混合陰陽也。上九，在大畜之終，功完行滿，霹靂一聲，真人出現，驚愚駭俗，始于有作無人見，及至無爲衆始知，何天之衢，誰不稱哉！修道者，而至于脫胎成真，身外有身，超出乎天地之外，不但成已而且成物。畜之大而顯之大，其亨爲何如乎！此養健而歸于神化也。然則溫養聖胎之道，總要知的大畜健而止。既健又止，始則有爲，終則無爲，健而止于至善無惡，渾然太極，一氣流行，有無俱不立物，我悉歸空，性命雙修之道盡矣！

䷚上艮下震

頤： 貞吉。觀頤，自求口實。初九： 舍爾靈龜，觀我朵頤，兇。六二： 顛頤，拂經，于丘頤，征兇。六三： 拂頤，貞兇，十年勿用，無攸利。六四： 顛頤吉，虎視眈眈，其欲逐逐，無咎。六五： 拂經，居貞吉，不可涉大川。上九： 由頤，厲吉，利涉大川。

頤者，腮頷。凡口食物則動，取其有養人之義。卦德上艮止，下震動。動不離止，止以養動，動不妄動，止不空止，動止如一，故謂頤。此擇善固執，虛以求實之卦，承上無妄而來。無妄者，動而健行，若非有涵養之功，則動之健之，皆不得當。無妄而即有妄，此養之道所由貴。養者，養其正而去不正也。正則有益于身心，不正則有害于身心，是以頤之道必貞，而始能得吉。在欲養之正，必先觀其養道之真假。觀非眼觀之謂，乃心中辨別是非，以窮理也。理明則真知灼見，動而修正，靜而養正，動靜皆得其所養，可以自求口實矣。不曰求口食，不曰求口實，而曰自求口實，是所求者正，所實者大，不在膏粱厚味，而在仁義道德。然其所以飽仁義而味道德，總在自求，而不由人，一日克己復禮，天下歸仁焉。自求口實則得實，自求口食則得食。是在自求何如耳。口者，虛中之物。實者，充實之謂。虛其心，實其腹，虛實相應，時動則動，動而進陽；時靜則靜，靜而運陰。動以修外，靜以養內。動靜不拘，內外合道。止固養，動亦養，動止皆不失其正，終得完成大道，以吉全之矣。彼一切以飢渴之害爲心害者，養其小而失其大，謂之自求口食則可，謂之自求口實，則失之遠矣。既失其實，何得謂養乎？初九，剛而妄動，不養于內，求養于外，棄真認假，如舍爾靈龜，觀我朵頤矣。此養口失實，不謹于始之養也。六二，以無德而欲養有德。自高自大，無而爲有，虛而爲盈，是顛倒其養，拂其借剛養柔之經，常于丘頤矣。此愚而自用，不知求實之養也。六三，居于動極，順其所欲，衹在衣食上打點，不于性命上留心，養其小體爲小人，是拂其養實之頤。即口食得正，亦是兇道。如此之人，雖終身而不知有德可修，豈僅十年勿用無攸利乎？此愚而無，終于不實之養也。六四，有應于陽，以尊屈卑，不耻下問，借他人之剛明，以破已之柔暗，是謂顛頤。但以尊屈卑，恐有挾貴而問，其心不誠之嫌。幸其柔而得正，如虎視眈眈，其欲逐逐，目專一而心真

切，出于自然，絕無勉強。未取于人，先求其己。求實即得實，始而有咎者，終可無咎。此不實求實，以上求下之養也。六五，虛心自處，祇知養內，不知養外，是拂其養實之常經矣。然雖不能養實，而能養虛，居于貞而不遷移，亦致吉之道。但不可涉大川，以成金丹有爲之功。此虛而不實，孤寂守靜之養也。上九，剛居于柔，止于其所，動靜如一，既能養內，又能養外，既能養己，又能養人。其所養者大，乃養道所由，得以全始全終者，是謂由頤。然全始全終之養，須要在危厲之處做出，方能得吉，故又利涉于大川。大川至險之地，逆境也。逆境能養，則順境能養，自不待言。養而至于逆順不拘，險易無碍，則氣質俱化，陰陽混合，止于至善而不遷，聖胎凝結，大道完成矣。此虛實兼該，有始有終之養也。六爻，各有所養，邪正不同，是非不等。求其剛柔相當，逆順不拘，有爲無爲，全始全終者，其惟上九之一爻乎？修道者，急須靜觀密察，以虛求實。養其正而歸于至善無惡之地而後可。

䷛上兌下巽

大過：棟橈，利有攸往，亨。初六：藉用白茅，無咎。九二：枯楊生稊，老夫得其女妻，無不利。九三：棟橈，凶。九四：棟隆，吉，有它吝。九五：枯楊生華，老婦得其士夫，無咎，無譽。上六：過涉滅頂，凶，無咎。

大過者，陽氣有過也。卦德上兌悅，下巽入。巽于內而悅于外，順其所欲，樂極生悲。卦體內四陽而外二陰，陽過于陰，陰不及陽，故謂大過。此調和藥物，實必用虛之卦，承上大畜而來。大畜者，健而能止。止健正所以養健，不使陽氣太過耳。金丹之道，取二八兩弦之氣，凝結成胎。須要大小無傷，兩國俱全。若陽氣太盛，陰氣太弱，陰陽不調，失其生生之道。太極必敗，陽極必虧。棟橈摧折之患，勢所必有，棟至摧折，大廈盡傾。修道者，進陽太過，不知止足。能大而不能小，神室有傷，亦如此類。若能巽進而不至于過猛，和緩而不至于固執，通權達變，防危慮險，則剛柔相應，陰陽相濟，雖大而能不過，可以利有攸往，盡性至命，亨通而無阻滯矣。初六，性質本柔，又居卑下，柔之太過，謹慎之至。始藉用白茅，而不敢先人，傲氣悉化，自無過大之咎。此小而不妨太過者也。九二，剛而能柔，陽太過而借陰以濟之。過而不過，如枯楊生稊，老夫得其女妻。陰陽相當，生機常存，剛而不傷，自無不利，此用柔而剛不過者也。九三，以剛用剛，祇知前進，不知後退，金丹得而復失，棟橈之兇，所不能免。此用剛而太于過者也。九四，大而能小，心平氣和，如棟隆不敗，動與吉會矣。修道至于大而能小，已是陰陽相合，再不可過于用柔，若用柔太過，又傷于剛。大道難成，遺笑于大方，適以取吝而已。此剛而用柔，不可過者也。九五，剛于悅而不能柔以悅，枯楊生華，老婦得其士，過于淫奢，自滿自足，陽極陰生，真爲假傷，理有可決。幸其剛而得中，內有主宰，不爲客氣所惑，得以無咎。既已實腹，不能虛心，中道而止，卻亦無譽。此剛而持盈之大過者也。上六，在大過之終，愚而自用，不知藥物火候，任心造作，迷而不返，升之高，傷之甚，過涉滅頂，自招其凶，與人無咎。此柔而妄想之大過者也。觀于六爻之義，大過者凶，不過者吉。大過之中，亦有不過之道，是在人善于調和陰陽，歸于中正，不偏不倚爲貴歟。

䷜上坎下坎

習坎：有孚維心亨。行有尚。初六：習坎，入于坎窞，兇。九二：坎有險，求小得。六三：來之坎坎，險且枕，入于坎窞，勿用。六四：樽酒簋貳，用缶，納約自牖，終無咎。九五：坎不盈，祇既平，無咎。上六：係用徽纆，寘于叢棘，三歲不得，凶。

坎者，險也，陷也。習坎者，通險也。卦德上坎險，下坎險，由此險而達彼險，險而能通，故謂習坎。此黑中有白，陰中返陽之卦，承上頤卦而來。頤者，以虛求實，求其坎陷之真陽也。人自乾坤相交之後，一點元陽，走于坤宮，坤實而成坎，乾變而成離，于是陰陷其陽，天根昧而心交物，性相近而習相遠，日習日下，陷于下愚不移之地，而莫知底止矣。然習惡則惡，習善則善，是在人習之如何耳。習惡者，入險之道；習善者，出險之道。出險須要能信其險，信者心之主宰。若能信險，則不爲外物所惑，習于善而即能善。所謂一念回機，如同本得。是以習坎有孚，維心亨也。有孚即心亨，不孚心不亨。有孚之心，即是道心。道心發現，人心不起，正氣增長，邪氣漸退，可以出入乎陰陽之中，而不爲陰陽所拘矣。但信其有險，須要習而出險。信而不習，如不信也。既能信又能習，不隱不瞞，真履實踐，日習日善，自卑登高，由下而上，漸習于高明之境，盡性至命，還元復初而無難，故曰行有尚。尚者，上也。行之能上，不行不上，知之尤貴于行之耳。初六，性質本愚，又習于愚，日習日下，是謂習坎。在下之習，如在坎坑，又

鑽窞孔，入于下流之處，而莫知所止，不兇而自致兇，此愚而又習于愚者也。九二，居于二陰之中，日與小人爲伍，不知親近有道之士，終陷于下而爲愚人，如在坎坑之中而有險也。幸其剛而得中，陷之不深，雖不能出險，內有主宰，亦不爲下流以所惑。但嫌其信險而不習出險，僅小有得，不能明善復初，大有得耳。此剛而不知習善者也。六三，性質本險，又愚而自用以行險，險而又險，是來之坎坎矣。且近上險，前進上險，退後亦險，是險且枕矣。如此之人，不信有險，愈習愈險。習之者久，陷之者深，如入于坎窞，終在險地，永爲勿用之人矣。此柔而祇知習惡者也。六四，在上剛下柔之際，性質在中人之列，習于善則能善，習于惡則即惡。可善可惡，如一樽酒而用貳盛簋之也。然四與五同居，信于善者，信于善而虛心下賢，借他人之明智，以破己之昏暗，如用缶納約，自牖以通其明，不能善者亦能善，始有咎者終可無咎，此柔而能習其善者也。九五，居二陰之間，陽剛中正，把柄在手，既能不滿不盈，不見惡于小人，又能不遷不流，大有異于小人，如坎水不盈，祗既平，不滿于內，亦不流外，實腹而能虛心，出于性成，是以無咎。此上智不移，不待習而自善者也。上六，雖係小人，本性未嘗不善，但性善而不知習善。自縛自束，係于不善；自暴自棄，居于險地。如係用徽纆，寘于叢棘，終亦必亡而已。豈僅三歲不得出險哉！此下愚不移，終不習而終惡者也。然則，修道者當睚醒自悟，急須拜求真師，尋個出頭之路，以了性命。甚勿以福淺薄，自暴自棄，爲世間無用之物。蓋身心性命之學，人人有分，回頭是岸，立登聖基，是在人之能信能習耳。果能信之習之，日習日善，必將習于至善無惡，渾然天理地位矣。人何樂而不習善哉！

䷝上離下離

離：利貞亨。畜牝牛，吉。初九：履錯然，敬之無咎。六二：黃離，元吉。九三：日昃之離，不鼓缶而歌，則大耋之嗟，凶。九四：突如其來如，焚如，死如，棄如。六五：出涕沱若，戚嗟若，吉。上九：王用出征，有嘉折首，獲匪其醜，無咎。

離者，麗也，明也。卦體一陰附麗于二陽之中，虛中能明之象。卦德上離明，下離明，由此明而及彼明，由彼明而達此，明內而又明外，內明而又外明。千明萬明，總是兩明，內明外明，總是一明，故謂離。此雄裏懷雌，陽中有陰之卦，承上大過而來。大過者，陽剛太過，雄而不雌，任心造化，誤用其明矣。明者，離宮虛靈之氣，爲人之神。心之主，心虛則靈，元神主事，明而得正，能以濟陽。心亂則迷，識神主事，明而不當，足以傷陽。是以離利于貞而亨也。然雖離利于貞而亨，若祇知用明，不知養明，亦不得亨。夫用明者，外明也。養明者，內明也。外明必本于內明，用明須當先養明。是以又畜牝牛吉也。畜者，養也。牛者，順象。牛至于牝，絕不用剛，其性至順。人能以柔順養明，雌而不雄，回光返照，閑邪存誠，先明內而後明外，內外俱明，虛靈不昧，無一物能瞞，無一物能移，自明明德而止于至善，其吉爲何如乎？但明而致吉之道，有火候，有工程，稍有不謹，明而不亨，故明必至于內外無一不明，無一不正，方是明之利、明之亨、明之吉也。初九，在明之初，不知養明，而即用明，履必錯然也。錯然之履，不但不能進明，而且有以傷明，惟敬之、博學之、審問之、慎思之、明辨之，自始至終，了然于心，而後篤行之，方無錯然之咎矣。此用明須當先求明者也。六二，自知不明，而能虛心下賢，求人之明，是謂黃離敢。黃爲中色，明而歸中，示己之無，尊人之有，雖愚必明，雖柔必強，不失其柔順之本質，其吉在于能虛心矣。此不明而求人之明者也。九三，獨剛不柔，祇知用明，不知養明，剛明太過，如日昃過缶之明，高極必下，明極必暗，是一能鼓缶而歌，則有大耋之嗟。不中不和，適以取兇而已。此用明而自敗其明者。九四，剛而不正，不能明內，即欲明外，是突如其來如也。突來之明，躐等而求，性躁行偏，妄作招兇，焚如、死如、棄如，欲求長生，反而傷命，此不明而自以爲明者也。六五，居外明之中，所當明內而又明外者，乃懦弱無能或見理不真，或力有不及，是以涕沱若，戚嗟若也。然涕沱戚嗟，不敢妄作妄爲，自守本分，亦致吉之道。此明而知已不明者也。上九，居重明之上，剛而有爲，既能明內，又能明外，既能明順，又能明逆，取象王用出征，有嘉折首，獲匪其醜也。人之真心，如王明明德，如出征，明德而德即明，如有嘉功，除去人心，如折首惡，不強制雜念，如不獲從醜，用明而至折首之明，則後天一切客氣，不退而自化，寂然不動，感而遂通，內外光明，而無一毫根塵之咎矣。此明而至善無惡者也。然則用明之道，須要知雄守雌，剛中有柔，明而得正爲貴乎。倘有剛無柔，不落于突如其來，即歸于日昃之離，不但不能增明，而反有以傷明，修道者，欲用其明，可不先養其

明乎！

䷞上兑下艮

咸：亨，利貞。取女吉。初六：咸其拇。六二：咸其腓，凶，居吉。九三：咸其股，執其隨，往吝。九四：貞吉悔亡，憧憧往來，朋從爾思。九五：咸其脢，無悔。上六：咸其輔、頰、舌。

咸者，感也。卦德上兑悦，下艮止。剛止于內，柔悦于外，悦以止爲體，止以悦爲用，有陰陽相應之義，故謂咸。此調和陰陽之卦，承上坎卦而來。坎者，陰陷其陽，陽不健而陰不順，陰陽不交，此調和之功不可缺。但調和陰陽，貴乎自然，不貴乎勉强。自然者，無心之感也。勉强者，有心之感也。無心之感，陰陽相和，咸無不感；有心之感，陰陽各别，感之有限。故咸有亨道也。咸道雖亨，然無心有無心之是非，有心有有心之是非。不得以枯木寒灰之無心，即謂咸之亨道。枯木寒灰，純陰無陽，何得謂感。所謂感者，陰陽潛通之義，如卦象少男少女同處，彼此無心。及至陰陽氣足，彼此情動，自然相感，此不感之感，何得以蠢然無心爲感乎？所謂無心者，無人心也。無人心即有道心，道心是心非心。所謂有心者，有人心也。有人心即無道心，人心非心是心。道心爲真，人心爲假。用假心則感之不正，陰陽兩離；用真心則感之得正，陰陽相通。或陰感而陽應，或陽感而陰應，均以道心爲主。以正而感，感以正而不感以心，何物不可感，何感不能利乎？天下感之以正者，莫如貞女，女德主乎貞静，不輕失身于人，必待其佳配而有感。此感之不以心而以正。卦德先止後悦，悦本于止之所由來也。修道者，調和陰陽，使陰陽感通，能取貞女之德以爲感，則所感皆正，寂然不動，感而遂通。感而遂通，寂然不動，止于其所，逆之、順之，無不遂心如意，而得其吉矣。初六，性愚志劣，不能煉己持心，妄想大事，如咸其拇矣。拇爲足大指，能動不能行之物。不能行而感之，感不得其正。此動人心之感也。六二，柔而無剛，內無道心，爲人心所感，如感其腓矣。腓爲足肚，宜静不宜動之物。不宜動而妄動，動必招凶。然柔順得中，雖有人心感動，能居于正，不爲人心所惑，亦凶中致吉之道。此無道心之感也。九三，陽剛宜守道心，不可因外物而動。人心者，乃剛而不中，見景生情，如感其股矣。感之于股，不能止于其所，隨風起塵，執守不專，有道心而又生人心，以是往而行道，未免見羞于大方。此失道心之感也。九四，陽剛本有道心，似乎貞而得吉。又剛而能柔，無感亦無所害，似乎有悔可亡，乃有應初陰，爲私欲所牽，道心中又雜人心，外無感而內有感，故憧憧往來，朋從爾思也。朋從之思，因人心而昧道心，性亂情迷，一身皆爲人心所摇動。此起人心又昧道心之感也。九五，在上陰下陽之際，執兩用中，道心常存，人心不生，因物付物，皆出無心，如感其脢矣。脢爲背肉，在心之上，近心而離心。道心人心所隔者，毫髮之間。感之于脢，雖近于主，而實非心，非心之心，是謂真心。真心非色非空，無方無所，虚靈不昧，是謂無心。以無心感有心，雖有心亦歸于無心。無心無悔，渾然天理，止于至善之地，而不遷矣。此守道心而無人心之感也。上六，在咸之終，又在悦之極。順其所欲，務外失內，巧言令色，一切是假，是謂咸其輔頰舌也。凡口、言、笑三者皆動，口動而心未有不動者，此絶無道心全用人心之感也。六爻皆有感道，或以人心感，或以道心感，或有道心而又感于人心，或背人心而祇感以道心，是非不等，惟止于至善而感之，則道心常存，人心永滅，真陰真陽，隔礙潛通，如磁石吸鐵，金丹自虚無中結就矣！

䷟上震下巽

恒：亨，無咎，利貞，利有攸往。初六：浚恒，貞兇，無攸利。九二：悔亡。九三：不恒其德，或承之羞，貞吝。九四：田無禽。六五：恒其德，貞，婦人吉，夫子凶。上六：振恒，凶。

恒者，久也。卦德上震動，下巽入，巽緩而動，動而從容，不即不離，心堅志遠，故謂恒。此真履實踐之卦，承上離卦而來。離者，明而又明外，期于深造自得，明無不通也。但通明之道，非有恒心者不能。恒則專心致志，愈久愈力，不生懈怠，可以了性，可以了命。此恒有亨道，而又能無咎也。但恒雖亨而無咎，尤利于恒之得正。若不得正，棄真入假，仍是不亨而有咎。彼世間盲修瞎煉之徒，入于傍門外道，以非爲是，予聖自雄，負修養虚名，碌碌一生，至死不悟者，何嘗不能恒？但恒于邪道，不恒于正道，欲求長生，反而促死。及至年滿月盡，自無出路，咎且不免，安能得吉？故恒亨無咎之道，惟利于貞耳。雖然利于恒之正，尤利于恒行之正。日利有攸往者。利在于恒，行其正耳。貞者，正也，理也。理者，身心性命之道。是道也，盜陰陽，竊造化，脱生死，出輪迴，乃恒久之大事，非一朝一夕之功能成，必須柔巽漸進，由卑登高，由淺及深，一步步腳踏實地行去，方能奏效。

蓋經久不易之大事，必經久不已之大功而後成，利貞之恒，利有攸往之恒也。但欲行其正，先要知其正。窮理盡性，以至于命。盡性至命之功，全在窮理透徹耳。初六，在恒之初，不辨是非。而即深入，妄想久遠之事，是浚恒也。浚者，深者，深也。不明理而深入，雖欲求正，反招其兇。此無攸利之恒也。九二，剛而得中，深明火候，通權達變。恒于時，而不恒以心，恒于道，而不恒于事，恒之無形跡者，此悔亡之恒也。九三，剛而居正，亦有志修道者。但剛而不中，急欲成功，其進鋭者其退速，是不恒其德，或承之羞也。羞者，何羞？羞其志于德，而不能恒于德，志于正而不能恒行其正，遵道而行，又半塗而廢，雖正亦吝，此有始無終之恒也。九四，剛居動體，時在有爲，如有田可耕矣。乃居于柔位，志氣不振，恒久抱道，不能行持，如空田而無禽相顧，何貴于剛？此無一爲之恒也。六五，柔而得中，無思無爲，安常守分，志誠專密，中謂恒其一德矣。然貞一不二，以之避世養靜則可，以之盡性至命則難，故爲婦人之吉，夫子之兇。此寂滅孤修之恒也。上六，無而爲有，虛而爲盈，自尊自大，有己無人，是謂振起之恒，大極自敗，高極必下，終歸空亡，此自欺招兇之恒也。然則修道者，貴乎恒于正道，尤貴乎恒行于正道，方能，有往有利，盡性至命，作世間恒久不易之大事，但須要識得藥物，知的火候，進退急緩，不失其正耳。

䷠上乾下艮

遯：亨，小利貞。初六：遯尾，厲，勿用有攸往。六二：執之用黄牛之革，莫之勝說。九三：係遯，有疾厲，畜臣妾，吉。九四：好遯，君子吉，小人否。九五：嘉遯，貞吉。上九：肥遯，無不利。

遯者，歛藏之義。卦德上乾健，下艮止，健本于止，以止用健，有健而不輕自用，故謂遯。此藏陽伏氣之卦。承上咸卦而來。咸者，由止致悅，調和陰陽之道。調和陰陽，莫先貴乎伏氣。伏氣者，不恃健而止健也。人之健德，係先天正氣，及其一陰來姤之後，陰氣浸長，陽氣當退，至人于此，知其陰氣承天而動，難與力爭，不去退陰，先欲保陽。保陽者，收歛精神，止于其所，所以伏先天之氣也。能伏其氣，陽氣不傷，陰氣自化，是遯中而有亨道也。但遯之爲道，非避其陰，亦非坐觀成敗，乃借陰全陽之謂。借陰全陽，尤貴遯之于早。蓋早則陽氣盛而陰氣弱，易于遯；遲則陽氣弱而陰氣盛，難于遯。二陰四陽，陰氣猶順乎陽氣，于此而遯。遯之在先，是以遯之亨道，在于小利貞之時也。上利貞者，陰氣未至傷陽氣，若至三陰生，陰氣不利不貞，大肆張狂，遯之不及矣。故止健伏氣之亨道，須在二陽方進之時乎。二陰方進，彼此無傷，陰順其陽之遯，小利貞，亦大利貞也。初六，居卑下，如遯之于尾也。在尾之遯，客氣難傷，遯之最利。然以陰柔無能者居之，未免遯之不固，爲物移轉，自招危厲。若勿用有攸往，遯之堅固，何厲之有？此遯之宜謹始者也。六二，柔順中正，止于其所，客氣難入，如執之用黄牛之革，莫之勝說也。牛革之執，至虛守靜，外緣不入，內念不出，不遯而遯，此遯之不失守者也。九三，下近二陰，剛爲柔牽，不知早遯，是遯有私係，其疾甚厲。夫人之正氣如主人，客氣如奴僕，係于陰而以假傷真，是養奴僕而失主人，故畜臣妾吉。此遯之有私係者也。九四，剛以柔用，能藏真陽于陰氣方生之時，是好于遯也。好于遯，而無私係，惜命如惜寶，不使有一毫陰氣潛生于方寸之中，是以爲君子之吉。若夫小人剛強自用，不知伏氣，認假傷真，則不吉矣。此遯之宜去私係者也。九五，剛健中正，所親者陽，所遠者陰，擇善固執，是謂嘉美之遯也。遯之嘉美，不以假傷真，貞而未有不吉者。此遯之歸于中正者也。上九，在遯之上，剛柔混合，萬物不能移，造化不能拘，自由自專，是謂肥遯也。遯至于肥，內無所傷，外無所損，不伏氣而氣自伏，此遯之無有不利者也。六爻惟上爻真體未傷，乃無爲保健之功，其餘皆陰陽相雜，真體已虧，故必先伏其氣，而後不爲客氣所侵。修道者，當真體未傷，須行無爲之道以養陽；及真體稍虧，須行伏氣之功以防陰。其體不一，其用亦有異，是貴乎神而明之，存乎其人耳。

䷡上震下乾

大壯：利貞。初九：壯于趾，征凶，有孚。九二：貞吉。九三：小人用壯，君子用罔，貞厲。羝羊觸藩，羸其角。九四：貞吉，悔亡。藩決不羸，壯于大輿之輹。六五：喪羊于易，無悔。上六：羝羊觸藩，不能退，不能遂，無攸利，艱則吉。

大壯者，陽氣強壯之義。卦德上震動，下乾健，健于內而果于行，健行不息，故謂大壯。此進陽壯氣之卦，承上恒卦而來。恒者，久于其道之功。久于其道，則身體力行，心堅志遠，一念不回，深造自得，是非大壯之人不能也。蓋大壯之人，自命不凡，俯視一切，放的下，提的起。有大壯之志，

即能行大壯之事，作人之所不能作，爲人之所不能爲，超凡入聖，爲天下希有之事，如雷之一動，自地升天，驚愚駭俗，震動一切矣。但大壯之道，尤貴壯之得正，若不得正，則壯之不大，其行不利。彼世間傍門外道之徒，著空執相，認假爲真，水火不避，患難不懼，有至死不變者，何嘗不是壯？其如壯之不正，不但壯不能大，而且因壯傷生，何貴于壯？特以大壯之道，惟利于貞耳。貞者，正也、理也。以理而壯，則内有主宰而志正，外无妄動而行下正。志正，。志瘁，則剛強不屈，萬物難移而内壯；行正，則果決有斷，諸事能成而外壯。志以固其行，行以全其志。内外兼修，不壯者能壯，已壯者能大。以正而壯，其利寧有限量乎！初九，在大壯之始，正當虚己求人，究明性命之理而後用。壯者，乃以剛自居，冒然進步，妄想高登，速欲成功，是壯于其趾。壯趾之壯，其進鋭者，其退速，遠行必兇，可于理信之。此不謹于始之壯也。九二，剛以治内，柔以應外，外不足而内有餘，不壯而壯，壯之有得于中，中而未有不正，正而未有下吉者，此嚴以治己之壯也。九三，躁進無忌，不壯于内而壯于外，小人以是而貪圖名利可也。至于修道君子，所當萬有皆空，而亦用壯于外，其壯罔用，不特壯不得正，即得其正，未取于彼，先傷于我，亦是危厲之道。如羝羊觸藩，必羸敗其角，此剛而務外之壯也。九四，剛而能柔，陰陽混合，金丹已結，所當正己之後，正人之時，是以貞吉而又悔亡也。貞吉者，正己之吉；悔亡者，正人之悔亡。又近六五，虚心下賢之知音，不但不敗其己之壯，而且能大人之壯，如藩決不羸，壯于大輿之輹，此正己正人之壯也。六五，居于動體，柔而無剛，時在可壯：人不能壯，如喪羊于平易之地矣。然雖人不能壯，幸其柔順虚心，借他人之知識，以開自己之茅塞。虚心即能實腹，不壯者能壯，既壯者能大，可無喪羊之悔矣。此己不壯而借人之壯也。上六，愚而自用，妄猜私議，入于傍門，到的年滿月盡，生平所學，俱歸無用，如羝羊觸藩，不能退，不能遂矣。居動之極，禍已釀成，如何能退？在事之終，後悔不及，如何能遂？退之不能，遂之不得，空空一世，有何利乎？然則柔而無能者，與其自已用壯而受害不若及早虚心而求師，困而學之，勉強而行之，從艱難處下一番死工夫，不患不到大壯之地。此本不壯，而歸正即壯也。六爻皆有壯道，吉兇不一，求其壯于内，而能正己者，其惟九二。壯于外，而能正人者，其惟九四乎。然則修道，當未了道，必先正己，既已了道，又須正人。正己者，修道者也；正人者，立德也。修道立德，方是壯之正，壯之大。大壯之利貞，必以道全德備，爲極功也。

䷢上離下坤

晉：康侯用錫馬蕃庶，晝日三接。初六：晉如，摧如，貞吉，罔孚裕無咎。六二：晉如愁如，貞吉。受茲介福，于其王母。六三：衆允，悔亡。九四：晉如鼫鼠，貞厲。六五：悔亡，失得勿恤，往吉無不利。上九：晉其角，維用伐邑，厲吉無咎，貞吝。

晉者，進也。卦德上離明，下坤順，由順而生明，用明而行順，順時順理，其明日增，故謂晉。此自誠而明，進火之卦，承上遯卦而來。遯者止其健，而不輕用健也。不輕用健，則心虚，心虚則燭照覺察，戒慎恐懼，不爲物欲所瞞，黑中有白，神明自來矣。人之本來良知良能之性，炯炯不昧，其德本明，因交後天，識神用事，人心起而道心藏，良知之健，變爲不良之健，良能之健，良能之順，變爲不良之順。心與物交，錮閉靈竅，神明有昧矣。聖人教人進火者，由不明而復進于明耳。進明之功，非順道不能。順者，順進順理，常存道心，不生人心。知之能之，無一不良。天之賦人者良，人之順天者亦良。天人合發，元神不昧，自誠而明，其明日增，由小而大，自微而著，漸進于高明遠見之處，有象于康侯，用錫馬蕃庶，晝日三接也。康侯者，安泰寧靜之侯。馬在午，屬于離明之象。蕃庶者，地所生，屬于坤順之象。晝日者，日之明，明在上也。三接者，地之順，順在下也。人之良知能康侯用錫馬蕃庶也。由順而生明，以明而行順，如晝日三接也。三接者，乃再三之順，不順必至于順，其中有閑邪存誠之功。閑邪存誠，人心順，道心彰，誠則明矣，明則誠矣。誠明兼該，明明德而止于至善，進火之功盡矣。初六，在明之初。大理未明，宜靜不宜動。是以晉如摧如，守貞而吉也。夫守貞而吉者，以其未能自信，先須窮理，充裕于内，運火自無差錯之咎矣。此未進明，先求其明也。六二，處于三陰昏暗之中，不但不能增明，而且有以蔽明，是以晉如愁如也。然柔而守正，不爲假陰所惑，不進而亦不愁，是以貞而得吉。蓋能貞，則致虚守靜，真陰現象，假陰自化，如受茲介福于其母矣。此處不明，不遽進明也。六三，不能自下而順，乃自上而順，似乎不正而致悔，然性柔志剛，不順陰而順陽，借他家之明，以濟我家

之暗，我順他，而他即順我，是以衆允其進，有悔可亡，此已不明，順人之明也。九四，居于明體，已進于明矣。但在二陰之內，明藏暗中，又應初陰，明而有私，邪正不分，是非相雜，以是進明如鼹鼠夜行，所見不大，其行不遠，雖用明得正，終有危厲，此剛而有私之明也。六五，居于二陽之內，既明其我家不明，又明其他家有明，借剛濟柔，本有悔者而悔可亡。悔由于心之不虚，若知虚心，則以己求人，即能實腹，既實其腹，則吉兇止足，如在掌上，可以失得勿恤，直行無疑。往而進火下功，吉無不利者。此虚以招實之明也。上九，剛強自勝，祇知進明，不知虚明，是以維用伐邑也。邑爲私邑，伐邑即克己之功。克己之功，虚人心也。若不虚心，獨恃其剛，強制強伏，必危厲而後得吉，得無咎。以是用明。雖克己得正，亦屬勉強，不由自然，未免取吝于大方，此剛而高亢之明也。然則進明運火之道，未明必先求其明，既明又當虚其明。虚實並用，剛柔相當，自誠而明，明本于誠，其明日進日高，用之不盡，取之不竭，大地裏黄芽長徧，滿世界金花開綻，無處不可用明，無處能傷其明矣。

䷣上坤下離

明夷： 利艱貞。初九： 明夷于飛，垂其翼。君子于行，三日不食。有攸往，主人有言。六二： 明夷，夷于左股，用拯馬壯，吉。九三： 明夷于南狩，得其大首，不可疾，貞。六四： 入于左腹，獲明夷之心，于出門庭。六五： 箕子之明夷，利貞。上六： 不明晦，初登于天，後入于地。

明夷有二義，一夷者，藏也。一夷乾，傷也。卦德上坤順，下離明，明在順中，明而順時，以順養明，故謂明夷。又明在暗中，明而有傷，亦謂明夷。此自明而誠，退火之卦。承上大壯而來。大壯者，健于動也。健于動也，須要知其進退，若有進無退，壯之太過，必傷其明。明傷而壯，未有不敗者，此退火之功所由貴。退火者，藏明于至幽至密之處，而不輕自用也。修道之所以進火用明者，以其不明，而進至于明耳。既進至于明，内外不昧，可以韜明養晦，必至于至善無惡之地，使明無一點有傷，方謂火返其本，有氣無質，一團和氣，良知良能，元神不昧，非色非空，即色即空，色空不拘，如日在地上能照外，日在地下，能照内。内之外之，無一不明，不明之明，勝于用明，明而無形迹可窺矣。無形迹可窺，方是火退，而火返本。但此火退，返本之道，亦逆道也。逆者何逆，逆其所生之明于内，有明而不自用也。有明不用，非空空無爲，便以了事，其中有防危慮險之功，隨時收斂之道，要在于艱難不能自由處返來，若返于順，而不能返于逆，則火不歸元，明不入真，終必有，傷故明夷利于艱貞也。艱難守正，順時而退，明不受，丹元無滲漏之患，所謂總識硃砂與黑鉛，不知火候也如閑。大都全藉修持力，毫髮差殊不結丹。蓋以修丹之道，全要以火爲準則。少于火而丹不成，過于火而丹即傷。及丹已成，急須在住火停輪，沐浴温養，守中抱一，深藏其明于無聲無臭之地，不使有一點火氣耳。初九，在明夷之初，雖無傷之形，已有傷之幾，急須退火，以免其害。以象取之，如明夷于飛垂其翼； 以人取之，如君子于行，三日不食，有攸往。垂翼之飛，不食而往，明于退而急退者。然主人有言者，退火乃聖胎凝結以後之事。聖胎凝結，自有真火，不用假火，如愚如訥。人所嫌忌，有言毁謗，必不能免。然雖有毁有謗，外傷而内不傷，此退火于未傷之前也。六二，退火稍遲，而即見傷，如明夷于在股也。然柔順虚心，見傷即知，用壯馬急拯其不能早退之失，可不至于大傷其明，亦致吉之道，此退火于見傷之時也。九三，剛明兼備，運天然真火，煅去人心之首惡。人心一去，邪火自化，如明夷于南狩，得其大首也。但人心有識神居之，爲歷劫輪迴之種子，不易去之，若去太猛，反激邪火妄動，真火有傷，惟不可疾貞，漸次化之，人心終有消滅之時，此運真火而明不傷也。六四，養明于幽深至密之處，如入于左腹矣。左腹之明，視之不見，不識不知，可獲明夷之心，于出門庭，出有心而入無心，一切邪火焉得而發之。此退假火而明不傷也。六五，守中抱一，絕不用明而明常存，所謂内有天然真火，爐中赫赫長紅，如箕子之明夷，利在于貞也。利貞之夷，外不足而内有餘，此養真火而明不傷也。上六，不明火候，祇知順用其明，不知逆退其明，是不明而反晦也。不明反悔，無益有損，自招其災。如初登于天而進明，後入于地而傷明，金丹得而復失，前功俱廢矣。此不知退火而明終傷也。噫！ 養火即養明，退火即藏明。明藏于内，火返其真，虚靈不昧，期其神化，歸于無形無色而後已。但須要知的養明退火之火候耳。若不知火候，不特不能養明，而且有以昧明，是亦明夷而已，何能濟事乎！

䷤上巽下離

家人： 利女貞。初九： 閑有家，悔亡。六二： 無攸遂，在中饋，貞

吉。九三：家人嗃嗃，悔厲，吉；婦子嘻嘻，終吝。六四：富家，大吉。九五：王假有家，勿恤，吉。上九：有孚威如，終吉。

家人者，家中有人，治内之道。卦德上巽入，下離明。明則可以巽行其道，巽則能以漸通其明，巽明相需，如以風吹火，火隨風生，有治家之道，故謂家人。此煉己持心，迴光返照之卦，承上晉卦而來。晉者，明由順生，進火用明之功。進火用明，須先明内。明内者，煉己也。煉己者，煉我家之陰耳。我家之陰爲何陰？人心是也。人身精、神、魂、魄、意，皆屬陰，俱聽命于人心。人心靜而五者皆靜，人心動而五者皆動，煉己即煉此人心。耳煉去人心，道心自現。道心現而心明，則精、神、魂、魄、意，皆化而爲護法神矣。人之身如家也，人之精、神、魂、魄、意，如一家之人也。煉人心而生道心，精、神、魂、魄、意，各發其位，各伺其事，喜、怒、哀、樂，皆和而中節，如一家治也。取象利女貞，女以守貞爲貴，煉己如女之守貞不字，則我有之真陰現象。真陰現象，則心虛靈一昧，外物不得而入，可以循序漸進，以求他家之陽，無有不利者。卦體二虛于下，五實于上。虛心即能以實腹，利女貞，正所以致虛守靜，以爲成家立業計耳。故修道者，戒慎恐懼，于不睹不聞之内，不使有一毫陰氣潛藏于方寸之中也。初九，在家人之初，剛于煉己，如閑有家也。有己即能防閑，克制方寸之中，空空洞洞，内念不生，外物不入，本有悔而悔可亡，此煉己于有己之初者也。六二，柔而中正，返觀内照，心清意靜。不專遂于外，而謹慎于内。以靜制動，以一禦紛，外物不納，客氣難入，如婦人在中饋而居貞，未有不得吉者，此煉己而用柔道者也。九三，煉己功勤，雜念不生，如家人嗃嗃，悔厲驚懼，不敢爲惡，自然得吉。否則，有念不去，姑息養奸，恣情縱慾，如婦子嘻嘻，畧無家法，焉能到得無己之時。如此修道，終不成道，取吝而已。此煉己當用剛道者也。六四，以柔求剛，借剛濟柔，不即不離，漸次導引。虛心即能實腹，富有日新，方且積法財、聚天寶，其吉之大，不僅無己而已。此煉己柔而用剛者也。九五，陽剛得中，心正而身修，如王者假家施治，而天下自平，其吉出于自然，非有勉強，何憂恤之有？此煉己而剛柔如一者也。上九，剛而居于巽體之上，可信其煉己有威如矣。煉己威如，嚴之于初，自能吉之于終，此煉己而有始有終者也。子書云：煉己不熟，還丹不結。還丹頭一步工夫，先要煉己。煉己煉到無己時，虛室生白，先天之氣自虛無中來，凝結而成黍米之珠，其光通天徹地，一切魍魎邪魔。焉得而近之。煉己之功，豈小焉哉！

䷥上離下兑

睽：小事吉。初九：悔亡，喪馬。勿逐，自復，見惡人，無咎。九二：遇主于巷，無咎。六五：悔亡，厥宗噬膚，往何咎。上九：睽孤，見豕負塗，載鬼一車，先張之弧，後說之弧，匪寇婚媾，往遇雨則吉。

睽者，彼此相違之義。卦德上離明，下兑悅，悅生于内，明用于外。悅非所悅，明非所明。悅明不當，故謂睽。此陰陽相隔，和緩調理之卦。承上明夷而來。明夷者，真明有昧之義。真明者有昧，假明即出，識神用事，順其所欲。明于外而不明于内，性亂命搖，與道相隔，此睽之所由業也。然睽則睽矣，又有致合之道。特以明雖在外，若能虛其心，可以返明于内。慾雖起内，若能實其腹，可以掃慾于外。明返慾掃，神定情忘，則陰陽隔礙潛通，睽者亦可以致合，故小事吉。小事者，陰之事。人心用事已久，道心埋沒，大事已去。今欲致合，必先去人心，而後生道心，道心復後，大事方吉。正在睽中，求其人心不壞，其事足矣。安敢望其大事之吉乎！試就小事吉者論之。初九，在睽之初，道心方去，人心方來，若能剛而守正，不爲人心所惑，道心自復。有悔者可以悔亡，如喪馬勿逐自復也。然必見惡人無咎者，惡人即人心，人心俱有五賊，足以敗道。不見人心，不知五賊作禍，見人心而順其所欲，漸次導引，五賊不得張狂，所以避害耳。此濟睽于方睽之時也。九二，當陰陽正睽之時，邪氣盛而正氣弱，道心未易相遇。然剛以柔用，從小道中進步。借人心生道心，如遇主于巷，本有咎者，即能無咎。此濟睽于正盛之時也。六三，愚而自用，順其所欲，如與曳而牛掣也。不悅于内而悅于外，未得于彼，早失其己，如天頭而劓鼻也。如此之人，務外傷内，認假失真，到頭一着，窮無所歸，始悔自錯，故無初有終也。但不能悔于初，而悔于終，悔之無益。此不睽而自致其睽也。九四，陽在陰中，道心爲人心所陷，人心惟危，道心惟微，孤陽無依，是睽孤也。然道心雖微，若能敏而好學，不恥下問，交孚抱道之君子，彼此資益，人心日去，道心日增，久之人心化，道心存，陰陽混合，孤者可以不孤，有咎者可以無咎。此以尊交卑，能濟其睽也。六五，柔順虛心，居二陽之中。既明其我家純陰，又明其他家有陽。虛人心而求道心，本有悔者，而悔可以亡矣。

夫道心者，人心之宗，厥取道心之宗，點化人心之假，如噬膚之易。以是往而行道，有何睽之咎乎！此以虛求實，能濟其睽也。上九，處睽之極，道心埋沒已久，人不反顧，是睽孤也。道心埋沒，人心用事，習染成性。疑慮百出，如豕負塗，載鬼一車矣。若欲復道心，須先明人心。但明之貴于見之。見豕見鬼，實見的人心，爲害甚大。既能見的，即能明的。先不明，而用人心，如先張之弧也；後能明，而復道心，如後說之弧也。無人心而不見道心，無道心而難知人心，借人心復道心。人心雖罪之魁，亦功之首，匪寇而實婚媾也。人心既見，道心即復，于是虛人心，振道心，往而濟睽，則陰陽和合。如遇其雨，洗去一切舊染之污，仍是當年圓成無虧之物。其吉爲何如乎！此睽終必合，乘時而濟睽也。六爻俱有睽而致合之道，僅得免其陰陽不睽，而不能陰陽有濟，故彖曰：小事吉。然小事能吉，大事即能吉。睽終而合，陰陽相通。自此而求，大事未有不致吉者。修道者，可不先求其小事之吉乎！

䷦上坎下艮

蹇：利西南，不利東北；利見大人，貞吉。初六：往蹇，來譽。六二：王臣蹇蹇，匪躬之故。九三：往蹇來反。六四：往蹇來連。九五：大蹇朋來。上六：往蹇來碩，吉；利見大人。

蹇者，前進屯難之義。卦德上坎險，下艮止，止于險中，故謂蹇。此後天中保先天之卦，承上家人而來。家人者，明不外用，煉己之功也。煉己者，煉其後天之陰耳。人自先天失散，後天用事，人心惟危，如坎卦二陰，在于一陽之外也。道心惟微，如坎卦一陽，陷于二陰之中也。陽陷陰中，道心爲人心所累，而不能振發，全是人心用事，險之極矣。但有險，須要能止于險。能止于險，則人心漸消，道心漸生，可以處險，可以出險，而不爲後天陰氣所傷矣。辭曰：蹇利西南，不利東北者，正處險出險之訣。西南屬坤，虛極靜篤之鄉。虛極招實，靜篤則動。先天之氣自虛無中來，道心發現，人心自退，乃生之處，故利。東北爲艮，陰氣剥將盡之方。陰氣剥陽，順其所欲，人心用事，道心將亡，乃死我之處，故不利。利于生道心而退人心，不利于起人心。而傷道心。生道心即能處險，退人心即能處險，退人心即能出險。然必利見大人，貞吉者，特以大人者，不失其赤子之心者也。赤子之心，不識不知，無貪無求，即是道心。有道心即爲大人，無道心即爲小人。去人心，非見道心不能，見的道心，方能去的人心。利見大人者，即利見于道心耳。道心一見，邪正即分，穩穩當當，性定情忘，不爲人心所誘，止則能以禦險，動則能以濟險。止之動之，皆是道心運用，以正遇險，險中守正，終必出險解，完成大道，以吉全之矣。初六，在蹇之初，與物未交，人心未起之時，若往而交物，即起人心而有蹇。不往而來，人心不起，道心常存，而美譽之德在是矣。此柔而謹慎于未蹇者也。六二，與五相應，五爲坎中真陽，如王。二爲艮中真陰，如臣。真陽有險，即真陰有險，如王臣蹇蹇也。有蹇而能止于其所，虛人心，求道心，不以艱難困苦移其志，所謂匪躬之故歟。此柔而能處于蹇者也。九三，剛躁太過，與險爲隣，往即有蹇，幸其剛而得正，見險能止，不往來反，掃去人心，把持道心，遇蹇而無蹇。此剛而不入于蹇者也。六四，獨柔不剛，本自有險，強欲出險，往必有蹇，幸其屈己求人，不恥下問，來連有道之士，擴充其識見，道心漸生，人心漸去，終必出險而無蹇。此柔而借剛濟蹇者也。九五，陽陷于陰中，道心人心所蔽，是謂大蹇。然剛而中正，借人心修道心，道心一來，人心即化，剛柔混合，先天之氣，從虛無中凝結而成丹，大蹇而能大濟。此剛柔一氣，而無蹇者也。上六，在蹇之終，正當人心安靜，道心發現之時。若不明火候，強制人心，反昧道心，往有蹇矣。不制人心，來養道心，而碩大之德在是矣。然必利見大人者，大人爲了道成真，出險之人，從險地一一經歷過來，藥物火候，無不通曉。蹇終之時，正是生門死戶，可吉可兇之處，須要真師大人口傳心援，方能殺裏求生，出蹇濟蹇，而不爲陰陽所拘矣。此求師口訣，而濟蹇者也。然則出蹇濟蹇之道，須要真師訣破生門死戶，方能濟事。不知生門死屍，不但道心識不的，即人心亦識不的。識不的道心，焉能生的道心？認不得人心，焉能去的人心？道心不生，人心不去，總然弄盡傍門，不蹇而自致蹇，無益于性命，反傷于性命，可不畏哉！

䷧上震下坎

解：利西南，無所往，其來復吉。有攸往，夙吉。初六：無咎。九二：田獲三狐，得黃矢，貞吉。六三：負且乘，致寇至，貞吝。九四：解而拇，朋至斯孚。六五：君子維有解，吉；有孚于小人。上六：公用射隼，于高墉之上，獲之，無不利。

解者，脫散之義。卦德上震動，下坎險，陽氣動而出險，險外之動，動之遂

心，故謂解。此乘時採藥之卦，承上暌卦而來。暌者，陰陽不和，悅明不當，陽氣用事，陽氣有陷，此解脫陽氣之功不可缺。解脫陽氣者，採藥也。採藥貴乎知時。若不知時，當面錯過，陽氣仍在，陽氣又去，雖藥在咫尺，未許我得。《悟真》云：鉛遇癸生須急採，金逢望後不堪嘗。當其一陽生于坤地，先天之氣，自虛無中來，天地之心回轉。所謂西南得朋，正鉛遇癸生，大藥發現，道心震動，人心安靜之時，此自然之解，吉之先見者也。是以解利西南。無所往，其來復，吉。無所往而來復，非人所勉強而然，乃一時自然之現露了之于天。但天時已至，尤賴人力，急須下手扶陽抑陰，天人合發，借此一點陽氣，復而又復，復于純陽無陰之地，道心常存，人心永滅，方是解去危難，縱橫逆順，無不如意，是以有攸往夙吉也。夙者，早也。早則藥氣方生，屬于先天；遲則藥氣已過，屬于後天。藥氣方生而急採，則先天堅固而得；吉藥氣已過而始採，則後天又發而不吉。夙吉二字，大有深意。有不得不早者，所謂若到一陽纔動處，便宜進火莫延遲者是也。初六，居于至險之地，柔弱無能，不能自出。而知親近有道之士，借他人之智慧，以解自己之昏暗，有咎者亦能無咎。此柔而借剛解險者也。九二，以一陽而居于二陰之內，剛而能柔，惟精惟一，允執厥中。既不使人心爲惡，如田中獲狐，而不縱放其狐，又不求人心強滅，如得黃矢，而不傷害其狐。不縱不傷，順其所欲，漸次導之，使其自消自化，不解而解。解之而最吉者，此剛而用柔解險者也。六三，愚而自用，妄想天寶，無道心而強制人心，以心制心，不但不能去人心，而且有以招人心。如負物者欲乘車，自致寇傷。雖解事屬正，然恃一己之陰，不求他家之陽，亦修道者取吝之事。此柔而強欲解險者也。九四，剛而不正，又應初陰。道心中人心相雜，解陰而不果，如解而拇矣。夫解散人心，所以振道心也。人心解去，于道心來至。信之解之，在拇能動不能行。可見人心惟，危道心惟微矣。此剛爲柔牽，不解險者也。六五，虛人心而求道心，是君子維有解也。道心爲君子之心，人心爲小人之心。道心之解與未解，可于人心驗之，人心化盡，方是道心之難解，若稍有一點人心，而道心之難猶未解去。故修道者，必使宥密之中，而無絲毫滓質爲極功，此點化羣陰之解險者也。上六，在解之終。一切客氣盡消，衹有人心未死，此一點人心，貪圖無比，即罪之魁，如隼鳥栖于高墉，所當急須解去者，幸在解終，正氣盛而邪氣弱，以道心而解人心，直下斷絶，無不利者，此大公無私之解險者也。然則解難出險之道，貴于知時，尤貴于剛柔相當。不先不後，不急不緩，乘時下手，未有不獲利者。然所以獲利處，總要知的西南坤位耳。噫！藥出西南是坤位，欲尋坤位豈離人，分明說破君須記，衹恐相逢認不真。西南坤位，豈易知哉！

䷨上艮下兑

損：有孚，元吉，無咎，可貞，利有攸往，曷之用，二簋可用享。初九：已事遄往，無咎，酌損之。九二：利貞，征凶，弗損益之。六三：三人行，則損一人；一人行，則得其友。六四：損其疾，使遄有喜，無咎。六五：或益之，十朋之龜，弗克違，元吉。上九：弗損益之，無咎，貞吉，利有攸往。得臣無家。

損者，減其有餘也。卦德上艮止，下兑悅，有所悅而即止之，止其悅而無妄念。卦體二五剛柔得中，虛實相應，剛而不至于躁，柔而不至于懦，減其有餘，增其不足，故謂損。此損中有益之卦，承上蹇卦而來。蹇者，有險能止，後天中保先天之道。然欲保先天，非去後天不能。去後天者，行損道也。但損之爲道，是不順其欲而止其欲。人多不能誠信于中，不能誠信，有始無終，不但不得吉，而且致其咎。若能誠信，則起念即真。信之于心，自能見之于行，不致吉而吉即在，不致咎而咎自無。雖然，信于損固吉，固無咎。尤貴于信之得正，損之得正。世間觀空守靜，忘物忘形，至死不變之輩，何嘗不是信于損。但信非所信，損非所損，有損無益，仍是不吉，仍是有咎。是以可貞于信，辨其是非，分其邪正，明于心而驗于事，有攸往而無不利矣。但有往之利，雖利于信之正損之正，尤貴乎真履實踐，有始有終。若未到從容中道之地，而功不可歇，必須爲道日損，爲功日益，損之又損，益之又益，直至損無可損，益無可益，剛柔相應，內外合道，至善無惡。渾然天理，而損益之功，方無所用矣。故曰曷之用二簋，可用享。簋爲虛圓之物，二簋即二五剛柔之中。剛柔歸中，剛中有柔，柔中有剛，剛柔如一，二五之精，妙合而凝，還元返本，聖胎有象，由是享自在無爲之樂。我命由我不由天，信乎損而損中有益，豈小焉哉！初九，剛決勇猛，信于損而即欲行其損，是以已事遄往，損之必能無咎矣。但損之在初，恐其勇猛太過，有損而不正之失，必酌其是非可否，而後損之，方是損中有益，而無一咎之損。此損之須謹于初者也。九二，剛而有得于中，道心常存，人心

不生，陰陽和合，金丹有象，正宜謹固牢藏之時。若不知止足而又損益，反起人心，有昧道心，不利且兇。蓋以剛氣歸中，不偏不倚，弗可損益矣。此不損而亦不益者也。六三，愚而無知，見景生情，不能損人心，而反用人心。求益而反有損，如三人行，則損一人矣。若知益中有損，而能損去人心之二心，益其道心之一心，陰陽相當，損中有益，如一人行，則得其友矣。此求益而必用損者也。六四，純陰無陽，其疾已深，幸其柔而得正，以陰順陽，誠求他家不死之方，以損我家之沉疴，不能損者亦能損，不速損者亦速損。損中有益，不但有喜，而且無咎。此損柔而求剛益者也。六五，柔而得中，止于其所，虛心即能實腹。虛實相應，剛柔相濟，二五之精，妙合而凝，或益之十朋之龜矣。或益者，不求益而益，益出自然，非有勉強，乃返本還元之吉道，所謂敲竹喚龜吞玉芝，鼓琴招鳳飲刀圭者，在是。此損柔而剛，自益者也。上九，在損之終，是損之于無可損，益之于無可益，有明明德而止于至善。弗損益之，已是無一行之有咎，無一事之不正，全始全終，而得其吉矣。修道至于止至善，道心常存，金丹凝結，以是往而點化人心，無有不利者。蓋道心者，主人。人心者，奴僕。道心用事，一步一趨，皆是天理，私慾不生，雖人心亦化爲道心，得臣無家，滓質俱消。羣陰剥盡丹成熟，跳出凡籠壽萬年。此損益而歸于至善者也。損之功用，至精至微，不拘成規，隨時變通。總以剛柔如一，止于至善無惡之地爲極功。行損道者，可不誠信于損，全始百全終乎！

䷩上巽下震

益：利有攸往，利涉大川。初九：利用爲大作，元吉，無咎。六二：或益之，十朋之龜，弗克違，永貞吉。王用享于帝，吉。六三：益之用凶事，無咎，有孚中行，告公用圭。六四：中行，告公從，利用爲依遷國。九五：有孚惠心，勿問元吉。有孚惠我德。上九：莫益之，或擊之，立心勿恒，凶。益者，增加其不足也。卦德上巽入，不震動。動而漸入，不急不緩而入之，故謂益。此益中用損之卦，承上解卦而來。解者，陽氣動而出險。漸行漸長，增益善之不足也。但益善非損不善，不能益其善，而損其不善，至于益之又益，損之又損，直至益無可益，損無可損，至于至善無惡之地而後已。是以利有攸往也。人自無始刼以來，千生萬死，罪積如山，孽深似海，輪回種子，愈久愈深。今欲行有益性命之事，非先拔去輪回種子，不能濟事。輪回種子豈能遽去哉？其事有火候，有工程，非可懸虛不實，須要循序漸進，步步出力，益道心，損人心，益正氣，損邪氣，益中有損，方能有濟，利有攸往，利在于行出有益之事耳。但行有益之事，貴乎有始有終。若有始無終，仍是行而不利，無益有損。故有益，利行之道，惟在專心致志，下一番死工夫，從艱難困苦中做出，消盡歷刼輪回種子，方能復我本來原物，是以又利涉大川也。大川至險，性命所關。若于至險之地能行去，則凡無險之處，自無不利矣。卦德動而巽進，徐徐下功，不急不緩，其即隨時增減之道乎！初九，在益之初，即能勇猛直行，大作大用。是初念已真。能益于初，自能無咎于終。此用剛而決于益者也。六二，柔順中正，識急緩，知吉兇，煉己持心，損之又損。先天之氣自虛無中來，陰陽相合，如或益之，十朋之龜矣。十朋之益，二五之精，妙合而凝，如龜之蟄神藏氣，聖胎有象。當斯時也，正宜守貞不二，沐浴溫養，至于十月功完，脫胎成真，積功累行，護國祐民，受皇王之封號，用享于帝，天爵修成，而人爵即從之。其吉爲何如乎？此用柔而自然益者也。六三，不中不正，咎過極多，不可益以吉，事須用兇事磨礪，自能戒懼修省，有孚于中行也。有孚則心誠，中行則謹，心誠行謹，公而無私，事無不可告于人者，如用圭通信，損中有益，兇事亦可化爲吉事。始而有咎者，終可無咎。此用柔而勉強益者也。六四，居于上巽之體，正當益己之後，益人之時，故中之于行，或因人指點，或借事開導，告其爲人，人有益之公事，使學者心悅誠服，樂于從之耳。然道高者毀來，德修者謗興，必須依有大力者而爲之，方能現身說法，使人遷善改過，是以利用爲依遷國也。遷國之利，大行其道，如大顛之依文公，長春之依元帝。此無位者必借人力，而益人者也。九五，陽剛中正，大道完成，渾然天理，可信其惠心在內，則即有元善之吉矣。夫惠心者，天良之心也。天良之心常存，視萬物爲一體，視人我如一家，一言一行，俱有益于世道人心，又可信其有惠德矣。既有惠心，又有惠德，猶和風吹物，莫不鼓舞而興起。如許遜令于旌陽，梅福官于南昌，皆能存惠心而行惠德。此有位者不借人力而益人者也。上九，剛而誤用，不能益己，強欲益人，不但莫益于人，而且爲人擊責矣。夫益人之道，先要能損己過，己過損去，而益于善矣。己善而後可以善人，此循序漸進，恒久之心。若立心不恒，未益于己，即欲益人，無益有損，自取其兇。此好強者，未益己而即欲益人者也。然

則益之爲道，當道未成，必先益己，及道已成，再去益人。益己益人，各有其時，若未到己益之後，不可益人。然益己益人，總要先能損己之過耳。能損己過，至于無過，可以益己，可以益人，無往不利矣。

䷪上兑下乾

夬：揚于王庭，孚號，有厲，告自邑，不利即戎，利有攸往。初九：壯于前趾，往不勝爲咎。九二：惕號，莫夜有戎，勿恤。九三：壯于頄，有兇。君子夬夬獨行，遇雨若濡，有愠無咎。九四：臀無膚，其行次且，牽羊悔亡，聞言不信。九五：莧陸夬夬，中行無咎。上六：無號，終有凶。

夬者，決去也。卦體一陰居于五陽之上，陽將純而陰將盡，卦德健而和，和以行健，健而不猛，均有以陽去陰之義，故謂夬。此以陽退陰之卦，承上損卦而來。損者，止其悅而不妄悅，所以進陽退陰，以正氣而退客氣也。客氣者，識神所招。欲退客氣，莫若先去識神。人自交于後天，識神用事，酒色迷真，賭氣亂性，情慾俱發，思慮紛生，心君迷惑，習于性成，非一朝一夕之故，豈能斬然決去哉！不能斬然決去，必須從容行事，隨時下手，終必識滅。滅而元神復，人心化而道心全，重見本來乾元面目矣。但此識神爲人心所戀，欲去識神，莫若先明其心。心若一明，則道心現，而識神易去，故夬揚于王庭也。王庭者，心君所居之處，乃分辨邪正之地。心明邪正，則心不爲識神所迷，易于去之。但識神用事已久，根深權大，非可冒然下手，必須急緩得法，方能濟事。曰孚號者，真心實意，以聚正氣也。曰有厲者，戒慎恐懼，以防邪氣。曰告自邑者，煉己也。曰不利即戎者，待時也。即能聚正氣，又能防邪氣，更能煉己待時，萬緣俱空，衹一識神，乘時而決之，未有不利者也。卦德健而和，從容不迫，待時下手，其即決陰之妙訣乎？初九，在決陰之初，獨剛不柔，冒然前進，是壯于前趾矣。前趾之壯，不但不能決陰，而反有以助陰。陽不勝陰，無咎而自致咎。此剛而不謹于決陰者也。九二，剛而能柔，儆惕自號，戒備嚴密，雖莫夜有戎，已伺于未發之先矣。何憂恤之有？此剛而能緩于決陰者也。九三，剛躁太過，急欲成功，壯氣現之于頄，宜有兇道，幸其以正去邪，爲君子夬夬之決，但嫌其獨剛不柔。其行遇雨，若濡不能遽遂其志而有愠。然行既遇濡，始雖不能剛決，終必和決之，亦可無壯頄之咎矣。此剛而速于決陰者也。九四，剛居不正，道心爲人心所累，如臀無膚，其行次且而決陰不果。幸其道心未泯，能以牽引陽氣而增長，本有悔而悔可亡。但嫌其不信決陰之言，道心中猶雜人心耳。此剛爲柔傷，不知決陰者也。九五，切近上陰，陰尊陽卑，道心爲人心所瞞，貪戀識神，或決或不決，如莧陸夬夬，一時不能決斷其根然。夫道心人心所爭者，毫髮之間。這邊是道心，那邊是人心，果于決陰，便是道心，不果于決陰，便是人心。心者，神之室，識神與人心相連，故夬夬不定。幸其陽將純，陰將盡之時，理終勝欲，雖決之不能自然，亦必勉強而能決，是以中于行，而可無咎。此剛爲柔牽，勉強決陰者也。上六，在決之終，羣有退盡，衹有識神一陰未消，其時當決，其勢必滅，陽氣一進，陰氣即化，是以無號終有凶。陰氣之無號，即陽所之孚號，陰氣之終兇，即陽氣之終吉。此陽氣純全，陰氣悉化之決者也。然則決陰之道，不可太剛，不可太柔。必須剛中有柔，柔中有剛，漸次而決。進一分陽，退一分陰，陽氣進全，陰氣自化。若不知急緩運用，速欲成功，反助陰氣，有傷陽氣，陰氣終不能退。故退陰之道，須要深明火候耳。

䷫上乾下巽

姤：女壯，勿用取女。初六：繫于金柅，貞吉。有攸往，見兇，羸豕孚蹢躅。九二：包有魚，無咎，不利賓。九三：臀無膚，其行次且，厲，無大咎。九四：包無魚，起凶。九五：以杞包瓜，含章，有隕自天。上九：姤其角，吝，無咎。

姤者，遇也，不期而相遇之義。卦體一陰而入于五陽之下，五陽而遇一陰，故謂姤。此防陰保陽之卦，承上益卦而來。益者，增其陽之不足也。增其不足，必自一陽增至于六陽純全而後已。然陽極必陰，一陰潛生，陽氣即傷，故彖辭所以直謂姤，女壯也。但陽極必陰者，造化順行後天之道，而能借陰全陽者，聖人逆運先天之學。如本卦二五，剛而得中，通權達變，剛中有柔，柔中有剛，可以出入乎陰陽之中，而不爲陰陽所拘。用六，而不爲六所用。如遇女不取，陰氣雖壯，終聽命于陽氣，不但陽氣不傷，而且陰氣亦漸消化，此防陰之功所由貴也。初六，一陰潛生，其力足以敵五陽，如金柅能以止車于不行。修道者，守貞不失，防患于早，爲吉。若有妄動，自招其陰則兇。特以一陰進而羣陰皆動，如一羸豕，能以引羣豕而蹢躅，其機雖微，爲害最大。此陰氣之始生也。九二，剛以柔用，戒慎恐懼，能防如生之陰，如魚在包中不能爲害，其利在主不在賓，蓋已伺之于早矣，此防陰于未

發也。九三，剛而自恃，不以防閑于早，陰氣已發，制伏甚難。道心中人心相雜，如臀無膚，其行次且，主宰不定矣。幸其剛而守正，日乾夕惕，危厲自處，可無以陰傷陽之咎矣，此防陰于已發也。九四，剛而失守，不能防陰而縱陰，坐觀成敗，道心有昧，人心亂生，禍起蕭牆，如魚出包中，無所不至矣。此不知防陰而見傷也。九五，剛健中正，天人混合，以道心而制人心，如以杞之陽，包瓜之陰，黜聰毀智，光華含內，陰氣不得而近之，以是處姤，人力可以回天，陽氣不傷，陰氣自化矣。此以陽防陰而無傷也。上九，剛而高亢，不能防陰于早，陽極必陰，剛極必陰，金丹得而復失，自取其吝，與陰無咎，此防陰不早而終傷也。六爻或知防陰，或不知防陰，或防陰于早，或防陰于遲，求其防于早，而陰不能生，其惟九二，以陽統陰，使其自消自化，得其中正者，其惟九五乎！防陰得其中正，用六而不爲六所用，借陰保陽，不在是乎！

䷬上兑下坤

萃：亨。王假有廟，利見大人，亨利貞。用大牲吉，利有攸往。初六：有孚不終，乃亂乃萃，若號，一握爲笑，勿恤，往無咎。六二：引吉，無咎，孚乃利用禴。六三：萃如，嗟如，無攸利，往無咎，小吝。九四：大吉，無咎。九五：萃有位，無咎，匪孚，元永貞，悔亡。上六：齎咨涕洟，無咎。

萃者，聚也。卦德上兑悦，下坤順我。我順人百人即悅，故謂萃。此攢簇藥物之卦，承上夬卦而來。夬者，以陽而決陰也。決陰之道，乃丹頭至手以後之事。當丹頭未得，若無攢簇藥物之功，而丹頭不結。但人自有生以後，性相近而習相遠，忘其本真，逐於外假，心神不定，精氣耗散，非可遽能收攝，是貴乎以順爲體，以和爲用，循序漸進，火候不差，專心致志，愈久愈力，自然已失者而可還，已去者而可返，猶如王者假神有廟也。祖先爲人之根本，忘其根本，則不孝而非人。王者假神在廟，所以使人人皆知有根本之當報耳。人之本來天真，如祖先之根本也。人之棄真認假，如忘祖先之根本也。人能收斂神氣，修持性命，復還本來天真，如不忘祖先之根本也。王者之不忘根本，能以聚天下之人心；修道者之不忘根本，能以攢性命之大藥。但此不忘根本之事，須要大人行之，非一切不知性命之小人所能行，是以利見於大人亨也。蓋大人者，正己而正物者也。正己則無我，神氣不散，以正爲己也。正物則無人，氣質俱化，以正爲物也。正己正物，內念不生，外物不入，內外一正，仁義禮智，皆本於信，金木水火，俱歸於土。先天聚，後天化，性定命凝，聚正之亨利，豈小焉哉！夫天之所以命於者正耳。人之所以報於天者，亦正耳。以正報天，不忘根本，如用大牲，上亨於天，未有不致其吉者。然用大牲致吉之道，非空空一念便能了事，須要腳踏實地，一步步行去，方能成功。若知而不行，猶如不知，何能得吉？利有攸往，知之貴於行之耳。初六，陰柔無斷，不辨是非。或信此，式信彼，乃亂乃萃，信非所當信，聚非所當聚矣。幸應四陽，若知亂萃無益，自悔悲號，親近真師，一經握引，暗中指點，當亦會的，道不遠人，人之爲道而遠人。先號後笑，直下承當，不必憂恤，即時往而攢簇五行，和合四象，何患不以無咎之地哉？此改邪歸正之萃也。六二，居於三陰皆暗之中，一身純陰，而能順其所欲，漸次導引，化其氣質之性，聚其真如之性，其利如用禴祭神，以誠感通，始而有咎者，終而可以無咎。此柔而守正之萃也。六三，愚而自用，執著一己之陰，妄想成道，空而不實，是萃如必終嗟如，其無所利可知。幸其賢士在望，若能往而相聚，借剛濟柔，亦可以免嗟如之咎。但不能聚正人於早，及至受其害而後聚，難免小吝矣。此柔而借剛之萃也。九四，剛而能柔，陰陽相當，還丹凝結，大丹有望。不但聚之如意而大吉，必將聚於一無所咎之地矣。此凝結還丹之萃也。九五，剛而中正，上智不移，正位凝命，無修無證，不待作爲。五行一氣，本自無咎。然雖無咎，嫌其居於悅體，自滿自盈，信非所信，後悔必有。若知實腹而又虛心，行無爲之事，溫養聖胎，永於貞一。用天然真火，煅盡後天餘陰，號曰無漏真人，何悔之不亡？乎此溫養聖胎之萃也。上六，愚而無知，誤入傍門，以假爲真，雖天寶在望，未許我聚，空空一世，臨死方悔，齎咨涕洟，自致其傷，與人無咎。此始不謹而終兇之萃也。六爻各有所萃，是非邪正不同，求其陰陽相當，剛柔如一之萃，其惟九四。以虛養實，了命了性，其惟九五乎？噫！金蝦蟇，玉老鴉，認的真的是作家。

䷭上坤下巽

升：元亨，用見大人，勿恤，南征吉。初六：允升，大吉。九二：孚乃利用禴，無咎。九三：升虛邑。六四：王用亨于岐山，吉無咎。六五：貞吉，升階。上六：冥升，利于不息之貞。

升者，自卑登高之義。卦德上坤順，下巽入，徐緩進步，順時而行，不即不

離，漸入真常，故謂升。此謹慎火候之卦，承上姤卦而來。姤者，巽入于健，陽極陰生，邪氣日進，正氣日退，習染成性，漸入下愚不移之地矣。所以者何？因其陽失其健，陰亦不順耳。金丹大道，未復其陽，先順其陰，陰若一順，則人欲不生，正念常存，循序漸進，可以自無而至有，自虛而至實，不學上達，明善復初而無難，故升有元亨之道也。但此元亨之升，乃竊陰陽，奪造化，超凡入聖之事。其中火候細微，工程悠遠，非一切妄猜私議，盲修瞎煉者所能行，必須真師口傳心授，真知確見，方能一直前行，無阻無擋。是以用升之道，利于見大人也。大人，即完成大道之聖人。蓋大人成物，一言一語，俱有道理。如風之無物不入，能以開人之智慧；如地之無物不長，能以救人災殃。見大人而後用之，則藥物得真，火候有準。可以勿恤，向明遠行。一步有一步之益，一日有一日之功。自卑登高，由淺及深，終必進于聖賢之域，其吉爲何如乎！初六，性柔志剛，虛心自下，親近有道之士。而高明者，未有不允其升，不授其真者，此柔而順剛之升也。九二，剛而有得于中，深明藥物火候，以誠而入，以柔而用，漸次下功，如以禴祭神，用誠感通，必升一無所咎之地矣。此剛而用柔之升也。九三，予聖自雄，不知尋師訪友，妄猜私議，冒然前進，欲向其前，反落于後。如升于虛邑，何能進于高明之地？此不知求師之升也。六四，柔而守正，順時進步，煉己持心，自卑登高，漸入佳境。如王用亨于岐山，未有不升于上者。此吉而無咎之升也。六五，虛人心而求道心，虛心即能實腹，所謂一念回機，如同本得，其增益道德，如升階之易，此柔而虛心之升也。上六，愚而自用，執着一己之陰，妄想增升道德，了命了性，升之秒息，冥之不息，愈升愈冥，焉能出晦暗而進于高明？若欲升之不冥，必須求師口訣，利于不息之貞，懲忿窒慾，閑邪存誠。愈久愈力，亦可升于明善復初之地。此柔而歸正之升也。升之爲道，以剛道而行柔道也。卦德巽而順行，外柔內剛，循序漸進，急不緩，深造自得，未有不升于聖賢之堂奧者。然火候之秘，總要真師口傳心授。象曰：用見大人，勿恤，南征吉。可以知矣！

䷮上兑下坎

困：亨，貞，大人吉，無咎。有言不信。初六：臀困于株木，入于幽谷，三歲不覿。九二：困于酒食，朱紱方來，利用亨祀，征凶，無咎。六三：困于石，據于蒺藜，入于其宮，不見其妻，凶。九四：來徐徐，困于金車，吝，有終。九五：劓刖，困于赤紱，乃徐有說，利用祭祀。上六：困于葛藟，于臲卼，曰動。悔有悔，征吉。

困者，窮難也。卦體下坎一陽陷于二陰之中，上兑一陰居于二陽之上，均係陰侵其陽，陽氣不通之象，故謂困。卦德險中出悅，悅出于險，兼有濟困之義。此磨礪身心之卦，承上萃卦而來。萃者，由順得悅，所以攢簇藥物，返本還元也。但能攢簇于平易，不能攢簇于艱險，仍是不能順不能悅，特以修道者，平易之境，皆能有守艱險之地，每多變志，或爲衣食逼迫改念，或因疾病纏綿墮志，或因年老灰心，或因魔障歇工。諸如此類，皆是道心不力，爲困所拘，終不成道。若果身困而心不困，境困而道不困，處險能悅，困中反有亨道矣。雖然處險能悅，固爲人所不及，亦必困所當困，若困所不當困，亦不得亨。蓋困之亨道，在于得其正耳。以正處困，以正而亨，困而與時偕行也。與時偕行，惟俱中正之德之大人能之，特以大人者，大智若愚，大巧若拙，諸念不生，遇境難遷，素位而行，不願乎外，不但所處得其吉，而且順命能無咎。至于一切衣食之徒，不信于困，行險徼幸，稍不如意，形于辭色，怨天尤人，咎即隨之，何能致吉？以正處困，險而能悅，則爲大人；困而不信，悅以行險，則爲小人。同一險也，同一悅也，而大人小人分之。修道者，遇困可不守正乎！初六，在困之初，其困不大，又近二陽，不宜受困，乃柔弱無剛，自暴自棄，甘居人下，如臀困于株，木入于幽谷矣。如此之人，不當困而困，雖三歲之久，終不能出險。此小困而自致大困者也。九二，陽陷陰中，正在衣祿不足之時，如困于酒食也。幸其剛而得中，爲道忘軀，身困而心不困。一日苦盡甜生，大道完成，方且服天衣，食天祿，如朱紱方來，修天爵而人爵即從之，先困後亨，理有可必。先困後亨之象，其利如且亨祀，以誠格天，久而見功。若正在困中，急欲出困，反招其兇，亦無咎，其困而不亨矣。此先困而後得亨者也。六三，愚而自用，不知尊師敬友，爲正人君子所嫌惡。如困于石，據于蒺藜，自入于困矣。如此之人，本無實學，自負有道，務外失內，亦如入于其宮，不見其妻，終亦必亡而已。此無困自致困者也。九四，出險地而居悅體，正當濟困之時，乃剛居于柔，不以速濟，似乎以柔傷剛，來徐徐如困于金車，而有各道矣。然在困已久，不能直行其道。徐徐而來，終有如意之時。此有困而漸濟困者也。九五，陽剛中正，遇合不偶，有大作之道，而無大作之時，難行

法財兩用之事，不能隨心所欲，如劓鼻刖足，赤紱受困，此抱道者之大困也。既在困中，未可強求于外，須當被褐懷玉，自苦自力，乃徐有悅也。徐悅之利，如用祭祀，以誠而入，日久功深，自有完成大道之時，此信困而漸了困者也。上六，昏愚無知，自作聰明，妄猜私議，如葛藟抑扯，穿鑿聖道，自謂得真，即便扭捏，日久受害，向前不得，退後不能，臲卼困危，是日動悔。與其動而有悔，不若及早自悔，尋師訪友，明而後行。始雖入于傍門，而受困致悔，終必聞乎大道而征往得吉。此有悔而終出困者也。六爻之困，有大人之困，有小人之困。大人之困，處險能悅中，信其困而終無咎。小人之困，悅以行險，不信困而終有悔。困而致亨之道，險而能悅，待時守正，盡之矣！

䷯上坎下巽

井：改邑不改井，無喪無得，往來井井。汔至，亦未繘井，羸其瓶，凶。

初六：井泥不食，舊井無禽。九二：井谷射鮒，甕敝漏。九三：井渫不食，爲我心惻，可用汲，王明，並受其福。六四：井甃，無咎。九五：井冽，寒泉食。上六：井收勿幕，有孚元吉。

井者，有本之水。養人不窮，取其養義。卦德上坎險，下巽入，漸進以通險，有險而能出，如木下水而出水，故謂井。此積功修德之卦，承上升卦而來。升者，巽進而順行，所以增益其道德耳。道德增益，已巽進于無險之地，根本堅固，已無險而可以濟人之險，于是積功德，以己所養，養人之養。誠中達外，有益于彼，無傷于我，如井，改邑不改井，無喪無得，往來井井也。夫修道者，養己已足，如井有水也。養己之後而養人，如改邑也。養人必本于自養，養己如是，養人如是，如井無喪無得也。以養己者養人，人已皆得其所養，如往來井井也。若未到成道在後，強欲化人，則謂無本。無本之養，內無主宰，隨人使用，逐風揚塵，未益于人，先失其己。亦如井中取水，汔至于井，繘猶未至，井水羸其瓶，自取其凶。蓋開導後學之事，在大道完成之後。大道完成，性命由我不由天，承先啓後，可以有益于人，無傷于我。故六爻皆以自養爲主也。初六，性質本愚，不知求人以養己，乃無而爲有，亦欲效高明者以養人。如舊井有泥無水，積污百端。禽亦不顧，焉能養人乎？此絕不知自養者也。九二，正在養己之時，自養未足，即欲養人，地益于彼，先傷于我，如井谷外射，僅能養鮒。甕敝水漏，浸潤有限，其所以益于人者少，而其所自失者多，此養己未足者也。九三，進于下體之上，養己已到可以養人之時，但近于險，未遇知音，限于不得養，如井水渫泛而無人食之也。心惻者何？以其可用汲，望其有明眼，王公大人信而取用，則人人皆得法範，而受福無窮矣，此養己已足者也。九四，居于險體，雖無養人之德，幸其柔而守正，能知自養，如井之甃以防險，內不傷而外不損，可無陷人之咎矣。此自知養己者也。九五，陽居陰內，外虛內實，虛實如一，剛柔混合，大道完成，是謂有本之水，如井冽寒泉，所養深厚，取之不盡，用之不竭。此養己足而可養人者也。上六，養己已到，如井功已收，可以勿幕井口，因人開導，自能有益于人，無傷于我。特以其吉，已在于養己之初矣。此養人必本于養己者也。然則，養人之事，在成道以後，若未成道，未可養人，強欲養人，即有羸瓶之兇，養人者，可不知先自養乎？

䷰上兌下離

革：巳日乃孚，元亨，利貞，悔亡。初九：鞏用黃牛之革。六二：巳日乃革之，征吉，地咎。九三：征凶，貞厲革言三就，有孚。九四：悔亡，有孚改命，吉。九五：大人虎變，未占有孚。上六：君子豹變，小人革面，征兇，居貞右。

革者，去而不用之義，所以去舊也。卦德上兌悅，下離明，悅本于明，以明制悅。悅而不得有妄，明而不得有昧，明中出悅，悅中有明，故謂革。卦象兌爲西方金，離爲南方火，以火煉金，金遇火而生明返陽，火遇金而入庫返本，亦革之義。此煅煉陰氣之卦，承上困卦而來。困者，險是出悅，所以取坎中真陽以出險也。然能取坎中真陽，而不能復離中真陰，金丹不結，仍不得悅，此明中出悅之道，不可缺也。明中出悅，煅煉陰氣之功也。煅煉陰氣，是煅煉己之私慾，無我之謂也。人爲萬物之靈，秉天地陰陽五行之正氣而生。當有生之初，不識不知，順帝之則，至善無惡，真性烱烱，虛靈不昧，喜怒哀樂，不着于心，富貴窮通，不動其意，虎兕不能傷，刀兵不能加，水火不能侵，生死不能累，飢祇食，寒祇衣，無思無慮，德本明也。及至二八，陽極生陰，後天用事，氣質之性發，知識之竅開。當斯時也，惟天縱上智之聖人，先天而天弗違，後天而奉天時，能保先天之真，而不爲後天所傷；其次中下之人，鮮有不爲後天所規弄者。自此而後，百憂感其心，萬

事勢其形；　認假爲真，棄正入邪。日復一日，年復一年，性相近而習相遠，明德有傷，新者積而成舊，淨者染而有垢，此舊染之污所由來也。原其有舊染之污者，皆由有己，一有其己，則道心昧而人心生，明非所明，悅非所悅，順其所欲，無所不至矣。革者，即革其己之不明，以復于明耳。然欲革其己之不明，須要己先能明，己既能明，則信于革，而己之不明，可革矣。是以革之道，己日乃孚也。日者明之象，孚者信之謂。不明不信，能明乃信。明之信之，初念已真，未有不能革己者，是以革有元亨之道也。但革雖有元亨之道，又須革之得正。若是非不分，真假罔辨，一概革之，入于頑空寂滅之學。不正即不利，不利仍是不元亨。惟以正而革，克己復禮，去妄存誠。煅去後天一切滓質，現出先天一靈真性。到此地位，還元返本，渾然天理，純白無玷，有己之悔可亡矣。是道也，非知之艱，行之維艱，是在人之能信于革耳。初九，剛而不明，不能逆革其內，乃順革于外。如鞏用黃牛之革，顧外失內，固執不通，此捨本逐末之革也。六二，虛心自處，明于革而先能去其私慾。私慾能去，則無己，無己則有人，有人則以己求人，即能實腹，得實而己愈明，是以征吉，而且無咎。此虛心求明之革也。九三，剛而太過，祇知革人，不知革己。雖革事得正，亦有兇厲。蓋以不能革己，即欲革人，不但人不受我革，且將有言來革我，雖欲不自革而不能。是以革言三就也。三就之革，可信其終于不能革己矣。此自大自尊之革也。九四，有剛不用，是以有悔可亡，悔出于不信革己。若信革己，剛即柔，可以變化氣質，而不爲陰陽所拘。豈僅有己之悔可亡，方且有改命之吉。此剛以柔用之革也。九五，陽剛中正，主宰在內，扶陽抑陰，開生門，閉死户，留人道，塞鬼路。一切客氣，自消自化，如虎威常在，不變之變，無容占而可信其已革矣，此大人用剛有爲之革也。上六在革之終，柔而得正，煉己功勤，虛極靜篤，如豹不威之變。誠中達外，氣質俱化，根塵全消，淨倮倮，赤洒洒，形神俱妙，與道合真矣。此君子用柔無爲之革也。然用柔無爲之革，惟有信心之君子能之。一切不信心之小人，則不能。蓋小人者，革面不革心，志念不堅，有始無終，必落空亡而致凶。君子者，永居于貞，志念長久，愈久愈力，終必成道而得吉。此邪正結果之革也。六爻俱有革道，是非不等，總以無己爲歸着，若稍有一點己在，革去而又來，陰氣不盡，陽氣不純，古經所謂七返還丹在人，先須煉己待時者，正欲其革去一切舊染之污，不使有絲毫之疵，留于方寸之中也。

䷱上離下巽

鼎：　元吉亨。　初六：　鼎顛趾，利出否，得妾以其子，無咎。九二：　鼎有實，我仇有疾，不我能即，吉。九三：　鼎耳革，其行塞，雉膏不食，方雨虧悔，終吉。九四：　鼎折足，覆公餗，其形渥，凶。六五：　鼎黃耳，金鉉，利貞。上九：　鼎玉鉉，大吉，無不利。

鼎者，烹煎煅煉之器，所以取新也。卦德上離明，下巽入，巽進而生明。其心日不，其明日增，下而又下，增而又增。且卦體二五，虛實相應，明中能虛，巽中能實。虛明，則明無不照，而富貴窮通不能動其心。實巽，則德無不修，而吉兇禍福不能亂其性。巽進而生明，虛明而巽進，虛實相濟，如火得木而光華倍增，如木遇火而濁氣悉化，有煅煉烹煎之義，故謂鼎。此煅煉大藥之卦，承上井卦而來。井者，巽進而通險，險通則後天所陷之真陽已出，大藥已生，可以巽進其明，運火煅煉矣。煅煉之功，所以消化陰氣，堅固陽氣，使生者而熟，舊者而新，能以明心，能以凝命，是以鼎本元吉，而又有亨道也。元者，善之長，生之機。鼎之烹煎大藥，即烹煎此生機不壞，萬劫長存耳。但是道也，有火候，有次序，毫髮差殊，金丹不成，是在人先須窮究實事耳。初六，在鼎之下，爲下德之人，性質昏愚，其趾多顛而不正，欲立其鼎，不利于取新，利于去舊，能去其舊，則否出而趾不顛，周周正正，止于其所而不遷。如妾本下賤，生子則貴，亦可無咎，其初之有顛矣。此煉己之事，爲立鼎之初功也。九二，剛而得中，真陽返回，已實其腹矣。腹既以實，道心常存，人心不生，如我仇有疾，不我能即矣。此養道心自無人心也。九三，獨剛無柔，實腹之後，不知虛心，是革去鼎耳，雖能了命，未能了性，其行塞窒，不能通前達後，壽同天地一愚夫，如不食雉膏也。幸其剛而守正，方雨行塞，有虧即悔，悔則自能虛心，既能虛心，其行不塞，由了命而又了性，終得以吉全之。此有道心又虛人心也。九四，由巽入明，金丹有象，正當防危慮險。用天然真火，煅盡後天羣陰之時，乃剛爲柔牽，鼎足有折，起人心而傷道心，如公餗覆傾命寶，得而復失，形雖存而神已喪，其兇不可言矣。此起人心有昧道心也。六五，柔順得中，虛人心而用道心，如鼎黃耳，金鉉也。黃耳者，鼎耳之中虛。金鉉者，鼎扃之中實。鼎耳貫鼎扃，剛柔相濟，虛實相應，火即是藥，藥即是火。當此之時，利于貞一

不二，防危慮險，不必分外增減矣。此虛人心而養道心也。上九，在鼎之終。鼎新之功已盡，有無俱不立，物我悉歸空，靜則無爲，動則自然，剛即是柔，柔即是剛，不用剛而剛全，不用明而明通。已到至誠，可以前知地位，如鼎之玉鉉也。鉉而至玉，剛柔如一，氣質俱化，形神俱妙，與道合真，乃修道之極功，聖賢之全能，超出乎陰陽之外，而不爲陰陽所拘，是以大吉，無不利。此道心人心俱皆混化修鼎之功，有剛有柔，有進有退，有增有減。不到有無不立，神化不測之地，不爲極功。若不知剛柔、進退、增減之法，不落于三之鼎耳革，即歸于四之覆公餗，毫髮之差，千里之失。修道者，可不巽緩進明、謹慎火候乎！

䷲上震下震

震：亨。震來虩虩，笑言啞啞，震驚百里，不喪七鬯。初九：震來虩虩，後笑言啞啞，吉。六二：震來厲，億喪貝，躋于九陵，勿逐，七日得。六三：震蘇蘇，震行無眚。九四：震遂泥。六五：震往來厲，億無喪，有事。上六：震索索，視矍矍，征兇。震不于其躬，于其鄰，無咎。婚媾有言。

震者，動也。取象爲雷，卦體一陽生于二陰之下。靜中有動，二震相合，由此動而達彼動，由彼動而生此動，千動萬動，總是一動，故謂震。此動而行道，恐懼修省之卦，承上革卦而來。革者，由明得悅，以火煉金，革去舊染也。革去舊染，非是忘物忘形，灰心念之謂。須要在動中革去，方能濟事。蓋大道活活潑潑，不色不空。依世法而修道法，借人事而修德，有爲無爲，了性了命，無窮事業，盡要在動中做出，是以震有亨道也。但動有內動，有外動。內動者，內念之動；處動者，物來之動。內動屬我，外動屬彼。內動真，則外動亦真；內動假，則外動亦假，君子戒屬彼。內動真，則外動亦真；內動假，則外動亦假。君子戒慎乎其所不睹，戒慎乎其內動也。恐懼乎其所不聞，恐懼乎其內動也。內無妄動，自有真動，真動之動，雖終日動未嘗動，以是而應外來之動，皆以無心應之，是以震來虩虩，笑言啞啞也。震來者，靜中忽有動來也。虩虩者，懼貌。啞啞者，笑聲。人之一念之善，道心發現，便是天堂；一念之惡，人心做作，便是地獄。地獄天堂，非世間所有，能修省之惡。念漸去，善念漸生，久之念念相續，皆歸于正，則道心常存，人心一起，浩氣充塞，主人公穩坐中央，寂然不動，感而遂通。一切事物之來，言笑自若，啞啞應之，付于無心而已。雖雷震驚百里，亦不喪匕鬯矣。匕者，箸也。鬯者，美酒也。雷震百里，其聲至大，易足驚人。遇此而能不喪匕鬯，則其聲色貨利，富貴窮能，一切逆順境遇，必不能動于中矣。蓋君子懼內動，不懼外動。懼內動者，養其氣也。不懼外動者，不動其氣也。內能養氣，外不動氣，時動則動，時不動則不動，與雷同道，與時偕行，千動萬動，俱是真動，何礙于動。震之亨者，正在此也。初九，在動之初，而能戒慎恐懼，于不睹不聞之中，是以震來虩虩，後笑言啞啞也。先虩虩者，辨別是非，謹之于始也。後啞啞者，得心應手，全之于終也。先懼後喜，動之而最吉者。此剛而得正之動者也。六二，以柔乘剛，妄想太高，行其所不能行，是有失主意，動其危厲之億，如喪貝登躋于九陵之上矣。幸其柔而守正，雖億百不敢妄行。即此便是主意，不必再尋主意，而危厲可無。是以勿逐七日得。此柔而恐懼于內動者也。六三，柔居剛位。既懼己之無能，又懼事之犯難。內外一懼，蘇蘇戰栗，身心不能自主矣。然性柔志剛，能親有道之士，借剛濟柔，不能行者亦能行，是以震行而得無眚。此柔而恐懼求人者也。九四，剛居不正，又在二陰之間，日與小人爲伍，有行道之力，而無行道之志，是遂泥之動，一步不能前進矣。此剛而不知恐懼者也。六五，獨柔無剛，有動之時，無動之德，往億來億，億而不果。恐懼危厲之億，何濟于事？幸其柔而得中，不敢妄爲。無喪行于外，有懼事于內，亦不失其柔之本質。此柔而恐懼謹外者也。上六，在重震之上。內外一懼，而無實行，是以震索索，視矍矍也。索矍矍，懦弱無能，以一懼而終其事，不能遠達，無兇而亦有兇。然在外動之極，震不于其躬，于其鄰，本有咎者，亦可無咎。無咎者，以其懼人，不敢爲惡，則賢人君子，必將導引爲善。是以婚媾有言矣。此柔而恐懼于人者也。六爻皆有懼道，或內懼、或外懼、或致兇、或無咎，皆非修省得吉之道。求其懼于內，而不懼于外，謹于始而能全于終者。其惟初九之一爻乎？然則修省之道，必以內懼外不懼爲貴。內懼者，謹之于內也。外不懼者，見之于行也。先恐懼而後修持，一切外物，不得而動之，可以盡性，可以至命，順之逆之，無可無不可矣！

䷳上艮下艮

艮：艮其背，不獲其身，行其庭，不見其人，無咎。初六：艮其趾，無咎，利永貞。六二：艮其腓，不拯其隨，其心不快。九三：艮其限，列其

夤，厲熏心。六四： 艮其身，無咎。六五： 艮其輔，言有序，悔亡。上九：

敦艮，吉。

艮者，止也。取象爲山。卦體一陽止于二陰之上，陽尊陰卑，陽統陰而陰順陽，陽不爲陰所傷，內止外止，止于內而又止于外，一止而內外貫之，故謂艮。此靜以養氣，擇善固執之卦，承上鼎卦而來。鼎者，鼎巽進而生明，明出于巽，明而無處不通，無處有傷，烹煉大丹之功。然欲烹煉大丹，非擇善固執，止于其所者不能。止于其所，非空空無爲，其道有行有止，行之止之，而止于其所也。卦德內止者，止而止于其所也。外止者，行而止于其所也。止以養所止，行以驗所止，以此止而通彼止，以彼止而達此止，行止皆歸于一止。止而又止，如以此止背彼止，故謂艮其背。以止背止，是由止而行，行以驗止，行止相連，止而不入于空寂，行而不涉于放蕩，行即是止，止即是行，止固止，行亦止，內外一止，止于其所而不遷，是以不獲其身，行其庭，不見人也。不獲其身者，無我也。行庭不見人者，無人也。凡人，有人我之分，內外之別者，由于有心，有心則有我，有我則有人，有我有人，不知其所止矣。能艮其背，則人我之心俱化，無人我之心，則人心去而道心生，衹有一理，以理行止，靜則守正。以理而止，不由身而止。止其所，內不知有身也。動則行正，以理而行，不順人而行，止其所，外不知有人也。無我無人，既能止內，又能止外，動靜時，內外合道，行之止之，皆出無心，一理而已，更何有咎之不無乎？學者能于艮其背上用工夫，止于其所，不動不摇，則得其一而萬事畢，何患金丹不結，大道不成乎？初六，自卑自下，不敢妄動，如艮其趾也。止之于趾，非禮不履，初念已真，止而即能無咎。然柔者多無主宰，恐有止而不固之嫌，惟利于永貞，久于其道，方能始終而無一咎矣。此恒久守正之止也。六二，柔而無剛，止之不固，稍進于上，如艮其腓也。腓不自行，隨足而行。止之于腓，由于無剛明者以拯援，是以其心不快，不得不止耳。此柔而勉強之止也。九三，剛而不柔，躁動無忌，如腰夤也。知進而不知退，必敗其剛，有限而止，如列其夤也。列夤之止，其厲在于熏心好勝，急欲成功耳。此剛而勉強之止也。六四，柔而守正，雖動而不易其方，如艮其身也。能止于身，躬自厚而薄責于人，則遠怨矣，是以無咎。此柔而治己之止也。六五，柔而得中，止于內，而又止于外，如艮其輔也。輔口開即動，止之于輔，口不妄開，必言不妄發。即或有言，是有序之言，或言而益于世道人心，或言而關乎身心性命，自不能行，引人于善，亦積功立德之一事，本有悔而悔可亡，此柔而益人之止也。上九，在重艮之上，既能內止，又能外止，內外一止，是謂敦艮。止而至敦，剛柔悉化，性定情忘，止于至善之地而不遷，無生無滅，如崇高大山，與天地同長久。此全始全終之止也。然則止于其所之道，必須有爲無爲。行止如一，陰陽混化，止于至善無惡之地，方爲極功。若不到至善無惡之地，未云全吉。修道者可不知其所止之地乎？

䷴上巽下艮

漸： 女歸吉，利貞。初六： 鴻漸于干，小子厲，有言，無咎。六二： 鴻漸于磐，飲食衎衎，吉。九三： 鴻漸于陸，夫征不復，婦孕不育，凶，利禦寇。六四： 鴻漸于木，或得其桷，無咎。九五： 鴻漸于陵，婦三歲不孕，終莫之勝，吉。上九： 鴻漸于陸，其羽可用爲儀，吉。

漸者，徐緩不速之義。卦德上巽入，下艮止。止于其所，而徐入，故謂漸。此循序漸修之卦，承上震卦而來。震者，動而修省，不妄動也。不妄動，則戒慎恐懼，剛氣在內，心堅志遠，可以修金丹有爲之道矣。有爲之道，乃後天中返先天之道。返先天，所以使無者而復有，去者而仍還也。無者使有，去者仍還，非一朝一夕之功，其中火候細微，工程悠遠，必須循序漸進，方能深造自處。卦之剛止于內，柔巽于外，以剛用柔，借柔養剛，實以虛用，虛以實行。剛柔相當，虛實兼該，如二五陰陽相應，真陰真陽，自然匹配。非若假陰假陽，強求之合。是道也，如女歸之道也。凡女婦男，男先求女，用媒妁以通信，兩家無嫌，然後女婦男家，男貪女愛，生子生孫，夫妻偕老，此女婦之吉，即男子之吉。若男不求女，女先求男，不用媒妁，私通苟合，急欲速成，不但女不吉，即男亦不吉，男女俱皆不吉，不過遂一時之樂，久必敗事。故修道者，用漸修之功，不求速成，剛以柔用，如以男求女也。不急不緩，循序而進，愈久愈力，如用媒妁以禮通信也。功夫到日，由勉強而歸自然，陰陽相合，剛柔混成，一粒靈丹，自虛無中凝結成象。如女婦男，男女匹配，而自生育，是以漸之道，如女婦則吉也。但漸道雖吉，尤利于漸之得正，若不得正，亦不得吉。彼世之爐火閨丹，着空執相之徒，有終身行之不休不歇者，何嘗不云漸？但漸之不得其正，空空一世，到老無成，其吉安在？故必以正而漸，窮理盡性，以至于命。自有爲而入無爲，

由勉強而抵自然，未有大道不成者也。初六，在漸之至下，如鴻漸于干也。干爲水涯下流之地。漸之于干，失其高飛之序。始不謹而終必兇，及至年滿月盡，反怨丹經之謬，是小子危厲而有言矣。有言之厲，自取之耳，與人無咎。此柔而不正之漸也。六二，止而得中，如鴻漸于磐矣。磐爲平穩之石，磐亦非鴻止之處，漸之于磐，煉己待時，虛心即能實腹，是以飲食衎衎，樂在其中，其吉可知。此柔而得中之漸也。九三，剛而不中，漸之太高，如鴻漸于陸知陸爲臺，平頂之大山，漸之于陸，失其自卑登高之序，急欲成功，陰陽不和，涉假傷真，如夫征不復，貪戀外妻；婦孕不育，私通姦夫，適以取兇而已。兇之者，以其剛道貴于止所而禦寇，不貴于自用而爲寇。此剛而失守之漸也。六四，以柔居柔，如鴻漸于木，或得其桷矣。桷爲屋角之平，木亦非鴻止之處。漸之于桷，或可暫時休歇，虛極靜篤，以待陽復，自無當面錯過之咎矣。此柔而守正之漸也。九五，陽剛中正，如鴻漸于陵矣。陵爲山之高而得中者。剛漸于中，燥氣俱化，真陰真陽，性情相合，不復爲假陰假陽所隔，如婦三歲不孕，終莫之勝也。真復假化，真陰真陽，兩弦之氣，結而爲丹，不孕者亦孕。所謂一粒金丹吞入腹，始知我命不由天。其吉爲何如乎？此剛柔混合之漸也。上九，在漸之終，剛柔悉化，自卑登高，漸無可漸。聖胎完成，如鴻漸于陸，棲于平穩之處矣。漸于平穩，正當休歇罷工，積德修行。接引方來之時，是以其羽可用爲儀，吉。此全始全終之漸也。六爻俱有漸道，惟初之太弱，三之太剛，非漸之吉道。其餘四爻，皆循序漸進之功，或柔或剛，各隨時而行。漸進之全體，大用畢露矣！

䷵上震下兌

歸妹：征兇，無攸利。初九：歸妹以娣，跛能履，征吉。九二：眇能視，利幽人之貞。六三：歸妹以須，反歸以娣。九四：歸妹愆期，遲歸有時。六五：帝乙歸妹，其君之袂，不如其娣之袂良，月幾望，吉。上六：女承筐無實，士刲羊無血，無攸利。

歸妹者，交合不正之義。卦德上震動，下兌悅。內悅而外動，以動而遂說，順悅之動，如以女求男，陰先陽後，交合不正，故謂歸妹。此假中求真之卦，承上艮卦而來。艮者，止于其所，去其不正之悅，非禮之動耳。人當先天未破，後天未交之時，陰陽合一，陽統陰而陰順陽，一氣流行，生機不息，渾然天理，不待人力而自交者也。及其後天用事，先天真陽走失于外，識神借靈生妄，陰差陽錯，五行相戕，慾動情生。心與物交，由內以悅外，因外以動內。我家之陽，皆爲他家所消矣。我家者，東家，屬震。他家者，西家，屬兌。東家爲主，性也。西家爲客，情也。以兌求震，是以情亂性，客氣賊害主氣矣。且兌爲金，主刑殺。震爲木，主生德。以刑殺而剋生德，陽氣日消，陰氣日長，消而又消，長而又長，陰純陽盡，雖欲不死而不能，是以歸妹征兇，無攸利也。然歸妹以兌求震，雖交合不正，聖人有後天中返先天之道。若以震家而求兌家，不但不爲兌金所剋，而且能盜兌中攝去之真陽，復還于震，情來歸性，刑化爲德，木性愛金順義，金情戀木慈仁，金木交併，性情相合，由不正而仍歸正。還元返本，聖胎凝結，逢兇化吉。無攸利者，而亦無不利矣。試明不正中之正。初九，剛而居下，如歸妹以娣，娣爲從嫁之妻，妹以娣自屈，時不正而德正。非禮不履，又如跛而能履。外物不得點染，以是往而修道，悅所當悅，未有不致其吉者。此時不正而能守正者也。九二，剛以柔用，外暗內明，如眇而能視。抱道幽居，守貞不二。以性命爲一大事，自有真樂，不戀假樂，無時不貞，無事不利。此能守正而不入不正者也。六三，柔而不正，務外失內，認假傷真，自取下賤，如歸妹以須矣。若能反而悔悟，以須歸娣，親近賢人，雖不能入于聖賢大道，亦可免其不正之愆。此反不正而就于正者也。九四，剛居于柔，煉己待時，如歸妹愆期，遲歸有時也。愆期者，非時不動，去人心也。遲歸者，動必有時，復道心也。去人心，復道心，所謂致虛極，守靜篤，萬物並作，吾以觀其復者在是。此由不正而待時復正者也。六五，柔順虛心，屈尊下賢，由不正而求其正，如帝乙歸妹，其君之袂，不如其娣之袂良。借人濟己，雖愚必明，雖柔必強。亦如月與日交，得以生明，而幾望其光之吉，不可限量。此本不正借人歸正者也。上六，昏愚無知，誤入傍門，在後天陰陽中作活計。強求強合，妄冀長生，反而促死。如女承筐無實，士刲羊無血，私通苟合，一旦事敗，性命有傷，其無攸利可知，此終歸不正，而不知反正者也。然則順其後天陰陽者，終落空亡；逆其先天陰陽者，必歸實濟。順爲凡，逆爲仙，祗在中間顛倒顛。逆運之道，豈易知哉！

䷶上震下離

豐：亨，王假之，勿憂，宜日中。初九：遇其配主，雖旬無咎，往有尚。

六二：豐其蔀，日中見斗，往得疑疾，有孚發若，吉。九三：豐其沛，日中見沬，折其右肱，無咎。九四：豐其蔀，日中見斗，遇其夷主，吉。六五：來章，有慶譽，吉。上六：豐其屋，蔀其家，闚其户，闃其无人，三歲不覿，凶。

豐者，盛大也。卦德上震動，下離明。明以運動，動本于明，明動相濟，明大而動大，故謂豐。此運火防危之卦，承上漸卦而來。漸者，止而巽行，所以循序漸進，不使火候有差耳。火者，明之象，運火即運明也。明爲覺察之德，能覺則有道心，而神知；能察，則無人心，而心明。神知心明，潛修密煉，明于動而動必明，其明日增，其動日大，明動並行，修道最易，此豐之所以有亨道也。然明動之豐雖亨，須要知進知退，能大能小，防危慮險，方能豐者長豐，亨者長亨，如王假之有勿憂之道也。假者，大也。王者，當治道豐盛之時，諸事易于尚大。大而知保，何憂其大。勿憂之道爲何道？宜日中之道也。日爲離明之象。中者，無偏無倚之謂。進明豐足，火候已到，藥物已成，急宜竈底抽薪，住火停輪，當止即止，明不過用也。明不過用，進退隨時，剛柔相當，不偏不倚，未豐者能以致，已豐者能以保，更何憂其豐而又不豐乎？初九，在豐之初，其明不大，正當致豐之時，有應同德之賢，是遇其配主矣。遇配主而彼此資益，以增其明，雖在旬初，可以無咎。其用剛往而有尚，其理可決。此剛而致豐于始也。六二，所應非人，不但不能增明，反蔽其明，如豐其蔀，日中見斗矣。斗見日中，日光不勝斗光，其明障蔽不通，以是往而運火行符，是非罔辨，其行犯難，必得疑疾矣。幸其真師在望，若知己之不明，誠求他家之明，借剛濟柔，奮發精神，勇猛前進，不但無疑，而且致吉。此柔而借剛致豐也。九三，用明太過，欲豐其明，反昧其明，如日中見沬。沬見日中，日光不勝星光，明傷極矣。原其故，祇知用剛，不知用柔，祇知用明，不知養明。其進鋭者，其退速，如折其右肱，自取其敗，與人無咎。此剛而不能柔之豐也。九四，剛居動體，有近于陰，不但不能豐明，而且有以豐蔀，如日中見斗矣。然剛而能柔，不用其明，能養其明，是以遇其夷，主吉。夷者，視而不見，隱藏之謂。大凡真正修道之士，被褐懷玉，多隱于卑下之處，人不能識，而能遇之，彼此勸勉，養明而不用明，明自不傷，剛自不敗。此剛而能柔之豐也。六五，柔順得中，虚心即能實腹，是以來章有慶譽也。來章者，虚室生白，神明自來也。有慶譽者，始于有作無人見，及至無爲家始知也。五在正豐之時，虚實相應，明動自然，金丹已結，正宜行無爲之道，用文火以溫養。此柔而無爲之豐也。上六，柔而無知，不明大道。孤寂守靜，自滿自足，虚處門面，人于黑暗不明之地，如有屋無人，不明于始，見凶于終，豐之極，凶之極。所謂巍巍佛堂，其中無佛得即是此。此柔而頑空之豐也。然則，豐之爲道，未豐，須當先明後行而致豐；已豐，須當住火停輪而保豐。致豐保豐，各隨其時。防危慮險，用明運火。不失之太過，不失之不及，得其中爲吉歟！

䷷上離下艮

旅：小亨，旅貞吉。初六：旅瑣瑣，斯其所取災。六二：旅即次，懷其資，得童僕，貞。九三：旅焚其次，喪其童僕，貞厲。九四：旅于處，得其資斧，我心不快。六五：射雉一矢亡，終以譽命。上九：鳥焚其巢，旅人先笑後號咷。喪牛于易，凶。

旅者，過而不留之義。卦德上離明，下艮止。止以用明，明本于止，止其明而不輕用，故謂旅。此養火出塵之卦，承上歸妹而來。歸妹者，悦而妄動，順其後天之陰，埋沒先天之陽，以假爲真，以苦爲樂。修道者，先須看破世事，一切萬緣萬有，以旅視之，不悦假傷真，不因外動內，明于止而止其所，止其明而明不傷，明止兼用，可以在塵出塵矣。是以旅小而得亨，旅貞而得吉也。小亨者，以止行明，明不妄用也。貞吉者，明本于止，止于至善也。以止行明，對景而忘情，明本于止，黜聰而毀智。不動不摇，如山之穩定地上；不惛不迷，如日之光照天中。內無所動，外無所昧，有事明以應之，無事明以止之，無貪無求，不迎不隨，不留不滯。蓋以旅之爲道，一過而已，非可久戀他鄉，顧其外而忘其內，逐于末而棄其本，可明則明，雖明亦止，當止即止，雖止亦明。明止如一，有何不亨，有何不吉乎？初六，柔而不明，不能看破世事，于止不知其所止，或旅于此，或旅于彼，瑣瑣不休，自取其災。此柔而不正之旅也。六二，柔順得中，止于其所，如旅人即之于次，內懷資本也。有資本而和光混合，與下流同居，可以不爲下流所惑，所謂圓即圓兮方即方，教人爭得見行藏者，即此。此柔而中正之旅也。九三，剛而不柔，不能止內，強欲止外，斷絶人事，驚愚駭俗，如旅焚其次，喪其童僕矣。焚次之旅，雖旅事得正，起人嫌疑，亦招災取厲之道。此剛而太過之旅也。九四，剛而且明，如在處之旅，把柄在手，成已之後，又當成

物，可以隨方結緣，積功累行而無難矣。然此應皆陰，雖有資斧，而無知音。不能如願，是以我心不快。自古有資斧而不能大行其道者，比比皆然。此剛而不得時之旅也。六五，柔順虛中，如射雉一矢亡也。射雉者，不用明也。矢亡者，不用剛也。不用明而明足，不用剛而剛全。剛明俱皆不用，氣質悉休，因物付物，既不失乎己，又不背乎人，德足服衆，終得以譽名命之。此柔順而能和光之旅也。上九，恃剛用明，自尊自大，明于責人，暗于責己。無益于彼，有傷于我，如鳥焚其巢之旅，先笑後號咷，始而用明，終而敗明。喪牛于易之兇，豈能免諸。此明而誤用之旅也。六爻之旅，或旅于內，或旅于外，或剛于旅，或柔于旅，求其止于內而旅于外者，其惟六二，虛于己而旅于人者，其惟六五乎？知此道者，可以處世不滅世，可以在世能出世矣。

䷸上巽下巽

巽：小亨，是利有攸往，利見大人。初六：進退，利武人之貞。九二：巽在牀下，用史巫紛若，吉，無咎。九三：頻巽，吝。六四：悔亡，田獲三品。九五：貞吉悔亡，無不利。無初有終，先庚三日，後庚三日，吉。上九：巽要牀下，喪其資斧，貞凶。

巽者，進入也，伏下也，柔順漸進之謂。取象爲風，卦體一陰伏于二陽之下，以柔道而行剛道，不急不緩，漸次而進，既內巽而又外巽，既下巽而又上巽，由近達遠，自卑登高，如風漸吹漸遠，漸吹漸高，無處不到，故謂巽。此柔巽地道之卦，承上豐卦而來。豐者，明動合一，曲直應物，潛躍隨心，性命由我不由天矣。然則動合一之道，豈易成哉？苟非柔巽漸進之功不能。柔巽則耐久，漸進則能入，柔巽漸進，愈久愈力，工夫不缺，終必至于深造自得，是以巽小而有亨道也。但能巽雖是亨道，或知其巽，而不能行其巽者有矣；或能巽下，不能巽上者有矣；或能巽上，不能巽下者有矣；或巽于順，不能巽于逆者有矣；或巽于始，不能巽于終者有矣。凡此皆不能實行巽進之道。巽而不通，求其知行兼能，剛柔並用，能上能下，能順能逆，能內能外，始終如一之巽，惟具中正之大人能之，是以利有攸往，利見大人也。夫大人者，以性命爲重，以道德爲貴，視幻身如枯木，視富貴如浮雲，內常有餘，外若不足。真履實踐，漸次進步，心堅志遠，不到大道完成之後，決不休歇，故利。若非大人，執于一偏，巽而不中不正，何能有往有利？此有往之利，必歸于大人耳。初六，柔而無剛，逡畏不力，方進即退，終難深造。然大道人人有分，特患無志耳。果若有志，親近真師，叩求口訣，勇猛精進，如武人之貞，未有入道不利者。此柔而借剛之巽也。九二，剛以柔用，不滿不盈，屈己下人，如巽在牀下，用史巫紛若，不但治己得吉，而且應人亦無咎。此剛而能柔之巽也。九三，自滿自盈，有己無人，不能虛心請益，由下而上巽，乃自用聰明。由上而上巽，本欲向前，反成落後，是謂頻巽。巽至于頻，順者能巽，逆者不巽。或巽或不巽，適以取吝而已。此剛而不能柔之巽也。六四，獨柔無剛，似乎柔之太過，不能深造而有悔，然柔之得正，上近五剛，巽順于上，而得上之濟，是獲上之一品也。下近三剛，巽順于下，而得下之濟，是獲下之一品也。陰居陽中，順之逆之，皆不失其正，是獲中之一品也。上、中、下三品大藥，歸于中央，陰陽混合，金丹有象，純是生機。如田中種物，無有不告成者，有何悔之不亡乎？此柔而中正之巽也。九五，剛而能巽，惟精惟一，允執厥中，是以有悔可亡，而修道無不利矣。其利者，蓋以剛而能柔之大人，能下能上，始而巽以自下，似乎用柔傷剛，是無初也。既而巽進于上，反能借柔全剛，是有終也。無初有終之象，如月之先庚三日，後庚三日。先庚在于二十八，後庚在于初三。二十八微陽消于艮地，至三十光輝全隱，自二十八至三十，方三日，所謂先庚三日也。晦朔之半，月露日光，陰中藏陽，至初三，現蛾眉之光于庚方，自初一至初三，方三日，所謂後庚三日也。先庚三日，巽藏其陽，後庚三日，巽進其陽。金丹之道，先巽下而深造用其柔，後巽上而自得全其剛，陰是含陽，陽中用陰，大小無傷，至中至正，金丹凝結，剛巽之利，其吉莫大焉！此剛柔兩用之巽也。上九，在巽之終。巽下之功已畢，柔道宜退，剛道宜進。可以點化羣陰之時，不必下巽，須當上巽，居于牀上矣。若固執不通，宜在牀上者，終在牀下。柔過于剛，陰氣不化，必至大藥得而復失，前功俱廢，貞而有兇，可于理急緩、辨吉凶、知止足，可剛則剛，可柔則柔，隨時而用，巽進于剛柔中正爲極功也。

䷹上兑下兑

兑：亨，利，貞。初九：和兑，吉。九二：孚兑，吉，悔亡。六三：來兑，凶。九四：商兑，未寧，介疾有喜。九五：孚于剥，有厲。上六：引兑。

兑者，悦也。卦體二陽在下，一陰在上，虛于外而實于內，取象爲澤，其德爲悦。澤之爲物，所以浸潤萬物。悦成萬物者，內悦外悦，自內而達外，由外以通內，內外相合，彼此無間，故謂兑。此悦于修道之卦，承上旅卦而來。旅者，以止行明，明不妄用，有志于道，而一切外物不得移之。夫志于道，悦于道者也。悦于道，即能行其道，是以兑有亨道也。然悦于道雖亨，尤利于貞，貞則利，而遂其悦。不貞則不利，而敗其悦。如卦象上兑下兑，六爻相併。下兑者，內悦也，上兑者，外悦也。內悦實，則外悦亦實，內悦虛，則外悦亦虛。實者悦之真，虛者悦之假；真者悦之久遠，假者悦之不長，利于貞者，正在于此。真正修道之人，不悦于聲色貨利，而悦于仁義道德。自有真悦，不務假悦。一步一趨，皆從身心性命上用工夫，悦于始，自能全于終；悦而未有不亨，亨而未有不利者也。初九，剛而居正，悦出自然，絕無勉強，是謂和兑。悦至于和，能大能小，不傷其剛，自致其吉。此剛而有守之悦也。九二，誠實于中，內有主宰，悦于真而不悦假，一切虛幻之事，不得而動之，其吉在內，有何悔之不亡乎？此剛而得中之悦也。六三，柔而不中不正，不悦于內，而悦于外，舍其真而逐于假，爲修道者之障碍，終于不能入道，其凶可知。此柔而務外之悦也。九四，剛以柔用，擬之而後言，議之而後動，擬議以成其變化，是謂商兑。兑至于商，不敢順悦，戒慎恐懼，不寧于處，非禮不履。如得介疾，終必有喜而遂其悦矣。此剛而能柔之悦也。九五，自滿自盈，能剛悦而不能柔悦，終必敗。剛而不悦，是孚于剥，必有厲矣。大凡天姿聰明之人，全在虛心下氣，親近有道之士，方能受益。若挾貴挾才，喜奉承而惡直言，親小人而遠君子，過日增而善日減，惡漸長而德漸消，不厲而自致厲，所謂如有周公之才之美，使驕且吝，其餘不足觀也已。此剛而自滿之悦也。上六，悦之見外，巧言令色，人不悦而引人以悦之，此等之輩，無而爲有，虛而爲盈，不肯自思己錯，更將錯路教人，終于不能悦人，終于人不悦我，此柔而務外之悦也。然則，悦有真假是非不同，吉凶悔吝不一，總以悦之得正爲貴，正則亨，不正則不亨。修道者，可不以正而悦哉！

䷺上巽下坎

渙：亨。王假有廟，利涉大川，利貞。初六：用拯馬壯，吉。九二：渙奔其機，悔亡。六三：渙其躬，無悔。六四：渙其羣，元吉。渙有丘，非夷所思。九五：渙汗其大號，渙王居，無咎。上九：渙其血，去逖出，無咎。

渙者，散亂不整之義。卦體下坎，一陽藏于二陰之中，陽爲陰所陷，上巽一陰入二陽之下，陽爲陰所傷，陰陽不交，性情各別，故謂渙。此陰陽散亂，重整之卦。承上巽卦而來。巽者，漸入真常，以其陰陽散亂，巽進以致濟耳。人自陰陽散亂，性情遷移，道心昧而人心生正，氣傷而邪氣盛，如坎中一陽，爲陰氣所陷，先天藏于後天之中。先天既藏，浩氣不振，陰氣用事，爲善不足，爲惡有餘，不至喪盡天良而不止，如巽之一陰潛生于至陽之下，暗中消陽矣。此渙之所以爲渙也。然雖已渙，聖人有濟渙之道，能使渙者而重整，濟渙之道爲何道？仍不離巽進之道。所爭者，順而消陽，逆則扶陽耳。能逆其巽，于後天中返先天，漸次進步，不急不緩，閑邪存誠，克己復體，散者能聚，亂者能整，依然當日原物，始渙而終不渙，是渙中而反有亨道矣。亨之者，事有險而心不險，外有險而內不險，借柔道而行剛道，以陽氣而化陰氣。如王假有廟，用誠格神，而神可格，亦如木順水性，利涉大川，而險可濟也。夫人之陰陽散渙者，皆由用人心而棄道心，一行一步，俱在險地，果其用道心而去人心，在虎穴中討命寶，于龍潭裏探明珠，巽進于險而通險。逆之順之，因事制宜，道心常存，人心永滅，五行攢簇，四象和合，何渙之有？但濟渙之道，有火候、有工程、有急緩、有止足，毫髮之差，千里之失，惟利于正耳。以正而濟，急緩得法，進退合時，何不亨，何不利乎？初六，在渙之初，道心去之未遠，人心生之未盛。若能勇猛拯濟則回頭是岸，真寶現前，順手可得，吉，即在于用壯速拯矣。此濟渙于渙初者也。九二，陽陷陰中，人心用事，已居于渙。宜有悔者，因其剛而得中，人心雖起，道心穩定，如渙奔其机，雖有悔而悔可亡，此處渙而安于渙者也。六三，居于險極之地，是行險而有悔者。然有應于陽，順道心而不順人心，如渙其躬矣。悔出于有人心，有人心則有身。渙其躬是無身而無人心，無人心而道心不昧，不致悔而自無悔。此遇渙而能出渙者也。六四，柔而守正，煉己持心，虛極靜篤，渙散其羣陰，以待陽復之時，其吉莫大焉。吉之者，以其能渙散假陰，即能復還真陽。真陰真陽，兩而相合，五行攢簇，四象和合，已散者而又聚，已亂者而仍整。大渙而仍大合，如渙有丘，匪夷所思矣。此有渙而歸不渙者也。九五，陽剛中正，識急緩，明吉兇。去假復

真，能以濟渙，是以渙汗其大號，渙王居無咎也。人之所以致渙而有咎者，以其誤認後天有形之假物，棄卻先天無形之真寶。若能看破後天之假，不爲後天所累，如渙其汗矣。既渙其汗，而後大號其令，以正除邪，直行濟渙之道，則克己可以復禮，復禮可以爲仁，心君安靜，渾然天理，止于至善一無所咎之地矣。此渙假而能全真者也。上九，在渙之終，剛柔混合，是渙其血去逖出也。渙其血者，人心不能傷道心。去逖出者，道心能以退人心也。道心存人心去，即人心亦化爲道心，金丹凝結，聖胎有象。始而陰陽散渙而有咎者，終而陰陽混合而無咎。此渙終而仍得合者也。然則，人心生而道心即去，道心生而人心即去，人心足以渙陰陽，道心能以合陰陽，渙中能合，還元返本，復見本來面目，濟渙之道盡矣。

䷻上坎下兑

節：亨。苦節，不可貞。初九：不出户庭，無咎。九二：不出門庭，兇。六三：不節若，則嗟若，無咎。六四：安節，亨。九五：甘節，吉，往有尚。上六：苦節，貞凶，悔亡。

節者，有限而不可過之義。卦德上坎陷，下兑悦。險中能悦，悦以禦衛險，故謂節。此逆中行順，變通守道卦，承上兑卦而來。兑者，悦而達外，能悦道而行道者也。但順處能悦，逆處不能悦，悦之不真，終難出險，而不得悦。故修真樂道之士，不以艱難動其心，不以危厄移其志，境險而心不險，時險而道不險，樂天知命，隨地而安。借險養悦，悦以禦險，境遇在彼，造命在我，陰陽不能限，造化不能拘，逆之順之，而不失其所守，此節之所以有亨道也。但節雖能亨，若不知通權達變，固執一節，反爲節困，名曰苦節。節至于苦，不險而自致險，獨受勞碌，有損無益。不但不爲節，而且失其節。非險中之悦，乃悦以行險，是以不可貞也。夫君子修道立德，非禮不履，非道不處，非義不行。一步一趨，循規蹈矩，一言一語，隨時順理，其體常靜，如澤之無波無浪；其用則動，如水之可此可彼，靜而不至于失心，動而不至于迷性，動靜有常，因事制宜，不拘一節，時當塞而塞，遇險而能處險；時當通而通，出險而一致險。與時偕行，皆以無心處之，故能超出乎陰陽之外，不爲陰陽所拘。蓋天地能役有形，不能役無形；能役有心，不能役無心。節不以心而以時，是謂隨時之節。節而隨時，如竹之節，節節有限，節節能通，有何不亨乎？初九，在節之初，剛而守正，先能辨別其是非而後行，是不出户庭之節。不出户庭，能謹慎于始，自無咎于終。此剛而能正之節也。九二，剛爲柔牽，僅能節內，不能節外，窮居獨處，孤寂守靜，是謂不出門庭之節。不出門庭，節而不通，不凶亦凶。此剛而固執之節也。六三，不中不正，務外失內，不知有節。欲求其悦，反致不悦。嗟若之傷，自取之耳，與人無咎。此柔而不知有節也。六四，柔順得正，借剛濟柔不能節者能節，是謂安然之節。節到于安，出于自然，不由勉強，此柔而借人以節也。九五，居于險地，內有主宰，苦中能甘。能甘于險，則凡不險之處，無不能節。又可知往而有尚，順之逆之，方且節節相通，進于至中至正，神化不測之地矣。此剛而通變之節也。上六，在節之終，柔而不剛，是謂苦節。節至于苦，苦中無甘，節于此而不能達于彼，如忘物忘形，止念灰心，存神入定之類，雖云有節，行險僥幸，無益于性命，乃節道中之兇事。但在于節，執一而終，不爲人情世事所累，又得悔亡，所謂不踐迹，亦不入于室者，此柔而不通之節也。六爻惟三爻不知有節，其餘三爻，皆有節道，或太過，或不及，是非不等。求其節之能謹于始者，其惟初九，節之中正，不貞而亨者，其惟九五乎？修道者，可不先辨其節之所以爲節哉！

䷼上巽下兑

中孚：豚魚吉，利涉大川，利貞。初九：虞吉，有他不燕。九二：鳴鶴在陰，其子和之，我有好爵，吾與爾靡之。六三：得敵，或鼓或罷，或泣或歌。六四：月幾望，馬匹亡，無咎。九五：有孚攣如，無咎。上九：翰音登于天，貞凶。

孚者，信也。中孚者，信在內也。卦體外四陽，而內二陰，虛于內而實于外，虛實相當，內外相應，且卦德內悦而外巽，悦而巽行，不即不離而行道，故謂中孚。此虛以求實之卦，承上渙卦而來。渙者，陽爲陰陷，陰潛入而陽漸消。若欲陰不陷陽而順陽，使陰陽相合，非篤信于道者不能。夫人之不能入道者，皆由心不信道。心不信道，則懸虛不實，行持不力，必至有始而無終。若果心信，一念純真，萬慮俱息，誠中達外，即能真履實踐，自卑登高，由淺及深，漸可至于深造自得之地矣。夫金丹之道，以黄婆爲陰陽之媒娉。中孚者，中信也。信屬土，即黄婆也。黄婆在中，可以調陰陽、通人我，應萬事，無一物不可感通，是以中孚豚魚吉也。豚魚爲無知之物，信

能感之，則無知者且能順其我，而況有知者乎？ 修道者，能以感豚魚之信，用之修命，未有不致其吉者。 但信能行之于順，不能行之于逆，其信不真，終必敗。 信猶不爲吉，人之信于道者有矣。 信道而在平易之境，順順序序行去者亦有矣。 若遇大難大困，大魔大障，顛沛流離，難堪之處，爲道忘軀，不失所守者，萬中無一，能于難堪之處，不動不摇，過得去、打得出，方是感豚魚之信。 中孚之吉，是以又利涉大川也。 大川至險之地，逆境也。 逆境能涉，則順境能涉，自不待言。 順之逆之，俱皆過去的，其信無往不利，無往不吉矣。 雖然傍門三千六百，曲徑七十二家，俱皆着空執相。非盡性至命之學，假足以亂真，邪足以混正。 若不分真假邪正，而即信之，則信之不正。 不正即不利，不利仍不吉，是以尤利于貞耳。 以正而信，以正而行，動與吉會，逆順無碍，自有爲而入無爲，由了命而至了性，全始全終，可于理決之也。 初九，在信之初，虞度其可信而方信。 能謹于始，自吉于終。 倘不能虞度其是非，忽信此，又信彼。 反覆無常，難以全信，是有他而不得燕樂矣。 此信道必謹于始也。 九二，真信在中，知白守黑，陰陽隔碍潛通，神明自來，如鳴鶴在陰，其子和之，我有好爵，吾與洋靡之，同聲相應，同氣相求，不期然而然者，此潛修密煉之信也。 六三，入于傍門，執著一身，强扭强捏，如得敵之信。 信至于敵，久必有變。 始而信此，既而信彼，這條不成，又作那條，可鼓或罷，或泣或歌，虚而不實，所謂同類易施工，非種難爲巧。 信非所信，終必敗信。 此認假爲真之信也。 六四，居上陽下陰之間，柔而守正，順其陽而不順陰，如月幾望馬匹亡也。 人身純陰無陽，如月本無光也。 必借他家之陽，然後生丹者，如月借日光也。 月于晦朔之半，與日相交，初三光輝方生，十五與日對望，光輝圓滿，陰順其陽也。 十六一陰潛生，漸至三十，與日相背，光輝全無，陰違其陽也。 金丹之道，始而以陰求陽，復于純乾，如月幾望也。 既而借陽退陰，以化其氣質，如馬匹亡也。 順其陽而絶其陰，一粒寶珠。 懸于太虚空中，圓陀陀、光灼灼，淨倮倮、赤洒洒，無物不照，無物能瞞，更何有咎之不無乎？ 此柔而求剛之信也。 九五，剛而中正，陰陽混合，性情精神，皆歸中央，仁、義、禮、智，皆歸于心。 五行攢簇，誠一不二，是信之攣。 如固結而不可解，所謂一粒金丹吞入腹，始知我命不由天。 工夫到此，渾然天理，萬緣俱空，自然無咎。 此剛柔如一之信也。 上九，自用聰明，妄猜私議，不能巽下求人。 窮究實理，冒然修爲，其進鋭者其退速，本欲登高，反而落下，是亦翰音而已，何能沖舉登天，以成天下希有之事乎？ 此誤用聰明之信也。 然則，中孚之道，貴乎信而得中，尤貴乎信而得正。 信而得中，則志念堅固，經久不變；信而得正，則是非分明，修道最易。 能中能正，信于道，即能行其道，即能成其道，一信而未有不吉，未有不利者也。

䷽上震下艮

小過： 亨，利貞，可小事，不可大事。 飛鳥遺之音，不宜上宜下，大吉。初六： 飛鳥以凶。 六二： 過其祖，遇其妣； 不及其君，遇其臣，無咎。 九三： 弗過防之，從或戕之，凶。 九四： 無咎，弗過遇之。 往厲必戒，勿用永貞。 六五： 密雲不雨，自我西郊，公弋取彼在穴。 上六： 弗遇過之，飛鳥離之，凶，是謂災眚。

小過者，陰過于陽，小的過也。 卦德上震動，下艮止，止以運動，動本于止。止之堅固，動而不大，且卦體二陽在于四陰之中。 内實外虚，内剛外柔，以小養大，故謂小過。 此實以用虚之卦，承上節卦而來。 節者，有險而能悦，内有主宰，借世法而修道，依人事而復天德，命基堅固，可以自有爲而入無爲矣。 金丹之道，當先天真陽未復，須虚心而求實腹。 主先天真陽已復，須實腹而又虚心。 虚心之功，所以運天然真火，煅盡後天陰氣，以期脱化耳。 是以小過而有亨道也。 小過雖亨，尤利于貞，若不貞，而亦不亨。 蓋小過之貞道。 動不離静，静以運動，動静如一，真人潛深淵，浮游守規中，勿忘勿助，綿綿若存，可小事不可大事也。 小事者，無爲之事。 大事者，有爲之事。 有爲者，所以採陽。 無爲者，所以養陽。 既已實腹，宜小過而養陽之事若大而不能小，不但不能保陽，而且有以傷陽。 小過之利于貞，利于小動，不利于大動，利于小止，不利于大止。 動而能止，止中有動，止于其所而動之，雖動而不出其位，如飛鳥遺之音，不宜上宜下，鳥雖上飛，其音下遺，動不離止也。 動不離止，不宜上宜下，小過而養大，抽鉛添汞，温養十月聖胎成全，霹靂一聲，嬰兒出現，養之足，而吉之大，小過而大吉，利貞之小過，神哉！ 妙哉！ 初六，當小過之初，正宜止于其所，煉己持心，乃柔而止之不固，急欲沖舉飛昇，如鳥飛而不止，懸虚不實，欲向其前，反成落後，不吉而凶，理有可必。 此小過而妄想大過者也。 六二，性質本陰，若舍陽應陰，如過祖遇妣，陰太過陽矣。 然柔而得正，不用過高之陰而就

卑下之陽，如不及其君，遇其臣，陰不過陽而及陽，陰陽相當，剛柔一氣，內念不出，外物不入，不使有一豪客氣雜于鼎爐之中，自無得而復失之咎。此小過而不大過者也。九三，陽氣克足，正當防危慮險之時，乃剛而不中，知大而不知小，弗過防之，從或戕之，天寶得而復失。此大過而不知小過者也。九四，剛而能柔，已是陰陽合一，五行混化，正當待時超脱，有無不立之時，再弗可過遇其柔者。若不知止足，猶用柔道以前往，是小之太過，反招客氣，必有危厲，此其所當戒者。戒之者，須要隨時通變，勿用永貞，可止則止，休歇罷功，可動則動，脱胎神化，由養而脱，打破虚空，方爲了當。此小過而不可太過者也。六五，純陰無陽，如密雲不雨，自我西郊矣。修真之道，取真陰規陽兩弦之氣而結丹。祇密雲而不能致雨，自我郊而不及彼郊，彼我相隔，亦如公弋取彼在穴矣。五近于四，賢士在望，不能屈己以求人，或靜坐觀空，或忘物忘形，是欲一空而了大事，以空射空，彼空我空。取彼在穴，內外一空，空而不實，焉能濟事？此小過而不知求大者也。上六，愚而無知，己小過矣。再弗可遇。過者，乃愚而自用，聽信盲師，動作于上，或搬精補腦，或運氣天谷，或存眉間之思，或守泥丸之神，或默朝上帝，或鑑形出殼，知進而不知退，如鳥飛極，上不能自止，終有災眚，而莫可救。此本小過而又遇過者也。然則，小過之道，當丹未得，須以陰而求陽，及丹已得，須借陰以養陽。總要小之得正，不可小之太過，不可小之不及，方能亨，方能利，小過而大吉矣。

䷾上坎下離

既濟：亨，小利貞，初吉終亂。初九：曳其輪，濡其尾，無咎。六二：婦喪其茀，勿逐，七日得。九三：高宗伐鬼方，三年克之，小人勿用。六四：繻有衣袽，終日戒。九五：東鄰殺牛，不如西鄰之禴祭，實受其福。上六：濡其首，厲。

濟者，陰陽相濟之義。既濟者，陰陽相濟之極也。卦德上坎陷，下離明，借險以養明，以明而禦險。明由險生，險因明通，明險相濟，故謂既濟。此防危慮險，固濟丹元之卦，承上中孚而來。中孚者，悦而巽行，深造自得。陰陽不濟者，終必以濟矣。但不濟須求濟，既濟須保濟。保濟者，固濟丹元之功。濟丹元，在乎以明禦險，防險養明耳。養明者，藏明于內，有智不用，有才不使，明其明德，止于至善也。防險者，謹慎于外，非禮不履，非義不行，素位而行，不願乎外也。內既能養明，外又能防險，明有養而明不傷，險遇明而險即消。明爲離德，位于南，爲火，即神也。險爲坎德，位于北，爲水，即精也。神好動而火上炎，以精養神。火得水而燥氣悉化；精易洩而水下流，以神攝精。水得火而慾念自消。燥氣化而神安，則心虚；慾念消而精一，則腹實。心虚則人心無而真陰現，腹實則道心發而真陽生。以真陰順真陽，以真陽統真陰。真陰真陽，兩而相合，恍惚有象，杳冥有精，結成一粒黍米寶珠，吞而服之，延壽無窮，是既濟固有亨道也。但陰陽既濟則明盛。明盛，易于恃明自用。若不謹慎，少有疎失，明極反暗，道心又昧，人心又起，濟中即有不濟，是既濟之亨又小也。蓋以事在未濟，人多戒懼修省，用明以防險。事在既濟，人每晏在自殆，昧明而招險，亨小不大，得而復失，皆在于此。是以既濟亨道，惟利于守正耳。以正養明，以正防險，自然明不傷而險不生。但以明防險，尤利于既濟之初。初則吉，而終則亂也。初吉者，養明于早，有險無險。終亂者，用明太過，無險招險。總此一明，總此一險。能養其明，則無險，過用其明有險。修道者，可不于既濟之初，早防其險乎？初九，在既濟之初，剛而守正。如車曳其輪而不前，人濡其尾而退後，能敬謹于始，自無咎于終。此方濟即防其不濟也。六二，柔而無剛，陰陽不濟，大道難修，如婦喪其茀而有險矣。然柔而中正，煉己待時，虚室生白，神明自來，是以勿逐七日得也。七日者，火之數，煉己而火返真，以明破險，借險生明，取坎中之陽，填防中之陰，水火相濟，不待勉強。自然而然，此以陰而求陽相濟也。九三，居明之極，有近于險，如有鬼方也。不能戒備于早，既濟將不濟，雖剛而得正者，若欲不爲險傷，亦必盡其力而言保濟，如高宗伐鬼方，三年克之。剛而得正者且如此，而況不正之剛乎？故曰小人勿用。此既濟而不能豫防不濟也。六四，當既濟之時，黜聰毀智，防危慮險，如舟有濡，先備衣袽，終日戒之。此既濟而能時防不濟也。九五，當既濟之時，滿盈自居，腹實而不知虚心，既濟中即藏不濟，如東鄰殺牛，不如西鄰之禴祭，實受其福也。蓋未濟之時，方致濟。以虚求實而能濟。既濟之時，濟已極，實而不虚，仍不濟。虚能實，滿招愆，理所必然。此既濟而又招不濟也。上六，火候不明，持盈未已，不能防險于既濟之始，自然致險于既濟之終。如濡及于首，全身失陷，陰陽散渙，前功俱廢，危厲所不能免。此既濟而終歸不濟也。修

道者，至于取坎規離，水火相濟，不知費過多少苦功，幸而得之。及早封藏，防危慮險，以修向上事業。否則晏安自息，休歇罷功，火候有差，既濟又不濟，成而復敗，可不惜乎？故有爲無爲之道，隨時而用，必以有無一致，虛實兼該，了性了命爲極功也！

䷿上離下坎

未濟：亨，小狐汔濟，濡其尾，無攸利。初六：濡其尾，吝。九二：曳其輪，貞吉。六三：未濟，征兇，利涉大川。九四：貞吉，悔亡。震用伐鬼方，三年有賞于大國。六五：貞吉，無悔，君子之光，有孚，吉。上九：有孚于飲酒，無咎。濡其首，有孚失是。

未濟者，陰陽猶未濟也。卦德下坎陷，上離明，明于外而暗于內，因明致陷，因險失明，陰差陽錯，兩不相應，故謂未濟。此煉己退陰，待時返陽之卦，承上小過而來。小過者，動止如一，以小養大，無爲之道，乃陰陽相濟以後之事。當其未濟，必先煉去一切陷陽之陰，而後真陰現象，真陽來還，陰陽相濟，金丹凝結，此煉己待時，有爲之功，所以貴也。人自二八數足，乾坤相交，乾中之陽入于坤宮，坤實成坎，坤中之陰，入于乾宮，乾虛成離。離中一陰，受乾陽之氣，陰陽團聚，而變爲火；坎中一陽，受坤陰之氣，陰陽熏烝，而變爲水。此火此水，在後天中陰陽相雜，真假相混，日生夜長，溫和之火，化而爲暴燥之火，真一之水，化而爲淫慾之水。火性一發，識神用事，元神退位。水性一動，濁精作禍，元精消耗。于是爭名奪利，比勝好強，損人利己，聰明用外矣；恣情縱慾，迷于聲色，自暴自棄，陰險在內矣。明于外而暗于內，陷其真而認其假，人心惟危，道心惟微，性亂命搖，陰陽不和，五行相傷，七情六慾，般般俱全，于謀百智，件件皆有，此未濟之所以爲未濟也。然曰未濟，是未至于濟，非絕不能濟，特人未求其濟耳。若求其濟，亦終能濟，是以未濟而有亨道也。未濟雖有亨道，但後天陰氣用事已久，先天真陽，陷弱已深，未能遽然有濟，必須煉己之功，方能見效。煉己者，煉人心也。人心爲羣陰之祖，人心一去，羣陰亦化，虛室生白，真陽漸有可復之幾。但未到煉己純熟之時，則心不虛而明不真，陰氣猶未退盡，不可急求其濟。倘不知火候，急欲濟之，是人心用事，假明做作，未濟終不濟，如小狐汔濟，濡其尾，無攸利矣。狐屬陰，多疑之物，小狐雖疑少，不能無疑。人心不去，道心不彰，亦小狐之類，雖有濟之幾，未至濟之時。幾于濟而煉己未熟，雖欲向前，反成落後，濡尾不利，如何能濟？故修道者，煉己必至于虛極靜篤，陷陽之陰退盡，方能先天至陽之氣，自虛無中來。真陰真陽，兩而合一，未濟者而能濟。經云：煉己不熟，還丹不結。可知煉己爲修真第一着，煉己待時，豈小補云哉！初六，在深險之處，爲下德之人。修道須先煉己持心，由漸而頓，未可遽求其濟，乃愚而自用，亦欲效高明者之致濟，身未動而險即隨之，如濡其尾而不能前，適以取吝而已。此未濟而強求其濟者也。九二，剛以柔用，大智若愚，大巧若拙，煉己待時，如車曳其輪，暫時養剛，雖在未濟之進，而有暗濟之吉。此未濟而待時致濟者也。六三，在未濟之極，將有可濟之幾，不知藥物火候，依一己之陰，妄想有濟，行險僥幸，未濟終不濟，征遠而未有不兇者。幸其居于二陽之間，能順有道之士，借人濟己，陰可化而陽可復，雖涉大川之險，亦吉無不利矣。此未濟而求師致濟者也。九四，剛居柔位，似乎失正，不吉而致悔。然其所以貞吉而悔可亡者，特以勇猛精進，用剛道震起，伐鬼方而除後天之陰，潛修密煉，用柔道，三年有賞于大國，以復先天之陽。然必三年有賞者，真陽爲假陰所陷已久，真者固不易復，假者亦難除，必須功深日遠，主能有濟。此未濟而漸次致濟者也。六五，虛人心而求道心，不爲假明所誤，是以貞吉也。下應二陽，取彼坎中之實，以填我離中之虛，虛心而能實腹，是以無悔也。貞吉，無悔，陰陽相合，假明而真明生。寂然不動，感而遂通。感而遂通，寂然不動，是謂君子之光。始而未濟者，終而大濟，其致吉已于虛心信之矣。此未濟而能虛心致濟者也。上九，在未濟之終，正是有濟之時。可信其陰陽相濟，出于自然，不待勉強。飲酒宴樂，可以無咎。然天時雖有濟，亦人事不可廢，盡人事以扶天道，則天人合發，信于濟而信之是矣。否則，天時有濟，不過偶然間耳。若無調理水火之功，則先天至寶，來而又去，濟之不固，終歸不濟，如濡其首，有孚失是矣。此乘時而用人力致濟者也。然則未濟致濟之道，當陽氣有陷，須煉己待時以防險，及陽氣出陷，又當借明破暗以化陰，急緩進退，不失其時，方是陰陽相濟，性命雙修之道。學者欲修大道，可不以煉己爲先哉！

《慧命經·正道修煉》 華陽曰：修者以破而補圇，蓋人之生也，原稟性命完全之體，及其年壯，炁滿而目漏。當未破時，若遇明師指點，不用補法，就此頓超，直入于如來之地矣。已破之者，必當補完全體。且補之者，必借動機以發往外之炁，收回補不足之炁。

補到炁足，生機不動，便成馬陰之相，謂之不死阿羅漢矣。煉者，以火而化物。且物非他物，即我之元炁也。元炁雖藏，炁穴動時向外，變爲漏盡之資，今既歸源，則用火轉化而爲炁矣。火非風則不灼，上文既言火以化物，恐人不知，用風則物難化，故此必要呼吸吹嘘，火纔得灼，而物纔得化而爲炁。物無所則無居。居即炁穴也，物之生時，原從炁穴而出，今仍歸炁穴而用，火風亦在此矣。是故至人參乎大道，修乎性命，風火物所，並而同用。以意入于炁穴，以呼吸逆吹之，豈不是同用者哉！上下萬古，成乎其道者，莫不以此而爲要也。蓋千百世以上，千百世以下，此人此心，欲成乎其道者，無非性命，而性命合一者，無非風火，所謂天下無二道，聖人無二心也。奈何知之者稀焉，昧之者衆焉。且世之學佛者，日念經拜佛，日受戒方丈。最高者日參禪打坐，說到性命二字，舉世罕知矣。執性乏命，不識動靜，往往到頭虛老。蓋今之學佛者，謂佛修性而不修命。殊不知如來大藏之教，性命雙修，有無原是並用，以執死禪，不識動機，初習者，如佛無二。久則無所效驗，自生退悔，一場空死，有何益哉？命動而外耗，耗盡嗚呼，性何居哉？道何存哉？今之爲佛門者，不得如來之眞傳，執性不知命寶，慧命發動，不得知其法收住，雖不變爲漏盡，亦自耗散，耗盡焉有不死？既死，又將何物爲道哉？是以至人察乎動靜之消息，合乎並修。且世之凡夫，纔欲修煉，便已離別父母妻子，孤自深山窮谷，或高菴大寺，謂靜可以修道，誠可笑也。苟未得眞傳，如此枯靜不識動機，如凝猫守空窟，有何益也？故紫磨光如來云不識動靜，學道無益。至人靜其心以候腎之動機，移入動處，合併而煉，心腎相合，即是性命合一。所以古云：一合相者，即此矣。命者，根於腎，腎動則水也。命者，即元炁也。炁動即變爲水矣。性者，根於心，心動則火也。性者，乃眞意也。意動即變爲火矣。以火入於水中。以心中之意，入於腎中之炁。則慧命而不外耗。炁得意協住，則不外馳矣。以風吹火化，而成眞種。蓋風者，呼吸之息也。火者，意也。上文言：炁得意協住，故不外馳，其中尚有漏盡之霞影未化，故此必要呼吸之息，逆吹爐中之火，化此霞影，漏盡變而爲炁。不然此物作怪，攪亂心君思想慾情，即孟子所謂，炁亦能動志也。《楞嚴經》亦謂之陰魔。務要綿綿久久煅煉，將此陰魔化爲陽光，則身心自然安樂，情慾自然不能攪動，即世尊所謂入三昧火中，而降火龍者，即此矣。此道釋門之秘也。有志之士，得者，如法煅煉，用之得力，慾不用除而自除，心不用靜而自靜。所謂以道制心而心自道，是道也。能用之久者，天機忽然發動，無中生有，即名眞種矣。其法簡易。難修難成者，盡是外道。如果有緣得此道者，至簡至易，所謂八十遇正道，即成道矣。悟之者，修眞種而成舍利。悟者，非無訣無傳。如今之禪門空空，教人悟想則謬矣！此即實有眞切、眞傳，教人轉手採取眞種，煅而成舍利矣。靜時而候，機之未動，仍以靜而待之。動機而取，機之既動，以意取之。同爐而煉，意炁合會一處。故曰火化。世尊謂之火化。行乎如來之道路，路者即任督之脈絡也，亦謂之法輪路矣。宿乎世尊之樹下，蓋樹下者，即丹田淨土也。昔日世尊修煉在于菩提樹下，入定即此處矣。斯謂之行住矣。道一禪師云：未有行而不住，未有住而不行，即此也。且火之行住，實隨物之變化。且物之行，則意亦當行，物之住，則意亦當住矣。陰魔現時，即當以武火煅煉，免其奔馳漏盡之危險。蓋陰魔者，即身中之陰氣也。陰氣之變現，或夢寐所見陰人，或是身體發障，或是坐靜偶見陰人，或夢寐所見虎怪，俱是陰氣所變化，走漏舍利之壞病。必當風火猛烹極煉，燒得裏頭鬼哭神嚎，將陰魔煉盡，而後則無危險之患矣。淨靜太平，常自柔和而溫養，以爲護持寶珠之堅固。身體無所怪見，以意照顧溫養。且如轉法輪之際，文武兼而並用，其中精微之奧妙，又在師傳而自悟也。蓋行法輪之功，升降爲武，沐浴爲文，而升降之中，亦有文，亦有武，總在師之傳受，而精微之處，又在自悟矣。舍利成之時，止武帶文之薰聚，且舍利成時，即用文火團聚，若不知止，再用武火，所成之舍利，又被武火逼散，此處當知危險，至要至要者也。斯謂之溫養，實喻爲保守也。舍利成時，止其呼吸之武火，用神光返照之文火，且眞意又當時刻照顧，保之防危。當其時也，時者，舍利將生之時也。明珠現而百怪滅。明珠者，舍利也。舍利已成，則顯然而露象。百怪者，身中陰氣，夙病也。明珠一現，陰氣夙病頓除，故曰滅矣。柔運漕溪之大路。漕溪者，背骨之髓路也。採舍利時，必由此路，柔緩而行，若馳別路，是舍利即不能得矣。道胎立而千智生，且舍利歸中宫，髮白再黑，齒落重生，智慧廣大，過去未來，無所而不知，切忌慧而不可用也。溫養允證，如來定慧。且到此地位，俱是文火薰蒸，再無所失，所謂一證永證，常自定覺于中央，慧照于性海者矣。夫慧而不用，勤修禪那，蓋禪者，靜也。那者，性也。到此只修自己之定性，以調自己之息火，一切知覺，先後禍福，知而不可用也。愈加靈智之光輝。且慧而不用，道胎之性愈加靈通矣。寂照常自覺悟，休隨昏沉散亂之悔空。此言寂而常照也。覺者，知也。言禪定之中，必要有正覺知見，而後復見性體。《華嚴經》所謂：恒以淨念，住無上覺，若隨其昏沉，則胎無息，墮于無知，屬於枯寂頑空之外道。若隨其散亂，則胎無主，火冷炁竭，無所成也。持守定力，在乎空性，一念之誠也。蓋胎中定力，在乎一念之誠。十月之胎，必要念念在胎，念住息定，而後胎圓。《華嚴經》所謂：安住寂靜，諸禪定智，人不死道者是也。法性定時，雪花亂飛，靜室之中，偶見雪花飛放，此乃胎圓之時也。斯謂之出定矣。見出定之景至，即當出矣，不出則滯于胎。無神通智慧之變化，雖成胎圓，又是一愚夫耳。蓋大道靜極之中，而又生乎動機，所謂璇璣，復建於子，眞物再動於靜極。蓋物者，至陽之物也。此物靜極，復自動矣，所謂陽無剥盡之理。若夫至人，造乎日月，推情合性，轉而相與。所謂重造乎妙道，再立乎戒定慧。且此一段功夫，古

人隱而不露，或是怕泄漏天機，或是未得者有之。凡修煉之士，既得此物，來收聚于內，將所出定之法身，亦歸於內，合而爲一，長入乎大定矣。定定不已，至於無極，而至極者也。

《金仙證論・風火經・盡言小周天》 華陽集說《風火經》，風者，乃煉丹之妙法，即升即之消息。古人喻曰巽風，或喻以橐籥，是即往來之呼吸也。火者，煉丹之主，化精化炁之具。風火有同用之機，大丹有修煉之法，古聖不肯全露，或有同言之隱，而人不能徹悟，視之如故事。然言之詳者，又違天誡。風火同用之機，乃上天之秘訣，金丹至要之法，凡人德薄，未遇眞傳，豈知有同用之機哉！前聖高眞，科禁秘之，不肯並論輕泄，愚亦不敢臆說，故集諸聖之隱語奧言，而爲此說。每句之下，逐一解明，以招後學。見之者，詳究此解，印證本文，即知風火同用，次第不離之機也矣。曰：仙佛成道，是本性元神，不得元精漏盡，不能了道，還至虛無，而超劫運。本性、元神，其名雖二，源流則一，佛謂之性，仙謂之神。元精漏盡，乃修命之別名，即先天一炁是也。仙修謂之煉精化炁，又謂之煉形；佛修謂之漏盡成，又謂之慧命。不得此道，則不能超劫運。縱然修得灰灰相，無非五通之靈鬼耳！焉能契如來之妙道乎？故《如來大佛方等大集經》云：修習五通，既修習已，垂得漏盡，而不取證，何以故？愍衆生故。捨漏盡通，乃至行於凡夫地中。又《楞嚴經》世尊謂阿難云：第一，漏盡難成即此也。元精漏盡，不得風火，則不能變化而成道。元精漏盡，雖有生機，不得風火，則不化爲炁。混然子云：人呼吸之氣爲風，如爐鞲之抽動，風生於管，爐火自炎，久久心息相依，丹田如常溫煖。今之禪僧，不知風火，漏盡無成，常自下流。余有俗堂弟字道寬，法名源明，久住金山，曰：禪教原不問此事，似過浸灌，只悟自性，不必究他。余曰：既有走漏，則與凡夫淫媾似也。《首楞嚴經》云：淫身、淫心、婬根不斷，如蒸砂石，欲其成飯，經百千劫，祇名熟砂，必落魔道，輪轉三途，終不能出。禪教何得不問也！但如來風火之法，佛佛相印，若能自用，則三種淫事，一煉自斷。世尊云：火化以後，收取舍利。又云：微風吹動，則其中自有深旨，非親傳焉得知之。故曰：修煉全憑風火耳。廣成子云：息者，風也。白玉蟾云：火者，神也。往古聖眞，禁而不露；上天所禁，秘之，不傳於無德，實傳於有德。超乎劫運，出乎大寶，豈傳於無德者哉？中古聖眞，略言其始。而人不究其始，往往搜尋其中，徒勞精力。始者，微陽初動，古聖隱而不露，乃金丹造化之根。人若能明乎其始，何事不成？故雖近代，亦有得道高眞。惜學者不知下手，重言其始，人猶不究其始，每每妄自採取耳。不知搜尋既實，雖藥有不採，而自採之景到矣。故學者不可徒勞無成焉。不知中宮周天之說，或顯於周天煉法，而隱於採取中宮。中宮即煉丹之所，天心居焉。人若曉中宮之消息，則丹自成矣。蓋中者，非中外之中，即元關消息之中也。此中包羅乾坤，運行日月，眞種由此而生，升降由此而運，爐鼎由此而立，橐籥由此而轉，藥物由此而化，坎離由此而合，斗柄由此而建，是也。世人或知中宮，不知周天，則炁亦暫聚而暫散矣，安得成丹乎？沖虛子云：藥已歸爐，未即行火，則眞炁斷而不續，亦不成大藥。或顯於採取中宮，而隱於周天煉法，周天即升降也。時至藥産，陽炁從地升於天。天者，在人爲首，位居上。《陰符・註》云：上湧潮元，通靈陽宮，復降下，通於巽坤。坤者，在人爲腹，位居下。混然子云：從子至巳流戊土，從督脈進陽火；自午至亥以己土，從任脈退陰符。世人或知周天，不知中宮，妄自行火，則與水火之煮空鐺何以異乎？沖虛子云：藥未歸爐，而先行火，藥竟外耗，而非爲我有者，其斯之謂矣。或顯於火而秘於風。煉丹全憑風以扇火。風者，息也。曰巽風、曰母氣、曰橐籥，皆我之呼吸也。或顯於風而秘於火，煉丹全憑火以煉精。火者，神也。曰汞、曰日、曰烏、曰龍，皆我之眞意也。或有言之簡而論之詳者，皆宜一一體玩，不可淺視也。使徒執其偏見，取宗於妄人之口，何其誣耶？簡者，深言神炁之機；詳者，細言神炁同用之理。初學未得眞傳，非由忽其簡，而即略其詳，是終不得夫丹道之秘矣。況又宗於邪說，致生疑惑，其不至於暗昧者少矣！余曰：覓法尋師問正傳，若無眞訣難成仙。凡求師者，當察其真僞。若言不用風火，即是假道，雖欲成仙，何可得乎？穀精火到風吹化，精因火化，火因風灼，世人被此精損志夭命，因無制伏之法。智者，借此精養身助炁，是有風火之功耳。髓窮融通氣鼓煎。竅者，即腎府也。腎屬水，水無火焉能融通？所以人之精華，多因腎而耗散。智者得風火之功，自能融通矣。鼓者，即所謂巽風也。物舉潮來神伏定，情強性列意如牽。物即外陽，外因內動，故此舉矣。始舉始伏，則易伏矣。倘未覺其伏，則陽壯性烈，必須迴光返照，綿綿若存，使炁與意和合，雖一時修煉之功，而性情不覺其渾合矣。青陽洞裏須調煉，爐內鉛飛喜自然。洞即炁穴。凡調藥時，務要綿綿，使精化爲炁，則內之真鉛，自然潮於上元矣。抑聞之《玉芝書》曰：元黃若也無交姤，爭得陽從坎下飛？元者，天也。黃者，地也。即神炁也。神炁不交，安有藥之可採？沖虛子曰：有機先一著，而後生藥以行火。先一着者，乃微陽初動也。藥生而行火，所行火者，即行周天之火。朱元育曰：晦逆之交，即活子時。活子時者，乃陽動之時也。覓元子曰：外腎欲舉之時，即是身中活子時。外腎舉者，非有念而舉，乃自無而生，生而或速或緩，皆由活動之機。然有念而舉者，乃是邪法，煉之即成幻丹。渾然問曰：假若睡濃之時，不覺而自舉，及偶然覺之，此時下手，亦成幻丹否？華陽云：正睡濃時，自己身心俱已不覺，念從何有乎？嘗聞純陽祖師云：動則施功靜則眠。又夏雲峯云：自然時節夢裏也教知。以此句言之，可以印證矣。俞玉吾曰：內煉之道，至簡至易，惟欲降心火入於丹田耳。內煉之道，乃上乘之法，簡易之事，但人被邪說所惑，不能信受。故眞人破之曰：惟欲降心火入於丹田也。又曰：腎屬水，心屬火，火入水中，則水火交媾。古人謂心腎非坎離，殊不知心腎乃坎離之體，神炁乃坎離之用。且腎非

脊腎之腎，乃內腎也。古云內腎者，卽臍下是也。雖在臍下，猶未得其所以然，要必得其神炁相投者。蓋其穴正在臍後腎前稍下，前七後三，中間空懸一穴，此正是調藥煉精之所，而學者不可不察矣。《六祖壇經》曰：有情來下種。有情者，非欲念之情，乃妙道中元機萌動之情。故龍牙禪師云：人情濃厚道情微，道用人情，世豈知空有人情，無道用人情，能得幾多時！元育曰：要覓先天真種子，須從混沌立根基。古人言眞種不一，或有言神是真種子，或有言炁是眞種子，而不言眞種子其父母所由生之理，故人被此顛倒之言所惑。《元學正宗》云：始者，上下相交，混而爲一。蓋混沌者，乃天地合璧之象，卽神炁會合之時。若覓先天眞種子，先須明種之父母。蓋神炁比如天地，天地卽種子之父母也。神入炁中，則是天入地中之象，卽爲混沌之時也。眞理子原由神炁而生，神炁若不交，安得有眞種子乎？則此中之根基當明矣。正陽祖師曰：南辰移入北辰位。南者離宮，心乃離也，神卽藏其中；北者，坎也，炁卽藏其中。移入位者，卽以神入炁穴。杏林云：以神歸炁內，丹道自然成是也。純陽祖師曰：我悟長生理，太陽伏太陰。長生，乃我之元炁，悟之者則生，迷之者則死。欲學清靜正道者，先明道之根源。道，無非我身內之陰陽，非是外來物件。許旌陽云：大丹若不以日月交光，乾坤合體，更假何物爲之乎？蓋太陽乃喻心之神，太陰乃喻腎之炁，伏者，以神伏炁之法。能伏住者，卽得長生，否則不能得矣。覓元子曰：始則汞投鉛窟。程先生云：鉛得汞而相親，無中入有。鉛汞非他物，卽我神炁。故呂祖云：不用鉛，不用汞，還丹須得爐中種。投者，以神投炁，則精炁不下泄，似水銀與鉛相制不動，然後爐中炁自生矣。呂祖云：安爐致鼎盡周圓。須得汞去投鉛，若不用汞投鉛，則鉛炁無所生矣。俞玉吾云：鉛得汞以生形。旌陽亦云：鉛因汞伏。海蟾翁曰：先賢明露丹臺旨，幾度靈烏宿桂柯。靈烏喻心中之神，桂柯喻腎中之炁。《元學正宗》云：心乃神之宅，腎乃炁之府。豈無造化乎！古云：心以坎爲體，以離爲用，故心欲虛而澄；腎以離爲體，以坎爲用，故丹田欲實而溫。離火上騰故損，離火下駐故益。幾度者，凡陽生不拘時數，靈烏宿亦不拘時數，時來時宿。紫虛云：夜半金烏入廣寒。旌陽祖師云：與君說破我家風，太陽移在月明中。《望江南》云：日精若與月華合，自有眞鉛出世來。蓋太陽喻神，月明喻炁。移在者，神炁相會也。古云：要知大道希夷理，太陽移在月明中。李眞人曰：金丹大要不難知，妙在一陽下手。世人學道，每被丹經之詞文所惑，不知眞訣簡易之理，自己心內糊塗，反謂古人不明言，及見眞師，強自爭辨，殊不知煉丹者，陽生之時卽起手之時，能於此時下手，又何疑惑乎？眞陽云：先天之炁藏炁穴，雖有動時，猶是無形，依附有形而爲用，始呈而卽始覺。守陽云：凝神入此炁穴，而神返身中炁自迴矣。重陽祖師曰：純陽之下，須是用火鍛煉，方得陽炁發生，神明自來。陽卽是先天坤地，變爲後天之坎，而中年之人藥少，故不能採取。眞人言須用火鍛煉，然後有藥可採。沖虛云：有機先一着，而後生藥以行火。俞玉吾亦云：天入地中，以此而產藥，是也。又聞之龍眉子曰：風輪激動産眞鉛，都因靜極還生動。此以下皆言風之妙用。上文一節，專言火之用法，而呼吸之氣未表其所用之理。故眞人教人，只此用火而不知用風，其精則不化矣。棲雲先生云：火不得風不灼。抱一子云：知搖空得風，則鼓吾之橐籥可以生風。知噓物得水則胎吾之炁可以化精。産鉛者，卽藥炁所生之時也。還生動者，卽藥産之時，卽採藥之候也。《入藥鏡》曰：起巽風，運坤火。巽風者，呼吸之喻也。火者，乃元炁也。元炁不得呼吸，則不能成藥，是陽不得陰，則必不聚之故也。必須存心中之陰神，馭腎中剛陽之火，綿綿息息歸根，則坤火自運矣。然又恐用火者，失於太過與不及，須當文薰武煉。故蕭紫虛云：熾則坤火略埋藏，則巽風爲吹噓。此言可玩矣。《黃庭經》曰：呼吸元炁以求仙。呼吸者，後天之炁也；元炁者，先天之炁也。先後原有兼用之法，若不兼用，元炁順流而出，不能成丹矣。必假呼吸之氣，留歸以煉之。如沖虛子所謂以後天呼吸氣，留戀神炁是也。李清庵曰：得遇眞傳，便知下手，成功不難，鼓動巽風，扇開爐焰。此言果得眞傳，便知用巽風。風者，後天氣也。沖虛云：元炁固要逆修，而呼吸之氣亦要逆轉。蓋人呼吸之氣，出入本在丹田，何曾有隔礙？但人只知出而不知入耳。學者凝神之時，炁穴之神能覺進吸者，則氣自鼓、自扇、自吹、自噓、自逆轉矣。不用而自用之，何勞之有乎？混然子云：神呼氣，炁歸竅內，吹吾身中無孔笛，常覺在此息，不用歸根而自歸根矣。莊子云：其息深深。又云：眞人之息以踵，卽此也。李道純曰：煉精其先，以氣攝精。精生之時，原是下流，若欲歸源，必須用氣攝之，則無走泄之患矣。然又當知精生之所。沖虛云：用後天之呼吸，尋眞人呼吸之處，卽此之謂也夫。無名子曰：精調炁候。調者，是精生時，以用調法，不然則易走泄矣。古人云：精炁之爲物也，運行則常，退守則灾。四時不運，萬物何以生？日月不映，萬物何以明？流水不腐，戶樞不蠹，人不測道之根本，乃云固精爲長生，此言爲大謬也。若閉精可以常存，則布囊可以貯水。蓋炁候者，是候炁之生時，卽所爲採取之謂也。沖虛子曰：調定其機。機者，是精生動機。若不調則炁必泄，而藥物不生矣。又曰：藥若不先調，則老嫩無分別。老嫩是採取之時。若不先調者，則何時而能採取乎？能知調者，自有老嫩之景到。李虛庵曰：忙裏偷閑調外藥。藥卽吾身之元炁，炁雖藏炁穴，生則化元精，向外下流，若任外流，將何物而爲藥乎？故調此炁返還於炁穴，久則天機自活動矣。鍾離云：勒陽關，卽此也。沖虛子曰：調到眞覺，則得眞炁。覺者，乃是時至神知。故其本靈之心體不能昧，謂之覺。若能如法調藥，則自有造化之機發見於外，可不勞而自知矣。《楞嚴經》曰：願立道場，先取雪山大力白牛。道場者，修佛道之起手也。欲成佛道者，先當取雪山大力白牛。若無此牛，任汝修八萬劫，終不能出《楞嚴》之五陰。蓋雪山者，喻五陰俱空。既已空矣，則一陽生於五陰之下，元門謂之陽生，釋家謂之情來，又謂之眞如，又謂之那偏事，皆

是喻事之生也。太初古佛云：一陽發現，只是明心。千百譬喻，只教人曉此一事耳。大力者，喻法象，釋家謂之明心，又謂之有物，皆喻牛之徵也。光明古佛云：日天開朗，是爲見性。千萬種譬喻，無非教人明此牛耳。若謂實有此牛者，即非我如來、達磨、六祖之嫡傳，則是外道，非釋家之子也。豈不謬哉？《涅槃經》曰：雪山有大力白牛，食肥膩草，糞皆醍醐。雪山喻炁之生處，白牛即是喻炁。醍醐喻炁之升降也。故六祖云：吾有一物，上舉天，下舉地。若獨修心中之識性，不兼修性海之眞性，饒你八萬刦，終不能成六通，契如來之眞性。《心經解》云：誰知更有過於此者，寬則包藏法界，窄則不立纖毫，顯則八荒九夷無所不至，隱則纖芥微塵無所不察。又云：乃人之本源。棲雲先生曰：人喫五穀化爲陰精，不曾煅煉，此物在裏面作怪。只用丹田自然呼吸之氣，吹動其中眞火，水在上，火在下，水得火自然化而爲炁，其炁上騰薰蒸，傳透一身之關竅，流通百脈，燒得裏頭神嚎鬼哭，將陰精煉盡，陰魔消散矣。又覓元子曰：陰精者，五穀飲食之精，苟非巽風、坤火、猛烹極煉，此精必在身中，思想淫慾，攪亂君心。務要凝神調息，使槖籥鼓風，而風吹火，熟煉陰精，化而爲炁，其炁混入一身之炁，此炁再合先天之炁，然後先天之炁再從竅內發出而爲藥。此二眞人之明言，不必贅解。朱元育曰：晦朔中間，日月並會北方虛危之地，天入地中，月包日內，斯時日月停輪，復返混純，自相交媾，久之漸漸凝聚，震之一陽乃出，而受符矣。晦乃月盡無光，以比人身中陰靜之時；朔乃次月初一，比人身中陽動之時。日月並會者，即神炁同宮之法。北方虛危者，炁穴也。天入地中者，比神入炁之義。月包日內，即是神攝炁也。一陽出者，乃藥產之時，即是採取之候。受符者，是起周天之火符，符又是運息數之別名耳。此上數者，《金仙證論》之妙訣，風火化精之秘機，具在斯與！而其調藥之法，亦不外是矣。此總結上文風火同用之旨，調藥之法。古聖所言，不肯明露，故人難悟大道。余淺說解明，以曉後學，庶不入於傍門而成正覺。世之好金丹者，果潛心此經，自修自證，即成大道，豈不樂哉？予故曰：自始還虛而待元精生，以神火而化，以息風而吹，以靜而渾，以動而應，以虛而養，則調藥之法得矣。以上言調藥之法，以下言眞種所生之眞時，即藥生也。不聞邵康節之言乎：恍惚陰陽初變化，氤氳天地乍迴旋。恍惚者，渾然一團，外不見其身，內不見其心，恍恍惚惚。初變化者，即此恍惚之間，忽然不覺，融融和和，如沐如浴，迴旋者，眞炁旋動，正是元關透露，而陰中陽生矣。尹眞人曰：俄頃癢生毫竅，肢體如綿，心覺恍惚。此乃藥產之法象，不可驚怪，一起驚疑之念，則神馳炁散矣。務須思慮頓息，以虛待之。不可妄起刻漏之武火，亦不可迷失眞候，靜聽炁之動靜，則元竅之陽，自旺生矣。紫陽真人曰：藥物生元竅。藥物者，即眞炁也，亦名眞種子。元竅者，乃元妙之機關，即炁發之所，下通陽關，上通靈臺，後通督脈，前通任脈。《六祖壇經》曰：因地果還生。果還生者，因地者，道曰丹田，釋名淨土，又名優陀那，又名苦海。巧喻異名，無非果生之處。以前能明有情來下種之機，到此方有果生。果即菩提子也，又曰舍利子。太初古佛曰：分明動靜應無相，不覺龍宮吼一聲。無相者，道曰虛無，釋曰眞空。此原無相，因靜定而生。龍宮者，即上文因地是也。吼一聲者，即上文果生也。故世尊謂：見明星而悟道，能知此一聲之機，則洞水可流，西江可吸，海水可灌頂矣。《元學正宗》曰：彈指巽豁開。彈指者，頓然而覺，然不可起太明覺，須恍惚而待之。若起明覺之念，則後天之氣，隨念而起，包裹先天之炁，先天既被後天所裹，則其所發之炁不得融盛，亦不能採取矣。混然子曰：時至炁化，機動籟鳴，火從臍下發。時至者，乃藥產之時也。籟鳴者，即元關之機動也。火者，炁也。臍下者，丹田也。古人云：時至神知者，此也。學者苟不知此時之機，則當面錯過矣。沖虛眞人曰：覺而不覺，復覺眞元。覺者，知也。不覺者，渾也。陽炁纔萌，似有可知，故曰覺也。陽炁未旺，不宜急進火，故此言復覺眞元。元者，即眞炁也。又曰：則用起火之候以採之。此下言起火採藥歸爐也。起火者，後天呼吸之氣。先天之炁生時，仍行熟路，故用起火之法，採炁歸爐。然呼吸之火，本自有形，而用之必如無形，若着有形，用之則長邪火，果能有有而若無，無中得有之妙，二炁用之如法，則藥自歸爐矣。又曰：採藥歸爐。藥者，眞炁也。炁之生時，則往外順出，故用神炁採之歸爐。眞炁既得神氣之力，自然隨神而歸爐矣。又曰：對固停息，以伏神炁。此二句言入中宮之沐浴，即是運周天子時之頭。故子時有沐浴之候，即此也。封固者，温養之義。停息者，亦非閉息，是不行其鼓噓之法，將神炁俱伏於炁穴，隨後火逼金行。有行動之機者，則周天武火自此而運起。渾然問曰：我聞《直論》言：藥已歸爐，未即行火，則眞炁斷而不續，亦不成大藥。此處既有沐浴，豈不斷否？余曰：不行，非是閉塞呼吸之氣全然不行，乃是不行槖籥鼓噓之機。蓋呼吸之氣，原有温柔之息，在此吹噓，何得斷行火之機。雖暫伏微妙之理，而眞機無有隨後不動之情，豈不聞之《合宗》乎。採封是子時前也，其即此矣。玉鼎眞人曰：入鼎若無刻漏，靈芽不生。此下皆言子時起火煉藥，行小周天之火，前論起火採藥，是子時之前也。此乃周天子時當令之事。故達磨云：二候採牟尼。然則藥生，即爲藥生之子時，而亦爲活子時。行周天，謂之行周天子時，不必認做一時。蓋鼎者，炁穴也。眞炁既歸鼎內，必要刻漏之火以煉之，若無刻漏之火，則黃芽不生。上陽子曰：外火雖動而行，內符閉息不應，枉費神功。外火，即元炁也。內符，乃呼吸之炁。元炁由呼吸而採歸爐，亦由呼吸而煉之，則爐中之藥方成變化。仙翁云：火銷金而神炁不敗。若藥已歸爐，呼吸之氣半途而迴，不應先天之炁，則藥已耗散。及再行周天之火，與前不相續，亦不能成丹也。守陽眞人曰：起火煉藥。起火，是起周天之火，行十二位也。非眞有位，借

火爲位。又謂十二時，非眞有時，借火爲時。混然子曰：火逼金行，當起火之初，受炁宜柔。火者，呼吸之氣也。金者，元炁也。蓋金不能自升，必假火以逼之，使朝於乾宮，然爐中眞炁，初起火之時，藥物未旋，不可卽行武火，須以柔溫之火逼之，金有旋機，則火當長矣。若藥未甚動，炁伏而緩，先起武火，則內之炁亦不順隨大路墮於蹊徑，欲歸正路不亦難乎！故曰宜柔也。又曰：採時須以徘徊之意，引火逼金。徘徊，是往來活動之意。引火者，卽神呼氣之法。逼者，催也。上文只言呼吸以用元炁，尚未顯明用元神。人知用二炁，不知神爲二炁之主師。蓋採藥煉藥，全賴炁穴之神權，馭二炁徘徊，則金自行矣。前文云：神呼氣，炁歸竅內，吹吾身中無孔笛。是此也。又曰：運動坤之火，沉潛於下。坤者，爐也。火者，元炁也。運動坤火之時，往下而行，以通督脈而進。若別行異路，是不能上乾鼎，則藥卽耗散矣。渾然問曰：我聞玉蟾翁言神卽火，炁卽藥，以火煉藥而成丹。今何又言炁是火？而前文又言化穀精，以呼吸爲火，三事俱言火，不明孰是？華陽云：此視學者得師不得師耳。眞參實悟者，一見了然於心，若心下不實，焉得明乎？非是丹經惑爾，乃爾認錯丹經，誦幾句古言熟語，以爲自己聰明，誤也。凡云是起火、引火、火逼、行火、止火，皆爲呼吸氣之火也；凡云凝火、入火、降火、以火移火、離火、心火，皆屬神之火也；凡云運火、取火、提火、坎火、坤火、水中火、爐中火，皆先天炁之火也。凡呼吸之火，能化飲食之穀精而助元精；凡神火，能化元精而助元炁；凡元炁之火，能化呼吸而助元神；元神之火，又能化形而還虛助道。成始成終，皆承火之力，以登大羅之金仙。所謂火者，有逐節事條，豈可執一哉？混然子曰：鼓吾之橐籥，採藥之時，加武火之功，以性斡運於內，以命施化於外。古人或以內呼吸爲橐籥，或以外呼吸爲橐籥，內外兼說，則何是何非也？余特指其是以示之。橐籥者，消息也。若無消息，安有橐籥？古云一闔一闢謂之變，知變通無窮矣。橐籥者何似？牛車水運行一般，同消息而不同路，若同路則不名橐籥矣。又如風箱一般，同箱而不同風，若同風則不能運轉矣。以風箱之內，暗藏子箱，向爐之風，是子箱之風，非風箱之風，實從無中生出。水車之水與子箱之風，卽喻先天之炁也。牛車與匠手抽動之風，卽喻後天之氣也。子箱者，元關也。消息者，卽兩搭界之磙軸也，卽喻先後二炁之機。子箱之風，若無抽動之風，則亦不能自吹噓矣；水車之車，若無牛車，則水車之水不能自運矣。至車與箱，若無牛與匠，則水與風又無從而吹運之也。蓋武火者，是藥物曾已行動，故必橐籥之息火，以應刻漏之度數。若徒用文火，則藥物亦不行也，而眞炁竟耗散矣。內者，中宮也。煉藥行符，務要性主立於中宮，而爲斡運輻輳之主宰，則水火方能隨外之道路而升降。又外必借命之元炁施化，則脈絡方能開舒暢快。內外融通，自然命聽於性，性持於命矣。邱祖師曰：採二炁升降之際，若不以意守中宮，藥物如何運得轉？二炁者，先天後天二炁也。先天之炁不得後天之氣，則不能招攝轉運，後天之氣不得先天之炁，則亦無處施功。沖虛云：炁則不能無先後之二用。中宮者，炁穴也。藥物者，元炁也。升降之際，中宮若無主宰，則藥物不轉矣。然全在中宮之眞意，使眞炁之動運矣。故禪師云：北斗望南看，是也。混然子曰：內伏天罡斡運，外用斗柄推遷。沖虛云：斗柄外移，而天心不離常處，若以內伏天罡，而外不推斗柄，則眞炁不升降；若外推斗柄，內不伏天罡，則眞種不結。《後禪機賦》云：禪王斗柄，見明星而團旋。許旌陽老祖曰：衝開斗牛要循環。斗牛者，虛危穴也。斗牛既開，用升降之法以運之。沖虛子曰：行所當行。又白玉蟾云：起於虛危穴。以虛危宿在坎宮子位也。蓋虛危者，卽任督二脈之起止處，亦名河車路。俞玉吾云：於此時鼓之以橐籥，鍛之以猛火，則眞鉛出坎，而河車不敢停留，運入崑崙峯頂是也。《金丹賦》曰：子時河車聳，駕火銷金而神炁不敗。子時是運周天之子時，駕動河車，採藥上升。混然子云：鉛遇癸生之時，便當鼓動巽風，扇開爐鞴，運動坤火，沉潛於下，抽出坎中之陽，去補離中之陰成乾之象，復還坤位。純陽祖師曰：憑君子後午前看，一脈天津在脊端。子後是陰符，午前是陽火。一脈者，卽行周天之道路。凡行火時，神炁必由此路而運。蕭紫虛云：幾回笑指崑山上，夾脊分明有路通。又俞玉吾云：元海陽和動，寒泉炁脈通。此子午當行之道，若神炁泛然於道外，不成路矣。或神不知其炁，或炁不能隨神，空空鍛煉，則金丹不成矣。守陽云：有兩相知之微意，是也。又曰：寒泉瀝氣綿綿，上透崑崙還紫府，浮沉升降入中宮。圓通禪師云：羣陰剝盡，一陽復生。欲見天地之心，須識承陰之法。寒者，坤也。泉者，坎水也。皆喻腎中之水。腎水果得以前所論之工法，到此自有瀝瀝波濤之象，乃眞陽所產之時也。氣綿綿者，續而不斷之義。道光禪師云：一爻生。崑崙，卽乾也，乾爲首。紫府，卽丹田也，丹田爲坤。升卽上崑崙，降卽下紫府。中宮，卽丹田也。祖師教人行火，須上至乾鼎，下至坤爐。廣成子曰：人之反覆呼吸徹於蒂，一吸則天氣下降，一呼則地氣上升，我之眞炁相接也。吸降呼升者，卽先天後天二炁之機也。然後天氣吸則先天炁升焉，升是升於乾而爲採取也。後天氣呼則先天炁降焉。降是降於坤而爲烹煉也。若以口鼻一呼一吸爲升降者，則去先天之炁遠矣。覓元子曰：乾坤闔闢，陰陽運行之機，一吸則自下而上子升，一呼則自上而下午降，此一息之升降也。此皆言先天後天二炁消息之機也。乾者，首也，爲天，故位居上；坤者，腹也，爲地，故位居下。闔闢者，乃內外呼吸之元機。蓋外面之氣降，裏面之炁則過我而升；外面之氣升，裏面之炁則過我而降。此乃周天之秘機，凡夫豈能知之！故仙翁云：若教愚輩皆成道，天下神仙似水流。渾然問曰：老師所言，有兩重之呼吸。但升者，其意要主宰中宮，以爲斗柄轉心之主，又見此處其神要隨先天之炁升降。又聞後天之氣在息上升降。如老師言：三處都有動靜知覺之意，不知其神其意重在何處？又不知其神其意如何分別用度？我聞之丹經曰：行則神炁同行，住則神炁同住，今此分別神意，其不相合，何也？華陽云：子之不明者，非經之不明，是子之執着偏見。云何爲機也？譬如世人，安消息以制物件之法，如若投機一叩卽應，無處而不

動。夫但有先天之炁者。則我之經絡自能通應，而又有後天之氣鼓舞，安有上下中間不應之理乎！可見先天後天，上下中間，皆主乎其機也。若是無其機，焉得應之？故太初古佛云：一片東兮一片西，兩頭動處幾人知。出有人無眞造化，神炁相交透祖機。云譬喻鄉人織布，其意一發，手足頭目俱以發動。發者是誰，動者，其神意在何處？若能明此理，則臨時而不誤造化之機緘矣。故俞玉吾《解陰符經》云：恆山之蛇，擊其首則尾應，擊其尾則首應，擊其中則首尾俱應。又云：其法潛神於內。馭呼吸之往來，上至泥丸，下至命門，使五行顚倒，運於其中，此卽周天內外機動而已是也。又沖虛云：以意在中宮，以神馭炁，其炁自尾閭夾脊上崑崙，復下丹田，周流運轉不絕，又何必有疑哉！因問曰：聞江西道人王山而亦能升降，因何以幾十載不結丹成大藥？答云：此人乃後天之意氣，非先天之神炁也。

沖虛子曰：當吸機之闔，我則轉而至乾，以升爲進；當呼機之闢，我則轉而至坤，以降爲退。吸機之闔固是下，然而內裏之機要上，上者自下而升至於乾，爲進陽火爲採取；呼機之闢固是上，然而內裏之機要下，下者，自下而降至於坤，爲退陰符，爲熟煉。此卽內外闔闢之機也。

蕭紫虛曰：乾坤橐籥鼓有數。此以下皆言周天之息數，上文說升降法，而其中卦爻之數尚未表明。若不用其數，則丹道又不成矣。朝元子云：勸君窮取周天數，莫使蹉跎復卦催。蓋乾坤者，乃天地之定位，橐籥者，卽鼓風之消息。奈何眞炁不能自返復於乾坤，微賴橐籥之法以吹運之。蓋乾坤卽橐籥之體，坎離乃橐籥之用，所以乾呼返吸至於坤，坤吸返呼至於乾。乾坤者，乃坎離之體。內呼吸者，卽坎離之用。人若能明乎內呼吸，則橐籥自鼓，而乾坤自運矣。數者，乃陰薛道陽升降之度數。假呼吸之息數，而定卦爻之揲數。

光禪師曰：火候抽添思絕塵，一爻看過一爻生。抽添卽眞炁上升下降之旨也。絕塵者，凡臨機時幻化頓息，則眞我不離於炁。爻過爻生者，喻綿綿不斷之意。守陽云：隨機默運入元元，呼吸分明瞭卻仙。

陳泥丸曰：天上分明十二辰，人間分作煉丹程。若言刻漏無憑信，不會元機藥不成。天上有十二支之辰位，煉丹亦有十二時之火候，故六陽用進，六陰用退，程者，每時有一定之度數。若言不用息數之漏刻，則是傍門外道矣，而非金丹也。縱能強制升降，亦不能結大藥。既不用周天之度數，又將以何物而爲周天乎？以明明之刻漏而不悟，則是愚之甚也。

鍾離祖師曰：生成有數。有數，卽乾用九而坤用六也。

金谷野人曰：周天息數微微數。周天，卽往來返復之義。微微數者，不著於相順隨而行火候元機是周天程限之數無差也。

陳泥丸曰：乙陽復卦時生，午後一陰生於姤，三十六又二十四。沖虛子曰：子至巳六時爲陽，陽合乾，故用乾爻、乾策，乾爻用九，而四揲之爲三十六，故陽火亦用九，同於四揲，又註云：子丑寅以次，皆用四揲之三十六。又云：午至亥六時爲陰，陰合坤，故用坤爻、坤策，坤爻用六，而四揲之爲二十四，故陰火亦用六，同於四揲。又註云：午未申以次，皆用四揲之二十四。又云：陽時乾策二百一十六，除卯陽沐浴不用，乾用實一百八十也。陰時坤策一百四十四，除酉陰沐浴不用，坤用實一百二十也。合之得三百息，周天之數也。閏餘之數在外。蓋三百數者，實非三百息，皆譬喻辭也。

守陽眞人曰：子行三十六，積得陽爻一百八十數，午行二十四，合得陰爻一百二十數。陽爻六時用九，除卯時不用，只得一百八十陰爻六時用六，除酉時不用，只得一百二十。沖虛子曰：卯在六陽之中，酉在六陰之內，調息每至於六時之中，可以沐浴，卽此也。

《悟眞註疏》曰：子進陽火，息火謂之沐浴；午退陰符，停符謂之沐浴。息火停符者，停住有作而行自然之妙運，非是停住先天而不行，是停住後天之武火。故履道云：十二時中，毋令間斷。俞玉吾云：天道無一息不運，丹道無一息間斷。故卯酉時不行之中，而默運吹噓，則子午亦然。又重陽云：子午沖和連卯酉，春冬秋夏相攜。沖虛子云：世稱沐浴不行火，且道吹噓寄向誰？要將四正融抽補，纔得金丹一粒歸。又陸子野註：又陸子野註《悟眞篇》云：卯酉不進火，但以眞炁薰蒸也。而爲沐浴，萬古不移。

曹還陽眞人曰：十二時中，時時皆有陽火陰符。凡進則曰進陽火，凡退則曰退陰符。亦以陽用者曰火，以陰用者曰符。十二時者，卽吾身中運周天之時也。子巳六陽時進陽火，午亥六陰時退陰符。進則爲升也，退則爲降也。故進則曰進場火，退則曰退陰符。時時皆有陽火、陰符者，不在沐浴時而亦有沐浴。故陽用者曰火，陰用者曰符。渾然問曰：便聞六陽時中沐浴，六陰時中沐浴此理可明。但不知六陽時中，時時有陰符，六陰時中，時時有陽火。此理深微，願求教訓。華陽云：凡行周天之時，其後天之氣，有迴轉之機，故在此迴轉處，內藏陰符，陽火之秘機。既有六陽六陰之限數，焉得一息而運至於天哉！縱運亦不成周天之度，不合刻漏之法則矣。渾然又問曰：弟子尚息愚迷，不識陽火陰符之精微，敢再求指教。華陽云：凡運火之時，後天氣進則謂之陽火，後天氣退則謂之陰符。凡陽火陰符沐浴歸根者，皆是借後天呼吸之氣，以爲周天度數之法則。若無其呼吸，則不成陰符、陽火沐浴歸根矣。邱祖師云：運行周迴，自有徑路，不得中氣斡旋，則不轉。又沖虛云：火候誰云不可傳，隨機默運入元元。達觀往昔千千聖，呼吸分明了卻仙。又問曰：昔日達磨言二候採牟尼，何爲二候？云：藥生而往外，以用息採歸爐爲一候。藥既歸爐封固，又名一候。又問曰：何爲四候。云：升、降、沐、浴，卽爲四候。又問曰：何爲之閏餘？云：卽歸根還於下丹田之處，故亦有溫養沐浴之位也。

沖虛子曰：凡一動則一煉而周，使機之動而復動者，則煉而復煉，周而復周。此卽言凡有炁之動者，必須煉之，則小周天之火容易止。如若不煉，則火不能速止，而大藥亦不能發生矣。古云：運罷河車君再睡，來朝依舊接天根。古皖山合封問曰：余自學道，今已八旬，陽還自動，是何故也？答曰：陽既舉，是未得火煉之過耳。封曰：余得七悟師所傳，運於周身四肢，運六回陰，左運三百六十，右運二百四十。豈不是火工？華陽曰：既是火工，八十因何陽還舉？此非金丹，乃小法，是七悟師當初止汝之念耳。如此空運，有何益也。合封曰：金丹之道，若何爲哉？華陽曰：金丹之道，從陽生時凝神入炁穴，鼓起橐籥之巽風，息息向爐中吹噓，猶如鐵匠手中抽動一般，風生則火焰，火焰則精化，精

化則炁自生矣。采此生炁升降往還，謂之周天也。又曰：積之不過百日，則精不漏而返炁矣。百日是煉精之名目，但凡有二候之機來者，則百日可期。少而勤者成之速，若中年年邁而又不勤者，未可定其日期。凡有精漏者，則未成漏盡通之道。如精不漏者，則精盡還成炁，不死長生之果得矣。太邑海會寺方丈僧龍江問曰：以此自保守，可得《楞嚴經》漏盡通成否？華陽云：保守只名斷淫心淫身而已，知用火化，則淫根方斷，漏盡通自成，則不漏矣。然淫根者，即外腎也。若有舉動，即有生死矣。正陽祖師曰：果然百日防危險。防危險者，防時至藥生，而神不及知覺，則錯過矣。或不明起火之法。或昏睡而神不靈，此乃失於炁矣。或當進火而不進火，當退符而不退符，當沐浴而不沐浴，當止火而不止火，當歸根而不歸根，則失於造化之機。故曰防危險。蕭紫虛曰：防火候之差失，忌夢寐之昏迷。差失者，皆因學人心不誠而意不專。若靈臺潔淨，火候明白，有何失乎？古人往往走丹者。皆因理未明而心不專，故有差失之患。夢寐昏迷者，凡學道之士，宜乎先養神。神純，自然靈覺，神若不純，睡則生塵妄之心，故有夢寐走失之患矣。石杏林曰：定裏見丹成。丹之所成者，是炁已曾圓滿，外腎不舉，丹光上湧，故有所見也。正陽祖師曰：丹熟不須行火候，更行火候必傷丹。丹熟，是有止火之候到，故謂之熟。既知熟矣，當用採大藥之法，則小周天之工法無所用矣。若再用小周天，丹不傷乎？蕭紫虛曰：切忌不須行火候，不知止足必傾危。凡煉丹，若不知止足，必傾危之患也。昔日白玉蟾六十四歲下工，已到止火之候，及採藥，則已傾危矣。又邱眞人到止火之候，未防其險，則夜自走失。又曹還陽眞人會親，偶見此止火之景，未及採取，亦以走失元陽矣。故崔公云：受炁吉，防成兇，火候足，莫傷丹。所以紫陽云：未煉還丹須速煉，煉了還須知止足，若也持盈未已心，不免一朝遭殆辱。此皆言小周天造化，火到丹熟，止火之候也。沖止者，不行升降也。然雖不行升降，時刻不可須臾離火，常常溫火薰蒸，離即亦自走矣。沖虛眞人曰：有止火之景。此乃止火之時，採天藥之候也。須求眞師口授，方能出爐。若無眞傳，不知採取之法，不知採取之時，故景不得矣。得眞傳，知採法，景到又不可知也。若傍門認取眼光，靜坐慧光千百種光，則錯之甚矣。若前此不知坎離交媾之法，丹田則無藥，而外腎亦不能如馬陰藏之形，縱有外光發現，此非丹田之苗也，蓋屬想妄而發矣。若眞能成馬陰藏形者，自有異常之景。故純陽祖師云：曲江上，月華瑩淨。又《翠虛篇》云：西南路上月華明，大藥還從此處生。俞玉吾云：西南屬坤，坤爲腹，藥生於丹田之時，陽炁上達，麗於目而有光，故自目至臍，一路皆虛白晃耀，如月華之明也。守陽眞人曰：且待其景到之多而止，大藥必得矣。又曰：初煉精時，得景而不知，猛吃一驚而已，乃再靜，而景再至。猛醒曰師言當止火也，可惜當面錯過。又靜又至，則知止火用採而即得矣。是採在於三至也。今而後當如之及後再煉不誤。景初而止，失之速，若待景至四而止，失之遲。不速不遲之中而止火，得藥衝關而點化陽神。凡有眞修仙真，千辛萬苦，萬萬般可憐，煉成金丹，豈可輕忽，致令傾危哉！自古聖眞，不泄止火之眞候，亦不泄採大藥之眞景。眞候、眞景，獨賴沖虛、守虛二眞人，泄萬古不泄之天機，今則盡泄矣。但後學無有不沾二眞人之恩，此乃明言直論，不必重加註腳。後學因緣若至，財侶雙備，速早下工，求取大藥，煉炁化神，參明三至，則大藥可得，神可化而仙成矣。如或不透，再覓沖虛眞人秘文，參《合宗》之九章，則大周天之造化，其情無不明白矣。此以上，盡屬調藥、煉精、化炁、成金丹之造化，而逐節工法之口訣，盡備於此矣。但經中所言後天呼吸之氣者，必待師傳，方敢自用，非是著於口鼻，亦非閉氣於丹田。著此二者，俱屬於傍門，非金丹也。凡借後天之息以爲吹噓逼運者，是炁穴之內，有生機之動者，因此而調息，既調炁穴內之眞息，而後天之息則自然而至於炁穴，相兼相連，以同動矣。然古人或以單言後天之息，則先天之息無有不得其機，而妄用後天；或單言先天之息，則後天之息無有不借其機，而能用先天。故先、後原有兼連之消息。凡調息之時，其神專重於先天之炁，內以鎔化行住起止，不過借後天之息，以爲鎔化行住起止之權。先天之炁既有生機，若不得後天，則先天亦不能自鎔化行住起止矣。凡四方有學道之同忘者，果知造化之機，不問先天與後天，若臨時能用消息二字者，則先天後天，有不待辨，而能自明矣。此以上皆言煉精化炁成金丹之元功，風火同用之妙旨盡在斯歟！余不敢謂此集爲自論之妙道。然皆會萃先聖之眞傳，即後來萬劫高眞用風用火之根本，使見之者即自了悟，契合仙佛之眞旨，成己成人，仙佛之果證矣。

《養真集·道》 今夫人要做天地間第一等美事，莫如讀書。要做讀書中第一等高人，莫如學道。朱子曰：讀書將以求道，不然讀做何用？至於舉業，乃分外事，可惜壞了多少人。《道德經》有云：立天子，置三公，雖有拱璧，以先駟馬，不如坐進此道。才爲人用而鮮終，德爲修己而有名。道則無名而用之無窮。是故，君子惟道是學，功名富貴，皆視如浮雲，任其去來，而漠然無所動於其中矣。或問：君子惟道是學，有所取益而然歟？曰：有。願聞焉？曰：學道之人，是學其在我。我者也，心可廣，身可潤，病可愈，死可免，如是之益，益莫大焉。又問：學道之人，果有是益與藥乎？而今世人，見有學道之人，共嗔爲迂。何也？曰：《道德經》有云：上士聞道勤而行之，中士聞道若存若亡，下士聞道大笑之，不笑不足以爲道。

《養真集·理》 夫道，一而已矣。在天曰命，在人曰性，在物曰理。此理流行於天地之間，發著於日用之際，事事物物，皆有當然之理，而不容已。即有所以然之理，而不可易。惟循理君子，以理觀物，是是非非，善善惡惡，

因而付之，是謂無我。無我則公，公則明，明則處事當，而盡物之性矣。若以我觀物，則愛憎橫生，不免任情。任情則私，私則昏，昏利顛倒錯亂，只知有我，不知有理。有理斯有氣，氣著而理隱，有氣斯有形，形著而氣隱，理無不中也。氣則偏矣，則又偏矣。中無不善，偏有不善矣。苟求化偏之不善，而歸於中之善也，須於幾動之始，密密省察。是發於理之中者，擴而充之；是生於形之偏者，絕而去之。久而理自常存，欲自消亡。天下之理不可不窮也，而亦不可勝窮也。有要焉，辨吾心之惑而已矣。辨則明，明則誠，誠則天下之理得，而成位乎其中矣。【略】明知一善是中，而不致中；明知萬法惟心，而不了心是惑也。明知生死事大而不體取無生；明知無常迅速，而不了本無速非惑歟！理是本有底，但加提撕而自有；欲是本無底，但能照破而自無。遏欲存理，原非二事。遏了一分欲，卽存得一分理；遏了十分欲，卽存得十分理。益人莫大於理，而存理者少；損人莫大於欲，而縱欲者多。人之有欲，猶樹之有蟲暗食於內，不久自斃。夫人以欲爲樂，不知欲猶火也，不戢將自焚，神明受其熬煎，酒色耗其精氣，生病生瘡，晝夜叫苦。浮屠謂死後受罪，而不知生前已受之早矣。

《養真集・天地》 大道無形，天地是個有形底道。天地不言，聖人是個能言底天地。聖人，吾不得而見之矣。未嘗不見經書，見經書而能明其理義，與見聖人何殊？天生我形，天賦我性，內外皆天，我何敢紊？我在天中，天在我心，見天地而效其清靜。與其大道不二，少有私意，獲罪匪輕。形、色天性也，率天性而行，自無人欲之累。日用常則也，順帝則而動必無踰矩之愆。人之道無時不與天地相合，一動一靜是也；人之氣無時不與天地相通，一呼一吸是也。嘗見日入地中心火下降之象；月到天心，腎水上升之象也。仰觀北辰，居其所而衆星拱之，名曰天樞。夫天固有樞，以爲造化之本，人亦有樞，以爲性命之源。均是人也，有所謂大人者，與天地合其德，試察我之心，併我之性，其合乎天地者有幾？合則加勉，不合則速改，而至於大，人不爲憂矣。天生地成，吾人之大父母也。天動地靜，吾人之大師教也。已往聖人，天地之肖子也，未來聖人，天地之慈孫也。能愛其親者，大德必受命；能敬其師者，下學而上達。

《養真集・人生》 人生者，太極也。太極動而生陽爲火，火者，神也，靜而生陰爲水。水者，精也。神火、精水妙合而凝，在兩腎之間，爲元炁之根。夫吾人未生以前，氣稟之清濁之清濁，從天所賦，人不得而與焉；既生以後人品之邪正，由人自造，天不得而司之。天地生人，上智固少，下愚亦少，惟中人最多。中人能自強，與上智不二；中人若自棄，與下愚何殊？今夫人只知我是父母之所生也，不知我與父母與天地，皆道之所生也。是故，君子必求得道而後無愧於天地，無忝於天地。子貢曰：文武之道，未墜於地。在人，非止在春秋之人，亦在今世之人；非止在今世之人，亦在後世之人。一人生來有一身，一身皆有一眞人。眞人靈妙通天地，眞人清靜無埃塵。眞人自古不增減，眞人從來莫死生。但能養得眞人就，勝如貧子獲萬金。孟子曰：人之所以異於禽獸者幾希。庶民去之，君子存之。存之者成聖成賢，去之者爲禽爲獸。是去之時，卽變爲禽獸，不待死後與來生也。今夫天有五行，金、木、水、火、土是也。不止謂之行，一時稍止，不可謂之行矣。今夫人有五常，仁、義、禮、智、信是也。不變謂之常，一念稍變，不可謂之常矣。是五行也，是五常也，具於人身之中，則爲五臟，心、肝、脾、肺、腎，是也。五臟也者，生人之大本也，傷此大本，則不能以有生。是故明醫治之，必先調和五臟。發於日用之際，則爲五倫，君臣、父子、夫婦、兄弟、朋友是也。五倫也者，天下之達道也，廢此達道，則不可以爲人。是故先王教人，先明五倫之理。而今世人，有墮肢體，去人倫以求道者，彼固不知，其非也。世人驚以爲貴而尊奉之，此亦不知，其非也。

《養真集・病》 病何由而生也？皆因妄想而生煩惱，煩惱既生，則內傷其心，心傷則不能養脾，故不嗜食。脾虛則肺氣必虧，故致發嗽。嗽作則水氣竭絕，故木氣不充，髮焦筋痿，五臟傳偏而死矣。人當妄想萌動之時，卽疾病發生之時也。今人不察，必待疼痛著身，纔爲有病，而不知非一朝一夕之故，其所由來者漸矣！人之一身，外有六淫，風、寒、暑、濕、燥、火是也；內有七情，喜、怒、哀、樂、憂、恐、驚是也。因七情而病者，爲內傷而成不足之症；因六淫而病者，爲外感而成有餘之病。不足宜補，有餘宜洩。後天有形之血氣受傷而病者，藥石、針灸可以治之。先天無形之精神內損而病者，非反觀靜養不能愈也。十大名醫，治人身病；三教聖人，治人心病。親朋有病，皆知去看。自己有病，卻不知看。若知自看，內看無心，外看無身。心身既無，受病者是誰？不病者是誰？見得分明，自然無事。常想病時，則塵情漸減；常防死日，則道心自生。昔子元有心病，遇一高僧。謂之曰：

貴恙起於煩惱，煩惱生於妄想。夫妄想有三，或追憶數十年榮枯恩寃，及種種閑情，此是過去妄想也；或事到眼前，可以順應，卻強生意見，猶豫不決，此是現在妄想也；或期日後富貴如願，或望子孫及時登榮，與夫不可必成，不可必得之事，此是未來妄想也。三者妄想，忽生忽滅，禪家謂之幻心。能照見是妄，遂卽消滅，禪家謂之覺心。故曰：不患念起，惟恐覺遲。念起是病，不續是藥。又曰：貴恙亦是水火不交，凡溺愛佳冶而作色荒，此是外感之慾；或夜思佳冶而成夢遺，此是內生之慾。二者染著，耗散元精。若能斷之，則腎水自然滋生，可以上交於心。至於思索文字，忘其寢食，謂之理障；經營職業，不憚劬勞，謂之事障。二者雖非人欲，亦損住靈，若能緩之，則心火不至上炎，可以下交於腎，故塵不相緣，根無所偶。反流歸一，六用不行子元如其言，獨處一室，掃空萬緣，坐至月餘，心疾如失。自家有病自家知，既知須要早時醫。倘若忌醫終諱病，無常臨到悔追遲。

《養真集·性命》 學道入門，先須理會性命二字。性有性源，心地是也；命有命蒂，眞息是也。命蒂要固，性源要清。或問：性源如何清？曰：內外兩忘則清矣。命蒂如何固？曰：神氣相守則固矣。性卽神也，命卽精與氣也。《太極圖》曰：無極之眞，二五之精，妙合而凝，而人始生焉。所謂性，卽無極之眞也；所謂命，卽二五之精也。無易子曰：性具於心，心空一分則性見一分，心空十分則性見十分，性見則性盡矣。是止念，卽所以盡性也。性盡一分則神氣凝一分，性盡十分則神氣凝十分。爲學別無工夫，不過從容至之而已。大抵工夫全在止念，心息相依，此法最爲直捷，何也？氣乃神之母，神乃氣之子，心息相依，如子母相見，神氣融渾，打成一片，緊緊密密，久久而成大定，此之謂歸根復命，根深蒂固，長生久視之道也。邱祖師曰：息有一豪之未定，命非己有。我則曰：心有一絲之未忘，息不能定。夫人有天地之性，有氣質之性。天地之性，太極之全體也，纔到陰陽五行處，便是氣質之性，卽此太極之體，墮在氣質之中，非別有一性也。張子曰：善反之，則天地之性存焉。或問：善反有道乎？曰：有。願聞焉。曰：儒曰洗心退藏於密，佛曰觀自在，老曰復歸於樸，是善反之始也。儒曰知止而後有定，定而後能靜，佛曰照見五蘊皆空，老曰復歸於嬰兒，是善反之中也。儒曰無意、無心、無固、無我，佛曰無眼、耳、鼻、舌、身、意，老曰復歸於無極，是善反之至也。人性本善，有不善者，氣質之性也。知是氣質而不爲其所使，便是變化氣質之方。八十五歲大老漢，每日靜坐無事幹。道義明瞭沒底說，經書見了懶待看。識得一性是主宰，照破萬緣皆空幻。散淡逍遙自在活，再不與人閑扯淡。

《養真集·心》 人只一個心，向外是情，向內是性，順去是識，逆來是智。今要將順去向外者，轉而逆來向內，必也反觀乎？蓋反有能回能復之義，而觀有能照能了之功。人之神在心，而心之機在目。故目用在內，而心亦隨之在內，不但在也，而且定矣。此心一定，心火下降，腎水上昇，口餌甘津，足躡火晰，其妙有不可盡言者。人只一個眞心，因何而妄？迷則似有，覺則還無。我故曰：知妄無妄，要放卽放。誠是去個僞，敬是去個慢。當妄想紛起之時，不用止絕，直反看其心，看他想底是什麽？自可想底，了當處卽寂。學道別無法，時常反照便是學，無了妄想便是道。朱子曰：有一分心向裏，得一分力；有兩分心向裏，得兩分力。若緊緊收拾，不要逐物去了，安有不得其正者？雖半月間可驗也。又曰：求放心者，非是別求一個心來存著，只纔覺放心，便想此心是我底心，須要由我，使不得信從他往外去了。雖錮蔽之久，猛可醒來，大嚇一聲，百邪皆退。繼之以觀心，心無；繼之以依息，息住，而神隨之俱住焉。此之謂眞人之息以踵。人之所以異於禽獸者，惟此心耳。佛言作惡之人，來生變爲禽獸。予謂喪心之人，當時變爲禽獸。何也？形雖是人，心已不是人了。見境心不動則名不生，不生卽不滅。則此心不爲塵緣所縛，無縛卽解脫矣。

《養真集·情》 七情已見前篇，喜則氣緩，怒則氣上，哀則氣消，樂則氣散，憂則氣結，愁則氣下，驚則氣亂，乖戾失常，變生諸病。爲心腹膨痞，爲腹脇刺痛，爲咽喉窒塞，爲上氣喘急，爲五積六聚，夾血而爲癥，夾水而爲癖，痰涎或因之以凝結，如絮如膜，不可勝紀。故善養者，攝情歸性，乃卻病之良方也。情者，性之向外而動也。聖人養之於未動之先，故能以其情順萬物而無情，過而不有，涉而不流，譬如明鏡照物。美者，物之美也，不因之而生愛念。惡者，物之惡也，不因之而生憎心。故曰：廓然而大公，物來而順應。大公云者，純是天理，無一毫人欲之私也。順應云者，有物必有則，行其所無事也。《定性書》曰：人之情各有所蔽，故不能適道，大率在於自私而用智。自私則不能以有爲爲應迹，用智則不能以明覺爲自然。又曰：人之情易發而難制者，惟怒爲甚。第能於怒時遽忘其怒，而觀理之是非，亦可見外誘之

不足惡，而於道亦思過半矣。朱子曰：忘怒則公，觀理則順。二者所以爲自反而去蔽之方也。得道之人，內外空寂，靜中反觀，了無一物，則身寄寰中而心超物外矣。

《養真集·思》 人心要死，其機貴活。死，謂死其欲念；活，謂活其理趣。夫思者，心之活機，無邪其綱也。九思其目也，思道爲正，思物爲邪。道，我固有之也。思，我固有之道。思卽是道，思到妙處，灑然會心，優游悅怡，始可謂之自得。若思索雖深，心氣耗竭，縱有所見，非自得也。不思而得者聖人也，思則得之賢人也。不思不勉之謂誠，卽赤子不學不慮之良知是也。擇善者，擇此不思不勉而已矣。人心有七孔，多爲血絲所錮，如要開通，非學思不能，思有鑽研之義，學有印證之功。思學兼用，何道不得？理有未通者，如面墻而立，思如墻上鑽穴，鑽得一穴，透得了一穴之明，先小後大，久則併其墻而去之，則豁然大通，無復障礙矣。《禮》云：儼若思。儼則不苟，若則不苦，不苟不苦，可謂善思也矣。君子思不出其位，謂之思；但出其位，則謂之念。思是入道之門，念是障道之根。

《養真集·念》 只因不覺，忽然念起，是謂無明。無明起，故謂心爲念。心實不動，觀心至此，其念自止。止念不難，能反諸一念未起之前，則念自不續矣。未起以前，渾然無極，而今要會，一念不起，便是當察念之所由生也。因現在生過去，因過去生未來。現在若無心，過去自然了。人我之見固是念，法愛之見亦是念，必盡除之而後可。用心止妄念，妄念反覺多。試看他念甚，其念自消沒。修眞要止念，止念要觀心。觀心心不有，心無境自空。心境旣然無，止觀亦何存？圭峯曰：密密覺察，勤勤觀照。習氣若起，當處卽休。切莫隨之，免落凡夫。縱情亦莫滅之，免墮二乘。夫圓宗頓教，畢竟如斯，但與本性相應，覺知自然無間。《參同契》曰：耳目口三寶，閉塞勿發通。委志歸虛無，無念以爲常。卽心得無心者，不滅心相而分別也，旣念而無念者，以念無自性，緣起卽空也。

《養真集·身》 人之一身，前者三宮，曰泥九宮、絳宮、黃庭宮，爲神氣棲泊之所。後有三關，曰尾閭關、曰夾脊關、曰玉枕關，爲神氣通暢之路。孟子曰：堯舜性之也，湯武反之也。又曰：湯武身之也，只是反求諸己而已矣。湯武能反求，湯武身中有個堯舜，吾人能反求，吾人身中都有堯舜。反觀其身，氣在其中矣；反觀其氣，神在其中矣。君子以身任道，故身修而道立；小人以身循欲，故欲滋而身亡。《楞嚴經》曰：一門深入，入一無妄，彼六知根，一時清靜。人之不能得道者，皆爲形所累也。欲除此累，須知此身是不牢之物，最苦之軀，無主之形，膿血屎尿之袋，渾身內外，無一點好處。爲甚麼你要吃好的，穿好的，每到人前誇伶俐，賣俊俏，指使人意亂心迷，把世上人都被弄壞了，死了生，生了死，從無量劫來，受過無數苦惱，終無出期。我今立志學道，把你始末緣由都看透了，再不受你迷惑，再不受你指使，漸作人，空慧，頓用捨身法，墮肢體，黜聰明，抱而弗離道，可幾乎？仙家修身，必返其體，神卽炁凝，炁卽神注，性命雙修，道器相乘，形神俱妙，與道合眞。

《養真集·境》 三界無別法，惟是一心動念而生一切境也。念若不生，境自無了，及窮動念，念亦空寂。卽知迷時無失，悟亦無得，以無住眞心不增滅。故心因境起，借心觀境，見物生心，雖居山林海島，都是塵勞。人戀境，境弄人，心失其正而發狂。情逐物，物引情，神離乎舍而成痴。好境歹境總是境，境雖沓來而非有。邪念正念皆屬妄，念縱分起而亦無。勿謂五欲爲樂，迷而忘返，必至傷身而傷命。當知一性是眞，抱之弗離，卻能希賢以希聖。消魔破有，濁世變作浮土。歸根復命，凡身結成聖胎。三界唯心所作，何不將心先了；六塵借識而入，直要把識頓絕。赤子渾然無識，塵緣滾滾，永無可入之竇。眞人純然是智，法界朗朗，盡是了妙之鄉。

《養真集·善》 善也者，太極一動所生之陽也。人得之以爲性，故人性皆善。修養之家，要養得陽。在天之陽，生於十月純坤之後，規中眞息是也。釋氏爲示勸懲，說天堂地獄，善惡因果，分毫不爽，心得異日與來生也。吾夫子止曰：上達下達，坦蕩蕩，長戚戚。夫上達者，日進於高明，非天堂而何？下達者，沉溺於卑污，非地獄而何？坦蕩蕩者隨在？無非樂地，福誰如之。長戚戚者，到處俱是陷穽，孽莫大焉。蓋作善作惡之時，卽受福受孽之時，捷如影響，不待異日與來生也。或問禪者，曰：天堂地獄，是有是無？曰：欣怖在心，善惡成境，但了一心，自然無惑。問：心如何了？善惡都莫思量。或問：爲善與學好，有以異乎？曰：無以異也。問：其目何如？曰：耳不聽淫聲是好耳，目不視邪色是好目，口不出非言是好口，心不起妄念是好心，手不取非禮之物是好手，足不踏非禮之地是好足。學堯舜之道，以治其民者是好君；學伊呂之道，以事其君者是好臣；學孟

母擇鄰以教其子者，是好母；學曾參養志以奉其親者，是好子。又問：今之所謂修路、修廟、修來生者，果有好處乎？曰：吾聞聖人有言曰：自天子以至於庶人，壹是皆以修身爲本，凡捨身而有修者，是之謂不如本。

《養真集・神》 人之眞性，卽人之元神也。以其靈明而莫測，妙應而無方，故名之曰神。謂之元者，所以別於後天思慮之神也。神來入身者生，神去離身者死。何以知神來？念止神卽來。何以知神去？念動神卽去。形者，氣之宅也，氣在則形不衰。氣者，神之母也，氣在則神不散。人爲善則神聚而靈，人爲惡則神散而昏。人有病則神離形而不受其苦，人有難則神先去而不當其殃。人一息不得，神則一息不全。人有三谷，其虛如谷而神居之，故曰谷神。上曰天谷，泥丸是也，爲天根神之本宮，故神居天谷，則精化炁，炁上昇，九年天宮滿，而天門爲之開通矣。中曰應谷，絳宮是也，爲布政之明堂，故神居應谷，則耳有聞，目有見，五官效職而百骸爲之從令矣。下曰靈谷，丹田是也，爲藏修之密室，故神居靈谷，則視者返，聽者收，神氣相守而營魄爲之抱一矣。

《養真集・氣》 凡人之氣，前升後降；眞人之氣，後升前降。氣之有出有入，謂之凡息；不出不入，謂之眞息。蓋凡息既停，而眞息自動。息之所以停者，非強閉之不出也，乃虛極靜篤，心愈定而氣愈微耳。其法：行住坐卧，攝心歸靜，未來不想，既往不思。久之神與氣會，情與境忘。神凝氣結，止有一息腹中轉旋，不出不入，名曰胎息。此息既生，牢守虛靜，鍊精化氣，通透三關，灌注三宮，是謂眞橐籥、眞爐鼎、眞火候也。《翠虛篇》云：昔遇眞師傳口訣，只要凝神入氣穴者，乃吾人胎元受氣之初，所稟父母精氣而成者，乃吾人各具之太極也。眞人神依於息，深入於本穴之中，綿綿若存，無少間斷，故得專氣致柔之妙，而能觀其復也。太上曰：天地之間，其猶橐籥乎！人得天地之氣以生。呼吸者，橐籥之機；眞息者，呼吸之氣也。然此眞息，爲受氣之蔕，生氣之原，呼吸升降，互相迭推，與陰陽相應，刻漏相準，故曰周天息數。微微數玉漏，聲寒滴滴符。或問以眞息爲火，亦有說乎？曰：非以眞息爲火也。火，人神也。息乃火之橐籥也。蓋橐籥綿綿不絕，卽眞人之息以踵也。故曰：謾守藥鑪看火候，但安神息任天然。夫人之一身，總是一氣之周流，氣通則快，氣塞則病，故手舞足蹈，以養其血氣。此法不拘時候，得便就行。必要專心閉息，則神充氣滿而氣易流通。仍要怒目切齒，則嚴密武毅而邪念自無。行此數次而後靜坐，最能除妄消疾。此一段功夫大有益處，不可忽諸。

《養真集・精》 眞人煉精化氣，凡人氣化爲精。古人比之爲汞，謂其最易走失也；喻之以龍，謂其最難降伏也。學道者固守而不失焉，名曰築基。神與炁精，常欲去，人但留得住，使之不去，可以長生。魏伯陽曰：凡說抽鉛添汞，實是還精補腦。或問：學道之人多患夢遺，鍊睡固難，服藥不效，如之何則可？曰：牽轉白牛則不走矣。又問：人言元牝立則眞精固，元牝如何能立？曰：谷神不死則立矣。問：谷神如何不死？曰：無欲靜極則不死矣。嘗入元帝廟，見龜蛇盤糾。夫元帝天神也，而居北辰。人神獨無所居乎？維天之所在紫微，居其所而不動，天之極立焉，造化之所由生也；維人之所在黃庭，立其所而不遷，人之極立焉。性命之所由固也。故善養者，將神火精水凝在一處，猶如龜蛇盤繞混成一塊，再不間離，久之靜極生動，眞火熏蒸，金精吐艷，沖關透項，灌注上下，此深根固蔕，長生久視之道也。

《養真集・行》 知、行原是合一之功，常常保得知在，便是能行，若一刻不行，便是一刻昏了。君子以身體道，凡身之所在，卽道之所在。是故行有行功，立有立功，坐有坐功，睡有睡功，隨在無念，隨在是功。凡有行不來底，只是知不眞，知理果眞，自然藥於循理，故曰學不厭知也。若見理未眞而勉強果行者，意氣能有幾何？至於意盡氣弛，自當行不去了。時當晚夕，此君子晏息之時也，隨當收斂，神室抱一弗離，因無世情纏繞，亦無元妙道理，乍同死人，始可謂之大休歇。至於夢寢無顛倒，而後見主敬之功，迨至來朝，此君子日新之時也，隨當蚤起，日求其所未至，有人一己，百人十己千之志，積日成月，積月成歲，不論三年五載，而學不至於聖人者，未之有也。瞬存息養，功無間斷於俄頃；日就月將，學有緝熙於光明。或問：天理如何全？曰：必得時時存養。又問：人欲如何淨？曰：只是日日消磨。人皆有良知良能，然良知貴致，良能貴充。致而充之，在於勤學好問而已矣。吾人眞性，靈而最神。念動卽飛，不見其形。若欲留之，須察其宗。機常在目，宅安於心。心常清靜，神氣歸根。久生至寶，漸漸充盈。周流上下，徧體生春。鍊已純熟，對境忘情。採取靈藥，用陽制陰，養成聖胎，號曰眞人。

《養真集・觀》 夫人起得身來，終日營營，絕不知此心去向，或有知存

者，又多用強制，強制則反傷其心。《陰符經》云：火生於木，禍發必剋者此也。人心至活而神，當平其性，順其機以養之，不令一毫放逸，一毫勉強，一毫間斷，始可謂之養心之法矣。孔子所謂止於至善，老之似或存，釋之觀自在。蓋人之神在心，而心之機在目。目用在內，而心卽隨之在內。故曰觀自在。觀，卽反觀也。自在者，心自在也。人若反觀之久，不但心在而心竟定矣。神氣一定，恍若初醒，眞如天地交泰，其妙有不可盡言者。《了心經》曰：吾從無量劫來，觀心得道。今夫日落室內，此暗不知從何而來，及點起燈時，此暗不知何處去了。要知，燈無逐暗之理，暗無畏燈之情，此有彼無，毫不費力。燈明可以喻覺照，暗可以喻無明。應觀過去諸法，恍惚如夢。現在諸法，迅速如電，未來諸法，黑暗如漆。又觀世間一切有爲之法，須臾變壞，歷劫以來，受過無限苦惱，宜速遠離。行住坐卧，皆應止觀覆行。止是寂靜，觀是惺惺。或曰：如何是明心？曰：虛心是明心，四相俱無，萬法皆空。如何是見性？曰：率性是見性，不識不知，順帝之則。

《養真集·存養》 存養二字，原不相離。若不能存，養個甚麽？存其心便是養性。其未發要存養，已發要省察。私意要克治，克治畢又要存養。三者遞相爲用，一刻不可間斷。存心非是用力把持，只要清靜寡欲便是存心。須知此心覺卽來，不覺卽去。必如之何而能常覺，常不去乎？只在熟之而已矣。嘗見養山禽，非家中物也，只爲養的熟了，放之亦不肯去。況心是我心中故物，養之果熟，豈尚有肯去之理乎？朱子曰：涵養本原之功，誠易簡斷，然纔覺間斷，便是接續處。只要常自提撕，分寸積累將去，久之自然接續，打成一片耳。精、氣、神得其所養而長者生，失其所養而消者死。試察一日之間，得其所養而長者幾何？失其所養而消者幾何？則生死可以自知，而無用卜度爲也。學道之功，要一日密似一日，一時密似一時，久之自熟，與道合一矣。

《養真集·戒》 夫人自有生以來，至於今日，皆以情欲用事，習染已深，一旦求得清靜，事非容易，故必以持戒爲先。持戒者，須淨修三業。三業爲何？身、口、意是也。不殺、不盜、不淫，是淨修身業；無妄語、無綺語、無兩舌、無惡口，是淨修口業；除貪、除嗔、除邪念，是淨修意業。視聽言動，如顏子之四勿，是持戒之至也。克伐怨欲，如原憲之不行，是持戒之祖也。子謂君子有三戒，蓋謂君子常存戒愼之心，一生不爲血氣所使也。又謂君子有九思，蓋謂君子心常惺惺，不用持戒而自無不戒也。《楞嚴經》曰：攝心爲戒，因戒生定，因定生慧。

《養真集·定》 《定性書》曰：所謂定者，動亦定，靜亦定。與其是內而非外，不若內外之兩忘也。兩忘則澄然無事矣。無事則定，尚何應物之爲累哉？心本欲定不能定者，念實累之矣。若止念存心，無所以亂此心者，而心自定矣。雲門曰：初禪念住，二禪息住，三禪脈住，四禪滅盡，入乎大定。須知，定中之道有三焉：一曰天生定，謂本性寂然，原自不動；二曰修成定，謂涵養純粹，自性澄徹；三曰宇泰定，謂虛心順理，行所無事。《莊子》曰：宇泰定者，發乎天光。古之得道者，以恬淡養智，智生而無以知爲也。將睡猶未睡，世事無所知。身心寂不動，便是三昧時。在因謂之止觀，在果謂之定慧。

《養真集·慧》 語曰：人心如水，澄清之可照鬚眉。但一撓之，天地易位。須知慧中之道有三：一曰人空慧，謂了悟，無生、無我、無人；二曰法空慧，謂了諸陰、諸法、緣假、非實；三曰空空慧，謂了境，智俱空，是空、亦空。修定初者，忽發神通，或知宿命過去之事，或知異日未來之事，或得他心智，辨才無礙。此無他我，儒所謂至誠之道，可以前知者此也。學道至此，多有貪著，世間名利恭敬，俱屬有漏。神氣因不能固，多致屍解，須急棄之。有漏之法，虛妄故也。《道德經》云：俗人昭昭，我獨昏昏。俗人察察，我獨悶悶。

《道竅談·築基煉己》 築基煉己之道，是二是一。然有小築基、大築基，外煉己、內煉己。人亦不可不知也。小築基者何？攝元陽而入內鼎，胎息綿綿，然後生後天之藥，而行玉煉之功。此孫陶二派所謂築基既畢，乃敢得藥。內藥既凝，乃敢煉己者也。大築基者何？養靈珠而生外鉛，金水溶溶，勤行周天之妙，而完盡性之功。此《集解》一篇所謂以開關闢築基之路，以得藥助築基之需，以煉己了築基之事者也。

內煉己者，河車之事，玉液之功，卽《參同契》內以養己之論也。

外煉己者，萬象皆空，一塵不染，卽古人對境忘情之旨也。

要之，內煉是大築基，大築基卽是養己。養己仍助內煉，內煉仍須外煉。一切丹經，三五錯綜，詞雖異而事則同。吾故曰：築基煉己，是一是二也。幸學者善爲會之。

《道竅談・養己煉己》 愚前者言，養己爲煉己之内助，煉己除養己之外擾。蓋姑分言之，使人易曉，非謂其不相同也。然亦有不同者。

外煉己，從對境煉之，實與内煉己不同，即與外養己不同。何也？外煉己者，煉己心而使之定。心定則身定，身定則色欲不能摇，財利不能眩。然後真汞能存，丹基可固。

若夫内煉己，則又與内養己有相同也。丹經煉己者，烹汞成硃也。陶翁云：煉己者，非徒空煉也。上陽云：修丹容易，煉己最難。己者，己汞真火。必先煉此真火，降此真龍，從我驅用，使無奔蹶，然後可以制伏白虎，而得至寶之真金，是煉己原有功夫也。夫有功夫之煉己，即是内煉己，即是内養己也。内煉己者，將彼家之鉛，煉我家之汞也，使其相尅相生也。内養己煮，亦用彼家之鉛，養我家之汞，使其相資相守也。故有相同之養云。

養己與煉己，功夫自是一串。養己者，寶精裕氣，即築基也。煉己者，對境忘情，即了性也。煉己必先養己，養己其煉己先資乎？

夫以精氣爲培養，己土益增其堅厚，基字所以從其土也，故築基即是正養己。夫以情境爲磨煉，己心益明而不死，性字所以從心也，故了性必先煉己。

第養己雖要精氣，而精從内守，氣自外來。堅其守者必用己，候其來者必用己。

養己之道，又須安靜爲功也。吾爲養己者分出兩條：自養一條，相養一條。相養者，精氣也。自養者，安靜也。煉己者雖在情境，而情從内淡，境從外空。淡然自得者，己必有所樂。空然無累者，己必有所持。

煉己之道，又須動靜兼修也。吾爲煉己者分出兩件：内煉一件，外煉一件。外煉者，和光混俗也。内煉者，烹汞成砂也。

偈曰：欲識修真正路，先行兩段功夫。發明養己煉己，使人好看仙書。

經云：内心宜活，外心宜死。然欲活其内心，必須内以養己。然欲死其外心，必須外以煉己。此吾之所以發明内養己、外煉己也。

《道竅談・後天次序》 初基以後天爲妙用，然有可用之後天，即有不可用之後天。夫不可用之後天，並不得以後天名之。以其至陰至濁。不足道也。今悉從可用者依次言之：

第一曰後天，第二曰後天中之先天，第三曰先天，第四曰先天中之先天。

後天者，陰蹺之氣，生人之根，乍動爲元精者也。學人敲竹喚來，入於内鼎，自然煉精化氣而開關竅。此氣沖五臟，薰百骸，縈繞脈絡，仍歸丹田。

凝神調息，靜候動機。機動籟鳴，一縷直上，是爲後天中先天。采之以劍，調之以琴，運之以河車，封之于黄庭，此即玉液煉己之功也。

久久純熟，身心牢固，然後入室臨爐，而求先天。這先天，乃是元始祖氣。先把直陰、真陽同類有情之物各重八兩立爲爐鼎。假此爐鼎之直氣，設爲法象運動周星，誘彼先天出來，即刻擒之。不越半刻時辰，結成一粒，附在鼎中，是爲鉛母，號曰外丹。

先天中之先天者，鉛中産陽，簾帷光透。採此至真之陽氣，擒伏己身之精氣，所謂金來歸性初，乃得稱還丹也。以後温養固濟，日運陰符陽火。撫之育之，乃化爲金液之質。呑歸五内，是名金液還丹。服食之後，結成聖胎。十月功完，陽神出現。五行難管，位號真仙矣。

再圖向上，面壁九年，謂之煉神還虚。面壁者，目中如萬仞當前，紅塵不到，並非面壁枯坐也。九年者，九轉也。九轉功深，千百億化也。

《道竅談・三品互養》 《心印經》曰：上藥三品，神與氣、精。此修煉之至寶也。其間生生化化，互相資養，特爲學者發明之。行逆修之道，則精化爲氣，氣化爲神也。行順修之道，則神生其氣，氣化其精也。

問何以逆取？蓋自本元走漏，精、氣、神皆落於後天。不能求之於我，則必求之於彼。求之於彼，斯逆矣。

精化氣者，此精在陰蹻，逆入紫府而煉之，乃化爲氣。

氣化神者，此氣在陽爐，逆入黄庭而煉之，乃化爲神。

夫此逆取之道雖從精始，而其順修之道，則從神始。二者有相需之妙，不相悖也。

逆修元精，先要凝神。神凝則氣聚，氣聚則精生。蓋其神氣交媾，自然産出天精。此精乃天一之水，在坎爲壬，一名母氣，又名外精。

學人以母氣培子氣，以外精補内精，是爲同類施功。子氣者，心氣也。内精者，心精也。後天培養之學，自外入内，故必先修外藥，以反内藥也。

又有神化精，精化氣之理。所謂絳宫化液，流歸元海，液仍化氣，後轉河車者是也。

更有氣生精，精生神之理。所謂白雲上朝，甘露下降，抽出坎陽，去補離

陰是也。

善夫！陶仙之言曰：知內不知外，無以通關竅。收外不收內，無以固根源。人能體此，則知精、氣、神互相資養之妙也。

《道竅談·煉功五關》丹法以煉精、煉氣、煉神分爲三關。然窮其修煉，實有不止於三者。層次不全，則有躐等之患也。今試論之。

首關煉精，必用鼎器。合元黃以交媾，化金烏而上飛，則精化氣也。

次關煉氣，必明子午。抽出坎中之陽，去補離中之陰，則氣化神也。化氣化神，築基與還丹皆有這樣法功，特其藥物爐鼎，大小不同耳。

至於煉神之道，則有三關：一則煉神了性，一則煉神了命，一則煉神還虛。

煉神了性者，玉液煉己之道也。鉛來伏汞，結成丹基。內有真火，綿綿不絕。外有子午抽添，漸採漸凝。則烹汞而成陰砂矣。

煉神了命者，金液煉形之道也。鉛歸制汞，結就胎嬰。內有真火，赫赫長紅。外有陰陽置用，日增日減。則乾汞而成陽砂矣。

煉神還虛者，更上一層，與道合真之事。移神上院，端拱冥心，直要與大虛同體，普照大千世界。如此則法身圓滿，舍利交光，分身應用，充周不窮。所謂子子孫孫，百千萬化。至此而應時立功，則身歸三清，道超九祖矣。

《道竅談·先天直指》先天者，超乎後天之上，最初最始，爲本爲元，蓋一炁之尊稱也。但此先天之氣有三端，先天之名有二義。二義爲何？先出於天者，一也。先原於天者，二也。先出於天者，比天更早，爲生天生地之先天也。此氣包鴻濛之體，初名太無。天地未分，先有此氣。此其先出於天也。故曰先天。此一端也。

先原於天者，從天而起，爲生人、生物之先天。此氣含絪緼之象，潛形太虛。人物未產，先有此氣。此其先原於天也，亦曰先天。此二端也。

至於生仙、生佛之先天，合前二義兼有之。此氣從虛無中來，稱太乙，金丹假此而後成，曰祖，曰始，曰含真，可與先出乎天，先原於天者，爲三相類，故亦號爲先天。此三端也。

歷聖丹經，或謂生天、生地之先天，生人、生物之先天，無非比喻此生仙、生佛之先天而已。

或有問生天、生地者。團陽曰：這個先天，太極生之。《經》所謂有物混成，先天地生。不知其名，強名曰道是也。萬象之祖，兩大之宗，無體無形，無聲無臭。始則杳杳冥冥，五行不到。又復恍恍惚惚，一炁自然。至於清濁判，玄黃別，則乾坤定位，天地分彰矣。

又有問生人生物者。團陽曰：這個先天，天地主之。一而三，三而一。一者炁也，三者精、氣、神也。鼓鑄群生，不離三一。以言其精，爲二五之精。以言其氣，爲陰陽之氣。以言其神，爲虛空之神。虛空之神，即與陰陽之氣相來往。二五之精，即與陰陽之氣共生成。其氣靈，靈故神。其氣妙，妙故精。上蟠下際者，氣也，而天地之精神在其內矣。人得此氣而受生，即爲天元之氣。但此氣有清有濁，有剛有柔。得其剛者爲男，得其柔者爲女。得其清者爲智，得其濁者爲愚。父母未交以前，此氣存於於穆。父母施受之際，此氣降於厥初。迨其精血混融，胎元完具，而此氣已渾然在胞矣。此時無神，以氣爲神。此時無精，以氣爲精。氣肫而包固，即精也。然此乃元氣、元精、元神，爲人受生之先天。童子逢師得訣，守此清修，亦可希無爲天仙。又有真氣、真神、真精，爲我修丹之先天者。學者不識真機，無從下手，何以覓其至實？今夫先天者，見之不可用，用之不可見。乃丹士致虛守靜，借假修真，從無產有者也，斯時也，三二一之道，分合自然。神爲不神之神，精爲至精之精，氣爲真一之氣，三也。不神之神，神乎其神，龍性是也。至精之精，精而又精，虎精是也，二也。至於真一之氣，乃是了命真鉛，即合龍虎情性，打成一片，號爲丹母者也，一也。得此真一而餌之，三屍五賊皆逃遁，六六宮中盡是春。夫豈受生之氣、精、神所可同哉？又豈後天之氣、精、神所敢战？後天者，呼吸之氣、思慮之神、交感之精，三物可聞可見，可測可推，生身以後之用也，故曰後天。夫人在胞胎時，只有一點元氣，並無呼吸之氣。及至十月胎全，脫離母腹，遂假口鼻之竅，外納天地之和。此呼吸氣之所由來也。於是而思慮之神，亦緣此氣而進。借家爲寓，奪舍而居。此神乃歷劫輪回種子，生時先來，死時先去，棄舊圖新，毫無休息者。赤子下地而先哭，蓋亦默著其輪回之苦也。迨其撫養漸成，識神用事，情欲纏擾，元氣日亡，並使呼吸之氣刻無停息，亦何慘也！更有後天之精者，生不帶來，死不帶去，只因身中元氣漸充漸滿，推而至於十五歲後，陽極陰生，陰長陽消，遂令渾淪之氣，化爲交感之精。交感者，有交有感則有精，無交無感亦热精。此精乃欲念所逼，氣血所化者也。更有夢感、夢交而遺其精者，必是氣血不固，腎竅

難留也。此交感之精也。吾願學道之士，只取先天，不取後天，則上藥可得矣。即或築基煉己，不敢驟尋極品。亦必煉元精而化元氣，煉元氣而産真鉛，以爲後天之先天，以足半斤之後天，則亦可求此無上之先天也。

《道竅談·兩孔穴法》 丹家有一穴，一穴有兩孔。空其中，而竅其兩端，故稱爲兩孔穴。師所傳口對口，竅對竅者，即此境界也。爲任督交合之地，陰陽交會之所，烏兔往來之鄉。一穴兩孔，其中有作爲之法，此法最玄玄也。

《參同》曰：上閉則稱有，下閉則稱無。無者以奉上，上有神德居。此兩孔穴法，金氣亦相續。斯數語者，即盡爲之之法也。

上下者，天地也。閉者，冥合也。有無者，妙竅也。稱者，名狀也。一上一下，皆藏於此穴之間。若有、若無，咸在乎此穴之內。

當其致虚守靜，大地冥合之時，有以觀其妙。妙有之物，不可名而可名，故稱有。所謂窈冥有精，其中有信者也。無以觀其竅，虚煞之竅，可狀而不可狀，故稱無。所謂其中有物歸無物者也。

無者以奉上，非是空空回復，乃是先天真鉛。老子所謂無狀之狀，無象之象。迎之不見其首，隨之不見其後者也。丹法以無奉上，即是將無還有。其所謂奉者，足誰敬奉？是誰相奉？神德恭居，其氣自還，還即奉也，只怕上無神德耳。上即黄庭之上，德即謙柔之德。《契》所謂反者道之驗，弱者德之柄也。致虚用道，求鉛用德。德有爲，而道無爲，不可不知其法也。

兩孔者，玄牝之門也，爲金丹化生之所。人于一穴兩孔中，知行追攝之法，則兩門皆開。夫而後金來歸性，可稱還丹也。故曰金氣亦相須云云。相須者，相須此攝法也。

《道竅談·玄牝根基》 修玄之士，無論大丹、小丹，均宜靜養谷神，立其根本。谷神者，先天虚靈之稱，吾人元性是也。養於何處？玄牝尚焉。上陽云：玄牝乃二物，若無此二物。又安有萬物哉？蓋以玄、天也。牝，地也。已見《易》之首卦矣。可知玄牝一竅，實爲生生化化之源。入道者，可不尋此生化之源，即是玄牝之竅也。

或引老君之言曰：谷神不死，是謂玄牝。若又以谷神爲玄牝者，何也？

答曰：假虚無之玄牝，養虚無之谷神，故以谷神之名名玄牝。此因用所名之義。而且更有說者，《金丹四百字》云：此竅非凡竅，乾坤共合成。名爲神炁穴，內有坎離精。則玄牝不但養神，而並以養氣也。今夫神氣交而玄牝現，故當凝神聚氣，二物交融，乃能結成乾坤圈子。此其中有顛倒之用焉，何則？自上凝下者，神也。以其玄天之尊體，而行牝地之卑躬，則上下交泰，氣神和合也。《道德經》云：天下之交，天下之牝。蓋此竅當中，故曰天下之交。中有柔道，故曰天下之牝。言牝道，而玄道亦在內，故曰玄牝。玄牝者，一乾一坤，一剛一柔也。不如是，則神健氣健，反相敵而反相離。故謂以男下女，以神下氣，顛倒相俱，陰陽相媾，斯神與氣會，而根基立焉。否則神自神而氣自氣，氣自氣而神自神。补不得氣，則能補神之物也。氣不歸神，則無養神之用也。欲令元神長在，其可得乎？而且神住絳宫，則絳宫爲布政之明堂，知識見聞皆擾之，惟凝於黄庭，而後聲籟絶，念慮除，此亦不無清養也。故《悟真》云：要得谷神長不死，須憑玄牝立根基。真精既返黄金室，一顆明珠永不離。谷神者，至虚至靈之汞性。真精者，至清至嫩之鉛情。根基者，以汞迎鉛，造就金丹之地也。黄金室，黄房也。以其爲還金之地，故曰黄金室也。金鉛木汞交并，方成一顆明珠。明珠者，一顆金丹，大如黍珠也。金來歸性初，乃得稱還丹。一得永得，故曰永不離也。嘗謂紫陽此詩，直明千古真訣，先天後天皆宜之。愚所解者，先天也。即以後天論，亦須先求玄牝，乃可築其丹基焉。蓋谷神憑此而立，則真精亦憑此而返。以玄牝養穀神，以穀神養真精。神得精而培元，精得神而化氣。《參同》云：內以養已，安靜虚無。又曰：性主處內，立置鄞鄂。可知修身之要。必先以靜養谷神作根基矣。

《道竅談·藥物直陳》 藥物者何？上陽云：此藥自物中來故也。

夫藥有小柴、大藥，道分先天、後天。後天則小藥，結丹用之。先天則大藥，還丹用之。後天則無形無質而實有，先天則有體有用而實無。

後天真鉛，棄癸取壬，陰中藏物，以無生有也。《悟真》曰：三元八卦豈離壬？三元者，精、氣、神之三元也。壬爲天一所生，居子之先，爲一陽之元。蓋壬癸皆居坎北，水屬陰，壬水則陰中之物，癸水則陰中之陰。又，壬癸爲干，亥子爲支，欲求真鉛者，必以天干爲准，地支次之，天先乎地也。要之，壬也者，只是個最初之義，無思慮之始，動而仍靜之先。子則有知、有覺之時，靜而向動之際也。癸陰不用，而亥未脱陰，亦不用也。求小藥之法，在此

時也。

先天則不然，産在坤，種在乾，以有生無，以我求彼。蓋乾金入坤，曰坤中金。坤實成坎，曰水中金。坎居北方，兑在西方爲鄰，故寄居於兑，名曰兑金。欲求此金者，不求於乾，不求於坤，直求於兑可也。不求於乾者，乾方播種也。不求於坤者，坤方含元也。不求於坎者，坎雖有陽，尚藏於水，未露氣機也。直求於兑各，鉛中産陽，已現其金。喻初三日，月出庚方也。故以坎水爲川源，兑金爲藥物，非真有乾坤坎兑列吾身中也。無非是以有生無，以我求彼焉耳。我運一點陰火之精，種在彼家之內，遂生鉛中之陽。陽氣一動，採取歸來，又種在我家胚胎宮裏，而成真人。《悟真》云：依他坤位生成體，種在乾家交感宮是也。種在乾之種，是初播種。種在乾家之種，是養育也。崔、張二翁復起，當以愚解爲然也。種鉛得鉛，其機如此。但其種鉛之法，須要在丁、壬先後之間，然後得震、兑代行之效。

吾師口訣，並識於此。內外二藥之真機，今已直露。

《道竅談・乾坤離坎》 先天是乾坤，後天是坎離。然先天有乾坤，兼有坎離。後天有坎離，復有乾坤。其故何也？

先天是乾坤者，童真元陽未破，內具乾象而陽固，外具坤象而陰固，故名先天乾坤也。後天是坎離者，中歲元陽已走，坤包乾陽而坎成，乾包坤陰而離成，故名後天坎離也。先天有乾坤，兼有坎離者，蓋以乾坤爲鼎器，坎離爲藥物也。後天有坎離，復有乾坤者，蓋以得坎離爲妙用，還乾坤之本體也。

更有當知者：後天煉己之物，又名先天坎離，言其取坎填離，得成玉液還丹也。先天還元之物，亦名先天坎離，言其取坎化離，得生金液還丹也。先天後天之取坎，皆名先天，特有他家來，我家種之別耳。

愚按：先天乾坤，即是大元藥物，猶後天坎離，乃是人元藥物也。童子得訣逢師，坐守乾坤而成道。至落於後天，則乾坤更名鼎器也。

《道竅談・采煉妙用》 采煉者，采彼家陽鉛，煉我家子珠之氣也。陽鉛即地魄，以其藏于外邊至陰之中，故曰地魄。煉己時得之，則可以制我汞性，而使之成砂。《悟真》云：但將地魄擒砂汞，只要人會採會煉耳。云何採？採以不採之採。云何煉？煉以不煉之煉。何謂不採之採？龍閑虎靜，守雌不雄。建子之月，其氣始升，神即隨其升而逆入鼎內，就便引來，所謂不採之採也。何謂不煉之煉？彼在我家，即藥是火，相融之久，其陰自化。陽即因之而長，積在爐中，自然運化，故曰不煉之煉也。似其間須要凝神以待，乃能採之。調息以守，乃能煉之。精盡化氣，腹內充實，而內丹可結矣。

《道竅談・河車細旨》 河車者，得藥運行之要旨，非存想搬運之法。乃子午進退，陰陽闔闢，內外升降，天地自然之火候也。自築基以來，金鼎充足以後，調內息，凝內神。神息相依，風火交合，忽然而靈芽吐萌，氣機生動，吾即起河車以煉之，使之自下往後，由督脈進，逆流天谷，而返中宮，此得藥當行之事也。惜後人不得真傳，多落存想搬運，空空往來，有何益哉？只緣妙悟少人，故仙師難說耳。今吾試言之：其妙在意守於內，神馭於外。然自有此說，而疑者紛紛矣。蓋以真神即真意，如何兩處分身？主內復主外，安得獨充二役？此疑之必然者也。抑知神守內庭，只貴凝，而不貴運，運則必用乎意也。周天之妙，外運逸，而內掌勞，故內掌必以意當之。譬之於人也，身坐牆前，影現壁上，身動而影亦動也。語發室中，聲流牆外，語出而聲亦出也。意也者，即如神之身與語。神也者，即如意之影與聲。未有不相見、不相聞者也。故以意籌其內，而其神自運於外，是二仍是一，運內即運外，不要管著它，自然兩相知也。何則？真意居中，調遣呼吸，以內應外，此本知有內者也。然而真意流行，穿關過頂，又有隱隱相知者。是神乎？是意乎？此神還即此意乎？伍真人云：有兩相知之微意，蓋即此也。吾不知神與意之何以化體分身也，又不知神與意之何以裏應外合也，即以不知爲真知而已。吾只伏吾意而調吾內，這裏氣動，那裏氣升。這裏風行，那裏風送。這裏是意，那裏是神。是神、是意，分而不分。只覺守內者會理家事，馭外者即上天門，不知其何以有此兩相知之微意也。玄乎、玄乎，泛仙槎，遊銀漢，朝碧落，歸黃庭，機暢神流，快活極矣。日日循環，朝朝來往，氣冲百節，灌注三宮，則所得之藥，方不致閒散無用，而真氣愈多。吁！世人昧卻河車旨，搬運勞勞枉費心。不把真傳詳細說，饒君到處去摹尋。

《延齡纂要・原人始生由五行而成胎》 蓋婦人懷胎，初成一莖透起，形似蓮蕊，一莖即臍蒂也。蓮蕊即兩腰內腎也，太極在中而命寓焉。水生木而肝成，木生火而心成，火生土而脾成，土生金而肺成。五臟已成，六腑隨之，四肢乃具，百骸乃全。仙經云：借問如何是元牝？嬰兒初生兩腎先。若學長生，復憑元牝，元牝既立，然後長生可致。萬物莫不由此而生，因失二物而死，實爲天地之根，五行之祖，萬物之基，聖人憑此以成外丹，以就內藥，故

得真精返於黃金之室，變爲一顆靈珠，化精爲神，形神俱妙，與道合真，隐顯莫測。真精乃華池神水之真金，又名金胎神室者，乃丹田混元宫中有真一之精，在天爲天一之水。故曰谷者，養也。元牝者，陰陽也。人欲養神長生，必須陰陽既濟，而後金精復歸我之中宫，如一顆亮珠長存。人謂胎形先成於鼻，曰鼻祖者，乃鼻至高，能聞清香之謂。初成不在鼻也，竅先開於鼻也。

《延齡纂要·由存養上希神人説》 内寓退藏沐浴涵養本源爲主

大矣哉，心爲天君，統領一身之主宰，爲萬事之樞機，所以聖賢專責之一心以垂教也。心貴靜，心貴明，格致以透其夢覺之關；心貴敬，閑邪以除其恣肆之謬；心貴誠，貞一以淨其僞妄之意；心貴存，冥目以致安一以敦其淵默之衷；心貴養，恬和以恒其月彩之煦。極存養之妙，則貴退藏於密。其心腎之交，所以養生者，能知心爲君主藏而蓄之於内，交腎而使有既濟之妙，退藏而用以沐浴之功，實將一心内運而不使之外出，得之水守火，而坎互離自裕神於精氣之中矣，是存心即養性，而身亦養之至矣。蓋一得而兼三善，是重在存心也。存心乃火不外出，則火留而精氣悉留之矣。所以鶴髮童顔，少壯如一，卻病延年，魂强魄健，内養之道，潛修之功。可自致也。世之人自幼至老，心爲形役，病隨身至，且情牽少艾，毒中膏肓，不惟利令智昏者。蓋不知天下古今英雄，非身死之可惜，乃心死之日久矣。故曰市上貨色之徒，其心早皆罹於死機也。嗟乎！臨城晚眺，荒塚磊集，枯骨掩如種麻，是未必皆蚩蚩人氏也。其如此聲色貨利何？然則心既明而夢既覺，則當持循之。若何古仙有言，馴此之謂無何鄉者，守此之謂極樂國者，曰安心於元牝之門也。即有動也，動居於泥丸甑山之上，即養於髓海明堂之中；即有游也，游心於渾噩圖象之内，即養心於先天陰陽交變之中。要以靈臺是依，倚甑山自循，以元牝自棲息，又何必外出以謀生也？即或叩宫商，而動游於雅琴之旨趣，亦無非表裏之一致，應乎外，所以養心於中也。要之真際真蒂，於雙修之切衷也，直由存養而上希神人也。先是内交水火，積而充之，至内交龍虎，則氣骨有自强之日矣。自强不息，又積健而爲雄，則汞心煉神赤龍性，鉛身凝氣白虎命。融赤白於鼎内，合性命而雙修。得其實際地位，庶克完乾元真面目矣。顯有真人列於頂亭，是内養之所以長生也。則其於身心性命神醫之旨，渾淪莫外，亦何必據以仙論勸人行也。

按：醫道以精、氣、神三元爲藥，煉三合一，喻名煉藥。先天無形之精，名曰藥物。藥嫩係氣微，不可先於子。藥老當採入頂而未及採，不可後於子，則氣已久而虚散。藥嫩不昇腦頂者，如沐浴之無暖氣融融。名曰苦病者，勿生輕忽心，厭畏心，必加勤苦堅忍，嚴密行之。一切富貴名利，萬緣俱無，總以一生保養爲大。

靜養歌　不求小道出病途，縱負賢才是病儒。百歲光陰石火礫，一世浮生在塵區。只貪聲華求利顯，不顧形容暗悴枯。試問堆金等山嶽，何日買得不來無。

謹守精神把性關，莫將雲雨放心間。紅裙緑鬢追命劍，抹指塗粉引魂旛。紅羅帳内真地獄，鴛鴦枕上閻羅關。元陽盡喪何處買，黄金縱多贖不還。可嘆英雄悉迷是，尤惜文人不忍捐。聽予指點心頭路，夢裏得生且安閑。

掃除六賊立元機，榮辱悲歌事勿牽。仙人鼎内無他藥，闔闢之中陰陽全。

默默無言微更微，無言之内有真機。自家竅妙自家會，萬里青天一鶴飛。

造化清餐厲妙油，非惟精血是油流。注香座右隨風飲，存想山根進庶饈。凡目擊清流，遂吸餐之，即吸風飲露之一例也。上人每炷檀香貢佛，隨氣吸入，乃庶饈之。不勝枚舉，在學者推類以求可也。

幾樹花枝入座清，窗前緑滿養金莖。香飄靄接春生意，引到混元九鼎烹。今人只知愛蓄花卉，徒貢色於悦目而已。豈知古人之移盆入座，有吸養金莖妙道乎！金莖者，即臍帶，一莖透起，元牝之謂也。

先把水火爲鼎器，火發崑崙産陰陽。便是人工合造化，無形無形影意汪洋。

乾坤闔闢無休息，水火升沉有合違。我爲諸論明指山，氣丹由此立樞機。

函谷關當天地中，往來日月自西東。試將寸管窺元竅，虎踞龍蟠道自通。

按：虚極靜篤曰果靜，未到極篤極靜，不爲果靜。從無知覺時而恍惚有

妙覺，是爲至動。未到無知覺時而於妄想時強生妄想，則非至動，既不至則亦無元氣。

致極沖虛守靜篤，靜中一動陽來復。無中生有還丹象，陰裏含陽在玉壺。

莫怪瑤池消息稀，只緣人事隔天機。若人會得水中火，有一黃童上太微。仔細欲問天間處，煉丹真訣亥子間。可於活子真机篇內採之，會之。都緣學者自無恒，虛度光陰遠元關。

不識元中顛倒顛，總知火裏好栽蓮。羣陰剥盡丹成熟，分陰不尽不仙之意也。跳出凡籠壽萬年。

天氣晴明接太清，餐虛飲日通幽關。引輪存向山根入，星月同行一樣烹。

湖海名山悉吸來，龍翻鳳舞入金罍。千般祥物隨時引，靈淑符裏壯我胎。

一條直路少人尋，尋向山根曲徑中。坐定更知行氣主，真人之息自深深。

存想山根閤闢門，清虛有象悉我逢。呑來夾脊元關處，妙藥續生似返魂。

導引調息解　按學修養者，必始於導引，引即外動功也。終於調息，即內靜功也。知有調息而不行導引，關節竅不能自通。知有導引而不行調息，又豈能進於道而全功耶？故導引以卻病，由調息以養氣，乃丹之大要，亦修養之首務。而調息尤爲修養至要，息調氣順，不從不喘，根本自強，心必注念祖竅，是大方大訣。

《女宗雙修寶筏·女功指南》　第一則　泥丸氏曰：女功進步，初則止念，繼則調心。念止心調，便可從事按摩矣。法忌避炎就涼，蓋女以血爲本者，其性偏陰，陰性喜涼，不假按摩以微行氣機，則易淪入純陰。陰則涼，涼則冰，如不加之以動運，釀成痰凝，血淤等病，而功難行矣。然須從止念調心始，女屬坤，而坤藏眞火，火伏則吉，火發爍金，不調而運，金遭火逼，則有翰音登天之象。故女修訣，惟從止念調心始。止念調心，功不厭多，亦不忌久行者，靜中有動也。

太虛氏曰：念止則氣純，心調則氣和，續行按摩，則有陽發之機，慮或機鬱躁生，故復示戒。且凡女性喜涼惡熱，而初得止念調心，和趣中，或遭機鬱躁生景象，必起提灌眞陰之念，此純陰淘聚之由。蓋靜則陰凝，不動則陽鬱。初學必有此弊，不知推究發躁生煩之由，遽求得涼快一時，誤矣。必須加功，用運行氣機之法，氣行則躁自釋。不悟此而求其效，適更增病，此又痰凝血淤之所由致也，故切戒之。法惟續事按摩者，正以杜斯淤凝之竇，又以人情樂功喜進，或致按摩過猛，地火焰騰，凡火從之，則有爍金之弊，故有翰者登天之戒。翰音者，酉禽也。逼之極，則飛走上登，故又申說止念調心之妙。蓋示此則，爲女宗徹始徹終之要訣云爾。

第二則　泥丸氏曰：女子精修，以陽旺爲始，而以陰格爲終。此法至秘，知者鮮矣，迷者循修男訣，智者趨向禪宗，亦克自證一果，得有立亡坐化之效，不知仍淪鬼趣，離道遠矣。蓋女以血爲本者，血旺則精盈，心涼則生血。古云液血之煉，血精之化，還仗神清。血無液化，液失神烘，液泥成痰，流注脾胃，蒸升著肺，散流經絡，百病猬生，五臟被災，六腑遭厄。故古丹訣，必先息心，心息定而神清，心斯涼矣。故必當俟心涼液湧，然後念注乳溪，加以用手旋摩，務使氣機洋溢，次舉兩手分旋其房，亦惟俟此絪緼遇繞，更覺煖氣後烘，雙關得有煙燄，勢逼透關，滿關泥液，分沛乳溪，一如泉湧，旋以眞意，導入南洋，寂而守之，約有四九之息，舍意一鬆，覺此箇中，油然而降，分注兩腰，左右盤旋，各約神息四九之數，乃一意引聚臍輪深處，緩旋四十九，急旋四十九，察吾尾閭，煖炁後穿，如或勢緩，可用提縮二便法，自得穿尾升脊，上過崑崙，降注泥丸。覺此泥丸，寬廣如海，自可停留涵育，既而降注華池絳闕，大地闇浮，露珠沛灑，混忘所事，但覺恍焉惚焉，不呼自呼，不吸自吸，不提自提，不嚥自嚥，此中滋味甘香，氣神充和，三田一貫，已而玄況四塞，急須內顧，須將萬緣放下，旋覺身虛若谷，大地亦無，隱隱涼氣襲人，絪緼四塞，忽復霧散雲收，下現性海，碧波澄如，我總一念不動，忘境忘情，忽現金光萬道，細雨如珠，隨光下注，左旋右轉，化成皓月，浮沈晶海，遽然如夢而醒。泥丸氏曰：此際急須內省此身。斯時以氣爽神清，遍體和暢爲得。得則全身照凝片時，以意注牝，覺得此中恬泰，是矣。遂復摩手摩面，運神繞腹，雙聳轆轤，俱各其行四十九息。徐徐扭腰，擺灑膝腿，坐點趾尖，各行二十四息而止。行之百日，日行三次無間，天仙根基立矣。

太虛氏曰：此則大略，古名上天梯，大道丹訣在是，祇欠末後大著。後之

學者，務先熟讀，字字體去，息心默會，日十百遍，則行功時，如入熟徑，不爲境迷。縱或現象稍異，而層次井然。切戒學者持作《西遊記》看過。蓋男子丹經，汗牛充棟，女子丹經，世少全冊。得如金華直指一十八則，已屬不傳之秘。得此指南以合參之，坤道天仙秘訣備矣。若僅得夫直指，地仙人仙而已矣。

第三則　泥丸氏曰：男子雙修不用鼎，用鼎終非得道人。添油乃小術非眞訣，眞訣三才爲一身。女子雙修總一般，無含三有育成丹。箇中眞一如倉粟，造化爲爐熟任餐。又曰：可知世有無遮會，種子原來徧大千。假箇壇場作爐鼎，盧能去後失眞傳。又曰：吾說此偈，天龍八部，應各驚駭，謂吾饒舌，恐遭玄罰，而我暢言之者，蓋承玉清神母懿旨，謂惜大道絕傳，曾敕不二聖姑，鄭重宣示，口以授我，意在直泄，毋復假名易號，重誤後人。其說曰：孤修非至道，同類自相須。身外有身者，形忘堪事諸。其訣曰：乾元得自頂，坤元失自牝。人元偏大千，三元一心領。不外心寂虛，不外身無梗。動靜合眞常，我無元自併。元併一亦併，一元即情性。情乃性之元，性爲才其稟。能無元一化，自超無上品。是乃玉清神母之懿旨，不二聖姑之口授也。能者從之。

太虛氏曰：同類相須，太極之理。是卽所謂二五之精，妙合而凝也。《悟眞》內外，全部《參同》。所言只此一理，世人誤會，乃有三峯之穢行。今得師訓，千百載心傳始白。炳何幸而得授，炳乃太虛翁派名也。世何幸而得明？是爲男女二宗未後大著，第非具有慧力，鮮克終者。炳味宗旨，法惟無我，乃能無物。物我兩忘，眞一乃現。眞一已現，循一以持。一自相鎔，化化生生，無窮無已。箇中皇道，莫如無遮佛會，丹書所謂生龍活虎，徧滿虛空，炳於斯會見之。然須一循古制，乃無悔吝。以斯會也，其義至密，而迹至顯者，切莫誤會。夫所謂密，密在一心，有得有失，人莫得而知者是。其所謂顯，顯若市聚，行行止止，纖毫無隱者是。惟其則法乃爾，故能不爲世忌。噫！哲人之心苦矣，哲人之見遠矣！

第四則　泥丸氏曰：然古聖有云：凡質不化，了道無期。功行不圓，證果無日。躐等而進，適證歧迷。不圓而證，下品小果。學者凜此慈示，須預煉得法身堅固，則有受煆之基，此基不立，未可與言上則也。上則所事，純是化功，而步步起自色身，是乃寓虛於實。卽實致虛之作用，天仙功法如此。

太虛氏曰：法身者，身外之身也。夫此一身，非存想所得有，非法煉所能成。其訣則借假修眞，其加修，不外色身。訣惟煉此色身，內外貞白，是身非身，非身是身。所謂功舉則身無，功停則身有。方其無時，一切寒煖覺非我，一切痛癢覺非我，所謂覺而勿著者是也。如何得能？法惟神宅虛無，身不爲身，則能之。能識眞一，一外皆幻者，更能之。如是煉至無遠無近，無內無外，則更進矣。加修至夫無去無來，無入無出，則眞造夫無遠無近，無內無外也矣。再能加修夫無起無滅，無動無靜，斯眞無去來出入矣。如是，則已具法身淨境矣。然不外於色身中討者。

第五則　泥丸氏曰：眞陽之言是。眞陽太虛氏之號，爲泥丸氏所贈也。如是精修，法身自具。如是不退，身外有身。汝須知古哲，必藉未後大著以了道者，乃是了道中之捷徑耳。蓋以一身之眞陰眞陽有限，從而煉之，不外後先互煆。平日煉得此訣，非無日增月纍之效，無如一身後天凡纍，亦有日生月增之勢。縱能勇於精修，而遭大厄者，古今不少，良可憫也。無他，總緣一身之眞先，多寡可計；而一身之僞後，滋長莫測。況修不自童眞，沾染破敗，人人難免乎！汝於此，可爲世人懼矣。

太虛氏曰：飲水飲湯，冷煖自覺。苟其法身已具，所謂調護之訣，收放之宜，無勞訪得者，固已有內驗足審也。卽或法身未具，所謂調護之訣，收放之宜，亦祇宜於一身中尋其消息者，亦不外乎塞通升降寒温燥潤也。於此而施其則法者，夫豈外乎塞者通之，寒者温之，燥者潤之，循環顛倒於其間乎。其大旨，以專以柔，不爲物誘，調其心炁。一其氣機，如此身爲寄器，凡夫按摩提縮，與諸存運頻加者，不過靈活其氣機焉而已。苟其炁機已靈且活，法惟專柔爲主，念起卽化，一收卽休，慎毋騎牛覓牛，收不知休，是名頭上安頭，卽如通充升降，温涼平潤等驗得之。皆忌粘滯，亦猶收當知休之義耳。準此以修以養，萬無脫斃之虞也。炳見如是。

第六則　泥丸氏曰：然，汝言是。女之神飛，男之精泄，皆緣頭上按頭之故。蓋神之所戀者，精也。神凝精平則安，精涸神孤則飛。不知者謬爲蛻化，大可哀也。于是可知過行按摩存注之非，其故何哉？女子內陰而外陽，卦義屬離。而眞陰每隨月信漏失，故靜勝動者吉，動勝靜者兇。男子以精爲本，女子以血爲本。精以煖旺，血以涼生。知此，則知所以養矣。女功之不廢按摩存注者，其義有二：一以通其氣機，則經絡疏暢；二以煉其津液，

不使液滯化痰，而液乃化血。古哲謂以靜存爲宗者，亦有二義，君安臣庶安，則神清不飛，又靜則慧生，不爲慾攪，而命得保固，此則一己雙修之訣也。氣機既舒，志意淨寂，加之以充和，繼之以貞白，日計不足，月計有餘，踵而事之，一旦證夫身等虛空，三田一貫，惟覺肢肢節節，竅竅光明，功修至此，一己之身外身具矣。果能踵事不退，神足氣充，念不外馳，則神不逐念，血生必旺，眞陰亦足，氣精自有彌天塞地局境。然或逐念勝飛，便墮二乘，丹書所謂陰神出殼是也。學者不可不戒者也。

太虛氏曰：炳嘗聞諸夫子，神者心神。守而不飛者，戀精而守也。精一涸，則神飛矣。精者腎精，精之不泥者，得神以御耳。蓋此泥精，尚非元精，乃是液類，血且未成者是也。眞神一離，斯精乃泥凝矣。《易》曰：一陰一陽之謂道。偈曰：半斤八兩始成眞。又曰：孤陰不生，獨陽不長。乾坤坎離，震巽兑艮。地天日月，性命男女。一陰一陽，循環終始，謂之常道。修或一乘，感或一偏，便成弊政。又曰：大凡人之初修，惟在一身中求配合，而第有先後之分。先者曰眞，後者曰假。原夫假育於眞，眞亦名假。假返於眞，便亦名元。採或失時，或著色相，便落傍徑。卽成凡幻，大足爲患，然猶有救。其最烈者，莫如孤修功足之候，感入杳冥，而念或一偏，則格致亦偏，雖求中止，事不及矣。女則神飛，男則精泥，可不愼哉。噫！要知崔公《入藥鏡》，是性命非神氣。曰神、曰精者，猶如黃葉止兒啼也。不識眞金，焉辯黃葉？鍾祖有言曰：四大一身皆屬陰，不知何物是陽精。有緣遭遇明師指，得道神仙只事身。又云：有無交入爲丹木，隱顯相扶是水金。莫執此身云是道，獨修一物是孤陰。合之師示，蓋有所謂眞種子者在歟！然不外於此身求者，其旨玄矣。

第七則　泥丸氏曰：然，《道德經》云：有物混成，先天地生。寂兮寥兮，獨立而不改，周行而不殆。可以爲天下母，吾不知其名，強名曰道。又云：恍兮惚兮，其中有物。杳兮冥兮，其中有精。其精甚眞，其中有信。蓋此一物，閉在形山。古人有言，不在身中求，不在身外採。恍恍又惚惚，似在虛無杳冥之間，而不外乎玄關一竅。此一竅也，其大無外，其小無內。思之不得，運之不開。法惟身等虛無，萬緣放下，空忘其空，寂忘其寂者，神自入彀，炁自內出，氣體絪緼無頭無尾者，是此物之發現，身外身之始兆也。此竅不開，縱能斷龍神化，尚是黃葉之幻有幻無也。何得謂之結胎，何得謂之入門，前則所示，尚是黃葉，非眞金也。

太虛氏曰：按摩雖妄，棄之則氣機不通，注想亦誣，廢之則炁精不足，踵而上之，修至有物無物，而師意猶未許爲究竟者，以猶是這邊事耳。雖然，這邊事盡，那邊易通，那邊未通，機隔重山。其通也，以念引之，油然沛然，四鄰自至，故雖隔山隔湖，而氣機之通，有如覿面。其法惟何？聞之師云：放光以引之，攝心以俟之。若彼升我降，彼退我歸，會而已矣，無益也。法惟於不寂中，寂然不動，虛而善受，氣機一到，覺有諧暢之趣。仍自寂然不動，以意包攝之，深藏內煉，由坤達艮，乘槎入漢，覺有金光電掣，涼氣彌空，如雲如煙，繞身內外。於斯時也，戒雜人意，或慕或疑，念起立撤之。覺有一種氣機，油然充塞於中，無有內外，無有邊際，倏忽之間，變態疊現，難以計算，莫之能繪，莫之能說。然亦有寂無光耀，黑漆成夜者，是皆謂之玄影，又名彼岸圓像，實則彼我圓圓，謂之華嚴、楞嚴、法華三境，三山十洲玄景，其實彼我化工之氣機，彼岸非彼岸也。而彼岸得證，又不外此。師云：某嘗質諸清淨元君。元君曰：如是如是。又曰：男功何獨不然。

第八則　泥丸氏曰：偈有之，翻來覆去乾坤事，二炁交精合艮金。又曰：鷹拿燕雀，鶻打寒鴉。細中之細，妙中之妙，而不外夫知白守黑，知雄守雌，又豈外夫存無守有也哉！

太虛氏曰：《道德經》、《南華》，非女子所能日誦，清靜一經，讀之宜熟。內則宜崇，外惟《坤寧》、《貞一》二經歟。蓋性不徹者命難存，戒不嚴者功不篤也。味師引偈，其義隱奧。詎易測覈，雖沐揭示上上法，凡女何知，依然洋望，天下比比也。蓋含全部火記於中。熟讀《黃帝陰符》，參看《龍虎》、《參同》、《悟眞》，乃可與言是則也。炳爲略示端倪曰：翻來自覆去，其事有循環。識得一中一，參參一在前。都來只二炁，精交影萬端。身無一乃現，能包彼大千。大千影燦燦，燦燦是彼元。不爲元引去，元始卽吾元。元元不一一，一一一無全。寂然不撒手，功夫豈等閑。雀燕由渠燕，鴉寒亦聽寒。不饑時不到，時到任吾餐。是爲妙中妙，玄中更有玄。白知故守黑，渾忘得大全。問渠何得爾，極無極具焉。師之精義蓋如此。雖然，有無自相生，取捨須循一也。色身不化，百事無成者。

第九則　泥丸氏曰：善哉！汝說也。語有諸，欲事超凡，先淨凡思，

繼空三界，而不愆內則，不媚鬼神，孝敬慈祥，無違夫子，柔順利貞，不違坤道。動則循理，靜則釋如。寓道妙於執箕執箒，悟火候于執爨執炊。詩曰：委委佗佗，如山如河，之子不淑，云如之何。其垂戒也，爲何如哉！

太虛氏曰：師此一則，其旨微矣。蓋夫世之皈道皈釋者，鮮循內則，罕識性宗，能柔順以事師長，每嫉狠以悖倫常。其弟其師，不齒於名教，抑將自投於鐵圍阿鼻也。不亦哀哉？

综　述

《荀子・修身》 見善，修然，必以自存也；見不善，愀然，必以自省也。善在身，介然，必以自好也；不善在身，菑然，必以自惡也。故非我而當者，吾師也；是我而當者，吾友也；諂諛我者，吾賊也。故君子隆師而親友，以致惡其賊。好善無厭，受諫而能誡，雖欲無進，得乎哉？小人反是，致亂而惡人之非己也；致不肖而欲人之賢己也；心如虎狼，行如禽獸，而又惡人之賊己也。諂諛者親，諫爭者疏，修正爲笑，至忠爲賊，雖欲無滅亡，得乎哉？《詩》曰：潝潝訿訿，亦孔之哀。謀之其臧，則具是違；謀之不臧，則具是依。此之謂也。

扁善之度：以治氣養生，則身後彭祖；以修身自名，則名配堯、禹。宜於時通，利以處窮，禮信是也。凡用血氣、志意、知慮，由禮則治通，不由禮則勃亂提僈；食飲、衣服、居處、動靜，由禮則和節，不由禮則觸陷生疾；容貌、態度、進退、趨行，由禮則雅，不由禮則夷固僻違，庸衆而野。故人無禮則不生，事無禮則不成，國家無禮則不寧。《詩》曰：禮儀卒度，笑語卒獲。此之謂也。

以善先人者謂之教，以善和人者謂之順；以不善先人者謂之諂，以不善和人者謂之諛。是是非非謂之知，非是是非謂之愚。傷良曰讒，害良曰賊。是謂是，非謂非曰直。竊貨曰盜，匿行曰詐，易言曰誕，趣舍無定謂之無常，保利棄義謂之至賊。多聞曰博，少聞曰淺。多見曰閑，少見曰陋。難進曰偍，易忘曰漏。少而理曰治，多而亂曰秏。

治氣養心之術：血氣剛強，則柔之以調和；知慮漸深，則一之以易良；勇毅猛戾，則輔之以道順；齊給便利，則節之以動止；狹隘褊小，則廓之以廣大；卑濕重遲貪利，則抗之以高志；庸衆駑散，則刦之以師友；怠慢僄棄，則炤之以禍災；愚款端慤，則合之以禮樂，通之以思索。凡治氣養心之術，莫徑由禮，莫要得師，莫神一好。夫是之謂治氣養心之術也。

志意修則驕富貴，道義重則輕王公；內省而外物輕矣。傳曰：君子役物，小人役於物。此之謂矣。身勞而心安，爲之；利少而義多，爲之；事亂君而通，不如事窮君而順焉。故良農不爲水旱不耕，良賈不折閱不市，士君子不爲貧窮怠乎道。

體恭敬而心忠信，術禮義而情愛人，橫行天下，雖困四夷，人莫不貴；勞苦之事則爭先，饒樂之事則能讓，端慤誠信，拘守而詳，橫行天下，雖困四夷，人莫不任。體倨固而心執詐，術順墨而精雜汙，橫行天下，雖達四方，人莫不賤；勞苦之事則偷儒轉脫，饒樂之事則佞兑而不曲，辟違而不慤，程役而不録，橫行天下，雖達四方，人莫不棄。

行而供翼，非漬淖也；行而俯項，非擊戾也；偶視而先俯，非恐懼也。然夫士欲獨修其身，不以得罪於比俗之人也。

夫驥一日而千里，駑馬十駕，則亦及之矣。將以窮無窮，逐無極與？其折骨絶筋，終身不可以相也；將有所止之，則千里雖遠，亦或遲、或速、或先、或後，胡爲乎其不可以相及也？不識步道者，將以窮無窮逐無極與？意亦有所止之與？

夫堅白、同異、有厚無厚之察，非不察也，然而君子不辯，止之也；倚魁之行，非不難也，然而君子不行，止之也；故學曰：遲彼止而待我，我行而就之，則亦或遲或速、或先或後，胡爲乎其不可以同至也？

故跬步而不休，跛鱉千里；累土而不輟，丘山崇成；厭其源，開其瀆，江河可竭；一進一退，一左一右，六驥不致。彼人之才性之相縣也，豈若跛鱉之与六驥足哉？然而跛鱉致之，六驥不致，是無他故焉，或爲之，或不爲爾。道雖邇，不行不至；事雖小，不爲不成。其爲人也多暇日者，其出入不遠矣。

好法而行，士也；篤志而體，君子也；齊明而不竭，聖人也。人無法則倀倀然，有法而無志其義則渠渠然，依乎法而又深其類，然後溫溫然。

禮者，所以正身也；師者，所以正禮也。無禮，何以正身？無師，吾安

知禮之爲是也？禮然而然，則是情安禮也；師云而云，則是知若師也。情安禮，知若師，則是聖人也。故非禮，是無法也；非師，是無師也。不是師法，而好自用，譬之是猶之是猶以盲辨色，以聾辨聲也，舍亂妄無爲也。故學也者，禮法也；夫師以身爲正儀，而貴自安者也。《詩》云：不識不知，順帝之則。此之謂也。

端愨順弟，則可謂善少者矣。加好學遜敏焉，則有鈞無上，可以爲君子者矣。偷儒憚事，無廉恥而嗜乎飲食，則可謂惡少者矣；加惕悍而不順，險賊而不弟焉，則可謂不詳少者矣，雖陷刑戮可也。

老老而壯者歸焉，不窮窮而通者積焉；行乎冥冥而施乎無報，而賢不肖一焉。人有此三行，雖有大過，天其不遂乎。

君子之求利也略，其遠害也早，其避辱也懼，其行道理也勇。

君子貧窮而志廣，富貴而體恭，安燕而血氣不惰，勞倦而容貌不枯，怒不過奪，喜不過予。君子貧窮而志廣，隆仁也；富貴而體恭，殺勢也；安燕而血氣不惰，柬理也；勞倦而容貌不枯，好交也；怒不過奪，喜不過予，是法勝私也。《書》曰：無有作好，遵王之道；無有作惡，遵王之路。此言君子之能以公義勝私欲也。

《淮南子·俶真訓》 夫人之事其神而嬈其精，營慧然而有求于外，此皆失其神明而離其宅也。是故凍者假兼衣于春，而暍者望冷風于秋。夫有病于內者，必有色于外矣。夫梣木色青翳，而蠃瘉蝸睆，此皆治目之藥也。人無故求此物者，必有蔽其明者。聖人之所以駭天下者，真人未嘗過焉；賢人之所以矯世俗者，聖人未嘗觀焉。夫牛蹏之涔，無尺之鯉，塊阜之山，無丈之材。所以然者何也？皆其營宇狹小而不能容巨大也，又況乎以無裹之者邪，此其为山淵之勢亦遠矣。夫人之拘于世也，必形人而神泄，故不免于虛。使我可係羈者，必其有命在于外也。

至德之世，甘瞑於溷澖之域，而徙倚于汗漫之宇，提挈天地而委萬物，以鴻蒙爲景柱，而浮揚乎無畛崖之際。是故聖人呼吸陰陽之氣，而群生莫不顒顒然仰其德以和順。当此之时，莫之領理，決離隱密而自成，渾渾蒼蒼，纯樸未散，旁薄爲一而萬物大優，是故雖有羿之知而無所用之。及世之衰也，至伏羲氏，其道昧昧芒芒然，吟德懷和，被施頗烈，而知乃始，昧昧晽晽，皆欲離其童蒙之心，而覺視於天地之間，是故其德煩而不能一。乃至神農、黃帝，剖判大宗，竅領天地，襲九窾，重九慹，提挈陰陽，嫥捖剛柔，枝解葉貫，萬物百族，使各有經紀條貫。于此萬民睢睢盱盱然，莫不竦身而載聽視。是故治而不能和下，棲遲至於昆吾夏后之世，嗜欲連於物，聰明誘於外，而性命失其得。施及周室之衰，澆淳散樸，雜道以僞，儉德以行，而巧故萌生。周室衰而王道廢，儒墨乃始列道而議，分徒而訟。於是博學以疑聖，華誣以脇衆，弦歌鼓舞，緣飾詩書，以買名譽於天下。繁登降之禮，飾紱冕之服，聚衆不足以極其變，積財不足以贍其費。于是萬民乃始蟯觟離跂，各欲行其知僞，以求鑿枘於世，而錯擇名利。是故百姓曼衍于淫荒之陂，而失其大宗之本。夫世之所以喪性命，有衰漸以然，由來者久矣。

是故聖人之學也，欲以返性于初，而游心于虛也；達人之學也，欲以通性遼廓，而覺于寂漠也。若夫俗世之學也則不然：擢德攓性，內愁五藏，外勞耳目，乃始招攓振繾物之豪芒，搖消掉捎仁義禮樂，暴行越智于天下，以招號名聲于世。此我所羞而不爲也。

是故與其有天下也，不若有說也；與其有說也，不若尚羊物之終始也，而條達有無之際。是故舉世而與之不加勸，舉世而非之不加沮；定于死生之境，而通于榮辱之理；雖有炎火洪水彌靡于天下，神無虧缺于胸臆之中矣。若然者，視天下之間，猶飛羽浮芥也，孰肯分分然以物爲事也？

水之性真清，而土汨之；人性安靜，而嗜欲亂之。夫人之所受于天者，耳目之于聲色也，口鼻之于芳臭也，肌膚之于寒燠，其情一也。或通于神明，或不免于癡狂者，何也？其所爲制者異也。是故神者智之淵也，淵清則智明矣；智者心之府也，智公則心平矣。人莫鑒于流沫，而鑒于止水者，以其靜也；莫窺形于生鐵，而窺于明鏡者，以覩其易也。夫唯易且靜，形物之性也。由此觀之，用也必假之于弗用也。是故虛室生白，吉祥止也。夫鑒明者，塵垢弗能薶；神清者，嗜欲弗能亂。精神已越于外，而事復返之，是失之于本而求之于末也。外內無符，而欲與物接，弊其元光，而求知之于耳目，是釋其炤炤而道其冥冥也，是之謂失道。心有所至，而神喟然在之，反之于虛，則消鑠滅息，此聖人之游也。

故古之治天下也，必達乎性命之情；其舉錯未必同也，其合于道一也。夫夏日之不被裘者，非愛之也，燠有餘于身也；冬日之不用翣者，非簡之也，清有餘于適也。夫聖人量腹而食，度形而衣，節于己而已，貪污之心，奚

由生哉？故能有下者，必無以天下爲也；能有名譽者，必無以趨行求者也。聖人有所于達，達則嗜欲之心外矣。

孔、墨之弟子，皆以仁義之術教導于世，然而不免于傴，身猶不能行也，又況所教乎！是何則？其道外也。夫以末求返于本，許由不能行也，又況齊民乎！誠達于性命之情，而仁義固附矣，趨舍何足以滑心！

若夫神無所掩，心無所載；通洞條達，恬漠無事；無所凝滯，虛寂以待；勢利不能誘也，辯者不能說也，聲色不能淫也，美者不能濫也，智者不能動也，勇者不能恐也，此真人之道也。若然者，陶冶萬物，與造化者爲人，天地之間，宇宙之內，莫能夭遏。夫化生者不死，而化物者不化。神經于驪山、太行而不能難，入于四海九江而不能濡，處小隘而不塞，横扃天地之間而不窕。不通此者，雖目數千羊之群，耳分八風之調，足蹀陽阿之舞，而手會緣水之趨，智終天地，明照日月，辯解連環，澤潤玉石，猶無益于治天下也。

靜漠恬澹，所以養性也；和愉虛無，所以養德也。外不滑內，則性得其宜；性不動和，則德安其位。養生以經世，抱德以終年，可謂能體道矣。若然者，血脈無鬱滯，五藏無蔚氣，禍福弗能撓滑，非譽弗能塵垢，故能致其極。非有其世，孰能濟焉；有其人，不遇其時，身猶不能脫，又況無道乎！

且人之情，耳目應感動，心志知憂樂，手足之攢疾、辟寒暑，所以與物接也，蜂蠆螫指而神不能憺，蚊虻噆膚而知不能平。夫憂患之來攖人心也，非直蜂蠆之螫毒而蚊虻之慘怛也，而欲靜漠虛無，奈之何哉？夫目察秋豪之末，耳不聞雷霆之聲；耳調玉石之聲，目不見太山之高。何則？小有所志而大有所忘也。今萬物之來擢拔吾性，攓取吾情，有若泉源，雖欲勿稟，其可得邪？

《抱朴子·至理》 抱朴子曰：微妙難識，疑惑者衆。吾聰明豈能過人哉？適偶有所偏解，猶鶴知夜半，燕知戊巳，而未必達於他事也。亦有以校驗，知長生之可得，仙人之無種耳。夫道之妙者，不可盡書，而其近者，又不足可說。昔庚桑胼胝，文子釐顏，勤苦彌久，及受大訣，諒有以也。夫圓首含氣，孰不樂生而畏死哉？然榮華勢利誘其意，素顏面玉膚惑其目，清商流徵亂其耳，愛惡利害攪其神，功名聲譽束其體，此皆不召而自來，不學而已成，自非受命應仙，窮理獨見，識變通於常事之外，運清鑒於玄漠之域，寤身名之親疏，悼過隙之電速者，豈能棄交修賒，抑遺嗜好，割目下之近欲，修難成之遠功哉？夫有因無而生焉，形須神而立焉。有者，無之宮也。形者，神之宅也。故譬之於堤，堤壞則水不留矣；方之於燭，燭糜則火不居矣。身勞則神散，氣竭則命終。根竭枝繁，則青青去木矣。氣疲欲勝，則精靈離身矣。夫逝者無反期，既朽無生理，達道之士，良所悲矣！輕璧重陰，豈不有以哉？故山林養性之家，遺俗得意之徒，比崇高於贅疣，方萬物乎蟬翼，豈苟爲大言，而強薄世事哉？誠其所見者了，故棄之如忘耳。是以遐棲幽遁，韜鱗掩藻，遏欲視之目，遺損明之色，杜思音之耳，遠亂聽之聲，滌除玄覽，守雌抱一，專氣致柔，鎮以恬素，遣歡戚之邪情，外得失之榮辱，割厚生之腊毒，謐多言於樞機，反聽則後所聞徹，內視而後見無朕，養靈根於冥鈞，除誘慕於接物，削斥淺務，御以愉慔，爲乎無爲，以全天理爾。乃吹寶華，浴神太清，外除五曜，內守九精，堅玉鑰於命門，結北極於黃庭，引三景於明堂，飛元始以煉形，採靈液於金梁，長駈白而留青，凝澄泉於丹田，引沉珠於五城，瑤鼎俯爨，藻禽仰鳴，瑰華擢穎，天鹿吐瓊，懷重規於絳宮，潛九光於洞冥，雲蒼鬱而連天，長谷湛而交經，履躡乾兑，召呼六丁，坐臥紫房，咀吸金英，曄曄秋芝，朱華翠莖，晶晶珍膏，溶溢霄零，治饑止渴，百痾不萌，逍遥戊巳，燕和飲平，拘魂制魄，骨填體輕，故能策風雲以騰虛，並混輿而永生也。然梁塵之盈尺，非可求之漏刻，山霤洞徹，非可致之於造次也。患於聞之者不信，信之者不爲，爲之者不終耳。夫得之者甚希而隱，不成者至多而顯。世人不能知其隱者，而但見其顯者，故謂天下果無仙道也。

抱朴子曰：防堅則水無漉棄之費，脂多則火無寢曜之患，龍泉以不割常利，斤斧以日用速弊，隱雪以違暖經夏，藏冰以居深過暑，單帛以幔鏡不灼，凡卉以偏覆越冬。泥壤易消者也，而陶之爲瓦，則與二儀齊其久焉。柞柳速朽者也，而燔之爲炭，則可億載而不敗焉。轅豚以優畜晚卒，良馬以陟峻早斃，寒蟲以適己倍壽，南林以處溫長茂，接煞氣則凋瘁於凝霜，值陽和則鬱藹而條秀。物類一也，而榮枯異功，豈有秋收之常限、冬藏之定例哉？而人之受命，死生之期，未若草木之於寒天也。而延養之理，補救之方，非徒溫暖之爲淺益也。久視之效，何爲不然？而世人守近習隘，以仙道爲虛誕，謂黃老爲妄言，不亦惜哉？夫愚人乃不肯信湯藥針艾，況深於此者乎？皆曰：俞跗、扁鵲、和、緩、倉公之流，必能治病，何不勿死？又曰：富貴之家，豈乏醫術，而更不壽，是命有自然也。乃責如此之人，令信神仙，是使牛

緣木，馬逐鳥也。

抱朴子曰：召魂小丹三使之丸，及五英八石小小之藥，或立消堅冰，或入水自浮，能斷絶鬼神，禳卻虎豹，破積聚於腑臟，殲二豎於膏肓，起猝死於委屍，返驚魂於既逝。夫此皆凡藥也，猶能令已死者復生，則彼上藥也，何爲不能令生者不死乎？越人救虢太子於既殞，胡醫活絶氣之蘇武，淳于能解顱以理腦，元化能刳腹以浣胃，文摯愆期以瘳危困，仲景穿胸以納赤餅，此醫家之薄技，猶能若是，豈況神仙之道，何所不爲？夫人所以死者，諸欲所損也；老者，百病所害也，毒惡所中也，邪氣所傷也，風冷所犯也。今道引行氣，還精補腦，食飲有度，興居有節，將服藥物，思神守一，柱天禁戒，帶佩符印，傷生之徒，一切遠之，如此則通，可以免此六害。今醫家通明腎氣之丸，內補五絡之散，骨填苟杞之煎，黃蓍建中之湯，將服之者，皆致肥丁。漆葉青蓁，凡弊之草，樊阿服之，得壽二百歲，而耳目聰明，猶能持針以治病，此近代之實事，良史所記注者也。

又云：有吳普者，從華佗受五禽之戲，以代導引，猶得百餘歲。此皆藥術之至淺，尚能如此，況於用其妙者耶？今語俗人云，理中四順，可以救霍亂，款冬、紫苑，可以治欬逆，萑蘆、貫衆之煞九蟲，當歸、芍藥之止絞痛，秦膠、獨活之除八風，菖蒲、乾薑之止痹濕，菟絲、蓯蓉之補虛乏，甘遂、葶藶之逐痰癖，栝樓、黃連之愈消渴，薺苨、甘草之解百毒，蘆如益熱之護衆創，麻黃、大青之主傷寒，俗人猶爲不然也，寧煞生請福，分蓍問祟，不肯信良醫之攻疾病，及用巫史之紛若，況乎告之以金丹可以度世，芝英可以延年哉？昔留侯張良，吐出奇策，一代無有。智慮所及，非淺近人也，而猶謂不死可得者也，其聰明智用，非皆不逮世人，而曰吾將棄人間之事，以從赤松遊耳。遂修道引，絶穀一年，規輕舉之道，坐呂后逼蹴，從求安太子之計，良不得已，爲畫致四皓之策，果如其言，呂后德之，而逼令強食之，故令其道不成耳。按《孔安國秘記》云：良得黃石公不死之法，不但兵法而已。又云：良本師四皓，甪里先生、綺里季之徒，皆仙人也，良悉從受其神方，雖爲呂后所強飲食，尋復修行仙道，密自度世，但世人不知，故云其死耳。如孔安國之言，則良爲得仙也。又漢丞相張蒼，偶得小術，吮婦人乳汁，得一百八十歲。此蓋道之薄者，而蒼爲之，猶得中壽之三倍，況於備術，行諸秘妙，何爲不得長生乎？此事見於《漢書》，非空言也。

抱朴子曰：服藥雖爲長生之本，若能兼行氣者，其益甚速。若不能得藥，但行氣而盡其理者，亦得數百歲。然又宜知房中之術，所以爾者，不知陰陽之術，屢爲勞損，則行氣難得力也。夫人在氣中，氣在人中，自天地至於萬物，無不須氣以生者也。善行氣者，內以養身，外以卻惡，然百姓日用而不知焉。

《抱朴子・微旨》 抱朴子曰：余聞歸同契合者，則不言而信著；途殊別務者，雖忠告而見疑。夫尋常咫尺之近理，人間取舍之細事，沈浮過於金羽，皂白分於粉墨，而抱惑之士，猶多不辨焉，豈況說之以世道之外，示之以至微之旨，大而笑之，其來久矣，豈獨今哉？夫明之所及，雖玄陰幽夜之地，豪釐芒髮之物，不以爲難焉。苟所不逮者，雖日月麗天之炤灼，嵩岱干雲之峻峭，猶不能察焉。黃、老玄聖，深識獨見，開秘文於名山，受仙經於神人，蹶埃塵以遺累，淩大遐以高躋，金石不能與之齊堅，龜鶴不足與之等壽，念有志於將來，愍信者之無文，垂以方法，炳然著明，小修則小得，大爲則大驗。然而淺見之徒，區區所守，甘於荼蓼而不識飴蜜，酣於醨酪而不賞醇醪。知好生而不知有養生之道，知畏死而不信有不死之法；知飲食過度之速疾病，而不能節肥甘於其口也；知極情恣欲之致枯損，而不知割懷於所欲也。余雖言神仙之可得，安能令其信乎？

或人難曰：子體無參午達理，奇毛通骨，年非安期彭祖多歷之壽，目不接見神仙，耳不獨聞異說，何以知長生之可獲，養性之有徵哉？若覺玄妙於心得，運逸鑒於獨見，所未敢許也。夫衣無蔽膚之具，資無謀夕之儲，而高談陶朱之術，自同猗頓之策，取譏論者，其理必也。抱痼疾而言精和、鵲之伎，屢奔北而稱究孫、吳之算，人不信者，以無效也。

余答曰：夫寸綃汎跡濫水之中，則謂天下無四海之廣也；芒蟰宛轉果核之內，則謂八極之界盡於茲也。雖告之以無涯之浩汗，語之以宇宙之恢闊，以爲空言，必不肯信也。若令吾眼有方瞳，耳長出頂，亦將控飛龍而駕慶雲，淩流電而造倒景，子又將安得而詰我。設令見我，又將呼爲天神地祇異類之人，豈謂我爲學之所致哉？姑聊以先覺挽引同志，豈強令吾之徒，皆信之哉？若令家戶有仙人，屬目比肩，吾子雖蔽，亦交不疑。但彼人之道成，則蹈青霄而遊紫極，自非通靈，莫之見聞，吾子必爲無耳。世人信其臆斷，仗其短見，自非所度，事無差錯，習乎所致，怪乎所希，提耳指掌，終於不悟，其

來尚矣，豈獨今哉？

或曰：屢承嘉談，足以不疑於有仙矣，但更自嫌於不能爲耳。敢問更有要道，可得單行者否？

抱朴子曰：凡學道當階淺以涉深，由易以及難，志誠堅果，無所不濟，疑則無功，非一事也。夫根荄不洞地，而求柯條干雲，淵源不泓窈，而求湯流萬里者，未之有也。是故非積善陰德，不足以感神明；非誠心欵契，不足以結師友；非功勞，不足以論大試；又未遇明師而求要道，未可得也。九丹金液，最是仙主。然事大費重，不可卒辦也。寶精愛炁，最其急也，並將服小藥以延年命，學近術以辟邪惡，乃可漸階精微矣。

或曰：方術繁多，誠難精備，除置金丹，其餘可修，何者爲善？

抱朴子曰：若未得其至要之大者，則其小者不可不廣知也。蓋籍衆術之共成長生也。大而諭之，猶世主之治國焉，文武禮律，無一不可也；小而諭之，猶工匠之爲車焉，轅輞軸轄，莫或應虧也。所爲術者，內修形神，使延年愈疾，外攘邪惡，使禍害不干。比之琴瑟，不可以孑絃求五音也；方之甲胄，不可以一札待鋒刃也。何者？五音合用不可闕，而鋒刃所集不可少也。凡養生者，欲令多聞而體要，博見而善擇，偏修一事，不足必賴也。又患好生之徒，各仗其所長，知玄、素之術者，則曰唯房中之術，可以度世矣；明吐納之道者，則曰唯行氣可以延年矣；知屈伸之法者，則曰唯導引可以難老矣；知草木之者，則曰唯藥餌可以無窮矣。學道之不成，就由乎偏枯之若此也。淺見之家，偶知一事，便言已足，而不識真者，雖得善方，猶更求無已，以消工棄日，而所施用，意無一定，此皆兩有所失者也。或本性贑鈍，所知殊尚淺近，便強入名山，履冒毒螫，屢被中傷，恥復求還。或爲虎狼所食，或爲魍魎所殺，或餓而無絕穀之方，寒而無自溫之法，死於崖谷，不亦愚哉？夫務學不如擇師，師所聞素狹，又不盡情以教之，因告云，爲道不在多也。夫爲道不在多，自爲已有金丹至要，可不用餘耳。然此事知之者甚希，寧可虛待不必之大事，而不修交益之小術乎？譬猶作家，云不事用他物者，蓋謂有金銀珠玉，在乎掌握懷抱之中，足以供累世之費者耳。苟其無此，何可不廣播百穀，多儲果疏乎？是以斷穀辟兵，猒劾鬼魅，禁禦百毒，治救衆疾，入山則使猛獸不犯，涉水則令蛟龍不害，經瘟疫則不畏，遇急難則隱形，此皆小事，而不可不知，況過此者，何可不聞乎？

《抱朴子・塞難》 或曰：皇穹至神，賦命宜均，何爲使喬、松凡人受不死之壽，而周、孔大聖無久視之祚哉？

抱朴子曰：命之修短，實由所值，受氣結胎，各有星宿。天道無爲，任物自然，無親無疏，無彼無此也。命屬生星，則其人必好仙道，好仙道者，求之亦必得也。命屬死星，則其人亦不信仙道，則亦不自修其事也。所樂善否，判於所稟，移易予奪，非天所能。譬猶金石之消於爐冶，瓦器之甄於陶竃，雖由之以成形，而銅鐵之利鈍，罌甕之邪正，適遇所遭，非復爐竃之事也。

或人難曰：良工所作，皆由其手，天之神明，何所不爲，而云人生各有所值，非彼昊蒼所能匠成，愚甚惑焉，未之敢許也。

抱朴子荅曰：渾茫剖判，清濁以陳，或昇而動，或降而靜，彼天地猶不知所以然也。萬物感氣，並亦自然，與彼天地，各爲一物，但成有先後，體有巨細耳。有天地之大，故覺萬物之小。有萬物之小，故覺天地之大。且夫腹背雖包圍五臟，而五臟非腹背之所作也。肌膚雖纏裹血氣，而血氣非肌膚之所造也。天地雖含囊萬物，而萬物非天地之所爲也。譬猶草木之因山林以萌秀，而山林非有事焉。魚鱉之托水澤以産育，而水澤非有爲焉。俗人見天地之大也，以萬物之小也，因曰天地爲萬物之父母，萬物爲天地之子孫。夫蝨生於我，豈我之所作？故蝨非我不生，而我非蝨之父母，蝨非我之子孫。蠛蠓之育於醯醋，芝檽之産於木石，蛣蟩之滋於污淤，翠蘿之秀於松枝，非彼四物所創匠也，萬物盈乎天地之間，豈有異乎斯哉？天有日月寒暑，人有瞻視呼吸，以遠況近，以此推彼，人不能自知其體老少痛癢之何故，則彼天亦不能自知其體盈縮災祥之所以；人不能使耳目常聰明，榮衛不輟閡，則天亦不能使日月不薄蝕，四時不失序。由茲論之，夭壽之事，果不在天地，仙與不仙，決非所值也。夫生我者父也，娠我者母也，猶不能令我形器必中適，姿容必妍麗，性理必平和，智慧必高遠，多致我氣力，延我年命；而或矬陋尪弱，或且黑且醜，或聾盲頑嚚，或枝離劬蹇，所得非所欲也，所欲非所得也，況乎天地遼闊者哉！父母猶復其遠者也。我自有身，不能使之永壯而不老，常健而不疾，喜怒不失宜，謀慮無悔吝。故授氣流形者父母也，受而有之者我身也，其餘則莫有親密乎此者也，莫有制御乎此者也，二者已不能有損益於我矣。天地亦安得與知之乎？必若人物皆天地所作，則宜皆好而無惡，悉成而無敗，衆生無不遂之類，而項、楊無春凋之悲矣！子以天不能使孔、孟

有度世之祚，益知所禀之有自然，非天地所剖分也。聖這爲德，德之至也。天若能以至德與之，而使之所知不全，功業不建，位不霸王，壽不盈百，此非天有爲之驗也。聖人之死，非天所殺，則聖人之生，非天所挺也。賢不必壽，愚不必夭，善無近福，惡無近禍，生無定年，死無常分。盛德哲人，秀而不實，竇公庸夫，年幾二百，伯牛癈疾，子夏喪明，盜蹠窮兇而白首，莊蹻極惡而黃發，天之無爲，於此明矣。

或曰：仲尼稱自古皆有死，老氏曰神仙之可學。夫聖人之言，信而有徵；道家所說，誕而難用。

抱朴子曰：仲尼，儒者之聖也；老子，得道之聖也。儒教近而易見，故宗之者衆焉。道意遠而難識，故遠之者寡焉。道者，萬殊之源也。儒者，大淳之流也。三皇以往，道治也。帝王以來，儒教也。談者咸知高世之敦朴，而薄季俗之澆散，何獨重仲尼而輕老氏乎？是玩華藻於木末，而不識所生之有本也。何異乎貴明珠而賤淵潭，愛和璧而惡荆山，不知淵潭者，明珠之所自出，荆山者，和璧之所由生也。且夫養性者，道之餘也；澄藥者，儒之末也。所以貴儒者，以其移風易俗，不唯揖讓與盤旋也。所以尊道者，以其不言而化行，匪獨養生之一事也。若儒、道果有先後，則仲尼未可專信，而老氏未可孤用。仲尼既敬問伯陽，願比老、彭，又自以知魚鳥而不識龍，喻老氏于龍，蓋其心服之辭，非空言也。與顔回所言，瞻之有前，忽然在後，鑽之彌堅，仰之彌高，無以異也。

或曰：仲尼親見老氏而不從學道，何也？

抱朴子曰：以此親之，益明所禀有自然之命，所尚有不易之性也。仲尼知老氏玄妙貴異，而不能揖酌清虛，本源大宗，出乎無形之外，入乎至道之內，其所諮受，止於民間之事而已，安能請求仙法耶？忖其用心汲汲，專於教化，不存乎方術也。仲尼雖聖於世事，而非能沈靜玄默，自守無爲者也。故老子戒之曰：良賈深藏若虛，君子盛德若愚，去子之驕氣與多欲、態色與淫志，是無益於子之身。此足以知仲尼不免於俗情，非學仙之人也。夫栖栖遑遑，務在匡時，仰悲鳳鳴，俯歎匏瓜，沽之恐不售，慷慨思執鞭，亦何肯舍經世之功業，而修養生之迂闊哉？

《抱朴子・養生論》 抱朴子曰：一人之身，一国之象也。胸腹之設，猶宮室也；支體之位，猶郊境也；骨節之分，猶百官也；腠理之間，猶中衢也。神猶君也，血猶臣也，炁猶民也。故至人能治其身，亦如明主能治其國。夫愛其民，所以安其國；愛其氣，所以全其身；民弊國亡，氣衰身謝。是以至人上士，乃施藥於未病之前，不追修於即敗之後。故知生難保而易散，氣難清而易濁。若能審機權，可以制嗜慾，保全性命。且夫善養生者，先除六害，然後可以延駐於百年。何者是耶？一曰薄名利，二曰禁聲色，三曰廉貨財，四曰損滋味，五曰除佞妄，六曰去沮嫉。六者不除，修養之道徒設爾。蓋緣未見其益，雖心希妙道，口念真經，咀嚼英華，呼吸景象，不能補其短促。誠緣捨其本而忘其末，深可誡哉。所以保和全真者，乃少思、少念、少笑、少言、少喜、少怒、少樂、少愁、少好、少惡、少事、少機。夫多思則神散，多念則心勞，多笑則臟腑上翻，多言則氣海虛脫，多喜則膀胱納客風，多怒則腠理奔血，多樂則心神邪蕩，多愁則頭髮憔枯，多好則志氣傾溢，多惡則精爽奔騰，多事則筋脈乾急，多機則智慮沉迷。斯乃伐人之生甚於斤斧，損人之命猛於豺狼。無久坐，無久行，無久視，無久聽。不饑勿強食，不渴勿強飲。不饑強食則脾勞，不渴強飲則胃脹。體欲常勞，食欲常少。勞勿過極，少勿至饑。冬朝勿空心，夏夜勿飽食。早起不在雞鳴前，晚起不在日出後，心內澄則真神守其位，氣內定則邪物去其身。行欺詐則神悲，行爭競則神沮。輕侮於人當減筭，殺害於物必傷年。行一善則魂神樂，構一惡則魄神歡。魄神樂死，魂神好生。常以寬泰自居，恬惔自守，則身形安靜，災害不干。生録必書其名，死籍必削其咎。養生之理，盡於此矣。至於鍊還丹以補腦，化金液以留神，斯乃上真之妙道。蓋非食穀啗血者，越分而修之。萬人之中，得者殊少，深可誡焉。老君曰：存吾此道，上士全修延壽命，中士半修無災病，下士時修免夭横。愚者失道擯其性，其斯之謂歟！

《亢倉子・用道》 夫用道之人，不露其用，福滋萬物，功歸無有，神融業茂，靈慶悠長。知而辨之謂之識，知而不辨謂之道。識以理人，道以安人。夫雞辰而作，負日任勞，流汗灑地，夜分僅息，農夫之道也。俯拾仰取，鋭意錐撮，力思摶精，希求利潤，賈豎之道也。嗽氣谷神，宰思損慮，超遙輕舉，日精鍊仙，高士之道也。剸情端想，畢志所事，倫揆忘寢，謀效位司，人臣之道也。清心省念，察驗近習，務求賢良，以安萬姓，人主之道也。若由是類之，各順序其志度，不替塞其業履，是謂天下有道。導筋骨則形全，剪情欲則神全，靖言語則福全。克保三全，是謂清賢。道德順則鬼神助，信義敦則君子

合，禮義備則小人懷。有識者自是，無識者亦自是。有道者靜默，闇鈍者亦靜默。物固有似是而非，似非而是。先號後笑，始吉終兇。身可親而才不可親，才可敬而身不堪敬。敬甚則不親，親甚則不敬。親之而疏，疏之而親。恩甚則怨生，愛多則憎至。有以速爲貴，有以緩爲貴，有以直爲貴，有以曲爲貴。百事之宜，其由甚微，不可不知。是故智者難之。靜則神通，窮則意通，貴則語通，富則身通，理勢然也。同道者相愛，同藝者相嫉，同與者相愛，同取者相嫉，同病者相愛，同壯者相嫉，人情自然也。多才而好謙，貧賤而不諂，處勞而不爲，辱，富貴而恭勤，可謂有德者也。

《黃帝陰符經註・神仙抱一演道章》 夫神者，在目爲視，在耳爲聽，在舌爲言，在鼻則聞香，在手則拳握，在足則行。晝則爲想，夜則爲夢。呼則來，遣則去。在心爲志，言爲文章。無質之間，聚散無迹。入則爲情狀，出則爲虛無。散是宇宙九夷，無所不至；隱然則微塵芥子，無所不入。存乎丹田，出世爲神仙，若昏昧爲下鬼而有餘。神散者意，聚者氣，氣行則神行，氣聚則神聚。《易》曰：陰陽不測之謂神。又曰：神在丹田，氣結爲胎，真氣不散，神明自來。故神炁相守，豈不爲長生之道。神是炁之子，炁是神之母。《道經》曰：既知其子，復守其母。淳曰：子母相守，神仙之道。施真人曰：神炁若不散，保爲長生人也。仙者，遷也，凡人爲神仙。仙字，人傍著山，凡人修鍊，性如山嶽，神氣不動不搖，故人傍著山也。夫神仙二字，得道之人稱也。

觀天之道，執天之行，盡矣。

觀者，觀也，上音官字，下音貫字。仰者觀，俯者觀。觀者，六門之觀想也。釋氏云：攝景歸心，謂之觀想，故謂之六門之鎖閉，內不出，外不入，名觀行法。仰者，觀也，觀者，見也。觀見天道，北斗直下，太一真君炁也，名曰太一。陰真君曰：太一含真炁是也。凡書云：畜之爲元精，施之爲萬靈，含之爲太一，放之爲太清。太一直下，真一運行，太一直上，北斗直符。斗者爲柄，但觀北斗月建，以天道觀正月建，寅道在寅是也。周而復始，運行不絕，一氣升降，日月流行，五星六曜，森羅萬象，無不運行。故曰：五日一候，十五日一氣，四十五日一節，九十日一季。春生夏長，秋收冬藏，發生萬物，天上天下，仙宮人世，胎卵濕化；一根一苗，一枝一葉，一花一子，有情無情，皆受這炁而所產也。故萬物內外，莫不是道也。故見天道運行，又觀人道不別於天道也。人道太一兩腎，堂間中黃，上赤下黑，左青右白，其包五行，混元一點。真一之道，名曰太一。太一者，水之宗號。北斗直符者，心之七竅也。日月者，心腎也。人無日月，以心腎爲日月，天無心腎，以日月爲心腎。五星六曜，五臟六腑，森羅萬象者，是皮毛骨節三萬六千精光神也。《道經》云：不出戶，知天下也。河上公曰：人身喻似天地之用也。又將自己太一運行，日月循環，直得真心火下降，腎水上勝，水上火下，五臟百脈生，津氣、津液、血神，自然通流，五行、四象、八卦，萬神自歸大道，百骸九竅自得通靈。手握太一，性命固窮。若是依天道運行，豈不與天地齊壽矣。故曰：執天之行，盡矣。是故聖人指天道喻人，觀天道之運行，執天之行，無不成神仙者矣。

天有五賊，見之者昌。

得賊則昌，失則亡。七賢云：五星、五嶽、五臟、五方、五賊。五賊，五行之義。洪儒珍重之言無不包也。淳曰：天地用五行，遞相爲剋伐，相生相投也。天之五賊，木、水、金、土、火；地之五賊，金、木、水、火、土。見聖人言天之五賊逆行，陰陽顛倒相返也；地之五賊隨地順行，故人有生死矣。若見天賊，隨天賊而運用，故人只有生而無死也，故曰見之者昌矣。且見地之五行，金生水之類也。天之五行則不然也，即水生金也。且見水氣上騰，化爲雲在天上，天屬金，雲氣上騰至天，故曰水來生金。子見母，現本形，化爲雨也。《易》曰：雲行雨施，品物流形，是天道逆行也。且見地之五行，木生火。天之五行，則不然也，火生木也。在人則爲氣，在天則爲太陽真氣，發生萬物，則是陽氣入木，枝葉發生，薰蒸萬物，木石皆榮，故曰火生木也。豈不是天道乎？故聖人指天之道，要人體天法道，人則不會逆行。若要長生，須行顛倒法。如何是五行顛倒法？但取心火發於腎水，水見火化爲氣，其氣上騰至於肺，肺屬金，是水生金也。其水化爲金液，此是金液來入肝。肝者木也，心者火也。火來生木，肝臟榮旺，目生光明，其黑白自分明。木得火之性，金得水之情，南方火來生東方木，北方水來生西方金，四象二儀，復配入戊己土，故云五行不須行。四象合入中宮，名曰五行顛倒術。太白真人曰：五行顛倒術，龍從火裏出。五行不順行，虎向水中生。真一子曰：此二十字，少則少焉，妙則妙焉，是謂泄天地互用之機。陰真君曰：北方正炁號河車，東方甲乙成金砂，朱雀調運

生金華，金華生天地寶。人會此言，合至道内外，同於天地道。志鍊其精，修爲神丹，點化四大，輕舉飛昇，豈不爲神仙之道乎？故曰見之者昌。

五賊在心，施行於天。

五賊在心者，五行真炁也。以心爲主，動則五行隨之，故曰五賊在心也。施行於天，則並用其心，須依天道。一切善惡由心造，凡有施爲，且合天爲道。心有作用，合天之五賊而運用施行也。

宇宙在乎手，萬化生乎身。

宇宙在乎手，萬化生乎身者，此神仙下手修鍊之處，賢聖匠手，陰陽權柄也。陰陽者，日月也。日爲龍，月爲虎；日爲汞，月爲鉛；日爲離，月爲坎；日爲火，月爲水；日爲陽魂，月爲陰魄；日爲炁，月爲精；日爲性，月爲命。權握宇宙者，性命在乎手也。我命在我不在天也。在天爲日月，在人爲精氣。天以日月運轉，人以精氣運行。吕真人曰：有人問我修行法，遥指天邊日月輪。魏伯陽《參同契》載歌曰：聖人奪得造化意，手扶日月安爐裏。微微騰倒天地精，攢簇陰陽走神鬼。日魂月魄若人識，識者便是神仙子。鍊之餌之千日期，身既無陰邪得死。《素問·上古天真論》曰：余聞上古真人，提挈天地，把握陰陽，呼吸精氣，獨立守神，肌肉若一，故能壽比天地，無有終始。張夢乾曰：攝乾坤於掌上，聚散三辰；握日月於襟前，捲舒八景。《道德經》云：深根固蒂，長生久視之道，其日月在心腎。其心好動，其神好泄，漏其精華。是故聖人制伏心不動，權握握腎不泄，以至無漏堅固故身輕，乃長生久視，豈不爲神仙。下手修鍊之處，心腎相交，精炁逆。□萬化生乎身，故曰神仙作用之機，變下鬼爲神仙，救死人爲活人，是宇宙在乎手矣。

天發殺機，龍蛇起陸。

此是三百字内元，天性人也，人心機也，立天之道以定人也。一十六字是杜光庭加此文理也。淳曰：天發殺機者，秋三月也，西方金氣生霜，降殺萬物也。金能尅木，龍蛇入蟄，萬物可殺。《道德經》云：天地不仁，以萬物爲刍狗。龍蛇起陸者，春三月也，萬物發生，天地發陳。龍蛇起陸，秋殺春生，道之理。春泰卦，秋否卦，春生秋殺，天地否泰之義也。

人發殺機，天地返覆。

人發殺機者，莫大於不孝，罪在不赦，故天地返覆也。修殺者，運一氣而昇騰，三屍自死，殺滅九蟲，造化金丹，純陽爲體，故名殺機。天地返覆者，造化一氣，故令死者返生，故陰陽天地返覆。

天人合發，萬變定基。

天人者，一氣也。合發者，昇騰一陽初動也。萬變者，萬物變化也。定基者，萬物皆炁運動也，名曰定基也。

性有巧拙，可以伏藏。

法性本一，根性不同也。且甘草甜，黄蘗苦，本即一氣一根，性各差互。人有巧拙之性，可以隱密伏藏。《易》曰：君不密則失臣，臣不密則失身。機事不密則害成。由此言之，道也，禀五行而生，故知五行之性情，各逐五行而用事，皆在隱密伏藏也。劉子曰：山狙見巧，終必招殃。山狙者，猿也，善能避箭。楚王出臘，山狙繞樹，王見巧，令養由基射猿。由基欲射，山狙抱樹而啼，知由基善射，莫能避也，必見死也。故曰：因巧招禍。人雖至巧，不能得死者，非天巧也耶！

九竅之邪，在乎三要，可以動靜。

九竅在心，心有七竅，三毛内隱，二竅藏陰陽之所，一孔爲陰，一孔爲陽，以爲輔弼。帝若乃心王也，故心有九孔也。三要者，耳、目、口也。目可視其色，耳可聽其聲，口可納其味。心之九竅，受其聲色口爽，故令納邪，可以動乎？在三要也。目不視邪色，耳不聽邪聲，口不爽邪味，心竅不納邪，可以靜也。老君曰：澄其心而神自清，自然六慾不生，三毒消滅。夫人分七十五等，上二十五等，中二十五等，下二十五等。上、中、下分爲九品，上等上品，心有九竅；中等上品，心有七竅；下等上品，心有五孔；至下等下品，心實無竅，名曰愚，何異蠢物乎！三要之説，乃防於心，此動靜死生之門戶也。

火生於木，禍發必尅。

火生木者，天道逆行也；木生火者，地道順行也。禍發必剋者，地道順行也，木罰而自焚。天道逆行者，木旺而自榮。夫人身之道，順地之用事，順行則死。用天之道，逆行則生。夫人身爲木，自發火心無明，不覺敗壞其身，及事至禍發必剋，此則愚人也。若夫聖人，以身爲木，以心爲火，焚其源，修鍊其身，暗换形質，而成聖人矣。

姦生於國，時動必潰。

婬邪惑心，氣動神散也。時動必潰，神氣離乎身，心潰散也。老子曰：以身爲國，以精氣爲民，民散則國離。

知之修鍊，謂之聖人。天生天殺，道之理也。

遭遇聖人，得傳口訣，知修鍊之法，子午下功，勤而行之，以鍊凡胎濁骨，獲無窮之壽，謂之聖人。

《黃帝陰符經註·富國安民演法章》 老子曰：以身爲國，以精氣爲民，衆神爲萬姓。淳曰：精能養形，氣能養神，精、氣、神爲壯之道也。可能運精鍊形，謂之富國；存神保氣，謂之安民。聖人外指家邦爲喻，以身爲國，一身之內，鍊精氣以修大道。老母曰：甘酒珍饌，伐性之戈矛也；婬聲美色，破骨之斧鋸。不覺敗壞其身，故民散國離。演法者，演教法也。章者，明也。

天地，萬物之盜者。萬物，人之盜。人，萬物之盜。

天地，萬物之盜者，萬物盜天地之氣養形。萬物，人之盜者，人盜萬物養其性命，故立身活形也。人，萬物之盜者，不測萬物情性，返被萬物盜人也。蓋萬物之情性者，鍊穀之法也。人之所食，不宜大飽。鍊穀之法，五日一候，內使火數鍊穀，如彈上九竅，眼如蜂窠。煅鍊大便退滓之法，太陽如白膏所結也。小便之法，四十九日可以小便中溺出朱砂也。故曰：天地又被萬物之盜，萬物又被人之所盜，人又被萬物盜之。有此三盜，不能出離。人能奪萬物之精氣，運用而鍊穀，腸胃如酥酪，運元氣而絕粒，出離萬物，乃令絕食，非也。老母曰：天地盜，萬物盜，萬物使人不得常榮盛而有衰朽，萬物盜人，使不得常少壯而有老死也。人盜萬物，使不得常存。有此三盜，皆不覺不知，互相盜其精氣，是盜其形也。日日不可闕，乏則饑寒疾病生矣。如盜精氣者，勤而行之，則太和充溢，芳華鬱暢，百脈皆榮，三關流潤矣。故不能善用盜者，返被萬物這盜也。故能善盜其形，賊其精，鍊其氣，以保長生。

三盜既宜，三才既安。

天地盜萬物，萬物盜人，人盜萬物，皆合宜也，不得過分。如失其此遁者先當伐矣。

故曰食其時，百骸理。動其機，萬化安。

食其時，百骸理者，飲食知時，百脈自安，飲食失時，五臟不和，靈物受病，百骸不理也。動其機，萬化安，天機運也。呂真人曰：天機深遠，下手速修猶太遲。天機者，臍下一寸三分也，聖人下手，養胎仙之處。楊氏注《難經》：臍下腎間動氣者，丹田也，人之性命也。丹田者，性命之本。道士思神，此丘坐禪，皆聚真氣於臍下，良田此也。丹田有神龜呼吸真氣，非口鼻呼吸也。口鼻是氣之出入門户也。丹田爲氣之本源，聖人下手之處，收藏真一所居。故曰胎息炁也。動其機者，機心也。施真人曰：心爲使炁，神養成胎。萬化安者。老母曰：食者非貪飲食，所食者，盜萬物之精炁。蓋形能食其味，神能食其氣也。若以時而食，其形則動，其機以用，精則萬化安也。

人知其神而神，不知不神而所以神也。

人知有陰陽禍福之神，不知自己身中有出入神也，能爲了其生死也。人則知手足舉動之神也，不知天機發動用之至神也，故曰神中神也。人則知口鼻內出入之氣，不知丹田有真一之氣，故曰氣中之氣也。人則知五穀之精，不知本來有真一之精，故曰精中精也。老君曰：精中有精，氣中有氣，神中有神，是我自然之道也。老母曰：人則知祭祀之神，不知自己身有三萬六千道精光神，能爲出世之神也。

日月有數，大小有定。聖功生焉，神明出焉。

天地之數，五十有五，大衍之數五十，其用四十有九。五行之數，水一、火二、木三、金四、土五，此是生數。又有成數，水六、火七、木八、金九、土十。土數者，三十輻也。三十輻者，水一、火二、木三、金四、金木水火共十數。土無正形，隨四季而旺。在四方各五數，四五二十，更加十數，共三十輻，一月之用也。如是之運動也，天地作數人之氣，此月數之用也。日數者，九九之數，令人從冬至一日數，九九八十一日，是太陽之數也。五日一候，十五日一氣，四十五日一節，九十日一季。月有圓缺，萬物生成，各有定分。故大小曆皆有定分，聖功生焉，神明出焉。修行之士，若依日月之數抽添，運用補接，增加日遠，死途漸至，生路既脫。凡軀修鍊真形，神形俱妙，豈不爲神仙乎。

其盜機也，天下莫能見，莫能知。

天地萬物，遞相爲盜，莫能見之矣。是賊盜天地之機也。天下莫能見者，是盜賊之無色，聽之無聲，摶之無形，呼之無名，故天下莫能見也，莫能知

也。窮一炁之造化，觀萬物之發生，故莫能知也。《化書》云：仰寥廓而不見其跡，處虛空而亦無聞，神明且不遠，君子常正其心。顔子曰：仰之彌高，鑽之彌堅；瞻之在前，忽焉在後；明恍惚不可爲形象也。淳曰：恍惚者，有無也。故聖人明有無之源，窮造化之端，修之則形成而有象，故謂之莫能知，莫能見也。

君子得之固窮，小人得之輕命。

君子小人各正性命也。君子得其性命固窮，其性命恐有無常至，故悟其性，養其命，乃得延年，則長生矣；小人得其性命不能守，皆亡其命，失其性，甘酒婬荒志猛，不固其性命，故曰輕命也。《易》曰：君子與天地合其德，與日月合其明，與四時合其序，與鬼神合其吉凶。君子者，外修陰德，內鍊心神，固窮養命，以保性命，乃君子也；凡小人舉止，不合陰陽日月，不顧性命王法，而自稱我強，暗中昧其神道，內無寸真，外行不仁，隔宿無恩，常懷荆棘，天地不容，陰公奪功奪筭，然有壽而殃於子孫。故曰：小人作也，故輕其性命也。

《太上老君內觀經·觀心神》 老君曰：天地媾精，陰陽布化，萬物以生，承其宿業，分靈道一，父母和合，人受其生。始一月爲胞，精血凝也；二月成胎，形兆胚也；三月陽神爲三魂，動而生也；四月陰靈爲七魄，靜鎮形也；五月行分藏，以安神也；六月六律定腑，用滋靈也；七月七精開竅，通光明也；八月八景神具，降真靈也；九月宮室羅布，以定精也；十月炁足，萬象成也，元和哺食，時不停也。太一帝君在頭，曰泥丸君，總衆神也；照生識神，人之魂也；司命處心，納生元也；無英居左，制三魂也；白元居右，拘七魄也；桃孩住臍，深精根也；照諸百節，生百神也；所以周身，神不空也；元炁入鼻，灌泥丸也；所以神明，形固安也；運動住止，關其心也；所以謂生，有由然也。予內觀之，歷歷分也。心者禁也，一身之主。心能禁制，使形神不邪也。心則神也，變化不測，故無定形。所以五藏五神，魂在肝，魄在肺，精在腎，志在脾，神在心。所以字殊，隨處名也。心者火也，南方太陽之精，主火，上爲熒惑，下應心也，色赤，三葉，如蓮花，神明依泊，從所名也。其神也，非青非黃，非大非小，非短非長，非曲非直，非柔非剛，非厚非薄，非圓非方，變化莫測，混合陰陽，大包天地，細入毫芒，制之則正，放之則狂，清淨則生，濁躁則亡，明照八表，暗迷一方，但能虛寂，生道自常，永保無爲，其身則昌也。以其無形，莫之能名，禍福吉凶，悉由之矣。所以聖人立君臣，明賞罰，官僚，制法度，正以教人。人以難伏，唯在於心。心若清淨，則萬禍不生。所以流浪生死，沈淪惡道，皆由心也。妄想憎愛，取捨去來，染著聚結，漸自纏繞，轉轉繫縛，不能解脫，便至滅亡。由如牛人亦如是，始生之時，神元清靜，湛然無雜，既愛納有形，形染六情，眼則貪色，耳則殢聲，口則耽味，鼻則受馨，意隨健羨，身欲肥輕，從此流浪，莫能自悟。聖人慈念，設法教化，使內觀己身，澄其心也。

老君曰：諦觀此身，從虛無中來，因緣運會，積精聚炁，乘華降神，和合受生，法天相地，含陰吐陽，分錯五行，以應四時。眼爲日月，發爲星辰，眉爲華蓋，頭爲崐崘，布列宮闕，安置精神。萬物之中，人最爲靈，性命合道，人當愛之。內觀其身，惟人尊焉，而不自貴，妄染諸塵，不淨臭穢，濁亂形神，熟觀物我，何疎何親？守道長生。爲善保真。世愚役役，徒自苦辛也。

老君曰：從道受分謂之命，自一稟形謂之性，所以任物謂之心，心有所憶謂之意，意之所出謂之志。事無不知謂之智，智周萬物謂之慧，動而營身謂之魂，靜而鎮形謂之魄，流行骨肉謂之血，保神養炁謂之精，炁清而駛謂之榮，炁濁而遲謂之衛，總括百神謂之身，萬象備見謂之形，塊然有閡謂之質，狀貌可則謂之體，大小有分謂之軀，衆思不則測謂之神，邈然應化謂之靈，炁來入身謂之生，神去於身謂之死，所以通生謂之道。道者有而無形，無而有情，變化不測，通神群生。在人之身則爲神明，所謂心也。所以教人修道，則修心也；教人修心，則修道也。道不可見，因生而明之，生不可常，用道以守之。若生亡則道廢，道廢則生亡。生道合一，則長生不死，羽化祖仙。人不能長保者，以其不能內觀於心故也。內觀不遺，生道長存。

老君曰：人所以流浪惡道，沈淪滓穢，緣六情起妄，而生六識。六識分別，擊縛憎愛，去來取捨，染著煩惱，與道長隔，所以內觀六識，因起六欲。識從何起？識自慾起。慾從何起？慾自識起。妄想顛倒，而生有識，亦曰自然，又名無爲，本來虛靜，元無有識。有識分別，起諸邪見。邪見既與，盡是煩惱。展轉纏縛，流浪生死，永失於道矣。

老君曰：道無生死，而形有生死。所以言生死。所以言生死者，屬形不屬道也。形所以生者，由得其道由；形所以死者，由失其道也。人能存生守道，則長存不亡也。

老君曰：人能常清靜其心，則道自來居，道自來居，則神明存身，神明存身，則生不忘也。人常欲生，而不能虚心，人常惡死，而不能保神，亦由欲貴而不用道，欲富不求實，欲速而足不行，欲肥而食不飽也。

老君曰：道以心得，心以道明。心明則道降，道降則心通。神明之在身，由火之因卮也。明從火起，火自炷發，炷因油潤，油藉卮停。四者若廢，明何生焉？亦如明緣神照，神託心存，心由形有，形以道全，一物不足，明何依焉？所以謂之神明者，眼見耳聞，意知心覺，分别物理，細微悉知，由神以明，故曰神明也。

老君曰：虚心者，遣其實也；無心者，除其有也；定心者，令不動也；安心者，使不危也；靜心者，令不亂也；正心者，使不邪也；清心者，使不濁也；淨心者，使不穢敢。此皆以有，令使除也。四見者：心直者，不反覆也；心平者，無高低也；心明者，無暗昧也；心通者，無窮礙也。此皆本自照者也。粗言數者，餘可思也。老君曰：知道易，信道難；信道易，行道難；行道易，得道難；得道易守道難。守而不失，乃常存也。

老君曰：道也者，不可言傳口受而得之，常虚心靜君曰：道也者，不可言摶口受而得之，常虚心靜神，道，自來居。愚者不知，勞其形苦其心，役其志，躁其神，而道愈達，而神愈悲。首求道，當慎擇焉。

老君曰：道貴長存，保神固根，精炁不散，純白不分，形神合道，飛昇崐崘，先天以生，後天以存，出入無間，不由其門。吹陰煦陽，制魄拘魂，億歲眷屬，千載子孫，黄塵四起，騎羊真人，金堂玉室，送故迎新。

老君曰：内觀之道，靜神定心，亂想不起，邪妄不侵。固身及物，閉目思尋，表裏虚寂，神道微深，外藏萬境，内察一心，了然明靜，靜亂俱息，念念相系，深根寧極，湛然常住，杳冥難測，憂患永消，是非莫識。

老君曰：吾非聖人，學而得之。故我求道，無不受持，千經萬術，惟在心也。

《太上元寶金庭無爲妙經・太虚》道言：無形合虚，中有萬物，而行二儀，是謂太虚。故虚中無，無中有，有生一，一生二，二生三，三生萬物，是謂太始。太虚者，神運也，神運而萬物生。太始者，神化也，神化而萬物形。生而無託，形而無爲。吾不知其至妙之理，如是孰謂天地之大，未易其法焉。西王母曰：道至大，包天地，不見其道也。吾將欲出天地，觀無形之道，造真虚，斡至妙之機，何能若是？故神人者，欲觀天地之外，莫若無形；造八妙之虚，莫若神化。無形之形，神化之化，可謂道也。

《太上元寶金庭無爲妙經・妙化》道言：道可爲哉，以妙用爲用，真虚爲體。故生者觀是以生，死者觀是以死。剛柔因道以爲材，陰陽法天道以爲達。然後萬物不喻而化五行，各遂其性，皆由無爲之道，合自然之數也。聖人體妙以觀天下，天下自然而化者，乃順性命而行焉。觀天地之心，其妙得天下心，天下心是爲得民，得民而歸之，若赤子之歸乳母。作天下法者，法得自心焉。西王母曰：以一心而觀天下，天下惟一心耳。以衆心而觀天下，天下惟衆也。盡心以觀民心，民心以息心，保心以己心，天下皆己心也。心心自妙，觀觀自化，治天下以無亂，治四體以圖安。後世行之，孰不安歸天下也。

《太上元寶金庭無爲妙經・自然》道言：名無名者，神化也。生自然者，妙用也。天下之妙有象，有陰陽之妙，有寒有暑。聖人得自然之道，體天地，筭陰陽，法寒暑，行炁運。男女以精神，交四時遲，疾移以天地之外，自然之道觀之。故凡脱而入聖之化，而入神之移，而化天地真人之機。乃形外之法，孰無形之妙，而化無形，無形復有形。若欲以無形入有形，以有形爲之，皆自然之道也。西王母曰：自然之道，煉炁全真，出生死門，至虚無之中，復以至神就形，移化往來，合運觀聖應機之道，仍不可迹。迹之且既出死生，入無有形。何謂復形軀也？蓋全無，神何以知；全有，神何以離？自然神化，全有全無，神圓不散。然證於物形，出入何復物焉。故曰：聖人不迹，真人無迹。

《太上元寶金庭無爲妙經・太微》道言：道有不可言，道有可言。不可言則大，可言則小。不可言者，能生死萬物，移神易妙；可言者，萬物由之生死，天地由之造化。故真人之道，得太微之理。然不可以形言，不可以言，則惟觀天地之言者。天之道有短有長，惟短者更短，長者不復長也。且太始之右，日長人大，年長物盈。今世短耳，民輕耳，短運耳。天之度，三百六十五曆，減之則合，加之則弱。西王母曰：大微者，天道盈虧之法也。天道漸短，地道漸長。君繁離，民饥薄，天道常若不及，則等差之運，以天長地短，天達地近，陽衰陰極。常知太微之道，是以整肅陰陽，觀天、地、人也。

《太上元寶金庭無爲妙經・太一》道言：天常清，地常寧，皆太一之

道也。故事貴有始則有常，有常則無生滅，無生滅則天地不爲之賊，而稱太一也。天有太一，萬物生焉；人有太一，五行用焉。一者天之至精，不濁不重，至清至靈，生生真府，則四象明焉。西王母曰：太一者，元祖也。養之不窮，用之不竭，能生萬物，乃炁之祖宗，造化之基也。人既入五行八卦之妙，復見太一而知天地陰陽，不爲己盜而左右周旋，皆自己有也。兵之不劫，利之不誘，可謂至一也。形得一以不勞，神得一以大全。故一者，始則觀大江之水，泛泛不絕，溢於心源；終則決滄海之波，浩浩不止，流於神府，然後神移形全，神全形滋也。

《太上元寶金庭無爲妙經·無爲》道言：無爲無不爲，有爲有以爲。神能移化，奪其真炁，能呼吸陰陽，外忘饑寒，內忘升降，以自得爲心，以虛無爲行，故曰無爲。夫無爲者，當無有爲之用，以有爲爲本，爲有本，以五行爲先，爲天地者，有爲於衆手，無爲於拱手。配五行者，有爲於四象，無爲於無象。拱手者，聖人垂衣裳而天下治；無象者，真人全神而形自安。西王母曰：學至於損，道至於無，爲極致矣。觀無所觀，住無所住，行無所行，用無所用，雖天地之大不爲大，陰陽之妙不爲妙。真人入至靜之境，虛無之方，可謂無爲也。故無爲有機爲不絕，無爲失機而自滅。

《太上元寶金庭無爲妙經·生神》道言：五星聚天市而聖人生，五行配地炁而萬物形，故天地之道，皆有常數也。人之有五星，聚於中府，至秀之炁，而亦生內，聖人五行配地炁，而亦物形焉。人之內有五行，既聚神府見玉華，五行降中央而主。真人者，乃人之真也，一曰胎仙，二曰真形，三曰真子，四曰胎真，皆一也。能爲己之形，能言己之事，無所不知，無所不通，出入生死，提挈天地，故曰神也，有是爲真人也。西王母曰：神者保形，先知保命不死，出入天門爲己之內身，依拘變化，與身等俱，此乃胎中之真也。內坎離交媾生胎，胎生內外靈，故能不死，出形無生而入生也。

《太上元寶金庭無爲妙經·坎離》道言：陰中有陽，陽爲至陽；陽中有陰，陰爲至陰。夫北方爲陰，其神水能生萬物，乃炁之祖，諸陽之元；夫南方爲陽，其神火能化萬物，乃形之宗，諸陰之交也。坎能全精保炁而不枯，離能定神鍊真而不昧，知之至妙，謂之真人。而王母曰：陰陽之精，坎離也，定神正性，由心不昧，保精養炁，固炁不竭。夫水決之則流，壅之則腐；火奮之則燥，亭之則明。故聖人導其水，使自地戸上升，灌泥丸，復下華池，入絳宮，其火使心不爲物所拘，常有若無，不爲動者，則久久長而精神不散耶。

《太上元寶金庭無爲妙經·交媾》道言：坎男離女，黃婆嫁娶。金母木公，媒妁相通。交媾之道，在五行配合之際也。五行者，交媾也。五行既聚，金木互用，然後坎男離女，遇而媾也，四象往來通好也，五行相聚配合也。西王母曰：男女相遇，當五十之期。五十者，男年三十，女年二十，乃天地數之合也。男子象天道坎，行一，本宮有水。女子象地道離，應二，本宮有火。坎見三，木通火耗。離見四，金言水之情。坎見五，黃婆引之以升。離見六，水引之以降。坎見七，火見成人而交。離見八，木飾之以根。坎見九，金母而交會。離見十，土爲配形。此五行往來之數，存神至真，水火自靈也。

《太上元寶金庭無爲妙經·五行》道言：天之五緯，地之五經，人之五行，乃自然之物也。惟四象聚中，金丹光煒，陰陽交合，二儀配形，始有升降。夫金盈生水，水始化，故曰炁水也。炁水者，動而升則炁，靜而形則水，水有大利，能生萬物，故水爲萬物之精也。水成則火聚，然後龍行其先，虎行其後，四象合一，五行聚焉。西王母曰：炁靜而神定，乃坎離成，坎離成然後金木分，金木分然後五行運，五行運然後中央聚。火發於下，水灌於上，丹成鼎熱。以晝夜爲周天，十二時爲十二月，二十四炁以時分之，故象天地，作陰陽，法出自然，故曰金丹，養之三年，自爲真人。冬至陽生進火，夏至陰生退火，進退各一十二兩。

《太上元寶金庭無爲妙經·奪運》道言：天有五運，地有六氣，以生萬物，以成造化。人能知天地之運，則長生不死。若欲當知其炁。夫天之五運，五行之炁；地之六氣，六甲之靈。知五行、六甲，不爲天地之盜者，乃爲真人。以真人者，奪天地之運，服八節之炁也。震東方木，宜養肝；離，南方火，宜養心；兑，西方金，宜養肺；坎，北方水，宜養腎；東南巽，宜養膽；西南坤，宜養胃；西方乾，宜養大腸；東北艮，宜養小腸、膀胱，此奪天地之運，不爲之盜也。西王母曰：春夏養陽，秋冬養陰，養陽以水，養陰以火。五行以二炁，呼者出陰，吸者入陽，存是五行正炁，木長火鋭，金方水散，然出入成爲數，以節養之，亦曰服八節旺炁，久久行之，不饑渴。

《太上元寶金庭無爲妙經·御風》道言：天地有陰陽之炁，運行四時而爲寒暑。故寒者陽藏而陰發，暑者陰伏而陽升。天地有寒暑之候，人亦有

寒暑之候。天運之自然寒暑，有疾、遲之差，人運無反覆陰陽之變也。天地陰發而陽藏，故大寒，氣多翳而多結，故冬降霜雪之宜也；天地陰伏而陽升，故大暑，多結中，故夏雨多沸驟。人能體之，使陰勝暑，陽勝寒，則雲可乘，風可御也。

《太上元寶金庭無爲妙經·服炁》　道言：炁者，至大、至靈，化天地，育萬物，然不見其迹，而物物皆是，不雕刻而萬物成，不提挈而萬物生，聚而爲體，散而爲風。天不知炁之爲天，地不知炁之爲地，人不知炁之爲人，萬物不知炁之爲萬物，鬼神不知炁之爲鬼神，萬象不知炁之爲萬象，若知炁所化，則不知炁之所盜耶！天運之爲外，人應之而天，不爲盜其壽；地載之於下，人應之而地，不爲盜其體；萬物見之而應，不爲盜其炁。能知炁者，乃知陽之所生也。西王母曰：炁之在天，冬至而生一陽，萬象應焉；炁之在地，夏至而生一陰，萬物應焉。炁之在人，子初，諸陰會而一陽生，一陽生生於真水。午初，諸陽會而一陰生，一陰生生於真火。生真水，炁在腎，腎炁不可動；生真火，炁在心，心炁不可動。炁之所在，存而應之。

《千金要方·養性·養性序》　仲長統曰：王侯之宮，美女兼千，卿士之家，侍妾數百；晝則以醇酒淋其骨髓，夜則房室輸其血氣；耳聽淫聲，目樂邪色；醼內不出，遊外不返；王公得之於上，豪傑馳之於下。及至生産不時，字育太早，或童孺而擅氣，或疾病而搆精。精氣薄惡，血脈不充。既出胞藏，養護無法，又蒸之以綿纊，爍之以五味，胎傷孩病，而脆未及堅剛，復縱情慾，重重相生，病病相孕，國無良醫，醫無審術，姦佐其間，過謬常有，會有一疾，莫能自免。當今少百歲之人者，豈非所習不純正也。

抱朴子曰：或問所謂傷之者，豈色慾之間乎？答曰：亦何獨斯哉？然長生之要，其在房中。上士知之，可以延年，除病其次，不以自伐。若年當少壯，而知還陰丹以補腦，採七益於長俗一作谷者，不服藥物，不失一二百歲也，但不得仙耳。不得其術者，古人方之於凌盃以盛湯，羽苞之蓄火。又且才所不逮而強思之傷也，力所不勝而強舉之傷也，深憂重恚傷也，悲哀憔悴傷也，喜樂過度傷也，汲汲所欲傷也，戚戚所患傷也，久談言笑傷也，寢息失時傷也，挽弓引弩傷也，沈醉嘔吐傷也，飽食即臥傷也，跳足喘乏傷也，懽呼哭泣傷也，陰陽不交傷也。積傷至盡，盡則早亡，盡則非道也。是以養性之士，唾不至達，行不疾步，耳不極聽，目不極視，坐不久處，立不至疲，臥不至懞。先寒而衣，先熱而解。不欲極飢而食，食不可過飽。不欲極渴而飲，飲不欲過多。飽食過多則結積聚，渴飲過多則成痰癖。不欲甚勞，不欲甚佚，不欲流汗，不欲多唾，不欲奔走車馬，不欲極目遠望，不欲多啖生冷，不欲飲酒當風，不欲數數沐浴，不欲廣志遠願，不得規造異巧。冬不欲極溫，夏不欲窮涼。不欲露臥星月，不欲眠中用扇。大寒大熱大風大霧，皆不欲冒之。五味不欲偏多，故酸多則傷脾，苦多則傷肺，辛多則傷肝，鹹多則傷心，甘多則傷腎。此五味刻五藏，五行自然之理也。凡言傷者，亦不即覺也，謂久即損壽耳。是以善攝生者，臥起有四時之早晚，興居有至和之常制。調利筋骨有偃仰之方，祛疾閑邪有吐納之術，流行榮術有補寫之法，節宣勞逸有與奪之要。忍怒以全陰，抑喜以養陽。然後先服草木以救虧缺，後服金丹以定無窮，養性之理盡於此矣。夫欲快意任懷，自謂達識知命，不泥異端。極情肆力，不勞持久者，聞此言也，雖風之過耳，電之經目，不足喻也。雖身枯於留連之中，氣絕於綺紈之際，而甘心焉。亦安可告之以養性之事哉？匪惟不納，乃謂妖訛也。而望彼信之，所謂以明鑒給矇瞽，以絲竹娛聾夫者也。

魏武與皇甫隆令曰：聞卿年出百歲，而體力不衰，耳目聰明，顏色和悅，此盛事也。所服食施行道引，可得聞乎？若有可傳，想可密示封內。隆上疏對曰：臣聞天地之性，惟人爲貴。人之所貴，莫於生。唐荒無始，劫運無窮。人生其間，忽如電過。每一思此，罔然心熱。生不再來，逝不可追，何不抑情養性以自保？惜今四海垂定太平之際，又當須展才布德，當由萬年。萬年無窮，當由修道。道甚易知，但莫能行。臣常聞道人蒯京已年一百七十八，而甚丁壯。言人當朝朝服食玉泉，琢齒，使人丁壯，有顏色，去三蟲而堅齒。玉泉者，口中唾也。朝旦未起，早嗽津，令滿口乃吞之，琢齒二七遍。如此者乃名曰練精。

嵇康云：穰歲多病，饑年少疾，信哉不虛。是以關中土地，俗好儉嗇，廚膳餚羞，不過醬而已，其人少病而壽。江南嶺表，其處饒足，海陸鮭肴，無所不備，土俗多疾而人早夭。北方仕子，遊宦至彼，遇其豐贍，以爲福祐所臻，是以尊卑長幼，恣口食噉。夜長醉飽，四體熱悶，赤露眠臥，宿食不消，未逾期月，大小皆病；或患霍亂、腳氣、脹滿，或寒熱、瘧痢、惡核、丁腫，或癰疽、痔漏，或偏風、猥退，不知醫療，以至於死。凡如此者，比肩皆是，惟云不習水土，都不知病之所由。靜言思之，可謂太息者也。學者先須識此，以自

誠慎。

抱朴子曰：一人之身，一國之象也。胸腹之位，猶宮室也。四支之列，猶郊境也。骨節之分，猶百官也。神猶君也，血猶臣也，氣猶民也。知治身則能治國也。夫愛其民，所以安其國；惜其氣，所以全其身。民散則國亡，氣竭則身死。死者不可生也，亡者不可存也。是以至人消未起之患，治未病之疾，醫之於無事之前，不追既逝之後。夫人難養而易危也，氣難清而易濁也。故能審威德所以保社稷，割嗜慾所以固血氣。然後真一存焉，三一守焉，百病卻焉，年壽延焉。

《存神鍊氣銘·入有五時》 夫身爲神氣之窟宅，神氣若存，身康力健；神氣若散，身乃死焉。若欲存身，先安神氣。即氣爲神母，神爲氣子。神氣若俱，長生不死。若欲安神，須鍊元氣。氣在身內，神安氣海。氣海充盈，心安神定。定若不散，身心凝靜。靜至定俱，身存年永。常住道源，自然成聖。氣通神境，神通慧命。命住身存，合於真性。日月齊齡，道成究竟。依銘鍊氣，欲學此術。先須絕粒，安心氣海。存神丹田，攝心靜慮。氣海若具，自然飽矣。專心修者，百日小成，三年大成。初入五時，後通七候。神靈變化，出沒自在。峭壁千里，去住無礙。氣若不散，即氣海充盈。神靜丹田，身心永固，自然回顏駐色，變體成仙，隱顯自由，通靈百變，名曰度世，號曰真人。天地齊年，日月同壽。此法不服氣，不嚥津，不辛苦。要喫但喫，須休即休，自在自由，無阻無礙。五時七候，入胎定觀。夫學道之人，入有五時：

第一時，心動多靜少，思緣萬境，取捨無常，忌慮度量，猶如野馬，常人心也。

第二時，心靜少動多，攝動入靜，心多散逸，難可制伏，攝之勤策，追道之始。

第三時，心動靜相半，心靜似攝，心常靜散相半，用心勤策，漸見調熟。

第四時，心靜多動少，攝心漸熟，動即攝之，專注一境，失而遽得。

第五時，心一向純靜，有事無事，觸亦不動。田攝心熟，堅散准定，從此已後，處顯而入七候，任運自得，非關作矣。

第一候，宿疾並銷，身輕心暢。停心入內，神靜氣安。四大適然，六情沉寂。心安縣境，抱一守中。喜悅日新，名爲得道。

第二候，超過常限，色返童顏。形悅心安，通靈徹視。移居別郡，揀地而安。鄰里知人，勿令舊識。

第三候，延年千載，名曰仙人。遊諸名山，飛行自在，青童侍衛，玉女歌揚，勝躡煙霞，綠雲捧足。

第四候，鍊身成氣，氣遠身光，名曰真人。存亡自在，光明自照，晝夜常明，遊諸洞宮，諸仙侍立。

第五候，鍊氣爲神，名曰神人。變通自在，作用無窮，力動乾坤，移山竭海。

第六候，鍊神合色，名曰至人。神既通靈，色形不定，對機施化，應物現形。

第七候，身超物外，迥出常倫大道，玉皇共居靈境，聖賢集會，弘演至真，造化通靈，物無不達。修行至此，方到道源，萬行休停，名曰究竟。今時之人，學道日淺，曾無一候，何得通靈，理守愚情，保持穢質，四時遷運，形妄色衰，體謝歸空，稱爲得道，謬矣！此胎息定觀，是留神駐形之道。術在口訣，不書於文，有德至人，方遇此法，細詳留意，必獲無疑。賢達之人，逢斯聖矣。

《千金翼方·敘虛損論》 論曰：凡人不終眉壽或致夭歿者，皆由不自愛惜，竭情盡意，邀名射利，聚毒攻神，內傷骨髓，外敗筋肉。血氣將亡，經絡便壅。皮裏空疎，惟招蠹疾。正氣日衰，邪氣日盛。不異舉滄波以注爝火，頹華獄而斷涓流，語其易也，又甚於此。然疾之所起，生自五勞，五勞既用，二臟先損，心腎受邪，腑藏俱病。故彭祖論別牀異被之戒，李耳陳黃精鈎吻之談，斯言至矣。洪濟實多，今具録來由，並貫病狀，庶智者之察微，防未萌之疾也。五勞者，一曰志勞，二曰思勞，三曰心勞，四曰憂勞，五曰疲勞。

《乾元子三始論·三化》 太易　天地者，起於太易。太易者，不可見也，從地而生，故曰陽在下也，質形未辨，玄黃雜居，故曰龍德，而隱者也。謂氣從下而生，故動於地之下，則應天之上，乃從無而生其有。且天地之精，受乎天者，發作動用而歸於乾，天氣上勝爲雲，爲氣，受乎地者，發作動用而歸於坤，地氣下降爲霧，爲露。守之者，則大業威矣，昌矣。

太初　太初者，氣之始也。從坎而生，故易變而爲一。一者，陽之始也，天地之元氣也，歷九州而終於乾。乾者健也，始於坎，而成一微，故曰初九爻生。潤物濟衆，氣用無窮，終而復始，故謂之長生也哉！

太始　太始者，形之始也，名之曰器，一變而爲七。七者，南方火位也，

陰陽交泰，萬物長養矣。左化爲離，以象其日；右化爲坎，以象其月。日爲天而左旋，月爲地右轉，二氣其濟，交成太素。而成二微，故曰九二爻生。至之太極，太極至二儀而生八卦，八卦曰法象。法象莫大乎天地。天地著明，莫大乎日月。日月運行，久而通變。通變之道，其可得而究哉！

太素　太素者，質之始氣也。形質具，名曰大象，而來相離，故曰混沌，涵不散也。萬物莫不因此三始而煦育焉。而成三微，故曰九三爻生也。乾既具質，坤之生焉，而法六五，則陰氣生。故謂之日月如合璧。存而勿忘機乎，故春秋即令有度，悔恡不生，是以外圓而青氣。周乎六律，象成斗建故，易曰：君子居則觀其象而翫其辭，動則觀其變而翫其占，是故雲龍風雨晝夜變在其中矣。白者取象其金，西方。黑者取象其水，北方。坎内陽珠，其象也。方圓也，象之守，職而上不在天，下不在田，寂默相守，神氣不散。覆壅之者則天地閉塞，通流之者則陰陽生成。生成之功，天下理也，乃七變而化。九九者乾也，陰陽終始，究而求其始也。終而複始，故曰自強不息。謂終則更生四象之説則終於艮始於震，保生存性，龜蛇龍鶴，守元而不散之所致也。

《天隱子・存想》　存，謂存我之神；想，謂想我之身。閉目即見自己之目，收心即見自己之心，心與目皆不離我身，不傷我神，則存想之漸也。凡人目終日視他人，故心亦逐外走；終日接他事，故目亦逐外瞻。營營浮光，未嘗復照，奈何不病且夭邪？是以歸根曰靜，靜曰復命。誠性存存，衆妙之門。此存想之漸，學道之功半矣。

《天隱子・坐忘》　坐忘者，因存想而得也，因存想而忘也。行道而不見其行，非坐之義乎？有見而不行其見，非忘之義乎？何謂不行？曰心不動故。何謂不見？曰形都泯。故天隱子瞑而不視。或者悟道，乃退曰：道果在我矣。我果何人哉？天隱子果何人哉？於是彼我兩忘，了無所照。

《靈寶畢法・匹配陰陽》　《玉書》曰：大道無形，視聽不可以見聞；大道無名，度數不可以籌筭。資道生形，因形立名。名之大者，天地也。天得乾道，而積氣以覆於下；地得坤道，而托質以載於上。覆載之間，上下相去八萬四千里，氣質不能相交。天以乾索於坤而還於地中，其陽負陰而上升；地以坤索於乾而還於天中，其陰抱陽而下降。一升一降運於道，所以天地長久。

《真原》曰：天地之間，親乎上者爲陽，自上而下四萬二千里，乃曰陽位；親乎下者爲陰，自下而上四萬二千里，乃曰陰位。既有形名，難逃度數。且一歲者，四時、八節、二十四氣、七十二候、三百六十日、四千三百二十辰。十二辰爲一日，五日爲一候，三候爲一氣，三氣爲一節，二節爲一時，四時爲一歲。一歲以冬至節爲始，是時也，地中陽升，凡一氣十五日，上升七千里。三氣爲一節，一節四十五日，陽升共二萬一千里。二節爲一時，一時九十日，陽升共四萬二千里，正到天地之中，而陽合陰位，陰中陽半，其氣爲溫，而時當春分之節也。過此陽升而入陽位，方曰得氣而升，亦如前四十五日立夏，立夏之後四十五日夏至，夏至之節陽升，通前計八萬四千里，以到天，乃陽中有陽，其氣熱。積陽生陰，一陰生於二陽之中，自夏至之節爲始，是時天中陰降，凡一氣十五日，下降七千里，三氣爲一節，一節四十五日，陰降共二萬二千里，二節爲一時，一時九十日，陰降共四萬二千里，以到天地之中，而陰交陽位，是時陽中陰半，其氣爲涼。而時當秋分之節也。過此陰降而入陰位，方曰得氣而降，亦如前四十五日立冬，立冬之後四十五日冬至，冬至之節陰降，通前計八萬四千里以到地，乃陰中有陰，其氣寒。積陰生陽，一陽生於二陰之中，自冬至之後，一陽复昇如前，運行不已，周而復始，不失於道。冬至陽生，上升而還天；夏至陰生，下降而還地。夏至陽升到天而一陰來至，冬至陰降到地而一陽來至。故曰冬至陽升於上，遇春分而入陽位，以離陰位；陰降於下，過秋分而入陰位，以離陽位。故曰春分、秋分。凡冬至陽升之後，自上而下，非無陰降也，所降之陰，乃陽中之餘陰，止於陽位中消散而已，縱使下降得位，與陽升相遇，其氣絶矣；凡夏至陰降之後，自下而上，非無陽升也，所升之陽，乃陰中之餘陽，止於陰位中消散而已，縱使上昇得位，與陰降相遇，其氣絶矣。陰陽升降，上下不出於八萬四千里，往來難逃於三百六十日。即溫、涼、寒熱之四氣而識陰陽，即陽升陰降之八節而知天地。以天機測之，庶達大道之緒餘。若以口耳之學，較量於天地之道，安得籌筭而知之乎？

《玄珠心鏡註・守一詩》　得一之元，一者，天道之强名也；一者，生化之元炁也。即是天地之始炁，一名太空，一名太無，一名太虛，一名太始，一名太初，亦曰自然。老君以一炁無形，不可狀名，故强名之曰一，字之曰道也。元炁即是太無之始，化生玄元也，亦名自然。自然者，天道之母也。老君《西昇經》曰：上孝可謂養母，

常能養母，身乃長久。又曰：虛無生自然，自然生道，道生萬物，萬物抱一而成。夫有以無爲母，無以虛爲母，虛以道爲母，道以自然爲母。自然者，神仙之根本也，萬物化生之玄元也。《道德經》說：得一之元，常養母之人，在其妙用，用知其白，守其黑，常守不忒，復以無極。白者，純陽精炁。炁在人身中爲五藏、三焦之炁，名曰九轉八瓊之神丹。丹華在於瓊室之泥丸。夫人養之亦名八素真氣。世之學道君子，既知其白，須守其黑。陰炁，黑也。初守黑之時，身中黑如漆相似，守之不已，黑之炁日消，陰炁消盡，純陽白炁內明。當明之時，閉目收視，自見五藏宮室，自見三萬六千血脈，血脈皆有神靈，即歷歷分明。若然者，元神清虛，通靈於道。當通靈之時，舒卷自由，坐在立亡，出有入无，分身千億，是明得一之元。上孝養母，知白地黑，守黑不惑，復於无極也。知一之元，不負人也。故《洞靈真經》：斷得一之元，天不可信，地不可信，人不可信，唯得一之元可信。道之所以可信者，守一之人，但能虛卻其身，空卻其心，不視不聽，不言不食，常守空虛無爲，內凝神思，可謂善守一之元矣。若然者，天道元始之炁，自然歸流於守一人身中，主持性命。此時自覺神通於道，變化无礙，內既得之，言所不能盡也。故《西昇經》云：人能空虛无爲，非欲於道，道自歸之。誠哉，是言也！老君告文始先生曰：吾思此道，本出杳冥，杳冥者，守黑也。愚不別知，自謂識生。此言世上人愚徒，殊不知天道須守其黑，守其杳冥，杳冥空虛，無爲寂靜，雖律曆莫能契也。然後空無寂寂之中至感，遂凝成神仙像也。世人愚昧，將謂飽食終日，無所用心，不修堅苦，凝思於空寂之中，例長展腳睡，縱適情性，兀兀過日，云不造惡業，以爲修道，仍希更生易氏，福報於身，待任運成道者，萬萬皆是也。如此愚迷，遞相誑惑，仍自欺誤，甘入輪回生死，此皆遊逸下鬼之才，修福矯善之輩，世世形枯，炁竭色謝，歸空而死。爲形所嬰，億劫亦無了日，仍於垂死謝世之時、病疾困苦之際，怨道不慈者，癡愚之人，分合此也。謂世之聾盲者，豈惟形骸而有聾盲哉？如此之輩，識不及遠，自誤誤他，良可悲也。豈知，天道妙用，在於空苦冥冥之中，淡泊無爲之際，使管衛之炁綿綿然若存若亡，使空虛之身如壞復成，如死更生，如舍五行，陰與陽並，展轉變化，化生物情。物情者，真如道像金華上仙也。此是冥冥時，外其身世，使心冥冥然，靜定不著一物而凝其思，始名爲得一之元。《道德經》云：守一之息，綿綿若存。所恨守一之元用之不勤耳。大凡守一之人，必先外其身世，委身於休枕之上，冥冥肉身，凝其空心，身同枯木，始得綿綿其息，寂然不動，靜定日久，善守其黑，黑盡身中，方覺天光內明。當此之時，身心冥於寂寂之中，泰定之極也。故《南華真經》曰：宇泰定，發乎天光，人見其人也。若然者，是守一之元，道將成也。宇者，守一之人將蛻之身也。守一之元，冥寂靜定，靜定日久，天光風燭，脫身殼中，收視內觀形像，似覺元神凝形在蛻殼中，真若平生容貌，但覺端嚴，反年少耳。此時，外即光焰周身，內則分身千萬，此時太上勑太一下召，名書金闕，解蛻寶天詣，金闕受書，位爲太極真人。若然者，足明崔女《守一詩》不虛也。大凡守一之元，无爲之教，本爲上智之士、洞明天道之人設，非凡聾所能造。夫上智大明之士聞道，女能端居雲林，虛身空心，凝思於杳冥之內，以合衆妙之門，天道正教，與趨世榮競之士陡反矣，固不可使窺天路也。《道德經》說：守一之人，形貌空苦，神魂恍惚。夫恍兮忽，其中有物；惚兮恍，其中有象；杳兮冥，其中有精。其精甚真，其中有信。信者，即是太上大道玉晨君心印也；信者，心印之隱名也。印者守一之元也，元神也，嬰兒也，道像也。世人若知天道，法天爲心，以守一之元養道之母，精勤不怠，復歸於無極無物之中，道像生焉，嬰兒之姿，凝神成焉，號曰無上道像，金華之仙。《太上內景經》說：守一之元，即是太上之心印。說心印曰：真人巾金巾。此五字太上玉晨君之心印也。印以赤玉爲簡，黃金縷字，上付入室弟子。老君以此心印傳與文始先生尹喜，密傳授至於諸仙聖人，不敢明露天機，書之竹帛也。守此心印，即是守一之元也，入天道之門而入也。至於上聖高真，未有不從此而入者。此門天道之根，天道之元，至高無上也。要而言之，守一之元，即是守空。無寂，寂中元神也。《內景經》云：元神，心印一之元。又云：神仙之道非自然，是由精誠亦由專。內顧密眄真之真，真人在己莫問鄰。結精育胎化生神，留胎止精可長生。夫守一之元，非空使之形貌，空苦歲月，深遠凝思，杳杳而已。且一之元有情，一之元有信，一之元無形，一之元可得，一之元不可見。所謂一之元有情者，神之妙識，使人之知天道是也；一之元有信者，性寂感通，通神於天道是也；一之元无形者，隱淪變化是也；一之元不可見者，象罔是也；一之元可得者，獲乎玄珠是也。即是守一之元，身中之純陽、精氣，感化凝神，神名妙妙，真

如法身，項負圓光，光熖周身，如彼火珠之狀。老君《西昇經》云：天道不可見，延生已明之，人知命不可長，用一之元以守之。人之生命，若以一之元合一體，即得神仙，與道長久，出生死也。

匪受自天。

此一句說人世有至道之士，苦節堅行，志尚不移者，但遇明天道，道受太上心印，印得一之元，至於細微，微妙疑難之中，無不曉了，便可敬諮師訓，盟言受道，洞明天道之後，守一之元，積功鍊形，若然者，是知道用日新，身心靈暢，自覺還顏反少，壽超常限，是名知道，修而行之，便能得道，不必更待天真下降爲師教授，然後方可守一之元也。《西昇經》云：世人有知守一之元者，便能言通天理無不知也。若然者，大無不包，細無不入，論盡生化玄元，無有不通天理也。世有行一之元者，便能得道。何以明之？以其守一之元，空虛無爲，凝思於寂寞之場，守神於杳冥之內，歲月彌久，即元神凝形與合一體。若然者，元神已靈，靈即通於天道，通於天道，便能坐在立亡，分身千億，出有入無，是行道者，便能得道也。一之元者，即是純精冥冥，天和元氣未兆之形，生化根本之元神也。凡守一之元，苦澀無味，寂寞無待，世之後學君子，自非慶流遠鍾，積福潛會者，必不能專志守一，精苦不變。其操何也？緣守一之元，凝思冥冥，寂然閑淡，心不著物，不視不聽，不食不言，唯滅動心，不滅照明之性，故曰知守一之元非難，行一之元無味，與俗心反背故也。以其舉世俗之心，悉有爲之法，貪有爲之味，遂爲有嬰，甘入輪回死生，故《道德經》云：天道無親，唯與善人。善人者，非爲獨行五常之教者，乃是受生報之身，身生于全福之家，盡美盡善之人也。夫言盡美之人者，才善、地善、聰明善、人物善、智慧善、賢行善，然後含光藏暉，滅跡匿端，内韜默識，外成仁德。此善人者，貴在理身，賤在理天下，挺然超世之大丈夫也。其爲進也，即天下仰重，貴極禄位，權傾國都，佐王治世，天下太平；其爲退也，即逍遥雲林，樂天明道，降天真大神以爲師友，且近可以比喻盡善之仙材者，漢丞相留侯，越丞相范蠡，吳太子太傅魏伯陽，宋太子太傅陶弘景，東晉左散騎常侍葛稚川，王府長史許玉斧，唐御史大夫唐若山，皆能棄世如遺，委家雲林，尋師轗軻，長往不返，越登上仙。洎周、秦、漢、魏得善人者，不可勝紀，今略舉數人，以爲標格耳。善人已下者，不可力修上道守一之元，使即身便成神仙何也？以其中人已下，元受胎氣之時，正氣不全，受邪氣多，稟正氣少，自然智慧踈短，識量浮淺，欺負爲性，見報偏枯，任心之牽使，動入禍害之鄉，雖竊聞天道，將信將疑，設有信道之者，可力修爲其強也。以其陽氣力戰邪氣不勝故也。不可以力戰不勝，甘輪回死生，永沉苦海，廢神仙之道，恐未可也。彼盡善美之人，慶流深遠，福報之厚者，非偶然之厚也，皆自淺薄命，分戰力修，更生易氏，積其福報之身，漸所種耳。夫力修福之門，皆因積德累仁，慈向萬物，道濟生人，佐王治世、心耕種福，累積陰功，結其宿緣，漸漸鍾耳。太老之真，無上之人仙。

太老之真，無上之仙。

太老之真、元上之仙，並是太極左右真人，位至高元上也。右真人，號曰玉皇是也：太極左真人，號曰金華上仙是也。世人若守一之元法之天道成之後，例爲太老之真、元上之仙。太極左右有四真人，位極天官之任，以品位至高元上故也。皆從盡善盡美之仙材，守真一之比元，凝天道之元氣，頤神解蛻成此，高上仙也。若以世上爲詞比喻，如人世出自入仕之品秩，即耀進士登科及第，最爲高科，解褐受校書正字。夫玉皇、金華二仙八真，是稟八素真氣化凝而成也。八素屬肺，肺屬西方金，金色正白，乃是肺官白金之氣凝成金華上仙也。《玉京山經》云：胎息靜百關寥寥，究三便泥丸洞明鏡，遂成金華仙，世人號釋氏爲金華大仙也，以其兩眉間洞明如鏡，故有此號。釋氏師阿思陀大仙受胎息上道，守一之元，是以走八真氣上朝於泥丸，上官透徹，兩眉之間洞明如鏡。《太上内景經》云：安在黄闕兩眉間，此非枝葉實是根。根者，一之元也。又云：兩眉之間光華所生，以表明明是一之元也。《道德經》云：天下有道卻走馬以糞；天下無道，戎馬生於郊。夫馬者，是八素真氣之隱名耳。八素之氣，每日從金室而上，上朝於泥丸上宮，泥丸之間，方得洞明如鏡也。若世俗凡夫，名之無道之士，每積其賊氣，生于五藏之郊，名之戎馬者，即是甘肥美饌之氣，故老氏名之賊，利斧、戟，以自伐其性命。夫戎馬能腐人腸胃，敗人藏腑，藏敗者，死無日矣。故知守一之元，名爲有道之士，即八素真氣，上朝於泥丸腦宮，道成之後，兩眉之間，洞明如鏡，皆從胎息凝神，乃成金華上仙，成太老之真，真位與老君同也。當成之時，方知崔氏守一之元不虛言也。

光舍影藏，

此一句，說得一之元，便須精誠守神，積功鍊形，冥心无心，冥身無身，內既不分己身，外亦不知天地。若守一之元冥寂至此，名曰身心泰定，日久冥入希夷微妙之中，寂然即骨肉爲純陽之精，陰氣內消，成元始正氣，以資元神。當此之時，始覺天光內燭，煥然照蛻身之中，天光既含於內，形影滅藏於外。《南華經》曰：宇泰定發乎天光，人見其人。宇即守一人身之內也，此是知白守黑，黑氣都盡，純陽精氣，內自光明。此時胎息杳冥之際，藏元神於蛻身之中，即收視內觀形象，自見真如法身，端嚴而分明也。此是胎息守神，神不出身，抱魂制魄，遂成無上神仙也。老君告文始先生曰：吾思此道，吾本棄俗厭離世間，抱元守一，過度神仙。又云：吾思此道，本出杳冥。杳冥者，知白守黑也。初守黑之時，身暗如漆，守之不已，陽光始明。守黑三年，功成形分，沒身不殆，長生神仙。大凡世人，初禀氣受形之時，身中已有陰陽二氣，二氣在身，身外自然分出形影。所以天真無形，鬼物無影者，以其身是純陽、純陰氣故也，皆是無形之形也。夫純陰、純陽，無形之形也，是以無影可分出也。夫天真是純陽元氣，化凝元神而成，金華上仙即是無形之形，妙色真如道象也。《沖虛真經》云：古者爲死人爲歸人，即生人爲行人矣。言步步走歸彼死鄉，以其世之時，焦神役智，一肯暫閑，奄忽之間，以身爲逕。經云：人以色、聲、滋、味爲上樂，不知色、聲、滋味爲禍之朴也。夫色、聲、滋味能暗凋人歲髮，能腐敗人臟腑。嗜之者，是馳走索死也。廣成子以積火焚五毒，即五味也。五味盡，而人可以長生，即是守一之元也。純陽之氣燒盡五陰邪氣，但不飲、不食、不視、不聽，寂寥淡泊。若然者，五味亦無，因臭敗藏胃矣。即人可以長生也，若任四大化之，推遷爲五味之臭腐，即命屬于外矣。故《沖虛真經》曰：人之生，大化有四，天地密移，誰覺之哉？嬰兒也，少壯也，老耄也，死亡也，謂之人生四大化。大化法天時盛衰，言人物禀生之時，受天道元和之氣，化凝成嬰兒之姿；當嬰兒之時法春，以其春和之氣未散也；和氣既散，化成少壯，少壯法夏，以其純陽之熾煎其血熱，使血氣耗損，化成衰老；衰老法秋，則形容爲之枯朽，以其秋霜肅殺之故也；然氣平陵，消彼殘陽，殺氣化成死亡，死亡法冬，是純陰死氣嚴凝也。夫嬰兒之時，和氣猶自未散，煦然若春，性猶近道；及其少壯，欲心熾盛窮，務豐厚，其身以純陽之氣煎血熱使之然也。血氣既衰，颯然朽敗，平生志尚，稍稍無心，生意闌矣。喻若秋霜之威，枯殺草木之榮，凡有生榮之心，當時萎悴，生心無矣。以其殺氣頓侵，容貌爲之衰朽，曰彼純陰死氣消盡殘陽之氣，精魄自然凝成鬼物，陽司牒鬼道收管，陰司，當時差鬼來取將去。大幾世人，身中有一點陽氣在心胸之間未及死乎有一點陰氣在肌膚之內未及長生。世人若遭遇聖師，受得一之元，守神保胎，胎息精誠，苦節守一，即太陽煉形，消盡陰氣，自然骨肉都融，天光內燭，神凝於絳宮之內，爲之功成名遂，陰司不敢收管，具以守一之元人姓名三官，刺報玄洲主仙道君，道君謄，其仙名，聞於諸天，即陰司合除死籍黑簿，黑簿既除，生官上仙，名於金榜，榜仙名於太極南軒，此太上大道玉晨道君當勒繡衣使者下召，詣彼玉京金闕，受書位於三清真人，此時解蛻，潛登飄車，詣於名山之府，待迎官翼衛龍駕幡幢，及諸天樂沸天，引去方知所往是天人來取也。

形於自然。

此一句說含光影藏之後，神凝空寂之中。《西昇經》曰：忽然就形，知非長生。無之中忽然凝神，神在絳宮之內，此是天仙之姿，當此之時，自知非常之身也。有愚執之徒，違善之輩，既不明天道玄理，又不守一之元在乎寂寞之間，空苦不言不食，不視不聽，內顧抱玄，歲月深遠，方得凝神於杳冥之際，將爲安坐待壽，飽食終日，腥穢滿身，任身天運而得成道，乃遞相欺誣，日不造諸惡，任運死生以爲修道者，大誤也。若此之輩，安識形於自然，例役役於有爲之事，萬慮纏胸，形勞神疲，萬萬不能全其天年者，皆生生之太厚也。若然者，爲有所嬰，億劫亦無了期，神仙永不可冀也。《沖虛真經》曰：此兩句雖智辨縱橫，詞問金石，明齊日月，亦無益於治身也。又云：生生者，未常生；化化者，未常化。陰陽爾，四時爾。夫形於自然，即是化化不化也。上古至人，爲道以觀其復，常無欲也。常無欲以觀其妙，即守一之元，使合化化不化也。世人若不知天道玄理，即法空虛，虛無自然，即萬萬形骸，化歸其士矣。精神化歸於鬼物，精神入於鬼門，骸骨歸於土根。世人若知天道，守天常即法天之理，無爲以守一之元，久久能化合爲土之根，形骸化融，卻成天和元始之氣化，被精魄合爲鬼物之化，化成無上神仙，此是化不化也。即是從空寂虛無之中，凝神於自然之際也。生生不生者，即是世俗凡心，力務過分，焦神役智，貴欲豐厚。其生，甘爲萬物競來害此生，以自爲傷生之太厚也，萬萬不得終其天年，自速形於泥

土，精魄化爲下鬼，皆由養過其生，自役而夭也。豈有天地殺之，鬼神害之？自役者，其神勞，其神疲，使之然也。《南華經》云：夫養生必先以物，物有餘而形不養，有之此說。失道之人萬萬，貪著身外害生之物，以傷其生也。大凡世俗凡夫，不知天道，衹在守一之元，凝神於杳冥之內，例遭嗜慾蕩性，萬物害生，步步爭走，歸彼死鄉，甘爲下鬼。若然者，魂魄精神暗爲四大化所凋，陽氣爲之消盡。黄中《陰符》說：上仙之與下鬼，是陰陽相勝之術，昭昭然進乎像矣。陰氣勝陽精，魄化成鬼物；陽氣勝陰魂，神化凝成仙。昭昭然進，於陰陽之形象分矣。陽勝陰則守一之元，寂寞無味，恬澹清淨，無爲自然，若陰勝陽，即甘爲害生之物，悅目暢情，自速其死者也。

真安匪求，神之久留。

真安者，即是守一之元，元神胎息，胎息於絳宫之内，綿綿然安也。狀若世之婦人懷胎，胎息也。夫元神將凝於寂寞之場，必資胎息安穩之用，安穩之用在冥心無身，是之謂外其身，存其精，神光留焉，豈有運機巧於其間哉？夫真胎所安，衹藉凝思於内，元神久留爾。夫守一之人，凝思冥冥，然胎息綿綿然，一定凝神不動，是名身必泰定，即神之久留，是神不出身，神不出身可與天道同久，可以守神長存也。老君告文始先生曰：人能留神於身，不視不聽，不言不食，内知而抱玄，歲月堅久，其神久留，久留方凝成神仙。若神卻不凝，焉得之矣。《西昇經》曰：善守神者，藏神於身而不出，藏人於人而不現，然後天道氣盛矣。若然者，守一之元，常以虚爲身，亦以無爲心，此兩者同爲之無身之身，無心之心，可爲守神，守神玄通身，與道同，故曰子能知一萬事畢無心，得而鬼神伏矣。

淑美則真，

此一句言守一之元，凝思於絳宫之内，必資陰陽二氣和平，妙而淑美，涉美之極，神凝於真。方將欲凝之時，陽和之氣，照燭一身之内，猶如燈燭朗明，了然無物，然後純陰之氣，稍稍冥滅陽和之光。當彼冥時，天光暫時消盡，身中冥冥然其黑之狀，狀類若漆。老君告文始先生曰：知白見黑，急坐守。又云：知白守黑，神明自凝。當黑之時，委身臥於牀枕之上，如同暫死耳。此是純陰共和合，陽不獨顯分也。當此黑時始可名，爲内不知有身，外不分天地，是身心俱與天道冥合也。當冥合之時，仙司嚴勑里域，靈官潛術。守黑者身，百邪莫敢干犯。故曰：不見不死不生，不斷不成。投身死地而後長生，致身亡地而後長存。故曰：神仙凝形，必資陰氣而結也，以其純陽陽氣不能生物故也，亦如男不能生子，必資胎於女腹而生也。夫神仙之道，法陰陽二氣，二氣和淑，淑美之極，元神冥於寂默之中，感而遂生。凝神之時，純陽元和，鍊盡前身，即後來妙色，真如法身而自凝耳。正是化冥冥于真一之元也。夫淑美凝真，即是反本還元，卻歸初始未生之前；淑美凝真，名曰金華上仙，雖在蜕身之中，坐看千億世界，便能出有入無，卷舒自在，縱横元礙也。

《陶真人内丹賦》 夫人本以五行氣而成體，乃以四象精而灌身；得江海竭而命更延，日月虧而神轉壯。故聖人理金鎮玉，鍊石補天，體用玄黄，要崇日月。伏以龍虎大丹者，南北往來之位，本元二三，東西出入之名，運合歸一。青赤白黑，各定四維。上下俱通，輻湊八方。位成五帝，三才立象。萬物有形，六十四卦爻用。二十八宿合度，在七十二候之内，處三百六旬之中。始自元陽，終於晦臘。故經云：以天地合其德，日月合其明也。春夏進長滋隆，皆禀於四時；秋冬退伏蟄藏，豈離於一運。乾長於艮巽之體，剛變爲柔。坤生於震、兑之形，陰歸陽位。然始陰陽之用，日月交映。是以離女坎男，金夫木婦，姤其精氣，陶鍊髓筋。十月功成，一用方備其神也。化之爲液鎔凝質，若堅冰變之玄霜，烹剖形如素雪。方辨鉛汞之理，始驗水火之源。合兩象之精華，抽五行之血肉。故聖人研日月二字，通幽洞冥。窮金水五行，出凡入聖。《參》：日月爲易，剛柔相當。此名水、土、金之三物，志士豈不省己者哉？欲達至真者，明閑卦象，痛會陰陽，曉察天文，精求《易》義，火候進退，生殺合宜，表裏清通，内外相應。《三元周神論》云：欲明其藥，先明自身。悟此一言，而知萬化矣。若天地變易，雌雄抗行，相類不同。炁元交錯者，如持梯而望昇星漢，懸鉤針而擬釣鯨鯢。幸請賢者，細而詳之，豈敢謬於神道耳！又緣《賦》内沈論秘義，潛匿幽詞，注解玄言，附成其旨。

賦曰：

道法自然，

自然者，元氣也。元氣者，是天地虚無之氣。天地虚無之氣，即化生萬物玄元之始也。學丹之流，鍊此得虚無之氣，名真一自然之道，爲萬物化元也。《老子》曰：無形不可名狀，故強名曰道守一之道，曰道者是自然之

氣，即是水銀。志士但依法鍊之，出無入有，脱胎見真一，自然之道也。

術明真假。

真，名鉛也。鍊得銀，銀號曰真一，亦曰白金，位屬兑宮西方。俗士不曉真一之道，鍊鉛擬求其真，物被坯了，豈有真？故經云：莫壞我鉛，令我命全。求真象之道，上禀三光，下應三才，六律既備，變化無窮，即真一之道也。假者是學仙之流，不考經典，不從師授，託意自造，遂將凡常水銀，不依法則妄施陰陽，擬爲至藥，故不成也。李澄云：豈將凡鉛常汞，使喻至藥。所以不法天地，謬用虧明，致陰陽結互，寒暑不時，豈不用假而自悞。故經云：凡聖淺深，愚智真假，自古有之。

法效兩儀，

兩儀天地。

取象八卦。

大藥變轉，體骨皆依法象。金水運氣，周功二十八宿，合度八卦。成八卦者，每四十五日一節成，是一卦也。一年三百六十日，有八箇四十五日，故取象八卦。太易至有八卦，日月有八卦是也。

闢天地以區分，

闢者，開也，明天地以區分。天地位者，乾坤鼎器也。言先論鼎器，後言其藥。天地位定，然後區分周天之義也。寒暑駕馭，陰陽勝負，取特勿失節候，是取象。

混陰陽之變化。

混陰陽者，水火爲藥也。是水銀混沌，清濁未分，故號太易者，是陰陽之象，傾一處之義也。然後陰陽合德，而剛柔有體。陰陽者，氣也。剛柔者，形也。故志士則而行之，候水火主也。分判有時，方辯陰陽之變化。《通玄論》云：此天地之母，砂汞也。

指乾坤而以經以緯，

乾爲金，西爲位。坤爲水，是金。水火二物交轉往來，出入屈伸，體段也。郭真人曰：東西爲緯，甲處爲東，甲爲十干首，甲者神，子爲十二神之先。將甲配子，故云以緯也。

類南北而有取有捨。

故歌云：捨南取北，子母相尅。轉北成西，配合夫妻。此不虚也。故丹石一藥獨負陰，謂之有取有捨。

氐房騰躍於蒼龍，

氐房，是東方宿，故汞寄處於房星。房星屬卯，爲青。又木生於水，水屬北方，爲黑。青與黑謂之蒼，號曰蒼龍者也。

張翼襟帶於白馬。

張翼，是南方火宿，象丹砂也。是古仙以法脱其赤暈，還其真性之功，號曰脱體丹砂，一名白砂，亦名白馬牙是也。

故玄黄之形質，脱筋骨而瀟灑。

玄黄者，天地也。爲器物之形質，筋是汞，骨是銀。得火氣薰蒸，金水等自脱其鉛，漸除滓穢，於器上飛搏往來，拂鬱加霧而瀟灑也。

棲巖隱蟄，跨岳嶽川。

汞在鼎內，得金水伏，被煎灼湧沸不得停。漸結吐花於上，或成其炁，棲巖隱蟄；或伏盤不起，如山岳之形狀也。

候日華之月彩，亦彌歲而歷年。

日華是汞，月彩是金，金汞成形，非日盈月滿而不就也。故一年主十二月，有三百六十日，時積日爲月，積月爲年，至一周天，有四千三百二十時，象四千三百年運氣，故云：彌歲之歷年。志士審而察之，以大藥陰陽相配而成寒暑，陰煞陽養。還丹非四時五行而不伏，皆取其象。

窮造化而變化，順天時而奉天。

窮陰陽之道，知變化之源。夫子曰：知變化之源，其知神乎？故演八卦，父子君臣，剛柔相配，度其尊卑，運終六律，合成大道。定五行六律，七十二候，四十五節，推二十四氣，刻漏取定，大小而諷興三才，取象天地。《參》云：窮神以知化。是故聖人法爲順天，無别義也。

始雄雌而偶匹，終翱翔百昇仙。

始，初也。《參》云：初正則終辨，幹之未可持。即是雄汞雌金，寶相配爲藥，可中服食。翱翔者，義朱雀汞也。得之伏徘徊，禀氣漸昇火，名曰正陽之丹矣。

爰有物外之人，性禀天真，抱沖和之精氣，厭寰海之囂塵。

吴筠先生云：仙者，人之所美也。死者，人之所惡也。所以神不清，骨不峻者，非禀於陽靈之氣，所禀者，必無慕仙之心矣。慕仙之心者，受氣之

時，得值長生之宿，兼逢陽王之宮。所以不性禀天真，起於物外。恬淡純粹，體和神清，厭於寰海，棄於囂塵矣。

夫求不死之方，尋延齡之訣，得金丹之奧旨，洞玄妙之真説。

不死之方，出自黄老。老子丹經，延齡之訣者，即《參同契》、《金碧經》是也。如志士得獲此本，先須上告三官，下告土地真君，然後沐浴齋心，淨室焚香，習而考之，方得心開悟解，了釋真元。學道之士，須廣求師友，請益毫釐，不可妄作也。

故杳杳冥冥，其中有精。

杳冥者，陰黑玄之貌。其中有精者，銀也。精者，汞也。即是銀於太陰之中，但受太陽之氣，溫養日久，冥遁其形，潛伏於太陰之內。如有根萌兆足成形，號曰伏火水銀是也。又杳冥者，不正之貌，若無若有，不之而可見也。故經云：冥冥凝神，不出我身。鉛不呈朴，汞不露形。還陽子云：鉛受辛盲。故被褐懷王。金禀汞甲，胎自著緋而入木。

灌金花之一氣，察水火之兩名。

郭真人曰：先鎔金花爲水，别器暖汞，投入池中，其色凝白，狀如鉛蘇，義亦同否。又一氣真一也。一化受符，青龍之位，爲東方震。震屬木，木生火，謂之汞。土能生金，謂之陰銀。故云：察水火之兩名也。

分布四象，陶均五行。駐日魂而呼月魄，遵虎性而契龍情。

李澄云：金木二字，坎離四象，急藥之體。鉛汞者，玄妙之門，還丹根基。此言青龍、白虎、朱雀、玄武，爲四象也。四象成而五行了。二十八宿周天，日月合度。龍呼於虎，虎吸其龍。性情交泰，日月周畢，豈不是四象五行陶均也。

由是演《易》示機，杓星設位，循箕斗而散彩。

李淳風曰：北斗七星也，近紫微宫，在太微北，是爲帝車，以主號令，運乎中央，而臨制四方，建四時，均五行，移節度，定諸紀分，繫之於斗，其魁爲璿璣，其柄三，爲玉衡。《書》曰：璿璣玉衡，以齊七政。箕斗者，是寅巳之位，起火於此，甲之散彩。

綿艮兑而通氣，

艮爲山，兑爲澤。《易》曰：在天成象，在地成形，變化見矣。韓康伯曰：象況日月星辰，形況山川草木。懸象運轉，而成昏明。山澤通氣，而雲雨施，行連循環，上下通氣，此義深矣。

播刑德而合剛柔，入中宫而歸戊己。

播，施也。刑主陰煞，德主陽汞，而剛柔自合，故入中宫，而歸戊己。戊己者，是土位，稱黄帝。生處玄立，又能剋水銀而玄伏矣。《金碧經》云：以制太平並中宫土。《參》云：三物一家，都歸戊己。三物：水、火、金也。

爾乃九還變態，七返呈妍。

九當乾卦，亢龍立位。七當坤卦，飛龍在天。大人造化，亢龍有悔，窮之災也，故從九位而返七。夫修真之士，須明卦象，屈伸、動靜、出入、卷舒、昇降、進退，各有所配。方守一而鍊真，即見交泰呈妍之理，配男女以時也。

運水火而相鮮，

《參》云：本在交媾，定至生人。以坎男離女配合，日居月諸精彩潛，媾盡一氣，而成牙蘖。《易》曰：日月運行，一寒一暑。乾道成男，坤道成女。乾知太始，坤作成物，是日月以天地之用。金水交精，水火運移，還盡一元之氣。一元者，六十日也，四兆成。《契》云：元年，乃牙潛也。

由内貞而外順，

内者金，外者水。金水欲行，蓋順陰陽之法。用候卦爻，内爲陽三盡，外爲陰三盡。處陽之時，外求於内，在陰之時，内求於外。金居内爲春夏直符也，水居於外爲秋冬直符也。内外之際，蓋取象於卦中。

乃玄之而又玄。

玄者，玄元也。如太上分一氣爲二義。二義，天地也。地也者，剖一氣而真素，號曰真一，故是真玄也。又玄者，是變白爲黄金，黄金爲至寶，故云玄之又玄。經曰：術士服食之，壽命得長久。金性不敗朽，故爲萬物寶。非服常金也。金也，當其變也。

即火東旋而爲龍，水西轉而成虎。虎脱胎而棄子，龍辭丙而致雨。

崔睎山曰：其神化之而爲液，凝之即成汞。如霜璨爛，似玉闌干。素魄流晶，光影星攢。千鍊萬化，其體常然，從無入有，壞而復成。自有入無，滅而復生。陽與陰合，陰與陽并。展轉變化，遂爲物精。仙人百鍊，而爲通靈。還返不窮，還丹是名。又歌曰：五行顛倒術，龍從火裏出。五行不順行，虎自水中生。此是明至藥法，准此陰陽相剋。五行錯王而成

者矣。

氣惟先白黑而後黃，始水火而終土。

此是金水狀貌，從復用不事，至十月終坤，變轉體段，先白後黃，赤黑連表，各還本位，其骨是大還丹也。始火者，火數二，水數一。火既滅，四時輻湊一氣，十五日二十四氣，生成萬物。夫還丹者，象水火成萬物，禀天地陰陽之氣，氣以剛柔，合度四時，不能陶鑄，則真一之道畢矣。

捨南取北，甲乙宗祖。

經曰：陽中有陰，陰中有陽。陰中有陽者，砂中産汞也。汞離陽，故歸北方自然水。水能生木，木居甲乙，與火爲宗祖也。一文云：即火東旋，而爲龍是也。

神水聖石，帝男金女。

神水者，非酒醋之鍊者，石不可作也。是陰一制陽一，爲華池之義。故云帝男龍女，實三一之要也。

道本不離於玄黃，守一要存乎三五。

道本者，汞也。天地與三五之氣，守一要存乎，不離金汞已金也。志士細而詳之，言真實理也。

信由青腰致遠，玄素鉤深。

青腰曾青，玄素是金，即青龍白虎。鉤深，致遠之義也。

風謂七八之水，水生九六之金。

風者，陽氣也。從十五日前，震卦用事，汞得金氣鉤留，自然調暢也。水生者，陰氣也。十六日已後轉受巽，變剛爲柔，是金消，故入汞而歸坤卦也。《參》云：七八數十五，六九亦相應。是一月運六十四卦也。

剛表柔裏，内陽外陰。

剛表者，金也。柔裏者，汞也。經云：陰銀而陽汞是也，故内陽而外陰。別注云：剛者，乾也。柔者，坤也。陰陽合德，而剛柔有體。陰陽者，氣也。剛柔者，形也。禀陰陽成金水，金水之形既成，合體凝而成堅，是變易也。

青龍躍而白虎伏，朱雀飛而玄武沈。

青龍木神，白虎金神。經云：丹砂木精，得金乃并。取天之汞，合地之銀，聚魂魄而成還丹。天玄地黃，合度砂汞，乃當合之時，俱入神室之中，鍊此神精。火土金運，摧文武急緩，以應鍾律。朱雀者火，南方之位也。玄武者水，北方之位也。言汞或走或飛，從南方朱雀中，北方水火，二水一合數三，爲東，青龍鉛水，故先踴躍而伏白虎也。經云：龍陽數奇左，虎陰數偶右也。

由是日爍中男，月迷姹女。

日者，火也。中男者，金精爲月，得火氣而自消散，與汞合爲一體。其汞傳金氣自迷，故不走不飛，謂之月迷姹女。姹女者，汞也。中男者，金也。魏君曰：火能消金，金伐木榮，三五與一，天地至精者矣。

土彊金勁，一寒一暑。

土者，雄黃得位中宫，將軍之名，能偃於水，又能生金。一寒一暑者，發火文武，及時者也。

龍呼虎吸，烏蟾吞吐。

龍者，汞。虎者，金。烏蟾者，日月精也。金汞得火水氣，於鼎内變化，高低之貌，運文武火戲，一上一下，一俯一仰，出化沒化既定，吞吐依時，黃白乃成，號曰金星、美砂、世勝、紫覆粉。若不化定，伏在金中者，名曰金龍丹，亦名伏火紫粉，都是大還丹。

南北交媾於水火，卯酉周旋於子午。

水銀是北方之位也，火是朱砂南方之位也，二方往來，各守定性。寒從北方來，暑從南方至，二方各在用，還往本宫也。卯者，東汞。酉者，金汞。合水火而歸於子午。紫河車訣云：十二月生兒，子午是也。

總括乾坤之策，優游變化之主。

運乾坤二卦，皆有策數。乾策陽爻，半支得六千九百一十二。坤策陰爻，半得四千六百八，總括萬有一千五百二十。主者金也，金爲君，象北辰乾坤交動之時運無輟，而居極是不移。金水在器内，任其水火薰蒸，自然而成正體，優游隨節變化也。

母子包羅於匡郭，修養因依於鼎釜。

此是金法，世人造次豈能知？子母者，金水也。金水者，坎離二用，爲内象外象也。二氣合牙之道，交合於鼎，鼎之中舒光照耀，象日月連環，在六合之中。水火爲藥，乾坤爲鼎，可理匡郭，金鼎之理。《參》云：坎離匡郭者，城郭也。《五相類》云：城郭完全，人物乃生是也。世人不曉金鼎，多

以金銀，及鉛、黄花，爲此大悮也。

配銖兩以定循環，察爻象而校火數。

配銖兩者，六銖爲一分，四分爲一兩，一兩爲二十四銖，一斤爲合三百八十四銖。象六十四卦，有三百八十四爻，循還增減，察察動而定其火數。經云：《火記》不虚，演《易》以明也。

若夫二至啓閉，

冬至，夏至。

陰陽遞遷，

從子至巳陽生，從午至亥陰生。

終坤姤而始遯，起復臨而盡乾。

直純乾訖，乃從初九。一變爲始，九二爲三，三爲否，九四爲觀，九五爲剥，上九爲坤，九還七返，火天大有，此是終乾始遁。又置純坤卦依前，從下位初六變爲復，二爲臨，六三爲泰，六四爲大壯，六五爲夬，上六爲需，八歸六居，水地比也。故經云：起臨而盡乾也。

飛龍偃月，

飛龍是汞，偃月是器。

上下兩弦。

李澄曰：青龍二八白虎中，是初八與二十三日，金水各半斤也。

黄金白雪，神化自然。

黄金者，還轉鉛精，凝爲紫磨，赫然赤也，故曰黄金。白雪者，飛伏水銀，色如雪，故曰白雪。乃是神化自然之道，服之羽化矣。

融坤艮以成地，

坤爲陰，艮爲銀。三篇云：聚陰爲地是也。

仰乾兑而爲天。

乾爲陽，兑爲金，陶君曰：積陽爲天是也。《易》曰：山澤通氣。又云：天地不交之氣，何也？爲形質各易。

母子恩戚，相主交連。

母子恩戚者，鉛制於汞，汞能伏鉛，鉛汞合爲，黄白之道畢矣。銀本從鉛中生，蓋鉛抱於子也。藏鉛在銀，銀隱於鉛中，故是相主勾連。喻人之在道，道不離人，魚在水中，水離魚，魚無水即死，人失道則亡，主相通玄理也。

一色三五，水激雲煙。

一者，真一也。三者，汞也。五者，雄黄土也。真一與土，是陰重之物，故不受飛也。得汞相和，即飛也。飛之爲霜粉，謂之水激雲煙，亦由器。

《混元八景真經・起功定立壇象氣章》 夫立壇理者，正天地之氣候也。候作天地之初機者，日月五星也。日月者，太陰太陽也。五星者，五行也。若日月五星運轉，天地氣候不差，則四時自然成規矩也。人之樞機者，榮衛五藏也。若得榮衛五藏合度，即四時無不應候。日月五行，分行七氣；榮衛五藏，亦行七氣也。則循環三百六十日，合得一周天之數。立五日一候，四十五日一節，九十日一氣。五日一候者，爲六十甲子神行事，每一日分十二辰，故立十二時者，得六十時。六甲神氣周遍數足，乃從五甲子神復用，故曰五日一候。三百六十日，共得七十二候。人若得氣候不差，亦然也。四十五日一節者，謂一日有十二時，六時陰，六時陽，配晝夜爲節，即爲八卦，此八卦是一日之用神也。人亦有十二位元神，名六陰神、六陽神，配合榮衛爲八卦，亦是一日之用神也，四十五日合得三百六十時是正數，故謂之一節。三百六十時，共得八節。九十日爲一氣者，謂四十五日得三百六十神之氣用，九十日共得七百二十，故謂之一氣。三百六十日，共有四氣，人亦然也。若能用榮衛五藏，運轉周身，往來無滯，合天地運動於身，自然分五日一候，四十五日爲節，九十日爲一氣，與天之氣不差分妙，無不達也。蓋爲不知天地氣候行動，運轉身田真氣，曾犯破元神，神氣不足，故與外氣不能相合。人若無犯破者，神與氣全，只投此機用，依日月氣候交合，定刻漏不差，無不達也。若人曾犯破元神者，捉得根本來處而修，卻補令氣備，神全，精足，依法而修，無不達也。

《混元八景真經・定十二時分刻漏，四象真氣聚散章》 夫天地運轉者，以刻漏爲準。起功定位，分刻漏之綱者，一日分定百刻。百刻者，於十二時上。分配子、午、卯、酉四位，各分九刻。寅、申、巳、亥、辰、戌、丑、未八位，各分八刻。四九三十六，八八六十四，共計一百刻。定晝夜、氣候，從子爲一陽起首，是陽氣生之始也；午後爲一陰，是陰氣長之初也；至卯爲盛陽之至也。子者，位應北方壬癸水，卦主坎，其象玄武，水神也。午者，位合南方丙丁火，卦主離，其象朱雀，火神也。卯者，位應東方甲乙木，卦主震，其象青龍，木神也。酉者，位應西方庚辛金，卦主兑，其象白虎，金神也。此四象者，

生成世界，長立乾坤，爲天地之主，謂之四象，故於本位各占九刻。寅、申、巳、亥、辰、戌、丑、未各管八刻。此八者謂八卦，爲四象之輔佐，隨四氣而行休旺。凡行三元正氣，須推刻爲憑，若一刻有差，則真氣不能凝結。且如朔後三十日，是天地氣合，以日月運轉，生成於萬物之中，合得天地氣候，各遂本性，隨順陰陽變化，只如人身初受四象真氣，凝結充實，奪天地造化成人，若不暗合陰陽，交感機宜，如何得四象凝結聚成？若內外機宜相合，自然從無入有，造化成人。是知人身難得，今將有質之軀，奪天地陰陽造化，氣候性情，往來升降，聚散合刻漏，造化修鍊，此理甚易。且如朔後一日與三十日癸時，太陰真氣降來，便將內氣與外氣相合，若不見定刻漏之法，則癸時從何而準定？且癸在子後丑前，各以心中爲準，此見必有差也。子管九刻，丑管八刻，但於子後四刻半即屬癸時，太陰真氣降來，接氣降，便取癸後四刻，屬丑，管真氣聚也。便合丑後四刻屬艮，管其氣散也。接散而便運轉，次後百刻準此作用，故天地造化以刻漏爲準，則此也。

《混元八景真經·奪三十日積閏大功章》 謂三年之內有積閏，三十日奪積閏爲三十日大功。此法出於三年之外。若到此者，神仙不遠，且爲小徑之捷利。所言三十日大功者，謂三年內有一閏，蓋天地造化氣滿，內有積盛之氣，三年內可積三十日，號曰餘閏氣。倍法修功，便將三十日天地氣俱備，三百日造化，萬象俱全，只如人初受氣於母腹中，亦三十日形體俱備，三百日造化形象俱圓，然後降世爲人，又三年乳哺可得成形。若解將此三十日餘氣，依法而修持三十日，便得真性凝聚，立具靈通，故曰大功。若此功就，可以坐在立亡，飛靈走聖，入戶穿窗，隨意立至。故法曰：須得同道三人，缺一不可爲緣。下功至十五日已後，則真性欲離於殼也。故須得一人只在於身畔，逐時呼喚。時中定刻漏，逐刻飡哺。若或失刻，應是不回也。何謂本元真性？離凡軀殼，然復醒，當時二氣聚日，造化之事從無入有，以成身形，然後降世，欲效玄機身法修鍊，要作神仙。及降世後，被榮衛氣障迷，更不記修身造化機法。真性既離凡軀，而後復性，身受濁染，恐不回來，故須一人逐時呼喚。真性既聞人呼喚，知身下功，卻又回來。至二十日已後，逐日真性自現，本形離體，忽有忽無。至二十六日，體象未形，謂之太易。易者，合也，方合有無。至二十七日，元氣始萌，謂之太初。初者，萌也，初覺有體。至二十八日，形氣方端的，謂之太始。方端的者，真性始具形端。至二十九日，形體變有質，謂之太素，真形已具於形質，素白而現。至三十日，真性形質已具，謂之太極。形質極備真性，脫質成形，往來無障。到此雖知未達於神仙，實小聖之利便也。如修此法，須依刻漏爲準，所有刻漏法，細分在前，凡下功處須是四顧寬容平廣，立壇三層。所有壇理，亦分在前。壇象及定，刻圖又目於後，去層壇外，定十二位，分各於本位上，依本數定一周，計一百刻，專令一人在壇心坐，逐刻報應。假令春三月甲子日後，夜半子時直起功，緣亥管八刻，子管九刻，前三刻又犯榮衛交，正子時又失刻，須是亥後三刻半屬子管，子後四刻半又屬丑管，丑後四刻又屬寅管，須是呼喚、哺食，取白膏爲用。白膏者，取頭首生兒者也。乳汁每升管白沙密二斤，射香半兩，朱砂一兩，乳香半兩，龍腦半兩。已上共細研爲散，入甆瓮子，中取白米淨淘浴，用麵拌勻，入甑中藥瓮子內，蒸熟爲度。從下功日每日十二時，每時食一匙。至五日後，逐日加半匙。至十日後加兩匙，至十五日加至兩匙半。至二十日加至三匙，已後不加。二十六日已後，真性離身，現本形，能談論，到此時大功顯驗也。

《混元八景真經·初機法》 三乘之道，即有三乘九品，出身並各不同。上有上道三品，行抱一守中，莫非龍汞虎鉛之金丹也。中有中道三品，行神水華池，莫非虎鉛龍汞之大藥也。下有下道三品，行運精採氣，莫非乾汞坤鉛之大功也。已上九品，立身肇基，皆自鉛汞而成。鉛汞者，天地萬物之宗祖也。又汞者，出於木，是木之精。又鉛者，自白金而有，是金之氣。木即是龍，金即是虎。古仙歌曰：若識金精，得之長生。金精是鉛，汞會成丹。鉛汞相投，神仙可求。鉛汞相凝，道無不成。若遇真鉛，可以身延。又云：下士若達真鉛汞，歷盡春秋萬萬年。故非鉛汞不能立之。鉛汞者，是真陰真陽也。

《陰真君還丹歌註·北方東方》 北方正氣爲河車，

北方黑帝，極尊也；人之下元，陰也。正氣者，屬水，人之血也。河車者北方，氣流歸南方，以火煉水成塵，得變爲河車下元精也。北方黑屬水，人之腎也。腎爲人生根本，分作日月之精，虛無之氣，腎王即化經爲赤子也。

東方甲乙名金砂。

東方爲青帝，主肝，甲乙者。以北方水南方火，火生於木，以水養之，鬱鬱生於青翠，故曰甲乙也。屬木，主人丹田也。生金砂者，今天下水有恒河

沙數，只如漢江之水，嘉陵之江中，自生金砂，工人淘取煉成黃金也。故又法以採於人身者，居上丹田，有屋宅，號爲玉泉洞。洞中有玉泉水，名爲清淨源。採之功志，名號大功德，神水不知涯岸，納至下丹田，日久自結爲砂。

兩情含養歸一體，

兩者，陰陽也。天爲陽，地爲陰；左爲陽，右爲陰。陰陽者，夫妻也。在身，上丹田爲陽，下屬陰。含養四時，運動五行，天地交感，百物自生。日含月，自然光明，月含日，自然生星宿。夫順妻和，遂生男女。今以法採上丹田大功德神水修煉，納至下元玉室含運。

朱雀調養生金華。

朱雀者，火也。在地者，南方丙丁火；在天者，熒惑星也。在地爲火，在人爲心。其火生滅由人，大包天地，細入毫釐，制之則止，放之則狂，經中呼爲明火。調運者，修煉爲泥，以火燒作磁丸，千萬年不朽。木以燒作炭，在土中以得千萬年，其炭還在。人以調伏，採上丹田玉泉中水，以心火修煉之，入下丹田。鑠之玉牢之關，玉牢之關別有陰丹之法，自然別生其魂。日月久深，自然色煥以結成，號曰金池也。《大丹訣》云：金父木母，真鉛汞也。鉛舍五彩，屬北方水，水中有金，金作隄防，故號金華。

金華生出天地寶，

金華者，似漢江之水中金砂，自然生其中也。採丹於水中，居人下部精室之中，日久水中精成金塵，自然爲珠，以號水中火出。又一法，留下部之精，以心火運轉居上元，自然結爲珠，居泥丸宮，以號火中出水。故《黃庭經》云：玉清池水灌靈根，審能修之可長存也。

人會此言真正道。

會者，非凡人。人不信道，道號虛無，故經曰：大道非常，道道如虛，空無所依。訣云：如魚在水，不見其水。人處道中，不見其道。龍不見其山石，鬼不見其土。此言者，豈妄說也。真正道者，人之精華也，多失泄於婦女，即生男女，更面貌形神真似父母，根性若也。結留住在已身，又採上元之水，用合下田爲丹，名曰珍寶。故《陰符經》云：陰陽相推，自然調和。人會此言，真正道畢矣。

龍居震位當其入，虎數元生在一宮。

此是朔至望，行之採上法行道增魂，從望至晦減之，益魄也。男八歲齒生，十六爲之中。十歲已下得法，修真爲上，餘並得屍解者也。

採有日，取有時。

上法行之，取避晦，望朔起。下法者，候天上月圓，人神偏體，採之日月，順則有時，子後午前，卯是也，採陰氣歸上泥丸宮。故經云：溉養靈柯不復枯也。雖不施精，亦還美日，日於珠常爲大空，空無可望可爲，空中有物元其空，是陰氣轉上歸泥丸宮，卻取玉池中水，灌入下丹田，金室之中，其元頭來，人亦不知從何外來，去歸何處，方位安排那裏，各有神化，日久自然變爲寶珠，所以人皆不死是也。故經云：大道無形也。

世人用之而不知，妝取氣候若差錯，萬般工力徒勞施。

或遇天地禁忌，安排不知去處，或值陰戶不開，取意行爲害，令人速衰老也。故云：得一之時崐崘後，雖當截舌不忽道。妄言傳於世人，必定流血身先夭。法文若常人，則不可受也。其文傳在太一宮，經云：太一有君。皆云在心景中，不思議，誰能得見，不可度量也。居人頭爲崐崘上宮室，神明居泊，各有室宅。自項上至頭，自占九宮，其神各有名字。在太一上索靈中，別有要文，至下臍室，別有三宮。此依前十二宮，各有樓台，故《內景經》云：內有重樓十二級。此是也。又丹田有十二樓，應十二時用轉法也。【略】

陽真砂，

陰真汞，

下元陰精法結爲砂，上元陰時採者，沉以爲砂，屬陽氣。

上元氣結成寶，下元氣入崐崘，泥丸注爲珠，可照三千大千世界矣。

時人求之莫妄動。

世人多取五金八石，諸般草木燒之，要見大還丹，豈不妄也。

無質生質是還丹，

從無入有，從有入無，將無質氣，結爲陰氣，交感是也。大丹無藥，五行真氣是矣。

凡示凡砂不勞弄。

世人取砂銀爲汞，取朱銅鐵爲砂是也。若將此求道不成也。

逢此訣，會此言，煉之餌之成真仙。

若逢此歌免妄爲，諸事遂，默心修煉，靜意保持，不退初心，勤進前志，方乃煉之餌之，成真仙耳。

《周易參同契分章通真義・卷上》 乾坤易之門户

乾坤者，易之门户，衆卦之父母。坎離匡郭，運轂正軸。

太易、太初之前，雖含虚至妙，則未見兆萌。太始、太素、太極之際，因有混成，乃混沌也。中有真一之精，爲天地之始，爲萬物之母。一氣既形，二儀斯析，然後有乾坤焉，有陰陽焉，有三才五行焉，有萬物衆名焉。故配乾坤爲天地之紀綱，運陰陽爲造化之槖籥，是以乾坤立而陰陽行乎其中矣。魏公謂修金液還丹，與造化同途，因託易象而論之。莫不首採天地真一混沌之氣而爲根基，繼取乾坤精粹潛運之蹤而爲法象，循坎、離、否、泰之數而立刑德，盗陰陽變化之機而成冬夏。陰生午後，陽發子初，動則起於陽九，靜則循於陰六，乃修丹之大旨也。故以乾坤爲鼎器，以坎離爲匡郭，以水火爲夫妻，以陰陽爲龍虎，以五行爲緯而含真精，以三才爲經而聚純粹。寒來暑往，運行於三百八十四爻，兔起烏沈，升降於三百八十四日，此皆始於乾坤二卦之體，而成變化者也。故云乾坤者，易之門户，衆卦之父母也。

牝牡四卦

牝牡四卦，以爲槖籥。覆冒陰陽之道，猶工御者，準繩墨，執銜轡，正規矩，隨軌轍。處中以制外，數在律曆紀，月節有五六，經緯奉日使，兼并爲六十，剛柔有表裏。

凡修金液還丹，鼎中有金母華池，亦謂之金胎神室，乃用乾坤坎離四卦爲藥。槖籥中，樞轄也。覆冒者，包裹也。則有陰鼎陽爐，剛火柔符，皆依約六十四卦，周而復始，循環互用。又於其間，運春夏秋冬，分二十四氣，譬七十二候，以一年十二月氣候，蹙於一月内；以一月氣候，陷於一晝夜十二辰中。定刻漏，分二弦，隔子午，按陰陽，適晦朔，合龍虎。依天地之大數，協陰陽之化機。其或控御不差，運移不失，則外交陰陽之符，内生龍虎之體。故云善工者準繩墨以無差，能御者執銜轡而不撓，合其規矩軌轍也。蓋喻修丹之士，運火候也。月節有五六，乃三十日也。晝夜各一卦，乃六十卦也。乾坤坎離四卦，爲藥之父母，樞轄鼎器，則非晝夜之數。《契》乃統百言之，兼并爲六十四卦也。經緯奉日使者，卦爻爲日用之經，而緯者律曆數也。剛柔有表裏者，陽剛陰柔，水火金木，互爲表裏也

朔旦屯直事

朔旦屯直事，至暮蒙當受。晝夜各一卦，用之依次序。

凡運晝夜陰陽，升降火數，皆依約卦爻，晝夜各一卦直事。始以屯蒙二卦爲首，朝屯暮蒙，從此爲次序也。

既未至晦爽

既未至晦爽，終則復更始。日辰爲期度，動靜有早晚。

既未者，既濟未濟二卦也。晦爽者，晦朔陰陽，明暗往復也。日辰爲期度，動靜有早晚者，謂陽屬動，陰屬靜，於十二辰中，早晚分隔陰陽升降火數，周而復始，更互用之也。

春夏據内體

春夏據内體，從子到辰巳。秋冬當外用，自午訖戌亥。

陽火自子進符至巳，純陽用事，乃内陰求外陽也；陰符自午退火至亥，純陰用事，乃外陽附内陰也。此内外之體盛衰之理，始復而終坤，皆以爻象則之也。

賞罰應春秋

賞罰應春秋，昏明順寒暑。爻辭有仁義，隨時發喜怒。如是應四時，五行得其理。

春氣發生謂之賞，秋氣肅殺謂之罰。自子、丑、寅爲春，卯、辰、巳爲夏，陽火候也；午、未、申爲秋，酉、戌、亥爲冬，陰符候也。乃於十二辰中，運其火符，應此四時。五行昏明，寒暑仁義，喜怒爻象，不得纖毫參差，故謂之不失。鼎内四時不虧，象中寒暑，則其丹必成矣。古歌曰：聖人奪得造化意，手摶日月安爐裏。微微騰倒天地精，攢簇陰陽走神鬼。日魂月魄若箇識，識者便是真仙子。鍊之餌之千日期，身既無陰那得死？是故修金液還丹，若非取法象天地造化，以順自然之情，則無所成也。

天地設位

天地設位，而易行乎其中矣。天地者，乾坤之象也；設位者，列陰陽配合之位也。《易》謂坎離，坎離者，乾坤二用。二用無爻位，周流行六虚。往來既不定，上下亦無常。幽潛淪匿，變化於中，包囊萬物，爲道紀綱。

天地設位者，以其既濟鼎器，法象乾坤也。易行乎其中者，乃陰陽坎離，符火運行其中也。既鼎器法乾坤，復於其中安金母，以備天地人三才也。坎

離二用無爻位者，謂外施水火，運轉動靜無常，故周流六虛，往來上下，無常位也。或隱或顯，或用或潛，更爲變化之宗，互作生成之母，故云爲道紀綱也。

以無制有

以無制有，器用者空。故推消息，坎離沒亡。

無者，龍也。有者，虎也。無者，汞陽之氣也；有者，鉛陰之質也。鉛汞處空器之中，而未能自生變化，因坎離升降，推運四時，遂見生成，蓋用空器而以無制有也。古文《龍虎經》曰：有無相制，朱雀炎空。故陰生陽退，陽起陰潛，一消一息，則坎離隨時而沒亡也。

言不苟造

言不苟造，論不虛生。引驗見效，校度神明。推類結字，原理爲證。坎戊月精，離己日光。日月爲易，剛柔相當。土王四季，羅絡始終。青赤白黑，各居一方。皆禀中宮，戊己之功。

聖人不苟造虛言而惑後世，故引驗日月，推校神明，分擘剛柔，指陳金水，喻龍虎而取象，運陰陽而採精。以五土而終功，以四季而結果，遂得青赤白黑，循環而皆禀戊己也。坎戊月精者，月陰也，戊陽也，乃陰中有陽，象水中生金虎也；離己日光者，曰陽也，己陰也，乃陽中有陰，象火中生汞龍也。故修丹採日月之精華，合陰陽之靈氣，周星數滿，陰陽運終，盡歸功於土德，而神精備矣。推類結字者，蓋易字象日月也。

易者象也

易者象也，懸象著明，莫大乎日月。窮神以知化，陽往則陰來，輻湊而輪轉，出入更卷舒。易有三百八十四爻，據爻摘符，符謂六十四卦。晦至朔旦，震來受符。當斯之際，天地媾其精，日月相撢持，雄陽播玄施，雌陰化黃包，混沌相交接，權輿樹根基，經營養鄞鄂，凝神以成軀。衆夫蹈以出，蠉動莫不由。

易者象也，蓋以日月相合而成也。金液還丹，莫不合日月陰陽精氣而成也。故陰陽精氣，出入卷舒，晝夜循環，周而復始。約六十四卦，依三百八十四爻，據爻摘符，火隨進退，陰來陽往，陽伏陰施，東西之氣相交，夫婦之情相契，當斯之際，震來受符，天地媾其精神，日月合其魂魄。混沌者，神室象雞子，兩弦相合，如混沌也。陽龍陰虎，在混沌中相承，交感之氣，樹立根基，長養鄞鄂，以至凝神成軀，終爲精物也。故鼎室中，乃自是一天地也，凡闕蠉動之物，莫不由之也。雄陽屬天，乃玄也；雌陰屬地，乃黃也。此乃老陽老陰，乾父坤母，互用火符極數也。則知一鼎中造化，一一明象，天地運動，發生萬類也。若火候失時，抽添過度，寒暑不應，進退差殊，則令天地之間，憑何節候而生物象哉？憑何陰陽而生龍虎哉？

於是仲尼

於是仲尼讚鴻濛，乾坤德洞虛。稽古當元皇，關雎建始初。昏冠氣相紐，元年乃牙滋。

仲尼讚易道，分乾坤爲萬物之首，立咸恒爲夫婦之宗，闢之鴻濛，鑿之混沌，顯鬼神之狀，通天地之情，則君臣、父子、夫婦、男女，五行相生相尅，萬物變化之機盡矣，乃乾坤昭其洞虛也。故魏公喻易，刱立鼎器，運動天機，媾龍虎之形，合夫婦之體。初則全無形質，一如鴻濛混沌之中，既經起火運符，則男女精氣相紐，故關雎兩慕，昏冠相求。自此起火之初，便應元年滋元年滋産，日居月諸，龍虎之體就矣。

聖人不虛生

聖人不虛生，上觀顯天符。天符有進退，詘伸以應時，故易統天心。

伏犧聖人，仰察俯觀，定易象之數，知萬物之情，留示後人。俾未達者，既得窺天地之竅，盜陰陽之精，識造化之根，辨符應之體，相生相尅，進退詘伸，皆在乎掌握，故云易統天心也。是以設法象，採至精，具鼎爐，運符火，循刺漏，行卦爻，定時辰，分節候，以盡天地之大數也。

復卦建始萌

䷗復卦建始萌，長子繼父體，因母立兆基。消息應鍾律，升降據斗樞。三日出爲爽，☳震庚受西方。八日☱兑受丁，上弦平如繩；十五☰乾體就，盛滿甲東方。蟾蜍與兔魄，日月氣雙明。蟾蜍視卦節，兔者吐生光。七八道已訖，屈折低下降。

復卦建始萌，長子繼父體，因母立兆基者，六陰爻下，初變一陽爻爲復卦，故云建始萌也。謂因坤卦下變一乾爻，內體成震，坤是震之孕母，故云立兆基也。震是乾之長子，從此隨時漸變，至十五日變成純乾。乾，父也，故云繼父體也。亦如月自三日生形，至於八日成上弦，陽數得半，喻鼎中金水各半也。至十五日圓滿，出於東方，蟾蜍與兔魄雙明，喻鼎中金水圓滿

得火候也。魏公託此卦象，喻月生者，蓋將半月三候陷於半日六辰內，進陽火抽添於鼎中，內受火符，有此變化兆萌也。七八道已訖者，謂十五日乾體成就也。屈折低下降者，謂下文十六日以後，退陽火用陰符也。

十六轉受統

十六轉受統，☴巽辛見平明。☶艮直於丙南，下弦二十三。☷坤乙三十日，東北喪其朋。節盡相禪與，繼體復生龍。

十六轉受統乾，謂十六日以後，陽火初退，陰符始生也。巽辛見平明者，亦如陽火初進之時，與月生三日同也。下弦二十三者，復如上弦同義，金水各半也。坤乙三十日，東北喪其朋者，陰符到此，消盡陽火也。緣一月內，陰陽各半，陰陽相禪，水火相須，一月既終，復又如初，再用復卦起首，故云繼體復生龍也。

壬癸配甲乙

壬癸配甲乙，乾坤括始終。七八數十五，九六亦相應。四者合三十，陽氣索滅藏。八卦布列曜，運移不失中。

壬癸，陰也；甲乙，陽也。陰陽相配，謂丹母在乾坤鼎中，受陽龍陰虎相合之氣，故云乾坤始終也。七、八、九、六，四者合三十日也。三十日內，七、九應陽數，六、八應陰數，乾坤各分其半，至三十日而盡，陰符陽火俱終。故當一月運火之時，皆循八卦列曜，運行子午東西，抽添升降，則陰陽舒卷，使金水調和。如或運火失時，霖旱不節，既虧生成之理，難留龍虎之形。運火之士，細付度之。

元精眇難覩

元精眇難覩，推度效符證。居者觀其象，準擬其形容。立表以爲範，占候定吉兇。發號順時令，勿失爻動時。上察河圖文，下序地形流，中稽於人心，參合考三才。動則循卦節，靜則因象辭。乾坤用施行，天地然後治。可得不慎乎？

元精者，是鼎中神靈真精，天地之元氣也，摶之不得，視之不見，而能潛隨化機，生成萬物。既窈冥難觀，當推效符證，立表爲範，發號施令，以應天符。故仰觀象天文，俯察循地理，乃得合天地之魂魄，會陰陽之慘舒，樹立三才，勘定休王，依卦象，順爻辭，分旦暮，敘升降，故得乾坤泰而夫婦和，龍虎交而天地理。以上並論，循刺漏，運符火，明抽添，分進退，一一不失日月星辰行度之數，則鼎內依四時生產萬物神精也，運符火之士，得不慎乎？

御政之首

御政之首，管括微密。開舒布寶，要道魁柄，統化綱紐。爻象內動，吉兇外起。五緯錯順，應時感動。四七乖戾，誃離俯仰。

御政之首者，運符火之士，起首次第也。既鑄金成鼎器，則管括固濟，令微密也。開舒布寶者，內金舒暢滋液，金水相依也。復隨斗柄，經歷十二辰，上順五星於四七之間。四七，乃二十八宿也。如或緯候參差，節符不應，則吉兇生於爻象，符火失於晨昏，致使外五星錯亂，則內五氣不和；四七乖戾，則周星誃離，而鼎內不生成也。外火雖動而行，內符閑靜不應，則天魂魄，不相交接。是以星辰錯亂，日月差殊，四季不調，萬物不產，良由運火夏秋失節，致鼎中霖旱不常也。【略】

日合五行精

日合五行精，月受六律紀。五六三十度，度竟復更始。原始要終，存亡之緒。或君驕溢，亢滿違道；或臣邪佞，行不順軌。弦望盈縮，乖變兇咎。執法刺譏，詰過貽主。

日合五行精者，每一月一度，與月交媾也。月受六律紀者，謂金水於鼎內，逐月分受，得半月律氣也。律呂各六，而日月共分之。日月五星經緯，共生萬物，喻鼎內受外來陰陽之氣，升降子午之符，排運五星之精，交媾日月之粹，否泰相繼，存亡相緒，週而更始，始復而終坤也。其神室陰精處中宮，居土德而象君。若鼎內應外不專，良由國君驕溢，則四方貢輸不入，臣下邪佞，致使時刻有差，弦望虧盈，晦朔吝咎，皆歸過於主。主即金精、土德、神室也，臣即五行、六律、精氣也。得失即運符火之士也。因茲奼女逃亡，赤龍奔逸，神精既走，金液何求？

辰極受正

辰極受正，優游任下。明堂布政，國無害道。內以養己，安靜虛無。原本隱明，內照形軀。閉塞其兑，築固靈株。三光陸沈，溫養子珠。視之不見，近而易求。

辰極受正，優游任下者，謂神胎居中宮，喻君處明堂，如北辰也。陰陽五行之氣，臣下也。但君臣理，內如北辰正天之中，則陰陽五行之氣順和，鼎室

金水之液滋生，君得以養己安靜，任運虛無自然變化也。原本隱明，內照形軀者，謂金能隱明，又能自照，得火而同益光明也。閉塞其兑者，兑，口也。既安金虎靈根於中宫，則須固濟築塞其鼎口，運役三光真精，而入其內哺養子珠靈汞，故云三光陸沈也。三光者，即陽火、陰符。金胎，以象日、月、星也。外運亦有三光，分在動静爻刺之內，陰陽符火之中，變化而成也。緣內外各有陰陽變易之體，不可備論，到此微妙，非口訣難以書傳也。金汞在鼎，變化難測，莫可得而窺視，或以天機運制，法象樞轄，則金汞不敢逃亡，龍虎得以交媾，故云近而易求也。《陰符》曰：宇宙在乎手，萬化生乎身也。

黄中漸通理

黄中漸通理，潤澤達肌膚。初正則終脩，幹立末可持，一者以掩蔽，世人莫知之。

《易》曰：君子黄中通理，正位居體，美在其中，而暢於四肢，發於事業，美之至也。謂金虎在鼎中，初受外來陰陽精氣，漸漸潤澤肌膚，既初受氣，始生萌芽，正其技幹，而終成果實也。蓋喻金砂、真汞、初吐芽蘖也。一者，水也，緣水根、真金，在器內固濟蒙蔽，常人莫能知之也。

上德無爲

上德無爲，不以察求；下德爲之，其用不休。上閉則稱有，下閉則稱無。無者以奉上，上有神德居。此兩孔穴法，金氣亦相須。

上德者，水在上也；下德者，火在下也。水火既濟，乾坤之謂也。水在上常静，無爲而處陰，不以察求也；火在下常動，運轉經歷十二辰內，其用不休也。上閉稱有，內水也；下閉稱無，外火也。無者以奉上，謂火運四時五行之氣，以資奉神胎，故云上有神德居，即神胎金汞也。此兩孔穴法，金氣亦相須者，謂水火陰陽二氣，雙閉相須而成神藥，餘無別逕也。魏公述此一章，深明法象大綱，神藥指歸也。

知白守黑

知白守黑，神明自來。白者金精，黑者水基。水者道樞，其數名一。陰陽之始，玄含黄芽。五金之主，北方河車。故鉛外黑，內懷金華。被褐懷玉，外爲狂夫。

白者，金也；黑者，水也。知金水之根，用爲藥基，則神精自生於器中，故云神明自來也。白金自水而産，及爲神器，水體不絕，乃金水兩情爲道樞紐也。水數一，爲天地、陰陽、五行、萬物之始也。水一、火二、木三、金四、土五是也。玄含黄芽者，謂金水生黄芽也。五金之主，北方河車，河車者，水火也，謂水火二氣，運生五行也。故鉛外黑，內懷金華者，謂鉛未化白金之前，混於礦內，外貌黑而內藏金華，猶被褐懷玉之狂夫也。

金爲水母

金爲水母，母隱子胎；水者金子，子藏母胞。真人至妙，若有若無，髣髴大淵，乍沈乍浮，退而分布，各守境隅。

水生於金，金爲水母，謂金生水而反隱形於水，乃隱子胎也。水者金子，子藏母胞，謂黑鉛變質，而寄位西方，爲白虎金胎，水含金而復藏質於金，胞中真水銀是也。真人至妙之各守境隅者，謂真汞被外符火逼逐，在母胞中乍沈乍浮，飛伏不定，若有若無，繼以符應進退，又各守其界分，則不敢動越也。魏公述此一章，深明內象視聽，不及真精希夷出没之狀也。玄妙哉！神聖哉！

採之類白

採之類白，造之則朱。鍊之表衛，白裏貞居。主圓徑寸，混而相拘。先天地生，巍巍尊高。

採之類白者，謂初運動之時，先以白金爲首也。造之則朱者，謂陶冶之際，次以赫火成朱也。鍊爲表衛，白裏貞居者，蓋以白金爲神室也。方圓徑寸，混而相符者，謂金胎象混沌，而製造分上下兩弦，中宫主圓徑寸以安真汞，既兩弦相合，固濟綿密，使陰陽相符，纖微不漏，以養龍虎。古歌曰：固濟胎不泄，變化在須臾是也。先天地生巍巍尊高者，謂真鉛未有天地混沌之前，鉛得一而相形，次則漸生天地、陰陽、五行、萬物、衆類，故鉛是天之父母，陰陽之本元。蓋聖人採天地父母之根而爲大藥之基，聚陰陽純粹之精而爲還丹之質，殆非常物之造化也。則修丹之始，須以天地根爲藥根，以陰陽母爲丹母，如不能於其間生天地陰陽者，即非金液還丹之道。若以有天地陰陽之後所産者，五金、八石、草汁、木灰、晨霜、夜露、雪漿、冰水、青監、白滷，諸物雜類而爲之者，不亦難乎？同志思之，久而自悟，故後篇云：萬遍將可覩，神明或告人。

旁有垣闕

旁有垣闕，狀似蓬壺。環帀關閉，四通踟躕。守禦密固，閼絶姦邪，曲閣相通，以戒不虞。可以無思，難以愁功勞，神氣滿室，莫之能留。守之者昌，失之者亡。動靜休息，常與人俱。

凡修還丹，有壇爐、鼎竈，上下相接，如蓬壺之狀，週旋四通。鼎内復有神室金胎，委曲相連，鼎外復有樞轄固濟，閼絶姦邪。以防真氣走失，方免別生思慮，仍無愁勞也。雖固密隄防，得神氣滿於室内，又須調運陰陽。交互施功，將以留連真精，而成變化。如運火符差忒，縱有真精在内，亦復飛走不住。全在變調整水火，守而勿失，則必昌盛。故真氣動靜休息，一一常與人俱也。

是非歷藏法

是非歷藏法，内視有所思；履行步斗宿，六甲以日辰；陰道厭九一，濁亂弄元胞；食氣鳴腸胃，吐正吸外邪。晝夜不卧寐，晦朔未嘗休。身體日疲倦，恍惚狀若癡。百脈鼎沸馳，不得清澄居。累土立壇宇，朝暮敬祭祠。鬼物見形象，夢寐感慨之。心歡意悦喜，自謂必延期。遽以夭命死，腐露其形骸。舉措輒有違，悖逆失樞機。諸述甚衆多，千條有萬餘。前卻違黄老，曲折戾九都。

是非歷藏法之曲折戾九都者，魏公謂世人不達大道之宗元，而趨旁門之曲逕，故有内思小伎，履步魁綱，六甲日辰，乃童蒙之漸階也。復有對境接氣，房中之術，屈伸握固，閉氣嚥津，因兹氣亂神疲，魂傷魄瘁，以致陽神逃於宫宅，陰賊盜於肺肝，良由内外相侵，寅申相逼，七魄遊於死户，三屍戰於眼睛，百脈沸騰，三田潰亂，本期永壽，反爾傷生，豈得見於清澄乎！復有外立壇墠，祭祀淫鬼，欲希遇道，乞遂延齡，致使鬼氣傳於精魂，邪風起於心室，或交夢寐，或見形聲，自謂長生可期，不知我命在我，乃致促限，棄腐形骸。此屬多般，皆爲左道。欲行轉住，欲速更遲，悖亂至真，乖訛天理。妄稱高道，明違黄帝之丈；蔽隱真詮，全失老君之旨。故魏公不欲人習旁門，便令徑入正道。而歷藏諸法，縱有小成，終亦不免其死壞。唯金液還丹得服之後，返老爲嬰，位證真人，與天位同其長久也。故下文云金砂入五内，霧散若風雨，薰蒸達四肢，顔色悦澤好，鬢髮白變黑，更生稚牙齒，老翁復丁壯，耆嫗成姹女，改形免世厄，號之曰真人。又《黄庭經》曰：百二十年猶可還，過此修道誠甚難。須待九轉八瓊丹，日月之華救老殘。則知此法是白日沖天，長生之上道明矣。

明者省厥旨

明者省厥旨，曠然知所由。動而行之，夙夜不休，服食三載，輕舉遠遊，跨火不焦，入水不濡，能存能亡，長樂無憂。道成德就，潛伏俟時。太一乃召，移居中洲。功滿上升，膺籙受圖。

魏公警好道之人，省究其旨，當自豁然。既得之後，夙夜勤修，終始勿怠，藥成之後，服食三年，輕舉遠遊，水火無礙，坐存立亡。暗施陰德，潛伏俟時，太乙見召，移居中洲，計日上升，膺籙受圖也。太乙乃修丹之主司也，中洲乃神州也。世人初得道，鏤名金簡，於此膺受圖籙，始獲上升也。

火記不虚作

火記不虚作，演易以明之。偃月法鼎爐，白虎爲熬樞。汞日爲流珠，青龍與之俱。舉東以合西，魂魄自相拘。上弦兑數八，下弦艮亦八。兩弦合其精，乾坤體乃成。二八應一斤，易道正不傾。銖有三百八十四，亦應卦爻之數。

火雖有記，須約易道而行之，循諸卦爻，運諸否泰。鼎器偃月，即仰月也。金虎在内，爲藥樞機。朱汞青龍，被丙丁朱雀，隨時趁逐，俱入金胎，故謂之舉東合西也。魂魄者，東龍魂，西虎魄也。下下兩弦合一斤之數，分三百八十四銖，應一月二八之候，則乾坤形體俱就，與一週天之數同也。

金入猛火中

金入猛火中，色不奪精光。自開闢以來，日月不虧明，金不失其重，日月形如常。金本從月生，朔旦受日符。金返歸其母，月晦日相包。隱藏其匡郭，沈淪於洞虚。金復其故性，威光鼎乃熺。

五行相剋，火乃剋金，金得火復能成器，兩不傷損，故金胎在鼎中而不耗散，金色益自光明。自立乾坤鼎器以來，日月運精入内，兩相有益，俱得精明。金體重如初，日月常環照也。金本從月生者，金是陰精，寄位西方，故云金從月生，月自朔旦受日辰之符，因生金也。金返歸其母者，月轉受統，金歸於水，至月晦陽氣消盡，則金水兩物，情性自相包裹，隱藏匡郭，沈淪洞虚也。月晦象年終，月朔象年首也。金水成形，鼎室長含和氣，乃見成功，故云鼎喜。喜則和怡，和怡則金水凝結，自然之道備矣。

子午數合三

子午數合三，戊己號稱五。三五既和諧，八石正綱紀。呼吸相貪欲，佇思爲夫婦。黄土金之父，流珠水之母。水以土爲鬼，土鎮水不起。朱雀爲火精，執平調勝負。水盛火消滅，俱死歸厚土。三性既合會，本性共宗祖。

子水數一，午火數二，共合成三也。戊己土，數五也。三五合成八，此乃三五既和諧，八石綱紀也。故得青龍呼白虎，白虎吸龍精，呼吸相貪育，佇思爲夫婦也。黄土金之父，流珠水之母者，土能竭，水銀乃得不飛走，則四季尾火，行土候是也。金全自朱雀火神，調勻勝負，水盛火滅，晦朔俱終，歸功土德也。三性既合會，本性共宗祖，謂金火自一數水氣中產出，蓋是先天地生元始氣中，而能生五行，非只以金火二味而已。

巨勝尚延年

巨勝尚延年，還丹可入口。金性不敗朽，故爲萬物寶。術士服食之，壽命得長久。土遊於四季，守界定規矩。金砂入五内，霧散若風雨，薰蒸達四肢，顔色悦澤好，髮白變黑，齒落生舊所。老翁復丁壯，耆嫗成姹女。改形免世厄，號之曰真人。

巨勝、胡麻，人食之尚得延年，況金液還丹，入口豈不長生乎？還丹始生於真金，金體故無敗朽。然真金是天地元氣之祖，以爲萬物之母。《道德經》曰：無名天地之始，有名萬物之母是也。天地之先，一氣爲初，而生萬象。金是水根，取爲藥基，是故真金母能產金砂，而成還丹也。土遊四季，爲丹道始終也。魏公喻後人修鍊服之，神妙不同凡藥。此砂入口，如雲霧風雨，徑入五臟四肢，還童卻老，變髮生牙，長生久視矣。

胡粉投火

胡粉投火中，色壞還爲鉛。水雪得溫湯，解釋成太玄。金以砂爲主，稟和於水銀，變化由其真，終始自相因。欲作服食仙，宜以同類者。植禾當以黍，覆雞用其子。以類輔自然，物成易陶冶。魚目豈爲珠，蓬蒿不成檟。類同者相從，事乖不成實。是以燕雀不生鳳，狐兔不乳馬。水流不炎上，火動不潤下。

胡粉，制黑鉛而成，若投火中，卻歸鉛體；冰雪，自水氣而結，若以湯沃，還化爲水。金砂、水銀皆一體之物，以金爲母，還產砂汞，故云植禾以其黍，覆雞以其卵，一旦受氣足，乃成雞與黍。蓋種類相生，終始相因，自然之道也。若以金石、草木、霜露、水雪、鹽鹵之類，皆爲誤用。上文註中已詳説矣。是將天地根爲藥根，真金母爲藥母，令產陰陽成精，金砂、靈汞，以爲長生之藥，不其然乎？故云燕雀不生鳳，狐兔不乳馬。火性本炎上，不可使潤下；水性本潤下，不可使炎上。既以自然本性根類而推之，則金母產金砂明矣。

世間多學士

世間多學士，高妙負良才，邂逅不遭遇，耗火亡貨財。據案依文説，妄以意爲之。端緒無因緣，度量失操持。擣治羌石膽，雲母及礜磁，硫黄燒豫章，泥汞相鍊飛，鼓下五石銅，以之爲輔樞。雜性不同類，安有合體居。千舉必萬敗，欲黠反成癡。僥倖訖不遇，聖人獨知之。稚年至白首，中道生狐疑。背道守迷路，出正入邪蹊。管窺不廣見，難以揆方來。

魏公謂世間多有博學通儒之士，留心道域，好火求玄，邂逅不遇明師，但只看文據訣，妄自出意，虛損貨財，擣治雜藥，擬望長生度世，歷年白首，執而不回，迷守管窺，自入邪徑，千舉萬敗，難揆將來。雜性不同類，上文註中已釋之矣。

若夫至聖

若夫至聖，不過伏羲，始畫八卦，效法天地；文王帝之宗，結體演爻辭；夫子庶聖雄，十翼以輔之。三君天所挺，迭與更御時。優劣有步驟，功德不相殊，制作有所踵，推度審分銖。有形易忖量，無兆難慮謀。作事令可法，爲世定詩書。素無前識資，因師各悟之。皓若褰帷帳，瞋目登高臺。

公讚伏羲、文王、孔子三聖人，天縱英靈，互有明德，演易道則通天地萬物之情，刪《詩》《書》則叙君臣衆名之訓，復有定爻象，析分銖，筭轄周星，數窮大衍。天地雖大，難緘否泰之機；陰陽至虛，無藏動靜之數。是以聖人因之取謀大道，以乾坤象鼎室，使抱一氣而宗萬靈，陰陽貫晷時，俾歷六虛而生庶類。然有形易忖者，天地也；無兆難謀者，陰陽也。若不因三聖演易，將水火何路施張？若不賴世垂文，驅龍虎何門鈐鍵？故云素無前識，因此悟之。若褰帷帳，則明有所覩；如登高臺，復莫知其極。蓋喻聖人之道，仰之彌高，鑽之彌堅也。【略】

以金爲隄防

以金爲隄防，水入乃優游。金計有十五，水數亦如之。臨爐定銖兩，五分水有餘。二者以爲真，金重如本初。其三遂不入，火二與之俱。三物相合

受，變化壯若神。下有太陽氣，伏蒸須臾間。先液而後凝，號曰黃輿焉。歲月將欲訖，毁性傷壽年。形體爲灰土，狀若明窗塵。

金母在中宫，爲水銀，隄防則金水優游，情性相戀，金水逐辰受氣，合得其半，共合一斤之數。既砂金，砂母，亦不損，故云金重如本初也。其三不入者，真土也。金、火、木爲三物，被水、火二者逐辰，與之俱入器中，乃得三性合會，二味相拘，變化若神也。金母始因太陽精氣伏蒸，遂能滋液而後凝結，是名黃輿焉。以至周星陰陽五行，功考互漏，退位藏形，盡歸功於中宫黃帝土德也。故云毁性傷壽年。歸土德而化土，則神精狀若明窗塵也。

擣治并合之

擣治并合之，持入赤色門。固塞其際會，務令致完堅。炎火張於下，晝夜聲正勤。始文使可修，終竟武乃陳。候視加謹慎，審察調寒溫。周旋十二節，節盡更須親。氣索命將絶，休死亡魄魂。色轉更爲紫，赫然成還丹。粉提以一丸，刀圭最爲神。

摶治丹基，堅完固濟，然後安鼎内，號曰赤色門。上水流下，下火炎上，晦朔進退，晝夜升降。文發子初，武隨巳止，午起陰符，以至於亥。運之否泰，調以寒溫，十二節終，終則更始。一周火足，魂魄改形，轉爲紫金，赫然成丹。服之一粒，刀圭更神，神妙之功，述無盡巳。

推演五行數

推演五行數，較約而不繁。舉水以激火，奄然滅光明。日月相激薄，常在晦朔間。水盛坎侵陽，火衰離晝昏。陰陽相飲食，交感道自然。

五行是虚無之氣，窺視難名，若以天地總數則之，則無逃其運用。致感鼎内，五行自然拘。陰陽交媾，火與水退，水激火衰。日魂起於朔晨，月魄終於晦暮。雄雌相禪，砂汞互生，天地自然，丹道昭矣。

名者以定情

名者以定情，字者緣性言。金來歸性初，乃得稱還丹。吾不敢虚説，倣傚聖人文。古記題《龍虎》，黃帝美金華。淮南鍊秋石，王陽加黃芽。賢者能持行，不肖母與俱。古今道猶一，對談吐所謀。學者加勉力，留連深思惟。至要言甚露，昭昭不我欺。

金者，情也；水者，性也。金既生水銀，是情歸性也。且金生於水，水爲金母，水復生於金，金返爲水母，故有還丹之號。上文云母隱子胎，子藏母胞是也。然魏公所述，殆無虚詐，乃託易象及《古文龍虎經》而論之。仍讚黃帝、淮南王、王陽，先真聖人，皆能持而行之古，今共一門徑，非不肖者所可及也。

《周易參同契分章通真義·卷中》 乾坤剛柔故喻後來，留意思之，要言甚露明，明明不我欺也！

乾坤剛柔，配合相包，陽稟陰受，雄雌相須。須以造化，精氣乃舒。坎離冠首，光耀垂敷。玄冥難測，不可畫圖。聖人揆度，參序無基。四者混沌，徑入虚無。六十卦周，張布爲輿。龍馬就駕，明君御時。和則隨從，路平不邪。邪道險阻，傾危國家。

乾坤剛柔，配合相包。凡修金液還丹，先立乾坤，即濟鼎器，然後使陰陽合精氣於其中，次運水火坎離，繼合日月龍虎，故得鼎中光耀。玄冥罔窺，良由參度聖文，究尋樂母，俾乾坤坎離，混而相符，遊降六虚，敷舒五氣，循六十卦，歷十二辰。布爲車輿，以迎龍馬。内有中宫金母，如君治國御時，運和氣以相從，任無爲而大順，是故路平不陂，無性不復。若或運火參差，取時無準，則路生險阻，家國見傾，致使神室金妃，無憑滋産。然金丹之要，全在鉛火二字。鉛火，則水火也，爲還返之宗祖。其餘五行氣候，皆輔助而成功。金妃，則母也。

君子居室

君子居其室，出其言善，則千里外應之。謂萬乘之主，處九重之室發號施令，順陰陽節，藏器待時，勿違卦月。屯以子申，蒙用寅戌，餘六十卦，各自有日。

《易》曰君子居其室，出其言善，則千里之外應之。喻金翁處於神室，如君居九重之上，凡運旦夕水火，如發施號令。欲令衆氣得所，又須安靜無爲，藏器俟時，順爻辭，循刻漏，一一領覽。屯蒙，旦夕之符。謂六十卦應一月候，晝夜各受一卦，周而復始，寅申是陰陽終始之位也。

聊陳兩象

聊陳兩象，未能究悉。立義設刑，當仁施德。逆之者兇，順之者吉。按歷法令，至誠專密。謹候日辰，審察消息。纖芥不正，悔吝爲賊。

聊陳兩象，謂水火陰陽也。從子至巳屬春夏，火行發生之候，合於器内，而

溫狀神精，乃象施仁德也； 自午至亥屬秋冬，符運肅殺之候，降於胎中而凝合靈汞，乃象立刑儀也。魏公使後人則日月之行度，分陰陽之廢與，循以卦爻，順之寒暑，垂誠專謹，消息往來，俾鼎内悔吝不生，象中盜賊不起，則赤精降氣，白汞成形，金液還丹，不日而就矣。

二至改度

二至改度，乖錯委曲。隆冬大暑，盛夏霜雪。二分縱横，不應漏刻。風雨不節，水旱相伐。蝗蟲湧沸。群異旁，天見其怪，山崩地裂。孝子用心，感動皇極。近出己口，達流殊域，或以招禍，或以致福，或興太平，或造兵革，四者之來，由乎胸臆。

夏至、冬至、春分、秋分，此四者，謂子、午、卯、酉，於十二辰間分擘四季疆界，復有土德巡遊四季之末，生成龍虎金木之形，非只以四季爲文，更於十二辰間，又分二十四氣、七十二候，象一年之氣數也。如纖毫刻漏，參差咫尺，日月失度，晦朔偏頗，晝夜不等。或陽火過刻，水旱不調，則隆冬變爲大暑；或陰符失節，寒暖相侵，則盛夏返作濃霜。金宫既砂汞不萌，一鼎乃蟲螟互起。大則山崩地圮，金虎與木龍沸騰；小則雨暴風飄，坎男女離女奔逸。金虎木龍，乃功東西之魂魄；坎男離女，是南北之夫妻。孝子迸散者，則胎中真汞被火候過差，飛走不住，以至皇極鼎，口因而迸出殊域也。或吉或兇，或興或起，四者及以上變證，皆由運火之士胸臆也。若能軌範天機，衡量日月，細意調燮，至誠運圖，召和氣於内而産乾精，俾真宰於胎中而生坤粹，號曰真水銀是也。

動靜有常

動靜有常，奉其繩墨。四時順宜，與氣相得。剛柔斷矣，不相涉入。五行守界，不妄盈縮。易行周流，屈伸反復。

凡運水火，動靜依時，使龍虎二氣相須，子母重胞慕戀，五行守界，四季週流，盈縮不虧，反復無失，即日見其功成矣。

晦朔之間

晦朔之間，合符行中。混沌鴻濛，牝牡相從。滋液潤澤，施化流通。天地神明，不可度量。利用安身，隱形而藏。始於東北，箕斗之鄉。旋而右轉，嘔輪吐萌。潛潭見象，發散精光。

晦朔之間，金水符合之際，艮後寅前是也。陽符既退，金水同宗，故混沌相

符，牝牡相得。流氣滋潤，施液母胞，化生神靈，不可度量，又能安身利用，藏質隱形，伏體潛潭，精興漸發。既於東北右轉，乃是遇朔復興，起自箕斗，擬轉西位，嘔輪吐萌，漸思明耀。尚在伏陰之際，將議復圓舊形，故於東北艮鄉，以循發生終始之位，再動潛龍也。此喻運符至戌亥之間，鼎中金水，如經晦朔，將近子符發生，謂艮位去寅不遠，故曰嘔輪吐萌。同金母於晦朔之間，金水滋暢，至月旦遇子符一陽之火，金遇火重明復耀，則左旋吐萌，漸生龍體也。故下文云盛衰漸革，終還其初也。

昴畢之上

昴畢之上，☳震出爲徵。陽氣造端，初九潛龍。陽以三立，陰以八通。故三日震動，八日☱兑行。九二見龍，和平有明。三五德就，☰乾體乃成。九三夕惕，虧折神符。盛衰漸革，終還其初。☴巽繼其統，固濟操持。九四或躍，進退道危。☶艮主止進，不得踰時。二十三日，曲守弦期。九五飛龍，天位加喜。六五☷坤承，結括終始。韞養衆子，世爲類毋。上九亢龍，戰德於野。用九翩翩，爲道規矩。陽數已訖，訖則復起。推情合性，轉而相與。

昴畢之上，☳震出爲證者，謂月初生於西方昴畢之上，以行陽火，至子丑將運五日一周之氣，自此而始，再生一陽爻，震氣動發生之端於鼎内，因此漸生陽氣，至三五十五日方成純乾，而龍體成就也。陽以三立者，火行三日，鼎内陽氣初布，故云三日震動也。陽以八通者，已得二候，生二陽爻，至於八日，☱兑金得用金，水氣停屬上弦，金水相通，故云八日兑行也。九二見龍，初和平有明者，謂月當上弦，成形方半，喻鼎内金水受寅卯之符，陰陽各半也。三五德就者，謂九三乾乾，行至辰巳，正得三候，計十五日，三爻盡爲純陽，☰乾體成就也。此後陰陽界分，故謂之盛衰漸革，終還其初，乃週而復始也。☴巽繼其陰統，九四或躍，進退道危者，陽爻退而變一陰爻巽，故得承領旋生，包固陽精，無敢動逸。四候既滿，生二陰爻，☶艮行五候符，至申酉，遇下弦二十三日，金水復均也。九五飛龍，天位加喜者，謂六候三十日，坤行陰符至戌亥，是乾坤之氣俱足，龍虎陰陽萬物之數周旋，故云九五加喜也。六五☷坤承，結括終始，韞養衆子，世爲類毋者，謂坤始變一爻爲陽成震，作乾家長男，以至三爻俱變爲純陽成乾；陽極陰生，復於乾體變一爻爲陰成巽，作坤家長女，以至三爻俱變爲純陰成坤。始終出沒，皆由坤體長養萬物，世爲類毋。衆子即衆卦，是故六五坤承，結括還丹

終始，爲道之規矩也。用九翩翩者，謂亢極見命以退位，乃陽數已訖，則轉而相與也。

循據璿璣

循據璿璣，升降上下。周流六爻，難可察覩。故無常位，爲易宗祖。

謂上文云乾坤爲道之規矩，欲順陰陽之則，須循魁斗之行，變化補於六爻，周流故無常位，乃爲易道宗祖。蓋喻坎離運氣於鼎中，週流六虚於象內，莫能窺覩，玄妙潛生，是爲藥之宗祖也。

朔旦爲復

朔旦爲復䷗，陽氣始通。出入無疾，立表微剛。黄鍾建子，兆乃滋彰。播施柔暖，黎烝得常。

朔旦爲復者，五陰一陽，陰氣已極，陽氣復生，謂六柔爻下體初變一剛爻，是一陽發生之兆，故從子初起。陽火也。陽氣始通，律應黄鍾，鼎内受微陽之氣，始造砂汞之基。五陰一陽，以陽爲主，則布氣通流，無所不至，是謂出入無疾也。《易》曰：復，反復其道。復，其見天地之心乎！喻天地鼎中，將生萬物，自兹而始，應十一月子進陽火候也。

臨爐施條

臨䷒爐施條，開路正光。光耀漸進，日以益長。丑之大吕，結正低昂。

臨卦四陰二陽，喻行丑火，陽德漸進，光耀鼎中。冬至之後，日以益長，陽氣浸布，生成神、氣、精也。符應大吕，結正低昂者，金水感氣，漸結流珠於上下，應十二月丑，進陽火候也。

仰以成泰

仰以成泰䷊，剛柔并隆。隆陰陽交接，小往大來。輻輳於寅，運而趨時。

泰卦三陰三陽，陰陽氣停，夫婦交接，漸兆龍虎之精，敷榮金汞，故云小往大來，《易》曰：無平不陂，無往不復，陰陽相承之道，應正月寅進陽火候也。

漸歷大壯

漸歷大壯䷡，俠列卯門。榆莢墮落，還歸本根。刑德相負，晝夜始分。

大壯卦二陰四陽，謂仲春陽氣雖盛，陽中猶含陰氣，陰道將離，故榆莢隨陰而落也。刑德相負者，謂二月、八月陰陽分位之時，陽爲德，德則萬物生；陰爲刑，刑則萬物死。故二月陽中含陰，陰氣犯物，乃於仲春而榆莢墮落，象金砂隨餘陰氣，動静落於胞中，故云歸根也。八月陰中含陽，陰氣發生，乃於仲秋而薺麥復生，象金水隨餘陽氣，滋液滿於室內，故云復榮也。刑德相負之際，陰陽兩停之時，應二月卯息符候也。

夬陰以退

夬䷪陰以退，陽升而前。洗濯羽翮，振索宿塵。

夬卦一陰五陽，陽升陰退，陽氣已盛，而鼎内尚餘些些陰氣，被辰火蕩滌，金砂得以洗濯，羽翮振其宿塵，應三月辰進陽火候也。

乾健盛明

乾䷀健盛明，廣被四鄰。陽終於巳，中而相干。

《易》曰：大哉乾元，剛健中正，純粹精也。乾元，萬物資始，自冬至一陽生，至於純陽，雲行雨施，品物流形。喻鼎内自十一月受符，至四月六爻盡變爲純乾，資成品類。故金胎遇正陽之火，金得火而成器，同益光明，廣被四鄰，充滿鼎室，應四月巳，進陽火候也。中而相干也。陽極陰生，謂下文陰干陽德也。

姤始紀序

姤䷫始紀序，履霜最先。井底寒泉，午爲蕤賓，賓服於陰，陰爲主人。

《易》曰：姤，遇也。五陽一陰，陰生陽退，陰陽分界，龍虎交媾，故相遇也。又曰：繫於金柅，貞吉。謂一陰首唱，繫於後變以至極陰也。履霜最先者，一陰初生，必至極陰，既有微霜，必至堅水也。井底寒泉者，謂五陽下有一陰，陰氣未得敷舒，五陽雖多陰方受事。凡卦之六爻，五陰一陽，以陽爲主，五陽一陰，以陰爲主。多以少爲主，故云陰爲主人也。喻鼎内金母本是太陽水精，初得陰氣，微信金水，少得舒情，必知堅水，極陰之至也。應五月午退符候也。

遯世去位

遯䷠去世位，收斂其精。懷德俟時，栖遲昧冥。

遯卦四陽二陰，陰氣漸盛，陽氣漸衰，謂陽遯其位，收斂真精，以待將來。殘陽居陰，漸欲闕絶，乃栖遲於昧冥也。《易》曰：物不可以終遯故俟時也。喻鼎内赤龍之精，被陰用事，漸合金水，欲萌姹女，則收斂其精，任陰陽之變化也。應六月未退陰符候也。

否塞不通

否䷋塞不通，萌者不生。陰伸陽屈，沒陽姓名。

否卦三陽三陰，天地俱息，陰陽不交，萬物不萌，中宮金母，舒卷自安，應七月申，退陰符候也。

觀其權量

觀䷓其權量，察仲秋情，任畜微稚，老枯復榮，薺麥芽蘖，因冒以生。

觀卦二陽四陰，陰氣已盛，比仲秋情，謂鼎內金得陰氣，隨水相合，變化滋生，姹女水銀也。然陰氣得用，而鼎內猶餘陽和，反於仲秋，復生薺麥，故云老枯復榮也。冒生者，遍地生也，喻金水承陰符於仲秋，生養靈汞，滿胞胎中也。八月、二月，陰陽刑德相負，已於上文大壯卦中註之，應八月酉，息符候也。

剥爛肢體

剥䷖爛肢體，消滅其形。化氣既竭，亡失至神。

《易》曰：剥，剥也。一陽五陰，陰盛陽衰，柔侵剛盡，金水俱息，肢體消化，歸功土德，應九月戌退陰符候也。亡失至神者，謂下文六爻純陰也。

道窮則反

道窮則反，歸乎坤䷁元。恒順地理，承天布宣。

乾始於坤，六陰柔爻，九地之下變一剛爻，謂之一陽生，陽氣從兹而始，以至六變純陽，乾體成就。純陽氣促，陽極陰生，復於乾六陽剛爻之下，變一柔爻，謂之一陰生。以至六變純陰，復歸坤體，故云道窮則反，歸乎坤元也。坤，地也，母也，陰也；乾，天也，父也，陽也。陰得陽而生，陽得陰而成，一陰一陽之謂道，曲成萬物而不遺，故云恒順地理，承天布宣也。此喻一年十二月，一日十二辰，運陰陽進退之火符，合乾坤坎離之精氣，週而復始，妙用無窮。因使聖女靈男，交陰陽於神室，飛龍伏虎，媾魂魄於母胞。是以神變無方，化生純粹者也。

玄幽遠渺

玄幽遠渺，隔閡相連。應度育種，陰陽之元。寥廓恍惚，莫知其端。先迷失軌，後爲主君。無平不陂，道之自然。變易更盛，消息相因。終坤始復，如循連環。帝王承御，千載常存。

天地雖則玄遠，謂日月交氣，應其行度，則又相連，育種萬物，爲陰陽祖也。陰陽媾精於天地寥廓恍惚之間，則莫知其出沒也。喻鼎器設象乾坤父母，運軸坎離男女，於鼎內寥廓恍惚之間，則莫覩其變化蹤由也。金爲藥宗，於器內初則玄黃未分，迷失軌轍，次則陰陽剖判，終則人君五行互用。無往不復，否泰相濟，消息相因。始復終坤，起朔止晦，入符出火，益水安金，行火止水，理似循環，內象金主養育，亦同人主。如四時符火，加減不失，即千秋龍虎常存也。

將欲養性

將欲養性，延命卻期。審思後末，當慮其先。人所稟軀，體本一無，元精雲布，因氣託初。

魏公謂世人欲延生命，卻死期者，須知得身之始末。始末者，元氣也。喻修還丹，全因元氣而成，是將無涯之元氣，續有限之形軀。無涯之元氣者，天地陰陽長生真精，聖父靈母之氣也；有限之形軀者，陰陽短促，濁亂凡父母之氣也。故以真父母之氣變化，凡父母之身，爲純陽真精之形，則與天地同壽也。陶真人云：元氣者，人之根本也。古歌曰：鍊之餌之千日期，身既無陰那得死！故純陽之精氣無死壞也。

陰陽爲度

陰陽爲度，魂魄所居。陽神日魂，陰神月魄，魂之與魄，互爲室宅。性主處內，立置鄞鄂。情主營外，築垣城郭。城郭完全，人物乃安。爰斯之時，情合乾坤。乾動而直，氣布精流。坤靜而翕，爲道舍廬。剛施而退，柔化以滋。九還七返，八歸六居。男白女赤，金火相拘。則水定火，五行之初。上善若水，清而無瑕。道之形象，真一難圖。變而分布，各自獨居。

陰陽爲度者，凡修金液還丹，先定陰陽行度，次立乾坤鼎爐。魂魄所居，互爲室宅者，謂日魂月魄相拘於金室，爲丹根基也。性主處內，立置鄞鄂者，性屬金也，金主理內；承領外符而養靈汞，鄞鄂即形貌也。情主營外，築固城郭者，情火符也，火行六虛而爲砂汞，城郭、人民，即砂汞也。當此之際，亦由乾坤動靜，流氣布精，土居中宮，爲道舍廬，陽伏陰施，泰來否去，陰陽刑德，則爲藥之本途也。九還七返八，歸六居者，謂金生數四，成數九；火生數二，成數七；木生數三，成數八；水生數一，成數六；土生數五，成數十是也。男白女赤者，謂金始因水生而屬陰，係北方坎卦，是乾家中男，乃曰坎男金白，故云男白也；火屬陽，係南方離卦，是坤家中女，乃曰離女火赤，故云女赤也。且金在鼎內則爲男，是離女之夫，及在鼎

外反爲女，是坎男之妻，故金母受太陽之氣而産神汞也。拘則水定者，謂金火相拘，使真人水不流蕩也。水五行初者，水生數一也。上善若水者，水爲萬物之母，清而無瑕，不可視見也。道之形象者，潛運於鼎中，變化不一，不可圖畫也。變而分布者，謂五行各守疆界，而火符四時不差忒也。

類如雞子

類如雞子，白黑相符。縱廣一寸，以爲始初。四肢五臟，筋骨乃俱。彌歷十月，脱出其胞。骨弱可卷，肉滑若鉛。

凡修金液還丹有壇，壇上有竈，竈中有鼎，鼎中有神室，神室中有金水也。神室象雞子，金水亦如之。言類如雞子者，重疊相裹也。白黑相符者，金水相包也。縱廣一寸者，安靈汞也。若以乾坤樞轄，坎離生成，十月具形，與人無異，四肢五臟，骨肉俱全。此數聯者，蓋魏公顯露内外法象，砂汞形儀也。陰君《神室歌》曰：後土金鼎，生死長七，神室明三，圓五陰一。混沌徘徊，天地五星。陰陽兩合，象如雞子。形容無差，黄白表裏。厚薄均匀，六一固濟，好守午門，參同自契。又曰：以水飛土，母制之也。肉滑若鉛者，丹砂因鉛而生以象母。曹真人歌曰：百刹達離氣，丹砂從此出。體似真珠狀，丹砂本非赤。是明形似真珠，而肉類鉛滑。

陽燧取火

陽燧以取火，非日不生光！方諸非星月，安能得水漿？二氣玄且遠，感化尚相通。何況近存身，切在於心胸。陰陽配日月，水火爲效徵。

陽燧、方諸，感氣而猶生水火，乾坤日月，設象而寧不生成？況近取諸身，遠取諸物。始採天地之母將爲丹基，終合日月之精用爲藥祖。種類相産，水火相拘，豈無效證乎？

耳目口三寶

耳、目、口三寶，固塞勿發揚。真人潛深淵，浮游守規中。旋曲以視聽，開闔皆合同。爲己之樞轄，動靜不竭窮。離氣内營衛，坎乃不用聰。兑合不以談，希言順鴻濛。三乾既關楗，緩體處空房。委志歸虚無，無念以爲常。證難以推移，心專不縱横。寢寐神相抱，覺悟候存亡。顔面容浸以潤，骨節益堅強。排卻衆陰邪，然後立正陽。修之不輟休，庶氣雲雨行。淫淫若春澤，液液象解水。從頭流達足，究竟復上昇。往來洞無極，怫怫被容中。反者道之驗，弱者德之柄。耘鋤宿污穢，細微得高山調暢。濁者清之路，昏久則昭明。

《易》曰：坎爲耳，離爲目，兑爲口。坎、離、兑乃水、火、金也。鈐鍵水火，封固金母，謂嬰兒姹女爲真人，浮遊於胎中，使金母緩體，安於空器内，無念動之間，以證自然男女滋生也。既鼎内陰陽升降調和，則胎中龍虎起伏相抱，固住真精，顔色浸潤，骨節堅強。修之不休，久而可驗。抽除陰火，謂排卻陰邪，添入陽符，乃正興陽運，週而復始，神室安和，雲行雨施，汞流金液，如冰解釋。自足至頭，遍匝真人之身，往來金母之體，火氣怫鬱於鼎内，陰精守弱於規中。昏久則明，是陰極陽生之際；清中顯濁，乃火往水復之時。四季迭興，五行互用。反者爲證道之驗，坎去離來；弱者乃樹德之基，陽施陰伏。坎耳不聽者，令陰魄合和真水，使不流蕩也；離目不視者，令陽魂温養真汞，使不逃逾也；兑口不談者，緘閉金胎，使不開闔漏失赤龍精氣也。魏公所述《真契》四篇，立辭指喻，皆是遠取近用，事顯言微，其意不欲明泄天機，復不欲蔽藏至道，故於此盡明内象與外用同焉者也。

世人好小術

世人好小術，不審道淺深。棄正從邪徑，欲速閼不通。猶盲不任杖，聾者聽宫商。沒水捕雉兔，登山索魚龍。植麥欲穫黍，運規以求方。竭力勞精神，終年無見功。欲知服食法，事約而不繁。

魏公謂世人好學小術，要趨疾逕，不知小術疾逕，有始無終，用功至多，獲成者寡。如盲聾者苟於視聽，漁獵者誤於山河，既取舍之有乖，在是非之寧別？勸求至道，約而不繁。況金液還丹是白日沖天之上道，若遇明師，或逢神授，遒其妙訣而修之，則易簡之理得矣。

太陽流珠

太陽流珠，常欲去人。卒得金華，轉而相因。化爲白液，凝而至堅。金華先唱，有頃之間。解化爲水，馬齒闌干。陽乃往和，情性自然。迫促時陰，拘畜禁門。慈母育養，孝子報恩。嚴父施令，教敕子孫。五行錯王，相據以生，火性銷金，金伐木榮。三五與一，天地至精。可以口訣，難以書傳。

太陽流珠者，地氣感天氣而化珠。露是純陽之精，氣能發生萬物，有氣而無形，故號曰赤龍也。陽火化氣爲硃砂，故火生土，土生金。金是太陰之玄精，能長養萬物，有氣而有質，故號曰金華也。赤龍者，本生於甲乙，亦

名曰青龍，陽也，父也，夫也，火也；　金華者，寄生於庚辛，亦名曰白虎，陰也，母也，妻也，水也。蓋取青龍、白虎之義也。如此，或以陰陽顛倒，五行互用，更爲男女，遞作夫妻，則其義也如彼。太白真人歌曰：　五行顛倒術，龍從火裏出。五行不順行，虎向水中生。還丹之宗，龍虎之祖，龍從火生，虎向水産，其言不易也。金妻先唱，木壻播施，神母妊娠，而生姹女。姹女漸長，變化多端，或解化爲水，或馬齒闌干，其金母始自水生，而變化之中，終不絕水體也。陽乃往和，情性自然者，金汞相生也。迫促時陰，拘畜禁門者，陰氣繼運，資護內宫也。慈母育養，孝子報恩者，慈母內胎者，孝子真水銀也。陰君歌曰：　陽真砂，陰真汞也。是水銀生於金母，故謂之報恩也。相銜相吞者，乃龍虎交氣也。嚴父施令，教敕子孫者，乾卦，父也，謂敕衆卦，使輪助離女坎男，及五行共生砂汞子孫也。還丹以鉛、火二字爲宗祖，終始運用者也。其餘氣候、節符，椑佐共成神基也。過此以往，則皆非金液還丹之道也。火又銷金，火能生於木，金復剋木，是以火、金、木反制爲榮。古歌曰：　丹砂木精，得金乃併。又曰：　三性既合會，二味自相拘。固濟胎不泄，變化在須臾。三性者，火、金、木也；　二味者，鉛汞、龍虎也。故云三五與一，天地至精也。可以口訣，難以書傳者，豈可輕議於非人也。註云：　更爲男女者，神水剋火，及至在神室中，火卻剋金，故汞爲砂中水，金爲水中砂，砂生汞，金生水也。

子當右轉

子當右轉，午乃東旋。卯酉界隔，主定二名。龍呼於虎，虎吸龍精。兩相飲食，俱相貪便。遂相銜嚥，咀嚼相吞，熒惑守西，太平經天。殺氣所臨，何有不傾？貍犬守鼠，烏雀畏鸇。各得其功，何敢有聲？

子右轉至酉也，午東旋至卯也。此十二辰陰陽往復符火候也。卯酉二界，金木氣停也。主客二名，金木之號也。青龍既能吐氣，白虎因得吸精，精氣相含，共生純粹。熒惑者，極陽火數也。守西者，火氣逼金胎也。金得火，盛明光耀，遍於器內，金氣承火經天，故云：　殺氣所臨，何有不傾。則姹女真汞，不敢逃逾，如貓捕鼠，似雀畏鸇也。太白者，金精也。經天者，甲乙也。金、火、木遞互制伏，俱無所傷，各得成功，則無不順之聲也。

不得其理

不得其理，難以妄言。竭殫家産，妻子饑貧。自古及今，好者億人。訖不諧遇，希有能成。廣求名藥，與道乖殊。如審遭逢，覩其端緒。以類相況，揆物終始。

魏公謂修金液還丹，不得其理，不可妄動，虛費財産，復累妻兒。自古及今，好此道者，計有億人，不遇明師，不逢真訣，竟致無成。若得傳授，見其端倪，取類而修之，則終始成功矣。

五行相剋

五行相剋，更爲父母。母含滋液，父主稟與。凝精流形，金石不朽。審專不泄，得爲成道。立竿見影，呼谷傳音，豈不靈哉，天地至象！若以野葛一寸、巴豆一兩，入喉輒僵，不得俛仰。當此之時，雖周文揲蓍，孔子占象，扁鵲操針，巫咸扣鼓，安能令蘇，復起馳走？

五行相生相剋，更爲父母，互作夫妻。父母相稟而生陰陽，相須而立，共成不朽之丹。人或得之，宜乎慎密，以成其道也。其有立竿見影，空谷應聲，野葛入口，尚能立有效驗，況金液還丹者哉！

河上姹女

河上姹女，靈而最神，得火則飛，不見埃塵。鬼隱龍匿，莫知所存。將欲制之，黄芽爲根。

河上姹女者，真汞也，見火則飛騰，如鬼隱龍潛，莫知所往。或擬制之，須得黄芽爲母，養育而存也。黄芽，即真鉛也。

物無陰陽

物無陰陽，違天背元。牝雞自卵，其雛不全。夫何故乎？配合未連，三五不交，剛柔離分。施化之精，天地自然。猶火動而炎上，水流而潤下，非有師道，使其然也。資始統政，不可復改。觀夫雌雄，交媾之時，剛柔相結，而不可解。得其節符，非有工巧，以制御之。若男生而伏，女偃其軀，稟乎胞胎，受氣元初。非徒生時，著而見之，及其死也，亦復效之。此非父母，教令其然，本在交媾，定置始先。

《易》曰：　一陰一陽之謂道。天地之間，若離陰陽，即無萬物也。孤寡陽，不能自生成。故喻神藥之用，或三五未運，與金木不交，其何以成丹乎？火炎上，水潤下，皆自然之性，配合而修之，則自産其神精，蓋各受元始之氣，而情性定矣。且如男生則伏，死亦如之；　女生則仰，死亦如之。故自雌雄交媾，而胤其真精也。

坎男爲月

坎男爲月，離女爲日。日以施德，月以舒光。月受日化，體不虧傷。陽失其契，陰侵其明。晦朔薄蝕，掩冒相傾。陽消其形，陰凌災生。男女相須，含吐以滋。雌雄錯雜，以類相求。

月魄，金砂也；日魂，火汞也。若遇日退，則月便承權，金火遞互施功，更相制伏，俱無所傷也。晦朔之間，是陰陽相禪之際，日月盈縮之時，故日月薄蝕，掩冒相傾，而消其形也。喻鼎內陰符陽火，逐刻漏而相交，晦去且來，分時晷而易換，既有相掩，故云災也。其中復有坎男離女，雄情雌性，相須含吐，類聚生成，變化真精，以爲神藥也。

金化爲水

金化爲水，水性周章；火爲土，水不得行。故男動外施，女靜內藏。溢度過節，爲女所拘。魄以鈐魂，不得淫奢。不寒不暑，進退合時。各得其和，俱吐證符。

火至二月、八月，金水舒暢，或水液生於金，或金砂化爲水，故和融周章也。火數既極，復歸功於土，土守四季，遏水不飛，故水不得行也。男動外施，則火行於外；女靜內藏，則金守中宮。火氣雖過，金被水拘，陰魄既拘，陽魂亦伏，寒溫相戀，各得其宜。俱吐證符，滋生靈汞也。

丹砂木精

丹砂木精，得金乃并。金水合處，木火爲侶。四者混沌，列爲龍虎。龍陽數奇，虎陰數偶。肝青爲父，肺白爲母。腎黑爲子，脾黃爲祖。子五行始，三物一家，都歸戊己。

丹砂木精，得金乃并者，丹砂本於金胎而結就，金又是水根，金因火擊發而産丹砂，故丹砂因得與金兼并也。金木自變化，水火互經營，四者相混雜，其內龍虎形。陰陽奇偶數，晝夜升降分。肝青爲父者，甲乙爲火宗，而與金母合，故得名爲父。肺白爲母者，金母鎮內胎，常以火爲夫，故得名爲母。腎黑爲子者，金母本於水中生，及乎在鼎中，水卻反生於金，故不爲子也。子水數一，爲五行始，金水木三物同功，首尾造化，俱歸戊己者，是故脾黃爲藥之祖也。

剛柔迭興

剛柔迭興，更歷分部。龍西虎東，建緯卯酉。刑德並會，相見歡喜。刑主伏殺，德主生起。二月榆落，魁臨於卯。八月麥生，天罡據酉。子南午北，互爲綱紀。一九之數，終而復始。含元虛危，播精於子。

水火迭興，遍歷經行，分布十二辰中，龍虎、卯酉分界。陰刑伏殺，陽德生起，刑德相逢，兩相制伏，俱成和合，故云歡喜也。二月榆落者，緣自子進。陽火至卯，雖陽氣得用而未至純陽，尚餘陰氣，乃陽中有陰，故被刑殺，陰盜陽氣，反於仲春發生之月，而落榆莢也；八月麥生者，緣自午退陰符至酉，雖陰氣得用而未至純陰，尚餘陽氣，乃陰中有陽，故被德生，陽盜陰氣，反於仲秋肅殺之月而生麥苗也。此喻鼎中金母，因陰陽盛衰相盜之際，或則舒卷真精，或則摧落砂汞。子南者，亦陰中含陽，坎男之象也；午北者，亦陽中含陰，離女之象也。一數陰也，九數陽也，陰陽終始，爲藥之用。元氣生於虛危，陽氣復播精於子，而生真靈也。

關關雎鳩

關關雎鳩，在河之洲，窈窕淑女，君子好逑。雄不獨處，雌不孤居。玄武龜蛇，蟠虯相扶，以明牝牡，竟當相須。假使二女共室，顔色甚姝，令蘇秦通言，張儀結媒，發辯利舌，奮舒美辭，推心調諧，合爲夫妻，弊髮腐齒，終不相知。若藥物非種，名類不同，分刻參差，失其紀綱，雖黄帝臨爐，太一執火，八公擣鍊，淮南調合，立宇崇壇，玉爲階陛，麟脯鳳臘，把籍長跪，禱祝神祇，請哀諸鬼，沐浴齋戒，冀有所望，亦猶和膠補釜，以硇塗瘡，去冷加冰，除熱用湯，飛龜舞蛇，愈見乖張。

凡修金液還丹者，先明鉛火之根，次認陰陽之理。孤陰不自産，寡陽不自成，須候陰陽相交，牝牡襲氣，龍呼虎吸，男成女産，故云牝雞自卵，其雛不全。二女同車，其情不契。且天地之間，若離陰陽，即無萬物，故採天地之真精，取陰陽之根本而爲藥基。若以金石、草木、冰雪、霜露、鹽滷之物，非種異類，孤陰寡陽，縱使皇帝臨爐，太一執火，八公擣鍊，淮南合和，以致廣置壇墠，豐備酒殽，敬跪祝辭，告諸神鬼，而望還丹成者，有如和膠補釜，以硇塗瘡，飛龜舞蛇，終不可得矣。

《周易參同契分章通真義·卷下》 惟昔聖賢

惟昔聖賢，懷玄抱真。服鍊九鼎，化跡隱淪。含精養神，通德三光。津液腠理，筋骨緻堅。衆邪辟除，正氣常存。累積長久，變形而仙。憂憫後生，好道之倫。隨傍風采，指畫古文，著爲圖籍，開示後昆。露見枝條，隱藏本

根。託號諸石，覆謬衆文。學者得之，韞櫝終身。子繼父業，孫踵祖先。傳世迷惑，竟無見聞。遂使宦者不仕，農夫失耘，商人棄貨，志士家貧。吾甚傷之，定録此文。字約易思，事省不繁。披列其條，核實可觀。分兩有數，因而相循。故爲亂辭，孔竅其門。智者審思，用意參焉。

魏公謂三皇修九鼎丹而服食，致含精養神，通德三光化淪無形，以爲神仙，實於上帝。傷憫後來好道之士，或依約古文，或旁採經訣，開示淺近，啓發枝條，隱匿本根，假託金石，謬亂宗祖，不顯真規。後人得之，不究蹤迹，據文率意，將假作真，韞櫝藏諸，迷迷相指，遂有隳財廢業，虚損道心。故特定録此篇，所貴字約而易思，事省而不撓，露其核實，非示亂辭，庶幾開發未萌，真論砂汞。智者熟究，必獲真詮也。

法象天地

法象莫大乎天地兮，玄溝數萬里。河鼓臨星紀兮，人民皆驚駭。晷影妄前卻兮九年被兇咎。皇上覽監視之兮，王者退自改。關楗低昂兮，害氣遂奔走。江淮之枯竭兮，水流注於海。天地之雌雄兮，徘徊子與午。寅申陰陽祖兮，出入復終始。循斗而招摇兮，執衡定元紀。

既濟鼎器，法象天地，於器間玄溝，使同數萬里也。河鼓三星，或臨星紀，以近北斗，主有兵威，是故人民驚駭。且兵主金，蓋喻鼎內金被火候，猛烈迫熘，使金鎔鑠鼎室，亢旱兇咎是生。良由晷漏參差，致陽九作沴。尚賴皇上土德，止堨金水，爍火自消，改過歸己。其或關楗未固，鼎器泄符，則周運元氣奔騰，江淮水符流蕩。陰生於午，陽起於子，動靜徘徊，不離二位，寅陽申陰，水火終始，皆循斗建以定衡紀也。

升熬於甑山

升熬於甑山兮，炎火張設下。白虎唱導前兮，蒼液和於後。朱雀翶翔戲兮，飛揚色五彩。遭遇羅網施兮，壓之不得舉。嗷嗷聲甚悲兮。嬰兒之慕母。顛倒就湯鑊兮，摧折傷毛羽。漏刻未過半兮，魚鱗狎鬣起。五色象炫燿兮，變化無常主。潏潏鼎沸馳兮，暴勇不休止。接連重疊累兮，犬牙相錯距。形如仲冬冰兮，闌干吐鍾乳。崔嵬而雜厠兮，交積相支拄。

鼎居竈上，爐壇接連，故以喻刺山也。鼎爐上水下火也。白虎前唱，金母得火成形，或吐白砂，或生蒼液。丙丁朱雀，運氣往來，驅趂五行因成五彩。五氣聚乾坤之鼎，四時逐水火之門。天地關防，陰陽羅網，姹女被桅，真汞難逃。時有嗷嗷悲聲，終乃依依戀母，以至摧折毛羽，胎內則或汞或砂，及經刻漏火符，胞中則或鱗或鬣。變化無常主，動靜有常程，或暴湧不休，或潏溢無止。實甃則犬牙錯距，虚縣則鍾乳闌干，偎倚相支，崔嵬雜厠，皆明金水之變化，盡顯砂汞之形儀妙用無窮，神明精是産，希微哉！此魏公指示丹砂水銀之成象也。

陰陽得其配

陰陽得其配兮，淡泊而相守。青龍處房六兮，春華震東卯。白虎在昴七兮，秋芒兑西酉。朱雀在張二兮，正陽離南午。三者俱來朝兮，家屬爲親侣。本之但二物兮，末而爲三五。三五並與一兮，都集歸二所。治之如上科兮，日數亦取甫。

陰陽得配，則金水淡泊相守也。青龍、白虎、朱雀，乃木、金、火三氣也，運入鼎中，而爲親侣，且藥基元只有金、火二物，末成三五與一者，木、土、水、合內金、火二物，共成變化也。所有修運日數，前篇已備釋矣。

先白後黄

先白而後黄兮，赤黑達表裏。名曰第一鼎兮，食如大黍米。自然之所爲兮，非有邪僞道。若山澤氣相蒸兮，興雲而爲雨。泥竭遂成塵兮，大滅化爲土。若蘗染爲黄兮，似藍成緑組。革煮成膠兮，麴蘗化爲酒。同類易施功兮，非種難爲巧。惟斯之妙術兮，審諦不誑語。傳於億世後兮，昭然自可考。煥若星經漢兮，昺如水宗海。思之務令熟兮，反覆視上下。千周燦彬彬兮，萬遍將可覩。神明或告人兮，心靈乍自悟。採端索其緒兮，必得其門户。天道無適莫兮，常傳與賢者。

內胎金水變化之狀，先白者，乃金吐液也；後黄者，乃液變黄芽也。赤黑達表裏者，水火、陰陽、精氣，通達胎氣也。金液還丹爲第一鼎者，號曰金砂黄芽也。《古文龍虎經》曰：殻爲金精，水環黄液是也。日食一粒如黍米大，三年限滿，白日沖天。又曰衆丹之靈跡，長生莫不由。蓋道門有二十四大丹，皆由第一鼎金砂黄芽而始。若不由此而始者，乃旁門有質之藥，非金液還丹之列也。昔李詮註《陰符》云：還丹之術百數，要在神水華池。百數者，火候也。抽添煅鍊，九十日丹成，又十日補完火數，總之百日也。要在神水華池者，蓋金砂黄芽由是而出，則曰自非鑿開混沌，見天地之根，擘裂鴻濛，視陰陽之母，無以議金液還丹之正道也。然神母在鼎中，被

陰陽之氣相蒸，如雲行雨施，而水火運用，各歸於土，則藥在胎內，顔色形狀隨時變易而無定貌，似藍、蘗之染緑、黄，如皮、麴之爲膠、酒，逐其本類，變化而成也。故聖人採天地之根基，爲還丹之父母，運五行而化生靈藥，殆非五金八石諸物雜類而爲之也。所述斯文，昭然可考，如星在漢，似水朝宗，事理周旋，法象圖備，魏公豈欺我哉！但須熟讀萬遍，其義自彰。或神助心靈，因而自悟，乃得見其門户也。《道德經》曰：天地無親，常與善人也。

補塞遺脱

《參同契》者，敷陳梗概，不能統一，泛濫而説，纖微未備，闊略髣髴。今更撰録，補塞遺脱。潤色幽深，鈎援相逮。旨意等齊，所趣不悖。故復作此，命《五相類》，則大易之情性盡矣。【略】

大易情性

大易情性，各如其度。黄老用究，較而可御。爐火之事，真有所據。三道由一，俱出徑路。

乃知鍊丹之儀，一一各有節度。黄帝、老君用究其道，垂文至斯，較量爐火之事，真有所據。五行同宗，金、木、火三道俱出一徑也。

枝莖華葉

枝莖華葉，果實垂布。正在根株，不失其素。誠心所言，審而不誤。

凡修金液還丹，當須先認根株，方得繁生華葉，而果實垂布也。不失其素，謂不失真水銀也。但認得真鉛爲藥根株，則自然繁生真汞果實，信斯言之，不誤後人也。

象彼仲冬節

象彼仲冬節，竹木皆摧傷。佐陽詰賈旅，人君深自藏。象時順節令，閉口不用談。天道甚浩廣，太玄無形容。虚寂不可覩，匡郭以消亡。謬誤失事緒，言還自敗傷。別序斯四象，以曉後生盲。

修丹火候，或枝莖繁舒，或果實熟茂，或草木零落，應彼仲冬，啓塞順時，皆由其運火節符也。佐陽詰賈者，閉關禁旅，象固塞鼎器，不令漏泄真精氣也，人君深自藏者，乃中宫金母也。閉口不談者，兑金室也。天道甚浩廣，則鼎內變化無涯。太玄無形容，則金水滋液罔測，潛運無極，神化無方，四序推移，匡郭消滅。而金水之形變化矣。魏公謂大道運育，真宰無形，若不以法象調和陰陽，拘束契之，潛化令以天機，爭得牽引日月之精魂，留連咫尺之鼎室，而成其妙化哉！如謬誤事緒，則必敗傷，故序此文，以悟後業未見者。

會稽鄙夫

會稽鄙夫，幽谷朽生。挾懷朴素，不樂歡榮。栖遲僻陋，忽略利名。執守恬淡，希時安平。宴然閑居，乃撰斯文，歌叙大易。三聖遺言，察其旨趣，一統共倫。

此乃魏公自述，不徇世名，至親道域，安閑燕處，乃撰斯文，約三聖之遺言，會一端而共論，將乾坤鼎而同大冶，運坎離氣而比化權，則而象之，取而行之，謂天且弗違，而況於人乎？況於鬼神乎？是故神無方而易無體，得不恊其動静，循彼陰陽，而成變化於有無之中乎神哉！

務在順理

務在順理，宣耀精神，神化流通，四海和平。表以爲曆，萬世可循。序以御政，行之不繁。引内養性，黄老自然。含德之厚，歸根返元。近在我心，不離己身。抱一毋舍，可以長存。配以服食，雄雌設陳，挺除武都，八石棄捐。

火候須順陰陽之理，然而發神精，遍滿金宫，一室和暢，依法御政，事不至繁，萬世可循也。使金水養性於中宫，俾黄老舍德於内象。金生砂汞則歸愚返元，抱一胞胎則水生母舍，姹女戀母則終始長存。若非雄雌設陳，類其真母，而無成功也！如以武都雄黄，及五金八石之類爲之者，盡可棄捐也。

審用成物

審用成物，世俗所珍。羅列三條，枝莖相連，同出異名，皆由一門。非徒累句，諧偶斯文。殆有其真，礫硌可觀。使予敷僞，卻被贅愆。命《參同契》，微覽其端，辭寡意大，後嗣宜遵。委時去害，依託丘山，循遊寥廓。與鬼爲鄰。化形而仙，淪寂無聲。百世一下，遨游人間。陳敷羽翩，東西南傾。湯遭厄際，水旱隔并。柯葉萎黄，失其華榮。吉人相乘負，安穩可長生。

魏公令至誠修鍊此藥，是世上珍寶之物也。羅列三條，則青龍、白虎、朱雀，木、金、火是也。還丹不出此三物而成，且三物本只金、火二味，未成木、金、火三物也。此乃内象三物，非外木、金、火也。雖多異名，蓋以寓言窮理，其實一門而已。緣屬辭比事，諧偶斯文，所貴分擘玄黄，去除瘤贅，故命真契，以覽其端。後人遵而修之，便於名山仙隱，擇地安居，積行累功，去世離俗，與

天地合其德，與日月合其明，與四時合其序，與鬼神合其吉兇，專必無差，高尚其事。故陰君歌曰：不得地，莫妄爲。須隱密，審護持。保守莫失天地機，以至道成之後，身入無形，坐存立亡，遨遊東西，水火無礙，堯洪湯旱之沴，陽九陰六之災，俱無患矣！

《元始天尊說生天得道經・內觀》 外想不入，內想不出，於正念中皆得五臟清涼，六腑調泰。三百六骨有節之間，有諸滯礙，十惡之業，百八十煩惱之業，衆苦罪源，悉皆除蕩。即引太和真炁，注潤身田，五臟六腑。心目內觀，真炁所有，清靜光明，虛白朗耀。杳杳冥冥，內外無事；昏昏默默，正達無爲。古今常存，總持淨念。從茲解悟，道力資扶，法藥相助。仍節飲食，驅遣鬼屍，安寂六根，淨照八識，空其五蘊，證妙三元，得道成真。

《龍虎精微論》 粵若太易未分，莫之名狀，太極既始，遂有混成。中含真一之精，實爲天地之母，四象因之而建立，萬物由之以生成。炎烈火中，出飛龍之矯矯；泓澄水底，躍走虎以耽耽。陰陽莫能測其情，鬼神無以窺其跡。聖人有作，潛開造化之源；學者精心，遂啓希微之旨。則金丹之道，可得而言。且夫眇觀幽深，秘在鉛火；離宮有氣，向甲乙以生華；坎位騰精，入庚辛而結粹；金胎神室，肇建丹臺；聖母華池，爰開藥祖。所以陽爐陰鼎，法天地之元規；剛火柔符，凝寒暄之大柄。回旋八表，依約五行。取三百八十之卦爻，循環火內；盜四千三百之正氣，來入鼎中。春夏秋冬，頃刻而更相代謝；子午卯酉，逡巡而不越準繩。任二十四氣以推遷，俾七十二候之羅絡。促歲功於月內，寒暑無差；陷月候於日中，弦望有則。從子至巳，純陽用事百進陽符，乃內陰而求外陽也；自午至亥，純陽方興而退陽火，乃外陽而附內陰焉。周流六虛，往來上下，水火運轉，動靜無常。故得龍虎相交，向鴻濛而有象；夫妻合體，從怳惚以成形。是以坎作陽男而居陰位，陰中陽附，故金虎見於水間，遂爲月魄。離者陰女而處陽方，陽中陰生，乃汞龍出於火內，故曰日魂。至於神室範圍，象如雞子，兩弦相合，一體混同。爰從否泰之中，承茲交感之氣，養鄞鄂樹立根基，以至凝然，遂成神物。其或抽添過度，進退失期，符火有差，寒暑不應，則陰陽乖殊，四方成水旱之災，天地分崩，萬物有流離之變。和氣由茲而不降，真精自此而莫留。蓋運火之失宜，匪用藥之有異也。必若辨鉛認汞，識水知金，躬受秘聞，親傳大訣。取黃芽於鉛內，化出金田；散白雪於砂間，構成神室。中央作鼎，法象乾坤；四面行符，循環日月；陽升陰退，陰進陽錯。蟾光盛而金水成形，鬼影滅而龍虎伏體。歲月既滿，功用方神。浸以澄波，浴之寒夜。半圭入口，向五內以雲蒸；一劑纔終，已金身而霞舉。此得之者也。夫鉛火之始終，雖得其鉛，復難其火。每精思於至理，固難測於玄機，苟不從師，終無自悟。微矣！妙矣！神哉！聖哉！若自得其真，則不言而可信，或終迷其趣，必忠告而見疑。遂有妄出胸襟，恣爲穿鑿，依約經旨，飾說虛談，雖強名略同，而至道殊邈。窮呼二氣，誑號靈砂，以硇黃爲陽鉛，用水銀作陰汞；亦運水火，還設鼎爐，徒成殷鮮之形，可供藻繪之用；而又桑霜雪水，各見煎熬，草汁灰，竟聞收採；或便液而鍊，或以糞穢而燒；或將古井之汙泉認爲神水，或取草頭之露顆喚作河車，鍊鹹爲鉛，抽砂作汞；或以金銀之合雜，或將砂汞之調和，五金平用於爐中，八石同烹於鼎內。如此則虛勞歲月，枉費資財，遂使白首成空，死心神之不實，丹臺莫到，向淪謝何逃？此失之者也。殊不知至藥者，乃天地之極靈，爲出世之要道。採陰陽五行之氣，取日月四象之精，自無形而入有形，從有物而至無物，死生永度，變化無窮。向雲漢以高躋，與穹昊而齊久，豈將凡朽之用，可並神靈者哉！愚窮慕長生，深探至理，雖莫窺其堂奧，亦粗曉其津涯，終冀獲遇高真，恭聞寶訓，證成妙道，以拔塵籠。常默默以爲懷，每兢兢而在念，藏於絳府，莫漏微言。今乃覼縷再三，敷舒不已者，豈敢評量於天道，固非泄慢於天機，其如著懷，亦有所自。蓋欲招同志養素之士，結絕俗深識之流，共棄浮榮，相期巖谷耳！

《內丹秘訣・內丹賦以丹鍊龍虎符契，天道爲韻》 雲海漫漫，岐通廣寒。毓巨蚌以懷寶，爍靈烏而化丹。鉛裏生金，悅根源之盡識；沙中孕汞，諒配合以非難。用能化塵，凡於輕舉，救著艾之衰殘者也。原夫藥本自求，爐須躬鍊。飛神水以瀝液，注華池而激濺。水火抽添，陰陽運扇。周三百六旬之內，歷坎經離；踰七十二候之中，驅雷走電。深沈九宮，踞虎蟠龍。啓三才之關鍵，造八卦之門墉。進火發爻，始因冬而洎夏；順天成物，爰自夏以終冬。默運神機，潛符聖矩。輪環十二，周旋三五。控制陰陽，降伏龍虎。探七返九還之妙，下續良金；採一水二火之華，上歸真土。豈不以既周復始，自有生無。化剛柔之藥物，滿乾坤之鼎爐。資之以金英玉屑，育之以陽火陰符。權造化於形身，兩輪聖象；溢光明於洞府，一顆靈珠。妙用潛施，真源暗契。漸赤洒於枝葉，沃黃蘇於根蒂。犬餌龍驤，人餐蟬蛻。點凡爲聖，非

差出世之功；　駐貌留顔，不減後天之歲。故得髓凝霜白，骨化金堅。比浮華於密網，指歸路於寥天。不拘百六之期，休嗟短晷；　逃出陰陽之外，任變流年。勉哉！　達士宜親，真精可保。念浮生之易暮，何知機之不早？　君看榮辱與昇沈，北邙丘垅長安道。

《内丹秘訣·海蟾子還丹賦》　若夫還丹最尊，起自乾坤。使一氣而三才列位，命五行而九曜齊分。黑白相兼，噴陰陽之雨露；　青黄配合，散日月以胚渾。當其建造紅爐，並安真鼎。鉛借水之胞胎，汞託陽而溟涬。上不搜於山境，下不討於凡塵。集卯酉於三峰，會坎離於兩岸。既明妙有，龜蛇而那不依投。得達虛無，烏兔而自然相伴。況乃卻老之丹，延年莫失。綿綿而點出金容，歷歷而化成瓊質。行兮生兮，俄然而走作庚辛；　動兮靜兮，倏忽而驅分甲乙。秀乎黄牙，長乎河車。以河車，河車本借於黄牙；　養黄牙，根蒂接河車，載着人兮命轉賒。三魂繚繞歸誰洞，七魄徘徊去我家。頻經否泰，三二而子母難逃；　所遇炎涼，二八而夫妻莫去。奇哉！　杳路能朝，萬派之源，顯秘樞機，解返百流之祖，榮華海内，忙忙而盡遺成灰；　寂寞寰中，落落而獨不爲土。勸英人須省悟大道，從來天豈負？　見雌雄而密隱藏，聞水火而牢保護。莫因循，可惜許，一落丘墟，安能再覩？　青龍降兮蟠白虎，朱雀騰兮投玄武。千朝火候感神功，白日沖昇歸紫府。

《太上化道度世仙經·化道品》　爾時太上於無極元年，歲次癸丑十月七日，諸太清宮中，七寶殿内，論至真妙道。是時太上告左玄真人曰：　太初混沌，天地始分。

陰陽造化，萬物含靈。

太初者，混沌之始也。混沌者，天地分立之先也。以太初爲祖，始分天地，配合陰陽，立其五行，分其四時之造化，以發生萬物也。

強名曰道，

道乃天地陰陽之母，五行萬物之宗。道之無形，故強名曰道也。

恍惚爲形，

恍惚者，澄湛之意也，謂大道視之無象，聽之元聲，遠之元則，近之元依，故以恍惚爲象，以虛無爲形。

隨之有理，勤志皆明。

大道無形，其理幽遠。若不志勤，難明妙理。守終如始，功行乃成。修道之人，施其功行，守終如初，大之與小，無不成矣。

持齋奉戒，淡泊爲門。

人以齋爲戒，以戒爲行，齋戒爲行，用淡泊爲根也。

身心清靜，無愛無憎，

神好靜而以身心是非撓之，太上以心無心，以身無身，乃虛心而實性，無身而有神，以神性共聚，乃爲聖道之質也。以虛無爲體，何有憎愛？

六欲不賊。

六欲者，眼、耳、鼻、舌、心、意也。常以舌貪其味，眼觀其色，耳聽其聲，鼻嗅其香，心意繫其事，欲緣情逐物，亂其身心，皆六根之賊者也。

萬神乃遵。

人身中有三萬六千之神，俱好生而不好死。若人守其玄元之理，達無爲之道，身無穢汙，萬神豈不遵伏也。

修心鍊性，是吾本身。

修心者，以心無心。鍊性者，以性無性也。太上乃清靜虛無之神，玄元至德之尊。凡人去其情染，外其是非，守其大道之理，豈不爲一體本身？

吾身非道，因道成真。

身非道者，爲道乃虛，無身則有象，道在人身，如石中之火，不擊本無，故身非道也。擊之有象，故因道成真者也。

暗合天地，杳杳冥冥。

杳冥者，清虛寂湛之象也。爲天地萬物，因道而生。道無形體，乃暗合在杳宜虛無之中矣。

陰陽形質，晝夜俱分。

天無形象，以晝夜爲本；　道無形象，以功行齋戒爲根。

四時爲信，運轉古今。

四時者，春，夏，秋，冬也。天以四時爲信，道以神化爲應，自元始至今，豈有失乎？

不言善應，萬物皆賓。

天之不言，以陰陽四時善應，萬物稟時而生殺自然，可不爲賓伏者乎！

體之曰道，依者爲真。

天地之機，四時之情，若人體之運用，依而於身修鍊，三千功行成就，變凡

爲聖，乃昇真也。

《太上化道度世仙經・五行品》 五行造化，陰陽至精。

五行者，金、木、水、火、土也，乃造化萬物，配合陰陽，爲天地萬物之精華者也。

木、火、金、水，四象爲名。

四象以道名也，嬰兒姹女，金公黃婆也。

青龍左遠，白虎右馴，朱雀前立，玄武後迎。

青龍屬木，爲肝，在左。白虎屬金，爲肺，在右。朱雀屬火，爲心，在前。玄武屬水，爲腎，在後。此乃五行之所主也。

丙丁甲乙，壬癸庚辛。

乃四方之正名也。

東方九炁，萬物發生。南方三炁，長養之神。西方七炁，素皓收成。北方五炁，玄天歸根。

東方九炁者，四時之首也，謂之曰和風，乃萬物之長養也。西方七炁者，謂之金風也，萬物之衰殺也。北方五炁者，謂之寒風，乃萬物之休息。各歸根本，此乃四炁之志也。

各旺八九，陰陽合形。

各旺八九者，爲五行逐四時，各旺七十二日也，乃曰七十二候也。凡五日爲一小候，七十二日爲一大候焉。立春木旺七十二日，立夏火旺七十二日，立秋金旺七十二日，立冬水旺七十二日。金、木、水、火四時，共旺二百八十八日之數者也。

中央戊己，四季獨尊。

中央戊己者，土也，乃中央一十二炁，爲五行萬物之統領也。土無正位，以四季而獨尊也。逐四時而各旺一十八日也。爲土能和養萬物，以中央爲尊也。春旺薹花一十八日，夏旺槐花一十八日，秋旺菊花一十八日，冬旺柰凍花一十八日。四季共旺七十二日，乃五行配合，共成三百六十日，爲一年之歲也。

地爲五嶽，天應五星，人有五藏，一體各分。

金、木、水、火、土，五行爲五星，五嶽爲五藏，皆同一體也，各分其類也。地之五嶽者，東方青帝，乃發生萬物，以東嶽泰山爲五嶽之長也。南方赤帝，長養萬物，嶽曰衡山。西方白帝，主於收殺，嶽曰華山。北方黑帝，萬物之功成歸本，嶽曰恒山。中央黃帝，主和養萬物，嶽曰嵩山。此乃地之五行也。天應五星者，東方木德歲星君，南方火德熒惑星君，西方金德太白星君，北方水德辰星君，中央土德鎮星君也。此乃天之五行也。人之五藏者，心、肝、脾、肺、腎也。肝應其木，主於春，屬東方甲乙。心主火，應於夏，屬南方丙丁。肺主金，應於秋，屬西方庚辛。腎主水，應於冬，屬北方壬癸。脾主土，應於四季，屬中央戊己。此乃人之五行也。天道萬物之造化，皆不離於五行也。

天地與人，元同一根。

天地萬物，皆稟其一炁而成形，以五行爲主，用之本也。

純濁爲地，天性輕清。

清炁爲天，濁炁爲地，清處其上，濁處其下，乃以二炁各歸其本也。

地濁無發，天清無崩。

天乃輕清，虛無爲象，地以濁重，純實爲形。用其五行，陰陽爲信，乃不言而四時自運；用其萬物爲本，乃不裁而生殺自然。此二象之無爲，豈有崩發者也？

人之生死，患害色身。

天地萬物，根本皆一。人物有生滅者，爲人物有生有死。生乃死之根，死乃生之本也。物之有生違，則成其象，有象而乃爲色身。色身患害，情性有遲，有遲則有滅也。天地無生無滅，爲情無爲也。凡人在天地之中，從其六根，染事著非，好其邪淫，貪愛名利，以心神散亂，失於大道，不固身命，任四時摧福，五行相賊，禍患病苦，以至死亡而不悟也。那知妙道包含於天地，統制萬物，恩惠於蠢動，養育於有情，湛湛歷劫，長存無不濟給者也。

隨天順地，正道長存。

人若稟天地自然之理，五行造化之機，審察四時之運用，乃治國之用，可以國安民豐，克清四海；治家之用可以家豐，禮義恩及親隣，國主得之可以協和萬邦，統攝百寮；侯伯得之，可以執法稟正，農事不亂；庶人得之，可以忠良智朴，非事無紊；修身得之，可以去凡作聖，壽同天地，永劫長存矣。

《太上化道度世仙經・玄理品》 無象曰道，合理爲玄。妙道無象，以天爲本也。覓道測其天理，天理合作玄機，玄機悟用成功，功滿卻同於道也。

春秋冬夏，四季相連。

道之至理，如天運四時，乃法則之機本也。

周天列宿，日月運行。

周天者，一年之數也。列宿者，二十八宿。天有上清十二宫，内列其宿曜躔度。地分十二地分，皆以星宿上下照臨，如日分十二時，以時内分刻，以大道虚無，暗合天理，分度法則，皆居一也。日月之循環，陰陽時刻，豈有分別？

氣候時節，體道自然。

氣候者，一年有二十四氣，七十二候。凡十五日爲一氣，五日爲一候。一年二十四氣，七十二候，皆以節令相應也。體道者，爲四時氣候時刻，乃用道之本，天地造化之機。若執天而行道，陰陽氣候，時刻在身，施用而體道於自然者也。

雲騰雨施，風雷不潛。

雲者，地氣也，地氣出而騰於天，天氣相合而成雨也，爲天陽地陰，陰陽相合，而降甘雨也。萬物潤澤長養，皆不出於水也。風者，五行之和氣也，和而無剛，乃遂其四時之情性，生殺萬物，剛柔相勝，四時以此爲情，萬物以此爲造化，天地以此爲常，雲雨以此爲車馬也。雷者，陰陽二炁相擊也，爲地炁屬陰，天炁屬陽，以立春之後陽氣盛旺，炎熱在上，陰氣純冷上衝，故冷熱相交而成聲。冬天無雷者，爲立秋之後，陽氣漸衰，陰氣盛旺。陽氣消敗而無炎熱，陰氣盛旺，純冷上升，故雷無聲也。此二象匹配，乃妙道施用，風雷不潛，乃陰陽搆合者也。

晝夜百刻，遭匝成年。

凡一日一夜，一百刻也，以刻成時，以時成日，以日成月，以月成年也。如人有喘息之數，一刻有一百三十五息，十刻一千三百五十息，百刻一萬三千五百息，乃以息而刻同也。天有晝夜百刻，爲陰陽統領之機；人有吐納喘息，爲用功匹配之理。至人若明妙道，作用天道，豈有分別者也。

帝道神化，感應同天。

帝道者，道泰德勝之象；神化者，陰陽不測之祥也。以道泰而有祥，感應合於天也。天之道泰以感，陰陽順序，四季無差，風雨應時，爲天之祥也；聖人道泰以感，邦國太平，賢臣輔佐，天神應現，爲國之祥也；修身之道泰以感，長生久視，清淨無爲，神魂變化，爲身之祥也。乃帝道神化，感應居一也。

根生一祖，枝分六源。

根生一祖者，混元一炁也。萬物皆稟一炁而生二，二炁而成形也，以一炁爲根祖也。枝分六源者，爲六炁也，爲五行之所主也。天有六氣，乃四時風雨。人有六氣者，爲噓氣屬肝，外應木，時應春，卦應震；呵氣屬心，外應火，時應夏，卦應離；呬氣主肺，外應金，時應秋，卦應兑；吹氣主腎，外應水，時應冬，卦應坎；呼氣主脾，外應土，時應四季也；嘻氣主三焦，外應風。此乃六氣所主也，修煉之士，不可不明。

水龍戲水，金虎綿綿。

火龍者，舌也，一名赤龍，爲舌，主於心。心屬南方丙丁火，乃火龍也。戲水者，爲口中之津夜也。舌下有脈，名曰玉泉，内有神水華池，又名瓊漿玉液，乃玉華之真醴也。此水非氣而不至，氣非水而不行。太上乃鹿駕羊車，神仙謂之瓊漿玉液，凡人謂之津唾也。凡鍊金丹，以爲根本也。金虎者，金主於西方，名曰白虎，内主於肺，肺主於氣也。凡鍊丹之用，以氣行而津注，津注而氣盈，氣盈則神旺，神旺則身輕。以依時候用功，大以九年，功滿而神變，神變而形住，形住而氣住，氣住而凡身聖，凡身聖而萬神俱侍，乃以昇騰變化，身入無爲也。

五行顛倒，四季循環。

五行顛倒者，金木水火土相交，如水上火下，金水間隔，翻騰往來，以顛倒之義也。四季循環者，如春、夏、秋、冬也。以如天運四時而造化萬物，春、夏、秋、冬四季而循環，氣候旺衰，加減餘閏，週流復始，乃循環之義也。大道之理，天地之機，天道運轉，豈有二乎？凡人修鍊用功，法不可執自以智，宜鑒之以法。不應其天理之運用，皆以小術執之，有誤於人，難逃生死也。以大道之開合，統領四時陰陽，分配節氣刻候，生育萬物，包含於天地，用法不一，何以同天地之壽者也？

乾坤至理，宇宙機權。

凡大道之作用，與天地一體，以五行真氣之運動，同四時而往還，故言乾坤宇宙之機理也。

寂靜爲妙，烹鍊則玄。

寂靜者，以去其是非，無有染著，薄食淡味，心無外亂，乃修養之基也。烹鍊者火，以稟天地之理，以陰陽媾合，五行匹配，四象分別，用火水相交，金木浮沈，混合萬神烹鍊之功也。

餐津服炁，畢成飛仙。

人口中之津液，乃天地之至寶，五行之秀氣也。能長養萬物，潤澤軀體。乃因津而養血，以血而養精；因精而養氣，因氣而養神，因神而養命。故鍊金丹以津液爲本也。服氣者，五行之正氣也。天地以有四時晝夜爲用，人以五臟氣脈爲根。若人依妙理運用，常養津服氣，功行滿畢，飛升金闕也，往返於虛無者矣。

愚者自迷，悟者有緣。

愚迷之人，共浮世之利害，繫染身心。豈知大道之有學，虛無有理也。達悟之人，雖未得其至理，性先樂其虛無，詳天地四時，運用有理，審萬物造化，生殺有情。若以志討於仙經，咸獲於妙法，以功成果滿，身證無爲之道，故神仙有緣也。

訣曰：常以子後午前，面南端坐，存神握固，鳴鍾鼓各三十六通，乃用四時旺氣爲頭，循環五氣，吐氣納津。一季各吐納七十二口，並土共九十口。如一季三月，四季共成三百六十口。畢，又加五口，象一年三百六十餘五日之約，乃爲一功。又依頭週而復始，三功一閏，加三十口，如同三年一閏也。數内常無差錯，漸以加功，而自然食味減退，以飢則氣，渴則津，五穀氣衰，真氣旺，九年神化也。

《延陵生生集新舊服氣經・修養大略》 仙真經云：夫人臨終而始惜身，罪定而思遷善，病成方功於藥。天網已挂，胡可逭耶？故賢人上士，惜未危之命，懼未萌之禍，理未至之病也。修真品有三，上年、中年、下年。上年者，二十、三十也。中年者，四十、五十也。下年者，六十、七十也。上年者，早悟大道，識達玄微，髓壯骨堅，筋全肉滿，從容履道，無不成功。中年者，悟道已晚，筋肉骨髓，各有其半，處在進退，如日中之功。下年者，骨髓筋脈，十有二三，猶可補修，如日暮功矣。八十已上者，罪位已定，無可求之法。腦竭髓盡，萬關乾枯，神謝氣亡，屍行鬼步。桑榆子曰：屍以喻無知，鬼以喻有知，而非人情者，惟屍行，惟鬼步。且行且步，運之者誰？則知元氣尚在，但以減耗，隣於涸矣。若逢至人，成得大藥，譬持盈車之焦蓬，變將燼之餘熖，亦可致其赫然而熾矣。此言無可救者，只謂氣功已晚，自我之事不及矣。若過玄聖而救其生，死則肉骨起仆羡枯，何爲而不可？況彼尚爲物也。先賢上士，知風燭之倏忽，乃攝志持情，捨榮棄俗，奉身歸道，不與物傷。道者，氣也。氣者，身之根也。魚離水必死，人失道豈存？是以保生者，務修於氣；愛氣者，務保於精。精氣兩存，是名保真也。人有三丹田：上元、中元、下元是也。上元丹田腦也，亦名泥丸。中元丹田心也，亦名絳宮。下元丹田氣海也，亦名精門。三元之中，各有一神。桑榆子曰：精化爲氣，氣旺而神集焉。神何物也？靈照之名也。知化氣全，氣全則神全。若元氣充滿百骸孔竅，神必備矣。必備者無他，氣至則神到。今人有憂患，動中則知見，因而暫虧。蓋氣擁有不至者耳。苟心冥氣和，其神豈獨三元之中而已哉。精者身之根，根者氣之位。精全則氣全，精泄即氣泄，氣泄則神秉而去之。唯精與氣須全耳。《黃庭》云：長生至慎房中急，何爲死作令神泣。但當吸氣録子精，寸田尺宅可治生。若當決海百瀆傾，葉去樹枯失青青。故先賢至於道者，莫不因愛氣保精而能全也。夫服氣本名胎息。胎息者。如嬰兒在腹中，十箇月不食而能長養成就。爲新受正氣，無思無念，兀然凝寂，受元氣變化，關節藏府皆自然而成。豈有傳保之衛，飢渴之備耶！及出母腹，即吸納外氣而有啼叫之聲，即乾濕飢飽，似有所念，即失元氣。人能依嬰兒在母腹中自服内氣，握固守一，是名曰胎息。桑榆子曰：此言失元氣者，非也。苟納外氣，使失元氣，即世間無復有生人矣。《法華經》云：須行、往、坐、卧，身心不亂者，亦言氣主心。心邪則氣邪，心正則氣正。令人所舉手動足，喜怒哀樂，莫不由心。心之動息，莫不是氣。氣感意，意從心。心和則氣全，氣全即神全。氣絕即神滅，神滅即爲委土矣。故醫家先診脈者，測條五藏四時之氣，察諸病源，始尋方藥。人但能察得氣候，口鼻取捨，斯須不忘，自然五藏和而脈調氣順也。夫人與天地合體，陰陽混氣，皮膚骨髓，藏府及榮衛，呼吸進退，寒暑變異，莫不均乎二儀，應乎五行也。是知天地否泰，陰陽之氣亂焉；藏府不調，經脈之候病焉。因外所中者，百病起於風；因内所致者，百病起於氣也。故曰：恬淡虛無，真氣從之。精神内守，病安從來？信哉！是故須知形神之理，養而全之，審内外之病，慎而修之。岐伯高曰：食氣者，則靈而壽延，食穀者，多智而促命。

凡服氣者何求也？ 以其功至，則氣化爲血，血化爲精，精化爲髓。一年易氣，二年易血，三年易脈，四年易肉，五年易髓，六年易筋，七年易骨，八年易髮，九年易形，即三年萬六千神在於身，化爲真仙，號爲真人矣。是以意在玄微，理生不測。修真之人，又有三等，任時分理，其狀不一。上等之士，本性虛閑，用志清雅，發言合道，履行無瑕。如此之人，有前代之資，以石投水，無所比之也。中等之人，或身居榮禄，或地勢高遠，或巨葉厚姻，或有名望。二疑進退，倏忽虛捐，聞道即寤寐不安，思名則終朝不息。兩心交戰，勝者即全，後巡之間，十失六七矣。中等已降，二時既遏，蹉跎暮年，筋力衰微，心神已喪，雖食厚禄，白日將傾，追惟噬臍，方即正路。此時若能精心勵志，尚乃救其一二焉。此皆先賢所悲，表示於後，幸察根柢，生實信心。

《彭祖攝生養性論》 神強者長生，氣強者易滅。柔弱畏威，神強也；鼓怒騁志，氣強也。凡人才所不至而極思之，則志傷也。力所不勝而極舉之，則形傷也。積憂不已，則魂神傷；積悲不已，則魄神散矣。喜怒過多，神不歸室；憎愛無定，神不守形。汲汲而慾，神則煩；切切所思，神則敗。久言笑則臟腑傷，久坐立則筋骨傷。寢寐失時則肝傷，動息疲勞則脾傷，挽弓引弩則筋傷，沿高涉下則腎傷，沈醉嘔吐則肺傷，飽食偃卧則氣傷，驟馬步走則胃傷，喧呼詰罵則膽傷，陰陽不交則瘡痱生，産室不節則勞瘠發。且人生一世，久達之期，壽不過於三萬日，不能一日無損傷，不能一日修補，徒責神之不守，體之不康，豈不難乎？ 足可悲矣。是以養生之法，不遠唾，不驟行；耳不極聽，目不久視；坐不至疲，卧不及極，先寒而後衣，先熱而後解；不欲甚飢，飢則敗氣；食誡過多，勿極渴而飲，飲誡過深，食過則癥塊成疾，飲過則癖結聚、氣風；不欲甚勞，不欲甚逸；勿出汗，勿醉中奔聚，勿飽食走馬，勿多語，勿生飡，勿強食肥鮮，勿沐髮後露頭；冬不欲極溫，夏不欲極涼，冬極溫而春有狂疫，夏極涼而秋有瘧痢；勿露卧星月之下，勿飢臨屍骸之前，勿睡中搖扇，勿食次露頭，勿衝熱而飲冷水，勿淩盛寒而逼炎鑪，勿沐浴後而迎猛風，勿汗出甚而便解衣，勿衝熱而便入冷水淋身，勿對日月及南北斗大小便，勿於星辰下露體，勿衝霜霧及嵐氣，比皆損傷藏腑，敗其神魂。五味不得偏躭，酸多傷脾，苦多傷肺，辛多傷肝，甘多傷腎，鹹多傷心，比並應於五行，潛稟四體，可理可究矣。志士君子，深可慎焉！犯之必不便損，久乃積成衰敗。是故心爲五藏之主，氣爲百體之使。動用以太和爲馬，通宣以玄寂爲車，關節煩勞，即偃仰導引。若不營攝養之術，不順和平之道，須臾氣衰於不竟之際，形枯於聲色之前。勞其渺渺之身，憔其戚戚之思，聞斯道，養深可修慎。是以真人常曰淡泊，不親狂蕩，而愚者縱意，未至損身，已先敗其神魂，傷其魄矣。悲夫！

《金晶論・下篇》 天爲清，地爲濁。天爲陽，地爲陰。天爲父，地爲母。天者一氣，地者二儀，人者三才，是爲黄黑白。黄者土，黑者水，白者金，土水金相合，號曰金晶。金晶者屬乾，爲金是父，屬坤爲金是母。金生於土，水生於金。地之正氣，上蒸於天，陰陽相感，乃以爲金晶。金晶者，上朝離宫，而過入於華池，爲之津液，下降丹田，卻成其汞。汞者是血，血傳入骨爲髓。如油盡燈滅，髓盡人亡。故云：欲要不老，還晶補腦。若要身強，烹液納堂。液流滿晶，性命乃長。明堂欲海內，有洞房端嚴，姹女匹配金郎。金郎鉛也，鉛者嬰兒也。金晶滿液，流入尾閭，用河車而搬載入腎堂。腎堂是人之根蔕，性命也。人之宗源，內有二竅，左爲天關，右爲地戶。金晶牢固，勿令走失，延年益命。可用丑未日時，引運至泥丸，名爲補腦。若是寅申，採捉金晶，用火而煅鍊，自然成丹，號曰七返靈砂。頻看火候，常時採捉金晶，自成大藥。身超入聖，離凡脫俗，如龍退骨，意欲去處，刹那便到。身遊五湖十洲三島，乘雲自在。吾慮未曉前言，後述金丹大藥、金晶鉛汞、龍虎直假歌，一十一首，審而行之。

《擒玄賦・還丹》 周五行用，成妙丹矣。 丹者，剛而去柔；還者，終而復始。幹陰陽而相制，假魂魄以相求。精鍊施生，貫三清於乾馬；昭符造化，運一氣於坤牛。原夫金丹之宗，神氣之主，決龍虎於震允，配水火於子午。一男一女，諧繾綣以三千；一君一臣，布生成於九五。諒以卯酉爲衛，離坎爲榮。研昇沈於八卦，究順剋於五行。溟涬之中，觀無而成有；虛無之內，得重而成輕。一則爲本爲元，一則爲侍爲從。賴黄君以匹配，仗金白而作用。淺深神室，四時功而秋成；表裏胞胎，八月鍊而冬種。豈不以天地交感之情，日月會合而成，水要凝而鉛結，汞要乾而金併。烏兔投爐，混成雞子之殼；風雲入鼎，鳴返嬰兒之聲。美矣哉！變凡爲仙，返老卻少。歲華易而猶在，陵谷遷而轉妙。三皇煅鍊，功滿而白日飞昇；群公著修，行成而此鳳来詔。是則若延遐壽，須假靈丹。換凡骨而無濁，成仙骨而禦寒。紫府鼇宫欲去，而鼎中鶴舞；丹臺瓊苑擬遊，而足下雲生。所以宿遇真風，生

逢玄旨。周二義而並壽，等三光而齊已。守中元而九轉修成，抱一氣而萬物畢矣！

《擒玄賦·道生一》天地含化，斯爲母矣。

漠漠玄玄，浩浩無邊。生白無名之始，發當太一之前。交錯施爲，作化物之玄母；氤氳含孕，遂結象於先天。水含其一，火生其二，槖籥動而生風，陰陽媾而凝地。屯蒙初判，布兩曜而創形；晝夜既分，體三才而建位。諒以龍行九五，運應三田，八卦生從於坤火，五行出自於坎男。數到少陽，受坤艮而征敵；終滿甲乙，併金木以包含。是則出沒神爐，迴還結舍。九土潰而生養，四時更而育化。隨宜應節，水風順匝於三田；普動含靈，火龍行周於半夜。豈不以一氣開闢，太陽分歧。日行暉於海下，月呈曜於天涯。水遇火而騰波，清濁分也；金得木而成土，赤白在斯。欽哉！稟性分形，隨機化見。當衰旺於九五，乃變通於三一。散爲七實，成富國之奇珍；凝作三花，爲濟身之祥瑞。故得陽極即滿，金盛還虧。物輕清而方熟，丹泯沒而罷爲。鉛屬陽精，歸元而汞抛生死；烹除陰滓，媾合而豈有榮衰？所以固守精神，專持子母。三者丹之用，一者道之首。還返各歸於本生，天地咸同於老壽者也。

《擒玄賦·道源》明本根芽，修鍊成藥。

源者，萬物之母；道者，儀象之名。道因源而爲孕，源得道而愈生。人聽不聞，在施生而有象；日用不見，蓋宿息而始明。原夫天地之元，父母之本，或應丹房而安止，或指泥丸而巡迅。混沌分形於南北，子孕母胞；朦朧欲碧於浮沈，陰居陽闔。諒以朱含地魄，銀抱天魂。水是三才之祖，精爲元氣之根。二景相通，配作鼎爐之器；四氣沖辯，出入玄牝之門。是以黑虎赤龍，青根白蒂。離坎爲土家宗祖，土水爲金鄉夫婿。雪因水而方結，血因金而相生。汞遇鉛而始乾，水憑土而可制。豈不以陰陽符合，造化同修。鶴逐鸞飛，勤勤而日投九鼎；雲施雨驟，息息而月降重樓。是以龍生伏藏，子時修鍊。四象凝而丹質，三汞交而光電。初離南國，成秋石於爐中；終返九天，結金砂於海面。但見淘盡陰滓，鍛就陽精。九轉易而丹畢，四時功而道成。養就黃芽，能點瓦而變玉；鍊成白雪，解返老而爲嬰。所以老壽乾坤，身固丹藥。登雲而六龍瓊輦，適意而朱州靈問；翱翔而身隱壺天，逍遙而路歸碧落矣！

《擒玄賦·龍虎》龍虎相配，投入金鼎。

火男配東，坤婦爲宗。產彼虛無之國，住自祝融之峰。生數於三，作離而因名甲虎；德稱於四，變寅而故號庚龍。原夫冠於仁風，生從誕虎。精得永而爲求汞，血遇金而成乳。初名聖石，霏霏而散作雲霞；坎入崑崙，瀝瀝而流歸風雨。諒以東西剋伏，上下相刑。二八明而圓滿，四象交而中央。號自劉安，論秋後而清潔；名因花子，體大鵬之飛翔。是以形影相隨，魂魄相配。烏隱泰山之上，兔出華池之內。一者爲武，佐火關之樞機；一者爲文，侍明王之鼎器。豈不筋骨爲侶，血肉相投？納水鉛於金鼎，運日精於鐵牛。遇火即飛，尋蹤而鬼神莫究，逢虎乃凝，顯化而天地難儔。以彰乎流而忘溫，煥而有質。隨黃輕而變化，逐靈龜而出入。三皇宮裏，結紅雪以飄飄；五帝壇前，起黃雲而霫霫。且夫水出山頂，日見潭心。鉛抱汞而成菡萏，火逼水而自陰霖。風髓芝苗，離塵體而無濁；龍甲虎腦，換凡骨以成金。所以玄牝爲門，陰陽爲鼎。還元而萬事皆畢，老壽而二義終並。超達而有路飛騰，誤覓則去道遙迥。

《擒玄賦·秋石》言曰金體，名喻秋名。

秋者，自白而稱矣；石者，因剛以名之。遊自九萬之里，生當一斤之期。金水既分，鉛銀以彰於有象；子母乍見，黑白以成於混儀。原其爲物，自精化魄。遇陰火而始飛，到金鄉而變白。初離銀礦，隨黃雀入於天河；纔返蟾宫，逐清風流於地脈。諒以欲乾清汞，金仗白金。子欲親而戀母，陽要純而去陰。貫滿則盈，仙傳制伏之法；精至必就，孰憂損益之心。異哉！半夜方中，一陽初起。會亦白而相照，運真水而清沘。迴從尾穴，杪若鹹鉛之流，形至中央，已成紫金之體。豈不以元氣之母，五味之精，取同馬牙之寶，斯立刀圭之名。若嫁阿郎，要在子孫而相允；如婚楊女，須假翁婆而曲成。是以若保於金生，先精於養素。汞遇鉛兮不起，土得水而相付。色瑩如玉，自淮王而強名；性急如龍，因神農而假喻。美哉！至清至淨，能剛能柔。龍虎平分於卯酉，陰陽盛滿於中秋。輕清上徹於泥丸，形如朱鳳；重濁降自於華蓋，體若素流。所以修養於還丹，貴自於金石。枉將內實以輕棄，卻取外珍而貴惜。可憐天地之全身，返作三屍之屋宅。

《擒玄賦·河車》北方正气，名曰河車。

河者，取天津而假象；車者，在地軸之立名。水因輪而方運，氣得車而始行，秉正于中央，居土而生成萬物；纔臨於北位，善和而陶鑄三清。原夫土寄於離，金處於北，造丹爲制伏之用，居物有始終之德。一無正位，凝爲變化之機；一有流形，混成黑白之色。諒以三尊爲祖，四海爲家。周匝元君之宅，行隨阿母之車。修養金丹，

無比則如何措手；　安排神室，其斯而始乃生芽。是以出爲鉛形，入为金牲。伏鬼下而柔潤，賴良媒而匹娉。或搬故濁，杳杳而散出重樓；　或運新清，息息而還歸中正。豈不以轉因摳轄，伏自天河。降汞火於金鼎，結濛霧於滄波。輕清散作風雲，生於海內；　重濁變爲血肉，下自山坡。且夫雖布四方，皆歸一味。尋兩路兮歸於爐鼎，取三關兮入於脾胃。后土循輒於卯酉，乃運於流珠；　炎帝推車於子午，受搬於和氣。異哉！　施生萬物，含孕五常。法乾坤而作則，契丹藥而是方。雨降雲騰，我則載歸源海；　月移星轉，我則搬入洞房。所以換除塵軀，易成金骨。大道修周於四季，靈丹功全於十月，則知愚人昧而進修，賢人彰而指日者也。

《擒玄賦・胎息》　服氣分明，是內丹成。

胎者，凝而成質；　息者，聚而成丹。五牙全而瞻戀，二氣足以盤桓。行布四肢，駐風光而悅澤；　咽歸六府，扶表裏以清安。原夫去自沖和，飄然品彙。入之根兮可保，道之源而始貴。焰焰四海，承父母之元精；　浩浩三宮，納乾坤之正氣。諒以神爲氣主，氣稟精成。玄牝爲出入之戶，身體作受盛之城。漸息塵勞，貴心神而不亂；　次調關節，使血脈而易行。是以床坐端居，神光視內。納新清而瑩冷，吐故濁而滋瑩。初離地戶，息息而過於重樓；　纔入天門，綿綿而歷於三昧。豈不神氣符合，人道相明。紛紛氣隨於神化，微微雨逐於風生。存下華池，流作霏霏之狀；　閉歸元海，咽爲轆轆之聲。美哉！　根盛葉榮，精枯人死。鼓津液而虛受，返本元而方盈。凝住金鼎，依依而形若彈丸；　結向荒田，混混而狀同雞子。且夫陰陽鼎異，男女性分。連連而氣通臟腑，久久而身若風雲。住世長年，駐紅顏而美悅；　返老卻少，填赤體以氤氳。所以求出世之功，取四時而服。適意而鸞輿前引，登雲而龍駕浮迎。身轉壯而羽翼生成，氣長存而天香馥馨。

《擒玄賦・盜機》　如有行止，機自來應。

盜者，觀陰陽而可測；　機者，克變通而達諸。是於柄大小而同用，權動靜而亦如。賢者見之而福至，愚者輕之而禍餘。原其法自虛無，起諸妙有。前爲機而中物，心見賊而延壽。淮王昭旨，三盜動而成丹；　軒后明機，萬物因而在手。諒以喻以元象，起自強名。察神明之動，體乾坤之行。預度淺深，所謂乎可法即法；　能量損益，式昭乎可行即行爾。乃志意深敦，性情仰止。天若發而含化，人若發而成美。陽昇陰降，運神巧而出焉；　兔走烏飛，在心識而見矣。豈不以玄黃同得，造化符機。事非機而曷取，道非德而弗依。坎戶神爐，我則窺門而入；　天街尾穴，我則偷路而歸。美哉！　竊有竊無，賊天賊地。在道而虛音萬物，於我而用成大美。庚龍甲虎，契天人而曲成；　離女坎男，貫還丹而有自。故我德而無怠，進而弗迴。三傑之摸非智，十哲之賢不才。秉道之人，同天運而齊用；　修身之士，到神助以斯來。所以善惡盛分，吉凶是應。

《洞元子內丹訣・玄元篇》　夫鍊丹之士，非鍊凡鉛汞也。所鍊者真鉛真汞也。蓋聖人取象而比之，以式於衆。云：　執鉛投汞，火候以時，採諸花耳，人鑒慎也。北方正炁曰水，南方正炁曰火，水火二炁，採必有時，用必有日。苟採取失候，雖鍊百載，亦徒爲也。若使日月歸元，水火得濟，功成至速。故丹者，丹田之謂也，其奚有鉛汞能成乎？　且上丹田曰泥丸，中丹田曰絳宮，下丹田曰炁海，亦曰鼎，取水火之炁歸之於鼎，故曰爐。寡淫慾，惜精液，實筋骨，榮泥丸者，故鍊上丹田也。多忠孝惻隱之心，負拯救扶危之道，履仁終日，猶恐不及，博施濟衆，嫉妬弗恃，抱元守一，精無搖蕩者，鍊中丹也。納水火之炁，歸爐鼎之中，弗蕩厥精，終固其根者，鍊下丹田也。三丹若就，焉能死！　及夫天地之形，久長者也。寒暑往來，日月迭運，大嶽有雲，巨海有潮，斯皆炁候往還也。人亦如之，故以眼目比之爲日月，腸胃比之爲江海，肝比東方木，心比南方火，肺比西方金，腎比北方水，脾比中央土，炁候出沒比之爲雲，津液往來比之爲潮，血脈通流比之爲河，下元精室比之爲海。故聖人順天地造化，取象而修之，乃長生飛仙也。多見愚輩，惧役心神，迷執己見，寢食或忘，區區終日，莫見成功。凡陰陽之炁，採必有時，採若有差，丹莫得就。夫五月一陰生，陽衰而陰盛也。陰陽之炁，生必有日，採必有時，故年有月也，日有時也。十一月爲之冬至日，一陽生也，他皆倣此也。陽皆得以用之，陰得以休之。故人採炁者，多以半夜子時爲候，斯亦然也。大用之候冬至也，小用之候半夜也。比失之毫釐，差之千里也。

訣曰：　凡鉛凡汞非水火，真水真火唯一箇。化爲龍虎鎮相隨，龍若行時虎不坐。但於至日勤驅逐，半夜子時令相續。炁爲龍兮津爲虎，相將直入玄宮去。審其時候若獲之，是人皆適雲霄路。

《洞子內丹訣・坎宮篇》　坎者北方也，爲陰、爲月、爲虎、爲水、爲炁。其卦得☵，兩陰而一陽也，陰中陽生也。水能育萬物，炁能生萬物。混沌之分，其炁象同水，然後生陽，陽處殼中，卵之象也。亦坎卦二陰而一陽，陰包

乎陽也，陰極陽生之謂，故能生其陽。陽生而合陰，則分爲天地；天地生萬物，道之源耳；天地長久，始於水也。故鍊炁乾，守乎坎。亡坎者，亡母也。萬物無母而不育，故必守母，然後成耳。居蒙昧之中，理者，其飲之謂歟？是杳冥之中養精明，恍惚之中得物者，成其精，獲其物，得無故乎？君子處身於羅亂之際，必全其志；養氣於杳冥之間，必保其道。志全則無不立，道保則無不就。《易》曰：有孚維心享。用而行者，不升於天，天則陰也。至於玄牝之門，復歸於海，出於玄牝則亡也。故《易》曰：行有尚用者，二陰俱往朝於谷神，歷諸經脈及諸齶峯，是以易象坎，重陰也。炁上而無差，津注而不亂，採必以日，用必以時，精不蕩，炁不錯，巡歷塗轍，同歸於一。故《易》曰：水流而不盈，行險而不失，其信夫！修炁者，常習坎宮，運行有度，晝夜匪失，於千日功畢其數。故《易》曰：君子以常德行習教事。又曰：三歲不得兇，千日不就，終兇也。炁海曰鼎，亦曰器。兩陰並薦，下歸鼎。津爲玉華，鼎曰靈根。氣行之塗，亦曰衡廬。玉華之味，其甘若蜜。既歸於鼎，始成厥道。故《易》曰：六四，罇酒簋，貳用缶，納約是也。類象。

象曰：坎宮之象混沌也，杳冥也，恍惚也，相生也，陰陽也，子母也。運而心亨者，有信也。流而不盈，險而不失，有誠者也。匪常德行習，教事不周，千日兇者也。本宮之液，鍊之日久，玉華迅激，津者也。六四罇酒，二陰之液者也。納之用缶，鼎器也。君子履是，有或過莫大焉。

訣曰：氣之爲龍津作虎，水有骨兮火有土。時人不會一陰陽，不知本生一子母。子迎母，母隨子，罇酒嘉味甘如醴。扶入河車般載歸，白頭相守無能死。玄牝之門密關鎖，逍遙只向瓊臺坐。沐身除卻有神泉，饌食自能發元火。千日功成生子孫，故云我命即在我。

《洞子內丹訣・離宮篇》 離宮南方之位也，王德在火，麗也，發也。太陽之炁既剛且猛，故其卦得䷝離之象，柔其和而剛其外也。以柔悅剛，以剛禦柔，和而順也。陽極則陰生，陰極則陽生，故坎中剛，離中柔，中而順也。日中烏，月中兔，重明之盛，匪獲陰德，弗能久也；重陰之盛，匪得陽不能汞也。夫修炁之事，匪獨運坎宮而得成坎也！匪獨運離宮而得成離也。若當獨運，陰陽不睦，必致差錯，難得其成功也，若掘地而求日月也。坎有陽，離有陰，互相運之以成厥象。故《易》曰：畜牝牛吉。牛者丑也，丑者陰也。丑，北方末位也，與坎爲隣。離火炎盛，必坎水以濟之，不濟則兇也。故曰：畜牝牛吉。納而歸鼎，同流衡廬，體炁光華，顏若冰玉。故《易》曰：大人以繼明照於四方，納離之炁，以坎成之，生自于心。心爲帝君，審宜行履，無失厥度，失度則兇。故《易》曰：突如其來，如焚如棄，如死如注。曰逼近至尊，心之謂也。類象。

象曰　以柔悅剛，以剛禦柔，陰陽之道和者也；運坎成離，運離成坎，陰陽之炁，動靜交相養者也。畜牝牛，取柔制剛者也。大人以繼明，照於四方，納離炁之盛，炳煥人色，四體悅澤，無諸疾疹者也。突如其來，如焚，如死，如棄，如陰陽炁順，以明兼暗，以昏待曉，道成於彼，穢形斯棄者也。道者習是，無妄必至也。

訣曰　一虎功能御兩龍，相將出入在玄宮。玄宮臺殿天河潤，中舍皎皎一輪月。月中有兔深顛蹶，勾引陽烏半夜發。自求金體欲鼎烹，不是鋒鋩誰敢煞。坎宮女子年方少，長著玄衣誇窈窕。雙雙終夜理雲鬟，不見良人終不笑。賴得離家兩箇郎，三才必備貌堂堂。來卜婚姻始稱心，合巹同杯設玉漿。玉漿飲絕安穩睡，玄黃炁作花花被。玉堂金殿結成心，誓卜合歡千萬歲。千萬歲後更重誓，這回直看終天地。既被學人合相娛，教人嫁與嬰兒去。嬰兒陽炁未能全，教妾子孫生何處。

《洞子內丹訣・既濟篇》 既濟者皆濟也。大小皆濟，故曰既，又曰敗而能立，漏而不溺，故其卦得䷾。既濟之象，陰陽耦也，耦以不蕩故曰濟。一陰一陽謂之道，既濟之象是也。夫修炁者，必以子後先納離，離六備；後納坎，坎六足，離先而居下，坎後而居上，故上下水火以得乎濟，濟无不濟也。初九盛陽，歸之於鼎，故《易》謂濡其尾也。坎宮勾女，始離本位，朝於鼎，失家而爲旅；初九離界，得之少陰少陽，始在厥耦，意未稠密，故《易》謂喪其茀也，七日得久以和也。抽坎宮之炁歸於下丹田，與離爲匹，行之在三年，厥功自至，故《易》謂：伐鬼方，三年克之也。陽敗之士，老以奉道，知坎離之謂，用鍊以弗闕，守時不失，亦可補益正炁。久久能行，自致神仙。故《易》謂繻有衣袽，終日戒。《易》曰：袽所以塞舟，漏也。類象。

象曰：先離後坎，水火也。水火之象得濟者，陰陽之耦也。水火投鼎，故濡其尾也。坎女別立，離男獲之，非聚以合，獲於中道，故喪其茀也。七日得者，久自睦也。代鬼方三年，鬼方陰也。坎宮之炁，抽運千日，然後成功，故克之也。修道之士縱老，而此鍊炁弗怠，則精神自補。故袽所以塞舟

漏也。

訣曰：黄離男子藝奇絶，萬里抛家朝金闕。纔入金門日未多，巍巍獨秉丈夫節。元何北方有佳人，顔如桃李體如銀。獨駕河車離玉戶，來朝元府自求親。親姻得合天地會，日月運行常進退。半夜相期向子時，是致陰陽成既濟。

《洞元子内丹訣·未濟篇》 陰始陽末，故曰未濟，未濟，終濟也。以陰陽之順，故終濟爾，其卦得䷿。陰陽之順，上火下水，而能自濟。夫修炁者，復於午前，陰炁未生，抽而納之，互成厥體，先坎而後離也，故六備，離六次。夫一陰始納，歸諸太倉，陰炁始微，故曰未濟，大《易》謂小狐既濟，濡其尾是也。離之一陽，次投於鼎，陰僞斯獲，故曰終濟。而以剛徤拯乎柔弱，大《易》謂曳其輪，貞吉是也。以剛禦柔，以陰制陽，君子之道，和於小人，大《易》謂君子之光，有孚是也。未濟之拯而得，必濟，君子獲禄，固於家也；道士獲祉，固於身也，大《易》謂上九有孚，於飲酒是也。類象。

象曰：小狐汔濟者，狐爲陰物，力小且微，欲濟則必先濡矣。陰物者，坎之謂也。陰爲陽得，坎正其中，剛柔和悦，故曳輪也。君子之道，先畢而後尊，無咎而後真。處未濟之時，故弱於民；及終濟之後，必上於民。故君子之光有孚也。終濟之下，固身知命，獲天之禄，故有孚於餘酒也。一陰一陽，剛柔之位；無忒乃順天之道，以行其炁，故終濟。

訣曰：玄宫門戶深關鎖，二八佳人矜婀娜。長怨良媒不到門，支顧獨守粧樓坐。不教父母知端的，潛出閨門衒顔色。信步尋房到太陽，直入龍宫無氣力。便得陽郎駕火輪，非時結佩旋成親。一陰一陽遁相制，長生之道必終濟。

《洞元子内丹訣·未濟既濟篇》 未濟先陽而後陰也，既濟先水而後火也。卦象在前，先天而後地者，陰陽之順也；先月而後日者，子母之道也。故合同一，是生萬物。凡修炁者，必於厥時。既得其時，用先四離而後四坎，再四離以合之，互成一十二象；又復以時，先四坎後四離，再四坎以合之。十二卦功畢於此。

訣曰：太陽始生月始運，太陽未減月須進。進人剛道月生遲，一夕周天十二回。子若行時吾亦去，吾若前時子弗住。與子相隨千萬秋，得地得時須擬聚。不得地，勿妄爲；不得時，勿妄施。審宜深，須固護。勿使常人知，我是仙兮汝是屍。

《洞元子内丹訣·乾宫篇》 天地始育於陰陽之炁也，故先坎離而後乾坤。日月運行天地之内，以近言焉，則先乾坤而後水火也。陽德之盛，行而無倦，始則氤氳，終則有覩。自剛弗息，自礪無退。健以能行，剛以弗由。聚之則同於毫芥，展之則彌綸萬物。可尊而不可親，示其崇也；可望而不可測，示其神也。終日無怠，弗失其幾者，唯乾之謂乎！其卦得䷀。凡修炁之士，久而行之，止於乾者，道德固也。天地能變，化生萬物，因天地而滋之，變化亦如之，必以時單引而納之，納之者，謂之青龍，一陽始往，厥力在微，未能變化，施張其位，君子因窮，以俟乎盛。《易》曰：初九潛龍勿用。勿用者，末用也。再引而申，來諸勝地，陽德相契，勃然以盛，赫然以作，焕然以來，炳然以居。德能普濟，以處中位，位於中契，上下在天。故《易》曰：九二，見龍在田。引而薦申，厥象以成，處上之極，不履重剛，未可以安。君子以寡思慮，誠慾樂，修道德爲城池，斷仁義爲干櫓，慎言語而密樞機，體杳冥而視有，得終時無怠，以行其道。故《易》曰：九三，君子終日乾乾，夕惕若厲，無咎。乾本無名，引而行之，則而象之，強而行之，萬而始之，故得名也。一炁演暢，玉華湧流，貫注靈源，各司其位，功畢千日視能變化。故《易》曰：雲行雨施，品物流形。大明終始，時乘六龍以御天。乾道變化，各正性命，君子以納其象，雲芝未萌，根方在植。再而申之，陽德見盛，一爻相契，事無不乂，故獲其利，而利於身也。既利於身，固以必守，無卻逸志。故《易》曰：元者，善之長；亨者，嘉之會；利者，義之和；貞者，事之幹。是以元亨利真之道備矣！類象。

象曰：潛龍勿用，君子之道始微。光者，見龍在田。青龍出隱，將德其用，以朝於鼎也。終日乾乾，夕惕無咎，道之始著，戒之在慾，至而行者也。雲行雨施，津炁同往者，大明終始，千日之功。

訣曰：君子之道始若明，勿爲勿用不勤行。一龍若再歸元鼎，炳然通議達神明。火就燥兮雲從龍，響應聲兮虎引風。存得谷神若不死，不放青龍馳外地。驅唱將來入太陽，任從變化力施張，驅逐若不動，敗壞千千衆。莫鍊砂，莫結汞，陰陽炭火不須弄。古來破卻千萬家，盡見神仙不迎送。迎有方，送有位，安穩金房陳寶器。陳寶器，須得地，安排龍虎要依位。不教水火性不和，是人必得乾元利。

《洞元子内丹訣·坤宫篇》 天地之道，莫大於陰陽。陰極以蕩，必陽以御之，陽盛於剛，必陰以伏之。御伏既定，龍虎自安而能守，厥位自固。故天地德合日月，配四時序理，鬼神吉兇而偶者，道機之大也。夫坤之道，能順爾。柔順自守，萬物以生，貞利自保，萬物以成。其卦得☷，坤者順也。柔順之道，保以成體，然後利真。夫鍊炁者，必以時取之，按而餌之，使天地之道寒暑弗愆。寒暑弗愆則百事乂順，天之道和而合之，然後保大保久。故象謂順承天休，德合無疆之類也。始以微陰用事，次以成陰見理，自潛及著，德合太真。君子用之言，無不利。故象謂君子德厚載物，初九，履霜堅冰至之類是也。黄鍾之炁，總而集之，能悗四體，四體既睦，其道也嘉，故象謂地道也光，六三含章。又曰：黄裳元吉，先天而後地，納諸鼎器，二炁既交，精炁渾溢，陰極而陽制。故象曰：龍戰於野，其血玄黄。類象。

象曰：順承天休，陰德陽也。履霜堅冰，自微而著者也。六三含章，土德之厚者也。玄黄之血，天地之精炁者也。故《易》謂玄黄者，天地之雜，天玄而地黄，厥道昭矣。

訣曰：黄婆有女顔如金，未見良媒不稱心。守貞有志同冰玉，張三李四莫相侵。天王有子年方盛，先在中宫施德政。因循獨步出他們，便解金環爲永定。永定必期功千日，門户光華家道出。子孫生得勝爺孃，纔離胞胎便巾櫛。

《洞元子内丹訣·兑艮二宫篇》 ☱兑者，悦也，剛中柔外，順天以應人。三日哉生魄，陽王而陰微，故行炁者必以時抽青龍於離宫，納數惟九，增陰炁之不足。陰微厥位，命陽以補之，其卦得兑，止於月圓，必住其補。補之若過，陰陽失道。十六日陰盛陽不足，行炁者必以時抽白虎於坎宫，納數在七，以補陽炁。陰盛而陽劣，故其卦得艮☶。艮者，止也。止必以時，時行則行，時止則止。君子之道，盈虚消息備矣。艮其爲山，兑其爲澤。山澤之象，於此明矣。先兑而後艮，故其卦得䷨，損之象，爲義，大矣哉！行炁之道，止於此者，功將畢焉。損上而益下，滅存而生之也。凡納氣者，每月前後各三日，住行其炁，謂之滅沒，以應天時也。斯謂至道。

訣曰：陽炁微而運青龍，一九初生自有功。陽炁王時增白虎，三四之功爰有度。陰陽衰，有常規，聖人知者自補之。補之至道復如何，前三後三須要忌。修持若不順天時，亦與凡夫無别異。安排次第須依位，若失分毫差大事。不知位，莫妄誇，千萬行之徒破家。

《洞元子内丹訣·變象篇》 六爻動發，八卦是生。八卦震蕩，吉兇繇是著矣。君子觀炁象，審變化，其能脱乎。故先火而後水者，得乎既濟；先水而後火者，得乎未濟。先離而後乾者，得乎天火䷌。天火之象，《易》曰同人，君子能通天下之志也。先玄武而後白虎者，得乎地水䷆。地水之象，《易》曰師真；達師貞者，承天之寵也。反而視之，其象各異。行坎離，畢於九月；續坎離亦如之，夾坎離如之。乘龍虎於三月，然後易矣。

《洞元子内丹訣·總要篇》 修卦庶爻，風雨不行，風雨過而後作坎離二卦。晦日弗卜卦，終一十二爻，布三十六是也。坎離九月續水火，又有九月兼坎離，成既濟未濟。又九月正乾坤，三月道若就，居玄室百日而成。總而計之，千日備矣。夫色敗之士，亦千日，不可以補之，必久久行之，以填陽闕。坎一陽而二陰也，火生於水，其道自然。人嗜慾者，竭乎一陽，一陽力盡矣，人至於死，故必命元和之炁以補焉。補之備，人生矣。且天高地畢，陰陽之道列矣，一動一靜，剛柔之位見矣。得類而合，得黨而群。本群而分，吉兇之義彰矣。天列乎象，日月星辰也；坤設乎形，山澤草木也。六爻互變，陰陽相交。風雨以潤，雷電以震。秋往春來，寒藏暑格。上下交通，日盈月昃。龍翥雲逐，虎動風生。龍虎之道，可親而不可遠，可伏而不可使。勃勃則害人，親則可久。既久則大，既大則久，賢人之德業備矣。夫聖人設易象知存亡，是爲下也。易者，變也。道至而復變，故曰易。象者，像也；像者，想也。想而覩之，通於神明。神明者，長生之道備矣！故曰象。是故君子知進知退，知柔知剛。俾夜作晝，變陰爲陽。亂居而靜，安居而忙。耽而味之，樂而玩之。動則觀其神光，靜則觀其魂魄。不遠千里，逭其數也！弗踰千日，成其功也！故天必祐之，吉無不利爾，故謂彌綸天地之道。仰以觀乎天文，俯以察乎地理，是以知幽明之故。原始反終，故知死行之説是也。遊魂爲神，元炁爲物。神物須備，物無所漏，漏則囊墮，弗知者遊魂變怪，怪言鬼爾，鬼神之狀，以明失得。失而爲鬼，得而爲神。隨日月之精運，合龍虎之情，範天地之周備，通晝夜之幽顯神。無方而從方來，故有方也。《易》無體而生乎體，故有體也。一動一靜，陰陽之道，孰可測矣。生者是死，死者是生。陰陽變化，繼之者昌。聖賢之道，民日用而不知。故聖人者，資道以見之，所以謂之仁；智者明文以見之，所以謂之智。藏其物以待諸仁，君子盛

德著矣。故《易》謂：日新之爲盛德，生生之謂易是也。居其室而知其數，以其光而察其候，上效其乾，下法於坤。乾坤之道，故能造化。《易》謂：極數知來之謂占，變通之謂事，陰陽不測之謂神是也。動靜有常時，得失有常道。得彼而失此，得此而失彼。一晝一夜，一寒一暑。晝明而夜幽或反之，寒暑往來或差之。故曰占，故曰象，故曰易。善窮者，故曰洞。善了者，故曰玄。

《洞元子内丹訣・廣玄篇》 廣玄者，所以廣洞玄之義也。天地無形而生有形，男女無象育有象也。資於無象，故有形；資於有象，故名所以立。故強爲是謂天地，是謂男女，是謂生死。生者自無而得有，死者自有而得無。自無而得者，道也；自有而失者，愚也，愚不以道得。知有之爲有，是有也；知無之爲無，不知無之爲有也。故男之生也，一陽肇降，四炁爰鍾，凝結其形，是生九竅，備而既育，陽炁淳實，故其象得幹。

☰乾者，健也，純陽之炁。凡人始生，元炁未散，固關未開，貪愛未生，淫慾未作，飲乎血，守乎一，六爻爻盪，故純其神爾。至於十歲，口爽滋味，心有好惡，觸之則嗔怒，玩之則戲樂。應變以可教，隨見以可立。文武之道，繫之於心。工賈之利，推而得之旨。故初九盪而成陰，其卦得遘。

☴遘者，遇也。一陽初敗，勢始歸陰，陰，北方之首也，其位曰亥。亥之始生，力未壯也，故《易》羸豕遇強猳。強猳五陽也，羸豕一陰也。言人止此一陰，始和生淫慾之道，將萌其進，衆猳所遇，將蕩其身而遇乎害也。至於弱冠，冠裳所被，禮樂所拘，婚媾所役，嫉妒所蠱，志有於室，故其卦得遁。

☶天下有山，遁。遁者退也。謂二陽俱遁，將缺其健，陰炁方長，陽未全滅。故《易》謂君子以遠小人是也。小人者女子，君子知道，能固其身，慾能喪其身。在陰方盛，必戒慾樂以補乎遁，陽其志爾。至於三十，壯於血炁，家室之作成矣，子孫之後繼矣；施忠於國，則宦利所行不能息也；報怨在讎，則剛斷之勇不能戢也；貪利於家，欲千古之不能耗；毒爵於身，欲九遷之貴不尚。不知淫慾爲伐命之斧，滋味爲腐腸之藥，故三陽見缺，其卦得否。

☷天地否。否非健也。剛已去半，柔居其盛。故人之壯室，色雖其茂，炁雖其猛，苟順而弗載其慾，則剛健之德日消矣。外強而内弱，是以《易》謂外居子而内小人。人止於此，弗能修鍊，日有耗減。故《易》謂大往而小來，小人道長，君子道消者是矣。以君子之不然，知大之往，小之來，必節飲食，慎淫慾，固根蒂，抱乎元，守乎一，以消乎陰也。故《易》謂君子以儉德避難，此之謂也。至於四十，子孫盛立，淫慾遒過，齒髮將暮，則缺乎四陽，其卦得觀。

☴風行地上曰觀。九五爲君，君則人之心焉。人以四十，淫慾未足，故能悔，悔身之有敗。是以心觀形則慎房室，誡貪慾，用補元和之炁。君子止於是則修之，小人反是毀之。四十而不慎，然後見棄。故《易》謂六三，觀我生之進退，其道明矣。至於是，以勤於修養，以陽補陰，尚能不失。故《易》謂九五，觀我生，君子無咎也。至於五十，弗奉厥道，陽德衰亂，陰鬼日盛，則缺乎九五，其卦得剥。

☶山下有地曰剥。剥者，落也。其知草木之落，歸乎秋也。初六剥足，自微剥也。足，人之所履，人非足無能適，故《易》謂剥床足矣。床，人之所安，剥之則不利。所安者，人之身爾。人之有形，其猶止之有床，床之壞，則無能憩形，形枯則無能宅神，神苟去，形必喪也。剥之義大矣哉！剛變乎柔，陽變乎陰，貞變乎兇，陰炁斯盛，小人道長。故《易》謂不利有攸往。至此弗悟，得輿剥廬之事顯矣。至於六十，弗補其道，坦見頹矣，室見壞矣，人見亡矣。陰盛而陽喪，魄笑而魂悲。順以行之，亢龍有缺，其卦得坤。

☷坤者，順也。其名地，其形土，其性柔，其事降。夫人至於六十，不能修鍊，純陰備作，則肝道衰，肺道枯，心道懵，脾道敗，膽道弱，腎道竭。六事既備，至於死而爲鬼，故曰鬼之言歸也。魂歸於天，魄歸於地。故順乾曰生，順坤曰死，生死之道見矣！知而鍊者，反坤道焉。是以《易》謂乾坤爲易之門户，《易》乃聖人變化，生死之書也。六十而知其道，猶修鍊乎，其能鍊陽銷陰補，補其初九，則其卦得復。

☳雷在地曰復。剛動而陽反其中，本見矣。本者，天地之心焉。凡人六十而悟，修其至道，方復厥初。必以至日，運乎坎離，用亦以時，無失厥度，聞其所覩，默然自守，安乎大靜，以從其政，而得於本。故《易》謂復，其見天地之心乎？又曰：先王以至日閉關，商旅不行。《易》曰：湛寂然而大靜，先王則天地而行者也。象曰：不遠之復以修身也，勤而不倦，以朝夕繫安。其大靜，補其六二，成乎正陽，則其卦得臨。

☱澤上見地曰臨。陽炁復盛，陰炁雖茂，日見消也。故君子道長，小人

道消。勤而弗怠，至於陰月，無失其理，剛炁侵而日蔓，則無咎，稱復乾卦，其事泰矣。故《易》曰：至於八日兇。八月之衆陰也，不鍊陽而銷之終兇也。臨之爲義大矣哉！復厥天數，故《易》曰：剛中而應，大亨以正之道也。人能知咎，承剛以修，復乎三陽，其卦得泰。

䷊地天曰泰。君子以積德累行，鍊陽消陰，日萌其進，弗怠。其九竅通利，四體盈實，起居和節，萬神能泰，陰炁日微，陽炁日大，內剛徤而正行，外柔而和，從往則咸利。故《易》曰：天地交而萬物泰。君子道長，小人道消，斯之謂也。至強不息，日進其道，消乎六四，則其卦得之大壯。

䷡雷在天上曰大壯。壯順天之道，震發萬物。迅雷之用，莫不蠢然。君子以觀乾之道，盡乾之功而行矣。執乎大靜，群魔不作，姤事不興，以心觀炁，庶想悉斷。垢則沐以真水，疾則炙以元火。餘陰一日爲陽所爐，小人道喪於斯矣。剛正內作，發之於外，外雖柔順，其何以制乎盛陽者焉！然三屍欲叛，七魄待離，必畏乎剛徤，而無能矜其姤也。以陽德大王，故曰大壯。是以《易》曰：正大而天地之情可見矣。修之弗已，變乎九五，則其卦得夬。

䷪澤上於天曰夬。君子以修身慎行，夙夜罔懈，省刑獄，恤孤寡，教沉溺，扶巔危，息嫉妬。遊神運炁，抱元守一，鍊乎太陽，以消陰炁。小人道消則得乎夬。夬者，決也。至此有決於解脫之道也。凡君子之生，基於卯角，則曰全陽。止於十歲，缺其初九，則卦得姤。卯之年未知修鍊，至於弱冠，其卦得遁。二十而能修鍊養攝，其初九其得同人。

䷌天與火同人。至於三十，能全其真道，復其初九，則其卦得無妄。

䷘天下雷行無妄。至於四十，能省其咎，守其一，寂無所求，復其初九，則其初九，則其卦得益。

䷩風雷曰益。至子五十，修其至道，補於初九，則其卦得頤。

䷚山雷曰頤。二十而補炁，至於九二，則其卦得履。

䷉上天下澤曰履。至于四十，復其九二，則其卦得中孚。

䷼澤上有風曰中孚。四十而不倦，能行其炁，以鍊乎陰，補乎三陽，則其卦得小畜。

䷈風行天上曰小畜。至於五十，能知其道，精行無怠，補其陽炁，至於九二，則其卦得損。

䷨山下有澤曰損。陽炁上消其陰，故《易》謂損上而益下是也。五十知損之道，能損其六三，變乎九三，則其卦得大畜。

䷙天在山下曰大畜。六十而無惑，至行其道，上損下壯其炁，鍊其六四，成乎純陽，則其卦得大有。

䷍火在天上曰大有。凡納乾坤坎離四象，抽運失度，則八卦盪而更矣，是成六十四也。聖人演易，變化之道備矣。陽盛而陰伏，則神仙可見矣；陰盛而陽伏，則魂魄可離。魂魄離而人夭，神仙見而屍解，其道至矣。不遠千里，自顧而笑。是以君子觀上天之道，執而行之。蕩五味而修乎身，蘊五常而潔其行。爲賊盜人生也，聖人反盜矣。天地至大，日月至明，晝夜以革，尊卑位定，鬼關是閉，意馬弗馳，在乎手也；關鍵既密，靜定既固，出入往來，得乎自在，萬變化之，在乎身也。天之大者，人也；人之大者，機也。順天以行其炁，從時之義以伏其機，機無泄，元陽固實。鍊陰至陽，乾道彌著。立乾之位，坤基方見定矣。

陽盛陰消，陰炁解散，故天起煞心，龍蛇潰矣。君子以下三屍，束群魔，逐青龍，走白虎，巔之倒之，日就月將，離純陰而坎純陽，故天地反矣。乾坤位定，人事固久，外邪不入，內陽則盛。守一不失，抱元得志，俟乎蟬蛻，漏形遺矣。故天人道合基，棄而神出也。天地生人，長短有定，巧拙之性，任運自可，遊神移神，故可藏可伏也。耳聽目視，鼻香口味，心勞慾作者，必損乎壽。君子能瞑目於內，視盲於色也；塞耳於外，聵於聲也；窒鼻於物，齆於香也；緘口於饌，絕於味也；弗勞其心，存乎壽也；不貪其慾，固乎基也。是以目觀其色，心所愛矣；愛而後動，令難忘矣。是故塞九竅而邪不入，在乎盲目、灰心、慎慾於三也。動而有失，靜而有得是也。人能貯心，心能敗人，心爲帝主，總統萬神。心者在亂，淫慾大作，萬神離散，人將死矣。故木生火而自焚，國生奸而自叛。男子知目不可視色，心不可亂慾，口不可貪味，故修鍊之以全其身，是爲聖人也。天地用仁而生乎人，用不仁而殺乎人，道之常也。乾坤之候，百穀草木，盜時而出之。百穀草木之味，人盜秋而食之。百穀草木之毒，盜人之生者也。君子以安乎三才，無使盜作，然後以坎水離火，烹而餌之。餌之以時，百骸自理。故先王以至日閉關，商旅不行之類是也。人識像神之像焉神，不知舍於身之神而爲神也。人身之神，鍊之爲仙，故爲神也。屍解之道，日月運行，左旋右沒，右旋左沒。其數有三，安其身，修其神，處其室，絕其念。始有小靜，百日之功著矣；次安大靜，千日之行

積矣；功者而行積，神光爲之出。故日之與月，其數是也。大之與小，其功一也。神明爲之以生聖功，爲之以君子，以固窮守道，不泄其機，小人則反矣。安其子，息其毋，抱其元，守其一，厥志不蕩，厥邪自屏，鍊剛消柔，積功不倦。其若聲之視，瞽之聽，示乎專也，絕利其一者也。絕利其一，功加十倍。日月出沒，三反其數，道成以一，穢形將墮，明神是出，故功加百倍矣。制之心之所慾復所棄，故生於物。人之失者，己之得，得而能守，不失以道。制之在心，運而歸元。故禽之於氣，端居玄室，默守其道，湛然無慮，可往可來。人壞而神立，故生者是死，死者是生也。凡勢動而爻變，可聚而可分。日月有度，剛柔相鍊，有功則久，既久則盛，君子之基固矣；一進一退，變化之道矣；以剛消柔，乾坤之理著矣。是以賢人之處，默所居而安者，求乎修鍊之至也。明鑒在側，揚乎光也，則鬼神之情狀覩矣！百姓日用而不知，以諸物禽諸氣，其動也剛，其靜也柔。止觀其形容，俟其進退，則吉兇之道斷矣。故知之修鍊，謂之聖人，其是之謂歟！

《道樞・玄軸篇心勞神疲，與道背馳。冥心湛然，乃道之幾》　至朴子曰：天之體，其高明歟？天之性，其玄虛歟？天與我命而秉以爲性矣，必也沖以用之，無巧也，無掘也，無智也，無愚也，湛湛乎適于自然之塲焉。昔者，太源洞長告于方丈先生曰：噫！已入于無爲矣，而其性未能湛湛乎！何哉曰：爾好樂，宫商之聲也。以習蔽之矣，況怵于斯者耶？夫人離朴爲華，物誘於外，五慾六蔽以疪其潔，無以見于天元，則必濯其垢而後可也。何以濯之耶？吾心者，法水也，于是滌三昧焉，開六蔽焉，去五垢焉，汰其濁而見素矣。夫能皓皓而不汙，莫先于卻事物之見，故知遠察微者，聽明之見也，命之曰伐性之斧；務華矜榮者，聲利之見也，命之曰陷性之穽；巧言令辭者，利口之見也，命之曰惑性之藥；奇謀詭策者，深機之見也，命之曰敗性之寇。是何也？智深者僞生，識遠者詐強。夫畀我以知者，本爲知道者也；賦我以識者，本爲識性者也，豈期眩于外哉？康伯子通古今之書，及聞道也，終日如愚。潘洞見子鍾離子，子鍾離子示以物而不能名，子鍾離子曰：大矣哉！卻見者也，萬物芸芸，各歸其根；敷榮吐華，各喪其真。朝生夕隕，物孰免乎？吾當內自省焉。吾亦物也，于是探其本，集其靈，去有歸無，返於真空。返于真空者，必先除其釁焉。夫灼以華澡，惑以鏗鏘，滋以膏粱，襲以芬苾，示以好惡，習以嫉娼，役以金玉，悦以爵禄，媚以語言，誣以機謀，斯十釁也，不能除焉，則遠性失道矣。赤松子曰：欲去之者，先澄其源而後可也。下愚者所禀昧昧焉，上智者爲邪所蔽而與之同，何以扶蔀而發晦乎？必捨其暗塞而投于純明之舍焉。太上曰：多知博見，彼以爲明，斯乃爲暗者也。天與之性，何爲而亡乎？道與之貌，何爲而悴乎？七情之燎，焚於五內，真元燼矣。夫能使其情俱爲煨而熄焉，則冥冥寂寂，真樂至矣。思真子學而未知道對焉，泣于瑤池之下，真君謂曰：爾之七情，不爲觸而發，則入真慧矣。內心未純，則尚華而亡其純矣。古之至人，以性卻性，以形忘形。性，吾有也，不以性蔽性而入于昏；形，吾有也，不以形喪形而入于華。內而貴朴，如槁木焉。故末茂者傷本，枝大者害幹。梵宫靈宇，梵宫八界，靈宇三千。帝之都也，吾身亦有妙庭焉，慧日所燭，玄風所扇，夫何以致之歟！懲忿窒慾，忍有所得，慈無所捨，此其端乎！妙素之曰：形而上者謂之道，形而下者謂之器。器非性也。託器以入道者也。嗟夫！毻毻無涯者，生死之流也，吾能知夫。鹿勞之緣，腐真而伐性，吾能絕焉。對松宇以遣白日，調瑤琴以戰素月，斯陟于道矣。外思者，道之寇也。紛麗撓乎慮，鏗鏘動乎情，坤牛挽之，河車運之，外奔而入，內馳而出，則在性斯喪焉。性也者，水也，風薄之，則亂其清矣！吾視外境其如芥焉，則含元而登太一矣！精思子曰：綺言者，語之疪也；邪視者，鑒之疪也；淫哇者，聽之疪也；躁動者，正之疪也；狎侮者，議之疪也；作狂者，念之疪也。今夫馭氣而游于丹廊者，其孰敢忽此耶？咎莫大于有見恃識，以開萬端而求于勝也，故意可以測古人之情，明可以灼聖賢之理。顧有蔽也，莫能開之；有惑也，莫能引之。異逕以爲大路也，行潦以爲滄溟也，吾以爲慧而離于慧益遠矣。可不務去乎？棄聖絕智，屏其良知，進不爲之宰者，道之本也。高陵子始未聞道，其書滿家，既聞道，破觚折牘，窒其視，剠其識。道非無也，性非空也，無則沈乎罔象矣，空則委於冥求矣。希聲無聽也，空色無視也，無象無得也。至虛者有其空，真符者有其有，于是當先固其守焉，夫然後入于正。不因人而捨，不見法而遷，此有守者也。確然有作，卓然有入，故由有而適于無，從相而至于寂矣。五空八識，不辨乎始終而入無爲者，殆未知無爲之爲自有歟！立我者，必自乎無者也。亹乎塵昧，疪乎物蔽，執乎我者，害道者也。故物我俱忘而爲一，一又滅之而入于無之域。豁而達，慧而通，身無相也，心無思也。我性之率，可以致道，執之而物不能奪，守之而外不能益矣。天與之形，物俱有

形，道與之性，物俱有性。流形既遠，出性之庭，孰不有守耶？有守小而失大者，有守外而棄內者，有守彼而喪我者，有守僞而皆真者。守有道乎？守其我以大者也，固其內以真者也。若不知守焉，則干正紊真者至，其誰能禦之哉！圓淨子曰：白之守玄者歟！太上謂范之曰：五蠹亡矣，七情滅矣，汝知之乎？范子曰：非鍊磨者乎？曰：鍊無以守，則其外移矣；磨無以守，則其有傾矣。其惟守己而已。顓蒙之子，非性有殊也，惟其昧而不自覺歟！既其覺也，神安魄定，入幾微矣。皇甫子曰：覺有五，或因其殃而覺歟，或因其疾而覺歟，或因其難而覺歟，或因其蒙而覺歟，或因春達而覺歟。衆流既分，其源則散；衆情既出，其性則蔽。是以其源不澄焉，六慾以滓之，三毒以盪之。蔽源者，流也；亂性者，情也；嗜慾者，風波也。紛華逐慾而生，純實從物而死。性之質，凋而不朴矣；性之靈，漬而不明矣。根不寧而蔕不固矣。湛乎一景，獨守其源，衆流昭徹而澄矣。我性之肇，亦與人同焉。所受之純，全而不劌；所葆之粹，和而不較。中有圖者，其性也歟，運而不窮，融而不凝。窮則爲蔽，凝則爲止。夫能明達洞徹者，粹美以挺內，和會以塞外，熙然如春，無方如神，不散其陽，不係于物，斯圓之效歟！故得其性也，靜以止之而不知其運，虛以極之而不知其反，其猶獨陰之寂而不入其真耶？玉惠子曰：六慾生而真靈缺，豈能圓乎？三毒興而沖和喪，敢能融乎？圓融殞而夭閼至矣。物之性，未嘗殊也。小大所囿，皆同焉；好惡所受，皆均焉。從其大小，由其好惡，則迷其本，達其宗，棄其源，失其祖矣！自執其性，驚于六塵，舍于三彭，惟抉其昧，剖其愚，以明爲宗，以清爲性，識陰陽之所囿，而同乎沖虛天元之性，則廓然之所宗矣。消穢子曰：得一而清，越乎群宰之上，與化同游，與性同契者，適乎至真之祖者也。赤松子曰：三明宅于中，六鑿鐍其外，吾不登乎異歧矣！巫硤之子，以響爲宗而獲鬼隨焉；西波之子，以因求其祖而得巫報焉，所見不可不慎乎。無法之中，有範焉，有圍焉。空以道範之，虛以化圍之。空，非彼所謂之空也；虛，非彼所謂之虛也。不空其思，不思其空，斯可謂達也已矣。夫以筥挈水者，猶求諸空者歟！吾知所以裨補之，斯復其真性矣。誠以無爲無，則何以語道之大乎？真修者，緣類而應也，無所入，無所捨，而靈心見于外，于是真沖挺秀，奧理特達，天純不駁，入于慧焉！鍾離子曰：其識通明，其名曰慧；其靈盈固，其名曰圓。得寂者，亡乎寂者也，其善忘也歟！至幽至虛，可登乎亡矣，其心如滯礦焉。物不能招矣，則入冥不杳，入恍不惚，寥寥乎有見，默默乎有聞。不見爲見，不聞爲聞，然後有見聞之實不晦。予盖嘗入乎冥冥，守乎寥寥，入寂之中而得寂之應者也。九變之上，不可名也；四游之前，不可形也。能復於斯，其惟無而已。以有爲有，其失也實；以無爲無，其失也虛。無之有者，真有也；無之無者，真無也。淵靜之淵，淵而又淵；洞玄之玄，玄而又玄。兹猶其粗也，夫見乎無。無者，斯至乎道矣，其太素之始哉。鍾離子曰：無中以求無，孰知之耶？天粹而雜者，有以駁之矣；靈源而濁者，有以撓之矣。惟曠兮若谷，應受不留；澹兮若海，源委不已。無詭于道，無戕其性。浩乎守其真，寂乎襲其氣。精神會通，成于不化矣！何以知其然也然？實者虛之應也，虛者實之乘也，相爲之用，則各歸于初莫測其變焉。夫玄覽者可以滌吾之性，思而不空則殆，殆於多知也。空而不思則罔，罔乎無守也。其不亦達乎性命者歟！是道也，道之全，性之極也。

《道樞·五化篇萬物芸芸，其變不窮。能以道化，虛明則通》 譚子曰：至道有五化焉。孰爲道化乎？夫虛化神，神化氣，氣化形形，生而萬物所以塞也，此道之要也。形化氣，氣化神，神化虛，虛明而萬物所以通也，此道之用也。聖人窮通塞之端，得造化之源，忘形以養氣，忘氣以養神，忘神以養虛，虛實相通，是謂大同。藏之爲元精，用之爲萬靈，舍之爲太乙，放之爲太清，老楓化爲羽人，朽麥化爲蝴蝶，自無情之有情也；賢女化爲堅石，山蚯化爲百合，自有情之無情也。射似虎者，見虛不見其石；斬暴蛟者，見蛟不見其水。是知萬物可以虛，我身可以虛，以我以我之無，合彼之虛，自然可以隱可以顯，可以死，可以生。空中之塵若飛雲，之自未嘗見也；穴中之蟻若牛鬪，而耳未嘗聞也。況非見聞者乎？太虛者，一虛也；太神者，一神也；太氣者，一氣也；太形者，一形也。命之則一，根之則一，守之不得，舍之不失，是謂正一者也。稚子弄影，不知爲影所弄；狂夫侮像，不知爲像所侮。化家者，不知爲家所化；化國者，不知爲國所化；化天下者，不知爲天下所化。虛化神，神化氣，氣化血，血化形，形化嬰，嬰化童，童化少，少化壯，壯化老，老化死。死復化爲虛，虛復化爲神，神復化爲氣，氣復之化爲物。噫！化化其無窮者哉！太上者，虛無之神也；天地者，陰陽之神也；人蟲者，血肉之神也。其同者神也，其異者形也。形不靈而氣靈，語不靈而聲

靈，覺不靈而夢靈，生不靈而死靈。冰泮返清，形散返明，能知真死者，可以游大上之京矣。孰爲術化乎？雲龍風虎，得神氣之道者也。神，母也；氣，子也。以神召氣，以母召子，何有不至乎？蕩穢者，必召五方之氣；伏魑者，必役五星之精。召之于外，守之于內，用之于外，無所不可也。轉萬斛于之舟者，由一尋之木；發千鈞之弩者，由一寸之機。一目可以觀天地，一人可以君兆民。太虛茫茫而有涯，太上浩浩而有家。得天地之綱，知陰陽之房，見精神之藏，則數可以奪矣，命可以治矣，天地返覆矣。至淫者化爲女，至暴者化爲虎。樂者其形和也，喜者其形逸也，怒者其形剛也，憂者其形蹙也。斯亦變化之道也。蠮螉之蟲，孕螟蛉之子，傳其情，交其精，濕其氣，和其神，隨物大小，俱得其真。蠢動無定情，萬物無定形。陰陽相搏，則芝菌不根而生也；燥濕相育，則蛸螬不母而生也。人體陰陽而根之，效燥濕而母之，無不濟者，何也？君子體物而知身，體身而知道也。澗松所以能淩霜者，藏正氣也；美玉所以能犯火者，蓄至精也。大人晝運靈旗，夜録神芝，覺思所不思，可以冬御風而不寒，夏御火而不熱矣。孰爲德化乎？天下賢愚，營營然如飛蛾之投夜燭，蒼蠅之觸曉牕，知住而不知返，知進而不知退。感父之慈，非孝也；喜君之寵，非忠也。感始于不感，喜始于不喜，多感必多怨，多喜必多怒，抑人者人抑之，容人者人容之。貸其死者樂其死，貸其輸者樂其輸。孰爲仁化乎？海魚有吐墨，上庇其身而游者，人因墨而得之。智者多屈，辯者多辱，明者多蔽，勇者多死。君子能罪己，斯能罪人；不報怨，斯能報人。救物而稱義者，人不義之；行惠而求報者，人不報之。螻蟻之有君也，一拳之宮，與衆處之；一塊之臺，與衆臨之；一粒之食，與衆蓄之；一蟲之肉，與衆咂之。故得心相通而後神相通，神相通而後氣相通，氣相通而後形相通，太古之道也。孰爲食化乎？一日不食則憊，二日不食則病，三日不食則死。民事之急者，食也。爲巫者，鬼必附之；設像者，神必主之。蓋樂所享也。虎狼不過噬肉，蛟龍不過嗜血，人則無所不嗜，所以不足則鬥矣。夫水將逼而投於水，知必不免，且貴其緩也。虎將噬而投于谷，知必不免，或覬其生也。孰爲儉化乎？水火常用之物，用之不得其道，以致于敗家，蓋失于不簡也。飲饌者常食之物，食之不得其道，以至于亡身，蓋失于不節也。欲救之術，莫過乎儉。儉于聽，可以養虛；儉于視，可以養神；儉于言，可以養氣；儉于私，可以養富；儉于公，可以養貴；儉于門闑，可以無盜賊；儉于環術，可以無叛亂；儉于嬪嬙，可以養壽命；儉于心，則可以生死，是謂萬物之化柄也。奢者富不足，儉者貧有餘。奢者心常貧，儉者心常富。奢者好親人，所以多過；儉者能遠人，所以寡過。奢者事君，必有所辱；儉者事君，必保其禄。奢者多憂，儉者多喜。奢者好動，儉者好靜。奢者好難，儉者好易，奢者好繁，儉者好簡，奢者好。逸樂，儉者好恬淡。有畢生而一器而無缺者，有十年而一裘不弊者。斯人也，可以即清靜之道矣。

《道樞・坐忘篇上》寶書之笈，三編具存，吾得其要，澄神契真 心者，一身之主，神之帥也。靜而生慧矣，動則生昏矣。學道之初，在于收心離境，入于虛無，則合于道焉。夫天執心住空，亦非所謂無所也。住于有所，則心勞而氣廢，疾以之生矣。夫聞毁譽善惡，以其心受，受則心滿，滿則道無所居矣。有聞如不聞焉，有見如不見焉，毁譽善惡，不入于心，其名曰虛。心虛則安，心安則道自來矣。心都譬夫日焉，纖毫入目，則未有能安者也。牛馬，家畜也，縱之不收，則悍突難馭；鷹鷂，野鳥也，一爲繫絆，則自然調熟。吾之心亦猶是歟！然法之妙用，在乎能行，不在能言。夫能在物不染，處事不亂，斯大道之妙手！世或以道爲難進，是不知貝錦始于素絲。衝天之鶴，資于轂食；蔽日之榦，起于毫末者也。事非常則傷于智力，務過分則弊于形神。今以隋侯之珠，彈千仞之雀，人猶笑之，況棄道德，忽性命，而從不要以自伐者乎？夫撓亂吾身者，則寇盜也；吾能禦之正心，則勇士也。因智觀察，則利兵也；外累悉除，則戰勝也；湛然常樂，則榮禄也。吾不爲此觀，是猶遇敵棄甲而逃，反受其咎矣。是以，定者致道之初基，習靜之成功，持安之畢事也。莊子曰：宇泰定，發乎天光，何謂也？宇者，心也。天光者，慧也。虛靜至極，則道居而慧生也。慧者，本吾之性也。由貪愛濁亂，散迷而不知，吾能澡雪，則復歸于純靜矣。神性虛融，體天應變，形與道同，則無生死，隱則形同于神，顯則神同于氣，所以蹈水火而無害，對日月而無影，存亡在己，出入無間矣。然虛無之道有淺深焉，深則兼被于形，淺則惟及其心。被形者神也，及心者慧覺也。慧覺者，身不免于謝焉。何也？慧者，心照也，多用則其體勞矣。初得其慧，則悅而多辨，斯神氣漏而爲屍解者也。故大人者，含光藏輝，凝神歸寶，神與道合，身心與道同，于是六根洞達焉。身也，無時而不存；心也，無法而不通。故曰：山之有玉，則草木不凋矣；

人之懷道則形體永固矣。于是其妙也，有坐忘之樞焉。修道成真者，必先去乎邪僻之行，外事不干于心，端坐内觀，念起則滅之。雖然，惟滅動心，不滅照心；惟凝虚心，不凝有心。欲行此者，當受三戒：一曰簡緣，二曰無欲，三曰静心。簡緣者，擇要去煩也。經曰：少則得，多則惑矣。無欲者，斷貪求也。經曰：常無欲，則能觀其妙矣。静心者，止息游浪也。經曰：除垢止念，静心守一，其斯之謂歟！故虚心無欲，非求于道而道自歸之。其要在乎涉事處喧，皆作意以安之。有事無事，常若無心。處静處喧，其志惟一。束心太急，則爲病爲狂。心若不動，復須任之。使寬急得其所，常自調適。制而勿著，放而不動，是爲真定者也。既如是，亦不可恃其定也，而求多事，求就喧。當使如水鏡之鑒，隨物現形，而後可也。定中求慧，則傷于定，定則無慧矣；定非求慧，而慧自生者也。得道者于是，心有五時，身有七候，是爲淺深之敘焉。五時何也？其動多，其静少者，一也；動静各半焉者，二也；其静多，其動少者，三也；無事則静，觸則動者，四也；與道冥合，觸亦不動者，五也。七候何也？舉動順時，容色和者，一也；宿疾盡除，身心輕爽者，二也；填補夭傷，還年復命者，三也；延數萬歲，名爲仙人者，四也；鍊形爲氣，名爲真人者，五也；鍊氣成神，名爲神人者，六也；鍊神合道，名爲至人者，七也。

《道樞・坐忘篇中》天隱子曰：人之生也，禀乎靈氣，精明悟通，學無凝滯，則謂之神焉；宅神于内，遠照于外，則謂之仙焉。靈氣者，其不可爲世俗所淪折而後可也。曰喜、曰怒、曰哀、曰樂、曰愛、曰欲、曰惡，七者情之邪也。曰風、曰寒、曰暑、曰濕、曰飢、曰飽、曰勞、曰逸，八者氣之邪也。去邪則近于仙矣。簡易者，天地之道也。天者，在吾首之上；地者，在吾足之下，吾則見之。故曰：簡易者，神仙之德也。夫學道者，言涉高詭，而執迷無所歸，本非吾學也。故學氣者反爲氣所病者有矣，學仙者反爲仙所迷者有矣。然學道者，亦須漸而進之。蓋有五門焉，一曰齋戒，二曰安處，三曰存想，四曰坐忘，五曰神解。齋戒者何也？澡身虚心者也，齋者潔静也，戒者節約也。飢即食，食勿飽，所謂調中者也。物未成者勿食，腐敗閉氣者勿食，五味太多者勿食勿久坐，勿久立，勿久勞，勿久逸。左右手常摩至于溫熱，熨其皮膚，以去冷氣，所謂暢外者也。于是形堅則氣至矣。安處者，何也？南向而坐，東首而寢。居之屋廬，必得陰陽適中焉。高則陽盛而明多，多則傷於魄，魄陰也；卑則陰盛而闇多，多則傷於魂，魂陽也。有所傷，則疾斯生焉。又况夫天地之氣乎？有元陽之切肌，淫陰之侵體，可不慎哉？故吾之室，四旁皆牕戶焉。風起則闔之，風息則闢之。前必箔，後必屏。太明則垂箔，以和其内映焉；太闇則卷箔，以通其外曜焉。内以安吾心，外以安吾目，心目安則身安矣。然則彼縱情多慮，其不能安其内外也可知矣。存想者，何也？孝者，存我之神也；想者，想我之身也。夫何以能然乎？閉目則自見其目，收心則自見其心，心目皆不離于身，不傷于神，此其漸也。凡人終日而視他人，則心亦外走矣；終日而接他事，則目亦外瞻矣。營營浮光，未嘗復照，安得不疾且夭耶？故歸根曰静，静曰復命，復命成性，是爲衆妙之門也。坐忘者，何也？因存想而得，因存想而忘也。行道不見其行，非坐之義乎？有見不行其見，非忘之義乎？不行者，必不動也；不見者，形俱泯也。或者曰：心不動，有道乎？天隱子默而不對。或者曰：形泯，有道乎？天隱子瞑而不視。或者悟曰：道在我矣。神解者，何也？齋戒者，信解也，無信心，則不能解矣；安處者，定解也，無定心，則不能解矣；存想者，閑解也，無閑心，則不能解矣；坐忘者，慧解也，無慧心，則不能解矣。四者通乎神，斯爲神解者焉。神者，兼三才則謂之易，齊萬物則謂之道，本一性則謂之真一。天隱子曰：生于易中，死于易中。動因萬物，静因萬物乎？邪由一性，真由一性乎？吾皆以神解之。在人也，在地也，在水也，皆爲仙矣。變而通之，是曰神仙。正一先生讀其書，語曰：吾則異。于是吾之簡易者，無爲而無不爲也；吾之漸者，守性正命。日增一日，漸之道也，齋戒之類，兼修之可也。

《道樞・坐忘篇下》至游子曰：吾得坐忘之論三焉，莫善乎？正一先生司馬子微。曰：吾近見道士趙堅造《坐忘論》七篇，其事廣，其文繁，其意簡，其詞辨。讀之者，思其章句，記其次序，可謂坐馳，非吾所謂坐忘也。吾聞之先師曰：坐忘者，長生之基也。故招真以鍊形，形清則合于氣；含道以鍊氣，氣精則合于神。體與道冥，斯謂之得道者矣。夫真者，道之元也，故澄神以契真。莊子曰：宇泰定，發乎天光。宇者，心也；天光者，慧照也。先定其心，則慧照内發，照見萬境，虚忘而融心于寂寥，是之謂坐忘焉。老子曰：及吾無身，吾有何患？無身者，非無此身也。體合大道，不徇乎榮貴，不求乎筍進，恬然無欲，忘此有待之身者也。夫長生者，神與形俱全者

也。是以乾坤者，易之藴也，乾坤毁，則無以見易矣；形器者，性之府也，形器敗，則性無所存矣。養神不養形，猶毁宅而露居者歟！或曰：人之壽終，心識苟正，則神超于真境。正一先生曰：非至正之言也！夫高德之賢，自謂彼我忘矣，是非泯矣。然見不善則顰，見善則笑，猶爲善惡所惑。況其終也，昏耄及焉，吾未見不爲衆邪所誘者也。故有有識化無識者，秦女之化石是也；有人識化蟲識者，黄氏之化黿者也。由是觀之，心識者爲陰陽所陶鑄，安能自定哉！所以貴乎形神俱全者，蓋以此也。今有知榮貴爲虚妄，了生死爲一貫，至其臨終，則求醫祈鬼，何也？未知乎坐忘者也。忘者忘萬境也，先之以了諸妄，次之以定其心。定心之上，豁然無覆；定心之下，空然無基。觸之不動，慧雖生矣，猶未免於陰陽之陶鑄也，必藉夫金丹以羽化，入于無形，出乎化機之表，然後陰陽爲我所制矣。

《道樞・集要篇古先至人，立言如林，以道博觀，則鉤其深》　晁文元公曰：吾觀夫浮世，其乃生老病死之鄉歟！憂悲苦惱之窟歟！惟定明者，内覺其身心空，外覺其萬物空，然是諸相既破，無可執，無可爭矣。諸有者，夢幻也。夢中而人狎之，且曰夢中搏必無傷也。豈非在夢知夢乎？吾嘗坐玉堂，見饔人汲水，吾觀空純熟，自無全人。觀汲水者，惟一塊之空，自西而東，豈非在幻知幻乎？故曰本無一物，隨之視而異端焉。學道者，必先止念，念起則知之如川之泄，簣土塞之，襄陵之勢可絶矣；如火之爇，杯水沃之，燎原之勢可滅矣！故不畏念起，惟畏覺之遲也。覺速止速，此其妙用者歟！吾嘗謂心息相依，息調心静，念起即覺，覺之即無，比最道之權與也。裴休曰：夫地、水、火、風，假合而聚散，非我身也；緣、慮、客、塵、虚妄，乍起乍滅，非我心也。我有真身，圓滿空寂是也；我有真心，廣大靈和是也。萬漚起而復破，然水之性是嘗不存也；千燈明而有滅，然火性未嘗不在也。世亦知夫三象者乎？氣動而清者，天之象也；心静而寧者，地之象也；智圓而明者，日月之象也。三者和會，則自然見吾神靈之妙用矣！三象既明，而六審不可不知也。試嘗自審曰：妄念息乎？外緣簡乎？觸諸境不動乎？黑白無差别乎？夢想不顛倒乎？方寸怡愉乎？于是可以測入道之深淺矣。吾嘗自警曰：了知起滅意，決定生死根。不復隨緣轉，是名不動尊。夫未能無念，即用觀空；未能頓空，即用對治，三策次第而用之。莊子坐忘，達磨壁觀，始學者不能知也。而乃入于放曠，豈其旨哉？吾嘗端坐，念實相而見魔王加趺之像，且怖矣！況入道者，端坐不傾動者乎？

《道樞・碎金篇漆園之玄，竺乾之空。均乎正心，與儒同功》　晁文元公曰：教豈有異哉？吾嘗貫三道爲一焉！夫儒家者流，以正身爲要切，勿求其功而功自成矣；竺乾氏以復性爲要切，勿求其證而證自知矣。吾始讀《南華》之書，因齊物之理而得一法，目之曰逍遥大同觀，而無一事可爭。後讀西方之書，因無我之理，又得一法，目之曰平等大空觀，而無一物可齊。由是知其深淺矣！施肩吾既聞道，而著《三住銘》曰：心常御氣，氣與神合。竺乾氏爲圓覺之説曰：心息相依，息調心淨。吾觀其理殊同歸歟！天下有三樂：儒家者流曰，顔氏子單瓢陋巷，不改其樂；道家者流曰，莊氏子栖遲一丘，天下不易其樂；竺乾氏曰，生滅滅已，寂滅爲樂。三者自外及内，由淺至深者也。幻意諸病，吾以理攻之可也。已往吾勿追思，未來吾勿迎想。或曰：修行何以驗乎？曰：置白黑二棋，一念善投白者一，一念惡投黑者一，至夜較之，即知增減焉。文元公曰：迂矣！吾則于晝夜四威儀中，不計情境，惟量其力，常習静念而已。受辱而畏其勢，忍之者不可謂之忍也；無可畏之勢而能忍之者，斯真忍也。《易》損，曰懲忿窒慾，吾用之以爲戒；《易》之《繫辭》曰寂然不動，吾用之以爲定；精義入神以致用，吾用之以爲慧。或問：閑居何樂乎？曰：調暢太和之氣，適悦天真之味，研覃微密之言，依游上妙之道。蒙莊高情，師友造化，竺乾妙旨，澡鍊神明。非理外至，當如逢虎，即時而避，勿恃格獸之勇；非理内起，當如探湯，即時而止，勿縱染指之欲。外護其身，如惜千宵茂樹，勿縱一斧之刃傷焉；内護其行，如惜渡海浮囊，勿容一針之鋒破焉。心静則清，清而後明，明則照物，物無遁形矣！至人觀之，得爲心印者也。唐人有養鸚鵡者能誦經，常不言不動。或問其故，對曰：身心俱不動，爲求無上道。及其死焚之，有舍利焉。故知得道者，皆自燕寂中入者也。文元公曰：吾既耄也，彌覺聰警，耳有自然之音，如樂中簧，隱隱如雷初動，浩浩如潮將至，吾謂之三妙音焉，一曰幽泉漱玉，二曰金磬摇空，三曰秋蟬曳緒。

《道樞・容成篇孰爲陰丹，詆其矯經，闔其内荒，其路豁知》　至游子曰：吾常得崔公《入藥鏡》之書，言御女之戰，客主恍惚，則同識不同意，同邪不同積，同交不同體，同體不同交，是爲對境不動者也。夫能内外神交而體不動，得性之道也，動則神去性衰矣。不染不著，則留其元物，使氣定神住，和合成形，入于中宫，煅去其陰而存其陽焉。紅雪者，血海之真物，本所以成人者

也。在于子宮，其爲陽氣，出則爲血。若龜入時，俟其運出而情動，則龜轉其頸，閉氣飲之，而用搐引焉。氣定神合，則氣入于關，以轆轤河車挽之，升于崑崙，朝于金闕，入于丹田，而復成丹矣！至游之聞而大吒曰：崔公果爲是言哉？吾聞之，古先至人，蓋未嘗有也。昔張道陵黄赤之道，混氣之法，蓋爲施化種子之一術爾，非真人之事也。然及陵之變舉，則亦不復爲此矣。清雲真人曰：吾見行此絕種而死，未見其生者也。夫存心包觀而行上道，是所謂抱玉赴火，金棺葬犬者也。紫微夫人曰：爲黄書赤界者，適足鳴三官之鼓，致考罰爾。真人之偶景者，在于二景而已，非爲夫婦之迹也。夫黄赤存于中，其可以見真人靈人乎？魏伯陽曰：割肉以內于腹，不可以成胎，則外物不可以爲丹也，明矣。是知學道以清淨爲宗，內觀爲本者也。於是深根固蔕，使純氣堅守，神不外馳，至於坎離交際，而大藥可成矣！善乎！《莊子》之論曰：必淨必清，無勞汝形，無摇汝精，乃可以長生，未聞有以御女而獲仙者也！惟東漢冷壽光自云行是法，幾百四五十幾，鬢髮盡白，而肌理盛壯，然卒不免於死也。世所謂善一作喜。御女而得其效者，宜無踰壽光，壽光且死，則是道也惡，足以語長生久視之理也哉！彼方士以採戰之方，以惑學士大夫，懼其言之不足取信也，則竊克先至人以名其書，故稱《西華》二十有四篇，則曰鍾離雲房所作也。西江月十有八篇，曰張平叔所作也。指女子爲偃月鑪，以童男女爲真鉛汞，取穢濁爲刀圭，肆情極欲，一旦溘然而逝，其名曰桶底脫。至游子曰：崔公之道，昔呂洞賓得之，以爲心地益明，則崔公不宜爲此疵而不醇者也，其亦方士所託而行者歟！或問曰：無漏果位者，當豐其源而嗇其出，故運華不生高地平原，而生于淤泥，何謂也？至游子曰：道家者流有八漏，竺乾之法有諸有漏，豈爾所謂漏者乎？司馬子微曰：志之漏也，形趨於后土；念之漏也，神趨于鬼鄉。吾所謂無漏者，無此漏也。豐入嗇出，養氣則然矣，達磨之胎息是也。淤泥之蓮，易壞者也，未若松柏產於陵岡而不凋者也。吾亦有蓮焉，蓋嘗發於烈火之中矣！或者聞其說而疑，以問至游子曰：容成子、務成子、天老、太一與夫堯、舜、成湯、盤庚，各有陰導之書，黄帝、三王，復有養陽之方，漢氏秘于廣內之藏，著于神仙之録，則其由來尚矣，子惡得以爲無哉？至游子曰：吾非謂之無也，蓋非所謂仙者之務爾。聞之劉向、班固之徒曰：房中者，情性之極，至道之際，是以聖王制外樂以禁內情，而爲之節文焉。樂而有節，則和壽考矣。迷者弗顧，則生疾而殞命。由是觀之，信乎非仙者之務也。

《道樞・陰符篇黄帝之經，藏於神嵩。李筌得之，發世之蒙**》**

李筌得黄帝《陰符》之經於神嵩之山，而未知其止也。其後遇驪山姥而問焉，姥曰：道有太易，有太初，有太始，有太素。太易者，玄元杳冥，妙于無名者也；太初者，胞胎混沌者也；太始者，洞虛無疆，或感而彰者也；太素者，內舍真一之精，爲萬物樸，清陽爲天，濁陰爲地者也。陽爲魂，陰爲魄。魂者，欲人之生；魄者，欲人之死。故聖人觀天之道，執天之行，含真抱一，以歸于太陽，養陽之魂，以消陰之魄，神仙之道，其盡於斯矣！天以一之數，生水而潤下，其居北方，于時爲冬，于藏爲腎，是爲玄武焉，此坎之卦也。地以二之數，生火而炎上，其居南方，于時爲夏，于藏爲心，是爲朱雀焉，此離之卦也。天以三之數，生木而曲直，其居東方，于時爲春，于藏爲肝，是爲青龍焉，此震之卦也。地以四之數，生于金而從革，其居西方，于時爲秋，于藏爲肺，是爲白虎焉，此兑之卦也。天以五之數，生土而爲稼穡，其居中央，爲萬物母，于藏爲脾焉。故道生一，一爲天。五行者，從一而生真一之氣，化生五行。是以五穀五味，滋養于人，以因五行而生，因五行而死，故五行者五賊也。聖人奪取五行之精氣，還元反本，復歸于真一。此老子所謂萬物芸芸，各歸其根。歸根曰靜，靜曰復命者也。夫性者，陽之精明也。精明之氣，結而爲人，休氣爲鬼，靈氣爲神，煩氣爲蟲豸，雜氣爲禽獸，奸氣爲精邪。人禀乎精明，則能見其機，見其機則能立天之道矣。自五月夏至，遇用事之卦也。十月而爲純坤，陰盛則消陽矣。自十有一月冬至，復用事之卦也。四月而爲純乾，陽盛則消陰矣。是以龍蛇者，秋冬而潛蟄，春夏而起陸焉。人以真陽，去其陰魔，則百神和悦，血脈流通，五藏生津，長年久視矣。此廣成子所以積火以焚五毒。五毒者，五賊也。天生于坎者也，地生于離者也。坎者，水也，月也，汞也；離者，火也，日也，鉛也。聖人使坎離互用，日月相交，鉛汞相持，龍虎相反，然後能斬屍滅鬼，降精攝邪，以存正氣焉。故太白真人曰：五行不順行者，龍從火出，虎從水生矣。此天地之互用，陰陽之反覆者也。土者四象之本，萬變之基也。道生一，一生二，二生三，三生萬物。一者天也，三者人也。神仙之要，在乎抱一守中。故至道始於一、三而終於五。五者，數也。經曰：三、五與一，萬事畢矣。此何道也？鉛汞得土而成還丹者也。煙蘿子曰：全一有三，外應仍滿於初九，此至道也。陽太盛則溢，溢則生熱，熱

者其脈實。陰太盛則衰，衰則生寒，寒者其脈虚。虚實之脈，寒熱之患，皆能致死者也。陽者，汞也，其性飛者也；陰者，鉛也，其性伏者也。聖人伏陽汞以鍊其魄，飛陰鉛以拘其魂，陽不得而溢，陰不得而盛，于是客邪消而屍魄衰矣！蓋有毫髮之陽未盡者，不能死矣。有毫髮之陰未消者，不能仙矣。夫耳耽淫聲，目好美色，口嗜滋味，則五臟摇動而不定，血氣流蕩而不安，精神飛馳而不守，于是正氣散，而濕邪之氣乘之，以生疾矣。是以人之三要者，曰耳，曰目，曰口。故耳目者，神之窗牖也；口者，氣液之門戶也。若夫六識皆空，湛然虚寂，遺形忘物，慧照神通者，至靜也；吐納以鍊五臟，導引以開百關，誦持寶章以怡神，吸引二景以集明，鍊金精以固形，餐玉英以保身者，至動也。太上曰：靜者性也，動者氣也，動靜如一，内外和順，非至人安能至于斯哉！夫榮名富貴者，學道之塵垢也；旨酒珍饌者，伐性之戈矛也；淫聲美色者，破骨之斧鋸也。故修真鍊氣，抱元守一者，謂之聖人；鍊形成氣者，謂之真人；鍊氣成神者，謂之神人；鍊神成真者，謂之至人。天地者盗萬物，使有衰朽者也；萬物盗人，使有老死者也；人盗萬物，使不常存而有用者也。故不善盗者盗其形，不盗其精，反爲萬物所盗焉；善盗者盗其精，所以能盗萬物而長生矣！吾食其時，非嗜其酒殺也，蓋盗萬物之精氣者也。何也？形以食味，神以食氣，若以時而食其形，動其機，以盗其精，則百體順理矣！吾之身有精光之神，形影之神，毛孔之神，各萬有二千。五臟六腑，三元九宫，亦皆有神焉。惟吾不見其神，則不知其能下福禍焉，故不務敬畏。至于狠躁兇虐，貪淫陰險，是曰賊其神矣；妄言綺語，以爲人不知不見，是曰昧其神矣。吾之神上通于天，賊其神者，犯于天者也；昧其神者，欺于天者也。犯天欺天，所以取夭折者歟！如是者陰邪日勝，神氣日衰，屍魄日恣矣。夫能守中抱一，以陽鍊陰，則屍亡魄喪，而神明王矣。神明既王，則策轡八晨，飛輿五獄，升九玄，斬玉關，可與天地等年矣。老君曰：氣中有氣，是我之神者也；神中有神，是自然之道也。天以一陽降于九泉而生復，此十有一月陽之始也。二陽降而生臨，三陽降而生泰，四陽降而生大壯，五陽降而生夬，六陽降而生乾。五月夏至，陽極而生陰。故一陰升而生遘，二陰升而生遯，三陰升而生否，四陰升而生觀，五陰升而生剥，六陰升而生坤。陰陽消息升降，斯道之樞也。故聖人收採天地之氣而成二體，曰鉛、曰汞。鉛也汞也，其重各八兩，而合于三百八十有四銖之數，以應乎卦爻而定大小之法焉。上揆卦氣，下推漏刻，以均乎火之候，而奪乎一千八十年之功，于是脱其凡胎矣。至于三千二百四十年而聖胎成矣，于是與造化相符，陰陽同運，聖功生焉，神明出焉。瞽者目無所見，故神專在于耳；聾者耳無所聞，故神專在于目。神專則事無不精矣。利能動人者也，絶利之源，則神有所專，可以制精邪，亡屍滅魄，有千倍之功焉。老子曰：不見可慾，使心不亂，此之謂歟！夫九還七返者何也？自子而至于申，自寅而至于戌者也。斯皆一陰一陽，一升一降，一沉一伏，晝夜居之而不失者也。水火卦氣已盡，則還丹成矣。于是制精攝邪，亡屍滅魄，有萬倍之功焉！魏伯陽曰：屯用申子，蒙用寅戌，六十四卦，各自有日，斯三反晝夜之理也。心者，萬神之主也；日者，萬神之戶牖也。人之神入則藏于心，出則見于目，故心安則神安，目動則心動，心動則神動，生死之機，其在斯二者矣！夫能使其神出入于戶牖以自照焉，居息于宅舍以自安焉，此則生之機也；塞戶牖而不明焉，廢宅舍而不居焉，此則死之機也。魏伯陽曰：五行相受以生，故火性爍金，金伐木榮，三五與天地之至精也。何也？陰陽相勝，五行相制，所以克伐衰謝焉。然反本歸根，則萬物乃因此而生矣。陰陽激而爲風雷，風雷作則萬物動而滋生矣。夫煉陰陽之氣，如風之行，如雷之鳴，通流其百脈，淘去其積滯之五毒，于是五臟生津，百骸調暢，真一存乎其中矣。夫不恥貧賤，不貪富貴，不嗜聲色，不躭名利，不懼患難，不怍黜辱，外無所求，内無所惑，惟見於空，空無所空，湛然常寂，然後晝無想也，夜無夢也。于是棲神于至樂，則天真之性有餘，濁亂之情不作矣；趨迹于至靜，則貪求不生，而心無所往矣。飛鳥制其身，游于空虚者，憑其氣也。況夫修鍊其形而成至陽，其能入金石而不閡，行日月而無影，固其理也。世之人類飲食以養其形，不知絶飲食而形乃固焉；須屍魄以養其神，不知去屍魄而神乃全焉；須陽與陰並，相濟以生，爲知陰盡陽純，則長生焉。

《道樞·西升篇玄言之宗，惟力默子。懷道而西，以誨尹喜**》** 老子將入于西域，尹子尹喜也。遇于關而問道焉。老子曰：虚無怳惚者，道之根也。生我于虚，置我于無。故生我者，神也；死我者，心也。是以身者，神以爲車、爲舍、爲主者也。其身安靜，則神居之；其身躁動，則神去之。是以外其身，存其神，則精曜留矣！道得一合，則與道通矣。善人者不與萬物爭，謙虚而無欲者也。故欲者，兇害之根也；無者，天地之元也。聖人去欲入無，所以

輔其身者也。故吾視欲無所見，聽欲無所聞，言欲無所道，食欲無所味，寂哉淡泊，于是清靜無爲，氣自反于未生者焉！吾見哀人者，不如哀其身；哀其身者，不如愛其神；愛其神者，不如含其神；含其神者，不如守其身。守其身者，斯長存矣。神者，生形者也；形者，成神者也。故形不得其神，斯不能自生矣；神不得其形，斯不能自成矣。形神合同，更相生，更相和，成斯可矣。天下之上孝，可謂能養其母者也。夫能愛其母者，其身斯長久矣。身之虚者，萬物至焉；心之無者，和氣歸焉。故善養身者，藏身于身而不出，藏人于人而不見。何也？常以虚爲身，以無爲心，是之謂無身之身，無心之心焉。于是守神至通，是謂道同者耶。我命在我而已，不屬乎天地者也。我不視，不聽，不知，則神不出身，與道同久矣。吾與天地分一氣而治，自守其根本者也。天下莫柔弱于氣，氣莫柔弱于道。道之所以柔弱者，包裹天地，貫穿萬物者也。夫柔能生剛，弱能生強，天下莫知其根本所從生者焉。有以無爲母，無以虚爲母，虚以道爲母，此道之根本也。何以謂道人？曰：神雖在身，令神莫在其身者也，盛生于衰者也，陰生于陽者也。故有無之相生，虚實之相成，于是有歸于有，無歸于無矣。人在道之中者也，道在人之中者也；魚在水之中者也，水在魚之中者也。道去則人斯死矣，水涸則魚斯終矣。故聖人反歸于未生，其形隱，其神留，天下歸焉。無爲無事，國實民富，保道之常，是爲玄同。夫人得神而生，不知神之所在，惟聖人藏神于内而魄不出矣。守其母，則其子全而民熾盛矣。治身之道，通玄元之混氣，思以守其身者也。天非欲于清，清自歸之；地非欲于濁，濁自歸之；濕非欲于水，水自歸之；燥非欲于火，火自歸之；虚空無爲，非欲于道，道自歸之。由此觀之，物性孰不自然也哉！老子言其道既竟，復以告尹子曰：語汝至道之要，静心守一，則衆垢除，萬事畢矣。

《道樞·内德篇三業七情，既澄其源。五神守藏，三一求存**》** 太上曰：静三業，口、目、耳。澄七情，則五神各守其藏，三一長存矣。三者，身之元神，離之數三者也；一者，身之真情，坎之數一者也。身之中，蓋有三萬六千神，千二百形影，萬二千精光，五臟六腑，一十四神，左三魂，右七魄，宜常念念，勿使離于身。日爲功曹，陽氣也；月爲主簿，陰血也。雷公使者，在于左右三魂也；風伯雨師，在于前後七魄也。六甲，六陽神也；直符，六陰神也。于是周遶于身焉，青龍扶左，白虎扶右，朱雀導前，玄武從後，身之四象也。北斗覆首，精光之神也；天罡指足，真氣之神也；螣蛇在手，膽之神也。吾居丹房之中，包守一之法。太一者，下元之宫，真元神也，是吾之偶焉。左三右七，震兑也；戴九履一，離坎也；二四爲肩，坤巽也；六八爲足，乾艮也；五居中宫，土也。是爲八卦九宫之神，皆實于腹矣。凡寢則神魂精魄散游于外，陰邪得以乘隙竊其精氣，故當出其四獸，以衛其身。四獸者何也？青龍出于肝，白虎出于肺，朱雀出于心，玄武出于腎。勿使衆邪干其玉房，玉房者，精區也。肝主藏魂，肺主藏魄，心主藏神，脾主藏志，腎主藏精。五藏之神，出則禦惡，入則安神。既衛其身，則復各還其所。鳴天鼓三十有六以集神，嚥液三十有六以聚氣。而陰戶可以陰闔矣，使衆邪不得下居焉。閉氣者，自一至十，以心默數之，九九而止。閉氣者，非閉噎其氣也，乃神定氣和，絶思忘慮，使鼻之息，悠然若有若無，診其脈，以六動爲一息。九九者，八十一息也。常存赤氣，自其口出，狀如火輪，周其室中，定則内想，安寢其中，自然疾病除，而陰邪遠矣。

《道樞·玄綱篇道家者流，其源汪洋。搜厥玄微，以提其綱**》** 崇玄子唐，吴筠，開元時人。曰：道至無，而生天地者也。天動也，而北辰不移，含虚不虧焉；地静也，而東流不輟，興雲不竭焉。故静者，天地之心也；動者，天地之氣也。心静氣動，所以覆載而不極歟！通乎道者，心寧以同于道，氣運以存其形，不爲物之所誘，是之謂至静者也。本無神也，虚極而神自生；本無氣也，神運而氣自化。氣本無質，凝委以成形；形本無情，動用以虧性。故生我者道也，滅我者情也。情忘則性全，性全則形全，形全則氣全，氣全則神全，神全則道全，道全則神王，神王則氣靈，氣靈則神超，神超則性徹，性徹則反覆，通流與道爲一。可使有爲無，實爲虚，與造物者爲儔矣。道不欲有心，有心則真氣不集；不欲苦志，苦志則客邪來舍。在于平和恬淡，澄靜精微，虚明含元，有感必應，應而勿取，真僞斯分矣。故我心不傾，則物無不正；動念有屬，則物無不邪。邪正之來，在我而已。惟鍊凡至于仙，鍊仙至于真，鍊真合于妙，合妙同乎神，神與道合，即道爲我身，所以升玉京，游金闕，能有能無，不終不歿矣。崇玄子曰：吾嘗謂神仙有可學之理焉。夫有不學而自致者，禀異氣也；必學而後成者，功業充也；學而不得者，初勤終怠也。故遠于仙者、近于仙者，各有七焉。形氣爲性之府，形氣毁，則性無所存，性無所存，則我何有？此遠于仙者，一也；或謂仙必有限，歸于淪墜，此遠于

仙者，二也； 或謂形體以敗散爲期，營魄以更生爲用，安知入造化之洪鑪，任陰陽之鼓鑄，此遠于仙者，三也； 或謂軒冕爲得意，功名爲不朽，悦色躭聲，豐衣厚味，此遠于仙者，四也； 強盛之時，爲情愛所役，及斑白之後，習學始萌，而傷殘未補，竊慕道之名，乘契真之實，此遠于仙者，五也； 汲汲于鑪火，孜孜于草木，此遠于仙者，六也； 動遠科禁，靜無修習，此遠于仙者，七也。 若夫躭玄虛，寡嗜慾，體含至靜，以無爲爲事，此近于仙者，一也； 翦陰賊，植陰德，懲忿損欲，齊毀譽，修清真，此近于仙者，二也； 身居禄位，心游道德，仁慈恭和，弘施博愛，此近于仙者，三也； 爵之不從，禄之不愛，恬然以攝生爲務，此近于仙者，四也； 靜以安身，和以養神，精以致真，此近于仙者，五也； 失于壯齒，收之晚節，以功補過，以正易邪，惟精惟微，積以成著，此近于仙者，六也； 忠孝清廉，不待學而自得，謂之隱景潛化，死而不亡，此近于仙者，七也。 取七近，放七遠，是爲拔陷區，出溺塗者也。

《道樞・玉芝五太相生，在物之先，明告來者，猶魚之筌》 朝元子陳舉，寶元中人。曰： 體混元之本，法天地之樞，立爲洪鑪大鼎，以鍊其真焉。 內以養鉛汞，外以象離坎，運其陰陽，驅龍馭虎，以返本還元。 于是玄霜絳雪，玉榮金膏，九轉而成寶矣。 魏伯陽以《參同》成道，馬明生以金液超真，陰長生鍊太真之劑，劉安修太一之元，此所謂奧筌者歟！ 方其陽魂未交，其如玄窟焉，陽精既兆，乃稟性以成乎形。 是以陰判陽而歸寂，陽寓陰而成質，陰陽交而萬物泰矣，日月合而四時成矣。 夫天地不交，何以爲晝夜乎？ 日月不合，何以著盈昃乎？ 萬物不合，何以顯榮枯乎？ 當太易之時，混混濛濛，如胞中蒂焉，于是而有太易，首春一陽之義也。 其體玄黃，四象未明，玄霧蒙乎金液，華光鎖乎水精，夜加乎子，初九潛龍之位也。 太易者，仁也、春也、陽也、龍也、日也、天也、火也、魂也、神也、汞也、木也。 故陽氣也者，入乎物曰生，離乎物曰死。 太易者，司生也，夫陽不發于下，則萬物何以生哉？ 故經曰： 上水下火，蓋謂此也。 陽必蒸于上，陰必潤于下。 蒸者，其熱也。 熱蒸其陰，陰勝其氣，輕者上浮而爲天，其清雲霞，其凝雨露，其散風煙，其寒霜雪。 時自乎子而至乎午，其升者也； 自乎午而過乎子，其降者也。 夫雲霞、霜雪、雨露、風煙、氣霧，所以降而滋萬物者也。 經曰： 返本還元，歸於地脈，此之謂歟！ 其在於身，則爲津、爲液、爲涕、爲血、爲肉、爲精、爲髓。 夫五金八石之倫，依乎天地之升降，運轉和合而歸乎本元，故曰還也。 九鍊成剛，故曰丹也。 太初者，天地萬物之初也。 陽經陰復，二氣未分，龍吞虎并，雲雨交羅，陽光炳燿，陰氣凝矣。 上下搏而成形，恍恍惚惚，其中有物，杳杳冥冥，其中有精。 何謂物歟？ 陽中有陰，坤元之氣也，其屬有也、水也、鉛也、陰也、氣也、虎也、魄也、形也、白也、母也、性也、金也、一也。 受性于上，彰于下，其象日中有烏，石中抱玉，水中産金，泥丸中有血，是謂血之海腦中也。 母之元也。 何謂精歟？ 陰中有陽，乾元之氣也，其屬無也，龍也、神也、魂也、火也、木也、剛也、影也、一也、父也。 産于上，司于下，其象月中有兔，水中有砂，鉛中有白金，是謂氣之海，臍下也。 父之元也。 故陰居陽，其主血； 陽居陰，其主筋骨。 《易》曰： 雲從龍，風從虎。 風雲者，陰陽二氣也。 男者陰之宗也，女者陽之主也。 離發乎坎下，汞居乎水中，上下之象也，神居其中，謂之三才。 太始者，二儀立形之始也，陰陽得位，虎龍分矣。 天地清濁之氣，橐橐籥而化萬物。 是氣也，在道曰陰陽，在人曰魂魄，在物曰表裏，在天曰日月，在地曰聲色，在丹田曰鉛汞。 是道也，生于一，一生二，二生三，三生萬物，終于一者也。 故曰： 一者水也，二者火也，三者土也，物有不因此而生滅者乎？ 水火者，各得其一者也。 得一者，物之母，氣之精，命之根，識之祖也。 天得以增其威，地得以發其機，是神之祖，氣之使，物之父，魂之制，身之主也。 水生一男，是爲坎，其名曰汞； 火生二女，是爲離，其名曰鉛，是之謂四象者也。 汞者丹也，鉛者樂也。 天老神君曰： 用鉛不用鉛，須向鉛中作。 及至用鉛時，用鉛還是錯。 何以言之？ 汞，陽也之也； 鉛，陰也，母也。 汞無鉛，其獨子不母，何以生哉？ 鉛汞合而三年爲寶，焚去鉛之氣，是爲脱殼，其名曰純陽。用鉛不用鉛也。 吾嘗觀乎大道，莫越乎陰陽相合曾于中宫，蓋有動有靜焉。 動者汞也，清而喜飛； 靜者鉛也，濁而不起。 汞之飛，偶手火者也； 鉛不起，偶乎水者也。 水所以流濕，火所以就燥者歟！ 神者命也，靜者性也。 命也者，動而有生有成焉； 性也者，靜而無染無著焉。 是以三魂歸諸天，七魄歸諸地，各有所源也。 太素者，本也，本立而道生矣！ 太始，太素之時，剛柔判矣。 以立三才，以彰四象，太素者，司秋，萬寶之所以成者也。 經曰： 火虛水空，此其形象者歟！ 譬夫人之在胎，陰血陽精，混然而成，三月而陰陽分，則各有所居矣。 母之元，職乎泥元，其名血之海； 父之元，主乎陰位，在于臍下，其名氣之海。 各有神氣交焉，其名三才，沖和之氣，隨母呼吸，應其上下，三才備而萬物長矣。 母之元，主血肉、血、精、髓、意、魄，即吾

之鉛，虎也；父之元，主筋、骨、心、魂，即吾之汞，龍也。五月而形將成，表裏分矣。吾之化育，其猶是乎？陽丹，精也；陰丹，血也。日南至一陽之始，潛龍之位也。俟乎五陰，退而陽昇，十一月，十二月，正月者，三陽之時也，萬物芽矣。吾之錬形，亦猶是乎？功盈三千，何謂也？服丹千日者，三年也，亦譬夫一時。三月也。在丹三年，二氣布矣，易吾之軀而成自然之體，運水火，交汞鉛于九轉。九轉者，九年也。九九者，數之盈也。九年之內，有九易焉。一年易氣，二年易血，三年易脈，四年易肉，五年易髓，六年易筋，七年易骨，八年易髮，九年易形。志于道者，其可不察于斯歟？捨是而求道者，其猶瞽者之逐兔矣。黄帝曰：吾有還丹，其品七焉，津也、髓也、血也、唾也、精也、氣也、神也。故指水火鉛汞以論焉。津爲汞，精爲鉛。水處乎腦中，火居于臍下，運鉛以制汞，錬汞以投鉛，來往歸源，水火王矣。太極者，天地萬物之終也。故曰：太易，水也；太初，木也；太始，火也；太素，金也；太極，土也，萬物生死于土矣。夫一陽孳萌于子，十一月也。一陰孳萌于午，五月也。其於易也，始乎復，次乎臨、泰、大壯、夬乾者，陽數之極也。其於易也，始乎姤，次乎遯、否、觀、剥、坤者，陰數之極也。是爲一歲之象也。一月者，亦一歲之象也；一日者，亦一月之象也，皆有陰陽五行之數，存乎其間。萬物至于八月九月，未有不成者也。吾之丹，是以有九轉者歟！夫孰非陰陽合而然耶？日有鳥者，陰也；月有兔者，陽也。月自一日至八日，其名上弦，一百九十有二銖，金水平分，其名一八，春之分也。其時屬乎卯，是爲鉛，一百九十有二銖，至于旬有六日，陽數極而明也，于是一陰至而陽退焉。故旬有六日之後則復虧，至二旬有三日，其名曰下弦，亦一百九十有二銖，龍虎中分，亦名一八，秋之分也。其時屬乎酉，是爲汞，一百九十有二銖，至二旬有四日，陰盛而陽衰，日月盡而陰極矣。陽也，陰也，其終而復始乎？故八之日，爲一百九十有二銖，旬有六日，則三百八十有四銖矣。斤生兩，一斤十六兩。兩主分，一兩四分。是以有三百八十有四銖，應乎大易之策數。一歲之日，其氣其候，二十有四，于是乎備矣。計其分六十有四，則又大易之卦之爻也。六十四卦，凡三百八十四爻也。在易之策數，斯合矣。在人之息數，斯亦合矣。故起火于子，至于午六時陽也，其象春夏。自午至于子，六時陰也，其象秋冬。且一日之內，自有天地、日、月、星辰，次序之運具焉。二十四氣，七十二候皆全。故吾之道廢一而爲之者，末之有成也。夫起火必于子者何也？承陽氣起火，火力斯全矣！過乎子，則有盛而火不然也，故曰水克火也。火也者，非其心之火者也。心者，神也。吾有中宫之鼎，在乎心之下，故心爲火，則爲焚火在鼎之上也。經曰：火起地臍下，水出于鼎中，既濟之象也。上水下火。是鼎也，時至乎卯？則增汞鉛，時至乎酉，則增鉛，時不得火，則不勝矣。汞不得鉛，則不凝矣。經曰：以水于山，起火于海，取汞于重樓，採鉛于九天。其運也，備乎四時，與神禦之，與氣和之，于是四象具矣。而中宫之鼎，狀如雞子，三年赤白判而換軀矣。金腸玉骨，出于五行，其名曰蛻，故四象交而汞乾矣。一陽備而鉛而去矣。其名曰還丹，於是神魂立矣，其體剛矣。三花合一，五彩歸陽，夫是之謂無修之地。朝元子嘗歌以爲時凡六十篇。至游子讀之曰：深乎大道之藴也！吾今表而出之。其直旨曰：一青須配四黄研，變化無非合自然。欲使參同歸一室，須黴雲雨運三田。南邊血是砂中汞，北畔精爲水内鉛。此箇大羅天上法，與他相識便爲仙。

《道樞·週天篇週天之候，通乎晝夜，八卦居中，不速而化》 至游子曰：二十四氣，每氣差二分有半。夏至極長，冬至極短，春秋二分，晝夜平均矣。冬至之後則盈行，夏至之後則縮行，此乃陰陽升降之期也。子者五，癸者四，此大雪、冬至之刻也。冬至者，其日出于辰之二刻，入于申之三刻，晝三十有五，夜六十有五，坎卦之上元也。大雪者，其日出于辰之一刻，入于申之三刻，晝三十有八，夜六十有二，乾卦之下元也。丑者四，己者四，此小寒、大寒之刻也。小寒者，其日之出入晝夜，與大雪之候同，坎卦之中元也。大寒者，其日之出入晝夜，與小雪之候同，坎卦之下元也。寅者四，甲者四，此立春、雨水之刻也。立春者，其日出于乙二刻，入于庚之二刻，晝四十有三，夜五十有七，艮卦之上元也。雨水者，其日出于乙之四刻，入于庚之四刻，晝四十有五，夜五十有五，艮卦之中元也。卯者五，乙者四，此驚蟄、春分之刻也。驚蟄者，其日出于卯之二刻，入于酉之二刻，晝四十有八，夜五十有二，艮卦之下元也。春分者，其日出于卯之中，入于酉之中，晝夜俱均焉，震卦之上元也。辰者四，巽者四，此清明、穀雨之刻也，清明者，其日出于卯之三刻，入于酉之二刻，晝五十有三，夜四十有七，震卦之中元也。穀雨者，其日出于甲之四刻，入於辛之四刻，晝五十有五，夜四十有五，震卦之下元也。己者四，丙者四，此立夏小滿之刻也。立夏者，其日出于甲之三刻，入于辛之三刻，晝五

十有八，夜四十有二，巽卦之上元也。小滿者，其日出于甲之三刻，入于辛之三刻，晝六十，夜四十，巽卦之中元也。午者五，丁者四，此芒種，夏至之刻也。芒種者，其日出于寅之一刻，入于戌之二刻，晝六十有二，夜三十有八，巽卦之下元也。夏至者，其日出于寅之二刻，入于戌之一刻，晝六十有五，夜三十有五，離卦之上元也。未者四，坤者五，此小暑，大暑之刻也。小暑者，其日出入晝夜，與清明之候同，坤卦之下元也。秋分者，其日出入晝夜，與芒種之候同，離卦之中元也。大暑者，其日出入晝夜，與小滿之候同，離卦之下入元也。申者四，庚者四，此立秋，處暑之刻也。立秋者，其日出入晝夜，與立夏之候同，坤卦之上元也。處暑者，其日出入晝夜，與穀雨之候同，坤卦之中元也。酉者五，辛者四，此白露，秋分之刻也。白露者，其日出入晝夜，與春分之候同，兑卦之上元也。戌者四，乾者四，寒露，霜降之刻也。寒露者，其日出入晝夜，與驚蟄之候同，兑卦之中元也。霜降者，其日出入晝夜，與雨水之候同，兑卦之下元也。亥者四，壬者四，此立冬，小雪之刻也。立冬者，其日出晝夜，與立春之候同，乾卦之上元也。小雪者，其日出于乙之三刻，入于庚之一刻，晝四十，夜六十，乾卦之中元也。

《道樞・黄帝問篇歸自崆峒，復訪皇人，究其三一，知微知真**》** 天真皇人隱于峨眉之山。黄帝既平蚩尤，將求無爲之道，周遊天下，而至于青城之野，始見甯真人焉，於是得九一之旨。因聞皇人明于大道，復從而問焉。皇人曰：子欲修其身，先淨其意，而後可也。故内安其神，外去其慾，衆患或起，以氣治之。黄帝曰：修道者亦有患乎？皇人曰：聞道晚者，則先已泄其真氣而虚敗，惡得無患乎？黄帝曰：敢問以何氣治之而可？皇人曰：其小用水，其大用火。一切有患，無者能拒不水火者也。夫深居，而瞑目於鼻之上而望，寸縷亦不得想。離其本軀，及起之則爲定矣，諸境勿外逐焉。次觀白毫光明出于眉之上，極力移之入于頂門，三昧定實，則功斯勝矣。中心無爲，外想不入，從九至九，鍊七至七。夫欲隱處于世，常想開頂門，使黄雲滿于天地。冥心細想，其内有神，用意行之，去來自如，欲離其軀，黄雲重蓋，或歸于其體，或分其形，或入于衆人之身，或奪人而安己，或使其人離其體，方便相救，廣施德焉，則可也。利己損人，斯有罪也，然分形之法，須俟生陽數之一焉。冥心靜室，明鍊五行于頂之上，藏太陽四十有五，其數足焉。眉之下五輪既全，而於定之中起焉。于是火中有木神，水中有金氣，水火五藏，交相往來，而不離于土。然後想其真精，二腎合于一氣，心血下凝，而爲嬰兒，其象土之上有黄芽焉，是乃吾之命也。日出之初，照水者百過，又日踐其影，於是二腎日月之光，各出赤白之氣，夜則七七出于頂門，十月而與身等靈，斯爲地仙矣。鍊腎之氣，出入于耳，百日而注以江海。内鍊其精華以爲劍，鍊五藏之精，滿乎九之數，使金鼎收其氣，身勝而升天，於定之中，復投於胎，再修再結，十有二年而變四身，其應無盡。黄帝曰：善。

《道樞・軒轅問篇天清地寧，近取諸身。用火守陰，其陽乃純**》** 子崔子曰：學道者，先澄心無爲，内境外境，是非俱忘焉。然後息氣養形，形神俱妙，與道合真矣。心爲天，腎爲地，天清則地寧矣。軒轅問曰：天何以清？地何以寧？子崔子曰：一者，天之清也。軒轅曰：時有十二。十二之問，子午變動，陰雲霞霧，不能常清。何也？子崔子曰：日月，常有用者也。陰陽轉動，是之謂陽極而陰生也。升降陰陽，所以見天不能常清也。變動其四時之季，各以一季受氣焉。故生死萬物，非天不清；所生萬物，非地不寧。軒轅曰：寧者生萬物，何也？子崔曰：地，黄也。中央，土也。其上受日月陰陽轉用，各季受一氣焉。凡季月旬有八日，四季則七旬有二日，土之盛者也，所以成萬物焉。軒轅曰：人之生，何如哉？子崔子曰：亦由陰陽合而受一氣乃成也。陽之極也，見陰精見爲寶；陰之極也，見陽精而爲寶陰無陽則不能化矣。男，腎之左其先成也；女，腎之右其先成也。然後立性爲萬物靈。軒轅曰：何爲而死歟？子崔子曰：男，純乎陽者也；女純乎陰者也。十有二時之中，性有變焉，故氣隨性散。陽者爲陰克取其精，陰者爲陽克取其血，所以枯絶而死歟。軒轅曰：不死，亦可致歟？子崔子曰：滅其三要，通其九竅，得其五行，絶其外境，外境不入，内境不出，氣定則可不死矣。骨節通流，九竅安靜，五行相生，五臟不滯，六腑通明，病何自來？是謂水中得火，火中生水也。無心而入定，則神清矣。其氣轉動于四季，化萬物焉，于是陰消而純陽矣，可以長生。軒轅曰：如之，何可以入定無心，水火相交，純陽不死乎？子崔子曰：定中生氣，氣中生神，神定者道氣也。神能用法，法能用火，火中生水，能變常用其水焉。如懼夫心不能定乎水火也，則用火守其陰，則純陽而陰柔不生矣。斯道之全也，軒轅曰：善。

《道樞・百問篇修真之方，浩乎無涯。止陽之言，司洞之車**》** 純陽子呂洞賓也。

讀丹經玄書，其旨淵深，懼後世莫測焉，于是以問于正陽子。鍾離雲房。曰：《清靜經》言有動有靜者，何謂也？正陽子曰：鍾離雲房。曰：《清靜經》言有動有靜者，鉛也，濁而不起者也。比無異故焉。鉛之飛，蓋得火者也；汞之不起。蓋遇鉛者也。動則有生滅，靜則無所著焉。純陽子曰：洞庭紫府，在于身爲何所乎？正陽子曰：此精之海，清靜之府，在于肝之內，其膽是也。純陽子曰：孰爲泥丸，其狀何如也？正陽子曰：此血之海也。其別九房，房之狀方圓彌寸，其周九寸，其色白，其中一房有血焉，其名曰血海。純陽子曰：丹有陰有陽，何色耶？何居耶？正陽子曰：丹之陰者居于血之海，丹之陽者居于臍之下，各有神氣交會焉，比丹之元也。陰丹之元者，血也，其主血內魂魄，在于丹田，鉛之銀也。陽丹之元者，精也，其主精內心神，在于丹田，汞之龍也。純陽子曰：九鍊者，何以至于九歟？正陽子曰：九鍊者，九機也。一年益其氣，二年益其血，三年益其脈，四年益其肉，五年益其髓，六年益其筋，七年益其骨，八年益其髮，九年益其形。純陽子曰：還丹何也？正陽子曰：九年而成者也。其目點漆，其膚凝脂，其骨化玉，其陽化經，白毫生于眉，金光週于身，行軼六驥，洞視百步之外，口鼻常有清香之味。純陽之曰：何以謂之鉛與汞乎？正陽子曰：鉛也者，生子腎之左，其外玄，其內白，木之正氣也，其居北方，子位也。陰中之陽也，于是又有二焉，鉛精之得火者也。腦中之精血者也。汞也者，生于腎之右，其外青，其內赤，金之正氣也，其居南方，午位也。陽中之陰也，于是又有四焉，琉璃玉者也，水至于中宮者也，津結砂者也，膽之液氣者也。純陽子曰：何以造化而能成丹乎？正陽子曰：必也取水于山之巔，取火于海之底，扳汞于重樓，採鉛于九天，汞入則鉛住而歸凝于中宮，其狀雞子，其色朱橘，其名聖胎，于是玄白判而爲造化者也。純陽子曰：進火周天，或抽或添，其用之也有年、有月、有日、有時，何也？正陽子曰：年也、月也、日也、時也，其屬乎水，則皆繫之陰者也，能克焉，于是又有仲春、仲秋之月，七日、八日，二旬有二日、有三日，與夫既望、既海，皆不可以行动矣。三彭守乎靈府，則其功難成，須用法行持，可也。純陽子曰：火在吾身，何物爲之乎？正陽子曰：愚者以心爲火，夫心之內有神焉，謂之天地之罏，陰陽之鼎，蓋在心之下者也。夫以心爲火，則火反居其上，其何以烹歟？非既濟之道也，火當從下發，如蒸釜焉。故火者，下元真一之氣，既極而成火，起于臍之下者也。水者，出于腦者也。純陽子曰：何謂之罏？正陽子曰：其在吾身者也。夫大冶之爲治也。外有罏以載火，然後罏之中可以置鎔矣。鎔內有藥，其上加覆焉。吾之罏，豈異是哉！純陽子曰：敢問冶之門與其狀，可得聞乎？正陽子曰：紫煙非世之火也。紫煙者，氣也。三素昇降乎內外，鼻之息綿綿不失，而後鍊之成紫煙焉。純陽子曰：蛇有四，鼠有二，何物歟？正陽子曰：四者，四時也。二者，日、月也。妙哉，其難言者乎！純陽子曰：洞房之宮，居何所歟？正陽子曰：其在乎眉之間，其入二寸，屬乎泥丸之前，狀如玉山，內有白元之神，居於紫極。純陽子曰：明堂則何如？正陽子曰：其在洞房之前，入于眉者彌寸，內有中元之神居焉。純陽子曰：太上有存三守一之道，何謂歟？正陽子曰：一物而三體者歟，水也，火也，土也。其聚也，是爲心、爲腎、爲脾；其變也，是爲氣、爲血、爲精。氣也、血也、精也，其化爲神，方其在身，故乃赤、黃、玄之鼎也，斯中宮者也。純陽子曰：人之生死，何其循環之無端歟？正陽子曰：此無異故焉，不見乎性者也，故有委心以生貪，貪生著，著生煩惱，以苦其心，心亂則神煩，神煩則欲盛，欲盛則疾且死矣。純陽子曰：性何爲歟？正陽子曰：其在太虛耶，是難言者也。形氣之去來者，其性也。純陽子曰：神何謂歟？正陽子曰：上玄之宮，太一真氣者也。其數三萬六千，隨其所生而變焉。故在氣變神，在神變氣，氣在則神存，神去則氣散。其散也，爲雲、爲霧，名之爲形，出之爲仙，入之爲真，上結乎三元，下結乎萬物，而有長養之道焉，是以不散者其真耶，散者其死耶。純陽子曰：神氣盡而死，氣何以絕乎？正陽子曰：形有六竅焉。其血虧疎，則神不精不正矣。不精，則津液滯矣；不正，則邪氣會矣。於是乎主關壅而死路闢矣。純陽子曰：金液、瓊漿，何謂歟？正陽子曰：瓊漿者，目之淚也。其餘氣流于上腭之右，是爲金液也。純陽子曰：神水，何謂也？正陽子曰：心中之血也，其餘氣流于舌之左者也。純陽子曰：然則華池，何謂歟？正陽之曰：腎中之水也，其餘氣流于舌之右者也。純陽子曰：黃芽，何謂歟？正陽子曰：其生于腦之中，其居于中宮，是爲腦之涎，脾之液，液之餘氣流于上唇者也。純陽子曰：青龍，何謂歟？正陽子曰：肝也、木也，中有神水，出入在于春膝之左而內出于目者也。純陽子曰：白虎，何謂歟？正陽子曰：肺也、金也，中有神水，出入在于脊膝之右而肉出于鼻者也。純陽子曰：朱雀，何謂歟？正陽子曰：心也、火也。

其位南方，其干丙丁，中有神水，由腹之右通于舌之下者也。純陽子曰：玄武，何謂歟？正陽子曰：腎也、水也，其位北方，其干壬癸，中有神氣，由腹之左而通於耳者也。純陽子曰：勾陳，何謂歟？正陽子曰：脾也、土也，其干戊己，中有神氣，由腎之中，夾脊之上，通于腠理而入腦者也。純陽子曰：黄婆，何謂歟？正陽子曰：脾，土也，故稱黄焉，蓋脾之氣也。純陽子曰：金翁，何謂歟？正陽子曰：肺、金也。故稱金焉，蓋肺之氣也。純陽子曰：姹女、嬰兒，何謂歟？正陽子曰：姹女者，心之涎也；嬰兒者，腎之水也。純陽子曰：嘘也、呵也、吸也、呼也、嘻也、呬也、吹也、叫也，其氣之出，屬何藏乎？正陽子曰：鼻之氣，屬乎肺者也，故曰吸。口之氣，屬乎肝者也，故曰吹。至夫呬者，屬乎肺。吹者，屬乎腎。呼者，屬乎脾。呵者，屬乎心。嘻者，屬乎三焦。叫者、嘘者，屬乎膀胱。純陽子曰：內外八卦，何謂歟？正陽子曰：肝震也，心離也，肺兑也，腎坎也，大腹乾也，膽巽也，小腹坤也，膀胱艮也，此其內者也；目離也，舌震也，口兑也，耳次也，頭乾也，趾坤也，腹巽也，手艮也，此其外者也。純陽子曰：天倉，何謂歟？正陽子曰：其名有三，曰食堂、曰咽門、曰地戶，吾之口也。純陽子曰：鐵牛，何謂也？正陽曰：青龍者也。純陽子曰：重樓，何謂歟？正陽子曰：玉樓者也，人之食嗓也歟。純陽子曰：恍惚之中有物，杳冥之中有精，何謂歟？正陽子曰：夫所謂物者，氣中之水，也其水無形，蓋自冬至則陰至於天，積氣而生者也，是乃太極而生陰，其名有三，曰真水、曰鉛、曰虎之魄，其形白，而性金，故曰日之金烏，石之玉，水之金，腦之血，總曰血海，居于腦者也。夫所謂精者，水中之氣也，其氣無形，蓋自夏至則陰至于地，積陰而生者也，是乃太極而生陽，其名有三，曰真火、曰汞、曰龍之魂，其形赤，其性火，故曰月中之玉兔，水之砂，在人爲筋爲骨，爲物之剛者也。純陽子曰：烏、兔，何也？正陽子曰：金烏者，心中之水，水中之真氣也；玉兔者，腎中之氣，氣中之真水也。純陽子曰：五獄、六曹、四瀆、五湖、九江、三臺、風、雨，何以辨乎？正陽子曰：左臉者，岱山也；類者，衡山也；右臉者，華山也；頰者，常山也；鼻者，嵩山也。五藏，五湖也。六府，六曹也。三焦者，三臺也。大腸九曲者，九江也；精者，江也；溲者，河也；血者，誰也；津者，濟也，亦曰四海也。汗者，雨也；氣者，風也。純陽子曰：一身猶一國也，孰爲君臣歟？正陽子曰：心者，王也。氣者，相也；脾者，大夫也；肺者，尚書也；腎者，烈女也；肝者，戶部也；膽者，禮部也；胃者，兵部也；膀胱者，刑部也；精海者，工部也。純陽子曰：龍何物也？正陽子曰：元氣生於二腎之左右，杳冥之府也，元海也。大小如環，其氣出入如紅縷，神之父也，陽之根蒂也，陰陽之源也。純陽子曰：虎，何物也？正陽子曰，陰之血也、液也，變而爲之者也。其生于離，竊五穀之真氣，至於心而化焉，流於腎之宮，而精氣成矣，是謂朱汞也。火龍在坎也，命之根也，神之母也。純陽子曰：鉛者，靜也、性也。性果何所生乎？正陽子曰：五穀之真氣，爲心所竊，化而爲血，於是血復化爲液，液復化爲真氣，凝而爲神，此性也。純陽子曰：汞者，動也、命也，何謂也？正陽子曰：命者，居于二腎之中，元海之內，所出真元之氣，于是其中有真水焉。本生于心，流于腎，化而爲精。精者，奠親于斯二者也。故靈源流之，元氣不止，則神不寧矣。純陽子曰：本立而道生，何謂本歟？正陽子曰：神也、氣也、精也、髓也、涕也、唾也、津也、血也、汗也、淚也，斯其爲本歟。本之不立，如木之蠹，條幹槁矣。故吾身流轉，則體潤矣，是謂神水者也。純陽子曰：三池，何謂歟？正陽子曰：口者，玉池也；泥丸者，天池也，胃者，中池也。純陽子曰：九宮，何謂歟？正陽子曰：腦之中有九房，其骨八片。九房之中，又有四雌、五雄守焉。純陽子曰：三關，何謂歟？正陽子曰：口者，天之關也；手者，人之關也；足者，地之關也。泥丸者，上關也；絳宮者，中關也；下元者，下關也。以此爲關，何以閉塞乎，非知道者之言也。吾今告汝：以上關者，目也；中關者，鼻也；下關者，口也。其徑通乎九竅，邪之所害也，故欲加鍵焉。純陽子曰：人有天地陰陽，何謂歟？正陽子曰：首，天也；足，地也，其外者也。心圓而腎方，其內者也。日，陽也；月，陰也，其外者也，氣昇而液降，其內得也。故天至于地，八萬四千里，心至于腎，亦八寸四分焉，此心腎比天地者也。純陽子曰：二至也，二分也，于吾何所法歟？正陽子曰：時加乎子，加乎午，二至也。時加乎卯，加乎酉，二分也，此日之比于二至、二分者焉。晦也、望也、二至也、二分也，此月之比于二至、二分者焉。夫日北至而陽昇，自下而上，以還于天，于是一陰至焉。自日南至而陰降，從上而下，以還于地，于是一陽至焉。春之分也，陽昇于上也。遇春分，而入于陽，而離乎陰者也，秋之分也，陰昇于上也。遇秋分，而入于陰，而離乎陽者也。純陽子曰：五賊者，何居乎？

正陽子曰：人者，得五穀而養，是五行而生，生則有敗者也。故五行者，可以生，可以死。五行者，所以爲冠歟。純陽子曰：月、候、氣、節、時、歲，何謂也？正陽子曰：十二時者，一日也。五日者，一候也。三候者，一氣也。二氣者，一節也。二節者，一時也。四時者，一歲也。純陽子曰：勒陽關有道乎？正陽子曰：入室，歛身端坐，神識內守，微脇其腹焉。純陽子曰：丹有採者，何謂也？正陽子曰：滿口嗞其津液而般歸于命府，運氣于黃庭之中，於是氣液造化而成精，津積而爲血，血積爲珠，珠爲汞，汞爲砂，砂爲丹，此其採之者歟。純陽子曰：黃庭，何謂歟？正陽子曰：其在膀胱之上，脾、胃、腎之前；臍之後，肺之右，肺之左。如雞子，如權石。純陽子曰：脾者，謂之黃婆，而不謂之黃庭，何也？正陽子曰：脾能接心之液腎之氣，和合而成丹，非黃庭也。純陽子曰：進火者于何所乎？正陽子曰：火者生於臍之下，觀之無形，遠不可取也，近不可捨也，狀如青冥焉，不可名也。純陽子曰：金液鍊形，形神妙而合道真，何謂也？正陽子曰：鍊汞成神，鍊氣成形，於是後昇前嗞，二物合而成胎，是爲與道合真，斯金液鍊形者也。純陽子曰：日用八卦，何謂也？正陽子曰：時加乎亥者乾也，加乎子者坎也，加乎寅者艮也，加乎已者巽也，加乎酉者兑也，加乎申者坤也，加乎午者離也，加乎卯者震也。此猶外者也。純陽子曰：夾脊亦有三關，可得關乎？正陽子曰：夾脊之節，二十有四，凡一關直三節焉。腦之下名曰玉關，其夾脊相對名曰中關，內腎相對名曰下關。純陽曰：聞大道之名，未聞其狀也。正陽子曰：道者，無形也，言之非道也；道者，虛也，以實言之，非道也，道以虛爲體者也，其如呼于山者，其谷應之歟。故養于肺之中者，神氣也，真性也。純陽子曰：修真者，有魔撓焉，其何以哉？正陽子曰：念不歸一而外馳，則魔斯至矣。于是心動則神迷，神迷則昏，昏則魔盛而功難成也。純陽子曰：禦之有道乎？正陽子曰：難乎其言哉！純陽子曰：風也、雲也、雨也、霧也、霜也、雪也、霞也，如之何其變也？正陽子曰：真元之氣也，其氣不定，呼而爲霞，吸而爲霧，吹而爲風，呵而爲雲，零而爲霜雪，凝則爲雨露，昇則騰于天，降則墜于地，清則浮，濁則沉，斯隨所變者歟。純陽子曰：人之身有天地之數，上位下弦具焉。其金八兩，是爲一百九十有二銖，其銀亦然，陽也，陰亦然。故六十有四卦，其爻三百八十有四，一分四銖，以應陰陽之大數。有日月時候焉。其在人也，謂之何哉？正陽子曰：天地之數，吾已言之矣。八萬四千裏，天地也。八寸四分，心腎也。故奪得天地之數者，如運諸掌，數二五爲十也。純陽子曰：白馬之牙，其狀如何？正陽子曰：五行備矣，五藏之正氣，其津、其精凝焉，其氣、其液、合諸於鼎。於是白氣出矣，其狀中縱火，如白馬之牙。純陽子曰：心有異名乎？正陽子曰：心者司南，其乾丙丁，其德在火，其卦曰離，其名曰朱汞、曰赤龍之趾、曰姹女、曰離女、曰瑤臺。心有血焉，謂之赤鳳之髓，其流入于腦謂之海，其流入於華池謂之神水。純陽子曰：腎有異名乎？正陽子曰：腎者司北，其乾壬癸，其德在水，其卦曰坎，其名曰嬰兒、曰異鉛、曰金光、曰金精、曰靈根、曰玉壺、曰玉爐、曰北海之龜。純陽子曰：九還七返，何謂也？正陽子曰：時自子而至申，九轉者也。故鍊者，九年爲一轉，三轉而爲周焉。天有七曜，人有七竅。夜行五轉者，七曜也；內行五藏者，七竅也。吾之真氣，上下週流，自申至于寅，一陰一陽、一升一降、一浮一沉，精也、髓也、涕也、唾也、氣也、液也、汗也，晝夜存之而不走失者，七返也。純陽子曰：金鼎、金華，何物也？正陽子曰：金鼎者，華蓋下覆焉，其位西方，其干庚辛，其德金焉。金華者，肺也，其位西方，其氣白，自肺而出，其凝如花。純陽子曰：神光何如哉？正陽子曰：修之九年，其光見矣。純陽子曰：意者猶馬歟，猶猿歟，不知乾之馬、驛之馬，狀如何也？正陽子曰：乾之乾馬者，心之液也。驛馬者，其氣也。猿者，心之意也。純陽子曰：牛，何也？正陽子曰：腎之氣，北方壬癸之水也，所謂鐵牛也。純陽子曰：六賊，何謂歟？正陽子曰：目也、耳也、鼻也、舌也、心也、意也。夫萬事之根，孰不由是者乎？純陽子曰：三車，何謂歟？正陽子曰：前後微脇者，大牛車也，羊鹿車也；胃脘者，河車也，天河也，水府真一之氣從天內來，通于口鼻，故曰河車者也；臍之下者，火車也。純陽子曰：孰爲蓬萊之洞歟？正陽子曰：腹之中，其上下者也。純陽子曰：孰爲曹溪歟？正陽子曰：唇之內、牙之外者也。純陽子曰：孰爲三屍歟？正陽子曰：心腎之氣也。一曰三毒，二曰三屍。三屍滅，則成真矣。純陽子曰：一泉，孰生歟？正陽子曰：其出于口之中，舌之下，左右有二穴焉。其大如針鋒，通於心肺，時有精液生于咽，此潤萬物而濡五藏者也。純陽子曰：人何以肖天地歟？正陽子曰：吾之目，其日月也。吾之腸胃，其湖海也。吾之喜怒，其陰霽也。吾之鼻頞，其五嶽也。吾之呼吸，其雷霆也。吾之五藏，其

五行也。吾之氣，其風雲也。吾之毛髮，其草木也。吾之汗淚，其雨露也。吾之血脈，其江河也。吾之涕唾，其霜雪也。吾之穢，其糞土也。吾之男女，其陽陽也。五之形，其棟宇也。吾之九竅其九曜也。五之四支，其四方也。吾之毛孔，其四象也。吾之五行，其五星也。吾之津液，其泉水也。吾之四象，其四時也。吾之八卦，其八節也。地有八節。吾之與寐，其書夜也。吾之蟣蝨，其螻蟻也。吾之老稚，其寒暑也。吾之否泰，其日月盈虧也。吾之生死，其天地之返覆也。夫能測天地之機，吾可以等其久矣。純陽子曰：既聞要道，於是發玄鍵而知八漏之禁焉。目之淚走者，肝漏也。鼻之涕走者，肺漏也。口之唾走者，腎漏也。外腎之汗者，心漏也。夜而盜汗者，小腸漏也。寢而有涎者，腦漏也。夢與鬼淫者，神漏也。淫欲者，乃身漏也。夫八者能固而不漏，使入于金鼎、玉池，聚之以爲鉛汞者，其可度哉！

《道樞·虛白問篇驪山之姥，始釋《陰符》，載爲發明，山澤之儒》 純粹子楊谷，字虛白，号純粹子。見奇士於蜀都，方瞳湛然，月角有光。純粹子異之，從而問道焉。奇士曰：唯。純粹子因曰：《陰符》不云乎：上有神仙抱一之道，中有富國安民之法，下有強兵戰勝之方，何謂也？奇士曰：抱一者，鍊神也。《老子》曰：道生一，一生二，二生三，三生萬物。一者水也，天生神水，妙化之基，《易》所謂天一者也。真一子曰：此真鉛之精，天地之根，陰陽之粗也。萬類賴之生成焉，千靈乘之舒慘焉。夫能抱一守中，則神氣不散，名真人矣。昔者黃帝得天皇真一之經，而不達其旨，乃見皇人于峩眉之山而問焉。皇人曰：真一者，在北極太淵之中，其前有明堂，其下有絳宮，于是華蓋金樓，左杓右魅，龍虎分衛焉。不奪不與，一安其所；不遲不疾，一入其室；能暇能豫，一乃不去；守一居真，乃得通神；節飲約食，一乃留息。故知一者，非難也，守之而勿失者，爲難也。純粹子曰：世之學者，以道爲強名者也，號之虛無，以爲自然無爲，更不修鍊，斯何如子？奇士曰：斯言過矣！不知天地要用之機，陰陽變化之道，夫無爲者，非不修鍊者也。不因修鍊，其何以離于生死乎？所謂無爲者，無所不爲也。身外之物，謂之有爲可也。悟道修真，非有爲也。夫道者，性之本也。性者，心之腐也。心性同體，應化無邊，是乃所謂自然者也。知乎此，而能虛心實腹，抱一而遷，則可以仙矣。純粹子曰：富國安民者，奈何？奇士曰：鍊氣之法也。老子《內丹經》曰：一身之設，一國之象也。聖人以身爲國，以心爲君，以精氣爲民。民安，則國斯泰矣；民散，則國斯虛矣。夫能惜精愛氣，則所以長生者也。夫人之形，稟父母精血，而爲元氣所化者也。中黃真人曰：骨肉者，以精血爲根焉。靈識者，以元氣爲本焉。性者，命之本也。神者，氣之子也。氣者，神之母也。子母者，不可斯須而離也。如是，則氣乃湛然住於丹田，而成變化矣。老子曰：緜緜若存，用之不勤。出息微微，入息緜緜，深根固蒂，此長生久視之道也。《內觀經》曰：氣來入身謂之生，神去于形謂之死，所以通生謂之道，于是氣旺則人旺矣，氣衰則人衰矣。故曰：氣能富形，神能禦氣，而飛形者也。其訣在乎天門開，地戶閉，永永緜緜而勿廢。其吸也至於根，其呼也徹于蔕。如雞抱卵，如魚生水，聖胎成而斯蛻矣。純粹子曰：強兵戰勝，奈何？奇士曰：金液鍊形者也。積魂以消陰魄，陽兵以禦陰寇，蓋用五行相克，八卦相盪，歸根復命而成丹者也。黃帝曰：還丹百數，其要在乎神水華池。易真子曰：還丹者，反覆陰陽之氣者也。聖人設其法象，誘太陽之氣，先爲神丹，以駐形神，然後能成其道焉。如國之有寇，須兵以制之，既制之矣，乃可行皇王之道焉。坎戊者，月精也；離己者，日光也；坎離者，水火也；子午者，卯酉也；龍虎者，烏兔也；震兌者，房參也；魂魄者，陰陽也；雄雌者。父母也；夫婦者，男女也；鉛汞者，金木也；甲己者，乙庚也；乙庚者，丙辛也；丙辛者，丁壬也；丁壬者，戊癸也。金華秋石者，嬰兒姹女也；黃芽白雪者，丹砂也；交黎火棗者，玉醴金漿也；河車者，黃婆也；神水者，華池也。此殊名而同歸者也。其要不出乎陰陽而已。《太一志》曰：聖人括易象以鍊鉛焉。固身保神，非外物也。曹真人曰：以元氣補元氣，豈必丹砂石哉？陶真人曰：綴花不可以結實，內肉不可以成胎。立乾坤，運水火，合三才，應天符，然後可以爲丹矣。劉真人曰：乾坤者，鼎也，天地之道也。坎離者，藥也，南北之位也。龍虎者，東西也。真一子曰：自復也、乾也；姤也、坤也，十有二辰之中，觀其氣候，分辰巽之門，子而往，午而來，陰符陽火，合于天符三百有六十度。此晦朔陰陽，刑德交會，天地變化、萬物生成之數也，依乎刻漏而運行焉。奪取氣候，入于神室之中，可使真鉛天地之母，受此運用而産精神者也。《龍虎經》曰：道，猶馭也，銜轡準繩，隨軏轍之處中，以制乎外者也。蓋有偃月之鼎，其要在乎三日庚生，以開兌之戶，黑金胚出，而白銀來矣。九六者，春夏也，其施三五焉。七八者。秋冬也，其復來往焉。是知大丹者，元氣之所造

化，故曰華池神水，玉汞金鉛。乾坤運用，日用烹煎。屯蒙發火，進退精研。抽添沐浴，九轉一年。坎離貫通，功行三千。持之勿怠，化形爲仙。純粹子于是始明三清之要。復問曰：止行鍊神，可乎？奇士曰：斯胎仙矣，爲其形沉而神超也。純粹子曰：止行鏄氣，可乎？奇士曰：斯胎仙矣，爲其神氣交感，結胎育嬰，如蟬蛻也。純粹子曰：止行鍊形，可乎？奇士曰：斯往世矣，爲其返老而爲少也。純粹子曰：三法俱行，則何如？奇士曰：斯昇天宮矣。純粹子曰：三法之外，亦有道乎？奇士曰：於是存神、入定、屍解、活脫、投胎、移形、躡斗、步罡、五符、三氣、五牙、六字、抱月、採日、服氣、絕粒、吐納、屈伸、導引、存想，其條千數，皆傍門之淺方，初學之漸階，不足進也。純粹子遂從授鍊神、鍊氣、鰓形之訣焉。

《道樞·水火篇火本司天，水本司地，一升一降，用乃既濟》至游子曰：人身有三昧之火焉，一曰君火，是爲上昧，其心是也；二曰臣火，是爲中昧，其腎是也；三曰民火，是爲下昧，其膀胱是也。今之所行者，有曰長生之火，有曰週天之火。是火者，不知斂散之法，則炎上而爲孽矣！古詩不云乎：本因敲石光，遂致烘天熱其是之謂歟！大抵火不可以無也，大能去三屍，斯不死矣；小能去九蟲，斯不病矣。要知以歸宿而後可也。夫孰知水之功哉？水之在人也，爲汗，爲洟，爲血，爲溲，爲矢，爲涎，爲沫。此數者，皆水之在人而外騖者也。其在内也，腦爲髓海，心爲血海，丹田爲氣海，脾胃爲水穀之海。百骸則百川也，四海流通，則百川灌盈矣。莊子曰：水之性，不雜則清，不動則平，鬱閉而不流，亦莫能清矣。故曰：戶樞不蠹，流水不腐，亦其理歟。劉高尚所以作活法也。蘇子瞻居乎白鶴之峰，感乳泉而賦之，其理深矣！惜乎能言之而不能行也。學者于是當明水火既濟之法。夫火在心，爲性者也；水在腎，爲命者也。二者實相須以濟焉。腎之水，非心之火養之，則不能上昇矣。心之火，非腎之水歲之，則不能下降矣。夫能長養成就，上際下蟠，旁通曲引于三元、九宮、五藏、百節，斯可以保固而長存者也。是以崔子曰：定中如得水火透，便是長生不死人。

《道樞·甲庚篇東西定位，金木既彰。于寅于申，鍊之有方》至游子曰：論子午者多矣。子者北坎，太元之水也。吾觀乎天文，上屬玄枵之躔，當女虛危之舍，下應乎齊之野。在于人，其配腎焉。推于卦氣，爲復之卦，一陽始生之時也。午者南離，陽明之火也。吾觀乎天文，上屬鶉火之躔，當柳星張之舍，下應乎週之野。在于人，其配心焉。推之卦氣，爲遘之卦，一陰始生之時也。子雖爲陰，一陽生于其中，謂之陰中有陽焉。午雖爲陽，一陰生于其中，謂之陽中有陰焉。此學者所共知也。夫學者以一陽之初動，元氣上昇，皆知握固盤膝，昇身進火，運金精于髓海，滿神水于高源，鼻氣綿綿，内安神識，至丑而止，俟元氣傳至于亭午之時，而合于心火，此水火之交感者也。以一陰之初動，液血迎合，皆知盤足疊手，安定心神，鼻氣綿綿，滿口含津，勿吐勿嚥，運心之火，上合于玉液，交心腎之氣，成既濟之功，至未而止，俟心血傳至于亥子之時，而合於腎水，此水火之還元者也。默然旋斡其功，自謂能行子午而交龍虎矣。夫行子午之功者，蓋欲交龍虎而還大丹，然龍虎未有不能生之而能交之者也。故行于午之功，心在乎生龍虎，其妙本乎鍊甲庚者也。試歷論之：鍊甲庚者，何也？或以謂甲寄在寅。寅者，火之所生，而王於午，本東南之氣也，是爲液血變化之方，陽龍生成之地，故鍊甲必于寅之時焉。庚寄在申，申者，水之所生，而王于子本西北之氣也，是爲精血變化之方，陰虎生成之地，故鍊庚必于申之時焉。是爲龍虎所生之方，而不知所以生龍虎之妙矣。夫火生于寅，而王于午，其後受胎養于丑者也。水生于申，而王于子，其受胎養于丑者也。凡物未有不先受胎養，而有生有王也，前人行子之功，至丑而止者，丑寅，東北之卦也，並處于艮宮，其氣均平，傳送爲近。蓋丑之初時，神水漸降于華池，當以舌攪於上齶，行嚥飲于重樓，則甲之木，受玉液而傳養矣。甲有所養，則肝之木生，肝之木生，則傳之于心，至此，則心之火王焉。是以玉液傳至于午地，感心之火而化血，謂之陽龍也。行午之功，至未而止者，未申，西南之卦也，並處于坤宮，其氣均平，傳送爲近未之時，真藥將聚于金，鼎，則鼻之息多入少出，固真火于脾之土，真火既傳養于脾之土，則庚之金生。肺之金生，則傳之于腎。至此，則腎水王焉。故心之血傳至于子地，感陰氣而化精，謂之陰虎也。是以太白真人歌曰：五行顛倒術，龍從火裏出。陰陽不順行，虎向水中生。呂公曰：陽龍還向離宮出，陰虎仍從坎位生。《太上内日月經》曰：元氣入心，化爲血焉。血者，精之源，神之母，流陰入子腎宮，則化爲精，信乎鍊甲庚，生龍虎之妙，誠本乎丑未也。然神水降於華池，謂之玉液。行嚥飲于丑之時者，何以證之？《靈實道要》曰：東望扶桑未曉，昇身漸過重樓。驟馬數游宇宙，少男止至揚州。艮，少男也。揚州者，丑之地也。吾觀乎天文，丑者，上屬乎星紀

之躔，當斗牛女之舍，下應揚州之地者也。張平叔詩曰：金鼎朱留朱裹汞，玉池先下水中銀。則行嚥飲于丑之時也明矣。然液血聚于金鼎，謂之真藥，行養火于未之時者，何以證之，《靈實道要》曰：採藥須憑玉兔，成親必在黄婆。俟至雍州相見，奉送一曲陽歌。又曰：西南火入雍州，何也？玉兔，金精也。黄婆，脾土也。其坤，西南之位也。雍州者，未之地也。吾觀乎天文，未者，上屬鶉首之躔，當井鬼柳之舍，下應雍州之地也。張平叔詩曰：要知産藥川源處，只在西南是本鄉。此行養火于未之時也明矣。夫生龍虎之妙，在乎鍊甲庚以成之，而收功于子午焉。行子午之功，而昧此機要，則惡能成其變化哉！雖然，達者行修鍊以通關節，非一日之力而後至也，探微妙以换凡胎，其悟必有因乎！吾嘗權其至當，曰：運河車之正氣，泝尾閭，衝夾脊，透玉京，和二物於泥丸，還大丹于丹竈，奪造化之權，成長生之道者，不過鍊甲庚而已，豈不祕哉！

《道樞·坎離篇厥陰生坎，厥陽生離。深明其用，久視之基**》** 至游子曰：天地相去八萬四千里。在人之身，其心，則天也；其腎，則地也。相去八寸四分，合乎天地之數者也。故天氣下降，則心氣下至于雲腎，腎爲坎者也；地氣上昇，則腎氣上至于心，心爲離者也。天地交泰，萬物生焉。坎離既濟，黄芽出焉，以類推之，離爲陽，則坎爲陰也；離爲日，則坎爲月也；離爲火，則坎爲水也；離爲性，則坎爲命也；離爲龍，則坎爲虎也；離爲奇，則坎爲偶也；離爲鉛，則坎爲汞也；離爲液，則坎爲氣也。昔海蟾子以謂五行四象者，即坎離之訣也。吾觀日魂月魄，晝夜相隨而不停。性命關運，人而不知。若能明天地昇降之運，知日月交合之宜，氣中生液，液中生氣，陰中有陽，陽中有陰，則坎離成矣。惟兹要訣，人罕知焉馬自然所閲方外士，其數千百矣其説不過嚥津、行氣、存想、胎息、週天、火候而已。行年六十有四，遇海蟾子，於是灑然而悟，平日所聞皆非也。然則其要何哉？有二八兩之藥，傳送于鑪鼎，使龍虎交加，千萬遍而不止，則大丹於是就矣。吕公詩云：有人問我長生法，遥指天邊日月輪。真知言哉！

《道樞·崑崙篇》 至游子曰：吾聞之太上曰：道，一而已。一者，斯真一之謂乎！《黄庭經》曰：子欲不死修崑崙，崑崙者，泥丸也。英猶天焉，陰不升而陽不降，則在于物也，其不能造化矣。在于人也，其亦不能運轉不息，與天地同流者也。故曰：向上一路，千聖不傳，其惟吾所謂真一而已爾。桓凱嘗授道于仙君李桓，因以桓爲氏。仙君曰：金丹外藥，飛步隱身，坎離交際，汝皆已完達，而未聞大道也。夫默朝上帝者，實昇举之門焉。然後可以超真不夜之鄉，返魂不死之藥。玉泉出崑崙之山，金丹出日月之國。其山也高不滿尺，大不盈升，三帝共居，百神所宅。悟此法門，朝真萬遍，功行純備，飛昇紫霄，在乎方寸而已，兩眉之間，神光之户，玉門金柱，相間而不通，惟得祕語靈文，斯可至矣。夫身之中，有三萬六千精光之神焉，一萬二千魂魄之君焉。泥丸之中，有長生不死之大君焉，二儀、四象、八卦、九宫、方丈、蓬壺，並悉圓滿，無少不具。日月在乎崑崙之下，流光散于金池。金者，内應于肺，肺者外應于鼻。木者内應于肝，肝者外應于目。目隨五色而盲，鼻逐五香而塞。金木間隔，流光外門，神珠散失，斯其至于死者耶！夫能回日月之華景，照太極之崑崙山者，何道也？吾左右之目者？日月也。照于十有二時之中，于是天門開焉，真仙自至而返童矣。三年而結黄雲，千日而成聖胎，九年而登金闕，十有二年而登三台，如是則龍虎自然交矣。

《道樞·外景篇玉牝金蘥，以坚其内。獨飧太和，可以不死**》** 經曰：上有黄庭下關元，何也？黄庭者，在首之中，明堂、洞房、丹田是也。二眉卻入一寸爲明堂，二寸爲洞房，三寸爲丹田。三者爲上元之一也。黄庭者，兩半而成洞房，中生赤子，則爲一焉。常思之無失，則赤子化爲真人，在明堂之中。故知一者，在明堂者也。行氣導引，閉目内視，安心定志，混沌無涯，致其精上流于泥丸焉。明堂之中有君臣，洞房之中有父母，丹田之中有夫婦。或曰：黄庭者，脾也，其治在中關元，臍之下三寸，元陽之門，在于其前，懸精如鏡，明照于一身，此道也經曰：後有幽闕前命門，呼吸廬門入丹田。玉池清水灌靈根，何也？幽闕者，二腎也，其狀如覆盃，去臍三寸，上小下大，有日月焉。命門者，臍之下也。呼吸喘息者，何也？氣出爲呼，氣入爲吸。廬者，鼻也，是爲吐故納新之要焉。眉間卻入三寸者，丹田宫也。玉池清水者，口之津液也。靈根者，舌也。常當琢齒漱液，可以溉灌舌根焉。經曰：外本三陽神自來，内養三陽可長生，何也？男八女七，從此而生，與日月相守，天地相保焉。三陽者，三光之曆候也，嬰兒生時，一神魂魄來入于胎中，鼻引陽氣，取之以内養。赤子、真人、嬰兒，是爲三陰，所謂陰神也。魂，陽也；魄陰也。世之人無有道德，則魂魄離身散矣。夫能拘魂制魄，使不動作，常在身中，則道合于自然者也。經曰：璇玑懸，珠還無端，玉牝金鑰身圓堅，何

也？璇玑運轉，氣脈流通而不止也。閉口養神，漱鍊醴泉如流珠也。陰爲牝，陽爲鑰，兩不相傷，得乎太和，還精鍊形，故得圓堅也。經曰：象以四時顔如丹，仰前後毕各異門，送以還丹與玄泉，象龜引氣至靈根，何也？明堂四達，應于四時，真人子丹之所居，咀嚼其氣，夫能思之則壽無窮焉。首與足，腎與心，心赤腎黑，本于同根，水火相克，故異門也。丹者，血也，化入下元，變爲白精。當此之時，縮鼻還之，上至于泥丸，下至于口，變爲玉泉，以鼻引氣至于舌根，咽送于腹，則雷鳴應之，此真氣使之然也。經曰：獨食太和陰陽氣，故能不死天相既，何也？世人食土地之精，以死報地；聖人食元和之氣，以仙報天。故學仙者，朝食陽氣，暮食陰氣并元氣，則可以不死矣。經曰：道自持我神明光，晝日昭昭夜自守，渴自有漿飢得飽。何也？思心中之赤氣，明照萬神，守日月之光，念二腎之根，晝守光，夜守神，飢食自然之氣，渴飲華池之漿，則不飢渴而長生矣。經曰：經歷六府藏于卯酉，轉陽之陰藏于九，何也？根生六府，藏卯酉，其要妙者也。陽反屬陰，轉體相就，還藏于九，九爲首焉。此所謂左三右七，戴九履一也。常于雞鳴之時，仰卧披髮，琢齒三十六通，吞精嚥氣，斯遠死之道也。經曰：肝之爲氣脩而長，羅列五藏生三光，上合三焦道飲漿，何也？脩氣上行，達于其首，以補泥丸。五宫六府，各有所主。故腎之上下，有日月三光焉。三光者，日月星候也。三焦者，三關元也。漿者，華池也。經曰：我神魂魄在中央，精液流泉去鼻香，立于玄膺含明堂。何也？中央魂魄者，二腎也。左魂右魄，晝則以魂守魄焉，暮則以魄守魂焉。拘魂制魄，不得動作可也。陰陽交接，漏液失精則飲食無味，鼻失芳香矣。舌下者，玄膺也。肺者，明堂也。含氣嚥之，灌于明堂，則流行于身中矣。經曰：通我精華調陰陽，伏于玄門候天道。何也？此蓄精養神者也，負陰抱陽，調其精神。夫玄門者，鼻也，候上都之一神，使守精神以念其身焉。經曰：清靜無爲神留止，精神上下關分理，何也？內修其道作無爲焉，外修其道作無欲焉，于是心不煩亂，精神留止。精者，神也。氣者，道也。保精息氣，上下各有分理焉。當精思上下部，以守一神可也。經曰：七孔已通不知老，還坐天門候陰陽，下于喉嚨通神明，過華蓋下清且涼，入清靈淵見吾形。何也？首面七孔者，精神之門戶也，通利其身則不老矣。朝食陽氣，暮食陰氣，會于口中，于是喉嚨之中，有十二亭長，皆持玉戟守之，真人在其內，主通氣上下者也。眉者華蓋也，神位其中，入于腦戶，見于泥丸，可以卻白駐年矣。經曰：還過華池動腎精，立于明堂望丹田，將使諸神開命門，何也？從其腦戶曆脊下入于腎者也。眉間卻入一寸，是爲明堂；卻入三寸，是爲丹田。鼻者，天根也，引其真氣晝夜綿綿可也。經曰：隨鼻上下開二耳，闚視天地存童子，調和精華理髮齒。何也？元氣出入于鼻，上下通于二耳也。天者，首也；地者，下部也；童子者，存念守一神也。吸其五氣，琢齒三十六通，嚥津三十六過，可以理玄白也。經曰：藏養靈根不復枯。何也？養舌之根則不復枯燥，舌之下有醴泉，其出如流珠，常含而嚥之，勿妄吐也。經曰：閉塞命門如玉都，壽傳萬歲將有餘，脾中之神遊中宫。何也？人生繫帶于精液，常當愛養之，勿妄施捨，則精凝如玉，在于下部也，可以長生焉。脾者，在太倉之上，朝爲老君守理，暮游明堂，爲太一君者也。經曰：通利血脈汗爲漿，何也？五內安寧，手足汗液，此神明之信也，經曰：上稟天氣年益長。何也？食其元氣則骨輕矣，氣與神相和則壽三百年矣。經曰：服食玄氣可遂生，還過七門飲太淵，何也，玄氣者，二腎間之白氣也。太淵者，嚥口中之醴泉也。

《道樞·修真篇導通穀海，調適神舍，專心任真，靜而觀化》 至游子曰：人之元首有九竅焉，其上象乎九天，其下法乎九地者也。身有九竅，復有五城、十二樓、金堂、瓊宫，神所保之九宫。太一者，何謂也？專心任真，惟存乎一宫，則渙然見矣。于是百邪自除，衆福鼎來。用此道也，吾有六氣之方，修身之旨焉。呬者，主于肺也；呵者，主于心也，嘘者，主于肝也；呼者，主于脾也；吹者，主于腎也；嘻者，主于三焦也。三焦者，法象乎三十有六，氣分行于五藏六府，通導乎水穀之海，調適乎形神之舍。夫欲養神者，必先養其氣；欲養氣者，必先養其腦；欲養腦者，必先養其精；欲養精者，必先養其血；欲養血者，必先養其唾；欲養唾者，必先養其水，然後可也。九還七返者何謂也？大而論之則一年也，小而論之則一日也，晝夜一周而天降地騰矣。故自寅而至于申，斯七返者也。復至于坤，斯九還者也。神仙之要，莫大乎存想。存者，存我之神也；想者，瞑目見其形。收心見其心，目不離于身，身不離于神，此存想之漸也。其次當養性焉。養性之道，欲少勞而不可極也，不可彊其所不堪也，食飲欲少而不欲頓，常若飽中之飢，飢中之飽，此善養生者也。是以先飢而食，先渴而飲，食已則行，以手摩其腹者其數百，暮卧則閉地之戶，不然則真氣失而邪自其外入矣。屈膝、偃卧、枕右而

寢，其名曰吉祥。春夏則蚤興，秋冬則晏興。其蚤興也，勿前于雞鳴；其晏興也，勿後于日出。常聞雞鳴而念身中有人，其長三寸，黑衣而立，念之久，則可以視萬里之外矣。吾之動止，孰亦知夫有所禁乎？晦日勿歌，朔日勿笑，前後溲勿視日月星辰，勿視西北，車勿奔，馬勿馳，井勿越，竈勿跨，枕勿高，唾勿遠，眠勿舉箑，坐臥勿犯風霜，此未足語修真之至也。吾聞諸太上曰：氣象天地，變通莫測。陽龍陰虎，木液金精，上入于泥丸，下注于丹田，採五石以哺百神，內丹成則外丹應，外丹應而內丹未克，亦未可以升舉矣。或聞乎金聲玉振者，道將成之徵也。

《道樞・悟真篇行於黃道，陰剥陽純。玄珠有象，太一歸真》 張平叔名伯端，天台人。曰：道有二焉：夫鍊五芽之氣，服七曜之光，注想按摩，納清吐濁，誦經持咒，飲水吞符，扣齒集神，絕肉辟穀，存神閉息，補腦還精，及夫餌草木，鍛金石，是爲幻化有爲之用，所謂易遇而難成者也。況夫閉息者，入定出神，其理屬於純陰，其舍離固，不免用遷移之法，未得所謂自然無漏之果，豈能回陽換骨而升天者哉？吾有九轉金液還丹之道，在乎究陰陽，達造化，追二氣于黃道，會三性于元宮，攢簇五行，和合四象，龍吟虎嘯，夫唱婦隨，玉鼎湯溫，金爐火起，于是始得玄珠有象，太一歸真矣。其用功也，蓋斯須焉。至若防危慮險，在謹于逆順抽添而已；養正持盈，在謹于守雌抱一而已，如是復陽生之氣，剥陰殺之形，節候既周，脱胎神化矣。而學者乃以鉛汞爲二氣，五藏爲五行，心腎爲坎離，肝肺爲龍虎，神氣爲子母，津精爲鉛汞，不知浮沉賓主之理，何以異乎以他人爲親者哉！是殆不知金木相克之幽微，陰陽互用之要妙，于是使日月失道，鉛汞異爐，欲望還丹之成，不亦難歟！觀夫群書皆云：日魂月魄，庚虎甲龍，水銀朱砂，白金黑鉛，坎男離女，凝成金液。不知真鉛真汞爲何物也。

《道樞・還丹參同一氣精華，得火乃滋。還丹之根，其在南離》 昔者燧人氏鑽木以出火，女媧氏鍊石以補天，斯合神丹之道矣。或曰：何謂也？曰：木者，汞之性也；金者，真火也。是以還丹之根，在乎南離焉。何也？生于太陽之中，得火而後化乎形質者也。其一變則潛形乎混沌之中，感處乎母之胎，方受精華之氣，此朱爲汞者也。其二變則赤元之數合乎丹田，爲受氣之因，融化而爲凝酥，于是魂魄降于合抱之位，此汞成雪者也。其三變則青神之液，獨化於扶桑，此雪成砂者也。其四變則白虎之義，其氣其汞和矣，復于根類，此砂成黃者也。其五變則玄黃之化，密來于後土，氣克于上元，剖分形質，此黃成鉛金者也。故曰：一物含五彩，其斯之謂歟！夫汞不得火，則其身虛焉；鉛得水，則其體光焉。豈非月之色，其可見者耶；日之鳥，其不可見者耶。是以太上之丹，虛無之道也。汞鉛者，其何傳乎，其出于恍惚而變于杳冥者歟。生于太初之始，成于混沌之中，爲乾之宗，坤之本。故氣運者，三千有六百年。節候者，九轉八瓊。由是水火盈滿于丹田，日月始終于鼎器，從文鼓武靈，鍊幽玄奪造化于爐，托乾坤于掌，氣騰其身，來往自然，化龍于青汞之門，伏虎于白金之路，精沉氣海，氣抱精元，玄黃體化，氣類相須，反南方之赤色，故名還丹之道焉。五行以之顛倒，八卦以之逆順。魂也魄也，降于合抱之位，其變化無窮矣。紫府仙都，玉洞丹室，烏駕金蟾，兔乘白馬，于是有神功焉。夫月滿則虧，日中則昃，煥然玄象，以魄交于其魂，金水制伏而無外。曰屯、曰蒙者，藥也；曰否、曰泰者，爐也；所餘各有配儷焉。一歲者，三百有六十日，以應乎六十有四卦，卦三百有六十爻也。一旬者一百有二十時，晝夜行乎十有二爻，二卦也。則三旬可以爲一歲，而九旬斯爲三歲矣。日月者，晝夜如車之轉焉，日有三十度。《天地轉間經》曰：三十輻，共一轂，當其無，有車之用也。其乃應于法象之妙焉。此于丹道蓋近矣。詩曰：關關雎鳩，在河之洲，雌不孤居，雄不獨游者也。是物之芸芸，各歸其根，類同以聚矣，去汞則分矣。《素書》所謂同氣相感者也。《陰符》曰：黃腰啗虎，水木相刑，榆甘柔金，河車伏汞，其秘蓋在乎神水華池焉。《太易志》曰：黑者，水之基也；白者，金之體也。《石洞記》曰：真五行者，一水一石也。中宮者，氣之主也。水火激之成物，是爲金液金丹矣。《參同契》曰：種禾用粟，附雞用子，其此之謂歟！陰真君曰：陰者，真砂也；陽者，真汞也。求之不可妄動焉，無質而生質，是爲還丹，非所謂凡汞凡砂也。青霞子曰：吾有丹砂焉，取金之精，活石之液，合爲夫婦，列爲魂魄，一體混沌，兩情感激，此丹砂也。《易》曰：初九潛龍勿用，九二見龍在田，九三君子終日乾乾。何謂也？萬物者，生于一，老于九，汞之未得火而變化也。其隱于砂之中，是爲潛龍不得用也。砂之正體，以火飛之入于鉛中，見乎真火，真汞而交感焉。是爲見龍在田，田者丹田也。丹爲汞，田爲土，土生萬物者也。水之中有土，是爲真金。真金者，丹田也。是爲終日乾乾者歟！金汞成真，可以變化矣。乾者，火也，金也。九者，鉛之數也；三

者，木之數也。天得一而見水，得二而見火，得三而見木，得四而見金，得五而見土，修鍊者，不可以不知乎此也。白金也、汞也，各當八兩，二八者合于一斤，此鍊砂、鍊靈象之數也。總集于一。一者，水也，水之中有火，火之中有木，木之中有金，金之中有土，五行混一，則二儀開闔，日月明矣，三才備矣。故一生二，二生三，三生萬物。乾爲父，坤爲母，內有寒暑、陰陽、日月、星辰焉，其羅列、進退、休王，皆自然之道也。夫砂也，汞也，得火而後飛騰矣，得水而後藏體矣，得金而後交感矣，得木而後本明矣，得土而後生成矣。于是以金爲丹，丹爲白虎，白虎爲真火，真火爲日魂，日魂爲金雞，金雞爲華池，華池爲黃鉛，黃鉛爲媒氏，汞又以木爲青龍，青龍爲黃水，黃水爲月魄，月魄爲玉兔，玉兔爲黃芽，黃芽者，生于丹田者也。丹田之本體，其名金公，吾能知其道，則可以不抛金水而化青龍矣。青龍者，汞也，必俟玄黃成其終始。玄黃之內有真金焉，當與木精通乎鬼神。鬼神者，無形質也，大帝以爲金室逍遙，降出太和之津，于是可以仙矣。夫求華池者，必由于此門焉。丹砂隱其中矣，吾明乎鼎器，見乎形容，究五行，窮八卦，定休王之始終，別囚死之宗元，魂魄交爭，陰陽來往，金隱於秋冬之卦，汞藏於春夏之形。東南者，斯爲丹汞之神也；西北者，斯混水金之道也。吾蓋有十干形象之圖焉，中央者，萬物之草也，戊己爲烹鍊者也。東者，甲乙也，甲爲沉石，乙爲浮石；南者，丙丁也，丙爲武火，丁爲文火；西者，庚辛也，庚爲世金，辛爲世銀；北者壬癸也，壬爲真鉛，癸爲真汞。嗚呼，吾其開天之秘乎！

《道樞·金液還丹內篇非汞非鉛，真一爲基。知白守黑，神明自歸》 李光玄少慕道，已而遇至人告之曰：元氣不散可以長生者也。元氣者，身中混元之氣，人之根本也。念住則氣停矣，神行則氣散矣。是以至人喘息不游于鼻外，存思常住于丹田，三田實則可以至千歲焉。若夫吐故納新，漱液嚥津者，皆延年固身之道也。光玄行之十餘年，以爲此非出世金液之方也，遂游少室之山，因見玄壽先生而問焉。玄壽先生曰：還丹者，真一爲基，鉛汞相依，黃芽爲本者也。黃芽者，何謂也？芽出于鉛中，始于至真汞傅金之氣，是之謂黃華者歟。光玄曰：鉛有大毒，何以成至藥乎？玄壽先生曰：鉛中有金，金中有寶，見寶識寶，賢人得道。寧修鉛中金，不鍊鉛中寶，此非世之鉛也。故曰：黃芽是鉛，去鉛萬里，黃芽非鉛，後鉛而始，鉛爲芽母，芽爲鉛子，母隱子胞，子隱母胎，知白守黑，神明自來。是以一者，水之數，五行之始也，其色稟于黑方，包含五彩，修之合道，契于自然，用能生天地爲牝牡，然後還日精于月窟，結精華于龍宮，紫氣潛隱，與真合符焉。語曰：用鉛須用鉛，鉛是舊丹田，不棄鉛也。光玄曰：世以朱砂、水銀爲黃芽，何理歟？玄壽先生曰：非知道之言也。夫黃芽者，坎離相孕，金水相生，男冠女笄，牝牡相得，從無入有，陰動陽交者也。光玄曰：世或以金銀五鉛爲黃芽，何理歟？銚鉛，咸枯鉛，黑鉛蜜陀僧。玄壽先生曰：皆非也。彼有質而頑滯者，服之灼五藏矣。吾所謂黃芽者，鉛汞合體，金木相并，龍虎相交，水火相制，推情合體，以魄隨魂，成于還返之因，明于呼吸之理，陽交陰孕，母在子存，全天地之精者也。故汞不呈體，金不露形。丹砂木精，得金乃并。乘身斂魂，虎飢則來，噉食生髓脂，蓋謂此也。然必時候周足，則自然變化矣。故曰：鉛汞芽，同三花。採我氣，結成砂。初間旬，運火加。輪五彩，入神華。增爲使，道無邪。三者備，斯仙家矣。光玄曰：猶未之悟也。玄壽先生曰：至藥者，唯用五行而已。經曰：何言金、木、水、火、土，留神保命是龍虎。學人不識五行精，强以他人爲父毋。木主氣兮骨主虎，血主水兮肉象土。不死之道在離宮，會得五行方有主。五行須是水銀親，殊質不堪爲伴侶。賀蘭大士名球。曰：青龍起，白虎臥，玄武飛，朱雀坐，黃龍中宮自結果。母憐子，子憐我，爐中結成雲一朵，餌之刀圭無不可謂此道也。光玄曰：服餌當用何物乎？玄壽先生曰：成藥之時，水銀而已過，河車則成紫粉，是爲金液還丹焉。光玄曰：敢問至藥者，銖兩幾何，何日而成乎？玄壽先生曰：鼎有乾坤焉，自子以及離，斯明卦象者也。自離而至亥，斯見光華者也。猶子之在胎，雞之居卵，時至則出矣。二八同居者，銖兩也。一星周帀者，節候也。于是龍興而虎嘯焉，二八姹女也，十六鉛精也，陽生起火，陰盡則停矣。陶隱居曰：子午二門開，卯酉者也；四時運火，合乾坤者也。斯龍虎自相吞矣。光玄曰：日魂月魄，白虎青龍，丹砂河車，真鉛真汞，孰爲正歟？玄壽先生曰：亦一而已，不越于五行者也。世以石爲藥者，七十有二，或至百餘，姑可治病，難與議長生之旨也。陽火東旋而爲龍，陰水西轉而爲虎。汞者，火之木也；鉛者，木之金也。制在于中宮，以類相成者乎！昔者陵陽子知其道，故用南對北，用西對東，配此四方，不違中道，一年運火，十月開爐，七返無虧，九還固足，斯乃龍飛魂返，虎伏魄歸，其名曰紫金之妙，還太液之神丹焉。光玄曰：三黃結砂，可以成金，何也？玄壽先生曰：此貪者之所爲也，非希夷寂寞學道者也。

《道樞・九轉金丹篇人之得一，是爲元火。鍊于三田，神氣爲佐》 亢龍子西蜀青城山方士，段吳也。曰：道生一者，太空之一氣也，萬物與人，其生因乎一氣者也，其死歸手一氣者也。陰者性也，無中來者也；陽者，命也，有中生者也。身爲體，以心爲用焉；心爲體，以神爲用焉；神爲體，以氣爲用焉。氣體以運，鍊埏埴爲用馬。天地之神者，陰陽所生也；精氣之神者，陰陽所化也。其有神昏而性昧者何也？氣不合于神，神不合于氣而然也。故心以性爲神，神以心爲用。神者，性之真也；性者，神之體也。是以存神養氣，湛性冲神者，常使神以輔氣，氣以輔神，自然長生者矣。天地得一者，何也？陰陽是也；人之得一者，何也？元火是也。知一者，則以虛無爲藥，丹元爲鼎，正氣爲火，鍊于三田，真氣不散，則陰陽豈能衰其形矣！道之妙用有三焉：其上運太虛之元氣，配用坎離之神，入有爲而其形自化矣，奪無爲而其形自真矣。其中守形固氣，養其形，住其真，神氣調御，湛然自靈焉。其下去濁留清，神魂不散焉。夫轄虛無，策太空，究其終始，莫要于八卦焉。一爻者，一氣也。一氣者，旬有五日也。二十有四爻，是爲二十四氣者歟！天地運行之始，其上有風輪，未濟之象也。三陰之氣，自虛皇之降精者也，其下有水輪，既濟之象也。三陽之氣，自虛皇之降精者也。東方者，震也。天真九皇，少陽木之真氣。生于水中，其應于肝，肝以甲爲兄，乙爲妹，己者甲之婦，庚者乙之夫也。太陽木之真氣而爲巽，生于風中。南方者，離也。天真九皇，火之真氣。生于風中，其應于心，心以丙爲兄，丁爲妹，辛者丙之婦，壬者丁之夫也。天真九皇，三陰土之真氣。生于風中，而爲坤焉，其上黑，其下赤，其左白，其右青，其中央黃而藏乎一氣，其色玄者也。西方者，兌也，天真九皇，少陰金之真氣。生于風中，其應于肺，肺以庚爲兄，辛爲妹，乙者庚之婦，丙者辛之夫也。天真九皇，太陽金之真氣。生于水中而爲乾焉。北方者，坎也，天真九皇，陽明水之真氣。生于水中，其應于腎，腎以壬爲兄，癸爲妹，丁者壬之婦，戊者癸之夫也。天真九皇，三陽土之真氣。生于水中而爲艮焉，其上赤、其下黑、其左青、其右白、其中央黃、而藏乎一氣，其色赤者也。中央者坤也，其應于脾，脾以戊爲兄，己爲妹，癸者戊之婦，甲者己之夫也。三陽在于水中，散而爲天者，乾是也。其自然之氣，名曰太和君焉。三陰在于風中，散而成地者，坤是也，其自然之神，名曰太辰君焉。乾生三男，震、坎、艮也。龍之精，鳳之公也；坤生三女巽、離、兌也。虎之體，龜之精也。六氣三陽、三陰。者，日傅于五藏升，降于六府，羅絡于三元，繫連于八脈，行于十二經十五絡，循還三百六十五穴，上達于天闕，下至于地户，加乎一息則熟矣，損乎一息則寒矣。陽氣左轉，陰氣右旋，五千度其周天者也。故左氣交則右氣應，右氣交則左氣應，而各有配焉。少陽之精，太陽之正者，天真九皇，金真之一氣也。太陽之精，少陽之正者，天真九皇，火真之二氣也。陽明之精，少陽之正者，天真九皇，土真之五氣也。少陰之精，太陰之正者，天真九皇，木真之三氣也。太陰之精，厥陰之正者，天真九皇，水真之四氣也。厥陰之精，少陰之正者，天真九皇之六氣也。三陽之正，太虛之精者，天真九皇之七氣也。三陰之正，太虛之精者，天真九皇之八氣也。於是以中宮置鼎，收奪八方之妙氣，配土合和，鍊而不散，而後成九鼎之神丹。其丹九色青、紅、白、黑、黃、紫、綠碧、褚、比九色也。昔者黃帝鍊劒、鑄鼎，乘火龍而升天者，諭内也。何以言之？心者，火也；肝者，炭也，腎者，鞴也；肺者，金液也；脾者鑪壇也。經曰：心爲丹砂，肺爲雲母，肝爲空青，腎爲磁石，膽爲雄黄，此配鍊之義也。故聖人以身爲爐，三宮爲鼎，鍊不息之氣，入無爲之形焉。身靜則神自清矣，神清則氣自盈矣，神氣和則形自輕矣。一氣既定，百脈常盈，九鼎通灌，萬神自靈焉。九鼎者，九宮之用也。丹田者，真一之鼎也，是爲九鼎大會之府者也。體一氣而爲真，鍊九氣而成神。九氣者，何也？曰九氣，曰九州，曰九域，曰九曲，曰九竅，曰九宮，曰九轉，曰九還，曰九鼎。九鼎之内，于是有七返、八變、九還之道焉。返者，覆合也，收七表八裏，經絡之氣血者也。一返脈，脈停運矣；二返氣，氣聚而凝矣；三返血，血成白乳矣；四返精，精結瓊瑰矣；五返骨，骨若紅玉矣；六返髓，髓化玄霜矣；七返形，形清體妙矣；八返神，神化無方矣。還者，歸其源也。取五行之氣，動三要之精，定一物之元者也。一還腎，二還心，三還肝，四還肺，五還脾，六還丹房，七還氣戶，八還精堂，九還神室。九化則可以留形矣。其始乾者，大腸也，天也，其名曰金之維宮，曰靈符之宮，其數六者也。其次坎者，腎也，水也，其名曰水之正宮，曰丹元之宮，其數一者也。其次艮者，膀胱也，月也，山也，其名日土之維宮，曰玉房之宮，脾胃之氣符合于此，其數八者也。其次震者，肝也雷也，其名曰木之正宮，曰蘭臺之宮，其數三者也。其次巽者，膽也，風也，其名曰木之維宮，曰天霐之宮，其數四者也，其次離者，心也，火也，其名曰火之正宮，曰絳宮，其數九者也。其次坤者，小腸也、地也，朱雀藏于土

者也，其名曰土之維宮，曰朱陵之宮，脾胃之氣符合于此，其數二者也。其次兑者，肺也、澤也，其名曰金之正宮，曰尚書之宮，其數七者也。中宮者，黃庭也，鉛汞也，雖然鼎無鼎也，藥無藥也，四象五行者，不離乎身，外求者則與道隔矣。修金丹者，九年既成，其氣自盈，其神自靈，五霞攢頂，萬景朝形者也。坎離者，水火也。水流濕，火就燥。雲從龍，風從虎，本乎天者親上，本乎地者親下，各從其類也。故陰氣上動則下降，陽氣下動則上升，此內丹之升降者也。自冬至鍊成陽胎，內結于丹田，謂之命焉；自夏至鍊成陰息，內結于絳宮，謂之性焉。陽氣自其足而左旋，其上騰而爲日者也；陰氣自其頂而右旋，其下降而爲月者也。鍊純陽者輕舉而爲仙，鍊純陰者凝寂而爲鬼。心者，絳宮，玄靈之府也，其內有螣蛇，又名碧眼胡兒，太素魔王、玉女真魔。呼吸真氣，其散若白光，使天真陰之氣下降焉。腎者，元宮，太子之府也，其內有白元之龜，又名金精猛獸，文靈魔王。呼吸真氣，其散若紫雲，使天真陽之氣上升焉。上曰風輪，是爲風混，未濟者也。象曰離也，其內應于絳宮，陽中有陰，應感而生姹女。地后之神。下曰水輪，是爲水沌，既濟者也。象曰坎也，內應于丹田，陰中有陽，應感而生嬰兒。天皇之神。經曰：男居坎室，女居離房，訣開混沌，配合中央，此之謂也。絳宮者，其中有五色，其上黑，其下赤，其左白，其右青，其中央黃而藏白雪，久之生姹女，産爲金液，還于丹田，婦返夫宮，此三陰之神也。丹田者，其中有五色，其上赤其下黑，其左青、其右白，其中央黃而隱黃芽，是生嬰兒，産于金液，還于絳宮，夫歸婦室，此三陽之神也。黃芽者，運火化爲嬰兒，其頂有紅光，駕青龍上游于金闕之中。白雪者有水化成姹女，其頂有碧光，乘白虎下返于玉堂之內。於是陽氣化爲紅光，而下隱于丹田，謂之日焉；陰氣化爲碧光，而上升于絳宮，謂之月焉。離宮陰火冥冥升降，左投右接，神氣交會，住于丹田，靈光內現，其狀如火輪，氣結于丹元者也。坎宮陽火冥冥而降，右投左接，靈光內照，其狀如水輪，百骸自收，精定于丹元，氣凝于腎宮也。夫鍊胎息者，先之以心澄神定氣，湛真全，是以心定則神定矣，神定則氣定矣，氣定則息定矣，息定則氣合矣，氣合則凝結不散，是爲胎息焉。故其神內交，其氣內接，體交其氣，氣交其神，神接其體，體返其精，澄澄入妙，抱固元根，守真存想，心氣下降，定息內交，神氣會於三宮，胎息結於産化，可以與天地同休者也。

《道樞·日月玄樞篇天地爲鼎，陰靜陽動。規乎伯陽，以明鉛汞》 劉子唐明皇時人，劉知古，爲綿州昌明縣令。曰：道之所秘者，莫若還丹。還丹可驗者，莫若龍虎，龍虎之所自出者，莫若《參同契》爲抱朴子曰：魏伯陽作《參同契·五相類》凡二篇，假大易之交象，以論修丹之旨。玄光先生曰：徐從事擬龍虎、天文而作《參同契》上篇以傳魏君，魏君爲作中篇，傳于淳于叔通，叔通爲制下篇，以表三才之道。《參同契》者，參考三才，取其符契者也。吾能陳其梗概焉。其要曰：乾坤爲鼎，而天地之道成矣；坎離爲藥，而南北之位分矣；龍虎爲名，而東西之界列矣。若夫論火候，定生成，莫不循卦節于鐘律焉。故黃鐘之氣至也，則陽生於復，歷于否泰，其至巳也，則陽交之數終。甤賓之氣至也，則陰生于姤，歷乎遯剥，其至亥也，則陰交之數終矣。終而復始，此六合、三才、四時、五行之理者也。鼎藥一而已，或者曰肝青爲父，曾青是也；肺白爲母，鉛銀是也；腎黑爲子，玄磁是也；脾黃爲祖，雄雌是也。還丹白赤而爲紫赤者，曾雄之氣染之也。曾不知還丹者，陰陽之氣所爲變化，順天地之生成，合金水之自然。經不云乎？挺除武都，五石棄損的，安在金石之爲丹哉？吾之所論丹者，龍虎也。流珠爲青龍，青龍者，日也；黃芽爲白虎，白虎者，月也。故日月之精氣者，有變化之理，餌之者，亦可以變化矣。變化者，何謂也？丹砂變爲水銀，自陽而返陰也；水銀復爲丹砂，自陰而返陽也。故曰：流珠者，大青丹也。黑鉛變爲黃丹，自陰而返陽也；黃丹化爲黑鉛，自陽而返陰也。二物者，謂之陰，則倏然而成陽矣；謂之陽，則忽然而成陰也。互爲夫婦，更爲父母，此蓋陰陽感激而成，雖聖賢莫測焉。魏夫人曰：靈芽之靈也，龍吟方泉而景雲霄降矣，虎嘯虛無而衝風四振矣。陽燧照明而朱火鬱，方諸見陰而玄流溢，是皆自然而然者也。上古有水銀而不能獨成大丹者，何哉？有龍而無虎也。苟不知是，則又何假乎四象五行，何求乎陰陽男女哉，是必有不因于物，亦不因人而往，任其大道而自化者矣。若夫紀綱八石，本乎二物者也；龍虎一體，開乎三條者也。然爲之者，數敗向也？不達乎三五一者也。莊子曰：能知一，萬事畢。其此之謂乎！還丹者，何以度世耶？其食乎日月之精華者也。日月者，何也？天生玄女，地産黃男者歟！龍虎者，金汞也。金汞相包，得乎自然之性，此豈非其神乎！《黃庭經》曰：日月之精救老殘，蓋言二景二月也。劉子曰：揖二景之暉，服五晨之霞，其徒繁矣，罕有度世長生者，何也？長生之要，在乎保養服食，內外兼資，非專任一端，而後可冀也。或曰用鉛，或曰

不用鉛。是乎？劉子曰：聞之《上經》曰：真人至妙，若有若無。髣髴大泉，乍沉乍浮。《中經》曰：真人潛深譚，浮沉守中規，何謂也？銷鉛爲汞，煖汞以投之，其始入也，寂乎無聞焉。火烈花浮，迥然獨異，豈非以物處於大泉深譚者乎！若謂斯鉛非鉛者，莫可知矣，或謂鼎中有土者，亦妄也。真鉛者，大鉛是也。水者，位於北方，其卦主坎，坎生六戊，六戊者，土也。火者，位於南方，其卦主離，離生六己。六己者，亦土也。故土者，戊己之氣也，非土之土也，此乃坎戊月精，離己日光之義焉。故一陰一陽而爲水火。火者，以水爲夫焉；水者，以火爲婦焉。夫婦之道，乃爲戊己者也。是以萬物莫不終始於土，成土之功用者，莫逃乎水火焉。金生水，水生金，是乃鉛之中生乎黃芽者也。訣曰：鉛能制汞，汞能伏金，金汞成形，此銀伏之理也。木生火，火生木，是乃丹砂之中出乎汞者也，汞何以爲木乎？蓋受太陽之氣化爲流珠焉。太陽者，日也，其出東方。東方者，木位也。鉛者則爲金矣，何也？月生于西方，西方者，金位也，故還丹者準乎玄象，謂日月之符，必在于晦朔焉。會合德刑之氣，必順乎卯酉焉，出入於乾坤，徘徊於子午，以天地爲雄雌，陰陽爲父母，左爲青龍，右爲白虎。經曰：傾日爲流珠，青龍與之俱，此之謂也。世之淺見者，乃以水銀和合山澤于器中，鍛之謂爲樹子，始則二物相包，後則鉛汞異處，或一年或三年，銀母成乎赤粉，伏火深者，十存四五焉，淺者十存二三焉，服之則反害其生矣。彼謂銀從鉛生，以鉛精合于汞，則自然爲龍虎焉，而不知黃芽出於鉛而非鉛也。經曰：黃芽不是鉛，不離鉛中作，蓋謂此也。是以龍虎者，必以黃芽爲正焉。故古人言，終始自相用，謂其以汞投鉛，以類合類，如父制子，子制孫者也。火性消金，金伐木榮，此還丹之成也。或聞龍虎之歌曰：陰在上也，陽下奔也。首尾武也，中間文也。常於爐之上置杯水焉，何也？夫還丹起於陽生，修於陰拯者也。陽伏在下，陰伏在上，其有水者，必俟乎金長之後，水王之時也。何謂也？自復至於觀，歷於十月，于是鉛黃既樹，丹道將成，子出于母之胞不相涉入矣。陽消陰息，金盛水衰，魂魄相安，剛柔合體，然後設陰爐于上，列炎火于下，所謂舉水以激火，奄然滅光榮者也。經曰：水盛坎侵陽也，火衰離盡昏也，陰陽相飲食也，交感道自然也，斯順時合宜，與氣相得者矣。真人者，于是蓋夫金丹，則爲火化，使受陰津之水以潤之，可謂妙矣。世之淺見者，或以鉛黃花合于水銀，煅之爲紫粉；或以朱砂、水銀雄黃、雌黃、曾青、空青、礬石、雲母，合煉而制伏之；或以諸青、諸礬、諸緑、諸灰、結水銀以爲紅銀，復化之以爲粉屑；或以藥煑硫黃而成王粉；或以硫黃用染銅，葉煉爲赤丹；或以砒霜化銅，用鐵縮錫，非吾之所爲也；或曰金、銀、銅、鐵、錫者，五金也；雄、雌、砒、礬、膽、曾、空、礜者，入石也。劉子曰：非吾之所謂者也。子午以成三，戊己以爲五，此吾之八石之名也。經曰：九還、七返、八歸、六居，此還丹之玄旨也。何謂也？金之生數四，其成數九焉；木之生數三，其成數八焉；火之生數二，其成數七焉。三者以本生之氣，相合者也。又曰：火合于土，是爲七返也；木合于土，是爲八歸也；金合于土，是爲九還也。水之生數一，其成數六焉。金者生水，水不得與金合，居然自固，是爲六居者也。又曰：水合于土乎，天道左旋，日月右行。俯而觀之，則金生水，木生火矣；仰而觀之，則水生金，火生木矣。經曰：其子右轉，其虎東旋，卯酉界隔，主定二名，此之謂歟！

《道樞·還元上篇》元氣之始，如黍之大，鐘則形聚，離則形壞 人者，三才之一也，天未嘗崩也，地未嘗陷也，而人之死者，林林其多何也？人者，其靈壽共四萬三千二百餘日，其神三萬六千元陽，真氣其重三百八十有四銖，內應乎乾䷀，而皆不知保，使之散焉，所以中道而人闕也。乾者，六陽具而未之動作施泄也，如是能修行焉，真仙之道也。自年十有五而至于二十有五，施泄不止，則其亏虛四十有八銖，存者其應乎遘䷫。嗜欲之甚，加十歲焉，其亏四十有八銖，存者莫應乎遯䷠。又不知養焉，加乎十歲，其亏四十有八銖，存者其應乎否䷋。天地之中氣也，又不知養焉。加乎五歲，其亏七十有二銖，存者其應乎觀䷓。又不知養焉，加乎五歲，其亏九十有六銖，存者其應乎剥䷖。又不知養焉，八八六十四卦之終也，元氣盡矣，其應乎坤䷁。坤者，純陰也，惟安穀而生，其名曰苟壽。雖然有明師焉，示之玄門，猶可幾于道矣。《黃庭經》曰：有二十年猶可還，蓋謂此也。吾于日南至之後，竊天地之正氣，謂之升，曰北至，謂之降。曰年、曰月、曰日、曰時，其中俱有陰陽焉，歲則二至也，月則二弦也，日則子之後午之前，于時亦然也。于是依法補之，可以返陰而還陽。夫百歲之木，液漏枯竭，吾取木之稚者接之，則更茂矣，人豈異于茲哉？夫能固氣養精，精以養神，神不離體，氣乃常住矣。若夫得明師授之以訣，從而修之，時加乎子，執節而轉天罡，其修金鼎，修之一年，元氣增四十有八銖，其應乎復䷗。修之二年，運乎赤龍，承春之氣，其雨濛濛、海水騰于蓬

島，金鼎既開，其用巽風，其增四十有八銖，其應乎臨䷒。修之三年，而二氣交矣，鼎中之騰耀明矣，龍吟虎嘯，魂掣電奔，其增四十有八銖，其應乎泰䷊。泰者，立春之象也，行之彌勤，其增七十有二銖，其應乎大壯䷡。其火之光盈矣，赤龍出而風雷繁矣，壺中之日月延矣，鼎之中涌乎碧波矣，大壯者，立夏之象也，于是邪氣不入，其增九十有二銖，其應乎夬䷪。于是制白虎而鎖青龍矣。六年績用乃成，內復應乎乾，于是火光赫然，其爐紅矣。于子午之時，識乎真龍虎而可以，任意分之矣。然修真之要，在乎去貪嗔愛慾。既修之也，一年易精，二年易體，三年易骨，四年易筋，五年易髮，六年易形，內氣不出，外氣不入，其名曰真人。

《道樞・准易繫辭篇乾轉其始，坤括真終。蕞爾之形，易行于中》 抱黃子道士張抱黃，祥符中年已七十餘，至岳麓訪隱者週成不遇，見擒人秀水黎白，授以此書。曰：陰下而首有七竅，體有四肢，乾坤定矣。乾轄其始，坤括其終，貴賤位矣。陰下而六，陽上而九，剛柔斷矣。覺以陽開，瞑以陰闔，吉兇生矣。純陰索男，純陽索女，變化見矣。九竅相盪，五藏相通，六府相須，三宮相統。八卦相扶，五行相照。權之以長男，運之以少女；狀之以老翁，名之以姹女；弱之以嬰兒，和之以乳母。耳目樞要，口鼻輔助。津液調和，骨髓堅固。藏府光明，神魂擁護。陽老成父，陰老成母。地出醴泉，天降甘露。火生于木，金生于水。得生于神，失生于鬼，神昇天文，鬼入地理。水者火之母，水者金之子，二木成林，兄弟也，二火成炎，姊妹也。木者金之妻，水者火之夫。火作鉛宗，水爲汞祖。鉛以易知，汞以簡能。易知則鉛歸，簡能則汞歸。鉛歸則有親，汞歸則有功。有親則可久，有功則可大，易簡得則天上之室立矣。是故仙人以身觀卦，以性觀藥。日月相催，風雨相薄。蒼風捧爐，飛廉鼓橐。丹光瑩然，金精閃爍。融而爲川，結而爲岳。錬氣焉而分清濁，擊辭焉而明生死。陰陽相返而權變化，晦明相推而循晝夜，水火相奔而定高下。是故震者，動也，青龍之象；離者，麗也，朱雀之象；兑者，悦也、白虎之象；坎者陷也，玄武之象；巽者，順也，騰蛇之象；艮者，止也，勾陳之象。是故仙人所居而安者，青龍之宮也；所樂而玩者，白虎之乘也；所開而游者，天之闔也；所閉而掩者，地之肩也。是故左則觀其龍而安其東，右則觀其虎而玩其西，南則觀其日而安其午，北則觀其月而玩其子。是以自天祐之，吉無不利。木者甲乙，火者丙丁，水者壬癸，金者庚辛，土者戊己。寅卯者，賤夫土者也；己午者，賤夫金者也；申酉者，賊夫木者也；亥子者，賊夫火者也；四季者，賊夫水者也。是故列其耳者，存乎艮；分其目者，存乎坎；辨其鼻者，存乎震；驗其口者，存乎兑；陰之泄者，存乎離；陽之漏者，存乎巽。是故身有上下，氣有消長，性有堅虛，物有衰旺。道也者，各指其所之德也者，各指其所爲性，與天地準壽，與天地齊法，與天地並是，以知天地之根，識父母之慾。父之情爲魂，母之血爲魄，魂勿遺散，魄勿遺離。故上以認其天機，下以洞其人謀，享金石之年齡，變金玉之肌膚者乎！耳之失艮故不聞，目之失坎故不見，鼻之失震故不嗅，口之失兑故不言，泄之失離故不走，漏之失巽故不食。是故日有魂，月有魄，經天緯地之謂文，一陰一陽之謂道。炎之者火，潤之者水。煖之者就燥，決之者就濕。命之者同聲相應，蒸之者同氣相求。順而藏之曰潛龍，明而覩之曰見龍，悦而豢之曰人龍，呼而走之曰躍龍，浮而登之曰飛龍，高而上之曰亢龍。六龍乘時而不困，百姓日用而不知，故君子之道長矣。小人之道消矣，上下交通而志行矣，天地相感而物生矣。顯諸聖，藏諸用，凡煉陽而消陰，真水之用生矣，真火之用妙矣。生卯之位，真火也；生酉之位，真水也。火胎之位子，水胎之位午。西側之位日，東殘之位月。傾西北之位者乾，闕東南之位者巽。乾終上九之位艮，坤終上六之位巽。絶於巳者之謂逆，絶于亥者之謂順。龍虎相從之謂仙，陰陽不測之謂神。以言乎天則不壞，以言乎地則不陷；以言乎火則不滅，以言乎木則不竭；以言乎水則不朽，以言乎金則不消。夫乾，其閉也純，其開也真，是以大生焉；夫坤，其閉也平，其開也靈，是以廣生焉。耳以配甲戌，目以配甲子，鼻以配甲寅，口以配甲申，泄以配甲午，漏以配甲辰。道之微矣乎，仙人所以用而治性也；道之寂矣乎，真人所以取而存命也。性治則空，空則清以效天；命存則通，通則靈以法地。天降甘雨，地長草木，山澤通氣，龍蛇起陸，父母結形，道運乎其中矣，日月變神，道滋乎其中矣。鉛汞存存，性命之門；龍虎綿綿，性命之原。仙人有以見上丹田之明明，故謂之上清；有以見中丹田之熒熒，故謂之中清；有以見下丹田之凝凝，故謂之下清。玄武之上關，不可開也；勾陳之中關，不可關也；青龍之下關，不可闡也。白虎之上屍，不可養也；朱雀之中屍，不可留也，騰蛇之下屍，不可畜也。閉之而內靜，啓之而外動，啓閉必彰乎變化，變化以定其性命。鳴鶴在陰，其子和之，我有好爵，吾與汝縻之。論曰：真人降其龍，而出其神劒，則千里

之外應之，況其邇者乎！伏其虎而舉其神燭，則萬里之外從之，況其邇者乎！劒降其龍，燭伏其虎。龍虎者，神仙之車駕也。車駕之就，昇天之主也。神仙者，龍虎之門戶也。門戶之通，則出入之機也。同人先號咷而後笑。論曰：從凡入聖，仙人之經；自地昇天，真人之緣。龍虎同心，天地爲金；水火相薄，長河成酪。不出戶庭，無咎。論曰：三惑之生也，六蔽之階也。聞淫哇之聲則失聽，視華美之色則失明，嗅香聲之味則失思，多發語言則失志。陰動則失真精，陽散則失元氣，是以真人包括而無用，謹密而不出也。耳目誨惑，口鼻誨貪，淫慾誨衰竭，思慮誨煩亂。鬼神之所鬫，盜賊之所招也。五位相得而各有合，所以成變化而動鬼神。論曰：金丹之術百數，其要在神水華池；神仙之術百數，其要在抱一守中。坎以象水，震以象木，兌以象金，離以象火，四象爲藥，二氣爲爐，煉之而後虛，服之而上昇也。竅數九，藏數五。一身相得而各有合，七情既立而各有成；萬物藏用而各有喻；千神內扶而各有守。天數順行，地數逆取。白金之籙，青玉之符，黑水之契；朱火之圖，此可以脫塵世而入層霄者也。炎帝之宅手午，黑帝之宅乎子，青帝之宅手卯，白帝之宅乎酉。初陽起純陰，必當天地之曆引，龍虎之精也。是以四神入鼎，九變成丹，赫而養之，流而納之。凡人之氣，有仙人之道四焉；凡人之身，有仙人之本五焉。不治其性者，實而不空，泥而不通；不保其神者，離而不合，呼而不答；不愛其生者，溷而不清，作而不寧；不修其心者，病而不愈，弊而不補。故曰：凡人之氣，有仙人之道四焉，此之謂也。以金德者，尚乎肺；以水德者，尚乎腎；以木德者，尚乎肝；以火德者，尚乎心；以土德者，尚乎脾。是以仙人將有爲也，將有行也。其棄色也如泥，其節情也如遺，其保淳也如凝，其養志也如龜。至精不失，以保乎肺，居於金堂，非天上之白精，其孰能與於此乎？疾雷破山，大風振海，音樂遏雲，鈴鼓動地，巍然自安，超然獨處，外聲不入，以保乎腎，居於珠宮，非天上之黑精，其孰能與于此乎？大不見于太山，細不見于秋毫，文不視于秀麗，目不視于粉黛，黑白若不分，是非若不辨。衆人之皎皎，而己獨昏昏；衆人之彰彰，而己獨冥冥。徹然內鑒，志光不散，以保乎心，居于丹臺，非天上之赤精，其孰能興于此乎？不眈五味，不嗜八珍，不畏洪水，不憂大旱。煒然似有華筵之嘉殺，茫然似有沃田之嘉穀。無思也，無爲也，無去也，無就也，豐然不瘦，怡然不飢，不思不動，以保乎脾，居于玉房，非天上之黃精，孰能興于此乎？不言而信，不笑而樂惟神也，不疾而速惟體也，不嚴而治至樂無聲，以保乎肝，居其瓊樓，非天上之蒼精，其孰能興于此乎？故曰：凡人之身，有仙人之本五焉，此之謂也。耳初六，目初二，鼻六三，口六四，陰六五，陽上六，凡人也，死之根也；陽初九、陰九二，口九三，鼻九四，目九五，耳上九，真人也，生之根也。視龍之形，鱗而青；虎之質，毛而白。日之魂晝而熱，月之魄夜而寒，以此修心，退藏謹密。天地相交之謂泰，日月相逐之謂易。地氣上騰，天氣下降，日盈則昃，月滿則虧，龍吟雲起，虎嘯風生。清氣歸天，陽以上昇；濁氣歸地，陰以下墜。孰能興于此乎？論曰：金公曰鉛，木公曰汞，黃婆謂之真土，天地謂之爐，陰陽謂之炭，坎離謂之藥物，子午謂之進退，水火謂之作用，卯酉謂之抽添，運轉謂之河車，澄明謂之天。酒貴而謂之金花，玉液異而謂之青霜絳雪，養而謂之嬰兒，姹女生而謂之黃芽，大藥熟而謂之九轉，丹砂成而謂之再生，嬰兒奇而謂之神物，光而謂之寶珠。是故氣海凝液海，液海凝血海，血海凝精海，精海凝骨海，骨海凝神海，神海凝真海。是以補其筋者，莫靈乎肝；補其其氣乾，莫靈乎肺；補其肉者，莫靈乎脾；補其髓者，莫靈乎腎；補其脈者，莫靈乎心；補其命者，莫靈乎父精；補其性者，莫靈乎母血。是以身有九竅，聖人塞之；身有五藏，聖人煉之；身有三關，聖人通之；身有三尺，聖人滅之；身有萬慮，聖人滌之；身有千魔，聖人降之；身有百疾，聖人脫之；身有十惡，聖人削之。是以心宮有王，所以無爲而治之；肝宮有相，所以無思而得之；肺宮有伯，所以不召而自來；膽宮有將軍，所以不怒而自威；脾宮有大夫，所以不令而行之；腎宮有烈女，所以不禁而自止也。龍精，其魂之所蘊耶；虎威，其魄之所畜耶。龍精著，而火珠照乎其前矣；虎威振，而水珠曜乎其後矣。龍精喪則無以見其魂，魂無見則火珠幾乎沒矣；虎威滅則無以見其魄，魄無見則水珠幾乎況矣。是以巽進初九，謂之不漏；離進九二，謂之不言；震退初六，謂之不動；坎退六二，謂之不窺；艮退六三，謂之不聞。三陽守體，謂之丈夫；三女變形，謂之男子；七竅不動，謂之混沌；二氣交感，謂之氤氳；黑白成質，謂之大寶；虛無生性，謂之元神。窒而空之，存乎少男艮；合而明之，存乎中男坎；絕而和之，存乎長男震。斂而益之，存乎少女兌；翕而復之，存乎中女離；閉而順之，存乎長女巽。是以人之生也，泰在乎其中矣；人之死也，否在乎其中矣。耳之

不聽，黑精在乎其中矣；　目之不視，青精在乎其中矣；　鼻之不嗅，白精在乎其中矣；　口之不言，赤精在乎其中矣。陰之不動，地精在乎其中矣；　陽之不散，天精在乎其中矣。神而明之，上天之亨衢通矣；　默而成之，天下之能事畢矣。東方之神，骨骼者也；　南方之神，氣息者也；　西方之神，經絡者也；　北方之神，血脈者也；　中央之神，肌肉者也。角亢者，青龍之光；　斗牛者，玄武之光；　奎婁者，白虎之光；　井鬼者，朱雀之光。房者，木星之中宮；　虛者，水星之中宮；　昴者，金星之中宮；　星者，大星之中宮。齒牙者，青龍之餘；　爪甲者，白虎之餘；　毛髮者，玄武之餘；　氣息者，朱雀之餘。音聲者，天之餘；　影跡者，地之餘。乾，巍然示人得一者也；　坤，混然示人抱一者也。夫五賊者，盜此者也；　三田者，耕此者也，種芝者，陽虛之所生也；　種玉者，陽秀之所孕也。藥力就乎內，神通發乎外。積陰散其小，積陰至其大，動天地、感鬼神，莫善乎元精；　蹈水火，貫金石，莫妙乎至理；　福萬民，壽九域，莫大乎真氣；　煉五神，立四極，莫先乎神用。夫堅百骸者，莫過乎真金；　壯百筋者，莫大乎真木；　換百脈者，莫越乎真水；　升百神者，莫勝乎真火；　填百節者莫及乎真土。何以保身，曰無勞；　何以保命，曰無欲；　何以治性，曰無思；　何以治神，曰無邪。是故真人多陽而無陰，凡人多陰而無陽。非謂其無陰也，蓋陰變而歸純陽者也；　非謂其無陽也，蓋陽變而歸純陰者也。夫純陽者，仙之氣也；　純陰者，鬼之氣也。仙人一成，宅乎陽界也；　鬼之一就，宅乎陰界也。是以仙人日中無影，雪中無跡，乘水不溺，入火不焦，行空不墜，透山無碍，劒斫不絕，藥煬不盡，千魔恐懼，萬神悅隨，蓋取純陽之氣也。夫凡人履則滯凝，駐則妨塞，萬慮所集，萬病所攢，上遠天門，下近地戶，逢明則覺，見暗則瞑，智慧不通，嗜欲不息，困而忘返，逝者如斯，蓋取純陰之氣也。夫肺白者，上應太白；　心赤者，上應熒惑；　肝青者，上應歲星；　脾黃者，上應鎮星；　腎黑者，上應辰星。黃道者，上應太陽白道者，上應太陰。晝主生者，上應南辰；　夜主死者，上應北辰。所以聖人下修人事，上應天心也。耳聽極必聾，目視極必瞽，鼻嗅極必室，口言極必喑，泄流極必罄，漏消極必終。此所以取六極而捨五福者也。言其大聽者，內聽者也；　言其大明者，內見者也；　言其真氣者，內萌者也；　言其至聲者，內運者也；　言其陽精者，內煉者也；　言其陰滓者，內淘者也。天下之至健，言乎虎者也；　天下之至順，言乎龍者也；　天下之至神，就乎大藥者也。九聖明乎外，八卦者也；　九竅明乎內，八卦者也。修之者，長生久視者也。

《道樞・金液龍虎篇善烏丹砂，保命全家。育成奼女，儀以黃芽**》**　任子名象。遇天真子張中孚，常爲金部郎致仕，任于於慶曆七年見之。于歷陽，而得龍虎之訣，曰：　金丹七十二，名皆藉三五一而成者也。夫自五帝以後至于吾宋慶曆之元，飛升者，六萬餘人，無有不煉神水華池者也。其出自五行，入于虛無，是知神水者，乃三才天、地、人也。之元氣，五行之真精者也，于三丹田上下循環，是爲還丹。其藥有五味焉，扁鵲曰：　酸、鹹、辛、甘、苦是河車等也，用火候以煉之，斯爲大丹矣。用鉛不用鉛須向鉛中作，此神水爲鉛汞者也。大藥之名，內二十有四：　曰神水，曰杳冥精，曰還丹，曰真一，曰水中金，曰黑鉛，曰河車，曰五彩，曰五味，曰坎男，曰真汞，曰白金，曰白虎，曰金精，曰五常，曰地藥，曰地魄，曰日魂，曰月花，曰鉛黃花，曰玉華，曰水虎，曰玉蟾，曰黃芽，此二十四氣隱奧之玄關也。歌曰：　孰爲丹砂？　濟命濟家。養成奼女，嫁與黃芽。此大藥也。夫得天地之精，在于元宮者，造化自然之道也。是所謂三五一也。何也？　三者，三才之象，神氣精也。然華池者，出自五行焉，外紅內白，非世之朱砂也，取于火中，故名朱雀，出于青白之汞，故名奼女。黃婆爲之媒娉，于北方之七，此非世之所用朱砂，內出水銀，爲汞者也。古先至人所論，唯鉛汞、神水、華池、三五一而已。大藥之名，又有二十四焉：　曰玉液瓊漿、曰華池、曰杳冥精、曰恍惚、曰五行精、曰坎男、曰離女、曰火龍、曰水虎、曰木精、曰青龍、曰白虎、曰猛三花、曰日魂、曰金烏、曰玉兔、曰地馬、曰離宮、曰夫婦、曰金液、曰赤龍、曰白芽、曰白雪、曰月魄，此所謂夫婦匹配，赤白相扶，黃土爲壇，真正之道也。夫華池煉藥者，蓋用火候焉，煙出既盡，火飛如星，五彩光明而作聲，煉成斯如霜雪，如珠玉，此抵在於五行而已。世之金石，頑物也，非能變轉而爲丹者也。經曰：　青帝護魂，白帝侍魄，赤帝養氣，黑帝通血，黃帝中主，五行真精，此所謂大藥也。于是大丹之各，又有二十四焉：　曰大還、曰金丹、曰玉液、曰龍虎、曰二氣、曰四神、曰五霞、曰神砂、曰光明、曰流珠、曰返魂、曰奪命、曰靈芸、曰養命、曰延壽、曰泔靈、曰萬靈、曰絳雪、曰伏火、曰素流、曰快活、曰延齡、曰返童、曰壽仙，此並按于人之身者也。彼世用五金八石以火鍛之，其亦謬矣！　蓋不知鉛汞之靈，唯在杳冥恍惚之間而已。汞在于砂中，而金在于鉛者也；　汞在于鉛中，而水在于

金者也。夫不得其訣，殆難求乎！或不達金丹，而爲存想、吐納、吞霞、服氣、餐松、餌柏、絶食，此非吾所謂大道也。道有三，其上曰：抱一。抱一者，聚五行爲一，天地至精，陰陽匹配，夫婦相乘，煉精採氣，其採有日辰，其取有時候，用八卦以增減火候焉，用水火以既濟其用焉，煉之數足，是爲飛仙之品矣。其中曰：富國安民。富國安民者，擒龍于深潭，伏虎于坎戶，按八卦之藥聚于九宫，于是九還七返焉。其下曰：强兵戰勝。强兵戰勝者，神交體不交，關鎖其下，永鎖丹田焉。夫能明三五一者，修煉五行之精氣，送在于元宫，用火候以鍜之，功成九轉，可以返本還元矣。大還丹者，何也？五穀之精氣也，煉之可以長生矣。三五一者，何也？三者，三才也，神、氣、精也。五者，五行也。五行之中，精、血、氣合和而有五味。五味之中，取五穀之精者也。《陰符》所謂五味可以長生者乎！五穀能盜人而死，而人不能盜五穀之精，爲可吹也。一者聚五行于元宫，用火候煉之而成真一者也。

《道樞·入藥鏡篇》 崔公曰：混沌之始，一氣生二儀，二儀生三才。三才者立，則五行備焉，共成八之數。祖宗在三田之内者，性是也。性者，元辰聚也。性樂乎動，故外隨境遷。一生一死，週而復始。其可資而生者，曰精、曰氣、曰神，謂之三業，聚而生者也。夫根元者，丹田之氣海也。中夫男女精血合而爲一氣，是氣者，元氣也。元氣不散，則守之之妙也。及其久也，清虚以生神光，神光盛者，長生之苗也。夫人衝衝然動者，皆是氣也，非神也。從一念真定者，神之自性也，審于是斯能識氣，真念顯化通神矣。吾身豈與天地異哉？亦各得一氣而已爾！氣散則神去焉，氣止則神定焉。吾其全之于五輪，得之于五力歟！何謂五輪？曰：吾之目也，其白睛屬乎肺，其黑睛屬乎腎，黑睛中之黄與其上下則屬乎脾，黄睛中之碧則屬乎肝膽，大角則屬乎心者也。何謂五力？曰神之用在乎目，而五藏連之，取下田之氣海是根，五力也，此其外也；内有五力，取金剛之性焉，在身五藏也，五行也，在色五色也，在聲五聲也，在天五星也，在地五嶽也。内明一行，守之則神用在乎目，氣在乎鼻，定之之妙也。火司南，其千丙丁，而爲吾之心焉；水司北，其幹壬癸，而爲吾之腎焉。心者上之性也，其要在乎覆下火，而上之性火不可發。然火前不起，則水必泄也。腎者，水也，下丹田之用也。因全腎以守氣海，則根源成矣。不守腎水，則不成矣。故水者，下流也，下流乃常人之用也。水者精也，能上用之，則聖人謂之道矣。心者神也，腎者氣也，神定氣和，則真人降焉。以吾心爲鏡，身爲之臺，以神爲藥，聚而爲足焉。東者肝之神也，用之在乎目；西者肺之氣也，用之在乎鼻。故東西者，神氣之和會，成于還源，返舊樸也。神不足，氣不和，則真人不降矣。吾神與氣，必也瑩淨内明。内明者何也？二物相守乎神氣也。如炅則神光日用而莫知。己之光也，是以心如鏡焉，其光攝物，物不能攝光。鏡者，如目也，如心也，鏡之光非動也，是吾之目動乎物也。知此者，識藥鏡之理與物之互相攝旋。心火何以爲鏡歟？火者，明也，明者定而内明也，内明則萬物明矣。習者，鏡之體也；明者，神之用也。日用守舊不離乎心地者，内明也，明則不昧矣，故在心守舊者也。夫三毒、十惡、八邪皆起于心。曰目、曰耳、曰鼻，謂之六通，神常從之。夫能日用而守舊，晝夜不遷，其名曰定寂。日用者，神守氣聚而不散也。神能通應，則意之所至必成焉，神定則晝夜週矣。故神住則氣住，氣住則神住，神住則形在。夫五行者，本無生滅，其滅則自吾之神氣失也。五行者，何謂也？五藏之真義也。心之神，肝之魂，肺之魄，脾之意，腎之志，聚而爲丹之用者也。人之神在性，性者火也，火者散數也。本元一斤，四年散一兩，四十年而亡十兩，則六十有四年而盡矣。孰能聚而不散乎？此吾之真道也。夫一切之物，皆爲氣動，而神未嘗動也；氣散，而神未嘗敬也；氣去，而神未嘗去也。生死者氣也，神未嘗生死也。夫能外覩乎物而内心不移，斯法門之内應，神之妙用者也。必知夫實相者，在不用之間，不去不來，湛乎定慧，同天地太虚之渾渾焉，心神定明矣，元氣定固矣，形精長生矣，斯三田之藥靈也。何謂三田？上曰腦，中曰心，下曰氣海。臍下。其名三竒，三竒者，精、氣、神也。三者全矣，歸乎。下丹田，則骨髓實滿，比造化之功也。意解身達，則真仙之道也，然見物而喜。捨者，心也；氣者，元氣也。因和而得之，因悦而散之，故散則出自門，聚則入自門，神在目，氣在鼻。是以目者，金剛之門戶也。金剛者，真性也。氣者，因形者也。神定則氣住矣。神見物而動，見物而心不移者，内定也。金者，萬物不能損，可以集氣而固形者也。夫吾有喜捨，則神散而八邪入矣。故心妄起，二吾不可以虚起焉，虚起則不寧，而失之矣。神也，氣也，精也，更相爲體者也。何以言之？精者至生之物，而無形焉。藉氣而爲形，在身而爲氣，過乎尾閭而爲精，精能定於自然，則形何自而衰耶？故曰：精者，人之命也。彼能無漏者，是補乎天年之壽而已爾！如其用造化之理，則真精存矣，真形固矣，真神定矣，

此長生之道也。今之人，以心定其精，而不能定其神，以謂水滿而溢，氣滿而動矣。世亦知神氣定而爲鼎乎？神從氣，氣從神，神能守氣，則氣能生神矣。二者相守，聚而成形，是所謂鼎也。故修丹者，取自本元，合而成形，還入於元宮，久而胎成，化而成神，其名曰蛻仙。命也者，繫乎玉衡，在乎玉洞之間。下田有玉泉焉，真氣聚而爲精也。真精之氣出，則爲人；不出，則地根不漏，鍊之斯名玉仙，於是下元不漏矣。宜知所以運用焉，逆流于雙闕之道。雙闕者，夾脊之二路也，運氣朝于上宮，上官者，腦也。入于華池，鍊之成霜，達於碧海，碧海者，丹田也。以與真火鍛之，斯爲玄珠之胎焉。然則玄珠者，元宮之真氣，聚而爲精，精復爲形，玄珠久鍊則還童矣。此黄河逆流之道，非常道也。丹田有寶，則外之事内先應焉，後之事前先知焉，于是上下通靈矣。心者，印也。心不和，則印不移。心與印者，根也。印者，塵也。絶其塵，則證真空之仙矣；心可除而不滅，則證數空之仙矣；心與印不用，則證空寂之仙矣。心不用印，印不用心，心印解滅于諸塵，凡聖無二，如前之心，法印，不離乎心，二者相持，用若造化，則證陽真矣，此鍊丹留形者也。印者，何也？精也。印定，精生矣；印絶，精盡矣。故印從心起，心復生於印。常人用心而不用乎印者也，聖人用印而不用乎心者也。不用心印，則心妄散矣。散者，氣亂神去而精散者也。及其心印定而精生，則神清氣爽，肌膚華潤，目有神光，無夢寐，無奢妄，無驚悸，無恍惚，皆精定而生者也。此道也，從心返印，造精之象也。夫能固精爲命基，則精之中産氣以生神，于是成胎而化真形矣。精者，何也？神也，神定則生精，精極則生神，互相吞而成乎一者也，聚則生，散則死。神者，何也？氣也，亦互相吞者也，神動氣應，氣動神返，二者相乘，斯化形爲純陽者歟。然則人之相象，隨精所化者也。精守氣，氣守神，神守精，此長生之道也。身心不貪，萬物不能繫，況與之有爭乎？其名曰退身。萬物不能掛於心，持此日用，其名曰藏神。于是取三元之藥，雲而下火焉。何以採藥歟？神也，氣也，精也，相守而和合焉，一念而得。三物何歸乎？其歸根靜者耶。神光何歸乎？聖人則以歸丹，常人則以歸空者也。歸丹者，歸心入意，自靜其元神，見物而不動，惟以内定。然吾神之含有壞，奈何？崔公曰：于是有大藥之法焉。惟于丹田聚三氣以成形，造化産神，心性逍遙自安矣。此何道也？駑河車，朝玉闕，投金精者也。河車者，北方之正氣也；金精者，腎堂也。飲食入于胃，其津入于大腸，其水入于小腸，其氣主于丹田，透于腦闕，以時有象于真中，隱手以灌乎腦中，穿十有二徑，以至丹男。此返本還元命之基也。于是開發闕乎日月之道。何也？要會四事而後搖天柱、定其息氣，而用轆轤轉其氣以運之，此還童者也。方其自玉闕而上朝以入于腦，通乎上腭，達乎鼻門，而墜于舌之上，其甘醍醐。譬夫嬰兒之食乳，猶能至于盛大，而況吾之乳，惡有不長生也哉？亥子丑之時，可以行火者也。亥者，十月坤之卦也。坤者，孕母之坤也。老陰能及乎陽，故曰：萬物負陰而抱陽者也。至子而爲之，則復之卦也，純陰之極，而返生陽者也。此十有一月之候，從其下一陽生者也。吾于子之時行火，謂之陽生。自陰向陽，是爲半氣，交于腎宫者也。丑者臨之卦，從其下，二陽生者也。寅者泰之卦，三陽既生，承之以行功其可也。火者，無形也。憑氣而爲之，其光有神，神假乎性，性能變化，故神者火也。不能目見，如火在木，鉆之乃然矣。鉆之法何也？瞑目端坐，定息澄心，于是神定氣和，其心至則火發矣。真火者可以鍊丹，非理勿行焉。巳、午、未之時，可以行水者也。巳者，四月乾之卦，陽極而陰生者也；午者，五月姤之卦，一陰生者也；未者，六月遁之卦，二陰生者也；申者，七月否之卦，三陰生者也。三卦者，可以行水者矣。應期而行，則水自其心而出。何也？心者，根也。能清靜不動，息止而神定，則水亦自腎堂生焉，上朝入于腦腭之二竅，下入于口，其味甘，以心之水上朝于舌，以舌左右攪之華池，其數各十有八，含口漱烹者，其數三百有六十，或不以多寡，直身正立，分爲三，用力以嚥焉。故飲氣嚥之，以神送之，至于丹田左右内，沐浴溉灌，于是靈源生苗，然後可行大功焉。凡行水者，以十二之數。每分爲嚥者，三十有六，六六者是爲三十有六，水之數也。寅、申、卯、酉之時，可以存神者也。其道何也？常守其舊，一念不移，存氣伏精，守神定息，應物而行，勿逐于外境者也。吾取象日、月、時焉，然取年行不如月行矣，取月行不如日行矣，取日行不如時行矣。時可以奪日之功，日可以奪月之功，月可以奪年之功。吾行之之時，斯有真人相助焉。内外功行相濟，千日無虧，成真人矣。真人者，位法混成小果之仙者歟！夫不明鍊丹之法，而惟作寂守舊，而或陽狂，雖習成定，然身死神去，斯爲鬼而已。爾神通主客，不敢爲主，唯爲客；不敢進，唯求退。其日用也。與物無爭，如在愛物之中，神常存爲客，而守其根基。夫見物愛，以神用爲主，而繫于物。于是目也、耳也、鼻也、舌也，于是其中而起六情，則失其真

矣。故修真者，常以神守丹田，與命之根基。此無他焉，神和則守氣，氣于是守精，精于是守一，不懷爲主矣。此乃内外神定，斯無起滅者也。夫人因精而得神，神因念而得命。故命者，在於精而已。精者，至真也，生之物也，有名而無形者也。天地萬物，皆是精之所生，而積之以爲命，其來從乎恍惚焉。崔公曰：天地生八卦，八卦生乎十干，故甲生乾，乙生坤，丙生艮，丁生兑，庚生震，辛生巽，壬生離，癸生坎，而戊己爲之配合中宫者也。天有三奇焉，日也、月也、星也；地有三奇焉，乙也、丙也、丁也；人有三奇焉，精也、氣也、神也。天之璇機地之黄河，人之榮衛，此三奇之志也。夫吾之三奇不出於身，稟天地而運轉，則與天地齊矣。水也、火也、金也、木也，四時長存者也。夫能稟此理，則壽可以無窮矣。何也？東方甲乙也，甲爲乾，乙爲坤，其夫婦也；南方丙丁也，丙爲艮，丁爲兑，其夫婦也；西方庚辛也，庚爲震，辛爲巽，其夫婦也；北方壬癸也，壬爲離，癸爲坎，其夫婦也。將震以配乎肝，兑以配乎肺，離以配乎心，坎以配乎腎，坤以配乎脾。夫稟四時以入藥于丹田，此所以與天地等久者歟。人之神如薪之火乎，其中藏火，火不出則薪長存，神不出則身長存矣。故火發外明者，薪之盡也；神智出者，樸之散也。神光不散，神應物而不出，斯固蒂而全真矣。精者，至真也。精與神氣相戀，則可以固其形焉。使神以養其內，用氣以養其外，托精玄中以爲沖和，斯長生者也。神光者，氣中之藏也。精爲光，神爲慧，氣爲鼎，是所謂三寶者歟。神勿離于身，精勿離于神氣，裹三寶斯合于三才者矣。廣成子曰：精生于氣海之間，如火之在木者也。吾之玉泉者，猶璇機黄河者也。坤之卦，斗之時者，亥也。至子而變乎復之卦，上土下木，木者五行中之東方也。廉貞星者，應乎五行，則爲火者也。水中之火即木，爲形，而火無形者也。玉泉之流上行，即所謂水中之火也。象坤之爲復，一陽生也，此則十月順行，至于十有一月者，自然也。凡子之時，亦如之，子行九刻，發關上流，玉泉下來，用金液鍊形者也。五行入于藥，則所謂火也，金也、木也，合卦而行者也。精神合象，常不離于氣海，精從其神，投氣海之中，于是成鼎矣。神氣者，閉服之則氣長生矣。氣馳精而上行，至妙者也。神應氣逐，謂之火焉；精應氣隨，謂之水焉。吾之入藥也，天門之氣不出，綿綿若存。故氣不出身，精神自轉，如天之火，地之水，水之下是火，火之下是氣，此五行之自然也。上之七竅者，七政也；下之二竅者，輔星也。此可以象天地之運用者也。崑崙者，頂也。天柱者，夾脊二十有四節也。左右以首轉之，運之，則百脈通流矣。發兩關者，舉左右手也。舉起折身，若復稱之則竅通，流入于上宫。上宫者，腦也。行道者，任其性閉即閉，寐即寐，行即行，而性不可有繫焉，常守丹田之神。其能守如不守，斯真造化者也。乾六大腸也，坎一腎也，艮八膀胱也，震三肝也，巽四膽也，離九心也，坤二小腸也，兑七肺脾也，土者中宫之火也，水之中金生者也。木生金中，火生火中，惟土合于四時之季而在中宫者也。

《道樞・入藥鏡中篇》至游子曰：吾得崔公之書二焉，皆言元氣者鉛汞也，鍊之九轉斯成仙矣。其一曰：採藥者，何也？龍虎交騰，日月以飛焉。九曲者，真元之祖，可以别二儀者也。九曲者，何也？小腸是也。二儀者，日月也，真汞鉛也，太藥之源在其中矣。其二曰：大汞金鉛者，何也？二八之元日月之精，自一水而生者也。吾于二八之門抽添勿差焉，則藥海明真降日華矣。于是鍊之千日，可以成金玉之形焉。其三曰：至藥抽添者，何也？吾于日月二弦而抽添焉，以赤龍火車于二時鍊之，于是巽風生而星辰列矣。此二時者也，火車者，陽之象。其四曰：龍虎鉛汞者，何也？龍抽其汞，虎添其鉛，浮沉于鼎之中，二物全矣，于是配以坎戊，合以離己，吾嘗識陰陽昇降之二時以興功，而不失乎銖兩，始可以成大藥矣。其五曰：海底求陽烏者，何也？方其振羽于海，及其奔沖，則勿使火神飛焉。蓋火雜入于丹闕則息，火至乎沐浴之日，則可以用陽火，採取金砂八兩，是謂真陽焉，此還丹之樞會也。于是碧浪金波，灌乎坎男矣。其六曰：符星入元宫者，何也？符星轉而入于元胎之宫，以制鉛霜之紅，斯金丹返天符，還真之氣者也。于鼎之中自然成銀液，其狀芙蓉焉。其七曰：火得純陽者，何也？純陽者，乾也。金丹至于七返，則陽氣過于六，而逢庚之氣制之，于是秋石爲琅玕矣，鉛霜結返丹矣，合和有道，則有九轉沖和之氣見焉。其八曰：陰陽拘制者，何也？拘制有玄關焉，火至于南方則不鍊矣，于坤之鼎，陽爲陰所制，其鉛斯爲白雪，其狀桃華，鍊之至于九九，則鉛汞鎮于丹田，可以騰寒暑矣，此鐵牛之鍾金錢者也。其九曰：奔騰瑞氣者，何也？其氣鎮于坤宫，雷車從風而逆轉，于是得日月之根，黄芽就而成玉，所謂金丹陽質，而換胎者也。大道玄基，以火頻鍊焉，斯入于仙矣。其十曰：虎踞龍跧者，何也？其逐斗之魖焉，乾坤定位，而至于下弦，則鼎之中生氣加矣，姹女嬰兒，其服絳綃，此金丹之子母相成，陰陽結而不散者也。服之千日返童顔矣。其十一曰：

九氣沖金者，何也？沖全則百倍矣，霞光射于神爐，黄婆之心定，而男女浴于絳珠，此其九轉而成玄珠，服之一圓，其壽千齡，再服再鍊，斯可長生久視矣。其十二曰：玉帝新封劇位者，何也？鑄之以成坎離神光自然出入，隱顯分明，陽神日壯，陰邪日消，于是長生矣。此玉帝封乎太一之君者也。其十三曰：九年丹竈者，何也？九年得乎天機，萬里奔騰而不迷，鍊之千日，斯羽化者也。其十四曰：滅没者，何也？吾之興功，遇乎日月二弦，有損無益者也。修鍊者，于是滅没歟！故曰：陰陽停澤二弦乎矣，二沒相交滅沒并矣，至此則會聚而鍊之，而後成真焉。其十五曰：採藥者，何也？收金採玉，藉乎天元，陽火交加以鍊之，于是銖兩之數足，則龍行雨過而入于崑源矣。陰真君曰：採有日，取有時者也。其十六曰：刀圭者，何也？日月之精也，真氣也。陰陽之二土，主生萬物，是爲刀圭。隱于脾之鼎，遇二氣分而成變化矣。其後純陽子呂洞賓。嘗聞之于崔公而嘆曰：吾知修行有據，性命無差，道成其中矣。于是純陽子復爲之演燡焉。純陽子曰：昔黄帝週游四方，至青城之山，見岐伯、廣成子、黄谷子，遂明大道，于是究百刻之法，金鉛玉汞，採三元而下火以烹之，于百刻之中而爲造化，惟收胎兔自然成矣，蓋以百刻者，定其息一刻。

《古文龍虎經註・神室者丹之樞紐》 神室者，丹之樞紐。衆石之父母，砂汞别居。

註曰：神室者，丹之樞紐。神室象乾坤，能收日月之精炁，以爲金液神丹，故謂丹之樞紐。《參同契》曰：乾坤者，易之門户是也。衆石之父母者，真鉛，生於天地之先，爲萬物之父，百昌之母，故謂衆石之父母。《參同契》曰：衆卦之父母是也。砂汞别居者，砂汞本無形質，隱於真鉛之内，得太陽統一之精，方能化現於神室之中，故謂别居也。

《古文龍虎經註・出陽入陰》 出陽入陰，流曜二方。列數有三，按象水火。

註曰：出陽入陰，流曜二方者，陽自子而生，出於地上，歷丑、寅、卯、辰至巳，而陽極則青龍，日之精曜於東方。陽自午而降，入於地中，歷未、申、酉、戌至亥，而陰極則白虎，月之華曜於西方也。列數有三，按象水火者，青龍白虎二物，皆因朱雀之炁，薰蒸而成質，故有三也。大丹自起首以至丹成，真鉛神室之外，只以水火二象爲之，非有他物相雜也。

《古文龍虎經註・制猶王者》 制猶王者，武以討叛，文以懷柔。土旺四季，土德以王。提劍偃戈，以鎮四方。

註曰：制猶王者，武以討叛，文以懷柔者，制令也。猶王者出令，以布四方也。武，剛猛火候也。文，柔弱火候也。喻金鼎堅備，神室固密，初進柔順之火，以來陽和之炁，令住鼎室之中。末行剛猛之火，金液雖欲迸出，爲坤宫所拘，遂留精於内，以成造化。猶國有叛逆之民，彼王者防制有方，萃心聽命，故不能逃逸也。土旺四季，土德以王，提劍偃戈，以鎮四方者。土德者，戊己真土也。真土者，真鉛也。真鉛能召至和，歸之中宫。故青龍、白虎、朱雀、玄武四象之炁，不得真土終不得成金液也。土居中宫，故稱黄帝。和炁隨四時而生，萬物皆有之。神室爲和炁之主，旺於四季，能收攝日月之精華，歸於鼎中室，不使流散於外也。《參同契》曰：土旺四季，羅絡始終是也。

《古文龍虎經註・坎離數一二》 坎離數一二，南北獨爲經，故冠七十二石之長。

註曰：坎離數一二者，天一生水於坎，故一數主之也。地二生火於離，故二數主之也。南北獨爲經者，北方陰極之所，而生陽炁之始，歷子、丑、寅、卯、辰、巳而終異。南方陽極之所，而生陰炁之始，歷午、未、申、酉、戌、亥而終。乾陰陽二炁，皆從子午爲發生之終始，故南北獨爲經者也。故冠七十二石之長者真鉛。先天而生炁，後天而成形，故爲衆物之長，還丹之根蒂也。

《古文龍虎經註・剛柔有表裏》 剛柔有表裏，陰陽稟自然。金火當直事，金水相含受。雌雄併一體，用之有條理。

註曰：剛柔有表裏，陰陽稟自然者，乾陽爲剛，坤陰爲柔，互相包裹，配合神室，使陰陽自然之炁，日月施化之精，輻輳金胎而結神藥也。《參同契》曰：乾剛坤柔，配合相包是也。金火當直事，金水相含受者，外則水火頻施，内則金火常交。木汞生青龍之體，金精長白虎之胎。萌芽漸兆，金木留形神室之内，金火既交之久，而神水自生於母胎之中，以至丹成。子母兩相慕戀，金水自然滋養也。雌雄併一體，用之有條理者，雌雄亦龍虎也、乾坤也、日月也、陰陽也、坎離也、夫妻也、水火也、男女也。雌雄相錯，則變化精炁爲物也。若用之得理，則發生自然也。

《古文龍虎經註・變化既未神》 變化既未神，終則復更始。初九爲期度，陽和准旦暮。周曆合天心，陽爻畢於巳。正陰發離午，自丁終於亥。

註曰：變化既未神，終則復更始者，凡修大丹，須一月而成。若火數不準，鼎器不密，則神精降少，金液結遲，須臾一月也。《參同契》曰：既未至晦爽，終則復更始是也。初九爲期度，陽和准旦暮者，每過晦朔之夜，子時陽火將興，便名地雷復卦，陽爻生坤，初九於下也。自子至巳，爲旦爲早。自午至亥，爲暮爲晚。旦以屯卦直事，暮以蒙卦直事。屯蒙二卦，以直一日十二時也，爲大丹之體象也。一日兩卦，一月六十卦，初則屯蒙、終則既未。《參同契》曰：日辰爲期度，動靜有早晚是也。周歷合天心，陽爻畢於巳者，陽火自子而昇至巳爲陽極，而陰生於午也。《參同契》曰：春夏據內體，從子至辰巳是也。正陽發離午，自丁終於亥者，陰符自午而降，至亥爲陰極，而陽復生於子也。《參同契》曰：秋冬當外用，自午訖戌亥是也。

《古文龍虎經註・水火各一方》 水火各一方，守界成寒暑。東西表仁義，五行變四時。如是則陰陽互用，順三二而得其理。

註曰：水火各一方，守界成寒暑者：水，陰也。寒極於坎。火，陽也，暑極於離。各守一方而成冬夏者也。《參同契》曰：賞罰應春秋，昏明順寒暑是也。東西表仁義，五行變四時者，東方屬木，發生萬物之所，故謂之仁，謂之喜。西方屬金，肅殺萬物之所，故謂之義，謂之怒。金、木、水、火、土，五行之炁，變春夏秋冬，而正四時之象。《參同契》曰：爻辭有仁義，隨時發喜怒是也。如是則陰陽互用，順三二而得其理者，若四象之數，不失其時，則陰陽之炁，順水火寒暑，各得其理也。《參同契》曰：如是則四時之炁，順五行而得其理是也。

《古文龍虎經註・神室設位》 神室設位，變化在乎其中矣。神室者，上下釜也。設位者，列雌雄配合之密也。變化爲砂汞，砂汞者，金土二用。二用無爻位，張翼飛虛危。往來既不定，上下亦無常。獨居不改，化歸中宮。宮非土不可制，包囊衆石爲丹祖宗。

註曰：神室設位，變化在乎其中矣者，立神室，象天地，天地位定，則日月之光耀其中矣。《參同契》曰：天地設位，易行乎其中矣是也。神室者，上下釜也。神室有上下兩釜，以應天地也。《參同契》曰：天地者，乾坤是也。設位者，列雌雄配合之密也者，設天地乾坤二位，上釜象天，爲雄，爲乾；下釜象地，爲雌，爲坤。使上下兩釜雌雄之際，配合而爲一也。《參同契》曰：設位者，列陰陽配合之位是也。變化爲砂汞。砂汞者，金土二用者，立鼎器，法乾坤，金母居中，三方備用，則生靈汞也。砂汞迺坎離二火，爲乾坤二用。《參同契》曰：易謂坎離者，乾坤二用是也。二用無爻位，張翼飛虛危者，乾坤也，日月也。日月昇降，水火抽添，不拘爻位。張翼，南方離火之位，虛危，北方坎水之位。《參同契》曰：二丹無爻位，周流行六虛是也。往來既不定，上下亦無常者，水火往來神室之內，不常定處也。《參同契》曰：往來既不定，上下亦無常是也。獨居不改，化歸中宮者，若火數抽添有理，則時時化入中宮而爲金液也。《參同契》曰：幽潛淪匿，升降於中是也。宮非土不可制，包囊衆石爲丹祖宗者，中宮神室，以真鉛制造，故稱土德。包囊萬彙，爲金液祖宗也。《參同契》曰：包囊萬物，爲丹祖宗是也。

《古文龍虎經註・有無相制》 有無相制，朱雀炎空。紫華曜日，砂汞滅亡。

註曰：有無相制，朱雀炎空者：有者，虎也。無者，龍也。有者，白金也。無者，陰陽炁也。以白金爲神室，而未能自生變化。因水火升降，運轉四時，乃得成丹。故用空器而制有也。朱雀，乃火神薰蒸於下，神室之內，金液從火而生也。《參同契》曰：以無制有，器用者空是也。紫華耀日，砂汞滅亡者，紫華，日之精英，在神鼎內，或化金華而現日月之光，或變靈液而示龍虎之狀，照耀鼎中，化爲砂汞，一消一息一浮一沉，隨水火而或滅，或亡也。《參同契》曰：故推消息，坎離沒亡是也。曰：上古之人，以水銀一味而成丹者，蓋有龍而無虎也。亦不假五行四象，法天則地，亦不假夫婦陰陽，交男合女，但使陰陽坎離之炁，消長於一身之中。龍虎之精，滋毓於七竅之內，信任自然而合大道，所以上古皆長壽無夭傷也。中古以來，若欲卻老還童，延年度世，昇真入妙，必須安爐立鼎，召天地至和之炁，回日月英靈之華，使四象無虞，五行全備，九轉數終，三千時足。開爐則紫粉凝霜，金華爍日，服之長生，後天而老。況今之人，知虎者多，識龍者少。夫金液爲青龍，東方木德之宗，即日也。黃芽爲白虎，西方金液之祖，即月也。然此二物之精炁，皆有神通變化之理。故經云：日月之

精救老殘是也。製之得法，食之亦能變化也。所謂丹之變化者，丹砂變爲水銀，乃陽返陰也；水銀復變爲丹砂，乃陰返陽也。方號純陽之丹，而人服之，決得長生。聖人喻日月魂魄，只在坎離二位，更無別物。恐後來不得真理，故直言之，以示將來。

《古文龍虎經註・訣不輒造》 訣不輒造，理不虛擬。約文伸奧，叩索神明。演成卦爻，五行爲經。坎雄金精，離雌火光。金木相伐，水火相尅。土旺金鄉，三物俱喪。四海輻輳，以致太平。並由中宮土德，黃帝之功。

註曰：訣不輒造，理不虛擬者，聖人垂文於世，必無苟作妄言，以惑後人。《參同契》曰：言不苟造，論不虛生是也。約文伸奧，叩索神明者，剪去繁蕪，撮其樞要。驗日月之妙理，符神明之至精。《參同契》曰：引驗見效，校度神明是也。演成卦爻，五行爲經者，體《周易》六十四卦以爲火數，依金、木、水、火、土五行以爲生殺，以日月相合而證夫婦，以離坎相交而來至精。《參同契》曰：推類結字，原理爲證是也。坎雄精金，離雌火光者，坎藏六戊爲月之精，雄陽之位，居於北方。月，陰也。戊，陽也。乃陰中之陽象，水中之生金虎也。離藏六己爲日之光，雌陰之位，居於南方。日，陽也。己，陰也。乃陽中之陰象，火中之生汞龍也。《參同契》曰：坎戊月精，離己日火是也。金木相伐，水火相尅者，金，白金也。木，赤汞也。二物相伐，愈自榮盛。水火遞尅，大見光明。日月相交，剛柔互興。陰陽得理，則相謀合。《參同契》曰：日月爲易，剛柔相合是也。土旺金鄉，三物俱喪者，金、木、火三物，被四時尾火包裹，經九轉之後，俱化爲明窻塵。《參同契》曰：土旺四季，羅絡始終是也。四海輻輳，以致太平者，呼吸四方之炁，輳歸神鼎之中，引龍虎之精而爲至藥，以五土而終功，以四季而結裹，故得青、赤、白、黑，各得施其功，以成就神丹也。《參同契》曰：青、赤、白、黑，各居一方是也。並由中宮土德，黃帝之功者，中宮土德，乃戊己至和之炁，金液變化之道，皆禀戊己也。戊己居中宮，故稱黃帝。修神丹者，採日月之至精，合陰陽之靈炁，周星數滿，水火運終，盡歸功於土德，黃帝之功也。《參同契》曰：中宮所禀，黃帝之功是也。

《古文龍虎經註・金火者真鉛也》 金火者，真鉛也。丹砂著明，莫大乎金火。言窮微以任化，陽動則陰消。混沌終一九，寶精更相持。卦與藥合，金有三百八十四銖，銖據一斤，爲十六兩也。金精一化，二炁成丹，青龍受符。當斯之時，神室鍊其精，金火相運推。雄陽翠玄水，雌陰赭黃金。陰陽混交接，精液包無炁。萬象憑虛生，感化各有類。衆丹之靈迹，長生莫不由。

註曰：金火者，真鉛也者。金火二字，是日月之稱。金爲丹之本，火爲日之根，皆於鉛中。魏真人以金火爲易，以易爲藥也。《參同契》曰：易者，象也。是也丹砂著明，莫大乎金火者，丹砂迺金液也，金液大丹一法，唯憑日月陰陽之精以成也。金者，鉛也；月者，水也；砂者，汞也；日者，火也。外則水火升降，內則鉛汞交結，除此之外，別無雜類可入也。金砂變化，全自日月精華而生。《參同契》曰：懸象著明，莫大乎日月是也。言窮微以善化，陽動則陰消者，古之人窮其微妙，察其盛衰，使陰陽之炁，往來動靜，循環晝夜，周而復始。《參同契》曰：窮神以知化，陽往則陰來是也。混沌終一九，寶精更相持者，坎離龍虎之炁，混沌於神室之中，隨水火進退。下手之初，一宮坎位，火數發生之微，精炁相交，未有變通。至巳之巽位，火數發生之極，則龍生汞而虎生鉛，鉛汞之精漸萌，鼎內日月之炁，輪轉於外，水火之精，卷舒於內。《參同契》曰：輻輳日輪轉，出入更卷舒是也。卦與藥合，金有三百八十四銖，銖據一斤爲十六兩也者，卦有三百八十四爻，周天一歲之數，總火候一周之用。金有三百八十四銖，金母一斤之數，總大丹一斤之用。其火候、金母皆相符合也。《參同契》曰：卦有三百八十四爻，爻據摘符是也。金精一化，二炁成丹，青龍受符者，太陰金虎之液，太陽木龍之津，化爲真丹，晦朔起符之初，青龍大神當權，震卦主之。《參同契》曰：晦至朔日，震來受符是也。當斯之時，神室鍊其精，金火相運推者，正當青龍受符得火之時，神室之內，龍虎二炁相紐，金火之精相合，而化神丹也。《參同契》曰：當斯之際，天地交其精，日月相禪持是也。雄陽翠玄水，雌陰赭黃金者，雄陽，乾也，天也，老陽也，日也，砂也。其精曰玄水，又曰雌汞，雌陰，坤也，地也，老陰也，月也，鉛也。其金曰黃金，又曰白金。日月相交於鼎中，則日化玄水，而月化黃金也。黃金即真鉛，玄水即真汞也，鉛汞合而爲一，乃成丹。《參同契》曰：雄陽播玄施，雌陰化黃包是也。陰陽混交接，精液包元炁者，陰陽，龍虎之炁在混沌之中，水火交戲，互相變化而生津液，爲丹根基也。《參同契》曰：混沌相交接，權與樹根基是也。萬象憑虛生，感化各有類者，世間萬物皆憑元炁而生，各逐其類而附其形也。如在鼎中，則木之炁化龍，金之炁化虎，火

之炁化汞，水之炁化鉛，土之炁化和。而五炁皆歸中宫，長養鄞鄂，以至凝神成真，是各逐其類，凝而成真也。《參同契》曰： 經管養鄞鄂，凝神以成軀是也。衆丹之靈迹，長生莫不由者，金液大丹有二十四品，唯此毋是金液之大者，乃白日衝天之上道，一一明象，天地、日月、星辰、五行、四時，歸於神室之中，變化金液，長生之道莫不由也。《參同契》曰： 衆夫蹈已出，蠕動莫不由是也。

《古文龍虎經註・於是玄潤光澤》 於是玄潤光澤，元君始煉汞，神室含洞虚。玄生白金公，巍巍建始初。冠三五相守，飛精以濡滋。

註曰： 於是玄潤光澤，元君始煉汞，神室舍洞虚者，黑鉛制爲白金，精光瑩徹，方成神室。神室之體，中虚徑寸，以生真汞也。元君，乃煉丹之主司。抱朴子云： 元君亦自言，我亦煉丹而得仙。伏羲畫八卦，仲尼演易象，皆明此天地之數也。《參同契》曰： 於是仲尼始掌鴻，乾坤昭洞虚是也。玄生白金公，巍巍建始初者，玄生白金也，故能收養日月之精華。陽火未動，俱隱於白金之内，而不見其形跡。水火既行，則金華産於白金之中。金華乃戊己之和炁也，二物相見，感化生丹，可謂巍巍尊高者也。稽考古初，已有斯物，包裹陰陽與萬物之形，不相去離，關睢建義，水火相交，則砂汞生，神明出焉。故爲萬物之母，爲陰陽之始也。《參同契》曰： 稽古當元皇，關睢建始初是也。冠三五相守，飛精以濡滋者，水一火二，乃三也。五土也。若水火土相交，則神精降於器中。故古之聖人，剏立神室，既濟鼎器，交男女之體，合龍虎之形。初則形質未分，一如混沌，既經運火之後，則夫婦之情相紐，龍虎之精契合，便應元年起首之初，終成神藥也。《參同契》曰： 冠婚炁相紐，元年廼芽孳是也。

《古文龍虎經註・玄女演其序》 玄女演其序，戊己貴天符。天符道漸剥，難以應玄圖。

註曰： 玄女演其序，戊己貴天符者，玄女乃天地之精神，陰陽之靈炁。神無所不通，形無所不類。知萬物之情，曉衆變之狀，爲道教之主也。戊己乃和炁，大丹之根本。天符運動，則生戊己之精也。《參同契》曰： 聖人不虚生，仰觀顯天符是也。天符道漸剥，難以應玄圖者，天符進子，陽火日增，至已而陽極。天符退午，陰符日減，至亥而陰極。五行尅盡，四時運終，故道漸剥也。《參同契》曰： 天符有進退，屈伸以應時。故易統天心是也。

《古文龍虎經註・故演作丹意》 故演作丹意，乾坤不復言。丹砂流汞父，戊己黄金母。鍾律還二六，斗樞建三九。赤童戲朱雀，變化爲青龍。

註曰： 故演作丹意，乾坤不復言者，前篇言大丹之意，置立神室，妙盡其理，故於此篇不復言也。丹砂流汞父，戊己黄金母者，丹砂，日也。流汞，日之魂也。戊己，月也。黄金，月之魄也。丹砂戊己，能生此二物，魂魄而爲至藥，故謂之父母也。鍾律還二六，斗樞建三九者，二六者，乃子、寅、辰、午、申、戌爲六律； 丑、卯、巳、未、酉、亥爲六吕。又子爲黄鍾，午爲蕤賓之類，主十二時也。三九亦十二也，斗之所指爲建，正月建寅，二月建卯，經歷十二辰也。《參同契》曰： 消息應鍾律，升降據斗樞是也。赤童戲朱雀，變化爲青龍者，赤童，日也。朱雀，火也。火既運動，則日生汞於神室之中，故名爲青龍也。古詩云： 五行顛倒術，龍從火裏出是也。

《古文龍虎經註・坤初變成震》 坤初變成震，三日月出庚。東西分卯酉，龍虎自相尋。坤再變成兑，八日月出丁，上弦金半斤。坤三變成乾。十五三陽備，圓照東方甲。金水溫太陽，赤髓流爲汞。姹女弄金瑠，月盈自合虧。

註曰： 坤初變成震，三日月出庚者，朔前夜半子時，運行陽火之初，日月合璧於畢昴之上，乾變坤之下爻而爲震卦，震卦主事，一陽爻生於下，則月至三日，現於庚方也。《參同契》曰： 三日出爲爽，震受庚西方是也。東西分卯酉，龍虎自相尋者，東西二八之門，日月出金木正位，既經五日，運行火候，則龍虎之炁，兩相慕應，聚於鼎中也。坤再變成兑，八日月出丁，上弦金半斤者，自六日至八日成上弦，乾交坤之二爻而爲兑卦，兑卦立事，二陽爻生於中，則月光得半，弦平如繩而月現於丁方，喻鼎中金火各半也。《參同契》曰： 八日兑受丁，上弦平如繩是也。坤三變成乾，十五三陽備，圓照東方甲者，自十一日至十五日，乾交坤之上爻，而爲乾卦，乾卦主事，三陽爻生於上，則月光圓滿，而月現於甲方，喻鼎中金德圓滿，得火候也。《參同契》曰： 十五乾體就，盛滿甲東方是也。金水溫太陽，赤體流爲汞，姹女弄金瑠，月盈自合虧者，金液神丹。至此，太陽之精，盛滿神室之内。金火之炁，化而爲汞。汞與其母，兩相留戀，以變金體。蟾蜍兔魄，互相包裹，光耀鼎中。姹女之體，自成首飾，化現金瑠。喻鼎中金炁漸榮，而變成

丹。《參同契》曰：蟾蜍與兔影，煥炳兩炁俱，蟾蜍視卦節，兔魄吐生光是也。太陰自初一日至十五日光滿，至十六日自合虧也。《參同契》曰：七八道已記，屈伸低下降是也。

《古文龍虎經註·十六轉相減》 十六轉相減，乾初缺成巽，平明月見辛。乾再損成艮。二十三下弦，下弦水半斤，月出於丙南。乾三損成坤，成坤三十日，東北喪其朋，月没於乙地。坤乙月既晦，土木金將化，繼坤生震龍。

註曰：十六轉相減，乾初缺成巽，平明月見辛者，謂十六日已後，坤交乾之下爻，而爲巽卦，巽卦主事。一陰爻發生於下，陽火初退，陰符始生，平明則月現於辛方也。亦如陽火初進之時，月生三日同也。《參同契》曰：十六轉受統，巽辛見平明是也。乾再存損成艮，二十三下弦，下弦水半斤，月出於丙南者，自十一二日，陰符再退，至二十三日，坤交乾之中爻，而爲艮卦，艮卦主事。二陰爻生於中，則月見於丙方，復與上弦同義。蓋鼎金水各半也。《參同契》曰：艮直於丙南，下弦二十三是也。乾三損成坤，成坤三十日，東北喪其朋，月没於乙地者，自二十六至二十八日，坤交乾之上爻，而爲坤卦，坤卦主事。三陰爻生於上，月光將盡，則月現於乙方。至於東北陽光既盡，是謂喪朋也。《參同契》曰：坤乙三十日，東北喪其朋是也。坤乙月既晦，土木金將化，繼坤生震龍者，自二十八日至三十日，陰符到此消盡，陰陽之炁各停，土與木金相和爲液，太陽之炁不令於月，則太陰之體全無，循歷東北，再經畢昴之上，日月相合，水火重施，復如其初。又以復卦爲首，繼坤而生震卦也。震屬木位在東方，故稱龍也。又陽火爲龍。《參同契》曰：節盡相禪與，繼體復生龍是也。

《古文龍虎經註·乾坤括終始》 乾坤括終始，故曰震龍也。如上三十日，坤生震兑乾，乾生巽艮坤。八卦列布曜，運移不失中。

註曰：乾坤括終始，故曰震龍也者，乾坤二卦，爲衆卦之父母，二卦相索而成八卦。乾先索坤之下爻，而爲震卦，以爲朔；自一日夜半子時，陽火發生之始，坤又索乾之下爻而爲巽卦。自十六日夜半子時，陰符發生之始也，乾納甲壬，坤納乙癸。《參同契》曰：壬癸配甲乙，乾坤括終始是也。如上三十日，坤生震兑乾，乾生巽艮坤者，坤生震卦而爲初，五日直符；次生兑卦而爲中，五日直符；又生乾卦而爲末，五日直符，太陰歷十五日，圓滿於甲上，鼎中金液亦盛，蓋隨卦候而增也。乾生巽卦而爲初，五日直符；次生艮卦而爲中，五日直符；又生坤卦而爲末，五日直符。太陰歷十五日，光盡於東北艮鄉，鼎中金液盛實，亦隨卦候而成也。乾坤自相生滅爲三十日，一月之候也。《參同契》曰：七八數十五，九六亦相應。四者合三十，易炁索滅藏是也。八卦列布曜，運移不失中者，如上八卦，列布於一月三十日中，運動陽火陰符，一一湊歸神室之内，爲大丹金液之變化也。《參同契》曰：八卦列布曜，運移不失中是也。

《古文龍虎經註·調火六十日》 調火六十日，變化自爲證。神室有所象，雞子爲容形。五嶽峙潛洞，際會有樞轄。

註曰：調火六十日，變化自爲證者，元精在鼎中，難觀其狀，如一月數中開鼎視之，或金華降少，五液結遲，乃陽火陰符有太過不及之患。再須一月運行，結丹之火候也。故元精在鼎中，受外來符火，一一變化，難觀其狀。以十二時爻象火數，即知其動靜浮沉也。《參同契》曰：元精妙難覩，推度效符證是也。神室有形象，雞子爲形容者，古之至人，仰觀天象，俯察地理，效乾坤而立神室，類雞子而法形容，虚中一寸而安靈汞。《參同契》曰：居則觀其象，准儀其形容是也。五嶽峙潛洞際會有樞轄者，地上靈仙分爲五嶽，其中皆相潛通。古人立表爲象，製壇爐鼎竈，符合玄法，亦委由相通而使火炁通遠，無所凝滯，若火散於外，則吉兇生於内。《參同契》曰：立表以爲範，占候定吉兇是也。

《古文龍虎經註·發火初溫微》 發火初溫微，亦如爻動時。上戴黄金精，下負坤元形。中和流素津，參合考三才。乾動應三光，坤靜含陽炁。

註曰：發火初溫微，亦如爻動時者，凡神丹起火，皆依約爻象，與十二時同爲消息。如地雷復卦主冬之令，下一爻變而爲陽，子時之爻也。於此時發火，未甚有力，但溫溫然是謂柔火，以應復卦下一陽爻物生之候也。《參同契》曰：發號順時令，勿失爻動時是也。上戴黄金精，下自坤元形者，黄金乃乾、天也，上釜也；坤元者，乃坤，地也，下釜也，二釜相合，而爲神室也。《參同契》曰：上察河圖文，下叙地形流是也。中和流素津，參合考三才者，既神室有位，則素津靈汞生於其中矣。中宮之靈，亦喻人心神之所居也。故天地人，全則萬物名焉，金水作焉。《參同契》曰：中稽於人情，參合考三才是也。乾動應三光，坤靜含陽炁者，乾，天也，日也，火

也。乾天運動，而水火之精，便生於空器之中而作金液也；坤，地也，月也，水也。坤地靜居，而月水金之精，和合太陽流珠，而又包裹不至飛走也。《參同契》曰：動則循卦節，靜則象爻辭。乾坤用施行，天地然後理，可不謹之乎是也。

《古文龍虎經註·神室先施行》 神室先施行，金丹然後成。可不堅乎，煉化之器，包裹飛凝。開闔靈户，希夷之府，造化泉窟。

註曰：神室先施行，金丹然後成者，既立神室，而得其法，則金液有必成之理也。可不堅乎，煉化之器，包裹飛凝者，煉丹之士必先須堅備鼎器，使其中靈汞結凝，不得飛走，方可成丹也。開闔靈户，希夷之府，造化泉窟者，神室有上下之釜，開則爲二，闔則爲一，其中空虛，水火纔交，神物便生，故號希夷。白金爲母而生水銀，號曰金液，此丹之府庫窟宅也。

《古文龍虎經註·陽炁發坤》 陽炁發坤，日晷南極，五生連珠，日月合璧。金砂依分，呼吸相應。

註曰：陽炁發坤，日晷南極者，亥月之末，純坤卦，終至乎月之初，夜半子時。坤卦下生一陽爻，爲復卦，乃陽火初生之時也。至丑歷寅以至於巳，陽炁至南方極盛，則陰生於五月也。五星連珠，日月合璧者，五星運行周天，有若連珠，遲疾留伏，逆順進退也。日月躔度，一月一爻，其合如璧，與五星共爲表裏，以證金火一歲之用也。金砂依分，呼吸相應者，金砂乃日月之精也，水火升降，一消一息，則金砂在鼎中。一浮一沉，隨象呼吸，與外來符火相應也。

《古文龍虎經註·華蓋上臨》 華蓋上臨，三台下輔，統録之司，當密其固，詰責能否。

註曰：華蓋上臨，三台下輔，統録之司，當密其固，詰責能否者，華蓋十六星，其形如蓋，在紫微宮中，以蔭帝座。三台六星，在紫微宮外，主調順陰陽，燮理萬物，喻水火居金鼎上下，若燮調得理，則神精降內，三台爲統録之司，百察之帥，宰相之位，文盈昌也。或五星應縮失次，日月進退失節，則四敘不應，風雨不時，是致萬物不生。亦猶煉丹之士，運火失節，使鼎內或乾或濫，變異不常，必敗丹事。若總諸節候，如運諸掌，固密鼎器，不使有虞。若一不理，則詰責運符之能否也。《參同契》曰：文昌總録，詰責台輔，百官有司，各典所部是也。

《古文龍虎經註·火鍊中宮土》 火鍊中宮土，金入北方水。水土金三物，變化六十日。自然之要，先存後亡。或火數多，分兩達則；或水銀不定，同處別居。剛柔抗衡，不相涉入，非火之咎，譴責於土。

註曰：火鍊中宮土，金入北方水者，火，日也。金，月也。金火二性，順五行六律之炁而生，故火生土，金生水，各吐其精而爲神藥也。《參同契》曰：日合五行精，月受六律紀是也。水火金三物，變化六十日者，中宮只有金母一味，而水土二位，得火候而和合。若一月火候，金液不依母數，則再須一月起火也。《參同契》曰：五六三十度，度竟復終始是也。自然之要，先存後亡者，金液神丹，金在火候。火是藥之父母，藥是火之子孫，乃天地之炁，自然而生也。或火力停均而生金汞，或火力失度，返致散失。存亡不定，必在六十日之內，以度其始終也。《參同契》曰：原始要終，存亡之緒是也。或火數多，分兩達則者，陽火數多，神精返傷，致使金汞嬌逸，亢滿鼎中，達失執度也。《參同契》曰：或君嬌逸充滿，達道是也。或水銀不定，同處別居者，水銀乃金液也，若火數差殊，則水銀在鼎室之內，隨火不定，不依軌轍而行，則或同或別，以於不測也。《參同契》曰：或臣邪佞行，不順軌是也。剛柔抗衡，不相涉入，非火之咎，譴責於土者，金砂不依數生，剛柔不相涉入，非特火之過也，亦是宮中金母不純，而精炁少，失必在此，故不責火而責土也。《參同契》曰：或臣盈縮，乖變悔吝，執法刺譏，詰過移主是也。

《古文龍虎經註·土鎮中宮》 土鎮中宮，籠罩四方。三光合度，以致太平。五臟內養，四肢調和。水涸火滅，含曜內朗。金水相榮，閉塞流暉。調和溫水，發之俱化，道近可求。

註曰：土鎮中宮，籠罩四方者，土戊己也，母也。母居中宮，召四方和炁，歸於神室之內，化成金液也。《參同契》曰：辰喻金母，蓋能優游，以懷來臣庶也。故曰：辰極受正，優游任下是也。三光合度，以致太平者，三光則日月星也，若三光進退不失於上，則天下太平。令行禁止，國無亂逆之患也。丹之內運，亦有三光，蓋陽火陰水與金胎，是象日月星也。故外運亦有三光，分在動靜爻尅之內，陰陽符火之中。若運符得理，則無逃逸之害，如治國之致太平也。《參同契》曰：克明正德，國無害道是也。五臟內養，四肢調和者，若運行符火，盡合同天度數，則鼎室之內，真人之身，五

臟四肢，調和安順，虛無恬淡，以至於終，故無夭傷之患也。《參同契》曰：內以養己，安靜虛無是也。水涸火滅，合曜內朗者，夫煉大丹火候，巳時亥時則火滅。至此二時，金火水之精炁，各得其情，光耀遍於一室之中，朗照真人之體也。《參同契》曰：原本隱明，內照形軀是也。金木相榮，閉塞流輝者，龍虎之炁相交，金木之情契合，金來尅木，木被金制，反能榮盛，致使流輝鎖於鼎中，靈根閉於室內，皆自金母養毓而成也。金母變化不常，此之微妙，非口訣難得。《參同契》曰：閉塞其兑，築固靈根是也。調和溫水，發之俱化，道近可求者，金母在鼎內噏三光之炁，來日月星之精，孳生聖胎，其狀莫測。而子株靈汞，在神室之中，隱伏難見。若火不失其時，水不失其候，水火俱進，升降有法，隨順天機，樞鈐法象，則金汞自然而眷戀，龍虎情性以交結，擬象求之變化之理，其道可見也。《參同契》曰：三光陸沉，溫養子株，視之不見，近而易求是也。

《古文龍虎經註・水土獨相配》 水土獨相配，翡翠生景雲。黃黑混元精，紫華數太陽。水能生萬物，聖人獨知之。

註曰：水土獨相配，翡翠生景雲者：水則玄水，土則金母也。太陽之火，與金母相交，則神室之內，木精化炁而生景雲，漸結流珠，潤澤丹宮，以化金液也。《參同契》曰：黃中漸通理，潤澤達肌膚者是也。黃黑混元精，紫華數太陽者，黃黑亦水土也。水土之炁相制而生太陽，元精若法象，始終得其妙理也。則太陽元精，漸垂於有無之間，以生鄞鄂也。紫華數腴，黃液蕩漾，是神藥未堅實也。《參同契》曰：初正則終循，幹立未可恃是也。水能生萬物，聖人獨知之者，水，一數也。玄天生水，而居北方，水中生金，金復能生水，聖人知之，擬象而成神丹，非凡愚可測也。《參同契》曰：一者以掩蔽，欲人莫知之是也。

《古文龍虎經註・金德尚白鍊鉛》 金德尚白，鍊鉛以求黃色焉。感化生中宮，黃金銷不飛，灼土煙雲起。

註曰：金德尚白，鍊鉛以求黃色焉者，鍊鉛爲白金，白金爲神室。神室中有金水，金水既爲火所化，而色變黃，名曰黃轝。《參同契》曰：下有太陽炁，伏蒸須臾間。先液而後凝，號曰黃轝焉是也。感化生中宮，黃金銷不飛，灼土煙雲起者，金液將生，隨水火凝於器中，本從金生化而成液，感結中宮，則黃金之液，自然不飛走矣。火灼金華，渾炁清徹，或爲輕煙薄霧，

在鼎室之內，變化無常，或鍾乳倒懸，或犬牙參錯；或變化日月之象，而魂魄皆現；或化龍虎之形，而金木相交。神精萬狀不可名言。若以五金八石，諸雜物作之者，安能臻此神化哉！

《古文龍虎經註・有無互相制》 有無互相制，上有青龍居。兩無宗一有，靈化妙難窺。

註曰：有無互相制，上有青龍居者，有者，白金也；無者，火炁也。故有無之作，互相制伏，金火相交，而生靈汞於中宮，汞即青龍也。《參同契》曰：上閉即稱有，下閉即稱無。無上以奉上，上有神德居是也。兩無宗一有，靈化妙難窺者，兩無者，陰陽炁也，日月之魂魄也。一有者，亦神胎也。神胎之中無諸雜物，但空體炁已。因水火之炁，引日月之精，全陰陽之粹，入於神胎。金液靈化，莫能窺測，神室上下，水火之炁，因金母翕育相須而生。《參同契》曰：此兩孔竅法，金炁以相須是也。

《古文龍虎經註・鍊銀於鉛》 鍊銀於鉛，神物自生。銀者金精，鉛包北靈。水者道樞，陰陽之始，故懷銀精。鉛化黃丹，寄位五金。爲鉛外黑，色稟北方，內懷銀精。被褐懷玉，外似狂夫。

註曰：鍊銀於鉛，神物自生者，白金未現其形，隱於北方玄水之中。若知白金在黑鉛之內，取之爲大藥之基，運動法象，則神物自然生矣。《參同契》曰：知白守黑，神明自來是也。銀有金精，鉛包北靈者，金精迺白金也，玄水之基，乃真鉛也，常包北方真水銀也。《參同契》曰：白者金精，黑者水基是也。水者道樞，陰陽之始，故懷銀精者，白金自水而産，用爲神器。水體不絕，金水兩情爲之樞紐。陰陽之本，故爲銀精，銀精則藥也。《參同契》曰：水者道樞，其數名一，陰陽之始是也。鉛化黃丹，寄位五金者，鉛亦名玄，位居坎方。水火金木之炁，隱於鉛內，爲五金八石之主，流珠遇之而爲根本，皆水火之炁結成也。《參同契》曰：玄含黃芽，五金之主，北方河車是也。爲鉛外黑，色稟北方，內懷銀精者，鉛外貌黑惡而內有金華，常居北方壬癸之位也。《參同契》曰：故鉛外黑內懷金華是也。被褐懷玉，外似狂夫，是此意也。

《古文龍虎經註・銀爲鉛母》 銀爲鉛母，母隱鉛中。鉛者銀子，子藏銀胞。真素渺邈，似有似無。灰池炎灼，鉛沉銀浮。潔白見寶，可造黃轝。

註曰：銀爲鉛母，母隱鉛中者，銀者，金也。鉛者，水也。謂水生在金，金

爲水母，金返藏形於鉛水中也。《參同契》曰：金爲水母，母隱子胎是也。鉛者銀子，子藏銀胞者，鉛者，子也，水也。銀者，母也，金也。金既生水，而子水復居鉛母之知，故曰黑鉛也。《參同契》曰：水者，金子，子藏母胞是也。謂黑鉛變質之後，寄位西方，當隱跡於水中，得水滋養，愈見生成，名曰黑鉛，潔白成金，而作神室。因陽火激發，而子水卻於白金中流出，名曰真水銀也。大哉真物！是爲生天生地之一炁也。真素渺邈，似有似無者，真素者，真汞也。在母胎中被外迫逐，或有或無，浮沉不定，爲鼎室所蔽，不能視其形儀也。《參同契》曰：髣髴大淵，乍沉乍浮是也。潔白見寶，可造黄轝者，灰池煅煉以爲白金，取白金而爲神室，可以造黄轝也。參同契曰：採之類白，造之則朱是也。

《古文龍虎經註·殻爲金精》 殻爲金精，水還黄液。徑寸之質，以混三才。天地未分，象若雞子。

註曰：殻爲金精，水還黄液者，真鉛煉爲白金，以白金爲鼎器，是金精之母，其中有水銀，可以變黄液也。《參同契》曰：煉爲表衛，白裏貞居是也。徑寸之質，以混三才者，神室中空，方圓寸餘，上釜爲天，下釜爲地，中安靈汞，以象三才。《參同契》曰：方圓徑寸，混而相扶是也。天地未分，象若雞子者，天地未開闢之前，混沌若雞子之形，日月之精交於其中，萬象之形固已垂矣。至人指神室象混沌，以體三才之用。進陽火陰符，以留日月之精。真鉛生天地之先，採之有法，造之有理，非可妄爲也。《參同契》曰：先天地生，巍巍尊高是也。

《古文龍虎經註·圓高中起》 圓高中起，狀似蓬壺。關閉微密，神運其中。爐竈取象，固密全堅。委曲相制，以使無虞。自然之理，神化無方。

註曰：圓高中起，狀似蓬壺者，修大丹，先須壇爐，竈鼎上下相接，如蓬壺之狀也。《參同契》曰：傍有垣闕，狀似蓬壺是也。關閉微密，神運其中者，鼎内周旋四通，以來火炁，關閉濟會，不使走失也。《參同契》曰：環匝關閉，四通踟躕是也。爐竈取象，固密會堅者，壇上有爐，爐上有竈，竈中有鼎，鼎中有神室，神室中有金水，互相包裹，以闕姦邪，又使靈汞以易也。《參同契》曰：守御固密，閼絶姦邪是也。委曲相制，以使無虞者，金鼎懸於竈中，虚其四向以疎火炁，安水於金鼎之上，運火於金鼎之下，壇爐鼎竈，遞相包裹，以防非常也。《參同契》曰：曲閣相連，以戒不虞是也。自然之理，神化無方者，凡造大藥，皆是日月星辰之精，五行四象之炁而爲金液，非有他道也。

《古文龍虎經註·磁石吸鐵》 磁石吸鐵，隔礙潛通。何況雞子，配合而生。金土之德，常與汞俱。

註曰：磁石吸鐵，隔礙潛通者，磁石之力全者，可引數片之鐵於器物之外，此物類相感者也。《參同契》曰：幽玄遠渺，隔礙相連是也。何況雞子配合而生者，以白金造神室，而象雞子之形，如天地之配合，運動水火而靈汞自生。《參同契》曰：類如雞子，黑白相扶是也。且天地之中，有太陽玄精，變化萬狀，注於萬物之上，隨大順小，莫不由之。至人製而食之，以駐景修仙也。欲製之法，唯曰金一物。力能制之，方肯留戀，同爲變化也。金土之德，常與汞俱者，金乾，土坤也。乾坤情動而生鉛汞，二物相得，始成金液亦不飛走。《參同契》曰：動靜休息，常與俱是也。

《古文龍虎經註·火記不虚作》 《火記》不虚作，鄭重解前文。丹術既著，不復重擬。故演此訣，以附火記焉。

註曰：《火記》不虚作，鄭重解前文者，《火記》有六百篇，次第連接，運十月火候也。每月三十日，晝夜各一卦，計有六十卦，十月計六百卦也。二八月亦有篇數，緣卯月益水安金，酉月行火止水，與寅申月同，故不在其數。此《古文龍虎經》言：《火記》，上古之人口口相傳，非虚作之文，故鄭重而言之。丹法云：傳法不傳火者，此也。丹術既著，不復重擬者，《火記》作之於前，故於此經不復言也。故演此訣，以附《火記》焉者，此經只以古文而傳，不著作者之姓氏。蓋古之得道者，恐《火記》沉匿，後人不能修金液之道，遂作此經以附之耳。

《悟真篇註疏》卷一 七言四韻一十六首以表一斤二八之數

不求大道出迷途，縱負賢才豈丈夫！百歲光陰石火爍，一生身世水泡浮。只貪利禄求榮顯，不覺形容暗瘁枯。試問堆金等山嶽，無常買得不來無？

註曰：人間世所重之極至者，曰富、曰貴，二者皆人之所欲也。故天下之人，莫不決其性命之情，盡其平生之志，爭先力求，而以得之爲快也。觀其所以然者，無過浸淫於利禄聲色而已矣。殊不知利禄聲色，實爲伐性命之戈矛，囚一身之桎梏。夫世之人，不明道德性命之妙，惟饕利禄，日恣貪

瞋，汩沒愛河，漂流慾海，是非人我，交戰胸中，喜怒哀樂，互殘軀體，是致屍魔，促其氣壽，寒暑削其容光。不覺在生一世，瞥然水上之漚；光景百年，瞬若石中之火。縱使金高北斗，玉等南山，迨至無常而欲買身，使不爲螻蟻之窟穴可乎？哀哉！痛哉！命未告終，真靈已投於別殼矣！虛靜天師曰：今生不覺，別後換殼，投入別殼，展轉不覺。吁！與其不覺投於異類，曷容棲遲於大道耶？道遂功成，身超碧落，乘雲氣、御飛龍，而游乎無極，死生不變乎，已而位號眞人矣，至此大丈夫得意之秋，至榮至顯之日也。若乃區區俗務，碌碌塵心，而墮於世網者，縱負班、馬之雄才，兼有蘇、張之榮顯，抑不過爲土上之游魂，行屍之陰鬼耳！烏云爲真大丈夫哉！是以仙翁首詠是章，蓋於時達高明之士言之，可因一言而自悟，速求大道出離迷塗，爲無爲事，乃真大丈夫，降此俱無足取。參學弟子宗源，日觀仙翁之詩，無名子之註，而不省悟者，真愚冥之甚也。見聞之士，可不下手速修耶？別本註曰：難莫難於遇人，易莫易於成道。現宰官長者之身，結同志得道之友，鍊一黍於一雲之中，立地成道。然行紆朱懷金，門深似海，有道之士望望然去之，此遇人之難，成道之易也。易莫易於遇人，難莫難於成道。百錢掛杖，四海一身，夙植靈根，親傳至道。然龍虎之文易解，刀圭之鎖難開。得藥忘言，鍊鉛無計，遇此人之易，成道之難也。安得親扣玄關，二者俱全哉？仙翁瞻游成都，遇青城丈人，得傳金液還丹之道。警歡成道之難，故作是詩，以結丹友。其章云：試問堆金等山嶽，無常買得不來無。辭意近切如此，雖有拱璧以先駟馬，不如坐進此道，仙翁遠矣。高山流水，落落知音。子野陸墅曰：道不負人，人乃負道。

道光曰：難莫難於遇人，易莫易於成道。今也，現宰官長者之身，結大道修丹之友，鍊一黍米於霎時之中，立地成道，此易莫易於成道也。然紆紫懷金，門深似海，有道之士，望望然而去之，此難莫難於遇人也。易莫易於遇人，難莫難於成道。今也百錢掛杖，四海一身，夙植靈根，親傳大道。然龍虎之韁易解，刀圭之鎖難開，得藥忘年，煉鉛無計，此又遇人之易而成道之難也，安有二事俱全哉？正好密扣玄關，千載一時，十洲三島者耶。仙翁遊成都遇青城丈人，得金液還丹之妙道，驚嘆成藥之不難，故作是詩結緣丹友。其末章曰：試問堆金等山嶽，無常買得不來無。辭意迫切，雖有拱璧以先駟馬，不如坐進此道，仙翁遠矣，高山流水，落落知音。

子野曰：道不負人，人乃負道。【略】

人生雖有百年期，壽夭窮通莫預知。昨日街頭方走馬，今朝棺內已眠屍。妻財拋下非君有，罪業將行難自欺。大藥不求爭得遇，知之不鍊是愚癡。

註云：人壽夭窮通，富貴貧賤，未有不默意於未然之先，然非常人可測度而預知之者。故人壽雖曰百年，迨其七十，固已稀矣。今以有限易摧之身，終日汩汩而逐無涯不測之事，不亦難乎？一息不來，則苶然疲歿而不知所歸，可不謂之大哀耶！是以昨方走馬，今日眠屍，出息不保入息者也。當斯之時，雖則榮耀居極品，俸祿至萬鐘，家豐無價之珍，室美傾城之態，悉皆拋下，非己有也。所以萬般將不去，惟有業隨身也。所可與之偕行，而不可欺者，昔所造之罪業而已。夫人欲免輪回而不墮於世網者，莫若金丹大藥爲升天之靈梯、超凡之捷徑也。其道至簡至易，雖愚昧小人得而行之，亦立躋聖位。奈何上聖祕重，不許輕泄。傳之者，皆口口相授，不記文字，是以難遇也。自匪勤求苦志，誠動高穹，未或聞於一二也。昔謝自然以茲道之難遇，欲求真師於蓬萊，竭其家產，以備舟楫，不顧洪濤巨浪之厄，直往而不少憚，遂感神人而語之曰：蓬萊隔弱水三萬里，一芥不爲之浮，子將安往？赤城山有司馬子微在焉，子往師之。謝回舟尋訪赤城，果遇子微。授道，修之不輟，不數載，白日升天。噫！人之精誠一發於中，感格於神人者，將無往而不遇矣。人苟能操心秉志如此，奚慮金丹不得耶？道不負人，人自負之耳！《參同契》曰：大道無適莫兮，惟傳於賢者。倘不推誠而力慕，爭得遇之耶！惟夫金丹祕要，誠難遇矣，得遇之者，皆夙有仙骨，祖宗陰德累積深厚也。然亦須有財力，丹友三人，方能成就。此理惟達者知，誠難一一具言也。陰真君《六五精微論》曰：欲學此道，須假資財。如無資財，金丹即不成也。又須三人，方可修鍊。所以沖熙王君遇仙人劉海蟾，得金丹術，無財下工，遂入洛謁富韓公，賴其力成道而去。苟遇之，而又有力不早修鍊者，不亦愚癡之甚乎？仙翁贈劉君詩曰：聞君知藥已多年，何不收心鍊汞鉛。莫教燭被風吹滅，六道輪回莫怨天。亦此意也。別本註曰：麟鳳不出世，神仙不常見。有能空夢泡幻影之身，可脫生死、老病之苦，爲人間希有之事。道上逢師，師邊得旨，下手速修，猶太遲耳，仙翁非是。詩其末章云：大道不求爭得遇，知之不鍊

是愚癡，其叮嚀懇切如此。吾儕如未聞則已，既遇至人，豈容癡鈍。中夜以興，行其素願，結半辰之黍米，抱九載之靈胎，以藏太虛； 神遊八極，露紫雲之半面，應仙讖於洪都，罔俾旌陽專翼晉代。

疏曰： 果州謝真人，上升在州城西門外金泉山，貞元十一年　月十二日，白晝輕舉。州人盡見，時郡守李堅以狀聞，且爲之傳。上賜詔褒諭曰： 所部之中，靈仙表異，玄風益振，至道彌張。韓昌黎詩曰： 果州南充縣，寒如謝自然。童騃無所知，但聞有神仙。輕生學其術，乃在金泉山。一朝坐虛空，雲霧生其間。如聆笙竽韻，來自冥冥天。須臾自輕舉，飄若雲中煙。里胥上其事，郡守驚且嘆。驅車領官吏，甿俗爭相先。入門無所見，冠屨如蜕蟬。皆云神仙事，的的信可傳。王伯厚《困學紀聞》載： 王筌字半真，岐下陽平人，元豐中，賜沖熙處士。張芸叟爲功行碑謂超世之姿，與陳圖南伴。程伊川先生不聞作詩，惟寄王子真詩云： 我亦有丹君信否，用時還解濟斯民。伊川先生入嵩山，子真已候於松下，問何以知之，曰： 去年已有消息來矣。蓋先生前年欲往，以事而止。又《改齋謾録》載： 王筌字子真，有道之士，富鄭公嘗客之，元豐中神宗賜號沖熙處士。元符三年，游茅山受上清籙。先是，茅山中峯石洞忽開，乃華陽洞天便門也。自左元放仙去，即開閲千載矣。至是復開，又前期累日甘露降。道士劉混康曰： 此必有異。無何，先生至，受籙之夕，仙樂聞於空浮之上，山中刻石載其事。

道光曰： 麟鳳不世出，神仙不常見。有能空夢幻泡影之身，可脱生老病死之苦，爲人間希有之事。道上逢師，師邊得旨，下手速修猶大遲也。仙翁作是詩，末章且曰： 大藥不求爭得遇，遇之不煉是愚癡。其所嚀懇切如此，吾儕未聞道者可即求師。已遇人者，豈容癡坐。宜結一時之黍米，守抱九載之空仙，心藏太虛，神遊八極，露紫雲之半面，應仙試於玄都，毋使許君專美晉代。子野曰： 知之非難，行之惟難，妙矣哉！ 上陽子曰： 經云，夫人上壽百歲、中壽八十、下壽六十，除憂患死喪，一月之間不過四五日而已。一世之人盡貪名利，爲可長享，豈願死期至哉！ 僕每問，嘆世之愚人，一身之外急於妻子、百計富貴，一旦身沒，妻適他人，並以富貴爲後夫所有，誰肯思前夫方在地獄中受業報也。故仙翁云： 妻財抛下非君有，罪業將行難自欺，惻隱之至矣。但欲世人修道以脱輪回。多少負志自高之士，已遇真師，直指大道，乃欲待其功名志滿願足，方煉金丹，忽忽天不與年，悔何能及，豈非愚癡乎？ 噫！ 未聞者，急求師。已聞者，即求藥矣。人之壽夭不可預知也，頓除執著，更不愚癡，信受奉行，此可謂賢智者。

草木陰陽亦兩齊，若還闕一不芳非。初開緑葉陽先倡，次發紅花陰後隨。常道即兹爲日用，眞源返此有誰知？ 報言學道諸君子，不識陰陽莫亂爲。

註曰： 草木未生之初，舍孕至朴，及其甲拆，稟一氣以萌芽，故抽一幹，以象一氣，次分兩葉，以象陰陽。又於兩葉中間復抽一蘂，以應三才。過此已往，漸漸支離，花葉芬菲，春以之生而開緑葉，夏以之長而發紅花，此陽氣使之然也。秋以之肅而結實，冬以之殺而糞本，此陰氣使之然也。陰陽兩齊，化生不已。若還缺一則萬物不生。故眞一子曰： 孤陰不自産，寡陽不自成。是以天地絪縕，萬物化醇。男女媾精，萬物化生。常道即兹，以爲日用，眞源反覆，有陰陽顛倒互用之機。人能鍊之，可以超生死。學者苟不明此而反我者，乃蒙蔽耳。

道光曰： 草木未生之初，舍孕至朴，及其甲坼，稟一氣以萌芽，故抽一葉以象一氣，次分兩葉，以象陰陽，次兩葉中復抽一葉以應三才，過此以往，漸漸長茂，春生緑葉，夏長紅花，此陽氣使然，秋肅而結實，冬殺而復本，此陰氣使然。陰陽兩齊，化生不已，若其缺一，則萬物不生也。眞一子云： 弧陰不自産，寡陽不自成。是以天地絪縕，萬物化醇。男女媾精，萬物化生，此常道，祗斯爲日用也。眞源反覆者，有顛倒互用之玄機，學者苟不明此，何以超生死也？

子野曰： 金丹之道，與草木陰陽亦同，譬如草木方感陽氣，即時發生芽蘂，後必以花卉相繼而開，花謝則結實於中。猶人得此一點眞陽之氣，其眞氣自然混合成胎，陰陽相胥之意大率如此。這些陰陽日用之常道，但其眞源反覆處，是則昧矣，此所謂百姓日用而不知也。【略】

陽裹陰精質不剛，一作莫把孤陰爲有陽。獨修一物轉羸尪。勞形按引皆非道，服氣餐霞總是狂。舉世謾求鉛汞伏，何時得見虎龍降？ 勸君窮取生身處，返本還元是藥王。

註曰： 陽裹陰精，己之眞精也。精能生氣，氣能生神，榮衛一身，莫大於

此。油枯燈滅，髓竭人亡。此言精氣，實一身之根本也。奈何此物屬陰，其質不剛，其性好飛。日逐前後，便、溺、涕、唾、汗、淚，易失難擒，不受制煉。故聖人謂之太陽流光，其性猛烈，若不得混元眞一陽丹以制之，兼以陰中陽火育之，則無由凝結以成變化。若只修此一物，轉見尫羸。按引勞形，皆非正道，餐霞服氣，總是狂圖。設使吞日月之精華，光生五藏，運變關於夾脊，腦補精還，以至屍解投胎，出神入定，千門萬法，不過修陽裏陰精一物而已。孤陰無陽，如牝雞自卵，欲抱成雞，豈可得乎？鍾離公曰：涕、唾、精、津、氣、血、液，七般物事總皆陰。若將此物爲仙質，怎得飛神貫玉京？以此言之，一身之中非惟眞精一物屬陰，五臟六腑俱陰非陽。分心腎爲坎離，以肝肺爲龍虎，得乎？用神氣爲子母，執津液爲鉛汞，得乎？若執此等治身而求純陽之證，猶如去冷加冰，除熱用湯，飛龜飛蛇，愈見乖張。《參同契》曰：使二女同居，顔色甚殊，蘇秦通言，張儀結媒，發辨利舌，奮爲美辭，推心調合，諧爲夫婦，弊髮腐齒，終不相知。此喻以女妻女，以陰鍊陰，安能有産化之道哉？眞龍眞虎者，二八是也；眞鉛眞汞者，龍虎二弦之氣也。此道至簡不繁，至近匪遥。但學者執僻堅，以傍門非類之藥爲鉛汞，反以大道眞訣爲非，深可悲傷！故鍾離公曰：求仙不識眞鉛汞，謾讀丹經千萬篇。不識個中含蓄意，謗他眞語作虎言。故仙翁直指鉛汞所産川源之處，身從何生，命從何立，返此之本，還此之源，顛倒修之，則眞龍眞虎自降，眞鉛眞汞自伏。非藥之王其孰能與於此哉！近世多矣。【略】

疏曰：太陽流珠，《參同契》本旨正以喻靈汞之難伏，今無名子取以喻人身之汞解，此亦通。太上曰：萬物負陰而抱陽，是皆因陰陽而成也。人與萬物未嘗無陽，今以人身皆爲陰者，何也？以其後天地生，有質生質，既有質則爲陰陽五行所拘，而爲陰矣，所以不能變化。《參同契》云：物無陰陽，違天背元。彭眞人云：孤陰寡陽不能自生。成外藥之妙，非無陰也。今以爲純陽者何也？以其氣得之先天地生，無質生質，能化有形爲無形，故能變化。後天之氣，亦爲先天之氣而爲純陽。故曰：陽也。或問曰：陽裏陰精質不剛，不可用也？今又曰：兼以陰中陽火以育之。何也？曰：此大小爐鼎中之眞火也。人身純陰，只有一點元海眞火，若得陽丹以制之，則不复飛走。又以陰中陽水以育之，則還丹可結。是知陰精不可以獨修，必用以兼修，則呼吸涵育，接大小爐鼎之火歸於身，自然還丹凝結，以成變化。在大小爐鼎則曰陰中陽火。在人身則曰陰裏陽精。紫河車，在仙方補益病軀，非可比變化形神者。道光曰：陽裏陰精，己之眞精是也。精能生氣，氣能生神，榮衛一身，莫大於此。油枯燈滅，髓竭人亡，此言精氣，實一身之根本也。奈何此物屬陰，其質不剛，其性好飛，日逐前後，便溺、涕唾、汗淚易失難擒，不受制煉，若不得混元眞一之丹以伏之，則無凝結以成變化。若或獨修此物，轉見尫羸，按引勞形，皆非正道，飡霞煉氣，總是強徒。設若吞日月之精華，光生五内，運雙關，搖夾脊，補腦還精，以至屍解，投胎出神。入定千門萬法，不過獨修陽裏陰精之一物爾！孤陰無陽如牝雞自卵，欲抱成雛，不亦難乎！如鍾離翁云：涕、唾、精、津、氣、血液，七般物色總皆陰。若將此物爲丹質，怎得飛神上玉京？一身之中非惟眞精一物屬陰，五臟六腑，俱陰無陽，分心腎於坎離，以肝肺爲龍虎，用神氣爲子母，執津液爲鉛汞。得乎此，至愚之徒執此等以治身，而求純陽之證，深可悲哉！《參同契》曰：去冷加冰，除熱用湯。飛龜舞蛇，愈見乖張。假使二女同室，顔色甚殊，令蘇秦通言，張儀結媒，發辨利舌，奮爲美辭，推心調諧，合爲夫婦，弊髮腐齒，終不相知。無過以女妻女，以陰煉陰，導引按摩，煉氣飡霞，皆是小術，止可辟病，一旦不行，前功俱廢。《參同契》云：陰道厭九一，濁亂弄元胞，食氣鳴腸胃，吐正吸外邪，晝夜不卧寐，朔晦未嘗休，身體自疲倦，恍惚狀若癡。皆是強爲，去道遠矣。眞龍眞虎，二八是也。眞鉛眞汞，二弦之氣是也。此道至簡不繁，至近匪遠，但學者堅執後天傍門非類，以爲龍虎鉛汞是致差殊。殊不思仙翁直指二物，所産川源之源，身從何有？命從何有？返此之本，還此之源，顛倒修之，即得眞龍眞虎，自降眞鉛，眞汞自伏，非藥中王，其孰能與於此哉？或者以混元圭丹，擬議聖道，譬如接竹點月不亦遠乎？蓋後天有形有質者，皆非至藥也。

子野曰：《易》云：男女媾精，萬物化生。始我之有此身也，亦由父母精媾而生，倘有父無母，有母無父，身從何有哉？作丹之要與生意，但有逆順之不同爾，順則生人，逆則生丹。逆順之間，天地懸隔也。【略】

不識眞鉛正祖宗，萬般作用枉施功。休妻謾遣陰陽隔，絕粒徒教腸胃空。草木金銀皆滓質，雲霞日月屬朦朧。更饒吐納并存想，總與金丹事

不同。

註曰：　眞鉛之要，以二八之氣爲宗。此外皆非至道，枉施功耳！　夷門《破迷歌》曰：　孤寡不是道，陰陽失宗旨。　王眞人曰：　學人剛要辭妻妾，不念無爲無不爲。　高象先曰：　或陽兮孤妻，或陰兮獨宿。　此皆言孤陰寡陽，獨修一物之意。　或者不知，又执此說以行房中御女之術，毁謗仙道，咎將誰歸？　殊不知喻陽夫陰妻之義，非人間夫妻也。　《破迷歌》曰：　休糧不是道，死後作餓鬼。　以上諸物，皆後天地生查滓之類，易遇難成，烏可與金丹大藥同日而語哉！

疏曰：　休糧、絶粒、吐納、存想等法，皆傍門俗士因不休妻之句，誤以採陰之術爲金丹者多矣。　胡不全究太白眞人《破迷歌》乎？　行氣不是道，津液非神水。　存想不是道，畫餅豈爲餌。　採陰不是道，精竭命隨逝。　斷塩不是道，飲食無滋味。　辟穀不是道，饑餓傷脾胃。　休妻不是道，陰陽失宗位。　如何卻是道？　太一含眞氣。　氣交而不交，升降效天地。　二物相配合，起自於元始。　姹女與嬰兒，匹配成既濟。　本是眞陰陽，夫妻同一義。　所以不須休，孤陽豈成事？　出世爲金仙，金丹非容易。　志士不說眞，大洞隱深義。　五行不順行，虎向水中生。　五行顛倒術，龍從火裏出。　斯言眞妙言，便是太一力。　仙翁律詩所以，蓋本此也。　夷門《破迷歌》，太一舍眞氣。　龍自火中生，虎自水中起。　陰陽知顛倒，本自於元始。　五行不順行，還同於天地。　及休妻之義，皆不及太一歌明白，世人既不知五行顛倒，又安能知真陰陽之不須休乎！　學仙之士，於仙書名目不能盡知，又安能詳玩全文，混融一於理乎？　是以，金丹大道世遠、書亡、性昏、道晦，詎因休妻謾遺陰陽隔之説，訛爲世間夫妻流入淫術，惜哉！　丹成氣滿自然絶粒，非如服黑豆、胡麻子等藥以度兇年，或者餌藥辟穀以術流世，安能成純陽之仙？　間有專餌，草木從得長生，亦非純陽之質。　右警勸世人，明天道破傍門，此係空玄子分類。

道光曰：　眞鉛之要，二八爲宗，餘皆非道，枉施功耳。　《破迷歌》云：　休妻不是道，陰陽失宗位。　休糧不是道，死去作餓鬼。　王眞人曰：　學人剛強辭妻妾，不念無爲無不爲。　蓋道，體法自然，一切妄作，烏可與金丹同日語哉！　子野曰：　休妻絶粒幹甚麽事，草木金銀有質之物，雲霞日月外邪客氣，吐納存想皆出妄爲，俱非眞鉛制眞汞之義，去金丹之道遠矣！

《悟真篇注疏》卷二　此法眞中妙更眞，都緣我獨異於人。自知顛倒由離坎，誰識浮沉定主賓。金鼎欲留朱裏汞，王池先下水中銀。神功運火非終旦，現出深潭日一輪。

註曰：　此道至聖至神，至貴至尊，至簡至易，玄中之玄，妙中之妙，舉世罕聞。　仙翁出乎其類，拔乎其萃，獨得深旨。　故沖熙翁曰：　金丹大道，舉世道人，無所許可，惟平叔一人而已。　泰山也，河海也，丘垤行潦，何敢冀焉。　離☲爲陽而居南，所反爲女者，外陽而內陰也，謂之眞汞；　坎☵爲陰而居北，所以反爲男者，外陰而内陽也，謂之眞鉛。　故仙翁曰：　日居離位反爲女，坎配蟾宫卻是男。　不會箇中顛倒意，休將管見事高談。　此言坎之男，離之女，猶父之精、母之血也，日之烏、月之兔也，砂之汞、鉛之銀也，天之玄、地之黄也。　此數者，皆指示龍虎初弦二氣也。　主賓者，陽尊高居左曰主，陰位低下居右曰賓。　夫離爲火，火炎上，火乃木之性俱浮，屬陽，故爲主也；　坎爲水，水潤下，水爲金之性。　俱沉，屬陰，故爲賓也。　此常道也。今也離反爲女，坎反爲男，是主反爲賓也，賓反爲主，豈非顛倒乎？　故曰：　自知顛倒由離坎，誰識浮沉定主賓。　定主賓者，蓋道中取二弦之氣顛倒之主賓，不取常道主賓，故曰定主賓也。　人人自有長生藥，自是愚癡枉把拋。　甘露降時天地合，黄芽生處坎離交，井蛙應謂無龍窟，籬鷃爭知有風巢。　金鼎者，金爲陰物，鼎中有火之氣，是陰中有陽之象，白虎是也。　玉池者，玉爲陽物，池中有水之氣，是陽中有陰之象，青龍是也。　砂中汞者，龍之弦氣也；　水中銀者，虎之弦氣也。　修丹之士，若欲以虎留戀龍之氣，必先驅龍就虎，然後二物氤氲，兩情交合，施功煆鍊，自然凝結眞一之精也。　火即二弦之氣也。　旦者一晝之首，子爲六陽之元，故曰旦也。　聖人運動丹火，有神妙之功，不半時中，立得眞一之精一粒如黍，現於北海之中，赫然光透簾幃，若深潭現出一輪之紅日也。　非終旦者，明一時辰中金丹之成也。　此藥之法象也。

疏曰：　坎男、離女、日烏、月兔、天玄、地黄、金陰之鼎，有火焉，玉陽之池，有水焉。　主反爲賓，賓反爲主，皆是陰中取陽，陽中取陰也。　顛倒五行，逆修以至於太極。　太極者，先天未判之氣也。　金丹之結，陽也。　火非世間之凡火也，二弦之氣皆火也。　二弦者，其初也，有氣而無質，其源也，至清而無濁。　在年爲二八月，陰陽之平，在月爲上下弦，金水之半。

道光曰：　此道至靈至聖，至尊至貴，至簡至易，玄之又玄，妙中之妙，舉世罕聞，仙翁出乎其類，獨傳深旨。沖熙王眞人曰：　金丹之道舉世道，人無所許者，惟平叔一人而已。泰山丘垤，河海行潦，何敢望焉。離三爲陽而居南，所以返爲女者，外陽而內陰，是謂之眞汞。坎☵爲陰而居北，所以返爲男者，外陰而內陽也，是謂之眞鉛。後詩云：　日居離位翻爲女，坎配蟾宮卻是男。此言坎是男離是女，猶言父之精母之血、日之烏月之兔、砂之汞、鉛之銀，天之玄、地之黃也，此類者皆指龍虎初弦之氣也。顚倒主賓者，陽尊，高而居左，曰主。陰卑，低而居右，曰賓。離爲火，火炎上，火與木之性俱浮，爲陽，故云主也。坎爲水，水流下，水與金之性俱沉，爲陰，故云賓也，此常道也。今也，離反爲女，坎反爲男，是主反爲賓，而賓反爲主，又道中取二弦顚倒之意爲主賓，非取常道之主賓也。金鼎者，金爲陰物也，鼎中有至陽之氣，是陰中有陽之象，白虎是也。玉池者，玉爲陽物也，池中有至陰之氣，是陽中有陰之象，青龍是砂中之汞，龍之弦氣也。水中銀，虎之弦氣也。修丹之士，若欲以虎留龍，必先驅虎就龍，然後二氣絪緼，兩情交合，施功煅煉，自然凝結眞一之精氣也。運火者，火乃二弦之氣，且是一晝之首，爲六陽之元，故曰旦。聖人運動丹火，有神妙之功，不半時之中，立得眞一之精一粒，大如黍米，現在北海之中，光透簾幃，若深潭現出一輪之赫日也。非終旦者，明一時之中，金丹立成，此外藥法象也。子野曰：　我本離而反陰，彼本坎而反陽，上下反常故稱顚倒。彼鉛而沉，沉乃降，我汞而浮，浮乃昇。以汞制鉛，彼爲主，我爲賓，《入藥鏡》云：　鉛龍昇，汞虎降，微哉！　微哉！　經云：　口爲玉池太和官。金鼎喻我，玉池喻彼，留我身中之汞住，得復玉池之銀制之，則不致飛走，銀即鉛也。火者，陰陽之氣合而內行，內行則溫而和，所以能融物之眞，使其交媾陰陽之氣，不合即非火矣。今之學者以一息不間爲行火，抑何謬哉？　殊不知一息不間者，陰符也，何哉？　二數屬火，一數屬水，合則爲二，不合則一，其妙在乎積陰之下，一陽來復之時也，所以火必以候繼之，其理明矣。學者知其奧而運用之，則陽氣回於丹田之中，發生光華，如深潭之有日也，其功豈不神哉？

人人自有長生藥，自是愚癡枉把拋。甘露降時天地合，黃芽生處坎離交。井蛙應謂無龍窟，籬鷃爭知有鳳巢？　丹熟自然金滿屋，何須尋草學燒茅。

註曰：　甘露、黃芽，皆金丹異名也。天地、坎離，皆龍虎之象也。天地之氣絪緼，甘露自降；　坎離之氣交併，黃芽自生；　龍虎二弦之道交接，眞一之氣自結。此般至寶家家自有，以其太近，故輕而棄之。殊不知，此乃升天之靈梯也。近世學者，多執傍門非類，孤陰寡陽，有中生有，易遇難成，等法而自誤其身，不知斯道簡而易成者，有如井底之蛙、籬間之雀，安知有龍窟鳳巢也？　黍粒之珠既懸，天地之金可掬。昔邵剛中精於黃白之術，世號爲小淮南王，後遇仙翁韓子陶法師於水上。北面事之，出汞金百鎰，獻陶以爲質，陶笑而不顧，邵歃血書盟，陶遂授道焉。既竟，陶取汞一掬入口漱之，吐於水盆中，水爲之湧沸，沸定成紫金一垛。此示其內丹大藥有如此之神妙，豈待窮年卒歲，弄草燒茅之畢，可得而見之乎？　經文不曰地藏發泄，金玉露形，又其證也。

道光曰：　甘露、黃芽皆金丹之異名，天地、坎離乃龍虎法象。天地之氣絪緼，甘露自降。坎離之氣交會，黃芽自生。龍虎二絃之氣交媾，金丹自結矣。此般至寶，家家自有，以其太近，故輕棄之，殊不知此乃升天之云梯也。近世學者多執傍門非類，孤陰寡陽，有中生有，易遇難成。等法而治諸身，不知斯道簡而易成，有如井裏之蛙、籬筒之鷃，莫知有鳳巢龍窟也。忝未之珠既懸，天地之念可掬。經曰：　地藏發泄，金玉露形，此其證也。何尋草燒茅終年畢歲。嗚呼！　老矣，是誰之愆？

子野曰：　且道長生是何物？　咦！　於子孫孫因順去逆來永壽嘆，論證知黃芽、甘露俱是藥名，天地、坎離其實人也。天地合、坎離交則藥生矣。凡夫愚子不知此道，甘分待終，蛙鷃不知有鳳巢龍窟也。

虎躍龍騰風浪麤，中央正位產玄珠。果生枝上終期熟，子在胞中豈有殊？　南北宗源翻卦象，晨昏火候合天樞。須知大隱居塵市，何必深山守靜孤。

註曰：　此詩言內藥之法象也。夫眞一之精，造化在外曰金丹，又曰眞土，吞入己腹中即名真鉛，又名陽丹。此言虎即金丹也。龍者，我之眞氣也。我之眞氣，自氣海而上，其湧如浪，其動如風也。中央正位者，即丹田中金胎神室也，乃丹結聚之處。玄珠者，運火之際，眞精自然運轉，沿尾閭直透夾脊，上衝泥丸宮，顆顆降下口中，狀若雀卵，甘香無比，號曰玄珠，嚥下丹

田，名曰嬰兒，又曰金液還丹也。夫黍珠之丹，是先天地之氣，即眞一之精結成，爲母，爲君，爲鉛。故《金鑰匙》謂之黑鉛也，又謂之水虎也。己之眞氣，後天地生，爲子，爲臣，爲汞。故《金鑰匙》謂之紅鉛也，又謂之火龍也。金丹自外來吞入腹中，則己之眞氣，自下元氣海而上，湧如風浪，翕然而湊丹，若臣之於君，子之於母，其相與之意可知也。龍虎相交在神室土釜之中，受火符運育，結成聖胎，若果之必熟，兒之必生，十月功圓，脱胎神化天方也。南北者，子午時也。宗源者，起首之初也。晨昏者，晝夜之首也。子爲六陽之首，故爲晨，用屯卦直事，進火之候也；午爲六陰之元，故爲昏，用蒙卦直事，進水之候也。一日兩卦直事，至三十日終，爲既濟、未濟二卦，終而復始，循環不已，故曰翻卦象也。《參同契》云：朔旦屯直事，至暮蒙当受。晝夜各一卦，用之須依次。既未至晦爽，終則復更始是也。一日兩卦主事，并牝牡四卦，一月計六十四卦，計三百八十四爻，應一年并閏餘之數。乾之初九，起於坤之初六，乾之策三十有六爻，計二百一十六；坤之初六，起於乾之初九，坤之策二十有四爻，計一百四十有四，總而計之，三百六十，應周天之數。日月行度，交合升降，不出于卦爻之内。月行速，一月一周一天，日行迟，一年一周天。天樞者，斗建之極也。一晝夜一周天，一月一移也。如正月建寅，二月建卯是也。且如正月建寅，如太陽未過宮分，以寅加亥，至酉建子。正月斗建臨子，正酉時也。如太陽已過宮分，以寅加戌，至寅建午。正月斗建臨午，正寅時也。上士至人明陰陽上下，知日月盈虧，行子午火符，日有晝夜，數月應時加減，然後時合天度，一一依斗建而運之，故曰合天樞也。天樞即斗柄也。《夷門歌》曰：十二門中天一作，月建移，刻漏依時逐旋布，此其旨也。至道之妙，妙在於斯，坎離升降，生産靈藥，結成黄芽。別本云：且如正月建寅，立春戌時指艮，雨水戌時指寅。故曰：月月常加戌，時時見破軍。金丹大藥，家家自有，不拘市朝。奈何見龍不識龍，見虎不識虎。逆而修之，幾何人哉？片餉之間，結一寶珠，大如黍米。古詩曰：將來掌上霞光燦，吞入腹中宮殿新。又曰：大道隱朝市，山中知不知。

疏曰：金丹因先天之氣結成，因人身後天之氣而成變化。風浪之湧，言一身之氣與金丹際會也。玄珠之産，言一身之氣與金丹交結也。日之子午，因日所歷。斗之子午，因初所指。其子午者，地之正方也。窮而用之，與日斗同運，此乃眞師口傳。日之所會則神聚，世謂之月將。斗之所指，則氣動，世謂之月建。時合天度，用日之子午。依斗建運，用斗之子午。日有晝夜數，分子晝午夜。月應時加減，分子生午虧。南北者，以子午言。晨昏者，亦以子午言。自子至巳爲晨，自午至亥爲昏。此仙道之晨昏，非世間日出沒之晨昏也。天罡又法，交節氣以月建加亥，交中氣加戌，以推各時所指。彭眞人既爲《參同契分章退眞義》畢，因讀五行顛倒不順行四句，以爲泄天地互用之機，分陰陽返覆之道，遂述黑鉛、水虎，論紅鉛、火龍。訣名曰：還丹、内象、金鑰匙。其言虎之體，龍之用，皆論大丹造化。今無名子借以分言内外二丹，但取其題不取其文，雖非眞一子作本旨，然其理亦通。右内藥。

道光曰：此言内藥法象也，夫眞一之精造化在外，曰金丹，又曰眞土，吞入腹中即名眞鉛，又名陽丹，此言虎即金丹也。龍者，我之眞氣也。風浪者，我之眞氣自氣海而出，其湧如浪，其動如風。中央正位者，即丹田中金胎神室也，乃結丹凝氣之所。玄珠者，嬰兒也，又曰金液還丹。夫金丹者，先天之一氣交結而成，爲母、爲君、爲鉛，故謂之虎也。己之眞氣乃後天而生，爲子、爲臣、爲汞，故謂之龍也。金丹自外來，吞入腹中，則己之眞氣自下元氣海中湧起，似風浪吸然湊之，如臣之君，如子之於母，其相與之意可知矣。龍虎交合神室之中結成聖胎，若果之在枝必熟，若兒之在腹必生，十月功圓，自然脱胎，神化無方矣。南北者，子午也。宗源者，起苗之初也。晨昏者，晝夜之首也。子時乃爲六陽之首，故爲晨。午時乃爲六陰之首，故爲昏。晨則屯卦直事，宜進火之候。昏則蒙卦直事，宜進水之候。一日兩卦，始於屯卦、蒙卦，終於既濟、未濟，週而復始，循環不已，故曰翻卦象。《參同》云：朔旦屯直事，至暮蒙當受。晝夜各一卦，用之依次序。既未至晦爽，終則復更始是也。一日兩卦直事，一月計六十卦，一卦六爻，并牝牡四卦，計三百八十四爻，以計一年閏餘之數。乾之初九起於坤之初六，乾之策三十有六爻，計二百一十有六。坤之初六起於乾之初九，坤之策二十有四爻，計一百四十有四。總三百六十，應周天之數。日月行度，交合升降，不出卦爻之外。月行速，一月一周天，日行遲，一年一周天。天樞者，斗極也，一晝夜周天，而一月一移也。如正月建寅，二月建卯是也。故曰：月月常加戌，時時見破軍。上士至人知日月之盈虧，明陰陽之上

下，行子午之符火，日爲晝，月爲夜，應時加減，然後暗合天度，故曰合天樞也。至道至妙，妙在於斯。坎離升降，生産靈藥，始結黄芽也。金丹大藥家家自有，不拘市朝。奈何見龍不識龍，見虎不識虎，逆而修之，幾何人哉？牌餉之間，結成一珠，大如黍米，將來掌上，看不得，吞入腹中，莫語人。子野曰：風浪麤者，二氣交感之景象也。交感後風恬浪靜，採得藥歸中宫，如黍米一粒，從微至著，即以成胎，溫之養之，終雖成熟，如果生枝上，子在胞中，而無别也。中央正位乃黄庭也，黄庭即下丹田。南北宗源者，南爲離是我，北爲坎是彼，取坎中之爻復我離中而成乾，故曰翻卦象。火見前註。候者，朝屯暮蒙之序。朝而屯，暮而蒙，則晨昏動靜，自然符合天機。

《悟真篇注疏》卷三　黄芽白雪不難尋，達者須憑德行深。四象五行全藉土，三元八卦豈離壬。鍊成靈質人難識，消盡陰魔鬼莫侵。欲向人間留祕訣，未逢一箇是知音。

註曰：龍之弦氣曰黄芽，虎之弦氣曰白雪，大藥根源實基於此。其道至簡，其事非難，若非豐功偉行，莫能遭遇眞師指授玄要也。蓋謂大道肇自虛無生一氣，一氣生陰陽，曰龍，曰虎。龍木生火，虎金生水。木、火、金、水合成四象，四象合而成丹。丹之成本於土，土無正位，分旺四季。四時不得四季之土，四序不行，不能生成萬物也，是以四象五行全藉土也。壬者，水也，即眞一之氣，號曰眞一水也。生於天地之先，變而爲陽龍陰虎也。龍虎合而成丹，丹土也，龍木也，虎金也，謂之三性三元，不離眞一之水變也。八卦者眞一之氣，一變爲天，曰乾，爲父；二變爲地，曰坤，爲母。乾以陽氣索坤之陰氣，一索生長男，曰震；再索生中男，曰坎；三索生少男，曰艮。此乾氣交於坤氣而生三男，陽也。及乎坤以陰氣索陽之乾氣，一索生長女，曰巽；再索生中女，曰離；三索生少女，曰兑。此坤之氣交於乾氣而生陰也，亦不離眞一之水變也。故曰：三元八卦豈離壬也。非惟三元八卦不離眞一之精，自開闢以來，凡有形與名之類，莫不由此而成變化。眞一子曰：眞一之精，乃天地之母，陰陽之根，水火之本，日月之宗，三才之源，五行之祖，萬物類之以生成，千靈承之以舒慘。至於高天厚地，洞府名山，玄象靈官，神仙聖衆，風雨晦明，春夏秋冬，未兆之前，莫不由此鉛氣産出而成變化者也。修丹之士，得眞一之水，萬事畢矣。眞一之黍，吞歸五内，運火十月，鍊盡羣陰，化爲純陽眞一之仙，陰魔屍鬼，逃遁無門。仙翁欲留祕旨於人間，未聞有知音者，大有逕庭，不近人情故也。蓋善根種而靈骨鍾，靈骨鍾而仙可冀。靈骨之鍾，善根之種也，不於一生二，生而於無量，萬億生中，種諸善根，纔出頭來，飄飄然便有出塵氣象。噫！走骨行屍，一瓶一鉢，便欲登仙，神仙中人不易得也。胡不捫己之心與平凡之心，有以異乎？無以異乎？我之仙事，亦無涯也。必也廣大變通爲己任，獨高一世，鶴立雞羣。人笑我爲迂踈，我知我非凡俗。赤精、赤松乃吾友，蓬萊、方丈乃吾家。自然遭遇異人親傳至道，結合心友，一黍丹成。仙翁欲向人間留此不傳之秘旨，莫怪子期期不遇，怎生得箇這般人！

疏曰：土者，言其會極之地。壬者，言其生物之初。眞一之水，未成形之氣也。眞一之黍，已成形之氣也。四象各懷眞土，一四成五，二三成五，四象皆土也。壬，水也，天一之所生，壬存子先，爲一陽之首，壬在子先者，即亥末子初也。生氣之元，五行之先，故皆始於壬也。眞一子曰：眞一之精，止成變化者也。其文出金鑰匙，莫不因此鉛汞産出，即眞一之水壬也。

道光曰：龍之弦氣曰白雪，虎之弦氣曰黄芽。大藥根源實基於此，其道至簡，其事匪遙，若非豐功偉行，莫能遭遇眞師指授玄奥也。道自虛無生一氣，一氣變陰陽，曰龍，曰虎。龍木生火，虎金生水，木火、金水，合成四象，四象合而成大丹。大丹之成實於土，土無定形，分拉四季四時。不得四季眞土，則四序不行，造化何生焉？是以四象五行全藉土也。壬者水也，即眞一之氣，生於天地之先，變而爲陽龍、陰虎，合而成丹。丹土也，龍木也，虎金也，謂之三性。三元不離，眞一之水變也。八卦者，眞一之氣，一變爲天曰乾，爲父。二變爲地，曰坤，爲母。乾以陽氣索坤之陰氣，一索而生長男，曰震；再索而生中男，曰坎；三索而生少男，曰艮，此乾交坤而生三陽。坤以陰氣索乾之陽氣，一索而生長女，曰巽；再索而生中女，曰離；三索而生少女，曰兑，此坤交乾而生三陰。皆不離眞一之水變也。故曰：三元八卦豈離壬。非惟三元八卦不離眞一之精，自開闢以來，凡有形者，莫不由此而成變化。修眞之士，得眞一之水者，萬事畢矣。眞一之水以法化之，爲眞一之黍米，吞歸丹田，運火十月，爍盡群陰也。純陽眞一之仙，陰魔屍鬼逃遁無門。善根種而靈骨生，靈骨生而仙可冀，靈骨之

生善根之種也。不於一生二，生而千萬億，無量生中積諸善根，安得纔出頭來，飄飄然有出塵氣象。噫！走鬼行屍，一瓶一鉢，本欲登仙，神仙不易得也。胡不捫己之心與平凡之心，有以異乎？我之仙事，亦有涯也，必也廣大變通，以道爲己任，獨高一世，鶴立雞群，人笑我爲踈狂，我知我非凡輩。赤松、黄精乃吾友，蓬萊、方丈是吾家。自然遭遇至人傳授至道，結合心友，丁寧丹成。仙翁欲向人間留祕旨，奈何子期之不遇，怎生得箇我般人也。

子野曰：黄芽者，鉛之精。白雪者，汞之氣。欲求之者，非有德行不可。土者戊己，壬者眞一之水，生生物物之祖氣也。

好把眞鉛著意尋，莫教容易度光陰。但將地魄擒朱汞，自有天魂制水金。可謂道高龍虎伏，堪言德重鬼神欽。已知永壽齊天地，煩惱無由更上心。

註曰：眞鉛，即金丹也。地魄在外藥，則白虎是也，內藥即金丹也，天魂在外藥，則青龍是也，內藥即己身也。朱汞者，在外，龍之弦氣也；在內，己之眞氣也。水金者，在外，虎之弦氣也；在內，己之真氣也。水金者，在外，虎之弦氣也；在內金丹也。又謂之朱裏汞、水中銀。已上喻內外二事也。仙翁勉修眞之士速修金丹，以超生死，無虛度日也。但將白虎擒龍，自有青龍制虎，二氣絪緼，以産金丹。既得金丹，復將此金丹吞入腹中，擒自己眞氣，其自己眞氣戀金丹而結聖胎也。內之眞龍既降，則世外之龍虎自伏，內鍊神魂鬼魄既聖，則世外之鬼神自欽。非道隆德邵，其龍孰能與於此哉？體化純陽，壽齊天地，逍遙物外，自在人間，萬念俱空，何煩惱之有？陸子野曰：地魄乃鉛，天魂乃汞，以鉛制汞，在彼我耳。

道光曰：眞鉛即金丹也。地魄在外藥則白虎是也，在內藥即金丹是也。天魂在乎外藥則青龍是也，在乎內藥則己之眞精是也。朱汞在外則龍之弦氣是也，在內則己之真氣是也。水金在外則虎之弦氣是也，在內則金丹是也。又謂之水中銀，此皆喻內外二事之藥也。但日已過，命則隨滅，吾儕着意，尋師速修，以金丹而超生死，但將白虎擒龍，自有青龍制虎，二氣相吞而産金丹，復將此丹擒自己之眞氣，眞氣自戀金丹而結聖胎也。外之眞龍、眞虎既降，則內之龍虎自伏。內煉神魂鬼魄既聖，則外之神鬼自欽。非道隆德備之士，孰能與於此哉？體化純陽，壽同天地，消遙物外，自在人間，萬念俱空，何煩惱之有也？

子野曰：地魄乃鉛也，天魂乃汞也，以鉛制汞，在彼我爾。

上陽子曰：著意尋真鉛即純陽翁云下手速修猶太遲，從古聖師皆欲學者，早下工入室。真鉛一物最不易尋，貧者患無財，有財患無地，有地患無物，有物患無侶，侶者外護也。着意尋者，先聚法財，而後擇地。故仙翁曰：始之有作無人見之句者，若不得其善地，則人見之則不可用也。僕向未入室之先，不甚注意於此，及至入室之際，競競着尋擇，方知多有難能之事，甚費苦辛。因知着意尋之句，猶不易得，況惟世人得師一訣之後，又只懡㦬時光，豈知年邁日衰，容易老死而已。地魄即所尋之物，天魂即我家所積之汞也。東海之龍，能制西江之月魄，西江白虎，能煉我家之日魂。魂魄媾精，乾坤比壽，濟人接物，德益鬼神欽。煉己虛心，道高龍虎伏，閻浮之諸塵漏盡，煩惱更無，仙家之真藥匪常，得大自在，惟方便第一之積功也。

休煉三黄及四神，若尋衆草便非眞。陰陽得類方交感，二八相當自合親。潭底日紅陰怪滅，山頭月白藥苗新。時人要識眞鉛汞，不是凡砂及水銀。

註曰：三黄四神，金石草木，皆後天地生杳滓之物，安能化有形而入於無形哉！外內不可以成胎，綴花不可以結子。眞一之氣，生於天地之先，杳杳冥冥，不可測度。因二八同類相當之物，合而成親，絪緼交感之中，激而有象。同類者，無情之情，不色之色，正謂烏肝八兩，兔髓半斤是也。此二八相當之同類，合而成親，則眞一之氣歸於交感穴中，凝成黍粒，斯道妙矣。潭，陰也；日，陽也。潭底日紅者，陰中之陽也。陰中之陽爲純陽而無陰氣，故曰陰怪滅也，乃是虎之弦氣，謂之紅鉛；山，陽也；月，陰也。山頭月白者，陽中之陰也，乃龍之弦氣，初弦氣，故曰藥苗新，謂之黑鉛。鉛作汞。古歌曰：紅鉛黑汞大丹頭，將紅入黑是眞修。此之謂也。聖人以此二物於一時之中，造化成一粒陽丹，在北海之中，赫然如日，光透簾幃，即時採吞入腹，點巳陰汞，則一身陰邪之氣，悉皆消滅，亦如曉日，初自東海而升，赫然照耀，陰怪悉消滅矣。陰汞自下丹田峯頂乍稟陽丹之氣，漸漸凝結，萌芽新嫩，故藥苗新也。亦如月之朔旦，與日相交，乍稟太陽之氣，日沒時則吐微光西方於庚上，狀若蛾眉，月光新嫩如藥苗新也。此詠

內外二藥之法象也。《西華經》曰：陽中之陰，名曰姹女，陰中之陽，名曰金公。此乃壺中夫婦，紫府堦梯，悟之者，神仙現在目前，迷之者，塵沙杳隔萬里。夫外藥之眞鉛汞，即龍虎初弦之氣也；內之眞鉛眞汞，即金丹與己之眞氣也。時人要識眞鉛、汞，只此是眞，此外皆非眞道。此二眞物，能化有形而入於無形，爲眞人仙子，乃若凡砂凡汞，豈可比倫哉！

疏曰：丹經傳於世者，多用砂中抽汞，名爲眞汞，或用朱砂名爲金體轉鍊爲丹。費財既多，費歲月亦久，成功則少，縱使有成，服之喪生者多矣，皆未識眞鉛眞汞者也。

道光曰：三黄四神，金石草木，皆後天地生滓質之物，安能化有形而入於無形哉？經曰：外物不可成胎，綴花安能結子？眞一之氣生於天地之先，杳杳冥冥，不可測度，因二八相當之物合而成親，氤氲交感之中激而有象。同類者，無情之情，不色之色，烏肝八兩、兔髓半斤是也。

子野曰：金丹乃眞陰實陽交姤而成，非外藥之可爲也。惟類字至緊要，陰陽之合在於得類，非其類物徒爾爲也。所以《參同契》云：類同者相從，事乖不成寶，燕雀不生鳳，狐兔不乳馬。二八相當者，在於得人，得人則藥物無虧耗，鼎器無滲漏之患也。藥在下丹田，爲火煅煉，如日在潭，一身之中陰氣盡爲銷鑠也。月白藥苗新者，水中金初生之時。山頭月乃喻其坎當居上之意，所以成既濟之道。《參同》云：關鍵有低昂兮，害氣遂奔走。江淮之枯竭兮，水流注於海。《鼎器歌》云：陰在上，陽下奔，神哉、神哉！非眞師的傳者，何敢以私意猜度而至此耶！汞是我家元有物，鉛是他家不死方，若以凡砂水銀是猜量，到底枉猜量。

不識玄中头顛倒顛，爭知火裏好栽蓮？牽將白虎歸家養，産下明珠似月圓。謾守藥爐看火候，但安定神息任天然。羣陰剥盡丹成熟，跳出樊籠壽萬年。

註曰：以人事推之，男兒固不可有孕，火裏固不可栽蓮。然神仙玄妙之道，有顛倒顛之術，輒使男兒有孕，亦猶火裏栽蓮也。何則？日離爲男反爲女，月坎爲女反爲男，此顛倒顛之義也。二物顛倒，則能生丹。以丹點巳陰汞，而結聖胎，養就嬰兒，即是男兒有孕，亦猶火裏栽蓮，豈非顛倒顛乎？故仙翁讀《參同契》曰：五行逆兮，丹體常靈常存。言水逆而土，土逆而木，木逆而金，金逆而火，火逆而水。此顛倒顛之深旨也。顛倒顛之義明白也。青龍、白虎，元是真一之精，變爲二物，分位東西，實同出而異名也。眞一之精屬汞，汞爲龍，在東，故眞一之精居東也。白虎本是眞一精之子，寄體生在西，其家在東也。故仙翁曰：金公本是東家子，送在西鄰寄體生。認得喚來歸舍養，配將姹女作親情是也。金公者，鉛也；姹女者，汞也。以鉛點巳之汞，而結爲聖胎，所以牽將白虎歸家養，配以青龍，結爲夫婦，産箇明珠似月圓也。似月圓者，修丹之士，先取上月西畔半輪之月，得陽金八兩，次取下月东畔半輪之月，得弦水半斤。以此兩箇半輪之月，合氣而生丹，故得金丹一粒似月圓也。亦如道光禪師謂：靈丹一粒，其重一斤，此乃兩箇八兩，合成一斤而言之，與仙翁月圓之意亦同。此比喻外藥法象也。及得此丹，吞入己腹中，則金丹卻爲白虎，又牽此白虎歸己腹中，配以己汞，然後運陰符陽火，循歷六十四卦，煅鍊成金液還丹，一粒亦重一斤，似月圓也。此比喻內藥法象也。內丹所以似月圓者，蓋運火之卦，一卦有六爻，六十四卦，計三百八十四爻，象一斤三百八十四銖也。外丹所以似月圓者，一斤乃上下二弦半輪二八之數，故似月圓也。《參同契》云：上弦兑亦八，下弦艮亦八，兩弦合其精，乾坤體乃成。二八應一斤，易道正不傾。故眞一子曰：上下兩弦一斤之數，分三百八十四銖，以用運火符爻所是也。仙翁指示月圓之意，要使學者洞明造化之旨，分內外二八之數，不可一槩而論之也。火，非人間火也，元始之祖氣也，陰陽之氣而無質者也，亦無藥可守，謾言而已。青霞子曰：鼎鼎非金鼎，爐爐非玉爐。火從離下發，水向坎中符。三性既會合，二物自相拘。固濟胎不泄，變化在須臾。高象先曰：天地絪緼，男女姤精，四象五行隨輻輳，晝夜屯蒙法自然，焉用孜孜看火候。此非世間之鼎爐，乃自然鼎爐中之火也。但安神定息，任其自然，調文治武，則符刻漏，不得分毫差忒，不半時辰，立得丹餌。然後復依此進退陰符陽火，運用抽添，防危慮險，十月功圓，剥盡羣陰，體化純陽，跳出塵籠壽萬年也。此方爲金液還丹也，尚未能入妙，更抱一九載，使氣歸神，方爲九轉金液大還丹也。於斯時也，形神俱妙與道合眞矣。

疏曰：汞者太陽流珠也，得金華而結金丹，本因太陽流珠而生，太陽流珠又因東方青龍而生，故爲東方之子，金公是也。金公，金丹也，本是東家之子，太陽流珠寄體於西方金華而生。張隨註《參同契》云：一月三十日，

三百六十時，象小爐鼎。一年十二月，卦氣節度，火候進退，象大爐鼎，推盪成六百篇，非世間之火也，神仙嗟凡人不識眞火，故設卦爻而象之。夫卦者，火之筌蹄也，見火之用卦爻可忘，無名子之註本此也。

道光曰：以人事推之，男兒固不能有孕，火裏固不可栽蓮。然神仙有顛倒之妙，輒使男兒有孕，亦由火裏栽蓮。夫日爲離是男反爲女，月爲坎是女反爲男，此顛倒也，二物顛倒而生丹，將此丹點己之汞而結聖胎，即是男兒有孕，豈非顛倒顛乎？龍虎是眞一之精，變爲二物，分位東西，實同出而異名也。眞一之精屬汞爲青龍，在東。白虎本是眞一精之，寄體在西，其家在東。仙翁曰：金公本是東家子，送在西隣寄體生。認得喚來歸舍養，配將姹女作親情。故此詩之意，牽將白虎歸家以青龍結爲夫婦，以産明珠，其言似月圓者。修丹之法，先取上弦西畔半輪月，得陽金八兩，次取下弦東畔半輪月，得陰水半斤，〇〇兩箇半輪月合氣而生丹，故得金丹一粒，似月圓也，此外藥法象也。及得此丹吞入己腹中，謂牽此白虎歸己腹中，配以我汞，然後運陰符，陽火煅煉而成金液還丹一粒，亦重一斤，此内藥法象也。似月圓者，蓋運火之卦，一卦六爻，六十四卦計三百八十四爻，象一斤三百八十四銖也。又外藥法象似月圓者，《參同契》云：上弦兑數八，下弦艮亦八，兩弦合其精，乾坤體乃成。二八應一斤，易道正不傾是也。仙翁指示月圓之意，要使學道者洞曉造化之旨也，分内外二八之數，不可一槩而論之也。火者非世之凡火，乃元始祖氣也，亦無爐可守也。青霞子云：鼎鼎非金鼎，爐爐非玉爐。火從離下發，水向坎中符。三姓既會合，二物自然拘。固濟胎不泄，變化在須臾。高象先云：天地氤氲男女媾，四象五行隨幅湊。晝夜屯蒙法自然，何必孜孜看火候。此自然爐火也。但安神息，調文治武，策符漏刻，毋得分毫差忒，不半箇時，立得丹餌。然後復依進退，陰符陽火，運用抽添，防慮險，十月功圓，剥盡群陰，體化純陽，跳出凡籠，壽萬年也。此方爲金液還丹。未能入妙，更須拘元九載，使氣歸神，方爲九轉金液大還丹也。

子野曰：陰陽顛倒者，陰中有陽，陽中有陰。火裏栽蓮，火中有水，陰中有陽，殺中有生也。白虎，金精也。白喻其質，虎喻其難伏。金精元是我家之物，有生以來走在彼處，今翻認著用力牽歸，如月如珠藥之象也。得藥而後溫養之法，安神定息任其自然而已矣。非所謂守定藥爐，朝添八兩，暮換半斤是也。

要知産藥川源處，只在西南是本鄉。鉛見癸生急須採，金逢望遠不堪嘗。送歸土釜牢封固，次入流珠斯配當。藥重一斤須二八，調停火候託陰陽。

註曰：《西華經》曰：藥生西方，收歸戊己，採及其時，下功有日。夫西南坤地，虎生處也，坤方，又是月所生之處，故曰本鄉。月是金水之精，上下兩弦合氣成丹，是以金丹藥材，土産川源之處，實出於坤地也。鉛遇癸生，時將丑也；金逢望遠，月將虧也。月之圓，存乎口訣。時之子，妙在心傳。周天息數微微數，玉漏聲寒滴滴符。此眞人口口相傳之密旨也。陸思誠作《悟眞篇》後序云：以此詩傳者多謬，以鉛爲若字，以金爲如字，甚失仙翁旨意。鉛與金，即金丹也。陸公發其端，救魯魚之失，祕其源，懼竹帛之傳。吾儕親授師旨，當自知之。如或不然，空玄之中，去地五丈，黍米之珠，未易得也。奈何紛紛傍門，以圭丹爲鉛金，在天癸時採取，眞同兒戲。又有坤納癸之説，如葉文叔者，可付之一笑。蓋金丹以癸日子時下工，不得逾時過刻，是以急採也。望日既遠，月虧氣減，故不堪嘗也。蓋癸日遁得壬，子時天壬地癸會於北方，故朱震《易傳》曰：晦日朔旦，坎月離日，會於壬癸。坎月戊也，離日己也。又曰：三日暮震象，月出庚；八日兑象，月現丁；十五乾象，月盈甲壬；十六日旦巽象，月退辛；二十三日艮象，月消丙；三十日坤象，月滅乙藏癸。晦日朔旦，月中坎水流戊，日中離火就己。此乃天機要旨，當以口訣，難以書傳。未遇眞師，徒爾妄意強精，穿鑿而已。餌丹歸丹田土釜之中，固濟胎不泄，運火飛流珠之汞以配之，則胎結聖矣。烏肝八兩，兔髓半斤，合成一斤。故曰：藥重一斤須二八也。火實無火，不過假託陰陽二氣調停而運用耳。

疏曰：人因癸生之時，或採天癸，或遁時癸，安知《悟眞》之祕旨。時將丑者，言時已過也。月將虧者，言日已過也。日時既過，鉛已息者，將消金已，盈者將虧，採之無有，嘗之無效。《易》曰：水流濕，火就燥。流、就者，水火之性也；戊己者，水火中之土也；水流火就，皆懷戊己，以生成壬癸者，日月藏用之地也；戊己者，日月顯明之方也。壬癸拱子，戊己拱午，子午朔望，日月魂魄，金丹之妙用也。詳見一月小周天數中，陽爲火也，陰亦爲火也，火實無火，乃天地日月之精氣假託而運用之。

道光曰：　藥在西南，妝居戊己，採取有時，下功有日。夫西南是坤方，白虎之地也；　又坤方是一月所生之處，故曰本鄉。月是金水之精，上下兩弦，金水合氣而生，是以金丹藥物生産川源之處，實出坤地。鉛見癸生者，時將丑也；　金逢望遠者，月將虧也。月之圓缺，存乎口訣。時之子午，妙在心傳。周天息數微微數，玉漏寒聲刻刻符。此眞人口口相傳之密旨也。奈何傍門紛紛以圭丹爲鉛金，用天癸時採取，有同兒戲。葉文叔又有坤納癸之語，又可笑也。陸思成作序云：　此詩傳多謬，以鉛爲若字，以金爲如字，甚失仙翁旨意。豈知鉛與金即金丹也。此皆未遇眞師，妄自穿鑿。陸公發其端，救魚魯之失，祕其源，恐竹帛之傳。吾儕親授玄旨，當自知之。如或未然，空玄之中，去地五丈，黍米之珠，殊不易得也。餌丹歸黄庭土釜之中，宜固濟則胎不泄，運火飛流珠汞以配之，靈胎乃結也。烏肝八兩，兔髓半斤，兩箇八兩合成一斤，故曰藥重一斤須二八也。火實無火，托陰陽之氣，以調運之爾。子野曰：　藥出西南是坤位，欲尋坤位豈離人。分明説破君須記，只恐相逢認不眞。癸者藥也，迎其藥之將生則急取之，方可用，苟遲，則藥已生質，若質一生則爲後天之物，所謂見之不可用也。此時水源至清，有氣無質，一日僅有一時，《入藥鏡》云：　一日十二時，意所到皆可爲，正此時也。金逢望遠者，喻採藥失時，藥氣過矣，如望後之月，日虧一日，謂之不堪。嘗鑑本自明，因塵蒙而遂晦，鉛珠獨露，緣癸積而漸藏，塵去則鑑體依然，癸盡則鉛華仍見。鉛當急採，恐癸水漸漸而後生金，亦如之借鑑塵昏而爲喻，採得癸生之藥，入於丹田則當牢固封閉，毋令滲漏，以走靈藥，次運自己之陰汞，配合爲一，結成聖胎。封閉之法《參同契》云：　離氣納榮衛，坎乃不用聰，兑合不以談，希言順洪濛之謂也。又云：汞自爲流珠，而陰陽相停，則聖胎結，若失於偏枯，所謂毫髮差殊不作丹也。聖胎既結，非得火候調停，豈能冀甚成也。

　　萬卷仙經語總同，金丹只此是根宗。依他坤位生成體，種在乾家交感宮。莫怪天機都泄漏，只緣學者自愚蒙。若人了得詩中意，立見三清太上翁。

註曰：　萬卷仙經，至當歸一，莫不以龍虎二八初弦之氣爲丹之質。但依坤母生成之理，逆而修之。得丹之後，種在乾父交感之宮，以運符火。修丹至要，不出鉛火二字，鉛火爲大丹之本。仙翁於此泄盡天機。學者皓首迷蒙，何不近取諸身，以明至道，結成一黍，立賓於天。

疏曰：　崔公《入藥鏡》云：　産在坤，種在乾是也。産在坤，先天氣外藥也；　種在乾，後天氣内藥也，坤母生成之理。坤位西南，月出於庚，金水生成，兩弦妙用，此産在坤也；　乾父交感之宮，中宮北海猶乾之在西北，餌丹於中，鉛汞交感以成變化，此種在乾也。鉛者，白虎也。火者，青龍也。白虎之弦氣，鉛亦爲水；　青龍之弦氣，火非凡火。鉛者，月之精，生於水成於金，有質而有氣，天地妙化之根也；　火者，日之精，生於木克於金，有氣而無質，天地發生之本也。故曰：　修丹之要，大丹之本，不出鉛火也。陸子野曰：　地爲坤位我是乾。宗藉彼坤中生物之氣，自種靈根於家國之下，以成聖胎爾。萬卷千經理不過此也。

道光曰：　萬卷丹經至當歸一，皆依坤母生成之理，逆而修之，種在乾家交感之宮。仙翁於此泄盡天機，學者酷自迷蒙，不肯近取諸身以明至道，煉一黍米而賓於天也。子野曰：　他爲坤位，我是乾家，藉彼坤中生物之氣，自種靈根於家園之下，以成聖胎耳。

　　三五一都三箇字，古今明者實然稀。東三南二同成五，北一西方四共之。戊己自歸生數五，三家相見結嬰兒。是知太一含眞氣，十月胎圓入聖基。

註曰：　三五一，不離龍虎也。龍屬木，木數三，居東，木能生火，故龍之弦氣屬火，火數二，居南，二物同源，故三與二合成一五也。虎屬金，金數四，居西，金能生水，故虎之弦氣屬水，水數一，居北，二物同宫，故四與一合，成二五也。二物之五，交於戊己之中宫，中宫屬土，土生數五，是爲三五也。三五合而成丹，丹者，一也。故曰：　三五一也。此三箇字，自古迄今，能合三五一而成丹，能了達嬰兒者，實稀有也。一即金丹也。嬰兒者，即丹也。丹是一，一是眞一之氣，天地之母氣也，己之眞氣，天地之子氣也。以母氣噏歸五内，以伏子氣，猶猫伏鼠而不走也，子母之氣相戀於胞胎之中，結成嬰兒之一，故曰：　太一含眞氣。言舍眞一之氣，如人懷胎，十月滿足，然後降生，聖胎亦如之，十月功圓，自然神聖，故曰：　十月胎圓入聖基。後人以腎爲嬰兒，安有如此之功？

疏曰：　一、二、三、四、五，生數，生則有兆而未成形，非世間有質之五行，天地虚無之氣，此爲先天；　六、七、八、九、十，成數，成則有形，非先天無

質之五行，此爲後天。天一地四爲五，合中五成十，天三地二爲五，合中五成十。兩五相偶亦合爲天數，二十有五。金丹因先天五行成丹，故只取五行生數。腎爲嬰兒，心爲姹女，出於內外二景，存想神鬼之法，皆陰也，是心無功焉。右分內藥。

道光曰：木數三居東，火數二居南，木能生火，二物同宮，故二與三合而成一五也。金數四居西，水數一居北，金能生水，二物同宮，故四與一合而成二五也。戊己本數五，是三五也。三五合而爲一，故曰三五一也。自古迄今，能合三五一而成丹者實稀也。一者丹，即彼之眞一之氣，乃先天地之母也，我之眞一之氣乃天地之子也，以母氣伏子氣，如貓捕鼠而不走失也。子母之氣相戀於胞胎之中，以結嬰兒也。所謂太一含眞氣者，含眞一氣也。如人懷胎，十月滿足，自然降生。聖胎功圓，自然神聖。故曰十月胎圓入聖基也。

子野曰：三五一者，金、木、水、火、土，五行之數。一者太極也，五行不合則各其性，合則復爲一太極。人能以五行合而爲一，則復於混沌，嬰兒有兆矣。所謂三家相見之義，其妙如此。十月數周，時至氣化，自然符合先聖之機也。

五言四韻一首以象太一之奇，太一含眞真氣之妙。

女子著青衣，郎君披素練。見之不可用，用之不可見。恍惚裏相逢，杳冥中有變。一作夫婦若相逢，恩情自相戀。一霎火焰飛，眞人自出現。

註曰：女子者，龍之弦氣也。陽中之陰，故曰女子，又名木姬，生於青龍，故著青衣也。郎君者，虎之弦氣也。陰中之陽，故曰郎君，又名金郎，生於白虎，故披素練也。有質可見者，後天地生滓質之物類也，以其有質，故可見而不可用也；無形可觀者，龍虎二八初弦之氣也，以其有氣而無質，故不可見而可用也。實採鉛之樞機也。恍恍惚惚，杳杳冥冥者，混元眞一之氣也，生於天地之先，不可測度。恍惚中有物者，龍之弦氣也；杳冥中有精者，虎之弦氣也。二弦之氣，在於恍惚之中、杳冥之內，絪緼相逢，磅礴相戀，故得眞一之氣靈，非有變而爲一黍之珠，此無中生有之妙也。眞人者，金丹也。聖人將一年火候，攢於一箇時辰中，又於一箇時辰中分爲六候，先於兩候中運火煆煉，立得眞一之氣，結成一粒之珠，現在北海之中，大如黍米，豈非一霎時火，眞人自出現乎？此道至妙至玄，苟非遭遇眞師口授眞訣，其孰能與於此哉！仙翁詠此一章，所以五言四韻一首，表五行四象而成一粒之黍珠也。丹雖是眞一之氣所變，苟不因龍虎二弦之氣相交，則亦不能成丹矣。蓋龍虎並二弦者四象，四象交會於中宮而成丹。丹，土也，乃眞五行也。老君曰：五行即是藥，四象不可闕是也。故五行四象合而成丹。所以仙翁曰：五言四韻一首，以象太一之奇者此也。上陽子曰：此詩八句括盡一部丹經之妙用，首句是乾家事，爲木汞，屬我。二句是兑家事，爲鉛，屬他。三句則生人物矣，四句可以錬丹，五句爲入室下功，六句乃防危杜險，七句即丹成九轉，八句爲行滿三千。仙師布流此詩者，惟欲指出先天混元眞一之氣即太一所含之物氣，學者可不求師乎。

道光曰：女子乃龍之弦氣，號曰木姬，生於青龍，故云著青衣也。郎君乃虎之弦氣，號曰金郎，生於白虎，故云披素練也。有質可見者，乃後天生滓之類，故不可用。唯混元眞一之氣，生於天地之先，居於恍惚之中，出於杳冥之內，絪緼磅礴，通靈變化，無中生有也。火功一正，眞人出現，此道妙矣。非遇眞師親授口訣，其孰能與於此哉？

子野曰：女子著青衣，木汞也。郎君披素練，水金也。陰陽相合，彼此以形質未露之氣交於杳冥恍惚中，庶乎可用，倘形質既兆，則爲後天，不可用矣。

《悟真篇注疏》卷四

赫赫金丹一日成，古仙實語信堪聽。若言九載三年者，總是推延擬日程。

註曰：金丹大藥，下工不逾半時辰，立得吞餌。此言一日者，皆聖人促一年氣候於一月之中，又促一月氣候於一日之中，又促一日氣候於一時之中，通而言之，謂之一日成仙也。故仙翁曰：以時易日法，神功是也。金丹入口，立躋聖地，明驗如之速，豈三年九載，遷延歲月以擬日程乎？古仙張果老詩曰：赫赫金丹一日成，黃芽不離水銀坑。功成雖未三週變，開爐已覺放光明。即此道也。上陽子曰：錬丹之法，要知他家活子時也。非天下之至妙，孰能與於此哉！

道光曰：金丹大藥，下工不逾半個時立得服餌。此言一日者，只於一日之中取此半個時也。金丹入口立躋聖地，如此之妙奚可以九載三年而遷延。

子野曰：作丹之法大要，鉛與汞合則片餉之間丹頭即結。但究鉛生之

時，斯時也萬物萌芽，有氣無質，水源至清妙矣哉！且道這時是甚麽時？咦！今年初盡處，明日未來時。

日月三旬一遇逢，以時易日法神功。守城野戰知兇吉，增得靈砂滿鼎紅。

註曰：太陽太陰，一月一次相交。聖人知而則之，移一月爲一日，移一日爲一時，守城則沐浴罷功，野戰則龍虎交鬭。神功者，進水之度也。苟或陰陽錯亂，日月乖戾，外火雖動而行，内符閑靜而不應。有道之士進退水火，知吉兇，旋斗歷箕，時合天度，自然靈胎密運，神鼎增輝矣。

疏曰：以時易日者，時中自有子午，其陰陽始終皆與天地、日月同度。箕斗之鄉，在艮寅之位。陽火在子，火丑未暢，東北艮鄉，去寅不遠。太陰魄藏，亦在艮鄉。箕斗之宿又爲火，長生之位，皆與同度。《參同契》云：始於東北，箕斗之鄉是也。旋而右轉，爲三日，月生於震庚；旋而左轉，爲正月，火生於寅月，卦爲泰。

道光曰：太陽太陰，一月一合。聖人則之，縮一日爲一時，以月易日，以日易時。守城則沐浴罷功，野戰則虎龍交媾。神功者，進火之度。苟或陰陽錯亂，日月乖戾，外火雖動，内符不應，必要進火退水，知吉知兇，旋斗歷箕，暗合天度，自然靈胎密就，神鼎增輝也。

子野曰：太陰太陽，一月一度合璧。修煉之法，以時易日而交離坎。時乃晦盡朔來，藥生之時，即非尋常時也。

月纔天際半輪明，早有龍吟虎嘯聲。便好用工修二八，一時辰内管丹成。

註曰：月之半輪者，一八之數也。仙翁指龍虎，皆一八之數合而成二八也。此時水源至清，有氣而無質者也，一年之中，止有一日，一日之中止有一時，一時之中，分爲六候，下工不出兩候，立得金丹一粒服餌，餘四候，別有妙用。此皆天機，不書竹帛，口傳心授。仙翁亦不敢成文漏露，但寓意於篇。詩中混而言之曰：一時辰内管丹成。葉文叔不明此理，不得斯術，卻言藥成於一時，非止用一時，茫然不知指歸，私意妄揣，誠可笑也。若言非用一辰，又得轉旋日程也，奚爲至簡至易耶？玄哉！妙哉！斯道非人間世上可得而聞也。謹按大丹火，既曰伏覩聖人，始於下手工夫之際，造鉛之初，盗混元一大周天之氣，奪三萬六千之正數，聚於乾坤之鼎，會於生殺之舍，奪盡天地之數，奪盡日月之數，奪盡龍虎之數，奪盡生成之數，奪盡陰陽之數，奪盡五行之數，擒於一時辰内，製造金丹一粒，其大如黍，其重一斤，至靈、至貴、至聖、至神、至簡、至易，爲天地之精，作一身之主宰。可謂賊天、賊地、賊陰、賊陽，宇宙在乎手，萬化在乎身，成至眞仙子，賓於上帝。故我仙翁曰：一時辰内管丹成，豈妄語哉？此其證也。

疏曰：半輪者一八也，上弦之八金，陽也；下弦之八水，陰也。合二八於一時，立得金丹一粒，此神仙之親傳，天地之玄機，非俗士可以妄猜。世之用一時者，或遁德合，或遁戊己，或遁癸，或取月達，或用將，或取天罡所指，或取冬至，或取陽興，或取癸降，或以意到中宫，或取攢簇七政，或取五行都聚，或取五行生旺墓，或取甲庚丙壬，或取三日四時，或用活子時，或用本生時，或以倒生，或用日月之正中，或用日月相望，或用日月合璧，或用心腎交媾時，或取亥子人間，或取地氣三元，或取上下二弦，或取東星成室，或日月宿直，或取七元建時，皆云始於一時效媾，從此用功。世人行之未有神仙者，蓋不知一時管丹成，丹之成不出於一時之内，立得服餌，又何在推延日程耶？

道光曰：仙翁所以指示月半輪者，但發明二八兩半輪之數，取喻於龍虎，此道妙用，卻在一時辰中分作六候，只於兩候中金丹立成，尚餘四候，別有妙用，此皆天機，難書竹帛，口傳心授是也。愚者不得眞師，卻言藥成於一時，非止用一時辰者。蓋匹夫茫然不知所歸，私意揣度，亦何謬甚。若云非止用一時辰，是將欲以日辰矣，爲至簡至易之妙也。此道非人間世上可得聞也，要須大德大善，方許參求。謹按大丹火記曰：聖人下工之際，造鉛之初，盗混元一周天之氣，奪三千零七十三萬年正數，聚於乾坤之鼎，會於生殺之舍。天地之數奪盡，日月之數奪盡，龍虎之數奪盡，陰陽五行之數奪盡，生成之數奪盡，擒在一時辰中，制造聖丹一粒，大如黍米，其重一斤，至靈至聖，至尊至貴，爲天地之元精，作一身之主宰。可謂賊天地，盗陰陽，宇宙在乎手，萬化生乎身，得成至眞仙子，賓於上帝，則一時丹成即其驗也。

子野曰：藥生之時，如月出庚而至丁，乃上弦金半斤之氣候。斯時，陰陽相逢，易於交媾。至於十五三陽圓，至東方甲，則月已一輪升天，乾金二八之氣候。學者知其時而修鍊，則此一時之中，金丹可成。

先把乾坤爲鼎器，後摶烏兔藥來烹。既驅二物歸黃道，爭得金丹不解生。

註曰：日月本是乾坤精，故聖人以乾坤喻爲鼎器，日月喻爲藥也。乾坤即眞龍、眞虎也，藥物即龍虎之弦氣也。魏眞人曰：鼎鼎元無鼎，藥藥元無藥。聖人假託名立象，借喻如此。其要只此眞龍、眞虎初弦二氣交媾，凝鍊眞一之精，結於北海中宮之內。既驅二物歸黃道，爭得金丹不解生。黃道即中宮，金丹凝結生成之處也。

疏曰：仙經此云以乾坤爲鼎器，坎離爲藥物。乾坤、坎離、鼎器、藥物一類，向無形無名。只以乾坤眞龍虎，此金丹外龍虎也。彭眞人所註《參同契》：坎戊月精象，水中生金虎，離己日光象，火中生木龍，此金丹內龍虎也，名曰體異，皆偕喻也。二物若龍歸黃道，自然交媾成丹。蠻強分何者？爲龍虎之定體，但患不能知黃道媒合爾。

道光曰：經云日月本是乾坤精，聖人以乾坤喻鼎器，日月喻藥物。乾坤即眞龍眞虎，日月即龍虎之弦氣也。聖人假名托象立喻，其要妙在眞一之精歸於黃道也。

子野曰：我爲乾鼎彼爲坤器，乾坤覆合則驅二氣會於中宮，那以進火養符，毫髮無差，金丹烏得不生焉？

離坎若還無戊己，雖含四象不成丹。只緣彼此懷眞土，遂使金丹有往還。

註曰：《參同契》曰：離己日光，坎戊月精。故離之己，象龍之弦氣也；坎之戊，象虎之弦氣也。夫戊與己是眞土之一體，分居龍虎二體之中，故曰彼此懷眞土也。龍虎苟無土，安能合併四象會於土而成丹也哉？只緣彼此各有土氣，二土乃合併而成刀圭，是以龍虎交則戊己合也。戊己合爲一體，則四象合而成丹也，所以金丹有返還者也。呂眞人云：二物會時爲道本，五行全處得丹名者，此也。

疏曰：離陽也，己陰也。火以地二生天，七成中含五土，火內暗外明，離卦中虛，皆陽含陰也，坎陰戊陽也。水以天一生地，六成中含五土，水外暗內明，坎卦中實，皆陰含陽也。坎中有金，離中有木，爲四象。坎中流戊，離中就己，各懷眞土，四象合則戊己陰陽二土會而爲一，則五行全矣。返本還源，七返九還，金丹即成。

道光曰：《契》云，坎戊月精，離己日光。離己象龍之弦氣，坎戊象虎之弦氣。戊己眞土分居二位，龍虎若無二土之氣，安能合併，而使四象會於中央以成丹哉？

子野曰：乾坤、坎離四象雖具，若非戊己配合，則欲返者不得返，還者不得還。

日居離位反爲女，坎配蟾宮卻是男。不會箇中顛倒意，休將管見事高談。

註曰：日中烏屬陰，故爲離女；月中兔屬陽，故爲坎男。苟不知顛倒之妙，徒自高談，亦猶以管窺天者也。

疏曰：顛倒者，不以陰爲陽，是爲陰中取陽；不以陽爲陰，是以陽中取陰。陰爲陰，陽爲陽，順行者，世之常道也。陰取陽，陽取陰，逆行者，仙之盜機也。五行顛倒，陰陽互用，世罕知之。故曰：五行逆兮，丹體常靈常存。又曰：皆因兒產母，此之謂也。天下之兔皆牝，惟月中兔皆牝兔，望月成孕，故知月兔屬陽。

道光曰：日中烏屬陰，故爲離女。月中兔屬陽，故爲坎男。談不到此，以管窺天。

子野曰：離坎顛倒見律詩註。

震龍汞出自離鄉，兌虎金生在北方。二物總因兒產母，五行全要入中央。

註曰：汞爲震龍屬木，木生火，木爲火母，火爲木子，此常道之順也。及乎朱砂屬火，火爲離，汞自砂中出，卻是火返能生木，故曰兒產母也。太白眞人歌曰：五行顛倒術，龍從火裏出是也。仙翁所以言汞生離，不言砂中汞生者，蓋砂中汞謂之眞汞，又曰火中汞，故取其眞汞而言之，是以言汞而不言砂也。鉛爲兌虎屬金，金生水，金爲水母，水爲金子，此常道之順也。及乎黑鉛屬水，水爲坎，銀自鉛中生，卻是水返能生金，故曰兒產母也。太白眞人歌曰：五行不順行，虎向水中生是也。仙翁所以言鉛生在坎，不言銀生者，蓋鉛中銀，謂之眞鉛，又曰水之鉛，故取其眞鉛而言之，是以言鉛而不言銀也。二物互相生產而成四象，會合中央而成五行，五行合則金丹結也，故曰五行全要入中央。中央即中宮太極也。後人以心腎氣液爲龍虎、鉛汞，言虎是腎之氣，而腎屬水，爲虎向水中生；言龍是心之

液，而心屬火，爲龍從火裏出。此言有同兒戲爾，欲成大藥，豈可戾乎？

疏曰：或問予曰：養命者皆以心腎爲龍虎，鉛汞氣液爲水火，冀其升降交媾，以結聖胎。至於施肩吾所編《鍾呂傳道集》亦云：腎中生氣，氣中眞一之水；心中生液，液中正陽之氣。內丹藥村出於心腎，配合交姤，日得黍米，名曰金丹大藥。今《悟眞篇》序乃云：分心腎爲坎離，欲望結成還丹，不亦遠乎？無名子於取坎離之詩註云：以心腎爲坎離，則天地遠矣。此詩之註又云：以心腎氣液爲龍虎、鉛汞，有同兒戲。然則心腎、氣液，非金丹大藥乎？予應之曰：正陽云心腎即非爲水火，不知水火是何物。石杏林云：氣產元非腎，神居不在心。道光云：握固休推心腎。陳泥丸云：心腎元來非坎離。今《傳道集》以心腎、氣液傳子母，行夫婦爲鉛汞、龍虎、坎離，蓋借人身，心傳氣液，以曲譬陰陽，明其妙用耳。昧者不得眞傳，遂一爲實言，大道遠矣。何不參究。《傳道集》中有云：體用不出於陰陽，造化皆因於交媾。至哉！其言乎！

道光曰：汞爲震龍，屬木。木生火，木爲火母，火爲木子，此常道之順五行。如朱砂屬火，爲離，汞自砂中生，卻是火反生木，故曰兒産母也。鉛爲兑，屬金。金生水，金爲水母，水爲金子，此常道之順五行。如黑鉛屬水，爲坎。鉛自汞中生，卻是水反生金，故曰兒産母也。太白眞人曰：五行顛倒術，龍從火裏出。五行不順行，虎向水中生。二物互相生産而成四象，會中宮合五行，而結丹也。

子野曰：大概明兒産母之道。

　噏津納氣是人行，有物方能萬物生。鼎內若無眞種子，猶將水火煑空鐺。

註曰：世人所謂噏津納氣者，皆後天地生至陰之物也，非眞服氣也。夫眞服氣者，先伏而後服氣也。經曰：伏氣不復氣，不服須服氣。服氣不長生，長生須伏氣是也。夫眞一之氣，混於杳冥恍惚之中，難求難見，聖人以法伏之，故得杳冥中有精，恍惚中有物，變化煅煉成丹，服歸丹田之中，則萬物化生也，故曰有物方能萬物生也。以其有眞種子故也，若無眞種子，萬般作用，勞而無功，空鐺水火，望作何爲？所爲眞種子，即眞鉛也。

疏曰：運金液入腦，自上腭入丹田，亦是噏津也，運外陰陽眞氣，亦是納氣也。非以噏津納氣爲非，特以無眞種子則徒勞無功。若無眞種，則噏者噏紼陰之精，納者納後天之氣。內無後天之母氣，則天地陰陽之眞氣不與一身之子氣相戀，合而凝結矣。伏者如貓捕鼠，制而伏之，不敢動也。服者如魚吞水，入者即出不能存也。又曰：伏者伏天地之氣，結而成丹也。服天地之氣，結而成丹吞入丹田，而後陰符、陽火、天地皆歸以育金液還丹，而成聖胎也。

道光曰：噏津納氣，世人多行之，殊不知皆後天地生至陰之物，非先天之氣。夫先天眞一之氣，混於恍惚杳冥之間，難求難見，聖人以法火之變鍊成丹，此氣是名眞種子。經曰：伏氣不服氣，服氣須伏氣，服氣不長生，長生須伏氣。

子野曰：眞種子即眞鉛也。契云：植禾當以黍，覆雞用其卵。

　華嶽巖前雄虎嘯，扶桑海底牝龍吟。黃婆日解相媒合，遣作夫妻共一心。

註曰：華嶽者，西山月出之處，以象虎也。雄虎，乃虎之弦氣也，陰中之陽，故號於雄虎也。扶桑者，東方日出之處，以象龍也。牝龍，乃龍之弦氣也，陽中之陰，故號於牝龍也。二物間隔，在東在西，媒者黃婆，使之交合，結爲夫婦，以産玄珠黃芽也。

疏曰：《參同契》：龍呼虎吸，龍夫虎妻，以二物之本體相尅，而爲雌雄。《悟眞篇》：雄虎牝龍，以二物之陰陽相交，而爲雌雄。是以龍虎互爲雌雄，不可以一言論也。

道光曰：華嶽乃西山月出之地，以象虎。雄虎，乃虎初弦之氣，陰中之陽，故云雄虎。扶桑乃日出之所，以象龍。牝龍，乃龍初弦之氣，陽中之陰，故云牝龍。二物間隔東西，黃婆能使之交合，結爲夫妻，以産黃芽。

子野曰：坎上離下，調以中和之意，則虎龍相愛如夫婦。黃者中也。婆者，女之終稱。故無姤忌而能媒合，黃婆之義，中和盡焉。

　調和鉛汞要成丹，大小無傷兩國全。若問眞鉛何物是，蟾光終日照西川。

註曰：驅龍則火汞飛揚，駕虎則水鉛閃鍊。絪緼造化，一粒黍米，先天氣成，何傷之有？故曰大小無傷兩國全也。夫龍大虎小，陽尊陰卑之義也。金丹因上下兩弦金水溶成，名曰眞鉛。蟾光者，金水之精屬陰也。終白照者，與日交光之旨，象陰陽交合之義。西者，金方也；川者，水也。聖人

於八月十五日，合金水二氣，結成金液之精者，此也。月上弦屬水，下弦屬金，故仙翁以西若金之方，以川爲水之體，然月未嘗能終日照，惟下弦之月，日初出現東半輪，金之光於南方丙上，至日午時，沒於西方庚。上弦之月，日午時現西畔半輪，水之光出於東方甲上，至日沒時，升到南方丁上。兩箇半輪月，合爲金水圓圖之光，共成終日之照。喻如龍虎合兩弦之氣而生丹也。故曰若問眞鉛何物是，蟾光終日照西川也。

疏曰： 上下二弦月與日相照於晝，取其金水之至清也。望日月與日相望於夜，取其金水之至旺也。清者有氣而無質也，旺者無質而有質也。清時二八互爲陰顯，旺時二八全爲一體，則而象之，金丹立成。上經云： 上弦金半斤，今日上弦屬水。上經云： 下弦水半斤，今日下弦屬金。是知上弦金半斤，無月之日者，一半上弦屬水，言月之黑者，一半白者金，黑者水，故互言之，以顯二弦金水各半斤，而成二八之妙。下弦亦然，或者不其妙則疑之矣。

道光曰： 驅龍則汞火飛揚，駕虎則鉛光閃爍。氤氳造化，一粒先天之氣結成丹。龍大虎小，陽尊陰卑之義，何傷之有？ 蟾光者，金水之精，聖人以八月十五夜，合金木之氣，結眞一之精，故云蟾光終日照西川。

子野曰： 求鉛伏汞之法，要在調和，使無太過不及之患。太過則恐傷彼，不及恐不結丹。大小者，言陰陽也。《易》曰： 大往小來，蟾光照西川，水中有金也。

　　竹破須將竹補宜，覆雞當以卵爲之。萬般非類徒爲巧，爭似眞鉛合聖機。

註曰： 竹器破矣，用金木之類補之可乎？ 此必以竹補之，然後器用完也； 雞將覆矣，土石之物抱之可乎？ 此必以卵覆之，然後鷇音生焉。陶眞人曰： 竹斷須竹續，木破須木補，屋破用瓦蓋，人衰以類生。修眞者若非同類，功用徒勞。《參同契》曰： 同類易施功，非類難爲巧； 欲作服食仙，當以同類者。蓋人稟天地之秀氣以有生，眞鉛是天地之母氣，託同類之物，孕而育之，故眞鉛爲母氣。我眞氣爲子氣，豈非同類之至妙者乎？ 是以合至聖之深機，自然之大道也。

疏曰： 陶眞人名植，有別録《三品至藥》祕傳於世。

道光曰： 竹器破矣，用金木之類補之，可乎？ 若欲器完，必竹補之。雞將覆矣，以土木之類抱之，可乎？ 若欲翼生，必以卵覆之。陶眞人曰： 竹破須竹續，木破須木補，屋漏以瓦蓋，人衰以類立。若修天仙，必求同類，方合聖機。

子野曰： 紫陽眞人說到這裏，可謂步步向前。

　　藥逢氣類方成象，道在虛無合自然。一粒靈丹吞入腹，始知我命不由天。

註曰： 有物混成，先天地生，聖人故強名之曰道，強名之曰混元眞一之氣。視之不見，聽之不聞，搏之不得。聖人以同類二八初弦之氣，感而遂通，降靈象空玄之中，一粒如黍，餌在腹中，立乾己汞，化爲純陽之軀，與天地同久。朝元子曰： 死生盡道由天地，性命元來屬汞鉛。此非我命在我，不在天乎？

道光曰： 有物混成，先天地生，聖人強名之曰混元眞一之氣。視之不見，感而遂通，降成靈丹，象空玄之中一粒寶珠，取而餌之，立乾己汞，化爲純陽之軀。與天齊年。朝元子曰： 死生盡道由天地，性命元來屬汞鉛。豈非我命在我所爲乎？

子野曰： 道自是道，清淨爲要。藥自是藥，得類乃成。若求非類，徒勞心力。

　　西山白虎正猖狂，東海青龍不可當。兩手捉來令死鬥，化成一片紫金霜。

註曰： 此言外象也，釋在前律詩五行金處龍虎蟠註內。紫金霜，即金丹也。海蟾翁曰： 左手捉住青龍頭，右手拽住白虎尾。一時將來一口吞，思量此物是甘美。筭來只是水中金，妙達玄機眞要理。此其證也。或有未聞至道者，以意亂猜，以兩手作兩獸解，可笑也哉，遠之遠矣！

道光曰： 海蟾云左手捉住青龍頭，右手扯住白虎尾。一時將來入口吞，思量此物甚甘美。此言外象，愚者未聞至道，將兩手捉兩獸，又非也。

子野曰： 西山白虎，坎中金精。東海青龍，離中木性。二物獰惡猖狂，不易擒捉。若得法制之，則彼此和合而化成丹。這箇死字極有深理。諺云： 欲求生富貴，須下死工夫。

　　安爐立鼎法乾坤，煅鍊精華制魄魂。聚散絪緼成變化，敢將玄妙等閑論。

註曰： 積諸陽氣爲天，在上而不潤下； 積諸陰氣爲地，在下而不炎上。即天地不交也，不交焉能造化而生萬物也哉？ 蓋天雖爲至陽之物，而有一陰之氣在其中，故能降地； 地雖是至陰之物，而有一陽之氣在其中，故能升天。二氣絪緼，萬物化醇。 此以二氣交合，而成變化。 金丹之道，安爐立鼎，煅鍊精華以制魂鬼，莫不取法於天地。《子母歌》曰： 精交無用藥，氣合無言語。 金丹以氣與類結而成之，故曰藥逢氣類方成象也。 始自無中生有，復自有中生無。無形而能變化，是以變化無窮。 此乃天機，安敢饒舌。

疏曰： 始自無中生有，此言外藥，憑虛無眞一之氣，無質生質，非是有中生有，以有質之物而爲之也。 復自有中化無，此言內藥。 因外藥成象，吞入五內，點化四肢、百骸之有形，而爲氣也。 無形而能變化，此言內外既成，化氣成神，抱元九載，神而無形，變化不測。 人能知無中有至道，則可漸次而化矣。

道光曰： 積諸陽氣爲天，上不潤下； 積諸陰氣爲地，下不炎上。 此天地不交也。不交焉能造化生萬物哉？ 蓋天雖至陽而中有一陰之氣，故能降地； 地雖至陰而中有一陽之氣，故能升天。 二氣絪緼，萬物化醇。 金丹之道，安爐立鼎，煅鍊精華，以制魂魄，莫不取法於天地，以類交結而成造化，始自無中生有，復自有中生無。無形而能變化，是名變化無窮，此乃天機也。

子野曰： 安爐立鼎，法效天地，地天則泰，天地則否，至於絪緼變化之妙，其旨微矣。

俗謂常言合至道，宜向其中細尋討。 能於日用顛倒求，大地塵沙盡成寶。

註曰： 眞鉛眞汞，不爲日用之間，顛倒修之，大地塵沙盡成寶。 古歌曰： 朝朝只在君家舍，日日隨君君不知。

道光曰： 眞鉛眞汞不離日用之間，顛倒修之，大地俱成至寶也。

子野曰： 顛倒之機，前卷悉以露盡，石中豈無玉，還他識寶人。

異名同出少人知，兩者玄玄是要機。 保命全形明損益，紫金丹藥最靈奇。

註曰： 太上曰： 無名，天地之始； 有名，萬物之母。 又曰： 此兩者，同出而異名。 方其無也，眞一之氣不可見也，故爲天地之始； 及其有也，眞一之氣化而爲黍，現於空玄之中，故爲萬物之母。 在天曰離，爲汞； 在地曰坎，爲鉛。 其本則同，其出則異，同謂之玄，玄之又玄。 修眞之功，執此二者，玄機以明，損益以治，修身則形可全而命可保也。 所謂二者，陰陽二氣而已。 所謂損者，五行順兮，常道有生有滅是也。 吁！ 純陽紫金之丹，立爲天地之始，出爲萬物之母。 其曰紫金丹藥最靈奇，當知仙翁歎，莫不盡之深意也。

疏曰： 在天曰離，爲汞。 火炎上爲離，本乎天者親上，木中生火爲鉛。 天陽而含陰，肅肅之陰降自天，在地曰坎爲銀，水潤下爲坎，本乎地者親下。水中生金爲鉛，地陰而含陽，赫赫之陽升自地。 夫天地奠位，日月成象，皆是水陰、火陽，二氣所變。 火炎而輕清，外明內暗； 水潤下而重濁，內明外暗。 天地日月既有形矣，而後五行又各成形於天地之間。 金擊之有火，溶之成水； 木鑽之有火，絞之成水。 土以火生，以水潤金，木者非火之交也，金木土之中，水炎二氣，無所不在，水火不能自生。 人自殺人，至於金木土，不能自殺人，必待人用之而後能，此五行之水火，又得其氣之全者也。 天地萬物皆不出乎五行，五行又不離於陰陽，陰陽同出於太極，此出同而名異也。 其本則同者，玄牝之根，同出於眞一之太極。 其出則異者，眞一之氣，各分爲陰陽之玄牝，此本同而出異也。 玄牝兩者，同出於太極，混一之氣，既成形矣。 稟性得其純，分居得其所，顛倒修之，紫金丹藥可以成矣！

道光曰： 經云無名，天地之始； 有名，萬物之母。 又云： 兩者同出而異名，方其無眞一之氣不可見，故爲天地之始，及其有眞一之珠現空玄，故爲萬物之母。 在天曰離，爲汞； 在地曰坎，爲鉛。 其本則一，其用則異。同謂之玄，玄之又玄。 上士至人，執此兩者之玄機，以明損益，以治諸身，則形可全而命可保。 所謂損者，五行順而常道有生有滅； 所謂益者，五行逆而丹體常靈常存。 吁！ 純陽紫金，立乎天地之始，出爲萬物之母。此非金丹之最靈乎。

子野曰： 一氣分爲陰陽，故有異名。 然皆從太極而生，故曰同。 此陰陽修煉之要機，保我之命，全我之形，無損於彼，有益於我。 神哉，水中之金乎！

黑中有白曰丹母，雄裏藏雌是聖胎。太一在爐宜慎守，三田寶聚應三台。

註曰：鉛中取銀，是爲丹母，朱裏抽汞，乃爲聖胎。二物能感化眞一之氣，結在太一爐中，惟在精調火候，恬守規模，不使分毫差惑，方得三性會合，結成丹寶，上應三台。太一者，眞一之氣也。故曰：太一含眞氣也。

疏曰：鉛中取銀，朱裏抽汞，皆是假借外物以寓陰陽互用之理。世人不知，妄以修煉服餌，妄以箋註述作，誤人多矣。無名子於金鼎欲留朱裏汞，赤龍黑虎合東西。二詩註文皆言，亦猶鉛中銀，朱裏汞，猶者譬如也。參三詩而深究之，乃知二物之妙，果能感化眞一之氣，豈凡鉛凡汞之所能爲哉？

道光曰：鉛中取銀即爲丹母，朱裏出汞即是聖胎，二物感化，結在爐中，精明氣候，恪守規模，分毫無差，故得三性聚會，結成丹寶，上應三台也。

子野曰：黑中白是水中之金，即坎中陽氣。人能採此眞陽之氣，結而成胎，所謂雄裏懷雌。採藥之際，當以太乙主人爲念，倘不慎守，人欲横流，則喪吾珍。主人得不爲之異乎！

偃月爐中玉蘂生，朱砂鼎內水銀平。只因火力調和候，種得黃芽漸長成。

註曰：偃月爐者，陰爐也，中有玉蘂之陽氣，虎之弦氣也。朱砂鼎者，陽鼎也，中有水銀之陰氣，即龍之弦氣也。金丹只因此二弦之火，調停和合之力，種得眞一之芽，長在黃家，結黍珠也。

道光曰：偃月爐，陰爐也，中有玉蘂之陽氣，即虎初弦之氣。硃砂鼎，陽鼎也，中有水銀之陰氣，即龍初弦之氣。金丹以此二弦之氣調停和合之功，種得一粒黃芽，結成黍米之珠也。

未鍊還丹莫隱山，山中內外盡非鉛。此般至寶家家有，自是時人識不全。

註曰：龍不在東溟，虎不在西山，家家自有。逆而修之，還丹可冀。

道光曰：龍不在東溟，虎不在西川，家家自有，逆而修之，還丹可冀。

子野曰：已失而後得者謂之還，已去而後來者謂之返。作丹之要，非鉛不可，此鉛家家有之，惜人不識之也。

縱識朱砂及黑鉛，不知火候也如閑。大都全藉修持力，毫髮差殊不作丹。

註曰：金丹造化，全藉丁公，毫髮差殊，失之千里。是以聖人傳藥不傳火，須共神仙子細論。

疏曰：朱砂、黑鉛，非有質之物，眞龍、眞虎是也。識此而不識火候，亦不成丹。道光詞云：三人同志愼忘危，進火工夫子細。陳泥丸詩云：若無同志相規覓，時恐爐中火候非。是以修持多賴眞友，若使毫釐有差，丹不可成，必遇眞師，方明大道，心傳火候，不載文字，淵乎玄機，上天所祕，夙生有緣，知之速修。

道光曰：金丹造化，毫髮差殊，失之千里。聖人傳藥不傳火，從來火候少人知。

子野曰：雖識得眞鉛眞汞，不知火候、聖胎，不結何哉？蓋火性暖而能融物之眞，使其交媾，若無火，則鉛自鉛、汞自汞，各不交矣。

四象會時玄體就，五方行處紫光明。脫胎入口通神聖，無限神龍盡失驚。

註曰：龍虎交姤，則四象會而五方行矣。四象五方會合，則眞一之體結如黍珠，紫色光明矣。密運於時，奪歸入口，通聖達神，無限神龍孰不驚愕而欽仰也哉！

道光曰：四象五行會之時，眞一之精結成黍米，紫色光明，密運於內，將來脫胎入口，通神天地，龍神盡失驚也。

子野曰：十月數周，聖胎完具，遍身通聖，通於神明，得不驚也。

始於有作人爭覓，及到無爲衆始知。但見無爲爲道體，不知有作是根基。

註曰：世有學釋氏性道，執此一切有爲皆是妄者，以其語毀老氏命道，此乃知其一，不知其二，窺其門牆，而未升堂入室者也。烏知修命之道，始於有作，鍊丹以化形；中則有爲，鍊形以化氣；終則無爲自在。面壁九年，抱一以空其心，以見其性。性即神也，神性一體，變現無方，九載功畢，氣自成神，神自合道。故形與神俱，妙而不測；神與道合，而無形。形既無已可得，謂之有爲有作，而爲幻化乎？安知性非命，命非性耶？強而分之曰性，曰命。混而一之，未始有以異也。故自有作以至於無作，有爲以至於無爲，有形以至於無形也。斯道至大，非中下根氣所能知。故仙翁

作詩以示後學，勿但見無爲爲要妙，而不知有爲爲有作，實無爲爲無作之根基也。別本註曰：始於有作人爭覓者，於一陽來復之時，取兩弦金水之氣。人須有知覺者，雖鬼神莫能知著，龜莫能測也。及乎金丹成就，變化無窮，則衆人不得而知也。人但見無爲之爲要妙，又豈知採取陰陽凝結鉛汞，實在於起首下手之立根基而有作也哉！

疏曰：有爲無爲分性命二宗，先須循序各備，自始而中，自中而終，結丹一時，懷胎十月，抱一九載，方能混而一之，爲無形之妙，方能至於命非性，性非命之玄矣。世人混以性宗爲金丹命術，既無自悟之眞，空詎以口耳之學，棄有執無之頑空，以敵生死。以爲本來天性是金丹者多矣，安能各盡性命之大道乎？

道光曰：筌蹄方在手，莫我知也。夫到岸不須船，十目俄瞠視。凡聖雜市朝，魚龍混通衢。懊恨世間人，對面不相識。

子野曰：採藥行火得無爲乎？但知無爲，不知有作，何以結丹？

恍惚之中尋有象，杳冥之內覓眞精。有無由此自相入，未見如何想得成。

註曰：恍惚之中有象者，龍之弦氣也。杳冥之內有精者，虎之弦氣也。二弦皆有氣而無質者也。恍恍惚惚，杳杳冥冥，視之不見，聽之不聞者，眞一之氣也。眞一之氣，至靈而無形者也。眞一子曰：無者，龍也；有者，虎也。無者，汞氣也；有者，鉛氣也。無因有激之而有象，有因無感之而有靈。故得黍珠懸空，紫霜耀日也。彼哉，兀兀存想塵埃心地者，亦可悲矣。

疏曰：《參同契》云：有無相制，上閑則稱有，下閑則稱無。彭眞人通二十義，分作兩義解之。今無名子引有無相制，意義此乃大丹之要，祕在鉛火二字之義。今詳此詩，上列恍惚杳冥，下總以有無，則當從上閑下閑之義。然則又不可拘於註文也。有無相制，《金碧上經》云：以爲兩無宗一有矣。達士悟道豈在執文，若能透徹，隨用皆合。

道光曰：眞一子云無者龍也，有者虎也。無者汞也，有者鉛也。無因有激之而成象，有因無感之而有靈。故得黍米空玄，霞光耀日也。

子野曰：煉金丹者，須於杳冥恍惚之內，得其眞精眞象，始爲了事。若未得師傳，不可以智識猜度。

歐冶親傳鑄劍方，鏌鋣金水配柔剛。鍊成便會知人意，萬里誅兇一電光。

註曰：歐冶鑄劍，天帝遣神女爲之侍爐，制以金水，配以柔剛。鍊成寶劍之後，誅兇剪惡，一電光頃，其靈如此。聖所作還丹鑄劍亦如之。以天地爲爐冶，以陰陽爲水火，配以五行，制以神氣，鍊成之後，能曲能直，能柔能剛，能善能惡，能圓能方，心有所思，意有所適，則已知人之意而飛動，誅剪一電光耳。此乃自然神劍也。修丹之士，若無此劍，猶取魚兔而無筌蹄也。仙翁託歐冶鑄劍之事而言之，實玄珠之罔象也。罔象者，天機祕訣也。

疏曰：鍊鑄之劍，用所當用自然之劍，乃還丹還質變化之神，亦猶歐冶所鑄之劍，而有靈神也。

道光曰：歐冶鑄劍，天帝遣神女爲之侍爐，制以金水，配以柔剛，劍成誅妖，如一電光，靈異若此。聖人鑄劍，功亦如之，以天地爲爐冶，以陰陽爲水火，配以五行，制以神氣，煉成寶劍，能曲能直，能柔能剛，能善能惡，能能方，心有所思，意有所適，飛揚誅斬，一電光耳，此乃神劍。修丹若無此劍，猶取魚兔而乏筌蹄也。

子野曰：煉丹採藥，全憑慧劍。降魔誅妖，修忽變化，瞬息萬里。慧劍若無鋒利，妖魔豈不爲害乎？

《悟真篇注疏》卷五 用將須分左右軍，饒他爲主我爲賓。勸君臨陣休輕敵，恐喪吾家無價珍。

註曰：此章明火候作用也。將者，火也。左爲文火，右爲武火。聖人縮一年火候於一月之內，縮一月火候於一日之中。夫運火自子至巳六辰屬陽，蒙春夏發生之德，故爲文火居左，謂之陽火；自午至亥六辰屬陰，蒙秋冬肅殺之刑，故爲武火居右，謂之陰符。饒他爲主我爲賓者，主爲陽而雄，好爭也；實爲陰而雌，好靜也。即是守雌而不雄，持靜而不爭，此慮險防危之意，畏敬之至也。兵法曰以逸待勞，又曰致人而不致於人，此之謂也。道之用，存乎水火，水火之用，存乎人。先言刻漏以分子午，次接陰陽以爲化基。搬六十四卦於陰符，鼓二十四氣於陽火。天關在手，地軸由心。回七十二候之要津，攢歸鼎內，奪三千六百之正氣，輻湊胎中。運用有方，抽添有序。動則防危慮險，靡敢差忒毫釐。外接陰陽之符，內生眞

一之體。苟或運心不謹，節候差殊，致使姹女逃亡，鼎内靈胎不結，而還丹無價之珍失之矣。修丹之士，臨陣可不守雌，而敢於輕敵乎？上陽子曰：左爲我，右爲彼，饒他爲主，我爲賓。若使居上而我在下，彼欲動而我欲靜也。

疏曰：自子至巳，左爲文火；自午至亥，右爲武火。以發生之德爲文，肅殺之刑爲武。《參同契》鼎器歌云：首尾武，中間文。其文武則又以火候之盛衰爲文武矣。無名子曰：鼎器乃丹之骨髓，故並舉。鼎器歌内文武之火候，用各有宜。此詩明内藥火候作用，非明外藥也。外藥妙用在一時，内藥妙用在一日。一時一日，火候以同，而用之有異。自搬六十四卦止胎中，乃眞一子序《參同契》之文。六十四卦，非盡是陰符；二十四氣，非盡是陽火。特舉一年之火數，總以成文耳。

道光曰：將者，火也。左爲文火，右爲武火。饒他爲主者，主爲陽，雄而好爭；賓爲陰，雌而好靜。我爲賓者，是守雌而不雄，持靜而不爭，慮險防危，驚畏之意。兵法曰：以逸待勞，以靜制動是也。道之用在火，火之用在人。先定刻漏以分子午，次接陰陽以爲化基。搬六十四卦之陰符，鼓二十四氣之陽火。天關在手，地軸由心。回七十二候之要津，攢歸鼎内；奪三百六十之正氣，輻湊胎中。運用有方，抽添有序。動則防危慮險，靡敢分毫差忒。外接陰陽之符，内生眞一之體。苟或運心不謹，節候差殊，致使姹女逃亡，靈胎不結還丹，無價之寶失矣。亦如臨陣不守雌，而輕敵也。

子野曰：以軍將爲喻者，蓋兵者乃兇器，善用之可全性命，若輕戰易敵，必致敗亡。採藥之際，當以彼我分左右軍伍，我爲左軍，彼爲右軍，動容周旋，端謹誠肅，無令一毫犯其嚴令，庶可保全無失喪也！

休泥丹竈費工夫，鍊藥須尋偃月爐。自有天然眞火育，何須柴炭及吹噓。

註曰：葉文叔指兩腎中間爲偃月爐，亦有指爲兩睛者。靡肯自思己錯，更將錯處教人，何不揣之甚耶！此爐之口，仰開如偃月之狀，故謂之偃月爐，即北海也，元始之祖氣在焉。何假柴炭吹噓之耶！

疏曰：偃月爐中玉蘂生。彼爲陰爐外藥也，此爲北海内藥也。皆假借以喻，反反復復，人故反之，倘不明師旨，泥其名而述之，必不通貫，難達玄理。天然眞火，世於大小爐鼎之中，奪歸吾身，以産金液還丹，非身中之陰也。

道光曰：偃月爐之形，仰開如偃月樣，陰海是也。元始祖氣存焉，何用柴炭吹噓之有。

子野曰：葉文叔指兩腎爲偃月爐，是不知也。謬註於世，誤人甚矣。

玄珠有象逐陽生，陽極陰來漸剥形。十月霜飛丹始熟，此時神鬼亦須驚。

註曰：金液還丹所以有象者，蓋自冬至住一陽火，逐陽而生金液之質。夏至進陰火，剥至十月，還丹始熟，脱胎神化，爲純陽之仙，豈不使神鬼驚愕而賓伏哉？

道光曰：有象者，冬至則逐陽生而進陽火，夏至退以陰符剥，至十月還丹始熟。

子野曰：玄珠者，藥之象，藥不能自生，須感陽氣而生，自微至著，陽極陰消，十月數周，大丹成就。

要知鍊養還丹法，自向家園下種栽。不假吹噓並著力，自然果熟脱靈胎。

註曰：此物只自家裏同類之物也。此道甚近，初不遠人。亦猶家園下種，其物自生，其近可知。種非其類，難以成功，種得其類，易若返掌。《參同契》曰：同類易施功，非類難爲巧。

疏曰：前詩云謾守藥爐看火候。又曰：自有天然眞火育，今之不假吹噓並著力。其旨皆同，總言内藥作用也。又云：安爐立鼎，採歸煅鍊，太乙在爐，其旨皆同，總言外藥作用也。此物者，陽丹也。陽丹與吾同類，易而成胎。泥丸云：身中一畝爲家園是也。不得師傳，妄意強猜，予幸得傳，所願人人易知，同登仙果。是以因其註之，未暢明更疏其義，又以詩詞各分人類。然易知之中，又有難知者，不敢輕泄於竹帛也。學仙之士，夙有仙緣，得其書者，有註有疏，坦然明白，蹊逕不差，若能悟徹，終有至大道之日。斯文仙笈所祕，自有神靈，在在處處爲之營衛。可不珍藏而深究之乎？

道光曰：此道甚近，家園自有，宜急下工。若非其類愈遠，若得同類又何著力之有。

子野曰：藥採他家，而歸自己家園下栽培，以至成熟。自然之妙，非用人力也。

兔雞之月及其時，刑德臨門藥象之。到此金丹宜沐浴，若還加火必傾危。

註曰：二月爲德，八月爲刑，皆當沐浴，加火傾危。

疏曰：今註云二月爲德，八月爲刑。又於否泰纔交萬物盈。註云：二月爲刑，八月爲德，蓋二月於發生之德而榆莢落，德中有刑。八月爲肅殺之刑而麥苗生，刑中有德，是以互言刑德。

道光曰：二爲德，八爲刑，時當沐浴，不宜加火。

子野曰：煉丹之法，陽則進陽火，陰則養陰符，火符隨其消長，不可易之法也。兔雞之月，卯酉春秋平分之時，陰中有陽，陽中有陰，故於此時不敢進火，但以眞氣薰蒸而爲沐浴，保其危險。《契》云：八月麥生，陰中有生氣，二月榆死，陽中有殺氣也。

否泰纔交萬物盈，屯蒙受卦稟生成。此中得意休求象，若究羣爻漫役情。

註曰：冬夏二至爲一陰一陽之首，子午二時爲一日一夜之元。聖人運動陰符陽火，協天地升降之道，日月往來之理，攢簇四時八節、二十四氣、七十二候，環列鼎中而生眞一之體。此理甚簡，其功不繁，無可云爲，故托諸卦象，分於一月三十日之中，以闡玄機，以明火用爻象者，筌蹄也。屯蒙爲衆卦之首，以象運火生成之始，造化稟受之源，故朝以屯，暮以蒙。否、泰者，陰升陽降於四時之中。至二月春分之節，陽氣升於天地之中，陰陽相半，不寒不熱爲溫，故爲泰卦䷊，亦如月之上弦氣候也。此時陰陽二氣自然相交，故聖人不進火，謂之沐浴也。至八月秋分之節，陰氣降至天地之中，亦陰陽相半，不熱不寒而凉，故爲否卦䷋，亦如月之下弦之氣候也，此時陰陽二氣自然相交，故聖人不進水，亦謂之沐浴也。故仙翁曰：兔雞之月及其時，刑德臨門藥象之，二月爲刑，八月爲德故也。修丹之士，若能於此四卦之中得意，何必執滯羣爻，而勞心役思哉！仙翁慈悲，直指其捷徑如此。

疏曰：否泰者，沐浴之月。一年十二月，用十月結胎，除兩月沐浴。屯蒙者，日月兩卦也，兩卦共十二爻，以象一日十二時。六十四卦，除乾、坤、坎、離，牝牡四卦，只用六十卦以應一月三十日。以天地八萬四千里升降之理，至春秋二分，恰行二萬四千里，正在天地之中，故借否、泰二卦，陰陽上下兩停以喻之。是以日之晝夜時刻二八，月亦兩停。月之上下二弦，亦金水各半斤。若以月卦論人陰陽進退之節，泰爲正月，否爲七月，不在二月之卦。《參同契》云：大壯卯門，觀察仲秋，以息符候，二八月乃大壯觀卦矣。彭眞人於泰之註則云：陰陽氣停，夫婦交接。於否之註：天地俱息，陰陽不交。蓋兩停則不交，一多一少則交；陽上陰下則不交，陰下陽上則交，此物之理也。既知其理，則不必泥卦爻以役情矣。

道光曰：冬夏二至爲一陰一陽之首，子午二時爲一日一夜之元。聖人運動陰陽符火，協天地升降之道，日月往來之理，攢簇四時八節、二十四氣、七十二候，環列鼎中而生眞一之體，故託諸卦象，分壁於一月三旬之中，以闡玄機，以明火候。若執而用爻象者，非也。但屯、蒙爲衆卦之首，以象作用生成之始，造化稟受之原，故朝以屯，暮以蒙也。否泰運用，陽升陰降。春分陽氣升到天地之中，陰陽相半爲泰卦，亦如月之上弦氣候，此時陰陽自然相交，不進火候，謂之沐浴。秋分陰氣降到天地之中，陰陽相半爲否卦，亦如月之下弦氣候，此時陰陽自然交結，不進火候，謂之沐浴。斯亦法象如此，何勞執諸卦爻哉？

子野曰：陰陽一交，則萬物生生而無窮。使其交者，火候也。朝屯暮蒙，乃行火之綱領，學者知之，則其餘卦象，皆自然而然。

卦中設法本儀刑，得象忘言意自明。舉世迷人惟泥象，卻行卦氣望飛昇。

註曰：卦象者，火之筌蹄也。魏伯陽眞人因讀《易》而悟金丹作用與易道一同，故作《參同契》，演大易卦象以明丹旨，開示後人。故比喻乾坤爲鼎器，象靈胎神室在我丹田中也。又以坎離喻爲藥物，象鉛汞之在靈胎神室中也。夫乾坤爲衆卦之父母，坎離爲乾坤之眞精，故以四卦居於中宮，猶靈胎鉛汞在丹田中也。處中以制外，故四卦不係運火之數，其餘諸卦，並分在一月之中，搬運符火，始於屯蒙，終於既未，周而復始，如車之輪轉不已。一日兩卦直事，三十日計六十卦，連乾、坤、坎、離四卦爲鼎器、藥物，共六十四卦，總三百八十四爻，象一年並閏，餘共三百八十四爻也。又象金丹二八一斤之數，一斤計三百八十四銖。此皆比喻設象如此。學者觀

此卦象，可以悟運火之作用。苟明火，用卦象皆可忘言而無用也。今之學者，不曉此旨而反泥此以行卦氣，勞形苦思而望飛升，不亦愚乎！得魚忘筌，得兔忘蹄。今反泥筌蹄而爲魚兔，去道愈遠矣！鍾離公曰：大道安能以語通，伯陽假《易》作《參同》。後人不識神仙喻，妄執筌蹄便下工。此其證也。

疏曰：世傳卦氣圖分六十卦，每爻以息數准之。爲水火陰陽之則，泥象行之，焉知金丹大道，以卦爲筌蹄也。夫六十卦，皆本於乾坤之純陰陽而變，獨坎離得乾坤中氣而正。故除此四卦爲牝牡，乾坤爲體，坎離爲用，六十四卦爲符，分爲鼎器、藥物，總爲周天火候。丹道與天地同，易象與天地合，故假《易》以明道。

道光曰：卦者火之筌蹄。伯陽作《參同契》演易象以明丹道，喻乾坤爲鼎器，坎離爲藥物。故以四卦居中宮，不係運轂之數，其六十卦分在一月之中，搬符火，始在屯、蒙，終於既、未，周而復始，始車之輪，運轉不已。一日兩卦直事，三十日六十卦也，並乾坤坎離四卦，共六十四，總三百八十四爻，以象一年及閏月。餘三百八十四日，象金丹二八一斤之數。一斤計三百八十四銖，此皆比喻設象如此。苟明火候，則卦爻爲無用，學者反泥此而行卦炁，勞形苦思而望飛昇者，不亦悲乎！

子野曰：先師借易卦陰陽爲喻，不過行自己造化。若泥象執文，按圖索駿者，去道遠矣！

未鍊還丹須急鍊，鍊了還須知止足。若也持盈未已心，不免一朝遭禍辱。

註曰：男子二八而天癸至，八八而天癸竭。方其至也，滿純乾重一斤；逮至弱冠，汞走一兩；歲當三十，汞走四兩；歲當六十，剥牀及膚；八八數終，純坤傳盡，烏飛兔走，時不待人。活汞須藉鉛擒，還丹急須下手。鍊之既畢，抱一守誠。若不知足，持不己之心，反遭禍辱。鍾離公曰：丹孰不須行火候，更行火候必傷丹。只宜保守無虧損，渴飲饑餐困則眠。更能明心見性，面壁九年，斯道愈弘矣。

疏曰：呂純陽六十四歲遇正陽，葛仙翁六十四遇鄭眞人，馬自然六十四歲遇海蟾，皆方修金丹之道成仙。鍊了止足，十月脫胎，即當沐浴。不待一年皆滿，不待冬至下工。金丹四百字云：冬至不在子，及其沐浴時，卯酉亦虛比。石杏林云：冬至不在子，沐浴非卯酉。道光云：脫胎並沐浴，攝養鎮天生是也。三仙皆於六十四歲修道而成，其所修之道何也？可得聞其略乎？予應之曰：三仙皆是壯年募道，持戒積符至六十四方得金丹眞傳，故成道之速。若夫世人嗜慾喪精，思慮損神，疲勞耗氣，眞陽既失，雖聞大道於六十四歲之前，亦難成功。倘然絕慾於早年，求道於壯歲，及色身未壞，精氣未耗，遇師得旨，下手速修。如其未遇，毋搖爾精，毋勞爾形，積功累行，以伺有遇。庶幾可冀。三仙可得之道，載在方冊，可覩端緒。正陽以丹數粒示純陽曰：此非世間五金八石，乃世間異寶。合成雖有質而無形，如雲如火，如光如影，可見而不可執。服之與人，魂識合爲一體，輕虛徹妙，非有形之丹。葛仙翁流珠歌云：流珠流珠，役我區區。雲遊四海，歷涉方書。茫茫汲汲，忘寢失哺。參遍知友，燒竭汞原砵二十年內，日日長吁！吾今六十，應赴三塗。賴師傳授，元氣虛無。先定金鼎，後定玉爐。離火激發，坎水規模。玉液既潤，洞房流蘇。眞人所授，要大丈夫。念茲在茲，記吾記吾。馬自然金丹歌曰：六十四歲皆謂休，得遇海蟾親弟子。當時爲我說一句，見得從前皆亂做。元來祗此是還丹，近在眼前不知處。是歲庚子戊寅月，得遇至人親口訣。如玉在石不曾鑴，及至鑴開白如雪。內有丹，二八兩，生在丹田黃芽長。若得此物鎮丹田，壽數無窮不計年。是三仙所傳之道，與《悟眞篇》同一至理。紫玄張眞人在世九十六歲，於元豐五年壬戌三月初五日屍解。距熙寧二年乙酉於成都遇師傳道，是時眞人年已八十有二矣，其修鍊又在六十四歲之後者，保養於平日，深有功也。《黃庭經》曰：百二十年猶可還，過此守道誠甚難。唯待九轉八瓊丹，要復精思存七元。右言內藥

道光曰：若未煉丹，急須下手，時不待人。既煉丹畢，抱一守成，面壁九年，斯道弦矣。

取將坎內中心實，點化離宮腹裏陰。從此變成乾健體，潛藏飛躍總由心。

註曰：離卦☲外陽內陰，坎卦☵外陰內陽。以內陽點內陰，即成乾☰也。譬如金丹是至陽之氣號爲陽丹，結在北海之中，即來點己陰汞，即爲純乾，化陽之軀，然後運火抽添進退，俱由在我心運用也。或者以圭丹爲坎中之晝，此乃後天地生滓質之物，非先天地生之氣也。若以心腎爲坎離，則天

地遠矣！

子野曰：　坎中之陽，乾中之陽也。爲乾動而陷，爲坤而成坎，乾卻爲離。修鍊之法，當於坎中取其一陽，歸爲離位，而復其純陽之體，即作丹之法，能事畢矣。

疏曰：　潛藏、飛躍，乾六爻之象以喻運火抽添進退之候爾。如《參同契》四十七章，以乾六爻分行六卦之中，以爲六候之符。　圭丹者，或吸婦癸，或採女花，或取童男女之氣，皆後天地滓質之物。人氣雖清，亦是陰類，安能點化純陰之軀爲純陽之仙哉？　又自以爲以人補人爲同類，是不知天地之帥吾其性，天地之基吾其體，其生身受氣之初，豈在於兩腎中間及産戶乎？　天地靈根，陰陽聖母，乃爲還丹之基，此同類也。

道光曰：　離外陽而内陰，坎外陰而内陽。以内陽點内陰即成純乾，金丹在外來，是至陽之氣，號曰丹，而結成北海之中，以法取來，點己陰汞，化爲純陽，然後運水火抽添，總由我也。

子野曰：　坎中之陽乾也，乾動而陷於坤以成坎，乾卻爲離。修鍊之法，當於坎中取其一陽，歸還於離，而復純陽，則修丹之法能事畢矣。

　不識陽陰及主賓，知他那箇是踈親？　房中空閉尾閭穴，誤殺閻浮多少人！

註曰：　鍾離曰：　四大一身都屬陰，不知何物是陽精。蓋陽精是眞一之精，至陽之氣，號曰陽丹也。自己之眞氣屬陰，爲一身之主，以養百體，及陽丹自外來，以制己之陰汞。即是陽丹近爲主也，而自己陰汞返爲客也。二物相戀，結成金砂，自然不飛不走，然後加火，鍊成金液還丹也。故陽丹在外，謂之踈，己之眞氣在内，謂之親。反此親踈，以定賓主，即道成矣。迷塗之人不達此理，卻行房中御女之術，強閉精氣，謂之鍊陰丹。將欲延年，反爾促壽，是猶抱薪以投火者也。《陰符經》曰：　火生於木，禍發必剋。可不慎乎？

疏曰：　賓反爲主，踈反爲親，皆顛倒顛之妙。閉尾閭者，亦以爲黄河逆流顛倒之術，喪生者多矣。

道光曰：　鍾離公云：　四大一身皆屬陰，不知何物是陽精。蓋眞一之精，乃至陽之氣，號曰陽丹，而自外來，制己陰汞，故爲主也。二物相戀結成金砂，自然不走，遂成還丹。迷徒不達此理，卻行房中御女之術，強閉尾閭，名爲煉陰，以此延年，實抱薪救火耳。《陰符經》曰：　火生於木，禍發必剋。可不慎乎！

子野曰：　陽精實坎中之金，雖從外來，本一身内之物，唯有同出異名之一間耳。

　用鉛不得用凡鉛，用了眞鉛也棄捐。此是用鉛眞妙訣，用鉛不用是誠言。

註曰：　凡鉛，是後天地生滓質之物也，眞鉛是眞一之氣也。夫人元陽眞氣，逐日飛散，無由凝聚，以結聖胎，故聖人鍊眞鉛，取而伏之，凝結成砂，逐日運火，漸漸添汞，汞漸漸多，鉛氣漸散。抽鉛添汞，其妙如此。十月火足，六十卦終，鉛氣飛浮，如明窻中射日之塵，片片浮而去。九載抱一，元氣浮盡，只留得一味乾水銀也。鉛盡汞乾，化爲金液大還丹也，體變純陽，與天齊年，故曰用了眞鉛也棄捐。用鉛不用鉛之語，豈虚語哉？　聞道至此，當以心盟天曰：　師恩難報，當成道以答師恩，若負師言，是負天地。

道光曰：　凡鉛者，即後天生滓之物。眞鉛者，即眞一之氣。人之精氣日逐飛散，無由凝聚，以結聖胎。聖人鍊眞鉛，取而伏之，凝結成砂，日逐運火，漸漸添汞，汞漸多，鉛氣漸散。添汞減鉛，眞妙如此，十月火足，六百卦終，鉛氣飛浮，只留得一味乾水銀。鉛盡汞乾，化爲金液大丹，體變純陽，與天齊壽。學者問道至此，則知師恩難報，當盟心於天日之下，誓當成道以答師恩，若負師思，如負天日也。

子野曰：　用鉛之法，如捕魚兔之筌蹄。魚兔賴筌蹄而得之，既得則筌蹄無用矣。亦如鉛池煎銀，銀出不用鉛矣。知此義者，則知用鉛矣。

　道自虚無生一氣，便從一氣産陰陽。陰陽再合成三體，三體重生萬物昌。

註曰：　道本虚而乃有形之氣，氣本實而乃無形之形，有無相制，而一生焉。是以一生二，二生三，三生萬物。萬物負陰而抱陽，沖氣以爲和。方其未形，沖和之氣不可見也；　及其既形，輕清之氣屬陽，重濁之氣屬陰。二氣絪緼，兩情交姤，曰天、曰地、曰人，三物生焉。故《易》曰：　天地絪緼，萬物化醇。男女姤精，萬物化生。至人探斯之賾而知源，顛倒陶鎔，逆施造化，賊天地窮斯之神而知化，盜陰陽之精氣以爲火。故能返其本，還其源。顛倒陶鎔，逆施造化。賊天地之母氣以爲丹，盜陰陽之精氣以爲

火，鍊形返歸於一氣，鍊氣復歸於虛無。故得身與道合，冥妙無形，變化無窮，隱顯莫測，號曰眞人。

疏曰：丹是母氣，火是精氣。母氣是精氣之未分，精氣是母氣之已分，火藥一也，眞一之母氣，藏於陰陽精神之中，不可得見，盜陰陽精而求之，則眞一之氣可得。石杏林曰：藥是先天氣，火尋太陽精。能知藥取火，定裏見丹成是也。王道人曰：火是藥之父母，藥是火之子孫。

道光曰：道本虛而乃有形之氣，氣本實而乃無形之形，有無相制，則一生焉。夫一生二，二生三，三生萬物，萬物莫不負陰而抱陽，沖氣以爲和。方其未形，沖和之氣不可見也。及空既形，清氣爲陽，濁氣爲陰，二氣氤氳，兩情交媾，曰天、曰地、曰人，三物生焉。《易》曰：天地氤氳，萬物化醇。男女媾精，萬物化生。是以聖人探斯之賾而知源，窮斯之神而知化，故能返本還源，顛倒陶鎔，逆施造化，賊天地之母氣以爲丹，盜陰陽之精氣以爲火，鍊形返歸於一氣，鍊氣復入於虛無，故得身與道合，微妙圓通，變化無窮，陰顯莫測，號曰眞人。

子野曰：一生二，二生三，三生萬物，即聖胎之眞身，雖千百億，化而無窮。故金丹四百字云：一載生箇兒，箇箇會騎鶴。泥丸翁云：一載胎生一箇兒，子生孫兮孫又枝。皆發明三生萬物之義。

雪山一味好醍醐，傾入東陽造化爐。若遇崑崙西北去，張騫始得見麻姑。

註曰：雪山白色，西方金之象，即金丹也。金丹一粒，味若醍醐，取而餌之，入我丹男造化爐中也。崑崙山在海水之中，故人崑崙實發火之處也。崑崙頂上有門，謂之玄門，即天門也。天門在西北乾位，故仙翁曰種向乾家交感宮。是以過西北處去，則張騫見麻姑矣。張騫，男子也，象乾卦，爲陽火，又象眞汞；麻姑，婦女也，象坤卦，位爲陰符，又象眞鉛也。此言若過崑崙發火，自玄門而入，則鼎內眞汞，始得見眞鉛，而有變化也。方其眞鉛內融，眞火外接，坤象變乾象，陽火逐陰符，兩火交進，鉛汞凝結，神仙之道，根本於此。張騫乘槎過天河遇女宿，取其陰陽交相會遇之義，爲託言之耳。

疏曰：外火者，天地之眞氣，內火者，元海之祖氣。內融外接，二火交通，而後汞鉛凝結，聖胎可成。

道光曰：雪山喻白色西山，金之象，比金丹一粒味醍醐，餌歸丹田造化爐中。崑崙在海水中，我身之崑崙本在下元海水中生出，狀若崑崙，實發火之處，崑崙頂有門曰玄門，又云天門，在西北乾位。張騫象乾卦爻象，眞汞爲陰火；麻姑象坤卦爻象，眞鉛爲陽火。言發火自崑崙玄門而入，則鼎內眞鉛始見而有變化。方其眞胎內融，眞火外接，坤策變策，陰水返陽符，南火交通，鉛汞結合，神仙之道，根本於斯。張騫乘槎至月宮，遇女宿，喻其陰陽相遇之意。

子野曰：醍醐乃坎中金液，取歸離中，離即我也。然後運之，由尾閭經泥丸，自腹中至丹田，與身中陰汞，混合爲一矣。

前弦之後後弦前，藥味平平氣象全。採得歸來爐內煆，鍊成溫養似烹鮮。

註曰：月至三十日，陽魂之金喪盡，陰魄之火盈輪，是以純陰天光也。法象坤卦☷，故曰晦，此時與日相交，在晦朔兩日之中，合體而行，同出同沒。至初二日，借太陽之光而有娠。漸漸相離。至初三日沒時，即娥眉於西方庚上，於純陰中生一陽，魄中生魂，象震卦☳，此時陽魂之金初生，藥苗新也。至初八日，二陽生兌卦☱，此時魄中魂半，其平如繩，故曰上弦也。此之前屬陰，其後屬陽，陰中陽半，得水中之金八兩，其味平平，其氣象全。至十五日，三陽備，象乾卦☰，此時陰魄之水消盡，陽魂之金盈輪，是以團圓，純陽而無陰也，故曰望。夫陽極則陰生，故十六日於純陽輪中生一陰，魂中生魄，象巽卦☴，漸漸缺至二十三日，二陰生，象艮卦☶。此時魂中魄半，其平如繩，故曰下弦也。此之前屬陽，其後屬陰，陽中陰半，得金中之水半斤，其味平平，其氣象全。故聖人採此二八金水之精，擒歸造化爐中，烹煉眞一之氣，變化黍粒，吞歸五內，復運火溫養烹煎，而成金液還丹。全藉陰符陽火，進退抽添，若毫髮差殊，不作丹也。仙翁於此章叮嚀反覆，使自烹煎良有意也。

疏曰：二八取象於月之金水，六候取象於月之盈虧。金陽也，水陰也，二氣之氣，陰陽之火也。五日爲一候，五行之數全也。前弦後者，論上弦之前陰後陽，金水各半斤二八也。後弦前者，論下弦之前陽後陰，金水亦各半斤二八也。上下二弦，亦皆二八聖人，二八金水之精。上下二弦，各取二八，藥味平，氣象全，故能結丹也。人誤以爲望者多矣。望日則月盈，乾

甲戌陽金一斤之滿，此二八之妙，非遇眞師，焉知其妙用？ 上下二弦各取金水八兩，二八之正旨，每弦皆有金水二八之玄旨。

道光曰：月至三十，陽魂之金散盡，陰魄之水盈輪，故純陰。陰而無光，法象坤☷，故曰晦。晦朔兩日，日月交合，同出同沒。至於初二，月感陽光而孕，初三即現一陽於坤方庚上，即魄中生魂，法象震☳，此時人身金氣初生，藥苗新也。初八日，二陽生，法象兌☱，此時魄中魂半，其平如繩，故曰上弦。弦前屬陽，弦後屬陰，陰中陽半，得水中之金八兩，其味平平，其氣象全。十五日三陽備，法象乾☰，此時陰魄之水消盡，陽魂之金盈輪，是以團圓，純陽而無陰，故云望，陽極則生陰。十六日輪生一陰，魂中魄生，象巽☴。二十三日，二陰生，象艮☶，此時魂中魄半，亦平如繩，故曰下弦。弦前屬陰，弦後屬陽，陽中陰半，得金中之水半斤，其味平平，其氣象全，聖人採此二八，擒居造化爐中，烹煅溫養，以成還丹。仙翁此章丁寧反覆，使自己一意也。烹煎者良有妙哉！ 意也。

子野曰：前弦後，後弦前，乃日月合璧之後，太陰將復生之時。此時藥材正新，得其平平之味急採，已與身中陰汞凝結，始於溫養，終於煎，此丹熟自能清。

　　姹女遊從各有方，前行須短後須長。歸來卻入黃婆舍，嫁箇金翁作老郎。

註曰：姹女，汞也，謂之汞火，遊從有方。前行是外藥作用，後行是內藥作用。有此兩用，故曰遊從各有方也。聖人下工鍊金丹之初，運汞火不出於半箇時辰，立得眞一之精，鍊成黍米而吞服之。故曰前行須短也。及乎服丹之後，運以汞火，卻行十月之功，故曰後行須長者此也。黃婆在內象，即金胎神室也。金翁即眞鉛也，老郎即純陽之象也。其汞因外運火，飛入神室中，配合眞鉛，相交想戀，化爲純陽之體，故曰嫁箇金翁作老郎也。歸來者，取其收入中宮之義也。

疏曰：外藥之火曰汞，火內之火亦曰汞。火在前藥則固，汞火凝而眞鉛生。在內，藥則因已汞火，又因外汞火，配合眞鉛而聖胎生。故總曰姹女，而遊從各有方。詞之本，是水銀一味，周遊遍歷諸身，水銀即汞火也。

陸子野曰：姹女，自己之陰汞也，前行順去也，即後逆歸也。順去則片餉之間陷若於彼，逆歸自下而上，周流一身，落於中宮，則與鉛合而結聖胎矣。

道光曰：姹女，汞也。遊行有方，是外藥作用。鍊丹之初，運汞火不半箇時即得眞精餌之，此爲前行須短。服丹之後，運己汞火卻有十月之功，此爲復須長。黃婆爲內象，即土釜。金翁即眞鉛，老郎即純陽也。

子野曰：姹女，己之陰汞。前須去，後逆歸。順去則片餉之間陷溺於彼，逆歸則自下即上，周流一身，落中宮爲鉛，合而結聖胎。

　　八月十五翫蟾輝，正是金精壯盛時。若到一陽來起復，便堪進火莫延遲。

註曰：八月十五，正是金水氣旺之時。子時乃一陽來復之時，外內二丹，火功並進。

疏曰：八月十五，望者中也，十四日望者大過也，十六日望者不及也。望得其中，是爲中和。

道光曰：八月十五，是金水氣旺，一陽來起復，乃上天之子時，內外二火工夫宜疾進也。

子野曰：金精壯盛，如八月十五夜月，月爲金，金旺酉，八月建酉，故以此喻。此時進火鍊之，無待莫旺過而衰也。

　　一陽纔動作丹時，鉛鼎溫溫照幌帷。受氣之初容易識，抽添運火卻防危。

註曰：聖人窮神索隱，默知金精氣旺之時，一陽初動之際，擒龍捉虎，布武施文，誘太一眞氣，歸斯鉛鼎交感之中宮，溫溫孕一黍珠，赫照光透簾幃，不半箇時辰，立獲丹餌，可謂受氣之初，得之容易矣。乃乎餌丹之後，運動陰符陽火，而有十月之功，始復終坤，索當變風，屯蒙起自朝昏既未終於晦爽，運用抽添，循環不已。當斯之時，情如土木，心若死灰，防危慮險，不敢妄動，故得外接陰陽符火，內生金液之質，運轉不停，自尾閭逆上丸，降下生樓，而歸丹田土釜之中，乃金液還丹也。神驗不可狀。是以抽添運用，安得不謹其危而慮其險乎？

疏曰：《入藥鏡》云：受氣吉，防城兇，此具旨也。後復坤者，一年十二月，陰消陽長之始終。雷風者，月生於震，虧於巽。一月六候，盈虧之終始也。屯蒙既未者，一日十二時，一月三十日，卦爻之終始。運火之功，皆合

天度。
道光曰：一陽子時，造丹鼎內，眞鉛得火，光透簾幃。丹既在內十月，運用抽添，有防危之功也。子野曰：學者趂一陽動時作丹，鉛鼎光生，眞氣易得，及退藏於密，尤當謹慎抽添。

　　玄牝之門世罕知，只將口鼻妄施爲。饒君吐納經千載，爭得金烏搦兔兒。

註曰：玄牝之門，是謂天地根。妙哉！是言也。舉世莫能知此，非眞師指示，孰能曉了。亦有指兩腎之間混元一穴。如葉文叔者，豈能窺測天機，而欲以此排斥他說也哉！玄牝二物，豈可以一穴言之。自開闢以來，若無此二物，安能有萬物乎？內外二丹，從此名立，聖人祕之，號曰偃月爐、懸胎鼎也。金烏者，金丹也。兔者，己之眞氣也。金丹制己汞，如貓捕鼠，似鷹搦兔，不令逃遁。若以口鼻爲玄牝，直繞千載吐納，轉見尫羸，爭得金烏搦兔，而成聖胎也哉！

疏曰：玄，陽也；牝，陰也。《易》曰：天玄而地黃，坤利牝馬之貞。借玄喻陽，借牝喻陰。而曰門者，萬物由此門而生死，玄牝由此門而出入。其曰爐鼎，亦假借爲名耳。鮑眞人《玄牝歌》曰：兩腎中間一點明。故後人指兩腎中間爲混元穴。蓋不知兩腎者，亦借人身兩腎相對而生，以譬其妙，兩者同出而異名。若能交合，則其中一點黍珠，一時可得，此眞玄牝之門也。或者不知取譬矣，執玄牝歌爲眞，是兩腎中間，誤以口鼻玄牝，猶其膚淺。

陸子野曰：前章只說箇玄牝二字，而於此章教明一箇門字，其理深妙。門者，出入往來之所也，乃陰陽交會之地。如此非得口傳心授之眞，何可以見識猜度者而知之乎？

道光曰：玄牝之門是爲天地根。舉世學人莫能知此，非遇眞師指示，孰能曉哉？自開闢以來，非此玄牝二物，安能有萬物哉？夫內外二丹，從此而立，聖人祕之曰偃月爐、懸胎鼎也。金烏即金丹也，以此金丹，乃能制己之陰汞，似貓捕鼠，如鷹搦兔。或曰以兩腎中間混元一穴爲玄牝，非也，蓋玄牝乃二物，若無此二物，何以造化萬物？豈可指凡體一穴而通論之，又以口鼻爲玄牝者，大可笑也。

子野曰：前章只說得玄牝二字，再於此章發明一門字，其理深妙。門者，出入往來之所，陰陽交會之地。不得心傳口授之眞，何可強猜而知之乎？二物若還和合了，自然丹熟徧身香。

《悟真篇注疏》卷六　坎電烹轟金水方，火教崑崙陰與陽。

註曰：此章詠內外二丹法象也。坎電者，水中之火，謂之陰火，即虎之弦玄門。此言虎以陰中之火烹鍊乾龍，乾龍即發崑崙之火以應之也。二火相保，則眞一之精自然凝結，即時採餌，百骸俱理，香且美矣。《參同契》曰：金砂入五內，霧散若風雨。薰蒸達四肢，顏色悅澤好，髮白皆返黑，齒落生舊所，老翁復丁壯，耆嫗成姹女。皆非眞香滿體乎？既餌丹後，復連陰陽符火，虎以陰中之火爍此玄門，龍即於崑崙教火以應之，二物和合，則金精自然運轉，自尾閭歷歷然有聲，運透夾脊雙關，直上泥丸，顆顆降下重樓，其味甘美，馨香無比，自然滿身增輝。

疏曰：前所謂虎以陰中之火烹乾龍，龍教火以應之。此總言外藥之二火也。後所謂火以陰中之火分，言外藥之火也。龍教火以應之外，言內藥之火也。內外龍虎二火，其名同其體異。蓋二火相併，則眞精結，二藥和合則金精運。眞精結，外金丹成。金精運，內還丹成。故曰：火教崑崙陰與陽。是龍之火又分於內外之陰陽也。體物作詩體，文理未能明暢。

道光曰：坎電者，虎之弦氣。虎以陰中之火爍乾龍，龍即發崑崙之火應之，二物之火相併和合，眞一之精自然凝結，即時採餌，百骸俱理，香且美矣。

子野曰：坎電者，水火也。金水爲坤方，水火交擊於坤方，採丹歸己，自然一道眞一氣直透頂門，與身中陰氣混合，遍體生香，香生乃丹熟之驗。

　　要得谷神長不死，須憑玄牝立根基。眞精既返黃金屋，一顆明珠永不離。

註曰：陰陽不測之謂神。神，無形也，感而遂通，若谷之應聲，故曰谷神。夫神因氣而立，氣因精而生，精能生氣，氣能生神，故氣爲一身之主，一身爲神氣之府，形不得神氣則不生，神氣不得形則不眞。三物相須，始有生也。若欲長生，根基立玄牝，然後長生可致也。萬神莫不由此二物而生，因此二物而死，實爲天地之根，五行之祖，陰陽之蔕，萬化之基。聖人憑此而成外藥，藉此以變內丹。故得眞精運動不停，復還黃金土釜之室，變爲一顆靈珠，明光永不飛走。漸漸化形爲氣，化氣爲神，形神俱妙，隱顯

莫測。

道光曰：陰陽不測之謂神，感而遂通，如谷應聲，故曰谷神。夫神因氣立，氣因精生，精能生氣，氣能生神。故神氣爲一身主宰，一身爲形氣之府，形不得神氣不得生，神氣不得形則不立，二物相須，始有生也。若學長生，根基全憑玄牝，玄牝既立，然後長生可致。萬物莫不因此而生，因此二物而死，實爲天地之根，五行之祖，陰陽之元，萬化之基。聖人憑此以成外丹，藉此以就內化之基。聖人憑此以成外丹，藉此以就內藥，故得眞精返爲黄金之室，變爲一顆靈光，化身爲氣，化氣爲神，形神俱妙，與道合眞，隱顯莫測。

子野曰：谷者，養也。玄牝者，陰陽也。人欲養神長生，必須陰陽既濟，而後則金精復歸我之中宮，如一顆明珠長存也。

長男乍飲西方酒，少女初開北苑花。若使青娥相見後，一時關鎖在黄家。

註曰：震爲長男，青龍也。酒，陰物也。藏陰氣謂之陰火。兑爲少婦，白虎也。花，陽物也。藏陽氣，謂之陽火。青娥、姹女謂之汞火。此皆修丹之士，驅龍來就虎，虎即開北苑之花以就龍，龍飲西方之酒以就虎，龍虎吞啗，交姤成象，即運青娥汞火，與龍虎二火相見，眷戀之後，一時封鎖在黄家中宮，而産眞一之精，以成金液還丹也。黄家即鼎爐玄關是也。

疏曰：前二句言外藥，青龍藏陰氣，白虎藏陽氣。後二句言內藥，青娥者，己之眞氣也。見龍虎二氣相眷戀，關鎖在中宮。別本之註，又以青娥爲龍之弦氣，則又是外矣。蓋前二句以言長男，不應再言，故删之。仙翁詩配將姹女結親情，其言姹女與此同也。姹女游行各有方，又總明內外矣。各詩指意不同不可泥名。

道光曰：震爲來男，即龍也。兑爲少女，即虎也。北地即陰物，花即陰氣，謂之陰火。青娥即姹女，龍之弦氣，謂之汞火。修丹之士，驅龍乍來就虎，虎開陰户之花以就龍，龍即動汞火，與白虎交見之後，一時封鎖，會於黄家，以産金丹而成眞人。

子野曰：三日生魄，如震陽生坤丁。金火本坤之陰氣，震爲蕫復，食其坤之陰氣，故喻長男。乍飲西方酒，震來之地，乃兑之位，此地得其陽生，消其陰氣，故喻少女初開北地花。開即發之意，花乃陰氣。前有次發紅花陰後隨之句同。青娥即木汞，只此一時，坎離交媾，採藥歸己，封鎖中宮也。

华池飲罷月澄輝，跨箇金龍訪紫微。从此衆仙相識後，海田陵谷任迁移。

註曰：華池，丹也。飲罷功圓，脱胎神化，肌膚若冰雪，綽約如處子，御氣秉雲，遊乎八極，飽觀塵世，一任海變桑田，桑田變海，高谷爲岸，深谷爲陵也。

道光曰：華池宴罷，得丹成功，脱胎神化，肌膚若冰雪，綽約若處子，御氣秉雲，遨遊八極，飽觀塵世，海變桑田也。

子野曰：華池乃産藥之地，宴罷則採藥已足，聖胎完備，身外有身，朝元謁帝，蓬萊仙島，無所往而不可。

金公本是東家子，送在西鄰寄體生。認得唤來歸舍養，配將姹女結親情。

註曰：此義已解在律詩中牽將白虎歸家養註內。蓋金丹大藥，都有作用法象，有陽中之陰，復有陽而又陰者，有陰中之陽，復有陰而又陽者。又有內藥陰陽水火，外藥陰陽水火，內三性，外三性，內四象五行，外四象五行，又有內外陰陽互用法象，反反復復，不可名狀。吾儕親承玄旨，默識心通可也。如未遇眞師，莫能洞曉。仙翁作此詩以深明之，惟舉一陽，當自得之。

疏曰：陰陽反反復復，予詳分予金丹法象之上類中矣。

道光曰：金丹作用法象，有陽中之陰，復陽而又陰者，有陰中之陽，復陰而又陽者，又有內藥陰陽，外藥陰陽，內三性，外三性，內五行四象，外五行四象，又有內外陰陽互用法象。反反覆覆，不可名狀。吾儕親承玄旨，不可蹉跎。

子野曰：此章與前取將坎位中心實義同。上陽子曰：震是東家西是兑，若求兑位莫離壬，如此方是認歸。且不可作，容易唤來，既能唤來，最緊關是歸舍一節。噫！

赤龍黑虎合西東，四象交加戊己中。復姤自兹能運用，金丹誰道不成功？

註曰：東是青龍木，木生火，故龍之弦氣屬火，火居南而赤，故曰赤龍。西是白虎金，金生水，故虎之弦氣屬水，居北而黑，故號黑虎也。赤龍又曰

姹女，黑虎又名金公，二物亦猶砂中汞、鉛中銀也。赤龍、黑虎合兩弦之氣，交南北東西，即是東西南北合也。四物交加於戊己眞土之中，結成眞土一粒如黍，吞歸五內，薰蒸達四肢，入崑崙山，八水俱來朝會。然後進陽火於復卦，退陰符於姤爻，自然運用抽添，莫不頭頭中度，金丹至道，指日可成。

疏曰：龍弦氣爲火，虎弦氣爲水。又云：金鼎有火爲白虎，玉池有水爲青龍。此是陰陽無定位，水火無定質，互用反復，妙理無窮。

道光曰：赤龍黑虎交於戊己，産丹一粒，歸納中宫，進陽火於復卦，退陰水於姤爻，運用抽添，金丹成矣。

子野曰：龍西虎東，所以間隔，欲使相逢須憑戊己。既得交媾，産成紫金之丹，養火於復姤之功矣。

天地盈虛自有時，審能消息始知機。由來庚甲申明令，殺盡三尸道可期。

註曰：天地盈虛自有時者，天地相去八萬四千里，冬至之日，地中有一陽氣上升，一日升四百六十里二百四十步，至後五日爲一候，三候爲一氣，二氣爲一節，二節爲一時，即春分也，計九十日，陽氣共升至天四萬二千里，至到天地之中，此時陰中陽半，爲泰卦䷊，其氣變寒爲溫，萬物發生之時，故爲春也。自此以後，陽氣升入陽位，亦如前，漸漸升至夏至之日，並前計一百八十日，共升八萬四千里，乃到天也，此時陽中又有陽，爲純陽乾卦䷀，其氣變溫爲熱曰夏，萬物茂盛之時，故曰盈也。夫熱極則陰生，故夏至之日，一陰自天而降，亦一日降四百六十里二百四十步，亦五日一候，爲一氣，三氣爲一節，二節爲一時，即秋分日也，計九十日，陰氣共降四萬二千里，正到天地之中，此時陽中陰半，爲否卦䷋，其氣變熱爲涼，萬物結實之時，故爲秋也。自此以後，陰氣降入陰位，亦如前，漸漸降至冬至之日，共前計一百八十日，共降八萬四千里，乃到地也。此時陰中又有陰，爲純陰坤卦䷁，其氣變涼爲寒，寒曰冬，萬物收藏之時，故曰虛也。聖人消息天地盈虛，因月而見，月從日生。初三日震庚生形，初八日兑丁成形，十王日乾甲盈滿，天地盈之時也；十六日巽辛受統，二十三日艮丙守玄，三十日坤乙消滅，天地虛之時也。聖人能消息天地之機，故簇一年氣候在一月之中，以初一日一陽之生爲冬至，分二日半六十時爲三十日，當一月氣候；至上弦日，陰中陽半，即春分之日也；至十五日，得四月節氣爲純陽，故月滿陽氣盈輪，故曰盈也；至十六日陰生，爲夏至；至下弦日，陽中陰半，象秋分之日也；至三十日，得十月節氣爲純陰，陰氣滿輪，故曰：虛也。終而復始，循環不已，聖人運動陽火陰符，一依準天地盈虛，升降循環，六十四卦，由庚及甲，圓缺之理，亦猶人君申明號令，戮盡陰魔，成道可期也。

疏曰：有天地之盈虛，有日月之盈虛，有聖人法象，依準天地、日月之盈虛。庚甲者進火之度，所以法度於月也，生震庚月盈之始，陰符自此退，陽火自此進。月盈於乾甲月虛之始，陽火自此退，陰符自此進，亦盈虛之理也。又甲木爲龍，庚金爲虎，亦龍虎之象也。右内外二藥。

道光曰：天地相去八萬四千里，冬至地中陽氣上昇，一日之中昇四百六十里二百四十步，五日爲一候，三候爲一氣，三氣爲一節，三節爲一時，即春分日，計九十日，陽氣共昇到天四萬二千里，正到天地之中。此時陰中陽半爲泰卦，其氣變寒爲溫，萬物發生之時，自此而後，陽氣昇入陽位，升到夏至並前共計一百八十四日，共計到天八萬四千里，此時陽中之陽，爲乾卦，號純陽，變溫爲熱，萬物茂盛，盈滿之時，故曰盈滿。陽極則陰生，自夏至後，陰氣自天而降，一日降四百六十里二百四十步，降至秋分，計九十日，陰氣共降四萬二千里，正在天地之中。此時陽中陰半爲否卦，其氣變爲涼，萬物結實之時，自此而後，陰氣降入陰位，到冬至並前計一百八十日，共降到地八萬四千里，此時陰中之陰爲坤卦，乃純陰，變涼爲寒，萬物斂肅，收藏之時，故曰天地盈虛。因月而見，月從日生。初三日震庚生形，初八日兑丁生弦，十五日乾甲周滿，故曰盈。十六日巽辛受統，二十三日艮丙成弦，三十日坤乙消滅，故曰虛。聖人消息天地盈虛之機，移一年氣候在一月之中，以知一日一陽生爲冬至。兩日半當一月，氣候至上弦時，陰中陽半，即春分也。至十五日，得四月節氣，月圓滿爲純陽，陽氣盈輪，故曰盈。十六日一陰生爲夏至。至下弦時，陽中陰半，即秋分也。三十日得十月節氣，月盡黑，爲終陰，陰氣消輪，故曰虛。終而復始，循環不已，聖人運動陰符陽火，一依天地盈虛，升降循環，六十四卦，法庚甲圓缺之理，亦猶人君申明號令，殺盡陰屍，道可期也。

子野曰：學者見之天地盈虛之消息道理，則而行之，於己趂其申明生庚

滿甲之令，朔後望前，採取天地盈時之氣，歸於身中，煉而成丹，則屍鬼烏得不滅。

虛心實腹義俱深，只爲虛心要識心。不若鍊鉛先實腹，且教守取滿堂金。

註曰：汞者，精也，守汞以實腹則金玉滿堂矣。一者，丹也，抱一以空其心，則纖塵不立矣。方其虛也，形不可以久待，必鍊鉛以制之；及其實也，心不可以有執，必抱一以空之。夫欲實其腹，必先鍊鉛以制汞，汞乾形化，然後搶一空其心，心空形妙，與道冥一而無形矣。二理俱妙，殊塗同歸，非大聖莫能知此。滿堂金，一身之精氣也。修眞之士，欲鍊鉛以實其腹。若夫鍊鉛，宜毋搖汝精，精少則還丹不可成也。

疏曰：方其虛也，謂了性之人，既能虛心而不能固形，不鍊鉛以制之；及其實也，謂了命之士，既能固形而不能虛心，必抱一以空之。了性、了命，循序各修，性命俱了，方能雙融，與道合眞。非混性命爲一，而以口耳之禪，旁門之術，執於偏見，而可修乎？右性命二宗。

道光曰：守精以實腹，腹實則金玉滿堂。抱一以虛心，心空則一塵不立。方其虛也，則鍊鉛以制之；及其實也，則抱一以守之。形神俱妙，與道合眞。修丹之士，若鍊鉛金，毋搖汝精，精少則還丹不成。

子野曰：心虛則念淨，一塵不立；腹實則丹成，四大牢固，念淨丹成，形神俱妙。

《陰符》寶字逾三百，《道德》靈文止五千。今古上仙無陰數，盡從此處達眞詮。

註曰：二經爲羣經之管鎋，諸子之樞紐。古仙上聖，莫不由此二經之中，達悟眞詮而成大道也。右引《陰符》、《道德》二經。

道光曰：二經爲群經之樞轄，諸子之機紐也。

先且觀天明五賊，次須察地以安民。民安國富方求戰，戰罷方能見聖人。

註曰：五賊在天爲五星，在地爲五嶽，在人爲五常。愚謂五方在人爲五藏，在氣爲五性、五常，在物爲五音、五行、五色、五金、五穀、五果、五味是也。《陰符經》曰：天有五賊，見之者昌。人能見此，逆而修之，則宇宙在乎手，萬化生乎身也。察地之利，在於安民，民爲邦本，本固邦寧而國富矣。是以聖人以身爲國，以丹爲君，以火爲臣，以精氣爲民。修丹之士，若能觀天擒五賊，逆而修之，盜陰陽而返化，則眞一之精可奪，而己之陰汞立乾矣。精固氣牢，求戰必勝。是以運火無差，十月功圓，則脫胎神化，爲眞人仙子。故曰戰勝方能見聖人。

道光曰：天有五賊，見之者昌。人能見此而逆修之，則宇宙在乎手，萬化生乎身。察地之理，先須安民，民爲邦本，本固邦寧。聖人以身爲國，以精爲民，以火爲臣，以丹爲主。吾儕以心觀天，擒五賊而逆修之，盜陰陽而運化之時，眞一之精可奪，而乾己之陰汞，精固氣全，求戰必勝，而見聖人矣。

子野曰：天者，心也；五賊者，心中具五行之性。五行各具一性，則至相戕，賊之元氣皆爲賊矣。金主怒，木主喜，水主涼，火生炎，土主靜，此五行之性。能見此賊者，則心無雜念，體若太虛。地者，一身之謂；身中精、氣、神，人民也。精全氣壯謂之民安，四大康健爲之國富，國富而戰爲克捷矣。倘此心妄想不降，此身之根本不固，盜賊蜂起，精耗氣散，以此而戰，則必殞身而已，何可得見聖人乎？此章正是修心鍊己，築基事業。

但將死戶爲生戶，莫執生門號死門。若會殺機明反覆，始知害裏卻生恩。

註曰：陰陽五行，順之則生，逆之則死，此常道也。庸夫豈知有不生之生，生則長生；不順之順，順則至順。若能明此反覆之機，則害裏生恩，男兒有孕矣。殺機者，盜機也。

陸子野曰：這箇門戶生了萬萬千千，死了萬萬千千，苟或順行，生之所以死也；如能逆用，死之所以生也。是所爲殺機，明反覆，害裏生恩。咦！諺云：死店活人開。

疏曰：生我者，陰陽五行；死我者，亦陰陽五行。死戶爲生戶，是能反覆殺機。輕用其生，行其常道，則生我者死我矣。常人順陰陽五行則死，至人逆陰陽則生。仙者能盜其機也。蛻其幻軀，人見其死，此不生也。純陽眞身飛騰變化，與天地同其長久，故不生之生，則長生矣。顛倒五行，逆施造化，此不順也，奪得乾坤之精，復歸於無極，此順也，故不順之順則至順矣。

道光曰：陰陽五行順之則生，逆之則死，此常道也。不生之生則長生，不順之順爲至順，此丹道也。若能明此，則害裏生恩，男兒有孕也。

火生於木木藏烽，不會鑽研莫強攻。禍發必因斯害己，要須制伏覓金公。

註曰：火生於木，禍發必剋；精生於身，情動必潰。不會鑽研，禍斯害己，要須制伏，須藉金公。呂公曰：火發七戶密牢關，莫教燒破河車體。

疏曰：火生於木，鑽之大過，必焚其木爲火燼。木譬一身也，火譬元氣也。自藏眞氣以養其身。輕耗其氣，必喪其身。若要制伏一身之子氣，必得天地金公之母，以制伏之，方能培植本根，結聖胎，長生久視。

道光曰：火生於木，禍發必剋；精生於身，動之必潰。不會鑽研，禍斯害己。呂眞人曰：火發七戶密牢關，莫教燒破河車路，此要制伏覓金公也。

子野曰：木中有火，乃本來已抱此殺氣矣，倘其一發，則木必焚。蓋此生殺之機，隔一線地。百姓昧此，皆流於淫蕩邪僻之歸己。聖人察其火之將發，以水制之，則火不能爲害也。

三才相盜食其時，此是神仙道德機。萬化既安諸慮息，百骸俱理證無爲。

註曰：天地以四時盜萬物，故有榮枯而不能長榮；萬物以五味盜人，故有生死而不能長生；人以五行盜萬物，故有成壞而不能長存。三盜既宜，三才斯安，是以有生有死，有盛有衰，有榮有謝，有晝有夜，有往有來，有生有殺，有興有廢，有物有我，有是有非，紛紛而起，循環無端而不可測者，自然之道也。若能混此三盜而一之，反其機而動之，及其時而食之，則百骸俱理，而萬化自安，萬化既安，則諸慮自息。諸慮既息，則無爲之道自證矣。右引《陰符經》以明二藥。

道光曰：天地以四時盜萬物，故有榮枯而不能長榮；萬物以五味盜人，故有生死而不能長生；人以五行盜萬物，故有存毁而不能長存。三盜既宜，三才既安，是以有生有死，有榮有枯，有存有毁，有物有我，紛紛而起，循環無端，此乃自然之道。若能混此三盜爲一，返其機而動之，逆其時而食之，則百骸俱理而萬化自安，諸慮自息，是無爲之道證矣。

子野曰：盜者，使人不知不覺而竊其所謂之事。修煉之法，竊天地之機，盜殺中之生氣，爾得其理，則百骸安。

萬物芸芸各返根，返根復命即長存。知常返本人難會，妄作招兇衆所聞。

註曰：萬物芸芸，各歸其本根，歸根曰靜，靜曰復命，復命曰常，知常曰明。此太上之至言也。夫人未生之前，冥然無知，混乎至朴，及其生也，稟之陰陽，受之父母，聖人逆而修之，奪先天之一氣以爲丹母，賊陰陽之眞氣以爲化基，錬形反入無形，錬氣歸於至朴，錬神而與道合眞。故歸根復命，即長存也。能知常道而返本者，聖人也，是以長生焉；不知常道返本而妄作者，衆人也，是以招兇焉。右明《道德經》以明二藥。

道光曰：經云萬物芸芸各歸其根，歸根曰靜，靜曰復命，復命曰常，知常曰明。夫人未生之前，冥然無知，混乎至朴，及其生也，稟以陰陽之父母，聖人逆而修之，奪先天之氣以爲丹母，賊陰陽始氣以爲化基，煉形返入於無形，煉氣復歸於至朴。能知常道而返其知者聖人也，是以長生；不知常道而妄作者群迷也，是以招兇。

子野曰：萬物如草木之類，猶能歸根返本，以歷歲月；人爲萬物之靈，動至死地，反不能如草木也。此道乃歸根返本之道，卻非尋常妄爲而兇也。

《契》論經歌講至眞，不將火候著於文。要知口訣通玄處，須共神仙仔細論。

註曰：火候六百篇，篇篇相似，出入貫串，與天合度。天之所祕，聖莫傳文，遭遇眞師，勿自鹵莽。

疏曰：火候六百篇，一月用六十卦，爲六十篇，十月成六百。篇篇相似者，日日一般也。讀《參同契》萬編，將可覩也。右引《參同契》等以明火候。

道光曰：火記六百篇，篇篇相似，與天合度。天之所祕，聖莫傳之，獲遇眞師，子細究竟。

子野曰：火候丹中要，非師勿妄猜。

伯陽翁云：三日月出庚，外火候也。崔公曰：天應星，地應潮，外火候也。純陽翁曰：正一陽初動，中宵漏永，溫溫鉛鼎，光透簾幃，外火候也，這般題出大似分明。廣成子曰：丹竈河車休矻矻，鶴胎龜息自綿綿。內火候也。仙師詩曰：謾守藥爐看火候，但看神息任天然，內火候也。未錬丹時最難得者，是外火候。此有爲作立基之事，內火候則已。得丹但任天自然，乃大休歇，大自在，無爲之功也。

夢謁西華到九天，眞人授我《指玄篇》。其間簡易無多語，只是教人鍊汞鉛。

註曰：高象先忽爾魂升玉京，上帝憐之，命西華眞人指示丹訣。其篇略曰叔通從事魏伯陽，相將笑入無爲鄉。准《連山》作《參同契》，留爲萬古丹中王，首乾坤，易門戶，乾道成男，坤道成女。時人不識眞陰陽，茫茫天下尋龍虎。其言甚多，只是教人明眞龍、眞虎，鍊鉛汞而已。叔通姓淳于氏。

右引《指玄篇》以明鉛汞。

疏曰：《指玄篇》文字雅古，專論鉛汞。今所引乃高象先所作之歌，今撮其妙，可見《悟眞》之道與《指玄篇》同，與所作之歌同。其歌曰：黃帝訪道崆峒室，始得玄綱未全悉。回頭蜀國訪峨眉，天皇眞人指眞一。莫若先敲戊己門，戊己門中有金水。金水便是黃芽根，黃芽根爲萬物母。母得子號爲鼎釜，日月魂華交感時。一浮一沉珠自飛，玄珠飛到崑崙上。子欲得之憑罔象，罔象得之歸絳宮。絳宮蒸入肌膚紅，肌膚紅、鬢髮黑。北斗由斯落死籍，大哉九十日功成，髣髴橋山有遺跡。君不見，叔通從事魏伯陽，相將笑入無爲鄉。准《連山》作《參同契》，留爲萬古丹中王。首曰乾坤易門戶，乾道男兮坤道女。世人不識眞陰陽，茫茫天下尋龍虎。日爲離、月爲坎，日月陰陽相呑啗。金烏死、玉兔生，萬物皆因天地感。二氣絪緼男女媾，四象五行茫輻湊。晝夜屯蒙法自然，焉用孜孜看火候。採有時、取有日，採兮取兮須愼密。右引《指玄篇》以明汞鉛。

道光曰：我如來云惟比一事，實餘二，即皆非金丹之道，除汞鉛之外，別無妙法。

子野曰：高象先日夕思眞，不覺魂升玉京，上帝遂命西華太乙夫人指示金丹訣。其篇有曰：乾坤，陰陽之門戶，乾道男，坤道女。時人不識眞陰陽，茫茫天地尋龍虎。又云：叔通從事魏伯陽，相將笑入無何鄉。準《連山》作《參同契》，留爲萬古丹經王。眞人言甚多，只是鍊鉛制汞耳。

釋氏教人修極樂，只緣極樂是金方。大都色相惟茲實，餘二非眞謾度量。

註曰：極樂淨土在西方，西者金之方，此中惟產金丹一料如黍，其重一斤，釋氏餌之，故有丈六金身妙色身相，蓋亦猶金丹而産化也。丈六亦按二八之數，西方即金也。世人莫能曉此，古仙明有歌曰：借問瞿曇是阿誰，住在西方極樂國。其中二八產金精，丈六金身從此得。若人空此幻化身，親授聖師眞軌則，霎時咽罷一黍珠，立化金剛身頃刻。斯言盡之矣。外此議論謾爾度量。右釋教上乘，借喻金丹。

道光曰：道無彼我，唯一而已。

子野曰：金者萬物之寶，煅煉愈剛，曠劫不壞。釋稱大覺金仙者，即金丹之道也。

鑑形閉息思神法，初出艱難後坦途。倏忽雖能游萬國，奈何屋破卻移居。

註曰：鑑形閉息思神法，乃出陰小乘之法耳。初學亦甚艱難，及其習慣純熟，坦然無礙，瞬息之間，遍遊萬國，其英靈爽妙，如此奈何？其形屬陰，形殼難固，易於弊壞，不免投胎奪舍如移居也？

疏曰：鑑形者，懸鑑於室，存神於中而出閉息者，閉一身之氣，如人未生，在胎之時，以鴻毛著鼻上，毛不動，能十二息爲小道，能一百二十息爲大道，能至於千，去仙不遠。如達磨胎息論：智者修出入息，儀二乘坐禪法，禪定而出。思神者，存神於一處，或眉間頂上，或大洞三十九戶，或黃庭內外二氣，或修十六觀而出諸術，皆無金丹點化，皆是陰神。

投胎奪舍及移居，舊住名爲四果徒。若會降龍並伏虎，黃金起屋幾時枯。

註曰：眞金起屋何枯之有？《度人經》曰：枯骨更生，皆起成人，而況呑黍粒之珠者哉？投胎奪舍，四果之徒，特陰靈之鬼耳。

疏曰：陰靈生識，投母胎以出世奪舍者，他識已入胎，我奪有之。以出世移居者，借化人之生身而投識於中。舊住者，守陰靈之性，以存身形，不入寂滅，四果皆無，金丹點化，盡是陰神。右道釋小乘。

道光曰：投胎奪舍是執空之徒，降龍伏虎是還丹之妙。

子野曰：金丹之道，一得永得。身外有身，隱顯莫測，與投胎奪舍，頑空之輩不同。

大道修之有易難，也知由我也由天。若非積行施陰德，動有群魔作障緣。

註曰：魔障在天，修持在我。陰德匪施，觸途有礙。

疏曰：前詩云：一點靈丹吞入腹，始知由我不由天。甚讚金丹之功，至

靈至神。今詩云：也知由我也由天。勸勉學者若聞大道，亦當積行施德，以求天助，不可自恃其丹之靈，必有魔障爲礙。

道光曰：魔障在彼，修持在我。陰德既宏，靈丹可冀。

子野曰：金丹大道，古人以萬劫一傳，非等閑之細事，道既高，魔必盛，非以陰德相扶，恐有剉志之患。

饒君聰慧過顔閔，不遇師傳莫強猜。只爲丹經無口訣，教君何處結靈胎？

註曰：千經萬論，惟布枝條，至道不繁，獨傳心印。未遇眞師，徒勞口耳。此道非眞師口訣，雖有顔閔之聰慧，亦不可強自猜度也。

道光曰：千經萬論，唯布枝條。至道不繁，獨傳心印。未遇眞師，強猜不得。

子野曰：非師口訣眞要，則從何處而下手？

修行混俗且和光，圓即圓兮方即方。顯晦逆從皆莫測，教人爭得見行藏。

註曰：被褐懷玉，和光同塵。補破藩籬，無人無我。幽顯順逆，凡人豈得而可測量也哉？右警勸世人。

道光曰：老子云：和其光，同其塵。和同天人之際，實修行之祕要。

子野曰：外圓內方是有爲也。道之所謂，奚可令人見之乎？故老子曰：迎之不見其首，隨之不見其後。又曰：惟不可識，故強爲之容。明達到此，回視愚夫俗子，欲以機鋒巧詐，剽識淫蕩而求道者，遠之又遠矣。大修行人，工夫至此，可不三復是詩，以求成道勳業乎？

《悟真篇注疏》卷七 外藥還如內藥，外通內亦須通。丹頭和合略相同，温養兩般作用。內有天然真火，爐中赫赫長紅。外爐增減要勤功，妙絕無過真種。

註曰：《夷門破迷歌》曰：道在內來，立爐立鼎卻在外；道在外來，坎離鉛汞卻在內。此明內外二丹也。夫外藥者，金丹也。是造化在二八爐中，不出半箇時辰，立得成就。內藥者，金液還丹是也。造化在己腹中，須待十月滿足，方能脫胎神化。觀此二藥，和合丹頭作用之法雖略相同，及其用火候，實相遠矣。修丹之士，下工之日，內藥和合丹頭之際，分毫差忒，大藥不成。敬之哉！敬之哉！內藥雖有真火，在土釜中赫赫長紅，亦須憑外爐用功，增減抽添，運用無令差忒，以至危殆。然內外真火，變化無窮者，實藉真鉛之妙也。此物偏能擒汞，不使飛走。葉文叔不達此理，卻言內藥以真火烹鍊，外藥須假凡火增減。以管窺天，可付一笑。殊不知，內外二藥雖異，其實一道也。所謂內外二藥者，以人之一身，禀天地之秀氣而有生，託陰陽陶鑄而成形。故一形之中，以精、氣、神爲主。神生於氣，氣生於精，此三者後天地生，至陰之物也。修真之士，若執己身而修之，無過鍊冶精、氣、神三物而已。奈何三物一致，俱後天地生，純陰而無防，安能化形爲純陽，而出乎天地之外也哉！仙翁所以道獨修一物轉尫羸。鍾離公曰：涕、唾、精、津、氣、血、液，七般物事總成陰。又曰：獨修一物是孤陰。真一子曰：孤陰不自産，孤陽不自成。《參同契》曰：牝雞自卵，其雛不成。聖人知己之真氣，後天地生，本屬陰陽，難擒易失，乃採先天一氣，真陰真陽，二八同類之物，擒在一時辰內，鍊成一粒至陽之丹，號曰真鉛。此造化在外，故曰外藥。以此陽丹點己陰汞，猶猫捕鼠。陽丹是天地之母氣，己汞是天地之子氣。以母氣伏子氣，豈非同類乎？此造化在內，故曰內藥乎。故仙翁曰：藥逢氣類方成象，道在虛無合自然。真一子曰：未有天地混沌之前，真鉛得一而先生，以次漸生天地、陰陽、五行、萬物庶彙。《參同契》曰：先天地生，巍巍尊高。此皆證先天之一氣也。以先天陽丹，點己陰汞，化爲純陽，更假陰陽符火，運用抽添，十月功足，形化爲氣，氣化爲神，神與道合而無形，變化不測，故能出乎天地之外，立乎造化之表，提挈天地，陶鑄陰陽，而不爲陰陽陶鑄者，先天地生之一氣，使之然也。其妙如此，故曰妙絕無過真種。安可後天地生至陰之氣，類而爲內藥乎？安可以後天地生凡砂、凡汞、凡火非類滓質之物，而爲外藥乎？學道之士，研窮本始，無惑邪說，庶免永墮三塗，自取輪回也。

疏曰：分毫差忒，大藥不成。即絶句所謂毫髮差殊不作丹是也。二八非爐，假立名以爲爐耳，爐爐非有爐是也。外藥以陰陽升降之火，結爲金丹。內藥亦以陰陽升降之火，結爲金液還丹。外以法象而孕育之，內以法象而孕育之。故曰內外雖異，其實一道也。善乎，唐仙仵達靈曰：人知延齡，在於還精補氣，丹砂在我，豈有外也？此誠鄙談，不曉真境。且問精可還乎？氣可補乎？運息張機出入之間，歸清去濁，此誠內出而外入耶？性之所還，何出而入也。或以吐納爲精華，何有敗腰之冷，或以出入爲精

氣，何有傷膚之勞。凡當壯室之年，誠爲衰敗之器。精華一失，神魂四離，此何還之哉？其或幼全真氣，長習運動，延其齡者，抑亦下品地仙也，且無淩虛之效。若外鍊火龍，內運金液，真登高上仙也。以高仙之言觀之，獨修一物，皆不成仙。今詞明白分內外二藥，令人易知而不悟，嗚呼！其無緣之甚矣哉！陳上陽子曰：修行之人，先須洞曉內外兩箇陰陽作用之真，則入室下工，成功甚易。內藥是一己自有，外藥則一身所出；內藥不離自己身中，外藥不離色相之中；內藥只了性，外藥兼了命。內藥是精，外藥是氣，精氣不離，故爲真種。性命雙修方證天仙。

道光曰：《夷門破迷歌》云：道在內來，安爐立鼎卻在外；道在外來，坎離鉛汞卻在內。此明內外二藥也。外藥者，金丹是也，造化在二八爐中，不出半箇時立得成熟。內藥者，金液還丹是也，造化在自己身中，須待十箇月足，方能脫胎成聖。二藥作用，雖略相同，用功火候，實相遠矣。吾儕下工，外丹和合丹頭之際，分毫差忒，大藥不就。內藥和合丹頭之際，最慎防危慮險。內藥雖有天然真火在土釜之中赫然長紅，亦須外爐勤功加減。然內外真火變化無窮者，實藉真鉛之妙，此物偏能擒汞不使飛走。近葉文叔不達此理，卻言內藥以真火烹煉，外藥須假凡火增減。呵呵！蓋未得師指，以管見窺天。殊不知二藥內外雖異，其用實一道也。所以有內外者，人之一身，禀天地秀氣而有生，託陰陽鑄成於幻相。故一形之中，以精氣神爲主，神生於氣，氣生於精，精生於神。修丹之士，若執此身內而修，無過煉精、氣、神三物而已。然此三者，皆後天地所生，純陰無陽，以此修持，安能出乎天地之外耶？鍾離翁云：涕、唾、精、津、氣、血、液，七般物色總皆陰。又曰：獨修一物是孤陰。聖人知己之真情，後天地生而屬陰，難擒易失，是以採先天之一氣，以真陰真陽二八同類之物，擒在一時，煉成一粒，名曰至陽之丹，號曰真鉛，此造化卻在外，故曰外藥也，卻以此陽丹，擒自己陰汞，猶貓捕鼠耳。陽丹是天地之母氣，己汞乃天地之子氣。以母氣伏子氣，豈非同類乎？其造化在內，故曰內藥。便假陰陽符火，運用抽添，十月功足，形化爲氣，氣化爲神，神與道合，昇入無形，變化不測，故能出乎天地之外，立乎造化之表，提挈天地而陶鑄陰陽，卻不爲陰陽陶鑄者，是先天一氣使之然也。真妙如此之絕，故謂妙絕無過真種。安可用後天地生凡鉛、凡汞、凡砂、凡火非類滓質之物，而爲外藥耶？學道之士，研窮本始，精究邪正。毋惑誑邪，詐裝高道，以誤後來。有如此者，永墮三塗。

子野曰：內丹之道與外藥爐火之事頗同大概，汞非鉛則不能伏，知外事者，內亦易知。

若要真鉛留汞，親中不離家臣。木金間隔會無因，須用媒人勾引。木性愛金順義，金情戀木慈仁。相吞相啗卻相親，始覺男兒有孕。

註曰：此言內象也。家臣即己之真氣也。己之真氣，因金丹而凝結，金丹因己汞而有神功，二物相須，兩情相戀，乃能變化通靈，故曰若要真鉛留汞，親中不離家臣。丹屬金在外，己汞屬木在內，二物間隔，全仗黃婆製造成丹，吞入己腹中，與己汞配合，亦仗黃婆勾引。二物既以和合了，交接陰陽符火，木性戀金，金情戀木，相吞相啗，配合成夫婦，養就嬰兒，在我腹中，始覺男兒有孕。此道至玄至妙，非仁慈及物，陰德廣積，此生安能與於此乎？

道光曰：鉛爲金在外，汞爲木在內，二物間隔，須仗黃婆制造成丹，吞入腹中，與己汞合。而其金情正剛烈，木性柔順，慈悲情性，自愛自戀，相吞相啖，結爲夫婦，以産嬰兒在我腹中，故云有孕。此道妙矣，倘非慈悲利物，濟人陰德之士，則萬生難過也！

子野曰：汞出自家，非鉛不伏。鉛生坤宮，所以間隔。欲其鉛汞相會，非媒不可。媒者，合陰陽之用。物之生乎一氣者家親，雖彼此間隔，而互相慕戀，不可廢棄。所以木之性不得不愛金，金之情不得不戀木，何哉？爲其同出乎一氣，故也。非洞曉陰陽，深達造化，其孰能與於此哉？

白虎首經至寶，華池神水真金。故知上善利源深，不比尋常藥品。若要修成九轉，先須鍊己持心。依時採去定浮沉，進火須防危甚。

註曰：首者，初也。首經即初弦之氣，非女子天葵也，不可以三峰二十四品謗毀聖道。聖道不可毀也，猶天之不可階而升也。夫真一之氣，在天曰真一之水，在虎曰初弦之氣。煅鍊在華池中神水，此乃至寶真金也。皆不離真一之精，流歷諸處，有種種異名，而能造化。經曰：上善若水。蓋真一之水，生於天地之先。故曰上善。其利源甚爲深遠，不比尋常後天生滓質藥品之類也。九轉，九年也，在十月胎圓，脫胎之後，達磨面壁九年，隻履西歸，蓋有由矣。然欲修成九轉，先須運火十月，依時採取，以定浮沉，

以分賔主，守雌而不雄，方免危殆，自然形化爲氣，氣化爲神，袍元守一，九載功成，形神俱妙，與道合真。聖人強名曰：九轉金液大還丹也。

道光曰：首者，初也。首經即白虎初弦之氣，卻非採戰閨丹之術。若説三峯二十四品採陰之法，是即謗毀大道九祖，永沉下鬼，自身見世惡報者。道不可毀，猶天之不可階而升也。且夫真一之氣，在天曰真一之水，在虎曰初弦之氣。若煉在華池，名曰神水。此乃真金之至寶，皆不離真一之精，流歷諸處，故曰種。種之異名，以其能成就造化。經曰：上善若水。蓋真一之水，生於天地之先，故曰上善。源流甚深，卻不比尋常後天地生滓質之物。九轉爲九年，在十月胎圓之後作用，即達磨面壁九年之功。若欲修九轉之妙者，先須煉己，以定浮沉，以分賔主，依時採取，守雌不雄，方免危殆。運火十月，自然形化爲氣，氣化爲神，抱元守一，九載功成，形神俱妙，與道合真。聖人強名曰九轉金液大還丹也。

子野曰：男子二八而真精通，女子二七而天癸降。當其初降之時，是首經耶？不是首經耶？咦！路逢俠士須呈劍，琴遇知音始可彈，神水即首經也。

老子曰：上善若水。善利萬物。真人以首經神水爲喻，言其利生之功，非其他圓散之外藥。九轉乃火數周之丹熟之時。欲得九轉丹成，持心煉己爲要。

二八誰家姹女，九三何處郎君？自稱木液與金精，遇土方成三性。便假丁公煅鍊，夫妻始結歡情。河車不敢暫留停，運入崑崙峯頂。

註曰：二八，陰數也。姹女，即我之真氣也，又曰木液。九三，陽數也。郎君，即我之陽丹也，又曰金精。二物交會丹田土釜之中，即成三性也。丁公者，火也。夫妻者，鉛汞，處於丹田土釜，逐日相交，夫婦歡情之火，搬入丹田土釜中，煅鍊鉛汞，受此符證，而生金液之質，復自尾閭逆上泥丸峯頂，降下口中，徐徐咽歸丹田土釜之中。長長如此，運轉不息，若河車之流轉不已，化成金液還丹也。鍾離公曰：尾閭直上泥丸頂，自在河車數百遭。海蟾公曰：若得黃芽填血腦，萬年雖老身不死。是其證也。一本云：丁公者，火也。河車者，水也，即陰符陽火也。日夕運轉不停，若河車流轉不已之義。

疏曰：《參同契》曰：三物一家都歸戊己，以金、木、火爲三物。又曰：三性既會合，本性共宗祖。以金、水、火爲三性，皆言外藥法象。今言三性，則以木液爲內藥，金精爲外藥，遇上成三性，合言內外法象，是知三性各隨所用。繆者以性爲三，又妄之妄矣。蓋性者物之性也，人之性也，丹之性也，五行之性也。豈姓氏之姓乎？絕句云：火發崑崙陰與陽，兼言內外崑崙。又曰：若遇崑崙西北去，獨言內北海乾象交感之宮。今云崑崙專喻泥丸，所以及復取喻三性、崑崙，篇中比喻皆不可執一。

道光曰：姹女木液曰汞，郎君即金精曰鉛。此言鉛汞二物在土釜中，須憑火功內煉外煅，始結歡情，是以陰符陽火，不得暫停，諸般氣候，妙在一心，運自崑崙頂，注入溫養以成還丹。

子野曰：汞屬陰，故云二八姹女。鉛屬陽，故云九三郎君。汞乃木之液，鉛乃金之精，得土爲媒，三姓交媾，加以丁火煉之，則鉛汞融結，夫歡婦合。火性炎上，丹爲火氣下蒸，則河車自然有路，飛上泥丸也。

牛女情緣道本，龜蛇類禀天然。蟾烏遇朔一作晦合嬋娟，二氣相資運轉。總是乾坤妙用，誰人達此真詮？陰陽否隔即成愆，怎得天長地遠。

註曰：牛郎織女一歲一交，太陰太陽一月一交，龜蛇以類蟠虬相拱，此皆陰陽二氣使之然也，實爲道之根本。金丹大藥作用，一一如之。蓋真一之氣，窅然無形，不得二八陰陽初弦之氣相交，焉能降格兆形黍粒也哉！既得丹餌之後，不得絪緼符火，焉能變化金液還丹也哉？《參同契》曰：關關雎鳩，在河之洲。窈窕淑女，君子好逑。雄不獨處，雌不孤居，玄武龜蛇，蟠虬相拱，以明牝牡，竟當相須。理之所在，夫復何疑？顛倒修之，宇宙在乎乎。真一子曰：孤陰不自產，寡陽不自成。須藉牝牡合氣，方能有產化之道也。天地之所以能長且久者，陰陽交合，自然之道也。天不降，地不騰，四時不序，萬物不生也。故仙翁於此章三致意焉。深知此意者，當以意會可也。右內外二藥

道光曰：牛朗織女，一歲一交，太陽太陰，一月一合，龜蛇以類蟠虬相扶，皆陰陽二氣使之然也，實爲大道之根本。金丹大藥，作用一般。蓋真一之氣，杳然無形，若不得二八陰陽之氣相交，焉降格兆形於黍米哉？既得丹餌之後，不得陰陽符火絪緼，焉能變化金液還丹哉？《參同契》曰：關關雎鳩，在河之洲。窈窕淑女，君子好求。雄不獨處，雌不獨居。玄哉！玄武龜蛇，蟠虬相扶，以明牝牡，竟當相須，理之所在，夫復何疑？仙翁於此

章再三致意，深於道者，以意會之。

子野曰：牛、女，天之二星，每遇七夕，假鵲橋會合。龜、蛇，地下之物，亦能交媾。日月遇朔合璧，是皆一陰一陽，相求之道，作丹之妙。若以孤陰寡陽而無配，得不求乎？

七返朱砂返本，九還金液還真。休將寅子數坤申，但看五行成準。本是水銀一味，周流歷遍諸辰。陰陽數足自通神，出入不離玄牝。

註曰：九還七返者，不離天地五行生成之數也。天一生水，地以六數成水，居北，積坎陰之氣以爲真水。故《參同契》曰：六居也。地二生火，天以七數成火，返南，孕離氣而生砂，故曰七返。朱砂返本也。天三生木，地以八數成木，居東，處震位而成汞。故《參同契》曰八歸也。地四生金，天以九數成金，還西，主兑位而爲金。故曰九還。金一還真也。天五生土，地以十數成土，二土相合，而並居中，會四象而成丹也。故金丹不出五行而成，故曰：但看五行成準。安可以寅子數坤申，而爲七返九還耶？水銀者，鉛也。鉛即真一之氣也。真一之氣結而成精，號曰真一之精。精，鉛也。真一之氣，一變爲水，在北；二變爲砂，在南；三變爲汞，在東；四變爲金，在西；五變爲土，在中。故金丹非天地不生，非日月不産，非四時不全，非五行不就，非總數不成。是以徧歷諸辰，陰陽數足，自然通神變化也。然其造化妙用，出入不離玄牝之門，是謂天地根。玄牝之理已釋，在玄牝之中，世罕知註矣。

疏曰：世人以寅至申爲七返，子至坤爲九還。非也。張隨註《參同契》云：水、火、金、木、土，爲五行。水、火爲日月，金木爲龍虎，土配天地，鍊成金丹。故天以水六居比，積坎爲水。天以木八居東，處震爲砂。天以火七返南，屬離爲汞。天以金九還西，化兑爲金。天以五歸中成丹，故氣一變爲水，二變爲砂，三變爲汞，四變爲金，五變爲丹。是知丹者，非天地不生，非日月不成，非四時不全，非五行不就。鍊純陽之身，化真經之體，則六居、七返、八歸、九還之義，斷可見矣。此黄帝、老子、神仙、聖賢重之。無名子之註文，本此諸辰，即七十二辰之位，七返九還之義。

道光曰：九還七返者，不離天地五行生成之數。世人以寅子數至坤申爲九還七返者，謬也。返者，返本。還者，還元。水銀爲汞，汞即真一之精，一變爲水在北，二變爲砂在南，三變爲汞在東，四變爲金在西，五變爲丹在中。此丹非天地不生，非日月不産，非四時不全，非五行不就，非總數不成。是以遍歷諸辰，陰陽數足，自然變化通神也。子野曰：火乃七數，金乃九數。金火相胥，作丹之要。金非火不還，火非金不返。《龍虎上經》云：丹術著明莫大乎金火。此之謂也。水中金，故稱水銀。内丹之成，不出此一味爾。得其妙則自然經歷諸辰，時至氣化。要知欲得之妙，非藉玄牝不可得也。

此藥至神至聖，憂君分薄難消。調和鉛汞不終朝，早覩玄珠形兆。志士若能降鍊，何妨在市居朝。工夫容易藥非遥，説破人須失笑。

註曰：金丹入口，立躋聖位，豈非至神、至聖者乎？煅鍊不出半箇時辰，立見金丹形兆，豈非至簡至易者乎？家家自有，不拘市朝，豈非至近者乎？惟其至神、至聖、至簡、至易、至近，所以説破不覺令人失笑也。得之者，第恐陰功淺薄，不勝其道爾。學者勉之。

疏曰：真人之意，以爲修鍊金丹，不拘市塵，京朝之間，皆可爲之。工夫甚易，藥物甚近，但得清淨之地，即可爲之。前詩云：未鍊還丹莫隱山，徒向深山守靜孤之意。因俗士不明本旨，遂以爭利於市，爭名於朝，可以兼行。正所謂腰纏十萬貫，騎鶴上揚州之故必也。痛損名利，永絕嗜慾，十月入室，方可希真。

道光曰：金丹入口，立躋聖地，豈非至神、至聖乎？煅煉只半箇時，豈非至簡、至易乎？家家自有，不拘市朝，豈非至近乎？以其至近，是故説破令人失笑也。得之者，只恐無功、無德，忘師背道，不足以勝其妙。

子野曰：金丹之事，爲其至靈，故稱神聖。其所以爲靈者，如立竿見影，呼谷傳聲之謂，非其他虚幻渺茫之術。是此金丹，唯鉛與汞。鉛從他出，汞向己生。纔辦肯心，玄珠有象，工夫容易，何必名山大澤以煅煉哉？

雄裏内含雌質，真陰卻抱陽精。兩般和合藥方成，點化魂靈魄聖。信道金丹一粒，蛇吞立化龍形。雞餐亦乃化鸞鵬，盡入空陽聖境。

註曰：雄裏雌，乃龍之弦氣，汞是也。陰抱陽，乃虎之弦氣，鉛是也。二物交合，靈丹自生，吞入腹中，點化陽魂，以消陰魄。一粒如黍，雞吞蛇啗，亦化龍鵬，飛入真陽聖境。藥之至神聖靈如此哉！右外藥。

道光曰：雄裏雌，是龍之弦氣。陰抱陽，乃虎之弦氣。二物交合，靈丹自結。吞入腹中，點化陽魂，以消陰魄。一粒如黍，鷄飡蛇吸，亦化龍鵬，藥

之神聖如此。

子野曰：陽中有陰，陰中有陽。陰陽相交，魂靈胎聖。

天地纔經否泰，朝昏好識屯蒙。輪來湊轂水朝東，妙在抽添運用。得一萬般事畢，休分南北西東。損之又損慎前功，命寶不宜輕弄。

註曰：夫運火之法，始功於屯蒙，休功於否泰。日夕搬運符火，歸於鼎中，如車之輪，輻湊於轂；若百川之水，朝宗於海。運用抽添，妙化如此。太上曰：子得一，萬事畢。妙哉！是言也！一者，真一之精也。真一之氣生陰陽，陰陽生四象，四象生五行，五行生萬物，俱不出真一之氣變。故真一之精爲天地之母，陰陽之宗，四象之祖，五行之根，萬物之基也。得此一，則萬事畢矣。東西南北皆可忘也。損之又損以慎前功，方能盡得一之妙。蓋一之有象，運陰陽之火以形之也。既得一粒，吞歸五內，如前運用陰陽符火，當慎前功，方能盡歸一之妙。慮險防危，不可輕動，恐失命寶之玄珠。故曰慎前功也。

疏曰：始功於屯蒙，一月用六十卦也。休功於否泰，一年沐浴於二八也。此內藥法象也。得一者，外藥法象也。呂仙歌曰：三茅真君號曰一，是也。太上爲道曰：損今於十月行功之時，損事滅思，防危慮險，不可毫髮係心，恐失命寶。如嬰兒在母腹，冥然忘識。我身在天地鼎爐之中，能常清淨，天地悉歸。故真人以損之又損、前功，爲諄諄之誨。道光曰：進火之始，用工於屯蒙，休工於既未。日夕搬運符火入於鼎中，如車之輪輻輳於轂，若百川水朝宗於海。運用抽添如此者，真一之精也。一氣生陰陽，陰陽生四象，四象生五行，五行生萬物，俱是真一之氣變也。故真一之精，爲天地父母，陰陽之宗祖，四象之元，五行之根，萬物之基，得此之一，則萬事畢矣。損之又損，方能盡得一之妙。蓋一之有象，運陰陽之火，以形之也。既得，吞歸五內，如前運陰符陽火，以慎前功，慮險防危不可輕動，恐失命寶玄珠。

子野曰：陰陽既合，乃行火之候；輻輳轂者，乃得藥之功。斯時混沌復爲一，太極不必分南北西東之限，但當照顧，關防念頭差動，慎其前功。倘懷一時之興濃，則忘平日之辛苦，而廢大事。所以道不宜輕弄。

冬至一陽來復，三旬增一陽爻。月中復卦朔晨超，望罷乾終始兆。日又別爲寒暑，陽生復起中宵。午時姤象一陰朝，鍊藥須知昏曉。

註曰：冬至一陽生，爲復卦䷗，三十日增一陽爻，爲臨卦䷒、爲泰卦䷊、爲大壯䷡、爲夬卦䷪、爲乾卦䷀，乃陽火之候也。陽極則陰生，故夏至一陰生，爲姤卦䷫，三十日增一陰爻，爲遁卦䷠、爲否卦䷋、爲觀卦䷓、爲剥卦䷖、爲坤卦䷁，乃陰符之候也。陰極復陽生，週而復始，此一年之氣候，加減之大數也。聖人移此一年之氣候於一月之中，以朔旦爲復，至望日爲純陽。兩日半當三十日，是一箇月也。望爲純乾，至十六日姤一陰生。故曰：望罷乾終姤兆。以陰初萌，故謂之兆。此一月之氣候，周天之大數也。聖人又將一月之候移在一日之中，分爲寒暑温涼四時之氣。故以中夜子時一陽生爲復卦，午後一陰生爲姤卦。運用符火，陰陽升降，抽添進退，一一合天地四時，陰陽升降，不得毫髮差忒。故曰：鍊藥須知昏曉也。昏曉者，陰陽之首也。此一日之氣候，周天之大數也。

疏曰：一年大周天，乃天地之升降。天地上下相去八萬四千里，分爲六節，地陰藏陽。自夏至天中陰氣下降，六節至地，陰陽造化升降，一周爲一年。聖人以十二卦六畫之重則而象之。陽火自子至巳，陽長而陰消，故外陽附內，內陰附外，皆依於盛者。陰氣爲內，陽剛爲外，非卦體之內外。故以復姤爲小父母而本於乾坤，以明火符消長。一月小周天，乃日月之會合，月受日光，以爲盈虛，不言日而日在其中矣。一月以五日爲一候，六候爲一月，亦猶分陰陽爲節也。月之盈虛，一周爲一月。聖人以先天八卦，除坎離爲日月之體，其圓缺亦六候，以六卦三畫之純，則而象之。天符不可見，因日月而見，陽爻象魂生，陰爻象魄生。陽魂生，至望成乾。陰魄生，至晦成坤。五日爲一候，每候進一爻，上半月進陽爻，下半月進陰爻，以符月之盈虧。甲、乙、丙、丁、庚、辛，以符月昏旦所視之方，故爲六卦所納之。甲六虛，壬乃乾中之離，癸乃坤中之坎。陽壬、陰癸，北方幽都之地。日月藏用，杳冥不可見。坎戊離己，日月之體。戊己鄉，向明之地。日月顯仁，著明可見。合六虛而十干全，十干全而五行具，太極未分也。未朔之前，子時日在子，月在癸。會朔之後，子時月在壬，日在子，藏用於壬癸也。未朔前，午時日在午，月在己，己納丁。會朔之後，午時日在午，月在戊，戊納在丙，顯仁於戊己也。朔晦合璧，同歸於子午。若又以一年十二卦，分爲六候得兩卦。月初生，從坤晦成泰爲上弦，爲坤之既濟。月初缺，從坤望成否爲下弦，爲乾坤之未濟。乾坤往來，以符陰陽進退。否

泰上下，以符陰陽各半。故曰：上弦金半斤，下弦水半斤是也。日出甲卯入庚酉，月圓始於震庚，缺於乾甲。冬至之子日漸長。夏至之午日漸短。退月之陽，自朔之子而進，自望之午而退。天地之中，懸象著明，莫大乎日月。日月氣也，有形而無質，故相宜而無礙。陽抱陰爲日，陰抱陽爲月。是以一時之玄，半年之久，皆有取法乎？金水各半，初弦之氣也。初弦之氣，至清而不濁者也，有氣而無形者也。以月準年，則一月三十日，合三百六十時，爲一年。每一時應一日也，兩日半三十時，應一月也，有小盡缺十二時也。即於十五日而損益之，此月中補日之法也。故以乾坤爲大父母，而月於坎離，以明火符進退。一日周天，與一月太陰盈虛，一年陰陽升降，大小周天造化皆同。以一年準之，一時爲一月，平分爲兩氣，故子爲十一月，壬爲大雪，子爲冬至，此本於乾坤，以日爲年也。以一月準之，一時管兩日半，二時爲一候，六時爲一氣，爲半月。以日準時，則卯當初八日上弦，酉當二十三日下弦，亥晦子朔，已望午虧，此用於坎離，以日爲月，以明火候、消長、進退。合年月日三周天爲一，以六十卦則而象之，造化皆同。除牝牡四卦，天地日月，包裹萬物而不用，合六十四卦，三百八十四爻爲一斤之數，計二篇之策，而四卦之用在其中矣。大周天本於乾坤，以伏羲之卦圖則而象之。而小周天太陰盈虧之候，坎離應符亦合。小周天用於坎離，以文王卦圖則而象之。而大周天天地升降之節，乾坤流行亦合。是故年之復，月之震也；年之姤，月之巽也；日之復，時之子也；日之姤，時之午也。又可見乾坤坎離無所往而不用，大小父母無所往而不在。蓋本於乾坤，則乾坤爲坎離。全體用於坎離，則坎離爲乾坤中氣。天地即日月也，日月即天地也。天藏陰日陽含陰，地藏陽月陰含陽。持天地日月之形，有大小年月日時之用。有短長合而論之，皆太極圓成之未分也。既分也，自屯蒙至既未六十卦，日用兩卦以應一日，六十卦全以應一月，爲六百篇以應一年。以言其小，則一時之中，亦合三百六十也。一時爲一秒，十二秒爲一分，三十分計三百六十秒，爲一時數。此一時之妙用，神仙之盜機，非世人之可知。是知一年之大，一月之小，一日之秒，一時之玄，用天之道，萬物之滋，天地日月之象，所以升降盈虧，皆不出乎此大哉！易乎斯其至矣。右明火候。

道光曰：冬至一陽生爲復卦，三十日又增一陽爲臨卦、爲泰、爲大壯、爲夬，至四月，六陽爲純乾，乃陽火之候，陽極則陰生。夏至一陰生爲姤卦，三十日增一陰爲遯卦、爲否、爲觀、爲剥，至十月，六陰爲純坤，乃陰符之候。陰極則陽生，周而復始，此一年之火候也。聖人移一年火候，在一月之中，朔旦復卦，兩日半增一陽，至十五日爲純乾，十六日一陰生爲姤。又將一年之候，移於一日之中，分爲寒暑、陰陽、温凉、四時之氣，故以中夜，子時一陽生爲復卦，午時一陰生爲姤卦，陽火陰符，一依天地陰陽升降之道。

子野曰：冬至初陽來復，喻身中藥生之時。此時於一月終見此氣候，所以云：三旬增一陽爻者，月中之復卦也。自後至乾，乾滿而姤，姤即藥過之時，金逢望遠之候。日又别爲寒暑，言一日之內，煉藥氣候，半夜子時爲復，日中午時爲姤。學者煉藥，須要明其心中一陽之時、天地一陽之時，毫髮無差，金丹可望。

不辯五行四象，那分朱汞鉛銀。修丹火候未曾聞，早便稱呼大隱。靡肯自思己錯，更將錯路教人。誤他永劫在迷津，似恁欺心安忍。

註曰：丹經萬卷，妙在《參同契》其中三字，鼎器歌一章，乃丹經之骨髓也。舉世學此道者，莫能曉解，胡不思之甚耶！取此歌，證我之所得。如或未明，即我之所得未盡善也，何迷惑於旁門非類之有。今之學者，未識吐故納新之方，便起飛雲奔霧之想。自高自大，模範於人，不知悔吝。誤他人溺在迷津，有終身不可救藥，没齒無成。似此欺心，安忍如是也。

疏曰：無名子以《參同契・鼎器歌》爲丹經骨髓。人多忽之，不能參究，安能知悟真金丹之大道乎？以予所遇至人，得二書之旨，所謂五行、四象、朱汞、鉛銀，以真陰、真陽，誘先天混一之氣，不用旁門非類。後天地生有質之物，其造化法象，則皆同於火候、年時，內外二丹成功之效則各異。予三生有緣，得聞大道，冒犯天譴，泄機於書，既爲《悟真篇》註，又爲《參同契》標註。學仙正宗，後學破惑，一以明仙道之因，一以破旁門之非。願學仙之士，因吾言而不迷，知仙書之可信，不流於旁門，不以錯自修，不以錯教人。倘遇真師與我言同、與《參同契》、《悟真篇》之道同。下手速修，共成大道。非敢求異以術俗，蓋以明仙道之正宗也。真人讀《參同契》云：不在泥象執文，此爲已得真師之傳者而言之也。象以立譬，言以傳意，故皆筌蹄，不以執泥。若夫遇真師未得真傳，迷入旁門，自以爲是，不明大道

安可自晝？委之以真人，不在執泥之言，而不求於深通融會，畢生不得聞大道矣。陳泥丸云：若未逢師且看詩，詩中藏訣好修持。又曰：言語不通非眷屬，必也字字研窮，前後貫通。我之所學無一不合，不敢以旁門非類曲爲引證，用心日久，神明自來，告人心靈，自能通悟。魏伯陽云：萬遍將可覩真人。亦云：尋文解義豈須僕，區區口授予以是。用工日久而有得於仙書者，猶益多矣，故併以相勉。

道光曰：丹經萬卷妙在《參同》又《鼎器歌》。金丹之就，舉世學人莫能曉解。偶或愚師指示傍門非類，便有脫漏之想，未得吐故納新之方，便有飛雲走霧之興，自高自是，模範於人，已既不知悔悟，誤他亦溺迷津，虧心失行，多招惡報，況又謗毀前文，詐生議論，安忍此哉！

子野曰：語云中人以上可以語上也，中人以下不可以語上也。

德行修逾八百，陰功積得三千。均齊物我與親冤，始合神仙本願。虎兕刀兵不害，無常火宅難牽。寶符降後去朝天，穩駕瓊與鳳輦。

註曰：抱一九載，功成道備，物我兩忘，何刀兵虎兕之害哉！天降寶符，身飛碧落，真大文夫出世間之日也。此言金液還丹，又全在德行，陰功八百，三千圓滿，方保無魔。依法終成，以至沖舉，登瓊與鳳輦，爲至真仙子，賓於上帝也。

道光曰：九載抱一，行滿功成，物我俱忘，何畏手刀兵虎兕。天降寶符，身飛玉闕，此大丈夫功成名遂之時也。

子野曰：始因有作，今入無爲。無爲境界，真仙所居。

《悟真篇注疏》卷八　休施巧僞爲功力，認取他家不死方。壺內旋添留命酒，鼎中收取返魂漿。

註曰：修真之士，多執非類巧僞之法施功而已，而不肯問他家自有同類不死之方。能於鼎中採取返魂之陽丹，腹內旋添延命之汞火。二物者，真修身之至寶也。《參同契》曰：同類易施功，非類難爲巧，此其證也。所謂他家者，即白虎之弦氣也。後學之人，多執以己身精氣，謂之真鉛。既然如是，仙翁豈有以他家之說，而誑他人乎？

疏曰：前詩言自向家園下種栽。無名子解曰：不肯下問，他家自有同類不死之方。前詩爲我而言，故曰自向。此詩爲教人而言，故曰他家。其爲同類則一也，此所謂同類，非謂人與。與人爲同類也者，於元氣之混一也。以元氣補元氣，是以無涯之氣，補有涯之氣，所以成仙之易也。《參同契》云：元精流布，因氣託初，此同類也。若人以人補人，則人身皆屬陰，以陰補陰，是以牝雞自卵，其體不全，安得合陰陽交媾之妙？安能得先天之氣凝結爲丹？安能化純陽之軀爲純陽之仙哉？

道光曰：修真之士，多執非類巧僞之法，施功於己，安有成就？若悟他家有不死之藥，腹內添返命之火，是爲真寶也。

子野曰：此道乃真陽逆合，盜其殺機中之生氣耳。即非三峯採戰。其他巧僞漂蕩之術，酒與漿皆神水。

敲竹喚龜吞玉芝，鼓琴招鳳飲刀圭。近來透體金光現，不與凡人話此規。

註曰：此言運火之功也。竹者，虛心無情之物也敲者，兩物相擊之義也。鼓琴者，夫婦諧和之義也。龜者，鉛也。鳳者，汞也。刀圭者，陰符之器也。玉芝者，陽火之氣也。龍之弦氣曰玉芝，虎之弦氣曰刀圭，此言龍虎相擊而結爲夫婦，如琴聲之諧和也。鳳者，南方朱雀也。龜者，北方玄武也。亦南北坎離之象，交鍊而成金丹，即時採取，餌歸丹田土釜之中，以制己之陰汞。然後虛心諧和夫婦之情，交接陰陽以運符火，以符火按卦爻合呼吸，以呼吸用神氣，以神氣馭水火，以水火鍊胎息，胎息游詠坎離，交感於中宮土釜之中，啗養鉛汞，鉛汞日夕飲啗符火之氣，而生金液之質，是爲金液還丹也。

謹按：《易真論》曰：凡運火之際，或覺尾閭有物直沖夾脊雙關，歷歷有聲，逆上泥丸，復自泥丸觸上腭，顆顆降入口中，狀如雀卵，味如水酥，香甜歆美，覺有此狀，乃是金液還丹也。徐徐嚥歸丹田，常常如此不絕，則五藏清虛。閉目內觀，臟腑歷歷如然燭，漸次有金光萬道，燦爛透出身體，如火輪雲霧，盤旋罩身，漸漸聖驗相續，以證超凡入聖。非比喻也，乃真景象也。仙翁嘿膺此異，不敢語人，蓋非人間所見聞之事也。右內外二藥。

陳上陽子曰：竹是中通外直之物，爲其不直，則敲之，要其能應於物。琴乃微弦相和之義，爲其不和，則調之，庶能克濟所事。玉芝即龍乾刀圭，爲坤物。喚龜屬我，招鳳要他，非大和則他安能招我鳳乎？修行之人，卦氣已過，竹不應物，可不擊之乎？擊即敲也。琴若不和，可不調之乎？調即鼓也。是以七十、八十至百二十歲，皆可還丹，是此道也。中人常士，烏

可語此耶？邪師妄人，焉能知此？非真仙聖師盟天口授，孰得而知之乎！昔我紫瓊公常傳太玄真人，偶一辨士來見，曰：敲竹唤龜吞玉芝，敢問我師如何是唤龜？太虚曰：唤龜我當與汝，且問你如何是敲竹？辨士曰：上上關捩子。太虚曰：我不問上上關捩子，且說如何是敲竹？辨士曰：密密深機。太虚曰：你這言語，是這長連床上學來的，你將去天下論辯去，我這裏不是你唤龜處。其人不悟，今紫瓊指出後，卻問紫瓊曰：汝知敲竹否？曰：寂然不動，感而遂通。曰：汝知唤龜否？曰：禮下於人，必有所求。曰：適來辨士何以不悟？紫瓊曰：彼未得歸，雖猜不得。太虚復誡曰：知之非難，行之唯難。

道光曰：竹乃虚心之物，無情之義也。琴乃樂之正音，和諧之義也。龜即黑虎，鳳即赤龍。龍之弦氣白玉芝，虎之弦氣曰刀圭。言龍虎是無情之物，而能交媾，故曰敲。猶兩物相敲擊之意。龍虎相交爲夫婦，是以和諧，故曰鼓琴。龍虎交則二弦之氣相吞相啖，煉就還丹，透體金光，玄黄燦爛，風生兩腋出人間。

子野曰：玉芝、刀圭，藥之異名。藥生坎中，坎有乾陽，乾爲金、爲玉，故喻爲玉芝、刀圭。敲竹鼓琴，乃陰陽相求之和聲。竹則虚心，應而先欲；琴則正音，和而不亂。此聲之感，非尋常邪僻情僞鄭衛之音。唤龜招鳳，所謂本乎天者親上，本乎地者親下。《入藥鏡》謂之上鵲橋下鵲橋之義，又離爲禽，爲南方朱鳳，喻坎招離，翕受其藥，離即我也。

饒君了悟真如性，未免抛身卻入身。若解更能修大藥，頓超無漏作真人。

註曰：人頓悟真心，直超如來真空清靜性海，畢竟有今生後世，出彼入此之軀，曷若兼修金丹鍊形入於無形，變手不測，而臻乎千手千眼之應。故於形神性命之道，成彼逈超無漏，而具真金慈相，巍巍堂堂，爲天人師，證無上至真者哉！大用未現前，大法未明透，一毫滲漏，抛身入身矣。若圓明照了，寶鍊金丹，道成十極，號曰真人。後之迷者，以摩撫吐納，旁門小法，以己合天，謂之金丹。夫金丹出於自然，旁門出於使然。金丹以月爲本，出於庚金之方，會於坎水之元，金水相投，結成造化，所以謂之金丹也。右性命，性命同修是謂一陰一陽之道。若上悟性未能了命者，則歸於偏陰身入身之患矣。

道光曰：我如來法門，悟性爲先，然非上乘之妙義。金丹之道，得藥爲上，然必煉性爲先。若以悟性爲偏，萬無是理，若不煉性而求藥，恐致險危。

子野曰：《易》云：窮理盡性，以致於命。是謂性命同修，是謂一陰一陽之道。若止悟性，未能了命，是謂偏陰偏陽之疾，而有抛身入身之患矣。

禍福由來互倚伏，還如影響相隨逐。會能轉此生殺機，反掌中間災變福。

註曰：陽主生曰福，陰主殺曰禍。陰消則陽長，陽極則陰生，互相倚伏，如影響之隨逐，此常道，自然之理也。若能逆此生殺之機而修之，則反掌之間，變災爲福，害裏生恩，男女有孕爲不證矣。右引《陰符》以明道。

道光曰：陽主生日福，陰主殺曰禍，陰消則陽長，陽極則陰生，互相倚伏，此常道也。若以生殺之機，逆而修之，反掌之間，災中變福，害裏生恩，男兒有孕，爲丹道也。

子野曰：所謂五行順行，法界火坑；五行顛倒，大地七寶。

了了心猿方寸機，三千功行與天齊。自然有鼎烹龍虎，爭奈擔家戀子妻。

註曰：此時警時人之不知返者也。方寸機者，言修真之士，未鍊還丹以前，須是心地了了，不爲心猿意馬之所使。古歌曰：人生本是一猿猴，萬種皆因向外游。制伏若能收拾住，六精結住夜明珠。呂真人曰：未鍊還丹先鍊心。《西山記》曰：真仙上聖教人修道，即修心也，教人修心，即修道也。又云：制之則正，放之則狂，清淨道生，昏濁神忘，此其旨也，所謂行者，陰與陽也。仙翁曰：大藥修之有易難，須知由我也由天。若非積行施功德，動有羣魔作障緣。鍾離公曰：有功無行如無足，有行無功目不前。功行兩全足目備，誰云無功作神仙。呂真人云：蓬萊路仗三千功德，獨步雲歸，陰功既積，必遇至人。故曰自然有鼎烹龍虎也。其曰戀子愛妻，此仙翁之意，復恐學迷失道，而入邪行，愛妻戀子，永沉苦海矣。學者須存物外之志可也。右警世人。

道光曰：此言甚切，何故不知返也？

丹是色身至寶，鍊成變化無窮。更於性上究真宗，決了死生妙用。不待他身後世，現前獲佛神通。自從龍女著斯功，爾後誰能繼踵？

註曰：金丹能化有形入於無形，故能變化無窮，隱顯莫測。若能兼以識

心見性，遣其幻妄，以廣神通，則性命之道雙圓，形神俱妙，則斯道愈弘矣。迥超無漏，而爲金剛不壞之軀，乃無上之大道也。故仙翁曰：若以真金妙色之身，證其真金慈相，巍巍堂堂，爲天人師，示神通力，普現法界，運無碍大慈平等、智慧莊嚴佛土，廣宣妙法，普度衆生，則必兼以識心見性，方弘此道。昔龍女頓悟心珠，便超佛性，乃斯道也。若或修行之人厭此幻相，不能修金丹，便欲直超如來。真空，湛然常寂，此爲究竟涅槃三昧，則斯之語言，斯之身相，又非所取也。右性命。

子野曰：丹是色身至寶，只此一語已盡大丹之旨，何用多爲？

道光曰：此道正是我達磨祖師西來底意，祖祖相傳，皆此道也。故六祖出曹溪一流，馬祖指爲西江水，無非此意。但後之人無心行道，唯以口談，佛祖無可奈何，柱杖棒喝，百般譬喻，使上根者行其道，中器者悟其性，下根者記其言，道人所適。蓋欲世人，先存其性，然後修命。存性即玉液煉己之功，修命即金液還丹之道。愚者卻謂：我教禪宗，一言之下，頓悟成佛。此乃誑惑迷愚，安有是理哉？要知金丹，即我教中最上一乘之妙。

子野曰：丹是色身至寶，只斯一語已盡大丹之旨，何用多爲！

《周易參同契考異・上篇》 乾坤者，易之門户，衆卦之父母。

乾坤以宇内言之，則乾天在上，坤地在下，而陰陽變化，萬物终始皆在其間。以人身言之，則乾陽在上，坤陰在下，而一身之陰陽，萬物變化终始，皆在其間。此乾坤，所以爲易之門户，衆卦之父母也。凡言易者，皆指陰陽變化而言，在人則所謂金丹大藥者也，然則乾坤其爐鼎歟。

坎離匡郭運轂正軸，

乾坤位乎上下，而坎離升降于其間。所謂易也，先天之位，乾南坤北，離東坎西是也。故其象如垣郭之形，其升降，則如車軸之貫轂，以運輪一下而一上也。轂車輪之心，外實而持輻，内空以受軸者也，軸，車下横木，兩頭貫轂，而受轄者也。

牝牡四卦以爲橐籥。

牝牡謂配合之四卦，震兑巽艮是也。橐，鞴囊。籥，其管也。蓋納甲之法，乾爲望，坤爲晦，而坎離升降于其間。震爲生明，而兑爲上弦，巽爲生魄，而艮爲下弦，如鼓鞴之有缓急也。

附朱子曰：邵子云乾坤定上下之位，坎離列左右之門，《參同契》首卦位，鋪排都只一般。

覆冒陰陽之道，猶工御者，執銜轡，準繩墨，隨軌轍。處中以制外，數在律曆紀。

此言人心能統陰陽，運轂軸以成丹也。銜轡，謂所以使陰陽者。繩墨，謂火候。軌轍，指其升降之所由。中，謂心。外，謂氣。數即下文六十卦之火候也。

月節有五六，經緯奉日使。兼並爲六十，剛柔有表裏。

月以五日爲一節，六節爲一周。兼晝夜爲六十以配六十卦。晝剛夜柔，剛裏柔表。蓋六十四卦，除乾坤坎離，爲爐竈丹藥所用。以爲火候者，止六十卦也。

朔旦屯直事，至暮蒙當受。晝夜各一卦，用之如次序。

此六十卦之凡例，一月而一周，蓋逐日用功，時刻之早晚也。

既未至晦爽，终則復更始。日辰爲期度，動静有早晚。

既未謂晦日之卦。朝既濟，莫未濟也。爽謂生明之時。春夏據内體，從子到辰巳，秋冬當外用，自午訖戌亥。此引《易》而釋之，以明乾坤坎離之用，言乾上而坤下離降而坎升也。乾坤二用，謂乾用九，坤用六，九老陽，六老陰也。

二用無爻位，周流行六虚。往來既不定，上下亦無常。幽潛淪匿，升降于中。包囊萬物，爲道紀綱。以無制有，器用者空，故推消息，坎離沒亡。

乾坤二卦六爻，九六各有定位，唯用九用六，無定位，而六爻之九六，即此九六之周流升降也。納甲之法，春夏爲朝，秋冬爲莫，内體謂前卦，外用謂後卦，此亦六十卦之凡例，後篇屯以子申，蒙用寅戌，乃以納甲之法，盡發之大率，一日所用，子午卯酉，四時而已。

賞罰應春秋，昏明順寒暑。爻辭有仁義，隨時發喜怒。如是應四時，五行得其序。

此言朝暮用功，有不同之處，未詳其說。

天地設位，而易行乎其中矣。天地者，乾坤也。設位者，列陰陽配合之位也。易謂坎離，坎離者，乾坤二用。

乾納甲壬，坤納乙癸，震納庚，巽納辛，艮納丙，兑納丁，皆有定位。而坎納戊，離納己，無定位。蓋六卦之陰陽，即坎離中爻之周流升降也。故以此

之無制彼之有，知器有形，而其用乃在其形之空處。蓋用老子所謂挺埴以爲器，當其無有器之用之語也。消息謂自坤之息，歷震兑而極于乾，自乾而消，歷巽艮而極于坤也。沒亡謂無位也，後章用九翩翩，爲易宗祖，一節亦是此意也。

附朱子曰：或問《參同》，本是龍虎上經，果否？曰：不然，蓋是後人見伯陽傳有龍虎上經一句，遂僞作此經，大概皆是概括《參同》之語而爲之也。其間有説錯了處，如二用云者，用九用六，九六亦坎離也。六虚者，即乾坤之初、二、三、四、五、上六爻位也。言二用，雖無爻位。而常周流乎乾坤六爻之間，猶人之精氣，上下周流乎一身，而無定所也。《龍虎經》卻錯説作虚危去，蓋討頭不見，牽合一字來説。

附按：彭氏以爲魏公得《古文龍虎經》，而譔《參同契》朱子以爲經乃後人僞作，今考《參同契》中有古文記龍虎之文，往往古有其文，如《火記》之類，特恐非今所傳者耳，鮑氏云：此乃三墳書，狐首經之比，未可知也。

附：又按《金碧古文龍虎上經》差簡于《參同契》，然其語次布置，與契不甚相遠，而加整焉。末云《火記》不虚作，亦契中語也。然則《火記》又《參同》之所出歟。

言不苟造，論不虚生。引驗见效，校度神明。推類結字，原理爲徵。坎戊月精，離己日光。日月爲易，剛柔相當。土王四季，羅络始終。青赤白黑，各居一方。皆稟中宫，戊己之功。

此以造字之法，明坎月離日之合而爲易也。蓋坎戊離己，皆居中宫土位，而四方四行皆稟其氣。

易者象也。懸象著明，莫大乎日月。窮神以知化，陽往則陰來，輻湊而輪轉，出入更卷舒。

此總明日月爲易之意，下乃詳言其法與一月之火候。

晦至朔旦，震來受符，當斯之時，天地媾其精，日月相撢持。雄陽播玄施，雌陰化黄包。混沌相交接，權與樹根基。經營養鄞鄂，凝神以成軀。衆夫蹈以出，蠕動莫不由。于是仲尼贊洪濛，乾坤德洞虚。稽古稱元皇，關雎建始初。冠婚氣相纽，元年乃牙滋。聖人不虚生，上觀顯天符。天符有進退，詘信以應時。

此書之法，以一月爲六節，分屬六卦，震一、兑二、乾三、巽四、艮五、坤六，每五日爲一節，故言朔旦，則震始。用事而爲日月，陰陽交感之初，于是加修煉之功，如聖人之作六經，皆有所托始也。此實一篇之要言，而雄陽播玄施，雌陰化黄包，又一節之要處，他皆以明此耳。

故易統天心。復卦建始萌，長子繼父體，因母立兆基。消息應鍾律，升降據斗樞。

此又以一月爲十二節，以復、臨、泰、壯、夬乾、姤、遯、否、觀、剥、坤爲序。每二日半爲一節，復即前六節，震卦之内體也，長子震也。父乾也，母坤也。下章云朔旦爲復。

三日出爲爽，震受庚西方，八日兑受丁，上弦平如繩，十五乾體就，盛滿甲東方。

三日第一節之中，月生明之時也。蓋始受一陽之光，而昏見于西方庚地也。八日第二節之中，月上弦之時，蓋受二陽之光，而昏見于南方丁地也。十五日第三節之中，月既望之時，全受日光，盛滿而昏見于東方之甲地也。

蟾蜍與兔魄，日月無雙明。蟾蜍眡卦節，兔者吐生光。

此言望夕之月，全受日光，而借蟾爲瞻，借兔爲吐也。七八道已訖，屈折低下降。十六轉受統，巽辛見平明。艮直于丙南，下弦二十三。坤乙三十日，東北喪其明。節盡相禪與，繼體復生龍。壬癸配甲乙，乾坤括始終。

七八，謂十五日也。十六日謂第四節之始也。始生下一陰爲巽而成魄，以平旦而沒于西方辛地也。二十三日第五節之中，復生中一陰爲艮，而下弦以平旦，而沒于南方丙地也。三十日第六節之終，全變三陽，而光盡，體伏于東北，借《易》朋字作明字也。一月六節既盡，而禪于後月，長子繼父，復生震卦，壬配甲，癸配乙，皆屬乾坤，括十日之始終，自晦至朔旦，至此一月之火候也。

附：朱子曰：一息之間，便有晦朔弦望。上弦者，氣之方息，自上而下也。下弦者，氣之方消，自下而上也。望者，氣之盈也，日沉于下而月圓于上也。晦朔之間，日月之合乎上。所謂舉水以滅火，金來歸性初之類是也。

七八數十五，九六亦相應，四者合三十，陽氣索滅藏。

索盡也。

八卦列布曜，運移不失中。玄精眇難覿，推度效符證。居則觀其象，準擬其形容。立表以爲範，占候定吉兇。發號順時令，勿失爻動時。上察河圖文，下序地形流。中稽于人情，參同考三才。動则循卦節，靜則因彖辭。乾坤用施行，天下然後治。

此用乾坤用九，天下治也之語。上言乾坤用，即用九用六也。治或作理，蓋避唐諱。此下至國無害道，皆以國政爲喻。

可不慎乎！御政之首。管括密微，闓舒布寶。要道魁柄，統化綱紐。爻象內動，吉兇外起。五緯錯順，應時感動。四七乖戾，侈離俯仰。文昌總録，詰責台輔。百官有司，各典所部。日合五行精，月受六律紀。五六三十度，度竟復更始。原始要终，存亡之绪，或君驕佚，亢滿違道。或臣邪佞，行不順軌，弦望盈縮，乖變兇咎。執法刺譏，結過移主，辰拯受正，優游任下，明堂布政，國無害道。

此皆取譬之言，然其間亦有可詳味者。

內以養己，安静虛無。元本隐明，内照形軀。閉塞其兑，築固靈株。三光陸沉，温養子珠。视之不見，近而易求。黄中漸通理，潤澤達肌膚。初正则终修，幹立末可持。一者以掩蔽，世人莫知之。

此乃以內事言之，于經中最爲要切。而三光陸沉，温養子珠之一言，又要切之。要切者，前所譬御政之首，魁柄綱纽，正謂此也。初正、幹立，原始而言也。终修、末持，要終而言也。一者以掩蔽，言其造端之處，隐而不章者也。

上德無爲，不以察求，下德爲之，其用不休。上閉则稱有，下閉则稱無。無者以奉上，上有神德居。此兩孔穴法，金氣亦相胥。

此下漸難通曉，今畧以意解之。上德即上文所謂雌陰化黄包，三光陸沉。下文所謂汞白爲流珠，青龍與之俱，所謂流珠水之母者，正思慮所不及也。下德即上文所謂雄陽播玄施，温養子珠。下文所謂白虎爲熬樞，黄土金之父者，正著意用力處也。閉則皆失其所宜矣。下不可無，故無者以奉上。神德謂微妙處。《龍虎經》作上有青龍居。金氣即謂雄陽，白虎也，大率陽既下，即陰自上矣。所謂孔穴者此也。《鼎器歌》云：陰在上，陽下奔，此亦至要之言。

知白守黑，神明自來，白者金精，黑者水基，水者道樞，其散各一。

白謂汞，黑爲鉛。金精言其生于鉛，水基能生水也。白黑各一，而水爲道樞，所謂神德者也。

陰陽之始，玄含黄牙。五金之主，北方河車，

玄含黄牙，水中有土，静而有意也。北方河車，黑而生水也。以下文考之，正謂鉛耳。

故鉛外黑，內懷金華，被褐懷玉，外爲狂夫。

鉛即上文所謂金氣。

金爲水母，母隱子胎，水者金子，子藏母胞。

此即上文，知白守黑之義。

真人至妙，若有若無，仿佛大淵，乍沈乍浮，退而分布，各守境隅。

此所謂温養子珠者也。

望之類白，造之則朱。鍊爲表衛，白裹貞居。方圓徑寸，混而相拘。先天地生，巍巍尊高。旁有垣闕，狀似蓬壺。環匝關閉，四通踟蹰。守禦密固，閼绝姦邪。曲閣相通，以戒不虞。

徑寸，即所謂子珠者。垣闕，疑即下文所謂情主營外。恒，爲城闕者耶。皆未詳其何說。

可以無思，難以愁勞。神氣滿堂，莫之能留。守之者昌，失之者亡。動静休息，常與人俱。是非歷藏法，内視有所思。履行步斗宿，六甲以日辰。陰道厭九一，濁亂夭玄胞。食炁鳴腸胃，吐正吸新邪。晝夜不卧寐，晦朔未嘗休。身體以疲倦，恍惚狀若癡。百脈鼎沸馳，不得清澄居。周迴立壇宇，朝暮敬祭祠。鬼物見形象，夢寐感慨之。心懽意喜悦，自謂必延期。遽以夭命死，腐露其形骸。舉措輒有違，悖逆失樞機。諸術甚衆多，千條有萬餘。前卻違黄老，曲折戾九都。

言此道與諸旁門小法之不同，不能詳解。

明者省厥旨，曠然知所由。勤而行之，夙夜不休，服食三載，輕舉遠游，入火不焦，入水不濡，能存能亡，長樂無憂。道成德就，潛伏竢時。太乙乃召，移居中洲，功滿上昇，膺籙受圖。《火記》不虛作，演《易》以明之。偃月法鼎爐，白虎爲熬樞。汞日爲流珠，青龍與之俱。舉東以合西，魂魄自相拘。上弦兑數八，下弦亦如之。

偃月，疑前下圓，後上缺，狀如偃月也。白虎，鉛也，火也，氣也，西也，魄

也，陽也。爲熬樞，言下奔，而致蒸潤上行也。汞，日精也。青龍，水也，東也，魂也，陰也。上弦，陽也。下弦，陰也。

附：朱子曰：坎離、水火、龍虎、鉛汞之屬，只是互換其名，其實只是精氣二者而已。精，水也，坎也，龍也，汞也。氣，火也，離也，虎也，鉛也。其法以神運精氣，結而爲丹。陽氣在下，初成水，以火煉之，則凝成丹，其説甚異。

兩弦合其精，乾坤體乃成。二八應一斤，易道正不傾。

八日爲兑，上弦，又進八日，乃成乾體。二十二日爲艮，下弦，又退八日乃成坤體。一本註云：銖有三百八十四，亦應爻之數，蓋一斤之銖數也，自震而起，至乾而滿，歷巽而消，至坤而盡。

金入于猛火，色不奪精光。自開闢以來，日月不虧明，金不失其重，日月形如常。金本從月生，朔旦受日符。金反歸其母。月晦日相包。隱藏其匡郭，沉淪于洞虚。金復其故性，威光鼎乃熺。

金，即鉛也。金歸其母，復其故性，謂斂藏不用。日不照月，純坤卦也。熺字本作喜，一本作僖，今按皆無理。案《説文》熺，炎也，後漢多用此字。

子午數合三，戊己號稱五。三五既和諧，八石正綱紀。嘑吸相貪欲，佇思爲夫婦。黄土金之父，流珠水之母。水以土爲鬼，土填水不起。朱雀爲火精，執平調勝負。水勝火消滅，俱死歸厚土。三性既合會，本性共宗祖。

子水一，午火二，數合三也。戊己土，其數五，三五合而爲八，八石象也。然其實但水火二物，而以土爲主耳。土屬脾，脾主意，謂以意使火下，而水上相呼吸也。金即火也，朱雀疑指心而言，又意之主也。此火字與前章熬字意不同，別是一火也。執平，謂執衡，司夏也。此書之意，大抵爲以火烹水，以水滅火，亦如前章，月受日光，反歸其母之意也。

巨勝尚延年，還丹可入口。金性不敗朽，故爲萬物寶。術士服食之，壽命得長久。土遊於四季，守界定規矩。金砂入五内，霧散若風雨。重烝達四肢，顔色悦澤好。髮白更生黑，齒落出舊所。老翁復丁壯，耆嫗成姹女。改形免世厄，號之曰真人。

此言内丹而言，入口未詳其旨，餘见後章，馳入赤色門下。

胡粉投火中，色壞還爲鉛。水雪得温湯，解釋成太玄。金以砂爲主，稟和于水銀。變化由其真，終始自相因。

此皆以同類，相變爲譬也。

欲作服食仙，宜以同類者。植禾當以粟，覆雞用其子。以類輔自然，物成易陶冶。魚目豈爲珠，蓬蒿不成檟。類同者相從，事乖不成寶。足以燕雀不生鳳，狐兔不乳馬，水流不炎上，火動不潤下。

又以異類，不能相成，反覆明之。

世間多學士，高妙負良才。邂逅不遭值，耗火亡貨財。據按依文説，妄以意爲之。端緒無因緣，度量失操持。擣治羌石膽，雲母及礜磁。硫黄燒豫章，泥汞相煉治。鼓下五石銅，以之爲輔樞。雜性不同種，安肯合體居。千舉必萬敗，欲黠反成癡。穉年至白首，中道生狐疑。背道守迷路，出正入邪蹊。管窺不廣見，難以揆方來。

此言爲外丹者，藥非同類，不能成寶。

若夫至聖，不過伏羲畫八卦，效天圖。文王帝之宗，結體演爻辭。夫子庶聖雄，《十翼》以輔之。三君天所挺，迭興更御時。優劣有步驟，功德不相殊。制作有所踵，推度審分銖。有形易忖量，無兆難慮謀。作事令可法，爲世定詩書。素無前識資，因師覺悟之。皓若褰帷帳，瞋目登高臺。

言三聖迭興，事有優劣。蓋伏羲法天，文王踵羲，夫子踵文。有形者易制，無形者難及也。因自言，因師以悟此理也。詩書兩句未詳。

《火記》六百篇，所趣等不殊。文字鄭重説，世人不熟思。尋度其源流，幽明本共居。竊待賢者談，曷敢輕爲書。結舌欲不語，絶道獲罪誅。寫情寄竹帛，恐泄天之符。猶豫增歎息，俯仰綴斯愚。陶冶有法度，未忍悉陳敷。略述其紀綱，枝條見扶疎。

《火記》六百篇，蓋古書今亡，未可知。

以金爲隄防，水火仍優游。金數十有五，水数亦如之。臨爐定銖兩，五分水有餘。二者以爲真，金重如本初。其三遂不入，水二與之俱。三物相含受，變化狀若神。下有太陽炁，伏烝須臾間。先液而後凝，號曰黄輿焉。

此言丹之第一變也，金水並見上，入一作火，據下文三物即當作火，然又云下有太陽炁，則似只是二物，恐當作八，而三亦當作二耳，此是金水数皆十五，而五分其水只用其二。蓋十五之六也，其三則十五之九也。水二一作火二，與上水火下三物相應，但上無火之銖兩，下又有太陽字，則又未必然也。二物相含受，即陰陽坎離之交，三物之誤甚明。

歲月將欲訖，毁性傷壽年。形體爲灰土，狀若明窗塵。

此是第二變也。

擣治並合之，馳入赤色門。固塞其際會，務令致完堅。炎火張於下，晝夜聲正勤。始文使可修，终竟武乃陳。候視加謹慎，審察調寒温。周旋十二節，節盡更須親。炁索命將绝，休死亡魄魂。色轉更爲紫，赫然成還丹。粉提以一丸，刀圭最爲神。

此第三變也，擣治并合，此當别有所作用。赤色門謂口也，液凝灰土，理須自見，蓋吐出而鍊治之，復呑纳也。炎火，即所謂太陽炁。聲正勤，後章亦言嗷嗷，聲正悲，如嬰兒慕母是也。脩疑作循字。唐人兩事多互見，氣索命绝，又是前章火滅金復之意，粉提、刀圭未詳。

推演五行數，較約而不煩。舉水以激火，奄然滅光榮。日月相激薄，常存晦朔間。水盛坎侵陽，火衰離晝昏。陰陽相飲食，交感道自然。名者以定情，字者緣性言。金來歸性初，乃得稱還丹。

此解上文還丹得名之義，因火滅而金復也。

吾不敢虚說，倣效聖人文。古記題龍虎，黄帝美金華。淮南鍊秋石，王陽加黄牙。賢者能持行，不肖母與俱。古今道由一，對談吐所謀。學者加勉力，留念深思惟。至要言甚露，昭昭不我欺。

《周易參同契考異·中篇》 乾剛坤柔，配合相包。陽稟陰受，雄雌相須。須以造化，精氣乃舒。坎離冠首，光耀垂敷。玄冥難測，不可畫圖。聖人揆度，參序玄基。四者混沌，徑入虚無。六十卦周，張布爲輿。龍馬就駕，明君御時。和则隨從，路平不邪。邪道險阻，傾危國家。

此與上篇首章，相表裏。

君子居其室，出其言善，則千里之外應之。謂萬乘之主，處九重之室，發號出令，順陰陽節，藏器俟時，勿違卦日。屯以子申，蒙用寅戌，餘六十卦，各自有日。聊陳兩象，未能究悉。立義設刑，當仁施德。逆之者兇，順之者吉。按曆法令，至誠專密。謹候日辰，審察消息。纖芥不正，悔吝爲賊。二至改度，乖錯委曲。隆冬大暑，盛夏霰雪。二分縱横，不應漏刻。風雨不節，水旱相伐。蝗蟲涌沸，山崩地裂。天見其怪，羣異旁出。孝子用心，感動皇極。近起己口，遠流殊域。或以招禍，或以致福，或興太平，或造兵革，四者之來，由乎胸臆。動静有常，奉其繩墨。四時順宜，與氣相得。剛柔断矣，不相涉入。五行守戒，不妄盈縮。易行周流，屈伸反覆。

此與上篇論屯蒙、朝暮、内體、外用，相表裏。蓋乾納甲壬，坤納乙癸，震庚、巽辛、坎戊、離己、艮丙、兑丁也。重卦之法，乾下三爻，纳甲子寅辰，上三爻，纳壬午申戌。坤下三爻，纳乙未巳卯。上三爻，纳癸丑亥酉。震下三爻纳庚子寅辰。上三爻，纳庚午申戌。巽下三爻，纳辛丑亥酉。上三爻，纳辛未己卯。坎下三爻，纳戊寅辰午。上三爻，纳戊申戌子。離下三爻，纳己卯丑亥。上三爻，纳己酉未巳。艮下三爻，纳丙辰午申。上三爻，纳丙戌子寅。兑下三爻，纳丁己卯丑。上三爻，纳丁亥酉未。而内體從子至辰巳，外用從午訖戌亥。故朝屯，則初九庚子之爻，當子時六四，戊申之爻，當卯時暮蒙，則初六戊寅之爻，當午時六四，戊戌之爻，當酉時，餘六十卦，各以此法推之，此再言一日之火候也。

晦朔之間，合符行中。渾沌鴻濛，牝牡相從。滋液潤澤，施化流通。天地神靈，不可度量。利用安身，隱形而藏。始乎東北，箕斗之鄉。旋而右轉，嘔輪吐萌。潛潭見象，發散精光。畢昴之上，☳震出爲徵。陽炁造端，初九潛龍。陽以三立，陰以八通。故三日☳震動，八日☱兑行。九二見龍，和平有明。三五德就，☰乾體乃成。九三夕惕，虧折神符。盛衰漸革，終還其初。☴巽繼其統，固際操持。九四或躍，進退道危。☶艮主進止，不得踰時。二十三日，典守弦朝。九五飛龍，天位加喜。六五☷坤承，結括終始。蘊養衆子，世爲類母。陽數已訖，訖則復起。推情合性，轉而相與。上九亢龍，戰德於野。用九翩翩，爲道規矩。循據璇璣，昇降上下。周流六爻，難得察睹。故無常位，爲易宗祖。

此再以納甲言一月之火候也。又以乾六爻納於其間，以明陽氣之消息，箕斗但言東北畢昴，但言正西，借天之四方，以言地之四方耳，非謂天之東北西方也。六五恐是廿六字，廿音入即二十字，二十六日以後，坤卦用事也，用九以下，與上篇乾坤二用處，相表裏。

朔旦爲䷗復，陽氣始通。出入無疾，立表微剛。黄鐘建子，兆乃滋彰。播施柔暖，黎蒸得常。䷒臨爐施條，開路正光。光耀寖進，日以益長。丑之大呂，結正低昂。仰以成䷊泰，剛柔並隆。陰陽交接，小往大來。輻湊於寅，運而趨時。漸歷䷡大壯，俠列卯門。榆莢墮落，還歸本根。刑德相負，晝夜始分。䷪夬陰以退，陽升而前。洗濯羽翮，振索宿塵。䷀乾健盛明，廣被四鄰。陽終於巳，中而相干。䷫姤始紀绪，履霜最先。井底寒泉，午爲蕤賓。

寘服於陰，陰爲主人。䷠遯去世位，收斂其精。懷德俟時，棲遲昧冥。䷋否閉不通，萌者不生。陰伸陽詘，沒陽姓名。䷓觀其權量，察仲秋情。任蓄微稚，老枯復榮。薺麥牙蘖，因冒以生。䷖剥爛支體，消滅其形。化炁既竭，亡失至神。道窮則反，歸乎䷁坤元。恒順地理，承天布宣。玄遠幽渺，隔閡相連。應度育種，陰陽之原。寥廓恍惚，莫知其端。先迷失軌，後爲主君。無平不陂，道之自然。變易更盛，消息相因。终坤始復，如循連環。帝王承御，千秋常存。

此以十二卦細分一月之火候，亦通一歲之火候也。一月之法，二日半爲一卦，復爲震之坤，臨爲兑之坤，泰爲乾之坤，大壯爲乾之震，夬爲乾之兑，乾爲乾之乾，姤爲乾之巽，遯爲乾之艮，否爲乾之坤，觀爲坤之巽，剥爲坤之艮，坤爲坤之坤。臨爲復震，大壯爲復兑，乾爲復乾，遯爲復巽，觀爲復艮，坤爲復坤。其推演之例，以卦名、律名、辰名三者而言。輻凑即太簇，俠列即夾鍾，洗濯即姑洗，中即中吕，昧冥即林，伸即申，任蓄即南，閡即亥，應即應鍾，大率傅會假託，不足深究也。後爲主君，蓋亦讀《易》而後得。主爲句，其誤久矣。

將欲養性，延命卻期。審思後末，當慮其先。人所稟軀，體本一無。元精雲布，因氣託初。陰陽爲度，魂魄所居。陽神日魂，陰神月魄。魂之與魄，互爲室宅。性主處内，立置鄞鄂。情主營外，築垣城郭。城郭完全，人物乃安。于斯之時，情合乾坤。乾動而直，氣布精流。坤静而翕，爲道舍廬。剛施而退，柔化以滋。九還七反，八歸六居。男白女赤，金火相拘。則水定火，五行之初。上善若水，清而無瑕。道之形象，真一難圖。變而分布，各自獨居。類如雞子，黑白相符。縱横一寸，以爲始初。四肢五藏，筋骨乃具。彌歷十月，脱出其胞。骨弱可卷，肉滑若鉛。

此與上篇知白相表裏，言人之始生，亦以陰陽交合而成，今欲爲丹，亦由是也。凡言道者，皆丹之託名。鉛疑是飴字，以似而誤也。

陽燧以取火，非日不生光。方諸非星月，安能得水漿？二氣玄且遠，感化尚相通。何况近存身，切在于心胸。陰陽配日月，水火爲效徵。耳目口三寶，固塞勿發通。真人潛深淵，浮游守規中。旋曲以視覽，開闔皆合同。爲己之軸轄，動静不竭窮。離氣内營衛，坎乃不用聰。兑合不以談，希言順鴻濛。三者既關鍵，緩體處空房。委志歸虚無，無念以爲常。證難以推移，心專不縱横。寢寐神相抱，覺悟候存亡。顔容寖以潤，骨節益堅强。辟卻衆陰邪，然後立正陽。修之不輟休，庶氣雲雨行。淫淫若春澤，液液象解冰。從頭流達足，究竟復上昇。往來洞無極，怫怫被容中。反者道之驗，弱者德之柄。耘鋤宿污穢，细微得調暢。濁者清之路，昏久則昭明。

此一節，乃涵養本原工夫，尤爲要切。

附： 朱子曰： 離氣内營衛，嘗見前輩讀内爲纳，其説是也。

世人好小術，不審道淺深。棄正從邪徑，欲速閡不通。猶盲者不任杖，聾者聽宫商。沒水捕雉兔，登山索魚龍。植麥欲穫黍，運規以求方。竭力勞精神，终年無見功。欲知服食法，事約而不煩。太陽流珠，常欲去人。卒得金華，轉而相因。化爲白液，凝而至堅。金華先倡，有頃之間。解化爲水，馬齒闌干。陽乃往和，情性自然。迫促時陰，拘畜禁門。慈母育養，孝子報恩。嚴父施令，教飭子孫。五行錯王，相據以生。火性銷金，金伐木榮。三五與一，天地至精。可以口訣，難以書傳。子當右轉，午乃東旋。夘酉界隔，主定二名。龍呼於虎，虎吸龍精。兩相飲食，俱相貪便。逐相銜嚥，咀嚼相吞。熒惑守西，太白經天。殺氣所臨，何有不傾？狸犬守鼠，鳥雀畏鸇。各有其功，何敢有聲？不得其理，難爲妄言。竭殫家産，妻子飢貧。自古及今，好者億人。訖不諧遇，希有能成。廣求名藥，與道乖殊。如審遭逢，睹其端绪。以類相况，揆物终始。五行相克，更爲父母。母含滋液，父主稟與。凝精流形，金石不朽。審專不泄，得爲成道。

言學小術者，勞而無功，得此法者，約而不煩。太陽以下，與前篇知白、熬樞、黄輿等章相表裏。五行相生，母子之恩也。火金相克，嚴父之令也。三五謂火、金、木五，皆稟土氣也。一說謂三五即前篇子午、戊己也。一未詳所指，或曰與當作爲下篇三五并與一亦放此。東疑當作左。此言陰陽定位也。龍虎六句，母子之恩也。熒惑大白以下八句，嚴父之令也。不得其理，廣求名藥，爲外丹者也。以類相况，如前篇言八石正綱紀之類也。

立竿見影，呼谷傳響，豈不靈哉？天地至象，若以野葛一寸，巴豆一兩，入喉輒僵，不得俛仰。當此之時，雖周文揲蓍，孔丘占象，扁鵲操針，巫咸叩鼓，安能令蘇，復起馳走？河上姹女，靈而最神，得火則飛，不見埃塵。鬼隱龍匿，莫知所存。將欲制之，黄牙爲根。物無陰陽，違天背原，肥雞自卵，其雛不全。夫何故乎？配合未連。三五不交，剛柔離分。施化之精，天地自然。猶火動而炎上，水流而潤下。非有師導，使其然者。資始統政，不可復改。觀夫雌雄。交媾

之時，剛柔相结，而不可解。得其節符，非有工巧，以制御之。若男生而伏，女偃其軀，稟乎胞胎，受氣元初。非徒生時，著而見之，及其死也，亦復效之。此非父母，教令其然，本在交媾，定制始先。坎男爲月，離女爲日。日以施德，月以舒光。月受日化，體不虧傷。陽失其契，陰侵其明。朔晦薄蝕，奄冒相包。陽消其形，陰淩災生。男女相須，含吐以滋。雄雌交雜，以類相求。金化爲水，水性周章。火化爲土，水不得行。故男動外施，女静内藏。溢度過節，爲女所拘。魄以撿魂，不得淫奢。不寒不暑，進退合時，各得其和，俱吐證符。

以毒藥能殺人，爲黃牙能制姹女之譬。外丹即謂丹砂，此未詳何所指也。

物無陰陽，以下皆物理，明爲此法者，當陰陽交合爲本也。

丹砂木精，得金乃并。金水合處，木火爲侶。四者混沌，列爲龍虎。龍陽數奇，虎陰數偶。肝青爲父，肺白爲母，腎黑爲子，脾黃爲祖。三物一家，都歸戊己。剛柔迭興，更歷分部。龍西虎東，建緯卯酉。刑德並會，相見懽喜。刑主伏殺，德主生起。二月榆死，魁臨子卯。八月麥生，天罡據酉。子南午北，互爲綱紀。九一之數，终则復始。含元抱真，播精於子。關關雎鳩，在河之洲。窈窕淑女，君子好逑。雄不獨處，雌不孤居。玄武龜蛇，盤虬相扶，以明牝牡，畢竟相胥。假使二女共室，顔色甚姝，令蘇秦通言，張儀結媒，發辨利舌，奮舒美辭，推心調諧，使爲夫妻，弊髮腐齒，终不相知。若藥物非種，名類不同，分劑參差，失其紀綱，雖黃帝臨爐，太一降坐，八公擣錬，淮南執火，立宇崇壇，玉爲階陛，麟脯鳳腊，把籍長跪，禱祝神祇，請哀諸鬼，沐浴齊戒，冀有所望，亦猶和膠補釜，以茵塗瘡，去冷加冰，除热用湯，飛龜舞蛇，愈見乖張。

丹砂木精，得金乃并，即上章姹女、黃牙之意。心赤、脾黃二章，諸本無之，未詳孰是。龍虎子午，交錯方位。關以下，又以二女，明藥物之非種。

《周易同契考異·下篇》 惟昔聖賢，懷玄抱真。服錬九鼎，化跡隱淪。含精養神，通德三元。精液湊理，筋骨緻堅。衆邪辟除，正氣常存。累積長久，變形而仙。憂憫後生，好道之倫。隨傍風采，指畫古文。著爲圖籍，開示後昆。露見枝條，隱藏本根。託號諸石，覆冒衆文。學者得之，韞櫝终身。子繼父業，孫踵祖先。傳世迷惑，竟無見聞。遂使宦者不遂，農夫失耘，商人棄貨，志士家貧。吾甚傷之，定録斯文。字約易思，事省不煩。披列其條，實核可觀，分兩有數，因而相循。故爲亂辭，孔竅其門。智者審思，以意參馬。

言昔之仙者，著書示人，而不明言其事，託名諸石，爲身内陰陽之號，故學者多失其指。今著此書，省約易曉，仍恐漏泄，故多謬亂之辭，而孔竅其門也。其下歌辭，又撮一書大指云。

附：按亂辭如離騷之亂曰也，下文可見。

法象莫大乎天地兮，玄溝数萬里。河鼓臨星紀兮，人民皆驚駭。晷景妄前卻兮，九年被兇咎。皇上覽睼之兮，王者退自改。關鍵有低昂兮，害炁遂奔走。江淮之枯竭兮，水流注於海。

此一節言水溢之咎，王者能自改，则害氣息，而水土平矣。玄溝，蓋謂天漢。河鼓，星名。星紀，丑位，未詳其說。九年謂洪水，關鍵低昂，謂陰陽升降也。害氣，災害之氣，以人身取譬而言，亦爲水火不既濟之象。

附：朱子曰：玄溝、害氣，恐未是說人身内事，方是設譬之辭。《王莽傳》曰：害氣将究矣。蓋上文說洪水爲災，而王者能改，故害氣去，而洪水平也。害訛作周，又訛作固，後人遂妄改爲精。而增而字，皆非是。然因周字可見其爲害字，蓋篆隸文皆相似也。

天地之雌雄兮，徘徊子與午。寅申陰陽祖兮，出入復終始。循斗而招搖兮，執衡定元紀。升熬于甑山兮，炎火張設下。白虎倡導前兮，蒼液和於後。

附：朱子曰：虎一作礐，一作礬。按三字皆假名，但下句云：蒼液，即此。合作礐與礐，而前有礐磁之文，即作礐爲得。然下句又云：朱鳥，及再列三獸之名位，则此當爲虎，而液亦當爲龍矣。倡導前，即前所謂熬樞，下文云和于後即此，似皆指有情之物，作龍虎爲當也。此一節又是以火烹水，以水滅火，金水相合，復還本初之意。

朱鳥翱翔戲兮，飛揚色五采。遭遇網羅施兮，壓止不得舉。嗷嗷聲甚悲兮，如嬰兒慕母。顛倒就湯鑊兮，摧折傷毛羽。漏刻未過半兮，龍鱗狎獵起。五色象炫耀兮，變化無常主。潏潏鼎沸驰兮，暴涌不休止。雜遝重疊累兮，犬牙相錯拒。形如仲久冰兮，闌干吐鍾乳。崔嵬以雜厕兮，兼積相支柱。陰陽得其配兮，淡泊自相守。青龍處房六兮，春華震東卯。白虎在昴七兮，秋芒兑西酉。朱雀在張二兮，正陽離南午。三者俱來朝兮，家屬爲親侶。本之但二物兮，末乃爲三五。三五并與一兮，都集歸二所。治之如上科兮，日数亦取甫。先白而後黃兮，赤色通表裏。名曰第一鼎兮，食如大黍米。

此復總言還丹之法，撮其精要。子午謂乾坤，寅申謂坎離。升熬，即所謂熬樞。伏蒸者，白虎金，青龍水，朱雀火，以金生水，水而滅火以成丹。其

形如此前所謂先液後凝，馬齒闌干是也。嗷嗷聲正悲，亦前所謂晝夜聲正勤者。陰陽得配，淡泊相守，即所謂各守境隅，各自獨居者。房，東方七宿之中。六，其度數也。昴七、張二放此。二物謂陰陽，三五謂火、金、木，皆稟土氣也。并與一，詳其文意，與似當作爲。二所、取甫，皆未詳其文義。

自然之所爲兮，非有邪僞。道山澤氣相烝兮，興雲而爲雨。泥竭乃成塵兮，火滅自爲土。若蘖染爲黄兮，似藍成緑組。皮革煮爲膠兮，麴蘖化爲酒。同類易施功兮，非種難爲巧。

譬上事

惟斯之妙術兮，審諦不誑語。傳於億代後兮，昭然而可考。焕若星經漢兮，昺如水宗海。思之務令熟兮，反覆眎上下。千周燦彬彬兮，萬徧將可覩。神明或告人兮，魂靈忽自悟。探端索其緒兮，必得其門户。天道無適莫兮，常傳與賢者。

言其書指著明，學者但能讀千周萬徧，則當自曉悟，如神明告之也。董遇云：讀書千徧，其義自見。又曰：思之思之，又重思之，思之不通，鬼神將教之。非鬼神之力也，精神之極也。非妄語也。

五相類此篇五章：一參同，二太易，三象彼，四鄶國，五委時。

《參同契》者，敷陳梗概，不能純一，纖微未備，缺畧髣髴。今更撰録，補塞遺脱。潤色幽深，鉤援相逮。旨意等齊，所趣不悖。故復作此，命五相類，則太易之情性盡矣。太易情性，各如其度。黄老用究，較而可御。爐火之事，真有所據。三道由一，俱出徑路。枝莖華葉，果實垂布。正在根株，不失其素。誠心所言，審而不誤。象彼仲冬節，竹木皆摧傷。佐陽詰商旅，人君深自藏。象時順節令，閉口不用談。天道甚浩曠，太玄無形容，虚寂不可覩，匡郭以消亡。謬誤失事绪，言還自敗傷。别序斯四象，以曉後生盲。

此言晦朔之間，渾沌鴻濛，隱形而藏之時也。太玄無形容，上善若水，真一難圖之象也，四象未詳。

鄶國鄙夫，幽谷朽生。附：朱子曰：魏君實上虞人，當作會稽，或是魏隱語作鄶。

挾懷朴素，不落權榮。棲遲僻陋，忽略令名。執守恬淡，希時安平。遠客燕間，乃撰斯文。歌叙大《易》，三聖遺言。察其旨趣，一統共倫。務在順理，宣耀精神。神化流通，四海和平。表以爲曆，萬世可循。序以御政，行之不煩。引内養性，黄老自然。含德之厚，歸根返元。近在我心，不離己身。抱一毋舍，可以長存。配以服食，雄雌設陳。挺除武都，八石棄捐。審用成功，世俗所珍。羅列三條，枝莖相連。同出異名，皆由一門。非徒累句，諧偶斯文。殆有其真，礫硌可觀。使余敷僞，卻被贅愆。命《參同契》微覽其端。辭寡意大，後嗣宜遵。委時去害，依托丘山。循遊寥廓，與鬼爲隣。化形而仙，淪寂無聲。百世一下，遨遊人間。陳敷羽翮，東西南傾。湯遭厄際，水旱隔并。柯葉萎黄，失其華榮。吉人相乘負，安穩可長生。

鼎器歌

圓三五，寸一分，口四八，兩寸脣。長二尺，厚薄匀，腹三齊，坐垂温。陰在上，陽下奔。

二尺，或作尺二，彭曉解作二尺，三齊一作齊三，按齊即臍字。

此二句是要法。

首尾武，中間文。陰火白，黄芽鉛。兩七聚，輔翼人。贍理腦，定升玄。子處中，得安存。來去遊，不出門。漸成大，性情純。卻歸一，還本原。至一周，甚辛勤。密防護，莫迷昏。途路遠，極幽玄。若達此，會乾坤。樂道者，尋其根。審五行，定銖分。諦思之，不須論。深藏守，莫傳文。御白鶴兮駕龍鱗，遊太虚兮謁仙君，録天圖兮號真人。

《三論元旨·道宗》 夫道之宗也，幽微奥妙；理之極也，靈運潛通。體而一焉，應乎萬矣。夫稱無爲、無上、無極、無窮、道性、真性、理性、玄性、虚無、自然、虚通、解脱、至精、至妙、至聖、至真、清静、清虚、非生非滅者，此之多應，於理無差，悉是大道，至人靈宗之號，悟則通聖，迷則滯凡。迷悟有垂，至真何殊；玄寂非遠，達妄則真。蒼生滯有色之迷，聖人説無爲以破衆滯。指空無之境，演微妙之源，了此空色，無執滯之妨，則真常之性見矣。故《本際經》云：謂執性故，因緣方便，説諸法假：説執假故，因緣方便，説諸法空。洞達真性，真性通流，亦何空假之能礙矣。然而未悟，須息紛塵。至精非色想所觀，至奥豈浮情能測？若不澄虚滌想，無以全真，縱廣學多端，無虚寂之照，終不悟也。然見形而不返神者，迷之甚也；不達神源而稱至性者，理未然也！夫説無遺有，説有遺無，説是遺非，説非遺是。此皆是遣滯之言，非至道之妙。或迷神而滯網，或役智以疲神，或滯有而增塵，或隨空而斷見，或尋迹而喪本，或滯寂而乖真，或躭文好辯而溺澆華，或小慧微通自

爲真實，究極修行未悟，而疑悔生焉，或不修不信，乃沉於永劫，此之難也，有鬲真源，若不通行，或非至妙，通行之要，寄在虛妄，虛而通之，真宗道也。神心也，性理也，即道理也。

《三論元旨・真源》 夫道以虛通育物，徧備群方，真源則神應靈微，氣運乃隨方成器。然有形之類，皆資炁以生焉；有識之知，悉稟神而謂矣。夫神者性之用，識者神之用。夫元氣者，性之用；陰陽炁者，元炁之用；色相陰陽，炁之用矣。故《太上經》云：道沖而用之。《南華經》云：精神生於道。此之謂也。坦然備一切之際謂之性，獨然偏一身之際謂之神。夫身者神識之所器，心者神識之所都。故《西昇經》云：身者神之舍，識亦因神而生。夫神之於識，猶日之於光。光因日而生，光非日體；識因神而起，而識非神。真神於身內，能識於外，性普湛然，動不垂寂。以神望性，則性妙而神麤；以神望身，則身麤而神妙。然性神識之由，本同而用異，悟則通神合性，迷則滯識垂神。夫滯識垂神者，隨氣運而淪死生；通神合性者，妙然而常自在。是以有性之物，謂神感氣而成形，故形識雙備矣。無情之類，稟炁而已，不稟於神，故有形而無識。是知神能爲物之識，不能爲物之形。炁能爲物之形，不能爲物之識。則性神有靈，炁相無識者也。然稟陰陽五行之炁者，乃更盛衰，至於正性真源，常無盈竭。夫質生之物，炁散而爲死，炁聚而爲生。然炁有聚散之差，神無生滅之別。是知用神而能運炁，因炁亦能資神，聚則同成，散而各運。夫葷羶穢味，能資陰陽之濁炁；妙藥清和，能資元和之正炁。正炁全而資神者，則無爲無欲；陰陽之炁濁而資神者，則多欲多爲。然多欲多爲，則夭枉流溺之源；無爲無欲，則湛爾常存之要。物之本生，則中道而起；滯識遷生，乃隨業而行。輪轉不離於道中，不悟道而何也？然有情有相，則有別有分。逐境生緣，積緣成業。受報不通，返照故也。能悟玄微，湛然虛妙，雖緣而非緣，雖境而非境，不爲緣境之所攝，亦何業報之有哉？夫三業六根紛惑者，則炁濁情昏；靜慮全虛，則神清氣爽。故《本際經》云：響清濁隨其本聲。又云：皆由衆生業緣所感。故《西昇經》云：積善之氣至，積惡之氣至。然惡氣濁壯，增黑暗而生迷；善氣清全，洞虛明而曉朗。明而曉者，若撥霧而覩青天；黑而暗者，乃渾河而被流溺。是以暗明雙遣，善惡兩冥，至極真源，流通妙本者，則自然之奧也。夫自然者，無爲之性，不假他因，故曰自然。修行之人，因有爲而達無爲，因有生而達無生，了乎自緣，契於自然，則無生之性達矣。性不無生，而能無所不生；無所不生，而妙本未嘗爲生。是以無爲之爲，無相之相者，道之妙體也；有爲之爲，有相之相者，道之麤用也。妙本之於無本也。

夫心者，衆邪之主，亦爲衆妙之門。然性神，識之源深，莫不因心而照達。夫蠢爾蒼生，名爲愚識；罔知禮法，名爲淺識；辯慮聰明，名爲智識；恬柔素樸，名爲淳識；澄心虛寂，名爲靜識；灰心滅智，名爲忘識；內鑒分明，名爲慧識；曉達神真，名爲微識；洞達性海，名爲妙識。嗟乎！時人滯麤識者衆焉，達神微者尠矣。夫達神者，非無於識，雖識而通；滯識者，非無於神，雖神而鬲。達神微者，則神之與識，體用雙明；滯麤識者，偏見於識，不會於神矣。又欲會神通性者，先修攝念觀，次修忘心觀，則灰心滅智，諸境寂然，外聽無聲，內視非色。於無色之際，豁然微悟，神靈虛融，此則神理矣。融神虛泯，杳會無涯，坦然浩蕩而玄通，妙性真宗而達矣。是知以識照識，極識而通神；以神照神，極神而通性。通性則性自見性，通神亦神自見神。然神自見神，性自見性者，此則真見也。以識見神，以神見性者，此乃妄見也。然達得定心，猶不墮於惡道，而況神通合性者乎！蓋神微性妙，性雖有靈，本體湛然而無妄。衆生滯識不通者，名爲妄心，曉達神源，不捨妄而真也。然性之爲體，在空同空而非空，在色同色而非色。而能偏空色常寂常通，所謂大無不包，細無不入。【略】

夫妙藥可以養和，坐忘而能照性。養和而形不死，達性而妄不生。然不死不生，則形變通神，羽化真仙之道也。故《上清》、《太清》、《真誥》等經皆云：金丹妙藥，鍊氣通神，可以輕舉仙騰，登真合聖者也。是知妄想除而爲悟道之要，神氣泰亦爲不死之樞。妄不除而稱修道者，猶執瞽以求明；鍊想寂而通神真者，若鑽水而興焰矣。夫精思坐忘、通神悟性者，此則修神之法也；導引形軀、吐納元和者，此則修身之法也。然修神而不修炁者，滅度之法也；修炁而不修神者，延年之法也；神炁兼而通修者，學仙之法也。夫修神以鍊心爲首，納炁以導引爲先。導引暢於太和，鍊心通於衆妙，足使神融虛白，炁逸清全，變神炁而流通，亦何真而不備！故夫上士修道，則塵勞普釋，曉了真源，正智圓融，含融養妙，全和而命續，猶爲薪而火傳，久視長生，乃昇霓於仙景，從仙入真，從真合聖，聖則流通之妙也，此乃不捨有爲之軀，而達無爲之性也，中士修真，心源曉達，身相同凡，滅棄漏軀，方之聖境，

此乃捨有爲之形，達無爲之性矣。上士形神俱達，永妙真源；中士神達身沉，然須滅度；下士神形未達，可以隨業遷因。道常一相自然，物有萬端之別。道能生於物，即物而非道。真然以道觀之，則萬物萬法洞通於一道；以物觀之，則萬物萬法，各執於一途。物雖差而道不差，法雖異而道不異，有爲滅而道不滅，空色斷而道不斷。實相湛然而然，虛通一切自在者，即大通之道也。然夫道者，乃萬法之根源，妙達真常，則返本還元之謂矣。道之於衆生，猶帝之於黎庶。登帝位者，萬法歸焉；達妙道者，萬法而亦見矣。故《本際經》云：具一切智，成無上道之謂也。

色聚、識聚、心聚、想聚，四聚成乃善惡生也。夫大乘平等，無盈無端；漸教法門，有修有證。是知因舟而能達岸，達岸而捨舟；因學而以成功，功成而學亦遺。故《德經》云：爲學日益，爲道日損，損之又損，以至於無爲。無爲而無不爲。夫爲學者，日益有爲之見。爲道者，日損有爲有見之知。因損有以通無，能通無而具有。然真源湛寂，應感隨機。衆生根有利鈍之差，聖人教亦漸頓之別。且修行有爲名爲漸教，真證無爲名爲頓教。真性周普，偏備群方，名爲道應；在漢說經，於胡演教，名爲別應。一切衆生，性同道性，名爲通感；隨類受器，名爲別感。故《海空經》云：聖人無爲，衆生故應有爲。又云：衆生感聖，因緣不同，聖應衆生，其體亦異。是以妙本湛然，名曰真身；演爾法相，名曰應身；隨因受果，名曰報身。故有妙中之麤，麤中之妙。聖人應有爲，即是妙中之麤；衆生悟無爲，則是麤中之妙。然而一切萬法，元從窈冥中來，自然之理具焉，因緣之方同矣。故夫道一性而能應於一切神性，一神而能應於一切物，物稟神一而能應乎一切識。應神作合生之智，應炁爲萬類之形，應身垂聖化之慈，應性導群迷之惑。夫性者，虛無自然之妙靈也。應聖者，性之妙用也；應神者，性之微用也；應炁者，性之細用也；色相者，性之麤用也。然應聖者，應身之聖人也。相者，天地萬物一切有爲之形相也。是以應能生萬物而非能生，能成萬物而非能成，能有萬物而非能有，能空萬物而非能空，非物而能物，不碍於物。非法而能法，不滯於法，應而不乖其本者，則惟大道真常之性焉！六合群興，而道也非興；三界劫變，而道也非變。修而能合於道者，莫先於神矣，而炁乃次之。夫身三萬六千神者，則一身所生統運也。用異而通歸一者，亦由手足於身乎！相中又相，乃是異中而同，神中又神，則是同中而異。雖則有無對立，而事理兼通，故自然中有因緣，因緣中有自然，自然不離於因緣，因緣不離於自然，而能異之而同者矣。然夫一切因緣者，悉是自然之因緣也。從本降迹，隨所用而多差；攝迹皈本，亦包羅而無外。真體包羅萬象，玄應變化大千，故能妙統一神，分別百億也。蓋不別寶者，無以知其貴；不明道者，無以體其真。物稟道而生，故物有道性。不悟道者，由弱喪之俗迷童至。教應焉，則教能筌理，不知於教者，乃八難之矣。憂訾毀聖，亦三塗痛之，然以道無不在抑亦不慮衆生，悟則能通，相去何遠。故《真藏經》云：一切煩惱，皆爲正性之比，頓即妄而真。所謂動不乖寂，寂不乖動，應常能真，真能常應者矣。故《西昇經》云：道不獨在我，萬物皆有之。是以能行者能通，能通則聖也。

真一、正一、三一，守之道也。

夫混成大象，應用多端，未悟之人，理難正信。今引諸經要證，用遣疑者之心。故《太上經》曰：太象無形。又《西昇經》云：天下柔弱，莫過於道。道之所以柔弱者，包裹天地，貫穿萬物。《真藏經》云：天下柔弱，包羅無外，妙少細微。《南華經》云：至精無形，至大不可圍。此明至道無爲，包羅萬象。《老子經》云：道生之，德畜之。《太上三清天正經》云：道大渺莽幽幽，太無變化而生炁焉。《太平經》云：道包無表裏，其能生精神。《南華經》云：夫道，有情有信，無爲無形，神鬼神帝，生天生地。此明神之與炁，天地萬物，皆爲道用者焉。《西昇經》云：念我未生時，未有身也。真以積氣，成我身爾。又云：形不得神，不能自生；神不得形，不能自成。形神合同，更相生成。此明有性之類，皆謂神炁相感，生成於身。神在螻蟻之中，能等螻蟻之體；神在象、馬、鵾、鵬之中，亦等鵾、鵬、象、馬之形。神隨質而短長，質依神而起用。分別善惡謂之識，潛幽靈變謂之神。能運於身者，其惟神乎！身在神存，神去則身死。夫身稟一神，乃生三萬六千之神。身死之際，三萬六千之衆，還歸一神而乃去之。一神居之，而等一身，於一之中，而等衆神。禽獸稟一是同，未若人之數備於神，多少既爾於氣，清濁亦然。所感萬差，故有多異。草木之類，惟氣所生，不稟神成，故無識用。既無於識，是亦無業。《本際經》云：誦念是經，即得開度，神昇南宮。《度人經》云：魂神暫滅，不經地獄，即得返形。又億曾萬祖幽魂，若爽皆即受度。此明修善之人，神歸善道，非唯於己，亦及於親。《大戒經》云：心神振動，生於愛慾，使人迷荒。《本際經》云：多所傷害，身死神去，流轉三途。此明爲

惡之人，神受苦對。《昇玄經》云：幽通虛閑，神朗希夷。《業報經》云：冥心靜慮，歸神通道。《南華經》云：離形去智，同於大通。《本際經》云：不可使然，不可不然，故曰自然。悟此真性，名爲悟道。此明虛妄之人，通神悟性；蟬蛻小神之人假，神歸大道之真。夫道之於稱性者，異名爾。夫火性而用能應燥，水性而用能應濕者，此明五行之性，非至道之性也。五行既爾，萬象可知，雖則大同，亦還小異。是以無情之類，皆有種性；有情之物，皆有緣性。至道虛通，謂之妙性矣。《本相經》云：愛神護氣，能致長生。《業報經》云：鍊炁易形，轉神歸道。《西昇經》云：與道同身而無體。此明形之與炁俱鍊，變而成神。轉神歸道，與道同神，是能包羅萬象，神乃惟等一身。神禀道而能靈，物禀神而有識。道乃湛然一相，妙體真常。神之與炁二差，俱爲道用。炁則無涯無際，神則有轉有遷。神靈而炁不靈，炁廣而神不廣。炁則有清而濁，神則有興有歇。湛爾常然，其惟道矣。是以博學多聞，能益於識；存真鍊炁，能益於神。神益通無待之源，識益增有爲之用。有爲則有窮有極，無爲則無窮無極。奈悠悠之徒，不知此之妙也。《昇玄經》三科法行云：此法輪三科，乃是經法之常科，無量世之常科，萬聖所不能異也。科有上士、中士、下士。而末章云：教導三乘，即三士，是三乘也，更無別指。士者，事也。夫至士者，一之行懷，誓必得道，終卒其事，理無中廢。士以能卒爲義，乘以運載爲道。謂言其略曰：

上士廣開法闕，先人後己，救度國君，損己濟物，仁及鳥獸，惠逮有生。參師奉法，常如對神，長齋苦思，精研洞玄，吐故納新，心灰體槁，意勤氣柔，入神並勸。如此之行，一滅一生，志不退轉，剋成上仙。一者行，二者願，三者慈，四者悲。行者如百八十戒、二百四十威儀，但攝身口意，萬善之法，悉是行也。十二上願，願也。四十五念，慈也。並出《洞玄靈寶經》。方便開度者，則金籙開度天子、王侯，黄籙開度祖禰，自然開度一切衆生，是悲也！行以絕惡爲義，願以玄期爲契。慈者以德蔭萬物，悲者以拔苦爲懷。四科之道既立，即有一報之斷矣。

中士志慕在玄，開度一切，救厄解患，施功報德，建玄福田，君親忠孝，柔智懷仁，虛心至道，口味靈篇，食不念飽，衣不嫌寒，衆行並備，三滅三生，補九宫真人，修玉清上道。其行也謹，修三百大戒，誦大洞三十九章，思三一之法。持戒以絕惡，則五道無對；誦經以靜神，則心不外驅；存一以空心，則神心淡泊。淡泊定則鏡覩至道，昇入無爲，世報絕矣。

下士斷情忍色，服御養神，願棄榮麗，栖憩山林，愛山樂水，淡泊守固，絕穀休粮，長齋念道。端坐則與師相對，入出則與鳥獸爲群，孤旅岩穴，獨宿空山，切栢擬食，面有飢容，心如懷丹，見試不恐，神靜心安。如此之行，上感虛皇，九滅九生，志願不退，剋得變化，乘雲飛行，游宴五嶽，逍遥太無。從此而進，位登高仙，此與中士同修玉清之道。經云：六通觀法者，五色、五音、五味、五香、五財，華麗榮飾，一切亂性。經云：天曰洞視，地曰洞聽，東曰洞空，西曰洞虛，南曰洞清，北曰洞微。六通智慧，觀道成就，則捨除無量塵累。塵累既盡，名曰六通。《仙人經》曰：慧眼、慧耳、慧鼻、慧口、慧身、慧心，入希夷之道，出三界法，一切皆空，名爲六通。《三界經》云：持戒者，齋淨之根。靜者，精思之本。精思者，降真之由。降真者，昇道之寶。經云：三寶之炁在心，三寶之士在迹。迹者，籍也，易也。在心存思，行心履迹，變邪從正，積善立功之德備充，至乎宗極，極乎無極，引接衆流，導其有志。經云：精神內室，元炁長存，即長生久視之道。夫炁以空虛爲體，形色爲用；精以杳冥爲體，光音爲用；神以微妙爲體，變化爲用。經曰：視之不見，夷也；聽之不聞，希也；搏之不得，微也。此則神、炁、精三一之道，而混三爲一，散一爲二。一者無也，不一之一，謂之真一也。

《顯道經・守玄元》 老子曰：人有五心，面有五色，力壯氣盛，肌膚充溢，骨涌面白，血涌面赤，髓涌面黄，肌涌面黑，精涌面光，氣涌面澤。

老子曰：人有盛衰，自在兆身。年立十五，神駐丹田。年立二十，精氣益強。年立三十，勢力横行。年立四十，頭神損，白髮生。年立五十，目神損，無光精。年立六十，臟神損，五喉傷。年立七十，足神損，行梁張。年立八十，陰神損，莖不強。年壽百二十爲天年。有道者度，無道者兇。不須遠慮損精神。安心守靖，虛無淡泊，自爲真人。

老子曰：初入道室守玄元，玄中有玄是我命，命中有命是我形，形中有形是我精。精中有精是我氣，氣中有氣是我神，神中有神是我自然變化太虛。審能存之，壽命自延。

老子曰：德以形爲車，道以氣爲馬，魂以精爲根，魄以目爲戶。

《洞玄靈寶自然九天生神玉章經鬱單無量天生神章》 鬱單無量天生神，

本章九天，與《胎精中記》九天不同，自鬱單無量天，至第七號波黎答𢘆天、第八號梵摩迦夷天、第九梵寶天，以本章九天，加上三天，爲十二天帝，爲受炁之祖。正月生受洞元化應聲天之炁，二月受波羅尼密不驕樂天之氣，三月受寂然兜術天之炁，四月受梵監須延天之炁，五月受上上禪善無量壽天之炁，六月受鬱單無量天之炁，七月受靈化梵輔天之炁，八月受高虛清明天之炁，九月受無想無結無愛天之炁，十月受波黎答𢘆天之炁，十一月受梵摩迦夷天之炁，十二月受梵寶天之炁。又參之以《神變經》九天與上九天之號，全不相類。若論人之受氣，必本於九天。如受生一月受鬱單無量天之炁，此爲定說，若以十二月推之，想別有議論，今更不取。

帝真胞命元元一黃演之氣。

太虛聚而有炁，炁聚則爲精，炁聚精結，包之於土，兆生之理啓矣。經云：男女媾精，包胎始榮。陰包於陽則爲男，陽包於陰則爲女。乘其宿命，然後生人。故云包命。元始九章，各有帝真命元四字。帝真乃黃庭元王，在命門之下，主生育之炁。故本章云：帝真始明精是也。以其宰制不形謂之帝，以其太一不耦謂之真。九天列正，皆後帝真之命，故九章必有帝真二字，則一定而不易，賦之於天，如金之在冶，如泥之在埏，成器之後，方則不可爲圓，曲則不可爲直。鳧之脛短，鶴之脛長，纖毫不可損益也。元者，炁之始，生之祖，其功深，其巧妙，萬物無不始之。大哉乾元，萬物資始；至哉坤元，萬物資生。當其元氣初包，狀如垂囊，附脾作種，脾爲真土，物所憑生，中黃太一，爲人己命，故云元一黃演之炁。演者，如元綱流演之演，凡有生者，豈外此耶？

混合空洞氣，飛爽浮幽寥。延康無期劫，眇眇離本條。苦魂沉九夜，乘晨希陽翹。

男女媾精，包胎始榮。有形者生於無形，無形者空洞之炁是也。天一生水，與土同包於己，己乃正陽，正陽自己懷壬，男左旋十月而生於寅，女右旋十月而生於申。申爲三陰，寅爲三陽。當其三陰三陽未分之時，包之於己，乃混合之時也。水土演而成用，故爲黃演，寔太清真土也。氣之未包，散漫於無何有之鄉。人未受生，其魂爽浮游於幽寥之地。幽取其冥昧，寥取其遙遠。老君《勸身經》云：法輪動幽寥，勤行逕往陟。捨生之人，往往自延康之劫至於今日，經幾多時節，如無目之人，背冥山而南行，日近日踈，無復生源，所謂離本條也。未免隨逐苦魂，沉於九夜，不覩光明，坐而待旦，爭欲翹望太陽之神光。此六句言人不得受生，沉迷轉徙，又無見聞覺知，須經百千劫之多，其形化，其心與之然，蓋昧者不知也。

大有通玄戶，鬱單降神霄。黃雲凝靈府，陰陽炁象交。胞元結長命，惡根應化消。

大有在玉京之北，屬土。北乃水位，則知水土乃生成之本也。在人言之爲泥丸，居上屬陽。包在下爲玄戶，乃始生胞陽之通路也。按《紫文上經》乃玄門也。此乃誦經一過，包原宣通故也。鬱單之界，本月之上館，故《陽精經》云：回陽精於浮黎，採黃炁於鬱單。今鬱單之炁降自陰陽，陰陽之炁本乎日月，晨霄即日月之域也。黃雲即黃炁也。靈府乃胃管。乾坤交姤於玄，一陽始生於西北，壬爲陽水，合丁之陰火，便見陰陽象之交也。方其壬之兆，懷命門便是，故曰包元結長命也。既曰長命，自此有生六漸，安得惡根爲之累邪？《大洞經》曰：胞囊玉清，胎結開明，七祖返胎，我命長生是也。此六句方始得生，必資於炁，胞既結成，生之漸矣。

桃康合精延，二帝秀玉標。灌溉胞命門，精練神不彫。

桃康乃命門之神，字合精延，守人臍下，又云爲大洞之尊神。迴風混合，共成帝一之尊。或云桃康即太一之神也。二帝指靈帝、尊帝。《隱書》云：靈帝無太一，則玄虛不迴炁。尊帝無太一，則三一不居。故太一之神併五神以爲用，合於二帝。秀玉標，言潔白也。《洞經》云：森瓊林之柯於命門，意同而學異也。包根初具，即生命門，故命門又謂之包根。此一身生生之理，從此發源十二時中，太一之神運一生炁，灌溉精煉，不令彫枯。《黃庭》云：溉養靈根不復枯，閉塞命門寶玉都是也。

上上禪善無量壽天生神

無量結紫戶，炁尊天中王。開度飛玄爽，凝化輪空洞。故根離昔愛，緣本思舊宗。幽夜淪遐劫，對盡大運通。

陽清而成，陰濁以結。無量壽天之炁，雖本於天，而二過嚮地，本乎陰也，故稱結紫戶。凡人兩眉間高一寸卻入骨三分，右爲紫戶。舊疏云：氣尊天中王，以無量壽天帝爲天中之王也。然九天皆帝，於此獨稱爲王，未爲確論。又爲炁之尊兩字，殊無義理。蓋一月爲胞，二月爲胎。胎者形兆胚也，猶未感成之器，一身之生理，自本自根，從茲肇焉，故謂之胎命元。雖九章皆有命字，與此命字不同。然腎與命門合而爲一，腎於五藏所以猶稱

爲耦者，蓋兼陰陽生死門戶也。命門又號氣海，言氣尊者指此也。其氣昇結於紫戶，而不知其氣之來，本於命門，此氣乃一身之王也。五藏六腑，百關百脈，金津玉液，日月光華，皆本乎腎。故《黄庭》云：主諸六腑九液源是也。莊子云：真人之息以踵。論者多以腳爲踵。若息於踵乃可，所謂踵者命門也。其氣息於命門，如子在胎不飲不食，綿綿長存，所謂胎息也。氣本生於腎，若息於它處，必無是理。氣之在腎如國之有君，洞冥紫戶之炁在九天之中，譬氣之在腎，首之如天中王也。當其在空洞之中輪轉化端，周行不殆，生者自生，化者自化，如有飛爽，欲求生也。雖是脱去故根，離往日之愛，故根則死炁是也。人多以愛躭著生死，循環無窮，若不先去愛著，則見境未忘，悮入諸趣苗而爲結者多矣。此誦之二過，胎結解根是也。既云離昔愛，又云緣本思舊宗。蓋入之生死，非止朝夕，今思曩日生死，皆從愛入，故不得其本則道也。今若從道受生，與本宗並而爲一，存形窮生，立德明道，與日月參光，與天地爲常，人皆盡死，而我獨存，方爲究竟之地。切緣昔愛，遂淪於幽夜之間，劫期屢易，不得託生，因受苦一一償報，今對辨方盡適，當大運啓期之時，元始天尊開大有之民，使有心者得於考算之中，聞於法音，豈不幸歟！【略】

　禪善導靈炁，玄哺飛天芳。華景秀玉質，精煉自成容。務玄育尚生，羅列備明堂。

既得其養，無物不長，養之字非以物爲養，以氣養也。故上云養嬰童，下云禪善導靈氣，玄哺飛天芳，此養之物也。人既成胎，陽能生，陰能養，此第二章上上禪善。天帝導以靈氣，哺以天芳，乃太和之氣也。故《黄庭》云：渴自有漿飢得飽，即此義也。華景乃日月之光華也。故《金明七真經》曰：若能究華景金光玉秀流暉者，則與太冥同往於太無之中。詳此，乃採日月法也。按《上清金闕靈書》服日華以散解死結，保凝泥丸，則知華景者，不止服之以養胎，又能解死户之結也。九天至真以爲服日月之法也，行之既久，則體生日澤，面而玉光，故云華景秀玉質，精煉自成容。務玄欲尚生，胎中有二神，一曰白氣君，名務玄子，字育尚生。次曰玄歸子，字盛冒。此二神共守五藏之上，胎命方具，其神即生。明堂有二説：二月成胎，體未完備，安得羅列於明堂之間也，前輩多以九宮爲明堂，且九宮處分胎，始結形，分目未具，非分之明堂也。今之明堂，乃肺之明堂也。有命門，然後心生，心主血，法丁之生丙，有心然後生肺，肺主氣，法辛之生庚，故心腎以分陰陽，相尅則生肺也。乃知洞冥紫戶之炁纔成胎形，次即生肺，其神乃羅列於肺之明堂。蓋相尅者，方見相生之理。苟始生之序，倒行而逆施，則生化之妙或幾乎息矣。

　太虛感靈會，命我生神章。一唱動九玄，二誦天地通。混合自相和，九遍成人功。大聖慶元吉，散花禮太空。諸天並歡悅，一切稽首恭。

太虛者，虛之極也。虛極則神自生。靈會者，五靈老君之諱也。經云：司命定算，五帝監生。當生之時，五老下臨。命以生神之章，以降真氣，以集萬神，故曰太虛感靈會，命我生神章。一唱動九玄，則誦之一過聲聞九天也。二誦天地通，則誦之二過，天地設恭也。混合自相和，九過成人功，蓋天地相通，則兩者交通成和，而萬物生焉。萬物生則三才具，而人道立矣，故云成人功。九過者，氣尚神具，人乃生也。當生之時，諸天大聖慶其元吉。元者，善之長，吉則無不利，乃仙道常自吉，鬼道常自兇也。今既爲人，則鬼道不復遏其生門，斷其命門，其慶吉之心不足形容。又散花禮拜，不知手之舞之，足之蹈之也。諸天高真，普皆歡悅，稽首禮拜，重生道也。

　　梵監須延天生神

　帝真魂命元長靈明仙之炁。

　須延總三靈，玄元始炁分。落落大梵布，華景翠玉尊。

魂成於天，魂成則一身之根具矣。天以三景爲根，人以三魂爲根。《慶人經》云：開明三景是爲天根，五文開廓，普殖神靈。所謂普殖神靈，則萬化因兹而生，廣大悉備可知也。人之魂氣既聚，則五物百神莫不咸集，終云三部八景，其理可見。言天者，必以身爲本。言人者，必以天爲全。莊子云：天地與我並生，萬物與我爲一。蓋天人未嘗相離也。梵監須延天炁，乃天之始炁也。始炁乃大梵之祖，元綱流演，無所不關。玄元始三炁從此而分，九天因而生焉，故云須延總三靈，玄元始炁分。三靈者，《黄庭養神經》云：心中之神其名有三：一靈朱君，二靈明君，三靈黄君。三靈既集，則一身之根具矣。如大梵之炁，彌覆無窮，諸天區別，各生景域，必以玉京山爲三天都會之境，以元始爲萬天之尊。故云：落落大範布，華京翠玉尊。落落乃廣大之貌，華京則玉京也。玉尊則玉帝爲最尊也。於身論之，不爲泥丸中有玉帝之宫，寔天寶君也。

寂然兜術天生神

帝真魂命元碭屍冥演由之炁。

人生始化曰魄，魂在則魄隨之。魂既相離，魄乃無依，故曰屍矣。魂炁主昇，魄體主降。故沖虚真人云：屬重濁而聚。重濁者，乃魄之類也。聚則如物之固，乃云碭屍也。人經三月乃生魂也。魂具則魄亦生，無非以炁相生，不約而會，故云冥也。冥云合也。炁自何來？即第一章元一黄演之炁，故莊子云：通天下一氣也。【略】

榮秀椿劫期，乘運應靈圖。空洞生神章，瓊音逸九霞。一唱萬真會，鶱爽合成家。

天道貴生，生即炁爲之本。炁之在一身，身乃長生。故神仙云：神御炁，炁留形，不須雜術自長生。身既長生，即同大椿之年，集秀而不枯，乘此運會，可以名入玄同。許穆呈雲林夫人書云：幸遭玄運，靈啓其會，故云榮秀椿劫期，乘運應靈圖。若非生神之章，其道未易得也，故云：空洞生神章，瓊音逸九霞。一唱萬真會，鶱爽合成家。瓊音，言生神如瓊玉之音也。《三洞真傳》云：真人挹五方元養之暉，食九霞之精，陽數九，故曰九霞。如《金真經》曰：昇於九霞，翱翔上清。一唱之間，萬真俱會，不期然而然也。鶱爽合成家爽乃魂也。魄以返魂爲家，魂魄既合，則無鶱違之理，此乃一合而生成也。陰無陽不生，陽無陰不成，陰陽之道在矣哉。

九轉景靈備，鬱鬱曜玉葩。兜術開大有，一慶享祚多。上聖回帝駕，嬰兒欻以歌。不勝良辰會，一切稽首和。

《太真經》云：混沌無形，一日九變。至於九變，方有作用。生神經乃炁之祖，若人受生，九炁圓備，方可成人。若一炁不備，必致夭閼。每章必有九遍成人功，九過諸天朝，九轉自成仙，乃至此章。又云：九轉景靈備。人既有魄，必候九月炁滿神備，方始生育。靈乃神也。《紫書金根經》云：送回風之混合，凝九轉於玄精。既經九轉，肺炁乃足。鬱鬱，言盛貌也，曜取其光，玉葩乃肺也。兜術天帝，乃肺魄之主，喜於開度，大有已解於上。人若能生諸天，下臨爲上聖者，乘駕而集，乃命神嬰之童，歌無量之章，則生人立得返形三錬之室，其諸天人聞之，不勝喜悦，幸值良辰，一時稽首。良辰，指言聲尚神具九天稱慶之時也。故云：兜術開大有，一慶享祚多。上聖回帝駕，嬰兒欻以歌。不勝良辰會，一切稽首和。

波羅尼密不驕樂天生神

帝真藏腑命元五仙中靈之炁。

翻翻五帝駕，飄飄玄上門。遊步黄華野，回靈驕樂端。採集飛空景，舊爽多不存。

天一在藏，所以成始。天五在腑，所以成終。金、木、水、火之炁，非土不成；心、肝、肺、腎之元，非脾不養。九天之炁初降爲胞，名元一。黄演之炁至於五月，五藏乃分，又名中靈之炁。則知成始成終者，其惟土歟。故云：翻翻五帝駕。五帝已解於上。經云五過，五帝朝真，藏腑清涼。翻翻乃飛揚之貌，飄飄而來自玄上之門。古疏以宫上之門爲玄都之門，黄野以身準之，乃脾也。脾之相生，炁降於心。脾炁若足，乃生於肺，故云遊步黄華野，回靈驕樂端。《黄庭經》曰：靈臺鬱藹望黄野，三寸異室有上下，正指心與脾也。於是採集飛空之魂，使其成人。歲月寖遠，魂爽灰滅。《品戒經》云：死，形成灰塵，飛化而成夾，故云採集飛空景，舊疏多不存。噫，生死懸絶，一至於此。前輩有云：一失人身，萬劫不復。世有輕生者聞此，豈不痛哉。

太微回黄旗，無英命靈旛。攝如長夜府，開慶受生魂。公子輔黄寧，總録具形神。

《三元誥篇經》云：太極宫中有九名，三曰太微。人受生皆由太微，降神布炁，立體成形，先稟陰陽精炁，次結魂魄，列三部，正三宫，神來入體，即便生育。令人始胎而墜者，乃太微之炁不接也。形成而落者，三宫之神不居也。生而自殞者，宿命之神不注也。《三一經》云：太微中有二十四炁，混黄雜聚，結無變有，炁中有二十四真人，皆三一帝皇之臣也。旗旛符檄，乃號令之先也。人既生身，魂神未具，必以旗旛召之。太微中有小童名景精，常在帝前，惟命所命，令執黄旗，以集飛夾。黄者，中色，故曰回黄旗。無英乃魂神也，名元素君，一名神公子，守肝之後戶。魂神整具，必由太微之命，以靈旛召之。靈者，神也。又死精血不滯，故云公子輔黄寧，總録具形神。公子指無英也。黄寧乃精血，三真名三生君，字黄寧，守人鼻穴之下，故《度人經》曰：無英公子，白元尊神。又云：中理五炁，混合百神。然則總録形神者，孰過於中靈之炁耶？故《衛靈呪》曰：黄中治炁，總統元真是也。

玉章洞幽靈，五轉天地分。炁錬元藏腑，紫戶自生仙。數遇衆真會，啓

陽應感繁。玉女灌五香，聖母慶萬年。三界並歡樂，稽首禮天尊。

五五爲土，得天地之合數，故生成之理始終咸賴焉。生神之章，感動幽靈。誦之五過，天地乃分。未分已前，混而爲一，乃象帝之先，易之太極也。既分之後，陰陽爲之合併，氣息爲之知覺。大洞之法貴於混合之道，非庸庸者可知，必自貴炁固根，始人能鍊炁於元藏之中，則紫戶可以成仙。紫戶乃六合之腑也。比章無九過九遍之語，乃云數周衆真會，數不至於九，則不能造化，雖然五藏乃分，六腑未備，其數未全也。衆真普會，必待數以致之。啓陽乃出胎之時也。從此應感不勝其繁，故天神地祇一時齊到，宜乎玉女以五香灌濯，聖母以萬年相慶。五香：青木香、白檀香、茅香、沉香、薰陸香。聖母乃衞房之聖母也。至於三界並歡樂，稽首禮天尊，生成之德，孰敢戻之，必當歸之天尊也。【略】

靈化梵輔天生神

帝真元府命無高仙洞笈之炁。

玄會統無崖，混炁歸梵輔。務猶運靈化，潛推無寒暑。乘數搆貞條，振袂拂輕羽。

天以北爲玄，人以心爲玄。出入無時，莫知其向，可謂統無涯矣。《太丹隱書》載：紫微夫人歌云：玄會自相要，流浪自玄冥。上清真人云：六覺既玄會，八難於是冥。詞意與此同。一身之根，心爲之主，炁爲之用。心之所向，炁即隨之。孟子謂：志者，炁之帥也。志者，心之所向之地也。心既抱一，炁即歸元，則見聞覺知，香味動觸，魂然外物矣。故云：玄會統無崖，混炁歸梵輔。今指心與氣兩不相交，心自統無崖之境，炁自歸梵輔之天，安得成造化之功乎？蓋其中必有至神爲之主宰。下云務猶運靈化，務猶乃太一之尊神，號務猶收，字歸會昌，守人泥丸後戶，生成之本，運用造化，莫非太一之功也。雖寒暑迭遷，而妙用無間，正當七過，星宿朗明。孔竅開聰，乘其七數，使人孔竅開聰，見聞覺知，從此而具，所謂乘數構貞條爾。若人者爲而不恃，功成不居，如振衣袂，拂其輕羽，翩翩然遊於無何有之鄉。故莊子云：至人不留行焉，信矣。

瓊房有妙韻，汎登高神所。圓輪無停映，真仙森列序。上上霄衢邈，洞元深萬巨。秀棄翳翠霞，停蔭清泠渚。

瓊房在九天之上，《洞真經》云：是高上玉帝藏金玄羽章，萬神隱韻之所。又太虛元君云：上寢瓊房，流行玉清。妙韻乃自然之音，如黃帝洞庭之樂，不竢人爲，自然成韻，故云妙韻。太極真人序《步虛經》云：山上七寶華林，靈風震之，自成宮商，歎味至音，不能名矣，皆此類也。瓊房，乃高神遊覽之所。然登汎之者，如水之汎，有不絕之像，中有日月之輪，光彩相映，不曾停住，真仙列序，森然如林，仰望高虛，清明天居其上，下瞰洞元化應聲，天在其下，中有秀葉翳空，如翠霞之色，蔭垂於清泠之淵。《洞神經》六府以肝爲清泠府，大上真《八素陽歌》第六篇，有我超騰羽蓋，徘徊清泠渚，正指此也。已上並記瓊房中事跡。

遨翫怡五神，繁想嘯明侶。五難緣理去，沖心自怡處。

瓊房之居，非止爲遨翫之所，太上將以怡悅五神。蓋神者，好和而惡奸，故《藏》中有順神論，專以和爲養，則知修生者可不怡神乎。《上清真誥》謂兩手兩足合心爲五神。心想常青，兩手常赤，兩足恒白，則去仙近矣。又以兩目、兩手、肺部合爲五神，左目童子飛靈，右目童子養嬰，左手童子接生，右手童子方盈，肺部童子素明，此五神名也。既怡五神，可以去繁想矣。莊子云：道不欲雜，雜則撓，又況其繁乎！繁想若生，以嘯而忘之，可以輩明侶矣。蓋嘯者，長聲也。古者，修養之士以之導炁。故《智惠經》云：靈播吸風散，繁想應時消。若繁想既消，則此五難蓋可以理去也。五難則貧窮施惠難，豪富學道難，令命不死難，得見洞經難，生值後聖難。五難皆係繁想，苟無繁想，則心自怡矣。《西昇經》云：除垢止念，淨心守一。學道之士，非有別難，治心爲難。故尹真人臨別太上，再乞一言，以爲修行之要。太上以除垢止念，淨心守一以告之。則淨心者，修行之先務也。心不先治，以求大道，譬如養雞而與狸爲活也。此章乃七過之功，孔竅開聰，言乃於此，何耶？蓋聰明之根，本自於心，若繁想存心，則聰明有時而昧。所以首言玄會統無涯，後云沖心自怡處，概可見矣。

爽魂隨本根，亹亹空中佇。七誦重關開，豁滯非神武。運通由中發，高唱稽首舉。

人之有神如屋之有人。屋未備，所以魂亹亹向空中。佇亹亹者，言其勢已迫於屋而未能入也。本根者，言無英以肝爲根，白元以肺爲根是也。當其七過之時，孔竅具開，滯碍之跡豁然而解，亦猶神武之施，不戰而勝也。生神之道，其爲物也不二，則其生物也不測。神機炁立，有不期然而然者，蓋其中有主宰

存焉。中無主而不立外，無主而不行，故曰運通由中發，高唱稽首舉。

高虛清明天生神

帝真華府命元真靈化凝之炁。

清明重霄上，合期慶雲際。玉章散沖心，孤景要靈會。

天有九霄，自玄洲赤成府曰初霄，次曰風霄，次凝寒之處，號曰重霄，今高虛清明又在重霄之上。《玉晨景靈經》云：何由得披重霄之門，觀天地之始終乎！又《空洞靈章經》云：龍變重霄上，梵度行劫輪。乃知龍變爲種民，天地清明，與龍變天相接故也。《登真隱訣》辛玄子贈楊君詩云：神隨空無有，炁與慶雲消。玉章指生神章也，可以散適沖心，故云玉章散沖心。孤景要靈會，又《如鳳臺曲素上經》云：玉漿散沖心，明姝唱靈歌之意也。

《陰符經構義·日月水火論》 雲峯曰：天地之道，一陰一陽。元炁配合，萬物生焉。懸象著明，莫大乎日月。日者太陽真火，象應東南，從木而生，外應春夏，發生萬物；月者太陰真水，象應西北，從金而長，肅殺萬物。此二者乃天地生殺之機，故稱曰水火，曰坎離，曰鉛汞，曰龍虎，其他異名不勝數，皆日月之號也。聖人觀天之道，察其盛衰明其幽隱，將日月二氣，畫成八卦，以日之火爲一，月之水爲一，自一一既分，卦氣以別，故變之爲六十四。上十五日坤☷生震☳，而變兑☱，兑變成乾☰。乾氣圓滿，懸照東方，金水溫溫，金氣既足，自生真水，下十五日乾損成巽☴，巽復成艮☶，艮損成坤☷。乾坤乃合，日月相交，至精至微，不可思議。雖人物鬼神，推至異類，毫髮不能隱。大哉，日月天地之體也！夫人能窮日月之聖功，則晦、朔、弦、望，體天法象，可以與天地日月同其運用，豈不能超凡入聖，出死入生者乎？

雲峯按《陰符經》曰：爰有奇器，是生萬象。八卦甲子，神機鬼藏。大哉言乎！人之一身即一奇器也，萬象皆備，神鬼護持，可謂至貴。太上曰：人身難得，中土難生，假使得生，正法難過是也。平叔曰：先立乾坤爲鼎器，次將烏兔藥來烹。豈捨吾身之外而求乾坤於冥漠之表，取烏兔於日月之宮乎？是知奇器在乎身，萬象備於我。凡二儀、三光、四象、五行、八卦、九宮、十干、十一曜、十二支、二十四氣、週天六十甲子，皆備於人之一身。

苟能仰觀俯察，與天地陰陽同其造化，則機緘密契，鬼神莫測，三才並立，長生久視，仙道豈遠哉？

三教歸一圖說

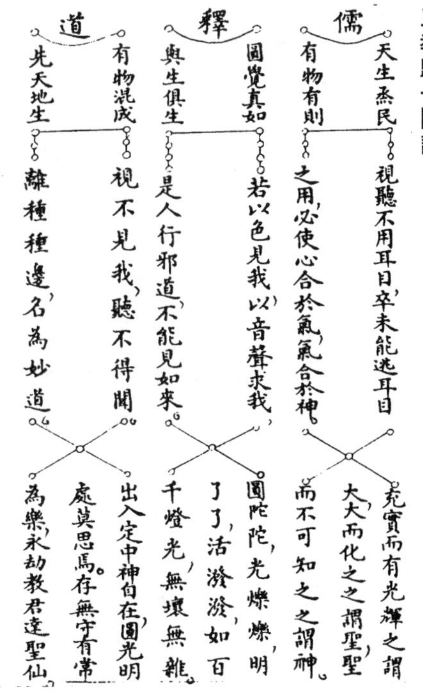

雲峯曰：先天者，太極未判混成，孰爲陽，孰爲陰，自道生一則其體已露，其用已萌，故一爲數奇，爲卦乾，純陽之象也。後天者，鴻濛剖破，析一爲二，二爲數耦，爲卦坤，純陰之明也。乾坤既異，陰陽既分，運化不同，何以爲道？惟金丹之妙，反本還源，尋根摘帶，守雌抱一，去陰取陽，不以乾坤之異而求其合。故異者，分者爲後天，而同者、合者實先天也。先天者，乃元始祖炁本來面目。後天者，乃臭腐神奇，四大假合者也。達人大觀，苟知吾身是幻，惟道是真，則迴光返照，下手速修，猶太遲矣。

上下鵲橋圖說 一名曲江烏橋

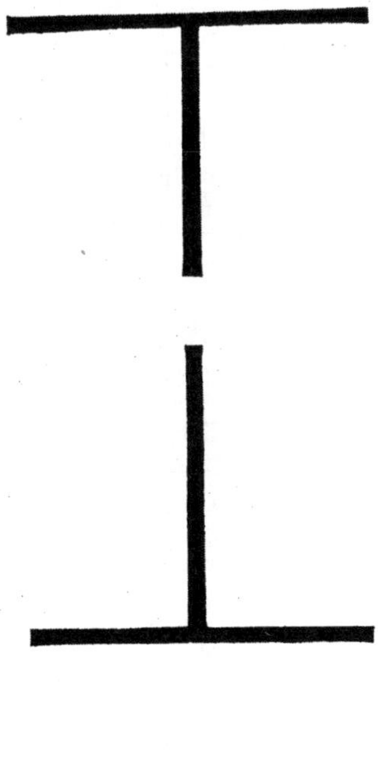

雲峯曰： 呂洞賓《沁園春》云： 曲江上，月華瑩浮，有個烏飛。 蓋烏即鵲也，曲江即有橋也。日中有三足烏，烏屬酉，酉屬金，烏是西方之金精，日中之陽魂，乃能飛於曲江之上，是鵲能度登仙之橋也。 然橋必分於上下，何也？ 蓋氣脈相通，能度下橋，必能度上橋矣。 能度者則爲仙，不能度者則爲凡矣。 釋氏之繫馬椿、擊楖者，亦此意也。 但其守死善道，塊然面壁，不有使烏飛鵲度，故落第二義也。 然其祖法不然，奈後世子孫迷錯耳，其詳見三教歸一圖說。

七十二候圖說

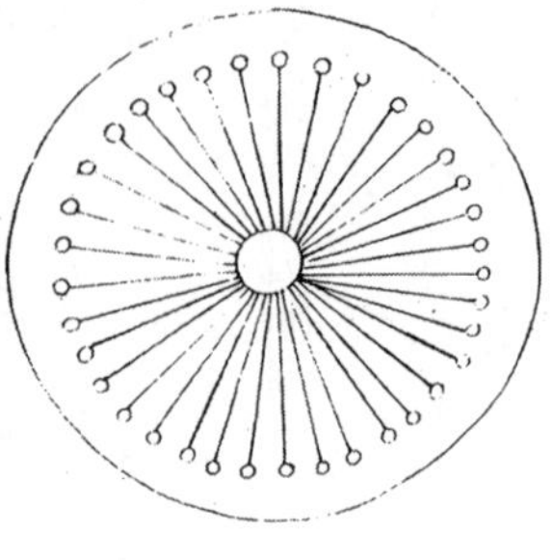

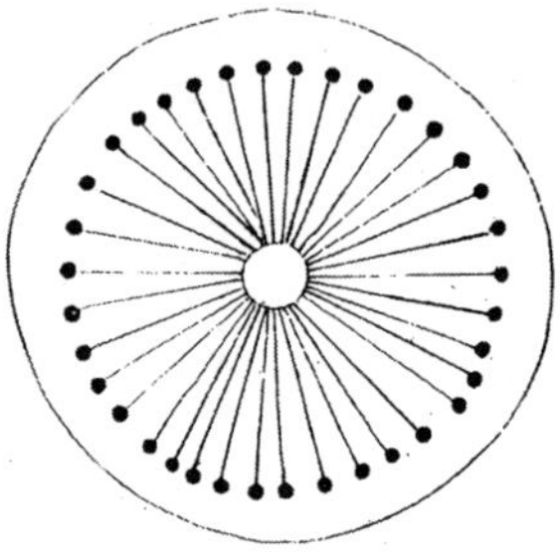

雲峯按元始秘言曰： 恍恍惚惚，火中生神； 杳杳冥冥，水中生精。 火炎昇上，七返生神； 水流就下，六化生精。 七六變化，上下相成，精神往來，妙體含真。 神七變生真火，精六化生真水，七六十有三之妙數，無出天地之水火。 故天候三十六陽而生火，地候三十六陰而生水，合七十二候而周天之數足矣。 仙經曰： 天上三十六，地下三十六，太玄無邊際，妙哉！ 《大洞經》然不言五行而專言水火，何也？ 蓋水火者，日月也。《陰符經》曰： 日月有數，大小有定，聖功生焉，神明出焉。 人能仰觀俯察而得其火候之秘，則與天地合德，日月合明，可謂平地登仙矣。

五行生成圖說

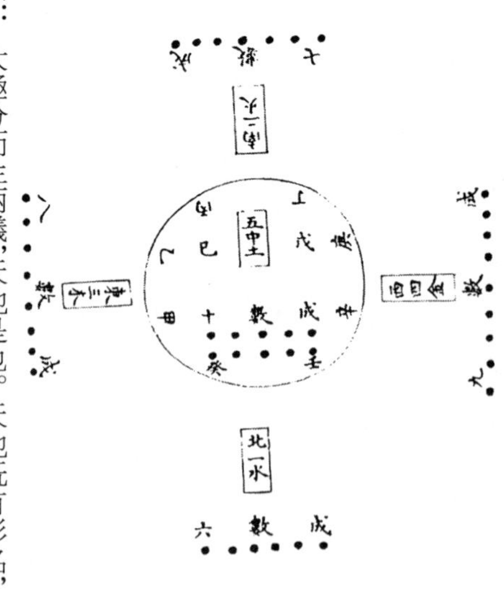

雲峯曰： 太極分而生兩儀，天地是也。天地既有形名，難逃度數。 故天一生水，地二生火，天三生木，地四生金，天五生土，是五行造化，彌綸天地之經則。 五氣推遷，寒暑往來，週天度數可得而明矣。 故以三十六日甲，三十六日乙，而木之氣數足矣。 三十六百丙，三十六日丁，而火之氣數足矣。 三十六日戊，三十六日己，而土之氣數足矣。 三十六日庚，三十六日辛，而金之氣數足矣。 三十六日壬，三十六日癸，而水之氣數足矣。 合五七三十五而計之，則得三百五十日又零二五一十日，通前共三百六十日，則一年十二月之度數無差，其他天度之零，可以積閏而推。 所以陶成萬彙，造化羣生。 夫人爲萬物之靈，獨昧於五行之運，徒見晝夜循環，四時代謝，而不知五行造化，實主宰之玄哉，妙哉！

《太上修真體元妙道經》 道本無言，亦無其名。 天本不語，萬象旋焉。 始自虛無，中含妙一。 自三炁之內融，後二儀之分判。 三炁者，元初、元始、元極也。 不極則無變，無變則無象。 象者群類之本，萬物之所由也，而化四極。 四極之分，而天地四方，陰陽寒暑，榮枯代謝，隨類而消長也。 故五行之炁，以一炁化水而生木，木生火，火生土，土生金也。 而生生化化之道從兹而有，既有之後必曰無。 無有有無之數，而生旺休囚，沈潛隱顯而有以滋之。 滋之既深則生炁非炁也。 既一生，則三才始肇，而人居其中。 始也於一炁，終也散萬化，故情性、喜怒、好惡隨蔓而枝也。 則曰： 父母、夫婦、男女始極

終化，即類成象，起於混一，散於萬有，豈非其道也哉！

混極未判

厥初一混肇於未形，包含而萬有潛冥，蒙昧而三因隱忒，似炁非炁，若象無象，塊然如不物非物之狀，樸矣。於似類遠類之儀，四極內括，三才中含，利刀不可以力剖，巨棒未能以箠攻。太清三境，若芥子藏之而不露。人道萬彙，如恒沙而莫數。炁類含胞，形同雞卵，以之內分兩儀。乾坤何在？以之中包五炁，水本何生？沙內之金，石中之玉，不假一鑿一洗，何由得分也？故樸散則太極開，形具則萬象有。其爲大也若是，其爲廣也若是，其爲深也若是，其爲潛也若是。其曰道也，乃合真也。

訣曰：無形無象，無臭無聲，天地未判，我何以名？冥如在璞，混然一寧。如此妙用，茲道之程。

樸散分形

渾淪凝靄之未鑿，動靜陰陽之俱泯。欲昇者未得其昇，將肇者未得於肇。惺之含惷，養以包惺，莫能指也。氤氳乎如煙燻之晦，嵐氳氳兮若霧冥而籠水。此混者，乃陰欲散而陽欲颺；此極者，乃陽將暢而陰欲分。故不混極，難以生化。冥於道者，以默而參之。

訣曰：二炁混淪，三才未分。中含萬有，欲開未形。非極不化，無動不寧。生化化生，開扃闔扃。

一炁分三

炁凝而結，既結則混混而不分，分之在中，養之清者其炁昇，沈之濁者其炁墜。均之不偏者孕於中，故中在極之化，化以極而分。如投水於烈焰之中，若剖卵於利刀之下。炁之一散昇清，炁運盪，隨清而化。清者陽也，曰天。墜濁炁滯厚，隨濁而凝。濁者陰也，曰地。上以乾十日之極，而至陽能健者是也。下以坤十二辰之極，而至陰能化者是也。二炁既剖，何者爲人？清乃天之祖，濁乃地之源，秀在乎中，發之於類，即類成象，始有含靈人道兆也。欲明二炁之始，人道之初，宜於中而求之。

訣曰：一炁始判，二儀具生。中有人道，包含萬靈。我同天地，何其自分。道化在此，歸之以明。

炁開象兆

始一生三，因三成四，即四分五。一生三者，天、地、人。三成四者，東、西、南、北。五之生者，金、木、水、火、土也。何謂？以水爲一也，蓋自極未分，其體純陰，散而化炁，故炁即生炁，炁而有人炁，炁而化者，水也。其生於木，其化於火，其歸於土，乃當來墜之炁也。故養生於金也。金者乃五炁之極，至此不能反，復化爲雨露，霜雪，亦當來水之意也。故五炁終絕，顛倒推之，以金爲水之母，以土爲水之父，以火爲水之祖，何也？日之有波，月之有曜者，是也。於五炁之論，以水爲初，爲腎者，何也？人在胎胞，如混淪未分之間，卻以土一火二者，又何也？故嬰兒一生，天門便開，地戶常塞，三歲始言，生於腎也。又非水一、木二、金三、火四者，抑何也？修真者，宜於反觀之，故陰符之指，悉居此也。

訣曰：一炁既散，天地人存。五行四極，水木之論。居腹有息，混混淪淪。消息此意，乃上道門。

萬象含化

二炁既化，隨清者運，濁者動，故炁有昇降，類有生旺，物有榮枯，事有代謝，五炁各居於一也。居東者則曰青陽，居西者則曰白藏，居南者則曰朱明，居北者則曰玄英。以散而聚，以歸而一，故中極爲央也。此於四炁、四節、四方，各以三月之炁而包含土也。然根於土，生於木，滋於水，凋於金，而枯於火殺。殺之不絕，絕之復生者，以四時各舍於土也。春有黃花，乃木舍土，辰支有也。夏長黃花，乃火含土，午支有也。秋進黃花，乃金含土，申支有也。冬發黃卉，乃水舍土，亥支有也。五行、五炁、五象、五方，無包不成，無含不化。東方寅爲木，卻爲火之生。西方金在巳，卻亦火之餘。以水之局，則中含火土。以火之局，中包土之炁。相生相克，悉包悉化，故一核二芽，三甲四葉，五枝六幹，七花八果，九實十凋，即天一地二，天三地四，天五地六，天七地八，天九地十也。道之以一，炁當守一。自一至十，皆包含之中，而存不言之化，故太一含真是也。修真之士，體此而行之。

訣曰：自一生三，萬象中含。天地中運，陰陽密旋。一點祖炁，四時行焉。如能會得，造化齊肩。

因虛化實

浮游之無祖，虛無之有源，皆自一炁之散，五炁之值也。上之虛，乃清炁之化，則名曰寥廓；下之實，乃濁炁而生，則名曰嶽瀆也。故因虛者，乃有陽存焉；因實者，乃有陰存焉。故子爲虛，午爲實也。午之炁乃陰，而火旺

於此，則實也。子之炁乃陽，而水旺於此，則虛也。無虛則不知實，無實則不明虛。然土爲實也，十二時不露也？炁爲虛也，何三清之境化焉？以虛求實則易，以實求虛則難也。虛之於天有風、有雨、有霜、有霧、有靄，則或聚或散，乃虛實之始也。以地之實，則有山、有海、有林、有稼，何海竭江涸，山顛土震？此虛實之感也。因無化有者，虛之實；即有化無者，乃實之虛。始自父母，情性之所感，終成形貌凜然，此乃虛之實也。及其五慾萌，一真散，復求其情性之元，不可得也。此虛求實易，實求虛之難也。故學道之士，以先天爲基者，正合此也。

訣曰：因虛成炁，即炁化類。實自類生，累因實憊。虛裏求實，雖難即在。實有太實，水火不壞。

性情化育

炁既一分，象隨此明。故居其穹者，則曰日月星、風雷電。隱其下者，則曰山川草木禽蟲之類。始之無性，因動而感，故有情也。情之一動，性復隨焉。在草木則感秀，在淵瀆則感炁。皆從陰而生於陽也。既有性則有欲，既有欲則生情。故草木當日至則性成也，柳復爲柳，花再成花。昆蟲蠢動者，即動而化，皆自日至之所肇也。日至者，乃冬日之至也。冬日者，即子也。子者，乃一陽之始也。在卦曰復，復者，返也。然後天地萬物之性情，從茲而通也。萬物既如此，人性情自何有也？緣人之自頂至踵，一身骨、毛炁、血，動靜開闔，皆同天地萬物也。故從虛情而感實性也。然後一人此情，即隨此性，感而化，有血有珠，有塊有胎，故曰妊也，乃水之一也。故生陽者，陰也，非陽生陰也。道之爲用，能以情性作大藥者，乃善於道也。如此則天地萬物之情，父母未育之性，若開鑑以照容，朗然可目也。

訣曰：厥初一炁，分成性情。散之轉晦，斂之則生。三才本一，何立外程。但求感合，體自圓明。

日月星炁

純陽之炁昇於左，純陰之炁降於右，中孕之炁懸於正。乾之一化，化以十日是太陽。又曰獨陽，豈成造化？故九日沈之，一日浴之。九既降下則成六，六者，方生陰也。故月之光，有藉於日之華也。須彌之外，寥霄之左帀右旋，月常不及日者，蓋獨純陰之故也。乾有日秀，坤有月之孕者，乃陰存陽，陽戀陰也。日有出沒昇高，始出地，發於水，昇於空，照於象，只能昱晝，不能明夕也。月有晦朔弦望，圓闕生沈者，即當來藉陽之故，每多不足，故所行遲而速帀，帀於三十，不能益於朝朝爾，此日月之道也。何大光大曄，明於外，燭於物，不能透於覆盆，何也？以其無隙也。隙者，乃開化也。開化萬象，星也。星者，亦自日之生也，下應於人。日祇能轉於陽，月祇善旋於陰。斡遷四序，代謝五行，運齊七政者，星也。然星之應有不定不一，易變之道，故以斗統之也。星可妄移，斗不可苟動，日夕之懸，朗朗於天，故其莫敵於日者，蓋亦餘炁也。然日月有常，星無常者，是也。元始一判，天地人分日，日月星兆也。三炁混合，復歸於一，乃先天之道也。

訣曰：乾有大晶，月生大靈。上下孕秀，其中作星。天主陽化，地主陰衡。三才一炁，本之化生。【略】

修德濟物

仁者德之本，德乃道之基。不仁者不足以言道，無德者不可與談化。往往修者，省務長生，以求不死。殊不明長生不死者，何物也？止以有爲而先於人，以巧飾而詐於己。無山林之清，而樂山林之事？無利益之念，而求上天之鶴。善之未有，惡已先彰。如持念珠而興訟，設醮事以撻人。此等之人，俱不足與言道也。能於事者，見人之危而救之，見人困而濟之，見人之陷而提之，見人之疾如己之疾，見人之不善而化之，見人之美女不起私之，見人之奉真，如己之奉之。入道則行道，則業則去業，然後儉於己而厚於衆，無內外不和之事，有尊敬父母之心。清淡於己，豐利於人。人之如此，以之求真則真感，以之修道則道成。又且益子孫而超九祖，豈不美哉！

訣曰：道本德中來，有德方知道。天地大德生，聖賢亦此造。長生一徑真，不死者乃道。道德與性命，四字甚分曉。

《金丹大成集·解注崔公入藥鏡》 盜天地，奪造化。

修鍊莫不盜天地之機，奪造化之妙；運用則符乾坤否泰，抽添則象日月虧盈。定刻漏，分二弦，隔子午，接陰陽，通晦朔，合龍虎，依天地之大數，吁陰陽之化機，陰符陽火，依約卦爻，週而復始，循環互用，不失其時。一鼎之中，造化分明，象天地運動，發生萬物也。儻或火候失時，抽添過度，寒暑不應，進退差殊，即令天地之間，憑何而生萬物哉？陰陽之氣，憑何而生龍虎也？

攢五行，會八卦。

五方以中爲主，五行以土爲主，位居於中而有土德之尊。故水得土則潛其形，火得土則隱其明，金得土而增其色，木得土而益其潤。土無正形，挨排四象，五行既聚，則八卦自然相會矣。

水真水，火真火。

離中有陰，則心中之液乃真水也；坎中有陽，則腎中之炁乃真火也。此一身之真水火。

水火交，永不老。

夫地之炁上騰而爲霧，天之炁下降而爲露，陰陽相交而成膏雨，滋榮萬物者也。一身之陰陽，相交而成真液，滋榮五藏六府，復歸於下田，結而爲丹，故萬物無陰陽氣不生，五藏六府無津液則病矣。

水能流，火能燄。

水在上故能流下，火居下故能炎上。《參同契》云：水流不炎上，火烈不潤下，是此意也。

在身中，自可驗。

真水真火，在人一身之中，於修鍊之際自可驗也。

是性命，非神氣。

左爲性，性屬離；右爲命，命屬坎。坤之中陰入乾而成離，乾之中陽入坤而成坎。當知離坎是性命，神氣之穴也。

水鄉鉛，只一味。

水乃坎也，鉛乃金也，亦曰水中金。《雲房丹訣》曰：鉛鉛水鄉，靈源庚辛，室位屬乾，常居坎戶，隱在兑邊。劉海蟾詩曰：鍊丹須是水鄉鉛。只此一味，乃還丹之根蒂也。

歸根竅，復命根。

既得上下二源，乃歸根復命之根竅也。

貫尾閭，通泥丸。

上通泥丸宮，下貫尾閭門。言其一氣上下循環而無窮也。

真橐籥，真鼎鑪。

《昇降論》曰：人能效天地橐籥之用，開則氣出，闔則氣入。氣出如地氣之上昇，氣入如天氣之下降，一氣週流自可與天地齊其長久矣。上曰金鼎，下曰玉鑪，然皆人身之真造化也。

無中有，有中無。

《金碧經》曰：有無相制，上有青龍居，兩無宗一有，靈化妙難窺。《參同契》曰：上閉即稱有，下空即稱無，無者以奉上，上有神德居。此兩孔經法，喻有無相須。

托黄婆，媒姹女。

姹女在離宫也，坎男不能與之交會，須托黄婆而媒合之。黄婆乃坤土也。

輕輕地，默默舉。

進火之際，當輕輕然運，默默然舉也。杏林詩曰：如如行火候，默默運初爻，是也。

一日内，十二辰。

年中用月，以一月三百六十時準一年；月中取日，則一日十二辰準一月。日中用時，時中用刻，到此微妙，莫非口訣。

意所到，皆可爲。

一日十二辰内，遇一陽動，皆可下手也。紫陽曰：一刻之工夫，自有一年之節候。此乃頃刻之週天也。馬自然詩曰：不刻時中分子午，無爻卦内別乾坤。

飲刀圭，窺天巧。

飛劒自土，金採而飲之，故曰飲刀圭也。上下二源皆真土也。窺者，觀也。《陰符經》曰：觀天之道，執天之行，盡矣。

辨朔望，知昏曉。

可辨明一身之朔望也。昏曉乃朝屯暮蒙二卦也。

識浮沉，明主客。

鉛沉而銀浮，鉛沉而在下，銀浮而在上。既識浮沉，須明主客。紫陽詩云：鐃他爲主我爲賓。無他，此乃先昇後降之理也。

要聚會，莫間隔。

水火常要聚會，莫使之間隔也。

採藥時，調火功。

採藥之時，全藉調燮火功，一剛一柔，一文一武，二八封門，六一固濟。循卦文，沿刻漏，分二弦，隔子午，始復而終於坤也。《參同契》曰：鉛得真鉛，又難真火，可不細意調燮而使之無太過不及之患也。

受氣吉，防成兇。

紫陽詩曰：受氣之初容易得，抽添火候要防危。受氣之初，使金木交併，水火同鄉，若可喜也。及其脱體歸坤，沐浴以防其兇，守城以慮其險也。

火候足，莫傷丹。

九轉火足，當息符火，不知止足，必致靈汞飛走矣。

天地靈，造化慳。

此乃言其慳吝，不可縱意也。

初結聖胎，則看受氣之初。初，本命也。

初結胎，看本命。

終脱胎，看四正。

終脱胎則看四正，宮乃玄關也。

密密行，句句應。

能依此密密而行，則句句應驗矣。呂公時云：因看崔公入藥鏡，令人心地轉分明。

《金丹大成·解注呂公沁園春》 七返還丹 火生二，成數七。返者，自下而返上；還者，自上而還下。或曰：木三金四，合成七數，故曰七返，其説亦妙。蓋金木乃水火之父母，五行之宗祖，還丹之根基也。苟以涕、唾、津、精、氣、血液爲七返，謬之甚矣！《雲房詩》曰：七般之物盡爲陰，若將此物爲丹種，怎得飛昇上玉京？《紫陽經》曰：七件陰物何取焉？還丹之名不一，或曰大丹、内丹、玉壺丹、絳雪丹、赤赫金丹、龍虎太藥、九轉神丹、宇宙之主神丹、白雪、龜精、鳳血、兔髓、烏肝、先天地精，皆不過真鉛真汞，交結而成，固非凡鉛汞，金石草木有質之藥。汞是九轉真汞，鉛是七返真鉛。惟兹一味是天地之真氣，日月之至精。於外配則明象乾坤，於内配則符合造化。有生有殺，爲虎爲龍，蘊情義而遣作夫妻，維祖宗而故稱母子。二味既曉，兩性須知。因媒而男女和諧，賴母而子孫成長。聖人至祕，玄之又玄，修丹之士，不當反求諸己而已矣。

在人先須錬己待時。

道不遠人，百姓日用而不知也！錬己乃錬形之道，莫不擘裂鴻濛，鑿開混沌，採真一之精，抱先天之炁，而爲丹基也。不可以非類而造化，故《參同契》云：燕雀不生鳳，狐兔不乳馬。同類易施功，非程難爲巧。金華洞主答太室山人曰：積其陽魂，消其陰魄，以其陽兵戰退陰賊。八卦相盪，五行相剋。歸根復命，還丹烜赫。以精錬形，非凡砂石，或者以錬己爲錬土，其説亦妙，蓋藥産西南坤地也。大要知時，苟失其時。天地之間，憑何節候而生萬物陰陽之炁？憑何而生龍虎哉？弦後弦前，乃時中之造化；坎離交處，乃刻裏之功夫。到此微妙，莫非口訣。

正一陽初動，中有宵漏永。

宇宙在乎手，萬化在乎身。毗陵師曰：錬丹不用尋冬至，身中自有一陽生。時中有時之功夫，刻中有刻之功夫。

温温鉛鼎，光透簾幃。

鉛鼎，即造鉛鼎也。温温，謂火力。不可使之虧欠，必也温養而成丹。毗陵師曰：金鼎常留湯火暖，玉鑪不要火教寒是也。簾幃曰眼也，雲房有：閑戶垂簾默默窺之句。下功夫處，神光晃耀，透徹簾幃也。

造化爭馳，龍虎交會。

夫造化之爭馳也，龍吟雲起，虎嘯風生。必也使水虎擒火龍，互相交會。《入藥鏡》曰：鉛龍升，汞虎降，馳二物，勿縱放。苟運火失時，則龍虎不交，鉛汞飛走矣。紫陽詩曰：西山白虎性猖狂，東海青龍不可當。兩手捉來臨死門，化成一塊紫金霜。兩手捉來，不過要其交會，方能凝結成寶也。

進火工夫牛斗危。

夫火者，太陽之真精，有名而無形。故《參同契》曰：既得真鉛，又難真火，豈輕議哉！蓋火起於水中，何者？坎屬水，坎中有真陽，乃真火也。龍虎會合，金木交併，則真火炎其中矣。進火之工也，有剛柔、文武、斤兩、法度，二八封門，六一固濟，循卦爻，沿刻漏，了屯蒙，明否泰，分二弦，辨晦朔，始復終坤，起晨止晦，則陰陽舒卷，金汞調和。如或火候失時，霖旱不節，隆冬大暑，盛夏嚴霜，金宮既砂汞不調，玉鼎乃蝗虫競起，金母木龍騰沸，坎男離女奔逸，此皆運火過差，靈汞飛走。所謂纖芥不正，悔吝爲賊，毫髮差殊，不作丹是也。可不慎之！牛斗危者，當牛斗值時下功也。

曲江上，見月華瑩淨，有箇烏飛。

人之小腸，九盤十二曲，謂之曲江也。月乃藥之用，言其瑩淨無瑕，乃至寶也。有箇烏飛，乃陰中含陽也。劉海蟾詩曰：幾度爲飛宿桂柯。又曰：

烏飛兔不驚。古詩曰：有箇烏飛入兔宮。皆此意也。

當時自飲刀圭。

當行功交會之時，下手自土釜採而飲之。故《入藥鏡》曰：飲刀圭，識土釜者，可與語刀圭之妙。

又誰信無中養就兒。

還丹之道，乃無中生有，漸採漸鍊，結成聖胎，無質生質，養就嬰兒。故紫清先生詩曰：世事教人笑幾回，男兒曾也會懷胎。自家精血自交媾，身裏夫妻是妙哉！

辨水源清濁。

《清靜經》云：天清地濁，男清女濁。清者濁之源。無他，陽清而陰濁也。輕清者，浮而在上，真水銀是也；重濁者，沉而在下，真鉛是也。二物兩用，可不辨明清濁升降之道乎？

木金間隔。

木居東方甲乙，在象爲青龍，在卦爲震，乾之長男也，火之母也，金之妻也，青衣女子也，碧眼胡兒也，東海青龍也，木液也。金居西方庚辛，在象爲白虎，在卦爲兑，坤之少女也，水之母也，木之夫也，素練郎君也，白頭老子也，西山白虎也，金精也。隔居卯酉，無由聚會，須托黄婆媒合而爲一也。紫陽曰：木金間隔會無因，須仗媒人勾引。然後木生火，金生水，水火同鄉，則金木交併矣！

不因師指，此事難知。

金丹大藥，古人以萬劫一傳。《玉笥靈篇》，學者之十迷九八，聖師口口，歷代心心，若非心傳口授，縱使三傑之才，十哲之智，百端揣度，亦終不能下手結就聖胎矣！所謂饒君聰慧過顔閔，不遇明師莫强猜。只爲金丹無口訣，教君何處結靈胎。劉海蟾詩曰：此道逈昭彰，如何亂揣量。金丹之道，若不遇真師，實難知之矣！

道要玄微，天機深遠。

大道無形，生育天地；大道無情，運行日月；大道無名，長養萬物。吾不知其名，强名曰道。杳杳冥冥，其中有精；恍恍惚惚，其中有物。視之不見，聽之不聞，摶之不得，無中生有，天機深遠，玄妙難測。《陰符經》曰：天有五賊，見之者昌。知之修鍊，謂之聖人。苟非洞曉陰陽，深達造化，安能鑿開混沌，採天地父母之根而爲丹基，擘裂鴻濛，取陰陽純粹之精，而爲大丹之質。攢簇五行，和合四象。三花聚頂，令一氣不昏；五氣朝元，使陽魂不亂。放縱於杳冥之中，往來於恍惚之內，搬運出入，移神陽舍。功成行滿，位證天仙也。況金液還丹，惟有一門，豈可與傍門小法，並日而語耶！

下手速修猶太遲。

千經萬論，皆不言下手功夫，惟傳之口訣。夫下手之初也，動乾坤之橐籥，採坎離之刀圭，攝一身之神，歸於天谷穴中，吞而養之，則神炁歸根，名曰回風。混合密固根源，此乃守真一之道也。《龍虎經》曰：神室上下釜，變化在手中。所以正一真人，論青蛇之劒；西蜀老翁，得金鎚之妙。呂公喻之爲火杖，青城空角謂之劒不是道。此皆窮盡蹤跡，擘劃元根。若無下手，徒論金丹，萬無一成矣。古歌云：聖人識得造化意，手摶日月安鑪裏。《陰符經》云：宇宙在乎手，萬化生乎身。夫學而不遇，必遇至人；遇而不勤，終爲下鬼。老子曰：上士聞道，勤而行之。仙道惟人可以修。古云：神仙只是凡人做。當知輪迴事道，業報難逃。富貴榮華，殆非久計。下手速修，猶恐太遲也。

蓬萊路，仗三千行滿，獨步雲歸。

蓬萊三島，乃海上仙山也。在人一身，亦有蓬萊三島，頂曰上島，心曰中島，腎曰下島。紫清先生詩曰：人身自有一蓬萊是也。三千功行，乃九年抱一之數也。九年功滿，或分形散景，或出有入無；或輕舉遠遊，隱顯莫測；或換骨升仙，遨遊蓬島；或太一見召，移居中丹，各隨其功行之淺深也。《窐頭坏》曰：九年功滿都經過，留形住世不知春，忽日天門頂中破，真人出現大神通，從此天仙可相賀。《參同契》曰：道成德就，潛伏候時，太乙乃召，移居中丹，功滿上昇，膺圖受籙。彭真人注曰：太乙真君，乃内鍊之主司也。世人初得道，鏤名金簡於此丹，膺圖受籙，乃獲上昇也。

《黄庭内景玉經注・上清章》 上清紫霞虚皇前，

九天之上，異景非常，上有三清，中有玉皇。

太上大道玉宸君，

超凡入聖，身外之身，海變桑田，玉貌常新。

閑居蘂珠作七言，

　蘂珠宮內，肘後飛金，慧通顛倒，物外清吟。

散化五形變萬神，

　甲乙庚辛，丙丁壬癸，萬變神通，五形聚會。

是爲《黄庭》曰內篇。

　黄庭內景，聚會群仙，妙通法海，詩吟萬篇。

琴心三疊舞胎仙，

　心琴內撫，韻透青霄，胎仙舞就，靈耀彰昭。

九氣映明出霄間，

　九陽還轉，七返通靈，夜明光現，鬼駭神驚。

神蓋童子生紫烟，

　紫霧紅光，結成華蓋，神通恍惚，無形不壞。

是曰玉書可精研。

　萬經窮盡，玉訣精通，自然之道，聖德真功。

詠之萬過昇三天，

　無中詠出，萬化樞機，十方三界，接引愚迷。

千災以消百病痊，

　一念無生，衆垢消除，性通杳邈，占得虚無。

不憚虎狼之兇殘，

　抱道忘形，虎狼遠避，背道著身，見獸自喪。

亦以卻老年永延。

　外容有老，有形有終，內貌無形，仙壽無窮。

《黄庭內景玉經注·上有章》　上有魂靈下關元，

　地關緊閉，天門常開，魂清氣爽，結就靈貽。

左爲少陽右太陰，

　左看甲龍，右看庚虎，交媾往來，自然真趣。

後有密戶前生門，

　後戶藏金，前門隱玉，無中常有，妙通一六。

出日入月呼吸存。

　陽降陰昇，出火入水，逆順顛倒，先要達彼。

元氣所合列宿分，

　乾坤相合，妙用沖知，天清光顯，萬象森羅。

紫煙上下三素雲，

　瑞雲襯步，紫煙覆頂，三台護我，虚無聖境。

灌溉五華植靈根，

　玉潤瓊芽，靜收白雪，五華宮內，銀蟾無缺。

七液洞流衝廬間，

　玄武金飯，朱雀玉漿，坎男離女，捧與天皇。

回紫抱黄入丹田，

　紫煙光裊，妙慧相迎，覺花不謝，氣奔神清。

幽室內明照陽門。

　要明神室，內闢陽門，東西相會，物外乾坤。

《黄庭內景玉經注·口爲章》　口爲玉池太和宮，

　口杯玉液，知味醮醮，嚥過重樓，始遇真人。

漱咽靈液災不生，

　瓊漿頻飲，九九相交，迸出霞彩，天地難包。

體生光華氣香蘭，

　靈臺軒豁，寶珠光瑩，採得鉛霜，汞通賢聖。

卻滅百邪玉鍊顔，

　清靜無爲，心如霜雪，圓耀當空，十方明徹。

審能修之登廣寒，

　崑崙頂上，唯占清涼，明珠一顆，萬道霞光。

晝夜不寐乃成真，

　陰盡陽純，無眠無夢，體若虚空，修成鉛汞。

雷鳴電激神泯泯，

　霹靂一聲，沖和交泰，顯出至神，萬物之外。

《黄庭內景玉經注·黄庭章》　黄庭內人服錦衣，

　中央赤子，體掛六銖，作伴風月，爲隣虚無。

紫華飛君在雲氣羅，

　天書紫詔，來召嬰嬌。大羅朝聖，速擊雲腰。

丹青綠條翠靈柯，

藕花鄉裏，風擺金絲。寶瓶之內，別有一枝。

七蕤玉籥閉兩扉，

七星宮內，常閉金扉。寶花臺上，無相容儀。

重扉金關密樞機。

九重玄戶，玉鎖金關。妙通萬化，內結三丹。

玄泉幽闕高崔嵬，

三峯頂上，萬流飛泉。仙宮寶所，異景相連。

三田之中精氣微，

穩駕木牛，三田耕透。時雨頻潤，瓊芝靈秀。

嬌女窈窕翳霄暉，

月娥抱定，日裏飛烏。交光燦燦，結就元初。

重堂煥煥明八威，

樓上月光，重堂性燭。內外俱明，八仙享福。

天庭地關列斧釿，

抱一强兵，外魔鬬敵。護法神人，慧斧常劈。

靈臺盤固永不衰。

絳宮赤子，捧出神珠。光生萬道，晃耀空虛。

《黃庭內景玉經注・中池章》 中池內神服赤珠，

華池清徹，上有飛烏。不神而神，衣掛連珠。

丹錦雲袍帶虎符，

五方異錦，修成六銖。巖前騎虎，遣怪飛符。

橫津三寸靈所居，

吸盡西江，三重焰赤。現出真靈，太虛無極。

隱芝翳鬱自相扶。

內採靈芝，磨開寶鑑。白蓮出水，清香菡萏。

《黃庭內景玉經注・天中章》 天中之嶽精謹修，

千朵奇峯，萬株松檜。寶殿金門，中明聖帝。

靈宅既清玉帝遊，

嵩嶽中天，上通玉帝。華嶽金方，巨靈神異。

通利道路無終休。

巨海明珠，崑崙美玉。運入中華，窮仙福。

眉號華蓋覆明珠，

眉生瑞霞，化成寶蓋。輥出神珠，內明法海。

九幽日月洞空無，

九陽宮內，烏兔交光。神機萬變，天地難量。

宅中有真常衣丹，

八境爲隣，太虛性宅。脫了雲衣，丹光赫赫。

審能見之無疾患。

丹霞照耀，萬病消除。性如秋月，體若虛無。

赤珠靈裙華蒨粲，

珠光迸出，焰似飛星。常餐芝草，花玉成形。

舌下玄膺生死岸。

樓上仙衣，功高體掛。換了凡軀，爲調嬰姹。

出清入玄二氣煥，

祥耀無情，金飛玉走。顛倒明明，形神不朽。

子若遇之昇天漢。

自然遭遇，玉性彰昭。便乘赤鳳，雲外飄飄。

《黃庭內景玉經注・至道章》 至道不煩決存真，

真心不動，妙慧通靈。陰陽既濟，物外真形。

泥丸百節皆有神。

玉骨金筋，相連關節。一點神光，應物明徹。

髮神蒼華字太元，

生而皓首，內貌無衰。悟字通神，妙達無爲。

腦神精根字泥丸，

根固精飛，神通霞彩。透入泥丸，字明法海。

眼神明上字英玄，

至神慧眼，無上觀天。一明萬化，字達英玄。

鼻神玉壟字靈堅，

細鋤玉壟，勤種芝田。神書金字，上奏三天。

耳神空閑字幽田，
自然響亮，神聽潺湲。既明上善，應物方圓。
舌神通命字正倫，
舌湧甘津，醍醐灌頂。自覺神清，妙通內景。
齒神鍔鋒字羅千。
叩齒九九，庚甲交鋒。字傳萬古，羅錦千重。
一面之神宗泥丸，
太虛之象，無影真神。九陽宮闕，玉戶通真。
泥丸九真皆有房，
玄武二戶，朱雀七門。內明開闔，唯現神尊。
方圓一寸處此中，
中華神宅，瑩瑩方圓，下侵九地，上通九天。
同服紫衣飛羅裳。
紫雲覆體，號曰黃人。陽純陰盡，跨鶴朝真。
但思一部壽無窮，
聖經萬卷，法有三乘。上乘一部，悟者飛昇。
非各別住居腦中，
上下三官，混合一同。乾坤靈象，泥丸之中。
列位次坐向外方，
三十二天，中尊玉皇。聖明物外，光偏十方。
所存在心自相當。
中天玉帝，四方天主。每方八天，各有寶所。

《黃庭內景玉經注・心神章》 心神丹元字守靈，
心藏於神，內明微奧。至象包含，汞鉛顛倒。
肺神皓華自虛成，
肺藏於魄，神光照耀。道合三才，自然明了。
肝神龍煙字含明，
肝藏於魂，神明牝戶。字通慧眼，閒然無阻。
翳鬱導煙主濁清，
離水上昇，坎火下降。混合精濁，神通無軼。
腎神玄冥字育嬰，
腎藏金精，神調胎息。字通聖妙，至明太極。
脾神常在字魂停，
脾藏於志，抱道無離。神明樞要，用坎迎離。
膽神龍曜字威明。
魂清膽壯，神定沖和。既明大象，誰採人魔。
六腑五臟神體精，
六腑精通，五臟清澄，神丹鍊就，脫殼飛昇。
皆在心內運天經，
神明天道，理合聖經。妙通萬化，無愛無憎。
晝夜存之自長生。
周天十二，內顯神通。昏昏默默，了達真空。

《黃庭內景玉經注・肺部章》 肺部之宮似華蓋，
金經一部，絳宮三間。威儀法相，清靜修丹。
下有童子坐玉闕，
上清宮畔，下有玉闕。大悲童子，默傳金訣。
七元之子主調氣，
七竅通靈，中明赤子。如龜喘息，海枯心死。
外應中嶽鼻齊位，
華胥中嶽，上闡天門。內明五帝，衆聖齊尊。
素錦衣裳黃雲帶，
東西間隔，慧照中央。仙衣體掛，帶現金光。
喘息呼吸體不快，
妙非口喘，真非鼻息。赤鳳來呼，烏龜去吸。
急存白元和液氣，
白氣盈中，元神寂閑。玉液相傳，微妙無極。
神仙久視無災害，
至真久視，佳趣觀天。常常清善，物外無愆。
用之不已形不滯。
神人無形，與道同體。萬物無拘，乘風而起。

《黃庭內景玉經注·心部章》 心部之宫蓮含華，

大乘經內，至明道德。蓮宫蛙隱，含光無極。

下有童子丹元家，

聖凡兩路，天上地下。至性天人，幻形物化。

主適寒熱榮衛和，

性闡玄關，自然顛倒。三真混合，祥煙光裊。

丹錦飛裳披玉羅，

丹臺嬰姹，飛錦衣多。乘鸞跨鳳，同上大羅。

金鈴朱帶坐婆娑。

金聲響亮，玉汞全真。胎陽舞出，物外形神。

調血理命身不枯，

骨筋血肉，道氣精神。內真外假，借假修真。

外應口舌吐五華，

口豈妄言，舌泯五味。天降神泉，不飲而醉。

臨絕呼之亦登蘇，

絕慮明虚，垂光朗照。顯出靈童，真歡真笑。

久久行之飛太霞。

絳宫非久，蓬島仙家。功成歸去，永伴煙霞。

《黃庭內景玉經注·肝部章》 肝部之宫翠重裏，

甲方聖教，隱在中宫。神光萬道，翠色千重。

下有青童神公子，

九陽門下，物外人同。既闡真理，立祖明宗。

主諸關鏡聰明始，

寶鑑磨開，九關明徹。法明慧眼，氣神相結。

青錦披裳佩玉鈴，

太和宫內，玉性玲瓏。瓊漿金飯，青錦重重。

和制魂魄津液平，

虚心清魂，實腹靜魄。玉潤金真，大丹光赫。

外應眼目日月清。

降日垂光，性月圓明。坎生二八，至妙虚清。

百痾所鍾存無英，

上懸金鍾，痾氣常盈。廣貪難滿，存濁無英。

同用七日自充盈，

七光返照，慧日充盈。豈分晝夜，晃耀水晶。

垂絕念神死復生，

垂慈念道，泯欲顧神。慧生於心，至妙金真。

攝魂還魄永無傾。

鍊成魂魄，物外飛形。氣散精竭，性沉幽冥。

《黃庭內景玉經注·腎部章》 腎部之宫玄闕圓，

精通法海，妙隱蟾宫。天花亂墜，偏滿虚空。

中有童子冥上玄，

大仙玉童，恍惚杳冥。功成蟬蜕，現出真形。

主諸六府九液源，

陽和精固，神調六府。玉液既明，中央浄土。

外應兩耳百液津，

耳聽雲雷，電閃龍降。逆順交通，性無愚戇。

蒼錦雲衣舞龍幡，

襯步金蓮，法身明大。瑞氣盈盈，結成華蓋。

上致明霞日月煙。

致虚極妙，兩耀交光。大丹九轉，體遍純陽。

百病千災急當存，

無情病除，至善災滅。察盡萬有，太虚明徹。

兩部水王對生門，

陽道修生，陰道修死。三清九幽，明晴奥旨。

使人長生升九天。

仙升九天，鬼沉丸地。聖凡生死，悟難迷易。

《黃庭內景玉經注·脾部章》 脾部之宫屬戊己，

黃經妙法，藏在中宫。理明一訣，慧有萬通。

中有明童黃裳裏，

中仙羽衣，赤表黃裏。天圓七星，地方雲履。

消穀散氣攝牙齒，
　齒消百物，內外濁清。大陽藏穢，腎海收精。
是爲太倉兩明童，
　運般黍米，捻入太倉。常餐金粟，玉藏清涼。
坐在金臺城九重，
　金臺之上，十二層樓。重城二九，光顯瀛洲。
方圓一寸命門中。
　外方內圓，鶴引胎仙。命宮寶焰，上接三天。
主調百穀五味香，
　地產百穀，天生五味。萬物生成，陰陽之氣。
辟卻虛羸無病傷，
　滯色形羸，清神實腹。死生兩路，明明禍福。
外應尺宅氣色芳，
　玄門開闔，妙通神宅。坎位清魂，離中靜魄。
光華所生以表明，
　既通賢聖，內顯真榮。三陽照耀，八表俱明。
黃錦玉衣帶虎章，
　赤青黑白，戊己兼黃。中藏萬錦，應化瓊章。
注念三老子輕翔，
　佛老文宜，妙智難量。得一方知，體變真陽。
長生高仙遠死殃。
　超凡入聖，物外無殃。大羅之上，朝現玉皇。

《黃庭內景玉經注・膽部章》 膽部之宮六府精，
　甲龍庚虎，壬男丙女。顛倒倒顛，膽神明祖。
中有童子耀威明，
　太虛之中，物外靈童。柔弱光生，妙用其雄。
雷電八振揚玉旌，
　巨靈真異，雄振八方。玉旌唯撼，接刃交光。
龍旂橫天擲火鈴，
　風颱龍旂，陰魔鬬敵。陽殺其陰，真雄無極。
主諸氣力攝虎兵。
　神明慧力，抱一堅貞。劍揮赫赫，從有强兵。
外應眼童鼻柱間，
　天眼垂光，虛明玉柱。鍊汞成形，至神遭遇。
腦髮相扶亦俱鮮，
　上闈陽門，妙通玉腦。七竅通明，毫光一道。
九色錦衣綠華帬，
　體掛六銖，中繫華帬。便乘鸞鳳，雲外朝真。
佩金帶玉龍虎文，
　玉佩玎璫，威儀行步。無影真容，騎龍跨虎。
能存威明乘慶雲，
　抱道忘塵，真性超群。欲朝金闕，穩駕祥雲。
役使萬神朝三元。
　天元降福，中元赦罪。地元解厄，萬神朝會。

《黃庭內景玉經注・脾長章》 脾長一尺掩太倉，
　五行脾祖，土穀之倉。中華上國，一者帝王。
中部老君治明堂，
　中華聖教，治世修真。先天之象，明者老君。
厥字靈元名混康，
　忘言抱道，六三混成。德歸無上，至大强名。
治人百病消穀粮，
　靈藥能治，妄念百邪。糲食充飢，麤布胡遮。
黃衣紫帶龍虎章，
　金翁玉冠，黃婆紫帶。寶殿聖容，萬神齊拜。
長精益命賴君王。
　北海飛金，南山鑿玉。赤帝通明，無窮聖福。
三呼我名神自通，
　喝散陰魔，呼聚陽神。神通萬一，方號全真。
三老同坐各有朋，
　三老各朋，左文右武。無極天中，鸞迎鳳舞。

或精或胎別執方，
　十方明處，一點靈明。胎仙養就，奪得真精。
桃孩合延生華芒。
　桃臉嬰孩，抱道延長。深根固蔕，吐出光芒。
男女徊九有桃康，
　仙男仙女，世景徘徊。風前月下，至性希夷。
道父道母對相望，
　以天爲父，以地爲母。太虛含象，聖人妙趣。
師父師母丹玄鄉，
　至聖爲父，至道爲母。靈耀爲子，密妙爲度。
可用存思登虛空，
　存思念道，絕慮泯俗。取捨俱忘，自然真福。
殊途一會歸要終。
　物象窮通，靜情歸一。建德若偷，聖功了畢。
閉塞三關握固停，
　預塞金關，固守真精。氣神相見，得之圓成。
含漱金醴吞玉英，
　會仙樓上，滿泛金漿。胎仙醉舞，回首仙鄉。
遂至不飢三蟲亡，
　玉漿金飯，三嚥忘飢。蟲屍既散，性顯光輝。
心意常和致欣昌，
　心通意解，神氣沖和。內真歡笑，舞神婆娑。
五嶽之雲氣彭亨，
　五嶽真形，中明玉京。金光萬道，紫霧千層。
保灌玉廬以自償，
　天降瓊漿，盈滿玉器。酌了重生，八仙共醉。
五形完堅無災殃。
　五方霞彩，鍊就真形。既超三界，去似飛星。
　《黄庭内景玉經注・上覩章》　上覩三光如連珠，
　上覩三光，中明本元。玉花香滿，結就金蓮。
落落明景照九隅，
　天花飄落，光偏乾坤。碧虛陽耀，射透崑崙。
五靈夜燭煥八區，
　昇霞萬象，大極爭光。古今賢聖，位列八方。
子存內皇與我遊，
　子能見母，道合其真。胎神養就，內貌常新。
身披鳳衣銜虎符，
　性開金訣，體掛衣珠。妖魔侵境，天降虎符。
一至不久升虛無。
　心忘意滅，我本大無。神丹鍊就，與聖同居。
方寸之中念深藏，
　自然真道，妙慧深藏。夜明光耀，方寸清凉。
不方不圓閉牖牕，
　耳不邪聽，口不妄言。鼻不聞香，法眼觀天。
三神還精老方壯，
　三陽照體，鳳引龜精。自然抱道，返老還嬰。
魂魄內守不爭競，
　魂居杳邈，魄靜朝元。陰變爲陽，蓬島爲仙。
神生腹中銜玉璫，
　神生清瑩，龜吸日光。鑿開靈竅，美玉玎璫。
靈注幽闕那得喪，
　陽降神通，性朝王闕。九霄之上，無生無滅。
琳條萬尋可蔭杖，
　玉條垂芳，袅浸波心。枯乾北海，瓊樹無陰。
三魂自寧帝書命。
　魂朝赤帝，寶光如鏡。治國安民，聖宣勑命。
　《黄庭内景玉經注・靈臺章》　靈臺鬱藹望黄野，
　靈芝一段，黄野相侵。崑山隱玉，巨海藏金。
三寸異室有上下，
　中央三耀，聚而成形。陽逢壬癸，陰遇丙丁。

間關營衛高玄受，

天人護法，聖度無執。慧能之後，無師不立。

洞房紫極靈明戶。

水晶龍宮，煙霞虎洞。內明九房，外明九孔。

是昔太上告我者，

自然萬通，名爲太上。無我知雄，法明至象。

左神公子發神語，

甲位神公，蟾宮赤子。默默相傳，無爲與旨。

右有白元並立處，

白氣充盈，天元一併。既悟希夷，理通賢聖。

明堂金匱玉房間，

雲堂寂寂，開闔陽門。神明萬化，永永長生。

上清真人當吾前。

太上西昇，悟真徐尹。入聖超凡，人人有分。

黃裳紫丹氣頻煩，

中元羽衣，朱帶黃裳。神明慧眼，滿目金光。

借問何在兩眉端？

借假全真，本真無相，眼耀如星，白毫靈象。

內俠日月列宿陳，

天光燦燦，斗轉星移。虛空斡運，暗合天機。

七曜九元冠生門。

七返通真，元神吐耀。開闔九門，心香裊裊。

《黃庭內景玉經注・三關章》 三關之中精氣深，

陽關常開，陰門永閉。中明顛倒，水火既濟。

九微之中幽且陰，

九光微妙，道氣幽深。氣神清爽，水裏生金。

口爲天關精神機，

口爲聰辯，心爲智慧。至妙忘言，崇真無僞。

足爲地關生命棐，

金蓮襯步，顯箇嬰兒。蓬萊咫尺，內禮明師。

手爲人關把盛衰。

手擎宇宙，妙有雙關。真靈出世，豈羨人間。

《黃庭內景玉經注・若得章》 若得三宮存玄丹，

往來昇降，不離三宮。靈丹一粒，服了神通。

太一流珠安崑崙，

神光透出，萬顆玄珠。沖和一點，體洽太虛。

重中樓閣十二環，

重樓十二，上接雲煙。鸞迎鳳吹，聚會神仙。

自高自下皆真人。

真仙厭世，雲步朝元。地去高天，八萬四千。

玉堂絳宇盡玄宮，

大羅衆仙，各居寶所。鳳閣龍宮，祥光翠霧。

璇璣玉衡色蘭玕，

摘星樓上，凭玉蘭玕。慧觀八極，日赴千壇。

瞻望童子坐槃桓，

物外靈童，坐者雄武。滿張弓射，九重鐵鼓。

問誰家子在我身？

見道明子，得永全真。聖賢爲伴，風月爲隣。

此人何去入尼丸，

意辭萬慮，氣運神般。金光兩道，上至泥丸。

千千百百自相連，

千千百百，玉女金童。時時天樂，聒透仙翁。

一一十十似重山。

一明性耀，十分皎潔。表裏俱通，重重明徹。

雲儀玉華俠耳門，

無影雲儀，晝夜真歡。玉穿靈竅，光隱泥丸。

赤帝黃老與我魂，

赤宮大帝，中位天人。帝天相合，與我陽魂。

三真扶胥共房津，

無爲真性，有相假身。調和真假，共飲香津。

五斗煥明是七元，
　五明霞彩，光射七元。自然聖妙，養就胎仙。
日月飛行六合間，
　烏飛兔走，運轉乾坤。陰陽顛倒，蛇把龜吞。
帝鄉天中地戶端，
　大一仙宫，中明上帝。朝聖真人，蓬萊一會。
面部魂神皆相存。
　魂通杳冥，神達虛無。無中明徹，賢聖之書。

《黄庭内景玉經注・呼吸章》 呼吸元氣以求仙，
養就胎神，非外呼吸。妙用抽添，霞光出入。
仙公公子已可前，
　真明杳邈，象帝之先。無衰無朽，號曰神仙。
朱鳥吐縮白石源，
　天鳥銜花，石湧飛泉。松峯之畔，吟笑忘言。
結精育胞化生身，
　氣和神定，性停精固。育成七寶，大羅歸去。
留胎止精可長生。
　恍惚護貽，清神保精。沖和交媾，鍊氣成形。
三氣右徊九道明，
　天之一氣，其用不勤。中超三界，密酬四恩。
正一含華乃充盈，
　大一明妙，瓊藥含光。通通異變，萬怪潛藏。
遥望一心如羅星，
　虛心慧視，内外清澄。回光燦燦，月上參星。
金室之不可傾，
　海藏龍宫，事雄抱雌。巨海謙下，萬流歸之。
延我白首返孩嬰。
　生而皓首，内貌無裹。出有入無，至妙無爲。

《黄庭内景玉經注・瓊室章》 瓊室之中八素集，
三山宫室，八仙會集。過海乘風，各有妙術。
泥丸夫人當中立，
　祥光萬道，慧眼頻觀。中明姹女，内性真歡。
長谷玄鄉繞郊邑，
　頋神至閬，物外仙鄉。放開靈耀。應物無妨。
六龍散飛難分別，
　龍蟠離穴，虎遶坎宫。甲庚交位，道顯神通。
長生至慎房中急，
　萬通真戒，物物無爲。壺天靈象，兔走烏飛。
何爲死作令神泣？
　大乘聖教，廣度衆生。若遣天道，永墮幽冥。
忽之禍鄉三靈沒。
　恩中生害，性沉禍鄉。三魂難保，七魄消亡。
但當吸氣録子精，
　氣歸元海，密護真精。虛無恍惚，出世通靈。
寸田尺宅可治生，
　上逮八方，中明寸宅。夜膽光耀，天寬地窄。
若當決海百瀆傾，
　巨海謙虛，百瀆歸之。三内天有，無上元始。
葉去樹枯失青青，
　寶樹一株，金枝玉葉。無影靈童，時進攀折。
氣亡液漏非己形。
　坎中鍊汞，離内烹鉛。丹成九轉，脱殼昇仙。
專閉御景乃長寧，
　中華聖境，常閉金門。民豐國泰，一者帝尊。
保我泥丸三奇靈，
　泥丸之内，護我三台。鍊汞成真，雲步蓬萊。
恬惔閉視内自明，
　至性恬然，坎宫緊閉。開闔當中，晨光照體。
物物不干泰而平，
　無物之象，自然交泰。虎嘯龍吟，誅殺邪怪。

㲉矣匪事老復丁，

方圓曲直，上善清澄。 中明甲乙，豈問丙丁。

思詠玉書入上清。

龍篆玉書，神奏上清。 崇真建德，天上功名。

《黃庭內景玉經注・常念章》 常念三房相通達，

連峯宮室，內隱雲房。 癸丁相見，內有炎涼。

洞得視見無內外，

一顆圓珠，明照內外。 洞達真光，永永無壞。

存漱五牙不飢渴，

胎仙沐浴，金漱玉芽。 內無飢渴，常飲煙霞。

神華執巾六丁謁，

神通毫髮，離女捧巾。 六丁來謁，功奏上真。

急守精室勿妄泄，

抱元守道，精固神靈。 無中生有，現出真形。

閉而保之可長活，

骨堅髓實，精謁人亡。 至慎保真，益壽年長。

起自形中初不闊，

雲衢通聖，間隔不闊。 乾坤內合，巨靈一撮。

三宮近在易隱括。

宮塵種種，神妙頻括。 七曜通靈，無爲大達。

虛無寂寂空中素，

大道非空，體同太虛。 自然至妙，輥出明珠。

使形如是不當汙，

身如野鶴，性似閑靈。 碧虛空外，飄飄任真。

九室正虛神明舍，

九宮之內，瑞氣盈盈。 神明正慧，果證圓成。

存思百念視節度，

物物深窮，得意忘言，性明道眼，妙用觀天。

六府修治勿令故，

六府調泰，法體安然。 周天烹鍊，金汞玉鉛。

行自翱翔入天路。

碧霄雲外，鸞鳳翺翔。 得道真仙，朝現玉皇。

《黃庭內景玉經注・治生章》 治生之道了不煩，

理達慧生，明徹仙經。 沖和之妙，內視無形。

但修洞玄與玉篇，

洞玄靈寶，能明玉篇。 崇真了達，異日昇仙。

兼行形中八景神，

無爲之妙，鉛汞成形。 神明八表，應物通靈。

二十四真出自然，

八渠流轉，二八生成。 自然之妙，大達超生。

高拱無爲魂魄安，

抱道守真，魂清魄靜。 既達聖妙，坦然大定。

清靜神見與我言，

至神護法，聖道默傳。 治國修真，太上妙言。

安在紫房幃幕間，

祥光萬道，射透瓊幃。 胎仙進道，常□刀圭

立坐室內三五玄。

天男天女，立侍天皇。 五明宮內，日月星光。

燒香接手玉華前，

檮聖焚香，道明至友。 了達無爲，蓬瀛携手。

共入大室璇璣門，

璇璣七門，內隱天真。 妙擎宇宙，身外有身。

高研恬惔道之園，

磨開古鑒，應物明通。 三陽相會，七寶園中。

內視密眄盡覩真，

天眼明道，慧眼明真。 法眼通聖，始顯化身。

真人在己莫問隣，

大玄境內，唯道明真。 參羅光照，至闃爲隣。

何處遠索求因緣！

既離火院，棄世全真。 剔開道眼，闚妙良因。

《黃庭內景玉經注·隱景章》 陰景藏形與世殊，
　嵩陽勝景，隱在中華。既忘世夢，高卧煙霞。
含氣養精口如朱，
　太極含光，陰變純陽。神丹一粒，光徧十方。
帶執性命守虛無，
　執天行道，至通顛倒。鍊就重純，十洲三島。
名入上清死録除，
　殢著物我，死隨幽冥。神超三界，玉帝知名。
三神之樂由隱居。
　修成七魄，鍊就三魂。至神密隱，物外超群。
倏欻遊遨無遺憂，
　至趣超凡，萬緣了畢。道德無爲，始終無失。
羽服一整八風驅，
　一整羽衣，碧霄進貢。不夜天中，携雲跨鳳。
控駕三素乘晨霞，
　青鸞前引，穩步雲軒。異香風送，昇入三天。
金輦正立從玉輿。
　聖坐金輦，真乘玉輿。天人侍立，共赴仙都。
何不登山誦我書，
　火坑跳出，三峯隱居，明今妙道，聖人之書。
鬱鬱窈窈真人墟，
　深種靈芝，神泉澆溉。丁看烏龜，癸觀翡翠。
入山何難故躊躇，
　對景如山，至性無疑。頓明聖理，妙達希夷。
人間紛紛臭如帑。
　世事紛紛，皆造福業。不殢中邊，大道明徹。

《黃庭內景玉經注·五行章》 五行相推反歸一，
　金闈離宮，玉封坎戶。神明霞彩，自然開悟。
三五氣合九九節，
　三神抱道，五彩飛光。大和明內，體變重陽。
可用隱地回八術，
　內隱泥丸，蛻形顯質。八仙會上，各有藝術。
伏牛幽闕羅品列。
　牛駕雲車，聖歸金闕。天樂齊迎，群仙總列。
三明出華生死際，
　三光朗照，菡萏清香。自然目視，真景非常。
洞房靈象斗日月，
　內鎖顛猿，法塵泯絕。妙達虛無，象擎日月。
父曰泥丸母雌一，
　金翁抱真，黃婆守道。行滿功圓，仙歸蓬島。
三光煥照入子室，
　天光照耀，仙宮深密。護法神尊，盜賊怎敵。
能存玄真萬事畢，
　至明大象，妙達玄真。孰知壺內，別有乾坤。
一身精神不可失。
　清志抱一，性命無失。迸出神光，香津如蜜。

《黃庭內景玉經注·高奔章》 高奔日月吾上道，
　聖達無上，烏兔交光。妙明八極，細入毫芒。
鬱儀結璘善相保，
　嬰子抱真，鬱母爲隣。母養其子，鍊氣成神。
乃見玉清虛無老，
　上達玉清，中明黃老。體同太虛，手擎芝草。
可以回顔填血腦。
　和血固精，調氣順神。鍊真合道，乃可全真。
口銜靈芒携五皇，
　鳳銜玉蘂，獻與天皇。離宮陰返，物外之鄉。
腰帶虎籙佩金璫，
　星冠月帔，金玉玎璫。默朝玉帝，性執珪璋。
駕欻接生宴東蒙。
　蟾宮瓊宴，癸母丁翁。天厨造膳，仙樂東蒙。

《黄庭内景玉經注・玄元章》　玄元上一魂魄鍊，
虚空微妙，安魂定魄。功要三千，行修八百。
一之爲物叵卒見，
道象無形，陰陽有變。造化聖功，慧眼唯見。
須得至真始顧眄，
至明顛倒，木金相間。無物之真，天眼顧眄。
至忌死氣諸穢賤。
婬聲美色，喪真死氣。凡夫惚愛，聖人見穢。
六神合集虚中宴，
達道陽神，出世真仙。蓬萊赴宴，閑訪桃園。
結珠固精養神根，
神珠光耀，固守金精。結成三寶，内現真形。
玉筏金籥常完堅，
虚中橐籥，價酬千金。玉吹靈竅，神鬼皆驚。
閉口屈舌食胎津，
忘言妙道，恬惔修真。潭清龍現，下湧甘津。
使我遂鍊獲飛仙。
聖人妙訣，進火烹鉛。大丹鍊就，體化飛仙。
《黄庭内景玉經注・仙人章》　仙人道士非有神，
知神非我，不神乃神。恐生斷見，應物明真。
積精累氣乃成真，
性通三耀，命達三田。氣結三寶，功滿三千。
黄童妙音難可聞，
黄庭上有，赤宅靈明。光光相射，各聽無聲。
玉書絳簡赤丹文，
神篆金簡，奏聖靈文。有功無妄，行滿騰雲。
字曰真人巾金巾，
至理金真，華陽妙巾。六銖光顯，二八金身。
負甲持符開七門，
元神護法，天降飛符。七門返照，昇入仙都。
火兵符圖備靈關，
强兵善勝，常在丙壬。内雄不出，外賊無侵。
前昂後卑高下陳。
要先必後，欲下而高。海心萬丈，深藏巨鼇。
執劒百丈舞靈幡，
臣靈神劒，慧刃如鋒。混元海内，活捉蛟龍。
十絶盤空扇紛紜，
十極之中，銀盤無缺。羽扇紛紜，晴空皎潔。
火鈴冠霄隊落煙，
九天神鳳，清聲火鈴。百禽隊隊，從似飛星。
安在黄闕兩眉間，
眉間毫象，應顯靈通。金容玉體，光耀中宫。
此非枝棄實是根。
春夏萬木，壯極則衰。深根至性，潛隱無隳。
《黄庭内景玉經注・紫清章》　紫清上皇大道君，
中天至聖，上達三清。人天了道，真朝玉京。
太玄太和俠侍端，
上帝天皇，中華帝王。侍尊近貴，萬代名揚。
化生萬物使我仙，
自然妙道，無中有靈。陰陽相貫，萬化生成。
飛升十天駕玉輪。
太陽之君，飈駕玉輪。碧虚明徹，萬里無雲。
晝夜七日思勿眠，
七曜通神，晝夜崑崙。陽純無夢，號曰真人。
子能行此可長存。
默行天道，性命長存。古今興廢，豈可言論。
積功成鍊非自然，
自然靈耀，空舞胎仙。抽添沐浴，全賴周天。
是由精誠亦由專，
因師奥旨，道上精勤。聖功全德，物外良因。

內守堅固真之真，

忘言守道，棄物全真。慧明中顯，無相真形。

虛中恬惔自致神。

至神無形，與道合真。碧霄雲外，明耀常新。

《黃庭內景玉經注·百穀章》 百穀之寶土地精，

百穀陰精，實腹通靈。九陽烹鍊，變化真形。

五味外美邪魔腥，

意遠腥羶，真通道味。天降霞漿，重樓一醉。

臭亂神明胎氣零，

殺害群生，臭濁養形。昏神喪慧，業報非輕。

那從返老卻還嬰？

皓然太上，玉貌如嬰。神明萬化，顯達西昇。

三魂恍惚魄糜傾！

汞鉛顛倒，水火相交。丹爐陽焰，鍊成白膏。

何不食氣太和精，

九陽照體，白覺神靈。夜明光照，北海龜精。

故能不死入黃寧。

用慧明真，實相無形。先天妙景，隱在黃庭。

《黃庭內景玉經注·心典章》 心典一體五臟王，

悟一惺甦，採得蟠桃。山頭顯現，物外知交。

動靜念之道德行，

眼迸萬珠，戊己千拜。六賊須歸，陰陽交泰。

清潔善氣自明光，

絕利忘名，恩牢跳出。坦蕩無憂，始明悟一。

坐起吾俱共棟梁，

大物譙下，欲後必先。處窪得盈，能曲道全。

晝日耀景暮閉藏，

三陽照耀，內景佳祥。神能法象，百怪潛藏。

通利華精調陰陽。

腎海精金，崑山美玉。盈滿中宮，真人洪福。

《黃庭內景玉經注·經歷章》 經歷六合隱卯酉，

周天六度，陰陽相合。倒顛卯酉，逆順庚甲。

兩腎之神主延壽。

命宮兩道，上接泥丸。清神爽氣，晝夜真歡。

轉降適斗藏初九，

運轉參星，照侵北斗。一陽起火，妙通九九。

知雄守雌可無老，

玄門牝戶，關闔明悟。既達聖機，真師來度。

知白見黑急坐守。

澄光顯黑，神明眼碧。內視通天，妙觀太極。

《黃庭內景玉經注·肝氣章》 肝氣鬱勃清且長，

甲方寶樹，枝聳根邃。上接三天，下侵九地。

羅列六腑生三光，

調和六腑，內運三光。神明霞彩，永占清涼。

心精意專內不傾，

神清意泯，虛無自然。不空不色，聖妙心傳。

上合三焦下玉漿，

貪嗔癡滅，至性彰昭。黃芽裊裊，玉液頻澆。

玄液雲行去臭香，

洗心滌垢，垢盡光生。圓明應物，光耀無情。

治蕩髮齒鍊五方，

理髮萬通，神開金口，妙髮無衰，金齒不朽。

取津玄膺入明堂，

異景堂中，內隱深淵。澄清照軀，號曰龍泉。

下漑喉嚨神明通。

上湧靈泉，胎神沐浴。法體清澄，自然真福。

坐侍華蓋遊貴京，

含元咫尺，通明水晶。朱雀玄武，密護神京。

飄飖三帝席清涼，

三皇之始，有道爲王。無爭善勝，豈用刀鎗。

五色雲氣紛青葱，

順光芝草，逆氣青葱。芝香葱臭，道俗豈同。

閉目內眄自相望，

鳳眼龜睛，中華相望。離坎交宮，德明無上。

使心諸神還相崇，

道妙虛心，鍊玉烹金。性通天意，神鬼皆欽。

七玄英華開命門，

七珠返照，內視天真。龜吸霞彩，走上崑崙。

通利天道存玄根。

內返陽天，氣結靈鉛。大丹光頭，三島真仙。

百二十年猶可還，

百二長安，蟾宮明徹。七返明元，九還丹結。

過此守道誠獨難，

葛景之中，心意如山。頓明開悟，獨立非難。

唯待九轉八瓊丹，

八仙物外，常伴紅霞。神丹九轉，蓬島爲家。

要復精思存七元，

賢達精思，聖智無慮。聖賢出世，凡人遭遇。

日月之華救老殘，

月滿無虧，日耀古壇。太虛之內，永結神丹。

肝氣周流終無端。

東方甲乙，明朝赤帝。玉戶常開，金闕自閉。

《黃庭內景玉經注·肺之章》 肺之爲氣三焦起，

三魂既清，三毒盡滅。善採黃芽，真收白雪。

視聽幽冥候童子，

慧明恍惚，內聽潺湲。玉童來報，功滿三田。

調理五華精髮齒，

太和之中，玉女金童。披襟散髮，各顯神通。

三十六咽玉池裏，

重明九九，九氣三通。陽神聚會，霞友雲朋。

開通百脈血液始。

性通陽脈，精化爲胎。形神俱妙，永住蓬萊。

顏色生光金玉澤，

豆初靈顯，內寶盈中。太極妙有，至行真功。

齒堅髮黑不知白，

叩齒神通，皓髮幽冥。內容不老，無影真形。

存此真神勿落落，

有形有盡，無物常存。既明真道，妙慧通神。

當憶此宮有座席，

上清宮畔，九夏炎炎。響泉怪竹，座席冰簟。

衆神合會轉相索。

千神聚會，同赴天壇。臨風對月，自在清閑。

《黃庭內景玉經注·隱藏章》 隱藏羽蓋看天舍，

內隱祥輝，結成華蓋。羽化真人，九霄之外。

朝拜太陽樂相呼，

黃庭真景，蓬島相隣。嬰兒姹女，跨鳳朝真。

明神八威正辟邪，

氣結神靈，威儀閒靜。法眼通天，辟邪歸正。

脾神還歸是胃家，

土穀盈倉，脾還胃粮。神明九眼，上顯三光。

躭養靈根不復枯，

至靜歸真，保命常存。神明慧朗，照耀崑崙。

閉塞命門保玉都，

既明門闔，汞鉛相合。七寶玲瓏，化成寶塔。

萬神方胙壽有餘，

七寶壇上，衆聖非無。焚香酌酒，洪禧有餘。

是謂脾建在中宮。

忘言妙理，黃老中明。鍊神合道，永住蓬瀛。

五臟六腑神明王，

寸宅神光，五行之主，實腹存三，真通六臍。

上合天門入明堂，

天門闔開，金關鎖閉。內有神尊，群仙聚會。

守雌存雄頂三光，

酉上金烏，卯中玉兔。兩耀交光，黃神光聚。

外方內圓神在中，

神明一圓，妙達先天。居塵不染，火裏生蓮。

通利血脈五臟豐，

三耀和沖，五臟神豐。珠如黍米，光徧虛空。

骨青筋赤髓如霜，

神清體健，骨堅髓實。六賊難存，三屍自出。

脾救七竅去不祥，

清志如山，內汞長安。大羅聖降，常赴天壇。

日月列布設陰陽。

萬化生成，皆禀陰陽。照臨法界，日月之光。

兩神相會化玉漿，

內神精光，外容形影。明真悟假，六銖頻整。

淡然無味天人糧，

恬淡靈泉，能濟飢渴。滌盡凡情，自然了達。

子丹進饌肴正黃，

玉體金容，黃廷內看。渴飲瓊漿，飢餐珍饌。

乃曰琅膏及玉霜，

鍊成玉膏，修就金汞。龜吸夜光，蛇穿七孔。

太上隱環八素瓊，

珠數金聲，九九隱環。至神內繫，一撞三關。

溉益八液腎受精，

八渠瓊水，澆溉靈芽。炎收白雪，可稱仙家。

伏於太陽見我形，

天如秋水，夜顯圓光。真無掛染，性月昭彰。

揚風三玄出始青。

道玄觀天，天玄明象。象玄通真，真元坦蕩。

恍惚之間至清靈，

微妙祥明，慧視無形。用之可妙，恍惚通靈。

戲於飈臺見赤生，

嬰弄風飈，汞結陰消。閑乘赤鳳，唯上青霄。

逸域熙真養華榮，

一掉神舟，三島瀛洲。回觀世夢，吟笑無休。

內眄沉默鍊五形。

華胥異景，至性觀天。三陽相會，二氣朝元。

三氣徘徊得神明，

三耀明真，其用不勤。神仙也厭，世事紛紛。

隱龍遁芝雲琅英，

仙擎寶之，引虎調龍。行圓出世，妙隱三峯。

可以充飢使萬靈，

勲服靈芝，道養嬰兒。元神唯顯，內禮真師。

上蓋玄玄下虎章。

祥煙成蓋，至性澄觀。龍蟠元海，虎遶靈山。

《黃庭內景玉經注・沐浴章》 沐浴盛潔棄肥薰，

洗開道眼，體掛銖衣。水雲信任，不羨輕肥。

入室東向誦玉篇，

閑居宮室，至德真一。悟徹千經，忘言了畢。

約得萬徧義自鮮，

玉訣金聲，萬徧通靈。功成九轉，跨鶴飛昇。

散髮無欲以長存，

真心坦蕩，放曠林泉。玉壺之內，別有陽天。

五味皆去正氣還，

意遠肥甘，自通道味。內養元神，沖和一氣。

夷心寂悶勿煩冤，

絕慮忘言，自然火定。住世居山，內保動靜。

過數已畢體神精，

日往月來，陰陽有數。道顯神明，全憑開悟。

黃華玉女告子情，

黃婆匹配，嬰姹團圓，靜清祥耀，産箇胎仙。

真人既至使六丁，

力士天丁，常護真靈。陰魔奔散，陽耀成形。

即授隱芝大洞經。

真仙之授，太上之經。人間闡度，悟者超昇。

十讀四拜朝太上，

十極誦經，四方禮拜。賢聖虛空，衆生苦海。

先謁大帝後北向，

後有金真，來朝大帝。蓬島瀛洲，群仙列位。

黃庭内經玉書暢，

黃庭聖降，玉訣真經。理明萬化，妙道無形。

授者曰師受者盟，

默傳聖道，玄祖盟約。聖達頓明，賢悟慚博。

雲錦鳳羅金鈕纏，

仙裳體掛，鳳遶龍蟠。金纏九九，降闕清歡。

以代割髮肌膚全，

太上古貌，玉體冰肌。顔如童稚，皓髮眉齊。

携手登山歃液丹，

鍊成七返，修就九還。形神妙達，霞友登山。

金書玉景乃可宣。

聖人金訣，妙達真景。雲散天青，蟾光如鏡。

傳得可授告三官，

三元功畢，上達三官。真同聖意，名列仙班。

勿令七祖受冥患，

出家退道，七祖冥愆。一子了道，玄祖生天。

太上微言致神仙，

神通萬法，大達希夷。無爲德訣，暗合天機。

不死之道此其文。

碧霄至聖，今古常新。母養赤子，不死之門。

《黃庭内景玉經注・得道陽》 得道陽來得道陽，自然碧洞隱雲房。玉訣靈符清氣爽，金丹大藥勝衣裝。豈似人間輕薄郎，徒誇黃白滿箱筐。我寶三田常運轉，吾家一性沒驚惶。

正月寒威漸漸回，靈花九蘂向東開。玉液流時專益氣，寶芝採處物生荄。養就重陽現兩臉，蟠桃嫩臉笑瓊釵。七魄三屍隨臘去，五方九轉逐春來。

二月還知水氣和，風生木德自然歌。兀兀轉生離内女，怡怡笑殺月中娥。耿耿分明天下河，我今回首出高坡。三萬六千神曜聚，重樓十二液津多。

三月清明滅盡煙，百花堪綻艷陽天。姹女聚柴新焰畔，嬰兒弄水舊池邊。寶鑑當胸只自懸，翁婆媒合好因緣。朱雀騰雲方出衆，青龍駕霧得高遷。

四月朱明和氣清，心花七寶愈分明。教你會時獨自語，請公休慕百禽聲。火焰纖長漸漸生，從玆萬木得嘉名。十干位中吾獨走，五行宮裏我先行。

五月炎蒸陽氣嘉，正堪端坐問南華。這箇不能誇肝木，那人偏愛放心花。煩惱俱無遠歡嗟，日當卓午不教斜。玉兔過來添白雪，金烏顯處吐黃芽。

六月純陽盡入莊，陰魔赶退出街坊。壬癸北方添腎水，丙丁南嶽爇真香。鬼魅妖邪盡總忙，群魔難聚沒隄防。子後看時知日短，午前坐處覺宵長。

七月庚辛海水深，一輪明月運天心。飯熟須知薪趂火，衣成不離線因針。修就無爲七寶身，還令當日到如今。白虎吼時頻擒捉，黑龜行處轉思尋。

八月清凉白露句，萬民安樂養真身。窈窈冥冥雲外客，昏昏默默月中人。雖是居塵不染塵，也無喜怒亦無瞋。既處逍遙生瑩滑，自然聚散去皮皺。

九月蒼天爽氣高，重樓復降雨瀟瀟。攪海赤龍真自在，迎風木馬肯無寥。每向鄽中作繫腰，六銖衣挂勝紅綃。醉後恣眠青蘇塌，醒來頻採玉芝苗。

十月紅霜又更清，黃婆得半入深溟。乾盡水銀唯我健，復生神氣更誰聽。有緯須先知有經，識成紈綺便堪行。離火便生紅芍藥，坎泉傾下雨霖零。

十一月嚴風作威，月中玉走日金飛。結就三三三處寶，得披六六六銖衣。乘鳳携鸞跨霧歸，上天降敕不相違。功滿三千緣業盡，行成八百落塵稀。

十二月圓成錦綉，四時枝葉不乾枯。看取火中頻取水，自然水裏卻安爐。龍虎龜蛇認吸呼，百骸俱滿立須臾。一顆明珠三下有，三般惡物一齊無。

已得靈符萬事休，百冤退盡任他愁。好把瓊漿添滿腹，理將金髓灌盈頭。都爲十因得此由，翁婆嬰姹住綢繆。教我携將三直柄，請公認取一彎鈎。

《重陽全真集・修行》 這箇修行總不知，元來只是認真慈。赤衣上士遊山水，烏帽先生入火池。白馬嘶時金亦吼，青牛耕處玉無玼。衝天柱地霞光照。籠罩翁婆最小兒。

大器修行不厭華，玲瓏顛傻屬吾家。清風裏面全真氣，明月前頭結寶砂。常把舊容常點檢，便將新相便拈拏。一通擲在青霄上，透過虛空顯象芽。

龍吟引起虎咆哮，雪浪兼風旋旋抛。滌蕩一靈添到瑩，調和二氣便相交。烏龜行向海中戲，赤鳳飛來頂上巢。明月一輪光燦燦，玉峯高處照三茅。

自從一得見天真，今日方知舊日人。離俗復爲雲外客，脫塵不作土中賔。蓋緣往昔擒朱汞，全是當初定水銀。一點靈明歸静界，圓光裏面轉金輪。

玄關奪得不追尋，錬就重陽滅盡陰。從此頻添木上火，由斯再煮水中金。萬般神應還誰見，一箇真靈只自欽。聚則爲形散爲氣，晴空來往永無心。

胎仙舞出做神仙，都爲從來得正端。何有丹田金虎繞，不須寶鼎玉龍盤。叱迴鉛汞應清靜，換過陰陽愈喜懽。一段紅霞生岳頂，迴光明朗照青鸞。

斷雲飛盡月光明，返光神舟傍岸行。水火相逢開正路，木金間隔定長生。黑鉛赤汞分南北，白虎青龍換甲庚。依此修持真了了，空中結就玉絲棚。

既然朗照絕搜尋，不必區區論淺深。正坐的端通子午，迴頭又復見丁壬。五般彩色頻頻步，一箇玄機每每侵。捉住虛空真妙景，應將此景作嘉音。

吸呼喘息妙非麤，養就從來一顆珠。子母相隨規彩結，氣神攢聚異光殊。倒顛交媾分機密，上下沖和得要樞。好向深山最高處，怡然獨放月輪孤。

從初更會捏風顛，撒向瑤池種玉蓮。生出一枝偏皎潔，拂開五葉各團圓。昔能已見通玄妙，今則還知得自然。既没四時催逼去，長春境上不排年。

修行須用九陽圖，認得陽圖事事甦。智者便知超造化，愚人枉了下功夫。得來勘破無中有，成後何如有若無。無有有無無有相，有中無相達天衢。

能知下手免三塗，咄了從前這匹夫。入火肯教成熗識，渡河難以溺漂浮。日中精艷長生瑩，月裏瓊林永不枯。此箇大丹歸物外，逍遙來往入虛無。

《存神固氣論》 爐鼎地位　四象之始終，萬物之化生，不離戊己。鼎火拕戊己，然後能造物。故至人於金朽木相刑，受氣與水火升降既濟之間，有造化神物，使活而不斃，生生不窮之理。

陰陽顛倒　陰陽者，相求之物也。離，火也，失水則燥，燥極所濟在坎；坎，水也，失火則冰，冰極所濟在離。離宫受血藏鉛，陽中有陰也，故不燥而清凉；坎宫受氣藏汞，陰中有陽也，故不冰而温煖。離雖含鉛，血動則火發化汞；坎雖含汞，氣動則水生化鉛。故知坎屬水者，不知有汞氣隱焉；知離屬火者，不知有鉛血隱焉。動化之際，鉛汞自升降相求，至人於此，有坎離顛倒之理。

陰陽老少　數過三十二，陰陽漸老矣。陽老則炁衰，必少陰而後濟；陰老則血衰，必少陽而後濟。老陰奪少陽，如坤之次有復也；老陽奪少陰，如乾之次有遘也。金木，老陰陽也，相刑而生者，少陰陽也。人之乾坤爲老，

艮兑爲少。不知造化之所謂老少者，有不一也。至人於此，有妙奪造化之意。

水火相求　水遇火乃受氣，受氣則生而不竭，故不走；火遇水乃成形，成形則活而不滅，故不飛。方真水求真火，則陰多陽少而化鉛；方真火求真水，則陽多陰少而化汞。汞必求鉛，故降而干坎；鉛必求汞，故升而干離。升降之際，擒於戊己，相呑相戀而結化。至人於此，有住陰陽之和，還返添奪之妙理。

金木相刑　金不尅木，木不受氣，受氣生火，乃火不尅金；金不受氣，受氣乃生水，以金召金，故動而尅木；以火召火，故動而尅金。水火既生，以和召和，自相求而造物。至人於此，使鑪中水火自相尋者，蓋得修所生之至理。

五行還返　萬物之理歸於母，則根深蒂固，有長久之道；散於子，則花榮葉茂，有衰謝之理。子謝母衰者，五行之順行也；長生久視者，五行之不順行也。至人於中宮神物造化之際，造物既功，則子隱母腹，母含子胎，致龍出於火，虎生於水，有還返顛倒之理。

王氣盛衰　火初生，陽之王氣也；水初生，陰之王氣也。陽進不已，日中必昃；陰進不已，月盈必虧，王氣漸衰。至人於此，有鑪中截王氣之理。故如時之春，不至於秋，如日之昇，不至於昃，如花之榮，不至於謝。

添進火候　精爲氣母，不能自運，所運在氣；氣爲神母，不能自運，所運在神。此真鉛所以生神火，神火所以伏真鉛也。至人以神運氣，自然氣住而不飛；以氣運精，自然精住而不走。三物不出鼎火，則開生門；離於鼎火，則歸死戶。至人所以傳法不傳火者，蓋擒捉烹鍊之際，斟酌添進火候，至神之能事，有不可致詰也。

龍虎美軸　天地絪緼，故關軸先立於玄極；出納斟酌，元氣生生不窮。人方受鉛汞於父母，關軸立矣。元氣因此物而生，此物託元氣而養，故一呼一吸，綿綿若存。既配金木生神物，當服龍虎納元和而助養之，自然胎氣造化，生生不窮也。

情性動靜　物理所不可逃者四，曰生、曰心、曰性、曰情。有生必有心，有心必有性，有性必有情。性則靜定，情則感通，感通之際，二氣必交。交於外則龍虎飛走，鉛汞漏失；交於中則龍虎相隨，鉛汞內結。鉛汞內結，氣所生也，故氣來入身謂之生，所以通生謂之道。至人以道御情，絪緼之際能住玄胎，恍惚之中能擒物象，所以有道合一，形神俱妙之功也。【略】

胎息真趣　世雖曰胎從有氣者結，氣從有胎者息。然豈止神氣不散，習息日久而後成哉！是未達真趣，真趣天達，塊然靜處，積習於空寂中，則終身沒世，不免爲一躭睡漢而已，於養丹結胎，卻曰住年則遠矣！且生化之理，獨陽不生，獨陰不成。至人謂養聖胎求出路，坎離鉛汞不相孤。苟非龍虎交遘，立關軸於玄極，誰能住元和而息胎乎？

寂滅無爲　灰既死，木既槁，火木無所托；塊雖聚，塵雖積，則金水無由生。四象無由施，則丹藥爲棄物；鑪鼎爲虛器，蓋不能住不死之玄胎。故沉於寂滅，不能奪造化之神機，故泥於頑空。至人既見五賊而昌，則乘火龍、跨金虎，宇宙在手，萬化生身，終於形神俱化，而遊無上之妙。昌嘗論空寂，止枯槁而與塵塊共滅哉！

形神俱妙法　內而求之，性則心也，命則腎也。知道者以性復命，以腎交心，五氣交感，一歸戊己。魏真君所謂三五一者，正爲此也。然則《易》謂之三五一，五行顛倒，火生木，水生金。以生數推之，水一金四，五也，火二木三，五也。土數亦五，是爲三五。萃而一，故曰三五一。《黄庭經》云：五行相推大歸一。以是觀之，魏君之意，豈不昭昭乎！學者悟此，則呼吸之義可明，而陽光之精可見矣。陽光之精即丹砂也，丹砂即大藥也。自古修性命者，莫不由大藥而獲度世也。然知性而不知命，則執空而無變化。故鍾離先生云：祇修真性不修丹，久後多應變化難。知命而不知性，則形兂無宰。故茅真君曰：但明行氣王，便是得仙人。則知性與命，獨修則不成。欲修性者，必以道全其神；欲修命者，必以術延其形。道術相符，則性命會合矣。故《太平經》云：神以道全，形以術延，以可證也。遇之者，未可便修，必周覽古今神仙經書、歌訣以明之，義無不通，然後可以絕疑。

《上陽子金丹大要・採取妙用》　《陰符經》曰：其盜機也，天下莫能見，莫能知，君子得之固窮，小人得之輕命。《黄庭經》云：玄膺氣管受精府，急固子精須自持。《參同契》曰：採之類白，造之則朱。又曰：昴畢之上，震出爲徵，陽氣造端，初九潛龍。《金碧經》曰：磁石吸鐵，隔礙潛通。正陽翁曰：有無交入爲丹本。紫陽真人曰：鉛遇癸生須急採。又曰：甘露降時天地合，黄芽生處坎離交。朱震《易傳》云：晦日朔旦，坎月離日，

會於壬癸。又云：三日暮震，象月出庚。上陽子曰：看書要達古人意，若只念字又何益？且如日月會壬癸，三日之暮震始生。此固不可以猜曉，況只尋常看過乎！謂如有無交入、癸生、急採、天地合、坎離交，此無真師口授，強猜不得。是云真實希有之妙義也。何謂交？曰：交以不交之交。何謂合？曰：合以不合之合。何謂採？曰：採以不採之採。何謂不採之採？曰：擘裂鴻濛，採以不採之採。何謂不交之交？曰：鑿開渾敦，交以不交之交。何謂不合之合？曰：恍惚窈冥，合以不合之合。蓋鴻濛未判，須尋太易之先；渾沌既分，則究癸生之際；窈冥無象，以求其真。何謂鴻濛？曰：形如雞子之初，比似中黄之義。何謂渾混？曰：月出庚申之上，震生昴畢之方。夫雞卵分形，知未始太極之肇；庚方月現，推癸生復至之時。何謂恍惚窈冥？曰：勸君窮取生身處，種向乾家交感宫。無名子曰：癸生者，時將丑也。紫陽翁云：白虎首經至寶，華池神水真金。象川翁曰：癸日子時急採，不得逾時，是言採取也。但癸與子，非天干地支之擬；又復與震，非《易》中爻上之文。吾所謂大要者，如坎離會癸，月出震生，恍惚窈冥，雞子大易，皆於人身求之。是以冬至不在子也。上陽子曰：今之言採取者，當明以何物爲採取之具？何者爲採取之神也？緣督子曰：人之靈明知覺者，即無也，神也；絪緼活動者，即有也，氣也。正陽祖師曰：鑽天入地承誰力，妙用靈通須是神。蓋是者此也。神者物也，言必須以此物爲採取之家具也。丹陽翁曰：速把我人山放倒，急將龍虎穴衝開。《參同契》曰：耳目口三寶，閉塞勿發通。真人潛深淵，浮游守規中。此皆專心致志，躬己以聽命也。又曰：離炁納營衛，坎乃不用聰，兑合不以談，希言順鴻濛。三者既關楗，緩體處空房。委志歸虛無，無念以爲常。此則言去我之聲色言語而有所待也。當其採藥之時，關防慎密，謹戒充切。在《易》之復卦曰：復，其見天地之心乎！又曰：先王至日閉關，商旅不行，後不省方，此《易》中之謹戒也。《指迷詩》云：塞兑垂簾寂默窺，滿空白雪亂參差。殷懃收拾無令失，竚看孤輪月上時。兑者口也，簾者目也，白雪者外丹也。此正陽翁令後人於採取之際，當如此而謹戒者也。廣成子謂黄帝曰：慎汝內，閉汝外，多知爲敗。我爲汝遂於大明之上矣，至彼至陽之原也；爲汝入於窈冥之門矣，至彼至陰之原也。又曰：彼其物無窮而人皆以爲終，彼其物無測而人皆以爲極。上陽子曰：以爲極者，立人之極也。至陽、陰之原，即無窮無測之門，玄牝是也。紫陽真人曰：但將地魄擒朱汞，自有天魂制水金。地魄者，虎之弦氣，坎中之陽也；天魂者，龍之弦炁，離中之陰也。虎爲鉛，爲君，爲主，故先取之將來擒汞。龍爲汞，爲臣，爲賓，故後用以制鉛。是故虎以陰中之陽火，烹錬乾龍，龍即發陽中之陰火以應之，鉛汞相併，和合凝結了，即時餌歸金室。古仙詩曰：香從臭內出，甜向苦中來。正陽翁曰：及夫採藥於九宫之上，得之而下入於黄庭；抽鉛於曲江之下，般之而上昇內院。玉液金液本還丹，般運可以錬形，而使水上行；君火、民火本煉形，般運可以燒丹，而使火下進。五氣朝元，般運各有時；三花聚頂，般運各有日。神聚多魔，般真火以焚身，則三屍絶迹；藥就海枯，運霞漿而沐浴，則入水無波。又曰：龍虎相交而變黄芽，抽鉛添汞而成大藥。玄武宫中而金晶纔起，玉京山下而真氣方昇。走河車於頂上，灌玉液於中衢。起龍虎而飛金晶，養胎仙而生真炁。上陽子曰：聖師接人，唯恐不至。且修錬事大，既非燒煑而下手採取，又不得而聞見也。其言採取者，採何物也？取何等也？吾今重爲顯說。夫採取者，採先天之氣，取真一之鉛；採坎之爻，取水中之虎；採黑中之白，取陰中之陽。卻非傍門採精取血，又非八室補腦還精。非用靈柯一深九淺，又非三峰採戰穢行。彼皆一等濁俗愚夫，不求真師，迷迷相指，非唯自失，並害道真。大修行人，須究生身，明太極已前之心，參造化未始之妙。晦朔屏耀，月映太陽而復明；西南得朋，光吐庚方而成震。究竟到此，則知人稟先天虛無、窈冥真一之氣而生者也，則知母之復有母也，則知真鉛之宗祖也。何謂真鉛宗祖？夫渾淪已判，乾乃成巽，久變爲離，而其真陽寄於坎中。是以坎中之金元屬於乾，此爲真鉛之宗祖也。何謂母之母？在天地未根之前，有物混成之中，含靈至妙之瑞，此爲母之有母也。大修行人，既明採取，又悟生身，須攷氣候。且一月之中，止有一日；一日之內，唯在一時。一時之中，分爲六候，止用二候，以爲採取。則一時中尚餘四候，四候之內卻名合丹。合丹之妙，急以己汞合鉛。於斯時也，調和真息，週流六虛，自太玄關逆流至天谷穴，而吞入黄金室也。斯乃元年起火下手之工。故真一子曰：立朔鼎器，運動天機。初則全無形質，一如鴻濛混沌之中；既經起火運符，便應元年滋産。《參同契》曰：冠婚氣相紐，元年乃芽滋。是爲受氣之初也。古歌曰：黄芽鉛汞造，陰殼含陽華，是謂之男子懷胎也。端坐面壁之功於此乎見。

《上陽子金丹大要・真土妙用》 伯陽真人曰：土遊於四季，守界定規矩。《龍虎經》曰：土德以王，提劒偃戈，以鎮四方。又曰：坎雄金精，離雌火光。金火相伐，水土相剋。土王金鄉，三物俱喪，四海輻湊，以置太平，並由中宮土德，黃帝之功。又云：玄女演其序，戊己貴天符。又云：丹砂流汞父，戊己黃金母。紫陽真人曰：離坎若還無戊己，雖含四象不成丹。又云：木金間隔會無因，須假黃婆媒娉。上陽子曰：五行無土則不全，五金無土則不生。五穀無土則不實，金丹無土則不成。是以乾坤四向有土，東有氐土，南有柳土，西有胃土，北有女土，而復與日月同於四正之宮，此星宿中定位之土。坎中女土爲戊，離中柳土爲己，此爲金丹之象也。一年四季分土而居，唯獨夏末秋初，土王適用。非土之用，則金不生。五行之中以木剋土，然木非土豈能生也？今以鉛、汞、砂、銀、土之五行爲言，鉛本生於兑，而母隱子胎。卻於坎中求之，蓋坎中有戊土者也。故以鉛投汞，即流戊就己之義也。言戊土與己土一處相交，則金花自結，卻吞入腹中，此爲飲刀圭也。刀者乃戊土中之鉛也，圭者乃戊己二土合爲一圭也。離中己土，輔日之光，居於午上，故夏日熱而冬日暖。午爲陰之首，而日爲陽，是以己土乃陽中之陰象，龍之弦氣也。坎中戊土，助月之華，居於子上，故冬日暄而夏夜涼。子爲陽之首，而月爲陰，是以戊土乃陰中之陽象，虎之弦氣也。龍虎懷戊己之真土，是以龍虎交而戊己合，戊己合而鉛汞會，鉛汞會而還丹結也。大修行人，求其意而莫泥其文也。且求意當求意外之意，參玄要悟玄中之玄。何也？上陽子曰：金丹大事，全仗戊己二土者也。迷之則雲泥異路，悟之則針芥相投。喻如兩君相見，中有賓相；兩國交兵，中有通好。又如天上鵲橋，人間渡子。又如百萬兵衆，必有將軍。偃武修文，必有宰執。故號之爲黃婆，名之爲媒娉。指戊土爲河車，是有守疆界之説；指己土爲牛車，是有定規矩之妙。但金丹所言，各有其事，所用各有其時。真仙上聖，欲提後人於火坑之中，使知有金丹之道，可以長生度世者矣。故託名借喻，令人易悟。是《悟真篇》云：赤龍黑虎各西東，四象交加戊己中。其謂金丹出於戊己也。蓋戊己相合，坎離自交。龍虎二物居於戊己之中，頃刻凝結真精一粒，即餌歸黃金室內，卻運陰陽符火，鍊成純陽也。王道云：日有三照，月有三移。日月出於東而光耀於西，則西方白虎金德之正氣，入於玄冥之內，化而爲六戊；日月入於西而光耀於東，則東方青龍木德之正氣，入於玄冥之內，化而爲六己；日月當於午而光耀於北，則南方朱雀火德之正氣入於玄冥之內，就土成形，化爲黑鉛。常居天地杳冥之先，爲天地萬物之根本，爲金丹之祖炁也。

《上陽子金丹大要・火候妙用》 《金碧經》曰：發火初溫微，亦如爻動時。《悟真篇》云：縱識朱砂及黑鉛，不知火候也如閑。王道云：金液神丹，全在火候。火是藥之父母，藥是火之子孫。魏師呂曰：夫能盡性命之道者，無出於黃帝金丹。金丹之妙在乎火記，火記之妙，象乎坎離相交而生變化神明也。是以大修行人，不知鉛汞、火候則不能成丹明矣。昔崔翁授純陽祖師《天元入藥鏡》，是必令其究火功，學者當宜盡心。道光禪師云：聖人傳藥不傳火，從來火候少人知。莫將大道爲兒戲，須共神仙仔細推。泥丸真人云：掃除末學小技術，分別火候採藥物。只取一味水中金，收入虛無造化窟。捉將百脈盡歸元，脈住氣停丹始結。《黃庭經》曰：知雄守雌可無老，知白見黑急坐守。棲雲翁曰：人身有三斗三升火，不得風不著。《悟真篇註》曰：雄裏雌，即龍之弦氣，汞是也；陰抱陽，即虎之弦氣，鉛是也。二物相交合，方生黍粒之丹，吞入腹內丹田中，點化陽魂以消陰魂也。且以一日之中論之，子時一陽生，人之腎中有一陽純精之氣上昇，則進陽火，是爲復卦；午時一陰生，人之心中有一陰至神之氣下降，則進陰符，是爲姤卦。上陽子曰：火候最祕，聖人不傳，今畧露之。藥非火不產，藥熟則火化矣；火非藥不生，火到則藥成矣。且火候之奧，非可一概而論，中有逐即事條，可不明辨之乎？夫金火爲朋而屬西南，故三日庚方，癸陽初生，當是之時，先究《參同契》內四十八章之旨，則知根乎天地之根，母其陰陽之母。是窈冥之內，恍惚之中，水源至清，全無撓動。紫陽翁曰：虛無生白雪，寂靜發黃芽。火候之祕，此其一也。當其採取之際，用武火之時，一時六候，唯用二候，以取藥火，不可毫髮差謬。宜窮《參同契》內四十九章之旨。紫陽翁曰：藥物生玄竅，火候發陽爐。火候之禁，此其一也。雖已得藥入鼎，要明斤兩爻銖，勿致過當傷多。紫陽翁曰：木汞一點紅，金鉛三斤黑。《參同契》曰：名曰第一鼎兮，食如大黍米。火候之妙，此其一也。既而真鉛歸於黃金室內，勻十二節進火行符。魏真人曰：週旋十二節，節盡更須親。火候之用，此其一也。至於添汞抽鉛，鉛盡汞乾，金丹已成，嬰兒將現。《契》曰：千週燦彬彬兮，萬遍將可覩。火候之全，此其一也。聖師叮嚀後人以藥物，復謹慎

以火候，親切至矣！　紫清翁曰：　流俗淺識，末學凡夫，豈知元始天尊與天仙、地仙，日日採藥物而不停，藥物愈採而無窮也；　又豈知山河大地與蠢動含靈，時時行火候而無暫住，火候愈行而不歇也。只此火候與藥物，順之則凡，逆之則仙。古云：　五行顛倒，大地七寶；　五行順行，法界火坑。紫陽翁曰：　白虎首經至寶，華池神水真金。又云：　依時採取定浮沈，進火須防危甚。大修行人，已得聖師授以真訣，奚可不明火候者乎？　古歌曰：　鉛爲芽母，芽爲鉛子。既得金花，捨鉛不使。蓋鉛是中宮金母，繁生真汞，汞結爲丹，鉛則不用。無名子曰：　虛心則無我，萬物皆空清。其天若也，實腹則鍊鉛乾汞，無搖其精。精者汞也，守汞以實其腹，則金玉滿堂矣。即《老子》云：　抱一也。一者，丹也，抱一以空其心，心空則塵不立。方其實也，鍊鉛以制之，汞乾形化，於以抱一，以空其心，心空神妙，與道合真。修丹之士未鍊鉛金，無搖汝精，精少則還丹有成。大修行人，翁曰：　君火、民火本鍊形，般運可以燒丹。而使火下進，故必有其道矣。水之就下者，理也。顛倒者，則欲其水之炎上，水豈能炎上哉？　正陽翁曰：　玉液、金液本還丹，般運可以鍊形，而使水上行。是必有其道矣！　此即反陰陽者也。又如居家者則爲主，外來者則爲賓；　顛倒者反以外來底爲主，居家者乃爲賓。一如女之嫁夫者理也，顛倒者反以夫而嫁於女，故曰入贅。且名之曰養老之郎也。夫乃外來底而卻爲主矣，此之謂逆取者也，此之謂大修行者也，此之謂逆則成仙者也。若火炎上而水就下則人也、物也，非仙者也。

《上陽子金丹大要·神化妙用》　鍾離祖師曰：　訪仙求友學燒丹，精選朱硫作大還。海蟾翁曰：　卦行火候周天畢，孕箇嬰兒瑣下田。霹靂一聲從地起，乾戶擘開光萬里。翻身撞出太玄關，這回方是真仙子。《參同契》曰：　寢寐神相抱，覺寤候存亡。顏色浸以潤，骨節亦堅強。排卻衆陰邪，然後立正陽。修之不輟休，庶氣雲雨行。淫淫若春澤，液液象解冰。從頭流達足，究竟復上升。往來洞無極，怫怫被容中。上陽子曰：　大修行人，既得刀圭入口，運己玉芝以養之。凡運火之際，忽覺夾脊真炁上沖泥丸，瀝瀝然有聲，從頭似有物觸上腦，須臾如雀卵，顆顆自腭下重樓，如冰酥香甜，甘美之味無比。覺有此狀，乃驗得金液還丹。徐徐咽歸丹田，自此而後，常常不絕。閉目內觀臟腑，歷歷如照燭，漸次有金光罩體也。泥丸翁云：　我昔工夫行一年，六脈已息氣歸根。老子曰：　專氣致柔能嬰兒。此皆言溫養也。夫溫養者，隳肢體，黜聰明，終日如愚而不違，不可須臾離也。如雞抱卵，暖氣不可間斷，則抽添之功自見矣。抽添者，以鉛制汞之後，逐日運火漸添汞，汞漸多，鉛漸少，久則鉛將盡，汞亦乾，化而爲丹砂，號曰金液。還丹之純陽，則和形化爲氣，氣化爲神，是曰嬰兒，是曰陽神。《黄庭經》云：　瞻望童子生盤桓，問誰家子在我身。正陽翁曰：　孩兒幼小未成人，全藉娘娘養育恩。昔宋景定間，有仙藍養素鍊金液大還，得丹入嶽，懷胎既久，得海蟾翁假李玉谿奉寄一語，乃撫掌大笑，頂門霹靂一聲而去，今嶽山長笑先生是也。純陽祖師云：　九年火候真經過，忽爾天門頂中破。真人出現大神通，從此天仙可相賀。到此則金丹之大事畢矣。

《上陽子金丹大要·運火行符須知》　伯陽真人曰：　陽燧以取火，非日不生光；　方諸非星月，安能得水漿？　二氣玄且遠，感化尚相通。何況近存身，切在於心胸。陰陽配日月，水火爲效徵。又曰：　性主處內，立置鄞鄂；　情主營外，築垣城郭。城郭完全，人物乃安。《黄庭經》云：　作道優游深獨居，扶養性命守虛無。緣督子曰：　今之修道者，不得正傳，不悟平叔未鍊還丹莫入山之語，唯欲避喧求靜，遯世逃人，出妻屏子，離塵絕俗，窮谷深山，獨居孤處，以爲自高，如棄世間法也。無名子曰：　夫運火者，先定刻漏，以分子午，次接陰陽，以爲化基。般六十四卦於陰符，鼓二十四氣於陽火。天關在手，地軸形心。回七十二候之要津，攢歸鼎內；　奪三千六百之正氣，輻輳胎中。謹戒抽添，精專運用，慮其危，防其險，不使頃刻參差，分毫差忒。故得外接陰陽之符，內生真一之體，苟或運心不謹，節候差殊，即姹女逃亡，靈胎不結。瑩蟾子曰：　採藥初關，先識天癸生時；　中關則知調和真息，周流六虛，自太玄關逆流至天谷穴交合，然後下降黄房，入於中宮。上陽子曰：　運火者，運內外之火。火者，藥火也；　候者，符候也；　符者，符合也。聖人下工鍊丹之初，須知鉛汞兩相逢迎，真一之鉛將至，運己汞以迎之。鉛汞一合，而即得黍粒之丹，餌歸黄金室內，以爲丹頭也。夫運火者，始自復卦，子符起首，疾進陽火，謂之下手用工，而進火謂之野戰。蓋野戰則龍虎交合，是用三分武火，前行短之謂也。行符者，午時姤卦用事，則進陰符，包固陽火於內，故行符謂之罷功守城。夫守城者，以其鄞鄂已立，唯溫養沐浴，防微杜漸，是用七分文火，後須長之謂也。然復與姤乎，皆從人身而求，須認自己生身之由則得之矣，不必執文而泥象也。紫陽真人《金丹四百字》云：　火候不

用時，冬至不在子。學者宜仔細求之也。

《上陽子金丹大要・朔望弦晦須知》 緣督子曰：一點陽精，秘在形山，不在心腎，而在乎玄關一竅。學者不識陰陽，不知時候，不能還返，止於自身摸索，而認彼昭昭靈靈之識神，以爲真實，轉轉差馳。《易》曰：與日月合其明，與四時合其序。朱震《易傳》云：晦日朔旦，坎月離日，會於壬癸。上陽子曰：每月朔旦子時，日月合璧於癸，薄暮會於昴畢之上，此喻火之初生也。當此之時，純陰已極，微陽將生，是謂潛龍。三日之晡，月生庚上，真陽已肇，庚屬西南。《易》曰：西南得朋，乃與類行。《參同契》曰：神功變成震，三日月出庚。蓋是時也，藥物纔生，水源至清，未曾撓動，有氣無質之際。大修行人急向此時，具一隻智慧眼，則而象之，亦如太陰初受一陽之氣，亦似坤之下爻交乾之初爻而爲震，乃此人身純陰而生一陽，即我師云：先天一氣自虛無中來，點汞而入鼎也。是時鼎內陽氣初布，砂汞立基。紫賢真人曰：一清一濁，金木間隔於戊已之門；一性一情，陰陽會聚於生殺之戶。採二儀未判之氣，奪龍虎始媾之精，入於黃房，産成至寶也。八日酉時，月到天心，其平如繩，是謂上弦，得金半斤。《龍虎經》曰：坤再變成兑，八日月出丁。以象鼎中鉛汞漸結流珠，是時金水氣停，不進陽火，亦無行符，唯沐浴洗心而已。三五爲望，望者，日月相射，則陰中三陽中已備而成乾，猶月魄得日魂而滿。喻鼎中鉛水壯盛，真陽充滿，火明金旺，將欲成器，是金火之氣與汞固結，汞與其母兩相留戀也。既望平明，月見辛方，乾初變巽，乃陰陽相承之道。始焉則純陰得交微陽而生藥，後則陰包陽氣而成丹。巽乃承領陰符，陰氣漸生，包固陽精，便無動逸，則金砂落於胞中，陰中含陽，是謂歸根也。二十三日平明，月見丙方，坤交乾之中爻而爲艮，鼎中物藥自然凝結，是時陰陽之氣復停不行，陰符亦無進水，唯沐浴滌慮而已，是謂下弦，得水半斤。以上弦金半斤，下弦水半斤，兩弦合一斤之數，以結丹砂。《參同契》曰：兩弦合其精，乾坤體乃成。二十八日平明，月現乙方，此時陰陽之氣俱足，金汞結而成胎，坎離運氣於鼎中，周流六虛於象內，此喻金丹之始終也。至於晦日，日復會於壬，則陰極而陽又將生矣。上陽子曰：句裏雖已分明，而學仙子當體於身，晦、朔、弦、望皆取證於身，不可泥文而著象也。夫月純陰也，不感日之陽氣，安能滅而復生？人亦似月也，當二八少壯之年，鴻濛未判，則陽純而氣全，故其精方勝而欲泄，其未洩之前，是爲純陽，是號真人。故廣成子謂黃帝曰：目無所見，耳無所聞，心無所知，神將守形，形乃長生。一洩之後，即去一陽而交一陰，是變爲離。自此而往，情慾已萌，淳朴已散，精氣日損，損之又損，以至於陽盡而陰純也。夫惟不知金液還丹之道者，待其陽盡陰純則死矣。唯修行之人，知其還返之妙，於其未盡之際，疾早修行，急急接助，扶救真陽，收領藥火，以鍊還丹，而復其命，亦如太陰領覽太陽之氣，而復其明也。

《上陽子金丹大要・防危護失須知》 緣督子曰：學全真者，得師略指門逕，而不知逐節事絛，知神氣相依，而不知鉛汞交媾，既知鉛汞交媾，而不知性命混合，妄擬火候，進退不知，此皆無成。真一子曰：陽火過刻，水旱不調，則凝冬變爲大暑；或陰符失節，寒暖相侵，則盛夏反爲濃霜。金宮既砂汞之不萌，一鼎則蟲瞑之互起。大則山崩地圮，金虎與水龍沸騰；小則雨暴風飄，坎男共離女犇逸。以此觀之，縱識鉛汞二物，不曉火候，不防險危，實徒然耳！上陽子曰：慮險防危，金丹之大事也。昔紫清白真人既得泥丸翁之傳，年已六十四矣，急忙收拾金丹大料，用盡萬苦千辛，既得汞鉛相合，入鼎烹鍊，以其平日天資聰明，是當溫養之時，用心不謹，不防其危，不覺汞走鉛飛，無可收救，遂作詩以自解其惱。詩曰：八兩日月精，半斤雲霧屑。輕似一鴻毛，重如千秤鐵。白如天上雪，紅似猩猩血。收入玉葫蘆，祕之不敢洩。夜半忽風雷，煙氣滿寥泬。這般情與味，啞子咬破舌。捧腹付一笑，無使心腦熱。要整釣魚竿，再斫秋筠節。觀此，可不慎歟！若非白真人之堅固，他人安能再整釣竿而斫筠節乎？又得紫陽仙師以《金丹四百字》授之，令奠關防慎密，後乃成道。夫慮險防危，不啻一件，自有數說。其初採藥之時，日月歡會，龍虎將交，戰爭之際，真人已潛於深淵，浮游慎守於規中。蓋是時也，閉塞三寶，唯當專心致志，否則有喪身失命之事。紫陽翁云：白虎首經至寶，華池神水真金。又云：依時採取定浮沉，進火須防危甚。最爲初關之緊切，此其一也；採取之時，若或陰陽錯亂，日月垂戾，外火雖動而行，內符閉息不應，枉費神功，此其二也；若也火候過差，水銖不定，源流混濁，藥物不真，空自勞神，有損無益，此其三也；既得黍珠入鼎，須要溫養，保扶心君。苟或未善，即恐火化丹失，此其四也；至有學者備歷艱難，屢經危險，心膽驚怖，平時在懷，得丹入鼎，切宜驅除，務令盡淨，勿使牽罣舊慮，以亂心君，是謂滌慮洗心，是謂沐浴，偶或留戀，則恐汞鉛飛走，此其五

也；　及至十月胎完，脱殼换鼎，不能保固陽神，輕縱出去，則一出而迷途，遂失舍而無歸，此其六也；　又有丹成之後，且要識真辨僞，若功行未滿，眼前忽見靈異多端，奇特百出，以至生生之事，如有神見，皆能明知。若此等件，是爲魔障已至，並非真實，不可認爲已靈丹聖，兹乃邪僞妖幻，見吾道成，乃欲引入邪宗，以亂吾真，於斯時也，且須堅固智慧，保養全真，此其七也。凡此七件，皆防慮之大者也。有一不防，非但無成，恐致失喪。正陽祖師曰：已證無爲自在心，便須温養保全真。一年沐浴防危險，免見沈淪更用心。吾所以云慮險防危，金丹之大事者也。

《上陽子金丹大要・卯酉刑德須知》　紫陽真人曰：　兔雞之月及其時，刑德臨門藥象之。上陽子曰：　兔雞者，卯酉也。學道的人須知卯酉非止一説，有天地之卯酉，有一年之卯酉，有一月之卯酉，有一日之卯酉，有一時之卯酉。天地之卯酉者，氐、房、心爲卯，正躔則房日兔；　胃、昴、畢爲酉，正躔則昴日雞也。一年之卯酉者，春分爲卯時，曰中和；　秋分爲酉序，曰中秋。一月之卯酉者，初八日爲卯，月滿上弦，酉時月到天心；　二十三日爲酉，月留下弦，卯時月在天中。一日之卯酉者，日出爲卯而萬物作，日入爲酉而萬籟息。一時之卯酉者，蓋攢簇之道也，簇一年於一月，兩日半爲六候，簇一月於一是，則一時分六候，故一年七十二候簇於一日也。是知一年之中，止有一日，一日之内，止在一時。大修行人，須辨時中卯酉，要知一時六候。蓋採藥取鉛，一時六候惟用二候，猶三停而用一停，而一時之中，尤餘四候，别有妙用。所謂刑德者，二八也。蓋二八者，卯酉也。卯酉是陰陽平分之位，陽爲德，德則萬物生；　陰爲刑，刑則萬物死。而卯月乃四陽而二陰，陰道將離，而陰主殺，是以卯之二陰，陰已不能勝陽。然殺氣未絶，至是而榆死，故爲刑也。酉乃四陰而二陽，陽道將離，而陽主發生，是以酉之二陽，陽雖不能勝陰，然生意尚存，至是而麥生，故爲德也。正陽翁曰：　盡是靈冥轉消息，切須專志保初心。

《上陽子金丹大要・沐浴心慮須知》　《指迷詩》曰：　沐浴之功不在它，全憑乳母養無差。五行和合陰陽順，同坐同行共一家。無名子曰：　陽氣到天地之中，陰陽相半，不寒不熱而温，故爲泰卦，不進火候，謂之沐浴；　陰氣降天地之中，陰陽相半，不熱不寒而涼，故爲否卦，不進陰符，亦云沐浴也。上陽子曰：　沐浴者，適當陰陽相半，鉛汞氣停，陰陽二氣自然交合。於此時也，不必進火，亦不行符，恐反傷丹。唯宜洗心滌慮以保養之，故謂之沐浴也。且何謂沐浴？　大修行人，盡將平時憂悲思慮艱苦之心，執著貪愛之念倏然脱去，渾無一毫牽罣，直要形如槁木，心若死灰，是謂之沐浴也。純陽祖師曰：　木性好清静，保養心猿定。丹陽祖師曰：　水中火發休心景，雪裏花開滅意春。又曰：　俗人無清静之心，道人無塵垢之心，是謂洗滌。其時則近卯酉，其卦則云否泰，其候則屬温涼，其象則爲刑德，至此則罷火守城，故謂之沐浴也。《參同契》曰：　候視加謹慎，審察調寒温。週旋十二節，節盡更須親。崔公《入藥鏡》云：　受氣吉，防成兇。火候足，莫傷丹。天地靈，造化慳。紫陽真人與白紫清云：　及其沐浴法，卯酉物虚比。蓋不可執泥外象，當於藥火到時而取也。古歌云：　刑德同生殺，加臨二八門。丹砂宜沐浴，神水灌靈根。閉兑留金汞，禁關養魄魂。不須行火候，爐裏自温温。大修行人工夫到此，可不慎乎？

《上陽子金丹大要・生殺爻銖須知》　紫陽真人曰：　夫鍊金液還丹者，要須洞曉陰陽，深達造化，追二氣於黄道，會三性於元宫，攢簇五行，合和四象，龍吟虎嘯，夫唱婦隨。昔我師曰：　學道之士，得内外藥物之真，兩般作用之全，合大造化，方得所傳。苟有毫髮差殊，未免天地懸隔。上陽子曰：　生殺者，陰陽二物也，龍虎二物也。龍乃陽中之陰而主生，故興雲致雨，潤澤萬物，而其中之陰，能殺者也，猶人分陽已盡而純陰，則死矣；　虎乃陰中之陽主殺，故呼風哮吼，常有殺心，而其中之陽能生者也，猶人分陰已盡而純陽，則仙矣。夫陰陽二物者，順則成人，逆則生丹，故不爲萬物不爲人，則成丹矣，是所謂生也。且道生又生箇什麽？　莫不是生天生地，莫不是生人生五行，莫不是生萬物者乎！　莫不是有大靈通智慧、有大神聖變化者乎！　且道殺又殺箇什麽？　莫不是殺那無明煩惱底賊，莫不是殺傍門愚癡底賊！旌陽祖師以五童女劍殺之，純陽帝君以三清劍殺之，佛祖以金剛王寶劍殺之，德山和尚以入門棒殺之。故云：　護生須是殺，殺盡始安居。祖師云：斬魑滅魅了長生。魑者，癡也；　魅者，昧也。若人早早殺了這愚癡暗昧底，則可以畢長生之道矣。大修行人，定知毫髮差殊，不能成丹，切須洞曉也。若悟陰陽生殺二物，何憂不仙矣！　至如所謂卦象、爻銖之説，銖也者，將准之而定也；　爻也者，將傚之而用也；　象也者，將像之而爲也；　卦也者，猶挂以示人，使人以此而爲則例也。爻與銖者，明輕重也；　象與卦者，明進退

也。積三百八十四爻而成六十四卦；積三百八十四銖而成一十六兩，謂一斤也。斤足卦滿，喻丹之將成也。修行之人，務在知輕識淺，知重識深，知難識退，知易識進，不過以法金丹内外二藥也。《道德經》云：有無相生，難易相成。又曰：圖難於其易，爲大於其細。又曰：是以聖人猶難之，故終無難也。猶以復震爲採藥之初，則半斤爲入藥之數。如百爻之謂，以三十爻爲文、七十爻爲武者，則知採藥之難也。以卦足而藥成，則丹足二八一斤之數。故《火記》言：二百一十六，乃乾之策也；十八八箇足，乃一百四十四坤，之策也。陰陽之數既足，金液之丹已成也。

《上陽子金丹大要·脫胎換鼎須知》

崔公《入藥鏡》曰：盜天地，奪造化。又曰：初結胎，有本命。終脫胎，看四正。紫陽翁云：節氣既週，脫胎神化，名題仙籍，位號真人，此乃大丈夫功成名遂之時也。紫清真人曰：夫金丹者，採二八兩之藥，結三百日之胎。心上工夫，不在吞津嚥氣，先天造化，須當聚氣凝神。若也行持，惟憑口訣，至簡至易，非色非空，無中養就嬰兒，陰内鍊成陽氣。上陽子曰：大修行人，既感真師傳授，若其未得真鉛，先當收拾自己精神，不可恣情從慾。凡於日用應與之間，似有如無，忘情絕念，以待藥火之至。故純陽祖師云：七返還丹，在人先須鍊己待時。葛仙翁《清靜經》云：人能遣其慾而心自靜，澄其心而神自清，自然六慾有生，三毒消滅。夫人心虛則澄，坐定則靜，寡言希聽，存神保命。蓋多言則損氣，多喜則放情，多怒則觸意，多悲哀思慮則傷神，貪慾勞困則傷精，凡此皆非修行底所宜有也。若得先天真鉛合汞，又喜火候無差，又善溫養保扶，均調神息，直至丹熟胎完，嬰兒成就，而成真人。三年九載，立行累功，或留形住世，接物度人，如安期生、藍采和是也；或入仕途，匡時理也，東方朔、竇令君是也。至若七真五祖，慈悲接人，張、葛、許、浮、丘諸祖師，乘時救刼，伺詔飛昇者也。大修行人，若也再求向上之事，則移胎換鼎，可無難矣。何謂向上事？上陽子曰：前胎完就，已成真人，則移居上丹，卻重整乾坤，再造陰陽，子又生孫，千百億化。紫陽翁曰：一載一箇兒，箇箇會騎鶴。泥丸真人曰：一載胎生一箇兒，子生孫子孫又枝。於此方是大丈夫也。若應時立功，則身歸三清矣。丹陽祖師曰：神滿太虛，一無所礙。故天有時而崩，地有時而陷，山有時而摧，海有時而竭。凡有相者，終歸於壞，唯道成者，神與道合，永刼無壞，又兼功及九祖，則白日同昇上清矣。

續須知七事

上陽子曰：道必曰學，學必曰精而已矣。老子曰：吾非聖人，學而得之。孔子曰：十室之邑，必有忠信如丘者焉，不如丘之好學也。曰：我學不厭，而教不倦也。曰：君子學道則愛人，小人學道則易使也。《南華真經》曰：南伯子葵問乎女偊曰：道可得學耶？偊曰：惡！惡可！子非其人也。夫卜梁倚有聖人之才而無聖人之道，我有聖人之道而無聖人之才，吾欲以教之，庶幾其果爲聖人乎！不然，以聖人之道而告聖人之才，亦易矣。孔子曰：生而知之者上也，學而知之者次也，困而學之又其次也，困而不學，民斯爲下矣！釋迦聞半偈而欲捨身，黃帝順下風膝行而進，問廣成子治身奈何而可以長久。夫古之大聖，赤未有不學而能知大道者乎！今時人也而多妄誕，不肯下問，何時而得聞斯道也哉！

上陽子曰：道有立談，道有心授。君臣也、父子也、兄弟也、夫婦也、朋友也，是綱常之道也。此可以立談而非心授也。所言心授者，天命之謂性，率性之謂道，此可以心授而不可以立談也。率性之道即孔子一貫者也，即孟子集義所生者也。夫綱常之道，雖童稚亦可訓之。惟有國有邦者，置所司以掌其綱常之道，萬世不易者也。至如率性集義之道，前賢註疏，畧不及焉。若賢人君子遇聖師口授而不驚疑，以集義率性之道而修之，是則謂之大聖人，方知綱常之道在其中矣。鍊丹也、砂硫也、水銀也，是修鍊之道也，此可以立談而非心授也。所言心授者，無爲而無有爲也，爲之而有以爲也，此可以心授而不可以立談也。無爲有爲之道，即金丹之大道也。夫丹爐修鍊，凡砂水銀之道，雖愚夫愚婦亦可鍊之，故可立談。至如先天真鉛有爲之道，雖上士至人，遇師口授亦不免疑焉。若上士至人得師指爾金丹有爲之道，勤而修之，是之謂神仙也。頑坐也、守性也、持齋也，是坐禪之道也，此可以立談也，而非心授者。唯正法眼藏、涅槃妙心、直指人心、見性成佛之道，此可以心授而不可以立談也。正法眼藏、直指人心，即最上一乘之道也。夫持齋坐禪，雖庸人孺子亦可立談。至如一乘之道，雖利根上智，於佛祖言下得證，猶不免疑焉。是以靈山會上，五千退席，五祖佛法，不付神秀而與老盧，是謂可以心授而不可以立談也。韓湘得仙，而昌黎有收吾骨之句，豈昌黎是下根之器哉？朱晦菴之遍參，而崔子虛不與以道，豈晦菴之不欲者哉！是云道不可以立談，可立談者，非大道也。葛仙翁六十始過師，白玉蟾六十四始遇師，皆成道也。是謂道有心授者也。

上陽子曰：道有三悟。孔子《翼易》曰：近取諸身，達取諸物，是言道也。大修行人，從近與遠，及身與物，四者求之，眼下自有悟處。葛仙翁《清靜經》曰：內觀其心，心無其心；外觀其形，形無其形；遠觀其物，物無其物，是言道也。大修行人，從內、外、遠及心、形、物六者求之，目下便有悟處。佛祖云：不是心，不是佛，不是物，是言道也。大修行人從心、佛、物三者求之，腳跟下即有悟處，是之謂道有三悟也。且夫三教聖師皆曉以世人從物求道，以道爲物，須當審思，切勿容易看過了也。蓋道者，乃萬物之一物也；而物者，乃大道之一物也。故《老子》云：有名萬物之母。又云：淵兮似萬物之宗。是皆以物而名道也。憫夫，一切常人唯祇尋常，不肯尋上。或以孤陰寡陽攝心兀坐，或以持齋守戒離俗絕塵，或以凡砂鉛銀煅鍊爐火，凡此皆誤而非悟也。能於是編言下投機，須有一箇奇特之大悟處矣！

上陽子曰：道有三傳焉。上焉者，文人善士，寡言好善，能棄富貴，唯急於身，是云上士，宜傳道焉；中焉者，質而不文，聞道篤信，能割恩愛，力行精進，不顧是非，是曰中士，乃有上士之志，宜傳道焉；下焉者，愚而信實，樂善棄惡，捨己從人，勇於敢爲，是云下士，其志可尚，宜傳道焉。故得此道者，莫不勇猛精進，莫不堅固智慧，莫不遏惡揚善。夫善之一字，乃入道之梯航也。是以常人耳常聞善，則腎不走精；口常語善，則心不失神；鼻常嗅善，則肺能安魄；眼常視善，則肝能育魂；意常思善，則脾胃生氣，黃中通理。大修行之人，奚可以不善歟？

上陽子曰：道有三戒：凡學道者，心雖慕向而乃驕其富貴，不肯下問，不立盟誓，是謂好譎，戒而莫與；次學道者，畧聞傍門小法，唯事強辯，以逞乾慧，是爲誇眩，戒而莫與；三學道者，疑信相半，不以生死爲憂，重財輕身，是不知命，戒而莫與。

上陽子曰：道有三去焉：一者雖智人材士，而好論狀古人，是謂無德，宜去之也；二者雖善人勝士，而好詆排是非，妄議今古，是謂不廣，宜去之也；三者雖好道向佛，而口談心非，背真就僞，是謂無實，宜去之也。

上陽子曰：道有四異。四者何也？酒、色、財、氣是也。一切常人，飲少輒醉，平時端莊，化爲戲謔；平時正直，化爲諛佞；平時廉潔，化爲貪淫；平時謙和，化爲狂傲。因酒喪德，逃失性真。猶如山藪，所藏者多，平時罔覺，忽然野火，山頽藪爇，千妖百怪，無所逃避。人若無酒，不失所行；山若無火，妖怪藏形。大修行人，戒飲靜坐，斂精怡神，不爲酒亂，此爲異耳。世之聲色敗人者多，一切常人，肆情從欲，貪著無厭。如彼蜉蝣，以燈爲色，以焰爲樂，投光赴焰，來往不捨，貪著於焰，趨燈而撲。人亦如是，著於愛慾，精氣以竭，而情難割。情牽神失，意動氣散，神氣既喪，命亦隨逝。色之爲物，本無鋒刃，而其殺人，甚於刀戟。大修行人，似同而異，酒肆淫房，未嘗不戲，卻乃非色爲色，知色不色，不色中色，色無定色，此謂異耳。云何非色爲色？知彼蓮花，香引十里，花卻爲色，香即爲聲。大修行人不貴其香，不貴其花，而所貴者，唯貴其信，信即爲蓮。花之與香不能長留，運實可久，實能安心，此故云信，是以貴之。故太上云：其精甚真，其中有信，猶此意也。何謂知色不色？如彼河水，清流湏湏，水以濟舟，至於彼岸，其舟與水悉皆外物。祖師不云，道成而後，丹房器皿，委之而去，此之謂也。何爲不色中色？如彼枯旱，陰雲四興，甘雨驟至，須臾復霽。若乃求其向來雨雲，一無所見，而唯五穀萬物蒙潤發生。《維摩經》云：遊諸四衢，饒益衆生。入諸謠舍，示慾之道，此之謂也。色無定色，其義云何？如彼寶月，歲十二度，朔、望、弦、晦，無定之中而有大定。上陽子曰：當詳論之。三日生兔，色以大定，八日半盈，是云上弦。十五對望，圓明偏滿，凡彼人間，莫不瞻仰。而其光輝，圓而復缺，乃不長在。若人再欲覩其光彩，須別索求，生魄弦望。是故《易》曰：與天地合其德，與日月合其明。又曰：原始要終，故知死生之說。此之謂無定色也。一切常人貪財無厭，積而不散，爲兒孫計，不悟天地日月盈虛消息之理。如彼石崇，富敵於國，財聚怨結，身戮家喪，禍及綠珠。大修行人，既得其財，即以求藥，得藥成丹，丹成而後盡散其餘，此爲異耳。一切常人，爭盡閑氣，惱亂身心，好訟欺貧，量可即奪，不顧因果生死，不悟悔吝兇危，皆由此起，所爭者少，所喪者多。如彼項王，英雄蓋世，卒之烏江，身死屍分，後來視之爲漢鷹犬。人之所爭，況不及乎！大修行人，所爭之氣，非人所知，是先天地真一之氣。上陽子曰：修仙作佛，皆此先天真一之氣。若非是氣，不係修行，不能長生，此爲異耳。

《啓真集·心息相依》 學得了悟之見，決定之志，解縛釋累，懲忿窒慾，以心息相依，最爲要切。蓋息爲攝生之法，廼綿綿而醞釀元氣。勿令元氣佐喜怒而離散，常若存而溫養元宮，漸凝質而變成丹寶。所謂心住則息住，息行是心行。以心爲攝念之法，常澄澄而保護靈源妙覺。勿以妙覺隨妄緣而

興動，顯廣大靈，通精爽不昧。若能並用心息二法，何勝如之，諒闕一不可。豈不聞，悟真常不達命，此是修行第一病。達命基、迷祖性，恰似鑑容無寶鏡。必也身無事而氣不散，心無爲而神不擾，則可矣。然而滌慮調心，養息續命，此相依之法。失其中正，則成有爲之邪見，復無一法可得，無一相可親，此寂滅之用；失其中正，則落頑空之邪宗。蓋用之不可執，捨之不可損。在用捨中間，要明得普眼，開得正智。似體非體，將作止任。滅四法不罹執病，行、住、坐、臥四威儀，不隨妄念。既無遍計執情，如空中之風，無依無止，不染不着，其心自空，洞照一真，豁然無礙。此二妙之旨，萬古必用之法，一乘階聖之基矣。

《啓真集・死陰生陽》《三聖玉訣》所謂：世人不解死陰。夫陽者，生之本；陰生者，死陽之根。但吸靈龜而死陰莖，其神自生，莫爲死陰莖而死道。嗚呼！彼之修身者，只知禁慾，殊不知一念心動，氣隨心散，精逐氣亡。豈不聞長春真人曰：一念色心動，百骸和氣傷。惟得法者，陰莖一死，而如無六慾七情，當體消滅，三屍九蟲杳絕無蹤。其萬慮擎然頓息，故得正念實相，對景無心，似白玉投泥而不染，安若泰山而不動，自三關閉而無遺，生門鑰而大啓。九光氣變，五金霞生，顯雙頭玉鹿，高吐金風，三寸赤龍，低取木液，藥鑪煎汞，壺鼎凝霜，體變純陽，形神俱妙，跳出天地之外，釋縛陰陽之中，足表此機爲修身之急務。彼哉，或言陰不死而頓無慾者，蓋有之矣，吾未之見也。

《啓真集・氣神邪》 學人氣得混沌之後，氣無所歸，充溢浮行，令體多觸動，狀似猖狂。凡所動者，各八十一數，以爲別有奪舍者，非也。此氣邪不撥，復成神邪，灼見神鬼現前。知休、知咎、知果、知因，以爲神通靈明者，亦非也。此神邪不撥，復成魔境，因内邪感外邪，異事萬端。斯人也而有斯疾，乃禍胎鬼趣，喪命失身之本。徒爲相是而心非，何異羊質虎皮，持蒯厠蘭者哉！凡我在道君子，何不辨之早辨耶？苟得機而神氣適正，以法度鍊之，則魂魄凝和；以斤兩鍊之，則神精結聚。漸凝漸變，靈肌顯相，結成聖胎，金光滿室，繚繞而籠罩，真形變作純陽，神生真宅，飛出崑頂，現我而明，光明遍照，内外輝輝，一混太虛而無異體，此乃真境界也。可爲性命一了週徧，含融而不昧。如是則必得耳邊言誘，方能腦後眼明，寔萬古玄門之通論矣。

《啓真集・證明道用》 或者問曰：昔聞謂少年修根腳，壯老後鉛虧汞少，如何？向假使父母未生之前，烏有精、血、氣、液，既沒之後，復歸地、水、火、風。於斯二際，有似無處不有也，奚分彼我，豈在形容？何以假修而爲，心愈狐疑而未判。對曰：善哉問！吾語汝，昔陳泥丸吞玉蟾云：道本無形，喻以爲龍虎；道本無名，比以爲鉛汞；假乾坤爲鼎器，坎離爲藥物。以七返九還之功，鍊作純陽長生之體，蓋非執有形有爲而得之，常默默然，在恍惚杳冥之際，安有彼我形容哉？其體日照無影，神用自在，性含萬德，用絕百非。然則本真亦不即亦不離。動則凝情，適用而入玄冥；靜則融神，無像以出空寂。在動靜間，表裏光光相射。一身如水晶塔，耀地輝天，遍照不昧；一性如盤中珠，圓明活健，瑩淨無疵。如是則顯本來妙體，動變無凝，名相不有，與道合真，方證來時物，去後亦空。此一段大事因緣，寔天僊之道。或者諾，用奉辭而退。

《啓真集・用五教》 大道無形無質，至虛至寂；聽之不聞，親之不見，搏之不得。然而體雖無象，修之有序必也。悟愚而得始，達始而得終，得終而歸頓，了頓而入圓。以是知始則從本降迹，自無入有；次則攝跡歸本，從有入無；終則本跡兩忘，有無雙遣。勘破諸相，是妄而後道合，自然而然。頭頭上顯，物物上明，遍介遍空，家珍總是。蓋非泥象搜玄，尋文作解而得之。此一段光明，自心法了而不滯，澄湛無爲上得來。儻不功始終，而鞭心入理，便言下承，當悟會無修直指。本來無一物，清淨如虛空者，是舌了而心實未了，枯坐而沒齒無成。豈不聞，謂頓悟一心，必假圓修萬行；刹那悟道，須憑長劫鍊磨。噫！修身君子，何不三復斯言歟！若聽之不深，知之不明；知之不明，不能盡其精；不能盡其精，則行之無成。豈虛言哉！

《五篇靈文・玉液》 神不離炁，炁不防神。呼吸往來，歸乎一源。不可著體，不可運用，委志虛無，寂然常照。身心無爲，而神炁自然有所爲，猶天地無爲，萬物自然化育。

重陽註曰：先天一炁，自虛無中來。二氣相交，自然神抱於氣，氣抱於神。先後二天之炁，相交相得者，渾如醉夢，自然而然，無一毫作爲也。吸則炁，呼則神，神呼炁吸，上下往來，復歸於本源，煉結成丹，爲之胎。身心大定無爲，則神炁自然有所爲。委志虛無，不可存想，猶如天地之定靜，自然陽升陰降，日往月來，而造萬物也。

工夫已久，靜而生定。神入炁中，炁與神合。五行四象，自然攢簇。精

凝炁結，此坎離交媾。初靜之功，純陰之下，須用陽火煅煉，方得真氣發生，神明自來矣。

重陽註曰：煉己純熟，工夫靜久，自然神炁交合。神屬南方火，火在卦爲離；精屬北方水，水在卦爲坎；魂屬東方木，木在卦爲震；魄屬西方金，金在卦爲兑；意屬中央土，土在卦爲坤，名曰中宮黄庭。先在玄關爲乾，既神與氣合，神入氣中，自然五行四象攢簇，是爲坎離交媾之功也。純陰用火，謂凝神下照坤宮，杳杳冥冥，而得真炁發生，神明自來，謂一陽生而爲復也。

《五篇靈文・産藥》神守坤宮，真火自來。坤宮乃産藥川源，陰陽交媾之處。

重陽註曰：坤宮乃人身中黄庭宮是也，即心下腎上，肝西肺東，內腎之前，臍輪之後，中虚之竅，真氣發生之所。人自父母胞胎，一身之精粹，其連如環，其白如練。先生三元，後生兩腎。兩腎既生，漸生兩目，後生兩外腎。三才既全，五臟六腑，四肢百骸，漸次而生。此一竅乃祖炁之宮，故曰坤宮。坤乃承載萬物之謂也，實爲産藥川源之處，陰陽交媾之所也。神守坤宮，要晝夜之間，時刻不離，元神下照，回光靜定，逆施造化，撥轉天關，大藥自此而生，金丹由是而結也。

若不得真火煅煉，則金水混融；若不專心致志，則陽火散漫，大藥終不能生，先天何由而得？煅煉之久，水見火則自然化爲一炁，薰蒸上騰，河車搬運，週流不息。真情自此而生，元炁胚胎於此。呼吸相含，脈住氣停，靜而生定，大定之中，先天一炁，自虚無中而來。是以先天母炁而伏，後天子炁順其自然，不可欲速，先天自發也。

重陽註曰：坤宮之火，曰真人之火也。常以神照坤宮，煅煉陰陽，精化爲炁，專心致志。於行住坐臥之間，皆可隨意守之，不可散亂。日久而不見其功者，皆因心中雜亂。若煅煉之久，精得火煉，自然化爲一炁。日久三震，响上泥丸，化爲甘露，降下重樓，凝爲精液，復歸坤位，胚胎元炁，漸漸壯旺。神呼炁吸，自然含育，週流不息，氣脈以停，而入靜定。大定之中，忽然而動，乃先天一炁發生，自乾宮而來。如母戀子，自然感合，神變莫測，聽其自然，不可欲速。時至氣化，自然見其功效也。天光者，神光也。工夫久靜，神光照燭，靜則神靈，表裏透徹，發現於外，色象不能碍，愛欲不能障，自然隔墻見物，預知前世矣。

混沌之初，天地未判，玄黄相雜，時至氣化，定中生動，只這動處，方知造化。若有一物，或明或隱，不內不外，此是大藥始萌，不可遽採之。若有一毫念起，天真遂喪矣。

重陽註曰：天之輕清在上，其色玄；地之重濁在下，其色黄。天地未判之前，渾淪一炁，玄黄不分，清濁未定，混而爲一。時至氣化，清氣上浮爲天，濁氣下凝爲地。地氣上升，天氣下降，二氣絪緼，化生萬物。清淨之功亦然，先天真陽，與後天真陰，陰陽混一，猶如天地玄黄相雜。忽然定中生動，造化自現，如天地一判，別立乾坤是也。若有一物，或明或隱，乃玄珠成象也。此玄朱似乎在外，閉目甚分明；似乎在內，開眼卻清白有象。他人不能見，無象獨自見分明，故曰無象玄珠。乃是大藥之苗始生，其藥尚嫩，故不可採。若有妄念，採之必失玄珠，喪卻天真至寶，反成魔狂，呼吸亂奔不可救也。命寶不可輕弄，其斯之謂也。

《諸真內丹集要・卷中》 王母口訣

飲食不止身不輕，聲色不止神不清。思慮不止心不寧，心不寧兮神不靈，神不靈兮道不成。其要妙者，不在乎瞻星禮月，苦體勞形，所貴者湛然方寸，無所營營。神仙之道，乃可長生。又云：除垢止念，靜心守一。

太上內觀正訣

生不生爲體

如生者是人心，心者有三心，過去、未來、見在者是也。過去心生者名爲思，未來心生者名爲想念，見在心生者名爲逐境。此三心者，晝夜不停，勞神損氣。喪人之真靈，昧元初之法體。輪回萬劫，皆是三心。古往今來，誰能得脱？若要得離，悟父母未生之前本來面目，有箇甚麽？非心非念，物我兩忘，自然合道。故曰生不生爲體也。

滅不滅爲用。

滅者諸慾不生，萬緣齊斷，心念兩忘，爲之滅也。不滅者，是人之真性。真性者，道之用。道者，性之體。體用分明，應物不昧。頭頭脱灑，性顯心亡。故曰滅不滅爲滅。

體用得真常，

得真常者，每日不間斷是也。

真人自無夢。
無夢者，時時在道，自然無夢也。
　前念爲賓，
賓者，各也。心者，名爲客。客來休接待，便教過去是也。
　後念爲主，
爲主者，知念撥念是也。
　念起不着。
不着者，就路還家，本無根緒。《清淨經》云：內觀其心，心無其心；外觀其形，形無其形；遠觀其物，物無其物。三者既悟，惟見於空。非色非象是也。
　前念爲念，
前念無風起浪也。
　後念爲照。
照者是水，水落還源。
　除垢止念，
止念滅，不滅用也。
　照心守一。
守一者，常德如始，得意忘言是也。
　唯滅動心，
常知常覺。
　不滅照心。
不滅照心，定慧圓明也。
　照心不滅，
照心不滅者，在慾無慾，居塵出塵也。
　體若太虛。
體若太虛者，視之不見，聽之無聲，注云：離種種邊也。
　但凝空心，
空心者，內外無着也。
　不凝住心。
內觀其心，心無其心也。
　動則用照，
百花林內過，一葉不黏身。
　不依一法，
父母未生已前，非心非法，有甚不是也。
　而心常住。
內想不出，外想不入。
　沉空寂而無照，
忘無可忘，無可忘也。
　動被物牽，照而無寂。
則知其動，不處其靜。認識神爲主，轉物不離故也。
　寂照兩全，
清靜合道也。
　洞合道源。
明明朗朗，神定炁沖。薰蒸百脈，無所不至，遍滿周天也。
　寂照兩泯，
人牛不見，超證無方也。
　清風滿軒。
正達無爲，返本球還元。
　有生不生，
萬緣齊斷也。
　有化不化。
浩劫常存。
　生者不能生，
身如枯木，心似寒灰。
　化者不能化。
性住命停也。
　故能常生常化，
常生者，陽之炁。常化者，是五穀之精。陰得九陽真炁，乃自化也。
　無時不生，無時不化。
無時不生者，是心火，時時下降。無時不化者，得腎水，刻刻上升。沖和炁

透，遍滿周流，得觀内境，常無間斷。鍊精化炁，鍊炁成神，鍊神合道。經云：知之修鍊，謂之聖人也。

玄元口訣

黑鉛紅汞大丹頭，從紅入黑是真修。黑中取精赤取血，解取赤黑藥無比。用赤入黑保長生，用黑入赤天仙矣。

一是鉛，又爲君。二是汞，又爲臣。若鉛不真，其汞難親。若汞是親，不失家臣。青腰使者，赤血將軍。和合兩性，異族同群。白汞作腦，黄芽爲根。化鉛爲粉，鍊汞爲塵。

陰居陽位，陽數陰匀。月盈日異，寒暑區分。開設法像，赫然有文，惟吾此道，天地長存。【略】

金丹火候祕訣十二句

日月本是乾坤精，封象周回甚著明。前三五兮後三五，五六三十復還生。生兮滅兮周十二，十二中分二十四。二十四氣互推遷，萬象爻鍊都在此。水銀一味番爲二，變化陰陽成既未。既未卻配爲夫妻，始覺壺中有天地。

純陽真人云：大哉一十二句，契合五千餘言，始初本性乃元宗、元相之至神，主命之一靈也。命蒂之根源，即先天也。無形之至精，保性之一氣也。精神即性命之本始也。此一靈真性，蓋爲心所昧也。純一之命，皆因身所役也。若能全身而命基永固，心澄而性本虚靈。命不得性而安能保守？性不得命而未可長安。性命本一，變動爲二，今之學者，各執一邊。若要成全真大道，無非性命合一，欲得性命合一，直須心清意静。心意清静，則萬法自然歸其根也。今凡世之人，不能全其性命，而了其大道者何也？蓋因心逐物移，性被物轉，意慕色而命爲色喪。出此二境者，著小術有動作，執邪法而妄修妄爲。須有金丹藥物之名，抽添採運之宇。萬種千般，總爲異號耳。若知金丹無相，藥物無名，火候無時，抽添無作。能如此者，莫執一法，休着一邊。赤灑灑不存一毫，露堂堂靈光普照。始達自然之路，方入大道之門，便知無爲而爲，是名不採之採。假如養命不知性，如谷中神；見性不全身，如陰鬼無光。若能性真命全，名稱道德之仙。

金液還丹仙華流，高飛天翔登天丘。赤黄之物成須臾，當時雌雄分亂珠。可以騰變致行厨，靈人玉女與我俱。出入無間天同符，其精凝霜善沉浮。汝其慎敬必來游。

凡欲修真養性，行道紀形，結炁成神，始終無窮者，莫先乎静。故性静以爲定，神静以爲變，炁静以爲生，將静之時，反聽内觀。心不妄念，口不妄言，形不妄動；無色之色爲之見，無聲之聲爲之聞，無味之味爲之甘，不言之言爲之教；神景爲之降，福德爲之臻，和氣爲之應矣。子欲静神，先須沐浴，齋戒二十五日，然後精鍊己身，魂魄和平，乃可入室。入室之後，或丹蛇來注子心，或王母來降，或道身應見。此皆身中之神試子耳。但勿驚怖，有問勿對，有所傷犯，亦勿爲懼。但安心定意，其物自去。經二十五日、四十五日、八十五日、一百五日、一百二十五日、一百五十日、一百八十日，並有神來，皆是試子。但安心勿對，不能爲害，若生怖懼，爲試不過，則失道矣。戒之！慎之！一百八十日後，室内自明，安危存亡，無不預知，身中宫府，一一皆見。二百八十日後，萬病皆除。一年之後，瘢痕皆滅。千日之後，形神俱妙，與聖合真矣。

金丹證驗

一者，下大工夫，須是謹守百日。處於静室，外無所着，内無所思，身如槁木，心若寒灰，萬緣頓息。與太虚同體，以靈光爲用，晝夜慇懃。三五日間，自然心定炁和，喜悦無窮，謙弱恭順於人，聖人言五日一候也。

二者，忽然覺心火下降，腎水上騰，五臟生津，百脈通流，心經上湧，鼻聞異香，舌生甘津，已絶飲食，晝夜無寢。

三者，坎離交媾，精炁逆行，乃得百關開通，四肢百脈，和氣流行也。

四者，夜間如晝，隔墻見物，預知人事，上見天堂，下見地獄，物不能礙，乃是靈光所至。

五者，夜間丹田炁生，前通炁脘，後通密戶，頂上紅霞繚繞，眉間湧出圓光，眼中睛明流溢，不得爲怪，此是藥力所至也。

六者，智神踴躍，自歌自舞，口發狂言，著撰詩詞，不能禁止。乃是三屍所使，若不守之，前功俱廢也。

七者，或喜或悲，逢人談笑，論玄説道，亦是三屍鬼惑亂也。

八者，雖是百關開通，其中五穀炁未除，陰炁未盡，疾病未消。修行之人，須要與天盟誓，精心百鍊，斷絶愛念慳貪，除去人我，與物無私，正念見前，内外如一。奪天地之正氣，抽陰換陽，飲食或多或少，鼻中流濁不止，口中

臭，穢腥臊嘔逆。

腹中常常升降，雷鳴電激，風雲發泄。前後俱升，鍊穀如銀膏，彈丸相似。腸胃中鍊出惡物，臭穢不常，次漩下如酥酪油膩，馥鼻異香，諸人皆聞也。小便漩下五色硃砂，此是盜得萬物也。若不謹守，炁有走失。心若懈怠，體弱心虛，三屍齊起，六耗皆來，擾亂心神。靜坐生疑，懼怖不安，睡卧驚悸，惡境無窮矣。

處於靜室，大忌臭穢、諸般香味、餘雜之炁。又忌生冷硬物、鹹美辛酸之物。若不避之，五臟之負炁卻有損壞也。

若五臟炁生，升降無滯，百脈流通，元氣充腹，自絕飲食，不飢不渴，漸覺困悶，不得爲怪。七巳已後，氣力轉加，神清炁爽，晝夜無寐，直得萬神栖寂，炁歸元海，飲食自進矣。

既食五穀，大忌諸味，有損生炁。爲初漱之炁，不能敵穀炁也。

忽然染疾，邪炁攻心，三焦不和，五炁不生。三開閉塞，飲食減少。寒暑有時，進退不常，口中酸澀，上又不降，下又不升。心肺之間，積聚成血，忽然逆吐出紫黑血三兩椀，其病漸退。津液忽然上腭，而降下重樓。頃須噏之，異香甚美，洗滌三焦，五臟六腑、百關神穴，盡皆玲瓏，自然沖暢，三田返復，銀河朗朗，珍珠迸湧，萬病自消，此填補天損也。每年食五穀，口中常覺香味，心神和悅，一着循環，百脈皆順。四時安泰，自然合天地運動陰陽之數，日月往來間隔之期，晝夜返復，不失其數也。

耳內風吼，心中驚恐，雷轟電掣，周身火起。鍛鍊金精，群陰潰散，三屍滅跡。丹田炁和，中宮神聚，內不見性，外不見形。恍惚之間，如猫捕鼠；杳冥之內，似鵰攫兔，其火過清涼也。

飲食減少，漸生羸炁候，或生或下，臍腹疼痛，兩脇如錐刺，六腑如裂帛聲。此是臟腑宿疾，藥力攻擊，一時發動，常是焦渴。以甘草湯服之，切忌諸般也。

五神不清，胸膈否悶，心中恍惚，睡卧不安，不得爲怪，但要專心守之。細細而退下惡臭異物，其病漸退也。

偶爾百關通利，萬神聚會，五炁皆融，歸於元海，自然俱定。呼吸不從口鼻，脈息不在寸關，此真大定也。若定得百刻全功，便是大羅神仙矣。

成生疾，身體如火氣蒸燒四大，日夜間迷悶不省，百節酸疼，痛如敲碎，火氣燒鍊，筋骨如綿，偶爾間汗出無事，此真脫也。只得水火同鑪，五炁俱一，四大無陰，純陽流注，金液鍊形，形神俱妙，與道合真。王行無用，神遊仙界，物外逍遥。真炁滿足，自然無陰時後，神光罩體，百脈沖和，樂聲千泒，已絕陰魔，是謂修真之士應驗也。

行處自有聖賢差委，金書紫詔，時有到來，身在凡而心在聖也。

《格致餘論·房中補益》 或問《千金方》有房中補益法，可用否？予應之曰：《傳》曰：吉兇悔吝生乎動。故人之疾病，亦生於動，其動之極也，病而死矣。人之有生，心爲火居上，腎爲水居下。水能升，而火能降。一升一降無有窮已，故生意存焉。水之體靜，火之體動，動易而靜難，聖人於此，未嘗忘言也。儒者立教曰正心、收心、養心，皆所以防此火之動於妄也。醫者立教，恬淡虛無，精神內守，亦所以遏此火之動於妄也。蓋相火藏於肝腎陰分，君火不妄動，相火惟有禀命守位而已焉。有燔灼之虐，燄飛走之狂勢也哉！《易·兑》取象於少女，兑說也，遇少男艮爲咸，咸無心之感也，艮止也，居中之法，有艮止之義焉。若艮而不止，徒有戕賊，何補益之有？竊詳《千金》之意，彼壯年貪縱者，水之體，非向日之靜也。故著房中之法，爲補益之助，此可用於質壯心靜，遇敵不動之人也。苟無聖賢之心，神仙之骨，未易爲也。女法水，男法火，水能制火，一樂於與一樂，於取此自然之理也。若以房中爲補，殺人多矣。況中古以下，風俗日偷，資禀日薄，說夢向癡，難矣哉！

《元始天尊說得道了身經》 夫修鍊了身，飲食有則，禁口獨坐，口唇相沾，牙齒相對，眼不觀邪色，耳不聽淫聲。洗心滌慮，對境忘境，萬緣消息，外想不入，內想不出，莫起一念，萬事俱忘。凝耳韻，含眼光，緘舌炁，調鼻息。存神定意，一心內守。調息綿綿，微微輕出，似有而無，莫教間斷。息依神定，性定命住，性命雙全，形神俱妙，與道合真。湛湛澄澄，杳杳冥冥，昏昏默默，純純全全，混混沌沌，精神魂魄意，三五混融，三元輻輳，合和四象，五炁朝元，三花聚頂，返本還元，復命歸根，萬神歸一，無所不包，無所不容。自然心火下降，腎水上昇，口裏津液自然而生。烹煎煅鍊，久久不散，自然體中血脈如風行腹中，如雷聲鳴，無絃之曲不撫而自聲，不鼓而自鳴。沖和炁透，醍醐灌頂，甘露灑心，晝夜無眠，三千日足，功成果滿，陰盡陽純，聖胎成就。

【略】

道乃萬聖之祖，萬物之宗，清靜混沌，凝神鍊炁，二六時中，常清常靜。靈臺無念爲清，一念不起爲靜。意定神全水源清，意動神行水源濁。此是木金真間隔，飲食太飽，息炁難定。眼光不凝，神光不明。耳不絕聽，神不得住。聲色不絕，精炁不全。萬緣不絕，神不安寧。神不安寧，心神不靈。心神不靈，聖胎不成。聖胎不成，爲陰靈下鬼。身是炁宅，心是神舍，意動則有爲，有爲則神動，神動是炁散，有爲真動不動，靜在其中矣。息依神定，純純全全，混混沌沌，神凝炁結，全真無爲。萬神歸一則神炁聚，神炁聚則五行真炁結成刀圭。神炁津液爲真水火，嚥津服炁爲飲刀圭，一名醍醐灌頂、甘露灑心，一名洗心滌慮。心神不動爲之真沐浴，真清真靜，動在其中矣。修行道人不識動靜真機，不達真常全真道理，如何得道成真？息不動意定爲之抽，意不動神凝爲之添。神凝意動爲武鍊，息定神凝爲文烹。外想不入，內想不出爲固濟，二炁交合各一斤。虛無自然爲運用，萬神歸一爲守成。性定命住爲養火，鍊炁成神爲真金，心火下降爲復命，腎水上昇爲歸根。火迎真水爲金液，水迎真火爲還丹。五行凝結爲九還，陰盡陽純爲七返。降伏內魔爲野戰，神全無欠爲全真。精血炁神真種子，神凝炁結合真空。中宮胎意爲黄婆，金情木性爲夫婦。心神真汞爲姹女，精炁真鉛爲嬰兒。精凝形固成黑龜，鍊神凝結爲赤蛇。煅鍊呼吸爲龍虎，龍虎龜蛇成一塊，爲和合四象。一性攝情爲金木併，陰陽還返爲水火交。火與木同源，兩性一家，南二東三同成五。南二，心神，火也。東三，肝木，性也。此是火生於木也。水與金同源，兩性一家，北一西四同成五。北一，腎精，水也。西四，肺金，情也。此是水生於金也。中五屬土，土者，意也。呼則虎嘯風生，虎嘯則汞投鉛。汞即是性，性即是砂中汞。砂汞即是離中陰，離中陰即是人心中神炁也。息意定則神炁全，神炁全則了性。吸則龍吟雲起，龍吟雲起則鉛投汞。鉛即是命，命即是水中金，水中金好是鍊精化炁，鍊精化炁即是精炁凝，精炁凝則形固，形堅固則精炁全，精炁全即了命，性命雙全，精炁血滿，神凝炁結，三千功滿，鍊就純陽，是爲富國安民。精鍊成日精，血鍊就月華，炁鍊就月華，炁鍊成黄金，體鍊就白玉，腦鍊成丹砂，腎鍊就硨磲，心鍊成珊瑚。此是七寶，居身不散，功成行滿，跨鳳乘鸞，飛昇金闕，上朝玉帝，永爲真神仙矣。

《中和集・問答語録》 潔菴瓊蟾子程安道問三教一貫之道

瑩蟾子宴坐蟾窟，是夜寒光清氣，其潔可掬。門人瓊蟾子，猛思生死事大，神仙不可不敬慕，功行不可不專修。稽首拜問曰：弟子嘗聞，自古上聖高真，歷代仙師皆因修真而成道，必以鉛汞爲金丹之根蒂，不知鉛汞是何物？師曰：夫鉛汞者，天地之始，萬物之母，金丹之本也。非凡鉛、黑錫、水銀、朱砂。奈何謬者不知真玄，私意揣度，惑壞後學，徒費歲時，擔閣一生，深可憐憫。若不遇真師點化，皆妄爲矣。紫陽真人曰：饒君聰慧過顔閔，不遇真師莫强猜，正謂此也。我今爲汝指出，真鉛真汞身心是也。聖師云：身心兩箇字，是藥也、是火也。又云：要知産藥川源處，只在西南是本鄉。西南者，坤也，坤屬身，身中之精乃陰中之陽也。如乾中一爻，入坤而成坎，外陰内陽，外柔内剛，外坤内乾，坎水之中有乾金，故强名曰水中金也。夫汞者，心中之氣也，陽中之陰也。如坤中一爻，入乾而成離，外陽内陰，外剛内柔，外乾内坤。離火之中有坤土，故强名曰砂中汞也。精氣感合之妙，故强名立象，以鉛汞喻之，使學者知有體用耳。以此推之，無出身心兩字，身心合一之後，鉛汞皆無也。

問：如何是抽添？曰：身不動氣定謂之抽，心不動神定謂之添，身心不動，神凝氣結，謂之還元。所以取坎中之陽，補離中之陰而成乾，謂抽鉛添汞也

問：如何是烹鍊？曰：身心欲合未合之際。若有一毫相撓，便以剛決之心敵之，爲武鍊也。身心既合，精氣既交之後，以柔和之心守之，爲文烹也。此理無他，只是降伏身心，便是烹鉛鍊汞也。忘情養性，虛心養神，萬緣頓息，百慮俱澄，身心不動，神凝氣結，是謂丹基，喻曰聖胎也。以上異名，只是以性攝情而已。性寂情冥，照見本來，抱本還虛，歸根復命，謂之丹成也。喻曰脱胎。

問：諸丹經云：用工之妙，要在玄關。不知玄關正在何處？曰：玄關者，至玄至妙之機關也。寧有定位？着在身上即不是，離了此身向外尋求，亦不是。泥於身則着於形，泥於外則着於物。夫玄關者，只於四大五行不着處是也。余今設一譬喻，令汝易於曉會。且如傀儡，手足舉動，百般舞蹈，在乎線上關捩，實由主人使之。傀儡比得人之四大一身，線比得玄關，抽牽底主人比得本來真性。傀儡無線則不能動，人無玄關亦不能運動。汝但於二六時中，行住坐臥，着工夫向内求之。語默視聽是箇甚麽？若身心

靜定，方寸湛然，真機妙應處，自然見之也。《易·繫》云：寂然不動，即玄關之體也；感而遂通，即玄關之用也。自見得玄關，一得汞得。藥物火候，三元八卦，皆在其中矣。時人若以有形着落處爲玄關者，縱勤功苦志，事終不成。欲直指出來，恐汝信不及，亦不得用，須是自見始得。譬如儒家先天之學，亦要默而識之。孟子云：浩然之氣，塞乎天地之間，曰難言也。且難言之妙，非玄關乎？且如釋氏不立文字，教外別傳，使人神領意會，謂之不傳之妙。能知此理者，則能一徹萬融也。

問：或謂崇釋與修道，可以斷生死，出輪迴。學儒可盡人倫，不能了生死，豈非三教異同乎？曰：達理者，奚患生死耶？且如窮理盡性，以至於命。原始返終，知周萬物，則知生死之說。所以性命之學，實儒家正傳。窮得理徹，了然自知，豈可不能斷生死迴乎？且如羲皇初畫易之時，體天設教，以道化人，未嘗有三教之分，故曰：皇天無二道，聖人無兩心。當來初畫一者，象太極也。有一便有二，象兩儀也。一者陽也，一者陰也，一陰一陽之謂道。仰則觀於天，上畫一畫以象天；俯則察於地，下畫一畫以象地；中畫一畫以象人，故三畫以成乾三，象三才也。兩乾斷兩成坤三，象六合也。故曰：立天之道曰陰與陽，立地之道曰柔與剛，立人之道曰仁與義。兼三才而兩之，故六畫而成坤。以一身言之，立天之道曰陰與陽，心之神氣也；立地之道曰柔與剛，身之形體也；立人之道曰仁與義，意之情性也。心、身、意，象乾三才也；神氣、性情、形體，象坤之六合也。《易》曰：遠取諸物，近取諸身。此之謂也。

問：《繫辭》云：六畫而成卦。先生云：六畫而成坤者，何也？曰：汝未知之，若謂六畫而成卦者，文王重卦也。文王未重卦之前，豈可謂無三才六合乎！先賢云：立天之道曰陰與陽，天之乾坤也；立地之道曰柔與剛，地之乾坤也；立人之道曰仁與義，人之乾坤也。以此推之，乾坤兩卦，三才六合備矣。又豈以重卦言之哉！所謂六畫而成卦者，重卦之後，名爲後天也。

問：若謂未重卦之前，三才六合備矣。而《繫辭》云：以制器者尚其象，未必因器而設象，因象而制器乎？曰：因象而制器。

問：三皇以下，聖人制器皆以重卦言之，若謂因象制器，文王未重易之前，豈有重卦之名乎？曰：非也。前賢云：須信畫前元有易。所以文王未重卦之前，六十四卦俱備。

問：卦若不重，六十四卦從何而得？曰：變卦所生也。一卦變八卦，八卦變六十四卦。且如乾卦三爻，上兩爻少陽，下一爻老陽，支出巽卦來，陽變爲陰，乾之巽，天風姤也。舉此一卦，諸卦皆然。

問：卦不重，而有六十四卦，文王如何又重之？曰：卦不重而變六十四卦，乃羲皇心法，道統正傳，誘萬世之下學者，同入聖門。重卦而生六十四卦者，乃文王周孔，立民極，正人倫，使世人趨吉避兇，立萬世君臣、父子之綱耳。故性命之學，不敢輕明於言，亦不忍隱斯道。孔子微露於《繫辭》，濂溪發明於《太極通書》也。蓋欲來者熟咀之而自得之，此學不泯其傳矣。

問：一陰一陽之謂道，如何說？曰：陰陽者，乾坤也。乾坤出於太極，太極判而兩儀立焉。兩儀，天地也。不言天地而言乾坤者，貴其用不貴其體也。或曰：乾，陽也；坤，陰也。如何又云天地？曰：天地即乾坤也，乾坤即陰陽也。陰陽一太極也，太極本無極也。以太極言之，則曰天地；以易言之，則曰乾坤；以道言之，則曰陰陽。若以人身言之，天地形體也，乾坤性情也，陰陽神氣也。以法象言之，天龍地虎也，乾馬坤牛也，陽烏陰兔也。以金丹言之，天鼎地爐也，乾金坤土也，陰汞陽鉛也。散而言之，種種異名，合而言之，一陰一陽也。修仙之人鍊鉛汞而成丹者，即身心合而還其本初，陰陽合而復歸太極也。

問：三五一是何也？曰：三元五行也。東三南二是一箇五，北一西四是兩箇五，中土是三箇五，是謂三五也。以人身言之，性三神二是一箇五，情四精一是兩箇五，意五是三箇五也。三五合一，則歸太極；身心意合一，則成聖胎也。紫陽真人云：三五一都三箇字，三元五行一氣是也。古今明者實然稀。世鮮知之。東三南二同成五。東三性也，南二神也。北一西方四共之。北一精也，西四情也。戊己還從生數五，土數五，意也。三家相見結嬰兒，三家者身心意也。嬰兒者三五合一而成用也。嬰兒是一含真氣。嬰兒是真一之異名，太一含真也。十月胎圓入聖基。工夫十月脫出凡胎，超凡入聖也。以經求之，金丹之道，實入聖基也。

問：《繫辭》云：天地設位，易行乎中，如何？曰：天地設位，人生於中，是謂三才。故人與物生生而不息，所以不言人與物，而言易者，聖人言乾坤，易之門，隨時變易，以從道也。如金丹以乾坤爲鼎器者，天地設位也；

以陰陽爲化機者，即易行乎中也。元始採藥變窮，行火候之不息也。

闔問：戶謂之乾，闔戶謂之坤，一闔一闢謂之變，如何？曰：一闔一闢者，一動一靜也。乾陽坤陰，如門戶之闔闢，即乾坤易之門也。且如陰陽互動互靜，機緘不已；元亨利貞，定四時成歲。變者，變易也。至道與神氣，混混淪淪，周乎三才萬物，闔闢無窮，致廣大而盡精微矣。以一身言之，呼吸是矣。呼則接天根，是謂之闢；吸則接地根，是謂之闔。一呼一吸，化生金液，是謂之變。闔闢呼吸，即玄牝之門、天地之根矣。所謂呼吸者，非口鼻呼吸，乃真息闔闢也。

問：乾道成男，坤道成女，如何？曰：乾，父也；坤，母也。乾初爻交坤而成震，震初索而得男，是謂長男。坤初爻交乾而巽，巽初索而得女，是爲長女。乾中爻交坤而成坎，坎再索而得男，是謂中男。坤中爻交乾而成離，離再索而得女，是謂中女。乾三爻交坤而成艮，艮三索而得男，是謂少男。坤三爻交乾而成兑，兑三索而得女，是謂少女。乾生三男，坤生三女，乾坤共生六子，是謂八卦。以身言之，初受胎時，禀父母精華而成此身。精華者，丹經喻曰天壬、地癸也。初交合時，天壬先至，地癸隨至，癸裹壬則成男子；地癸先至，天壬隨至，壬裹癸則成女子；壬癸偶然齊至，則成雙胎；壬先至癸遲至，癸先至壬遲至，俱不成胎也。故曰：乾道成男，坤道成女。夫天壬地癸者，乃天地元精元氣也。亦丹經所云坎戊離己，異名鉛汞也。節之於外則成人，益之於內則成丹。世人不知，生男生女實由命分中得，不由人力。若不斷淫絶慾，自爲修養，直待精華耗竭，早至夭亡，大可惜也。又豈知寡慾而得男女貴而壽，多慾而得男女濁而夭。

問：形而上者謂之道，形而下者謂之器。如何？曰：形而上者無形質，形而下者有體用。無形質者係乎性，汞也；有體用者係乎命，鉛也。總而言之，無出身心也。

問：聖人以易洗心，退藏於密。密是何也？曰：誠之至也。易理致廣大而盡精微，聖人玩味其理，洗心滌慮，藏於極誠矣。

問：《書》云：人心惟危，道心惟微。惟精惟一，允執厥中。不知中如何執？曰：執者，一定之辭。中者，正之中也。道心微而難見，人心危而不安。雖至人亦有人心，雖下愚亦有道心。苟能心常正得中，所以微妙而難見也。若心稍偏而不中，所以危殆而不安也。學仙之人，擇一而守之不易，常執其中，自然危者安而微者著矣。金丹用中爲玄關者，亦是這箇道理。

問：上天之載，無聲無臭。如何？曰：誠之昭著，雖無聲可聞，無臭可知，天道亦不可掩。如《道經》云：大量玄玄，亦是真之至也。

問：不識不知，順帝之則。如何？曰：聖人生而知之，默而順之，天理所謂不思而得，不勉而中，得無爲自然之道也。此則《中庸》所謂誠而明也。若謂明而誠，正是聖人之教耳。學道之人，夙有根器，一直了性，自然了命也，此生而知之也。根器淺薄者，不能一直了性，自教而入，從有至無，自粗達妙，所以先了命，而後了性也，此學而知之也。

問：夫子飯蔬食飲水，曲肱而枕之，樂亦在其中矣。夫子樂在可處？曰：夫子所樂者天，所知者命，故樂天地命而不憂。雖匡人所逼，猶且弦歌自娛。於易得不遠，復以修身，復見天地之心，窮理盡性，以至於命，此金丹之妙也。

問：顔子簞瓢之樂，如何？曰：顔子得夫子樂天知命不憂之理，故不改其樂也。所以如愚，心齋坐忘，黜聰明，去智慮，庶乎屢空，亦金丹之妙也。

問：曾子被破褐而頌聲滿天地，天子不得而臣，諸侯少得而友，是如何？曰：曾子一唯之妙，口耳俱忘。所以修身齊家治國平天下，得一貫之道。

問：子路問死。夫子答曰：未知生，焉知死。是如何？曰：生死乃晝夜之常，知有晝則知有夜。《易》云：原始返終，則知死生之説。丹書云：父母未生已前，是金丹之基。釋云：未有此身，性在何處？以此求之，三教入處。只要原其始自知其終，泝其流而知其源。人能窮究此身，其所從來生死，自然都知也。汝曾看《太極圖》否？太極未判之前是甚麽？若窮得透，則知此身之前，原始可以要終也。

問：太極未判，其形若雞子。雞子之外是甚麽？曰：太虛也。凡人受氣之時，形體未分，亦如雞子。既生之後，立性立命，一身之外皆太虛也。

問：人在母腹中時，還有性否？曰：腹中穢污，靈性豈存得住。又問：懷胎五七箇月，其胎忽動，莫非性乎？曰：非性也，一氣而已。人在腹中時，隨母呼吸，一離母胎，立性立命，便自有天地。且如蛇斬作兩段，前尚走，尾尚活。又有人煮蟹既熟，遺下生腳尚動，豈性也？汝究此理，則知

氣動也，非性也。

問：《語》云：吾道一以貫之，如何？曰：聖人言身中一天理，可以貫通三才、三教，萬事無不備矣。如釋氏無我、無人、無衆生、無壽者，道教了一萬事畢，皆一貫也。

問：世尊拈花示衆，獨迦葉微笑。世尊云：吾有正法眼藏，混槃妙心，分付摩訶迦葉。不知微笑者何事？曰：世尊拈花示衆，衆皆不見佛心，獨迦葉見佛心之妙，所以微笑。故世尊以心外之妙，分付與迦葉也。

問：達磨西來，不立文字，直指人心，見性成佛。如何是見性？曰：達磨以真空妙理，真指人心。見性者，使人轉物情空，自然見性也。豈在乎筆舌傳之哉？

問：儒有先天《易》，釋有《般若經》，道有《靈寶經》，莫非文字乎？曰：非也。皆聖人以無言而形於有言，顯真常之道也。釋教一大藏教典，及諸家語録因果；儒教九經三傳，諸子百家；道教洞玄諸品經典，及諸丹書。是人道之徑路，超昇的梯階。若至極處，一箇字也使不着。汝問余數事，亦只是過河之筏，向上一着，當於言句之外求之。或築着磕着，悟得透得，復歸於太極。圓明覺照，虚徹靈通，性命雙全，形神俱妙，虚空同體，仙佛齊肩，亦不爲難。

問：先生云：三教一理，極荷開發。但釋氏涅槃，道家脱胎，似有不同處。曰：涅槃與脱胎，只是一箇道理。脱胎者，脱去凡胎也，豈非涅槃乎？如道家鍊精化氣，鍊氣化神，鍊神還虚，即抱本歸虚，與釋氏歸空一理，無差別也。又問：脱胎後還有造化麽？曰：有造化在。聖人云：身外有身，未爲奇特，虚空粉碎，方露全真。所以脱胎之後，正要腳踏實地，直待與虚空同體，方爲了當。且如佛云真空，儒曰無爲，道曰自然，皆抱本還元，與太虚同體也。執著之徒，疇克知此一貫之道哉。潔菴曰：先生精造金丹之妙道，融通三教之玄機，隨問隨答，極玄極妙，豈敢自祕，當刊諸梓，與同志之士相與開發，隋珠趙璧，自有識者。

《中和集·金丹或問》 或問：何謂九還？曰：九乃金之成數，還者還元之義，則是以性攝情而已。情屬金，情來歸性，故曰九還。丹書云：金來歸性初，乃得稱還丹，此之謂也。若以子數至申爲九還者，非也。

或問：何謂七返？曰：七乃火之成數，返者返本之義，則是鍊神還虚而已。神屬火，鍊神返虚，故曰七返。或以寅至申爲七返，非也。《悟真篇》云：休將寅子數坤申，只要五行繩準。正謂此也。

或問：何謂三關？曰：三元之機關也。鍊精化氣爲初關，鍊氣化神爲中關，鍊神還虚爲上關。或指尾閭、夾脊、玉枕爲三關者，只是工法，非至要也。登真之要，在乎三關，豈有定位，存乎口訣。

或問：何謂玄關？曰：至玄至妙之機關也。初無定位，令人多指臍輪，或指頂門、或指印堂、或指兩腎中間、或指腎前臍後，已上皆是傍門。丹書云：玄關一竅不在四維上下，不在内外偏傍，亦不在當中，四大五行不着處是也。

或問：何謂三宫？曰：三元所居之宫也。神居乾宫，氣居中宫，精居坤宫。今人指三田者，非也。或問：何謂三要？曰：歸根之竅，復命之關，虚無之谷，是謂三要。或指口鼻爲三要者，非也。

或問：何謂玄牝？曰：谷神不死，是謂玄牝。或指口鼻者，非也。紫陽真人云：念頭起處爲玄牝。斯言是也。子謂念頭起處，乃生死之根，豈非玄牝乎？雖然，亦是工法。最上一乘，在乎口訣。

或問：何謂真種？子曰：天地未判之先，一點靈明是也。或謂人從一氣而生，以氣爲真種子。或謂因念而有此身，以念爲真種子。或謂禀二五之精而有此身，以精爲真種子。此三説似是而非。釋云：無量劫來生死本，癡人喚作本來真。此之謂也。

或問：何謂鼎爐？曰：身心爲鼎爐。丹書云：先把乾坤爲鼎器，次搏烏兔藥來烹。乾，心也；坤，身也。今人外面安爐立鼎者，謬矣。

或問：何謂藥物？曰：真鉛真汞爲藥物，只是本來二物是也。

或問：何謂内藥？何謂外藥？曰：鍊精、鍊氣、鍊神，其體則一，其用二。交感之精、呼吸之氣、思慮之神，皆外藥也。先天至精、虚無空氣、不壞元神，此内藥也。丹書云：内外兩般作用，正謂此也。

或問：敲竹喚龜吞玉芝，如何説？曰：敲竹者，息氣也；喚龜者，攝精也。鍊精化氣，以氣攝精，精氣混融，結成玉芝，採而吞之，保命也。

或問：鼓琴招鳳飲刀圭，如何説？曰：鼓琴者，虚心也。招鳳者，養神也。虚心養神，心明神化，二土成圭，採而飲之，性圓明也。

或問：如何是五氣朝元？曰：身不動精固水朝元，心不動氣固火朝

元，性寂則魂藏木朝元，情忘則魄伏金朝元，四大安和則意定土朝元。此之謂五氣朝元也。

或問：何謂黄婆？曰：黄者中之色，婆者母之稱。萬物生於土，土乃萬物之母，故曰黄婆，人之胎意是也。或謂脾神爲黄婆者，非也。

或問：何謂金公？曰：以理言之，乾中之陽入坤成坎，坎爲水，金乃水之父，故曰金公。以法象言之，金邊着公字，鉛也。

或問：坎爲太陰，如何喻嬰兒？曰：坎本坤之體，故曰太陰。因受乾陽而成坎爲少陽，故喻之爲嬰兒，謂負陰抱陽也。

或問：離爲太陽，卻如何喻爲姹女？曰：離本乾之體，故曰太陽。因受坤陰而成離爲少陰，故喻之爲姹女，謂雄裏懷雌也。

或問：何謂真金？曰：金乃元神也。歷劫不壞，愈鍊愈明，故曰真金。

或問：如何是子母？曰：水中金也。金爲水之母，金藏水中，故母隱子胎也。則是神乃身之母，神藏於身，喻爲母隱子胎。

或問：何謂賓主？曰：性是一身之主，以身爲客，今借此身養此性，故讓身爲主。丹書云：饒他爲主我爲賓，此之謂也。

或問：何謂先天一氣？曰：天地未判之先，一靈而已，身中一點真陽是也。以其先乎覆載，故名先天。

或問：何謂水火？曰：天以日月爲水火，易以坎離爲水火，禪以定慧爲水火，聖人以明潤爲水火，醫道以心腎爲水火，丹道以精氣爲水火。我今分明指出，自己一身之中，上而炎者皆爲火，下而潤者皆爲水。種種異名，無非譬喻，使學者自得之也。

或問：如何是火中有水？曰：從來神水出高原。以理言之，水不能自潤，須仗火蒸而成潤。以法象言之，火旺在午，水受氣在午，以此求之，火中有水明矣。若以一身言之，則是氣中之液也。

或問：如何水中有火？曰：以理言之，日從海出，以法象言之，水旺在子，火受胎在子。以一身言之，則是精中之氣也。

或問：如何是既濟？曰：水升火降曰既濟。《易》曰：山下有澤，損君子以懲忿窒慾。此既濟之方，懲忿則火降，窒慾則水升。

或問：如何是未濟？曰：不能懲忿則火上炎，不能窒慾則水下濕。無明火熾，苦海波翻，水火不交，謂之未濟。

或問：如何是金木併？曰：情來歸性，謂之交併。情屬金，性屬木。

或問：如何是間隔？曰：情逐物，性隨念，情性相違，謂之間隔。

或問：如何是清濁？曰：心不動，水歸源，故清；心動，水隨流，故濁。

或問：何謂二八？曰：一斤之數也。半斤鉛，八兩汞，非真有斤兩。只要二物平勻，故曰二八。丹書云：前弦之後後弦前，藥物平平火力全。比喻陰陽平也。亦如二八月，晝夜停也。

或問：如何是沐浴？曰：洗心滌慮，謂之沐浴。或問：如何是丹成？曰：身心合一，神氣混融，情性成片，謂之丹成，喻爲聖胎。仙師云：本來真性是金丹，四假爲爐鍊作團。是也。

或問：何謂養火？曰：絶念爲養火。

或問：如何是脱胎？曰：身外有身爲脱胎。

或問：如何是了當？曰：與太虚同體，謂之了當。物外造化，未易輕述，在人自得之也。

《抱一函三秘訣・明人身受胎之後》 父母媾精之後，先天一炁感會而生。此乃倏忽感附者。謂之性，藏在坤宫。兩腎中。夫人受胎之初，繼種於斯，非父母精血所結之物也。學者宜深明之。無質而有炁，乃我之本來面目。故未生之前，謂之陰金，是謂金母，又曰金妃，金本陽物，以其未形，在於混沌之中。故曰陰金。以此見陰陽迭互相生之理是也。已生之後，謂之陽鉛，以物理質之，鉛未結坑胎之中，先受天地自然聖秀之炁。而生銀鑛。其銀鑛受靈炁而有，及至鑛成，黑鉛便結如人。未生父母之前，有空炁金胎，故曰本來真種。比如靈秀之炁，結爲鉛鑛是也。父母結樸成形，本來真性寄種其中，故以性爲真鉛也。鉛者，爲五金之母，天地萬彙，未有不因鉛炁而能産者也。《道經》曰：有名，萬物之母是也。故真一子曰：徑指天地之靈根，將爲藥租；明視陰陽之聖母，作用丹基者，此也。乃天地始姤之精，亦謂之流晶，亦曰地魄。在五行屬水，所謂天一生水者此也，既屬水而曰陽鉛者，蓋其水有金，屬陽。故曰陰陽聖母，以此見鉛銀互生之理。此理與前流金之理，名殊義同，當詳味之，可以見造化之精也，是爲一炁之源。謂之元精。金母居坤宫，因妙用發生之炁，隨陽炁上升。《龍虎經》曰：金火當直事是也。金者，陰胎；火者，陽炁。乾

一陽交坤爲震，二陽交坤爲坎，三陽交坤爲艮。坤一陰交乾爲巽，二陰交乾爲離，三陰交乾爲兑。故丹經以六虚生坎、離、坤、震、兑、乾、巽、艮，坎離生乎其中，用震巽爲門，是陰陽起伏之義也。

《抱一函三秘訣・明人身受胎之始》 先天空炁金胎者，乃虚無自然之體，純粹真一之精。父母未媾之前，此物與混洞同體。《道經》曰：無名，天地始是也。因父母姤精之始，靈炁倏然感附，强名曰神。此炁方於母胎之中，飛潛未形，至於精血凝結，則運歸中宫，謂之丹母，收斂鉛汞而爲聖質，所謂丹之樞紐也。此二事同出而異名，非二物，切宜審之。

《抱一函三秘訣・明神室》 神室者，丹之所由斯而修也。《龍虎經》曰：神室者，丹之樞紐。夫人之一身，臟腑窒塞，無些縫罅，惟神室空虚，方寸如室之空能容人，如器之空能容物。故《道經》曰：鑿戸牖以爲室，當其無，有室之用。埏埴以爲器，當其無，有器之用。是故天地萬物皆有神室。天地以虚無爲神室，萬物以胞胎爲神室，有如人之投胎，非神室所受，何以能然。人之老者死，蓋神無所託，而衰敗者若無所居，何以爲生？故修丹以體認神室最爲上要。夫人以髓海爲天，精房爲地，陰陽二炁升降行乎其中矣。其神室在天地之中，上有黄庭，下有關元。經云上下釜是也，其中謂之神室。如修鍊金液還丹者，先存神室中，乃本來之性，故謂之鉛。夫存神室中便須忘也，謂先存後亡。如是曰静。存自己本來，在乎神室，謂之本也。物來則意動陰生，如是不静則本者也。其或以避物誘，全動不意。但只專守一物，物來則應，此乃守神之法也。若夫諸緣頓息，萬慮頓忘，物來不應，雖曰静定，奈何屬陰，此乃枯坐禪伯之流也。如斯二者，二有一無，俱是第二義。《道經》曰：常無欲，以觀其妙；常有欲，以觀其徼。釋經云：人被物轉。若能轉物，即同如來，此乃神室之用。或曰：如來則禪伯之流，何同爲神室之用？答曰：有如釋迦、達摩、普化者，豈非金液還丹之道歟。普化謂臨濟小厮兒，只具一雙眼。豈非臨濟，只得其性宗者乎。前云：先存後亡，物來則應，物便歸源也。其不自見而得常應常静，不被物誘，卓然圓明，作大丹之體用。如神室泰定，則採二炁爲大丹之藥，當刻漏分明，時晷無差也。

《抱一函三秘訣・明刻漏》 夫刻漏者，以身準則天地之時晷，神定炁和，内外符合；神昏炁躁，則時晷差互。日有十二時，以壬癸艮、甲乙巽、丙丁坤、庚辛乾統之，合二十四炁，是爲一年之候，則採取之功，不爲小矣。一日百刻，分爲十二時之内，然天地之中萬彙長育，在於甲庚，壬丙初交之際，過此則已。候真之士，日以甲庚二時，奪取天地發生之靈炁，謂之採藥。蓋此二時，以應月之上下弦，陰陽中分之候，如年春秋之分也。當以鼻息準測，子時左通，丑時右通，以後十時亦然。於亥子中間，寅卯中間，巳午中間，申酉中間，陰陽俱通，此乃甲庚、丙壬之要也。子午乃進退之門，卯酉乃出入之戸，寅申乃起伏之兆，六辰爲六丹之用也。寅爲陽起之候，欲於甲時採藥，先於寅末坐定，謹存神於室中。所存者，乃一炁之首。五行萬彙，從斯而生，謂之鼎中鉛也，亦水也，性也。性命成形，陽炁乃藏於亥，發於壬，生於子，旺於癸者也。子時從而上升，自腎中出丹田、炁海、黄庭、神室，是爲先天之炁。此乃天地始判之炁也。伺其申時，鼻息俱通，用起陽火之法，閉天厨息之竅神炁相包於室中。上若不透，下亦不泄，真炁重蒸，漸見天信。天信之説在後，至卯則止。過此後天之炁，不中採也。陰氣自午時於髓海中生，下降從陽關至雙關。申爲陽伏之候，欲於庚時採藥，先於申末坐定，一如寅時存守，伺其鼻息俱通則庚矣。其炁至雙關，用溫水法下閉二竅，乃便溺之所。其炁從鵲橋直入神室，與神相抱，此乃龍虎始姤之精也。至酉則止。若炁過雙關，則爲後天之炁，不中採矣。下若不泄，上亦不透，神炁相合，萬物交通，萬神爲一神，萬炁爲一炁。故經云：觀天之道，執天之行，盡矣。又曰：九竅之邪，在乎三要。九竅者，上七竅，下二竅。三要者，則上不透，下不泄，中不動。不透不泄，已見此篇。不動之要，乃前篇應物歸源是矣。如是則天信可見，神明自來。天信至者，初則身體流暢，次後貫通，可知其炁薰蒸，忽然真神化生，虚室生白，神明可見矣。若遇此境，慎勿驚疑，但存神室中則自歸也。如是謂之追二炁於黄道，會三性於元宫，攢簇五行，合和四象，方謂藥物就矣。若時晷差忒，雖採取之，如畊者失時，安能成實？書曰：敬授人時。孟子曰：勿奪其時。此其要也，其可忽諸。

《抱一函三秘訣・明五行採取其藥》 夫父母精血相包，自己本來相合而成性命。故父母精血成形者命，自己本者性。是曰性中者神，形生者曰炁，炁結者曰精。精、炁、神三者，育三才而成質。凡人善修攝則神住，神住則炁住，炁住則精住，三者住則形全。或有一衰，三者俱喪。詩曰：精養靈根炁養神，此真真外更無真。神仙不肯分明説，説得分明笑殺人。訣曰：先存先天真一元神於室中，爲戊土，是曰陽土，乃性也。真鉛之化，次運妙

用，發生之炁，入室中爲己土，是曰陰土，亦名黃婆。乃情也。砂汞之化。蓋陰陽互生，相感而爲情。夫元炁藏於坤宮，從而發生，則金胎繼踵於斯，亦化生而上騰。坤宮者，亦名鉛精之房。經云：金火者，金者，金胎，火者，發生陽炁。真鉛也。丹術著明，莫大乎金火。故此炁推運變化，歸乎中宮，是名曰砂，爲木。陽炁到髓海，極而生陰，名曰砂中抽汞爲火。經曰：變化爲砂汞。砂汞者，金水之二用，緣砂汞乃陰陽也。甲時三陽用事，炁升爲砂，謂之金半斤；庚時三陰用事，炁降爲汞，謂之水半斤。合二八之數，變化室中而成大丹。乃砂汞合體，投鉛成銀，是爲五行全矣。斯謂之一炁之根也，謂之元炁。然金水同宗，坎流於戊；木火同宗，雖就於己。張真人曰：離坎若還無戊己，雖含四象不成丹。只緣彼此懷真土，遂使金丹有還返。如達斯理，是謂藥子矣。

《抱一函三秘訣・炁散物理體用論》炁之兆則數之始，萬物由是有焉。經曰：道生一者，殺之元炁之初。圓之則爲炁，一伸之則爲數。圓之與伸，形異而理一，固非二物，是謂同出而異名也。凡數，一在其中。凡物，炁在其內。故一與一爲二，一與二爲三，一與三爲四，一與四爲五，此五者數之生也。一與五爲六，一與六爲七，一與七爲八，一與八爲九，一與九爲十，此五者數之成也。炁分陰陽，數有奇偶。陰陽奇偶，萬物生焉。故曰：天一地二，天三地四，天五地六，天七地八，天九地十。自一之五，萬物之本，本者，生生無窮；自六之十，萬物之根，根者，返還復命。是以生成互用，根本相生。故天一乘以地六，地二乘以天七，天三乘以地八，地四乘以天九，天五乘以地十。總而計之，五十有五。天數得之二十五以生，地數得之三十以成。衍而伸之，無有終極。是謂生生無窮之理，復以歸根復命之道。天一水也，地二火也，天三木也，地四金也，天五土也，謂之五行，乃虛化神而有形，生生不窮也。然相淩相尅，後者成則前者化矣。地六鉛也，天七汞也，地八砂也，天九金也，地十丹也，謂之五物，乃形還虛而還元，歸根復命也。故相養相成，形雖化遷而性無革變矣。是故鉛者，五金之母、炁之祖、數之元。或曰：鉛者，既爲五金之母、炁之祖、數之元，何不曰天一土鉛，而曰天一生水者，何也？答曰：所謂天一生水者，天一之前是何物而生也？且人有形，由神而生形，著之後神在其中，如果核之仁，本因仁而有本，立之後仁在實中，物物皆然，何疑之有。鉛炁爲汞，汞結爲砂，砂能化寶，寶結爲丹。丹者，萬物復性之初，返本還源，故曰金歸性初，始稱還丹。且炁流爲汞，汞結爲砂，砂能化寶，寶乃爲丹，在物可知理數，理數之間，可以知神。天一、地六，鉛也。鉛，性也。天一繼地六爲汞者，如性之藏物爲情也。鉛爲性，汞爲情，此理也。七者，一數之元，有六存焉，是汞化鉛而生矣。此數也，地二繼天七爲砂者，明砂因汞而結也，猶情因性而有之理。以八去一，有七存焉，豈非汞乎。天九繼地八曰金者，明寶由砂而化也，乃情返性復之理。以九去一者，八數存焉，是曰砂也。地十曰丹者，返本還元，是謂金來歸性初，始得稱還丹。以十去一，而九數存焉，非金而何！故曰：凡數，一在其中；凡物，炁在其內。炁數既若此，物理可得而知。有如鉛中銀者，猶性中之真神也。鉛因銀鑛而生，銀返出於鉛中。性因靈炁而有，真神返在性內。亦如一在數中，炁在物內者也。所謂母隱子胎，兒產母腹是也。以此可見陰陽之生也。金鉛返還之理法，日依時存神室中，名曰真鉛。以妙用發生之炁，逼逐感化而爲藥物，是謂砂汞，乃情也。經曰：鍊銀於鉛，神物自生。銀者，金晶，鉛色北靈；水者，道樞，陰陽之始。此其所以爲丹之本。張真人曰：黑中有白爲丹母，雄裏懷雌是聖胎。又曰：金鼎欲留朱裏汞，玉池先下水中銀。又曰：嚥津納炁是人行，有藥方能造化生。鑪內若無真種子，猶如猛火煑空鐺。故曰：知其白，守其黑。知其雄，守其雌。此言大丹藥物之體也。砂中汞者，陽中陰也。名曰木液，謂之陽砂陰汞。故經曰：離從坎下發，汞在水中居。夫砂者，本也，是發生之炁。䷗自子時於坤宮上騰。《龍虎經》曰：窮微以盡化，陽動則陰消。又曰：金晶一化，青龍受符是也。申時至於神室，以法追之入室，則經所謂當斯之時，神室鍊其精，金火相運推是也。炁感鉛而爲砂。䷊名曰龍虎交姤，亦名金半斤，亦曰鍊鉛，則陽龍上升。故經曰：陰陽混交接，精液包元炁。萬象憑虛生，感化各有類。丹之靈跡長生，莫不由自也。張真人曰：甘露降時天地合，五行全處坎離交者，此也。巳時至乾宮，《龍虎經》所謂：陽交畢於巳是矣。陽極生陰，謂之砂中抽汞。汞者，水也，亦名姹女，亦名流珠，乃妙用發生之炁。至午陽極生陰也。䷫故曰汞，在髓海中。《龍虎經》曰：正陰發離午，又曰：赤水流爲汞，姹女弄嗚鐺。月盈自合虧，十六轉將減是也。其汞庚時以法追之入室，謂之汞投鉛。象䷋亦名水半斤，亦曰成寶，亦曰白金、白銀、水晶，即陰虎下降，又曰陰歸陽室，亦曰兩湊玄開。故經曰：元君始鍊汞，神室含洞虛。玄白生金公，

巍巍建始初。冠三五以相守，飛晶乃濡滋，是也。即張真人曰：若要真鉛留汞，親中不離家人。木金間隔會無因，須仗黄婆勾引。木性愛金順義，金情戀木慈仁。相吞相啖結成姻，始覺無中有孕。又曰：二八誰家姹女，九三何處郎君。自稱木液與金精，遇土卻成三性。又曰：女子著青衣，郎君披素練。見之不可用，用之不可見。恍惚裏相逢，杳冥中有變。一霎火焰飛，真人自出現，是也。以明物理之用，陰陽升降也。或者以鉛汞爲陰陽，非也。但名曰陽鉛可也，以鉛爲陽不可也。若鉛汞爲陰陽，是乃弄精魂工夫，非返還之道。張真人曰：鉛汞非二炁，神炁非子午。鉛汞安得爲陰陽乎？蓋鉛乃性也。性中有神，如鉛中有銀。鉛中有銀，必須藉火而烹煅。若以鉛汞爲陰陽，豈能自治鍊乎？陰陽二炁，乃砂汞者明矣。故經云：砂汞別居，出陽入陰。流耀二方，列數有三，按象水火，是也。蓋此二物皆從一炁而化。汞感鉛結砂，於砂中抽汞，子母相生，物理昭然，則有返還之道，升降之理，陽極生陰，陰極生陽。陰陽則龍虎，龍虎則日月，日月則魂魄，魂魄則木金，木金則水火，水火則坎離，坎離則男女，男女則夫婦，此所以爲化機也。張真人曰：須當洞曉陰陽，深達造化，此之謂也。龍者，陽也，喻陽升之候；虎者，陰也，明陰降之符。日者，喻陰陽之升降。☲陽內含陰象，砂中有真汞，陽非陰不耀其魂，故曰雌。火屬南方離女，月者，喻人身精神旺衰。☵陰內含陽象，鉛中有真銀，陰無陽不能自瑩其魄，名曰雄。金屬北方坎男。四象者，青龍，木也，砂也；白虎，金也，銀也；朱雀，火也，汞也；玄武，水也，鉛也。五行者，金母爲戊土，陰陽互生，相感爲情，曰己土並四象，爲五行。龍虎者，木金之化機也。木之爲物，欲升而不能升，故託以龍。金之爲物，欲降而不能降，故託以虎。木金者，水火之相須也，木鑽之得火，絞之得水；金擊之得火，鎔之得水。水火者，坎離之互用也。坎中陽爻，離中陰爻。坎離者，陰陽之升降也。陽之能升，坎流於戊；陰之能降，離就於己。而日而則爲坎離之統。日中有烏，象陽中有陰；月中有兔，象陰中有陽也。陰陽之精，日光主晝則離己日光；月明主夜則坎戊月精也。以上皆相須相成、升降互用之理。是以坎離之中，二炁無常；所以鉛銀砂汞，並各互生。故曰：坎離顛倒，是爲水火根蒂。所以陰陽有升降，日月有交會，水火有相須，木金有化機。太乙真人曰：五行顛倒術，龍從火裏出汞；五行不順行，虎向水中生鉛也。若夫張真人曰：雄虎者，則陽中之陰也；牝龍者，則陰中之陽也。

《抱一函三秘訣・火候要旨》 凡火候之起甲子，則冬至月也。故火候隨十二時二十四炁之推遷，乃壺中之別一天地。且如冬至子時，下手成火，乃接一陽始生，坤下初生一陽爻成震，是地下有雷，成復卦也，火從此起明矣。丑時坤下生二陽爻成兑，乃地澤臨。寅時坤下生三陽爻成泰卦，陽火至於坤室，陽炁簇地，萬彙發生，故寅乃陽起之兆，爲地天泰，如春之時。口訣：從壬上起火，一舉二時，神凝息定，炁無出入。寅末至甲，金火逼逐至於神室，其丹漸結。卯時生四陽爻成雷天大壯卦。口訣：卯不進火，酉不運符。卯酉沐浴，謂之出入。乃金砂優游也。長子繼父體，乃火得用見矣。辰時生五陽爻，成澤天夬卦，乃火升天也。巳時六陽俱定，陽火已周而成純乾。故《參同契》云：長子繼父體，因母立兆基。乃坤生震兑乾也。口訣：自辰初復進火，至巳末金火逼逐至髓海，陽火極，即運符候也。陽既足，陰符得行，真汞漸形而成形丹質。午時乾下生一陰爻成巽，乃天風姤卦也。未時乾下生二陰爻成艮，爲山，乃天山遁卦也。申時生三陰爻成否卦，陽炁漸伏，真汞成形，陰汞下降，神室萬彙成實如秋之時。口訣：自丙上運符，得行三時。神凝息定，炁無出入。申末至庚，金水推遷，運從雙關鵲橋入於神室，玄珠漸結。酉時生四陰爻巽，陰炁已形，陽炁漸伏，曰風地觀卦。口訣：自運符卯不進火，謂之沐浴，金砂優游也。戌時成五陰爻，成剥卦，陰炁剥削，陽炁歸根，曰山地剥卦也。亥時六陰俱足而成純坤，歸根復命，返本還源。負陰抱陽，陽復於斯而生。口訣：自戌初，復運符，至亥末，歸元壬。初一陰復生矣。循環不已，十月胎圓，切須仔細調理，至誠運用。若纖毫不正，則悔吝逃逸矣。乃乾生巽艮坤也。是六虛生坎離，中炁而成，水火化機，陰符陽火，始終大矣。火候之用，起伏進退如斯圖象。妙在從天地息符火，陽火陰符，毋令走動，則爲龍降炁，白汞成形，還丹兆質，成其根本，脫胎神化而爲仙矣。若夫時晷差忒，纖毫不正；或火數過多，水銖不定，則砂汞別居，不相涉入；赤龍奔逸，姹女逃亡。張真人曰：縱識朱砂及黑鉛，不知火候也如閑大都，全藉維持力，毫髮差殊不作丹。可不慎哉！

火者，乃神凝息住，呼吸俱無，六脈歸根，三宮炁滿，上髓海、中神室、下丹田，如是日月停景，璇璣不行，晝夜如一，純粹無雜，以成真陽之境，還丹始結。若固濟不密，金炁走失，丹之難造。此乃祕密之言也。

《析疑指迷論·析疑》 或問曰：何謂全真？答曰：即爾之一念未萌之前也。夫一念萌，等同太虚，視之不見其色，聽之不聞其聲，摶之不得其形。其上無蓋，其下無底，其傍無門，其正無體，其大無外，其小無内。杳冥莫測，恍惚難明，體之非有，隨用不無，隱大無外，藏微有餘。寂然不動，感而遂通，包含萬象體，不挂一絲頭。吾不知其名，字之曰全真。釋教謂之圓覺，又云圓空；太上所謂混成，又云圓通。故《南華經》云：未始有物者，至矣！盡矣！不可以加矣！此之謂歟！

或問曰：何謂心性？答曰：夫心性之義，譬猶漚水。水本至清，有感漚起風浪，渾濁不能鑑理。風浪息時，水澄漚止。以此論之，水即是漚，漚即是水。由是言之，心即性用，性即心體，體用俱忘，全真而已。

或問曰：何謂性命？對曰：夫性命之理，乃陰陽、神氣之異名也。夫神氣二字，呼喚無窮，今略言其大概，或謂動静龍虎，水火坎離，東西南北，春秋溫涼，冬夏寒暑，否泰窮通，升降往來，有無虚實，上下浮沉，高低深淺，金木剛柔，天地日月，震兑昏明，夫婦嬰姹，金翁黄婆，絳雪玄霜，紫芽紅粉，真鉛真汞。其他殊名異呼，不可窮極，種種名相，不可著止，總名神氣而已。夫欲全神養氣，當明體用、賓主。屏盡萬緣，一塵不染，表裏清淨，久久精誠，自然氣結神凝，性停命住，性命雙全，氣神爲一。一與道同，功行圓畢。

或問曰：何名體用、賓主？答曰：若要修真，須明體用、賓主。何謂也？若不明體用者，情欲不能遣也；如未曉陰陽賓主，則不能契於虚無之至神。奚謂體用？曰：虚寂爲體，覺照爲用。體用兩全，洞合道原。曰：何名賓主？答曰：前念爲賓，後念爲主。念起不著，本無根緒。故洞明真人云：念頭起，覺時休。此一句體用賓主俱全也。何謂俱全？曰：夫念頭起者爲賓，覺者是主。主正爲用，休歇是體。由是言之，體即用也，用即體也。體用雙泯，全真者也。

或問曰：人多説傳命基，其義如何？答曰：夫命者氣也，基者本也。一氣之本，即道是也。夫道者，無形無名，非容取捨而可得也。取捨不容，有何傳哉？故關尹子曰：聖人竟不能出道以示人。又子列子云：不知所以然而然謂之命。此之謂歟！

或問曰：祖師言五行不到處，一氣未生前，其義奚若？應曰：夫五行者，乃吾之五識也。一氣者，即爾之一念也。若五識不起處，一念未萌前者，即與向之所謂未始有物之義同也。既未始有物者，強名曰道矣。

或問曰：且未始有物者謂道，既已爲物矣。物中有道乎？對曰：夫物從道生，物即是道；亦猶心從性生，心即是性；又如漚從水生，漚即是水也。故洞明云：師傳祕語悟心開，物外家風物裏培。又關尹子云：天地成理，一物包焉。又云：即一物中，知天盡神，致命造玄。物既如此，人豈不然？又太上云：有物混成，先天地生。寂兮寥兮，獨立而不改，周行而不殆，可以爲天下母。吾不知其名，字之曰道，正謂此也。

或問曰：清和真人有云：止念降心越念多，不降不止，逐浪隨波。如何即是？答曰：凡初學道者，必先悟其真心。夫真心者，元無一物，等同太虚，本來清淨。於此淨中，一念忽起，頻然回光，返本歸元，則湛然清淨矣。故經云：澄其心而神自清，自然六欲不生，三毒消滅。既得三毒消滅，即合於道矣。若不明此理者，一念既起，又起念降之，降之不下，生心遣之，降遣不已，還自纏縛。若不降遣，縱欲昏迷，轉不相應。故常知常覺，還自把捉。不知不覺，透入别殼，亦與託生的一般也。直待報盡方歸，馬之人困，終不悟矣。豈不悲哉！

或問曰：如何得萬法圓通？答曰：修行之士，必先明心悟性，然後絶疑，方能養道。夫心者是萬法之源，性者是群經之要。故心生則種種法生，心滅則種種法滅。若一念不生，即脱生死。向這一念不生處，即見本來面目也。久久涵養，圓明光大，則無法不通，我經不解，此名法眼圓通矣。至如一《大藏經》，只是説這些理趣也。古今聖賢所得者，得此而已；過去師真所演者，演此而已；五祖七真所了者，了此而已。奉勸同流，若能悟此，更莫狐疑。斯爲學道樞機，正是修真之祕訣。

或問曰：昔神光大師向達磨祖師前求安心之法。祖師答云：將汝心來，吾與汝安。神光良久曰：弟子覓心無所得。祖師曰：吾與汝安心已竟矣。其神光言下大悟，絶疑矣。其理何如？對曰：夫心本無心，心因物感而見。故紫陽云：見物便見心，無物心不見。十方通塞中，真心無不遍。夫真心無象，喻如寶鑑含輝，若物來則見物，人來則見人。人物俱泯，則圓明瑩徹矣。如是言之，覓心無所得也。關尹子云：衆人之權歸於惡，賢人之權歸於善，聖人之權歸於無所得。唯無所得者，所以爲道，既是悟道者，豈不絶疑哉？

或問曰：長春真人云：不有神仙福，難明造化機。何名造化機？答曰：夫造化者，乃陰陽否泰之異名也。陰陽機要，即道之別稱也。夫否者，塞也；泰者，通也。故《化書》云：是以古聖人窮通塞之端，得造化之源。造化之源者，即妙道而已矣！理既如此，不有神仙福，安能明道哉？

或問曰：道雖無方，學則有序。何謂有序？應曰：凡初學道者，必先抛棄塵緣，屏除愛欲，遍訪明師，究研妙理，妙理精明，更要端的志節；次須明戒、定、慧三者。此序進之要妙也。夫戒者，是上天之梯凳，渡苦海之舟航，陟道之初基，乃修仙之漸路也。若無戒，則不能入於定門也。不入定門者，無由發於慧也。故莊子云：虛室生白，吉祥止止。又云：宇泰定者，發乎天光，天光若發，則與道同其源矣。與道同，則鬼神難以測度，陰陽不能陶鑄。陶鑄不得者，至人哉！至人哉！

或問曰：出家修道，又言道本無修，其意何如？對曰：夫道本無修，心即有鍊。夫道之在人，如金在鑛。鑛內有金，不鍊而爲石，石若鍊去，即名爲金。既已爲金，不復爲鑛也。人中有道，不鍊而爲凡，凡心鍊盡，即名爲仙。既已爲仙，不復爲凡也。若已爲金，不須鍛鍊，既成仙道，復何修哉？

或問曰：丹陽真人云：速把我人山放倒，急將龍虎穴衝開，其義何如？應曰：若我人山放倒，則龍虎穴便開也。何謂也？夫我者，心即是也；人者，境即是也。若心境兩忘，則人我山倒矣。夫龍虎者，即人動靜生滅之心也。生滅之心，始於真空之性，真空之性，寥廓虛寂，故名謂穴也，又云虛府也。太上所謂環妙之門，又云玄牝之門矣。又莊子名謂天府，此乃龍虎穴之義也。云衝開者，是無遮障之貌。既無遮障者，即道蘊於此矣。

或問曰：如何是金丹？答曰：夫金者，喻如曾經鍛鍊，真堅剛利，明白瑩素也。丹者譬若圓成光大，環樞應變，反覆無窮於本末端倪也。丹之爲義，若人服之，定超生死之病矣，故曰金丹也。

或問曰：凡初修鍊，必須減飯、除情、戰睡。又云飢來喫飯困時睡，其理何如？答曰：其理兩說。一者，初心進道，熟境難忘，馬猿易動。所以衣食睡欲，不教如意。古人云：學道休望如意，如意休望學道。又云：飽暖生淫慾，飢寒守自然。若以塵心絕盡，道眼衝開，則無爲而無不爲也。無爲而無不爲者，又豈妨於飯食睡眠也哉？或問曰：離峰真人云：有體亦是病，無體亦是病。有無俱不用，何處安身命？其理奚若？答曰：有體則著於色相，無體則滯於頑空。有無俱不用，則落於漭蕩矣。曰：如何出得三重障礙去？答曰：二邊俱不立，中道亦非安，回首二乘外，靈光射廣寒。

《析疑指迷論・指迷》 廣漠光生閑居於丈室，恬然而宴坐，澹漠而忘懷，委蛇而自適，任運而逍遥，恣放情於自得之鄉矣。時有昭然子越坐而起，恭然而稽首，立侍乎前，曰：弟子得爲役久矣，未獲夫子傳吾妙道而已。今日宴閒，敢問其道若何？廣漠先生移位近前，默然良久，動容有間，仰天而笑，曰：道奚傳哉！昭然子曰：夫子勿稽，弟子終願聞之。廣漠先生曰：道本無問，問亦無答，纔涉有言，即墮於第二義也。故曰：道不可傳，傳而非也。視之不見，聽之不聞，搏之不得，思之不知，瞻之在前，忽焉在後，是謂無狀之狀，無物之象，是謂惚恍。恍兮惚兮，其中有物；窈兮冥兮，其中有精，其精甚真，其中有信。自古及今，獨立而不改，周行而不殆，可以爲天下母。吾不知其名，字之曰道。故心困焉而不能知，口辟焉而不能辭，在人靈府自悟耳。昭然子曰：道既無傳，弟子嘗聞道家者，祖宗遞授，師資相承，遞授相承箇什麽？答曰：遞授玄教，相承妙法也。曰：玄教妙法而亦有道否？答曰：不即不離，譬猶筌蹄也。夫筌者，所以在魚，得魚而忘筌；蹄者，所以在兔，得兔而忘蹄；言者，所以在意，得意而忘言矣！安得夫忘言之人而與言哉！夫忘言之人者，言無言，終日言而未嘗言；爲無爲，終日爲而未嘗爲也。故曰：無言而無所不言，無爲而無所不爲矣。昭然子曰：未得魚兔，必用筌蹄，不能悟意，須假言教。惟願夫子慈愍，少垂微言，發吾之覆也。於是再拜稽首，曲躬而立。廣漠先生曰：居，吾語汝，夫道無後先而教有頓漸，人生有利鈍而悟有淺深，禀氣不同，而賢愚有異，循之於本也，咸始於道矣。故曰：異途而同歸也。夫頓悟之者，不假修持，則直超彼岸，立證無生矣。而後，眼如耳、耳如鼻、鼻如口，口無不同也。心凝形釋，骨肉都融，而能反山川、移城邑、蹈水火、入金石，縱横無礙，而變化無方者也。夫漸悟之者，先要明其心，悟其性，而後養其命也。次須累其功、積其行，而以歲月求之也。歲之深也，月之久也，而造次必於是，顛沛必於是，行住必於是，坐卧必於是。綿綿若存，用之不動。如是無間，鍛鍊功著也。而形如槁木、心類寒灰。窈窈之中，獨見曉焉；冥冥之內，獨聞和焉。而得體合於心、心合於氣、氣合於神、神合於無也；而能攝乾坤於掌上，搏日月

於襟前。捲舒八景，聚散三辰，出有入無，存亡自在，而陰陽不能測矣。昭然子曰：頓漸之理，敬聞命矣。敢問心性之義若何？弟子性鈍，願夫子細細釋之。廣漠先生曰：嘻！愚矣！子之難悟也！且若問吾者心也，吾答若者亦心也。心之與心，有何異哉！又奚問乎？亦奚説哉？若之問也，吾之答也，總屬妄心。妄心滅處，而不知其誰何，故曰未始出吾宗。宗者性也，性禀於道，道禀於自然矣。曰：心性之義，敬聞命矣。敢問養命之理而有爲乎？無爲乎？奚若？答曰：而無爲乎？無爲而無不爲也。故曰：爲者敗之，執者失之。是以聖人無爲故無敗，無執故無失也。曰：既是無爲者，過去師真而謂曰減飯也、戰睡也、擒猿而捉馬也、薄滋味而慎言也，而似有爲乎？其理何如？答曰：夫道本無爲也，而心即有鍊也。鍊者損也，損其舊習而新染也。損之又損之，以至於無爲，無爲而無不爲也。故曰：爲無爲，則無不治矣。夫無爲可以養命也。曰：命者，何謂也？答曰：即混元真氣也。故曰物受之謂命，天賦之謂性，率性之謂道。又曰：不知所以然而然謂之命，此之謂歟！昭然子曰：古云不知命無以爲君子，此云不知所以然而然謂之命，是兩也，而不同乎？答曰：而言異而理同也。夫不知命無以爲君子者，謂不知守其命分也。分外貪生而失其本者，非君子也。夫人以精爲根，以命爲本，以性爲宗。命者，氣也；性者，神也。夫神、氣、精三者，咸原於一而未嘗離也。而離之者，皆越於分也。曰：何謂越分？答曰：夫人性分，無欠無餘，本來具足。凡養生之物，皆是不得已而爲之。夫不得已之類，可爲無心矣。無心而可以養命也。人而不知此理，心慕於妄緣，而以爲真，預謀積聚，而以爲久。恣縱於驕婬之地，流蕩於名利之場，往而不返，迷而不悟，豈能爲君子哉！昭然子曰：夫精、氣、神未分則不問，既已分矣，奚復爲一邪？答曰：夫三者分離，皆因其有心也。心之所之，則氣從之；氣之所之，則形應之。是故心感於外者，感於悲則淚出，感於辛則涕出，感於燥則汗出，感於酸則液出。是故感於婬則精出也。人能寧心於虛極之鄉，息慮於無爲之域，則寂然不動，感而遂通，而心不動也，而精自祕也。精化爲氣，氣化爲神，神化爲虛，虛實相通，是謂大同。大同而無所同也，而無所不同矣。昭然子曰：養命之理，敬聞命矣。敢問鍊丹之要亦可得而聞乎？廣漠先生曰：鍊丹之要，法有多門而有邪正，亦有大小不同也。曰：奚謂邪？答曰：有鍊五金者、八石者，有採日精而月華者，有吞霞而服氣者，有採戰而閉精者，或服水火而還元者，吐故而納新者，按摩而數息者，熊經而鳥伸者，摇筋而擺髓者，嚥津而納氣者，守下丹田而明堂者，默朝上帝而運氣者，倒卓崑崙而偃黄河者，肘後飛金精而存想者，休粮而辟穀者，服餌而延形者。向之所謂法有多門而不能盡述也，略言數端，皆是小乘之邪法也。於戲！多迷於傍門，而不能悟其真道矣。所以學道者如牛毛，而了道者若麟角也。曰：何由如是之寡也？曰：皆爲不遭遇於真師之所訣，而被邪師之所惑，以致於自執固而不悟也。故曰：大迷者終身不反，大愚者終身不靈也。所謂冰不可鏤，愚不可賢，此固然矣。故正陽頌云：妙法三千六百門，學人各執一爲根。可憐些子神仙法，不在三千六百門。又云：神仙見汝太頑愚，留下丹經萬卷餘。句句章章皆譬喻，元來真道不關書。正謂此也。於是昭然子再拜而起，稽首而立，曰：正鍊丹之法若何？先生答曰：夫正鍊丹之法者，而有三門，上、中、下，而分爲九品：上三品，中三品，下三品。而神亦有三名，太上者，虛無之神；天地者，陰陽之神；人蟲者，血肉之神也。而仙亦有九品，有虛無之仙，天仙地仙，神仙鬼仙，山仙水仙，人仙物仙，是爲九品也。夫虛無之仙不可論也，故天仙不離於天，地仙不離於地，神仙不離於神，鬼仙不離於鬼，山仙不離於山，水仙不離於水，人仙不離於人，物仙不離於物也。夫原其所始，本無三九之分也。爲其悟有深淺，禀有清濁，而功有多寡，故有如是之異也。曰：上乘鍊丹者若何？答曰：夫上乘上品鍊丹者，以太虛爲鑪，以真空爲鼎，以圓明爲藥物，以天光爲進火，以妄情爲滲漏，以爭爲防危，以清淨爲沐浴，以無爲爲外護，以恍惚爲抽添，以不染爲革穢也。而得之於一息之間，而了在於百日之內矣。曰：中乘鍊丹者何如？答曰：夫中乘上品鍊丹者，以乾坤爲鑪，以陰陽爲鼎，以真鉛真汞爲藥物，以純陽爲進火，以欲念爲滲漏，以不昧爲防危，以消洒爲沐浴，以柔弱爲外護，以定慧爲抽添，以忘機爲革穢也。而得在於百日之中，而了在於三年之外矣。曰：下乘鍊丹者若何？答曰：下乘上品鍊丹者，以身爲鑪，以心爲鼎，以神氣爲藥物，以覺照爲進火，以逐境爲滲漏，以不睡爲防危，以滌慮爲沐浴，以謙和爲外護，以昇降爲抽添，以純素爲革穢也。而得之於三年之內，而了在於九載之中矣。夫下乘下品鍊丹者，亦以身爲鑪，以五臟六腑爲鼎，以精血爲藥物，以運氣爲進火，以精泄爲滲漏，以節飲爲防危，以漱津爲沐浴，以修善爲外護，以導引爲抽

添，以不婬爲革穢也。而終年無成，而修之於累世矣。此可以延年，而不能出離輪回耳。雖然比於誣善之人，亦雲泥有間矣。昭然子曰：鍊丹之理，敬聞命矣。敢問《清淨經》云：能悟之者，可傳聖道乎？於是廣漠先生放下拂子，斂身而臥。良久曰：會麽？昭然子於言下大悟，踊躍而喜，怡然而笑，遂禮三拜，稽首立侍乎傍。廣漠先生蹷然而起，曰：子見箇什麽道理而便拜乎？昭然子曰：夫子是何道理之有哉？廣漠先生曰：如是如是，子善護持矣。頌曰：本來無說亦無傳，只爲學人酷殢筌。若會其中端的意，寒潭秋月冷沉淵。

《呂純陽真人沁園春丹詞注解》 七返還丹，

七，火數也。煉丹之法，其先以紅投黑而生藥。既有藥，然後進火，煉黑入紅而成丹，故曰七返還丹。即非自寅至申之七時也。張紫陽《悟真篇》云：金公本是東家子，送在西鄰寄體生。認得喚來歸舍養，配將姹女作親情。是此義也。

在人先須煉己待時。

《離騷・遠遊篇》云：毋滑而魂兮彼將自然；一氣孔神兮於中夜存；虛以待之兮無爲之先。即煉己待時之謂也。要在收視返聽，寂然不動，凝神於太虛，無一毫雜想。少焉神入氣中，氣與神合，則真息自定，神明自來，不過片餉間耳。邵康節《先天吟》云：若問先天一字無，後天方要着功夫。丹法亦然，採藥於先天則無爲，進火於後天則有爲。不可以一律齊也。

正一陽初動，

白紫清《珠玉集・丹髓歌》云：煉丹不用尋冬至，身中自有一陽生。然吾何以知身中之一陽生也？蓋彈指聲中巽門豁開，而心覺恍惚之時是也。吾於此時，鼓之以橐籥，煅之以猛火，則真鉛出坎，而河車不敢暫留停，運入崑崙峯頂，乃可以爲還丹。邵康節《恍惚吟》云：恍惚陰陽初變化，絪緼天地乍回旋。中間些子好光景，安得功夫入語言。非洞曉陰陽造化，疇克知此。

中宵漏永。

中宵，即半夜子時也。《周易參同契》云：含元虛危，播精於子，是也。又云：晦朔之間，合符行中。謂三十日半夜子時之前，介乎晦朔之間也。若蹙之於一日，則每夜子時之前即晦朔之間，初不拘於三十日之半夜也。《悟真篇》云：日月三旬一遇逢，以時易日法神功。其說明矣。漏者，滴漏也。滴漏有內有外，在內乃氣之出入息也。辭紫賢《復命篇》云：此心卻似糠灰火，靜坐時聞滴漏聲，是也。在外即更漏也。或疑《悟真篇》有：須知大隱居朝市，休向深山守靜孤，之說，殊不知在深山則難得燈與漏也。或又疑曰：陳泥丸《翠虛篇》云：若言刻漏無憑信，不會玄機藥未成。而又云：日視土圭，夜瞻刻漏，謬之甚矣，何其說之自相戾也！曰：修煉之初，功夫未純熟，恐或差違，故必外立刻漏，以爲時候之準則，若至於功夫純熟，丹田有種，則精生有時，時至神知，雖當寢寐，有不待喚醒而亦自覺悟，又何必刻漏爲哉！漏水者，言其點點相續而無間斷也。在吾身求之，則真息綿綿，勿令間斷，如漏水之相續無異也。

溫溫鉛鼎，光透簾帷。

鉛即藥也，鼎謂下丹田也。子時將至，而陽氣潛萌於其下，所以溫溫也。簾帷者，眼也。垂眼下視，有垂簾之象，故曰簾帷。丹田有藥而陽氣上升，透於兩眉之間，是以有光。譬之室中有燭，燭光映於窗牖而明，蓋非窗牖之明，乃燭之明也。或者乍見此景，而驚訝失喜，以爲奇異，則心動而神散矣。欲望成丹，不亦遠乎？

造化爭馳，

造化爭馳，謂坤之未復之初也。其時瓊鐘一扣，玉洞雙開。《復命篇》謂：兩畔同升共一斤是也。

虎龍交媾，

《參同契》云：龍呼於虎，虎吸龍精，兩相飲食，俱相吞併。作丹之時，要在心息相依，然後神凝氣聚，交媾而爲藥。陳朝元《玉芝書》云：玄黃若也無交媾，爭得陽從坎下飛。故必陰陽交媾，丹田有藥，乃可以進火也。

進火功夫牛斗危。

牛斗危，乃身中火候之方位，謂進火功夫自子而發端，至寅而搬運，如天之生物，胚胎於子，至寅而出也。《參同契》云：始於東北，箕斗之鄉，旋而右轉，嘔輪吐萌。《翠虛篇》云：有一子母分胎路，妙在尾箕斗牛女。與此同旨。或以牛斗危爲猶關危，而引用《悟真篇》：兩手捉來令死關之語，以發明之，是亦一說也。

曲江上，見月華瑩淨，

《翠虛篇》云：西南路上月華明，大藥還從此處生。記得古人詩一句：曲江之上鵲橋横。古仙本以小腸有九盤十二曲，是爲曲江。後人復以鼻口之間爲曲江，二說俱通。而《翠虛》又以西南路上發明其說，可謂深切著明矣。蓋西南屬坤，坤爲腹，藥生於丹田之時，陽氣上達，麗於目而有光，故自目至臍，一路皆虛白晃耀，如月華之明也。

有箇烏飛。

有箇烏飛者，身中之天地，交坎離，合二氣，絪緼結成一滴露珠，而飛落丹田中也。陳希夷《指玄篇》云：有箇烏飛入桂宫。《翠虛篇》云：紅蓮含蕊，露珠凝碧，飛落華池，滴滴珠玉集。《還源篇》云：人能明此理，一點落黄庭。《白紫清詞》云：而今識破，金烏飛入蟾窟，皆此義也。

當時自飲刀圭，

醫書言方寸七，又言刀圭。刀圭者，刀頭圭角些子而已，或以刀爲金，圭爲二土交合，此廼求奇之說，非至論也。自飲云者，遍歷三宫，降而入口，與《悟真篇》謂脱胎入口身通聖，其義一也。或疑既脱胎，何爲復入口？遂以爲丹自外來，從而吞嚥外物，去道遠矣。《翠虛篇》不云乎：採之煉之未片餉，一氣眇眇通三關。三關來往氣無窮，一道白脈朝泥丸。泥丸之上紫金鼎，鼎中一塊紫金團。化爲玉漿流入口，香甜清爽遍舌端。是豈自身外而來者耶？

又誰信，無中養就兒。

金丹大道，至簡至易，於無中生有，養就嬰兒。如涕、唾、精、津、氣、血、液之類，止可接助以爲階梯，非丹質也。學者局於管見，往往以先入之說爲主，更不肯參究丹書，雖有道者欲與開發，孰爲之信？《翠虛篇》云：怪事教人笑幾回，男兒今也會懷胎。自家精血自交結，身裏夫妻是妙哉。蓋夫婦即陰陽之異名，非真有所謂夫婦也。或者偏執竹破竹補之說，遂謂以人補人，而專意於三峯邪術，又安信金丹乃清淨無爲之道，而果於無中生有哉！

辯水源清濁，

清濁之說，蓋嘗辯之矣。一曰天清地濁禀生成，一曰取清捨濁更玄玄。今曰水源清濁，則請就水源兩字辯之。蓋天一生水，其位居北，以八水同歸於此，故謂之水源。《翠虛篇》云：促將百脈盡歸源，蓋謂此也。在上曰清，在下曰濁，始者上下相交，混而爲一，久之則漸漸矴，漸漸清。清則至藥生於其中矣。劉海蟾《還金篇》謂：水澄凝，琥珀是也。乃若留清去濁之說，則自是一義，愚註《參同契》於形體爲灰土，狀若明窻塵下，已詳言之，兹不復贅。

木金間隔。

人身有一物分而爲二，其浮者爲木，沉者爲金，一東一西，故謂之間隔。若得斗柄之機斡運，使之上下循環，如天河之流轉，則木性愛金，金情戀木，而刑德並會，不間隔矣。彼有以兩目交光於中央，爲金木不間隔，此亦一說。然以《參同契》、《悟真篇》考之，則所謂金木間隔者，其義蓋在内而不在外也。

不因師指，此事爭知。

《悟真篇》云：饒君聰慧過顔閔，不遇真人莫強猜。蓋丹經所陳，或假物以明理，或設象以寓意，名義不同，學者卒然讀之，莫不有望洋之歎。且以五行言之，或曰金木，或曰金土，或曰水火，或曰金火，或曰金水，或曰木火，或曰水土，使人心目俱眩，誠不易知也。

道要玄微，

丹道之要有二曰：交媾，曰進火。雖有先後次序，要皆一片功夫。蕭紫虛《金丹大成集》謂刻裏功夫妙更奇，是也。玄哉！微哉！

天機深遠，

天機，謂半夜子陽初動之時也。天機將至，人能動吾之機以應之，則天人合發，内外相符，結而爲丹矣。雖曰一日十二時，凡相交處亦皆可爲。而古仙必用半夜子陽初動之時者，其時太陽下大北方，而人身氣到尾閭關，蓋與天地相應，所謂盜天地，奪造化，唯此時爲然。廼若丑時，則太陽已偏，人身之氣已過尾閭矣。寅時則太陽已出地，人身之氣已過腎堂矣，皆不可用也。《玉芝書》云：凡煉丹，隨子時陽氣而起火，其火方然，餘外別時起火，其火不全，斯言盡之矣。

下手速修猶太遲。

下手，謂烹煉之時，握一身之神歸於天谷穴中，而不可縱放，非真有所執也。或泥下手兩字，正合《悟真篇》兩手捉來令死關之說，於是努力提拳，

或掩耳鼻，或摩腰腹，或以大指掐掌心，或以中指抵臍輪，不亦勞乎？速修猶太遲，謂光陰迅速，而貴乎及時修煉也。

蓬萊路，仗三千行滿，獨步雲歸。

三千行滿，謂九年三千日也。三千日內，務要積功累行，十二時中不可須與離道。劉虛谷《還丹篇》云：大功欲就三千日，妙用無虧十二時是也。丹法：片餉結胎，百日而功靈，周年而胎圓，九年而行滿，皆有程度，決無今日遇師，明日便能成仙之理。當知一年而小成，九年而大變，始而易氣，次而易血，次而易脈，次而易肉，次而易髓，次而易筋，次而易骨，次而易髮，次而易形，積九年而閱九變，煉盡陰氣變成純陽，然後可以遺世獨立，羽化而登仙也。曾至游《集仙傳》載：陳朝元《戒世》云：爲善事者必享福報，集陰德者子孫榮昌。不殄天物，不肆盜婬，不毁正教，善事也。救死扶傷，急人患難，無縱隱，賊隱德也。不作善事，不積陰德，則惡道無所不入矣。朝元此言，蓋爲俗人設也，況學仙者乎？大抵欲修仙道，先修人道，人道不修，則仙道遠矣。又豈不見《悟真篇》云：大藥修之有易難也，知由我也。由天若非積行施陰德，動有羣魔作障緣，學者詎可以我命在我之説自諉，而不務功行爲急哉？嗚呼，功滿三千，大羅爲仙；行滿八百，大羅爲客。吾黨其勉諸。

《周易參同契發揮·卷之一》 乾坤者，易之門戶，衆卦之父母。

闔戶謂之坤，闢戶謂之乾，一闔一闢謂之變，往來不窮謂之通，此乾坤所以爲易之門戶也。乾生三男，坤生三女，男女構精，萬物化生，此乾坤所以爲衆卦之父母也。夫人之一身，法天象地，與天地同一陰陽也。人知此身與天地同一陰陽，則可與論還丹之道矣。

坎離匡郭，運轂正軸。

坎，月也；離，日也。日月行於黃道，晝夜往來，循環無窮，如匡郭之周遭也。轂，猶身也；軸，猶心也。欲轂之運，必正其軸。修還丹者，運吾身中之日月，以與天地造化同途，不正其心可乎！

牝牡四卦，以爲橐籥。覆冒陰陽之道，猶御者之執銜轡，有準繩，正規矩，隨軌轍，處中以制外，數在律曆紀。月節有五六，經緯奉日使。兼并爲六十，剛柔有表裏。朔旦屯直事，至暮蒙當受。晝夜各一卦。用之依次序，既未至昧爽，終則復更始。

乾，純陽，牡卦也；坤，純陰，牝卦也；坎，陰中有陽；離，陽中有陰；牝牡，相交之卦也。丹法位乾坤於上下，列坎離於東西，而乾坤之闔闢，坎離之往來，儼如橐籥之狀，故曰牝牡四卦，以爲橐籥。橐籥者，虛器也。橐，即鞴囊；籥，其管也。老子《道德經》云：天地之間，其猶橐籥乎！虛而不詘，動而愈出。蓋太虛寥廓，猶橐籥之體；氣之闔闢往來，猶橐籥之用。知此則還丹之道，思過半矣。然是道也，操則存，舍則亡。故必慎汝內，閑汝外，有如列子《沖虛至德眞經》所謂泰豆氏之御，然後可以從事於此。蓋泰豆氏之御也，齊輯乎轡銜之際，而急緩乎脣吻之和，正度乎胸臆之中，而執節乎掌握之間。內得於中心，而外合於馬志，是故能進退，履繩墨而旋，曲中規矩。鍊丹之法，亦猶是也。數在律曆紀者，巡行十二位，應律之十二聲，曆之十二月，紀之十二年也。月節有五六者，以一月三十日分爲六節也。經，乾坤南北之定位也；緯，坎離東西之妙用也。奉日使者，奉日之所使也，其候與天同運，隨日升沉無少異也。兼并爲六十者，《易》有六十四卦，除乾坤坎離四卦之外，恰有六十卦。一日十二時用兩卦直事，每一爻當一時，兩卦計十二爻，應律曆紀之數。以一月三十日并之，共得六十卦也。以六十卦布於一月三十日內，則朔日朝爲屯，暮爲蒙。晝夜十二時，恰應兩卦十二爻之數。自此朝需暮訟，朝師暮比，依次而用，以至晦日用既濟未濟，晦朔循環，周而復始。其間卦象內外剛柔之體，或反或對，皆不必執泥也。張紫陽《悟眞篇》云：此中得意休求象，若究群爻謾役情。蓋非眞以六十卦，布於一月三十日之內也。或者不悟此理，惟執泥卦象之説，乃謂日用兩時爲火候，從而準則銖爻，推測氣候，汲汲焉日視土圭，夜瞻刻漏，豈不大謬哉！

日辰爲期度，動靜有早晚。

陳泥丸《翠虛篇》云：天上分明十二形，人皆分作鍊丹程。即日辰爲期度之謂也。日即火也，辰即候也。人能以天上之日辰，反而求之吾身，則日臨之位，即時辰也。《悟眞篇》云：鍊藥須知昏曉，即動靜有早晚之謂也。動者，日出而作也；靜者，日入而息也。蓋吾一身之中，自有日出日入之早晚。其火候動靜，一一暗合天度，即非用天樞潮候而爲下功之時也。

春夏據內體，從子到辰巳；秋冬當外用，自午訖戌亥。

卦有六爻，下三爻爲內，上三爻爲外。試即屯蒙二卦明之，朝用屯，陽火上

升之候也，而屯之初九，正當身中之子，由内而外，故曰：春夏據内體，從子到辰巳。暮用蒙，陰符下降之候也，而蒙之上九，正當身中之午，由外而内，故曰：秋冬當外用，自午訖戌亥。然所謂春夏秋冬、子午巳亥，與夫内體外用之説皆譬喻也。乃若泥象執文，而行卦氣，則徒自勞苦，何益哉？

賞罰應春秋，昏明順寒暑。爻辭有仁義，隨時發喜怒。如是應四時，五行得其序。

陽氣當春而發生，陰氣當秋而肅殺，丹法之賞罰，亦猶是也。永日自寅而東出，短日自申而西入，丹法之昏明，亦猶是也。爻辭有仁義，隨時發喜怒者，潛藏飛躍，進退加減，各隨其時也。薛紫賢《復命篇》云：火候抽添思絶塵，一爻纔過一爻生。陰文陽武依加減，一顆還丹火裏成。豈眞有所謂卦爻哉？他如賞罰昏明，仁義喜怒，與夫四時五行之説，皆譬喻也。

天地設位，而易行乎其中矣。

一高一卑，天地之位也。一陰一陽，天地之易也。陽生於子，自子丑寅卯而極於巳，積一百八十日而陰又生。陰生於午，自午未申酉而極於亥，積一百八十日而陽又生。陰生陽，陽生陰。陰復生陽，陽復生陰。陰陽相生，循環無窮，是之謂易。是易也，天地有之，人身亦有之，豈不聞《悟眞篇》云：先把乾坤爲鼎器，次摶烏兔藥來烹。此豈謂身外之乾坤，身外之烏兔哉？學者當求之於身中可也。今夫天位乎上，地位乎下，二氣則運行乎其中，一升一降，往來不窮，猶槖籥也。人受沖和之氣，生於天地間，與天地初無二體。若能悟天地槖籥之妙，此心沖虚湛寂，自然一氣周流於上下，開則氣出，闔則氣入。氣出則如地氣之上升，氣入則如天氣之下降，自可與天地齊其長久。子華子云：古之知道者，築壘以防邪，疏源以毓眞，深居靜處，不爲物攖，動息出入，而與神氣俱。魂魄守戒，謹窒其兑。專一不分，眞氣乃存。上下灌注，氣乃流通，如水之流，如日月之行而不休。陰營其藏，陽圓其府。源流泄泄，滿而不溢，沖而不盈。夫是謂之久生。捨此而曰：我自有登雲捷法，則是旁蹊曲學，非吾大丹之道也。

天地者，乾坤之象也。設位者，列陰陽配合之位也。《易》謂坎離。坎離者，乾坤二用。二用無爻位，周流行六虚。往來既不定，上下亦無常。乾爲天，坤爲地，吾身之鼎器也。離爲日，坎爲月，吾身之藥物也。先天八卦，乾南坤北，離東坎西。南北列天地配合之位，東西分日月出入之門，反而求之吾身，其致一也。乾坤，其體也；坎離，其用也。坎離二者，周流升降於六虚，往來上下，蓋無爻位。吾身之坎離，運行乎鼎器之内，潛天而天，潛地而地，亦豈有爻位哉！

幽潛淪匿，變化於中。

幽潛淪匿者，神入氣中，氣入臍中，而沉歸海底去也。變化於中者，時至氣自化，靜極機自發，而抱出日頭來也。陳希夷《指玄篇》云：邀無蹤跡歸玄武，潛有機關結聖胎。此之謂也。

包裹萬物，爲道紀綱。

《悟眞篇》云：道自虚无生一氣，便從一氣産陰陽。陰陽再合生三體，三體重生萬物昌。蓋金丹之母，不過先天一氣而已。裂而爲二，分而爲三，散而爲萬，皆自此一氣中來，故曰：包裹萬物，爲道紀綱。

以無制有，器用者空。

《道德經》云：三十輻共一轂，當其無，有車之用。埏埴以爲器，當其無，有器之用。鑿牖以爲室，當其無，有室之用。故有之以爲利，無之以爲用。林膚齋註云：轂，車之容軸者也；輻，輪之股也。轂惟虚中，故可以行車。埏埴，陶者之器也，虚而圓，故可以成器。戶牖，室中之通明處也。此三者，皆是譬喻，虚者之爲用，故曰：有之以爲利，無之以爲用。車、器、室，皆實有之利也，而其所以爲車、爲器、爲室，皆虚中之用。今魏公謂以無制有，器用者空，實用老子之説。蓋丹法以太虚爲鼎爐，而太虚之中自有天然妙用，奇哉，奇哉！《關尹子》云：衣搖空得風，氣噓物得水。陳抱一註云：知搖空得風，則鼓吾槖籥，可以生氣；知噓物得水，則胎吾之氣，可以化精。苟昧此而他求，所謂鼎器，則非虚無之道矣。

故推消息，坎離沒亡。

息者，進火之候，坤三變而成乾也。消者，退符之候，乾三變而成坤也。今自朔旦震卦用事之後，歷兑至乾；望罷巽卦用事之後，歷艮至坤。其間不見坎離爻位，是謂坎離沒亡歟！曰坎離，非沒亡也，行乎六虚之間而往來不定爾。

言不苟造，論不虚生。引驗見效，校度神明。推類結字，原理爲徵。坎戊月精，離己日光。日月爲易，剛柔相當。土旺四季，羅絡始終。青赤白黑，

各居一方。皆稟中宮，戊己之功。

坎，外陰而內陽，月之象也；離，外陽而內陰，日之象也。坎納戊，戊，陽土也。離納己，陰土也。二土交合，則陰陽相濟，剛柔相當，猶日月兩字合之而輳成易字也。青赤白黑，即木火金水也。木火金水各居一方，惟土居中央，分旺辰戌丑未，而羅絡一歲之始終。是故木得之以旺，火得之以息，金得之以生，水得之以止，四者皆稟其功也。然是土也，遍滿乎宇內，本無定位焉。在坎則爲戊土，在離則爲己土，在中宮則爲戊己土，在四季則爲辰戌丑未土，均是物也。旨哉！《悟眞篇》之詩有曰：四象五行全藉土。又曰：祇緣彼此懷眞土，遂使金丹有返還。蓋非眞土調和，則陰陽否隔，剛柔離分，不能成丹也。嗚呼！魏公作是書以發明斯道之祕，無非引驗見效，親到實詣之說，復恐其說未足以取信於後人，遂又校度日月之神明以爲法，推原易卦之道理以爲證，可謂深切而著明矣。又豈肯苟造無稽之言，虛生無益之論，以誑惑後之來者哉！

易者，象也。懸象著明，莫大乎日月。窮神以知化，陽往則陰來。輻輳而輪轉，出入更卷舒。

易者，象也，即上文所謂日月爲易是也。夫魏公之爲是說也，將以指陳身中之陰陽，而身中之陰陽則無形可求，百姓日用而不知，苟非假象託物，將何以發明，而使人窮其神，知其化哉！於是仰觀俯察乎天地之間，惟有日月之象，顯然著明。故以其顯然著明者示人，使之洞見天地之陰陽，而默識乎神化之妙，則吾身之日用不知者，自可以不言而諭也。蓋日月往來乎黃道之上，一出一入，送爲上下，互爲卷舒，晝夜循環，猶如車輪之運轉，無有窮已。人能反身而思之，觸類而長之，則吾一身之中自有日月，與天地亦無異矣。韓逍遙《內指通玄祕訣》云：法輪要轉常須轉，只在身中人不見。駕動之時似日輪，日輪向我身中轉。又云：法輪轉得莫停留，念念不離輪自轉。何用外求哉！

易有三百八十四爻，據爻摘符，符謂六十四卦。

一部全易，計三百八十四爻；一斤大藥，計三百八十四銖。此丹道、易道之相通，而《參同契》所以作也。爻者，卦畫也；符者，卦之合體也。易有六十四卦，丹法以乾坤爲鼎器，以坎離爲藥物，以其餘六十卦爲火候，今以乾坤觀之，始於屯、蒙，終於既濟、未濟，其間反體對體，無一不相合。於此見一陰一陽之謂道，而古仙據爻摘符，以比喻鼎器、藥物、火候，可謂巧且備矣。

晦至朔旦，震來受符。當斯之時，天地構其精，日月相撢持。

晦至朔旦者，晦朔之間也。震來受符者，乾交於坤而成震，身中之一陽生也。斯時神與氣交，氣與神合，有如天地之構精，日月之合璧。故曰：當斯之時，天地構其精，日月相撢持。天地，即吾身之乾坤也，日月，即吾身之坎離也。天地日月，以時而相交，故能陶萬彙而成歲功。乾坤坎離，以時而相交，故能奪造化而成聖胎。魏公恐學者不明身中之陰陽造化，遂借日月相交之時爲喻，非曰一月止有晦朔之間可以用功也。《悟眞篇》云：日月三旬一遇逢，以時易日法神功。學者能知以時易日之妙，則能竊天地之機而成大丹矣。

雄陽播玄施，雌陰統黃化。

雄陽播玄施者，天氣降而至於地也；雌陰統黃化者，地承天氣而生物也。《悟眞篇》云：甘露降須天地合，黃芽生要坎離交。蓋丹法之生藥，與天地之生物相似，皆不過陰陽二氣，一施一化，而玄黃相交爾。

渾沌相交接，權輿樹根基。

陰陽二氣上下交接，混而爲一，故謂之渾沌。渾沌乃天地之郛郭，萬物之胞胎也。丹法以之爲權輿而樹立根基，則天地萬物皆在吾身，而不用求之外矣。

經營養鄞鄂，凝神以成軀。

鄞鄂，即根蒂也。丹法經營於此而回光內照，則神戀氣而凝，氣戀神而住，自然交結成胎。如其神光內泄，氣馬外馳，則日月失道，金汞異爐，欲望成丹，不亦遠乎！白紫清《珠玉集·丹髓歌》曰：昔日遇師親口訣，只要凝神入氣穴。此所以稱之爲神丹，而號之曰神仙也。

衆夫蹈以出，蠕動莫不由。

陰陽交接之道，乃生生化化之源也。不特人與禽獸。由此而出，雖蠉飛蠕動，跂行喙息，至微之類，莫不皆然，故曰：衆夫蹈以出，蠕動莫不由。是道也，施之於人則生人，存之於己則生藥，但有聖凡逆順之分爾！

《周易參同契發揮·卷之二》 於是仲尼讚鴻濛，乾坤德洞虛。稽古當元皇，關睢建始初。冠婚氣相紐，元年乃芽滋。

嘗觀《易》首乾坤，《書》稱稽古，《詩》以關雎爲先，《禮》以冠婚爲重，《春秋》以元年爲第一義，是知聖人之作經，皆有所託始也。鍊丹而不究其始，又安能洞曉陰陽，深達造化哉！

聖人不虚生，上觀顯天符。天符有進退，詘信以應時。天符有進退，屈符者，合也。月行於天，一月一度與日交合，故謂之天符。天符有進退，屈信以應時者，月自初一以後光漸進，魂長魄消，陽伸陰屈，象一日之子至巳；十六以後光漸退，魄長魂消，陰伸陽屈，象一日之午至亥也。古之至人，觀天之道，執天之行，遂借天符之進退，陰陽之屈伸，設爲火候法象以示人。蓋天地儼如一鼎器，日月乃藥物也；日月行乎天地間，往來出沒，即火候也。人能即此反求諸身，自可默會火候進退之妙矣。

故易統天心，復卦建始初。易者，一陰一陽之謂也。天心，北方子之中也。復，十一月之卦也。復之爲卦，正當北方子位之中，氣應冬至。邵康節《擊壤集・冬至吟》云：冬至子之半，天心無改移是也。朱晦菴以爲康節此詩最好，蓋立冬是十月初，小雪是十月中，大雪是十一月初，冬至是十一月中，小寒是十二月初，大寒是十二月中，冬至子之半，即十一月之半也。人言夜半子時爲冬至，蓋夜半以前一半屬子時，今推五行者多不知之。然數每從這處起，略不差移，此所以爲天心。今魏公謂易統天心，復卦建始初者，陽氣潛萌於孟冬純陰之月，而始於坤卦之下，積成一畫之陽，然後變爲復卦也。人固知十月爲坤，至十一月則五陰之下變一陽畫而爲復。殊不知十一月冬至無緣平白便生一畫之陽，遽變爲復，蓋十月小雪，坤下爻已有陽生，其中但一日之内，一月之間方長得三十分之一，必積之一月至十一月冬至，始滿一畫爲復。然此亦譬喻也，年以冬至爲復，月以朔旦爲復，日以子時爲復，無非借以發明身中造化，殆不必泥於年月日時也。蓋年與月同，月與日同，日與時同，於是蹙年成月，蹙月成日，蹙日成時，一時之中自有一陽來復之機。是機也，不在冬至，不在朔旦，亦不在子時，非深達天地陰陽，莫知玄機，如是其祕也。

長子繼父體，因母立兆基。長子繼父體。震自坤乾父下交於坤母之初爻而成震，震爲長男，故曰：長子繼父體。震自坤體而生，猶嬰兒生於母腹中，故曰：因母立兆基。《悟眞篇》云：金公本是東家子，送與西鄰寄體生，與此同旨。知此則知鍊丹不用尋冬至，身中自有一陽生，而不泥乎年、月、日、時之説矣。

消息應鍾律，升降據斗樞。消息應鍾律者，鍾律於一歲十二月之内每月换一管，一歲换盡十二律，吾身火候之消息亦猶是也。自下而上爲升，自上而下爲降。升降據斗樞者，斗樞於一日十二時之内每時移一位，一日移遍十二辰。吾身火候之升降亦猶是也。《指玄篇》云：寥寥九地移鐘管，黯黯長天運斗魁。蓋不過取象比喻而已，即非用律管之短長，天罡之所指而爲期度也。

三日出爲爽，☳震受庚西方。月三日哉生明，昏在西方庚位，其象如震，應震卦之納庚。若以吾身之火候言之，則所謂河車不敢暫留停之時是也。

八日☱兑受丁，上弦平如繩。月至八日爲上弦，昏在南方丁位，其象如兑，應兑卦之納丁，以喻吾身陽火上升之半也。

十五☰乾體就，盛滿甲東方。月至十五，與日相望，昏在東方甲位，其象如乾，應乾卦之納甲，以喻吾身陽火盛滿之候也。

蟾蜍與兔魄，日月無雙明。蟾蜍者，月之精。兔魄者，日之光。日月無雙明者，日以昱乎晝，月以昱乎夜。日出則月沒，月出則日沒，晝夜遞炤而出入，更卷舒也。人之呼吸，何異於是哉！豈不見《黄庭經》云：出日入月呼吸存，蓋呼吸即日月也。

蟾蜍視卦節，兔者吐生光。丹法以上半月爲陽，屬震、兑、乾；下半月爲陰，屬巽、艮、坤。故曰：蟾蜍視卦節。月爲太陰，日爲太陽，陽主吐，陰主納。月本無光，受日之光而白，故曰：兔者吐生光。

七八道已訖，屈折低下降。七八，即十五也。陽火自震而升，至于十五純乾，則已滿上半月之候，其勢極矣，其道危矣。蓋不容不屈，曲折旋而低降也。陳朝元《玉芝書》云：九重城裏龍車發，十二樓前虎駕回，即此義也。

十六轉受統，☴巽辛見平明。

月至十六日既生魄，晨在西方辛位，明乍虧，其象如巽，應巽卦之納辛。以吾身火候言之，則陰受陽禪，峯回路轉之時也。

☶艮直於丙南，下弦二十三。

月至二十三日爲下弦，晨在南方丙位，明半虧，其象如艮，應艮卦之納丙。以喻吾身陰符下降之半也。

☷坤乙三十日，東方喪其明。

月至三十日爲晦，晨在東方乙位，明盡喪，其象如坤，應坤卦之納乙。以喻吾身陰符窮盡之候也。

節盡相禪與，繼體復生龍。

魏公以一月三十日分爲六節，自朔旦至五日爲第一節，屬震；六日至十日爲第二節，屬兑；十一日至十五日爲第三節，屬乾；十六日至二十日爲第四節，屬巽；二十一日至二十五日爲第五節，屬艮；二十六日至三十日爲第六節，屬坤。六節既盡，則日月合朔之後，陽又受陰之禪，復變爲震。震爲龍，一陽動於二陰之下，震也，重淵之下有動物，豈非龍乎？

壬癸配甲乙，乾坤括始終。

乾納甲壬，坤納乙癸，故曰壬癸配甲乙。十干始於甲乙，終於壬癸，故曰乾坤括始終。蓋納甲者，火候之取象也。火候之抽添，與月之盈虧無異。今以六卦布於一月，則震象三日，月出於庚；兑象上弦，月見於丁；乾象望日，月滿於甲；巽象十六日，月虧於辛；艮象下弦，月消於丙；坤象晦日，月沒於乙。不過借此以論身中六卦，火候之進退，非眞以爲一月三十日也。何以明之？蓋參以曆法，則晝夜有短長。若晝短日沒於申，則月合於申，望於寅；晝長日沒於戌，則月合於戌，望於辰。十二月間，三日之月，未必盡見庚；十五日之月，未必盡見甲。合朔有先後，則上下弦未必盡在八日、二十三日。望晦未必盡在十五日、三十日。今魏公謂三日出爲爽，震受庚西方，十六轉受統，巽辛見平明。蓋指二八月晝夜均平之時，姑以取象而已，非眞以月出庚之時進火，月虧辛之時退符也。學者但觀月體之盈虧，反而求之吾身，則身中一陽生，即三日月生之震象也；二陽長，即八日月弦之兑象也；三陽滿，即十五日月圓之乾象也；一陰生，即十六日月虧之巽象也；二陰長，即二十三日月弦之艮象也；三陰足，即三十日月沒之坤象也。豈可拘以月出沒之方位，而律以卦體爻畫之數，與夫曆家盈縮短長之法哉？

七八數十五，九六亦相當。四者合三十，易象索滅藏。

七，火數也；八，木數也，合之得十五。九，金數也；六，水數也，合之亦得十五。四者合之，共得三十，應一月三十日之數。三十數終，則日月合璧，易象索然而滅藏也。《復命篇》云：一月一還爲一轉，一年九轉九還同。唯憑二卦推刑德，五六回歸戊己中。五六即三十也。

象彼仲冬節，草木皆摧傷。佐陽詰商旅，人君深自藏。象時順節令，閉口不用談。天道甚浩廣，太玄無形容。虚寂不可覩，匡郭以消亡。謬誤失事緒，言還自敗傷。

丹法所謂冬至，所謂晦朔之間，皆比喻陰極陽生之時也。以一月言之，則如月晦之夜，月光索然而滅藏；以一年言之，則如仲冬之節，草木索然而摧盡，其義一也。《易》曰：雷在地中，復，先王以至日閉關，商旅不行，后不省方，蓋安靜以養其動，而仰順乎天道也。然而天道甚浩廣，眞機在於頃刻之間。太玄無形容，妙處在於窈冥之內。故當日中冬至之時，必先閉塞其兑，澄心守默，使金汞同歸於爐中，如日月合璧之時，隱藏其匡郭，沉淪於洞虚，則神凝氣聚，金液乃結。儻或忘其緘默，任重樓浩浩而出，則是自取其傷敗也。

別序斯四象，以曉後生盲。

四象，即七、八、九、六也。即上文所謂七八數十五，九六亦相當是也。以七、八、九、六合之，則爲三十，應一月三十日之數，皆設象比喻也。魏公恐學者不得其説，以盲引盲，妄認三十日之盈虚消息爲一月火候，故又別序此七、八、九、六之四象，以曉其未曉者。庶有以顯夫一月三十日之數，皆譬喻，而非眞以月之三日進火，月之十六日退符也。有如子午卯酉，子申寅戌，春夏秋冬，分至啟閉，晝夜晨昏，還返歸居，皆此義也。學者若知七、八、九、六，即一月三十日之數，則其餘泛引曲喻，皆可默而識之矣，何必執文泥象哉？

八卦布列曜，運移不失中。

中者，黄道也。八方布以八卦，周回列以二十八宿，乃日月往來之行路也。《悟眞篇》云：既驅二物歸黄道，爭得靈丹不解生。作丹之時但恐心猿奔

逸於外爾，苟能收視返聽，凝神片時，使二物歸於黃道而不失其中，則氤氳交媾，結成一滴露珠，而飛落丹田中矣。

元精眇難覩，推度效符徵。

元精生於窈冥，眇不可覩。《道德經》云：窈兮冥兮，其中有精。其精甚眞，其中有信。蓋大丹之道，與造化相符，天信至則瓊鐘一扣，玉洞雙開，此其徵也。古歌云：始青之下月與日，兩畔同升合爲一。非洞曉天地之陰陽，深達吾身之造化，豈可俄而度也。

居則觀其象，準擬其形容。

作丹之時，當外立表漏以測天運之晷刻，內修眞一以驗本身之刻漏，庶不失天地之機。然神定氣和則內外符合，神昏氣躁則時刻差互，不可不定也。

立表以爲範，占候定吉兇。

大丹火候不用時辰，何必立表占候哉？所以立表占候者，恐失天人合發之機也。若不會玄機，而自朝至暮，從事於土圭刻漏以爲火候，則又謬之甚矣。

發號順節令，勿失爻動時。

地雷震動巽門開，龍向東潭踴躍來，此身中一陽爻動之時也。此時暖氣沖融，心覺恍惚，便堪進火，勿可緩也。《珠玉集・還源篇》云：萬類風初起，千山月乍圓。急須行政令，便可運周天。此之謂也。《指玄篇》云：礮礰光中扶赤子，鼓聲聲裏用將軍。亦此之謂也。

上察河圖文，下序地形流，中稽於人心，參合考三才。

施相眞《三住銘・序》云：與日月而周回，同天河而輪轉。輪轉無窮，壽命無極。謂大丹之道與天道相參合也。施栖眞《靜中吟》云：妙用如江河，周流無窮已。長養玄谷芝，灌溉瑤池水。謂大丹之道與地道相參合也。夫大丹之道所以與天地相參合者，何哉？皆在乎此心默爲之運用也。古之修丹者，仰以觀於天文，俯以察於地理，中以稽於人心，於是虛吾心，運吾神，回天關，轉地軸，上應河漢之昭回，下應海潮之升降。天地雖大，造化雖妙，而其日月星辰之著明，五行八卦之環列，皆爲吾攝入於一身之中，或爲吾之鼎爐，或爲吾之藥物，或爲吾之火候，反身而觀，三才皆備於我，董未嘗外吾身而求之他也。《擊壤集・觀易吟》云：一物其來有一身，一身還有一乾坤。能知萬物備於我，肯把三才別立根。天向一中分造化，人於心上起經綸。天人安有兩般義，道不虛行只在人。淵乎，其有旨哉！

動則依卦變，靜則循彖辭。

《道德經》云：致虛極，守靜篤，萬物並作，吾以觀其復。夫物芸芸，各復歸其根。歸根曰靜，靜曰復命。至矣哉！此萬物之所以復命也。吾身之金丹大藥，其胚胎於至靜之中，而產於陰極之時乎！《易》曰：至哉坤元，萬物資生，乃順承天。坤厚載物，德合無疆。蓋坤爲地，純陰之卦也，地能翕受天氣，故百昌皆產於土。丹法含光返照之時，潛神于內，與純陰之月，閉塞成冬，略無少異。然靜極必有動以繼之頃之，一陽動於六陰之下，一變而爲復，再變爲臨，三變爲泰，四變爲大壯，五變爲夬，至六變爲純乾，則陽氣周遍於六虛，而現出深潭日一輪矣。

乾坤用施行，天地然後治。

乾坤之用，坎離是也。天地得坎離運用於其間，所以陰陽交泰而和氣致祥。天地一日而非坎離，則造化或幾乎熄矣。大丹妙用法乾坤，安有異於乾坤者哉！

可不慎乎，御政之首。

一陽纔動作丹時，猶人君御政之首也，發號施令，可不慎乎。

管括微密，闓舒布寶。

管括微密者，眼含其光，耳凝其韻，鼻調其息，舌緘其氣，疊足端坐，潛神內守，不可一毫外用其心也。蓋眼既不視，魂自歸肝；耳既不聽，精自歸腎；舌既不聲，神自歸心；鼻既不香，魄自歸肺；四肢既不動，意自歸脾。然後魂在肝，而不從眼漏；魄在肺，而不從鼻漏；神在心，而不從口漏；精在腎，而不從耳漏；意在脾而不從四肢孔竅漏。五者皆無漏矣，則精、神、魂、魄、意相與混融，化爲一氣而聚於丹田也。造夫一息換鼻，吾心恍然，則龍虎衝開大路，開而一渠流轉八瓊漿矣。

要道魁杓，統化綱紐。

丹道之要，全在乎斗。斗者，所以斡運一身之陰陽，統攝一身之萬化，猶網之有綱，衣之有紐也。蓋人身三田分於三處，若得斗柄之機斡運，則眞氣

上下循環，如天河之流轉，此之謂要道也。若夫《復命篇》云：驅回北斗轉天罡，手握南辰入洞房，是又要之又要者也。

爻象內動，吉凶外起。

《悟眞篇》云：受氣之初容易得，抽添運用切防危。蓋一陽生於身內，是謂受氣之初，得之固易，然於此時下手，則吉凶悔吝生乎動，不可毫髮差殊也。

五緯錯順，應時感動。四七乖戾，誃離仰俯。

五行要攢簇，金火要同爐，亦在人一念間，返本還源爾！否則鼎中列宿皆差違，而天地懸隔矣。

文昌統録，詰責台輔。百官有司，各典所部。

《史記·天官書》云：斗魁戴匡六，星曰文昌宮。今曰文昌統録者，絳宮天子統乾坤也。人身之中，安有所謂文昌者哉？無非譬喻也。天有三台四輔，丹有三龍四虎。詰責台輔者，甲乙無令失，庚辛莫要差也。天有衆星分野，丹有衆卦火符。百官有司，各典所部者，按一年二十四氣，列周天二十八宿，而鼎爐火候密推排也。由是言之，則天之萬象森羅皆在吾一身中矣。

日含五行精，月受六律紀。五六三十度，度竟復更始。

日有十干，五干剛而五干柔；月有十二管，六管陰而六管陽。以丹道言之，日即火也，日含五行精者，一物含五彩也；月即藥也，月受六律紀者，白金烹六卦也。五六三十度，度竟復更始者，太陽一日行一度，行至三十度則又與大陰交合，周而復始，未嘗暫停也。

原始要終，存亡之緒。

始，月朔也；終，月晦也。存亡之緒者，晦朔之間，陰將盡而猶未盡，陽將生而猶未生也。然所謂晦朔乃譬喻爾，非眞所謂三十日之終，初一日之始也。

或君驕溢，亢滿違道；或臣邪佞，行不順軌。弦望盈縮，乖變凶咎。執法刺譏，詰過貽主。

君，乃神也；臣，乃氣也。作丹之時，鉛汞歸土釜，身心寂不動。蓋身動則氣散，心動則神散，須是凝神聚氣，心息相依，然後靈胎可結，不然則身中之弦望有盈縮，而乖變凶咎矣。推求其故，蓋由心君放肆而違道，於是氣亦邪佞而行不順軌，故曰：執法刺譏，詰過貽主。

辰極處正，優游任下。

《復命篇》云：北斗南辰下，眉毛眼睫邊。灰心行水火，定息採眞鉛。又云：精氣元爲本，神靈共一家。但能擒五賊，自可結三花。當其含光默默之時，要在綿綿若存，任其自然，不可勞其神也。

明堂布政，國無害道。

《史記·天官書》云：東宮蒼龍房，心心爲明堂。在人身則洞房紫極靈門戶是也。《黃庭經》云：明堂金匱紫房間，上清眞人當吾前。黃裳子丹氣頻煩，借問何在兩眉端。於此垂光下照，則猶人君坐明堂而布政，而通道於九夷八蠻也。《復命篇》云：洞門常寂照，蓬島鎮長春。與此同旨。

內以養己，安靜虛無。

王重陽《全眞集》云：玄關妙用不難窮，只在無言靜默中。蓋心安而虛，道自來居。虛極靜篤，則元陽眞氣自復也。

原本隱明，內照形軀。

《全眞集》云：如通須是搜元有，要見還應向內觀。蓋返本還源，回光內照，乃修鍊之大端。先儒謂道家養生之法，收視返聽，如金水潛光於內，誠哉是言也！

閉塞其兑，築固靈株。

兑，口也；靈株，坎宮也。閉塞其兑，則上不泄。築固靈株，則下不漏。揚子《太玄經》云：藏心於淵，美厥靈根。蓋神不外馳，則和氣充周，美在其中也。

三光陸沉，溫養子珠。

三光，洞房之靈象也。人能攝聚三光，返照於其內，則中央正位産玄珠矣。《黃庭經》云：洞房靈象斗日月，三光煥照入子室。明眼之士，請試思之。

視之不見，近而易求。

金丹大藥，只在目前，豈不近耶？奈何視之不見，摶之不得，雖近猶遠也。若得法度求之，則不過片餉功夫，便有滿目黃華顯露，夫何遠之有？《悟眞篇》云：功夫容易藥非遙，說破人須失笑。笑也者，笑其近而易求，而人自索之於高遠也。《復命篇》云：分明只在眼睛前，自是時人不見天。惟其不見也，於是舍內務外，或採日精月華，或鍊金石草木，或行房中之

術，正所謂道在邇而求諸遠，事在易而求之難，悲夫！

中漸通理，潤澤達肌膚。

丹田有物而一氣流通，則和順積中，而英華外發也。

初正則終修，榦立末可持。

表端則影直，源深則流長，得其一則萬事畢矣。

一者以掩蔽，世人莫知之。

大道之祖，不出一氣而成變化。析而爲黑白，分而爲青黃，喻之曰日月，名之曰龍虎，有如許之紛紛，是皆陰陽二字也，其實即一物也。又如神水華池之名，鉛爐土釜之號，皆一處也。或曰冬至子時，或曰晦朔之間。人不知以爲一陽來復必在冬至子時，日月合璧必在晦朔之間，於是檢尋曆日，輪刻掐時，謬之甚矣。抑孰知攢年蹙月，攢月蹙日，攢日蹙時，而一時之中自有一年一月之造化哉！然一時即一處也，一處即一物也，故凡冬夏二至，春秋雨分，卯酉甲庚，晦朔弦望，子午巳亥，子申寅戌，二十四氣，七十二候，一年交合，一月周回，離坎之時，兔雞之月，巽乾之穴，二八之門，朝屯暮蒙，晝姤夜復，盡在此一中出。《翠虚篇》云：後來依舊去參人，勘破多少野狐精。箇箇不知眞一處，總是旁門不是眞。世之知此一者，能有幾人哉？

《周易參同契發揮・卷之三》　上德無爲，不以察求，下德爲之，其用不休。

《道德經》云：上德無爲，而無以爲；下德爲之，而有以爲。今曰：上德無爲，不以察求者，神守於玄官而默默無爲也。下德爲之，其用不休者，氣騰於牝府而綿綿不絕也。蓋借老子之說，以發坎離兩穴之祕也。

上閉則稱有，下閉則稱無，無者以奉上，上有神德居，此兩孔穴法，有無亦相須。

上閉則稱有者，離宮有象，藏眞水也。下閉則稱無者，坎戶無形，隱赤龍也。無者以奉上，上有神德居者，元神栖於本宮，則氣皆隨之而升上，所以妙在八門牢鎖閉也。《悟眞篇》云：長男乍飲西方酒，少女初開北地花，若使青娥相見後，一時關鎖住黃家。黃家，即上田元神所居之宮也。此兩孔穴法，有無亦相須者，下不閉則火不聚，上不閉則藥不升也。《悟眞篇》云：送歸土釜牢封閉，次入流珠配廝當。故必相須而後可也。何謂流珠、上玄？即坎離兩穴之異名也。

知白守黑，神明自來，白者金精，黑者水基。

白者，金也；黑者，水也。丹法以水爲基，而金精生於水中，所以知白者惟守其黑，守黑則白自現也。守之何如？即如貓之守窟以待鼠，至其身不動，其目不瞬，而此心惟鼠是務，更無他念也。神明者，天機也。如欲盜其機，必先虛其心，心虛則神凝，神凝則息定，息定則兩畔同升共一斤，而神明自來也。《離騷・遠遊篇》云：毋滑而魂兮，彼將自然。壹氣孔神兮，於中夜存。虛以待之兮，無爲之先，與此同旨。紫陽朱子註云：蓋廣成子之告黃帝，不過如此，實神仙之要訣也。

水者道樞，其數名一，陰陽之始，玄含黃芽，五金之主，北方河車，故鉛外黑，內懷金華，被褐懷玉，外爲狂夫。

水者，道之樞，陰陽之始也，何者？天一生水，居五行之首也。水一加以土五，是爲水之成數，其玄含黃芽之象乎！玄含黃芽者，水中產鉛也。鉛爲五金之主，在北方玄冥之內，得土而生黃芽。黃芽即金華也。金華乃鉛之精英，故鉛體外黑，而金華隱於其中，猶至寶藏於褐夫之懷也。北方河車，即帝車也。以其隨天河而輪轉，故稱河車。今夫眞鉛生於水中，得眞火煅鍊而出，則河車不敢暫留停，運入崐崘峯頂也。

金爲水母，母隱子胎，水者金子，子藏母胞。

金生水，故曰金爲水母，水者金子，水中有金，故曰母隱子胎，子藏母胞。學者若知水中金之義，則知產藥之川源矣。

眞人至妙，若有若無，髣髴大淵，乍沉乍浮。

眞人，元神也。若有若無者，綿綿若存，用之不勤也。髣髴大淵，乍沉乍浮，言眞人往來於大淵，微茫髣髴，浮沉不定也。蕭紫虛《金丹大成集》云：崐崘山上黃華路，時引元神去復還，蓋大淵，即崐崘也。

進退分布，各守境隅。

丹法自子而進，自午而退。進退分布，各守境界，不相涉入。楊虛白《金丹純粹吟》云：子午爐前分進退，乾坤鼎內別浮沉，是也。

採之類白，造之則朱。

白者，白金也；朱者，朱汞也。採之類白者，採北方坎宮之白金以爲丹母，而白金與朱汞，乃同類相從者也。造之則朱者，每日運火，抽去鉛氣而

添汞於其間也。陳默默《崇正篇》云：內守河車居北闕，由來天一水爲先。合符須得周天火，立義還同渡岸船。搬運有功連晝夜，斡旋至妙體璣璇。修丹上士如明此，方識眞鉛不用鉛。學者徒知以鉛汞交結爲藥，而不知抽鉛添汞之火功，則雖結丹頭不能免其不耗散也。

鍊爲表衛，白裏貞居。

鍊爲表衛者，眞火運用於外爐也。白裏眞居者，金丹安處於內爐也。內爐有丹，須得外爐之火晝夜鍊養，然後成熟。郝廣寧《太古集》云：頂運驪珠光自現，腹藏祕寶粲然安。豈非火運於外，而丹藏於內哉。

方圓徑寸，混而相扶，先天地生，巍巍尊高，旁有垣闕，狀似蓬壺，環帀關閉，四通蜘躕，守禦固密，閼絕姦邪，曲閣相連，以戒不虞。

方圓徑寸，謂泥丸宮也。今人但謂心爲方寸，殊不知人身三田，其中皆虛一寸，而氣脈皆相通也。混而相扶，謂頭有九宮，而泥丸居其中。《黃庭經》云：泥丸九眞皆有房，方圜一寸處此中，是也。先天地生謂泥丸一穴，乃一身萬竅之祖竅，此竅開則衆竅齊開也。巍巍尊高，謂泥丸宮在崑崙峯頂，乃元神所居之位，上應玄都，是萬神會集之鄉也。旁有垣闕者，七竅旁羅於其外，而洞房黃闕皆在其前也。狀似蓬壺者，猶海上有三神山，而蓬萊居其上也。環帀關閉者，收視返聽而謹窒其兑也。四通蜘躕者，元和內運，一氣流通而朱雀繞瓊臺而翱翔也。守禦固密者，如龍養珠心不忘，如雞抱卵氣不絕也。閼絕姦邪者，任從魔境侵，但自運斤斧也。曲閣相連，以戒不虞者，神若出便收來，而雙童長守洞門也。

可以無思，難以愁勞。

譚長眞《水雲集》云：絲頭莫向靈臺掛，內結神胎管得仙，蓋心無爲則氣和，氣和則至寶結矣。心有爲則氣亂，氣亂則英華散矣。是故可以無思，不可以愁勞也。

神氣滿室，莫之能留，守之者昌，失之者亡，動靜休息，常與人俱。

眞積力久，大和充溢，動靜休息，常須謹守，守之則昌，失之則亡，不可須臾離也。

是非歷藏法，內視有所思，履斗步罡宿，六甲次日辰。陰道厭九一，濁亂弄元胞，食氣鳴腸胃，吐正吸外邪。晝夜不臥寐，晦朔未嘗休，身體日疲倦，恍惚狀若癡，百脈鼎沸馳，不得清澄居。累土立壇宇，朝暮敬祭祠，鬼物見形象，夢寐感慨之，心歡而意悅，自謂必延期，遽以天命死，腐露其形骸，舉措輒有違，悖逆失樞機，諸術甚衆多，千條有萬餘，前卻違黃老，曲折戾九都。

三千六百法，養命數十家，泯泯棼棼，不可枚舉，有如闔目內視，歷五藏以存思，履斗步罡，按日辰而祭甲，是豈金丹之道哉！至若行陰者，以九淺一深爲火候，而致元胞之攪亂；食氣者，以吐故納新爲藥物，而使腸胃之虛鳴；坐頑空，則苦自晝夜不眠；打勤勞，則不顧身體疲倦。或搖頭撼腦，提拳努力，於是百脈沸馳，而變出癰疽者有之，或累土立壇，朝祠暮祭，於是夜夢鬼交而陷於妖魅者有之。始焉此心喜悅，自謂必可延期；一旦中道夭亡，不免形骸腐壞。是皆操持悖謬，明違黃帝之文，舉措乖訛，全失老君之旨，執迷不悟，以至於此。其獲戾也，又誰之咎歟！是故王良器作《破迷歌》，陳泥丸作《羅浮吟》，歷舉世間旁門諸術之謬，滔滔二三千言，蓋恐後人不得正傳，而錯行邪徑之失也。今之學者，更能以王陳二公之言，過目一遍，必當見其失，而內自省矣。

明者省厥旨，曠然知所由。

魏公作此《參同契》一書，粲然如昏衢之燭，昭然如迷海之針，蓋欲使後之明者，因言會意，曠然洞達，知所以修鍊之由也。魏公此心，可謂仁矣。或者乃視之爲紙上語，而更不著眼，是誠自暴自棄，豈不惜哉！

勤而行之，夙夜不休。

丘長春《鳴道集》云：不是朝昏坐，行功扭捏成。蓋修鍊九轉金液大丹，與旁門小安樂法不同，是必謝絕人事，專心致志，夜以繼日，勤而行之，乃能成功。彭眞一不云乎，志士又須撤聲色，去嗜欲，棄名利，投靈山，絕常交，結仙友，隱密潛修，晝夜無怠，方可希望。或不如是，則虛勞動爾！眞一此說，厥亦明甚。或者昧此，惟欲日用而時爲火候，聞吾晝夜不休之說，則莫不驚笑，以爲不勝其勞且煩，蓋亦弗思甚矣。《翠虛篇》云：執著之人得不眞，朝行暮輟又非誠。切不可輕信日用兩時爲火候之說。昔者皇甫履道見王三一，置籌壺，問曰：安用？曰：欲知子午二正爾。曰：十二時中當無令間斷，何止子午耶？要之丹道與天道一也，天道有一息不運乎？天道無一息不運，則丹道詎可有一息間斷哉！馬丹陽《漸悟集》云：師恩深重終難報，誓死環墻鍊至眞。環墻者，所以絕人往來而專心修鍊也。

服食三載，輕舉遠遊，跨火不焦，入水不濡，能存能亡，長樂無憂，道成德就，潛伏俟時，太乙乃召，移居中洲，功滿上昇，膺籙受圖。

修丹只是片餉功夫，今曰服食三載，何耶？《翠虛篇》云：片餉功夫修便現，老成須是過三年，蓋片餉功夫只是結丹之時，而所謂三載者，乃一年入室之後，更須溫養，不可遽然遠出也。鍾離正陽《指玄三十九章》云：孩兒幼小未成人，須藉孃孃養育恩。其說是已，若過此三載以後，則身如煙雲，行步如飛，可以輕舉，可以遠遊。大浸稽天，而我不溺；大旱金石流、土山焦，而我不熱；存亡在我，而長樂無憂矣。然溫養事畢，更當潛伏人間，積功累德，以開度群迷，方可翩然而往。是故朱靈根囑皇甫履道，接引後學。金華洞仙戒楊虛白，不得幽栖，必功濟群品乃仙去，豈容獨善其身哉。

《火記》不虛作，演《易》以明之。

古有《火記》六百篇，何其多耶！彭眞一《還丹金鑰匙》云：《火記》六百篇，篇篇相似。然則所謂六百篇者，亦猶六十卦也。蓋《火記》之數，小而言之則爲六十卦，演而伸之則爲六百篇，六十卦爲一月之候，而六百篇者十箇月之候也，故曰：《火記》不虛作，演《易》以明之。

偃月作鼎爐，白虎爲熬樞，汞日爲流珠，青龍與之俱，舉東以合西，魂魄自相拘。

偃月爐，鉛爐也，其位在坎，白虎居之；流珠宮，汞鼎也，其位在離，青龍居之。白虎爲熬樞者，白虎隱丹田，而火從臍下發也。青龍與之俱者，驅青龍下就於白虎也。東西，即坎離也；魂魄，即日月也。龍虎之出處，與鉛汞之所産，初無兩途。王易玄《赤龍大丹訣》云：若辨龍隨虎，兼知汞在鉛，學者若知驅龍就虎之祕，則知以汞投鉛之說矣。《復命篇》云：師指青龍汞，配歸白虎鉛，兩般俱會合，水火鍊經年。又云：龍虎一交相眷戀，坎離纔媾便成胎，溶溶一掬乾坤髓，著意求他啜取來。蓋丹法至簡至易，但舉東方青龍之魂，以合西方白虎之魄，則東西既無間隔，自然龍虎交媾而魂魄相投，産紫金也。《金碧龍虎經》王保義註疏云：鍊至藥不出水火，水火既交，則鼎內龍虎之氣便相和洽而成金液。其說明矣！作丹之時苟能虛心靜嘿，凝神入於氣穴，則東西配合，金木交併，南北混融，水火既濟，而四象五行會聚都在一方凝結，又何勞用力哉！

上弦兌數八，下弦艮亦八，兩弦合其精，乾坤體乃成，二八應一斤，易道正不傾，銖有三百八十四，亦應卦爻之數。

上弦之時，兌卦用事，月生一半之明，故曰：上弦兌數八，下弦之時艮卦用事，月生一半之魄，故曰下弦艮亦八。合兩弦而觀之，則乾坤鼎器成立，而藥物火候盡在其中矣。二八應一斤，易道正不傾者，月有上下二弦，上弦金半斤，計一百九十二銖；下弦水半斤，計一百九十二銖，總而計之，共得三百八十四銖。易有六十四卦，卦有六爻，陽爻一百九十二，陰爻一百九十二，總而計之，共得三百八十四爻，魏公借此以論丹道之妙，不過取其陰陽兩齊而配合相當爾！蓋非眞有所謂三百八十四銖，眞有所謂三百八十四爻也。《悟眞篇》云：二八相當自合親，陳素陽《至道篇》云：我隱默中調二八，蓋二八即是兩箇八兩，輕重均平，不偏不頗之義，若使準則銖爻，而手持念珠數呼吸，此乃自取辛苦，豈至簡至易之道哉！迺若《復命篇》云：方以類聚物群分，兩畔同升共一斤。《金丹大成集》云：二八門中達者稀，弦前弦後正當時，蓋謂身中異門，非此上弦八兩，下弦八兩之謂也。

金入於猛火，色不奪精光，自開闢以來，日月不虧明，金不失其重，日月形如常，金本從日生，朔旦受日符。金返歸其母，月晦日相包，隱藏在匡郭，沉淪於洞虛，金復其故性，威光鼎乃嬉。

世間萬物入火皆壞，惟眞金不壞，蓋五行相生，至金而極，而金之爲寶，鎔之得水，擊之得火，其柔象木，其色象土。水、火、木、土四性俱備，故眞金經百鍊而愈堅，未嘗失其本體之重。自開天闢地以來，不知幾千萬年而日月之形如常，未嘗虧其明。蓋陰陽之精互藏其宅，各得其所安，故日月之形，萬古不變。且懸象著明，莫大乎日月，丹術著明，莫大乎金火。金，即月也；火，即日也。今人但知金爲月之光，而不知月之光本生於日也。夫月爲太陰，本有質而無光，其盈虧也。以受日光之多少，月之朔也，始與日合，越三日而明生，八日而上弦，其光半；十五日而望，其光滿；既望，而漸虧；二十三日而下弦，其虧半；三十日而晦，其光盡；方其朔旦之初，與日相離，受日之光而生明，其體漸白；及其晦也，則與日相包，魄存而光泯，其體盡變爲黑。今以丹道言之，則金本從日生，朔旦受日符者，太陰眞金生於坤宮，本由太陽眞火所化，其受氣之初，亦猶月受日光，

自朔旦而始也。金返歸其母，月晦日相包者，金在坤宮，與火相守，亦猶月晦之夜，日月相撢持也。隱藏其匡郭，沉淪於洞虛者，神氣深入乎其根，漸漸沉歸海底，如月魄之不見也。金復其故性，威光鼎乃熺者，月體本黑，受日之光而白，今焉與日相包，而隱藏其匡郭，則復其本體之黑矣。但守其黑，勿問其白，守之之久，神明自來，俄頃光芒透鼎，火力熾盛，則三日庚生兑戶開，黑銀炋出白銀來也。

子午數合三，戊己數稱五，三五既和諧，八石正綱紀。

子水一，午火二，子午之數合而成三；土數五，故中央戊己稱五。三與五併之則成八，故云八石。三五既和諧者，水、火、土五者合爲一也。且土尅水，水尅火，豈和諧者？今土爲水火之媒，在其間調停配合，使水火結爲夫婦，所以和諧也。八石正綱紀者，水、火、土三者合爲一，則綱紀正，萬目張矣。

呼吸相舍育，佇息爲夫婦。

陽升陰降，天地之呼吸也。天地呼吸於其内，是以長久。人能效天地呼吸於其内，亦可與天地同其長久。《金丹大成集》云：呼出心與肺，吸入腎與肝。呼則接天根，吸則接地根。呼則龍吟雲起，吸則虎嘯風生，呼吸風雲凝成金液。兹蓋一氣自然之呼吸，非口鼻之呼吸也。李長源《混元寶章》云：只就眞人呼吸處，放教姹女往來飛。人能虛心凝神，回光内照於眞人呼吸處，隨其升降，順其自然而存之少焉，呼吸相含育，兀然自佇，則打成一片，結爲夫婦也。何謂眞人呼吸處？廖蟾輝《三乘内篇》云：前對臍輪後對腎，中央有箇眞金鼎。即眞人呼吸處也。《黄庭經》云：後有密戶前生門，出日入月呼吸存。人惟念不到此，故呼吸亦不在此。莊子《南華眞經》云：眞人之息以踵，衆人之息以喉。蓋在喉則近而短促，其息淺淺；接踵則長而綿延，其息深深。修鍊至於其息深深，則我命在我，不爲大冶陶鑄矣。《還源篇》云：心下腎上處，肝西肺左中，非腸非胃腑，一氣自流通。如此明明直指，復何疑哉，復何疑哉！

黄土金之父，流珠水之母。水以土爲鬼，土塡水不起。朱雀爲火精，執平調勝負。水盛火消滅，俱死歸厚土。三性既合會，本性共宗祖。

土居中央，故稱黄土。土生金，故曰：黄土金之父。流珠，乃汞也。以其走動不定，故稱流珠。流珠入於水中，則結成眞金，金生水，故曰：流珠水之母。土本生金，金本生水，今也土入於水中，則水爲土所制矣。水爲土所制，則不能載金而升上，故曰：水以土爲鬼，土塡水不起。若得南方朱雀之火猛烹極煅之，則火盛水沸，其金隨水而上騰矣。蓋朱雀乃南方火精，執衡司夏令，坎水方爲土鬼制伏，火能烹而沸之，使之升上，故曰：朱雀爲火精，執平調勝負。及夫水沸上騰，入於南方離宮，則離火反爲坎水所尅，火爲水尅而消滅，則水又不可太濫，於是又以土尅水，水得土則止，故曰：水盛火消滅，俱死歸厚土。水火遇土，謂之三性。三性既已會合則混而爲一，俱歸於坤宮，故曰：三性既合會，本性共宗祖也。

巨勝尚延年，還丹可入口。金性不敗朽，故爲萬物實。術士服食之，壽命得長久。

巨勝，胡麻也。服之尚能延年，金液九轉大還丹，乃金精壯盛之時，竊取天地正氣以結成聖胎，豈不能長生歟！又況金性堅剛，經萬年而不朽，故爲萬物中之至寶，宜乎神仙以此爲重，所以不曰水、火、木、土之丹，而獨名之曰金丹也。

土遊於四季，守界定規矩。

土無定位，周流於辰、戌、丑、未之間，在辰爲季春，在未爲季夏，在戌爲季秋，在丑爲季冬。春夏秋冬皆是土遊之地，故曰：土遊於四季。土能堨水藏火，守於水則水不流，守於火則火不焰。今以之守於坤而採藥，守於乾而運火，故曰：守界定規矩。

金砂入五内，霧散若風雨。

金砂之升鼎也，穿兩腎，導夾脊，過心經，入髓海，衝肺腧，度肝歷脾，復還於丹田。當其升時，滃然如雲霧之四塞，颯然如風雨之暴至，恍然如晝夢之初覺，渙然如沉痾之脱體，精神冥合如夫婦之交接，骨肉融和如澡浴之方起，是皆眞景象也。非譬喻也。《復命篇》云：不知將謂氣，得後自然眞。蓋非親歷，則莫能知之。

熏蒸達四肢，顔色悅澤好。髮白皆變黑，齒落生舊所。老翁復丁壯，耆嫗成姹女。改形免世厄，號之曰眞人。

得丹之後，晝夜溫養，無令間斷，則眞氣熏蒸，達於四肢，自然神清氣爽，顔色悅澤，髮白返黑，齒落更生。老翁復爲壯夫，耆嫗又成姹女，自此改形度世，跳出樊籠，號曰眞人焉。抑嘗論之，人與天地並立爲三才，則與天地相

爲終始可也。今焉天地無終窮，而人生年不滿百，何耶？蓋人在天地間，不過天地間一物爾，以其靈於物，故特謂之人，豈能與天地並哉！若夫竊天地之機，以修成金液大丹，則與天地相爲終始，乃謂之眞人。既爲眞人，則超凡入聖，無復向來之形矣，逍遙物外，永謝塵世之厄矣。

胡粉投火中，色壞還爲鉛，冰雪得溫湯，解釋成太玄。金以砂爲主，稟和於水銀，變化由其眞，終始自相因。欲作服食仙，宜以同類者，植禾當以黍，覆雞用其卵，以類輔自然，物成易陶冶，魚目豈爲珠，蓬蒿不成檟，類同者相從，事乖不成寶。是以燕雀不生鳳，狐兔不乳馬，水流不炎上，火動不潤下。

胡粉本黑鉛燒就，若投之火中則復還爲鉛；冰雪乃陰氣結成，若沃以溫湯則解化爲水，何者？返本還元，其理不容不然也。鍊金之法，以砂爲主，而和以水銀。蓋水銀生於砂中，與砂爲同類之物，所以終始相因，而成變化者，由其眞也。《悟眞篇》云：竹破須將竹補宜，覆雞當用卵爲之。萬般非類徒勞力，爭似眞鉛合聖機。蓋謂眞汞得其鉛，則一陰一陽，氣類相感，是爲同類。譬猶植禾當以其黍，覆雞必用其卵，以類相從，則其道自然，不勞於力而成變化。若使舍其同類而別求他物，則猶魚目之不可爲珠，蓬蒿之不能成檟。類既不同，安有變化？亦猶燕生燕，雀生雀，使之生鳳則不能生矣；狐乳狐，兔乳兔，使之乳馬，則不能乳矣。火性炎上，使之潤下可乎？水性潤下，使之炎上可乎？所以欲作服食仙，宜以同類者，類同者相從，事乖不成寶也。然吾身自有一天地，自有一陰陽，而《還源篇》乃云：奪他天地髓，交姤片時中。而必須竊取天地之氣，乃日月聖父靈母之氣。吾身之氣，乃骨血凡父母之氣。故以眞父母之氣變化。凡父母之身爲純陽眞仙，則與天地同壽也。或人自昧求同類，不知自己同乾坤，郤向身外覓同類，妄指童女爲眞鉛，遂託黃帝玄素之事飾其邪說，以逢士夫之欲。於是富家貴宦行其術，而往往陷於死亡者，有之，蓋不特唐相國夏侯孜之一人也。是故葛稚川《抱朴子》以爲水盃盛湯，羽苞蓄火；陶隱居《眞誥》以爲抱玉赴火，金棺葬狗；洞微子目之，爲豬狗行狀；李玉谿稱之爲地獄種子。古今丹書，所以皆極口痛罵此術者，以其害人，而終亦自害其身也。《南華眞經》云：無勞爾形，無搖爾精，乃可以長生。未聞有所謂御女之說，誰生厲階，至今爲梗，誣污前眞，迷誤後學，其旁門諸術中，害道之最尤者歟！

世間多學士，高妙負良才。邂逅不遭遇，耗火亡貨財。據按依文說，妄以意爲之。端緒無因緣，度量失操持。擣治羌石膽，雲母及礜磁。硫黃燒豫章，泥汞相鍊飛。鼓鑄五石銅，以之爲輔樞。雜性不同類，安肯合體居？千舉必萬敗，欲黠反成癡。僥倖訖不遇，聖人獨知之。稚年至白首，中道生狐疑。背道守迷路，出正入邪蹊。管窺不廣見，難以揆方來。

《悟眞篇》云：饒君聰慧過顏閔，不遇眞人莫強猜。只爲丹經無口訣，教君何處結靈胎。蓋世間高才好學之士，不爲無人，而求其遇眞師，得正傳者或寡矣。彼有燒鍊三黃四神之藥，妄意以爲道在於是。殊不知五金八石乃世間有形有質之物，其種類不同，其性質各異，安肯合體而並居哉！故凡爲此術者，莫不千舉萬敗，欲黠成癡，何則？端緒無因緣，度量失操持，故也。《指玄・三十九章》云：訪師求友學燒丹，精選朱砂作大還，將謂外丹化內藥，元來金石不相關。蓋神仙金液大還丹，乃無中生有之至藥，而所謂朱砂水銀者，不過設象比喻而已！奈何世人不識眞鉛汞，將謂凡砂及水銀，往往耗火費財，卒無成功，遂至皓首茫然，反起虛無之歎！嗚呼，眞道簡而不繁，至言淡而無味，人誰信之，人誰行之？甚至得正傳而中道生疑，於是出正入邪蹊者有矣。《內指通玄祕訣》云：多恃聰明強是非，縱聞法要自相違之人也。背大道而守迷路，管窺天而不廣見，烏足與論方，來無窮之玄奧哉！

《周易參同契發揮・卷之四》 若夫至聖不過伏羲，始畫八卦，效法天地。文王帝之宗，循而演爻辭。夫子庶聖雄，《十翼》以輔之。三君天所挺，迭興更御時，優劣有步驟，功德不相殊，制作有所踵，推度審分銖。

伏羲法天地而作《易》，始畫八卦，其先天一圖，乾天在上，坤地在下；離日坎月則列於東西；震雷巽風，艮山兌澤，則居於四隅。是豈無所踵而然哉？文王循卦體而演《易》，乃作爻辭，其後天一圖；震巽二木生離火，繼以坤土藏之；兌乾二金生坎水，繼以艮土止之。又豈無所踵而然哉？孔子踵羲文而讚《易》，遂作《十翼》，在當時雖無帝王之位而萬世爲帝王之師，是乃庶聖之雄者也。是三君子，皆古之大聖人也。伏羲生於邃古，文王生於商末，孔子生於晚周，送興御時，步驟雖有優劣，而以功德較之，則前聖後聖其歸一揆，蓋不相殊也。且如八卦之畫，爻辭之演，《十翼》之作，篇無閑言，言無閑字，推度重輕，極爲詳審，蓋其制作，皆有所踵也。

今夫魏公作此《參同契》一書，而必假《易》之卦象以發明其說，可謂有所踵矣。

有形易忖量，無兆難慮謀。作事令可法，爲世定此書。專無前識資，因師覺悟之。皓若褰幃帳，瞋目登高臺。

事之有形有兆者，可以忖量，可以慮謀。金液大丹乃無形無兆之事，不可忖量，不可慮謀也。苟不示之以言，則後世何所取法，此《參同契》所以作也。然《參同契》之作也，豈魏公自出己見哉？不過因師授之說而爲之爾！《西升經》云：學不得明師，安能解疑難？蓋世間一法一術，尚須磬折求師，然後得其旨。況此金液大丹乃長生超脫之道，學者得不低心參訪，以期感遇哉！葛稚川《神仙傳》云：劉政求養生之術，勤尋異聞，不遠千里，苟有勝己，雖奴客必師事之。今之人果能如劉君之不恥下問，則自有眞仙踵門，點破丹穴，一旦得其口訣，群疑盡釋，皓若褰帷帳而撤其掩蔽，豁如登高臺而眺乎曠遠，心目爲之開明，豈不大快也歟！

《火記》六百篇，所趣等不殊。

《悟眞篇》云：契論經歌講至眞，不將火候著於文。要知口訣通玄處，須共神仙子細論。後學不悟眞筌，見有所謂《火記》六百篇之說，則莫不惘然自失，以爲火候如此其繁且難。殊不知六百篇，亦猶六十卦爾！六十卦爲一月之候，六百篇乃十箇月之候，蓋一月六十卦，卦卦一般；十箇月六百篇，篇篇相似，故曰：所趣等不殊也。

文字鄭重說，世人不熟思。尋度其源流，幽明本共居。竊爲賢者談，曷敢輕爲書。結舌欲不語，絕道獲罪誅。寫情著竹帛，又恐泄天符。猶豫增歎息，俛仰輒思慮。陶冶有法度，未忍悉陳敷。略述其綱紀，枝條見扶疏。

古今丹書，汗牛充棟，千名萬字，引喻無窮，得不謂之鄭重乎！然而尋度其源流，則不過一陰一陽而已！此兩者，同出而異名，古仙皆傾肝瀝膽以告世人，而世人福緣淺薄，自不暇熟思爾。今夫魏公作此一書，指陳鼎器之出處、藥物之川原、火候之法度，與夫存亡有無、主客先後之祕，言言徹底，字字著實，蓋爲世之賢者設，豈肯輕爲著述以釣人虛譽耶！當知書爲曉者傳，事爲識者貴，農夫得彤弓以驅鳥，南夷得袞衣以負薪，金丹大道，惟賢者而後樂此，匪我知者可多談哉！《太上玄科》曰：遇人不傳失天道，妄傳非人泄天寶。傳得其人身有功，妄傳七祖受冥考。所以魏公將結舌而噤無一語，則恐絕道脈而獲罪。若寫情而著之竹帛，則又恐泄天符而得譴。於是猶豫增歎息，俛仰輒思慮，本欲明明直說以告學者，實不敢輕泄眞機，遂姑述藥物火候之大略，以使後人因言而會意，則庶乎此道不泯其所傳也。既不敢明於言，又不忍祕於默，故未免舉其宏綱，撮其機要，以陶冶法度，散於三篇之中，而有如枝條之扶踈也。

以金爲堤防，水入乃優游。金計有十五，水數亦如之。臨爐定銖兩，五分水有餘。二者以爲眞，金重如本初。其土遂不入，二者與之俱。三物相含受，變化狀若神。

以金爲提防，水入乃優游者，以上弦半斤金爲外爐，東南半壁之隄防，然後下弦半斤水自西而下，入於北方內爐，則其勢不迫而優游自如也。金計有十五者，自初一至十五也，即上弦金半斤之謂也；水數亦如之者，自十六至三十也，即下弦水半斤之謂也。丹法先以文升，後以武降，不如是則不能深達於九泉之下，故曰：臨爐定銖兩，五分水有餘也。夫金水各半，合成二八一斤之數。一闔一闢，往來不窮，乃吾身之眞陰陽也。然水要半斤有餘，金又不可虧其半斤之重，故曰：二者以爲眞，金重如本初也。其土遂不入者，周回鼎器間，只有上弦半斤金，下弦半斤水，而土則無位也，其所謂不入，非不入也，土無定位，無所往而不入也。且如天地二十四位，其間即無戊己，豈果無戊己哉？蓋自壬子至於乾亥，往來不定，上下無常，無非戊己所遊之地也。二者與之俱者，遍鼎器之間皆土，而金水二者與之偕行也。金水與土偕行，則三物互相含受，混而爲一矣。混而爲一則縛住青山萬頃雲，撈出碧潭一輪月，而變化之狀如神矣。《至道篇》云：升降名爲金水，運時巽曰眞風。蓋升者金也，降者水也，而所以爲之升降者土也。雖然金、水、土三物，不過皆設象比喻爾。究而言之，大道從來絕名相，眞仙本自無花草，何金水之有哉，何土之有哉。

下有太陽氣，伏烝須臾間。先液而後凝，號曰黃轝焉。

《玉芝書》曰：凡鍊丹隨子時陽氣而起火，其火力方全，餘外別時起火，其火不然。蓋子時太陽在北方，而人身氣到尾閭關，於此時而起火，則內外相合，乃可以盜天地之機而成丹。其初太陽在下，水火交媾，二氣絪緼，烝而爲液。次則水中火發，陽氣漸熾，其液方凝，於其中逼出金華，是名眞鉛。及其運用而上升，則騰騰若車轝行於黃道之上，故號之曰黃轝焉。

歲月將欲訖，毀性傷壽年。

臘月三十日，天運將周，則日窮於次，月窮於紀，若以丹道言之，則人身自有一周天，與天地無以異也。

形體爲灰土，狀若明窗塵。

古歌云：用鉛不用鉛，須向鉛中作。及至用鉛時，用鉛還是錯。又云：鉛爲芽母，芽爲鉛子。既得金華，捨鉛不使，其旨深矣！人徒知子時腎氣生，得火烹鍊凝而成液，遂認爲眞鉛，而欲取以點化離宮之眞汞，殊不思既成液矣，則有形有質，其體重濁，安能逆流而升上？神仙之作丹，不過於此狀發火於其下，以感其氣爾。火力既盛，其氣滃然上騰，與山川之雲起相似。迨夫升入泥丸，然後化爲甘雨，下入重樓，蓋未嘗用其質也。丹法所謂取清捨濁，正謂此也。清者浮而在上，所謂狀若明窗塵是也；濁者沉而在下，所謂形體爲灰土是也。鍊外丹者，取其飛結於鼎蓋之上者，號曰明窗塵。魏公以此發明內丹，欲學者觸類而長之也。

擣治并合之，馳入赤色門。

擣治并合之者，兩處擒來共一爐，一泓神水結眞酥也。馳入赤色門者，奪得兔烏精與髓，急須收入鼎中燒也。金丹大藥，産在坤，種在乾，乾居上爲鼎，坤居下爲爐，非猛烹極煅，則不能出爐；非倒行逆旋，則不能升鼎。《悟眞篇》云：兩手捉來令死鬭，化成一塊紫金霜。又云：河車不敢暫留停，運入崐崘峯頂兹。蓋後天下手功夫與先天産藥之時不同，其中復有觀心吸神二用，皆助火候之力者，古仙往往祕而不言，人誰知之！或泥於下手之説，從而按摩導引，搬運轆轤，徒爾勞神用力，又安識運神火以觀眞心，鼓巽風以吸眞神之妙用哉！

固塞其濟會，務令致完堅。

《金丹大成集》云：知時下手採將來，固濟神廬勿輕泄。又云：搬歸頂上結三花，牢閉玉關金鎖。蓋金砂升鼎之時，須是固濟謹密，然後聖胎完堅也。

炎火張於下，龍虎聲正勤。

《指玄·三十九章》云：只消閃入華池鼎，眞火掀天煅一場。《漸悟集》云：因燒丹藥火炎下，故使黄河水逆流，此乃烹鍊之火，不得不炎也。《悟眞篇》云：虎躍龍騰風浪麤，中央正位産玄珠。《翠虛篇》云：龍吟虎嘯鉛汞交，灼見黄芽并白雪。蓋丹田之火熾盛，則雲烝霧滃，泥丸風生而宛有龍吟虎嘯聲也。彭鶴林《元樞歌》云：得訣歸來試鍊看，龍爭虎鬭片時間，九華天上人知得，一夜風雷撼萬山。歷試者當自知之。

始文使可修，終竟武乃陳。

採藥之初，凝神聚氣，調勻鼻息，呼吸應手。迨夫神氣之入乎其根，閉極則失於急，縱放則失於蕩，惟使其綿綿續續，勿令間斷，然後神久自凝，息久自定。少焉巽戶轟雷，龍騰虎躍，則驅回尾穴連空焰，趕入天衢直上奔也。王保義云：文火乃發生之火，武火乃結實之火。蓋始焉發生，終焉結實，始文終武，不可以一途取也。

候視加謹慎，審察調寒溫。

候視加謹慎者，塞兌垂簾，含光默默，候天地之氣將至，然後定息以採之，聚火以烹之，須當視其老嫩，不可輕易也。《悟眞篇》云：大都全藉修持力，毫髮差殊不作丹，豈可輕易哉！審察調寒溫者，調停火力，審察緊緩，以漸而猛，不可荒忙驟進也。《復命篇》云：火候直須牢穩審，吹噓全藉巽方風，豈可驟進哉！

周旋十二節，節盡更親觀。

十二節，乃周天十二辰，在吾身則火候方位是也。夫十二節火候，自子而升，至午而降，環鼎器之外，如天有十二辰，今焉十二節皆已行遍周天，則天罡復指於子，故曰：周旋十二節，節盡更親觀。《翠虛篇》云：震卦行歸西兌鄉，三陽姹女弄明璫，巽風吹動珊瑚樹，入艮歸坤又一陽。與此同旨。

氣索命將絶，休死亡魄魂。

夫修鍊金丹，將求長生，今魏公乃謂氣索命將絶，休死亡魄魂，何也？《翠虛篇》云：促將百脈盡歸源，脈住氣停丹始結。蓋金液凝結之際，璇璣玉衡一時停輪，而日魂月魄皆沉淪於北方海底而索然滅藏，故曰：氣索命將絶，休死亡魄魂，所謂死者，非死也，此時歸根復命，神凝精結，八脈俱住，呼吸俱無，其氣索然如絶也。絶後重甦，則《上清集》所謂：這回大死今方活，是也。嗚呼！欲知大藥結成時，六脈都停氣不馳，此等景象，苟不曾親歷，烏能強言哉。

色轉更爲紫，赫然成還丹。

《翠虛篇》云：脫黃著紫因何事，只爲河車數轉深。蓋九轉火候數足，則還丹赫然光明，變化紫金之色也。

服之以一丸，刀圭最爲神。

《翠虛篇》云：採之鍊之未片餉，一氣眇眇通三關。三關來往氣無窮，一道白脈朝泥丸。泥丸之上紫金鼎，鼎中一塊紫金團。化爲玉漿流入口，香甜清爽遍舌端。吞之服之入五內，臟腑暢甚身康安。蓋還丹入口，如蜜之甘香、薆薾之清涼。所謂刀圭者，刀頭圭角些子爾。及其成功則千變萬化，妙不可測，非旁門小術可得而擬倫也。稱之爲神，宜哉！

推演五行數，較約而不繁。

《易》曰：天一地二，天三地四，天五地六，天七地八，天九地十，乃五行生成數也。《子華子》云：天地之大，數莫過乎五，莫中乎五。蓋五爲土數，位居中央，合北方水一則成六；合南方火二則成七；合東方木三則成八；合西方金四則成九。九者，數之極也，天下之數，至九而止以九數言之，五居一二三四六七八九之中，實爲中數也。數本無十，所謂土之成數十者，乃北方之一，南方之二，東方之三，西方之四，聚於中央，輳而成十也。故以中央之五散於四方，而成六七八九，則水火木金皆賴土而成。若以四方之一二三四歸於中央而成十，則水火木金皆返本還元而會於土中也。吁，玄哉！《悟眞篇》云：二物總因兒産母，五行全要入中央，《混元寶章》云：四位分明顛倒用，五行同起復同歸。皆發明此義。夫五行生成之數，雖三尺童子亦能誦而知之，求其義，實則幾人能知其落處也？既不知其落處，又安能得其實用，於此見道要玄微？天機深遠，遠者惟簡惟易，而迷者愈繁愈難也。

舉水以激火，奄然滅光明。日月相薄蝕，常在晦朔間。水盛坎侵陽，火衰離晝昏。陰陽相飲食，交感道自然。

邵康節《皇極經世書》云：日月之相食，數之交也。日望月則月食，月掩日則日食，猶水火之相尅也。今夫舉水以激火，則火爲水所尅，而火光奄然而滅。太陰掩太陽，則陽爲陰所勝，而陽光當晝而暗，何者？陰陽相交，則必至相食，此乃道之自然也。魏公借日月交食之機，以明丹道之妙，而又舉水火相尅之説以並言之，可謂詳矣！雖然日月交食，常在晦朔之間，鍊金丹者，盜天地，奪造化，得不求其所謂晦朔之間乎！

名者以定情，字者緣性言。金來歸性初，乃得稱還丹。

《復命篇》云：一物分爲二，能知二者名。二者即金木也，金與木本無二體，故以金爲名，則以木爲字。以木爲性，則以金爲情，其實即一物爾。蓋金公本是東家子，送在西鄰寄體生，未可以稱還丹也。惟以之傾入於東陽造化爐中，歸家與青娥相見，則産箇明珠似月圓，乃得稱還丹也。或曰：寂然不動而情復乎性，故稱還丹。是則是矣，然非魏公此章，金情木性之本義也。

吾不敢虛說，倣傚聖人文。古記顯龍虎，黃帝美金華。淮南鍊秋石，王陽嘉黃芽。

古記之龍虎，黃帝之金華，淮南之秋石，王陽之黃芽，無非託號以寓其微意而已。今夫魏公之作是書，豈肯鑿空駕虛，以肆其臆說？蓋亦倣傚古人之微意也，朱子謂其用字皆根據古書，誠非虛說。

賢者能持行，不肖毋與俱。

鬼谷子從子華子游者十有二年，業成而辭歸，子華子戒之曰：今汝之所治，吾無間然矣。然子之志則廣取而汎與也，恐汝之後夫擇者也，其將有剥汝之外郛，而自築之宫庭者矣。登汝之車而乘之，以馳騁於四郊者矣。取汝之所以爲璧者，毀裂而五分之者矣。夫道，固惡於不傳也。不傳則妨道，又惡於不得其所傳也，不得其所傳則病道。今汝則往矣，而思所以愼厥與也，則於吾無間然矣。今魏公謂賢者能持行，不肖毋與俱，其慮亦深矣。蓋不肖則必佻薄，佻薄則必無義，其不關射羿之弓者鮮矣。《復命篇》云：此道至神至聖，無令漏泄輕爲，全憑德行兩相宜，言語須防避忌。當知金丹大道惟可傳與賢者，苟非其人，則不惟不可與語，雖遠之可也！嗚呼，古今出世者，傳載皆英傑；控鶴御煙霞，固非愚與拙。彼不肖者，何足以知之？

古今道由一，對談吐所謀。

子得一，萬事畢。大哉一乎！其千經萬論之原，千變萬化之祖乎，信矣哉。天下無二道，聖人無二心，而萬卷仙經語總同，金丹即此是根宗也。

學者加勉力，留念深思惟。至要言甚露，昭昭不我欺。

魏公謂學者能反覆玩味此書，一旦心領神會，則知予至要之言，果爲甚露，而昭昭然，無一毫之欺隱也。噫，魏公接引後學之心蓋切矣！學者得不

信受魏公此説，誦持魏公此書，而留念深思之哉！

《周易參同契發揮・卷之五》 乾剛坤柔，配合相包。

大哉人之有息也！張横渠《正蒙》云：人之有息，蓋剛柔相摩，乾坤闔闢之象也。何謂息？一呼一吸是也。夫人一呼脈再動，氣行三寸；一吸脈亦再動，氣行三寸；呼吸定息，氣行六寸。一晝夜百刻之中，總一萬三千五百息，氣行八百一十丈，上下灌注，如環之無端，莫知其紀極也。且人之未生也，居母之腹，隨母呼吸，無視無聽，惟有一息存焉！及其生也，翦去臍帶，則一點眞元之氣聚於臍下，日復一日神出氣移，遂不復再守胎中之一息。今夫神仙修鍊之法，使人回光內照，呼吸大和，蓋將返本還源，而復歸於生身受氣之初也。許旌陽《醉思仙歌》云：內交眞氣存呼吸，自然造化返童顏。《靈源大道歌》云：千經萬論講玄微，命蒂由來在眞息。外此皆邪説妄行，非眞要自然之道也。今魏公謂乾剛坤柔，配合相包。言作丹之時，以乾陽下交於坤陰，使呼吸相含，剛柔相當，配爲夫婦，打成一片。則神氣歸根，性命合一而至藥孕於其中也。或名之曰：龍虎交媾；又曰：金木交併；又曰：龜蛇蟠虯；又曰：紅黑相投；又曰：天地交泰；又曰：玄黃相雜；又曰：金土混融；又曰：金汞同鼎；又曰：金火同爐；又曰：赤白相交；又曰：日月同宮；又曰：烏兔同穴；又曰：夫婦歡合；又曰：牛女相逢；又曰：牝牡相從；又曰：魂魄相投；又曰：水土同鄉。究而言之，不過心息相依而陰陽內感，神氣交結爾！

陽稟陰受，雄雌相須。

陽稟陰受者，瓊瑤花發露珠凝，花漸開苞露漸深也。雄雌相須者，甲龍庚虎鎮相隨，鉛汞同爐始可爲也。所謂稟受，所謂相須，即交媾之説也。天地以陰陽交媾而生物，丹法以陰陽交媾而生藥，蓋未有不交媾而可以成造化者也。《玉芝書》云：玄黃若也無交媾，爭得陽從坎下飛。是乃作丹之大端，修仙之第一義也。元陽子《大道歌》云：玄天汪汪配地黃，兩情和合入洞房。是此義也。《還金篇》云：先賢明露丹臺旨，幾度靈臺宿桂柯。是此義也；《還元篇》云：西方金母最堅剛，走入壬家水裏藏。是此義也；《悟眞篇》云：赤龍黑虎合西東，四象交加戊己中。是此義也；王良器《悟解篇》云：好將魂就魄，陰盡變純陽。是此義也；《復命篇》云：要知大道希夷理，太陽移在月明中。是此義也；《崇正篇》云：兩般靈物天然合，些子神機這裏求。是此義也；《上清集》云：別無他術，只要神水入華池，是此義也。知此乃可以産藥，乃可以結胎，更得火候之訣，鍊之則天鼓鼕鼕震地來，玉塵糝糝散葭灰，而升入泥丸矣。若僅知有此而不得火候之訣，則惟可煖其下元耳，非還丹也。古歌云：從紅入黑是眞修，鍊黑入紅天仙已。蓋丹法有先天、後天、無爲、有爲之不同，在先天則凝神入於坤臍而産藥；至後天則移神入於乾頂而成丹。先天則無爲，後天則有爲，不可以一律齊也。

偕以造化，精氣乃舒。

《翠虛篇》云：每常天地交合時，奪取陰陽造化機。是機即天地合發之機也。夫人身中造化與天地造化相應。今曰：偕以造化者，論其至妙，全在天機與人機對舉，人能虛心凝神，與天地之機偕作，則造化在吾掌握中矣。《天隱子》云：儻三百六十日內，運自己之氣適合天地之眞氣三兩次，則自覺身體清和異於常時，況久久習之，積累冥契，則神仙之道不難至矣。或曰：要坐便坐，何必辨川原，識時日？兹蓋不知有造化者耳，未足與議也。

坎離冠首，光耀垂敷。

坎離，日月也。丹法有內日月，有外日月。《黃庭經》云：出日入月呼吸存。此言內日月也。又云：三光煥照入子室，此言外日月也。二者蓋可相有，而不可相無者也。《指玄・三十九章》云：外若交時內亦交，三關通透不須勞。作丹之時，內日月交精於其內，外日月交光於其外，內外攢簇，久而不散則恍恍惚惚，其中有物，窈窈冥冥，其中有精，而滿空白雪亂參差也。夫日月之照於天地間，螺蚌吸之則生珠，頑石蓄之則變玉，何況人身自有日月，豈不能回光自照，結自己之眞珠，産自己之眞玉哉！《上清集》云：乾坤運用，大都不過坎和離，石裏緣何懷玉，因其珠藏蚌腹。借此顯天機，可謂道在眼前矣。道在眼前，而學者猶或弗悟，只緣天機太近，故昧者往往當面蹉過，而莫之能見也。

玄冥難測，不可畫圖。聖人揆度，參序元基。

《赤龍大丹訣》云：有物號玄冥，金丹向此生。是物也，寂兮寥兮，眇不可測，豈可得而畫圖哉！既不可得而畫圖，則惟可心知意會而已。然在己

者，固可心知意會；而示人者，得不假象託文而使之默會其機乎！聖人於是探賾索隱，以發明先天之極玄，廣譬曲喻，以參序金丹之元基。此丹經子書所以傳行於世，而《參同契》所以準《易》而作也。元基，即根基也。《悟眞篇》云：要得谷神長不死，須憑玄牝立根基。蓋伏鉛制汞，全在玄牝，所以玄牝爲還丹之根基。男子玄牝立，則精氣固，女子玄牝立，則月事絕。修鍊若不知此，則藥材從何而生，還丹從何而結，火候從何而運用哉？

四者渾沌，徑入虛無。

四者，即乾、坤、坎、離也，合而爲一，故曰渾沌。《指玄篇》云：苗苗裔裔綿綿理，南北東西自合來。此乾、坤、坎、離之所以合而爲一也。合而爲一，則神氣歸根，徑入虛無，窈窈冥冥，莫知其所以然矣。《靈源大道歌》云：混合爲一復忘一，可與化功同出沒是也。然而丹家所謂虛無，非無心、無念，槁木死灰之謂也。文子《通玄眞經》云：眎於冥冥，聽於無聲，冥冥之中獨有曉焉，寂寞之中獨有照焉，此蓋不可言傳之妙也。或者不悟，乃認爲禪家之寂滅，則又謬矣。若使金丹即禪學，則徑自參禪可也，何必從事乎？乾、坤、坎、離之多端，而必須洞曉陰陽，深達造化，然後爲得哉！

六十卦用，張布爲輿。龍馬就駕，明君御時。和則隨從，路平不邪。邪道險阻，傾危國家。

丹法以乾、坤爲鼎器，以坎、離爲藥物，遂用其餘六十卦，自屯蒙以至既濟、未濟，周回列於鼎外，以爲周天火候，故曰：六十卦用，張布爲輿。此輿張布，則六十卦皆爲吾用，而龍馬歸吾駕御矣。《上清玉眞胎息訣》云：吾以神爲車，以氣爲馬，終日御之而不倦。不倦，即綿綿若存，用之不勤也；不勤云者，亦非忘，亦非守，似有似無，而不至于勤勞迫切也。善乎，廣成子之告黃帝曰：我守其一，以處其和，故我修身千二百歲矣，吾形未嘗衰。夫身，猶國也；心，猶君也。心定則神凝氣和，三宮自然升降，百脈自然流通，勤而行之，無有不仙者。谷神子《了然論》云：治身之道，以至神爲本，以至精爲藥，以沖和爲用，以無爲爲治。無爲則神凝，神凝則和氣所鍾，和氣所鍾則深根回柢，深根回柢則長生久視之道成矣。若不由此，即非金液大還丹之法也。大抵氣血之寓於人身，貴乎不撓。修鍊之功，至簡至易，不過抱元守一，專氣致柔如嬰兒耳！是故作丹之際，亦無他術，但虛心靜默，凝神入於氣穴，順其往來，綿綿延延，勿令間斷，久之則神自凝，息自定，息定而氣聚，氣聚而丹成。更不用按摩、導引、吐納、存想之勞也。《內指通玄祕訣》云：日往即往，月來即來，隨之出入，不離丹臺。自今觀之，大丹之道，唯一味元和之氣以成其變化，餘無別徑也。

君子居其室，出其言善，則千里之外應之。謂萬乘之主，處九重之室。發號施令，順陰陽節。

人君居萬乘之尊，處九重之邃，出其言善，則千里之外應之。修鍊之士，含光默默，返照於內，虛極靜篤，則天地之氣自來歸之，何者？此有感則彼有應，自然之理也。發號施令，順陰陽節者，古之聖王，孟春則命相布德和令，孟秋則命將選士厲兵。蓋亦依時應節而順夫天地之陰陽也。治道如此，丹道當何如哉！

藏器待時，勿違卦日。

《還金篇》云：莫教違漏刻，長在一陽中。蓋鍊丹之法，先當知時，尤當待時，時苟未至，則惟含光默默，虛以待之而已。不可爲之先也。許旌陽《三藥歌》云：存心絕念候晶凝。《指玄》三十九章云：塞兌垂簾默默窺，即藏器待時之謂也。嗚呼，時辰若至不勞心，內自相交自結凝，入室按時須等著，一輪黃道自騰昇，豈可爲之先也哉！

屯以子申，蒙用寅戌，六十卦用，各自有日，聊陳兩象，未能究悉。

屯，下震而上坎，屯以子申者，震之初九庚子爻，坎之六四戊申爻也。蒙下坎而上艮，蒙用寅戌者，坎之初六戊寅爻，艮之六四丙戌爻也。蓋子申寅戌，即子午卯酉也，即春夏秋冬也，即金木水火也，即龜蛇龍虎也，皆寓言也。今以六十卦觀之，始於屯、蒙，終於既濟、未濟。其間陰爻、陽爻，互相交錯，雖則各自不同，而反體對體，各自有合，其實卦卦一般。而魏公謂聊陳兩象，未能究悉者，欲使學者，締觀屯蒙兩卦之象，由此觸類而長之，自可默會其餘諸卦之義也。蓋卦有六爻，兩卦計十二爻，應一日十二時之數；六十卦計三百六十爻，應一月三百六十時之數。魏公本意，不過借此以論吾身火候之分至、啟閉而已。如移之需、訟，則曰：需以子申，訟用寅午；移之師、比，則曰：師以寅丑，比用未申。他卦皆倣此，故曰：聊陳兩象，未能究悉也。《悟眞篇》云：南北宗源翻卦象，晨昏火候合天

樞。亦不過發明此義，若使執文泥象，而必欲推算卦體之策數，求合卦晝之陰陽，吾恐終身役役，而不見其成功。爾然疲役而不知其所歸，可不哀耶！

在義設刑，當仁施德。

西方爲義，東方爲仁；刑主殺伏，德主生起。今曰在義設刑者，所以煅西方之鉛也；當仁施德者，所以鍊東方之汞也。鉛屬金，其性至剛，藏於坎中，非猛烹極煅，則不能飛上，故用武火逼之而不可施以文；汞屬木，其性至柔，隱於離中，一見眞鉛則自然不動，故用文火鍊之而不可施以武。《崇正篇》云：守城須假施文德，野戰當先著武功。作用兩般明辨取，順宜得吉逆成兇，此之謂也。

按曆法令，至誠專密。

高鴻濛《夢仙謠》云：採有時，取有日，採兮取兮須謹密。故必按曆法令，知下手之口訣，至誠專密，無纖毫之雜想，然後神芝可録。乃若一年處室，自朝至暮，內運靈旗，亦當至誠專密，用志不分，然後丹可成，身可仙。若將大道爲兒戲，而輕易竊弄天機，則朝行暮輟，又非誠矣。《黃庭經》云：積功成鍊非自然，是由精誠亦由專。古今修丹之士，固未有不誠而得之者；亦未有不專心致志而可以成事者也。昔者弈秋語二人弈，一人專心致志，惟弈秋之爲聽。一人雖聽之，一心以爲有鴻鵠將至，思援弓繳而射之，雖與之俱學，弗若之矣。夫弈之爲數，小數也，弗專心致志則弗得也，況於道乎！司馬子微《坐忘論》云：無事安閑，方可修道。蓋學道當得清靜無爲，不可以一毫外物累其心。若夫內接家事以自羈，外綜王事以雜役，此亦道之不專也。張虛靜《大道歌》云：神馭氣，氣留形，不須雜術自長生。術則易知道難遇，縱然遇了不專行，所以千人萬人學，畢竟終無一二成。其說信矣。今之學者，不知仙道由積累而成，但欲以片餉功夫，游戲而得之。殊不思，片餉乃結丹功夫，而周年火候溫養，則一日之內，行坐寢食總如如，惟恐火冷丹力，遲奚可須臾間斷哉！

謹候日辰，審察消息。

《悟眞篇》云：天地盈虛自有時，審觀消息始知機。又云：月虧盈，應精神之衰盛；日出沒，合榮衛之寒溫。蓋一月有一月之盈虛消息，一日有一日之盈虛消息。晦朔弦望，一月之盈虛消息也。晝夜晨昏，一日之盈虛消息也。人身法天象地，其氣血之盈虛消息，悉與天地造化同途。《素問》云：平旦人氣生，日中而陽氣隆，日西而陽氣已虛，氣門乃閉。又云：月始生，則血氣始精，衛氣始行；月郭滿，則血氣實，肌肉堅；月郭空，則肌肉減，經絡虛，衛氣去，形獨居。是故天地有晝夜晨昏，人身亦有晝夜晨昏，天地有晦朔弦望，人身亦有晦朔弦望。其間寒暑之推遷，陰陽之代謝，悉與天地胥似，所以丹法以天爲鼎，以地爲爐，以月爲藥之用，而採取必按月之盈虧，以日爲火之候。而動靜必視日之出沒，自始至末，無一不與天地合。有如《皇極經世書》以寅爲開物，猶歲之驚蟄，數自此而始；戌爲閉物，猶歲之立冬，數至此而止。非丹法運火之候乎？亥、子、丑三時，則日入於地而不見，有數而不行，其間一陽初動處，萬物未生時，是聖人所以見天地之心，又以範圍天地，曲成萬物，造化在我者也。非丹法採藥之時乎？凡而抽添運用，沐浴交結，一一取法天地造化而爲之，是以謂之至道。若不依天地造化，而別求他法，則是旁門小術。區區臆度之說，非至道也。《淮南子》云：蛤蟹龜珠，與月盛衰。又云：月虛而魚腦減，月死而蠃蛖膲。夫以至微之物，尚或與天地造化相應，而況於人乎！於此見修丹於月望則氣血滿而藥力全，望後則氣血減而藥力少。所以《翠虛篇》謂：月夜望中能採取，天魂地魄結靈丹。而又謂：交加二八爲丹母，望遠徒勞覓虎龍也。又如《悟眞篇》云：八月十五望蟾輝，正是金精壯盛時，若到一陽纔起復，便堪進火莫延遲。《崇正篇》云：兑金萬寶正西成，桂魄中秋倍様明，便好鍊頭施採取，用功擬待一陽生。《金丹大成集》云：恰恰相當妙絕奇，中秋天上月圓時，陽生急採無令緩，進火功夫要慮危。即非以八月十五金精壯盛取譬，亦非曰一年止有八月十五可以採取。乃若白紫清、廖蟾輝皆謂：八月十五夜子時入室，蓋以八月晝夜均，陰陽分，此時秋高氣清，金精正旺，不寒不暖，最宜修鍊，古仙於此時結胎，所以盜天地之金精，感天地之清氣也。或者不得其傳，弗知其的，惟於八月十五夜吸採月光，是乃懸網以捕風，握繩以繫影者也。奚足語至道哉！抑又有說焉。晁文元公《隨因紀述》云：唐中岳隱士栖眞子，施肩吾述靈響詞，其序中云：偶覽《三靜經》云：夫修鍊之士，當須入三靜關，陶鍊神氣，補續年命，大靜三百日，中靜二百日，小靜一百日，遂發至懇，且試小靜，即以開成三年，戊午歲起，自正月一日庚申，閉戶不交人事，

尅期百日，方出靜室，未踰月而神光照目，百靈集耳，精爽不昧。此三者皆應，則知仙經祕典不虛設也。今夫修鍊大丹亦當如此，蓋靜久則神清氣和，鼎器內完，方可以修鍊，如終日汩沒於塵緣，勞其筋骨，役其心志，而遽欲於八月十五一舉成功，亦戛戛乎難矣！

纖芥不正，悔吝爲賊。二至改度，乖錯委曲。隆冬大暑，盛夏霰雪。二分縱橫，不應漏刻。風雨不節，水旱相伐。蝗蟲湧沸，山崩地裂。天見其怪，群異旁出。

《悟眞篇》云：縱識朱砂及黑鉛，不知火候也如閑。大都全藉修持力，毫髮差殊不作丹。所謂火者，非存心想腎之火，乃身中天然之眞火也；所謂候者，非輪刻掐時之候，乃身中天然之氣候也。火之爲性，遇風則熾，遇土則藏。用之不可太過，亦不可不及，全在調其文武，審其寒溫。微以巽風吹之，熾以坤土藏之，使之得中，而無太過不及之患，則大小無傷兩國全，而片餉之間見丹頭矣。調停運用，正謂此也。儻毫髮差殊，則二至改度於南北，二分縱橫於東西，隆冬變爲大暑，盛夏翻作霰雪，而鉛汞飛走，群異旁出矣。

孝子用心，感動皇極，近出己口，遠流殊域。

《復命篇》云：一夫一婦資天地，三女三男合始終。蓋乾生三男，坤生三女，總曰六子。今乾父坤母位乎上下，而六子運用於其閑，往來上下，一惟父母是從，故名之曰孝子。皇極者，中央正位也。周回八方會歸之所也。孝子能用心而感動之，則虎嘯一聲龍出窟，鸞飛鳳舞入金城矣。如其舉動悖亂，不協於極，則玄珠迸散，靈汞逃亡。六子非孝子，迺丹道之逆賊焉爾！

或以招禍，或以致福。或興太平，或造兵革。四者之來，由乎胸臆。

《悟眞篇》云：火生於木本藏鋒，不會鑽研莫強攻。禍發總因斯害己，要能制伏覓金公。蓋有藥而行火候，則金被火逼，奔騰至於離宮，化而爲水，反以尅火，故火無炎上之患！若無藥而行火候，則虛陽上攻，適所以自焚其軀，此招禍致福之所由分也。又云：日月三旬一遇逢，以時易日法神功。守城野戰知兇吉，增得靈砂滿鼎紅。蓋眞鉛生於坎宮，濁而不起，欲其擒制離宮之眞汞，當用武火猛烹極煅，然後飛騰而上，及其至於離宮與眞汞交結之後，則宜守城沐浴，更不可加以火，此太平兵革之迴不同也。或以招禍，或以致福，或興太平，或造兵草，其所以然者，豈由他哉，反求諸心而已矣。

動靜有常，奉其繩墨。

寂然不動，反本復靜，坤之時也。吾則靜以待之，靜極而動，陽氣潛萌於黃鍾之宮，復之時也，吾則動以應之，故曰：動靜有常，奉其繩墨。當動而或雜之以靜，當靜而或間之以動，或助長於其先，或忘失於其後，則非奉其繩墨焉。夫古之至人，其動也天行，其靜也淵默，當動則動，當靜則靜，自有常法；今之學者，不知丹法之動靜有常，或專主乎動，或專主乎靜。其所謂動者，乃行氣之動，其所謂靜者，乃禪定之靜，二者胥失之矣。《指玄・三十九章》不云乎：人人氣血本通流，榮衛陰陽百刻周。豈在閉門學行氣？正如頭上又安頭，曷嘗以行氣爲動哉！《翠虛篇》不云乎：惟此乾坤眞運用，不必兀兀徒無言，無心無念神已昏，安得凝聚爲胎仙。又豈以禪定爲靜哉！《金丹大成集》云：陽主動，陰主靜。《翠虛》曰：動中求靜，靜中有爲，動靜有作。口口傳之，學者殆未可以管見輕議也。

四時順宜，與氣相得。

四時者，身中之春夏秋冬也。下功之時，善調停而順其宜，然後溫涼寒暑，各得其所。呂純陽詩云：水火均平方是藥，陰陽差互不成丹。其功皆在乎調停也。

剛柔斷矣，不相涉入。

剛，陽剛也；柔，陰柔也。剛柔斷矣，不相涉入者，陽剛用事則一意在下，不可涉於上也；陰柔用事則一意在上，不可涉於下也。張紫陽《石橋歌》云：水生火，火生水，水火須分前後隊。此之謂也。

五行守界，不妄盈縮。

王良器《天童經頌》云：金木中央并水火，五般守定一丹田。孰謂不守而可得哉？蓋此五者，散則周身爲氣，聚則丹田成寶。今以之凝然端守於丹田，而不妄盈縮則相與混融，化爲一氣而凝成金液矣。盈者，太過之謂也；縮者，不及之謂也。《翠虛篇》云：靈汞通眞變化多，只宜存守不宜過。蓋太過則傷物，不及則又不能生物。惟當綿綿若存，以意守之而已。守之之久，則時至氣化，罐滿必溢，神明當自來也。

易行周流，詘信反覆。

易，日月也，日月行於黃道，晝夜往來，周流不息。上半月陽伸陰屈，魂長魄消；下半月陰伸陽屈，魂消魄長，循環反覆，無有窮已。人身首乾而腹坤，儼如天地，其二氣上升下降亦如天地。《內指通玄祕訣》云：日月常行黃赤道，衆眞學此作還丹。其法即與天地無異，然其所以效日月之運用，與天地以同功，其要在乎任督二脈。蓋任督二脈爲一身陰陽之海，五氣眞元此爲機會。任脈者，起於中極之下，以上毛際，循腹裏，上關元，至咽喉，屬陰脈之海。督脈者，起於下極之腧，並於脊裏，上至風府，入腦，上巔，循額，至鼻柱，屬陽脈之海。所以謂之任脈者，女子得之以姙養也；謂之督脈者，以其督領經脈之海也。鹿壽長生，五百歲爲白鹿，千歲爲青鹿，蓋能通其督脈者也；如龜、鶴、蟾蜍皆壽千歲，蓋能通其任脈者也。《南華眞經》云：緣督以爲經，可以保身，可以全生。人能通此二脈，則百脈皆通，自然周身流轉，無有停壅之患。而長生久視之道，斷在此矣。《內指通玄祕訣》云：法水能朝有祕關，逍遙日夜遣輪環，於中壅滯生諸病，纔決通流便駐顏。其是之謂乎！又如朗然子詩云：泝流直上至泥丸，關節纔通便駐顏。又云：常使氣衝關節透，自然精滿谷神存。豈皆虛言哉！陳希夷以爲改換腥肥氣脈行，韓逍遙以爲轉輪纔一月，便契玄中玄，若有作用，實無作用，似乎靜定，即非靜定。蓋自高上元君密傳以來，遞相付囑，迄至於今，除此道外，更無別道。有言環中者，有言周天者，茲蓋周身上下、陰陽升降之正路也。《道德經》云：谷神不死，是謂玄牝，玄牝之門，是謂天地根，綿綿若存，用之不勤。《陰符經》云：三反晝夜，用師萬倍。《黃庭經》云：皆在心內運天經，晝夜存之自長生。《度人經》云：旋斗歷箕，回度五常。《天童經》云：三宮升降，上下往來，無窮無已。《上清玉眞胎息訣》云：上至泥丸，下至命門，二景相隨，可拯殘老。劉虛谷《易傳》云：栖神上玄，總氣下牝，反覆運轉，升降無窮。白紫清《東樓法語》云：上自天谷，下及陰端，二景相逢，打成一塊。崔公《入藥鏡》云：歸根竅，復命關，貫尾閭，通泥丸。許旌陽《三藥歌》云：三田內轉長流布，青目烏髭髮黑時。吳宗玄《學仙歌》云：坎離反覆顛倒顛，天地日月俱回旋。《指玄篇》云：一馬自隨天變化，六龍長駕日循環。呂純陽詩云：時人若要學長生，先是樞機晝夜行。《靜中吟》云：馳駕登天軸，晝夜如車輪。《還金篇》云：默運乾坤一合泰，從他日月兩邊流。《玉芝書》云：東轉西流人莫測，地騰天降鬼難知。《靈源大道歌》云：元和內運即成眞，呼吸外施終未了。張鴻濛《還元篇》云：十二時中子作頭，般添運用勿停休。《悟眞篇》云：五行妙用法乾坤，乾坤運兮五行分。《復命篇》云：巡行十二位，赤腳猛將軍。劉高尚《法語》云：神存生氣，氣非口鼻，陰降陽升，同流天地。劉虛谷《還丹篇》云：下降上升循轂軸，左旋右覆合樞機。《崇正篇》云：般運有功連晝夜，斡旋至妙體璣璇。《混元寶章》云：自強不息同乾運，六尺身中抱九天。《翠虛篇》云：晝運靈旗夜火芝，抽添運用切防危。《還源篇》云：誰能知運用，大意要黃婆。《上清集》云：晝夜河車不暫停，默契大造同運行。《全眞集》云：氣血轉流渾不漏。《漸悟集》云：斡運日月輪。《水雲集》云：常耕清靜田三段，定守無爲舍一間。劉長生《仙藥集》云：住行坐臥，運坎迎離。《鳴道集》云：安閑自得長生道，晝夜無聲轉法輪。王玉陽《雲光集》云：斡運內丹憑火候，載搬烏兔走瓊輪。《太古集》云：周天度數還知道，關節熏蒸處處通。不過皆是此道也。或謂之翻筋斗，或謂之轉心輪。一曰法天之樞，仙壽萬億；一曰元和內運，可保長生。千經萬論，無往不同，引古證今，若合符節，即非行氣，即非存想，亦非肘後飛金精，亦非運心思脊骨。茲蓋呼吸太和，保守自然，眞要之道也。奈何世之學者，每每悅難而不悅易，求速而不求近。雖有道者，欲與開發，孰爲之信？《內指通玄祕訣》云：世人不樂正法，論東卻樂說西，苟非洞曉陰陽造化，見得透徹，莫之信也。

晦朔之間，合符行中。

晦朔之間乃三十日，半夜以前是也。丹法以時易日，則每日亥子之交即晦朔之間也。天地開闢於此時，日月合璧於此時，草木孳萌於此時，人身之陰陽交會於此時，神仙於此時而作丹，則內眞外應，若合符節，不先不後，正當其中。在乾四德爲眞元之間，在十二卦爲坤之末、復之初，乃天地人之至妙至妙者也。

渾沌鴻濛，牝牡相從。

渾沌鴻濛者，一氣未分之時也。牝牡相從者，陰陽混於其中而未相離也。當其未相離也，神凝氣聚，混融爲一，內不覺其一身，外不知其宇宙，與道冥一，萬慮俱遺，溟溟涬涬，不可得而名，強名之曰：大一含眞氣。或名

之曰：先天一氣。《翠虛篇》云：大藥須憑神氣精，採來一處結交成。丹頭只是先天氣，鍊作黄芽發玉英。蓋神仙之修鍊，別無他術，只是採取先天一氣，以爲金丹之母，勤而行之，指日可與鍾呂並駕。《復命篇》云：採二儀未判之氣，奪龍虎始媾之精，閃入黄房，煆成至寶。又云：採取須教密，誠心辨醜妍，至難尋意脈，容易失寒泉。特恐學者執於有爲，而不明大道之先天，泥於採取，而不能尋其意脈爾！《崇正篇》云：寒淵萬丈睡驪龍，頷下藏珠炯炯紅，謹密不驚方採得，更依時日法神功。蓋採者以不採而採之，取者以不取而取之，在於靜定中有非動作可爲也。昔黄帝遺其玄珠，使知索，使離朱索，使喫詬索，索之皆不得，乃使象罔，象罔得之。象罔者，忘形之謂也。必忘形罔象，然後先天一氣可得。《擊壤集・先天吟》云：一片先天號太虛，當其無事見眞腴。又云：若問先天一字無，後天方要著功夫。其説是已。蓋太極未判，陰陽未分，此天地之先天也。以丹法言之，則寂然不動、反本復靜之時是也。《混元寶章》云：寂然不動感而通，窺見陰陽造化功。信乎，寂然不動則心與天通，而造化可奪也。《翠虛篇》云：莫向腎中求造化，都須心裏覓先天。可謂深切著明矣。《擊壤集・思慮吟》云：思慮未起，鬼神莫知。《還金篇》云：鬼神不見處，龍虎定相尋。先天大道，須是致虛極守靜篤，不可以一毫思慮加乎其間。當其寂然不動，萬慮俱泯之時，河海靜默，山嶽藏煙，日月停景，璇璣不行，八脈歸源，呼吸俱無，既深入於窈冥之中。竟不知天之爲蓋、地之爲輿，亦不知世之有人、己之有軀，少焉，三宫氣滿，機動籟鳴，則一劒鑿開渾沌，兩手擘裂鴻濛，是謂無中生有。甯玄子詩云：不在塵勞不在山，直須求到窈冥端。豈不信然哉！今人不知大道之祖，或指眞鉛爲先天，或指天一生水爲先天，或指兩腎中間一點明爲先天，或指臍間爲先天，或指鼻祖爲先天，或指目光爲先天，或指運氣爲先天，此皆尋枝摘葉之偏見，非大道之先天也。《易》曰：先天而天弗違，後天而奉天時。夫先天而天弗違者，純乎天理之自然，雖天亦不能違也。後天而奉天時者，天時之至，吾當奉承之也。非天下之至通，其孰能與於此哉！

滋液潤澤，施化流通。

《還丹篇》云：萬里陰沉春氣合，九霄清徹露華凝。妙矣哉！其陰陽交感之眞景象歟。斯時也，精神四達並流，無所不極，上際於天，下蟠於地，冥冥兮如煙嵐之罩山，濛濛兮如霧氣之籠水，霏霏兮如冬雪之漸凝漸聚，沉沉兮如漿水之漸矴漸清，此乃身中之天地絪緼，身中之男女構精也。迨夫時至氣化，感而遂通，則倏爾火輪煎地脈，愕然神瀵湧山椒，天地之間被潤澤而大豐美矣。《擊壤集・恍惚吟》云：恍惚陰陽初變化，絪緼天地乍回旋，中間些子好光景，安得功夫入語言。苟非親造實詣，又豈信有如此之眞景象哉！

天地神靈，不可度量。

陰陽相交而神煞藏沒，此天地神靈之時也；龍虎相交而鬼神不知，此吾身神靈之時也。以吾身之神靈合天地之神靈，則內眞外應，巽門於定中豁開，而兩畔同升合爲一矣。《還元篇》云：祗於罔象無形處，有箇長生不死根。信乎，惟忘形罔象，然後可得見也。若使可以存想、存思，計較度量而得之，則不謂之神靈矣。

利用安身，隱形而藏。

晦朔之間，日月合璧於北方，光耀隱而不見。丹法以時易日，於半夜坤復之交，疊足端坐，如山石之不動，口緘舌氣如冬蛇之蟄伏，此即利用安身，隱形而藏也。其時含光默默，返照於其內，一呼一吸，悠悠綿綿，迤邐歸於命蔕。久之但覺窈窈冥冥，如臨萬丈不測之淵潭，此乃神氣歸根、身心復命、金液凝結之時也。《翠虛篇》云：氣入丹田養白鵶，斯時方曰結黄芽。如其心猿不定，意馬四馳，則神氣散亂於外，欲望結成還丹，其可得乎！

始於東北，箕斗之鄉，旋而右轉，嘔輪吐萌。潛潭見象，發散精光，昴畢之上，☳震出爲徵，陽氣造端，初九潛龍，陽以三立，陰以八通。故三日震動，八日☱兑行，九二見龍，和平有明，三五德就，☰乾體乃成。九三夕惕，虧折神符，盛衰漸革，終還其初，☴巽繼其統，固濟操持，九四或躍，進退道危，☶艮主進止，不得踰時，二十三日，典守弦期，九五飛龍，天位喜，六五☷坤承，結括終始，韞養衆子，世爲類母，上九亢龍，戰德於野。

始於東北，箕斗之鄉。東北，火候造端之地也。昴畢之上，震出爲徵，震亦火候造端之卦也。《翠虛篇》云：有一子母分胎路，妙在尾箕牛斗女。蓋謂此也。此章引用先天六卦，及乾六爻，以象月體之盈虧。又雜以二十八宿月所臨之位，無非譬喻也。學者未得其訣而冒然讀之，其不心目俱眩者，鮮矣。夫修丹火候與月之消長無異，月三日，哉生明，蓋始於東北箕斗

之鄉，旋而右轉，至晚嘔輪吐萌於西南昴畢之上，其象如震，以乾卦言，則應乾之初九，此喻吾身陽火起緒之初也。月初八上弦，其光半明，其象如兑，以乾卦言，則應乾之九二，此喻吾身陽火用功之半也。月三五十五與日相望，魂盛光盈，其象如乾，以乾卦言，則應乾之九三，此喻吾身陽火圓滿之時也。月十六望罷，載生魄，其象如巽，以乾卦言，則應乾之九四，此喻吾身陰符繼統之始也。月二十三下弦，其光半虧，其象如艮，以乾卦言，則應乾之九五，此喻吾身陰符用功之半也。月六五三十，光盡泯，其象如坤，以乾卦言，則應乾之上九，此喻吾身陰符結括之時也。魏公以六卦喻火候，而又配以乾之六爻，何也？蓋丹乃純陽之寶，乾乃純陽之卦也，於六卦之中。乾稱九三夕惕，虧折神符，坤稱上九亢龍，戰德於野。又何也？蓋守城於乾而用文，野戰於坤而用武，皆當防危慮險也。

用九翩翩，爲道規矩。陽數已訖，訖則復起。推情合性，轉而相與。循據璇璣，昇降上下。周流六爻，難以察覩。故無常位，爲易宗祖。

九，陽數也。《易》曰：參天兩地而倚數，蓋取五行之生數，天一、天三、天五，參天相倚而成九；地二、地四，兩地相倚而成六。此坤之所以用六，而乾之所以用九也。丹法之所謂用九，乃刻中火候之九轉，蓋法乾也。用九翩翩，爲道規矩，陽數已訖，訖則復起者，一爻纔過，一爻又來，而不敢毫髮差殊也。《復命篇》云：數中無走失，火候莫教遲，蓋謂此也。情，金情也；性，木性也。一物分二，間隔東西，若得斗柄之機斡運則木性愛金，金情戀木，不間隔矣，故曰：推情合性，轉而相與，循據璇璣，昇降上下也。周流六爻，難以察覩，故無常位，爲易宗祖者，周流一身，潛天而天，潛地而地，如六爻之變動也。六爻謂前乾卦之六爻也，引而伸之，觸類而長之，爲六卦，爲六十卦，其義一也。《還金篇》云：九轉極玄機，開爐迸火飛。蓋謂九轉功夫自寅而起，至戌而止，乃刻中火候之祕訣。其間有抽添進退之妙，沐浴交結之奥，是故謂之極玄。修鍊若不知此，則雖得眞藥，安能成丹？此魏公所以不敢輕泄，而姑借乾元用九之説，以露其機也。自今觀之，神仙之還丹，乃身中之易也；火候之九轉，乃身中之乾也。身中之乾，無爻畫之可觀，無象數之可求，迎之不見其首，隨之不見其後，又安有方體而得以察覩也哉？

《周易參同契發揮·卷之六》

朔旦爲䷗復，陽氣始通。出入無疾，立表微剛。黃鍾建子，兆乃滋彰。播施柔暖，黎烝得常。

復，一陽之卦也，律應黃鐘。以一日言之，爲夜半子；以一月言之，爲初一至初三半；以一歲言之，則斗杓建子之月是也。此時陽氣始通，喻身中陽火發動之初，火氣至微，要在不縱不拘、不疾不緩，使溫溫柔暖，播施於鼎器間也。《崇正篇》云：黃鍾爲子一陽興，受氣之初數未增，用火溫溫無煅制，每愁龍弱虎威淩。蓋初爻之運，一陽始通，止可輕輕地，默默舉，未堪用力，故曰：出入無疾。然又不可太柔，要當撥動頂門關捩，微微挈之，故曰：立表微剛。須臾火力熾盛，逼出眞鉛，至於箕斗之鄉，則河車不敢暫留停，運入崐崘峯頂也。《金丹大成集》云：復卦起潛龍，戊己微調未可攻；九二見龍，臨卦主神通，從此爐中次第紅。泰卦恰相逢，猛火燒乾藉巽風，鍊就黃芽并白雪，奇功還返歸，坤道始窮。火候之口訣，盡於此矣。

䷒臨爐施條，開路生光。光耀漸進，日以益長。丑之大吕，結正低昂。

臨，二陽之卦也，律應大吕，以一日言之，爲雞鳴丑；以一月言之，爲初三半至初五；以一歲言之，則斗杓建丑之月是也。此時陽氣漸進，喻身中陽火漸漸條暢，而黄道漸漸開明，故言光耀漸進，日以益長也。

仰以成䷊泰，剛柔並隆。陰陽交接，小往大來。輻輳於寅，運而趨時。

泰，三陽之卦也，律應太簇；以一日言之，爲平旦寅；以一月言之，爲初六至初八半；以一歲言之，則斗杓建寅之月是也。此時陽氣出地，喻身中三陽上升，漸漸起，漸漸仰，當急駕河車搬歸鼎内，故言運而趨時也。運而趨時者，火候之運，至此不可留停也。然有一日之寅，有一刻之寅，朗然子詩云：勤吞津液過千口，長記存神聽五更。此言一日之寅也。《金丹大成集》云：交得三陽逢泰卦，便堪進火法神功。此言一刻之寅也。一日之寅固依天上之日辰以爲期度，世固有知之者矣。若夫一刻之寅，乃身中火候之祕，古今丹書皆不敢明言，眞所謂千人、萬人中，一人、兩人知者也，玄哉，玄哉！

漸歷䷡大壯，俠列卯門。榆莢墮落，還歸本根。刑德相負，晝夜始分。

大壯，四陽之卦也，律應夾鍾。以一日言之，爲日出卯；以一月言之，爲初八半至初十；以一歲言之，則斗杓建卯之月是也。此時陰佐陽氣聚物而出，喻身中陽火方半，氣候停匀，故言刑德相負，晝夜始分。然萬物莫不

當春而發生，而榆莢至是墮落，何也？　蓋陽中有陰也。

䷪夬陰以退，陽升而前。洗濯羽翮，振索宿塵。

夬，五陽之卦也，律應姑洗。以一日言之，爲食時辰；　以一月言之，爲十一至十三半；　以一歲言之，則斗杓建辰之月是也。此時陽氣既盛，逼近天際，喻身中陽火升上，故言陽升而前。而又言洗濯羽翮，振索宿塵者，蓋大鵬將徙天池，則水擊而上，其勢當奮發也。

䷀乾健盛明，廣被四鄰，陽終於巳，中而相干。

乾，六陽之卦也，律應中呂；　以一日言之，爲禺中巳；　以一月言之，爲十三半至十五；　以一歲言之，則斗杓建巳之月是也。此時陽氣盛極，周遍字內，喻身中陽火圓滿，而丹光發現，山頭神瀵，分爲四埒，注於山下，經營一國，無不周徧，故言廣被四鄰，而又言陽終於巳。中而相干者，陽火數終，則陰符用事也。

䷫姤始紀緒，履霜最先。井底寒泉，午爲蕤賓。賓服於陰，陰爲主人。

姤，一陰之卦也，律應蕤賓。以一日言之，爲日中午；　以一月言之，爲十六至十八半；　以一歲言之，則斗杓建午之月是也。此時陰氣方生，喻身中陰符起緒之地，靈丹既入口中，回來卻入寒泉，當馴致其道，送歸丹田，不可荒忙急速，故言履霜最先，井底寒泉。而又言賓服於陰，陰爲主人者，蓋一陰用事，則衆陽爲賓也。賓者，敬也，防危慮險之謂也。

䷠遯世去位，收斂其精。懷德俟時，栖遲昧冥。

遯，二陰之卦也，律應林鍾。以一日言之，爲日昳未，以一月言之，爲十八半至二十；　以一歲言之，則斗杓建未之月是也。此時陰氣漸長，喻身中陰符離去午位，收斂而降下，如賢者退隱，僻處巖谷，故言懷德俟時，栖遲昧冥也。

䷋否塞不通，萌者不生。陰信陽詘，毁傷姓名。

否，三陰之卦也，律應夷則。以一日言之，爲晡時申；　以一月言之，爲二十一至二十三半；　以一歲言之，則斗杓建申之月是也。此時陽氣漸衰，喻身中陰符愈降愈下，猶三陰肅殺之時，草本黄落，故言陰伸陽屈，毁傷姓名也。

䷓觀其權量，察仲秋情。任蓄微稚，老枯復榮。薺麥芽蘖，因冒以生。

觀，四陰之卦也，律應南呂。以一日言之，爲日入酉；　以一月言之，爲二十三半至二十五；　以一歲言之，則斗杓建酉之月是也。此時陰佐陽功，物皆縮小而成，喻身中陰符過半，降而入於丹田，如木之斂花就實，故言任蓄微稚。然萬物莫不逢秋而枯老，而薺麥至此芽蘖者，何也？　蓋陰中有陽也。

䷖剥爛肢體，消滅其形。化氣既竭，亡失至神。

剥，五陰之卦也，律應亡射。以一日言之，爲黄昏戌；　以一月言之，爲二十六至二十八半；　以一歲言之，則斗杓建戌之月是也。此時陽氣衰滅，枝頭之果，皆潰爛而墜於地，喻身中陰符將盡，而神功無所施，故言化氣既竭，亡失至神也。夫火生於寅，旺於午，墓於戌。戌者，閉物之時也，一刻之火候，至此而畢事，《復命篇》謂東西動静合朝昏是也。一日之火候，亦至此而休功。呂純陽詩云：　日日隨他出又沉是也。區區旁門小術，但知其一，不知其二，又安能究竟於此！

道窮則反，歸乎䷁坤元。恆順地理，承天布宣。玄幽遠眇，隔閡相連。應度育種，陰陽之原。寥廓恍惚，莫知其端，先迷失軌。後爲主君。

坤，六陰之卦也，律應應鍾。以一日言之，爲人定亥；　以一月言之，爲二十八半至三十；　以一歲言之，則斗杓建亥之月是也。此時純陰用事，萬物至此，皆歸根而復命，喻身中陰符窮極，則寂然不動，反本復靜，故言道窮則反，歸乎坤元也。恆順地理，承天布宣，與上篇金本從日生，朔旦受日符義同。蓋天地日月，一也。月受日光而日不爲之虧，然月之光，乃日之光也。天氣降而至於地，地中生物者，皆天氣也。人身法天象地，其間陰陽感合，與天地無以異也。《還元篇》云：　以神歸氣內，丹道自然成。人能返觀內照，凝神入於氣穴，則神存生氣凝成液。迨夫天機一動，則紅蓮含蘂，露珠凝碧，飛落華池，滴滴而丹田結聚作丹樞也。玄幽遠眇，隔閡相連，謂亥子之間，乃陰陽交界之時，當其六陰窮極，一陽未生，寂兮寥兮，猶如天地未判之初，神仙作丹於此時。塞兑垂簾，以神光下照於坎宫，始者幽幽冥冥，儼如寒潭之浸月；　次則神與氣合，隔閡潛通，猶如磁石之吸鐵也。應度育種，陰陽之原，謂作丹之際，正如亥月純坤用事之時。其時萬物歸根，閉塞成冬，冬雖主藏，然一歲發育之功，實胚胎於此，特閉藏無跡，人不得而見爾！　而古人以此純陰之月，名爲陽月者，蓋小雪之日，陽氣已生於六陰之下，積而至於冬至，遂滿一畫之陽，變爲復卦也。丹道亦然，當

夜氣之未末判央，但凝神聚氣，端坐片時，少焉神氣歸根，自然無中生有，漸凝漸聚，積成一點金精。《翠虛篇》云：金精即是坤宮藥，坤在西南爲川源，蟾光終日照西川，即此便是藥之根。蓋一陽不生於復而生於坤，坤雖至陰，然陰裏生陽，實爲産藥之川源也。寥廓恍惚，莫知其端者，身心復命之時，神人寥廓與大虛一體，靜定之久，候至心花發現，則三宮氣滿，但覺恍恍惚惚，莫知其所以然也。蓋恍恍惚惚，其中有物；窈窈冥冥，其中有精，乃修鍊之要樞也。《玉芝書》云：此四句，古今口誦者億兆，明義理者能有幾人。蓋非親造實詣，無由知也。是故狀其窈冥，則如臨深俯幽；論其恍惚，則如晝夢初覺。此乃眞景象，非譬喻也。學者未曾經歷，不知窈冥恍惚乃吾身之眞景象，往往槩以虛文視之，惜哉！當知窈冥者，寂然不動，吾身天地未判之時也。恍惚者，感而遂通，吾身天地將判之時也。作丹之妙，莫妙乎此，豈可以虛文視之哉！《赤龍大丹訣》云：無人明恍惚，惟我識朦朧。信乎明此者，鮮有其人也。先迷失軌，後爲主君者，其先昏昏默默，深入乎窈冥之中，俄頃陰極而陽生，靜極而機發，則面門豁開，虛空迸裂，一段風光破寂寥，而化權歸手內也。魏公此章，顯言産藥之川源，又極論存亡有無、主客先後之祕，如此詳盡，無以加矣。《還金篇》云：渺邈但撈水裏月，分明只採鏡中花。蓋非深於道者，不能識也。

　無平不陂，道之自然。變易更盛，消息相因。終坤始復，如循連環。帝王乘御，千秋常存。

無平不陂，無往不復，此乃道之自然也。丹法靜極而動，動極而靜，一動一靜，互爲其根，亦出於自然，如日月運行，一寒一暑，暑往則寒來，寒往則暑來，無非自然也。夫金丹者，身中之易也。易窮則變，變則通，盛衰相禪，消息相因，蓋未有窮而不變，變而不通者也。陽始於復，陰終於坤，終始相接，首尾相銜，故曰：終坤始復，如循連環。魏公以十二辟卦論火候，又以律名、辰名鋪敘，而言皆譬喻也。蓋輻輳即大簇，俠列即夾鍾，洗濯即姑洗，中即中呂，栖即林鍾，任即南呂，傷即夷則，亡即亡射，應即應鍾，振即辰，昧即未，伸即申，蓄即酉，滅即戌，閡即亥，大率皆是假借，蓋不必執文泥象而強生枝節也。帝王乘御，千秋常存，謂君子終日乾乾，與時偕行，則眞可以歷千秋而常存也矣。

　將欲養性，延命卻期。審思後末，當慮其先。人所稟軀，體本一無。元精流布，因氣託初。

人無愚智，同此性也，亦同此命也。君子知性之不可戕賊也，於是存而養之；知命之不可斵喪也，於是保而延之。雖不假修鍊，未有不安恬令終者，況得修鍊之法，盜天地，奪造化，鍊魂魄而爲一，合性命而雙修，豈不能長生歟！夫欲求長生，須求吾未生以前，此身緣何而得，然後可以論養性延命之道，故曰：審思後末，當慮其先。蓋人之生也，以父母之氣交結而成形，形乃受氣之本，氣乃有形之根，若氣不得形，則無因而立；形不得氣，則無由而成。故曰：人所稟軀，體本一無，元精流布，因氣託初。今夫神仙之修丹，以陰陽内感，神氣交結於無中生有，與男女胎孕之理實同，其十月溫養功夫，眞息綿綿，晝夜如一，亦與嬰兒未生以前無異。《靈源大道歌》云：但看嬰兒胎處時，豈解將心潛算計，專氣致柔神久留，往來眞息自休休。蓋嬰兒之在母胎也，母呼亦呼，母吸亦吸，口鼻皆閉，而以臍達。故臍者，生之根，氣之帶也。呂純陽《玄牝歌》云：竅取生身受氣初，莫怪天機都泄盡。人能窮取一念生身之處，返本還源，回光内照，採藥於西南坤腹根帶之地，而與當來受氣之初相似，何用他求！奈何學者往往執文泥象，各以己見爲是。其好高者，則認金丹爲禪宗，遂以宗性爲玄牝，以念頭動處爲一陽生，以掃除妄念爲進火，而竊笑延命之説爲髑髏下光景；其卑下者，則認金丹爲御女術，遂以婦人爲鼎器，以産門爲生身處，以穢物爲刀圭，而反譏養性之説爲蒲團上枯坐功夫。一則淪於空寂，一則陷於邪僻，終身執而不悟，深可爲之浩歎也！

　類如雞子，黑白相扶。縱廣一寸，以爲始初。四肢五臟，筋骨乃具。彌歷十月，脱出其胞。骨弱可卷，肉滑若飴。

黑白者，陰陽二氣也。凡人結胎之初，由父精母血陰陽二氣假合而成，渾渾沌沌，類如雞子。百日而男女分形，然後四肢五臟，筋骨乃具，及期而育，脱出其胞，骨弱筋柔，肌軟肉滑，名曰嬰兒。鍊金丹者，修吾身之嬰兒，亦當彌歷十月。《翠虛篇》云：我昔功夫行一年，六脈已息氣歸根，有箇嬰兒在丹田，與我形貌亦如然。蓋修鍊聖胎，未有不用十月功夫而可以速成者也。

　陰陽爲度，魂魄所居。

天有黄道，爲度三百六十五。其運轉也，一日一周，日月行乎其間，往來上

下，迭爲出入，此所以分晝夜而定寒暑也。然天道密旋，本無度數，以日月經歷諸辰而爲行度； 日月往來，本無定居，以朝暮出入之地而爲所居。明乎此，然後知魏公所謂陰陽爲度，魂魄所居矣。夫人身中黄道，即陰符陽火所行之處也，即日魂月魄所居之方也。有能觀天之道，執天之行，識陰陽之行度，知魂魄之所居，則周天三百六十五度，循環乎一息之頃，而日月出入乎呼吸之微。呼爲陽，吸爲陰，與天道同一妙用，不必求之他也。

陽神日魂，陰神月魄。魂之與魄，互爲室宅。

古歌云： 日魂月魄若箇識，識者便是眞仙子。此所謂日魂月魄，非天地有形有象，顯然之日魂月魄，乃吾身無形無象，隱然之日魂月魄也。不遇眞人指授，焉能識之哉！ 夫日爲太陽，晝以舒光，故稱魂； 月爲太陰，夜以含景，故稱魄。然日魂屬陽，謂之陽神固宜； 而月魄屬陰，謂之陰精可也，豈可以神言？ 今皆謂之神者，以其變動不居，周流六虚，往來既不定，上下亦無常也。魂，東方木也； 魄，西方金也。金木本來無二體，東鄰即便是西家，往來東西，迭爲出入，故曰互爲室宅也。

性主處內，立置鄞鄂。情主營處，恆爲城郭。城郭完全，人物乃安。於斯之時，情合乾坤。

性之爲言靜也，性主處内者，端坐虚心向内觀也。立置鄞鄂者，捉得金精作命基也。情之爲言動也，情主營外者，先是樞機晝夜行也。恆爲城郭者，八方周匝龍行火也。城郭完全，人物乃安者，常使氣衝關節透，自然精滿谷神存也。於斯之時，情合乾坤者，晝夜河車不暫停，默契大造同運行也。

乾動而直，氣布精流。坤靜而翕，爲道舍廬。

乾，天也，主乎動，暢萬物而達於宇內，故云直。惟其動而直也，故使精氣流動，布滿三宫而無所不至。坤，地也，主乎靜，斂萬物而藏於土中，故云翕。惟其靜而翕也，故使精氣歸於元海，而爲道舍廬。大抵守於乾則動，動則氣布精流； 守於坤則靜，靜則氣聚精凝也。

剛施而退，柔化以滋。

乾陽下濟於坤，坤柔順而翕受之遂生藥，既經起火烹鍊，則剛施而退，陰柔上行而化作甘泉，潤九垓矣。

九還七返，八歸六居。

六、七、八、九，即水、火、木、金也。以卦言，爲坎、離、震、兑； 以方言，爲東、西、南、北； 以宿言，爲虚、房、星、昴，以象言，爲龜、蛇、龍、虎； 以時言，爲春、夏、秋、冬； 以辰言，爲子、午、卯、酉，皆是物也。夫九曰還，七曰返，八曰歸，同一旨意，而六獨曰居者，北方坎位乃眞鉛所居之本鄉也。眞鉛居於此，則九金、八木、七火三方之正氣如輻之輳轂，如水之朝宗，皆聚於此也。王保義註疏《金碧龍虎經》云： 日有三照，月有三移。日月出於東而光耀於西，則西方白虎金德之正氣，入於玄冥之内，化而爲六戊； 日月入於西而光耀於東，則東方青龍木德之正氣，入於玄冥之内，化而爲六己； 日月居於午而光耀於北，則南方朱雀火德之正氣，入於玄冥之内，就土成形化而爲黑鉛，常居窈冥之内，爲天地萬彙之根本。王君此説與魏公之言，可謂異世而同符矣。

男白女赤，金火相拘。拘則水定，水五行初。

《翠虚篇》云： 怪事教人笑幾回，男兒今也會懷胎，自家精血自交結，身裏夫妻是妙哉！ 蓋金丹聖胎，以陰陽内感神氣交結而成。曰男女，曰赤白，皆身中夫婦之異名也。當其陰陽内感之時，神與氣交，猶金火之相拘，金火相拘而止於北方坎水之中，則神凝氣聚，其水自定，水定則藥物結矣。《還金篇》云： 水澄凝琥珀是也。水也者，大丹之根源也。天一生水，其位在北，其卦爲坎，居五行之首，乃吾身藥物所産之鄉也。人能回光返照於此，出息微微，入息綿綿，勿令間斷，則神氣歸根，漸漸入而漸漸柔，漸漸和而漸漸定，定之之久，則呼吸俱無，藥物當自結也。

上善若水，清而無瑕。

上善若水，行其所無事，金丹大道，清靜無爲，亦行其所無事。《馬丹陽語録》云： 學道人行、住、坐、卧，不得少頃心不在道，行則措足於坦途，住則凝神於太虚，坐則匀鼻端之息，卧則抱臍下之珠，久而調息，無有間斷，而終日如愚，方是端的功夫，非干造作行持也。丹陽此説，豈非行其所無事耶？ 《悟眞篇》云： 謾守藥爐看火候，但安神息任天然。《上清集》云： 神仙伎倆無多子，只是人間一味呆。可謂行其所無事矣。夫水之爲性，靜定而矴之則清，動亂而汩之則濁，金丹之妙，全是靜定中來。《還源篇》云： 能知藥與火，定裏見丹成。蓋未有不定而得之者也。

道無形象，眞一難圖，變而分布，各自獨居。

有物混成，先天地生，吾不知其名，故彊字之曰道。無形可求，無象可覩，矧可得而畫圖哉！昔廣成子之告黄帝曰：至道之精，窈窈冥冥；至道之極，昏昏默默。夫當其窈冥昏默之際，一念不生，萬慮俱泯，渾渾淪淪，如太極之未分，溟溟涬涬，如兩儀之未兆。惟此一物，湛兮獨存，如清淵之印月；寂然不動，如止水之無波。不知孰爲鉛，孰爲汞，夫是謂之眞一。迨夫時至氣化，變而分布，則輕清者騰而在上，重濁者矴而在下，於是坎宫有鉛，離宫有汞，而向之所謂渾渾淪淪，溟溟涬涬者，至此分而爲二，而各自獨居矣。《復命篇》云：一物分爲二，能知二者名，鼎爐藏日月，滴漏已三更。蓋謂此也。夫金丹大藥孕於先天，産於後天，其妙在乎太極將判未判之間，靜已極而未至於動，陽將復而未離乎陰，於此合天地之機，識結丹之處，知下手之訣，則恍惚之中尋有物，窈冥之内吸眞精。方知大道於無中生有，而眞一之妙，果不可以畫圖也。然則眞一之妙，終無可以示人歟？曰：有。

陽燧以取火，非日不生光；方諸非星月，安能德水漿？二氣至懸遠，感化尚相通。何況近存身，切在於心胸。陰陽配日月，水火爲效徵。

《周禮·秋官》：司烜氏掌以木遂取明火於日，以鑒取明水於月。《淮南子》云：方諸見月則津而爲水，高誘注云：方諸，陰燧，大蛤也。熟摩拭令熱，向月則有水生。且地之去天不知幾千萬里，日月懸於空中，去地亦不知幾千萬里，而陽燧見日則得火，方諸見月則得水，奚爲感化相通如此其速哉！何況近存身，切在於心胸！身中自有水火，心中自有藥材，得不回光返照，以求其感化之妙乎！乃若八月十五月明之夜，深山之兔結胎，滄海之蚌結珠，抑何爲感化相通，如此其妙哉！人生天地間，爲萬物之靈，反不能盜天地，奪造化，曾兔、蚌之不若？學仙者，亦嘗於此致意否乎！大抵陰陽得類，自然感化，今魏公以陽燧取火，方諸取水爲證，欲使學者潛心内觀，於無中生有，其感化亦如是也。《還丹篇》云：二氣纔交甘雨降，兩神相會玉漿流，信有之矣。夫鑑之與珠，皆光明瑩潔之物，表裏透徹無纖毫痕瑕，故能拘日月之光，聚爲一粟之明，雖寥廓至遠，隨即感應。然而定則聚，聚則有；動則散，散則無。人能虛心凝神，泰然内定，無一毫之雜想，以吾自己日月聚光不散，久之氣定時正，自有奇效。要之，至道不遠，恆在目前，亦猶磁石吸鐵，隔礙潛通，極爲切近。但世人迷而忘返，不能求之於内爾！甯玄子詩云：慇懃好與師資論，不在他途在目前。又云：當時一句師邊得，密密垂簾子細看。可謂切近之甚矣。

耳目口三寶，固塞勿發揚。

《陰符經》云：九竅之邪，在乎三要。何謂三要？耳、目、口是也。今魏公以三要爲三寶，而曰固塞勿發揚者，欲修鍊之士斂耳目之聰明，緘喉舌之眞氣，盡收歸裏，不放出外，如寶貝之珍藏也。豈不見釜甑炊米，關蓋密於上，薪火然於下，外無纖毫之罅隙，内有熱氣之盤鬱，俄頃之間，米皆蒸熟爲飯。今夫入室修鍊，須是收視返聽，閉口含津，勿使纖毫眞氣漏泄，然後至藥滋生，大丹成熟。若使耳爲聲引，目爲色牽，重樓浩浩而出，三者皆發揚而無餘，何還丹之可求哉？

眞人潛深淵，浮游守規中。

眞人，即元神也。深淵，即大淵也。異名衆多，今試舉而言之曰：泥丸宫，流珠宫，玉清宫，紫清宫，翠微宫，大微宫，太一宫，太玄關，玄門，玄宫，玄室，玄谷，玄田，砂田，第一關，都關，天關，天門，天谷，天田，天心，天輪，天軸，天源，天池，天根，天堂，天宫，乾宫，乾家，交感宫，離宫，神宫，神室，神關，神京，神都，玄都，故都，故鄉，故丘，故林，故宫，紫府，紫庭，紫金城，紫金鼎，朱砂鼎，汞鼎，玉鼎，玉室，玉京，玉宇，瑶峯，第一峯，最高峯，祝融峯，崐崘頂，崆峒山，蓬萊，上島，上京，上宫，上玄，上元，上谷，上土釜，上丹田。其名雖衆，其實則一也。《翠虛篇》云：天有七星地七寶，人有七竅權歸腦。《大古集》云：金丹運至泥丸穴，名姓先將記玉都。是故帝一回元之道，泝流百脈，上補泥丸，腦實則神全，神全則形全也。今魏公謂：眞人潛深淵，浮游守規中者，隨眞息之往來，任眞氣之升降，自朝至暮，元神常棲於泥丸也。《黄庭經》云：子欲不死修崐崘。《靜中吟》云：我修崐崘得眞訣。《復命篇》云：會向我家家裏，栽培一畝天田。《還元篇》云：悟道顯然明廓落，閑閑端坐運天關。此乃至簡至易之道，但撥動頂門關捩，而勻勻地，默默舉，三宫自然升降，百骸萬竅自然通達，有如萬斛之舟而惟用一尋之木，發千鈞之弩而惟用一寸之機，且是不費絲毫力，但昧者自不信爾，或存老君在泥丸宫中而默朝之，又畫蛇添足矣。

旋曲以視覽，開闔皆合同。爲己之軸轄，動靜不竭窮。

《皇極經世書》云：天之神栖於日，人之神發於目。大矣哉，人之神發於

目也。生身處，此物先天地生；沒身處，此物先天地沒。水、火、木、金、土之五行攢簇於此，肝、心、脾、肺、腎之五者鍾靈於此，唾、涕、精、津、氣、血、液之七物結秀於此。其大也，天地可容，其小也，纖塵不納。玆非吾一身中之大寶也歟！《內指通玄祕訣》云：舍光便是長生藥，變骨成金上品仙。又云：撮聚雙睛在眼前，燒成便可點金仙。如此直指示人，而學者猶或未悟，何其昧之甚耶！蓋三宮升降，上下往來，無窮無已，猶車之有輪也；其運用在心，猶輪之有軸；也其鈐鍵在目，猶軸之有轄也。《金華詩》云：仙童唯守洞門立，三島眞人長往還。其説是也。

離氣內榮衛，坎乃不用聽。兑合不以談，希言順鴻濛。三者既關楗，緩體處空房。

離氣內榮衛者，收目內視而光不露也。坎乃不用聽者，返耳內聽而聰不泄也。兑合不以談，希言順鴻濛者，安閑心曲冷如灰，默默無言護聖胎也。三者既如此關楗，又當緩體處於空房，斯可以爲修鍊也。緩體者，舒徐容與，無勞爾形也。處空房者，入靜室也，其中不著他物，惟設一香一燈，一几一榻而已。坐處不欲太明，太明則傷魂，不欲太暗，大暗則傷魄，蓋魂好明，魄好暗，明屬陽，暗屬陰，是故《翠虛篇》謂：室宜向木對朝陽，兑有明牕對夕光。而又謂：莫息明燈并百和也。且夫入靜室修鍊，乃一至大因緣，誠非細事。豈不見《悟眞篇》云：此道至神至聖，憂君分薄難消。是豈無德行者所能妄覬也哉！然靜室亦不必拘以山林，或在塵中，或居道鄉，但得所託，無往不可。或疑《悟眞篇》記有通邑大都，依賴有力者之語，蓋以大藥未成，難當寒暑，於一年之內，四季要衣，眞氣未完，而尚有飢渴，於一日之內，三餐要食。如伍達靈之得張、程二友，張紫陽之得馬、陸二公，王沖熙之得富韓公，李長源之得筠陽親舊，於是咸底厥成。實爲周天火候，須用一片功夫，不可間斷，必得同志有力者，爲之保護、供給、服事，俾免飢寒困苦之竊其氣，乃可以專志修鍊也。陰眞君《金液還丹歌》云：不得地，莫妄爲。《悟眞篇》云：命寶不宜輕弄，得斯道之正傳者，當自知之。

委志歸虛無，念念以爲常。

委志歸虛無者，心無雜念，意不外遊，而鎮日翫眞空也。念念以爲常者，念念相續勿令間斷，而長將氣度隨天道也。或疑此法與禪學稍同，殊不知金丹於無中生有，養就嬰兒，蓋非塊然面壁，槁木死灰之謂也。《白紫清語録》云：修丹口訣，第一是聚氣凝神。常常握固即聚氣，念念守默即凝神。學者若徒知無心無念，而不知聚氣凝神則墮於頑空，又安得胎仙之成也？

證驗自推移，心專不縱橫。

修鍊有三分功夫，則有三分證驗，有十分功夫，則有十分證驗。若能勤而行之，夙夜不休，以至百日功靈，則兩腎如湯煎，膀胱如火然，目有神光，耳有靈響，鼻有異香，口有甘津，此身融融液液，證驗逐日推移，所貴乎心專而不可縱橫者，實恐燭理未透，而於靜定中似夢非夢之際，或爲魔境之所攝也。《指玄三十九章》云：不可著他境物去，一心專守虎龍蟠。其説是已。丁靈陽《心性訣》云：若靜中抑按功深，或是忽見仙佛鬼神，樓臺光彩，一切境界見於目前，大不得起心生於憎愛。師又云：自己性中空廓，任他千變萬化，大抵一心無動，萬邪自退。但心火不生，則神氣相聚，子母相守，自然水火既濟，水見火而自然化爲氣，上騰薰蒸關竅，無所不至。自然百脈調攝，四大沖和，謹慎守之，道自相契。王栖雲《盤山語録》云：修行之人，靜中境界甚有多般，皆由自己識神所化，因靜而現，誘引心君，豈不聞古人云：凡所有相，皆是虛妄。心欲遣識，識神尚在，便化形象，神頭鬼面，惑亂心主。若主不動，見如不見，體同虛空，無處捉摸，自然消散。關尹子云：人之平日，目忽見非常之物者，皆精有所結而使之然；人之病日，目忽見非常之物者，皆心有所歉而使之然。苟知吾心能於無中示有，則知吾心能於有中示無，但不信之，自然不神。或曰：厥識既昏，孰能不信？我應之曰：如捕蛇師，心不怖蛇，彼雖夢蛇，而無畏怖，故黄帝曰：道無鬼神，獨往獨來。即此諸説觀之，則知魏公所謂心專不縱橫，誠爲修鍊者之要端也。

寢寐神相抱，覺悟候存亡。

精生有時，時至神知；百刻之中，切忌昏迷。須是行、住、坐、臥，綿綿若存，如雞抱卵，煖氣不絶，方可謂之修鍊。至於眞積力久，功夫純熟，晝夜如一，更無夢覺之異，雖當寢寐之間，神亦不昧，而精生之時，神與天通，雖不待喚醒，亦不覺悟，夏雲峯云：自然時節，夢裏也教知是也。今魏公謂：寢寐神相抱，覺悟候存亡，欲修鍊之士常惺惺也。蓋金丹大藥由神

氣交結而成，乃是無質生質，結成聖胎，辛勤保護十月，如幼女之初懷孕，似小龍之乍養珠。蓋神氣始凝結，極易疎失，寢寐之際，須當與神相抱，切不可昏迷而沉於夢境。覺悟之後，惟恐火冷而丹力或遲，故必候其存亡。要在一日十二時中，無晝無夜，念茲在茲，然後功夫純粹而藥材不至消耗，火候不至虧闕，焉可須臾離哉！

顔容寖以潤，骨節益堅强。

顔容寖以潤骨，節益堅强者，至寶藴於中，自然精華發於外，亦猶玉在山而木潤，淵生珠而崖不枯也。

辟卻衆陰邪，然後立正陽。

《悟眞篇》云：群陰剥盡丹成熟，跳出樊籠壽萬年。夫人之一身，徹上徹下，凡屬有形者，無非陰邪滓濁之物。神仙修鍊之法，蓋是無中生有，奪天地一點眞陽結成丹頭，於是晝夜運火，鍊去陰氣，鍊之十月而胎圓，三年而功成，然後體變純陽，化形而仙也。

修之不輟休，庶氣雲雨行。淫淫若春澤，液液象解冰。從頭流達足，究竟復上升。往來洞無極，佛佛被谷中。

《內指通玄祕訣》云：晝夜無休作大丹，精華透頂百神攢。蓋一年處室，夜以繼日，功夫不輟，自然效驗顯發。其和氣周匝於一身，溶溶然如山雲之騰太虛，霏霏然似膏雨之遍原野，淫淫然若春水之滿四澤，液液然象河冰之將欲釋，往來上下，百脈沖融，被於谷中，暢於四肢，拍拍滿懷都是春，而其狀如微醉也。《入藥鏡》云：先天氣，後天氣，得之者，常似醉。《靈光集》云：顛倒循環似醉人，不憂不喜內全眞。是皆丹功之靈驗也。丁靈陽《回光集》云：若一念無生，則自然丹田氣海之內，大陰之精度過尾閭穴，把夾脊雙關，風府泥丸，返下明堂鼻柱，入於華池，化爲甘津，嚥下重樓，澆灌五臟六腑，至丹田上下流轉，充盈四大，周而復始，無不遍矣。如其朝行暮輟，用志弗專，又安能進於是哉！

反者道之驗，弱者德之柄。

反者，反復也。《道德經》云：致虛極，守靜篤，萬物並作，吾以觀其復。蓋修丹效驗，出乎虛之極，靜之篤，與天地冥合，然後元氣從一陽而來復。若使虛不極，靜不篤，則爲山九仞，功虧一簣，從何而得效驗哉！弱者，柔弱也。《道德經》云：專氣致柔，能如嬰兒乎？蓋修丹本柄，在乎持其志，無暴其氣，如嬰兒之柔弱方可，若使志無所守，氣無所養，則所得未錙銖，所喪已山崖，將何以爲本柄哉！

芸鋤宿汙穢，細微得調暢。

諸慮既息，則百骸俱理，兇氣消散，則道氣常存。譬如農夫之務去草焉，芟夷藴崇之，絶其本根，勿使能殖，則善者伸矣。今夫神仙之修丹，芸鋤宿穢，驅遣鬼屍，安靜六根，空其五藴，於正念中清靜光明，虛白晃耀，乃得五臟清涼，六腑調泰，三百六十骨節，無有滯礙，八萬四千毫竅，皆通暢也。

濁者清之路，昏久則昭明。

《翠虛篇》云：精神冥合氣歸時，骨肉融和都不知。當斯之時，三田氣滿，恍然如在醉夢中，得不謂之昏濁乎？學者到此境界，切不可放倒，當知昏久則必明，濁久則必清，迨夫時至氣化而九天音信散胚腪，則神水湛湛華池靜，白雪紛紛飛四山，七寶樓臺十二層，樓前黃花深可觀，分分朗朗，盡見於恍惚之間，豈終於昏濁而已哉。

《周易參同契發揮·卷之七》 世人好小術，不審道淺深。棄正從邪徑，欲速閼不通。猶盲不任杖，聾者聽宮商。没水捕雉兔，登山索魚龍。植麥欲穫黍，運規以求方。竭力勞精神，終年不見功。

金丹大道，以積精累氣而成，斷不可以一蹴到也。片餉結胎，百日立基，一年入室，三年鍊養，自有節次功夫。決無今日遇師，明日便能升仙之理。奈何世之學者，往往惑於道聽塗說，不審道之淺深，不擇師之邪正，務求速效，惟好小術。或知其一，不知其二；或得其體，不得其用；局於偏見，自以爲足；甚至張皇邪說，而反謗正道；穿鑿眞經，以取信末學；妄以授妄，迷以傳迷。如此者多矣！間有聰明之士，則又不肯屈己參訪，惟鑽尋故紙以望得悟，何異盲者之不任杖哉！其愚暗之人不通至理，强以臆說，紐合丹書，何異聾者之聽宮商哉！乃若以臍內爲玄關，此猶捕雉兔而入水者也。以兩目爲華池，此猶索魚龍而登山者也。他如學採戰以望不死，坐頑空而覬長生，豈非植麥欲穫黍者乎？運規以求方者乎？是皆執迷不悟，空費心力，遂至皓首茫然，迄無成效，惜哉！

欲知服食法，至約而不煩。

《指玄三十九章》云：內裏明來是至眞，外邊入者即非親。謂丹在身中，不必求之外也。今魏公乃有服食之說，得非丹自外來而吞入口歟？曰：

非也。丹生於坎中，因火逼而出位，遍歷三宮，降而入口，故曰：服食也。至約而不煩者，口訣至簡至易也。夫既謂之至簡至易，則《參同契》不作可也，何爲連編累牘，黝黈而不已耶？又嘗見《悟眞篇》云：大丹之法，至簡至易，雖愚暗小人行之，立超聖地。而又云：鍊金丹者，須洞曉陰陽，深達造化。何耶？吁，有說矣！蓋愚暗小人，心無忖量，易於取信，暨有所遇，則徑直奉行，雖無講明亦可。聰明之士則不然，見聞既廣，疑慮常多，有一未明，必欲窮究而後已，苟不使之洞究陰陽造化之原，彼將中道生疑，一爲旁門近似之說所撼，則未免投杼下機，而反謂吾道之不眞矣。此所以不得不爲之講明也。然則魏公之作是書也，雖欲不鄭重其辭，其可得乎？

太陽流珠，常欲去人。卒得金華，轉而相因。化爲白液，凝而至堅。

太陽流珠，乃靈汞也。《靈源大道歌》云：此物何曾有定位，隨時變化因心意，在體感熱則爲汗，在鼻成風則爲涕，在腎感合則爲精，在眼感悲則爲淚。可見其常欲去人也。金華，即眞鉛也。汞得眞鉛則轉而相依，自然不飛不走，留戀於內，而化爲金液，凝而至堅也。

金華先倡，有頃之間。解化爲水，馬齒闌干。陽乃往和，情性自然。

眞鉛生於坎位，先液而後凝，凝作黃芽，故有馬齒闌干之喻。《翠虛篇》云：丹頭只是先天氣，鍊作黃芽發玉英，是也。夫鉛，乃君也；汞，乃臣也。鉛先動，汞應之，猶君倡而臣和也。鉛屬金，汞屬木，木性愛金，金情戀木，陰陽得類，自然感合也。

迫促時陰，拘畜禁門。

迫促時陰者，時節正時須急採也。拘畜禁門者，採得歸來爐裏煅也。《還源篇》云：但要合天機，誰識結丹處。何謂合天機？迫促時陰是也。何謂結丹處，拘畜禁門是也。法當迫近陰極之時，迎一陽初動之機以進火，不可過之，亦不可不及，此之謂迫促時陰也。進火之際，促百脈以歸源，窮九關而徹底，君火、相火、民火皆拘聚於黃宮而煅成至寶，此之謂拘畜禁門也。《入藥鏡》云：天地靈，造化慳。苟非迫促時陰，拘畜禁門，安能盜其機哉！

慈母育養，孝子報恩。嚴父施令，教敕子孫。

眞鉛之生也，孕於坤母之胞，猶慈母之育養也。迨夫飛上乾宮擒制眞汞，與眞汞交結而成丹。則又復回於坤母之舍，此即孝子之報恩，慈烏之反哺也。然非炎火爲之猛烹極煅，則眞鉛不能飛起。此嚴父所以施教敕之令也。《玉芝書》云：鉛不得火則不飛，汞不得鉛則不結。蓋有細微之旨，豈可以容易言哉！

五行錯王，相據以生。火性消金，金伐木榮。

金生水，木生火，此常道之順五行也。今以丹法言之，則木與火爲侶，火反生木；金與水合處，水反生金，故曰：五行錯王，相據以生也。火性銷金者，運南方離宮之火，以鍊北方水中之金也。金伐木榮者，運北方水中之金，以制南方火中之木也。

三五爲一，天地至精。可以口訣，難以書傳。

三者，水一，火二，合而成三也。五者，土也。三五爲一者，水、火、土相與混融，化爲一氣也。斯時也，玄黃相雜，清濁未分，猶如天地渾沌之初。少焉，時至氣化，無中生有，則窈窈冥冥生恍惚，恍恍惚惚結成團，而天地之至精孕於其中矣。屈突神和云：若明三五一，且作地行仙。其妙須是口傳心授，難以盡形於毫楮也。

子當右轉，午乃東旋。卯酉界隔，主客二名。

子當右轉者，自西方轉於子位，而虎向水中生也。午乃東旋者，自東方轉於午位，而龍從火裏出也。子午，即南北也；南北，即水火也。卯酉，即東西也；東西，即金木也。右轉左旋，一伏一起，則水火相交，金木不間隔矣。《還元篇》云：輪回玉兔與金雞，道在人身人自迷。滿目盡知調水火，到頭幾箇識東西。蓋東西之與卯酉，皆金木之異名，即非天地方位，亦非人身左右，然又不可舍吾身而索之他也。嗟夫！近來世上人多詐，盡著布袍稱道者，問他金木是何般，噤口不言如害啞。苟非遇師眞指授，則徒自臆度而已，終亦莫能知也。

龍呼於虎，虎吸龍精。兩相飲食，俱相貪併。

龍，南方離龍也；虎，北方坎虎也。作丹之時，驅龍下呼於虎，虎乃吞吸龍精，一呼一吸，兩相飲食，於是併合爲一。《指玄三十九章》云：若解相吞歸一處，神仙頃刻不勞功。其法至神聖，極容易，但恐學者不識龍虎爲何物爾。

熒惑守西，太白經天。殺氣所臨，何有不傾。

熒惑守西者，火入金鄉也。太白經天者，金過南方午位而出現也。作丹之時，運神火照入金鄉，金被火逼，遂飛騰而起，現於南方。《還金篇》云：沉歸海底去，抱出日頭來，是也。金，即眞鉛也。殺氣所臨，何有不傾者，眞鉛飛上擒眞汞，眞汞自出投眞鉛。元陽子《大道歌》云：白虎自兹相見後，流珠那肯不相從，是也。

貍犬守鼠，烏雀畏鸇。各得其性，何敢有聲。

神入氣而爲胎，如貍犬之守鼠。藥得火而成丹，如烏雀之畏鸇。由其物類相制，一見則自然降伏，此所以不敢作聲也。

不得其理，難以妄言。竭殫家産，妻子飢貧。自古及今，好者億人。訖不諧遇，希有能成。廣求名藥，與道乖殊。

《還金篇》云：不達陰陽祖，徒勞更議玄。況乎不得其理，又安可以臆見妄言哉？夫自古及今，好者億人，廣求名藥，與江湖藝客往來，盡費家財，使兄弟妻子離散，乃至終身訖不諧遇，而舉世希有能成，何也？蓋其入門差錯，而與道乖殊，不遇明師，而未燭厥理故也。

如審遭逢，睹其端緒。以類相況，揆物終始。

旁門小術，其法繁難，易遇而難成。金丹大道，其法簡易，難遇而易成。如審遭逢，睹其端緒，即物類以相況，揆物理之終始，則天地之間形生氣化，洪纖高下，有情無情，頭頭是道，皆可觸類而長之也。有如鶴鳴夜半，雞唱五更。其故何也？蓋與天地之氣相應也。他如寒蟬之吸風，犀牛之望星，老蚌之含月，頑石之懷玉，蝶翅之開闔，螢焰之明滅，猫睛之舒斂，鹿尾之逆運，龜之納息，鼇之射影，風袋之鼓風，水滴之吸水，磁石之引針，琥珀之拾芥，桔槔轆轤之運水，菖蒲稻花之凝露，蛇之入蟄，魚之在水，蜣蜋之轉丸，蠮螉之呪子，雞之抱卵，兔之懷胎，牛之有黄，龍之有珠，梅核之生仁，甜瓜之脱蒂，與夫芭蕉春風之機，梧桐秋雨之秘，碧潭之夜月，青山之暮雲，無非金丹法象。張紫陽謂：鍊金丹者，須洞曉陰陽，深達造化，豈不信哉！

五行相克，更爲父母。母含滋液，父主稟與。

丹法之要，莫大乎五行，五行之妙，無出於坎離。坎爲水，金水合處而水中有金；離爲火，木火爲侶而火中有木，是爲四象。加以坎納戊土，離納己土，是爲五行，《悟眞篇》云：震龍汞出自離鄉，兑虎鉛生在坎方。二物總因兒産母，五行全要入中央。又云：離坎若還無戊己，雖含四象不成丹。只緣彼此懷眞土，遂使金丹有返還，其説明矣。丹法以火鍊金，以金伐木，火盛則水沃之，水盛則土遏之，是謂五行相克。金生水，水乃金之子，而水中生金；木生火，火乃木之子，而火中生木，是謂更爲父母。父，猶天也；母，猶地也。天氣降而至於地，地受之而成生育之功，故曰：母含滋液，父主稟與。《赤龍大丹訣》云：父精母血結胎成，尚似他形似我形。身内認吾眞父母，方纔捉得五行精。修鍊之士，能以自己之天交自己之地，以自己之五行攢簇於其内，則相吞相啗卻相親，始覺無中有孕，而結成聖胎也。

凝精流形，金石不朽。

五行之精凝結於天地間，或爲金，或爲石，歷千百載而不朽。人能反身而求之，以吾自己五行之精，凝結成寶，則將與天地相爲無窮，金石奚足多哉！

審專不泄，得成正道。

專者，謝絶人事，一心修鍊，念兹在兹而用志不分也。不泄者，終日默默，如雞抱卵，神若出便收來，常在腔子之内也。審如此，則功夫純粹，藥材不至銷耗，火力不至間斷，道乃成矣。昧者惑於下術，乃謂手按尾閭，閉其淫泆感合之穢物，謂之不泄。不思，精雖不泄，神氣蓋已去矣，徒留其底滯撓敗之物積於腰間，以成奇僻之疾，何其昧也如此！《楞嚴經》云：若不斷淫，修禪定者，如蒸沙石欲其成飯，經百千劫只名熱沙。況此金丹大道以性命兼修，宜如何耶？《翠虚篇》云：若欲延年救老殘，斷除淫慾行旁門。果將留形永住世，除非運火鍊神丹。學者其審思之。

立竿見影，呼谷傳響。豈不靈哉，天地至象。

立竿而影見，呼谷而響傳，蓋未有感而不應者也。乃若日月懸象於當天，取火則火生，取水則水至，感應如此，其速豈不至靈也哉？然天下莫不見而莫能知也。《翠虚篇》云：日烏月兔兩輪圓，根在先天採取難。月夜望中能採取，天魂地魄結靈丹。學者誠能盜天地之機於日月相望之夜，以自己日月交光於中央，則内眞外應，丹自來而和他，日月被烹煎矣。

若以野葛一寸、巴豆一兩，入喉輒僵，不得俯仰。當此之時，雖周文揲著，孔子占象，扁鵲操針，巫咸扣鼓，安能令蘇，復起馳走。

野葛、巴豆，草藥中之至毒者也。若以野葛啗至一寸，巴豆服至一兩，即時僵仆，雖周文、孔子爲之揲蓍占象，扁鵲、巫咸爲之操針、扣鼓，亦不能使之復蘇矣。然而今人但信毒藥入口能使人速死，而不信靈丹入口能使人長生，是何？不思之甚歟！

河上姹女，靈而最神。見火則飛，不見埃塵。鬼隱龍匿，莫知所存。將欲制之，黄芽爲根。

眞汞産於離，離爲女，居午。以分野言之，午爲三河，故稱河上姹女。究其所從來，蓋由虚心凝神而得之，實自心中出，是以謂之靈汞，又謂之神汞。其性猛烈，見火則飛走無蹤，猶如鬼隱龍匿，莫知所存。非用黄芽爲根，何以制之？黄芽，即眞鉛也，汞得眞鉛擒制交結，然後不能飛走，此所以用之爲金丹之根也。

物無陰陽，違天背原。牝雞自卵，其雛不全。夫何故乎？配合未連。三五不交，剛柔離分。

一陰一陽謂之道，偏陰偏陽謂之疾。譬之牝雞不牡而自卵，則其無雛必矣！何者？獨陽不生，獨陰不成也。《悟眞篇》云：莫把孤陰爲有陽，獨修一物轉羸尪。勞形按引已非道，鍊氣餐霞更是狂。舉世謾求金汞伏，何時得見虎龍降。勸君窮取生身處，返本還源是藥王。人能回光返照，以吾自己陰陽交媾於內，則剛柔配合，三五歸一，何必他求。《還源篇》云：自家燮理內陰陽。《玉芝書》云：陰陽非採他人物。《還丹篇》云：陰陽須採自家眞，豈可外吾身而求之他哉？《翠虚篇》云：寧可求師安樂法，不可邪淫採精血。古云：天地悉皆歸，須學無爲清靜訣。蓋金丹者，清靜無爲之道也。或者溺於邪僻之説，以爲金丹必用婦人，惑之甚矣！

施化之道，天地自然，猶火動而炎上，水流而潤下。非有師導使其然者，資始統政，不可復改。

天地之施化，水火之炎潤，此豈人力使之，乃自然而然爾！吾身自有天地，自有水火，其施化炎潤，亦豈人力使之？皆不過自然而然爾！《指玄篇》云：必知會合東西路，切在沖和上下田。蓋人之一身，法天象地，首即天也，腹即地也。但潛神內守而勿忘勿助，調勻鼻息而勿縱勿拘，自然一闔一闢，一稟一受，與天地施化之道無異。若夫時至氣化，機動籟鳴，則火從臍下發，水向頂中生，其妙自有不期然而然者，初不在勞神用力而後得也。是道也，乃天造地設，一定而不可易者也。魏公恐學者不明身中之陰陽上下，遂以天地之施化，水火之炎潤爲喻，可謂詳且明矣。

觀夫雌雄交媾之時，剛柔相結而不可解。得其節符，非有工巧以制御之。

《全眞集》云：氣調神定呼交媾。《翠虚篇》云：譬如夫婦交媾時，一點精血結成嬰。蓋金丹之所謂交媾，乃陰陽內感，神氣交結。曰雌雄，曰夫婦，皆譬喻也。《還源篇》云：神氣歸根處，身心復命時。這般眞孔竅，料得少人知。當其神入氣中，氣與神合，得其節符，眞有剛柔相結而不可解之狀。又豈有工巧以制御之，但見其然而然，吾亦不知其所以然而然，妙哉，妙哉！

若男生而伏，女偃其軀。稟乎胞胎，受氣之初。非徒生時，著而見之；及其死也，亦復效之。此非父母教令其然，本在交媾，定制始先。

儲華谷《松疑説》云：闢氣爲男，闔氣爲女，一闔一闢，男女攸分。李玉谿註《心印經》云：男女稟受同也，但感合先後而分陰陽爾！蓋陽氣聚面，故男子面重，生時必伏；陰氣聚背，故女子背重，生時必仰。豈獨生時爲然，其死也亦然。故男子溺死必伏，女子溺死必仰，走獸溺死，伏仰皆然，此豈父母教其若是？蓋於受氣之初，一闢一闔，一先一後，已定之也。今魏公講明清靜之道，乃及於男女之伏仰何也？曰：無他，欲學者洞明吾身之陰陽上下，而知造化自然之理而已。

坎男爲月，離女爲日。日以施德，月以舒光。日改月化，體不虧傷。陽失其氣，陰侵其明。晦朔薄蝕，奄冒相包。陽消其形，陰淩生災。

乾之中爻交於坤而成坎，於是坎爲中男；坤之中爻交於乾而成離，於是離爲中女。然則離本乾體，其中爻乃坤畫，陽中有陰，故有日之象；坎本坤體，其中爻乃乾畫，陰中有陽，故有月之象。《悟眞篇》云：離居日位反爲女，坎配蟾宫卻是男。不會箇中顛倒意，休將管見事高談。此蓋身中之陰陽顛倒，學者誠未可以淺見窺也。夫日以施德，夫道也；月以舒光，婦道也。今以月爲坎男，則是婦爲男矣；以日爲離女，則是夫爲女矣，此其爲顛倒也。而所以日改月化，體不虧傷者，由陰陽之相資也。夫日月之食，數之交也，日望月則月食，月掩日則日食，是故日食於朔，月食於望。然而有食，有不食者，交則食，不交則不食也。今魏公舉日月二者比喻丹

道，而拳拳於晦朔薄蝕，其意蓋有在矣。學者得不回光返照，尋吾身中之日月，求吾身中之晦朔哉！《上清集》云：因看斗柄運周天，頓悟神仙妙訣。一點眞陽生坎位，點卻離宮之缺。自古乾坤，這些離坎，日月無休歇。今年冬至，梅花依舊凝雪。先聖此日閉關，不通來往，皆爲群生設。物物總含生育意，正在子初亥末。造物無聲，水中起火，妙在虛危穴。如今識破金烏，飛入蟾窟。如此直指天機，顯陳道要，益足證魏公之言，昭昭乎，不我欺也。

男女相須，含吐以滋。雌雄錯雜，以類相求。

男女、雌雄，皆吾身中陰陽二物也。二物氣類相得，自然一吐一含，交結成胎。《上清集》云：自家身裏有夫妻，說向時人須笑殺。是道也，學者當以清靜無爲求之，不可以邪見喻也。

金化爲水，水性周章。火化爲土，水不得行。

金生於坎宮，氣而已矣。蓋未化爲水也，因太陽眞火伏烝於其下，遂鎔化爲水，水性周章，沛然孰能禦之！然火勢既極，則又化而爲土。火化爲土則土尅水，水見土則止，故不得行也。

故男動外施，女靜內藏。溢度過節，爲女所拘。魄以鈐魂，不得淫奢。

《入藥鏡》云：水能流，火能燄，在身中，自可驗。是故調和鉛汞要成丹，不可溢度過節。今夫坎男動而施於外，離女靜而藏於內，一或溢度過節，則離女從而拘鈐之，庶幾魂魄相制，而不致乎淫奢也。

不寒不暑，進退合時。各得其和，俱吐證符。

採藥時調火功，不得疾，不得緩，但欲其和平而交媾爾！《復命篇》云：剛柔相會氣均勻，妙在無傷兌、震。大要以和爲貴也。

丹砂木精，得金乃并。

元陽子《大道歌》云：欲識丹砂是木精，移來西位與金并。蓋汞性飛走，最難降伏，惟投入於鉛爐之內，與鉛相合，然後不飛不走也。

金水合處，木火爲侶。四者渾沌，列爲龍虎。龍陽數奇，虎陰數耦。

天一生水，位居北，其象爲玄武；地二生火，位居南，其象爲朱雀；天三生木，位居東，其象爲青龍；地四生金，位居西，其象爲白虎。四者各居一方，各爲一象，本不相涉也。今曰金水合處，木火爲侶者，陽龍元自離宮出，陰虎還從坎位生也。夫既各爲一象，則當舉四象而並稱之。今乃不言朱雀、玄武，而獨以龍虎言之者，南北爲經，東西爲緯也。夫所謂金水合處者，以西四白虎之金，降入水中也；木火爲侶者，以東三青龍之木，升入火中也。此所以金不在西，而與水合處於北；木不在東，而與火爲侶於南。白虎變爲黑虎，青龍化爲赤龍也。蓋金水木火之四者，聚而爲一，則渾渾沌沌，如太極之未分；列而爲二，則震龍汞出自離鄉，兌虎鉛生在坎方。張紫陽深得其旨，遂一言以蔽之曰：四象不離二體。後之學者，不知四象果爲何物，或以眼、耳、鼻、舌爲四象，或以肝肺爲龍虎，體認既差，源流益別，又安識四象不離二體之妙哉？

肝青爲父，肺白爲母。心赤爲女，脾黃爲祖。腎黑爲子，子五行始。三物一家，都歸戊己。

《翠虛篇》云：肝、心、脾、肺、腎、腸、膽，盡是空屋舊藩籬；唾、涕、精、津、氣、血、液，只可接助爲階梯。今魏公乃以五臟言，何也？曰：非用五臟也，特借五臟以比喻五行爾。蓋肝青脾白，言金木也；心赤腎黑，言水火也。金生水，木生火，故以肝肺爲父母，心腎爲子女。而金木二者又從土中生，故以脾爲祖也。夫既腎爲子矣，而以爲五行之始，何也？曰：腎屬水，水數一，一日之氣起於子，生於腎，然後傳及肝、心、脾、肺也。然而肝、心、脾、肺、腎之五者，不名爲五臟，而名爲三物，又何也？曰：金水合處，木火爲侶，與中央戊己之土合而成三也。蓋四象五行全藉土，若無戊己不成丹，此其所以三物一家，都歸戊己也。

剛柔迭興，更歷分部。龍西虎東，建緯卯酉。刑德並會，相見懽喜。刑主殺伏，德主生起。二月榆死，魁臨於卯。八月麥生，天罡據酉。子南午北，互爲綱紀。

剛柔迭興者，二氣相資運轉也。更歷分部者，周流經歷諸辰也。龍西虎東，建緯卯酉，刑德並會，相見懽喜者，象緯一動而卯酉相加，金木不間隔也。刑主殺伏者，沉歸海底，如秋氣肅殺，斂萬物以入也。德主生起者，般上南溟，如春氣發生，暢萬物以出也。二月榆死，魁臨於卯者，二月建卯，而月將爲河魁，河魁屬戌，而戌中有辛，榆死於此月，由辛金之殺氣，臨於卯也。八月麥生，天罡據酉者，八月建酉，而月將爲天罡，天罡屬辰，而辰中有乙，麥生於此月，由乙木之生氣，據於酉也。子南午北，互爲綱紀者，

日行西陸謂之春，而二月卯時，西陸在東，北陸在南；　日行東陸謂之秋，而八月酉時，東陸在西，南陸在北也。蓋南北爲天地之經，東西爲天地之緯，鼎中魁罡一轉，則龍走西，而虎走東，子在南而午在北，與二八月卯酉之造化無異，故《悟眞篇》謂：　兔雞之月及其時，刑德臨門藥象之也。象也者，像此者也。魏公設此象以示人，其理儘自明白，奈何執文泥象者，往往只就紙上搜索，更不去身中尋思，於是迷迷相引，而無有出期。殊不知魏公所謂龍西虎東，子南午北，即吾身之天地反覆也。若能曉悟吾身天地反覆之妙，則東西之所以建緯，南北之所以互爲綱紀，皆可默會其機矣，又何用區區向外尋也哉！

一九之數，終而復始。

一九之數，即戴九履一之數也。終而復始者，自一而九，自九而一，往來上下，周流不息也。

含元虛危，播精於子。

含元虛危者，日到虛危夜夜同，而元氣胚胎於此也。播精於子者，子時氣到尾閭關，而眞精至此而生也。金丹之妙，含元於先天，播精於後天。何謂先天？　寂然不動，窈窈冥冥，太極未判之時是也。何謂後天？　感而遂通，恍恍惚惚，太極已判之時是也。先天惟一氣爾，後天然後化爲眞精也。《翠虛篇》云：　半斤眞汞半斤鉛，産在虛無太極先。須趁子時光採取，鍊成金液入丹田。其說是已。蓋所請虛危者，亥子之間，陰極陽生之時也。子時者，一陽動處是也。過此以往，則有一子母分胎路，妙在尾箕牛斗女。非洞曉吾身之陰陽，深達天地之造化，疇克知此哉！

關關睢鳩，在河之洲。窈窕淑女，君子好逑。雄不獨處，雌不孤居。玄武龜蛇，蟠虯相扶。以明牝牡，見當相須。假使二女共室，顔色甚姝，令蘇秦通言，張儀結媒，發辯利舌，奮舒美辭，推心調諧，合爲夫妻，弊髮腐齒，終不相知。若藥物非種，名類不同，分劑參差，失其紀綱，雖黄帝臨爐，大乙執火，八公擣鍊，淮南調合，立宇崇壇，玉爲階陛，麟脯鳳腊，把籍長跪，禱祝神祇，請哀諸鬼，沐浴齋戒，妄有所翼，亦猶和膠補釜，以硇塗瘡，去冷加冰，除熱用湯，飛龜舞蛇，愈見乖張。

金丹大道，一陰一陽而已，參之人事物理，莫不皆然。今魏公取關睢淑女配君子之義，以喻身中男女之相匹；　又取玄武龜蛇蟠虯之義，以喻身中牝牡之相須。可謂廣譬曲喻，纖悉不遺矣。且如兑女艮男，上下感應以相與，則謂之咸；　離兑二女同居，其志不同行，則謂之睽。以明陰陽貴乎相得，不可以一偶也。乃若爐火煅鍊之事，亦必陰陽兩齊。儻藥物非其種類，分兩失其紀綱，雖黄帝臨爐，太乙執火，八公淮南擣鍊調合，金玉以爲壇陛，麟鳳以爲脯腊，齋戒沐浴，把籍長跪，陳青詞，拜朱章，禱爾於上下神祇，吾見其廢時亂日，勞而無功。猶如和膠泥以補破釜，以硇砂而塗惡瘡，與夫去冷而加冰，除熱而用湯，飛龜舞蛇，愈見乖張矣。或泥雄不獨處，雌不孤居之說，謂修丹不用婦人則爲寡陽，遂妄引此章，以證其邪僻之謬論，而反笑正道之迂闊，多見其不知量也。

《周易參同契發揮·卷之八》　惟昔聖賢，懷玄抱眞。

無視無聽，抱神以靜，廣成子之懷玄抱眞也；　專氣致柔，能如嬰兒，老子之懷玄抱眞也。乃若女媧氏鍊五色石以補天，冉相氏得其環中以隨成，此又列禦寇、漆園吏之丹法也。學者勿謂夙有仙骨，方可希求。要之但辦肯心，無不可者。聖賢何人哉？　予何人哉？　有爲者亦若是。志道之士，誠能發勇猛心，辦精進力，動而行之，夙夜不休，則時至而氣自化，水到而渠自成，又何患乎頑石之不爛，磨鐵杵之不爲針也哉！但恐學而不遇，遇而不得，雖得眞訣，復不能守，朝爲而夕欲其成，坐修而立望其效，升勺之利未堅，而鐘石之費相尋，根荄之據未極，而冰霜之毒交攻。如是則雖有廣成、老子爲之師，列子、莊子爲之友，亦未如之何也已矣。馬丹陽《金玉集》云：　鍊氣作生涯，怡神爲日用。常教龍虎調，不使馬猿弄。又云：觀天行大道，默然得交泰。本師傳口訣，無爲功最大。蓋古之修丹者，一念不生，萬法俱忘，澄澄湛湛，惟道是從。於靜定之中，抱沖和之氣，出息微微，入息綿綿，上至泥丸，下至命門，周流不已，神氣無一刻之不相聚。及其内丹將成，則元氣兀然自住於丹田中，與天地分一氣而治。昔者黄帝閒居大庭之館，三月内視，蓋用此道也。此道至簡至易，於一日十二時中，但使心長馭氣，氣與神合，形乃長存，與日月而周回，同天河而輪轉，輪轉無窮，壽命無極。《指玄篇》云：　但能息息皆相顧，換盡形骸玉液流。其說是已。至若呼而不得神宰，則一息不全；　吸而不得神宰，亦一息不全。要在心與息常相依，神與氣常相守，念念相續，打成一片，然後形神俱妙，與道合眞。《靈源大道歌》云：　神是性兮氣是命，神不外馳氣自定。《仙

藥集》云：　氣神相見，性住命定，蓋不可斯須少離也。常人則不然，氣雖呼吸於内，神常縈役於外，自幼而趨壯，自壯而趨老，未嘗有一息駐於形中，遂使神與氣各行而不相守，卒之宅舍空虛，堵壁頹毀，而主人不能以自存。此豈天地殺之，鬼神害之哉！　失道而自逝也。施栖眞《鍾吕傳道集》云：　所呼者，自己之元氣從中而出；　所吸者，天地之正氣自外而入。若其根源牢固，元氣不損，則呼吸之間，尚可奪天地之正氣。苟或根源不固，精竭氣弱，上則元氣已泄，下則本宫無補，所吸天地之正氣隨呼而出，身中之元氣不爲己之所有，而反爲天地之所奪。是故仙人多云：　採鍊貴及時，鼎器一敗，則不可救藥。蘇子由晚年問養生之説於鄭仙姑。仙姑曰：　君器敗矣，難以成道。蓋藥材貴乎早年修鍊，若至晚年行持，則老來精虧氣耗，鉛枯汞少，縱能用力，惟可住世安樂爾！《翠虛篇》云：　分明只在片言間，老少殊途有易難。蓋謂此也。或曰：　吕純陽五十歲而始聞道，馬自然、劉朗然皆得道於六十四歲之後，何也？　曰：　屋破修容易，藥枯生不難。但知歸復法，金寶積如山。顧吾平日所養何如爾！

服鍊九鼎，化跡隱淪。

九鼎，火候之九轉也。九轉火候數足，則變化蹤跡，憑虛御空而逍遥乎天地之間也。吕純陽《窑頭坯歌》云：　九年火候都經過，忽爾天門頂中破。眞人出現大神通，從此天仙來相賀。此之謂也。

含精養神，通德三元。

三元，上中下之三田也。含養之久，力到功深則精神内藏，和氣克周於一身，而百骸萬竅無不貫通自然，如天河之流轉。《混元寶章》云：　歲久不勞施運用，火輪水軸自回環是也。夫所謂含精養神者，外不役其形骸，内不勞其心志也。蓋神太用則歇，精太用則竭，日復一日，斲喪殆盡，而與草木俱腐，豈不大可哀乎！　是故修丹者，虛其心，忘其形，守其一，抱其靈，故能固其精，保其氣，全其神，三田精滿，五臟氣盈，然後謂之丹成。譚景升《化書》云：　悲則雨淚，辛則雨涕，憤則結癭，怒則結疽。心之所欲，氣之所屬，無所不育。邪苟爲此，正必爲彼。是以大人節悲辛，戒憤怒，得灝氣之門，所以收其根；　知元神之囊，所以韜其光。若蚌内守，若石内藏，所以爲珠玉之房。誠至論也。

精溢腠理，筋骨緻堅。

腠理，皮膚之間也。修鍊至於精溢腠理，則血皆化爲膏矣。《翠虛篇》云：　如今通身是白血，已覺四季無寒熱。蓋修鍊之功，莫大乎塡腦。腦者，髓之海。腦髓滿，則純陽流溢，諸髓皆滿，然後骨實筋堅，永無寒暑之憂也。

衆邪辟除，正氣常存。

人之所以能修鍊而長生者，由其能盗天地之正氣也。人之所以能盗天地之正氣者，由其有呼吸也。呼至於根，吸至於帶，是以能盗天地之正氣歸之於丹田也。人之呼吸，猶天地之呼吸也。《皇極經世書》云：　冬至之後爲呼，夏至之後爲吸，此天地一歲之呼吸也。張觀物註云：　冬至之後，陽長陰消，舒萬物以出，故爲呼，夏至之後，陰長陽消，斂萬物以入，故爲吸。若自日言，則子以後爲呼，午以後爲吸。天之一年、一日，僅如人之一息。是以一元之數，十二萬九千六百年，在大化中爲一年而已。今以丹道言之，一日有一萬三千五百呼，一萬三千五百吸，一呼一吸爲一息，則一息之間潛奪天運一萬三千五百年之數。一年三百六十日，四百八十六萬息，潛奪天運四百八十六萬年之數，於是換盡穢濁之軀，變成純陽之體，始而易氣，次而易血，次而易脈，次而易肉，次而易髓，次而易筋，次而易骨，次而易髮，次而易形，積九年而閲九變。然後陰盡陽純而與天地齊年，兹其爲長生超脱之道也。今魏公謂衆邪辟除，正氣常存者，晝夜運火，鍊盡陰氣，變爲純陽而正氣常存，乃能長生也。《翠虛篇》云：　透體金光骨髓香，金筋玉骨盡純陽。鍊教赤血流爲白，陰氣銷磨身自康。蓋純陽者爲仙，純陰者爲鬼，陰陽相半者爲人。人能鍊陽以銷陰，乃可以爲純陽之仙。若有纖毫陰氣煅鍊未盡，則不得謂之純陽也。

累積長久，化形而仙。

大矣哉，丹道之法天也！　難矣哉，丹功之不息也！　何以言之？《陰符經》云：　觀天之道，執天之行盡矣。夫天之所以長且久者，以其晝夜之運也。人能觀天之道，反而求之吾身，亦如天道晝夜之運，則長生久視之道實在於此，捨此更無他道也。蓋晝夜之運即天之道也。人以藐然六尺之軀，乃能法天之道而與天道同其運，則其爲道也，豈不大矣哉！《易》曰：　天行健，君子以自彊不息。夫子作象之意，欲使知道君子象天行之健也。天之所以常行而不已者，以其健爾！　健則能行之無已。君子欲其行之不息，當法乾健以自彊其志，斯可矣。蓋不息者，人之所難也。天道之運，晝

夜而不息，人而象天道晝夜之運而不息，豈不難矣哉！然而天下之大事必作於其細，天下之難事必作於其易，合抱之木生於毫末，九層之臺起於累土，千里之行始於足下，是故聖人圖難於其易，爲大於其細，亦在夫積久之功耳！《黄庭經》云：仙人道士非有神，積精累氣乃成眞。故自片餉結胎之後，百日而功靈，十月而胎圓，一年而小成，三年而大成，以至九年功滿，人事皆盡，然後可以遺世獨立，羽化而登仙。蓋未有不自積累長久而得之者。若曰不必積久功夫，而可以平地登仙，則猶一鍬而欲掘九仞之井，一步而欲登億丈之城，豈有是理哉？《通玄眞經》云：寸步不休，跛鼈千里；累土不止，丘山從成；臨河欲魚，不如歸而織網。故夫人之學道，不患不成，惟患不勤，不患不勤，惟患無久遠之心，蓋久遠之心最爲難也。吴宗玄《玄綱論》云：知道者千，而志道者一；志道者千，而專精者一；專精者千，而勤久者一。是以學者衆，而成者寡也。若知者能立志，立志者能絶俗，絶俗者能專精，專精者能勤久，未有學而不得者也。世降俗末，去聖逾遠，學者每以躁競之心，涉希靜之塗，意速而事遲，望近而應遠，皆莫能相終。夫既立志不堅，信道不篤，朝爲而夕改，始勤而中輟，悦於須臾，厭於持久，乃欲與天地齊年，不亦愚乎！《内觀經》云：知道易，信道難；信道易，行道難；行道易，得道難；得道易，守道難。若使不難，則滿市皆神仙矣！安足爲異耶？呂純陽詩云：三畝丹田無種種，種時須假赤龍耕。曾將此種教人種，不解營治道不生。兹豈道之遠人哉？人自遠道爾！人徒見《悟眞篇》云：赫赤金丹一日成，古仙實語信堪聽。若言九載三年者，盡是推延欵日程。遂執此以訕笑累積長久之説。殊不究紫陽此詩蓋引用韓逍遥之語，以曉夫世之不知有一日見效之妙，而徒事三年九載之勤者爾！非曰一日便可登仙，更不用累積長久之功也。嘗試論之，《上清集》云：教我行持片餉間，骨毛寒，心花結，成一粒紅蘗，言即此是金丹。又云：開禧元年中秋夜，焚香跪地口相傳。竭爾行持三兩日，天地日月軟如綿。又云：縱使功夫汞見鉛，不知火候也徒然。大都全藉周天火，十月聖胎方始圓。雖結丹頭終耗失，要知火候始凝堅。如此則金丹之小效，固可以片餉見之；而金丹之大功，蓋不止於一日矣！抑嘗以古人之説攻之，如王易玄云：九轉一年功，壽可同天地。又云：火運經千日，爐開見八瓊。又如韓逍遥云：十月滿足，麗乎二儀。又云：三年法天行道，永世無爲金質。王韓二公皆唐之得道眞仙也，肯妄言哉？又如呂純陽云：千日功夫不暫閑，河車般載上崑山。又云：纔得天符下玉都，三千日裏積功夫。又如劉海蟾云：爐閉八關終九五，藥通七返是三年。又云：九轉功成千日候，已知名姓列仙都。夫洞賓之與海蟾乃列仙中之錚錚者，肯妄言哉！不特此也，又如陳朝元云：含養胞胎須十月，焚燒丹藥在三年。又云：九年還返無差錯，鍊取純陽作至眞。又如王良器云：大將天法烹千日，恁時除假只留眞。又云：靈芝種滿三丹田，千日功夫延萬年。又如薛紫賢云：四象包含歸戊己，精勤十月産嬰孩。又云：昇騰須假至三年，攜養慇懃愛戀。又如劉虚谷云：顔容可定因三住，胎息成功合一周。又云：大功欲就三千日，妙用無虧十二時。又如陳默默云：炁候簇成須百日，功夫鍊就是三年。又如李長源云：勿謂丹成消一日，到頭須下數年功。又如陳翠虚云：片餉功夫修便現，老成須是過三年。又云：千朝火候知時節，必定芽成汞自乾。諸公之説，豈皆謬爲此論，以誑惑後人者？丘長春《磻溪集》云：假使福輕魔障重，挨排功到必周全。吾黨其勉諸！

憂憫後生，好道之倫。隨傍風采，指畫古文。著爲圖籍，開示後昆。露見枝條，隱藏本根。託號諸石，覆謬衆文。學者得之，韞櫝終身。子繼父業，孫踵祖先。傳世迷惑，竟無見聞。遂使宦者不仕，農夫失耘商人棄貨，志士家貧。吾甚傷之，定録此文。字約易思，事省不繁。彼列其條，核實可觀。分兩有數，因而相循，故爲亂辭，孔竅其門。智者審思，以意參焉。

《指玄三十九章》云：求仙不識眞鉛汞，閑讀丹書千萬篇。蓋丹書所謂鉛汞，皆比喻也，在學者觸類而長之爾！殆不可執文泥象，舍吾身而求之外也。載惟古之聖賢，憂憫後世有好道之士不得其説，遂爲之隨傍風采，指畫古文，著爲圖籍，以開示之。實欲使學者有可以爲遡流尋源之地也。然其著書立言，往往隱藏本根，不肯明言其事，惟託五金八石爲號，以露見枝條而已。後之得其書者，不究其旨，徒爾韞櫝終身，以至子子孫孫，世世迷惑，燒竭朱汞，竟無所得。遂使在官者棄官，服田者廢田，商人失其本業，志士無以聊生，甚可傷也！魏公傷其如是，遂乃定録此《參同契》一書，傳行於世。其間分兩有數，不妄發一句，因而相循，不閑著一字。枝條一披，

核實隨見，可謂字約而易思，事省而不繁矣。或者見其三篇之多，疑其太贅，殊不知三篇即一篇也。一篇即一句也。以一句口訣散布於三篇之內，所以错亂其辭。孔竅其門者，不敢成片漏泄也。智者誠能審而思之，以意參之，必當自悟焉。

法象莫大乎天地兮，玄溝數萬里。

道之大，無可得而形容，若必欲形容此道，則惟有天地而已矣！天地者，法象之至大者也。有玄溝焉，自尾箕之間至柳星之分，界斷天盤，不知其幾萬里也。修丹者，誠能法天象地，反而求之吾身，則身中自有一壺天。方知魏公之所謂玄溝，吾身亦自有之，蓋不用求之於天也。何謂玄溝，天河是也。

河鼓臨星紀兮，人民皆驚駭。

河鼓，天河邊之星也，其位在斗牛之間。星紀，天盤之丑位也。河鼓臨星紀，則驅回尾穴連空焰，趕入天衢直上奔。正當其斬關出路之時，一身之人民豈不竦然驚駭？《翠虚篇》云：曲江之上金烏飛，姮娥已與斗牛歡。即河鼓臨星紀之謂也。又云：山河大地發猛火，於中萬象生風雷。即人民皆驚駭之謂也。

晷景妄前卻兮，九年被兇咎。

晷景，即火候也。前卻，即進退也。九年，即九轉也。以九年蹙而小之，則一月一還爲一轉。《翠虚篇》謂：九轉功夫月用九是也。更蹙而小之，則一刻之中自有小九轉。《金丹大成集》謂：九轉功夫在片時是也。晷景妄前卻兮，九年被兇咎者，火候之進退，不可毫髮差殊，然後九轉之間，穩乘黄牝馬而可保無咎。反是，則九轉之間翻卻紫河車而兇咎隨至矣。《悟眞篇》云：大都全藉修持力，毫髮差殊不作丹。信不可不慎也。

皇上覽視之兮，王者退自後。

《太上素靈經》云：人身有三一，上一爲身之天帝，中一爲絳宫之丹皇，下一爲黄庭之元王。夫上一天帝，即泥丸太一君也；中一丹皇，即絳宫天子也；下一元王，即丹田元陽君也。今魏公謂皇上覽視之者，運神火照入坎中，以驅逐坎中之眞陽也。王者退自後者，眞陽因火逼而出位於坎也。於此駕動河車，則眞陽飛騰而起，以點化離宫之眞陰矣。

關楗有低昂兮，周天遂奔走。

天形如彈丸，晝夜運轉，周匝無休，其南北兩端，一高一下，乃關楗也。人身亦然，天關在上，地軸在下，若能回天關，轉地軸，上下相應，則一息一周天也。

江河無枯竭兮，水流注於海。

海乃百川所歸之地。江河之水所以注於海而無枯竭者，名山大川，孔竅相通而往來相循環也。人身亦然，一氣流通，則八路之水皆逆流奔注於元海中也。

天地之雌雄兮，徘徊子與午。

午者，天之中也；子者，地之中也。子午爲陰陽相交，水火相會之地。日月至此，勢必徘徊。今人以太陽當天，謂之停午，即徘徊之義也。以丹道言之，上升下降，一起一伏，亦徘徊於子午。蓋與天地同途，初無異也。

寅申陰陽祖兮，出入終復始。

斗指寅而天下春，陽氣自此而發生，暢萬物以出；斗指申而天下秋，陰氣自此而肅殺，斂萬物以入。則知寅申者，陰陽之祖，萬物出入之門也。以丹道言之，自寅而出，自申而入，周而復始，與天地豈有異哉！

循斗而招摇兮，執衡定元紀。

《史記・天官書》云：北斗七星，杓攜龍角，衡殷南斗，魁枕參首，用昏建者杓，夜半建者衡，平旦建者魁。又云：斗爲帝車，運於中央，臨制四鄉，分陰陽，建四時，均五行，移節度，定諸紀，皆繫乎斗。《索隱》曰：《春秋運斗樞》云：斗第一天樞，第二璇，第三璣，第四權，第五衡，第六闓陽，第七瑤光。一至四爲魁，五至七爲杓。今魏公謂：循斗而招摇兮，執衡定元紀者，吾身之天罡所指，起於子而周曆十二辰也。夫斗居天之中，猶心居人身之中。是故天以斗爲機，人以心爲機。丹法以心運火候，猶天以斗運十二辰也。《翠虚篇》云：奪取天機妙，夜半看辰杓，一些珠露，阿誰運到稻花頭。蓋謂此也。

升熬於甑山兮，炎火張於下。白虎唱導前兮，蒼龍和於後。

甑山，即崐崘山也。藥升之時，金爐火熾，玉鼎湯煎，虎先嘯，龍後吟，猶夫倡而婦隨也。《金丹大成集》云：夜深龍吟虎嘯時，急駕河車無暫歇。須臾般入泥丸頂，進火玉爐烹似雪。蓋發明此義也。

朱雀翱翔戲兮，飛揚色五彩。遭遇羅網施兮，壓止不得舉。嗷嗷聲甚悲

兮，嬰兒之慕母。顛倒就湯鑊兮，摧折傷毛羽。

朱雀，火也，顛倒運於鼎中，驅趂五行，因成五彩，翱翔於上爲羅網所罩，則風雲滿鼎，鳴作嬰兒之聲也。既被網羅壓止而不得飛舉，遂斂身束羽，伏於鼎中也。《赤龍大丹訣》云：朱鳥愛高飛，蟾蜍捉住伊。號雖稱姹女，啼不過嬰兒。赫赫威從盛，冥冥力漸衰。即此說也。元陽子《大道歌》云：青龍逐虎虎隨龍，赤禽交會聲嗈嗈。調氣運火逐離宮，丹砂入腹身自沖。亦此義也。

刻漏未過半兮，龍鱗甲鬛起。五色象炫燿兮，變化無常主。潏潏鼎沸馳兮，暴湧不休止。接連重疊累兮，犬牙相錯拒。形如仲冬冰兮，闌干吐鍾乳。崔嵬以雜厠兮，交積相支拄。

刻漏未過半兮，龍鱗甲鬛起者，採之鍊之未片餉，一氣眇眇通三關，而黃雲成陣，白羊成隊，金錢、金花、金鱗紛紛而來也。五色象炫燿兮，變化無常主者，風搖寶樹光盈目，雨打瓊花雪滿衣，而彤霞紫霧變現不一也。潏潏鼎沸馳兮，暴湧不休止者，丹田火熾，泥丸風生，而三宫氣滿，有如飯甑蒸透之時，熱湯沸湧於釜中也。接連重疊累兮，犬牙相錯拒；形如仲冬冰兮，闌干吐鍾乳；崔嵬以雜厠兮，交積相支拄者，一抽一添，漸凝漸聚，澆灌黃芽出土，而自然結蘂復生英也。《翠虛篇》云：辛苦都來只十月，漸漸採取漸凝結。學者誠能潛心内鍊，晝夜無倦，則丹體逐時時不定，火功一夜夜無差。如上景象，當一一自見之也。

陰陽得其配兮，淡泊自相守。

《悟眞篇》云：陰陽同類歸交感，二八相當自合親。蓋眞息綿綿，勿令間斷，則陰陽自得其配；虛心凝神，純一不雜，則陰陽自然相守也。

青龍處房六兮，春華震東卯。白虎在昴七兮，秋芒兑西酉。朱雀在張二兮，正陽離南午。三者俱來朝兮，家屬爲親侶。本之但二物兮，末乃爲三五。三五并危一兮，都集歸一所。治之如上科兮，日數亦取甫。

周天二十八宿，東方七宿，謂之蒼龍；西方七宿，謂之白虎。周天十二次，東方三次，中間一次曰大火；西方三次，中間一次，曰大梁。大火居東方三次之中，在辰屬卯，在卦屬震，在四時屬春，在五行屬木，而房五度，又居大火之中，故曰：青龍處房六兮，春華震東卯也。大梁居西方三次之中，在辰屬酉，在卦屬兑，在四時屬秋，在五行屬金，而昴七度，又居大梁之中，故曰：白虎在昴七兮，秋芒兑西酉也。朱雀在張二兮，正陽離南午者，張乃南方之宿，其象爲朱雀也。然張有十八度，而特言其二者，蓋以周天三百六十五度，自北方虛危之間，平分天盤爲兩段，而危初度正與南方張二度相對也。三者俱來朝兮，家屬爲親侶者，青龍、白虎、朱雀三方之正氣皆歸於玄武之位，而房六昴七，應水火之成數；張二危一又應水火之生數，猶家屬之相親也。本之但二物兮，末乃爲三五，三五并危一兮，都集歸一所者，推原其本，即是水火二物而已。二物運於鼎中，遂列爲三五，三五即房六、昴七、張二也。三家相見，并而歸於危一，則結成嬰兒也。治之如上科兮，日數亦取甫者，修鍊大丹當依上法度而行，迎一陽之候以進火，而妙用始於虛危也。

《周易參同契發揮・卷之九》 先白而後黃兮，赤色通表裏。名曰第一鼎兮，食如大黍米。

先白而後黃者，初如玉液飛空雪，漸見流金滿故廬也。赤色通表裏者，靈光神焰燒天地，風雷雲霧盈山川也。名曰第一鼎者，以九轉火候言之，此爲起初第一轉也。食如大黍米者，丹頭纔方結就，僅如黍米之大也。

自然之所爲兮，非有邪僞道。

金丹大道，古仙往往以爲自然。夫既曰自然，則有何法度？有何口訣？但付之自然足矣，又安用師授爲哉？曰：非然也。大丹之法，至簡至易，其神機妙用，不假作爲，不因思想，是故謂之自然。然必收視返聽，潛神於内，一呼一吸，悠悠綿綿，不疾不緩，勿令間斷，然後神歸氣中，氣與神合，交結成胎，蓋非一味付之自然也。《金碧龍虎經》云：自然之要，先存後亡。夫先存後亡者，先存神入於氣穴，而後與之相忘也。如是爲之，則神自凝，氣自聚，息自定。即非澄心入寂，如槁木死灰也。蓋澄心入寂，如槁木死灰，以之入道則可，以之修眞則未也。《指玄篇》云：自然功績自然偏，說自然來不自然。蓋謂此也。乃若時至而氣化，機動而籟鳴，則於自然之中又有烹鍊進火之訣存焉。《悟眞篇》云：始於有作人爭覺，及至無爲衆所知。但見無爲爲要妙，豈知有作是根基。學者苟未知丹法之有作，而便求無爲自然，是何異於不耕不耘，而坐待豐稔者哉！

若山澤氣蒸兮，興雲而爲雨。

天降時雨，山川出雲，人皆知其然矣。而不知在天之雨，即山川之氣所化。

蓋山澤之氣烝而上升於天，於是化而爲雲，由其陰陽和洽所以成雨，及其成雨，則又還降於地。吾身之金丹作用，與此更無少異，魏公設此象以示後學，可謂巧於譬喻矣。

泥竭遂成塵兮，火滅化爲土。

泥乃近水之土，性本重滯而居下。及曝而乾之，則土性竭而燥裂，化爲埃塵矣。火乃虚明之物，因麗於木而有煙焰。及煙消焰冷則火性滅，而煨燼化爲灰土矣。知乎此，然後可以論陰陽反覆之道。

若蘗染爲黄兮，似藍成緑組。皮革煮爲膠兮，麴蘖化爲酒。同類易施功兮，非種難爲巧。

《悟眞篇》云：萬般非類徒勞力，爭似眞鉛合聖機。蓋眞汞得眞鉛，則氣類相感，妙合而凝。猶夫婦之得耦，故謂之同類。類同則如蘗之染黄，藍之染緑，皮以爲膠，麴以爲酒，不勞於力，自然成眞。若舍此而别求他物，則非其種類，徒費功夫爾！

惟斯之妙術兮，審諦不誑語。傳於億世後兮，昭然而可考。焕若星經漢兮，昺如水宗海。

世間旁門小術何啻三千六百家。惟此一門，乃天寶大羅飛仙金液九轉大還丹，清静無爲之妙術，其法至簡至易，雖愚夫愚婦，得而行之，亦可以超凡入聖。是以天戒至重，不許輕授於非其人。而世之參學者，不有夙緣契合，未易遭遇也。今夫魏公不祕天寶，作此三篇之書，言言詳審，字字諦當，焕若星之經漢，昺如水之宗海，眞億代學仙者之龜鑑也。《指玄篇》云：多少經文句句眞，流傳只是接高人。《悟解篇》云：非干大道神仙惜，自是凡流不志心。或者乃信盲師之説，而妄謂神仙誑語，神仙肯誑語耶？夫古仙留丹書於世，蓋將接引後學，其間論議，昭然可考。夫遇者固可於此探討，既悟者亦可於此印證。古之得道者，莫不皆然。劉海蟾謂恣遊洞府，遍討仙經，幸不違盟，果諧斯願。楊虚白謂：名山異境，歷斗而靡不經遊，祕訣神方，淵奥而素曾耽翫。陳默默謂：歷覽群書，參叩高士，足跡幾類雲水，反而思之，所得盡合聖詮。蓋未有自執己見而不訪道友，獨守師説而不讀丹書者也。善乎，施栖眞之説曰：古人上士，始也博覽丹書，次以遍參道友。以道對言，所參無異論；以人念道，所師無狂徒。後之學者，豈可謂口訣不在紙上，而竟不留念哉！若曰我自有師傳密旨，其言藥物、火候，乃古今丹書之所無，而《參同契》之所不言，則亦妄人也已矣。

思之務令熟兮，反覆視上下。千周粲彬彬兮，萬遍將可覩。神明或告人兮，心靈忽自悟。探端索其緒兮，必得其門户。

讀書百遍，其義自見。百遍且然，況千遍萬遍哉！是故誦之萬遍，妙理自明。縱未得師授口訣，久之亦當自悟其悟。多在夜深，或静坐得之。蓋精思熟味，反覆玩誦，蓄積者多，忽然爆開，便自然通。此之謂：神明或告人兮，心靈忽自悟也。管子曰：思之思之，又重思之，思之不通，鬼神將通之。非鬼神之力也，精誠之極也。此説是已。近世張紫陽以《悟眞篇》授扶風馬處厚侍郎，且囑之曰：願公流布此書，當有因書而會意者，故其自序有云：《悟眞篇》中所歌詠大丹藥物，火候細微之旨，無不備悉。儻好事者，夙有仙骨，覩之則智慮自明，可以尋文悟解，其諄諄勉後學之辭，與魏公同一意嚮，蓋所謂神告心悟，畢竟有此理也。不然二公何苦立此空言，以厚誣天下後世也哉！

天道無適莫兮，常傳與賢者。

譚景升以《化書》授宋齊丘，齊丘殺景升，并竊其書自名之，尋亦不得善終，此傳非其人，而彼此致禍者也；吴世雲以道授許旌陽，旌陽又得諶母之至道復授於吴，厥後皆得道成，此傳得其人而彼此致福者也。蓋天道無親，常與善人。苟非其人，道不虚行，豈得無禍福於傳授賢否之間乎？嗚呼，世道不古，愈降愈下，善人吾不得而見之矣。得見有恒者，斯可矣。

《周易參同契發揮·鼎器歌》 圓三五，徑一分。

圓三徑一，此吾身中之寶鼎也。三才位其中，五行運其中，鉛汞土居其中。《陰符經》謂：爰有其器，是生萬象，即此物也。金丹種種，玄妙，皆不出乎此。若曰不在吾身而在他人，則非清静之道矣。

口四八，兩寸唇。

口四八者，四象八卦皆在其中也。兩寸唇者，具兩儀上下之界分也。

長尺二，厚薄勻。

鼎長一尺二寸，以應一年十二月周天火候。鼎身腹，令上中下等均勻，不可使之一偏也。

腹齊正，坐垂温。

坐之時以眼對鼻，以鼻對臍，身要平正，不可攲側。開眼須要半垂簾，不可全閉，全閉則黑山鬼窟也。氣從鼻裏通關竅，不可息麤，息麤則火熾，火熾則藥飛矣。

陰在上，陽下奔。

陰上陽下，水火既濟也。《還源篇》云：姹竭海中火，崑崙山上波，誰能知運用，大意要黃婆。向微黃婆運用之功，則水曰潤下，火曰炎上。何由既濟哉？

首尾武，中間文。

首尾，晦朔也；中間，月望也。晦朔乃陰極陽生之時，故用武火；月望乃陽極陰生之時，故用文火。然所謂晦朔月望，亦譬喻耳，卻不可只就紙上推究也。

始七十，終三旬。二百六，善調勻。

三旬，即三十也。七十、三十與二百六十合之則三百六十，應一年周天數也。修鍊而至於百日數足，則聖胎方靈。聖胎既靈，此後二百六十日善能調勻氣候，常使暖氣不絕，則丹功自成。《翠虛篇》云：溫養切須常固濟，巽風常向坎中吹。行坐寢食總如如，惟恐火冷丹力遲，他無艱辛也。

陰火白，黃芽鉛。

自子至巳，爲陽火之候；自午至亥，爲陰火之候。酉居西方，西方屬金，故曰：陰火白。《悟眞篇》云：蟾光終日照西川，是也。土中產鉛，鉛中產銀，銀自鉛中鍊出，結成黃芽，名爲眞鉛。《金碧龍虎經》云：鍊鉛以求黃色，是也。

兩七聚，輔翼人。

兩七，東方蒼龍七宿，西方白虎七宿也。人，中央人位也。兩七聚，輔翼人者，龍蟠虎媾，會聚於中央也。若然，則南海之儵，北海之忽，相遇於渾沌之地矣，此所以烹而成丹也。《悟眞篇》云：三家相見結嬰兒。又曰：五行全要入中央。其斯之謂歟！

贍理腦，定昇玄。

腦爲上田，乃元神所居之宮。人能握元神栖於本宮，則眞氣自昇，眞息自定，所謂一竅開而百竅齊開，大關通而百關盡通也。作丹之時脫胎而入口，功成之後脫胎而出殼，皆不外此。《靜中吟》云：我修崑崙得眞訣，每日修之無斷絕。一朝功滿人不知，四面皆成夜光闕。玆蓋修持日久，功夫贍足，非一朝一夕之故也。

子處中，得安存。

嬰兒處於胎中，得坤母慇懃育養，則得以安存矣。

來去遊，不出門。

門者，玄牝之門也。來去遊者，呼吸之往來也。往來不出乎玄牝之門，則陰陽氣足自通神也。

漸成大，情性純。

行住坐臥，綿綿若存，則日復一日，漸凝漸聚。胎氣既凝，嬰兒顯相，而情性愈純熟也。

卻歸一，還本元。

大丹之道，抱元守一而已。其始入也，在乎陰陽五行；其終到也，在乎混沌無極。此之謂歸一還元也。

善愛敬，如君臣。

一年處室，夙夜匪懈，愛之敬之，如臣子之事上也。

至一周，甚辛勤。

《還金篇》云：快活百千劫，辛勤一二年。自古蓋未有不辛勤入室一二，而能平地登仙者也。《靈源大道歌》云：他家功滿乃逍遙，初時修鍊須勤苦。勤苦之中又不勤，閑閑只要養元神。其說有味哉，有味哉！

密防護，莫迷昏。

《翠虛篇》云：晝運靈旗夜火芝，抽添運用切防危。若無同志相規覺，時恐爐中火候非。蓋道高一寸，魔高一尺。百刻之中，切忌昏迷。在修鍊之士，常惺惺耳。

途路遠，極幽玄。若達此，會乾坤。

運用於玄牝之間，一日行八萬四千里之路，豈不途路遠耶？其大無外，其小無內，迎之不見其首，隨之不見其後，豈不極幽玄耶！人能達此，則可以驅馳造化，顛倒陰陽，會吾身之乾坤矣。

刀圭霑，靜魄魂。

刀圭，丹頭也。魂魄，龍虎也。運入崐崘峯頂，而化爲玉漿流入口，則風恬浪靜，虎伏龍降也。

得長生，居仙村。

丹成之後，散誕無拘繫，翛然道轉高，不問山林之與朝市，皆可以栖隱。今魏公不曰在市居朝，而曰居仙村者，畢竟山林是靜緣也。

樂道者，尋其根。

根者，天地之根也，金丹之基也。《翠虛篇》云：一纔識破丹基處，放去收來總是伊。似非至人指授，莫有識之者。樂道之士，有能尋而得此，抑何其幸耶！

審五行，定銖分。

五行順則生人，逆爲丹用，法度不可不審也。火數盛則燥，水銖多則濫，斤兩不可不定也。

諦思之，不須論。深藏守，莫傳文。

《悟眞篇》云：近來透體金光現，不與凡人話此規。靜而思之，此道乃千聖所祕，得之者但藏之肺膺，自受用足矣。何乃輕泄慢漏，孜孜焉語人哉？雖然，自爲計則得矣，其如天下後世何！此《參同契》所以作。

御白鶴兮駕龍鱗，遊太虛兮謁仙君，受圖籙兮號眞人。

胎圓功成之後，須當調神出殼，或跨白鶴，或乘火龍，超度三界難徑，上元始天，自此逍遙快樂，與天齊年，號曰眞人。雖然凡所有相，皆是虛妄，何白鶴，龍鱗之有哉？若言他是佛，自己卻成魔，又奚仙君之有哉？當知白鶴龍鱗皆自我神通變化，而仙君亦是自己三清，何勞上望。或者不達此理，乃晝夜妄想，以待天詔，至有爲黑虎所銜，巨蟒所吞者，豈不痛哉！宋人鑿井而得一人之力，相傳以爲人自土中出；許旌陽舉家成道後，人以爲拔瓦屋入於雲中。甚矣！世之好譎怪也。然此可爲智者道，難與俗人言，其維哲人，告之話言，順德之行；其維愚人，覆謂我僭。吾安得夫圓機之士，而與之極論哉，吁！

《玄機直講·養氣》 養氣忘言守，

凡修行者先須養氣。養氣之法在乎忘言守一。忘言則氣不散，守一則神不出。訣曰：緘舌靜抱神定。

降心爲不爲。

凡人之心，動湯不已。修行人心欲入靜，貴乎制伏兩眼。眼者心之門戶，須要垂簾，塞兑。一切事體，以心爲劍。想世事無益於我，火烈頓除，莫去貪着。訣云：以眼視鼻，以鼻視臍，上下相顧，心息相依，着意立關，便可降伏思慮。

動靜知宗祖，

動靜者，一陰一陽也。宗祖者，生身之處也。修行人當知，父母未生之前即立牝也。一身上下，乾坤八卦，五行四象，聚會之處，乃天地未判之先，一點靈光而成，即太極也。心之下，腎之上，仿佛之內，念頭無息，所起之處，即是宗祖。所謂動靜者，調和真氣，安理真元也。蓋呼接天根，吸接地根，即闔戶之謂坤，闢戶之謂乾。呼則龍吟雲起，吸則虎嘯風生。一闔一闢，一動一靜，貴乎心意不動，任其真息往來，綿綿若存，調息至無息之息，打成一片，斯神可凝，丹可就矣。

無事更尋誰。

若能養氣忘言守，降伏身心，神是炁穴，意注規中，混融一炁，如雞抱卵，如龍養珠，念兹在兹，須臾不離，日久工深，自然現出黍米之珠，光耀如日，默化元神，靈明莫測，即此是也。

真常須應物，應物要不迷。

此道乃真常之道，以應事易於昏迷，故接物不可迷於塵事。若不應接，則空寂虛無，須要來則應之，事去不留光明正大，乃是不迷。真性清靜，元神凝結。訣曰：着意頭頭錯，無爲又落空。

不迷性自住，性住氣自回。

凡人性烈如火，喜、怒、哀、樂、愛、惡、欲增，變態無常。但有觸動，便生妄想，難以靜性。必要有真懲忿則火降，真寡欲則水昇，身不動，名曰煉精。煉精則虎嘯，元神凝固。心不動，名曰煉氣，煉氣則龍吟，元氣存守。意不動，名曰煉神，煉神則二氣交，三元混，元氣自回矣。三元者，精、氣、神也。二氣者，陰陽也。修行人應物不迷，則元神自歸，本性自住矣。性住則身中先天之氣自回，復命歸根，有何難哉？訣曰：回光返照，一心中存，內想不出，外想不入。

氣回丹自結，壺中配坎離。

修行人性不迷塵事，則氣自回。將見二炁升降於中宮，陰陽配合於丹鼎，忽覺腎中一縷熱炁，上冲心府，情來歸性，如夫婦配合，如癡如醉，二氣絪緼，結成丹質。而炁穴中水火相交，循環不已，則神馭炁，炁留形，不必雜

術自長生。訣曰：耳目口三寶，閉塞勿發通。真人潛深淵，浮游守規中。直至丹田氣滿，結成刀圭也。

陰陽生反覆，普化一聲雷。

功夫到此，神不外馳，氣不外洩。神歸炁穴，坎離已交，愈加猛烈。精進致虛之極，守靜之篤。身靜於杳冥之中，心澄於無何有之鄉。則真息自住，百脈自停，日月停景，璿璣不行，太極靜而生動，陽産於西南之坤。坤即腹也，又名曲江。忽然一點靈光，如黍米之大，即藥生消息也。赫然光透兩腎，如湯煎膀胱，如火炙腹中，如烈風之吼，腹内如震雷之聲，即復卦天根現也。天根現即固心王，以神助之，則其炁如火，逼金上行，穿過尾閭，輕輕運、默默舉，一團和氣，如雷之震，上昇泥丸，周身湧躍，即天風姤卦也。由月窟至印堂眉中，漏出元光，即太極動而生陰，化成神水甘露，内有黍米之珠，落在黄庭之中，點我離中靈汞，結成聖相之體。行周天火候，一度烹之，煉之，丹自結矣。

白雲朝頂上，甘露灑須彌。

到此地位，東即得矣。二氣結刀圭，關竅開通，火降水升，一炁周流，從太極中，動天根，過玄谷關，昇二十四椎骨節，至天谷開。月窟陰生，香甜美味，降下重樓，無休無息，名曰甘露灑須彌。訣曰：甘露滿口，以目送之，以意迎之，送下丹釜，凝結元氣以養之。

自飲長生酒，逍遥誰得知。

養氣到此，骨節已開，神水不住，上下周流，往來不息，時時吞咽，謂之長生酒。訣曰：流珠灌養靈根性，修行之人知不知。

坐聽無弦曲，明通造化機。

功夫到此，耳聽仙樂之音，又有鐘鼓之韻，五氣朝元，三花聚頂，如晚鴉來棲之狀。心田開朗，智慧自生，明通三教，經書默悟。前生根本，豫知未來休咎，大地山河如在掌中，目視萬里，已得六通之妙，此乃實有也。吾行實到此際，若有虛言以誤後學，天必誅之，遇之不行，罪遭天遣，非與師遇，此事難知。

都來二十句，端的上天梯。

自養炁忘言至此二十句，皆是呂祖真正口訣，工夫無半點虛僞，乃修行上天之階梯。得悟此訣與註者，可急行之，勿妄漏洩，勿示匪人，以遭天遣。珍重奉行，克登天闕。

《張三豐先生全集・道言淺近説・三豐先生輯説》先生曰：空青洞天，向多有仙真來游，留下丹訣去者，此亦度人覺世之心也。山中人何必另尋瑶草、别採仙花，只此是救命符、延年藥也。今特節録存之，以公好道之士。

白紫清調息訣云：夫調息有法度，有器用，有火候。三者有參伍錯綜之妙用，須知之熟、思之稔，下手自砉然而解。調息火候，有攝取之息，心要能虛能謙，精方入鼎，所謂縮地法也。有採取之息，神要不動不摇，藥自就範，所謂挐雲手也。有交媾之息，須要六根大定，片念不生。有進火之息，以意逼之，所謂起巽風運坤火是也。有退符之息，以神歛之，所謂歸其根復其命是也。有卯酉沐浴之息，乃柔字而已。諸般調息與法度、器用宜參看。調之者，調度得其宜也。

紫清翁玄關訣云：玄關者，求立之關道，玄妙之機關也，有體有用。何謂體？寂然不動；何謂用？感而遂通。不動有時候，神氣交媾之初，絪緼絪緼，渾渾淪淪，是爲一關，所謂四大五行不着處是也。神氣交媾之際，昏昏默默，杳杳冥冥，是又一關，所謂無聲無臭、無内無處是也。及至靜極生動，而用乃出焉，混混續續，兀兀騰騰，真氣從規中起，是又一關，所謂念頭起處爲玄牝是也。念頭起處，醉而復蘇，有一個靈覺，當不覺悟，是又一關，所謂時至神知是也。此時以靈覺爲用，如線抽傀儡機動，氣流微微，逼過尾閭，是又一關，所謂斡轉魁罡運斗杓正此時也。沐浴卯門又一關，飛上泥丸又一關，歸根復命，沐浴酉戶又一關，大休歇，大清靜，空空忘忘，還於至靜又一關。玄關之體用如此，千經萬論皆在是也。

紫清翁《爐鼎訣》云：四百字宜熟玩，此竅非凡竅，一首道盡鼎器之妙。此竅二字，分内外兩個看。非凡者贊詞也。乾坤合之爲外竅，神氣藏於其中爲内竅。神氣交而坎離生，坎離交而元精産。此精不是尋常精，乃是白虎首經至寶也。得之者，立登仙界，此就還丹言。若小丹所用，則試與人言，曰：此竅非凡竅，陰陽共合成。名爲二氣穴，内有真陽生。可曉然矣。仙家有三秘：火候、藥物、爐鼎。此詩盡爐鼎之妙矣。

紫清翁動幾論云：孔子曰：幾者動之微。又曰：夫乾其動也直。孟子以直養，是以微動之。直養而至大，塞乎天地之閒也。直，剛氣也，即乾

爻之一也，即初九也，即顔子得一之一也。直與一，一也。動在人之竅中，十二時皆有。總要靜以存之，方能動以察之耳。無味之中尋有味，無事之中尋有事，其在斯乎！

陸潛虛者，明嘉靖間回翁度之。其論調息法云：如何是勿忘？曰：守自然。如何是勿助？曰：順自然。如何守？曰：依息。如何順？曰：平息。依息則息能通息矣，平息則息能匀息矣。問守與順是二乎？是一乎？曰：知所以守，則知順之矣，知所以順，則知守之矣。是二是一，原是不錯。由博返約，惟在凝神。切勿用意。如用意則非真意。真意從靜中生。鴻濛初判，無有染着，乃克用之。故要死過來乃知生，不知生亦不知死，生死是動靜深機。

潛虛翁又論調息法云：凡調息以引息者，只要凝神入氣穴。神在氣穴中默注，陰蹻不交而自交，不接而自接。所謂隔體神交理最詳。古仙已言之確矣。所謂離形交氣，別有口傳也。所謂男不寬衣，女不解帶，敬如神明，愛如父母，皆此凝神聚氣而已。故曰：道歸自然。《參同》曰：自然之所爲兮，非有邪僞道。此之謂也。

潛虛翁三論調息法云：今夫水與水合，火與火合，風與風合，雲與雲合，學理也。調息、以氣合氣，何待強爲？只要凝神入氣穴，神光下照，陰蹻脈不期而會者，一氣之感通，自然而然也。屯卦曰：以貴下賤，大得民也。咸卦曰：止而悅，男下女，是以享。易於交接之道。蓋已言之的矣。但調息之法，有法功，有器用，丹道始終不離。

先生曰：吾與涵虛子談七返七還，金液大丹之道。涵虛曰：據先生言，是皆刀圭妙用耳。他日見涵虛作戊己二土篇，深合元意，爰録而傳之。學人欲了長生，舍此不能通神也。涵虛曰：《悟真篇》云：離坎若還無戊己，雖含四象不成丹。只緣彼此懷真土，遂使金丹有返還。此四句詩，極盡和合丹頭之妙。蓋以火中生木汞，水裏産金鉛。木火金水含四象於坎離之間，此時離中有己，坎中有戊，二土爲媒，四象可合也。或謂真意屬土，土有戊己，得非有二意乎？曰：似也然，非也。名爲意則一，號爲土則二，以一意分作兩意，乃有二土之可名，始有内外之可別。然必知動知靜焉，原夫戊土者，外藥也，陰裏真陽也。以動爲主，故取坎之期，惟偵其動。知動者？意也。即以知動之時爲一土。己土者，内藥也，陽裏真陰也。以靜爲主，故填離之後，致養於靜。知靜者，意也，即以知靜之時爲一土。此一意分爲兩意，而可名爲二土者也。又以兩意合爲一意，斯無二土之可拘，並無内外之可執。然必能動能靜焉，原夫己土者，内丹也。亦可變爲戊土，以離日而映坎月。種鉛得鉛。只見戊而不見己，靜能入乎動也。戊土者，外丹也。亦可化爲己土，以坎陽而補離陰，種汞得汞。只見己而不見戊，動能並乎靜也。此兩意合爲一意，而不拘爲二土者也。然則彼此懷真土，亦各懷其一土乎？亦共懷其一土乎？聽明活潑人，自了然也。金丹返還之道，非此真意不行。匪惟和合四象，並能驅使四象何也？蓋以木中藏火，投之水鄉而火發，木載金昇，汞去復來，火得金而爲返也。水裏生金，烹以火功而水沸；金隨木上，鉛去復回，金得火而爲還也。金火返還之術，即是七返九還金液大丹。人欲大丹成就，舍此真意奚由哉！紫陽曰：赤龍黑虎各西東，四象交加戊己中。陶仙謂：龍從火出，青龍變爲赤龍。虚向水生，白虎更名黑虎。只這龍虎赤黑四字，已具四象。交加者，攢簇也。愚按作丹之士，欲使四象攢簇，必令五行相輳。其所謂戊己中者，不是離中坎中，乃是中宮中央也。東西間隔，刀圭合之，二物變爲四象，四象團入一村，一村聚會五行，五行聚而丹乃結。故下二句曰：復姤自兹能應用，金丹誰道不成功。復姤應用十月，火符也。進火於復，退符於姤。運用抽添，自然中度，金丹乃可成矣。丹家以戊己爲刀。二土爲圭者，結字肖形，正示人以打合之意。但二土爲圭，人所共知。戊己爲刀，人所鮮知者。潛虛云：有一士人會意而解𠃌音揑己字丿音撇戊字，前無所本，似爲得之。涵虛云：非無本也。琴譜以數字攢一字，一字取一畫，合左右投彈之法，備見於一字之中。此即以琴譜爲本者也。𠃌者己之頭，丿者戊之旁。戊己二土，以刀圭兩字合之。蓋望人將離己坎戊之二土合爲一處也。仙家隱語，往往如是。

《遵生八牋・延年卻病牋下・内丹三要論》 玄牝

《悟真篇》云：要得谷神常不死，須憑玄牝立根基。真精既返黄金室，一顆明珠永不離。夫身中一竅，名曰玄牝。受炁以生，實爲府神。三元所聚，更無分別。精神魂魄，會於此穴。乃金丹還返之根，神仙凝結聖胎之地也。古人謂之太極之蒂、先天之柄、虚無之系、造化之源、混沌之根、太虚之谷、歸根竅、復命關、戊己門、庚辛室、甲乙戶、西南鄉、真一處、中黄宮、丹元府、寺一壇、偃月爐、朱砂鼎、龍虎穴、黄婆舍、鉛爐土釜、神水華池、帝乙神

室、靈臺絳宮，皆一處也。然在身中而求之，非心非腎，非口非鼻，非肝非肺，非脾非胃，非臍輪，非尾閭，非膀胱，非穀道，非兩腎中間一穴，非臍下一寸三分，非明堂泥丸，非關元炁海。然則果何處也？曰：我得妙訣，名曰規中，一意不散，結成胎仙。《參同契》云：真人潛深淵，浮游守規中。此其所也。《老子》曰：多言數窮，不如守中。正存乾之下，坤之上，震之西，兑之東，坎離水火交媾之鄉。人之一身，天地之正中，八脈九竅，絲絡聯接，虛閒一穴，空懸黍米，不依形而立，惟體道而生。似有似無，若亡若存，無內無外，中有乾坤。《易》曰：黄中通理，正位居體。《書》曰：惟精惟一，允執厥中。《度人經》曰：中理五炁，混合百神。崔公《入藥鏡》曰：貫尾閭，通泥丸。純陽曰：窮取生身受炁初。平叔曰：歡君窮取生身處，元炁之所由生，真息之所由起。白玉蟾又謂之念頭動處。修丹之士，真息一作炁不住，則神化無基矣。且此一竅，先天而生，後天相接，先後二炁，總爲混沌。杳杳冥冥，其中有精，非常精也；恍恍惚惚，其中有物，非常物也。天得之以清，地得之以寧，人得之以靈。

譚真人曰：開一作闢灝炁之門，所以收其根；知元神之囊，所以韜其光。若蚌內守，若石內藏，所以爲珠玉之房，皆直指也。然此一竅，亦無邊傍，更無內外，若以形體色相求之，則又大成錯謬。故曰：不可執於無爲，不可形於有作，不可泥於存想，不可着於持守。聖人法象，見諸丹經。或謂之圓高中起，狀如蓬壺，關閉緻密，神運其中；或謂之狀如鷄子，黑白相扶，縱廣一寸，以爲始初，彌歷十月，脱出其胞；或謂之其白如綿，其連如環，中廣一寸二分，包一身之精粹，此固明示玄關之要，顯露造化之機。學者苟不探其玄，不順其奥，用功之時，便守之以爲蓬壺，存之以爲鷄子，想之以爲連環模樣，若此形狀，執着一作有爲有一作無，存無入妄，豈不大可笑邪？要之玄關一竅，玄牝之門，乃神仙聊指造化之機耳。

玉溪子曰：似是而非，除卻自身安頓，着落何處去？然其中體用權衡，本自不殊。如以乾坤法天地，坎離配日月是也。《參同契》曰：混沌相交接，權輿樹根基。經營養鄞鄂，凝神以成軀。則神炁有所收藏，魂魄不致散亂，回光返照便歸來，造次不離常在此。其詩曰：經營鄞鄂體虛無，便握元神裏面居。息往息來無間斷，聖胎成就合元初。玄牝之旨，備於斯矣。抑又論之，杏林曰：一空玄關竅，三關要路頭。忽然輕運動，神水自周流。又云：心下腎上處，肝西肺左中，非腸非胃府，一炁自流通。今日玄關一竅，玄牝之門，在人一身天地之中正造化，固脗合乎此。然愚常審思其說，大畧初明，猶未得爲直指。天不秘道，流傳人間，太上慈悲，必不肯靳。愚敢漏洩天機，指出玄關一竅的的大意，冒禁相付，使骨相合仙之士，一見豁然，心領神會，密而行之，句句相應。是書在處，神物護持，若孽重福薄，於是無緣，自不邂逅斯訣。雖及見之，忽而不敬，亦不過瞽之文章，聾之鍾鼓耳。玄之又玄，彼安知其然？《密語》曰：經寸之質，以混三才，在臍之上，約以三指，彷佛其內，謂之玄關，不可以有心守，不可以無心求。以有心守之，終莫之有；以無心求之，愈見其無，若何可也？蓋用志不分，乃可凝神。但澄心絕慮，調息令匀，寂然常照，勿使昏散，候炁安和，凝神入定於此。定中觀照內景，才若意到，其兆即萌，便覺一息從規中起，混混續續，兀兀騰騰，存之以誠，聽之以心，六根安定，胎息凝凝，不閉不數，任其自然。靜極而嘘，如春沼魚；動極而反，如百蟲蟄。氤氲開闔，其妙無窮。如此少時，便須忘炁合神，一歸混沌，致虛之極，守靜之篤，心不動念，無去無來，不出不入，湛然常住，是謂真人之息以踵。踵者，其息深深之義，神炁交感，此其候也。前所謂元炁之所由生，真息之所由起。此意到處，便見造化；此息起處，便見玄關。非高非下，非左非右，不前不後，不偏不倚。人一身天地之中，正此處也。採取在此，交媾在此，烹煉在此，沐浴在此，溫養在此，結胎在此，脱體在此。今若不分明說破，學者必妄意猜度，非太過則不及矣。紫陽曰：饒君聰慧過顔閔，不遇真師莫強猜。縱有丹經無口訣，教君何處結靈胎？然此竅，陽舒陰慘，本無正形，意到即開，開闔有時，百日立基，養成炁母，虛室生白，自然見之。黄帝三月內視，蓋此道也。自臍下腸胃之間，則謂之豐都地獄，九幽都司，陰境積結，真陽不居。故靈寶煉度諸法，存想此爲幽關，豈修煉之所哉？學者試思之。

藥物

古歌曰：借問因何有我身？不離精氣與元神。我今說破生身理，一粒玄珠是嫡親。夫神與氣精，三品上藥，煉精成氣，煉炁化神，煉神合道，此七返九還之要道也。紅鉛墨汞，木液金精，朱砂水銀，白金黑錫，金公姹女，離女坎男，蒼龜赤蛇，火龍水虎，白雪黄芽，交梨火棗，金烏玉兔，乾馬坤牛，日精月華，天魂地魄，水鄉鉛，金鼎汞，水中金，火中木，陰中陽，陽中陰，黑中

白，雄中雌，異名多象，皆譬喻也。然則果何謂之藥物？曰：修丹之要，在乎玄牝。欲立玄牝，先固本根。本根之本，元精是也。精即元炁所化也，故精炁一也。以元神居之，則三者聚爲一也。杏林石道人曰：萬物生皆死，元神死復生。以神居炁內，丹道自然主，便是得仙人。若精虛則炁竭，炁竭則神逝。《易》曰：精炁爲物，遊魂爲變。欲復命歸根，不亦難乎？玉溪子曰：以元精未化之元炁而點化至神，則神有光明，而變化莫測矣，名曰神仙。是皆明身中之藥物，非假外物而爲之也。然而産藥有川源，採藥有時節，制藥有法度，入藥有造化，煉藥有火功。昔聞之師曰：西南之鄉，土名黄庭，恍惚有物，杳冥有精。分明一味水中金，但向華池仔細尋。此産藥之川源也。垂簾塞兑，窒慾調息，離形去智，幾於坐忘。勸君終日默如愚，煉成一顆如意珠。此採藥之時節也。天地之先，無根靈草，一意制度，産成至寶。大道不離方寸地，功夫細密要行持。此製藥之法度也。心中無心，念中無念，注意規中，一炁還祖。息息綿綿無間斷，行行坐坐轉分明。此入藥之造化也。清净藥材，密意爲元，十二時中，炁煉火煎。金鼎常令湯用煖，玉爐不要火教寒。此煉藥之火功也。大抵玄牝爲陰陽之源，神炁之宅。神炁爲性命之藥，胎息之根。胎息爲呼吸之祖，深根固蒂之道。胎者乃藏神之府，息者化胎之源。胎因息生，息因胎住，胎不得息胎不成，息不得胎神無主。原夫人之未生，漠然太虛，父母媾精，其端始見，一點初凝，一念是也。純是性命混沌，三月玄牝立焉。玄牝既立，擊如瓜蒂。嬰兒在胎，暗注母炁，母呼亦呼，母吸亦吸。凡百動盪，內外相感，何識何知？何明何曉？天之炁混之，地之炁混之，人之氣混之，但有一息焉。及期而育，天翻地覆，人驚胞破，如行大巔失足之狀，頭懸足撑而出之，大叫一聲，其息即忘，故隨性隨情，不可拘也。況乳以沃其心，巧以玩其目，愛以牽其情，慾以化其性，渾然天真散之物者，皆是矣。胎之一息，無復再守也。神仙教人修煉，必欲返其本而復其初，重生五藏，再立形骸，無質生質，結成聖胎。其訣曰：專炁致柔，能知嬰兒。除垢止念，靜心守一。外想不入，內想不出。終日混沌，如在母腹。神定以會乎炁，炁和以合神，神即炁而凝，炁煉神而住，於寂然大休歇之場，恍惚無何有之鄉，灰心冥冥，注意一竅，如雞抱卵，似魚在淵，呼至於根，吸至於蒂，綿綿若存，再守胎中之一息也。守無所守，其息自住。得此息住，泯然若無。離心於心無所存注，杳冥之內，但覺虛空之中，靈爲造化之主宰，時節若至，妙理自彰。藥既生矣，火斯出焉。故採藥之時，謂之坎離合；火出之際，謂之乾坤交。其坎離之合也，則萬象內攢於丹鼎，在乎立基，百日之間見之。其乾坤之交也，則一點下降於黄庭，在乎立基，百日之後見之。當此之時，身心混融，與虛空等，亦不知神之爲炁，亦不知炁之爲神，亦不知天地何如，亦不知我爲甚物。如太虛之未分，如三才之未露，渾淪凝結之未鑿，動靜陰陽之未形，忽然一點靈光，朗如虛室生白之狀。似此奇妙，非存想，非作爲，自然而然，吾亦不知其所以然而然。經云：一物含五采，永作仙人録。一作藥。此金液大還丹也。豈凡硃凡汞、五金八石所可同日而語哉！還返之理至矣，盡矣。若不悟信，舍玄牝而立根基，外神炁而求藥物，不結自然之胎息，而妄行火候，棄本趨末，逐妄迷真，天弗之鑒，吾末如之何也已。

火候

古歌曰：聖人傳藥不傳火，從來火候少人知。夫所謂不傳者，非秘而不傳也。蓋採時爲之藥，藥之中有火焉；煉時爲之火，火之中有藥焉。能知藥而收火，則定裏見丹成，自有不待傳而知者矣。詩曰：藥物陽內陽，火候陰內陽。會得陰陽理，火藥一處詳。此其義也。後人惑於丹經不能頓悟，聞有二十四炁，七十二候，二十八宿，六十四卦分野，日月合璧，海朝昇降，長生三昧，陽文陰武等說畢，欲窮究何者爲火，何者爲候，疑心一生，種種作相，雖得藥物之真，懵然不敢烹煉。殊不知真火本無候，大藥不計斤。玉蟾云：火本南方離卦，離屬心。心者神也，神即火也，炁即藥也。神不亂，炁歸神，以火煉藥而成丹者，即是以神馭炁而成道也。其說如此分明直截。夙無仙骨，誦爲空言，當面錯過，深可歎息，然火候口訣之要，尤當於真息中求之。蓋息從心起，心靜息調，息息歸根，金丹之母，《玉帝心印》所謂迴風混合，百日功靈者，此也。《入藥鏡》所謂起巽風，運坤火，入黄房，成至寶者，此也。海蟾翁所謂開闔乾坤造化樞，鍛煉一爐真日月者，此也。丹陽子所謂神火夜煮鉛汞髓，老龍吞盡祝融魂者，此也。何則？真人潛深淵，浮游守規中，必以神馭炁，以炁定息，橐籥之開闔，陰陽之昇降，呼吸出入，任其自然，專炁致柔，含光默默，行住坐臥，綿綿若存。如歸人之懷孕，如小龍之養珠，漸採漸煉，漸凝漸結，工夫純料，打成一片。動靜之間，更宜消息，念不可起，念起則火炎；意不可散，意散則火冷。但使其無過不及，操舍得中，神炁相抱，一

意沖和，包裹混沌，斯謂之火。種種相續，丹鼎常溫，無一息之間斷，無毫髮之差殊。如是煉之，一刻有一刻之周天也；如是煉之，百日謂之立基；如是煉之，十月謂之胎仙。以至元海陽生，水中火起，天地循環，造化反覆，皆不離乎一息也。況所謂沐浴溫養，進退抽添，其中皆密合天機，潛符造化，初不容吾力焉。無子午卯酉之法，無晦朔弦望之節，無冬至復至之分，無陰火陽符之別。若言其時，則一日内十二時，意所到皆可爲。若言其妙，則一刻之工夫，自有一年之節候。一年之工夫，可奪天地三萬六千年之氣數。要知慢守藥爐看火候，但安神息任天然，此平叔之的言也。晝夜屯蒙法自然，何用孜孜看火候，此高象仙之確論也。噫！聖人傳藥不傳火之七日盡於斯矣。若謂之藥自藥，火自火，則吾不知也。

神無方，炁無體。夫所謂玄關一竅者，不過使神識炁，使炁歸根，回光返照，收拾念頭之法耳。玉溪子曰：以正心誠意爲中心柱子者，是也。夫所謂藥物火候者，亦皆譬喻耳。蓋大道之要，自然而然，不假造作，凡屬心思意爲者，皆非也。但要知人身中自有箇主張造化底。且道只今何者爲主？若能知此以靜爲本，以定爲機，一斡旋頃，天機自動，不規中而自規中，不胎息而自胎息，藥不求生而自生，火不求出而自出，莫非自然之妙用，豈待吾存想持守，苦己勞形，心知之，意爲之，然後爲道哉？究竟到此可以忘言矣。明眼者以爲何如？謹再識於篇末。

《仙佛合宗・門人問答》　太和一問曰：蒙師指我以真藥物，猶未明辨，何以爲真藥物之真取也？伍子曰：真藥物即真精也。彼後天交姤之精，即非真精，先天之精，謂之真精。世人能説真精，不過執後天交姤之精，冒認爲真精者也。或有暗與道合，偶爾一遇其真者有之，終不知其所以然之妙也，何也？彼世人有從有念而爲精者，所謂交姤之精是也；有從無念而爲精者，即所謂先天元精是也。於此二者，人人煉之，而終無成，亦世間凡夫傳世間凡法耳。子從凡夫學煉者矣，按其無成，便見其藥之猶不真也，當知有超此而爲真藥在也。夫無念而得爲真精者，固是也。雖有知真精，而不得元神靈覺如是，如是精雖真而不能爲真精用，此上天所秘之妙，實在如是，得此即天仙矣。舉世人所不得知之妙，實在如是，海誓山盟而不敢輕洩者，實在如是，得此即爲世尊佛矣。不得此即談宗説道，皆成幻妄虚言矣。子今得此明言，精始真矣，藥始真矣。下手一試之，起首便能合道。悟一步則行一步，行一步則入一步，入一步則得一步，則知不傳之妙，得樂之靈，證道之速，非彼世人所得知，所可及也。而世人誤信邪師誑惑者，可勝惜哉！

太和二問曰：如何辨水源清濁？伍子曰：水喻真精，清屬先天，濁屬後天。源者，精炁之所由以生者，此先聖示人至切之語。奈何世人，錯辨聖言，罔誣後學，不自源字上用辨，只於清濁字勞心。謂無形之精爲清，有形之精爲濁。嗚呼！此地獄種子之説也。殊不知先天之精欲，靜極而自動，炁至足而源自清，可謂真藥物矣。而元神靈覺即能和合，是謂以覺合覺。隨而採取，隨而烹煉，不作世緣念想，用功一刻，即長一刻黃芽，而金丹可就，仙道可冀。若念想塵緣，擬議習染，而後天之精，因以以生，則純是後天思慮之神所致。此源濁者不可用，以其真炁不足，不産黃芽，而生死可必者也，或有水雖自動而源亦清矣。其元神靈覺，雖覺而不正，覺墮於塵緣習染，轉爲後天思慮之神，所攝則不復清真，而用之亦無成，藥之理如此，辨得源字，真藥斯真矣！

問曰：水之清濁，何由神智清濁？答曰：靜定中神炁合一，由是靜亦神炁一，動亦神炁一，時至神知，即神炁同動是也。動而外馳逐，妄則爲二，動而不馳外，猶然合一，非清淨真而何？元神一馳精炁一馳，元神一散精炁一散，非濁而何？所謂開口即乖，擬議即錯者，此意也。問曰：清濁爲何？答曰：清炁者，天之本體。欲爲天仙，必明清炁合天之本體，而後能與天合德。若有一毫行而不能妙，則同於地體，而合地德，正爲地仙矣。有志於天仙者，不可不辨之也。

太和三問曰：承諭煉精煉元精，未審何爲先天元精？伍子曰：元精者，身中無形之精，又名元炁，而能生有者是也。隱於寂寞之中，靜極而動則生精，是天地自然循環之道，理當如是。故由靜極而生之精則炁足，故即成丹，不用交感精者，以其偶觸耳。觸目而生之，不由靜而炁不足，炁不足者，元非丹本，即不能成丹。以此故精生有時，知真時者，即得元精，不知真時者，即不得元精。子有一時，子其悟之。詩云：元精何故號天仙，非形非象未判乾。太極靜純如有辨，仙極靈竅在吾前。夢間妙學還須覺，識破真玄便是玄。説與後來修道者，斯言不悟枉徒然。明矣。

太和四問曰：如何是藥生採取？如何是運火煉丹？如何是成道？伍子詩云：陽炁生來塵夢醒，攝情合性歸金鼎。運符三百足周天，伏炁四

時歸靜定。七日天心陽復來，五龍捧上崑崙頂。黃庭十月産靈童，雲霄駕鶴任遊騁。

太和五問曰：世人學道有必之調息者，執呼吸而不已，障於道而無成。有云：不必調息者，縱呼吸而不顧，背道而不知，所爲何事？皆凡夫外道，擬議作知見耳。未審得如何是仙家調息？伍子曰：調息之義難言也。汝自悟來，而後可言。問曰：參悟已不知旨，故詳問之。答曰：調息者，調其進火退符，沐浴温養之義也。一呼一吸爲一息，不呼不吸亦爲一息。當呼吸之息，心與息不相依，則不調心息依矣。蕩然慢行，而不由真息之緒則不調，古仙所謂調息要調真息息是也。能由真息之道矣。行之太速，則近蕩而不調；行之太緩，則隨有相之炁而必成大病。古人所謂非煉呼吸之炁者是也，亦不調也。問曰：必如何而後可言調。答曰：速而不蕩，緩而不滯。而能由真息之道者，是不見其有，謂之勿助；不見其無，謂之勿忘。非有非無，非見非不見，合乎自然，同乎大道。此一呼一吸者，不得不如是也。問曰：不呼不吸之息如何？答曰：非閉炁也閉，則失於急而不調，亦如禪宗人所言轉身吐，得炁而後可稱禪那。拄杖非給炁也，縱則失於無知而不調，亦如禪宗人所云：未得山窮水盡處，且將作伴過時光。而後可能攝心一處。問曰：如何是大用？答曰：古云自有天然真火候，不須柴炭及吹噓。如此便是自然靜定。定靜不已，百尺竿頭，猶進一步。至於久而安，安者和也；和而能沖，沖和之理得矣。然真息在内本無實相，如若空空無息，非果無息，而實有也。不息則無相，無相則不見有也。所謂空而不空，不空而空。所謂空不空如來藏者，不外是也。悟得真空是性者，方能調此真息。息不能調終，終難大定。人能即此息而離此息，斯可入滅盡定矣。咦！滅盡定而能出定，神通境界，正有參悟，向上事在也。

太和六問曰：藥火之説紛紛，不知所以信受。一云神是火、炁是藥，以神馭炁，即以火煉藥，此即言神言炁爲二也。一云火即藥，藥即火，即言不分，神炁一也。一云採時爲之藥，煉時爲之火。意謂神炁，皆可言藥，皆可言火。二説同耶，異耶？伍子曰：同説。問曰：言旨似異，而理旨何同？答曰：皆以神馭炁也。採時炁向神中，神炁合一，而同升同降，而經矣，則謂之藥也。可即得汞之物，而名真鉛者是也。煉時神歸炁穴，神炁渾融，而同行同住，則有火矣！則爲之火矣。可即得鉛之物，而名真汞者是也。縱二物交併歸一矣，謂火、謂藥、謂一、謂二，何所不可？我有詩云，子其悟之。詩曰：言鉛言汞總言非，日月雙輪馭炁飛。子後並升天上去，午前同降地中回。曆神十二皆留伏，灌頂雙雙默轉移。古聖強言爲火藥，不離神炁自相隨。

太和七問曰：何謂如貓捕鼠？伍子曰：貓捕鼠，四足據地不動之勢也。雙眼視穴，見鼠即擒也。故《陰符經》云：機在目。又曰：長生久視。禪家云：正法眼藏。皆此義也。謂寂然不動，感而遂通者，可不似百日關中，知白守黑，知雄守雌乎？可不似晝夜靜觀，以除六賊者乎？可不似偃坐靜室，恒作是念者乎？故以貓喻主人，以鼠喻鹿障。但捕鼠掃塵，皆小成有爲之事耳。過此者而忘貓忘鼠，無虛無我而後可也。

太和八問曰：何謂沖和？伍子曰：沖和者，不息之息也。光塞天地，薰蒸一身，不爲呼吸之所障，亦不爲升降之所困沐浴。故曰：當然守中，亦稱密法。世人不知調息之謂何，我則曰：謂其息之活而沖也。世人不知防危慮險，我則曰：防其不和而沖之危險也。惟和故沖和，不和則不能沖。採藥以是，野戰以是，守城以是，結胎以是，養胎以是矣。問曰：以是若何景象？答曰：不偏不倚，無過不及，不疾不徐，非無非有。問曰：是何作用？答曰：夫妻並肩，陰陽合一，晝則同行，不前不後；夜則同住，不逼不離，如斯了悟，便是沖和道理。

太和九問曰：如何是防危慮險？伍子曰：自始至終，正多危險。且藥生有時，不知其時而採取，而當面錯過，此危險也。採藥有候，失其候不得其真炁，此危險也。其於黃赤二道，茫然不見其循由，此危險也。進火不知進之有所當止之地，亦不由進之所當起之處，退火不由退之所當止之地，此危險。火足而不知止者，有傷丹之危險；得藥而不能升三關者，有敗藥之危險。衝關而竅不真通是危險，關竅通聚者而或倏散是危險。三關過矣，而危險在鵲橋；鵲橋渡矣，而危險在服食歸黃庭，步步向竿頭進，一步無着腳處。虛空著一腳，大有危險者，天花亂墜，乃不能出其陽神，即不能無危險者也。出定入定，危險其能盡述。即如斯危險，俱勘得過，勘盡無餘，僅僅超脱得一箇死生輪回，謂之長生不死，方爲有分，與道相應。自後證到虛空不壞，始無危險，所謂萬般有壞，虛空不壞是也。

《仙佛合宗・評古類》 一問曰：張紫陽、白玉蟾皆言凝神入炁穴。葆

真子直議之曰：神至靈妙，如何凝聚得他。蓋息念而返神於身，息念一句，是紫陽真人自釋凝神二字之語。則炁亦反於身，漸漸沉於炁穴矣。其說不同，如何是？伍子曰：彼言神反於心，則凝歸本位矣。炁亦反於身，只歸得本位，不似張、白二真人所說。神入炁穴，是神炁有交姤在此，正有修爲處。非神反炁反，而不合一，便謂可證者，不必從真議。況二真人之言，出於鍾離祖化神後之言，安可妄議之歟？

二問曰：葆真子又議無炁穴，謂元陽真炁散於四肢百骸，又爲視聽言動，豈區區藏一穴之理。此議如何？伍子曰：人當生時，自具一性命，則元神本體原自有着落處。故雖發明曰炁穴，其在四肢百骸，視聽言動時，炁緒餘爲用也，猶有本體。及在不爲身外之用，亦有本體在。且人之元炁者，元炁即自有所在，人不能見，元炁亦不能見，內有穴無穴不能辨，何必議有穴無穴哉！不過煉精化炁時，以下田爲主；煉炁化神時，以中田爲主。皆曰：三田反覆。有行所當行，住所當住，化炁時固在下丹田，而炁穴又豈在下丹田之外而別議之耶？元精藏於腎，元精不發動時，即是元炁，而可謂炁穴遠於下丹田乎？強議無炁穴，自己落空亡。後學無所惑也。

三問曰：元太虛議凝神入炁穴，只是收視反觀，回光內照而已。葆真子議云：非是執着所在，而用意觀照不反，是虛靜以反神於內。其師徒二說是否？伍子曰：仙真所謂回光內照者，異於是。當煉精化炁時，即回照精炁；當煉炁化神時，即回照神炁；當煉神還虛時，即回照還虛。固不可着相於處，用照亦不可着內。用照皆落空之境耳，去仙機頗遠。獨喻吾所云：回光內照，呼吸太和，是煉精化炁時之內照。以其有呼吸太和四字而知之。至煉炁化神，非呼吸可言。元、葆二說，不足以語者。

四問曰：昔李虛庵云：畢竟如何是道？須向二六時中校勘，不與諸緣作對的是箇什麽？伍子曰：此禪家套語耳！不知仙真上聖之所謂道者，無形、無情、無名，至虛至極之妙。其所謂道生一，一生二，今言緣、言對，當知緣一也。對緣者，我又一也，則二矣。不與諸緣對者，去緣而尚有我在，我爲道中之一物，一爲道中之一數，一在故未至虛極之妙，安可指一便謂之道？一在即神在也。化神時此心着不得緣境，一着緣境即隨六道。雖化炁時對緣而着之，則不化炁何？莫非不對緣而遽稱爲道哉？殊不知煉神還虛，還之無極，而至極，方爲與道合真，齊眉於仙佛者也。古今尚無，又豈於二六時爲言也。

五問曰：《坐忘論》云：勿定於急急求慧，急則傷定，傷定則無慧矣。此說是否？伍子曰：此言非也。蓋人之性體靈照是慧，動而發用，從耳曰聰，從目曰明。不用聰明於耳目，而回光復其本體，則名慧名定。是名慧於定，不名慧於不定。定此慧則名定，不定此慧則不名定。彼云：定中求慧，定是何物，又以何物求得何慧？此所以非我天仙頓法道理，一性而稱者同語也。

六問曰：金丹必言鼎爐，如何即是？伍子曰：先把乾坤爲鼎器，此天仙家之定論。問曰：李虛庵乃云：身心爲鼎器。又曰：乾，心也；坤，身也。是否？答曰：乾，非心也，乃易所謂乾爲首，坤爲腹者是也。行得三田反覆之功者，方能真知爐鼎之妙。

七問曰：昔紫陽真人云：元性非他物者，亦炁凝耳得靈。此言如何？伍子曰：但看天地，亦炁凝而矣。而人之小天地者，即是此。張真人發萬古之未發，今人一貫之旨不改。

八問曰：昔有一人，究玄關一竅。李清庵云：二六時中，行住坐臥着功夫。問：內求之語默視聽是什麽？此言是否？伍子曰：大修行人，頓修於語默視聽，一無所着。着了即爲有相，虛忘豈可生心，求甚兒墮於外道耶？問曰：除卻語默視聽，是旁門外道。如何則是？答曰：玄關者，古人言至玄至妙之機關是也。一竅者，非是以一竅着形相而言，如云一些兒幻妙機關也。事事法法，皆有一些兒玄妙在。且云：藥生古今，人人能談。所謂有時有處是一些兒幻妙，火候調息呼吸，人人盡談。所謂進時不退，退時不進。可升之時不可降，可降之時不可升，行有當行之道，住有當住之處，亦是一些幻關。如煉炁化神，十月養胎，人人盡談。不知前有煉炁之有爲，沐浴後之純陽無爲。沐浴亦是一些幻妙，神有將出之景，亦有所出之法。如何是煉神？如何是還虛？超過虛無寂滅，於無極至極，皆一些玄妙。今略舉以宣示，未可疑於一竅，而小視先聖之教言也。若必求一竅，以實之藥生之地，何以當言？

九問曰：古云知心息相依，久成勝定；神炁相合，久致長生。二者可能得否？伍子曰：勝定長生，皆先天之炁爲心之依，爲神炁之合，非止言出入息之炁也。以出入息，是後天幻化之物，有成壞故。問曰：隨息之法，

與息俱出，與息俱入，隨之不已，一息自住。此言亦是心息相依，久成勝定之說，豈亦非與？答曰：仙家真息之妙，只有升降，而至於無。升降不可以出入，言有出入者即凡夫，非仙聖上上頓法也。所以莊祖云：凡夫之息以喉，真人之息以踵。

十問曰：息息歸根，金丹之母。陳虛白曰：此言如何？伍子曰：息能歸根還於靜矣，則能生先天真炁，所謂系眼。真人云：敲竹喚龜，鼓琴招風。世人不知招喚，故亦不知金之由生也。

十一問曰：何謂真人呼吸處？伍子曰：人之呼吸是天地。故呼亦出天根，乾闔是；吸亦出於地根，坤闢是。旋乾轉坤，是真人呼吸至妙之機，非臍腎中央、口鼻之處。范德昭云：內炁不出，外炁不入，非閉炁也。似知呼吸之妙。若不知呼吸之處，則不能煉鼎中之丹，去仙道斯遠矣。最宜究竟。

十二問曰：有云修煉必至於胎息，而後炁歸元海，方是純陽十月之功。此言是否？伍子曰：非也。凡十月之工，息不歸於下田者。煉炁與息皆至於無，而爲神矣。不可以炁歸元海言。問曰：如何是炁歸元海？答曰：元精、元炁生於元海，每將順去，而爲後天交感之精。真人依法採取，歸於元海，烹而煉之，漸長漸盛，成服食金丹。故先聖之炁歸元海，壽無窮者是也。此百日煉精化炁時事，非十月煉炁化神時事，故曰非也。

十三問曰：葆真子直議曰：三宮升降，乃其自升降，非人升降；周天運用，乃其自運用，非人運用。此議是否？伍子曰：全是邪說，悞人太甚！豈不聞古聖人神運河車無了期乎？古人教人，升降要在自然運用。要在自然，非言不用人力，而自升降運用也。凡人不行道者，升降由經絡管系，非三田也，非周天也。惟能三田反覆首尾，方能三宮升降；得仙師之火候者，方能周天運用也。

《性命圭旨・邪正說》大道生天、生地，天地生人、生物，天、地、人物，一性同體。天有陰陽，地有剛柔，物有牝牡，人有男女。有陰陽，斯有日月星辰；有剛柔，斯有山川草木；有牝牡，斯有胎卵濕化；有男女，斯有配偶生育。衆生因配偶有媱慾，因生育有恩愛，有媱慾恩愛，故有魔障煩惱。有魔障煩惱，故有一切苦厄。有一切苦厄，故有生老病死。是以太上藴好生之德，開度世之門，著經立法，教人返朴還淳，無欲觀妙，有欲觀竅。致虛守靜，歸根復命。早復重積，深根固蒂。得一守中，虛心實腹，弱志強骨，挫銳解紛，和光同塵。專氣致柔，抱一無離。知雄守雌，知白守黑。閉門塞兑，被褐懷玉。窅窅寘寘，其精日生。恍恍惚惚，其精不泄。日生則日長，不泄則不竭。精能化氣，氣能化神，神能還虛。五行不能盜，陰陽不能制，與道爲體，超出天地，此乃老子清靜無名之道也。至漢魏伯陽真人，祖《金碧經》而作《參同契》，始有龍虎、鉛汞之名。爰及唐宋諸仙叠出，丹經燦然，橫說竪說，種種異名，載於丹書，不可勝數。究竟本來，無非吐露同出異名之一物耳！蓋聖師闡教敷揚，備細說說，實欲人人領悟，箇箇成真。殊不知名愈衆而事愈繁，書愈多而道愈晦。況多爲庾亂隱語，孔竅多門，使學者無罅縫可入，往往目眩心搖，輒生望洋之歎。幸吾師尹真人出，欲續大道之一絲，以復無名之古教。於是剪除繁蕪，撮其樞要，掃諸譬喻，獨露真詮，摽摘正理，按圖立象。不可施於筆者筆之，不可發於語者語之，直指何者是鉛汞，何者是龍虎，何者是鼎爐，何者是藥物，何者謂之採取，何者謂之抽添，何者謂之溫養，何者謂之火候，何者是真種子，何者是真性命，何者是結胎，何者是了當，歷歷發明，毫髮無隱。後之有志於道者，再不爲丹經所惑也。况丹經子書，汗牛充棟，講理者多，留訣者少。初無下手入門，次無採藥結胎，末無極則歸着。後人不識次序，如何湊泊得來？不免有攙前越後之差，首顛尾倒之亂，學道一生，不得其門而入者多矣！間有入門者，而不知升階；有升階者，而不知登堂；有登堂者，而不知入室。是以次第工夫，乃脩真之首務，豈可缺焉！予最愛《藏經》中四句偈曰：衆生無邊誓願度，煩惱無盡誓願斷，法門無量誓願學，佛道無上誓願成。世尊亦曰：度盡衆生，然後作佛。區區由是發一念慈悲，罄將師授秘訣，徹底掀翻，滿盤托出，以籲徠後之有緣，復返天界而不沉溺於苦海中者，此予之心也。其一曰涵養本原，救護命寶；其二曰安神祖竅，翕聚先天；其三曰蟄藏氣穴，衆妙歸根；其四曰天人合發，採藥歸壺；其五曰乾坤交媾，去鑛留金；其六曰靈丹入鼎，長養聖胎；其七曰嬰兒現形，出離苦海；其八曰移神內院，端拱冥心；其九曰本體虛空，超出三界。於中更有鍊形、結胎、火候等諸心法，以全九轉還丹之功。大道口訣，至此吐露盡矣！今之道者，峩冠方袍，自足自滿，不肯低情下意求師指授大道次第，惟只以盲引盲，趨入傍蹊曲徑。豈知道法三千六百，大丹二十四品，皆是傍門，獨此金丹一道，是條脩行正路，除此之外，再無

別途可以成仙作佛也。故法華會上，世尊指曰：唯此一事實，餘二即非真。尹真人曰：九十六種外道，三千六百傍門，任他一切皆幻，只我這些是真。雲房真人曰：道法三千六百門，人人各執一苗根。誰知些子玄關竅，不在三千六百門。蓋玄關大道，難遇易成，而見功遲；傍門小術，易學難成，而見效速。是以貪財好色之徒，往往迷而不悟。其中有好爐火者，有好彼家者，有視頂門者，有守臍蒂者，有運雙睛者，有守印堂者，有摩臍輪者，有搖夾脊者，有兜外腎者，有轉轆轤者，有三峰採戰者，有食乳對爐者，有閉息行氣者，有屈伸導引者，有三田還返者，有雙提金井者，有麗背臥冰者，有餌芝服术者，有納氣嚥津者，有內視存想者，有休粮辟穀者，有忍寒食穢者，有搬精運氣者，有觀鼻調息者，有離妻入山者，有定觀鑒形者，有熊經鳥伸者，有餐霞服氣者，有長坐不卧者，有打七煉魔者，有禪定不語者，有齋戒斷味者，有夢遊仙境者，有默朝上帝者，有密呪驅邪者，有見聞轉誦者，有食己精爲還元者，有捏尾閭爲閉關者，有鍊小便爲秋石者，有採女經爲紅鉛者，有扶陽用胞衣而煉紫河車者，有開關用黑鉛而鑄雌雄劍者，有閉目冥心而行八段錦者，有吐故納新而行六字氣者，有面壁而志在降龍伏虎者，有輕舉而思以駕鳳驂螭者，有吞精嚥華以翕日月者，有步罡履斗以窺星辰者，有依卦爻之序而朝屯暮蒙者，有售黃白之术而燒茆弄火者，有希慕長生不死者，有馳志白日飛昇者，有着相執而不化者，有著空流而不返者，有持戒定慧而望解脫者，有祛貪嗔癡而思清淨者，有生而願超西域者，有死而願登天堂者。似此泯泯棼棼，難以悉舉。道釋者流，執此一術一訣，便謂金丹大道止於是矣。吁，此輩如管中窺豹，井底觀天，妄引百端，支離萬狀，卒將至道，破段分門，以迷指迷盲，修瞎煉，不肯自思己錯，更將錯路教人。是以王良器作《破迷歌》，陳泥丸作《羅浮吟》，鍾離翁作《正道歌》。歷舉傍門諸術之非，以救錯行邪徑之失也。於中亦有數條，可以攻疾病，救老殘，益算延年，住世安樂。間或亦有超脫者，不過成箇蓬島仙，羅漢果耳！故傳大士云：饒經八萬刼，終是落空亡。此乃小乘功夫，不合大道全體。故張平叔云：學仙須是學天仙，惟有金丹最的端。蓋金丹之道，簡而不繁，以虛無爲體，以清靜爲用，有作以成，其始無爲，以成其終，從首至尾，並無高遠難行之事。奈何世人道在邇而求諸遠，事在易而求諸難，背明投暗，不亦惑乎！夫金者堅之稱，丹者圓之喻，是人毘盧性海，乾元面目，世尊名之空不空如來藏，老君號之玄又玄衆妙門。以此而言道，謂之無上至真之道；以此而言法，謂之最上一乘之法。三教聖賢，皆從此出。脩行正路，孰有正於此哉？予之本懷，正欲乘此皇極大明之世，與羣生同種乾元之因，共結龍華之伴，故作此說，而挽邪歸正，併吾師所授諸圖訣竅，明明指出，俾諸學者，印證丹經，一覽而無疑矣。

《性命圭旨・太極發揮》 大哉，吾身之太極，生生化與天地終，長生不化，超出天地。戒傷生，忌惡化，可以盡年，可以令終。絕其生，斷其化，可以長生，可以不化。盡年令終，與凡夫異；長生不化，與仙佛同。兩者皆從太極中出，而作用不同。人皆知太極，在未有天地萬物之先，而不知既有天地萬物，各有太極具焉。太極有時候，有真種，未有天地萬物之太極，在戌亥二會，有此二會，太極斯有一元造化，每年太極，在九月、十月，有此兩月太極，斯有一年造化，每月太極，在二十六至三十，有此五日太極，斯有一月造化，每日太極，在戌亥二時，有此二時太極，斯有一日造化，一時太極，在窈窈冥冥二候，有此二候太極，斯有一時造化。動物太極，在宿蟄孕字；植物太極，在歸根結實；人身太極，在晏息窈冥，交媾結胎。交媾有時，調養有法，不傷太極，此盡年令終，斷絕淫慾，時入窈冥，保完太極，此乃長生不化，盡年令終之道。亦有毀壞長生不化之道，可以成仙，可以作佛，終無毀壞，豈直異於凡夫，別於草木禽獸云乎哉！

《脈望》卷一 《規中圖訣》云：一陽潛動處，萬物未生時。跏趺大坐，凝神內照，調息綿綿，默而守之，則一炁從虛無中來，杳杳冥冥，無色無形。垂於玄冥坤癸之地。生於腎中，以育元精，補續元氣，續續不耗，日益月強，始之去病，次以返嬰，積爲內丹之基本矣。

腎間動氣，金丹大藥也。腎雖屬水，然居子位，一陽生於子，即真火也。至人超見於衆，動升腎中，動氣上蒸脾土，脾土溫和，中焦自治，膈開能食，食氣上升，灌溉諸臟而生血氣，榮衛一身，人生根本，實繫於此。或遇觸而動，即當定心，靜坐閉目，存想此穴之，氣上昇，庶不至下泄。蓋精者，人身之寶也。命門，即腰眼也，脊骨自下而上，第七節之中是也。

《三聖玉訣》謂世人不解死陰，夫陽者，生之本；陰者，死陽之根。但吸靈龜而死陰莖，其神自生。彼修者，只知禁欲，殊不知一念心動，氣隨心散，精逐氣亡。長春云：一念色心動，百骸和氣傷。惟得法者，陰莖一死，而如無六慾七情，當體消滅。故得正念實相，對景無心。或言陰不死而頓無慾

者，吾未之見也。馬丹陽曰：修行先要死陰莖，陰莖不死萬緣侵。箇中不識真消息，牢捉牢擒走不禁。《楞嚴》云：必使婬機，身心求斷，斷性亦無，於佛菩提，方可冀及。天機者，臍下一寸三分也。聖人下手養胎僊之處。《難經》註云：臍下腎間動氣者，丹田也。人之性命也。丹田性命之本，道士思神，比丘坐禪，皆聚真炁於臍下，良由此也。丹田内有神龜呼吸，真炁非口鼻之呼吸也。口鼻止是呼吸之門戶，丹田爲炁之本原。聖人下手之處，收藏真一所居，故曰胎息。臍下一寸三分者，謂仰臥而取之，入裏又一寸三分者，爲是即腎間也。《三元會議》云：子爲六陽之首，以應冬至，故當靜坐凝神，袪除萬慮，一念規中，默調其息而符候之，至亥末子初，陰極陽生之時，腎中一陽之炁忽爾發動，即舉心念以應之，使真水真火混而爲一，謂之水火既濟。午爲六陰之首，以應夏至。故午前靜坐凝神，待陽極陰生之際，心中自然一陰之炁下降，即舉情以合之，存於心田，神腑勿令嚥下，乃爲坎離交垢之道也。常人於此，水火昇降之時，或行走笑談，或酣睡，以致水火不能既濟。至於卯酉二時，乃爲心腎二炁交分之際，應春秋二分之候，亦須澄心靜坐，聽其自然，綿綿者存，此爲沐浴之功也。除此四時之外，餘時不拘。

《靈寶畢法》云：採藥法，含津握固，以壓心之真炁使之不散。又云：一氣初回，元運真陽，欲到離宮，捉取真龍真虎，玉池、春水溶溶。謂離掛腎氣到心，當神識内定，少入遲出，綿綿若存，而津滿口，勿吐勿咽，自然心腎相交。故前文午時，勿令咽下，四字乃口訣也。

我身未生，無相有覺。我身既生，有相無形。是名何物，太乙含真。

《浄明録》云：思惟一身之中，有無極之真，二五之精，妙合而凝，實不離乎中黄卅扃也。

《通真契玄篇》云：心爲朱陵宫，因交合之時，感化真液下降，因而流入元海，號曰丹母。故上田爲採藥之處。《江禎三要》序云：兩腎中間乃元精穴，非受生元氣之所。觀祖師所謂：兩腎中間一點明，逆爲丹母順成人。逆之一字，逆則元精化爲元炁，逆歸氣穴爲丹母，產玄珠而爲僊爲聖。順則流元精於膀胱，則淫而爲子矣。據二論，可見上心下腎，皆有生藥之機。老子云：我貴食母。莊子云：以襲氣母。

丹陽云：火裏青蓮滴珠露，常在寶瓶爲供具。玉溪子云：露珠點綴蓮花下。又隱奥云：天上三十六，地下三十六，天地入寶瓶，七十二候足。

佛偈：一華開五葉，結果自然成。又云：心地含諸種，普雨悉皆萌。合觀見妙。

《青華秘文》云：混沌神房，乃精光目光之氣，幻而爲之。《圓驗符應》云：虚谷乃水火二氣交媾，結成無形有象之名。又曰：二弦虚氣，妙合爲一，即名玄關。吁，盡之矣。可見中黄宫、金窟穴、玄關、玄牝，皆不過藏竅之處所耳，胡可着也。

《老子》云：天地之間其猶槖籥乎？

《禮記》云：一動一靜者，天地之間也。二經所言，若合符節。是乃先聖之微言，而記者録之耳。

《楚詞》云：毋滑爾魂己也，未也。兮彼鉛也，鬼也。將自然。一氣藥也。孔神兮，於中夜時也。存。虚心也。以待時至也。之兮，毋爲之先。二十七字括盡丹書，可見《參同》《悟真》之説，由來遠矣。前此莊子云：氣也者，虚而待物者也。唯道集虚。虚者，心齋也。又云：善養生者，若牧羊然，視其後者而鞭之。夫不先不後，乃勿助勿忘之謂也。故《沁園春》云：煉己待時。《青華秘文》云：守己待癸生時。虚待二字之義，淵矣哉。

《口訣》云：便就動處畧提起，凝住一念助其騰。騰上衝謂之採。閉氣於下，使心氣迎之，與之交媾謂之合。故卓壺云：彼土如何發動，與此土如何對舉？真鉛鉛之未生也，有爲之媒。真鉛之既生也，有爲之極。鉛汞之相見也，有爲之防。鉛汞之歸釜也，有爲之胎。以至沐浴抽添，何莫非真土之妙用也哉。

寂然不動，土之性也。蓋根塵已絶，萬慮俱泯。一氣縱摃，自然遁道上升，降入丹田而成至寶。陳虚白以身心不動爲採藥，蓋此意之。豈區區意迎目送運用之爲哉！

火候全在念上着力。虚白云：念不可起，意不可散，起火時，人力不可干預，惟虚靜爲主，不使雜念撓之，聽其自然，待其熏蒸。一回自爾生，陰化爲玉液，下降灌溉五臟，喉中覺有甘津，乃其驗也。到此時，還守虚靜，一毫不撓，自會凝結，久之寂定，方可徐徐而起。

《真詮》謂：性命只是一件，人之所以死者，形神離也。既死則六根具而不能用者，無神以宰之也。是知神乃形之，主神離則氣散，命豈在外哉！若非兩件，雙修而分先後，殊未妥，何也？修性則命在其中。所謂神返身

中，氣自回是也，未有外虛靜而能交媾成丹者。蓋先鍊精成氣，後修定超脱返難，究竟若能證得法身，何患色身不妙。蓋三關自有，爲入無爲者漸法也，修上一關兼下二關者頓法也。今惟徑行，鍊神還虛，功夫直到虛極靜焉，精自化炁，炁自化神，欛柄在手，命由我立，是一簇貫三關也。豈不易簡而捷徑哉！真空實相，非比頑空。

劉長真喻性爲土，喻命爲水。性命相見，如水土和爲泥，造成器物。若未經真火鍛煉，土再見水，復化爲泥也。如磚丸曾經火煉，千季不壞，何況性命煉成至寶。

《關尹子》云：萬物之來，我皆對之以性，而不對之以心。性者，心未萌也。

玄牝以靜極而見也。姹房以情溢而闢也。

神凝則精氣聚，而百寶結者，藥物也。真息往來，而未嘗·少有間斷者，火候也。此語可謂簡而盡矣。

日鑿一竅，七日而混沌死。故知識不用，歸乎其天，則混沌全矣。胡混成曰：保元和者，莫先於去情識，不識不知順帝之則，此之謂與順率。循也。

《壇經》云：心念不起名爲坐，釋典有行禪之說，又有臥禪之旨，要之心念不起則行臥之間，俱是坐也。

釋氏面壁，自有妙義。蓋洗心退藏於密，以養其神，以復寂然之本禮，猶面壁然而物無見也。故曰：心如牆壁，而可以入道。善修行者，睜眼不見人。

孟子曰：湯武反之也。道書曰：逆則成丹。故儒家能善反之，則天地之性存焉，便成堯舜。道家能善逆之，則天地之性存焉，便成神僊。復歸嬰兒，與不失赤子之，心其旨同焉。

《列子》云：與齎俱入，與汩俱出者，入水不濡也。隨煙爐上下，徐行而出者，入火不灼也，皆指神而言。既謂之神，則無形矣。水安能濡？火安能灼？

莊云：物之有知者，恃息。知是性，息自命。三教聖賢，千言萬論，不過發揮知息二字。此老提綱揭領，豁人心目於百世。

眼觀心動，耳聽神移，口談氣散。予自約日用有四句云：善惡事都莫思量，出入息渾無拘縱，常常傾耳凝空照，默默垂簾仔細觀。動而行之，不知老之將至。

《靈樞經》云：天谷元神，守之自真。白玉蟾曰：自形中之神，以入神中之性。此之謂歸根復合。

老子云：能如嬰兒乎？又云復歸於嬰兒。兒者，元神也。故曰：嬰兒入聖機。《生神章》云：熙順養嬰兒。又云：慶此嬰兒脱。

綿綿若存，老子之火候也，孟子所謂勿忘勿助，是也。養珠者龍，抱卵者雌，豈有言語轉相告教哉？天機妙用，自然而然。故曰：真火木無候也。

老子所謂先天地生者，混然無氣而生氣也。氣焉既生，即名爲一。惟一故二，則兩儀分而天地闢矣。故曰：道生一，一生二，二生三。

《見性頌》云：心清意靜，氣和神定。真息綿綿，靈光瑩瑩。

《道法心傳》云：耳目鼻口身，精神魂魄意。攢簇在中宮，化作先天氣。○此竅實居中，居中復一中。萬神從此出，直上與天通。

《了明篇》云：一顆明珠纔運動，光輝閃灼兩眉間。○氣入丹田火自生，眉毛灼灼電光明。○夜深獨坐燒丹處，萬顆明星帳頂頭。

僊詩云：眼前白雪亂紛紛，滿目黃花變紫雲。頂上山泉時復響，耳中僊樂日常聞。

常人之息以喉者，謂其出多入少，膻中即回，不能至呼吸互換之根故也。真人之息以踵者。謂其呼吸相稱，水火兩弦均平。上接天根，下接地根，與腎中祖炁混合，故名真息。凡息功忌出多入少。梵語震旦，此言多思慮也。謂此國人思慮多，故以名之。

《圓覺經》云：一切衆生壽命，皆爲浮想。《楞嚴經》云：菩提心中皆爲浮虛妄想凝結，妄想之害大矣。《參同玉吾》注云：弦前弦後正當時，謂吾身之巽門也。嘗考巽門之說，惟紫陽老僊云：黃庭之下，有一丹室之門戶也。意生則上，故陽升意止則一，故陽不可得而降矣。爐鼎扛乎一之內，正屬土。又云：巽者，鼎下之片縷耳。闔則爲乾，闢則爲巽。闔則爲噓，闢則爲吸，何以能開闔，亦無非一意使之然。又曰：西方者，巽之用也。中宮者，巽之體也。又云巽爲地戶，見後。

雙腎曰命門，一身命脈之所關係，人不能貴其炁，固其根，貪愛婬慾，搖動命門；去死不遠矣。《陰符經》云：火生於木，禍發必克。木中生火，而反燎於薪，於事則有反害之禍。於丹道，木三火二爲五，有變化之機。

《靈寶經》云：七日七夜，諸天日月星宿，一時停輪。此皆以神氣凝集，

陰陽混合於空洞之中，目不瞬，心寂定爲是。

無際在大竹朱居士家住，居士曰：我見和尚坐得好。問云：如何見得？曰：你素常坐禪眼不定，故今番坐禪，眼似定耶。

詹子南述象山先生嘗舉鈎，是人也一章，云：須是使心官不曠其職。子南因是便收拾此心，用力操持，夜以繼日，如此半月。一日下樓，忽覺此心已復澄瑩中立，遂見先生，目逆而視曰：此理已顯也。子南問何以知之？曰：古之眸子而已。以上二段可見三教一理。

元陽真炁目，自二十四節上升洞房宮，明朗洞照八室，至此下視六極之境，如在掌中。所謂三境非遼。

顧養和氣，嬰兒自生臍腹之中，如懷胎狀。諸天日月爲飛精，諸洞日月爲伏根，人間日月爲明輪。若吞明輪者爲僊，蓋服日月光華各有法，能潤五臟，澤顔容。東方甲乙之地，乃日月所出之門戶地，祇於此且望迎送鬱儀結璘之神。金爲神性，居上丹田，是謂頂門，人呼爲性門。性最靈，故性門未合，尚知前世事，及其合則不知矣。寄體於肉團，心以應萬事，人能知性命，可以修太素玅行，觀門栢爲金僊。故栢真人記云：鬼風吹合，崑崙神附，心中盡煎，且煑肝腎，注精施陽，敗損金鼎，神不能禁，僊聖不居，甘受死地。今當迴日月之華景，照太極之崑崙。歌曰：金鼎天門開，反童復嬰孩。日月照崑崙，真君自然來。謂之默朝上帝法。

硬打塵勞，勿令睡魔陰邪之所侵撓。昏睡則精神散失，魔鬼侵淩，故《大洞經》云：太乙楊明威，所以鈐餾之也。

一點靈光，洞然無碍，照映入表。丹經曰：龍虎大藥，須以真鉛真汞和合而成，方有光華煥燦。天河自尾箕寅位注於東井，而循環於天地之間。古人云：水出崑崙之下注，出尾閭復上，謂之天河，此天地之河也。人之河自尾閭，尾閭係寅位，泝流而上崑崙，與天地同焉。呂僊云：曲江上月華瑩淨。《大洞經》云：一曲水天聞。可以互參。

釋氏七覺支則，曰：念覺、擇法覺、精進覺、喜覺、猗覺、定覺、捨覺，大抵只是先天，先地靈明不昧之精神是也，虛靈知覺一而已矣。荷澤云：知之一字，衆玅之門。圭峰裴相所説已詳。又云：天有七星，布炁於人，曰心神降於中，曰神。又云：心有七竅，又云：心神上通耳目鼻口七竅，俱名七覺。猗覺亦名輕安。

《大洞經》十方暉紫烟，《黄庭經》紫烟上下三素雲，蓋人之玅炁凝集而出於眼目，即水火之正色。

桃君乃腎神，蓋宜懲忿窒慾，措精愛炁，爲一身之主，性命之根也。色念動時，當存思桃君在臍內。

神光、寶光即靈光也。蓋無形可捉，發秀暉采於長空青冥之表，在人則精神光彩，秀發於雙目。故《大洞經》云：烟回太暉間，神光秀空峰。空峰，顯面也。

東海蓬萊山、扶桑山、方丈山、滄浪山是高極。天下有三島十洲，曰玄洲、瀛洲、祖洲、聚窟洲、炎洲、麟洲、流洲、長洲、元洲、生洲。《大洞經》云：玄洲絕三津，滄臺飛羽輪。校僊登扶桑，皆在東海上。得道者，經由此處脫蛻換骨，拜職受服，然後上升天境，朝見三清至尊。先賢有骨肉同升者，此身皆蛻藏名山，惟神可去。

人有一百八十靈關，二百六十骨節，一千二百形骸一萬二千，精光三萬六千，根源本始，八萬四千毛竅。關鍵中咸生精液之潤人，無津液則枯槁云亡。天地得水而覆載，萬物得水而生成，其實一也。

真僊朝帝，但見金光勃勃，不見睟容。修真之人，鬼神見之，惟見紅光。

乾爲天門，巽爲地戶，地戶即下田是也。故風曰巽風，以其起於下也。起巽風，運坤火俱在下田。

眼之於色，爲業甚大。眼見心欲，心動神疲，是以五臟之神，皆從眼漏爲第一根。眼通心，心乃神宅，眼既見，心必動也。道之大而至高，超出乎無色之界。眼之上爲無色界，泥丸乃玉京山。

人以雙目回光返照，則真炁隨而聚於元宮，謂之回風混合。或指息言，屏息。回風，牛車，大乘之道也。

人以心爲天，腎爲地，心腎相去八寸四分。天地相去八萬四千里，神風槖籥。故天地相鎮，人以真炁運動，故身體長寧。三部八景，自尾閭至百會三節爲一關，三八二十四節，以應二十四炁。

潭底日紅陰怪滅，鉛爲陽炁，山頭月白藥苗新，汞爲陽精。以陽歸陽，則雙目如金星，能通乎晝夜，以代日月之明。

虛其室，白自生。定其心，道自生。

日中真靈，乃太陽之精。在人則坎中之陽，兩腎間一點明瑩者，名曰中王，以子時建生。

古詩云：聖人奪得造化意，手摶日月安爐裏。微微騰倒天地精，攢簇陰陽走神鬼。又曰：若人問我修行法，遙指天邊日月輪。又曰：日月交合時，便是生身處。本來面目真，勸君勤照顧。蓋日月合璧，乃月晦夜交合也，內丹於此下手修合。

丹料之異名曰福醴液，丹房之器皿曰壺元瓶。

玉清上境，乃人之泥丸宮、衆玅門，投胎奪舍，皆自此出入，人之死亦由是出。

入梵九天：東方曰始青天、太青天，人之超度形神，使其超越始青之天，方至欲界、色界、無色界，方至四梵種民天，方至神霄九天，無上三天。各天動計數萬里，信知其不可階而升也。然有道之士，通達明了，不涉關津，不勞登陟。動一念填，可直造圓頂之外矣。

《瑩蟾語録》云：精關、氣關與神關，三關一湊；天籟、地籟及人籟，衆籟俱澄。〇以先覺而覺後覺，反外觀之觀內觀。【略】

《心經》無垢子註云：六箇門頭一箇關，五門不必更遮欄。從他世事紛紛亂，堂上家尊鎮日安。六根皆從一根上起，但去一根上返照，從何而起，若識起處，起處是妄，休教生苗。

修行之法，築基已就，玄牝有相之後，工夫大約有四：曰靜，真息綿綿，純然一性。曰定，始而昏定，繼而正定。曰慧，了了常知，曰通。六通。一步進一步，一層深一層。見境不着，見阻不退。謹謹護持，自然成就。否則前功盡棄矣。

《靈寶畢法》云：陰中有陽，陽中有陰，本天地升降之理。氣中生水，水中生氣，乃心腎交合之機。比物取象，道不遠人。配合甲庚，方驗金丹之有准。抽添卯酉，自然火候之無差。紅鉛黑鉛，徹底乃成大藥。金液玉液，到頭方是還丹。從無入有，常懷征戰之心。自下升高，漸入希夷之域。抽鉛添汞，致二八之陰消。換骨鍊形，使九三之陽長。水源清濁，辨於既濟之時。內景真虛，識於坐忘之日。玄機奧旨，難以盡形。工夫行持，不外於多入少出。

嘗讀張三丰《道法會同蹺》，有云：得腐朽再生之橐籥，見刼仭不殞之卷阿。紅鉛黑鉛，鍊鍜方成影響。金液玉液，坐臥睪致疏通。每疑刼仭卷阿之錯。及閲《大洞經》有黄録保刼仭之句，又停玄三秀阿，註云：藏隱玄根於三秀之卷阿。南岳名太虛、小有之天，古詩小有洞中三秀艸，即靈芝是也。山有五芝，餌其上者得僊。乃信僊詞咸有所據，非杜撰也。

《華嚴經》云：惟惟大聖，開樓閣門，合我得入。《度人經》：身度我界，體入自然。又云：有過我界，身入玉虛。圭堂註云：先天之命源一也。夫命如召命之命，此意玄玅入極。又《楞嚴經》行陰畫中云，深達十二種類，受命元由。觀由執元，諸類不召。干十方界，已獲其同。圭堂註云：聞之曰：命如召命之命。

《壇經》：吾若不知去，處終不別汝。圭堂註云：聞之曰：六祖偈刼火燒海底，風鼓山相擊。真常寂滅樂，涅槃相如是，夫四真二土之玅，乃在是矣。有幻身四大，有真空四大。

《楞嚴經》地性、火性、水性、空性。圭堂註云：聞之真實土，真虛土，皆土也。合真水、真火、真風，併謂之四真。《楞嚴》虛空藏菩薩手執四珠，遍照空界，與《金光明經》四如來混合一室者，正發明是義。若以後天四物，與夫假合四大而會之者萬里矣。世尊托後天四物，以明不可言傳之玅，而曰如來四真。清浄本然，周偏法界，偏滿世間，寧有方所，豈細事哉！此之謂造化一源。先君玅道，大佛之秘藏，生靈之太初，自從水火相擊搏，便有兩土各戰爭，故曰兩土成圭者此也。風乃巽風，又爲橐籥也。

圭堂云：乾坤函蓋，獅象交馳，真火盤旋，風雲改觀。既而千光歷落，渾透簾性，醍醐彌抽，機軸潛發，三思大事，再嘆奇哉。此景詳見《修玄章》九及《四百字序》。

元精者，父母交垢之初，陰陽偶合之始。精血相舍，孕於坤宮，生於坎戶，徐凝結，漸漸成胎，十月周圓，形體全備。身中一物，名曰命蒂，乃召命之命爾。自造化中來，以其能召元神入身而爲物者，此即先天自然之祖氣也。元神者，虛中一靈，湛湛寂寂，無去無來，不增不減，乃混成之性爾。偶因念動，遂於造化未來之前，天命既立之後，一點靈光，自虛無中來，受命之命，附體著形，而爲物者，此即中天，湛然之氣也。謂之靈汞。元炁者，粤自立命之初，設性之後，混合身形，伏毋臍下，隨母呼吸；十月滿足，離母出胎，大哭一聲，徑受此炁，自杳冥中來，擊於命蒂，自呼自吸。此後一身精血氣液，隨時滋長，情見於外，若知禁忌，壽滿天年。倘或恣情，必遭夭折。更能知時運用，乃得長生。此後天浩然之氣也。謂之真鉛。

人以父母初交元陽，召空中魂爽而非有此身。有身之後，元陽日耗，魂爽漸離而身不能久，修行之工，不過使身中元陽與遊魂重來相見，聚而不散，

以返未生之初耳。故云：金來歸性初。

《脈望》卷二

《楞嚴經》云：汝體先因父母想生汝，心非想則不能來想中傳命。又云：如中陰身自求父母陰信冥通此即召命受命之理，蓋生人之大端若此。潘石云：一性之動是爲太易，言性移易而不定也。或爲人或爲異類，在性之所好而已。八識之中，有法識神。主人之意，意行即行，意止即上，名玅觀察智。平等性智，主傳已送識。大圓鏡智，主舍藏識。皆聽意神以主之，意去即去，意來即來。下工之初，全仗此神，以鍊丹採取。故又名爲玅觀。意之所之，氣爲之奔走，非敢後也。蓋志氣之師聽其役，使一真聚則衆真皆聚。

少林偈云：吾本來兹土，傳法救迷情。一華開五葉，結果自然成。曹溪偈云：心地含諸種，普雨悉皆萌。頓悟花情已，菩提果自成。竊云：靈臺爲花，華蓋葉。一旦撇開，十方朗徹。成果証真，悟因是訣。又云：大悟若干遍，小悟不知數。刼外若見家，聖域乃優入。

曇陽子云：莫待季齡八八，元精散盡難收。黃石公《素書》云：悲莫悲於精散。註云：神之潛於無也則無生無死，無前無後，無陽無陰，無動無靜，其舍於形也則爲名，爲哲，爲智，爲識，曰精誠，曰精力，曰精強，曰精明，曰精專，曰精度，曰精光，曰精實。血氣之品，無不稟受正用之，則聚而不散。邪用之，則散而不聚。散之不已，豈能久乎？故曰：寡欲爲要。莊云：衆人重利，廉士重名，賢士尚志，聖人貴精。

于清風曰：未至真空，陽神難出。丘長春曰：未至真空，陰神也難出。蓋古僊之脫胎神化，由於虛靜之極，無我之至也。今人夢中，其神無所不至者，不格於形也。醒則滯於此而不能遠去者，形格之也。故惟真空，無我然後能脫胎神化。

又靖天師與司馬承禎寢，窺見其額上有日如錢大，光耀人席。逼而聽之，腦中有小兒誦經音，玲玲如金石。晁文元自記：嘗聞靈鄉音，凝然聽之，心息俱住，神氣融暢，杳不可說。目有一點圓光，如小錢許，或青，或黃，或白。二公之事相類，一屬它見，一屬自見，其玄機則一也。圓通大士贊有側耳奮聲，揚目見月，屈膝支頤，人空境絕之名，皆可爲修行師印。

鬼神有性無命，艸木有命無性，禽獸性少命多，惟人能全之。性者屬知覺，命者屬形質。

鶴知夜半，燕知戊己，蛇於巳日不出道，鶯於春時自出谷。最貴爲人者，何不順時養元陽而收真炁耶。真炁大運隨天，春在肝，夏在心，秋在肺，冬在腎。元炁小運隨日，子在腎，卯在肝，午在心，酉在肺。修真之士不見功者，以旺時不收，損時不補，散時不聚，合時不取。不知交合之時，又無採取之法，安得比天地長久、日月堅固哉！詳見《靈寶畢法》、《西山會真記》。

龜能息氣，鶴能養神，鹿能固精，三者世間之壽物也。人爲最靈，當兼而有之，可以人而不如物乎？

北方正炁號河車。車謂運載物於陸地，往來無窮。而曰河車者，取意於人身萬陰之中，有一點元陽上升，薰蒸胞絡。自腎傳肝，自肝傳心，自心傳肺，自肺傳腎，爲小河車也。肘後飛金晶。自尾閭起，下關至中關，中關上關；自上田至中田，中田至下田，爲大河車也。純陰下降，真水自來。純陽上昇，真火自起。一升一沉，相見於十二樓前，顆顆還丹而出金光萬道，爲紫河車也。故車行於河，如氣在血絡之中，炁中暗藏真水，如車載物。所謂河車者詳矣。

肝本心之母，腎之子，傳道腎氣以至於心。肺本心之妻，腎之母，傳道心液以至腎。氣液升降，如天地之陰陽。肝肺傳道，若日月之往復。故曰氣傳子母，液行夫婦。

腎氣投心氣，氣極生液。液液中有正陽之氣，配合真一之水，名曰龍虎交媾。日得添米之大，名曰金丹大藥，保送黃庭之中。黃庭者，脾胃之下，膀胱之上；心之北，腎之南，肝之西，肺之東；上清下濁，外應四色；量容二升，路通八水；所得之藥，晝夜在其中。若採藥而不進火，藥必耗散而不能住。若進火而不行採藥，陰中陽亦不能住，止於舉發腎氣，壯煖下元而已。若採藥有時，進火有數，必先於鉛中作汞，借氣進火，使大藥堅固，永鎮下田，名曰採補之法。

心之見於內爲脈，見於外爲色；以舌爲門戶，受腎之制伏，而駈用於肺；得肝則盛，見脾則減。腎之見於內爲骨，見於外爲髮，以兩耳爲門戶，受脾之制伏，而駈用於心。得肺則盛，見肝則減，肝之見於內，爲筋。見於外爲爪，以眼目爲門戶。受肺之制伏，而駈用於脾。見腎則盛，見心則減，肺之見於內爲膚，見於外爲毛，以鼻穴爲門戶，受心之制伏，而駈用於肝，見脾則盛，見腎則減。脾之見於內爲藏，均養心腎。肝肺見於外爲肉，以唇口爲門戶，受肝之制伏，而駈用於腎，得心則盛，見肺則減，人之五行相

生相尅而爲夫婦子母，傳氣衰旺，見於此矣。

人之初生，腎爲始，脾次之。脾又生肝，肝方生肺，肺肝爲傳導之門戶。且腎爲水也。水寧有火，升之爲氣。乘氣上升，朝之於心。心中生液，負陰而下，以歸於腎。蓋無肝肺爲之傳道，安得交媾而成龍虎耶。古人鍊丹不成，大患金木間隔。今若使肝能傳腎氣以朝於心肺，能傳心液以至於腎，時候不差，黄芽乃生。故採取須用甲庚，沐浴必以卯酉也。

肝主魂，應於目，神之存也。肺主魄，應於鼻，氣之調也。

輔談云：修養家存神於泥丸，則丹田之氣上升。蓋神之所至，氣隨之而往也。旁門所謂手按尾閭，吸氣咽津，雖得其緒餘而亦不泄，況於是耶！《左傳》云：人受中以立命。《書》云：上帝降衷於下民，即道家黄庭也。黄者土之色，庭者四方之中。天一生水，在人爲精，藏之於腎，腎有左右中夾。《黄庭經》云：左爲少陽右太陽，後有密戶前生門。腎既爲生死門戶，則涵養之功，必自黄庭始。腎中藏精，精中生氣，交合於心。心液相交，鍊於黄庭。倘知交合不差，則精合於氣，氣合於神，神合於道，生生之理，不失天地之中。

人之一體，所以死壞者有三十九處，以受鬼氣。形有間孔，血有虧迭；死氣日進，邪氣引入；精神不通，津液沉滯，故《生神章》《大洞經》有混合百神之道。

人有八漏：目之淚，肝漏；鼻之涕，肺漏；口之唾，腎漏；外汗，心漏；夜盜汗，小腸漏；寢而涎，腦漏；夢與鬼交，神漏；婬慾者，身漏，是皆五陰六入，十二根塵之所交接。

嚴君平云：虚心以原道真，靜意以期神明，録衆生之心未合於道，先授之以齋法，使其因齋而息心，息心而入道。後世熾以人事，涉以形器，齋法何其謬耶。祭酒道士，但成一屍視矣。

人未生時，謂之不覩光明，處冥冥之中，無所作用。雖無煩惱怵繫，經千百刧，但成游魂苦爽，何益於事？莊子悲在冶之金，蓋惜其爲人之後，空與艸木同腐，不若不生之爲安也。有人於此不貴其生，認四大爲逆旅，形骸枯悴，只説苦空，坐待至死，豈人之情也哉。

修行之士，必先拘魂而制魄。魂乃汞之屬，魄乃鉛之黨。汞性易飛，人纔死則魂先去。《度人經》云：高上清靈爽，悲歌朗大空。蓋傷人之死也。

人未受生，芒芴之間，是爲太易。變而有氣，是爲太初。氣變而成形，是爲太始。陰上承陽，氣隨胎化，是爲太素。靈光入體，與母分形，十月完足，是爲太極。

晨者，鷄鳴之時也。《洞玄經》云：舉身登晨，白日升天。中爲白日，鷄初鳴爲登晨，是以存太一混合多用此時，乃生氣時也。《黄庭經》云：羽服一整八風驅，控駕三素乘晨霞。

太虚聚而有炁，炁聚則爲精；炁聚精結，包之於土，兆生之理啓矣。經云：男女搆精，包胎始榮，乘其宿命，然後生人，故曰包命。當其元炁初包，狀如垂囊，附脾作種。脾爲真土，物所憑生；中黄太一，爲人己命，其炁流演不窮，故云：元一黄演之炁。上文曰靈光，曰宿命，曰靈爽，皆指受命之命而言。

五臟六腑，百關百脈，金津玉液，日月光華，皆本於腎。故《黄庭經》云：主諸六腑九液源是也。莊子云：真人之息以踵。踵者，命門也。其氣息於命門，如子在胎，不飲不食，綿綿長存，所謂胎息也。氣本生於腎，若息於它處，必無是理。或云踵者相繼之義，是人之所以繼續不絶處。故云生生之謂易。又云種民天。種與踵之義同，以繼續名之爲踵，以根本名之爲種。【略】

蔡季通《睡訣》云：睡側而屈，覺正而伸。早晚以時，先睡心，後睡眼。晦菴以此，爲古今未發之玅，殊不知，本出於《千金方》云：半醉酒，獨自宿，軟枕頭，暖蓋足，能息心，自冥目，此睡訣也。

三寶者，天寶，靈寶，神寶，分爲玄元始三氣，降於人爲三田，曰精、曰炁、曰神，此内三寶也。教有道經，師寶，道寶，太上三尊也。經寶，三洞四輔，真經也；師寶，十方得道衆聖。又經籍度三師，此外三寶也。《内秘真藏經》云：貪性寂滅，塵累無染，戒行不虧，是爲法寶。嗔性不起，不憤外塵，定無生轉，是名師寶。癡性無取，無惱無患，慧通無碍，是爲道寶。此非内非外，非聲非色，一真澄湛，善莫大焉。

《内觀經》云：一月爲胞，精血凝也。二月爲胎，形兆胚也。三月陽神爲三魂，動以生也。四月陰神爲七魄，靜鎮形也。五月五形分五臟，以安神也。六月六律定六府，用滋靈也。七月七星開七竅，通光明也。八月八景神具，降真靈也。九月宮室羅布，以定精也。

天寶君，玉清天尊也，本玄一之氣凝結。其色青。靈寶君，上清天尊也，自一生二，爲元一之氣。其色白。神寶君，上清天尊也，自一生二，爲元一之

氣。其色白神寶君，太清天尊也，由二生三，爲始一之氣。其色黃。三炁既足，而生九炁，九炁散爲萬炁，以植生物之根。莊云知北遊於玄水之上，及於白水之南，反於帝宮，見黃帝而問焉，乃太易、太初、太始之序也。

人有死生，性無死生。出死生之外者，其惟見性乎？常人結習未除，爲業所牽，留滯幽陰，或相報對。業報既盡，善性不滅，還生人道者，必當濯形太陽，然後投胎。蓋日之上館，亦名洞陽宮，流火之池，中有黃華真水。彼問真人以此水灌濯其身，《長生簡誥文》云：黃華蕩形，此之謂與？自得爲人，經多少節次，驚天駭地，豈可自輕？鍊養元神，返本還淳，與三炁九炁腤合，有骨肉同飛，上登三清之理而不自勉，至於死壞，悲哉！造道之功，至於悟性，須當培養命基爲本。若不能尊炁貴形，保命愛神，坐至衰老，汞枯鉛耗。命基既削，真性亦昏。此時欲修，所謂渴而鑿井，不亦晚乎？峨山一老僧云：頭爲無影山，目爲雙林樹。鼻中動靜，爲三昧火。耳爲阿耨池，乃觀音救苦處。咽爲趙州狗子，鼻又爲共命鳥，爲真土，心爲優曇華，舌爲紅蓮樹。藥之未生，三昧火守之。藥之既生，三昧火採之。呼接天根，吸接地根，故爲三昧寂而常照，照而常寂，寂寂惺惺，惺惺寂寂，本覺昭然，精氣自固，藥物自生，生而採，採而生，日積月累，腹中有寶。則優曇自開，白毫自見。白毫優曇相爲表裏。

禪定不動處，混沌未鑿時。

東坡曰：徐徐而爲，十年之後，何事不立？但患志之不堅，行之不力耳。其說在北山愚公之平山，補陀大士之遇磨鐵人也。大慧云：念念不間斷，莫官得不得。

嘗讀《大洞真經》檀熾鈞音，僊梵歷耳，及《生神章》瓊房玅韻之語，心竊異之。及考古證今，內徵外訪，無不符合，聞熏聞修，以入正定。定久則心華自開，十方圓明之境庶幾矣。轉識爲智，道固如是也，孰謂教外無別傳也哉。《楞嚴》旨義奧衍宏深，大約謂人之覺，體妄有四大，遂成六根，六根之中，各具四陰，共成五蘊，乃生滅根本。若能選擇圓通，一門深入，以至六根互用，則五蘊盡而覺體復，六解一亦亡矣。故《心經》云：照見五蘊空，能度一切若。

《契》云：舍元虛危，左腎屬危，右腎屬虛，間以穴言。播精於子，以時言。註云：虛危亥子之間，陰極陽生之時。子者一陽動處，過此則子母分胎，妙在尾箕斗牛女，豈知虛危同是子位，豈可分爲先後二時。若亥末子初，則當云危室，非虛危也，識者詳之。

夫道之全體，具於人之一心，聖不加多，愚不加少。聖人以其心役眼耳鼻舌身意，衆人以眼耳鼻舌身意役其心，是以有聖愚之別耳。學聖人者，固宜從事於一心矣。然六根者，此心出入之門戶也。心本無形，因境而有，苟不制六根，欲安其心，未可得也。所謂繫心一緣，面壁三月，皆此法也。且六根之爲患，唯眼爲劇。程子四箴致動於視曰：心兮本虛應物，無迹操之，有要視爲之則。然則操存之法，固以視爲極則矣。嘗試思之，衆人之情，開眼則從想，合眼則從夢，隨逐妄境，竟不知孰爲主人。魂不附魄，魄不附魂，流浪生死海中，百刼千生無有出期。此無它放心未收故也。孟子曰：人有鷄犬，放則知求之，放心而不知求，哀哉！禪家建火場，煉魔卻睡，其法專用力於眼視，或三日，或七日，不睡不坐，暫立輒行，夏楚在御，互相規察，使眼視常平，睜睛不瞥，蓋存乎人者，莫良於眸子。人之有心，不昏昧則放肆，曾無中立之時。放肆則視流，昏昧則視懵，惟不昏不散，寂寂惺惺，乃爲合道，故必嚴峻規條，雖撻之流血，不敢怨怒，至於真積力久，則昏散二病，湛然自除。兹則了然頓悟，豁然貫通之時矣。然此不可有正助期限，蓋悟道有遲速，係乎人之宿根。有一宿而覺者，有三日者，有七日者，有三月者，三月不達，則以期年，期年不悟，則以畢命。一息尚存，此志不容少懈，此禪家建火場之意，收放心之要法也。今吾輩豈能不睡日夜之間，忘機寂照，理自玄會。張真人偈云：心如朗月連天浄，性似寒潭止水同。十二時中，常覺照休教昧了主人翁。西嶽有一道人，住山二十季，夜夢神人告曰：你差了，今後你只想青天明鏡。道人如其言，三季衝舉。觀此則知收放心之法矣。煉魔法，雖善然束心，太急亦爲魔攝。

人生而靜，天之性也。此性在人爲甚真，即本覺也，即道體也，即未發之中，得一之一也。及感物而動，所謂本覺者，不守自性，從真起妄，背覺合塵矣。違真背覺，然後有心意情識之名。真則不貳，違真則貳，貳以二參，以三同歸於妄而已，不覺故也。惟其不覺，是以妄認軀殼爲我，而不知本覺之爲真我，妄認六塵爲心，而不知本覺之爲真心。世之講學者，又皆以識神爲覺，而實非本覺也。以見解爲悟，而實非真悟也。此無它性，心意情識等義未及，犁然是以覺路不開，見惑爲病。

寂然不動之中，即道之體也，即仁也。所謂人生而靜，天之性也，虛靈不昧之本體也。本然固有之知也，無極之真也。此聖凡賢不肖，智愚之所同具者也。惟聖人一何圓全，安住未嘗少遷，雖至動之時，一向圓全安住，曾不少遷，所謂主靜也。《易》曰：精氣爲物，游魂爲變，故知死生之説。夫其所謂游魂，乃其寂然不動之體，物交物則引之内外皆喧，失其固有矣。賢者覺之，則爲不遠，復凡夫昧之，遂爲游魂，日遠一日，月遠一月，無復返原之期，顛倒於夢想之間，而游魂始爲變矣。至此則愚，益愚流蕩生死海中，不能自有真命，隨物遷化，莫知底止，故惟聖人能制命，聖人能不死，愚者反是。

陶靖節《歸去來辭》有曰：悟已往之不諫，知來者之可追。識迷途其未遠，覺今是而昨非。其曰悟，曰知、曰識、曰覺，四字極爲分曉。此淵明所以爲聞道也。後人不達，乃改識爲實，淵明之意荒矣。知止而後有定，此知字即是靈，知即是本，覺即是悟，即是止至善。既止至善，則定性矣。定性則不遷矣。不遷則靜而安如止水，物來則現物，去無迹前乎。千萬世之已往後乎，千萬世之未來，皆視諸掌矣。故曰能慮，能慮則得道矣。故曰能得，知是至善初地，得是至善極功，首尾只是一知字。尧舜執中此知也，孔門一貫此知也。

夫人之所以欲壽其身者，豈非以身爲我有乎？然以身爲我之所有，則可謂身爲我則未也，夫耳目鼻口，四肢百骸，塊然器也，而非性也。視聽言動，雖出於性，然亦非性之體也。蓋交於物之用也，此皆與器同盡者也。性也者，靈明獨照。與天長存，不以少而盛，不以老而衰，不以生而存，不以死而亡。故曰天命也，此則真我也。而人多執身爲我，於是得失交乎？前憂喜躁乎中，汩於其情，罣於其身，而所謂真我者茫乎？不知爲何物，豈不大可悲哉！

二氏之學以養氣爲主，誠能内視返聽，此氣自充，精神自固，僊丹在人腹中，即此氣是也。故曰：氣不耗散，再無別訣。老子曰：君子爲腹不爲目。丹書云：黄帝内視三月而道成，即此法也。

《經世書》云：天之神棲於日，人之神發於目，生身處，此物先天地生；没身處，此物先天地没。水火木金土之五行，攢簇於此。肝心脾肺腎之五者，鍾靈於此。唾、涕、精、津、氣、血、液之七物，結秀於此。《内指通玄秘訣》云：含光便是長生藥，變骨成金。《上品僊》又云：撮聚雙精在眼前，燒成便可點金。《僊金華詩》云：雙童常守洞門立，三島真人長迸還。《金笥寶籙》云：性之初見如星大，圓佗佗，光爍爍，修丹之士纔見此物，分明便是元氣産矣。故滄海洞源之間，或如一顆，或如一鈎，從下而上，漸昇漸長，此是先天真一凝而顯象，非幻妄也。三日月出庚，曲江上月華瑩靜，有箇鳥飛，皆此旨耳。涵陽子云：是一上壞水火，煅煉方能成磚，水火交似冷，如水從泥丸而降，丹出不出月餘，神水將畢，霎時現由水中之金，紫色光明，大如米粒結在明堂，千變萬化，閉眼不見，閉眼觀之，在泥丸，或走，或飛，或上，或下，只在内，而不在外，工夫到此，不可言談，亦不可昏睡，堅心上下，照顧此第七轉工夫也。

《圓覺經》晏坐靜室，安處徒象。《維摩經》空其室内，除諸所有，皆謂屏滌雜念，虛其心也。

《性命宗旨》：譚者多未瑩，盍觀六祖語，可知崖略，其曰：本來無一物，何處惹塵埃。此性宗事也。又曰：吾若不知去處，終不別汝，此命宗事也。

人之寐也，魂自雷門出入爲夢。雷門者，耳也。或問：觀世音何以示女相？曰：歸元法無二，方便有多門。成佛証果，依因悟入，凡二十有五門：六根也，六塵也，六識也，七大也，諸門之中，惟觀世音依耳根而悟入。《黄庭經》嬌女窈窕翳霄暉。註云：嬌女，耳神名。故觀世音現美女之相。六塵惟聲度，垣不能爲碍，故觀世音之玅力，無刹不到也。

《楞嚴經》以情爲外分，想爲内分。蓋心動於内曰情，人之陰氣有欲者也，故爲内。意緣於外曰想，人之陽氣有冀者也，故爲外。情積不休，能生愛水；諸愛雖別，流結實同；潤濕不升，自然從墜。想積不休，能生勝氣；諸想雖別，輕舉實同；飛動不沉，自然超越。綽想即飛，能生天上，情少想多，輕舉非遠。情想均等，不飛不墜，即生人間。情多想少，流入横生。七情三想，沉下水輪。九情一想，下洞水輪。純情即沉，入無間獄。欲界衆生，未後著盡於此矣。修行人絕諸情想，直超三界。

修行人，行如風，立如松，坐如鍾，臥如弓。

劉元城四十七時謫嶺表已絕欲，故七年間，未嘗有疾。年幾八十，堅悍不衰。嘗語人曰：安世絕欲三十年，氣血意思只如當時。終日劇談，雖夜不寐，翌朝精神如故。每日行千步，宴坐調息，復起觀書，未嘗晝寢，終身未

嘗艸書。家廟祭享跪拜，七十有二，未嘗廢闕一，皆本之以誠心。嘗前知至誠如神聖言，豈欺吾哉！

人受天地之中以生，故性不可不復。聖賢應世，惟欲教人復性而已。性復則天地世界，如觀掌中物耳。人身載天履地，曾不知天之高，地之厚，懵然百年，如夜投逆旅，未明別去，非惟不識主人，抑亦不識方隅物色也，豈非虛度乎？於乎！天地世界，可謂廣火，而吾人之性，又包乎天地世界之外，此聖人所以教人復性也。莊子曰：六合之外，聖人存而不言。鄒陽曰：天下之爲九州者，有九九。今中國之九州，乃八十一分之一耳。《楞嚴經》云：阿羅漢見閻浮提，如觀掌中果，諸菩薩等見百千界，十方如來窮盡微塵，清淨國土，無所不矚。衆生洞視，不過方寸。

道孰爲大？性爲大。千里之遠，數千歲之日，其所動靜起居，隨若亡棄。然時而思之，則千里之遠，在於日前；千歲之久，無異數日。人之性，不亦大哉！噫，人之自小者，可哀也已。

始元玄三炁，帝雌雄三一。上中下三關，首心腎三統。邵子。皆一理也，一事也，一物也。

司晨之鷄必以童，若壞其天真，豈能有常哉。吁！人可知矣。

《龜筴傳》云：天尚不全，故世爲屋，不成三丸而陳之。陳，居也。宋李文靖云：內典以世界爲缺陷，安得圓滿如意，自求稱足。人生朝暮不可保，巢林一枝，聊自足耳。蓋住懷空成則必至於壞，理勢然也，何以全爲。

道筋骨則形全，剪情欲則神全，靖語言則福全，亢倉子之語也。

孟子戒助長，莊周懲益生。李翺云：滅情以復性，不若王弼性其情，久行其正。李雜乎禪，王協於《易》。

晁文元云：置心空中，不令著一物。白沙子云：善學者，常令此心在無物處，庶運用得轉耳。

程彥實攻逆寧成，左右以二美女進，手自封鎖一室。及旦歸，其父母皆泣謝：願太尉早建旄節。答曰：但死時無病，便是好也。後官至觀察。九十一，無病而終。尹師魯是是非非，議論無避，不苟止，不苟隨。臨終以書別，范文正馳至，已沐浴坐逝矣。哭之慟，乃張且曰：死生常理，希文豈不曉乎？復揖而逝。由二公觀之，死生之際，顧平日存心積行如何，自然如願也。

四大之身，饑瘡爲患。隨順給養，不生貪著，謂之智。食恣情取味，妄生分別，惟求適口，不生厭離，謂之識食。

《脈望》卷三　《道德經》云：觀其竗，觀其徼。《陰符經》云：觀天之道。《易經》曰：觀有孚，顒若。《心經》云：觀自在菩薩，觀之一字，僊釋所同，下手用功，第一切要每日南辰北斗，氣息歸根，念念還元，先天有據，則造化之運周於身中，而真種已得。諸書云初基有作，即是根源正指此也。

老子云：聖人之治，虛其心，實其腹，弱其志，彊其骨，常使民無知無欲。所謂民者，指精氣而言也。天真皇人云：神，猶君也。民，猶氣血也。民難養而易散，氣難保而易夫。

老子云：谷神不死，即虛靈不昧也。谷者，人身空處神其靈也。不死者，常存也。有此則爲萬化本原。門乃一闔一闢之名。玄牝無可名狀，但闔闢始有動處，故即以爲門，爲天地根，化化生生，其出無窮也。人但默會於此，守而行之，悠悠綿綿，多內少出，所謂真人之息以踵，則觀天法天之道盡，而造化在吾身中矣。

老子有欲觀徼，即癸生急採之意。

心生於物死於物，機在目。物指精氣，其次郎爲耳。能孩其耳目，使如嬰童，則修真之事畢矣。故曰：百姓皆注其耳目，聖人皆孩之。

劉經臣僉判辭韶山，山囑曰：如此用心，何愁不悟。爾後或有非常境界，無量歡喜，且急收拾。若收拾得去，便成法器。否則有失心之患。後參智海，海曰：古人道平常心是道，你十二時中，放光、動地不自覺知，向外馳求，轉遠轉疏。一夕舉香至問波羅：何者是佛？答曰見性是佛之語，劉不能答，退就寢。五鼓覺來，方追憶間，見種種異相，表裏通徹，六根震動，天地回旋，如雲開月現，喜不自勝。忽憶山囑，姑抑之。逗明证於海，海曰：更須用得始得。劉曰：莫要踐履否？海厲聲曰：這個是甚麼事，卻說踐履劉默契，乃作發明心地頌八首。見《五燈會元》。趙清獻公，字閱道。年四十，擯去聲色，係心宗教。親近佛慧禪師，未嘗容措一詞。後典青州，政事之餘多宴坐，忽大雷震驚，即契悟作偈云：默坐公堂虛隱几，心源不動湛如水。一聲辟歷頂門開，喚取從前自家底。慧聞而笑曰：趙閱道撞彩耳。古之君子，其悟門類如此。

趙琪，字元德，謚文惠，臨淄人，飄然有神僊思。玉溪李簡易先生者，得

道爲神僊，數授以其術，久久隱去。人或以爲不死，思之久，一日見其至，喜而固留之，曰：吾遠來甚熱，請具浴。先生就浴室，久之不聞聲。日且暮，趙親候之，見有光昱然在水上，圓如初日出，不復見先生所在。見《輟耕録》。第十四祖龍樹尊者，嘗至南印度爲衆説法，遂於坐上現自在身，如滿月輪，大衆唯聞法音，不覩師相。有迦那提婆謂衆曰：此是尊者現佛性體相，蓋以無相三昧，形如滿月，佛性之義，廓然虚明。言訖，輪相即隱，尊者復居本坐。見《五燈會元》。至人純陽，形神俱玅有如此。觀前二段，見入道之門。觀此二段，見成道之玅。精生有時，時至神知。百刻之中，切忌昏迷。遇生則採之，畢即靜養之。若靜中昏沉，是坐則行，是臥則坐，昏退依舊靜，所謂四威儀皆可行道也。

浩氣者，剛大之氣，正氣也，塞天塞地，而其體充，故不惴不餒。夜氣者，清明之氣，元氣也。生天生地，而其機微，故或隱或見。

神者，丹也。故曰：本來真性是金丹，四假爲鑪煉作團。〇元神者，真火也，昭昭靈靈，萬古不滅。根從何生？惟識根，然後能歸。根命從何始？惟知命，然後能復命。《靈樞經》云：天谷元神，守之自真。白玉蟾云：自形中之神，以入神中之性，此謂歸根復命。心凝曰神，神靜曰性。艸木從根而發，人之根在神明之舍。【略】

《大學》謂格致者，格此聲色臭味，而知自致矣。老子謂虚無者，無此聲色臭味，而心自虚矣。釋氏謂寂滅者，滅此聲色臭味，而性且寂矣。心者，性之動；意者，心之發。意有所着爲物，故正心誠意。工夫全在格物上。知即性也，乃心之本體。

兩腎之間，空懸一穴，名曰玄關，上下之限也。老子之守中，莊周之緣督，文王之艮其背，周公之限艮薰心，孔子之退藏於密。所謂守一，守真守黑，守雌，皆指此處而言。腰中之後，名曰密戶，又名土釜，又名金胎神室，又名金水鄉也。限爲命根，又云限前臍後。

文王之不識不知者，本體也。孔子之吾有知乎哉？無知者，本體也。禪書云：有所知者，有所不知，無所知者，無所不知。清菴云：性是一身之主，以身爲客。今借此身養此性，故讓身爲主。丹書云：饒他爲主我爲賓。此之謂也。

洗心而退藏之者，心隱於性也。心而日洗，則無心矣。

白玉蟾云：梧桐秋風，升也；蕉花春雨，降也；青山暮雲，浮也；碧潭秋月，沉也。不過形容，升降浮沉之景象耳。

瞥爾心華發現，巽門豁開，即開毘盧之門，入寶珠之口。廣博含虚空，平正無欹陷，皆是一悟景象，若不到此，不可言修行。《黄庭經》云：心部之宮蓮含華。玉溪子曰：露珠滴綴蓮花下。古僊皆以蓮花喻心體。

人以形爲舍，心爲主。心爲君父，炁爲臣子。身爲家國，心炁一注，無炁不從。在五行爲火，南方盛陽之精，宿應熒惑，神受朱雀，狀垂三葉，色若朱蓮。神明依泊，變化莫測。制之則止，放之則狂。〇要知刼外事，優曇向日開。

白玉蟾云：虚室生白，謂之白雪；心地開花，謂之黄芽。

人身三萬六千神，所主者，惟絳霄宮真人。亦名肉團神，即心王也。心王乃一身之君，萬神爲之聽命焉。釋氏謂之紇利陀耶佛，又名優曇華。心華發明，照十方刹。凡人之終，心繫斷乃絶。

凡言修行工夫，不過是初機入門事。既入門須求禪定，定力既成，自然有悟，所謂慧也。心華發現，漸至六通，刼外有安身處矣。若年年歲歲，只説工夫，何時方得超脱耶？此乃修行首戒。

攝心住，一名爲安定。灰心忘，一名爲滅定。悟心真，一名爲泰定。

《金剛經》之降伏其心，《道德經》之虚其心，《周易》之洗心，其道一也。

《莊子·養生主》云：指窮於薪，火傳也，不知其盡也。譬若云：指窮於生，知傳也，不知其盡也。指即指月之指。薪有形，故易窮，譬之生也有涯。火無形，故無盡，譬之知也無涯。

前後際斷處，一念不生時。寂爾少時間，無思心正住。此心住之時，便是本體。若佛心則湛然常住矣。以暫住之心，習令漸上，便是工夫。

一念不起爲寂，念起即覺爲照，寂照雙忘爲定，心華發明爲慧。此圓通法門，乃直超三界，最上一乘之功用也。

在胎爲身。處世爲人，在眼曰見，在耳曰聞，在鼻辨香，在口談論，在手提攜，在足運奔。徧現具該沙界，收攝在一微塵。塵識者知是佛性，不識喚作精魂。又云：道性不即此是，不離此是，動靜語默，是性之用，非性之體。

《歸空口訣》凡人大限到時，四大分離，何處安身立命？先要平日工夫純熟，臨時放下萬緣，絲毫不掛一心。內守，若神離凡殼之時，從泥丸宮太極

天門而出，不可離了此宮，若離了，即墜幽冥矣。無真心，無真相，若絲毫念起，見諸相者，不可認之。澄心定意，堅守正念，不得分毫有趨身，無去無來，湛然圓滿。如香烟而起，直至太空白雲深處；撥不開，吹不散，一靈真性，萬里如在目前，此乃真空也。行如掣電，坐若太虛，日月爲鄰，諸星爲友；火不能燒，水不能溺；任意縱横，去來無碍；獨露真空，便是安身處也。萬刼長存，切不可思親念友。但起一念，即墮人間。一入胞胎，永刼難山。慎哉！此乃陰神，指大限到，而工夫未成者說。所謂賢人之死，曰復是也。大慧云：臨命終時，舊行熟路尚到不徹，所謂始學如何了得？臨終之際，凡有習念，盡爲勝境現前，隨心所愛重處先受。祇如今不作惡事，當臨終時亦無惡境。若怕臨終獐狂不自由，即須如今自由始得。一一境法都無愛染，亦莫依住知解，便是自由人。如今是因，臨終是果。圭堂云：不知去處，所以獐狂。若知去處，則不獐狂矣。此宗門命脈也。

萬物生皆死，元神死復生，形死神不滅，身異性常存。

《金剛經》三十二分，乃梁昭明所敘，非經本文，當刪。如四果之上，有須菩提極於如來之無所得，應前一切聖賢，皆以無爲法而有差別。此一篇血脈也。乃岐作莊嚴分，甚謬。詳經文有四復，次似當以此爲章法。

《記夢詩》云：境中雨結僧伽巇，執手授巾束華髮。仿佛形容問姓名，覺來只見牕前月。〇靜中有動動中玄，淵默雷聲色頂邊。四大不收渾似醉，那知身在四禪天。【略】

開福賢僧問：如何是衲僧活計？師曰：耳裹種田。

《清華秘文》王邦叔曰：月照長江風浪息，魚龍遁跡水天平。箇中誰唱真僊子，聲滿虛空萬籟清。張子問曰：是誰唱？是誰聽？答以詩曰：莫問誰，莫問誰，一聲高了一聲低，阿誰唱，阿誰聽，横臥大千說不盡，先生有意度迷徒，急撞靈臺安寶鏡，鏡明澄徹萬緣空，百萬絲條處處通，斗轉星移人定後，覺來紅日正當中。又《陰盡圖論》云：張子一日坐於虛室，形忘氣化，倏然兩耳風生，始如秋蟬鳴隔崖之翠柳，終如開九天之簫韶韻。

《玉皇經》云：鈞天玅藥。大洞經云：檀熾鈞音。

天門常開，鼻也。地戶常閉，口也。人之至根。丹田。出之至蒂，神室綿綿若存，用之不既。長能行之，自然蟬蛻。煉念，不用念起，惟患覺遲，覺速，止速二妙相宜。煉息，心息相依，息調心靜，息息歸根，金丹之母。煉睡，三屍之神，以聽爲魔，強敵以銳，或行或坐。

謹閉我門，靜掃我屋。外事不入，主人不出。旋聞攝念。調息，乃初機之功。凡人心念依着事物已久，一旦離境，不能自立，雖暫能離，未久復散亂。所以用心息相依法拴繫。此心由麄入細，纔得此心離境，得至無天、無地、無人、無我境界，更有何息可調？此法最截徑，最容易，最無病。與守丹田、守中黃等不同，可依而行也。觀聲之理，與此同一方便法門。息之一字，釋家謂之數息、調息，道家謂之踵息、胎息。儒家云：瞬有存息，有養息。以喉者，死息。以臍者，生息。以踵者，僊。

以古人切要一二語，時自味之，以發吾圓轉之機，庶不至於死定，所謂熏修密養而徹之者也。切要語者，如黃蘗曰：莫於心上着一物。大慧曰：常令方寸虛豁豁地。可師曰：冷冷自用，了了常知。清涼曰：求之而不得，棄之而不離。真覺曰：不離當處當湛然，覓即知君不可見。大慧曰：分別不生，虛明自照。圭峰曰：但以空寂爲自己，勿認色身，以靈知爲自心，勿認妄念。

金丹工用，如蒸龍有上下格，奕棋有先後着。上不可置之於下，先不可移之於後。步步層層，分分朗朗，方是傳授。若混沌朦朧，終屬猜臆之言，非實工也，學者當自知之。

各家丹經，竅名雖多，皆一貫而不可偏廢者。靈臺者，神舍也。臍中鼎者，炁穴也。腎中爐者，精房也。泥丸者，移丹之所也。中黃者，合丹之地也。大中極者，始而起火，終而藏丹之處也。顧人善用之耳。

以照了智，見五蘊皆空之後，以總持力，到一念不生之時，智力相資，久當自覺。

事有前定之數，人有前知之理。凡已逞所作所爲，而夜夢紛然，重重見之此因也。識神所爲謂之夢。凡未來隔年、隔月、隔日之事，而夜夢先兆，後來一一見驗此境也。元神所爲謂之照。學者修行，祇保養此能照之本體，久久徹天徹地，光明遍照，爲聖，爲僊，爲佛。次之爲賢，爲真人，爲菩薩，所謂窮理盡性，至命盡心，知性知天，格物致知，至誠前知胥此也。豈奇怪恢偉之事耶？今人如意之事，則躍然而喜，不如意之事，則戚然而悲，皆謂之日用不知。

威音以前，太極以前，無始以前，三教之言一也，所謂無極與先天是也。

一聲來耳裏，萬念離去聲心中。始而蟬鳴，終而蟬蛻。

莊子聞和見曉，超老氏之希夷；神靜心明，契釋宗之定慧。

過猶不及，世間萬法得中爲玅；出世之法，亦當如是。予觀四禪天，此是佛境界，而在三界之中，色界之內。蓋色界既能超六欲之有染，又不入四空之不遠，得其中道，乃是佛之行處也。眼之上爲無色界，光音天在四禪中。

三靜關，人道之權輿，四禪天，入佛之境界。

人之生也直。孔子云：質直而好義。孟子云：直養而無害。《楞嚴經》亦云：三世諸佛，皆以直心成等正覺。因地不直，果招迂曲。《維摩經》云：直心是菩薩淨土。

啓手足之際，有餘則變，不足則憾。苟不知道，二者必居一焉。

釋氏論十不善業。身三，殺盜婬也；意三，貪嗔痴也；口四，妄綺兩惡也。故能謹守十戒，不爲十惡，是謂實行。雖不談禪說教，吾必謂之善學佛矣。

孔顔之四毋四勿，皆禁止之詞，久則自然，併其所禁止者而絕之矣。

法性圓通，無所不至。教文中云：須彌納芥子，芥子納須彌。蓋言大無不包，細無不入也。譬如含識之靈，流轉受生，先爲鯤鵬，非隨其形而增大；後爲蟭螟，非隨其形而減小。本性元一，不變易而分洪纖也。所以《華嚴》之義有云：一微塵中，包涵法界。以明一真之性，本無分限區別矣。《中庸》所謂語大莫能載，語小莫能破，正同此意。

列子云：孔子能廢心而用形。意謂對接世務，止用形迹而已，其心則泊然不動也。世間之法，當如此。貫休寄侃師詩云：舉世遭心使，吾師獨使心。萬緣冥目盡，一句不言深。舉世之人被心所役，而侃師獨能制伏其心也。出世之法，當如此。

《楞嚴經》空生大覺中，如海一漚發。《圓覺經》云：無邊虛空，覺所顯發。蓋見空色皆不離覺性之中也。又色、空二法，相對立名。空相在覺性之中，亦爲障礙。故《心經》云：空即是色。言但有空相，空即是色，色即爲障礙矣。

圭峰云：以空寂爲自體，勿認色身；以靈知爲自心，勿認妄念。妄念若起，都不隨之，即臨命終時，業不能繫，雖有中陰，所向自由，天上人間，隨意寄托。注云：此是一位受生自在也。若愛惡之念已泯，即不受分段之身，我能易短爲長，易麤爲玅。注云：此是二位變易自在也。若微細流注，一切寂滅，惟圓覺大智，朗然獨存，即隨機應現千百億身，度有緣衆生，名之爲佛。注云：此是三位，究竟自在也。雖有中陰，所向是由，此小乘之事也。即移居奪舍之流如圓澤，此身雖異，性長存是也。易短爲長，易麤爲玅，此大乘之事也。即得意生身之玅，如達磨隻履翩翩西歸是也。圓覺大智，百億應身，此最上乘之用也，即悲智交融，隨聲赴感，如觀音身成三十二應，入諸國土是也。脫去後事，古今最難知者，惟此三語足以盡之。或謂脫去歸空，一脈全滅者，此斷性聲聞之陋，則貢虛億繆，以議佛道耳。微細流注，即含藏種子，故《楞嚴經》云：陀那微細識云云。

《金剛經》四句偈者，世尊度脫法界羣生之玄機也。若復有人一念不生，萬緣透脫，堂堂顯露，正體昭然，灧灧金波，玅如滿月，是爲證到第一句。剥地一破，觀空忽空，起滅不停，一截截斷，孤迥卓絕，千聖不携，是爲證到第二句。六根互用，二事雙融，玅合一真，心心出礙，頂門具眼，徹入重關，是爲證到第三句。天地以我爲先，萬物以我爲始，真空寂照，大佛爲身，出有入無，圓通自在，是爲玅入第四句。乃曰：離四句，絕百非。此大佛最上一乘之玅。若向一句薦得，是人親面本來面目，堪與初學爲師，又向二句，洞徹是人打破祖關捩，堪與久參爲師。又向三句，上玅入重關，無中生有則臨濟三玄。雲門三句，一時俱透，是人必能超乎造化、器數、死生之外。又於四句而玅入之，此來去自由者也。境界無盡，受用無盡，玅用與盡。佛法以第四句爲，主衆生以四節順行而入之，方證大佛境界。後世黃龍三關，石霜五去，玄沙三紙，黃峰第兄十字圓悟，舉一明三，皆一脈也。以語句之句會之者，相去萬里矣。

冥冥之中獨見曉焉，屍居而龍見也，無聲之中獨聞和焉，淵默而雷聲也。修行之工，孰能外此？先文肅公，堂名見曉，樓名聞和，志所業也。

達摩首傳如來正脈，端居長終塔於熊耳，則偏性寂然，皆爲研空之歸可也，胡爲翩翩隻履，履示以不斷滅，何哉？然則以一性全空言禪，以死後陰寂言佛，謂之謗大般若。何者？如來正脈，以無相爲宗，玅有爲用。自宗言之，則亘古亘今，自然無相；自用言之，則隨機普現，妙應無方。佛法以大智文殊爲佛之空宗，以主性。以大行普賢爲佛之玅用，以主命。體用交添，空玄混合爲一，佛道此如來密意也。《華嚴》大經始終具明斯義。以東方表命，以西方表性，雖尋常教，意猶以滿月界於東，日輪觀於西，卯中以月，酉中

以日，參而互也。《法華》特爲命宗設，故世尊放光，照東方世界，而它方不與焉。此可以默會一經之旨矣。

儒書云：屏氣似不息。佛書云：反聞聞自性。合而觀之，爲吾日用。

《圓覺經》云：不起於卒，便入涅槃者，蓋言冥目冥心一刹那，頃靜即安住聖境耳。

《脈望》卷四 天地定位，而易行乎其中者。天地者，吾身之天地也，易行者，吾身之易行也。乾坤毁則無以見易，是形滅而神無所附也。易不可見，乾坤或幾乎息？是神去而形亦滅也。易者，其吾身之生理乎？其天地之根乎？易者呼吸也，真息也，非口鼻之呼吸也，故曰：出日入月呼吸存，皆在心内運天經。嘗見觀梅斷影術者，曰：但有所見即便道，纔入思惟便不靈。斯言雖小，可以踰道，况正法而可以思慮求耶？經云：不可思議功德。機語云：擬之即差。

靈空爲體，事物爲用。目睛不瞬，邪不能動。此持正念之法也。不如此難得正定。成弘以前，學士大夫不講性命，而士風民俗卓然淳古。嘉隆以後，性命之説大行，而人心風俗遠不逮之。因思孔、孟、老、莊，生於周末，四祖七真，出於魏元，抑聖賢之出世，固將以救世也耶？

《輔談》云：欲知時辰陰陽，常别以鼻。鼻中氣，陽時在左，陰時在右，亥子之交，兩鼻俱通。丹家所謂玉洞雙開也。《三極筌蹄》云：刻漏以身推測，神定氣和，則内外符合，神昏氣躁，則時晷差互。如子時左通，丑時右通，十時亦然，亥子中間，寅卯中間，巳午中間，申酉中間，陰陽俱通，乃甲庚丙壬之要也。

修持之士，隨天罡所指之方而居之。正月建寅，二月建卯，三月建辰，隨月順行。數至當直之月，就於月上加戌數，至當直之時，就於時上數貪巨禄，文廉武破，值破即天罡所在之方，身在對宫乃吉也。所謂罡星指丑，其身在未，所指者吉，所在者兇。凡一切行事，鬼神莫測。如五月午時，數至寅上，即午時，天罡在申寅。爲鬼戶，謂之罡塞鬼戶之類訣。曰：每月常在戌，逢時數七星。又曰：罡輪掌上知所建所指之方，竅運胸中，明曰吉曰兇之向。今方士罡法所傳多訛矣。内天罡，每日寅罡在肺經，卯時流入大腹濱。辰胃巳脾午心上，未卯卻入小腸行。戌在胞絡三焦亥，申屬膀胱酉腎精。子膽丑肝循環轉，晝夜周流十二榮。

巳午二時，絕思慮，收心腎，則龍虎自交。此《靈寶畢法》正傳。

世人迷惑者多，開悟者少。我能勸道，臨機有悟，隻字皆師。故云：一句染神，萬刼不朽。

艸木子云：形之所以生也，必資於精氣血。精之榮以鬚，氣之榮以眉，血之榮以髮。形之所以立也，必資於筋骨肉。骨之餘也齒，筋之餘也爪，肉之餘也耳。

邵子形統於道，神統於目，氣通於腎。

動物本諸天，所以頭順天而呼吸以氣。植物本諸地，所以根順地而升降以津。故動物取氣於天，而乘載以地；植物取津於地，而生養以天。《素問》曰：出入廢則神機化，升降廢則氣立孤危。無不出入，無不升降，器有小大，數有遠近，蓋謂此也。

《素問》又曰：根於内者，命曰神機，神去則機息。根於外者，命曰氣立，氣止則化滅。故植物去皮則死，氣在外也。動物傷内則死，神在中也。

《楞嚴經》以胎卵濕化，推萬物之生。生又以有無色想，推萬類之情識。蓋有色是有牝牡之屬，鳩鴿是也。無色是無雌雄之屬，螺蚌是也。有想是爲蠶，爲蛾時也。無想是爲蛹，爲蟻時也。非有色想，非無色想，此物又極微極細，其情識在於恍惚渺茫之間。如人身之積虫，似卵白，似血片，似動非動，似生非生之屬是也。佛氏論説生類，可謂窮深極微矣。鬼神亦在非有非無之内。

不聞聞，聞不聞，聞聞，不聞不聞。不聞聞從真起，應聞不聞，攝應歸真。聞聞感而遂通，不聞不聞湛然常寂。以上二段句作楞嚴術註。

艸木一荄之細，一核之微，其色香葩葉，相傳而生也，經千年而不變。其根幹有生死，其神之傳也，未嘗死也。善乎！莊生曰：火傳也，不知其盡也。世間小虫，如一絲半粟之細，以至目不可辨者，其手足頭目，動靜食息，避就嘘吸，無不具足。此可以見天命之流行，無一之或遺，無微之不入。形有大小，而性無大小。

人肖天地，養生之理，取法天地焉。蓋南比之極，所以定子午之位。曆家因二極而立赤道，所以定卯酉之位。北極，瓜之蒂也。南極，瓜之攢花處也。赤道，瓜之腰圍也。正當天之濶處，指南針所以通二極之氣也。

風雨雪霧雷，天之用也。嘘噴吹呵呼，人之用也。天人一理也，但有小

大之差耳。

牛雖有耳而聽以鼻，龜雖有鼻而息以耳，凡言龜息者，當以耳言也。水虫不瞑，土虫不息。人有三等，有迷中爲人，有迷中悟人，有悟中迷人。

智者心之神明，寂而常覺，照而常定，非不動不靜也。先文肅公云：成化以前，良知二字在異教。正德以後，良知之說歸我宗。孔門傳道以仁，《大學》言道以善，《中庸》原道以性，誠者理之實，元者善之長，一者數之始，中者物之心，極者理之至，皆聖賢論道之極則也。

佛氏謂一切衆生，種種幻化，皆生圓覺妙心。譬如從空而有幻華，幻華雖滅，空性不壞。此東坡言性之本旨也。

物之有形有聲者，人畜也。有聲無形者，雷霆也。有形無聲者，木石也。無形無撥，體物而不可遺者，學者所當思也。程子曰：鬼神於若有若無之間，斷遺得去，則知之矣。邵子曰：鬼者人之影也。儒佛言性之旨，譬之明珠，均爲蚌産也，儒謂珠由内出，生於蚌胎；佛謂珠由外入，寄在蚌胎。南海中秋有月，則蚌胎生珠，無則否也。

莊子哀莫大於心死，而形死次之，誦之令人有生意。

五龍蟄法，不拘日間夜靜，或一陽來復之時，叩齒三十六通，遂一喚集身中諸神，然後鬆衣寬帶而側卧之，訣在閉兑，目半垂，舌抵上腭，並膝收一足，十指如鈎，陰陽歸竅，是外日月交光也。然後一手掐子訣，指生門；一手握劍訣，曲肱而枕之，以眼對鼻，鼻對生門，開天門，閉地户；心目内觀，坎離會合，是内日月交精也。如鹿之運督，鶴之養胎，龜之喘息。玅在虛靜吾，心勿爲一毫念慮所擾。綿綿呼吸，默默行持，靈明中嘗以真意宰之，以至於虛極靜篤。

修行之士，不執於打坐經行，敵魔戰睡。不泥于開闢展竅，若已勞形。祇是曲肱而枕，玅在真息存於至中，一切妄念，起即照除寂定，此心常靈常明。心依於息息，依於心，不曰睡，不曰不睡，睡與不睡，常要惺惺。至於虛極靜篤之際，亥末子初之間，玅藥生時，俾壬督之脈，不運而自轉；臟腑之神，不召而自集；闢竅之氣，不引而自通；坎離之精，不感而自合。變昏睡之魔而爲至神，返呼吸之氣而爲真息。到此地位，自然神凝氣，穴結成真胎，身外有身，隱顯莫測。

以氣攝精謂之藥，以心煉念謂之火。採藥元容易，烹煎亦不難。心頭無一事，真火透三關。

鴻濛開竅謂之橐，真息逞來謂之籥。呼則以爲橐，吸則以爲籥。陰陽升降機，口鼻皆是錯。

《脈望》卷六 人喫五穀，化爲陰精。精者，純陽之物也，因何有邪婬心？蓋不曾煅煉，此物作怪，又喚三屍九虫。只用丹田自然呼吸之風，吹動其中真火，陽氣上騰，薰蒸開竅，化爲真炁，燒得裏面神號鬼哭，將陰魔消散，那有睡來。

口中言少，心頭事少，肚裏食少，自然睡少，依此四少，神仙訣了。

經云：玉泉清水灌靈根，子若修之命長存。每日子後，鼻内微吸清氣數口，舌下二竅通腎，用舌拄上腭存息，少時津液自出，灌嗽滿口，徐徐嚥下，不要動舌，自然灌注五内，此爲氣歸丹田。如子後丑前不及，寅前爲之亦可。卧中亦可爲之，但枕不宜高。漢蒯京年百二十歲甚壯，言其朝服玉泉。扣齒三七，名曰煉精，一名胎食。

守炁之玅，在乎全精，尤當防於睡眠。方欲寢時，令正念在前，萬慮俱泯，歛身側卧，鼻息綿綿，魂不内蕩，神不外遊，如是則炁精自定。

元海中已有丹母，水火薰蒸，所咽飲者，皆真液之炁，流入胃中，亦能絕穀止飲。人之呼吸，出自腹底，如嬰兒在母腹中呼吸時也。【略】

醫家謂肝藏魂屬木，肺藏魄屬金。九宫數以三居左，七居右，故道家三魂七魄之說本於此。如白玉蟾三龍四虎之說，蓋太玄以三爲木，四爲金故也。

《體一真機》云：父母交媾，情欲正熾，陰陽參會，兩情和合，不可名狀。一施一合，化爲神水，在母子宫，即有欲神主於中，所謂物所受爲性，天所賦爲命。凡人性命之帶，在此繫焉。古云：未有此身，先有此竅；方有此身，要窮此竅。乃不竅之竅，所謂中也。試取雞子熟而剖之，近殼必有些小空隙，即未熟時正中虛處也。人身之中，亦猶是也。自結胎之時，其中精英靈玅，化作一小圈，小圈四圍虛，中間實。○是謂無極，一日堅固一日，然後成胞。真氣動，分爲陰陽，初交而生腎，腎屬水；再交而生肝，肝屬木，是以水生木也。次序而生五臟六腑，骨節皮膚之竅而成形。隨母呼吸，名曰胎息。及至有生之後，名曰祖氣。十月已足，真性始入胞中，囫地一聲，其胎息

即寄坤癸之方，所謂歸根竅，復命關是也。其關漸長漸蔽。所以一點之中，爲天地之根，萬物之祖。寂然則爲元神，感通則爲心神。心神爲一身百神之君，有知覺運動，七情出焉。及長，或肖父，或肖母，纔見有氣质之性。元氣盈則出於氣海，爲呼吸之根，行血之師。元精盈則出於極海，一升六合，與氣相爲榮衛，爲一身之助。所以修命者，貴乎精滿，精滿則氣壯，氣壯則神旺，此順則成人之道也。若夫逆則成僊之道，日用常行，無作無止，無任無滅，應酬人事，損之又損，自然欲淡情疎，久則無欲無情。忽一日不坐而坐，靜極動生；動則先天之炁，自虛無中來，玄關見矣，非坐守採後天之氣也。及至先天交姤不已，然後混合爲一。當斯之時，八脈混住，呼吸俱無，不知有宇宙，不知有身心，不知有藥火，不知有符候，溟溟涬涬，不知而名，強名曰太乙含真。重生五臟，再立形骸，十月胎圓，超凡入聖。前段召命之命，中段受命之命，後段迷蹤。

《玉溪心印》：聖氣之中，暗藏真一之水。心液之中，暗藏正陽之氣。二物會時在人。其採之也，在亥末子初之際，元氣未生之時，候之在太易。未見氣之先，故曰先天。若在後天，則克化爲精矣。經曰：採混元未判之氣。其採之也，須是先絕色慾，腎氣堅完，然後趺坐而守之，出息綿綿，合乎自然，忘形忘骸，又不可昏怠。注一意於下元，若覺神暢心融，則時節至矣。漸漸腎間掣掣然動，迤邐往來，切不可亂想，任其自然，但以心意作隄防。恐有有滛泆之心動，故以意隄防也。須曳忽覺腎中熱氣一道，如一縷之脈，上徹於心，此元氣之祖也。此時心液如露珠之綴蓮花，與祖氣滾纏，迫迫迮迮，日月合璧。如夫婦之相合，一如醉，一如痴。情性混融，自然而已，則覺一物如黍大，落下丹田，而今日之丹成矣。當時合則憑娸，娸則意也，全憑它打合，又要作關防。然後出息綿綿，合於自然，常常顧變之，不可須曳離也，是謂百日立基，是謂玄牝。若立基之後，事事不同。詩云：業火成灰慾海乾，鴻濛窩裏生靈智。

身中冬至，子時一陽動處。癸生時也，急下手採之，便以神呼，氣氣歸竅，內吹其音，外閉其門。調和律日，混合百神，性君主內流，意沉下水府，熏蒸存中根，候陽火漸熾，舉動上頭關捩。從寅至巳流戊土，督進陽火，迫逐金精，直透三關。上入南宮，補離中之陰，是成乾象，六陽會乾，陽無終極之理。一陰生於五陽之下，繼此以往，則當杜漸。自午至亥，以巳土退陰符，從金闕下鵲橋華池，滂滂沛沛，入重樓絳宮，直送至坤宮土釜而止。三般大藥歸鼎，玅合凝真，産箇明珠似月圓矣。一息工夫，即奪回一年十二月造化。丹經所謂簇年歸月，簇月歸日，簇日歸時，一時之中，只用二候，運行周天符火，採藥入室，以行內事，混融煅煉，結成聖胎。《度人經》云：中理五炁，汪合百神。十轉回靈，萬炁齊仙。了真子曰：大藥三般精氣神，天然子母互相親。回風混合歸真體，服煉工夫日日新。天地相去八萬四千里。自天以下三萬六千里，應三千六陽候；自地以上三萬六千里，應三十六陰候。所謂天上三十六，地下三十六，中間一萬二千里，乃陰陽都會之處，天地之中也。人身心腎，相去八寸四分。自心以下，三寸六分屬陽，自腎以上，三寸六分屬陰。中間一寸二分，乃水火交姤之鄉，人身之規中也。虛閒空洞，內藏玄元之氣。乃元神所居之穴，即所謂真土也。外則應兩眼，所以眼爲飛土。人生則此神，存故目光明。人死則此神去，故目光滅。百姓日用，而不知此之一竅。乾坤不能喻其大，日月不能喻其明。倘能識此，攪黃河爲酥酪，變大地作黃金。將見神靈則氣清，氣清則欲寡，欲寡則性正，性正則情忘，情忘則心死，故心死神方活，神全心自閒。

貧道人，要孤僻。勿勞形，休使力。鋒鑄劍，明竅一。降六賊，淨人識。把萬緣，都去訖。常守神，莫放逸。閉四門，調呼吸。綿綿存，若龜息。內不出，外不入。遇陽生，如火熾。攢三五，交六七。脫生死，知兇吉。透三關，甘露滴。下重樓，甜甘蜜。到黃房，混爲一。結嬰兒，溫養惜。內外爐，增減積。壁九年，九鼎畢。還太虛，玄玄極。如斯言，須藏匿。示賢人，勿輕泄。以雙目爲爐，閉目內視爲內爐，開目外視爲外爐，有口訣。

純陽翁曰：窮取生身受氣之初。紫陽翁曰：勸君窮取生身處。蓋心下腎上，臍輪後，內腎前，爲吾身天地之正中，坤坎之地也。以位居庚曰金。以元氣自此發現曰水鄉。鉛，水中金。即所謂鉛不生於子，而生於亥者，但潛龍無用耳。今當靜坐之時，凝神聚氣於此，兩目顧諟於此，則有頃之間，此中微微跳躍，以漸而著，金精健矣，即元陽動也，曰藥苗，曰先天氣，曰真鉛，皆一味。純陽翁曰：都來只一味，刪道數千般。今當此味方健，不老不嫩之時，微以真土引上離宮，使與真汞合一，是曰內藥，爲小周天內火候也。少頃，由之復下坤坎中，以真土斡歸尾閭，至外腎後，穀道前，已覺充實，則以手指動按關捩回上，以意步步引前，以目晶晶照顧。斯時陽氣尚微，但微微調

息，切勿太用火力。及升至寅分，乃漸加熾。升至辰巳，則大鼓巽風，趨達泥丸。行至明堂，甘津到口，得丹也。斯火乃化水，以巳土退火，勿令更行。是日七返，指火數也，則陰符直事。故惟此金氣同水而降，重如本初，曰九還，指金數也，則由鼻柱舌端灌重樓下絳宫，作三四數吞之，雙目照入。《黄庭經》曰：三光焕照入子室而歸舊，所則以巳土止之而復守靜，是曰外藥，爲大周天外火候也。凡戊土爲陽主動而升，巳土爲陰司靜而降，無非此意也。若目中神光現時，初近小而漸遠大，乃白色，此時切勿驚詫思惟。《神藥歌》云：神光正處莫思焉，凡運轉腹有鳴聲，曰龍吟虎嘯。成丹之遲速，在工夫之勤惰生熟耳。

《脈望》卷七 《内境論》云：人有咽有喉，喉在前，主出納。咽在後，主吞物。咽爲胃系，下連胃脘，爲水谷之路。喉爲肺系，下接肺經，爲喘息之道。自喉嚨而通於肺，肺下無竅，四有空行，以分布清濁之氣，而爲氣管。肺之下有心，心之下有膈膜，與脊脇周回相着，遮蔽濁氣，令不薰心肺，謂之壇中。膈膜之下，有脾胃肝膽，脾居胃上，與胃膜相着。肝之治在左，其位居右，有獨藥者，二葉三葉者，胃之下有小腸，爲受盛之宫，化物出焉。小腸之右，有大腸，受小腸之谷，爲傳道之官，大腸之側有膀胱，以虚受水爲津液之腑，凡胃中腐熟其氣，自胃上口賁門，傳於肺，播於諸脈，其滓穢自胃下口幽門傳入小腸，小腸下口闌門泌别。而水入膀胱，滓入大腸，横膜之上，堅膜之下，與横膜相粘，而黄脂漫包者，真心也。其漫脂之外，有細筋膜如絲，與心肺相連者，包絡也。真心不受邪，凡病者，包絡也。腎有二元炁屬焉，形如江豆，相並而曲，附於春脊，外有脂裹，裹白外紫。有係二道，上係於心，下連於腎，坎離南北，水火相感，其一爲命門。莊子云：吾聞庖丁之言，得養生焉。謂其了知牛之肯綮脈絡也。頗有衆生於己之心肝胃腎，筋轉脈搖不能明瞭，何以入養生之門耶？

昔有僧坐禪，聞香積之氣，心念曰：必是齋供。或見天僊，來請赴天廚供，遂於定中便去，日每如是。有明眼師見之，謂曰：汝墮一厠中矣。僧不信，遂令再赴供回，師取厠中一蟲殺之，僧方悟。以此觀之，鼻之於香，亦能引入爲異類。香嚴童子聞香便悟其所從來，立躋果位。一般香氣，迷悟兩途，可不謹之。

僊輩所傳胎息之法，以鴻毛置之鼻端，數息，炁之出入。自一至十，十取百，百取千，千取萬，以至於一定，不復往來出入者。或深淵下坐，數日不出者，則饑渴汞除。寒暑無畏。人有饑渴寒暑者，爲元炁出多入少故也。故曰：玄息自長生。《莊注》云：氣海爲息之根蒂。【略】

吸提呼噏，龜鳳交併。陽關指點，鬼路自禁。乾卦常行，工效相應。艮寅不動，長[illegible]有分。又云：閉門上噏勒關，下搐定息内觀，真陽自足。日月之工。

大中玅行以炁爲主，有天地之炁與父母之炁混而生。人在胎中，臍蒂與母相連，隨母呼吸，既生剪蒂，各自呼吸。炁藏於炁海，謂之命元。修命者，修此也。註云：太玄者，兩腎中間一點真陽元命。

天地之炁，受命之命也。父母之炁，召命之命也。人之炁以萬計，所謂浩然之氣，充塞天地。若不能貴其根本，耽戀酒色，炁漸隨散，至中晚之年，不及數千，所以神疲力倦。若知存養，則萬物復爲之生矣。昔三一王先生夢神人告曰：上帝命汝住金華洞，賜丹一粒，還汝精神，復汝元炁。故知神炁不備，不能得道矣。

《玉樞經》云：身中九靈，何不召之？召之則吉。身中三精，何不呼之？呼之則慶。神聞呼召，則聚而通靈。

《集僊傳》云：周從，泗州人也。徐神翁深重之，曰：我少而婚，是人幼得道，其神全吾不及也。周從者，其老子所謂早服而重積者與。

每月弦望晦朔，海水隨爲消長。亦如人身，每一日一夜，血氣一朝於顖門。遇其朝時，即默默靜坐，凝定神思，但聞血氣自踵至頂，奔走湊理，蔌蔌之聲，如羣蟻相緣，五臟六腑，轉動聲響，内外相應，見乎四體，達於聽宫。久之又徐徐散去，閴寂無聲。此亦修行之大端也。

丹法不過採藥進火，二著工夫。送入鼎中隨意而止，不復下流，謂之採藥；以神御炁，以炁定息，息息歸根，謂之進火。

日用工夫，以元神爲主。何爲元神？内念不萌，外想不入，獨我自主，謂之元神，三教聖人皆是發明此義。

先天一點靈明是曰性，從虚無生靈是曰神。神妙，萬物而爲言也。未入殼子内，則上下與天地同流。既歸人身，各有所附。人無此靈，則頑然一物而已。神居泥丸。

先天一氣，散於週天息數之内。在天爲三百八十四度，在易爲三百八十四爻，在

丹道爲三百八十四銖。每二十四銖爲一兩，以按金丹一斤之數。本來無質，聚而成形，顯則成象。萬物得此數而生，還丹得此數而結，數在天地，含於冬至之前。數在人身，舍於念頭之前。且冬夏二至，天地之數，一升一降之機關，一呼一吸，乃人身之數，一出一入之門戶。金丹之道，以人身一呼一吸之中，念頭一動一靜之處，合天地一周之數。假此而調停，謂之採藥；假此而攢簇，謂之煉丹。必首尾相應，内外符合。自轆轤而泥丸，送下丹田。會於生殺之舍，恍恍惚惚，杳杳冥冥，似有如無，非空非色，情濃如正醋，身快如浴起，不及片時，結成黍米，名曰刀圭。此還丹之景象也。清風爲巽，濁氣爲離。

劉綱真人於甲子庚申，生日本命，祭享形神，尚得神聚，長生不死。趙真人於靜房空室，調神出殼，如壯士展臂，可千萬里，陰鬼不相干，亦得留形住世。況夫補已散之靈炁，益見在之魂神哉。

《六字訣》其法鼻取口吐，切忌有聲。肝若噓時目睜睛，肺知呬氣手雙擎，心呵頂上連叉手，腎吹抱取膝頭平，脾病呼時須撮口，三焦客熱臥嘻嘻。春不呼，夏不呬，冬不呵，秋不噓。四時常有嘻，三焦無不足。八節不得吹，腎氣難得盛。凡有餘則引其子不足，則殺其鬼。如肝本噓也，有餘則用噓，噓亦不能引肝氣。若引其子，則用呵字瀉心之氣。心氣既行，肝氣自傳也。如肝氣不足，是肺鬼之有餘，乃殺其鬼，用呬字泄之，聰明之士，審達五行生克，調和其炁，無過不及，而陰陽自正。依時對節，下手行工，默契天機，混合玄理。

《九僊經》云：病小用水，病大用火。水者，凡有疾病，閉口納氣，一口復一口，定中送在病處，皆可痊安，名曰法水。逍遥子曰：法水能朝有秘關，道遥日月遺循環。是法水治病也。若人誤犯天神，或身不寧，急入靜室，散髮披衣，閉目冥心，正坐握固，叩齒集神；升身起火，微以意留息，少入遲出，默想臍下，火輪大如斗；須曳焰起，可比車輪，蓋早定自身，令陰邪鬼魔不敢近也。釋家降魔火，道家焚身。火行此火須是久絶嗜欲，丹元堅固。

《教外别傳》云：一吸便提，息息歸臍。一呼便嘸，水火相見。一陽動時，急行此法。行鼻息而不得下部提縮之法，與知提縮而不得鼻息往來之法，皆非真傳也。《大丹直指》云：採藥行火之際。陰魔所撓，緣人邪念，腎氣下行，謂之危險，即須抽鉛添汞。出息爲鉛，抽者，泄腎中氣也。入息爲汞，添者，收心中氣也。如入炁至中宫可留住其出氣，以意引過尾閭穴，伸身偃脊，抽提外腎，使氣從尾閭入夾脊雙關直上腦，使龍不上奔，虎不下走，邪念自止也。如氣覺未過關，再偃再抽，直要使過，謂之肘後飛金晶。經所謂若要不老，還精補腦。但初行費力，久則甚易。天隱子云：伸左右足，端坐俛首，極力直頸，兩手握固，叉於二肋之下，接於腰胯之骨，左右聳肩，閉息頃刻，候其氣盈面赤則止。行之者七，久久則氣從夾脊上至泥丸。《席上輔談》云：有人精遺不禁，予授以一法：但脇小腹，縮尾閭關，閉光瞑目，頭若載後，即引氣自背後直入泥丸，而後咽歸丹田。不論遍數，行住坐臥。皆可爲之。不半載疾愈，而顔如桃矣。《採真機要》云：鼻吸氣爲通夾脊，唇包齒乃援陰陽。不因遍體咸施力，怎得珍羞到口嘗。又傍門有鼻吸口吐之說，以爲不漏，夫既吐矣，安得不漏？予不信，及試之果驗。大抵予後人多陽舉，當用意提腎，以鼻長收短放，使之綿綿歸根，則陽回而精固矣。各家工用，大同小異，詳載《初基保煉訣》。

《脈望》卷八 邵子云：動物自首生，植物自根生。自首生，命在首，自根生命在根。

《素問》云：升降出入，無物不有。修養家存神泥丸，則丹田之氣上升。蓋神之所至，氣亦隨之而往也。房中術手按尾閭，吸氣咽津，雖得其緒餘而亦不泄。

女媧煉五色石以補天，不過喻五臟之氣耳。養生之法，潛神内視，則五臟之氣聚於丹田。自丹田熏蒸，達於腦中。腦爲昆侖，居上象天。補天即《黄庭經》之補腦，所謂子欲不死修崑崙是也。

木石皆有心也。使木石無心，何兩石相摩，兩木相摩，而火生乎？物之有火，猶人之有心也。

洞，通也。上通於天，下通於地，中有神僊，幽相往來。天下有十大洞，三十六小洞，居太虚之中。莫不洞洞相通。惟僊聖聚則成形，散則爲炁，自然往來，虚通而無滯碍。人身之中，亦有洞者。頭有九宫，上有寥天，共爲十八洞。柱骨二十四節，十二重樓，共三十六洞。上通泥丸九，天，下達尾閭九地，中有真氣，幽相往來。是以聖人於虚極靜篤之中，斡轉璇璣，神通氣洞。通者，升降上下，往來無窮也。

靈者，神也；寶者，氣也；形者，靈寶之宅舍也。夫人有耳目，乃元神之門。晝則心寤，神遊於耳；夜則目寐，神歸絳宫。衆人神遊於外，晝想夜

夢，偶然馳逐於無涯之欲。若夫至人，萬法俱忘，惟神是守，目内視而神光煥於玉闕耳，返聽而玅用顯於環房，神宇泰定，一念不生，智恬交養，久而通靈。

夫人有口鼻，乃命出入之戶，息息通於天地，元炁之所往來。凡一呼則谷炁出，一吸則元炁入。不死之機，長生之要，實隱於此。衆人心靈外馳，神躁氣促；息之以喉，胎元散蕩。惟至人深達造化之源，呼吸太和之氣，奪本遠元，歸根復命。息之以踵，寶莫寶於氣也。故泥丸玉闕，所以棲其神；玄門牝戶，所以襲其氣。氣以制神，神以攝炁，母子相守，性命混融。然後萬神不散故能靈，一元凝結則成寶。氣者，神之宅也。形者，氣之宅也。神統於心，氣統於腎，形統於首，形氣交而神主乎中，三才之道也。

天尊則元氣是也。法身無相，積炁成真，爲天中之尊。聚則成形，散則爲炁。

元炁之運，一秉化權。凡胎卵濕化之四生，至於艸木花卉、飛蠢蠕動，有情無情，皆含育元氣而生。故元炁在，則柔弱滋養而生。元炁去，則堅強枯槁而死。老子云：柔弱生之徒，剛強死之徒。

禽一冲而制在炁，履空如實。魚一躍而制在水，穿水如無。衆植凋殘，獨松栢常茂者，氣堅也。羣動寂滅，惟龜鶴不瘁者，炁壯也。形爲留炁之舍，炁爲保形之符。欲留形住世，必先養炁。至大至剛，充塞於天地之間；炁聚神靈，遨遊於風塵之表。善養生者養其形，善養形者養其炁。

莊子云：魚相忘於江湖，人相忘於道術。道者，炁也。魚在水中，水在魚中。人在炁中，炁在人中。魚失水死，人失炁亡。魚能吐納，而化水則不死。人能吐納，而化炁則長生。舉世知食穀肉果菜以養命，而不知土地之精皆屬於陰。惟元炁乃屬陽，一呼一吸爲一息，一日夜一萬三千五百息。真炁計八百一十丈，升降於鼻口呼吸之間。凡夫不能掌握，皆歸空而散，則一息不返，人命卒矣。故曰：養氣留神，乃不死之訣。莊惠有魚樂之問，亦此意。元炁在太空虛無之中，其猶臺籥，噏張而不息。有而無形，無而有精。失之則死，得之則生。亘古亘今，得道昇仙者，不知其數，皆得冲氣以爲用，始成真。

《天仙金丹心法·弁言》 太極以前尚略矣。太極以後陰陽剖，陰陽剖而五行生。而五行二氣之精要，皆胚腪於一元，而各還太極。故地以之久，天以之長。人以之證仙班而與天地合其德。夫仙也者，全乎二氣，化乎五行，復還乎太極之原，變化神明而不測。而其實則守吾常，備吾道，不滯於有，不淪於無，靈臺曠如，三寶充如，入乎玄，合乎法，盡性致命而以達乎天，如是而已。雖然未易言也，以以醉如凝，如猿如馬之心而開之，而醒之，而死之，而純之。靜遠深沈，煉情而返性。遺形釋我，萬甚通靈，此非發奮其所爲天下雄，則安得以百年易盡之身。卒與清甯同不朽，顧天地推此心以予我。我分天地之性以成人，我心即天地之心，我性即天地之性，是故以吾之理。煉己之心，修己之心，而以復己之性。夫能復己之性者，所以存天地之性。以見天地之心也，由勉然以入自然。由自然而歸神化，真元湛湛，聖真其殆一天矣。是道也，《大易》藏其藴，五千文字孕其精，而《心法》一編則顯其微，而闡其幽，獨洩古今神聖未傳之秘。夫道因言塞，亦以言傳。其言之而塞於言者，言非所言而道其所道者也。言足傳乎道，道乃待言矣。《心法》之言，言衍道心而揚道法者也。不隣於恍惚，不涉於筌蹄。晦者明之，繁者簡之。難且遠者，切近以迎之。掃蕩其歧塗，剖分其疑似。混懵之界，而又於其機之不容輕洩者。寓之於約達而微藏，斯其所謂鼓舞以盡神，化裁以盡利者耶。昔者唐帝鑑觀乎《河洛》，而開十六字之心傳。八祖通《道德》之真詮，而心法廣爲十六卷。嗚呼！其旨遠其意微矣。心八祖之心，法八祖之法，道異於耳食，而抗心於五城十二樓之間，備吾道而守吾常，非異人任也。夫而後天開日朗，全性命於神奇。與二氣合其靈，與五行合其運，與天地合其撰，而與作書者之願，始不相負。云太玄上相降魔大天師漢張道陵拜題。

闢破鴻濛總是春，春融八卦散天均。一生水矣二生火，坎離既濟配元真。先天卻藉後天補，欲補後天精是主。精滿丹田藥可求，規中一息調龍虎。氣足元精化作雲，靈通七竅神氤氳。既經交煉還經反，只許團圞不許分。巽風鼓動神光起，子午享調卯酉止。結得光明如意珠，非青非碧亦非紫。撞透三關鎖鑰開，神龍五色捧珠回。珠回碧海光華斂，孕就蓬仙掌上胎。蓬仙顧復經三載，頭角崢嶸紛異采。長嘯一聲劍劃天，朝遊五嶽暮滄海。另闢乾坤見丈夫，抱元守一飛清都。回眸笑看紅塵道，觸闘蠻爭隙走駒。吾身自大乾坤小，跳出乾坤游物表。靈槎何在在靈臺，只恐迷途自潦倒。金丹真諦古難尋，心法無多值萬金。今日剖分玄妙理，心中有法法從心。靈房主人鐘離權題。

八祖金丹心法成，揭盡廬山面目神。控月窟理躡天根，突前人而惠後人。功德與恒河沙等，諸天贊嘆，咳唾成珠。正襟莊誦之餘，欲言而擱筆。

惟有從諸君子後，矢歌以落之。歌曰：乾坤混闢無贏縮，一箇葫蘆圓轆轆。包裹先天帶後天，生機一點春濃郁。可憐取次鑿元真，耗釋精神生氣蹙。那更塵埃日夕埋，形體捐棄趨溝瀆。終南八祖散陽和，化雨東風頻往復。露湛陽晞不憚勞，春臺只待幽蘭馥。大悲大願幾人知，萬喚千呼如痛哭。寸寸慈腸化彩雲，雲端落下珠千斛。斛燭幽都輝黍穀，擕歸莫只藏書簏。焚香再拜拂牙籤，索隱鈎深時寓目。豁落一聲心境開，天香繚繞梅花屋。自修自己自安排，萬載元基從此築。五嶽三關一線通，穿龍穿虎功神速。龍降虎伏共朝元，紫府真君調玉軸。玉軸鈞調會衆仙，蓬萊絕頂崑崙麓。一朝證得大羅身，須感丹經貽介福。語萬千章十六，殷勤度盡神仙族。我今拍手作長歌，指點嚶鳴上喬木。太極內相飲湖道人葛洪稚川氏拜題。

法者何？丹法也。心者孰謂？傳者之心也。法者準繩，麗以心，法斯運，心靈而至幻，範之以定法，弗縱而歧，故析而分之。法無爲，心有覺，通而統之。法非心，不立心，非法無依。《心法》云者列聖之心傳，即成真之寶筏也。然以心化法，貴渾而融。善法以馭，心宜盡利，若有法，若無法，若有心，若無心，乃爲心心法之心，法心法之法。且心者理也，法者權也。理善權，權濟理。此傳書秘諦，而化而裁之者也。是故心法之傳也，傳心以傳法也，於所曾爲者道之，即於其所不能道者而爲之，於前人而錯綜參伍以通之，即合天人而微顯闡幽以泄之，心良苦，法綦全矣！心我心，心斯不負。法吾法，法迺弗虛。探其玄，索其隱，蒐其秘，致其精，則存乎其人，而非傳心法者之所能與也。鐵杖老人李元中漫識。

無不公之道，則即無不揭之心。有共白之心，則即有相沿之法。然而法可法，轕非法。心可心，滯非心。法印於心，若即若離，以觀其妙，是爲心有法，法在心且法以心傳，即心即法。轕於法，膠瑟而刻舟；滯於心，破觚而偭矩，不以心捐道，不以人助天冥，於法之中而陶冶於心之用，連乎其有劑，而與乎其觚而不堅也。如是焉爾已。是故其好之也一，其不好之也一，其一也，一其不一也。一其一與天爲徒，其不一與人爲徒，天與人不相勝矣。夫輪扁之術，得之於手而應於心，口不能言，有數存焉，於其間而父子莫能相喻，法無異法而糟與魄之忘不忘也。雖然不範不模，而倀倀乎師心以逞，是又儷工倕之指。而求器不苦窳也。自本自根，神動天隨而炊累，肖心於法而不柴於法，一心無翦翦，諸法不僊僊，斯十有六卷之通變而盡神，傳以心，傳以法。蓬萊道人張果題。

君子詠《伐柯之什》，而知心法命名矣。夫合土範金，必假型模以利用，而況功由下學，漸躋於希聖而遠天。莫爲之前，則亦莫爲之後耳。然以斧柯之有象，而必假諸在外之準繩，凝神睇視以來物，猶與物兩相薄，豈若內求諸靈舍。欲仁而仁至者，初不勞外鑠以相成，此八祖金丹，肇嘉名以心法也。抑此心此法，要非掇獲之名也。本身心已效之事功，爲後學引而入勝，導之以先路，示之以已經，是則其塵垢秕糠，猶將陶鑄夫堯舜者也。是故著金丹之法，即以傳列聖之心，心以法而能收，法以心而善運，即心即法，即法即心，心靈而法悉神奇，法悟而心尤活潑。迨至心空法化，湛然意象之於，於則且不知何者之爲心，而法於何從寄矣。雖然不讀金丹之法，猶悵望蓬山雲霧，擁之而遠也。讀焉而不習習矣，而體驗弗精，亦猶之乎既入寶山，撤手空歸而無所得也。嗚呼！八祖傳書之願，至拳拳矣。傳書而不厭其詳，夫亦懇乎其至矣。學者神明於定法，而即一心，以印八祖之心，心同者法同，我知其必有合也。後人勉之矣，借使峰回路杳，幾窮於境地之難通，而洞口漁郎，必遇秦人之指示，況心法之彰明而較著，朗若日星矣。是書也授受凡三載，爲陵爲谷，幾驚心於水複山重，而予以菲材，謬叨不棄於諸君，俾令左提右挈，乃竟以挽回於中路，而宛轉玉成，始知艱鉅之圖，有甘苦之備嘗者，其所由來非易矣。予故於告成之日，幸後人之坐享成功也。附以數言，深願後人之珍重，天樞上相妙濟道人許遜謹題。

昔吾夫子至晚年，自謂從心不踰矩。夫矩者，法也。從心而不踰，即法即心也。八祖金丹書既成，顔之爲心法。心法云者，以示從心之所欲，知自圓而行自方也。嗚呼！其旨遠矣。予也正襟危坐，口誦而心維，大都理則貫天心，結想精思穿月脇，而墨舞筆歌之渾脫，則漢唐晉唐魏各擅其長。後學有心人，妙解斯文三昧，靡不衰蘭振澤，靈繭生香矣。夫仙分五級，惟大羅爲無上正宗，萬刧千塵，地圮天傾而不壞，是書之秘密，大羅心學慧燈也。修真而不法大羅，則是自甘於小就，法大羅而不究心於心法，是不知其所謂矩，安能不踰而從心，心法之傳，誠地厚天高，父母生成之惠也。予自慚淺劣，僅足窺玄豹之斑，而大義微言，束手於一辭莫贊，顧以恩叨部領，竊偕大羅諸君子以揚光，榮分侍從之先，職宰清華之要，但使後來後彥，絜矩以從心，增吾黨之光華，壯大羅之氣焰，是爲八祖傳書之願，而忝居領袖者，所矚望其接武

而來焉者也。故莊誦之餘，不辭固陋，而僭爲之序。大羅班首居居道人蘇朗敬題。

真元湛淡，回一氣於天門，妙法圓明，構三靈於地戶。玉燭印乾坤之照，日月增輝，金繩維遠邇之防，山河耀採。運靈樞而闔闢，四禪暗室覿青天，懸慧劍以招搖，三昧雄關紛紫氣。法雲自在吐納，龍宮幽谷生溫。飄颺鳳律，則有巍巍入洞，開覺路以揚鑣。落落千言，渡迷津而鼓枻，擷羣英之芳潤，嚼蕋吹花；成一代之宮商，敲金戛玉。何光不定，願在盤珠，此意誰同？書長蕙錦，瞻海立雲垂之象，可知工部雄才，誦天驚石破之謠，多謝女媧妙手。子也光分鹿洞，序附鳩班。竊意匠經營，穆風聲於智府，緬神工慘淡，澄月色於靈臺。如傳闕裏之書，倩紫微而朗映，似送層城之璧，憑青鳥以遙飛，甯惟綵筆生花，作架藉珊瑚寶樹，直萬玄亭吐鳳，裝書將璹瑁雕梁，既三春之雨露濃濃，斯九畹之芝蘭灼灼。維兹美玉，何容韞匵以藏，試看闕車，共仰高山而至。載花道人海蟾子劉操頓首拜撰。

法必有真傳，傳有真諦。而後人之作僞者，乃漸至於浸淫頗僻，假爲邪說以誣民。然觀魚目與碔砆，而夜光明月之珍益重。有心之嘗識，蓋真假終難掩蔽。而第自精其藻鑑，得失分明矣。故見御女之狂言，而知取坎填離爲樂境。見丹燒爐火，而悟結胎養嬰爲正宗。見焚符伏劍非證聖之階，而知闡教濟人爲實得。形神有專注，而拾級以相赴者，歧路莫得而搖之。乃自人之厭故而喜新也。邪說之可甘，喪身家而弗恤也。迨至禍機已發，始悔心於末路之難回。夫豈知今日之所流毒，早基於昔日，而昔日所甘而厭者，真與假之未區也。是書演大丹之秘，揭真諦以予人，不任情而斂以心，示修性而根乎命，以中和爲極，以仁義爲標，五千文指授以來，未有若斯剖晰者。蓋八祖以親嘗之甘苦，懸登假之津梁。即一身已效之程，開萬世無疆之福。仁者之言其利溥，而誘人之願宏矣。是故法傳天壤，則以一心證萬心。心被人間，則通活法爲常法。心離法，則心不正而他歧。法離心，則法亦靈而莫運。維靈維正，舍《心法》將不知其所之焉。不知其所之，則安知其不蔽於邪途，而以魚目與碔砆，爲明月夜光之珍異？顧誤歧於假法者，未窺真諦之傳者也。既傳之以真諦之奇矣，則又安有見明月夜光尚寶碔砆魚目者，甚矣！《心法》之提攜後學，而作邪途之獄吏，功德如天矣。嗚呼！目擊道存，幸神奇之已揭。言忘意得，惟臭味之相求。祝融山外之芙蓉，肅迎紫氣，泰岱峰頭之冰雪，佇沐清風。通明上相守拙道人長春子邱處機稽首敬題

昭陽作噩之季秋，予適膺侍直，會檢諸疏本，得入洞帝君彙奏文，蓋憫人世之迷懵，而欲著丹書以醒寤也。予覽之未竟，不禁軒然眉舞，曰：是誠先得我心者哉！一舉而超億萬塵，其惟斯劄矣。夫擾擾寰區，播糠瞇目，若樹之抱蝸而自蠹，若蛾之愛火而自焚，隙駒蕉鹿之勞勞，誰解道爲何謂。至若深山羽客，避地幽人，鐘破晚煙，魚敲早課，侶清風而友明月，餐嚴柏而咽嶺霞，蒲團坐破長年，藥鼎烹殘活火，而乃自生駢拇，歧路亡羊。雖嘗棒喝灰心，要只盲敲瞎打。或師心而自用，或迷徑而忘歸。甚至高明指示以真詮，而彼反疑真謬戾。是成謂若狂之國，見不狂者，而轉訝其狂也。顧其所受真矣，所趨正矣。德爲汝美，道爲汝居矣。知心無物而閑其心，知物無物而祛其物，知道無物而惟知與道爲依。意不分營而邪說人言之悉屏，功無或輟而半途中路之弗甘，亦幾幾乎與道凝，而神亹亹來會矣。而卒致離而不合，不得底於窮神達化之天者，大率危微要渺之所關，傳者未盡傳，而受者復無從而考據也。夫聖神之功化，原非有艱深隱僻之端，而失以微芒，竟至相懸萬里，迨夫徒勞而罔效，而遂共誣大道之玄虚，此人心所以日即於迷懵，而列祖不獲已之懷，欲著書以覺世也。越三載，丹經乃告成，予讀竟終篇，而嘆心源已揭矣。理無微而不徹，機有緒而交聯。文異水而湧泉，筆非秋而垂露，慈航廣博，人人誕岸堪登。慧日揚明，在在迷途可悟。誠所謂文無剩義，而筆有餘醋者耶。夫列祖以上聖之才，現身而說法，微言奧旨，游夏不能贊一辭，則安容以蠡測之私，貽羞於大雅。然而志合者，蓮心可採。情符者，蘭味甯忘。占寶氣於連牛，望練光於曳馬，覺當年先得我心之願，油油如也。爰拜手而弁數言，爲吾教有心者慶。並自快是書之始終，得與而序之，以志予之觀厥成。海南後覺白玉蟾稽首拜撰。

嗚呼！著是書者之作法而因心，亦太苦矣。蓋煉心以法者，以是書之法爲法，即以予輩之心爲心。心而傳法於心者，則以千萬人之心爲心，復統千萬年之法爲法。夫法莫繁於往古，而人心之不同，如其面矣。乃統不同於一致，使之皆印於吾心。通古法之紛綸，錯互而難齊，而約之以規矩準繩，不謀而畢肖。嗚呼！以是而言《心法》，《心法》亦難矣。顧子從立志以還，迄於積行，行功而面壁，原非擾擾於分條逐節，靡然雜還其心思。然而十有六卷之云云，又未嘗不循其序以相乘。而俾法有織微之未備，則以予一人所獨

徵。諸七祖而皆同，是道成於七祖，與子一人者，即以達乎千萬人，而千萬人猶是也。若是者何也？蓋約之以準繩規矩，自可統不同而致一同也。乃統不同而可以同矣，何以超軼羣倫而奮青雲之路者，敻乎其若絕，而茫乎相望於古今之間？視國家之歲進數百人，不啻相懸萬萬也。今夫有是心而不知法，則葉公之好龍也。知法而不屬於心，猶舍鏝以嬉，薄功而期厚饗也。此子輩之金丹秘髓，馭心以法，而運法於也心哉。然承心法之傳者，知運法於心，必先識夫賊我心與養我心者之曷若。馭心以法矣，而要參乎拘法離法之皆非，以予輩之心爲心，而善得夫是書之法以爲法，釋回增美，栩栩然於意無意之間，斯法咸歸於一心。乃如子輩之煉心煉法，而統名之以《心法》，所以萬法原皆一貫，而散之則脈絡分明，洎真積力久而功成，則舉是編十有六卷之云云。且忘象忘言，冥談而空，諸所有又爲覩？煉心以法，運法以心。歧我於人，印人於我，今古不相及，而相待以有成也。然而著是書者之作法而因心，亦太苦矣。醒眼道人曹器杰題。

太上曰：使道而可獻，則人莫不獻之於其君。使道而可進，則人莫不進之於其親。使道而可以告人，則人莫不告其兄弟。使道而可以與人，則人莫不與其子孫。言道不可傳，貴自得也。自得由心悟，猶大匠之示人以繩墨，巧則存乎其人也。是以《道德》五千言，含天地古今之蘊，而言不盡意，意不盡言，變化神明，以待後人之研究。嗚呼！誼何美，恩何明也。《金丹心法》諸篇，視五千言而倍矣。非好爲艱苦而瑣瑣焉不憚其煩也，蓋其心與天下之人之心，相關於息息。遂覺天下古今之心志皆等於吾心。心同者理同，而無不可與於大公之道。夫是故肫肫乎莫解，而直欲以天仙化人之願望大千也。然教可施也，而情不可以強也。無可私之道，而不皆爲可以語上之人也。以畢罄其中藏者，取金針以度與。即以引而不發者，俟其人之自致於修途，其循循而畢赴其程，作書者所厚望也。其或自迷於所往，以及遲疑畏葸而逡巡，此則伊戚之自貽，而作書者無過也。嗟乎！吾道自純陽演化，宗風如日月之明。北度七真，南延五祖，各以師承相授受，而窮山絕谷，代證飛翀。然閉門造車，罔不出門合轍，此其故何也？大羅之衣缽，固未有別開一徑，倖致聖神功化之能者也。顧書不盡傳，傳之而義多未盡，甚或相沿以口授，有心者至有鐵鞋踏破之悲，則觀《心法》之指陳，亦可以慷慨奮興，而知南北淵源之奧矣。夫學者優柔饜飫，以馴致於從容自得之天，雖師友父兄亦袖手而莫之能助。然果冥心以孤詣，而毅然百折不回，則雖智盡能索之餘，必感神明之引翼。而況周行之示也，若玉山也，亦何畏何疑，而自封其畛域也？然則是編之著也，指大羅之徑，而闡五千言《道德》之微，作書之願殷然矣。而後人之獲遇此良因，誠亦千載一時之會矣。釀花墨客藍養素題。

法有靈乎？塊然而不自靈也。心有靈乎？心則虛而至靈也。以至靈之心，運夫不自靈之法，則至靈者靈乃躍。而不自靈者，相假而無之乎其弗靈。且夫古亦一日月，今亦一日月也。《金丹心法》固疇昔之所效靈，而得乎手，應乎心，即身以示教者也。靈於古者亦靈於今。入洞之金丹，亦即億萬千人之秘髓。心我法，法我心，無之而不靈，則至靈者靈益躍。乃或不求其甚解，解焉而疑信相參，參法於心矣，而心不與心相印，則法無自靈之法，而至靈者終弗靈。然而授《心法》者之苦心，欲秘則不能，盡揭其倪而不可。脈相維之隱，不堪持以語人，而欲諒夫作是書者之苦心，亦還而證之於不自靈而至靈者之《心法》。盍縷道人何淑清識。

青牛氣迥，玉函流《道德》之香。黃鶴樓空，雲影繪蓬萊之採。向五明而闢路，潛敷日月光華，資雙翼以培風，觸起鯤鵬氣焰。故因心立法，分慧照以熊熊，而運法傳心，閟真源而湛湛揮。一柱一弦之節，從將脈絡分明。望三熏三沐之誠，莫教塵埃卻著。則有黃芽白雪，劉漢將軍。玉鼎金砂，李唐進士。鐵杖撐開世界，霞端烘臏相之丹。金針繡出鴛鴦，洞口浣媧皇之石。三尺簡，獻驢背，曲響振雲窩。一阮花，艷火中，蓮香紫玉笛。辭戚畹光輝之盛，問遊島外烟蘿。採乾元混沌之和，笑看人間富貴。蒲龕說偈，飛來雨舍天花。匣劍藏鋒，泣斷山精野鬼，開暗室以金燈寶炬，爰請敕而傳書。泛慈航以錦纜牙檣，遂臨壇而捉筆。花明曉樹，陽晞湛露之天，雪捲寒濤，影靜澄江之練。語丁甯而不厭，何妨集腋成裘。辭秘密以能明，詎止攢花製錦。聯珠合璧，追入夢之虎賓。授鉢傳衣，想散花之摩詰。蓋願歷三千法界，依覺路以長驅。何辭分億萬靈心，斬邪關而寂照餘也。沖齡志道，壯歲從最，嘗歷刼於三經，幸成功乎九轉。緬追隨鶴駕，秋殘營火借吹噓。欣遍誦鴻章，井底蛙鳴難擬議。十六卷清圓朗潤，蟾蜍之魄三秋。數千言典贍高華，鸞鶱之翔萬里。文皆載道，遙窺曲阜薪傳。語必驚人，不假如來棒喝。剖玄珠於赤水，詒白玉於藍田。誠丹學之龍門，而道家之鳳羽也。試看意花，不染蕙蘭，同臭味之馨。還瞻心樹，爭攀桃李，擢宮牆之秀。幽禽遷木，隨綵鳳於帝

梧。鳴石在川，應黃鍾於仙琯。可比莊周，栩栩幻出前身，自同羊祜，嘻嘻歡生再世。欲歸功於天地，天地何言？斯衛道於古今，古今不朽。名高八斗，詎云曹植才窮。義邁三都，甯直洛陽紙貴。只恐罡風攝影，護持煩謍領之神。須從化雨飛甘，噓植慰東皇之望。紫陽道人張伯端稽首。

《會心集·會心內集·歌類》 煅煉陰精 奉勸學人，聽我細說，延年益壽，大有關節。精若不漏，神氣自結，煉精之法，須入虎穴。無事生事，見景嚼鐵。丹田富足，陰鬼來劫。恍惚有象，昏沉難決。魔障暗逼，先早看徹。懸崖兜馬，逢溝防跌。枕褥宜遠，酒葷棄絕。死裏逃生，一刀見血。少有差遲，真寶消滅。時時煅煉，刻刻猛烈。宅舍堅固，好作事業。休當閒言，神仙妙訣。【略】

金丹直指歌 金丹理，是先天，向外搜求盡枉然。諸般藥物家家有，自是愚人識不全。要得他，須通變，毫髮差殊難見面。辨明真假審吉兇，纔能了悟一以貫。覔外護，求法財，無護無財做不來。有護時時天根現，仗財處處月窟開。立乾鼎，安坤爐，易知簡能是功夫。常應常靜顧本面，勿忘勿助捧冰壺。動爲陽，靜爲陰，一動一靜造化深。動中求靜尋法相，靜中求動覔真心。坎爲彼，離爲我，坎離顛倒調水火。若會殺機明反覆，卽得神氣歸正果。情合性，虎駕龍，夫妻睽違又相逢。天人合發轉樞紐，養顆驪珠是真宗。火候足，丹成就，地雷震動金光秀。內外混合護收藏，黃庭滴入一粒豆。胎息結，成法身，無質生質最妙神。抱元守一防危險，九年面壁苦受貧。卦爻周，時日滿，嬰兒出胞有正欵。虛空打破脫塵寰，大羅天上尋侶伴。大道成，積功行，處處方便常守正。三千八百陰德完，名列天榜作佛聖。勸君子，休張狂，不遇明師枉猜量。採戰爐火終無益，寂滅搬運空一場。神仙家，好戴花，酒色叢中作生涯。嬰姹引入虛無竅，產箇真人坐煙霞。勿錯認，休著驚，現在就有真一精。金丹直指分明說，得意忘言莫作聲。

修真訣 修真訣，修真訣，說起修真要賢哲。三教聖人開明路，自是迷人不辨別。中庸本是聖賢道，《法華》原來佛祖轍。《道德》究爲神仙傳，總是知一萬法滅。平平常常最簡易，淡淡泊泊莫多說。識得大藥川源處，返本還元性命結。不知這個真實理，百般作爲是愚拙。是愚拙，無來由，各執門戶盡盲修。金丹原是本來物，五金八石不同儔。男女比喻陰陽象，誤認閨丹招罪尤。呼吸靈通真人事，豈是符印法術求。大道無爲本自然，參禪打坐錯下鈎。復姤二卦陰陽動，非是天邊子午頭。坎離來往真水火，心腎相交多取憂。元關一竅無定位，執守穴道生瘡瘤。如此等類說不盡，到底閻君一齊收。一齊收，都出醜，叫醒學人休强扭。金花玉液家內生，黃芽白雪眼前有。鴻濛未判是何物，太極初分甚爲首。會得他家與我家，嬰姹和合轉樞紐。若待真經方現露，吞入腹中醐醍酒。無質生質結聖胎，時時護持小心守。十月生出一個人，萬古千秋身不朽。身不朽，法最良，男女知此脫災殃，大道本無男女相，下手各自有妙方。男須先煉陰精化，女要先斷赤龍决。陰精不化丹不結，赤龍不斷命不長。煉精不離夫妻理，採戰邪行祖遭殃。斬龍護慎兩日半，乘時返氣入乳房。若還築基身堅固，一條大路上天堂。依此修來多有益，不似旁門亂張遑。只此一乘法最妙，餘二非真慢度量。作此修真性命訣，願結知音換肚腸。假若歲月遷延過，枉在世上閙一場。【略】

金丹歌 金丹歌，金丹歌，不得口訣莫奈何。急訪明師求正理，莫將歲月枉蹉跎。枉蹉跎，自哄自，性命不是些小事。若非功大行又深，怎能知的道名字。道名字，是先天，未生身處一物圓。不在皮囊與幻相，虛空一氣包大千。包大千，古董貨，識得真的那一箇。此事分明在眼前，學人當面都錯過。都錯過，亂覔尋，弄盡旁門枉用心。執着一己不是道，須認他家水中金。水中金，在何方，少女生生壬癸鄉。母隱子胎無中有，只這些兒是真陽。是真陽，怎過面，言語相通爲親眷。離內己土去尅水，西南坤地蛾眉現。蛾眉現，震出庚，曲江岸上月華瑩。採來藉仗丁公力，陰陽和合水銀平。水銀平，天機，蟄神藏氣莫驚疑。混沌七日如小死，靜極復動大丹基。大丹基，無人曉，男子懷胎世間少。朝屯暮蒙循序行，沐浴溫養事不小。事不小，莫傷胎，三百日足產嬰孩。打破虛空方了當，形神俱妙上蓬萊。上蓬萊，真實話，不是信手亂指畫。暗合《參同》、《悟真篇》，彷佛《周易》爻象卦。爻象卦，是火候，三百八十有添抽。採藥有時烹有日，老嫩文武辨根由。辨根由，明內外，內外二藥不可昧。外藥了命內了性，逆順陰陽要默會。要默會，是作家。纔知偏地長金花。順手掬來爐內煉，煉成一些紫金砂。紫金砂，空裏幹，不用泥不用炭。原來只是先天精。符火煅成光燦爛。光燦爛，到處明，龍神鬼怪都失驚。若得一粒吞入腹，包管天榜列仙名。

《象言破疑·象言說》 修真之學，古經多言無爲之道，而於有爲之道罕

言之。但無爲之道,惟上智者頓悟圓通,一了百當,立躋聖域；其次中下之人,性質愚鈍,根塵深、識見小,若行無爲之道,力量不及,決不能萬緣俱空,直登彼岸。後漢魏伯陽仙翁,準《易》道而作《參同契》,度引中下之流,以有象譬無象,以有形喻無形,始有金丹之名,鉛汞、砂銀、烏兔、龍虎、嬰姹、藥物、爐鼎、烹煉等等法象之說,自後成道羣眞,皆祖《參同》而作丹經。以演妙理,其意皆欲後之學者,因此以參彼,借彼以證此耳。無如後之學者,不究寓言之意,不推取象之理,見金丹、鉛汞、爐鼎之說,疑爲服食,而遂流於爐火；見烏兔、龍虎之說,疑爲臟腑,而遂流於存想；見他家、我家、陰陽、男女之說,疑爲閨丹,而遂流於採取；見逆順顛倒之說,疑爲强作,而遂流於運轉；見修性無爲之說,疑爲寂滅,而遂流於頑空；見修命有爲之說,疑爲擺弄,而遂流於執相；等等門户,皆是以鹿爲馬,以烏作鸞,不但無益於性命,而且有害於性命,是豈祖師當年取象喻言之意乎！夫象者,像也。言其此物而象彼物,彼事而象此事也。試以眼前人人共見共知之事物論之,譬如烹煎飲食,鍋卽鼎也,竈卽爐也。鍋中貯水,竈底燒火,火本上焰,水本下流。今鍋中之水在上,竈底之火在下,水火顛倒,彼此相濟,而飲食熟成,此凡水凡火相濟之象也。人之剛性躁,多動,動則屬火；柔性緩,多靜,靜則屬水。此神用柔以養剛,以剛而就柔,剛柔相當,不躁不緩,歸於中正,大道易成。此神水神火相濟之理也。取凡水凡火相濟之象,以喻神水神火相濟之理,而其理顯然矣。又如有人本來家業豐富,不守本分,化費財産將盡,忽然自知悔過,苦心勞力,重務生活,漸次積聚,財物由少而多。終必家業復舊,此還元返本之象也。人身精神靈氣,本來充足圓滿,交於後天,順其造化,費精勞神,元氣衰敗,原本消耗迨盡,若知改頭換面,懲忿窒欲,閑邪存誠,漸次用功,終有歸根復命之時,此還元返本之理也。取世人還元返本之象,以喻修道還元返本之理,而其理顯然矣。又如世間男女相配,兩而合一,卽能生子生孫,此人道生生不已之象也。人身陰陽相當,兩而合一,卽能生仙生佛,此丹道生生不已之理也。借人道生生之象,以喻丹道生生之理,而其理顯然矣。丹經皆是借象以喻理,教人從象上辨别所行之理,非是教人背乎理而於象上做作也。今人不窮其理,只認其象,悲哉！丹經象言極多,學者須宜由象以窮理,得象忘言,得意忘象,其庶幾乎！

《象言破疑·順逆說》　舉世之人,皆知順行之道,而不知逆運之道。何爲順？順其造化也。何爲逆？逆其造化也。順造化則生人生物,生老病死,輪回不息。逆造化則成仙成佛,不生不滅,壽同天地。凡人自父母成胎,生身以後,二八數足,交於後天,内而七性六慾迷其眞,外而萬緣萬事勞其形,認假爲眞,以邪爲正,以苦爲樂,順其所欲,無所不至,將本來精、氣、神三寶,消化迨盡,將原有圓明眞性,全然昧卻,不到咽喉氣斷之時,不肯休歇,以故生生死死,萬劫沉淪,所謂閻王不叫,自投其死也。若是大智慧人,逆運造化,不爲造化所拘束,不爲陰陽所陶鎔,不爲萬物所牽引,不爲萬緣所遷移。在大火裏栽蓮,泥水中拖船,借世法而修道法,依人道而全天道,將歷劫根塵盡皆拔去,把後起客氣一概掃無,命由自主,不由天主,復還當年乾元面目。躲去輪回,超出三界,爲金剛不壞之物矣。但這個順中運逆天機,有口傳心授之秘,必須眞師指點,非可私猜而知。世間學人,恃自己螢火之明,管窺之見,記下幾句話頭,看過幾宗公案,自謂知道,再不求人,人前賣弄,滿口亂譚,以己盲而引人盲,罪過罪過。又有一等糊塗漢,認不得眞師,朝王暮李,學些小乘工夫,亦負有道。卽有明人在前,不肯低心下氣,亂作亂爲,或心氣下降,腎氣上升爲逆行,或運氣後升前降爲逆行,或還精補腦爲逆行,或閉氣定神爲逆行,或採陰補陽爲逆行,或男下女上爲逆行,如此等類,千門萬户,皆是背逆聖道,非是逆運造化,盡是取死之道,非是至生之道。殊不知逆者,逆回於父母生身之初也。如人離家遠出,而又逆回於家之謂。雖云逆行,其實是順理而行,乃逆中之大順。因其與常人所行相反,故謂是逆。旁門曲徑,惑於逆之一字,而遂在肉皮囊上,萬般作爲,到底落空,豈不愚哉！

《象言破疑·藥物說》　丹經子書所言採取藥物,烹煉金丹,皆是先天無形無質之眞,非世間有形有質之藥,亦非人身有形有質之物。因其人自有生以後,認假失眞,將本來圓成之寶,消化迨盡,一身純陰,滿腔邪氣,如大病臨身,待時而死,不有眞正靈藥療治,如何返陰爲陽,保全性命也。眞正靈藥是何藥？先天眞一之氣也,先天精、氣、神三寶也。先天眞一之氣又名眞種子。此氣不落於色象,至無而含至有,至虛而含至實。玉蟾翁云：眞空妙有,統攝精、氣、神三寶。三寶亦非有形之物,乃無形之眞。其精不是交感精,乃是玉皇口中涎；其氣卽非呼吸氣,乃知卻是太素煙；其神卽非思慮神,可與元始相比肩。雖分三家,總歸於先天一氣。三家合而成一氣,一氣分而爲三家。採藥者,卽採此一氣三寶,運眞火煅煉成丹,點化一身萬般陰

氣，歸於純陽，清靜無垢無塵之原物，如人有病，用藥醫治而成好人矣。所謂藥物者，譬象也。後世學者，見丹經藥物之說，誤認爲有形有質之物，而遂採取山中草藥，配合服餌，妄冀長生；或採五金八石，煅煉丹藥服餌，妄想飛升。殊不知有形之藥，僅能治有形之病，而不能治無形之病。若欲治無形之病，非採先天眞一之氣，餘無他術矣。《參同》云：同類易施功兮，非種難爲巧。《悟眞》云：竹破須將竹補宜，抱雞當用卵爲之。萬般非類徒勞力，爭似眞鉛合聖機。眞鉛卽先天眞一之氣也。觀此一切，認凡藥爲仙藥者，可以悟矣。

《象言破疑·火候說》 丹經子書所言火候，乃喻其修持工夫次序之準則也。蓋修持功力，有先後、有急緩、有進退之時候，不得宜先者而後，宜後者而先；不得宜急者而緩，宜緩者而急；不得宜進者而退，宜退者而進。亦如爐火燒藥，有文武、進退、止足之時候，故修眞用功次序，取象爲火候也。但用功火候，不拘年月日時，刻刻行之。宜先而卽先，宜後而卽後，宜急而卽急，宜緩而卽緩，宜進而卽進，宜退而卽退，隨時變通，毫髮不得有差。所謂宜先者，先嚴於內也；宜後者，後禦其外也；宜急者，急於用功也；宜緩者，緩於溫養也；宜進者，陽未足而須進陽；宜退者，陰方生而須退陰。此卽火候之實理，非工家子時進陽火，午時退陰符，卯酉二時宜沐浴之說。亦非冬至進陽火，夏至進陰符，春分秋分宜沐浴之說。夫天有天之子午卯酉，人有人之子午卯酉。豈可以天之子午卯酉，而卽是人之子午卯酉乎？人身子午卯酉，刻刻皆有。古經云：不必天邊尋子午，身中自有一陽生。蓋以陽生卽子，陰生卽午，陽與陰合卽卯，陰與陽合卽酉，所謂活子午卯酉也。豈是天邊死子午卯酉乎？金丹四百字云：火候不須時，冬至不在子。及其沐浴法，卯酉亦虛比。《悟眞篇》云：總識朱砂與黑鉛，不知火候也如閑。大都全藉修持力，毫髮差殊不結丹。曰冬至不在子，曰卯酉亦虛比，曰毫髮差殊不結丹，可知非天邊子午卯酉矣。如云是天邊子午卯酉，是十二時，只有四時修持，所餘八時棄之不用，豈能毫髮無差乎？《入藥鏡》云：一日內，十二時。意所到，皆可爲。可見年月日時，刻刻用功修持，防危慮險，毫髮不容有差。至於六十四卦火候之說，亦是指示陰陽進退之法，教人隨時加減，變通用功耳。豈是教人依六十四卦次序而行乎？《悟眞》云：卦中設象本儀形，得象忘言意自明。舉世迷徒惟執象，卻行卦氣望飛升。讀書須要會的古人取象立言之意，意已得而象可忘矣。

修眞之道，千經萬典，皆象言也。雖取象不一，總以發明陰陽順逆，藥物眞假，火候準則而已，其外再無別說。

《象言破疑·胎中面目》 人當父母未生身以前，男女陰陽二氣交感之時，杳冥之中有一點生機，自虛無中來，所謂先天眞一祖氣者是也。此氣入於精血之內，陶鎔精血，混而爲一。無形而卽生形，無質而卽生質，內而五臟六腑，外而五官百骸，變之化之，皆自然而成全，雖懷胎之婦，亦莫知其所以然也。後學不知此理，或疑人在胎中，臍帶通於母氣，母呼亦呼，母吸亦吸，漸次變化成形者，非也。夫呼吸之氣，乃後天之氣。後天之氣，焉能變化精血而成形？況呼吸之氣，焉能入於胞胎之中？殊不知母胎中，只有先天一點祖氣，渾渾淪淪，始而凝胎，既而養胎，終而全胎。始之終之，皆此祖氣成就之，別無加雜。當斯時也，雖有人形而無人道，天地萬物，水火刀兵，俱不能傷；七情六慾，五賊四相，俱不能近。究到實處，只一虛空而已。古仙教人修道，返於父母未生身以前面目者，卽返於虛空之境，而無聲無臭也。無聲無臭，卽是無極。無極者，無之極，卽是一無而已。

《象言破疑·嬰兒面目》 人在母腹之中，十月胎圓，瓜熟蒂落，破胞而出，足向天，頭向地。哇的一聲，方接後天之氣，自口鼻而入，下於氣海。與先天元氣相合。先天爲體，後天爲用。後天借先天而呼吸往來，先天借後天而蓄養血脈。不但此也，當哇的一聲時，歷刼輪回識神，亦入於竅，而與先天元神混而爲一。元神借識神而存，識神借元神而靈。但嬰兒初生，雖有後天之氣，後天之神，而先天統後天，後天順先天，先後混成，混混沌沌，無識無知，一眞而已。古仙教人窮取生身處，卽窮取生身之初，卽窮取嬰兒面目也。迷人不知，妄言生身處是婦人産門者，非也。夫生身之初，嬰兒面目純白無玷，是聖賢胚胎，仙佛根芽，故飛鳥不搏，虎兕不傷。蓋不搏不傷者，以其無心也。無心則生死不碍，何災何患？此卽始極之象。始極者，始之極，未交於後天。雖與後天相混，純是先天管事，因其在始之極，由無而方始也。

《象言破疑·孩兒面目》 人自嬰兒漸長，能行能走，能言能語，隨人指引，名曰孩兒，又名孩提之童。嬰兒無識無知，孩兒已有識有知，未免浮雲點太空矣。能識有知，是由始極漸至太極矣。太極者，大之極。大極則必小，陽極則必陰之時，但小未來，陰未生耳。小未來，陰未生，尚是先天用事，後

天伏藏。雖有識有知，根塵尚未發，客氣尚未侵，飢只食，寒只衣，喜怒哀樂，隨興隨滅，富貴窮通，不知不曉。順其自然，絕無雜念，亦是聖賢胚胎，仙佛根芽。愚人不知，以孩兒爲嬰兒者非也。嬰兒是赤子，孩兒是童子，雖然皆具天眞，而身分高低不一，知識有無各別。故古仙皆以返本還元爲嬰兒本來面目，不取孩兒頑童面目也。

《象言破疑・陰陽分判》 人自孩兒漸長，二八氣足，陽極生陰，日鑿一竅，陰陽兩分，各居一方。眞中有假，於是知識漸開，善惡分別。是太極判而陰陽分矣。所謂二八氣足者，如月上弦下弦，兩弦合一，光輝圓滿之象，喻其先天陽極，如太極也。陽極必陰，如太極一判，而陰陽兩離矣。愚人不知，以二八生陰之說，疑爲男子十六歲而陰精泄者，非也。試觀世間男子，有十四五歲而洩精者，有十六七歲而洩精者，更有十八九歲而洩精者，歲数多寡不等。可知二八之數，不論人之年歲，乃言氣之盈滿也。

《象言破疑・五行分位》 陰陽一分，於是五行亦亂矣。五行者，金、木、水、火、土之五氣也。五行在先天，則是土生金，金生水，水生木，木生火，火生土，五行一氣，發而爲仁、義、禮、智、信之五德。在後天，則土尅水，水尅火，火尅金，金尅木，木尅土。五行相戕，發而爲喜怒哀樂慾之五賊。五行相合，則五德脩而陰陽混一。五行分散，則五賊興而陰陽駁雜。五行一分，識神漸起，根塵漸發，眞者退位，假者當權，孩兒面目亦失矣。愚人不知，以五臟分五行者，非也。夫五臟者，有形有質之濁物，爲後天五行之旅寓，非先天五行之德園。若以五臟卽是五行，五臟如何能分能合？且五行有先天後天之別，先天本於生身以前，後天出於生身以後。先天生聖，後天生人。兩個五行，雖分先後，皆是活的，非有定位，豈可以五臟之濁物爲五行乎？

《象言破疑・後天用事》 陰陽判，五行分。後天一交，先天退位，於是秉受氣質之性發，外來習染之塵生。六根門頭，門門招賊。七情孽種，種種生災。純白之體，漸漸陰氣入內矣。陰氣一入，陰氣漸長，陽氣漸消。長而又長，消而又消，順其所欲，無所不至矣。愚人不知，以氣質之性爲眞性者，非也。眞性者，天命之性，屬於先天，有益於人。氣質之性者，人生之性，出於後天，有損於人。豈可以後天之性卽先天之性乎？

《象言破疑・純陰無陽》 後天用事，陰進陽退，日復一日，年復一年，內而萬念作殃，外而萬物牽引。內外加攻，陽氣消盡，一身純陰。三寶耗滅，魂魄難存，不死豈能之乎？愚人不知，以數盡命絕，委之於天者，非也。夫人生所依賴者，陽氣也。一點陽氣不盡不死，一點陰氣不純亦不死。順其陰氣，消滅陽氣，自尋死路，與天何涉也？以上七圖，皆順行造化，生人之道也。

煉己築基　修眞之道，返還之道也。返者，我已去而又來之謂；還者，陽已失而復得之義。是於純陰之內，而返還其本來眞陽也。人自後天用事，一身純陰，先天陽氣消化迨盡，不有返還之功，何能無者而復有，失者而仍得耶？返還之功，莫先於煉己築基。煉己者，煉其歷刼根塵，氣質偏性，與夫一切習染客氣，卽懲忿窒慾，克己復禮之功。能懲忿窒慾，克己復禮，則無思無慮，不動不搖，根本堅固。卽如起屋必先築基，基地堅固，木料磚瓦由人做作，無不負載也。煉己卽在築基之中，築基不在煉己之外。愚人不知，以煉己爲守心，築基爲閉精者，非也。夫煉己之功，爲丹道始終之要着，直至陰盡陽純之後，而煉己之功方畢，若未到陰盡陽純之時，而煉己之功不可歇。若謂守心閉精，卽是煉己築基，豈能全金丹之大事乎？古仙云：還丹在一時，煉己須十月。於此可知非守心閉精矣。

《象言破疑・天艮具心》 煉己築基，非是强制强作，苦力用功，必先要認的天良眞心。借此眞心以煉己，則黑暗之中，卽有一點陽光發現，號曰眞靈。眞靈若現，是非邪正，判然分明，不爲物欲所牽，不爲塵緣所染，煉己甚易。倘認不得眞心，則邪正不分，是非罔辨，是以心制心，終是人心用事。强制强作，所謂卻除妄想重增病，趨向眞如亦是差。如何到無己之處？愚人不知，誤認人心爲眞心者，非也。夫眞心無心，無心之心，方是天良之心。有此天良之心，何難於己之不能克去乎？《百字碑》云：動靜知宗祖，無事更尋誰。黃鶴賦云：離內七般朱砂，無眞種則時刻難留。三丰云：築基時須用橐籥，煉己時還要眞鉛。祖宗眞種，橐籥眞鉛，皆天良眞心之別名。噫！天良眞心，豈易知哉？若有知之者，則得其一，而萬事畢矣。

《象言破疑・陽長陰消》 認的天良眞心，主人公穩坐中央，爲道日減，爲功日增，陽氣漸長，陰氣漸消。長而又長，消而又消，直到無可長消處，方爲極功。愚人不知，以靜坐無爲，寂滅頑空，妄想陽氣自長，陰氣自消者，非也。夫還丹者，陰中復陽也。若以靜坐無爲，寂滅頑空，而欲復陽，陽豈能自來？陰豈能自退？《悟眞》云：總識朱砂與黑鉛，不知火候也如閑。大都全藉修持力，毫髮差殊不結丹。於此可知進陽退陰之道矣。

《象言破疑·攢簇五行》 陽長陰消，還要知的攢簇五行。五行攢簇，大道可望。攢簇之功是在後天五行中，返出先天五行也。後天五行，彼此相剋也；先天五行，彼此相生也。返者，於相剋之中而致相生也。五行相生，渾然天理，是五行一氣，四象和合也。愚人不知，以意引心腎之氣，上下相交，運肝肺之氣，左右相會，爲攢簇五行者，非也。夫五臟之氣，皆有形之物。有形之物，後天滓質，有成亦有壞，如何凝結永久不壞之命寶哉？

《象言破疑·陰陽混合》 五行從陰陽中分出，五行攢簇，合而爲一，即是陰陽合而爲一。陰陽混合，金丹有象，仍是孩兒面目，但不過後天之氣，猶未化去耳。然雖是未化去，先天返還，後天即順，亦是不能爲禍。從此再下一重功夫，金丹可成矣。愚人不知，或心腎相交，或任督相會，或男女相交，爲陰陽混合者，非也。夫金丹先天虛無之氣凝結而成者，豈後天氣血有形之物所能凝結哉！

《象言破疑·渾然一氣》 陰陽返還於混成，孩兒面目已復，從此運天然眞火，煅去後天餘陰，歸於無識無知地位，神藏氣聚，所謂男兒有孕者是也。這個胎孕，即是嬰兒面目，即是生身受氣處。亦即始極，亦即太一含眞氣。愚人不知，採紅鉛，摘梅子，服食呑飡，想結聖胎者，非也。若謂紅鉛、梅子能結聖胎，不過所結者，血塊肉團，促死之鬼胎而已。其他何望乎！

《象言破疑·太空虛無》 聖胎凝結，再加十月温養之功，運天然眞火，熏蒸烹煉，由微而著，由嫩而堅，羣陰剥盡，胎圓丹成，瓜熟蒂落，忽的打破混沌，迸出清淨法身，跳入太空虛無之境，超出乎三界之外矣。此即未生身以前面目，亦即無極面目。道歸無極，形神俱妙，與道合眞，大丈夫之能事畢矣。愚人不知，或對鏡演神，或默想頂門，或面壁忘形，出陰神之類者，非也。金丹脱化之神，乃爲陽神，其一切靜功所出之神，乃爲陰神。陽神萬載長在，不生而不滅；陰神未經火煉，拋身又入身，千門萬户，若不得金丹大道點化，雖能陰神出入自便，知前曉後，難逃輪回。所謂饒君千萬劫，終是落空亡也。以上七圖，皆逆行造化，修仙之道也。

十四圖中，順行逆運二事，大畧可知。以下拈出緊要象言，分判邪正，指出實義，以示學者。諸如此類，可以意會矣。

《象言破疑·金丹》 金者，堅剛永久不壞之物；丹者，圓滿光淨無虧之物。古仙借金丹之名，以喻本來圓明眞靈之性也。此性在儒則名太極，在釋則名圓覺，在道則名金丹。名雖分三，其實一物。儒修之則爲聖，釋修之則爲佛，道修之則爲仙。三教聖人皆以本來眞性爲成道之本也。愚人不知，或用五金八石煅煉成藥爲金丹者，非也。眞性在大造爐中，經火煅煉成熟，與天地同長久，與日月同光明，豈凡世有質之物能成哉！

《象言破疑·天地之心》 修眞第一要着，須要認得天地之心。天地之心，即前所云天良眞心也。此心恍惚杳冥，不輕現象，因有虛室生白，暗中忽明之時，方露端倪。天屬陽，地屬陰。天地之心，乃陰不離陽，陽不離陰，陰陽相合之心。陰陽合，有此心；陰陽分，無此心。非色非空，即色即空，非有非無，即有即無。色空無碍，有無不立，乃眞空中之妙有也。識得此心，守而不失，則大本已立，其餘易事耳。愚人不知，皆在肉團頑心上揣摩，或以動心爲天地之心，或以靜心爲天地之心，或心住中宫爲天地之心者，皆非也。夫頑心者，後天私欲之人心。動心則着於有，靜心則着於無，住心又着於象。此等之心，與天地之心，雲泥相隔。蓋以天地之心，動靜如一，寂然不動。感而遂通。感而遂通，寂然不動，豈肉團頑心之謂乎？

《象言破疑·偃月爐》 偃月者，偃仰蛾眉之月。月晦極，下又生明。喻人至靜之中，忽有天根現露，號曰道心，有如偃月之象。爐者，運火之器。以其道心陽光，能以煅煉一身之陰氣，故又喻之爲爐。其實道心即天地之心。以體言，爲天地之心；以用言，爲道心。一物而二名也。愚人不知，以丹田之下，橫骨上仰爲偃月爐。或認心字一彎上仰，誤以肉團心爲偃月爐，又採戰家以婦女産門爲偃月爐者，皆非也。夫偃月爐，乃道心之光輝。此光照處，諸邪皆滅。能以作聖，能以作仙。紫陽翁云：休泥丹竈費工夫，煉藥須尋偃月爐。又云：偃月爐中玉蕊生，朱砂鼎裏水銀平。只因火力調和後，種得黄芽漸長生。於此可知偃月之義矣！

《象言破疑·朱砂鼎》 朱砂者，火之色。因其火能煅煉諸物，去舊换新，故人以鼎象之。火之爲物，最靈最神，無物不化，喻其神明無處不照，無事不成之義。但神有元神、有識神。識神能以敗道，元神能以成道。蓋識神帶有歷劫根塵，借元神之靈而生妄，不至喪去性命而不止。修行大法，須要以元神而制識神。識神不起，則邪火滅，邪火滅而眞火生，眞火生而和氣絪緼，生機不息，大道可望。愚人不知，誤認昭昭靈靈之識神以爲元神者，非也。夫元神者，不神之神。靈而最眞，眞而最靈。昭昭靈靈之神，乃神而神

者，雖靈有假，假中之靈爲輪回之種子。古仙云：無量刼來生死本，痴人喚作本來人。生死本，即識神之謂也。

《象言破疑·玄牝之門》 玄爲陽，爲剛，爲動；牝爲陰，爲柔，爲靜。玄牝之門乃陰陽之竅，剛柔之門，動靜之關，無方無所，無形無象，彷彿曲肖，虛懸一竅，在五行不到之處，四大不着之境，至無而含至有，至虛而含至實，乃陰陽相合之中一竅。愚人不知，以口鼻爲玄牝者，非也。夫口鼻是呼吸出入之門，非陰陽出入之門。陰陽相合，生仙生佛。口鼻呼吸之氣，豈能生仙生佛乎？《悟眞》云：玄牝之門世罕知，莫將口鼻妄施爲者，是也。

《象言破疑·伭關一竅》 伭關者，至伭至妙之關口。又名生死户、生殺室、天人界、刑德門、有無竅、神氣穴、虛實地、十字路等等異名，無非形容此一竅耳。伭關即伭牝之别名，因其陰陽在此，故謂伭牝門。因其伭妙不測，故謂伭關竅，其實皆此一竅耳。愚人不知，或以心下腎上處爲伭關，或以臍心爲伭關，或以尾閭爲伭關，或以夾脊雙關爲伭關，凡此皆非也。蓋伭關無定位，若有定位，即非伭關。陳虛白以念頭起處爲伭關，似是而實非也。念頭起處，已落於後天有形之物，如何稱爲伭關？吾今與大衆分明指出，在恍惚杳冥之間，有無相入之際。《悟眞篇》曰：恍惚之中尋有象，杳冥之内覓眞精。有無從此自相入，未見如何想得成。又《四百字》云：此竅非凡竅，乾坤共合成。名爲神氣穴，内有坎離精。此實指伭關一竅而言也。

《象言破疑·谷神》 谷神者，空谷之神，俗名崖娃娃。因其兩山高聳，中間一谷，人聲喊叫，谷中傳聲，故名谷神。修道借此以喻人身虛靈之神。蓋心虛則靈，不虛不靈，靈出於虛，亦名谷神。神者，無形無象，靈而不可測度之義。所謂寂然不動，感而遂通者，此神也；所謂凝結聖胎者，亦此神也。愚人不知，以神存天谷謂谷神，或神守黄庭謂养谷神者，皆非也。若神存於天谷，神守於黄庭，則是不虛。不虛焉得有神，不虛無神，何得名谷神。《悟眞》云：要得谷神長不死，須憑伭牝立根基。眞精既返黄金室，一顆靈光永不離。伭牝合而中即虛，虛則眞靈常存而不昧矣。眞精靈光谷神，皆喻眞靈之一物耳。

《象言破疑·金鼎玉爐》 金鼎者，剛强堅固之物，喻人志念專一，能以載道之義，又名乾鼎。玉爐者，温柔平靜之物，喻人工夫漸進，能以久遠之義，又名坤爐。愚人不知，鑄造鐵鼎，做作泥竈，燒煉金石，妄想成丹者，非也。蓋有形之爐鼎，只能煉有形之凡藥，而不能煉無形之仙藥。古仙云：鼎鼎原無鼎，爐爐亦非爐。其所謂爐鼎者，以其修道之功，剛柔兩用方能濟事，亦如燒煉家，有鼎不可無爐，有爐不可無鼎。鼎爐俱備，方能成藥也。

《象言破疑·烏兔藥物》 日中有金烏，爲陽中之陰；月中有玉兔，爲陰中之陽。日在卦爲離，外陽内陰，喻其剛中有柔之義。月在卦爲坎，坎外陰内陽，喻其柔中有剛之義。金丹之道，惟取剛中之柔，柔中之剛，兩味眞陰眞陽大藥，鎔化一氣而成丹。曰藥物者，以其眞陰眞陽，能以返老還童，延年益壽也。至於龜蛇蟠結，水火相濟，亦是此理，不過隨便取象，以證眞陰眞陽合一之道耳。愚人不知，疑于烏兔二字，或口吸日精月華，或眼接日精月華者，非也。夫天有天之日月，人有人之日月，人身眞陰眞陽，即人之烏兔日月也。天邊日月精華，與我相遠，怎能採來？如曰能採，則所採者，身外邪氣，久必内得臌脹，外則失明，無益而有損矣！

《象言破疑·龍虎相會》 龍性柔，主生物，屬木，在卦爲震，喻人之柔性。震本陽而取柔象者，陽少陰多也。虎性剛，主殺物，屬金，在卦爲兑，喻人之剛情，兑本陰而取剛象者，陰少陽多也。此性此情，彼此隔碍，則爲氣性塵情而傷生；彼此和合，則爲眞性眞情而益生。龍虎相會，是以性求情，以情歸性，性情合一之義。至於東家女、西舍郎，配爲夫妻，長男少女，兩家合一，金木相併等象，無非喻此眞性眞情交會之意。愚人不知，以肝爲龍，肺爲虎，運肝肺之氣於臍心，或於丹田，或於黄庭，以爲龍虎交媾者，非也。殊不知肝肺之氣，皆後天有形之氣，不但不能凝結一處，即强團聚，積久成蠱，無法醫治，自促其死。豈不愚哉！

《象言破疑·坎離顛倒》 坎卦外陰而内陽，離卦外陽而内陰。内陽爲水，内陰爲火。丹道取坎中之陽，以填離中之陰，以水濟火，是謂水上火下，水火顛倒，又名坎離顛倒，以喻道心眞知之神水，去制人心靈知之邪火也。吾之眞知，外暗内明，如坎卦外陰内陽；吾之靈知，外明内暗，如離卦外陽内陰。以眞知而制靈知，以靈知而順眞知，眞靈如一，凝結成丹，亦如顛倒坎離，水火相濟也。至於嬰兒、姹女、黑鉛、紅汞之象，亦無非形容眞知、靈知兩而合一耳。愚人不知，指腎爲坎，心爲離，運腎氣上交於心，心氣下降於腎，爲顛倒坎離。又有採取閨丹，以男女作嬰兒姹女，男下女上爲坎離顛倒。又燒煉家以黑鉛制水銀，或爐下煨火，鼎上貯水，爲坎離顛倒水火相濟者，凡此皆非也。夫修眞之道，修其眞也。一切有形滓質，邪行醜事之類，假而不眞，何能成眞哉！

《象言破疑·五行顛倒》　五行順生，木生火，金生水；　五行顛倒，火生木，水生金。蓋火生出之木，永爲不朽之木，如木遇火，煅煉成炭，入地常存之類。水生出之金，永爲不壞之金，如散金爐中鎔汁成塊，分外生明之類。火生木，喻人之本性在大造爐中，煅煉出來，永爲不動不摇之性矣。水生金，喻人之眞情在慾海波中，親渡過去，永爲無塵無垢之情矣。古仙所謂五行順行，法界火坑；　五行顛倒，大地七寶者，是也。愚人不知，搬東弄西，採下補上，推前運後爲五行顛倒者，非也。殊不知一身純陰，内而心肝脾肺腎，外而眼耳鼻舌身。盡是假物，咽喉氣一斷，一堆臭穢。骨肉哪有一件是眞，若以此假物，妄想了性了命，烏乎能之！

《象言破疑·黄婆媒娉》　黄婆者，中央土母。以其能調陰陽，能和四象，故名黄婆。丹書借此以喻人之眞意中眞信，能以和性情，養精神之義。眞意、眞信，即吾身中之黄婆，所謂黄中通理者是也。愚人不知，以意運五臟之氣會合，爲黄婆媒娉。又有造孽之輩，用能言老婦調戲男女行淫，取處女首經梅子，爲黄婆媒娉者，大非也。夫眞土無位，眞意無形，無物不生，無理不具。能以會三家，攢五行，故名黄婆媒娉，豈意念之意，作妖老婦之謂乎！

《象言破疑·二八兩弦》　月自晦朔之間，與日相交，初三微光現象，至初八陰中陽半，有如弓弦，是爲上弦。十六圓滿，一陰胎内微黑現象，二十三陽中陰半，有如弓弦，是爲下弦。上弦得水中之金八兩，下弦得金中之水八兩，二八一斤，金水相停，陰陽相合之象。丹書借此以喻剛柔相當，不偏不倚，至中至正之義。愚人不知，或以男子十六歲爲二八，兩弦之氣足，而遂勒閉陰精；　或以黑鉛八兩，水銀半斤，爲二八兩弦之藥料，而燒煉服食者，皆非也。《四百字》云：　上弦金八兩，下弦水半斤，兩弦合其精，乾坤體乃成。兩弦者，一陰一陽也。乾剛爲陽，坤柔爲陰，陰陽相配，乾坤體成，丹元有象。於此可知兩弦之意矣。

《象言破疑·黍米珠》　人當未生身之前，在胞胚之中，混混沌沌，昏昏迷迷，只有渾然一氣盤旋，别無他物，所謂太乙含眞氣者是也。此氣至神至妙，至虚至靈，至無而藏至有，三元八卦、四象五行皆包於内，故無形而能變化。所以變化無窮，五臟六腑九竅百骸，俱皆自然成就。因其至神至妙，至虚至靈，又名眞靈，又名不神之神。當其在母腹之中，一氣含眞，名曰眞氣。及其出母腹，靈含一氣，名曰靈氣。一氣爲體，即是眞空，眞靈爲用，即是妙有。眞氣眞靈，眞空妙有，名雖有異，只是一眞。此眞無形無象，無聲無臭，不可以言傳，不可以筆肖，彷彿形容，不過一黍米之微，故古仙皆稱此眞爲黍米寶珠。雖云黍米，而實無黍米之形，因其有一點靈氣隱於中央，故名黍米；　因其有一點黍米之靈，而混沌虚空，三界無一不包，故名黍米珠。究到實處，總是鴻濛未判之始氣也。愚人不知，以女子首經中梅子，爲黍米珠；又工夫家神存明堂，久而眼光散外爲黍米珠。皆非也。夫鴻濛未判之黍珠，爲生聖生賢，成仙成佛之靈寶，豈濁血之物，存想之光，所可能哉？《四百字》云：　混沌包虚空，虚空包三界。及尋其根源，一粒黍米大。三丰翁云：誰不知，誰不會，誰不行，都只在鴻濛未判一粒黍米上迷。

《象言破疑·火候卦象》　丹經皆借六十四卦，爲陽火陰符之法象。以乾坤二卦爲鼎爐者，取其陽剛陰柔爲體也。以坎離二卦爲藥物者，取其剛柔中正爲用也。復姤二卦爲陰陽之交界，取其剛柔運用各有時節也。屯蒙二卦爲造化之始，取其當進火而須用剛，當退火而須用柔也。既未爲造化之終，取其陽火而用剛，不可太過，陰符而用柔，不可不及也。其餘五十四卦，皆隨乾坤、坎離、復姤、屯蒙、既未十卦運用，自然而然。約而言之，總以陰陽相當，兩而合一，歸於混成之象而後已。愚人不知，按六十四卦，在年、月、日、時上，强做作用功者，非也。夫天地陰陽造化，一氣流行，週而復始，循環無端，豈從六十四卦行哉？六十四卦，是聖人觀天象地，體陰陽造化而作。六十四卦，乃陰陽造化之解注耳！人身造化與天地造化相合，自有六十四卦，豈可泥文執象哉？

《象言破疑·生我之門》　月至西南，晦極而生明。西南屬坤，純陰之方。純陰之下，一陽潛生，有上坤下震之象。在卦爲復䷗，在月爲偃月。皆喻其靜極之中，忽有天心現露之義。又名道心，又名天良眞心，即前所謂偃月爐。若見此心，保守不失，借之進陽退陰，如猫捕鼠，必至陽漸生，陰漸退，陰盡陽純，則仙矣。故以西南坤位爲生我之門。愚人不知，以婦人産門爲生我之門者，非也。産門乃生人之處，何以能生仙哉？

《象言破疑·死我之戶》　月自東北，陽光將滅，東北屬艮，陰氣將純，陽光些微。有上艮下坤之象，在卦爲剥䷖，在月爲覆碗，皆喻其容氣剥消眞元之義。若有出世丈夫，勇猛男子，頓悟回頭，借此一點餘陽，以明破暗，用功修持。亦不難於返本還元。一切凡夫，迷而不悟，順其陰氣剥陽，陽盡陰

純，不死豈能之乎？《易》曰：東北喪朋，丹書又號死我之户。愚人不知，以婦女産門爲死我之户者，非也。夫生門死户，皆無形無象之門户。因其順陰則死，逆陽則生，故以生門死户名之，其實只一竅耳，古仙號曰生死關。雖名爲關，亦無方無所，乃强名也。《悟眞》云：須將死户爲生户，莫執生門號死門。若會殺機明返覆，始知害裏卻生恩。於此可知生門死户之義矣。

《象言破疑・有爲之竅》 有爲之道，即有欲觀竅之功。觀竅者，觀陰陽造化之竅，借後天返先天，和四象，攢五行，採藥運火，自還丹以至結胎，工程次序，皆在其内。若非眞師口傳心授，毫髮之差，千里之失。愚人不知，在後天幻皮囊上擺弄氣血，以爲有爲之道者，非也。夫金丹之道，先天之學，能以扭轉陰陽，竊奪造化，逆回氣機，顛倒乾坤。先天而天弗違之道，豈做作後天一身有形有質之物所能成乎？正陽翁云：涕、唾、津、精、氣、血、液，七般靈物總皆陰。若將此物爲丹本，怎得飛升朝玉京？紫陽翁云：嚥精納氣是人行，有藥方能造化生。鼎中若無眞種子，猶將水火煮空鐺。噫！金蝦蟇、玉老鴉，認得眞的是作家。有爲之道，豈易知哉？

《象言破疑・無爲之妙》 無爲之道，即無欲觀妙之功。乃聖胎凝結以後之事，是靜觀一氣變化之妙。當聖胎凝結之後，後天已返爲先天，只用沐浴温養之功。勿忘勿助，運天然眞火熏蒸，變化自然，無形生形，無質生質，瓜熟蒂落，嬰兒出現。而前之烹煉武火之功，皆棄而不用也。愚人不知未窮性命是何物，修道是何事，學些旁門曲徑小法乘，而便入山靜坐，或閉關定神，以爲無爲者，非也。夫性命必須雙修，功夫還要兩段。兩段者，一有爲而先了命，一無爲而後了性。豈空空靜坐定神，而能了性命哉！《悟眞》云：未煉還丹莫入山，山中内外盡非鉛。此般至寶家家有，自是愚人識不全。又云：始於有作無人見，及至無爲衆始知。但見無爲爲要妙，豈知有作是根基。於此可知有爲無爲，各有時節，各有作用，大不同也。

《象言破疑・混俗和光》 混俗和光，及乃大隱市朝之作用。混俗者，混於俗中，使人不識也；和光者，和而不同，在塵出塵也。能混俗和光，外圓而能應物，内方而有主宰，依世法而修道法，顯晦逆順，無阻無擋，行道至易。愚人不知，或疑混俗和光是日間應事，夜間修靜者，非也。果如是言，謂之從俗則可，謂之混俗則不可；謂之蔽光則可，謂之和光則不可。蓋混俗和光之道，有奪天地造化之能，竊陰陽生殺之訣，豈容易而知，容易而行哉？

《象言破疑・藥歸土釜》 土性温柔，能以養物。釜主烹煎，能以成物。釜以土名，爲養物成物之器，非尋常之土，非尋常之釜可比。藥歸土釜，是喻其陰陽相合，聖胎凝結，温養之功。温養聖胎，全在一意不散，允執厥中，陰陽相當，不偏不倚，故亦以土釜名之，究到實處，只一中字耳。守此中，則陰陽和，五行攢，聖胎全；失此中，則陰陽偏，五行分，聖胎傷。然則，守中爲温養聖胎之妙訣也。愚人不知，或挖地爐，養朱砂，取朱砂中水銀。以地爐爲土釜；或泥爐作灰池，燒鉛入灰池，分銀，以灰池爲土釜者，皆非也。子野云：眞土無位，眞意無形。特以中之土釜，無形無象，無方無所。因其能成全聖胎，故以釜名之。豈泥土之釜之謂乎！

《象言破疑・凝結聖胎》 聖胎者，聖人之胎。即無識無知，嬰兒本面。道至無識無知，百神會集，萬緣俱息，混混沌沌，入於恍惚杳冥之境，自有爲而入無爲矣。愚人不知，或運心液、腎氣相交於黄庭爲聖胎，或神存中宫爲聖胎，或運氣後升前降，住於丹田爲聖胎者，皆非也。聖胎無形無質，雖名爲胎，而實無胎可見。所云胎者，不過形容眞靈凝結不散耳。若以氣血强凝成胎，是乃促死之鬼胎，非長生之聖胎也。

《象言破疑・十月胎圓》 十月胎圓，乃神全氣足，根塵拔去，客氣消化，陰盡陽純之象。猶如婦人懷胎，十月方能成全。丹道以十月胎圓喻之者，取其聖胎凝結之後，必須防危慮險，沐浴温養。期必至於圓成無虧而後已，非以十月爲定期也。愚人不知，疑於十月二字，或運氣，或存想，或凝神，妄想結胎，以十月爲定期者，非也。修眞之道，自采藥烹煉，結丹結胎，以至道成脱化，要費無限功力，豈可以十月爲期，可知十月乃象言耳！

《象言破疑・嬰兒出現》 嬰兒出現，聖胎脱化之謂。聖胎者，色身中又懷一法身也。脱化者，色身中又生出一法身也。因其色身中又生出一法身，如凡婦十月懷胎生出一嬰兒，故以法身名嬰兒。嬰兒出現，身外有身，跳出三界之外，不在五行之中，躲過輪回，與天地同壽，與日月同庚矣。愚人不知，以坎中眞陽爲法身嬰兒，或以腎中精氣爲法身嬰兒者，非也。夫坎中嬰兒乃陰中之陽，法身嬰兒乃陰陽混化之眞。至於腎氣，乃腎中之邪火，絶無嬰兒之義，豈得混論哉！《悟眞篇》云：嬰兒是一含眞氣，十月胎圓入聖基。《四百字》云：夫婦交會時，洞房雲雨作。一載生個兒，個個會騎鶴。於此可知法身嬰兒之説矣。

《象言破疑·移爐換鼎》 大道圓成，身外有身。形神俱妙，已到大聖人地位。而爐鼎無所用，更何有移換爐鼎之事乎！其所以移換爐鼎者，仍將此法身潛藏密養，變化神通耳。所移者何爐？所換者何鼎？以太虛爲鼎，無爲爲爐。而前之乾鼎坤爐，朱砂鼎、偃月爐，一概藥物，俱皆不用矣，只所用者，法身耳。法身在虛無之中，自變自化，愈虛愈神，愈無愈妙，神妙不測，變化無窮，所謂子又孫孫又枝。到此地位，休歇罷功，打破虛空，跳上大羅之境，方爲了當也。後之學人，未得眞傳，或疑身外有身，已抵道之盡頭路者，非也。《敲爻歌》云：一物無，隨顯道，五方透出眞人貌。仙童仙女彩雲迎，五明宮裏傳眞誥。觀此而知法身千變萬化，方爲極功也。

《修眞辨難·問答》 大清乾隆壬寅，中秋之夜，月朗星稀。悟元默坐棲雲峯頂，神入恍惚杳冥之鄉，形歸虛無寂寥之境。衆弟子侍側，候至中宵，一弟子啟而問曰：師不動不摇，無聲無息，其悟道乎？其坐忘乎？三問而三不答。弟子復請曰：師不發一言，毋乃朽木不可雕，糞土之牆不可杇，不足與語乎？悟元熟視良久，從容而告曰：此非爾所知也。弟子問曰：敢請其故。悟元曰：吾將以天地爲逆旅，以日月爲過客，以萬物爲遊絲，以世事爲夢幻，以人情爲寇讎，以富貴爲浮雲，以形骸爲桎梏，以四大爲枯木，以六根爲孔竅，以身心爲灰土，何動何摇？何聲何息？弟子曰：如師所言，一無所有乎？悟元曰：安得無有？弟子曰：所有者何？悟元曰：惟知有道耳。弟子曰：然則道無爲乎？悟元曰：安得無爲？道有體有用，有進有退。有逆有順，有急有緩，有止有足，有始有終，有先有後，有爻銖，有層次，有變化，有等等，大作大用，安得無爲？弟子曰：弟子入道多年，閱盡丹經，參訪多人，毫無一知，望師慈悲，稍開茅塞。悟元曰：道爲天地所秘，鬼神所忌，非可立談，若非齋戒。不得妄聽。弟子拜退，一、四大不着而身齋，二、諸慮俱息而意齋，三、回光返照而眼齋，四、聲音不入而耳齋，五、香臭不到而鼻齋，六、是非不動而舌齋，六齋已畢，復進而請曰：弟子齋矣，敢問其道。悟元曰：未也。尚有一齋未完，如何敢問？弟子曰：六齋之外，還有何齋？祈師指明。悟元曰：尚有心境未齋。此一境，其穢污更甚於六根：六根爲外賊，有時而來，有時而去；心境爲內賊，此境有識神居之，爲萬劫輪回之種子。此境不齋，六齋無益。弟子大驚而退。於是掃淨萬緣，離種種邊，應無所住而生其心。片刻之間，如凍冰解散，毫無滓質。復誠敬跪前，泣而問曰：蒙師慈悲，已齋無齋，無齋可齋；齋之不齋，不齋而齋；不齋誰齋，誰齋其齋；齋者不齋，不齋是齋；知齋非齋，齋無可齋；若欲眞齋，齋不見齋；齋既無齋，何用强齋？悟元曰：爾知齋矣！爾已齋矣，可與問道，可與聞道。

問曰：何爲道？答曰：道者，先天生物之祖氣。視之不見，聽之不聞，搏之不得，包羅天地，生育萬物。其大無外，其小無內。在儒。則名曰太極，在道。則名曰金丹，在釋。則名曰圓覺。本無名字，强名曰道。擬之則非，議之則失。無形無象，不色不空，不有不無，若着色空有無之象，則非道矣。

問曰：道既無形無象，是渾然一氣，何以《易》曰一陰一陽之謂道？答曰：一陰一陽之謂道，是就道之用言；無形無象，是就道之體言。太極未分之時，道包陰陽；太極既分以後，陰陽生道。若無陰陽，道氣不見。惟陰陽迭運其中，道氣長存，歷萬劫而不壞。在先天則爲道，在後天則爲陰陽。道者，陰陽之根本；陰陽者，道之發揮。所謂太極分而爲陰陽，陰陽合而成太極。一而二，二而一也。

問曰：太極分而爲陰陽，是卽兩箇陰陽矣。何以古人又言兩重天地，四箇陰陽乎？答曰：兩重天地，先天後天也。四個陰陽，先天後天陰陽也。先天陰陽以氣言，後天陰陽以質言。先天陰陽，太極中所含之陰陽；後天陰陽，太極中生出之陰陽。金丹大道取其氣。而不取其質，於後天中返先天，故曰。先天大道。

問曰：先天後天，陰陽。各有分界，何以又云。後天中返先天乎？答曰：先天一破，生出後天陰陽；而後天陰陽，一動一静，其中又生先天。至人於此後天中，採取所生一點先天之氣，逆而運之，返本還元，復全太極之體，故曰還丹。

問曰：陰陽既分先天後天矣，何以又有內陰陽、外陰陽之説乎？答曰：內陰陽卽後天之陰陽，生於形體；外陰陽卽先天之陰陽，出於虛空。形體陰陽，順行之陰陽，天地所生者也；虛空陰陽，逆運之陰陽，生乎天地者也。所謂內外者，以用言耳。

問曰：陰陽既有內外，五行亦有內外否？答曰：五行從陰陽中出，陰陽有內外，五行安得無內外？如十天干，十二地支，五行皆二。以天干而論，丙爲陽火，丁爲陰火；甲爲陽木，乙爲陰木；庚爲陽金，辛爲陰金；

壬爲陽水，癸爲陰水；戊爲陽土，己爲陰土。以地支而論，亥水爲陽，子水爲陰；寅木爲陽，卯木爲陰；巳火爲陽，午火爲陰；申金爲陽，酉金爲陰；辰戌二土爲陽，丑未二土爲陰。陽爲外，屬於先天，陰爲內，屬於後天。此先後天之所分，内外藥之所别也。

問曰：内藥了性，外藥了命，是乃修持性命，各有時節矣。《易》曰：先天而天弗違，後天而奉天時。則是逆施順運，兩不相關矣。何以《入藥鏡》云：先天氣，後天氣，得之者，常似醉也？答曰：祖師慈悲，分明説了，爾自不悟。夫内藥了性，即後天而奉天時；外藥了命，即先天而天弗違。弗違者，用逆道，先發制人，所以奪造化而結丹；奉時者，用順道，天然火候，所以融五行而脱丹。前後兩段工夫，故曰。性命雙修；内外一齊修持，故曰。逆順並用。

問曰：性屬陰，命屬陽，是太極所分之陰陽乎？答曰：此有分别。性有氣質之性，有天賦之性。命有分定之命，有道氣之命。氣質之性，分定之命，後天有形之性命；天賦之性，道氣之命，先天無形之性命。修後天性命者，順其造化；修先天性命者，逆其造化。大修行人。借後天而返先天，修先天而化後天。先天後天，混而爲一，性命凝結，是謂丹成。性命者，陰陽之體；陰陽者，性命之用。但有眞假之分，先後之别，惟在人辨的詳細，認的分明耳。

問曰：性命必賴陰陽而後凝結，則是有陰不可無陽，有陽不可無陰。何以又有羣陰剥盡丹成熟之説？到底用陰乎？不用陰乎？答曰：所用者，眞陰眞陽；不用者，假陰假陽。眞陰眞陽爲先天，假陰假陽爲後天。先天成道，後天敗道。

問曰：何爲眞陰眞陽？何爲假陰假陽？答曰：陽中之陰爲眞陰，陰中之陽爲眞陽。此所用之陰陽，古經所謂陰陽得類者是也。亢陽無陰爲假陽，孤陰無陽爲假陰。此不用之陰陽，古經所謂孤陰寡陽者是也。

問曰：陰陽交感，天地自然之道。何以有孤寡？答曰：吾已曾言矣。陰陽交感，即是眞陰陽。不交，即是假陰陽，其眞假。在交不交上分别耳。

問曰：陰陽既有交感之道，則道出自然，何待修持？答曰：後天陰陽有時而交，有時而不交。聖人先天學問，順中逆運，能使長交而不散，所以能勝天。而不爲陰陽所拘。

問曰：陰陽之交，在内乎？在外乎？答曰：後天陰陽在内，先天陰陽在外。在内者。出於自然，在外者。出於作爲。

問曰：在外陰陽，必不關乎我身。或謂在天地，或謂在彼家，是否？答曰：愚人不明在外之義，或吐納天地日月雲霞等氣，或採取婦女紅鉛，梅子濁血，棄正入邪，作孽百端。殊不知外者，包羅天地，不屬於我之謂。有生之初，原是我家之物，因先天一破，假者用事，眞者退位，日遠日疏，與我無涉，所以爲外。這箇秘密，不遇眞師，難以識認。

問曰：先天之物與我遠疏，則必一身純陰，不得執此身而修。何以易有不遠復，以修身之説？答曰：大道不離此身，亦不執此身。在外求之，非我同類，便是入于邪道？在我求之，一己純陰，便是着於後天。是特有法在，能使無者而復有，去者而仍來。所以謂還元返本。

問曰：既不在身内，又不在身外，先天之物果在何處？答曰：在玄關一竅。夫所謂玄關者，乃四大不着之處，非有非無，非色非空，非内非外，又曰玄牝門。曰生殺舍，曰陰陽竅，曰生死關，曰混沌穴，曰龍虎壇，曰龜蛇竅，曰恍惚鄉，曰杳冥地，曰出納户，曰戊己門等等異名，總謂伭關竅。在身。非心、肝、脾、肺、腎，非眼、耳、鼻、舌、意，非三百六十骨節，非八萬四千毛孔。古來仙眞，不肯分明説破，所以諸多傍門，妄猜私議，皆於一身色象中求之。大錯！大錯！吾今與你指出，要知此竅，在六根不着之地，五行不到之處，恍兮惚兮，其中有竅；杳兮冥兮，其内有門；自開自闔，呼之則應，敲之則靈；明明朗朗，現現成成；迷之則遠隔千里，悟之則近在當前。噫！神而明之，存乎其人。非下數十年窮理工夫，不能見此。

問曰：玄關既不在身，又不在外。又曰陰陽竅，本身豈無陰陽乎？答曰：人秉天地陰陽五行之氣。以成形，形中又含陰陽五行之氣。陰之靈爲魄，陽之靈爲魂。魂魄在身，如室之有人。伭關者，即魂魄出入之門户。但此門户，無形無象，在虚空中開闔，而魂魄亦在虚空中出入。因其在虚空中，所以不在身内，亦不在身外。即此身之一動一静，亦在虚空中來。爾自静思，此身如何能行？如何能立？如何能坐？如何能卧？如何能語？如何能默？如何能屈？如何能伸？諸如此類，皆從玄關中出。這箇消息，果在何處？若能知的，則見陰陽之門户，可能保全性命矣。

問曰：陰陽既在身中，則性命之修持在己，而非可假借於他人者。何

以古人又云：莫執此身云是道，須認他家不死方乎？答曰：此就後天言耳。人自有生之初，性命一家，陰陽一氣，漸生漸長。年至二八，陽氣已足，一陰潛生。於是乾與坤交，乾虛而成離，坤實而成坎。離中藏性，坎中藏命。坎陷其眞，猶虎奔而寓於西，命不屬我。而我之所有，純陰之物耳。若執此身而修，不過修此後天之精氣已耳。焉能到的純陽完成之體？故必須他家不死之方。不死之方，卽坎中所陷一點陽精。因其坎陷，非我所有，故謂他家。非身外一切他家之説。若着身外，便是毁謗聖道，當入拔舌地獄。緣督子曰：一點陽精，秘在形山，不在心腎，而在乎伭關一竅者，此也。

問曰：性命屬於坎離，心是離，腎是坎乎？答曰：此後天幻身之坎離，非先天法身之坎離。法身坎離，以離去其陽爲離，以坎陷其眞爲坎。離去其陽，則所有者必陰；坎陷其眞，則所藏者必陽。離爲日魂，乃麗明之象，然外雄內雌，魂中有魄也；坎爲月魄，乃晦暗之象，然外黑內白，魄中有魂也。中陰中陽，其乾坤中正之體，爲眞陰眞了是，乃性命之根。丹道採此二氣，合而成眞，超凡人聖。是豈後天有形之坎離可比乎？

問曰：坎離既是眞陰眞陽，取坎填離，所取者何陽？所填者又是何陰？答曰：此就後天中返先天而言。所填之陰，卽我家之陰，後天之物爲假陰，乃離內七般硃砂，身中涕、唾、精、津、氣、血、液也。七般靈物，時刻難留。坎中之陽，卽他家之物，先天之眞陽，取此坎中之眞陽，以點我離內之假陰，如貓捕鼠，是以先天化後天，以眞陽制假陰耳。不得以假陰認眞陰，假陰，天地所生者；眞陰，生乎天地者，何得相混？

問曰：眞陰陽、假陰陽之實迹，可得聞乎？答曰：眞陰陽。如世間媒妁所合之夫妻，假陰陽。如世間私通苟合之男女。私通苟合，一朝事敗，性命有傷，非徒無益，而又害之。媒妁所合，光明正大，生子生孫，誰得而折？誰得而敗？蓋以眞者成事，假者敗事。故至人不用假。而取眞也。

問曰：和合陰陽，以黄婆爲媒娉。黄婆在何處？答曰：中土也。易曰。黄中通理，蓋中土。所以和陰陽，合四象，攢五行。修行若無此土，陰陽何以和？四象何以合？五行何以攢？特以土爲陰陽、四象、五行之信。故春夏秋冬四季，各有土王十八日者，取其信也。

問曰：土有眞假。先後天之分乎？答曰：如何無有？譬之春夏秋冬，各有土王十八日。此土乃無形之土，屬於先天，土之氣也。大地之土，乃有形之土，屬於後天，土之質也。氣爲眞，質爲假。不特土之眞假如是，卽四象五行亦然。

問曰：假土既不用，何以大地假土生物乎？答曰：眞者，借假而施功；假者，借眞而生形。無假不現眞，無眞不現假；假卽在眞之中，眞卽在假之中。大道後天中返先天，亦是此意也。

問曰：坎離若還無戊己，雖含四象不成丹。此戊己二土，卽眞假之別乎？答曰：此戊己。卽吾所謂先天之土，而非言後天也。蓋先天有戊己，後天亦有戊己。以先天而論，離中有己，坎中有戊。戊乃靜中之動土，屬陽。己乃動中之靜土，屬陰。所謂鎮位中宮者，卽靜土。所謂招攝先天者，卽動土。具此二土以合坎離，則水火相濟而結丹，逆道也。以後天而論，離之一陰爲假陰，乃不正之陰；明於外而暗於內。爲不靜之己土。坎之一陽爲假陽，乃不正之陽；正氣蔽而邪氣彰，爲妄動之戊土。具此二土，傷人性命，則水火不濟而敗道。有此分別，何得一概而論？

問曰：先天戊己。同用乎？分用乎？答曰：以還丹而論，內之己土。而招外之戊土，以己求人而採藥；以大丹而論，以外之戊土，而就內之己土，以情歸性而結胎。此分用也。採藥之時，內之己土不介，則外之戊土不和；外之戊土不動，則內之己土不應，內外同濟，而藥自虛無中生出。結胎之時，內之己土不迎，則外之戊土難就；外之戊土不動，則內之己土難施，動靜如一，而胎從自然處結就。此同用也。

問曰：還丹、大丹之理，如何分別？答曰：還丹者，還其原本，後天中返先天也，大丹者。修其原本，無象中生實象也。蓋人自陽極生陰之後，日復一日，陰剥其陽，先天之氣消化，分數大缺。還者，以法追攝，漸採漸收，後其本來原有之數。如物已失而復得，已去而復還。此還丹也。然本數雖足，若不經火煆煉，不能以無形生有形，以無質生有質。故必於還丹之後，重安爐，復立鼎，以鉛投汞，以汞養鉛，用天然眞火，煆煉成眞，變爲金剛不壞之物，與天地並久，與日月爭光，方能全的一箇原本。否則，還丹已就，而不修大丹，雖有原本，必不堅固，終有得而復失之時。

問曰：還丹、大丹，卽內藥、外藥乎？答曰：有數説。以丹道始終而論，則延命之術爲外藥，了性之道爲內藥。非外藥不能脱幻身；非內藥不能脱法身。外藥所以結胎，內藥所以脱胎。以還丹而論，坎爲外藥，離爲內

藥。以大丹而論，眞鉛爲外藥，眞汞爲內藥。古人之言，各有所指，不得泥文執象。

問曰：眞鉛在坎，眞汞在離，還丹已結，鉛汞相投矣。何以大丹又有鉛汞？豈非四箇鉛汞乎？答曰：還丹，坎中之鉛，離中之汞，是後天中所藏先天之鉛汞。將此鉛汞返出，是謂還丹，又曰金丹，又曰眞種，又曰眞鉛。以此眞鉛點一己之陰汞，如磁石吸鐵。此汞卽離內七般硃砂。汞得鉛氣，霎時而乾。後用已死之眞汞中天然眞火，溫養十月，抽添運用，鉛氣片片飛浮而去，衹留得一味靈砂，純陽無陰，法身成矣。

問曰：金丹乃鉛汞相結而成。既云以鉛制汞，又曰溫養十月，鉛飛汞乾，豈不前後矛盾乎？答曰：這箇天機，古今來不知迷殺多少學人，千人萬人，誰能知的？夫靈砂者，先天至陽之物。因陽極生陰，先天入於後天，眞中有假，若不得他家眞鉛以制之，則此靈終非我有。蓋眞鉛內藏先天眞一之氣，以此鉛氣，點我靈汞，汞自不走。此汞已死，若不將鉛氣抽靈，靈砂不結。何則？鉛雖有先天之氣，然自後天中出，外陰而內陽，帶有陰氣在下來。將此陰氣抽盡，方能則健中正，露出一顆黍米寶珠，內外光明，通天徹地。放之則彌六合，卷之則退藏於密。悟眞云：用鉛不得用凡鉛，用了眞鉛也棄捐。此是用鉛眞妙訣，用鉛不用是誠言。於此，可以知用鉛之說矣。

問曰：還丹大丹有分別，火候亦有分別乎？答曰：有分別。還丹火候在活子時，大丹火候在正子時。活子時者，不刻時中分子午；正子時者，一時辰內管丹成。刻中子午者，刻刻有陰生陽長之機。遇子而進陽，遇午而退陰。《入藥鏡》云：一日內，十二時，意所到，皆可爲。言意度其陰陽消息而爲之，正此不刻時中採藥之活子時也。一時丹成者，此一時與天地合其德，與日月合其明，與四時合其序，與鬼神合其吉兇，難得易失。生死所係，性命所關，至人於此。一時奮大用，發大機，天地之數奪盡，萬物之數奪盡，驅龍就虎，以虎駕龍，入於黃房，結爲至寶。乃一時結丹，調和之正子時也。

問曰：活子時，正子時之來，如何得知？答曰：不知如何作用。以活子時而論，先天眞陽。爲後天所蔽，不能自發；卽有時而發，爲人欲所混，亦必旋有而旋失。何以故？認假不認眞耳。至人於此先天一發之際，用法追攝，漸採漸收。積藥已足，溫之養之，氣足神全，正子時到，大藥發生，用片餉工夫，採而服之，與我眞汞相合，復全混沌之一氣。此合大造化也。服丹之後，混沌七日，死而復生，換過後天卦爻，露出先天根苗，從有爲而入無爲矣。

問曰：金丹之道，一得汞得，如何有死而復生之險？答曰：正子時，乃接命之一時。當眞鉛投汞，鉛汞相融，百脈皆息，萬慮俱寂，入於混沌之竅，一不小心，大丹卽漏。蓋以此時爲緊要之關口，接命在此，傷命亦在此。所以古人云，混沌七日死復生，全憑侶伴調水火也。

問曰：結丹消息在自己，侶伴如何能調水火？答曰：此非外之侶伴水火，是內之侶伴水火，乃同心合意之人，能調陰陽以助我力。所謂先因我主他賓客，次反我賓他主人。彼我會而性情合，人已通而鉛汞結，一水一火，在鼎爐之中，自烹自煎；一龍一虎，在造化窟裏，相吞相啗，神凝氣聚，嬰兒有象。若非侶伴之功，安能到此？但此侶伴，最不易得。噫！凡俗欲求天上事，尋時須用世間財。若他少行多慳恪，千萬神仙不肯來。

問曰：修行人首戒慳恪財物，既曰要世間財，又曰慳恪神仙不肯來，到底用財不用財乎？答曰：用而不用。夫財者，人之所愛，以財爲用，易取人之懽心，易買天之眞寶。而天人無不在其術中矣。倘無財而欲得眞寶，是強取強求。不但天不我從，而人亦不我順。便是少行慳恪，神仙怎得而來？此世財之所必用也。然財易足，敗人德行，傷人性命，一惜其財，則我爲財所愚，無不聽其財之使用。故必德先財後，以德爲本，以財爲末。此世財之所不用也，但此世財，有世間之善財，有世間之凡財，不可不辨。

問曰：財足取人之懽心，財足買天之眞寶，此說不近於閨丹爐火之事乎？答曰：人乃坤方之人，非世間之女子。寶乃天上之寶，非世間之金石。坤方之人，乃不死之人，卽世財所招之神仙也。天上之寶，乃中有一寶之物，卽世間所尋之眞寶也。倘以女子金石猜之，便是毀謗聖道，初世爲人之輩。

問曰：所用世財之說，其卽法財乎？答曰：財是財，法是法。是兩件，非一事。乃法財兩用之說。法者，修持煆煉之作用；財者，誠心祈求之禮物。有法無財，則懸虛不實，而他家之眞實不露；有財無法，則火候有差，而我家之器皿不當。法也，財也，兩者缺一不可。故曰：法財。乃法中有財，財中有法，非世間金銀錢財之說也。

問曰：財既非金銀之財，何以抱朴子聞道二十年，家無積聚，不得爲之？上陽子謂：貧者患無財，有財患無侶。張三丰謂：金花朵朵鮮，無

錢難修煉。此又何意？答曰：此中機秘，非師罔知，不得冒猜。夫修眞之道有二：一係上德，以道全形之事；一係下德，以術延命之事。上德者，純陽未破，以道全形，不用財而行無爲之功。卽可了性，性了而命亦了矣。下德者，先天已失，如貧者無財，必借他家資財。以術延命，而行有爲之道。方能了命，命了而性始可修矣。抱朴子聞道二十年，是聞得以道全形之事。家無積聚，不得爲者，是無法財之積，不得以術延命，非以無金銀之財而不得爲。果係必用金銀之財，抱朴子係貴宦之家，何以無積聚？又如馬丹陽半州之富，何以棄家入鐵查窮居？劉海蟾何以棄相位而遊江湖？羅狀元何以丟富貴而受貧澹？古聖先賢，比比皆然。豈有棄自己現在之銀錢，而又尋他人難遇之財物乎？可知別有道理，而非世間凡財也。

問曰：既非世財，則外護之說，亦是荒唐。何以杏林付道於道光，囑之曰：汝急往通邑大都，依巨富大力者爲之。答曰：世財有眞假，外護豈無內外乎？內之外護，乃是金公，所以成法身；外之外護，卽世之外護，所以保幻身。此身未離凡世，猶有災患。外護乃護持我性命，助我成道者。通邑大都，修世間法也。蓋以此道易起人謗，通邑大都，混俗和光，所以使人不識，而得以潛修密煉，慧能隱於四會獵人之中，道光復俗以了大事，均是此意。

問曰：修道乃光明正大之事。何以易起人謗？答曰：此道也，異於世道者，世道以名利恩愛爲重，修道以名利恩愛爲輕；世道以聰明伶俐爲眞，修道以聰明伶俐爲假。爲富不仁，爲仁不富，二者相反。所以，神仙之道，世人之所不樂爲，不以爲愚，必以爲邪。大修行人，外圓內方，混俗和光，正爲此耳。

問曰：修道者，原欲絕俗離塵，萬緣俱寂，今日混俗和光，得不染於塵俗乎？答曰：空寂無爲，乃得丹以後之事。若未得丹，而卽無爲，則造化何由奪？生死何由了？混俗和光，正爲奪造化，了生死耳。雖曰在俗，而實脫俗，雖曰在塵，而實出塵，到的大丹凝結以後，不待空寂而自空寂，方可絕俗離塵，不應世事，行九年面壁之功，以期超脫也。

問曰：九年面壁之功，必九年靜坐乎？答曰：非也。所謂九年者，卽九還之義；面壁者，不是定坐。特用，志不分，乃凝於神，而期於無一毫滓質之物，如壁立萬仞於前，一無所見。萬法歸空之義，乃靜養嬰兒，脫化陽神之一著，非傍門靜坐止念，面壁存神，以九年爲九轉也。

問曰：嬰兒卽嬰兒姹女之嬰兒乎？答曰：此有分別，嬰兒姹女之嬰兒。乃坎中之陽，後天中所藏先天之氣。聖胎之嬰兒，是先天之氣，自虛無中來，與眞汞配合而成象者，所謂陽神者是也。

問曰：陽神、陰神，功用之異，可得聞乎？答曰：陰神乃後天之識神，陰符經所謂神而神者是也。陽神乃先天之元神，陰符經所謂不神而神者是也。神而神，順其生死，生則存，死者去，爲萬劫輪回之孽根。不神而神，逆其造化，從虛空中結就，生死不礙，超然獨存，乃生仙成佛之眞種。大修行人，修其先天，化其後天，消盡歷劫輪回孽根，露出金剛不壞之神，與天地同久，與日月爭光。若夫中、下二乘，不如先天，祇在一己下工夫，靜守識神，稍開狂慧，自爲得道。豈知四大歸空之後，陰靈無依，祇得別尋房屋安身。所謂無量劫來生死，本癡人喚作本來人也。

問曰：元神、識神之來因如何？答曰：元神乃二五之精，生於混沌鴻濛之中，非色非空，無形無象，乃天地陰陽之氣結聚而成者。卽人受生之始，父精母血，交合杳冥之中，有一點造化氤氳之氣，入乎胞胎，始而無形生形，無象生象，五官百骸，四肢五脏，不期然而然，雖父母亦莫知其所以然。胎中卽具先天靈氣，元神已藏於中。此元神之來因也。識神者，卽後天之陰神，此神歷萬劫而不壞，在輪回而不息，當嬰兒出胞時，方入其竅，與元神相合，混而爲一，此識神之來因也。

問曰：識神既與元神相合，修識神卽是修元神。何以又說修識神爲一己之陰乎？答曰：此有說也。當人生之初，識神原與元神相合，及至二八，純陽之體一破，分而爲二，先天氣散，後天氣發，識神用事，元神遁藏。久之，純是識神當權，元神滅跡，其不死而能生者，誰乎？若執一己而修，不過修此識神，縱能極往知來，奈何屋舊移居，終落空亡耳。

問曰：先天一散，後天用事，知其先天在於何處？而乃復乎？答曰：先天雖爲後天所蔽，而先天猶未盡泯於後天。古仙云：一毫陽氣不盡不死，就於一毫不死處下手，從無守有，何難返本還元也。

問曰：後天爲有形有象之物，何以云無？先天爲無形無象之物，何以云有？答曰：後天有形有象，乃陰濁之物，有其假而無其眞，所以云無。先天無形無象，乃純粹之精，有其眞而無其假，所以云有。丹道取次塡離，卽

以有而填無也。

問曰：先天無形無象，如何能取坎填離乎？答曰：氣雖無形，而其理實具。特患人不自知耳。果其知之，以實形虛，以有形無，大地裹黄芽長偏，滿乾坤金花開綻。以法追攝，漸採漸煉，祇等水淨金生，因其時而復之。何難之有？

問曰：丹道有火候，有功運，何以云不難？答曰：不難者，一時之得藥；所難者，火候之細微。故《悟眞》云：縱識硃砂與黑鉛，不知火候也如閑。大都全藉修持力，毫髮差殊不作丹。果火候不差，工夫細微，亦不難也。

問曰：既云一時得藥，則火候工夫無用，何以又言工夫細微？答曰：所謂一時者，乃得藥之效；所謂火候者，乃修持之功。還丹最易，煉己最難。聖人攢年至月，攢月至日，攢日至時，於此一時之中，運動神功，採藥歸壺，結三百日之胎。於霎時中，最爲易事。然煉己不動，火候不謹，則鉛至而汞失迎，坎來而離不受，彼到而我不待，必至當面錯過，得而復失。

問曰：如何知彼來而我待？答曰：不知。如何能待。太上云：恍兮惚兮，其中有物。杳兮冥兮，其中有精。其精甚眞，其中有信。此物非凡物，乃藥物。此精非濁精，乃眞精。此眞非凡眞，乃天眞。此信非常信，乃實信。此信一來，虎嘯風生，龍吟雲起。大修行人。於此驅龍就虎，以虎會龍，收於黄庭土釜，結而成丹。這箇天機，悟之者，近在咫尺；迷之者，遠隔千里。

問曰：黄庭土釜，卽中宮黄庭穴乎？答曰：此乃攢簇五行、和合四象、無形無象之眞土，而非身内有形有象之黄庭可比。特丹道所言黄庭，不落於有無，不逐於方所。以採藥而論，則謂黄婆；以煉藥而論，則謂土釜；以結胎而論，則謂黄庭。黄婆者，調和陰陽者也。土釜者，烹煉鉛汞者也。黄庭者，靜養谷神者也。若以後天幻身黄庭穴爲眞，如何和陰陽，煉鉛汞，養谷神乎？陸子野云：眞土無位，眞意無形，卽黄庭土釜之謂歟！

問曰：眞土既無位，眞意既無形，凝結聖胎，亦無位乎？答曰：無位。是就採藥之時言之。若結胎之時，則陰陽相合，土在其中，黄中通理，正位居體，混然一氣，丹元有象，雖無位而實有位。但有位非一切著空執相之位，仍是無形，不過有動靜之分耳。

問曰：土本靜而今云動，得毋涉於假乎？答曰：此非尋常動靜之土，乃先天眞土之動靜。動者屬陽，爲外黄婆；靜者屬陰，爲内黄婆。所以通兩家之和好，故無位而動；内黄婆所以傳一時之過送，故有位而靜。動者所以採藥，靜者所以煉藥。不動而先天之氣。如何招攝的來？不靜而先天之氣。如何凝結成胎？此内外之別，動靜之分也。

問曰：土之用。有内外，四象之用。亦有内外否？答曰：四象加土卽五行。外五行、所以採先天而了命，内五行、所以成後天而了性，内外俱了，性命雙修之道也。

問曰：性屬内，命屬外，然則一身無命乎？答曰：天以陰陽五行。化生萬物，氣以成形，而理亦具。氣卽命，理卽性，氣不離理，理不離氣，卽性不離命，命不離性，爲得有性無命？

問曰：人身既有命，則修一身卽全其命，何必再求他家。答曰：命屬先天，性屬後天，人自先天之氣失散，於命有虧，若執一己而修，則所修者空性；若執一身而修，則所修者濁物。縱能保的現在之氣而不失，焉能攝得已失之氣而復還？必用他家不死之方者，所以招攝其已失之氣數耳。

問曰：先天氣無形無象，既失則無矣。如何能招攝的來？答曰：祖師口傳心授之秘，正在於此；萬劫一傳之道，亦在於此。夫物從何失，還縱何求。先天之氣，因一陰來姤而失，今仍於一陰來姤處招攝。故物現在，不待他求，順手可得。《易》曰：不遠復。以修身者是也。雖然，招攝先天，莫先貴乎得人，若不得人，先天不復。子野云：藥出西南是坤位，欲尋坤位豈離人。分明説破群須記，只恐相逢認不眞。若非明師口授，此藥此人，豈易識哉？

問曰：性命乃我之性命，修持在乎自己，他人不能代力。今言不離人，得毋求於人乎？答曰：此人非外人，乃不死之人。卽本來之眞人。古仙云：若要人不死，須尋不死人。這不死人。名曰金公。金公原是我家之物，因走失於他家，迷而不返。我家所有。一己純陰。若執一己而修，何能濟事？故必喚回金公，與我木母配合，方能生藥結丹。

問曰：金公如何喚？答曰：喚之甚易，特患不能認得。果能認得，一呼就到。如空谷傳聲，未有不來者。蓋金公之去，因我遠疏而去之。今知其爲救命之物，親之愛之，當時還家，絕不費力。

問曰：金公喚回，卽可接得命否？答曰：未也。金公來是眞種到

手，從此方下實落工夫，及時耕種，黄芽發生，溫之養之，到的成熟，吞而服之，方能接得命住。

問曰：接命之道，有性理否？答曰：不能修發生，焉能立命？蓋性者，命之寄。命者，性之存。性命原是一家，下來得不修性？

問曰：性命一家，了命卽可了性。何以又有修命之後，還當修性之說。答曰：修命時所修之性，乃天賦之性。修命後所修之性，乃虛無之性。天賦之性，從陰陽中來；虛無之性，從太極中來，不得一例而看。

問曰：修虛無性。有火候乎？答曰：修性之理，乃以道全形，抱一無爲之事。雖云無爲，其中有防危慮險之功，非寂滅全無之說。所以能歸於眞如妙覺之地也。

問曰：歸於眞如妙覺，卽到道之盡頭地乎？答曰：未也。打破虛空，方爲了當。倘以虛空爲事，猶有虛空在，不得謂盡頭地也。

問曰：先修命而後修性，既得聞命矣。又有先修性而後修命之說。何也？答曰：此言頓悟之後而漸修也。蓋人秉氣有清濁，性根有利鈍。秉氣清而性根利者，一遇師訣，頓悟圓通，卽認得未生以前面目，穩穩當當，從此不廢漸修之功，保全這箇面目，此所謂由性而修命也。至於秉氣濁而性根鈍者，卽得師訣，不能直下看透，故必由漸而頓，由勉而安，此所謂由命而修性也。

問曰：修命之道，卽漸修之功乎？答曰：先天之氣，由漸而消，今欲復之，亦由漸而復。《悟眞》云：大都全藉修持力，毫髮差殊不作丹。又古仙云：言語不通非眷屬，工夫不到不方圓。此皆言漸修之功也。

問曰：眞火本無候，大藥不計斤。若得眞訣，一直修持，如何得差？答曰：眞火本無候，是不刻時中分子午也。大藥不計斤，是工夫不到不方圓也。不刻時中分子午，進之退之，隨機應變，而非有時節可定。工夫不到不方圓，採之煉之，養氣全神，而非有斤兩之可限。特以金丹大道，至細至微，有吉兇、止足、老嫩、急緩之層次，不得不謹愼也。

問曰：吉兇、止足、老嫩、急緩之旨，可得聞乎？答曰：復其先天爲吉，順其後天爲兇；藥已成熟爲足，火功到處宜止；藥氣方生爲嫩，藥氣已過爲老；藥未得而宜急，藥已得而宜緩。知得此者，丹可還，胎可結，逆順運用，無不如意。

問曰：先天之道，逆道也。何以言順？答曰：逆者，所以盗先天之氣，返其陽也；順者，所以成後天之功，退其陰也。返陽退陰，先天而天弗違，後天而奉天時。

問曰：先天之氣，亦天地所生，何以天不我違乎？答曰：氣雖天地所生，至人能安身於天地之先，待其一生而卽採之，使天地不我覺。故《易》剥卦上爻曰：碩果不食，蓋留其一陽；止而不進，將爲返還之本，所以謂先天之學也。

問曰：剥者，以陰而剥陽，何能由剥而返陽乎？答曰：剥者，天地順行之造化，留一陽而不進。聖人逆運之，造化由剥而復。後天中返先天，用六而不爲六所用，蓋欲借陰以救陽耳。其盗機也，天下莫能知，莫能見。

問曰：道在天地之間，光明正大，何以云盗？答曰：天與人以氣數，不過暫爲借貸耳。借久必討，於是天地乘人之不覺，暗盗其氣，盗盡則死。至人，善知造化者也，不待氣盡，而乘天地之不覺，反盗天地之氣，延年益壽。若不盗而明取，已爲天地所覺，縱能逆而制之，倖而得之，已失眞而獲假。所謂見之不可用，用之不可見。惟其先乎天，則天地在我術中，無不爲我所用矣。

問曰：人秉天地陰陽五行之氣而生，則我爲天地間之一物耳。何以能勝於天，而天在我術中乎？答曰：聖人之所以能勝於天者，以其有包羅天地之道也。包羅天地，在天地之外逆運，故能我命由我，不由天也。

問曰：人力勝天之道，可得聞乎？答曰：道者，先天虛無之一氣，爲生天、生地、生物之本。聖功在虛無中著腳，故能天不我違。試觀世人有命犯孤寡、夭折、窮困者，或行一大德，立一大行，孤寡者反而多子，夭折者反而長壽，窮困者反而富貴。德足勝天如是，道之勝天，亦何足怪？

問曰：修道亦積德否？答曰：如何不積德？道之不可無德，猶陽之不可無陰。德者，爲人之事；道者，爲己之事。學道之人，若不先積德，鬼神所惡，常有內魔蔽竅，不能深入。修道之士，若不先種德，天地不喜，動有外魔阻擋，不能前進。不論學道修道，以立德爲先，逢兇化吉，遇險而安，決定成道。蓋道有盡而德無盡。古來仙眞成道以後，猶在塵世積功累行，必待三千功滿，八百行完，方受天詔。《悟眞》云：若非修行積陰德，動有羣魔作障緣。德豈可無乎？

問曰：眞修行人，一貧如洗，衣食皆十方而來，何有銀錢以積德乎？答曰：積德不必一定用銀錢，無銀錢之德，比用銀錢之德更大。出家人方

便二字。爲最要之著。卽如苦己利人，言語老實，不哄十方，施藥捨茶，修橋補路，引人作善，稍有益於人者爲之，稍有損於人者不爲，俱是積德立行。如是行去，人緣已結，天緣有望，不但利人，而且利己。

問曰：專一積德，無妨於修道之功乎？答曰：如何能防？外而積德，內而修道，以德佐道，以道全德，道德並行，內外同濟。聖賢腳踏實地之事業，而非若中下二乘、空空無爲、執心爲道之虛學也。

問曰：儒家存心養性，道家修心煉性，釋家明心見性，三教聖人皆以心性立教。今云心不是道，實所不解。答曰：道是道，心性是心性，而非言心性卽道也。夫所謂存心養性者，將欲行其道也。修心煉性者，恐有害其道也。明心見性者，乃欲全其道也。是用心性修其道，而非修心性卽是道。況云存養修煉明見，則非空空無爲矣。果其一空，其心爲道，則心卽是道，修心卽可長生，養心卽可不死，又何必尋師訪友，求問眞訣乎？

問曰：心既不是道，得毋任其心之出入乎？答曰：心爲生生死死之根蒂，乃害道之物。修行人下手，先將此物斬草除根，方能一往直前，不彼他擋路。聖人云：人心惟危，道心惟微，心之害人甚矣哉！

問曰：道心獨非心乎？答曰：道心者，天地之心。是心非心，空空洞洞，無一理不具，無一物能着，乃五行精一之神，曰眞陽，曰眞鉛，曰眞種，曰黑虎，曰金公，曰眞精，曰神明，曰水中金，曰坎中陽，曰他家不死方，曰九三郎君，曰靈明童子等等異名，總而言之曰：道心。此心無形無象，無聲無臭，世人罕得而遇。卽或一遇，亦不認眞，當面放去。聖人以法追攝，從虛空中結就，九還七返，超凡入聖。在儒則爲中庸之道，在釋則爲一乘之道，在道則爲金丹之道。後之緇黃，不知聖人一脈大道，妄言釋道之理，異於儒理，何其愚甚！

問曰：金丹一乘之道，卽中庸之道。何以孔子罕言命乎？答曰：罕言者，未嘗不言。不過不輕言耳。蓋命理幽深，其中有奪造化、轉生死之機，言之起人驚疑。然大學中庸，俱身心性命之學。其中有大露天機處，特人不自識耳。至於贊易十傳，無非窮理盡性至命之學。後世不明大理，各爭教門，彼此毀謗。彼烏知道義之門，卽衆妙之門，亦卽不二之門乎？

問曰：孔子既言命矣，何不並傳火候？答曰：明卦爻。卽是傳火候，其吉兇悔吝之理，卽抽添進退之實功。其中天機太露，在人自會之耳。

問曰：顔子在聖門，居德行之首，聞一知十，於夫子之道，不違如愚，亦足以發，夫子深嘉。宜其能了命，何以短命而死乎？答曰：了命不了命。在道理上分別，不在幻形上講究。未了道。雖生如死。能了道。雖死如生。蓋死者，幻形；而不死者，道。顔子得孔子之道，居人堪其憂之地，而樂在其中。得一善。則拳拳服膺，而弗失之。是已得先天眞一之氣，歸根復命，不爲陰陽所拘，到得聖人地位，自不愛此幻形，可以死的矣。觀於匡人之戹，對孔子曰：子在，回何敢死？亦足以見。生死由己不由天。至於孔子，不幸短命死之說，是借顔子而勉衆門人之意。果其短命而死，豈有明道而短命者乎？豈有使不短命之人，而學短命者乎？言下分明，何得錯悟？

問曰：道成之後，壽與天齊，何以顔子三十二歲卽死乎？答曰：道成以後，身外有身，是云眞身，又云陽神，陽神乃金剛不壞之眞身。道至陽神出現，回視幻身，如一堆糞土，何足戀之？聖賢暫存幻身者，不過爲修眞身耳。眞身既成，幻身無用，不棄何爲？

問曰：孔子七十餘歲而壽終，豈成道猶不如顔子之速乎？答：孔子以救世爲心，將欲行道於天下，以斯道覺斯民。至西狩獲麟，已知道不能行，又不忍大道絕世，故刪《詩》、《書》，定《禮》、《樂》，贊《周易》，修《春秋》，以開後世之聾瞶，聊以盡救世之願，至於心願已了，辭世而去。顔子道成，已有孔子前而救世矣，自無用力處，故不妨脫化而早去也。

問曰：幻身不能成道，何以世傳黃帝鼎湖跨龍昇天，許眞君拔宅飛昇乎？答曰：實有此事。但不是這樣說。金丹大道。是取坎塡離，依坤歸乾，道成之後，羣陰剥盡，變爲乾體，打破虛空，爲大羅天仙，是所謂跨龍上天，而非言肉身乘龍而去也。至於拔宅飛昇之說，乃一子成仙，九祖超昇之意，亦有大功大行，玉帝勑封，恩及全家，移居於天民極樂之國，受其天祿，或移家於洞天福地，避其煩惱，世人不知，以爲飛昇成仙而去，抑思神仙乃修煉而成，彼無修無證，如何得仙？於此可知拔宅飛昇之說。更有一等愚人，直以爲房屋宅室一並拔去。試問神仙皆在虛空之境，房屋土木重濁之物，虛空如何載的？況神仙包羅天地，何物不可得？而猶愛此塵世之土木乎？噫！幻身且棄，何戀土木？何不三思。

問曰：幻身既無用，何以修行人，或有死後臨葬，棺中失屍，或棺中有竹杖，或棺中有衣履，豈非並幻身而帶去乎？答曰：此不可一概而論。或有道成以後，脫離幻身，而法身顯化於一方，積功累行，數十年間，功完行滿，

上朝玉帝。不露天機，示死而去。人不知妙用，見其棺中無物，便以爲肉身成仙。亦有道未成而避患，或用幻化之術，以柱杖衣屨代身，本身遠遁，示其無迹者，亦非肉身成道也。太上云：吾所以有大患者，爲吾有身，及吾無身，吾有何患？所以脱幻身者。去其患耳。

問曰：亦有留形住世，而不脱幻身者，何也？答曰：此亦不可一概而論。有道已成，功行不足。而留形立功者；有了命未了性，不能脱幻身而留形住世者。若性命俱了，功行完足，猶戀幻身，不肯捨去，此名曰戀家鬼，神仙之所不樂爲者也。

問曰：了命不了性，猶爲幻身所累，何不了性而超脱乎？答曰：看當日所得於師者何如耳。果其始終通徹，了命之後，又了性，脱幻身而出法身，自不客己。或有僅知命理而不知性理，只可爲陸地神仙，長生不死，雖要脱幻身而亦不能脱。倘自知還有向上事，訪師問訣，明得末後一着，從有爲而入無爲，不爲幻身所累，身外有身，形神俱妙，與道合眞矣。

問曰：無爲之道，乃上德全形之事。何以下德延命者，亦行無爲之道乎？答曰：上德者，本原未虧，靈竅未閉，若得眞訣，一了百當，直超彼岸。故行無爲之道，而有爲之事。即在其中，性了而命亦全矣。下德者，先天已虧，百病俱發，縱得師訣，不得直下純一。必須由漸而頓，由勉而安，到的了命之後，與上德者同歸一轍，始可以無爲矣。非言上德者。只行無爲之事，下德者。只行有爲之事也。至於道之極處，有無俱不立，天地悉歸空。不但有爲用不着，卽無爲亦用不着。其所言有爲無爲，是就修行下手處而論，不但上德下德者。下手有分別，卽男女修行。下手處亦各不同。

問曰：男女下手處，分別如何？答曰：男子下手之着，以煉氣爲要；女子下手之着，以煉形爲要。煉氣者，伏其氣也。伏氣務期其氣回，氣回則虛極靜篤，歸根復命，而白虎降。煉形者，隱其形也。隱形務期其滅形，形滅則四大入空，剥爛肢體，而赤脈斬。男子白虎降，則變爲童體，而後天之精，自不泄漏，可以結丹，可以延年。女子赤脈斬，則變爲男體，而陰濁之血，自不下行，可以出死，可以入生。故男子修煉曰太陽煉氣，女子修煉曰太陰煉形。

問曰：女子煉形，不伏氣乎？答曰：女子性陰，其氣易伏，而赤脈最能害道，其所重者在此。故下手則在著重處用力。赤脈一斬，氣自馴順。非若男子性陽，其氣難伏。譬如男子伏氣三年，女子一年可伏。果是女中丈夫，得師口訣，行太陰煉形法，三五年間，卽可成道。其法更比男子省力，但女中丈夫，最不易得。不易得者，女子剛烈，須過於男子百倍之力者，方能濟事，若與男子等力者，萬萬不能。

問曰：大道不分男女，何以男女有分別？答曰：其道則同，其用則異。蓋以秉性不同，形骸有別。故同一性命之道，而行持作用，大有不同也。

問曰：赤脈如何斬？答曰：赤脈本身後天之陰氣所化，陰氣動而濁血流，欲化其血，先煆其氣。氣化而血返於上，入於乳房，以赤變白，週流一身，自無欲火炎燥之患。欲火消而眞火出，從此穩穩當當，平平順順。保命全形，自不難耳。

問曰：金丹成就，呑而服之，女轉成男，老變爲童。此事有否？答曰：此言其理，非言其形。女子成道以後，剥盡羣陰，變爲純陽之體，與男子成道相同。故曰：女轉成男。老者成道以後，復還先天，成其純陽之體，與童子圓滿相同。故曰：老變爲童。非言其變幻像也。

問曰：道既不關乎幻像，何以六根不全者不授道？答曰：六根不全者名曰廢疾之人，乃無用之人。道爲天地所貴，竊陰陽，奪造化，是大聖人之事。彼廢疾之人，安能作此驚天動地之事？不能作者，非不欲作，乃形有所限，氣有所塞。若付大道，必將有用之寶，置於無用之地。決遭天譴，故不敢授。果六根不全，而行大功大行者，則指以性理小乘，使其修來去之路可也。至於金丹大道，決不敢授。此中秘密。惟聞大道者自知之耳。

問曰：亦有六根全而不得命理，僅了其性者，彼豈不知有命理乎？答曰：命理乃九還七返金液大還丹之道，萬劫一傳。若非眞正丈夫，抱金剛之志，負聖賢之姿者不能得，而眞師亦不敢傳。卽強欲傳之，暗中鬼神阻擋，蓋以其人非載道之物。傳之匪人，泄天機也。若性理守中抱一之道，卽中下之流，德行之士，不妨度引以全形。蓋以性理乃自有之天機，無竊取造化之說，不大關係。然非其人，亦不得妄傳。大抵學人上智者少，中下者多。故祖師以性理度中人，以命理度上智，因人而立教耳。亦有傳授之師。僅知其性而不知其命者，亦有學人僅得其性理。而不知其命理者，不可一概而論。

問曰：金丹大道，萬劫一傳，不幾絶於世乎？答曰：所謂萬劫一傳者，是至尊至貴，不敢輕傳之意。故古人成道以後，不得其人，數百年在世混跡，必得其人而後去。如正陽得純陽，純陽得海蟾，重陽，皆數百年始傳其人。古人謹

愼如此，其不得妄傳可知矣。紫陽三傳匪人，三遭天譴。此又不得妄傳之證也。

問曰：金丹之道，只付上智。中下之人，必不可得乎？答曰：亦有得者。在人學之如何耳。果其脚踏實地，以性命爲一大事，自卑登高，由淺及深，愈久愈力，苦盡甜來，眞人一見，必喜接引。若本來自己根行淺薄，又無大志，如何能聞金丹大道乎？

問曰：學道亦有法乎？答曰：修行成敗，全在學上定高低。一處不到一處迷，一事不知一事難。雖賴明師傳授，還要自己會悟。未聞道之先，要像箇爲性命之人。爲性命者，酒色財氣，一無所累；貪嗔痴愛，一概抛卻。除道之外，別無所計。眞心實意，親近有道之士，如敬天地神明，毫無欺心。再加苦志立德，努力積行，不到明理之後，勢不休歇。雖終身不能明道，亦不懊悔。如此居心，聖賢暗引，眞師亦喜懽指點。今人不實心學道，卽遇明人，亦不肯低頭。卽低頭，三朝兩日，卽便要道，稍不如意，以爲無緣，卽便遠去。生平又不積德立行，專在衣食上留心，世事上打鬧，爭勝好強，貪嗔痴愛，無一不備，偶得傍門小事，如獲珍寶，自滿自足。卽有高人在前，亦自負有道，不肯就正。欺心如此，尚欲得眞道乎？若是至人，一出頭來，便異於人。又有志，又會學，又老實，又聰明。不肯空過歲月，自誤前程。故道光明心見性之後，自知還有那邊事，又必訪求明人，卒得杏林之傳，以成大道。呂祖三次還丹未成，後得《崔公入藥鏡》而大丹始就。彼二公者，皆虚心而有受益之效，後之學者，心高氣傲，子聖自雄，不肯着實爲性命，專弄虚頭，猶欲妄想神仙，不是求福，反是折福，何其愚也！

問曰：呂祖三次還丹未成，豈所得之不眞乎？答曰：呂祖之道，得於正陽眞人，千眞萬眞。不眞如何能還？特已還而仍失耳。夫修金丹之道，採藥須知老嫩，煉藥須知止足，結丹須知吉兇，溫養須知抽添，脱丹須知時節。更有藥之眞假，數之多寡，用之逆順，有等等難能之事。倘差之毫髮，失之千里。呂祖還丹三次未成，必火候細微。有見不到處。故當面錯過，得而復失。所以學人學道，須要徹始徹終，通微達妙，一無所凝，方可下手。臨爐無差耳。

問曰：始終通徹，下手修爲，卽可成道乎？答曰：大匠誨人，能與人規矩，不能使人巧。師所授者，不過指其眞藥眞火，大關大竅。至於用之巧妙，行之急緩，成之遲速，在學者力量大小，志氣鋭弱，性根利鈍耳。故大道作爲之法，有上、中、下三法，在人量力而行之。

問曰：三法爲何法？答曰：上等法乃自在法。中等法乃權度法。下等法乃攻磨法。自在法者，頓悟圓通，一了百當。淨倮倮，赤洒洒，圓陀陀，光灼灼。行住坐卧，不離這箇，如明鏡止水，無物不照，無物能瞞，從容中道，安而行之，天人合發也。權度法者，後天中返先天，順道中行逆道，以眞化假，借假全眞，隨機應變，因事制宜，利而行之，內外相濟也。攻磨法者，秉性魯鈍，識見不大，必須心地下功，全抛世事，苦其心志，勞其筋骨，餓其體膚，千磨百煉，擇善固執，苦人之所不能苦，受人之所不能受。人一能之己百之，人十能之己千之。從一切艱難苦惱處，狠力作造，忽的露出本來面目。從此再下實落工夫，與上、中之法同一揆轍。此勉強而行之，以己求人也。三法皆古來仙眞，口口相傳之秘訣，教人量力而行。不能行上法者，行中法，不能行中法者。行下法，總以了性了命爲歸結。出此三法，再無他術矣。

問曰：聞之仙有五等，皆此一道乎？答曰：不是一道。煉九還七返，金液大還丹，了命了性，成金剛不壞之體，千百億化身，隱顯不測，天仙之道，卽萬劫一傳之道也。從後天中返先天，還元返本，歸根復命，凝神聚氣，留形住世，長生而不死者，地仙之道，卽以術延命之道也。受三甲符箓，煉上清三洞妙法，飛雲走霧，避三災八難，來去無礙者，列仙之道，南宮護身之道也。修眞空之性，極往知來，出陰神而屍解，不落惡趣者，鬼仙之道，卽以道全形之道也。降伏身心，保精養氣，住世而無苦惱者，人仙之道，乃培植後天之道也。此五等仙，惟地仙再進一步，行無爲之道，卽可到天仙之位。其餘皆有劫數。欲證天仙，尚有許多層次隔礙，若無金丹之道點化，斷乎不能。

問曰：成聖、成佛、成仙，皆曰成道，何以曰金丹？又何以曰九還七返、金液大還丹？不曰道而曰丹，何也？答曰：道者，先天渾然一氣，太極之謂也。丹者，圓滿無虧，活活潑潑。以象太極。丹卽道，道卽丹。其名有二，其理則一。金之爲物，亘古今而不壞，與天地而並久，取其至堅也。九者，金之成數；七者，火之成數，皆屬於陽，返還者，復於純陽無陰之地也。道本無爲，而法有作。因其無爲，陰陽變幻，不能無虧缺。故聖人用法修持，金火煆煉，既能使虧者復圓，又能保圓者永久不虧，還其太極，還其無極，而至於無聲無臭，寂寥之境也。天地有壞，這箇不壞。故曰：九還七返、金液大還丹。曰丹者，是因經火煆煉而名之也。

問曰：修此大丹，動處好修，靜處好修乎？答曰：道通寤寐，道達幽

明，動靜不拘。至於大修行人，活活潑潑，外圓內方，何妨在市居朝？

問曰：在市居朝，未免有人情世事，何能一心修道？答曰：在市居朝，正是奮大用，發大機處，乃上等作法。蓋金丹在人類中而有，在市朝中而求，古人通邑大都，依有力者爲之，止在此耳。

問曰：道在虛空，又在人類中、市朝中，何也？答曰：惟其在虛空，所以百姓日用而不知；如其知之，行住坐卧，俱是道也。人類中正好修持，市朝中最好作爲，豈靜處安身，萬法皆空，始爲道乎？

問曰：行住坐卧俱是道，何以又有煉睡之一事？答曰：煉睡是初學之事。凡人睡卧，神入陰窟，氣散四肢，夢寐顛倒，罟獲陷穽，無不投之。日所積者，不如夜所耗。故必打煉睡魔，使心神居室，清氣上升，濁氣下降，庶得行道無阻。古仙云：睡了一時，死了一時；睡了一日，死了一日。日日有功，無睡千日，便了事也。又云：一年不睡下丹結，二年不睡中丹結，三年不睡上丹結。此爲的言，若虛室生白，神明常照，雖寐猶寤，不妨去睡。《參同》云：寢寐神相抱，覺寤候存亡。此不爲睡害事也。不到此地不可睡，前輩蜀地國清寺張翁，湟中睡仙張翁，俱是初而煉睡，後而長睡，此煉睡之證也。

問曰：上丹、中丹、下丹，丹有三乎？答曰：總是一丹。分而言之，下丹者，煉精化氣；中丹者，煉氣化神；上丹者，煉神還虛。三丹之名，是就層次而言，到的還虛地位，精、氣、神混而爲一氣，是名金液大還丹。經書三田、三關之說，均是此意。

問曰：精、氣、神，後天乎？先天乎？答曰：是先天。《心印經》云：上藥三品，神與氣精。恍恍惚惚，杳杳冥冥；視之不見，聽之不聞；從無守有，頃刻而成。豈可以後天有形之物視之？故大修行人，煉先天元精，而交感之精，自不泄漏；煉先天元氣，而呼吸之氣，自然調和；煉先天元神，而思慮之神，自然靜定。先天成，後天化，學者努力修持，方能有驗。否則，後天且不保，而況先天乎？

問曰：既云頃刻而成，又云煉精化氣，煉氣化神，煉神還虛，何也？答曰：頃刻而成。是得藥之效，煉精、煉氣、煉神。是漸修之功，火候之妙。

問曰：三品大藥，皆屬先天，金丹卽此三藥而成乎？答曰：三藥雖屬先天，然無形無象，猶屬於陰，不能結聖胎。須得虛無先天眞一之氣點化，方能無形生形，無質生質，而三藥變爲純陽矣。

問曰：無形生形，無質生質，則聖胎有象乎？答曰：是法相，不是色相。法相是相非相，蓋一氣從虛無中結就，又名陽神。此神聚則成形，散則成氣，入水不溺，入火不焚，虎兕不能傷，刀刃不能加，出入無礙，非若色相大患之身也。

問曰：有出陰神者，何也？答曰：卽玉液還丹。了眞如之性者，眞如性了，用志不分，乃凝於神，久之，靜極神出。頃刻千里，極往知來，但鬼仙耳。無影無形，若欲有形，還要改頭換面，來世參訪高明。修金丹大道。而後能之。故大修行人，了得玉液還丹，卽修金液大丹，期歸於純陽無陰之地，而後已也。

問曰：世之投胎奪舍、移居舊住，卽此陰神乎？答曰：不是眞如之陰神卽是元神，以不能了命爲陰耳。至於投胎奪舍之流，乃專弄識神，守輪回種子，與大道絕不相關。故出此入彼，生死不息。其異於常人者，不過能擇住處，不入異類耳。至於明心見性，入定出神，彼安能之？

問曰：了性未了命，來世生來迷否？答曰：有迷者，有不迷者。不迷者，生來自知性理，又求大丹之事，完成大道。迷者，失其故路。必須明人指點，方能會悟前因。如明時狀元羅眞人，若非乃翁提點，亦幾乎忘之矣，雖迷而猶有宿根在，故一提卽醒。若無宿根，雖提不醒。不但能了性者如是，卽有志之士，終身學道，未遇明師，死後轉生，亦帶宿根，一出頭來，自知有此一件大事，仍在道中研磨，千方百計，一心好道修行，不愛榮華富貴者，皆是有宿根之人。若無宿根，縱彼孤寡貧窮，艱難百端，甘於困死，而不愛入此道也。

問曰：修性者欲完大道，總要再來人世。修命者，與天同壽，必不來矣？

答曰：亦有來者，以術延命之道，非眞實大丈夫不能得。非天縱之上智不能行。雖能得之，還要祖上積德深厚，自己功行重大，有無數天緣結聚，方能無阻無擋，順順序序，了此大事。倘祖上無德，自己宿根不深，雖能勇往直前，或限於事之未就，而數已盡；或阻於功之方用，而魔障早來，往往有法無財，有道無力，抱道而亡者甚多。然雖未成道，而來去分明，與凡人大不相同。亦有半功而亡，亦有未功而亡者，半功而亡者，再世必係生知；未功而亡者，再世亦必志道。故學道者，須要知的自己有宿根，不可自暴自棄，而一失人身，萬劫難也。

問曰：生知者，可以不必求師，而自卽能修持乎？答曰：雖是生知，還有迷處。不遇高明者指點，亦不能成道。若遇指點，頓悟圓通，一了百當，

下手修爲，無有不成道者。吾曾遇生知者二，一係江蘇顧公，一係隴西汪公。顧公以宦途所迷，汪公以利途所迷，雖知而不以性命爲重，此其所以迷也。如二公者，必定祖上無大德，自己缺功行，所以牽纏不斷，跳不出羅網。來生又不知如何，可不惜哉！學者可不及早積德乎！

問曰：弟子亦有宿根乎？答曰：爾無宿根，焉能聞大道之名？焉能聞大道之說？有宿根。無宿根，爾亦不知。吾有數語，爾自知之。即説偈曰：前生爾姓袁，現世爾姓路，姓袁名成德，姓路名我固。此是前後因，仔細認脚步。言下甚分明，早悟須早悟。弟子言下大悟，即跪而獻歌曰：悟得前身與後身，他人是我我他人。打開混沌入靈窟，看見原來一點眞。一點之眞如露電，無頭無尾又無面。柱天柱地難思量，恍惚杳冥中有變。幸蒙恩師暗点破，纔識這箇古董貨。眼前就有眞面目，何勞別處立功課。師徒問答之間，不覺東方發白，大地生光。衆弟子各去伺事，悟元子亦獨步於洗心亭矣。

《修眞後辨·伏煉九鼎》《參同》云：惟昔聖賢，懷元抱眞，伏煉九鼎，化迹隱淪。又古仙云：伏氣不服氣，服氣須伏氣；服氣不長生，長生須伏氣。此丹經要語，後人不知其義，事服食者，用九鼎而煉藥；作閨丹者，度九女而採氣。噫！九鼎之旨，豈鐵鼎女鼎哉？若猜疑爲鐵鼎女鼎，是將祖師度世之天梯，變爲酆都之路引矣。豈不可悲、可傷！夫所謂伏食者，乃伏先天之氣，以實其腹，而非服餌金、石、草、木之謂。所謂九鼎者，乃金丹九轉，純陽無陰之義，而非爐火換九鼎，閨丹用九女之説。夫先天之氣，視之不見，聽之不聞，搏之不得，如露如電，來無踪，去無影，難得易失。至人以實形虛，以有形無，攢年至月，攢月至日，攢日至時。於此一時，奪三千六百年之正氣，回七十二候之要津，伏此一點先天眞陽，入於造化爐中，凝結爲聖胎，是曰伏食。結胎以後，運天然眞火，煅盡餘陰，露出乾元面目，修就金剛不壞之物，名曰九轉大丹。是云伏煉九鼎。此乃法身上事，從虛無中結就，並無男女等相，不乾氣質皮囊。故古仙云：鼎鼎原無鼎，藥藥亦無藥。其所云爐鼎藥物者，是借爐火烹煎之象，形容修煉金丹之法，而非實有爐鼎之説。夫金丹者，太極也。太極中含一氣，一氣動而生陽，靜而生陰。動極則必靜，靜極則必動。陽極則必陰，陰極則必陽，陰陽互爲其根。四象五行，八卦甲子，萬象萬物，即於此而生矣。此造化順行之道。若欲盡性至命，則必奪造化，轉生殺，逆五行，顛倒氣機，復還混沌之一氣，完成太極之本相。是豈有形之爐鼎能煉乎？所謂煅煉金丹之説，即完成太極之旨。太極者，圓成之物，圓極必虧，故借修持以保全。太極本無虧，因陰陽而有虧。欲全太極，先調陰陽，陰陽混合，一氣運轉，復還當年渾然太極本相，是曰採藥煉丹。因其藥欲混化，故名混化。藥物者爲鼎，因其藥欲煅煉，故名煅煉。藥物者爲爐，因其煅煉成眞，經久不壞，故名之曰金丹。其實，鼎爐、金丹，皆假名託象，顯露消息耳。名象尚且無，更何有女鼎爐竈之穢行邪事耶？噫！自從會得長生訣，年年海上覓知音。不知誰是知音者，試把狂言着意尋。

《修眞後辨·正罡消息》《參同》云：循斗而搖光兮，執衡定元紀。三丰云：運轉魁罡斡斗標。煅煉一爐眞日月，掃盡三千六百條。修眞之道，須要知的斗罡消息，方能逆施造化，扭轉乾坤，規弄陰陽，而不爲陰陽所規弄也。天罡者，乃北斗第七星。一名破軍，一名搖光，一名標星，係北極之權臣。執生殺之衡。握造化之柄。運五行，推四時，生萬物。爲列宿之領袖，運氣之樞紐。其任最重，其功最大。人得天地之正氣而生，亦具此天罡之氣，主宰生死，掌握性命，其功與天上之斗罡無異。知此者生，昧此者死。但此罡星，有先天後天之分，不可不知。後天之罡星，日行十二經絡，融通一身血脈。煉罡氣者，以人罡合天罡，內外一氣，以避百邪。究之顧外失內，虛而不實，未益於彼，先傷於我。至於先天之罡星，與本來主人。相親相愛，君臣一心，並行不悖。及至元陽一破，先天入於後天，背主求榮，結連外寇，始而護我性命者，既而傷我性命，猶虎奔而寓於西，絕不相顧矣，何則？罡星所坐者兇，所指者吉，因其不指於我而指於他。指於他。則生氣在他，殺氣在我。殺之不已，則我之性命傾矣。大修行人，求他家不死之方者，正以求取罡星所指之生氣耳。取氣之法，總不離乎罡星。罡星坐我家，則生氣在他家；罡星坐他家，則生氣在我家。是必移罡星坐於他家，方能有造。移罡之法，亦無難處。只要將他腳根一扭，即便翻身回顧，歸家認祖。這箇天機，不着於聲色，不落於空寂。不是自己有，不是身外求，現現成成，明明朗朗。世人遇而不識，每每當面錯過。所謂破軍前一位，誓願不傳人者此也。不傳人者，非眞不傳，恐傳之匪人，鬼神所不容耳。不容者，以其此事爲天下希有之事，得之者生死自主，性命自由，天地不能役，陰陽不能拘。非大忠大孝者承當不起，非大賢大德者載負不得。君子得之固窮，小人得之輕命。而非一

切傍門外道，所可揣摸其一二。噫！悟之者立躋聖位，迷之者永劫沉淪。金蝦蟇，玉老鴉，認得眞的是作家。其如人多不識罡星，何哉？

《修眞後辨・盡心窮理》《易》曰：原始反終，故知死生之説。孟子曰：始條理者，智之事；終條理者，聖之事。蓋聖賢大道，有始有終，有本有末。知其始，明其終，究其本，窮其末，方能從頭至尾，大徹大悟，有往有利。倘一事不明，卽一事有迷。知之不眞，卽行之不通。學者必須窮其理而後可以行其理。致知力行，缺一不可。其理爲何？理卽天地造化之道也。造化之道，有體有用，有始有終。其間陰陽迭運，消長互更，變化無端。然其最要處，總在一氣。一氣總不外乎虛無。這箇樞紐子，非色非空，非有非無，不可有心求。又不可無心得。難描難畫，難思難議。順之則生人生物，逆之則成仙成佛。性命於此寄，生死於此出。悟之者，立躋聖位；迷之者，萬劫沉淪。窮理者，卽窮此理也。窮透此理，方能行得此理。但此理有火候，有工程，有權變、有遲速、有急緩、有收放、有隱顯、有方圓、有盈虧、有止足、等等作用。先須明其道，次要知其法。道法兩用，性命雙修，方是無上一乘之道。一乘之道，乃脚踏實地之道。脚踏實地之道，須要循序漸進，不得躐等而求。何爲循序漸進？積德立行爲第一着，煉己築基爲第二着，以鉛制汞爲第三着，鉛汞相投爲第四着，温養還丹爲第五着，大藥發生爲第六着，服食金丹爲第七着，凝結聖胎爲第八着，以汞養鉛爲第九着，抽鉛添汞爲第十着，防危慮險爲十一着，胎完止火爲十二着，九年面壁爲十三着，脫胎出神爲十四着，乳哺嬰兒爲十五着，別安爐鼎爲十六着，神化不測爲十七着，打破虛空爲十八着，以上皆修道之要着，聖功之全能。果於此等處認得清白，打的透徹，有始有終，力行不殆，性命可了。但世上學人，認假不認眞，不肯盡心窮理，輕視性命，未曾入門便要升堂，未盡人事便想仙道，自己不出一力便要他人眞寶，畧不如意，稍着苦惱，卽便退步，半塗而廢，委之無緣。如此舉止，何能近聖賢門牆？夫聖賢之學，窮理盡性至命之學也。其理精微，其義幽深，蓍龜難測，鬼神莫知，非一言半語可以了悟。苟非下數十年窮理死工夫，不能揣摸其一、二。非積德立行，勇猛精進，一意不回，不能感動乎眞師。若箇丈夫，以性命爲一大事，夙夜不懈，極深研幾，窮神知化，有時苦盡甜來，福緣忽到，磕着、撞着，將往時無頭無尾，一切疑團，如冰消瓦散，始知的生平心思。不是錯用。可嘆世之學人，不思性命之事爲何事，不推性命之道爲何道，糊塗學道，糊塗修道，妄想一步登天，立地成聖。無怪乎爲盲師，時師所誤，而終在鬼窟中作生涯也！試觀世之一技一藝，亦必細心久學而後成，況此生死大事，爲天下稀有之事，豈能容易而知乎？昔我仙留老師，初在蜀川忝學，來往於白石歸清之間，十有餘年，未得究竟。後到漢南，以師事紅溝道人，其志愈堅，其行愈苦。八九年間，總無會心處。後遊甘肅皐蘭阿干鎭，得逢余丈人，機緣相投，始明大道。以仙留老師。志誠學道，功行異人，落魄江湖三十餘年，方能聞的香風；彼一切痴迷漢，朝學而欲夕得，昨學而欲今得者，何其愚哉！吾勸同道者，立不朽志，存長久心，除妄想念，重性命事，窮造化理，死心踏地，一層層剥進，剥去一層進一層，直剥到道之骨髓處，方見的大地塵沙，盡是珍寶，信步走去，頭頭是道。大徹大悟，通前達後，一往直前，何患性命不了，大道不成耶！

《百字碑・註》養氣忘言守。

性命之道，始終修養先天虛無眞一之氣而已，別無他物。採藥採者是此，煉藥煉者是此，還丹還者是此，脫丹脫者是此，服丹服者是此，結胎結者是此。脫胎脫者是此。以術延命，延者是此；以道全形，全者是此。始而有爲，有爲者是此；終而無爲，無爲者是此。長生長者是此，無生無者是此。古經云：知得一，萬事畢。此語可了千經萬卷矣。但此氣，非色非空，無形無象；不可以知知，不可以識識；視之不見，聽之不聞，搏之不得。恍恍惚惚，杳杳冥冥，不可形容。强而圖之〇這箇而已；强而名之，儒曰太極，道曰金丹，釋曰圓覺。本無可言，有何可守？如其可言可守，則非先天虛無之氣，乃是後天呼吸之氣。先天之氣，歷萬劫而不壞；後天之氣，隨幻身而有無。世間未得眞傳之流，不知先天之氣爲何物，誤認後天有形之氣，或言在氣海，或言在丹田，或言在黄庭，或言在任督二脈，或言在兩腎中間，或閉口調呼吸以匀氣，或閉息定胎息以藏氣，或搬運後升前降於黄庭以聚氣。或守或運，等等不一，皆欲忘想結丹，試問將此有形之氣，終久凝結於何處，凝結作甚模樣？其必凝結成氣塊乎！每見世之守上者，多得腦漏；守下者，多得底漏；守中者，多得膨脹。守明堂者失明，守頑心者得癲症。欲求長生，反而促死，哀哉！殊不知先天虛無之氣，包羅天地，生育萬物。其大無外，其小無內。放之則彌六合，卷之則退藏於密。僅可知，不可言。僅可養，不可守。無言無守，言守兩忘。不養而養，入於養氣

之三昧矣。夫大道活活潑潑，不落於有無邊界。落於有則着相，落於無則着空。着相着空，皆非天地造化流行之道，亦非聖賢眞空妙有之道。曰養炁則必有所養者在，不着於空也。曰忘言守，則必無方所。無定位，不着於相也。不着空不着相，則必有不空不相之養者在。不空不相之養，寂然不動，感而遂通。感而遂通，寂然不動，養氣之道在是矣。

降心爲不爲。

上言養氣無言無守，似乎一無所爲矣。夫人有生以後，先天之氣充足，陽極必陰。於此而能保全先天之炁不失者，其惟上德之聖人乎。其次中下之人，一交後天，先天之炁潛藏，後天之氣用事，陽漸消，陰漸長，歷劫根塵俱發，一身氣質俱動，識神張狂，客邪作亂。當此之時，四大一身皆屬陰，不知何物是陽精。雖欲養炁，無處可養，而亦不得其養。祖師《黄鶴賦》云：上德者，以道全其形。是其純乾之未破；下德者，以術延其命，乃配坎離而方成。以道全形者，無爲之事；以術延命者，有爲之事。上德之人，先天之氣未失，純陽之體，守中抱一，即可全其本來之眞形；中下之人，先天之炁已傷，陽爲陰陷，必須竊陰陽，奪造化，先固命基，從有爲而入無爲，方能成眞。又古仙云：還丹最易，煉己最難。又《沁園春》云：七返還丹，在人先須煉己待時。煉己之功，莫先於降心。但降心須要識得心。心有人心，道心之分，有眞心假心之别。道心者，本來不識不知，順帝之則之心，爲眞心。人心者，後起有識有知，七情六慾之心，爲假心。眞心益人性命，假心傷人性命。降心者，降其人心之假也。然降人心，非是守心空心，亦非是强制定心，須要順其自然。《悟眞》云：順其所欲，漸次導之。只此二語，使是降心妙訣。故曰：降心爲不爲。曰爲者，心必降也。曰不爲者，不强降也。降而不降，不降而降，有用用中無用，無功功裏施功矣。蓋人之頑心，積習成性，如火煉成頑鐵一塊，至堅至固，牢不可破。若束之太急，是以心制心。心愈多而塊愈堅，反起心病。《陰符經》云：火生於木，禍發必剋者是也。故降心必用漸修之功，方能濟事。漸修之功，無傷於彼，有益於我，爲而不爲矣。

動靜知宗祖，無事更尋誰。

先天眞一之氣，爲生天生地生人之祖氣。無理不具，無時不在。所謂性命之宗祖，存此者聖，昧此者凡。但此氣落於後天，隱而不現。即或一現，人爲利名所牽，私慾所攪，當面錯過，旋有而旋失。欲尋此氣，先要認得道心。蓋先天之氣，藏於道心也。道心爲體，先天之氣爲用，同出異名。道心即修道之宗祖。夫道心者，主人也。人心者，奴僕也。認得道心爲宗祖，以主人而使奴僕，奴僕聽命於主人，不降而自降。一動一靜，皆是道心運用。即人心亦化爲道心。內無妄念，外無妄事，內外安静，客氣難入，處於無事之境矣。能至無事，空空洞洞，只有道心，别無他物，此外更尋誰耶？

眞常須應物，應物要不迷。

既知宗祖，處於無事，則眞者可以能常矣。眞者能常，一切外假不得而傷。但眞常之道，不是避世離俗，亦非静坐止念，須要脚踏實地，身體力行。從大造爐中煅煉出來，方爲眞，方是常。若知眞而不知行眞，雖能無事，如同木雕泥塑之物，外雖無事，而內難免有事。所謂禪機本靜，靜生妖也。此乃閉門捉賊。假者不能去，而眞者必受傷，何能眞常乎！故曰：眞常須應物，應物要不迷。曰眞常應物者，以眞應假也。曰應物不迷者，借假眞修也。蓋眞藏於假之中，假不在眞之外。無假不能成眞，無眞不能化假。只在常應常靜，於殺機中盗生機，於波浪裏穩舵槁耳。果能不迷，即是眞常。果能眞常，雖終日應物，未曾應物，處於無事之境而不爲萬物所移。何碍於應乎！

不迷性自住。

應物不迷，則道心之眞常存矣。道心之眞常存，則人心之假不生；人心之假不生，則氣質之性不發；氣質之性不發，則天賦之性。明明朗朗，如水晶塔子一般，無染無着，不動不搖，而自住矣。總之，性住之效，全在應物不迷功夫。迷則人心用事，眞性昧而假性發；不迷則道心用事，假性化而眞性現。住性之道，不迷盡之矣。祖師《黄鶴賦》云：依世法而修出世之法，旨哉言乎！

性住氣自回。

性者，理也。在天爲理，賦之於人爲性，故名其性曰天性。氣者，命也。在天爲氣，受之於人爲命，故名其命曰天命。人生之初，理不離氣，氣不離理；命不離性，性不離命，理氣一家。性命一事，因交後天，理氣不連，性命各别矣。若能性住，不爲客氣所移，而正氣自回，無命者而仍有命。性命仍是一事，理氣原不相背，所謂盡性至命者是也。大抵氣回之要，總在

性住。果能性住，則氣自然而回，無容強作也。

氣回丹自結。

丹者，圓明之物，係陰陽二氣交合而成。當性住之時，萬慮俱息，是謂眞靜眞虛。靜極則動，虛極生白。先天之氣自虛無中來，片刻之間，凝而成丹，所謂一時辰內管丹成也。大抵還丹之要，在乎氣回。氣回之要，在乎性住。性住之要，在乎不迷。不迷之要，在乎降心。降心之要，在乎知宗祖。知得宗祖，降心應物，不爲物迷，性自住，氣自回，丹自結。三自字在應物不迷處來。應物不迷，卽是煉己之功。所謂煉己純熟，還丹自結也。《了道歌》云：未煉還丹先煉性，未修大藥且修心。性定自然丹信至，心靜然後藥苗生。特以還丹最易，煉己最難。若煉己不煉到無己時，則性不定，心不靜，丹何能還乎？然煉己若不知宗祖，其功莫施。三丰翁云：築基時須用橐籥，煉己時還要眞鉛。眞鉛卽宗祖。若不遇眞師訣破，眞鉛一味大藥，誰敢下手。

壺中配坎離。

氣回丹結，眞種到手，僅還得娘生本來面目，謂之還丹，又謂之小還丹。此丹猶未經眞水火煅煉，尚是生丹，未成熟丹，不堪吞服濟命。必須將此丹，煅成一箇至陽之物，方能延得年，益得壽。坎外陰而內陽，其中之陽爲眞，爲中正之陽，非幻身腎中之濁精，乃先天眞一之神水。離外陽而內陰，其中之陰爲眞，爲中正之陰，非幻身心中之血液，乃先天虛靈之眞火。此水此火，乃虛空天然之水火，非一切有形有象之水火。用此水火，烹煎靈藥，十二時中，不使間斷，勿忘勿助，綿綿若存，用之不勤。《入藥鏡》云：水怕乾，火怕寒者是也。曰壺中配者，天然水火，不假外求。神明默運，藥物老嫩，火候進退，隨時加減，消息於宥密之中，不使有一毫滲漏也。

陰陽生返覆，普化一聲雷。

水火烹煉之功，卽朝屯暮蒙之功。朝屯者，進陽火也。暮蒙者，運陰符也。時陽則進陽，時陰則運陰。陰而陽，陽而陰，陰陽摶聚，自生返覆。返覆者，恍惚裏相逢，杳冥中有變，返之覆之，陰陽混化。先天靈苗，由嫩而堅，自生而熟，自漸而頓。忽的造化爐中，迸出一粒至陽之丹，如空中乍雷一聲，驚醒夢裏人矣。

白雲朝頂上，甘露灑須彌。

當陽丹出鼎，吞而服之，點一己之陰汞，如貓捕鼠。白雲朝頂上者，冲和清氣上升，五氣朝元也。甘露灑須彌者，華池神水下降，萬病回春也。須彌山在天地之正中，卽人中有一寶之象，中之一寶，卽是聖胎，又名黃芽。祖師示張珍奴詞云：地雷震動山頭雨，要洗濯，黃芽出土。正是此義。

自飲長生酒，逍遙誰得知。

當聖胎凝結，神水流通，澆灌丹田，自然無質生質，無形生形。而一切勉強之功，無所用矣。故曰：自飲長生酒，逍遙誰得知也。曰自飲，曰誰得知者，蓋以長生逍遙之事，乃竊陰陽，奪造化，先天而天弗違，後天而奉天時之事。雖天地神明，不可得而測度，而況人能知之乎！

坐聽無絃曲，明通造化機。

莊子云：攝精神而長生。忘精神而無生。長生者，有爲了命之道；無生者，無爲了性之道。了性之道，卽九年面壁之功。面壁之功，卽十月温養之功。九年之說，非實有九年之期。九爲純陽之數，卽金液九還，陰盡陽純之義，所謂一毫陰氣不盡不仙也。十月之說，聖胎成就，脫化之期。如婦懷孕，十月嬰兒出胞，亦法象也。十月温養之功，防危慮險，萬有皆空，不使有一毫客氣入於胎元之中，如壁列萬仞，一無所見也。十月温養，九年面壁。二者是一義，非是兩件，皆古人取其義而象之耳。惟其温養面壁，故曰坐聽無絃曲。坐非身坐，乃心清意靜，不動不搖之坐。有絃曲則有聲，有音。無絃曲，則無聲無音矣。無聲無音，一空而已。既云無聲無音，聽箇甚的。曰聽，則是空而又不空，不空而又空，非頑空，乃眞空也。曰坐聽者，離卻見之一邊，絕不着於色矣。曰聽無絃曲，聽而不聽，已是離卻聽之一邊，又不着於聲矣。《金剛經》云：若以色見我，以聲音求我，是人行邪道，不得見如來。如來者，如有所來，而實無來，此眞空本來面目。卽超脫聖胎之大法門，成全法身之眞口訣。要之無爲之功，總在坐之一字。生則止於其所，內觀其心；心無其心；外觀其形，形無其形；遠觀其物，物無其物。三者既悟，惟見於空，空無所空，無無亦無。無無既無，名爲照了。打破虛空，獨露全身，不生不滅，方爲了當。有生者，所以脫幻身，而固命基。還丹之道，從無而造於有也。無生者，所以脫法身，而了性宗。大丹之道，從有而化於無也。有生無生，卽造化之機。知此道者，始而從無造有以長生，終而從有歸無以無生。有無不立，性命雙修。

明通天地造化之機，而與天地爲一矣。

都來二十句，端的上天梯。

養氣忘言守一句，統言修道之全體大用也。降心爲不爲一句，言煉己築基也。動靜知宗祖，無事更尋誰二句，言煉己築基須要識得心也。眞常須應物，應物要不迷二句，言煉己之寶功也。不迷性自住，性住氣自回，氣回丹自結三句，言煉己功勤，還丹自結也。壺中配坎離一句，言丹還後，內爐之功也。陰陽生返覆一句，言陰陽變化，由嫩而堅也。普化一聲雷一句，言脫丹法象也。白雲朝頂上，甘露灑須彌二句，言服丹後之法象也。自飲長生酒，逍遥誰得知二句，言服丹結胎之法象也。坐聽無絃曲一句，言十月温養之功也。明通造化機一句，是總結了性了命之大義也。以前十八句，還丹大丹，始終次序，火候工程，悉皆吐露。至簡至易，約而不繁，依法行持，自卑登高，由近達遠，端的爲修道者上天梯也。曰二十句者，並結尾二句言之耳。

《黃庭經・解》 《黃庭經》者，東華扶桑帝君之秘文也。一名《大地金書》。以其刻於金簡，故名金書；一名《東華玉篇》，以其又刻於玉，亦名《玉篇》。其經有內外兩篇。內篇者，太上玉晨道祖之所著，是謂正經，故名內篇。外篇者，太上老君道祖之所解，是謂輔經，故名外篇。雖分內外兩篇，其言黃庭諸景之義一也。黃者，中央之色，卽中之象。庭者，人居之處，卽神室之象，以其中虛，無物不包，無理不具，故以庭喻之。以其中藏生機，萬物皆從此出，故以黃庭喻之。經者，徑也，道也。《黃庭經》卽演說中之道也。這箇中，無形無象，視之不見，聽之不聞，摶之不得，恍惚杳冥，無方所，無定位，至無而含至有，至虛而含至實，其大無外，其小無內，包羅三千大千世界，內有四象五行，九宮八卦，三元九氣，萬神所歸，千靈所聚，出聖出賢，成佛成仙。儒曰太極，又曰道義之門。釋曰眞空，又曰不二法門。道曰虛無，又曰衆妙之門，又曰元牝之門。三教聖人，方便立名，無非形容此中之眞實象耳。在人身，非四大一身上下之中，非臍前臍後之中，非心下腎上之中，亦非頭頂天谷之中。乃在四大不着之處，萬有皆空之境。後人不知此中是何模樣，直以有形有象，有方有所度之。玉晨老君二道祖，著爲《黃庭經》內外篇。卽有以形無，卽實以形虛。大露天機，點化後學，慈悲之至。奈何後世學人，多無眞傳，罔識二篇取義。見有內景外景之名，而遂認景爲眞，執於有象，或守竅，或思神，或搬運，千門萬戶。無怪乎修道者如牛毛，成道者如兔角也。夫景者，可見可聞，有形有象之謂。中本至虛至無，不可見，不可聞，何得有景。若稍有景，便是幻象，非其道矣。況黃庭只一物，而景則有五臟六腑九竅百骸之多般。可知景是景，黃庭是黃庭。諸般之景，乃黃庭之外物耳。蓋景者，黃庭之枝葉。黃庭者，景之根本。根本不可見，枝葉乃可見。故書名曰《黃庭內景經》、《黃庭外景經》。道祖分明與人說了，特人未之深思也。試觀諸景，皆各有神。如上部，則有髮神、腦神、眼神、鼻神、耳神、口神、舌神、齒神，中部則有喉神、心神、肝神、脾神、胃神、膽神、肺神、三焦神，下部則有腹神、大腸神、小腸神、膀胱神、左陽神、右陰神、左腎神、右腎神。又有身中九宮眞人，心爲絳宮眞人，腎爲丹元宮眞人，肝爲蘭臺宮眞人，肺爲尚書宮眞人，脾爲黃庭宮眞人，膽爲天靈宮眞人，大腸爲永靈宮眞人，小腸爲元靈宮眞人，膀胱爲身房宮眞人，又有元首九宮眞人，雙丹宮眞人，明堂宮眞人，丹田宮眞人，泥丸宮眞人，流珠宮眞人，大帝宮眞人，天庭宮眞人，極眞宮眞人，大皇宮眞人，又有重樓十二神。其神甚多，不可數計。《易》曰：陰陽不測之謂神。又曰：神也者，妙萬物而爲言者也。曰不測，曰妙萬物，則是在恍惚杳冥之中，不色不空，不有不無，不可見，不可聞，亦不可思議，僅可心知，不可口說。這箇不可見，不可聞，不可思議之神，卽黃庭之神也。黃庭之神，不在心下腎上黃庭之處，不在泥丸黃庭之處，不在脾部黃庭之處。經中雖言三黃庭，皆言黃庭之景，非言黃庭之眞也。黃庭之眞，乃一大包羅，因其爲一大包羅，其神無處不在，無時不有。因其有此黃庭大包羅之神，故五藏六腑九竅百骸，津液上下流通，血氣來往穿貫，皆自然而然，無容勉強於其間。五臟六腑九竅百骸之神，皆本於絳宮眞人。絳宮眞人，一名肉團神，卽心王也。心爲一身之主，一身之神皆心王統之。然雖心王統之，其所以能神者，總是黃庭一神運動焉。心王若不借黃庭神之靈，亦不能神，是黃庭神，又爲心王之主。心王統諸神，實黃庭神統諸神也。一神分而爲諸神，諸神歸而爲一神。神爲眞，景爲假。眞借假而施功，假依眞而得靈。眞中運假，假中藏眞，假之有神，實黃庭之神而神也。可知黃庭經說來說去，祇是說一神字。無非說一中字，中卽神也，神卽中也。中字從口從丨，口象太極，〇卽黃庭也；丨象一氣，⊙卽神也。口內有丨而爲神，卽黃庭中有神也，所謂神室者是也。中而未有不神，神而未有不中。且中者，不偏不倚，無過不及，混然圓成之義。混然圓成，活活潑潑的。不識不知。順帝之則，自有箇神在。因其

有神在，故五臟六腑九竅百骸，各形其形，各事其事，並行而不相悖也。內篇曰：虛無寂寂空中素，使形如是不當污。又曰：伭元上一魂魄煉，一之爲物叵卒見。須得至眞乃顧眄，至忌死氣諸穢賤。六神合集虛中宴，結珠固精養神根。玉筏金籥常完堅。外篇曰：物有自然事不煩，垂拱無有身體安。虛無之居在幃間，寂寞曠然口不言。恬淡無欲遊德園，清淨香潔玉女存。修德明達道之門。又曰：恬淡無欲養華根，服食元氣可遂生。還返七門飲太淵，通我喉嚨過清靈。問於仙道與奇功，服食靈芝與玉英。頭戴白素之丹田，沐浴華池灌靈根。虛無、伭元、德園、華池，皆黃庭之別名也。上一、至眞、神根、華根、靈根、靈芝、玉英，皆黃庭神之別名也。空中素、虛中宴，結珠固精，恬淡無欲，服食元氣，皆養黃庭神仙道奇功也。內外二篇，皆先形容諸景，而後歸局於虛無伭元德園華池，結果於空虛恬淡。若以景爲道，何言須得至眞乃顧眄，至忌死氣諸穢賤。恬淡無欲養華根，服食元氣可遂生乎！《陰符經》曰：人知其神而神，不知不神而神。神而神者，諸景之神。不神而神者，黃庭之神。因其有黃庭之神，而諸景亦各能神其神。若不修不神而神之神，只修神而神之神，則五臟六腑九竅百骸，俱皆有神。將從何處下手，豈不至難至煩。非道祖至道不煩無旁午，靈臺通天臨中野之義。靈臺卽眞靈所居之臺，亦卽天心發現之處。中野卽黃庭之中位，能守黃庭，則天心眞靈之神，炯炯不昧，一眞百眞。而諸景之陰神，亦皆化而爲陽神，至簡至易，約而不煩，學者須要會的言外意。若不會的言外意，只於話頭上摸索，按圖造作，未免以石爲玉，以銅爲金。在皮囊上做功夫，爲能還元返本，結成至靈之丹，超出乎陰陽之外哉！正陽翁云：四大一身皆屬陰，不知何物是陽精。緣督子曰：一點陽精，秘在形山，不在心腎，而在乎元關一竅。若執一身而修，無非修此五臟六腑九竅百骸，何能得陽精乎！不能得陽精，何能成陽丹乎！陽精不是別物，卽是黃庭之神，又名谷神。黃庭卽元關一竅，因其爲天地之根，陰陽之門，性命之源，故謂元關；因其爲谷神所居，統御萬法，主宰萬事，故謂黃庭；因其無形無象，無方無所，離種種邊，又謂虛無。落到實處，總是一中而已。識得此中，則知五臟六腑九竅百骸。一動一靜，一心一放，皆谷神默運之。毘陵翁云：有物先天地，無名本寂寥。能爲萬象主，不逐四時凋，卽此黃庭神之所以爲神乎。《道德經》曰：多言數窮，不如守中。三丰翁云：守黃庭，養谷神，男子懷胎笑殺人。凡此皆言黃庭中一竅，有谷神居之，守之則昌，失之則亡。人能守此一中，須臾不離，則萬神來朝於一神。不特五臟六腑九竅百骸，聽命於黃庭，卽八萬四千毫毛，亦皆化爲護法神。內外光明，表裏瑩淨。一本散而爲萬殊，萬殊歸而爲一本。形神俱妙，與道合眞。千變萬化，總是一中，總是一神，大丈夫之能事畢矣。噫！悟之者，立躋聖位，迷之者，萬劫沉淪。識得眞正黃庭，不神而神者，有幾人哉？後附二圖，以備參考。

黄庭諸景圖

五臟六腑九竅百骸，何見其有神哉！如曰無神，則五臟六腑九竅百骸俱是死物矣。如曰有神，神不可見，誰其信之。試言其神，髮升血，髮之神也。腦藏精，腦之神也。眼能視，眼之神也。耳能聽，耳之神也。鼻能臭，鼻之神也。口能食，口之神也。舌能味，舌之神也。齒能嚼，齒之神也。喉嚥物，喉之神也。心靈明，心之神也。肺調氣，肺之神也。肝養血，肝之神也。脾消穀，脾之神也。胃藏穀，胃之神也。膽威明，膽之神也。三焦温熱，三焦之神也。大腸出穢，大腸之神也。小腸受水，小腸之神也。膀胱出水，膀胱之神也。腹包物，腹之神也。左陽升陽氣，左陽之神也。右陰運陰氣，右陰之神也。左腎主受精，左腎之神也。右腎主出精，右腎之神也。身中九宮各司其事，身中九宮之神也。元首九宮，皆含其靈，元首九宮之神也。重樓十二串送飲食，重樓十二之神也。其外四肢百脈，十二經絡，活動流通，無一不有神。內篇曰：至道不煩決存眞，泥丸百節皆有神。可知一身內外，皆是神也。雖一身內外其神多般，皆心中一神統之。然其所以能神其神者，非心之神，杳冥中還有箇難以擬議之神，卽黃庭之神也。經內不明指出此神是何模樣，居於何地，惟內篇曰：帶執性命守虛無，名入上清死録除。外篇曰：

正室之中神所居。洗心自理無敢污。曰虛無,曰正室,方是眞正黃庭。而非可與有景之黃庭同觀。既是無景之黃庭,則其中之神亦不與諸景之神相同。人能守此虛無正室之黃庭,則心神清淨。心神清淨,則五臟六腑九竅百骸之陰氣俱化,諸神皆歸於黃庭之一神。所謂殊塗而同歸,百慮而一致也。

黃庭圖

黃庭出於先天,藏於後天。本無形象,亦無名字,強而圖之,這箇○而已;強而名之,黃庭是也。因其渾然生機,故名黃庭,因其變化不測,故謂之神。黃庭體也,神其用也。一物而二名,儒修之爲道義之門,釋修之爲不二法門,道修之爲衆妙之門,又爲玄牝之門。因其無形無象,故道祖以諸景之神,形容其黃庭之神。使人於諸景之神,追究其黃庭無景之神耳。人能於無景中,追究出箇所以爲神處,則知黃庭,上柱天、下柱地、無頭無尾、無背無面。大包宇宙,小入毫端,可以同虛空界,行住坐臥,不離這箇矣。

《陰符經·註》 觀天之道,執天之行,盡矣。

性命之道,一天道也。天之道,陰陽之道耳。修道者,能知天道之奧妙,而神明默運,竊陰陽之氣,奪造化之權;可以長生不死,可以無生無死。然其最要處,則在能觀能執耳。何謂觀? 格物致知之爲觀,極深研幾之爲觀,心知神會之爲觀回光返照之爲觀,不隱不瞞之爲觀。何謂執? 專心致志之爲執,身體力行之爲執,愈久愈力之爲執,無過不及之爲執,始終如一之爲執。觀天道,無爲之功,頓悟也。所以了性;執天行,有爲之學,漸修也。所以了命。能觀能執。用陰陽之道以脫陰陽,依世間法而出世間,性命俱了,心法兩忘,超出天地,永劫長存。只此二句,即是成仙成佛之天梯。爲聖爲賢之大道,外此者,皆是傍門曲徑,邪說淫辭,故曰盡矣。

天有五賊,見之者昌。

五賊者,金木水火土也。天以陰陽五行,化生萬物,氣以成形。而人即受此氣,以生以長,但自陽極生陰,先天入於後天。五行不能和合,自相賊害,各一其性。木以金爲賊,金以火爲賊,火以水爲賊,水以土爲賊,土以木爲賊,是所謂天之五賊也。惟此五賊,百姓日用而知,順行其氣,以故生而死,死而生,生死不已。若有見之者,逆施造化,顛倒五行。金木剋木,木反因之而成器;木本剋土,土反因之而生榮;土本剋水,水反因之而不泛;水本剋火,火反因之而不燥;火本剋金,金反因之而生明。剋中有生,五賊轉而爲五寶。一氣渾然,還元返本,豈不昌乎。

五賊在心,施行於天,宇宙在乎手,萬化生乎身。

人秉五行之氣而生身,身中即具五行之氣。然心者,身之主;身者,心之室。五賊在身,實在心也,但心有人心道心之分。人心用事,則五賊發而爲喜、怒、哀、樂、慾之五物;道心用事,則五賊變而爲仁義禮智信之五德。若能觀天而明五行之消息,以道心爲運用,一步一趨,盡出於天而不由人。宇宙雖大,如在手掌之中;萬化雖多,不出一身之內。攢五行而合四象,以了性命,可不難矣。

天性,人也;人心,機也。立天之道,以定人也。

天性者,天賦之性,即眞如之性。所謂眞心,不識不知,順帝之則,而人得以爲人者是也;人心者,氣質之性,即知識之性所謂機心,見景生情,隨風揚波,而人因之有生有死者是也。天性者,天機,即是天道;人心者,人機,即是人道。守天機者存,順人機者亡。惟大聖人觀天道,執天行,中立不倚,寂然不動,感而遂通。修眞性而化氣性,守天道而定人心,不使有一毫客氣雜於方寸之內也。

天發殺機,移星易宿;地發殺機,龍蛇起陸;人發殺機,天地反覆。天人合發,萬化定基。

殺機者,陰肅之氣,所以傷物也。然無陰不能生陽,非殺無以衛生。故天之殺機一發,則周而復始,而星宿移轉,斗柄回寅;地之殺機一發,則剝

極而復，龍蛇起陸，靜極又動。惟人也亦具一天地也，亦有此陰陽也。若能效天法地，運動殺機，則五行顛倒，而地天交泰，何則？人心若與天心合，顛倒陰陽只片時。天時人事合而一之，則萬物變化之根基，卽於此而定矣。《中庸》所謂致中和，天地位焉，萬物育焉者，卽此也。

性有巧拙，可以伏藏。

人秉陰陽之氣以成形，具良知良能以爲性。性無不善，而氣有清濁。秉氣清者則爲巧，秉氣濁者則爲拙。性巧者，多機謀；性拙者，多貪痴。巧性拙性，皆係氣質之性。人心主事，非本來之天性。修眞之道，採先天化後天，而一切巧拙之性，皆伏藏而不用矣。

九竅之邪，在乎三要，可以動靜。

九竅者，人身上七竅，下二竅也。三要者，耳目口也。人身九竅，皆受邪之處。而九竅之中，惟耳目口三者。爲招邪之要口。耳聽聲則精搖，目視色則神馳，口多言則氣散。精氣神一傷，則全身衰敗，性命未有不喪者。人能收視返聽，希言閉其要口。委志虛無，內念不出，外念不入，精氣神三品大藥，凝結不散。九竅可以動，可以靜。動之靜之，盡是天機，並無人機，更何有邪氣之不消滅哉。

火生於木，禍發必尅；姦生於國，時動必潰。知之修鍊，謂之聖人。

火喻邪心，木喻性；姦譬陰惡，國譬身。木本生火，火發而禍及木，則木尅。邪生於心，邪發而禍及心，則性亂；國中有姦，姦動而潰其國，則國亡；陰藏於身，陰盛而敗其身，則命傾。身心受累，性命隨之。於此而知潛修密鍊，觀天道，執天行，降伏身心，保全性命。不爲後天五行所拘者，非聖人其誰與歸？

天生天殺，道之理也。

天道，陰陽而已。陽主生，陰主殺。未有陽而不陰。生而不殺之理。故春生夏長，秋斂冬藏，四時成序。週而復始，循環不已。亘古如是也。

天地，萬物之盜；萬物，人之盜；人，萬物之盜。三盜既宜，三才既安。故曰：食其時，百骸理；動其機，萬化安。

天以始萬物，地以生萬物。然既生之，則又殺之，是天地既萬物之盜耳。世有萬物，人既見景生情，恣情縱慾，耗散神氣。幼而壯，壯而老，老而死，是萬物卽人之盜耳。人爲萬物之靈，萬物雖能盜人之氣，而人食萬物精華，借萬物之氣，生之長之，是人卽萬物之盜耳。大修行人，能奪萬物之氣爲我用，又能因萬物盜我之氣而盜之，並因天地盜萬物之氣而盜之。三盜歸於一盜，殺中有生，三盜皆得其宜矣。三盜既宜，人與天地合德，並行而不相悖，三才亦安矣。三才既安，道氣常存。萬物不能屈，造化不能拘矣。然此盜之秘密，有一時之功，須要不先不後，不將不迎，不可太過，不可不及。坎來則離受之，彼到而我待之，陽復以陰接之。大要不失其時，不錯其機。故曰：食其時，百骸理。動其機，萬化安。食其時者，趁時而吞服先天之氣也；動其機者，隨機而扭轉生殺之柄也。食時，則後天之氣化，百骸皆理，可以全形。動機，則先天之氣復，萬化俱安，可以延年。時也機也，難言也。要知此時卽天時，此機卽天機。苟非深明造化，洞達陰陽者，焉能知之。噫！八月十五翫蟾輝，正是金精壯盛時。若到一陽纔起處，便宜進火莫延遲。

人知其神而神，不知不神而所以神。

古今學人，皆認昭昭靈靈之識神，以爲本來之元神。故着空執相，千奇百怪，到老無成，有死而已。殊不知此神乃後天之神，而非先天之神，乃神而實不神者。先天之神。非色非空，至無而含至有，至虛而含至實，乃不神之神，而實至神者。奈何世人只知後天之神而神，甘入於輪回。不知先天不神之神，能保乎性命。無怪乎萬物盜我之氣，而罔覺也。

日月有數，大小有定；聖功生焉，神明出焉。其盜機也，天下莫能見，莫能知。君子得之固窮，小人得之輕命。

人之所以能盜天地萬物之氣者，以其天地萬物有定數焉；天地萬物不能盜人之氣者，以其聖道無形象焉；如日月雖高，而有度數可推。日則一年一周，天有春夏秋冬之可見；月則三十日一周，天有盈虛朔望之可窺。大爲陽，小爲陰。陽極則生陰，陰極則生陽。大往小來，小往大來，陰陽循環，乃一定不易之道。至人於此推陰陽造化之消息，用功於一時辰內。採鴻濛未判之氣，以爲丹母；奪天地虧盈之數，以爲命基。先天而天弗違，後天而奉天時。聖功於此而生，神明卽於此而出。此功此明，其盜機也。雖天地鬼神不可得而測度，而況於人乎。天下烏得而見，烏得而知？如其能見能知，安能盜之？此其所以爲聖，此其所以爲神，是道也。非忠臣孝子大賢大德之人不能知，非烈士丈夫俯視一切萬有皆空者不能行。果是眞正修道君子，得意忘言，大智若愚，大巧若拙；不到了性了命之後，

不肯洩漏圭角，固窮而如無知者也。至於薄福小人，偶嘗滋味，自滿自足；又不自重性命，無而爲有，虛而爲盈，約而爲泰。適以自造罪過，非徒無益，而又害之矣。

瞽者善聽，聾者善視。絕利一源用師十倍；三返晝夜，用師萬倍。

瞽者善於聽，非善聽也，以目無所見，而神藏於耳，故其聽也聰。聾者善於視，非善視也，以耳無所聞，而氣運於目，故其視也明。即此二者以觀，閉目而耳聰，塞耳而目明。況伏先天之氣，舍假修眞，存誠去妄者，何患不能長生乎？《清靜經》曰：衆生所以不得眞道者，爲有妄心。既有妄心，即驚其神。既驚其神，即着萬物。既著萬物，即生貪求。既生貪求，即是煩惱。煩惱妄想，憂苦身心。便遭濁辱，流浪生死，常沉苦海，永無眞道。妄想貪求，乃利之源也。人能絕此利之一源，則萬有皆空，諸慮俱息，勝於用師導引之功十倍。又能再三自返，存誠去妄，朝乾夕惕，晝夜慇懃，十二時中無有間斷，漸歸於至善無惡之地，勝於用師導引之功萬倍。蓋師之功，能革其面，而不能革其心；能與人規矩，而不能使人巧。絕利自返，正心地下功，戒愼恐懼於不睹不聞之處，師力焉得而及之。至聖云：一日克己復禮，天下歸仁焉。爲仁由己，而由人乎哉！正是此節妙諦。

心生於物，死於物，機在目。

心如主人，目如門戶。本來眞心，空空洞洞，無我無人無物，與太虛同體，焉有生死。其有生死者，後天肉團之心耳。心不可見，因物而見。見物便見心，無物心不現。是主人或生或死，物生之，物死之，其所以使物生死心者，皆由目之開門揖盜耳。蓋目有所見，心即受之。是心生死之機，實在目也。人能返觀內照，外物無由而受，生死從何而來？古人云：滅眥可以卻老，此至言也。

天之無恩而大恩生。迅雷烈風，莫不蠢然。至樂性餘，至靜性廉。

天至高而萬物至卑，天與物相遠，似乎無恩於物矣。殊不知無恩之中，而實有大恩生焉。天之氣鼓而成雷，噓而成風。迅雷震之，而萬物發生；烈風吹之，而萬物榮旺。發生榮旺，萬物皆蠢然無知，出於自然，此無恩而生大恩，天何心哉？故至樂者，萬物難屈，無拘無束，性常有餘。至靜者，萬物難移，無貪無愛，性常廉潔。樂者無心於餘而自餘，靜者無心於廉而自廉。亦如天之無恩而有大恩，無心之用，神矣哉！

天之至私，用之至公。禽之制在氣。

天之道行於無象，運於無形。爲物不貳，甚至私與。然其四時行而萬物生，其用又至公焉。推其奧妙，其一氣流行，禽制萬物乎。禽者，擒也，統攝之謂。制者，造作之謂。言統攝萬物，製造萬物者，在乎一氣也。一氣上升，萬物皆隨之生長。一氣下降，萬物皆隨之斂藏。生長斂藏，總是一氣擒制之。一本散而爲萬殊，萬殊歸而爲一本。私而公，公而私，非私非公，即私即公。一氣流行，循環無端，活活潑潑的也。

生者，死之根；死者，生之根。恩生於害，害生於恩。

天道生物，即是一氣，上下運用一氣。上爲陽，下爲陰，陽者，生也，恩也。陰者，死也，害也。然有生必有死，有死必有生。是生以死爲根，死以生爲根也。有恩必有害，有害必有恩。是恩在害生，害在恩生也。若人死裏求生，則長生而不死。人能害裏尋恩，則有恩而無害。出此入彼，可不愼乎！

愚人以天地文理聖，我以時物文理哲。

愚人不知生死恩害，是天地造化循還之秘密，直以天地文理爲聖矣。我則謂天文有象，地理有形，著之於外者，可見可知，未足爲天地之聖。若夫時物之文理，無象無形，乃神運之道。藏之於內者，不可見，不可知，正天地之所以爲哲也。蓋物有時而生，有時而死。當生之時，時生之，不得不生。當死之時，時死之，不得不死。生者，恩也。死者，害也。生而死，死而生，恩而害，害而恩。生死恩害，皆時運之，亦無非天地神道運之。天地神道不可見，因物以見之。觀於物之生死有時，而天地神道之明哲可知矣。

人以愚虞聖，我以不愚虞聖。人以奇期聖，我以不奇期聖。

性命之道，始於有作人難見，及至無爲衆始知。故古來修眞上聖，當有作之時，黜聰毀智，韜明養晦。斡天關，回斗柄，採藥物於恍惚杳冥之鄉，行火候於無識無知之地。委志虛無，神明默運，雖天地鬼神，不可得而測度，而況於人乎。乃人不知其中奧妙，或以愚度聖人，彼豈知良賈深藏，若虛而實有，不愚之運用乎。當無爲之時，和光同塵，積功修德，極往知來，一叩百應，神通廣大，智慧無邊。而人或以奇期聖人，彼豈知眞常應物，而實非奇異之行藏也。聖人不愚，亦如時物文理之哲。聖人不奇，亦如天地文理，不聖聖人也。所以參天地之化育，而德配天地者也。

沉水入火，自取滅亡。

人之慳貪恩愛，如水淵也，酒色財氣，如火坑也。一切常人，不窮天地造化之道，不究聖功性命之學，自暴自棄，以假爲眞，以苦爲樂。沉於水淵而不知，入於火坑而不曉，自取滅亡，將誰咎乎！

自然之道靜，故天地萬物生。天地之道浸，故陰陽勝。陰陽相推，而變化順矣。

大道無形，生育天地。大道無名，長養萬物。無形無名，自然至靜之道。然靜者動之基，靜極而動，天地萬物卽於此而生焉。一生天地，而天地卽得自然之道以爲道，故天地之道浸。浸者，浸潤漸入之謂，亦自然之義。惟其浸潤自然，動不離靜，靜不離動。一動一靜，互爲其根，故陰陽勝。動爲陽，靜爲陰。動極而靜，靜極而動。陰極生陽，陽極生陰。陰陽相推，四時成序，萬物生成。或變或化，無不順之，造物者豈有心於其間哉？蓋以自然之道無形，無形而能變化，是以變化無窮也。

聖人知自然之道不可違，因而制之。至靜之道，律歷所不能契。爰有奇器，是生萬象，八卦甲子，神機鬼藏，陰陽相勝之術，昭昭乎進於象矣。

聖人者，與天地合其德者也。惟與天地合德，故不違天地自然之道。因而裁製變通，與天地同功用。何則？自然之道，非色非空，至無而含至有，至虛而含至實。有無兼該，虛實並應者也。故以言其無則虛空一氣，無聲無臭，其爲道也至靜。靜至於至，雖律歷之氣數，有所不能契。夫律歷能契有形，不能契無形。至靜則無形矣，律歷焉得而契之。昆陵師所謂：有物先天地，無名本寂寥者是也。以言其有，則造化不測。包羅一切，其爲器也最奇。器至於奇，是謂神器。神也者，妙萬物而爲言者也。故萬象森羅，八卦相盪，甲子循環，神之伸機，鬼之屈藏，無不盡在包容之中。昆陵師所謂：能爲萬象主，不逐四時凋者是也。靜道者，無名天地之始；神器者，有名萬物之母。老子所謂無欲以觀其妙者，卽觀其始也；有欲以觀其竅者，卽觀其母也。非有不能成無，非觀竅難以觀妙。觀妙之道，萬有皆空，無作無爲。觀竅之道，陰陽變化，有修有證。聖人不違自然之道，因而制之。觀天道，執天行。從後天中返先天，在殺機中盜生機。顛倒五行，逆施造化。以陰養陽，以陽化陰。陽健陰順，陰陽混合。由觀竅而至觀妙，由神器而入至靜，由勉強而抵自然。有無一致，功力悉化。陰陽相勝之術，昭昭乎進於色象之外矣。要知此術非尋常之術，乃竊陰陽，奪造化之術；乃轉璇璣，脫生死之術。昔黄帝修之，而乘龍上天；張葛許修之，而超凡入聖。以至拔宅者八百，飛昇者三千，無非由此道而成之。吁！《陰符經》三百餘字，句句甘露。字字珠玉。示性命不死之方，開萬世修眞之路。天機太露，後世丹經子書，雖譬喻千般，無非申明陰陽相勝之術。有志者，若見此經，誠心敬閲，求師一訣，倘能直下承當，大悟大徹，勤而行之，以應八百之讖，有何不可！

《道竅談・開關問答》 有友數人焉，問於團陽子曰：足下談無，可謂清眞淺顯，開入門之孔竅者也。但不識孫陶一派有云，開關展竅，當在築基之前者，而潛虛翁則以爲古仙垂語，絕口不言，而今乃有之。又云：蛇足不添，駿骨無價。大道之厄，斯人爲之。若以開關展竅爲可鄙者。君與同師，乞道其故也。團陽子曰：吁！潛虛所言者，非鄙之也。蓋嘆斯人不幸，而失其先天清静，致令添此小術也。夫上德無爲，不以察求。童子先天未破，可清養而得胎仙，不假還返，奚用通關？故以此爲大道之厄。卽太上所謂大道廢，有仁義之喟歎也。然吾儕以度人爲功，其所流傳者，安得盡屬童眞？則展竅開關，所以啓玄門而辟徑路；還元返本，所以資同類而補眞身也。中年學道者，只要凝神有法，調息有度，陰蹺氣萌，攝入鼎内，勿忘勿助，後天氣生，再調再烹，眞機自動。乘其動而引，不必著力開，而關自開，不必著力展，而竅自展。眞氣一升於泥丸，於是而河車之路可通。要皆自然而然，乘乍動而又静之際，微微起火，逼過尾閭，逆流天谷。自然煉精化氣，灌注三宫。以後復得外來妙藥，擒制吾身之眞氣，令其交凝，使不散亂。然後，相親相戀，如龍養珠，如鷄抱卵，暖氣不絕，同落于黄庭之間，結爲朱橘，乃曰内丹，則初候之功成，延年之妙得，全形之道備矣。

友聞而喜曰：微子言，蓋幾迷於嚮往也。吾儕雖不敏，請退而修之。

《道竅談・後天集解》 從古後天法程，只言築基、煉己二層。而陶存存先生又言：修道之士，若不開關，遽言築基、煉己，乃是隔靴搔癢，無益於事。於是以開關、築基、得藥、煉己四層，分爲後天次序。吾恐人之多疑也，因作此以明之曰：古分二條者，後天之大端。今分四層者，後天之節次。以開關辟築基之路，以得藥助築基之需，以煉己了築基之事。四端仍然兩端，兩端仍然一端。古人云：細微節目，非眞師不能傳，非善人不敢道。築

基，煉己，雖非上乘丹法，而其中之節次，且更有不止於陶翁所云者。《參同》云：下德爲之，其用不休。夫不休，則見其節次之多也。所聞异詞，所見异詞，要在人之會通。

而孫教鸞真人云：修身之人，必先用鼎器以開關竅。又曰：鼎器者，靈父靈母也。曷爲以鼎器稱靈父、靈母？蓋以生仙、生佛之父母，不同夫凡父凡母，故以靈父、靈母名此後天鼎器也。靈父、靈母，逆來交媾。凡父、凡母，順去資生。逆來之法，始終不離者也。鼎器立，則神氣交，則積累厚，積累厚，則衝突健；衝突健，則關竅展；關竅展，則逆運之途辟，河車之路通矣。但運河車者，不與開關之事同。開關乃後天真氣。河車乃後天金水。功夫到河車一步，日日築基兩無分也。

潛虚曰：循環灌注，久久純熟。氣滿三田，上下交泰。所謂常使氣沖關節透，自然精滿穀神存也。吾常以後天之學名爲養己，人能細覽愚言，究其包舉之節次，則延年保身之道得也。

養己者何也？《參同契》云：內以養己，安靜虚無。此後天之要言也。己，己性也，即元神也。內，內境也，即虚無也。虚無之內，常静常安，安而後能慮，静而後能應。

然欲静其神，必須調息有度。一呼一吸，名曰一息。須順其自然，勿聽其自然。莊子曰：真人之息以踵。踵也者，相接不斷，綿綿若存也。氣徹湧泉，往來不絕。吾師云：以內息踵外息，以外息踵內息，以息息踵息息。此即以踵之妙也。內呼則外吸，內吸則外呼。內外兩息，反正相生。開合有度，卻有自然妙趣，不待强爲。古人云：若問築基下手，先明橐籥玄關。知內息即知橐籥也。丹家云：呼不出喉，吸歸於蒂，言內息也。若言口鼻呼吸，安能使之不出乎？

息既調矣，又須凝神。凝神者，寂然不動，內照形軀也。但此凝神、調息，卻非兩橛功夫。調息則神歸，神歸則覺照，覺照則氣生，氣生則静攝於內。金鼎日充，元黄交媾，真氣沖心，引至尾閭，一撞三關，牛女路開，銀河可挽。

然而養己之道，卻甚多矣。養己包調息，包凝神，包聚氣，包沖關，而更包築基煉己之事。上陽云：寶精裕氣，養己也。對境忘情，煉己也。養己爲煉己之內助，煉己除養己之外緣。煉己而不養己，則丹基難成。養己而不煉己，則汞性難固。合而言之，養己與煉己，皆一道也。

然欲養我己汞，必用彼家真鉛，乃後天中之先天，後天中之金水，有氣無質時也。真鉛初生之始，鬱蒸乎兩腎之間，即起河車以煉，循尾閭而上天谷，傾甘露而歸黄庭，灑濯三宫，將鉛制汞。氣化液而退陰符，則流珠之不走也。液化氣而進陽火，則河車之又起矣。而且煉性修心，外除塵擾，大隱市廛，和光混俗，則身心兩定，內汞堅凝。然後求八兩之先天，配我半斤之後天，而還丹可問也已。

圖表

《性命圭旨・大道説》 庖羲上聖畫八卦以示人，使萬世之下，知有養生之道。廣成子謂黄帝曰：至陰肅肅，至陽赫赫，赫赫發乎地，肅肅出乎天。我爲汝遂於大明之上矣，至彼至陽之原也；爲汝入於窅冥之門矣，至彼至陰之原也。軒轅再拜曰：廣成子之謂天矣。周公繇《易》曰：君子終日乾乾。孔子《翼》曰：終日乾乾，反復道也。夫道也者，位天地、育萬物曰道；揭日月、生五行曰道；多於恒河沙數曰道；孤則獨無一侶曰道；直入鴻濛，而還歸溟涬曰道；善集造化，而頓超聖凡曰道；目下機境未兆，而突爾靈通曰道；眼前生殺分明，而無能逃避曰道；處卑污大尊貴曰道；居幽暗而極高明曰道；細入刹塵曰道；大包天地曰道；從無入人有曰道；作佛、成仙曰道。佛經五千四十八卷，也説不到了處；《中庸》三十三章，也説不到窮處；《道德》五千餘言，也説不到極處。道也者，果何謂也？一言以定之曰：炁也。原夫一炁蟠集，溟溟涬涬，窅窅莫測，氤氲活動，含靈至妙是爲太乙，是爲未始之始始也，是爲道也，故曰無始。夫天地之有始也，一炁動盪，虚無開合，雌雄感召，黑白交凝，有無相射，混混沌沌，沖虚至聖，包元含靈，神明變化，恍惚立極，是爲太易，是爲有始之始始也，是謂道生一也，是曰元始。夫天地之太極也，一炁斯析，眞宰自判，交映羅列，萬靈肅護，陰陽判分是爲太極，是謂一生二也，是曰虚皇。陰陽既判，天地位焉，人乃育焉，是謂二生三也，是曰混元。陽之清者，升上而焕麗也，則日月星辰布焉，故天左運，三光右旋；陽之清者，騰上而會於陽也，故風雲動而雷雨作

焉。陰之濁者，重滯而就地也，則海嶽奠峙，而五穀草木昌焉，故巖岫出雲，山澤通氣。陰陽之氣閉而不通也，則雪霜結而凍水焉，陰之濁者，積沍而下凝也，穴巖幽藏而深邃，故五穀八石以錯雜焉。天地之中，陰陽正氣之所交也，聖人焉，仙佛焉，庶民焉，賢愚壽夭寔所宰焉，胎卵濕化無有息焉，是爲六合也，是謂三生萬物也。人禀絪緼之氣而生而長，至於二八之年，則九三之陽乃純。當是時也，豈非上德之大人乎？忽天一朝謀報，渾敦之德者至，乃日鑿一竅，則九三之陽，蹄驟奔蹶而去之六二之中矣，由是乾不能純而破於離，坤有所含而實於坎。若夫至聖神人能知道，體太極之所以判，能知死生根本之所以始，能知乾坤陰陽之所以乘，能知天立地牡之所以交。是以法乾坤之體，效坎乾離之用，握陰陽之柄，過生死之關，取坎中之陽，填離中之陰，離陰既實，則復純白爲乾矣。斯時補足乾元，復全渾敦，以全親之所生，以全天之所賦，是爲囫囫圇圇一箇完人也。再加向上功夫，精進不怠，則金丹成而聖胎圓，聖胎圓而真人現，真人出現，變化無窮，隱顯莫測而與鍾、呂、王、馬並駕，亦又何難？奈何世人，不明此道，盛不知養，衰不知救，日復一日，陽盡陰純，死而爲鬼。故紫陽真人曰：嗟夫，人身難得，光陰易遷，罔測修短，安逃業報？不自及早省悟，惟只甘分待終，若臨期一念有差，立墮三塗惡趣，則動經塵刼，無有出期。當此之時，雖悔何及。故三教聖人，以性命學開方便門，教人熏脩以脫生死。儒家之教，教人順性命以還造化，其道公；禪宗之教，教人幻性命以超大覺，其義高；老氏之教，教人修性命而得長生，其旨切。教雖分三，其道一也。儒之聖教曰：安汝止，欽厥止，艮其止，止其所，緝熙敬止，在止至善。黃中通理，正位居體，思不出位，立不易方。居天下之廣居，立天下之正位，行天下之大道。渾然在中，粹然至善。誠盡處，腔子裏，樂處方寸神明之舍、道義之門，活潑潑地，樂在其中。肫肫其仁，淵淵其淵，浩浩其天，天下歸仁退藏於密。何思何慮之天，不識不知之地，難以悉紀，要而言之，無非爲此性命之道也。道之玄教曰：立牝之門、天地之根、生身處、復命關、金丹之母、玄關之竅、凝結之所、呼吸之根、甲乙壇、戊己戶、心源、性海、靈府、靈臺、蓬萊島、硃砂鼎、偃月爐、神室、氣穴、土釜、谷神、靈根、欛柄、坎離交垢之鄉、千變萬化之祖、生死不相關之地、鬼神觀不破之機，難以悉紀，要而言之，無非爲此性命之道也。釋之禪教曰：不二法門、甚深法界、虛空藏、寂滅海、真實地、摠持門、彼岸、淨土、真境心地、極樂國、如來藏、舍利子、菩薩地、光明藏、圓覺海、般若岸、法王城、西方天堂、空中真際、這箇、三摩地、華藏海、陀羅尼門、不動道場、波羅蜜地，難以悉紀，要而言之，無非爲此性命之道也。儒曰存心養性，道曰修心錬性，釋曰明心見性。心性者，本體也。儒之執中者，執此本體之中也；道之守中者，守此本體之中也；釋之空中者，本體之中本洞然而空也。道之得一者，得此本體之一也；釋之歸一者，歸此本體之一也；儒之一貫者，以此本體之一而貫之也。余於是而知，不執中，不一貫，其能聖而孔子乎？不守中，不得一，其能立而老子乎？不空中，不歸一，其能禪而釋迦乎？惟此本體，以其虛空無朕，強名曰中，以其露出端兒，強名曰一。言而中，即一之藏也，一即中之用也。故天得此而天天，地得此而地地，人得此而人人，而天、地、人之大道，原於此也；皇得此而皇皇，帝得此而帝帝，王得此而王王，而皇帝王之大道，原於此也；聖得此而聖聖，玄得此而玄玄，禪得此而禪禪，而圣、玄、禪之大道，原於此也。帝皇之得道者，若羲、農、黃帝焉；仕隱而得道者，若老莊、關令焉；侯王而得道者，若子房、淮南焉；山巗而得道者，若鍾、呂、希夷焉。道之在天地間，成仙作佛者歷歷不可以指數也。伏覩總仙之傳，始知自古以來，衝舉者十萬餘人，拔宅者八千餘處。奇若子晉之驂鸞，琴高之控鯉，壽若李脫之八百，安期之三千。或住世而惡形，或厭世而戶解。復有道成而隱，但爲身謀，不肯遺名於世間者，豈勝道哉？是以深山妙窟，代不乏人，或隱、或顯，寧具知乎！古之王公大人、折節下士、祗爲有道存爾。周子曰：天地間至尊者道，至貴者德，至難得者人，人而至難得者，道德有於身而已矣。先哲云：人身難得今已得，大道難明今已明。此身不向今生度，更向何生度此身。世人不明，此身虛幻，是四大假合之物耳，速如水上之漚，瞬若石中之火，人壽雖曰百年，迨其七十固亦稀矣。今以有限易摧之身，日逐無涯不測之事，一息不來，倏然長往，命未告終，真靈已投於別殻矣。當斯之時，雖榮居極品，禄享千鍾，家豐無價之珠，室富傾城之美，悉皆抛下非己有也，所有與之偕行者，平昔所作罪業而已。故云：萬般將不去，惟有業隨身。《回光集》云：千年鐵樹花開易，一失人身再復難。《悟真篇》云：試問堆金等山嶽，無常買得不來麽？呂純陽云：萬刧千生得箇人，須知先世種來因。速覺悟，出迷津，莫使輪迴受苦辛。張紫陽云：休教燭被風吹滅，六道輪回莫怨天。三復斯語，能不憮然失乎？夫人欲免輪迴而不墮於世網

者，莫若修煉金丹，爲升天之靈梯，超凡之徑路也。其道至簡至易，雖愚昧小人得而行之，亦立躋聖域。奈何世之脩真者，志道而不專精，專精而不動久，是以學者衆而成者寡也。《尚書》曰：知之非艱，行之惟艱。道經曰：上士聞道，勤而行之；聞而不行，道安能成？陳泥丸曰：我昔修行得真訣，晝夜功夫無斷絶。一朝行滿人不知，四面皆成夜光闕。馬丹陽曰：師思深重終難報，誓死環墻錬至真。二公念生死事大，無常迅速，發勇猛心，辦精進力，若不立此大志，安能脱樊籠而超霄漢者哉？呂祖有云：辛勤二三年，快活千萬劫。蓋天有時而傾，地有時而陌；山有時而摧，海有時而竭。惟道成之後，乘飛龍，駕紫霧，翱翔天外，逍遥太虚，數不得而限之，命不得而拘之，真常本體，無有盡時。回顧世間之樂，何樂如之？嘗稽《道德經》曰：雖珙璧以先駟馬，不如坐進此道。此予道説之所由作也。

《性命圭旨·普照圖　反照圖　時照圖　内照圖》

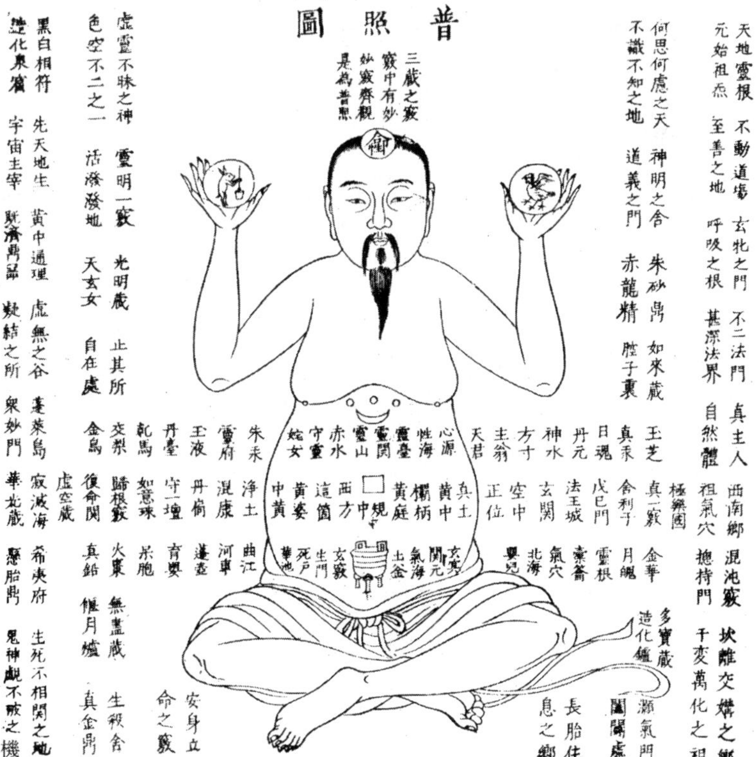

普照圖之上一層者，直指心源、性海之竅；中一層者，直指黄中正位之竅；下一層者，直指關元氣海之竅，此謂前三關也。返照圖之下一層者，指出尾閭太玄之竅；中一層者，指出夾脊雙關之竅；上一層者，指出天谷泥丸竅；此謂後三關也。丹陽云，前三三，後三三，收拾起，一擔擔，是此義也。時照圖者，發明陽升陰降之機，四象環中之妙。内照圖者，提示五臟、六腑、二十四椎、任督兩脈，使内觀者知有下手處。若人不明竅而言修，猶人未能立而言行也。從古諸仙皆口口相傳，心心相授，不敢明將此竅示人；是懼泄天機之故耳。吾師尹公開佛之正知見，等衆生如一子，繪此四圖，接引

後之迷者，意在普度有緣，同出生死苦海。

反照圖

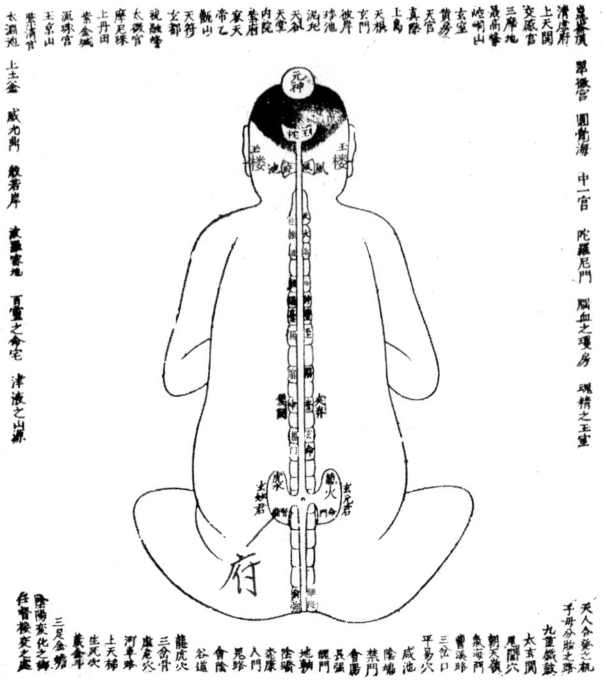

人之元氣，逐日發生，子時復氣到尾閭，丑時臨氣到腎堂，寅時泰氣到玄樞，卯時大壯氣到夾脊，辰時夬氣到陶道，巳時乾氣到玉枕；午時姤氣到泥丸，未時遯氣到明堂，申時否氣到膻中，酉時觀氣到中脘，戌時剥氣到神闕，亥時坤而氣歸於氣海矣。

時照圖

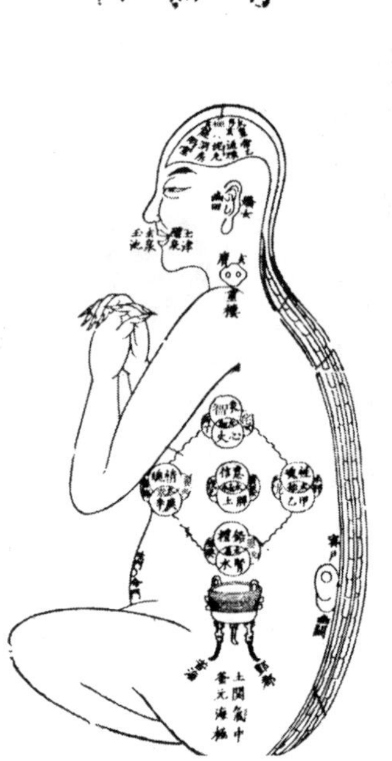

人身有任督二脈，爲陰陽由之總。任脈者起於中極之下，循腹裏上關元，至咽喉，屬陰脈之海。督脈者起於下極之腧，穿脊裏，上風府，循額至鼻，屬陽脈之海。鹿運尾閭，蓋能通其督脈也；龜納鼻息，蓋能通其任脈也；人能通此二脈，則百脈皆通而無疾矣。

心者，君主之官也，神明出焉。肺者，相傳之官，治節出焉。肝者，將軍之官，謀慮出焉。膽者，中正之官，決斷出焉。膻中者，臣使之官，喜樂出焉。脾胃者，倉廪之官，五味出焉。大腸者，傳道之官，變化出焉。小腸者，受盛之官，化物出焉。腎者，作強之官，伎巧出焉。

內照圖

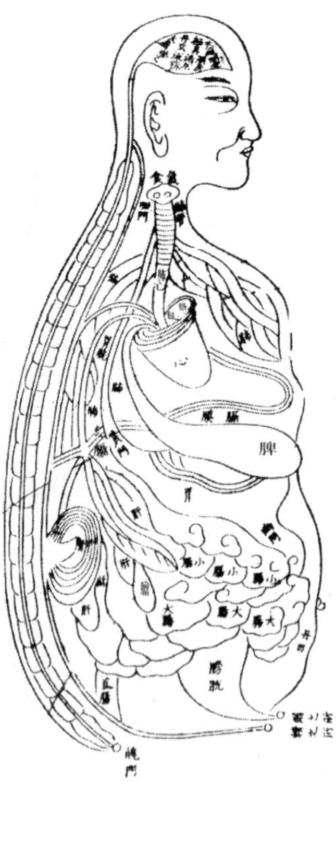

腦者，髓之海，諸髓皆屬之，故上至泥丸，下至尾骶，俱腎主之。膻中在兩乳間，爲氣之海，能分布陰陽爲生化之源，故名曰海。膈膜在肺下，與脇腹周围相着，如幕以遮濁氣，使不熏蒸上焦。幽門在大小腸之間，津液滲入膀胱，滓穢流入大腸，變化出矣。

《性命圭旨·太極圖》 此〇，釋曰圓覺，道曰金丹，儒曰太極。所謂無極而太極者，不可極而極之謂也。凡人始生之初，一點靈光，而所以主張乎形骸者太極也。父母未生以前，一片太虛，而所以不屬乎形骸者，無極也。度師曰： 欲識本來真面目，未生身處一輪明。

太極圖

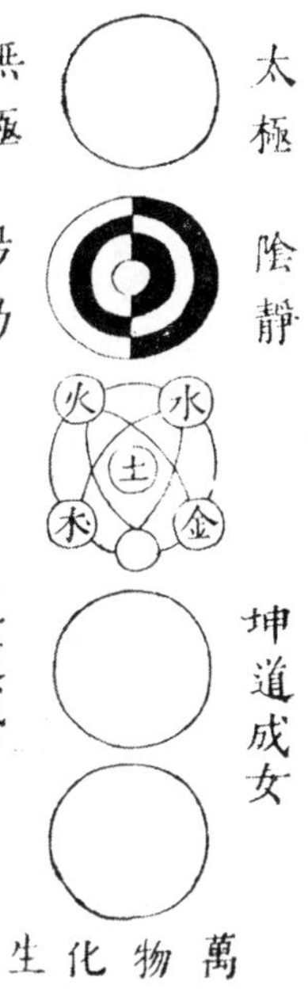

尹公曰：太極有二理，自運行而言，則曰時候；雖天地不外乎一息，自凝結而言，則曰真種。雖一黍可包乎天地，宿蟄歸根，宴息杳冥，是爲時候太極；孕字結實，交媾結胎，是爲真種太極。人能保完二極而無失，則可以長生不化，豈止盡年令終而已哉？

《性命圭旨·中心圖》

此圖直指人心虛靈不昧一竅而說，這箇竅元是廓然無際，神妙莫測的；元是渾然大中，不偏不倚的；元是粹然至善，純一不雜的。昭昭乎本是圓明洞徹而無礙；以爲有，不覩不聞，奚所有也？以爲無，至靈至神，未嘗無也。本無方所，亦無始終。未有天地萬物之先，這箇元是如此；既有天地萬物之後，這箇只是如此。至無至有，至有至無，乃乾坤之靈體，元化之玄樞，人人性命之本原，天下萬物萬事之大本。太易所謂太極、四象、八卦皆由此出，大舜之謂中，孔子之謂一。帝王之授受，聖賢之相傳。明此便是克明峻德，知此便是知易，見此便是見道，立此便是立天下之大本，通此性由我盡，命由我立，造化盡在我矣。

《性命圭旨·火龍水虎說》

夫黑鉛、水虎者，是天地發生之根，乃有質而有氣也；紅鉛、火龍者，是天地發生之本，乃有氣而無質也。有質者真鉛也，太陰月之精也，爲天地萬物育形之母。無質者真汞也，太陽日之光也，爲天地萬物發生之父。鉛汞之體互相孳胤，循環不絕，可謂生天、生地、生萬物之祖宗也。古之至人知神物

隱於此，假法象而採取太陰之精，設鼎器而誘會太陽之氣使歸神室，混混相交，交合不已，孳產無窮。而木中生魂，金中生魄，魂魄凝然，化爲圖鄞鄂，交結百寶，名曰金液還丹。

《性命圭旨·日烏月兔説》

日烏月兎圖

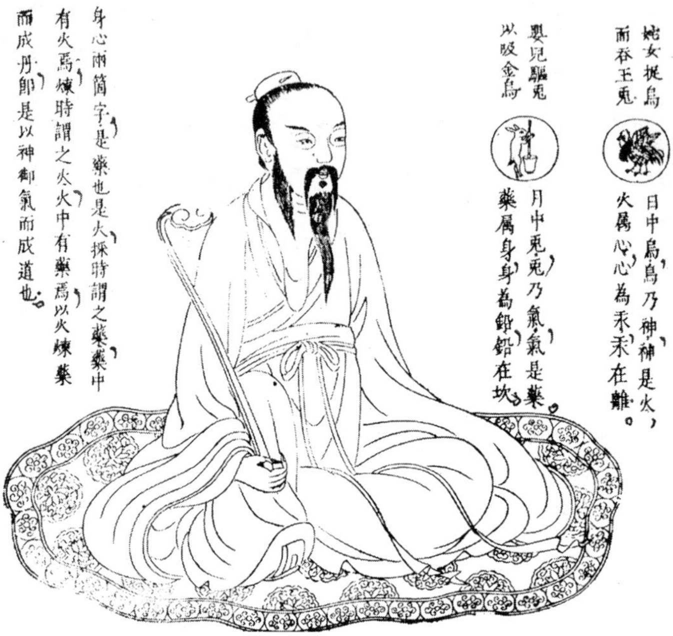

日者陽也，陽內含陰，象砂中有汞也，陽無陰則不能自耀其魂，故名曰雌火，乃陽中含陰也，日中有烏，卦屬南方，謂之離女，故曰日居離位反爲女。月者陰也，陰內含陽，象鉛中有銀也，陰無陽則不能自熒其魄，故名曰雄金，乃陰中含陽也，月中有兔，卦屬北方，謂之坎男，故曰坎配蟾宮卻是男。無漏云：鉛求玉兔腦中精，汞取金烏心內血，只驅二物結成丹，至道不繁無扭捏。《悟真》云：先把乾坤爲鼎器，次摶烏兔藥來烹，既驅二物歸黃道，爭得金丹不解生。二物者，一體也。

《性命圭旨·大小鼎爐説》

大小鼎爐圖

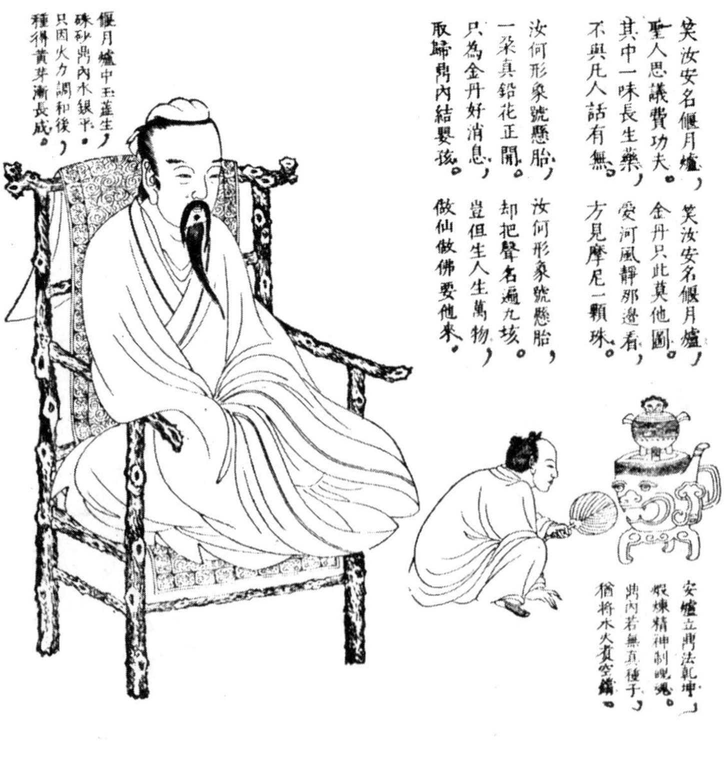

凡修金液大丹，必先安爐立鼎。鼎之爲器，匪金匪鐵；爐之爲具，匪玉匪石。黄庭爲鼎，氣穴爲爐，黄庭正在氣穴上，縷絡相連，乃人身百脈交會之處，鼎卦曰正位凝命是也，此謂之小鼎爐也。乾位爲鼎，坤位爲爐。鼎中有水銀之陰，即火龍性根也；爐內有玉藥之陽，即水虎命蒂也。虎在下，爲發火之樞機；龍居上，起騰雲之風浪。若爐內陽升陰降無差，則鼎中天魂地魄留戀，青龍與白虎相拘，玉兔與金烏相抱，火候調停，煉成至寶。故青霞子

曰：鼎鼎非金鼎，爐爐非玉爐，火從臍下發，水向頂中符。三姓既會合，二物自相拘，固濟胎不泄，變化在須臾。此謂之大鼎爐也。

《性命圭旨・內外二藥說》

內外二藥圖

凡修煉者，先修外藥，後修內藥。若高上之士，夙植靈根，故不煉外藥，便煉內藥。內藥無爲無不爲，外藥有爲有以爲；內藥無形無質而實有，外藥有體有用而實無，外藥可以治病，可以長生久視。內藥可以超越，可以出有入無。外藥、外陰陽往來，內藥、內坎離輻輳。以外藥言之，交感之精先要不漏，呼吸之氣更要微微，思慮之神貴在安靜；以內藥言之，煉精者煉元精，抽坎中之元陽也，元精固則交感之精自不洩漏。煉氣者煉元氣，補離中之元陰也，元氣住則呼吸之氣自不出入；煉神者煉元神，坎離合體而復乾元，元神凝則思慮之神自然泰定，內外兼修成仙必矣。

《性命圭旨・順逆三關說》

順逆三關圖

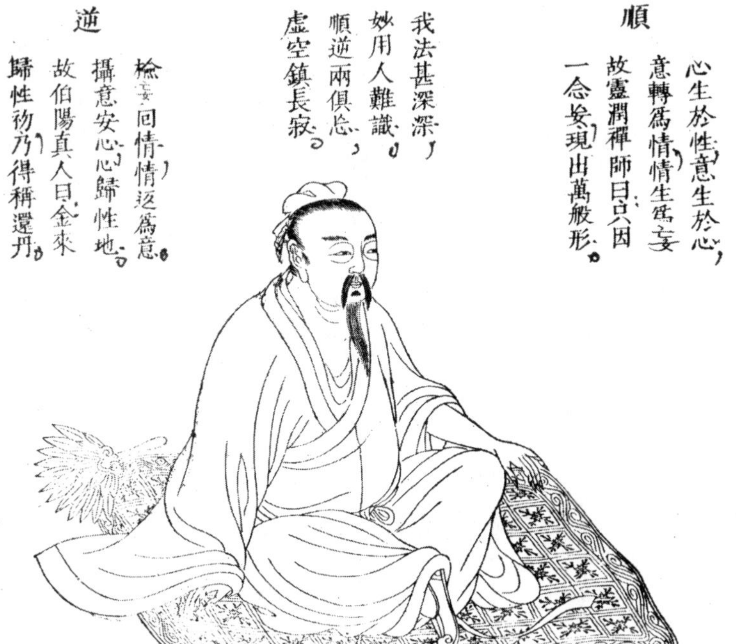

道生一，一生二，二生三，三生萬物。此所謂順去生人生物。今則形化精，精化炁，炁化神，神化虛，此所謂逆來成佛成仙。初關煉精化炁者，要識天癸生時，急急採之，採時須以徘徊之意，引火逼金，所謂火逼金行顛倒轉，自然鼎內大丹凝；中關煉氣化神者，乘此火力熾盛，駕動河車，自太玄關逆流至天谷穴，炁與神合，然後下降黄房，所謂乾坤交媾罷，一點落黄庭；上

關煉神還虚者，守一抱元，以神歸於毘盧性海。蓋三關自有爲入無爲者，漸法也。修上一關，兼下二關者，頓法也。若經做煉神還虚者，工夫到虚極靜篤時，精自化氣，氣自化神，即關尹子忘精神而超生之旨也。

《性命圭旨·盡性了命説》

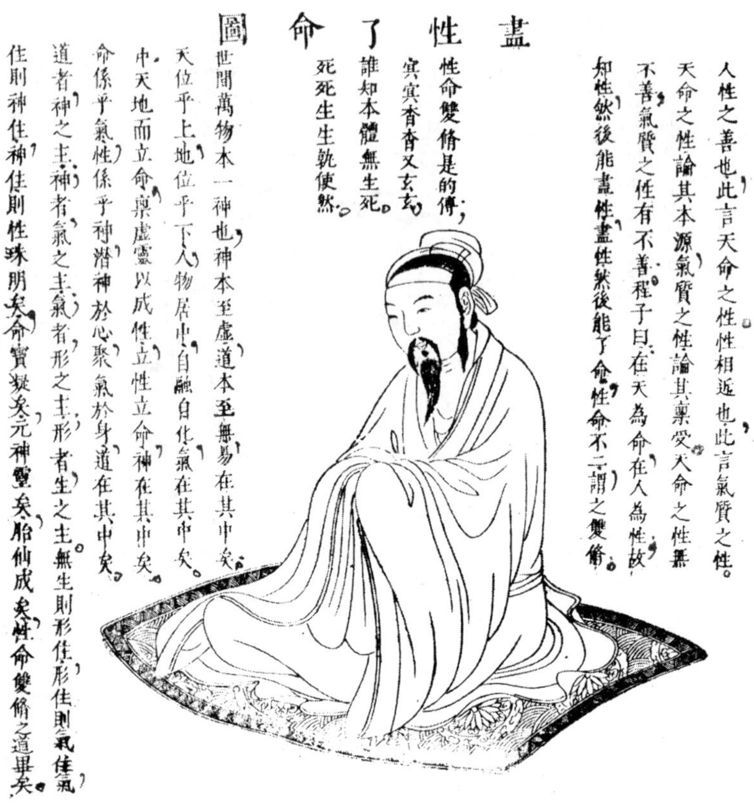

丹田喻曰，心中元性喻月，日光自返照月，蓋交會之後，寶體乃生金也。月受日氣，故初三生一陽者，丹既居鼎，覺一點靈光，自心常照而無晝夜，一陽生於月之八日而二陽産矣。二陽者，丹之金氣少旺，而元性又少現。自二陽生之於望而三陽純矣，三陽純者，是所謂元性盡現，而如月之圓也。月既圓矣，十六而一陰生，一陰者，性歸於命之始也。自一陰生至於月之二十三，而二陰産矣。二陰者，乃性歸於命三之二也。自二陰生於月之三十日而三陰全矣，三陰全，乃性盡歸於命也。方其始也，以命而取性；性全矣，又以性而安命。此是性命雙修大機括處。

《性命圭旨·真土根心説》

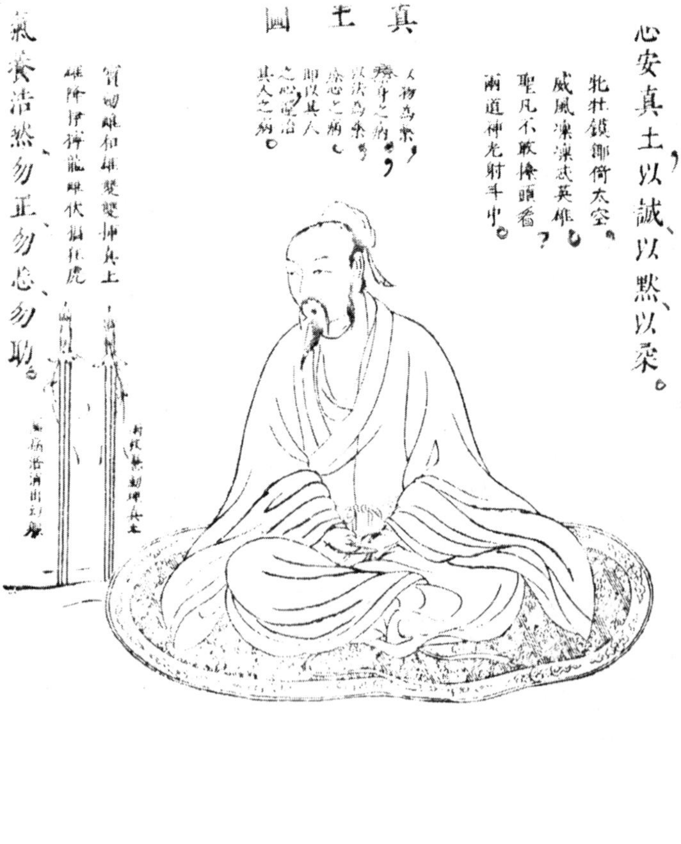

夫天之氣之所從生者，蓋蘊於天地之土中，而無盡藏也；人之氣之所從生者，蓋蘊於人身之土中，而無盡藏也。故仁、義、禮、智之根根於心，猶草木之根根於土。草木之根根於土，自然暢茂而條達；仁、義、禮、智之根根於心，自然生色而睟面。孟子曰：居移氣，養移體。《大學》曰：心廣體胖，心既廣矣，體復胖矣。而謂病之不去體者，妄也。至若枝葉之或憔悴而枯槁也，則又如之何？亦惟直從於其根焉，而培之、而溉之，培之、溉之，而生意有不復息乎？蓋草木之根病，則枝葉病，若人之心，猶草木之根也。心

病，則身病。心不病，則身不病。故身病，由於心病。而體胖數語，乃去病之聖藥也。

《性命圭旨・魂魄説》

鬼云爲魂，鬼白爲魄。云者風，風者木，白者氣，氣者金。風散故輕清，輕清者魄從魂升；金堅故重濁，重濁者魂從魄降。故聖人以魂運魄，衆人以魄攝魂。魂晝寓目，魄夜舍肝，寓目能見，舍肝能夢。夢多者，魄制魂；覺多者，魂勝魄。蓋因魄有精，因精有魂，因魂有神，因神有意，因意有魄，五者運行不已。所以我之僞心流轉造化，幾億萬歲未有窮極。然核芽相生，不知其幾萬株；天地雖大，不能芽空中之核；雌卵相生，不知其幾萬禽；陰陽雖妙，不能卵無雄之雌。是以聖人萬物之來對之以性，而不對之以心。性者，心未萌也。無心則無意，無意則無魄，無魄則不受生，而輪回水息矣。

《性命圭旨・蟾光説》

太虛寥廓，皓月粲然；雪浪翻騰，金蟆吐耀。人見月之所以明，而曰：金精盛則月明焉。孰知金之所以生者，自月而産也。人見金之産於月，而不知月之明本出於日也。月者喻元性也，水喻坎宫也，金蟆者，喻一點真陽之竅也，元性喻月性之用也。性之初見，圓陀陀，光爍爍，狀似流星。蓋氣質之性稍息，而元陽真性就見，如雲開則月現，霧散則陽輝。纔見此物分明，便是元氣産矣，速急採取，譬之見賊便捉，毋令再逸，收歸於鼎器之中，則一點元氣蟾光，終不可得而出矣。

《性命圭旨·降龍說》 離曰爲汞，中有己土，強名曰龍。其形獰惡，主生人、殺人之權，專成佛、成仙之道。威能變化，感而遂通。雲行雨施，品物流行。乾之九二，見龍在田，利見大人。子曰：龍德而正中也。世人不悟此龍生生之功，每服其害。若人悟而畏之，調而馭之，則能降此獰惡之龍，而積至精之汞。降之者，制其心中真火。火性不飛，則龍可制，而有得鉛之時。故曰：不積汞，何以取其鉛；不降龍，無以伏其虎。且真鉛真汞，未易相投；而真虎真龍，亦難降伏。學道者若能了得這箇字，其他事皆末務也。

《性命圭旨·伏虎說》

伏虎圖

坎月爲鉛，中有戊土，強名曰虎。其形猖狂，雖能傷人、殺人，卻蘊大乘氣象，舉動風威，叩之則應，含弘光大，品物資生。文王重《易》曰：履虎尾不咥人，亨。又曰：履道坦坦，幽人貞吉。孔子曰：素履之往，獨行願也。若人悟而畏之，馴而調之，則能伏此猖狂之虎，以産先天之鉛。伏之者，伏身中真水，水源至清，則虎可伏，而無咥人之害。故歷代聖師以降龍煉己，以伏虎爲持心。是以純陽翁云：七返還丹在人，先須煉己待時。紫陽翁云：若要修成九轉，先須煉己持心。皆此義地。

《性命圭旨・火候》

火候崇正圖

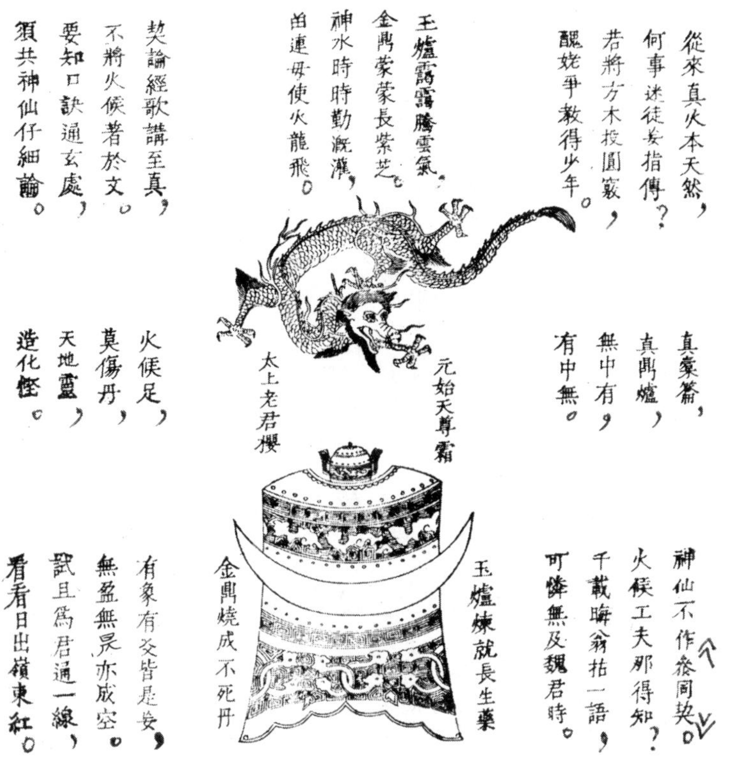

火候最秘，聖人不傳，今則露之。藥非火不産，藥熟則火化矣；火非藥不生，火到則藥成矣。且火候之奧，非可一概而論。故未得丹時，須藉武火以凝之，既得丹時，須藉文火以養之。文火者，結實之火也，其養之之法，節其寒溫消息是也。故《參同契》曰：候視加謹慎，審察辯寒溫。審其火之未燃也，須藉巽風以吹之。察其火之既燃也，須資神水以沃之，若太過則損之，若不及則益之。俾得中和，而無火燥，火寒之病矣。蓋火之寒、燥，全在意念上發端。陳虛白曰：念不可起，念起則火燥，意不可散，意散則火冷。惟只要一念不起，一意不散，含光默默，真息綿綿，圓明覺照，常自惺惺，此長養聖胎之真火候也。故白玉蟾曰：採藥物於不動之中，行火候於無爲之内。張三峰曰：以默以柔存火性，勿忘勿助養靈胎。劉海蟾曰：兀兀無爲融至寶，微微文火養潛龍。張紫陽曰：自有天然真火育，不須柴炭及吹噓。又曰：謾守藥爐看火候，但安神息任天然。此四翁乃列仙中之錚錚者，皆以天然真火自然妙用而成無上至真之道。又何嘗用卦爻、斤兩、年月、日時者哉？今時之人，錯會仙師本意，泥象執文，認指爲月，而必欲推算卦體之策數，求合卦畫之陰陽。吾恐終身役役，而不見其成功；倏然疲斃，而不知其歸處。豈不見張平叔云：此中得意須忘象，若究群爻謾役情。高象先云：晝夜屯蒙法自然，焉用孜孜看火候。陳冲素云：火雖有候不須時，些子機關我自知。彭真一云：從來真火無形象，不得師傳也大難。蕭紫虛云：藥物調和，悟者甚易，火候消息，行之恐難。一十月工夫，存杳杳綿綿之息。三萬年氣數，在來來往往之間，所以養丹田之寶，此寶長在；奪丹鼎之珠，此珠復還。駕動河車，離塵世尾閭之海。移居天谷，上崑崙蓬島之山。前數句謂作丹之時脱胎而入口；末二句，謂功成之後，脱胎而出殼；中間兩句，謂溫養子珠，長養聖胎。張三峰曰：年、月、日、時空有着，卦爻斤兩亦支離。若存會得綿綿意，正是勿忘勿助時。白紫清曰：流俗、淺識、末學、凡夫，豈知元始天尊與天仙、地仙，日日採藥物而不停，藥物愈採而無窮也；又豈知山河大地與蠢動含靈，時時行火候而無暫住，火候愈行而不歇也。神凝則精氣聚而百寶結者，結胎之藥物也。真息往來，而未嘗少有間斷者，溫養之火候也。陳虛白曰：火候之要，尤當於真息求之。丘長春曰：一念不離方寸是真空，此養胎之真火也。夫真火者，我之神也，而與天地之神，虛空之神，同其神也；真候者，我之息也，而與天地之息，虛空之息，同其息也。左元放曰：火候無爲合自然，自然真火養胎仙，但存神息居丹扃，調燮先天接後天。王重陽曰：聖胎既凝，養以文火。安神定息，任其自如。此以神感，彼以神應，天機妙用，自然而然。予於是而知神息者，火候也。而孟子之所謂勿忘勿助，老氏之所謂綿綿若存，釋氏之所謂不得動，不得息者，是皆神息之自然，火候之微旨也。故曰：神仙不肯分明説，説得分明笑殺人。

身心意是誰分作三家

大道玄微見此圖，分明有象不模糊。先將一二爲之用，三四中當共一都。

三家相見圖

不用五金併入石，只求三品共一室。煉成一顆如意珠，軟似兜羅紅似日。

精氣神由我合成一箇

身、心、意，謂之三家。三家相見者，胎圓也。精、氣、神，謂之三元。三元合一者，丹成也。攝三歸一，在乎虛靜。虛其心，則神與性合；靜其身，則精與情寂；意大定，則三元混一。情合性，謂之金木併；精合神，謂之水火交；意大定，謂之五行全。然而精化爲炁者，由身之不動也；炁化爲神者，由心之不動也；神化爲虛者，由意之不動也。心若不動，則東三南二同成五也；身若不動，則北一西方四共之也；意若不動，則戊己還從生數五也。身、心、意合，則三家相見，結嬰兒也。

眼不視而魂在肝，耳不聞而精在腎，舌不動而神在心，鼻不嗅而魄在肺，四者無漏，則精水、神火、魂木、魄金，皆聚於意土之中，而謂之和合四象也。

和合四象圖

含眼光，凝耳韻，調鼻息，緘舌氣，四大不動，使金木水火土俱會於中宮，謂之攢簇五行也。故曰：精神魂魄意，攢簇歸坤位，靜極見天心，自有神明至。

四象者，青龍、白虎、朱雀、玄武也。五行者，金、木、水、火、土也。龍木生火，同屬乎心。心者象帝之先，靈妙本有中之真無也。心若不動，則龍吟雲起，朱雀斂翼，而元氣聚矣。虎金生水，同係乎身，身者歷刧以來，清淨自無中之妙有也。身若不動，則虎嘯風生，玄龜潛伏，而元精凝矣。精凝氣聚，則金、木、水、火混融於真土之中，而精、神、魂、魄，攢簇於真意之內。真意者，乾元也，乃天地之母，陰陽之根，水火之本，日月之宗，三才之源，五行之祖。萬物賴之以生成，千靈承之以舒慘。意若不動，則二物交，三寶結，四象和合，五行攢簇，俱會入中宮，而大丹成矣。故紫陽云：五行全要入中央，

蓋謂此也。

《性命圭旨·取坎填離説》

取坎填離圖

鉛汞者，太極初分，先天之炁也。先天炁者，龍虎初弦之炁也。虎居北方坎水之中，而坎中陽爻，原屬於乾，刼運未交之先，乾因顛蹶馳驟，誤陷於坤。乾之中爻，損而成離。離本汞居。故曰：坎內黃男名汞祖也。龍居南方離火之內，而離中陰爻，原屬於坤，混沌擸落之後，坤因含受孳育，得配於乾。坤之中爻，實而爲坎。坎本鉛舍，故曰：離中玄女是鉛家也。似此男女異室，鉛汞與爐，陰陽不交，則天地否矣。聖人以意爲黃婆，引坎內黃男配離中玄女，夫妻一媾，即變純乾。謂之取坎填離，復我先天本體。故《悟真篇》云：取將坎內中心實，點化離宮腹內陰。正此義也。

《性命圭旨·九鼎煉心説》

九鼎煉心圖

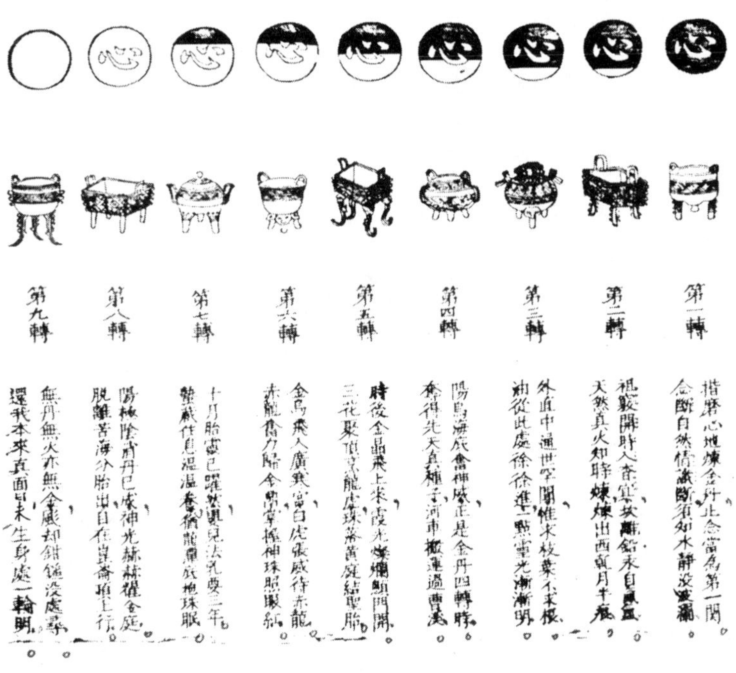

日也者，天之丹也。黑而霾之，則日不丹。心也者，人之丹也。物而霾之，則心不丹。故煉丹也者，煉去陰霾之物，以復其心之本體。天命之性之自然也，天命之性，吾之真金也。人人之所必有者，氣質之性，金之濁滓也，上智之所不無者。若以人倫日用之火，而日煉之則氣質之性日除。氣質之性日除，則天命之性自見矣。故五帝三王，君也，而以君道而日煉其心；伊傅周召，相也，而以相道而日煉其心；孔曾思孟，師也，而以師道而日煉其心。無時而不心在於道，無時而不以道而煉其心，此乃古先大聖大賢爲學之要法，百煉煉心煉性之明訓也。

《性命圭旨・八識歸元圖》

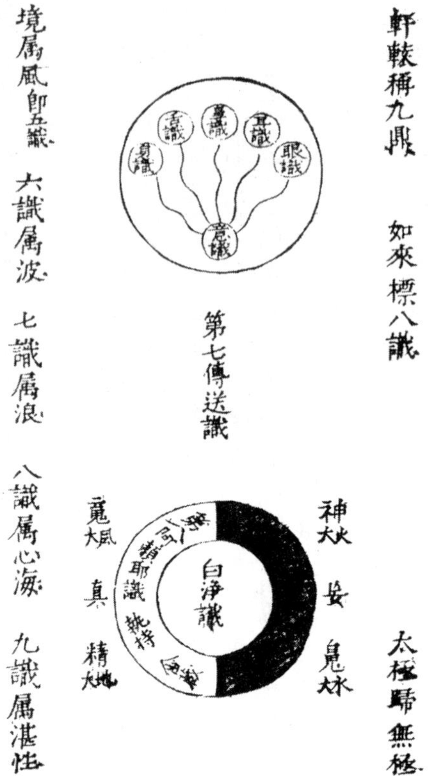

釋氏謂：人之受生，必從父精母血，與前生之識神，三相合而後成胎。精氣受之父母，神識不受之父母也。蓋從無始刧流來，亦謂之生滅性。故曰：生滅與不生滅，和合而成八識也。盖造化間，有箇萬古不移之真宰，又有箇與時推移之氣運，真宰與氣運合，是謂天命之性。天命之性者，元神也；氣質之性者，識神也。故儒家有變化氣質之言，禪宗有返識爲智之法。今人妄認方寸中，有箇昭昭靈靈之物，渾然與物同體，便以爲元神在是。殊不知，此即死死生生之本，非不生不滅之元神也。噫！識識易，去識難。若不以天命元神而戰退無明業識，終在生滅場中，未見有出頭日也。

《性命圭旨・五氣朝元說》

一氣初判，而列二儀；二儀定位，而分五常；五常異地，而各守一方；五方異氣，而各守一子。青帝之子，名龍烟，受甲乙木德之三氣。赤帝之子，名丹元，受丙丁火德之二氣。白帝之子，名皓華，受庚辛金德之四氣。黑帝之子，名玄冥，受壬癸水德之一氣。黄帝之子，名常存，受戊己土德之五氣。故金得土則生，木得土則旺，水得土則止，火得土則息。惟聖人知回機之道，得還元之理，於是攢五、簇四、會三、合二而歸一也。蓋身不動則精固，而水朝元；心不動則氣固，而火朝元；真性寂則魂藏，而木朝元；妄情妄則魄伏，而金朝元；四大安和，則意定，而土朝元。此謂五氣朝元，皆聚於頂也。

著録

《養性延命録·序》 夫禀氣含靈唯人爲貴。人所貴者，蓋貴爲生。生者神之本，形者神之具。神大用則竭，形大勞則斃。若能遊心虚靜，息慮無爲，服元氣於子後，時導引於閑室，攝養無虧，兼餌良藥，則百年耆壽是常分也。如恣意以躭聲色，役智而圖富貴，得喪恒切於懷，躁撓未能自遣，不拘禮度，飲食無節，如斯之流，寧免夭傷之患也？余因止觀微暇，聊復披覽養生要集，其集乃錢彦、張湛道林之徒，翟平、黄山之輩，咸是好事英奇，志在寶育，或鳩集仙經、眞人壽考之規，或得採彭鏗、老君長齡之術。上自農黄以來，下及魏晉之際，但有益於養生，及招損於後患，諸本先皆記録。今略取要法，刪棄繁蕪，類聚篇題，分爲上下兩卷，卷有三篇，號爲《養性延命録》，擬補助於有緣，冀憑緣以濟物耳。或云此書孫思邈所集。

《靈劍子·序》 夫欲學道長生，服氣爲先。處俗求利名，名彰則利盈，名成則利生，氣成則延齡。是君子之抱命，宣小人之矜智。及文武俱備，可爲佐國之忠臣；精氣雙全，乃是真仙之子。夫子稱予不知道本根田，乃問老子，方知道之是氣。形神不足，虚受辛勤，心願若偏，終無所得。心正則神調，神調則道氣足矣。

《千金要方·養性序》 扁鵲云：黄帝説晝夜漏下水百刻，凡一刻人百三十五息，十刻一千三百五十息，百刻一萬三千五百息。人之居世，數息之間信哉！嗚呼！昔人歎逝，何可不爲善以自補邪？吾常思一日一夜有十二時，十日十夜百二十時，百日百夜一千二百時，千日千夜一萬二千時，萬日萬夜一十二萬時，此爲三十年。若長壽者九十年，只得三十六萬時。百年之内，斯須之間，數時之活，朝菌蟪蛄，不足爲喻焉。可不自攝養而馳騁六情，孜孜汲汲追名逐利，千詐萬巧以求虚譽，没齒而無厭。故養性者，知其如此，於名於利，若存若亡；於非名非利，亦若存若亡，所以没身不殆也。余慨時俗之多僻，皆放逸以殞亡。聊因暇日，粗述養性篇，用獎人倫之道，好事君子與我同志焉。夫養性者，欲所習以成性，性自爲善，不習無不利也。性既自善，内外百病皆悉不生，禍亂災害亦無由作，此養性之大經也。善養性者，則治未病之病，是其義也。故養性者，不但餌藥飡霞，其在兼於百行。百行周備，雖绝藥餌，足以遐年。德行不克，縱服玉液金丹，未能延壽。故夫子曰：善攝生者，陸行不遇虎兕，此則道德之祜也，豈假服餌而祈遐年哉！聖人所以藥餌者，以救過行之人也。故愚者抱病歷年而不修一行，纏痾没齒，終無悔心，此其所以歧和長逝，彭跗永歸，良有以也。嵇康曰：養生有五難：名利不去，爲一難；喜怒不除，爲二難；聲色不去，爲三難；滋味不绝，爲四難；神慮精散，爲五難。五者必存，雖心希難老，口誦至言，咀嚼英華，呼吸太陽，不能不迴其操不夭其年也。五者無於胸中，則信順日躋，道德日全，不祈善而有福，不求壽而自延。此養生之大旨也，然或有服膺仁義，無甚泰之累者，抑亦其亞歟！

《服氣精義論·司馬承禎序》 夫氣者，道之幾微也。幾而動之，微而用之，乃生一焉。故混元全乎太易；夫一者，道之沖凝也。沖而化之，凝而造之，乃生二焉，故天地分手太極。是以形體立焉，萬物與之同禀；精神著焉，萬物與之齊受。在物之形，唯人爲正；在象之精，唯人爲靈。並乾坤，居三才之位，合陰陽，當五行之秀。故能通玄降聖，鍊質登仙隱景，入虚無之心，至妙得登仙之法。所學多途，至妙之至，其歸一揆。或消飛丹液，藥效升騰，或齋戒存修，功成羽化。然金石之藥，候資費而難求，習學之功，彌歲年而易遠。若乃爲之速效，專之克成，與虚無合其道，與神靈合其德者，其唯氣乎！黄帝曰：食穀者知而夭，食氣者神而壽，不食者不死。眞人曰：夫可久於其道者，養生也；常可與久遊者，納氣也。氣全則生存，然後能養志；養志則合眞，然後能久登生氣之域。可不勤之哉？是知吸引晨霞，餐漱風露，養精源於五臟，導榮衛於百關，既祛疾以安形，復延和而享壽，閉視聽以胎息，返衰朽以童顔。遠取於天，近取於己，心閑自適，體逸無爲。欣邈矣於百年，全浩然於一室。就輕舉之諸術，寘清虚之雅致歟！若兼眞之業，鍊化之功，則佇雲軺而促期，馳羽駕而憎遠矣。服氣之經，頗覽多本，或散在諸部，或未暢其宗。觀之者，以不廣致疑；習之者，以不究無效。今故纂類篇目，詳精源流，庶蟪蛄之兼濟，豈鼃龍之獨善耳？凡九篇如後。

《天隱子·司馬承禎序》 神仙之道，以長生爲本；長生之要，以養氣爲先。夫氣受之於天地，和之於陰陽。陰陽神虚謂之心，心主晝夜，寤寐謂之魂魄。如此，人之身大率不遠乎神仙之道。天隱子吾不知其何許人，著書

八篇，包括秘妙，殆非人間所能力學。觀夫修鍊形氣，養和心虛，歸根契於伯陽，遺照齊於莊叟。長生久視，無出是書。承禎服習道風，惜乎世人夭促眞壽，思欲傳之同志，使簡易而行。信哉！自伯陽而來，唯天隱子而已矣。謹序。

《老子說五廚經註・尹愔序》 臣聞《易》曰：精義入神以致用也，利用安身以崇德也，富哉！言乎富哉！言乎是知義必精，然後可以入神致用；用必利，然後可以安身崇德。義不精而云致用，用不利而云安身，身不安而云知道者，未之有也。然則沖用者，生化之主也。精氣爲物，謂之委和。漠然無間，有與立矣。則天地大德，不曰生乎！全其形生者，在乎少思寡欲，抱樸尋和。遊心於淡，合氣於漠。且清明在躬，志氣如神。嗜欲將至，有開必先。故聖人垂教以檢之，廣業以持之。專氣致柔，以道其和；嚮悔宴息，以窒其欲。洗心藏密，窮神知化，然後安身而國家可保，德用而百姓不知。是以自天祐之吉，無不利矣。伏讀此經五章，盡修身衛生之要。全和含一精義可以入神。坐忘遺照，安身可以崇德。研味滋久，輒爲訓註。臣草茅微賤，恩霈特深，天光不違，自忘鄙陋，伏上慙懼，徊徨如失。臣愔頓首。頓首謹言。

《嵩山太無先生氣經・序》 夫形之所恃者氣也，氣之所依者形也。氣全即形全，氣竭即形斃。是以攝生之士，莫不鍊形養氣，以保其生。未有有形而無氣者。即氣之與形相須而成，豈不皎然。余慕至道，備尋祕訣，自行氣守眞向三十餘載，所聞所見殊未愜心。大曆中遇羅浮山王公，自北嶽而返，倚策高昂，依然相顧，余奇異人，延之與語，果然方外有道之君子也。哀余懇至見，授吐納須一二理身之要道，其恩罔極，非言詞所能盡。每云：道之要法，不在經書，悉傳口訣，其二景、五牙、六戊諸服氣法，皆爲外氣。外氣剛勁，非從中之事所能宜服也。至如內氣已正，是曰：胎息身中自有，非假外求。不得明師之口訣，徒爲勞苦，終無所成。今所撰録，皆承師之旨要，以申明之諒非愚蒙所自裁。王公嘗謂余曰：老君云：我命在我不在天地。又曰：吾與天地分一氣而自理焉，天地焉能死吾哉？斯實眞言要訣也。修奉之士，宜三復之。恭承誘訓，敢不佩服。有偶時得此訣者，須慎勿輕傳，示無或泄露，以致其殃耳。

《太白經・元子》 《黃帝聖記經》曰：黃帝元年寅月寅日，齋於首山，方明力牧從。黃帝以上具茨謁，大隗君授以黃帝神芝靈圖十二卷、金銀方十九首。黃帝又登王屋山，開石函發玉笈，得九鼎神丹飛雪鑪火之道。黃帝復到峩嵋山，見天眞皇人，禮請神仙之道。皇人曰：子豈不知天有玄一，生於太陽，名爲流珠，爲衆妙之門，得而修之，可令子長生，昇雲飛朝。玉帝黃帝拜受於荆山，鑄金鼎，修合流珠，大還神丹，令傳後人，而於鼎湖，服而上昇。時有大臣七十二人得丹服者，亦從黃帝上昇。先是黃帝恐金丹道绝，授與元子九鼎神丹，令傳後人，而誡之曰：此道至重，必以授賢，苟非其人，自招災咎。元子則齋於東明山，以金魚投於東流水，歃血而盟。後元子又傳東山子。自此以聖傳聖，以賢傳賢，以仁傳仁，得道者不可勝計。天之愛人甚矣。而人自非，心不合道，固難成也。返成不信，天下十有九矣。聞道撫掌，此亦明矣。是則天機不可輕泄，鼎器不可竊弄，愚下、狡詐、貪婪、欺妄者，故不可令見，不可與語。

《內丹九章經・吳筠序》 予於開元中著《玄綱論》及《養形論》行於世，詔授江州刺史，辭而不受，晦跡隱於驪山養胎息。至元和中，遊淮西，遇王師討蔡賊吳元濟。避亂東之於岳，遇李謫仙以斯術授予，曰：此南統大君之生門也。入其門，則我命在我。九章象陽之爻數也，其文略，其事簡，實學道之漸階，爲求生之眞路也。又曰：內丹者，即此也。吾今授汝，慎勿泄無器識謟神靈之徒，否則罹灾矣。九章之旨許度後人，但不授中下之才者爾。故録爲之序引。唐元和戊戌吳筠序。

《內丹九章經・吳筠後序》 東方角，亢二星，列宿之長，故曰壽也。二星之間，則天門也，亦曰天關。凡得道朝元，皆由此門而入。得此道者，告元神則感通，享壽星則關奏録，係於天門矣。功滿昇天，元辰接引入門則無礙。予四十年方遂一，第既知命寡，遂慕尋眞，討究仙經，莫得生理。因南訪茅君修眞之跡，登茅巔，入石室，先得《元道眞經》，即太上道君歸根復本，號而不嗄之理也。乃執其理十餘年，惟攻胎息，續用既勞。嗟乎！非眼前之睫也。後再遊，逢老叟曰：汝欲學仙乎？學仙者，從塵入眞，如鍊礦而鎔金也。何不先求命術，以延其生，後修陰德，登其漸階乎？天仙也者，功感上天，詔授錫命，乃遂輕舉而爲仙人也。雖達仙境，猶鍊眞氣，氣與神并，故曰神仙。神仙體虛，故能跨鸞馭鶴，乘雲氣，飛騰太虛，壽齊天地。汝得元道眞經，求仙之筌蹄也。其莽蕩，魚兔難尋。昔茅君上昇，留大君命術，藏於山巔石室，

俾吾守之，蓋欲傳於夙分者也。汝格孤氣清，必有仙骨。乃出此九章，授予而去。囑曰：此即所求之魚兔也。道非身外，寶之寶之。乃録其言爲序以紀之。仍目之曰《内丹神訣》矣。吳筠序。

《西山群仙會眞記·施肩吾序》 序曰：性非生知，學道者必資於切問；道難言傳，立教者不尚於明文。藏機隱意，恐輕泄於聖言；比物囑辭，乃密傳於達士。世有讀書而五行俱下，開卷則一覽無遺。聲名喧世，孰知不死之方；頭角摩天，豈悟希夷之理。必也訪道尋眞，求師擇友。覽仙經之萬卷，不出陰陽；得尊師之一言，自知眞僞。水火木金土五行也，相生而爲子母，相剋而爲夫婦，舉世皆知也。明顛倒之法，知抽添之理者鮮矣。上中下精炁神三田也。精中生炁，炁中生神，舉世皆知也。得返復之義，見超脱之功者鮮矣。知五行顛倒，方可入道。至於抽添，則爲有道之人也，得三田返復，方爲得道。至於超脱，則爲成道之人也。古先達士，無不道成，委成道者，百無一二。今來後學，徒有道名，委入道者，十無八九。欲論得道而超脱者，西山十餘人矣。遂從前聖後聖，秘密參同，一集五卷。取五行正體之數，每卷五篇，應一炁純陽之義。開明至道，演説玄機。因誦短篇，發明鍾呂太上至言，庶得將來有悟。勤而行之，繼僕以出塵寰，爲蓬瀛之侶。

《靈寶畢法·自序》 道不可以言傳，不可以名紀。歷古以來，昇仙達道者，不爲少矣。僕志慕前賢，心懷大道，不意運起刀兵，時危世亂，始以逃生，寄跡江湖巖谷，退而識性留心，唯在清淨希夷。歷看丹經，累參道友，止言養命之小端，不説真仙之大道。因於終南山石壁間，獲收《靈寶經》三十卷。上部金誥書元始所著，中部玉録元皇所述，下部真源義太上所傳，共數千言。予宵衣旰食，遠慮深省，乃悟陰中有陽，陽中有陰，本天地升降之宜，日月交合之理。氣中生水，水中生氣，亦心腎交合之理。比物之象，道不遠人。配合甲庚，方驗金丹之有準；抽添卯酉，自然火候之無差；紅鉛黑鉛，徹底不成大藥；金液玉液，到頭方是還丹。從無入有，常懷征戰之心；自下升高，漸入希夷之域；抽鉛添汞，致二八之陰消；換骨煉形，使九三之陽長。水源清濁，辨於既濟之時；内景真虛，識於坐忘之日。玄機奧旨，難以盡形；方冊靈寶，妙理可用入聖超凡。總而爲三乘之法，名《靈寶畢法》。大道聖言，不敢私入一己用，傳洞賓足下，道成勿祕，當詒後來之士。正陽真人鍾離權雲房序。

《四氣攝生圖·序》 夫理國者，以養人爲本。修身者，以治病爲先。覆載之間，唯人爲貴，是以《洪範》五福，其一曰壽，皇天猶以爲景福之最。人因元氣，假以成形，受氣陰陽，皆禀天地。江河淮濟，五嶽九州，草木星辰，觸象比類，皆神明所居，各有所主。存之即有，廢之即無，存之即生，廢之即死。《黄庭》云：口爲天關精神機，足爲地關生命扉，手爲人關把盛衰。天地含靈，皆在人之掌握，身貴若此，命豈輕哉？又《氣訣》云：我命在我，不在於天。昧用者夭，善用者延。又云：精極乃明，神極乃靈，氣極乃清，元極乃冥。因氣而衰，因氣而榮，因氣而滅，因氣而生。未有有氣而無形者，未有有形而無氣者，形氣相須，全在修養。《老子》云：玄牝之門，天地之根。綿綿若存，用之不勤。人之口鼻，皆神明出入之户牖也。神所依者形，形所依者氣，氣所依者血，血氣相隨，如魚在水。水濁魚疲，氣擁則病生。是知氣欲得清，血欲得運，運息流轉，寢食順時，五藏恬和，疾從何起？若一藏乖攝，三焦受邪，元氣不榮，衆疾俱作。仲尼云：寢食不時，嗜慾不節，勞逸過度，病共殺之。且春風東來，草木甲拆，而積稟之粟不萌；秋天雨霜，草木零落，而覆蓋之草木不傷。草木性猶如此，何況人之五藏六府，豈不由修養耶？世人罔能修行，相次殂謝，以殂謝爲命盡，以痾痼爲筋衰。謂天地之合然，不信長生之可保。天養人以五氣，地養人以五味。飲五氣者歸天食，五味者歸地。所謂百病横生，多因飲食。飲食之患，過於聲色。聲色可以絶之逾年，飲食不可廢之一日，爲益不少，爲患亦多，如水浮舟亦能覆舟。四時攝生，蓋由節減。《保生銘》云：酸味損於筋，辛多傷正氣，甘物不益肉，苦多傷其志，鹹多促人壽，不得偏耽嗜。思慮損人性，喜怒傷於神，性損即害生，神傷則侵命，養性以全氣，保神以安心。若役慮勞神，竭心殉物，體疲於外，精喪於中，衆邪競生，安得延駐？神隨氣，氣依味。味順即元氣清，元氣清則神爽，神爽則無疾。是以體欲常勞，食欲常少。勞勿過極，少勿太虛。凡春分後夏至前，少食糖酪之物，生鱠相妨。夏至後秋分前，少食餅臛之物，與瓜相妨。當時不必病生，卻後終作諸暴，斯乃從本者也。重衣厚褥，體不堪虛，以致風寒之疾；美麗艷姬，以致虛損之形；品味醉飽，厭飫強餐，以致疝結之疾。養性之道，勿久行、久坐、久聽、久視，不強食，不強飲。憂思愁哀，飢餐渴

飲，日夕所營不住爲妙。故曰：流水不腐，户樞不蠹，以其動而不息也。閑欲導引，即不必鸞飛鳳舉，猴擲虎蹲，但展四肢，動摇九竅，令其血脈流轉，上下宣通。《真氣銘》曰：凡欲去疾，導引爲先。經脈不擁，關節不煩。或如射鵰，側身彎環；或曲腰脊，如蟾半圓。交指腦後，左旋右旋；徑展手足，氣出指端。擺掣四肢，捉搦三關。熱摩赤澤，氣海亦然。是以攝養有方，則壽同龜鶴；若恣情放逸，則命比蜉蝣。因幼慕道門，棲心澹薄，究《黄庭》之妙旨窮。五千之玄言。今則採掇方書，搜羅秘訣，四季避忌，一年修行，録之座隅。日可觀覽，號爲《四季攝生圖》云爾。

《大還丹金虎白龍論·還陽子述》夫燒丹鍊藥，須烹龍虎之陰陽；駐命存形，籍養神氣之魂魄。龍凝凝虎，陰反成陽。虎暗晞龍，陽化成寶。神融馭氣，魄反成魂。氣泰神和，魂合而聖。龍虎相凝成液，神氣交馭爲眞。神水便是華池，忘心即名抱一。朝天控鶴，須吞眞魄之靈丹。出世長生，籍養精魂之靈氣。此則金丹祕訣，神仙妙門。能以改換精神變化，筋骨收卷，形體出入而可有可無，變現眞靈來去，而能存能没。桑田變易，天地虚翻。昇騰而紫府玉清，遊歷而碧霄金闕，此即神丹憑驗還返功靈。世人枉鍊五金，調和八石，呼鉛作虎，喚汞爲龍，妄配陰陽，錯排水火，誇三黄是聖，騁五礬爲神。道理既乖，聖意全失。看經究義，尋本窮玄。亂立繩遞生法則。不從師受，強説己能。斟酌藥名，團量火候，鑪泥八面，壇築三層。呪祝神祇，祭醮天地。總是憑空造作，非理修持，不覺體敗、形枯、顔凋、鬢白。虚勞歲月，枉役心神，而望還丹，萬無成耳。余久耽雲水，早棄浮華，棲止山林。精窮物象，修神鍊氣，反本還元，息慮澄眞，忘思静一，考覈鉛汞，杼軸丹經。徹視玄洞之金書，悟達三清之玉訣。然敢對持龍虎，駕馭陰陽，配金木以東西，定坎離而南北。陶鎔日月，鍊成五色之玄霜；孕育乾坤，化出流光之素雪。仙方豈謬，聖理昭然。一覩玄微，明其妙旨，遂著斯序。分列兩篇，名《金虎白龍論》。用彰鄙識，將表同人。儻有物外君子，幸留意焉。

《周易參同契分章通眞義·彭曉序》按《神仙傳》眞人魏伯陽者，會稽上虞人也。世襲簪裾，唯公不仕，修眞潛默，養志虚無，博贍文詞，通諸緯候，恬惔守素，唯道是從，每視軒裳如糠粃焉。不知師授誰氏，得《古文龍虎經》，盡獲妙旨，乃約《周易》，撰《參同契》三篇。又云：未盡纖微，復作補塞遺脱一篇，繼演丹經之玄奥。所述多以寓言借事，隱顯異文。密示青州徐從事，徐乃隱名而註之。至後漢孝桓帝時，公復傳授與同郡淳于叔通，遂行于世。公撰《參同契》者，謂修丹與天地造化同途，故托易象而論之，莫不假借君臣，以彰内外；叙其離坎，直指汞鉛；列以乾坤，奠量鼎器；明之父母，係以始終；合以夫婦，拘其交媾；譬諸男女，顯以滋生；析以陰陽，導之反覆；示之晦朔，通以降騰；配以卦爻，形於變化；隨之斗柄，取以周星；分以晨昏，昭諸刻漏。故以乾坤爲鼎器，以陰陽爲隄防，以水火爲化機，以五行爲輔助，以眞鉛爲藥，祖以玄精爲丹基，以離坎爲夫妻，以天地爲父母。互施八卦，驅役四時，分三百八十四爻，循行火候，運五星二十八宿，環列鼎中，乃得水虎潛形。寄庚辛而西，轉火龍伏體，逐甲乙以東旋。《易》曰：聖人有以見天下之賾而擬諸其形容，象其物宜，公因取象焉。非天下之至通，其孰能與於此哉？乃見鑿開混沌，擘製鴻濛。徑指天地之靈根，將爲藥祖；明視陰陽之聖母，用作丹基。泄一氣變化之元，漏大冶生成之本。非天下至達，其孰能與於此哉？其或定刻漏，分晷時，簇陰陽，走神鬼，蹙三千六百之正氣，回七十二候之要津，運六十四卦之陰符，天關在掌；鼓二十四氣之陽火，地軸由心。天地不能匿造化之機，陰陽不能藏亭育之本。致使神變無方，化生純粹。非天下之至明，其孰能與於此哉？契云：混沌金鼎，白黑相符。龍馬降精，牝牡襲氣。如霜馬齒，似玉犬牙。水銀與姹女同名，朱汞共嬰兒合體。明分藥質，細露丹形。盡周已化之潛功，大顯未萌之联兆。非天下之至神，其孰能與於此哉？其有假借爻象，寓此事端，不敢漏泄天機，未忍秘藏玄理。是以鋪舒不已，羅縷再三，欲罷不能，遂成篇軸。蓋欲指陳要道，汲引將來，痛彼有生之身，竟作全陰之鬼。非天下之至仁，其孰能與於此哉？復有通德三光，遊精八極，服金砂而化形質，餌火汞以鍊精魂，故得體變純陽，神生眞宅。落三屍而超三界，朝上清而登上仙。非天下之至眞，其孰能與於此哉？曉所分眞契爲章義者，蓋以假借爲宗，上下無準，文泛而道正，事顯而言微，後世議之，各取所見。或則分字而義，或則合句而箋。不無眛澮殊流，因有妍媸互起。末學尋究，難便洞明。既首尾之議論，不同在取捨，而是非無的。今乃分章定句，所貴道理相黏合。義正文及冀，藥門附就。故以四篇，統分三卷，爲九十章，以應陽九之數，名曰《分

章通眞義》。復以朱書正文，墨書旁義而顯然可覽也。上卷分四十章，中卷分三十八章，下卷分十二章，內有歌鼎器一篇，謂其詞理，鈎連字句，零碎分章不得，故獨存焉。以應水一之數，喻丹道陰陽之數備矣。復自依約眞契，撰明鏡圖訣一篇，附于下卷之末，將以重啓眞契之户牖也。曉因師傳授歲久，留心不敢隱蔽玄文，是用課成眞義。庶希萬一貽及後人也，昌利化飛，鶴山眞一子彭曉序。

《保生要録·序》 嘗聞松有千歲之固，雪無一時之堅。若植松於腐壤，不朞月而必蠹；藏雪於陰山，雖累而不消。違其性則堅者脆，順其理則促者延。物情既爾，人理豈殊？然則所謂調攝之術者，又可忽乎？臣竊覽前人所譔保生之書，往往拘忌大多，節目大繁，行者難之，在於崇貴，尤不易爲。臣少也多病，留心養生，研究既久，編次云就，其術簡易，乘閒可行。先欲固其正氣，次欲調其肢體，至於衣服居處，藥餌之方，蔬果禽魚之性，有益者必録，無補者不書，古方有誤者重明，俗用或乖者必正，目之曰《保生要録》。雖無裨於聞道，粗有資於衛生，冒昧上獻，伏深戰灼。蒲處貫謹序。

《眞氣還元銘録·序》 余幼親墳典，長慕煙霞。比跳龍門，欲攀蟾桂。著錦衣於世上，騎躍馬於人間。置立機關開張造化，榮沾父子，福及子孫。體仁義爲當代之楷模，用禮智作將來之規矩。夢未同於傅說，釣不遇於姜牙，而遂灰心，志求仙道。詩書陡罷，筆硯頓抛。見寰區之多少是非，覩朝市之無限得失。榮如石火，貴似浮漚。不假高低，瞥然聚散。屍行鬼步，非聖哲莫可知之；動肉活塵，非賢良莫能分別。邇後專尋幽洞，遍訪名山，歷嶮登危二十年矣。自梁貞明歲遊於泰山頂，高松之下，忽見一人，形容異俗，言語非常，唯稱萬代之師，祗道九天之主。余遂稽首長跪。爲余曰：汝有仙相，方得遇吾，付汝學仙之門，汝能受否？余又長跪感謝其言。又曰：吾請汝剪髮，歃血爲盟，與汝屈伸吐納鍊形之術。又曰：兩紀之內，輒莫傳人，傳之非人，彼受譴責。余又長跪，忽然不見。余自後常依次第，不輟功夫。但是微言，無不神驗。余既承師命，合秘天機，兩紀將終，許傳人世，而乃重修，舊則翻作新經，寫之市朝，藏諸山石，後來學者，得之幸哉！

夫人受生之本，莫非元氣。若知元氣所居，方不遠於大道。老君云：萬物皆抱一而生，未有一物不負陰而抱陽者也。若不知於抱一，與道難親。故道生於一也。一者氣母，氣結成胎，胎結成息，二玄各有其旨。故經云：在母腹之時，有胎而無息，假母呼吸成長，其身分靈之後，胎息具焉。學道之士，切須知胎息二理，窮其微妙。若達本原，超凡證聖。常人閉息不固其胎，聖人存胎不固其息。閉者，胸滿氣亂也。煙羅子云：咽復閉，徒自亂。尹先生云：但使神常御氣，鼻不失息。《黄庭經》云：琴心三疊舞胎仙。自古聖人，則閉固胎息而成道，神氣胎結，其息乃定，罕聞閉息而成真也。聖人云：抱一守中子自沖，守三歸一，神氣精是也。斯言實露胎息之深旨，故作抱一歌二十首，以訣其要。

《大還丹照鑑·序》 夫大還丹者，虛無之系，造化之基，包一氣以爲先，闢二儀以垂象。則所謂天茲顯瑞，物稟含靈，總四象以成形，區五行以定體。窈冥之內，斯道莫可窮；恍惚之中，唯情不能度。適自夐古，迄至於今，廣演繁文，細敷輿論，致後學罔明其旨。顧前賢畢了之機，俱隱玄言，曷探秘法。余生居梓郡，世本皇都，祗自童稚之年，便慕神仙之道，心專棄官，不務榮名。知死事之畢期，遂求生之延駐。想世間多種，唯人最靈，萬法登眞，莫不由己。遂遊勝境或步囂塵，訪志友以討論，冀明師以傳授。洎乎天不辜願，果值奇人指示，龍虎之形方明，龜蛇大體乃更。遍尋仙訣，廣閲丹書，將明可久之元，用證返淳之理。遷凡易聖，非積行以難儔；轉魄歸陽，在虔誠而自偶。何況大丹者，光凝日月，冷浸雲霞。澄兔窟之精輝，混龍胎之流影，靈蹤罕露，塵跡寧諳。究此者悠哉，信死者倍矣。其有貪財逐利，厚己薄人，縱妻妾以滿堂，誰能代死？假使金玉以盈屋，豈續長生？萬種千般，荒郊堆土，何曾百歲？唯恣躭婬。奉道者無非慾貪，苟學者剛言深會。以至賓銷鬢色，容減童顏。始歎隙影難留，仍嗟逝波不返。如此流輩，豈不傷哉！或有近學之徒，悮執先師之作，論還丹則陰陽莫曉，言賦命則動息傷神。錯認汞鉛，妄求赤白；或云內化五臟，外化五金；點金須得庚，化銀須用艮；或云金化金兮銀化銀，自此更無別神聖。此大謬認上仙之説，焉得妄將草石欲造金銀？實爲天地懸殊，可謂謬矣。予嘗念愚昧，不知陽中有陰，陰中有陽，伏汞即汞結。河車吸鐵者，須明磁石乃合夫婦之道。自然法度周旋。但明性情，克無不就。若世別有黄白之妙，則神仙之道全非。古今一門，更無二議。偶因閑暇，採摭仙經，重刪先聖格言，留爲後人軌範，名曰《照鑑登仙集》，總成一卷，分作三十三篇。實謂鑒彼瑕疵，厥號登仙。令妍醜便

分，遺精微易會。悉是靈文秘旨，丹訣玄機。俾盡顯於前賢，庶普明於後學。伏願仙眞鑒祐，上帝垂慈。洞化回匡護之心，太清資拔昇之道，以貽同志，用滌弘襟。略覽者，似玩珠珍；得卷者，如懷異寶。儻依發訣，必契超凡。若以自意修治，定是耗財罄產。非人勿示，輕洩陰誅。時廣政壬戌二十五年寅月，上元集序。

《金晶論並序》 夫金晶者，是造化之基，虛無之道。說空中之有度，天地之理。即空成色，即色是空，知空而不空，知色而不色。惚惚始達照曜，名爲妙音。金者，是月華之正氣，晶者，是日耀之真晶也。故曰：一氣所生，分爲二儀，二儀成備，方立三才，謂之天地人也。故以天圓地方，清氣爲天，濁氣爲地，人者中和之正氣。抱精恍惚之中，是虛中而有實，從空而爲有也。人者，生居浮世，須知幻化。《陰符經》云：生者死之根，死者生之本。吾恐修行之輩，不曉聖理，難悟希夷之門，罔測其辭，妄生穿鑿，不達修鍊之門。迷徒志事，枉費其功，久而無益。況乃修鍊，須曉五行陰陽真理。捉取金晶與天地爲之寶柱。五嶽崩摧，方見衰槁。吾慮後學志人，不悟真宗，中路而退，枉墮沈淪，不離愛河，墜於苦海。吾演《金晶論》三篇，流傳浮世，以度修鍊之徒，達其正理，奪造化之功，成於妙道。分爲上中下三篇，儻有志士，傳授此論，明設誓言，跪膝焚香，捧金十兩，方可傳之。若遇賤道之徒，不可傳授。此是天機，草草而勿傳，恐泄天機，遇人傳之，名度南宮，白日而沖天；遇人不傳，殃及七祖；不擇人傳之，殃及九祖。永墜幽泉，沈淪苦海，常爲下鬼，縱得人身，心是貧窮下賤，身無十全。故列論金晶於後，悟而修鍊，身超入聖，體挂仙衣，渴飲瓊漿，飢餐天食。此文聊舉大綱，故演其序，顯明至論，審而詳意焉。

《至真子龍虎大丹詩・周方自序》 少室山隱居布衣周方，字歸一，道號至眞子。方常覽仙經，每窮虛旨，探登眞之門户，詳鍊氣之樞機，欲身契虛無，乃心忘塵境。縱遊諸郡，多歷名山，京洛之間，或逢高士，親承傳付便話幽微，判玉水之根元，割金丹之宗祖。指水虎火龍之妙用，訣土金火水之玄機，明乾坤反覆之宜，曉晝夜循環之候。方聞傾心踊躍，注意懽忻，乃卜名山，擇眞勝地。乾坤爲鼎，天地爲爐，坎離爲至藥之宗，鉛汞作大丹之體。須憑四象又按三才，法戊己成其眞形，駕河車運爲正質。發則陰陽交媾，勝則日月盤旋。虎嘯則玉磬爐前，龍吟則金華鼎內。水火結伏，龍虎相乘，刻漏無差，金丹成矣。淮王遇而鍊秋石，服之拔宅昇天；軒皇得而採金華，餐畢跨龍登漢。此丹非金石之類，草木之名，非三峯少女之方，非百數吸精之術。已上皆是不遇明師，或得汞而不得鉛，或明水而不明火。故云孤陽不産，寡陰不生。且如母之孕兒，雞之抱卵。若逢師指，得遇丹方，功成而名列上清，行滿而身遊紫府。今乃畧伸拙意，用剖眞機，聊述宏綱，用傳同好。天聖四年丙寅歲九月九日序。

《陳先生内丹訣・序》 先生名朴，字冲用，唐末五代初人也。五代離亂，避世入蜀，隱居青城大面山，受道於鍾離先生，與呂洞賓同師也。先生才質奇偉，德行高妙，積年累功，今不知其幾百歲。或出世間，爲性不常，以歌酒爲樂。元豐戊午年間，遊南都，宋城張方平宫保以其年高，傳接氣之術，延壽一紀。盤桓南都，不啻半載，携一無底土罐，遊於市，人少有識之者。淮南野叟敬信尊崇，或師事之。先生憐其至誠，授以内丹訣，因以記之。先生内丹之訣，直指玄關，九轉成道。每一轉，先述短歌，又託意於望江南，欲後來學方外之道者，易曉也。

《洞元子内丹訣・自序》 上古道士，得道者百萬。其人著書誘善者，萬一分矣。然者，辭多指示，則弗露眞源。文旨大綱，悉惑於衆，或使人考厥外典，用合玄元，比象既繁，閫閾莫履。非達道之士，無能曉諸。然聖道不書於簡冊，而修鍊自有於塗程。或成之於十月，或就之於千日，少有差誤，終墜下鬼。故畫八卦者，必列乎象；辯吉兇者，必重其爻。日月往還，變在其中矣。爻象成乎內，則變化見乎外。生乎萬物天地之大德也，聖人則之，必寶乎位也。寶位者，聖人之身，匪名位歟。位存則仁者處之，位喪則仁者去之。仁者苟性其能修鍊乎？知之修鍊，其匪聖人乎？烏兔奔馳，以成其明。寒暑交代，以成其歲。龍蟄而求化，蠖屈而求進。精想在神，終獲其用。寂然能守，天下之事，殊塗而同歸也。故仁者安其身，默居以俟其用，崇乎德業以達其身。近代迷謬之徒，纔達小乘，便云得道，惟求想脱，稱是神仙。殊不知想脱之塗，悉爲神亂，未若神仙鍊神爲仙也。惟人有神，常能自見，雖目常覩，亦不自識，故聖人謂日用而不知也。設使有士臨鑑，自顧鑑中之像，其匪神乎？容質美陋，必形於照中。照中之姿，曷異於臨照之士？故照中之像，其曰神乎？人見其神，不期修鍊，其爲鬼乎？是以聖人謂：人知其神而神，不知不神而神，此之謂也，夫以

修鍊，以神爲仙者，必先鍊厥形，厥形若全，神自全也。或曰：何謂形全則神全？對曰：謂有士瞽其一目，臨照自觀照中像，亦如之。未有瞽士臨照之中像，弗瞽也，全士臨照中之像，瞽焉。所以必先全形也。又問曰：神居於人身乎？曰：居之何以對照而出也？答曰：對照弗出者，是人之盲，神出而不見也。且人身神其如宅乎？神居人形，又若人之舍於室爾。苟出入無滯，關鍵牢密，亡差誤也，故室壞則人去，形敗神逝，此之謂要道也。凡修鍊者，必先寬仁、厚德、多義、足信、揚慈、豐惠、惡貪、遠害。嫉妬之行，弗行焉，可謂明也已矣。矯佞之言，弗出焉，可謂直也已矣。見溺必拯，見焚必救，見困必扶，見幼必懷，見耆必安，見危必濟，見難必拔；臨刑必減，臨怒而息，臨事而思，臨民而惠；見惡如探湯，見善如不及。陰功久積，陽德自繁。無加嫉妬，以自壞也。無恃淫慾，以自伐也。精存則神固，精竭則神去。故聖人言：先精而後神也。先神而後仙也。近代學徒，不知聖道，咸行戒潔、戒行，專一林泉，糲食麤衣，不親房室，精無所漏，神亦自全，尚可延齡。以居濁世，及當數盡積薪，焚燒所存，無漏之精盡，爲戒珠之異。烈火不能爲燼，水流不能爲溺。此徒尚可如斯，至士豈不達矣？故諸子謂精也者，施之於人則生人，存之於身則生身，此誠至理也。夫修道之士，鍊神爲仙，陰籍削名，鬼顧遐逝。雖塵數及盡，復能逭諸。是以老君曰：我命在我，不在於天也。竊覩近代學道之士，纔看諸子之說，未明旨趣，便曰窮通；匪測淵深，則云洞達。或録房中之妙，或稱鉛汞之功，言御女三千可冲霄漢，餌丹一粒便可飛仙，未能了達玄元，惟務詐揚聖道。致使人廣求鉛汞，多蓄嬌嬈。畫八卦以爲爐，仍煩僻觸當一。深而取用，更役心神。以祕精之有功，御女之得事。或有問之，則曰：還精補腦，可得不老矣。又曰：一陰一陽之謂道，一動一靜交相養矣。此蓋愚輩不達奧旨，妄引聖言，據證淫書，以迷下鬼。豈不聞昔人謂：服藥百裹，不如獨卧。又曰：鍊鉛汞者，即云大藥。御少女者，即曰內丹。達士側聆，豈已歎息。或曰：上古神仙所著經論，修養之道，寔繁厥塗。或以玉津灌漱靈根，或以鼓咽納彼炁海。大數有八十一，小數有三十六。或運炁以入腦，即曰朝元。或斷穀以不食，則曰大道。或臨房而閉泄，或端坐而閉息，此能在意根尋。按本修鍊，其可飛仙乎？答曰：子言愚矣。竊觀近世學者，只憑鼓咽，馳運泥丸，斷穀不食，安禪入定，顛倒五藏，恃賴淫慾。斷穀者，便曰神仙。入定者，便曰菩薩。殊不知，佛謂禪定爲大乘、小乘。老君謂靜定爲大靜、小靜。變化之道，同歸一塗。斯斷安定，閉精存神，皆上古賢聖擒心之術也，至道示人之門也。若人之入國，未有不因門閾而至者，苟得其門而入者，國家之事可以目覽。斯皆學道者，以鼓咽、朝元、存神、入定，擒其心者，存神之門戶也，未有不因斯而至者。夫修仙之道，始於十月，畢於三年，解脫穢軀，如蟬蛻殼。夫天生萬物，唯人最靈，故蟬之解也，以穢而刻之，是以速成。於人也，子不見蛇乎！功積千年，方蛻爲龍，既蛻爲龍，後安大靜；又歷千年，荐解其屍，其骨色玄，爲第一蛻也；復安大靜，又歷千年，屍解其軀，骨唯色青，爲第二蛻也；次安大靜，復歷千年，又解其形，其骨色赤，爲第三蛻也；又鍊其炁，再度千年，復解其屍，骨唯色白，爲第四蛻也；復安大靜，又歷千年，更解其屍，骨唯色黃，爲第五蛻也；又安大靜，復滿千年，再解其形，是爲神龍。蛇一蛻而爲黑龍，二蛻而爲青龍，三蛻而爲赤龍，四蛻爲白龍，五蛻爲黃龍，六蛻爲神龍，七蛻爲應龍。故世有五色龍骨者，此之謂也。其俗夫下士，皆曰龍蛻骨也。蓋不知之所蛻者，皆龍之屍解乎。故人之千日，蛇之千年，蟬速成形者，以食穢而刻之，所以別貴賤耳。一蛻而黑者，爲坎卦之謂也；兩蛻而青者，震卦之謂也；三蛻而赤者，離卦之謂也；四蛻而白者，兑卦之謂也；五蛻而黃者，坤卦之謂也；六蛻而神龍者，乾卦之謂也；七蛻而應龍者，八卦備之謂也。燒大丹者，爐畫八卦，進以方位，燒以四時，皆其象也。夫聖人畫八卦，蓋飛仙修鍊之功也。聖人以之，命決吉兇，人執之者愚矣。運諸其象，差其爻者兇。故吉、兇悔吝生也。故經謂：執著之者，不明道德。此之謂矣。今之人，纔及斷穀、安定之門，自階神仙，咸執著之吁？誠實可哀哉！夫鍊炁不由八卦者，悉虛疲役耳。今備述神仙修養之叙，咸爲篇次，欲諸學者，不枉其志。即不必以《周易參同契》《太易至圖》而合之，理實煥然，細述厥旨，凡諸道士審而味之矣。

《太玄朗然子進道詩·自序》 余乃生居漳水，業本豪家，幼習儒風，曾叨鄉貢。嗟浮世速如激箭，傷時光急若瀑流，未免退跡玄門，棲心冠褐外丹。達恍惚杳冥之旨，內氣明泝流胎息之源。功勤未及於旬年，人驚不老，壽算已踰於五紀，自覺如斯。有此靈通，故難緘默。謹吟三十首，號曰《朗然子

詩》，呈同道。望回心聖意非遥，人自疑惑。時宋端拱戊子歲季冬，住洛京通玄觀内偶興述之。朗然子書。

《還丹顯妙通幽集・潛真子自序》 凡以丹竈，留心黄芽，役慮不明鉛汞，浪費珠珍。或求百草之霜，欲明制伏。或合五礬之贋，輒務變通。徒消歲月之功，莫達鉛汞之旨。余自從弱冠，常切親人，纔逾立年，便逢至道，既悟希夷之旨，方知恍惚之間，軒帝去而垂衣，劉安昇而棄鼠，事不虚傳，迹唯昭驗。故達者指余曰：龍虎者，金水也；金水者，鉛汞也；鉛汞者，陰陽也；陰陽者，坎離也；坎離者，夫婦也；夫婦者，男女也。始自一源，終分數號，其寔同出而異名也。吾切見世人，向庚辛而求虎，詣甲乙以尋龍。殊不知龍在庚辛，虎居甲乙，火炎壬癸，水居丙丁。自古聖人，不直書其事，蓋爲此道至易也。故詞曰：龍從火裏出，虎向水中生。又曰：龍不居東溟，虎不在西虜。又曰：俄然木位化爲金，便是大丹心，此之謂也。余今不期多幸獲究玄文，敢罄菲材，效元陽子《金液集》作《顯妙通幽詩》三十首，以俟後來君子，與余同志者印證耳。

《學仙辨眞訣・張無夢自序》 夫欲歸根復樸，返魂還元，長生固本者，莫出於金液之術。此術得之者昌，失之者亡，則是眞人至妙，非人間造次所能窺也。非積修累行，至誠有感，則不可得其要，並在《金碧參同》之中，非至人口授秘奥，則茫然若無航而濟溟海也。左公曾遇達者，授其密要，方知至道極易，至言甚要，此天機也，固不可顯。今略述所得爲《辨眞訣》五篇，用明是非之實也。

《金丹四百字・序》 七返九還金液大丹者，七乃火數，九乃金數。以火鍊金，返本還源，謂之金丹也。以身心分上下兩弦；以神氣別冬夏二至；以形神契坎離二卦。以東魂之木，西魄之金，南神之火，北精之水，中意之土，是爲攢簇五行。以含眼光，凝耳韻，調鼻息，緘舌氣，是爲和合四象。以眼不視而魂在肝；耳不聞而精在腎；舌不聲而神在心；鼻不香而魄在肺；四肢不動而意在脾，故名曰五氣朝元。以精化爲氣，以氣化爲神，以神化爲虚，故名曰三花聚頂。以魂在肝而不從眼漏，魄在肺而不從鼻漏，神在心而不從口漏，精在腎而不從耳漏，意在脾不從四肢孔竅漏，故曰無漏精、神、魂、魄、意相與混融，化爲一氣，不可見聞，亦無各狀，故曰虚無。鍊精者，鍊元精，非淫佚所感之精。鍊氣者，鍊元氣，非口鼻呼吸之氣。鍊神者，鍊元神，非心意念慮之神。故此神、氣、精者，與天地同其根，與萬物同其體，得之則生，失之則死。以陽火鍊之，則化成陽氣，以陰符養之，則化成金精。故曰：見之不可用，用之不可見。身者，心之宅；心者，身之主。心之猖狂，如龍，身之獰惡，如虎。身中有一點眞陽之氣，心中有一點眞陰之精，故曰二物。心屬乾，身屬坤，故曰：乾坤鼎器。陽氣屬離，陰精屬坎，故曰：烏兔藥物。抱一守中，鍊元養素，故曰：採先天混元之氣。朝屯暮蒙，晝午夜子，故曰：行周天之火候。木液旺在卯，金精旺在酉，故當沐浴，震男飲西酒，兑女攀北花，巽風吹起六陽坤土藏蓄之數，故當抽添。夫採藥之初也，動乾坤之橐籥，取離坎之刀圭。初時如雲滿千山，次則如月涵萬水，自然如龜蛇之交合，馬牛之步驟。殊不知龍爭魂，虎爭魄，烏戰精，兔戰神。恍惚之中見眞鉛，杳冥之内有眞汞。以黄婆媒合，守在中宫。鉛見火則飛，汞見火則走，遂以無爲油和之，復以無名璞鎮之，鉛歸坤宫，汞歸乾位，眞土混合，含光默默。火數盛則燥，水銖多則濫。火之燥，水之濫，不可不調匀，故有斤兩法度。修鍊至此，泥丸風生，絳宫月明，丹田火熾，穀海波澄，夾脊如車輪，四肢如山石，毛竅如浴之方起，骨脈如睡之正酣，精神如夫婦歡合，魂魄如子母留戀，此乃眞境界也，非譬喻也。以法度鍊之，則聚而不散；以斤兩鍊之，則結而愈堅。魂藏魄滅，精結神凝，一意沖和，肌膚爽透，隨日隨時，漸凝漸聚，無質生質，結成聖胎。夫一年十有二月也，一月三十日也，一日百刻也。一月總計千刻，十月總計三萬刻。行住坐卧，綿綿若存，胎氣既凝，嬰兒顯相，玄珠成象，太乙含眞。故此三萬刻之中，可以奪天上三萬年之數，何也？一刻之工夫，自有一年之節候，所以三萬刻可以奪三萬年之數也。故一年十二月，總有三萬六千之數。雖愚暗小人行之，立躋聖地。奈何百姓日用而不知也，元精喪也，元氣竭也，元神雜也。是以三萬刻，刻刻要調和。如有一刻差違，則藥材消耗，火候虧缺，故曰：毫髮差殊不作丹也。是宜刻刻用事，用之不勞，眞氣凝結，元神廣大。內則一年鍊三萬刻之丹，外則一身奪三萬年之數。大則一日結一萬三千五百息之胎，小則十二時行八萬四千里之氣。故曰：奪天地一點之陽，採日月二輪之氣，行眞水於鉛爐，運名曰神水。不可執於無爲，不可形於有作，不可泥於存想，不可著於持守，不可枯坐灰心，不可盲修瞎鍊。惟恐不識藥材出處，又恐不知

火候法度。要須知，夫身中一竅，名曰玄牝。此竅者，非心、非腎、非口鼻也，非脾胃也，非穀道也，非膀胱也，非丹田也，非泥丸也。能知此之一竅，則冬至在此矣，藥物在此矣，火候亦在此矣，沐浴在此矣，結胎在此矣，脱體亦在此矣。夫此一竅，亦無邊傍，更無内外，乃神氣之根，虚無之谷，在身中而求，不可求於他也。此之一竅，不可以私意揣度，是必心傳口授。茍或不耳，皆妄爲矣。今作此金丹四百字，包含造化之根基，貫穿陰陽之骨髓。使鍊丹之士，尋流而知源，舍妄以從眞，不至乎忘本逐末也。夫金丹於無中生有，養就嬰兒，豈可泥象執文，而溺於旁蹊曲徑。然金丹之生於無也，又不可爲頑空。常知此空，乃是眞空，無中不無，乃眞虚無。今因馬自然去，講此數語，汝其味之。

《悟真篇·張伯端原序》　嗟夫人身難得，光陰易遷，罔測短修，安逃業報？不自及早省悟，惟只甘守待終，若臨期一念有差，立墮三塗惡趣，則動經塵劫，無有出期。當此之時，雖悔何及。故老釋以性命學，開方便門，教人修種以逃生死。釋氏以空寂爲宗，若頓悟圓通，則直超彼岸；　如有習漏未盡，則尚狥于有生。老氏以煉養爲真，若得其樞要，則立躋聖位；　如其未明本性，則猶殢于幻形。其次《周易》有窮理盡性至命之辭，魯《論》有毋意必固我之説。此又仲尼極臻乎性命之奥也。然其言之常略，而不至于詳者何也？蓋欲序正人倫，施仁義禮樂有爲之教，故於無爲之道，未常顯言，但以命術寓諸易象，以性法混諸微言故耳。至于《莊子》推窮物累逍遥之性，《孟子》善養浩然之氣，皆切幾之矣。迨夫漢魏伯陽，引易道陰陽交姤之體，作《參同契》，以明大丹之作用。唐忠國師，於語録首叙《老》《莊》言，以顯至道之本末如此。豈非教雖分三，道乃歸一。奈何後世黄緇之流，各自專門，互相非是，致使三家宗要，迷没邪教，不能混一而同歸矣！且今人以道門尚于修命，而不知修命之法，理出兩端：有易遇而難成者，有難遇而易成者。如煉五芽之炁，服七耀之光，註想按摩，納清吐濁，念經持呪，噀水叱符，叩齒集神，休妻絶粒，存神閉息，運眉間之思，補腦還精，習房中之術，以至服煉金石草木之類，皆易遇難成者。已上諸法，于修身之道，率皆滅裂，故施功雖多而求效莫驗。若勤心苦志，日夕修持，止可辟病，免其非横，一旦不行，則前功漸棄。此乃遷延歲月，必難成功。欲望一得永得，還嬰返老，變化飛昇，不亦難乎？深可痛傷。蓋近世修行之徒，妄有執著，不悟妙法之真，卻怨神仙謾語，殊不知成道者皆因煉金丹而得。恐泄天機，遂託數事爲名。其中惟閉息一法，如能忘機息慮，即與二乘坐禪頗同。若勤而行之，可以入定出神。奈何精神屬陰，宅舍難固，不免常用遷徙之法，既未得金汞還返之道，又豈能回陽換骨，白日而昇天哉？夫煉金液還丹者，則難遇而易成。須要洞曉陰陽，深達造化，方能追二氣于黄道，會三性于元宫。攢簇五行，和合四象，龍吟虎嘯，夫唱婦隨，玉鼎湯煎，金爐火熾，始得玄珠成象，太乙歸真。都來片餉工夫，永保無窮逸樂。至若防危慮險，慎于運用抽添，養正持盈，要在守雌抱一，自然返初生之炁，剥陰殺之形，節氣既周，脱胎神化，名題仙籍，位號真人，此乃大丈夫功成名遂之時也，今之學者，有取鉛汞爲二氣，指臟腑爲五行，分心腎爲坎離，以肝肺爲龍虎，用神炁爲子母，執津液爲鉛汞，不識浮沉，寧分主客？何異認他財爲已物，呼别姓爲親兒。又豈知金木相尅之幽微，陰陽互用之奥妙。是皆日月失道，鉛汞異爐，欲結還丹，不亦難乎？僕幼親善道，涉躐三教經書，以至刑法、書算、醫卜、戰陣、天文、地理、吉凶、死生之術，靡不留心詳究。惟金丹一法，閲盡羣經，及諸家歌、詩、論、契，皆云：日魂月魄，庚虎甲龍，水銀丹砂，白金黑錫，坎男離女，能成金液還丹，終不言真鉛真汞是何物色？又不説火候法度，涵養指歸。加以後世迷徒恣其臆説，將先聖典教，妄行箋註，乖訛萬狀。不惟紊亂仙經，抑亦惑誤後學。僕以至人未遇，口訣難逢，遂至寝食不安，精神疲顇。雖詢求徧于海嶽，請益盡于賢愚，皆莫能通曉真宗，開照心臟。後至熙寧己酉歲，因隨龍圖陸公入成都，以夙志不回，初誠愈恪，遂將感真人授金丹、藥物、火候之訣，其言甚簡，其要不繁，可謂指流知源，語一悟百，霧開日瑩，塵盡鑑明。校之仙經，若合符契。因謂世之學仙者十有八九，而達其真要者，未聞一二。僕既遇真詮，安敢隱默，罄所得成律詩九九八十一首，號曰《悟真篇》，内七言四韻一十六首，以表二八之數；　絶句六十四首，按《周易》諸卦；　五言一首，以象太一之奇，續添西江月一十二首，以周歲律。其如鼎器尊卑，藥物斤兩，火候進退，主客後先，存亡有無，吉凶悔吝，悉備其中矣。及乎編集既成之後，又覺其中惟談養命固形之術，而於本源真覺之性，有所未究，遂翫佛書及《傳燈録》，至于祖師有擊竹而悟者，乃形于歌頌、詩曲、雜言三十二首，今附之卷末。庶幾達本明性之道，盡于此矣。所期同志覽之，則見末而悟本，捨妄以從真。時皇宋熙寧乙卯歲旦，天台張伯端平叔序。

《玉清金笥青華秘文金寶内煉丹訣·表奏》 不避雷鉞之誅，輒伸卑瀆，念臣處世多虞，無有所爲，爲必顛躓，年邁三旬，獨於大道有緣焉。回思穹蒼，昔日使我無成者，正佑今日之有成也。感恩至重，銘心戴德，今者切見嘉爾。下民孰無道器，奔勞塵境牋伐眞元，愈降愈下，棄人就物，就物思人，則不可得而返之矣，物不能修，終乎異類。哀哉！臣之身自弗能度，反憐及此，固無異泥中蛙而哂籬上雞也。唯某昨傳受青華眞人《玉清金笥長生度世金寶内煉丹訣》，簡而易行，詳而不雜。身裏分陰陽之主，壺中立四象之樞，三中常守以爲機，一定不離而作用，用中無用，靜裏長存，哲人秀士，一覽無遺，造化在掌中矣。今欲齋沐，精思著爲圖論，毫髮無隱，直泄至眞之奥旨。擇其可傳者而傳之，得接續心燈，流傳萬世，顧美事也。然始傳之際，誓語至嚴，蒙師至囑，輕泄犯刑。數欲作而踟躕，勿記其幾矣。伏惟太上好生度人爲重，是用俯伏塵埃，冥心上界，欲望天慈鑒臣之意，若不允而立彰玄譴，如或諒容俾臣安靜，庶幾敢踐斯言。復陳天陛：臣無任誠惶誠恐，頓首百拜懷恩之至。臣爾者表奏天廷，欲將青華眞人玉清金笥長生度世金寶内鍊丹秘旨畫圖立論，傳諸緣士。俯伏茅廬，恭伺天罰，逾三旬焉。今不至，始敢齋沐焚香，精思著述，三日而成，秘諸法笥，以待賢者。謹録上奏。伏望天慈俯垂赦宥，伏冀人人依此鍊成金寶，超出塵埃，世世相傳，無有泄慢。臣無任誠惶誠恐，頓首百拜以聞。

《浮黎鼻祖金藥秘訣·張伯端序》 慨自天地未判，日月未明，陰陽未立，五行未分，混沌恍惚，杳冥絪緼。内有靈光，隱藏真精，一生壬癸。二生丙丁，丙丁火發，照耀玄冥。産出庚黄，鑄作金庭。金庭異室，戊己真形。故古先大聖，知大塊中有物，礦土中藏鉛。鉛中産銀，銀變成金。金中産砂，砂中生汞。汞吐三華，名曰黄芽，乃天地造化之根原，陰陽日月之精華，皆本于此。聖人知此消息，先用水以盜其氣，次用火以煉其形，水火交煉以育其神，始得形神俱妙，與道令真。人得服餌，改形如仙。夫白金隱于黑鉛之中，陰勝陽微，必假聖灰池，勝盡陰癸而見壬水。真形即煅以陰陽池鼎，投紅入黑，方變爲金。内黄外赤，五彩鮮明。鑄作神室，形滯于形，滋以金水，同類相親。金水吸受，真汞乃生。故鉛一變而爲壬水，二變而爲丙火，三變而爲龍汞，四變而爲真金，五變而爲戊己土。太極兩儀，四象五行，莫不由之，莫不本之。採其靈根，制爲神室。神室者，藏神之宅也。乃神氣出入飛伏之所，其中竅妙，有闔有闢。呼之則神應而來，吸之則神隨而往。日復一日，漸漸凝結，内有胞胎，爲神之依。外主鄞鄂，爲神之護，其來也不疾而速，其往也强而後伏。孰使之然哉？蓋因水火之功也。故古歌云：火者藥之父母，藥者火之子孫。水火之功大矣哉！故擬乾坤之橐籥而鑄神室，象日月之昇沉而運藥物。效寒暑之推遷而行水火，奪天地之靈氣而煉金丹。金丹之名，豈虚語哉？蓋金乃水中之金也，鉛中之金也。鉛中之金，有形之金，水中之金，無形之金。以無形之金合有神之金，神隨形住，氣逐形靈。同類易施功，非類難爲巧。欲作服食仙，宜以同類者非。時金有二金，而火亦有二火焉。有二形之火，有無形之火。有形之火，乃日時所加之火。無形之火，乃木中之火。無形之金，非無形之火，不能昇而入有形之金，非有形之火，不能採而出。此又有無自相制伏之妙。古聖仙師，秘而未發，而僕獨暴露者也。藥自虚無，豈出自空無者哉！益無本于有，有生于無，有無互用，器用者空。借此空器之靈，藏我虚氣之神。凡金消金，金伐木榮，真土兆形，真水澄清，清真合處，百日通靈。三胎九轉，十月丹成。凡磁瓦礫，盡皆成金。刀圭入口，白日飛昇。藥物真正，火候調停。霞光滿室，雲路填庭。此藥生之景象也。象爾復降，降而復昇。入之有路，出入無門。此藥伏之關鍵也。遇水解化，遇火堅凝；化之若水，堅之若冰。此藥成之效驗也。馬齒琅玕，鳳翅龍鱗。鍾乳黄輿，化明窗塵。此藥成之形狀也。神室内外，除胞胎，惟有金水往來。金水者，乃得金氣之玄水，又號神水，并非凡水井水。又非方諸星月之水。煉丹之訣，但能引神水入華池，萬事畢矣。廣成子於崆峒煉丹，度黄帝上昇，授以金丹秘訣金藥十二篇。此書藥物火候，眞器壇爐俱已吐露。但金水交姤之玄，玄關橐籥之秘，灰池煉氣之真，秘而不言，天律甚嚴，不傳竹帛。天不愛道，地不愛寶，我亦豈敢自私。僕體太上之心，欲使人人成道，箇箇歸真，以此書未發之秘，條陳無餘，使世之留心性命，專心道德者，有緣遇師，得此書印證，方肯誠心下手爲之。雖未面傳，亦我之徒也。嗚呼！凡夫滿眼決烈，誰與僕以有緣？苟天垂庥，已得火得藥，但功行未備，未能上昇。嘗恨道未得，遇人爲難。道已得，成道尤難。有緣得睹，是必信而行之，方知師恩難報，而造化神功大矣。可忽之哉？紫陽張伯端序。

《還源篇並序》 泰素慕眞宗，遍遊勝境，參傳正法，願以濟世爲心。專一存三，尤以養生爲重。蓋謂學仙甚易，而人自難；脱塵不難，而人未易。深可哀哉！古云：迷雲鎖慧月，業風吹定海。昔年於驛中，遇先師紫陽張眞人。以簡易之語，不過半句；其證驗之效，只在片時。知仙之可學，私自生歡喜。及其金液交結，聖胎圓成，泰故作《還源篇》八十一章，五言四句，以授晚學，早悟眞筌，莫待老來鉛虛汞少，急須猛省。尋師訪道，修鍊金丹，同證仙階。變化飛昇，實所願望焉。

《西昇經·趙佶序》 萬物莫不由之之謂道，道之在我之謂德。道德，人所固有也，昧者常失之。周衰之末，民迷日久，世道交喪，爰有博大真人以本爲精，以物爲粗，著書二篇，言道德之意，以覺天下後世之學者，復見天地之純，古人之大體，寔混元之力也。聖人之愛人終無已，猶慮未足以盡妙，又爲關尹言道之要，列爲三十九章，目曰《西昇經》。觀其辭旨，激切勸戒，諄復以得一爲要妙，以飛昇爲餘事。其意蓋使天下後世徑趨妙本，逍遥自得之塲故也。善救之功於此可見。朕萬機之暇，遊神太清，於《道德》之旨每著意焉。既取二篇爲之訓解，於是書不可無述也。以意逆志，聊爲之説。昔吳筠嘗云：深於道者，無如五千言，其餘徒費紙札爾。是書蓋與五千言相爲表裏，不得不盡心焉。政和御制序。

《紫團丹經·偃月玄金篇序》 大道未分之時，不能明，不能見，視之無形，聽之無聲，謂之渺溟，乃無象之道也。大道既判之後，而生太初，五行已分，兩儀奠箸，日月爲魂魄，運五行於天地之間，列陰陽爲氣候升降。於天地之内，杵臼二星，見乎南北之源，乃乾坤之卦。會戌亥之間，日月朔望，陰陽交媾，和合而後萬物生馬。萬物禀於亥，而出乎無，有於壬子而發生也。人同萬物而生，皆從天地之門户而出焉。乾者天門也，坤者地户也。伯陽云：乾坤易之門户，人之生也。乾道成男，坤道成女，兩情交感而禀其氣。陽精爲魂，陰精爲魄，兩精相摶而神生焉。是故聖人奪乾坤變化之機權，合男女陰陽之精髓。交日月變化之魂魄，聚五行三元之配類。所以混一氣而合二儀，備三才而通四象。養之神室土釜，五行既具，其物自成。上古聖人，近世神仙，皆自鍊金丹而升天矣。

《三論元旨·序》 夫一悟所通，乃無幽而不照；一迷所執，亦無往而不愚。是知附贅懸疣，則形之病焉；妄想煩惱，則心之病焉。形病除而形骸泰矣，心病泯而正性明矣。除形病者，必假於良醫；泯心病者，必資於妙教。自然之理，猶乎鑪錘而成；生也有涯，須運庖丁之力。禀明師而作範，禀範隨樞；憑至典而爲筌，忘筌覩奥。市廛黑暗，則喪本而真；靈府清虚，亦神全而氣妙。神全乃長生之本，氣妙爲不死之源。同乎大通，莫不因修而達矣。予久依山水，遠託幽棲，以不替之心，契無爲之性，恬乎林野，玄意常盈。聊舉一隅以爲三論，雖文純若鄙，而理也可憑。庶學者無疑，修之有證。死生大患，孰不傷哉？普勸將來，共觀其妙爾。

《還丹至藥篇·悟玄子自序》 余少處轅門，操心僻好。因逢同志相示紅爐，荏苒修持，經二十載。塵心不改，世意長存，但貪利術之門，不究金丹之要。洎乎漂泊，一事無成。悮錯蹤踵，遺途失墜，後乃信知八石元無入聖之功，便如五金只是凡常之物。余雖無成，不懷怨恨，自知學不究於玄機，理乖深遠。後因脱大難，偶遇至人，愍余苦心，傳余口訣，蒙設盟分付，事不虚傳，誓囑丁寧，不許傳於塵庶，余便依訣修鍊，親覩神功，寔爲玄微，獨稱要妙賢芝。雖則頓悟，返卻驚駭。一恐功行未周，二慮骨輕命薄。且見從來學者，盡是金枝玉葉，帝子王孫，抱器英儒，懷才君子。留心者動經百萬，成名者不覩二三。信知不在貴豪，得者直須計分賢芝。愧爲一卒，遭遇仙方。覩眞鉛眞汞之根基，辨眞水眞火之始末。黄芽樞要，撮在掌中。秋石玄微，簇於襟抱。如斯過望，計自萬生賢芝。遂便改過，修眞不貪奢侈，麻衣弊服，惟愜本情，布德存神，治救不足。昨因閒暇，想己同流，謾費心神，虚勞肺腑，學攻丹竈，指蛇爲龍。如此參差，虚來無數，未知鉛汞之本蔕，空爲點化之誑詞。洎乎八石，奔騰五金，焦耗賢芝。今則聊陳短見，激勸志學同流。大藥不無，還丹實有。須得内外相似，心口不殊，莫憚苦辛，親覲上哲。書此十頌，將示同人共隱雲霄，永弃塵埃者矣。

《修眞太極混元圖·蕭道存自序》 夫金丹者，上聖不傳之秘，實大道之源，包羅天地，其大無外，其小無内，運行莫測，立天立地，與人同焉。非聖人之不傳而閉塞仙路乎！乃世人之澆漓，人物蔑劣，而緣生分淺，安可傳乎？經云：以四萬劫一傳，非上天之所惜，在得人而傳，蓋不容輕泄。上至三清，中至上聖，下及群仙，皆困煉金丹而至聖也。豈不秘乎？予謂宿緣流慶，叨荷師資，非爲用心而致斯也。昔年已宿志不回，遍遊諸方，參傳至道，遂遇先師，憫余勤苦，遂將金火返還、刀圭符火之秘授予，不勝喜悦，遂歸試

鍊，則一息之間，龍虎爭鬥，而追軒轅，撼崑崙，過扶桑。神哉！堪笑今之學徒，不悟大道之源，止求空寂，認爲了達。雖能入定出神，奈何精神屬陰，宅舍難固，豈能聚三花而回五氣，绝陰换骨，駕景乘鸞，而純陽之仙乎？然而情明性寂者，則爲清靈之鬼仙也。余以九丹者，金液爲上，然九轉之功，純陽之數足矣！故得陽神踴躍，魂長魄消，造化與天地同焉。其間鼎器萬物，吉凶消長，浮沉主客，抽添鉛汞，癸生消息，陽龍陰虎，升降水火，百端機舍者，其間不出龍虎交媾，温養癸生，捉出坎陽，去補離陰，潛龍衮浪，一撞三關，此乃一息之功能奪天地造化。然而二六時中，要審觀微妙，知機下手，不許昏朦，錯時亂刻，不合符節，則嚴冬大暑，夏月濃霜，而造化弊矣！因觀祖師施眞人《修鍊太極混元圖》者，其間天地人三才定位，鍊丹節要者，玄哉明矣！前輩曰：既得兔魚而忘棄蹄筌。今作是圖，私自生歡。知此身之不可死，故知了悟者，其來久矣！遂述序而爲諸同志，幸爲一覽。章貢混一子蕭道存謹序。

《修眞太極混元圖·金全子前言》 欲扣玄關，須憑匠手。不遇眞師，難明大道。僕遊江南，於南京遇華陽眞人施肩吾施聖者，青巾紫履，皂帶寬衣，光彩射人，望之儼然可畏。及其交談，指論天機，開陳大道，古今不特見有矣！遂授《修眞指玄》，顯然明白，可謂眞仙之秘寶。遂依師指，不敢隱匿自用，乃繕其本，傳諸好道者。君子勿示非人，不同凡事之書矣。古杭竹坡金全子傳。

《還丹復命篇·薛道光自序》 嗟夫！人之有身，其昧也久矣。以名利盜其心，以是非賊其志，日漸一日，寖成鄙吝，不知好道而自與遠。然至道不遠，常在目前。故仙經云：大道汎兮，其可左右。雖有道者欲與之開發，孰爲之信？僕陋以狂言，不足以取信於人。以金鼎還返之道陳於世者，尤非所宜，在有道者當自知之。初年學道，所親無非理性之士，若禪宗之上乘，一悟則直超佛地。如其習漏未盡，則尚循於生死。至於坐脱立亡，投胎奪舍，未免一朝而長。往常思仲尼窮理盡性以至於命，釋氏不生不滅，老氏昇騰飛舉，由是聖人之意，不可一途而取之。宣和庚子歲，得至人口訣曰：大道之祖，不出一氣而成變，喻之爲日月，名之爲龍虎，因之爲陰陽，托之爲天地。一清一濁，金木間隔於戊己之門；一情一性，陰陽會聚於生殺之戶。採二儀未判之氣，奪龍虎始媾之精，入於黃房，產成至寶，別有法象樞機，還返妙用，長生祕訣畢於此矣。由是方知大道不繁，須逢至人授之口訣，始能造於眞際耳。數十年來所窮者，皆聖人之緒餘也。始明物有不遷之理。一陰一陽之謂道，偏陰偏陽之謂疾。龍虎之機，金木之理，此之眞訣，僕聞不疑，依法行之，果躋聖域。嘗聞奧旨混於六經書史之間，故《易》曰：男女媾精，萬物化生，豈不顯其道機？詳其書史，以仁義禮樂有爲而推之，故於無爲之道而相返也。昔鄒魯之士，縉紳先生多能明之，近世不復有矣。依師口訣，輒成五言一十六首，以表二八一斤之數；七言绝句三十首，以應三十日之大功；續添西江月九首，以應九轉之法。辯藥物採取，五行相殺，主客先後，刑德圖訣，抽添運用，火候斤兩，無不備悉。好道之士，請熟究斯文，或以宿緣契合，自然遭遇。文雖鄙陋，一一皆言，其實矣。靖康丙午秋序。

《金液大丹口訣·鄭德安序》 夫欲作眞，必須窮理盡性，以至於命可也，性未明也，命不可知。故釋氏以性爲主，命爲伴；太上以命爲主，性爲伴。此二説甚好，性爲主者，先要明我父母未生已前是箇甚麼，將萬境萬緣悉皆看破，元來只這一點虛靈爲主，此箇身體亦是虛幻。既如此時，末後一着，作麽收拾回去。佛云：向上一着，千聖不傳。如得者，名爲六通、無礙、六自在。如來如無此着，終爲頑空。祖師云：饒君了悟真如性，未免抛身卻入身。從此更兼修大藥，頓超無漏作眞人。太上以命爲主者，先要人實腹養身，保精生炁，以炁化神，以神合道，縱横猶得，長以玉樹枝莖花葉茂盛之喻，工夫鍜鍊，純陽爲體，身外有身，千千變化，穿金透石，現種種之神通，與佛何異？性命二字不可分作二，亦不可併作一件説。故仙家金液大丹妙訣，金箱玉筒萬劫一傳。玄科云：遇人不傳閉天道，妄傳非人泄天寶。輕泄漏慢罪滅形，九玄七祖受冥考。伯陽祖師云：竊與賢者談，曷敢輕爲書寫，情記竹帛，又恐泄天符。若遂結舌瘖，閉道獲罪誅。可以口訣，難以書傳。諦思之，不須論。深藏守，莫傳文。平叔祖師云：吾昔三傳與人，三遭禍患，自今已往，當鉗口結舌。雖鼎鑊在前，刀劍加項，無復敢言矣。余思之，願天下人悉達此道，如此戒行深深，當如之何？既得師傳，不免漏泄，粉骨碎身，難報師德。先師云：一人傳道，福及九祖。太上願，願長生，必不固靳。余遂譔六十四句口訣，號曰太一含真火符直指；七言詩一十七首，號一秤金；西江月六首，應純乾卦於中，括盡下手工夫、玄關一竅、藥物川

源、火候秘旨、進退抽添、沐浴温養、脱胎神化，無不備悉。此乃是余親行所得之妙。望學者勤心精進，刻日有驗。得驗之後，每日消息，擬時要准，辯認浮沉，識昏明，知早晚，莫瞌睡，節飲食。工夫到，降則取，升則迎，打成團，發光明。密密綿綿而無大過之患，猖猖狂狂則有不及之憂。得之非難，行之爲難，守之尤爲難量都來十月之辛勤，永享無窮之逸樂。然此未知，那箇是決烈慷慨，特達能仁明道者得之，默而行之，句句相應，方遂德安之願也。如遇師訣，誠與不誠，行與不行，勤與不勤，則非德安之咎也。余誓曰：我若悞了肯學人，萬劫風刀當受考。如遇此書，生輕慢怠惰者，永爲下鬼，禍及九玄，學者察焉。

《了明篇・毛日新序》 蓋嘗論之謂：夫人之生斯世也豈易得爾？戴天履地，靈於萬物。奈以奔名競利，逐僞喪真，至於没齒不能聞道，虚度一生，略不少悟，誠可歎哉！殊不思，宣尼尚謂，朝聞道，夕死可矣。以宣尼之聖，猶急於聞道，況我輩乎？余今所謂道者，乃大道也。何哉？公而不私，正而不邪，出乎大朴之未散，先乎三光之未萌，寂然無聲之可聽，杳然無象之可觀。苟能敬慕不遠於人，非比乎旁門小法，惑世異端之術也。蓋以道本無名，人因寓物强名甚多。論其妙道之實，卓然惟一，難測難遇，非言可盡。兹由天幸，因遇宋先生於雲之間，專記先生云：吾遇鍾呂傳授口訣，運歸根復命之功，行補腦還精之道，二物烹煎而成大藥刀圭，服了陰盡陽全，三田炁足，身外見身，功成行滿，脱殼昇仙。先生又云：天機非遠，只在目前。若能堅心固守，繼絶疑惑，道無不成。仍出所著歌詞，與和朗然子詩三十首，言近而指遠，句清而道備。余敬而拜授，遂編成一集，名曰《了明篇》。不敢獨寶于家，願得與衆共之。惟冀好事君子，無惜詳觀。時乾道四年十月一日三衢毛日新謹序。

《悟真篇註疏・翁葆光原序》 夫子嘗謂余曰：天台仙翁道成，受命于上帝爲紫玄真人。默相皇家時，嘗隱顯于世，人莫之識也。仙翁少偕成祖肄業辟雍，惟翁不第，夙挺靈根，因翫佛書，忽生繫竹之感，頓悟無生，直超真空，清淨性海。晚年遇青城丈人于成都，盡得金丹妙旨，洞曉陰陽顛倒互用之機，天地返復生成之理。故能修真復命，煉形升入于無形，抱一虚心，性命咸臻于空寂。是以形神俱妙，與道合真，變化無窮，普現法界，即兹妙用，廣度羣迷。向在元豐間，與劉奉真之徒廣宣佛法，以無生留偈而入寂。奉真之徒已焚其蜕，獲舍利千百，其大如芡。後七年，奉真之徒到王屋山，復會仙翁如故。此又示其形神俱妙、性命兩全之玄也。仙翁藴性仁慈，慷慨豁達，窮理盡性，以至于命，三宗一致，妙用無殊。不欲獨善諸身，乃作《悟真篇》，提誨後學。先以神仙命道誘其修煉，故以金丹之術首詠是篇，終以真如空性遣其幻妄，故以禪宗歌詠畢其卷末。所謂金丹之要者，少二八真陰真陽之物，立爲爐鼎，誘先天之一氣歸斯爐鼎之中，變成一粒，大如黍米，號曰太一，含真炁。是以首列七言四韻一十六首，以表二八真陰真陽之數也。次詠五言四韻一首，以表太一之竒，即金丹一粒也。既得一粒餌歸丹田，然後運火。依約六十四卦而行之，故續以絶句六十四首，以按《周易》六十四卦也。天運火之功，有十月并沐浴，共十有二月，故又續添西江月一十二首，以應周天之歲律也。十月功備，胎圓而形化爲純陽之炁，故總吟成律詩八十一首，象生純陽九九之數也。形化氣矣，然後抱元九載，煉氣成神，以神合道，故得形神俱妙，升入無形，與道合真。冥而不測，是以形神性命，俱歸于究竟空寂之本源也。故以禪宗性道歌頌詩詞三十六首，畢其卷末。已上皆取象金丹大旨，次序如此。乃若藥物、火候、口訣，纖微悉寓意在歌詠之中，覽者自可尋文解悟也。顧後傳之寖廣，文理次序頗有不同，又多舛謬。惟龍圖陸公之孫思誠所藏家本爲真，此乃仙翁親授之本也。思誠亦自序其所得之詳于卷末矣。余因遊洞庭得斯真本，改而正之，始悟仙翁所作之意，次序篇章，莫不取金丹之法象也。其文雖約，而妙理該著；寓意雖微，而比類親切。誠爲學者之真規，羣經之要覽也。今之學者，多取旁門非類而證之，或以天庭至寶，玉壺圭丹、混元、胎息之類，妄亂穿鑿，終莫際其深根固蔕之要。又有葉文叔者，以太極大衍之數，釋而辯之，復撰爲圖，附于卷末，謂之《悟真篇外傳》。遂乃簾瞻幕影，定馬爲乾，非惟紊真經，致使學者愈滋惑悞。仙翁有言曰：靡肯自思己錯，更將錯路教人。誤他永世在迷津，似恁欺心，安忍其文叔之謂乎？殊不知金丹一粒，即太極之一氣也。聖人假借二八之物，擒此一氣于一時之中，變成一粒珠，不出一時辰中，餌之立超聖地。故仙翁曰：一時辰内管丹成。又曰：一粒靈丹吞入腹，始知我命不由天。豈虚言哉？文叔不達斯理，反以一時爲非，若以非止用一時而言之，是非三年必九載矣，豈爲至簡至易，而仙翁何以有都來片餉工夫，永保無窮逸樂之語耶？又以

一粒爲一日，有一日之丹，妄引真一子日食一粒之語爲證，尤不曉真一子之意也。若以日食一粒，與一日有一日之丹而推之，三年九載必食千餘粒矣。豈仙翁獨以一粒之語而誑人乎？舉此兩端，足知文叔不得金丹之術明矣。是以妄亂箋註，訛謬非一。抑不知太極大衍之數，其實運火之託象，似是而非也。若以託象求金丹之至道，是猶描龍致雨，畫餅充饑，不亦難乎！余固不敏，幸踵仙翁之遺躅，既承真蔭，寅夕不忘，安忍緘默坐視紅紫亂朱，而不能廣仙翁之意辭而闢之，以救將來而示未悟者耶！是以不懼天譴，直泄天機，課解真文。謹依仙翁之秘旨曰：夫煉金丹大藥，先明天地未判之前，混沌無名之始氣，立爲丹基。次辨真陰真陽，同類有情之物，各重八兩，立爲爐鼎。假此爐鼎之真氣，施設法象，運動周星，誘此先天之始炁，不越半箇時辰，結丹一粒，附在鼎中，大如黍米，此名金丹也。取此金丹一粒，吞入五内，擒伏一身之精炁，猶猫捕鼠，如鸇搦鳥，不能飛走矣。然後運以陰陽之真氣，謂之陰符陽火，養育精氣，化成金液之質，忽尾閭有物，直衝夾脊、雙關，歷歷有聲，逆上泥丸，觸上腭，顆顆降入口中，狀如雀卵，馨香甘美，此名金液還丹也。徐徐嚥下丹田，結成聖胎，十月胎圓，火足即脱胎、沐浴，化爲純陽之軀，而無饑渴寒暑之患，刀兵虎兕之不能傷，而爲陸地神仙。方始投于靜僻之地，兀兀面壁九年，以空其心，謂之抱一。九年行滿，形神自然俱妙，性命雙圓，與道合真，變化不測矣，此名九轉金液大還丹也。丹雖分三道，實揆一，必自小而中，自中而大，此修丹入道之次序也。余故分爲三卷，上卷以煉金丹爲强兵戰勝之術，中卷以運火符金液還丹爲富國安民之法，下卷以九轉大還丹爲神仙抱一之道。謂之三乘大法，以應《陰符經》之正義，此乃無上無極上品天仙之甲科，至真之妙道也。五師宗祖，口口相傳，惟此一法耳。其要至簡至易，不逾片言，聖人恐泄天機，故以乾坤、爐鼎、龍虎、鉛汞之類，以至不可勝舉之異名，無過比喻金丹法象而已。余今攢集異名，一一指其至當，罔敢遺漏纖微。又恐學者未明作用之妙，是以覼縷再三，復撰《悟真直指詳説三乘和要論》《三乘秘要詩》附于卷末，罄竭精微，可謂大泄天地之真機，全露仙翁之秘旨矣。願貽同志，俾易研精灼然，直際悟真之真，永爲正眼法印，而不惑于邪宗曲泒之説也。時皇宋乾道癸巳中秋象川無名子翁葆光謹序。

《悟真篇註疏·戴起宗原序》 《悟真篇》分性命爲二宗，訓人各進；分内外爲二藥，訓人同進。實爲千古丹經之祖，垂世立教，可與《周易參同契》並傳不朽。自葉文叔未註之前，道傳于師，無註其義者；自葉文叔既註之後，人悔于道，無辨其錯者。予所見數十家註，皆以獨修偏解，或以旁術妄箋，致使金丹大道，世不得聞，茫然無蹊徑以入其門奥，而師傳亦殆絶。既絶于師，則從何聞焉。是以能聞者寡，又安有能行之者乎？世傳紫賢所註，徒以真人的傳而珍其文，亦不知世人竊翁葆光之註，易爲道光之註，予詳辯于篇末矣。無名子亦真人的泒，昔于乾道癸巳，見文叔所註舛謬，恐後迷晦大道，乃爲解義敷明，詳演諸一粒之神，分三乘之理，盡泄天機以明師旨。昔予在瑞陽，有以世傳紫賢所解《悟真篇》數條示余，見其箋註與諸家異，又證以父師所授者，皆不合。深竊疑之，讀之再三，稍知其妙，及獲全文反復尋繹，忘飡廢寢，一字一句，深究綿思。與先兄仲甫縣丞或詰，或答，或難，或攷，讀之數年，乃知與《參同契》大丹旨合。蓋予於《參同契》夙蒙玄教，以緣未合，無他用工，惟于《悟真篇》。自此雖知旨而悟真，又有内外之分，一時之玄，又未能洞明。況乎諸仙盡秘，諸書不述，欲參師而無師可訣，欲考文而無文可考。以是介心念念不忘，天誘其衷，于至順辛未夏，遇師得訣，歸以語兄，喜而不寐。厥後及見無名子註，若合符契，乃知天仙可學，元神不死，鍾、吕諸仙皆同斯道。片餉工夫，立躋聖域，宜乎上天所秘，誓不傳人。嗚呼，余自延祐癸亥，紹興路儒學教授，年五十有二矣，患難相仍，幾致性命，遂志棄捐名利，專以了性、了命爲事，好之之篤，參之之勤，不負道心，遇師授道，使余涉順境，不過塵累百金，官增數級而止，汩汩一生，何益于己？今知之不煉，自取愚癡，一失人身，千劫難遇。又況於聞道乎！當時聞道已後，立願普度，中夜以思，不敢妄泄天機，則將何以示人？循逕縱人，不避天譴，故違師誓，述于文字，形于語言。世人久迷，焉能確信，因哀集歷代祖師所破旁門，使人知其爲此，必無民天仙之效，庶可以返思，從何入道，故標之曰：學仙破惑。惑既破矣，又將何以示人入道閫奥，因選諸仙經道典同一揆者，凡十篇，以師傳秘旨，推明仙意，述爲註解，明仙道之正，故標之曰：學仙正宗。具載别集。豈期先兄奄棄，不偕修煉，愈增警省，年日衰邁，恪志速修。因以無名子註，文間有未暢，法象未能悉具，乃述各章，疏義以明，其未盡之機，金丹法象以顯其互用之理。又以《悟真篇》所述，内外殊訣，故多辭同句異。既曰安

爐立鼎，又曰漫守藥爐，不用柴炭； 既曰一時成，又曰一日成，十月熟； 或以一物立論，而所用之訣不同； 或以衆名取譬，而所指之物則一。 如此之類，句異甚多，故讀者易迷，或證于彼則失于此，或證于此而失于彼，致使人之易見曲合旁門，知之既偏，迷之愈固，將錯自修，以錯教人，迷迷不已，深可歎也。 今以詩詞各分類聚，標題于左，但讀正文已見大意，何況註疏詳明，昭然易見。 得斯書者，與仙有緣，聞斯道者，與仙有分； 聞斯道者，速修無疑。 方將投僻于道路，抱一而空心，全夫三乘之真修，庶不虛度一生。 得傳諸仙之後，勉力精進，何敢自怠。 若夫最上一乘，必須自悟，又不在文字語言之傳。 令以口耳之學，墮于外道之空，混爲仙道之玄，二宗皆非，二藥偏用，溺于迷流者多。 所願學仙之士，必務于同進，融于各進，其登天之品異，可以申酬師真父兄恩德之萬一云。 至元元年，集慶空玄子戴起宗同甫謹序。

《先天金丹大道玄奥口訣・劉子澄序》 予壯讀丹經，經引物論理處，稍窺見一二。 時既有室，且宦遊，雖好誦，行之未暇也。 行年二十有八，坐邊事，累責舂陵，道岳陽，客有示晦翁北山萬壑雲氣深，萬死形魂生羽翼之句者。 予感而歎之曰： 天地循環，惡獨不能先。 蘧瑗一年，知非耶。 即遣婢妾，妄塵頓空。 一日遇樵隱說丹要於雅吟亭，詞甚不顯，瞭然易解。 而予頗以易而忽之，未及竟而別。 既抵九嶷，友朋相與，結茅深山，授業之暇，稍思爲己，主以靜而佐之丹學、火符、卦節，無不合訣。 然靜境亦身有悟解，追憶飛吟所授，方將弦圖改之而被旨北歸遼鶴故鄉，見者已怪其霜髭之返黑。 益信丹學之妙，雖髣髴依據，猶足自愛，況得的傳而行之哉！ 未幾，蒙恩起家，參江閫幕，單騎就戍官府。 如山居輒玩老易，每以無同志爲恨。 忽毗陵霍君，慧然袖丹訣來訪，讀之猶吾岳陽所聞也。 大概以真藥，坤土、火候爲丹家三要。 源流出《悟真篇》，而綱目與濂溪太極圖不異，且嫉世人，借容成穢論，傳悟真以逢士大夫之慾，而誣紫陽之道。 嗟乎！ 霍君曷不早值十年使得《參同》，以坐進此道，於九嶷閑居之日，即霍君以其訣求序，噫！ 水魄火魂，太極聖經，月戊日己，正位真土。 乾坤吾丹鼎，坎離吾丹材，復姤吾丹候。 黃中通理，至道一凝，則昏氣濁質，變化無餘而充實輝光，聖功純熟矣。 探無極於後天，求正位於他體。 不思吾氣質變化之不易，返欲假偏陰之至昏至濁者，而滋妄焉，其不趣鬼市也。 幾希子澄，世念久灰，不知富貴爲何味，吏塵厭行當棄去。 結廬五老之下，雲藏一壑。 霍君異時過我，相提攜，相警省，使《悟真》之學證驗昭晰，將濂溪《太極圖》軻書之夜氣，太易之乾龍，並傳而不朽。 則君之一身，雖窮猶達，而予亦免索隱行怪之譏。 因序此書，將以贈別。 諄祐辛亥立夏吉日玉淵子劉子澄清叔序。

《先天金丹大道玄奥口訣・尤焴序》 屈原之賦遠遊，朱文公之讀《參同》，其感激憂憤之心一也。 然金丹一術，其《黃帝內經》而魏伯陽演之，則非誣誕矣！ 近世玩其文，著書以明其學者，汗牛充棟，而得其真者，絶無一二。 雖天分不可強，而亦由古學之無傳爾。 焴幼而慕此，老而有聞，而年運已往，不復可傳乎！ 鄉友霍君見示此書，其間漏泄甚多，視他人所著述絶不侔，因喜而爲之書，且爲道屈原、朱文公之讀《參同》以啓悟後學焉。 淳祐己酉孟夏四月朔晉陵尤焴謹書。

《先天金丹大道玄奥口訣・後序》 神仙可以學，得不死可以力致，古有是語，信不誣矣。 巨川世居毗陵，自高祖少師晉公以倫魁事，徽宗與仙人方士相往來，世傳有金丹圖，持以示林靈素，且曰： 陳希夷之妙訣也。 林靈素得其旨，而高祖分與道殊，聽之嚼蠟而不能悟，持以遺僉樞。 郭公三益乃高祖母越國夫人郭氏之父也。 郭頗好道，不能盡究其事。 此圖家藏，又越九十餘年。 嘉定中，先君上谷府君，忽遇武當山赤腳陳真人，首傳此道，歸玩舊圖，若合符契。 因增註口訣欲刊，先君解化，巨川歎玄學之無傳，慮此書之湮廢。 於是露香盟天，命工鋟梓，續先志也。 嗟夫！ 世人貪生惡死，皆有是心，奈以嗜慾爲累，不能堅志力行，以致中輟。 是知聞道易，而行道難。 巨川幼喜學道，自卯角習靜。 先君慮巨川之荒舉業，每止絶之，而巨川終不能已。 弱冠時異事殊，利名韁鎖，念不到此。 後來先君以其訣傳授諸門人，當世異姓貴戚之卿，有聞而行者，有行而未力者，有喜聽而不喜行者，而巨川得先君之心傳，且戒巨川曰： 吾得神仙之道，無神仙之福，今老矣。 玄功作輟，莫竟其事，靈宅頹舊，將用遷徙。 吾於節齋緣，可托大事。 於甲寅良月遊霅川，與節齋飲，酒歡，越一日，忽告别。 坐客聞知其意，翌日，以書報巨川。 曰： 虎伏龍降，臨行不忙。 有子可付，無事思量。 嗚呼！ 使先君有餘力以畢其道，又奚止此而已哉！ 因書其事於丹圖之後，巨川百拜敬書。

《長生指要篇・林自然序》 僕蚤歲嬰歲，筆硯廢頓，且於世味澹然。 忽

讀《清靜經》而發深省，由是剛腸辭家，蓬頭赤腳，遊歷參訪，幾半天下。至如想腎存心，嚥津納氣之術，靡不嘗試，惟欿然於懷者，金丹一事，未究根宗。天開其運，西蜀陸公眞人，一見于長汀湮霞道院，欣相付授藥物火候，運用抽添，如指諸掌。服膺師訓，于兹有年矣。因見世人旁門曲徑，去道愈遠，不忍盡秘，遂以微言弘道，著爲七篇之書，目之曰：《長生指要》。庶幾有心之子，由是悟入焉耳。時淳祐庚戌中秋日，三山回陽子林自然序。

《金液還丹印證圖·龍眉子序》 竊以削死註生，名既簡於玉札。尋師訪道，心方契於丹書。善惡在人，升沉由己。伏觀總仙之傳，始知自古以來，沖舉者十萬人，拔宅者八千處。豈皆禀受之異？蓋因力學而然。若軒轅生而神靈，固由天授；如旌陽修而道備，豈非人爲？須待惡業消，而後善緣就。或因守關而遇，或欲渡海而逢，或經魔而心愈堅，或歷試而志不退。得既難苦，修必精專。采鍊於鴻都會府之中，棲遁於太華嵩山之下。或紅塵間散若李脫之八百，安期之三千。或白日飛騰，若子晉之驂鸞，琴高之控鯉。或厭世而尸解，或住世而留形，或師徒之皆升，或祖孫之咸達，或得之艱而成之易，或得之易而成之難。方冊具傳，厚誣不可，余從童稚，篤忘清虛，門戶偏求，是非莫辨，留心三紀，倒指百師，所學皆非，遇而方悟，是知難逢之事，豈可容易而成。欲爲跨鶴之遊，必假腰錢之助。下士聞而大笑，上聖所以不言。謬以毫釐，失之千里。迺若天機之輕洩，祖則罪延。而至道之不傳，己則過大，將言復輟，欲罷不能。謂其隱祕於玄微，孰若鋪陳其梗概？因述師旨，繪作圖章，著外法象九章，所以盡造丹之微妙；著內法象九章，所以條養丹之詳細。夫鍊金丹者，必有所自，故有原本焉。有本然後生，故有乾坤焉。用乾坤烹鍊，故有鼎器焉。鼎器有藥物，故有鉛汞焉。鉛汞明分兩，故有和合焉。和合成黃芽，故有眞土焉。丹成貴能取，故有采取焉。作用有規模，故有制度焉。制造有同志，故有輔佐焉。此在外法象，造丹之力章也。采得然後服，故有服丹焉。服畢務溫養，故有九鼎焉。溫養全藉火，故有進火焉。火候有進退，故有退火焉。進退有藥象，故有抽添焉。進退有休息，故有沐浴焉。沐浴罷丹成，故有金液焉。丹雖已成，慮性未能，故有抱元焉。守一抱元，命固性徹，形飛天闕，位證眞人，故有朝元焉。此在內法象，養丹之九章也。服丹繞罷，養火一年。攢簇陰陽，縮斂節候。奪二千七十三萬六千之正氣，歸九一三七二四六八之實身。壽則無窮。數盡有壞，故莫若均齊物我，混一色空。悟無上之自然，圓眞源之正覺。動爲遊戲，靜入太虛。造無拘礙之乘，永返元來之本。通前警悟，及後還元，共二十章。接四五侶，外有鍊丹行，所以貫串首尾，錯綜篇章。指迷箴所，以明辨正邪，分別眞儒，列之于後，覽者詳焉。非敢爲達者之規模，姑留爲後學之印證耳。時宋嘉定戊寅仲冬元日龍眉子敍。

《黃帝陰符經註·孟綽然序》 深達天機者，乃能說天道之妙。未造聖域者，烏能釋聖人之經。何哉？蓋聖人之言，遠如天，非探賾索隱者，豈能知哉？如《黃帝陰符經》者，章纔止一二，字不過於三百。言雖約而旨益遠，文雖簡而意彌深。或以富國安民爲修鍊之術，或以强兵戰勝爲養攝之方。包羅乎天地，總括乎陰陽。視之無色，聽之無聲。冥冥然，孰察其精眞；杳杳然，莫窮其微妙。自非內外虛朗，表裏玲瓏，能提挈乎天地，把握乎陰陽者，先剖析而註解之，孰能窺其壼奥，測其涯涘矣。然註此經者，不啻十數家。得聖人之微旨者，唐公一人而已。公諱淳，號金陵道人，不知何代人也。於是乃述己所聞，依聖意而解之，傍引諸書而證之，使後來觀者，視其經，則雖至深而至遠，求其註，則誠易見而易知。一字所說，如燈之破闇；一言所解，若龜之決疑。非唐公素識有無之源深，窮造化之端，達乎天機，造乎聖域，安能爲此耶？邇來瑩然子周至明，寔今之好事者，因遊崆峒，感黃帝故事，慨然有兼善之心，貇求此本鏤板印行。庶修眞者，亦得淘眞而去僞，入聖而出凡。握陰陽乎掌上，撮日月於胸中，眞古人之用心也。求予爲序，予欲不言，蓋有美不揚友之辜也，於是援毫而書之，以繼公之好事耳。時正大己丑濩澤孟綽然序。

《爰清子至命篇·王慶升自序》 人心道心云者，盡性之謂也。性苟盡矣，命斯可至焉。可道，常道云者，至命之謂也。性猶未盡，烏可至於命也。捨性命以求道而得之者，未之有也。性命一也，有存滅者焉，有長生不滅者焉，有生死者焉，有長生不死者焉。存而滅，生而死，天下皆是也。人徒見其同而不見其異，故有諱言神仙者焉。神仙之在太空，自開闢以來，則已有其人而未見其名。暨乎黃老輩出，則人與名漸著矣。秦漢而降，則名愈彰而人愈難得矣。僕潛心於性命有日，幸天不愛道，得至人授之口訣，其言甚簡，其事甚易，誠可立爲。然非有大福德大力量，則不能亟行之。私念電光易滅，石火難留，行止靡常，死生莫測。歎世人之篤好，受

誑者之崇欺，指燕爲鸞，目狐作驥，詆訶先聖，乖惑後來，勇違太上之科，忍佛至眞之理，迷迷相汲，比比皆然。苟無言象之昭垂，深恐機械之終泯。故敢不揣愚陋，謹依師傳金丹軌則，述爲《至命》之篇，傳之私楮，以淑同志：曰安爐立鼎，曰火候法度，曰野戰守城，曰沐浴脱胎，皆是明述而實道，觀之者宜悉心焉。倘或因緣際會而獲朝聞之慶，質諸斯文，泮然永釋，怡然理顧，如執左契而收舊物，豈小補哉？鮚洲爰清子果齋王慶升吟鶴自序。時淳祐己酉孟秋三日壬申也。

《周易參同契考異》 五代彭曉解義序曰：魏伯陽會稽上虞人，修真潛默，養志虛無，博贍文詞，通諸緯候。得古人《龍虎經》，盡獲妙旨，乃約《周易》，譔《參同契》三篇，復作補塞遺脱一篇。所述多以寓言借事，隱顯異文密示。青州徐從事，徐乃隱名而註之。桓帝時，公復傳授，與同郡淳于叔通，遂行於世。參，雜也；同，通也；契，合也。謂與《周易》理通而義合也。其書假借君臣，以彰內外；叙其離坎，直指汞鉛；列以乾坤，奠量鼎器；明之父母，保以始終；合以夫妻，拘其交媾；譬諸男女，顯以滋生；析以陰陽，導之反復；示之晦朔，通以降騰；配以卦爻，形于變化；隨之斗柄，取以周星；分以晨昏，昭諸刻漏。莫不託易象而論之。故明《周易參同契》云。

《海瓊傳道集·序》 關尹子曰：所可傳者，只謂之事不謂之道。老君曰：吾不知其名，强名曰道。此集之行，其與三千六百法，養命數十家，大故天淵矣。凡我同志，其精研之。《魯語》有謂，夫子之言性與天道，不可得而聞也吁！天下後世，不審夫子之意，即以爲甚高難行之事。夫豈知夫子之門，獨稱顔淵。顔淵得之，則三月不違仁，而又終日如愚。故其在陋巷，甘以簞食瓢飲爲樂，所以三十二歲而蛻去矣。人能悟顔淵心齋之旨，則知神室之説。既知神室，則知神水。孟子曰性猶水也，其斯之謂乎！《悟眞篇》云：修生之要在乎金丹，金丹之要，在乎神水華池，至簡至易，雖愚暗小人，行之立躋聖地。《道德經》云：吾道甚易知，甚易行。昔者鍾離雲房以此傳之呂洞賓，呂傳之劉海蟾，劉傳之張平叔，張傳之石泰，石傳之道光和尚，道光傳之陳泥丸，陳傳之白玉蟾，則吾師也。乙亥之秋遇之於武夷山，越戊寅之春，復於廬山相會。過太平興國宫，有道士洪知常字明道，自號坎離子，於內外二丹留意久矣。千師萬友，參究已遍；千經萬論，搜括無蹤。一旦與之，因緣契合。半句之下，金篦刮膜。片餉之間，玄珠成象。洪公將隱形遁跡，杜門绝交，坐進火候，以圓聖胎。恐此道無傳，故以所得吾師《金丹捷徑》一篇，《鈎鎖連環經》一卷，及廬山《快活歌》一章，刊行于世。總而名之曰《傳道集》，欲天下共之。刀圭子陳守默、紫芝子詹繼瑞稽首拜書。

《海瓊問道集·留元長序》 讀韓昌黎桃源之句，則起神仙渺茫之念；讀白居易海山之辭，則起兜率歸去之思。人心無根，隨語生智噫！吾聞之神仙可以學得，不死可以力致。非曰能之，願學焉。幼時業愛修仙，鞭心于兹，不覺壬子又丁丑矣。人間歲月如許，頭顱皮袋又安以頓哉？天貸其逢，而於道有可聞之漸。是年春，遭遇眞師海瓊君，姓白諱玉蟾，或云海南人，疑其家於襄沔也。時又蓬髮赤足，以入廛市。時又青巾野服，以遊宫觀，浮湛俗間，人莫識也。自云二十有一矣。三教之書，靡所不究，每與客語，覺其典故若泉湧然，若當世飽學者未能也。眞、草、篆、隸，心匠妙明；琴、棊、書、畫，間或翫世。所與交者，盡時髦世彥。雖敬慕之者，不可得親隨；身無片紙，落筆滿四方；踏遍江湖，名滿天下。其從之如毛也。時人多見其囊中曾不蓄銖銅粒黍以自備。或醉甚輒呼雷，或睡熟能飛章，或喜或怒，或笑或哭，狀如不慧，或亦出言與休咎合觀其濟世利人之念汲汲也。徹夜燒燭以坐，鎮日拍攔以歌。晨亦不沐，晝亦不炊。經年置水火於無用，稱其耳聵目眵。或對客以牙宣爲辭，未審厥旨也。無酒亦醉，睡醒亦昏。諸方士夫，刊其文碑，其言多矣。今多嗔少懽，與世甚相違，故慕之而針芥歟。苟相授以九鼎、金、鉛、砂汞之書，太乙、刀圭、火符、金液之訣，紫霄嘯命風霆之文。元長自惟曩者獲罪於天，失身墮世，何以得此，誓糜軀以修之焉，期不負所學矣。謹集問酬警悟之一二，以録諸木，使四海同志之士，有所啓發也。白君得之於陳泥丸，陳得於薛道光，薛得於石泰，石得於張平叔，張得於劉海蟾，劉得於呂洞賓，況人皆知其爲人，而讀其書也，吾何贅以叙哉？紫元子留元長，稽首再拜序。

《太上修眞體元妙道經·董正觀跋》 此經乃北極雷嶽教主、金闕化身元素眞君憫念群生之多迷眞性，未悟靈門，降筆于奉道劉元瑞家，欲廣其傳，流行教法，元瑞不明聖意，乃以降靈眞本，獻奇於文魁達貴，祕藏于韞匱之中，未得闡敷玄奧。今劉元瑞既没之後，其家所藏謄本正觀得而寶之，録諸

梓木，印行于世，庶使學道修眞之士，開明妙理，了悟此因。正觀尚慮當來謄眞之時，天書草聖，俗意難明，其中若有字樣差訛，或誤加增損，惟待通明之士，改而證諸，不亦宜乎？ 時景定歲次辛酉季夏月吉辰奉道弟子董正觀謹識。

《九天生神章・王希巢序》 形不能長存，能存者氣爲之運。氣不能常運，常運者，精爲之根。三者混而爲一，則神仙之道不難致焉。

《九天生神章》大要有四：一曰愛其形，二曰保其神，三曰貴其氣，四曰固其根。人之有形如人有屋，雖云假合，豈可任其損壞，使日就頹剥耶？則世間無露居之民也。且形者，百神之所寓，一性之所存，聰明之所託。修行者待是而後成功，必先曰愛其形。夫積陽生神，積陰生形。形之與神，須更不可離也。形堅則神能久留，屋堅則人能久居。功業未充而陰殼先悴者，常爲學者之患。愚者不知，自謂外形骸象耳，目視之若塵垢、秕糠，便爲了達之士，一旦投形於利害榮辱之境，終身無成。則是人也，與死奚擇？今也不但愛之，必使形之與神以相爲用，貴乎骨肉同飛也。暑不當風，夏不卧濕，坐久傷骨，勞久傷筋。推是理也，動容周旋，無一時而不愛也。外無單豹之食，內無張毅之病，始於愛形，終於踐形，豈苟然哉？不形與神同，不相遠離，故二曰保其神。神者陽之精，天之分。莊子曰：不離乎精，謂之神。人神何由降，有命以降之。故九月神布，命乃具也。神既來舍，如屋之有人。列棟宇，鑿戶牖，視聽食息，無不田焉。其生也，驚天而駭地；其動也，手執而足行。通而變之，坐在立亡，皆爲我用矣。有終身由之而不知者，一旦溘然而逝，與糞壤俱腐。則神者不待夜半負之而去，斯人也竟不知神之爲何物也。悲哉！經曰：何爲死作令神泣。神能御氣，故三曰貴其氣。天地之大，非氣莫運；日月之光，非氣不明。人及萬物咸同禀焉。有不同者，正與不正也。龜鶴之不悴，得氣之清也；松栢之後凋，得氣之剛也。惟人者，得炁之正而不全也。經曰：三氣爲天地之尊，九氣爲萬物之根。若人者，能保九氣之根，上合三氣之尊，貴孰甚焉，患乎不知矣。人但貴其氣而不知其所從來，不亦淺乎？氣本生乎精，精藏乎腎，則知氣者，精爲之根也。既知其根，則可以言致命也。故四曰固其根。經曰：萬物芸芸，各復歸其根。歸根曰靜，靜曰復命。修行之士，必以靜守之，然後根深而蔕固矣。故《莊子》曰：無摇汝精，乃可以長生。形得神以住，神得氣而靈。可以還元，可以成丹。是與三元合德九氣齊并也。原夫《九天生神章》寔上天禁書，不因劫運之交，無因而傳焉。蓋欲夫倒置之俗勝，必欲躋之於仁壽之鄉，開化於未悟者也。上陳三寶開化天地，人及萬物咸禀育焉。次演九章生立九天，人禀九氣以爲命。元頭象九天，上列九官，身藏九府，以象九州，外開九戶，以象九野。一身之用，豈外夫九氣耶？用之全者，上升九天；用之次者，終於尸解。不知其用者，徒受一形，若寄氣而行是道也。人人具有而不能致之者，何耶？私心勝，而事物奪矣。三皇之時，民淳事簡，大道不隱，人皆知修身之要，故有千二百歲厭世而上升者。故聞經曰：上古有眞人，提挈天地，把握陰陽，呼吸精氣，獨立守神，肌肉若一，故能壽比天地，無有終時。自經秦火之變，三皇之書湮没，不見於世，獨惟《難經》、《素問》存而爲醫者之學。故書序曰：三皇之書，言大道也。自後世窮，遂喪修身養命之法，雖不斷如綫，繼之佛法浸入中國，以寂滅爲樂。然指斷臂去本益甚，則吾大道之學，愈不明矣。頃日東南歸，因鄉人任公賢良謂曰：《生神章》寔道家之大原，人多看轉，前雖有玉蟾子註疏，其詞簡要，恨學者難造焉。若詳解之，使人人易曉，不爲無補也。其言有當，於心焚修之暇，願所學焉。昔歐陽文忠公平生不喜道家之學，晚年守亳社始有所悟，一日訪道於石塘隱者，願有學焉。隱者曰：公屋舍已壞難復。語此但能明了前境，猶庶幾焉。文忠公道德文章卓绝當世，豈無受道資質耶？尚謂失之東隅，僅了前境，又况資質不如文忠公者耶？得是道者，九祖同仙，奚前境之可患，強自取枉，柔自取束，可不勉哉？大宋開禧元年歲次乙丑五月初一日，綿州冲虚觀道士王希巢隱賢序。

《水雲集・范懌序》 東牟，古牟子之國，齊之大郡也。戶口浩繁，人性質樸。東連滄海，煙浪雲濤，浩渺無涯，不知其幾萬里；南揖崑崳，層巒疊嶂，峻極于天，不知其幾千丈。海山鍾秀，人傑地靈，異人名士，代不乏人，宜乎眞人仙子相繼而生也。譚公先生，名處端，號長眞子，吾鄉大族也。生而穎悟，識度不凡，善草隸書，爲人剛正，有操行，鄉里敬憚之。大定丁亥歲，重陽憫化妙行眞人，飛錫東來，仙遊海上，以往契夙緣，訪尋知友。於吾鄉得丹陽子馬公，長眞子譚公，於東萊掖水，得長生子劉公，又於登州棲霞，得長春子丘公，結爲方外眷屬，所謂譚馬丘劉是也。相從眞人之遊，西抵夷門，眞人

付以口訣，囑以後事，厭世而上昇，四子殯葬禮終，挈徒而西至終南山，即眞人之舊隱，傳襲其道。十有餘年，自時厥後，各從所之。長眞先生往來於洛川之上，行化度人。從其教者所至雲集，其述作賦詠，舉筆即成，詩、頌、詞、章，僅數百篇，又述語録骷髏、落魄歌、警悟世人，皆包藏妙用，敷暢眞風，引人歸善，甚有益於時也。濬州全眞菴主王琉輝等，鏤板印行，廣傳四方。值丙午歲，大水漂没，其板散亡，掖水長生先生劉公，運慈悲心，開方便路，遣門人徐守道、李道微、于悟仙等，詣吾鄉屬余爲序，欲再命工發槧，以永其傳，可謂仁人之用心也。竊嘗謂長眞先生與余同鄉里，年相若，而志頗同。幼爲兒童之戲，長爲朋友之遊。而先生中年，遇師學道，蟬蛻登眞。余蒼顏華髮，尚區區於名利之場，甘分待終，隨物衰謝，何其愚也。余將掣肘，捐老牛舐犢之愛，去碩鼠畏人之貪，逍遥於自得之鄉，笑傲於眞閑之境。學先生之道，誦先生之文。高養天和，以寄餘生。未審先生異日有舊遊之念，肯乞飛霞佩乎？嗚呼！先生已羽化矣，後之學者，不能見先生之步趨，聞先生之謦欬，其玄機妙旨，遺範餘風，詳味斯文則可矣。大定丁未歲正月望日，東牟州學正范懌德裕序。

《重陽全眞集・范懌序》 全眞之教大矣哉！謂眞者，至純不雜，浩劫常存，一元之始祖，萬殊之大宗也。上古之初，人有純德，性若嬰兒，不牧而自治，不化而自理。其居子于，自適自得，莫不康寧享壽，與道合其眞也。降及後世，人性漸殊，道亡德喪，樸散純離，情酒慾殺蠹於中，愁霜悲火魔於外，性隨情動，情逐物移，散而不收，迷而弗返，天眞盡耗，流浪死生，逐境隨緣，萬劫不復，可爲長太息也！重陽憫化妙行眞人，博通三教，洞曉百家。遇至人於甘河，得知友於東海，化三州之善士，結五社之良緣，行化度人，利生接物。開其風者，咸敬憚之；杖屨所臨，人如霧集。有求教言，來者不拒。詩章、詞曲、疏頌、雜文，得於自然，應酬即辨，大率誘人還醇返朴，靜息虛凝，養亘初之靈物，見眞如之妙性，識本來之面目，使復之於眞常，歸之於妙道也。或問眞人者曰：人生天地間，雖曰最靈，亦萬物中一物耳，孰能逃陰陽之數，孰能出造化之機？有始必有終，有生必有死，此自然之常理也。不稟異氣，仙不可求；不契夙緣，道不可學。豈可苦身約己，如繫影捕風，鏤冰雕朽，爲必不得之事，求難成之效哉！眞人喟然歎曰：長生妙理，人具仙林，孰不可求！有怠而弗成者，顯而至多；有勤而取驗者，隱而甚少。世人以多見爲信，以不見爲疑，遂以仙事茫茫，爲不可期也。試以物理驗之，鑛之鍛鍊可以爲鐵，銅之點化可以爲金，魚超呂梁而爲龍，雉入大水而化蜃。冰之易消者也，藏之可以度夏；草之易衰者也，覆之可以越冬。人能割愛，去貪守雌，抱一遊心於恬淡，合炁於虛無，亦可以高舉遠致，躡景登虛。逍遥乘禦寇之風，往來飛應眞之錫；騎鯨而遊滄海，跨鳳而上青冥；千年化兮，如遼東之鶴；望日朝兮，若棄縣之鳬，與安期羨門之流，洪崖洞玄之屬，同列仙班，不爲難矣。古今得道輕舉者不可勝數。子謂無徵，如聾者不聞有絲竹之音，瞽者不知有丹青之色，彼淺見謏聞，烏足以語道哉？問者屏息汗顔而退。眞人開方便門，示慈悲海，出人於災炎火宅，提人於浩浩迷津。識性命之祖宗，和氣神之子母；有無會於一致，空色泯於兩忘。使人是門者，如南柯夢覺；由是路者，似中山之酒醒。返我之眞，無欠無餘，復入於混成；歸我之宗，不墜不失，復同於太始。眞一之性湛然圓明，變化感通，無所而不適也。眞人羽化之後，門人哀集遺文約千餘篇，辭源浩博，旨意弘深，涵泳眞風，包藏妙有，實修眞之根柢，度人之梯航也。京兆道衆聚財發槧，雖已印行，而東州奉道者多以去版路遥，欲購斯文不易得也。長生劉公，教門標的仙宗羽儀，爲一代之師眞，作四方之教主。謂全眞之風起於西，興於東，徧於中外，其教廣矣，大矣！乃命曹瑱、來靈玉、徐守道、劉眞一、梁通眞、翟道清等化緣，特詣吾鄉求序於懌，以眞人文集分爲九卷載，開版印行，廣傳四方。俾後人得是集者，研窮其辭，如鑿井見泥，去水不遠；鑽木見煙，知火必近。使人人早悟而速成，實仁者之用心也。噫！自古修眞之士，或跰足尋師而師不遇，或斷臂問法而法不知，至于皓首窮年，莫知所措，虛過一生，深可惜也！今全眞文集散落人間，妙用玄機，昭然易見。學者宗之，大修則大驗，小求則小得。士之志於道者，適遇斯時，何其幸也！大定戊申清明一日，寧海州學正范懌德裕謹序。

《重陽教化集・梁棟序》 嘗聞之，得其道則仙可成，遇其人則道可得。以此知仙之難成，道之難得，人之尤難遇也。彼道家者流，例多不遇至人，徒學般運、嚥漱，區區屑屑，殊可笑也。夫至人之道，其甚易知，其甚易行，所傳於人者，豈徒然哉？必視乎有仙風道骨，又知乎聯夙昔之契。雖相去數千里之遠，必勤勤懇懇，付之道而後已。此有以見重陽之於馬公也。重陽蚤遇至人，口傳至道，乃結廬於甘水之上。既而雲遊山東，直抵寧海，蓋預知有人

可以傳道也。一見馬公，情契道合，其一話一言，未嘗不以下手速修爲喻。然馬公寧海鉅族，家貲千萬，子孫詵詵，雖素樂恬澹，亦未易猛捹也。重陽乃於孟冬之首，鏁庵百日，出神入夢，以天堂、地獄爲之警動，又嘗以賜馬公梨一枚、詩一篇。其後十日，索梨一枚，分而爲二，又賜以芋栗，各有其數。冥合陰陽奇偶之妙，無非託物以喻意，假言而明理。馬公一旦開悟，以所賜詩頌，依韻賡和，欣然棄家，易於去弊屣矣。於是師重陽，西遊汴梁之間。重陽既傳道於馬公，屬以後事，遂尸解仙去。馬公果能敷暢玄風，發揚妙理，遠近奉教者，不可勝數。其前日賡唱詩頌，有欲願見而不可得者，門人遂收散亡共三百餘篇，欲鏤板印行，傳之四方。偉哉！用心之廣也。一日馬公門人靈真子、朱抱一，攜下手遲集，以求序於余。曰：某欲刊行斯文，意使棲心向道之士，諷其言辭，味其旨趣，以之破迷解惑，皆知石火光中，雖務速修，猶太遲也。余聞是言，加以素慕全真之風，兼目覩其實，不能以鄙陋爲拒，姑叙其大概云。時癸卯歲，寧海州東牟鄉貢進士梁棟謹序。

《重陽教化集·劉愚之序》 夫全真之教妙矣，其道以無爲爲本，以清淨爲宗，其旨易知，其實易從。然世之人類，履之而無終，行之而鮮久者，何哉？以其信之不篤，執之不固，抱兒女子之惑，無烈丈夫之志，徒眷眷於火宅，不能高蹈遠引而去故也。今丹陽先生其能終始是道，而得至於仙者歟！先生世居東牟，資産鉅萬，貌偉神秀，無一點塵俗氣，自總角知書，澹乎無仕進意，混處閭里，德不外耀，鄉人以是慕之。已而重陽真人徒步出關，直造寧海，具謂與先生有夙昔之契，因警之以詩，悟之以詞，要與俱遊於八極之表。先生始而疑，中而信，又終而從，遂執弟子之禮而師焉。一旦撥置家務，棄去井邑，而偕爲汴梁之行，無復有繫着念。雖使涉危，蹈傾冒艱履困，竟志類鐵石，確然而不之變也。以是而盡能傳重陽公之道。若夫陰陽造化之理，性命保全之術，點化傳度之訣，無爲清淨之旨，靡不洞索而通明之。以至於重陽歸真，卒赴其託而主其教焉。故全真之風，於今廣行，無智愚賢不肖，願從而歸之者，惟恐其後。先生事師，凡四年而師終，師終凡十餘年而又不返，則先生離鄉之志可知矣。然先生之離鄉豈徒然哉！蓋有說在焉。僕爲先生里人，迺得其詳。方先生之遇也，心雖許之從而身未之逮也，姑以私第南館名其庵。而居一日，重陽真人招先生而誨之曰：子知學道之要乎？要在於遠離鄉而已。遠離鄉則無所係，無所係則心不亂，心不亂則欲不生，無欲欲之是無爲也，無爲爲之是清淨也。以是而求道，何道之不達？以是而望仙，何仙之不焉？今子之居是邦也，私故擾擾，不能息於慮，男女嗷嗷，不能絶於聽，紛華種種，不能掩於視，吾懼終奪子之志，而無益於吾之道也，子其計之。先生乃瞿而悟，顧而笑，即日拂袖去，用能斷俗緣、剔塵染，寂然與物無著，杳然與物無累，乘雲馭風，飄飄爲神仙中人矣。先生自受師前言，而至於了達，然不敢嘿默自蓄於胸中，特取疇昔唱和三帙，舉其一以名之曰好。離鄉庶覺，諸未悟者，必式此以爲進道之階。噫！先生之用心，可謂仁且大矣！僕敢不竭慮而讚揚之，因丹陽門人靈真子、朱抱一求序，姑序其萬一云。大定癸卯歲，寧海州東牟鄉貢進士劉愚之謹序。

《丹陽神光燦·甯師常序》 道在邇而求諸遠，事在易而求之難者，此世之常情。至於日擊而存，不言而諭，此上士之趣，實丹陽先生得之也。先生以先覺之明，開發愚徒，穎悟後進，其有不逮者，又從而指示之。誠猶皓月流天，纖悉皆蒙顯煥，心燈在體，熱惱咸得清涼。先生又作《神光燦》百首，俾使歌揚紬繹，互相警策云爾。嗚呼！先生其化人之心也深，念人之意也重。豈不若菩提寶樹布清影於恒沙，般若神舟濟塵勞於苦海者歟！姑以鄙言序其首。大定乙未重九日筠溪野叟甯師常謹序。

《周易參同契發揮·讚序》 《參同契》者，辭陋而道大，言微而旨深；列五帝以建業，配三皇而立政。若君臣差殊，上下無準，序以爲政，不至太平。服食其法，未能長生，學以養性，又不延年。至於剖析陰陽，合其銖兩，日月弦望，八卦成象，男女施化，剛柔動靜，米鹽分判，以易爲證。用意健矣。故爲立註，以傳後賢，惟曉大象，必得長生，强己益身，爲此道者重加意焉。此篇以讚序名，乃後人讚序魏公此書之辭。又曰：故爲立註，以傳後賢，其非魏公本文也，審矣。朱晦菴云：或云後序，或云魏君讚，詳其文意，乃是注文後序，彭序云：魏君密示青州徐從事，令箋註，徐隱名而註之。至桓帝時復傳授於同郡淳于叔通，因得行于世，恐此是徐君語也。其注則不復存矣。彭眞一云：按諸道書，或以眞契三篇是魏公與徐從事、淳于叔通三人各述一篇。斯言甚誤！且公於此再述云：今更撰録，補塞遺脱，則公一人所撰明矣。況唐蜀眞人劉知古者，因述《日月玄樞論》進于玄宗，亦備言之。則從事箋註，淳于傳授之說，更復奚疑！愚嘗紬繹是說，竊歎世代寥遠，無從審定，是耶，非耶？皆不可知。忽一夕於靜定中，若

有附耳者云：魏伯陽作《參同契》，徐從事箋註，簡編錯亂，故有四言、五言散文之不同。既而驚悟，尋省其説：蓋上篇有乾坤、坎離、屯蒙，中篇復有乾坤、坎離、屯蒙；上篇有七八九六，中篇復有七八九六；上篇曰：日辰爲期度，中篇則曰：謹候日辰；上篇曰：震受庚西方，中篇則曰：昴畢之上，震出爲徵；其間言戊己與渾沌者三，言三五與晦朔者四。文義重複如此，竊意三人各述一篇之説，未必不然。而經註相雜，則又不知孰爲經，孰爲註也。愚欲以四言、五言、散文，各從其類，分而爲三，庶經註不相混殽，以便後學參究，然書既成，不復改作，姑誦所聞於卷末，以俟後之明者。

《周易參同契發揮·阮登炳序》　《參同契》乃萬古丹經之祖，其辭古奥密微，莫可測議，然亦未有眞知實踐，得其正傳而不能通此者也。若其論議，與之相戾，而曰我自有祕授，焉用此爲？則亦妄人而已！昔者紫陽朱夫子，鳴道於淳熙、慶元間，旁通百氏，有異乎吾之説者，未嘗隨聲附和而苟同也。乃獨愛伯陽之書，爲之精研熟究而不自以爲癖，有註釋，有考異。且嘗曰：邵子得於希夷，希夷源流自《參同契》。又曰：眼中見得了了如此，但無下手處。又曰：今始得頭緒，未得其作料孔穴。及西山蔡先生編置道州，夫子送之，留寒泉精舍相與訂正是書，而竟夕不寐。至西山卒，又得所謂策數之説，恨不得與西山講之，居無何而夫子卒矣。是書之註蓋行於西山既沒之後，而一時門人亦未有及此者，故不復有所詢訪。其間所未滿意者，正不無也，石澗俞君玉吾所著發揮三篇，蓋所以補空同道士之所不足，且以發明彭氏、陳氏、鄭氏、王氏之所未發者，旁搜博取，無所不至。蓋得至人指授，非區區訓詁者比。予老矣，鼎器頹弊，藥物耗竭，無復有所望矣。觀俞君之註釋是書，安得不重爲之太息也！巖谷之士，氣清神全，有能得是書以印正焉，則於後天而老凋三光者，其亦庶幾矣乎！遂爲書其篇首，而藉是以綴姓名於不朽云。朝請郎祕書監兼尚書左右司阮登炳七十七歲書。

《周易參同契發揮·張民材題》　自《參同契》成書以來，近世考亭大儒亦復註腳，今觀全陽子所著發揮，研精覃思，鉤深致遠，可謂羽翼是書矣。然考亭當時猶有願爲劉安雞犬之望，晚年感興之作，飄然直有往從脱屣意，豈非有得於此書而然耶！全陽子它日功成蟬蛻，從伯陽於閬風玄圃間，必相與曰：是可以《參同契》矣。至大三年歲庚戌臘嗣天師張與材題。

《養生詠玄集·序》　夫詠玄者，乃詠玄中深奥也。窈冥取理，恍惚求真。撮衆妙之英華，採群經之要會。言止直而義正，道入重玄；旨似遠而意明，風存上祖。引龍虎同歸之躁競，顯玄牝绝利之玄微。直示指歸，立成妙用。正演開遮之説明，分去就之元。回玄包羅，昇沈浩渺。故使下士撫掌，上士勤行，克成於神氣全真，冀泯於根塵妄照。誠知珠玉兮何重？性命兮何輕？寧不窮解分息動之玄，而縱流光走魄之逝，深可悲哉！此詠玄詩，寔長生度世之法要也。至如玄元帝之靈篆，常祕枕中；淮南王之神方，密藏肘後。蓋上聖所遵所重乎至言也。學者值遇，宜須祕慎，深自惜焉！

《大丹直指·自序》　仙經曰：觀天之道，執天之行，盡矣。體天法象，則而行之可也。天地本太空一氣，靜極則動，變而爲二。輕清向上爲陽爲天，重濁向下爲陰爲地。既分而爲二，亦不能靜。因天氣先動，降下以合地氣，至極復升。地氣本不升，因天氣混合，引帶而上，至極復降。上下相須不已，化生萬物。天化日月星辰，地化河海山嶽，次第而萬物生。蓋萬物得陰陽升降之氣方生，得日月精華鍊煑方實。日月運行，周回自有逕路，不得中氣斡旋不轉。蓋中氣屬北斗，所居斗柄破軍，即中天大聖非北方也。對指天罡，逐時轉移，日月星辰，隨指自運。《斗經》云：天罡所指，晝夜常輪是也。天地升降，日月運行，不失其時，萬物化生，無有窮已。蓋人與天地，稟受一同，始因父母二氣交感，混合成珠，内藏一點元陽眞氣，外包精血，與母命蔕相連。母受胎之後，自覺有物，一呼一吸，皆到彼處，與所受胎元之氣相通，先生兩腎，其餘臟腑次第相生，至十月胎圓氣足。未生之前在母腹中，雙手掩其面，九竅未通，受母氣滋養，混混沌沌，純一不雜，是爲先天之氣。纔至氣滿，神具精足，臍内不納母之氣血，與母命蔕相離，神氣向上，頭轉向下降生。一出母腹，雙手自開，其氣散於九竅，呼吸從口鼻出入，是爲後天也。臍内一寸三分，所存元暢眞氣，更不曾相親，迷忘本來面目，逐時耗散，以致病夭，憂愁思慮，喜怒哀樂。但臍在人身之中，名曰中宫命府、混沌神室、黄庭、丹田、神氣穴、歸根竅、復命關、鴻濛竅、百會穴、生門、太乙、神爐，本來面目，異名甚多。此處包藏精髓，貫通百脈，滋養一身，淨躶躶赤洒洒無可把。蓋常人不能親者，被七情六慾所

牽，迷忘本來去處，呼吸之氣，止到氣海往來。氣海在上臨耶府也。既不曾得到中宮命府，與元氣眞氣相棲，金木相間隔，如何得龍虎交媾，化生純粹？又不知運動之機，《陰符》云：天發殺楊是也。如何是氣液流轉，以鍊神形？蓋心屬火，中藏正陽之精，名曰汞、木龍。腎屬水，中藏元陽眞氣，名曰鉛、金虎。先使水火二氣上下相交，升降相接，用意勾引，脫出眞精眞氣，混合於中宮，用神火烹鍊，使氣周流於一身，氣滿神壯，結成大丹。非特長生益壽，若功行兼修，可躋聖位。謹謹述于後。

《金丹大要・道德經序》 上陽子曰：道始無名，德亦非稱。自伏羲畫卦，蒼頡創爻，玄龜龍馬，河圖洛書，文王重易，箕子洪範，皆存而不名。老子垂世，始强名之曰道。夫道之爲說，先天地而位天地，始萬物而育萬物。草木根實，非道不生；胎卵濕化，非道不産。道果何物也？其可見乎？而功用若是其可摸捉乎？而造化若是，其可思議乎？而變通若是。自老子一指出，一强名之後，千古之上，此道得老子以明；萬世之下，此道以老子爲法。天以清，地以寧，三光以明，萬物以榮，聖人仙佛以修以成。噫！道果何物，而若是其大也！孔子而佛，皆明此道，非別有一道也。後來乃分三教，儒者不明曾子、子思之相受何事，卻猜之爲日用當行；釋者不能明心見性，只得念誦頑坐；道則不究金丹竅妙，以爲焚修法術，皆非道也。蓋未有所授受耳！道之爲物，通氣而生，氣復資氣而育天地萬物，未有非氣而自生育者。然吾所謂氣，卻非天地呼吸，口鼻往來。要知是氣之名，須究外內之道。氣之在外者，曰黑鉛，即金丹之道也。釋云佛法，儒謂仁義，道曰金丹。三教大聖，必用是氣而後方能成佛作仙。即此是道，非別有一路耶。氣之在內者，曰黑汞，即修定之道也。道名踵音，儒謂中和，釋云世音，即自然之道。三教大聖，必用此道，故名雖殊，而道則同也。是以天下無二道，聖人無兩心。昔者老子西游，關令君喜知爲聖人，迎之曰：子將隱矣，强爲我著書。老子乃著五千餘言而去。其著書處，今京兆盩厔縣終南山宗聖宮是也。此書留世，始以《老子》名，分上下二篇。真人鄭思遠標註八十一章之目，唐賜號曰《道德經》。古今解註，何啻數百人，唯河上公所釋以授漢文帝者，語淡義深，今難得其真本。經中大意，第一章顯而出之，了具眼者，於此早分利鈍。夫道也者，本無名、無爲；且名亦既有，復不可常名，則無爲而無不爲矣。故三十八章曰：上德無爲而無以爲，下德爲之而有以爲。上仁爲之而無以爲，上義爲之而有以爲。熟於道德者，體無爲而無不爲也。無爲者，無以爲也。無不爲者，有以爲也。爲是道者，慧饒顏閔，必待師傳。建言有之，古之善爲士者，微妙玄通，深不可識。上陽子曰：豈古然哉？於今爲然。蓋不可識則不可見，不可見則不可思議摸捉。我師緣督真人，授鍾、呂、王、馬之的旨，南嶽一面，悉拜其授。致虛年甫四十，雖居林下，癖嗜詩書。嘗謂寂滅虛無，其說杳冥滓詵。蒙師一指，芒刺脫然，眼下便見。方知腳跟元踏實地，猶如空中浮雲忽散，寶月圓明。並得所解《道德經》，焚香啓視，至此兩者同出而異名，早是性命雙題，愈覺渾身是汗。坐對老子坐，行共老子行。佛祖在腳跟底，立似三界中。我的最尊超然，有何生死？則三清劍、五嶽冠，有與無、物與竅，朱裏汞、水中銀，日兔、月烏，雌雄、黑白，以至金剛浮幢、燈籠佛殿、正法眼藏、涅槃妙心，百尺竿、西江水，竹麻萑葦，棒喝照用，恒河沙。量佛法，莫不皆是見了悟了，日夕照覷。大機大用，有時得到休歇之處，尤爲快活。何以故？只爲此者雙關二意，直要世人明瞭爲期。且道同出卻不同入，同出又不同沒，只一已是强名，況復云此兩者於下，重云衆妙之門。聖人無空言，一字是一箇鐵漢。點檢將來，卻似大路傍草裏有兩顆驪珠，尋常人都驀直過了，明眼人一見圓陀陀，光爍爍，收拾隨身去，豈不欣然！何哉？蓋今世人只是看經，卻不觀經。聖賢仙佛，留下經書，要引世人皆爲聖賢仙佛。一切常人，不明其意，朝念暮誦，以爲禱祈。更不於中究竟生死一件實事，抑何愚哉！猶誨人醫，指以訣云：左心小腸肝膽腎。明瞭的，便以此而脈人之脈，不必勞誦千遍萬遍。若病而不診，只誦此語，雖感得叔和立現，復奈之何？經書亦然，若看而不觀，亦猶病之誦而不診者，但了其字。觀者要了其義，了字則訛了舌頭，了義則坐斷舌頭。訛了非了，坐斷是了。不了的是人，了底是聖賢仙佛。喻如《金剛經》云：佛說非身，是名大身。六祖釋云：色身雖大，內心量小，不名大身；法身雖小，內心量大，等虛空界，方名大身。色身雖如須彌，終不爲大。此欲世人早明色身、法身二事。若只口誦，不觀其義，輪迴生死，何有了期。三教聖師，立言垂訓，皆欲接引方來，非各門異戶，以相永炭者。師授是經，俾之續其言外意。上陽子曰：大哉！五千餘言，多以天下、國家、用兵、治民之說，以翼其道。然以之平天下，治國家，用兵、使

民，無施不可。仁者見之謂之仁，智者見之謂之智。故瑩蟾子有治道、丹道，兵機、禪機之說也。將以無爲之道，奏之地吾皇，以倣陶唐無爲之治也。其將以有爲之道，告之于宰輔，行治平日新之德也。其將以無不爲、有以爲之道訓諸學道之士，以修金丹也。得此道以無爲而治天下者，漢文帝之謂矣；得此道以佐漢而定天下者，張子房之謂矣；得此道而其鬼不神者，張輔漢之謂矣；得此道而善攝生者，許旌陽之謂矣。妙哉是經！其言父則云教父，母則云物母，此其爲《道德經》也。其旨意先有爲而後無爲，非蠢然無爲也。本道德而後仁義，非毀於仁義也；先仁義而後禮，非棄於禮者也。如恍惚中有象，有物，杳冥中有精、有信，不貴難得之貨，此皆直指大道，顯露玄機者也。經內隱八十餘異名，如衆甫、神器、玄牝、槖籥之類，蓋深註意於道，使後之人從是而悟，因悟而入，因入而有焉。即有爲者，金丹也。噫！後之人，峩其冠者，不明玄牝竅妙之門；曳其裾者，不修無爲有爲之道。使彼之有目者，視之爲異端之教；彼之有口者，呼之爲異端之徒。而世之明敏器識之士，甘與彼之下愚或儕或躐，奔競是非，至于老死而不知有神仙之道，惜哉！且三教聖賢之所建立者，始焉莫不各有其道，而繼之者特未善也。老子者，聖人也，太上也，巍巍尊居三清之境，以生育天地，運行日月，宰制劫運，終始萬物爲心，其視天下民物，一不安者，若己有之。中下之人，恣其狂愚，不知源流，妄誕詆排。謂彼之非聖人者，罔譴益彰，惑之甚也！謂此之歸太上者，罔福，是未得其道也。原其著此書者，甚欲引道修行之士以成真人，使天下有以匡世救劫者也，如降魔斬蛟，平潮弭災之事焉。然悟者自悟也，迷者自迷也。悟也者，因緣時節之來也；迷也者，宿昔所未種也。君臣也，父子也，夫婦也，兄弟也，朋友也，此大道之綱常也，萬世之不可易也。降魔也，斬蛟也，此道成之事也，適時而就其功也。老子之道，即金丹之大道也。夫金丹之道，先明三綱五常，次則因定生慧。綱常既明，則道自綱常而出，非出綱常之外而別求道也，是謂有爲。故云和其光，同其塵也。乃至定慧圓明，是謂無爲。故云知其雄，守其雌也。道至無爲，則神仙之事備矣。知此經者，則明其道。故曰：太上。下知有之不知者，則辯其語。故曰：夫唯無知，是以不我知。今遵師訓，因並釋之，每章就下轉語。夫如此者，特爲此老垂一隻方便手，爲天下人具一隻智慧眼。垂手者，接濟迷途；具眼者，早自明瞭。使人人回首，物物知歸，長生昇仙，必有真實根器的。至順辛未中秋後三日，紫霄上陽子觀吾陳致虛謹序。

《啓真集・董師言序》 竊以欲正春夏秋冬者，必得指而可知；欲達微妙玄通者，必藉言而可悟。奈言語者，心識之影；文字者，言語之影。意爲心影，言爲心響，終無眞體而理可窮及。徼妙雙泯，絶盡百非，無一法可親者，曷用乎言！蓋理非言，銘則若魚無筌而魚莫之求，兔非蹄而兔無以得。大抵言者魚兔之筌蹄，足以紀綱至道，匡轄仙機，詎可忘之。是以聖人作而述《陰符》、《道德》，發揮妙本之精；賢者擬聖作書，制沖虛《南華》之經，務啓迪後覺。入聖超凡，何不假言而爲。況近朝五眞泒別，教闡多方，丘劉著《磻溪》仙樂之集，譚馬目金玉水雲之號，靡不鼓唱。玄風煥明，智鑑如霜天皓月，普現千潭。使彼味道者，咀嚼膏腴，識趨向而不陷迷津，豈不以因言而明理哉？而後攀龍鱗附鳳翼，詮道垂訓，拯溺指迷者，子於通玄師見之矣。師姓劉氏，諱志淵，西慈高樓里人。生而慈愍，幼慕宗風，大乘契典，莫不精研。長值道運勃興，群教釋鄙，遇超然子授以頤眞養素，見性識心，無爲之旨，於是捨衆人之所愛，收衆人之所棄，慨然而逕詣重玄，入衆妙之門。一唊而三觀虛淨，再味而八面玲瓏。屢現化身，一途生死，其天機妙道，已印於胸中。凡謦咳文詞，形容翰墨，可謂駢珠驪玉，非雕蟲篆刻而成。飄飄然出旁羅搜索之表，眞學者之指南，寔大筆手爲之。雖一詞一詠，隻字片言，志在抉盲剔瞶，俾有所受用，非特獨善其身而爲之。斯文未振，一旦遺世，六探信通，迸破渥丸，無形昇入，厥有著述，寂寥無聞。門人平水李□，恐綿遠湮滅，歷訪晋并，得諸友口誦者一二。洎劉志堅録帙者，十得之八九矣。乃掇遺而鳩集一編，整比義類，列成三帙，目曰：《啓眞》。袖示於僕，求校而再囑爲序引。庶幾刊行，以廣眞傳。再四披玩，灼然文理碁布，妙趣星分，可以挈行昏衢者入大光明清淨鄉。非心珠朗徹出天地之外者，曷至於是耶？僕雖預道胤，造道髣髴，慊才輕蟬翼，辭短蛙鳴，安敢擊布鼓於雷門！執辭不獲已，姑以俚語，道先生才藻，軌範之萬一耳。時太歲甲辰仲呂下旬有二日紀之卷首，同羊盡忠里鳳原老人董師言題。

《抱一子三峰老人丹訣・序》 自從盤古分天地，直至今日，這人生輪回，無有休期，傷嗟！人身難得，光景疾如閃電，年小不肯省悟，老時甘分候死。若臨行一念纔差，打在六道中生，真性入於別殼，饒經萬劫，難以出

離。當此之時，悔何及也！多奈古今慕道者，不遇明師親傳口訣，自生短見，亂起愚迷。有飡松啖栢者，有飲水吞符者，有嗽嚥津唾者，有吐故納新者，有吸日精月華者，有按摩導引者，有齋戒休粮者，有盲修瞎錬者，有舌柱心灰者。窮此數般，皆是傍門小法，並不聞修性命之事。爭知性命二字，尚有真假。真性命者，出陽神也。陽神者，此是天仙大成之法也；假性命者，出陰神也，陰神者，此是鬼仙小成之法也。可笑此等出陰神之人奈何！少學無知之徒，不達抽鉛添汞，錬金丹大藥之術，又豈知伏龍降虎之法也？卻妄內觀存想下丹田，安心定意，固養神炁，言我决成功，意內成金丹，想中取大藥，此等有如小兒戲耍也。不識真鉛真汞，指神炁便爲性命，卻如見他財爲己財，呼别姓作親兒。乃曰夢裏得財，焉能濟事？畫地爲餅，豈能充飢？空中又空，如鏡花水月，終難成事。若不識金丹大藥之法，執著內觀存想者，達士奇人，一向毀之。長生真人詩曰：胎仙若是想得成，女子無夫也懷孕。張平叔曰：更饒吐納並存想，總與金丹事不同。又鍾離真人曰：還丹不得真鉛汞，萬劫沉淪入死鄉是也。初進道之人，心猿意馬，奔走如飛，無所停留。恐遊外景而喪志，使耳不聽、目不視、心不狂、意不亂，內觀存想下丹田，安心定意，固養神炁。行持不可缺乏，不可執著，勿得輕示小用矣。鉛汞二字，非干是神炁。鉛汞有分兩，神炁如何有分兩？鉛汞有抽添，神炁如何言抽添？更有一等修行之人，於神炁也不會養，小成法尚自不知，卻一向執著他包天裹地，豁達頑空，言我無做無作，大道無形無象，本來無少無多，修箇甚底？飢時喫飯，飽時打睡。此等修行之人，到頭如枯樹發狂花，何異於迷人行夜路，深可痛哉！若夫大道，無言無相，王祖師甘河鎮上遇吕真人，卻是箇甚麼修行學道之人。金丹大藥成時，光照十分，明徹四海，聚則成形，散則無窮，千變萬化者也。此乃是大道也。男子有內腎，內腎者，對臍貼著脊骨兩箇腰子是也。人之元陽金精，從內腎而生。內腎者，又名偃月鑪、玉鑪。心爲金鼎。內腎與外腎，坎☵家一卦。切勿不得淨身，去其外腎，損其造化，難成道也。腎者，此是五臟之主也。人有三宫三田。頂門爲泥丸，名曰上丹田；心爲絳宫，名曰中丹田；臍下一寸三分，爲黄庭宫，名曰下丹田。此是養聖胎之房，錬金丹大藥之鑪竈也。人有五臟，各有一精，五精皆聚在下丹田。下丹田左青右白，上赤下黑中央黄。下丹田者，一名五明宫，一名寶瓶宫，一名水精宫、一名五行鑪、一名龍池、一名鳳池，一名瑶池，一名丹池，一名華池，一名七寶池，一名阿耨池，一名金利國，一名氣海。人心是南方丙丁火，腎是北方壬癸水。心腎者，是假水火也。人心腎中鉛汞，是真坎☵離☲也。夫修仙學道之士，先要識性命實主。性家實主者，縱放心猿，迷失在外爲實；省後還家，不昏不昧，不摇不動爲主，此是性家實主也。夫命家實主者，汞象木火，龍者，浮在離☲爲實；鈷象金水，虎者，沉在坎☵爲主。張平叔曰：自知顛倒猶離坎，誰識浮沉定實主是也。太上曰：以鉛爲君，以汞爲臣。鉛若不真，汞難以固。鉛爲造化之主，此是命家之實主也。且鉛汞有真有假，亦此人身中錬金丹大藥，內鉛汞玄妙之中。真鉛汞生在天地之先，假鉛汞生在天地之後。真鉛汞此是無形造化，假鉛汞此是有形造化。夫真鉛汞者，未有天地虚空先生者，此是西方無象庚辛真金也。金者是鉛，鉛能生汞。鉛汞者，此是北方無象壬癸真水也。鉛得汞而生形，次以漸生天地，生日月，生山海，生人倫，生一切萬物也。金爲水之母，母隱子胎。水者，金之子，子藏母胞。金體剛固無敗朽，金爲之根，固濟爲大丹之根基也明矣！真金是萬物之母。《道德經》曰：無名天地之始，有名萬物之母是也。

天真皇人註《陰符經》曰：一者，天地之根，陰陽之母，萬物類之以生成，千靈感之以舒慘。生於高天厚地，洞府仙山，玄象靈宫，神仙聖衆，未有一物不因鉛氣生者也。子能錬鉛成炁，而萬神自生，故不死耳。夫鍛錬鉛汞者，此是黑錫水銀也。黑錫是鉛，水銀是汞。黑錫是五金之母也，水銀是五金之賊也。黑鉛造化黄丹，此是陰返陽也；黄丹復造化黑錫，此是陽返陰也。水銀造化新紅，此是陰返陽也；新紅復造化水銀，此是陽返陰也。黑錫造化螢粉，水銀造化輕粉，水銀黑錫二物，名藏金木水火土；五行造化，五般顔色，青紅黄白黑。黑錫水銀雖是假鉛汞，與天地人造化相類也。天地抽鉛添汞而生，萬物得其長生。冬至一日，地中陽炁上昇，直至於天，此是天地飛金精，又是抽鉛也。夏至一日，天中陰炁下降，直至於地，此是天地抽汞也。天地翻一炁，而爲春夏秋冬，木火土金水，四時俱備，惟戊己無形，隨四季而運轉。

吕真人曰：五行精髓一胞中是也。《陰符經》曰：觀天下之道，執天之行，盡矣。鉛汞二字，不只一說，變化多般，不可只定砂中生。水銀相日中

雞，雞者陰也，陰者是汞也。黑鉛相月中兔，兔者陽也，陽者是鉛也。仙有五等，天仙、地仙、鬼仙、人仙、神仙。惟有天仙者，形神俱妙，與道合真，聚則成形，散則無窮。吕真人詩曰：金丹一粒定長生，須得真鉛鍊甲庚是也。三峰老人號抱一子，劉某遊遍天下，四海參問。亂言者，如牛毛，同道者，千萬中無一二。凡學道之人，性命二字皆要雙全也。

《中和集·杜道堅敘》 維揚損菴蔡君志頤，瑩蟾子李清菴之門人也。勘破凡塵，篤修仙道，得清菴之殘膏賸馥，編次成書，題曰：《中和集》，蓋取師之靜室名也。大德丙午秋，謁余印可，欲壽諸梓，開悟後人。余未啓帙，先已知群妄掃空，一眞呈露。謂如天付之而爲命，人受之而爲性。至于先天太極，自然金丹光照太虚。不假修鍊者，漏泄無餘矣。可以窮神知變，而深根寧極，可以脱胎神化，而復歸無極也。抑以見道之有物混成，儒之中和育物，釋之指心見性，此皆同王異曲，咸自太極中來。是故老聖常善救人，佛不輕於汝等，周公豈欺我哉？覽是集者，切忌生疑。當塗南谷杜道堅書于錢塘玄元眞館。

《中和集·金丹或問·前言》 予觀丹經子書，後人箋注，取用不一。或着形體，或泥文墨，或以清淨爲苦空，或以汞鉛爲有象，所見不同，後人豈得不惑？殊不知至道則一，豈有二哉？又近來丹書所集，多是傍門，如解七返九還，寅子數坤申之類，不亦謬乎？予今將丹書中精要，集成或問三十六則，以破後人之惑，達者味之。

《谷神篇·林轅自序》 嘗聞修道而得仙，參禪而作佛，習儒而進仕。蓋斯三事，奇男子之大學者，而患不能也。夫道以理也，醫以理也，治亦以理也。世無理字，道何附以强名？人有此生數，難逃於老死。有言修道者，即是修身也；鍊丹者，即是鍊形也。智者可以求益，愚者徒自招損。夫何故？謂人之有身，因受父母比怙一點之元陽，假合形骸，長成六尺之身軀。原夫身者，有所從出矣，非干作意存想，無中生有也。人年十五之數，如日月之朔望，抱鉛汞之大有，法爐鼎之象完，過此以往，則漸爲虧昊。況兼情慾冗擾，精氣不免於衰耗，未及中年，臉疲毛落者，良可歎矣。是以上世仙眞，明明指論生身二氣爲藥根本。教人推類以加，增益比氣，以鉛延生，此無他也，即錮鑪補罅之義矣，是乃損益之道也。世有愚夫，福分淺薄，不知身之可愛、命之可惜，全不存守身中本命元展，而反禱壽於木雕泥塑之像者，所以不知道也，徒然發忿下功。或草衣木食，忍飢受寒，求道之無象，則又勞形枯坐，握固作氣，亦無所得。又且討論空法，問辯鬪捷，文章應對，認爲事業。但圖打當口頭人事，至於白首茫然，皆是不求省悟。甚至毁形滅性，愈乖愈迷，坐視生死，紛紛人不可免。苟意妄立，無事邪説，謂人之有身，諸塵皆染，爲之妄有。或言有生必有滅，求生謂之偷生，莫若寂滅以爲大樂。又言人之死也，其陰魂謂之本來面目，不生不滅，不增不減。或言一靈湛然，常住於虚空，何處頓放，前後悮穿。其説者悔恨身爲苦本，莫能自棄，至于燃頂斷臂，毁截肢體，捐身諸水火者，惑爲幻矣！間有坐待衰老，以盡天年者，反遭耄邁之譏。夫豈知人之死也，魂魄悠於冥途，風雨淒迷，隨識受苦。不聞征戰而亡者，既死而無形矣，尚求血食以妥其靈？饑虚而亡者，既死而無口矣，尚求斛餅以慰其饑？裸裎而亡者，既死而無禄矣，尚求幣繒以掩其羞？沉溺而亡者，既死而無禄矣，尚求角黍以繫其享？癰疽而亡者，既死而無背矣，尚求草人以針其痛？胎殰而亡者，既死而無血矣，尚求蘭盂以滌其穢？及乎縊、溺、傷、枉、獄、死、路亡，攝魂替代脱離苦趣，智者詳之，其寂滅之道安有樂乎？人之有身也，在生一日，得一日之樂；遲死一年，增一年之智。智識深遠而通神明，若可待矣。故俗云：狐貍成精能學人語，蟒蛇歲紀能作風雨，檀柏年深始有香味，蚌蛤固津而孕珍珠。況人爲靈物，可不學道以求生乎？身爲靈樞，可不鍊形以證仙乎？夫道也者，乃日用常言世俗之務也。理至精微，機懷動靜。特爲旁近取譬，苟非正心誠意於學問者，終鮮克知。此道乃是吾賢君子之所可聞否乎？仙經云：失笑之道不足以語下士，惟上智力能弘之可也。余閩鄉林氏子也，童丱之年，厄於兵革，家人構怨，互相傾散。欲治儒術之道，莫可及也。將皈釋氏之門，慮孑遺也。至于飄蓬四遠，歷試諸難，少從貧賤，多能鄙事。因觀《黄帝内經》，若夙有得，是以悴心於道。疲身虚橐，自放於湖海之上，飢寒勞役，順受萬有日矣。幸遇至人憐憫，指劃修眞之要，爲了身第一藝也。遂披閲群經，參訪衆論。若曰：欲覓長生，必由所生。要見如來，當究本來。所生者，元炁。本來者，精血。人知根本，功不浪施，如飢渴得飲食，如疾病投藥餌。了悟眞常，堅固成道。若以託空，言逐邪見。曰積後世因，修來生福。自把現在身心，將爲無用器物。無修則無證，終於落空也。詳見丹經子書，論還丹、説大藥，其最要法，在乎神水華池，爲諸丹之基，大道之祖。存守則謂之寶珠，交會則謂之

金丹。千家一理，其詞章歌詠，盍各言志，以是用功精熟，出言敷暢，語皆神說，愧余之未能也。其火候斤兩之數，亦在前賢道了，不敢畫蛇添足。伏念余濫聞至道，未嘗發言，但恐虛度歲月，擬歸海島，棲遯於巖竇之下，作大休計也。每思平昔交游，星散於吳頭楚尾、天涯海角者，莫能遍辭。故不得已，搜攬乳腥之語，以寄同志，告諸往也。因爲是篇，目之曰《谷神》，不過谷養元炁而已。雖俚文野語，皆存造化。儻有達事君輩，幸而電覽，默契心胸，暗合道妙者，稍見附文不協，作意不工處，慨垂斤削，不亦可乎！余傳之有師也，泒出韓逍遙之斷踵，嗣蘆菴郁君之門弟子也。其爲人也，凡聖混同，隱顯莫測，又兼余以卑微竊學，素來多病，尚慮福薄分淺。須知由我由天，未便脫塵離俗，猶爲曠己玷師，是以未敢題其名也，亦當爲學肖者云耳。時大德八年甲辰歲一陽來復日，五福玄巢子林轅神鳳敘。

《谷神篇·趙思玄叙》 古聖帝王，宦天下者，首以神仙之道，默相傳授，家天下者，其道不傳，是以至禹而止，後遂散於方外之士，皆口口相傳，不立文字。至周老氏著言五千，其辭深古，其旨玄妙，非神非聖，孰能與哉！禦寇、莊周以爲虛無，蓋公、曹參以爲清靜。雖非正義，違道不遠。其不幸者又有三焉：申韓之徒，引爲慘酷寡恩刑名之謬，一也；北魏寇謙之嘗集道經，爲其書少，遂將方技、符水、醫藥、卜筮、讖緯之書，混而爲一，二也；佛法未來，方外之學則有二焉：一曰神仙，二曰道家。仙即命也，陽也。道即性也，陰也。諸史《藝文志》，所分二家，雖有未當，而判然不同，明白矣。其竅啓之士，束於其教，莫能甄別，妄以孤陰身中，指心腎爲坎離、鉛汞，交媾金丹，簧鼓愚下，盲以引盲，三也。吁，可勝歎哉！蒙抱此憤憤二十餘年，竟無可與言者。近遇三山玄巢子林先生，一言投機，脗同針芥，千載一時，不勝慶幸。先生復以《三玄篇》示蒙，敬捧莊誦，心駭目回。念欲刊傳普惠學者，奈其屢空，歎難規措。懇諗名公，洎諸好事，共成斯美，照耀將來，非無謂也。昔旌陽眞君《明有玄記》謂：千載之後，五陵之間，當出地仙八百。今殆其時矣！是書也，俾諸聞見者，信心開悟，誠俟眞傳，獲服龍虎之大丹，直簉仙班，以應玄記，入長生久視之門，豈不爲大丈夫也哉！凡我同人，毋自暴棄。時延祐乙卯夏六月，書于臨川濠上，趙州趙思玄從善敬敘。

《析疑指迷論·序》 神峰逍遥大師出示高論二編，名曰《析疑指迷》。清談不吝於胸懷，奧妙發揮於翰墨。平生所養，於兹見矣。幸緣一覽，俾予泠泠然獨立於通衢，不知四肢之有無，則可以墻塹玄門，梯航後學者。大德戊戌仲春朔，汝南重玄子劉道真謹跋。

前火傳後火，薪異而焰同；今聖嗣古聖，時殊而道一。故宜乎馬、譚、劉、丘已來，演玄風，敷妙化之真人，繼繼而出也。神峰逍遥先生，牛君練師，新出奇論二卷，目曰《析疑指迷》，屬余以文，開卷一閱，不覺身世兩忘，若馭清飆而遊乎碧落矣。其誘人也，循循然有條而不紊，使人惑志頓消而朗徹。其進人也，端語一發，使人浩然長往而不留。其言簡，其理微，其示教也深，其用心也切，此可謂火傳而聖繼者也。門人恐其微言將沒，裒而録之，以裨後進。其弘師之道如是，此亦可謂用心之厚者焉。時大德三年中秋前三日，靜安沖漠道人王道亨書。

神峰逍遥子閑居幽室，倚軒塊坐，隱几忘懷。適有悟真子李志恒，從座而起，恭然而立，攜牋作禮，拜而謂曰：敢問全真妙理，至道精微，性命之義，修行次序，願師演而析疑矣。逍遥子答曰：夫至道精微，無形無名，難演難言，非容取捨而可得也。故心困焉而不能知，口辟焉而不能辭，在人虛府自悟耳。其人叩之不已，志之愈誠，由是不得已而應命，輒述是論，名曰：《析疑指迷》，庶資初學之漸悟耳。時元貞二年孟春上元日題。

《金蓮正宗記·序》 道無終始，教有後先。或曰道與教不同乎？曰：不同。湛寂眞常道也，傳法度人教也。道之爲體，雖經無數劫，未嘗少變。教之爲用，有時而廢，有時而興。或曰教之興也，自何而始？曰：軒轅黄帝鑄鼎之後，乘火龍而飛升太虛，然後知有長生久視之說。雖有其說，知而行之者，七十二人而已。下逮殷王武丁之世，老君示現於瀨陽，東臨魏闕，西度流沙，演化者，九百九十六歲，乃跨白鹿，昇蒼檜，超碧落，遊玉京。雖有如此顯異，而人猶顢頇而未知信向也。及漢天師張靜，應之出世也，親受正一法籙，戰鬼獄而爲福庭，度道士而爲祭酒，其教甚盛，化行四海。繼之以寇吳杜葉，祛妖馘祟，集福禳灾，佐國救民，代天行化。歷數十世，宫觀如林，帝王崇奉。及正和之後，林天師屢出神變，天子信向，法教方興，而性命之說，猶爲沉滯而未之究也。及炎宋之訖，録挺生重陽，再弘法教，專爲性命之說，普化三州，同歸五會。以金蓮居其首，東遊海上，度者七人，以柔弱謙下爲表，以清靜虛無爲內，以九還七返爲實，以千變萬化爲權。更其名曰全眞，易其衣而衲甲。逮我長春子丘神仙受皇帝之宣，應陰山之聘，勸之以減酒色，戒

之以少殺戮。一言愷切，萬國生春，救億兆於鼎鑊刀鋸之間。人心歸向者，如百川赴海而莫之能禦也。牧豎蕘童，咸知稽首；東夷西戎，皆詠步虛。家家談道德之風，處處講希夷之説。懶衣髻雲連乎道路之間，琳宇瑶壇星布乎山澤之下。自軒轅以來，教門弘盛未有如今日者。是教也，源於東華，流於重陽，泒於長春。而今而後，滔滔溢溢，未可得而知其極也。故作《金蓮正宗記》。時太歲辛丑平水長春壺天述。

《道法心傳》 余自幼酷好行道法，不惜勞苦，拜師傳授，不知其幾人矣。世間玄關一竅，玄牝之要，但即兩腎中間，臍下一寸三分，以爲玄關，明堂六合，丹田口鼻，以爲玄牝。世間五行生尅，水火激剥之妙，乃曰：書金、木、土、水、火，交錯於井字之中，以爲生尅；煅磚符投於水中，作霹靂之聲，以爲激剥。余思此説，恐未造玄。是以用心三十餘年，觀風雲聚散，氣候之變通，默會其心，喜不自知。宿生多幸，又遇至人，一言之下，即證無疑。蓋天地之動靜，日月之運行，四時之成序，萬物之發生，皆出乎太極流行之妙。聖人莫能形容，强名曰神。其神非青非白，非紅非黑，非火非水，非方非圓，亘古亘今，在乎人心，清靜則存，穢濁則亡。故精住則氣住，氣住則神住。三者既住，則道法備。散而爲風雲，聚而有雷霆，出則爲將吏，納則爲金丹。惜乎後之學者，濫游於邪徑，昏迷於慾海，斵喪本眞，卻認紙上之文，以爲祕寶。可謂捨真求妄，騎牛而尋牛。所以薩真人曰：一點靈光便是符，時人錯認墨和硃。精神不散元陽定，萬怪千妖一掃除。虚靖天師曰：神若出，便收來，神返身中氣自回。如此朝朝還暮暮，自然赤子産真胎。何况人人有分，皆可爲也。豈可自棄，甘心赴爲九泉之下。深可嘆哉！余故作心傳，以明後學。如先達之士試覽之，必點頭也。至元甲午上元日，松江後學雷霆散吏景陽王惟一述。

《明道篇·王惟一自序》 原夫道本常明，非人不足以明乎道；人能明道，非道不足以成乎人。是故明哲之士，莫不立言以著道，以道而全身也。余少業儒，粗通六經，而知仁義禮樂教化之道，天地人物變化之理。竊怪夫三才既同此道而立，何天地之運如是其久，而人之數如是其短耶？及觀老子之言，憮然曰：天地之所以能長且久者，以其不自生，故能長生。人之所以夭且速者，以其厚於求生，是以輕死。遠觀諸物，則走飛動植皆能變化，糞蟲變蟬，腐草化螢，雀入水而化蛤，雉入海而化蜃，田鼠化爲鴽，錦鱗化爲龍。况人爲萬物之靈，豈不能全其所固有而爲長生不死之仙乎？蓋其六慾七情所盜者衆，名韁利鎖所賊者深。斵喪既多，夭亡不免。是徒自好生而無延生之術，莫不惡死而無遠死之方。惟一既生人世，獲處中華，可不念生死大事，以求萬刧一傳之方。於是徧遊方外，求金丹之學，上乘之道，雖三教經書，行雷祈禱，醫卜星數，無不備攷。賢愚師友莫不參求，卒不能一蹴是道之至。旦暮勤奉，積憂成疾，誠達于天，得遇至人，親授無上至真妙道。一言之下，真指真詮，退而閲之，易之道，初無怪異，要在至心誠意，格物致知，去人欲之私，存天理之公，自然見心中無限藥材，身中無限火符。藥愈探而不窮，火愈鍊而不息矣。參既得此道，不敢自私，謹以所學，著詩八十一首，以按純陽九九之數。內七言四韻一十六首，以按二八之數。內絶句六十四首，以按六十四卦。五言一首，以象太一之奇。西江月一十二闋，以周十二律吕。名之曰《明道篇》。所謂藥物火候，斤兩法度，諸丹經所未盡者，莫不敷露。所以率循先哲立言著道，以道全真之事。然天意祕密，寧無輕泄漏慢之愆。但參誓願天下學者皆臻乎至道，用心既溥矣，奚暇爲禍福而躊躇哉？同志之士苟能尋文解意，忘象從真，一得永得，惟一之願也。時大德甲辰歲中秋，淞江後學景陽子惟一謹序。

《會真集·楊志朴序》 夫易廣矣，大矣，其無體也。始於一氣，即道也。易有三義：不易也，變易也，簡易也。不易者，獨立而不改；變易者，四時更代也；簡易者，天地簡易也。六爻者，內卦謂之貞，天地人爲之三才之定體也。因而重之曰悔，謂吉兇悔吝生乎動者也。下二爻爲地，中二爻爲人，上二爻爲天，上下無位。二五本以人事論之，故稱見龍飛龍，利見大人。三四本天地之位，不稱龍。以人事君子呼之，即天人相通之象也。乾坤，天地之德也。以剛柔相配，生三男三女，分制五材，謂之五行，代天地行事也。後生六十四卦，分布一年三百八十四爻，大約統以年月氣候日時，一日變十二卦。人爲萬物之靈，其性命全，與天地同體。惟聖知聖，仁者見之謂之仁，知者見之謂之知。能斡運於自身者，是謂養道之士也。後人判教有三，以《易》爲眞玄，以《老子》爲虚玄，以《莊子》爲談玄。其説則異，至於玄則同歸，非常人所通曉，惟神仙能之。去歲春，余於青義清神觀，會識吉昌王先生，號曰超然子。與之語，咳唾珠玉，呼吸煙霞，混三玄而講義。惜乎別之速矣。雙鳧西邁，俄變星霜，使老夫夙夕不忘。今者二仙子得得來雲谿，倒屣出迎，一者

寫唐梁振之，一者紛南梁之秀，皆故人也。延之尚座，茗飲小會，坐中廼舉其師超然子所著《會眞文集》，欲鏤板通布於四方，請老拙作序引。袖出其文，老夫從首至尾，歷觀其詞語，以去歲一會之語話也，考其圖繪詠歌，皆出自胸臆中，埏埴輪旋，調和大塊，心腹間爐鞴煆煉混元，明七八九六之老少，水火木金土之生成。王子晋所謂顛倒五行，推移八卦，正謂此也。非神仙孰能與此乎！若遍行於世，使學道之士，如秉燭入於暗室也。欽二仙子能揚師之美，可謂不忘本也。故不敢違命，略序其實於卷首。魏南雲溪閑老楊志朴序。

《三元延壽參贊書·自序》 黄帝問岐伯曰：余聞上古之人，春秋皆度百歲而動作不衰；今時之人，年至半百而動作皆衰，時世異耶，人將失之耶？岐伯對曰：上古之人，其知道者，法於陰陽，和於術數，食飲有節，起居有常，不妄作勞，故能形與神俱，百盡終其天年。今時之人不然也，以酒爲漿，以妄爲常，以慾竭其精，以耗散其真，不知持滿，不時御神，務快其心，逆於生樂，故半百而衰也。又曰：知之則強，不知則老。知則耳目聰明，身體輕健，老者復壯，壽命與天地無窮。此僕養生延壽之書，所由作歟！所謂養生者，既非爐鼎之訣，使憚於金石之費者不能爲；又非吐納之術，使牽於事物之變者不暇爲。郭橐駞有云：駞非能使木壽且孳也，以能順木之天而致其性焉耳。僕此書不過順夫人之天，皆日用而不可缺者。故他書可有也可無也，此書則可有也必不可無也。僕生甫二周而生母遷于淮，比壯失所在，哀號奔走淮東西者凡三年，天憫其衷，見母於蘄之羅田。自是歲一涉淮，一日道出龐居士舊址，遇一道人，绿髮童顔。問其姓，曰：宫也。問所之，曰：採藥。與語移日，清越可喜，同宿焉。道人夜坐達旦，問其齒九十餘矣，詰其所以壽，曰：子聞三元之說乎？時匆匆不暇扣。後十年戊辰試太學，至禮部少憇飛來峯下，忽復遇其人，貌不減舊，始異之。携手同飲，因詰向語道人，曰：此常理耳。余稽首請之，曰：人之壽天元六十，地元六十，人元六十，共一百八十歲。不知戒慎，則日加損焉。精氣不固，則天元之壽減矣；謀爲過當，則地元之壽減矣；飲食不節，則人元之壽減矣。當寶嗇而不知所愛，當禁忌而不知所避。神日以耗，病日以來，而壽日以促矣。其說皆具見於黄帝、岐伯《素問》，老聃、莊周及名醫書中，其與孔孟無異。子歸以吾說求之，無他術也。復爲余細析其說，且遺以二圖，余再拜謝，蚤夜以思之，前之所爲，其可悔者多矣。於是以其說搜諸書集而成編，以自警焉。僕年七十，父年且九十一矣，蒙恩免役侍奉，他無以仰報，明時願鋟諸梓，與衆共之，庶讀者詳焉。不敢以父母遺體，行殆安樂壽考，以泳太平，似於天朝好生之德，不爲無補云。時至元辛卯歲菊月吉旦，九華澄心老人李鵬飛序。

《三元延壽參贊書·葉應和序》 余友李澄心，曩尋母數百里外，適母家多難，以藥活二十八人。時未深乎醫，嘗以倖爲慊，求正於余。余敬愛之爲無隱焉。然其天性穎悟，有言必覺，又心不苟取，不倦醫，以是活人也多。皓首相逢，曰：醫之功大矣！然耳目所及，焉得人人而濟之。伊欲咸知自衛，使疾寡而不竢脈藥可乎？出書以示，觀之真衛生寶也，就爲校正，勉以鋟梓，曰：子自是遇矣！謾記歲月至元辛卯良月日，廬山近訥葉應和跋。

《三元延壽參贊書·姚輸序》 澄心老人作《三元參贊書》以示余，觀其自敘云：他書可有也可無也，此書可有也，必不可無也。初則疑焉，及反復讀之，殆如菽粟之甘，非識正味者不嗜也。自後世金丹吐納、熊經鳥伸之說行，其視上古聖人，所謂法於陰陽、和於術數，起居有常，不妄作勞者，漠然而不加省，舉世皆然也。今是書之作，傳聞有異。首以三元一定之數爲綱，繼以起居飲食之節爲目，凡經書之要旨，傳記之附載，方書之禁忌，卦畫之圖說，條列章灼，使人曉然於日用之間，而每致夫戒慎之心。使物欲之伐不行於內，六氣之沴不乘於外，則心平氣和，盎然如四時之春，薰陶涵養，以求合乎古道之自然。所謂三元之壽者，庶可冀其髣髴也。《詩》云：遡洄從之，道阻且長。遡游從之，宛在水中央，則是書之謂矣。所謂必不可無者，豈妄言哉！澄心求跋，綴此數語於後云。至元壬辰春既望，竹居道人姚輸書。

《三元延壽參贊書·周天驥序》 儒醫澄心李君，教人衛生而名，其書曰《參贊》。大哉言乎！非取中庸所謂贊化育參天地者乎！天地以生生爲心。人能助天地之生生，則可與天地並立而爲三，此吾道大功用也。天下固無二道，然醫家者流，本無是言，非儒而醫者，奚足以知之！世俗業醫，名爲活人，其實常欲其術之售，或盻盻然，惟恐衆生之不病。今澄心之書，顧乃切切然，惟恐衆生之有病。自今家有是書，人用是說，各自愛其天地父母之身，則亦無所事於醫矣。衆人之醫以醫爲功，澄心之醫獨以無病可醫爲功，切意神聖工巧，雖若秦越人、淳于意、華陀、褚澄輩，論其用心，猶恐未及。於是仁矣哉，澄心之爲心也！書有諸公題跋，乃復徵于同府一語，以模寫其心事。

予不能作醫家語，輒以儒家語繫其後。至元甲午立冬豫意周天驥書。

《鳴鶴餘音・虞集敘》 會稽馮尊師本燕趙書生，游汴遇異人，得仙學。所賦歌曲高潔雄暢，最傳者蘇武慢二十篇。前十篇道遺世之樂，後十篇論修仙之事。會稽費無隱獨善歌之，聞者有淩雲之思，無復留連光景者矣。予山居，每登高望遠，則與無隱歌而和之。無隱曰：公當爲我更作十篇。居兩年，得兩篇半，殊未快意也。昭陽協洽之年，嘉平之月，長兒冏之官羅浮，予與清江趙伯友，臨川黄觀我、陳可立，吴文明，平陽李平幼子翁歸，泛舟送之，水涸，轉鄱陽湖，上豫章，遇風雪十五六日不能達。三百里清夜，秉燭危坐，高唱二三夕，得七篇半。每一篇成，無隱輒歌之，馮尊師天外有聞，必能乘風爲我一來聽耶。明年，舟中又得一篇，並無俗念二首。後三年，仙游山道士彭致中採集古今仙眞歌辭並而刻之，與瓢笠高明共一笑之樂也。道園道人虞集伯生敘。

《還真集・張宇初序》 仙道自古尚矣。由黄帝問道廣成子，世稱黄老。蓋廣成即老子也。仙之説始焉。若唐之籛鏗，夏之嘯父，商之宛丘，周之王喬，三代則固有之。而周穆建草樓以延士，其説始著。迨秦皇漢武，惑方士藥石之術，雖王次仲、東方朔之徒而不知師，而其邪説滋蔓淆襍，卒以殞身。則世之鴻生、碩士並起而訾斥之，亦宜矣。若漢魏伯陽倣易撰《參同契》，本古文《龍虎經》而充越之。以是丹道倡明，不溺於金石草木、雲霞補導之術。一明乎身心、神炁自然之理，假卦爻畧刻以則之，靡不合乎奇耦象數也。厥後由鍾離、雲房授唐呂岩，則祖述其説，而歌辭論辯庶得乎指歸之正，代亦不乏其人焉。若宋之張紫陽、石杏林、陳泥丸、白紫清、李玉溪、李清菴皆一時傑出，凡其辭旨，亦不下伯陽，而互有深造默會者焉。夫相去千百歲之間，何言之若合符節者，不期然而然哉？此無他，千百世之理同也，心同也。其所以淆異者，必邪妄詭誕之説，非取誇於時，必鼓惑於後，其能果合於身心神氣自然之道乎？此古之人必得人而授，而道不虛行也。抑亦非師之祕玄藴奥，不妄啓示，而學之者無累功積行之實，徒飾虛文僞譽，馳聲揚耀者無異，尚何足語道哉，其能見諸言哉！南昌脩江混然子以故姓博學，嘗遇異人，得祕授，猶勤於論著，予讀其言久矣。間會於客邸，匆遽未遑盡究。今春吾徒袁文逸自吴還，持其所述《還真集》請一言。予味之，再信達乎金液還丹之旨，其顯微敷暢，可以明體會用矣。使由是而修之，雖上遡紫陽、清菴，亦未知孰後先也。矧予嘗憫夫世之膚陋狂僻之習，駁潰滋久，有莫得而盡絶者，猶喜其言足以振發末季之弊也。庶或志士貞人，有碔砆美玉之辯焉，則遊神胚腪馮翼之初，煉氣混芒溟涬之表，爲不難矣。是所以盡乎原始返終，窮神知化也歟！尚容招黄鶴淩空而下，相與共論乎湘濱岳渚之間未晚也。是書于編首以俟。洪武壬申夏五月嗣天師張宇初序。

《赤鳳髓・王文禄敘》 周君逸之，自號阿中生，推華納榮，偃息丘皋，夕而隱乎阿之，中旦而游乎阿之。上仰靈籟，叢幽光視雲物之停，洞泉源之漱淄，以觀乎化，以觸乎物，而得虎蹲，而得鵲起，而得蛹藏蟬蜕，曰嘻而物也，則得養生乎哉！於是撫石牀、支斗几，以優餘齡。蹲蹲焉虎也，起起焉鵲也，藏藏蜕蜕焉蛹而蟬也。蓋未踰期而腹充乎累然，目眴乎瞭然，足蹻乎岸然。其及掀髯先生聞其道而訕之，曰：夫而人也，而物乎哉？吾聞之君子之於物也，採其精而惡溺其倫，乃竭之於白瓢道人，道人爲之推而廣之，雅而循之。若擊劍，若卿杯，若跨馬，若挽弓搦戟。蓋犁然人類也。以爲是足以盡精而善名之矣。迺又有笑之若元霞子者，曰：夫而道也，而凡乎哉？吾聞之君子之於人也，習其儔而惡非其名，乃悉按之於古仙之行，若弋若漁，若瑟若琴，爲庚桑，爲羨門，蓋炳然仙羣也，以爲是足以盡精而善名之矣。於是阿中生喟然笑曰：若是乎寰中人之善，喪其眞也。始吾以爲虎、爲鵲、爲蛹，爲蟬而已矣，而何人之物，何凡之仙乎？然此爲寰中人告也，二三子又寰中人也，遂成寰中之書。

《金丹真傳・自序》 《金丹真傳》余衍父師之緒作也。余師父，故稱父曰父師。父師世居齊登黄，生於弘治十七年甲子。髫年好道，歷訪名山，調息運氣，弱冠得泰野鶴先生守中、採藥、結胎、出神之法。迄王雲谷先生胎息、玄關，抱一、無爲之旨。因與李若海結爲丹友，圜坐歲餘，瑩徹幾先道未來事，歷歷如燭照，若海以爲道在是矣。而父師以爲非陽神冲舉之道也。跋涉六年，遇石谷子真人，授以金鼎、火符、玉液，煉己、金液煉形口訣。乃返若海盧，重整圜室，畢力修持。然未登卓爾！每悵一紙千山之隔。一日有安老師者，扶杖而來，形枯神爽。謂父師曰：可惜此公向上之志，以此修持，恐終弗克。父師異而問曰：何爲大道？超出生死？師徐曰：金液還丹，修仙作佛，更無别説，必先明真陰真陽，真鉛真汞，逆來順去之理，方敢言九轉金液還丹之道。父師請竟其説，安師曰：物無陰陽安得自孕？牝雞

自卵，其雖不成。我本外陽而內陰，無離爲汞，非得彼之真鉛，逆來歸汞，何以結聖胎而生佛生仙？彼本外陰而內陽，爲坎爲鉛，非得我之真汞，順去投鉛，何以結凡胎而生男生女？故順則人，逆則丹。有旨哉！丹經中每每言此，丹房中得之，非御女採戰之事，家家自有，非自身所有。法財鼎器，赤縣神州，外護善地，侶伴黃婆等語，而父師猶未豁然也。一日記游華山，時遇一神卜頭陀。問曰：何時得師聞道？陀曰：安爲汝師。三問而三如是答。且曰：師尋徒易，徒尋師難。今日安師之訪，適諧卜語，遂與若海慇懃作用訣。師曰：善哉！問汝能爲我了生死，吾不斬汝發泄，修仙之節次有九，一築基，二得藥，三結丹，四煉己，五還丹，六溫養，七脫胎，八得玄珠，九赴瑤池。初三節可爲人僊，中三節可爲地僊，後三節可爲天仙。大率三候三關，明三仙之口诀；九琴九劍，行九轉之工夫，故稱九轉仙丹也。然築基不完，不敢得藥。煉己不熟，不敢還丹。功行不滿，無得玄珠。凡丹藥火候，爻銖斤兩，老嫩浮沉之旨，一一備悉指示。父師乃恍然悟，與若海執弟子禮，願卒業焉。退以所言，質諸丹經，無不脗合。因速置丹房器皿，虎龍琴劍，奉安師入室。若海虞丹財不足，復拉其友道軒陳子助。不逮五月而體貌異，九月而得藥，二年餘而煉己還丹。溫養事畢，安師辭去。父師寥寥湖海間，二十餘年未獲同志。六十始至潞安，以初節工夫卻垂死病甚驗，遂被縉紳絆留不得去。時年六十有八，不得已而始娶吾母，七十歲生余，七十三歲生余弟，八十八生余妹。惟僅僅服後天炁以延其年耳。而外護未獲，大藥未得，安忍斯道之泯泯乎？乃進余而囑之曰：道禁父子相傳，慮非其人也。然汝乃法器，不可使斯道失緒，命卜日焚香盟神畢，授其所爲術。每授一節，必痛哭流涕，明其不獲已之故。復曰：汝之爲我，其必若我之爲安師乎！余受教畢，懷白周公過訪，以語省菴，白公薦諸京師縉紳，會芝嶽何公、蒼衡汪公輩。助所不給，粗備鼎爐琴劍。行未幾而體貌頓異，慧靈漸啓，飄飄有出塵風味。迨年百有六歲，遂厭棼囂，思超凡境。而余兄弟懇懇留也，復留居數月，乃進余而示以細微，囑以勇猛。歎曰：吾今遠辭汝去矣！我未了之願，俱托之汝，道不可輕泄也。汝命豈重於古仙師乎？當鑒之平叔，三遭天譴矣！遂仙去。時危坐一榻，頂有白氣，郁郁浮空，異香四徹。鄉縉紳及士民，咸驚訝而羅拜焉。余杜門慕演者三年矣，不欲以父師之傳爲淮南旌陽室中物也，遂北遊京畿，廣求同志，得以道全形者五六人，形全之後，翩然遂名利去，卒未有求延命術者。壬子抵汴，坊間見玉洞藏書，索其人則李楚愚筆也。因邂逅於藩史公署，爲莫逆交，而楚愚退不敢當。拜而問曰：修仙有次第乎？曰：有。初爲人仙，次爲地仙，終爲天仙。人仙者，地仙之因；地仙者，天仙之自也。曰：敢問何以修人仙？曰：補完氣血，復成乾體，復得外藥，結成內丹，此人仙也；採鉛煉汞，凝而爲砂，真陽外來，聖胎脫化，此地仙也；玄座虛浮，縣一黍珠，餌之昇仙，上朝金闕，此天仙也。然結丹與還丹有異，癸鉛與壬鉛不同。結丹之法，由我而不由人；還丹之功，在彼而不在己。藥論癸壬，癸不採而壬可採；丹分二四，二得丹而四合丹。鉛汞兩家，半在彼兮半在我；雌雄二劍，一伏虎而一降龍。此丹藥之辨也。時衡麓張公留居邸署，余日與楚愚累成帙括，發揮九節之功頗盡，而楚愚請付剞劂氏，以公海內。余慮道未成，難以示人也。因述父師得道顛末冠諸首，名曰《金丹真傳》，就高明者正焉。父師諱教鸞號烟霞散人。

萬曆四十三年，乙卯清和月，男汝忠、汝孝仝頓道拜書。

《西方合論・袁宏道自序》 夫滯相述心，有爲過出，著空破有，莽蕩禍生。達摩爲救執相之者，說罪福皆虛，永明爲破狂慧之徒，言萬善之總是。滅火者水，水過即有沈溺之災，生物者日，日盛翻爲枯焦之本。如來教法，亦復如是。五葉以來，單傳斯盛，迨於今日，狂濫遂極。謬引惟心，同無爲之外道，執言皆是，趨五欲之魔城。不思阿難未得盡道，頭陀擯斥，摩達微牽結使，尊者呵譏。蟬翅薄習，寶所斯遙，丘山叢垢，淨樂何從。至若楞伽傳自達磨，悟修並重，清規創始百丈，乘戒兼行。未聞一乘網宗，呵叱淨戒，五燈嫡子，貪戀世緣。昔有道士夜行，爲鬼所著，宛轉掾間，有甲父見之，扶掖入舍，湯沃乃醒，道士臨別謂甲夫曰：羈客無以贈主人，有辟鬼符二張，願以爲謝。聞者笑之。今之學者，貪嗔邪見，熾然如火，而欲爲人解縛，何其惑也！餘十年學道，墮此狂病，後因觸機，薄有省發，遂簡塵勞，歸心淨土，禮誦之暇，取龍樹天台長者永明等論，細心披讀，忽爾疑豁，既深信淨土，復悟諸大菩薩差別之行，如貧兒得伏藏中金，喜不自釋。會愚等和尚與平倩居士，謀余裒集西方諸論，余乃述古德要語，附以己見，勒成一書，命曰《西方合論》。始於己亥十月二十三日，成於十二月二十二日，既寡檢閱，多所脫漏，唯欲方便初心，尚期就正有道。

《脈望・曹代蕭序》 《脈望》乃趙文肅公家嗣長玄所著。計部李伯東氏

刻之北平分署。余來守是郡，學士大夫索之者衆，板已爲伯東携去，余仍付之剖劂氏，更爲袖珍，便於觀覽。昔何諷書中得一髮捲，規四寸許，如環而無端，用力絕之，兩端滴水。方士曰：此名《脈望》，蠹魚三食神仙字，則化爲此。夜持向天，從規中望星，星立降，可求丹度世。嗟夫！此《脈望》所從來，長玄君著書大旨可窺已。余讀《脈望》而知三教之趣合也。佛教深而廣，道教精而顯，儒者以維世。故作用稍近，然百行能全，一切無染，即儒教亦可登乘。心性不明，痴着用事，雖二氏不免墮落。是在學人生一悟境，總之枉養生者，心息相依，養生之妙義。所謂依者，非移心以就息，亦非攝息以就心。要在此心湛然晏靜，自然照見呼吸之根，從調至微，不覺自相依附。《參同契》云：至人潛深淵，浮游守規中。有味乎其言之也。夫意枉無人，便成我相。若謂無人，我即是人。人不能無，我不可有。人我相忘，乃真獨境。此自吾輩慧根，師仙即佛，即吾儒所從來遠矣。因憶檇李錢穀，刑名甲天下，往余守檇李，躁而靜制之，烦而簡御之，非棄刑名、錢穀于無所事事也。隨緣應機，都無染着。縱心自在，亦無束縛。憂喜不逐境生，智慧毋從內照。似與《脈望》之旨，若合符節。夫因應者，道之用也。昔匠石因於郢人，莊周因於惠施，慧能因於神秀。故曰：道有以因爲貴者。余之袖珍是編也，倘有因之者，又奚啻三食神仙字已耶！不然，羽翼胸臆而騏驥鸞鶴者，世鮮不以爲迂恠。是《脈望》也，得無益其恠。吾家尼父所不語者，乃曰：天竺苦縣。

賜同進士出身中憲大夫直隸永平府知府商丘曹代蕭謹序

《脈望・趙台柱跋》 曾聞前輩譚道學者，守矩矱斤斤，毋失尺寸，一語稍涉性命，即掉背而去之。曰：是禪也，是玄也，若將浼已焉。詎知微言淵論，尚未一啜其醨，而闖其戶耶？間有竊緒餘以佐談塵，又陰于勦而陽排之，欲以自附于儒，其用心亦狹矣。故物不通方則國窮，學不通方則見陋。孔之朝聞，是死而不亡之旨也。孟之夜氣，是純炁之守之旨也。三教一源，豈虛語哉？我伯父文肅相公謂經世者出世之用，出世者經世之體，連犿二氏以闡吾儒之奧窔。於時門下士，浸浸見性命之大全矣。伯兄長玄，達識利根，潛心玄覽，甘隱王傳，沉酣百籍，一語契道，隨筆録之，間附己見，編名《脈望》，言性命大旨了了。非徒言之，實欲允蹈之也。其克承庭訓而剖破拘孪者乎？故文肅公詩云：鼎也汝知學，當齊物論差。道無千載畢，言有百家私。先宗貴文，定公相，宋淳熙間家君希光亦以忠義聞，而冲素恬養，詳見往牒。淵源濟美，異性同符云。

《脈望・龔懋賢跋》 吾邑代傳道學，至吾師文肅趙先生始大闡其秘。蓋道不外性命，故子思子作《中庸》，以堤防斯學於似是家波蕩風靡之中。首捻天命謂性，率性謂道，而直揩喜怒哀樂，欲人就此已發未發，不須臾忘其戒慎，以致中和而成位育，固孔門正法眼藏也。乃世之譚學者，往往守其粗迹，至稍涉性命，則輒詆之爲二氏使人，醜二氏不啻非族，且曰：道如斯止矣。惟先生獨能張膽明目，公然取二氏與吾儒并頰而稱曰：三氏一聖，三聖一人，三聖一道也。以是吾儕小子始得剖破拘孪，略聞性命宗風，而知子思子所以得傳道學，特在《中庸》之一書；《中庸》一書，特專在性命之一章；性命一章，特在喜怒哀樂之四言，而以此遂通於颜子不遷，曾子不傷，孟子不動，子貢不得聞，又以此通於仙之養命兼夫性，佛之養性兼夫命。大都不過是物，然後有所悟，入以從事斯學而卑之乎？視世之所謂道學者，嗟乎！能忘先生之造化吾儕者哉。蜀史長玄公，先生之家嗣君也。趨庭之訓，得之更真，聞之獨早，其留心性命，蓋自垂髫而然。季五十，即屏絕世緣，日夜爲收拾人心是務。厭薄书吏，勞苦身心，則丐散局以居。今觀所著《脈望》一書，則公之深造性命入彼，實際可想矣，謂不媿吾文肅先生之家傳，非耶？愚敢爲之説曰：欲知子思子得孔氏之傳，當求之《中庸》；欲知長玄公得文肅先生之傳，當求之《脈望》。卒業手此卷尾，與同志者商焉。

《性命宗指・題辭》 今學士大夫，靡不侈譚性命，顧性命之旨，譚何容易哉？將直指刀圭而明訓之，則往古聖喆，多秘密曲喻，而奚容輕泄！將隱匿龍虎而謎記之，則輓近俗學，多妄猜臆度，而滋啟疑實，性命之旨，談何容易哉！余不佞猒薄塵坌，逍遙雲水，將四十季，所參訪是道，恨不遇至人，點化無繇。幸而天賜吾師于四明山，邂逅立譚間，荷針芥相投，好解瓢飲我，以八瓊漿而倒壺中，烏兔踞啗之，不覺大醉。偶叩及南贍部生滅事，師厲声叱余曰：曷不做昇大羅天上事，而徒以迷雲鎖慧？月業風吹，定海孟浪，閻浮世界爲耶？遂出《性命宗指》二卷示余。大要以先天一炁爲丹母，以後天升降爲還丹，以周天節为候訣火符。鏟去硃砂、鉛汞等喻，而獨抒本來要訣。其言約而盡，裁而有體，真鈎玄無上之大衢，闡發性命之司南哉！自謂遇師有緣，稽首皈依，相從鶴馭更十載餘。會師有南天之役，將衣鉢付余而拜授是書。余以天寶，固不可褻視，而亦豈容私藏，用是壽之梓而公之人人，

俾宇內士有譚性命而事金丹者，知正宗耳。吾師不知其姓氏，第自名曰乾貫山人，而了了子則其别號云。

《性命宗指・楊遇春跋》 家大人好道，接納方外，士屣滿戶，遍購丹經子書充棟矣。不佞于舉業，暇時亦嘗取書覽之，見其多以鉛汞龍虎之說，作葛藤語詞愈繁而道愈晦，致令眩目疾首者，不知凡幾。間有《翠虛復命》及崔公《入藥鏡》，純陽《敲爻歌》，張紫陽《金丹四百字》頗簡勁蒼古，而尤以隱晦難解爲憾。偶羽士得一子者，挈徒雙脩。子過艸堂，供養有日。見師徒朝夕捧《性命宗指》爲之評釋，因借閱之。心賞其言言合道，字字切理，人人易識，大非它書比。而不佞回請曰：是書苦心若爾，曷不鍥傳以嘉惠天下萬世？而師徒應不佞正謀，所以若君言者，將付剞劂氏。已不佞，更復以小慧億三子之名，謂雙脩导一了了，夫乃爲是書而强名之歟！且亦有以窺乾貫山人，無點主人，全字之隱矣。師徒大笑絕倒，不佞心喜而誦詩曰：他人有心，予忖度之，此之謂也。鐫書成而附秣陵楊遇春之名於簡末，並垂不朽。

《黄白鏡・李文燭序》 黄白之術，非雕蟲末技之事也。觀夫鼎器，方天地藥物，方日月火候，方四時歸復，方昆蟲草木，其事亦費矣，其理亦隱矣。所謂黄白者，專指大藥金丹色象言也。蓋爲鑪火之家，以土爲藥，以金爲丹，土以火返金，以汞還土之色象，曰黄金之色象，曰白造土乾汞，故曰黄白之術，吾又聞黄之爲物也，非世聞朱砂、水銀、黑鉛、白錫及一切現成故有之物，乃陰陽池內，造化窟中，劈空立出兩種物來，一種鴻濛已前之天，一種混沌未分之地，有氣無質，有象無形，雖聖人亦無得而名其名，乃强名爲黄。黄既成矣，乃今而後，可以令水銀潔白，見寶即以此寶，造黄與種黄芽，黄而養白，白而養黄，更爲母子，互作夫妻，反復接制顛倒，超脱自然，清真自然點化，此黄白之大略耳。脩真者，勿謂黄白兩字爲細務也。自晋到今千二百餘年，寥寥無聞，求此術者豈止牛毛，而成此術者竟如兔角，可見此事可遇而不可求。且孔子曰：死生有命，富貴在天。又曰：富而可求也，雖執鞭之事，吾亦爲之。如不可求，從吾所好，此人間富貴尚不可求，况此術乃天之鴻寶乎！大率天亦不多此術，而嘗多此人，有此人斯有此術，無此人必無此術。此人者，聖聖人也，我果聖人，天自予此術。天地鬼神最厭者貪，天下之貪，莫大於貪此術。貪此術者，天之戮民也。天且厭而戮之，肯予若此術乎哉？世人必欲得此，吾與若求之之術，第一不可有害人心，利己心，狂妄心，貢高心，貪財心，嗜色心，務名心，好善心，惡惡心。凡有纖毫絲忽之心，不論善之與惡，皆屬虛妄。既屬虛妄，即失天真；既失天真，即是不肖天地。試觀人間父母，喜其肖己而惡其不肖己也。天地爲我大父母，又豈有兩心哉？只要此心如天地之寬，如山嶽之定，不出不入，不動不静，造次必于是，顛沛心于是。夫惟如是，乃爲不求之求，司此術者，將舍若而予之誰焉？苟不如是，妄求此術，非惟不得，且干天戮。吾作是鏡，不獨照黄白，亦能照人心。人能以此鏡時時一照之，亦足以見其本來面目。

明萬曆戊戌元旦，京口夢覺道人李文燭晦鄉甫序。

《黄白鏡・李文燭後跋》 吾聞内事作用全在心神，外事作用全在汞火。大率内事之凝神，即外事之息火；内事之死心，即外事之乾汞。志于黄白者，奚必求奇立異，但去究竟，何法可令神凝，息火之法自得之矣。何法可令心死，乾汞之法，自得之矣。火色雖赤，見黑自黄。汞色雖青，見黄自白。白者，金丹。黑者，水色。水者道樞，其數名一。火者虛無，其數名二：一名萬物之母，二名天地之始。知其母，識其始，造化之柄同我握之。握造化柄者，證仙佛，果若探囊耳。又奚事于黄白哉？

萬曆己亥歲正月人日，夢覺道人李文燭後跋。

《天仙正理直論增註・本序並註》 伍沖虛子自序曰：昔曹老師語我云：仙道簡易，只神炁二者而已。修仙者，必用精、炁、神三寶，此言只神、無二者，以精在炁中，精炁本是一故也。一神一炁，即是一陰一陽。予於是知所以長生者以炁，炁者，先天炁，即賢中真陽之精也。人從此炁以得生，亦修此炁而長生。唯用修而得長其生，故稱修命。陳希夷所以云：留得陽精決定長生是也。所以神通者以神。神者，元神，即元性。爲煉金丹之主。人修行，人能以神馭炁，及以神入炁穴。神炁不相隔礙，則謂之内神通。能以神大定，純陽而出定，變化無窮，謂之外神通。皆神之能事，故神通即馭炁之神所顯。此語人人易曉。第先聖惓惓託喻顯道，託喻者，以神喻姹女，喻離女，喻婦、喻妻、喻我、喻汞、喻砂也。以元炁喻嬰兒，喻坎男，喻夫、喻彼、喻金、喻鉛也。喻雖多，不過心腎中之二物。而世多援喻誑人，借古者，以人喻爲言者，便假說以女人爲彼家，以陰戶爲鼎器，以行婬爲配合，以婬姤久戰而誑人曰採取。取男姤之穢精，女姤之濁涕而吞之曰服食。此廣胎息書之異說也。豈可以犬馬姤後而啖遺精之事而教人乎！有借古者，以外丹藥喻爲言者，便用砒、硫、膽、硇、鹽、礬、硝、皂雜物燒煉爐火，以誑人而陰爲提手，行其拐騙之詐謀。致道愈晦，世人貪女鼎之樂，以婬姤而失精，反稱曰採補。本催死之事，反稱不死之道。寧貪數年之

婬樂，無證果而速死。不學百日築基成，而得長生。愈行假路，愈不識性命之真宗。又有世人，貪求橫財，燒煉爐火，只學點茅假銀，反稱爲點化金丹，意圖賺錢，而得大利，反遭折本而頃家。愈信方士愚矣。愈不識真金丹之妙藥，此所以道之不明，而日愈晦。故先聖又轉機而直言神氣矣。喻本爲明道而設，言其近似，邪人執喻爲道，而道反受害於喻矣。故自我丘真人以來，諸祖不得不直言神炁二者，以決言道之真。羣書之作，或有詳言神，則未有不略於氣者；或有詳言氣，亦未有不略於神者，是亦天機之不得不秘也者，奈後世又不能究竟，無全悟何？無完修何？仙道以元神炁，二者雙修而成。故說性命雙修爲宜。古聖詳神略氣，及後世愚人不明乎炁，只妄言後天呼吸之事，所以不能全悟完修而成道。古聖詳氣略神，後世愚人，不知所主者在神，只妄猜修命不修性，犯呂真人所言，如何能入聖？所以亦不能全悟完修而成道，流禍至於人。人易視仙道而輕談，僧人小視仙道爲不足證。予亦正欲均詳而直論之，夫既謂炁爲長生之本，有命之蒂也。寧不以神受長生之果者乎？有性之根。將謂神爲修長生之主，寧不以炁定長生之基者乎！一日戶部郎四愚張公名學懋，來冲虛子道隱齋中，問曰：此四句是如何說？伍子答曰：此性命雙修之說也。炁爲長生本者，言先天炁，即真陽之精。世人耗盡此精炁，則能喪命；返還得此精炁，則能長生。所以古云：氣是添年藥。又云：留得陽精，決定長生是也。我言學者要知長生之本爲先天精炁，當知非容易可得者，必由神而馭之，而得長住長生，則此長生之果，唯是神長住之所受用者，故說受長生之果是神，神爲修長生主者，言若不以元神主乎炁，便不得真長生之元炁。經云：神行即氣行，神住即氣住。我故說修長生之主是神，然神非得炁定基而長凝。神人於炁穴，則神隨空亡而無所長住，而不能長生。必得真炁爲不死，後神隨之以不死。雙修之理少一不得，少神則炁無主宰不定，少炁則神隨頑空不靈。是炁也，神也，仙道之所以爲雙修性命者也。《西山記》云：雖知養性之理，不悟修行之法，則生亦不長；雖知修煉之方，不得長生之道，則修亦無驗。且謂今也以二炁爲論，所以明生人生仙佛之理也。炁曰二者，以其先天炁及後天氣，分二體。而二其用也。先天必因後天而採取、而烹煉、而入穴凝神，方能神炁合一。後天必因先天則有歸依、有證果，還伏而寂定。唯二者當並用，故並論之。然欲明生人之理，其先後天之炁日生身、日成身，皆以順行，及住世間亦皆順。欲明生仙佛之理，其二炁隨神而返身中，皆逆用而還伏，爲靜定寂滅而真空。若二炁不順行，則人不能生；二炁不逆行，則仙佛亦不生。藥物爲論，所以明脫死超生之功也。人生有必老病死之理，唯真精元炁爲救老病死之藥物，修煉之而服食之，除其老病苦，得不死而長生者。而火候集古爲經，所以合羣聖仙機，列爲次第之宜也。世人皆知聖人傳藥不傳火，爲見薛道光之言故也。及我博觀，則見聖聖皆有傳火之言，但不全言而皆略，即我所說略於氣者，我欲全言之，又不敢下口，便下口言之，而人未必信，徵未必能用，與不言等耳。故集衆聖之略言者，而成我欲全言之志，即過去世高真上聖度世之言，留未來世聖真，爲常行不易之經。故獨以經名，永滅卻未來世，言有候、言無候者之偏疑耳。且如衆聖皆已言之精明慎密如此，非我臆說杜譔之言也，真有切於度世矣。喻筑基，論二炁漸證於不漏，定息還精炁，謂之築基。息定精還，謂之基成不漏。若有漏則不能爲胎神之基，無漏則身可以久生，而爲伏炁胎神之法界也。借煉藥，論二炁成一而不離。藥不煉則金木間隔，煉之者金木合一。火藥適均，即所謂相見結嬰兒者。闡伏炁，論藏之內而不馳諸外。闡者，前人皆秘而不言，此獨闡揚直論之也。外馳者，炁散而神無所歸依。伏者，即所謂若欲長生，神炁相住之謂。雖反覆言炁，而不見其繁，立一名彰一義也。言後聖見名當思，所以用實義，勿作世間時交套語忽過。論煉己者，論其成始成終之在真我。真我者，是言己之本來面目，即元神本性之別號也。凡所爲採藥、煉藥，基之築成於始者，皆由煉己。證本來面目之成於始者，即所以修性于始也。所爲伏炁胎息，爲脫胎出神，成還虛於終者，皆由煉己。證本來面目之成於終，即所以修性於終也。始終皆是本性而成仙，能復真性者，即仙也；非真性者，即非仙也。世之愚人，不知仙即是性，與佛即是性同。所以舉世談仙而莫知所學，而亦莫有所成。但仙聖始言煉己者，以其有諸相對者，是性之用於世法世念中，而逆回者言之也。終言煉神還虛者，是性之無相對者，獨還於虛無寂滅而言之也。其實只是一箇性真而已。世之愚人墮於邪說外道者，妄執邪見，偏於談仙談佛，謂仙不是性而佛是性，謏佛畢竟與仙不同。不信《法華經》所謂仙人授佛妙法，如來因之成佛；不信《華嚴經》所謂如來大仙道微妙难可知。既不信佛言，何必強談佛！予謂不但不知仙、不知佛，並亦不知自己性而徒妄言誑語，以惑世自墮。可惜于仙佛法海中，不能見一浮漚，真可憐也。專言神而不見其簡，操一機，貫一義也。元神乎性，主宰乎性命而雙修。始也欲了命，爲長生超劫之基，則以性而配命爲修，固雙修之一機；終也欲了性，爲長生超劫運之性，則以長生之命配性而爲修，亦此雙修之一機也。此正顯名直捷全機，簡而不簡者也。鼎器之論，见神炁之互相依。此即命依性而了命，性依命而了性。炁依神則能化炁，神依炁則能化神。胎息之論，密指胎其神而息其炁，此又合神炁，而歸妙化於神而虛者也。胎息之初，煉炁以化成神，即經所謂不出不入，自然常住者。如佛之龍宮，一定七日。菩提樹下，一定七日。仙曰胎圓，佛曰滅盡定。及陽神出現，仙曰出神，佛曰始成正覺，如來出現。從此皆名頓法。仙曰煉神還虛，佛曰虛空界盡。我此修行，終無有盡，此皆神而虛無之極境也，所以能超過天地劫運者，仙佛皆要如此而後可。如此語成九章，道明無極，復以曹老師昔爲我淺說道原者，發明之，亦成一篇，冠之直論之首，先揭其大綱。曹老師昔云：古聖所言修行之事及我素所言者，皆節目，即儒家所謂人道之當然者，我今再爲爾淺說其道之原，即儒家所謂天道之所以然者。若知人而不知天也，不可，何也？凡曰：大修行非止於了此一生之事而已，必要證無上之上。先要知大道所以然之真，而後修得證所以然之妙，始可信心直行到極處。

不然，何所往而何所證，豈不悞大聖大真之大志哉？ 我今亦揭道之原，發明於篇首，以示修行之總綱。 而道體之全，已盡精微於《直論》，又致廣大於淺説。 且廣大之不廢詳，精微之不廢捷。 凡廣大之言皆止於大畧，唯淺説之廣大而兼詳明，無疎畧處；凡精微之言皆近於隱秘或煩瑣，唯直論之精微而更捷要，無隱煩處。 二者全備，出世而世始全仙道矣。 予論説全備成書，真足爲世之鑒。 觀者雖有奸邪棍黨，欺誑世之初學淺見，謂妙決不載書，必要我口授方知秘法，斯言固足取信於人，以施邪計。 若有志學者，必要得是書而先觀之，則求道有指示，而人不可欺以邪； 已得真傳仙道者而後觀之，則有印證而可知玄妙之所以然而當然； 已行真仙正道而後觀者，則所行與道合不合，其功成不成，有所考據。 若所聞所行合是書，即可信、可成；若不合是書，即必不可信，必無可成。 所以孔子云： 夏殷之禮，吾能言，杞宋不足徵，文不足也。 子思云： 上焉無徵不信，下焉不尊不信。 而謂《直論》，全書可少乎哉！ 故陳泥丸亦云： 若未逢師且看詩，詩中藏訣好修持，雖然未到蓬萊路，也得人間死較遲，是也。 倘有不徹諸書之簡語，語簡而少，必不能發明至玄妙之大道，學者何以得徹悟？ 《抱朴子》亦云： 五千言雖出于《老子》，其中不肯全舉其事，誦而不得要道，直爲徒勞耳。 文子、莊子、尹喜之文章，永無至言，或齊生死無異，或以存活爲勞役，殂歿爲休息，其去神仙已千萬億里遠矣。 必當從此，證會其全。 古仙佛諸書，皆詳一而畧一，如仙書祇詳言煉精化炁，以出欲界。 曰採取、曰烹煉、曰成丹、曰服食。 至於十月之煉炁，但曰守中，不盡其化神之説，此皆書之所簡也。 如佛書祇詳言禪定、色界、四禪之理，用之以出色界，即仙之煉炁轉神入定也。 至於欲界，離欲除婬，如仙之煉精化炁者，但曰不除婬，修禪定如蒸砂石，終不成飯，如來涅槃何路修證？ 明明言婬之當戒，而不言婬，機身心何以得所？ 婬根何以得斷？ 而成漏盡通，不死之阿羅漢，而是語之所以簡也。 我故曰： 佛言詳於終而畧於始，所以無始者必無終，仙言詳於始而畧於終，所以有安於成始而忽於成終者有之。 亦即此序所謂詳炁畧神，詳神畧炁者。 我見諸書，俱是如此。 故以煉精煉炁，化炁化神而全言之。 又煉神還虛，爲超出無色界之所必由，皆爲從前仙聖之所畧言者。 但曰九年面壁，我乃以六定常定之至玄至妙者，而歷歷全言，全之又全，願後之人人得與仙佛齊肩，皆從此直論一書悟人。 有不悟諸書之隱言，言隱則擬議者，難以知隱即喻也。 如《參同契》之喻乾坤，喻坎離； 如喻日月，喻水火； 如喻彼我，喻男女，喻夫婦； 如喻龍虎，喻烏兔，喻龜蛇； 如喻藥物，喻鉛汞，喻金木； 如喻甲庚乙辛，喻丙丁壬癸，喻戊己，喻火候，喻鼎器，如此多喻，即令人能以喻悟。 正猶且難知，無奈妖人又且借喻叛正，以惑學者，人將何以參悟哉！ 故《抱朴子》云： 考覽奇書既不少矣，率多隱語雖以卒解，而意之所疑又無可諮問是也。 必當從此證鑽其顯，人身中只有精、炁、神三寶，爲得生之本。 此論所説神與精，祇用先天忌至後天，而炁不能無先後天之分，用此語説得何等顯明？ 《心印經》曰： 上藥三品，神與炁精，已直言之矣。 百日內之理，我顯言精、炁、神者，亦遵之也。 養胎定神，只有神、炁二者。 《胎息經》曰： 若欲長生，神炁相住，已直言之矣。 爲十月內之理，我於此顯言神、炁者，亦祖述之也。 固不敢巧立約言以爲顯，又不敢重立喻言而終成不顯。 熟計古昔諸書，近於有道之世，可易明、易悟，雖借喻言亦無害。 今之世傍門邪説，横行徧滿天下，各立門戶，借喻誑人，今學者無所從由。 於此不可復用喻言之世，不得不顯言直論，以開正門，闢正路，接引後聖而易悟，人我之願也。 敢不勉焉？ 而直論之哉。 讀此者，了然解悟，後聖得直論而讀者，必得頓然解悟。 我以四十餘年究竟之力而悟，後聖不終三日，徹見而徹知，並解悟二經之法旨，不大便益耶！ 則其超凡入聖，端在茲乎！ 古人有一字之師，有一句之師，曾謂此論，註已六萬言矣，不可師教未來際聖真哉。 即其解悟能由於此，修證亦必由于此矣，其因果必不昧。 時大明崇禎十二年己卯秋，丘真人門下第八派分符領節弟子冲虛伍守陽，序於南都燈市道隱齋中。

《天仙正理・增註説》 書有不必註者，謂已顯明直捷，反覆辯論之，若有註也； 書有可以註者，謂宜發明，書言以己意逆，合而註之也。 必後之聞見與前之聞見同，前書得後註理愈明，而猶合轍若一，斯可不誑惑於世矣。 若觀者不知作者意，如註《參同契》爲納甲，註《悟真篇》爲房術，註《穆□》、《楞伽》、《金剛》、《法華》以時交訓詁，套語不能剖真修實義，名成門戶，致有經自爲經，註自爲註之斥，出乖露醜，則亦何用註爲。 所以《天仙正理直論》，既有《仙佛合宗》爲之註，猶懼後人妄註，錯誤害超世之聖真。 吾堂弟真陽子又加註之，予又輔之，同一師之學，並四瞳之見而爲之者，其合宗二註，又皆出予録者之手，無非杜絶衆口之妄，保全度世之真，則後世不必畫足於蛇，倒屣於首，令未來無極劫中，皆不失性命根宗，不迷超劫慧命，誠不謬註者之所賜也。 故亦誡之曰： 毋煩後註。

《天仙正理・冲虛子後跋》 冲虛子跋云： 道爲天仙之秘機，天仙之道，唯天仙知之行之，凡夫去天之遠，何以得遇？ 唯不可遇，雖曰不秘而亦是秘。 若有得遇，知其道者，必要體天仙之心，行天仙之德，而後可成天仙之道。 凡夫之罕見。 爲今之凡夫者，前雖有善，而或有小功，不足以得道，故難遇。 若能從今起念學道時，全具善心，力行善事，絶其從前間有不善者，則道之罕見者，猶可望見也。 或百劫百年一傳於世，如唐開元時之純陽翁始度王重陽於宋徽欽時，如六祖慧能止衣鉢不傳，而後竟無傳法之七祖者。 或片言數語，密度於人，如鍾、呂二仙，度燕國宰相劉海蟾，以卵壘爲山而不崩墮。 劉曰： 危哉！ 鍾、呂曰： 汝宰相位更危於此。 劉棄相從之而仙去。 如虎皮座張真人，以嘉靖帝強靖之不起，罪邳州守，請曼及三年而後至京，延及徂落而不復命，還至六安州，召盧江縣李虛庵而度之。 今三誦三背其言，三日而別，李竟成真，縣及鄰封皆稱肉身菩薩。 然張祖不肯見

帝而度，乃召李而度之，此亦張祖密度之案也。如佛欲度迦葉，分恆河水爲兩斷，而佛行其中之無水處，葉以舟救佛，佛從舟底穿入，而舟底無孔，葉猶曰幻也。佛曰：汝未成不生死阿羅漢，何能如此貢高我慢。葉惊服，自不知所以不死，而歸依之是也。三口不談六耳不聞，三人則三口六耳也。其中或願學小成於人仙者，或願學中成於神仙者，或願學大成於天仙者。所願者，則重之而喜聞；所不願者，則輕之而厭聽。或德止足以授小，而分不宜聞中大二成，故不同談，不同聞也。如許旌陽、吴猛二人，許爲旌陽縣令，吴爲分寧縣令也，同謁丹陽之諶母元君，母獨傳許以道法，謂吴德行尚未充，後當拜於許授。如世尊單傳迦葉爲初祖，而以堂弟阿難未能離欲，令轉拜葉，傳爲二祖。俱是舊案也。不經紙筆，仙道乃天上人之所有，亦天上人之所用，正上仙口不談之秘，鬼神覷不破之機，所以不載筆於紙。何敢淺其說直其論，而諄諄然數萬言爲鐫哉！此大罪也！大道本來不敢輕一字於非人之前，何敢淺說其精深，直論其秘密，令善惡、賢否、正人、非人，一概混見之耶？但視世間，無不可救化之人，倘有不從正而改邪者，是必從地獄、餓鬼、畜生三惡道出，而初世爲人，而惡心猶在故也。雖直論之，彼只見如不見而已矣。何嫌其混見。曾見世人，截然向道，而竟無覓處，截然者，截斷世法塵勞，決志學道，滿目是萬法千門，竟不見何者爲仙道，不知向何處覓仙道，此甚可憐。舉世多人談道，而悉墮旁門，遍世界談道，所聞、所知、全在婬邪窠臼中。初學不能辨邪正，遇之焉不墮入，此又甚可恥。謂道不在世，而人必誤陷於邪者也。有仙道原只蘊藏於仙胸中，世何得有？一切諸人不遇仙度，只在世而學，焉能外世見而求世外之見，畢竟誤陷於邪矣。謂人心自邪，不求聞道而規正者也。有心邪之人，唯邪法是喜。口稱是學仙之黨者，只願學房術御女，謂婬姤有如是快樂，是我所學之有證，而仙道高遠，或者即此所致，我何必舍此快樂而別求仙樂爲哉！故不求聞也。自稱是學佛之黨者，造斷見之邪說而惑人，不知已爲佛之所斥，自謂有了此一口高談捷語，足取衣食名譽，何必效佛所修，而六年禪坐以自苦，故不求聞也。予在金陵，所以絕不屑與人談仙佛，見彼諸俗人談仙者，皆志於房術御女及卻病小工，而即指爲仙道，不務修德修道，故不必與爲謀也。見彼衆生談佛法者，皆妄將佛說爲行教無用之虛言，將已談斷見作佛法。不求如何得如佛八千劫說一會《法華經》方已，不求如何得如佛八萬四千劫坐一定方起。必執斷常邪見，直趨死亡。爲了生死，或學躲一輪迴爲自足，而且不能得，又不能承當正法，竟如石馬，雖打不走，全似木牛，拽鼻不回。謂之下愚不移，何足救化？何足與言？所以祇尊仙佛正法爲我自悟師而已矣。我又爲有相知者，憫而淺說勸之。佛昔云：人相豎，畜相橫。世之俗夫，每以橫相妄談佛法。語人曰：我知佛，我是佛。此亦妄人也已矣。甘爲橫相，又何難焉！今而後談佛者，請先改汝橫相爲豎相，且遵佛說，別作商量，庶免空勞妄談，虛度一世。借今百劫百年生一聖真，將何人悟？言此論若不出世，倘有真修者不知如何修仙，不知如何修佛，故無趨向處，亦不知學何者爲學，行何者爲行。所以得聖真於學者，必由此論；及有此《直論》並《仙佛合宗語録》出世，若有一人精究此論及録，便見得此人是有志於此者。與論合志，即爲學此道之聖真。不究者，則其志不學此，終於凡夫輪轉而已。得聖真於師者，亦必由此論。誦詩讀書而尚論古人者，固有人誦此論而尋覓論此之人者，亦有人未誦此論而尋覓已誦此論者，亦必有人能覓此人，豈不得遇此人而得遇此道。故曰：求師必由於明此論。所以張紫陽真人作《悟真篇》以訪友，果得石杏林爲之徒，其勝於奔走四大部訪師友者，不萬萬分便益哉！故鍾離云：吾之求人，甚於人之求我，古云：弟子尋師易，師尋弟子難。蓋弟子以初學之無知，故不知所遇之人有道無道而拜之，故易。師之有道者，嚴奉天誡，必選擇同德同志、祖父善門，一不全不足，非弟子，故尋之難。昔鍾離往九江府德化縣度縣宰呂純陽，又鍾、呂往甘河鎮度宋徽欽時，領兵校尉阻重陽，又鍾、呂往燕國度丞相劉海蟾，又虎皮座張真人行至六安州馬神廟，召廬江縣之李虛庵而度之，又昔世尊往榆羅厥，又國度迦葉者，皆是師急於求人之案。人不及於求我，我不及於求人，世界如許大，學者相隔如許遠，誰知我而求，抑誰知我而能求？由我非方外之士，遊遍四方者，亦非如所謂唐朝呂洞賓，至今猶在尋人度者。亦非如世尊，自謂行化時至，乃行而化之，至度一萬八千九十四國人者，不過隱處一小小道隱齋而已。不及求人，所以亦不得爲聖，真學者之所遇。乃以一筆救天下後世迷。唯成書，可以代面命。雖偏天下盡後世凡有見者，皆可救其迷惑。然而，迷自軒轅氏御女保生之術一倡，軒轅者，君天下者，忌嗣子之少，故用後宮之多。婬姤之多，必不可不節慾。後世學者，豈可以節慾之人事，而遂誤指爲長生不死神通之仙道乎？而真僞爭途四千餘年矣。仙道是出世間法，真也。御女術是在世間法而非仙，僞也，本不同者。凡學仙聖真，既有大志、有聖德，必不可學御女以招天誅。凡學御女者，輕縱婬樂，壞女子之身，喪女子之恥，志極卑汙，敗仙佛根基種子，天律嚴密，又豈容於談道。真者，幸有天降真傳而作仙佛。漢之張道陵、葛玄仙翁、冦謙之、于吉，皆太上降下而傳；北漢時之鍾離正陽，乃東華帝君之降傳；唐之純陽呂翁，乃鍾離之降傳；宋之王重陽，燕之劉海蟾，乃鍾、呂二真之降傳；世尊佛乃阿私陀仙之降傳。故《法華經》佛云：昔者仙人授佛妙法，如來因之遂致成佛是也。所以伍子言：非仙不能度仙，非佛不能度佛，此亦破迷之一說也。僞者，自愈熾說偏天下而迷人。熾說者，建立各種門戶。曰三峯採戰者，曰小採補者、大採補者，曰童男童女開關補氣者，曰對爐者，曰入爐者，不入爐者。千種婬穢無恥，以之爲世事用，尚甚可恥，又安可妄誑人曰道乎！所以道隱齋評之曰：常見人猿與陰者，聚則撫弄其二物，豈可以衣冠人物，有禮義廉恥者而如之乎！又評之曰：蠢動如蚊蛾虱類，人共見其不學，而能相姤。豈有不蠢如人反不如之，而學人爲姤乎。以速死喪命之事，而愚弄人曰接命不死，其迷於自愚，又迷於邪說之誑。如此予請諸人破迷改過，且自安生保見在之福。以此大迷之，世而論說之，宜直宜淺，其可少乎哉！洩論說之功，豈不大哉？洩萬古聖真密旨天機書之，偏與凡夫言，固有罪矣！但後來聖

真，得明道於論說之所洩，豈不是此莫大之功乎！　然洩道未必無干於天罪，敢望曰天不之罪，而故意冒干之耶？　即此一點破家學道，慈心救世之爲功，抑可贖罪哉？　得悟於天下後世劫，獨超出大迷而爲聖爲真者，又可無此洩道功之報哉？　後來聖真，得明正道於論說，不被邪說坑陷，而竟成聖成真，亦當報今洩道之功。見此者，幸毋謂我一見是書，已盡見其道，見之固易，而生易見之心，靡不亦自輕易視其性命。　書，成道之初迹耳。道之精真者曰理。道之實行者曰事。理可以書求，事未可盡以書行，必要真識參師學道。凡未得師者，以此書考尋正門爲引進，即此以爲引進師也。已得師傳者，以此書印證是否而爲信，受奉行此，即是印證師也。若不求真師救度，專向書文上誦章句，偶見一斑，妄稱全豹，愚謂只可言悟書，不可言悟性、悟道。由懷易見之心，不識爲難遇難聞之天寶，則其輕易視性命而喪失者，將必不免矣。　毋謂我一見書，便按圖索駿，焉能了悟到至玄至妙之真實處，而修證性命。　書固載道，正欲使人明見此道實可易行，正遂我畏難之心，即此易行而易行之，自執善悟，不求師而道，而淺直之。　古云：　得訣歸來好看書，若先得真師真訣，則見書真，可盡見道，真知易行。若謂不必求師，道已了然盡見易行。古云：　差毫髮不成丹。恐難悟透，亦不免依然失性命也。古云：　性由自悟，或可因書；　命要師傳，必經口耳，則信之真，而行之勇，此我今所望於後聖後真也。　故又誡之曰：　毋輕忽爲易。　尤毋謂盜此爲說，言可應世，理可驚人，足以師任之於己，以徒視乎其人。　有此誑人之心，爲障爲礙，恥於低頭實學，竟不自悟自修自證，而亦不免於失性命。　有等人不真實參師學道，唯見此書一遍，唸幾句誑人曰：　我盡得傳某人道矣。我今足爲諸人之師，諸人只可爲我之徒。言至於此，即《楞嚴經》所云：　未得謂得是爲入魔。故必害己德，而墮爲魔民。昨有一人，即如此誡之說，見此未註舊稿，偏語人曰：　我全得某人所傳仙道之妙。斯言也，非贊揚實貶詞也。一則以忽仙道之爲易，一則以增己學之爲博。不謂染指吞海，曰海盡吞矣，而可乎？　以芥穀量海，曰海盡量矣，而可乎？　作是言者，可謂無正心無大志。又一人在金陵婬惡無度，冒稱爲我虎皮張真人門下。人不知張門先戒絕婬事婬念为初功，彼何必自投清淨門討箇擯斥爲哉！　於是三者能不肯犯，即上三條誡詞也。　誠心參悟，即《直論》以究仙理，徵《直論》以印師傳，真修實悟，證聖證真，斯不負我染筆時一字一泣，當論時欲不直，奈何今世正道已盡絕，恐無益於救正，不得不爲仙佛宣明正法。欲直論，天則有譴而不敢言，終必直之而冒譴，故一泣。我自癸巳至壬子二十年，參師護師，賣田舍、破家計，苦心苦行而得悟。後之參師者，未必能得年之久，未必有可賣可破之家而可得，故一泣。人以一見論，而即知我以多年苦而輕洩，我以自苦代人之苦，我以所賣所破，代人之以賣以破，故一泣。又或有人或有可費之資，而不學真仙道者，徒費耳，雖費而不求明，如何修命得命之證？　如何修性得性之證？　泛然無着者，徒費耳。　雖費而不苦心志苦功行，以求必悟必成者，徒費耳，故一泣。我又爲衆言此以勸誡之。　爲終天地劫運之聖真。　直而論泣而論者，既爲參難洩易而割捨天機，又爲世界既絕仙佛正道，愈傳愈假。我獨得悟，又焉敢不爲仙佛正道，留一線之真耶？　今世聖真，得所考據，而爲師資矣。　將流行於天地之終，而度盡仙佛種子，爲聖爲真、成仙成佛之心也歟！　今世皆好房術婬慾，而仙佛正道則絕盡婬慾，心反正道，雖見之亦不能救正，間或有從，救而不足，必成書流行，以終天地，則盡未來之仙佛，皆得普度，是我繼诸仙翁，救世度人，立三千功行，爲自修而已矣。即純陽翁所謂：　度盡衆生。世尊佛及地藏菩薩亦謂度盡衆生，言自利利人之果，唯如是而後圖滿。　天仙正理直論增註後跋終。

《仙佛合宗・序》　冲虚子自序曰：　仙宗果位，了證長生；　佛宗果位，了證無生。　然而了證無生，必以了證長生爲賓；　指了證長生，必以了證無生爲終始，所謂性命雙修者也。今我述斯宗，厥意在仙宗，其佛宗不過帶言而已。名曰合宗者，欲使天下後世同志、聖真，知性命雙修爲要也。向作《天仙正理直論》九章，一以闡明直論未洩之秘法，一有罄口傳未悉之天機。有是目録，而玄中之玄，妙中之妙，炳若日星矣。得斯録者，精進修持，成仙成佛，庶不負我度人之苦心也歟！

《天仙金丹心法・自序》　大道之傳，與天地無終極。顧授者，無不傳之秘，而列聖相延之心法，惟智者觀其深耳。且予之望人，甚於人之求我。《金丹心法》予輩所單心研慮，盡神盡利以裁成者，正思以嚴訪密求，得其人以相與也。乃作者已窮其奧，會其歸，發天地之玄要，俾毫髮無遺憾。而彼以輕心掉者，罔計天人性命之防，至以崑玉奇珍抵鳥鵲而莫之恤。嗚呼！　明珠暗投之憾，詎忍言哉！　至如挾術以居奇，甘自蹈於人琴俱碎，是又失人於交臂，而大公獨踞以爲私，夫英賢麾拒於門牆，而匪僻辱收於几席，誰敢執其咎，而俾隕越以貽羞。故心法之傳，以公道付諸天下，傳道而機不盡洩，以待有心者自悟，而未易爲一二流俗人言也。抑予也掌教以來，非一日矣，生徒之瓣香而齋遨幾億萬人矣。顧二三子之從事吾門者，率多於瞻禮之餘，蕲覿面而親色笑。嗚呼！　曾亦思爾之願，言長覿凡，以冀一言指授而希誕岸之登耳，今也邀七祖之寵靈，而予亦得略參其未議，揭波羅之諦，以沾丐於爾，後人雖使予面命而耳提，道亦如是而止矣。不少藏其蘊，則能者可從。不輕露其倪，則道非弋獲。以不忍不傳之隱而隱，詔以分明鄭重之思，則後人之讀是書亦堪默喻矣。

《天仙金丹心法·韓湘序》 太歲旃蒙大淵獻之秋，丹书功告竣，予總肩其務，例識數言於簡端。嗚呼！ 夫著丹經於今日，蓋亦難矣。贋者恆剽窃陳言，既貽誚於雷同勦說，乃或矯邪說以歸諸正，獨闢蠶業鳥道之奇，顧身心未歷其程，則悬擬者終莫的，即今現身說法矣，而真機密義半托鏡花水月間，若有若無，乍虚乍实，閱者終愕貽於心目，而茫乎莫測其所從。嗚呼！ 神無方，易無體，性命精微之蘊已極，神奇變化而難名，而誘掖之餘，重以杳冥而恍惚，此顔苦其卓，欲從而未由者矣。今夫以塵垢之軀，而振興乎萬古雲霄以上，此匪真修，爲不易也而作書，以誘掖者，亦猶戛乎難之。且以予輩之靜閒，幸脱屣乎塵囂之表，而猶嚮，名場利藪再三曲盡，其丁甯佑啓之思，夫亦誠有大不得已於中者，非以炫奇而鶩異也。是故以得心應手，播之爲覺世之書。非剽竊陳言，而古昔之大成畢集，非影幻夫鏡花水月，而有無虛實，鄭重而分明。穆穆乎丹訣之梯航，而玄關之樞紐也。而予益重有感焉。憶予辭桑梓，訪名山，孑然孤踪，縱心於荒烟蔓草之畔，無書可證，無師友相參，魔難疊遭，備嘗艱苦，逕入終南深處，擇岩下石穴居之，不火食者數月，誠感雲房仙祖化身默化，口授大丹真訣，余如訣行持而起火，凡經五十次。維我心匪石，乃默契迴風混合之天。假當年寸念游移，或九仞而虧一簣，則安得謬從七祖後，爲他人作嫁衣也。今日者，心法詳明示機緘於滾芥，投針而無微不入則甚矣。後人之幸，視予曩疇之辛苦，奚翅雲泥矣。然而予以幼冲人而濫竽七祖文章之末，所謂珠玉在前而形穢，小巫之見大巫也。後之有感於斯者，其毋索我於形骸，而徒執語言文字。

《天仙金丹心法·柳守元後跋》 孔子曰：作《易》者，其有憂患乎？蓋《易》始庖羲，而式微於夏商之末；文王繫以象，而啓開物成務之功。《心法》之爲書，亦猶是耳。悼斯人之陷溺，而正道陵夷。譬彼舟流，莫知所届。用是臨塵界，經障魔，數載辛勤，構書以覺寤，詳而不蔓，簡而不遺，朗若列眉，洞如觀火，毫髮無餘憾，而證聖之心燈也。爰懽忻鼓舞，稽首而頌曰：大道無倪，神功有鑰。爲馬爲龜，則河則洛。爰開慧路，式即珍田。言因性立，道寄形詮。木鐸迢姚，金機逆順。化雨之時，春雷之震。星開北斗，月湛南江。抽思乙乙，竪幟幢幢。微顯闡幽，韜光斂鍔。劍匣依稀，燈帷錯落。原原本本，穆穆皇皇。有倫有要，無體無力。揮霍復彌，析分芥子。義則含宏，辭非的詭。上中而下，天地與人。三才窔奧，一貫瀰綸。控引情宮，疏通性海。緗帙含馨，筆花絢彩。焜煌宇宙，反覆山川。字傳十六，言繼五千。糠秕浮埃，鈞陶下土。殷勤誦覽，昭示津梁。桃谿李逕，雀躍龍驤。

《天仙金丹心法·石守堅後跋》 八祖《心法》成，堅得諦觀其大畧。流連往復，不能贊一辭。乃慨然於一切修真養性之書，讀可也不讀亦可也。蓋因《心法》而旁收別集，則參其異，證其同，益恍然於《心法》之畢該，而折衷之得所主。曷以言乎？ 讀《心法》而他書可悉捐也。《心法》之爲書，廣大精微無弗備，諸編所載，莫不彙其中。是猶登泰岱之巔，而鳬、繹、龜、蒙衆峰如兒立。故玩其淺深之秩秩，節次之昭昭，脈絡精神支分而流合。乃轉嘆予昔年之訪落，有志於飛昇，踏破鐵鞋而得是編不早也。顧宏獎後進，而畢揭其心源，予將敬拈瓣香，稽首頓首，遍拜諸天洞府，爲大千世界稱謝慈航爾。然其艤舟於天河，以待問津之渡，回頭即岸，覺路非遙。乘長風而飽征帆，波羅在目矣。而不然者，舍舟而亂流以濟，或汔濟而貽濡尾之羞。洞口桃花，竊恐漁郎迷徑耳。蘭桨桂棹，擊空明而泝流光。予亦將鼓枻而歌，而望美人於風虎雲龍之會合。

《天仙金丹心法·溪守詞靜後跋》 鷲嶺岩嶢，業邈波羅之諦；壺天湛寂，常留洞口之春。飛紫誥之靈文，不待攀龍鼎下；結青神之妙契，何煩抱犢山前。然而肉眼迷茫，錯寶碔砆驚白璧；塵心眩愕，空將魅魑詫蒼龍。誰分太極之泉，罔辨元和之液。八祖《金丹心法》崑山削柱，聚窟凝香。標羣嶺以中黃，弱水豁三千世界；揭恆星於太紫，層城分十二樓臺。不侈風螭月母之譚，上接危微奥旨；非陳丹溜玉杯之論，宏開道德奇文。言有大而非夸，意無微而不入。但使因言索解，毋泥格以求辭。會意旁搜，必尋端而竟委，則古洞啓桃花之逕，人分絳雪而來；春田縣桂實之英，藥杵玄霜以去。車馳八景，行藏偕五色煙霞；馭叱三清，往復任雙鳬蹀躞。時與赤松上下，笑遼陽之塚纍纍；漫從黃石逍遙，看姑射之風襲襲。予光分綠簡，杖持青藜。藏柱下之鴻篇，色集宮雲紅近日；待人間之鳳舉，香迎仙珮暖宜春。謹賦短章，附蠅聲於驥尾；還期來學，同鵲起於龍門。

《天仙金丹心法·梅所璞後跋》 練道參神，端基於勤學。知行不並用，無以期誕岸之登。且將陷溺之日深，流蕩焉而莫知所返。此正陰長生所云：奔馳索死，不肯暫休。即使神仙現身化導，而言之淳淳，無奈聽者之藐

藐。況著书以警世，又安望夫束諸高閣者，而索解於知行不屬之餘，則我八祖之垂爲是編。幾爲選事矣。顧此書未著，未嘗不相與有成。宛轉尋源，闢開塵垢，縱心孤往，無所鑑而猶興然。而其用力也勞，而得之也亦非偶。既有是書以後，則大道之源流具，條目彰，途可循，轍可守矣。但使知行之漸進，以相深於研慮，而悅心所爲，事半乎古人，而功效倍也。學道復勤學，勉之，勉之，然第知所勤矣，而不體傳書之本意。得人而不與，與人而不慎，其人是懷寶迷邦，大公而以私據也。抑甘心比匪，不知君子之貞也。此之謂褻天，褻天有逸罰。予既樂是書之告竣，而復恐後人之不戒，隕越以貽羞，故附此數言，以爲讀是書者之明訓。

《天仙金丹心法・蔣予蒲後跋》 嘉慶二年六月十八日，予晤持真子於濟南，得覩《金丹心法》一書，悚然起立而嘆曰：妙哉，道也！此真身心性命之學，世出世間之樞機也。心法何法？法在一心。法心何心？心止一法。真字字是金，今人人得丹，如披雲霧，杲日當空矣。夫世之丹經徧天下，大抵統言體用，既論工夫，求其顯闡祕奧，直指根源，易簡精實，節目貫通，未有如此經之深切著明者。何期小子得寓於目，得傳於口，得會於心，得體於身，復得續跋篇末，以質後人，斯誠億萬刼難逢之奇遇也。惟自愧管窺蠡測，莫量高深；了了於目，何能了了於口；了了於口，何能了了於心。未及升堂入室，敢言澈底洞明耶？所願與一二同心人，由下學以期上達，自卑邇而晉高遠，躬行實踐，共完性命以合天。本固華榮，妙鍊形神而證果。夫乃信諸天不外一心，大道總此一法。撥轉關捩，直臻無上，潛心消息，益覺精微矣。後之君子幸覽觀焉。

《養真集・序》 癸卯孟春，余自都中來，過吾友之邑，留止書舍，見四壁字帖，纍纍密佈如鱗。就而視之，乃天地日月之道，鬼神人物之理，超生長生之術，出世入世之法，無不備載，無不精詳，真醒世之語，修身之要也。請吾友盡書分類而次集之。書成，分作上、下二卷，直將三教真僞併，自得心法，毫無所隱，出以示人。使見斯集者，若能潛玩，自然善心發現，洞徹精微。由是而迷者悟，邪者正，不誤人於旁門；愚者明，弱者強，不廢功於半塗。吾友之集，其有裨世道人心者大矣哉！吾友道號養真。余老拙不能贊一詞，直書爲《養真集》以弁其首云爾。

《養真集・王士端序》 通元理而不通禪，必受固執之病，通禪理而不通儒，多成狂慧之流。求其禪儒皆通，而又能貫之以道，不但今鮮其人，即古之紫衣、黃冠，恒不多觀。丙午夏之日，偶過友人趙公齋頭，見几上有《養真集》一卷，因溯其書之淵源，乃得之海甸慧福寺，寺僧得之陳提臺，提臺又得之其家西席。遂借歸閱之，係隱士養真子所註，惜其不表姓名，蓋赤松、黃石者流也。其書由儒悟禪，就虛靈而養舍利；由禪證道，借般若而鍊金丹。談空則皆拈花、面壁之真傳，論道則無鉛虎汞龍之假借。孔顏樂處，信手拈來；濂洛薪傳，隨筆揮出。彙三教而同歸，總百家爲一轍。不作空中樓閣，步步階梯修成，幻海橋梁，頭頭道路，驀直行去。省多少雲水三千，俛首人來，便可坐洞天十二。因其爲希有之奇書，遂全忘我心之固陋，始續貂以裁狗，繼付棗而登梨。採玉探珠，全望高明之慧眼，飛昇羽化，庶酬作者之婆心。噫！若大乾坤，應有知音之客；如斯世界，豈無見性之人！聊染翰而暢言遂，無心以成序。

乾隆丁未上元觀燈日，白鬓老人王士端，題於塵世蓬壺。

《養真集・王士端跋》 余嘗謂：大修行人，必得學禪家參悟，用道家功夫，敦儒家品行。其故何也？人不學禪家參悟，則心性不能明徹；不用道家功夫，則神氣不能相抱；不敦儒家品行，則必至好奇尚怪，驚世駭俗而後已。是本欲學仙學佛，反成魔王妖孽。試看古今，來得正道而修成者固多，入旁門而喪身失命者亦復不少。故邱祖云：試叩禪關，參來無數，往往到頭空老。又云：磨磚作鏡，積雪爲糧，悮了幾多年少。吁！世有躬行深造者，必能默契余言。

丁未花朝日，白鬓老人再筆。

《會心集・悟元子自敘》 盈天地間者，皆陰陽之道；盈天地間者，皆性命之道。人能於陰陽之道會悟於一心，則知陰陽之道即性命之道，性命之道即陰陽之道。陰陽、性命，總無二道。所以古聖云：人在道中而不知道。《易》曰：百姓日用而不知。不知者，以其視天地爲天地，視人爲人，視物爲物，未曾得天地人物一道耳。世間修養之士，不窮究實理，不印證真師，性命二字，尚未認的，得其一言半語，自爲大徹大悟，即便冒然下手，無怪乎入於傍門曲徑，空空一世，到老無成。或有知性命爲陰陽者，而又不知真陰真陽，強於有形有象處揣摸，認鳥爲鸞，指鹿爲馬，乃亂乃萃。識不得陰陽，焉能知的性命？不知性命，焉能修的性命？余自得仙留、龕谷之旨，實會的盈天

地間者，皆是陰陽之象，盈天地間者，皆吾性命之理。遠取諸物，近取諸身，可以一道而貫無窮之道，可以一心而統無數之心。縱横逆順，左右前後，黄芽滿地，白雪飛空，信步走去，頭頭是道。故生平因物書懷，就事寫意，無非会之於心，發之於言。故將吟咏拙句，編爲内外二集，分爲四卷，名曰《會心集》。愿結知音道侶，早會性命之道於一心，勿爲傍門曲逕所誤可也。至於集中所會之是非，余亦弗知。惟有會道於心者，自知之耳。

《通關文·劉一明序》 修真大道，竊陰陽，奪造化，了性命，脱生死，爲超凡入聖，成仙作祖之大事。非塵世一切艸霜冰泡，忽有忽無，靈而不實之小事可比。奈何天下道人管窺蠡測。以大事爲小事，以小事爲大事，重其假而輕其真。道不遠人，人之爲道百遠人。所以古人謂學道者如牛毛，成道者如麟角。吾曰：今人學道者如牛毛，聞道者如麟角，何言之？古人聞道者多，而成道者少；今人學道者多，而聞道者少。今人學道之數，倍于古人學道之數。今人聞道之數，少於古人成道之數。以致今人學道者如牛毛，而聞道者如麟角矣。原其故，皆因學人一身偏病，滿腔邪氣。感不動師友，以故空過歲月，枉勞跋涉。年余自得龕谷仙留之旨，不敢自私，大公爲懷，因將所得於師者，盡發泄於《闡真會要》、《真指會心》、《原旨指南》、《悟道破疑》等書之内。以結知音，吾願是矣。然猶恐學者舍近求遠，不知先盡自己之事，而即妄想他人之事，因著《通關文》一書，爲學者助一炬之明。先學個棄病好，人自卑登高，由近達遠；庶乎明師得遇，良友得逢，大道可聞。書内節目雖小，關事甚大，言辭雖鄙，益人甚多。雖曰通關，而性命修持之功，亦由此進步。見者甚勿以小節鄙言而棄之，若真上智高明之士，原自大路開通，一遇明師，不難得真，通關之功，無可用之也。

《悟道録·刘一明原序》 道之在天地間，無物不具，無処不有，上而日月星辰雲電雷雨，下而山川艸木鳥獸人物，以及蠢動含靈，有情無情等物，無非道氣運用。道在目前，特人未深究耳。余二十歲時，即知有性命一大因緣。朝王暮李，誠心詢問，非執相之説，即着空之事。十有餘季，參求多人，未聞些子理路。後遇吾師龕谷老人，數言之下，便分邪正。舟遇仙留丈人，指示細微，方見底蘊。既得二師秘旨，實悟的天地間萬物萬事，凡眼之所見，耳之所聞，定之所至。身之所，頭頭是道，件件藏真。始知古來丹經子書，所言先天後天，有爲無爲，藥物火候，進退止。定結丹脱丹，順行逆運。等等法

象，皆取天地間現現成成原有之理，裝揮闡揚，並非強爲揑造，索隱行怪也。可嘆後世學人，無有真心實意。下不的苦心，耐不的年月，或虚悬不實，或始勤終怠，或守此旁門工夫，自誤誤人；或看下幾句丹經，自負有道。如此等類，皆是自阻前程，終歸虚妄。余因是將眼前人人共見知之物理，拈取八十一條，也不敘層次，也不列前後，各就一事而分晰之，名曰《悟道録》。附以嘆道歌七十二段，欲以自悟者使人人皆悟之。學者若能遠取諸物，近取諸身，以有象窮無象，以有形辨無形，極深研幾，志念不退，功力日久，必自有得。此則余之所深望也夫！

《悟道破疑集·劉一明原序》 余世間一大不肖人也。幼時習儒，年未二十，大病者三，幾乎隕命。因病有悟，遂而慕道。然猶立疑似之間，以爲世間未必有此延年之術也。因往西秦養病，路過涇陽，遇一蓬頭老翁，相見如故。余言及切身大事，翁曰：性命之道，人人有分，祇在有志無志耳。又賜良方，及至南安，如方療治，諸病頓脱。自此立意方外，以爲修養計。朝王暮李，如是數年，不特正理耳中未聞，即正人眼中所見有數。後遊金城，聞有龕谷老人者，服儒服，冠儒冠，舉止異常，人莫能識。即往叩謁，覩其行藏高超，與衆不同；及聽言譚，俱皆義理。余雖不知身分深淺，確識其真高人也。機緣相投，得入正門。又囑先盡人事，遵命歸里。奉親之暇，靜玩诸家丹经，或明或暗，不能一以貫通，即知還有秘密。于是北遊燕京，南穿河南。秦晉郡邑，無処不到。所遇緇黄，皆未能決我所疑。後抵漢南，得遇仙留丈人，打開寶藏，拈出珠玉，一一指示。十三年所抱疑團，于此打爲粉碎矣。方知大道必要真傳，性命還須護修。非同旁門曲徑，着空執相之事也。但恨自己宿根不深，功行不大，力量有限，今已七旬有八矣，犹在半途，未望彼岸。師恩罔極，實自負之。然雖大道未成，而于作孽造罪有碍性命之事，盡皆脱去。因將昔年所閲歧路，後遇法眼，編爲《悟道録》、《象言破格》二書，合爲一集，名曰《悟道破疑集》，爲學者助一炬之明。自未成道，願人成道。聊以贖負師之罪。非教自欺欺人，徒要名譽也。是爲序。

《重刊悟道破疑集·裴復恒序》 余於斯道，向慕有年。而是非邪心，終難剖徹。庚午歲，遇拜來中老師，蒙恩指皈正道。于辛未年，朝謁各屬名山，至甘肅省，訪得栖雲山悟元老人續注《周易闡真》诸祖師丹经，及自著《悟道破疑》《修真辨難》諸書。其精義入神，炳若日星。即往謁見。而四方名士參

訪者甚衆，即執經門下者亦复不少。余因受業，得授諸書，旋裝梓里。復見吾師，特出所請悟元老人之書，以質疑義。吾師法逐一展閱，欣賞不已，曰：此老所注，字字藏規，言言模範，顯然易見，約而能读。真乃修身立命之津梁，三教淵源之矩矱。但習元诸書，汗牛充棟，而直指竅玅，辨明是非，無踰此矣。倘能樂此入道，不亦希有事哉！是時同人索此書者甚衆，其書祇一部，不能遍傳。吾師曰：私一己不若公诸同好，以得闡發悟元之至意，開示後人之正宗，亦功德盛行也。第時囊橐無餘，難以悉刻。僅將《悟道破疑》集，重付剞劂，印诸行世。蓋此書掃盡旁門，務撮領要。至於闢邪釐正，誠中流之一壺也。其餘诸梓，賴有志者輸囊補刊之爾。

《象言破疑・劉一明序》 丹經萬卷，皆象言也。象言者，非直言、非明言、非空言、非異言。乃有物有則，有指有證，取象演真之言。後人不究其意，止執其象。在儒者讀之，以爲怪誕不經；在道者讀之，以爲色皮分象；甚至有執象猜疑，百般做作；流於曲徑邪行，自傷性命者，不可枚舉。咦！是豈古聖先賢取象立言之意乎。《易》曰：法象莫大乎天地，變通莫大乎四時，懸象著明莫大乎日月。丹經皆本《周易》而作，其藥物火候，俱借天地日月四時以发揮其奥妙。若以丹經象言爲怪誕，爲色皮，《易》有風雲雷電龍虎牛馬鹿羊龜雉之象，與支眇能視，跛能履，乘其墉，朋盍簪，噬膚滅鼻，困於株木，載鬼一車，刲羊無血等象。亦將以爲怪誕色皮乎！悲夫！正道失传已久，不自今怡。余自遇真師之後，取诸家丹經，彼此參看，实有得乎象言之意，固將所得於師者，盡洩於参悟闡真原旨等書之內，猶恐學者難於貫通，又著《象言破疑》一書，绘图畫像，細分是非，掃旁門而指正道，息邪說而辨真宗，此則余之本願。見是書者，當思死人亦能說生術，勿以糟粕笑棄，爲幸甚！

《指南針・劉一明序》 性命之學，中正之道也。中正之道，在儒謂之中庸，在釋謂之一乘，在道謂之金丹，乃貫通三教之理也。知之者，在儒可以成聖，在釋可以成佛，在道可以成仙。若舍中正二字，而別有所謂道者，即是邪道，便非正道。世之羽流，多不窮理，入於旁門曲徑，着空執相，以訛傳訛，以盲引盲，千枝萬葉，偏滿宇內；更加僞書杜撰，邪說淫辭，雜於丹經子書之內。玉石不分，皂白莫辨。即有一二烈士良才，滿眼虛花，兩耳梆聲，莫能辨其真僞。一入網中，終身難出，不至喪其性命而不止。古今英雄遭此厄者，不可勝數。道至如此，尚忍言哉！悟元自童子時，即知有此一大事因緣，朝王暮李，亂學亂作，已受其症。幸而方兩虧悔，不至隕命，然究不知真正之道是何事。後遇龕谷仙留二師，得聞香風。始知性命之學，乃中正之道。中正之道，不假外求，自己現成。悟之者，直登道岸。非一切旁門曲徑，竊取聖道，舍近而求遠者，可能窺其畔岸也。因嘆僞學日盛，正道日衰，遂將生平所註所著等書，編集成部，總名曰《指南針》。指南針乃羅經定子午之正針，子午爲大地南北中正之位。子午定，而四面八方，稍有偏斜，顯明易見。書名指南，特以中正之道示人耳。書雖不一，而言中正之道則一；言雖有異，而指中正之道無異。若有知音者，於中正二字下實落功夫，嘗得滋味，即於中正二字上安身立命，則一切旁門曲徑不得而惑之。猶如羅盤千轉万轉，針總不轉；左之右之，無不宜之。可以一道而貫通無窮之道，亦一指南針也。我指南，人指南，人我皆歸於中正。掃邪救正，闡揚聖道，此余《指南針》之本心也。

《百字碑註・劉一明自序》 純阳呂祖，乃道門中第一慈悲聖賢也。自唐至今，千年有餘，或隱或顯，隱顯不測。警愚化賢，詩詞歌賦，流傳於世者，不可枚舉。其專言修真次序，藥物火候，無一不備者，莫若敲爻歌、百字碑。而其言簡理明，易足開人茅塞者，又莫若百字碑。其字僅一百，其句僅二十。丹法有为無爲，了命了性，始終全该，謂之上天梯。真天梯也！然爲天梯，而世之修真者不以爲天梯者，每多來奇好異，以其此文無奇無異而弃之。殊不知金丹之道，真常之道。不奇之中而有最奇者存，不異之中而有大異者在，特人未之深思耳。如此文始言者，不過養氣降心住性耳。有何奇異乎！其行持之效，能結丹、能服丹、能逍遙、能通造化，豈不最奇大異乎！咦！不奇而奇，不異而異。學者能於祖師法言，極深研幾。循序漸進，未有不深造而自得者。予读是文，多有受益。因嘆有此天梯而人不識，大負祖師度世之苦心，爰是於每句之下，註解數語。以闡其微，願結知音，同上天梯。以報祖師之恩可也。

《神室八法・劉一明序》 古仙云：道本無爲而法有作。則是道爲體，法爲用。體有用俱備，性命雙脩，循序漸進，未有不能入於聖賢堂奧者也。余自遇龕谷仙留之後，知性命必用法以脩之，陰陽必用法以調之，造化必用法以奪之，四象必用法以合之，五行必用法以攢之。有爲無爲，各有法則。

毫髮之差，千里之失。可嘆世之修真者，不識邪正，人於傍門，每多碌碌一生，到老無成。余不敢自私，盡其生平所得，別立神室八法，以結知音。雖其言平淡，而其理精微。至於材物大小，尺寸長短，攢簇規矩，無不俱備。特以脩道，即所以修神室。神室完全，大道成就，永無滲漏，脫災免禍，入於安然自在之境矣。若有知音志士，於中尋出個孔竅，直下立定主意，收拾利器，勇猛精進，採取真材實料，依法修造，完成神室，安身立命，作宇宙間一個無事間人，此余之願也。

《修真辨難·刘一明自序》 《易》曰：一陰一陽之謂道。又曰：窮理盡性以至於命。夫理即道也，道即理也，陰陽之道即性命之道。此理此道，位天地而育萬物，其大無形，其小無內。先天而天弗違，後天而奉天時，最出最深，至精至細，知之者成聖、成仙、成佛，迷之者，爲人、爲物、爲鬼。然不得師決，千譬百喻，以有形無，以實形虛。或露枝條，或泄根應，甚難窮究。加之後世傍門曲徑，穿鑿聖道，紊亂仙經，各説其説，各是其是，認真經書之喻言，埋沒古人之本意。或流而爲閨丹，或誤而爲爐火，或執其色身，或著於空寂。邪說淫辭，流行宇內。即有一二志士，滿眼針刺，滿耳梆鈴，聰明無施，主意不定，一入網中，終身難出。此予《辨難》之所由作也。辨何難？辨其似是而非，似真而假之難；辨其古人說言隱語，括象書形之難。其中天道、聖功、性命、源流、藥、火，是非，無不一一分晰。書成之後，又恐頭結散渙，語句冗繁，閲者不能會通一貫，故外著二十六條，名曰《修真後辨》。撮其大要，分出題目，言淺意顯，文簡理明。玄譬喻而就實義，削枝條而拔根蒂。庶乎回道若見之，一目了然。於陰陽性命之理，可以極深研幾，深造自得而無難矣！吁，予豈好辯哉？予不得已也。

《修真後辨·刘一明後序》 莊子謂大道不稱，大辯不言。蓋以道本無名，有何可稱？道本無形，有何可言，稱且不可，言且不可，更何可辯，然世有稱道者，有言道者，一自有稱，則是非混雜，而道不真矣。一自有言，則邪正相爭，而道有假矣。稱道不真，言道有假，不是稱道，反是謗道。不是言道，反是埋道。謗道埋道，塞修真之門，阻行道之路，爲害最大，此予不得不強辨。以破其稱之不真，不得不細辨，以劈其言之有假，辨不真之稱，則不可稱之道。學者可不難於漸悟，辨有假之言，則不可言之道。學者可不難於默會，難悟者能使自悟，難會者能使自會，此前後辨難之存心也。雖然，既有辨矣，謂之無言可乎？既有言矣，謂之無稱可乎？既有稱矣，既有言矣，猶辨不真之稱，有假之言，可乎？人亦稱矣，我亦稱矣；人亦言矣，我亦言矣，焉知人之稱者真乎，我之稱者不真乎！焉知我之稱者真乎！人之稱者不真乎，焉知人之言者假乎，我之言者不假乎。焉知我之言者假乎，人之言者不假乎。誰真誰不真，誰假誰不假。是在不稱道不言道者，見而自知之。吾烏乎辨。悟元子舟序。

《陰符經註·劉一明序》 《陰符經》三百餘字，其言深奧，其理精微。鑿開混沌，剖析鴻濛，演造化之秘，闡性命之幽，爲古今來修道第一部真經。唐陸龜蒙謂黃帝所著，宋陳淵謂黃帝受於廣成子，朱文公亦謂黃帝著，邵堯夫謂戰國時書，程伊川又謂非商末即周末時書。其說紛紛，各述所知，究無定見，以予論之，世皆傳爲《黃帝陰符經》，丹經子書，俱謂《陰符經》係黃帝所作。考之文字，始於黃帝，與於唐，虞夏商，或者黃帝譔作，口口相傳，不記文字。後世成真仙侶，筆之於書，流傳世間，亦未可定。就其世傳之說，丹書之載，謂黃帝著之，亦無不可。但此書沿訛已久，苦無善本，字句差錯者極多。或借驪山老姥百言演道，百言演法，百言演術之說，紊亂聖道，以盲引盲。更有借伊呂張果子房孔明註語，欺世惑人者。似此魚目混珠，指鹿爲馬，大失真經妙旨。予於此隆四十年四歲次己亥，於南臺深處，取諸家註本，校正字句，細心斟酌，略釋數語，述其大意，掃邪救正，以破狂言亂語之弊，高明者自能辨之。

《陰符經註解·跋》 《陰符經》者，黃帝演道書也。而談兵之家，視爲天時孤虛旺相之理，人事進退存亡之因。即緇黃之流，淺窺聖經，謬爲註疏者，亦不少。不幾誤璞爲鼠，以青作黃乎。我悟元老師，造性命之精，證天人之奧，體古聖覺世之婆心，思發其覆；憫後學窮理而無門，詳爲之解，掃諸說之悖謬，詮陰符之肯綮；其中盡性至命之學，有爲無爲之理，靡不詳明且備；將數千年埋沒之《陰符》，至今原旨畢露，而無餘蘊矣。經云：觀天之道，執天之行，盡矣。僕則曰：聖經之精，聖道之微，盡矣。

《易理闡真·自序》 丹經之由，始於後漢魏伯陽真人。真人成道以後，憫世之學人，惑於傍門邪說，不知聖賢大道，每多空空一世，到老無成。遂準易道而作《參同契》，以明性命源流、陰陽真假、修持法則、工夫次序，託物取象，譬語多端。以性命陰陽剛柔，謂之藥物；以修持工夫次序，謂之火候；

以修持工夫不缺，謂之煅煉；以勇猛精進，謂之武火；以从容漸入，謂之文火；以陰陽剛柔中正，謂之結丹；以陰陽混成剛柔悉化，謂之丹熟；以無聲無臭，神化不測，謂之脱丹。其寓意亦如《周易》擬諸其形容，象其物宜，始有金丹之名，丹法之説，修持性命之理。《參同》一出，詳明且備，大露天機矣。後之了道羣真，皆祖《參同》譬象，各作丹經，發《參同》所未發，詳而又詳，明而又明，性命之理，無餘藴矣。其如書愈多而人愈惑，後之學人，不得真傳。直以譬象爲真實，或以坎離爲心腎，或以震兑爲肺肝，或以屯蒙爲子午抽添，或以復姤爲心腎氣生，或以既濟爲心腎交合；甚至以陰陽爲男女，以彼我爲採戰，以煅煉爲爐火，以金丹爲服食，以有爲爲搬運，以無爲爲空寂。皆認後天有形有象之物，不知先天無形無象之真。以一盲而引衆盲，埋没古人度世之婆心矣。予自童子時，即知有此一大事。因緣留心參學，所遇緇黄，皆不出上行議論，彼時亦以爲然，不敢非之。後遇龕谷老人，即分邪正。復遇仙留丈人，羣疑盡釋。始知丹道即易道，聖道即仙道；《易》非卜筮之書，乃窮理盡性至命之學也。予不敢自私，爰於三易註略之後，體二師之旨，述伯陽之意，盡將丹法。寓於《周易》圖卦繫辭之中，略譬象而就實義，去奥語而取常言。直指何者爲藥物，何者爲火候，何者爲進陽，何者爲退陰，何者爲下手，何者爲止足，何者爲煅煉，何者爲温養，何者爲結丹，何者爲脱丹，何者爲先天，何者爲後天，何者爲有爲，何者爲無爲，何者爲逆運，何者爲順行。就其圖象卦象爻象，細爲分晰，通部分作二股。一進陽，一運陰，承上起下，一氣貫串。使學者易於閲看。至於十翼，乃宣聖直言其理，學者自能推求，故餘不及註。惟取大象傳、雜卦傳，略釋數語，以備參考。其中重複語，亦如《周易》重複，象雖有重複，語並無重複意。書成之後，名曰：《易理闡真》。乃闡其修持性命之真耳。夫易廣矣大矣，以言其遠則不禦，以言其邇則静而正，以言其天地之間則備矣。所以開物成務，通天下之志，定天下之業，斷天下之疑，無所不包，無所不該，詎可就一事而論哉！然其歸根處，總以窮理盡性至命爲學，闡真者，即闡其窮理之真，盡性之真，至命之真。先窮性命之理，後了性命之功。性命俱了，渾然天理，復見本來面目。在儒則謂明善復初，在道則謂還元返本。再加向上工夫，陰陽混化無聲無臭，在儒則謂義精仁熟，至誠如神。在道則爲九還七返，形神俱妙，金丹之道，盡性命之功畢。予之意如是，古來羣真之意亦如是，即伯陽《參同》之意亦無不如是也。

《周易闡真・楊芳燦序》 自秦焚典策，惟《易》以卜筮之書，僅得不毁。漢除挾書之律，《易經》始置博士。而焦京田孟之屬，大多以灼揲占驗爲能，遂使聖神授受三古奥奇，或與風角鳥情視爲小説家言，而《易》流爲卜筮之書。逮後伯陽魏氏，始合三《易》作《參同契》一書，扶羲農姬孔之義藴，衍河洛圖象之精深。人聦以天，察之道而愈明；物性其情，驗之身而益著。然其稱物罕譬寄寓窅深，後賢不察，又或以私意相揣，遂致異説蠭起，争以黄白吐納爲事，而《易》又流爲鍊度之書。悟元道人者，金城棲雲山之肥遯士也。其生平著述，三《易》註略若干卷，余既序而傳之矣。兹復出其《周易闡真》一編，索余爲識其著書之由。蓋道人以垂年始學，隱跡黄冠，神解超超，道心夙契，後遇龕谷老人，彌分邪正之源。又值仙留丈人，盡抉元真之秘，以爲丹道即易道也，聖道即仙道也。《易》非卜筮、鍊度之書，實皆窮理盡性至命之學也。於是述伯陽之遺義，參神聖之藴奇，取其龍蛇鉛汞之法，驗以爻繫圖象之説，别其劣歧，歸於宗主。其辭約，其義繁；其文淺，其指深；取類極迩，而見道甚遠。其身心性命之功，殆不謬乎吾儒之爲之者。嗚呼！若道人者，庶可與言《易》哉。《易》曰：成性存存道義之門。又曰：一陰一陽之謂道。繼之者善也，成之者性也。仁者見之謂之仁，智者見之謂之智。百姓日用而不知，故君子之道鮮矣。今以道人之書觀之，元微杳邈，與道大適，不必標奇领異，而已得易知簡能之妙。所謂苟非其人，道不虚行。彼執金隄木防之言，務熊經鳥伸之術，其於伯陽氏之書，猶未嘗升其堂而齊其歯也，何足以盡《易》之藴乎！昔唐道士王遠知著有《易總》，忽一日雷電晦冥，似有神物取去。今道人此書，當敬慎護持，勿盡洩造化之秘藏，致煩丁甲也。嘉慶庚申夏梁溪楊芳燦序。

《慧命經・柳華陽自序》 華陽，洪都之鄉人也。幼而好佛，因入梵宇。有悟，常懷方外想，見僧輒喜。一日聞長者曰：昔五祖三更時，私授六祖道。側聽歡然，憬如夢覺，始知修煉家必賴師傳。乃尋求不已，足跡遍荆楚間，迄無所遇。後乃投皖水之雙莲寺落髮，愈加諮訪，凡三教之師，靡不參究，竟無悉慧命之旨者。因自歎曰：人身難得，遂此虚度乎？忽發一念，於每夕二鼓，五體投地，盟誓虔叩上蒼，務求必得。閲及半載，幸遇合伍冲虚師，傳余秘旨，豁然通悟，乃知慧命之道，即我所本有之靈物。嗣至匡盧，又

遇壺雲老師，竊聆論緒，知爲非常人。勸懇聽受，繼以哀籲。師乃大發鴻慈，開悟微密，中邊奥竅，罔不周徹。及余臨行，師囑曰：佛教雙修，今已斷滅。子當續其命脈，以度有緣。余隱跡江左，與二三道侶，焚修切究，因碧蟾、了然、瓊玉、真元，苦修已成舍利。默契師傳，故纂集是書，命曰《慧命經》。書圖立相，開古佛之秘密，泄師祖之元機，洵接引後學之梯筏也。余見世之求道者，多宗語録，而語録中有實語者，有妄語者。彼下學不知如來慧命之道，誤入套語口禪，終爲下愚，轉受語録之害。余通閲諸經，與師傳印證，有《楞嚴》、《華嚴》、《壇經》，乃實語也；禪師語録、和尚語録，乃妄語也。夫修煉之道，非實語不足以證真詮，非實語不足以闢虚妄。虚妄勝利魔障生，雖有智賢，無所從入。千百年來，慧命之道，深秘單傳，卒難窺覺。今以淺率之言，將佛寶流傳，和盤托出。俾世之學者，覩此《慧命經》即若親口相傳，只須勵志精勤，不必他山求助，則佛果可以立證。此余苦心求師悟道之本願也。

《華陽金仙證論·序煉丹》

華陽曰：欲修大道者，理無别訣，無非神炁而已。神乃心中之元神，炁即腎中之元炁。煉精之時，則炁原在乎精中，精炁本是一物。所以曹祖師云：大道簡易，只神炁二者而已。凡學道之士，能識神炁之道，即是陰陽性命之道也。故曰：無别訣，神炁而已矣。先復窮其造化，究其清濁，造化者，乃吾身之生機，人由此機而生形，仙佛由此機而成道。學者能先窮此造化之機，則有下手處矣。清者是無天地人我之象，渾渾淪淪，恍如太虚，斯時一派先天，機之未發，虚而待之，靜極自動，是爲清也。濁者因有存想思慮見聞知覺，而後機動，即爲濁也。豈可不究哉？則精生方可採攝。精生者，元炁之動，是謂精生。採者，採其炁之妙處，必復以我之正念，斂收微細之神，誠志專意採入共炁之動所，招攝已生之精，歸於本穴，用火烹煉。次察其呼吸，明其節序，呼吸者，巽風也。其用則有次序轉變之法，非可一概論也。如精生之時，則當用攝精之呼吸。如藥生之時，則當用採藥之呼吸。藥既歸爐，則用封固這之呼吸。如起火之時，則用起火之呼吸。沐浴之時，則用沐浴之呼吸。金丹始終，全仗呼吸，故曰節序。則神凝方自戀吸。神既凝入炁穴，則神自然戀炁，神炁相合，則炁自然戀神矣！然後可施可受，而精可化。施者，後天氣也，而爲母氣。受者，先天气也，而爲子炁。子炁既受母氣，則精自化炁矣。倘不明母氣之真消息，則子炁散於外境，其精焉得化而爲炁乎！余見世人，亦知陽生而煉精不住，金丹不成者，皆因不知其自然而然，以混採混煉之過也。凡世之學道者，知陽性固多矣，而所以化精成金丹者何少也？由不知其風火之法，藥産有時，封固有爐，周天有度，混採混煉耳。且觀古書之所作，喻名爐鼎道路，則人被爐鼎道路之所惑。古書所喻爐鼎者，是煉精煉炁之所，方士借此爲言，曰女鼎、曰燒煉，初學未得真傳，信而惑矣。縱有真志，豈不誤哉！而道路者，即採取升降任督之脈絡也。俞玉吾云：任督二脈，呼吸往來之黄道也。任脈者，起於中極之下，以上至毛際，循還腹裏、上關元、至咽喉也。督脈者，起於下極之腧，並遶脊裏、上風府、入腦頂。二脈通，則百脈俱通矣。採取由此而運，周天由此而轉，能識此爐鼎道路，則金丹無不成矣。喻名鉛汞藥物，則人又被鉛汞藥物之所誤。古人修丹，以神炁比喻鉛汞，以真精比喻藥物，使人易悟。愚夫聞之，言鉛汞便以凡鉛汞燒煉爲藥物，妄圖點化服食，求富貴長生，反到喪身破家，愚之甚也。故假道愈顯，而真道愈晦。世因喻而惑人誑人者衆也。羣書喻名雖多，究其根源之所在，無出乎心腎之神炁而已。妄人見喻，借喻爲言。而誑人曰：藥之先天炁不在自身，在女鼎。初學淺見，不能分别真僞，信方士迷弄，不識金丹真訣，不明大道根源，豈不更惑乎！由此觀之，智者得師而明，愚者被師而誤，皆因不悟羣書簡易之妙。而竟失於正理矣。智人能識真假，除妄歸正，參悟大道，訪尋明師，以求印證秘密之真訣。愚夫不然，喜傍門之小法，暗圖爲人之師，縱有仙書真訣，而曰：吾不用看經，真訣在吾心内。惑衆亂真，後學以爲至言，皆因心地不明，少讀羣書，未有不失正理者也。故予正欲詳而直論。夫仙道者，原乎先天之神炁。神乃元神，炁即元炁。何以謂之先天，當虚極恍惚之時是也。既知恍惚，是誰恍惚，此即先天之神也。恍惚之時，不覺忽然真機自動，陽物勃然而舉，此即先天之炁也。若此時即能下手修煉，何患不仙也。煉精者，則炁在乎其中。精由炁化，炁由精滿，煉精者，即是煉炁。故曰炁在其中矣。煉形者，則神在乎其内。煉神即是煉精。古云：形化而後炁生，神凝而後水融。神炁合一，神在其内矣。煉時必明其火，用火必兼其風。火者，神也。精生之時，必以神而馭精，則精歸源。既知歸矣，又當久久以呼吸薰蒸，則精方能化爲炁。存乎其誠，人乎其竅，合乎自然。凝神之時，外除耳目，内絶思慮，專志一心，凝人入穴，又要合自然之動靜，不可强制縱放。若能如此，依時而煉，則藥物自然生矣。依時者，是陽動之時。依時而煉。凡有動時，遂即煉之，既煉己，則藥物自然生矣！生竟遊其熟路者有之。若不起火歸爐，難免走失之患也。熟路者，即陽關也。乃昔日精炁所遊之路。古人有走泄者，皆由此也。起火者，是藥物歸爐之工法，藥生若不採歸爐，則藥物順熟路而泄矣。然藥物既歸爐火，又當速起火，逼行其周天。古云：火逼金行顛倒轉者，即此也。行是陰符陽火之法，若不行周天之火，則炁不聚，丹不結矣。倘不明其火候之精微，雖有藥，而藥亦不能成丹。火候是一總名，其中有次第、節序，而各有其候。如精生有調藥之候，藥産有採取之候，歸爐有封固之候，起火有運行之候，沐浴有停息之候，火足有止火之候。此乃小周天之秘機。如若不盡精微，雖有藥，不得火之法度，則焉能成丹也，可不歷歷以明之哉？不知橐籥之消息，橐籥

者，即往來之呼吸，古人喻之曰巽風，升降由此風而運，不得此風，則輻軸不如法。凡小周天，始終全憑槖籥之風，以爲金丹之權柄。不明升降之法度，升降是運行周天之法，既行周天，則有度數。往往學道之人，不知升降度數，所以丹不結矣。不識沐浴之候，沐浴者，乃卯酉生殺之位也。故停息，爲沐浴之候也。不曉歸根之所，歸根者，乃還炁穴，歸其本位之所。如此空煉，何得成其道也。兀坐頑空，不明大道要訣，雖修無益矣。大凡臨機之時，必復暢明其神，勇猛其志。此機時者，即採取薰煉之時也。切忌昏迷散亂。欲修丹者，當自精進勇猛，非他人所能助者也。立定天心之主宰，天心，名曰中黃。居於天之正中。一名天罡，一名斗杓。在天爲天心，在人爲真意。中宫若失真意，猶如臣失君主矣。徘徊輻輳之運轉，輻輳者，即徘徊往來之意。猶如車軸使爪之運轉一般。太上云：三十輻共一轂。內鼓槖籥之消息，外依斗柄之循環。槖籥，即呼吸也，周天火候，憑槖籥之息，以定周天之度數。朝元子云：勸君窮取周天數，莫使蹉跎復卦催。斗柄循環，即活潑運轉之機耳。如此神炁相依而行，相依而住，則周天之造化，無不合宜矣。凡行火之時，炁依神而行，神依炁而住。火候當行，則神炁亦當行；火候當住，則神炁亦當住；火候當止，則神炁亦當止而止。如此而煉，則金丹無不成矣。

《華陽金仙證論・增註說》 書有可註者，謂本書藏密之未明也。而破章立說，必先得其真師之授。受事理透徹，己工有所成，然後發筆，顯然明白與前書合一，則曰註矣。若事理不徹，而己工無所成，以時文套語，冒妄杜撰，經自爲經，註自爲註，何足爲註哉？書有不必註者，謂本書顯然已註明者，何煩畫蛇添足而再註也。若強生妄說，以爲己之聰明，不得真師，而內丹無所成，傍解瞎摩，則反爲壞書之藥引，實乃害衆之病根者歟！若《金仙證論》與《慧經》之原體，本已直切，又恐學者錯認門戶，重加親註。道合仙佛之真機，工用自己之效驗，誠爲二門登堂入室之良方者矣。非余之好事者，是違後人之妄註也。反覆訣之，明白重疊顯修之真工，仙佛微細之實事，無一字一事而不盡洩與此二書之中矣。是書得保全兩家，悟徹根源，則不外乎大道而同歸，究竟自己之性命者矣。名雖分仙佛，而用之真工，實則一也。尊師之所集，原以願宗從之所好，而不失性命，免落偏枯之見，立今劫以成大道。願謝不煩，欠師缺工，妄註者之所增也。以此戒云毋勞再註。

《伍柳仙宗・程德燦序》 自後世黃白之說興，妖僧盲道往往挾其術以幻弄愚人。大者傾家資蹙壽算，小者惑於採陰補陽，美妾艷姬，婬媾狎褻，幾等神仙於邪慝。即使太上、如來現身說法，皆沉迷而不知返，非茫茫衆生一浩劫哉！近得讀伍冲虛《天仙正理》、《仙佛合宗》，柳華陽《慧命經》、《金仙正論》。二氏書左道旁門掃除盡淨，乃知神即性，氣即命。盡性致命，爲聖賢之真傳；煉氣歸神，乃仙佛之真諦。無所謂鉛汞心腎，即鉛汞也；無所謂藥物任督，即藥物也；無所謂槖籥呼吸，即槖籥也；無所謂火候胎息，即火候也。其炭則陰陽，其爐則天地，其鼎則黃庭、丹田。煉後天之氣，以還先天最初之氣；煉後天之神，以還先天不敝之神。神完氣足，命合性存，沌沌然如嬰兒之甫試笑啼，綿綿然如姹女之不假鉛飾，不著色相，不墮愛嗔。棄筌蹄而成正果，乃不負兩真人著書立說之苦衷矣！吾友鄧君雲笠，深得力於此書，故年踰五十無老態，無悴容，接人溫溫，無喜慍色，殆曾向桃花源問津者乎！今合梓之以公同好，俾有志斯道者，皆知所取法焉。

光緒二十二年丙申歲十月十九日，江津春臺程德燦，序於東山精舍。

《伍柳仙宗・合刻伍柳真人書敘》 夫道者，上天之所秘密者也。古聖真不忍斯道之無傳，而又懼違天誡，以直洩其秘，爰借鼎爐、丹砂、鉛汞以爲喻，詎意喻益紛，道愈晦。愚者因喻以失真，而奸邪又借喻以市其惑世、誣民之術。正道沈淪，致使大千世衆，咸奔逐於荆棘、叢莽，無由識康莊之途，滔滔者歷數千百年矣。迄明季伍子爲直淺之說，以開其先。去膚廓，存質腋，爲《證論》以衍其緒，或合妙諦於仙宗，或證慧命於佛果。國朝柳子條分縷晰，不厭求詳，不惟讀者易解，且可使修鍊家不誤歧途，誠至道之津梁也。無如書各爲部，求全匪易，而坊本復謬誤不堪，久有校訂付梓之願，而力不逮。丙申夏，二三友人晤談及此，皆欣然樂從，遂募資勷厥成功，合二子之書爲一秩，題曰《伍柳仙宗》。不期年，燦然明備，友乃執書，願予曰：天下人皆得讀二子之全書矣。即可見仙佛之全體，不障於僞，不迷於邪，非大快歟！子之願不克償歟！予慨然歎曰：吁！信云然矣，然予願未已也。古云：性由自悟，命必師傳。予冥心此道廿餘年，望道茫茫，渺不知誕登之岸，敢信云：書在是道即在是耶？竊維宇宙之大，豈必無具大志大慧，立願普度者，憫其絀，鑒其誠，或不我遐棄，是則大願也。己友乃矍然曰：願誠大矣，然必證二子之道，始云能讀二子之書，道不絕於天壤。不可爲有志者，期其成耶！則凡讀是書者，咸遂斯願，是誠吾與子之所共願也夫！

光緒二十三年，丁酉八月中秋日，古雲安雲笠鄧徽績謹敘於自然自在

之軒。

《伍柳仙宗・重刻天仙正理序》　余慕玄學歷久，而不得其旨圭者，蓋爲嬰姹、龍虎之法象，火藥、男女之譬言。兼遇黄冠者，指爐火爲服食，貪彼家作真鉛，或執於有爲，或偏於枯寂，茫然多岐，罔有適從，以致眩目，惑心有年矣。繼因虔誠感格，得獲《天仙正理》。潛心細閲，其盡性至命之學，先天後天之分，何者爲藥，何者名火？講解詳明。俾數載疑團，一旦冰釋。雖未敢曰見是書便見是道，然參此可以徵吾學之邪正，執此可以辨遇師之聖凡，實能不爲玄學津梁者哉！但惜原板藏於楚北長春觀中，購求甚難，而淺見之夫，雖有秘藏或藉此以射利欲，寧不負真人染筆時一字一泣之慈心者耶！由是與冉君性山，互相推美，付之剞劂。公者同志，使好學者見之豁然，心目庶不被邪説之惑矣！余本無學識，豈敢言明此理，只以深體真人救迷之心，急欲相傳，故序明篇首。願我同人寶之勿秘是幸。時嘉慶七年壬戌之夏，後學弟子李純一敬書於古渝之靜觀齋中。

《伍柳仙宗・復刻天仙正理序》　蓋聞皇天無二道，道釋之所謂仙、佛，即儒之所謂聖賢。教雖分三，理則一也。故儒無不克己復禮之聖賢，道釋亦無不欲淨理純之仙佛。然而丹經衆矣！門戶多矣。在祖師要皆度世婆心，無奈後之人，言高遠者，每忽近以求守卑，近者恆執迷不悟，是以學者衆而成者難。

真人伍沖虚公，憫念後學，不惜苦口，著爲是書，自下學以至了卻，直指詳言，盡洩天機。雖时子月圓，不無口訣，然未有不身心清淨而能窺其藩籬者。

沖虚公由儒悟道，因道證果，而其始不外掃淨靈臺，獨露真全。所謂明善復初而後可語，超凡入聖，仙則天仙，理則正理也。獨惜是書，雖有藏板，尚未及廣行宇內，遍播寰中。冉子清真久思重刊，恨力不及。謀諸李子文粹純一者，庚申冬方欲付梓，而僕有嘉陵之遊，癸亥返渝，板成。冉子清真命僕爲之序。僕何知，安敢應命，卻之至再，第思君子不沒人之善。李子文粹髫齡好道，參學有年，即與清真諸子，朝夕講貫，已非一日，晚年有悟，奉是書爲珍璧，一片婆心，獨力刊行。是伍真人以度世爲念，而能體真人之志者，惟李子，則李子亦真人高弟也。讀是書者，倘能悟徹本來，直達彼岸，真人之賜也。而李子亦與有微勞焉。是以不揣固陋，而爲之序。

《伍柳仙宗・重刻仙佛合宗敘》　沖虚真人著《天仙正理》謂：盡精微於直論，致廣大於淺説。廣大之不廢詳，精微之不廢捷，道之全體已無不著明矣。而真人啓迪後來之心，有加無已，復以門人平日講習語録，集而成帙，名曰《仙佛合宗》。欲後之讀正理未貫通者，參之《合宗》而益備。且以仙佛之名雖殊而功法纖細無不相合，正以見只此一事實，餘二即非真，庶後世知仙佛無二致。而一切旁門異術，無容惑其意見。舍正道不由，而自趨於邪慝焉。夫儒者，存心養性以合天，佛氏明心見性以大覺，仙家清心煉性以了道。三教之所以爲教，無非此身心性命而已。仙佛之道，即聖賢之道也，雖修煉精微，古聖真懼，違天誡借爐鼎、鉛汞，以罕譬而喻。名固紛歧，其實不外命與性，而別有所謂爐鼎道路，鉛汞藥物也。仙可合於佛，不即合於儒耶？宗二氏者，豈容分道揚鑣。矜尚新奇以惑世而誣民。是真人《合宗》一書，不持闡發淵微，而其維持斯道者，益深切著明矣。讀真人之書，其抑識真人之意也夫。

光緒二十三年丁酉中秋，日古雲安雲笠鄧徽績謹敘於自然自在之軒。

《坤元经・瑶池無量金丹序》　金丹大道，純陽一炁也。人欲修之，皆以五常始。而性分盡，則四端萬善之當然，參贊位育之極至。方滿乎性之量，充塞無外，混合無名，乃曰成聖。至吾仙佛，乾坤修行，丹道大源，皆由至虚至靈之性，靜養心身。在清淨寂滅中，混沌渾淪。煉乎性真，見乎性光。無一毫渣滓，與太虚同體，成聖之功能如一也。所謂性者，後天中之先天，則爲元神；先天中之先天，則爲元炁。先天元炁本無形生乎有形，所以爲生天、生地、生人物之根本。故金丹之道源本此，當未有天地人物之先。元氣渾凝一團，靜而不動，惟氤氲渾涵，結一點靈光，在隱約飄渺間，虚無恍惚中。靜極動生，無極化成太極，而天地始生焉。天地位判，則天氣下降，地氣上騰，二氣交感，則人物從此生矣。得天之陽則成男，而坤陰已寓乎其內；得地之陰則成女，而乾陽已寓乎其中。然有男女，然後有夫婦。有夫婦，然後有父母。父母二氣交合，元炁凝結，在母腹中，成一胎形，內含靈氣，始生乎心，則爲性元。乃曰人之神始。繼生乎腎，則爲命元。乃曰人之氣根。久而五官百骸，骨節筋絡，次第長成，則貫通乎呼吸之竅矣。至十月胎全離腹，去先天而落於後天。借天地之正氣，資父母之養育。乾男坤女二八之歲，二七之年，氣血充盈，情竇漸開，男女媾精，萬物化生。皆本良知良能，乃造成人民

一大世界也。所可惜者，人多不知修煉，縱情恣慾，本來至寶漸即銷磨。未幾，骨枯水盡，夭折喪亡，實堪憫惻。雖幸生及老，百病雜出，艱苦萬狀，悉由剝去元陽所致，焉得效仙佛能超刧長生乎！昔吾在無量天中，傳出乾坤丹功，玄妙關竅，逆行之法，煉精化炁，煉炁化神，煉神還虛，教人度己度人。不料久傳則僞，旁門雜出，混亂害人，莫可言狀。至今真傳學絕，以訛傳訛，不悟修道之玄機，動以奸巧惑人。首重財禮，相率引入地獄，言念及此，令我淚下，爲天下乾坤二道大放悲聲焉！今逢三期，應吾主會，上請玄命，普渡三教，合成一道。玉虛選擇上古天真妙行，道德高深，開化人間，廣度乾坤二道，書成三教，外著内篇天梯，乾道玄功口訣。惟坤道未傳真妙，特留女仙飛著，因此請旨，上選紫衣道君，玄真五皇姑，同降坤元經一部，傳真女丹妙訣玄微，並證乾道工用之實。可見天真妙行，端正乾坤法界，使人間乾不傳坤，坤不傳乾，以維道綱於萬世也。故金闕會通玉清上清太清，共舉天真妙行，爲統二女之師，參訂文詞，今書落成，降彼浮界，留得數語，明透道根。故坤元修之如此，至乾元修之亦如此，皆以聖功建其始，而修性命之本源。俱從先天中體會，須臾不離，各正性命，保合太和之妙諦也。是爲序。

清光緒乙巳年九月十五日。

《坤元經·廣化大帝序》 金丹大道，乾坤修之道由本身，身外無道。此中乾與坤分合之辨，不能不詳言之。然大綱有三焉，曰：秉性、曰形體、曰工法。然考其秉性，男屬陽則清，女屬陰則濁；男性剛則急，女性柔則緩；男念雜易動，女念純易靜；男氣動易洩，女氣靜易斂。男爲離日，一年一周天；女爲坎月，一月一周天。男之氣難伏，女之氣易伏。斯秉性，故謂各異。論乎形體，男喉有結，女喉無結；男乳小則無汁，女乳大則有汁；男基凸，女基凹；男曰精室，女曰子宫；男曰丹田爲命，女曰乳房爲命；男以腰爲腎，女以血爲腎；男精白爲虎，女經赤爲龍；男精陽中有陰，女經陰中有陽；男精化炁充足，女經化炁和微。斯形質，故謂不不同。辨乎工法，男先煉本元性功，後煉形質命功；女先煉形質命功，後煉本元性功；男陽從下洩，女陽從上升。男逆修成不漏精，則曰降白虎；女逆修成不漏經，則曰斬赤龍；男精逆行到腦，女血直奔歸心；男七蓮難放易收，女七蓮易放難收；男修爲太陽煉氣，女修爲太阴煉形；男曰胎，女曰息；男降白虎，莖縮如童子；女斬赤龍，乳縮如男體；男出神則遲，女出神則速；男可自己飛昇，女必仙人待度；男必面壁，女少還虛；男成真人，女成元君。斯工法故謂有別，今將同異明之，要知女子不同，在赤龍未斬之先，既斬之後，煉藥結丹，還丹火候，次第則同乎男子丹法矣。果能明其理，用其法，行其工，層次不亂，度數不差，自然道成。少女行則化氣，老婦行則卻病，孀婦行則守節。然女流成仙佛之果，全在功德大小，工夫淺深定之。女子修丹，必須絕七情，除六慾，掃三心，飛四相，萬緣放下，五緼皆空，百折不回，萬魔不退，死心修去，煉血化炁，煉炁化神，煉神成真，果證金仙，浩刧永存，上朝金母，下度衆生，在蟠桃會上，不讓男仙獨居其左也。女子勉之，吾立望之。

光緒丙午春三月十五日。

《坤元經·玄貞五皇姑序》 女子修行，自古最少，不如男子，則能遊方、訪道、求師，女子難以出門，焉得聞女丹修行之好事？此中能識字而解道意者，百難一二。果人間女丹有專書，成仙必多於男子也。因無真訣傳度，故流弊橫生，使其多般，不得不數數言之。果得斯篇之訣，當自知乎謹戒矣！然世上女子，有謗修行人者，有鄙修行事者，有願聞修行說者，有阻人修行路者，有以不修行爲美者，有知美而夫不准修者，有父母阻之、翁姑忌之者，有爲淫欲不絕而慕道者，有名利未絕而入道者，有割塵緣入空門、徒享清福而聞道不修者，有幼無依、老無靠、事迫賬逼，賴佛門逃生求衣食者，有妄投旁門邪教而害人者，有不知魔而瘋狂者，有入狗群而敗名喪節至死不改者，有聞道不循階級、不知男丹有別者，有知男丹不知女丹者，有皈依佛門念經念佛修性不知求師指女丹修命者，有入玄門以男子臍下一寸三分爲炁穴者，有歸善堂吃齋敬神、念佛拜佛、放牲行善、邀福免禍、不知修行斬赤龍者，有不悔罪過、消解冤孽、禳災降魔、不立功立德、不窮理盡性即急求師口訣便下手修命者，有知道不真、妄行運煉、生病而死者，有善良習染太深、自高自恃、不求師指用法、依書執相、妄斬赤龍、積血氣成病以致死不悔其錯者，有斬龍後不知與男丹火候工夫次序同用者，有經魔考如刀兵水火、瘟疫官非、口舌謠言及護法師友病死鬨散，因退道心半塗而廢者，有得一知半解即自誇大爲是者，有倫常應了未了，碍難清淨修行者，有妄想雜念、利欲薰心、天人交戰雖修未修者，有願守貞修行而娘家阻擾者，有願守節而婆家逼嫁者，有婆家勸其修行保節而不能者，有慕仙佛不早回頭推到年老而不修者，有欲積養道之

資後好修行者，有貪嗜無厭、滿腔毒殘、癡情妄想、不絕房事、不捨兒女、妄求仙緣者，有暴氣未化、憂怒填胸，猶想成仙者，有身不莊嚴、心不清淨、口吐是非、甘爲妄人、望天仙接引者，有養牲殺命、不忌葷酒而欲修者，有口雖齋戒、心如虎狼、視翁姑父母丈夫兄弟如仇敵者，有入正道後歸旁門者，有誤信三姑六婆降神扛仙走陰觀花之說顛瘋失性或誘入淫室者，有暗引良家處子作人爐鼎、己作黃婆自敗名節者，有良女爲御女家所惑甘作爐鼎以求成而敗名者，有朝山入廟亂投僧道而受害者，有與善門男師種下情意者，有尼姑、道姑、善門師孃、天恩頂航以及符咒、神印、神水、神劍、步斗、燒藥、服餌、同流四方開示女流借道取人財者，有得真訣不圖利己而利人者，有得訣妄傳遭譴者，有見賢不傳而絕道根者，有錯聽僧道奸人、南宮、黃白、丹房、器皿、鼎爐、琴劍受害爲是者，有得真師妙訣、道友忌心、暗中魔謗、阻止難修者。以上數條，流弊等情，不過略舉大概耳。然吾身居深宮，焉知人間女子有此。時伴母后，查看女修功過中，有此等事，每長歎不能禁止，而淚灑胸前也。因無女丹真訣，有斯弊端，貽害於世，殊堪痛恨。今同紫衣洩天機之秘，願浮界女流，得真傳共修金丹大道，不致爲旁門邪教所惑。庶幾細心嚴守規戒，善讀善悟斯訣，自然妙得玄真，何難步步做去，立見成功哉！望衆勉之。光緒丙午年三月十九日。

《坤元經·紫衣道君坤元經序》 女成坤位純陰之象性柔情順，氣靜神清，所以近於修行之路。惜乎世人真傳矣！今仙訣露洩，普渡人間，願世女子，堅志修行，必先孝弟，根立性天，廣積功德，輔助玄工，首重清心寡欲，斷妄絕塵，養真化氣，惜神愛精，從此死心做去，日久自然成真。今皇姑洩玄中妙諦，露天機秘奧，助上聖普渡之法門。端一道正統之精微，乾道書成，名曰天梯。惟坤道玄工，吾等略著洩露真訣，莫覺言之反覆。本諄諄而告戒，須悟訣之玄妙。當拳拳而服膺，最好童真修行一超直入妙境。可憐婦女苦煉半途失迷覺路。噯，人生最好修行事。呀，道中須知正旁門。細心訪乎仙師賢友，莫身伴乎狗黨狐群，看他行持不正急當遠避而除害，知其真正大道，到處舉止而合天，信爲真師，方敢入門，速下謙恭。苦求玄妙，感動慈悲，師尊必先試乎真假。考驗確實，訣乃指點其一二，可歎明師最少，真修無多，不出戶庭，何處尋師而聞道。雖有心願，無由得門而下手，幸廣化師尊，飛鸞普渡，特著天梯一書，發明乾道淵微，惟女坤丹元，留待吾等宣佈，可見乾坤二道，各有秩序，使世人不混亂道規，得端風化於萬世矣。今奉上命，輔助傳真，下降南洲，古蓼書舍，慧眼遙觀，見雲霧之中，隱約金蓮萬朵，吾同皇姑，下降著書，詩文淺俗，女子易讀而知，天機全洩，障礙一切而掃。願女子修行，奉斯篇者，莫覺得來易，須下死工夫，脫去一切苦，方見本來面。及到功成，回首自笑遇書之不早，死裏尋生，實賴斯訣之有效，至此得緣，切無視爲易能，須要虔誠熟讀，妙覺玄精，方不負我與皇姑著書之苦心，廣化師尊普渡之大德也。願天下後世女子，得此奉行，何難成仙，與吾等爲伴侶哉！今且拭目望之。

《西池集·重陽子序》 蓋聞乾健統天，坤順得主。資生之道，含二炁以絪緼。交泰之和，統三才而埏埴。德言工貌，坤道云全。淑慎溫柔，閫儀斯著，至於夙鍾靈氣。生具慧姿，錦織迴文，猶受連波之憎。豔霾同埋青家，空歸夜月之魂。其他霧鬢雲鬟，沉迷苦海，啼香怨粉，填入火坑，五漏形骸，本是前生業障。三因不悟，又增今世冤愆。其間脩短窮通，不能枚舉。妍媸愚智，何可勝言！總因世乏坤傳，致使人難超劫。是以奏請太上，勅命羣真，闡心性於詩篇，寄棒喝於轉語。既知寂靜，恐墮頑空。更有真傳，教渠下手。言言玉液，無非脩身立命之功；字字金針，盡是縛虎牽龍之訣。果能誠心煆煉，眼前即是玄洲；依法脩持，鼎內便凝絳雪。與其牽纏世網，戀茲一息繁華，何如斬斷情關，占卻萬年道域。西池有路，度楫在茲，聊綴巵言，用申木鐸。重陽子謹序。

《西池集·靈陽子跋》 《易》曰：至哉坤元，萬物資生，所謂順承乎乾者非耶，然世之女子，明坤道而合坤德者鮮矣。或癡頑結習，或奢悍成風，種種沉迷，不堪悉數。即有一二有志之輩，欲逃生死，究之性命，不明。每見巫嫗邨姑，學些口頭禪語，前果後因，便爲大道在是，而盲脩瞎煉，自悞悞人。吁！此皆坤修真訣失傳之故也。今《西池集》出，洩千古不傳之秘，具大慈悲，開方便門，願普天下女子，敬信脩持，窮研極究其中字字有功，句句有訣，莫輕輕放過。尚有楮墨難傳之處，全在誠心辦道，自遇真人指點，總以收心養氣，爲下手初功。心不收，則性根昧；氣不養，則命蒂失。性命雙脩，坤道乃全。讀是集者，幸勿坐失機緣，以負作者一片度世婆心也。靈陽子敬跋。

《女丹合編·女丹合編通俗序》 有天地即有男女，男子成仙者多，女子

成仙者少，何也？蓋男子可以遊方訪道，女子難以出門求師。男丹經汗牛充栜，隨地可購；女丹經，零星散漫，無有專書。男能識字解義者，十有七八；女能識字解義者，百難一二。設使女丹有專書，女皆識字義，並許其方便出遊、尋師訪道，則女子之成仙者未必不如男子之多也。然女子修行，其弊亦甚，試畧言之。有謗修行之人者，有鄙修行之事者，有厭聞修行之說者，有阻人修行之路者，有不知修行之美者，有知美而塵緣難割者，有割塵緣入空門，徒享清福而不勇往前進者；有幼無依、老無靠、事繁賬逼、賴佛逃生、苟求衣食者；有鹵莽顢頇，不循階級者；有籠統乾坤，不知與男丹有別者；有知男丹經而不知有女丹經者；有皈依佛門，唸佛修性，而不知點女丹訣竅以修命者；有皈依玄門，以男子臍下一寸三分中之炁穴誤指爲女玄關者；有歸入善堂，衹知吃齋敬神，唸經拜佛，放牲行善，邀福免禍，而不知女子修行，以斬赤龍爲急務者；有不悔過懺罪，消冤解孽，禳災降魔，立功立德，窮理盡性，輒即下手修命者；有人雖善良，而習染太深，自高自恃，不求明師口訣，妄斬赤龍者；有斬赤龍後，不知男丹火候工夫次序者；有偶經魔考，如刀兵、水火、瘟疫、官非、口舌、謠言，及護法師友，或病、或死、或鬨、或散，因退道心，半塗而廢者；有得一知半解，即自誇大，以爲道在是者；有倫常人事應了未了，碍難清修者；有游思雜念，利欲熏心，天人交戰，雖修未修者；有願守貞修行，而爲娘家眷屬阻擾者；有願守節修行，而不見容於婆家眷屬者；有羨慕仙佛，而不急早回頭，推到來年者；有欲原積養道之資，然後修行者；有貪得無厭，滿腔嗔毒，癡情太甚，不絕房事，愛網交加，不捨兒女，妄求仙緣者；有氣字未化，憂成包塊，尤想成仙者；有身不莊嚴，心不清淨，口吐是非，甘爲妄人，而望天仙接引者；有養殺牲命，而藉口於放下屠刀，立地成佛者；有不忌葷酒，而藉口於酒肉穿腸，道在心，又云酒肉穿腸過，佛在當中坐者；有口雖齋，而心如狼虎，視翁姑妯娌如仇敵者；有誤入旁門，不知正道者；有誤信三姑六婆、降仙、扛神、走陰、觀花、觀水之說，顛瘋失性，或誘入淫室者；有暗引良女，作人爐鼎，己作黃婆，因而自敗名節者；有良女爲御女家所惑，甘作爐鼎，以求成仙，繼而敗名節者；有朝山入廟，亂投僧道，或善門男師，種下情根者；有尼姑道姑，及善門師孃，領天恩充頂航，以符章、咒印、神水、神劍、神打、步斗、燒丹，服餌之術，周流四方，開示女流，借道斂財者；有得口訣，不圖自利，即欲利人者；有得口訣傳匪人，洩天機自遭遣責者；有得人不傳，斷絕道種者；有錯聽奸僧野道南宮黃白之言，多置丹房、器皿、鼎爐、琴劍，煉服三元大丹，飛身帝闕，到頭無成，傷心破産者；有亂採日精月華，吞雲吐霧，呼吸空氣，或服草木金石，或搬運肢體丹田，致成重病不可救藥者；有謂身屬破體，隘漏難修，自甘暴棄者。凡諸流弊，皆難證果。若欲證果，必明丹經，以書證身，以身證書。以書中所有之理，身中所現之象，質諸師，叩諸友，以分邪正，以決從違，庶不爲盲師邪友所惑，中諸流弊。若已中諸弊者，急早改悔，未中諸弊者，尤宜隄防。吾以一言決之曰：道在自心，而乾坤丹源，初分繼合之理，尤不可不爲女流明辨之。厥綱有三：一曰秉性，二曰形體，三曰工法。如男屬陽，陽則清；女屬陰，陰則濁。男性剛，女性柔；男情急，女情緩。男念雜，女念純。男方動，動則氣易洩；女主靜，靜則氣易斂。男爲離如日，一年一週天；女爲坎如月，一月一周天。男氣難伏，女氣易伏。此秉性之不同也。男曰男喉有結，女喉無結；男乳無汁小，女乳有汁大；男基凸，女基凹；男曰精室，女曰子宮。男命在炁穴中，女命在乳房中；男以腰爲腎，女以血为腎；男爲精，其色白，名白虎，女爲血，其色赤，名赤龍；男精陽中有陰，女血陰中有陽；男精之炁充足，女血之炁些微。此形體之不同也。男先煉本元，後煉形質；女先煉形質，後煉本元。男陽從下洩，女陽從上升。男修成不漏精，謂之降白虎；女修成不漏經，謂之斬赤龍。男精逆行而成仙，女血直騰歸心竅。男七蓮難放易收，女七蓮易放易收。男修曰太陽煉氣，女修曰太陰煉形。男曰胎，女曰息。男白虎降，則莖縮如童體；女赤龍斬，則乳縮如男體。男出神遲，成道亦遲；女出神速，成道亦速。男可自昇，女必待度。男必面壁，女少還虛。男成爲真人，女成爲元君。此工法之不同也。若性命之理則無不同，吾告女流，必先於不同處求其同，又於同處求其不同。要之凡不同者，皆在赤龍未斬之先；凡同者，皆在赤龍已斬之後。此萬古不易之定論也。所以女丹經中，每言女子斬赤龍後，煉藥還丹，火候節次，宜參看男丹經，如伍守陽《天仙正理》、《仙佛合宗》，柳華陽《金仙證論》、《慧命經》等書，尤爲切要。女子果能明其理，用其法，行其工，層次不亂，度數不差，又何致瞎煉盲修，自罹奇疾？然吾始亦不知女修有此利弊也，吾父兄俱好佛老。曾憶先君嘗語家慈曰：女修一事，少女行之可以化氣，老婦行之

可以卻病，孀婦行之而守節之心更見堅固，若成仙成佛，又在女流功德之大小，工夫之淺深，不可同年而語也。此家慈所以樂此幾三十年不倦也。厥後吾嫂、吾姪女、吾妾、吾女、吾族親諸姑伯姊，相繼樂此者，甚不乏人。言戒言定亦有進境，而叩其命工則茫然。家慈憂之，命吾放下身心，凡遇三教修行人，即覓女丹經，詢女訣竅，參訪數年，均未如願。嗣由雪岑上人得《摩尼燭坤集》一部，約七十餘種，大抵言性則詳，言命則隱，非鈍根人所能夢見也。吾懼無以報家慈之命，中心如焚。庚子年，僻處峩山，因不捨晝夜，旁搜道典，凡有言女丹者，輒摘抄之，彙集成帙有十餘種，顏曰《女丹合編》。質諸家慈，甚喜，命珍藏之，以爲吾家女修秘本。癸卯冬，赴成都二仙庵，校勘道藏，見閣、彭二公所刻《坤緣覺路》，僅《坤元》、《坤甯》二經與吾家抄存秘本同。夫坤維不乏道器，女丹少刻專書。閣、彭二公真先得我心也。知己難逢，故呈《女丹合編》敬求參訂。閣、彭二公果稱善，慫恿付梓，以公同好。吾不敢吝，然一隅之見，愧何如之，惟願另有善本者，轉示鄙人，以滿家慈之願，拋磚得玉，尤幸甚也！再囑女流，凡有奉此編者，務須絕七情，除六欲，掃三心，飛四相，萬緣放下，五蘊皆空，百折不回，遇魔不退，煉血化炁，煉氣化神，煉神還虛，煉虛還無，果證金仙。億刼不壞，上朝王母，下度衆生。吾想蟠桃會上，當不讓男仙，獨出其右。女流勉之，予日望之。牧語麴謌，用通俗眼，識者鑒諒，幸勿哂焉！時光緒乙巳秋，井研賀龍驤序。

《女金丹·貞一子序》 大道不問男女，皆能有成。故男子道成爲真人，女子道成爲元君。自來丹經言男子修煉之功至詳且悉，女子修煉之道多不論及，間有論及此者，不過略露一斑。非薄女修也，推其意以爲人同此性命，即同一功夫，言男修而女子之功不煩言解矣。不知男子外陽内陰，女子外陰内陽，秉性不同，形骸各別，雖同一性命，其行持大有不同者。《修真辨難》曰：男子下手以煉氣爲要，女子下手以煉形爲要。許祖曰：男子修成不漏精，女子修成不漏經。其初關迥然各別，至煉己、得藥、還丹、溫養、結胎、出神諸事，雖與男子同，而細微節次，未嘗不無大同小異之殊。壬辰春，適有坤女問道，僕教以多看古書，證其所授，而丹經言女修者獨少，難以考證異同。爰不恤洩漏天機之罪，因將其所以同者何如，所以異者何如，並逐節次第何如，形於楮墨，以爲問津程途，俾得尋文釋義，不致魚目以混珠。深知力行，庶幾金鼎可烹汞，以成無上至道，而方諸瑤池之會，不難與男仙同謁木公，共拜金母矣。

《泥丸李祖師女宗雙修寶筏·閔一得跋》 一得曰：我師太虛翁無上大道得傳於師祖泥丸氏者，十有八九，更於此書見矣。按此箇中心傳，豈僅女宗之寶筏，男宗枕秘，於中逗透者，不一而足。原本蓋由輾轉傳寫，頗多訛舛，謹訂正而釐定之。惜有男宗雙修實筏，爲長山袁氏攜去。待訪之，應未失也。蓋男宗書中，亦逗女宗實秘，而其謄本，乃亦大有脫簡，若得而訂正之，合刻之，斯成完璧，兩書得以會參矣，度世之功不小也。識此以告得男宗書之君子云。燬去善書，必遭冥罰。見諸經典，可不戒哉！金蓋山人閔一得謹跋。時維道光十年歲次庚寅孟秋望月。

《女修正途·孫貞一序》 不二元君孫貞一曰：女真丹書，世豈無有？率皆混雜曲說，以致妄徒穿鑿附會，自誣誣世，甚有導墮精靈者，禍流肆蔓。道祖渾厚，僅以淪入鬼趣慨之，然念女子從一而終，失身莫逭，元虧難修，何可誤墮，是乃人禽所由分也。貞一切痛久矣，幸沐道祖委刪訂輯，爰讎剔之，一循《西王母女大金丹訣》文原本，參增《玉清神母口授大道玄影》，輯成九則，録呈鑑政。道不終隱，仰蒙申改，題曰西王母《女修正途》，冠以女真九戒文，其成十則，並請發明玄秘，俾知女子修真，地道無成而代有終。原有參贊化育之大道，大可身體而力行之，統沐慈准，便宜受授，從此女宗。不惟不墮歧途，且易直登天闕。道運之當重振也，敬立歡忭，拜序於武林煥彩樓，所以誌幸也。

氣功總部

功法部

動功分部

論說

《金匱要略・臟腑經絡先後病脈證》 四肢纔覺重滯，即導引吐納，針灸膏摩，勿令九竅閉塞。

《三國志・魏志・華佗傳》 佗語普曰：人體欲得勞動，但不當使極爾。動搖則穀氣得消，血脈流通，病不得生，譬猶戶樞不朽是也。是以古之仙者爲導引之事，熊頸鴟顧，引輓腰體，動諸關節，以求難老。吾有一術，名五禽之戲：一曰虎，二曰鹿，三曰熊，四曰猨，五曰鳥，亦以除疾，並利蹄足，以當導引。

《修真精義雜論・導引論》 夫肢體關節，本資於動。用經脈榮衛，在於宣通。今既閑居，乃無運役事，須導引以致和暢。戶樞不蠹，其義信然。人之血氣精神者，所以養生而周其性命也。脈經者，所以行血氣也。故榮氣者，所以通津血，益筋骨，利關隔也。衛氣者，所以溫肌肉，充皮膚，肥腠理，司開闔也。又浮氣之修於經者，爲衛氣；其精氣之行於經者，爲榮氣。陰陽相隨，內外相貫，如環之無端也。又頭者，精明之府。背者，胸之府。腰者，腎之府。膝者，筋之府。髓者，骨之府。而又諸骨皆屬於目，諸髓皆屬於腦，諸筋皆屬於節，諸血皆屬於心，諸氣皆屬於肺，此四肢八環之朝夕也。是知五勞之損，動靜所久；五禽之導，搖動其關。然人之形體，上下相承，氣之源流，昇降有敍。嘗見諸導引，文多無次第。今所法者，寔有宗旨。其五體平和者，依常數爲之；若處有所偏疾者，則於其處加數用力行之。

《修真精義雜論・療病論》 夫氣者之爲功也，廣矣，妙矣！故天氣下降，則寒暑有四時之變；地氣上騰，則風雲有八方之異。兼二儀而爲一體者，總形氣於其人，是能存之爲家，則神靈儼然，用之能禁，則功效著矣。況以我之心，使我之氣，適我之體，攻我之疾，何往而不愈哉？習服閑居，則易爲存使，諸有疾痛，皆可按而療之。凡欲療疾，皆可以日出後，天氣和靜，面向日，在室中亦向日，存爲之。平坐瞑目，握固，叩齒九通，存日赤暉紫芒，乃長引吸而咽之，存入所患之藏府。若非藏府之疾，是諸肢體筋骨者，亦宜先存入所主之藏也，閉極又引，凡得九咽，覺其藏中有氣，乃存其氣攻於所苦之處，閉極，微微吐氣，其息稍定，更吸而攻之，覺疾處溫暖汗出爲佳。若在四肢應可導引者，則先導其處，已後攻之。縱上體，上亦宜按捻，令其氣通。若在頭中，當散髮梳頭皮數百下，左右搖頭數十過，乃吸氣訖，以兩手指於頂上急攣之，以頭向上力拒之，仍存氣向上入腦於頂髮，諸孔衝出散去。一極訖，放手通氣更爲之，以覺頭頸汗出，痛處寬暢爲候。若病在藏府者，則仰臥吸引存入其處，得五六咽則一度，閉息攻之，皆以意消息。其病或是久來痼疾，並有癥塊痃積者，則非氣之所能除愈，終亦稍覺寬平也。兼藥同療，亦無所妨，乃於藥性易效耳。雖用氣攻病，雖攻其處，膚腠散出，然兼依明堂圖取其所療之穴，想而引去尤佳。既知其穴，宜依十二月，各用其律管急按穴上，想而出之，則心存有所主，氣行有所適矣。

《聖濟總録・治法・導引》 一氣盈虛，與時消息。萬物壯老，由氣盛衰。人之有是形體也，因氣而榮，因氣而病，喜怒亂氣，情性交爭，則壅遏而爲患，煉陽消陰，以正遣邪，則氣行而患平。矧夫中央之地，陰陽所交，風雨所會，其地平以濕，其民食雜而不勞，其病多痿厥寒熱，故導引按蹺之術，本從中央來。蓋斡旋氣機，周流營衛，宣搖百關，疏通凝滯，然後氣運而神和。內外調暢，升降無礙，耳目聰明，身體輕強，老者復壯，壯者益治。聖人謂呼吸精氣，獨立守神，然後能壽敝天地，調和陰陽，積精全神，然後能益其壽命。蓋大而天地，小而人物，升降出入，無器不有。善攝生者，惟能審萬物出入之道，適陰陽升降之理，安養神氣，完固形體，使賊邪不得入，寒暑不能襲，此導

引之大要也。

《聖濟總録·神仙服餌門·神仙導引上》 論曰：人之五臟六腑，百骸九竅，皆一氣之所通，氣流則形和，氣蟄則形病。導引之法，所以行血氣，利關節，辟除外邪，使不能入也。傳曰：户樞不蠹，流水不腐。人之形體，其亦由是，故修真之士，以導引爲先。

《養生咏玄集·養生膚語》 卻病之術，有行功一法。虚病宜存想收斂，固秘心志，内守之工夫以補之；實病宜按摩導引，吸努掐攝，外發之工夫以散之。凡熱病宜吐故納新，口出鼻入以涼之；冷病宜存氣閉息，用意生火以溫之。

《延齡纂要·卻病調體外動功》 外功有按摩導引之訣，所以行血氣，利關節，使一身氣血流暢耳。語云：户樞不蠹，流水不臭，人之形體亦猶是也。故延年卻病，以按摩導引外動功爲先，則氣行血暢，百病不生，方可行内靜功。且是道人人皆能，而人不皆行者，其故有三：一則倚恃壯盛，疾苦未形，雖勸導之，亦不曾聽行；一則經營職業，竭蹶不遑，雖欣慕之，又有不暇行；一則體氣衰憊，舉動惟艱，雖追悔之，卒不能及行。人果能堅其信心，策其懈志，一意念及此身宜保，雖曰年壽各有定數，可指富貴福澤之事言也，不可於延年求壽人云耳。蓋人得賦異之初，及長養之後，造物不能握其權，栽者培，傾者覆，亦在人自爲調護焉。與其疾病臨身求療庸醫，祈禱冥漠，尚不能圖正命考終，何若平日留心養習，日後免苦。兹列外功，可隨人隨地而行，日風日效。故標明此功，可以除何經之疾病，調何經之血氣，而五宫四體之藥備於斯矣，何必專資藥於草木哉？縱有外邪亦皆蕩散，然後行運氣之内功則易矣。一切荒誕不可信者，予已悉屏。凡行外功，每於子後寅前，值氣清腹空而行。但外功止用於初習修養者，使血脈貫通，驅滌邪穢，苟人終身專以外功爲修養，而不用意於内靜功潛心調養，則無以窺其神化者矣。

《保生要録·調肢體門》 養生者形要小勞，無至大疲，故水流則清，滯則汚。養生之人欲血脈常行，如水之流，坐不欲至倦，行不欲至勞，頻行不已，然宜稍緩，即是小勞之術也。故手足欲時其屈伸兩臂，欲左挽右挽如挽弓法，或兩手雙拓如拓石法，或雙拳築空，或手臂左右前後輕擺，或頭項左右顧，或腰胯左右轉，時俯時仰，或兩手相捉細捩如洗手法，或兩手掌相摩令熱，掩目摩面，事閒隨意爲之，各十數過而已。每日頻行，必身輕目明，筋節血脈調暢，飲食易消，無所擁滯，體中小不佳快爲之即解。舊導引方太煩，崇貴之人不易爲也。今此術不擇時節，亦無度數，乘閑便作而見效且速。

《赤鳳髓·彭輅序》 養生之學，昉於上古之廣成子，屏居崆峒之上，而軒轅以萬乘師之。其言止曰：無視無聽，抱神以靜，形將自正。無汨汝精，無撓汝形，乃可以長生，若是而已。蓋虚無恬惔，清靜寂寞無爲之道也，至導引，抑未耳。然於三千八百傍門之中，此爲抉玄而挈要。志葆攝者，惡得而廢之，何以明其然也？昊穹之宰，元化蟠斡，轇轇乎陰陽，陶育萬彙，人之參天而最靈，總之皆氣也。天氣節而成四時，稍拂其序，爲淒風、苦雨、霜雹、冰稼扎厲之菑。氣之在人也，周行於五臟六腑、百骸九竅之間，導而引之，小可卻疾，大可長年，故吹噓呼吸、熊經鳥伸，推而衍之，傚五禽之戲；廓而散之，如户樞運轉，至不可勝窮。其術吾不知所自始，要從上古即有之，其源遠矣，異乎方士之服氣餌食、金石丹砂，支離外求，誕謾不經者矣。張子房受尚父兵法於黄石公，用之蹙嬴隕項，封萬户侯，延世賞。晚學導引於赤松子，閑户卻掃，謝禁門朝籍，弗與通，凡辟穀者八年而解形以去，此其驗也。夫人一日不再食則飢，七日不食則斃，子房非得真訣，胡以能八年不食乎？周子逸之，嗜古多聞人也，繪導引七十七圖，梓之有裨葆攝，甚惠雅也，而請言於余。余聞之道家者曰：形者，天地之委順；氣者，天地之委形。其解也，天地之委蜕。故導而引之，調劑節適，若有度數，靡底滯湫戾順之軌也。房皇融液，頂踵渾淪，俾氣合於神，神合於心，和之浹也。秉靜以制動，恒動而不失靜之本，蚤暮營營而清靜寂寞在焉，有爲而歸之無爲也。然必捐名爵，棄貲賄，息喜愠，遺世氛，始能專精殫力而攻之，以會於有成。蓋形軀未離，凡心無蜕，故曰：聖人外其身而身存。故殉生者，不足以達生，有其生弗克善吾生。導引之術誠要且玄，匪待人曷行哉！予今役役溷溷於寰中，乃妄列厥指，則固矇者之談黼黻青黄，聾者之説咸池九奏，竟亦何有焉？

綜述

《太上老君養生訣·五禽》 老君曰：古之仙者，爲導引之事，能鳥申挽引膚體，動諸關節，以求難老，名曰五禽之戲。挽引蹄足，以當導引。體中

不快，起作一禽之戲，故令汗出因止，以身體輕便。普施行之，年九百餘歲，耳目聰明，牙齒完堅。夫爲導者甚易，行者甚希，悲哉！

虎戲：四肢距地，前三躑，卻三躑。長引膺乍前乍卻，仰天即返。伏距地行，前卻各七。

熊戲：正仰以兩手抱膝下，舉頭左擗地七，右亦七，躑地手左右托地各七。

鹿戲：四肢距地，引項反顧，左三右三，左申右腳，右申左腳，左右申縮亦三止。

猿戲：攀物自懸，申縮身體上下七。以腳拘物倒懸，左七右七。坐左右手拘腳五按各七。

鳥戲：立起翹一足，申兩臂，揚扇用力各二七。坐申腳，起挽足指各七，申縮兩臂各七。

夫五禽戲法，任力爲之，以汗出爲限。輕身消穀氣，益氣力、除百病。陀行之年過萬歲。教傳弟子廣陵吳普，亦得延年長壽。

《靈劍子引導子午記》 夜半子，少陽之氣生於陰分，紓伸轉製。

《混元經》：戌、亥、子三時，陰氣生而人寐，既寐即氣滯於百節。養生家睡不厭縮，覺不厭伸。轉製務令榮衛周流。

鼓腹淘氣。

《淘氣訣》：閉目仰面，停兩手於乳間，側立兩膝，舉腰背，鼓氣海中氣，使內外轉，呵而去之，不使耳聞，一九二九止。凡欲服氣，須淘轉呵出，獨令宿食消化故氣出盡，然後始可調而服之。服氣人睡，覺口乾舌澀，是五臟熱，即大開口，微呵數十遍，候喉中津液出，是熱退而五臟涼矣。

踴身令起，平身正坐，兩手叉項後，仰視，舉首左右招搖，使項與手爭。次以手攀腳，稍閉氣，取太衝之氣。

太衝二穴，在大指本節後二寸，骨罅間陷者是。

左挽如引弓狀，右挽亦如之。

《大洞真經・按摩篇》：又兩手乃度以掩項後，仰面視上。舉首使項與手爭，爲之三四，令人精和血通，風氣不入，能久行之無病。畢，又屈動身體，伸手四極，反張側掣，宣搖百關，爲之各三。《華陀別傳》云：人身欲得勞動，但不當自極爾，體常動搖，穀氣得消，血脈流通。戶樞不蠹，流水不腐，形體亦然。真人導引，蓋取諸此。《元道經》云：元氣難積而易散，關節易閉而難通。故修生之士，以導引爲先。

氣息平定內視神宮。

眉間一寸爲明堂，深三寸爲洞房，上入三寸爲上丹田泥丸宮。中丹田爲絳宮，下丹田爲氣宮，各有神人，故曰神宮。

叩齒及牙，

先叩齒當門小鳴，後叩大牙大鳴。《真誥》云：叩齒所以警身中諸神，神不得散，則鬼氣不得侵。

捏目四眥，

《太上三關經》：常欲以手按目，近鼻之兩眥，閉氣爲之，氣通即止，終而復始，常行之眼能洞見。又云：導引畢，以手按目四眥，三九過，令見光明，是撿眼神之道，久爲之得見靈也。

摩手熨目，

用兩手掌側立，摩掌如火，有硫黃氣乃止，開目熨睛數次。

對修常居。

《內經》云：常以兩手按眉後小穴中二九，一年可夜書。亦可於人中密行之，勿語其狀。眉後小穴爲上元六合之府，主化眼生暈，和營精光，長珠徹瞳。保鍊目瞳，是真人坐起之上道，一名真人常居。真諺云：子欲夜書，當修常居。真人所以能旁觀四達、八遐照燭者，實常居之數明也。紫微夫人誥：仰和天真，俯按山源。天真，是兩眉之角。山渠，是鼻下人中也。兩眉之角，是徹視之津梁。天真，是引靈之上房。

灌溉中岳，

《消魔經》：鼻欲得按其左右，唯令無數，令人氣平，所謂灌溉中岳，名書帝籙。

俯按山源，

紫微夫人云：俯按山源是鼻下人中之本側，在鼻下小谷中也。楚莊公時，市長宋來子常洒掃一市。常歌曰：天庭發雙華，山源障陰邪。清晨按天馬，來詣太清家。真人無那隱，又以滅百邪。常歌此乞食一市，無人解其歌者。乞食公西岳真人馮延壽也，周宣王時史官也。手爲天馬，鼻爲山源。每經危險之路，廟貌之間，心中有疑忌之意者，乃先反舌內向，咽津

一二過。畢，以左手第二第三指，攝兩鼻孔下人中之本，鼻中隔孔之內際。鼻中隔之際曰山源，一名鬼井，一名神池，一名魂臺。手按山源則鬼井閉門，手薄神池則邪根散分，手臨魂臺則玉真守關。於是感激靈根，天獸來衛，千精震伏，莫干我炁，此自然之理使然也。鼻下山源是一身之武津，真邪之通府。守真者，所以遏萬邪，在我運攝之耳。

營治城廓，

《消魔经》云：耳欲得數按抑左右，令無數，使人聰徹。所謂營治城廓，名書皇籍。

擊探天鼓，

天鼓者，耳中聲也。以兩手心緊按耳門，以指擊其腦戶，常欲其聲壯盛，相續不散。一日三探，有益於下丹田。或聲散不續，無壯盛者，即元氣不集，宜整之。

拭摩神庭，

《真誥》云：面者神之庭，髮者腦之華。心悲即面焦，腦減則髮素。《太素丹經》云：一面之上，常欲得兩手摩拭之，使熱，高下隨形，皆使極匝，令人面有光澤，皺斑不生。行之五年，色如少女。所謂山澤通氣，常盈不沒。又云：勤而行之，手不離面乃佳。

上朝三元，

《真誥》云：順手摩髮，如理櫛之狀，使髮不白，以兩手乘額上，謂之手朝三元，固腦堅髮之道也，頭四面以手乘之，順髮就結，唯令多也。《黃庭經》云：一面之水神宗泥丸，泥丸九真皆有房，方圓一寸處其中。

下摩生門。

《黃庭經》云：兩部水王對生門。生門者，臍也。閉內氣，鼓小腹令滿，以手摩一周天。

山巔取水，

此在口訣。氣海與腎相連，屬壬癸。水性就下，水歸於海。不能獨升，必以陽配。陽既下臨。陰即上報，故化爲雲霧，蒸爲甘雨，潤澤枯槁，百骸九竅，無所不達。煙蘿子所謂火逼水，雲濛濛，五行相運會成功。啓玄子亦云：無出則不入，無降則無升。

海底覓火。

此在口訣。世人不蒙師授，多將心火爲火。火屬神，且內中鑪鼎在心下，得心火爲火，其火在鼎上，千經萬論，言火從下發，未聞火從上來。《周易》卦有水火《既濟》，是上水下火，火自臍下起，水在鼎中生。故曰：上水下火。訣云：但從山頭取水，海底起火，重陽中取汞，重陰中取鉛。故行有路，取有時。世人竊用其道，不受口訣，反受其病。通真子歌云：解接無根木，能挑海底燈。古歌亦曰：還丹修煉本無形，元火烹來即漸成。須信神仙路咫尺，朗然飛步上青冥。

養虎咽氣，

此在口訣。陰真人云：若欲長生，當服內氣。《素問》云：聖人傳精神，服天氣而通神明。天氣者，內氣也。《陰符經》云：天生天煞。食元和之氣，天不能煞，地不能埋，名之曰真人。故修行之士，飢食元和之氣，渴飲華池之水。老子所謂實其腹者，此也。若未绝粒，人欲服氣，當須少食，務要腹中曠然虛淨。然亦無早晚，腹空則咽之。然而所以要口訣者，服氣須分內外，辨清濁，别咽喉。不分內外則吸邪氣，不辨清濁則無分兩，不別咽喉則不入胃脘。

偷龍咽津，

此在口訣，人之得體，始於北極元泉之下。元泉者，真一也。自丹田上朝舌下二竅，謂之神水華池。咀嚼至濃，養生家名曰鍊精。含虛鼓漱，攪成大藥。其數一周天，赤龍不能勝載，方爲鉛汞重寶。內想神宮，微微出氣，作意咽之。直令喉中作聲，下入丹田中，凝結如雞子，潔白狀紫河車。歌曰：左爲日兮右爲月，兩半同升合爲一。出彼玉池入金室，大如彈丸黃如橘。中有佳味甘如密，子若得之慎勿失，審能修之仙道畢。《內景經》亦云：舌下玄膺生死岸。又曰：玉池清水灌靈根，審能修之命長存。《赤城長生記》：人身上之津液，非漱咽則無以灌溉於五臟，發其光澤也。

離卦用九☲，坎卦用六☵。

太白真人云：五行顛倒術，龍從火裏出。五行不順行，虎向水中生。又曰：欲知顛倒術，相尅乃相生。又曰：欲知顛倒由離坎，須識浮沉定主賔。草堂歌曰：若欲學長生，先須算五行。五行不顛倒，還丹不解成。珞琭子云：每見兇中有吉，吉會得五行顛倒，方知利中有害，害卻成利。且以天地萬物觀之，無有不乃先兇。《陰符經》所謂天有五賊，見之者昌。

顛倒者。然須識真五行，方解顛倒術。曹真人云：五行處處有，豈是真人惜，欲識五行真，一水還一石。鄭真人云：一陰一陽之謂道，一水一石之謂丹。又歌曰：爲得鉛中金，兼得石中水。蓋水中出金，石中出液。所謂天地設位，而易行乎其中矣。日南午，太陰之氣乘於餘陽，燕坐，

燕坐者，儒家所謂潛神，釋氏所謂坐禪。左玄真人云：夫欲修生，放捨外事，無令干心，然後安坐，内觀於心。若覺一念起即除滅。其法要於淨室寬衣，疊足蟠坐，閉目安穩，一切善惡都莫思量，則元氣自復，兀然而住矣。

調息，

太白真人授沖和子云：神廬者，鼻也。夫欲安元和之氣，先淨室中，調令氣微微然。小則生之門，大則死之路，故生死之機在此矣。啓之又不可，閉之又難爲，但令微之又微，不得令奔而口吐。故《老子》云：綿綿若存，用之不勤。容成子吐故納新，察鼻之出入。《内觀經》云：元氣入鼻灌泥丸也。《保神經》云：欲得延年壽，無過治髓門。髓門者，玄牝之門也。

心無外緣，

《黄庭經》云：臍下一寸，名曰下丹田。劉真君歌曰：欲得不死長在天，須將元氣守丹田。大抵心無外緣是真人。初修道法，所謂收視反聽，其法要喘息不出於鼻，内思惟不離於身中。老子云：雖有榮觀燕處超然，君子終日行不離輜重，皆此義也。

以神馭氣，

尹真人曰：若神能馭氣，即鼻不失於息。真人以神爲車，以氣爲馬，終日行而不失，上至泥丸，下至命門，二境相通，可救老殘。若呼不得神宰，一息不全，若吸不得神宰，一息不全。若能息息之中，神氣相合，子母不相離，即當内結，求死不得。功成之後，男子關元無聚精，女子臍下不結嬰。若神氣各馳，情爲慾牽，元氣下降，自不能制，遂有眈澮之憂。若息息之中，神氣相持，子母不離，雖有會合，常味於無味，乃於得術矣。西竺迦葉留形，馬明，龍樹並得此密傳於世，得聞此者，皆累世積福於仙録，有緣乃可遇之。古歌曰：若欲長生學伏心，莫觀他事去來今。但向定中神氣合，何憂不至大仙林。

閉神廬以定火候，

草衣子歌曰：採鍊鉛汞在午前，一陰生即破其乾。所以修生之士，陽時則服氣，午後只閉息而已，所以鍊陰也。《赤城記》所謂鍊氣者，閉息也。閉息千日則五臟不交，六腑不傳，百脈不行，百關自湊，神氣自御，萬化自定，天地不能盗其體，陰陽不能衰其形。從一至十，從十至百，從百至千，閉息一百二十爲小乘，閉息一千二百爲中乘，閉息一萬二千爲大乘。晝夜計一萬三千五百息，呼吸計五百四十動爲一息，去仙不遠矣。其術湛然無思，澄心燕坐，昂頭瞑目閉息，以右手第二指第三節謂之生死門，受神之所，乃以數珠按之，心默數之，息急即右轉，咽喉不可令大急，急則微出外氣，復吸則止，此在口訣。

開生門而復嬰兒，

胎息者，抱一守中之法也。嬰兒在腹中，取氣於臍管，十月脱胎即取氣於神廬。真人鼻無出入，其息深深，《老子》所謂復歸於嬰兒者，胎息之謂也。胎息歌云：鼻口非呼吸，方爲胎息功。雖居宇宙内，如在胞胎中。世人爲生門有臍，蓋閉塞所以氣出不得。臍虚之後，求息則息，自然氣從此處出，鼻中無息也。蟠足正坐，兩手交在臍上者爲臍虚，存一之後應從此處出也。聖胎内結，握固凝然，衛生之經，思過半矣。自子至午爲鍊陽，自午至酉爲鍊陰。陽主乎動，陰主乎靜，陽不欲溢，陰不欲覆，陰平陽祕，精神乃治。然而知之非難，持之在久無間斷。與道相應則内外俱進，而還丹之事可議矣。《谷神論》：含津鍊炁，吐故納新，上入泥丸，下注丹田，謂之内丹。陽龍陰虎，木液金精，二炁交會，烹鍊而成，謂之外丹。修道之人，先成内丹，後鍊外藥，内外相應，即致神仙。煙蘿子云：真外應，丹自來。金華山人云：只修真氣不修丹，到了多應變化難。定機子亦云：雖是長生客，未爲拔宅仙，更須修大藥，方始得飛仙。

引導訣　並閉息爲之，息滿急則微微吐放。

仰托一度理三焦，

雙手極力向上，如擎天狀，托之左右，各三次。

左肝右肺如射鵰，

先左引，次右引，極力爲之如前。

東肝單托西通臂，

右手握固，柱右臂堂，左手極力托之。左手握固，柱左臂堂，右手極力托之。左右各三次。

五勞回顧七傷調，

右手抱左肘則左顧，左手抱右肘則右顧。皆極力三作。

游魚擺尾通心臟，

雙展兩臂，擺之數多爲妙。

手攀雙足理於腰，

正坐舒展雙足，以雙手取足心，極力三攀之。

次鳴天鼓三十六，兩手掩耳後頭敲。

雙手緊掩兩耳，叩齒三十六下，以第二指敲耳後骨。

《靈劍子・導引勢》 凡欲胎息，服氣導引爲先。開舒筋骨，調理血脈，引氣臻圓，使氣存至極，力後見焉。摩拭手腳，偃亞毬拳，伸展拏搦，任氣出旋，諸疾退散，是病能痊。五藏六腑，神氣通玄，來往自熟，道氣成焉。或存至泥丸頂髮，或下至腳板湧泉，久久修之，後知自然，魂魄聿盛，精髓充堅。行此法者，皆作神仙。五藏有勢，逐時補元。春夏秋冬，以意通宣。老子學道，亦乃如然。豈悟衆聖，造次流傳，子書之內，盡著佳篇，今引諸勢，一十六端。

補肝藏三勢春用之　一勢：　以兩手掩口，取熱汗乃津液摩面，上下三五十遍，食後爲之，令人華潤。又以兩手摩拭面使熱，令人光澤不皺，行之三年，色如少女，兼明目散諸故疾。從肝藏中出肩背，然引元和，補肝藏，入下元。行導引之法，皆閉氣爲之。先使血脈通流，從遍身中出，百病皆痊。慎勿開口，舒氣爲之，用力之際，勿以外邪氣所入於藏府中，返招禍害，慎護之。二勢：　平身正坐，兩手相叉，爭力爲之，治肝中風。掩項後使面仰視之，使項與手爭力，去熱毒，肩疼痛，目視不明。積聚風氣不散，元和心氣焚之，令出散。然調冲和之氣補肝，下氣海，添內珠爾。三勢：　以兩手相重，按䏶，拔去左右，極力。去腰間風毒之氣及胸膈，補肝兼能明目。

補脾藏一勢季春用之　四勢：　左右射鵰，去胸脇及胸膈結聚風氣，脾藏諸疾，來去用力爲之，閉口，使內氣趍散之爾。

補心藏三勢夏用之　五勢：　大坐斜身，用力偏敵，如排山勢，極力。去腰脊風冷，宣通五藏六府，散腳氣，左右同。補心益智。六勢：　以一手按䏶，一手向上，極力如托石。去兩脇間風毒，治心藏，通和血脈。左右同，閉氣爲之，十二月俱依此爾。第一勢後便行此法。七勢：　常以兩手合掌，向前築去臂腕。淘心藏風勞，宣散關節。左右同，皆須依春法爾。

補脾藏一勢季夏用之　八勢：　端身正坐，舒手指直上，反拘三舉，前屈。去腰脊腳膝痺風，散膀胱氣。前後同。至六月十四日已後用之。

補肺藏三勢秋用之　九勢：　以兩手抱頭，項宛轉回旋俯仰。去脇胸筋背間風氣，肺藏諸疾，宣通項脈。左右同。依正月法。十勢：　以兩手相叉頭上過去，左右伸曳之十遍，去關節中風氣，治肺藏諸疾。十一勢：　以兩手拳腳脛十餘遍，此是開胸膊膈。去脇中氣，治肺藏諸疾，並依正月閉氣爲之。仍叩齒三十六通應之。

補脾藏一勢季秋用之　十二勢：　九月十二日已後用，補脾。以兩手相叉於頭上，與手爭力，左右同。治脾藏四肢，去脇下積滯、風氣，膈氣，使人能食。閉氣爲之。

補腎藏三勢冬用之　十三勢：　以兩手相叉，一腳踏之。去腰腳拘急，腎氣諸疾，冷痺，腳手風毒氣，膝中疼痛之疾。十四勢：　大坐伸手指，緩拘腳指。治腳痺諸風，注氣，腎藏諸毒氣，遠行腳痛不安，並可常爲，最妙矣。十五勢：　以一手托膝反折，一手抱頭，前後左右爲之。去骨節間風，宣通血脈，膀胱、腎氣、腎藏諸疾。

補脾藏一勢季冬用之　十六勢：　以兩手聳上，極力三遍。去脾臟諸疾不安，依春法用之。

右已前一十六勢，並閉氣爲之則妙也。此導引後一千年中，有道首大揚道氣於宫、商、角、徵、羽，唱閧後多士矣。共八百衆，於二錬後四元內，相次飛昇矣。一錬五百年，三錬一千年。俗以十二年爲一周，道以十二年爲一紀；一元六十年，四元二百四十年，道爲世矣。

《養性延命録・導引按摩》 《導引經》云：　清旦未起，先啄齒二七，閉目握固，漱滿唾三咽。氣尋閉不息自極，極乃徐徐出氣，滿三止，便起。狼踞鵄顧，左右自摇，亦不息，自極，復三便起，下牀，握固不息，頓踵三，還上一手，下一手，亦不息，自極三。又叉手項上，左右自了捩不息，復三。又伸兩足及叉手，前卻自極，復三。皆當朝暮爲之，能數尤善。平旦，以兩手掌相摩令熱，熨眼三過。次又以指搔目四眥，令人明目。按經文拘魂門，制魄戶，名曰握固。與魂魄，安門戶也。此固精明目，留年還白之法。若能終日握之，邪氣百毒不得入。握固法，屈大拇指於四小指下，把之，積習不止，眼中亦不復開。一說云：　令人不遭魔魅。《內解》云：　一曰精、二曰唾、三曰淚、四曰涕、五曰汗、六

曰溺，皆所以損人也。但爲損者，有輕重耳。人能終日不涕唾，隨有漱滿咽之。若恒含棗核咽之，令人愛氣生津液，此大要也。謂取津液非咽核也。常每旦啄齒三十六通，能至三百彌佳，令人齒堅不痛。次則以舌攪漱口中津液，滿口咽之，三過止。次摩指少陽令熱，以熨目，滿二七止，令人目明。每旦初起，以兩手叉兩耳，極上下熱挼之，二七止，令人耳不聾。次又啄，漱玉泉三咽，縮鼻閉氣，右手從頭上引左耳二七，復以左手從頭上引右耳二七止，令人延年不聾。次又引兩鬢髮舉之一七，則總取髮，兩手向上極勢，擡上一七，令人血氣通，頭不白。又法：摩手令熱以摩面，從上至下，去邪氣，令人面上有光彩。又法：摩手令熱，雷摩身體，從上至下，名曰乾浴，令人勝風寒時氣熱頭痛，百病皆除。夜欲卧時，常以兩手揩摩身體，名曰乾浴，辟風邪。峻坐以左手托頭，仰右手向頭上盡勢托，以身并手振動三，右手托頭振動亦三，除人睡悶。平旦日未出前，面向南峻坐，兩手托髀，盡勢，振動三，令人面有光澤。平旦起未梳洗前，峻坐，以左手握右手於左髀上，前卻，盡勢，挼在髀；又以右手握左手於右髀上，前卻，挼右髀亦三；次又叉兩手向前，盡勢推三；次叉兩手向胸前，以兩肘向前盡勢三；次直引左臂，拳曲右臂，如挽一斛五斗弓勢，盡力爲之，右手挽弓勢，亦然；次以右手托地，左手仰托天盡勢，右亦如然；次拳兩手，向前築各三七；次拳左手盡勢向背上握指三，右手亦如之，療背膊臂肘勞氣，數爲之彌佳。平旦，便轉訖，以一長柱杖策腋，垂左腳於牀前，徐峻盡勢，掣左腳五七，右亦如之，療腳氣疼悶，腰腎間冷氣、冷痹及膝冷、腳冷並主之。日夕三掣彌佳。勿大飽及忍小便，掣如無杖，但遺所掣，腳不著地，手扶一物亦得。晨夕以梳梳頭，滿一千梳，大去頭風，令人髮不白。梳訖，以鹽花及生麻油搓頭頂上彌佳。如有神明膏搓之，甚佳。且欲梳洗時，叩齒一百六十，隨有津液便咽之。訖，以水漱口，又更以鹽末揩齒，即含，取微酢清漿半小合許，熱漱，取鹽湯吐，洗兩目。訖，閉目以冷水洗面，必不得遺冷水入眼中，此法齒得堅淨，目明無淚，永無匿齒。平旦洗面時漱口，訖咽一兩咽冷水，令人心明淨，去胸臆中熱。譙國華陀，善養生，弟子廣陵吳普、彭城樊阿，受術於陀。陀語普曰：人體欲得勞動，但不當使極耳。人身常搖動，則穀氣消，血脈流通，病不生，譬猶戶樞，不朽是也。古之仙者，及漢時有道士君倩，爲道引之術，作熊經鴟顧，引挽腰體，動諸關節，以求難老也。吾有一術，名曰五禽戲：一曰虎，二曰鹿，三曰熊，四曰猨，五曰鳥。亦以除疾，兼利手足，以常導引。體中不快，因起作一禽之戲，遺微汗出即止。以粉塗身，即身體輕便，腹中思食。吳普行之，年九十餘歲，耳目聰明，牙齒堅完，喫食如少壯也。虎戲者，四肢距地，前三擲卻二擲，長引腰側腳，仰天即返，距行前卻各七過也。鹿戲者，四肢距地，引項反顧，左三右二，伸左右腳，伸縮亦三亦二也。熊戲者，正仰以兩手抱膝下，舉頭左擗地七，右亦七，蹲地，以手左右托地。猨戲者，攀物自懸，伸縮身體，上下一七，以腳拘物自懸，左右七，手鉤卻立，按頭各七。鳥戲者，雙立手，翹一足，伸兩臂揚眉用力，各二七，坐伸腳，手挽足趾各七，縮伸二臂各七也。夫五禽戲法，任力爲之，以汗出爲度，有汗以粉塗身。消穀氣，益氣力，除百病，能存行之者，必行延年。又有法：安坐，未食前自按摩，以兩手相叉伸臂股。導引諸脈，勝如湯藥。正坐，仰天呼出，飲食醉飽之氣立銷，夏天爲之，令人涼不熱。

《諸病源候論·風病諸候上·風身體手足不隨候》 手足不隨者，由體虛腠理開，風氣傷於脾胃之經絡也。足太陰爲脾之經，脾與胃合；足陽明爲胃之經，胃爲水穀之海也。脾候身之肌肉，主爲胃消行水穀之氣，以養身體四肢。脾氣弱，即肌肉虛，受風邪所侵，故不能爲胃通行水穀之氣，致四肢肌肉無所稟受。而風邪在經絡，搏於陽經，氣行則遲，關以縱，故令身體手足不隨也。

診脾脈緩者，爲風痿，四肢不用。又心脈腎脈俱至，則難以言，九竅不通，四肢不舉。腎脈來多，即死也。

《養生方·導引法》云：極力右掖，振兩臀，不息，九通愈臀痛勞倦，風氣不隨。振兩臀者，更互踶趣，猶言蹶。九通中間，偃伏皆爲之，名蝦蟆行氣。不已。愈臀痛勞倦，風氣不隨，久行不覺痛癢，作種種形狀。

又云：偃臥，合兩膝，布兩足，生腰，口內氣，振腹七息。除壯熱疼痛，兩脛不隨。

又云：治四肢疼悶及不隨，腹內積氣。床席必須平穩，正身仰卧，緩解衣帶，枕高三寸，握固者，以兩手各自以四指把手拇指。舒臂令去身各五寸，兩腳豎指，相去五寸。安心定意，調和氣息，莫思餘事，專意念氣，徐徐漱醴泉者，以舌舐略唇口牙齒，然後咽唾。徐徐以口吐氣，鼻引氣入喉，須微微緩作，不可卒急強作。待好調和引氣，勿令自聞出入之聲。每引氣，心心念送

之，從腳趾頭使氣出。引氣五息、六息，一出爲一息。一息數至十息，漸漸增益，得至百息、二百息，病即除愈。不用食生菜及魚、肥肉。大飽食後，喜怒憂恚，悉不得輒行氣。惟須向曉清靜時行氣，大佳能愈萬病。

《諸病源候論・風病諸候・風四肢拘攣不得屈伸候》 此由體虚腠理開，風邪在於筋故也。春過痹，爲筋痹，則筋屈，邪客關機，則使筋攣。邪客於足太陽之絡。令人肩背拘急也。足厥陰，肝之經也。肝通主諸筋，王在春，其經絡虚，遇風邪則傷於筋，使四肢拘攣，不得屈伸。

診其脈，急細如弦者，筋急足攣也。若筋屈不已，又遇於邪，則移變入肝。其病狀夜臥驚，小便數。其湯熨針石，別有正方。補養宣導，今附於後。

《養生方・導引法》云：手前後遞互拓，極勢三七，手掌向下，頭低面心，氣向下至涌泉、倉門，卻努一時取勢，散氣，放縱。身體平，頭動，膊前後欹側，柔轉二七。去髆井冷血，筋急，漸漸如消。

又云：兩手抱左膝，生腰，鼻内氣七息，展右足，除難屈伸拜起，脛中痛萎。

又云：兩手抱右膝著膺，除下重難屈伸。

又云：踞坐，伸右腳，兩手抱左膝頭，生腰，以鼻内氣，自極七息，展左足著外。除難屈伸拜起，脛中疼痹。

又云：立身，上下正直，一手上拓，仰手如似推物勢，一手向下如捺物，極勢，上下來去，換易四七。去髆内風，兩髆井内冷血，兩掖筋脈攣急。

又云：踞，伸左腳，兩手抱右膝，生腰，以鼻内氣，自極七息，展左足著外。除難屈伸拜起，脛中疼。

《諸病源候論・風病諸候上・風偏枯候》 風偏枯者，由血氣偏虚，則腠理開，受於風濕，風濕客於半身，在分腠之間，使血氣凝濇，不能潤養，久不瘥，真氣去，邪氣獨留，則成偏枯。其狀半身不隨，肌肉偏枯，小而痛，言不變，智不亂是也。邪初在分腠之間，宜溫臥取汗，益其不足，損其有餘，乃可復也。

診其胃脈沉大，心脈小牢急，皆爲偏枯。男子則發左，女子則發右。若不喑，舌轉者可治，三十日起。其年未滿二十者，三歲死。又左手尺中神門以後脈足太陽經虚者，則病惡風偏枯，此由愁思所致，憂慮所爲。其湯熨針石，別有正方。補養宣導，今附於後。

《養生方・導引法》云：正倚壁，不息行氣，從頭至足止。愈疽、疝、大風、偏枯、諸風痹。

又云：仰兩足趾，五息止。引腰背痹、偏枯，令人耳聞聲。常行，眼耳諸根，無有罣礙。

又云：以背正倚，展兩足及指，瞑心，從頭上引氣，想以達足之十趾及足掌心，可三七引，候掌心似受氣止。蓋謂上引泥丸，下達涌泉是也。

又云：正住倚壁，不息行氣，從口趣令氣至頭始止。治疽、痹、大風、偏枯。

又云：一足踏地，足不動，一足向側相，轉身欹勢，並手盡急回，左右迭二七，去脊風冷、偏枯，不通潤。

《諸病源候論・風病諸候上・偏風候》 偏風者，風邪偏客於身一邊也。人體有偏虚者，風邪乘虚而傷之，故爲偏風也。其狀或不知痛癢，或緩縱，或痹痛是也。其湯熨針石，別有正方。補養宣導，今附於後。

《養生方・導引法》云：一手長舒，仰掌合掌，一手捉頦，挽之向外，一時極勢二七，左右亦然。手不動，兩向側勢，急挽之二七。去頭骨急強，頭風腦旋，喉痹，髆内冷注，偏風。

又云：一足踏地，一手向後長舒努之，一手捉涌泉急挽，足努手挽，一時極勢。左右易，俱二七。治上下偏風，陰氣不和。

《諸病源候論・風病諸候上・風不仁候》 風不仁者，由榮氣虚、衛氣實，風寒入於肌肉，使血氣行不宣流。其狀搔之皮膚如隔衣是也。診其寸口脈緩，則不仁。不仁，脈虚數者生，牢急疾者死。其湯熨針石，別有正方。補養宣導，今附於後。

《養生方・導引法》云：赤松子曰：偃臥，展兩脛兩手，足外踵，指相向，以鼻内氣，自極七息。除死肌、不仁、足寒。

又云：展兩足，上。除不仁、脛寒之疾也。

《諸病源候論・風病諸候上・風濕痹候》 風濕痹病之狀，或皮膚頑厚，或肌肉酸痛。風、寒、濕三氣雜至，合而成痹。其風濕氣多而寒氣少者，爲風濕痹也。由血氣虚，則受風濕，而成此病。久不瘥，入於經絡，搏于陽經，亦變令身體手足不隨。其湯熨針石，別有正方。補養宣導，今附於後。

《養生方・導引法》云：任臂，不息十二通。愈足濕痹不任行，腰脊痹

痛。又正臥疊兩手著背下，伸兩腳，不息十二通，愈足濕痹不任行，腰脊痛痹。有偏患者，患左壓右足，患右壓左足。久行，手亦如足，用行滿十方止。

又云：以手摩腹，從足至頭，正臥蜷臂，導引，以手持引足住，任臂閉氣不息十二通，以治痹濕不可任，腰脊痛。

《諸病源候論・風病諸候上・風痹候》 痹者，風寒濕三氣雜至，合而成痹。其狀肌肉頑厚，或疼痛。由人體虛，腠理開，故受風邪也。病在陽曰風，在陰曰痹；陰陽俱病，曰風痹。其以春遇痹者爲筋痹，則筋屈。筋痹不已，又遇邪者，則移入肝。其狀夜臥則驚，飲多小便數。夏遇痹者爲脈痹，則血渙不流，令人萎黃。脈痹不已，又遇邪者，則移入心。其狀心下鼓，氣暴上逆，喘不通，嗌乾喜噫。仲夏遇痹者爲肌痹，肌痹不已，後遇邪者，則移入脾。其狀四肢懈惰，發咳嘔汁。秋遇痹者爲皮痹，則皮膚無所知。皮痹不已，又遇邪，則移入於肺，其狀氣奔痛。冬遇痹者爲骨痹，則骨重不可舉，不隨而痛。骨痹不已，又遇邪，則移入於腎，其狀喜脹。診其脈大而澀者爲痹，脈來急者爲痹。其湯熨針石，別有正方。補養宣導，今附於後。

《養生法》云：一日以右踵拘左足拇趾，除風痹；二日以左踵拘右足拇趾，除厥痹；三日兩手更引足趺，置膝上，除體痹。

又云：因汗入水，即成骨痹。

又云：偃臥，合兩膝頭，翻兩足，生腰坐。口內氣，脹腹自極七息。除痹痛熱痛，兩脛不隨。

又云：踞坐生腰，以兩手引兩踵，以鼻內氣，自極七息，布兩膝頭。除痹嘔，引兩手。

又云：忍尿不便，膝冷成痹。

又云：偃臥，端展兩手足臂，以鼻內氣，自極七息，搖足三十而止。除胸足寒，周身痹，厥逆。

又云：正倚壁，不息行氣。從頭至足止。愈大風、偏枯、諸痹。

又云：左右手夾據地，以仰引腰五息止。去痿痹，利九竅。

又云：仰兩足趾，引五息。止腰背痹枯。令人耳聞聲。久行，眼耳諸根，無有罣礙。

又云：踞，伸右腳，兩手抱左膝頭，生腰，以鼻內氣，自極七息。除難屈伸拜起，脛中疼痛痹。

又云：左右拱兩臂，不息九通。治臂足痛，勞倦，風痹不隨。

又云：凡人常覺脊倔強而悶，仰面努髆井向上，頭左右兩向挼之，左右三七，一住，待血行，氣動定，然始更用。初緩後急，不得先急後緩。若無病人，常欲得旦起、午時、日沒三辰，如用辰別二七。除寒熱病，脊腰頸項痛，風痹。兩膝頭，以鼻內氣，自極七息，除腰痹背痛，口內生瘡，牙齒風，頭眩盡除。

又云：大汗勿偏脫衣，喜偏風半身不隨。

《養生經要集》云：大汗急敷粉，著汗濕衣，令人得瘡，大小便不利。

《諸病源候論・風病諸候下・風冷候》 風冷者，由臟腑虛，血氣不足，受風冷之氣。血氣得溫則宣流，冷則凝澀。然風之傷人，有冷有熱。若挾冷者，冷折於氣血，使人面青心悶，嘔逆吐沫，四肢痛冷，故謂之風冷。其湯熨針石，別有正方。補養宣導，今附於後。

《養生方・導引法》云：一足踏地，足不動，一足向側如丁字樣，轉身欹勢，並手盡急回，左右迭互。去脊風冷，偏枯，不通潤。

又云：蹲坐，身正頭平，叉手按頦下，頭不動，兩肘向上振搖，上下來去七七，亦持手三七，放縱身心。去乳房風冷腫悶，魚寸不調，日日損。

又云：坐，兩足長舒，自縱身，內氣向下，使心內柔和適散，然始屈一足，安膝下，長舒一足，仰足趾向上使急，仰眠，頭不至席，兩手急努向前，頭向上努挽一時，各各取勢，來去二七，迭互亦然。去腳疼，腰髆冷，血冷風，日日漸損。

又云：長舒足，肚腹著席，安，徐看氣向下，知有去處，然始著兩手掌拓席，努使臂直，散脊背氣向下，漸漸盡勢，來去二七。除臟腑內宿冷，脈急，腰髆風冷。

又云：欲以氣出汗，拳手屈膝側臥，閉氣自極，欲息氣定，復閉氣，如此汗出乃止。復轉臥，以下居上，復閉氣如前，汗大出乃止，此主治身中有風寒。欲治股脛手臂痛法：屈一脛一臂，伸所病者，正偃臥，以鼻引氣，令腹滿，以意推之，想氣行至上，溫熱即愈。

又云：肚腹著席，長舒一足向後，急努足趾，一手舒向前盡勢，將一手向背上挽足倒極勢，頭仰蹙背使急。先用手足斜長舒者，兩向自相挽急，始屈手足共頭，一時取勢。常記動手足，先後交番，上下來去二七，左右亦然。

去背項、腰膝、膞井風冷疼悶，脊裏傴強。

又云：坐正，兩手向後捉腕反向，拓席盡勢，使腹弦弦上下七，左右換手亦然。損腹肚冷風宿氣積，胃口冷，食飲進退，吐逆不下。

又云：凡學將息人，先須正坐，並膝頭、足；初坐，先足趾相對，足跟外扒，坐上欲安穩，須兩足跟向內相對，坐上，足趾外扒。覺悶痛，漸漸舉身似疑，便坐上。待共內坐相似不痛，如雙豎足跟向上，坐上，足趾並反向外。每坐常去膀胱內氣，膝冷，兩足冷痛，上氣腰痛，儘自消適。

又云：長舒一足，一腳屈，兩手挽膝三里，努膝向前，身卻挽，一時取勢，氣內散消，如似骨解。迭互換足，各別三七，漸漸去膞脊冷風冷血，筋急。

又云：兩手向後，倒挽兩足，極勢。頭仰，足趾向外努之，緩急來去七，始手向前直舒，足自搖，膝不動，手足各二七。去脊腰悶，風冷。

又云：身平正，舒兩手向後，極勢，屈肘向後，空捺四七。轉腰垂手向下，手掌四面轉之。去臂內筋急。

又云：兩手長舒，合掌向下，手高舉與髆齊，極勢，使髆悶痛，然始上下搖之二七。手下至髀還，上下緩急。輕手前後散振七。去膞內風冷疼，日消散。雙手前拓，努手合掌向下。

又云：手掌倒拓兩髆井前，極勢，上下傍兩腋，急努振搖，來去三七，竟。手不移處，努兩肘上急勢，上下振搖二七，欲得拳兩手七，因相將三七。去項髆筋脈急努。一手屈拳向左，一手捉肘頭，向內挽之，上下一時盡勢。屈手散放，舒指三，方轉手，皆極勢四七。調肘髆骨筋急強。兩手拓向上極勢，上下來去。

又云：手不動時兩肘向上，極勢七。不動手肘臂，側身極勢，左右回三七。去頸骨冷氣風急。前一十二件有此法，能使氣，行之，須在疾中可量。

《諸病源候論・風病諸候下・風氣候》 風氣者，由氣虛受風故也。肺主氣，氣之所行，循經絡，榮臟腑，而氣虛則受風。風之傷氣，有冷有熱，冷則厥逆，熱則煩惋。其因風所爲，故名風氣。其湯熨針石，別有正方。補養宣導，今附於後。

《養生方・導引法》云：一手前拓使急，一手發乳房，向後急挽之，不得努用力氣，心開下散，迭互相換手三七，始將兩手攀膝頭，急捉身向後極勢三七。去脘悶疼，風府、雲門氣散。

《諸病源候論・風病諸候下・頭面風候》 頭面風者，是體虛，諸陽經脈爲風所乘也。諸陽經脈，上走於頭面，運動勞役，陽氣發泄，腠理開而受風，謂之首風。病狀，頭面多汗，惡風，病甚則頭痛。又新沐中風，則爲首風。又新沐頭未乾，不可以臥，使頭重身熱，反得風則煩悶。

診其脈，寸口陰陽表裏互相乘。如風在首久不瘥，則風入腦，變爲頭眩。

《養生方》云：飽食仰臥，久成氣病頭風。

又云：飽食沐髮，作頭風。

又云：夏不用露面臥，露下墮面上，令面皮厚，喜成癬。一云作面風。

其湯熨針石，別有正方。補養宣導，今附於後。

《養生方・導引法》云：一手拓頣，向上極勢，一手向後長舒急努，四方顯手掌，一時俱極勢四七。左右換手皆然。拓頣，手兩向共頭欹側，轉身二七。去臂膞頭風，眠睡。

又云：解髮，東向坐，握固不息一通，舉手左右導引，手掩兩耳。治頭風，令髮不白。以手復捋頭五，通脈也。

又云：人常須日已沒食訖，訖即更不須飲酒，終天不乾嘔。諸熱食膩物，不飲冷醋漿，喜失聲失咽。熱食枕手臥，久成頭風目澀。

又云：端坐生腰，左右傾頭，閉目，以鼻內氣，除頭風。自極七息止。

又云：頭痛，以鼻內，徐吐出氣，三十過休。

又云：抱兩膝，自棄於地，不息八通。治胸中上至頭諸病，耳目鼻喉痛。

又云：欲治頭痛，閉氣令鼻極，偃臥乃息，汗出乃止。

又云：叉兩手頭後，極勢，振搖二七，手掌翻覆安之二七，頭欲得向後仰之，一時一勢，欲得欹斜四角，急挽之三七。去頭腋髆肘風。

《諸病源候論・風病諸候下・風頭眩候》 風頭眩者，由血氣虛，風邪入腦，而引目系故也。五臟六腑之精氣，皆上注於目，血氣與脈並於上系，上屬於腦，後出於項中。逢身之虛，則爲風邪所傷，入腦則腦轉而目系急，目系急故成眩也。

診其脈，洪大而長者風眩。又得陽維經浮者，暫起目眩也。風眩久不瘥，則變爲癲疾。其湯熨針石，別有正方。補養宣導，今附於後。

《養生方・導引法》云：以兩手抱右膝，著膺，除風眩。

又云：以兩手承轆轤倒懸，令腳反在其上元。愈頭眩風癲。坐地，舒兩腳，以繩絆之，大繩絆訖，拖轆轤上來下去，以兩手挽繩，使腳上頭下，使離地，自極十二通。愈頭眩風癲。久行，身臥空中，而不墮落

又云：一手長舒，令掌仰；一手捉頤，挽之向外。一時極勢二七，左右亦然。手不動，兩向側，極勢，急挽之二七。去頸骨急強，頭風腦旋，喉痹，髆內冷注，偏風。

又云：凡人常覺脊背倔強，不問時節，縮咽髆內，仰面，努髆井向上，頭左右兩向挼之，左右三七，一住，待血行氣動住，然始更用，初緩後急，不得先急後緩。若無病人，常欲得旦起、午時、日沒三辰，辰別二七。除寒熱病，脊腰頸項痛，風痹，口內生瘡，牙齒風，頸頭眩，衆病盡除。

又云：坐地，交叉兩腳，以兩手從曲腳中入，低頭叉項上。治久寒不然能自溫，耳不聞聲。

又云：腳著項上，不息十二通，愈大寒不覺暖熱，久頑冷，患耳聾目眩病。久行即成法，法身五六，不能變也。

又云：低頭，不息六通。治耳聾，目癲眩，咽喉不利。

又云：伏前側牢，不息六通。愈耳聾目眩。隨左右聾伏，並兩膝，耳著地，牢強意多用力至大極。愈耳聾、目眩病。久行不已，耳聞十方，亦能倒頭則不眩也。八件有此術，亦在病疾難爲。

《諸病源候論·風病諸候下·風癲候》 風癲者，由血氣虛，邪入于陰經故也。人有血氣少，則心虛而精神離散，魂魄妄行，因爲風邪所傷，故邪入于陰，則爲癲疾。又人在胎，其母卒大驚，精氣並居，令子發癲。其發則仆地，吐涎沫，無所覺是也。原其癲病，皆由風邪故也。

《養生方》云：夫人見十步直牆，勿順牆而臥，風利吹人，必發癲癇及體重。人臥春夏向東，秋冬向西，此是常法。其湯熨針石，別有正方。補養宣導，今附於後。

《養生方·導引法》云：還向反望，不息七通。治咳逆，胸中病，寒熱癲疾，喉不利，咽乾咽塞。

又云：以兩手承轆轤倒懸，令腳反在上元。愈頭眩風癲。坐地，舒兩腳，以繩絆之，以大繩絆訖，拖轆轤上來下去，以兩手挽繩，使腳上頭，下不使離地，自極十二通。愈頭眩風癲。久行，身臥空中，而不墜落。

《諸病源候論·風病諸候下·風邪候》 風邪者，謂風氣傷於人也。人以身內血氣爲正，外風氣爲邪。若其居處失宜，飲食不節，致腑臟內損，血氣外虛，則爲風邪所傷。故病有五邪：一曰中風，二曰傷暑，三曰飲食勞倦，四曰中寒，五曰中濕。其爲病不同。

風邪者，發則不自覺知，狂惑妄言，悲喜無度是也。其湯熨針石，別有正方。補養宣導，今附於後。

《養生方·導引法》云：脾主土，土暖如人肉，始得發汗，去風冷邪氣。若腹內有氣脹，先須暖足，摩臍上下並氣海，不限遍數，多爲佳。如得左回右轉，三七，和氣如用，要用身內一百一十三法，回轉三百六十骨節，動脈搖筋，血氣布澤，二十四氣和潤，臟腑均調。和氣在用，頭動轉搖振，手氣向上，心氣則下，分明知去知來。莫問平手欹腰，轉身摩氣，屈蹙回動，盡，心氣放散，送至湧泉，一一不失，氣之行度，用之導益，不解用者，疑如氣亂。

《諸病源候論·風病諸候下·鬼邪候》 凡邪氣鬼物所爲病也，其狀不同。或言語錯謬，或啼哭驚走，或癲狂昏亂，或喜怒悲笑，或大怖懼如人來逐，或歌謠詠嘯，或不肯語。持針置髮中，入病者門，取坍他藍切岸水，以三尺新白布覆之，橫刀膝上，呼病者前，矜莊觀視病者語言顏色，應對不精明，乃以含水噀之。勿令病者起，復低頭視，滿三噀後熟拭之。若病困劣昏冥，無令強起，就視之，昏冥遂不知人，不肯語，以指彈其額近髮際，曰：欲愈乎？猶不肯語，便彈之二七，曰：愈。愈即就鬼，受以情實。

若脈來遲伏，或如雞啄，或去，此邪物也。若脈來弱，綿綿遲伏，或綿綿不知度數，而顏色不變，此邪病也。脈來乍大乍小，乍短乍長，爲禍脈。兩手脈浮之細微，綿綿不可知，俱有陰脈，亦細綿綿，此爲陰蹻、陽蹻之脈也。

此家曾有病痱風死，苦恍惚，亡人爲禍也。脈來洪大弱者，社祟。脈來沈沈澀澀，四肢重，十祟。脈來如飄風，從陰趨陽，風邪也。一來調，一來速，鬼邪也。脈有表無裏，邪之祟上得鬼病也。何謂表裏？寸尺爲表，關爲裏；兩頭有脈，關中絕不至也。尺脈上不至關，爲陰絕；寸脈下不至關，爲陽絕。陰絕而陽微，死不治也。其湯熨針石，別有正方。補養宣導，今附於後。

《養生方》云：《上清真人訣》曰：夜行常琢齒，殺鬼邪。

又云：《仙經》治百病之道，叩齒二七過，輒咽氣二七過。如三百通乃

止。爲之二十日，邪氣悉去；六十日小病愈；百日大病除，三蟲伏屍皆去，面體光澤。又《無生經》曰：治百病、邪鬼、蠱毒，當正偃臥，閉目閉氣，內視丹田，以鼻徐徐內氣，令腹極滿，徐徐以口吐之，勿令有聲，令入多出少，以微爲之，故存視五臟，各如其形色。又存胃中，令鮮明潔白如素。爲之倦極，汗出乃止，以粉粉身，摩捋形體。汗不出而倦者，亦可止。明日復爲之。

又當存作大雷電，隆隆鬼鬼，走入腹中，爲之不止，病自除矣。

又云：封君達常乘青牛，魯女生常乘駁牛，孟子綽常乘駁馬，尹公度常乘青騾。時人莫知其名字爲誰，故曰：欲得不死，當問青牛道士。欲得此色，駁牛爲上，青牛次之，駁馬又次之。三色者，順生之氣也。故云青牛者，乃柏木之精；駁牛者，古之神示之先；駁馬者，乃神龍之祖也。云道士乘此以行于路，百物之惡精、疫氣之癘鬼，長攝之焉。

《諸病源候論·虛勞諸候上·虛勞候》 夫虛勞者，五勞、六極、七傷是也。五勞者，一曰志勞，二曰思勞，三曰心勞，四曰憂勞，五曰瘦勞。又肺勞者，短氣而面腫，鼻不聞香臭；肝勞者，面目乾黑，口苦，精神不守，恐畏不能獨臥，目視不明；心勞者，忽忽喜忘，大便苦難，或時鴨溏，口內生瘡；脾勞者，舌本苦直，不得咽唾；腎勞者，背難以俛仰，小便不利，色赤黃而有餘瀝，莖內痛，陰濕，囊生瘡，小腹滿急。

六極者，一曰氣極，令人內虛，五臟不足，邪氣多，正氣少，不欲言；二曰血極，令人無顔色，眉髮墮落，忽忽喜忘；三曰筋極，令人數轉筋，十指爪甲皆痛，苦倦不能久立；四曰骨極，令人痠削，齒苦痛，手足煩疼，不可以立，不欲行動；五曰肌極，令人羸瘦，無潤澤，飲食不生肌膚；六曰精極，令人少氣噏噏然，內虛，五臟氣不足，髮毛落，悲傷喜忘。

七傷者，一曰陰寒，二曰陰萎，三曰裏急，四曰精連連，五曰精少、陰下濕，六曰精清，七曰小便苦數，臨事不卒。又，一曰大飽傷脾，脾傷，善噫，欲臥，面黃。二曰大怒氣逆傷肝，肝傷，少血目暗。三曰強力舉重，久坐濕地傷腎，腎傷少精，腰背痛，厥逆下冷。四曰形寒，寒飲傷肺，肺傷，少氣，咳嗽鼻鳴。五曰憂愁思慮傷，心傷，苦驚，喜忘善怒。六曰風雨寒暑傷形，形傷，髮膚枯夭。七曰大恐懼不節傷志，志傷，恍惚不樂。

男子平人脈大爲勞，極虛亦爲勞。男子勞之爲病，其脈浮大，手足煩，春夏劇，秋冬差，陰寒精自出，痠嘶。寸口脈浮而遲，浮即爲虛，遲即爲勞，虛則衛氣不足，浮則榮氣竭。脈直上者，遲逆虛也。脈濇無陽，是腎氣少；寸關濇，無血氣，逆冷，是大虛。脈浮微緩，皆爲虛；緩而大者，勞也。脈微濡相搏，爲五勞；微弱相搏，虛損，爲七傷。其湯熨針石，別有正方。補養宣導，今附於後。

《養生方·導引法》云：唯欲嘿氣養神，閉氣使極，吐氣使微。又不得多言語、大呼喚，令神勞損。亦云：不可泣淚，及多唾洟。此皆爲損液漏津，使喉濇大渴。

又云：雞鳴時，叩齒三十六通訖，舐唇漱口，舌聊上齒表，咽之三過。殺蟲，補虛勞，令人強壯。

又云：兩手拓兩頰，手不動，摟肘，使急，腰內亦然，住定，放兩肋頭向外，肘膊氣散，盡勢，大悶始起，來去七通，去肘臂勞。

又云：兩手抱兩乳，急努，前後振搖，極勢二七。手不動，搖兩肘，頭上下來去三七。去兩肘內勞損，散心向下，衆血脈遍身流布，無有壅滯。

又云：兩足跟相對，坐上，兩足指向外扒，兩膝頭拄席，兩向外扒使急；始長舒兩手，兩向取勢，一一皆急三七。去五勞，腰脊膝疼，傷冷脾痹。

又云：跪一足，坐上，兩手胜內卷，足努踹向下。身外扒，一時取勢，向心來去二七。左右亦然。去五勞，足臂疼悶，膝冷陰冷。

又云：坐抱兩膝，下去三里二寸，急抱向身極勢，足兩向身，起，欲似胡床，住勢，還坐。上下來去二七。去腰足臂內虛勞，膀胱冷。

又云：外轉兩脚，平蹹而坐，意努動膝節，令骨中鼓，挽向外十度，非轉也。

又云：兩足相蹹，向陰端急蹙，將兩手捧膝頭，兩向極勢，捺之二七，竟，身側兩向取勢二七，前後努腰七，去心勞，痔病，膝冷。調和未損盡時，須言語不瞋喜，偏跏，兩手抱膝頭，努膝向外，身手膝各兩極勢，挽之三七，左右亦然。頭須左右仰扒，去背急臂勞。

又云：兩足相蹹，令足掌合也，蹙足極勢，兩手長舒，掌相向腦項之後，兼至膊，相挽向頭膊，手向席，來去七，仰手七，合手七。始兩手角上極勢，腰正，足不動，去五勞七傷，臍下冷暖不和。數用之，常和調適。

又云：一足蹹地，一足屈膝，兩手抱犢鼻下，急挽向身極勢。左右換易四七。去五勞，三裏氣不下。

又云：蛇行氣，曲卧以正身，復起踞，閉目隨氣所在，不息，少食裁通腸，服氣爲食，以舐爲漿，春出冬藏，不財不養。以治五勞七傷。

又云：蝦蟆行氣，正動搖兩臂，不息十二通。以治五勞七傷，水腫之病也。

又云：外轉兩足，十遍引，去心腹諸勞。內轉兩足，各十遍引，去心五息止，去身一切諸勞疾疹。

《諸病源候論·虚勞病諸候上·虚勞羸瘦候》 夫血氣者，所以榮養其身也。虚勞之人，精髓萎竭，血氣虚弱，不能充盛肌膚，此故羸瘦也。其湯熨針石，別有正方。補養宣導，今附於後。

《養生方》云：朝朝服玉泉，使人丁壯，有顔色，去蟲而牢齒也。玉泉，口中唾也。朝未起，早漱口吞之，輒琢齒二七過，如此者三，乃止。名曰練精。

又云：咽之三過，乃止。補養虚勞，令人强壯。

《諸病源候論·虚勞病諸候上·虚勞寒冷候》 虚勞之人，血氣虚竭，陰陽不守，臟腑俱衰，故內生寒冷也。其湯熨針石，別有正方。補養宣導，今附於後。

《養生方·導引法》云：坐地交叉兩腳，以兩手從曲腳中入，低頭，叉手項上。治久寒不能自溫，耳不聞聲。

《諸病源候論·虚勞病諸候上·虚勞少氣候》 虚勞傷於肺，故少氣。肺主氣，氣爲陽，此爲陽氣不足故也。其湯熨針石，別有正方。補養宣導，今附於後。

《養生方·導引法》云：人能終日不唾，恒含棗核而咽之，受氣生津，此大要也。

《諸病源候論·虚勞病諸候上·虚勞裏急候》 虚勞則腎氣不足，傷於沖脈。沖脈爲陰脈之海，起于關元，關元穴在臍下，隨腹直上至咽喉。勞傷內損，故腹裏拘急也。

上部之脈微細，而卧引裏急。裏急心膈上有熱者，口乾渴。寸口脈陽弦下急，陰弦裏急，弦爲胃氣虚，食難已飽，飽則急痛不得息。寸微關實、尺弦緊者，少腹腰背下苦拘急痛外，如不喜寒，身憒憒也。其湯熨針石，別有正方。補養宣導，今附於後。

《養生方》云：正偃卧，以口徐徐內氣，以鼻出之。除裏急、飽食。後小咽氣數十，令溫；寒者，乾嘔腹痛，從口內氣七十所，大填腹，後小咽氣數十；兩手相摩，令極熱，以摩腹，令氣下。

《諸病源候論·虚勞病諸候上·虚勞體痛候》 勞傷之人，陰陽俱虚，經絡脈澀，血氣不利。若遇風邪與正氣相搏，逢寒則身體痛，值熱則皮膚癢。診其脈，緊濡相搏，主體節痛。其湯熨針石，別有正方。補養宣導，今附於後。

《養生方·導引法》云：雙手舒指向上，手掌從面向南，四方回之，屈肘上下盡勢四七，始放手向下垂之，向後雙振，輕散氣二七，上下動兩髆二七。去身內、臂、肋疼悶。漸用之，則永除。

又云：大踑坐，以兩手捉足五指，自極，低頭不息九通。治頸、脊、腰、腳痛，勞疾。

又云：偃卧，展兩足指右向，直兩手身旁，鼻內氣七息。除骨痛。

又云：端坐，生腰，舉右手，仰其掌，卻左臂，覆右手。以鼻內氣，自極七息，息間稍頓左手。除兩臂、背痛。

又云：胡跪，身向下，頭去地五寸，始舉頭，面向上，將兩手一時抽出，先左手向身用長舒，一手向後身長舒，前後極勢二七。左右亦然。去臂、骨、脊、筋陰陽不合，痛悶療痛。

又云：坐一足上，一足横鋪安膝下押之，一手捺上膝向下，急，一手反向取勢長舒，頭仰向前，共兩手一時取勢，捺搖二七。左右迭互亦然。去髀、胸、項、腋脈血遲澀，攣痛悶疼。雙足互跪安穩，始抽一足向前，極勢，頭面過前兩足指，上下來去三七。左右换足亦然。去臂、腰、背、髀、膝內疼悶不和，五臟六腑，氣津調適。一足屈如向前，使膀胱著膝上，一足舒向後，盡勢，足指急努，兩手向後，形狀欲似飛仙虚空，頭昂，一時取勢二七，足左右换易一寸，去遍身不和。

又云：長舒兩足，足指努向上，兩手長舒，手掌相向，手指直舒，仰頭努脊，一時極勢，滿三通。動足相去一尺，手不移處，手掌向外七通。須臾，動足二尺，手向下拓席，極勢三通。去遍身內筋節勞虚，骨髓疼悶。長舒兩手，向身用上，兩手足足指急擿心，不用力，心氣並在足下，手足一時努縱，極勢三七。去踹、臂、腰疼。解谿蹙氣，日日漸損。

《諸病源候論・虚勞病諸候上・虚勞口乾燥候》　此由勞損血氣，陰陽斷隔，冷熱不通，上焦生熱，令口乾燥也。　其湯熨針石，別有正方。　補養宣導，今附於後。

《養生方・導引法》云：　東向坐，仰頭下息五通，以舌撩口中，漱滿二七，咽。　愈口乾若引腎水發醴泉，來至咽喉。

醴泉甘美，能除口苦，恒香潔，食甘味和正。　久行不已，味如甘露，無有飢渴。

又云：　東向坐，仰頭不息五通，以舌撩口，漱滿二七，咽。　治口苦乾燥。

《諸病源候論・虚勞病諸候下・虚勞膝冷候》　腎弱髓虚，爲風冷所搏故也。　腎居下焦，主腰脚，其氣榮潤骨髓，今腎虚受風寒，故令膝冷也。　久不已，則脚酸疼屈弱。　其湯熨針石，別有正方。　補養宣導，今附於後。

《養生方・導引法》云：　兩手反向拓席，一足跪，坐上，一足屈如，仰面，看氣道衆處散適，極勢振之四七。　左右亦然。　始兩足向前雙蹹，極勢二七。　去胸腹病，膝冷臍悶。

又云：　互跪，調和心氣，向下至足，意想氣索索然，流布得所，始漸漸平，手舒手傍肋，如似手掌內氣出，氣不上，覺急悶，即起脊至地來去三七，微減去膝頭冷，膀胱宿病，腰內脊強，臍下冷悶。

又云：　舒兩足坐，散氣向湧泉，可三通，氣徹到，始收右足屈卷，將兩手急捉脚湧泉，挽足蹹手，挽一時取勢。　手足用力，送氣向下，三七，不失氣。數尋，去腎內冷氣，膝冷脚疼。

又云：　跪一足，坐上，兩手髀內卷足努，踹向下，身外扒，一時取勢，向心來去二七。　左右亦然。　去痔，五勞，足臂疼悶，膝冷陰冷。

又云：　卧展兩脛，足十指相柱，伸兩手身旁，鼻內氣七息。　除兩脛冷，腿骨中痛。

又云：　偃卧，展兩脛，兩手外踵者相向，亦鼻內氣，自極七息，除兩膝寒，脛骨疼，轉筋。

又云：　兩足指向下柱席，兩湧泉相拓，坐兩足跟頭，兩膝頭外扒，手身前向下盡勢，七通。　去勞損、陰疼、膝冷，脾瘦腎乾。

又云：　兩手抱兩膝，極勢，來去搖之七七，仰頭向後。　去膝冷。

又云：　偃卧，展兩脛，兩足指左向，直兩手身旁，鼻內氣七息。　除死肌及脛寒。

又云：　立，兩手搦腰遍，使身正，放縱，氣下使得所，前後振搖七七，足並頭兩向，振搖二七，頭上下搖之七，縮咽舉兩膊，仰柔脊，冷氣散，令臓腑氣向湧泉通徹。

又云：　互跪，兩手向後，掌合地，出氣向下。　始漸漸向下，覺腰脊大悶，還上，來去二七。　身正，左右散氣，轉腰三七，去臍下冷悶，膝頭冷，解谿內病。

《諸病源候論・虚勞病諸候下・虚勞陰痛候》　腎氣虚損，爲風邪所侵，氣流入於腎經，與陰氣相擊，直邪交爭，故令陰痛。　但冶者唯痛，挾熱則腫。　其湯熨針石，別有正方。　補養宣導，今附於後。

《養生方・導引法》云：　兩足指向下柱席，兩湧泉相拓，坐兩足跟頭，兩膝頭外扒，手身前向下盡勢七通。　去勞損陰疼膝冷。

《諸病源候論・虚勞病諸候下・風虚勞候》　風虚者，百病之長。　勞傷之人，血氣虚弱，其膚腠虚疎，風邪易侵。　或游易皮膚，或沉滯臓腑，隨其所感，而衆病生焉。　其湯熨針石，別有正方。　補養宣導，今附於後。

《養生方・導引法》云：　屈一足，指向地，努之使急，一手倒挽足解谿，向心極勢，腰、足解谿、頭如似骨解，氣散，一手向後拓席，一時盡勢三七。　左右換手亦然。　去手足腰髆風熱急悶。

又云：　仰頭卻背，一時極勢，手向下至膝頭，直腰，面身正，還上去三七。　始正身，縱手向下，左右動腰二七，上下挽背脊七。　漸去背脊、臂髆、腰冷不和。　頭向下努，手長舒向背上高舉，手向上，共頭，漸漸五寸，一時極勢，手還收向心前，向背後，去來和諧，氣共力調，不欲氣強於力，不欲力強於氣，二七。　去胸背前後筋脈不和，氣血不調。

又云：　伸左脛，屈右膝，內壓之，五息止。　引肺去風虚，令人目明。　依經爲之，引肺中氣，去風虚病，令人目明，夜中見色，與晝無異。

《諸病源候論・虚勞病諸候下・虚勞陰下癢濕候》　大虚勞損，腎氣不足，故陰冷，汗液自泄，風邪乘之，則瘙癢。　其湯熨針石，別有正方。　補養宣導，今附於後。

《養生方・導引法》云：　卧令兩手布膝頭，取踵置尻下，以口內氣，腹脹自極，以鼻出氣七息。　除陰下濕，少腹裏痛，膝冷不隨。

《諸病源候論・腰背病諸候・腰痛候》 腎主腰腳。腎經虛損，風冷乘之，故腰痛也。又，邪客于足少陰之絡，令人腰痛引少腹，不可以仰息。

診其尺脈沉，主腰背痛。寸口脈弱，腰背痛。尺寸俱浮直下，此爲督脈腰強痛。

凡腰痛病有五：一曰少陰，少陰腎也，十月萬物陽氣傷，是以腰痛；二曰風痹，風寒著腰，是以痛。三曰腎虛，役用傷腎，是以痛。四曰臀腰，墜墮傷腰，是以痛。五曰寢臥濕地，是以痛。其湯熨針石，別有正方。補養宣導，今附於後。

《養生方》云：飯了勿即臥，久成氣病，令腰疼痛。

又曰：大便勿強努，令人腰疼目澀。

又云：笑多，即腎轉腰痛。

又云：人汗次，勿企床懸腳，久成血痹，兩足重及腰痛。

《養生方・導引法》云：一手向上極勢，手掌四方轉回，一手向下努之，合手掌努指，側身欹形，轉身向似看，手掌向上，心氣向下，散適，知氣下緣上，始極勢，左右上下四七，亦然。去髆井、肋，腰脊疼悶。

又云：平跪，長伸兩手，拓席向前，待腰脊須轉，遍身骨解氣散，長引腰極勢。然如始卻跪便急，如似脊內冷氣出許，令臂搏痛，痛欲似悶，痛還坐，來去二七。去五臟不和，背痛悶。

又云：凡人常須覺脊強，不問時節，縮咽轉內，似回搏內似面努髆井向上也。頭左右兩向挼之，左右三七一住，待血行氣動定，然始更用，初緩後急。若無病人，常欲得旦起、午時、日沒三辰，如用辰別三七。除寒熱，脊、腰，頸痛。

又云：舒兩足，足趾努上，兩手長舒，手掌相向，手指直舒，仰頭努脊，一時極勢，滿三通。動足相向一尺，手不移處，手掌向外七通。更動足二尺，手向下拓席極勢，三通。去遍身內筋脈虛勞，骨髓痛悶。長舒兩足，身角上，兩手捉兩足趾急搦，心不用力，心氣並在足下，手足一時努縱，極勢三七。去踹、臂、腰疼，解谿足氣，日日漸損。

又云：凡學將息人，先須正坐，膝頭足，初坐，先足趾趾向對，足跟外扒，坐上少欲安穩，須兩足跟向內相對，坐上，足趾扠覺悶痛，漸漸舉身似欸，便兩足上，待共坐相似，不痛，始雙豎足跟，而上，足趾並反而向外，每坐常學。去膀胱內冷，面冷風、膝冷、足疼、上氣，腰疼，盡自消適也。

《諸病源候論・腰背病諸候・腰痛不得俛仰候》 腎主腰腳，而三陰三陽、十二經、八脈，有實腎絡於腰脊者。勞損於腎，動傷經絡，又爲風冷所侵，血氣擊搏，故腰痛也。陽病者，不能俛，陰病者，不能仰，陰陽俱受邪氣者，故令腰痛而不能俛仰。

《養生經・導引法》云：伸兩腳，兩手著足五趾上。愈腰折不能低著，唾血、久疼愈。

又云：長伸兩腳，以兩手捉足五趾七通。愈折腰不能低仰也。

《諸病源候論・腰背病諸候・脇痛候》 邪氣客于足少陽之絡，令人脇痛，咳，汗出。陰氣擊於肝，寒氣客於脈中，則血泣脈急，引脇與小腹。

診其脈弦而急，脇下如刀刺，狀如飛尸，至困不死。左手脈大，右手脈小，病右脇下痛。寸口脈雙弦，則脇下拘急，其人濇濇而寒。其湯熨針石，別有正方。補養宣導，今附於後。

《養生方・導引法云》：卒左脇痛，念肝爲青龍，左目中魂神，將五營兵千乘萬騎，從甲寅，直符吏，入左脇下取病去。

又云：右脇痛，念肺爲白虎，右目中魂神，將五營兵千乘萬騎，甲申，直符吏，入右脇下取病去。脇側臥，伸臂直腳，以鼻內氣，以口出之，除脇皮膚痛，七息止。

又云：端坐生腰，右顧視月，口內氣，咽之三十。除左脇痛，開目。

又云：舉手交項上，相握自極。治脇下痛。坐地，交兩手著不周遍握，當挽。久行，實身如金剛，令息調長，如風雲，如雷。

《諸病源候論・消渴病諸候・消渴候》 夫消渴者，渴不止，小便多是也。由少服五石諸丸散，積經年歲，石熱結於腎中，使人下焦虛熱。及至年衰，血氣減少，不復能制於石。石熱獨盛，則腎爲之燥，故引水而不小便也。其病變多發癰疽，此坐熱氣，留於經絡不引，血氣壅澀，故成癰膿。

診其脈，數大者生，細小浮者死。又沉小者生，實牢大者死。

有病口甘者，名爲何？何以得之？此五氣之溢也，名曰脾癉。夫五味入于口，藏於胃，脾爲之行其精氣。溢在脾令人口甘，此肥美之所發。此人必數食甘美而多肥，令人內熱，甘者令人滿，故其氣上溢爲消渴。

厥陰之病，消渴重，心中疼，饑而不欲食，甚蚘則欲吐蚘。

《養生法》云：人睡臥，勿張口，久成消渴，及失血色。赤松子云：臥，閉目不息十二通，治飲食不消。其湯熨針石，別有正方。補養宣導，今附於後。

法云：解衣惔臥，伸腰瞋少腹，五息止。引腎去消渴，利陰陽。解衣者，使無掛礙。惔臥者，無外想，使氣易行。伸腰，使腎無逼蹙。瞋者，大努。使氣滿少腹者，即攝腹牽氣使上，息即爲之。引腎者，引水來咽喉，潤上部，去消渴枯槁病。利陰陽者，饒氣力。此中數虛，要與時節而爲避，初食後，大饑時，此二時不得導引，傷人。亦避惡日，時節不和畸亦避。導已，先行一百二十步，多者千步，然後食之。法不使大冷大熱，五味調和。陳穢宿食，蟲蠍餘殘，不得食。少眇著口中，數嚼少湍咽。食已，亦勿眠。此名穀藥，並與氣和，即真良藥。

《諸病源候論・傷寒病諸候・傷寒候》 經言，春氣溫和，夏氣暑熱，秋氣清涼，冬氣冰寒，此則四時正氣之序也。冬時嚴寒，萬類深藏，君子固密，則不傷於寒。夫觸冒之者，乃爲傷耳。其傷於四時之氣，皆能爲病，而以傷寒爲毒者，以其最爲殺厲之氣也。即病者，爲傷寒；不即病者，其寒毒藏於肌骨中，至春變爲溫病，夏變爲暑病。暑病者，熱重於溫也。是以辛苦之人，春夏必有溫病者，皆由其冬時觸冒之所致，非時行之氣也。其時行者，是春時應暖而反寒，夏時應熱而反冷，秋時應涼而反熱，冬時應寒而反溫，非其時而有其氣。是以一歲之中，病無少長，多相似者，此則時行之氣也。

夫傷寒病者，起自風寒，入於腠理，與精氣交爭，榮衛否隔，周行不通。病一日至二日，氣在孔竅、皮膚之間，故病者頭痛惡寒，腰背強重，此邪氣在表，洗浴發汗即愈。病三日以上，氣浮在上部，胸心填塞，故頭痛、胸中滿悶，當吐之則愈。病五日以上，氣深結在臟，故腹脹身重，骨節煩疼，當下之則愈。

夫熱病者，皆傷寒之類也。或愈或死，皆以六七日間，其愈皆以十日以上何也？巨陽者，諸陽之屬也，其脈連於風府，故爲諸陽主氣。故人之傷於寒也，則爲病熱，雖甚不死；其兩感於寒而病者，必死。兩感於寒者，其脈應與其病形何如？兩傷於寒者，病一日，則巨陽與少陰俱病，則頭痛、口乾、煩滿。二日，則陽明與太陰俱病，則腹滿、身熱、不食、譫言。三日，則少陽與厥陰俱病，則耳聾、囊縮、厥逆，水漿不入，則不知人，六日而死。夫五臟已傷，六腑不通，榮衛不行，如是之後，三日乃死何也？陽明者，十二經脈之長也，其氣血盛，故不知人，三日其氣乃盡，故死。

其不兩傷於寒者，一日巨陽受之，故頭項痛，腰脊強。二日陽明受之，陽明主肉，其脈夾鼻絡於目，故身熱而鼻乾，不得臥也。三日少陽受之，少陽主骨，其脈循脇絡於耳，故胸脇痛耳聾。三陽經絡皆受病，而未入通於藏也，故可汗而已。四日太陰受之，太陽脈布於胃，絡於嗌，故腹滿而嗌乾。五日少陰受之，少陰脈貫腎絡肺，繫舌本，故口熱舌乾而渴。六日厥陰受之，厥陰脈循陰器而絡於肝，故煩滿而囊縮。三陰三陽，五臟六腑皆病，榮衛不行。五臟不通則死矣。其不兩感於寒者，七日巨陽病衰，頭痛少愈。八日陽明病衰，身熱少愈。九日少陽病衰，耳聾微聞，十日太陰病衰，腹滿如故，則思飲食。十一日少陰病衰，渴止不滿，舌乾已而咳。十二日厥陰病衰，囊縱少腹微下。大氣皆去，病日已矣。

治之奈何？治之各通其藏脈，病日衰。其病未滿三日者，可汗而已，其病三日過者，可泄之而已。太陽病，頭痛至七日已上，並自當愈，

其經竟故也。若欲作再經者，當針補陽明，使經不傳則愈矣。

相病之法，視色、聽聲，觀病之所。候脈要訣，豈不微乎！脈洪大者，有熱，此傷寒病也。夫傷寒脈洪浮，秋佳春成病。寸口脈緊者，傷寒頭痛。脈來洪大，傷寒病。少陰病，惡寒拳而利，手足四逆者，不治；其人吐利，躁逆者死。利止而眩，時時自冒者死。四逆，惡寒而拳，其脈不至，其人不煩而躁者死。病六日，其息高者死。傷寒熱盛，脈浮大者生；沉小者死。頭痛，脈短澀者死，浮滑者生。未得汗，脈盛大者生；細小者死。診人瀼瀼大熱，其痛脈反澀，此爲逆，不治；脈浮而大易治；細微爲難治。

發汗若吐下者，若亡血無津液者，而陰陽自和必愈。夫下後發汗，其人小便不利，此亡津液，勿治，其小便利，必自愈。陽已虛，尺中弱者，不可發其汗也。咽乾者，不可發其汗也。傷寒病，脈弦細，頭痛而發熱，此爲屬少陽。少陽不可發汗，發汗則譫語，爲屬胃。胃和則愈，不和則煩而悸。少陰病，脈細沉而微，病在裏，不可發其汗。少陰病，脈微，亦不可發汗，無陽故也。陽已虛，尺中弱澀者，復不可下。太陽病，發熱而惡寒，熱多而寒少，脈微弱，則無陽，不可發其汗；脈浮，可發其汗。發熱自汗出而不惡寒，關上脈細數，不可吐。若諸四逆病厥者，不可吐，虛家亦然。寒多熱少，可吐者，此謂痰多

也。治瘧亦如之。頭項不強痛，其脈微，胸中愊牢，沖喉咽不得息，可吐之。治傷寒欲下之，切其脈牢，牢實之脈，或不能悉解，宜摸視手掌，濈濈汗濕者，便可下矣。若掌不汗，病雖宜下，且當消息，溫暖身體，都皆津液通，掌亦自汗，下之即了矣。

太陰之爲病，腹滿吐食，不可下，下之益甚，時腹自痛。下之，胸下結牢，脈浮，可發其汗。陽明病，心下牢滿不可下，下之遂利，殺人，不可不審，不可脫爾，禍福正在於此。太陽與少陽合病，心下牢，頭項強眩，不可下。三陽並病，腹滿身重，大小便調，其脈浮牢而數，渴欲飲水，此不可下。其湯熨針石，別有正方。補養宣導，今附於後。

《養生方·導引法》云：端坐生腰，徐以鼻內氣，以右手持鼻，閉目吐氣。治傷寒頭痛洗洗，皆當以汗出爲度。

又云：舉左手，頓左足，仰掌，鼻內氣四十息止，除身熱背痛。

《諸病源候論·時氣病諸候·時氣候》 時行病者，是春時應暖而反寒，夏時應熱而反冷，秋時應涼而反熱，冬時應寒而反溫，非其時而有其氣，是以一歲之中，病無長少，率相似者，此則時行之氣也。從春分後，其中無暴大寒，不冰雪，而人有壯熱爲病者，此則屬春時陽氣，發于冬時伏寒，變爲溫病也。從春分以後至秋分節前，天有暴寒者，皆爲時行寒疫也，一名時行傷寒。此是節候有寒傷於人，非觸冒之過也。若三月、四月有暴寒，其時陽氣尚弱，爲寒所折，病熱猶小輕也；五月、六月陽氣已盛，爲寒所折，病熱則重也；七月、八月陽氣已衰，爲寒所折，病熱亦小微也。其病與溫及暑病相似，但治有殊耳。

然得時病，一日在皮毛，當摩膏火灸愈。不解者，二日法針，服行解散，汗出愈。不解，三日復發汗，若大汗即愈；不解，止勿復發汗也。四日服藜蘆丸，微吐愈；若病固，藜蘆丸不吐者，服赤豆瓜蒂散，吐已解，視病者尚未了了者，復一法針之當解。不愈者，六日熱已入胃，乃與雞子湯下之愈。百無不如意，但當諦視節度與病耳。

食不消，病亦如時行，俱發熱頭痛。食病當速下之，時病當待六七日下之。

時病始得，一日在皮，十日在膚，三日在肌，四日在胸，五日入胃，入胃乃可下也。熱在胃外而下之，熱乘虛便入胃，然病要當複下之。不得下，胃中餘熱致此爲病，二死一生。此輩不愈，胃虛熱入胃爛。微者赤斑出，五死一生；劇者黑斑出，十死一生。病人有強弱相倍也。

若得病無熱，但狂言煩躁不安，精神語言與人不相主當者，勿以火迫，但以豬苓散一方寸匕已上，飲之以一升若升半水，可至二升益佳。當以新汲井水強令飲之，以指刺喉中吐之，隨手愈。不時吐者，此病皆多不瘥，勿以餘藥治也。不相主，當必危。若此病不時以豬苓散吐解之者，其殆速死。亦可先以法針之尤佳，以病者過日，不以時得下之，熱不得泄，亦胃爛矣。其湯熨針石，別有正方。補養宣導，今附於後。

《養生方·導引法》云：清旦初起，以左右手交互從頭上挽兩耳舉，又引鬢髮，即流通，令頭不白，耳不聾。又摩手掌令熱，以摩面，從上下二七止。去肝干氣，令面有光。又摩手令熱，令熱從體上下，名曰乾浴。令人勝風寒時氣，寒熱頭痛，百病皆愈。

《諸病源候論·溫病諸候·溫候病》 經言：春氣溫和，夏氣暑熱，秋氣清涼，冬氣冰寒，此四時正氣之序也。冬時嚴寒，萬類深藏，君子固密，則不傷於寒。觸冒之者，乃爲傷寒耳。其傷於四時之氣，皆能爲病，而以傷寒爲毒者，以其最爲殺厲之氣焉。即病者，爲傷寒；不即病者，爲寒毒藏於肌骨中，至春變爲溫病。是以辛苦之人，春夏必有溫病者，皆由其冬時觸冒之所致也。凡病傷寒而成溫者，先夏至日者爲病溫，後夏至日者爲病暑。其冬復有非節之暖，名爲冬溫，毒與傷寒大異也。

有病溫者，汗出輒復熱，而脈躁，病不爲汗衰，狂言不能食，病名爲何也？曰病名曰陰陽交，陰陽交者死。人所以汗出者，皆生於穀，穀生於精，令邪氣交爭於骨肉之間而得汗者，是邪卻而精勝，則當食而不復熱。熱者，邪氣也；汗者，精氣也。今汗出而復熱者，是邪勝也。汗出而脈尚躁盛者死。今脈不與汗相應，此不稱其病也，其死明矣。狂言者是失志，失志者死。今見三死，不見一生，雖愈必死。

凡皮膚熱甚，脈盛躁者，病溫也。其脈盛而滑者，汗且出也。凡溫病人二三日，身軀熱，脈疾，頭痛，食飲如故，脈直疾，八日死。四五日頭痛，脈疾喜吐，脈來細，十二日死，此病不治。八九日，脈不疾，身不痛，目不赤，色不變，而反利，脈來牒牒，按不彈手，時大，心下鞕，十七日死。病三四日以下，不得汗，脈大疾者生；脈細小難得者，死不治也。下利，腹中痛甚者，死不

治。其陽熨針石，別有正方。存神攘辟，今附於後。

《養生方・導引法》云：常以鷄鳴時，存心念四海神名三遍，辟百邪止鬼，令人不病。

東海神名阿明　南海神名祝融

西海神名巨乘　北海神名禺強

又云：存念心氣赤，肝氣青，肺氣白，脾氣黄，腎氣黑，出周其身，又兼辟邪鬼。欲辟卻衆邪百鬼，常存心爲炎火如斗，煌煌光明，則百邪不敢干之。可以入瘟疫之中。

《諸病源候論・冷熱病諸候・病熱候》夫患熱者，皆由血氣有虚實。邪在脾胃，陽氣有餘，陰氣不足，則風邪不得宣散，因而生熱，熱搏於腑臟，故爲病熱也。

診其脈，關上浮而數，胃中有熱；滑而疾者，亦爲有熱；弱者無胃氣，是爲虚熱。趺陽脈數者，胃中有熱，熱則消穀引食。趺陽脈麁而浮者，其病難治。若病者苦發熱，身體疼痛，此爲表有病，其脈自當浮，今脈反沉而遲，故知難差；其人不即得愈，必當死，以其病與脈相反故也。其湯熨針石，別有正方。補養宣導，今附於後。

《養生方・導引法》云：偃卧，合兩膝，布兩足而生腰，口内氣，振腹七息。除壯熱疼痛，痛兩脛不隨。

又云：覆卧去枕，立兩足，以鼻内氣四十所，復以鼻出之。極令微氣入鼻中，勿令鼻知。除身中熱，背痛。

又云：兩手卻據，仰頭向日，以口内氣，因而咽之數十。除熱，身中傷，死肌。

《諸病源候論・冷熱病諸候・寒熱厥候》《養生方・導引法》云：正偃卧，展兩足，鼻内氣，自極，摇足三十過止。除足寒厥逆也。

《諸病源候論・氣病諸候・上氣候》夫百病皆生於氣，故怒則氣上，喜則氣緩，悲則氣消，恐則氣下，寒則氣收聚，熱則腠理開而氣泄，憂則氣亂，勞則氣耗，思則氣結，九氣不同。

怒則氣逆，甚則嘔血，及食而氣逆上也。喜則氣和，榮衛行通利，故氣緩焉。悲則心系急，肺布葉舉，使上焦不通，榮衛不散，熱氣在内，故氣消也。恐則精卻，精卻則上焦閉，閉則氣還，還則下焦脹，故氣不行。寒則經絡涘澀，故氣收聚也。熱則腠理開竅，榮衛通，故汗大泄也。憂則心無所寄，神無所歸，慮無所定，故氣亂矣。勞則喘且汗，外内迅，故氣耗矣。思則身心有所止，氣留不行，故氣結矣。

診寸口脈伏，胸中逆氣，是諸氣上沖胸中。故上氣、面胕腫、髆息，其脈浮大，不治。上氣，脈躁而喘者，屬肺；肺脹欲作風水，發汗愈。脈洪則爲氣。其脈虚寧伏匿者生，牢強者死。喘息低仰，其脈滑，手足溫者，生也；澀而四末寒者，死也；數者死也，謂其形損故。

《養生方》云：飲水勿急咽，久成氣病。其湯熨針石，別有正方。補養宣導，今附於後。

《養生方・導引法》云：兩手向後，合手拓腰向上，極勢，振摇臂肘，來去七。始得手不移，直向上向下，盡勢，來去二七，去脊、心、肺氣壅悶散消。

正坐，並膝頭、足，初坐，先足趾相對，足跟外扒。坐止，少欲安穩，須兩足跟向内相對。坐，足趾外扒，覺悶痛，漸漸舉身似款便，坐足上，待共内坐相似，不痛，始雙豎腳跟向上。坐上，足指並反向外。每坐常覺。去膀胱内冷，膝風冷，足疼，上氣，腰痛，侭自消適也。

又云：兩足兩指相向，五息止。引心肺，去厥逆，上氣。極用力，令兩足相向，意止引肺中氣出，病人行肺内外，輾轉屈伸，隨適，無有違逆。

《諸病源候論・氣病諸候・卒上氣候》肺主於氣。若肺氣虚實不調，或暴爲風邪所乘，則腑臟不利，經絡否澀，氣不宣和，則上氣也。又因有所怒，則氣卒逆上，甚則變嘔血，氣血俱傷。其湯熨針石，別有正方。補養宣導，今附於後。

《養生方・導引法》云：兩手交叉頤下，自極，致補氣；治暴氣咳。以兩手交頤下，各把兩頤脈，以頤句交中，急牽來著喉骨，自極三通，致補氣充足，治暴氣上氣，瀉喉等病，令氣調長，音聲弘亮。

《諸病源候論・氣病諸候・結氣候》結氣病者，憂思所生也。心有所存，神有所止，氣留而不行，故結於内。

《養生方》云：哭泣悲來，新哭訖，不用即食，久成氣病。其湯熨針石，別有正方。補養宣導，今附於後。

《養生方・導引法》云：坐，伸腰，舉左手仰其掌，卻右臂，覆右手，以鼻内氣，自極七息。息間，稍頓右手。除兩臂背痛、結氣。

又云：　端坐，伸腰，舉左手仰掌，以右手承右脇，以鼻內氣，自極七息。除結氣。

又云：　兩手拓肘頭，拄席，努肚上極勢，待大悶始下，來去上下五七。去脊背體內疼，骨節急強，肚腸宿氣。行忌太飽，不得用肚編也。

《諸病源候論・氣病諸候・逆氣候》　夫逆氣者，因怒則氣逆，甚則嘔血，及食而氣逆上。人有逆氣，不得臥而息有音者；　有起居如故，而息有音者；　有得臥，行而喘者；　有不能臥、不能行而喘者；　有不能臥，臥而喘者，皆有所起。其不得臥而息有音者，是陽明之逆。足三陽者下行，今逆而上行，故息有音。陽明者，爲胃脈也；　胃者，六腑之海，其氣亦下行，陽明逆，氣不得從，故不得臥。夫胃不和則臥不安，此之謂也。夫起居有如故，而息有音者，此肺之絡逆，絡脈之氣不得隨經上下，故留經而不行。此絡脈之疾，人起居如故而息有音。不得臥，臥則喘者，是水氣之客。夫水者，循津液而流也；　腎者水藏，主津液，津液主臥與喘。

診其脈，趺陽脈太過，則令人逆氣，背痛慍慍然。寸口脈伏，背中有逆氣。關上脈細，其人逆氣，腹痛脹滿。其湯熨針石，別有正方。補養宣導，今附於後。

《養生方・導引法》云：　以左足踵拘右足拇指，鼻內氣，自極七息，除癖逆氣。

《諸病源候論・脚氣病諸候・脚氣緩弱候》　夫脚氣病，皆由感風毒所致。得此病多不即覺，或先無他疾，而忽得之；　或因衆病後得之。初甚微，飲食嬉戲，氣力如故，當熟察之。其狀，自膝至脚有不仁，或若痹，或淫淫如蟲所緣，或脚趾及膝脛灑灑爾，或脚屈弱不能行，或微腫，或酷冷，或痛疼，或緩縱不隨，或攣急；　或至困能飲食者，或有不能者，或見飲食而嘔吐，惡聞食臭；　或有物如指，發於踹腸，徑上沖心，氣上者；　或舉體轉筋，或壯熱、頭痛；　或胸心衝悸，寢處不欲見明；　或腹內苦痛而兼下者；　或言語錯亂，有善忘誤者；　或眼濁，精神昏憒者。此皆病之證也。若治之緩，便上入腹。入腹或腫或不腫，胸脇滿，氣上便殺人。急者不全日，緩者或一、二、三月。初得此病，便宜速治之，不同常病。

病既入臟，其脈有三品，內外證候相似，但脈異耳。若病人脈得浮大及緩，宜服續命湯兩劑。若風盛，宜作越婢湯加朮四兩。若脈轉駃而緊，宜服竹瀝湯。脈微而弱，宜服風引湯二三劑。此皆多是因虛而得。若大虛乏氣短，可以間作補湯，隨病體之冷熱而用。若未愈，更作竹瀝湯。若病人脈浮大而緊駃，此是三品之最惡脈。脈或沉細而駃者，此脈正與浮大緊者同是惡脈。浮大者病在外，沉細者病在內，治亦不異，當消息以意耳。其形或尚可，而手脚未及至弱，數日之內，上氣便死。如此之脈，急服竹瀝湯，日一劑，湯勢恒令相及，勿令半日之內無湯也。若服竹瀝湯得下者必佳。竹汁多服之，皆須熱服。不熱，停在胸膈，更爲人患。若已服數劑，病及脈勢未折，而若脹滿者，可以大鱉甲湯下之。湯勢盡而不得佳下，可以丸藥助令得下，下後更服竹瀝湯，趣令脈勢折，氣息料理乃佳。

江東、嶺南，土地卑下，風濕之地，易傷於人。初得此病，多從下上，所以脚先屈弱，然後毒氣循經絡，漸入腑臟，腑臟受邪，氣便喘滿。以其病從脚起，故名脚氣。其湯熨針石，別有正方。補養宣導，今附於後。

《養生方・導引法》云：　坐，兩足長舒，自縱身，內氣向下，使心內柔和適散；　然後屈一足，安膝下，努，長舒一足，仰取指向上使急；　仰眠，頭不至席，兩手急努向前，頭向上努挽。一時各各取勢，來去二七，遞互亦然。去腰疼，腰膊冷，血冷風痹，日日漸損。

又云：　覆臥旁視，內踵生腰，以鼻內氣，自極七息。除脚中弦痛，轉筋，脚酸疼，脚痹弱。

又云：　舒兩足坐，散氣向湧泉，可三通。氣徹到始收右足，屈卷，將兩手急捉脚湧泉，挽足踏手，挽一時取勢。手足用力，逆氣向下，三七，不失氣，數尋。去腎內冷氣，膝冷，脚疼也。

又云：　一足屈之，足趾仰，使急；　一足安膝頭心。散心，兩足跟出氣向下。一手拓膝頭向下急捺，一手向後拓席。一時極勢，左右亦然，二七。去膝髀疼急。

又云：　一足踏地，一足向後將足解溪安踹上。急努兩手，偏相向後，側身如轉，極勢二七，左右亦然。去足疼痛，痹急，腰痛也。

《諸病源候論・咳嗽病諸候・咳逆候》　咳逆者，是咳嗽而氣逆上也。氣爲陽，流行腑臟，宣發腠理，而氣，肺之所主也。咳病由肺虛感微寒所成，寒搏於氣，氣不得宣，胃逆聚還肺，肺則脹滿，氣遂不下，故爲咳逆。其狀，咳而胸滿，而氣逆，髆背痛，汗出，尻、陰股、膝腨胻、足皆痛。其湯熨針石，別有

正方。補養宣導，今附於後。

《養生方・導引法》云：先以鼻内氣，乃閉口咳，還復以鼻内氣，咳則愈。向晨，去枕正偃臥，伸臂脛，瞑目閉口無息，極脹腹，兩足再頃間，吸腹仰兩足，倍拳，欲自微息定，復爲之。春三、夏五、秋七、冬九，蕩滌五臟，津潤六腑。

又云：還向反望，倒望，不息七通。治咳逆，胸中病寒熱也。

《諸病源候論・淋病諸候・諸淋候》諸淋候，由腎虚而膀胱熱故也。膀胱與腎爲表裏，俱主水。水入小腸下於胞，行于陰，爲溲便也。腎氣通于陰，陰，津液下流之道也。若飲食不節，喜怒不時，虚實不調，則腑臟不和，致腎虚而膀胱熱也。膀胱，津液之府，熱則津液内溢而流於睾，水道不通，水不上不下，停積於胞，腎虚則小便數，膀胱熱則水下澀。數而且澀，則淋瀝不宣，故謂之爲淋。其狀，小便出少，起數，小腹弦急，痛引於臍。

又有石淋、勞淋、血淋、氣淋、膏淋。諸淋形證，各隨名，具説于後章，而以一方治之者，故謂之諸淋也。其湯熨針石，別有正方。補養宣導，今附於後。

《養生方・導引法》云：偃臥，令兩足布膝頭，邪踵置尻，口内氣，振腹，鼻出氣。去淋，數小便。

又云：蹲踞，高一尺許，以兩手從外屈膝内入，至足趺上，急手握足五趾，極力一通，令内曲入，利腰髖，治淋。

《諸病源候論・淋病諸候・石淋候》石淋者，淋而出石也。腎主水，水結則化爲石，故腎客沙石，腎虚爲熱所乘，熱則成淋。其病之狀，小便則莖裏痛，尿不能卒出，痛引少腹，膀胱裹急，沙石從小便道出，甚者塞痛，令悶絶。其湯熨針石，別有正方。補養宣導，今附於後。

《養生方・導引法》云：偃臥，令兩足布膝頭，斜踵置尻，口内氣，振腹，鼻出氣，去石淋，莖中痛。

《諸病源候論・淋病諸候・氣淋候》氣淋者，腎虚膀胱熱，氣脹所爲也。膀胱合與腎爲表裏，膀胱熱，熱氣流入於胞，熱則生實，令胞内氣脹，則小腹滿，腎虚不能制其小便，故成淋。其狀，膀胱小便皆滿，尿澀，常有餘瀝是也。亦曰氣癃。診其少陰脈數者，男子則氣淋。其湯熨針石，別有正方。補養宣導，今附於後。

《養生方・導引法》云：以兩足踵布膝，除癃。

又云：偃臥，令兩足布膝頭，取踵置尻下，以口内氣，腹脹自極，以鼻出氣七息，除氣癃，數小便，莖中痛，陰以下濕，小腹痛，膝不隨也。

《諸病源候論・小便病諸候・小便數候》小便數者，膀胱與腎俱虚，而有客熱乘之故也。腎與膀胱爲表裏，俱主水，腎氣下通於陰。此二經既虚，致受於客熱，虚則不能制水，故令數小便；熱則水行澀，澀則小便不快，故令數起也。

診其趺陽脈數，胃中熱，即消穀引食，大便必鞕，小便即數。其湯熨針石，別有正方。補養宣導，今附於後。

《養生方・導引法》云：以兩踵布膝，除數尿。

又云：偃臥，令兩足布膝頭，斜踵置尻，口内氣，振腹，鼻出氣。去小便數。

《諸病源候論・小便病諸候・遺尿候》遺尿者，此由膀胱虚冷，不能約于水故也。膀胱爲足太陽，腎爲足少陰，二經爲表裏。腎主水，腎氣下通於陰。小便者，水液之餘也。膀胱爲津液之府，府既虚冷，陽氣衰弱，不能約於水，故令遺尿也。

診其脈來過寸口，入魚際，遺尿。肝脈微滑，遺尿。左手關上脈沉爲陰，陰絶者，無肝脈也，苦遺尿。尺脈實，小腹牢痛，小便不禁。尺中虚，小便不禁。腎病小便不禁，脈當沉滑，而反浮大，其色當黑反黄，此土之克水，爲逆，不治。其湯熨針石，別有正方。補養宣導，今附於後。

《養生方・導引法》云：蹲踞高一尺許，以兩手從外屈膝，至足趺上，急手握足五趾，極力一通，令内曲入，利腰髖，治遺尿。

《諸病源候論・大便病諸候・大便難候》大便難者，由五臟不調，陰陽偏有虚實，謂三焦不和，則冷熱並結故也。胃爲水穀之海，水穀之精化爲榮衛，其糟粕行之於大腸以出也。五臟三焦既不調和，冷熱壅澀，結在腸胃之間。其腸胃本實，而又爲冷熱之氣所結聚不宣，故令大便難也。

又云：邪在腎，亦令大便難。所以爾者，腎臟受邪，虚而不能制小便，則小便利，津液枯燥，腸胃乾澀，故大便難。又渴利之家大便亦難。所以爾者，爲津液枯竭，致令腸胃乾燥。

診其左手寸口人迎以前脈，手少陰經也。脈沉爲陰，陰實者，病苦閉，大

便不利，腹滿，四肢重，身熱。若胃脹，右手關上脈陰實者，脾實也，苦腸中伏，伏如牢狀，大便難。脈緊而滑直，大便亦難。

趺陽脈微弦，法當腹滿，不滿者，必大便難而腳痛，此虛寒從上向下也。其湯熨針石，別有正方。補養宣導，今附於後。

《養生方・導引法》云：偃臥，直兩手，捻左右脇。除大便難，腹痛，腹中寒。口內氣，鼻出氣，溫氣咽之數十，病愈。

《諸病源候論・大便病諸候・大小便難候》 大小便難者，由冷熱不調，大小腸有遊氣，遊氣在於腸間，搏於糟粕，溲便不通流，故大小便難也。

診其尺脈滑而浮大，此爲陽干於陰，其人苦小腹痛滿，不能尿，尿即陰中痛，大便亦然。其湯熨針石，別有正方。補養宣導，今附於後。

《養生方・導引法》云：正坐，以兩手交背後，名曰帶便。愈不能大便，利腹，愈虛羸。反叉兩手著背上，推上使當心許，踑坐，反到九通。愈不能大小便，利腹，愈虛羸也。

《諸病源候論・五臟六腑病諸候・肝病候》 肝象木，王於春。其脈弦，其神魂，其候目，其華在爪，其充在筋，其聲呼，其臭臊，其味酸，其液泣，其色青，其藏血；足厥陰其經也。與膽合爲腑，而主表，肝爲藏而主裏。

肝氣盛，爲血有餘，則病目赤，兩脇下痛引小腹，善怒。氣逆則頭眩，耳聾不聰，頰腫，是肝氣之實也，則宜瀉之。肝氣不足，則病目不明，兩脇拘急，筋攣，不得太息，爪甲枯，面青，善悲恐，如人將捕之，是肝氣之虛也，則宜補之。

於四時：病在肝，愈于夏；夏不愈，甚於秋；秋不死，待於冬；起於春。於日：愈在丙丁；丙丁不愈，加于庚辛；庚辛不死，待於壬癸，起於甲乙。于時：平旦慧，下晡甚，夜半靜。禁當風。

肝部，左手關上是也。平肝脈來綽綽如按琴瑟之弦，如揭長竿。春以胃氣爲本。春肝木王，其脈弦細而長，是平脈也。反得微澀而短者，是肺之乘肝，金之克木，大逆，十死不治；反得浮大而洪者，是心乘肝，子之乘母，雖病當愈；反得沉濡滑者，是腎乘肝，母之歸子，雖病當愈；反得大而緩者，是脾之乘肝，爲土之淩木，土之畏木，雖病不死。肝脈來，盛實而滑，如循長竿，曰平。肝病脈來，急益勁，如新張弓弦，曰肝死；真肝脈至，中外急，如循刀刃頣頣然，如新張弓弦。色青白不澤，毛折乃死。

《養生方》云：春三月，此謂發陳，天地俱生，萬物以榮。夜臥早起，廣步於庭。被髮緩形，以使春志生。生而勿殺，與而勿奪，賞而勿罰，此春氣之應也。養生之道也。逆之則傷於肝，夏變爲寒，則奉長生者少。

又云：肝臟病者，愁憂不樂，悲思嗔怒，頭旋眼痛，呵氣出而愈。

《諸病源候論・五臟六腑病諸候・心病候》 心象火，王於夏。其脈如鉤而洪大，其候舌，其聲言，其臭焦，其味苦，其液汗，其養血，其色赤，而藏神；手少陰其經也。與小腸合，小腸爲腑而主表，心爲臟而主裏。

心氣盛，爲神有餘，則病胸內痛，脇支滿，脇下痛，膺、背、膊腋間痛，兩臂內痛，喜笑不休，是心氣之實也，則宜瀉之。心氣不足，則胸腹大，脇下與腰背相引痛，驚悸，恍惚，少顏色，舌本強，善憂悲，是爲心氣之虛也，則宜補之。

於四時：病在心，愈於長夏；長夏不愈，甚於冬；冬不死，待於春；起於夏。於日：愈在戊己；戊己不愈，加於壬癸；壬癸不死，待於甲乙，起於丙丁。于時：日中慧，夜半甚，平旦靜。禁溫衣熱食。

心部，在左手寸口是也。寸口脈來，累累如連珠，如循琅玕，曰平心。夏以胃氣爲本。夏，心火王，其脈浮，洪大而散，名曰平脈也。反得沉濡滑者，腎之乘心，水之克火，爲大逆，十死不治；反得弦而長，是肝乘心，母歸子，雖病當愈；反得大而緩，是脾乘心，子之乘母，雖病當愈；反得微澀而短，是肺之乘心，金之淩火，爲微邪，雖病不死。病心脈來，喘喘連屬，其中微曲，曰心病；死心脈，前曲後居，如操帶鉤，曰心死；真心脈至，牢而搏，如循薏苡累累然。其色赤黑不澤，毛折乃死。

《養生方》云：夏三月，此謂蕃莠。天地氣交，萬物英實。夜臥早起，無厭於日。使志無怒，使華英成秀，使氣得泄，若所愛在外。此夏氣之應，養長之道也。逆之則傷心，秋爲痎瘧。其湯熨針石，別有正方。補養宣導，今附於後。

《養生方・導引法》云：心臟病者，體有冷熱。若冷，呼氣入；若熱，吹氣出。

又云：左臥，口內氣，鼻出之。除心下不便也。

《諸病源候論・五臟六腑病諸候・脾病候》 脾象土，王於長夏。其脈緩，其候口，其聲歌，其臭香，其味甘，其液涎，其養形肉，其色黃而藏意，足太陰其經也。與胃合，胃爲腑，主表；脾爲藏，主裏。

脾氣盛，爲形有餘，則病腹脹，溲不利，身重苦饑，足萎不收，胻善瘈，脚下痛，是爲脾氣之實也，則宜瀉之；　脾氣不足，則四肢不用，後泄，食不化，嘔逆，腹脹腸鳴，是爲脾氣之虚也，則宜補之。

於四時：　病在脾，愈在秋；　秋不愈，甚於春，春不死，待于長夏。於日：　愈於庚辛，庚辛不愈，加於甲乙；　甲乙不死，待于丙丁；　起於戊己。於時：　日昳慧，平旦甚，下晡靜。脾欲緩，急食甘以緩之；　用苦以瀉之；　甘以補之。禁溫食、飽食、濕地、濡衣。

脾部，在右手關上是也。六月，脾土王，其脈大，阿阿而緩，名曰平脈也。長夏以胃氣爲本，反得弦而急，是肝之乘脾，木之乘土，爲大逆，十死不治。反得微澀而短，是肺之乘脾，子之剋母，不治自愈。反得沉濡而滑者，是腎之乘脾，水之淩土，爲微邪，當瘥。脾脈長長而弱，來疎去概，再至曰平，三至曰離經，四至曰奪精，五至曰死，六至曰命盡。病脾脈來，實而盛數，如雞舉足，曰脾病死。脾脈來，堅鋭如鳥之喙，如鳥之距，如屋之漏，如水之溜，曰脾死。真脾脈，弱而乍數乍疎。然其色青黃不澤，毛折乃死。

《養生方》云：　脾藏病者，體面上游風習習，痛，身體癢，煩悶疼痛，用嘻氣出。

《諸病源候論·五臟六腑病諸候·肺病候》　肺象金，王於秋。其脈如毛而浮，其候鼻，其聲哭，其臭腥，其味辛，其液涕，其養皮毛，其藏氣，其色白，其神魄。手太陰其經，與大腸合，大腸爲府，主表，肺爲藏主裏。肺氣盛，爲氣有餘，則病喘欬上氣，肩背痛，汗出，尻、陰、股、膝、踹、脛、足皆痛，是爲肺氣之實也，則宜瀉之；　肺氣不足，則少氣不能報息，耳聾、嗌乾，是爲肺氣之虚也，則宜補之。於四時：　病在肺，愈在冬，冬不愈，甚於夏，夏不死，待於長夏，起於秋。於日：　愈在壬癸，壬癸不愈，加於丙丁，丙丁不死，待於戊己，起於庚辛。禁寒飲食、寒衣。於時：　下晡慧，夜半靜，日中甚。肺欲收，急食酸以收之，用辛瀉之。肺部，在右手關前寸口是也。平肺脈微短澀，如毛。秋以胃氣爲本。病肺脈來，上下如循雞羽，曰病肺。病其色白，身體但寒無熱，時時欲欬，其脈微遲爲可治。秋，金肺王，其脈浮澀而短，是曰平脈也。反得浮大而洪者，是心之乘肺，火之剋金，爲大逆，十死不治也；　反得沈濡而滑者，是腎之乘肺，子之乘母，病不治自愈；　反得緩大而長阿阿者，是脾之乘肺，母之歸子，雖病當愈；　反得弦而長者，是肝之乘肺，木之淩金，爲微邪，雖病當愈。肺脈來汎汎而輕，如微風中吹鳥背上毛，再至曰平，三至曰離經，四至曰奪精，五至曰死，六至曰命盡死。肺脈來，如物之浮，如風吹毛曰肺死。秋胃微毛曰平，胃氣少，毛多曰肺病，但如毛，無胃氣曰死。毛有弦曰春病，弦甚曰今病，真肺脈至大，如虚如毛羽中人膚。然其色赤白不澤，毛折乃死。

《養生方》云：　多語則氣爭，肺脹口燥。

又云：　秋三月，此謂容平。天氣以急，地氣以明。早臥早起，與雞俱興。使志安寧，以緩秋形。收斂神氣，使秋氣平。無外其志，使肺氣清。此秋氣之應也，養收之道也。逆之則傷肺，冬爲飧泄，其湯熨針石，別有正方，補養宣導，今附於後。

《養生方·導引法》云：　肺藏病者，體胸背痛滿，四支煩悶，用噓氣出。以兩手據地覆之，口內氣，鼻出之，除胸中、肺中病也。

《諸病源候論·五臟六府病諸候·腎病候》　腎象水，王於冬。其脈如石而沈，其候耳，其聲呻，其臭腐，其味鹹，其液唾，其養骨，其色黑，其神志。足少陰其經也。與膀胱爲府主表，腎爲藏主裏。腎氣盛爲志，有餘則病腹脹，飧泄，體腫，喘欬，汗出，憎風，面目黑，小便黃，是爲腎氣之實也，則宜瀉之；　腎氣不足則厥，腰背冷，胸內痛，耳鳴苦聾，是爲腎氣之虚也，則宜補之。腎病者，腹大體腫，喘咳汗出憎風，虚則胸中痛。於四時：　病在腎，愈在春，春不愈，甚於長夏，長夏不死，待於秋，起於冬。於日：　愈於甲乙，甲乙不愈，甚於戊己，戊己不死，待於庚辛，起於壬癸，無犯塵垢，無衣炙衣。於時：　夜半慧，日乘四季甚，下晡靜，腎欲堅，急食苦以堅之，鹹以瀉之，苦以補之。腎部，在左手關後尺中是也。腎脈來如引葛，按之益鞕，曰腎病。腎風水，其脈大緊，身無痛，形不瘦，不能食，善驚，驚以心萎者死。冬腎水王，其脈沈濡而滑，名曰平脈也，反得浮大而緩者，是脾之乘腎，土之剋水，爲大逆，十死不治；　反得浮澀而短者，是肺之乘腎，母之歸子，爲虚邪，雖病易可治；　反得弦細長者，是肝之乘腎，子之乘母，爲實邪，雖病自愈；　反得浮大而洪者，是心之乘腎，火之淩水，雖病治之不死也。腎死脈來，發如奪索辟辟如彈石，曰腎死。冬胃微石曰平，胃少石多曰腎病，但石無胃曰死，石而有鈎曰夏病，鈎甚曰今病。藏真下於腎，腎藏骨髓之氣，真腎脈至，搏而絕，如彈

石辟辟然。其色黃黑不澤，毛折乃死。諸真藏見者，皆死不治。

《養生方》云：冬三月，此謂閉藏。水冰地坼，無擾乎陽。早臥晚起，必待日光，使志若伏匿，若有私意，若已有得。去寒就溫，無泄皮膚，使氣亟奪，此冬氣之應也，養藏之道也。逆之則傷腎，春爲萎厥。其湯熨針石，別有正方，補養宣導，今附於後。

《養生方・導引法》云：腎藏病者，咽喉窒塞，腹滿耳聾，用呬氣出。

又云：兩足交坐，兩手捉兩足解谿，挽之極勢，頭仰，來去七，去腎氣壅塞。

《諸病源候論・五臟六府病諸候・膀胱病候》 膀胱象水，王於冬。足太陽其經也，腎之腑也。五穀五味之津液悉歸於膀胱，氣化分入血脈，以成骨髓也；而津液之餘者，入胞則爲小便。

其氣盛爲有餘，則病熱，胞澀，小便不通，小腹偏腫痛，是爲膀胱氣之實也，則宜瀉之；膀胱氣不足，則寒氣客之，胞滑，小便數而多也，面色黑，是膀胱氣之虛也，則宜補之。其湯熨針石，別有正方。補養宣導，今附於後。

《養生方・導引法》云：蹲坐，欹身，努兩手向前，仰掌，極勢，左右轉身腰三七。去膀胱內冷血風，骨節急強。

又云：互跪，調和心氣，向下至足，意裏想氣索索然，流布得所，始漸漸平身，舒手傍肋，如似手掌內氣出氣不止，面覺急悶，即起；皆至地，來去二七。微減膝頭冷，膀胱宿病，腰脊強，臍下冷悶。

《諸病源候論・五臟六府病諸候・五臟橫病候》 夫五臟者，肝象木，心象火，脾象土，肺象金，腎象水。其氣更休更王，互虛互實。自相乘克，內生於病，此爲正經自病，非外邪傷之也。若寒溫失節，將適乖理，血氣虛弱，爲風濕，陰陽毒氣所乘，則非正經自生，是外邪所傷，故名橫病也。其病之狀，隨邪所傷之臟，而形證見焉。其湯熨針石，別有正方。補養宣導，今附於後。

《養生方・導引法》云：從膝以下有病，當思臍下有赤光，內外連沒身也；從膝以上至腰有病，當思脾黃光；從腰以上至頭有病，當思心內赤光；病在皮膚寒熱者，當思肝內青綠光。皆當思其光，內外連而沒己身，閉氣，收光以照之。此消疾卻邪甚驗。篤信，精思行之，病無不愈。

《諸病源候論・腹痛病諸候・腹痛候》 腹痛者，由腑臟虛，寒冷之氣，客於腸胃、募原之間，結聚不散，正氣與邪氣交爭相擊，故痛。其有陰氣搏于陰經者，則腹痛而腸鳴，謂之寒中。是陽氣不足，陰氣有餘者也。

診其寸口脈沉而緊，則腹痛，尺脈緊，臍下痛。脈沉遲，腹痛。脈來觸觸者，少腹痛。脈陰弦，則腹痛。凡腹急痛，此裏之有病，其脈當沉。若細而反浮大，故當愈矣。其人不即愈者，必當死，以其病與脈相反故也。其湯熨針石，別有正方。補養宣導，今附於後。

《養生方・導引法》云：治股、脛、手臂痛法：屈一脛、臂中所痛者，正偃臥，口鼻閉氣，腹痛，以意推之，想氣往至痛上，俱熱即愈。

又云：偃臥，展兩脛、兩手，仰足指，以鼻內氣，自極七息。除腹中弦急切痛。

又云：偃臥，口內氣，鼻出之。除裏急。飽咽氣數十，令溫中寒，乾吐嘔腹痛。口內氣七十所，大振腹；咽氣數十，兩手相摩，令熱，以摩腹，令氣下。

又云：偃臥，仰兩足、兩手，鼻內氣七息。除腹中弦切痛。

《諸病源候論・腹痛病諸候・腹脹候》 腹脹者，由陽氣外虛，陰氣內積故也。陽氣外虛，受風冷邪氣；風冷，陰氣也。冷積於腑臟之間不散，與脾氣相壅，虛則脹，故腹滿而氣微喘。

診其脈，右手寸口氣口以前，手陽明經也，脈浮爲陽，按之牢強，謂之爲實。陽實者，病腹滿，氣喘嗽。左手關上脈，足少陽經也。陰實者，病腹脹滿，煩擾不得臥也；關脈實即腹滿響；關上脈浮而大，風在胃內，腹脹急，心內澹澹，食欲嘔逆；關脈浮，腹滿不欲食，脈浮爲是虛滿。

左手尺中神門以後脈，足少陰經。沉者爲陰，陰實者，病苦小腹滿。左手尺中陰實者，腎實也，苦腹脹善鳴。左手關後尺中脈浮爲陽，陽實者，膀胱實也，苦少腹滿，引腰痛。脈來外澀者，爲奔腹脹滿也，病苦腹滿而喘。

脈反滑利而沉，皆爲逆，死不治。腹脹脈浮者生，虛小者死。其湯熨針石，別有正方。補養宣導，今附於後。

《養生方・導引法》云：蹲坐，住心，卷兩手，髮心向下，左右手搖臂，遞互欹身，盡髆勢，捲頭築肚，兩手衝脈至臍下，來去三七。漸去腹脹肚急悶，食不消化。

又云：腹中苦脹，有寒，以口呼出氣，三十過止。

又云：若腹中滿，食飲苦飽，端坐生腰，以口內氣數十，滿吐之，以便爲

故，不便復爲之。有寒氣，腹中不安，亦行之。

又云：端坐，生腰，口內氣數十。除腹滿，食飲過飽，寒熱，腹中痛病。

又云：兩手向身側一向，偏相極勢；髮頂足氣，散下，欲似爛物解散。手掌指直舒，左右相皆然，去來三七；始正身，前後轉動膊腰七。去腹肚脹，膀胱、腰脊臂冷，血脈急強，悸也。

又云：苦腹內滿，飲食善飽，端坐生腰，以口內氣數十，以便爲故，不便復爲。

又云：脾主土，暖如人肉，如始得發汗，去風冷邪氣。若腹內有氣脹，先須暖足，摩上下並氣海，不限遍數，多爲佳。始得左回右轉三七。和氣如用腰身內一日一十三法，回轉三百六十骨節，動脈搖筋，氣血布澤，二十四氣和潤，臟腑均調和，氣用頭動搖振，手氣向上，心氣向下，分明知去來。莫閣平手、欹腰，轉身，摩，氣蹙迴動，盡，心氣放散，送至湧泉，一一不失氣之行度。用之有益，不解用者，疑如氣亂。

《諸病源候論·心腹痛病諸候·心腹痛候》 心腹痛者，由腑臟虛弱，風寒客於其間故也。邪氣發作，與正氣相擊，上衝於心則心痛，下攻於腹則腹痛，下上相攻，故心腹絞痛，氣不得息。

診其脈，左手寸口人迎以前脈，手少陰經也，沉者爲陰，陰虛者，病苦心腹痛，難以言，心如寒狀，心腹病痛，不得息。脈細小者生，大鞕疾者死。心腹痛，脈沉細小者生，浮大而疾者死。其湯熨針石，別有正方。補養宣導，今附於後。

《養生方·導引法》云：行大道，常度日月星辰，清淨，以雞鳴，安身臥，漱口三咽之。調五臟，殺蠱蟲，令人長生，治心腹痛。

《諸病源候論·心腹痛病諸候·心腹脹候》 心腹脹者，臟虛而邪氣客之，乘於心脾故也。足太陰脾之經也，脾虛則脹；足少陰腎之經也，其脈起於足小指之下，循行上絡膀胱，其直者，從腎上入肺；其支者，從肺出絡於心。臟虛，邪氣客於二經，與正氣相搏，積聚在內，氣并於脾，脾虛則脹，故令心腹煩滿，氣急而脹也。

診其脈，遲而滑者，脹滿也。其湯熨針石，別有正方。補養宣導，今附於後。

《養生方·導引法》云：伸右脛，屈左膝，內壓之，五息。引脾，去心腹寒熱，胸臆邪脹。依經爲之，引脾中熱氣出，去腹中寒熱，胸臆中邪氣脹滿。久行，無有寒熱，時節之所中傷，名爲真人之方。

《諸病源候論·痢病諸候·冷熱痢候》 夫冷熱痢者，由腸胃虛弱，宿有寒，而爲寒熱所傷，冷熱相乘，其痢乍黃乍白是也。若熱搏於血，血滲腸間，則變爲血痢也。而冷伏腸內，搏津液，則變凝白，則成白滯，亦變赤白痢也。其湯熨針石，別有正方。補養宣導，今附於後。

《養生方·導引法》云：泄下有寒者，微引氣，以息內腹，徐吹欲息。以鼻引氣，氣足復前即愈。其有熱者，微呼以去之。

《諸病源候論·九蟲病諸候·三蟲候》 三蟲者，長蟲、赤蟲、蟯蟲也。爲三蟲，猶是九蟲之數也。長蟲，蛔蟲也，長一尺，動則吐清水，出則心痛，貫心則死；赤蟲，狀如生肉，動則腸鳴；蟯蟲至細微，形如菜蟲也，居胴腸間，多則爲痔，極則爲癩，因人瘡處，以生諸癰、疽、癬、瘻、瘑、疥、齲蟲，無所不爲。此既是九蟲內之三者，而今別立名，當以其三種偏發動成病，故謂之三蟲也。其湯熨針石，別有正方。補養宣導，今附於後。

《養生方·導引法》云：以兩手著頭相叉，長氣，即吐之。坐地，緩舒兩腳，以兩手外抱膝中，疾低頭，入兩膝間，兩手交叉頭上，十三通，愈三尸也。

又云：叩齒二七過，輒咽氣二七，如是三百通乃止。爲之二十日，邪氣悉去；六十日，小病愈；百日，大病除，三蟲伏屍皆去，面體光澤也。

《諸病源候論·積聚病諸候·積聚候》 積聚者，由陰陽不和，腑臟虛弱，受於風邪，搏於腑臟之氣所爲也。腑者，陽也；臟者，陰也。陽浮而動，陰沉而伏。積者陰氣，五臟所生，始發不離其部，故上下有所窮已；聚者陽氣，六腑所成，故無根本，上下無所留止，其痛無有常處。諸臟受邪，初未能爲積聚，留滯不去，乃成積聚。

肝之積，名曰肥氣。在左脇下，如覆杯，有頭足，久不愈，令人發瘖瘧，連歲月不已。以夏戊己得之。何以言之？肺病傳肝，肝當傳脾，脾夏適王，王者不受邪，肝復欲還肺，肺不肯受，故留結爲積，故知肥氣以季夏得之也。

心之積，名曰伏梁。起臍上，如臂，上至心下。以秋庚辛得之。何以言之？腎病傳心，心當傳肺，肺秋適王，王者不受邪，心欲復還腎，腎不肯受，故留結爲積，故知伏梁以秋得之也。

脾之積，名曰否氣。在胃脘，覆大如盤，久不愈，令人四肢不收，發黃疸，

飲食不爲肌膚。以冬壬癸得之，何以言之？肝病當傳脾，脾當傳腎，腎冬適王，王者不受邪，脾欲復還肝，肝不肯受，故留結爲積，故知否氣以冬得之也。

肺之積，名曰息賁。在右脇下，覆大如杯，久不愈，令人灑淅寒熱，喘嗽發肺癰。以春甲乙得之。何以言之？心病傳肺，肺當傳肝，肝以春適王，王者不受邪，肺欲復還心，心不肯受，故留結爲積，故知息賁以春得之也。

腎之積，名曰賁豚。發於少腹，上至心下，若㹠賁走之狀，上下無時。久不愈，令人喘逆，骨萎少氣。以夏丙丁得之。何以言之？脾病傳腎，腎當傳心，心夏適王，王者不受邪，腎欲復還脾，脾不肯受，故留結爲積，故知賁㹠以夏得之也。此爲五積也。

診其脈，快而緊，積聚。脈浮而牢，積聚。脈横者，脇下有積聚。脈來小沉實者，胃中有積聚，不下食，食即吐出。脈來細沉附骨者，積也。脈出在左，積在左；脈出在右，積在右；脈兩出，積在中央，以部處之。

診得肺積脈，浮而毛，按之辟易。脇下氣逆，背相引痛，少氣善忘，目瞑，皮膚寒，秋愈夏劇。主皮中時痛，如蝨緣狀，其甚如針刺之狀，時癢，色白也。

診得心積脈，沉而芤，時上下無常處。病悸，腹中熱，面赤，咽乾，煩，掌中熱，甚即唾血。主身瘈瘲，主血厥，夏瘥冬劇，色赤也。

診得脾積，脈浮大而長。饑則減，飽則見䐜，起與穀爭，累累如桃李，起見於外。腹滿，嘔泄，腸鳴，四肢重，足脛腫厥，不能臥。是主肌肉損，色黄也。

診得肝積，脈弦而細。兩脇下痛，邪走心下，足脛寒，脇下引小腹，男子積疝也，女子病淋也。身無膏澤，喜轉筋，爪甲枯黑，春瘥秋劇，色青也。

診得腎積，脈沉而急。若脊與腰相引，饑則見，飽則減。病腰痛，小腹裏急，口乾，咽腫傷爛，目茫茫，骨中寒，主髓厥，喜忘，色黑也。

診得心腹積聚，其脈牢強急者生，脈虚弱急者死。又積聚之脈，實強者生，沉者死。其湯熨針石，别有正方。補養宣導，今附於後。

《養生方・導引法》云：以左足踐右足上，除心下積。

又云：病心下積聚，端坐生腰，向日仰頭，徐以口内氣，因而咽之，三十過而止，開目。

又云：左脇側臥，申臂直腳，以口内氣，鼻吐之，通而復始。除積聚，心下否鞕。

又云：以左手按右脇，舉右手極形。除積及老血。

又云：閉口微息，正坐向王氣，張鼻取氣，逼置臍下，小口微出十二通氣。以除結聚。低頭不息十二通，以消飲食，令身輕強。行之冬月，令人不寒。

又云：端坐生腰，直上，展兩臂，仰兩手掌，以鼻内氣閉之，自極七息，名曰蜀王喬。除脇下積聚。

又云：向晨，去枕，正偃臥，伸臂脛，瞑目閉口不息，極張腹、兩足，再息，頃間吸腹仰兩足，倍拳，欲自微息定，復爲，春三、夏五、秋七、冬九。蕩滌五臟，津潤六腑，所病皆愈。腹有病積聚者，張吸其腹，熱乃止，癥瘕散破即愈矣。

《諸病源候論・癥瘕病諸候・癥瘕候》 癥瘕者，皆由寒溫不調，飲食不化，與臟氣相搏結所生也。其病不動者，直名爲癥；若病雖有結瘕，而可推移者，名爲瘕。瘕者，假也，謂虚假可動也。

候其人發語聲嘶，中滿濁而後語乏氣拖舌，語而不出。此人食結在腹，病寒，口裏常水出，四體灑灑常如發瘧，飲食不能，常自悶悶而痛，此食癥病也。

診其脈，沉而中散者，寒食癥也。脈弦緊而細癥也。若在心下，則寸口脈弦緊；在胃脘，則關上弦緊；在臍，則尺中弦緊。脈癥法，左手脈横，癥在左；右手脈横，癥在右。脈頭大在上，頭小在下。脈來逆而牢者，爲病癥也。腎脈小急，肝脈小急，心脈若鼓，皆爲瘕。寸口脈結者，癥瘕。脈弦而伏，腹中有癥，不可轉動，必死，不治也。

《養生方》云：飲食大走，腸胃傷，久成癥瘕，時時結痛。其湯熨針石，别有正方。補養宣導，今附於後。

《養生方・導引法》云：向晨，去枕，正偃臥，伸臂脛，瞑目閉口無息，極張腹、兩足，再息。頃間吸腹仰兩足，倍拳，欲自微息定，復爲之。春三、夏五、秋七、冬九。蕩滌五臟，津潤六腑，所病皆愈。積聚者，張吸其腹，熱乃止。癥瘕散破即愈矣。

《諸病源候論・疝病諸候・寒疝候》 寒疝者，陰氣積於内，則衛氣不行，衛氣不行，則寒氣盛也。故令惡寒不欲食，手足厥冷，繞臍痛，白汗出，遇寒即發，故云寒疝也。其脈弦緊者是也。其湯熨針石，别有正方。補養宣

導，今附於後。

《養生方・導引法》云：　蹲踞，以兩手舉足，蹲極横。治氣沖腫痛，寒疝入上下。

至腎氣：　蹲踞，以兩手捉趾令離地，低跟極横挽，自然一通，愈榮衛中痛。

《諸病源候論・疝病諸候・疝瘕候》　疝者，痛也；　瘕者，假也。其病雖有結瘕，而虚假可推移，故謂之疝瘕也。由寒邪與臟腑相搏所成。其病腹内急痛，腰背相引痛，亦引小腹痛。

脈沉細而滑者，曰疝瘕；　緊急而滑者，曰疝瘕。方云：　乾脯曝之不燥者，食之成疝瘕。其湯熨針石，别有正方。補養宣導，今附於後。

《養生方・導引法》云：　挽兩足指，五息止，引腹中氣。去疝瘕，利孔竅。

又云：　坐，舒兩腳，以兩手捉大拇指，使足上頭下，極挽，五息止，引腹中氣遍行身體。去疝瘕病，利諸孔竅，往來易行。久行精爽，聰明脩長。

《諸病源候論・痰飲病諸候・痰飲候》　痰飲者，由氣脈閉塞，津液不通，水飲氣停在胸腑，結而成痰。又其人素盛今瘦，水走腸間，漉漉有聲，謂之痰飲。其病也，胸脇脹滿，水穀不消，結在腹内兩肋，水入腸胃，動作有聲，體重多唾，短氣好眠，胸背痛，甚則上氣咳逆，倚息，短氣不能臥，其形如腫是也。

脈偏弦爲痰，浮而滑爲飲。其湯熨針石，别有正方。補養宣導，今附於後。

《養生方・導引法》云：　左右側臥，不息十二通，治痰飲不消。右有飲病，右側臥；　左有飲病，左側臥。又有不消，氣排之，左右各十有二息。治痰飲也。

《諸病源候論・痰飲病諸候・諸飲候》　諸飲者，皆由榮衛氣否澀，三焦不調，而因飲水多，停積而成痰飲。其爲病也，或兩脇脹滿，或心胸煩悶，或眼暗口乾，或嘔逆短氣，諸候非一，故云諸飲。其湯熨針石，别有正方。補養宣導，今附於後。

《養生方・導引法》云：　行械之右之，側臥閉目，氣不息十二通。治諸飲不消。右有飲病，左不息，排下消之。

又云：　鶩行氣，低頭倚壁，不息十二通，以意排之，痰飲宿食從下部出，愈。鶩行氣者，身直頸曲，排氣下行而一通，愈宿食。久行自然能出，不須孔塞也。

《諸病源候論・痰飲病諸候・癖候》　夫五臟調和，則榮衛氣理，榮衛氣理，則津液通流，雖復多飲水槳，不能爲病。若攝養乖方，三焦否隔，三焦否隔，則腸胃不能宣行，因飲水漿過多，便令停滯不散，更遇寒氣，積聚而成癖。癖者，謂僻側在於兩脇之間，有時而痛是也。其湯熨針石，别有正方。補養宣導，今附於後。

《養生方》云：　臥覺，勿飲水更眠，令人作水癖。

又云：　飲水忽急咽，久成水癖。

又云：　舉兩膝，夾兩頰邊，兩手據地蹲坐，故久行之，愈伏梁。伏梁者，宿食不消成癖，腹中如杯如盤。宿癖者，宿水宿氣癖數生癖。久行，腸化爲筋，骨變爲實。

《諸病源候論・否噎病諸候・諸否候》　諸否者，榮衛不和，陰陽隔絶，腑臟否塞而不宣通，故謂之否。但方有八否、五否或六否，以其名狀非一，故云諸否。其病之候，但腹内氣結脹滿，閉塞不通，有時壯熱，與前八否之勢不殊，故云諸否。其湯熨針石，别有正方。補養宣導，今附於後。

《養生方・導引法》云：　正坐努腰胸，仰舉頭，將兩手指相對，向前捺席使急，身如共頭胸向下，欲至席還起，上下來去二七。去胸肋否，臟冷，臑疼悶，腰脊悶也。

《諸病源候論・脾胃病諸候・脾胃氣不和不能飲食候》　脾者，臟也。胃者，腑也。脾胃二氣，相爲表裏。胃受穀而脾磨之，二氣平調，則穀化而能食。若虚實不等，水穀不消，故令腹内虚脹，或泄，不能飲食，所以謂之脾胃氣不和，不能飲食也。其湯熨針石，别有正方。補養宣導，今附於後。

《養生方・導引法》云：　欹身，兩手一向偏側，急努身舒頭，共手，競扒相牽，漸漸一時盡勢。氣共力皆和，來去左右亦然，各三七。項前後兩角緩舒手，如是似向外扒，放縱身心，搖三七，遞互亦然。去太倉不和，臂腰虚悶也。

《諸病源候論・嘔噦病諸候・嘔吐候》　嘔吐者，皆由脾胃虚弱，受於風邪所爲也。若風邪在胃，則嘔；　膈間有停飲，胃内有久寒，則嘔而吐。其

狀，長太息，心裹澹澹然，或煩滿而大便難，或溏泄，並其候也。

《養生方》云：八月勿食薑，一云被霜瓜，向冬發寒熱及溫病，食欲吐，或心中停飲不消，或爲反胃。其湯熨針石，別有正方。補養宣導，今附於後。

《養生方·導引法》云：正坐，兩手向後捉腕，反拓席，盡勢，使腹弦弦，上下七，左右換手亦然。除腹肚冷風，宿氣積，胃口冷，食飲進退吐逆不下。

又云：偃臥，展脛，兩手左蹻，兩足踵，以鼻內氣，自極七息。除腰中病，食苦。

又云：坐，直舒兩腳，以兩手挽兩足，自極十二通。愈腸胃不能受食，吐逆。以兩手直叉兩腳底，兩腳痛舒，以頭枕膝上，自極十二通，愈腸胃不能受食，吐逆。

《諸病源候論·宿食不消病諸候·宿食不消候》 宿食不消，由臟氣虛弱，寒氣在於脾胃之間，故使穀不化也。宿穀未消，新穀又入，脾氣既弱，故不能磨之，則經宿而不消也。令人腹脹氣急，噫氣醋臭，時復憎寒壯熱是也，或頭痛如瘧之狀。

寸口脈浮大，按之反澀，尺脈亦微而澀者，則宿食不消也。其湯熨針石，別有正方。補養宣導，今附於後。

《養生方·導引法》云：凡食訖，覺腹內過飽，腸內先有宿氣，常須食前後，兩手撩膝，左右欹身，肚腹向前，努腰就肚，左三七，右二七，轉身按腰脊極勢。去太倉腹內宿氣不化，脾痹腸瘦，臟腑不和。得令腹脹滿，日日消除。

又云：閉口微息，正坐向王氣，張鼻取氣，逼置臍下，小口微出十二通氣，以除結聚，低頭不息十二通，以消飲食，令身輕強，行之，冬月不寒。

又云：端坐生腰，舉右手，仰掌，以左手承左脇。以鼻內氣，自極七息。所除胃寒，食不變，則愈。

又云：鶩行氣，低頭倚壁，不息十二通。以意排痰飲宿食從下部出，自愈。鶩行氣者，身直頸曲，排氣下行十二通，愈宿食。

又云：雁行氣，低臂推膝踞，以繩自縛拘左，低頭，不息十二通。消食輕身，益精神，惡氣不入，去萬邪。一本云：正坐，仰天，呼吸天精，解酒食飲飽。出氣吐之數十，須臾立饑且醒。夏月行之，令人清涼。

《諸病源候論·宿食不消病諸候·食傷飽候》 夫食過於飽，則脾不能磨消，令氣急煩悶，睡臥不安。

寸口脈盛而緊者，傷於食，脈緩大而實者，傷於食也。其湯熨針石，別有正方。補養宣導，今附於後。

《養生方·導引法》云：若腹中滿，食飲若飽，端坐生腰，以口內氣數十，滿吐之，以便爲故，不便復爲之。有寒氣，腹中不安，亦得之。

又云：端坐生腰，口內氣數十。除腹中滿，食飲過飽，寒熱，腹中痛病。

《諸病源候論·水腫病諸候·水腫候》 腎者主水，脾胃俱主土，土性克水。脾與胃合，相爲表裏。胃爲水穀之海，令胃虛不能傳化水氣，使水氣滲溢經絡，浸漬腑臟。脾得水濕之氣，加之則病，脾病則不能制水，故水氣獨歸於腎。三焦不瀉，經脈閉寒，故水氣溢於皮膚而令腫也。其狀，目裹上微腫，如新臥起之狀，頸脈動，時咳，股間冷，以手按腫處，隨手而起，如物裹水之狀，口苦舌乾，不得正偃，偃則咳清水；不得臥，臥則驚，驚則咳甚；小便黄澀是也。

水病有五不可治：第一唇黑傷肝，第二缺盆平傷心，第三臍出傷脾，第四足下平滿傷腎，第五背平傷肺。凡此五傷，必不可治。

脈沉者水也。脈洪大者可治，微細者死。

《養生方》云：十一月，勿食經夏自死肉脯，內動於腎，喜成水病。其湯熨針石，別有正方。補養宣導，今附於後。

《養生方·導引法》云：蝦蟆行氣，正坐，動搖兩臂，不息十二通。以治五勞水腫之病。

又云：人臥，勿以腳懸踏高處，不久遂致成腎水也。

《諸病源候論·霍亂病諸候·轉筋候》 轉筋者，由榮衛氣虛，風冷氣搏於筋故也。手足之三陰三陽之筋，皆起於手足指，而並絡於身。若血氣不足，陰陽虛者，風冷邪氣中於筋，隨邪所中之筋，筋則轉。轉者，謂其轉動也。經云：足太陽下，血氣皆少，則喜轉筋，喜踵下痛者，是血氣少則易虛，虛而風冷乘之故也。

診其左手關上，肝脈也。沉爲陰，陰實者，肝實也，苦肉動轉筋。左手尺中名神門，以候腎足少陰經也，浮爲陽，陽虛者，病苦轉筋。其湯熨針石，別有正方。補養宣導，今附於後。

《養生方·導引法》云：偃臥，展兩脛兩手，外踵者相向，以鼻內氣，自極七息。除兩膝寒，脛骨疼，轉筋。

又法：覆臥，旁視，立兩踵生腰，鼻内氣，去轉筋。

又云：張脛兩足指，號五息，令人不轉筋。極自用力張腳，痛挽兩足趾，號言寬大，去筋節急攣躄痛。久行，身開張。

又云：覆臥，旁視，立兩踵，生腰，以鼻内氣，自極七息已。除腳中弦痛，轉筋，腳酸疼。一本云：治腳弱。

《諸病源候論·霍亂病諸候·筋急候》 凡筋中於風熱則弛縱，中于風冷則攣急。十二經筋，皆起於手足指，循絡於身也。體虚弱，若中風寒，隨邪所中之筋則攣急，不可屈伸。其湯熨針石，別有正方。補養宣導，今附於後。

《養生方·導引法》云：兩手抱足，頭不動，足向口面，不受氣，衆節氣散，來往三七。欲得捉足，左右側身，各各急挽，腰不動。去四肢腰上髓内冷，血脈冷，筋急。

又云：一足向前互跪，押踹極勢，一手向前，長努拓勢；一足向後屈，一手搦解溪，急挽盡勢；膝頭摟席使急，面頭漸舉，氣融散流上下，左右换易四七。去腰、伏兔、腋下悶疼，髓筋急。

又云：長舒一足，屈一足，兩手抱膝三里，努膝向前，身欲挽一肘取勢，氣内散消，如似骨解，遞互换足，各別三七。漸漸去膊脊冷風，冷血筋急。

又云：張脛兩足趾，號五息止。令人不轉筋。極自用力張腳，痛挽兩足指，號言寬大。去筋節急攣躄痛。久行，身開張。

又云：雙手反向拓腰，仰頭向後努急，手拓處不動，展兩肘頭相向，極勢三七。去兩臂膊筋急冷血，咽骨掘弱。

又云：一手拓前極勢長努，一手向後長舒盡勢，身似天形，左右遞互挽手亦二七，腰脊不動。去身内八節骨肉冷血，筋髓虚，項膊急。

又云：一足踏地，一手向前長舒，一足向後極勢，長舒一手一足，一時盡意，急振二七。左右亦然。去髓疼筋急，百脈不和。

又云：兩手掌倒拓兩髆井前極勢，上下傍兩腋，急努振摇，來去三七竟，手不移處，努兩肘向上急勢，上下振摇二七，欲得卷兩手七，自相將三七。去項膊筋脈急勞。一手屈卷向後左，一手捉肘頭向内挽之，上下一時盡勢，屈手散放，舒指三，左轉手，皆極勢四七。調肘膊骨筋急，張兩手拓向上極勢，上下來往三七，手不動，將兩肘向極勢七，不動手肘臂，側身極勢，左右回三七。去脛骨冷氣風急。

《諸病源候論·中惡病諸候·卒魘候》 卒魘者，屈也，謂夢裏爲鬼邪之所魘屈。人臥不悟，皆是魂魄外遊，爲他邪所執録，欲還未得，致成魘也。忌火照，火照則神魂遂不復入，乃至於死。而人有於燈光前魘者，是本由明出，是以不忌火也。其湯熨針石，別有正方。補養宣導，今附於後。

《養生方·導引法》云：拘魂門，制魄戶，名曰握固法。屈大母指，著四小指内抱之，積習不止，眠時亦不復開，令人不魘魅。

又云：人魘，勿然明喚之，魘死不疑。暗喚之唯。好得遠喚，亦不得近而急喚，亦喜失魂魄也。

《諸病源候論·注病諸候·風注候》 注之言住也，言其連滯停注也。風注之狀，皮膚游易往來，痛無常處是也。由體虚受風邪，邪氣客于榮衛，隨氣行遊，故謂風注。其湯熨針石，別有正方。補養宣導，今附於後。

《養生方·導引法》云：兩手交拓兩膊頭面，兩肘頭仰上極勢，身平頭仰，同時取勢，肘頭上下三七摇之。去膊肘風注，咽項急，血脈不通。

《諸病源候論·注病諸候·冷注候》 注者住也，言其病連滯停住，死又注易旁人也。陰陽偏虚，爲冷邪所傷，留連腑臟，停滯經絡，内外貫注，得冷則發，腹内時時痛，骨節痛疼，故謂之冷注。其湯熨針石，別有正方。補養宣導，今附於後。

《養生方·導引法》云：一手長舒，合掌，一手捉頦，挽之向外，一時極勢二七。左右亦然。手不動，兩向側勢，急挽之二七。去頸骨急強，頭風腦旋，喉痹，膊内冷注偏風。

《諸病源候論·蠱毒病諸候·蠱毒候》 凡蠱毒有數種，皆是變惑之氣。人有故造作之，多取蟲蛇之類，以器皿盛貯，任其自相啖食，唯有一物獨在者，即謂之爲蠱。便能變惑，隨逐酒食，爲人患禍。患禍於他，則蠱主吉利，所以不羈之徒，而畜事之。又有飛蠱，去來無由，漸狀如鬼氣者，得之卒重。凡中蠱病，多趨於死。以其毒害勢甚，故云蠱毒。

著蠱毒，面色青黃者，是蛇蠱，其脈洪壯。病發之時，腹内熱悶，胸脇支滿，舌本脹強，不喜言語，身體恒痛；又心腹似如蟲行，顔色赤，唇口乾燥。經年不治，肝膈爛而死。

其面色赤黃者，是蜥蜴蠱，其脈浮滑而短。病發之時，腰背微滿，手腳唇口，悉皆習習，而喉脈急，舌上生瘡。

二百日不治，嗽人心肝盡，亂下膿血，羸瘦，顏色枯黑而死。

其面色青白，又云其脈沉濡，病發時咽喉塞，不欲聞人語，腹內鳴喚，或下或上，天陰雨轉劇，皮內如蟲行，手腳煩熱，嗜醋食，咳唾膿血，顏色乍白乍青，腹內脹滿，狀如蝦蟆。若成蠱，吐出成科斗形，是蝦蟆蠱。經年不治，嗽人脾胃盡，唇口裂而死。

其脈緩而散者，病發之時，身體乍冷乍熱，手腳煩疼，無時節吐逆，小便赤黃，腹內悶，胸痛，顏色多青，毒或吐出，似蜣螂有足翅，是蜣螂蠱。經年不治，嗽人血脈，枯盡而死。

欲知是蠱與非，當令病人唾水內，沉者是蠱，浮者非蠱。

又云：旦起取井花水，未食前，當令病人唾水內，唾如柱腳，直下沉者，是蠱毒。沉散不至下者，草毒。

又云：含大豆，若是蠱，豆脹皮脫；若非蠱，豆不爛脫。

又云：以鵠皮置病人臥下，勿令病人知，若病劇者，是蠱也。

又云：取新生雞子煮熟，去皮，留黃白，令完全，日晚口含，以齒微微隱之，勿令破，作兩炊時，夜吐一瓦上，著霜露內，旦看大青，是蠱毒也。

昔有人食新變鯉魚中毒，病心腹痛，心下鞕，發熱煩冤，欲得水洗沃，身體搖動，如魚得水狀。有人診云：是蠱。其家云：野間相承，無此毒，不作蠱治，遂死。其湯熨針石，別有正方。補養宣導，今附於後。

《養生方・導引法》云：兩手著頭相叉，坐地，緩舒兩腳，以兩手從外抱膝中，痛低頭入兩膝間，兩手交叉頭十二通，愈蠱毒及三屍毒，腰中大氣。

又云：常度日月星辰，清淨，以雞鳴，安身臥，嗽口三咽之。調五臟，殺蠱蟲，令人長生，治心腹痛。

又云：治百病邪蠱，當正偃臥，閉目閉氣，內視丹田，以鼻徐徐內氣，令腹極滿，徐徐以口吐之，勿令有聲，令入多出少，以微爲故，存視五臟，各如其形色；又存胃中，令鮮明潔白如素。爲之倦極，汗出乃止，以粉粉身，摩捋形體。汗不出而倦者，亦可止。明日復爲之。

又當存作大雷電，隆晃走入腹中，爲之不止，病自除。

《諸病源候論・血病諸候・唾血候》 唾血者，由傷損肺，肺者爲五臟上蓋；易爲傷損，若爲熱氣所加，則唾血。唾上如紅縷者，此傷肺也；脅下痛，唾鮮血者，此傷肝。關上脈微芤，則唾血。脈沉弱者生，牢實者死。其湯熨針石，別有正方，補養宣導，今附於後。

《養生方・導引法》云：伸兩腳，兩手指著足五趾上，愈腰折不能低。若唾血、久疼，爲之愈。長伸兩腳，以兩手捉五趾七遍。愈腰折不能低仰，若唾血、久疼、血病。久行，身則可卷轉也。

《諸病源候論・毛髮病諸候・白髮候》 足少陰腎之經也，腎主骨髓，其華在髮。若血氣盛，則腎氣強，腎氣強，則骨髓充滿，故髮潤而黑；若血氣虛，則腎氣弱，腎氣弱，則骨髓枯竭，故髮變白也。其湯熨針石，別有正方。補養宣導，今附於後。

《養生方・導引法》云：解髮，東向坐；握固不息一通。舉左右手導引，手掩兩耳。治頭風，令髮不白。以手復持頭五，通脈也。

又云：清旦初起，左右手交互，從頭上挽兩耳，舉，又引鬢髮，即流通。

又云：坐地，直兩腳，以兩手指腳脛，以頭至地，調脊諸椎，利髮根，令長美。坐舒兩腳，相去一尺，以扼腳兩脛，以頂至地十二通。調身脊無患害，致精氣潤澤。髮根長美者，令青黑柔濡滑澤，髮恒不白。

又云：伏，解髮東向，握固，不息一通，舉手左右導引，掩兩耳。令髮黑不白。伏者，雙膝著地，額直至地，解髮，破髻，舒頭，長敷在地。向東者，向長生之術。握固，兩手如嬰兒握，不令氣出。不息，不使息出，極悶已，三噓而長細引。一通者，一爲之，令此身囊之中滿其氣引之者，引此舊身內惡邪伏氣，隨引而出，故名導引。舉左右手各一通，掩兩耳，塞鼻孔三通，除白髮患也。

又云：蹲踞，以兩手舉足五趾，低頭自極，則五臟氣遍至。治耳不聞，目不明。久爲之，則令髮白復黑。

又云：正月十日沐髮，髮白更黑。

又云：千過梳頭，頭不白。

又云：正月一日，取五香煮作湯，沐頭不白。

又云：十日沐浴，頭不白。

又云：十四日沐浴，令齒牢髮黑。

又云：常向本命，櫛髮之始，叩齒九通，陰咒曰：太常散靈，五老返真，泥丸玄華，保精長存，左回拘月，右引目根，六合清煉，百疾愈因。咽唾三

過，常數行之，使人齒不痛，髮牢不白。一云頭腦不痛。

又云：思心氣上下四布，正赤通天地，自身大且長。令人氣力增益，髮白更黑，齒落再生。

《諸病源候論·目病諸候·目風淚出候》 目爲肝之外候，若被風邪傷肝，肝氣不足，故令目淚出。其湯熨針石，別有正方。補養宣導，今附於後。

《養生方·導引法》云：踞，伸右腳，兩手抱左膝頭，生腰，以鼻內氣，自極七息，除難屈伸拜起，去脛中痛痹，風目耳聾。

又云：踞，伸左腳，兩手抱右膝，生腰，以鼻內氣，自極七息，展左足著外。除難屈伸，拜起，去脛中疼。一本云：除風目暗，耳聾。

又云：以鼻內氣，左手持鼻，除目暗泣出鼻內氣，口閉，自極七息。除兩脇下積血氣。

又云：端坐，生腰，徐以鼻內氣，以右手持鼻，除目暗，若淚出閉目吐氣。鼻中息肉，耳聾亦然，除傷寒頭痛洗洗，皆當以汗出爲度。

《諸病源候論·目病諸候·目暗不明候》 夫目者，五臟六腑，陰陽精氣，皆上注於目。若爲血氣充實，則視瞻分明；血氣虛竭，則風邪所侵，令目暗不明。

《養生方》云：恣樂傷魂魄，通於目，損於肝，則目暗。其湯熨針石，別有正方，補養宣導，今附於後。

《養生方·導引法》云：蹲踞，以兩手舉足五趾頭自極，則五臟氣遍。主治耳不聞人語聲，目不明。久爲之，則令發白復黑。

又云：仰兩足趾，五息止，引腰背痹，偏枯，令人耳聞聲。久行，眼耳諸根，無有罣礙。

又云：伸左脛，屈右膝內壓之，五息止。引肺，去風虛，令人目明，依經爲之，引肺中氣，去風虛病，令人目明，夜中見色，與晝無異。

又云：雞鳴以兩手相摩令熱，以熨目，三行，以指抑目，左右有神光。令目明，不病痛。

又云：東向坐，不息再通，以兩手中指口唾之二七，相摩拭目，令人目明。以甘泉漱之，洗目，去其翳垢，令目清明。上以內氣，洗身中，令內睛潔，此以外洗，去其塵障。

又云：臥，引爲三，以手爪項邊脈五通，令人目明。臥，正偃，頭下卻亢引三通，以兩手指爪項邊大脈爲五通。除目暗患。久行，令人眼夜能見色。爲久不已，通見十方，無有劑限。

《諸病源候論·目病諸候·目茫茫候》 夫目是五臟六腑之精華，宗脈之所聚，肝之外候也。腑臟虛損，爲風邪痰熱所乘，氣傳於肝，上沖於目，故令視瞻不分明，謂之茫茫也。凡目病，若肝氣不足，兼胸膈風痰勞熱，則目不能遠視，視物則茫茫漠漠也。若心氣虛，亦令目茫茫，或惡見火光，視見蜚蠅黄黑也。

診其左手尺中脈，沉爲陰，陰實者目視茫茫。其脈浮大而緩者，此爲逆，必死。其湯熨針石，別有正方。補養宣導，今附於後。

《養生方·導引法》云：雞鳴欲起，先屈左手噉鹽指，以指相摩，咒曰：西王母女，名曰益愈，賜我目，受之於口。即精摩形。常雞鳴二七著唾，除目茫茫，致其精光，徹視萬里，遍見四方。咽二七唾之，以熱指摩目二七，令人目不瞑。

《諸病源候論·鼻病諸候·鼻齆候》 肺主氣，其經手太陰之脈也，其氣通鼻。若肺臟調和，則鼻氣通利，而知香臭。若風冷傷於臟腑，而邪氣乘於太陰之經，其氣蘊積於鼻者，則津液壅塞，鼻氣不宣調，故不知香臭，而爲齆也。其湯熨針石，別有正方。補養宣導，今附於後。

《養生方·導引法》云：東向坐，不息三通，手捻鼻兩孔。治鼻中患。交腳踑坐。治鼻中患，通腳癰瘡，去其涕唾，令鼻道通，得聞香臭。久行不已，徹聞十方。

《諸病源候論·鼻病諸候·鼻生瘡候》 鼻是肺之候，肺氣通於鼻。其臟有熱，氣沖於鼻，故生瘡也。其湯熨針石，別有正方。補養宣導，今附於後。

《養生方·導引法》云：踞坐，合兩膝，張兩足，不息五通。治鼻瘡。

《諸病源候論·鼻病諸候·鼻息肉候》 肺氣通於鼻。肺臟爲風冷所乘，則鼻氣不和，津液壅塞，而爲鼻齆。冷搏於血氣，停結鼻內，故變生息肉。其湯熨針石，別有正方。補養宣導，今附於後。

《養生方·導引法》云：端坐，生腰，徐徐以鼻內氣，以右手捻鼻，除目闇，淚苦出。徐徐閉目吐氣鼻中息肉，耳聾，亦能除，傷寒頭痛洗洗，皆當以汗出爲度。

又云：東向坐，不息三通，以手捻鼻兩孔。治鼻中息肉。

《諸病源候論·耳病諸候·耳聾候》 腎爲足少陰之經而藏精，氣通於耳。耳，宗脈之所聚也。若精氣調和，則腎臟強盛，耳聞五音。若勞傷血氣，兼受風邪，損於腎臟而精脱，精脱者，則耳聾。然五臟六腑、十二經脈，有絡於耳者，其陰陽經氣，有相并時，并則有臟氣逆，名之爲厥，厥氣相搏，入於耳之脈，則令聾。

其腎病精脱耳聾者，其候頰顴色黑。手少陽之脈動，而氣厥逆，而耳聾者，其候耳内煇煇焞焞也。手太陽厥而聾者，其候聾，而耳内氣滿。

《養生方》云：勿塞故井及水瀆，令人耳聾目盲。其湯熨針石，別有正方。補養宣導，今附於後。

《養生方·導引法》云：坐地，交叉兩腳，以兩手從曲腳中入，低頭叉項上。治久寒不能自溫，入耳不聞聲。

又云：腳著項上，不息十二通。必愈大寒，不覺暖熱，久頑冷患，耳聾目眩。久行即成法，法身五六，不能變。

《諸病源候論·牙齒諸候·風齒候》 手陽明之支脈入於齒。頭面有風，陽明之脈虛，風乘虛隨脈流入於齒者，則令齒有風，微腫而根浮也。其湯熨針石，別有正方。補養宣導，今附於後。

《養生方·導引法》云：凡人覺脊背皆崛強，不問時節，縮咽髆内，仰面努髆井向上，頭左右兩向挼之，左右三七一住，待血行氣動定，然始更用。初緩後急，不得先急後緩。若無病人，常欲得旦起、午時、日沒三辰，如用辰別三七。除寒熱病，脊、腰、頸、項痛，風痹，口内生瘡，牙齒風，頭眩，終盡除也。

《諸病源候論·唇口病諸候·口舌瘡候》 手少陰，心之經也，心氣通於舌。足太陰，脾之經也，脾氣通於口。腑臟熱盛，熱乘心脾，氣衝於口與舌，故令口舌生瘡也。

診其脈，浮則爲陽，陽數者，口生瘡。其湯熨針石，別有正方。補養宣導，今附於後。

《養生方·導引法》云：凡人覺脊背崛強，不問時節，縮咽髆内，仰面努髆井向上，頭左右兩向挼之，左右三七一住，待血氣行動定，然始更用。初緩後急，不得先急後緩。若無病人，常欲得旦起、午時、日沒三辰，如用辰別三七。除寒熱病，脊、腰、頸項痛，風痹。口内生瘡，牙齒風，頭眩，終盡除也。

《諸病源候論·咽喉病諸候·喉痹候》 喉痹者，喉裏腫塞痹痛，水漿不得入也。人陰陽之氣出於肺，循喉嚨而上下也。風毒客於喉間，氣結蘊積而生熱，故喉腫塞而痹痛。

脈沉者爲陰，浮者爲陽，若右手關上脈陰陽俱實者，是喉痹之候也。亦令人壯熱而惡寒。七八日不治則死。其湯熨針石，別有正方。補養宣導，今附於後。

《養生方·導引法》云：兩手拓兩頰，手不動摟肘，使急，腰内亦然，住定。放兩肋頭向外，肘髆腰氣散盡，勢大悶始起，來去七通。去喉痹。

又云：一手長舒，合掌仰，一手捉頦，挽之向外，一時極勢二七。左右亦然。手不動，兩向側勢，急挽之二七。去頸骨急強，頭風腦旋，喉痹，髆内冷注，偏風。

《諸病源候論·癰疽病諸候上·疽候》 疽者，五臟不調所生也。五臟主裏，氣行經絡而沉。若喜怒不測，飲食不節，陰陽不和，則五臟不調。勞衛虛者，腠理則開，寒客經絡之間，經絡爲寒所折，則榮衛稽留於脈。榮者，血也；衛者，氣也；榮血得寒則澀而不行，衛氣從之，與寒相搏，亦壅遏不通。氣者，陽也；陽氣蘊積，則生於熱，寒熱不散，故積聚成疽。

臟氣沉行，主裏，故疽腫深厚，其上皮強如牛領之皮。外則熱勝於寒，熱氣淳盛，蘊結傷肉也。血肉腐壞，化而爲膿，乃至傷骨爛筋，不可治而死也。

又，少苦消渴，年至四十已上，多發癰疽。所以然者，體虛熱而榮衛否澀故也。又有膈痰而渴者，年盛必作黄疽，此由脾胃虛熱故也。年衰亦發癰疽，臟虛，血氣否澀故也。

又，腫一寸至二寸，癤也；二寸至五寸，癰也；五寸至一尺，癰疽也；一尺至三尺者，名曰竟體癰，癰成九竅皆血，諸氣憤鬱，不遂志欲者，血氣蓄積，多發此疾。

診其脈，弦洪相薄，外急内熱，欲發癰疽。脈來細而沉，時直者，身有癰腫。若腹中有伏梁，脈肺肝俱到，即發癰疽；四肢沉重，肺脈多即死。凡癰疽脈，洪麤難治，脈微澀者易愈。諸浮數之脈，應當發熱，而反洗淅惡寒，若痛處，當有癰也。此或附骨有膿也。

身有五部：伏兔一，腓二，背三，五臟之俞四，項五。五部有疽者死。

又，疽發於嗌中，名曰猛疽。猛疽不治，化爲膿，膿不瀉塞咽，半日死。

其化作膿，瀉之則已。

發於頸，名曰掖疽，其腫大以赤黑。不急治，則熱氣下入腋淵，前傷任脈，内熏肝肺，熏肝肺，十餘日而死矣。

陽氣大發，消瀏留項，名曰腦鑠，其色不榮，項痛如刺以針。煩心者，死不可治。

發於髆及臑，名曰疵疽，其狀赤黑，急治之。此令人汗出至足，不害五臟。癰發四五日，爇焫之也。

發於腋下，赤鞕者，名曰米疽也。鞕而不潰者，爲马刀也。

发於胸，名曰井疽也。其状如大豆，日三四起，不早治，下入腹中，不治，十日死。

发於膺，名曰甘疽。其狀如穀實、瓠瓜，常苦寒熱。急治之，去其寒熱。不治，十歲死，死後出膿。

發于股陽，名曰兑疽。其狀不甚變，而膿附骨，不急治，四十日死。

發於脇，名曰改訾。改訾者，女子之病也。又云：　癰發女子陰旁，名曰改訾疽。久不治，其中生息肉，如赤小豆麻黍也。

發於尻，名曰兑疽。其狀赤鞕大，急治之。不治，四十日死。若發尻尾，名曰兑疽。若不急治，便通洞一身，十日死。

發于股陰，名曰赤馳。不急治之，六日死。在兩股内者，不治，六十日當死。

發於膝，名曰疵疽。其狀大，癰色不變，寒熱而堅，勿石，石之則死。須其色黑柔，乃石之，生也。

發於脛，名曰兔齧疽。其狀赤至骨。急治之。不治，害人也。

發於踝，名曰走緩。色不變。數灸而止其寒熱，不死。

發於足上下，名曰四淫。不急治之，百日死。

發於足旁，名曰癘疽。其狀不大，初小指發，急治之。其狀黑者，不可消，百日死也。

發於足趾，名曰脱疽。其狀赤黑，死：　不赤黑，不死。治之不衰，急斬去之，活也；　不斬者，死矣。

赤疽發額，不瀉，十餘日死。其五日可刺也，其膿赤多血，死；　未有膿，可治。人年二十五、三十一、六十、九十五，百神皆在額，不可見血，見血者死。

赤疽發，身腫，牢核而身熱，不可以坐，不可以行，不可以屈伸。成膿，刺之即已。

赤疽發胸，可治；　赤疽發髀樞，六月内可治；　不治，出歲死。

赤疽發陰股，牢者死，濡者可治。

赤疽發掌中，可治。

赤疽發脛，死不可治。

白疽發髆，若肘後癢，目痛傷精，及身熱多汗，五六處死。

黑疽發腫，居背大骨上，八日可刺也。過時不刺爲骨疽。骨疽膿出不可止者，出碎骨。六十日死。

黑疽發掖淵，死。

黑疽發耳中，如米，此名文疽，死。黑疽發髆，死。

黑疽發缺盆中，名曰伏癰，死。黑疽發肘上下，不死可治。黑疽發腓腸，死。黑疽發膝臏，牢者死，濡者可治。黑疽發趺上，牢者死。

倉疽發身，癢後痛。此故傷寒，氣入臟，篤發爲倉疽。九日可治，九十日死。

釘疽發兩髆，此起有所逐，惡血結留内外，榮衛不通，發爲釘疽。三日身腫，痛甚，口噤如痙狀。十一日可刺。不治，二十日死。疽起於肉上，如丁蓋，下有腳至骨，名釘疽也。

鋒疽發背，起心俞若髆髃。二十日不瀉，死。其八日可刺也。其色系黑。膿見青者，死不治。人年六、十八、二十四、四十、五十六、六十七、七十二、九十八，神皆在髆，不可見血，見血必死。

陰疽發髀若陰股，始如發，腰強，内不能自止；　數飲不能多，五日牢痛。如此不治，三歲死。

刺疽發，起肺俞若肝俞，不瀉，二十日死；　其八日可刺也。發而赤，其上肉如椒子者，死不可治。人年十九、二十五、三十三、四十九、五十七、六十、七十三、八十一、九十七，神皆在背，不可見血，見血者死。

脈疽發環項，始病，身隨而熱，不欲動，悁悁或不能食。此有所大畏恐怖而不精，上氣嗽。其發引耳，不可以腫。二十日可刺，如不刺，八十日死。

龍疽發背，起胃俞若腎俞。二十日不瀉，死；　九日可刺。其上赤下黑，

若青黑者，死；　發血膿者，不死。

首疽發背，發熱八十日，大熱汗頭，引身盡。　加嗽，身熱同同如沸者，皮澤頗腫處淺刺之，不刺，入腹中，二十日死。

俠榮疽發脇，起若兩肘頭。二十五日不瀉，死。　其九日可刺。　發赤白間，其膿多白而無赤，可治也。　人年一十六、二十六、三十二、四十八、五十八、六十四、八十、九十六，神皆在脇，不可見血，見血者死。

勇疽發股，起太陰若伏兔。二十五日不瀉，死；　其十日可刺。　勇疽發，清膿赤黑，死；　白者，尚可治。　人年十一、十五、二十、三十一、三十二、四十六、五十九、六十三、七十五、九十一，神皆在尻尾，不可見血，見血者死。

標叔疽，熱同同，耳聾，後六十日腫，如裹水狀，如此可刺之。　但出水後，乃有血，血出即除也。　人年五十七、六十五、七十三、八十一、九十七，神皆在背，不可見血，見血者死。

瘔疽發足趺若足下，三十日不瀉，死；　其十二日可刺。　瘔疽發赤白膿而不大多；　其上癢赤黑，死，不可治。　人年十三、二十九、三十五、六十一、七十三、九十三，神皆在足，不可見血，見血者死。

衝疽發在小腹，痛而戰寒熱冒，五日悁悁，六日而變，可刺之。　五十日死。

敦疽發兩指頭，若五指頭，十八日不瀉，死；　其四日可刺。　其發而黑，癰不甚赤，未過節，可治也。

疥疽發腋下若臂，兩掌中，振寒，熱而嗌乾者，飲多即嘔，煩心悁悁，或卒腫者，如此可汗，不汗者死。

筋疽發背，俠脊兩邊大筋，其色蒼，八日可刺也。

陳乾疽發臂，三四日痛不可動，五十日身熱而赤，六十日可刺之。　如刺之肺無血，三四日病已。

蚤疽發手足五指頭，起節色不變，十日之內可刺也。　過時不刺，後爲食。癰在腋，三歲死。

《養生方》云：　銅器蓋食，汗入食，食之令人發惡瘡內疽。

又云：　鯽魚膾合豬肝肺，食之發疽。

又云：　烏雞肉合食，發疽。

又云：　魚腹內有白如膏，合烏雞肉食之，亦發疽也。

又云：　魚金鰓，食發疽也。

又云：　已醉，強飽食，不幸發疽。　其湯熨針石，別有正方。　補養宣導，今附於後。

《養生方・導引法》云：　正倚壁，不息，行氣，從頭至足止。　愈疽。　行氣者，鼻內息，五入方一吐，爲一通。　滿十二通愈。

又云：　正坐倚壁，不息行氣，從口輒令氣至頭而止。　治疽痹，氣不足。

《諸病源候論・痔病諸候・㿗瘻候》　瘤病之狀，陰核腫大，有時小歇，歇時終大於常。　勞冷陰雨便發，發則脹大，使人腰背攣急，身體惡寒，骨節沉重。　此病由於損腎也。　足少陰之經，腎之脈也，其氣下通于陰；　陰，宗脈之所聚，積陰之氣也。　勞傷舉重，傷于少陰之經，其氣下沖于陰，氣脹不通，故成瘤也。　其湯熨針石，別有正方。　補養宣導，今附於後。

《養生方・導引法》云：　正偃臥，直兩手、兩足，念月所在，令赤如由囊丹。除瘤、少腹重不便。　腹中熱，但口內氣息出之數十，不須小咽氣。　即腸中不熱者，七息已，溫熱，咽之十數。

《諸病源候論・痔病諸候・諸痔候》　諸痔者，謂牡痔、牝痔、脈痔、腸痔、血痔也。　其形證各條如後。　竟又有酒痔，肛邊生瘡，亦有血出。　又有氣痔，大便難而血出，肛亦出外，良外不肯入。

諸痔皆由傷風，房室不慎，醉飽合陰陽，致勞擾血氣，而經脈流溢，滲漏腸間，衝發下部。　有一方而治之者，名爲諸痔，非爲諸病共成一痔。　痔久不瘥，變爲瘻也。

《養生方》云：　忍大便不出，久作氣痔。　其湯熨針石，別有正方。　補養宣導，今附於後。

《養生方・導引法》云：　一足踏地，一足屈膝，兩手抱犢鼻下，急挽向身，極勢。　左右換易四七。　去痔、五勞，三里氣不下。

又云：　踞坐，合兩膝，張兩足，不息兩通。　治五痔。

又云：　兩手抱足，頭不動，足向口受氣，衆節氣散，來去三七。　欲得捉，左右側身，各急挽，腰不動。　去四肢、腰上下髓內冷，血冷，筋急悶，痔。

又云：　兩足相踏，向陰端急蹙，將兩手捧膝頭，兩向極勢，捧之二七，竟；　身側兩向取勢，二七；　前後努腰七。　去心勞，痔病。

《諸病源候論・瘡病諸候・諸惡瘡候》　諸瘡生身體，皆是體虛受風熱，

風熱與血氣相搏，故發瘡。若風熱挾濕毒之氣者，則瘡癢痛焮腫，而瘡多汁，身體壯熱，謂之惡瘡也。

《養生方》云：銅器蓋食，汁入食，發惡瘡、內疽也。

又云：醉而交接，或致惡瘡。

又云：飲酒熱未解，以冷水洗面，令惡瘡；輕者皻皰。

又云：五月五日，取棗葉三升，井華水搗取汁，浴，永不生惡瘡。

又云：井華水和粉洗足，不病惡瘡。其湯熨針石，別有正方。補養宣導，今附於後。

《養生方・導引法》云：龍行氣，叩頭下視，不息十二通。愈風疥、惡瘡，熱不能入。

又云：五月一日、八月二日、九月九日、十月七日、十一月四日、十二月十三日，沐浴。除惡瘡。

《諸病源候論・瘡病諸候・疥候》疥者，有數種，有大疥，有馬疥，有水疥，有乾疥，有濕疥。多生手足，乃至遍體。大疥者，作瘡，有膿汁，焮赤養痛是也。馬疥者，皮肉隱嶙起，作根墌，搔之不知痛。此二者則重。水疥者，瘖瘰如小瘭漿，摘破有水出，此一種小、輕。乾疥者，但癢，搔之皮起，作乾痂。濕疥者，小瘡，皮薄，常有汁出。並皆有蟲，人往往以針頭挑得，狀如水內瘑蟲。此悉由皮膚受風邪熱氣所致也。

按《九蟲論》云：蟯蟲多所，變化多端，或作瘑、疥、痔、瘻，無所不爲。其湯熨針石，別有正方。補養宣導，今附於後。

《養生方・導引法》云：龍行氣，叩頭下視，不息十二通。愈風疥、惡瘡，熱不能入。

《諸病源候論・腕傷病諸候・卒被損瘀血候》夫有瘀血者，其人喜忘，不欲聞物聲。病人胸滿，唇萎舌青，口燥，但欲漱水不欲咽，無熱，脈微大來遲，腹不滿，其人言我腹滿，爲有瘀血。汗當出不出，內結亦爲瘀。病人胸滿口乾，髆痛，渴，無寒熱，爲有瘀血。腹滿，口燥不渴，唾如漿狀，此有留血爾。

從高頓仆，內有血，腹脹滿。其脈牢強者生，小弱者死。得笞掠，內有結血。脈實大者生，虛小者死。其湯熨針石，別有正方。補養宣導，今附於後。

《養生方・導引法》云：端坐生腰，舉左手仰掌，以右手承右脇，以鼻內氣，自極七息。除瘀血、結氣。

又云：鼻內氣，口閉，自極七息。除兩脇下積血氣。

又云：端坐生腰，舉左手，右手承右脇，鼻內氣七息。除於血。

又云：端坐，右手持腰，鼻內氣七息，左右戾頭各三十止。除體瘀血，項頸痛。

又云：雙手搦腰，手指相對向，盡勢，前後振搖二七。又，將手大指向後，極勢，振搖二七。不移手，上下對，與氣下盡勢，來去三七。去雲門、腰腋血氣閉塞。

《諸病源候論・婦人雜病諸候・乳結核候》足陽明之經脈，有從缺盆下於乳者，其經虛，風冷乘之，冷折於血，則結腫。夫腫熱則變敗血爲膿，冷則核不消。又重疲勞，動氣而生熱，亦焮烊。其湯熨針石，別有正方。補養宣導，今附於後。

《養生方・導引法》云：踑踞，以兩手從曲腳內入，據地，曲腳加其上，舉尻。其可用行氣。愈瘰癧，乳痛。交兩腳，以兩手從曲腳任抗，舉十二通，愈瘰癧、乳痛也。

《千金要方・養性・養性序》魏武與皇甫隆令曰：聞卿年出百歲，而體力不衰，耳目聰明，顔色和悅，此盛事也。所服食、施行道引，可得聞乎？若有可傳，想可密示封內。隆上疏對曰：臣聞天地之性，惟人爲貴。人之所貴，莫貴於生。唐荒無始，刼運無窮。人行其間，忽如電過。每一思此，罔然心熱。生不再求，逝不可追，何不抑情養性以自保惜？今四海垂定，太平之際，又當須展才布德，當由萬年；萬年無窮，當由脩道；道甚易知，但莫能行。臣常聞道人蒯京已年一百七十八，而甚丁壯。言人當朝朝服食玉泉，琢齒，使人丁壯有顔色，去三蟲而堅齒。玉泉者，口中唾也。朝旦未起，早嗽津，令滿口乃吞之，琢齒二七遍。如此者，乃名曰練精。

《千金要方・養性・按摩法》天竺國按摩，此是婆羅門法：

兩手相捉紐捩，如洗手法。

兩手淺相叉。翻覆向胸。

兩手相捉，共按脞，左右同。

兩手相重按脞，徐徐捩身，左右同。

以手如挽五石力弓，左右同。

作拳向前築，左右同。

如拓石法，左右同。
作拳卻頓，此是開胸，左右同。
大坐斜身偏欹如排山，左右同。
兩手抱頭，宛轉胜上，此是抽脇。
兩手據地，縮身曲脊，向上三舉。
以手反搥背上，左右同。
大坐伸兩腳，即以一腳向前虛掣，左右同。
兩手拒地回顧，此是虎視法，左右同。
立地反拗身三舉。
兩手急相叉，以腳踏手中，左右同。
起立，以腳前後虛踏，左右同。
大坐伸兩腳，用當相手勾所申腳，著膝中，以手按之，左右同。
右十八勢，但是老人日別能依此三徧者，一月後百病除，行及奔馬，補益延年，能食，眼明，輕健不復疲乏。

老子按摩法：

兩手撩捺胜，左右捩身，二七遍。
兩手捻胜，左右紐肩，二七遍。
兩手抱頭，左右紐腰，二七遍。
左右挑頭，二七遍。
一手抱頭，一手托膝，三折，左右同。
兩手托頭，三舉之。
一手托頭，一手托膝，從下向上三遍，左右同。
兩手攀頭下向，三頓足。
兩手相捉頭上過，左右三遍。
兩手相叉，托心前，推卻挽，三遍。
兩手相叉，著心，三遍。
曲腕，築肋，挽肘，左右亦三遍。
左右挽，前後拔，各三遍。
舒手挽項，左右三遍。
反手著膝，手挽肘，覆手著膝上，左右亦三遍。
手摸肩，從上至下使遍，左右同。
兩手空拳築三遍。、
外振手三遍，內振三遍，覆手振亦三遍。
兩手相叉反覆攪各七遍。
摩紐指三遍。
兩手反搖三遍。
兩手反叉，上下紐肘無數，單用十呼。
兩手上聳三遍。
兩手下頓三遍。
兩手相叉頭上過，左右申肋，十遍。
兩手拳反背上，掘脊，上下亦三遍。掘，揩之也。
兩手反捉，上下直脊，三遍。
覆掌，搦腕，內外振三遍。
覆掌，前聳三遍。
覆掌，兩手相叉，交橫三遍。
覆手，橫直即聳，三遍。
若有手患冷，從上打至下，得熱便休。
舒左腳，右手承之，左手捺腳，聳上至下，直腳三遍。右手捺腳，亦爾。
前後捩足三遍。
左捩足，右捩足，各三遍。
前後卻捩足，三遍。
直腳三遍。內外振腳三遍。
若有腳患冷者，打熱便休。
紐胜以意多少，頓腳三遍。
卻直腳，三遍。
虎據，左右紐肩，三遍。
推天托地，左右三遍。
左右排山，負山拔木，各三遍。
舒手直前，頓申手，三遍。
舒兩手兩膝，亦各三遍。

舒腳直反，頓申手，三遍。

捩內脊、外脊，各三遍。

《**千金翼方・養性・養性禁忌**》 清旦初，左右手摩交耳，從頭上挽兩耳又引髮，則面氣通流。如此者，令人頭不白，耳不聾。又摩掌令熱以摩面，從上向下二七過，去奸氣，令人面有光，又令人勝風寒。時氣寒熱頭痛，百疾皆除。

《**千金翼方・養性・飲食**》 平旦點心飯吃，即自以熱手摩腹。出門庭行五六十步，消息之。中食後，還以熱手摩腹，行一二百步，緩緩行，勿令氣急。行訖，還床偃臥，四展手足，勿睡，頃之氣定，便起正坐。喫五六顆蘇煎棗，啜半斤以下人葠、茯苓、甘草等飲，覺似少熱，即吃麥門冬、竹葉、茅根等飲。

《**千金翼方・退居養性**》 鷄鳴時起，就臥中導引，導引訖，櫛漱即巾。巾後正坐，量時候寒溫，喫點心飯若粥等。若服藥者，先飯食服喫藥酒。消息吃，入靜燒香靜念。不服氣者，亦不可念誦，洗雪心源，息其煩慮。良久，事訖即出，徐徐步庭院間散氣，地濕即勿行。但屋下東西步，令氣散。

《**枕中記・導引法**》 常以兩手摩拭面上，令人面有光澤，斑皺不生。行之五年，色如少女。

臥起平氣正坐，先叉手掩項上，因仰面視上，使項與兩手爭爲之，三四止，使人精和血通，風氣不入，能久之不病。訖，又屈動身體四極，反張側掣，宣搖百關，各爲之三。

臥起，先以手巾若厚帛拭項中四面及耳後周帀，熱溫溫然也。順髮摩項良久，摩兩手以治面目，久久令人目明，邪氣不干。都畢，咽液三十過，以導內液。又欲數按耳，左右令無數，令耳不聾，鼻不窒爾。

常以生氣時咽液三七遍，閉目內視。訖，按體所痛處，每坐常閉目內視，存見五藏六府，久行之，自得分明了了。常以手按兩目近鼻兩眥，閉氣爲之，氣通乃止，周而復始，常行之，洞梘千里。常以手按兩眉後小穴中三九過，又以手心及指摩兩目顴上，以手旋耳三十過，皆無數時節也。畢，以手逆乘額三九過，從眉中始，乃上行入髮際中。口傍咽液無數也，常行之，令人眼目清明，一年可夜書。亦可人中密爲之，勿語其狀，善矣。

《**黃庭內景五臟六腑補瀉圖**》 孫思邈論曰：夫人稟天地而生，故內有五臟、六腑、精氣、骨髓、筋脈，外有四肢、九竅、皮毛、爪齒、喉咽、唇、舌、肛門、脬囊，以此總而成軀。故將息得理，則百體安和；役用非宜，則爲五勞七傷六極。有方可救，雖病無他；無法可憑，奄然永往。所以此圖之中皆備述五臟六腑、血脈根源，循環連注，與九竅應會處所，並窮於此。其能留心攷而行之，則內外百痾無所逃矣。夫髮宜多櫛，齒宜數叩，液宜常嚥，氣宜清鍊，手宜在面。此五者，所謂子欲不死修崑崙矣。由是鍊丹以固之，卻粒以輕之。去其土符，書其金格，朝天吸日，馭氣衝虛，此術士之用也。《元始太玄經》云：喜怒傷性，哀樂傷神。性損則害生，神傷則侵命。故養性以全氣，保神以安心，氣全則體平，心安則神逸，此全生之妙訣也。

肺臟

治肺用呬，呬爲瀉，吸爲補。肺金商也，五臟之華蓋，本一居上，對胸有六葉，色如縞映紅。凡丈夫至八十，肺氣衰，魄離散也。重三斤三兩。西方白色，入通於肺，開竅於鼻，在形爲皮毛，肺脈出於少商。肺者諸臟之長，氣之本也。是以諸氣屬之，久臥傷氣，天氣圓於肺。蓋呼吸之精源，爲傳送之官，治又爲魄門，上玉堂。肺者，相傳之官也，治櫛出焉，於液爲涕。涕者肺之津液，腎邪入則多滋。肺生於右，肺爲喘咳。六腑，大腸爲肺之府，大腸與肺合爲傳瀉行導之府。五官，鼻爲肺之官，肺氣通則鼻知香臭，肺病則鼻不知香臭。肺合於皮，其榮毛也。皮聚而毛落者，肺先死也。爲西方兑金也，金受氣於寅，生於巳，王於酉，病於亥，死於午，墓於丑。爲秋日，爲庚辛辰，爲申酉，爲金，聲商，色白，味辛，其臭腥。心邪入肺，則惡腥也。其性義，其情怒。肺之外應西嶽，上通太白之精，合於大腸，上主於鼻。故人之肺風者，即鼻塞也；人之容色枯者，肺乾也；人之鼻癢者，肺有蟲也；人之多怖者，魄離於肺也；人之體黧黯者，肺氣微也；人之多氣者，肺盛也；人之不耐寒者，肺勞也；人之好食辛味者，肺不足也；人之腸鳴者，肺氣壅也；人之顔色鮮白者，肺無惡也。肺邪自入則好哭。夫肺主商也，肺之有疾當用呬，呬者肺之氣也，其氣又能抽肺之疾，所以人之有怨氣填塞胸臆者，則長呬而洩之，蓋自然之理也。向若不呬，必致傷敗，賴呬而獲全乎！故肺疾當用呬瀉之。夫人之無苦而呬者，不樣也。

修養法 常以秋三月朔望旭旦，西面平坐，鳴天鼓七，飲玉泉三，然後瞑目正心，思吸兑宮，白氣入口七，吞之閉氣七十息，蓋所以調補神氣，安息靈

魄之所致也。

相肺臟病法　肺病熱，右頰赤。肺病色白而毛槁，喘欬逆，胸背及四肢煩疼，或夢見美人乍來親近。肺虛則少氣不能報息，肺燥喉乾，肺風則多汗畏風，時欲欬如氣喘，旦則善，暮則甚。肺病氣上逆，急食苦以洩之。又曰：肺病欲收，食酸以收之，用辛補之，苦瀉之，禁食寒，肺惡寒也。肺有病，鼻塞不通，不聞香臭，或有瘜肉，或生瘡，皮膚瘙癢，惡瘡疥癬，上氣欬嗽，滋唾膿血，宜服排風散。【略】

治肺六氣法　吐納用呬法，以鼻微長引氣，以口呬之，勿令耳聞，皆先須調氣令和，然後呬之。肺有病用大呬三十徧，細呬三十徧，去肺家勞熱、上氣欬嗽、皮膚瘡癢、四肢勞煩、鼻塞、胸背疼痛，依法呬，疾差止，過度則損。

月禁食忌法　七月勿食茱萸，食之血痢。八月、九月勿多食生薑並肝心。肺之病宜食黍、桃，禁苦味。

肺臟導引法七月、八月、九月行之　可正坐，以兩手據地，縮身曲脊，向上三舉，去肺家風邪積勞。可反拳搥背上，左右各三五度，此去胸臆間風毒，閉氣爲之，畢。良久，閉目，三嚥液，三叩齒而止。

心臟

治心用呵，呵爲瀉，吸爲補。心，火宫也，居肺下肝上，對鳩尾下一寸，色如縞映絳，形如蓮花未開。丈夫至六十心氣衰弱，言多錯忘。心重十二兩，南方赤色，入通於心，開竅於耳，在形爲脈，心脈出於中衝。心者生之本，神之處也。且心爲諸臟之主，主明運用生。是以心臟神，亦君主之官也，亦曰靈臺。心之爲噫，雷氣通於心，於液爲汗。腎邪入心則多汗。六腑小腸爲心之府，小腸與心合爲受盛之府。五官，舌爲心之官，心氣通則舌知五味，心病則舌焦卷而短，不知五味也。心合於脈，其榮色也，心之合也。血脈虛少而不能榮於臟腑者，心先死也。爲南方，爲夏日，爲丙丁辰，爲巳午，爲火，聲徵，色赤，味苦，其臭焦，其性禮，其情樂。心之外應南嶽，上通熒惑之精。心合於小腸，主其血脈，上主於舌。故人之心風者，即舌縮不能語也；人之血壅者，心驚也；舌不知味者，心虛也；多忘者，心神離也；重語者，心亂也；多悲者，心傷也；好食苦味者，心不足也；面青黑者，心冰也；容色赤好者，心無他惡也。肺邪入心則多言。夫心主徵，心之有疾當用呵，呵者心之氣，其氣禮，呵能靜其心、和其神，所以人之昏亂者多呵，蓋天然之氣也。故心病當用呵瀉之也。

修養法　常以四月、五月弦朔清旦，面南端坐，叩金梁九，漱玉泉三，靜思以呼吸離宫赤氣入口，三吞之，閉氣三十息以補呵之損。

相心臟病法　心熱者色赤而脈溢，心病者顔先赤，口生瘡、腐爛。心胸、肩、脇、兩肋、背、兩鼻、臂皆痛，或夜夢赤衣人持赤刀，伏火來怖之。人心虛則胸、腹、腰相引而痛。

又云：心病欲濡，急食鹹以濡之，用苦以補之，甘以瀉之。禁濕衣、熱食，心惡熱及水。心病證當臍上有動氣，按之牢若痛，苦煩心，病手足心熱啘。心有病，口乾，舌強，咽喉、口痛，嚥食不得，口內生瘡，忘前失後，夢見爐治之類。

六氣法　治心臟用呵法，以鼻漸長引氣，以口呵之，皆調氣如上，勿令自耳聞之，然後呵之。心有病用大呵三徧，細呵十徧，去心家勞熱，一切煩悶，疾差止，過度損。

月食禁忌法　四月勿食大蒜，令人髮易白及墮。五月勿食韭，損心氣及有毒。並勿食心、腎。心痛宜食大小麥、杏藿，禁鹹食。

心臟導引法四月、五月行之　可正坐，兩手作拳，用力左右五築，各五六度。又可正坐，以一手向上，拓空如拓重石，又以兩手急相叉，以腳踏手中，各五六度。然去心胸間風邪諸疾，閉氣爲之，畢。良久，閉目三嚥液，三叩齒而止。

肝臟

治肝用噓爲瀉，吸爲補。肝，木宫也，居左下少近心。左三葉、右四葉，色如縞映紺。凡丈夫至六十，肝氣衰，肝葉薄，膽漸減，目不明也。重四斤四兩，東方青色，入通於肝，開竅於目，在形爲筋。肝脈出於木，肝色青翠，大小相重之象也。肝者罷極之本，魂之處也，於液爲淚，淚者肝之液也，腎邪入肝故多淚。六腑膽爲肝之府，膽與肝合也。五官眼者肝之官，肝氣通則分五色，肝實則目赤黃也。肝合於脈，其榮爪也，肝之合也。筋緩脈而不能自持者，肝先死也。爲東方，爲春日，爲甲乙辰，爲寅卯，爲木，聲角，色青，味酸，其臭臊。心邪入肝則惡臊，肝之外應東嶽，上通歲星之精。春三月存歲星肝中，亦作青氣存之。肝合腠上主於目，又主筋。故人之肝虛者，筋急也；皮枯者，肝熱也；肌肉斑黯者，肝風也；人之色青者，肝盛也；人好食酸味

者，肝不足也；　人之髮枯，肝傷也；　人之手足多汗者，肝無疾也。　肺邪入肝，則多笑。　夫肝主筋，肝之有疾當用噓，噓者肝之氣，其氣仁，能除毀痛，皆自然之理也。

修養法　以春三月朔旦，東面平坐，叩齒三通，閉氣九息，吸震宫青氣入口九吞之，以補噓之損。　享青龍之祀。

相肝臟病法　肝熱者，左頰赤；　肝病者，目奪而脇下痛引小腹，令人喜怒。　肝虚則恐，如人將補之。　實則怒，虚則寒，寒則陰氣壯，夢見山樹園林。　肝氣逆則頭痛、耳聾、頰腫。

又曰：　肝病欲散，急食辛以散之，用酸補之，辛瀉之。　禁當風，肝惡風也。　肝病臍左有動氣，按之牢若痛，支滿，淋溲，大小便難，好轉筋。　肝有病昏昏饒睡，眼膜視物不明，飛蠅上下，胬肉漫睛，或生暈映，冷淚下，兩角赤癢。

六氣法　治肝臟用噓法，以鼻漸長引氣，以口噓之。　肝病用大噓三十徧，細噓十徧，自然去肝家虚熱，亦除四肢壯熱，眼闇，一切煩熱等。　數噓之，綿綿相次不絕爲妙。　疾差止，過度則損。

月食禁忌法　正月不食生葱，熟者不食益佳。　二月、三月不食蓼子、小蒜及百草心，勿食肝肺。　肝病宜食麻子、豆、李子，禁辛。

肝臟導引法正月、二月、三月行之　可正坐，以兩手相重按髀上，徐徐緩綟身，左右各三五度。

又可正坐，兩手相叉，翻覆向胸三五度，此能去肝家積聚、風邪、毒氣。

脾臟

治脾用呼，呼爲瀉，吸爲補。　脾上宫也，掩大倉上，在臍上三寸，色縞映黄。　凡丈夫至七十，脾氣虚而皮膚枯瘦也。　重二斤二兩，中央黄色，入通於脾，開竅於口，在形爲頰。　脾脈出於隱白，脾爲五臟之樞也。　脾者肉之本，意之處也。　穀氣通於脾，於液爲涎，腎邪入脾則多涎。　六腑胃爲脾之府，胃與脾合爲五穀之府。　五官口爲脾之官，脾氣通則口知五味，脾病則口乾不能食，不知五味也。　脾合於肉，其榮唇也。　夫肌肉消瘦者，脾先死也。　爲中央，爲季夏日，爲戊己辰，爲辰未戊丑，爲土，聲宫，色黄，味甘，其臭香。　心邪入脾，則惡香也。　脾之外應中嶽，上通鎮星之精。　季夏並四季各十八日，存鎮星在脾中，亦作黄氣存之。　脾連於胃，上主於口，消穀府也。　如磨轉之，化其生而入於熟者也。　食不消脾不轉也，食堅物者脾磨不化也，則爲食患。　故諸臟不調則傷脾，脾臟不調則傷質，質神俱傷，則傷人之速也。　故人不欲食堅物者，全身之道也。　人之不欲食者，脾中有不化之食；　人之多惑者，脾不安；　人之多食者，脾實也；　人之食不下者，脾虚也；　人之無顔色者，脾傷也；　人之好食甘味者，脾不足也；　人之肌肉鮮白滑者，脾無疾也。　肺邪入脾則多歌。　夫脾主宫，故脾之有疾當用呼，呼者脾之氣，其氣信能抽脾之疾，故人中熱者，則呼以驅其弊也。

修養法　常以季夏之月朔旦，並四季之末十八日之旭旦，正坐中宫，禁氣五息，鳴天鼓十二通，吸坤宫之黄氣入口，十二吞之，以補呼之損。

相脾臟病法　脾熱者，鼻色赤黄而肉臑；　脾病體上遊風瘤之，徧體悶疼，身重，喜饑，肉痿，足不能行，喜聲，肢下痛；　脾虚則腹肚脹鳴，成溏痢，食多不化；　脾風之狀多汗，惡風，身體怠惰，四肢不收，微黄，不嗜飲食，診在鼻，其色黄。　脾惡濕，食苦以燥之。　又曰：　脾病欲緩，急食甘即補之，苦即瀉之，禁濕，脾惡濕也。　脾病當臍有動氣，按之牢若痛，苦逆氣小腸急痛，洩下，足重脛寒。　脾有病，兩脇脹滿，飲食不消，時時嘔逆，不能下食，背膊沈重，氣滿衝心，四肢虚腫。

六氣法　治脾臟吐納用呼法，以鼻漸長引氣，以口呼之。　脾病用大呼三十徧，細呼十徧。　能去脾家一切冷氣、壯熱、霍亂、宿食不消、偏風麻痺、脾内結塊。　數數呼之，相次勿絕，疾退即止，過度則損。

月食禁忌法　六月勿食茱萸，令人患赤白痢，四季勿食脾、肝、羊血。　脾病宜食粳米、棗、葵。　禁酸味。

脾臟導引法六月並四季行之　可大伸一腳，以兩手向後反制各三五度。　亦可跪坐，以兩手拒地，回顧用力，虎視各三五度。　能去脾臟積聚，風邪，毒氣。

腎臟

治腎用吹，吹爲瀉，吸爲補。　腎，水宫也。　左腎右命門，前對臍，博著腰脊，色如縞映紫。　凡丈夫至六十腎氣衰，髮隨齒槁，七十形體皆極，九十腎氣焦枯，經脈空虚。　人之有腎，如樹之有根，重一斤二兩。　北方黑色，入通於腎，開竅於二陰，在形爲骨，故久立即傷骨損腎。　腎脈出於湧泉，腎者封藏之本，精之處也。　腎經於上膲，榮於中膲，衛於下膲。　腎爲之呻，亦爲欠。　兩凡

一於腎，於液爲唾，腎邪自入則多唾。六腑膀胱爲腎之府，膀胱與腎合爲津液之府。五官耳者，腎之官，故腎氣通則耳聞五音，腎病則耳聾骨痿。腎合於骨，其榮髭也，腎之合也。骨痿而不能起狀者，腎先死也。爲此方，爲冬日，爲壬癸辰，爲亥子，爲水，聲羽，色黑，味鹹，其臭腐。心邪入腎則惡腐也。腎之外應北嶽，上通辰星之精，冬三月存辰星。在腎中亦作黑氣存之。腎合於骨，上主於齒，齒之痛者腎傷也；又主於耳，耳不聞聲者腎虧也；人之骨疼者，腎虛也；人之齒多齟者，腎虛也；人齒隨者，腎風也；人之耳痛者，腎氣壅也；人之多欠者，腎邪也；人之腰不伸者，腎乏也；人之色黑者，腎衰也；人之容色紫光者，腎無苦也；人骨鳴者，腎羸也。肺邪入腎則多呻。夫腎主羽，故腎之有疾當用吹。吹者腎之氣，其氣智，能抽腎之疾，故人有積氣衝臆者，則強吹也。腎氣沈滯，重吹則漸通也。

修養法　常以冬三月，面北向平坐，鳴金梁七，飲玉泉三。北吸玄宫之黑氣入口，五吞之以補，吹之損。

相腎臟病法　腎熱者頤赤，腎病者色黑而齒槁，腹大，體重，喘咳，汗出惡風。腎虛則腰中痛。腎風之狀，頸多汗，惡風，食欲下膈塞不通，腹喜滿，失衣則腹脹，食寒則洩。診在形黑瘦而腹大。腎右燥，急食辛以潤之。又曰：腎病欲堅，急食鹹以堅之，用若以瀉之，鹹以補之。禁無犯熱食、溫衣，腎惡燥也。腎病臍下有動氣，按之牢若痛，苦腹滿食不消，體重，骨節疼，嗜臥。腎有病，腰胯、膀胱冷痛，腳冷疼或痹，小便餘瀝，疝瘕所纏，宜服腎氣丸。

六氣法　治腎臟吐納用吹法，以鼻漸長引氣，以口吹之。腎病用大吹三十徧，細吹十徧，能除腎家一切冷腰疼，膝冷，腰腳沈重，久立不得，陽道衰弱，耳中蟲鳴及口中有瘡，是腎家諸疾，諸煩熱悉皆去之。數數吹之，相次勿絕，疾差則止，過度則損。

月食禁忌法　十月勿食椒，令人口乾成赤白痢。十一月、十二月勿食鱗甲之物，並食腎、脾。腎病宜食大荳黄卷、藿。禁甘物。

腎臟導引法冬三月行之　可正法，以兩手聳拓石引脇三五度。亦可以足前後踏，左右各數十度。能去腰、腎、膀胱間風邪積聚。

右已上五臟數，加膽名六腑。亦受水氣，與坎同道，不可同例敘之，故別膽府圖相次之。

膽腑

治膽用嘻，嘻爲瀉，吸爲補。膽博著肝，色如縞映青，動三兩三銖。膽合乎膀胱，上主於毛髮，故人之髮枯者，膽竭也；人之爪乾者，膽虧也；人之髮燥毛焦者，膽有風也；人好食苦味者，膽不足也；人之顔色青光白者，膽無疾也。

修養法　常以冬三月端居淨思，北吸玄宫之黑氣入口，三吞之，以補嘻之損，用益膽之津。

相膽腑病法　膽之有病太息、口苦、嘔宿汁、心中恐人將捕之。膽若實則精神不守，臥起無定；若虛則傷寒，寒則恐畏，頭眩；虛損則爪髮枯燥，目中淚出，膀胱連腰、小腹俱痛。膽與肝合道，有病與肝藏方。

膽腑導引法　可正坐，合兩腳掌，昂頭以兩手挽腳腕起搖動，爲之三五度。亦可大坐，以兩手拓地舉身，努腰脊三五度，能去膽家風毒邪氣。

治膽腑吐納用嘻法　以鼻漸長引氣，以口嘻之。去膽家病並除陰臟一切冷，陰汗，盜汗，面無顔色，小腸脹滿，臍下冷痛，口乾，舌澀。數嘻之疾乃愈。

右五臟六腑圖取其要者略之，故文不足，尋者數之。

肺呬、心呵、肝噓、脾呼、腎吹、膽嘻。

右此六字，六腑之氣，非神名，人用宜知之，但爲除疾，非胎息也。

《上玄高真延壽赤書·藏密鉤神》《真誥》曰：養生之道，先欲識己之形存之，極令准的，存在目前矣。面上恒日月之光，洞照一形也。使日在左，月在右，去面前九寸。存畢，乃啄齒三通。微呪曰：【略】。誦畢，又啄齒三七通，咽液七過，此名帝君録形拘魂制魄之道，使人神仙長生不死也。又凡存神行真仙之事者，服玩茵席，皆務新潔，忌於黠汙，爲三魂七魄，或棲其中矣，深忌之。

《紫書三五順行經》曰：入坐時，欲閉目內視，存見五藏腸胃，久行之，得分明通也。

紫度炎光內視中法曰：每臥安身，閉目內視，遠聽四方，注視萬里之外，精心爲之，乃見百里外事也。四方者，總其言耳。當先起一方而注視聽，初爲之，實無髣髴，久久誠自入妙而招真也。

雲林王夫人曰：仙真之道，以耳目爲主，視久則目闇，聽廣則耳閉，此

病從內而外奔也，非復有他。至府半，先閉目東向，以手大指後掌各左右拭就耳門，使兩掌但交會於項中三九過，存目中當有紫、青、絳三色氣出目前，此是內按三素雲，以灌合童子。陰呪曰：【略】。呪畢，咽液五十度。久爲之，視徹千里也。此亦真仙之道不空，明耳目而已。

青靈真人曰：守玄白之道，常坐臥，任意存泥丸中，有黑氣存心中，有白氣存臍中，有黃氣俱生，如雲以覆身，因變成大火又燒身，通洞內外，如一早行，或達於午，使人長生不死。

保命君曰：夫人心存拜拜，及心旋行之時，皆發鑪左右，如行事狀，謂內研太玄，行虛業，棲自三宮，偃逸神府也。昔趙公行之，感太上來降而登仙矣。

《上玄高真延壽赤書・寶神平氣》 裴君《保神經》曰：人將老，鮮不先始於耳目也。目下顴上是決明，保命歸嬰之所矣。以手旋之，往復無數，是謂通血散皺，和精保神之生道也。

又曰：以手乘額上，內存童子若日月雙明，上下數，積三九乃止。此謂手朝三元，固腦、堅髮之道也。頭四面以兩手乘之，順髮就結，唯令多也。於是頭血流散，風濕不凝。都畢，以手按目四眥，凡至二九，令目見光者，檢眼神之道。久爲之，得見百靈。又使手不離面益佳，已成高真，猶不廢之。

《太素丹景經》曰：一面之上，常欲兩手摩之，高下皆使熱。令人面有光澤，行之五年，色如處女。所謂山川行氣，常盈不沒也。

《太上開天經》曰：常宜以手，按目近鼻之兩眥，閉氣爲之，氣通輒止，吐而復。如恒行之，能洞觀幽遠焉。楊真人府臥覺，常叩齒七通，咽液九過畢，以手按鼻之兩邊，左右上下數至十徧。微呪曰：【略】。石景赤子常以手摩口鼻，瞑目久之，手中生液，進以摩兩目。日行之，使人體香身輕。

《太上發華經》曰：常以生氣時，咽液二七過，畢。按體所痛處，向生氣呪曰：【略】。誦畢，咽液十二遍，乃急按所苦處三十度，永無疾痼也。

《內景經》曰：臥起先帛拭胸、項、目，使溫然，因順髮摩頂良久，兩手拭面目，咽液三十過。久行之，使人目明，邪氣不入，體永寧。

《大洞真經》曰：臥起當正坐，平氣，以兩手掩頭，目仰視，與手爭力，三四止。使人精和血通，風氣不久。能久行之，不病不老也。

方丈昭靈李夫人曰：耳欲得數抑其左右，亦令人聽徹。所謂營治城郭，當得名書生籍。鼻欲按其左右準。令數，使人氣平。所謂無卒使漑灌中嶽，名書帝録。

《太極經》曰：理髮宜向王地，因櫛髮之始而微呪曰：泥丸玄華，保精長存。右爲隱月，左爲日根。六合清練，百神受恩。誦畢，咽液三過。常行之，髮不落而生矣。

又曰：常數易櫛處，櫛多而不使痛。亦可令侍者櫛之，取多佳也。於是血流不滯，髮根常堅。令侍者濯手然令櫛，不然汙天宫也。

《真誥》曰：櫛髮欲弘，多通氣血，散風濕也。數易櫛愈良，多可不須解髮也。

《丹景經》曰：以手更摩髮及理櫛似熱，兩臂亦更互以手摩之，使髮不白，及脈不浮外也。

《上玄高真延壽赤書・陰行真氣》 紫微左夫人《喻書》曰：耳目是尋真梯級，得失繫之，豈輕易邪？宜以手按兩眉後小穴中二九過，又以手摩兩顴上旋耳三十過，摩惟令無時節也。畢，以手乘額三九過，從眉中始乃上行入髮際，是因咽液多少無數也。如此常行，耳目自明，一年可夜書。亦可於人中密爲之，勿語其狀。

又曰：眉後小穴中，爲上元六合之府，眼暉和瑩精光，長珠徹童，保鍊目神，是真人坐起之上道矣。

一曰：真人常居《內經》曰：子欲夜書，當修常居。真人所以能旁觀四達、八避，視掌中者，常居之理也。

又曰：被華蓋之側，延和天真，入山澗之谷，填天山之源，則虛靈可見，萬鬼滅姦，所爲仰和天真，俯按山源也。山源，鼻孔中初入高者也。又曰：天真，兩眉之間，眉之角也。山源是鼻下人中之本側，在鼻下小入穀中。華庭在兩眉之下，是徹視之津梁。天真是引靈之上房。晨暮常咽液三九，以手陰按之，令人致靈徹視，杜遏萬邪之道也。呪曰：開通天延，使我長生。徹視萬里，魂魄復嬰。滅鬼去邪，來致千靈。上昇太清，與日合併。得補真人，列象玄名。

《修真精義雜論・導引論》 凡導引，當以丑後卯前，天氣清和時爲之。先解髮散，梳四際，上達頂三百六十五過，散髮於後，或寬作髻。亦得燒香，面向東，平坐握固，閉目思神，叩齒三百六十五過，乃從體平氣，依次爲之。

先閉氣，以兩手五指交叉，反掌向前，極引臂拒托之，良久，即舉手反掌，向上極臂，即低左手，力舉右肘，令左肘臂按著後項，左手向下力牽之，仍亞向左開右腑，努脇爲之，低右舉左，亦如之。即低手鈎項，舉兩肘偃胸，仰頭向後，令頭與手前後競力爲之，即低手鈎項，擺肘捩身，向左向右，即放手兩膝上，微吐氣通息，又從初爲之三度。

次覆伸左手，仰掌竪指，屈右手舉肘，仰掌豎指，開臂胸膊，如弓挽之勢，仍回頭向左，使頭項胸臆臂肘等用力爲之，左右各三度。

次兩手作拳，拏臂向前築，即努肘向後，感急做勢，用力爲之，前各三度。

次以左手拳向左之後，力擺臂三，又向下擺臂三，右如之。次交兩臂於胸前，各以手指攀兩肩，仰頭偃胸，努腹腰爲之，即低頭曲腰聳肩，兩手向下，用力攀之，一仰一低，各三度。

次屈兩手腕，安腋下，促兩肘向前，低頭努背爲之，即仰頭努胸臆，促兩肘，向後爲之，前後各三度。

次帖膝坐，以兩手托腰向前，偃身向後，競力爲之，仍搖動其身，即單坐縱緩，又爲之三度。次交脛平坐，左手托左邊狀，稍近身後，回腕向外指裏，以右手攀左膝，回頭向左仰視，其後努左右臂膊，用力爲之，右右各三度。

次豎兩膝交兩脛，以兩手交指，反掌向外抱膝，仍低頭努腰背，開膝以磔而臂極膝訖，即回手掌向裏，急抱膝，聳身仰面，申咽臆力，向從爲之，一仰一低，各三度。

次交脛平坐，從膝向裏，申脛出外，以手捉腳指，聳肩向上用力攀，仍努腰腹向前，左右搖之，氣極放寬，又爲之三度。

次以右手攀右腳指，至腳心，腳指至手腕，漸長舒腳，仍舉踵向上，卻將右手托右膝上，仍轉頭向左右競力爲之，即屈右腳，以兩手共捧其跟，向上高舉之，即放下，以左手按膝，右手攀腳，左手向下極按，右手回向上極攀之，回頭向中，之後努肩膊爲之，左右三度。

次長舒兩腳，偃身向後，反手托床，屈右腳向前，作勢掣踏之，左右三度。

次舒右腳，屈左腳，以踵加右髀上，垂左膝向下，令至床，即舒左屈右爲之，左右各三度。

次偃身反托狀，堅左膝，促斂其踵，至臀邊，舉右踵鈎取左膝，漸向下按之，令左膝頭至床，左右各三度。

次屈左腳向外，以左手下攀腳腕，右手托右膝，回頭向右，低左膝著床，以腳向外展，以手向內攀，競力爲之，左右各三度。

次開兩膝，合兩腳踵，以兩手攀腳掌，仰頭向上，力舉之，氣極縱體，爲之三度。

次舒腳，以兩手交指鈎曲，瞅中偃身，向後力鈎之，仍漸高舉腳，努脛偃指，左右各三度。

次長舒兩腳，令並竪指，以兩手各攀其指，舉頭用力，爲之三度。

導引畢，平坐縱體，摩兩手掌令溫，乘額向上三九過，摩掌後拭目三九過，即以兩手中指、無名指，按鼻左右上下二七過，摩之以食指中指。又耳向上聳之三五過，便以虎口叉耳，向後修旋耳輪三五過。摩掌令熱，摩拭面上，令溫溫然，摩頭項，胸臆、兩乳數十過。即摩持臂上，至肩下，至手背，上下數十過。即兩手互相搦捩，回轉之如洗手狀，急用力爲之數十過，即摩按心腹腰髀等處。都畢，待氣息調，平坐，服氣如法。其摩掌乘額拭面目等，尋常數數爲之，彌佳。不唯在服氣之時，其諸導引亦不可總爲諸法，恐煩勞。任逐便爲之，然終須從首至足，令相承取通也。亦可隔三五日一度，具導引之。又有立臥等法，不能多述，亦各任意爲之。

《太清導引養生經·慎修内法》 赤松子者，神農時雨師也。能隨風上下，至高辛氏時猶存。

常以朝起布席，東向，先以兩手叉頭上，挽頭至地，五噏五息，止脹氣。

次以臥，右手掩腦，左肘肘地極，復以左手掩腦，右肘肘地極，五息止，引筋骨。

次以兩手據右膝上，至腰，睡極起頭，五息止引腰。

次以左手據腰左膝，右手極上引。以復右手據腰右膝，左手極上引，皆五息止，引心腹。

次以左手攄腰，右手極上引，以復右手攄腰，左手極上引，五息止，引腹中。

次以叉手胸脇前，左右搖頭不息，自極止，引面耳。邪氣不復得入。

次以兩手叉腰下，左右自搖，自極止，通血脈。次以兩手相叉極，左右引肩中。

次以兩手相叉，反於頭上，左右自調，引肺、肝中。

次以兩手叉胸前，左右極引，除皮膚中煩氣。

次以兩手叉，左右擧肩，引皮膚立，左中摇兩脛，引除腳氣。

右赤松子導引法，除百病，延年益壽。此自當日日習行之，久久有益。

赤松子坐引之道，能常爲之，令人耳目聰明，延年益壽，百病不生。其先長跪，兩手向前，各分開以指外向。

次復長跪，兩手夾叉腰左右。

次復長跪，以右手反腰，左手高頭而止。

次復長跪，右手伸後去，左手叉腰前。

次復緩形長跪，左右手更伸向前，更屈從後叉腰。

次復長跪，高擧兩手。

甯先生者，黄帝時人，爲陶正，能積火自燒而隨煙上下，衣常不灼。

常以子後午前，解髮東向，握固，不息一通，擧手，左右導引，手掩兩耳，令髮黑不白。臥引爲三，以手指摇項邊脈三通，令人目明。東向坐，不息再通，以兩手中指點口中唾之二七，相摩拭目，令人目明。東向坐，不息三通，以手捻鼻兩孔，治鼻宿息肉愈。東向坐，不息四通，啄齒無通數，伏前側臥，不息六通，愈耳聾目眩。還臥，不息七通，愈胸中痛，欬。抱兩膝，自企於地，不息八通，愈胸以上至頭頸、耳目、咽鼻邪熱。去挽握固，不息，自企於地，不息九通。東首，令人氣上下通，微鼻內氣，愈羸不能從陰陽法，大陰勿行之。蝦蟇行氣法：　正坐自動摇兩臂，不息十二通，愈勞大佳。左右側臥，不息十二通，治痰飲不消，右有飲病右側臥，左有飲病左側臥。有不消，氣排之。日初出、日中、日入，此三時向日正立，不息九通，仰頭吸日精光，九咽之，益精百倍。

入火垂兩臂不息，即不傷火法　向南方蹲踞，以兩手從屈膝中入掌，足五指令內曲，利腰尻，完治淋，遺溺愈。箕踞交兩腳，手內並腳中，又又兩手極引之，愈瘖寱，精氣不泄。兩手交叉順下，自極，利肺氣，治暴氣欬。擧兩腳，夾兩頰邊，兩手據地，服療宿壅。擧右手，展左手，坐右腳上，掩左腳，愈尻完痛。擧手交頸上，相握自極，治脇下痛。舒左手，右手在下，握左手拇指自極；舒右手，左手在下，握右手拇指自極，皆治骨節酸疼。掩兩腳，兩手指著足五指上，愈腰折不能低仰。若血久瘀，爲之即愈。豎足五指愈腰脊痛不能反顧視者。以右手從頭上來下，又挽下手，愈頸不能反顧視。坐地掩左手，以右手指肩挽之，愈傾側膝腰及小便不通。東向坐向日，左手揖月，擧身望北斗，心服月氣，始得衆惡不入，理頭仰苦難。牽右手反折，各左右自極，張弓，兼補五藏不足，氣則至。抱兩膝著胸自極，此常令丹田氣還補腦。坐地直兩腳，以手捻腳脛，以頭至地，調脊諸椎，利髮根，令長美。坐地交叉，兩腳以兩手從曲腳中入，低頭叉項上，治久寒不能自溫，耳不聞，勿正倍聲。不息行氣，從頭至足心，愈疽痂，大風偏枯，諸痹。極力右振兩臂，不息九通，愈臂痛勞倦，風氣不隨。

入水擧兩手臂不息不沒法　向北方箕踞，以手挽足五指，愈伏兔痿，尻筋急。箕踞，以兩手從曲腳，入據地，曲腳加其手擧尻，其可用行氣，愈淋瀝，乳痛。擧腳交叉項，以兩手據地，擧尻持，任息極，交腳項上，愈腹中愁滿，去三蟲，利五藏，快神氣。蹲踞，以兩手擧足，蹲極橫，治氣衝腫痛，寒疾入上下致腎氣。蹲踞，以兩手擧足五指，低頭自極，則五藏氣總至，治耳不聞，目不明。久爲之，則令人髮白復黑。正偃臥，捲手兩即握，不息，順腳跟，據床。治陰結筋脈，麻痿纍。以兩手還踞，著腋下，治胸中滿眩。手枯反兩手，據膝上，仰頭像鼈取氣，致大黄元氣至丹田，令腰脊不知痛。手大拇指急捻鼻孔不息，即氣上行，致泥丸腦中，令陰陽從數，至不倦。以左手急捉髮，右手還項中，所謂血脈氣各流其根，閉巨陽之氣，使陰不溢，信明皆利，陰陽之道也。正坐以兩手交背後，名曰帶縛，愈不能大便，利腹，愈虚羸。坐地，以兩手交叉其下，愈陰滿。以兩手捉繩，轆轤倒懸，令腳反在其上，見愈頭眩風癲。以兩手牽，反著背上，挽繩自懸，愈中不專精，食不得下。以一手上牽繩，下手自持腳，愈尻久痔，及有腫。坐地直舒兩腳，以兩手叉，挽兩足自極，愈腸不能受食，吐逆。

龜鼈行氣法　以衣覆口鼻，不息九通，正臥，微鼻出內氣，愈鼻寒不通。東向坐，仰頭不息五通，以舌撩口中沫，滿二七咽，愈口乾舌苦。

厲行氣法　低頭倚臂，不息十二通以意排留飲、宿食從下部出，自愈。

龍行氣法　低頭下視，不息十二通，愈風疥惡瘡，熱不能入咽。可候病者以向陽明以達臥，以手摩腹至足，以手持引足，低臂十二，不息十二通。愈腳足溫痹不任行，腰脊痛。以兩手著項，相叉，治毒不愈，腹中大氣即吐之。月初出、月中、月入時，向月正立，不息八通，仰頭吸月光精八咽之，令陰氣長。婦人吸之，陰精益盛，子道通。

寗先生曰：　夫欲導引行氣，以除百病，令年不老者，常心念有一還丹，以還丹田。夫生人者丹，救人者還，全則延年，去則衰朽。所以導引者，令人支體骨節中諸邪氣皆去，正氣存處。有能精誠勤習，履行動作，言語之間，晝夜行之，則骨節堅強，以愈百病。若卒得中風病，宿固癀痕不隨，耳聾不聞，頭癲疾，欬逆上氣，腰脊苦痛，皆可按圖視像，隨疾所在，行氣導引，以意排除去之。行氣者，則可補於裏；導引者，則可治於四肢。自然之道，但能勤行，與天地相保。

彭祖穀仙臥引法　彭祖者，殷大夫，歷夏至商，號年七百，常食桂得道。

居常解衣被，臥伸腰，填小腹，五息止，引腎去消渴，利陰陽。又云：中左腳，屈右膝，內壓之，五息止，引脾，去心腹寒熱，胸臆邪脹。挽兩足指五息止，引腹中，去疝瘕，利九竅。仰兩足指，五息止，引腰脊，痹偏枯，令人耳聲。兩足內相向，五息止，引心肺，去欬逆上氣。踵內相向，五息止，短股，除五絡之氣，利腸胃，去邪氣。掩左脛，屈右膝，內壓之，五息止，引肺去風虛，令人明目。張脛兩足指，號五息止，令人不轉筋。兩手牽膝，置心上，五息止，愈腰痛。外轉兩足十通，內轉兩足十通，止復諸勞。

右彭祖穀仙臥引，除百病，延年益壽。要術凡十節，五十息，五五二百五十息。欲道引，常夜半至雞鳴平旦爲之，禁飽食沐浴。

王子喬八神導引法　延年益壽，除百病。

法曰：　枕當高四寸，足相去各五寸，手去身各三寸，解衣被髮，正偃臥，勿有所念，定意，乃以鼻徐內氣，以口出之，各致其藏所，竟而復始。欲休，先極之而止，勿強長息，久習乃自長矣。氣之往來，勿令耳聞，鼻知微而專之長，遂推之伏兔股胻，以省爲貴。若存若亡，爲之百遍，動腹鳴氣，有外聲足，則得成功。成功之士，何疾而已？喉嚨如白銀鐶，一十二重，繫膺下，去得肺，其色白澤，前兩葉高，後兩葉卑。心繫其下，上大下銳，率率赤如蓮華未開，倒懸著肺也。肝繫其下，色正青如鳧翁頭也，六葉抱胃，前兩葉高，後四葉卑，膽繫其下，如綠綈囊。脾在中央，亦抱正黃，如金鑠鑠然也。腎如兩伏鼠，夾脊直臍肘而居。欲得其居高也，其色正黑，肥肪絡之，白黑昭然。胃如素裹，念其屈折，右曲無汗穢之患。肝藏魂，肺藏魄，心藏神，脾藏意，腎藏精，此名曰神舍。神舍修則百脈調，邪病無所居矣。小腸者，長九尺，法九州也。

諸欲導引，虛者閉目，實者開目，以所苦行氣，不用第七息止，徐徐往來，度二百步所，卻坐，小咽氣五六不差，復如法，引以愈爲效。諸有所苦，正偃臥，被髮如法，徐以口納氣填腹，自極息欲絕，徐以鼻出氣數十所，虛者補之，實者寫之。閉口溫氣，咽之三十所，腹中轉鳴乃止，往來二百步，不愈復爲之。病在喉中、胸中者，枕高七寸。病在心下者，枕高四寸；病在臍下者去枕。以口納氣，鼻出氣者，名曰補。閉口溫氣咽之者，名曰寫。

閉氣治諸病法　欲引頭病者，仰頭。欲引腰腳病者，仰足十指。欲引胸中病者，挽足十指。引臂病者，掩臂。欲去腹中寒熱諸不快，若中寒身熱，皆閉氣張腹。欲息者，徐以鼻息已，復爲，至愈乃止。

一、平坐，生腰腳，兩臂覆，手據地，口徐納氣，以鼻吐之，除胸中、肺中痛，咽氣令溫，閉目也。

二、端坐，生腰，以鼻納氣，閉之，自前後搖頭各三十，除頭虛，空耗轉地，閉目搖之。

三、端坐，生腰，以左脇側臥，以口納氣，以鼻吐之，除積聚心下不快。

四、端坐，生腰，徐以鼻納氣，以右手持鼻，除目晦，淚苦出，去鼻中息肉，耳聾亦然。除傷寒頭寒，頭痛洸洸，皆當以汗出爲度。

五、正偃臥，以口徐納氣，以鼻出之，除裹急。飽食後小咽，咽氣數十令溫。寒者，使人乾嘔腹痛，從口納氣七十所，大填腹。

六、右脇側臥，以鼻納氣，以口小咽氣數十，兩手相摩熱，以摩腹，令其氣下出之，除脇皮膚痛，七息止。

七、端坐，生腰，直上展兩臂，仰兩手掌，以鼻納氣，閉之自極七。中痛息，名曰蜀王台，除脇下積聚。

八、覆臥，去枕，立兩足，以鼻納氣四四，所復以鼻出之極，令微氣入鼻中，勿令鼻知，除身中熱背痛。

九、端坐，生腰，舉左手，仰其掌，卻右手，除兩臂背痛結氣也。

十、端坐，兩手相叉抱膝，閉氣鼓腹二七或三七，氣滿即吐，即氣皆通暢，行之十年，老有少容。

十一、端坐生腰，左右傾，閉目，以鼻納氣，除頭風，自極，七息止。

十二、若腹中滿，食飲苦飽，坐生腰，以口納氣數十，以便爲故，不便復爲之。有寒氣腹中不安，亦行之。

十三、端坐，使兩手如張弓滿射，可治四支煩悶，背急，每日或時爲之。

十四、端坐生腰，舉右手仰掌，以左手承左脇，以鼻納氣自極七息，除胃寒，食不變則愈。

十五、端坐，生腰，舉左手仰掌，以右手承右脇，以鼻內氣自極七息，除瘀血結氣。

十六、兩手卻據，仰頭，自以口納氣，因而咽之數十，除熱，身中傷死肌。

十七、正偃臥，端展足臂，以鼻納氣自極七息，摇足三十而止，除胸足中寒，周身痹，厥逆。

十八、偃臥屈膝，令兩膝頭内向相對，手飜兩足生腰，以口納氣，厥逆，填腹自極七息，除痹疼熱痛，兩脚不隨。

十九、覺身體昏沈不通暢，即導引，兩手抱頭，宛轉上下，名爲開脇。

二十、踞伸右脚，兩手抱左膝頭生腰，以鼻納氣自極，七息，除難屈伸，拜起腦中痛，瘀痹。

二十一、踞伸左足，兩手抱右膝，生腰，以鼻納氣自極七息，展左足著外，除難屈伸，拜起腦中疼，一本除風目晦，耳聾。

二十二、正偃臥，直兩足，兩手捻胞所在，令赤如油囊裹丹，除陰下濕，小便難頹，小腹重不便，腹中熱。但口納氣，鼻出之數十，不須小咽氣，即腹中不熱者，七息已温氣咽之十所。

二十三、踞兩手，抱兩膝頭以，鼻納氣自極七息，除腰痹，背痛。

二十四、覆臥，傍視兩踵，生腰，以鼻納氣自極七息，除脚中弦痛，轉筋，脚酸疼。

二十五、偃臥，展兩手外，踵指相向，亦鼻納氣自極七息，除兩膝寒，脛骨疼。

二十六、偃臥，展兩脚，兩手，兩踵相向，亦鼻納氣自極七息，除死肌，不仰，足脛寒。

二十七、偃臥，展兩手，兩脚左傍，兩足踵。以鼻納氣自極七息，除胃中食苦嘔。

二十八、踞生腰，以兩手引兩踵，以鼻納氣自極，七息布兩膝頭，除痹嘔也。

二十九、偃臥，展兩手、兩脚，仰足指，以鼻納氣自極七息，除腹中弦急切痛。

三十、偃臥，左足踵拘右足拇指，以鼻納氣自極七息，除厥逆疾，人脚錯踵，不拘拇指，依文用之。

三十一、偃臥，以右足踵拘左足拇指，以鼻納氣自極，七息，除周身痹。

三十二、病在左，端坐生腰，左視目，以口徐納氣而咽之數十，一所閉目，目上入。

三十三、病在心下若積聚，端坐，生腰，仰向日，仰頭，徐以口納氣，因而咽之三十所而止，開目。

三十四、病在右，端坐生腰，右視目，以口徐納氣而咽之數十所，開目。

王喬導引圖　七日伸左脚，屈右膝，内厭之，五息止。引脾氣，去心腹寒熱，胸臆邪脹。

彭祖導引圖　導引服　解髮東向坐，握固，不息一通，舉手左右導引，以手掩兩耳，以指搯兩脈邊五通，令人目明，髮黑不白，治頭風。

導引服　正住倚壁，不息行氣，從頭至足止，愈疽痂，大風偏枯，諸痹。或曰：行氣從足起，令上氣至頭止。

導引服氣　先偃臥，閉口鼓顋，腹令氣滿口咽，咽時作意感向後，日夕爲之妙也。

導引服　踞地臂角中，兩手抱膝，低頭不息九通，愈頸痛，腰脚。一曰：治勞。他同。

導引服　左右伸兩臂，不息九通，愈臂痛，勞風，氣不隨，塞閉。

導引服　正坐，仰天呼出酒食醉飽之氣，即饑醒，宜夏月行之，令人温涼不躁。

導引服　正坐張鼻，服氣排至臍下，小口徹排不息以除結，宜夏月喜熱。

導引服　小低頭微息，但抱手，左右不息十二通，消食，令人輕身，益精神，配氣不得入，或導引服寫，行氣皆低頭抱踞，以繩自縛，低頭不息十通，消食輕身。

導引　常以兩手如拓千斤之石，左右互相爲之，終身無疾。

導引　兩手據地，縮身曲脊，向上三舉之，此勢每日爲之，補益延年。當爲之時，勿當風，仍須閉氣。每一眼了，吐氣莫令耳聞。若勞倦，以呬吐之。藏中病，若冷則吹氣，若熱呼氣出之矣。

導引服　蛇行閉氣，偃臥，正直復起踞，隨王相所在向之，不息，少食通暢。服氣爲糧，以唾爲漿。春出冬藏，華池玉漿，甜如粘子，勉行之，勿生疑。一本春生夏養，冬合內藏，閉目前光，他罔。

導引思氣者，呵屬心，心主舌。口乾，澀氣不通，及諸邪氣，呵以治之。如大熱大開口，小熱小開口，亦須作意，量宜治之，遇度則必損。

導引思氣者，呼屬脾，脾主中宫土。如氣微熱，腹肚脹滿，氣悶不洩，以呼治之。

導引思氣者，噓屬肝，肝主目。目溫赤，噓以治之。

導引思氣者，吹屬腎，腎主耳。腰膝冷，陽道衰，吹以治之。導引思氣者，呬屬肺，肺主鼻。有寒熱不和，呬以治之。呵、呬、呼、噓、吹、嘻，是五藏各主一氣，及勞極，依理之，立差。

導引之法，臥床當令高，無令地氣上衝，鬼氣有干。

導引之法，無令躁，暴者一身之賊。

導引之法，無令向北，反神有犯，每事不言，亥子日不向北唾，減損年命。

導引服　思司命，兩人更回，左右旋思常見。

導引服　思神光黄且明，月在己邊，晝夜常見。

導引服　思五藏形氣色，串周流身匝。

導引服　思五藏色神在所處，自此以下，人形皆五。

導引服　思五藏，化爲龍魚。

導引服　思精，臍中腎氣正赤白，從背上頭下迎身，名曰還精。

導引服　思心爲火，如斗，辟惡氣。

導引服　思飛，分身飛行，常念有人若己在前後，久可得與語，南北在所問。

右抄集甯先生導引圖，異同事道林道引要旨。

《攝生纂録·導引》　赤松子坐引法　長跪，兩手向前，次長跪，兩手叉腰。次復長跪，右手曳後，去左手，叉腹前。次復緩形長跪，左右手更曳向前，更從叉腰。次復長跪，伸兩手著背後。次復平坐，以膝相張，兩足向外，兩手叉腰。能常爲此法，令人耳目聰明，延年益壽，百病不生。爲此法訖，當立，以手摩身令遍，勿大寒、大熱、風燥、醉飽時作之。《養生要集》曰：《導引經》云：清旦未起，先啄齒二七，閉目握固，漱津唾，三咽氣，尋閉息極，乃徐徐頓踵三，還上床，叉手頓項上左右，自引捩不息，復三伸兩足，返手前卻自極，復三，皆當朝暮爲之，能數尤善。又清旦初起，以兩手叉兩耳，極，上下之二七，令人耳不聾。次縮鼻閉氣，右手從頭上引左耳二七止。次復以左手從頭上引右二七，次引兩鬢舉之，令人血氣流通，頭不白。又摩手令熱，以摩面，從上下二七止，去邪氣，令面有光。又摩手令熱，以摩身體，從上至下，名乾浴。令人勝風寒、時熱、頭痛，疾病並皆除也。

婆羅門導引法　第一、龍引。以兩手向上拓，兼似挽弓勢，右左同。又叉手相捉頭上過。

第二、龜引。峻坐，兩足如八字，以手拓膝，行摇動，又左顧右顧。

第三、麟盤。側臥，屈手承頭，將近床腳，屈向上傍髀展上，腳向前拗。左右同。

第四、虎視。兩手據床，拔身向背後視。左右同。

第五、鶴舉。起立，徐徐返拗引頸，左右挽。

第六、鸞趁。起立，以腳徐徐前踏，又握固，以手前後策。

第七、鴛翔。以手向背上相捉，低身徐徐宛轉。

第八、熊奮。迅以兩手相叉，翻覆向胸臆，抱膝，頭上宛轉。

第九、寒松。空雪大坐，手據膝，漸低頭，左右摇動，徐徐回轉。

第十、冬栢淩風。兩手據床，或低或舉，左右引。細拔回旋。

第十一、仙人排天。大坐，斜身偏倚，兩手據床，如排天。左右同。

第十二、鳳凰鼓翅。兩手交搥膊井連臂，返槌背上，連腰腳，各三。數度爲之，細拔回旋，但取使快，爲上不得過度，更至疲頓。

《四氣攝生圖·自按摩法》　以手左拓右拓，上拓下拓，前拓後拓，瞋目叩齒，摩手熱摩眼，拔耳捩腰，震動雙作，雙作反手爲之，然復掣足，仰展覆展，都數約至七八十而止。徐徐作之，仍想空中太和氣，漸下入頂，如雲入山，入皮入肉，入腹入四肢，五臟皆受其潤，則覺腹中有聲，意專存思，勿念外緣，則元氣達於氣海，須臾，自達於湧泉。但日引一通至三通，令人力健，耳目聰有，百疾皆去，無限年月，長存不忘，得滿千萬通，去仙不遠矣。

《龍虎精微論·莊老火候》　凡人欲行此周天火候，先須絕嗜欲，減食味。若常潔食，方爲合宜也。不可貪財逐利。凡欲行持之時，先行導引，凡事略爲之，要開關脈，能引多般，尤更良矣！又勿使疲困，致損精神，殊不

妙也。導引大綱，略云下項：

擺掣四肢　以手大擺，以足大踏步行，又以一腳踏地，一腳懸空，向前踏空，令響。

手托山勢　以手交扠，指掌仰上，放脫手，直上托，以兩腳用力，踏地少時。

拽弓勢　以兩手左右挽，如拽弓之勢，又側身，如射鵰之勢，左右爲之。又以兩手交抱項後，搖上截身，連頭動也。腳膝亦要摩攏，赤澤并乾浴，更以手相摩熱，熨氣海穴之上下。亦握固兩手指，歷歷令響，然後叩齒集神。

又振天鼓三十六下，以左右手按鼻左右，是制七魄也。

又呼三魂名爽靈、胎光、幽精，數遍。或只一遍，先閉定氣久，然後呵，遂出敗宿食穢氣。又直舒展手足，令氣出指梢。

又想青龍、白虎、朱雀、玄武於前後左右，黃氣罩身，此即五臟真形。然後息定意欽，乃作用打爻。

陽爻，每一爻以息定來去勻，候出息時，留一半，便閉息，以意肋取自己元氣。元亦源也。上至層環已上，乃鼓住咽去胸下，咽時取左邊下，轉面向右咽，入聲取三十六足。如初行三兩歇，了三十六，亦可，仍須想咽下田層環，穿胃神口，過入丹田，卻放氣出入，再調息候，又打一爻。

每三十六咽去聲下，想時依上法，過神口，直入丹田中。每咽下時，令氣嗢嗢，汩汩歷歷而作聲。如此打盡六爻，計合二百一十六數。然後想一齊聚於丹田中，將身左右搖動五七遍，更以手摩氣海，上下肋之。於十二時中，陽時打陽爻，陰時打陰爻，打時須閉目，萬慮俱絕，不得纖毫揖心。卯酉二時屬沐浴，不行。若或以午後盡爲陰，子後盡爲陽之時，只是背看陰陽五行真的矣！今須且依他。此本午後五時行陰卦，子後五時行陽卦，所以此本中言午後行坤。每一時一卦，除數目在前，本目共一百四十四是外，其餘次第皆一般。每一季一次起火燒之，發火行逕，一如君侯所燒法一般，略而不書。所行炁已是火候所燒滯濁也。行一年小成，二年中成，三年變質，六年六陰退六陽備，名繫仙籍，九年可以超昇。

初時須服餌以助之，陰德以扶之，淡默以養之，同道一二以借之。復不拘山林與城市，而皆可居也。不可借自己所着者鞋履衣冠與人，恐損功力。或依水靠林得爲中，若城樊廛市，即其上耳。

夫莊老之本，道德之源，銘之佩之，珍之守之，自然成功也。

《正一法文修真旨要・導引法》　凡覺身體昏沈不通暢，即導引十九法。

第一，兩手更相扭捩如洗手狀。第二，兩手淺叉翻覆向胸。第三，兩手相捉共按髀上，左右同。第四，兩手相叉，叉重按左右髀，徐徐拔身，左右同。第五，如挽一石弓餘力，左右同。第六，作拳向前築，左右同。第七，如拓千斤之石，左右同。第八，以拳卻頓，此名開胸，左右同。第九，大坐，斜身偏倚如排山，左右同。第十，兩手抱頭，宛轉腦上，此名開脇，左右同。第十一，兩手據地，縮身曲脊，向上三舉之。第十二，兩手反槌背上，左右同。第十三，大坐伸腳，用手相叉，反掣。第十四，兩手據地，左右顧盼，此名虎視左右。第十五，立地反拗身向後，三舉之。第十六，兩手急相叉，以腳踏手中左右搖，左右腳更爲之。第十七，起立，以腳前後踏，左右同。第十八，正坐伸腳，當心兩手勾腳上，著膝上，以手按左右。第十九，手直上指天，直下指地，左右同。

右十九勢，每日爲之，補益，延年無病。若不能盡爲之，於中取好者，常效一兩般，則血液通流，無病。當爲之時，勿當風，仍須閉氣。每一服了，須吐故氣，不令耳聞也。

《正一法文修真旨要・明耳目訣》　求道之要，先令耳聰目明，爲事主也。且耳目是尋真之梯級，綜靈之門戶。得失繫之，而立存亡，須之而辯也。今抄經相示，可施用也。

道曰：常以手按兩眉後小穴中三九過，又以手心及指摩兩目顴上，以手旋耳行三十過，唯令數無時節也。畢，輒以手逆乘額三九過，從眉中爲始，乃入髮際中，口嚥液多少無數也。如此常行，耳目聰明，二年可夜書。眉從小穴，爲上元六合之府，主化生眼暉，和瑩精光，長珠徹瞳。保鍊目神，是真人坐起之上道也。一名曰：真人常居。《內經真諦》曰：子欲夜書，常修起居。真人所以能旁觀四達，使八遐照朗者，實常居之數明也。

《三洞樞機雜說・日用導引神仙初地門》　每朝淩晨或五更初，澄心靜慮，握固存神，端嚴敷坐，屏絕緣務，寂無思念。想身於無身之中，存心於無爲之境。是以和氣聿然自至，即便叩齒七通，咽液七數。度度想液直至下丹田，日久成寶也。然後舒展體骨，爲十二般導引。

一通百關，兩手攀兩腳頭三度，三度咽納，不得出氣。二左推右推，以一手串腳

脛、攀腳面，又一手推腳肚。如此互換，以三爲度，度度咽納。三單展足，以一手托牀，一手攀腳頭，如此互換各三數，度度咽納。四雙攀足，以兩手攀一腳，如此互換三度，度度咽納。五左右托空，以兩手背鎖，擺出其時，緩緩解散，一手攀乳傍，一手托虛空，想如推重物。如此互換，以三爲數，度度咽納。六托天據地，以兩手相鎖，反仰托天，緩緩和頭向前，可去地一二寸許，亦以三爲數，度度咽納。七龍盤鳳觜，以左手串入右手，互把其脫，手頭柱觜。如此互換，以三爲數度度咽納。八鳳凰展翼，兩手先擺後，以鳳翼展卻向前，如此互換三度，度度咽納。九左擺右擺，以兩手相鎖抱頭，面左擺右擺，以三爲數，度度咽納。十推東推西，以兩手相鎖摩托前，擺東擺西，以三爲數，度度咽納。十一擊天門。以兩手相鎖摩鼻，每七摩爲一度咽納，一咽如此，亦以三七二十一咽爲足。十二仙人乾浴。以兩手相擦，似有熱氣，便摩兩目，以至於面部、兩耳、項、膊，一如澡洗法，唯多爲妙。

已上日用導引，雖云淩晨，亦不拘早晚，但無事常習，自然手熟筋軟，骨壯氣和。有疾除疾，無疾爽神，食飽消食，餒過止飢，一切作爲，並無所礙。雖未可以長生久視，亦且除身中浮疾。諺云：縱然不得力，猶勝別勞心，此之謂也。

《三洞樞機雜說·啄咽按摩法》《真誥》云：夜行常當啄齒，啄齒亦無止限數，殺鬼邪。鬼常畏齒聲，是故不得犯人，若兼以漱液，祝說亦善也，仙人劉京語。皇甫隆曰：夫朝睡起，未澡洗之前，安坐，漱口中唾曰玉泉，令滿口咽之。即叩齒二七，止。又更漱唾如前，又叩齒，一如上法。夫叩齒者，召身內神，令安之也，又令人齒不朽。咽液者，令人身體光潤，力壯，有顏色，去三屍蟲，名曰鍊精，使人長生，若能終身行之，得仙也。

《真誥》、《太素》、《丹景經》曰：一面之上，欲常得兩手摩拭之熱，高下隨形，皆使極帀，令人面有光澤，皺斑不生。行之五年，色如少女。先當切摩兩掌令熱，然後拭面目，順手摩髮，如理櫛之狀。兩臂亦更互以手摩之，使髮不白，脈不浮外。《大洞真經·精景按摩篇》曰：卧起當平氣正坐，先扠兩手，乃度以掩項後。因即面視上，使項與兩手爭爲之三四，使人精和血通，風氣不能入。久行之不死不病。又屈動身體，伸手四極反張，宣搖百關，各爲之三。

又引《消魔上靈經》曰：若體中不寧，當反舌塞喉，漱滿咽液無數，須臾，不寧之痾自即除也，亦覺身中寬軟。又曰：鼻亦得按其左右，唯令無數也，令人氣平，所以灌溉中嶽，名書帝録。坐常欲閉目，內視五藏腸胃，久行之，自得分明瞭了也。常能手掩口鼻，臨目微氣久許，時手中生液，遂以摩面目。常行之，令人體香。《真誥》云：櫛頭理髮，欲得多過，通血氣，散風濕也。數易櫛更番用之也，亦可不須解髮。

《太極經》曰：理髮欲向王地，既櫛髮之始而微。祝曰：泥丸玄華，保精長存，左爲隱月，右爲日根，六合精鍊，百神受恩。祝畢，咽液三過。能常行之，髮不落而日生之。當數易櫛，櫛取多而不使痛，亦可令侍者櫛取多也。

《上清修行經訣·道士自按摩法》道士自按摩頭面之法求道要先令目清耳聰爲事主也，且耳目是尋真之梯級，綜靈之門戶，得失繫之而立存亡，須知而辯也。大鈔相示可施用也。

以手按兩眉後小穴中三九過，又以手心及指，摩目下顴上，又以手旋耳行三十過，次以手逆乘額三九過，口傍咽液，多少無數也。如此常行，耳目清明。於人中密爲之，勿語其狀。次以兩手乘頭四面，順髮就結唯多也。於是頭血流散，風濕不凝。都畢，以手按目四眥二九過，覺令見光分明，是檢眼神之道，常爲之得見百靈。

《太清服氣口訣·分別外氣元氣訣》元氣與外氣都不相雜，若咽生氣入，須臾即從下洩出去，不得停腸中。若運氣得應頭腦中，頭腦中熱氣上運向腳亦如之。

若先運陽氣，即覺腳先冷後熱。何故如此？緣陽氣排陰氣出，所以如此。如先運陰氣亦陽氣先出，腳如火熱，然後始腳冷，他皆倣此。若能運氣入頭，始免面皺也。出《老君太虛太上無上自然太起經》。

老君治身守一法：當以夜半時，元氣始生，舌掠齒上下舐唇，以鼻納氣，口咽之三九止，則生氣通流於百脈，令人長生。

治身法：朝起先噓，兩手掌摩令熱，律額上二七，名曰存泥丸，令人身神具。

治身次以兩手相摩令熱，拭面二七，名曰乾浴，令卻惡氣。面爲尺宅，真人居其中，見之令人不病。次相摩兩手令熱，律身體二七，名爲浴身，令人卻寒負。

次相摩兩手令熱，從額律頭髮二七，尋存持髮神守生，名爲浴頭，令人髮不白，齒落更生。次復摩兩手令熱，從耳下叉兩耳，逆上二七，令人聽徹。耳各有二神，神字嬌女。治身守一法：朝起衣衣畢，手律頭。呪曰：大吉

長生，百病除愈，會于福門。五藏調和無憂患。諸神齊戒隨我身，令我至老不畏人。畢，下牀，先前左足呪曰：乾。次前右足，後祝曰：元。次前左足復呪曰：亨。次前右足，後呪曰：利。次前左足復呪曰：真。吉同曰：乾元亨利貞，身爲萬神主。玉戸見白日大吉，得所望守一法，常愛氣，愼言語，令氣入多出少，還氣補於元，思念元氣，終身長生。

守一法，卧常隨四時八節，春夏早起，與雞俱與；秋冬晚起，必待日光，無厭，逆之則傷。

《太玄寶典・煉凡出象門》 補神生胎 神自胎生，胎從命分。胎生則神生，命分則神備。形因氣活，氣因神動。神本務動，氣本務圓。蓋緣愛色相資，漸失本源，流蕩不已，則神有所損也。勞形損神三分，勞氣損神五分，勞心損神七分。負載摇動者，勞形也；愛慾聲色者，勞氣也；思慮悲愁者，勞心也。神之所損，各有淺深。真人當先知補神之道，則形全而能定神。未能定，徒爲寂默耳！藥服人參，氣鍊三宮，制之無事。調飲食，適寒溫，起居常均，不以道拘，不以俗累，則得神之胎也。神胎者，謂神返素樸而神有所養也，然後可以行定神之道矣。

補氣真源 氣之所補，以安體、厚生、養元、保真，少思慮，絶愛慾。虚弱者，先以藥補，如黄精之類是也。次行運元保精、保息養皓之法用之。惟氣强盛，則真源生矣。真源者，生氣之源，生命之所也。大道修真莫出乎此耳。

飛躑登攀 真仙羽化之道，皆由鍊神所致。能飛升、躍躑、登高、攀危者，莫出乎神體。欲得筋脈强盛者，氣力堅固，身輕體快耳。神體生光華，已載上經。其欲得筋脈强盛者，定心養血以偃卧，令人按搦，或自按摩。半夜調息，存青龍，自腎生發，遶腰周四肢，升天地門。飲華池真津九徧，呪呼天蒼七徧。欲得氣力堅固，精氣是也。欲得身輕快，亦可鍊精氣神全之道也。

大禹步 昔大禹權制百靈，蓋得天年之步。天年之步者，行之免三兇。三兇者，天地雷霆之險，山川鬼神之險，禽獸蟲魅之險。修真之士，莫不先知。行之如登雲霞，步三境，衆真侍衛焉。如登壇祭天，入山涉險。皆用之。叩齒，閉目，存日月取在左乎，垂下，右手南北舉；左手握西指，伸第二指，行右指東南面東；次握右手行右足，指東北向東，行非三境，内戒之士，勿出步焉。

《聖濟總録・神仙服餌門・神仙導引上》 櫛髮

《谷神訣》：凡梳頭勿向北。梳欲得多，多則去風，多過一千，少不下數百，仍令人數。《太極經》云：理髮欲向王地櫛之，取多而不使痛，亦可令待者櫛也，於是血液不滯，髮根常堅。《太素經》云：櫛頭理髮，欲得多過，通流血氣，散行風濕也。數易櫛，更番用之，亦可以梳就結，不須解髮也。

運動水土

《真誥》云：食勿過多，多則生病，飽愼便卧，卧則心蕩，學道者當審之。《登真秘訣》云：食飽不可睡，睡則諸疾生，但食畢須勉强行步，以手摩兩脇上下良久，又轉手摩腎堂令熱，此養生家謂之運動水土，水土即脾腎也，自然飲食消化，百脈流，五臟安和。《養生論》云：已饑方食，纔飽即止，每食後，常服三黄丸。又曰：他人須絶欲節晚食，道引般運，行之三年，自無疾病，然後減穀食麵，以遣穀氣，漸漸胎息休糧，從粗入細，不可頓也。申未之間，時飲酒一杯，止饑代食，酒能淘蕩陰滓。得道之人，熟穀之液，皆所不廢，酒能煉人真氣。靈劍子《服氣經》云：酒後行氣易通，然不可多及大吐，反有所損。

《聖濟總録・神仙服餌門・神仙導引下》 太上混元按摩法

兩手捺胜，左右捩肩，二七遍。

兩手捻胜，左右扭身，二七遍。

兩手抱頭，左右扭腰，二七遍。

兩手挑頭，二七遍。

一手抱頭，一手托膝，三折，左右同。

兩手托頭，三舉之。

一手托頭，一手托膝，從下向上，三遍，左右同。

兩手攀頭下向，三頓足。

兩手相捉頭上過，左右三遍。

兩手相叉托心，前推卻挽，三遍。

兩手相叉著心，三遍。

曲腕築肋挽肘，左右亦三遍。

左右挽前後拔，各三遍。

舒手挽項，左右三遍。

反手著膝，手挽肘，復手著膝上，左右亦三遍。

手摸肩，從上至下使遍，左右同。

兩手空拳築，三遍。

外振手三遍，內振三遍，復手振亦三遍。

兩手相叉，反復攪，各七遍。

摩扭指，三遍。

兩手反搖，三遍。

兩手反叉，上下扭肘無數，單用十呼。

兩手上聳，三遍。

兩手下頓，三遍。

兩手相叉頭上過，左右申肋，十遍。

兩手拳反背上，掘脊上下，亦三遍掘揩之也。

兩手反捉，上下直脊，三遍。

覆掌搦腕，內外振，三遍。

覆掌前聳，三遍。

覆掌兩手相叉交橫，三遍。

覆手橫直即聳，三遍。

若有手患冷，從上打至下，得熱便休。

舒左腳，右手承之，左手捺腳，聳上至下，直腳三遍，右手捺腳亦爾，前後捩足三遍。

左捩足，右捩足，各三遍。

前後卻捩足，三遍。

直腳三遍。

扭捻三遍。

內外振腳，三遍。

若有腳患冷者，打熱便休。

扭髀以意多少，頓腳三遍。

卻直腳三遍。

虎據左右扭肩，三遍。

推天托地，左右三遍。

左右排山負山拔木，各三遍。

舒手直前，頓伸手三遍。

舒兩手兩膝，亦各三遍。

舒腳直反頓伸手，三遍。

捩內脊外脊，各三遍。

天竺按摩法：

兩手相捉扭捩，如洗手法。

兩手淺相叉，翻復向前。

兩手相捉共按髀，左右同。

兩手相重按髀，徐徐捩身，左右同。

以手如挽五石力弓，左右同。

作拳向前築，左右同。

如托石法，左右同。

作拳卻頓，此是開胸，左右同。

大坐斜身，偏攲如排山，左右同。

兩手抱頭，宛轉髀上，此是抽脅。

兩手據地，縮身曲脊，向上三舉。

以手反椎背上，左右同。

大坐伸兩腳，即以一腳向前虛掣，左右同。

兩手據地回顧，此是虎視法，左右同。

立地反拗身，三舉。

兩手急相叉，以腳踏手中，左右同。

起立，以腳前後虛踏，左右同。

大坐伸兩腳，用相當手，勾所伸腳，著膝中，以手按之，左右同。

右十八勢，但逐日能依此三遍者，一月後，百病除，行及奔馬，補益延年，能食，眼明輕健，不復疲乏。

《道樞・太清養生上》 赤松子曰： 左右手叉首上，挽首至于地，五吸五息，可以止脹氣者也。叉首胸腹之前，左右搖首，不息至極而止，可以引面耳邪氣不復得入者也。 左右手叉腰之下，左右自搖至極而止，可以通血脈者也。 左右手叉胸之前，左右極引，可以除皮膚中之煩氣者也。

甯先生曰： 行氣者，治內者也。導引者，治外者也。解髮東向，握固不

息者一通，舉首左右導引，以手掩左右耳，可以使髮不白者也。以手指掐頸邊之脈不通，可以使目明者也。東向而坐，不息三通，手插鼻左右孔，可以治鼻息肉者也。正坐，自動搖左右臂，不息十二通，可以愈勞及水者也。左右側卧，不息十二通，右有飲疾，則右側卧，左亦如之，可以去疾者也。日之初出及其中其入向日正亡，不息九通，仰首吸日之精光嚥之，可以益精者也。左右手交叉頤下自極，至肺氣，可以已暴欬者也。舉手交首之上，相握自極，可以治脇痛者也。舒左手，右手在下握左之拇指自極；舒右手，左手在下握右之拇指自極，可以治骨節痛者也。以右手從首之上來，下又挽下手，可以瘉頸不能反視者也。左右手反折自極張弓，可以補五藏不足之氣者也。坐于地交叉左右足，以左右手從曲足中入，低首叉頸上，可以除久寒者也。東向坐，仰首不息五通，以舌撩口中沫，滿，二七嚥之，可以止口乾苦者也。低首下視，不息十二通，可以痊風疥、惡瘡者也。北方箕踞，以手挽足五指，可以損伏兔痿尻筋急者也。箕踞，以左右手從曲足入，據地，曲足加其手，舉其尻，可以消淋瀝孔痛者也。正坐，以左右手交背之後，其名曰帶縛，可以利大溲，虚羸者也。以一手上牽繩，一手下持其足，可以消尻之久痔者也。坐而直舒左右足，以左右手相叉，以挽其足自極，可以愈腸不受食，而吐噦者也。左右手捉繩轆轤倒懸，令足反在其上，可以瘉首眩、風癲者也。

彭祖曰：導引者，自子至寅爲之，勿飽食，沐浴焉。挽左右足五息而止，可以引腹中、去疝瘕、利九竅者也。仰左右足指，五息而止，可以行腰脊痹及偏枯者也。左右手内相向，五息而止，可以引肺，去欬逆上氣者也。左右手舉，膝置心之上，五息而止，可以愈腰之痛者也。

王子喬曰：枕高四寸，足相去各五寸，手去身各三寸，解衣、抱髮、正偃卧，勿有所念，以鼻徐納氣，以口出之，各致其藏，終而復始。欲休則先極之面止，勿強長息，久習則自長矣。氣之往來勿使耳有聞焉。若存若止，爲之百脈動，腹鳴有聲，行之者，何疾之有哉？凡導引，虚者閉目，實者開目可也。虚者補之，實者瀉之可也。以口納氣，以鼻出氣，所謂補者也。閉口溫氣嚥之，所謂瀉者也。病在胸中者，枕高七寸；病在心下者，枕高四寸；病在臍下者，去枕引；首病者，則仰首引；足病者，則仰足十指引；胸中病者，則挽足十指引；臂病者，則掩臂。去腹中寒熱及身熱者，皆閉氣張腹焉。左脇側卧，以口納氣，以鼻吐之，可以除積聚，不快于心者也。坐而伸腰，徐以鼻納氣，以右手持鼻，可以除目晦淚出，與夫鼻息肉、耳聾者也。右脇側卧，以鼻納氣，以口小嚥氣數十，左右手相摩熱，以摩其腹，令其氣下出之，七息而止，可以除脇與皮膚痛者也。覆卧，去枕，立左右足，以鼻納氣者十有六，復以微出之，其入也，亦勿令鼻知之，可以除身中熱及背病者也。端坐，左右手相叉，抱膝閉氣、鼓腹二七，或三七，氣滿即吐，於是氣皆通暢。行之十年，可以卻老還嬰者也。端坐，使左右手如張弓滿射，可以治四肢煩悶及背急者也。端坐伸腰，舉右手仰掌，以左手承左脇，以鼻納氣自極，七息而止，可以除胃寒及食不變者也。端坐伸腰，舉左手仰掌，以右手承右脇，以鼻納氣自極，七息而止，可以除瘀血結氣者也。正偃卧，端展其足臂，以鼻納氣自極，七息而止，搖其足三十，可以除胸足中寒、周身痹、欬逆者也。左右手抱其首，宛轉上下，其名曰開脇，可以除體之昏沉不通暢者也。踞而伸右足，以左右手抱左膝，仰首而伸其腰，以鼻納氣自極，七息而止，左亦如之，則可以除難屈伸拜起及脛中痛瘀痹者也。踞，而以左右手抱左右膝，以鼻納氣自極，七息而止，可以除腰痹背痛者也。偃卧，展左右脛、左右手，外踵指相向，以鼻納氣自極，七息而止，可以除膝寒、脛痛者也。偃卧，展左右脛，左右手，二踵相向，以鼻納氣自極，七息而止，可以除肌不仁及足脛寒者也。偃卧，展左右脛、左右手，仰足指，以鼻納氣自極，七息而止，可以除腹中弦急切痛者也。端坐伸腰，向日仰首，徐以口納氣，因而嚥之，三十而止，可以去心下之積聚者也。端坐直腰，舉右手仰掌，以左手承右手，脇鼻内之氣，可以除胃食不變者也。直腰，展左右臂，鼻内氣閉之自極，可以除脇之積聚者也。

經曰：東向而坐，握固不息一通，舉手左右導引，以手掩左右耳，以指掐二脈之邊五通，可以明目、黑髮、去風者也。

經曰：夜卧服氣者，先須淘轉其故氣者，閉目握固，仰倚左手拳於乳間，以左右耳脈舉背及尻，内閉氣，而氣海中之氣復自内出，斡而轉之，呵而出之，一九而止。然後可以調服氣矣。

經曰：夫人稟天地之元氣者也。凡嚥納、吐納，自然内氣與之相應焉。從氣海之中隨吐而上，直至於喉，俟其吐極則連鼓而嚥之，汩汩有聲，由左而下，經二十四節女子則由右而下，以意送之，以手摩之，令其速至于氣海。氣海者，在臍之下三寸是也。服氣之初，其中未通，則必摩而助之，一閉口而連連嚥之，其名曰靈行。取口之津液同嚥之，其名曰雨施。其初内氣，未流行

則不能連嚥。行之三年，則氣自流通，不摩而自下，斯可以成功矣。

經曰：左右伸其臂，不息九通，可以愈臂痛及勞殘者也。以左右手如托千斤之石，左右互爲之，可以終身無病者也。左右手抱左右足，不息十二通，可以消穀、輕身、益精、去疾者也。踞坐，合左右膝，張左右足，不息五通，可以去鼻口熱瘡及五痔者也。交趺而坐，叉左右手着首之上，挽首結下着地，不息五通，可以益氣力者也。左右手抱左右膝着于胸中，不息三通，可以止腰痛、腎疝及背膂疼者也。太箕坐，以左右手投左右足五指自極，低首至地，不息十二通，可以治頸項腰背痛及聽耳明目者也。交趺而坐，以左右手交叉着首之下自極，不息六通，可以治腰痛不能反顧者也。仰首，以手摩其腹，以手持其足距壁，不息十二通，可以治膝痹不任行步及腰背痛者也。正坐，以左右手交于腎之後，可以治虛羸，利大小便者也。正坐，仰天呼出醉飽之氣，可以立消酒食，更爲之，可以涼而不暑者也。外轉左右足十過，內轉亦如之，可以補虛損及益氣者也。

赤松子曰：先長跪，以左右手向前各分開，以其指外向，次左右手夾叉其腰之左右，次以右手扳腰，左手高於首而止，次右手伸後，左手叉於腹前，次緩形長，跪左右手更伸向前，更屈從後以叉其腰，次高擦左右手常爲之，則耳目聰明，百疾不生而延年矣。每次皆長跪爲之。葛仙公曰：吾聞辟穀服氣者，晝夜十二時，共五百四十嚥，周而復始，然先無修行，未餌藥石，無氣未充而頓絶食，兩未相接，此其自取危亡者也。或曰：以嚥多爲限，以飽爲功，百日之内，關節未開，如此行之，腹當脹懣，豈攝理之道乎？所謂服氣者，胎息也。如嬰兒之在胎，十月不食而能長養，蓋得元氣之故也。及其生也，吸其外氣，則有啼號之聲，且知燥濕饑飽，是乃失元氣之故也。今之鼻引而嚥者，亦外氣也。豈足服之耶？然服氣者，要當無思無慮，冥心絶緣，百念俱忘，則元氣自至，因而嚥之，各歸其位矣。或曰：五方各在於五藏，須思念而服之。葛仙公曰：非也。思念則有緣，有緣則心不寧，心不寧則氣不安，氣不安則無自然，無自然則氣失度而納邪，氣疾於是乎生矣。或曰：十五日前，從手而出，十五日後，從足而出，非也。存想者，爲其有所苦而用之。如《黄庭經》曰：物之不干，泰而平，謂其無想念者也。或曰：十息一屈指，至七十息則一嚥焉。葛仙公曰：非也。嚥氣者，存心於無爲，委形於無身，行止寢興，任性自然，腹空則服，有疾則攻，披屈指以紀其數，不亦勞乎！或曰：鼻長引其氣，蹙而嚥之，良久更服，相續而下，如瓶注水。葛仙公曰：此其害足以殺人者也。惟於行止寢興，鼻常引以納清，口常吐以出濁，濁者，五藏飲食之氣也。如其喉乾，則合口任鼻中出入，於是津液生矣。服氣者，夜寤及寅之時，內調其氣以吐納焉。仰卧展手足，低枕，息心定意，無思無念，以住其氣，鼻引口吐，出入兀然。閉口而納之，有氣則引上入口，微而嚥之。凡一嚥以手摩散之，以意送之，使下焉。其摩之也，隔二、三十氣爲妙矣。上焦通，則嚥下過于臍，如未通，則在乎心胸，俟至食時，覺心上空，下泄，氣通則食，未饑則勿食，勿過飽，飽則妨氣矣。食已，俟心上空，復服其氣。初學者，三焦未通，關節未開，多服之則壅塞矣。十日加三、五嚥，百日滿百嚥，百五十日更加三、四十嚥，二百日則二百嚥，周年之後，其氣之通，關節之開，惟俟腹空則嚥，三、五相連焉。一日不過乎三百而已，三年之後，其氣周旋而大通于五藏。於是骨體堅溢，皮肉滿實，則不限嚥之數矣，服氣者，日朝惟宜食淡水粥，日午食淡麵餅，晚食淡餺飥飥，最忌酥油粘膩、生菜蘿蔔、陳臭等動氣之物及忌熱羹。每食畢，即開口吐五味之毒。如覺飽悶、氣滯則須靜坐調氣，少時即散而下泄焉。或曰：不可下泄，宜固密焉。葛仙公曰：此非也。五藏先有宿惡之氣，固而不通泄，則必痛悶，故氣未出，新氣相衝，斯能爲患矣。可不下泄乎？葛仙公曰：鍊氣者，何也？服氣之時，有餘暇，則於靜室散髮解衣，覆衾，正身仰卧，展其手足而勿握固，施淨席于地，通理其髮垂于席上，即調其氣，俟其得所而嚥之，嚥後閉之，盡氣令悶，則冥心無思，任其氣所之，其氣悶則開口放出焉。其初氣出喘急，則調其氣，七過、八過，以至十過，及其氣定，則復鍊之。其鍊也，或五、或六、或二十、或三十、或四十、或五十，以漸加焉。服氣既久，則關節通矣，毛孔開矣。其煉至于二十、三十，則其身潤汗，此其效也。鍊之之時，當於晝夜任意爲之，然必俟其神之清爽，坐而修嚥，欲寢則寢，不可強焉，強之則氣亂矣。故鍊氣十日，五日一行焉。覺其四體煩悶而不通暢，則爲之可也。何以委氣乎？以體清和，內無思念，行止寢坐而調其息，凝然委身，如委其衣以置于榻，無筋無骨，無識無別，縱身縱心，如彼委衣而匆爲主，寂寂沉沉，放其形體，澄神鍊氣，於是百節開張，筋脈暢通，津液注流。因此，可以嚥閉十氣至于二十焉。凡一嚥，皆須兀然任氣，不得與意相爭，良久，其氣從百毛孔而出，不復口吐也。縱有之，十無一二焉。調息稍久，則身如復更調理數十息，以至百息，勿因喘息則又合氣嚥入焉。

沐浴矣。其功日進，於是精滿，氣全、神安、魄定、志開、思遠。三屍去而六鹿滅焉。或四體不安，氣有壅塞，則須委之，或寢、或坐，澄神以委氣焉，調氣以息念焉，久而凝定，則氣之流得，無所不至矣。閉氣者，何道歟？上知之士，神定氣調，外病自絕；中智之士，修攝乘宜，時生其患，可以靜室，具厚茵，仰卧，展其手足，相去四寸，各用厚衾覆之。靜心坦然，熟調其氣而嚥焉。復開其口而鼻不出，念其患之所在，以意相注，使氣攻之，氣極則吐，吐已復嚥而閉之如其喘也，則調其氣者，六、七息，其氣即調順矣。再閉其氣，想念以攻其患，或十，或二十，或三十，或五十，攻其患。以患在左手則入左，患在右手則入右，患在首則入首，於是汗出通潤則瘉矣。或未瘉，於寅之初，頻以意攻之，至瘉而止。

《道樞・太清養生下》 經曰：人之身十二大節，三百六十小骨，孔孔相對，脈脈相通。新氣與故氣交錯其間，新氣或頓阻，或循行，故氣或流通，或壅滯，或俱塞，或並馳。蓄壅滯者，陽氣之聚而爲塊瘕者也；頓阻者，陰氣之積而爲腫、爲瘍者也。氣既能蓄聚，則亦有分散之理矣。凡患之所在，可用導引以散之，和氣以攻之，時意以送之，清氣以潤之，嚥津以補之，病惡有不除者乎？然補益之方，皆津液爲之本也。是以金粱玉英、華池丹甑，不可及焉。卒死者陽也，先因疢病，故其氣頓阻於四關九竅之中，所以絕氣焉。屍蹷者，亦陽也，死而脈猶動，耳中有聲或無聲而股暖，絕於九竅而四關尚通焉。客忤者，亦陽也，外物所犯，陽氣阻絕焉。五屍死者，亦陽也，一曰飛屍，二曰遁屍，三曰風屍，四曰沉屍，五曰注屍，其心腹脹滿痛急而不得息，或二脇之下，磥塊湧起，此皆陽爲陰所閉而然爾，吾有法可以起之，使人用力掣其左手，次之右手，次之左足，次之右足，各三百六十過，然後以蔥心去其尖。入其鼻左，以麵密固其際，及壅其口與其耳焉。吹耳則壅鼻，吹鼻則塞耳。其吹之也，徐徐而長。吹之既已，以指閉其蔥孔，左吹四十九，右亦如之。女子則先右後左，始吹其鼻，繼吹其耳，其數亦如之。無蔥用筒管及有孔物，亦可。夫鼻者，主肺，肺爲諸藏之蓋者也。耳者，主腎，腎爲通氣之本者也。霍亂者，本乎冷氣所散，其腠理乍通乍塞，其氣道忽留忽行。或氣應行陰，乃復行陽；或氣應行陽，乃復行陰。治之之法，於密室厚衣大坐，以左右手據二膝上，向左力回六十過，右亦如之。左右迭爲之，滿三百六十之數，乃長呼者七，既已，則長吹、長噓、長呵、長呬、長唏者各七則瘉矣。或疾甚不可導引，則使人掣左手，次之右手，次之左足，次之右足，各三百六十過，兼以沸湯浸手至肘，浸足至膝，冷則易之，至瘉而止，此何也？以外氣引內氣者也，亦足以治屍蹷焉。癩者，太陽之病也，陽爲陰所排而沉於骨髓，積久則新氣不達，故氣不通，壅閼鬱熱，梟而生蟲，於是爲癩焉。治之之法，密室靜居，食不厭少，情不厭閑。大坐，放縱其體，以左右手據二膝上，以首及身向左力回十過，右亦如之。左右迭爲之，滿三百六十之數。如此，則關節、血脈、腠理、毛孔盡開。乃長呼、長吹、長噓、長呵、長呬、長唏者各五。然後以清氣攻之者有六焉。其一則大坐，放縱其體，鼻徐徐長取其清氣，兼以意想，使清氣周達於骨髓，然後口徐徐長呼以出之。既已，漱津以嚥之，如是者六十過。其二則以吹出之。其三則以噓出之。其四則以呵出之。其五則以呬出之。其六則以唏出之並與呼同。然後鼻徐徐長取其清氣，兼以意想，使清氣周達於骨髓，口長吐以出之，嗽津以嚥之者六十過。於是陽蟲爲陰所擊，當自斃矣。必以卯、午、酉、子之時爲之可也。忌食麵及羊肉。半身不隨者，陽氣蓄聚，爲外寒所蔽，或因陰氣所衝，其脈雖通，而內無所達也。治之之法，大坐，以左右手據二膝上，向左力回十過，右亦如之，左右送兩相合者，滿三百六十之數，即使人力掣手足不隨者各三百六十過，復以左右手向下將。手足不隨者亦三百六十過。既已，乃縱放其體，以鼻徐徐長取其清氣，然後口徐徐長呼出之，當呼之時，以意送其氣入于所患手足之中，又嚥津隨之者六十過，吹、噓、呵、呬、唏皆如之。病甚者，不堪導引，則使人力掣手足不隨者，以意送其氣亦可也。周身腫者，陽氣促於五藏，出於皮膚，壅而不散也。大坐，以左右手據膝上，左右力回者各十過一易，於是兩相合者三百六十過。以鼻長取清氣，使周達於五藏，口長呼以出之。漱津以嚥之者六十過。吹、噓、呵、呬、唏亦如之。熱之盛者，其口無津，則惟導引，以鼻取其清，口吐其濁亦可也。此亦治疱病。熱氣所衝，屯聚不散而爲腫者，則以口長吹於腫之上十四過，以冷手寬挼之，以口長呵於腫之上十四過，復搓左右手，使熱寬挼之，如此迭爲焉，至瘉而止。目赤而乾痛者，爲肝熱之所衝也。左右導引三百六十過，然後鼻徐徐長取其清氣，而想其清氣上射於目，則熱氣爲清氣衝之，自然熱氣退，從口出，可以呵而吐之，滿三百六十之數則瘉矣。呵者主于心，故出於本氣者也。耳聾者，腎中之熱氣衝于耳，復爲陰氣逆閉之也。左右導引，三百六十過，既已，以手力挽左右耳，四十九過。然後，以鼻徐徐長取其清氣，兼

以意想其清氣，使達於腎中，則以口徐徐呬而出之，如此者滿三百六十之數。呬者，主于腎，挽耳者，去其陰也。晝夜二時爲之則瘉矣。上氣咳嗽者，陽氣在於藏，奔上而欲出，其陰氣復入而相逢於顙中，陰陽之氣漸盛，則嗽彌甚矣。譬如以氣吹火焉。氣，冷也。火，熱也。然吹則火盛矣。故治之之法，大坐，左右導引，各二百四十過，以二肘向後，以臂向前，力努之。既已，復以左右手委於二肘向前，力以相近，既立已，復立左右膝，以二手在二脞之下，又以二脞向外，力捅二肘，各十四過。然後，以首左傾，以肩力承之，其右亦然，迭爲之各十六過，向上長引其頸四過，乃長呼、長吹、長噓、長呵、長呬、長唏各七過，日三、時爲之，疾則瘉矣。兼於鼻徐徐取其清氣，口徐徐長呼以出之，漱津以嚥之。吹、噓、呵、呬、唏亦如之者二十過，其效則加速焉。凡上氣者，其行之之時，始舉足，以足向前力蹋之，脛後着地，斯爲佳矣。勞復者，其陽虛損或因飽氣，其氣乍閉、乍衝，或投熱食以致之也。治之之法，大坐，徐徐導引，左右各四十九過，鼻徐徐長取其清氣，口徐徐長吐之，吐則嚥其津，滿一百二十過，有餘力則進而至於二百四十、三百六十之數尤佳也。然後，舒左足，以左手按其足上，以其足左右轉之四十九過，其右亦然，日再爲之則瘉矣。故彭祖曰：內外轉其二足各十過，可以止諸勞，蓋謂此也。溫疫者，陽氣也。聚於諸藏，入於諸脈及於腠理也。治之之法，大坐，左右導引三百六十過。岐伯曰：導引者，俛仰屈伸也。甘始曰：叉手項上，左右捩不息也。又云：率以汗出爲度，汗則扮身。然後立右膝，以左足向前蹋之，立左膝以右足蹋之，各四十九過。臥而爲之亦可。鼻納之，口吐之者二百四十過。進至於三百六十之數尤佳也。彭祖曰：亦可以已虐。虐者，陽在於膈之下，奔上而欲出，陰在於膈之上，爲陰所閉，其陽漏而瀉出。其發有時者，蓋陰陽所競自有節候也。於欲發之時，左右導引，各三百六十過，然後立右膝，舒左足蹋之四十九過，其右亦然。於是鼻納之、口吐之，其呼、噓，各二十一過則瘉矣。鼻衄血、口唾血者，中焦熱熾，飲水則變爲血，故中焦之氣上衝於肺，肺復衝鼻，則爲衄血。中焦之氣下注於脾，脾腹衝口。則爲唾血。凡病此者，前溲少矣。治之之法，大坐，導引左右各三百六十過。然後舒左右足，以左手捉右足五指七過，右亦如之。衄血則嚥津焉，鼻納之，口吐噓出之。唾血亦嚥津焉，而呬出之，各三百六十過，旦暮爲之，則瘉矣。甚者三時爲之可也。赤下者，下焦熱熾而復飲水，其陰陽相競，盪于下焦，不得依道而行，時有冷氣擊之則痛矣。治之之法，左右導引各三百六十過。既已，則嚥津焉。鼻納之、口吐之、與夫呼、噓、呵、呬、唏各六十過，又嚥津焉。日四、五爲之則瘉矣。前後溲不通者，陽氣在於下部而逆拒也。治之之法，導引左右各三百六十過。既已，以左右手向背之後相叉，以左手向右，以右手力挽之十四過，其右亦然。復舒左手，以右手力舉左肩，十四過，其右亦然。然後嚥津焉。與夫吐、納、呼、吹、呵、呬、唏，各六十過，日再爲之則瘉矣。故甯先生曰：平坐，伸左手，以右手指肩挽之，治前溲不通。以左右手交於背之後，名曰：帶縛，治後溲不通，蓋謂此也。淋者，水道熱熾，乾澀而不下，時漏而出也。治之之法，導引左右各三百六十過。然後立左右足，以左右手從脞之下入，左手總把左足之五指，以右手總把右足之五指，俱向內力挽之十四過，既已，則嚥津焉。鼻徐取其清氣，以口呬吐出之三百六十過，日作之彌佳也。痃者，陰也。本於虛假或病之後，諸藏冷氣，加以飲水，而陰氣既入，則長所積之水矣。陽氣既納，則不通所積之陰矣。水氣漸盛，至于皮膚而爲痃焉。其候左右目瞼上起色如老蠶，二脇轉側有水聲也。治之之法，左右導引各三百六十過。既已，鼻納之，口吐之，次則噓、呵、呬、唏各六十過，及想其氣周于一身，晝夜三時爲之，久則瘉矣。忌食鹹，宜噉小豆汁，或煮小豆浸左右足爲佳。反胃者，積日受冷，於是陰氣漸下屯於腹，口熱食投之，爲陰氣逆拒，反而出之也。治之之法，常虛腹導引，各三百六十過，以左右手相乂，以左右足力蹋二手四十九過，以左手背委於左腋之下，用右手攀左肘七過，其右亦然，即嚥津焉。鼻徐徐短取其氣，口呵以出之，一百二十過，復嚥津焉。次則呬、吹、唏亦如之，三時作之則瘉矣。力不堪者，二時亦可。心腹堅痛者，陰冷之氣屯於心腹，積聚而不散，雖復厚衣，以陽擊之，陰陽相競，則陰彌甚矣。治之之法，左右導引，合于三百六十過，則嚥津焉。鼻徐徐取其清氣，口徐徐呼而出之，當以暖氣排其積聚。凡吐嚥者，滿二百八十之數，呼噓亦如之，晝夜二時爲之則瘉矣。胸脇結癖者，陰也。冷氣偏屯於胸脇，或因食久而不散也。治之之法，清旦仰眠，立左右足，使人以手揣取癖根，漸入手於癖根之下，稍舉之，其始則痛，後則可忍焉。然後，力舉之一百二十過，二三日之後，進而至於二百四十之數可矣。五日之後，進而至於二百四十之數可矣。既已，導引三百六十過，然後嚥津焉。鼻納之，口呵之，以意送其氣於病之所在，使下部出之，滿一百二十之數，漸至於二百四十以至三百六十彌佳也。晨夜二時爲之即瘉矣。心腹

率滿者，陰氣在於藏，起則衝於心也。治之之法，導引左右，合于三百六十過，嚥津納氣而口呼之，使氣出於下部，滿三百六十之數則瘉矣。目赤而淚出者，肝之陰氣衝於目也。治之之法，如前導引。既已，嚥津焉。瞑目以鼻納其清氣，開目以口呵出其濁氣，滿於三百六十之數，晨夜二時爲之則瘉矣。

經曰：嬰兒之在胎，十月而成，筋骨和柔，以心息念，和氣自至。故服氣者，宜取象焉。於六陽時食其生氣，故於子之時其服九九，八十一。寅之時其服八八，六十四。巳之時其服七七，四十九。午之時其服六六，三十六。酉之時其服五五，二十五。戌之時其服四四。十六。當其服氣也，以舌去其濁氣，於是依其門戶而出入焉。鼻者，天門也。口者，地戶也。服氣之魂魄歸焉。道入自鼻，出自口者，順氣也。如此行之而不輟，則可以除三屍獲長生矣。道者，氣也。氣爲精門，人若守精，如室有人焉，精氣俱全，是名真人者也。身有丹田者三，何謂也？腦者，上丹田也；心者，中丹田也；氣海、精門者，下丹田也。三宮各有神焉，神馳則氣漏，氣漏則精泄，精泄則神喪。故精者，長生之根也。腎者，命之根也。譬之木焉，無精則葉萎，葉萎則枝朽，枝朽則木枯矣。凡入氣爲陰者也，出氣爲陽者也。二者所謂服日月之精華也。氣者，虛無自然無爲也。無爲則心不動，心不動則外無求；外無求則內安靜，內安靜則神定；神定則氣和，氣和則元氣自至；元氣自至則五藏滋潤，五藏滋潤則百脈通；百脈通則津液上應，津液上應則忘五味而絕饑渴矣。於是氣化爲血，血化爲髓。一年易其氣，二年易其血，三年易其脈，四年易其肉，五年易其髓，六年易其骨，七年易其髮，八年易其筋，九年易其形，此鍊九還者也。

經曰：東方青牙者，肝也。服食青牙，當飲以朝華。以舌表舐其唇，漱口而三嚥之。朝華者，上齒根也。南方朱丹者，心也。服食朱丹，當飲以丹池。以舌攪于齒蓸，漱口而三嚥之。丹池者，下齒根也。西方明石者，肺也。服食明石，當飲以露液。以舌琢齒者七匝，漱口而三嚥之。露液者，唇內津也。北方玄滋者，腎也。服食玄滋，當飲以玉飴。以鼻導引元氣入于口，呼吸而三闢外氣，與內氣相應，於是閉口連鼓而嚥之。若水瀝坎以送之，至於三十六嚥，是名上清鍊形者也。但腹空即嚥而送之，無論坐臥，皆可爲也。服氣者，寂然安坐瞑目、叩齒、閉口、努腹、鼓頤，則其口斯開矣。俟其氣滿口，則嚥之，至夫九下一息焉。春夏則服冷氣，秋冬則服暖氣。凡至寅之時，左右掌掩其口，用力呵其掌中，則津液生，以摩拭其面，面斯光澤矣。然道之大戒，有十八焉。曰強求富貴，曰貪冒寶貨，曰多忌諱，曰傷王氣，曰干名譽，曰爲諸惡，曰喜功名，曰爲耳目口所誤，曰強梁，曰僞伎，曰轉躁，曰舉事不詳，曰心倥倥，曰爭曲直，曰費用精氣，曰好衣美食，曰盈溢，曰樂兵。故學道者，勿使人知焉。人知則我生，我生則名生，名生則禍來矣。

《道樞・衆妙》 陰真君名長生曰：北方正氣者，河車也；東方甲乙者，金砂也。二者含養歸于一體，朱雀調連，則金花生矣。花者，天地之寶也。西者，虎也。卯者，龍也。龍虎相生，斯合同矣。龍之正位者，六八也，虎之所生者，在于一宮也。採之有日，取之有時，差其氣候，是亦徒勞焉。爾求鼎于中宮，溫養其火候，審其陰陽，安其爐室，須擇其地而隱密焉。保而勿失，此天地之機也。陽者，真砂也。陰者，真汞也。無質生質者，還丹也。鍊之餌之，斯成仙矣。黃芽者，天地所生也。砂者，水之精所成也。二者同于一體，西方升其王氣，其得道則在乎中華焉。不達于此，未見不喪其家者也。

純陽子呂洞賓曰：真一者，何謂也？天之陽，地之陰也；物之氣，人之性也；身之祖，命之宗也；龍之體，虎之形也；精血之名也，鉛汞之首也。見于魂，斯爲三矣；遇于魄，斯爲七矣。此真一之源也。修之之法何哉？吾於身之中，鍊丹田之氣，至其壯也，則自然之神全矣。於十有二時，守天真之一氣，入于丹田之宮，心無想也，外無意也，不出不入，不往不來，則神定而自安矣。

純陽子曰：髮宜長變，手宜常面，口宜常鍊，體宜常挽，液宜常嚥，氣宜常鍊，精宜常轉，色宜常遠，定宜常變。孫真人思邈曰：形欲勞，酒欲勿大醉，則疾不生矣。飽食者，無益也。食已行之百步，以手摩其腹。寅丑之日，剪甲櫛髮者百返。飽則立溲，饑則坐溲。行勿迎風，居勿有隙。夜則濯足而寢。思慮者，傷其神矣。喜怒者，傷其氣矣。鼻欲去毛，口勿唾地，平明下榻，其先左足，則去邪辟惡，一日無殃矣。行七星之步，則壽且樂矣。酸者傷筋，苦者傷骨，甘者傷肉，辛者傷氣，鹹者損壽。故躭嗜者，不可偏也。春夏宜少施泄者也，秋冬宜固陽者也。獨寢守真，加之謹靜，斯亦可貴矣。財貨者，生而有定分，知足則爲利矣。強之者，大患也；寡欲者，無累也；神靜者，常安也；修道者，宜有終始而後可也。

樓真子施肩吾曰：吾見學道者，千數矣。孰知道之要，其在于神留形

住，形住則神留焉。神苟外進，其形豈能侯哉？然保氣養神者，不可以湛然而得之，不可以兀然而守之。保氣者，其在乎運。養神者，其在乎用。吾當聞于師曰：體虚而氣固，形靜而神會。斯出世之玄機歟。崑臺真人（世傳富文忠公爲崑臺真人，語樂全先生張文定公自稱曰）：吾求順生之道而得簡易者焉。吾於子之後，（三更三四點至五更以來皆可。）披衣蟠足而坐，（床上擁衾亦可。）或東向或西向，扣其齒三十有六，握固以調其元氣。握固者，何也？吾以左右拇掐其三指之文，或以四指總握其拇，用左右手以柱乎腰腹之間者也。於是，元氣既調，其息微微，其腹若虚，則閉息焉。閉息者，何也？吾先瞑目靜慮，使心源湛然，則閉其口鼻，勿使氣出焉。内觀五藏六府，三元九宫，與夫肺之白，肝之青，脾之黄，心之赤，腎之黑。然則何以知之哉？吾爲五藏之圖而日觀焉，則知之也詳矣。於是想吾之心爲炎火，其光洞徹入臍之下，此吾之丹田也。俟乎其腹滿，其氣極，其徐出其氣，勿使耳有聞焉。息之出既調，則以吾舌攪科唇齒之内外，漱鍊其津液焉。鼻之有涕，吾亦爲之漱鍊，此真氣也，久斯甘矣。方其漱鍊，而未可嚥也。復如前，閉息内觀，納心之火于丹田，調息而漱津焉。如此者三，則津液滿矣。俯首而嚥，以氣送之至于丹田。吾之用意，必精猛使津也。氣也，谷谷有聲，入于丹田，復如前爲之。凡閉息者九，嚥津者三，而後止。乃以左右手熟摩其面及其四體，復以左右手摩其足心，足心屈折，使湧泉之穴上徹于頂門，於是臍之下，與其腰，其脊，亦徐摩焉，洟然汗出可也，喘不可也。次以左右手熨于目、于面、于耳、于頂，皆極熱焉。則按捏其鼻梁，左右或五、或七，擗其髮至于百，散髮而寢至于旦。久則有功，二十日而效見矣。惟習閉息，持久爲難焉。吾用脈候之五至者，一息也。吾能閉其息，至于百有二十至而開，則蓋二十餘息矣。然不可强閉以亂其氣，或奔突而出，斯乃爲害也。暮不可多食，使其腹寬而虚，其氣得以回轉焉。晝之時，亦數瞑目内觀，漱鍊其津液而嚥之。熨摩耳面，以助真氣，清淨則功易成矣。然世之害道者有三焉：一曰忿躁，二曰陰險，三曰貪慾，學道者其戒之。

仇池先生（蘇子瞻自號云）曰：已饑而食，未飽而止，散步逍遙，使其腹虚。當其虚時，即入於定，無晝夜之限焉。寢也，坐也，皆可以爲之矣。惟在攝其身，如彼木偶焉。視鼻端之白，數其息之出入，綿綿若存，用之不勤，至于數百則其心寂然，其身兀然，與太虚同，於是不待禁制，而不動矣。其出入之數也，或至于不能計，吾則與其息俱出俱入，隨之不已，則一息自住，不出不入矣。於是其息或從毛竅之中八萬四千雲蒸霧散，而諸疾除矣。故養生者，必以胎息爲本，然亦乾乾乎其艱哉！夫不閉其氣，任其出入，則眇綿滉漭，近無卓然之功，或望其兀然自止，蓋未之有也。閉而留之，其息不過乎三十、五十，則奔突而出，雖有微陽生于下丹田，其猶爲稼於湯世，亦終一溉而後枯，非度世之道也。吾嘗聞諸孫思邈曰：夫欲和神氣者，必於密室扃戶，榻安而茵厚，其枕之高二寸有五分。於是正身偃臥，冥心閉氣于胸膈之間，而以鴻毛置於鼻之端而不動。經三百息焉，則目無見也，心無思也，如是寒暑不能侵，蜂蠆不能毒，其壽三百有六十歲，隣于真人者矣。吾默而深思其旨曰：夫閉氣于胸膈，使息之出入，動而不動，氤氲縹緲，若熏爐之煙，烹鼎之氣，出入自如，無呼吸之者，此鴻毛可以不動矣。故心不起于念，雖過乎三百息，斯亦可也。吾嘗臥而爲之，如其方焉。以意守其氣于胸膈之中，吾欲吸也，則微吸焉，吾欲呼也，則不得呼焉。而任其氤氲縹緲，微微自出，出盡而氣平，則又微吸焉。如此，其出其入不絶，而鴻毛可以不動，動亦微笑。吾俟其動，則益加意以勒之，使不動而後止也。吾雖勒也，然不閉也，其息至于數百，則其出者加少，其不出者加多，内守充盛，血脈通流，上下相灌輸，而吾之養生之理得矣。【略】

鴻濛子（高象先）嘗至廣寒宫，於是玉宸君使見于西華夫人，夫人授以道要。曰：真一者，在於敲乎戊己之門，其中有金子焉。是黄芽之根，萬物之母也。母得其父，而爲鼎釜。於是日月魂魄交感，一浮一沉，其珠自飛，至于崑崙之上者，必馮諸罔象而求之。既得之，則歸于絳宫藏之，肌膚紅矣，鬢髮黑矣，蓋九十日而丹成焉。昔者，魏伯陽作《參同契》，所謂萬古丹中之王也。其首曰：乾坤者，易之門戶也。乾道爲男，坤道爲女。而世不知所謂真陰陽者，乃茫然而求龍虎焉。日者，離也；月者，坎也。日月陰陽相啖吞者也。金烏死，玉兔生，故萬物生者，周天地之感也。天地相盪，男女合矣。四象五行，於是近輻輳焉。晝夜屯蒙者，發乎自然者也，非孜孜視乎火之候者也。或曰：臍之下者，太一之宫也。先想神爐在乎其内，次存真火炎乎其中，於子之時起，採日月投于其鼎，以吾之津液，漱下于丹田，是爲神水焉。十月脱胎，而生嬰兒。

正一先生（司馬子微）《坐忘歌》曰：常嘿元氣不傷，少思慧燭内光。不怒

百神安暢，不嗔心地清涼。不求無諂無曲，不執可圓可方。不貪即是富貴，不苟何懼公王。味絕靈泉自降，志定真息自長。氣漏形歸厚土，念漏神趍鬼鄉。心死方得神活，魄滅然後魂昌。至精潛形恍惚，大道偶於混茫。轉物難窮妙用，應化不離真常。造化若知規矩，鬼神不測行藏。節飲節食少寐，便是真人坐忘。

高子名象先曰：瞑目蟠足，以左手抱臍之下，右手附腎之左右，復想丹田，使其炎如火，是爲玉女抱臍者也。至游子曰：抱元守一，乃養生之至要也。其名有九：一曰一字氣，二曰黄河逆流，三曰肘後飛金晶，四曰河車般運，五曰返本還元，六曰回光混合，七曰五氣朝元，八曰一撞三關，九曰三田往復。

至游子曰：吾有修命之宗，世未之知也。上納於氣，下勿泄於精，於是運之，與玉池之淵相合，久而斯爲丹矣。斯吾之性命也，無他焉。神也，息也，氣也，一物而三形者也。心存乎妙，意存乎玄。臍下之氣沖沖，其動以盲丹田。谷神不死者，胎息也。沖虚子曰：其心死矣，然後能抱其一，合其氣，鍊其精，輔其神，全其形。故死其陰者生其陽，則神生道成矣。高象先曰：崑崙之巔有玄珠焉，惟罔象能求而得之，歸乎絳宫，則其膚渥丹，其髮再黑，而北極刊其死籍矣。

杜革曰：有鍊金丹之方，遡流補腦之訣。吾嘗日興正坐，俟其氣定焉，口吐其濁者，三五焉。密閉地之戶，勿使之通，然後鼻吸其清焉。其入息以九，其出以六，時數數作焉，則妙矣。如津液之生，則赤龍耕于左右者，三十有六焉。及其滿口，鼓其氣，而虚嚥者九，以其氣送於丹田，徐引其氣出焉，久則有功矣。吾嘗正坐，俟其氣定焉，鳴天之鼓，三十有六焉。單絞輥轤者，二十有四焉。跪而首至于地，以其手擦夫腎堂，三十、五十，而至于百，以漸加焉。鼻隨引其氣出，於是左右互相摩，至其熱，以熨外腎，其數至于百，鼻之中氣滿，則徐放之。其行之也，於子之後寅之初，此祕精逆流者也。

徽宗嘗問于李傳宣和初爲太府卿。曰：爾有内丹之方，試爲我言之。傳對曰：内丹之要，在乎存其心，養其氣而已。閑邪所以存其心也，内觀所以養其氣也。存其心，養其氣，則真火日炎矣，神水華池日盛矣，可以上下與天地同流焉。天之道，運而不積者也。聖人則而行之簡易，則天地之理得矣。夫人所悖以生者，氣也。氣住則神住矣，神住則形住矣。審能如是，則長生久視。其自茲始乎！觀夫寒暑往來，日月運轉，天地之所以長久者也。吹之、噓之、呼之、吸之，吐故而納新，真人之所以長存于世者也。丹元子曰：形以神住，神以氣集。氣者，體之充也；形者，神之舍也。故氣實則盛矣，虚則衰矣，住則生矣，耗則絕矣。氣也者，廣成子所以保之，煙蘿子所以鍊之也。然則一言而盡保之、鍊之之妙者，其唯之納乎。故曰：一嚥二嚥雲蒸雨至，三嚥五嚥内景充實，十嚥九嚥心之火下降，腎之水上升。水火既濟，則内丹成矣。可以已疾，可以保生，可以延年，可以超升。於是有進火行水之候者，其樞要也。子之後，午之前者，進火之候也。五夜之始，陽之盛者也，尤宜於進火焉。居榻之上，或南向，或東向，握固蟠足，合目，直腰而坐。澄心靜慮，内觀乎五藏，仰首合口，引鼻之清氣至其極也，則直腰而嚥焉。一嚥則縮其穀道一縮，再引再嚥再縮至於再，至於三，若其氣極，而不能止也，則俯首開口以吹之，勿使耳聞其聲，如是者三，是爲一候。待其氣調而後行水焉，取鼻之涕，口之液，集而爲一，多益善矣。及其百漱，既熱而甘，則仰首出胸，於左顧於右盼，於正坐各一嚥焉。分三嚥而下，内想至于丹田。凡嚥也，亦縮其穀道焉。如是者一，是爲一候。水火之功於是乎畢矣。是道也，奪天地之造化。行之之初，則臍之下如火所焚，飲食增矣，四支健矣。及其久也，白髮返黑，墜齒復生，精神全矣，歸于嬰兒，則寒暑不能寇，鬼神不能侵也。徽宗曰：善。會稽千歲沙門曰：吾有七氣之訣。一曰叩。叩齒七過，以集其神，心中作觀，每一叩齒，而念一星。星者，魁，魡，𩴬，鞠，魓，捻，魒。二曰托。托者，先舉左手，如托百斤，右手亦然，各上下十八過。三曰張。張者，先引左手如挽弓，挽弓已，則以足張弩，右手及足亦然，各十八過。四曰摩。摩者，摩左右手熱，以摩其耳，謂之發水；次摩其目，各三十六過，謂之發火；次摩其面，以及其身中。五曰搖。搖者，以左右手叉腰，盤足而坐，左搖二肩背甲，右亦然，各十八過。六曰揩。揩者，以左右手相揩熱，以揩二腎堂，使熱。七曰：漱。漱者，漱之津液滿口，方嚥之三過。然後，以左右手相揩熱，以摩丹田而無數。象山子曰：服元氣者，可以通九竅百關而流布焉。積之久，斯有功矣。凡欲服氣，先靜其心，左右導引通暢，使夫百節調和。然後握固，閉口鼓顋，開牙努腹，直然嚥之，則流利矣。每九嚥是爲一節，四九三十六嚥是爲中節，其得三百六十嚥是爲大節。夫服之者，不以時焉。惟鼻之氣，任其出入，而口則嚥之。若先體冷，則須暖氣，若先體熱，則

須冷氣。此元氣者，日服三五十嚥，以至于百，斯能助陽氣，消食而駐顏鬢髮，而堅體矣。若夫其首昏熱，則重掌掩口，用力呵之，五十過則瘉。未瘉更爲之。服此氣者，宜服地黃酒引氣，欲服時，候食消乃服之。

至游子曰：吾聞古先至人，有度世鍊形之法焉。其要曰：於子之時，一陽之始生者也。披衣握固，扣齒三十有六，收視反聽，內存五藏之所在。下腭舌順絞焉，隨日轉者三，順絞者三，自然津生于華池，其漱滿口而三嚥之。經于華蓋，與夫心也、肝也、脾胃也。如此者，三則想胃之間白氣二道，復覩于二腎。自腎之間，二道白氣出于夾脊，絞以轆轤，上入于泥丸。於是由其面門而至于腭，則神水盈于口矣。如此者三，爲一嚥焉。由于中丹田以心包焉，送于下丹田而止。如此者三。次發其火，以焚乎下丹田所納之神水。如此者九，是爲一過。以津之數，九九則八十有一也。自子而至于午，可以行矣。久則功斯見焉。於是有黃河逆流之勢。何也？項之下，咽喉之畔，有二脈焉，此長生之路也。以手捏其二脈，其數二百左右。腕之下有二脈焉，此四象之周圜也。先左次右，其手按之，各五十焉。二胜之中，肐胜也。有二脈焉，此金關玉鎖也，二溪也，以手按之，其數八百焉。二臁之邊，腳臁刃也。有二脈焉，此太一之路也。以手按之，其數各二百焉。日勤行之，功斯見矣。於冬至之後，則先其重，後其輕焉。夏至之後，先其輕，後其重焉。

至游子曰：吾嘗聞日月交飛，五行之真造化焉。夫土生金，金生水，水生木，木生火，火生土。生者，其母也；受生者，其子也。土克水，水克火，火克金，金克木，木克土。克，其夫也；受克者，其婦也。腎者，水也，在于下者也；心者，火也，在于上者也；肝者，水也，在于左者也；肺者，金也，在于右者也；脾者，土也，在于中者也。故五行生克之理，惟在于人。以其氣相傳，自腎爲始焉。腎之氣傳于肝，水生木者也；腎之氣足，而肝之氣生，以傳于心，木生火者也；肝之氣足，而心之氣生，以傳于脾，火生土者也；心之氣足，而脾之氣生，以傳于肺，土生金者也；脾之氣足，而肺之氣生，以傳於腎，金生水者也；肺之氣足，而腎之氣生，周而復始。以氣液相傳，心爲始焉。心之液傳于肺，火克金者也；心之液至，而肺之液行，而傳于肝，金克木者也；肺之液至，而肝之液行，而傳于脾，木克土者也；肝之液至，而脾之液行，而傳于腎，土克水者也；脾之液至，而腎之液行，而傳于心，水克火者也；腎之液至，而心之液行，亦周而復始。凡心之液不得腎之氣，則不行矣；腎之氣不符心之液，則不生矣。液行乎夫婦，氣傳乎子母。木寄金鄉，金藏木位。返覆顛倒，相克相生者也。吾始行氣之中求乎真水，水之中求乎真氣，真液內合于真氣，而鍛鍊焉。以陰固陽，以陽消陰，留形寓世，則鍊質成形可也；脫質升仙，則鍊氣成神可也。是道也，月之上定盛衰焉，日之上識陰陽焉，時之上審消息焉。候之中用其數，境之中見其像。無差直事之神，區別五行之理，於是可以入希夷而成大功矣。

至游子嘗歌金丹之詞曰：用物之精，養物之華。集我丹田，我丹所家。我丹伊何？鉛汞丹砂。賓主相守，如巢養鴉。種以戊己，耕以赤蛇。育以丙丁，灌以河車。乃根乃珠，乃蕋乃花。晝鍊于火，赫然彤霞。夜浴于水，泫然素葩。金丹自成，曰思無邪。

至游子曰：何以致華池之水乎？吾聞卷其舌，以舐于懸雍，行之浹日。舌之下，其筋急而痛，吾以漸馴致焉。使舌之尖及于懸雍，則致華池之水，莫捷于斯焉。

至游子曰：日月有飛騰之法，何也？大坐，凝神定氣，以左手抱臍之下，右手握固，於股之上，想乎大煙焰火，以焚其心，次之焚其肝，其肺，於是鼻微放其氣，使通焉。少選，復想其火下焚于丹田，俟其極熱，則晝想日之光，夜想月之光，無則不想可也。焚心之時，宜少焉。焚丹田之時，宜多焉。次之，立其膝，左右手抱之，使其熱周于身，熱極則止。其行無時，吾飽食，則運火可使之立消焉。何也？垂手斂足，動搖其腹，收氣偃身，俟其氣滿，則回身焉，於是火上炎矣。

至游子曰：吾欲三宮升降，何道也？吾收其足，以左手之中指，拄乎下脘。下脘者，在臍之上者也。以右手爲真武之印，捏鼻之息，使其氣滿，則微放焉，如是者三。至游子曰：舒左右足，垂左右手，取其氣滿，則仰身後偃，如此者五，是爲五氣之朝元者也。

至游子曰：摩吾之手至於熱，則以左手抱臍之下，用右手以助之。於是蟠膝而坐，瞑目以想心之液下于腎，腎之氣上于心，往來上下，行之久，則臍之下其炎如火，是爲丹田之基也。

至游子曰：蟠足，疊其左右手，抱其小腹。於是，以其鼻取西方之白氣，七嚥焉。次而取南方之赤氣，三嚥焉。次而取東方之青氣，九嚥焉。次而取北方之黑氣，五嚥焉。於是，南向仰首，取中央之黃氣，一嚥焉。是爲五

行之真造化也。

至游子曰：以左手之中指，拄臍之中，臍心也。以右手兜其外腎，以中指抑其尾閭，於是想日月交降于丹田，俟其氣滿則微放焉。如此者三，催火者也，是爲日月交飛焉。

至游子曰：仰掌上舉，以治三焦者也。左肝右肺，如射鵰焉。東西獨托，所以安其脾胃矣。返復而顧，所以理其傷勞矣。大小朝天，所以通其五藏矣。嚥津補氣，左右挑其手，擺鱆之尾，所以祛心之疾矣。左右手以攀其足，所以治其腰矣。

至游子曰：挺身仰卧，靜慮閉氣，置手腹脇之上，踴身而起，以扳足趾，復倒復起，微出其氣，以多爲勝。

至游子曰：兑者，七也，少女也，肺也，主于意。其意動則思，故數降氣魄，則性熟矣，至少男合則亡精矣。坤者，二也，地也，小腸也。曲江之神，不可以度焉。升土母于坎，而與此合，則鍊液而成丹矣。乾者，六也，天也，金也，父也，大腸也，腎之宫在于坎，其廟在于乾，腎能與艮合者也。扁鵲曰：大腸者，魄門也。能鍊其氣，則中土自應矣。中土者，脾胃也。此黄道鍊氣之説也。離者，九也，心之火也，少女也，主于神，其神定則超于空洞矣。亂則失數恍惚矣。故九之數，要在識乎三五一、二八，然後與九三合焉。於是，諸脈運乎五液，使之上升，合則化神矣。其中之法，器能升神，洞氣入于紫府，而見道者也。坎者，一也，腎之水也，中男也。一者，是爲精之數焉。九者，其恍惚也。一者，其杳冥也。合則數失矣。極則精漏而爲魄，降而成鬼矣。當其未極，可以制之爲發用焉。巽者，四也，風也，瞻也，長女也。其主衆畏之，可以制伏其衆者也。艮者，八也，山也，其體木也，鬼門也，少男也，膀胱也。凡氣至于此，十死八九，爲子之後數湊于彼矣。若夫修鍊之士，未言其道，初以術至于精，中以精鍊氣，可以禦意于精至魄，其欲之魂從于心、于肝、于脾、于肺、于腎，五液下降，其極也，化而爲鬼歟。震者，三也，雷也，其體木也，肝也，長男也，能使性定而氣升者歟。其要曰：金風吹，起于坎中之陽，則精神昌矣。十有二時，行之不已，斯至于仙歟！然吾身吾體縷數焉。其上曰頂，次之曰紫府也，耳也、眉也、目也、鼻也、口也，次之曰元宫，則洞上道也。次之曰咽，次之曰重樓，次之曰會厭心，次之曰脈，次之曰心。則氣母也，膈中法也。次之曰肝膽，次之曰脾，次之曰胃，胃之繫曰小腸。小腸之繫曰膀胱。膀胱歸于腎，則心之絡也。小腸之左曰大腸，次之曰下術，是之謂一氣之圖焉。至游子曰：善乎！《上清紫文》之言曰：吞日月之氣與其光焉，是爲赤丹金精，石景水母者也。其法於日之出也，東向扣吾齒者九，瞑目握固，而想五色之流霞，俱入于口。於月之出也，西向扣齒者十，瞑目握固，而想其中五色精光，俱入于口。月光之中，有黄氣，其目之瞳，是爲飛黄月華，玉胞之精，吾能修此，則奔入于日月爲仙矣。至游子曰：《上清紫文》之言，其微矣。吾申論其粗焉。平旦，立于空曠之所，望乎東方，覩日之出，梘其色光氣象，至于累日而熟矣。於是寅漏之下，三刻之後，四刻之前，小坐于榻，東向疊膝，其手握固，開天之門，天門者，兩鼻竅也。閉地之戶。地戶者，口也。臨去聲目以想太陽始出之氣，以鼻引之，以入于口，俟其氣滿，則虚漱四十有九轉焉。極力嚥之，想其至于丹田，扣齒者數通，是爲服日精。一圓修初地者，可進三圓。至游子曰：此日精也，復有九還之方。於子之後，午之前，東向十有二漱，交其龍虎，可以服日精一圓。謂之紅圓子。夫自子至巳者，所謂六陽之時也，東向，吐鼻之左右竅，取其清氣，使滿口焉。於是内想非青、非黄、非碧、非緑，如太陽之色光，凡一漱，則左右掌一摩焉。左手者，龍也。右手者，虎也。其漱至于十有二，摩之數亦如之，左側其首而嚥焉。既已，則以左右手摩其面、其耳者各三焉。既爲一圓。一則爲陽，二則爲陰。其陽則左嚥，其陰則右嚥。其初則日服三圓，三旬有一日，則進乎五圓，五旬有一日，則進乎七圓焉。嗜欲未除，則進乎七圓，可以止也。夫尾閭未禁，氣泄不收，殆難以實其腹矣。必七旬有一日，則進乎十圓，服至于二十旬，其溲赤水，此九蟲積惡之去者也。於是，可以服月精矣。月之二日，午之後子之前者，所謂六陰之時也。西向，其法如前，損日精至于五圓，然不得棄月精矣。謂之白圓子。其行至于旬有六日，其補至于二十旬，則不用月精，而專用日精矣。其五圓先服其四，後以其一送于丹田。一月則日送一圓，二月、三月、四月、五月，則月加一焉。至于五圓，則常以鏡照其形，而思腹之嬰兒而似其形。七月、八月則不食，不飢。十月，則處于靜室，思出天門，瞑目不得視，視或悸焉。踰于三年，可以視矣，而不可遠離其軀。至于二紀，出外了然，於是用般運之法，存心之氣，入于下丹田，自尾閭上背，入腦，若風雨之聲矣。其砂落于面，其味甘不可棄也，斯可以滋榮五藏者也。

至游子曰：戌亥之時，瞑目靜心而端坐，使鼻之氣微定焉。於是存想

嚥津，因則就寢，時至于子，則南向，或東向端坐，內絕思慮，其鼻行一口，而存于心，少選，復行一口，同前一口之氣，而嚥送至臍，以左右手輕抱其臍輪，丞縮穀道，復行一口，逐前二口之氣，俟過于臍，而復縮焉。微脇其腹，俟火行于臍之下而熱矣。腰胯徐徐向上升舉，俟氣過尾閭，則腰胯俱熱，於是出其胸臆，而緊帀靠其二夾使定焉。勿令虛陽先起，俟火之氣悉至于夾脊，則開夾脊雙關，亟仰首縮頸向天。勿令虛陽行起，俟火之至亟，點首擺頸，使火至于髓海，如此而後，引而過于天門，踰十二重樓，以至于絳宮，入于丹田，此起火勒陽關者也。

至游子曰：自辰巳至午之前，靜坐瞑目，屏思慮，其息微行，則滿口生津，勿吐勿嚥，以壓定真龍，勿使上升焉。其鼻微引以搐，起其真虎，脇其腹，勿使下降焉，腹不可放也，俟其氣滿，則微放焉，而不可放走焉。於是復微行，使津滿口，盛而不盡。其初咽乾，其次心沖，俟其通暢，分爲三以嚥之。如此者，或一作焉，或三作焉，是謂元珠者也。

至游子曰：或問宴坐亦有法乎？曰：有之。吾先以左足，加于左膝之上，而舒其右足焉。左右手握中指之下其第二紋，少時，以左手摩其左脇者，六十有四；復以右足，加于左膝之上，而舒其左足，其握固如其前，以右手摩其右脇者，亦六十有四。於是蟠足而坐，以手摩其臍之上者，左右各三十有二，先摩左右手，而後摩其腎堂，摩其左右肩者三，以赤龍撞其左右頰者各十有四，撞上下唇者各七，撞中齒者七，轉舌而攪者三。液來則擎于口中，定其息者頃焉。以左右手捏鼻之竅，先嚥火者三，不得使水下焉。然後，分其水爲二，捏鼻之竅，作聲而嚥之，此宴坐之法也。

至游子曰：蟠其足而坐，以左手兜其外腎，右手握固，微通其氣，於是想其火，以焚其心，以及其肺、其肝，俟其熱，復想其火，下至于丹田，次想至于尾閭，提其身，俟其過焉。次想過于上關，微俯其身向前，則入于泥丸，以至于頂，至于腦，由天庭而下，復至于心，于肺、于肝、于丹田，如此者九，此還丹九轉者也。

至游子曰：多出不如少出，少出不如不出，一呼一吸不能留，即天地之氣返爲所盜。或者以嚥氣爲胎息，或以數息，或以閉息，或以忍息，或以減息，未爲究竟必也。內氣不出，外氣不入，神能馭氣，鼻不失息，上至泥丸，下至丹田，二氣上下，升降無窮。佛家謂之胎息，道家謂之太一舍真氣，儒者謂之養浩然之氣，殊途而同歸也。

至游子曰：吾將擒制金精，蓋有法矣。擇子曰：於寅之初，正坐東向，左按膝，右按股，鼻引口吐者二十有七，叉手扣腰而點首者七。俟其氣溫然而暖，則泥丸之元氣入矣。左右手互相抱，用力束之者；三次舒其左右足，平附于席，以左右手齊攀其足指，如此往來者；七次左右按如其初，坐而休息焉。左抱其右乳，而舒其右手，背梘如怒擊者七；右抱其左乳，如其前焉。吾行之，在乎精一，而無間斷。於是乎，相繼爲玉女舞雲枝者十有二，左右按之，復如其初焉，乾嚥嚥津者各一。行之至于五五之日，則精氣運行，周于四體，進而不已，可以長生。

至游子曰：或南立，或東立，撚紙塞于鼻之左右竅，欲嚏則徹之。曲垂其左右腕，開之向後，如鳳張翼，復向前掩抱者三，左右手舉其袖，掩其口、其鼻，點首者三次；左極其力搖肩者三，右亦如之；次左右手相叉，翻指向其面，俯地覆手，如兜抱重物，舉至于口者三次；踢其左足，至于臀者三，右亦如之。左右手抱其丹田，極力於鼻以搐其氣而嚥焉。入于下丹田者三，俟其息調即止。行之無時，惟數數然爲妙焉。

至游子曰：修生之道有一曰長生，火降心氣至于丹田，而後提縮；二曰太一舍真氣，肺、心、肝，氣皆至丹田，而後提縮；三曰玉女分胎，以右脇側臥，置外腎于股之外，勿近于熱，以防氣走；四曰肘後飛金晶，肺、心、肝，氣皆降于丹田，左右轉各八十一；五曰開天門，閉地戶，撞三關，拳其手足，用意以想乎夾脊之雙關，於是黑氣繼乎赤氣，上于泥丸，吾則點其首者數焉。然三關者，閉之亦有道矣。搐其鼻，微脇其小腹，則以自提起，精自逆上，脈亦停偃，於是乎上關斯閉矣。

至游子曰：古先至人有噓、呬、呵、吹、呼、嘻之道焉。常於子之時，趺坐定息，以其鼻引其腹，俟滿焉，呵者三，呼者十有二，嚥津者三；卯之時東向，呼者十有二，呬者七，嘻者十有二，嚥津者三；午之時南向，呬者七，吹者五，嘻者十有二，嚥津者三；酉之時西向，噓者九，呵者三，嘻者十有二，嚥津者三。噓者，何也？左右手握固，握拳也。張目上視，而後噓焉。呬者，何也？左右手抱其膝，仰面而後呬焉。呵者，何也？交左右手以抱腦後，仰面而後呵焉。吹者，何也？仰臥，握固而後吹焉。呼者，何也？垂左右手，安前抱脾，而後呼焉。嘻者，何也？仰面平坐，而後嘻焉。肺應于氣輪，

氣輪病，或如雲飛翳日，俄復明，與大府風熱而祕者，呬可矣。脾應于肉輪，肉輪病，則胞腫痛與唇焦者，呼可矣。喉之腫者，嘻可矣。腎應于水輪，水輪病，則視一物爲二，覩太陽如隔水，與臍之下冷者，吹可矣。心應於血輪，血輪病，則胬肉侵睛，與夫膈之熱者，呵可矣。肝應于風輪，風輪病，則望風淚出，視則霧煙生者，噓可矣。

至游子曰：吾嘗當聞三火之説。民火者，外腎也。日落之際，收民火二十七次，聚水三十六，作一口嚥至丹田中，微着力搐外腎一次，兹乃水自上而下，外腎民火自外而入，水火相溉也。臣火者，內腎也。當行夤海，於戌亥之交，先以左手兜外腎，右手搓臍下，引起臣火夤丹田，使陰消而陽長。左右兩手，各行八十一爲一通。君火者，心也。亥後靜坐，以心意遶丹田，先左後右，各旋轉八十一帀，或三百六十帀，乃心之君火下降，與內腎臣火、民火相合，三火聚而結丹，謂之周天火候。至游子曰：日用寅、午、戌之時取火焉。居于靜室，施厚茵于榻，疊足南向而坐，以左右手，兜抱其腎，掩於臍輪之下，澄湛其思慮，內外自如。然後，端想其臍輪之內有物焉。其大如彈丸，其色如朱橘，皎如白日，使鼻中所入之氣甚微，其息息存入于彈丸之內，一念或萌，則抖擻精神，應時滅之。復端想其彈丸，使所入之息，常存入其中，漸覺臍輪溫暖，稍稍如火，即叩齒九通，漱津液滿口者九過，每嚥以意送入泥丸之內。然後行起火之法，叩齒九通，嚥津九過。九口也。即閉氣三口，乃摩左右掌，使極熱，先摩目尾數過；次摩其掌熱，以摩鼻數過；次摩其掌熱，以摩左右耳數過；次摩其掌熱，以摩面及頸使熱。然後，左右閉氣，各開弓者三過。若日獨行此法，亦能使八邪不干，面目光澤而形不衰，所謂小鍊形者也。夫取火必於三時者，何也？寅者，火之長生也。午者，其帝旺也。戌者，其庫墓也。行之可以除陰氣，長陽神矣。久之純熟，則十有二時之中常爲之，自然思慮澄徹而不昏，處于闇室而內外明。曰：此丹成、神全、氣足之驗也。真氣充足，則神氣清爽，絕食而不飢，吉兇未至而前知，此道成之驗也。百日宿痾瘉矣，二百日臍下堅實，氣力盛矣，三百日精氣凝結而成丹矣。行之之初，漸加精進，約丰時辰，然後漸漸長遠，乃加精進。至于純熟，下功則覺溫然而熱，內視歷歷見其彈丸，然後氣液和暢，神識端守而不失，使所入之息收于彈丸之內，兀然不知其所存，所謂息隨胎結，胎隨息住，此丹成之驗也。行之既久，忽然不知我爲我，物爲物，物我俱忘，體如虛空，其身通熱汗出，此胎仙已就之驗也。如有疾病，即閉氣數口，汗流而止，復行起火之法，其疾自除矣。

至游子曰：或謂初地修進，四法並行，何也？曰：一日有四時，應天地陰陽之數焉。天地四時者，春、夏、秋、冬也；日月四時者，弦、望、晦、朔也；人之四時者，子、午、卯、酉也。子之時，心氣入于腎，其次在下，於是腎中之真氣升矣。卯之時，真陽隨陰氣勝，而至于腰，少復入于本位，分陰陽二氣前後焉。男以後爲左者也，女以後爲陰者也。當用升火散氣焉。午之時，腎氣入于心，於是陰自九天而降，至于咽膈之上，分前後而行焉。酉之時，陰氣殺物而陽氣弱矣，當用聚氣養陽而助其陽也。故四法者，一日之用也。夫亥、子、丑者，陽氣力生，欲升一陽之真氣，仍然坐達旦，不得大聲劇言，可與人語，不可與人言，自言曰言，答人曰語。與夫應接之勞，是夕子之時止，勿行功，至于雞鳴，則復行焉可也。如日南至之前一夕，不得一陽之真氣，即於日南至之夕，及次日小至子之時，再爲之。如南至前一夕已得一陽，後於南至小至爲之亦佳，不必坐至速旦。凡氣者，日南至則起于湧泉焉。十一月至于膝，十二月至于股，正月至于腰，其名曰三陽成者也。二月至于膊，三月至于頸，四月至于頂，五月之後，其陰亦如之。故學道者，宜於四月、十月絕嗜欲，以避純陽、純陰之用事也。至游子曰：端坐閉目，令心爲姹女，腎爲嬰兒。先使腎溫熱，發起其火上勝，次以鼻引清氣，想天之風氣者九過，送姹女隨龍火出，交於下見嬰兒。嬰兒復上升見姹女，如夫婦交合焉。此龍虎之運用也。鼻引其氣，閉口瞑目正坐，左右手抱外腎，鬱透熱，乃以心意抱腎，上逆送之，又引氣，急想其心，如姹女交腎而合精，復想腎爲男，感而交合，上下十五過，則著身將其精逆上入于心，復令心血降下，如此上下者三七過。然後收入于脾宮鑠之。所以黃婆是爲三姓同居，在心之上，臍之下，其大如環。次用六陽之火鍜之，六陰之水灌之，晝夜行九一運用之訣焉。故心動則肺、肝、膽、小腸俱動，以助乎心焉。腎動則外腎、膀胱、大腸、脾俱動，以助乎腎焉。然則心腎者，俱修真之主乎！

至游子曰：三魄曰爽靈，曰幽精，曰胎光。七魄曰屍狗，曰伏毚，曰雀陰，曰天賊，曰非毒，曰除穢，曰嗅肺。三元神，其名來育，其長七寸。胃神，其長三寸有半。泥丸神，在二眉中卻入三寸，其名帝鄉，絳宮神，在心之中，其分一寸。丹田宮，在臍之下二寸，其名谷立。心神，其形朱雀，其長九寸，

其名煥陽。肝神其名童子，爲二玉女，其長九寸。膽神居膜之下爲玉童執戟，其名龍德，其長三寸。肺神其名皓華，其長三寸，爲玉童，執兵。脾神其名寶元，爲三童女，其長七寸三分。腎神其名元真，其狀如白鹿而二首，其長三寸七分。九蟲曰：伏蟲，其長四分，瘴蟲之主也，依腸胃之間，能變成諸患。曰蛔蟲，其長如蛭，其長四寸，善令人腹鳴。曰白蟲，其長一寸，生子孫乃至四五尺，能殺人。曰肉蟲，其狀如爛杏，善令人煩懣。曰肺蟲，其狀如蠶，善令人咳嗽。曰胃蟲，其狀如蟇，善令人嘔逆吐，喜噦。曰膈蟲，其狀如瓜瓣，善令人唾。曰赤蟲，其狀如蛭，善令人腹鳴。曰蟯蟲，爲疽，爲疥，爲癬。

《道樞・真誥》 杜廣平，杜契字也，後漢末人。授玄白之道于介先生，常旦旦坐臥，任意存于泥丸，其中有黑氣焉，次存于心，其中有白氣焉，臍之中有黃氣焉。其初存也，氣出如豆，既而其大衝天，於是三氣如雲，纏咽繞身，而覆身之上，變而爲火，在三咽之內，復合景以鍊一身，一身之內，五藏照徹，如是旦而行之，至日中而止。於是服氣百有二十過，所謂知白守黑，可以不死者也。《太素丹經景》曰：一面之上，常得左右手摩拭之，使熱高下隨形，皆使極帀焉，可使皺斑不生，而光澤如少女矣！所謂山川通氣者也。《精景按摩經》曰：臥起當平氣正坐，先叉左右手，乃度以掩其頸後，因仰面視上而舉其頸，使頸與左右手爭，爲之三四止，使人精和血通，風氣不入。已，復屈動其身體，伸手四極，反張側掣，宣搖百關，爲之各三焉。臥起，以帨或厚帛拭頸中及耳之後，使周帀俱熱，溫溫然也。順髮摩頸，若理櫛之無數焉。良久，摩左右手以治面目已，乃咽液二十過，以導內液，常行之，則其目明。其體不垢，邪氣不干矣。於生氣之時，咽液二七過，按體之所痛。向其王方而祝曰：左玄右玄，三神合真；左黃右黃，六華相當。風氣惡疫，伏匿四方。玉液流澤，上下宣通。內遣水火，外辟不祥。長生飛仙，身常体強。祝已，復咽液二七過，按所痛者二十有一過。常行之，則無疾矣。耳目者，尋真之梯級，總靈之門戶也。常以手按其眉後之穴三九過，以手心及指摩其目權上。以手旋其耳，行三十過。其摩帷數數，然無時也。既已，則以手逆垂額上三九過，從眉中而復上行入髮際，其咽液無數焉。常行之，目清明矣。眉之後有小穴，是爲上元六合之府也，其生化生日之輝焉。目之下，權之上，是決明之津也。以手旋其耳者，採明暎之道也。夫人之老，鮮不始于耳目者也。以手乘其額之上而內存赤子，則日月雙明，上元喜矣。於是終三九之數，是爲手朝三元，固腦堅髮者也。道之四面以左右手乘之，順髮就結，惟令多焉，於是首血流，散風濕不凝矣。既已，則以手按其目二九過，是爲檢目神者也。司命東卿曰：清齋辟穀，則晝存日、夜存月在于口中，使其大如環。其日赤色有紫光九芒焉，其月黃色有白光十芒焉。於是咽其光芒之液，常密行之無數焉。或使日月居于面，左日右月，於是二景與其瞳合氣相通，是爲攝運生精，理和魂神之道也。太虛真人曰：月之五日子之時，內存日象從口而入，在于心之中，使照一心之內與日合光，覺其心暖焉，即咽液九過。至于十有五日，二十有五日，二十有九日，復爲之，則耳目聰察，百關鮮徹，面有玉光，體有金澤，十有五年，太上遣仙車至矣。《大智慧經》曰：內存心中有日，大如錢焉，赤色而有九芒，從心而上，出喉至齒，回還胃中，如是良久，自見其心、胃。已，乃吐氣咽漱三十九過，一日三行之，行之一年疾除，五年身有光彩，十八年可以得道，日行無影矣。夜服月華，如服日焉，惟從腦中而下，其入于喉，芒亦不出于齒，而還入于胃。張微子曰：平旦，先閉目內視，如見五藏，因口呼出氣二十四過，使目見五色之氣，相纏于面，因入于口，納此五色之氣五十過，咽液六十過，扣齒七通，咽液七過，乃開目。久行之，常秉雲霧而行，此服霧之方也。九華真妃曰：日者，霞之實；霞者，日之精。唯聞服日之法，未見餐霞之經，餐霞之經甚祕焉，致霞之道甚易焉。目者，身之鏡也；耳者，體之牖也。視多，則鏡昏；聽衆，則牖閉矣。吾有磨鏡、決牖之術焉。面者，神之庭也；髮者，腦之華也。心悲，則面焦矣。腦減，則髮素矣。精元內喪，則丹津損竭矣。吾有童面還白之法焉，精者，體之神也；明者，身之寶也。勞多，則精散矣；營鏡，則明消矣。吾有益精延明之經焉，守真一篤者，一年則首不白，禿髮更生矣。內有家業子孫之羈，外有王事朋友之交，耳目廣聞，聲氣雜役，則道不專，行事無益矣。真才多隱乎林嶺之中，遠世而抱淡，則嬰顏面而玄鬢矣。於是吾將致乎玉醴金漿，交梨火棗，騰飛之藥，若體未真正，邪念盈懷，則不能致矣。火棗交梨者，非外物也，其生于心，其中有荆棘，則梨棗不見矣。青童大君曰：欲殖滅度根，當拔生死栽，沉吟墮九泉，但坐惜形骸。西城真人曰：神爲度形舟，薄岸當別去。徘徊生死輪，但苦心猶豫。夫學道者，可不自力乎哉？

爲道者當令三關常調焉。口者，心之關也；足者，地之關也；手者，

人之關也。三關調，則五藏安矣。姜伯真遇仙，仙使乎倚日中，其影偏焉。仙曰：子篤志學仙，而心不正，何也？吾誨汝：日出三丈，措手二肩之上，以日當其心，心暖，則心正矣。從之，遂得道焉。以夜半去枕，平臥握固，放其體，若氣調而微者，身神具者也。學道有九患焉，有志無時，一也；有時無友，二也；有友無志，三也；有志不遇師，四也；遇師不覺，五也；覺而不勤，六也；勤不守道，七也；志不固，八也；固而不久，九也。喜怒，損其志者也；哀樂，損其性者也；榮華，惑其德者也；陰陽，竭其精者也。道之忌也。爲道者，口常吐死氣而取生氣焉，慎笑節言而思其形焉。式規之法，能使目明，何也？吾以甲子旬，取東流清水，合真丹以洗其目，斯則明矣。太上曰：人命在幾日間？或曰數日間，或曰終食間。太上曰：未也。或曰在呼吸間，太上曰：善哉！可謂知道矣。紫微夫人曰：爲道者，譬持火入冥室，其冥即滅，而明獨存矣。財色者，其如刀刃之蜜歟！孺子知其甘於口，而不知有截舌之患焉。南極老人曰：愛而生憂，憂生則有畏。故無愛，則無憂矣。無憂，則無畏矣。太上真人曰：彈琴，弦緩如之何？或曰：不鳴不悲。曰：弦急如之何？曰：聲絕而傷悲。曰：緩急得中，如之何？曰：衆音和合，八音妙奏矣。太上真人曰：學道執心，其如琴乎？學道之人，如思朝食，未有不得者也。惜氣如惜面目，未有不全者也。下士競於求名，其如香以自燔，燔則氣滅，徒欲衆聞之，不亦惑歟！《太素經》曰：左右手常摩拭其面使熱焉，則皺斑不生而光澤矣。摩左右掌至其熱，以拭其目，順手以摩其髮，如櫛焉，左右肱更相以手摩之，則髮不白，脈不浮矣。《消魔經》曰：若體中不寧，當反舌塞喉，漱津咽液而無數，斯體中自寧矣。耳數按抑，則聽徹矣，其名曰營治城郭，名書皇籍者也。鼻數按其左右，則氣平矣，其名曰灌溉中嶽，名書帝籙者也。目欲瞑而坐，內視以見其五藏，則腸胃斯明徹知。吾櫛髮，則向王地而祝曰：泥丸玄華，保精常存。左爲隱月，右爲日根。六合清鍊，百神受恩。既已，咽液者三，則髮不白而日生矣。《正一經》曰：閉氣定靜，可使百鬼畏憚，功曹使者龍虎君至矣。夢之惡者，何也？一則魂妖，二則心試，三則屍賊也。既寤，以左手捻人中者十有四，扣齒者十有四，則反兇生吉矣。善夢，則摩其目十有四，叩其齒十有四焉。寢之床欲高，高則地氣不及，鬼氣不干矣。夫鬼氣侵人者，常依地而爲祟焉。夜行叩齒，鬼斯畏矣，不敢近也。甲寅、庚申，是鬼競亂，精神躁穢之日。黃牛道士曰：夕寢，存日在額之上，月在臍之上，則萬邪達矣。中山劉偉道學仙十有二年，仙師試之，以十萬斤之石，懸以一髮，使偉道寢其下，偉道心安體胖。仙師曰：可教也。餌之神丹，白日升天焉。昔者，有人好道，不知其方，夙夜向柏木拜之，求長生焉。逾二十有八年，於是木生紫華，其甘如飴，食之而仙。或有拜太華者，致西嶽丈人授以道。或有拜河水者十年，致河伯授以水行不溺之方。此無他焉，精誠之至也。王仲甫吸引二景餐霞四十有餘年，而無成焉。其子服之，十有八年而仙去。南嶽真人謂仲甫曰：爾腦宮虧減，筋液不注，安得有成哉！仲甫治其疾，而後修其真，亦仙去。故學道者，必先養其身，而後可與議矣。

《道樞・泥金》 欲修身者，先明四象五行焉，次之究烹鍊之方，下火三百八十四銖，一也。九載成功，此至道也。黃芽者，鉛之精華也。白虎者，汞中交合而見其形，歸於真一者也。鉛得汞而親，斯從無入有者歟！汞得鉛而入體，斯從有入無者歟！變轉四象，不失五行內外坎離，金木相配，數壓卦爻，日月開時，混沌交泰，天地合而三才足矣。從子至午，修水火之運，伏想禁制六週、六甲子、七返之道畢矣。經曰：鉛爲君，汞爲臣。鉛藥不真，其汞難親。鉛藥是真，不失家臣。青腰使者，赤白將軍。金合二姓，異族同群。白虎爲元，黃芽作根。變鉛爲粉，化汞爲塵。陰居陽內，陽在陰巡。日盈月昃，寒暑以分。唯有我法，與道長存。故金丹十六兩，可以變真矣。收黃芽，篩之淘之，澄取而養之。其名曰金砂子，所謂金精者也。復以水銀白砂子五兩，華池結成排壘，入於神爐而固濟之，養火五日，其火常五兩，其藥抽至一斤，入於神室以養之，九轉於三田，斯成丹矣。修氣者從冬至子之時，先之以沐浴，入於靜室，然香，東向平坐，閉目冥心，扣齒三十有六，次鳴天鼓三十有六，於是存想焉。左有青龍，右有白虎，前有朱雀，後有玄武。然後以舌漱玉液，相連嚥之者三十有六，相續不斷，既以存心在於下丹田。其神氣集千一，其名曰水火相交，曰子母相守，必使其口鼻無出入之氣，如入禪定，始爲妙也，平旦至於午而如斯焉。凡子之後、午之前，行止寢興，惟存心在於下田，使其氣相守，至四月六日，陽生既足，其神不散，至十月六日，陰生既足，一年週匝，其氣乃成，結珠子下田，大如雞子而常動轉焉。九年氣足形圓，真光滿室。十有八年髮黑齒生，寒暑不侵。八十一年藏府空曠，其氣珠自下田而來，脾之上，如日月相薄，吞而嚥之，自然飽滿。於是其氣珠離於下

田而上結黄芽，一百八十年，其氣珠上朝子泥丸，時轉於頂，其足常浮，此上昇之候也。自然身出五色之氣，化爲五色之雲，浮於足下，騰空而起，入於崆峒之天，坐於退骨之臺，冥心閉目，其玄珠從頂而出，化成一身逍遥自在，是爲真人。子者，黑龜也。曰癸，曰丑。至艮者，五月日所出也；寅者，四月、六月日所出也；甲者，三月、七月日所出也；卯者，二月、八月日所出也；乙者，正月、九月日所出也；辰者，十月、十二月日所出也；巽者，十一月日所出也；曰巳，曰内，曰午。午者，赤鳳也。曰丁，曰未。至坤者，十一月日所没也；申者，十月、十二月日所没也，庚者，正月、九月日所没也；酉者，二月、八月日所没也；辛者，三月、七月日所没也；戌者，四月、六月日所設也；乾者，五月日所没也。曰亥，曰壬。此法日月者，不可不知乎此也。凡欲修身者，於丑之時，東向平坐，先扣齒，次鳴天鼓，各三十有六，乃用左右手擡臍之下者九過，其名曰三爻；用肩左右紐九過，其名曰返山；用左右手相抱，左右舞者九過，其名曰舞玉；用其首左右視後精腠者九過，其名曰虎視金精；用其首前點者十八過，其名曰六爻上朝丹闕；用其首左右打肩者九過，其名曰掣擺金精。盤足而坐，想足板内水漸入精腠，穿於青宫，上入於泥丸，去前明堂，下穿於肺、肝、心、腎、脾内而過，如是者，八十一過。行之九載，道斯成矣。此神仙换骨之法，上士延齡之方也。甲乙之日，瞪目行肝之氣九口，而爲三十六噈焉。丙丁之日，左右手叉抱後頸，行心之氣九口，而爲八十一噈焉。庚辛之日，行肺之氣，左右手上托二十七口，而爲七十二噈焉。壬癸之日，左右手叉抱其膝，行腎之氣三十六口，而爲一百八噈焉。戊己之日，行脾之氣，撮口噈之十五口，而爲二十三噈焉。肝者東方甲乙木也，故肝之氣名曰青龍。其氣從後脊腠左脈而上，來入於神門。神門者，目也，目中化淚是真木，淚之餘氣流入於左捻之上，其大如一黍，是爲還丹焉。肺者，西方庚辛金也，故肺之氣名曰白虎。其氣從後脊腠右脈而上，來入於玄門。玄門者，鼻也，鼻中化滋是爲真金，滋之餘氣入於右捻之上，其大如一黍，是爲金液焉。心者，南方丙丁火也，故心之氣名曰朱雀。其氣從前腹左脈而上，來至於鐵牛，鐵牛者，舌也，舌下至於心中化血，是爲真火，血之餘氣，流入於舌下之左，是爲神水焉。腎者，北方壬癸水也，故腎之氣名曰玄武，其氣從前腹左脈而上，來至於般若船。般若船者，耳也。耳下至於腎中化精是爲真水，精之餘氣流入於舌下之右，是爲華池焉。脾者，中央戊己土也，故脾之氣名曰螣蛇，其氣從後脊腠左右而上，來至於泥丸。泥丸者，腦也，腦化涎是爲真土，涎之餘氣流入於上下唇，是爲黄芽焉。四象者，何謂也？金翁者唾也，黄婆者涎也，嬰兒者精也，姹女者血也。夫人一日一夜十二時，或夜長日短，或日長夜短。其十二時，時有八刻，刻有六十分，於是十二時者共九十有六刻，内有乾坤艮巽共四刻餘二十分，四六二十四則爲二百四十有八分，此通乎百刻者也。凡一口氣出入其長三寸，故一口氣爲一息，一息爲火一銖，二十四息爲火一兩，三百八十四息則爲火一斤，一萬三千五百息則爲真火，三十有五斤二兩十有二銖。一時之氣，其長六千七百五寸，十二時則爲長八萬一千寸矣。晝夜百刻之中，於是定二八之門烹鍊大丹，假七物以成七寶，斯有八陰八陽之圖焉。子者，八刻陽也，黑龜也；丑者，八刻陰也；艮者，一刻陽也；寅者，八刻陽也；卯者，八刻陰也，青龍也；辰者，八刻陽也；巽者，一刻陰也；巳者，八刻陰也；午者，八刻陽也，赤鳳也；未者，八刻陰也；坤者，一刻陰也；申者，八刻陽也；酉者，八刻陰也，白鶴也；戌者，八刻陽也；乾者，一刻陽也；亥者，八刻陰也。《老子》曰：修身者先養神，養神者先養氣，養氣者先養腦，養腦者先養肥，養肥者先養精，養精者先養唾，養唾者先養水，水者，華池之津液，元氣之精者也。水在於肺化爲唾，其色白，象金也；常爲心、脈所灼，故其唾流於心，化爲血，其色赤，象火也；常爲腎脈所克故其血流於腎，化爲精，其色黑，象水也；常爲脾脈所侵，故其精流於脾，化爲涎，其色黄，象土也；常爲肝脈所克，故其涎流於目，化爲淚，其色青，象木也。腦有二脈，下連於脊腠，降至於臍之下一寸有三分，其名曰氣海。海者，神、氣、精所盛者也，故曰水能養萬物，水竭萬物枯矣。若夫元氣未通，則難窮妙用焉。元氣者，人之性命也，其性屬脾。脾出於意，意發而心難留者也，人夫能適正則識性矣。真五行烹鍊者何也？地☷也，白虎也，天☰也，赤鳳也，黄婆也，黑龜也。風☴也，青龍也。山☶也。真五行八卦者何也？地☷也，白元也。天☰也，赤龍也，中宫也，玄龜入海也，巽☴也，青蛇也。山☶也。内八卦真五行入鼎者何也？坤小腸肺大腸也，乾心也，艮腎也，巽肝膽、膀胱也。夫身者，神氣之虚宅也。氣者，神之父也；神者，氣之母也。神氣存則長久矣，運至於元根則成聖矣。修身者，必明五行，曉八卦，吾用火三百八十四銖，内以應乎卦爻之數也。然八卦者，從肝起焉。肝震爲雷，膽巽爲風，心離爲火，小腸坤爲地，肺

兑爲澤，大腸乾爲天，腎坎爲水，膀胱艮爲山。於是肝生七子，卯震青龍之位焉，是爲膽常、心豐、小腸豫、肺歸妹、大腸大壯、腎解、膀胱小過。於是膽生七子，巳巽風之位焉。是爲心家人、小腸觀、肺中孚、大腸小畜、腎渙、膀胱漸、肝益。於是心生七子，午離朱雀、姹女之位也。是爲小腸晉、肺暌、大腸大有、腎未濟、膀胱旅、肝噬嗑、膽鼎。於是小腸生七子，坤之位焉。是爲肺臨、大腸泰、腎師、膀胱謙、肝復、膽昇、心明夷。於是肺生七子、酉兑白虎之位焉。是爲大腸夬、腎困、膀胱咸、肝隨、膽大過、心革、小腸萃。於是大腸生七子，乾之位焉。是爲腎訟，膀胱遯、肝無妄、膽遘、心同人、小腸否、肺履。於是腎生七子，坎真武之位焉。是爲膀胱蹇、肝屯、膽井、心既濟、小腸比、肺節、大腸需。於是膀胱生七子，艮之位焉。是爲肝頤、膽蠱、心賁、小腸剥、肺損、大腸大畜、腎蒙。此内八卦各七子，六十四卦亦各七子，而成七夫七婦，斯乃七返者也。其名曰七寶，七寶者，氣也、血也、精也、津也、液也、涕也、唾也。用真火三百八十四銖，鍊之九載而成功矣。吾有真五行入鼎之圖焉！乾坤艮巽者四隅也。北者坎也，黑龜也，亥子丑屬焉。亥之卦，曰坎、曰震、曰坤、曰兑。子之卦，曰節、曰賁、曰小畜、曰復。丑之卦，曰大畜、曰解、曰鼎、曰臨。不東者震也，青龍也，寅、卯、辰屬焉。寅之卦，曰大有、曰既濟、曰恒、曰蠱、曰同人、曰咸、曰漸、曰泰。卯之卦，曰晉、曰革、曰暌、曰大過、曰無妄、曰訟、曰大壯、曰小過。右水而左風，蓋艮巽居其隅者也。南者，離也，赤鳳也，巳午未屬焉。巳之卦，曰乾、曰艮、曰巽、曰離。午之卦，曰遘、曰豫、曰旅、曰困。未之卦，曰遯、曰屯、曰家人、曰革。西者兑也，白虎也，申西戌屬焉。申之卦，曰否、曰師、曰損、曰隨、曰益、曰未濟、曰歸妹。酉之卦，曰明夷、曰需、曰頤、曰蒙、曰蹇、曰昇。戌之卦，曰觀、曰中孚、曰剥、曰豐、曰噬嗑、曰謙。右地而左天，蓋乾坤居其隅者也。處於靜室，握固，扣齒三十六，望日初出大步者，九飲其日華者十八，十八口。從天門而入焉，月出亦如之，可奪天地造化之機，助於金丹，資於神氣。

《道樞·金丹泥金》 道有三焉：曰鍊形，曰鍊氣，曰鍊神。其要在乎法四時之機，會五行之造化，與夫坎離匹配之用，於是内使龍虎，及夫三田氣滿，混而成真，則一氣伏於體矣。故玄穀三田氣滿而入於玄，上不皎，下不晦，然後煉氣合神焉。夫氣者，氣中之氣也，浩浩通流，偏於四支，綿綿寂寂，其神魂颸颸焉。真氣混體而入於臍之下，氣歸臍則爲息，神入氣則爲胎，胎息相合，其名曰太一含真，然後鍊神焉。其全神有四：曰心、曰意、曰性、曰神。四者本乎一枝者也。蓋心者，藏神之宅也。神能抱氣歸根，方能自守，此入聖之始也。鍊形之法何也？冥心調息，氣寂綿綿，神室内守，於是氣入乎丹田，此煉形者也。氣者，陰陽之至精也。天地之陽魂，煉而成器，是能生神氣而爲太一之象也。通流百脈之中，散乎一身，其五藏六府分三爲用，强其形，壯其骨，氣住而神生。非靜坐，氣何以得住乎？靜坐疊足，與情相忘，出入綿綿，其息如龜少焉。真氣偏體，鼻中之氣出而不出，動而不動，陰陰抱陽也。於是，用赤龍上擊七十二，動則天陽隆乎離宮。離宮得其氣，化而爲真火以煉其形，陰邪爲汗而出，如是者五過，乃合於三百有六十週天之數也。然後執神還元陽光偏體，其氣自住，子母内守，負陰而抱陽也，此鍊氣者也。其神長游於六根，六根不納，則六根自靜矣。神氣歸一，則其神自真矣，是爲六根焉。神者，在耳而聽，在目而視，在舌而味，在心而變化，在意而倏忽。其神入於室者也。正身而坐，神氣已定，内景不出，外景不入，心無一念，聽乎外而無所聞，閉目開目，其神在心。氣歸臍下，腦氣自溢。舌柱上齶，靈泉自湧。左右手抱其臍，丹火溫溫，意游長空，神光自照，六根安定，物我俱忘良久，昏昏默默，杳杳冥冥。神不顧其體，體不顧其神，賓主分矣。見於太虚之中，有光如橘，非内非外，守之勿失，如月之輝，如鏡之影，以意存之而不離焉。恍惚内照，其光自散，其大如輪，意惟上觀，中有我相矣。其神自離於體，而在光中，形見於神，神視於身，形神相顧，其光自散，如月照雪，形神俱妙，與道合真，神歸於體，則爲真者耶！其出則爲靈者耶！千日之功，離體飛昇；萬日之用，其神入矣。於是，當行心火以養之。心火者何也？恍乎惚，其中有物者也；杳乎冥，其中有真者也。一日之時十有二，其六爲陽，其六爲陰，修生者時加乎子，則起功焉。子，陽也；丑，陰也。取玄牝快者爲陽，快於左則下金闕，快於右則下玉戶。時如子，陰在陽也，右腎月也，中有玉兔之氣，出於右鼻，其斯以爲快者也。於是先行水三，後行火三，應乎既濟。時加乎丑陽，在陰也，左腎日也，中有金烏之氣，出於左鼻，其斯以爲快者也。於是，先行火三，後行水三，應乎未濟。經曰：太一含光，右陰左陽也。故《易》曰：一闔一闢謂之變，往來不窮謂之通。是以舒而闢者陽之氣，其出爲日魂，真火也。卷而闔者陰之氣，其入爲月魄，真水也。《易》曰：乾剛坤柔，此之謂也。何也？此之元氣，金木剛柔間分玄牝焉，入沈出浮，

昇降於呼吸之際，雄轉雌隨，契禦於丹田之內，出死入生盡於是歟！夫欲煉丹，心明鏡者，亦有道矣。時加乎子，左昇右降、左投右接；時加乎午，右昇左降、右投左接。一呼出乎心與肺焉，一吸入乎腎與肝焉。一呼一吸，傍連乎四藏，皆會乎中宮戊己之鼎者也。吾嘗時加乎子，平坐、靜定、忘機、觀妙。或南向，或東向，左足在上，先閉其目，以擊天鼓；次扣其齒，各三十有六，用集吾神；次之，左右手相摩七返，呵火九還，摩掌以熨天宅者二、三十過；次熨左腎爲羊車，次熨右腎爲鹿車，熨臍之下爲大牛車，各三十有六；復行導引以運動，熨擦其四支，旋轉，舒展其百骸，於是經絡無滯矣。俟其氣通流，而後吐納，以爲華池三嚥焉。玄膺者，生死之岸也。入清出玄，二氣換矣。是知水與火者，長生之門也。大藥者，三百八十四銖，合卦爻之數者也。吾於子之一刻，運日中之神，其名曰少陽。南向平坐，左足在上，閉目忘機，左右手握固二腎，緊咬其牙，以舌柱乎上腭，鼻引清氣，入鼻綿綿，滿腹則止。於是閉之，使內不出，外不入，以心默數其息，以意存其神焉。次存下丹田，北海瀛洲山之下，有雲五色中出日焉，狀若彈丸，俄爲火輪，上焚天門，下燎地戶，週流九竅，而煉五宮。五宮既焚，化爲五雲，上飛集於華池。吾候閉息，其火至於一銖，即鼓漱其口之五氣三、二十過，扣齒三通而平分三嚥，以應三陽焉。左下金關，右過五藏，入鼎則止。於是，徐出其息，使之綿綿，其名曰雲行。吾復閉目，宴坐，握固如前，而以舌爲鐵牛，左右耕於舌下三峯之內，使玉津滿於華池，緊咬其牙，以舌柱乎上齶如前，取氣閉息，使其內外不出不入，心則默數其息，以意存其神。次存於下丹田，二腎之中有鼎焉，鼎有嬰兒，其名曰天皇元君焉，正身而坐，嬰兒有五色之光。次存其心，如紅芙蕖垂而未開也。中有姹女，其名曰地後之神焉，立於五彩之雲，於是下降，以扳其天皇而內交焉。斯復下發元火，上用華池，斯水火既濟之候也。閉息俟其火，至於一銖，漱其口之玉津三、二十過，扣齒三通而平分三嚥，以應三陰焉。左下金關，右過玉宮，入鼎則止。於是徐吐其濁氣，而出息綿綿焉，其金名曰雨降。又曰龍先行，虎後至者也。如前，先火後水，直至丑之時，右鼻快矣，乃先水後火，右下玉戶焉。於午之一刻，運月中之神，其名曰少陰。先以右足在上，法如前焉。夫存觀者，陰定法也，使神不外馳者也。定息則氣交矣，一息之定，其中有六合焉。故呼吸三陰、三陽，使之上下交禦，三男三女以用合精也。是以存則神合，息定則氣合矣。息者，元火也。用火而二十有四銖，直乎四卦，二十有四爻，應乎一歲之二十有四氣也，故用火，二十有四銖者，定息九千有六百。凡一閉四百息，可以得火一銖焉。閉息二十四過，則爲火二十四銖矣。故曰：積水成海，積氣成神，此之謂歟！然則一日週天之火功，可以奪十有二年不死者也。夫人氣血，晝夜行乎八百有十丈，夫能以寸定銖，兩合於百刻，則觀天之道在於掌矣。卦之上三爻，陰也，其應一吸，其入氣三寸焉。刀者，三尺四寸也；圭者，二丈四尺也；銖者，二十四尺也；兩者，二十四銖也；小數一爻者，一寸也；一息者，六寸也。定乎一息，則爲十六動焉。其得二尺四寸，此流珠之藥也。中數一爻者，一尺也。十息者，六尺也。定乎四十息，則爲一百有六十動焉。其得二丈四尺一圭，此血氣不流而聚爲鼎也。純陽子所謂：當時自飲刀圭者乎，大衍一爻者，一丈也；一息者，六丈也。金乎四百息，則爲一千有六百動焉。其得二十四丈一銖，此血氣不流而成變也。晝夜運火，當得一兩九銖，七刀圭半，計其丈則八百十焉，血氣不流之土數也。

《道樞・頤生》 彭真人名龜年曰：吾嘗有目疾，晝夜瞬目注視，以去其昏，閉之少頃，而再行焉。積功可察秋毫矣。徐真人名甲曰：吾嘗有目疾，正坐於闇室，運其睛以旋轉者，其數八十有一，瞋目集神而復旋轉無數，功久而神光自見，狀如金輪矣。【略】

左真人名慈曰：老而奉真，多傷於風。晝夜交，左右手相義，以首扣地，其氣上衝乎天柱，漯然汗出於四支乃已，用之可以除疫，可以明目而導氣。【略】

孫真人名守一曰：凡復痛而腸內有蟲，則歛身咽氣者十，抱臍搓掌百數，再搓則痛止而蟲下矣。常用之，補氣活血，可以延年。吳真人名遜曰：靜坐密室、疊掌、盤膝閉目、冥心、昇身而凝息，內觀病所自起，即心傳氣，百疾可瘳矣，常行之，可以健步，可以還童。袁真人名素曰：閉息按胯，截留真氣而還下尤，是爲保益之方，久而不已，可以益壽，可以固形。崔真人名德基曰：扣首抱頭，般運神光入於天宮，久而不已，面目清，神氣和矣。劉真人名海蟾曰：疊指以閉玉戶，法用含津，勿令走失，是爲鎖金關。可以不夢鬼交，久而不已，可以延壽而飛昇。蓋真人名元真曰：咽納百口，不攪而自然真水朝上矣。有疾用之則病已，常用之肌膚華潤。呂真人名嵒曰：搓兜臍腎，交加換手，抱臍之下，握其腎，左右手更換焉，可以集真氣而壯下元矣。

【略】

朱真人曰：氣弱而形衰，食多則凝塞，晝夜即其凝塞之時，盤膝靜坐，昇身鼓腹；閉息不止，則六腹空而飲食進矣。元真人名穀曰：未仙之日，絕食於曠穀，惟茹草木則鼓腹以衝五藏之凝滯，閉息以聚三才之真氣，加之以內想以火，咽其津而納其真水焉，榮衙克悅而氣和通，可以延年矣。【略】

王真人名利曰：覺寒之時，幽室盤膝而坐，左右手兜其腎；閉息，以首扣禮者五七十，其汗四溢而出，其寒散矣。常用之，和氣明目，膚澤而骨健。劉真人名可道曰：居山者，爲雪霜所侵而其腹痛，坐密室、亡慮、亡思內想其腹，對掌抱臍，可以散寒氣而益元陽矣。【略】

劉真人名綱曰：吾時有腦痛，其風氣上攻，晝夜以左右手束其額，大指以對天倉，閉息運氣以攻其首、其目，時歇大指使氣達於頂，則風隨氣散矣。葛真人曰：人有首痛腦風，令居幽室，靜坐，閉息掩耳，氣極則放焉，放之則輕擺其首而不止焉，祛風去痛，明目補髓矣。

《**道樞・鍊精**》孫真人曰：清旦未語之時，咀嚼玉泉而徐嚥之，凡二七過，於是叩齒十有四，久行之，其精滿矣。潤乎一身，髮欲常理，齒欲常扣，津欲多嚥，氣欲常清，手頌在面，足欲頻行，耳欲常摩，目欲常搓。凡寅之時而爲導引焉，扣齒三十有六，以集其神，存想丹田，五藏之色之象而一週焉。然後澄也二息，並絕其念，使其心常存於下丹田，行住坐臥，常如此存心。久之神氣自住，諸疾不生。若夫怨、怒、憂、懼、煩、惱，邪之思欲奔競，修真之大禁也，一動則元氣損矣。此之謂內丹。陰施惠於人，此之謂外丹。

《**道樞・內想**》涓子曰：立人之道，其身如桎梏焉，其情如贅疣焉。古先知其然也，故爲修養之方。彼吐納，嚥漱，按摩、採取云者，皆小道也。古先至人，返老還童，太一含真，蓋有至要焉。吾嘗鍊神育胎而行內想之法而已。安坐於靜室而冥心焉，以左股加右股之上，左右手俱下，虛其身如三足之鼎。於是想其左腎爲日，右腎爲月，日中出白氣，入於精海之內，變而爲赤矣。月中出赤氣，入於精海之內，變而爲白矣。二氣交合，凝結真氣而成嬰兒，瑩然如玉，視吾之形惟肖，其始想如卵焉，百骸俱借，以漸而滋長，跪於精海之中，左右手交叉，出入於頂門，離於其身，週游自如，可以逃天地之數矣。

《**道樞・枕中**》若或有疾，則返舌塞喉，漱液嚥津，唾也。瞑目內視，使心生火，想其疾之所在，以火攻之，疾則痛矣。甲子、甲寅、庚申八節，晦朔當燕居獨處，冥心專精，以去其欲。日在亥子，勿棄唾，勿亡精，勿失氣，入山未至百步而卻行，卻行百步。然後登山，衆邪伏矣，百毒匿矣。導引者，當以左右手摩其尺宅，使之極熱，則有光澤。行之五年，色如孺子。蚤起平氣正坐，先叉乎，掩頸、仰首視天頸與手爭力爲之，可以使精和血通，風氣不入矣。屈動其體，反張其四支，宣搖其百關、周帀皆熱，疾永除矣。

《**道樞・歸根**》正一先生既得天隱子之書，讀之三年而悟，修之三年而身心闔矣。復踰三年，天隱子告以存想之要，而後知歸根之妙焉。正一先生曰：人之根本，由乎丹田而生者也，能復之則長壽矣，故曰：歸根復命焉。觀夫靈識者，本乎理性，性通則妙萬物而無窮。故曰成性衆妙焉，吾能知。夫呼吸由氣而活，故有吐納之訣；津液由水藏而生，故有嚥漱之方；思慮由心識而動，故有存想之要。若夫榮衛血脈者，寤則行於外，寐則行於內，寤寐內外理更相養，然後能致和平矣。時自子而至於午，先平臥焉，展舒其四支，次起身而導引，使喘息調而定矣，乃扣當門小齒而小鳴，後扣大齒而大鳴，以左右手摩其面，俟耳也、目也煖暢焉，復端坐蟠足，以舌攪於華池，俟乎津液之生而漱之，默計其數，及於三百而一嚥之。每其嚥也，須呼定而嚥，嚥畢而吸，如此則所吸，所嚥皆順下於丹田矣。凡子之後，午之前，食消而心空，可以漱、可以嚥，元計其數，意盡則止焉。於是五日爲一候，焚香靜室，存想其身，從首至於足，自足至於丹田，泝上於脊脈，入於泥丸，所想黃氣紛然如雲，直貫於泥丸，想畢則復漱嚥焉。而以左右手掩其耳，搭其腦，如鼓之聲者三七焉；伸其左右足，端坐俛首，極力直頸，左右手握固，叉於二肋之下，接於腰杕之骨旁，乃左右聳其肩，閉息頃刻，俟其氣盈面，赤則止，行之者七，則氣從於脊脈上徹於泥丸矣，此修養之大綱也。於是又有要妙焉，吾與天地之真氣宜契而同運，吾能識氣之來，辨其所往，可以與天地長久矣。其法起於冬至子之時，一陽始生，或遲或速，俟其氣來，則運吾之氣，適與天地之氣皆作，次之日復候此氣而消息焉，此神仙至精之道也。三百有六十日運其氣，適與真氣合，其行之至於二三焉，則體益清和，久習之則神仙不難至矣。

《**道樞・混元**》修身者，不先除疾則其神亂而不寧矣。尚何取於外神乎？夫疾者，因乎五藏不和，榮衛難通，氣順則疾除，氣逆則五藏不和，百脈滯矣。凡氣之順也，榮衛周通於身，往來無滯。修身之法曰：於戌、亥、子之時，陰陽漸王而人寢於床，其氣滯於百脈關節，故可以與功焉。先引四支，

次展左右手足，令百脈俱開，撼搖其身，使氣往來，無有不至，則其神當明矣。神明者，何也？陰陽不測之謂神，日月精朗之謂明，學意發機之謂神，應用不差之謂明。於是即用其神，端身正坐，絶慮忘想。俟神氣俱定，乃鼻納清氣，口呵濁氣焉。何也？人食五味、五辛，皆有刑克，能腐五藏而生患，於是清濁混而難見，故呵以淘其濁，既已，使其氣止於鼻出入焉。夫金、木、水、火者，輕清之氣，陽也。重濁者，陰也。鼻者天門也，口者地戶也，内通五藏，惟陰陽清濁之二路而已。然各有行焉，惟往來於鼻者，不使口中之濁撓其清也。鼻之取氣，要當綿綿耳，不可有聞焉，何也？大縱於天門，出入自如，則不能通百脈，開四支經絡五藏矣。地戶既閉，惟天門之神氣相傳，以抱元宮，是爲守一者也。百節既通，百關既開，然後取百味所成之津液，鍊爲神水。添入於元宮，以爲寶焉，是爲抽添者也。取元宮，經乎脾中所生百味，五辛之津，使神氣隨其榮衛而運焉。自於夾脊雙關，通於經脈，前至於頂門，下降於口，即漱嚥以歸於十二重樓，於肺乃受之，而傳於腎，腎傳於肝，肝傳於心，心傳於脾，脾傳於元宮，是爲神水，白丹砂者也。上朝於舌下之竅中，其走出於舌之上而醲漱之，復過於十二重樓，肺復受之，如此者三，然後行其真氣鍊之，更三五過斯，成寶矣。不復行於諸藏，惟在於心，心有三毛七竅。竅有三穴，其名曰聚涎，其中所傳入於藏，其左右所傳，入於皮膚，化而爲榮衛，行乎周天之度，入於元宮，比真一也，水中之真金也。三爲五行之所生殺，故名爲一焉。三者，木也、陽也，應於春之發生者也。五者，土也、陰也，萬物因土而生者也。木以真氣就於土，土木之情鍊爲至寶。以人論之，木則父也，土則母也，是乃三五一者乎！夫三百日而生嬰兒，將何以長筋骨歟？惟無慮也，無盧也，無想也，無貪也，神定氣寧，得以立體者也。學者知此，可以取陰陽之氣，奪天地之造化，以修其身而入聖矣。或問曰：有鍊津液而不能爲寶樂者，何也？曰：夫五藏氣逆，則榮衛尚不能行，況欲鍊之乎！或者之問，乃五藏之氣，未能相順，故致此爾。當先制五藏之氣，使之相順，則將津液三反以鍊之，豈有不爲藥者乎？五藏何以順之？在乎究五行元立之基，依而修之可也。木者，位在東方甲乙，純行於陽道，其生自丙寅，其卦主震，元自水而得氣，故其象龍焉，其數九九。氣足而生火，寄治於丙丁，其數三，其卦主離，離陰也，其象朱雀。二象一氣也，木爲主，而火爲用也。金者，位在西方庚辛，純行於陰道，其生自壬申，其卦主兌，元從土而得氣。故其象虎焉。其數七七。氣足而生水，寄治於壬癸，其數一，其卦主坎，坎陽也，其象玄武，二象亦一氣也，金爲主而水爲用也。土者，能制四象之氣以爲寶，此亦何異於父母之所生者哉？夫欲驗五行於内者，當以九竅準焉。五藏者，外通九竅，肝通於目，心通於舌，脾通於口，肺通於鼻，腎通於耳下通於陰。故九竅有滯，則五藏不順，五藏平則九竅通矣。五藏之病氣，各具其本色焉，肝青、心赤、肺白、腎黑、脾黃是也。則就其方作用可也，如見青色，更無雜色，斯則藏氣順矣。其觀四藏，亦如之。不應乎本位之色而見，斯氣逆矣。此特養命之道爾，非所謂金丹大藥者也。夫九轉還丹者，必在乎識五行，定金鍊、養玄珠，存神水，鎮無元宮，伏氣不離於腎藏，回精上朝於太和，引入聖之門也。天地以日月爲用者也，人以榮衛爲用者也。人之用能與外之日月不差，則壽同天地矣。神者榮衛之氣也。榮者，日也。衛者，月也。内之神氣之運，以應乎外之日月之行，自然内外相合矣。太陽者，一日十二時，其應九時而已。餘三時不應。何也？太陽生於寅，其氣順行，至於戌、亥、子之時，曆乎太陰之位，二氣相見，故不應焉。太陰者，一月之中，其明惟二十四日而已。前後六日不明。何也？太陰生於申，其氣逆行，至於戌、亥、子之宮，是爲純陰所理，故不明焉。其行二十七日，至於月之三日，是爲日月交合之時，於是太陰不明，太陽不見矣。學者當使榮衛視日月交而交，視日月行而行，此内外相合者也。太陽者，前三日，後三日，於是至於艮之時，始與太陰别矣。太陰元在其宮，前四日至於八日，行於二十三日、二十七日丑之時，始與太陽别矣，於是氣圓而盛明焉。日月與天地之氣無差，此其所以長久者乎！吾之榮衛之氣能與之合，則亦可以長生矣。金丹者，鍊玄珠也。玄珠復還於本位，是爲還元復命者。然須審視五行，何也？人之五藏，各具其色而見焉。故修九還之法，先立壇象而作用焉。壇者，天地之訣，宇宙之宗，乾坤之首，龍虎之基也。若夫無壇象者，其猶人之無舍者乎！吾居壇中，端身正坐，觀四時之季與夫日月内外相合，肝屬於木，則於春三月，擇甲子日時，於壇中正坐，絶慮忘想，常閉地戶，微啓天門，出入綿綿，勿使奔速，而專意使其榮衛還於肝，其氣自夾脊上通於腦，由頂門下降入於口，則漱之以歸於十二重樓，先傳於肺，肺傳於腎，腎傳於肝，肝傳於心，心傳於脾，脾傳入於元宮，而神氣受。之其數既足，則奔湊流歸於舌下二竅之中，其色青，此肝氣之順者也。餘者亦如之。或曰：何

以知其然歟？曰：肝氣初行之月，於春三月而用甲子日時起功者，無諸藏氣所侵，止轉其位，使榮衛周於身，經絡、五藏，其數既足，以生元氣，用資於身，其中至精納於元宮。夫五行生殺，其氣在於本位而不出焉。至春求木王之時，日，乃復施之於元宮，青者肝之真氣也，再經五藏，榮衛週身，奔腠而出見者，別在異色，惟純青而已。餘四氣亦如之。五藏各具其色者，斯其驗也。金鎖者，何法也？取白虎首經二六、二七半以爲土，取三五一以爲金。金者，西方之正氣也。鉛者，白虎之真氣也。鎖者，閉也，閉陽中之真氣者也。汞者，青龍之真精也。夫至精者，本乎四象，真氣之所化，故無形質焉。鉛汞者，惟土能制之。於是氣得鉛汞，始立體象，而爲二氣，二氣相逢，然後成寶。故用密機，暗奪虎鉛歸於青龍之位。鉛者，本虎宮所住之物，返歸青龍之位，如不受殺氣，犯破元神，五藏相順，復住青龍之元宮焉。既有其鉛，鉛能制汞，汞既逢鉛，自然相應而爲寶，此金鎖也。玄珠砂者，何也？取西方真色之金，十有二兩，至於十有五兩經鍊者，不可用也。金木相會，心不可亂而專意焉。用陰陽之數，意亂則止。夫玄珠者，四象所成也，故以金、木、火、土而成焉。木則龍，龍則陽也；金剛虎，虎則陰也。汞成龍，陽中之至精也；鉛成虎，陰中之至精也。陽中有陰，故鉛能住汞，汞能應鉛，鉛汞相和，玄珠立就矣。先用暗機，取真鉛返歸於青龍之元宮，結就丹砂，故汞自留鉛也。鉛汞者，龍虎之精，二氣各得其鉛，自然共聚，其名曰玄珠，何以知之？蓋汞伏於真鉛在於元宮，復令金木相交，受金之所克，若夫心動則真氣降泄，宜深制之可也，於是不使出返本位，去位不能，故復入於元宮，與鉛相合，此會合之合者也。二十日結就玄珠，在於十二重樓至臍之下，極熱如焚然，令金木相交，須加審詳焉，以復其穴，屬於土而具五行者也。三十日內氣克而後體象具足，可以奪三百日天地之造化，是爲金丹。十月而滿，則生於左脇之下，其形如櫻，其體如血，此所謂真金丹者也。永鎮元宮，氣在神住，回精上朝於腦，是爲飛仙焉。上下關節俱開，使丹氣往來於經絡，以變其骨，三年是爲真人焉。或問曰：所言三十日大功爲當，三年惟三十日乎？今更言三年爲真人，何也？曰：三年一閏者，天地之氣滿，於是月積餘之氣，三年可積三十日，以立天地，日月度量焉。故三百日氣圓，三年則上下俱足矣。如人受二氣於胎，必三十日氣滿，三百日造化而成形，三年而後成人。故三年者，於其中以爲三十日之大功者也。學者能依天地，亦以三年之內，三十日積餘之氣，爲之者上也。如是則三年，自有之氣固不亡矣。或問曰：少之時重利輕生，便元神破敗，其氣減，其精衰，而至於老，其何以修道乎？曰：老陰奪少陽，則其命長矣；老陽奪少陰，則死不侵矣。然則老得少氣，依此施爲，亦可奪天地之造化，堅固而長生者也。故修道者，須知吾受胎之元，本父母之精氣者也。若夫鉛汞相投，共爲四象，入於中宮，乃具五行，五行受氣既足，則以肝之氣行，入於中宮四十五日；以心之氣行，入於中宮三十五日；腎之氣行，入於中宮二十五日。合於一百五之數，是爲真氣，依三元鍊神水者也。神水者，津液也。三返鍊而爲之，此住世可也。夫能不俟神氣之足，依三元之正數，所謂玄妙之旨也。三元者，天、地、人也。以三元之氣，返鍊神水以爲寶，永鎮丹田，固守元神，可以長生，奪少陽之道也。法曰：白虎首得長生，遇真鉛即延年。下士而達三鉛，亦可以歷萬春秋矣。故鉛者，萬物之母也；汞者，萬物之父也。鉛汞相合，然後以象五行，依數鍊足，是爲真氣三元，其名曰神水焉。木三、火二、金四、水五、土六，此五行之正數也。

《道樞・肘後三成》 純陽子呂洞賓也。曰：吾修天爵而人爵可棄也，悟真空而頑空可鄙也。蓋知陰陽升降，法乎二儀；性命根源，歸乎一氣。其來也，有一夫一婦焉；其去也，有三男三女焉。金男採黃芽於九宮之臺，玉女收白雪於十二樓；水中起火以分八卦，陰內煉陽以別九州。於是三田和會而火龍出於昏衢，千日功成則游於蓬島矣。其要蓋十有八焉：小成之道七，中成之道六，大成之道五。純陽子曰：一嘘一呵，一呵十搓，久而行之，皺少紅多，此天童不老，艮之卦也。何謂也？人之六慾、七情日交戰焉，故喜、怒、哀樂鬱結於心，以傷其神氣。吾旦而起以舌攪其口，惡濁之津盡嘘之，而後呵之，以左右手搓其臉，以散心之積氣，使真氣上冲而入於臉，斯返於童顏者也。純陽子曰：一搓一兜，左右易手，九九數終，真陽不走。此聚火煑海，乾之卦也。何謂也？夫感物以喪其志，則元陽耗而真氣失矣，所以病且老、老且死，豈不以下元虛損而氣微弱乎！吾戌、亥之時，於臍之下，握之、摩之八十有一，而後復搓其手、左右各八十有一，九日而效，八旬有一日而成功矣。純陽子曰：入九嘘一，存三放七，定息內觀，事罔不畢，此配合陰陽震之卦也。何謂也？夫飲食也，或多焉，或少焉，時候有寒、有熱，忽有疾生於五藏六府，吾則以鼻引其氣，其入至於九分，以嘘斷氣，勿使往來，瞑目冥心，存三放七，始治其疾，則想其疾之所在，氣急則難止矣，故當開口，徐

放焉，而勿盡。疾如未瘉也，則再作之及於三五，未有不瘉者也。平居日用卯之時，當夫心之陰下降，腎之陽上昇，二氣相遇，則依法行持焉。使氣液各相配而相生，見效則止。純陽子曰：閉門上嚥，勒關下搐，定意內觀，元陽自足，此聚火還元乾之卦也。何謂也？夫與事物交戰則耗其元陽，失其真氣矣。吾於成、亥之間，閉口嚥氣，下搐膀胱而上起焉，微脇其腹，意定而不亂，於是內觀存想，使心之火下降，外腎之火入而相合於命府，見效則止。純陽子曰：旦起疊盤，呵雷嚥雨，昇身內觀，透施弓弩，此放火煉形，艮之卦也。何謂也？夫喜、怒、哀、樂之氣，經夕則積於四支，其血滯矣，經絡爲之不通。吾旦起蟠膝、正坐、昇身，以左右手上摩其面，嚥乎惡濁之津，如其前焉，於是呵其氣，叩其齒，以瀉心之積氣而集其神。既已，則俯身焉，伸縮其手足如挽弓張弩，於是經絡通矣，氣至而血行矣，久之其疾永除，見效則止。純陽子曰：夫歸婦室，月至陽宮，桃花浪底，龍虎相逢，此交合龍虎，離之卦也。何謂也？夫身之中易散者，元氣也，難生者真液也。故液之少則不能生氣矣，氣之散則不能生液矣，必欲氣液交而爲精，精汞煉而爲砂。吾其於午之時，方腎之氣至於心，勿使昇於上，而獨於其口出焉，乃用乎既濟。於是舍津滿口，勿吐勿嚥，神識內定，鼻之息綿綿，故腎之氣與心之氣，自然相合，是爲真氣真液者也。陽龍陰虎由是交，而變黃芽矣。純陽子曰：黃婆配合，夫婦同域，乾坤濟會，陽關須勒，此鍊丹之法，乾坤之卦也。何謂也？夫氣海之中，有真陰、真陽焉，相戀於脾之中，遇肺之液而般運焉。和合無數而入於黃庭，吾於之液而般運焉。和合無數而入於黃庭，吾於戌亥之間，微脇其腹，是爲勒陽關，使氣不上昇而下煉焉。此特小成而已，未及中成者也。純陽子曰：三男、三女，俯仰開闢，節次昇存，過關勿急，此肘後之法也。何謂也？夫真氣、真液其相交也，下而入於丹田，於是火之候無差，以養乎真胎而變乎純陽焉。始於子之時，氣生之後，用肘後之法運入於上宮，是爲還精補腦之道，可以長生久視者也。三男者，何也？震也、坎也、艮也；三女者，何也？巽也、離也、兑也。吾俯其身，則腎自相合而氣聚矣；其仰也，則腎自相離而氣散矣。透過乎尾閭，自其背而飛以入於腦，是不可一日而至也，其必節次而昇，以存想乎龍虎、河車，使上起焉。然腎之虛陽入於頂，則上壅而生熱，故曰過關勿急也。純陽子曰：少男長女爭馳，龍虎飛入天池，化爲甘雨，此肘後之飛金晶也。何謂也？既吾用夫肘後之法，次第昇存，及腎之氣入於腦，則行飛金晶焉。故於子之時腎之氣生，與肺之氣合，於是腎之氣欲與肝之氣交焉。其肺之氣存於腎之中，是爲金晶者也。於其時下功如前俯仰，一撞三關，直入於上宮，合和於體海，時飲乎天漿，是爲真陰神水者也。如是以待乎既濟，用艮之時，其名曰少男；用巽之時，其名曰長女。肘後之左曰龍，右曰虎，其頂曰天池，其神水曰甘雨，自艮至於巽，凡一撞而入於頂，於是煉頂之體，以爲水，如腦中之神昏而滯，即暫存於下身，少焉復昇而入於頂以煉之。純陽子曰：殺夫救婦，當隨其母，隨母溉灌，五行有主，此玉液之還丹也，何謂也？吾觀五行之理，生我者，斯謂之母矣；我生者，斯謂之子矣；克我者，斯謂之夫矣；我克者？斯謂之婦矣。若夫春之月，肝盛而脾衰，是爲木強而土弱者也。吾則損肝而益脾，脾母也，故於其盛之虐而嚥氣還元焉。脾母者，心也，是火生土者也。火之盛者，其在離之卦也，五行有生克，五藏有盛衰。是以水也、木也、火也、土也、金也、相生而爲子母者也；火也、金也、土也、木也、水也、相克而爲夫婦者也。若夫用嚥之法，則須五行之相克者焉。此道也，既飛金晶之後，吾並行焉，其要在乎識五行之理而已。純陽子曰：火寄冥宮，水濟丹臺，午前頻昇，瓊花自開，此玉液之煉形也。何謂也？夫採藥以爲丹，非純陽之氣不能煉之矣。故肘後飛金晶以入於腦，煉之既久，或慮夫太過而陰不及，則吐玉液煉其形焉。蓋於午之前，始於艮之時，昇身前起，以起火煉其形焉。火寄冥宮者，煉之以純陽之氣者也；水濟丹臺者，灌之以玉液之水者也。午之前何以頻昇乎？煉之以氣上昇而滿體矣，於是其血變而爲白膏，爲瓊花，瑩然潔白，煉形之效也。純陽子曰：一陽初起，輕仰後存，龍蟠虎遶，水滿高源，此金液之還丹也。何謂也？夫以玉液還丹，其數不踰乎一百有八焉，隨即嚥也。嚥也，煉也。其數有多寡，而管在四時焉。可以灌乎內丹而焚乎四肢也，是爲金液還丹焉。方腎之氣、肺之精以入於腦而變爲神水，故三純陰之氣與純陽，上下相見，是爲既濟焉。自子之時，腎之氣生，可以輕偃其脊，微存其身，聚其腎之氣，一撞三關，直入於泥丸，與真髓相合而變爲神水，則下降焉，其猶甘露之灌於心也。純陽子曰：子後點舉，勿厭頻昇，金光滿髓，陰盡陽純，此金液之鍊形也。何謂也？夫以金精入於腦，變而爲金液，金液還元，變而爲丹，三就可以長生矣。吾欲脫其殼，則方金液自上，丹田之將降也，乃昇其身前起焉，使真火一舉，逢金水於玉池之側，其名爲既濟。於是一次一圓，金粟

其大如米焉。還丹一顆，一道金光自起，環周於身，其名曰金液鍊形。鍊形氣足乃始鍊氣成神，而脫其殼矣。故於子之後腎、肺之精一撞，入於泥丸，點首而噈，則金液自來矣。金液既濟以前，起火鍊之，是爲還丹。凡一噈數鍊，宜頻昇者也。純陽子曰：觀夫中成然後知大成之道，其至矣乎。日月正旺，夫婦俱仙，對時起火，氣自朝元，此集神而朝元也。何謂也？前所云玉液還丹者，殺夫救婦而求其母，吾知之矣。肝盛則脾必弱何也？木者，夫也；土者，婦也；火者，子也；水者母也。肝盛而殺夫，不可下功也；脾弱而殺婦，火盛而求母，用離之時灌之，所以救脾者也。故朝元者，雖不離乎五行生克之理，而隨時起火，以鍊其真氣，使陰全盡焉。若夫春之月，肝盛之時也，起火以鍊肝而救脾，於辰、戌、丑、未之時，起火以煉脾，則夫婦其俱仙矣。然肝之盛也，於其月、其日，其辰、是爲三合之辰，其名曰三花。三花者，三陽也，雖起火矣，猶懼乎肺之盛而傷其肝，當於兑之時，庚辛之日，不可毫釐失功也。以斯推之，其餘豈異此哉！吾依此行之，則真氣合於元氣矣，元氣合於真氣矣，三氣合而變三花矣。於是三花聚頂，五氣朝元，合就陽神而爲純陽之體，斯乃身外有身，棄殼而昇仙也。純陽子曰：以胎止息，因氣生神，留息煉氣，色應天真。又曰：養陽煉陰，前仰後□，定息內觀，數足自真。此煉氣之成神也。何謂也？胎息之道，不在乎其出少其入多，唯龍虎交而結神丹，神丹就而息自止矣。彼閉氣煉息，止息煉神，非大道也，吾未見其能成功者也。當以其旺之月、之日、之時，昇身起火，降君火於所王之處，於是其息悠然自上，其氣不昇，其神不散矣。不過十千氣，吾以煉肝則青色出焉，煉心則赤色出焉，煉肺則白色出焉，煉腎則黑色出焉，煉脾則黄色出焉，偏煉其五藏各七旬有二日，於是爲三百有六十日而功成矣。次之一歲則日煉其五藏，日一朝焉。若大於定之中，見車騎女樂之紛華，宜盧夫、陰鬼、外魔與陽神雜焉，必作內觀，以起三昧之真火而焚其身，可以交換仙凡矣。純陽子曰：內外俱定，澄心自觀，炎炎火裏，歌樂喧天。此交換者，所謂內觀者歟！吾於年之中畢煉其五藏，則五氣朝元矣。月以紫河車運而入於天宮，於是或有陰邪之魔，詭爲車騎，出其笙篁，與陽神雜焉。學道者，謬以爲實，安其凡軀，則不能棄質而仙矣。莫若內外俱定，不出不入，澄心靜慮，觀手壺天，則五方之雲起於上，女樂車騎陳於下矣。彼陰邪者，僞也。其孰謂之真乎？吾純陽之神，其名曰天真元皇天君焉。於斯之時，從其本體，真神扶衛，以返於天宮內院，則可以棄殼而去塵巢焉。夫不辨乎真僞，以傷陽神則往，易而邪蕩，不免於死矣。雖其形不壞，而何有於道哉？故內觀之時，不憚昇身以起火，則僞者散而真者昇矣。火之名有三：曰焚身，曰降魔，曰昇天。一曰朝元。夫既至於天宮，則貴乎調神有法焉。純陽子曰：七層寶塔，三級紅樓，至時勿懼，出後難收。此還神出入，所謂調神者也。夫調神以出其殼，當在天宮之日而內觀焉。紅樓者，三田也；寶塔者，七氣也。自下而上，既至其上而不可有懼也，陽神不純，則陰鬼雜之矣。故火之數，不患其多也，真氣不堅，及出其軀，則易驚以散，其收以返其軀，其亦難矣乎！是以古先至人，有披襟散髮之像焉。夫欲至而不懼，出而易收者，莫若三百日採藥，進火抽添有時焉；五百日煉形，合氣昇降有數焉。於水之中起其火，有丹之後，亦不患其多也，於是魔散神聚，不必乎紅樓寶塔矣。惟內觀乎黄庭，使五雲合而火龍踊起於紅光紫氣之中，直出於昏衢。其出也，自不懼矣；其過也，自不散矣。吾之身外有身，其如嬰兒焉。始可以論分形之道矣，故未終乎前功，則又惡能分形而出哉？是道也，艱萬緒。若夫陰靈不散，於定之中，誤出於天門，則不得爲純陽之仙也。純陽子曰：火龍既出，須識金光往來無闋，速至仙鄉，此分形之超脫也。丹既就而真氣自生矣，真氣生而陽神自聚矣。神何以聚乎？戀其氣也。氣何以聚乎？戀其丹也。神出則以氣爲形矣，神入則以形止氣矣。其出也，如蟬之蛻焉。故其殼也，寄於大川則生珠，藏於名山則生玉，若處於世，則優游自如矣。或厭世而去，則號召陰神，跨鳳乘龍以朝於太微。太微之君考其功，則自下島遷於中島，自中島遷於上島，行滿則返於洞天。

《道樞·聖胎》 紫微太一曰：夫穿關透節之用，非屈伸導引，則無以流而運之；克寒瀉熱之用，非吐納呵吹，則無以平而出之；蕩毒實清之用，非鼓飲，漱噈，則無以湛而凝之；還精採氣之用，非雄雌交合，則無以走而上之；結胎分形之用，非蚌消龜息，則無以任而誕之；降魔殺屍之用，非密機聖化，則無以消而滅之。此六者，登真之梯航，行道之軌轍也。凡挽引、吐納、行氣、烹鍊、結胎、存神，皆須淨吐咽門，仍先定，閉其口，任息於鼻。鼻微開則客風入之，致八邪之害。故一氣失，則元氣互亂矣。閉口、定息、使左右足並立，散手左右前後，擺鳳翅者九，於是對心交叉十指，緩緩引力直神胸前，俟力極浮，浮引力直聳首上，其名曰起天焉。俟力極引，上東西行九

拽，又自首上展力，叉十指浮浮托空，并腰脊引，令端，曲下過於膝，按之及足，其名曰立地焉。俟力極，進退腰身九，擦其足上，如是者三，然後正身定息。日如此法，可以開乎三百六十關節，八萬四千毛竅。行之久，則補腎堂，止遺精，腰脊壯而顏光澤矣，可以益一紀之壽焉。閉口而坐，展左右足，對心交義十指，緩緩引力直伸腰前。俟力極，又浮浮引力直聳首上，俟力極，引上東西行九拽；又自首上展力，叉十指緩緩托空，引其腰，令端，曲下過於膝及於足跟，力極乃止。如是者三，其名曰怪栢蟠龍焉。然後正身盤坐、定息。日如此法，可以瀉胞之積水，散頸膊之陰氣，明七竅，利三關，夢不惡，目不眩。行之六年，改枯成少矣。閉口盤坐，直行攀拳於胸前，如握弓之埶，左右托開，前手如托太山，後手如抱嬰孩，右手擘退其弦，緩緩盡力，挽開如滿月焉。然後力極轉而腕節，左右各三，其名曰挽射。此法能開大椎之關，暢黿蛇之穴，內通縫闕，流達上焦可以目不赤，喉不痼，口不瘡，顒不痄，背不癰。行之六年，萬毒莫能攻矣。閉口盤坐，縮赤龍之尾，鋪左右手背於胸腹間，浮浮翅颺而合攏，其數二九，其名曰蒼鴉鼓翼。此法能開胸背七十二骨，散五內之邪氣，通鳳凰之關，肘後一節尾閭也。轉助脾輪以消水穀，壯真元於胃脘，暢和氣於四支。行之九年，力暴猛虎矣。閉口盤坐，痛擦左右掌俟其熱，分摩二目，摩之熱，稍息。自其大眥入力拭向其小眥，其數一九用力於目中，一開一闔，以作閃電，其數一九，其名曰磨鏡閃電。此法能上燒二目，除陰風，止宿淚，抽肝之冷毒，下注於水藏，其熱如火，神開高和，胎元溫煖，三屍敗壞，九竅流利，散六府之積濁，發丹田之烈焰，去漏精，止濕囊。行之九年，金精石髓，對境無剛陽之動矣。閉口盤坐，中印拇指，固承於股窠之間，私供身內，萬靈帝坐龍殿，肅靜身心，儼若大受朝之儀。於是鼓顒，先扣前門十過，齒也。次扣後曹二十元過，其名曰擊磬集神。神不集則心帝飛馳，至神不棲，陰魔動搖而聖功難成矣。

《道樞・還元》 至游子曰：《易》之道，其精微乎！古者爲卦，或以二三四焉，或以三四五焉，此互變者也。至人修真之方，則以上九爲者，初六爲足，一二三四五爲體焉。六爻之變轉周流，如榮衛之行於四時者也。然則六十有四卦之數，合乎天地者也。吾能用其數，則與天地一矣。夫人所恃以生者，形也；形所恃以存者，氣也。氣鍾則形斯聚矣，氣離則形斯壞矣。能知所恃而養之者，其惟《易》歟！吾之居處欲靜，茵欲厚，衣欲適時之宜。於是或於冬至，或於日甲子焉，子之後披衣東向，跏趺而坐。東向者，取乎生氣也。如扣三十有六，以左右手相摩，俟其熱，以手拭其目，斯須以手掩其耳中，有細音如鍾，如是者三，然後以左右手上摩其面至熱，徐運其舌，撩乎上腭者十有二，撩乎下腭者十有二，撩乎齒之外上唇之內者十有二，撩乎下唇之內者十有二，其名曰赤龍之耕。俟其津生，即漱之滿其口，至熱則分三嚥之。凡一嚥必取內氣。內氣者，閉口以取於鼻中者也，送於臍之下，丹田想之若鼎，而送氣入其中焉。然後復想心之火如焰，下垂而燒其鼎，故三十有六息，是爲一陽之爻也。次又如前，以再撩焉，仍漱嚥焉。二十有四息，是爲一陰之爻也。如是者五焉，積爲五陰之爻，其名曰《復》。《復》之卦既終，於是定息少時，想其氣如黃雲，盤旋於脾胃之上。良久，想其氣復至手臍之下，其變黃土，覆乎鼎之上，然後櫛其髮，其數踰百，臥少頃，如是一日之功畢矣。月爲一卦，周而復始，月至乎子，《復》之卦也。月至乎丑，《臨》之卦也。月至乎寅，《泰》之卦也。月至乎卯，《大壯》之卦也。月至乎辰，《夬》之卦也。月至乎巳，《乾》之卦也。月至乎午，《遘》之卦也。月至乎未，《遯》之卦也。月至乎申，《否》之卦也。月至乎酉，《觀》之卦也。月至乎戌，《剥》之卦也。月至乎亥，《坤》之卦也。

《道樞・中源》 吾嘗跏趺而坐，左右手各起，前後摇之三十有六，左手取右手，左右摇天柱者各三十有六，握固摇其轆轤者三十有六，雙飛其轆轤者亦三十有六。左右手爲挽弓焉，右挽左顧，左右手如鈎向前，用力攀者各三十有六，扣齒漱津用力三嚥之，於是始行火功焉。子者四兩也，每兩九轉，則三十有六矣。丑者八兩也，計七十二。寅者十二兩也，計一百八。辰者十六兩也，計一百四十四。巳者二十兩也，計一百八十。午者二十兩也，每兩六轉，則一百有二十矣。未者十六兩也，計九十六。申者十二兩也，計七十二。戌者八兩也，計四十八。亥者四兩也，計二十四。惟陰卯陽酉不行焉。

《道樞・太白還丹》 清虛子太白山人王元正自號，唐貞元時人。曰：修丹之訣，在乎靜心於室內，子之後、午之前，先調其氣，氣和爲佳。其名曰法澡浴。以左右手搓其掌熱，上摩其面，下令周身，然後起天立地焉，以左右手叉之，盡力越於頂，上托於天，此所謂起天者也；以足盡力踏地，聳其身，此所謂立地者也。其起功不可犯弦、望、晦、朔，八日上弦，二十三日下弦。與夫卯酉之月，彭居、彭僑、彭質，三屍之名。俱守靈府，靈府心也。知之必爲魔焉。於是

先補其肝，想肝之中有青龍盤旋，然後想青龍之目有光，從吾之目出，乃出噓之氣，嚥噓之氣皆九過。次補其心，想心之中有朱雀如鳳，有赤氣從其腹出，至於吾口，遂呵之三過。次補其脾，想脾之中有勾陳，龍身、鳥觜、虎耳、龍角，獨角也。口出黃氣，至於吾口，乃以舌柱其腭，然後呼之十二過。次補其肺，想肺之中有白虎，鼻出白氣至于吾口，從鼻而出，呬之七過，終補其腎。平坐長展其足底，以手拔其足底，然後閉氣移時，想腎之宮，二脈黑氣自出目內，灌於其口，而爲金玉之液，是爲華池神水。凡補五藏者，用七十二日，謂之小還丹，可以去疾而已。於是扣齒集神者三十有六，開闔其目，以左右掌掩其耳，用其指擊頂後，左三右四，是爲擊天鼓，已乃安坐，左手之三，右手之四，叉手腎堂，是爲想壺中天地焉。壺中天地，不離於身者也。左目，日也；右目，月也；泥丸，天也。泥丸何以爲天乎？如天之不可昇也。聖人有法返本還元，使元氣歸於泥丸，則天門開而通去來，如黃河自天漢而下，流入於海者也。

《雜著捷徑・臨江仙》　子後寅前東向坐，冥心琢齒、三十六通。鳴獸鳴天鼓三十。托天三次，每次，行嘻字氣。回顧。握固按腿，左右各三，先右次左，左行噓字氣，右行呬字氣也。眼光摩，挫按手摩眼七次，閉目轉睛七次，以中指節捻太陽三十六。張弓左右二三十挽，每次行呵字氣。仍踏弩，左右各三次，每次三挽七踏，行呵字氣。升降轆轤多。每次行左右運轉轆轤三十六，行吹字氣。三度朝元，三次，每次按腿，閉目咽氣，名爲朝元。九度轉想氣自丹田轉九交。背摩，盤足閉氣，搓手熱，擦腎俞上下，行吹字氣。雙擺按腿，瞑目閉氣，三右搖擺身不限數，名熱魚擺尾，行呵字氣。板舒腳，以手低頭扳腳，行呵字氣。拏，跪膝反手，左右拏腳跟三次，每次行呼字氣。虎龍交際嚥元和。以舌攪取津滿口嗽三十六，一氣分三嚥，想至丹田中，如此三遍，行吹字氣。浴身，鼻引清氣閉住，搓按兩手極熱，遍身擦令微汗出。挑甲罷，左右臂舉手齊髮，遍提十指甲不限數。便可躡烟蘿。凡行吹腎，呵心、噓肝、嘻三焦、呬肺、呼脾六字。不可命耳聞聲，出氣欲細而長，凡行持皆閉氣，行持罷方吐氣出，呼所行字。

《雜著捷徑・明耳目訣》　當以手按兩眉後小穴中，三九過。又以手心及手指摩兩目顴上，以手旋目，行三十過，唯合數，無時節也。畢輒以手逆乘額，三九過，從眉中爲始，乃止入髮際中。口咽液，多少無數也。如此常行，耳目聰明。

《雜著捷徑・去病延壽六字法其法以口吐鼻取》　總訣　肝若噓時目爭精，肺知呬氣手雙驚，心呵頂上連叉手，腎吹抱取膝頭平，脾病呼時須撮口，三焦客熱臥嘻嘻。

腎吹氣　腎爲水，病主生門，有疾尫羸氣色昏。眉蹙耳鳴兼黑瘦，吹之邪妄立逃奔。

心呵氣　心源煩燥急須呵，此法通神更莫過。喉內口瘡并熱痛，依之目下便安和。

肝噓氣　肝主龍塗位號心，病來遠覺好酸辛。眼中赤色兼多泪，噓之病去立如神。

肺呬氣　呬呬數多作生涎，胸膈煩滿上焦痰。若有肺病急須呬，用之目下自安然。

脾呼氣　脾病屬土號太倉，有痰難教盡擇方。瀉痢腸鳴并吐水，急調呼字次丹成。

三焦嘻　三焦有病急須嘻，古聖留言最上醫。若或通知去壅塞，不因此法又何知。

《雜著捷徑・呂真人小成導引法》　凡欲修養，須净室焚香。須溫涼之宜，明燥濕之異。每夜半後生炁時，或五更睡覺，先呵出腹內濁氣，或一九止，或五六止。定心閉目，叩齒三十六通，以集心神，然後，以大拇指背拭目，大小九過，兼按鼻左右七過，以兩手摩，令極熱，閉口鼻氣，然後摩面，不以遍數，爲真人起居法。次以舌柱上腭，嗽口中內外，津液滿口，作三咽下之，令入胃存，胃神承之，如此者之作是三度九咽。庶得灌溉五臟，光澤面目。此雖旁門，亦極有力，不可輕忽。

《雜著捷徑・鍾離八段錦法》　閉目冥心坐，
冥心盤趺而坐。
握固靜思神。叩齒三十六，兩手抱崑崙。
叉兩手向項後，數九息，勿令耳聞，自此以後，出入息皆不可使耳聞。
左右鳴天鼓，二十四度聞。
移兩手心掩兩耳，先以第二指壓中指彈擊腦後，左右各二十四次。
微擺撼天柱，
搖頭左右顧，肩膊隨動二十四，先須握固。
赤龍攪水渾，

赤龍者，舌也。以舌攪口齒并左右頰，待津液生而嗽。
漱津三十六。
一云鼓漱。
神水滿口勺，一口分三嚥，
所漱津液分作三口，作汩汩聲而嚥之。
龍行虎自奔。
液爲龍，氣爲虎。
閉氣搓手熱，
以鼻引清氣，閉之少頃，搓手令極熱，鼻中徐徐乃放氣出。
背摩後精門。
精門者，腰後外腎也。合手心摩串，收手握固。
盡此一口氣。
再閉氣也。
想火燒臍輪。
閉口鼻之氣，想用心火，下燒丹田，覺熱極即用後法。
左右轆轤轉。
俯首擺撼兩肩三十六，想火自丹田透雙關，入腦戶，鼻引清氣，閉步頃間。
兩腳放舒伸。
放直兩腳。
叉手雙虛托。
叉手相交，向上托空三次或九次。
低頭攀足頻。
以兩手向前，攀腳心十二次，乃收足端坐。
以候逆水上。
候口中津液生，如未生，再用急攪取水。同前法。
再漱再吞津。如此三度畢，神水九次吞。
謂再漱三十六，如前一口分三嚥，乃爲九也。
嚥下汩汩響，百脈自調勻。河車搬運訖。
擺肩並身二十四，及再轉轆轤二十四次。
發火遍燒身。
想丹田火，自下而上，遍燒身體。想時口及鼻皆閉氣少頃。
邪魔不敢近，夢寐不能昏。寒暑不能入，災病不能迍。子後午前作，造化合乾坤。循環次第轉，八卦是良因。

訣曰：其法於甲子日，夜半子時起，首行時口中不得出氣，唯鼻中微放清氣。每日子後、午前，各行一次，或晝夜共行三次。久而自知蠲除疾疫，漸覺身輕，若能勤苦不怠，則仙道不違矣。

第一段：
叩齒集神三十六，兩手抱崑崙，雙手擊天鼓二十四。

第二段：
左右搖天柱各二十四。

第三段：
左右舌攪上齶三十六，漱三十六，分作三口如硬物嚥之，然後方得行火。

第四段：
兩手磨腎堂三十六，以數多更妙。

第五段：左右單闗轆轤各三十六。

第六段：雙闗轆轤三十六。

第七段：兩手相搓當呵五，呵後叉手托天，按頂各三或九次。

第八段：以兩手如鈎，向前攀雙腳心十二，再收足端坐。

《真仙妙傳火修法·火候訣》火候訣者，一年有十二箇月，內除卯酉二月、八月。兩箇月不行火外，十箇月每日行兩卦，一月行六十卦也。十箇月六百次，行火六百徧。火結養還丹，行自巳息火。又有鍊丹九轉之火，須真陰真陽交合烹鍊也。結養還丹息火，每日於子時後午時前，乃復姤二卦，行自身中之息火，得種子之後，未能成丹。方可行息火，令丹結就。若未得種子，虛勞功力。夫運符行火，於子後午前，子正一刻止正四刻，午初一刻止初四刻。存神端坐，兩手各掐子文，澄絕思慮，抱元守一，閉息，畜兩外腎，縮穀道，定息七十二數，然後彎背湊頸，候氣自尾閭上到夾脊，至曹溪之下。乃三椎骨下是也。

用頭左轉，搖動兩肩，次以右手中指不放訣。捺定右鼻孔，吸炁一口，又隨用兩手中指塞入兩耳內，亦不放訣。乃緊閉閙市，假令氣衝過曹溪，上至腦，轉額前，自眉間下，兩眉中間有微汗出息應。至口甘甜，即用舌尖拄定上腭，候津液滿口，徐徐嚥下，想自肺而下，入至丹田，訖。少時氣定，又依法而行之。如忍氣不住，卻用鼻吸氣，自然安也。子後行功半箇時辰，陰極陽生之時。午前行功半箇時辰，乃陽極陰生之時。《仙經》云：復姤自兹能運用，金丹誰道不成功。子後乃復卦，午後乃姤卦。又是運炁還精腦，一撞三闗，常使炁衝闗節透，自然精滿谷神存。鍊丹九轉之大，須真陰真陽生神造化，與太陰同經，一月一周火。自己一身行之。凡五日水中生金，先沉而濁。三日之後，即浮而清。可於戌亥時用事，鼎在懷中，神不與交，正定抱元守一，彎背湊頸，十指如鈎，掐兩子交文，畜外兩腎，閉息，九淺一深，時縮穀道，進七十二數，畢。少定又行之，不拘次數，或行三數，或五數，或七數，每數七十二，亦運令炁自來春，衝上三闗，至頂而下，候太陰情狂興發，舌吟即止。一月候至，則於三日之內，戌亥時行功，一切在把捉，無令失措，謹蓄兵威，每行三數，乃小陽文火也。若行七數，乃武火烹也。乾坤之卦，會於戌亥之間，日月合朔，陰陽交姤，故萬物稟氣於亥。宜行功鍊丹九箇月，行功九次，乃九轉也。故云：鍊得金丹成九轉，大如金彈，色同朱橘，與天地同長久。到此丹熟，不須行火也。故云：一年火候都經過是也。

《太初元氣接要保生之論》天地未判，混沌包藏。元氣聚而生水也。蓋水者，氣之始也，丹之祖也，五行之主也，萬物之根也。修煉還丹必得真一之水，入於華池然後陰陽交感，結成聖胎。知是水者，明道之源，黑鉛是也。故黑鉛乃非常之物，玄天神水，生於天地之先，化於萬物之母，爲真一之精，天地之根也。能於是精氣中產生天地五行萬物，豈天地之後所生雜物呼爲真鉛哉！緣此真精，上應星辰，號真鉛。長與太陽流珠和合，長養萬物，是以水中生金，名曰白金，還丹根基於斯盡矣。王道曰：白金自水而生，是真水銀也。此真水銀自從未分判，一物生太太極先，包藏五四三二一，陽清陰濁分鉛汞，本是陰陽顛倒術，用之萬物皆回旋。夫水者，天地之元氣，陰陽之始，精而能生銀，名曰白金，乃是無中生有，還丹造化之基也。玉鼎真人曰：還丹本是無形物，除此銀真更沒真。聖人知此，此白金自水而生，採爲丹基。進道工夫，要知春夏秋冬四季八節，二十四氣，七十二候，晝夜百刻，俱在導

引之說。究此氣候，常無災纏，延年長久。如遇立春正月節後，每日子丑二時，將手按兩內腎，轉身聳引各三十五度，吐納嗽咽如意。(堂)[儻]能盡其功夫，雖不足以成大道，亦可以發散眉背脛項積滯風之疾，身輕體健。

一正月中，每日子丑時，手按脞，轉左右三五度，取先天氣上入華池中，吐納漱咽九數如意，下丹田合會。苟能盡其功夫，而不忽畧，可以發三焦經絡留滯之迪，身輕無難。

二月節後，每日丑寅時坐定，清氣一刻，握固轉頸五六度，靜工氣封固，揖上納喇咽二三如意，復歸原祖官合和，徐氣呼身康，去腎肺蘊積，如是身健行輕。

二月中，每日丑寅時，坐定調氣一刻，左右手挽各六七度，引祖氣上華池，慢納三三度如意。降火散，除胸肚脹滿，日久延壽。

三月清明節後，丑寅時，正坐定，左右手硬前引祖氣七八度，清液濁吐三二，其工功夫三五次。如此卻腰腎胃虛積滯，壽命何不增乎？

三月中每日丑寅時，平坐，換左右手舉托移腎各三五度，華池水下嚥中丹田或二三次。可去脾胃淤血，工夫長久，身安輕健。

立夏四月節，每日寅卯時，閉息瞑目，反換兩手五七度，又息氣半刻，將祖氣引上華池，喚水咽液，依法用功，日無休息。發散背膊風濕，功夫常行，一身輕健。

四月中每日寅卯時，坐定一刻，左手朝天，右手按住胸前，取氣上昇入十二重樓三五度，咽液常流下降，陰陽相和。癸散肺臍之久積，用工不昧，疾除身健。

五月節，每日寅卯時，正立仰身，而手朝上，換氣於皆上，來舉五七度，定息還宮，咽液如意。陰去腰腎蘊積，身體輕康。

五月中，每日寅卯坐定，一腳擂後，右腳直前，納清咽液數次，盡其隨意功夫。消諸風寒，身清氣爽也。

六月節，每日丑寅時坐息定半刻，兩手運下丹田，雙足直伸製三五度，先天上攻，會合華池真水，命根之祖，咽液七次。消除積滯，身康力健。

六月中，每日丑寅時，雙拳脞膝，引作龍虎肝肺之說，氣提上心各三五度，華池水下降三次，其肝肺龍虎合交，盡其功夫，皆疾不作，效應無二。

七月節每日丑寅時，正坐，而手將根祖縮住，氣閉息聳，上湧華水，下來三五口，想而應交泰，手放下三五次。如此，凡劳積聚亦皆除之。

七月中丑寅，正坐片時，轉頭左右搖二十四遍，舉引祖氣，口中呵出。痰火去惡，不生病矣。八月節後每日丑寅時，清坐，而手按膝磨磨，心想祖氣，運用推引，上來到池，咽液三次。亦可除腰背之患，一身無澗。

八月中丑時，盤足而坐，兩手掩耳，身左右搖，提祖氣上華池三五度，又咽液。可除脇腰之厄，目明精爽。

九月節丑寅，正坐，舉而臂踴身上托，閉氣上昇，池中咽液七口。心火皆除，痰淹化散，久而行之，與道合真。

九月中丑寅時，靜坐，而手抱定下丹田，祖氣清清，不上不下，運轉調水，和合陰陽。徐徐行，百病不生也。

十月節丑寅時，兩手叉腰定氣，元神提壺灌昇，水火既濟，氣運週天，爭仰面朝天，入氣三吸。滅火，消痰之厄，常常行之，何不去痰延壽獲清？

十月中丑寅時，正坐養氣，隨氣不呼不陞，靜而能清，明心見性，一咽液納五次，皆興身安體健。

十一月節子丑時，起身，而手往上努力，而足臍並，吸氣五度，周而復始七次。氣奕精神，久行者，仙道不遠也。

十一月中子丑時，平坐伸足，兩手交交，調上祖氣到水池中會合，又咽液二次。自寬中一陽貫滿，節節行持，身安康益。

十二月節後子丑時，正坐，靜工，一手抱祖根，一手運臍中，運氣滎滎，不放不收，順順安相，根祖叢生之後三五度，依法無違，養命遠久。

十二月中子丑時，睡面朝外，兩膝拙胸，順氣呼吸三喚，咽液一口，三九之數。能盡其功，經絡淳淳。不足以成大功，亦可除病安然。久而行之，壽命百年。玄中大妙，亦可以接命之方，增壽延年助道，俗稱爲添油之法。學者可以玩味詳察，深思央明，出世超凡，百日間參知造化之奧，與天地同長久者也。此是授受相傳，非丹術旁門之小道，夙有仙骨獲而得之者，寶而藏之。非人勿示。篇中誓願深重，請細察焉，秘之慎之。

《三元延壽參贊書・導引有法》夜半後生氣時，或五更睡覺，或無事閒坐腹空時，寬衣解帶。先微微呵出腹中濁氣，一九止或五六止，定心閉目，叩齒三十六通，以集身神，然後以大拇指背拭目大小九過，使無翳障，明目去風，亦補腎氣。兼按鼻左右七過。令表裏俱熟，所謂灌溉中岳以潤肺。次以兩手摩，令極

熱，閉口鼻氣，然後摩面，不以偏數。連髮際，面有光。又摩耳根、耳輪，不拘偏數。所謂修其城郭，以補腎氣，以防聾聵。名真人起居之法。次以舌拄上腭，漱口中內外，津液滿口，作三嚥下之。如此三度九嚥。《黄庭經》曰：漱咽靈液體不乾是也。便兀然放身，心同太虛，身若委衣，萬慮俱遺。久久行之，氣血調暢，自然延壽也。又兩足心涌泉二穴，能以一手舉足，一手摩擦之百二十數，踈風去濕健腳力。歐陽文忠公用此大有驗。

《修齡要指・十六段錦》 莊子曰：吹噓呼吸，吐故納新，熊經鳥伸，爲壽而已矣。此導引之法，養形之秘，彭祖壽考之所由也。其法自修養家所談，無慮數百端。今取其要約切當者十六條，參之諸論，大概備矣。凡行導引，常以夜半及平旦將起之時，此時氣清腹虛，行之益人。先閉目握固，冥心端坐，叩齒三十六通，即以兩手抱項左右，宛轉二十四，以去兩脇積聚、風邪。復以兩手相叉，虛空托天，按項二十四，以除胸膈間邪氣。復以兩手掩兩耳，卻以第二指厭第三指，彈擊腦後二十四，以除風池邪氣。復以兩手相提，按左膝左捩，按右膝右捩身二十四，以去肝家風邪。復以兩手，一向前，一向後，如挽五石弓狀，以去臂腑積邪。復大坐，展兩手扭項，左右反顧，肩膊隨轉二十四，以去脾家積邪。復兩手握固，並拄兩肋，擺撼兩肩二十四，以去腰肋間風邪。復以兩手，交搥臂及膊上，連腰股各二十四，以去四肢胸臆之邪。復大坐，斜身偏倚，兩手齊向上，如排天狀二十四，以去肺間積邪。復大坐伸腳，以兩手向前，低頭扳腳十二次，卻鉤所伸腳，屈在膝上，按摩二十四，以去心胞絡邪氣。復以兩手據地，縮身曲脊，向上十三舉，以去心肝中積邪。復起立據狀，扳身向背後，視左右二十四，以去腎間風邪。復起立齊行，兩手握固，左足前踏，左手擺向前，右手擺向後，右足前踏，右手擺向前，左手擺向二十四，去兩肩之邪。復以手向背上相捉，低身徐徐宛轉二十四，以去兩脇之邪。復以足相扭而行前數十步，復高坐伸腿，將兩足扭向內，復扭向外，各二十四，以去兩足及兩腿間風邪。復端坐，閉目握固冥心，以舌抵上腭，攪取津液滿口，漱三十六次，作谷谷聲嚥之。復閉息想丹田火，自下而上，徧燒身體，內外熱蒸乃止。能日行一二徧，久久身輕體健，百病皆除，走及奔馬，不復疲乏矣。

《修齡要指・卻病八則》 平坐以一手握腳指，以一手擦足心赤肉，不計數目，以熱爲度，卽將腳指略略轉動，左右兩足心更手握擦，倦則少歇，或令人擦之，終不若自擦爲佳。此名湧泉穴，能除濕氣，固真元。

臨臥時，坐於牀，垂足解衣閉息，舌拄上腭，目視頂門，提縮穀道，兩手摩擦兩腎腧，各一百二十，多多益善，極能生精固陽，治腰痛。

兩肩後小穴中，爲上元六合之府。常以手捏雷訣，以大指骨曲按三九徧，又搓手熨摩兩目顴上及耳根逆乘髮際，各三九，能令耳目聰明，夜可細書。

並足壁立向暗處，以左手從項後緊攀右眼，連頭用力，反顧亮處九徧。右手亦從項後緊舉左眼，扭顧照前。能治雙目赤澀火痛，單病則單行。

靜坐閉息，納氣猛送下，鼓動胸腹，兩手作挽弓狀，左右數四，氣極滿，緩緩呵出五七，通快卽止。治四肢煩悶，背急停滯。

臥去枕，壁立兩足，以鼻納氣四，復以鼻出之四。若氣出之極，令微氣再入鼻中，勿令鼻知。除身中熱及背痛之疾。

端坐申腰，舉左手仰掌，以右手承右脇，以鼻納氣自極七息，能除瘀血結氣。端坐申腰，舉右手仰掌，以左手承左脇，以鼻納氣，自極七息，能除胃寒食不消。

凡經危險之路，廟貌之間，心有疑忌，以舌拄上腭，嚥津一二徧，左手第二第三指，按捏兩鼻孔中間所臨之際，能遏百邪。仍叩齒七徧。

《修齡要指・起居調攝》 平明睡覺，先醒心，後醒眼，兩手搓熱，熨眼數十徧，以睛左旋右轉各九徧。閉住少頃，忽大掙開卻除風火。披衣起坐，叩齒集神，次鳴天鼓，依呵、呼、呬、吹、噓、嘻六字訣，吐濁吸哺。按五行相生循序，而行一周，散夜來蘊積邪氣。隨便導引，或進功夫，徐徐櫛沐。飲食調和，面宜多擦，髮宜多梳，目宜常運，耳宜常凝，齒宜常叩，口宜常閉，津宜常嚥，氣宜常提，心宜常靜，神宜常存，背宜常暖，腹宜常摩，胸宜常護，囊宜常裹，言語宜常簡默，皮膚宜常乾沐。食飲徐行，摩臍擦背，使食下舒，方可就坐。飽食發痔，食後曲身而坐，必病中滿。怒後勿食，食後勿怒，身體常欲小勞，流水不腐，戶樞不朽，運動故也。勿得久勞，久行傷筋，久立傷骨，久坐傷肉，久臥傷氣，久視傷神，久聽傷精。忍小便，膝冷成淋，忍大便成氣痔。著溼衣汗衣，令人生瘡。夜膳勿飽，飲酒勿醉。醉後勿飲冷。飽餘勿便臥，頭勿向北臥，頭邊勿安火爐。切忌子後行房。陽方生而頓滅之，一度傷於百度。大怒交合，成癰疽。疲勞入房，虛損少子。觸犯陰陽禁忌，不惟父母受傷，生子亦不仁不孝。臨睡時，調息嚥津，叩齒鳴天鼓。先睡眼，後睡心。側

曲而臥，覺直而伸。晝夜起居，樂在其中矣。

《遵生八牋·四時調攝牋春·陳希夷孟春二炁導引坐功圖勢》

立春正月節坐功圖

運主厥陰初氣

時配手太陽三焦

坐功

宜每日子丑時，疊手按髀，轉身拗頸，左右聳引各三五度，叩齒、吐納、漱嚥三次。

治病

風氣積滯，頂痛、耳後痛、戶臑痛、背痛、肘臂痛，諸痛悉治。

雨水正月中坐功圖

運主厥陰初氣

時配三焦手少陽相火

坐功

每日子丑時，疊手按胜，拗頸轉身，左右偏引各三五度，叩齒、吐納、嗽嚥。

治病

三焦經絡留滯邪毒，嗌乾及腫噦，喉痹、耳聾、汗出，目銳眥痛、頰痛，諸疾悉治。

《遵生八牋·四時調攝牋春·陳希夷仲春二炁導引坐功圖勢》

驚蟄二月節坐功圖

運主厥陰初氣

時配手陽明太陽燥金

坐功

每日丑寅時，握固，轉頸反肘，後向頓掣，五六度，叩齒六六，吐、納、嗽、嚥，三三。

治病

腰、膂、肺、胃蘊積邪毒，目黃、口乾、鼽衄，喉痹、面腫、暴啞、頭風、牙宣、目暗、羞明、鼻不聞臭，遍身疙瘡悉治。

春分二月中坐功圖

運主少陰二氣

時配手陽明大腸燥金

坐功

每日丑寅時，伸手回頭，左右挽引各六七度，叩齒六六，吐、納、嗽、嚥，三三。

治病

胸、臆、肩、背、經絡，虛勞邪毒，齒痛、頸腫、寒慄、熱腫、耳聾耳鳴，耳後肩臑肘臂外背痛，氣滿，皮膚殼殼然堅而不痛，瘙癢。

《遵生八牋·四時調攝牋春·陳希夷季春二炁導引坐功圖勢》

穀雨三月中坐圖

運主少陰二氣

時配手太陽小腸寒水

坐功

每日丑寅時，平坐換手，左右舉托，移臂左右，掩乳各五七度，叩齒、吐納、漱嚥。

治病

脾胃結瘕、瘀血，目黃、鼻鼽衄、頰腫、頷腫，肘臂外後廉腫痛，臂外痛，掌中熱。

清明三月節坐功圖

運主少陰二氣

時配手太陽小腸寒水

坐功

每日丑寅時，正坐定，換手，左右如引硬弓，各七八度，叩齒，納清吐濁，嚥液各三。

治病

腰腎、腸胃，虚邪積滯，耳前熱，苦寒，耳聾，嗌痛，頸痛不可回顧，肩拔，臑折，腰軟及肘臂諸痛。

《遵生八牋・四時調攝牋夏・陳希夷孟夏二炁坐功圖勢》

立夏四月節坐功圖

運主少陰二氣

時配手厥陰心胞絡風木

坐功

每日以寅卯時。閉息瞑目，反換兩手，抑制兩膝各五七度，叩齒吐納、嚥液。

治病

風濕留滯經絡，腫痛、臂肘攣急，腋腫，手心熱，喜笑不休，雜症。

小滿四月中坐功圖

運主少陽三氣

時配手厥陰心胞絡風木

坐功

每日寅卯時，正坐，一手舉托，一手拄按，左右各三五度，叩齒、吐納、嚥液。

治病

肺腑蘊滯邪毒。胸脇支滿，心中憺憺大動，面赤、鼻赤、目黃、心煩作痛，掌中熱，諸痛。

芒種五月節坐功圖

運主少陽三氣

時配手少陰心君火

坐功

每日寅邪卯時，正立，仰身，兩手上托，左右力舉各五七度，定息、叩齒、吐納、嚥液。

治病

腰腎蘊積，虛勞、嗌乾、心痛、欲飲、目黃、脇痛、消渴、善笑、善驚、善忘，上咳吐、下氣泄，身熱而股痛，心悲、頭項痛、面赤。

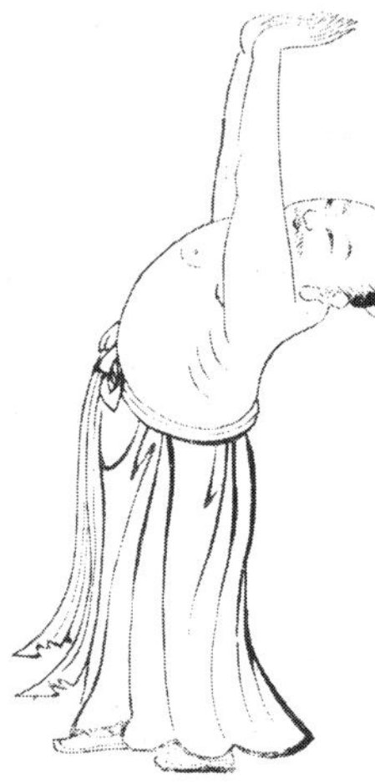

夏至五月中坐功圖

運主少陽三氣

時配少陰心君火

坐功

每日寅卯時，跪坐，伸手，叉指屈指，腳換踏，左右各五七次，叩齒，內清吐濁，嚥液。

治病

風濕積滯，腕膝痛，臑臂痛，後廉痛厥，掌中熱痛，兩腎內痛，腰背痛，身體重。

小暑六月節坐功圖

運主少陰三氣

時配手太陰脾濕土

坐功

每日丑寅時，兩手踞地，屈壓一足，直伸一足，用力掣三五度，叩齒、吐納、嚥液。

治病

腿、膝、腰、髀風濕，肺脹滿、嗌乾、喘咳、缺盆中痛，善嚏，臍右小腹脹引腹痛，手攣急，身體重，半身不遂、偏風、健忘、哮喘、脫肛、腕無力，喜怒不常。

大暑六月中坐功圖

運主太陰四氣

時配手太陰肺濕土

坐功

每日丑寅時，雙拳踞地，返首向肩引作虎視，左右各三五度，叩齒、吐納、嚥液。

治病

頭項胸背風毒，咳嗽、止氣、喘渴、煩心、胸膈滿、臑臂痛，掌中熱，臍上或肩背痛，風寒汗出，中風，小便數欠，淹泄，皮膚痛及麻，悲愁欲哭，洒淅寒熱。

《遵生八牋・四時調攝牋秋・陳希夷孟秋二炁導引坐功圖》

立秋七月節坐功圖

運主太陰四氣

時配足少陽膽相火

坐功

每日丑寅時，正坐，兩手托地，縮體閉息，聳身上踴凡七八度，叩齒、吐納嚥液。

治病

補虛益損，去腰腎積氣，口苦，善太息，心脇痛，不能反側，面塵，體無澤，足外熱，頭痛，頷痛，目鋭眥痛，缺盆腫痛，腋下腫，汗出振寒。

處暑七月中坐功圖

運主太陰四氣

時配足少陽膽相火

坐功

每日丑寅時，正坐，轉頭左右舉引，就反兩手搥背各五七度，叩齒、吐納、嚥液。

治病

風濕留滯，肩背痛，胸痛，脊膂痛，脇肋、髀、膝，経絡外至脛、絕骨、外踝前及諸節皆痛，少氣，咳嗽，喘渴，上氣，胸，背，脊，膂積滯之疾。

《遵生八牋・四時調攝牋秋・陳希夷仲秋二炁導引坐功圖》

白露八月節坐功圖

運主太陰四氣

時配足陽明胃燥金

坐功

每日丑寅時，正坐，兩手按膝轉頭推引各三五度，叩齒、吐納、嚥液。

治病

風氣留滯腰背經絡，洒洒振寒，苦伸數欠，或惡人與火。聞木聲則驚狂，瘧汗出，鼽衄，口喎，唇胗，頸腫，喉痹不能言，顏黑，嘔呵欠，狂歌上登，欲棄衣躶走。

秋分八月中坐功圖

運主陽明五氣

時配足陽明胃燥金

坐功

每日丑寅時，盤足而坐，兩手掩耳，左右反側各三五度，叩齒、吐納、嚥液。

治病

風濕積滯脇肋、腰、股、腹大水腫，膝臏腫痛，膺乳氣衝股，伏兔䯒外廉足跗諸痛，遺溺，失氣奔響，腹脹，脾不可轉，膕以結，腨似裂，消穀善飲，胃寒喘滿。

《遵生八牋・四時調攝牋秋・陳希夷季秋二炁導引坐功圖》

寒露九月節坐功圖

運主陽明五氣

時配足太陽膀胱寒水

坐功

每日丑寅時，正坐，舉兩臂，踴身上托，左右各三五度，叩齒、吐納、嚥液。

治病

諸風寒濕邪挾脇腋経絡，動衝頭痛，目侶脫，項如拔，脊痛，腰折，痔瘧狂顛痛，頭兩邊痛，頭總頂痛，目黃，淚出，鼽衄，霍亂諸疾。

霜降九月中坐功圖

運主陽明五氣

時配足太陽膀胱寒水

坐功

每日丑寅時，平坐，紓兩手攀兩足，隨用足間力，縱而復收五七度，叩齒、吐納、嚥液。

治病

風濕痹入腰腳，髀不可曲，膕結痛，腨裂痛，項背、腰尻、陰股、膝髀痛，臍反蟲，肌肉痿，下腫，便膿血，小腹脹痛，欲小便不得，

藏毒，筋寒，腳氣，久痔脫肛。

《遵生八牋・四時調攝牋冬・陳希夷孟冬二氣坐功圖勢》

立冬十月節坐功圖

運生陽明五氣

時配足厥陰肝風木

坐功

每日丑寅時，正坐，一手按膝，一手挽肘，左右顧，兩手左右托三五度，吐納、叩齒、嚥液。

治病

胸脇積滯，虛勞邪毒，腰痛，不可俛仰，嗌乾，面塵脫色，胸滿，嘔逆食泄，頭痛，耳無聞，頰腫，肝逆，面青，目赤腫痛，兩脇下痛引小腹，四肢滿悶，眩冒，目瞳痛。

小雪十月中坐功

運主太陽終氣

時配足厥陰肝風水

坐功

每日丑寅時，正坐，一手按膝，一手挽肘，左右爭力各三五度，吐納、叩齒、嚥液。

治病

脫肘、風濕熱毒，婦人少腹腫，丈夫㿗疝、狐疝、遺溺、閉癃、血睾、腫睾，疝，足逆寒，胻善瘈節時腫，轉筋、陰縮、兩筋攣，洞泄，血在脇下，喘，善恐，胸中喘五淋。

《遵生八牋・四時調攝牋冬・陳希夷仲冬二氣坐功圖勢》

大雪十一月節坐功圖

運主太陽終氣

時配足少陰腎君火

坐功

每日子丑時，起身仰膝，兩手左右托兩足，左右踏，各五七次，叩齒、嚥液、吐納。

治病

腳膝風濕毒氣，口熱，舌乾，咽腫，上氣，嗌乾及腫，煩心，心痛，黃疸，腸澼，陰下濕，飢不欲食，面如漆，咳唾有血，渴喘，目無見、心懸如飢，多恐懼若人捕等症。

冬至十一月中坐功

運主太陽終氣

時配足少陰腎君火

坐功

每日子丑時，平坐，伸兩足拳兩手按兩膝左右，極力三五度，吐納、叩齒、嚥液。

治病

手足經絡寒濕，脊股內後廉痛，足痿厥，嗜臥，足下熱，臍痛，左脇下背肩髀間痛，胸中滿，大小腹痛，大便難，腹大，頸腫，咳嗽，腰冷如冰，反腫，臍下氣逆，小腹急痛泄，一腫足胻寒而逆，凍瘡，下痢，善思，四肢不收。

《遵生八牋·四時調攝牋秋·陳希夷季冬二炁坐功圖勢》

小寒十二月節坐功圖

運主太陽終氣

時配足太陰脾濕土

坐功

每日子丑時，正坐，一手按足，一手上托挽背互，換極力三五度，吐納、叩齒、嗽嚥。

治病

榮衛氣蘊，食即嘔，胃脘痛，腹脹、噦瘧，飲發中滿，食減，善噫，身體皆重，食不下，煩心，心下急痛，溏瘕泄，水閉，黃疸，五泄注下五色，大小便不通，面黃，口乾，怠惰，嗜臥，搶心，心下痞苦，善飢，善味，不嗜食。

大寒十二月中坐功圖

運生厥陰初氣

時配足太陰脾溫土

坐功

每日子丑時，兩手向後踞牀，跪坐一足，直伸一足，用力左右各三五度，叩齒、嗽嚥、吐納。

治病

經絡蘊積諸氣，舌根強痛，體不能動搖，或不能臥，強立，股膝內腫，尻陰、臑胻，足背痛，腹脹，腸鳴，食泄不化，足不收行，九竅不通，足胻，水脹。

《遵生八牋·四時調攝牋夏·心臟導引法》　可正坐，兩手作拳，用力左右互築，各五六度。又以一手向上拓空，如擎石米之重，左右更手行之。又以兩手交叉，以脚踏手中，各五六度，閉炁爲之。去心胸風邪諸疾。行之良久，閉目，三嚥津，叩齒三通而止。

《遵生八牋・四時調攝牋春・肝臟導引法正、二月、三月行之》 治肝以兩手相重，按肩上，徐徐緩捩身，左右各三遍。又可正坐，兩手相叉，翻覆向胸三五遍。此能去肝家積聚、風邪、毒氣，不令病作。一春早暮，須念念爲之，不可懈惰，使一曝十寒，方有成效。

《遵生八牋・四時調攝牋秋・肺臟導引法七八九月行之》 可正坐，以兩手據地，縮身曲脊，向上三舉，去肺家風邪、積勞。又當反拳搥背上，左右各三度，去胸臆閉炁風毒。爲之良久，閉目叩齒而起。

《遵生八牋・四時調攝牋冬・腎臟導引法冬三月行之》 可正坐，以兩手聳托，右引脇三五度，又將手返著膝挽肘，左右同捩身三五度，以足前後踏，左右各數十度，能去腰腎風邪積聚。

《遵生八牋・延年卻病牋・治萬病坐功訣》 凡治諸病，病在喉中胸中者，枕高七寸；病在心下者，枕高四寸；病在臍下者，去枕。以口出炁，鼻納炁者，名曰瀉。閉口溫炁咽之者，名曰補。欲引頭病者，仰頭。欲引腰腳病者，仰足十指。欲引胸中病者，挽足十指。欲引去腹中寒熱諸所不快者，皆閉炁。脹腹欲息者，須以鼻息，已，復爲，至愈乃止矣。

一、平坐申腰、腳、兩臂，展手據地，口徐吐炁，以鼻納之。除胸中肺中之痛。咽炁令溫，閉目行也。

一、端坐申腰，以鼻內氣閉之，自前後搖頭各三十次。除頭虛空花，天耗地轉之疾。閉目搖之。

一、將左脇側臥，以口吐炁，以鼻納之。除積聚心下不快之證。

一、端坐申腰，徐以鼻納炁，以右手持鼻搖，目昏若淚出者，去鼻中息。亦治耳聾，亦除傷寒頭痛之疾。皆當以汗出爲度。

一、正偃臥，以口徐出氣，以鼻納之。除裏急。飽食後小咽；若咽氣數至十，令溫爲度。若氣寒者，使人乾嘔、腹痛，可用鼻納氣咽之七，至十至百，則大填腹內，除邪炁補正炁也。

一、右脇側臥，以鼻納氣，以口小吐氣數至十，兩手相摩，熱以摩腹，令其炁下出之。除兩脇皮膚痛悶之疾，愈者止。

一、端坐申腰直上展兩臂，仰兩手掌，以鼻納炁閉之，自極七息，名曰蜀王臺。除脇下積聚之疾。

一、覆臥去枕，豎立兩足，以鼻納炁四，復以鼻出之四。若炁出之極，令後炁再入鼻中，勿令鼻知。除身中熱，及背痛之疾。

一、端坐申腰，舉左手仰其掌，卻右手同。除兩臂及背痛之疾，炁結積聚之病。

一、端坐，以兩手相扠抱膝，閉炁鼓腹二七或三七，炁滿則吐，後炁通暢者爲度。行之十年，老有少容。

一、端坐申腰，左右傾側，閉目，以鼻納炁。除頭風。自極七息，止。

一、端坐申腰，鼻納炁數十爲度。除腹中飲食滿飽。若快則止，未便者復爲之。苦腹中有寒炁亦爲之。

一、端坐，使兩手如張弓勢，滿射數四。可治四肢煩悶背急。每日，或時爲之，佳。

一、端坐申腰，舉左手仰掌，以右手承右脇，以鼻納炁，自極七息。除瘀血納炁等，並皆治之。

一、端坐申腰，舉右手仰掌，以左手承左脇，以鼻納炁，自極七息。一、兩手卻據，仰頭，自以鼻納息，因而咽之數十。除熱，身中傷死肌肉等，治之而愈。除胃寒，食不變則愈。

一、正偃臥，端展足臂，以鼻納炁，自極七息，搖見三十而止。除胸足中寒，週身痹厥逆嗽。

一、偃臥，屈膝，令兩膝頭內向相對，手翻兩足，申腰，以鼻納炁，自極七息。除痹膝熱痛，兩脛不遂。

一、平坐，兩手抱頭宛轉上下，名爲開脇。除身體昏沉不通暢者，並皆治之愈。

一、踞坐，申右腳，兩手抱左膝頭，申腰，以鼻納炁，自極七息。除難屈伸及拜起脞中痛瘀痹等病，並皆治之。

一、踞坐，申左足，兩手抱右膝，申腰，以鼻納炁，自極七息，展左足著外。除難屈伸，及拜起脞中疼。一本云：除風，并目晦耳聾。

一、正偃臥，直兩手捻胞所在，令如油囊裹丹。陰下濕，小便難傾，小腹重不快。若腹中熱，但口出炁，鼻納之數十，止。亦不須小咽之。若腹中不熱者，行七息，以溫氣咽之十，止。

一、覆臥，傍視兩踵，伸腰，以鼻納炁，自極七息。除腳中弦痛轉筋，及腳酸痛。

一、踞坐，兩手抱兩膝頭，以鼻納炁，自極七息。除腰痹背痛。
一、偃臥，展兩脛兩手，令兩踵相向，亦鼻納炁，自極七息。除死肌，及足脛寒疼之疾。
一、偃臥，展兩手、兩脛、左膀、兩足踵，以鼻納炁，自極七息。除胃中有食不消，苦嘔之疾。
一、踞坐申腰，以兩手引兩踵，以鼻納炁，自極七息，向兩膝頭者。除身痹嘔逆之疾。
一、偃臥，展兩手兩腳，仰足指，以鼻納炁，自極七息。除腹中弦急切痛。
一、偃臥，左足踵拘右足拇指，以鼻納炁，自極七息。除厥疾。苦人腳錯踵不拘拇指，依法行之。
一、偃臥，以右足踵拘左足拇指，以鼻納炁，自極七息。除週身痹。
一、病若在左，端坐申腰，右視目，以鼻納炁，極而吐之數十，止。閉目而作。
一、若病在心下積聚者，端坐申腰，向日仰頭，徐以鼻納炁，因而咽之，三十而止，開目而作。
一、若病在右，端坐申腰，左視目，以鼻徐納炁而咽之數十，止。

《遵生八牋・延年卻病牋上・擦腎腧穴說》 張成之爲司農丞，蓋支同坐，時冬嚴寒，余一二刻間，兩起便溺。問曰：何頻數若此？答曰：天寒自應如是。張云：某不問冬夏，只早晚兩次。余諗之曰：有導引之術乎？曰：然。余曰：旦夕當北面。因暇專往叩請，荷其口授。曰：某先爲家婿，妻弟少年遇人有所得，遂教小訣：臨臥時坐於牀，垂足解衣，閉氣，舌柱上腭，目視頂，仍提縮穀道，以手摩擦兩腎腧穴，各一百二十次，以多爲妙。畢即臥。如是三十年，極得力。歸稟老人，老人行之旬日，云：真是奇妙。亦與視舊中篤信者數人言之，皆得效驗。

《遵生八牋・延年卻病牋上・婆羅門導引十二法》 第一龍引：以兩手上拓，兼似挽弓勢，左右同。又叉手相捉頭上過。

第二龜引：峻坐，兩足如八字，以手拓膝行搖動。又左顧右顧，各三偏。

第三麟盤：側臥，屈手承頭，將近床腳，屈向且傍脾展上，腳向前拗，左右同。

第四虎視：兩手據牀，拔身向背後視，左右同。

第五鶴舉：起立，徐徐返拗引頸，左右挽，各五偏。

第六鸞趨：起立，以腳徐徐前踏，又握固，以手前後筷，各三偏。

第七鴛翔：以手向背上相捉，低身，徐徐宛轉，各五偏。

第八熊迅：以兩手相叉，翻覆向胸臆，抱膝頭上，宛轉各三偏。

第九寒松控雪：大坐，手據膝，漸低頭，左右搖動，徐徐回轉，各三偏。

第十冬柏凌風：兩手據牀，或低或舉，左右引，細拔回旋，各三偏。

第十一仙人排天：大坐，斜身偏倚，兩手據牀如排天，左右同。

第十二鳳凰鼓翅：兩手交搥膊并連臂，近搥背上連腰腳，各三。數度爲之，細拔回旋，但取使快爲上，不得過度，更至疲頓。

《遵生八牋・延年卻病牋上・擦湧泉穴說》 其穴在足心之上，濕氣皆從此入。日夕之間，常以兩足赤肉，更次用一手握指，一手磨擦，數目多時，覺足心熱，即將腳指略略動轉，倦則少歇。或令人擦之亦得，終不若自擦爲佳。

《遵生八牋・延年卻病牋上・左洞真經按摩導引訣》 高子曰：人身流暢，皆一氣之所週通。氣流則形和，氣塞則形病。故《元道經》曰：元氣難積而易散，關節易閉而難開。人身欲得搖動，則穀氣易消，血脈疏利。仙家按摩導引之術，所以行血氣，利關節，辟邪外干，使惡氣不得入吾身中耳。傳曰：戶樞不蠹，流水不腐。人之形體，亦由是也。故延年卻病，以按摩導引爲先。

轉脇舒足

《混元經》曰：戌亥子三時，陰氣生而人寐，寐則氣滯於百節。養生家睡不厭縮，覺不厭伸。故陽始生則舒伸轉掣，務令榮衛周流也。

導引按蹻

踴身令起，平身正坐，手叉項後，仰視舉者，左右招搖，使項舉手爭。次以手扳腳，稍閉氣，取太衝之氣。太衝穴在大指本節後二寸，骨罅間陷者。左挽如引弓狀，右挽亦如之左。令人精和血通，風氣不入。久能行之，無病延年。

捏目四眥

《太上三關經》云：常以手按目近鼻之兩眥，閉氣爲之，氣通即止。終而復始，常行之，眼能洞見。又云：導引畢，以手按目四眥三九偏，捏令見

光明。是檢眼神之道。久爲之，得見靈通也。

摩手熨目

捏目四眥畢，即用兩手側立，摩掌如火，開目熨睛數徧。

對修常居

《內景經》云：常以兩手按眉後小穴中二九，一年，可夜作細書。亦可於人中密行之，勿語其狀。眉後小穴爲上元六合之府，主化生眼暈，和瑩精光，長珠徹瞳，保鍊月精，是真人坐起之道。紫微夫人曰：仰和天真，俯按山源。天真是兩眉之角，山源是鼻下人中也。兩眉之角，是徹視之津梁；鼻下人中，是引靈之上房。

俯按山源

紫微夫人云：府按山源，是鼻下人中之本側，在鼻下小谷中也。楚莊公時，市長宋來子洒掃一市，常歌曰：手爲天馬，鼻爲山源。每危險之路，廟貌之間，心中有疑忌之意者，乃先反舌內向，嗽津一二徧畢，以左手第二第三指，捏兩鼻孔下人中之本，鼻中隔孔之內際也。鼻中隔孔之際，一名山源，一名鬼井，一名神池，一名魂臺。捏畢，因叩齒七徧，又以手掩鼻。手按山源，則鬼井閉門；手薄神池，則邪根分散；手臨魂臺，則玉真守關。鼻下山源，是一身之武津，真邪之通府。守真者，所以遏萬邪，在我運攝云耳。

《遵生八牋・延年卻病牋下・八段錦導引法》 閉目冥心坐，冥心盤趺而坐。握固靜思神。叩齒三十六，兩手抱崑崙。叉兩手向項後，數九息，勿令耳聞，自此以後，出入息皆不可使耳聞。左右鳴天鼓，二十四度聞。移兩手心掩兩耳，先以第二指厭中指，彈擊腦後，左右各二十四次。微擺撼天柱，搖頭左右顧，肩膊轉，隨動二十四，先須握固。赤龍攪水津。赤龍者，舌也。以舌攪口齒并左右頰，待津液生而漱。漱津三十六，一云鼓漱。神水滿口勻。一口分三嚥，所漱津液分作三口，作汩汩聲而嚥之。龍行虎自奔。液爲龍，氣爲虎。閉氣搓手熱，以鼻引清氣閉之，少頓，搓手急數令熱極，鼻中徐徐乃放氣出。背摩後精門。精門者，腰後外腎也。合手心摩畢，收手握固。盡此一口氣，再閉氣也。想火燒臍輪。閉口鼻之氣，想用心火下燒丹田，覺熱極即用後法。左右轆轤轉，俯首擺撼兩肩三十六，想火自丹田透雙關，入腦戶，鼻引清氣，閉少頃間。兩腳放舒伸。放直兩腳。叉手雙虛托，叉手相交，向上托空或三次九次。低頭攀腳頻，以兩手向前攀腳心十二次，乃收足端坐。以候逆水上，候口中津液生，如未生，再用急攪取水，同前法。再漱再吞津。如此三度畢，神水九次吞。謂再漱三十六，如前口分三嚥，乃爲九也。嚥下汩汩響，百脈自調勻。河車搬運訖，擺肩并身二十四，及再轉轆轤二十四次。發火遍燒身。想丹田火自下而上遍燒身體，想時口鼻皆閉氣少頃。邪魔不敢近，夢寐不能昏。寒暑不能入，災病不能迍。子後午前作，造化合乾坤。循環次第轉，八卦是良因。

訣曰：其法於甲子日，夜半子時起首，行時口中不得出氣，唯鼻中微放清氣。每日子後午前，各行一次，或晝夜共行三次，久而自知。蠲除疾病，漸覺身輕，能勤苦不怠，則仙道不遠矣。

高子曰：已上名八段錦法，乃古聖相傳，故爲圖有八。握固二字，人多不考，豈特閉目見自己之目，冥心見自己之心哉？趺坐時，當以左腳後跟曲頂腎莖根下動處，不令精竅漏泄云耳。行功何必拘以子午，但一日之中，得有身閒心靜處，便是下手所在，多寡隨行。若認定二時，忙迫當如之何？入道者，不可不知。

叩齒集神圖勢

叩齒集神三十六，兩手抱崑崙，雙手擊天鼓二十四。右法先須閉目，冥心盤坐，握固，靜思。然後叩齒集神，次叉兩手向項後，數九息，勿令耳聞，乃移手各掩耳，以第二指厭中指，擊彈腦後，左右各二十四次。

搖天柱圖勢

左右手搖天柱各二十四。

右法先復握固，乃搖頭左右顧，肩膊隨動二十四。

舌攪漱咽圖勢

左右舌攪上腭三十六，漱三十六，分作三口如硬物咽之，然後方得行火。

右法以舌攪口齒并左右頰，待津液生，方漱之。至滿口，方嚥之。

摩腎堂圖勢

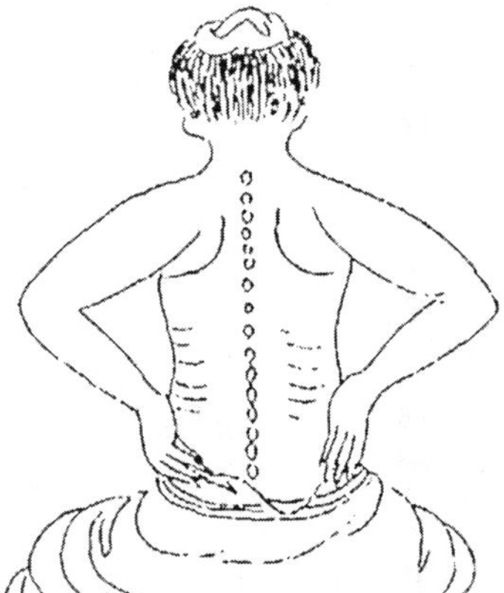

兩手摩腎堂三十六，以數多更妙。

右法閉氣，搓手令熱後，摩腎堂如數畢，仍收手握固，再閉氣，想用心火下燒丹田，覺熱極，即用後法。

單關轆轤圖勢

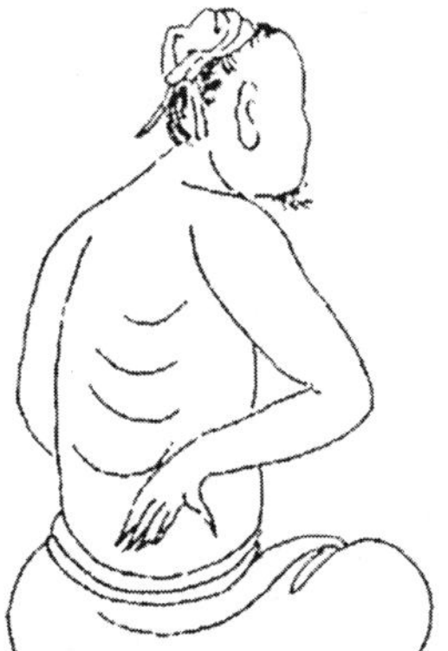

左右單關轆轤各三十六。

右法復俯首，擺撼左肩三十六次，右肩亦三十六次。

左右轆轤圖勢

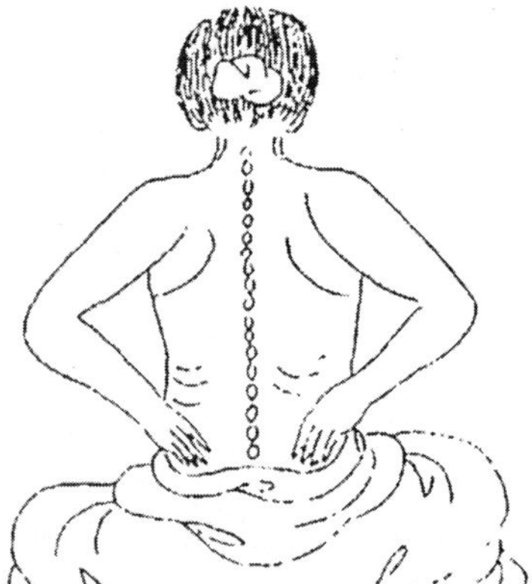

雙關轆轤三十六。

右法兩肩並擺，至三十六數，想火自丹田透雙關入腦戶，鼻引清氣後，伸兩腳。

左右按頂圖勢

兩手相搓掌，呵五呵後，叉手托天，按項各九次。

右法兩手相叉，向上托空，三次或九次。

鈎攀圖勢

以兩手如鈎向前攀雙腳心十二次，再收足，端坐。

右法以兩手向前攀腳心十二次，乃收足，端坐，候口中津液生，再漱，再吞一如前數。擺肩并身二十四度，再轆轤二十四次，想丹田火自下而上，遍燒身體，想時口鼻皆須閉。

《遵生八牋・延年去病牋下・陳希夷左右睡功圖》

陳希夷左睡功圖

調和真炁五朝元，心息相依念不偏。二物長居於戊己，虎龍蟠結大丹田。

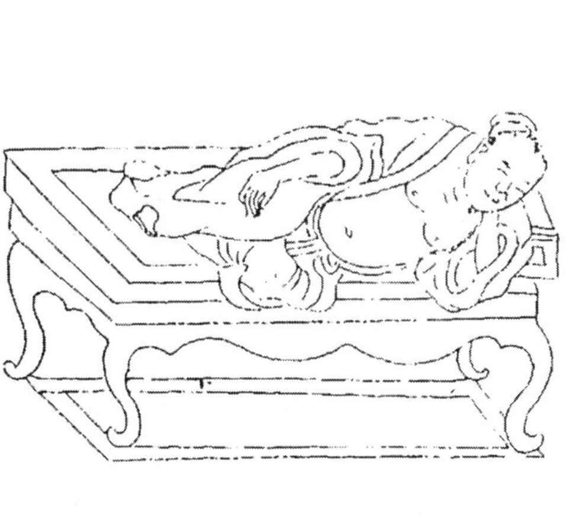

右睡功圖

肺炁長居於坎位，肝炁卻向到離宮。脾炁呼來中位合，五炁朝元入太空。

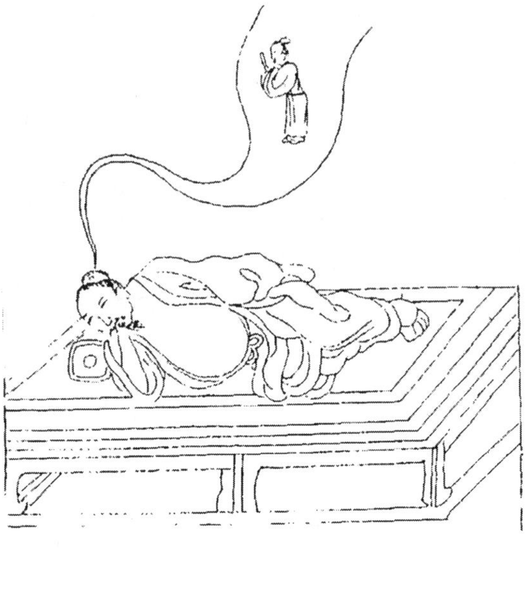

《遵生八牋・延年卻病牋下・去病延年六字法其法以口吐鼻取》總訣此行六字功夫秘要訣也。非此，六氣行不到於本，經以此導之，若引經耳，不可不知。

肝若噓時目睜精，肺知呬氣手雙擎。

心呵頂上連叉手，腎吹抱取膝頭平。
脾病呼時須撮口，三焦客熱臥嘻寧。

吹腎氣訣

腎爲水病主生門，有疾尫羸氣色昏。
眉蹙耳鳴兼黑瘦，吹之邪妄立逃奔。

呵心氣訣

心源躁煩急須呵，此法通神更莫過。
喉内口瘡并熱痛，依之目下便安和。

嘘肝氣訣

肝主龍塗位號心，病來還覺好酸辛。
眼中赤色兼多淚，嘘之立去病好神。

呬肺氣訣

呬呬數多作生涎，胸膈煩滿上焦痰。
若有肝病急須呬，用之目下自安然。

呼脾氣訣

脾宫屬土號太倉，痰病行之勝藥方。
瀉痢腸鳴并吐水，急調呼字免成殃。

嘻三焦訣

三焦有病急須嘻，古聖留言最上醫。
若或通行去壅塞，不因此法又何知？

《遵生八牋・延年却病牋下・四季却病歌》 春嘘明目木扶肝，夏至呵心火自閑。
秋呬定政金肺潤，腎吹唯要坎中安。
三焦嘻却除煩熱，四季長呼脾化飡。
切忌出聲聞口耳，其功尤勝保神丹。

養心坐功法

時正坐，以兩手作拳，用力左右互相虛築，各六度，又以一手按腕上，一手向上拓空如重石。又以兩手相叉，以腳踏手中各五六度。能去心胸間風邪諸疾。關氣爲之良久，閉目三嚥，三叩齒而止。

養肝坐功法

時正坐，以手兩相重，按胜下，徐捩身，左右各三五度。又以兩手拽相叉，翻覆向胸三五度。此能去肝家積聚，風邪毒氣，餘如上。

養膽坐功法

時平坐，令兩腳掌，昂頭，以兩手挽腳腕起，搖動，爲之三五度。以兩手拓地，舉身努腰脊三五度。能去膽家之風毒邪氣。餘如上止。下同。

養脾坐功法

時大坐，伸一腳，屈一腳，以兩手向後反掣，各三五度。又行跪坐，以兩手據地，回頭用力虎視，各三五度。能去脾藏積聚、風邪，喜食。

養肺坐功法

時正坐，以兩手處地，縮身曲脊，向上三舉。去肺家風邪積勞。又行反拳搥脊上，左右各三五度。此法去胸臆間風毒，閉氣爲之良久，閉目嚥液，三叩齒爲止。

養腎功坐法

時正坐，以兩手止從耳左右引脇三五度。可挽臂向空拋射，左右同，緩身三五度。更以足前後踰，左右各十數度。能去腰腎膀胱間風邪、積聚。餘如上法。

凡欲修養，須浄室焚香，順溫凉之宜，明燥濕之候。每夜半後生炁時，或五更睡覺，先呵出腹内濁氣，或一、九止，或五六止，定心閉目，叩齒至十六通，以集心神。然後手拇指背拭目大小眥九過，兼按鼻左右七過。以兩手摩令極熱，閉口鼻氣，然後摩面，不計遍數，爲真人起居法。次以舌拄上腭，漱口中内外津液滿口，作三嚥下，令入胃中存，胃神承之。如此作爲，是三度九嚥，庶得灌溉五臟，光澤面目，極有效驗，不可輕忽。余意六字之法，某藏有病，當以某字治之，否則不必俱行，恐傷無病之藏，當酌量以行可也。然呵字一法，心藏熱者，秋冬睡醒，當呵出三五口，以去五臟壅氣，此又不可廢者。

《赤鳳髓・神仙導引却病勢》 偓佺飛行逐走馬　治赤白痢疾。用托布勢行功，向左運氣九口，轉身向右運氣九口。

黃石公受履　坐定，舒而腳，兩手按兩大腿跟。用意存想，運氣一十二口。

籛鏗觀井　治腰腿疼。立住，而手握拳，如鞠躬勢到地，沉沉起身，雙舉起過頂，閉口，鼻內微微放氣三四口。

嘯父市上補履　治精脈不存。坐舒兩腿，手攀左腳心，施功運氣，左三口右四口，故爲散而不走。

邛疏寢石　收精法。其法當精走之時，以左手指掩右鼻右手於尾閭穴截住精氣，運六口而精自回矣。

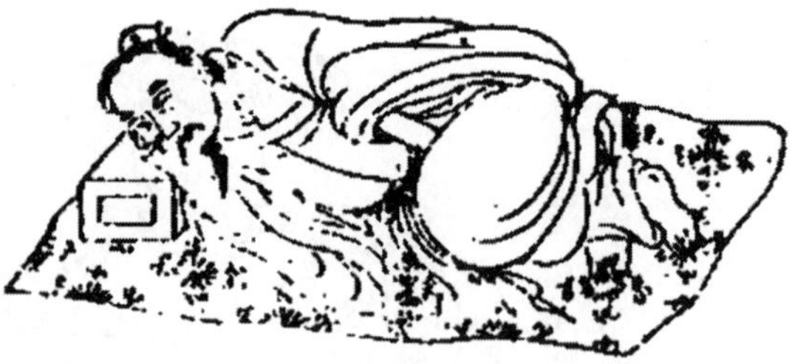

接輿狂歌　治腰疼。立住，用右手扶牆，左手下垂，右腳登舒，運氣一十八口，左右亦如之。

涓子垂釣荷澤　專治久癥。以身端坐，左拳撐左脇，右手按石膝，專心存想，運氣於病處，左六口右六口。

容成公靜守谷神　治頭暈。咬牙閉氣，用兩手按耳後，撣天鼓三十六指，叩齒三十六通，名曰鳴天鼓。

莊周蝴蝶夢　治夢泄遺精。仰臥，右手枕頭，左手用功，左腿直舒，右腿拳縮，存想運氣二十四口。

東方朔積官舍　雙手拿風雷，專治混腦沙及頭風疼不止者。以兩手抱耳連後腦。運氣一十二口，行功十二次。

寇先鼓琴　治頭疼及諸風與血脈不通。兩手按膝，向左扭項扭背，運氣一十二口，右亦如之，名搖天柱。

修羊公臥石榻　治四時傷寒。側臥屈膝，以手擦熱，抱陰及囊，運氣二十四口。

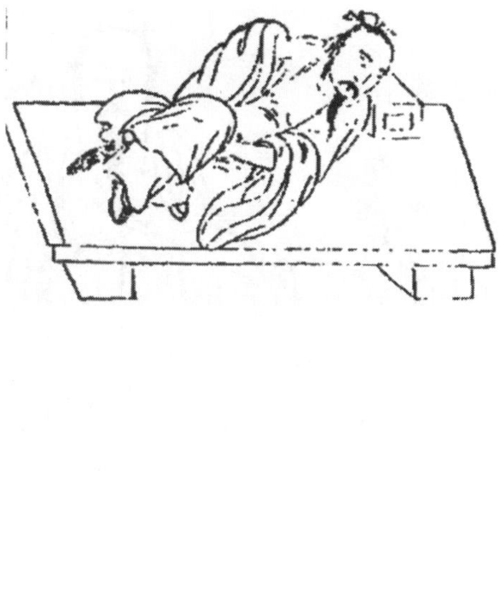

王子晉吹笙　任脈通，百病消除。以身端坐，兩手挪拿胸傍二穴，如此九次，運氣九口。

鍾離雲房摩腎　治腎堂虛冷，腰疼腿痛。端坐，兩手擦熱向背後，拳雙摩精門，運氣二十四口。

東華帝君倚杖　治腰背疼。端立以手拄杖，項腰左右運轉氣十八口，一氣運三遍，用膝拂地擺。

山圖折腳　專治夜夢遺精。坐舒兩腳，用兩手攀腳心，行功運氣九口。

許旌陽飛劍斬妖　治一切心疼。丁字步立，右手揚起，扭身左視，左手於後，運氣九口。

魏伯陽談道　治背膊疼痛。以身高坐，右腿舒，左腿彎，左手舉，右手磨腹，行功運氣一十二口。

子主披髮鼓琴　調理血脈，上治三焦不和，眼目昏花，虛弱。以身端坐，先用手擦熱抹腳心，手按兩膝端坐，開口呵氣九口。

故嫗泣拜文賓　治腰疼。立住，鞠躬低頭，手與腳尖齊，運氣二十四口，名烏龍擺尾。

服閭瞑目　治肚腹疼痛，不能養精。以身端坐，兩手抱臍下，行功運氣四十九口。

陶成公騎龍　治胸膈膨悶，以左手向左，右亦隨之，頭向右扭，以右手向右，左亦隨之，頭向左扭，運氣左九口右九口。

谷春坐縣門　治一切雜病。以身端坐。兩手按膝，左右扭身，運氣一十四口。

謝自然趺簾泛海　治疲症。用兩拳主兩脇，與心齊用力，存想行功，運氣左二十四口，右亦如之。

宋玄白臥雪　治五穀不消，仰面直臥，兩手在胸并肚腹上往來行功，翻江攪海，運氣六口。

馬自然醉墮霅溪　以肚腹著地，兩手向後往上舉，兩腳亦往上舉，運氣一十二口，亦治攪腸沙。

玄俗形無影　以身端坐，用兩手擦腳心，運氣二十四口，右腳亦然。

負局先生磨鏡　治遍身疼痛。以身端坐，直舒兩腳，兩手握拳，運身向前運氣一十二口。

呂純陽行氣　治背膊疼痛。立住，左手舒，右手捏膊肚，運氣二十二口，右手亦然。

和子入山尋犬　治左癱右瘓。以手左指右視，運氣二十四口，以手右指左視，運氣二十四口。

裴玄靜駕霧昇天　治小腸虛冷疼痛。以身臨坐擦丹田行功，運氣四十九口。

何仙姑簪花　兩手抱頭，端坐行功，運氣一十七口。

韓湘子存氣　治血氣衰敗。先以兩手擦目，用兩手拄定兩脇行功，其氣上昇，運氣二十四口。

曹國舅撫雲陽板　治癱瘓，以身高坐左腳彎圈，右腳斜舒，兩手左舉右視，運氣二十四口，右亦如之。

侯道玄望定設拜　治前後心疼，八字立定，低頭於胸前；兩手抄腹下，用功行氣一十七口。

玄真子嘯咏坐席浮水　治肚腹虛腫。以身端坐，兩手托天，運氣上九口下九口。

許碏插花滿頭　治肚膨脹，遍身疼痛。以身立住，用兩手托天，腳跟向地，緊撮谷道，運氣九口。

劉海戲蟾　治遍身拘束疼痛，時氣傷寒。立住，左腳向前，握兩拳，運氣一十二口，右腳亦然。

白玉蟾運氣　以兩手按肩，用目左視，運氣一十二口。治胸腹虛飽。

藍采和行歌城市　治氣不通。立定用功，如左邊氣脈不通，左手行功，意在左邊，舉左手運氣，右邊亦然。

陵陽子明垂釣　治腰腿疼痛。坐舒兩腳，兩手向前，舉足徐來往行功，運氣一十九口。

鄔通微靜坐默持　治久病黃腫。以兩手按膝施功，存想閉息，周流運氣四十九口，如此則氣通血融，而病自除矣。

子英捕魚　治血脈不和。立用打蛇勢，手腳俱要交叉，左右行功，左行氣一十二口，右亦如之。

陳希夷熟睡華山　治色癆。頭枕右手，左拳在腹，上下往來擦磨，右腿在下微捲，左腿壓右腿在其下，存想調息習睡，敗氣三十二口在腹。如此運氣一十二口，久而行之，病自痊。

金可記焚香靜坐　治絞腸沙痛不可忍。以身端坐，用兩手攀膝，齊抱左右，登板九數，運氣二十四口。

戚逍遙獨坐　專治久癖。以身端坐，用兩手摩兩脇并患處，行功運氣三十二口。

《逍遙子導引訣・夢失封金櫃》慾動則火熾，火熾則神疲，神疲則精滑而夢失也。寤寐時調息思神，以左手搓臍二七，右手亦然。復以兩手搓脇腹，擺搖七次，嚥氣納於丹田，握固良久迺止，屈足側卧，永無走失。逍遙子云：精滑神疲慾火攻，夢中遺失致傷生。搓摩有法君須記，絶慾除貪是上乘。

《逍遙子導引訣・鼓呵消積聚》有因食而積者，有因氣而積者，久則脾胃受傷，醫藥難治。孰若節飲食，戒嗔怒，不使有積聚爲妙。患者當升身閉息，鼓動胸腹，俟其氣滿，緩緩呵出。如此行五七次，便得通快，卽止。逍遙子云：氣滯脾虛食不消，胸中膨悶最難調。徐徐呵鼓潛通泰，疾退身安莫久勞。

《逍遙子導引訣・叩齒牙無疾》齒之有疾，乃脾胃之火薰蒸。侵晨睡醒時，叩齒三十六通。以舌攪牙齦之上，不論遍數，津液滿口，方可嚥下，每作三次乃止。及凡小解之時閉口，緊叩其齒，解畢方開，永無齒疾。逍遙子云：熱極風生齒不寧，侵晨叩齒自惺惺。若教運用無睽隔，還許他年老復丁。

《逍遙子導引訣・運睛除眼翳》傷熱傷氣，肝虛腎虛，則眼昏生翳。日久不治，盲瞎必矣。每日睡起時趺坐，凝息塞兌垂簾，將雙目輪轉十四次，緊閉少時，忽然大睜。行久不替，內障外翳自散。切忌色慾，並書細字。逍遙子云：喜怒傷神目不明，垂簾塞兌養元精。精生氣化神來復，五內陰魔盡失驚。

《逍遙子導引訣・掩耳去頭旋》邪風入腦，虛火上攻，則頭目昏旋，偏正作痛，久則中風不語，半身不遂，亦由此致。治之須靜坐升身，閉息，以兩手掩耳，折頭五七次。存想元神逆上泥丸以逐其邪，自然風邪散去。逍遙子云：視聽無聞意在心，神從髓海逐邪氣。更兼精氣無虛耗，可學蓬萊境上人。

《逍遙子導引訣・托踏應輕骨》四肢亦欲得小勞，譬如戶樞終不朽。熊經鳥伸，吐納導引，皆養生之用也。平時雙手上托如舉大石，兩腳前踏，如履平地。存想神氣，依按四時噓呵二七次，則身健體輕，足耐寒暑。逍遙子云：精氣沖和五臟安，四肢完固骨強堅。雖然未得刀圭餌，且住人間作地僊。

《逍遙子導引訣・閉摩通滯氣》氣滯則痛，血滯則腫。滯之爲患，不可不慎。治之須澄心閉息，以左手摩滯七七遍，右手亦然，復以津塗之。勤行七日，則氣通血暢，永無凝滯之患。修養家所謂乾沐浴者，即此義也。逍遙子云：榮衛流行不暫休，一絲凝滯便堪憂。誰知閉息能通暢，此外何須別討求。

《逍遙子導引訣・搓塗自美顔》顔色憔悴，良由心思過度，勞碌不謹。每晨靜坐閉目，凝神存養，神氣沖澹，自內達外。兩手搓熱，拂面七次。仍以嗽津塗面，搓佛數次。行之半月則皮膚光潤，容顔悅澤，大過尋常矣。逍遙子云：慾寡心虛氣血盈，自然五臟得和平。衰顔仗此增光澤，不羨人間五等榮。

《三才圖會》叩齒集神法　叩齒集神三十六，兩手抱崑崙，雙手擊天鼓二十四。右法先須閉目冥心，盤坐握固，靜思。然後叩齒集神，次叉兩手向項後數九聲，勿令耳聞，乃移手各掩耳，以第二指壓中指，擊彈腦後，左右各二十四次。

搖天柱法　左右手搖天柱，各二十四。

右法先須握固，乃搖頭左右顧，肩膊隨動二十四。

舌攪漱咽法　左右舌攪上三十六，漱三十六，分作三口，如硬物嚥之，然後方得行火。

右法以舌攪口齒，并左右頰，待津液生方漱之，至滿口方嚥之。

摩腎堂法　兩手摩腎堂三十六，以數多更妙。

右法閉氣搓手令熱後，摩腎堂如數，畢。仍收手握固，再閉氣，想用心火下燒丹田，覺熱極即止。

單關轆轤法　左右單關轆轤三十六。

右法，須俯首擺撼左肩三十六次，右肩亦三十六次。

雙關轆轤法　雙關轆轤三十六

右法兩肩并，擺撼至三十六數，想火自丹田透雙關，入腦戶，鼻引清氣，後伸兩腳。

托天按頂法　兩手相搓，當呵五，呵後叉手托天，按頂各九次。

鉤扳法　以兩手如鉤，向前扳雙腳心十二，再收足端坐。

右法：以兩手向前，扳腳心十二次，乃收足端坐，候口中津液生，再漱再吞，一如前數。擺肩並身二十四，及再轉轆轤二十四次，想丹田火自下而上，遍燒身體。想時，口鼻皆須閉氣少頃。

《删補頤生微論・附修攝法二十五條》　桑榆子曰：精化爲氣，氣化而神集焉。元氣充滿，神必備矣。憂患動中，則知見因而暫虧，蓋氣權有不至者耳。故曰：神能御氣，則鼻不失息。譚紫霄曰：神猶母也，氣猶子也。以神召氣，如以母召子。劉赤腳云：神氣如子母相親，只爲塵情間隔，若去了一分塵情，即有一分升降。

後天氣與先天氣同出而異名。先天絪緼於無形，後天有形而可見，其實一而已矣。故曰：采先天、煉後天，相制化，作神僊。善養氣者，行欲徐而穩，立欲定而恭，坐欲端而直，聲欲低而和，使此身常在太和元氣中，久久自有聖賢氣象。

呼吸有聲者，風也，非息也，守風則散。雖無聲而鼻中澀滯者，喘也，非息也，守喘則結。不聲不滯而往來有迹者，氣也，非息也，守氣則勞。所謂息者，不出不入之義，綿綿密密，若存若亡，心不着境，無我無人，更有何息可調？至此則神自返，息自定，心息相依，水火相媾，息息歸根，金丹之母。丘長春云：息有一毫之未定，命非己有。

人身之血，百骸貫通，及慾事既作，撮一身之血至於命門，化精以泄。夫精者，神倚之，如魚得水；氣依之，如霧覆淵。不知節嗇，則百脈枯槁。交接必損腎，外雖不泄，精已離宮，定有真精數點隨陽之痿而溢出。如火之有煙焰，豈能復返於薪哉？

腎中陽氣，至子而生。夜半子時，披衣起坐，兩手搓熱，一手兜外腎，一手掩臍而凝神於內腎。久久習之，而精旺矣。

《金丹秘訣》曰：一擦一兜，左右換手，九九之數，真陽不走。戌亥二時，陰旺陽衰之候，一手兜外腎，一手擦臍下，左右換手，各擦八十一。半月精固，久而彌佳。

張成之曰：臥時坐於床，垂足，解衣，閉息。舌拄上腭，目視頂門，提縮谷道。兩手擦兩腎腧，各一百二十，多多益善。極能生精固陽，治腰痛。

每上床時，兩足赤肉，更番用一手握足，一手摩湧泉，多至千數，少亦百餘。能固真去濕。

十六字訣曰：一吸便提，氣氣歸臍。一提便嚥，水火相見。不拘行住坐臥，舌攪華池，抵拄上腭，滿口津生，嚥下谷谷有聲。隨於鼻中吸清氣一口，以意目力送至臍下一寸三分，略存一存，謂之一吸。隨將下部輕輕如忍便狀，以意目力提起，上夾脊雙關，直至玉枕，透入泥丸，謂之一呼。周而復始，嚥時有津固妙，無津亦谷谷然嚥之，不拘多寡，只要每日毋間。久行精神強旺，百病不生，入房即有採補之功。

六字訣曰：自子至巳六陽時，面向東方，勿閉窗戶，又忌風入。解帶正坐，叩齒四九，攪口中濁津，漱煉二三百。候成清水，即低頭谷谷嚥下，送至丹田，開口念呵字，以吐心中毒氣。念時耳不得聞呵字聲，聞即氣粗，反損心氣。念畢，仰頭閉口，將鼻徐吸清氣以補心氣，吸時亦不得聞吸聲，但呵時令短，吸時令長。如是六次，則心毒散而心元復矣。依此式念呼字治脾，呬字治肺，嘘字治肝，嘻字治膽，吹字治腎，並各六次，是謂小周。

《黄素四十四方經》云：夜寢欲合眼時，以手撫心三過，閉目微祝曰：太靈九宮，太乙守房，百神參位，魂魄和同，長生不死，塞滅邪兇。此隱寢魂之法，常能行之，魂魄安寧。

身中三屍，常以庚申日録人罪過，奏聞上帝，減人禄命。每遇庚申，徹夜不臥，三屍不得上奏。上屍名彭居，中屍名彭質，下屍名彭矯。臥時叩齒三七，左手撫心，呼三屍名，令不敢爲害。

患停滯者，閉息納氣，猛送下，鼓動胸腹，兩手作挽弓狀，氣極滿，緩緩呵出，五七通，快即止。

患感冒者，盤足端坐，兩手緊兜外腎，閉息存氣，自尾閭上夾脊，透泥丸，

逐其邪氣，低頭屈抑如禮拜狀，得汗爲度。

患齒疾者，晨醒扣齒四九，納氣三口，每口呼去脾毒。食後必漱潔，小解必緊咬，永無齒疾。

患目昏者，靜坐閉息，垂簾塞兑，兩目輪左轉七遍，右轉七遍。緊閉少時，忽大睜開。

患頭眩者，靜坐閉息，兩手掩耳，折頭五七次，存想元神逆上泥丸，風邪自散。

心靜則神悦，神悦則福生。人能化毒性以救死，養喜神以延生，必去身災，兼除人患。

精欲漏時，提氣守泥丸，或微呵一二次，勿使心氣下從。雖有走漏，可無大傷。切勿子後行房，陽方生而頓滅之，一度傷於百度。

食飽徐行，摸腹解帶，伸腰，使食下舒，方可就坐。飽坐發痔。食後曲胸而坐，必病中滿。怒後勿食，食後忽怒。醉後勿飲冷，飽餘勿便卧。

髮宜多梳，面宜多擦，胸宜常護，目宜常運，耳宜常凝，口宜常閉，齒宜常扣，氣宜常提，津宜常嚥，濁宜常呼，背宜常煖，腹宜常摩，囊宜常裹，肢節宜常搖動，皮膚宜常乾沐。

孫真人曰：大怒交合成癰疽。疲勞入房，虛損少子。身體常欲小勞，流水不腐，戶樞不朽，運動故也。常當內視五臟，了了分明。勿食一切腦子，損人。忍小便，膝冷成痳。忍大便，乃成氣痔。着濕衣、汗衣，令人生瘡。頭勿向北卧，頭邊勿安火爐。夜卧魂魘，勿燃燈喚之，亦勿近身急喚。惡夢不可說，蚤起含水向東噴之，咒曰：惡夢着草木，好夢成寶玉。凡在家及出行，逢疾風暴雨，震雷昏霧，皆有惡神經過，宜入室閉戶，靜坐焚香，過後乃出，方不損人。

卻病十法　心如木石，觀四大假合，一也。煩惱現前，以死譬之，二也。常將不如我者，巧自寬慰，三也。造物勞我以生，遇病卻閒，反生慶幸，四也。痛苦不適，宿業難逃，惟歡喜領受，五也。室家和睦，無交謫之言，六也。衆生各有病根，常自觀察克治，七也。風露嚴防，嗜慾淡薄，八也。飲食寧節毋多，起居務適毋強，九也。高人良友講開懷出世之談，十也。

病有十不治　恣縱惱淫，不自珍重，一也。窘若拘囚，無瀟灑趣，二也。怨天尤人，廣生懊惱，三也。今日豫愁明日，一年常計百慮，四也。室家聒噪，動成荆棘，五也。聽信禱賽，廣行殺戮，六也。寢興不適，飲食無度，七也。諱疾忌醫，攻補妄投，八也。過服湯藥，蕩滌腸胃，九也。以死爲苦，難割難捨，十也。

《延年九轉法·導引》　第一圖　以兩手中三指按心窩，由左順摩圓轉二十一次。

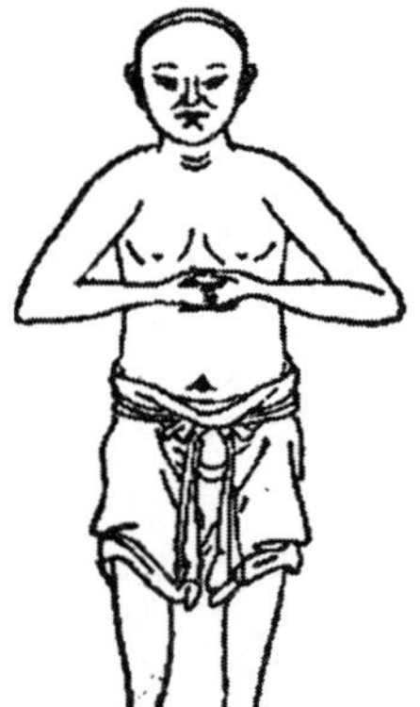

第二圖　以兩手中三指，由心窩順摩而下，且摩且走，摩至臍下高骨爲度。

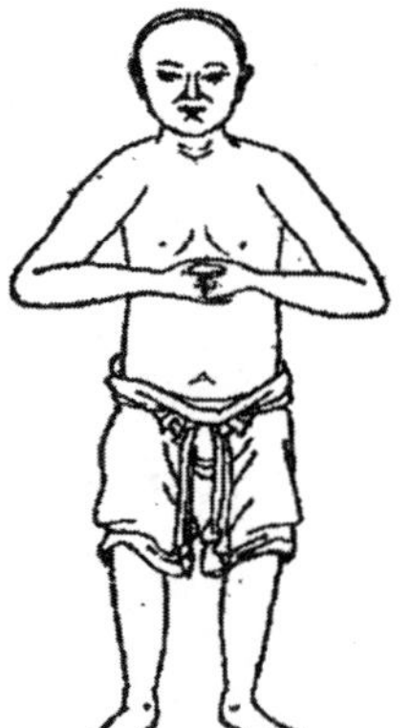

第三圖　以兩手中三指，由高骨處向兩邊分摩而上，且摩且走，摩至心窩兩手交接爲度。

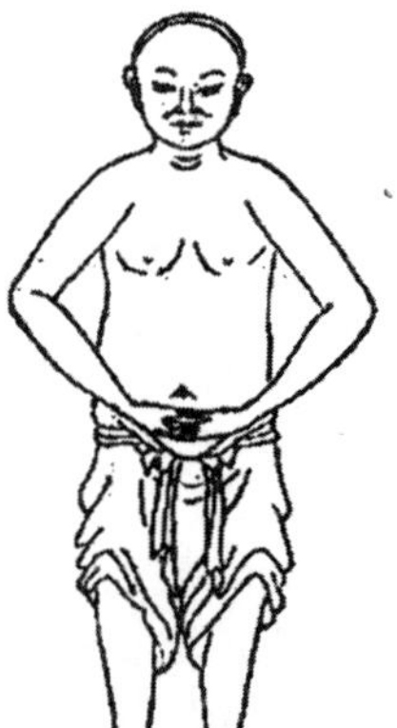

第四圖　以兩手中三指，由心窩向下，直推至高骨二十一次。

第五圖　以右手由左繞摩臍腹二十一次。

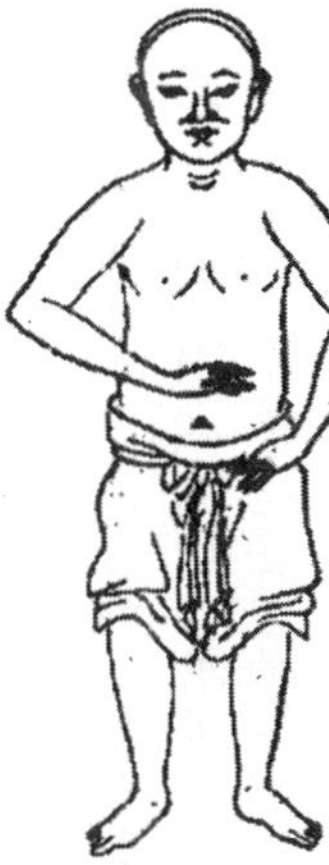

第六圖　以左手由右繞摩臍腹二十一次。

第七圖　以左手將左邊軟肋下腰腎處，大指向前，四指托後，輕捏定，用右手中三指自左乳直推至腿夾二十一次。

第八圖　以右手將右邊軟肋下腰腎處，大指向前，四指托後，輕捏定，用左手中三指，自右乳下直推至腿夾二十一次。

第九圖　推畢，遂趺坐，以兩手大指押子紋，四指拳屈，分按兩膝上，兩足十指亦稍鉤曲，將胸自左轉前，由右歸後，搖轉二十一次。畢，又照前自右搖轉二十一次。前法如搖身向左，即將胸肩搖出左膝，向前，即搖伏膝上，向右，即搖出右膝，向前，即弓腰後撤。總以搖轉滿足爲妙，不可急搖，休使著力。

《老老恒言・導引》　導引之法甚多，如八段錦、華陀五禽戲、娑羅門十二法、天竺按摩訣之類，不過宣暢氣血，展舒筋骸，有益無損。茲擇老年易行者附於左，分臥功、立功、坐功三項。至於叩齒嚥津，任意爲之可也。修煉家有納氣通三關結胎成丹之說，乃屬左道，毋惑！

仰臥，伸兩足，竪足趾，伸兩臂，伸十指，俱著力向下，左右連身牽動數遍。

仰臥，伸左足，以右足屈向前，兩手用力攀至左，及脇，攀左足同，輪流行。

仰臥，竪兩膝，膝頭相並，兩足向外，以左右手各攀左右足，着力向外數遍。

仰臥，伸左足，竪右膝，兩手兜住右足底，用力向上，膝頭至胸，兜左足同，輪流行。

仰卧，伸兩足，兩手握大拇指，首著枕，兩肘着席，微舉腰搖動數遍。

正立，兩手叉向後，舉左足空掉數遍，掉右足同，輪流行。

正立，仰面昂胸，伸直兩臂，向前，開掌相並，擡起，如擡重物，高及首，數遍。

正立，横伸兩臂，左右托開，手握大拇指，宛轉順逆搖動，不計遍。

正立，兩臂垂向前，近腹，手握大拇指，如提百鈞重物，左右肩俱聳動，數遍。

正立，開掌，一臂挺直向上，如托重物，一臂挺直向下，如壓重物，左右手輪流行。

趺坐，擦熱兩掌，作洗面狀，眼眶鼻梁耳根，各處周到，面覺微熱爲度。

趺坐，伸腰，兩手置膝，以目隨頭左右瞻顧，如搖頭狀，數十遍。

趺坐，伸腰，兩臂用力，作挽硬弓勢，左右臂輪流互行之。

趺坐，伸腰，兩手仰掌，挺肘用力，齊向上，如托百鈞重物，數遍。

趺坐，伸腰，兩手握大拇指作拳，向前用力，作搥物狀，數遍。

趺坐，兩手握大拇指向後托實坐處，微舉臀，以腰擺搖數遍。

趺坐，伸腰，兩手置膝，以腰前紐後紐，復左側右側，全身著力，互行之，不計遍。

趺坐，伸腰，兩手開掌，十指相叉，肉肘拱起，掌按胸前，反掌推出，正掌挽來，數遍。

趺坐，兩手握大拇指作拳，反復搥背及腰，又向前左右交搥臂及腿，取快而止。

趺坐，兩手按膝，左右肩，前後交紐，如轉轆轤，令骨節俱響，背覺微熱爲度。

凡行動功，俱要閉息撮穀道。行畢，漱津分作三咽，即以目返視，送入混海丹田中。如此行持，晝夜無間，三七日即見神效，自然神水上昇，心火下降，回風混合，陽長陰消。此即洗心退藏工，夫火裏藏龍，水中伏虎之徵也。

《延齡纂要・卻病調體外動》 靜性存神　塞口垂簾緊齒根，緊提穀道緊收臀。兼之拳緊平身坐，十六調體此獨尊。

存安也塞口，不語而口靜矣。簾，眼睫也垂簾閉睛不視，而眼靜矣。然齒根不合緊，則骨氣不立。臀不撮緊，則穀道鬆，而勁力不上豎，拇力不上送，兼之緊拳，則收斂渾身。而修養雖有十六法，要緊尤莫先於此耳。朱子《童家訓》云：一身有三緊，頭緊、腰緊、腳緊，此以冠帶與履而言也。及觀修生之道，在初行復除散上声慢，正所謂靜斂收束，即實外功，以爲內計也。信乎，制之於外，亦正養之於中也。

鼓蕩周身　東曉起床叩齒行，遍行四九叩復輕。叩兼天柱先螺掩，營衛俱通廣其心。

天柱有南天柱兩耳後玉枕骨，北天柱兩腳下螺掩骨，中天柱兩手高骨北要坐定令兩足合叩之，南以兩手屈中指叩之，中以左右手屈食指叩之各三次，則通身骨節惺豁，而氣行不滯。且叩螺掩，痛感髓應而神相注，叩齒原復晨早，復叩四九之數，輕叩則固齦而免胃火蓄痛，牙血等病也。

耳鼓發聲　掩耳而鳴發耳鼓，聲聲響徹玉枕關。一先一後共四八，風池腦後邪氣刪。

搓熱而手掌掩兩耳，以食指與中指二指挨疊，作力開放，彈响腦後，要如擊鼓之聲。左右各二十四度，兩手同彈，一先一後，共四十八聲，仍放手握固，除風池耳後陷中頭腦邪氣。

滿面春色　熱擦美容擦手臀，急將熱掌似紅顏。能乘東曉隨行此，鶴髮童面淨六根。耳、目、口、鼻、手、足。

頭面爲諸陽之首，手掌備四時五行之精。合掌搓熱擦面二十四次，復左辰早未洗濯手面之時，取亥子二時所蓄聚之元氣，存在十指掌心，並蘊諸陽之元氣於面也，且能美容并爲鬚黑髮。且慢開眼，先將兩手大指背屈節於手掌中擦極熱，隨左右手指左右眼皮上各九數，仍閉目暗用眼珠輪轉向左右九轉，大除風熱，永無目疾。

玉液灌溉洗心退藏　鵲橋攪水鼓三六，龍雷火發切莫停。潛藏命田還歸源，心腎既濟全汝形。

鵲橋即舌，閉口一連三咽尚無津液，謂之雲行。以舌舐上腭，又攪滿口內上下兩旁，使水津自生，鼓漱於口中三十六次，再復咽其津液，分作三次，謂之兩施。要汩汩有聲吞下，如微雷鳴，心頭想，目暗看所吞津液，直送到臍下丹田，回通祖竅，火隨津下，使龍雷火仍歸命田，心腎離坎之火，得既濟之妙用，正所謂水升火降，神氣日旺。五臟均得灌溉者，華池水乃一身之元氣流出。修真之要，第一先貴在於煉津。若夫氣即火也，火居命門兩

腰之中，真氣存馬。所以兩腰屬腎水而爲之輔制，水適虧缺，命火爍上，是謂水不能濟火矣。所以天無此火不能以生萬物，人無此火亦不能有生，是謂無陽；地無此水不能以育萬物，人無此水亦不能以制其火，是謂賴焉。所以內傷水竭火亦竭者，漸漸有種泄均至者，水火皆絶矣，死期立至。嚥津兼能降火，蓋君火心火也，腎火相火也。君火者有形之火，在天爲日，在人爲心。相火者無形之火，在天爲龍雷，在人寄腎中，恒得既濟之水，全體賴焉。所以內傷咽爛骨蒸，皆由水竭火燥，脈數八九十至者，制化之源先絶，及到龍雷之火畢發，欲來制化之方，無門可求。故內傷火氣微微上薰而咽乾燥，常攪華池津液水下之，火氣亦隨水而下退，故先於火將來時，恒以意抑之，勿使上升。抑之者如咽食物狀，運咽數咽，以神意送至丹田，龍雷之火暫安其位，病不治而自愈。所以真陰真陽之用，莫若水火補坎填離，水火自交媾矣。嚥津令水升火降，何者？陽氣是火，陰精是水，火煆水自消，故溫養仗氣與津，火燥則沃以神水，火冷則助以真氣，是謂文火，溫養之火候，亦是胎息之妙旨也。

升清降濁　昆崙極峻履難至，攀桂手段任我之。不畏艱難着天步，霧露冲霄不容施。

崑崙者，腦頂也。以兩手指交叉抱上頭蓋腦頂，記算鼻息出入各九次，以兩目徘徊上視，神意想象其間，以兩腳跟作八字式，一尺五寸潤春地。令氣升腦頂，除胸膈邪氣，且去頭眩。

水升火降　聽下重樓百惱侵，脢晨不動好箴心。掉頭擺卻心頭火，手抱甑山紫氣臨。

《易》曰：咸其脢，脢乃背脊不動之處，而心繫焉。兩耳根竅由此通心，則煩惱自此以感也。鐵拐謂心如脢之不動不感，方可以學道。是法脢乃所以箴心也，耳根進重樓有系通含心，多致惱心之誘，每晨抱頭擺着數次，乃所以擺去心頭火也。其義極爲精妙，至於甑山，即腦頂也。

驅邪岩穴　崇邪深藏醫可瞭，膏肓妙處神難除。渡盡蓬來弱水境，鶴翅一舉不容居。

膏肓在背第四椎下脊兩旁各二寸，邪居此地，藥力所不到，惟搖擺兩肩左右各二十四次，便能除脾胃積氣及背痛之妙訣也。

白鶴搔養　心胞兩肩欲疏邪，拜禮十二手足迓。左右前後不同班，低頭相見不可嗟。

平坐，以兩手向所伸兩腳底着力攀之，頭低如拜禮狀十二次，仍收手握固。徐步散行，左足前踏，左手擺向前，右手擺向後，右足前踏，手亦右前左後。除兩肩邪，并心胞絡間邪。

運除積邪　左右轆轤轉入虛，腰脇邪旋不容居。拾物無形頻視地，心肝淫積自滌除。

曲灣兩手，先以左手連肩圓轉三十六次，如手絞水車形狀，右手亦如之。此單轉轆轤法，則除腰脇間邪。又以兩手如拾物狀，離地八寸計，縮身曲脊向上十二舉，除心肝二經積邪。

生精回陽　欲鎖元陽先除邪，精氣在掌恍似熊。負嵎拱背名虎視，血脈統會總無窮。

坐定以鼻吸氣閉之，用兩掌相搓極熱，摩腰後兩邊腎腧穴處三十六次，仍放手握固。一面徐徐放氣從鼻出，除腎間邪。臨臥時坐於床，垂足解衣，仍閉息，舌抵上腭，目視腦頂，提縮穀道，如忍大便狀，又用兩手摩擦兩腎腧穴各一百二十次。能生精固陽，除腰痛，稀小便。又以兩手據床，縮身曲背拱脊，向上十三舉，除心肝邪。又以背相促，低身徐徐宛轉二十四次。又以兩手搓熱摩背脊之下，大便之上二十四次，統會一身之血氣，運之大有益，陰兩脇之邪，並療痔。又摩丹田，將左手托腎囊，右手摩丹田三十六次，然後轉換如前，溫腎補精，坤爐添炭。古云：養得丹田煖煖熱，此是神仙真妙訣。

左右開弓　左右操亏前後向，臂腋有邪不相需。一現疹丹恍似硃，四肢心胸風自驅。

竚立，兩手一直伸向前，一曲回向後，如挽五力弓狀，除臂腋邪。又以兩手握固，曲肘向後，頓掣七次，頸徐肘向左右扭，治身上火丹疙瘡。又以兩手相捉爲拳，搥臂膊及腰腿，又反手搥背上三十六次，又以兩手作拳，用力左右各虛築七次，除心胸四肢風邪。

一陽來復　踏破沉痾放舒伸，仰視浮雲間太虛。昆崙一望涯無際，萬象森列在怀中。

坐定平伸向前，兩手指相叉，反掌向上，先安所叉之手於頭頂，鼻吸清氣運至泥丸，然後以所叉之手作力上托，要如重石在手托上，腰身俱著力上聳，

手托上一次又放下，手安頭頂吸運，又托上如前，共九次。還精補腦則神不衰。

輕舟搖櫓　輕搖兩櫓舒舒蕩，慢行長江免溺厄。高灘淺水着力無，左篙一施右篙還。

先用兩腳左右搖擺二十四次，復以足左右着力伸縮二十四次，除足疾麻木，筋舒骨健。

坐運修行　貴擦湧泉卻風寒，手掌溫摩熱汨參。兩腳舒伸舒脈絡，復鈎梅指力歸跟。

腳心湧泉穴，蓋風濕所由而入者，每日能令手擦至熱止，可避風濕。復以兩腳踏地，曲鈎腳大指數次，可以除濕健步。又鈎腳大指，伸兩腳跟各伸縮七次，又左右用力交扭腳跟緊數，次卻股膝腫，并免轉筋麻木。

寒暑自遠　火藥天霆電邪魔，不敢親夢寐神明。靜寒暑自遠，經子後午前作，災病幾迷津。

當閉口鼻之氣，以心暗想運心頭之火下燒丹田，即臍下覺似有熱氣，仍放氣從鼻出。除丹田冷氣。又能想發火燒身，心想臍下丹田中時，口鼻皆閉氣，少頃似有熱氣如火，又閉，下氣如忍大便狀，將熱氣運至穀道，升上腰間背脊，後頸、腦後頭頂止，又閉氣從額上兩太陽耳根，兩面頭頂，至喉下心窩肚臍下丹田止，想似發火燒一身皆熱，以逐寒邪。

以上十六，外動功口訣，斯爲卻病之秘笈也。及閱傍門種種外道，於無甚緊要者，俱不録。

《延齡纂要・李真人長生十六字訣》　訣曰：一吸便提，氣氣歸臍。一提便咽，水火相見。茲十六字名曰十六金珠。二六時中，不拘行住坐卧，觸目飲吸光風霧月，清機流艷，物華天寶，分外香拂。意到便可行之，先吐濁氣數口，然後口中漱津，舌舐上腭，俟滿口津生，嚥下汩然有聲。隨以鼻吸清氣數次，以意目送至氣海丹田，略存一存，謂之一吸，又輕輕如忍小便狀，從下部用意力提起，使歸臍連及夾脊雙關，腎門一路提起，如龍夜間閃電，照灼海水揚波之狀，又如日出扶桑，海隅皆耀之景，步步昇鼎，直至後頂玉枕關，透入泥丸頂內，旋轉不次如太極在頂。良久，轉將頂上白氣分作三條，放下兩目、山根兩頤，謂之金液，仍送歸丹田，謂之一吸。從尾閭提氣上泥丸，謂之一呼。一呼一吸，謂之一息。吸至蒂從丹田，止呼至根從元牝止。氣既上昇，隨又如前旋轉，周而復始，漱津汩然有聲嚥下。鼻吸清氣五次，送至丹田，稍存一存，如前輕輕提上與臍相接而上，回顧元牝。所謂氣氣歸臍，息息歸源，壽與天齊。咽下有液更妙，無液亦要汩然有聲。如是一咽一提，或三五口，或七八口，或十餘口，隨時不問，方爲精進。瘋疾見效尤速，久行卻病，百疾不作，安健勝常。行之一年，永絕感冒，痞積，逆滯不和，癰疽瘡毒等積，耳目聰明，心力強記，宿積俱瘳，長生可望。如房事慾動，欲泄未泄之時，亦能以此提呼咽吸，運而使之歸於元海。

按：宜忌宜專，并吸舐撮閉，修真總囑云：凡行內靜功煉氣，恒少食葷、飲酒。靈明不閉，務復乘天氣晴和，明月清風。蝕晦風雨迅雷，霧露霜雪之天，在所必忌。床屋霉濕糞穢淫邪之氣，勿吸勿吞。高山流泉靜室峻樓，人跡罕至，意在必專。庶神明不亂，用力調息，精神魂魄意五者，混融聚於丹田、元牝，緜緜若存，則根深蒂固，壽無窮也。至於行外動功，隨時隨地可行，不必以此拘論。

《女丹要言》　婦女可以按摩之法用之，當早起靜坐一刻，以右手向內按定心左，一手在腹臍撫摩二十下，隨手摩至腰，一揉一拍，左手按心，右手撫摩，右手按心，左手撫摩，兩手在腰，一揉一拍，後再用兩手擦熱，面上一擦，兩手摩至兩耳，一按一彈，彈後隨揉，至兩肩一捻，運動津液嚥下，腰一伸立起，兩手一抄走數步，再出外做事可也。晚間亦如此做，照服丸

《內功圖說・分行外功訣》　心功

一、凡行功時，先必冥心，息思慮，絕情欲，以固守神氣。

身功

一、盤足坐時，宜以一足跟抵住腎囊根下，令精氣無漏。

一、垂足平坐，膝不可低，腎子不可著在所坐處。凡言平坐高坐，皆坐於榻椅上。

一、凡行功畢，起身，宜緩緩舒放手足，不可急起。

一、凡坐，宜平真其身，豎起脊梁，不可東倚西靠。

首功

一、兩手掩耳，即以第二指壓中指上，用第二指彈腦後兩骨作響聲，謂之鳴天鼓。卻風池邪氣。

一、兩手扭項，左右反顧，肩膊隨轉二十四次。除脾胃積邪。

一、兩手相叉，抱項後，面仰視，使手與項爭力。去肩痛目昏。爭力者，手著力向前，項即著力向後。

面功

一、用兩手相摩使熱，隨向面上高低處揩之，皆要周到。再以口中津唾於掌中，擦熱揩面多次。凡用兩手摩熱時，宜閉口鼻氣。摩之能令皺斑不生，顏色光潤。

耳功

一、耳宜按抑左右多數，謂以兩手按兩耳輪，一上一下摩擦之。所謂營治城郭，使人聽徹。

一平坐，伸一足，屈一足，橫伸兩手，直豎兩掌，向前若推門狀，扭頭項左右各顧七次。除耳鳴。

目功

一、每睡醒，且勿開目，用兩大指背相合擦熱，揩目十四次，仍閉住，暗輪轉眼珠，左右七次，緊閉少時，忽大睜開。能保鍊神光，永無目疾。一用大指背向掌心擦熱亦可。

一用大指背曲骨，重按兩眉旁小穴，三九二十七遍。又以手摩兩目顴上，及旋轉耳，行三十遍。又以手逆乘額，從兩眉間始，以入腦後髮際中，二十七遍，仍須嚥液無數。治耳目，能清明。

一、用手按目之近鼻兩眦，即眼角。閉氣按之，氣通即止。常行之能洞觀。

一、跪坐，以兩手據地，回頭用力視後面五次，謂之虛視。除胸臆風邪，亦去腎邪。地一作牀。

口功

一、凡行功時，必須閉口。

一、口中焦乾，口苦舌澀，嚥下無津，或吞唾喉痛，不能進食，乃熱也。宜大張口，呵氣十數次，鳴天鼓九次，以舌攪口內，嚥津，復呵復嚥，候口中清水生，即熱退臟涼。又或口中津液冷淡無味，心中汪汪，乃冷也。宜吹氣溫之，候口有味，即冷退臟煖。

一、每早口中微微呵出濁氣，隨以鼻吸清氣，嚥之。

一、凡睡時宜閉口，使真元不出，邪氣不入。

舌功

一、舌抵上腭，津液自生，再攪滿口，鼓漱三十六次，作三口吞之，要汩汩有聲在喉。謂之漱嚥，灌溉五臟，可常行之。

齒功

一、叩齒三十六遍，以集心神。

一、凡小便時，閉口緊咬牙齒。除齒痛。

鼻功

一、兩手大指背擦熱，揩鼻三十六次。能潤肺。

一、視鼻端，默數出入息。

一、每晚覆身卧，暫去枕，從膝彎反豎兩足向上，以鼻吸納清氣四次，又以鼻出氣四次，氣出極力後，令微氣再入鼻中，收納。能除身熱背痛。

手功

一、兩手相叉，虛空托天，按頂二十四次。除胸膈邪。

一、兩手一直伸向前，一曲回向後，如挽五石弓狀。除臂腋邪。

一、兩手相捉爲拳，搥臂膊及腰腿，又反手槌背上各三十六次。去四肢胸臆邪。

一、兩手握固，曲肘向後，頓掣七次，頭隨手向左右扭。治身上火丹疙瘩。

一、兩手作拳，用力左右虛築七次。除心胸風邪。

足功

一、正坐伸足，低頭如禮拜狀，以兩手用力攀足心十二次。去心包絡邪。

一、高坐垂足，將兩足跟相對扭向外，復將兩足尖相對扭向內，各二十四遍。除兩腳風氣。

一、盤坐，以一手捉腳指，以一手揩腳心湧泉穴，濕風皆從此出。至熱止，後以腳指畧動轉數次。除濕熱健步。

一兩手向後據牀，跪坐一足，將一足用力伸縮，各七次，左右交換。治股膝腫。

一、徐行，手握固，左足前踏，左手擺向前，右手擺向後。右足前踏，手右前左後。除兩肩邪。

肩功

一、兩肩連手左右輪轉，爲轉轆轤，各二十四次。先左轉後右轉，曰單轆轤。左右同轉，曰雙轆轤。

一、調息神思，以左手擦臍十四遍，右手亦然。復以兩手如數擦脇，連肩

擺搖七次，嚥氣納於丹田，握固兩手，復屈足側卧。能免夢遺。

背功

一、兩手據牀，縮身曲背，拱脊向上十三舉。除心、肝邪。

腹功

一、兩手摩腹，移行百步。除食滯。

一、閉息，存想丹田火自下而上，遍燒其體。

腰功

一、兩手握固，拄兩脇肋，擺搖兩肩二十四次。除腰肋痛，並去風邪。

一、兩手擦熱，以鼻吸清氣，徐徐從鼻放出，用兩熱手擦精門。即背下腰軟處。

腎功

一、用手兜裹外腎兩子，一手擦下丹田，左右換手，各八十一遍。訣云：一擦一兜，左右換手。九九之數，其陽不走。

一、臨睡時坐於牀，垂足解衣。閉息，舌抵上腭，目視頂門，提縮穀道，如忍大便狀。兩手摩擦兩腎腧穴，各一百二十次。能生精固陽，除腰痛，稀小便。

以上分列各條，隨人何處有患，即擇何條行之，或預防無患之先者，亦隨人擇取焉。大抵世人以經營職業者，既不暇行；倚恃壯盛者，又不肯行；直至體氣衰憊，終不及行，爲可惜也。

內功正面圖

內功背面圖

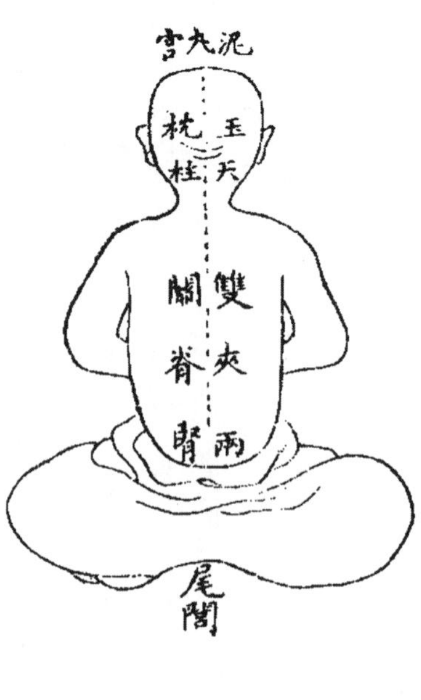

前列按摩導引之既行之於外矣，血脈俱已流暢，肢體無不堅強。再能調和氣息，運而使之降於氣海，升於泥丸，則氣和而神靜，水火有既濟之功，方是全修真養。其他玄門服氣之術，非有真傳口授，反無益而有損。今擇其無損有益之調息及黃河逆流二訣，隨時隨地可行，以助內功，附録於右。

此爲分行外功者指出內功，知所選擇，其實已備十二段中。每日於暇時，不必拘定子午，擇一片刻之間，使心靜神閒，盤足坐定，寬解衣帶，平直其身，兩手握固，閉目合口，精專一念，兩目內視，叩齒三十六聲，以舌抵上腭，待津生時，鼓漱滿口，汩汩嚥下，以目內視，直送至臍下一寸二分丹田之中。

再以心想目視丹田之中，彷彿如有熱氣，輕輕如忍大便之狀，將熱氣運至尾閭，從尾閭升至腎關，從夾脊雙關升至天柱，從玉枕升泥丸，少停，即以舌抵上腭，復從神庭降下鵲橋，重樓，降宮，臍輪，氣穴丹田。

按古仙有言曰：夾脊雙關透頂門，修行徑路此爲尊。以其上通天谷，下達尾閭，要識得此爲心腎來往之路，水火既濟之鄉。欲通此竅，先要存想山根，則呼吸之氣暫次由泥丸通夾脊，透混元，而直達於命門。蓋謂常人呼吸，皆從咽喉而下，至中脘而回。若至人呼吸，由明堂而上至夾脊，而流於命門。此與前說稍異，然嚥津爲自己之氣從中而出，故存想從尾閭升至泥丸。而古仙則吸天地之氣，由山根而泥丸，直達命門也。

《壽人經·理五臟氣訣》 理脾土訣 兩足立定，以兩手左右搖擺，手左

目左，手右目右，意到足根。脾土自能疏通，且五臟皆系於背，骨節靈通，均護裨益。

理肺金訣　先以左右單手向內轉，伏於足前者三；　次以左右單手向外轉，伏於足前者三，次以左右雙手向內轉，次以左右雙手向外轉，伏於足前如之。

理腎水訣　握兩拳，緊抵左右腰際，身向兩邊搖擺，使氣達內腎，不拘數，再以兩手垂睾丸之前，身向兩邊搖擺，使氣達外腎，亦不拘數。

理肝木訣　以左右兩手次第下捺，思令氣達掌心，行至指尖爲度，不拘數；　再以兩手如鳥舒翼狀，左右各三；　再以兩手當胸，自上而下，復自下而上者三；　再以兩手向左向右各三，上下如當胸。

理心火訣　先合兩手，由胸前分排至脊後者三；　次以左右兩臂各貼心窩者三次。以兩手全伸，如扯硬物狀，由胸前擲於背後者三；　次以兩手向地面，若持重物狀，舉過胸前，左持右擲，右持左擲，各三。

坐功訣　兩足曲盤，氣由尾閭上達泥丸，下注丹田者九；　氣由左右兩臂達於手指者七，由左右兩股達於足指者七，所謂河車搬運也。

長揖訣　叉兩手，托天當面，揖伏於地者九；　叉兩手，左右揖伏子地者各五。

《壽人經・導引訣》　擇極高極潔之地，取至清至和之氣，由鼻息入者，沖於丹田，由口入者，沖於腸腹，或三或五或七皆可。最忌地之不浩，氣之不清。慎之慎之。

以上數條，不拘時，不拘數，行功時以自然爲主，不可稍稍傷氣，稍稍傷力，如意行之，最妙。蓋意到即氣到，氣到即血行，久而無間，功效自生，亦卻病延年之一助也。

靜功分部

論說

《素問・移精變氣論》　黃帝問曰：　余聞古之治病，惟其移精變氣，可祝由而已。

《行氣玉佩銘》　行氣，深則蓄，蓄則伸，伸則下，下則定，定則固，固則萌，萌則長，長則復，復則天。天機本在上，地機本在下。順則生，逆則死。

《大戴禮記・易本命》　食氣者，神明而壽。

《史記・龜策列傳》　余至江南，觀其行事，問其長老，云龜千歲乃遊蓮葉之上，蓍百莖共一根。又其所生，獸無虎狼，草無毒螫。江傍家人常畜龜飲食之，以爲能導引致氣，有益于助衰養老，豈不信哉。

龜者是天下之寶也，先得此龜者爲天子，且十言十當，十戰十勝。生於深淵，長於黃土。知天之道，明於上古。遊三千歲，不出其域。安平靜正，動不用力。壽蔽天地，莫知其極。與物變化，四時變色。居而自匿，伏而不食。

《太上養生胎息氣經・上清法》　精是吾神，氣是吾道。畜精養神，飲氣芳香。謂嬰兒在胞中，幽隱握固。陰成其形，謂鍊精補腦，一名鍊形。漱滿津液，口中五味皆至，朝食陽，暮食陰，五藏生靈芝、玉英。視人從表知裏，神儀清朗，須仰排水藏，覆排食藏，次倚壁翹一足，拳兩手，以舌攪口中，候津液滿口，即想氣咽入臍，至腳爲度。徹視腸胃，指能吹燈，謂九九八十一天地之終始。能鍊九還，即血化爲精，精化爲筋，筋化爲玉，玉變仙骨。此得自然，目視千里。得之，爲身之祕寶，延年卻老，乘雲駕鶴，登仙可翹足而待之。非其氣像，不合道者勿傳。謂泄漏靈文，傳之非道，九族受殃。凡咽氣，用力閉口舉舌，令舌下空，名咽元氣。日日減食，朝朝進氣，時時飲好酒一盃，謂初學人。天地之間，聖人在其中，得其道也；　不智、不道、不仁在其中，得其殃。立天之道曰陰與陽，立地之道曰柔與剛，立人之道曰仁與義。天地舍精，萬物化生。道不可以情求，不可以語詰，萬物任天，歸乎自然矣。

《太上混元真録·食氣》 關令稽首又問曰：食氣如何？老君曰：食氣固精，受明玄經。生道要妙，出幽入冥。上固雲門，下固靈根。如雲無足，水之無根。元氣混沌，變化太清。審而握之，久久自靈。知之甚易，行之甚難矣！夫修生之人，故德以形爲車，道以氣爲馬，魂以精爲根，魄以目爲户。形動德散，氣越道叛。精消魂損，目動魄亂。是以聖人靜形閉氣，畜精愛視，道德虚凝，魂魄固守，形一神萬，道乃成就。道成變化，臨危不懼，子能修之，得道大要。夫生不再來，故導之以氣也。寶氣則得道，得道則長久。神者，精也。寶精則神明，神明則長生。氣長之，則爲道也。精存之，則爲寶也。

《攝生纂録·調氣篇·吐納錬氣法》 夫天地萬物，皆因氣以成形，故知氣在人中，人在氣中，氣聚即生，氣亡則死。善行氣者，内以養身，外以卻患，然百姓日用而不知焉。故善加調攝必銷衆疾，苟有壅，滯便即生痾，養生者當先存此道矣。仙經云：服氣者，神明而壽。雖能服食，而不知調氣，效乃遲。若專調氣而療疾者，效速於針石矣。人能常存之，不死之道也。抱朴子曰：一人之身，一國之象也。神猶君也，血猶臣也，氣猶百姓也。能理民則能理國，能理氣則能理身。民散則國亡，氣竭則身死。死者不可以生也，亡者不可以存也。是以至人消未起之患，治未病之疾；醫之於無事之前，不可於既逝之後。人難養而易危，氣難清而易濁。故審德所以保社稷，割嗜慾所以固血氣，然後衆害卻焉，壽命長焉。

《胎息精微論·胎息法》 訣曰：欲得長生，當修所生，所生之本，始於精炁。精炁結而成形，形爲受炁之本，炁是受形之根，炁不得形則無因而立，形不得炁則無因而成。則元炁所稟之時，伏母臍下，混沌三月，玄牝具焉。玄牝者，口鼻也。玄牝既立，如瓜之有帶，陰注母炁，始於此也。母呼亦呼，母吸亦吸。綿綿十月，炁神備遂，解胎而生。母雖知貪悦於子，當不知形耗體枯，分神減炁，爲子之用矣。既生七日，情見於外，變嬰而爲孩，指頤而能笑。先真議者，以爲失道而後德喪，朴之本便終於此。何況十五成童，二十弱冠，目眩五色，耳聽五音，役智運神，間不容息，如此則純朴之根蕩然而盡。是故聖人知外用之無益，所以還元反本，握胎息之機，得長生不死。其理明矣。《中胎經》云：形中子母，何不守之。且形中以炁爲母，以神爲子，形炁先立，而後有神，神由炁生，故爲子矣。且聖人不思外事，不視外色，不聽外聲，常使神與炁合，合行循環於藏府之間。御呼吸以上下，久久修習，則神自明、炁自和。若神自明，可照徹於五藏；炁自和，則通使於四支也。故黄帝三月内視，注心一神，則神光化生，纏綿五藏，斯言可推而得也。《黄庭經》云：仙人道士非有神，積精所致和專仁。皆其事也。令之世人，神與炁各行，子母不相守，炁雖呼吸於内，神常運於外。如此常使炁逐穢濁，而神不虚明，神不虚明，則元炁漸散。轉而相喻者，以神爲主人，身爲宅舍，主人不營於内，日用於外也。自然令宅舍空虚，漸見危壞矣。況非道之人，勞神役炁，無一息而住於形中，而猶冀長生，不亦遠矣！先生曰：若知神炁之所主，子母之運行，則修生之道了然見矣。若炁無所主，但任運呼吸者，唯主通治藏府，消化穀食而已，終不能還陰返陽，填補血腦，則知凡人呼吸與聖人之呼吸殊矣！是故《南華經》云：凡人之息以喉，真人之息以踵。踵，猶根也。又云：其息深根，深根固蔕，皆其義也。先生曰：凡人任自然之息，至近而役之，其所利唯化食而已。至人以神爲宰，御呼而下，流吸而上之，上至泥丸，下至莖端，二景相通，可爲救老殘。至若呼不得神宰，則一息之中不全；吸不得神宰，亦一息之中生病，神炁當不全。若能息息之中，神炁常合，則胎從服炁中結，炁從有胎中息，胎息内結，求死不得。尹真人曰：若神龍御炁，則鼻不失息，斯言至矣。《黄庭經》曰：日月布列設陽陽，二神相會化玉英。此謂陰陽二炁會合之時，言二景相覿之後，情慾既動，精炁悉降於莖中，若不知道者，精炁皆被情慾所引，求制不得，遂有眣瞺之憂，尾閭之患。若爲道之士，神與炁合行，隨呼吸以上下，不使停壅於下宫，是爲神交而精不散，神雖會合，常味於無味《黄庭經》云：子丹進饌肴正黄，淡然無味天人粮。又云：意中動靜炁得行，道自持我神明光。以次推之，雖有情欲動於精炁，而精炁以道自持，自然不動。《道經》云：化而欲作，吾將鎮之以無名之朴。無名之朴則胎息妙用矣。若習胎息日久，則神炁自正，和柔可使。《道經》曰：專炁致柔，能如嬰兒乎？若胎息未成，則真神不御於精炁，謂精炁無主，自然隨欲而動，情欲既動，而精炁自散，雖欲苦制，亦終無益。若胎息道成，精炁有主，故使男子莖中無聚精，婦人臍中不結嬰，雖有情欲終不能與神爭也。是謂胎息之真，反精爲神，其文畢矣。

《安般守意經·守意》 息有四事：一爲風，二爲氣，三爲息，四爲喘。有聲爲風，無聲爲氣。出入爲息，氣出入不盡爲喘也。數息斷外，相隨斷内。數從外入爲斷外，亦欲離外因緣，數從中出爲欲離内因緣。外爲身離，内爲意離。

安般守意，得自在慈念意。還行安般守意已，復收意行念也。安爲身，

般爲息，守意爲道。守者爲禁，亦謂不犯戒。禁者亦爲護，護者，遍護一切無所犯。意者息意，亦爲道也。安爲生，般爲灭，意爲因緣，守者爲道也。安爲數，般爲相隨，守意爲止也。

守意譬如燈火有兩因緣：一者壞冥，二者見明。守意一者壞癡，二者見黠也。守意，意從因緣生。當緣因緣莫著，是爲守意也。守意有三輩：一者守令不得生，二者已生當疾滅，三者事已行當從後悔計億萬劫不復作也。

行息時爲隨數，相隨時爲隨念，止時爲隨定，觀時爲隨淨。還時爲隨意，淨時爲隨道亦爲隨行也。數息爲四意止，相隨爲四意斷。止爲四神足念，觀爲五根五力還爲七覺意。淨爲八行也，得息不相隨不爲守意。得相隨不止不爲守意，得止不觀不爲守意，得觀不還不爲守意，得還不淨不爲守意。得淨復淨乃爲守意也。

《針灸大成・真息》《導引本經》：肺爲五臟之華盖，聲音之所從出，皮膚賴之而潤澤者也。人惟内傷七情，外感六淫，而呼吸咄入不定，肺金於是乎不清矣。然欲清金，必先調息，息調則動患不生，而心火自靜。一者下着安心，二者寬中體，三者想氣遍毛孔出入，通用無障，而細其心，令息微微，此爲真息也。蓋息從心起，心靜息調，息息歸根，金丹之母。

《紅爐點雪・靜坐功夫》清心釋累，絕慮忘情，少思寡欲，見素抱樸，學道之功夫也。心清累釋，足以盡瑕。絕慮忘情，足以靜世。

綜　述

《幻真先生服内元炁訣・進取訣》凡欲服氣，先須高燥浄空之處，室不在寬，在務絕風隙。常令左右燒香，不用蒸汚。

床須厚軟，腳稍令高，《真誥》曰：床高鬼吹不及。言鬼神善因地氣以吹人爲祟，床高三尺可也。衾被適寒溫，令冬稍煖尤佳。枕高二寸餘，令與背平。每至半夜後，生氣時，或五更睡之初覺，先吹出腹中濁惡之氣，一九下止。若要細而言之，則亦不在五更，但天氣調和，腹中空則爲之。先閉目扣齒三十六下，以警身神。畢。以手指捏目大小皆，兼按鼻左右，旋耳及摩面目，爲真人起居之法。更隨時加之道引，以宣暢關節。乃以舌拄上腭，料口中内外津液，候滿口則嚥之，令下入胃，存胃神承之。如此三止，是謂漱嚥靈液，灌溉五藏。面乃生光，此之去就，大體畧同。便兀然放神，使心如枯木空，身若委衣，内視反聽，萬慮都遣，然後淘之。每事皆閉目握固，唯臨散炁之時，則展指也。夫握固所以閉關防而卻精邪。凡初服氣之人，炁道未通，則不可握固。待至百日或半年，覺炁通暢，掌中汗出，則可握固。《黄庭經》云：閉塞三關握固停，漱嚥金醴吞玉英。遂至不食三蟲亡，久服自然得興昌。

《幻真先生服内元炁訣・服氣胎息訣》訣曰：精者，氣也。氣者，道也。先叩齒三十六通，右轉頭一匝如龜引頸，其胎息上至咽喉即嚥之，如此三遍方閉口。以舌内外摩料，取津滿口漱流，昂頭嚥之，上補泥丸，泥丸即昂頭是也，下潤五藏。老子曰：甘雨潤萬物，胎津潤五藏。晝夜不寐，乃成真人。上致神仙，下益壽考。在身所有疾苦，想氣送至所苦處即愈。真炁逐濁氣，上衝下泄，覺神清爽，則氣自冲和。故聖人有言曰：夫人在氣中，氣在人中，人不離氣，氣不離人，人藉氣而生，因失氣而死。死生之，理盡在氣也。但調得其氣，求死不得。則每夜半及五更，展兩腳，握固展手，去身五寸，其枕不得過二寸，閉目依前法嚥之。梳洗已，煖一盃酒飲之。益胎息，潤六府，引氣閉百關。此峨眉山仙人幽祕法，不可言也。老君曰：靈芝玉英，並在其腹，名山大澤，取藥服之，與道甚乖，吾道甚易。如但能行之，早起展兩腳，喘息勻。以兩手叉腦後，手向前拽，頭向後拽頓。如此三，畢。兩手相叉，向前拽，前拽三兩遍，左右掣三二，畢，嚥津二十遍。如覺四體不和，即乃舌漱液三二十嚥，氣通疾愈。萬金不傳，非其人造次，殃及三代也。

《千金要方・調氣法》彭祖曰：道不在煩，但能不思衣食，不思聲色，不思勝負，不思曲直，不思得失，不思榮辱。心無煩，形勿極，而兼之以導引，行氣不已，亦可得長年，千歲不死。凡人不可無思，當以漸遣除之。彭祖曰：和神導氣之道，當得密室閉戶，安床煖席，枕高二寸半。正身偃臥，瞑目閉氣於胸膈中，以鴻毛著鼻上而不動，經三百息。耳無所聞，目無所見，心無所思。如此則寒暑不能侵，蜂蠆不能毒，壽三百六十歲，此隣於真人也。每旦夕，旦夕者，是陰陽轉換之時。凡旦五更初，暖氣至。頻申眼開，是上生氣至，名曰陽息而陰消。暮日入後，冷氣至。凜凜然時，乃至床坐睡倒，是下生氣至，名曰陽消而陰息。且五更初暖氣至，暮日入後冷氣至，常出入天地、日月、山川、河海、人畜、草木，一切萬物躰中，代

謝往來，無一時休息。一進一退，如晝夜之更迭，如海水之朝夕，是天地消息之道也。面向午，展兩手於腳膝上，徐徐按捺肢節，口吐濁氣，鼻引清氣。凡吐者，去故氣，亦名死氣。納者取新氣，亦名生氣。故老子經云：玄牝之門，天地之根，綿綿若存，用之不勤。言口鼻天地之門，可以出納陰陽死生之氣也。良久，徐徐乃以手左托右托，上托下托，前托後托，瞋目張口，叩齒摩眼，押頭拔耳，挽髮放腰，欬嗽發陽振動也。雙作隻作，反手爲之。然後掣足仰振，數八十、九十而止。仰下徐徐定心，作禪觀之法。閉目存思，想見空中太和元氣，如紫雲成蓋，五色分明，下入毛際，漸漸入頂。如雨初晴雲入山，透皮入肉，至骨至腦，漸漸下入腹中，四肢五藏皆受其潤，如水滲入地。若徹，則覺腹中有聲汩汩然。意專思存，不得外緣。斯須即覺元氣達於氣海，須臾則自達於湧泉，則覺身體振動，兩腳踡曲，亦令床坐有聲拉拉然，則名一通。一通、二通，乃至日別得三通、五通，則身體悅懌，面色光輝，鬢毛潤澤，耳目精明，令人食美，氣力強健，百病皆去。五年十歲，長存不忘。得滿千萬通，則去仙不遠矣。人身虛無，但有遊氣，氣息得理，即百病不生。若消息失宜，即諸痾競起。善攝養者，須知調氣方焉。調氣方，療萬病大患。百日生眉鬢，自餘者不足言也。

凡調氣之法，夜半後，日中前，氣生得調。日中後，夜半前，氣死不得調。調氣之時，則仰臥，床鋪厚軟，枕高下共身平。舒手展腳，兩手握大母指節，去身四五寸，兩腳相去四五寸。數數叩齒飲玉漿。引氣從鼻入腹，足則停止。有力更取，久住氣悶，從口細細吐出盡。遠從鼻細細引入，出氣一准前法。閉口以心中數數，令耳不聞，恐有誤亂，兼以手下籌，能至千，則去仙不遠矣。若天陰霧，惡風猛寒，勿取氣也，但閉之。

若患寒熱，及卒患癰疽，不問日中，疾患未發前一食間即調。如其不得好差，明日依式更調之。

若患心冷病，氣即呼出。若熱病，氣即吹出。若肺病，即噓出。若肝病，即呵出。若脾病，即唏出。若腎病，即呬出。夜半後八十一，雞鳴七十二，平旦六十三，日出五十四，辰時四十五，巳時三十六。欲作此法，先左右導引三百六十遍。

病有四種：一冷痹，二氣疾，三邪風，四熱毒。若有患者，安心調氣此法，無有不差也。

凡百病不離五藏，五藏各有八十一種疾，冷、熱、風、氣，計成四百四病，事須識其相類，善以知之。

心藏病者，體冷熱。相法心色赤。患者夢中見人著赤衣，持赤刀杖火來怖人。療法用呼、吹二氣呼療冷，吹治熱。肺藏病者，胸背滿脹，四肢煩悶。相法肺色白。患者喜夢見美女美男，詐親附人，共相抱持，或作父母、兄弟、妻子。療法用噓氣出。

肝藏病者，憂愁不樂，悲思喜，頭眼疼痛。相法：肝色青。夢見人著青衣，捉青刀杖，或師子虎狼來恐怖人。療法用呵氣出。脾藏病者，體上遊風習習，遍身痛煩悶。相法：脾色黃，通土色。夢或作小兒擊歷人，邪猶人，或如旋風團欒轉。治法用唏氣出。腎藏病者，體冷陰衰，面目惡痿。相法：腎色黑。夢見黑衣及獸物捉刀杖相怖。用呬氣出。

冷病者，用大呼三十遍，細呼十遍。呼法：鼻中引氣入，口中吐氣出，當令聲相逐呼字而吐之。熱病者，用大吹五十遍，細吹十遍。吹如吹物之吹，當使字氣聲似字。肺病者，用大噓三十遍，細噓十遍。肝病者，用大呵三十遍，細呵十遍。脾病者，用大唏三十遍，細唏十遍。腎病者，用大呬五十遍，細呬三十遍。此十二種調氣法，若有病，依此法恭敬用心，無有不差。皆須左右導引三百六十遍，然後乃爲之。

《千金要方·道林养性》 常當習黄帝内視法，存想思念，令見五藏如懸磬，五色了了分明，勿輟也。仍可每旦初起，面向午，展兩手於膝上，心眼觀氣，上入頂，下達湧泉，旦旦如此，名曰迎氣。常以鼻引氣，口吐氣，小微吐之，不得開口。復欲得出氣少，入氣多。每欲食，送氣入腹，每欲食，氣爲主人也。

《修真精義雜論·療病論》 夫氣者之爲功也，廣矣，妙矣！故天氣下降，則寒暑有四時之變；地氣上騰，則風雲有八方之異。兼二儀而爲一體者，總形氣於其人，是能存之爲家，則神靈儼然，用之能禁，則功效著矣，況以我之心，使我之氣，適我之體，攻我之疾，何往而不愈哉？習服閑居，則易爲存使，諸有疾痛，皆可按而療之。凡欲療疾，皆可以日出後，天氣和靜，面向日，在室中亦向日，存爲之。平坐瞑目，握固，叩齒九通，存日赤暉紫芒，乃長引吸而咽之，存入所患之藏府。若非藏府之疾，是諸肢體筋骨者，亦宜先存入所主之藏也，閉極又引，凡得九咽，覺其藏中有氣，乃存其氣攻於所苦之處，閉極，微微吐氣，其息稍定，更吸而攻之，覺疾處溫暖汗出爲佳。若在四

肢應可導引者，則先導其處，已後攻之。縱上體，上亦宜按捻，令其氣通。若在頭中，當散髮梳頭皮數百下，左右搖頭數十過，乃吸氣訖，以兩手指於頂上急攀之，以頭向上力拒之，仍存氣向上入腦於頂髮，諸孔衝出散去。一極訖，放手通氣更爲之，以覺頭頸汗出，痛處寬暢爲候。若病在藏府者，則仰臥吸引存入其處，得五六咽則一度，閉息攻之，皆以意消息。其病或是久來痼疾，並有癥塊痃積者，則非氣之所能除愈，終亦稍覺寬平也。兼藥同療，亦無所妨，乃於藥性易效耳。雖用氣攻病，雖攻其處，膚腠散出，然兼依明堂圖取其所療之穴，想而引去尤佳。既知其穴，宜依十二月，各用其律管急按穴上，想而出之，則心存有所主，氣行有所適矣。

《道樞・調氣》 嵩獄仙人李奉時曰：鍊質者，當居於幽室，其枕二寸，其床三尺，薦軟地燥，衣服適寒溫之宜。仰臥堅膝，閉目，勿張口，舌拄上腭，手握二乳，扣齒集神，此學道之所先務也。欲行正氣，先調關節使之開焉。降魔者六七，虎視者五三，二目東西顧，左右拳互舉，於是熨目，拔耳、引其手前後托，而後拭其面，此消息之方也。行氣之初，或三焦未通，嚥氣不下，在于上焦濍而不泄。於是先學調理其氣，則濁氣散而清氣自榮矣。其要在乎知門戶之出入焉。鼻者，天門也；口者，地戶也。入天門，出地戶，則爲順氣，反此則爲逆焉。故逆則壅塞，順則宣通，此陰陽之理也。既知其逆順而行之，則鼻引以納清，口吐以出濁。濁者，因其藏出之，何也？人食五味，各主一藏。又有六府之氣，同臻一門，而成濁氣。何以察之？夜寐口合，則五藏壅在於喉，及寤則大呵吐，蓋有重濁衆惡之氣矣。故行氣、服氣、先呵去其濁，然後爲之。或口乾舌澀，頗無津液，喉痛而不能食者，熱之證也。須大開口呵之十氣二十氣，即扣齒七八過，轉舌漱華池而嚥之，華池之水者，唾是也。又任其喘息之。自然出入調之三二過，又呵之。既已復調其息，俟其熱退乃止。熱退者，何以知之？喉之中清水出，甘液生者是也。夫氣者出於心，心邪則氣邪矣，心正則氣正矣。使之舉手動足，喜、怒、哀、樂，莫不由於心，心之動念，莫不由於氣。是以氣全則身安，氣亡則身滅。醫師按其脈，而知五藏四時升沈之候，況吾能察口鼻取捨，斯須不令出入者乎！故當以六氣呼之。天夫元者，身之主也；六氣者，祖宗也。天門納之，地戶吐之，往來綿綿，喘息調焉。於是三田清靜，玉液自茲盛矣。午之前，子之後，分其陰陽，叩齒以集神，一嚥再嚥者，皆三焉，戰於十二玉樓矣。喉有十二節，故謂之樓。水在坎中，其轉並瀝瀝焉，三十六息者，一時也，十息之中而一餌之，久則延年矣。呬主於肺，肺屬鼻。或氣不和及勞熱，皮膚創萬上熱，可以用之。呵主於心，心痛壅滯，口舌乾澀，及諸邪氣可以用之。大熱則口大張，小則小張。吹主於腎，耳聾、腰足寒弱，可以用之。呼主於脾，氣微熱不和，腹脹食不消，可以用之。噓主於肝，目昏而翳，赤而澀，可以用之。唏主於三焦，三焦不和膽多驚，可以用之。五氣者，各主一藏，一氣主三焦焉。六氣者，又有佐之之法。其噓也，則月瞋睛焉。其呵也，項後手義平焉。其呼也，反托前焉。其呬也，左右手擎焉。其吹也，平膝緊抱其胸焉。大月順行，自噓、呵、呼、呬、吹、唏，行之。小月逆行。自唏上至於噓。凡子之後午之前，披衣端坐，男以左足壓右足，女以右足壓左足，握固調息住氣，俟其氣壅，則以其鼻長引其氣，閉目，依六氣之法，依其字。微出其氣耳，不可聞也。春東向，夏南向。季夏屬土，以行脾氣，則西南向。秋西向，冬北向。方其行之，森然放身，使氣通和，可起則起。男下床先左足焉，女穿衣先右足焉。跨勿務高，唾勿及遠，行勿疾。首欲數櫛至於數百，齒欲常扣至於數十，手掌相摩，拭面數十過，面熱而止。

《太上老君養生訣・服氣訣》 老君曰：玄牝門，天地根。綿綿若存。用之不勤。言口鼻天地之門，以吐納陰陽生死之氣。每旦面向午，展兩手於膝上，徐徐按捺兩節。口吐濁氣，鼻引清氣，所謂吐故納新是。蹙氣良久，徐徐吐之。仍以手左右、上下、前後拓。取氣之時，意想太和元氣下入毛際，流於五藏，四肢皆受其潤，如山之納雲，如地之受澤。若氣通便覺腹中汩汩轉動，若得十通，即覺身體潤懌而色光澤，耳目聰明，令食有味，氣力加倍，諸疾去矣。

又法：夜半後日中前氣生，可爲之，餘時氣死，即不須調服。調氣了之時，須牀鋪厚軟，枕高下共身平，仰卧舒展腳。握固，去身四五寸，兩腳亦去四五寸，微微鼻引太陽氣從鼻入，以意送此氣通徧身體，即閉氣至極，然後細細從口吐之，勿令耳聞吐氣之聲。若患寒熱及瘴患、腳腫等疾，不問時節，即須調之。若當日不愈，明日更調，不過三兩日必愈。若患心中冷痛，呼而吐之，熱既吹之。若患腳痛即噓而吐之。肺若痛，即呬而吐之。夜半後二十四調之，雞鳴時十八，平旦十二，日出十二。多調彌佳。欲作此法，先導引十八勢，按摩二十四。人仗導引以去五藏病。

心病者，體有冷熱。相法：心色赤，夢中見人著赤衣，持刀杖及火來怖人。療法：用呼、吹二氣去之，呼去冷，吹去熱。

肺病者，胸皆脹滿，四肢煩悶。相法：肺色白，夢見著白衣人，男女作親，婦人共相抱持，或作父母、兄弟、妻子。療法：呵氣去之。

肝病者，愁憂不樂，頭眼疼痛。相法：肝色青，夢見著青衣人把青刀杖，或獅子、虎、狼來怖人。療法：用噓氣去之。

脾病者，體上遊風習習，情悶疼痛。相法：脾色黃，夢見黃物或作小兒擊腋，人或如旋風繞人。療法：用嘻氣去之。

腎病者，體冷而陰衰。相法：腎色黑，夢見著黑衣人持刀杖來怖人。療法：用呬氣去之。每作皆三十六通，但能習之不愈者，仍須左右導引按摩。

論曰：形者神之主，氣者神之命，是以形神所假資氣而存。故調暢四肢，周遊六府，苟有壅滯，便即生疾。是故人體虛無，成之者氣。若調息得所，即諸疾自消；若吐納乖方，乃衆疾咸起。善攝生者，先須知調氣之法焉。所謂呼吸生，先期於壽而樂有喜，斯之謂歟！

《太上老君養生訣・服氣吐納六氣》 呬字，呬主肺。肺連五藏，受風即鼻寒。有疾作呬，吐納治之。

呵字，呵主心。心連舌，五藏心熱舌乾。有疾作呵，吐納治之。

呼字，呼主脾脾連唇。論云：脾溫即唇燋。有疾作呼，吐納治之。

噓字，噓主肝。肝連目。論云：肝盛即目赤。有疾作噓，吐納治之。

吹字，吹主腎。腎連耳。論云：腎虛即耳聾。有疾作吹，吐納治之。

嘻字，嘻主三焦。有疾作嘻，吐納治之。

《靈劍子・服氣》 形之所依者，氣也；氣之所因者，形也。形氣因依而成身體，魂魄跧而往來，降注爲神，而生五藏焉。氣之爲母，血之爲子；血之爲母，精之爲子；精之爲母，神之爲子；神之爲母，形之爲子。未有無氣而自成形者也。氣因形有，乃魂魄偕之。神者，氣之母也。胎息者，想嬰兒而成焉。而號冲和，冲和則元和矣。出入呼吸之間，三元之内，毛髮之中，無不通透皆了。心君意臣，調制節之，無爲事心主安之。有慮有思，便失自然之理。心者，猛獰之猿火，巳午屬之；腎者，陰女之容儀，亥子窈窕之元根。故青龍白虎，一飛一伏之能氣。日心之火爲云津，月濕之水爲雲雨。相隨北坎，而行歸子亥腎海氣宫。向巳心之氣，上通泥丸宫，下補八屍百關，毛髮悉能應徹，故無礙元和，理療千療萬病。心君發火，亘天地無有不焚，明然百穀五味，久行自漸稀之。初可三十六嚥，一乾一濕，存心中之氣，以意送之，歸臍下氣海之中，夾之日月。左腎爲日，右腎爲月，此乃兩畔同昇合爲一。即先存思右腎爲月，白氣入氣海中，從脊右邊上至頂泥丸宫，眉間入三寸是也。卻存歷洞房宫，又歷明堂宫，守寸雙田，下歷下二重樓，歷絳宫入氣海金室，日月照兩畔。又存左腎爲日，黄氣從脊左邊骨縫上，真入泥丸宫存，出厲洞房宫、明堂宫，守寸雙田，下歷十二重樓，歷絳宫入氣海中心，日月左右照。又存白氣爲裏，黄氣爲表，團圓爲珠爾。外黄内白，縣在氣海之中，黄光燦爛，圓如彈丸，黄如橘。久久行之，光鬪日月，此爲玄珠爾。玄牝子腎宫爾，珠則珠爾。亦曰兩物合成一體一陰一陽而成。俱黄者爲表，黄表卻白裏爾，赤水則血爾。玄珠若成，津血自盈。若欲知驗，苦酒和精，露一宿卻還血爾。九年行之，筋骨變換，輕舉通神爲地仙。未可修大藥，先須氣成，憑氣補形精，大藥方始靈。初服氣之士，未可便思玄珠。但且三年淡食，未可便絶粮。色慾須頓絶，不爾反夭身命。五更三十六嚥，津氣相連，漸漸少食。所食淡食，去鹽醋冷熱之物。日中飽餐，旦暮少食。三年旦暮行之。漸覺淡食有味，不可便頓絶粮，極有所損爾。如覺有味，不思俗味，則五藏堅實。如若五藏衰弱，以藥補充盛壯也。故淡食諸物有味也。如此後可日漸減五味五穀。三日淡食，粥、菜汁、胡麻葉莖，枸杞、黄精、枣之類將助之，方可絶粒，亦當自飽無饑渴。忽聞穀氣蒸煑之氣，觸修服食之氣，久久亦自知自不欲食。經三日或七日饑困，更以淡麪、葉子、餺飥放冷食之。如遇飢渴，想心中内氣，不以早晚，但依前法服之，當能代食、能飽，一如食物了來。如要餐物亦得，則可芋頭、薯藥、何首烏之類。茶少食，若入鹽，立便飢矣。五味爲五賊，又爲五毒，鹽醋水豉辛物是。時以好酒及椒黄、丸糯米、生椒食之。糯能吁榮胃氣，椒能引氣歸下元。淡煑糟芋、冬瓜、薯藥、薤羹亦得，切須放冷食之。酒能助氣，酒糟作羹，盡能引元氣易成，酒後氣當易通。美酒不須多，及醉吐則有所損矣。時復一盃，止飢代食。酒能濤蕩陰滓，得道之人，無不於酒也。酒能鍊真養氣，不須服人參湯。人參湯能開胃，故易飢也。茯苓枣子甚益，瓜桃助氣，橘亦得，不須喫皮。便飢也，大栗、桃子、雞頭、蓮藕亦得。菱少食，冷能動氣。若經時，當精神聿壯，夜自不困，眼中神光時出如電，漸夜黑

見物。如此之光，急守閉精髓，道欲成也。而有此矣，乃天發地應爾。不能急守，亂起姦婬，死之致也。神光魂神彰出時，則神欲離散於身形，神光去也，亦乃出之，故急守精閉室制伏，則是神光見，陽魂盛，陰滓欲盡之狀。如不能急守，徒忍饑絕味，非入神仙之格爾。如未能便斷嗜慾，則須房中將息節服之，則施而不泄、不瀉，精髓一出，永爲涕瀉，如此則非上真之士，渾濁精漏之夫。房中之事，稍難擒制，皆返神退智。須假俗味，方度朝昏，肉麪助之，不爾立沈下鬼。如房中得擒制之理，深達洞微，乃知究竟。及遇少女，採玩精氣，嚥而服之，可謂如虎戴角，文武全備。此皆福德之人所行，而非常流之見矣。夫精失位，似海竭山崩，百瀆失緒，千域傾敗，莫能救治，百病俱臻，業鬼相親，再修難成，千中無一。如修前氣，灰心絕想，百病不侵，瘟瘴疫毒，莫能爲患。若腦中髓耗，瘟疫從頂而入；若腦實精充，鬼神莫能爲害。凡有諸疾，早起但調氣辟之，以氣通之，逼逐五藏六府、百關毛髮中出，常見熱汗如膠，則是效矣。未退，依前調氣，存身上內外百神，嚥閉。或於帳中，衣被裹伏，遂爲之。服氣應有是風、是氣、是瘴、是勞，是毒諸疾，皆用前法驅逐之，從筋骨髓中而出矣，千萬藥功皆不及矣。二百二病是熱爲風，二百二病是冷爲氣，悉能療之。故曰四百四病也。《黃庭經》：仙人道士非有神，積精累氣結成真。非大藥能先成也。自古得道之人，竺乾、風后、七元、三老，皆從氣中而全真，非先大藥之能。諸得道神仙、聖賢、上士，初成道皆從氣也，別無徑路可超出三界之外。飛雲走霧，神變通靈，遨遊日月之上、陽界之中，觀行三島十洲、水府陰山之境洞，跨鶴乘龍，上魚皆浮，龜行蜂飯，擲杯透壁，種花飛符入柱，皆是氣之因依。而一日一夜，一萬三千五百通息，出入氣脘，二萬七千氣，一神一氣，皆能指用。是故氣成之後，變寒暄於呼吸之間，視六合於毫芒之內。海水用氣吹之，可以逆流千里。皆從凡入神也。初服氣之士，靜去於鼻中毫，鼻中能通徹五藏六腑，出入氣息之溝也。身微微鼻吸清氣嚥之，口吐濁氣微微出之。凡諸熱疾，大開口呵之爲瀉，不必六氣也。有疾冷，即吹以補之，則調理上焦之疾，往來微，自求安之道也。二段者，上元一段，從心；中元並下元爲一段，號曰二段。上段理上焦諸疾用之，下段服氣，心中之內氣。凡服氣調整嚥用內氣，號曰內丹。心中意氣，存之綿綿。不得用上段外氣，引外風損人五藏，故曰兩段。分理之者，不能分之兩段。玄珠赤水，莫能知之。凡服氣，曾服者，有師則氣熟易行；不曾服者，無師則炁生難。服之久久，能行之。犯了自訣之，亦乃自知矣。

《養性延命録・服氣療病》 《元陽經》曰：常以鼻納氣，含而漱滿，舌料唇齒，咽之，一日一夜，得千咽甚佳。當少飲食，餘食多則氣逆，百脈閉則氣不行，氣不行則生病。《玄示》曰：志者，氣之帥也；氣者，體之充也。善者遂其生，惡者喪其形。故行氣之法，少食自節，動其形，和其氣血，因輕而止之，勿過失突復而還之，其狀若咽，正體端形，心意專一，固守中外，上下俱閉，神周形骸，調暢四溢，修守關元，滿而足實，因之而衆邪自出。彭祖曰：常閉氣納息，從平旦至日中，乃跪坐，拭目，摩搦身體，舐唇咽唾，服氣數十，乃起行言笑。其偶有疲倦不安，便導引閉氣，以攻所患。必存其身，頭面九竅，五藏四肢，至於髮端，皆令所在，覺其氣雲去行體中，起於鼻口，下達十指末，則澄和真神，不須針藥灸刺。凡行氣欲除百病，隨所在作念之，頭痛念頭，足痛念足，和氣往攻之，從時至時，便自消矣。時氣中冷，可閉氣以取汗，汗出輒周身則解矣。行氣、閉氣，雖是治身之要，然當先達解其理，又宜空虛，不可飽滿。若氣有結滯，不得空流，或致發瘡，譬如泉源不可壅遏。若食生魚、生菜、肥肉，及喜怒憂恚不除，而以行氣，令人髮上氣。凡欲學行氣，皆當以漸。劉君安曰：食生吐死，要以長存，謂鼻納氣爲生，口吐氣爲死也，凡人不能服氣，從朝至暮，常習不息，徐而舒之。常令鼻納口吐，所謂故納新也。《服氣經》曰：道者，氣也，保氣則得道，得道則長存；神者，精也，保精則神明，神明長生；精者，血脈之川流，守骨之靈神也，精去則骨枯，骨枯則死矣。是以爲道，務寶其精。從夜半至日中爲生氣，從日中後至夜半爲死氣。常以生氣時正偃臥，瞑目握固，握固者，如嬰兒之拳手，以四指押母指也。閉氣不息，於心中數至二百，乃口吐氣出之，日增息，如此身神具，五藏安。能閉氣至二百五十，華蓋明。華蓋，眉也。耳目聰明，舉身無病，邪不干人也。凡行氣，以鼻納氣，以口吐氣，微而引之，名曰長息。納氣有一，吐氣有六。納氣一者，謂吸也；吐氣有六者，謂吹、呼、唏、呵、噓、呬，皆出氣也。凡人之息，一呼一吸，元有此數。欲爲長息吐氣之法，時寒可吹，時溫可呼。委曲治病，吹以去風，呼以去熱，唏以去煩，呵以下氣，噓以散滯，呬以解極。凡人極者，則多噓、呬。道家行氣，率不欲噓、呬，噓、呬者，長息之心也。此男女俱存法，法出於仙經。行氣者，先除鼻中毛，所謂通神之路。若天露惡風，猛寒大熱時，勿取氣。《明醫論》云：疾之所起，自生五勞，五勞既用，二

藏先損，心腎受邪，府藏俱病。五勞者，一曰志勞，二曰思勞，三曰心勞，四曰憂勞，五曰疲勞。五勞則生六極，一曰氣極，二曰血極，三曰筋極，四曰骨極，五曰精極，六曰髓極。六極即爲七傷，七傷故變爲七痛。七痛爲病，令人邪氣多，正氣少，忽忽喜忘，悲傷不樂，飲食不生肌膚，顏色無澤，髮白枯槁，甚者令人得大風偏枯、筋縮，四肢拘急攣縮，百關隔塞，羸瘦短氣，腰肢疼痛。此由早娶，用精過差，血氣不足，極勞之所致也。凡病之來，不離差，血氣不足，極勞之所致也。凡病之來，不離於五藏，事須識根，不識者，勿爲之耳。心藏病者，體有冷熱，呼吹二氣出之；肺藏病者，胸背脹滿，嘘氣出之；脾藏病者，體上遊風習習，身癢，疼悶，唏氣出之；肝藏病者，眼疼，悉憂不樂，呵氣出之。已上十二種調氣法，依常以鼻引氣，口中吐氣，當令氣聲逐字吹、呼、嘘、呵、唏、呬吐之。若患者依此法，皆須恭敬，用心爲之，無有不差愈病長生要術。

《诸病源候論·婦人雜病諸候·無子候》 婦人無子者，其事有三也：一者墳墓不祀，二者夫婦年命相克，三者夫病婦疹，皆使無子。其若是墳墓不祀，年命相克，此二者，非藥能益。若夫病婦疹，須將餌，故得有效也。然婦人挾疾無子，皆由勞傷血氣，冷熱不調，而受風寒，客於子宮，致使胞內生病，或月經澀閉，或崩血帶一，致陰陽之氣不和，經血之行乘候，故無子也。

診其右手關後尺脈，浮則爲陽，陽脈絕，無子也。又，脈微澀，中年得此，爲絕産也。少陰脈如浮緊，則絕産。惡寒，脈尺寸俱微弱，則絕嗣不産也。其湯熨針石，别有正方。補益吐納，今附於後。

《養生方》云：月初出時，日入時，向月正立，不息八通。仰頭吸月光精，入咽之，令人陰氣長。婦人吸之，陰氣益盛，子道通。陰氣長，益精髓腦。少小者婦人，至四十九已上，還生子。斷緒者，即有子。久行不已，即成仙矣。

《胎息秘要歌訣·閉氣》 忽然身染疾，非理有損傷。斂意歸閑室，脱衣卧本床。仰眠兼握固，扣齒與焚香。三十六咽足，丹田氣越常。隨心連引到，損處最爲良。汗出以爲度，省求廣利方。

《胎要秘要歌訣·布氣與他人攻疾》 修道久專精，身中胎息成。他人凡有疾，藏腑審知名。患兒向王氣，澄心意勿輕。傳真氣令咽，使納數連并。作念令其損，頓能遣患情。鬼神自逃遁，病得解纏縈。

《胎息秘要歌訣·六氣疾差即止，不可過，過即敗心氣》 一、呬：呬法最靈應須秘，外屬鼻根内關肺。寒熱勞悶及膚瘡，以斯吐納無不濟。

二、呵：呵屬心王主其舌，口中乾澀身煩熱。量疾深淺以呵之，焦腑不和自消滅。

三、呼：呼屬脾神主其土，煩熱脹腹如鼓。四肢壅悶氣難通，呼而理之復如故。

四、嘘：嘘屬肝神主其目，赤翳昏昏淚如哭。都緣肝熱氣上衝，嘘而理之差奔速。

五、吹：吹屬腎藏主其耳，腰膝冷多陽道止。微微縱氣以吹之，不在外邊求藥餌。

六、嘻：嘻屬三焦有疾起，三焦所有不和氣。不和之氣損三焦，但使嘻嘻而自理。

《胎息秘要歌訣·九載功變》 氣并血脈共肉髓，筋骨髮形依次起。欲遣衰老卻童華，一年一變九載矣。

先端坐，澄定閉目息氣，然後，鳴天鼓四八通，以舌掠上唇外九遍，次掠下唇外九遍，又掠上唇裏九遍，又掠下唇裏九遍。即上唇外爲南方，下唇外爲北方，上唇裏爲東方，下唇内爲西方，即以舌柱爲中方。待津滿口，即數努兩顋，内氣二十一偏，微從鼻洟出些子，便咽，咽時須喉中鳴，即嗢嗢也，象津氣入下丹田。如此三偏五偏，又咽時須侯氣出便咽也。

《太清服氣口訣·服氣》 夫萬物之生，禀陰陽而成形，彙兆陰陽施化，從元氣而寒暑成分。故太陽興也，有暄暄之色，以生衆品；太陰動也，有蒼蒼之氣，以殺羣萌。莫不感氣而生滅，斯即目前常覿君子所知。故云：夫食元氣，天不能殺，地不能藏者，佳矣。且交接元氣於腎鼻之間，分陰陽於藏腑之内，吐納無爽，持攝不乖，則長生之端，可以期矣。今予所録口訣者，即服元氣之法也。其有諸祕乃於口傳，非紙筆可能載，雖粗述多少，亦一家之要。凡諸好事之儔，得之不可輕洩也。

凡人腹中三處有隔，即心下有隔，初學服氣者，皆覺心下，胃中滿，但少食久作之，自覺通下。至藏下有隔，即覺腹中滿，外而作之，自覺至臍下丹田中，然後覺氣周行身中，猶自未入鳩中，後覺鳩中氣出，即能與人療病也。初學時必須安身靜處，細意行之不已。氣入腹中，即於行住坐卧一切處不妨。

胃中氣末下，即不得諸處作難成。

初服氣，皆因入息即住其息。少時似閉氣，滿。其息出時，三分可，二分出，還住少時，咽之。咽已又作，至腹中滿休必須日夜四時作。爲初學人，氣未入田還易散，意欲得氣相接也。氣入丹田已，縱不服亦氣不散，四時者朝暮子午時也。心裏滿，但不服氣，咬少許甘草、桂亦得。其滿即散，丹田未滿，亦未到滿也，元氣下時，自然有少悶也。

凡初服氣，日夜要須四度。朝暮二時用仰覆勢，夜半及午唯用仰勢。其仰勢但用低枕仰臥，縮兩腳、竪兩膝，伸兩手著兩脇邊，即咽氣。解咽，只十咽氣即滿丹田，待一時咽了，然後以意運入鳩中，其覆熱以腹，坦牀以被，支胸令高，手腳並伸著牀，即咽十咽。每咽皆以意運，令沿脊下，從熟藏中出。每朝暮服氣，先覆後仰，每咽氣皆須一下下作聲，始得不解，作聲徒勞耳。

凡咽氣，皆須喉中徐徐咽，不得猛，猛即發嗽，凡咽氣每一回咽，中間隔十息，亦作事停歇，從容任意。

凡咽氣，不得和唾，咽氣須要乾咽。中間有津液來，別咽之。咽液亦須用入息，恐生風，入極須用心。

初從受服氣法，要須誦呪，受法了後，平常自用氣，亦不要誦呪，與人療病始回回誦呪。

凡服氣，四度外或非時，腹中覺少氣，力不健，任意咽多少亦得。

凡初服，氣未固，多從熟藏下洩，宜固之勿令下洩，以意運令散。

初服氣，必須心意坦然，無疑無畏，不憂不懼，若有畏，氣即難行。

凡服氣，若四體調和，必須意裏忻然自足，不義一切事，即日勝一日，歡快無極也。

凡服氣，不得思食，坦然無所念始得。若思食必須抑捺。如不在意，不抑捺，心即須念。如渴煑薜荔湯，湯中著生薑少許，更煑一兩沸，渴喫一碗，其渴即定，薑蜜湯亦得。若能自抑捺，縱終日對嘉肴亦無所思。

凡服氣，得不失時節，丹田常滿。縱日別出行，人事亦不妨。久久行慣，縱失一時兩時亦無碍。

凡咽氣仰排水，覆排食。食藏在右，水藏在左。凡咽氣久，即自至鳩頭。凡咽氣，覆存沿脊下，秪意存腹中，近脊尋聲下，熟藏中出，仍令聲從右邊下。

凡咽氣滿悶，下洩不能禁，亦非事所云。存氣使出頂及四肢，久行之自覺，如未覺，祇憑存即是。凡咽氣久，祇得丹田氣，拍之彭彭即得，縱心頭未滿亦得。如欲心頭飽滿，秪是取氣即得。氣如蟲行，久即自覺，更無別法。問云：何得似喫食時一種，初學祇合如此，久久即共喫食時一也。服氣了運通身，非令出，任其自出。如人行事，氣力少即咽，亦不須候時。內視腸中糞盡，閉目內視即見。腸中糞極難盡，縱斷食二十餘日始盡。初斷食二七日，須日別喫一兩頓煑菜，推宿糞令下。始得每頓喫一碗苜蓿、芥蕪、菁菘無妨，練卻苦汁，入少油酥，任少著塩醬醋作氣味，勿著米麪等。且欲腸中穀氣盡，喫菜可四五日，已後除卻菜，喫汁又三數日，然後總停。每須喫少酒任性，腹中空訖，大喫一頓酒，令吐胸中痰即極精。每日須喫椒，日三兩服。椒一合，淨擇去子及閉口者，及去塵，以酒水、薜荔湯、菜汁任意送之令下，益氣及推腹中惡物，此是祕法。薑性能瀾物，腹中有食，喫薑湯非事。如食盡訖，即非所宜。如菜中有邪，蒿及葫荽必不得食，能亂人氣。凡仰咽氣入腸，運入鳩中，覆咽，運令從熟藏出。凡人有熟藏生藏，行之一月，氣始入，盤屈腸中作小聲，繞腸轉鳴始是如法。凡人盤屈，腸轉數多者，爲上十二轉，已下或十轉九轉，或七轉五轉，或三轉兩轉，三兩轉者爲下賤人。腸麤而短，聰而無智。麤屬聰，短屬不智，唯欲得腸長爲上。若短更細，不是人類。心爲神氣，肝爲禁氣，肺爲殺氣，脾爲道氣，腎爲元氣，今時正咽者是內氣。

凡人腸長者氣易固，腸短者難固。

凡服氣，如腸中攪轉作聲，即須右脇著牀，以右手叉頭，以左手牽左腳，令屈直身及右腳，咽氣令入右腳中即可。久行氣每下作聲，聲繞盤屈子腸，屈處作聲，皆記得屈數，其聲流轉，呦呦然小聲即是流通好也。人腸中四緣又有節坎，坎數亦自記得。

《太上混元真録・長息法》 行氣一名鍊氣，一名長息法。正偃臥握固，漱口，嘸之三咽。行氣鼻但內氣，口但出氣。徐縮鼻引之，莫極滿，滿則難還。初爲之時，人五息已，一息可吐也。每口吐氣欲止，輒一吐之。安其身，和其氣，無與息爭。若不和且止，和乃爲之，當守之勿倦。氣至形安，鼻息和則清氣來至，自覺形熱，熱則汗出，且勿起安養務欲久，久則三蟲自去，意想分明也。常以夜半雞鳴。祝曰：東方青牙，服食青牙，飲以朝華，三嘸止。南方朱丹，服食朱丹，飲以丹池，三嘸止。中央之野仰太山，服元氣，飲以醴

泉，三嘸止。西方明石，服食明石，飲以靈液，三嘸止。北方玄滋，服食玄滋，飲以玉飴，三嘸止。如此三十日，三日蟲皆死。正神正氣自安定，伏屍不復還心中，子自仙矣，於是爲作《玉曆中經》三篇五十五章，本在上皇，藏之金匱玉曆笥中，今將付爾，慎勿妄傳。其要曰：養生之術絕俗事，約歸清淨養元氣。和積蓄神還反生，審欲修道守自然。慎無道引勞爾形，辟穀不食餓子精。六甲陰陽勿擾傾，心狂意亂神去身。枯骨獨立歸黄泉靜外冥室養爾神。精熟思之道自然。

《太上養生胎息氣經・六陽時法》 上清道德並《黄庭經》養生要集，人能依此，去萬病，通上清神仙。凡服氣法，存心如嬰兒在母胎，十月成就，筋骨和柔，以冥心息念，和氣自至，呼吸如法，咽之不飢。百毛孔開，入息不擁滯。常取六陽時，食生氣，氣力日增。

六陽時法

夜半子時服九九八十一，

平旦寅時服八八六十四，

食時辰時服七七四十九，

正中午時服六六三十六，

晡時申時服五五二十五，

黄昏戌時服四四一十六。

夫服氣，舌須玄玄，須依門户出入。鼻爲天門，服氣魂魄歸天門；口爲地户，服氣魂魄歸地户。《黄庭經》曰：百穀之寶土地精，五味外美邪魔腥。玉池清水灌靈根，子能修之補命門。欲獲長生從鼻入，口出即爲順氣修。依此真心不輟，下卻三屍，捨榮去愛，日漸成功，然始近道。

凡真人，本性幽閑，用心清雅，發言合道，心行無瑕；漱咽靈津，腹中百味自足；通三焦，理正氣，氣自周遍，大通五藏，骨髓堅溢。

夫道爲萬氣之主。道者，氣也。氣爲精門，人若守精，如屋有人，其量百世。人若無精，如屋無人，禍及其世。氣者保於精。精者，氣也。精氣兩全，是曰真人。人有三丹田，上丹田泥丸腦，赤帝子卿，字元先。中丹田心，真人光堅，字子丹。下丹田嬰兒，谷玄，字元陽子。氣精，門也。三宫各有三神，神舒氣漏，氣漏精泄，精泄即神喪。精者妙物，真人長生根。長生根者，氣之位。精全氣全，精泄氣泄，唯精與氣，須保全真先。賢至道，愛氣保精，而能長生。

夫色動於情，制不自由，安能固哉？此一傾危如山崩海竭。山者，氣之寶；寶者，腎也。腎爲命根，根無精則葉瘦，葉瘦則枝朽，枝朽則身枯矣。思欲再生焉，能救也。

凡入氣爲陰，出氣爲陽，此二者，服日月精華。氣者，虚无虚無者，自然無爲。無爲者，心不動也。外無求，內自然安靜；安靜則神定，神定即氣和；氣和即元氣自至，元氣自至即五藏滋潤；五藏滋潤即百脈通流，百脈通流即津液上應；津液上應即不思五味，無飢渴，延年卻老。氣化爲血，血化爲髓，一年易氣，二年易血，三年易脈，四年易肉，五年易髓，六年易筋，七年易骨，八年易髮，九年易形爲真人。鍊九還已通神仙，玄妙不可具載。

《太上養生胎息氣經・上清氣祕法》 東方青牙，青牙者，肝。服食青牙，飲以朝華。朝華，上齒根也。以舌表舐脣，漱而咽之。南方朱丹，朱丹者，心。服食朱丹，飲以丹池。丹池者，下齒根。以舌表攪齒根，漱而咽之。西方明石，明石者，肺。服食明石，飲以靈液。靈液者，脣裏津。以舌攪齒七匝，漱而咽之。北方玄滋，玄滋者，腎。服食玄滋，飲以醉飴。玉飴者，舌。以鼻導引元氣，入口呼吸而咽之。中央戊巳，昂昂太山，太山者，守精也。服食精氣，飲以醴泉。醴泉在齒根玄膺前，華池在舌本下，一名玉英，又名金梁。巳上漱而咽之，各三通也。凡服氣法，常以夜半子時，寅時起，正衣冠，以金梁叩玉英，調華池，漱醴泉及靈液，縮鼻還之。上至頭，下引入口中，變爲玉泉，引氣至於舌根，咽而送之，令喉中鳴，腹中鳴，引氣入丹田，如兒生能啼，謂長生根也。飢食自然氣，渴飲華畢池漿，使長飽也。

《太上養生胎息氣經・五藏補瀉法》 檢時舍景補瀉法 聖人欲得長生，房中之事能殺人，我命在我。有萬病者，皆由恣意，不知保惜。今人唯知服藥，不知愛保精髓。保精髓者，以致延命。飲玉泉，即玄液也。稟八尺之質，舍萬有之心，生命之器靈。祕長生之術，如寶守之，安神鍊形，履水不溺，入火不焚，謂氣運於內，神應於外，淘鍊五藏，吐納補瀉真元。

肺藏圖用呬爲瀉，呼爲補。 夫肺兑之氣，金之精，其色白。肺主魄，化爲玉童，長七寸。白獸，其神存，其形全。肺合大腸，上主鼻。多怖懼，魄離肺也。不耐寒，肺薄，顔色鮮白，肺無他病。大腸鳴，氣擁也，頻嘘不祥。肺主七宫，京門。立秋日平旦，面正西坐，鳴天鼓七通，飲玉泉漿三嘸，瞑目正思，

兑宫白氣入口，吞之三則童神安，百邪不能殃，兵刃不能害，延年益壽，謂補瀉神氣，安息靈魄。

心藏圖用呵爲瀉，噓爲補。　夫心者，離之氣，火之精，其色赤。其神朱雀，化爲玉女，長八寸。欲安其神而其形，合乎中和。心合小腸，主血脈，上主舌。血擁驚，舌不知味，心亂多噓。心主九宫，驚門和而形全。立夏日，平旦，面向南端坐，叩金梁九通，漱玄泉三咽，精思注想，吸離宫赤氣入口，三吞以補靈府。離玉女，神平體安，百殃不害，神至靈也。

肝藏圖用噓爲瀉，吹爲補。　夫肝震之氣，木之精，其色青。肝主魂，其神如龍，化爲二玉童，一青一黄。各長七寸，一負龍，一持玉漿。欲安其齡，合乎太清。肝合乎腠理，上主目，目熱肝傷也。肝主春，用事含春，精氣萬物繁茂，順陽之道。立春日，常以寅時，面向東平坐，叩齒三通，閉氣七息，吸震宫青氣，三吞之致二童，肝養精之妙也。

脾藏圖用呼爲瀉，呵爲補。　夫脾者，坤之氣，土之精，其色黄。像覆盆，其神如鳳，化爲玉女，長六寸。合太陰，上主口，顔色濕潤無他也。脾無定位，寄王四季各一十八日。清旦，正坐中宫，禁忌五息，鳴天鼓七，吸中宫黄氣入口吞之。飲玉醴以致其妙，人禀天道，經營正氣，守我房中之精，保命得長生。存想華池，飲玉液和氣相勝，百脈調暢。閉息精源，舍真卻老，此名守真長生祕訣。

腎藏圖用吹爲瀉，呬爲補。　夫腎主精，坎之氣，其色黑。其像圓，一名而曲。其神如白麈，化爲玉童，長一尺。萬物治其精，順其志，全其真，合乎太清。腎合骨，上主耳。腰不能伸，腎冷。立冬日，面北向平旦坐，鳴金梁五通，飲玉泉三，吸玄宫黑氣吞之，以致玉童之饌。神和體平，而能長生矣。

膽藏圖用嘻爲瀉，噓爲補。　夫膽金之精，水之氣，其色青。其神如龜，化爲玉女，長一尺，其神勇。膽合膀胱，顔貌青，無其他。常以孟月端坐，正思，北玄，吸黑氣入口九，吞飲玉泉之漿，氣之致也。喜怒損性，哀樂傷神，神傷侵命，損性害生。養性以生氣，保神以安心，氣平體和，精全心逸，比鍊真祕言，靈寶長生之訣。

夫氣爲身之主，主之者，守精。精是身之至道，通神仙；精是命根，保精重氣，而能長生，道之宗也。人自失道，非道失人。凡服氣，静室安坐，寂然瞑目，努腹鼓腮，令氣滿口，即氣腸開，叩齒嚥之，九下爲一息。春夏服冷氣，秋冬服暖氣。每夜至五更，即以兩掌掩口，著力掌中，取當液拭摩，面皮光澤。時時含棗，蜜湯助之，日日減食，朝朝進氣，氣即易成。

凡修行，切勿令人知，人知即我生，我生即名至，名至即禍來，禍來即不安，至道性餘，至静則廉。知之修鍊，謂之正真。玉不琢不成器，人不學不知道。水性不雜即清，不動即平，謂之真性抱一。閑曠寂然，外無内虚，至道無爲，無所不爲，虚無合體，自然合真，湛然長久。

夫大道法天象地，古人述古，從凡入聖，而變仙骨。呼吸陰陽，胎息日月，閉口舍虚，合口上下，靈液自至，徐徐嚥之。學道之人，服氣猶如世人思食，道即成矣。道法内修，可保全形。全道安神，仙道有異。真人至道，道自依人。人能弘道，非道弘人。氣道高妙，而獲長生。凡咽氣，皆連三咽，二乾一濕。乾謂雲行，濕謂兩施，順天之道。鼻引氣，魂魄歸天門；口嗜五味，魂魄歸地户。又云：鼻通玉池上清，口通人門太和。漱滿靈液，五藏清爽。玄妙之道，不遺萬物，萬物自生。氣爲百行，自成氣之道，道其生也，若勞其死也。若休而不休，曰弊。精用不已，曰勞，勞即竭，竭即死。所謂純一而不雜，静一而一變，此養道氣之至。純素之道與神爲一，一，真人所謂自然氣，可以和六腑，寧心神，使得長生。

《太玄寶典·修真沖寂門》　神靈天象　氣虚生神，神虚生化，化虚生象，皆生太虚。太虚者，在天地之中，無方無所，非氣非形，其中有象，清而爲天，濁而爲地，清濁分而生人，故人生而有清濁。清濁既分，中包太虚。澄鍊守則虚白生，虚白生則濁亦清，神自虚而靈自清。得天象應之，鬼神、陰陽、萬物妙機咸悟。真人之道，蓋鍊虚靈而滌昏濁也。

氣虚洞應　氣者，象之主而有清濁焉。清者，昇騰之元；濁者，生發之基。無濁不能形，無清不能真。得其清者，陽真而虚靈而致也。若欲鍊之，當先虚心養氣，圓念、定神。使氣常營，營而自靈，洞應萬物，神化乃行，天地之妙，無不得之。蓋氣鍊之而靈洞達，其應無方，推運不窮，是謂道也。

精堅保命章　精者，真也。真者，真元也。陰陽之本，生死之基也。人能保命在堅精。堅精者，鍊氣養神之謂也。氣固而厚精，以元術而堅；神定而保命，命以氣生而久。故真人鍊生氣，固真精，保命長年。其知者先養氣，氣營守精，精自固。外以火運則精自堅，氣出生氣之源，養精成玄胎。惟精不搖，氣常運，是妙道也。

天地配形　天生氣，地生形；　命以氣爲主，形以血爲根。知天者養命，知地者養氣。真人導氣，自丹田上行，不使散漫，自右腎循腰及下足，足後上行脇下，右膊，循右手復上肩井，入耳，上腦後，下左耳，過肩井，下左膊，循左手復過左脇，交腰下左足，復上還丹田。凡自半夜守，定心息氣，覺頂門冷氣透華池，兩耳如流水聲，時正生氣也。此氣自然行天地交媾之脈，凡動處，左以右手按之，右以左手按之。生氣流源，使不住滯，則天地配形，形同天地。日得功多爲最，三千功後，自然通流，不老不死，長年返嬰童顔耳。

陰陽造化　男子稟天道得陽之氣生腎，女子稟地道得陰之氣生血，生心。故男子鍊氣成真而保精，女子鍊血成真而保神。陰陽造化各有異焉。所行之道，亦各不同，男子守腎、固精、鍊氣，夾臍循脊骨上泥丸，號曰還元。女子守心、養神、鍊火不動，以兩乳氣下腎，夾腎上行亦到泥丸，號曰化真。行之百日，男女精不泄，氣長生，返嬰童神靈矣。女子血不動，神自定，返處子而收二脈，一化乳，二化血，其妙萬端，久久行之，生髮平乳，移腎，變形焉。

胎息自然　人欲行氣，先定胎息。胎息者，自然之息。調定息數，使氣不上不下，不出不入口鼻內，自然往來於胸中。半夜氣所生時以行之，既久，百日外可養氣伏息耳。又氣先鍊通兩耳，隨左右手掩耳，半夜時正以氣引之。久久自通氣。若通兩耳，口鼻不須出氣，可以伏息耳。其氣既行，半夜鍊氣，正一元氣動，以兩手掩耳，令氣上行及以手按摩之，其氣逆行，遂於皮膚間，或去或住，皆在己也。

神出神　神鍊之可以出形。何謂鍊神？所謂守心。守心惟能定神不老，非可出神超生也。出神超生者，在圓神也。古今徒説圓氣保走，未説圓神鍊真。夫圓神鍊真者，先存心如明月，形中彷彿有人坐，鍊圓不定，上抵泥丸，不窮丹海，久久身有光彩自身中出，隨其光彩出身外，無有身形。定洞自然，因神出神，故曰神出神矣。

氣定氣　氣真保真，鍊氣與天地齊年，蓋以氣爲道本，道從氣，生氣從空有，真氣不搖，故可長生。氣者，行於體內，營周一身。鍊之，從下丹田半夜所生氣處，行之心，營氣運力，舉手按之。久久，肌膚紅光通明，氣正而不散泄，以成真矣。

精神氣全　修行之士須要精、神、氣全也。精全則耳潤肌澤，神全則面澤目清，全則音響體輕。夫人修行欲三者之備，則定心絶念，內存空洞。運氣降升，無有停碍，保固精液，還元不泄。先正心咽七七口，大和其津，神想安居，心如明月照身外氣，氣無運大力，上行泥丸；　積精不泄，隨氣上昇，久久長生，則九竅通明，四肢強健耳。

齊老幼　老者衰，少者強，常理也。老者反壯，少者已衰一氣，稟，二消耗。真人以法齊之，老者反壯，少者益強。人之氣衰欲強盛者，當服九仙太液法。其道鍊氣、定神、體安。內八十一真液。其液如不甘，久久乃得甘味。少者自甘。以手引氣自心不腎，不出七日，老者如嬰兒矣。【略】

輕骨　骨者，天地陰陽之氣凝結生化，自胎中而成。由氣衝在長養而少變壯，壯變老。其骨之中有髓，流化成精，以爲一身之根元。筋脈交貫，而一身之動靜，皆由一氣以滋榮。氣血強盛則骨輕，以其血滋榮提領衝動故也。氣血既衰則骨重髓枯，謂骨枯精竭而死也。夫真人之修行，當先鍊血隨氣化以周營，次鍊骨化，久久神通。鍊心無滯成清泉，則蒸鬱精隨，浸潤運行，血乃得化而成白玉。長生之道本乎此焉。

鍊氣圓定　氣之所生，有應、有度、有象、有理。故半夜自元氣生時，兩耳如風雨聲，盛者如鍾磬聲，其應乃子時之半爲度也。久久修行者，閉目上視見星斗光，各象運其氣，自下而轉，不唯自尾閭行夾脊上泥丸而下降，其中人復通九竅，行四肢皮膚，下皆循而徧周則氣圓也。久運動而反上，則爲真寂，乃氣真定。氣之動靜，是謂要妙。氣之一動則長安，氣之一靜則神應。真氣行處，皮膚光澤，九竅通達，四肢輕便，久久皮膚下無血，但白膏耳。

生神水　神水之生，非華池之津，謂真氣滋養澆灌之水也。北方有滄海，滄海生玄龜，玄龜吐真氣，真氣化神水。神水生腎，故神水者氣之根元，由人呼吸以出入，一呼出一寸，一吸入一寸。人能少語、少思、少勞動，則一時生一尺，人睡一時亦生一尺。但夢寐之間，亦有勞動魂神耳。晝則無思，安定守之以流，夜則無夢，靜念而生。今修行者，半夜定念，端坐，上吸天池，下湧地脈，久久行之，精液無窮，長生不死之始於此也。上吸天池灌曲江，下湧地户，則不飢渴，能營周百脈，變化凡軀矣。

神體生光華　夫神體，元氣集真，定神，養素。久久鍊神體，神體之鍊，久久生光華。蓋爲氣應精，精應神，神應體。奇相須，上下圜運，火鍊氣升，貫百脈，透百竅，夜間自己視之，五色雲遶身，他人視己，如在火中。其訣蓋因密運氣，氣轉而固精，精堅而保神。神而靈定，自然發光明於身外，靈通八

表；風氣所鍾，自然旋轉不已，遶身成圓光，久久成五色雲。雲天之步，亦從此得耳。

五臟通明　夫五臟者，五行之源也。五行既鍊，則孰爲守氣也？孰爲守形也？左右旋轉，運氣不止，久久相通，則無飢渴也，則無榮衛也。氣血相合，精神通貫，神仙默化，至妙之語也。其訣惟以運氣爲本，守心爲上，握固以佐之，揭泥丸爲畢。功，先握固而守心，守心兼運氣，則上丹田以力湧之如揭，四肢手足，心氣如發，則内氣五臟不相關隔。不惟不病，五氣中和滋榮，光茂通明，内視如五色瑠璃，是其應也。行之既久，其光上交五星焉。

四體内滌　凡人有四體，外有皮膚，四有骨血，絕雜想而成真人。真體能升雲天，莫不先内滌四體。其四體者，其法端坐，以兩足心相踏，兩手心相合，熱通五臟，手氣先交脊，足先交腰，上下搖動，汗自身出四肢，則萬病自祛，百邪不干。何爲瘡瘍？何爲痹癩？修行者必先行之快氣焉。

三宫明黄道　三宫守一之道，本自天真皇人傳之，黄帝多祕真旨。凡自下丹田起，則升氣圜運之。足心發火交臍下，次動中丹田，則守一、定神。修到上丹田，則般下玉精以嚥華池真精入心。如此行之，則耳目萬倍光明，下通腰腎，神火上升。故三宫有黄明之氣謂之黄道。行之久久升雲天，長年不老，通神明。惟黄帝先得之金焉。

寶火入鼎　修行者，以氣爲金，爲鼎。鼎合在脾之下腰之上。鼎中有丹，丹乃二氣，坎離相合於脾心。鼎中有水，水元氣也。元氣非火不能升，故火自下發者，坎宫水中之火也。寶火者，陰中之陽，日精太陽，丹光上騰。所行亦有法，先嚥華池真津三百六十口，每日日初出，存日精，咽三百六十，功至夜半可發，以烹太陽丹焉。

丹光應液章　丹鍊二神，至陽之寶，内榮百脈，外通九竅，則神光出。其液流行，内有神泉澆灌，外有至和之氣，爲液、爲汗，百病不生，體輕，久久生清光華，行步如飛，登山涉險，無所不至，神明相祐矣。

玉泉無漏　玉泉者，真精之生發也，久修真者有之。所得三者之備：一泥丸到流，二神府無想，三真元固密。其精生生不窮，如水之源源不已，出於山谷。何爲手摇動？何爲乎禁止？皆不知竭，乃謂玉泉。至者常潤也，泉者不窮也。其法，蓋定神，養氣，上昇泥丸，緊固氣不泄也。

《正一法文修真旨要·服日月光芒法》　大方諸宫青童君常治處，其上，人皆天真高仙。太極仙公，上卿司命之所在也，有服日月光芒法，雖已得道爲真，猶故服之。直存心中有日象，大如錢，在心中赤色，有九芒，從心中上出喉至齒間，即回還胃中。如此良久，臨目存見心中胃中分明。訖，乃吐氣。吐氣畢，漱液三十九過止。一日三爲之，日出時，食時，午時。行之一年疾病除，五年身有光彩，十八年得道成真。日中行無影，辟百邪千災之氣。常存日在心，月在泥丸中。晝服日芒。夜服月芒。服月芒法如服日法，存月有十芒，白色，從腦中下入喉，芒亦至齒而咽入胃。一云：日芒常服，月芒從月一日至十五日已前服，十五日已後不服，謂十五日已後，月減光芒，損天氣，故言止也。又云：月一日至十五日已前服，日十六日至月終服月也。

《正一法文修真旨要·服食忌并治病法》　女仙程偉妻，口訣曰：勿食血物。食血物，使不得去三屍，乾肉猶可耳。

鳳剛口訣曰：道士有疾，當閉目内視心，使生火以燒身及疾處存之，使精如髣髴，病即愈，於痛處存加其火，祕驗。出《神仙傳》。

《正一法文修真旨要·服氣訣》　凡服氣，先偃臥，閉口鼓頤，腹令氣滿口即嚥。嚥時作意蹙向後吞之，如食入喉，喉有三道，一道氣從藏中出至，口微出鼻，令滿口，於其出息蹙斷便嚥。嚥分爲二道，津液存入兩腎，氣存入腸胃也。若上熱下冷，即先服暖氣。若下熱上冷，即先服冷氣。暖氣者，從五藏中出，鼓於口，久令氣在口，暖極熱，嚥此謂暖氣也。若氣液滿於口，便蹙嚥下者，此名爲冷氣也。亦云：秋冬宜服暖氣，春夏宜服冷氣。亦云：於人體自候臟腑冷熱而服也。初則仰臥，得便之後，無問行住坐臥並得也。鼓氣之時，牙齒須開，嚥時牙齒須閉，令相著。若不相著，嚥液及氣不入。久服之後，合口即氣自然下入腸胃，嚥亦不費功夫。若不得法，元氣不下，所覺嚥入者，但少津液。若蹙氣時，合牙齒相著。復不須起頤，口中既不開，通氣反從鼻出，雖嚥無益，須精審之。

凡服氣，候五更食消盡則服之。至食時，乃忘饑，忘饑得力，得力之後，覺饑則服氣，腹中或鳴。若腹中氣相續，則不鳴。若腹中空，氣入即鳴，亦無苦也。服氣得力，則決勿食。不斷食亦隨人所樂也。

凡服日月精華者，即須者早朝及夜半生氣時，仍須天氣晴明，只内氣，但覺腹空即服，不限時節行住坐臥也，亦不論日服幾度也。初服氣至一七日，或五日，有三兩行痢，痢中或沫無沫，小便赤色，亦不須怪。其中初服，以臍

下澀悶，不須疑怪。悶時燒和香於靜室，暫絶人喧，寬衣帶，從容四體，仰臥，小小閉氣。想氣從五藏中，對兩腎下帖著脊，有二穴，氣色白，分爲二道，從穴夾脊上至頭，想氣至髮，熠熠良久，想氣回至面，下入五藏，又下至三星。三星人，陰也。然後下至腳湧泉，了。即以兩手心摩腹三二十轉，及臍下百轉。了。從容四大，臥少時，自然舒暢，向來之悶都除也。洞微昔受訣於師，其用心之中自調適，無不效也。人之使手，不如使意。意者與氣合一，意之所至，氣無不應。洞微少小多疾，或淋或瘠勞病之候至多，自得氣術，疾都覺愈。七日已前，少有變動，如前說十日已後勤爲，自然通流，方得安穩。亦須時時量事一兩服，導引服氣，常莫使欠，似不相續即服之。服多或時噫氣下泄，亦非異事耳。

凡服氣後至七日，或二七日，或久遠，逢食及酒並喫，無妨。酒不得過度，亂正氣。若食飽，不須服氣，食盡則服。若不解服氣，唯學存思及以藥絶穀，則示能久免饑渴，後忽食便死。所以然者，腸胃干，及九竅不通，所以至死。若服氣之人，食無妨者，以腹中腸胃先開，故能受食。如渴飲湯水，及津液潤之，並得取津液，以舌拄上齶及舌下，左右轉，則津液悉集。

凡服氣之人，先須內無攀緣，心與道契，然後服之，諸病易愈。如覺中體不調，存想病處，以氣攻之即愈。道成之後，永無疾病，日覺輕健，可涉遠行。如經歷腥穢葷辛之處，雖不耐，亦無損。能開坐焚香清淨，避外穢尤佳。若以氣斷穀，見食心欲者，此乃執心不一，以致猶豫。如一向決定，唯服元氣爲事，久後見食亦無欲相。

凡服氣道成，亦勝用藥。絶穀畢竟體虛，服氣至妙。久，竟湯酒之類亦自不須，大小便並絶。若志士有公務，未能專一在道，服元和正氣，餘暇，每一二時服三五十嚥，令腹中常有元氣在氣海中。忽有疾，須用導引引出，攻疾立效，自驗可知。

凡服氣，雖服內氣，亦須外氣。外氣者，日月之精華也。早朝室中服青氣也。《黃庭》云：日月之光救老殘，此之謂也。

服元氣者，非用時節，不論朝暮，得服則服。日月精華者，候天氣晴和，日初出一丈已上高，並可服。向日拱手四揖，閉目存日中一道光芒，紫色如線，來至鼻口，想令滿口中赤光色，嚥三九嚥，止，又四揖。若唯只服內氣不佳，能兼服生氣。生氣者，則此也。生氣既服，與元氣合一也，攻病速愈。若唯服內氣攻病者，稍遲差也。若然兼日月精華，久服令人身靈及有光彩也。

閉氣攻病，易行而速愈。其法，於靜室中正臥。有和香即燒尤佳。無，亦得也。寬衣帶，放身縱體，握固，徐長吐細氣，出口兩三度。以鼻引氣入口，密閉口，用心念所患處，如漏漏相續，注之滿十，又從一起，如是十十爲百，小縮氣。若身彊無，力還閉目，吐細氣五息，然後起。

夫閉氣攻病，令體中極熱，汁出通流即差。都無患者，但放氣通行，開其關節，肢體皮毛孔中，悉令氣出，如似煙霧，或似甑中氣也，久久自見。若頭中有疾，以手捻塞鼻孔，以氣攻之即愈。但知人服內元氣，不知服生氣。生氣者，日月精華及早朝東青氣也。故元氣在脾中，藉生氣以相生也。

《胎息經註・伏氣》 胎從伏氣中結。

臍下三寸爲氣海，亦爲下丹田，亦爲玄牝。世人多以口鼻爲玄牝，非也。口鼻即玄牝出入之門。蓋玄者，水也；牝者，母也。世人以陰陽氣相感結於水母，三月胎結，十月形體具而能生人。修道者，常伏其炁於臍下，守其神於身內，神炁相合，而生玄胎。玄胎既結，乃自生身，即爲內丹，不死之道也。

氣從有胎中息。

神爲炁子，炁爲神母。神炁相逐，如形與影。胎母既結，即神子自息，即元炁不散。

氣入身來爲之生，神去離形爲之死。

《西昇經》云：身者，神之舍；神者，身之主也。主人安靜，神即居之；主人躁動，神即去之。神去炁散，安可得生？是以人耳目手足，皆不能自運，必假神以禦之。學道養生之人，常拘其神以爲神主，主既不去，宅豈崩壞也！

知神氣可以長生。固守虛無，以養神氣。

《道經》云：我命在我不在天地。天地所患，人不能知至道，能知而不能行。知者，但能虛心絶慮，保炁養精，不爲外境愛欲所牽，恬淡以養神氣，即長生之道畢矣。

神行即氣行，神住即氣住。

所謂意是炁馬，行止相隨。欲使元氣不離玄牝，即先拘守至神。神不離身，炁亦不散，自然內實，不飢不渴也。

若欲長生，神氣相注。

相注者，即是神炁不相離。《玄綱》云：鎦銖陰炁不滅不爲鬼，纖毫陰炁不盡不爲仙。元炁即陽炁也，食氣即陰炁也。常減食節欲，使元炁內運，元炁若壯，即陰氣自消，陽壯陰衰，則百病不作。神安體悅，可覬長生矣。心不動念，無來無去，不出不入，自然常住。

神之與氣，在母腹中，本是一體之物，及生下，爲外境愛慾所牽，未嘗一息暫歸於。本人知此道，常泯絶情念，勿使神之出入去來能不忘，久而習之，神自住矣。

勤而行之，是真道路。

修真之道，備盡於斯。然聖人之言，不可妄乎。凡胎息用功後，關節開通，毛髮踈暢，即但鼻中微微引氣，相從四支百毛孔中出，往而不返也。後氣續到，但引之而不吐也。切切於徐徐，雖云引而不吐，所引亦不入於喉中，微微而散，如此內氣亦下流散矣。

《存神鍊氣銘・五時亡候法》 夫身爲神氣之窟宅，神氣若存，身康力健；神氣若散，身乃死焉。若欲存身，先安神氣。即氣爲神母，神爲氣子，神氣若俱，長生不死。若欲安神，須鍊元氣。氣在身內，神安氣海。氣海充盈，心安神定。定若不散，身心凝靜。靜至定俱，身存年永。常住道源，自然成聖。氣通神境，神通慧命，命住身存，合於真性，日月齊齡，道成究竟，依銘鍊氣。欲學此術，先須絶粒，安心氣海，存神丹田，攝心靜慮。氣海若具，自然飽矣。專心修者，百日小成，三年大成。初入五時，後通七候。神靈變化，出沒自在，峭壁千里，去住無礙。氣若不散，即氣海充盈，神靜丹田，身心永固，自然回顔駐色，變體成仙，隱顯自由，通靈百變，名曰度世，號曰真人，天地齊年，日月同壽。此法不服氣，不嚥津，不辛苦，要喫但喫，須休即休，自在自由，無阻無礙。五時七候，入胎定觀。夫學道之人，入有五時：

第一時，心動多靜少，思緣萬境，取捨無常，忌慮度量，猶如野馬，常人心也。

第二時，心靜少動多，攝動入靜心，多散逸，難可制伏，攝之勤策，追道之始。

第三時，心動靜相半，心靜似攝，心常靜散相半，用心勤策，漸見調熟。

第四時，心靜多動少，攝心漸熟，動即攝之，專注一境，失而遽得。

第五時，心一向純靜，有事無事，觸亦不動，田攝心熟，堅散准定。從此已後，處顯而入七候，任運自得，非關作矣。

第一候，宿疾並銷，身輕心暢。停心入內，神靜氣安。四大適然，六情沉寂。心安懸境，抱一守中。喜悅日新，名爲得道。

第二候，超過常限，色返童顔。形悅心安，通靈徹視。移居別郡，揀地而安。鄰里知人，勿令舊識。

第三候，延年千載，名曰仙人。遊諸名山，飛行自在。青童侍衛，玉女歌揚。騰躡煙霞，绿雲捧足。

第四候，鍊身成氣，氣遶身光，名曰真人。存亡自在，光明自照，晝夜常明。遊諸洞宮，诸仙侍立。

第五候，鍊氣爲神，名曰神人。變通自在，作用無窮，力動乾坤，移山竭海。

第六候，鍊神合色，名曰至人。神既通靈，色形不定，對機施化，應物現形。

第七候，身超物外，迥出常倫。大道玉皇，共居靈境。聖賢集會，弘演至真。造化通靈，物無不達。修行至此，方到道源，萬行休停，名曰究竟。今時之人，學道日淺，魯無一候，何得通靈？理守愚情，保持穢質，四時遷運，形妄色衰，體謝歸空，稱爲得道，謬矣！此胎息定觀，是留神駐形之道。術在口訣，不書於文。有德至人，方遇此法，細詳留意，必獲無疑。賢達之人，逢斯聖矣。

《枕中記・行氣法》 凡欲求仙，大法有三：一曰保精，二曰行氣，三曰服餌也。凡此三事，亦附淺至深，不遇至人，不涉勤苦，亦不可卒知之也。然保精之術，近有百法，行氣亦有數千條，服餌之方略有十種，皆以勤勞不絶爲務。故行氣可以治百病，可以去瘟疫，可以禁蛇獸，可以上瘡血，可以居水中，可以辟飢渴，可以延年命。其大要者，胎息而已。胎息者，不復以口鼻噓吸也，如在胞胎之中，則道成矣。

夫善用氣者，噓水水爲之逆流，噓火火爲之滅炎，噓蟲豹蟲豹爲之伏，噓金瘡疼血則止。聞有毒蟲所中，雖不見其人，便遥爲噓呪我手，男左女右，彼雖萬里之外，皆即愈也。又中惡卒病，但吞之，三九之病亦登時差之。但人性多躁，少能安靜以思其道耳。

凡行氣之道，其法當在密室閉户，安牀軟席，枕高二寸半。正身偃卧，瞑

目閉氣，息於胸膈，以鴻毛著鼻口上而毛不動，經三百息，耳無所聞，目無所見，心無所思，當以漸除之耳。若食生冷、五辛、魚肉及喜怒憂恚而行氣者，非止無益，更增氣病，上氣嗽逆，不能頓閉之，稍稍學之。初起於三息、五息、七息、九息而一舒氣，尋更噏之。能十二息不舒氣，是小通也。百二十息不舒氣，是大通也。百二十息不舒氣，可以除病，隨病所在念之，頭痛念頭，足痛念足，欲令其愈，和氣攻之，從時至時便自銷矣。此治身之大要也。

凡行氣常以夜半之後生氣時閉氣，以心中數之，令耳不聞。恐有誤亂，以手下籌，能至於千，則去仙不遠矣。

凡吐氣，常令入多出少，常以鼻入口吐。若天大霧、惡風、猛寒，勿行氣也，但閉之，此謂要妙。彭祖曰：至道不煩，但不思念一切，則心常不勞。又復導引，行氣不息，真爾可得千歲。更服金丹上藥，可以畢天不朽。清齋休糧，存日月在口中，晝存日，夜存月。

《服氣精義論·五牙論》 夫形之所全者，本於臟腑也；神之所安者，質於精氣也。雖稟形於五神，巳具其象，而體衰氣，耗乃致凋敗。故須納雲牙而溉液，吸霞景以孕靈，榮衛保其純和，容貌駐其朽謝。加以久習成妙，積歲通神，與五老而齊升，並九真而列位。經文所載，以視津途修，學所遵，自宜詳覈。

凡服氣，皆先行五牙，以通五臟，然後依常法，乃佳。東方青色，入通於肝，開竅於目，在形爲脈；南方赤色，入通於心，開竅於舌，在形爲血；中央黃色，入通於脾，開竅於口，在形爲肉；西方白色，入通於肺，開竅於鼻，在形爲皮；北方黑色，入通於腎，開竅於耳，在形爲骨。

又，肺爲五臟之華蓋第一，肺居心上，對胸，有六葉，色如縞映紅，肺脈出於少商；左手大指之端，內側去爪甲二分許，舀者之中。心居肺下肝上，對鳩尾下一寸，色如縞映絳，心脈出於中衝；在手中指之端，去爪甲之二分許，舀者之中。肝在心下，小近後，右四葉、左三葉，色如縞映紺，肝脈出於大敦；左足大指端，乃三毛之中。脾正掩臍上，近前橫覆於胃，色如縞映黃，脾脈出于隱白；左足大指端側，去爪甲角如韭葉。左腎、右腎前對臍同，搏著腰脊，色如縞映紫，左爲正腎，以配五臟，右爲命門，男以藏精，女以擊胞，腎脈出爲湧泉。左足心舀者之中。

凡服五牙之氣者，皆宜思入其臟，使其液宣通，各依所主，既可以周流形體，亦可以攻療疾病。令服青牙者，思氣入肝中，見青氣氤氳，青液融融，分明良久，乃見足大敦之氣，循服而至，會於脈中流散，諸脈上通於自然，次服諸方。仍宜以丑後，澡漱冠服，入別室，焚香，坐向其方，靜慮澄心，注想而爲之。

《服氣精義論·服氣論》 夫氣者，胎之元也形之本也。胎既誕矣，而元精已散；形既動矣，而本質漸弊。是故須納氣以凝精，保氣以鍊形，精滿而神全，形休而命延，元本既實，可以固存耳。觀夫萬物，未有有氣而無形者，未有有形而無氣者。攝生之子，可不專氣而致柔乎？

太清行氣符　欲服氣斷穀，先書向王吞之，七日吞一，三七日止，合符三枚，皆燒五香左右。

凡欲服氣者，皆宜先療身疹疾，使臟腑宣通，肢體安和，縱無舊疹，亦須服藥去疾。飲量體冷熱，服一、兩劑寫湯，以通泄腸，胃去其積滯，吐瀉方在後。將息平復訖，乃清齋百日，敦潔操志。其間所食，漸去酸鹹，減絕滋味，得服茯苓、蒸曝胡麻等藥，預斷穀爲佳。服氣之始，亦不得頓絕其藥食，宜日日減藥，宜漸漸加氣，氣液流通，體藏安穩，乃可絕諸藥食。仍須兼膏餌消潤之藥助之。勿食堅澀、滓滯、冷滑之物。久久自覺腸胃虛全，無復飢渴，消息進退，以意自量，不可具於此述。宜於春秋二時，月初三日後，八日前，取其一吉日爲始。先服太清行氣符，計至其日，令吞三符訖，於靜室東向，得早朝景爲佳。於東壁開一牎，令日中光正對臥面，此室之東，勿令他障隔。以子時之後，先解髮梳頭數百下，便散髮於後矣。初服須如此，久後亦不須散髮也。燒香，勿用薰陸香。東向正坐，澄心定思，叩齒導引。其法具後篇。又安坐定息，乃西首而臥。本經皆云東首，然面則向西，於存息吸引殊爲不便。牀須厚暖，所覆適溫自得，稍暖爲佳，腰腳已下，左右宜暖，其枕宜令低下，與背高下平，使頭頸順身平直。解身中衣帶令闊，展兩手，離身三寸，仍握固，兩腳相去五六寸，且徐吐氣息令調，然後想之。東方初曜之氣，共日光丹於流暉，引此景而來，至於面前，乃以鼻先拔鼻孔中毛，初以兩手大指下掌，按鼻左右下下動之十數過，令通暢。微引吸而嚥之。久久乃不須引吸，但存氣而嚥之，其氣自入，此便爲妙。嚥之三，乃入肺中。小開唇，徐徐吐氣，入氣有緩急，宜在任性調息，必不得頓引至極，則氣麤，麤則至損。又引嚥之三，若氣息長，加至五、六嚥，得七尤佳。如此，以覺肺間大滿爲度。且停嚥，乃閉氣，存肺中之氣，隨兩肩入臂至手握中，入存

下入於胃，至兩腎中，隨髀至兩腳心中，覺皮肉間習習如蟲行爲度。訖，任微喘息少時，待喘息調，依法引導送之，覺手足潤，溫和調暢爲度。諸服氣方，直存入腹，不先向四肢，故致四肢送冷，五臟壅滯。是以必須先四肢，然後入腹，即氣自然流宣也。此後不復須存在肺，直引氣入大腸、小腸中，鳴轉通流臍下爲度。應如此，以腸中飽滿乃止。則豎兩膝，急握固，閉氣鼓腹九度，就鼓中仍存其氣，散入諸體，閉之欲極，徐徐吐之慎勿長。若氣急，稍稍并引而吐之，若覺腹中闊，此一極則止。如腹猶滿急，便閉氣。鼓之。訖，舒腳，以手摩面，將胸心而下數十度，並摩腹繞臍，手十數度。展腳趾向上，反偃數度，乃放手縱體，忘心遺形。良久，待氣息關節調平，訖乃起。若有汗，以粉摩拭頭面頸項。平坐，稍動搖關節，體和如常，可起動。其中隨時消息，觸類多方，既不云煩述，善以意調適之。又服氣所以必令停於肺上，入於胃，至於腎者何？ 肺藏氣，氣之本也。諸氣必於肺。夫氣通於肺，又肺者，藏之長也，爲諸藏之華蓋，呼吸之津源，爲傳送之官，治節出焉。又魄門爲五藏之使，爲四藏之主，通於十二經脈，周而復始，故爲五藏使也。故令氣停於肺，而後流行焉。胃者，五藏六腑之海也，水穀皆入於胃，六腑之大主也。五藏六腑皆稟於胃，五味入胃，各走其家，以養五氣。是以五藏六腑之氣，皆出於胃，變見於氣口故也。腎者，生氣之源，五藏六腑之本，十二經脈之根。左爲正腎，右爲命門，故令氣致於腎，以益於其精液。天食人以五氣，地食人以五味。五氣入於鼻，藏於心肺；五味入於口，藏於腸胃。味有所藏，以五氣和而生津液，氣液相感，神乃自生。五味豈獨其穀，而五味氣中自有其味，又兼之以藥，藥之五味，尤勝其穀。此雖只論肺腎，其氣亦自然流通諸藏。故曰：呼出心與肺，吸入腎與肝。呼吸之間，脾受其味也。呼吸之理，及神氣之要，故太上問曰：人命在幾間？ 或對曰：在呼吸之間。太上曰：善哉！ 可謂爲道矣。

凡服氣，皆取子後午前者，雞鳴至平旦，天之陰，陰中之陽也；平旦至日中，天之陽，陽中之陽也；日中至黃昏，天之陽，陽中之陰也；黃昏至雞鳴，天之陰，陰中之陰也。人亦如是。又：春氣行於經絡，夏氣行於肌肉，秋氣行於皮膚，冬氣行於骨髓。又：正月、二月，天氣始方，地氣始發，人氣在肝；三月，四月，天氣正方，地氣正發，人氣在脾；五月、六月，天氣盛，地氣高，人氣在頭；七月、八月，陰氣始殺，人氣在肺；九月、十月，陰氣冰，地氣始閉，人氣在心；十一月、十二月，冰復地氣合，人氣在腎。至四時之月，宜各依氣之所行，兼存而爲之。

凡服氣，皆取天景明澄之時爲好。若恒風雨晦霧之時，皆不可引吸外氣。但入密室，閉服內氣，加以諸藥也。

凡服氣斷穀者，一旬之時，精氣弱微，顔色萎黃；二旬之時，動作瞑眩，肢節悵恨，大便苦難，小便赤黃，或時下痢，前剛後溏；三旬之時，身體消瘦，重難以行；已前羸弱之候，是專氣初服所致，若以諸藥不至於此也。四是之時，顔色漸悅，心獨安康；五旬之時，五藏調和，精氣內養；六旬之時，體復如故，機關調暢；七旬之時，心惡諠煩，志願高翔；八旬之時，恬惔寂寞，信明術方；九旬之時，榮華潤澤，聲音洪彰；十旬之時，正氣皆至，其效極昌，修之不止，年命延長。三年之後瘢痕滅除，顔色有光；六年髓填，腸化爲筋，預知存亡；經歷九年，役使鬼神，玉女侍傍，腦實脇胼，不可復傷，號曰真人也。【略】

大道無形，因物爲名。乾坤萬品，秀氣乃成。既受新質，惟人抱靈。五行三才，秋殺春生。四九寶偈，除誦守精。修奉太和，不虧不盈。嚼之無味，嗅之無馨。察之無色，和之無聲。坐卧無所，行走無程。遊歷太空，湛爾黃庭。動而不去，住而不寧。無營無作，無視無聽。非聚非散，非離非并。非巨非細，非重非輕。非黃非白，非赤非青。道高黃老，曉朗其情。太上要章，封密金城。子得聞之，命合真星。此五靈章，即可通五通氣，每宜誦之，仍各存藏位。其文有苦、寒、熱、飢、渴者，始可別誦章爾。當面向其方坐，閉目澄神，閉口心誦，仍動舌觸料口中，令津液生，微微引氣而噓之各入其藏中。此法專行，應至虛惙，兼以符水藥味，則不致羸頓矣。

服六戊氣法　氣旦先從甲子旬起，向辰地，舌料上下齒，取津液，周旋三至而一噓，止。次向寅次向子，次向戌，次向申，次向午。又法起甲子日，匝一旬，恒向戊辰噓氣，甲戌日則向戊寅。餘旬依爲之，此六戊法，亦是一家之義。以戊氣入於脾，爲倉廩之本故也。此真不飢。若通益諸體，則不逮餘法矣。

服三五七九氣法　徐徐以鼻微引氣，內之三，以口吐死氣，久久便三氣；次後引五氣，以口一吐死氣，久久便五氣；次引七氣，以口一吐死氣，久久便七氣；次引九氣，以口一吐死氣，久久便九氣。因三五七九而并引之。以鼻二十四氣內之，以口一吐死氣，久久便二十四氣，噓逆報之法，因從

九數下到三，復順引之嚥，可九九八十一，嚥氣而一吐之，以爲節也。此法以入氣多，吐氣少爲妙。若不作此限，數漸增入，則意於常數之耳。死氣者，是四時五行休死之氣，存而吐之，自飲節度，仍依常法。

養五藏五行氣法　春以六丙之日，時加巳，食氣百二十，致於心，令心勝肺，無令肺傷肝，此養肝之氣也；夏以六戊之日，時加未，食氣百二十，以助脾，令脾勝腎，則腎不傷於心也；季夏以六庚之日，時加申，食氣百二十，以助肺，令肺勝肝，肝不傷於脾也；秋以六壬之日，時加亥，食氣百二十，以助腎，令腎勝心，則心不傷於肺也；冬以六甲之日，時加寅，食氣百二十，以助肝，令肝勝脾，則脾不傷於腎也。右此法，是五行食氣之要，明時各有九。凡一千八十，食氣各以養藏，周而復始，不相刻，精心爲之。此法是一家之義，所在五藏，事事具在《五牙論》中。

《服氣精義論·服氣療病》　夫氣之爲功也，廣矣妙矣。故天氣下降，則寒暑有四時之變；地氣上騰，則風雲有八方之異。兼二儀而爲一體者，總形氣於其人，是能存之爲家，則神靈儼然，用之於禁，則功效著矣。況以我之心，使我之氣，適我之體，攻我之疾，何往而不愈焉！習服閑居，則易爲存，使諸有疾痛，皆可按而療之。凡欲療疾，皆可以日出後，天氣和靜，面向日，在室中亦向日，存爲之。平坐，瞑目握固，叩齒九通，存日赤暉紫芒，乃長引吸而嚥之，存入所患之臟腑。若非臟腑之疾，是謂肢體筋骨者，亦宜先存入所主之臟也。閉極又引，凡得九嚥，覺其臟中有氣，乃存其氣，攻於所苦之處，閉極微微吐氣。其息稍定，更嚥而攻之，覺疾處溫暖，汗出爲佳。若在四肢，應可導引者，則先導引其處已後攻之。縱是體上，亦宜按念，令其氣通。若在頭中，當散髮，梳頭皮數百下，左右搖頭數十過，乃吸氣。訖，以兩手指於項上急攀之，以頭向上力拒之，仍存氣向上入腦，於頂髮諸孔衝出散去，一極訖，放手通氣更爲之，以覺頭頸汗出，痛處寬暢爲候。若病在臟腑者，仰臥，吸引存入其處，得五六嚥則一度，閉息攻之，皆以意消息其病。或久來痼疾，并有癥塊堅積者，則非氣之所能愈，終亦覺積寬平也。兼藥同療，亦無所妨，乃於藥性易效爾。雖用氣攻病，雖攻其處，膚腠散出，然兼依《明堂圖》取，其所療之穴，而相引去之，佳。既知其穴，宜依十二月，各用其律管，急按穴上，相而出之，則心存有所，主氣行有所適矣。

《西山群仙會真記·養形》　《玉華靈書》曰：神以炁爲母，炁以形爲舍。鍊炁成神，鍊形成炁。陽神未聚，三花不入泥丸；真炁未朝，五彩不生丹闕。無形籠絡，神炁兩離。故天地大也，未免輕清重濁之象；日月明也，難逃圓明缺暗之形。積陽生神，上以麗乎天者，星與辰也；積陰生形，下以壯乎地者，土與石也。水中炁升而爲雨、爲雲，炁中水降，而爲霧、爲露。萬象群生，不能無形。惟人也，集靈以生，資道以成。不知養形之端，精魄耗散，而陰殼空存，未死之前，已如槁木，餘喘既絕，盡爲糞壤。養形之道，可不深思！

《西山記》曰：仲夏、仲冬之月，善養形者，處於深堂，避其大寒大熱之炁，而伏其肌膚。非特此也，先寒而衣，衣不得頓多，先暖而解，解不得頓少。久勞則安閑，以保極力之處；久逸則導引，以行稍滯之炁。暑不當風，當風則榮閉而衛結；夏不臥濕，臥濕則氣散血注；冬不極熱，極熱則腎受虛陽，而春、夏，肝與心有壅蔽之疾也。夏不極涼，極涼則心抱浮寒，而秋冬肺與腎有沉滯之患也。不可極飢而食，食不過飽，飽則傷神，飢則損胃。不可極飲，飲不過多，多則損炁，渴則傷血。沐用旬，浴用五，夫五則五炁流傳，遍浴之，榮衛通暢，旬則數滿復還，真炁在腦，沐之則耳目聰明。若頻頻浴者，血凝而炁散，雖肌體光澤，久而炁自損矣。故有癱瘓之疾者，炁不騰血，神不勝形也。若頻頻沐者，氣壅於上，腦滯於中，令人體重形疲，久而經絡不能通暢。故古人以陽養陽，陽不耗散，以陰鍊陽，陽不損弱。如一年内春夏養陽，秋冬養陰，是借陰養陽，以陽消陰也。一日内午前鍊乾以炁，前起鍊形，後起金晶；午後鍊坤以藥，有藥則聚炁鍊丹，無丹則收火煑海，皆以真陽見用于自身。不然，斂身聚之，可以無中養就，真炁升身，真炁以滅魔陰焉。奉道之士，廣覽多學，徒以勞損，不知陰陽爲之總領之元也。真陰真陽爲胎，凝於丹田。次以真陰爲炁，真陽成形，身外有身，超凡入聖矣。

《西山群仙會真記·養炁》　《太上隱書》曰：天地以清濁爲質，非炁不足以運陰陽；日月以明暗分形，非炁不足以交魂魄。以橐籥之用，呼吸之理，是炁使之然也。禽一衝而制在炁，履空如實；魚一躍而制在水，穿水如無。衆植凋殘，獨松栢而常茂者，氣堅也；群動滅寂，惟龜鶴之不悴者，氣任也。形爲留炁之舍，炁爲保形之符。欲留形住世，必先養炁。至大至剛，充塞乎天地之間，炁聚神靈，遨遊風塵之外。善養生者，養其形；善養形者，養其炁。

《西山記》曰：古今養炁之士，不免於疾病死亡者，不知其道也。昔人以志士不語爲養炁，此保炁也，失之昏；以入清出濁爲養炁，此換炁也，失之虛。昏者，炁散神狂，真靈日厭，終無所歸矣；虛者，丹田無寶，徒勞而吐納，終不能住矣。多入少出，攻病可也，認爲胎息，誤矣；上咽下搐，聚炁可也，指作還丹，誤矣。綿綿若存，用之不勤，委炁而和神也；息息要住納，之不出，閉炁而鍊形也。一咽復一咽，雙收兩夾，以嘘咽爲法，是借炁取水灌溉之術也；正坐昇身，炁滿四大，血絡通行，榮衛和暢，是布炁焚身之示也。若此皆非養炁矣。養炁之道，生時養之使不衰，弱時養之使不散。如古行《屯》者，是陽初生屈而未伸，故朝屯以取，養炁之茂也；如古行《蒙》者，是一陽處群陰之中，暗而不明，攻暮蒙以取，求陽之義也。非特此也，才所不敏，強思傷也；力所不及，強舉傷也；悲哀憔悴，傷也；鼓樂過度，傷也；汲汲所欲，傷也；戚戚所懷，傷也。或久談言笑，寢息失時，拽弓引弩，耽酒嘔吐，飽食便卧，跳步喘息，歡呼哭泣，陰陽不交，積傷至盡，則早亡矣。故善養者，淡然無欲，處乎寂寞之境，自有希夷之趣。冬則陽生，至春分之後，陽盛而陰散，防其餘陰入腹，而爲苦寒之疾；夏則陰生，至秋分之後，陰盛而陽散，防其餘陽入腹，而爲酷暑之患。勿觀死者，防死炁觸生炁；不近穢處，防穢炁觸真炁。真炁未壯，而朝不虛，食常充口；真炁欲絕，而暮不實，食常減口。然而調炁、和炁、布炁、咽炁、聚炁、行氣、保炁、換炁，皆不出養炁之道。夫炁如線，觸之則斷；炁如煙，擾之則散。不能養者，失保形之道。然養炁未及採藥，採藥未及鍊炁。採炁還元，結成金丹。鍊之出殼，遷變羽客。

未鍊先採之，未採先養之。

《西山群仙會真記・養心》

《通玄經》曰：人以形爲舍，心爲主。主於國則君臣之分，主於家則父子之禮。心爲君父，炁爲臣子，身爲家國。心氣一注，無炁不從，在五行爲火，南方盛陽之精，宿應熒惑，神受朱雀，狀垂三葉，色若朱蓮，神明泊，變化莫測，混合陰陽，大包天地，細入毫芒，制之則止，放之則狂，清靜道生，濁躁神亡，但能空寂，得之有常，永保無爲，其身則昌，惟狂克念，可以作聖，惟聖罔念，可以作狂。古今達士，養以寡欲，務於至誠。真源湛然，靈光自瑩於丹臺也。不爲事惑物役，可以超凡入聖。

《西山記》曰：從道受生謂之性，自一稟形謂之命，所以任物謂之心，心有所憶謂之意，意有所思謂之志，事無不周謂之智，智周萬物謂之慮，動而榮身謂之魂，靜以鎮身謂之魄，流行骨肉謂之血，保形養炁謂之精，氣清而快謂之榮，炁濁而遲謂之衛，總括百骸謂之身，衆象備見謂之形，塊然有閡謂之質，形貌可則謂之體，小大有分謂之軀，衆思不礙謂之神，漠然變化謂之靈，炁來入身謂之生，炁去于形謂之死，所以通生謂之道，道者，有而無形，無而有精，變化不測，通神群生。真人上仙，教人修道，即修心也，教人修心，即修道也。道不可見，因心以明之；心不可常，用道以守之。故虛心遺其實，無心除其有也，定心令不動也，安心令不危也，靜心令不亂，正心令不邪，清心令不濁，淨心令不穢。此皆已有，令以除之。心直不返復也，心平無高下也，心明不暗昧也，心通無窒礙也。皆固有，因以然之。又在少思、少念、少欲、少事、少語、少笑、少愁、少樂、少喜、少怒、少好、少惡，故得靈光不亂，神炁不狂，方可奉道保生。嗟！無知者多思神殆，多念志散，多欲損炁，多事役形，多語弱炁，多笑損臟，多愁攝血，多樂溢意，多喜則交錯，多怒則百脈不定，多好則昏迷不理，多惡則憔悴無歡。故其源不潔，和炁自耗，不得延年，失於養心之故也。故古喻之如猿，狂而不定，比之如賊，盜其所有也。

《西山群仙會真記・補炁》

《玉華靈書》曰：九天之上無陰，九地之下無陽。地中生陽，一百八十日陽昇到天。其陽不過乎天者，陽自陰中來，生元炁傳送，餘炁在脾。靜室閉炁，多入少出，旬日見功，肢體光澤，經絡快暢。若修鍊下功，不必如此。是五臟各有時，一臟旺而一臟弱，一炁盛而一炁衰。損有餘，補不足，五臟既和，百骸自理，百骸自理，萬病不生，萬病不生，千歲可期。

《西山群仙會真記・補精》

《太上玄鏡》曰：純陽上昇者，謂這炁；純陰下降者，謂之液。炁液相交，注於骨絡之間者，謂之髓；炁液相交，出於膀胱之外者，謂之精。內則心、腎、肝、肺、脾，五臟也；大腸、小腸、膀胱、三焦、膽、胃，六腑也；外則毛、膚、皮、髮、眼、耳、鼻、舌、手、足榮衛、經絡、穴，四體也。精者，心炁在肝，肝自生精，肝精不固，目眩無光；心炁在肺，肺自生精，肺精不實，肌肉清弱；心炁在腎，腎自生精，腎精不滿，神炁減少；心炁在脾，脾自生精，脾精不堅，髮齒自弱。五臟之中，腎爲精海，心爲炁館。真精在腎，餘精自還下田；真炁在心，餘炁自朝中元。思慮愁惱，其耗炁也，如漏鼎中之炁；淫邪禍亂，其走精也，如析釜下之薪。補下精之

道，非但絕色，而房中最急，慎之。

《西山記》曰：天地，萬物之盜，萬物人之盜。蓋陽昇陰降，物受天地純粹之炁；陰精陽華，人食萬物充實之資。一飲一食，納之於胃，與真炁相合，傳流腎府。虛炁充盈，對境生心。心火下逼，腎炁不能上昇，左旋右盤，如陽負陰胎，陽戀陽住，陰爲陽逼，復自天來，故天中陰降，一百八十日到地。周其陰過乎地者，陰自陽中來，陰抱陽質，陰戀陰住，陽爲陰逼，復自地起。周而復還，並無走失，尚有震動傾側之愆。況人腎爲水也，水中生炁，如煙似線，觸之則斷，撓之則散。眼、耳、鼻、舌、身、意六慾傷於外，喜、怒、哀、樂、好、惡、思，七情傷於中。上則重樓走失，下則金龜抛泄。如漏綱包風，能無損乎？不知補炁之道，如火消膏，積日復入輪回。

《西山記》曰：炁本無形，必賴有形之軀。形全炁在，自可修補。不擇老幼，所貴至誠，始終如一。天皇聖胎秘用神訣，補炁之上法；達麼胎息至理，補炁之中法；其後因胎住息，因息就胎，扁鵲、《靈樞》、葛洪注胎息，補炁之下法。此外，皆非法也。

《西山群仙會真記·補益》 《洞神真經》曰：養生之道以不損爲延命之術，以有補爲先。居安慮危，而防未萌。不以小惡爲無傷而不去，不以小善爲無益而不爲。起臥有四時早晚，行止有至和之常制。調和筋脈有偃仰之方，養正除邪有吐納之術。流行榮衛有補瀉之法，節宣芝勞逸有與奪之要。忍怒以全陰炁，抑喜以養陽炁。以清虛去其狂慮，以安閑養其真性。雖少年致損，炁弱體枯，年老得悟，防患補益。以炁補炁，自有餘。以神補神，神無不足。炁盛而形乃延長，神住而命自悠久。

《西山記》曰：知至道者，天不殺；服元炁者，地不滅。夫至道不遠，只在己身。用心精微，命自延久。《六玄旨》曰：欲得長生，當修所生。所生之本，始乎精炁，精炁結而爲形。形爲受命之本，炁是有形之根。故午前鍊乾，午後鍊坤。炁自腎中生，自子時爲始，午時爲終，其炁昇而旺也。所以鍊乾者，靜坐幽室，閉目冥心，升身勿動，使炁滿四大，薰蒸其體，榮衛通和，積日炁秀神清。及夫腎炁到心，積炁生液，液自心中生，自午時爲始，子時爲終，其液降而盛也。所以鍊坤者，閉目冥心，斂身正坐，以兩手抱腹，降心火於丹田，烹蒸炁海，積日炁旺，神清此補益於炁也。冬避寒，夏避暑，寒避風，暑避熱。動勿勞其肢體，閑勿怠其肌膚。五日一浴，十日一沐。炁旺進勿動，血旺時不息，此補益於炁也。永絕嗜慾，見境不動心者上也。借假修真，因死求生，形雖交而炁不交，體雖濁而形不濁，不得已而親婦人，勿使走失，時暫棄其情愛，抽身於後，賺心炁以補下元，可以安性命者次也。三十歲陰陽兩停，而五穀秀，炁無所制作，未免情欲，當五日一度。四十歲者，十日一度，五十歲者，二十日一度，六十歲一月一度。六十四歲，卦盡之年，更不言度也。若高上玄元，欲求長生不死者，可不議此也。此補益於精也。補益形者，不若補益精；補益精者，不若補益氣；補益炁者，不若補益神。補益于神，則形炁永安。古今達士，談益神之道，不爲少矣，往往不見功者，非特出至誠也，神爲主故耳。昔劉綱真人於甲子庚申、生日本命祭享形神，尚得神聚，長生不死。趙真人於靜房空室，調神出殼，如士展臂，可千萬里陰鬼不敢相干，亦得留表住世。況夫補已散之靈炁，益見在之魂神，禍福預知，神之靈也。死生永除，神之真也。補神之道，有清身養命，絕念忘思，動靜不失時，修鍊應其法，丹就而炁自真，炁真而神自益矣。

《西山群仙會真記·鍊形化炁》 《西山記》曰：形者炁之舍，炁者形之主。借形養炁，炁壯而形固矣。運炁鍊形，形全而炁自真矣。故人之真炁，大運隨天，春在肝，夏在心，秋在肺，冬在腎。人之元炁，小運隨日，子在腎，卯在肝，午在心，酉在肺。古先達士，識破天機，以炁度合天度，以日用參年用。自子至午，炁生之時，而用聚炁還丹之法。自午至子，炁散之時，而用妝炁鍊丹之法。彭玉真人訣曰：午前鍊乾，午後鍊坤。自寅至午，乃昇身靜坐，冥目忘言，鼻息遲，密想心宮，如夫婦相見之儀。久久成功，而得長生不死。

昔元昉真人訣曰：自辰起不語，以舌攪上腭下腭惡濁之津咽之，而呵出心中所積喜怒哀樂之炁。真炁上升，寄留面目，以手握之。次居靜室，宴坐不語，至午未之間，炁盛神昏，側臥閉口而睡。積日安樂延年，亦可留形住世。此知其時候，悟其交合，而無採取之法也。西山上聖，知其子時腎炁生，卯時肝炁生，午時腎炁交心炁，積炁生液，還于丹田，而曰玄珠。若火候無差，乃成大藥。腎炁之中暗藏真一之水，心液之上暗藏正陽之炁。以陰抱陽，用水承炁。此大道之本，長生之藥。如何使之不走失？當辰巳之間，幽室靜坐，神識內守，滿口含津，勿咽勿吐，鼻息少入遲出，綿綿若存，自然二炁相交，凝結如露。一百日無差，藥力全，二百日聖胎堅，三百日仙完而真炁

生。炁中有炁，而可鍊炁成神。故鍾離曰：昔有三真頌金丹六訣矣。若以修行不悟此，世人學道謾勞功。又曰：閑庭無事憶江南，華滿春城水滿潭。若見揚州風物好，是須穩駕虎龍船。此名曰龍虎交媾，又曰採藥之法也。及自午至子，而用收炁鍊丹之法者，而爲火候，古今不同。夫不悟真理，不識天機，而達造化之宜者，惟扁鵲解《靈樞》以鼻引清炁，入而留之，四息爲一銖，二十四銖爲一兩火。夏至之後，以巽卦天罡，運二十五度行之，鍊真汞而爲陰胎。冬至以乾卦靈符，運二十五度行之，鍊真鉛而爲陽息。陽息投陰胎而變金丹，金丹一粒，可長生不死。廣成子教黄帝，自辰至暮，靜坐忘念，屏絕外慮，神識内守，一意不散，降心火於丹田，存臍下如淨瓶，淨瓶之中有一珠如彈丸，用炎炎火，不計晝夜而下燒之。至于胎成息住，自然不飢不渴，不畏寒暑。可以留形住世，此進火得時，亦無聚炁之法。

西山有頌曰：佳人才子正當年，華落黄昏聚會難。不避主公腸欲斷，時來須索閉陽關。此戌末亥初，炁隨真液還丹之際，陰交陰而炁欲散失。當居靜室，息不必閉也。但少入遲出，心火下降。至意留在丹田，恐腎炁升而不停，心火降而不住。乃微以肚腹輕脇，丹田自熱，鍊日中所得之藥。始也，一百日乾卦，次一百日兑卦至乾卦，次一百日坤卦至乾卦。乾坤相見，火候無差。若此加減合宜，如說抽添須肘後飛金晶也。故古先上聖，於離卦採藥，乾卦進火，三百日結就内丹，而爲陸地神仙，形神俱妙，浩劫不死。故鍊形之道，非真炁不可也。

《西山群仙會真記·鍊炁成神》《西山記》曰：炁鍊形，形化炁而體骨輕健，入水不溺蹈，火不熱。其大乎龍虎交媾而成大藥，火候無差以變金丹。若以神鍊炁，炁鍊成神，非在於陽交陰會，其在于抽鉛添汞，致二八之陰消，換骨鍊表，使九三之陽長，三百日胎仙完而真炁生，不可再採藥也。肘後飛金晶，自腎後尾閭穴升而到夾脊。自夾脊雙關升之而至上宫。不止于腎炁補腦，而午後降真火以鍊丹藥。致陰盡陽純也。如是子時腎炁方生，靜室清心閉目，正坐斂身，而腎炁自聚。微微昇身，偃胸直腰，先到夾脊，次到上宫。自子加至辰巳，定一百日一撞三關，而又積心之真火，煆鍊下元内丹，陰固陽凝，炁自紛紜。是日炁中有炁，前升入頂，後起入腦，前後俱起，但升身勿動，以焚身逐陰鬼。一燒增一炁，十燒增一神，百燒延萬年，千燒出塵世。古先上聖，恐火大過，而又有澆灌之法也。始以採藥，是玉液丹。次以肘後金晶入腦，自上田復入下田，是金液還丹之法也。以鼓兩類，而虚咽納炁是也。以五臟丹就而真炁生，以真炁鍊五臟之炁。《九仙經》云：鍊神劍金槌，本以五臟之炁。《中黄經》云：閉之千息，以鍊五臟，五臟各出本色炁。聚而上以朝元，三陽合而升之入頂。是則不出五臟，而無修鍊之時，又無煆鍊之法也。西山有鍊炁之法，妙且玄矣。採藥進火，三百日大藥成。還丹鍊形，二百日真炁滿。大運不必隨天，但可以小運應日，閉炁鍊炁。如甲乙日鍊肝炁。甲日肝炁先進干艮卦，閉息至巽卦爲期，如青炁現，運而在頂。乙日養肝炁，與畢法同，凡起火識五行生尅也。丙丁日鍊心炁。丙日心炁先進于巽卦，閉息至坤卦爲期，如赤炁現，運而在頂。丁日養心炁，凡起火識五行生尅也。戊己日鍊脾炁。先進於春，則辰進一時閉息，夏則未時諸息，秋則戌時閉息，冬則丑時閉息，凡起火識五行生尅也。庚辛日鍊肺炁。庚日肺炁先進於坤卦，閉炁至乾卦爲期，如白炁現，運而在頂。辛日養肺炁，凡起火識五行生尅也。壬癸日鍊腎炁。壬日腎炁先進於乾卦，閉息至艮卦爲期，如黑炁現，運而在頂。癸日養腎炁，凡起火識五行生尅也。十日一翻，鍊遍五臟。凡二百五十日，各鍊二十五數，真炁自聚。開河車，搬五彩之物，笙簧女樂，車馬旌旗，各分方號隊陣，喜笑熙熙，上朝帝闕，共入天宫。或而陰鬼作梗，邪魔爲障。但于靜室中閉目冥心，升身正坐，三昧真火自起，一燒而魔鬼消散，火過清涼，了無一物。前件侍從歌樂，轉加繁盛。終日默坐，内觀明達，並無厭足。奇驗異證，不可備録。既覺身形常似飛騰，意氣飄揚，難以制禦。常用調神出殼，乃超凡入聖之時也。

《西山群仙會真記·鍊神合道》《西山記》曰：修真之士，志在玄元而甘寂寞。一是炁滿功盈，五炁朝元，三花聚頂，血凝炁聚，萬神朝真，併在上宫，富貴華盛，樓台車馬，士女笙簧殆非人世所有，勿得認爲真境，是自身上宫，未能超脱内院，因循不出，是爲困在昏衢。形神俱妙，不能超脱，止爲陸地神仙，難以棄殼而返十洲三島。西山上聖，前功已滿，而出殼之法，不可不備録詳也。

昔海蟾公功滿數足，陽神欲出，方在上宫而靜室孤坐，如鶴出天門，龍升舊穴，猛撞天門自闓，棄殼而去。鍾離公功滿數足，靜坐内觀，如登七級寶臺，自下而上，一級至一級，上盡到時勿怱，怱則變殼不出，止爲陸地神仙。登之既盡，閉目下跳，如夢中方寐，身外有身，如嬰兒大，瑩潔可愛，勿得遠

遊，速須復入本軀。入而不出，與天地齊年，出而不入，與凡俗異處。呂公出法，七層寶臺，三級紅樓，一始鍾離之法。方當内觀，紫河車搬神上入天宫，留戀紫華，而不肯超出，故起真火，而於煙焰中化一火龍，躍出昏衢，乃棄殼之法，最妙者也。世祖禪師，雖無火候，而陰靈亦不散，方在内觀，而于定中以神磬聲而去。此止可出，而不見入法也。昔達磨六祖禪師，雖是陰神出殼，始以形如槁木心，若死灰，集神既聚，一意不散，神識内守，從心地踴起，一升復一升，直過三十三天，化樂天宫，如道家之在上宫也。當跪禮前進，從三門之中，中門而出，此亦出而不能入也。西山上聖，功滿數足，其出也，雖不離内觀中起火，歌樂中過門。故起火是搬神入頂，過門是調神出殼。方在内觀起火之後，想鬧華深處，有孤村寮舍三二間，始自彼中出，既遠既近，而回望故園，依依寥落，欲去不可。回視欲來，則不可錯路。聖聖相傳，皆得棄殼，而無難易也。頌曰：功成須是出神京，内境繁華勿累身。回望故園風物好，鬧華深處有孤村。嗟夫！少學無知之徒，止於定中而出陰神，一日悮出天門，不能回返本軀，名曰屍解坐化，迷惑世人，深爲有識者之所笑也。

《西山群仙會真記·鍊道入聖》《洞天語録》曰：世人不悟大理，以塵世石火電光中暫榮貴，役使心緒無定。一日氣弱而病，氣絕而死，轉轉不悟，流身異類，透靈于别殼，終不達生死之宜。夫修養真氣，真氣既成，而煆鍊陽神。陽既出，得離塵世，方居三島。功成神遷棄殼，須傳流積行于人間，行滿功成，受紫詔天書，而居洞天受。稚川《受道記》曰：道成之人，不可不傳。傳之非人，禍及七祖。得人不傳，災臨己身。赤松子戒黄帝曰：道不可私，求必以物。將其理當信金，而示不變也。《西山記》曰：所爲捨施者，表其受道之人誠心也。大則捨一身，中則捨兒孫，下則捨田宅。上則捨施于有道之人，中則捨施於有法之人，下則捨施於有術之人也。茅真君戒曰：傳道之人，必欲與先聖立教。遇有志之士，勿謂無信金而不傳；遇無志之士，勿謂得信金而强與。非特墜教墜道，而又彼此皆無益也。玉真人請益元德真君曰：上仙入南洲傳道立教，必欲立盟誓，出金玉者，何也？真君曰：蓋南洲之人，孽重福薄，不信天機；輕命重財，願爲下鬼。若不立信金，彼必有反慮；若不設盟誓，彼必輕泄。故取之以金，表其不變。嗟夫！人居大衆，萬中無一人奉心清虚，清虚萬中無一人志誠，志誠萬中無一人明者。明破天機，而輕於財貨，委於性命，留意者少矣。蓋其人假道求財，誑惑有志之士，致使信心者見道流棄之。遂使高道之士，束手鉗口，見死不救。若奉道之士，識人而知其賢愚，受法而知其邪正，節次得事，續續有功，使泰華爲金，未可酬師友之一二也。

《攝生纂録·調氣篇·吐納鍊氣法》每清朝初起面向午，展兩手於膝上，心眼觀氣入項下，達湧泉，朝朝如此，名曰送氣。常以鼻引氣，口吐氣，常欲出氣少，入氣多。每欲食，先須送氣入腹，令與食爲主。仙經云：食有十二時，氣從夜半始，自九九至八八、七七、六六、五五，以心受之；四季引鎮星黄氣，以脾受之；秋引太白白氣，以肺受之。冬引辰星黑氣，以腎受之。又有食六戊之精，亦有大效。假令甲子旬有戊辰，則竟其旬，常向辰地而吞氣，後則到甲復向其旬之戊也。凡此諸法，備在仙經，恐非流俗所能行用。好道君子安可忘諸服氣。經云：從夜半至日中爲生氣，日中至夜半爲死氣，常以生氣時，正偃卧瞑目，握固，閉氣不息，於心中數至二百，乃口吐氣出之，日增息。如此則身神具，五臟安。能閉氣至二百五十，華蓋明，耳目聰，舉身無病，邪不干人矣。寶氣一名鍊氣，一名行氣，一名長息。其法正偃卧，徐漱醴泉而咽之，因行氣，口但吐氣，鼻但納氣，徐縮鼻引之。莫太極者，難還。入五息已，息自可吐也。一息數之至九十息，若然可頻伸，頻伸訖，復爲之滿四九，四九三百六十息爲一竟，咽之者每吐氣欲止，輒一咽之，乃鼻納氣也，不爾或令人嗽。

凡氣納則氣上昇，吐氣則氣下流，自覺周身也。

凡行氣，常以月一日，念令氣從手十指出，以十六日盡，月晦念令氣從足十指出，久久自覺氣從手足通，即能閉氣不息，便長生矣。靈龜所以千歲不食者，能不興鼻息故也。太清行門户之道，《九都經》謂之天壯地壯，天地壯，氣通即能輕舉矣。手爲天門，足爲地户。手爲天壯，足爲地壯者也。

凡行氣當髣髴爲之，常以雞鳴生氣時，正偃卧握固，兩足間相去五寸，兩臂去體相去亦各五寸，去枕，微息四九三百六十息，身如委衣，骨節皆解，初爲勢至三百六十息，轉覺藏云行體中，經營周身濡潤形體，澆灌皮膚，五臟六腑皆悉充滿，舊疾稍去矣。

凡初行氣，先安穩其身而和其氣，無與意爭。若不安和，即且止，和乃爲之，常守勿倦也。少行即少得之，大行即大得之。氣至即形安，形安則鼻息和調，鼻息和調則精氣來至，精氣來至則自覺形熱，形熱即頗汗出，汗出且勿

便起。安安養之，務欲其久。當即去忿怒憂愁，能去忿怒憂愁，即氣不亂，氣不亂即正氣來至，正氣來至即口中甘香，口中甘香即多唾而鼻息微長，即五臟安而氣和，其理自然。百病去，飲食美，三氣調，形輕而老壽矣。

凡行氣以鼻納氣，以口吐氣，微引之，名曰長息。納氣有一，吐氣有六。納氣有一者，謂吸也。吐氣有六者，謂吹、呼、嘻、呵、虛、呬，皆出氣也。

凡人之息，一呼一吸，無有此數爲長息。吐氣之法，時寒可吹，時溫可吸，委曲療病。吹以去熱，嘻以去風，呵以去煩。又以下氣虛者則多噓、呬，道家行氣卒，不欲噓、呬者，長息之忌也。此男女俱可行此法，出仿仙經閉氣法，亦以鼻納氣便閉之於內爲可，久極乃開口微吐之，口小吐之，鼻復小納，如此再三，乃長吐之。亦如上吐、呼、嘻、呵之法，閉氣致至千五百，復當但入不出者，但從鼻入通手足，不復從口出也。欲自通之於口，乃從口出耳。譬如水流，前水過去，後水續處，不復往反。長生之道決於斯矣。

《攝生纂録・調氣篇・鍊氣法》 鍊氣法 正偃臥，徐漱醴泉，咽之。莫閉口，因行氣，口但得吐氣，鼻但得納氣，不欲惡氣入也。徐縮鼻，莫太極滿，太極滿難還，入五息可吐，莫至極。自一數之十息，屈指至九十息數可頻伸。四九三百六十息，意腦中黃氣大如雞子，常念之。意中疲倦，當先陳三七二百一十息鍊氣，還氣令肝滿，氣不大令出，閉氣，七十息一咽，含不足復滿七十息，莫致大頓，擊擊之，氣當隨髮上出，及流四肢自熱下，至足腳，徐調氣還至胃管，喉咽，使下臍一、二、三、四即還管矣。

凡鍊氣法，臥爲之，日曈曨便當坐，爲如前頭臥鍊氣法，至七十息，四五通。

凡初行氣，小不調，久行易耳。行氣還至胃中，咽氣自覺至胃中矣，便纏著臍心，數一二三四五六七八九，纏已，不欲大噓、呬也。卻亦當轉氣下去，氣終不上，氣小經屈氣，經上去，欲令轉下，壯事實氣已，復小噓，再三吸，便自下，治頭眩耳聾，欲還氣五臟間，至不過十日愈。委氣四九三百六十息，正僵臥握固，先調和口中含唾莫咽，九息一展轉，令足間相去五寸，挽之，微還氣時，身如委衣，骨節俱解，徐九十息止。當違一指不開，初爲當熱。至三百六十息，復爲至三九，但繫意不欲使思散，欲還自坐，爲男子左邊，婦人右邊，七十息一咽，此鍊氣男女俱仙之法也。

凡行氣，閉氣雖是治身之要，然要先達解其理空，又宜虛，不可飽滿，若氣有結滯，不得宣流或致發瘡，譬如泉源，不可壅遏，若食生菜，服肉，及喜怒憂患不除而以行氣，令人發上氣。凡欲修此，皆當以漸。又別法云：調氣者，平明面向午，展兩手膝上，徐徐按捺支節，口吐濁氣，鼻引清氣，所謂吐故納新者也。每引氣訖，閉氣良久，徐徐吐之，仍以手左拓、上拓、下拓、前拓、後拓。取氣之時，意想氣入毛際，流於五臟四肢，皆受其潤，如山之納雲，如地之納澤。若氣通，即覺腹中汩汩熱轉動，若得十通已上，則身體潤澤而光淨，耳目聰明，令人能食、有力，百病不生矣。又有內調氣之法，與前法略同，云：漸習至千息，即老者更少，日還一日，自然不食矣。調氣之法，亦無定數，唯多益善。大約夜半後二十四調之，雞鳴時一十八調之，平明一十二調之，日中後一十二調之。若能多調，每時加三十、四十回亦得。仙經云：若大霧、大雨、大風之日，不得行氣，但閉而勿調。

凡將調氣者，先除鼻中毛，所謂通神之路也。凡欲行氣，欲除百病，隨病所在念之。頭病念頭，足病念足，和氣往攻之。從時至時便自消矣。時氣中冷，可閉氣以取汗，輒周身則解矣。療病法一准調氣，坐臥若卒患寒熱及癰腫等，當日調之不愈，一兩日必差。若心中冷病，吹而出之，熱病呵而出之，肝病噓而出之，肺病呬而出之，脾病嘻而出之，腎病吹而出之。每作皆三十六遍，仍須行導引之法。又熱病用大吹五十遍，細吹十遍。心悶者，用大噓三十遍，細噓十遍。肝病者，用大呵三十遍，細呵十遍。心病者，用大噓三十遍，細噓十遍。腎病用大呬五十遍，細呬十三遍。若能用心行之，無有不差。何以知五臟之病？體有冷熱，多夢赤衣人持赤刀仗者，心之病也。胸膈脹滿，四肢煩悶，夢見美女、婦人及父母、妻子者，肺病也。憂愁不樂，頭眼時痛，夢青衣人或持青刀，或獅子、蟲、狼來怖人，肝病也。體上遊風習習，體悶疼痛，夢見小兒擊腋或如旋風繞人者，脾病也。體冷陰衰，或夢黑衣人持黑刀怖人者，腎病也。推此以定之，無不驗矣。

又欒先生調氣法，大約與前法略同。云：於淨室內施牀枕，與身平，布展手去身各三四寸，兩足相去亦然，當先念法性平等，死生不妄，拘魂制魄，鳴天鼓三十二通，漱玉泉三五咽，以鼻吸入腹，數多爲良，勿使耳聞氣入聲，氣初入時，有得三十、二十息即悶，可閉氣，勿令鼻中卻出，開口輕輕放微出，多少覺體熱微汗，是氣行之驗。服氣夜取子時至丑時可了，晝可取巳時至午時可了。服訖可竪兩膝，用氣抽上腸吐向下，頓掣三五下度，此謂鍊氣。腹

中及四肢中病，皆得除愈，取氣之數具之於後。

凡服氣，先取北黑氣，謂之玄牙。思北方七星勝事，以安爲度，或五，或五十，或五百補腎，傳氣於肝，以北方水藏主腎故也。次取東方青牙，思東方七星勝事，以補肝，其數九，或九十，或九百，傳氣於心，以東方木藏主肝故也。次取南方丹牙，思南方七星勝事，其數三，或三十，或三百，補心，傳氣於脾，以南方火藏主心故也。次取中宮黄牙，思中宮七星勝事，其數一，或一十，或一百，補脾，傳氣於肺，以中宮土藏主脾故也。次取西方素牙，思西方七星勝事，其數七，或七十，或七百，以補肺，傳氣於腎，以西方金藏主肺故也。又有吐氣療一切病，亦與服氣相須，如氣滿不行，亦可吐氣出，吐之法，呵一、呼二、噓三、嘻四、呬五、吹六。

凡呵而出肺氣者，以金主太白成肺，不受客氣。客，火也。客壯傷主，是以呵而出之。凡吹出心氣者，以火主熒惑成心，不受客氣。客，水也。客壯傷主，是以吹而出之。凡呬出肝氣者，以木主歲星成肝，不受客氣。客，金也。客壯傷主，是以呬而出之。凡噓出脾氣者，以土主鎮星成脾，不受客氣。客，木也。客壯傷主，是以噓而出之。凡呼出腎氣者，以水主辰星成腎，不受客氣。客，土也。客壯傷主，是以呼而出之。凡嘻出膀胱氣者，三焦水穀宫，傷冷則痢，傷熱則悶。悶則病在小腸，痢則病在大腸，嘻而出之則和矣。

凡人肝藏魂，肺藏魄，脾藏志，心藏神，腎藏精，右六腑不和，則五藏傷，客氣膽一，大腸二小，腸三，三焦通爲六腑。凡三焦，在膀胱，有其處，無其形，是爲六腑。六腑不和，則五藏不通，五藏不通，則五氣不傳，而五六皆病。若能消而息之，可以無病矣。

《攝生纂録・調氣篇・食日月精法》 取日初出時、日中時、日入時，正立，向日展兩手，閉氣九遍，仰天噏日光而咽之九度。益精氣，令人強壯不老。又以月初出時、月正中時、月入時，正立，向月展兩手，閉氣九遍，仰天噏月光咽之，令人陰氣盛，婦人有子。

《攝生纂録・調氣篇・胎食胎息法》 常須閉其心，去其思，微其息。息以鼻，無以口。使氣常有儲，名之曰：胎息。漱其舌下泉，咽之數十。息之間一相繼，名之曰胎食。爲二者不息，可以不飢，可以不病。

《太上老君元道真經注解・住氣兼行炁法》 訣曰： 調氣減息其功稍遲，若住炁兼行炁，其功倍也。住炁者，候神安和，久而寧帖，因而住之。至於極者，爲行通。每候雞鳴前至寅時，可行五七通，漸漸加至十通，或作意漸增之，意炁俱定，即定恬自極，初可以鼻進數息便住，至極有益無損，其微妙也。

每住息之時，須候常喘息，出了便住，此名外炁。不忤，亦須先淨一室，擇其良友，專數其息，此要漸漸增多也。

如此行減息之道，功倍速成。

《陰符經》曰： 絶利一源，用師十倍。

其慎者，吐引大奔。初修之士，故未免也，不得不慎，其奔吐宜慎之爲妙。

不慎者，忽有内傷，心見反損也。《仙經》曰： 出微微，入綿綿，明至理，自通玄。

大君曰： 住氣可以通百關，除堅滯，治萬病，導元氣。

修行人住氣，若園人灌畦，一滿而水通百脈，衆物皆滋也。 一炁而靈變萬神，三丹俱王。故言要在導乎元炁。

若百關不通則減息，元炁隨意自開，津路流注，元炁與津液所及之處先化爲髓，永不壞也。

《中黄經》曰： 蒸筋曝骨達諸關，握固漸通開百竅。百竅關連總有神，由子軀除歸我身。怡然得在自明真，自明之道永長存。故不壞矣！ 炁初時則覺遍身微熱，此是元炁充滿四肢，盈溢百竅，故曰在此應也。即須握固運入三丹田，三丹田出，故流遍於身，通於百神，可使毛髮躑躅，容貌光芒，顏如處女。《仙經》曰： 無一毛不通於炁，無一節不住於神，此是鍊骨法。久久集之，則金髓玉骨，長生仙矣。

大君曰： 減息住氣，以無息爲常，定炁爲功。若猶減息，則功遲。若專住炁，則難得至於無息。若通百關兼行炁減息，則元炁自然充盈，其功速倍而成矣。元炁全，身以不舉不動爲頭，以不出不入爲足是也。泯其萬境，息此六情，普洗煩心，祛滌諸想。

《太上浩元經》 老君曰： 浩元太真，君子之身。上下三宫，保營精神。熙融視息，吐吸新陳，修實汞固，位爲仙人。洞房玲瓏，上下相通。金鑪玉几鎮其中，卻入三寸哺玄穹。還居中田移絳宫，堅守靈闕泉淵融。修此三者長雄雄，朱衣靈賓熙且沖。子能行之命無窮，巾金素蓋成堅剛，下益玄池漬魄房。中起靈臺堅明堂，調治神效修太倉。精氣周遊五神強，呼吸不輟昇蒼

蒼。上元童子神之精，絳衣赤幘居黄庭。南極老人修營，存神安性得長生。下元之神名谷玄，北極真人道之先。守帝金神五藏王，常持玉匕坐金牀。攬精哺一生金黄，靈龜玉女居中央。左録右命挾兩傍，役使六丁驅百殃。削去死籍命延長，醴泉可飲盛玉漿。恬惔無爲志不衰，玉扇金籥静多扉。呼吸中和生細微，還真反朴幼子機。絶愛棄欲神自歸，滑對精液輝常輝。易氣易髓上生肥，道成形化身高飛。心靈倏忽過九圍，安神定魄修此道，鍊思冲神是吾寶。太真神丹成已久，靈顔幼色常鮮好。三一習氣固靈根，調五通七神之尊。恢廓幽關道衆源，雄雄氣崿修崐崘。上宫朱裹宜以緼，中宫赤幘儼而存。下宫丹衣守精門，審能行之齊乾坤。

《四氣攝生圖・六气法》　上熱呵心火，眼昏嘘自治，肺寒呬即效，耳病著心吹，脾胃常呼吸，三焦滯處嘻，山中無藥物，見此是良醫。

嘘、呵、呬、吹、呼、嘻此六字，去五藏諸疾。比者方書亦多乖錯，今尋討修養經書，究窮義理，此六字定矣。若臟腑有疾，但澄心定意，想氣存思，微嘘呵，邪氣自然消散。所言止三十遍，過多亦損者。此大約言之，亦無准定。稍覺舌關清冷，則疾已過矣。

《幻真先生服内元炁訣》　淘炁訣　訣曰：凡人五藏，亦各有正炁。夜卧閉息，覺後欲服炁，先須轉令宿食消，故炁得出，然後始得調服。其法閉目握固，仰卧倚兩拳於乳間，竪膝舉背及尻。閉炁則鼓炁海中炁，使自人向外，輪而轉之，呵而出之，一九或二九止，是曰淘炁。畢則調之。

調炁訣　訣曰：鼻爲天門中，口爲地户，則鼻宜納之，口宜吐之。不得有悮，悮則氣逆，氣逆乃生疾也。吐納之際，尤宜慎之，亦不使自耳聞。調之或五或七，至九令平和也，是曰調炁。畢。則嚥之，夜睡則閉之，不可口吐之也。

嚥炁訣　訣曰：服内炁之妙，在乎嚥炁。世人嚥外炁以爲内炁，不能分别，何以謬哉？吐納之士，宜審而爲之，無或錯誤耳！夫從皆禀天地之元炁而生身，身中自分元炁而理。每因嚥及吐納，則内炁與外炁相應。自然炁海中炁隨吐而上，直到喉中。但候吐極之際，則輒閉口連鼓而嚥之，令郁然有聲汩汩然。後男左女右而下，納二十四節，如水瀝瀝，分明聞之也。如此則内炁與外炁相顧，皎然而别也。以意送之，以手摩之，令速入炁海。炁海臍下三寸是也，亦謂之下丹田。初服炁人，上焦未通，以手摩之，則令速連下，若流通不摩亦得。一閉口三連嚥止。乾嚥，號曰雲行。一濕口嚥，取口中津嚥，謂之雨施。初服炁之人，炁未流行，每一嚥則旋行之，不可遽至三連嚥也。候氣通暢，然漸漸加之，直至於小成也。一年後始可流通，三年功成，乃可恣服。新服炁之人，既未通，嚥或未下，須一嚥以爲候，但自郁然有聲，汩汩而下，直入炁海。

行炁訣　訣曰：下丹田近後二穴，通脊脈，上達泥丸。泥丸，腦宫津名也。每三連嚥則速存下丹田，所得内元炁，以意送之，令入二穴。因想見兩條白炁夾，雙引直入泥丸，熏蒸諸宫。森然遍下毛髮、面部、頭項、兩臂及手指，一時而下入胸，至中丹田，中丹田心宫神也。灌五藏卻歷入下丹田，至三星，遍經脞膝脛腂，下達湧泉。湧泉，足心是也。所謂分一炁而理，鼓之以雷霆，潤之以風雨之狀也。只如地有泉源，非雷霆騰鼓，無以潤萬物。人若不回蕩濁惡之炁，則令人有不安。既有津液，非堪漱嚥之。雖堪溉灌五藏，發於光彩，終不能還精補腦，非交合則不能泝而上之。嚥服内炁，非吐納則一能引而用之。是知回蕩之道，運用之理，所以法天則地，想身中濁惡結滯，邪炁瘀血，被正炁蕩滌，皆從手足指端出去，謂之散炁。則展手指，不須握固。如此一度則是一通，通則無疾。則復調之，以如使手。使手復難，鼓嚥如前。閉炁鼓嚥，至三十六息，爲之小成。若未絶粒，但至此常須少食，務令腹中曠然虚静，無問坐卧，但腹空則嚥之。一日通夕至十度，自然三百六十嚥矣。若久服炁，息頓三百六十嚥，亦謂之小成。一千二百嚥，謂之大成，謂之大胎息。但閉炁數至一千二百息，亦是大成。然木色無精光。又有鍊炁、閉炁、委炁、布炁并諸訣要，具列於文，同志詳焉。

鍊炁訣　訣曰：服炁鍊形稍暇，入室脱衣，散髮仰卧，展手，勿握固，梳頭令通，垂席上布之，則調炁嚥之，嚥訖便閉炁。候極，乃冥心絶想，任炁怕之通理。悶即吐之，喘息即調之。候炁平又鍊之，如此十遍即止。新服炁之人未通，有暇漸加一至十。候通，漸加至二十至五十，即令遍身汗出，如有此狀是其效也。安志和炁，且卧勿起衝風，乃卻老延年之良術耳。但津清爽地爲之耳，炁惛亂欲睡，慎勿爲也。常勤行之，四支煩悶不暢亦爲之。不必每日，但要清爽時爲之，十日五日亦不拘也。《黄庭經》云：千災已消百病痊，不憚虎狼之兇殘，亦以卻老年永延。

委炁訣　訣曰：夫委炁之法，體炁和平，身神調暢，無問行住坐卧，皆

可爲之。但依門户調炁，或身臥於牀，或兀然而從，無神無識，寂寂沉沉。使心同太空，因而調閉。或十炁、二十炁皆通。須任炁不得與意相爭，良久炁當從百毛孔中出，不復口吐也。縱有十分無二也，復調復爲，能至數十息已上彌佳，行住坐臥皆可爲之。如此勤行，百關開通，顏色光澤，神爽炁清，長如新沐浴之人。但有不和則爲之，亦當清泰也。《黄庭經》云：高拱無爲魂魄安，清淨神見與我言。

閉炁訣　訣曰：忽有修養乖宜，偶生疾患，宜速於密室，依服炁法，布手足訖，則調炁嚥之。念所苦之處，閉炁想注，以意攻之，炁極則吐之。訖，復嚥，相繼依前攻。炁急則止，炁調復攻之，或二十至五十，攻覺所苦處，汗出通潤即止。如未損，即每日夜半或五更，晝日頻作，以意攻之。若病在頭面、手足，但有疾之處則攻之，無不愈者。是知心之所使炁，甚於使手，有如神助，功力難知也。

布炁訣　訣曰：欲布炁與人療病，先須依前人五藏所患之處，取方面之炁，布入前人身中。令病者面其方，息心淨慮，始與布炁。布炁訖，便令嚥炁，鬼賊自逃，邪永絕。

六炁絕　訣曰：六炁者，嘘、呵、呬、吹、呼、嘻，是也。五炁各屬一藏，餘一炁屬三焦也。

呬屬肺，肺主鼻。有寒熱不和及勞極，依呬吐納，兼理皮膚瘡疥。有此疾則依狀理之，立愈也。

呵屬心，心主舌。口乾舌澀，炁不通及諸邪炁，呵以去之。大熱大開口呵，小熱小開口呵。仍須作意，是宜理之。

呼屬脾，脾主中宫。如微熱不和，腹胃脹滿，炁不泄悶淺，以呼炁理之。

吹屬腎，腎主耳。腰肚冷，陽道衰，以吹炁理之。嘘屬肝，肝連目。論云：肝盛則目赤有疾，作以嘘炁理之。

嘻屬三焦，三焦不和，嘻以理之。炁雖各有所理，但五藏三焦，冷熱勞極，風邪不調，都屬於心。心主呵，呵所理諸疾皆愈，不必六炁也。

調炁液訣　訣曰：人食五味，五味各歸一藏。每各有濁炁同出於口。又六炁三焦之炁，皆湊此門，衆穢併投，合成濁炁。每睡覺熏熏，炁從口而出，自不堪聞。審而察之，以知其候。凡口中焦乾，口苦舌澀，乳頻無津，或嚥唾，喉中痛，不能食，是熱極狀也，即須大張口呵之。每嚥必須門户出之，十呵、二十呵，即鳴天鼓或七或九。以舌下華池而嚥津，復呵復嚥，令熱炁退止。但候口中清水甘泉生，即是熱退五藏凉也。若口中津液冷淡無味，或呵過多，心頭汪汪然，食飲無味，不受水則是冷狀也。即當吹以溫之，如溫熱法，伺候口美心調溫即止。《黄庭經》云：玉清水灌靈根，審能修之可長存。又云漱嚥靈液災不干。

休粮訣　訣曰：凡欲休粮，但依前勤修。三年之後，正氣流通，髓實骨滿，百神守位，三屍遁逃。如此漸不欲聞五味之氣，常思不食，欲絕則絕，不爲難也。但覺腹空即須嚥氣，無問早晚，何論限約。久久自知節候，無煩具言何用藥物？大抵服藥之人，多不能服氣。區區終日，但以藥物爲務。身形不得精實，固爲未得，亦非上士用心也。《黄庭經》云：百穀之實土地精，五味外美邪魔腥。臭亂神明胎氣零，那從反老卻還嬰。何不食氣太和精，故能不死入黄寧。此之謂也。

《逍遥子導引訣·水潮除後患》　平明睡醒時，即起端坐，凝神息慮，舌抵上腭，閉口調息。津液自生，漸至滿口，分作三次，以意送下。久行之則五臟之邪火不炎，四肢之氣血流暢，諸疾不生，永除後患，老而不衰。逍遥子云：津液頻生在舌端，尋常嗽嚥入丹田。於中暢美無凝滯，百日功靈可注顏。

《逍遥子導引訣·火起得長安》　子午二時，存想真火自湧泉穴起，先從左足行上玉枕，過泥丸，降入丹田三遍。次從右足亦行三遍，復從尾閭起，又行三遍。久久純熟則百脈流通，五臟無滯，四肢健而百骸理也。逍遥子云：陽火須知自下生，陰符上降落黄庭。周流不息精神固，此是真人大鍊形。

《逍遥子導引訣·形衰守玉關》　百慮感中，萬事勞形，所以衰也。返老還童非金丹不可。然金丹豈易得哉？善攝生者，行住坐卧，一意不散，固守丹田，默運神氣，冲透三關，自然生精生氣，則形可以壯，老可以耐矣。逍遥子云：卻老扶衰别有方，不須身外覓陰陽。玉關謹守常淵默，氣足神全壽更康。

《逍遥子導引訣·禮治傷寒》　元氣虚弱，腠裏不密，則風寒傷感。患者端坐盤足，以兩手緊兜外腎，閉口緘息，存想真氣自尾閭升過夾脊，透泥丸，逐其邪氣，低頭屈抑如禮拜狀，不拘數，以汗出爲度，其疾即愈。逍遥子云：跏趺端坐向蒲團，手握陰囊意要專。運氣叩頭三五遍，頓令寒疾立時安。

《逍遥子導引訣・升觀鬢不斑》 思慮太過，則神耗氣虚血敗而鬢斑。以子午時握固端坐，凝神絶念，兩眼含光，上視泥丸，存想追攝二氣，自尾閭上升，下降返還元海，每行九遍。久則神全，氣血充足，髪可返黑也。逍遥子云：神氣冲和精自全，存無守有養胎仙。心中念慮皆消滅，要學神仙也不難。

《逍遥子導引訣・凝抱固丹田》 神一出，便收來，神返身中氣自回。如此朝朝并暮暮，自然赤子産真胎，此凝抱之功也。平時靜坐，存想元神入於丹田，隨意呼吸。旬日丹田完固，百日靈明漸通，不可或作或輟也。逍遥子云：丹田完固氣歸根，氣聚神凝道合真。久視定須從此始，莫教虚度好光陰。

《保生要録・養神氣門》 嵇叔夜云：服藥求汗，或有弗獲；愧慚一焦，涣然流離。明情發於中而形於外，則知喜怒哀樂寧不傷人，故心不撓者神不疲，神不疲則炁不亂，炁不亂則身泰壽延矣。

《保生要録・調服體門》 夫人夜卧，欲自以手摩四肢、胸腹十數過，名曰乾浴。卧欲側而曲膝，益氣力。常時濁唾則吐，清津則嚥。常以舌拄上齶，聚清津而嚥之，潤五藏，悦肌膚，令人長壽不老。《黄庭經》曰：口爲玉池大和官，漱嚥靈液灾不干。又曰：閉口屈舌食胎津，使我遂鍊獲飛仙。頻叩齒，令齒牢，又辟惡。夫人春時暑月，欲得晚眠早起，秋欲早眠早起，冬欲早眠晏起。早不宜在雞鳴前，晚不宜在日出後。熱時欲舒暢，寒月欲收密。此合四氣之宜，保身益壽之道也。

《真氣還元銘注解》 一氣未分，一者，道之所立。氣者，一之所生。未分，爲混沌未分也。此言一氣雖從大道以成名，而且混沌之氣未分清濁也。此則是無名生有名，有名生萬物。《道經》云：無名天地之始，有名萬物之母。無名言道也，有名言氣也。言道者，是一氣之父；言一氣者，萬物之母。有相有形，未有不因一氣而生者也。是故修生則貴道，修道則重氣。言氣是精神之本，性命之源，神明之主。人若得法修之，克爲神仙矣。故《黄庭經》云：出清入玄二氣煥，子若遇之昇天漢。又云：何不食氣太和精，故不入死居黄寧。其義明矣。

三才同源。

三才者，天、地、人爲三才也。同源，是三才同居，混沌之源也。

清濁既異，

清者天也，濁者地也。既已也，異別也。此言混沌之氣分別也。則清氣騰而爲天，濁氣降而爲地。人在其中，是已有分別也。

元精各存。

元者，元氣也。精者，元氣之精也。言天、地、人。元氣之精，各存也。

天法象我，

此言元精雖存，而天法象與人無二也。

我法象天。

言人法象，天以成形也。或問曰：前言天法象我，我法象天。天道因甚無傾覆？人道何故有死生？余答曰：天道雖有樞機，而清虚無心。清虚而無其心，則元氣自運。既元氣自運，則五行無妨。五行無妨，則無刑剋。既無刑剋，則是大空。既是大空，則與道合同，是以不傾也。余又答曰：人有生死者，非與天道不同也。乃人之自致也。自致者，從父母媾結精氣，至成形降生，便有悲、啼、喜、怒、哀、樂。漸漸口貪五味，耳聽五聲，眼觀五色，心躭五慾，一向萬機無所不有。此已上四事，皆因有心之變動也。既有其心，是無清虚也。既無清虚，是人失道也。既人失道，則與萬類同矣。衆物齊焉，任運死生，隨緣枯朽。或如石火，或似浮漚。成時暫成，滅時便滅。此蓋人之自爲，非大道之所致也。人若心能無心，色能無色，味能無味，觀能無觀，慾能無慾，聽能無聽，機能無機，和光同塵，湛然常存，則與道同矣。又何不得長生如天之乎？

我命在我，

言人性命生死，由人自己。人若能知自然之道，運動元和之氣，外吞二景，内服五芽，動制百靈，靜安五藏，則寒溫飢渴不能侵，五兵白刃不能近。死生在手，變化由心。地不能埋，天不能煞，此之爲我命在我也，不在於天。言人性命死生，不由天也。

昧用者夭，

言昧用元氣之人，反致夭壽。此則須事明師傳受，方可得爲之。不然則必致夭壽也。

善用者延。

言達元氣道理之人，則壽命延長。

氣和體寂，

氣，元氣也。體，形體也。言元氣淳和，而形體自寂，形體既寂，而氣自和。

守一神閑，

一者，一氣也。神者，神形也。此言人但能守一氣，則神形自然閑矣。夫神者，是氣之子；氣者，神之母。但知守其母，則子不遠。知守其君，則神不散，此皆合自然之道，譬如水潤下，火炎上，雲從龍，風從虎之類是也。

靈芝在身，

靈芝，芝草也。在身，在人身中也，指元氣是也。

不在名山。

不在名山所採也。

反一守和，

一是一神也，和是和氣也。前言守一神閑，此言反一神守，和氣是爲神氣。相守者，爲念念相續，綿綿不斷是也。

理合重玄，

理，道理也。重玄，又玄也。言人能知反，一神卻守和氣，此名玄之又玄也。

精極乃明，

精，爲精氣也。明，爲神明也。此言人得抱元守一之法，則精氣充滿，乃通於神明矣。

神極乃靈，

神，是一神也。靈，是人通靈也。此言人違抱元守一之道者，則三萬六千神常不離人，則自然通靈也。

氣極乃清，清氣爲神，濁氣爲形。

氣，爲元氣也。清，爲清虛也。此言元氣既極，則濁氣自散，人乃清虛也。

因氣而衰，

此言人皆因氣衰，則形衰也。

因氣而榮，

人氣王，則身榮也。

因氣而滅，

人氣竭，則身滅也。

因氣而生，

人皆因元氣交結，以生身也。

喜怒亂氣，

言人或喜，或怒，皆亂正氣也。

情性交爭，

言人既有喜怒，則情性交爭也。

擁隔成病，

前言情性交爭，則元氣擁隔也。氣既擁隔，則成病矣。

神形豈寧？

神爲萬神，形爲形體。豈寧爲形體，不得安寧也。

鍊陽銷陰，

鍊如燒鍊也，陽是陽氣也。銷如銷爍也，陰是陰氣也。上言神形不得安寧，此言鍊陽銷陰，此是擒制之門、調治之法。大凡求仙學道，攝養乖宜，則須知燒鍊陽氣，而銷鑠除邪，則可以長生矣。且凡人病患，皆因五味以生身，卻因五味以喪身。初服氣時，但先積心火以通身燒之，燒訖，則依法服之，無不愈者。廣成子曰：積火以燒五毒。五毒者，五味也。五毒盡，可以長生矣。

其氣自行，其神自靈。

此言陰氣消散之後，陽氣自行。

以正遣邪，

正爲正氣，邪爲邪氣也。言用正氣，而發遣邪氣也。

其患自平，

平，如不患時也。上言以正氣遣邪氣，則如湯沃雪，以火銷冰，自然平復如故矣。

乾坤澄靜。

此已下，說服氣法次序也。乾，天也。坤，地也。

言爲天地澄清，無風雲霧雨雪時也。

子後午前，

子，爲夜半時也。午，爲日午時也。大凡吐納調服元氣，皆取夜半子時直至日午已前，並可調服，號曰六陽之氣也。午後至夜半子時，號曰六陰之

氣也，不許吐納，調服內氣，則百無所妨。

閉目平坐，

此爲天道澄清，子後午前，吐納調服時也。則須閉目向王方，平坐調服，是平常之法也。

握固瞑然，

閉目平坐，便須握固，握固，握大拇指也。瞑然，瞑目也，似閉不閉是也。

納息盧中，

盧，鼻也。後便納外息於鼻中，微微引入，令滿氣海已，久爲妙。號曰：納新是也。

吐息天關，

吐息，吐氣也。天關，口也。前既引納外氣入氣海中，既良久，又須吐之。則號曰：吐故是也。

入息微微，

微微，爲鼻引外氣時。微微引入，不令耳聞。小則生之門，大則死之路。故引納宜微微然。

出息綿綿，以意引氣。

此爲鼻引外氣時也。須以意引外氣直入氣海中也。

腑臟回旋，

此言以意引外氣入氣海，滿則五臟六腑之氣，自然回旋，小轉動。作聲汩汩然。

然後呵之，

呵，爲口呵吐之。上言腑臟回旋，氣極又須呵吐之，不得強閉也。

榮衛通宣。

此言既行吐納之理，則榮衛無擁滯也。

但有不和，

爲人非時，五臟六腑不和也。

遣之踵前。

遣之，上文云已正遣邪是踵前。《南華經》云：衆人之息以喉，真人之息以踵。踵猶跟也。又《胎息經》云：凡人呼吸，與真人呼吸有殊。凡人息氣出入於咽喉，真人息氣於氣海，是氣之根本之處。余按外出云踵，足爲踵，踵爲脚跟也。此言踵，踵爲氣根也，跟之言根也。言氣海是人生根本之處，故但有不和，則令發遣邪氣，胎息如前法是也。

呵五六度，

呵爲六氣也。言大凡五臟六腑之氣，皆屬心，心屬呵，但以呵吐納之爲上法也。吐納畢，則依法服氣行氣。

無疾不蠲。

言依呵吐納之，無疾病不蠲除也。

凡欲胎息，

氣凝曰胎，呼吸曰息。則胎向氣中凝，氣向胎中息。故曰胎息也。

導引爲先，

爲子後午前，未閉目平坐，握固瞑然前也。

經脈不擁，

言先導引，則經脈氣不擁滯也。

關節不煩。

言爲導引，擺掣動關節，元氣流行，無所擁滯，故言關節不煩悶也。

或如射鵰，

此已下是導引法也，此言如人翻身射鵰之勢也。

側身彎環；

一句便是射鵰勢也。

或舉腰背，

此又是一法，仰臥，以兩手背托地，便舉腰收脚，令頭著地是也。

如蟾半圓。

此是舉腰法。

交指腦後，

此別是一法，以兩手十指相叉，交於腦後，抱著玉枕是也。

左旋右旋，

上言交指腦後，次便須回頭背，或左旋轉，或右旋轉是也。

勁手足氣，

言導引時，勁挺兩手，便感元氣是也。

出于指端，

上言既勁挺手足，元氣自然出于十指之端也。

擺掣四肢，

此言爲導引時，擺掣動手足故云四肢也。

捉搦三關，

此言爲導引時，或閉氣，或握固，直至腳十趾，皆捉搦之是也。三關，口、手、腳也。

熟摩尺宅，

以兩手摩面上是也。

氣海亦然。

爲亦使兩手摩之。

叩齒集神，

大凡服氣導引，須先叩齒三十六通，以集五臟之神。齒爲上下齒，號曰天鼓，神聞鼓聲則集矣。

合眸固關，

眸爲眼目也，關爲口、手、足也。言三關閉，則萬邪不入。

冥心放骸，

萬慮不入放縱也。骸，形骸也。此言灰心萬慮不入，放縱形骸，如太空是也。

任氣往還，

閉口，任氣神，盧中往還也。

覺氣調勻，

覺鼻中生還之氣調勻也。

擁塞喉關，

候氣和取出息時，便閉氣，令外不入，內不出，是擁塞喉關也。

擁塞則咽，

此爲前擁塞得元氣在喉間，既外不入，內不出則咽之。

三咽相連，

又說咽氣之常法也。三咽相連，爲一閉氣三連咽之，不許津與氣同咽也。

轉舌漱入，

爲閉氣時，卻微吐出，氣在口中含之，以舌小轉動，便漱入也。

咽下丹田，

此言漱咽下元，氣直入丹田。下丹田臍下三寸氣海是也。

以意引氣，

既咽下氣，則以意引氣令入丹田。

令聲汩然。

咽氣下時，有聲汩汩然，如水瀝坎，聞之分明。

一咽三咽，

此言咽氣時，一咽至三咽，則一閉氣三連咽是也。

再咽如前，

此言三咽既畢，任氣從神盧中往來。候氣調，則如前三連咽之，是再咽如前也。

三十六咽，

是每三連咽畢，候氣調，則如前三連咽之，直至三十六咽，氣之常宜也。《黄庭經》云：三十六咽玉池裏，此之謂也。若未絶粒，即須少食，務令腹中曠然虛淨。無問坐卧，但腹空則咽之。一日通夕至十度，自然三百六十咽矣。若久服，通頓至三百六十咽，亦謂之中成。一千二百咽，謂之大成，是爲太息也。如小胎息，但閉氣數至一千，或一百息，亦謂之大成。然不能鍊形易質，縱得長生，如同枯木無精光也。凡有攝養乖宜，卒生疾患，但依服氣法急治之取差。咽氣時不必三十六咽也，上至三十咽。五十、六十、七十、八十、九十、一百咽，並得腹内氣轉，四肢氣通，則須且卧放，散手閉口，任氣從神盧中往來，令微微然，但微之又微，閉氣多出少。是法，此可爲真胎矣。

胎息成焉。

胎息氣但三連咽，咽至三十六咽爲成。

大道無爲，

大道喻人身無爲，是無所施爲也。但習胎息時，或坐、或卧、或行、或立、任氣胎息，縱身如大空，始至無爲，是人無身也。既至無身，則是無亂想。既無亂想，則元氣不求而自至，不召而自來。

而無不爲。

此言卻破大道無爲。恐學人執著無爲，故云無不爲也。

若能無爲，

前註云：　縱身如彼大空是也。

是名無思。

前註云：　既如大空，所空無心，是名無思。

若能無思，

前註云：　若能空空無心，則自然所無思也。

萬物自歸。

萬物萬姓也。萬姓指元歸也。自歸者，則自然歸也。言能無思，則元氣自然歸身也。若作用而求元氣者，如緣木求魚也。

法象無二，

言習真氣還元之道，古今如一。

不假施爲，

言自然也，如作用而強施爲者非。

不寒不熱，

此説是真氣還元，返本之功效也。久而行之，則不寒不熱。

不渴不飢，

此一句真氣功效也。動而行之，乃至不渴不飢也。

妙中之妙，微中之微。

此上二句，是讚此真氣還元之不可思議。視之而不見，聽之而不聞，搏之而不得，與希夷微同矣。

恬然無欲，

恬爲無味之味。然，常也。言此道恬常而無所欲。

以道自怡。

怡，悦也。言人得真氣還元之道。且我命在我，不在於天。

《陳先生内丹訣・九轉・一轉》　口訣　行持下手之初，先須以飲食養和五藏，不可失飢過飽，心田安靜，無憂無愁，乃可入道也。凡於二更盡，三更初，先須洗漱於靜室，燒香盤膝坐，閉目存神，候息出入勻調，以舌倒卷，塞定舌根兩竅，閉息。漸次覺左右太陽經有兩道氣，從大牙根下貫太陽，入頂門，至泥丸宫，即爲一次。卻開眼良久，再閉目存神，依前卷舌，候氣至泥丸宫即止。如此每夜行三次，行數夜，或旬日，或半月。漸覺氣到泥丸宫，後流入腦，下重樓十二環，過夾脊，串尾閭，到上入心，貫膽，覺胸中溫溫，微覺意思和暢，乃是真氣降也。如此又行數夜，後漸覺氣到心，後微覺溫溫，或心頭氣微動，卻有溫氣後心而上過重樓，入舌下，漸覺口中微苦，乃是中黄之氣自膽而出，陰陽大和，將有降丹之象也。如此之後，每夜行持之初，令一人在門外，以絶入來之人及猫狗等，恐忽然相驚故也。至每夜行三次時，須於坐前横一几，忽行氣間，覺身體漸大，精神騰騰，漸見住宅與諸城市、天地，皆在身内，一身上覺充天，下覺塞地，手足皆不知所在，乃急以手按几閉目，只覺心頭一塊光明，團團如日，忽然墜落，乃是丹降也。丹降之後，不可便開眼，漸漸收拾精神，卻歸四體，手足卻復舊，或覺手足微麻，定省多時，然後開眼，喫人參湯，乃睡至來日，喫粥食，將息一二日，乃丹降畢功也。丹降之後，百病消除，更無疾厄之苦也。

《陳先生内丹訣・九轉・二轉》　口訣　丹降之後，一轉了畢，凡遇初九、十九、二十九、三九之日，日正午時，於靜室中閉門端坐，盤膝閉目，叩齒九遍，神定氣和，然後閉息。每一閉，八九息爲一次。即開眼良久，再閉息如前，八九息爲一次。初閉時，閉一次、兩次，行之漸熟，閉四、五次，又極熟，閉之九次，一向行之，直候内之火候周足，與天地相應，不以遠近，忽然入息至九次，心中溫熱，四體和暢，心神搖動，一道熱氣流下入丹田，此是内丹入丹田，乃爲二轉功成。自此而後，不行九息之數也。

《陳先生内丹訣・九轉・三轉》　口訣　丹入左脇之後，功成三轉，凡遇每月初六、十六、二十六、三六之日，夜半子時，洗漱了，入靜室中，端坐盤膝，叩齒九通，凝神定氣，閉目入息。凡閉息六次爲一遍，開眼良久，再閉目入息，六次爲第二遍。如此六遍，乃畢。於其月内，行至二十六，則月中三遍俱足，至其月盡夜三更子時，依前於靜室中，閉目盤膝坐，先以左手摩頂門，右手摩尾閭，尾閭乃脊骨盡頭，隨日轉七七四十九轉。凡摩時緊閉定息，至數足微歇，候氣定再摩。如此三次，自然覺心腎之氣交於中鬲，激動丹氣，塞於五内，覺五藏内其熱如火，乃行育火之候也。凡行持之後，或於三六之夜，或於月盡之時，忽然覺左脇内，丹在脇下動搖，或微有聲，一道熱氣擯過丹田，直入右脇之下，其熱如火，搖動良久而定，乃成四轉之功。自此而後，不行重六之數。

《陳先生内丹訣・九轉・四轉》　口訣　丹入右脇之後，養成四轉之功。

凡遇每月初六、十六、二十六日，半夜子時，洗漱罷，入靜室中，閉目盤膝，叩齒三十六通，集神定氣，閉定鼻息。雖閉鼻息，不得似日前入息，直使鼻内無出入之息，湛然不動，直候真氣内滿，丹氣貫舌竅，華池津液湧出滿口，將欲溢出，然後欸欸咽之歸心，其神水到心，則激動神火，五藏覺熱，遍身汗出，四體舒暢，爲一遍。每至三六之夜，如此行三遍即止。此爲神水、神火抱浴聖胎之候。自此而後，忽於行持之間，内丹自右脇，其聲如雷鳴，一道熱氣流入丹田，鼻中火光射出，乃是内丹歸復丹田，以成五轉。自此，更不行閉陽户之息也。

《陳先生内丹訣·九轉·五轉》 口訣 内丹復入丹田，五轉之功成就，内之陰陽數足，當採外之陰陽，以成大道。凡遇每月初九、十九、二十九、三九之日，當正午時，面南盤膝閉目，對日而坐，候氣定，閉鼻息，使息無往來，真陽不漏，充滿於内，其内之真火與外之真火交通，自覺一身上下通紅明滿。坐一、二刻後，漸漸丹田真水，一道冷氣上貫於心，如水晶一團，在其心上，然後開眼開息，從鼻中吸日之氣，九九八十一口，納之於心。其日氣到心之後，與真水相激，吸氣一半之後，漸覺心頭氣動，内丹在丹田如魚湧躍，乃是陰陽大和，至八十一口而止。如此行持三年而畢，三載數足，不採日精，卻採月華也。

《陳先生内丹訣·九轉·六轉》 口訣 丹成六轉，當採月華，每遇月圓十五，夜半子時，洗漱畢，對月而坐，閉目盤膝定，氣閉、定鼻息，合口，令口鼻絶往來之息。使真氣不泄於外，内之真氣塞乎六腑，腎之真陰與太陰之精内外攝受，陰氣交通，自覺一身瑩如水晶，湛然明朗。一二刻間，腎之真水感動心火，心神之火一道熱氣降入丹田，如一團火輪，安在瑠璃盤内，然後欸欸開眼放息，從鼻中對月吸月之氣，納入丹田，吸八八六十四口而止。吸氣一半之後，其月華真陰激動丹田中真火，水火相交，如沸湯之狀，四體汗出，百脈舒暢。至六十四口而止，如此行持二年，乃畢，其功將入七轉之位也。

《陳先生内丹訣·九轉·七轉》 口訣 丹至七轉，須當遠離塵市，入深山之中，巖間宴坐，閉息凝神，口鼻絶往來之息，使真陰真陽交於腹内，奪天地造化之功，歸於四體。千日之後，五藏換盡，胎氣變爲仙腑，但覺頂門竅開，出赤黑之氣，乃是胎氣，發散千日數足，頂門竅合，乃是胎氣出盡，七轉功滿也。自此而後，五藏結實，不納煙火之食，若有時，五藏丹火内發，鼻竅火出，則入水中，閉定鼻息，則丹珠神火從陰户而出，浮於水面，如牛弄黄，直候舌下神水如泉，則丹火自息，吸其丹珠，復入坤户，直至八轉，地帶成就，更無火毒，則不須浴也。

《陳先生内丹訣·九轉·八轉》 口訣 丹成八轉，地帶生於臍中，若遇丹火内發，五藏燥熱，即閉目宴坐，以地帶接於華池之下，使息氣内通，行周市運用之道。自閉息之後，丹田真水日月漸長，至第九日，神水直至重樓十二環，丹珠浸於神水之中，去盡火毒，自此之後，更無發燥之候。至第九夜子時，閉息吸神水入泥丸，過夾春，復入丹田，以畢其功也。

《氣法要妙至訣》 要妙氣訣，真道者用之，其壽與天地齊矣。人自有六種導引，而不知吹、呵、嘘、呬、呼、嘻。吹去寒氣，呵去煩氣，嘘去痰積，呬去疲勞，呼去溫熱，嘻去风氣。此言人之生自解也。

《氣法要妙至訣·氣法》 方丈室，開小窗一日，午時飽食，白節一切味，令氣易行。至子時，叩齒二七遍。又取暖氣法：兩手相摩，摩面及身并手足，名乾浴。兩手各收髮髻，收訖，正坐閉氣，咽之至氣海，或一取一咽，或二取一咽，或三取一咽。五咽之，口微吐少氣，名一通。雖虚而不困，初甚難，又不得其意。久閉則自解節度，自知所宜，非言能詮，非翰墨所及。若體似有疾，則瞑目閉息，極悶不堪，身腹盈縮汗出，及微喘，喘定汗消爲通。凡至十通，病乃差。從子至午爲陽，氣可服。午至子爲陰，氣不可服。鼻中取爲正氣，可服。口中取爲邪氣，不可服。鼻爲魂門，口爲魄户，魂清魄濁故也。并小導引，隨不利而爲，不必備及。十二補法亦如之。到明以來，一遍訖即一食，頓消散，放逸還如子時取氣法門。老君十三靜，至日中，作蜜湯，或胡麻飲，薤湯，蔓菁子、黄精湯一味，即得，服一、二小升酒亦得，甚妙。常須含棗核，來津液潤内府，不然即口乾。日夜存心，節候自成。不用動，不至勞，綿綿若存身耳。一日著身，二日如夢，三日小腹覺知，四日腹鳴，五日兩眼熱，六日兩足熱，七日神見，八日氣如雲行，九日上下通，十日神光行形中。初三日小頭眩，二十八日小著物怪，四十日氣增，六十日如故。初或小便赤黄，服棗湯，大便堅難，服葵子湯。一旬顔色痿黄，二旬動作腸胃，三旬消疲，四旬色悦，五旬六府和，六旬如故，七旬志及高遠。此時宜閑精守玄，服丹砂、雄黄、雌黄等，則不畏寒暑也。酒雖益氣，而能亂神，不可多飲。十旬通神，若能當兼草藥，不復虚羸，慎勿泄氣。氣欲生時，腹中氣氳，亦吸，復含氣

令平，想從諸毛竅間出，勿令下出，名鍊氣。百日內鍊氣最難，非不失之一二，失復爲之，乃成矣。津出咽而勿唾，名鍊津。雖溺如水，其潔可食，名鍊溺。《淮南》云：欲長生，腹中清；欲不死，腹無滓。冬不寒，夏不熱，此龜、蛇、燕等行氣之法，皆鼻口不出入息也。一百日光照身，二百日中外明，三百日通神靈，四百日從外知內，五百日能寒能熱，六百日能隱能彰，七百日出入無間，八百日女行則玉女侍給，男行則玉童侍給，九百日視見萬里，無所不知，九年仙化，十二年真人也。又一年易氣，二年易血，三年易脈，四年易肉，五年易髓，六年易筋骨，七年易皮膚，八年易髮，九年易形爲仙。有三萬六千神在身，或衆雲駕龍，制御風雨，役使鬼神，百二十年檢神會道，與空合真也。

夜半後，仰卧平枕，展手共足，足間相去一尺。然後舒兩手，手去身各五寸，握固閉氣，心存所疾之處，以氣攻之。良久，漸開口，時卻祛出惡氣，如此六息、七息爲一度。鍊氣必令歸疾處散之，及吐之時，使耳不自聞，則可以長久。脾居中宫爲君位，四氣從元氣而生，故居脾外爲臣位。人能固得元氣，長在脾宫，即九竅永絶出入息也。脾有九竅，横五孔，竪四孔，以存神之竅耳。九九八十一，又存道之數也。脾即神之室也，可以長久。脾居中宫，爲君位，有竅焉。能固得元氣，長在脾宫，即外九竅永絶出入息也。

三丹田真，皆憑脾而存氣。脾氣若存，身則永固。神以氣立，氣以神存。神氣相生，故長久也。又若不學導引，其道難成。仙家黄庭，此真道階也。又宦情未歇，房室未除，但得靜館閑園佳賞之處，亦得修學也。欲學導引，先須絶葷茹，少房室。節嗜慾，則神明宣，絶葷辛則神氣全。導引之法，先拔鼻孔毛，口齒清潔，衣新淨衣，低牀薄蓋，軟枕低首，勿令頭昂，則氣不調耳。元氣在脾，不能自出，要假外氣，從鼻入脾中，引元氣還從鼻出，故氣性自然，反外入内亦自然也。

《氣法要妙至訣·節氣法》 先閉口，默察外息從鼻入。意料入息，分入息，極息，即從脾中引元氣還鼻中出。料去息二分，出即節取，餘一分令住。正節著元氣頭，元氣節，不得即卻入脾中，還待外氣入來而出也。入則料之，出則節之息之，如此不得斷絶。其節氣者，是人意中，以氣節之，氣即自止。故氣也，人不節之，氣即得出，若約節之，氣即由人，不由氣也。氣以神爲主，故神能侵氣，氣能使身，即知意是神也。節氣時，當須閉口，氣不得從天門出。若地户開，即盜從地户出也。故常須閉口也。如覺氣小悶，開地户，多少還出，出了閉之。此謂：未調和時須少放，若得主便永勿放也。初用氣時，分入息緩出疾。三節一即出疾，節緩之。只恐節元氣不著，名爲鍊七八也。若節氣得七八。若勿節氣，料出氣爲三分出半，即節心無失矣。待氣調和，還依聖人常法。若動爲之，出息日遲，遲即元氣調伏，不欲出也。

《氣法要妙至訣·助導引咽氣法》 王公曰：夫學導引之人者，用氣斷穀，教人不食，性少虚羸，乃用咽氣助導引也。咽氣是咽麤氣也。若咽氣，急閉口内咽喉中氣，咽三十二咽，即腹飽。只得統腹鳴轉，腹中實滿。雖是別道，亦是一家。若節元氣取飽，此是妙中之妙也。

《上洞心丹經訣·求神仙要事》 仙翁曰：欲求神仙，當得至要，至要在寶精行氣，服食大藥。雖云行氣，而行氣有數十法，大要在還精補腦。雖云服氣，而服氣之法百餘事，大要在胎息。雖云服藥，而服藥之方千餘條，大要在金液還丹。

訣曰：寶精行氣數十法，此不具載，其大要在還精補腦者。其法須於子後午前六陽之時爲之，或子後丑前，或身中陽生之時而爲之善矣。於此時入靖或不拘行住坐卧亦可。須當内外貞白，專氣致柔如嬰兒。然後自玉堂尾閭起火，行氣直過來脊雙闗，上入三山直至玉京山。久則自然腦滿，三一九室之妙道，實在於斯焉。

訣曰：服氣之法百餘事，如非烟碧靄中黄玄，黄沆瀣淪漠紫霞。青芽燿靈望舒靈，暈歘炎九罡五精。皆服氣之法。若此未易詳言，而胎息一法，實爲服氣之大要。其法始焉，必用震卦時入靖，或不拘行住坐卧，必要内外貞白，專氣致柔如嬰兒，然後如子居母腹，呼吸在玄牝之根，綿綿若存，久久服之，直使一萬三千五百息，息息入胎，一日十二時百刻，刻刻調和。

《上清黄庭五藏六府真人玉軸經》 太上大道無極元始天尊謂黄帝曰：子求治人之要，而不知治身之術者哉！嘗他而不嘗己，修外而不修内，豈不哀哉？黄帝稽首再拜，長跪而對曰：幸哉！幸哉！敢以不肖之軀，伏待玄旨，願垂哀救，翹仰聖音。天尊曰：人之生也，建八尺之質，合萬有之軀，外有四支九竅，内有五藏六府，各有神主，精稟金火，氣諧水木。五藏者，五神之府，含生之器，神欲安，氣欲宽，導養之妙。火則躁而禮，金則勇而義。躁與勇，陰義與禮陽，陰陽之數也。長陰則殺，長陽則生，生殺之數也。故仰躁行禮義

則生，長勇罷禮義則死。外行禮義，內安脾膽，導養之祕也。以忠孝爲先，不識其源，傷生之道，然知其本，靈祕之術。若能安其神，鍊其形，攝生得氣，歸正背僞，出其恍惚，入其玄妙，辨補瀉之理，誕延育之方，可昇仙矣。子宜龜鏡焉，道在其中也。黄帝敬，授靈訣，專精行之，未逾一紀而神猷先鑒，行腎氣，使心精，步逾玄，含靈契履。入水不溺，入火不焚，氣運於內，神應於外，豈非至真哉？黄帝行是祕法，補六府，陶鍊五精，吐故納新，真氣即徹，後託鑄鼎，驪山昇仙去矣。

五藏六府圖文

肺藏圖　治肺當用呬，呬爲瀉，吸爲補。

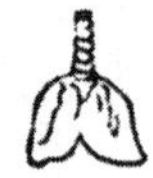

夫肺者，兑之氣，金之精，其色白，其象如懸磬，其神如白獸。肺生魄，化爲玉童，長七寸，持杖往來於肺藏。其神多怒者，蓋發於肺藏也。欲安其魄而存其形者，則當收思歛欲，含仁育義，不怒其怒，不聲其聲。息其生則合乎太和。肺合於大腸，上主於鼻，故人之肺有風則鼻塞也；色枯者，肺乾也；人鼻痒者，肺有蟲也；人之多怖者，魄離於肺也；人之體白點者，肺微也；人之多聲者，肺強也；人之不耐寒者，肺勞也；人好食辛者，肺不足也；人顔色鮮白者，肺無惡也；人大腸鳴者，肺氣壅也。夫肺主商，肺有疾當用呬，呬肺之氣也，其氣義則抽疾，久以安神。人有怨怒填塞胸臆者，則呬而洩之，蓋自然之理也。向若不呬，必致傷敗，獲呬而獲生乎，故病用呬矣。夫人元苦用呬者，不祥也。夫肺處七宫門，主信，使人方正平直，習武先忠，則魂安形全也。且肺者，秋之用事，秋三月，天地氣明，肅殺萬物，雀卧雞起，用安至精，公施抑怒改息，兩相形長，秋之道也，逆之則傷肺。常以七月、八月、九月望旭旦，西面平坐，鳴天鼓七，飲玉漿三，然瞑目，吸兑宫白氣入口吞之，以補呬之損。以正白用，以致玉童餞，則神安思強，氣全體平，百邪不能殃之，兵刃不能害之，延年益壽，名飛仙耳。蓋所謂補瀉神氣，安息靈魂之所致哉。

心藏圖　治心當用呵，呵爲瀉，吸爲補。

夫心者，離之氣，火之精，其色赤，其象如蓮華，其神如朱鳥。心生神，化爲玉女，身長八寸，持玉英，出入於心府也。其神躁而無準。人之暴急者，蓋發於心藏也。欲安其神而全其形者，則全忠履孝，輔義安仁。止其風，靜其急，息其熾，澄其神，而全其形，則合中和也。心合乎小腸，主其血脈，上主於舌。人之血壅者，心驚也；舌不知味者，心虧也。上智者心有七孔，中智五孔，下智三孔。明達者心有二孔，尋常者有一孔，愚癡者無孔也。多忘者，心神離也；好食苦者，心不足也；多悲者，心傷也；重應者，心亂也；面青黑者，心永也；容色赤者，心無他惡也。夫心主徵，心有疾，當用呵。呵者，心氣也。理其氣體，呵能靜其心而和其神。所以，人之心亂者則多呵，蓋天全之候也，人皆爲而不知哉！向若不呵，當致憤怒者也。故心疾用呵，除邪氣也。夫心處九宫驚門，主禮，使人樂善好施，恭孝以修仁，則心和而形全也。且夫心者，夏之用事也。天地氣交，萬物華結，玄寢丑起，無厭於養英成實，長夏之德也。逆之則傷心，常以四月、五月、六月弦朔清旦，南面端坐，叩金梁九，漱玄泉三，靜思，想，吸離宫之赤氣，入口三吞之，以補呵之損，植其靈府，開心穴，餌火離，濯玉女，神平體安，衆殃不害，金火不能傷，治神之靈也。

肝藏圖　治肝當用噓，噓爲瀉，吸爲補。

夫肝者，震之氣，木之精，其色青，其象如懸瓠。肝生魂，其神如龍，化爲二：玉女、玉童。一青衣、一黄衣，各長一寸，一負龍、一持玉漿，出入於肝

藏也。其神好仁，人之行惠者，蓋發於肝也。欲安其魂而延其齡者，則當澤被蒭棘恩覃，庶類而後全其生，則合乎太清者也。肝合於腠，上主於目，肝盛則目赤。又主於筋，肝虧則筋急。皮枯者，肝熱也；肌肉黑黯者，肝風也；好食醋味者，肝不足也；色青者，肝盛也；手足汗者，肝無他惡也；毛髮枯者，肝傷也。夫肝主月，故肝有疾者當用噓。噓者，肝之氣也，其氣仁也，故除毀痛。人之有傷痛者，則噓之以止痛，皆自然之驗也，不以爲靈哉？此之至理也，通玄之道。且肝之主春，春之用事，春三月天地氣生萬物，花葉繁茂，人及芻萌，順陽之道也，逆之傷肝也，傷之則毛骨不榮也。常以正月、二月、三月寅時，東向平坐，叩齒三通，閉氣七息，吸震宮之青氣三吞之，以補噓之損，以享青之祝，以致二童之饌，木精乘土則肝歡寡憂，精之妙也。

脾藏圖　治脾當用呼，呼爲瀉，吸爲補。

夫脾者，坤之氣，土之精，其色黃，其狀如覆盆。脾主意，其神如鳳，化爲玉女，長六寸，循環於脾藏也。其神多疾妒，人之疾妒，蓋起於脾藏也，土無正形，故妒之，無准也，婦人則妒劇者，乘陰氣也。欲安其神，則當去欲寡色，少思屏慮，長其土德而後金其生也，則合乎太陰。脾連腦上，主於口，消穀之府也。如磨之轉，化生而入熟也。食不消者，脾不轉也。食堅硬之物，磨之不化也。人不欲食訖便卧，其脾則側不轉。食堅物生食不化，則爲宿食之患也。故藏不調則傷脾，脾藏不調則傷質。質神俱損，則傷人之速。故人之不欲食生硬堅澀之物，全人之道也。人不欲食，爲脾中有不化食也；多或者，脾識不安也；多食者，脾虛也；食不下者，脾塞也；無顔色者，脾傷也；好食甘者，脾不足也；顔色鮮滑者，脾無他惡也。夫脾主於中宮土也。故脾之有疾當用呼。呼者能引脾疾。故人之中熱，則呼之以驅熱溫之弊也。向若不呼，則熱氣壅於內，陰息於外，致憒悶之患，形何而安哉？

夫脾者，位寄於二宮，主義也。使人寬舒廣大，屈己濟人，以利不爭者也。且脾之無定，寄王四季，隨六氣助成萬物。脾育腸胃，義之道也。不以自專爲德，不以物競爲功，長坤之理。逆之則傷脾。常以四季月末十八日旭旦，正坐中宮，禁氣五息，鳴天鼓七，吸土宮之黃氣，入口五吞之，補呼之損，飲玉醴，以致神之味，以補於脾，以佐神氣，則入山不畏虎狼，登險不懼顛蹶者，行氣之精也。

腎藏圖　治腎當用吹，吹爲瀉，吸爲補。

夫腎者，陰之精，坎之氣，其色黑，其象如圓石，其神如白鹿兩頭，化爲玉童，長一尺，出入於腎藏，其神和也。人之柔順者，蓋發於腎藏也。欲安其神，則當仁德平廣，膏潤萬物，長其精，順其志，而後全其生形，則合乎太清者也。腎合於骨，上主於齒，痛者腎傷也。又主於耳。夫人骨痛者，腎虛也；耳不聞者，腎虧也；齒多楚者，腎虛也；齒黑齡者，腎風也；耳痛者，腎氣壅也；腰不伸者，腎水也；色黃者，腎衰也；容色紫光者，腎無他惡也；骨鳴者，腎羸也。夫腎主羽，人之有疾，當用吹。吹者，腎之氣，能抽腎之疾。故人之積氣衝臆者，則強吹也。腎氣沉滯，吹徹則通。且腎者，冬之用事。冬三月乾坤氣閉，萬物伏藏，戌寢寅起，與玄陰并，外陰內陽，以養骨齒，以治其神，逆之則傷腎。常以十月、十一月、十二月面北平坐，鳴金梁七，飲玉泉三，吸玄宮之黑氣入口久吞之，以補吹之損，以符呦鹿之詞，以致玉童之饌。益腎氣，神和體安，則群妖莫害，則致長生之道矣。

膽藏圖以前名五藏，加膽名六府，膽亦受水氣，與坎同道。　膽有疾當用嘻，嘻爲瀉，吸爲補。圖形已附在肝藏。

夫膽者，金之精，水之氣，其色青，其象如縣瓠，其神如龜蛇，化爲玉童，長一尺，戟其手奔馳於膽，藏其神。勇人之勇决者，蓋發於膽藏也。欲安其

神，當息忿寝爭，與仁輔義，其後全生也。膽合於膀胱，上主於毛髮。毛髮枯者，膽損也；髮燥者，膽有風也；無懼者，膽洪大也；顔貌青光者，膽無他惡也；爪甲乾者，膽虧也；毛焦者，膽熱也；無事淚出者，膽勞也；好酸者，膽不足也。

夫膽寄於坎宫，使人觀智慕善，屏邪去佞，绝姦治方直也。且膽者生於金，金生於武，故多勇，且抑之，大吉。夫膽乘陰之氣，表金之精，故主於殺，殺則悲，故人之悲者，金生於水，目中墮淚。夫心主火，膽主水，火主辛，水主苦，所以人有弊者，即言辛苦。故爲水火二氣相背，則火得水而煎，陰陽交爭，水勝於火，故目淚出。淚，類也，苦而出，故名曰淚。夫悲啼號泣，其稱聲苦者，爲淚出於膽，而以苦爲詞也。膽水也，而主於陰，目明也；而主於陽，陰從陽，故從目出。常以孟月，端居正思，北吸玄宫之黑氣，八口九吞之，以補嘻之損，以食龜蛇之味，飲玉童之漿，然後神治體和，顛不能犯，邪莫之向，膽氣所致也。

夫庸愚之人，不信玄妙，謗訕真理，深可悲哉，自取傷毁！儻有一夫而稍有膽氣，而亦遇妖恠非常之靈，則怒目切齒，神强膽正者，必伏冥神也，豈非神氣所用哉！何不信之？凡叩齒爲寫抽，一云閉氣，漱泉爲補益六府之精，此亦爲寫也，非冥呼吸獨稱寫耳。

《太上元寶金庭無爲妙經・神遊》道言神遊者，八天之表，八陽之極，炁緯天之星，經河之度。是以五運化形，天道以善，應無無言之妙。真人將天地之真機，是以八表周旋可遊，而互形器也。夫人之神，由圓定以全，至可遊之妙，非術之爲可，皆自然之理也。西王母曰：吾嘗受黄帝以神遊之妙。神遊者，乘火龍以御天也。真人神炁全，陰陽備，形體胖，聲迹殊，以指開天門，放朱印之光，神自度焉。復入天門。其指自下，且神圓能出，自覺中間不拘，神與身離，心指天門，發兩眉間及印堂之光，神自出焉。若止出天門，不開印堂，則出不返也。朱宫之印乃心，尚有神出，魂不出也。朱宫之印，心之留魂未死，神自有身焉。

《太上元寶金庭無爲妙經・御炁》道言炁者，有形無形之物也。聚而爲形，散而爲風，動而爲運，結而爲物。使真人御炁者，保炁以鍊骨，骨輕則無聚，積精以全神，神化而炁乘。御炁之道，先輕身也。若欲輕身以不死，爲心而休勞渴，食欲先焉。先身而行，炁始乘焉。身離而全神，炁自御焉。西王母曰：御炁之術，以身則勞而難成，以神自然則可致。古人有服炁輕骨，服藥以輕身。故身骨輕炁可御，入水不溺，入火不焚也。其道先服藥以絶粒爲上，服炁以無心爲最。真人以身輕身，乃松柏、茯苓之類也。服炁者，乃子午既濟之炁也。服藥以爲虚空，虚空爲身，炁之致也。

《太上元寶金庭無爲妙經・二炁》道言二炁調運，四象含光。體化元妙，動客周旋。左右上下，引水火往來。養金丹胎寶，以金爲鼎。金者，炁也，以木焚之。木者，力也，内有八卦、四象、五行自然之物也，周天之卦，自然之數也。惟二炁引水火之法，先務調和。西王母曰：二炁者，金木也。金色白，其德威，其神虎，故肺之炁乃曰白虎也。木色青，其德柔，其神龍，故肝之炁乃曰青龍也。若不得二炁，則坎離不生。坎離不生，則配合無象，故調炁養龍，往來于天地門。天門者，泥丸也。地戶者，尾閭也。然後積炁以養龍，故炁積成水，水中生龍，龍行虎順，升降上下而引水火也。

《太上元寶金庭無爲妙經・忘形》道言忘形者，炁所聚。炁者，形所用。既有形，非炁莫生。養形之道，以炁先焉。今既有形，但爲炁所拘耳。人皆以炁爲本，形不爲炁累耳。故真人者，有形能忘，是爲真道。忘形者，鍊炁合形，與物無着。故鍊炁而神定，神定炁正，炁正而無寒暑，無寒暑而形不拘，形不拘而形可忘也。西王母曰：形者炁之宅，炁者神之用。炁全神正，有内真炁，故形不著炁，炁不爲形所拘也。其妙至半夜，運五行，全炁上下升降，若混沌形。至三千日，炁能離形，故形可忘也。離形者，神出也。神出者，由炁以行神炁，炁動然後形無形也。

《太上元寶金庭無爲妙經・元炁》道言炁治則疾不生，炁完則神自靈也。治炁，治五藏四肢之順也。若腹中病，當接目上下，左使之右，右使之左，然後伏卧，曲兩手于心下，當少頃，利自愈。五藏不足，向五方存色納之則愈。全元炁之法：存元海中升其炁，使上下流轉不定，經三十日，形自離。欲元其炁，自小轉大，日加之，則四十九日充滿其形，形充無炁，則神自正也。西王母曰：元炁者，鍊炁也。以火先自丹田流轉不定，至子初，三百六十功，至午初，又自心而下，又行三百六十功，則炁元也。一功者，一遍也。

《太上元寶金庭無爲妙經・入室》道言真人養形，莫若鍊炁，鍊炁莫若定神，定神莫若入室。入室者，養神安定之法也。夫冬則溫，夏則清。冬無用火，夏無用風。居必正席，室必南向。先治外邪不干，然後内邪不起也。

治者，使邪炁不干而形自安也。西王母曰：入室之術，室可方圓六丈，東西置牖，南立，戶高一丈二尺，坐震令方圓八尺，安□毛毬，夏則上又置席，左右置几，令安坐，下垂足。下床自坐，下長一尺二寸，使起居左右，皆不爲倦。然後於四安。四安青白之帳，勿安五色，恐久令人目盲。戶外簷，當使見白，然後形安，炁不爲所傷也。

《太上元寶金庭無爲妙經·定神》 道言人之神者，心爲之室，血爲之祿，炁爲之本，四體五臟爲之使。夫神之在身，由舍之有生。舍之有生則成，無生則敗。且舍之新，若無生，門戶不閉，塵穢四入，豕鼠耗其基，鳥雀穿其穴，亦漸至隳壞舍之朽。若無生，門戶摧塌，塵穢溢滿，豕鼠敗其基，鳥雀翻其蓋，則欲不朽無由也，立至崩墜。人之神全，炁正，亦易定也。定神之道，在守心，守心在絶念，絶念在休欲，然後心正，心正然後神定。西王母曰：定守之道，知安知足，使飢寒不逼，無妄想執縛，以炁上升至心而養之，當夜半時，不以正坐，但平兩手，使四體安，休絶妄想，存心中有己身，坐行之七月，神不衰老，神定炁正，常如嬰兒，神自靈也。

《雜著捷徑·太上傳西王母握固法》 正身端坐，想心中紅日輪如錢大。稍暖，從左脇直放下丹田，下左足心；稍暖，又存火從下燒上臍，下丹田，漸漸方過右足，又候腳心稍暖，從下發火，燒至丹田，便從右脇上過胸，直從降下，直至下丹田。又從下丹田放上心頭，照見五臟，此乃上則爲降，下則爲升，則天地升降之法。便直放下丹田，下膀胱中，穿過尾閭關，鑿開雙腎，取兩道白氣，從夾脊直上泥丸，分作三路，直上頂門，候顖門稍暖，又想珠從鵲橋內放，下口中，慢下，放過重樓十二環，至中宮。神水滿，則分作三口，下中宮，又存膀胱中。有黑氣一道，湧上心頭，方閉目收神，入中宮，候眼前有報應，或目前如金花，或如白絹隊隊過，或是滿室之光，或是隔窻之光，能見小字。就此光中，千日之內，可出陰神。或乃緣一年七十二候足，便可出神也。

《雜著捷經·存想咽氣》 下丹田在臍下三寸，近後有二穴，通脊上泥九宮，每之連咽，速存下丹田。所納得元氣，以意吹之送之，令入二穴。因閉目想見兩畔白氣夾脊，歷二十四節，過三關，雙引直上入腦泥丸宮，謂之上丹田。熏蒸諸宮，森然偏入毛髮、面部鬚，擘手指，一叶而下，入胸中，至中丹田。中丹田者，心也。想氣灌溉五臟，仍歷下丹田，達湧泉穴。湧泉者，足心也。所謂鬱蒸肌膚，通帖首脈分一氣，以理之鼓之，以雷霆潤之，以風雨之類也。亦猶天地有泉源，非雷霆動作，則無以潤萬物。人身上有津液，非灌漱則無以滋五臟，發光彩。還精補腦，不死之道，名內藥，非吐納則不能引而用之。是知回環之道，運用之理。蓋所以法天而象地，想身中濁惡凝滯，邪氣瘀血，皆被正氣蕩滌，從手足指端出，謂之散氣。則展手指，不須握固，如此一度，即是一通。通則無疾，復調之，使平復，鼓咽如前也。閉氣鼓咽，至三十六，謂之小成。若未絶粒，理且至此。常須少食，令服中曠然。無問坐卧，但腹中空，則咽之。一日通夕，至十度，自然氣通，至三百六十噈，謂之中成。至一千二百噈，謂之大成，是謂大胎息也。如小胎息，但閉氣，數止一千二百，亦謂之大胎息。若不能鍊形易骨，縱得長生，兀然同枯木，無精光也。

《諸真聖胎神用訣》 師曰：知至道者，天不殺；服元炁者，地不滅。夫至道者不遠，祇在己身，用心精微，命乃長久。《劉公祕旨》曰：欲得長生，當修所生之本，始於精炁，精炁待而爲形，形爲受炁之本，炁是有形之根。元炁稟形之由，可察成形之理。經曰：深根固蔕，長生久視之道。又曰：形中子母，何不守之？且形中以元炁爲母，以神爲子。初因呼吸之炁，而立成形，故爲母也；形炁既立，而固有神，故爲子也。夫至神也，與炁合形，神與炁、但循環於藏府之內，馭呼吸於上下，久久習之，則神自明而炁自和。神既內明，照徹五藏，炁和則使用於四肢，故黃帝三月內視。住心以神，則化生纏綿五藏、斯言可推而得之也。又曰：意中動靜，炁得神通，行道自持，我神光明，斯理之然，然可推而得之也。今世之人，神與炁各行，子與母相離。炁雖呼吸於內，神常運物於外，如此逐使炁無主而神不通，神不通而精自散。又以神爲主，以形爲宅舍，主人不營於內，日營於外，自然宅舍空虛，而形體衰朽矣。況末世道流，每一晝一夜，百刻之中，形炁之得總一萬三千五百息，皆外役於神，無息住於形體之中，而何能冀長生久視之道？

先生曰：若知神炁之所主，子母運行，則長生不死之門可見也。若炁無主宰，任自呼吸，咐通利五藏，消化五穀而已，不能還陰返陽，填補血腦耳。

師曰：吾以神爲車，以炁爲馬，終日御之而不倦也。

經云：天下有道，卻走馬以糞，正謂此也。尹真人曰：神能御氣則鼻不息，斯言至矣。

《諸真聖胎神用訣·御氣之法》 上至泥丸，下至命門，二景相隨，可救殘老矣。若呼不得神宰，一息不全；吸不得神宰，亦一息不全。若能息息

之中，使神炁相合，則胎從伏炁中結，炁從有胎中息，胎炁内結，永無死矣。功成之後，男子聚精，女子結嬰，雖動於欲，不能與神爭，是謂真返精，爲神也。此者乃是上清玉真修息之訣，日能行之，自得其味，漸合太上真道。

《**諸真聖胎神用訣·海蟾真人胎息訣**》 夫元炁者，天地之母，大道之根，陰陽之質，在物名淳利之炁，在人名元炁者也，乃性命也。凡一晝一夜一萬三千五百息，常常口鼻中泄了真炁。聖人久鍊胎息者，常納於丹田，故微微出入定，自身安而得長生。長生者，乃心與神炁相合，與道同真也。

《**諸真聖胎神用訣·玄葫真人胎息訣**》 夫大道以空爲本，絶相爲妙，達本元，靜定太素，納炁於丹田，鍊神於金室，定心於覺海。心定神寧，神寧則炁住，炁住則自然心樂。常於百刻之中，含守於真息。又云：神息定而金木交，心意寧而龍虎會。此内丹之真胎息之用也。

凡修道之人，若要長生不死，先須鍊心。真人曰：心者，在肺之下一寸三分，曰玉壺，内有虚白一炁。經云：虚中生白，一名玉壺，二名神室，三名玉館，四名絳宫，中有救苦天尊，中有不死之神，中有靈寶天尊，中有元始符命，中有太一真人，中有救苦真人。常持元炁，勿令失散，丹砂結就，大如黍米，色如黄金，一名寶琳。若人識得、辯得、認得，塞其六門，常守天真，胎息自成，延年久而不死矣。

《**諸真聖胎神用訣·袁天綱胎息缺**》 夫陰陽者，天地之真炁。一陰一陽，生育萬物。在人爲呼吸之炁，在天爲寒暑之炁。又云：此兩者能改移四時之炁，此乃戊己，包藏真炁。云春至在巽能發生萬物，夏至在坤能長養萬物，秋至在乾能成熟萬物，冬至在艮能含藏萬物。此皆陰陽出沒，昇降神用，故陽炁出。水盛木，陰炁出火盛全。陽生於子出乎卯，陰生於午入乎酉。此四仲之辰，皆是天地之門户也。凡大道者，必取四時之正炁。凡修行，動息爲陰，定息爲陽。凡作時須得心定、力定、神定、息定。龍親虎會，結就聖胎，名曰真人胎息也。

《**諸真聖胎神用訣·于真人胎息訣**》 凡所修行，先定心炁。心炁定則神凝，神凝則心安，心安則炁昇，炁昇則境空，境空則清靜，清靜則無物，無物則命全，命全則道生，道生則絶相，絶相則覺明，覺明則神通。經云：心通萬法皆通，心靜萬法皆滅。此一門如來真定者也。凡修道者，先修心定之法，既得定法，還丹不遠，金液非遥，仙道得矣。

《**諸真聖胎神用訣·徐神公胎息訣**》 夫神者，虚無之用。息者，元炁之用。鍊去塵世之境，若是非、人我、財色取捨得失，寃親平等如一，自然祐護，道心成矣。經云：神者，虚無用之精炁神三者便是。靈臺修行之人，若是息定精、炁、神三件，可長生不死，必爲出世之仙，則不虚矣。

《**諸真聖胎神用訣·煙蘿子胎息訣**》 夫動者本動，靜者本靜。古者本無動靜，且動靜者一源。蓋爲一切衆生，妄想不定，聖人留教，教人定息，神隨炁定，炁住神定。若炁動心動，心動神疲。凡修道之人，不行胎息，則有動靜之源，怎入無爲之門户也，走失了也。

《**諸真聖胎神用訣·達磨禪師胎息訣**》 夫鍊胎息者，鍊炁定心是也。常息於心輪，則不著萬物。炁若不定，禪亦空也。炁若定，則色身無病，禪道雙安。修行之人，因不守心，元炁失了不收，道怎成矣？古人云：炁定心定，炁凝心靜，是大道之要，又名還丹。道人無諸掛念，日日如斯，則名真定禪觀，故三世賢聖，修行皆在此訣，名爲禪定雙修也。

《**諸真聖胎神用訣·李真人胎息訣諱子明**》 夫胎息真炁者，入於一淨室，焚香面壁，東南結跏趺坐，心無掛念，意無所思，澄神定息，常於遍身觀之，自然通暢。諸學之人，不得全閉定炁，全閉則傷神，但量自家息之長短，放炁出入，不得自耳聞之，如此則妙也。若常常調息，不出不入，久而在於丹田固守，在之者，名爲真胎也，道必成矣。

《**諸真聖胎神用訣·抱朴子胎息訣**》 凡修行之人，須要定息。息者，正也，安也，順也，歸也，伏也，寧也，靜也。若四威儀中，常作如是，決入真道。勿著諸境，虚心實腹，最爲妙也，但澄息心定，心定則炁寂，炁寂則神靜，神靜則境空，境空則寂滅，寂滅則無事，無事則清靜，清靜則道生，道生則自然，自然則逍遥。既入逍遥，則無量自在，得做神仙，自然五行總聚，六炁和合，八卦配偶，成於内丹，身形永劫不壞矣。

《**諸真聖胎神用訣·亢倉子胎息訣**》 凡修鍊入道，息心勿亂，精神勿泄，息神勿惕，息忓勿出，息言勿語，息血勿滯，息唾勿遠，息涕勿棄，息嗔勿惱，息神勿憂，息怨勿念，息我勿爭，息害勿記。若人行住坐卧，常持如是，其心自樂，自然成就，不修此理，枉費其功，終無成法。但日日如是，其丹必就，若動靜變忘，道不求自得矣。

《**諸真聖胎神用訣·元憲真人胎息訣**》 夫學無爲胎息者，只是本清靜

心也，亦名真如，本無物也。有若太虚相似，無去無來，無上無下，非動非静，寂寂寥寥，與真空同體，與大道同源，與本面目相逢者也。若修大道，當修無爲，其心清虚，寂而無寂，静而無静，心澄境謝，心境雙忘，則入無爲，真道也。學道之人，若修如是法門，則其丹自成，自然炁定，而得胎息矣。

《諸真聖胎神用訣·何仙姑胎息訣》 夫鍊者，修也；息者，炁也、神也、精也。息炁本源者，清静真炁也。觀入丹田，細細出入，如此者龍虎自伏。若心無動，神無思，炁無欲，則名曰太定。真炁存於形質，真仙之位，變化無窮，號曰真人矣。

夫胎息者，須存神定意。抱守三關者，精、炁、神也。凡修行之人，須每於六時，常抱守三法，則自然有寶聚也。國富民安，心王自在，乃神和暢，少病也，少惱也，身體輕便也，耳目聰明也，是修真之人，真道徑路。若三五年間，常行此法，天護祐，神加持，凡人愛敬，久而自然得道矣。

《諸真聖胎神用訣·玉雲張果老胎息訣》 夫胎者，受生之宫也。息炁納於元海，在母臍下一寸三分，名曰丹田。受真精成形，納天地之炁，一月如珠，二月如露，三月如桃李，此名淳和之炁，朴也。子在母胞胎之中，母呼則呼，母吸則吸，至於十月，炁足而生，六情轉於外，豈於返視元初，不守内息，故有生死。故聖人云：我不縱三屍六情，常息於丹田，守而無退。凡修道之人，先修心静之門。又云：了心修道，則省力而易成；不了心而修道，修道者返費功而無益。先了心源，然後自定，自然龍虎伏觀，仙道必成矣。

夫丹田者，在臍下一寸三分，是元炁之宫位。第三百六十坐精光神，守護元炁，内有神龜一坐，吐納元炁，往來呼吸，一晝一夜，一萬三千五百息，皆元炁於口鼻中泄出，故引入邪炁所侵，而生病也。丹田者，生炁之源。一名丹田，二名精路，三名炁海，四名守宫，五名大源，六名神室，七名元藏，八名採寶，九名戊已，十名本根，皆是太和元炁居止之處。若存精炁於丹田，則得長生久視之道。凡修行之人，行住坐卧，常含納真息於丹田，則得元炁成實，久鍊而成仙矣。斯乃真人之胎息者也。

《諸真聖胎神用訣·侯真人胎息訣》 夫真一法界者，不離於本源。本源者，則是一心也。不動不行，心則是源；不停不住，源則是心。其心清静，則成大藥；其心惑亂，則成大賊。奪其精，盗其神，敗其鑪，失其藥，患其身，喪其命也。凡在道之人，必先修心静之法。但於心静，必得定心，心定則神安，鉛汞相投，龍虎親也。周天數足，添精、益炁、養神，此三法若全，則萬神感會於丹田，血炁周流於遍體，逍遥於長生之道。又云：如何清静？當澄其神，絶其慮，亡其我，滅其境，抱其真，此謂妙静之道。

《諸真聖胎神用訣·鬼谷子胎息訣》 凡修道之人，返本還純，内含真炁，故道返則四象、五行、六炁、七元、八卦，而鍊精、炁、神，成其形質，則是虚中取實，無中取有，而内祕真丹也。故鍊心爲神，鍊精爲形，鍊炁爲命，此是陰陽昇降之炁也。炁源者，命之根也。故修三法則大道也。

《諸真聖胎神用訣·黄帝胎息訣》 凡修道者，常行内觀，遣去三屍，出於六情。返内存三，心神守宫，炁閉不散，諸神觀暢。養炁，鍊形、存性，此三法不可棄，是真一胎息也。玄關大藥也。

《諸真聖胎神用訣·陳希夷胎息訣》 夫道化少，少化老，老化病，病化死，死化神，神化萬物，炁化生靈，精化成形。神、炁、精三化，鍊成真仙。故云：存精、養神、鍊炁，此乃三德之神，不可不知。子、午、卯、酉四時，乃是陰陽出入之門户也。定心不動，謂之曰禪；神通萬變，謂之曰靈；智通萬事，謂之曰慧；道元合炁，謂之曰修；真炁歸源，謂之曰鍊；龍虎相交，謂之曰丹；三丹同契，謂之曰了。若修行之人，知此根源，乃可入道近矣。

《諸真聖胎神用訣·逍遥子胎息訣》 夫修者，志也，養也。養者，頤也、伏也、真也。凡欲養息，先須養精；凡欲養精，先須養神；凡欲養神，先須養性；凡欲養性，先須養命。性命者，乃是神炁也，魂魄也、陰陽也、離坎也。久而行之，結成聖胎，乃真胎息也。

《諸真聖胎神用訣·張天師胎息訣》 夫元炁無形，真心無法，大道無迹。唯鍊息一法，乃含真道。又云：心定、炁定、神定，凡修道流，若合大丹元道，清虚寂静，絶慮忘意，空静，無物，萬法無蹤，真修胎息也，成仙無疑也。

《諸真聖胎神用訣·郭真人胎息訣》 夫鍊者，修也、養也、虚也，耳不聽也、眼上見也，鼻不聞也、舌不味也，息炁定心也。此法從不有中有，不無中無，不色中色，不空中空，非有爲有，非無爲無，非色爲色，非空爲空，此乃真胎息，養炁調神之法。又云：視不見我，聽不得聞，離種種邊，名爲妙道，此法最爲上也。

《諸真聖胎神用訣·中央黄老君胎息訣》 夫本立天地，生於陰陽。清炁爲天，濁炁爲地。清炁爲心，濁炁爲腎。被世牽惹，引動人心，故清濁不分

也，怎曉此理哉！　每動作處，經行處，眼見耳聞，五賊送了真元。　眼送與心，心動神疲，又被耳送與心，心送音聲入腎，神勞心煩，壞了也。　若動念則泄真炁，故胎息不成矣。　如何得成？　若人靜坐，念心不動，息念忘情，炁神調勻，久而自成仙矣。

《諸真聖胎神用訣・柳真人胎息訣》　夫人往往在世間，不知自身日用，物所造化也。　噫！　乃上天之炁也。　元精不衰，物結成器，上依天之清炁，聚而成形，下接地之濁炁，凝而成體。　內包一真，世人不識，故泄於外，乃精、炁、神也。　若不守此三者，老死近矣。　聖人常不離此三法，行住坐卧，久結成胎，神仙矣。　頌曰：　爲人在世不知根，一向貪心棄本真。　不管元陽真息炁，至今天怒病纏身。

《諸真聖胎神用訣・驪山老母胎息訣》　經云：　天地，萬物之盜；　萬物，人之盜；　人，萬物之盜。　故三盜相反，走失了真炁精神也，不成胎息。　若修行之人，不愛萬物，自不盜你本性也，故云本分。　道人我不要你底，你不要我底，只守分。　守分者，何也？　乃是不出不入，常守本源，不動不靜，不來不去，似有似無，是箇死的活人。　仙道近矣。

《諸真聖胎神用訣・李仙姑胎息訣》　夫世間之人，奉道持修，須要朝真謝罪。　每於庚申甲子之日，父母遠忌之辰，三元八節之日，宜修齋醮者，神天祐護。　更若每日清靜無事，澄心靜坐，調神養炁，不離本室，自然三宮昇降，六氣周流，百脈通行。　萬物齊會於黄庭。　黄庭者，乃中宮也。　若常守於中宮，精炁不走。　此乃真胎息也。

《諸真聖胎神用訣・天台道者胎息訣》　凡人修鍊，常行平等忍辱，一屏邪心所起，真心志堅，運心腎二炁，上下往來，交媾於中宮，諸神不散，温養元炁，丹砂黄芽自出，深根固蔕，永息綿綿，久而長生，出世得道矣。

《諸真聖胎神用訣・劉真人胎息訣》　若修胎息元道之法，心不殺、不欲、不盜、不偷、不邪、不妄、不顛、不狂，心自明朗，常守齋戒，真息常調，觀照遍身世界，身心清靜，乃是長生道人。　若金坑寶貝堅實，六門不開，邪炁不入，一身無病患。　若六門不閉，盜盡金寶，人生疾也，道自不成矣。　頌曰：　心中真炁是天英，正是神清炁鏡明。　大道若依玄妙用，心中清靜炁生靈。

一去一來不暫停，上下無休造化成。　神靜炁澄無事染，這回息住自然靈。　後學之者，不息元道，妄念不停，生滅不息，隨他物去了，怎成胎息也。

《諸真聖胎神用訣・朗然子胎息訣》　凡修行之人，焚香入室，靜坐冥心，叩齒集神，定意馬、伏心猿，都收在一處，放在丹田，令温養之，內觀勿出。　如元帥行軍，神是主，炁是軍，炁到處神到，二物相逐，不得相離，萬病不干，千災皆滅。　學道之人，若得此法，動而行之，今日貧道方泄天機，你若不行我有殃矣。

《諸真聖胎神用訣・百嶂內視胎息訣》　且胎息者，世人不知，諸賢皆從證果。　若不得此法也，把不定不得，口訣不得，下手不得，親傳把手教著，尚做不過。　一等愚人，便待定心猿，捉意馬，往往空費其功夫，不成大事。　若真修鍊之人，欲捉心猿，收意馬，先須調炁定息，然後澄心、息慮、忘情，乃可應也。　若不如是，則空過了時光日月，不因師指，此事難知矣。

《諸真聖胎神用訣・曹仙姑胎息訣》　且胎息者，非方術之所能爲，爲者則失道遠矣。　且人之生也，須以神存炁，留道生神與炁，二者相須，乃成性命。　虛有通靈而光明，和者周流而柔潤。　神安則炁暢，炁暢則血融，血融則骨强，骨强則髓滿，髓滿則腹盈，腹盈則下實，下實則行步輕健，行步輕健則動作不疲。　四肢康强，猶國之封域平泰；　炁血和盛，猶國之府庫充實，譬人家富。　神志和悦，顔色自怡，行步歌舞，仙道近矣。　故曰：　今人念佛念道，只要除災救禍，不如志念除妄還好麽！　達人觀斯而行之，自成胎息者矣。

《莊周氣訣解・積火》　莊子曰：　指窮於爲薪，火傳也。　窮，盡也。　爲薪猶前薪也，將以指盡前薪之理，故火傳而不滅。　心得納養之中，故命續而不絶。　夫養生乃生之所以生也，不知其盡也。　夫時不再來，命不一停。　故人之生也，乃一息一得耳。　向息非今息，故納養而命續；　前火非後火，故薪傳而火續。　由夫納養得理，其極世豈知其生而盡哉！　《陰符疏》曰：　太公賊命，以一銷天下用之以味何也？　一者，心稟於自然變化之元故善。　賊命者，用銷息杜欲還真，故曰長年，轉成神化，是一銷之義也。　疏曰：　太公聖人謂之五賊，天下謂之五德。　人食五味死，無有怨而棄者。　心之所味亦然。　夫聖人以至真之體，觀乎五者，皆欲也，故謂之五賊。　天下之人，食五味者死，無有怨而棄者，心之所味亦然。　蓋言衆庶貪溺五味終也，五欲使自爲也。　人皆欲其生、欲其養、欲其成、欲其通、欲其安，隨而與之，因而制之。　天下奔逐其性，咸獲所欲，特謂造化自成，我不知自爲利也，其天下之人，不達其要者，但以味適口，充腹飽胃，以養其性命，恐隔滋味而已。　然其腑藏，長欲蒸心亂

神，反資百疾，以至夭殂。故太公曰： 人食五味而死，無有怨而棄之，不食五味者，仙真也。廣成子以爲積火焚五毒。五毒者五味也。若去五味盡，可以長生。以此驗之明矣。予以爲積火則心積，鍊其心陽和氣充，布氣流液，如心在陽。故五味消，滋味自淡也。夫欲神仙，當先營氣，能益能易，名上仙籍。不益不易，不離死厄。但能握固，閉氣吞液，氣化爲血，血化爲精，精化爲神，神化爲液，液化爲骨，胎結丹田，綿綿長存，行之不倦，神光體溢。凡嚥氣，皆須喉中徐徐咽，不得泄，泄即令人發煩，每嚥從容，中間隔十息停歇，又一嚥彌佳。若但嚥之則易奔出。初服氣，必須心意坦然，無疑無畏，必大勝。若懷疑惑，即正氣難行，蓋須安心決志耳。凡服氣，四體調和，必須情意欣樂自足，不羨一物事，日暢一日。凡食穀服氣，雖得食，食不得飽，飽即氣住，氣住即逆，出彌忌葷辛，須坦然棄滋味，自抑捺，不抑捺即心不正，氣不行也。凡服氣，日別飲少藥酒亦妙，并煑薤食之益氣。若氣不下，喫少許薑蜜湯；能遊心於玄漠，百物不思，至誠感神，則自然飽足，絶粒久視，一無所妨。服氣縱體中胸心間不安，亦非害事，久久日勝一日矣。服氣，次不得食肉及一切果子生菜，若未能全斷肉味，須除十二屬，亦恐腹中不安穩。又滓穢腸中，正氣難行，且漸空腹，但自忍抑，久息覺神情有異，四體漸勝，眼中自識善惡。澄心定志三七日，即內視腸胃，通鑒五藏，歷歷使用，妙不可言。凡身中氣，常從口鼻中出，令制使不出。仙訣曰： 欲得不死，腸中無滓； 欲得長生，五藏當清； 欲得不老，還精補腦。蓋爲行道也，初學一日一夜不可忘，四時六時，內自通融作慣，行住坐卧，縱横並得。服氣飽，須閉氣，令遍身中。次想氣，覺氣道成。每欲嚥氣，先瞑目、叩齒、握固訖，存五藏各爲獸。肺化爲白麟，心化爲赤麟，肝化爲青麟，脾化爲黄麟，腎化爲黑麟，各吐本方正色，濛濛縈繞，狀如五雲，入于口中，即鼓頰受之。如常嚥法畢，即摩拭面目七遍，定心叩齒七通。呪曰： 太霞發暉，雲霧四千。結氣宛屈，五色洞天。神嚥合氣，金石華真。靄鬱紫空，鍊形保全。出景藏幽，五雲合分。合明太虛，時乘六雲。和攝我身，上昇九天。呪畢，又叩齒七通，嚥液七遍，無爲無作，安神定志，無與氣爭。乃候出息便鼓頰，如嬰兒含乳而嚥之，定心意，送至丹田，察其氣在左邊下，歷歷聞之，如水之度坎，聲極分明，乃爲一氣。如此良久，又送一氣，覺似滿即休，不得過多，日久通乃知也。初服氣皆因出息時住，其息少時似閉滿，其息出時三分出二。又住少時，想滿腹中，時服之，朝暮子午是也。覺滿欲出，咬少許甘草、桂心，嚥液亦得，漸散丹田，未滿亦不到滿也。元氣下時，自然有少悶抑，莫令出。凡氣欲從口鼻中衝出，即須強嚥津液，要加力，小腹從容抑下，如不可禁即合。返取所出氣，還鼓肥，努小腹，嚥入漸固，久久自不出矣。

《上請司命茅真君修行指迷訣・十二月炁法》 第甲日： 精至一旬之時，滌蕩五藏，渴飲水漿。顏色脫去，小便赤黄。大便微難，糞而黑剛。腸中雷鳴，如有減傷。逐除邪炁，無或恐惶。行苦艱難，兩目芒芒。時節春秋，日月短長。陰陽損益，皆如經章。

第乙日： 精至二旬之時，穀炁始盡，邪炁逃亡。真炁微弱，以水爲粮。忽然恍恍，志意悵悵。守之無失，華池玉英。以是爲法，卧起案牀。形體瘦弱，難以動行。

第丙日： 精至三旬之時，精炁如故，穀炁無滓。兩炁交錯，莫肯適住。意中恬然，不思穀食。精炁在內，王相用事。至誠之效，努力可副。堅守無失，功成事逐。華池玉英，潔白可喜。

第丁曰： 道至四旬之時，穀炁離形，精炁獨治。脈炁微弱，乍去乍來。顏色益澤，日受其故。心志悦欣，不復恐懼。肌肉日生，血炁有餘。光華滑利，往來應度。經管陰陽，和調補寫，身形潤澤。

第戊曰： 道至五旬之時，精炁安處，外事屏去。五藏和調，精神內養。卧而安席，皮膚改更。動作引步，至精不效。神炁浮遊，數見夢寤。卧時自驚，若有響應。喚呼光影，髣髴志苦。高精所至，信效爲佳。

第己曰： 道至六旬之時，精炁利安，上下和通。髮膚潤澤，支體易行。行步伏故，耳目聰明。志意漠然，不復恐惶。屈身利便，機關和良。不念穀食，咽炁益胎。得酒而飲，得食而食。多少自在，無所縈禁。

第庚曰： 道至七旬之時，精炁如通，漠然安定。孔竅調和，五藏潔靜。呼吸精炁，除邪納正。去惡遠新，安然清淨。內理志炁，外貌日盛。動故踴躍，輕其足脛。苦好靜處，不與人爭。至精之效，以爲道經。

第辛曰： 道至八旬之時，炁游八極，榮衛充盈。調炁便利，往來跂經。上下表裏，潤澤和平。五藏皆定，經歷仙庭。恬惔無欲，安然而寧。心志安悦，怵惕不驚。內無恐懼，懼樂平生。長守無失，道著神成。既有效驗，度世長生。

第壬曰：道至九旬之時，精炁充滿，靈神開張。儒者而剛，弱者而強。損者復益，廢者和良。不行自來，不送自逸。榮華滋潤，音聲益彰。口中甘味，鼻中芳香。華池玉英，常存不忌。至精所致，道可仕遵。

第癸曰：道至十旬之時，精炁皆到，神道疏通。輕壯肌肉，充布神明。目盡開覽，志氣翺翔。恬恬無欲，蕩滌腹腸。精存神在，道德會昌。初服飲食，乃能久長。壯不知老，真仙同鄉。與道洸浮，可致神明。

食炁之法，必以天生人之日，謂甲辰庚日也。乃若四時，王相日始，飲藥食炁。初以九口，滿飲爲法。後日減一餐，十日穀絶矣。他餘物一時覩，皆可食炁。食炁之法，十咽噉棗十，以棗爲籌，爲知食炁多少。若使口中華池，玉英，甘露，醴泉，津汋自生。凡食炁之道，炁爲寶，一歲至肌膚充榮，二歲至機關和良，三歲至筋骨堅強，四歲至骨髓填塞。天有四時，故人食炁亦應之四歲，即神懷形通。通日數有歲，如神明者，不視形見，不聽聲聞，不行而至，不見知之，此所謂形一，神名曰真人矣。同日長生，與天司靈。

正月，朝食陽炁一百六十，暮食陰炁二百。二月，朝食陽炁一百八十，暮食陰炁一百八十。三月，朝食陽炁二百，暮食陰炁一百六十。四月，朝食陽炁二百二十，暮食陰炁一百四十。五月，朝食陽炁二百四十，暮食陰炁一百二十。六月，朝食陽炁二百二十，暮食陽炁一百四十。七月，朝食陽炁二百，暮食陽炁一百六十。八月，朝食陽炁一百八十，暮食陰炁一百八十。九月，朝食陽炁一百六十，暮食陰炁二百。十月，朝食陽炁一百四十，暮食陰炁二百二十。十一月，朝食陽炁一百二十，暮食陰炁二百四十。十二月，朝食陽炁一百四十，暮食陰炁二百二十。

夫陽炁者，鼻取之炁也。陰炁者，口取之炁也。此二炁，十二月中，日日旦暮能不能者，周天一竟又一周天，是則與天同齡矣。

《太清中黄真經》卷上　内養形神

内養形神除嗜慾

内養形神嗜慾者，乃無相之真形也。太上言：真道養神，僞道養形。將靈谷元神入於天谷之中，密固根源養之耳。《大洞》所言人有三十九關，斯天谷穴乃是第一關也。太上曰：若守我在於死炁之關，令七祖枯骨皆有生炁。故言内養形神除嗜慾也。《洞元經》云：修養之道，先去於嗜慾，内合於五神，次當絶粒，心不動搖。六腑如燭，常修此道，形神自定。

專修靜定身如玉

神與物交，心似太虚。安鎮本根，自然靜定。夫人心起萬端，隨物所動。常令靜居，不慾與衆混同。内絶所思，外絶所慾，恒依此道，元炁自足。

但服元炁除五穀

世人常以五穀爲肌膚，不知五穀敗身之有餘。令取春三月，淨理一室，設机案，建以厚暖牀蓆，案上常焚名香。至夜半一炁初生之時，乃靜心神，當叩齒三十六通，以兩手握固，仰卧瞑目，候常喘息出時，合口鼓滿，依法咽之入腹，當覺作聲，以飽爲度，飢則更咽。但當坦然服之，無所畏懼。炁入之後，如覺口乾，則服三兩啜胡麻湯，此物能養炁潤腹。其湯法：取上好巨勝三大升，去皮，九蒸九曝。又取上好茯苓三兩，細研爲末。先下巨勝末，煎三兩沸，次下茯苓末，又煎數沸，即入少許酥、蜜。遇渴時飲一兩盞住。不惟止渴，兼能止思食之念。或服四時枸杞湯，時飲一兩盞亦善，其咽炁自然得通暢。但覺腹中安和，咽炁自當流滑。即一切湯水自然不要喫，漸通妙理。但能服炁攻盤於腹腸，糞自盡。如入湯水，直至臍下。初服炁者，如覺小便黄赤勿怪也。心胸躁悶亦無爲懼。但心定不移，自達妙理。若不絶湯水，雖腹腸中滓盡，終不得洞曉是非。若要絶水穀，只在自看任持，亦不量時限遠近。亦有一月，或五十日，亦有一百日。但絶其湯水者，三丹田自然相次停滿。三十日下丹田滿，六十日中丹田滿，九十日上丹田滿。下丹田炁足，藏府不飢；中丹田滿者，炁滿體無虚羸；上丹田滿者凝結，容色殊光，肌膚充盛，三焦平實，永無所思，神凝體清，方曉是非。下丹田滿者，神炁不泄；中丹田滿者，行步超越；上丹田滿者，容色殊麗。既得三部充實，自然身安道泰，乃可棲心聖境，襲息胎仙，此爲專炁之妙門，求仙之上道也。若或食或斷，即令人志敗；好食諸味，難遣穀炁。此者襲炁之所疾，求仙之大病也。經云：鹹美辛酸五藏病，津味入牙昏心鏡。致令六府神氣衰，百骸九竅不靈聖。人能堅守，禁絶諸味嗜慾者，九十日三丹田凝實，百日内觀五藏，三百日鬼怪不藏形，陰神不敢欺，千日名書帝籙，形入太微矣。

必獲寥天得真籙

凡飛鍊上昇，爲下天仙官；若存想無爲炁神，修三一之道者，得上天仙官；若真子服胎息成者，得寥天昇真籙，千乘萬騎迎子，當獲中天真尊

之位。

百日專精食炁足。

謂三丹田炁足也。凡食炁吞霞，言是休粮，蓋非旦夕之功。先以德行護身，次以除陰賊嗔怒，此學道之志也。陰賊未除，三蟲不去，或行非教之事，不復成矣。故《太微玄章》云：除嗜慾，去貪嗔，安五藏，神足矣。

食氣玄微

食氣玄微總五事，

夫言玄微者，乃無爲玄妙之理。言五事者，但學絶粒則魂魄變改，三屍動搖者也。

大關之要莫能知。

夫人内行未成，不知諸摩相違，謂言道法無效，蓋不達真理也。若是先具内行仁德，只服津液，尚有安和，況於服氣之哉？

一者初服力尚微，

凡初服氣，爲有滓滯，直至一七、二七日以來，滓穢退出，漸覺體内虚羸，百節無力，勿以爲訝，緣元炁未達腹胃中，所以覺虚弱。但咽炁使漸通流，日勝一日。但當堅志守一，候下丹田滿足，頓無飢渴。假令未達皮膚，容色黄瘦，亦勿以爲畏，後當悦澤矣。如不專志兼食，行則用力無效也。亦愛數敗，則此爲不具，内行之人則如此也。若但有愛緣牽心自使敗。

但常堅志守一候，

一候者，乃下丹田炁住，漸至滿足，則是也。既下丹田炁足，永無飢渴。若畏力微瘦黄者，不能修也。若穀水絶，則日久自然悦懌，自下來也。

要子將心運守之。

《太玄經》曰：凡休粮諸門甚多，學道至近須九年，以下無成者也。唯有服炁，堅守百日，禁諸湯水，子心不動，三屍自除，永無敗矣。只爲學者浮心未定，居二疑之端，使心神動搖，三屍齊起，百思既至，心跡難歸，雖服炁易爲退敗，猶預必不靈聖者也。

二者穀存子何别，炁則難停而易洩。

夫體服炁欲速達五藏，可除湯水藥物，禁斷四十九日，使小腸滓盡，穀炁自絶。咽炁自得通流。亦有不成者，多爲學人心容變易，或食或止，故自敗矣。若少食諸味，則難遣穀炁。若要用炁，使内藏分明，當服此元炁五十日，百物不食，閉目内想脾藏中炁，從心起，散於四肢。仰卧呪曰：中央戊已，内藏元炁，黄色力堅，運之可理。丹陽莫辭，朱雲共議，得達四肢，黄雲大起。每至五更雞初鳴時，常候莫令參差。如此二十七日，内見脾藏中炁，鬱鬱如黄雲，透於四肢後，當使此炁滅吹火，百步外使之如大風起，可以與黄雲閉彼形，人無見者。若不依五更初，及不堅守，或少一日，無效矣，此者中黄閉炁之法也。

或則體弱而心虚，或則藏虚而力劣。

用炁未達四肢，當有虚弱之證。但堅守志，勿以爲恐矣。故《大洞經》云：守之如初，成道有餘者矣。

三者上蟲居腦宫。

《洞神玄訣》云：上蟲居上丹田，腦心中是也。其色白而青，名曰彭琚，使人好味嗜慾癡滯。學道之人，宜禁制之。假令未絶五穀，常行此心，持念一年之外，上屍自終。亦有成矣。人不知玄奥，空絶五穀，若不除貪欲之心者，焉得三屍蟲滅矣。

萬端齊來搖子心，常思飲膳味無窮，想起心生益病容。

夫學道者，若不得内行扶持，身心卻反爲三屍蟲所感亂也。

四者中蟲住心宫。

《洞神玄訣》云：中蟲名彭質，其色白而黄，居中丹田，使人貪財賄，好喜怒，濁亂真炁，令三屍變易，七魄流蕩。故《洞玄經》云：無喜無怒，三蟲大懼。不貪不欲，和炁常足。坐見元陽，萬神來集者也。

遣子魂夢神飛揚，或香或美定無方，或進或退難守常，精神恍惚似猖狂。令子坐敗想餱粮，子若知之道自昌。

怡然不易，其道自常矣。

五者下蟲居腹胃，

下屍其色白而黑，名曰彭矯。居下丹田，使人暖衣裳，躭酒色。學道之人，當心識内安。堅持制之，屍鬼無能爲也，及無敗矣。

令子淡泊常無味。

常守淡泊，三屍自滅。三屍既亡者，永無思慮矣。

静則心孤多感思，撓則心煩怒多起。

夫初服炁未通，被三屍蟲攪亂，或則多喜怒，或則多悲思，或躭嗜欲滋味

者也。

使人邪亂失精理，子能守之三蟲棄，

《太上昇玄經》云：若服炁絶食堅心，經一月一蟲自去，二蟲無託。人能但服炁堅心守之，三十日上蟲死，六十日中蟲死，九十日下蟲死，百日心不移，則自然身體康健，精神清矣，永無退敗。若或食或斷，令人志敗，徒勞而無效。當守持之。

得見五芽九真炁。

五芽者，乃五行之正炁，生於五藏之中。九真者，爲九天之道也。此五炁成，還應九天。所以五藏之炁名九天也。元炁成，當自然得明五行之炁驅使，無不通者也。

煙霞靜志

煙霞靜志通神奧，

若得水穀炁除，自然諸脈洞曉，五藏靈光化生，縱捨自在，深奧故不要測也。靈光者，乃神炁也。

令子坐知生死道。

若能制絶諸味，百日之後無不知矣。自得衆靈潛伏，生死之路備覩，機鑒天外，陰司之道恒知者也。

蒸筋暴骨達諸關，握固潛通百竅間。

謹按，《胎息至理經》云：凡服炁五十日，假令未絶水穀，每遇日色清明時，景朗耀於正午之時，當入靜室，厚施軟褥牀薦，散髮低枕，握固於兩脇之傍，叩齒七通，端心瞑目，似覺微悶，則須用力閉炁握固，使漸漸筋脈舒開，靈炁潛通骨肉之間，津汗潤澤於皮膚之內。但當數數運用，自得顔色悦懌，炁力兼倍，髮如沐漆，髭若青絲。如不解閉炁鍊形，運用元炁通流潤澤於皮膚之上，終不得自在。若炁行通於毛髮之間，自然鬢髮跳躑。若不得此法，雖絶粒長生，亦同瓦礫草木無精光者也。

《太清中黄真經》卷下

五藏真炁

五藏真炁芝苗英，

《太華受識經》云：元炁含化，布成六根。吉兇受用，應行相從。内炁爲識，胎炁爲神。子能胎息，還嬰返魂也。五藏之始，先布於水，内有六府外應六根。

肝主東方其色青。

《太明五緯經》云：肝主於木，生於水，尅之於土，來自東方，其色青蒼，受之於陽，潛伏此炁，千息生光。但常用炁，未至胎息。當存想青炁出之於左脇，但六時思之不輟，自子時常隔一時，思之至五十日，當見此炁如青雲。用此炁可理一切之人熱疾時行，癰腫，疥癬及瘦。但觀前人疾狀，量其淺深，想此炁攻之，無不愈瘥。如觀前人患肝經之病，面色枯悴，則稍難理之，不可治也。

子但閉固經千息，青色周流色自然。

《胎息經》云：千息色青，内自凝結者也。

心主南方其色赤，服之千息赤色出。

《太明五緯經》云：心主於火，生之於木，尅之於金，來自南方。其色赤，受之於朱陽，爲夏天也。潛伏千息，當出心堂。常服炁未至胎息者，常以每至午時，想赤炁自心，存如雞子許，漸漸運赤炁從頂而出。出者自散。存之呪曰：南方丙丁，赤龍居停，陰神避位，陽官下迎，思之即至，用之即靈。自此三呪之，常行此炁，動誠存想五十日不闕，當有赤炁如火光自見。用此炁可理諸人一切冷病，使炁攻之即瘥愈而矣。如患人面色帶青者，乃陰炁，不可治也。凡存呪想神炁法者，並忌他人知之。

肺主西方其色白，服之千息其色極。

《太明五緯經》云：肺主於金，生之於土，尅之於木，來自西方，其色白。澄淨微芒，潛伏千息，光明洋洋。常服每至丑時，存想肺間有炁，狀如白珠，其光漸大，上注於眉間，存之呪曰：西方庚辛，太微玄真，内應六腑，化爲肺神。遊於丹田，固護我命，用之神仙，急急如律令。存念一遍，如此四十九日，肺中有炁如白雲自出。此炁可照地下一切寶物及察人之善惡，示表如裏。如不存想此法服炁三年，方見五藏内事。此緣不具真行，使用不辯相尅相生。如寒用心氣，緣是火炁；如熱用腎炁，緣是水炁。不達此用炁，則亦無效也。《九炁經》中亦不言炁法，寥廓尚秘，況是人間者也。

脾主中央，其色黄，服之千息其色昌。

《太明五緯經》云：脾主於土，生之於火，尅之於水，來自中方，其色黄。閉服千息，但當一日一想，不限時節，亦無呪法。其脾藏存之四十九日，自見此炁脾中而出。已後可將身隱入墻壁無所礙也。

腎主北方其色黑，服之千息其色得。

《太明五緯經》云：　腎主於水，生之於金，尅之於火，來自北方，其色黑。伏之下元，主持命房，內有真白，守之不忘。此五藏神炁，但至五更初，各存想炁色都於頂上，不必一一別存想。兼不用呪法亦得，只是较遲，百日後其色已成，立可用驗也。

驅役萬靈自有則，

服炁心志兼持，內行內外相扶，元炁充滿五藏及丹田之中。【略】

乘服彩霞歸太極。

《胎息伏太陰經》云：　內息無名，內行相成。若不持戒，行未入胎息，豈得合神。若人未入胎息，如要遊人間者，可行屍解之術。《太微靈隱書》曰：凡人未入胎息及已入胎息者，要遊人間，俱可行屍解之術，隨物所化，故有託衣衾所化者。常以庚辛日取庚時，於淨室中所卧。床頭須設机案，焚名香一鑪，下著柱者龍杖及履鞋等物，盡安置於頭邊。身不解衣衾及以衾蓋之，首西而卧，自念身作死人，當暗念此呪七遍。呪曰：　太一玄冥，受生自靈，七思七召，三魂隨迎，代余之身，掩余之形，形隨物化，應化而成。

《嵩山太無先生氣經·服氣訣》　脩真服氣訣，每日常卧，攝心絶想，閉氣握固，鼻引口吐，無令耳聞，唯是細微。滿即閉，閉使足心汗出，一至二，數至百已上，閉極微吐之，引少氣還閉。熱即呵之，冷即吹之，能至千數，即不須粮食，亦不須藥，時飲一盞酒，作水通暢耳。數至五千，則隨處出入，有功當自知也，則有入水卧功矣。夫服食生貴有恒，真氣既降，方有通感，豈有縱心嗜慾而望靈仙羽化，必無此事也。但仙人至士行功未滿，尚不能致，況凡俗乎？但信老人言，動行之即當自知矣。

《嵩山太無先生氣經·進取訣》　進取訣曰：　凡欲服氣，先須得一高燥靜密之室，不在大，務絶風隙而已。室中左右常燒香，不用枕頭者，床須厚軟，脚須稍高。《真誥》曰：　床高免鬼吹。蓋言鬼物者，善因地氣以吹人而爲祟忤，床高三尺可矣。衣被寒煖，使枕高三寸二分，裹內一寸九分餘，令與背平。每夜半後生氣時，或五更睡之初覺，先呵出腹中濁惡氣，一九下止。若要而言之，亦不在夜半之與五更，但天氣調和，腹中空則爲之。閉目叩齒三十六通，以警身中神。畢，以兩手熅目大小皆兼按之，左右抵耳，摩面，爲真人起居之法。隨事導引，先以宣暢關節，乃以舌挂上腭，料口中內外津液滿口則咽之，令下入胃神承之，以此三者三止，是謂漱咽靈液，溉溉五臟，面乃光矣。此之法熱，大體同略，便兀然放神，使心同太空，身若委蜕，情累都遣，然後服之。每事皆閉目握固，唯散氣時即展指也。夫握固，所以閉關防而卻精邪。初服氣之人，氣水流行則不得握固，待至百日或半年，覺氣通暢，掌中出汗即可握固。《黃庭經》云：　閉塞三關握固停，漱咽靈液吞玉英。遂至不飢三蟲亡，心意常調致欣昌是也。

《嵩山太無先生氣經·飲食訣》　飲食訣曰：　服氣之後，所養有序次，其可食之物，有損有益。有益者宜，可食之有損者，即可節之。益乃長服，每日平旦，食少許淡水粥甚宜人，理脾氣，令人足津液。日中食淡麪餺飥並佳，及葱、薤、羮、糯米、大麥飯，鹿肉作白脯，已上並佳。食後吞生椒三、五枚及先咽氣三、五咽，消食，引下氣通三膲和五臟，趂惡氣助正氣，特宜長服。辟寒凜暑濕，明目和中理氣，功不可備具。在《太清經·上卷》更有別方妙。忌食十二屬三十六禽，本命父母，本屬特忌。熱蒸餅，亂正氣。肥猪肉、生菜，令人脈閉。瓜、棗、栗、芋、菱、芡、麞、鴈、野雞並可食之，不欲其心、首、脂也，齊戒須總絶之。天師所種木中之玉名曰南燭草，每叢七十二莖，每莖二十四枝，每枝五葉，應七十二候、五行二十四氣也。江東少室山，南岳湘江，化中並有之，作飯飯食之佳，作煎亦得，不必依《太清經》中所須，但單南燭草即得。凡食乍可，飢不得令飽，飽即傷心，氣難行也。仍忌蘿蔔羮，生冷辛辣之物，酸滑粘膩、陳硬難消之物切忌！若偶然食此等物一口，則物所在處當微微有痛，慎之！慎之！但食軟物無慮。凡服氣後有氣下則泄之，慎勿絶，絶即成疾。每朝空腹，隨性飲一盞好清酒佳，冬煖之，夏冷亦得，助正氣排邪。又不得多，多則昏醉，昏醉則傷神損壽。若遇尊貴，事不得已，則須且飲，但可呵三五下，盞飲併則開口呵十數下，遣麴之毒。調理之常，時飲二三升，是日乃可一斗，不至於醉，亦不中酒，亦不先食，味亦不退如故。

《嵩山太無先生氣經·修存訣》　凡胎息氣者，其道皆先叩齒三十六通，集諸神，然後轉頸一匝，其胎息已咽喉嚥之。如此三通，方以舌內外磨料，取玉津液滿口漱溜，昂頭嚥之，上補泥丸，下潤五臟。至夜半及五更，展脚，握固，展兩手，去身五寸，其枕高三寸，閉目依前法嚥之，梳洗了，煖取一杯酒飲之。胎息滋六府，酒引氣潤百關。聖人言：　人在氣中，氣在人中；人不離氣，氣不離人；人藉氣而生，氣散人死。人死生之理，盡在氣中。但調錬元氣，求死不得。王老云：　久而行之，求死不得，此之謂也。老君云：　甘兩

潤萬物，胎津潤百體。《黃庭經》云：晝夜不寐廼成真。上致神仙，下益其壽。在身所有疾病，想氣攻之，其疾立愈，其真氣逐濁氣下泄，即覺神情爽利，器宇冲和。老君曰：靈谷玉英，並在己身。名山大澤，採藥服食，可以滋助正氣。若全使之，即與道有垂，若久服胎息不亂者，自然氣圓成真妙，不假羽翼而乃昇騰也。夫胎藏嬰兒，握固服元氣。握固是天地之間，握者猶心閉門，邪氣不入也。夫嬰兒所以握固，在母腹中飲其元氣，故號曰胎息。合本元氣，不動不搖，自然不飢不渴也。學胎元者，若閉氣極悶，即微吐其濁氣，呵而出之，旋便卻閉，常守其元，自然成妙矣。夫人身稟元氣所生，還須以胎元補之。故曰：保其元氣，是曰自然。還丹步虛，曰冲虛太和氣，吐納流霞津。胎息靜百關，寥寥究三便。泥丸洞明鏡，遂成金華仙。又曰：常念餐元精，鍊液固形質。學道之人，常含元氣，挹漱流霞，充灌關府，津潤骨節，回凋朽之頹齡，復童嬰之怡顏。吐納改容，若非鍊液如此。凡胎息上衝咽喉，用何物爲應，以雷鳴應候爲胎息矣。握固亦常行，夫咽喉下有十二樓，胎息氣上通頭，嘶之名曰補腦之法，祕之。故曰飢食太和自然之氣，即胎息也。渴飲華池漿，口中津液也。得津液還歸，溉灌神門，腎宮滋潤，玉液甘甜，深宜保之。夫五臟上應列宿、下應五行，常須以清淨保之矣。

《嵩山太無先生氣經·調護訣》 調護訣曰：凡脩鍊服氣休絶之法，不居産房，不昇喪堂，六畜死穢，一切雜穢不淨中，驢馬惡氣之物並不宜聞，況近之乎。如見不祥臭穢，即須念解穢呪，不然甚損正氣。不意卒然逢遇已上之穢，則速閉氣，自取上風疾遇則解之，兼兩杯酒以盪滌之佳。如惡氣入，覺不安穩，即須調氣，逐去勿留。又恐有逆氣，勿使出則卻咽下，更納氣，以逆之當定。以手摩助之，便含椒及飲一兩杯酒，令散矣。如不散，亦不使和平也，斯必乃食油膩雜犯觸正氣，用意有省，當知向前所犯，必是憂恚房事者，勿再有悮也。所服氣，一年氣通，二年氣行，三年功成，元氣遂凝，結玄珠於丹田，縱有犯觸，無能爲患。日服千咽亦不懼多，即返老還童，轉從此也。於是氣化爲血，血化爲精，精化爲髓。一年易氣，二年易血，三年易脈，四年易肉，五年易髓，六年易筋，七年易骨，八年易髮，九年易形，十年之內，三萬六千神備在身中，當化爲仙真，號曰神人。勤修至道，鍊氣爲形，形化爲神，神形一體，白日上昇，火道靈驗。好仙君子，詳而學焉，勤修不怠，即性開通，五臟相固。

《黃庭經》云：千千百百自相運，一一十十似重山是也。內氣不出，外氣不入，寒暑不侵，兵刃莫害，昇騰變化，壽同三光，無窮盡也。

《嵩山太無先生氣經·愼真訣》 愼真訣曰：世上之人，率多嗜慾，損生伐命，今古共然。不早備防，悔將何及？仙經曰：夫人臨終而始惜身，罪定而思遷善，病成而方求其藥，天真已散，何可追之？故賢哲上士，惜未危之命，懼未禍之禍，治未病之病，遂拂衣塵寰，攝心歸道。道者，氣也，身之主者精。精者，命之根，愛精重氣，然可庶幾乎長生矣。《黃庭經》曰：方寸之中念深藏，三神還歸老方壯。又曰：長生至愼房中急，何爲死作令神泣。忽之禍鄉三靈沒，但當吸氣録子精。寸田尺宅可治生，若當決海百瀆傾。葉去樹枯失青青。此禁養精神之術。凡學長生久視，未有不愛精保氣而致也。陰丹百御之道，人莫不知，雖務於氣而不絶慾，亦不免危殆。故曰：人常失道，非道失人；人常去道，非道去人。修養君子，深宜自省也。夫氣者，道也。道者，虛無也。虛無者，自然也。自然者，無爲也。無爲者，心不動也。心不動者，謂內心不起，內心不起，即外境不入。內外安靜即神姸，神姸即氣和，氣和即元氣自至，元氣自至即五臟滋潤，五臟滋潤即百脈流通，百脈流通即津液上應，津液上應即不須五味，五味止絶，飢渴不生。飢渴不生，三田成體，堅骨實肉，返老還年，漸從此矣。故其氣化爲血，血化爲精，精化爲髓。一年易氣，二年易血，三年易脈，四年易肉，五年易髓，六年易筋，七年易骨，八年易髮，九年易形，三萬六千神住在身，化爲仙人，是心體玄微，理生不測也。五臟和，津液生，三焦通，氣不壅，此謂瓊丹，非世間丹也，夫神者，無形之至靈，故神稟於道，靜而合乎性。人稟於神，動而合乎情，故率性則神凝，久則神止，擾則神遷。止則生，遷則死，皆情之所移，非神之所使也。夫欲服氣，先須靜坐，一覺向上，想過欲界、色界、無色界，更過太始、太素、太初、太極、太高，想元氣下，從頂門入，念至湧泉，端坐，記入息，莫記出息，但用一覺，使元氣隨意而到三丹田，轉輪如流水。《王老經》云：元氣流通，不死之道，至人可知也，蚩蚩者不足與議，愼之。又曰：胎息守中，上與天連，名大道，行之立得飛仙，祕之，愼之，保之！

《嵩山太無先生氣經·愼氣法》 愼氣法曰：夫氣之爲理也，納而難固，吐而易竭。難固須保全，易竭須潛而勿泄。真人曰：學道如憶朝餐，未有不得之者；惜氣如惜面目，未有不全者。又曰：若使惜氣如一身之先

急君，吾少見枯悴也。其於接對言笑，須宜省約。運動呼叫，特宜調緩。觸類愛慎，方免損矣。夫人與天地合體，陰陽混氣，皮膚骨髓，腑臟榮衛，呼吸進退，寒暑變異之事，莫不同乎二儀、五行也。是知天地否泰，陰陽之氣亂焉；臟腑不調，經脈之候病矣。因外寒暑之病，起於風。因所致者，百病起於氣。故曰：恬淡虚無，真氣從之，精神内守，病從何來？是故須知形神以性和而全之，審内外之病而慎之。夫人有三丹田以合三元，上、中、下也。上丹田泥丸，腦宫也，其神赤子，字元先，一名帝卿，其神赤衣冠，治上元也；中丹田絳宫，心也，其真人字子丹，一名中光堅，其神赤衣冠，治中元也；下丹田臍下氣海，精門也，其神嬰兒，字元陽，一名谷下，玄赤衣冠，治下元也。此三丹田以應三元，中各有一神，若虧損，即氣漏精泄，精泄即氣散也。夫精者，身之根。根者，氣之位。精全即氣全，精泄即氣泄，唯精與氣須全耳。又云：精能食氣，形能食味。夫嚥氣不得和津液嚥之，津液須别嚥。若和津液，恐招生風，入腹成疾。咽津液時，須候出息，嚥之尤妙也。

《内丹九章經》 賢愚異實 屈身問道，志騰雲漢之外，上士也；伐壽損性，甘心於幽壞之下，愚蒙也。大君曰：人本與天地同生於虚無，何天地則能齊其壽，而人不能存其形？是道不負人，人負於道也。賢愚異實，清濁殊途，故吾之道，非昇天之道，集神以爲道，神集則内丹成，存其形。

神光 去亂聲，絶淫志，無大醉，候夜絶明，左右取之。若電爍而光圓大？而享壽之徵也。久則圓明被體，如流星迸芒，其道必昌。大君曰：先扣天鼓，伏枕收光，澄心瞑目，想見太陽。太陽在闕門上，太陰在丹田外，熟寢神靜，神集氣正，象行此法，易感通也。

朝斗 歲有三元，月有三七，齋心端居，握固瞑想，如到金闕，如覲宸容，稽首伏拜，一如朝天子之儀禮，畢。戰懼拱聳趨出，洗滌煩慮止，絶煩慮爲齋心，然則朝元無時，夜闌於密室對北辰。

庚申 如庚申夜，於淨室，具香火，端居握固，先扣天鼓三十六通，集神畢；次想身中百神皆出，具冠劍威儀，侍衛於前後左右。訖，乃引朝太上道君，一如朝斗之法。行之三年，兵虎不能害，三屍不敢守，夢長材美人遺奇花異果，感通之應，送壽之詳也。

修陽德 爲善無小大，皆係於陽；爲惡無小大，皆屬於陰。積善滋大，則陽氣發而爲祥；積惡滋深，則陰氣作而爲禍。故希壽之士，先憑陰德，後迎陽報者，即遐齡也。大君曰：如此之流，皆入仙格。服餌靈草，容壯難老。藥則爲裏，術則爲表。百神易集，形可長保。

導引元陽 百關開通，則五藏皆理；六府俱淨，則邪氣不入。天鼓鳴，魘穢皆去。元氣行，津路流通。氣液所及，骨髓如金，神必亨暢。導引畢，定息，鳴天鼓、集神，乃嘘、呵、呼、嘻、呬、吹之，聲無令耳聞。久則清氣積於内，濁穢之氣消亡矣。大君曰：丹雖未成，神已虚明。元陽氣平，乃人長生。

陰忌 雷電震雨，大風拔樹，此乃天怒，鬼神皆怖。是故拱立稽首，凜而兢懼，宴息于牀，無行夫歸。如否者，鬼神奪筭，病則難愈。大君曰：故天威怒，陰靈皆怖。久則陰賊遁，死籍除，百神扶，此之謂登福舉，碎禍車。

習近則生 冶容，夭壽之階也；淫聲，伐性之斧也；珍饈卮酒，亂神之藥也；軒冕縉紳，賁形之具也。此四患，靡不知之，無能捨之。捨之不得，謂之行屍。昇天道遠，全生道近，故不如習近。大君曰：神集則靈，氣清則輕。神集氣清，是謂守形，是謂全生。

七曜感通 心仰七星之光，足履七星之步，跡勿重履，四十九數，回視握固，扣鳴天鼓，瞑目存想，左龍右虎。故曰：我不尋真，真必相隨。神得真氣，百靈皆護。授真氣必遇至人，或夢遊海山，見龍獸皆白衣天子，宫樓御苑，是神合形，命術成矣，然後告元神，享壽星，天闕無礙。

《延陵先生集新舊服氣經》卷一八 張果先生服氣法 每日常偃卧，攝心絶想，閉氣握固，鼻引口吐，無令耳聞，唯是細微，滿即閉之。使足心汗出，一至二數至百已上，悶極微引少氣還閉，熱呵冷吹，能至一二千即不用糧食，不須藥物，時飲一兩盞好酒，或新水通腸耳。數至五千，則隨處出入有功，當自知也，則可入水卧矣。夫服食養生，貴其有常。真氣既降，方有通感，豈有縱心嗜慾而望靈仙羽化，無此事也。且仙人功行未滿，尚不可致，而況凡俗乎？但信老人謹懃行之，則當自知。凡氣不通，冷熱遲疾耳。審調之，以通和爲妙也。

鸞法師服氣法 初寬大座，伸兩手置膝上，解衣帶，放縱支體，念法性平等，生死不二。經半食頃，即閉目舉舌奉腭，徐徐長吐氣一息二息。傍人聞氣出入，聲初麤漸細，十餘息後乃得自聞聲。凡覺有痛痒處，便想從中而出。但覺有異，漸漸長吐氣，從細至麤。十息後還如初。或問曰：初調氣何意從麤而漸細，將罷何意從細而入麤？鸞答曰：凡行動視眄，飲食言語是麤

也。桑榆子曰：凡修氣，學者未服及服罷，於飲食言語，蓋常事也。鸞公欲使兩相接會，不令其首尾陟異也。凡睡寤後，復如前，繫念如虎啣子，莫急莫緩，不問寒溫。室中先淨所住，使心不亂，靜其腠耳。又曰：四大不調，何以察之？當於唇口察之。冷爲風增，熱爲火增，澀爲地增，滑爲水增，不冷不熱，不澀不滑爲調和。又聲爲風增，動爲喘增，痒爲熱增，涎爲水增，不聲不動，不痒不涎爲調和。又心煩爲熱結，意亂爲風結，憂悸爲喘結，志蕩爲水結，不煩不亂，不悸不蕩爲調和。四大不調有二：或外或内。寒熱、飢虚、飽飫、疲勞，爲外起；名利、喜怒、聲色、滋味。念慮，爲内起。凡氣節量，一任自然，綿綿若存，用之不勤而已。但能不以生爲生，乃賢於養生也。桑榆子曰：諸經皆言，吐納不欲自聞其聲，而鸞皆言，吐麤而漸細，後細而漸麤。始甚疑之，及覩下文云一任自然，則知麤細之漸行，是爲最下乘者設，不欲使之與自然爭力也。然必以微細自不聞聲爲上，從細微而至無息，即胎息之理盡矣。恐學者功至之後，猶拘牽文字，著於麤細先後之間，返與自然爲敵，良可哀也。如此，人焉得不爲之明辯矣。

李奉時山人服氣法　每欲服氣，如嬰兒吮乳。氣息似悶，即咽之。依前吮咽，大悶即放，令口出，甚須微細，每咽使心送之至臍下，有病亦使心送至病處。當服之時，第一須閉目，專意握固，安定神氣，然後爲之。先須導引，令四體舒緩，然後爲之。卧服勿枕。舒手足，安定。如病重氣甚悶，頻蹙上至極，仍更握固咽氣，又咽一氣。氣正，聲從耳中出，即得矣。祕之祕之！此爲内氣，無問早晚，晴明陰晦，須服即服，大都得晴明時大精。若服外氣，即有生死氣，知之十年，服之五日，不服即無益矣。每日五更、午時服第一，服了須攝鍊，兼以手按之，勿令心腹下硬。

蒙山賢者服氣法　側卧右脇著牀，微縮兩足，並著頭向南面東。兩手握固，傍其頤，閉取内氣，極力開喉咽之。如此七咽一吐氣。病時服氣，一咽兩咽一吐，功成然後一七咽、二七咽一吐氣可也。又調息令出入氣匀，准前又咽，都四十九咽。然復起坐鍊之，竪膝座，兩手相叉抱膝，閉氣鼓腹，二七或三七，氣滿即吐。更調息，特不得令喘麤。調訖，又閉氣或二七、三七一吐氣，使腹調適乃休。或汗出頭足皆熱，此氣遍也。即常飽滿，三關百節宣通暢適，行之十年登仙，老有少容。夭舊經皆存想，恐爲勞煩，卻使心意難行。服氣本於胎息，但無思念，自合元化之功，久久行之，當自知其妙矣。僕游蒙山遇此賢者，年可五十已下，其精神清明，頗異於俗。因問云：貞觀已前游此山，不道姓名，自稱老夫，僕遂殷勤拜之，蒙授此訣，行之頗甚弘益，妙哉，妙哉！凡欲得不死，腸中無屎音滓；欲得長生，五藏精明。故《黄庭》云：何不食氣太和精，故能不死入黄寧。《陰符》云：積火可以焚五毒。五毒則五味，五味盡，可以長生。西王母謂武帝曰：能益能易，名上仙籍；不益不易，不離死厄。所謂益易者，能益精易形也。常能愛精握固，閉氣吞液，則氣化爲血，血化爲精，精化爲液，液化爲骨。行之不倦，精神充滿，爲之一年易氣，二年易骸，一本爲易血也。三年易血，一本爲易脈。四年易肉，五年易筋，一云易髓。六年易髓，七年易骨，八年易髮，九年易形，十年道成，位居真人，變化自由，即靈官玉女而侍焉。

王說山人服氣新訣　子夏曰：食氣者，神明而壽。《黄庭》云：玉池清水灌靈根，審能修之可長存。釋氏止觀，其有用氣療疾法，是知氣之與液，遞相通潤也。古經法皆有時節行之，今議食氣，不復以時節也。液則時時助氣使調滑也。所論食氣，皆内氣也，咽之代食耳；液者，咽之代漿耳。上食新氣，下泄舊氣，使推陳而納新也。咽氣不必飽滿，下泄不必常出，但得無臭即自平定。咽氣不必常咽，但氣清則腹内自平。夫然不須飽矣，初學之時，覺飢即食，不覺飢即止矣。若食時，常以一咽兩咽壓之，則食易消。食漸消，加咽數，至食消氣自調下。若覺腹中氣小妨，即或行或卧，東轉西側，以意想驅逐之，使下。若未下，不得急性忙迫，但以意冲融之，不久自泄也。食氣時，若欲上噫，但任噫出，必不得抑之也。桑榆子曰：夫功淺多噫，蓋由乍服之，得真氣尚少，新氣必多不正，而多命宫不受，則宜徐徐攻之。又初服之時，所咽者往往不到氣海，則無所歸投，返上爲噫也。若得内氣又入到氣海，自然無噫。如著功多時，忽復噫者，不是傷多即是外氣悮入也哉。欲下出，任下出，必不得閉之，在細意自審也。消息盈虚，久而自得其妙矣！宜行步兼小導引，引亦不得頻爲之。世間諸事皆自細意斟酌之。有諸疾則绝粒三數日，輕則一日兩日，更輕即绝一頃亦得。若疾在上，以意想上驅之，在下以意想下驅之。若在四支及左右側，並以意想驅逐之，則愈矣。大都不得閉之，若閉氣即疾生。所食物宜潤暢，寒暑皆適宜也。瘴瘧時，但绝粒數日，靜居則差矣。

大威儀先生玄素真人用氣訣　凡用氣法，先須左右導引，令骨節開通，筋柔體弱，然後正身端坐，吐納三過，使無結滯，靜慮忘形，令氣平息。良久，徐徐先以口吐濁氣，鼻引清氣，凡此六七過，此名調氣。調氣畢，即口鼻俱

閉，虛含令氣滿口，即鼓口十五過已上更佳。如咽一大口水入腹，直以心存至氣海中。良久，更依前法咽之，但以腹飽爲度，亦不限過數。然後虛心實腹，閉口，以手左右摩腹上，令氣流行，即鼻中細細放通息，勿令喘麤，恐失中和。然後正身仰卧，四平著牀，枕高低與身平，兩手握固，展臂離身四五寸，兩腳、亦相去四五寸。然後鼻中息收，即口鼻俱閉，心存氣行遍身，此名運氣。如有病，即心存氣偏注病處。如氣急，即鼻中細細放通息，口不、開，候氣息平，還依前法閉之，搖動兩足指及手指并骨節，以汗出爲度，此名氣通。即徐徐收身側卧，拳兩腳，先左邊側卧，經十息即轉右邊側卧亦十息，此名補損。依此法服，經一月後，行立坐卧時，但腹空即鼓咽之，不限時節。如喫飯了，即喫空飯一兩口，和水咽下，此名洗五藏。即以清水熟漱口，虛心實腹，令臟葉舒展，咽之令五藏不停五味氣。訖，即以口先吐濁氣，鼻引清氣，不限多少，盡須放之。如下泄一濁氣出，還鼓鍊一口和氣補之。若尋常喫餅飲茶，皆外氣入，當須入口便合口。口既合，口中所入外氣即於鼻中出也。鼻中卻入氣，即是清氣也。常須合口喫食，不令口中有氣入，入即是死氣。凡人言語，口中氣出，必須卻於鼻中入，此常行吐納也。行住坐卧，常須搖動腳指，此名常令氣得下流，常行此事，動靜念之。如節候不精，忽有外氣入腹，即覺微痛，可閉氣摩腹一百下，氣即下泄也。氣或上，必不得出，抑之使下，此名理順。忌破氣物及生冷粘膩等物。如依此法，不闕常行，九年功成，履空如履實，履水如履地。

《延陵先生集新舊服氣經》卷一八　胎息口訣　序曰：在胎爲嬰，初生曰孩。嬰兒在腹中，口含泥土，喘息不通，以臍咽氣，養育形兆，故得成全，是以臍爲命門。凡孩或有初生，尚活少頃，輒不收者，但以煖水浸臍帶，向腹煖三五過即蘇，則知臍爲命門，信然不謬。道者欲求胎息，先須知胎息之根源，按而行之，喘息如嬰兒在腹中，故名胎息矣。乃知返本還源，卻老歸嬰，自有由矣。綿綿不間，胎仙之道成焉。故先序經紀，體用兼明備矣。

凡欲胎息，先須於靜室中，勿令人入，正身端坐，以左腳搭右腳上，解緩衣帶，徐徐按擦支節，兩手握固於兩腿上。即吐納三五過，令無結滯，滌慮清閑，虛心實腹，左右徐徐搖身，令臟葉舒展。訖，還徐徐放著實，即鳴天鼓三十六通，漱滿華池，然後存頭戴朱雀，腳履玄武，左肩有青龍，右肩有白虎。然後想眉間，卻入一寸爲明堂，卻入二寸爲洞房，卻入三寸爲丹田宮，亦名泥丸宮。宮中有神人長二寸，戴青冠，披朱褐，執絳簡。次存中丹田，中丹田，心也，亦名絳宮。中有神人，亦披朱褐。次存下丹田，在臍下二寸半紫微宮，亦名氣海也。中有神人，亦披朱褐。次存五藏，從心起首，遍存五藏六府。存五藏中各出本方氣，及三丹田中素雲合爲一氣，於頂中出，煥煥分光，九色上騰，可長三丈餘。想身在其中，此時即口鼻俱閉，心存氣海中胎氣，出入喘息，只在臍中。如氣急，即鼻中細細放通息。候氣平，還依前用心爲之，以汗出爲一過，亦不限過數。如體熱悶，即心存氣遍身出如飯甑；中氣，此名滿息。久久行之，入玄寂中出妙，默中再明，洞觀形中五藏六府及大小腹，胃受散膏如黄土色。脾長一尺二寸，在胃上前後磨動不停。停則不和，飯食不消，即是不磨矣。當須閉氣，以手摩腹一百下，即自然轉磨矣。次存心，心似紅蓮華未開，下垂長三寸，上有九竅，二竅在後，正面有黑毛，七葉長二寸半。次存肺，肺似白蓮華開，五葉下垂，上有白脈膜，在心上覆心。次存肝，肝在心後，七葉，紫蒼色，上有黄脈膜，從左邊第三葉下，膽在此也。其膽色青黄，長二寸半。次存腎，腎狀如覆杯，黑色，卻著春，去臍三寸，上小下大，左爲上，右爲下。遍觀一形三十六位及三百六十骨節皆有筋纏，骨青白如玉色，筋色黄白，髓若冰雪。有三百六十穴，穴穴之中皆有鮮血如江河池潭也。及見左腳中指第二節是血液上源，其中湧出通流。一日一夜繞身三萬六千匝，至右腳中指第二節則化盡。所以人若睡，必須側卧拳跼，陰魄全也。亦覺，即須展兩腳及兩手，令氣遍身，陽氣布也。若如此修行，即與經所言動善時之義合矣。久久行之，口鼻俱無喘息，如嬰兒在胎以臍通氣，故謂之胎息矣。綿綿不間，經三十年，以繩勒項，不令通氣，亦不喘息。喘息常在臍中，水底坐經十日五日亦可矣。以能行此事，功效如前。若覺得真，更須修道，此事乃是一門，不可不作。

胎息精微論　老君曰：知道者，天不殺。含德者，地不害。道德相抱，身不衰老。内食太和，元氣爲首。清靜自鍊，委身放體。志無念慮，安定藏府。洞極太和，長生久視。潛氣不動，意如流水。前波已去而後波續處，不返也。行之不休，得道真矣。每日入靜室，守玄元。玄元謂存玄門。玄中有玄是我命，命中有命是我形，形中有形是我精，精中有精是我氣，氣中有氣是我神，神中有神是我自然。德以形爲車，道以氣爲馬，魂以精爲根，魄以目爲户。形勞則德散，氣越即道叛。精銷魂損，目動魄微。是以守靜愛氣，全精寶神，

道德凝密，魂魄固守。所以含道不言，得氣之真；肌膚潤澤，得道之根。手足流汗，精氣充溢。不飢不渴，龜龍胎息。綿綿長存，用之不動。飲于玄泉，登于太清。還年返嬰，道之自然。至道不遠，近在己身。用心精微，命乃永存。夫道者，或傳服五牙，五牙者，五行之生氣，《黃庭內景》云：存漱五牙不飢渴。八方四時，日月星辰等氣，思自頂而入，自鼻而出。雖古經所載，爲之者少見成，遂亦非食穀者所能行致耳。是以服氣者，多不得其訣，徒勞精動矣。既得其門，復悟其訣，即在精動不懈耳。桑榆子曰：鳥鷃而志乎天地，是不知量彼五牙、八方四時、日月星辰等，教不爲初地者，設無成也。當俟其稍近之時可也。凡胎息服氣，從夜半後服內氣七咽，每一咽既調氣六七息，即更咽之。每咽如水流過坎聲是氣通也。直下氣海中，凝結腹中充滿如含胎之狀，氣從有胎中息。氣海中有氣充，然後爲胎息之道也。氣成即清氣凝爲胎，濁氣散而出。散從手足及毛髮而出也。胎成即萬病自遣，漸通仙靈。今之學其氣也，或得古方，或授自非道，皆閉口縮鼻，但貴息長，而不知五藏壅閉，畜損正氣，殊非自然之息，但煩勞形神，無所裨益。凡服氣之時，即須關節通，胃海開納，元氣固。納畢即關節還閉，徐徐鼻出納外氣，自然外內不雜。胎中氣亦不出，但潛屈指數息，從十至百數，從一百至二百、三百，此爲小通，即耳目聰明，百病皆愈。若抑塞口鼻，擬習胎息，殊無此理也。口鼻氣既不通，即畜損藏府，有何益哉？凡餌內氣者，用力寡而見功多。唯在安神靜慮，不煩不擾，即氣道疏暢，關節開通。內含元和，終日不散，膚體潤澤，手足汗出。長生之道，訣在此矣。從夜半後服七咽即閉氣者，但內氣不出，鼻口常徐徐出納外氣，內外都不相雜。至五更又服七咽，平旦又服七咽，三七都二十一咽止。若休粮者即不限此數，肚空即咽內氣。咽內氣常滿，自無飢渴也。初似小難，久久習慣自然，內外之氣不相混釋也。漸漸關節開通，毛髮疏暢，氣自來往亦不假鼻中，徐徐通外氣也。胎息之妙，窮於此也。

胎息雜訣　一經云：但徐徐引氣出，納則元氣亦不出也，自然內外之氣不雜，此名胎息。然初用功之人，閉固內氣訖，亦鼻中微微通氣，往來使令不至咽喉而返，氣即逆滿上衝，不可抑塞，如此即徐徐放令通暢，候氣調即復閉之。切在徐徐，鼻中出入，勿令至喉，極力抑忍，爲之須臾，忽然自調暢，內外泰矣。此蓋關節開，毛孔通故也。到此即千息亦不倦矣。又胎息之妙，功在無思無慮，體合自然，心如死灰，形如枯木，即百脈暢，關節通矣。若憂慮百端，起滅相繼，欲求至道，徒費艱勤，終無成功。桑榆子曰：有苦惱之氣慮，有貪惡之氣，諸如此類皆邪氣橫中，能爲元氣之關防，亦猶小人當路，則君子無所逞其才也。此道至微至妙，出塵之士，方可爲之。未離名利之間，徒勞介意。桑榆子曰：縱未出塵，但能使心不亂，不見可欲則可矣。一經云：咽氣滿訖，便閉氣存想，意如流水，前波已去，後浪續處。凡胎息用功後，關節開通，毛髮踈暢，即依此。但鼻中微微引氣，想從四支百毛孔出，往而不返也。後氣續到，但引之而不吐也。功在於徐徐，雖云引而不吐，所引亦不入於喉中，微微而散，如此內氣亦不流散矣。

祕要口訣　天關中爲內氣，口爲天關生神機，手爲人關把盛衰，足爲地關生命扉。並《黃庭內景》云。神盧中爲外氣。神盧，鼻也。神盧之中欲修治。《黃庭內景》云。凡服氣皆取陽時，自夜半平旦也，即東南向，靜端坐，叩齒三通，三漱津咽之，則兩手相摩，令掌心熱，揩拭面目，便以大拇指上下揩其腎骨七遍，即握固，鼓氣以滿天關，調勻爲度，合閉口而咽之，即努腹。訖，徐徐出神盧中氣，其神盧中當修治之，鼓努每須相應，一鼓一咽一努爲相應也。其鼓咽之時，天關莫開，恐生氣入腹而爲疾也。夫服氣，須安神定志，徐徐咽之，急即心胸中氣不散，結痛。每咽五十服，漸加至百服，二百、三百服。有他故，即二十、三十服，行住服之，並得臨時自消息也。所貴常行，不欲闕日。如初服有噫氣上，即鼓而卻咽，無使氣出。桑榆子曰：元氣融和，不爲麤厲。必若噫上，豈元和之氣耶，然初始之時，特以氣道未得全暢，事須抑就，但以元氣待之也。若至再至三，氣海不受，必蓄著五藏之中舊有濁氣。如此，固亦不宜愛惜宜也。忽下部有氣即泄之。不妨每鼓咽氣，須調和徐緩，不欲天關中有聲。若咽急，恐下部氣閉，令人脫肛，慎之。如服內氣，久而自通，能即服無時矣。但飢即服之，飽即止之。每鼓咽之際，常存思氣入五藏流行，即從手足心及頂，三關九竅支節而出。忽有疾，即思以氣攻其痛處，何疾不愈？如要服氣休糧，即不論咽鼓努多少，常令腹滿爲度，勿令腸厭。若飢，即時服三五咽，以意自調息，勿須仰臥。即氣難下，損人心胸。凡氣相應，即腹中有聲。愚者謂之腸空即有聲，有聲即損人，甚不然矣。此猶雷鳴電擊，陶鍊陰氣，百關流潤，真要深門也。夫服氣多方，若非鼓努之法不爲真妙。或有人未解服氣，氣未通流便虛其心，忘其形，雖曰效，其坐忘必無所成，多令困弊也。夫鼓努法本服自然元氣，流布藏府，既長存，人即不死，何暇於外思慮，吸引外氣。夫人氣盡，即神亡，神去則身謝。故知

守元氣不失胎成，皆祕訣所傳，學者幸勿疑也。夫行氣候閑時，鼓十咽、二十咽，咽令腸滿，然後存思，行入四支。有事之時即一咽一行氣，手足俱須著物，候氣通流，必虛心忘形。然得煩蒸之氣散出四支，精華之氣凝歸氣海，久而自然胎成，封固支節，得雷鳴相應，當鼓轉具腹，今氣調暢也。夫服氣導引，先舒手足，後鼓咽，即捩身左右，精思氣入骨節，行引相應，令通不斷，謂之行氣導引。又宛轉盤回，存思氣從手足關節散出。古經云：有行氣導引，非至道口傳，罕有知者。夫行氣，若飢時服，候腹滿乃行之，若食飽後旋行桑榆子曰：飽，宜爲飲字之誤也。修養者平居無飽，况行氣之秋乎。若兼服氣導引，當候閑時習之，非尋常可作也。夫服氣導引，當居靜密房室，不欲處高屋當風，如遇暴風疾雨，霑濕衝寒，冒熱遠來，皆須歇息，候其體乾氣和，方可爲之。若欲四支常瘦，即數導引。謂肌膚充悦即多導引。服氣導引，不失其時，則神氣常清，形容不易暴脂，虛肉不生，永無諸疾矣。世人或謂服氣與胎息殊誤之深矣。胎從服氣中結，氣從有胎中息，久服則清氣凝而爲胎，濁氣散而出，胎成可以入水蹈火。世人或依古方，或受非道者，以閉數之，貴其息長，不亦謬乎？殊不知五藏無常服之氣，一時閉塞關門，豈是胎中自然之意？但煩勞形神，終無所益。時人服氣多閉口縮鼻，皆抑忍之，但須取息長，不知反損。問曰：夫服内氣外氣，二氣俱出五藏，焉得内外吐納不同？桑榆子曰：此言二氣俱出五藏，即大謬也，且外氣喘息之氣即非府氣也，但入至榮衛，非自中而有者也，焉得謂之出於五藏乎。答曰：服内氣鼓努之時，即胃海開納，真氣封固，納訖即還閉。徐徐出外氣，自然有殊。夫抑塞口鼻氣俱不通，不通即蓄損五藏，此乃求益而返損也。且人健時，閉氣息即易。忽有疾，力微即難制，豈不失之極也？若服内氣，用力甚少，而功即多，當勤行之也。問曰：夫上士先導引，後出入，下士先出入，後導引者，何也？答曰：上士先導引則穢氣隨舉動散出；下士後導引，恐其穢氣入支節不散。此則學氣導引得與不得有殊也。桑榆子曰：上下猶言先後進也，繫於功用淺深，非賢愚品第之謂。斯道也，豈愚者之可爲乎哉？但有賢而不能者也。天師云：納氣有一，吐氣有六。氣道成，乃可爲之。吐氣六者，吹、呼、嘻、煦、嘘、呬，皆出氣也。桑榆子曰：煦一本爲呵，大抵六氣之用，與他本有五不同也。时寒可吹以去寒，時溫可呼以去熱，嘻以去風，煦以去煩，又以去下氣，嘘以散滯，呬丑利、許氣二切。以解熱。凡人者則多呼、呬，道家行氣不欲嘘、呬，長息之忌也。悉能六氣，位爲天仙。桑榆子曰：凡人者喜怒哮慾，衆邪之氣不絶於中；辛鹹甘酸外物之味，未離於口，若即便禁長息，則穢濁之氣無洞盡之期。彼得道者無思無慮，無管無欲，含其浩然之氣，又焉取於嘘、呬哉？彼視嘘、呬猶决堤耳。凡服氣畢，即思存南方熒惑星，爲赤氣，大如珠，入其天關中，流入藏府，存身盡爲氣，每日一遍，此爲以陽鍊陰，去三屍之患。又古涓子留口訣：令想火鍊身爲炭。道者商量，火氣非自然陽精，但恐傷神，未可爲也。其精者，真人密傳，至妙精思，行之勿疑。桑榆子曰：云商量者，延陵君之意也。夫存想之中，寧假分别其自然與非自然乎？若如所言，則存之與想，得爲自然否？况仙間鍊丹亦用火，則火與熒惑，同是天地之中一物耳，亦何擇焉乎？凡導引服氣之時，衣帶常欲寬，若緊急即損氣，氣海中悶。桑榆子曰：損謂限滯之也，非能損之夏冬寢處，飲食常欲溫，勿食酸鹹油膩之物，食之損五藏。五藏損即神不安，猪狗肉及生果子尤宜切忌。

鍊氣法　每咽服氣功，餘暇取一靜室無人處，散髮脱衣，覆被正身仰卧，展腳及手，勿握固。淨席一領，邊垂著地，其髮梳以理之，令散垂席上。即便調氣，氣候得所咽之，便閉氣盡令悶。又冥心無思，任氣所之，氣悶即開口放出。氣新出，喘息急，即且調氣七八，氣已來急即定，定又鍊之。如此有暇，且十鍊之，止爲新功，恐氣未通，擁在皮膚，反至疾也。更有餘暇又鍊之，即更加五六，鍊至二十、三十，或四十、五十，並無定限。何以爲則？如服氣功漸成，關節通，毛孔開，鍊到二十、三十，即覺遍身潤或汗出，如得此狀即是功效。新鍊得通潤則止，漸漸汗出即好，且安心穩卧，不得早起衝風等。如病人得汗，良久將息，即可著衣，徐徐行步，少言愛氣，省事澄思，則身輕目明，百脈流注，四支通暢。故《黄庭》云：千灾已銷百病痊，不憚虎狼之兇殘，亦以卻老年永延。夫鍊氣者，每夜間及午時任自方便，候神情清爽，即依前次第峻坐修咽，勤勤致之，不得惰慢。忽有昏悶，欲睡即睡。不得昏悶欲睡之時強爲，即卻邪亂其意，意邪氣亂失正道也。如新服未有正氣即校昏，昏已後亦無昏沈矣。桑榆子曰：所言須勤，勤不得惰慢。又説任方便，不得勉強，消息之妙，在於此矣。則知勤，勤不在勉強，修息遊乘，自然以車則氣行矣。夫鍊氣者，即不得每日行之，十日、五日有餘暇，覺不通暢，四體煩悶即爲之。常日無功，不用煩也。桑榆子曰：陰陽合節則不爲灾沴。此云常日無功。若如所言，爲之何害？但以不止於無功將臻乎有咎，何以言之？借如炎帝勤害而併功倍，功必反爲大旱也哉。按摩亦然。

委氣法　夫養氣者，四體清和，志無思念，或因坐，或因卧，任氣依門户

調息，凝然委身如彼，委衣帖然在牀，無筋無骨，無神無識，縱心縱身，寂沈寂沈。如委時亦勿爲主。桑榆子曰：無我相，無人相，豈徒人我而已哉，則萬有都無也。然後澄神鍊氣，則百節開張，筋脈通暢，津液流注也。乘此便咽閉十氣，或二十氣亦得，每一咽皆須兀然，任氣不得與意相爭，良久則氣從百毛孔出，不復更口吐也。縱其留者，十無一二焉，復更調理，數至十息百息已上。因有喘息，便又微含氣咽入，即便調息，調息稍久，覺四支皮肉及關節一如沐浴。然每暇不問仰卧側卧，或立或坐即委氣委身以行之，其功日進，精滿氣全，神安魄定，志閉思遠，道泰德寧，三屍自亡，六塵俱喪。《黄庭》云：閑暇無事身體安，虚無之居在帷間。但無爲養生，委身委心，放形放思，與道合體，即知異候。又《黄庭》云：高拱無爲魂魄安，清淨神見與我言。此之謂也。

閉氣法擁塞氣候，不調即爲之　夫上智之人，志堅思遠，若能修理，無少遺功，神定氣調，絶於外病。中智之人，或緣公私所干，或心生進退，或修攝乖宜，氣擁不和，反生其患。如有苦處，可入一靜室仰卧，熟調氣展足及手，各相去四五寸。仍須卧處厚軟，冬月煖蓋被，靜心坦然。即便咽氣，咽畢便閉之，口鼻不動。以心念所苦之處，以意注想攻之，氣極而吐之。訖，復咽閉氣，新吐必喘，急時聲麤，可調氣六七息，氣即調順，又更閉氣，想念攻之。或十攻、二十攻、三十、五十攻，覺所苦處汗出通潤即止。如未可，即每日五更或夜半頻意攻之，以差爲限。如病在左手，直入左手，如在右手，直入右手，如在頭，直入頭，分明見驗，方知心能使氣，氣之從心，其應如神矣。

《混元八景真經・金液還丹》　金液還丹者，内外有兩般。外還丹者，是日魂月魄爲首，東方木精爲根，西方金精爲本，兩般生就黄芽。若立爐鼎，擇地築壇，採得真氣入鼎中，從無入有，氣候無差，五日一候，三候一氣，一月兩氣，十二月二十四氣。四時八節，水火中氣，晦朔弦望，陰陽交泰。依天地造化之功，奪氣候滿足，開壇取藥，服之長生也。此是外丹之驗也。只如修身之法，丹成爲妙。諸丹藥中，萬萬人修之不見成就者，蓋其爲法，功大難於修養，所以千萬人中，未有一人了畢也。唯有内丹者，天地自然成就，只是採日時用機，採得將來，依法服之，便爲長生之人也。

《混元八景真經・修身》　無病即身安，身安即神寧，身患即神亂。只爲人身有患者，自然神不寧。自身與神尚不能寧，何由更取外氣合於内氣，安能準的也。但先令身無病患，然後依法而修，自然準驗也。夫人之疾病，皆因五藏不和，榮衛難通，致使患生，但先修身，令自身氣順，氣順則神明。然後調和五藏，次治榮衛，使氣往來莫虧，常則無令有滯。氣順則五藏相生，氣逆則五藏相剋，氣順則有病自除，氣逆則無病生病。五藏氣順，榮衛周行，往來無滯；五藏氣逆，百脈俱滯，榮衛難通。故知神亂則周身神氣皆亂，何由更能取外神氣乎？令備將降氣除病之理具載于後。

法曰：但看時候，刻漏不差，即便起功，先導引四肢經絡，次舒展手足，令百節開通，然後動撼渾身，使氣往來無滯。若學人曾遇明師者，知戊、亥、子三時是施功之時也，故宜安置，安置既定，陰氣自旺，陰氣既旺，人即寢寐，人既寢卧於床枕，氣脈滯於百節。故先引氣令往來無滯，方用其功，神當自明矣。夫神明者，陰陽不測之謂神，日月晴朗之謂明；舉意動機之謂神，應用不差之謂明。只謂人處於世，不論大小所求之事，無有不遂者，此蓋用神明矣。如求之不遂者，蓋用神之不明也；如求之不遂者，是用神不神，故不明也。神不明者，是人機不微妙也。若人用機微妙，萬神皆明，萬事皆成，意無不遂也。既得意遂，謂之神明。若用神明，先用其神。端然正坐，絶慮忘思，候神與氣俱定，乃鼻納口呵。鼻納者收清氣也，口呵者出濁氣也。人食百味五辛，皆有刑剋，腐人五藏，使人患生。清被濁而渾之，清自難見，故呵淘濁之氣，淘濁畢，令心氣只於鼻出入。鼻中出入者，輕清之氣也，輕清之氣者陽也；口中出入者，重濁之氣也，重濁之氣者陰也。鼻爲天門，口爲地户，口通五藏，五藏所出者，只是穢濁之氣；鼻通六腑，六腑所出者，只是輕清之氣。清濁兩路，各别而行，故只令鼻中氣自往來，恐濁氣渾於清氣，所有鼻中取氣，只須是緩緩綿綿，不令耳聞，乃爲要妙，使輕清之氣經營五藏，榮衛周身，冲開四肢百節，變滯通行，使無阻塞。若夫從天門自在出入，即不能通遊百關肢節，故須綿綿出入。但初淘濁畢，閉了地户，留了天門，令神與氣相守，只抱元陽，是守一之道也。候百脈骨節通暢，關節俱開，往來流利，然後取百味五辛已成之津，鍊爲神水，添入元宫爲寶，是抽添之理也。取者，取元宫，經脾藏所生百味飲食，五辛之津，引元陽真氣，令神氣隨榮衛而運行，自夾脊雙關通於腦，前至頂門而往返，降真氣下入口，便漱咽歸十二重樓入肺，乃傳於腎，腎傳於肝，肝傳於心，心傳於脾。脾之所受，更無殺之物，俱生入於元宫，養於神龜，所受其神龜。然則有白丹砂，上朝於舌下，五行生殺三度。五行生殺，化爲神水，遂以三五經修鍊成寶，更不復傳諸藏，惟傳於心。

心有三毛七竅，別有一穴，號曰聚涎。穴有三竅，其涎自中竅所傳，復入於藏之左右竅，所傳度入皮膚，下化爲榮衛，行周天數足，化爲血，血化爲肉，肉化爲筋，筋化爲骨，骨化爲髓，髓運成精，鍊入元宫爲寶，此爲真一，是水中金也。此金三度，經五行生殺，號曰三五一也。鍊成一氣，故號爲一。又三者，木也，木應爲春，萬物自春而發生。木者，陽也，天也。五者，土也，萬物無不由土而生。土者，陰也，地也。木精真氣就於土，土將木精鍊爲至寶，是三五一也。夫三五一者，乃天地之機微，生身之妙旨，若達此機，可以超凡入聖，上達仙都也。

修身者，須見天道真氣運動機宜。夫天道真氣者，有聚有散，有往有來，人之真氣亦然也。只如人身初得，暗合天地機宜，且人之真氣亦然，有聚有散，有往有來，聚則元宫为寶，散即周身爲氣。若欲修身，但投天地氣候相合而用，自然准驗。若不見天地機宜，雖得根源而修，多不能遂，蓋爲真氣聚散往來不定。

《混元八景真經・真氣法》 問曰：且人，父母真氣所化，暗奪天地造化成人，何不依本根元而修，卻取陰陽真氣，奪天地造化，用修於身，無不至神仙者也。又究根元，始於體象，俱備身形，三百日氣足，降世爲人，厥號嬰兒，東西未離，南北不分，修何法而立於體？得何氣而養於身？答曰：且嬰兒者，無思無慮，無著無貪，饑寒之外，更無一事，故得神定氣寧，漸加殊聖以立於身，只此法也。得氣者，得母積乳之氣也。是人本出於陰陽二氣。二氣者，四象也。一氣生二象，二象生四象，交加於中宫，故備五行。五行共聚，奪天地造化成人，三十日内，立就乾坤世界，於母雙乳下生金液之津，取用爲食，餘者留于積乳，三百日積乳九重。此降世而要食用，此積乳之氣，自然增長。學人若達三百日天地造化之大功者，但依本法而修，自然達於神仙，超凡入聖。若要修身者，但依本法先令氣順，無諸疾病，便乃修身。修身者，豈忘元基哉？

《混元八景真經・養命法》 問曰：上文舉凡夫欲養命，先須修身去除疾病，令人將津液鍊爲神水，返鍊神水爲寶。寶者，藥也。元宫有藥，有病自除。遂便依法而修其津液，津液又不能爲神水，神水又不能爲至寶，惟當法不正，惟當錯用功。答曰：法無不正，功亦不錯。蓋五藏真氣未能相順，故致如斯。但先將五藏真氣制令相順，五藏真氣順，則將津液三返鍊爲神水，神水返鍊爲藥，若五藏氣逆，於榮衛亦不能順行，更何況鍊氣爲寶乎？

《混元八景真經・修五藏法》 問曰：五藏如何得氣順？願聞法要。答曰：内即五藏，外即五行，但究五行元立之機，依法元立而用修，五藏自然相順也。五行者，金、木、水、火、土也。木者位居甲乙，純行陽道，生自丙寅，卦主震，其象青龍也，謂自水而得氣，故象青龍也。氣數九九，氣足即生火，其治丙丁，火數二，卦主爲離，其象朱雀，離中陰也，陰者爲受青龍之氣也。此二象只是一氣，木是主，火爲用也。金者位處西方庚辛，純行陰道，生自壬申，卦主爲兑，其象白虎也。爲從土而得氣，故象是虎也。氣數七七，氣足合得水，其治壬癸，氣數五，卦主爲坎，其象玄武，坎中陽也，陽者爲受白虎之精也。此二象只是一氣，金即爲主，水即爲用也。金、木、水、火，若成四象，遇土而相生，不遇土而相尅。土者，處於中央戊已，是帝之位，土數五，具五德，旺於四季，解制四象，其氣能生殺萬物。故云：土者，是五行之首也。五行者，蓋從陰陽所出。人之五藏，豈離於父母所生？當本受於父母精血，二氣交感，被土制之，方乃成形。父精者，真木火也。母血者，真金水也。母之元宫者，真土也。金、木、水、火被土制之，不能散失，各具本性，生性、意、智、慧而具四象，配入中央，乃立五行，五行即五藏，方可生萬物。萬物者，即是人之筋骨皮毛以及萬神，故得俱備成人。人若能返取陰陽真氣，合造化修攝於身，何慮不作神仙也。

此是五藏所得之位也，但卻依此根本而修，必得五藏相順，有病自除。既能無病，方可修身，身既得全，然後養命，無不致神仙也。

問曰五行根源所立並知子細，如何是修五藏之法？答曰：夫修五藏真氣者，須見五行之的。稍不精研，徒勞施工，無由得遂也。五行之實的者，於九竅内驗之，事無不準也。何以知之？緣五藏外通九竅，肝通於兩目，心通於舌，脾通於口，肺通於鼻，腎通於耳，下通於二陰，共爲九竅。九竅既有滯，則知五藏不順也。五藏和平而氣無滯，則九竅俱通利。既無壅滯，即便無病。又驗五藏中有無疾病氣候，假令肝青，心赤，肺白，腎黑，脾黄，使五藏氣候鍊得本色，現於面部，是寫的驗也。且如肝藏之氣，肝應東方甲乙木，其色青，但依肝家獨法作用，莫令諸藏氣相雜。行持畢，取而驗之，只見青色，更無諸色，所現是爲肝藏氣順也，餘四藏皆依此。例如五藏各現作用畢，各驗本藏氣候，如不作本位之色，是爲不順也。如應本色而現，是爲已順也。如是五藏的驗氣候，飢寒自如，功至此，飢寒尚不能著，何更有外邪中風及一切惡而能爲病乎？

《混元八景真經・下乘三品出身大功》 乾汞者，父之精；　坤鉛者，母之氣。二氣暗合，陰陽交會，機宜奪造化成人。又父者，木也。精者，火也。母者，金也。氣者，水也。金、木、水、火，謂之四象，土制之共聚爲寶，其數滿二十四氣，隨榮衛運轉周身，日用九十六度，其數又滿三百八十四。陰陽氣足，準此三十日氣圓，三百日形體俱備，降世爲人。人能返用生身二氣，施攝於身，奪天地造化，受陰陽氣數滿足，變凡入聖，故曰乾汞坤鉛之大功，大功者，蓋人因乾汞坤鉛之二氣合而成形，令卻投造化修鍊，乾汞坤鉛氣滿，謂之神符。神符氣備，謂之白雪。白雪氣備，反變乾汞坤鉛，入於至道，故曰大功。人若自生身，無破犯元神，神與氣全，達大功之機，修鍊功圓，是爲下乘上品住世，號曰神仙；　若中年已破犯，可半得大功之機，修鍊功圓，是爲下乘中品住世，號曰地仙；　若老年之極，其神氣破犯三分之二，而得大功，初機修鍊功圓，是爲下乘下品，得滿於常壽，脫殼得爲地仙。此是下乘三品之位也。

《混元八景真經・中乘三品大藥》 虎鉛者，白虎之真氣也；　白虎者，金也；　金者，陰也；　陰者，真陰也；　又鉛者，白虎中真氣所聚之物，故曰虎鉛。龍汞者，青龍之真精也；　青龍者，木也；　木者，陽也；　陽者，真陽也；　又汞者，青龍中精真氣所成之物，故曰龍汞也。龍汞與虎鉛相合，得土恩育，三百日造化爲黄芽，黄芽氣既備，變凡爲聖，故曰大藥。且如龍與汞，龍屬木，汞屬火，火之氣數滿三，木之氣數滿九，三與九共十二也。虎與鉛者，虎屬金，鉛屬水，金之氣數滿七，水之氣數滿五，五與七共十二。四象之氣共二十四，以應一月之用。又龍位居卯，而虎位居酉，卯酉之位，金七氣，木九氣，合數得十六，應一斤之用。卯即是木，木即是陽也；　酉即是金，金即是陰也。陰中有三陽神：　神、氣、精；　陽中有三陰神：　神、氣、精。三陽三陰共得六神，外象即六爻，配金木二氣爲八節，八卦也。每卦又復出八卦，共八八六十四數，卦次復準此，相生相合而生三百八十四爻，主身之神，既生已上神，足是身自有主，故曰虎鉛龍汞之大藥。且大藥者，是太陰真氣，爲萬物之母。世中萬類，皆不離母氣而生，故暗奪天地造化交合之機宜。又取太陰真氣合太陽真氣交合，得中央真土恩育氣備，謂之黄芽。黄芽氣備，謂之大藥。若自身元無觸犯，神與氣全，得大藥之機者，修鍊功圓，是中乘上品，號曰中乘上仙；　若中年已下犯之，可半得大藥之機，修鍊功圓，是中乘中品，號曰中乘神仙；　若老之極甚而犯三分之二，而後得大藥之機，修鍊功圓，是中乘下品，號曰長壽地仙。此是中乘三品之位也。

《混元八景真經・上乘三品金丹》 龍鉛者，龍本無鉛，自虎而有，蓋取白虎真鉛歸青龍元宮，投陰陽交合時，火候運用氣足，化爲玄珠，此珠雖是四象之氣，獨體未能變化，復入白虎元宮恩育，故曰龍鉛也。虎汞者，虎本無汞，自龍而生，先取白虎真鉛伏住青龍真汞，其龍汞既受虎鉛制伏，以備陰陽之氣，後復入白虎元宮，故曰虎汞也。又二十四氣，此二氣合四象，備二十四神光；　玄珠已備二十四氣，復入白虎元宮；　又備二十四氣，乃兩度受四象灌溉，五行造化氣備，號曰金丹。人得之便爲天仙，此是神仙之上道也，故曰龍鉛、虎汞之金丹。且如金丹是太陽之真氣，受真鉛結伏，氣備成玄珠，復入白虎元宮，蓋因金得氣而生，故謂之金丹，號曰水中金；　三百日造化既足，大小如櫻桃，色如鮮血紅紫，射人有光艷，蓋從金而產，故謂之金丹。若得此丹，上曰上乘天仙，中曰中乘神仙，下曰下乘大仙。若將三等鉛汞齊施，修鍊功圓，超三乘位，達於上境，謂之真君。上爲上清上位真君，中爲上清中位真君，下爲上清下位真君。下士若達三乘鉛，歷盡春秋萬萬年。已上三乘分出九品，超乘又分三位，共十二數，故有十二分入於乾汞、坤鉛理也。

《混元八景真經・生成氣候氣數》 夫行持者，與内外氣候相合，作用不差，無不達也。陰數一百九十二，陽數一百九十二，共得三百八十四。三元者，天、地、人各位三十六，共得一百八，并四象金七、水五、木九、火三，共得二十四，兼中宮土氣數五，以五五呼四象，入中宮，共得一百二十則。候者，天地日月交合，行用氣候，周身氣一帀，卻從元宮上朝於舌下，津生滿口爲一候也。此蓋緣先從脾藏生殺百味五辛之物，殺者殺穢濁之滓而入大小二事，生者生百味五辛之津入於元宮。神龜所受於左鼻中，收百味五辛之津，轉行周天數足，於右鼻中出，自坎宮上朝舌下二竅中，生津液滿口，號曰一候。如強漱取者，宮氣多不全，不入元宮，此爲不足之氣，故須知氣候。但依法行持陰陽、三元、四象、五行數足，無不達也。但候滿口津液，咽歸十二重樓，肺先受之。肺爲萬物之母，萬物皆因母氣而生，故始傳於肺。肺者西方之正氣，生數四，五行乘之得九，氣數七，但候行七轉於腎；　腎者北方之正氣，生數一，乘之得六，氣數五，但行五轉，轉於肝；　肝者東方之正氣，生數三，乘之得八，氣數九，但行九轉，傳於心；　心者火也，南方之正氣，生數二，乘之得

七，氣數三，但行三轉，傳於脾。此是子母相傳，自然之道。且如四象滿二十四氣，數五五，呼四象俱入中宮，得五行之氣，號曰一周天。凡行四象之氣，須是依行氣之法，但將六門俱閉，候極不任便，方用力咽之，每咽分三咽，送氣直至元宮，令神龜左鼻納之，卻候氣勻，返想神龜右鼻出，散分周身，上朝於舌下及夾脊雙關，通於腦，返再咽閉氣，候力極不任，復咽之，準前送至元宮，令神龜左鼻中納，一名運氣，二名行火，三名通行榮衛。凡欲行氣，先須行火。假令行之肺先行火一度，故得肺氣通入百關肢節，無不至處。肺行七轉，又行火一度，要通腎藏之氣。腎行五轉，又行火一度，要通肝藏之氣。肝行九轉，又行火一度，要通心藏之氣。心行三轉，准法行火五度，四象俱受中宮大乘之炁，方得備四象五行生成氣數周足，故曰周天。

《混元八景真經·四象俱備陰陽氣足入造化》 且如四象得備二十四氣，但依時候如法行持一十六周天，共得三百八十四，備陰陽氣數滿足，內外自合根本，立身造化之理，皆天地未分，稟陰陽而生之所自，亦自陰陽而有令，既得備陰陽氣滿足，何慮身無主掌？身既有主掌，自然久視。且陰陽立三才，分四象，四象列五行，五行生六律，六律分七政，七政變八卦，八卦變八八六十四卦，每卦分六爻神，合三百八十四爻神，亦補陰陽氣足，外即生三百八十四爻神，內即生三百八十四主身精光神，遞互相生，外備森羅萬象一萬二千形影神，一萬二千出入神，一萬二千真氣神，內備三萬六千神，此是天地造化自然之道。身是氣之舍，氣是身之主，主去室空，室空身壞，主無存處。故凡修行，先須修身，補氣候身與氣全，然後可養，命無不達也。如復有老而悟者，但先修身補氣，然後養命自然超達。

《混元八景真經·老用少氣補攝》 老陰奪少陽，陰命自然昌。老陽奪少陰，陰齡死不侵。人若悟此法者，可以救老得少，返老還童。但依根本而修之，自然返老歸少。

根本者，真氣也。若能將真氣施於身，依日月交合作用，受造化氣足，自然通靈。若毀之極甚者，取黑鉛鑛一十六兩，已下取鉛畢，將鑛爲鑪。鉛鑛者，西方正氣，白金是也。其鑛鑪上等用五斤，以下用四十五斤，中用九十斤，上用五斤，每日一用，應五日一候。若四十五斤，四十五日一用，應四十五一節。若九十斤，九十日一用，應九十日一季之節候。且如五日一用，緣恩養五日氣候爲藥，四十五日復用者，四十五日氣候並爲藥也。九十日一用者，九十日氣候並總爲藥，每用從冬至日接一陽生起首，須是逐日換鑪，又須要好者，不犯九魄十惡，體潤性柔者，方可爲鑪。鑪有八門九竅，其氣上下通行，其要有三路，三路氣出上、中、下三門，三門中氣不犯，五日自然盈溢。四十五日盈溢至甚，九十日氣至極，蓋自然也。上、中二門取食，用下一門行氣運用，爲奪鼎鑪之氣，返取修身，故須擇身無病，氣盛體潤，性柔氣和者，堪用也。和柔性快者，上好也。修之三年，超凡爲地仙也。且人雖曾犯破，已又不可犯之俱盡，犯之既盡，人即自死。人既未死，蓋有見在神氣爲主，但將見在神氣修令堅固，候滿常壽，脫殼爲地仙，若又能補益而修者，定證神仙也，入虎鉛龍汞理矣。

《混元八景真經·真五行定命氣》 夫人立命，須認五行，解定金鎖，養就玄珠，存神於元宮，伏氣於腎內，回精上朝於太和，此入聖之門也。五行者，真五行也，非東、西、南、北、中，金、木、水、火、土五行也。此五行者，蓋是配象，有名無形，五行真象，名具形體，又非人之五藏，人之五藏亦是真五行結就也。惟土無正形，生成造化，皆因土也，外生天地，內備人身。真金者，人之母也；真木者，人之父也；真水者，金之氣也；真火者，木之精也；真土者，母之元宮也。四象生炁，聚入元宮，得土制之，造化成人。人身四象氣聚，五行造化，無一物不成形質，既要修行，但只依根本造化，神仙自然而出。故須認得五行，定卻金鎖。金鎖者，謂得真鉛，伏住真汞，共聚爲寶，金鉛結伏其汞，故曰玄珠。金鎖二氣結伏，造化爲珠，存神爲元宮，謂四象真氣，生就萬神，致於元宮也。存養伏氣於腎內者，謂玄珠備二十四氣，復生三百八十四氣，將此氣伏於腎內，謂之伏氣。回精上朝者，令身內神氣隨榮衛運轉，往來造化，爲回精之道，又曰金精。

《混元八景真經·二氣相合法兼結氣功》 夫二氣者，虎鉛、龍汞也。虎鉛者，聚即元宮爲寶，散即周身爲氣，氣來即聚，氣聚即合，氣散即運，故不得有差失。結氣者，二氣相見，其氣方結。假令朔後一日癸時，太陰氣來，依時取鉛，真氣降，鉛亦降，取歸青龍元宮，豈獨一氣而得備乎？故得二氣方能備也。又虎鉛者，是白金之真氣，取白金一十四兩已下，十三兩已上，於靜室內香水浴過，用藥昏卻本性，候時至而取之如常，不令外氣所犯，如犯外氣者，不入元宮，隨滓而出。如依時取得真鉛，便令二氣相合結之。若是癸時取得，丑時便合。如取得，復令金木相會尅。受金之所尅，其情必動，情既

動，則真氣降，真氣降，欲則泄，制令勿泄，則二氣自然相合也。次後日時準此。又結氣者，爲真鉛結住真汞，謂四象五行備也，是人立身之根本也。且人身之立，三十日氣備，三百日造化，方得成形，此立身之處。本位元住白虎元宫，坤家所住。坤者，真土也，四象真氣得土爲主，故不能毁壞。尚自毁損不一，何況令反取二氣，致青龍元宫，此住處其氣無類，故別有三十日恩養法，三百日造化機。若達此機，得天地造化，何慮此身不作神仙也。三十日恩養者，二氣相合，結氣之後，不得更有作用及諸思慮，專遣同道二人，則候時刻，内外相合，得四象氣足，人至中宫，滿陰陽正數極致，三十日自然凝結。如行氣候不滿，及數不足，氣難得備。故須專志恩養三十日，以後三百日，亦足天地造化，合内外行動無不達也。

《混元八景真經·五行生造化氣》 凡行五藏氣者，看逐季月、日，與内外相應合行持。且如肝藏屬木，旺春三月内，選甲乙日時，端坐正身，絶慮忘思，密閉地户，大啓天門，出入綿綿，不令奔逸，一心使榮衛運轉，肝藏氣自夾脊雙闕上通致腦，自頂門而下，降入口中，咽漱歸十二重樓，先傳於肺，肺傳於腎，腎傳於肝，肝傳於心，心傳於脾，脾傳入於元宫，神龜所受。神龜行周天數足，自奔而流上，歸舌下二竅中出，其色青，是肝家一藏真氣順也。餘四藏倣此。且如肝藏氣初行之時，於春三月内甲乙日時起首，此已上並是肝家行旺，則無諸藏氣雜，只獨以本氣榮衛周身，徑路五藏，周天數足，生得者氣，用資於身，其中至精納於元宫，亦是五行生殺，其氣在本位不復出。至春三月再選甲乙日時，乃復施行之於元宫。積者肝藏真氣復出，再經五藏，榮衛周身，故致本湊而出現者，別無異色，只是純青之氣，餘四藏倣此。若得五藏各具本色而現，是爲的驗也。

《混元八景真經·定金鎖法》 金鎖法者，取白虎首經，謂之真鉛，二七十四，二八十六，并三五十五，乃爲上也。取時須潔淨，莫令外氣所犯，如犯外氣，不入元宫，隨滓而出。又金者，西方之真氣，真氣者，真鉛也。鉛者，白虎之真氣窟宅。又鎖者，鎖閉也，閉青龍真氣，不令散失，使無漏泄也。青龍真氣者，真汞也。真汞者，是青龍至精之窟宅也。龍虎至精，是四象真氣所化，故無形質。且鉛汞者，各具本體，土能制之，其氣得鉛汞，方立體象，共爲二氣，二氣相逢，自然成寶也。故用機密，暗取白虎真鉛，歸青龍元宫所有。鉛者，本是白虎元宫所住之物，卻歸青龍元宫，惟不受所犯，故住青龍元宫。元宫既有真鉛，鉛能制汞，汞既逢鉛，自然相戀，更不散失而爲曰金鎖也。入龍鉛虎汞理矣。

《混元八景真經·生玄珠法》 玄珠法者，取白金一十四兩至一斤已下，須是不經鍊者可用，如得，復令金木相會，心須不亂，無求別意。又用陰陽數爲之綱紀，九九之數足則是。如木覺欲敗，使金制不令動，然後閉目偃脊，縮腹翕氣，十指如鉤，上搐元氣，更不得動搖神思，良久候定，乃再爲之。再準前法，制令青龍真氣不泄，歸於元宫，準此依時行十六度，結爲玄珠。又玄珠者，是四象真氣共聚而成。夫四象者，自金木而有矣。木即是青龍，龍即是陽；金即是虎，虎即是陰。陰中有真精是鉛，陽中有真精是汞。鉛能住汞，汞又戀鉛，鉛汞相投，自然相感，玄珠無不就也。故先用密機取真鉛，返歸青龍元宫住，故汞亦自然留住也。又鉛汞者，是龍虎至精之窟宅，龍虎氣若得鉛汞，自然共聚，爲之感結，號爲玄珠。爲何知？緣先結伏真鉛在青龍元宫，後復令金木相會，木受金尅，性情必動，動則氣降，降則欲泄，制之不令出，泄又不能返本位而不能飛騰，復爲根祖，故卻入宫與汞相合，結爲玄珠，成就於臍下，大熱如火燒鍋釜也。

《混元八景真經·玄珠結金丹》 再令金木相會，須是細意審詳。假金虎情極，動而意動，不可禁制，十分急奔於木，然後放玄珠過入交感宫，其宫屬土，方具五行，三十日氣圓，方得體象俱足，乃奪天地三百日造化，上下俱全，可得成就，號曰金丹，十月滿足，自左乳脇下而生，大小如櫻桃，體如鮮血紅紫，有光彩射人，此金丹也。當時白虎受得玄。珠於交感穴，此與常時氣不同，大忌憂喜、寒熱、恐怒、飢飽、爭競，如有此犯，必致毁壞也。然須日常安付，不令毁動，專候丹氣圓臨欲落時，用淨器收之，香水浴過，結就氣備，淨心上壇，捧丹從地户而上，遶壇三帀，面北而立，仰謝太上老君、太上道君、太上元始天尊，吞之永鎮元宫，故曰存神住氣。回精上朝於腦，令上下氣通，丹氣往來，自然造化，暗換筋骨皮毛，入於聖道。緣金丹者，能變換法界乾坤，超凡入聖，使通上下氣，關節俱開，金丹氣往來，暗换凡軀，變爲仙體。人得食者，三年之内，凡體變盡，厥號真人，飛昇自在，上朝元始天尊，的不謬焉。故用三萬六千精光神，一萬二千形影神，一萬二千真氣神，一萬二千出入神，隨從侍衛，縱横自在。此蓋是陰陽二氣所出，二氣主於四象，四象立五行，五行生萬物，萬物者，萬神也。

《混元八景真經・金液白膏》 金液白膏者，是四象真氣所化者也。四象者，龍虎相合，鉛汞結伏，配入中宮，而具五行。又龍虎者，真陰真陽。陽中有三陰神、氣、精，陰中有三陽神、氣精，即坎、艮、震、巽、離、兌。陰中有三，陽中有三，共爲六，配龍虎爲八。每一八又生八，八八六十四卦，內生六十四神，每卦有六神爻，合三百八十四爻，身內生三百八十四神，每一陰神、一陽神相合，復生三百八十四神，故生周身三萬六千神，此蓋即陰陽所生四象，四象生五行，五行生萬物。只如人身初受二氣於母腹中，三十日氣備，於雙乳下生膜，上出金液之津，是爲金液白膏也。既得此膏灌溉，自然奪天地造化，方得成人身。既欲修身，豈離金液白膏乎？且如人初受二氣於母元宮，便去雙乳下生金液白膏，今返受二氣於自己元宮，金液白膏從何處出？然金液白膏，是陰陽五行真氣造化，但將陰陽五行之氣聚，其白膏自然生也。如陰陽氣聚得五行真氣，從丹田中生自坎宮，上朝舌下二竅中出，將金液白膏鍊陰陽三元五行數足，凝結爲白膏也，其膏便隨榮衛，運轉經絡周身，至元宮，灌溉所聚者，神氣精也。此神氣精乘此。白膏元氣，流轉通靈，暗奪天地造化，換於筋骨皮毛，三年變盡凡體，立出一箇神仙的不謬矣。且如金丹大藥採氣及一切氣，皆不離於金液白膏變化者也。且後來學人未識天地根本，而且將此見在神、氣、精，修金丹依法施爲，能知其法，功若不缺，亦能超於常壽，變改衰顏，何況更從根本而修，則成神仙如觀掌矣。

《混元八景真經・日月交合時日去住法》 夫人修攝者，須明日月行動，何謂也？緣天地以日、月爲用，人以榮衛爲用，學人但依內日月爲外日月，轉動不差，即便壽同天地。且天地交以律呂五行之氣，日月交合以産萬物而生成。日月交而氣不交，反爲身田之害，日月行而氣不行，令人漸漸衰老、疾病。但將榮衛效日月之行動，主掌於身內，無由得成衰老，自然久視長生，只如天長地久者。【略】

夫日、月、星者，是天地至精，號曰三奇。晝若無日，夜若無月星，何處更存乎天地也。人之三奇者，神、氣、精也，人若神去、精竭、氣絕，何處更存乎人也？神者，榮衛之氣，榮即是日，衛即是月。如外日月會內，便使氣合，如外日月行內，便使氣行，自然壽同天地，不更衰老。如更能鍊丹藥，無不至天地者也。又日月行動者，三十日各有一法，太陽一日十二時，只應九時，三時不應。三十日共得三百六十時，內應二百七十時，九十時不應。且太陰三十日，只明二十四日，前後共六日不現。緣太陽生於申，其氣逆行至戌、亥、子三宮，是純陰之所在，太陰之密室。三十日內前三日、後三日太陰行至本宮，不出本宮，戌、亥、子三宮是也，至本宮而住，故不明也。太陽生於寅，順行至戌、亥、子三宮，於太陰位次，遇二氣相交，故不應。從二十七日至初三日共六日之內，爲日月交姤時，故太陰不明，太陽不應，至本宮而住，故不明也。學人如得氣備者，使內與外相合，但當日月交時，榮衛亦交，日月行時，榮衛亦行，是內外相合也。前三日、後三日，太陰辰時方與太陽別，太陰元宮至本宮。前四日至八日，後二十三日至二十七日，太陽丑時與太陰別，太陰前三日初出於庚上，後二十七日漸没。前八日至二十三日，太陽癸時與太陰別，太陰氣圓，故盛明於世。日月氣候共運天地，氣候不差分秒，故得天長地久，學人但依此法，令榮衛合日月運動於身，氣候不差，即便壽同天地日月也。此三十日內日月榮衛所治之法也。

《混元八景真經・三元立命日月氣法》 每行此功，於朔後一日至三日癸時起功至戌時住，四日至八日丑時起功戌時住，九日至二十三日艮時起功至戌時住，二十四日至二十七日丑時起功至戌時住，二十八日至三十日癸時起功至戌時住，此爲太陰與太陽一日十二時中，戌、亥、子相合，人之榮衛亦然也。故遇此三時，須是住功，令榮衛交合。已上行運轉功，須是氣候足，方可再行。先從肺藏行之逐藏，並須通肺氣入中宮三十五口，滿七轉傳腎，腎入中宮三十五口傳肝，肝入中宮二十五口滿傳入心，心入中宮十五口滿傳入脾藏，得一百二十口正數，謂之一周天，便閉氣，候力極不任，咽送至元宮，一曰行火，二曰通氣，三要助於榮衛，行滿一十六周天爲一功。一日十二時，九時行功，三時住功，滿一十六轉，得陰陽氣備。至三十日內，其氣凝實，三百日造化自全，但依此功，自然準的。夫太陰真氣者，白虎真鉛也，是萬物之母，遇太陽真氣降亦降，太陰真氣伏亦伏，即降爲杳冥，杳冥之內，太陰真氣所住也。太陰氣降有時、有日，若日、時不合而用者，萬萬中無一得道也。蓋緣太陰真氣伏降，何須苦意強求，但令依其氣降，日、時大事無不成也。每朔前二十八日至朔後初三日，此六日是太陰交合日，故太陽真氣降，來往六日，各逐日下功有時。朔後一日與三十日癸時真氣來，至丑時聚，艮時散。初二日與二十九日子時真氣來，癸時聚，丑時散。初三日與二十八日壬時來，子時聚，癸時散，凡取真鉛，須候氣來即取，氣聚則合，氣散則運，若差毫釐，即

功無益。只如人運丹與見在神氣，並須氣來即取，氣聚即合，氣散即運，來而不取氣滯，聚而不合氣謝，散而不運氣堪，此暗敗之形體也，若不見此機，空有萬種行持，皆取死之輩也。

《大還丹照鑑・廣成子口訣》 世上忙忙沒了程，百年如夢瞥然榮。不知道有雲衢客，剛自爭超塵裏名。若欲留年從太一，須吞靈藥便長生。純燒天地陰陽髓，煉取乾坤日月精。

《大還丹照鑑・楊真人口訣》 淮王煉秋石，黃帝美金花，世人不悟莫咨嗟。神仙之藥遍中華，不用鉛，不用砂，迷愚之者亦如麻。修取鉛，煉取砂，頃刻之間見黃芽。得黃芽，莫謾誇，將此黃芽配女家。夫妻和合歲月賒，身披紫服駕雲霞，驗之刀圭是河車。陰中有陽，陽中有陰，既識砂中汞，須求鉛裏金。二味實天地之大寶，日月之至精。鍊得此者，下鬼不欺。

《大還丹照鑑・梁丘子口訣》 水中鉛，火裏鉛，水火二鉛同一原。不知咫尺是神仙，敬將朱砂酒醋煎，千千萬萬化爲煙。假如伏火只成頑，欲得人間作地仙，煉取五行四象全，陰功濟世真上天。

《大還丹照鑑・彭真君口訣》 陰陽造化不須傳，只用水銀是黑鉛。不傷汞，不傷鉛，此物道中玄復玄。世人識得真龍虎，成道只在片時間。

《大還丹照鑑・程先生口訣》 白虎者是鉛中之精華，青龍者是砂中之元氣，精氣交媾而變黃芽。鉛得汞而相親，從無而入有；汞得鉛而輪體，從有而入無。二氣相生，得歸真一，變轉四象，不失五行，內外坎離，陰陽出沒，精研戊己，秀光迫然，聚爲碧峯，散還紫府，金水相配，數立卦爻。天地開而混沌交，日月合而三才足。鼎器非異，胎息難分，心在腹而千智生，藥居鼎而萬種化。屯從子數，蒙至午修，鑪上霞飛，輝光奪日，餌之延壽，寒暑不侵，點化五金，永爲世寶。

《大還丹照鑑・羅浮先生口訣》 世上喧喧車馬人，紅顏綠鬢不長春。藥術相傳萬甲子，學者茫茫尋不真。尋不真，莫生嗔，蓋爲黃芽不得真。鉛是鉛，汞是汞，世上之人總錯用。草黃芽，木黃芽，世上聞說也亂誇。自古口傳不形紙，燒者從勞盡破家。堪分付，遞相傳，固濟元來此道門，妄傳非人遭殃禍，父子麤踈不合言。黑服硫黃燒不煙，餌之中壽幾千年。更加金室乾坤內，脫世浮空得飛仙。

《大還丹照鑑・陰長生口訣》 金作骨兮鉛作身，陰陽定配龍虎親。紅顏二八三才合，八卦分張斗建寅。從子午，不須移，七十二候莫參差。姹女因媒歸太一，紫微宮內生雄雌。鉛中寶，砂中珍，此物含弘象五神。七月懷胎分六甲，終歲人轉乃成真。淮南法，煉秋石，黃帝金花燒琥珀。白酒盃添九醞香，晶輝甘甜號龍液。一人有，一人無，三姓同家二子俱。狐兔非群不乳馬，異類天然種性殊。冥復冥，玄復玄，此法非人不可傳。世人不知世上藥，知我還命不由天。

《大還丹照鑑・淳于叔通口訣》 夫太陽之精，名曰青龍，青龍屬木，木色乃青，青中又返藏其火，火色赤，歸南方，則丹砂也。木是火母，配居東方，所得青龍之號，非人間凡木矣。青龍即汞也，姹女也。經云：河上姹女，靈而最神，得火則飛，不染垢塵。鬼隱龍匿，莫知所存。將欲制之，黃芽爲根。訣曰：黃芽即鉛也，黑也，色稟北方，是太陰之精，好伏不動，善能制陽。陽性好飛，能被陰伏。且砂屬火，陽也，內懷奇靈；鉛屬水，陰也，以性製靈。水能滅火，豈不明矣。論曰：木性能直而被金之所傷，水性能柔而被土之所尅，土德雖厚而被木之所害，金性堅剛而被火之所鎔。此五行之相尅，大道之常義也。故世人陰陽不曉鉛汞幽深，誤用相和而爲凡藥，服之則毒衝五藏，蓋爲未測浮沉。如斯餌者之人，豈見善終，夭壽皆至少死，實可愍傷。世人少其所識，多其所惑，而自誤矣。

《大還丹照鑑・玄黃子口訣》 求仙覓黃芽，須得真鉛花。並是自成者，乃可作金砂。重飛服一粒，騰空入碧霞。周遊天地外，處處是仙家。

《大還丹照鑑・尹喜真人口訣》 至藥須用鉛，盃向黑中聚。若欲識黃芽，先應問陰土。真鉛配坎男，戊己來相顧。只此號黃轝，便是還丹祖。

《大還丹照鑑・玄光先生口訣》 夫養生之術，非難亦非易。世人也，用鉛不得修鉛志，才與脫黑衫，便即露素質。灰池炎火上，刀圭依法律。鉛白還同此，抽時莫教失。持入赤色門，點時堅如石。藥用真水精，八數爲第一。妙精亦八兩，陽人身上出。兩般相合和，甑山須秘密。九曲烏龍上，數滿經三七。一兩真龍腦，還要肥蘇膩。白色真龍腦，蒼色亦不是。別有方法製，取用在臨時。二物合爲體，須使真金器。世人會此語，地仙只這是。若將非處用，殃禍自立至。十年暗障日，五載不見明。若點一粟粒，須臾即抵聖。

《參同》、《金碧》盡藏情，賴有陰君序節明。學人更遇清霞訣，龍虎從茲識本形。

天生元氣本虛無，紅顏長者體如酥。火裏變身還火裏，仙人得意號玄珠。

世人識柔不識剛，便道黃芽色帶黃。學來若到盃鉛境，始信黃芽色不黃。

《大還丹照鑑·爾朱翶真人口訣》 置天立地混沌分，造化含花處處焚。一陰一陽乃成道，秋石蒼蒼浪子孫。玄武朱雀明前路，湧泉真汞守乾坤。鼎鼎製鉛成寶物，姹女藏頭不肯出。十二葫中紫河車，四十二氣烈仙窟。顏如玉，貌如霜，棗葉雄朱修修畢，手摶日月入爐中，炎炎赫赫魂不失。非濟凡間飢凍疾，不如學道急須出。水黄冥冥白虎身，獸鑪上下兩莫測。大象不遊於兔穴，大悟不拘於小節。迷者心差皆總失，非傳下界盲瞽人。滅族亡身不可出，六謞六謞爾翶已，去往蓬萊。白日霞仙今古密，鶴叫前程洞庭湖，禮我聖祖爲留術。去無聲，甘如蜜，一七、二七、七萬畢。開鑪忽見火一團，光彩炎炎赫赫奕。雖濟凡間飢凍疾，不如訪道樓金室。

《大還丹照鑑·沖虛子口訣》 歡羨巨江月影沉，金之主起見鉛心。須當努力求仙訣，莫使蹉跎歲月深。

九鍊鉛精大道成，我家何慮不長生。朝尋弄玉過仙府，暮謁麻姑入太清。神照本來自靈氣，漢武榮知有俗情。萬事只今空寂寞，一生飄蕩落浮名。

《大還丹照鑑·董大仙口訣》 日魂月魄無形狀，採得天然太新樣。契合神仙實難論，雲霄起在黃芽上。龍騰虎伏變金田，始末須得出世鉛。爲家爲屋自然居，配儷之時頃刻間。認得離胎爭欲言，不在文書口訣傳。

《大還丹照鑑·元陽子口訣》 還丹篇，還丹篇，欲得黃芽先炬鉛。陽壬不去火中走，陰丙如何得作煙。雞抱卵兮日數足，母生子兮十月全。但得坤來爲屋宅，坤至何愁不作乾。伏吾此法在目前，違吾此法饒萬年。八石須向火中走，莫弄水飽費君錢。還丹不是世難學，自是時人志不堅。若明魏君謞十首，千回海水變桑田。

《大還丹照鑑·羅公遠真人口訣》 世人不知丹有神，試喫狼毒必害人。將知世上有善惡，何不將身近善鄰。女媧鍊得五常氣，變化成形補天地。三十六筭世間知，七十二石列具位。天得一而能長，地得一而方久。金得火而轉精，木成炭而不朽。故知唯鍊唯精。大還如何不有凝，我神定我心，志精可以成黃金。河車本向鉛中取，姹女還須汞裏尋。傍思之物謾周彰，太一出水八公量。淮南調鼎彭祖嘗，得道同歸不死鄉。固濟精研須緘密，一文一武莫踈失。釜下唯鋪渌海鹽，鑪中少用榑桑日。紫煙碧焰噴人香，赫奕魚鱗透目光。須同魏伯雲中去，莫學姮娥月裏藏。酆都落名天府記，地下陰官大怖畏。兵刃水火不能忤，何但蟲蛇兼虎兕。亭亭金骨皆堅牢，鬱鬱緣身遍緣毛。曾觀東海幾回變，數度曾偷王母桃。乘龍駕鶴傾城市，驅策雷公使神鬼。七日應歸緱氏山，千年少別遼東水。道是易，亦大難，青龍白虎自相盤。陰車濕，陽車乾，夫妻相對卦中安。四方未住霑顏色，五箇王侯盡罷官。

《大還丹照鑑·抱朴子口訣》 朱砂水銀入華池，收得黃芽人不知。本是仙人留口訣，世上喧喧亂言說。七十年中付一人，分付還須有仙骨。一一事須手眼傳，採取只在片時間。河車覆在丹田裏，製伏只在黃芽邊。

《大還丹照鑑·質轂子口訣》 鉛若是真，不失家臣；鉛若不真，其汞難親。鉛向鉛中出，鉛同色不同。若能分皂白，日日是仙翁。

《大還丹照鑑·楊玄一口訣》 世上人人盡好藥，箇箇元來尋不着。也道用鉛不用鉛，及至用鉛還是錯。用鉛不用鉛，不用得長年；用鉛須用鉛，用鉛住丹田。無鉛不成丹，還丹生在鉛。金公能住水，黑鉛有黃芽。黃芽入汞家，覆載以河車。

芽若是鉛，去鉛萬里；芽若非鉛，從鉛而始。鉛爲芽母，芽爲鉛子。既得金花，捨鉛不使。

《大還丹照鑑·僧若訥口訣》 黃芽砂汞造，陰殼含陽花。不得黃芽理，還丹應路賒。世人鍊至藥，盡認鉛黃花。黃花是死物，那得到仙家。黃芽非外藥，內象取精華。若到黃芽地，金銀徒爾誇。

《大還丹照鑑·張華真人歌鉛汞》 赤龍化爲粉，白虎利如霜。其中投石液，還要帝流漿。調神清五臟，欲得鍊三光。專守堅水性，如何陰使陽。

《大還丹照鑑·劍州張司馬口訣》 九九之中乾體開，華池金液自徘徊。陰陽鼎上先光彩，鉛花鑪裏考三才。即知造化由人手，術正藥真神自來。到此修時應出世，四時不用苦相催。

其色光輝耀日月，無窮改變不思議。但住鉛砂成寶後，歇頭一任丙丁吹。

《大還丹照鑑·函谷關老君鉛汞歌》 紅鉛黑鉛大丹頭，紅鉛黑鉛體同

金。黑金取精赤取髓，解用赤黑藥無比。用赤入黑保長生，用黑入赤天仙矣。顛倒兩法總稱鉛，黑能變化赤天仙。至道之人莫容易，貪財好色不須傳。函谷關頭梁石山，老君鐫石留此言。

《大還丹照鑑·岑真人口訣》 天生太素，地産靈津。能伏能飛，變化如神。陰陽宗祖，道契君臣。聖人秘寶，非者不聞。且太素爲君，靈津爲臣，合和兩性，呼吸相吞。爲夫爲婦，男女姻親。變化鉤牽，恩愛傳真。

東方青龍，丙丁甲乙。西方白虎，壬癸凝液。二氣含真，世人難覓。機持此寶，一水一石。灰池焰爍，名除死籍。

《大還丹照鑑·崔玄真岷山子口訣》 岷山寶室九仙居，日月縈回洞底虛。爲有真人常鎮此，玉留盤結氣長舒。曾遊海嶠崑丘客，遠控龍駢亦探賾。鍊得精華九轉成，中有白銀相醖積。月中玉兔坎中陽，外柔形容內有剛。二象雄雌同一體，還如金向水中藏。金水相合是魂魄，三才變異誠難測。倏然龍虎兩交并，化得龍兒在杳冥。狀似凝酥黃芽雪，亦如玄圃玉華結。本非世上起機心，元是真人留祕訣。留祕訣，不參差，晃山石室有丹砂。至道之人依此法，飛取青龍作一家。季魂周天成氣質，重與水銀相固密。似子還婚小女兒，蘇張下說情難失。相傳此物是黃芽，重重金鼎貯金華。制成雄黃偃藥砂，六一緘封須祕密。莫教神室有纖瑕，火候初從一陽起。乾坤兩卦成終始，文經武緯啓靈機。一法先王傳祕旨，蟾蜍天上盡還生。丹鼎開時見道情，每度恢奇別起象。璘瑞紅紫狀難名，卻取金合雄作匱。世光流盡赤龍飛，燒金學道岷山子。親得真人受玄旨，玄旨唯論汞與鉛。修得黃芽身不死，鍊丹鍊志兼鍊神。不營名利顯清芬，逃名遠去塵埃外。樓託空閑契上真，莫學人寰囂薄士。役役終身愛名利，雖然有意慕椿年，未免將身在朝市。

《大還丹照鑑·竇真君七返砂歌》 金公年六十，六十金公老；姹女年六十，六十姹女少。金公年三十；姹女還漸少。老翁得少妻，枯楊自生篠。夫妻同一處，成道和合了。根本是黃芽，金公元一家。姹女入鉛室，須臾地變茶。覆月合仰月，仰月急須賒。固濟重固濟，固濟似丹家。丙丁張下詖，混沌自甜葩。七八陽數極，九六更須加。四殼陽既滿，五色似朝霞。去陽除覆月，上上好黃芽。黃即黃金色，白即白馬牙。變化成運載，故號曰河車。玄明與濵伏，夫婦同一家。本是王陽術，黃帝美金花。智者能隱秘，愚者向人誇。若達此道者，鶴控白雲涯。

《大還丹照鑑·漢祖天師口訣》 鉛抽髓，髓抽精，精髓相合丹必成。一斤水銀十七兩，一兩變化是鉛精。將此鉛精作大丹，老子九轉入生研。一兩水銀特牛力，服之令人貌若仙。貌若仙兮筋骨堅，筋骨堅強返枯槁。截舌人間不須道，未能隱顯出沒藏。切須慎口莫顛狂，若教上界天神怒，恐遭非橫及刀光。

《大還丹照鑑·果州謝自然口訣》 白女正當年十六，自誇弱質顏如玉。常嗟歲月無良媒，晝夜孤單唯獨宿。爺娘不審他心意，謾說張三并李四。幾度爲話總不成，教人羞天復愧地。忽遇黃婆來扣門，說道金公體性溫。遂將二命問君平，君平斷言此好婚，不偏不曲合乾坤。審此因緣甚宜良，至今子孫滿帝鄉。昔時不因黃婆力，如何得契合陰陽。

《大還丹照鑑·曹真人口訣》 捉取東青龍，配與西白虎。更將南朱雀，會偶北玄武。四者窮其根，本來同宗祖。世人不知深，衆石多錯悞。不解演陰陽，配合爲夫婦。陰陽氣本雙，始得俱相聚。就中最妙者，須得中央土。泥鑪不假法，運火心須苦。一日兩卦候，進退依節度。細窮日月盈，莫遣失風雨。十月還丹成，身除貧病苦。滄海與桑田，變時君始覩。誰人得吾道，不得輕取與。容易泄天機，謫罰殃七祖。

《大還丹照鑑·太白山隱士韓蘊中口訣》 夫大道弘遠，陰陽難窮。造化發生，世人莫測。妄談虛而白首千萬，耗財比延命而駐顔，返傷殘而短壽。古今好者，計喪如麻。蓋目乖師，不明宗旨。水銀稱陰陽，是四黃頑鉛。相投採花，爲土草木，立號爲虎、爲龍。凡世金銀，配在子母。修丹服餌，自取無常。滿目如斯，妖訛大謬。余往昔究，皆歷如然。豈知精術有妙法，特顯至真。夫水即鉛也、汞也。坎中之男，德居壬癸。鍊陰銷鑠，九轉沉浮。數足成乾，配金西位。世人亦用，不得其元。龍虎有形，剛柔自別。金公滅火，白雪須真。五運化生，自然伏火，此爲真也。夫汞即居離中，得女離即火也、朱砂也。得壬癸丙丁，還氣東方。青陽白藏，出於中央，只在目前，難覩其容。窈冥恍惚，實謂朦朧。

《大還丹照鑑·嚴君平口訣》 鉛是鉛，汞是汞，只這兩般是鉛汞，龍是龍，虎是虎，只這兩箇同宗祖。若能識此坎離宫，離宫之下出黃土。黃土出黃芽，黃芽之下金花成。金花成，金花之下結紫精；紫精成，紫精之下出白金；白金沉，黃金浮，世人採沉作丹頭，搜取赤髓相和種。種有時，採有日，

換筋骨，添壽歷。天仙地仙不思議。點鉛鐵，兼瓦礫，一、二、三、四、五、水、火、木、金、土。但知明此訣，便是長生路。

《洞元子内丹诀·神光》 近代道士採諸俗之説，後神光者，必手剡手，目皆自見焉，斯咸非也。夫道出自然，何必力求。力求得者，不名道德也。但於五更鷄鳴已前，面東正坐，瞑目息慮，於無明處伺之。片時其神光自至，運日月之象，或類燈燭之光，上下旋回，沒而復出。候之久久，瞑目則至。或伺之三日不至者，人數至焉，宜急道也。

訣曰： 但知瞑目居玄室，半夜子時多便出。或如電影突然來，似逐流波浮又沒。或如日月耀熒煌，或若靈珠炫五光。炳然萬物皆可覩，半白半紅填洞房。或若不來人數至，急鎖門庭且回避。遠去名山舊隱藏，莫逐張三并李四。菱花切在頻頻照，認取神仙須縷細。左旋右轉往來熟，便見喬林蟬自蛻。斯言不盡世人迷，盡言還恐泄天機。莫言修鍊無門戶，自是神仙有路岐。

《金寶内鍊丹訣·九轉火候秘訣》 丹居鼎内，上水下火。心動屬火，靜屬水，乃水鼎也。底靜屬水，動屬火，乃火鼎也。陽在鼎下，曰水火。升於鼎上則水火也。陽火是外爐，外爐與火，存於氣穴。黄庭正在氣穴之上，氣穴乃内爐也。内爐存火，近鼎常烹，此綿綿若存也。火長進於下，則不可坐。至於子午二時，午進火，子進水，陽生不以心擾接之意，幹歸於右，轉降于左，存入□□□。反是則進火。

第一轉　初，自脇邊左右存爲火道，自陽宫起，自右邊到肩，横過正中凝，自左邊送下，遂綿綿若存，宜靜不宜動，宜徐不宜急。動曰扇火，急曰傷丹，此每日子時之功也。

第二轉　自脇邊進一寸二分，用如前法。此丑時之用功也。

第三轉　自脇邊進五分，用法如前。此寅時之用功也。

沐浴　卯時火起，取丹計四寸，有縷二條，正爲火道，脈透鼎中。故火起不用目，不用心，以意斡之右轉，取横與鼎齊，正縷地也。遂大靜，火遂爲水而歸于鼎，丹遂沐浴，綿綿若存。天機天機，宜秘宜秘！

第四轉　進一寸，用法如前。此辰時之用功也。

第五轉　進五分，用法如前。此巳時之用功也。

第六轉抽添　進五分，火自下。與午時心火、頂火俱旺，故陽生。小抑之抽也，再生則火微矣。直上于左而横過，恰值心，遂逢心火，火其炎矣，此抽添也。

第七轉　進五分，用如前法。此未時之用功也。

第八轉沐浴　行左降右，取丹方一寸。未時之火道，皆至陰之道也。火力過而衰，值申道亦陰道，無他。心上道，陽道也。心下道，陰道也。二時火皆從陰道過，至酉而始金旺，故靜以待之。火爲金液而歸于鼎，丹遂沐浴。卯沐浴乃益汞，酉沐浴是益鉛。

第九轉　取丹五分而已，頃刻用而即定以待。

《清微丹訣·清微隱真合道章》 上藥三品，神與氣精。保精生氣，煉氣生神，形煉其神，則可以留形住世。而形者，神氣宅也，是故身安者，其精固，精固則其氣盈，氣盈則其神全，神全故長生。若乃精虚則氣竭，氣竭則神遷，神遷則死矣。故不死者，煉精成氣，煉氣成神，煉神合道，能事畢矣，道法云乎哉！　全形者，即煉精之謂也，須其六根斷絶，一念真純，以時入室，端坐凝神，定息良久，即鞭赤龍，上擊七十二天龍，則離火自降，坎水自升，往來結於黄庭，伏其真氣，煉其陰邪，冷汗自出。如此五遍，合週天三百六十五之數。陽光遍體爲純陽，則全形氣之道，宿殃自解，萬病消除，不憎不媢，不慾不婬，然後煉氣合神也。　夫煉氣者，冥心定息，元寂綿綿，神室内守，炁入丹田，臍中動息，綿綿續續，兩手抱臍，丹火溫溫，六根定安，物我兩忘，乃煉氣之道。行無狂步，言無疾聲，然後煉神合道也。　夫煉神者，入室端坐，神氣既息，不出不入，心無二用，一念無著，視而不見，聽而不聞，炁住而爲息，神入而成胎，昏昏默默，杳杳冥冥，意遊長空，見一景物，光如金橘，非内非外，守其物矣，如月之光，如鏡之影，操之存之，初不相離，恍惚自然，大如車輪。　形見其神，神見其形，形神相雜，心生踴躍，其光自散，如日月照虚空，形神俱妙，與道合真矣。　神歸體，則真神自靈。若守千日之功，離形飛升；百日之功，超凡入聖，不樞不機，其理自然也。

《清微丹訣·入室功夫》 此竅非凡竅，乾坤共合成。名爲神炁穴，内有坎離精。　心下腎上處，肝西肺左中。非腸非胃脘，一炁自流通。　蓋此竅，世傳臍下一寸三分者非也，正對臍上一寸三分者是也。所謂臍之後，腎之前，大腸之左，小腸之右，其中空洞，意到即開，乃乾父之精，坤母之血，結胎之黄房也，名爲神炁穴，中藏水火精，其中左有火竅居。常晝夜不拘時，三五七次

或逐時趺坐，左足，上右足下，瞑目定時，凝神於混沌之中不出，運赤龍，上擊七十二天，則真火自降，靈泉上湧。即以舌柱上腭，俟華池水滿，盥漱五七通咽下，其中想見一炁，混融靈光浩蕩，或奏師煉神，持呪述事。如此隨意行持，即用離形去知，物我兩忘，如此用工三七日或一月。以手按竅兩傍，如火之熱，覺左右擲擲而動，是其驗者，所謂收爲胎息，守爲竅也。半年一載，勤而不怠，宿殃悉去。向上工夫，金丹大道不外是矣。

《太清調氣經·調氣法》《仙經》云：從半夜子時服，九九八十一。雞鳴時，八八六十四。日出時，六六三十六。食時五五二十五。禺中。四四一十六。夫前法是世人及舊經相傳，妄爲習服；虛役歲月，徒履艱辛，功效無成，久而反損。蓋由不服元氣，不識深根。諸如此流，舉世共矣。遂令久服無驗，神謝氣萎乎。慕道之流，虛損性命。逡巡之際，即枉正年，甚可哀矣。深非正道，不可依行。

又舊經云：頓休糧服氣法，晝夜計十二時五百四十咽，如此十二時周而復始。

夫人壯年之時，兇荒於利欲，未知正氣，奚思攝養，息志安神。及漸年衰，五臟已損。不漸修補，卒即絕食，元氣未充，俗食已絕。兩未相接，遂致危亡。思欲全身，不可得也。又云：以咽多爲限，以飽爲功。

夫人初服氣，百日之內微通，及周已往，關節始開。初頓服即致飽，及成氣疾，腹肚脹悶，絕非正道。初宜少服，三年後任意多服。但初功人，支節未開，肌膚猶閉，頓即多服，腹肚脹悶，如何得安？又云：日中已前爲生氣，日中已後爲死氣。生氣可服，死氣不可服，是何言也？夫人每日，雖三頓食，或以爲客他鄉或公事驅迫，節候失時，遇食即餐，豈候時節，氣亦如此，但有即服，無思生死之氣。

又云：鼻長引氣，口滿即咽。然後一吐須少，每引須多。夫服氣之道，本名胎息。胎息者如嬰兒在母腹中，十箇月不食而能長養，成就骨細筋柔。握固守一者，爲無思慮故，舍元氣之故。忽出母腹，即吸納外氣，有啼叫之聲，知乾濕飢飽者，即失元氣也。本鼻引而咽者外也，不堪服之。又云：取生氣趂五方，以心面相當，存思想念。初從東方青氣，次南方赤氣，次西方白氣，次北方黑氣，次念中央黃氣，皆須以心想念五方氣色服之，此即非正也。

夫服氣者，先以無思無慮，絕緣息念即兀然，和氣自至，因而咽之，各歸其位，無所不定。且五方各在五臟，何須思念。有念即有緣起，緣起即心不定，心不定即氣不安，氣不安即無自然，無自然即氣失度，氣失度即納邪氣，納邪氣即病有所生，病有所生即百痾相注。故《黃庭經》云：但思一部壽無窮，非各別住俱腦中。列位次坐向外方，所存在心即相當。斯之謂矣。其想五方者不堪服。又云：咽滿服百，令彭彭聲即是妙也。凡服氣初，須少服爲通暢。所以候百毛孔開，每閉氣，無所不發汗遍身，頓服千氣亦不壅滯。令彭彭聲者，是不通暢壅塞耳，令人面黃，損五臟失心也。又云：十五日前從手出，十五日後從足出。

夫如存想者，爲有苦處或時用之，無病不合，偏有思念。故《黃庭經》云：物物不干泰而平，謂無想念耳。又云：初服氣欲休糧，滿二十一日即免饑。閉氣九十息一咽，腹半滿勿令大出，莫繫之念，使上通髮下通足。又云：想足卻上經腎至喉，仍想五色氣閉之。夫初頓絕者，前已申訖，爲五藏頓絕則損人，豈有二十一日而能成功。免飢，如三年功成，元氣即住，氣海即凝。須絕即絕，豈限日數動念之理？又云：十息一息一屈指，至一十七息，一咽或委氣。四九三十六、三百六十息一轉側。

夫正氣咽之時，絕思去念，存心於無爲之境，委形於無爲之身，安能屈指記數。但行住坐卧，任性自然，肚空，有便即服，豈勞轉側記數也。又云：口無津液，即以棗一兩顆，肉喫留核，含之令引液。夫如初功，人或無智無功，未能引得真津液，縱以此引得些些，終是不真之津，亦不得用。又鼻但長引氣，蹙而咽之，良久更服，仍須相續，連連而下，如瓶注水，據此直是殺人之法也。安可全神？又云：但閉氣自然飽滿者，亦殺人也。又云：有病即閉氣攻之，依五臟吐。夫有病即使攻之，亦不知如何攻之，復攻多少，不解節候使氣，亦是殺人之事。又云：固氣勿下泄，必須固之，仍以意運令散是何言哉？人上有七竅，下有二竅，若爲上膲不通，有冷熱者，只爲三膲氣不和而病。如初攻者，先須氣通泄，上服下應，有泄即不可固之，並別申之於後服氣法。凡服氣先須察氣候，識病狀。入氣有一，出氣有六。須知六氣，然後服之。六氣雖舊經中具說口勢六氣之候，如何察之？但聞其方，誰識其候？今具録如後。凡欲學服氣者，爲三膲不通，咽氣不可住，在上膲即恐心胸悶，不通泄。先學調理氣候，識辯六氣，除五臟惡氣，然後服之，即得清氣下，一咽，咽有益也。

凡調氣者，先須依門戶。依門戶者，鼻爲天門，口爲地戶。常從鼻入，口吐即爲順氣。口入鼻出即爲逆氣。逆氣即壅，順氣即宣通，依陰陽分理也。既知門戶逆順，陰陽分理，必順依此修行。無問行住坐卧，鼻常引納，口常呵吐。引則納清，吐即出濁。濁者因五臟而出之，何爲五臟有濁氣？爲食五味，五味者各一臟，每臟濁氣皆同出於口。

又有六府之氣，同湊一門，衆穢所衝，合成濁氣。既有濁氣，如何察知？凡夜睡皆緣口合，則五臟氣塞壅即在喉中。每至睡覺時大開口察量，即有葷穢之氣，自不堪聞，因此察知，即知氣濁惡也。

凡口中乾苦澀，乳頰無津液，或咽喉中痛不能喫食者，皆熱狀也，即須大開口呵之。每呵必須依門戶出入，呵十氣二十氣，即鳴天鼓者，叩齒是也。叩齒七八下，以舌漱華池而咽津液。《黄庭經》云：漱咽靈液災不干，此之謂也。又依喘息，氣任自然出入，調之三數下，又開口大呵，呵了又調，如此消息，察熱氣退盡即止。如何得知？喉中清水甘漿生，即熱氣退五臟涼也。《黄庭經》云：玉池清水灌靈根，審能修之可長存。此即甘漿清水是也。常能調察此候，五臟必無病生，如能察准此候，三膲自得通，即服氣一一有益，功無虛施。

夫氣者主心，心邪則氣邪，心正則氣正。令所舉手動足，喜怒哀樂，莫不由心。心之動念，莫不是氣。氣感意，意從心。如此氣全即身全，氣絕即神滅，神滅即身死。故醫家先診脈者，則五臟四時脈并氣候，察知病源，始尋方藥。人但察得氣候，則五臟自和，即脈調氣順。何以得知？五臟主於五氣，又主于五方。臟氣調即四時順理，況能自察，口鼻取捨，斯須冷熱自不入也。

又經云：何以知其冷熱，入氣有一，出氣有六？其六者，呬、呵、呼、噓、吹、嘻，此是六氣。六氣者，五氣各主一臟，餘一氣屬三膲。呬屬肺，肺主鼻，鼻有寒熱不和，依呬吐納，兼理皮膚瘡痏，有此病，依狀理之。呵屬心，主舌，乾澀，氣不通，是熱，以呵去之，大熱大開口，大須作意，量事主之，過度即損人。呼屬脾，脾主中宮土，如氣微熱不和，腹肚脹滿，氣悶不通泄，以呼理之。噓屬肝，肝主目，如目澀熱，可以噓調理之。吹屬腎，腎主耳，如腰腳冷，陽道衰弱，吹調理之。嘻屬三膲也，凡以前氣，大都雖有此理，所是五臟六府，三膲冷熱不調，都屬於心。心主呵，但以吐納理之，萬病皆愈，亦不一一須六氣調之。

又調氣，一依門戶出入，或多即恐喉中乾。如覺乾即合口，任鼻中出入。即口中津生，喉中潤，漱取咽之。又察之，如口中無熱穢氣，五臟得和不須調，即行住坐卧，以舌攪咽之，面色光矣。

又舊經云：取子時候生王氣，又取六時節候，數而服之。初服極熱多，更無次第節量，漸漸修行，爲人不解者多。但依方即用，不尋師訣，將爲真法。然及服之時，損傷者衆矣！或因病生，或卻損正壽。諸如此例，其數寔繁，或言氣之無功，或言卒行無益，悠悠歲月，何有成期？或不遇先師，修心都退，二疑之際，即悮此生。今爲薄以致功，皆曾修習損益二理，並身經過，從茲廣曆歲年，真謬俱見。以後修行者，更無差錯，取益日勝愈疾，如神驗之，斯須臧否立效。

又初功，人皆爲三膲未通，服氣多在上膲不過，氣住則心胸間悶，悶即損，人未解調理，深須作意。其初服人，先須飯食節候，喫物反觸，修行次第。真心不輟，下卻三屍，捨榮去貴，節色遠財，然始近道。日漸成功，長生益壽，必無虛棄。苟不能依此，徒暫知之，終無成耳。

夫修真之人，亦有三等，任時取理，其狀不一。亦不能固執，略申如左。上等之士，本性幽閑，用志清雅，發言合道，行之無瑕，如此之人者，有前世之資。以石投水，無可比之，喻上智早發心人也。中等人，或身居榮禄，或勢望高遠，或覇業厚姻，或名位有望，二疑進退，倏忽虛損，聞道則寤寐不安，思即終朝不息，兩心交戰，勝者即全，逡巡之間，十失六七矣，喻中智發心晚也。下等之士，二時已過，蹉跎暮年，筋力衰微，心神已喪，雖食禄如衣錦夜行，日落西傾，俄然風燭。追神念道，其如噬臍，靜而思之，感歎何極！如此之類，仍能精心勵志者，猶十救可一二矣。其八十已上人，罪分已定，祈之他生。爲此三等之人，先賢遺歎，表示後人，幸察深根，發志堅固，成功不退，福壽無涯，豈不善矣！

夫服氣者，本名胎息，胎息者如嬰兒在母腹中。十箇月不食而能長養成就，骨細筋柔，握固守一。爲初受正氣，無思無念，兀然凝寂，受元氣變化，開節臟府，皆是自然。忽出母腹，即吸納外氣而有啼叫之聲，即知乾濕飢餓，似有所念，即失元氣。令人所服者，如嬰兒在母腹，是名胎息，服內氣耳。舊經云：鼻引外氣服者，深非正法也。

夫欲服氣者，取夜半後睡覺，及五更睡覺，依前調氣吐納，察量氣候，漱

咽靈液。即仰卧展手及足，下着枕即息。心定無絕念，任氣依門戶喘息出入，兀然閉口，內已有氣，即卻引上入，口微鼓而咽之。下仍以意送，即以手摩將心上，令氣下，即更調氣六七度，即更咽一氣，依前以手摩將之。如咽二十氣且止，至明即更。隨時任坐卧，取方便安穩，更咽十餘咽。每一咽，隔調氣四五十下，即徐徐咽，非事勿併咽之。每一咽，必須以手摩令下，仍以意送向下，便察之。如上膲通，即咽下過臍。如未通，即在心胸間住，候至食時，如覺上空下泄，氣通即任喫飯，如未飢且勿食。如食不得令飽，飽即妨服氣。食了，候心上及腹中微空，即更服二十咽。已下又即夜食，食了，候心上空，又服二十咽即止。任行住坐卧，此以前一日服氣，節候與百日同，每服一咽皆記，手摩合散。一咽皆隔十息已下爲妙。初服三膲未通，關節未開。關節未開，恐卻壅塞，不得多服。每十日加三五咽，百日滿百五十，日更加四五咽。二百咽周年已後，氣已通，關節已開，皮肉潤，毛孔開。但候腹中空，即三咽五咽，任意連連咽之，亦無定限，仍不得過。過三百咽，待三年後，氣得周還大通，五臟養成，骨髓堅益，皮膚滿實，即不限咽數多少，仍須絕粮亦得。如未滿三年，爲人先犯五勞七傷，臟府抽損，百關焦枯，不能漸漸修補，頓即絕粮，以希延壽。又加不能絕心世網營營六性，財色依然，唯知餓肚，穀氣漸絕，藥味不充，新疾互生，萬病俱臻，思欲不死，安可得乎？又服氣之後，須知食次第，每日早食時，喫少淡水粥，即和得脾氣。日晚足津液，日午喫一兩箇淡麪餅，煑葱薤羹並得，仍不得熱喫。至晚間飢，煑少淡麪餺飥，硬和麪煑三二十沸喫之。每喫飯並不得飽，必須減三五口，恒令內欠，欠然始好。如一頓併飽，即氣道被壅不通，妨一日之功矣。特忌酥油粘膩，食生菜蘿蔔陳臭等一切葷氣物並不得喫。初時三五十日，能不有些些飢餧，思食已後調得氣候，腹中漸漸滋潤，百味並不思之。其所言喫粥及餅飥等，並任臨時方便，要喫即喫，不必日別，依此喫也。大分食次第，如此自取穩便，淡水粥時復一飡亦佳耳。又初服氣，三膲通，胃口開，五臟和，甘津生，玉池美，喫食甜。猶如初病可，人貪不知足，一切物無不美者，必須節之。如信情任之，必大損也。乍可覺數，數食耳。

夫每喫食了，其食皆有毒，并有五味熱氣。每初食了，即須開口呵吐之，約口中熱氣退即止，永無患也。又須節鹽及辛酸等味不可喫。初即以難，及一二十日，有津液靈泉出入，鹹辛不得爲。服氣後，五藏潤，正氣下，趂盡宿惡氣，宿惡氣下泄即傷。胃净不得食冷熱黏膩生硬物，如妄喫一口，即物所住處，微微覺痛，用功深處後，並亦自知。但食軟熟之物必佳，仍須食了即須呵之。

又每喫飯，先喫三二十顆生椒，水下即喫飯，食了覺傷飽，即更喫一二十顆椒亦好。其椒通三膲，趂下惡氣兼消宿食，理引正氣。如覺氣上，心胸間悶，即含三兩顆椒，登時即散，此椒功不可言也。又忽飽悶氣滿，即須靜坐調氣，少時即散下泄。舊經云：固氣勿令下泄。往時初學者，依此固氣，少時肚悶，交慮見死。下有二竅，通上口鼻，出入上下，應爲五臟。先有宿惡氣須下出，何得固卻，固卻即氣不通泄，氣不通泄即覺痛。所以故氣未出，新氣乍入，兩氣相衝而能爲患，不須固之，以通泄爲妙。又每日空腹，隨性飲一兩盞酒大妙，不可令至昏悶。如日能涓涓飲三五盞，大助氣道。其酒仍須清好，始堪飲之，不得多。一吐即數日氣不平，復又遇樂，欲得多飲，即有法也。人所以飲酒昏醉悶亂者，蓋爲酒有麴蘖之毒，毒氣入四支即醉。如正飲時，十人五人同坐，時時盞至，每喫一盞了，即開口呵吐七八氣，其酒毒即出散。如酒併到，即大張口呵之，如隨盞可微吐之。

凡常喘息中，接出氣呵而送之，如能終席調理不輟者。凡日能飲三升，是日能飲一斗矣。仍加不醉，亦免中酒復不失酒味，終日飲亦不退矣。更候至睡覺，依前漱咽，調理平常如故。又忽有泄氣來下，時節無期，或正喫食時，或對賓客，或騎鞍乘，或對尊親，或有氣來，如何爲計？必須求方便，下泄卻，若固一氣不泄，便逆上臟，胃中攪痛差心脇，即良久不散，一吐裏氣亂悶痛。如公私無暇，不得攝養，則莫喫葷辛，縱泄下氣，氣亦不多臭。若是絕穀後，縱有一泄兩泄，亦不臭也。

又有產生穢惡氣，一切重病不可衝之，深損正氣。如忽須出入街中，遇逢惡氣，即閉氣過之。不然須飲酒，令有酒氣及喫少葷辛物，亦能辟之。如惡氣已入，覺不安穩，即須調氣趂卻，又不用大作聲，歌哭叫呼。如人事不免吊問，即須小作聲，不可令泣過耳。又忽氣逆上衝喉來，勿放令上便咽。令卻下，更納，取氣咽之，三五咽即定，仍亦以手摩令下散也。即含椒及飲酒便散。如忽苦咽不下，亦不須逼咽，令上膲壅也。作意消息，臨時自察。如氣未散且勿食，又忽食飽。即不得咽之，咽之即被食隔，不下便成病。

又每一咽即住口絕鼻，喘息定，以心送向外。察其氣，左邊下，歷二十四

節，歷歷聞之，如水度坎聲，極分明，有坎節也。如不鳴，即喫油膩，不依節候之狀，如不早消息，即更服氣相逼，必當病生，尤須慎之。

又人初服者，皆貪其功並欺其氣，乃將多服爲功。每日或加十氣、二十氣，覺且安穩，又更加三十、五十氣，日漸增之，將爲得在。不知氣未通潤，因結成病，腹内已有病，身仍未覺。及至有徵不安，仍將可在日加一日，積以結成，一結成氣，病兩脇，卒難方藥也。如三年功成，縱有觸犯，並不妨服氣。日至千咽已上，亦不懼矣。至九年，功終不退，關節相連。

《黄庭經》云：千千百百自相連，一一十十如重山者，即是筋骨相連着也。如此五臟已後可入水不溺，内氣不出，外氣不入。即十日二十日亦得，大寒大熱，一無懼憚，或老或少並皆不恒。夫氣須握固，令爲初氣未行，未得握固，待半年或百日，覺氣通暢，手掌中汗出即得握固也。《黄庭經》曰：閉塞三關握固停，含漱金醴吞玉英。遂至不飢三蟲亡，意常和平致忻昌。夫氣海在臍下，人皆爲三膲不通，凡喘息不得過臍，又加氣急，喘不定者，爲氣未下，只擁在上焦心胸。如人初咽十日五日，上膲未通，十日外至二十日即合，覺下歷關坎，過入氣海，鳴幽幽聲，微覺氣轉也。至氣海，氣而長，氣候和好也。

又舊經不子細，但説及解禁忌，使後人多從此損卻正氣。中道虛，休令此，皆因修行，曾有損益，故重細述。

又調氣皆須細意，出納不得耳聞，聞即麄，損正氣。唯大熱，呵少許不畏，覺熱定即須細理之。又人初服未解咽，以一咽爲候，兼大鼓口引氣，滿口始蹩而咽之。解咽之後，上膲又通，即不鼓。但兀然閉氣合口，更不引吐，連咽得三咽一吐，即更咽，又至八九咽一吐，或至二十咽一吐，或至三十咽一吐，此即是氣下，至氣海通暢，筋脈通矣。此者有時作意，試察氣，候長短，通與不通，亦不要長，依此多咽，多咽亦不是好，不安穩也。如取安穩，一閉口一咽，咽入以心送向下至氣海，然更咽，不須吐氣，常行也。又初服未知節度，不免用心送下至及已。後知氣將息，次第即息絶念，但無思，任意咽，即各依分位，更不要以手摩心送。又經云：何不言之教萬物作焉？而不爲生，而不爲有功成，功成而不居。不言之教者，心處自然，無爲無念，五臟六府而養。生而不有者，生道氣於身，身不恃有，兀然成功。功成不居，無見外行，見即人知，人知即我生，我生即名至，名至即禍來，禍來即氣亡，氣亡即滅矣。故《黄庭經》云：子能知一萬事畢。又都舉半夜及五更，并每日三時，服氣時節，無喫食。次第者，爲初功。人未解具載之，但深知之後並臨事細意，自取方便勿執耳。執即憂生，憂生即繫之心，繫心即心勞，勞即功退矣。志之！志之！《仙經》曰：夫人臨終而始惜身，罪定而思遷善，疾成方求其藥。天綱已發，無可追之。故賢人上士，惜未危之命，懼未禍之禍，修未病之病，此真爲上士，真名保愛。亦云上年、中年、下年。上年二十已上，三十已下；中年四十已上，五十已下；下年六十、七十也；其八十已上，罪位已定。上年爲卑，悟解正道，識達玄微，體實骨堅，筋全肉滿，發心履道，無不成功。中年者，悟道已晚，筋肉骨髓各有其半，處在進退，功效即微。下年者六十七十，骨髓筋脈十有二三，日暮功矣，猶可救之。八十已上者，腦竭髓盡，萬關乾枯，神謝氣亡，屍行鬼步，無可救也。故先賢上士，知風燭之難。攝志心，棄俗舍勞，惜身爲寶，遂逸志幽巖，攝心歸道。道者氣也，氣者身之根也。魚離水而將死，人失道而難全。養生務於修氣，修氣者務於保精，精氣兩全是名真寶。又人有三丹田，上元、中元、下元。上元丹田泥丸腦也，一名帝鄉；中元中丹田心也，亦名絳宫真人；下元下丹田氣海，亦名精門。此三元各有神一，神虧即氣漏精泄，泄即氣散。精者身之根，根者氣之位，精全即氣全，精泄即氣泄，唯精與氣直須全耳。

《黄庭經》曰：長生至慎房中急，何爲死作令神泣。若當決海百瀆傾，葉去樹枯失青青。故先賢志道，莫不愛氣保精而得全也。煉氣法又因服氣功餘暇，取靜室無人處，散髮脱衣覆被，正身仰卧，腳及手並須展，勿握固。浄席頭邊垂下著地，其髮梳通理，令散垂席上，即調氣。氣候得，悶即口放令出。初氣出喘急，即且調氣七八下或十，氣已來，急氣即定，定又鍊之。如此有暇，且十鍊而止爲初，恐氣未通，擁在皮膚。不好，更有餘暇，又鍊之。即更加五六鍊，又漸加鍊至二十、三十，或四十、五十並無限。何以爲則，如服氣不久，功漸成，關節通，毛孔開，鍊至二十、三十即合，偏身潤，汗出，如得此狀，即是功效也。初鍊氣得通潤且止，漸汗出即好也耳。安穩卧不得早起衝風，如病人得汗，將息良久，取浄衣著無風處，徐徐行出步，少言愛氣，省事澄思，即身輕，百脈流注，四支通暢。故《黄庭經》云：千災已消百病痊，不憚虎狼之兇殘，亦以卻老年永延。夫鍊氣者，每日夜頭及午時，任得方便，候神情清爽時，即依前次第峻坐，修咽勤勤，常須致之，不得墮慢，恐昏悶須睡，不

得強坐，強坐即卻，邪亂其意，意邪即氣亂失正道也。初服未有正氣即昏，昏已後亦無昏沉也。夫鍊氣者，即不得每日行之，十日五日有餘暇，覺不通暢，四體煩悶即爲之，常日恐無功，亦不用頻也。

委氣法：夫養氣委氣者，候四體清和，志無思念。或因坐，或因卧，任氣依門戶調息，凝然委身，如委一衣放在床上，無筋無骨，無神無識，縱心縱耳。如此委衣亦忽，爲主寂沉。寂沉放形委體，澄神鍊氣，即百節開張，筋脈通暢，津液流注。因此便咽下十氣或至二十氣亦得。每一咽皆須兀然，任氣不得與意相爭。良久，氣便從百毛孔出，不復更口吐也。縱有十無，一二復止，即更調理，數十息至百息已上，忽因喘息，便又微含氣咽入，即更調息。調息稍覺，四支皮肉關節，一如沐浴相似。每有暇不得仰卧、側卧，或坐、或立，即委氣、委身行之。其功日進，精滿氣全，神安魄定，志閑思遠，道泰德寧，三屍自亡，六塵亦滅。故《黃庭經》云：閑暇無事身體安，虛無之居在帷閒。但無爲養氣，委身委心，放形放思，與道合體，即自知異候。《黃庭經》曰：高拱無爲魂魄安，清淨見神與我言。此之謂也。夫委氣者，忽覺四體不和，身有壅塞，氣候不調即委之。或卧或坐，澄神、委氣、息念、寂寂安心，久久凝定，即覺氣之流行，無所不到也。

閉氣法：夫上智之人，志堅思遠，一人修理，無少遺功，神定氣調，絕其外病。又有中智之人，或家私未終，或心有進退，不依禁忌，調攝乖宜，氣壅不和，反生其患。如有苦處，可入靜室仰卧，熟調氣展手及足，各相去四五寸，仍須卧處厚軟，冬月暖蓋被，靜心坦然。即便咽氣，因即便閉氣，口鼻不動，以心念苦處，以意相注，使氣極即吐。吐訖又閉，每閉初吐後，氣急即調六七下，氣調順又閉之，想念攻之，或十或二十、三十、四十、五十，攻之所苦處，覺汗出通潤即止。如未可，每日五更或夜，頻意攻之，以差爲限。如病在左手，直入左手，在右手直入右手，如在頭直上頭。分明見驗，方知心能使氣，氣意相從，使氣如神。憂悲哀樂不得在，心憂則傷神，樂則失志。有疾依此，無不除之也。休粮法：夫人欲休粮者，但依前修行三年之後，五臟養成，體實肉滿，百神歸位，血脈通流，氣道宣暢，周遊無礙，輕舉日新。得至如此，漸不用聞五味之氣，常不思食，須絕更無難也。又有世人貪樂愛利，未能絕志，遂多尋方書，服藥斷穀。藥初入腹，暫似充飽，藥盡飢生，循環無益。加以常繫心於藥物，求和合於終朝駈營。駈營無少暫息，力微智竭，煩擾漸多，不招其禍。又雖服藥物，何能頓絕於物？或喫果子以助力，或飡藥物而求飽，唯加調理以自保養。寧思逐藥物之勞，疲鍊煑之弊，勤勤歲月，虛役精神，返老還齡，何可能得？唯不食米，何名爲休粮乎？其中有下士，未能頓絕世務者，且服藥相助，亦有小益，上士不理此道。凡服氣功成休粮，但肚中空即咽气，不問早晚，更無滯礙，須咽即咽，亦無限數，自覺有節候，亦不得多咽，爲久服乃至絕粮，並自解不煩，具載如初。功欲得藥助兼氣服亦得。服藥者，多不服氣，但以藥物爲事。

《黃庭經》云：百穀之實土地精，五味外美邪魔腥。臭亂神明胎氣零，從此反老得還嬰。又有在仕之人，身居榮祿，世務未寧，慕道思真，不能息志也。懷心歲月，虛積勤勞，候絕色塵，蹉跎衰暮，豈能固執，不漸修之。其在仕之人，爲公務駈迫，不可得日依三時修養。但取夜半或五更候睡覺，即依前法漱咽津液，調取氣候。去卻下膲熱即咽，取四十、五十咽，初從一二十咽，日加五咽，至五十咽已來，且止及明，縱有公事，但存真立忘行矣。

《東坡全集·龍虎鉛汞論》 人之所以生死，未有不自坎離者。坎離交則生，分則死，必然之道也。離爲心，坎爲腎。心之所然，未有不正，雖桀、跖亦然，其所以爲桀、跖者，以內輕而外重，故常行其所不然者爾。腎強而溢，則有欲念，雖堯、顏亦然，其所以爲堯、顏者，以內重而外輕，故常行其所然者爾。由是觀之，心之性法而正，腎之性淫而邪。水火之德，固如是也。子產曰：火烈，人望而畏之；水弱，人狎而玩之。達者未有不知此者也。龍，水汞也，精也，血也，出於腎而肝藏之，坎之物也。虎，火者鉛也，氣也，力也，出於心而肺主之，離之物也。心動則氣隨之而作，腎溢則精血隨之而流，如火之有煙焰，未有復反於薪者也。世之不學道者，其龍常出於水，故龍飛而汞輕；其虎常出於火，故虎走而鉛枯。此生人之常理也，順此者死，逆此者僊。故真人之言曰：順行則爲人，逆行則爲道。又曰：五行顛倒術，龍從火裏出。五行不順行，虎向水中生。有隱者教余曰：人能正坐瞑目，調息握固，心定息微，則徐閉之，達磨胎息法亦須閉，若如佛經待其自止，恐卒不能到也。雖無所念，而卓然精明，毅然剛烈，如火之不可犯。息極則小通之，微則復閉之。方其通肘，亦復一息一息，歸之下丹田中也。爲之推數，以多爲賢，以久爲功。不過十日，則丹田溫而水上行，愈久愈溫，幾至如烹。上行之水，翕然如雲，烝於泥丸。蓋離者麗也，著物而見，火之性也。吾目引於色，耳引於聲，口引

於味，鼻引於香，火輒隨而麗之。今吾寂然，無所引於外，火無所麗。則將安往？水者其所妃也，勢必從之。坎者陷也，物至則受，水之性也，而況其配乎？水火合，則火不炎而水自上，則所謂龍從火裏出也。龍出於火，則龍不飛而汞不乾，旬日之外，腦滿而腰足輕。方閉息時，常卷舌而上以舐懸癰，雖不能到而意到焉，久則能也。如是不已，則汞下入口。方調息時，則漱而烹之，須滿口而後嚥。若未滿，且留口中。候後次。仍以空氣送至丹田，常以意養之，久則化而爲鉛，此所謂虎向水中生也。此論奇而通，妙而簡，決爲可信者。然吾有大患，平生發此志願百十回矣，皆謬悠無成，意此道非捐軀以赴之，刳心以受之，盡命以守之，不能成也。吾今年已六十，名位破敗，兄弟隔絕，父子離散，身居蠻夷，北歸無日，區區世味，亦可知矣。若復謬悠於此，真不如人矣。故數日來別發誓願，譬如古人避難窮山，或使絕域，齧草啗雪，彼何人哉！已令造一禪塌、兩大案明窗之下，日專欲治此，並已作乾汞餅百枚。自二月一日爲首，盡絕人事，飢則食此餅，不飲湯水，不啗他物，細嚼以致津液，或飲少酒而已。午後畧睡，一更臥，三更乃起，坐以達旦，有日采日，有月采月，餘時非數息煉陰，則行今所論龍虎訣爾。如此百日，或有所成。不讀書，不著文，且一時束起，以待異日，不遊山水，除見道人外，不接客，不會飲，皆無益也。深恐易流之性，不能終踐此言，故先作書以報，庶幾他日有慙於弟而不敢變也。此事大難，不知其果能不慙否。此書既以自堅，又欲以及弟也。卷舌以砥懸癰，近得此法，初甚秘惜，云此禪家所得，向上一路，千金不傳。人之所見如此，雖可笑，然極有驗也。但行之數日間，舌下筋微急痛，當以漸馴致。若舌尖果能及懸癰，則致華池之水，莫捷於此也。又言此法名洪鑪上一點雪，宜且秘之。

《東坡全集·上張安道養生訣論》 近來頗留意養生，讀書、延納方士多矣，其法數百，擇其簡而易行者，間或爲之，輒驗。今此法特奇妙，乃知神仙長生不死，非虛語也。其效初亦不甚覺，但積累百餘日，功用不可量，比之服藥，其力百倍。久欲獻之左右，其妙處非言語文字所能形容，然可道其大略。若信而行之，必有大益。其狀如左：每夜以子後，三更三、四點，至五更以來。披衣起，只床上擁被坐亦可。面東若南，盤足，叩齒三十六通，握固，以兩拇指握第三或第四指，握拇指兩手拄腰腹間。閉息，閉息最是道家要妙處，先須閉息卻慮，掃滅塵相，使心澄湛，諸念不起，自覺出入息調勻，即閉定口鼻也。內觀五臟，肺白、肝青、脾黃、心赤、腎黑，常求五臟圖挂壁上，使心中熟識五臟六腑之形狀。次想心爲炎火，光明洞徹，下入丹田中，待腹滿氣極，即徐出氣。不得令耳聞。惟出入均調，即以舌接脣齒內外，漱鍊精液，若有鼻液，亦須漱，使不嫌其鹹，煉久自然甘美，此是真氣，不可棄之也。未得嚥，復前法閉息內觀，納心丹田，調息漱津，皆依前法。如此者三，津液滿口，即低頭嚥下，以氣送入丹田。須用意精猛，令津與氣谷谷然有聲，徑入丹田。又依前法爲之，凡九閉息，三嚥津而止。然後以左右手熱摩兩腳心，此湧泉穴，上徹頂門，氣訣之妙。及臍下、腰脊間，皆令熱徹。徐徐摩之，使微汗出不妨，不可喘促爾。次以兩手摩熨眼、面、耳，項皆令極熱；仍案促鼻梁左右五、七下，梳頭百餘梳而臥，熟寢至明。

右其法至簡易，在常久不廢而有深功。且試行一、二十日，精神自已不同，覺臍下實熱，腰腳輕快。久而不已，去仙不遠。但當習閉息，使漸能持久，以脈候之，五至爲一息，近來閉得漸久，每閉百二十至而開，蓋已閉得二十餘息也。又不可強閉多時，使氣錯亂，或奔突而出，反爲之害，慎之慎之。又須常節晚食，令腹中寬虛，氣得回轉，晝日無事，亦時時閉目內觀，漱鍊津液嚥之，摩熨耳目，以助真氣，蓋清浄專一，即易功矣。神仙至術，有不可學者，一忿躁，二陰險，三貪慾。公雅量清德，無此三疾，竊謂可學，故獻其區區篤信力行。他日相見，復陳其妙者。文章書口訣，多枝辭隱語，卒不見下手徑路。今且直指精要，可謂至言不煩，長生之根本也。幸深加寶秘，勿使庸妄窺之，以泄至道也。

《東坡全集·續養生論》 鄭子產曰：火烈，人望而畏之；水弱，人狎而玩之。翼奉論六情十二律，其論水火也，曰：北方之情好也，好行貪狠；南方之情惡也，惡行廉貞。廉貞故爲君子，貪狠故爲小人。予參二人之學，而爲之說。曰：火烈而水弱，烈生正，弱生邪。火爲心，水爲腎，故五藏之性，心正而腎邪。腎無不邪者，雖上智之腎亦邪。然上智常不淫者，心之官正而腎聽命也。心無不正者，雖下愚之心亦正。然下愚常淫者，心不官而腎爲政也。知此，則知鉛汞龍虎之說矣。何謂鉛？凡氣之謂鉛，或趨或蹶，或呼或吸，或執或擊，凡動者皆鉛也。肺實出納之，肺爲金，爲白虎，故曰鉛，又曰虎。何謂汞？凡水之謂汞，唾涕濃血，精汗便利，凡濕者皆汞也。肝實宿藏之。肝爲木、爲青龍，故曰汞，又曰龍。古之真人論內丹者曰：五行顛倒術，龍從火裏出。五行不順行，虎向水中生。世未有知其說者也。方正行之

順行也，則龍出於水，虎出於火，皆死之道也。心不官而腎爲政，聲色外誘，邪淫內發，壬發之英，下流爲人，或爲腐壞，是汞龍之出於水者也。喜怒哀樂，皆出於心者也。喜則攫拏隨之，怒則毆擊隨之，哀則擗踊隨之，樂則抃舞隨之。心動於內，而氣應於外，是鉛虎之出於火者也。汞龍之出於水，鉛虎之出於火，有能出而復返者乎？故曰皆死之道也。真人教之以逆行，曰龍當使從火出。虎當使從水生也。其説若何？孔子曰：思無邪。凡有思皆邪也，而無思則土木也。孰能使有思而非邪，無思而非土木乎？蓋必有無思之思焉。夫無思之思，端正莊栗，如臨君師。未嘗一念放逸，然卒無所思，如龜毛兔角，非作故無本性。無故是之謂戒，戒生定，定則出入息自住，出入息住，則心火不復炎上。火在《易》爲離。離，麗也。必有所麗，未嘗獨立，而水其妃也，既不炎上，則從其妃矣。水火合則壬癸之英上流於腦，而益於玄膺，若鼻液而不鹹，非腎出故也。此汞龍之自火出者也。長生之藥，內丹之萌，無過此者矣。陰陽之始交，天一爲水。凡人之始，造形皆水也。故五行一曰水，得暖氣而後生；故二曰火，生而後有骨；故三曰木，故生而日堅。凡物之堅壯者，皆金氣也，故四曰金，骨堅而後肉生焉。土爲肉，故五曰土。人之在母也，母呼亦呼，母吸亦吸，口鼻皆閉，而以臍達，故臍者，生之根也。汞龍之出於火，流於腦，溢於玄膺，必歸於根。心火不炎上，必從其妃，是火常在根也。故壬癸之英，得火而日堅，達於四支，浹於肌膚而日壯，究其極，則金剛之體也。此鉛虎之自水生者也，龍虎生而內丹成矣。故曰：順行則爲人，逆行則爲道。道則未也。亦可謂長生不死之術矣。

《蘇沈良方·陽丹訣》 冬至後齋居，嘗吸鼻液漱煉令甘，乃嚥下丹田以三十。磁器皆有蓋，溺其中已，隨手蓋之，書識其上。自一至三十，置淨室，選謹樸者守之。滿三十日開視，其上當結細砂如浮蟻狀，或黃或赤，密絹帕濾取，新汲水浄淘，澄無數，以穢氣盡爲度，淨瓷瓶合貯之。夏至後，取細研棗肉，丸如桐子大，空心酒吞下，不限丸數，三、五日後取盡。夏至後仍依前法採取，卻候冬至後服，此名陽丹。陰煉須清淨絕慾，若不絕慾，真砂不結。

《三論元旨·虛妄章》 夫至妙真微，希夷窈邈，可以冥心潛會，非乎聲色可求。悟之者，靈鏡朗然，則神融道矣。所以通幽契黑疤，澄虛滌想而能明真，明而且真，不死不生之要也。故《本際經》云：譬如積夜暗室，一念燈明，諸暗皆盡。猶彼妄心普滌，神智流通，正見圓明，亦復如是。然以久流慾海，妄念增浮，種種多端，如何卒息也。故聖人言：守一千徒，迷一萬惑。是以凝照迷一，萬惑畢竟自消。萬惑既消，一而亦泯，以至無知無一也。境聲色，都冥心，至此地，乃虛妄致也，則囂塵普滌，寂爾無爲，諸綱消融，自然煥悟。然因澄而靜，因靜而忘，因忘而後能明，因明而後能達，從微至著，了悟成真，猶霽雲收，覩太陽之景，澄虛契妙，理亦如然。當忘之時，不知其所以忘，泯然而故也。未忘未明之前，所知所見，悉是忘知忘見，未達故也；已忘以明了悟之際，所知所見，悉是真知真見。然真見無所不見，雖見而無心，妙達神識智性，一相流通，則曰真常之道。悟一也，忘一也，守一也，乃曰真常。

夫亂心多故，方今守一。然所修之者，須要旨歸契理，則至妙可通，失所則勞而徼矣。虛妄之法，安然而坐，都遣外景，內靜觀心，澄彼紛葩，歸乎寂泊。若心想剛躁浮游，攝而不住者，即須放心遠觀四極之境，先觀東方無極世界，回入空冥之際，窈眇之中。南西北方亦如是矣。令心想，想極方始收歸。亦須從頂至足觀身，虛假盡是無常。如斯內外觀之，自然調伏，融而照一，便亦安然，如於一中。覺有差，起動念之心，即須澄滅，隨動隨滅，至於無動無滅，境無取捨，虛寂一然如澄。差心不滅，亦可心依炁息，同融而觀。亦可怡神而已，精照一源，理須虛融得所，調暢和柔。若捉心太急，急則傷心；放心太寬，寬則失理。所言放心於四極之境，爲剛躁浮游故也。此乃暫爲而已。爲境可忘，方便之門。要乎住一，神氣二觀，況亦如然。夫於放心之時，勿令心斷；泯心之際，勿覺心著。若以當坐之界，縱見一切光明聖賢，垂異妖祥，皆不可取，取則失心。常須凝照內澄，久而妙也。此乃非唯於坐行之際，安心寂泊，於理亦然。自此已上，攝心歸一，則是攝心凝觀，初心之所修；自此已下，灰心忘一，則是忘心遺觀，次心之所學也。夫因攝萬，此亦未真，假攝一而爲筌，忘筌而能泯矣。泯一之法，滅所見一之心，若見於一，即須澄滅，隨見隨滅，至無見無滅，則形同槁木，心若死灰，境智兩忘，泯然不知其所以，此謂內外都遣，忘一者也。夫忘一者，心謂照心，都絕煩惱。洗然猶彼清泉而滌穢器，器中既淨，方堪善用，心澄普釋，方可致真。故經云：常無欲以觀其妙。然妙既妙矣，忘亦真矣。所謂都忘內外，然後超然，俱得者也。妙斯之悟，則無知而能真知，忘一而達真一矣。非唯於一，抑亦一切統然。是知一爲萬之所宗，萬爲一之所用也。不一之一，得之真一。真一之

源，本無假雜，非今非古，何滅何生？故《太上經》云：寂寥獨立不改，週行不殆，此之謂也。妙達此源，竟無差舛。心等於道，道能於心，即心是道。心之與道，一性而然，無然無不然，故妙矣。在有不滯於有，而不垂於無；在無不滯於無，而不垂於有。無所不在，無所不通，融神去會，真常之性契矣。所謂通心達觀，極乎無極者矣。衆生沉淪苦海，莫不因心而然。滅妄歸真，自然之源妙矣。一者，生氤氲也，氤氲生於兩半。

夫攝心住一名爲安定，灰心忘一名爲滅定，悟心真一名爲泰定。身騰羽化名曰仙人，形等真神名曰真人，體同於性名曰聖人。心鏡明慧名曰悟仙之人，心達真神名曰悟真之人，心合真性名曰悟聖之人。然三定四等之心能階至道。四等心者，爲麤細微妙也。是以澄修之人，極麤而至細，極細而至微，極微而至妙，極妙而道矣。然愚癡狂躁謂之麤，清柔純素謂之細，神融虛寂謂之微，至奥真源謂之妙。澄心内照，觀想皆空。麤惑普消謂之達麤，細妄盡滅謂之達細，曉了神微謂之達微，悟道妙通渭之達妙。又夫結氣色身渭之麤，游氣通息謂之細，神智鑒用謂之微，正性真常謂之妙。修爲納養，夭損普消，謂之達麤，和氣流通謂之達細，形神同等謂之達微，形性泯然謂之達妙。是知色身爲麤，游氣爲細，神智皆微，正性常妙。夫妙者何爲哉？對麤而説故也。衆生滯麤，所以令修於妙。其於道也，奚妙之乎。於道以爲言，則無妙無不妙；對物以爲言，則有妙有不妙；於道以爲言，則無修無不修；對物以爲言，則有修有不修矣。以因神達性，不神而神；因麤棄妙，非妙而妙。然灰心滅智而坐虛妄者，寂滅法也；融神育氣而坐兼忘者，長生法也。生而後滅者，謂之寂滅，滅而後生，謂之真生。能達滅後之生，則泯真空妙有矣。然迷而三界是三清，事則易知，理難達者也。夫不爲空，有可欲之所；亂常融心，湛然之地者，其至人蘊奥之心乎！然所猿猱猛狩不可卒而禁制者，其猶衆生狂愚乎！夫息亂以靜，守靜以常，動而能澄，靜而能照，則緣智、緣性而虛妄，真智、真性而曉了者，此乃至悟之士也。夫安其和，寡其欲，守其樸，無聽之以耳而聽之以心，無聽之以心而聽之以氣，無聽之以氣而付之以性，於事全而能忘，於理忘而能全者，此則兼通之士也。夫尋文視聽而知於性者，假矣；澄虛内照而合於性者，真焉。能遺假而通真，則假亦真矣。

《道樞・崇真》　崇真子晉道成也。曰：存三守一者，學道之要也。三者何謂也？精也，氣也，神也，吾所謂真三寶者也。抱一者，何謂也？抱守元陽真氣也。神本在心，屬於南方丙丁之火，心中有性，性屬於陽焉。腎者能生元陽真氣，泄而爲精，秘而爲真氣，屬於北方壬癸之水，水爲命，命屬於陰焉。夫能知存三守一之道，使氣守精，精守神，神守氣，久而神定氣和，仙道可成矣。女子專意不離乳房之中，浮皮之内，旬歲補滿真氣，其功與男子同焉。其妙也，在乎心無所思，耳無所聞，目無所視，一意專靜，精進勤行，則寒暑不侵，蜂蠆不毒，攫鳥不摶，鷙獸不噬。色返乎孺子，力壯乎虎兕。七孔洞徹，夜視如晝，心識開悟，道氣自歸。吹呵可以治疾病，噀吐可以叱鬼神。於是神移於上霄矣。彼清都閬苑，夫何遠之有？

《道樞・修真指玄》　華陽真人施肩吾曰：吾聞之正陽真人鍾離雲房言：玉清、上清、太清、太無、太虛、太空、太質云者，蓋大道有無之相生，以立天地之基標者也。以人言之，則三清者，父母之精、氣、神，聚而爲胎。精血爲表，精氣爲裏，如天地之清濁者也。純陽真人以爲：龍虎交合而結内丹，三百日而真氣生，鍊就陽神，始在黄庭，次居内院，終出天門，此人之三清者也。腎爲水，水中生元氣，可比於地也；心爲火，火中生真土，可比土石之聚也。脾者，隨呼而舒，以引於腎氣而上行；隨吸而入，以接於心氣而下降。故呼吸之間，般運天地純粹之氣，入於中宮；飲食之際，受納萬物秀實之氣，資於四體，此人之三才者也。純陽真人曰：父母交合而生身，人之三才也；心腎交合而生丹，吾之三才也。華陽真人曰：斯言也，其玄矣乎！月者，太陰之精也，陰不得陽則不生，所以月受日魂而爲明也；日者，太陽之精也，陽不得陰則不成，所以日得月魄而見也。試言乎内，則猶腎氣傳於肝氣，肝氣出而腎之餘陰絶矣，所以魂生於肝焉。心液傳於肺液，肺液生而心之餘陽絶矣，所以魄生於肺焉。於腎氣之中而取真一之水，心液之中而取正陽之氣，即真一之水爲胎，如日魂得月魄而明也；真一之水得正陽之氣爲主，如月魄得日魂而照也。一歲有二十四氣，一日之間亦有二十四時焉。故亥、子、丑之時，壬癸之位也，而小雪、大雪、冬至、小寒、大寒屬焉；寅卯辰之時，甲乙之位也，而立春、雨水、驚蟄、春分、清明、穀雨屬焉；巳、午、未之時，丙丁之位也，而立夏、小滿、芒種、夏至、小暑、大暑屬焉；申、酉、戌之時，庚辛之位也，而立秋、處暑、白露、秋分、寒露霜降、立冬屬焉。五日一候，三候一氣，三氣一節，二節一時。十二時者，陽時也。十干者，陰時也。艮、巽、坤、乾者，四卦時也，合而爲二十四時，與天地二十四氣同焉。一日十二時，時爲

三十度，共三百六十，與天地三百六十度同焉。天地之春、夏、秋、冬，日月之弦、望、晦、朔，人之子、午、卯、酉四時同焉。知其時候以法致之，則丹全氣足，可以長生。鍊氣成神，可以入聖。五行者，相生者也。故肺氣得腎氣方行焉，心氣得肝氣方行焉，脾氣得心氣方行焉，肺氣得脾氣方行焉。及於三田則精中生氣，秘其精而氣自壯矣。氣中生神，養其氣而神自清矣。五行相生，可以延年；三田返覆，可以超凡。人有九宫何也？丹元宫者，腎也；朱陵宫者，小腸也；蘭臺宫者，肝也；天霐宫者，膽也；黄庭宫者，脾也；玄靈宫者，大腸也；尚書宫者，肺也；王房宫者，膀胱也；絳霄宫者，心也。以九州言之：則冀州者，腎也；兖州者，膀胱也；青州者，肝也；徐州者，膽也；揚州者，心也；荆州者，小腸也；梁州者，肺也；雍州者，大腸也；豫州者，脾也。以形言之：肺長八寸，其狀如華蓋；心長九寸，其狀如垂蓮；肝長七寸，其狀如懸瓠；腎長三寸，其狀如懸石；脾長七寸六分，其狀如覆盆，其類不可窮也。腎氣之中取水，心液之上取氣，氣上水下，是爲未濟之卦也。腎氣入於頂，真水下降，心氣入於丹田，真氣上昇，是爲既濟之卦也。心腎交合而成内丹，肝肺傳送而爲火候，以合天地昇降之宜，日月進退之數焉。龍虎何以交合歟？自辰、巳至於午而止，其津分三噏之。於是幽室靜坐，疊掌盤膝，忘思絶慮，微以昇腰，閉目冥心，滿口舍津，鼻之中細細出息，引極再入。舍津以壓之，真龍不上昇矣；引息抽之，真虎不下降矣。初覺其咽乾，次覺其心沖，終覺其情暢。龍虎既合，於是無質以生質，其形如黍，還於黄庭，是爲玄珠者也。若鍊之火候不差，斯爲金丹焉。火者，三昧真火也，昇降循環有週天之道焉。十五兩爲三百六十銖，有週天之度焉。天氣五日一候，故修鍊者亦五日一進退火候焉。三氣在於黄庭，其法用戌、亥，至於子，靜坐幽室，屏去思慮，微隱於幾，輕脇其腹，使鼻中綿綿，用之不勤，默存丹田，如火輪焉，其轉不倦。脇之勿動，困則暫止。再脇者，蓋以聚所散之氣，想火轉之於腎，心火下入於黄庭。始則其腹微痛，次則漸熱，行之可以補虛益氣，積而延年。若與前之龍、虎並行，百日下火五兩，自戌至於子，鍊精成汞，而藥力全矣。二百日下火十兩，自酉至於子，鍊汞成砂而胞胎堅矣。三百日下火十五兩，自申至於子，鍊砂成金而純陽氣生矣。何以取火乎？以念珠一百八，凝息計數，數足方得一銖焉。何以肘後飛金晶乎？用子之時，一陽初動而下功，披衣正坐，握固存神，扣齒二十四通，集神和氣，忘思絶慮，閉目冥心，存下丹田，微偃其脊，始覺腰之下稍熱。如未熱則再偃，至熱則止。於是氣過於尾閭下關，次過於夾脊雙關，次過於玉京上關，在心之左。以至昇偃，一撞三關，入於泥丸，日出而止。行之一夕，可全一年之損，如滿其數，則可以補腦益髓，返老還童矣。故辰巳曰交合，戌亥曰進火，子曰退火。何以謂之金液還丹乎？其法用子之時，靜坐存昇，掩耳閉息，輕輕擺撒，使腎氣入於頂，攻擊神水下降，自上腭而來，清涼美甘，不漱而嚥，久之骨健身輕，勝寒暑矣。何以渭之玉液還丹乎？其法用辰巳之時交合焉。靜坐絶思慮，以舌拄牙縫，雙收二頰，有津則嚥之，無津則嚥其氣，滿乎三百六十之數，此自肺而昇者也，可以益一年之損而已。有内丹不用此。於子之時存昇偃脊，一撞三關，既入於頂，急閉其息，掩耳擺撒，金液使下降焉。於是不漱而嚥，於時即高身起腹舉腰正坐，使金液隨元氣散入四支，通流百脈，是爲金液鍊形者也。久之目視金華，體出金光，不止長生而已。於午之前，辰巳時。收頰嚥氣，補虛數足，乃繼而用之，方嚥未嚥之際，忽昇身正坐高舉其腹，氣入於四支百脈，傳入於經絡，百日則肌如玉，血如膏，顔如嬰矣。鍊之法有二：其一，以丹鍊形，三田反覆者也。其一，以無丹鍊形，五行顛倒者是爲玉液鍊形也。存昇偃脊，一撞三關，直入於泥丸，掩耳閉息，金液下降，即舉腹昇起丹田純陽，一升一降，相見於重樓之下，是爲既濟。始成一珠，其大如黍，其色瑩而黄，乃還於黄庭，是爲金粟，遂出金光於皮毛，計功定其息數，此既濟者也。人之元氣，日一循環焉。其元神，旬一交番焉。甲乙之日卯時鍊肝氣，丙丁之日午時鍊心氣，庚辛之日酉時鍊肺氣，壬癸之日子時鍊腎氣，皆鍊之成神焉。惟脾無正氣而不受鍊，戊己之日，安閑可也。正坐靜室，屏思慮，扣齒二十四，惟心在道，神定氣和，默觀所鍊之藏，心至則氣自至矣。丹田純陽之火至，是爲三花和會，非比三昧之火也，旬鍊之一番焉。凡百日，每藏各鍊十番，於是氣昇神見，各隨其色紛紜上起，回觀反照，見五色之雲興於壺中，此鍊氣成神，上朝天元，並入神宫者也。然懼外魔以亂天真，當速收内觀以起火焉。故曰：欲長生者，鍊丹下火可也；欲不死者，還丹鍊形可也；欲昇仙者，鍊氣成神可也。煙蘿子曰：仙者，嚥氣閉息，不入喉中，往來當其氣滿，難住、正坐，昇舉其腰身，如是不止，氣衝凝滯而又可以延息少時矣。積氣生液，内滋於五藏六府，外潤於皮膚，此安樂之上法也，然未盡玄微焉。玄微之道，在夫幽室靜坐，絶慮忘思，嚥氣閉息，急

則昇身，放則換氣，而奪餘息。於是心腹空而首目清利，體充悦而神氣調和，此延年之法也。或飲食過度，則閉息虚心，自然消除矣，或氣血凝滯，則閉息默觀病之所在，病則瘉矣。夫納九嘸一，存三放七，定息内觀，事無不畢，此長生之訣也。何謂也？鼻入清氣，而納之九分，咽中一嘸，不使所入之氣往來，覺其急則舉身取氣放息，勿令出盡，常存二三焉。當其閉息之際，默觀五藏，氣自通和，則其疾去矣。正陽真人曰：欲覺陽公長子，須是多入少出，從其男女相爭，過時求取真一。純陽真人釋之曰：陽公，乾也。乾一索於坤而生震，震爲長子，在人爲肝，在時爲卯，是爲泰卦，三陽之候也。於時腎之氣爲嬰兒，上傳於肝。心之液爲姹女，下降於肺，肺氣相交，於是其鼻入多，其口出少，凝住不使傳降焉，是爲男女相爭。積氣生液，於是真氣益多，故曰：過時求取真一者也。然則玄微者，不離於卯之時而已，外應於泰，内契坎離，氣交之候，鼻入清氣，昇身内想，默計週天之數，凡三百有六十，可以奪一年之氣，以補已往之損，比之胎息無時焉。弱者可以骨健，老者可以還童矣。岐伯曰：人之真氣，春藏於肝，夏藏於心，秋藏於肺，冬藏於腎。肝心，陽也；肺腎，陰也。隨時養之，不出冬夏二至、春秋二分之候。所養之法，淡然自適而無所惑，靜坐内觀。所養之藏，自然氣凝而有象有形焉。故以陰氣爲胎，以陽氣爲息，氣住則形住，是爲長生之要也。《靈樞》曰：天地反立，陰陽逆生，鍊鉛鍊汞，自然道生。扁鵲曰：冬至之後十有五日，真鉛積之一分，其狀如輕煙焉，夫能鍊之可以安樂延年矣。三十日，真鉛積之二分，其狀如薄霧焉，夫能鍊之，可以返老還童矣。四十有五日，真鉛積之三分，其狀如垂露焉，夫能鍊之，可以留形住世矣。夏至之後十有五日，真汞積之一分，其狀如戲藻焉，夫能鍊之，可以健骨輕身矣。三十日，真汞積之二分，其形如舍蓮焉，夫能鍊之，可以長生久視矣。四十有五日，真汞積之三分，其形如抱卵焉，夫能鍊之，可以鍊形化氣矣。故鍊真鉛而爲陽胎，鍊真汞而爲陰息。以陰息爲陽胎，自然有形化無形矣；以陽胎投陰息，自然無質生有質矣。然岐伯不知時，扁鵲不傳法。若夫冬夏二至，則時未善也，隨時内觀，則法未盡也。惟冬之子，夏之午，則凝息留氣而後靜觀，斂身集神而先注意焉，斯可謂盡矣，善矣，是以胎息之要，在乎絶無動念。譬夫以水澆石，無可得入。於是神定氣和，元靈自住，真胎自凝，是爲無漏。三年小成，六年中成，九年大成者也。神公言其胎息曰：勤守中，勿放逸。外不入，内不出。還本元，萬事畢。謹修持，無時日。曹道沖釋之曰：勤守中者，神識内守也；勿放逸者，一意不散也；外不入者，對境如無也；内不出者，居塵不染也；還本元者，專氣致棄也；萬事畢者，止外無求也；謹修持者，勤而行之也；無時日者，長生久視也。然則真胎息者，其惟物我兩絶，神氣並集，凝而爲胎，住而爲息。形神俱妙，可以長生。神氣合體，可以入聖。於是窮理盡性，以至於命，自然神氣交和，無中生有，内外明白，以色爲空，天真元靈湛然自樂矣。玉皇有神用之訣，曰存三守一。高上元君釋之曰：三者，精氣神也；一者，腎也。腎中生氣，心中生神，神氣交而爲精，精神住而還下，於是上存其神，中存其氣，下存其精，三存既畢，則守其一在於丹田，不論内外之境，與出入之法，自然氣還元而自住爲胎焉，神隨氣而不散爲息焉。神氣一體，則無死生；心腎一氣，則無疾病。如是一切之境，從何而入？一切之念，從何而出乎？若厭乎塵世，則當昇氣以爲神胎，集神以爲氣主，於是氣胎神息，與有象之形分而二三，化而萬億，真靈不散，是爲入聖者。太上玄機有自然胎息之訣，曰長生久視。徐真人釋之曰：靜坐忘思，久視於上田，則神長生矣；久視於中田，則氣長生矣；久視於下田，則形長生矣。視者，視之勿離，其視之所，心神隨視而止，腎氣應神而傳，自然有形之氣，暗藏無象之神，形中有胎，胎中有息，息以神住，神以氣存，此久視之道也。吾於天地之間，止知其身，其身之内，止知神氣而已。故上視神宫，則其神不散，視久則鍊神，神聚爲胎，以所傳之氣入而爲息，自然而上也。下視氣管，其氣不散，視久則鍊氣，氣聚爲胎，以所存之神入而爲息。自然而中也。鍊氣會合，常守丹田，凝而爲胎，住而爲息，自然而下也。上中下者，三田之謂也。腎之真水者，虎也；心之正氣者，龍也。龍虎交而爲玄珠，火候足而爲金丹。取辰之末，巳之初，是爲巽之時，幽室正坐，滿口含津，勿吐勿嘸，以壓龍虎之氣，使之不走，交合而爲玄珠焉。其大如黍，還於黄庭，每元可以增真氣一丈矣。火候者，何也？心之正陽之氣是爲真火，真火上昇，是爲鍊形；及其下降，是爲還元，可以益氣而延年。當戌之末，亥之初，是爲乾之時，幽室正坐，脇腹勿動，凝住上傳之腎氣不昇，内想真火而下降，行之一日，可以補一年之虚。純陽真人曰：金丹之要，存昇開閉，過關無急，火候無差，産成金液者也。於子之時，一陽初動之後，披衣正坐，握固内定，存下腰身，使腎合氣聚，覺臍腹微熱，漸昇其身，微偃其脊，運腎之氣，復過尾閭，自下而

上。次過中關於玉京，直入於泥丸，以補其腦，自然髓實骨健，若鍊金丹則作退火焉。夫龍虎相交爲玄珠，以心火下降爲補益，以肘後飛金晶爲補腦之法，並用是爲金丹焉。玄珠者，金丹之體也，進退火候，合於週天之數，三百日無差，則爲金丹矣。脇腹凝息，行一百八之數，自子逆行至於午，以心火下降而鍊黃庭，於是五日加六銖，二十有五日移一時，此進火者也。昇身偃脊，行一百八數，自子順行至於午，以腎背飛而補泥丸，於是五日加六銖，二十有五日移一時，此退火者也。內丹既凝而生純陽之氣，是爲氣中有氣。於是不計晝夜，昇身正坐，是爲太陽，鍊之百日，其身輕矣，千日飛騰，而入南宮爲仙。夫以純陽，隨其元氣所傳，以鍊五藏之氣，凝爲胎元，鍊氣可以成神矣。丙丁之日，其時用午；庚辛之日，其時用酉；壬癸之日，其時用子；甲乙之日，其時用卯。於是靜坐忘思，雙收二頰，以喉中虛嚥爲法，所嚥之數不過百焉。十日澆遍，百日而足，於是純陽之氣，不能害於五藏。五藏之元神，際於真氣而不散；五藏之真氣，隱於元氣而不耗由是隨元氣所傳而鍊其氣，即氣鍊神神自氣中而出，止朝於元頂，入於泥丸。無丹者，行此法隨時澆灌，可以鍊形焉。

《道樞・洞真》 于真人曰：自元命太歲之日，子之後，午之前，趺坐靜室，心地湛然，無思無慮，於是東向扣齒，鳴天鼓者三十有六，想吾首陰其華蓋，坐據狻猊，左侍青龍，右侍白虎，前有朱雀，後有玄武，心拜四方。以左右手托膝，搖其臍腹，左三右七，熱摩左右手，拭其面、目、耳、頂，隨其時行之者三返，千日則神從頂出矣。懼則想回焉。其一，先想吾身，坐五色神雲之中，雲覆其頂，想定，默默祝曰：五氣混生，玄上之精。克布五藏，六脘鮮明。內灌外逸，表裏俱清。滅穢招真，我飛太靈。祝已，於是先及青陽之精，青陽之雲。嚥津者九，結爲九神，狀如木星。玉帶、青衣冠下布於肝之內，與神相向而坐，順時吐息。次吸靈丹之精，赤神之雲。嚥津者八，結爲八神，狀如火星。玉帶赤衣冠下布於心之內，與神相向而坐，順時吐息。次吸金魄之精，白神之雲。嚥津者六，結爲六神，狀如金星。玉帶、白衣冠下布於肺之內，與神相向而坐，順時吐息。次吸玄曜之精，黑神之雲。嚥津者五，結爲五神，狀如水星。玉帶、黑衣冠下布於絳宮，穿二膀胱，入於尾閭，上於夾脊，布於二腎之內，左三右二，與神相向而坐，順時吐息，午則呵，卯則噓，酉則呬。每行氣既已，則閉其氣，熱摩左右手，以擦其面至於熱，以左右手掩其耳、使不聞聲，以指扣天鼓者三十有六。天鼓者，王枕骨。每行氣既已，扣其齒三通，嚥者三，呼者三，皆從亥聲。於是吹腎，呵心，噓肝，呬肺，嘻三焦，呼脾。嚥者爲吐，爲瀉。其二，先想左目出日，右目出月，皆徑九寸，在於兩耳之上，其名曰：六合高牕。想定，默祝曰：太上玄一，九皇吐精。三五七變，洞觀幽冥。日月垂光，下徹神庭。俠照六合，太一黃靈。帝君命簡，金書不傾。五老奉符，天地常寧。俾我不死，以致真靈。卻喝萬邪，禍害滅平。上朝天皇，還老返嬰。大帝有制，百神敬聽。祝已，於是吸日月焉，一息氣、嚥津二十有七，結爲二十七帝君。九帝君下入於絳宮，穿於尾閭，上衝於丸關之境；九帝君又中布於中關之境；九帝君下穿絳宮，布於下關之境，其神俱紫衮冕焉。三關者何也？腦也，心也，臍也。使日月徧於一身，內徹泥丸，下達五藏之中，皆覺洞照，內外如一身，與日月之光共合焉。良久，扣齒九通，用嘻以吐息者二十有五度。每日行止寢坐，心存二十有四星，其大踰寸，如連結之狀，又存星之中有一人焉，是爲二十有四星，如嬰兒初生而無衣；於是二十有四星，自噓中而降，環身之外者一週。祝曰：二十四真，回入黃庭，口吐黃氣，灌我命門，百神受靈，使我骨強，魂魄安寧，五藏受符，天地相傾。祝已則吸二十四星焉，一息氣，嚥津者二十有四。凡其嚥也，則覺一星吞入於口，徑至於臍之下，復覺星之光出焉二十四真人，俱口吐黃氣如煙焉，布於臍之下，鬱然洞徹於內外。良久，用呼以吐息者十有五度，凡用呵、噓、呬、嘻、呼、吹既已，則出氣之濁者十吐焉，想其形應乎五色，仍想吾之身焉。

《道樞・服霧》 東華玉妃嘗告張微子曰：吾有眼霧之方。微子曰：敢問何謂也？玉妃曰：霧者山澤華精，金石之盈氣也，久服之能散形入空，與雲合體矣。微子曰：敢咨其方？玉妃曰：吾以平旦之初，坐臥任己，先瞑其目，內觀五藏，而復口出呼氣二十有四過，目見五色之氣，繞纏乎尺宅之上，納乎玉池之中者五十過。咽津者，亦如之。既祝曰：太陽發輝，雲霧四遷。結氣宛曲，五色洞天。神煙合啓，金石華真。藹鬱紫空，鍊形保全。出景藏幽，五靈化分。合明扇靈，時乘六雲。和攝我身，上昇九天。既已，復琢齒者七，咽液者七，久而行之，可以乘雲霧而逝矣。

《道樞・聖胎》 吐納六氣者，祛寒熱浮疫外疾，決壅入通而已。大冷則反克之可也，以金克木，木克土之用，轉其六字以反克而發之，病藏陰毒斯除矣。大熱則毋瀉之可也，以金生水，水生木之用，轉其六字以反瀉而平之，病

藏熱毒斯除矣。若夫浮寒、浮熱，惟以本六字從九至九，如法吐之。其行之之時，背乾面巽，解帶盤坐，合口一吸其清，開口一吐其濁者，各九過。吸者使微微自鼻中上入於腦，復自首後二十四節，節節下歸於丹田而止，即覺胃中一道濁氣，直昇於咽門，從口而出，不可使耳有所聞焉，此謂納清出濁者。然後觀察所病由何藏，若目睛赤、面熱、噎嘔是爲肝之浮熱，於是合口，瞑目，叉手，以想其肝，自肝中吸、吐、嘘者三九過，合口漱液，滿則嚥之三九過，自咽門胃脘直送入於丹田，如是者三五過，則熱消矣。腰脊酸疼，四體無力，面黄喘急，溲溺無度，加以漏精遺瀝，惡寒盜汗，厭食羸瘠，其夢多感，此腎極冷而敗者也。行之如前法，吐納一九過。腎本當用吹，今用脾之呼者，以反克之。如前吸吐，用呼者三九過，送至丹田者，其數三五，則陰消陽元壯矣。凡有疾者，惟依生克本而行之，則無不瘉焉。何以謂之陰陽之復乎？子之卦曰《復》，其星曰危虚； 丑之卦曰《臨》，其星曰牛女； 寅之卦曰《泰》，其星曰斗箕尾； 卯之卦曰《大壯》，其星曰房心氐； 辰之卦曰《夬》，其星曰軫角亢； 巳之卦曰《乾》，其星曰翼； 午之卦曰《遘》，其星曰張星； 未之卦曰《遯》，其曰井鬼柳； 申之卦曰《否》，其星曰畢觜參； 酉之卦曰《觀》，其星曰胃昴； 戌之卦曰《剥》，其星曰奎婁； 亥之卦曰《坤》，其星曰壁室。此可以觀天矣，何以爲金液内丹乎？曰： 於子之時起功，自《復》卦一陽爲始焉，每一爻直五日，凡行一陽爻，先閉三十息，三嚥津，分一口爲三口。故曰： 一嚥三嚥聖人規，龍行自有虎相隨，此之謂也。行一陰爻則閉三十息。三嚥氣，於是陰陽實矣。五日行二卦，三十日行十二卦，至寅而終，蓋三百六十日一週天者也。子至於巳六時，陽也，左行至巳而終《乾》焉； 午至子亥六時，陰也，右行至亥而終《坤》焉。《乾》《坤》終則再起於《復》矣。若夫九還七返者，大而一年，小而一月，繞之則一日可也。還者，還轉之義也，此金丹於鼎，流轉還返者歟子時夜半起於甲子，甲子乙丑時，以金爲氣焉，故乾剛坤柔，乾屬金也，又陽物也，父也，男白女赤，自然之道也。朔旦甲子時，震來受符。震，長男也，一陽爻則進陽火，以金爲氣，金之成數九，九轉者，聖人隱金之名者乎！自午至亥，陰也，一陰爻則進陰火，一陽爻退其陽火，於是巽來受符。巽，長女也。七者，火之成數也。以火返於金，則乃七返者也。聖人蓋亦隱火之名焉。或曰水火之用，其故何如？曰十一月用火二兩十二銖，用水十二兩十二銖； 十二月用火五兩，用水十兩； 正月用火七兩十二銖，用水亦如之； 二月用火十兩，用水半之； 三月用火十二兩十二銖，用水二兩十二銖； 四月用火十五兩，無水不加矣； 五月用火十二兩十二銖，用水二兩十二銖； 六月用火十兩，用水半之； 七月用火七兩十二銖，用水亦如之； 八月用火五兩，用水十兩； 九月用火二兩十二銖，用水亦如之； 十月用水十五兩，無火不加矣。十二州、十二分，則皆自寅起焉。《泰者》，幽州，燕之分也；《大壯》者，豫州，宋之分也；《夬》者充州，鄭之分也，《乾》者，荆州，芝之分也；《離》者，三河，周之分也；《遯》者，雍州，泰之分也，《否》者梁州，魏之分也；《觀》者，冀州，趙之分也；《剥》者，徐州，魯之分也；《坤》者，并州，衛之分也；《復》者，青州，齊之分也；《臨》者，揚州，吴之分也。

《道樞·九轉金丹》 是以錬氣者，使神來往，上下交會，五光混元而結胎息焉。坎宫氣結，其臍泄五霞而耀者也。離宫息住，其眉白光，斯乃陰陽得位，交感自然者乎。然錬金丹者，須分左右、水火、大小錬兩俱均焉。夫不循爻象之運動，其猶鑽冰而取火者歟！善修錬者，必上開天門，下閉地戶，左收腎精而控天龍，右引肺液而驅地馬。左收右引，左出右入，上昇下降，二氣循還，中央會合，左投而右接之，右投而左接之，不交而神自交，不接而神自接，忽然而來，忽然而去，忽然而散，忽然而聚，共在於黄庭之中，其散如風，其聚如雨，此錬氣自然之道也。夫錬氣者，陽逆於陰，陰無不成矣； 陰逆於陽，陽無不生矣。是以内氣不散，外氣不入，自於内而交焉。其氣蒸於百骸，飛騰蕩蕩，一交再交一接再接，使夫神禦氣，氣禦神，神氣相禦，自然而成胎息矣。

《道樞·枕中》 仙之道有三： 曰保精、曰行氣、曰服餌。皆由淺以至深者也，其大要在乎胎息而已。胎息者，不以口鼻呼吸者也。夫善用氣者，其嘘也，水爲逆流焉，火爲滅焉，猛鷙爲隱伏焉，瘍腫爲消焉。或卒然有疾，則吞三九之數可以差矣。行氣之法： 處於密室，瞑目閉息，實鴻毛於口鼻之上，使之不動可也。於是耳無聞，目無視，心無思，以漸除之而已。夜或有悸，則存日月入於明堂，而百邪自去矣。

《道樞·金丹》 茆君曰： 夫欲行功，莫先養乎氣。氣既養矣，然後留精以錬形，則真精返而元氣還矣。吾嘗靜居，澄心絕思，勿窒其心，而息調焉。於是爲之導引，使四支通暢，取真水含養在於鼎，次開夾脊二十有四關，以内外之火，焚其三關，此精氣之要津也。坐久而氣閉，以轉火車，三轉則金

精斯起矣，數終乎九，然後以水火下至於丹田，其名有九：曰水火既濟，曰坎離相交，曰夫婦相投，曰日月交合，曰乾神混沌，曰金木相刑，曰龍虎相會，曰鉛汞和合，曰陰陽匹配。行之則其氣通流，身如浴焉，其形於是乎光澤。如此火車之運，轉至乎八十有一，其數畢矣。凡於子之後，則其臍之下有火炎炎，冷疾了除矣。毫毛之疾，不能加也。吾試敘其工夫：一之日，其心亂而煩；二之日，穀氣亂於腹內而有聲；三之日，精亂時有氣出；四之日，神氣亂而昏；五之日，真火逼乎三屍，其蟲盡行；六之日，臍之下熱，是真火至於丹田，二火合也；七之日，二脇鳴，真氣遇於腹；八之日，水火交結丹田，與臍之下常動焉；九之日，背脊熱矣，關節欲通，真氣漸昇於腦。二九運真火至於上丹田，時有物下焉，狀如雀卵，宜鍊而吞納焉；三九腎堂通於關節，氣騰於腦，如水之寒，於是火車逆行，循環無定止，鍊之如雪，而鼎之上，其寒颼颼然；四九神氣清矣，鼻之中出入無滯；五九其數四十有五，神物見矣；六九華池水盛，溉灌百脈而不枯；七九關節鳴而幽通，徧於其身，坐於密室，其體灑然如遇風，身中之氣，自然入矣；八九其體輕健，其精不泄，自然流轉在乎中央，是謂法輪之運轉者也。於是九九八十有一，氣脈通暢，其爪紅鮮，除其絕陰，手足常汗，顔色改易。凡八者其行不廢，至於百日少通運焉，則真汞真鉛於是乎生。若犯乎房色，則有膨腹之疾。故色心未除，暮夜飲酒，不可行也。

《道樞・金玄八素》 鍊丹之士，必先外貫陰陽，內明藏府，而後可也。夫骨節三百有六十，毛竅八萬有四千。其中，靡不有之。夾脊天柱，二十有四節，其背隱三關焉。直下一節曰鳩尾，在囊腔之心是爲谷神之戶，尾閭海門回字之關者也。自中一節曰肘後，對心中極，是爲九天，火龍飛鳥之關者也。自上頸後肩一節，日大椎，是爲斗牛轆轤、三逵上清、飛步朝元、變鱗之關者也。此庚虎、甲龍回復之路焉。正面曰蓬壺三疊，其長三尺，分三田焉。自泥丸至頸，是爲上丹田，其名曰腦宮，分爲九瓣，髓、腦、血之會海，玄牝之門也。自頸絕至胃絕，是爲中丹田，其名曰絳宮，分爲九竅，津、液、水之會海，離心之門也。自胃絕至臍絕，是爲下丹田，其名曰玄宮。包括四象，羅布九宮，神、精、氣之會海，衡端之門也。三田皆有膈膜，三重不相入焉。上元之宮，照曜森羅於萬象；中元之宮，安置五藏之清陽；下元之宮，傳導六府之穢濁。六府在前，王藏居後，脈竅相連而各有通合者也。心者，《離》之卦也，其主神，其通舌，其合小腸，其生血、脈、汗、竅、髮，其聲言；腎者，《坎》之卦也，其主精，其通耳，其合膀胱，其生骨、脂、胞、唾、齒，其聲呻；肺者，《兑》之卦也，其主魄，其通鼻，其合大腸，其生氣、皮、涕、毛，其聲哭；肝者，《震》之卦也，其主魂，其通目，其合膽，其生筋、膜、淚、甲，其聲呼；脾者，《坤》之卦也，其主志，其通口，其合胃，其生內、腦、髓、涎，其聲歌。舌者，心之根也；莖者，腎之蒂也。是皆本元一氣，負陰抱陽，合和五行而生，化六尺之軀者也。自一歲至十有六歲，真一純備，盈于一斤之數，既長則耗散矣。凡食聚于胃，潛受元火之磨化。清者若雲雨之升，飛潤于天，濁者若糞土之沉，傳泄于地。於是，當日用飛潤之水，滌其胸腸，奇陽之火，焚其形質。原夫飛潤者，聚于口成水，克于肺成唾，克于心成血，克于腎成精。精者，海宮之真鉛，獨備乎五行，是爲太陽之流珠者也，其性猛烈，最難制伏，遇天五之真火，從下克之，則飛上于泥丸，穿流于百脈，可以實髓腦，堅腎骨肉，王氣血，榮毛髮，煉筋腸，於是住萬神而達三府矣。於書夜四事之際，行、住、坐、卧，忽有魔焉，則入室盤足而坐，瞑目閉口，握固澄慮，內想左右腎之二脈，並連于夾脊，蓋如縷焉。上沿于天柱，直貫于泥丸。既已，則調其氣，先從穴囊下，與腎夾二所，發運一縮焉，息吸息抽，使一氣直至于腦，即閉口鼻之關，不得注氣，依前從穴囊下息吸息抽，而加緩焉。上還下轉，轉者何也？內轉其玄龜引頸之關，密數八十有一者也。一轉者，三數也。要在緊鎖鼻門，使一吸之中，內轉龜關八十一者是也。於是，不可使息迸氣奔衝突于鼻，調之綿綿，至于百關，則纔發一吸，其息已，穩轉及八十一矣。緩緩綿綿，融運自然，而無用力焉，唯聞二腎暢通，百關快爽，心喜神悦，骨輕氣清，如坐湓湯之中焉。方其始，行氣未馴伏，火候未熟，則口鼻之關扃之爲難，然不可懼其衝突而上也。從九至九，以漸爲之，其轉息也。或一九、或二九、或三九，如衝突難調，則且止焉。復徐調其氣，令入于丹田，其心澄定，則口可以微開，而鼻不可輕縱，此爲命息者也，久之安和則止。於是津液蒸流，不可亟褰衣焉。是息也，能至四九、六九，及乎九九之數既足，調氣定心，滿口漱液兼火，左送九嚥，直至海內，群邪遠矣，此小還丹者也。夫不遇天地之大功，止日用此道，一紀之後，亦可換骨血，桃顔漆髮，堅固而無漏矣。風雷門中，密室導引既已，盤足而坐于乾巽，於是端脊握固，瞑目靜心，至意以集其神，搖其龍尾，向齒之內外、左右、上下，及舌之根，隨攪隨漱，飛天之水漱滿，則舍之，次則

定心内觀，二腎氣海之中，如彤雲之內，有赫日焉，赤光炎炎，狀如火珠，大如黄橘，以心注于火珠之中，用意抽出一脈之火，其大如繩，轉以至于兑，此所謂金關者也。既至于兑，是爲火金相爍，必有異音，略加意就身焉。心抽手摩，使過于兑之上，循離入震而止，既分下口中，飛泉直從左咽下至于兑，與火交合，歸于丹田，是爲一嚥之數。若覺其嚥送未盡下也，當從上微衮其液，向空鼓嚥一口氣，火左下逐之，即盡下矣。凡抽嚥運送不明，則下氣不盡，反爲陰滯，積癖傷乎六府。然則一火一水者，一口之數也，準此法取而運用焉，其風六十，其雷六十，日用不已，其神數足一歲，可以成功矣。行及十口，則以意如抽火之狀，自海中心和水兼火循乎乾兑、離巽、震衮之九轉，遇潮則浥而下之。起功之初，心常動摇，此陰邪被焚而欲戰也。當定而勿動，則七十爲中變，過乎百日，是爲小證焉。二十日、三十日，氣宇雖清，而或寒或熱，六府宣動，七十日水源漸溢，如㾓下焉，其溲不時，三田雖通，六情尚撓，一日小戰，其潮至如波涌焉！其火激如雷震焉！於是五藏洞達，九鬲潛通，飲食倍矣。百五十日，食蟲退矣；百八十日，群蟲出矣。尺蟲、夢蟲、紅豆蟲、紫宛蟲之類。或如鷄矢，或如蟾脂，二百日真氣内達于五藏，其入于肺，則百毒退矣，其入于肝、心、脾、腎，則五色退矣。穢下隱痛而如㾓焉。二百五十日，清藏濁府皆淨矣。於是見一氣之火，輪轉結焉。五内清澄，四支運而百脈輕矣。其耳聰，其目明，其髓充，其骨實，其肉秀，其筋強，其氣全，其血不滯。自臍之下，氣海之上，内實層起，肥如卧蠶，一周則氣可以不行矣。自然元氣居丹海之中而成火，會于中宫，隱隱若雙拳之重，其臍之下常熱，胃空則火輪升上，循轉八卦，如雷車之音，飛水玉液，思則盈口，元火靈珠巡于三宫，於是八邪斯遠矣。孰知還丹之方乎？其訣曰：定天心澄戊巳，採以己亥，取以寅申，象轉銀河，周流金鼎，先如螮蝀環空焉。已則解衣、静心、折足、大卧、擦其掌，俟其熱而行法浴，拭面。於是周身通暢，則少定息，瞑目固關，而作内觀，化出碧波盈亘天地，自然五神俱湛，而萬慮息矣。然於其身化太極爲宫，其左金堂居吾嬰形，其右玉室居吾姹婦，潛出交合，二氣融流，則鉛汞已凝於金鼎矣。當亟發地火，左旋三疊，空虚縮焉，則一一自入穴囊，其息吸息抽，透入于大節之中，過肘後之關，住數二六，喘則署定。第二，落枕翻左右手，力鈎肫面，又從穴囊之下依旋三疊，用縮吸抽息，取過斗牛之關，住數二六，喘則署定。第三，起坐，反鳳翅，拗起大牛之車，又從穴囊之下，依旋三疊，用縮吸抽息，取上于泥丸，俯首三點之數，皆二六，喘則署定。此三反處，自關鬲渾滯，火道水源皆當遲澀，運用尚踈，不可一一規其本法，大數勉強，則有招損矣。惟量力漸而進之，或十，或二十，或五十，以至其數可也。及夫火發水涌，功用通達，則方計其日而行焉，及一歲之正數則成功矣。飛水者，易漱也；元火者，難抽也。夫海心元火，有氣而無質，惟專心定于恍惚之内，至意取之，神感道符，則珠中之火自然隨意而出，循還八卦，炎烈焚臍，擊兑發音矣。初取其火，止一指脈之大而已，久之歷乎八卦，不出三旬，透乎兑關而有鳥聲，六旬如鳩鴿聲，九旬如沸鼎聲，百日如濤浪聲，半年如雷震聲。於是，胎氣結而成真火矣。先之三旬，火虚水澀，關鬲未通，恍惚難於作用，加之毒蟲、屍鬼、八邪、陰魄，爲火所焚，乃爲之魔，使之多怒、多貪、多愛，惟勿使火熄而已。三反既畢，署卧少時，然後湛然端坐，心安息定，滿漱飛水，一一從左，兼火九嚥，直至于丹海，是爲大還金精，得一者也。一周星其功既足，於是投靈山勝地，取亥月日時解服而卧，微行沐浴，俟其宣暢，合眸固關，審動真娥之宫，其物滿乎一斤，男女當乎二八，情合心酣，一體溫溫，夫婦情戀，宣暢美合，至寅，則聖胎内堅矣。蓋自子後，輕鎖金關，定身平坐，勿轉側、勿動摇，至寅，則捨手、舒足，縱心自如，起坐隱几，始十日行，不可過二十四步，以至百步，踰月乃自如，方其大合，一時之中，已奪一周星矣。於是足三千六百之正氣，全七百二十之宿，直至于一氣、二儀、三才、四象、五行、六律、七星、八卦、九宫、十干、十二支、二十四氣、七十二候，無不備于一胞之中也。夫吾既得大易三百八十四銖之真氣，以結靈胎，於是漸開頂之顱門，潛自坼焉。一舉一止，一抱一負，在乎其意加詳，而無一念之邪，而後可也。十月其神欲突飛而脱胎，則其意煩懣，於是顱門如雷所震，其頂裂猶烈火騰，上于天柱，二十有四節，自頂而出，當安心定意，所行十過一丈。二年之後，神通力具，靈識混然，出邇入遐，洞玄洞幽，無所不貫矣。及夫功深德厚，乃蜕殼上朝于玉帝焉。

《道樞・二關》 高尚先生曰：披衣正坐，大床厚茵。於子之時，調出入之息，使氣和神定，於是合掌，以左右手大指之爪端，拄其結喉，以鼻微引其氣而閉之，後分左右火指，按結喉兩傍之動脈，去其左右，中指向頸之後指其天柱。天柱骨。以取力焉，其大指所按動脈漸加緊焉，以至極力按之，俟其氣懣，即亟放其左右指，是爲一通。乃再調出入之息，俟氣調矣，更如前作

之。日行九通，數日之後，當其行持，其指自脫，其首自掉而若眩仆。不可扶策，扶策則挫卻氣也。居于幽室，目見金輪以罩其首。於是精神爽而宿疾除，其體輕安。此元氣上過于腦戶，百關通徹之驗也，其名曰脫指玄關。於子之時，薄其衣衾，平身正坐，以左右手中指，循小腹之下，陰之外，股之內，其横文有動脈焉，極力如壯士按之，以鼻微引其氣而閉之，俟其氣極，則亟放其指，如上關焉，日行九通或三通，久之自然和氣，下注入于二股足之中，如湯沃焉，宿疾除矣。此二關者，可以調神御氣者也，先能開關則其效速矣，行之多多益善。

《道樞・九仙》 光辯天師葉法善也。曰：修長生者，勿散亂，勿煩怒，勿起着，勿妄想，勿貪愛，勿邪滛，勿放逸，而後可成也。永元真人羅公遠也。曰：學道者，先叩齒以集其神，而後想其三魂，作真仙之形，此吾身之福神也。其神不安則患生，其神散亂則死矣。光辯天師曰：水火者，古先聖人之大藥也。不在于外，而在吾身焉。心火也，應于離；腎水也，應于坎。故造金丹者，須憑龍虎，水火者也。先之，淨其坎戶如水，而後下龍虎焉。於是交之有度，用之有數，下心之火焚之，可以治衆疾，補虛損矣。病之微者，自頂至踵，以腎之水洗之可也。病之大者，自足至踵，以心之火焚之可也。六通國師一行也。曰：患小用水者，不欲犯腎藏也，當守一以謹之。七日則諸疾除矣。患大用火者，火從心發，下入于左右足，上至于左右臂以及首目，九九發之，一息皆周焉，此所謂周天之火也。夫火有四，有曰焚身火者，想從心之下，至于關鎖，其光焰焰，滿九九之數，可以去三蟲焉；有曰敲陰火者，想從陰之下而起，偏焚其身，滿三三之數；有曰靈龜火者，三火從其下至于坎戶，分爲二路，左右從其足內至于足指，五路盡出相合，左旋三匝，漸大至于腰之下，於是敵陰之火，引靈龜之火合而右旋三匝，漸大至于頂，則九點其首，舉前法者九過；有曰降魔火者，大病將死，則定息而坐，如靈龜之法，而左旋以焚諸魔。永元真人曰：用火者，心火也，下至左右足，上至于手及其頂，一息之中九過者也。用水者，想二腎之黑氣如煙，直上至于頂門，滿于泥丸，化而爲水以洗之，下至于腎，入于五藏，至于其足，既已則舉其足，以意想復歸于腎，癰疽者，則先入大腸，自然轉動矣。光辯天師曰：冥本意在鼻之上，寸絲不掛于心，玄牝之門，諸事俱捨，離其本念，定息不出不入焉。永元真人曰：玄牝之門者，其鼻與肺合，其出入息宜堅守以定者也。自鼻至于眉，自眉至于頂，復自頂至于眉，自眉至于鼻，自鼻至于眉，自眉至于頂，皆三過。每口爲之九過，滿八十一之數可也。鍊七至，七者，何也？四十有九日必自定矣一伏時不出入。六通國師曰：既有定法，則修想其本靈，冥在于金堂，玉闕之中，如吾之形。偏觀既已，然後想開頂門，有黃雲焉，從脾之上而起向于頂門，撞開其額者，凡一息之內爲之七過者三焉。左邊開上，右邊開下，故曰黃雲滿天地矣。永元真人曰：其黃雲之起而撞也，男子則撞左掩右焉，女子則撞右掩左焉。高想聖身之出也，用手壓其右使之下焉，女子則壓其左焉。光辯天師曰：一息三七撞，日爲之二十一過，至二旬乃能出黃雲矣。六通國師曰：吾想其靈冥，乘其黃云而起，開其頂門，坐于雲內，極力歸于頂門，內閉其頂，復入于金堂，玉闕，想其出入如此者數過，方離其身，則留黃雲覆其頂門，乘其靈而出，下視其身，修之不懈，至四旬有九日，當有形見形如水墨者。十旬有八日，自然去住自如，其既開也，開其頂門而入于身，上下俱煖矣。光辯天師曰：可以卧而爲之，其名曰睡法。其去如寐，其來如寤焉。修道必待陽數之興，而勿施泄，令陽氣作用焉。故當一陽之生，則修之於靜室，諸緣俱捨，而存想其五藏諸神，所謂青龍、白虎、朱雀、玄武也，所謂恍惚杳冥之中者也。天真皇人言：頂上藏太陽者，四十五數足，何謂也？此吞日月華之法歟。平旦日之初出，東向而坐，想其日如車輪，漸漸來至于口，則吞之，凡七十有二嚥，入于臍之下，用河車轉之，拗起入于頂門，如比七旬有二日之後，可以採月華矣，每月八日上弦之後，向月瞑坐，想其月華入口，吞之凡八十有一嚥，二旬有三日下弦之後乃止，俟其次月上下弦再爲之，八旬有一日即止，是爲截日挾月者也。吾又有一法焉，於卯之時，東向，想其日如明鏡，漸漸而至，以鼻接之，自玄牝而入至于其腹，用河車拗起焉。至午之時，西向，想其日如懸鏡，仰首以接鼻於玄牝之中，復以河車拗起焉。日之西也，西向想其日來至，以鼻接之，入于精海，復以河車拗起，入于頂後。二月、八月至夜，則想其月如鏡焉，下入于鼻，至于精海焉。或於日之出，東向存想，以鼻接之而勿搐，恐冷氣入。每月爲之四十九過，此九五之數也，以河車拗起而爲枕焉。用日不用月者，不用陰也。永元真人曰：日者魂也，屬于陽，故真仙無影，純陽也，若夫鼻接而不搐者，斯妙矣乎！或不用河車，自入于玄牝，直至頂門，三點首仰之，日爲之四十五過，至四旬有五日，自一陽生至于立春，此陽之數也。光辯天師曰：日，陽也。乃用陰數八九七十

二焉。月，陰也。乃用陽數九九八十一焉。此法純陽，故用四旬有五日焉。不用河車者，順天道左轉，自玄牝之門，至于頂後矣。六通國師曰：　眉之下五輪者，目也。其名則有血輪、氣輪、水輪、金輪、瞳輪之別焉。還在定中而起者，謂息入定中而作也。永元真人曰：　定中運水火於目也。六通國師曰：　龍虎太丹有三焉，其一則以其津液一嚥而爲虎，氣一嚥而爲龍。氣入于精海，上于泥丸，下心之火以燒之，拽脾之土以蓋之，是爲四神之丹；又名二氣龍虎丹，小還丹、白金丹。可以補下元，壯氣海矣。其二，嚥之送至于臍之下精海水面之上，丸如彈子者三過，縱心火燒之，用脾土蓋之。凡一丸用三龍、三虎、三火、三土，其十二過，應于十二時，九九應于九州，是爲一百八十之數也；其三，如前定息，目內一閃，自有津出如水雪然，入于其口，初從口之角而下者，想之爲虎焉，復于定中閃其目，則火星撒下，想之爲龍焉。故龍從火出，虎從水生矣。五藏交者，先令虎在于口，而後發火。龍，何謂也？下火吞從其左而下至于脾，化而爲龍，從肝之右出，入其左，而下至于脾，右遠三匝，是爲耕其脾也；下水從其右吞之，至于肺，化而爲虎，從脾之左出，入其右，而下至于脾之右，一匝，種在脾土，是爲往來不離土者也。永元真人曰：　目之五輪，有王火、王水焉，惟水難得，故先閃其水，下入于口，然後閃下其火而入于肝，肝，木也，其色青，故曰青龍焉；水入于肺，肺，金也，其色白，故曰白虎焉。龍從左而下至于肝，穿肝而右出，復來入于左，虎從右而下至于肺，穿肺左而出，復來入于右，此所謂五藏氣交者也。光辯天師曰：　青龍者晝先下焉，白虎者夜後行焉。青龍屬于陽，晝有二十四度，白虎屬于陰，夜有三十六度，於是晝行四十六，夜行四十九，耕種于脾之上而生黃芽。黃芽者，命之根也。永元真人曰：　吾之身，象鼎焉。以左足壓其右足，以左右手按其身，復虛如鼎三足焉，凝結其心血以蓋之，於是想之而成嬰兒，如吾之形，其初若雀之卵，首、目、手足皆真，漸漸長大，跪坐于精海之內，左右手交差背肩仰面，大用口二時，取脾之上所生黃芽，以爲聖胎之食焉。光辯天師曰：　聖胎者，不自外求，想其腎出，精氣入于血海，凝結而成者也。六通國師曰：　鍊聖者，有法焉。想其左腎以爲日，而出白氣，右腎以爲月，而出赤氣，於是白氣入于精海，復變爲赤火之象焉。赤氣入于精海，復變爲白水之象焉。日月之氣，以成聖身，至于海中，彼日之赤氣如火，而上至于脾，照其身，既已乃翻身入于精海而坐，復想自月中起而如前焉。又乘聖身而起，發光以照之，復翻身入于精海。如此自卯至午，足踐日影者百過，凡一息一爲之，是爲胎息之氣者也。永元真人曰：　所謂左右日月之氣，漸漸舉起，至子金堂、玉闕，乃被于頂以前。四旬有五日，所採太陽以照之，聖胎爲日所照，當投水中，其光入于五藏，皆一息之內爲之，每時三十有六過焉。六通國師曰：　晝鍊神，夜則出之。永元真人曰：　此聖身既就也，則夜自精海乘紫雲而起，至于金堂、玉闕，一一偏觀，從頂至踵，備認之。然後，想出頂門，乘其紫雲，定息息極，方下入于金堂、玉闕，乃開息焉，復住其息如前而出者四十九過。十月之後，當有二身，其狀惟肖，能離身隨意所之矣。光辯天師曰：　其出也，自一步至十步，以至二十步，四十步，百日可行萬里，是爲地仙者也。六通國師曰：　定息鍊腎之氣，百日於卯之後、午之前如前法。爲之百過，夜則想腎左右有黑氣二道入于精海，化爲黑雲，嬰兒乘之，上至于左耳，出于右耳，凡一息則一出入焉，夜則三十六過，百日斯爲水仙矣。光辯天師曰：　神仙之劍何謂也？先收日月之精華，後起心火鍛之。日月者，腎也。於是肺爲風鞴，肝爲爐炭，脾爲土模，膽爲礪石，一息氣中爲法自成矣。六通國師曰：　夫鍊五藏之精者，先自腎宮，想其有黑氣鬱然而起，從耳而出，其大如蓋，息極，復歸于腎宮，晝夜爲之十一過，於是八旬有一日；而復鍊肝，肝有青氣，想之出于頂門，亦如蓋焉，其色碧，息極，復歸其藏者，八十一過，於是八旬有一日。而後鍊心，心有赤氣，其數如前。而後鍊脾，脾有黃氣，其數如前。而後鍊肺，肺有白氣，其數如前。於是五藏俱足，則五氣俱與，齊出于頂，其氣五色，光照一室，可以升騰于天矣。永元真人曰：　鍊之者，在夫七月水生，可以鍊腎；十月木生，可以鍊肝；正月火生，可以鍊心；四月金生，可以鍊肺，土王於四時之季月，隨四時可以鍊脾，每一氣蓋八旬有一日焉。

《道樞·修鍊金丹》　大丹要在乎養息成神而已。夫息者，日有三萬六千焉，周流于三十六關，四六黑白之道，行于八卦，鍊于九鼎者也。一日者有十二時，一時者八刻十七分。吾之四息爲一至，可以通三十六關與四穴焉。凡一關穴，息流二刻有五分，則一時爲三千息、一刻爲三百六十息。十二時者又分而爲四季，有盛衰生克之道焉。三十六關者，何謂也？下丹田者，素華關也。黃鍾穴者，五路關也。尾問穴者，翠微關也。天柱穴者，轆轤關也。肛後者，元門關也。泥丸宮者，太一關也。玄膺穴者，海泉關也。十二樓者，

三元關也肺者，白虎關也。肝者，青龍關也。心者，蓬霄關也。脾者，中黃關也。二十有四鍾者，皆關也。一曰受盛，二曰通元，三曰玉瓊，四曰七星，五曰衛靈，六曰明堂，七曰瑞泉，八曰命門，九曰進城，十曰坤元，十一曰皇君，十二曰玉圭，十三曰赤城，十四曰榮金，十五曰透龍，十六曰玉蘂，十七曰玉樓，十八曰金泉，十九曰金城，二十曰衡天，二十一曰金鳳，二十二曰冰霄，二十三曰會元，二十四曰百瓊。四穴者，何也？肝者，羊車也，乘之朝玉皇，以會萬神，其名曰蓬瀛穴焉。腎者，鹿車也，乘之以朝崑崙，其名曰三峯穴焉。心者，大牛車也，乘之以馭火龍，入于蓬萊，其名曰守中穴焉。脾者，土也，鎮于四方，左右有金水，其名曰保城穴焉。黑白之道者，何也？白金黑虎，陰陽之氣也，其行由於榮衛。出者，榮也；入者，衛也。出入爲一息，各拘十日。一息自有四至焉。冬之月納陽在于內，其應子、丑、寅之時者也。於是一萬三千息行于榮之白道焉，二萬三千息行于衛之黑道焉。春之月陽亦在其內，其應卯、辰、巳之時者也。於是一萬六千息行于榮之白道焉，二萬息行于衛之黑道焉。夏之月納陰在于內，其應午、未、申之時者也。於是一萬八千息行于榮之白道焉，一萬八千息行于衛之黑道焉。秋之月陰亦在于內，其應酉、戌、亥之時者也。於是二萬息行于榮之白道焉，一萬六千息行于衛之黑道焉。八卦九鼎者，何謂也？於子、丑、寅之時，坎爲陽鼎，真陰用事者也。於卯、辰、巳之時，震爲陽鼎，木用事者也。於午、未、申之時，離爲陰鼎，乾用事者也。於酉、戌、亥之時，兑爲金鼎，兑用事者也。丑者，土王而用事，會歸中宮，以艮爲鼎，膽中取真用事者焉。陽之氣，胎也。辰者，土王而用事，會歸中宮。震以巽爲鼎，蓋青龍行功，故一九之陽生水者，有震之氣也。又曰兑，當直其鼎，風也。未者，土王而用事，艮爲膀胱，取真用事者焉。以艮爲鼎，蓋艮生之氣爲火，生于土山者也。戌者，土王而用事，正金之鼎，以巽爲爐，是爲金石之鼎。蓋乾爲大腸，其名金石，則金所歸也。是以十有二時，而有金、木、土之氣，應于三才九鼎之位，能竊天地造化之功者乎！天地者，乾坤之象也。五行八卦，混元歸返而成乎泰，天地之卦。是爲八卦九鼎之數。天地交合，八卦五行周天之度者也。觀夫五行生克盛衰，分爲四季而用事焉，何也？子、丑、寅之內，水王而克火，然能生木，是亦火之母歟！以木之氣補其火，候火之氣足，方用事焉。卯、辰、巳之內，木王而克土，然後生火，是亦土之母歟！以火之氣補其土，候土之氣足，方用事焉。午、未、申之內，火王而克金，然後生土，是亦金之母歟！以土之氣補其金，候金之氣足，方用事焉。酉、戌、亥之內，金王而克水，然能生水，是亦木之母歟！以水之氣，補其木，候木之氣足，方用事焉。此五行生克相補之要也。一時有三千息，行于三關二刻，則爲八息二至焉，此周天之火候也，其要在乎始于一陽爲主焉。子之時，一陽始生，初九者也，生于素華之宮，升而爲月，是爲龍潛于水者也，至于蓬霄、青龍之關焉。丑之時其氣在于白虎、三元、海泉之關，是爲木生火者也；寅之時，其氣在于太一元門轆轤之關者也；卯之時，其氣在于白瓊、會元、冰霄之關者也；辰之時，其氣在于金鳳、衡天、金城之關者也；巳之時，其氣在于金水、玉樓、玉蘂之關者也；午之時，其氣在于透龍、榮金、赤城之關，遇之真陰始生者也；未之時其氣在于玉圭、皇君，坤元之關者也；申之時，其氣在于進城、命門、瑞泉之關者也；酉之時，其氣在于明堂、衛靈、七星之關者也；戌之時，其氣在于玉瓊、通元、受盛之關者也；亥之時，其氣在于翠微、五路、黃鍾之關者也。子之時，其氣逆行，復歸于素華，此周天者也。方其子丑寅也，安坐消息，閉目內觀其五藏想，其肝有青龍盤旋如霧、如露，其出微微，以意交于氣，沉下于心宮，復想其心宮有朱雀焉，閉口以接其氣，然青龍之氣甚微，則息氣三十有六，以制心之火而後行功焉。及其卯、辰、巳也，亦安坐定息，閉目內觀其五藏，想其心有赤氣盤旋，沉下于肺之上，復想脾之上有勾陳焉，閉口以接其氣，其氣甚微，則服氣三十，以制脾之土，而後行功焉。及其午、未、申也，亦安坐消息，閉目內視其五藏，想其脾有黃氣盤旋，以意游起至于肺，復想其肺有白虎焉，開口以接其氣，消息服氣三十，以制肺之金而後行功焉。及其酉、戌、亥也，亦安坐消息，閉目內視五藏，想其下丹田有白虎盤旋，以意游上至于肝，復想肝之中有青龍焉，開口以接其氣，消息服氣三十，以制肝之木而後行功焉。既已補其五藏，則可以行日月焉。其交在鼎之左右，可以行八卦之周流焉。當其用事也，先淨其神，乃想其心有日焉，其大如錢，出離于心，復想其光，照于五藏百骸。次想其日，狀若浮起，即鼓口服氣，二十而一嚥之，急想其氣下于十二重樓，環伏其日，沉于脾之上，鼎之左。消息既定，復想下丹田水海之內有月焉，其大如錢，復想其光照于一身，以意浮起而至于肺，鼓口制氣三十，以首顧左而一嚥之，急想其氣下于十二樓環，至脾之上，入心之右，鼎之右，消息既定而後用事焉。

《聖濟總録·神仙服餌門·神仙服氣上》 論曰： 神仙服氣之術，古方不載，《黄庭内景》、《玉函隱書》雖有於世，而學人莫得其要，故服氣之法，率多口傳心授，或食從子至巳，或飲玉池之津，或吐故納新，導引按蹺，或餐日月，或閉所通。大抵氣以形載，形以氣充，氣形充符，自然長久，所謂保其委和，合彼大和者也。

《赤松子》服氣序曰： 天道悠長，萬品不齊，人生爲貴，陰陽同階，天道坦坦，修之不迷，世何專愚？ 相隨徘徊，生不及踵，性命殞頹，存亡想感，哭泣悲哀，何不服氣？ 與仙同棲。 經曰： 福莫大生，禍莫大死。 子欲長生，腹中當清，長生不死，腸中無滓。是以食穀者智，食氣者神，故曰休糧絶食爲生道，陰陽還精爲重寶，能常行之永壽考，何爲恣欲自使老？ 神仙食氣，常以春二月三月，九日、十八日、二十七日，若甲辰、乙巳、丙辰、丁巳，王相成滿日行之，佳。

行氣法 夫行氣，欲于山林中幽寂處，近東流之泉，向陽之地，沐浴蘭湯，以丹書玉房爲丹田，方一寸玉房在臍下三寸是，精念玉房，内視丹田，納氣致之于丹田，又先去鼻中毛，偃卧，兩足相去五寸，兩臂去身亦五寸，瞑目握固握固如嬰兒之捲手，蒲蒻爲枕，高三寸，若胸中有病，枕高七寸，病在臍下，可去枕。既行氣，不復食生菜辛臭物。

絶穀行氣法，當食日減一口，十日後可不食，不食二日，腹中或悁悁苦饑，取好棗九枚，方寸术餅九枚食之，一日一夜，不過此也，不念食，即勿啖也。飲水日可五升，亦可三升，勿絶也，口中常含棗核，令人愛氣，且生津液。

經曰： 道者氣也，愛氣則得道，得道則長生； 精者神也，寶精則神明，神明則長存。 行氣一名煉氣，其法正卧，徐漱醴泉咽之，醴泉者華池也。 以鼻微微納氣，徐引之，勿令太極滿，入五息已，可吐一息，屈指數之，至九十息，若身大煩滿者，可頻伸，頻伸訖，復行之，滿四九三百六十息爲一周，久久衆病自除。吐氣既還，欲吸之時，先復小吐，微微往來。如是再三，更鼻引之，不爾令人氣逆。 凡納氣則氣上升，吐氣則氣下流，久自覺氣周於身中。若行氣未定，意中疲倦，便煉氣以九十息爲一節，三九二百七十息爲一周，行氣令胓胓滿臟，無令氣大出，閉氣於内，九十息一咽，咽未足者，復滿九十息，三九自足，無頓數也，當念氣使隨髮際上極，及流四肢，四肢自熱，下至三里。 經曰： 行氣常以月一日至十五日，念氣從手十指出，十六日至三十日，念氣從足十趾出。久自覺氣通手足，行之不止，身日經强，氣脈柔和，榮衛調暢。長生之道，在於行氣，靈龜所以長存，服氣故也。 諸行氣之後，或還欲食者，初飲米汁粥，日增一口，以漸加之，十日以後，可食淖飯，勿致飽也。

經曰： 行氣之法，其初多不和，謂令人咳逆，四肢或冷，既行之久，日自益也。四九三百六十息，身如委衣，骨節皆解，久久乃覺氣行體中，經營周身，濡潤形體，悦澤皮膚，五臟六腑皆悉充滿，百病除去。

凡初行氣之時，先安身和體，若氣未調身不安者且止，和乃行之，氣至則形安，形安則鼻息調和，鼻息調和則清氣來至，清氣來至則自覺形熱，形熱則頻汗出，且勿便起，安徐養氣，務欲其久。

諸行氣，無令意中有忿怒愁憂，忿怒愁憂則氣亂，氣亂則逆。惟精思則正氣來至。正氣來至則口中甘香，口中甘香則津液自生，而鼻息微長，鼻息微長則五臟安，五臟安則氣各順理。如法爲之，長生久視也。

行氣之法： 以鼻微微引氣内之，以口吐之，此爲長息，内氣有一，吸也； 吐氣有六，呼也、吹也、嘻也、呵也、噓也、呬也。凡人之息，一呼一吸，無有此數。行道之法，時寒可吹，時溫可呼，吹以去熱，呼以去風，呵以去煩，嘻以下氣，噓以散滯，呬以解極。夫人之極率多噓呬，噓呬者，長息之忌，道家行氣之所惡也。

夫欲長生，三一當明，上一在泥丸中，中一在絳宫中，下一在丹田中，修真之士當知此。夜半至日中爲生氣，日中至人定爲死氣，常以生氣時强卧瞑目，握固閉口，不息，心數至二百，乃口中微吐氣出之，日增其數。數得滿二百五十，即絳宫守，泥丸滿，丹田成； 數得滿三百，則華蓋明，耳目徹，身無疾，邪不能干，長生不死也。

閉氣之法： 以鼻微微引内之，數滿於口中微吐之，小吐即更以鼻小引咽之。如此再三，可長吐之，饑取食止。穀谷長久，若閉氣數得至千五百，則氣但從鼻入，通行四肢，不復從口出也，行之不止，仙道成矣。

行五行氣法 春以丙日時加巳，食氣百二十，致氣於心，令心勝肺，無令肺傷肝，此養肝之時也。春有九丙，凡一千八十食氣。

夏以戊日時加未，食氣百二十，以助脾令勝腎，使腎不傷心數亦如上。 季夏庚日時加申，食氣百二十，以助肺令勝肝，使肝不傷脾。月有三戊，凡三百六十食氣。

秋以壬日時加亥，食氣百二十，以助腎令勝心，使心不傷肺。秋有九壬行亦加上。

冬以甲日時加寅，食氣百二十，以助肝令勝脾，使脾不傷腎，此五行食氣之要法也。

四時各有一千八十食氣，各以養其臟，周而復始，令不相克。爲之精者，還自內見其五臟矣。經曰：道以精爲寶，施與則生人，留已則生身，身生則得仙，生人則功遂。天地有陰陽，陰陽人所貴。貴之合於道，愛之慎無費。故精者血脈之川流，守骨之靈神也，是以精去則骨枯，骨枯則身斃。人以身爲國，以神爲君，以精爲臣，以氣爲民，故氣變則爲精，精化則爲神，神化爲嬰兒，嬰兒上爲真人。夫天有三光日月星，人有三寶三丹田。兩眉間卻入一寸爲明堂，二寸爲洞房，三寸爲丹田，此爲上元，其一赤子，字元先，一名帝卿；心爲絳宮中丹田，此爲中元，其一真人，字子丹，一名光堅；臍下三寸下丹田，此爲下元，其一嬰兒，字元陽，一名穀元。此三一也，行氣則常存念之。

神仙絕穀十二時食氣法

始從夜半，九九八十一咽。

日出，六六三十六咽。

日中，九九八十一咽。

日入，六六三十六咽。

雞鳴，八八六十四咽。

食時，五五二十五咽。

日昳，八八六十四咽。

黃昏，五五二十五咽。

平旦，七七四十九咽。

禺中，四四一十六咽。

晡時，七七四十九咽。

人定，四四一十六咽。

《黃庭經》曰：玉池清水灌靈根，子能修之命常存，飲食自然補命門。自然者華池也，呼吸如法咽之即不饑。常以夜半食生氣九九八十一咽，以次下周十二時，爲五百四十二咽，不饑，初絕穀三日小極，七日又小極，十四日復小極，頭眩慎勿怪也，三七二十一日，則氣力日增。

神仙絕穀食五行氣法

東方青牙，服食青牙。飲以朝華，祝已，舌撩上齒表舐唇，漱口咽之三。

南方朱丹，服食朱丹，飲以丹池。祝已，舌撩下齒表，漱口而咽之三。

西方明石，服食明石，飲以靈液。祝已，琢齒七，漱口咽之三。

北方元滋，服食元滋，飲以玉飴。祝已，以鼻內氣而咽之三。

中央戊己，仰望泰山，服食精氣以醴泉。祝已，瞑目而咽之三。

食五行氣，內附五臟。青牙者肝也，朝華者上齒根也。朱丹者心也，丹池者下齒根也。明石者肺也，靈液者唇裏津也。元滋者腎也，玉飴者舌也。泰山者精氣也，醴泉在齒後懸雍前，華池在舌本下，齒名玉英，舌名金梁。夫食五行氣，饑取飽止，無時節也。雖服五行，當以六戊爲主，朝食三十，暮食三十，取飽而已，日月短長，增減在己。

服六戊法　平旦早起，正衣服，先讀甲子至戊辰止，向辰以金梁叩玉英，滌華池，漱醴泉，吸靈液，閉口周旋，三至而一咽，五咽止。次甲戌至戊寅，向寅行之如上法，盡六戊，凡百五十取氣，而三十咽其精華也，此是服三五之法，要朝暮爲之，若饑者日中飼九宮。飼九宮之法，金梁叩玉英，三五而一咽之便止，下盡六戊，皆如行三五七九引氣法。

諸避世入山，欲絕穀不食，先知引三五七九之氣，又當知六甲六丁，不爾者，但坐家修身，食三五七九氣，口吐死氣，日日不止，可以長生爾。引三五七九之法，徐徐以鼻微引氣納之三，以口一吐死氣，勿令耳聞氣出入聲也。久久便三氣，次復引五氣，以口一吐死氣。久久便五氣。次引七氣，以鼻納之，以口一吐死氣。久久復便七氣者，次引九氣，鼻微入之，以口一吐死氣。久久盡便九氣者，因三五七九而並引之，以鼻二十四引氣納之，復以口一吐死氣，久久能皆便三五七九者，因並引。並引之者，並行二十四氣常咽之也。久久復便並引者，因逆報之法。逆報之法，因從九數引氣咽之下，到三，乃以口一吐死氣也。久久復便逆引者，因可九九八十一，納咽氣而一吐之，以爲節也，口中以去死氣也。但閉氣，行三五七九之數，如上引氣之法也。

閉氣之時，當苦體中滿，發煩悶，以意推排，令氣周布四肢，上至頭中，遍行一身。意得之者，手足皆熱常汗出，此爲行氣之中最妙者也。若得其道，病可立去，不得其道，則氣不來，病亦隨至，不可不慎。以意消意，令體中和平安穩，乃可爲之，不爾則輕夭人命。

諸行氣，取之勿令粗，粗者使人心痛咳逆，而又不得清微之氣，但惡氣入身。吹、噓、嘻、呵，亦務令細，不細則傷人肺。氣之出入，勿令耳聞。常欲向日吸之，春月多懈極，可嘻去之，若氣逆可呵下之，是以呵以去煩，又以下氣也。經曰：行氣絶穀，休糧一旬，精氣微弱，顏色萎黄；二旬動作眩瞑，肢節悵悵，大便苦難，小便赤黄，或時下痢，前剛後溏；三旬身體消瘦，重難以行；四旬顏色轉悦，心志安康；五旬五臟調和，精氣內養；六旬體復如故，機關調良；七旬心惡喧嘩，志願高翔；八旬恬淡寂寞，信明術方；九旬榮華潤澤，聲音洪章；十旬正氣皆至，其效日昌，修之不止，年壽延長。三年之後，灸瘢除滅，顏色有光；行之六年，髓填骨強，豫知存亡；經歷九年，役使鬼神，玉女侍旁，腦實脇骿，不可復傷，號曰真人，上佐上皇，與天同壽，日月齊光。傳非其人，身受其殃。可傳當傳，不可當止；可傳而不傳，爲遏天道；不可傳而傳，爲泄天寶。遏道泄寶，命不終老。

《聖濟總録・神仙服餌門・神仙服氣中》 神仙服氣法，存心如嬰兒在母胎，十月成就，筋骨和柔，以心息念，和氣自至。呼吸如法，咽之不饑，百毛孔開，息無壅滯。常取六陽時食生氣，則氣力日增矣。

取陽時法

半夜子，服九九八十一。

平旦寅，服八八六十四。

食時辰，服七七四十九。

正中午，服六六三十六。

晡時申，服五五二十五。

黄昏戌，服四四一十六。

夫服氣法，須能去氣，去氣須依門戶出入。鼻爲天門，服氣魂魄歸天門；口爲地戶，服氣魂魄歸地戶。《黄庭經》云，百穀之實土地精，五味外美邪魔腥。玉池清水灌靈根，子能修之補命門。從鼻口出入，即爲順氣。依此不輟，下卻三屍，舍榮去愛，日漸成功。始近道矣。

真人本性幽閒，發言合道，心行無瑕，漱咽靈津，服之百味自足，通三焦，理正氣，氣自周遍，大通五臟，骨髓堅溢。夫道爲萬氣之主，道者氣也，氣爲精門，能保精氣，精氣兩足，是名真人。人有三丹田，其中各有三神。氣漏即精泄，精泄即神傷。精者物之真，長生之根，精全則氣全，精泄則氣泄，唯精與氣，須保全之。

凡入氣爲陰，出氣爲陽，此二者服日月精華也。外內自安靜，安靜即神定，神定即氣和，氣和即元氣自至，元氣自至，即五臟滋潤，五臟滋潤，即百脈流通，百脈流通，即津液上應，津液上應，即不思五味，絶饑渴，氣化爲血，血化爲髓，一年易氣，二年易血，三年易脈，四年易肉，五年易髓，六年易骨，七年易髮，八年易筋，九年易形，爲真煉九還，通於仙矣。

真理六氣訣：噓屬肝，呵屬心，呬屬肺，吹屬腎，呼屬脾，嘻屬三焦，六氣各有所理。五臟有疾，皆屬於心，心主呵，諸疾皆可愈。初學人但食少淡粥或胡麻，益氣生津液，忌吃熱食，悖亂正氣。凡欲食，先服三五咽氣與食作主人，兼每早先服二十顆椒，清酒一杯，冬溫夏冷，戒在過度。切忌沖見新產死亡，及食油膩肥鮮臭穢等物。

凡服氣，靜定安坐寂然，瞑目叩齒，閉口鼓腹，令氣滿口即咽，至九下一息。春夏服冷氣，秋冬服暖氣。每至五更，兩掌掩口，用力呵掌中，津液生即摩拭面目，令得光澤。時時含棗，蜜湯助之，日日減食，朝朝服氣，氣即易成。昔人謂饑食自然氣，渴飲華池漿者，此也。

《聖濟總録・神仙服餌門・神仙服氣下》 服氣法　凡欲服氣，即正腳臥，先叩齒三十六下，吐去濁惡氣，即上下卷肚七下，左右亦如之，各七度，此名煉氣，除萬病。即閉氣令內不出外不入，鼓腹令氣滿，及微閉三五咽以下爲一歇，咽多爲佳，每咽皆以意送至下丹田，臍下三寸是，亦名氣海。至十歇以上，氣漸通，二十歇即腹中大轉，如減食大妙。從子至巳，六時爲陽氣，生氣在外；從午至亥，六時爲陰氣，生氣在內。凡吐去濁氣，若陽時鼻微微引外氣長取之，行下丹田飽閉之令極，口中微微吐之，任依常息。若陰時，但閉口內咽之以飽，任依常息，如有他疾，即依六氣調適之，若遇惡陰重霧雷電，只得內咽，不得取外氣。凡服氣，先導引爲佳，每日能咽得三五十咽津液，勝服諸藥。凡運氣如屋漏注連相續，送至病處，若患時疾瘴氣，但能引外氣呵去之，立效。

凡服氣，飲一兩合暖水，水是氣母，又每食前，飲少暖水，久久耐寒暑，飲多不妨。

凡爲道者，當淨盥漱，勿任情性，節減滋味，不欲勞形疲體，高聲叫呼，嗔怒喜樂憂悲，觸冒寒暑，乃可返老還童。

凡初服氣，必須心意坦然，勿疑勿畏，若有畏懼，氣即難行，若四體調和，意自欣樂，不羨一切事，即日勝一日，快樂無極。不得思食，若忽思食，必須抑捺，如不在意抑捺，即邪干矣，可用薜荔煮湯，入生薑少許，更煮一兩沸服，其饑渴即姜蜜湯亦得，若能自抑捺，終日對嘉饌，亦無所苦。

凡服氣，但不失時節，丹田當滿，縱出人事，亦不可廢，行之日久，雖失一時，亦無所覺，若服氣成者，終日不服氣，氣亦自足，至妙不可窮盡。服氣得臍下丹田常滿，雖叫呼讀誦，終日語言，其氣力不少衰，但可行步出入少時，令氣下大妙，凡服氣成欲食，食亦不妨，亦不障氣，氣還作聲，直至臍下，一成以後，兼食行氣，皆無窒礙。

凡服氣，欲得身中百物不食，腸中滓穢既盡，氣即易行，能忍心久作，自覺精神有異，四體日勝，腸中既淨，即閉目內視，五臟歷歷分明，知其處所，然後五臟可安，神常息衛，久可別人善惡，視表如裏，亦能驅使五臟之神，以治人病。其內息法，用氣日久，即得多時，若兼食飲酒漿等，即內息不成，其有宿患，但用意並氣注之患處，不過三五日必愈，若四肢有患，亦可想氣以攻之，即其病隨散。然初攻病時，當利五色膿，亦無足怪也。

凡服氣面腫者，爲飲淡水上沖，氣壅不行，所以如此。食中尤忌胡荽、芸台、邪蒿、韭薤、菠、蔥、蒜，此物皆木之精，能損脾亂氣，大不可食，夫恚怒傷魂，猝哀驚魄，哭泣之事，至人不爲，必不得已而爲之，可登時於一淨處，晏坐安心，用氣排惡氣盡出，然後依法服元氣使足，又服丹田中氣使足。

凡腸長者氣易固，腸短者難固。如腸中攪轉作聲，即須右脇著床，以右手枕頭，以左手牽腳令屈，直身及直右腳，咽氣令人右腳中，出腸中即可。久行氣，每下作聲，聲繞盤屈于腸屈處，作聲皆自記得屈處，其聲流轉，呦呦然小聲，即是流通腸中四緣，又有節坎，有二十四坎，久行每氣下，即覺在節坎，坎數亦自記得。元氣與外氣不相雜，若咽生風，須臾即從下泄出，不得停腸中。

《金液大丹口訣》卷四　初習坐　先且跏趺坐半年，次宜清靜絕塵緣。然後用吾真妙訣，誠心一志守中田。

下手　存神定志入黃宮，百脈朝元炁聚中。形重如山汗如雨，霎時火焰自沖沖。

工夫到時　太極無形生一炁，默然一炁化陰陽。清中有濁從天降，黑裏藏紅自地彰。

火候　聖人傳藥不傳火，從來火候少人知。于今漏泄天機妙，火發初爻是子時。

擬時要准　爐中赫赫火長紅，亦用心迎入土宮。每日一陽時要准，莫教錯用費神功。

物藥景象　守一壇前芽已萌，朱砂鼎底火初明。中宮玉漏丁丁滴，皓月橫空夜氣澄。

升降交結　水出高源下玉京，火生地戶發光明。一升一降歸中土，結就團團離坎精。

抽添妙用　汞歸金鼎鉛藏伏，鉛産玉鑪汞自消。二物有無成至寶，抽添理法自然超。

浮沉沐浴　沐浴之因兩意微，學人須要不違時。真炁薰蒸周徧體，一炁浮沉始合宜。

紫河車　含養元神氣與精，紫河車動似風輪。潺潺水響華池內，爍爍金光偏體春。

聚散變化　前短之因交媾時，退長成物散回歸。陽消汞涸渾無事，直待周天再發機。

養成炁母　金胎神室在中宮，似有如無要積功。三箇月時形似橘，一年數足亘天紅。

百日基成　十旬內鍊慎持盈，漸覺鑪邊似菊馨。已是半成消息處，小心姑待出黃庭。

沐浴忌日　兔雞之月且開懷，住火休符保聖胎。十月成功光透體，天門烈烈頂如開。

移神換頂　期月移神直上昇，三關一透便通靈。青娥仰視崑崙頂，穿過黃庭入紫庭。

溫養胎仙　炁足神靈入紫宮，三年溫養要雍容。若還塵境纖毫隔，失卻蓬萊路萬重。

自然神化　九載提携身外身，此時出入不由親。功成行滿丹書召，鶴駕翩翩謁紫宸。

《無上三天玉堂正宗高奔內景玉書》　師曰：夫學上道，希慕神仙，惟日精月華乃能煉成仙道。非假玄功，則莫能合真。所謂晶華者，夫豈求之於

外？乃吾身自得之真也。道法千門，萬戶曲徑，傍蹊雜說紛冗，故學者多捨真入僞，棄內就外，行之愈久，功必難成。今高奔日月之道，即是太上傳祖師之秘旨，古惟口口相授，不假文辭，今特紀之筆端，蓋使後世有緣者易以尋究也。且天以日月爲精神，人身象之，故能體天而修其身，則回陽換骨，白日登晨，信即此而取效。故《黃庭經》云：高奔日月吾上道，鬱儀結璘善相保。又云：日月光華，救老殘枯，非虛語。若夫上學之士，心開悟解，觸類而長，將捨有爲而造無爲之地。然下士根器淺狹，非自有爲而入道，則不能把握成真，故教主以爲道難，言論必在文辭，故以玄妙成于此。若後學勤而行之，堅而守之，則可以乘雲炁，履光華，入長生，通仙聖，此法豈口耳區區之比哉？

初陽赤輝化生內景

呪曰：陽生元海，自下而升。混混陽陽，逐散聲陰。中有大神，鬱儀之君。願降真炁，濯我真形。

師曰：學士於月旦日寅時，清齋靜坐，叩齒三十六，服符。存自身爲崑崙山，下爲大海，日從海底透出，光射我身，坐于峯頂，閉息誦呪九遍，咽津九遍而坐，良久而退。

真陽初升玉虛內景

呪曰：真景上騰，照我天門。炎輪赫輝，開冥散昏。陽神混合，飛出崑崙。乘空策景，拜謁高奔。

師曰：於每月三日卯時，清齋靜坐，叩齒三十六通。存自身爲崑崙山神，升其頂上，閉息誦呪九遍，服符，存日外照我己身，服炁良久而退。

明陽耀光赫真內景

呪曰：金輪呈瑞，洞煥陽明。炎光奔飛，萬里流晶。魔爽滅焰，塵垢蕩消。冲虛飛步，馭氣高昇。

師曰：學士於每月一日，清齋靜坐，叩齒三十六通。存自己身從崑崙頂上，望見日光晃耀，日中金光射我，閉息，誦呪九遍，咽津，服符如前。

元陽火雲赫赤內景

呪曰：神迸雲衢，運駕靈烏。冲融無碍，升入虛無。真陽梵炁，自然合符。內煉成功，上朝玉都。

師曰：學士於每月九日，清齋靜坐，叩齒三十六通，存日降火雲成橋，我身從崑崙峯頂騎火雲上奔日宮，未升且服其炁，覺煖方閉息，誦呪如前。

洞陽火龍奔飛內景

呪曰：火龍前驅，透頂光飛。神入無何，朝拜鬱儀。瞬目上御，混合靈輝。一真逐本，燒滅彭屍。

師曰：學士於每月十二日，清齋靜坐，叩齒二十六通。存自己如前從峯頂，乘金龍，駕火橋，上奔日宮。次山下瑞炁和煖，閉息誦呪九過，嚥津九過，服火炁，覺通身如春色也。

正陽朝拜靈輝內景

呪曰：乘陽真光，躍入金門。陰穢燒爐，朝拜高尊。靈炁歸我，竅竅光明。神冥內煉，變出仙魂。

師曰：學士於每月十五日，如前誦呪，服符，叩齒咽津按數，存身入日，朝拜帝君，奏所願學仙之事，良久而退。

正陽靈光通明內景

呪曰：暘宮炳焰，服御靈光。八竅通明，九戶輝煌。形神歸源，炁煉光芒。濯煉無漏，谷神飛翔。

師曰：學士行之至此，身入純陽，當誦呪八十一遍，服符，御炁，叩齒嚥津，存身入日宮正坐，服光取炁，靈烏吐光，入兆口中，遍身光明。係每月十七日午時，行持此法。

純陽金耀煥明內景

呪曰：天景混形，神炁合天。離明真火，即我三田。去來自如，飛騰自然。純陽備體，位得神仙。

師曰：學士於每月二十日，如前行持，次存身在日中，內外混同，和煖自然，九芒散輝，普天大赤。誦呪八十一遍。叩齒嚥津，服符，良久而退。

九陽離明真炁鬱儀內景

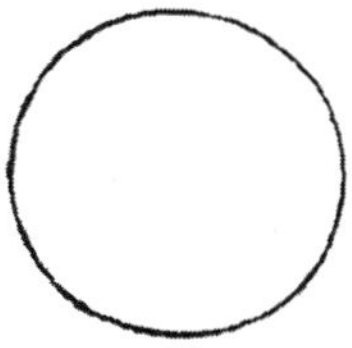

呪曰：洞陽炁赤，赫赫洗晶。陰散陽會，育我真形。形神俱化，混合離明。冶煉自然，數周飛騰。

師曰：學士於每月二十日、二十五日、晦日，誦呪服符，叩齒嚥津如前，存身與太陽混而爲一，不見我形，但混光而已。行之一年無病，二年神壯體輕，三年尸魄消蕩，五年可以御炁乘光，久久不怠，帝君下盼，真仙爲友，白日登晨，戒之。

素華始玄初元內景

呪曰：溟涬虛玄，混混真源。華景未露，玄輪自圓。會合初基，象帝之先。依時服煉，炁入玄玄。

師曰：每遇月朔夜，如前法誦呪九遍，存自己爲崑崙山下，爲大海渺渺無際，水底透起月輪，黑色，未有光彩。我服其始玄之炁，良久，嚥津叩齒，如誦呪之數。

清光太初生輝內景

呪曰：真景初生，陰中至陽。水泛玄輪，金露微芒。津源暢通，輝映瓊房。炁增光盛，服御飛翔。

師曰：學士於每月初二日夜，靜坐清齋，存自己如崑崙山，身坐山頂，望海邊月出如鉤，水輪上圓。叩齒嚥津各三九遍，誦呪，服符，御炁，良久

而退。

晶光清明耀華內景

呪曰：景散天池，金水半規。光開幽夜，照我玄珠。飲泛晶漿，香透靈軀。數用真會，乘景冲飛。

師曰：學士每遇初七日，清齋靜坐，存自己登崑崙之頂，仰望月光如半規，誦呪二十四遍。服符、咽津各如誦呪之數，御炁良久而退。

玉光澄輝高明內景

呪曰：法輪飛天，玄之又玄。清波湛湛，黃華湞湞。蕩滌屍垢，滋養丹田。高奔內景，結璘光圓。

師曰：學士每遇十三日夜，清齋靜坐，存自己升崑崙之頂，望月光芒，誦呪三十六遍。叩齒、咽津亦各三十六，服符，御炁，良久而退。

圓光靈明洞照內景

呪曰：瓊輪光輝，全盈不虧。玄景澄徹，神扃啓扉。中有高尊，瓊冠羽衣。願降靈炁，赴我歸期。

師曰：學士每遇月望日，清齋靜坐，存身立崑崙頂上，月圓光滿。月中降水雲成橋，光爛如銀，我服其炁未升，誦呪三十六遍。叩齒、咽津亦如之，服符，御炁，良久而退。

金光清虛含真內景

呪曰：靈輝曈曚，身造玄宮。朝拜結璘，有願立從。咀嚼玄華，服御靈風。屍魄蕩散，神變仙容。

師曰：學士再思入月宮，朝拜皇君，所願學仙之事。服符，誦呪，叩齒、嗽津各四十九度，乃十七日夜也。師曰：奔月者，止有兩旬，過此則虧光矣，故此疊日行之。

神光無上虛澄內景

呪曰：月是我神神隨月并。內符外合，變化真形。秀結華房，上開金英。功成無漏，上升玉京。

師曰：學士於十八日，存身在月中，內外洞明。服符，誦呪六十遍。嚥津九口，叩齒九通。覺金光四散，普天光明。然後御炁，良久而退。

定光清冷玉光結璘內景

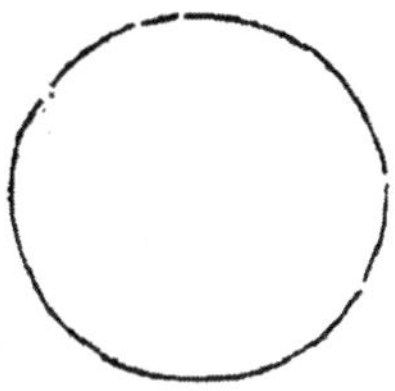

呪曰：圓輪魄回，幽衢夜開。玉虛混景，金光徘徊。津源暢通，照徹靈臺。香浮甘露，變我仙胎。

師曰：學士至此與月混一，當存身與太皇混一而同，不見我形。但清明而已行之，十日則其功尤倍於太陽矣。但學者戒行未修，立志未專耳。雖然拈起放下時一存之，尤可延生度世，況專修者乎？

斗罡高奔內景

師曰：護身延生者，莫大於斗真拘魂煉陽九光於罡炁。故聖人云：出入斗中，身強炁盛，延壽益算，萬邪皆避者是已。又云：萬法皆從斗出，萬神皆從斗役，是知一切法，一切行持，非斗莫能通應，故聖師必以昇斗度人者，以翼學士通仙致真。存無守有，坐役三界，制御六天，則此法實三奔之一秘，登真之階梯也，可不敬之。

師曰：凡一日、三日、五日存泥丸宮，咽液五十過，叩齒九通，左手捻兩眉中，心微呪曰：太上紫暉，九通之神。華蓋七落，回耀萬神。動御高靈，靜和景炁。陰陽流灌，三炁中分。遊濟無外，煥明衆天。今月啓晨，來登泥丸。無精結感，化爲大神。名曰奇劒，厥字靈剛。正坐斗中，遊我明堂。鳳羽紫帔，虎錦丹裳。左帶玉珮，右腰金璫。手把流鈴，頭巾晨光。吐炁溉灌，泥丸以康。魂魄和同，植華柱梁。使我飛仙，超虛躡空。上造上清，策虎命龍。北朝玉帝，瓊琳上宮。西謁太素，稽首三元。畢，更按手，咽液九過，叩齒九通。又祝畢，起北向再拜，大西北再拜。

師曰：常於七日、九日、十三日存絳宮，嚥液五十過，叩齒九通，以右第一指微掐念呪，心微呪曰：太上紫真，九炁中靈。包括萬度，璇璣煥明。飛霞流曜，暉燭玉清。玄蓋衆神，來應心庭。飛光落景，中元充盈。六府啓開，華液泥平。魂魄制煉，得真之精。感至觸變，億化立成。忽見大神，正坐安房。整然朝真，百節開通。攀斗據魁，盻日百方。其名璇度，厥字素康。絳羽華帔，龍帶虎裳。身充寶曜，項負圓光。首巾飛晨，芙冠飛昂。使我飛仙，超浮太空。上造紫闕，北朝玉皇。役使萬神，衆靈奉迎。心上生華，慶雲永昌。鳳簫泠泠，鸞吹鏘鏘。畢，更按手，咽液九過，叩齒九通。又呪畢，再拜如前。

師曰：常於十五日、十九日、二十二日存丹田宮，咽液六十過，叩齒九遍，以左手第二指捻人中，微呪曰：太上紫皇，煥朗中樞。九緯炳靄，光透太微。萬神仰鎮，千神植牙。七度，捻人中。微祝曰：分葩制陽，表順執陰，以和其暉。啓陣玄根，物羅。肇月惟吉，觀應臍內。紫炁發霄，飛光縱墜。煉我魂魄，華精瑩蔚。忽見大神，上宮靈貴。名曰抗萌，厥字流鬱。正坐臍中，乘斗九炁。吐納雲液，平血理胃。黃鳳羽帔，龍衣虎帶。啓日根，頭巾綠芙。腰流火鈴，煥電映無。使我飛仙，超空躡浮。上造玉房，携帶霄虛。役

使萬神，天地同休。更按手咽液三十遍，叩齒九通。又祝乃起，向本命再拜。

師曰：已上謂之昇斗奔辰，能拘魂制魄，益炁延年，招真致靈，皆從此起。

臥斗

師曰：凡旦暮臥，先存九皇。星在臥席上，身於床前立，北向，兩手捧心，閉炁瞑目，存天上北斗并帝尊九星，依當時所皆之位，乃見冉冉來，下至席，列如圖。今天關作月建斗，形長九尺，廣六尺，乃遶於真星之外。若時朔日之夕，即並存晨蓋之星俱下，亦列如圖。乃從魁下至斗口，於尊星外入魁中，正偃臥，閉目存思，其星作圓光之象。星紫色剛，赤色連繞其星如步圖者。令我頭首九極，使真炁入於泥丸。令真星正當頂上，存真炁紫光隨身入泥丸，並溢出混頭腦之地，光映洞徹。足躡尊星，心念飛仙，令太微制我三魂。小屈左足以躡之，足躡帝星，心念飛，仙令高上拘我七魄。伸右足以躡之，左手把北台。北台，元星之精也。仰左手小舉之，抱元星下綱，使星形在虎口，右手執璇根。璇根，紐星之精也。覆右手執紐星綱，使星在虎口上。

次安身如法訖，閉目存有九星君：

第一太星精名玄樞上真，願臣飛仙，乘虛駕浮。存星在左手小指前。

第二元星精名北台上真，願臣飛仙，遊行洞臺。存左手把之。

第三真星精名九極上真，願臣飛仙，得治三玄。存星在頭上。

第四紐星精名璇根上真，願臣飛仙，玉名列爲飛仙。存星右手執之。

第五綱星精名太平上真，願臣飛仙，登行上清。存星在紐星右。

第六紀星精名命機上真，願臣飛仙，名書太微。存星在綱星右。

第七關星精名玄機上真，願臣飛仙，得使玉童。存星次紀星君。

第八帝星精名高上玉皇君，願臣飛仙，得登後聖之堂。存星在魁星中綱連紐星，令對右足心。

第九尊星精名太微玉帝君，願臣飛仙，得入丹闕玉房。存星連太星綱，令對左足前。次都存見九星，叩齒三七遍，咽液三七遍。

呪曰：九星太精，北機真君。益我胎精，強我三魂。左引日華，右拘月晶。辰中黃景，元虛上真。使我飛仙，上登紫宸。神虎玉符，備守生門。萬邪伏法，受煉斗君。祝畢，良久乃存斗星之精忽然入洞房，存席上九星並細，一時分精作促小之形；後炁戶卻入洞房中偃魁□□□□□前即是□上頤中兩處具有也。洞房魁中，左有黃老君王色黃綉衣，右是我神與黃老君對坐，口有泥丸赤子帝君向外尘，光照一身，內外洞微，三關百節皆令赤色。

呪曰：洞房元精，赤子太尊。斗光華蓋，來照泥丸。保煉骨血，拘制魄魂。使臣飛仙，乘雲登晨。上朝玉帝，太乙元君。祝畢，閉目息念，忘形安眠。

師曰：臥北斗陰精致仙使靈，洞房致北斗陽精使五臟自生，遂得成仙景，遊行上清。月朔存華庭紫蓋，唯月旦一，存席上下分精入洞房也。先存九皇畢，即存晨蓋，次祝九星名，以至於畢也。平旦欲起，密叩齒二七通，咽液二七過。

呪曰：天元上斗，中有七童。上清紫精，在兆身中。華晨紫蓋，太素元宮。投聖靈炁，下入洞房。使我飛仙，得昇太極玉堂。祝畢，存九星蓋然不見，朔夕辰蓋亦然。所雲平旦起者，謂專行此法耳。若夜中別行他務，亦宜祝而後起。

回元訣

師曰：奔辰臥斗已行，然下學之士積功穢罪，未能消蕩，須行此法，懺洗愆非，方可登真矣。

每丁卯日夜半，於寢床平坐，北向，按手瞑目，叩齒七通，仰存七星煥明在天。

祝曰：存陽明星從斗飛入，北口中，光芒日散，竟在心中，內外光徹。當存斗中缺一陽明星，餘如故。第一太星玄樞陽明天樞魂神上玄君，七過願得臣七世以來，下逮臣身，陽罪陰愆皆令消除，所向如願，萬事合心。飛步七星與天相傾，名利斗辰，延紀億年。

丁丑日夜半，於寢床平坐，北向，按手瞑目，叩齒七遍，仰存七星，煥明在天。祝曰：存陰精星從斗飛入口，竟在肺中，餘如前。第二元星北臺陰精天璇魂神上玄君，七過願得臣七世以來，下逮臣身，陽罪陰愆皆令消除，所向如願，萬事合心。飛步七星盈滿，四神用虛。飛行七元，名刊玉虛，上登紫清，乘玄駕無。出入利貞。與天同符。

丁亥夜半，於寢床平坐，北向，按手瞑目，叩齒七通，仰存七星煥明，北方，良久祝曰：存真人星飛入口，徑在肺中，存訖心再拜，咽液叩齒，餘如前。第三真皇九極上真天機魄精上素君，七過願得除臣七祖以來，下逮臣身，生罪死過，積惡私匿，違犯天地水三官者，皆得消滅。目明徹視，鑒洞幽無，飛行七元，名書上清。役使萬靈，上登玉庭。駕景乘空，與天相傾。

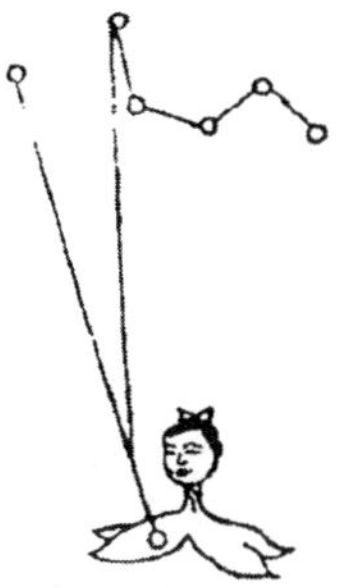

丁酉夜半，於寢床平坐，北向，按手瞑目，叩齒七通，仰存七星，煥明北方，良久祝曰：第四紐星璇根玄冥天權魄精上虛君，七過願得除臣七祖以來，下逮臣身，無恩無德，不仁不孝，陰惡之罪，數千萬計，皆令消滅。服食納精，日以進益。飛登七元，録刊太玄。上列玉皇，乘飆九天。役使神靈，日月同新。

丁未夜半，於寢床平坐，向北，按手瞑目，叩齒七通，仰存七星，煥明北方。良久祝曰：存丹元星飛入口中，覺在胃內，咽液三九遍，餘如前。第五綱星太平丹元玉衡魄靈上玄星君，七遍願得除臣七祖以來，下逮臣身，内外穢罪。深沈過數千萬億，記在幽關者，皆令消滅。當令太玄素景紫宮，右侍玉女，左侍玉童，日月同輝，位爲真王。

丁巳日夜半，於寢床平坐，北向，按手瞑目，叩齒七通。仰存七星，煥明北方。良久祝曰：存北極星君入口，竟在腎中，陽日左，陰日右，咽液二七遍，餘如前。第六紀星命機北極闓陽魂靈上丹皇虛君，七遍願得除臣七祖以來，下逮臣身，所犯所存賊惡罪過，姦逆辭妄，列在帝君，皆令消滅。百痾康愈，體炁利貞，名書仙臺，列位上清，役使萬靈。

月晦日夜半後，雞未鳴時，於寢床臥東向平坐，按手叩齒，仰存七星，煥明北方，良久祝曰：存天開星飛入目瞳，陽日左，陰日右，通映兩目，内外洞然。第七

闕星玄陽天關瑤光太明上皇道君，七遍願得除臣七祖以來，下逮臣身，闇昧逆罪，五罪五刑，身中之神數千萬億記在北帝鬼宮者，皆令消滅。當令神精八達，坐在立亡。耳聽绝音，同生紫光。刊玉太素，洞覽鬼形。名書帝軒。命均二明。飛行七元，寢宴紫清。

六甲日夜半，於寢床坐，任意首向，握固閉炁，凝和良久，叩齒九通。存北斗九皇，煥明於頂上，令光芒相映。祝曰：存帝尊二星來飛入泥丸中，洞照內外，通生紫光，咽液三九過。若六甲六丁，日月晦日同者，重行之。第八帝星高上玉皇八景靈元君。第九尊星太微玉帝神素七辰元君，九遍願得除臣九世父母以來，下逮臣身，諸丘山水源大小罪過，名上死籍，陰匿陰賊，惡伏姦藏，欺事有億萬計，列在鬼帝酆山上死罪條例之愆，記北上九元太極真人黑簿者，乞九天元太上尊帝王元君，皆令罪事消除。飛行七道，上登玉清。洞遊太元，乘景晨生。北宴八素，與日相傾。總朝真妃，攝御萬靈。

《上清握中訣》卷上　次乘虛躡景　從北極上，俱上天關，右手拊心，左手指天關，閉氣三息，叩齒三通，咽液三過。微祝曰：　太上七極，紫微绝辰。實玄金房，外有玉門。週運九宮，調和天關。中有尊神，號曰：　紫皇。授某隱書，攜某乘龍。上浮九天，下飛地元。景雲丹輿，玄華翠裳。腰佩龍策，頭巾虎文。包生萬物，教化飛仙。脱某死名，天地長存。乘龍步斗，所向受恩。有惡我者，風刀火燃。

遊行三命　從天關上，俱上輔星。閉氣一息，叩齒三通，咽液一過。微祝曰：　太極輔星精在紫闕。養生育命，寶守神魂。金房再開，奉見輔君。賜某隱書，使某遊旋。列名聖皇，飛仙九天。巾金佩真，出入洞門。

徘徊三陽　從輔星上，俱上弼星。閉氣一息，叩齒三通，咽液一過，微祝曰：　太虛泥丸，紫宮天尊。玄空真紐，爲帝之先。精入明堂，彊胎益魂。朱山再開，奉迎靈元。左挹日華，右掇月根。流火萬丈，金羅碧裙。腰帶虎符，首戴花冠。賜某隱書，得行天關。乞願飛仙，役使萬神。萬向皆會，福德如山。

朝四極　春步綱單，正身入魁中，東向視歲星象在肝中，再拜跪祝曰：　太歲元神，木公九元。陽華玄元，盡來入身。叩齒九通。

夏步綱畢，正身入魁中，南向視熒惑星象在心中，再拜跪祝曰：　南上元神，火陽四光。重離丹火，來入丹房。叩齒九通。

秋步綱畢，正身入魁中。西向視太白星象在肺中，再拜跪祝曰：　西上太玄，金精七道。玉元二帝，氣回胎腦。叩齒九通。冬步綱畢，正身入魁中，北向視辰星象在腎中，再拜跪祝曰：　北玄紫辰，金車水元。龍胎化靈，來入一身。叩齒九通。

甲子日八節日，步綱畢，正身入魁中，弼星後向真人存鎮星象在脾中，再拜跪祝曰：　太極九真，流康陰根。飛一華蓋，來入泥丸。叩齒九通。

步綱脱死，名上玉録，法亦如此，但用有異耳。右六甲日步者，出仍左回向下台閉氣，隨綱禹步，躡星上至金上，往還九過畢，住金上，叩齒三下，通氣祝曰：　上台虛精，中台六淳，下台曲生。次步五星，先向綱口，臨目閉氣，叩齒五通，咽液五過，存五星精各在五藏中。

《上清握中訣》卷中　大靜法　守一之人，每以甲午、甲辰、甲寅日夜半，掃除靜寢之庭，亦可作壇，方一丈，障四面布席，燒香向北再拜，平坐按手臨目，存三宮三一如法。又存三素雲氣，各在宮中，三人在氣中。三素者，紫、青、絳衣，次重沓之，因仰視北斗，存紫氣從魁中出，如弦直來入口，分注三宮。於是三一三卿及我，乘三素雲忽出，共乘紫氣上登斗魁，因乘三素，度入北極中，見紫房、玉階、天宮序列，太一帝君巾紫晨冠，龍錦鳳衣向南坐。我等七人登階北向拜，求乞飛真長生之道。良久自忘，如在天上，久久乃密起還寢，陰雨可於寢床存之。

上建日平旦向王平坐，閉氣臨目，內視三宮三一三卿如法，乃存忽出在我前對坐，我乃心起，各再拜，令如見，乃心祝曰：　天尊三帝，守某命門。出游虛中，六氣玄分。養我五神，正我三魂，五藏自生，長生飛仙。又存從虛中，忽還三宮，如法而住，乃咽液三十過。久行之，當夢見金玉、白鳥諸物，見一之漸也。上除日夜半密起，向北仰視北斗，內像輔弼之形，忽見三一三卿從輔星中出來，下入三宮中。

仍還室更閉氣，臨目內視，精思如法，良久微祝曰：　太上天輔，三帝所

遊。三卿從胥與真合，俱下入我身，安寂坐無，吐精灌形，魂魄和濡，使我飛仙，雲車行浮。咽液二十七過。每開日夜半，起坐東向，去巾，亦可解髮更梳結之，臨目內視，微呼曰：上元三真，真中嬰兒。散髮開煙，上通天台，泥丸堅凝，與天同時。使我飛仙，交行洞臺。咽液十九過，乃巾而卧，更存三一宮中，呼氣三十過，我亦自呼氣三十過，當覺令身中薰薰熱，則如魄凝魂之驗。月初出向月再拜，存月白光十芒來接我身，洞照三宮。乃心祝曰：太陰玄精，明月夫人。初生流光，照我三宮。神仙上飛，高遊八方。所向所願，皆與福中。亦可再拜。臨食初，就食皆先正心目，想三一各於其宮遥共歆饗畢，乃食。食畢心祝曰：百穀入胃，與神合氣。填補血液，屍邪亡墜。長生天地，飛登玉闕。役使六丁，靈童奉衛。巾斗卻惡，守一出入。行住恒存，北斗覆頭，柄指前，今天關去面七尺。如此百邪兇氣不敢干犯也。尋此要訣，亦可兼作飛步祝曰：吾是天目，與天相遂。精若電雷，明曜八域。徹視表裏，無物不伏。吸火鍊形，夜臨目向火，口吸取火光，咽之無數，存覺身帀體洞熱如火，良久乃止。三年行之，能入火坐，此赤將子鍊形法。【略】

服日芒法　平坐臨目，直存心中有日象大如錢，赤色紫光九芒，從心上出喉至齒間，未出齒而回還胃中。良久，存見心胃中分明，乃吐氣，漱液，服液三十九過止。一日三爲之。

服月芒法　夜存月在泥丸中，黃色有白光十芒，亦未出齒而回入胃，當以亥子醜時，月徑一寸在丹田宮，其千白芒流下口中，咽入喉，到胃，令白光照徹，亦應吐氣服液三十九過，卧存之亦可。

服三氣法　常以平旦向日，臨目存青氣、白氣、赤氣各如線，從日下來直入口中，挹之九十過，自飽便止。

服霧法　當以平旦於靜寢之中，坐卧任意，先閉目內視，髣髴如見五藏因臨目。口呼出五色炁二十四過，使目見五色氣相纏繞在面上，鬱然乃又口內。此五色氣五十過畢，咽液六十過微祝曰：太霧發暉，靈霧四遷。結炁宛屈，五色洞天。神煙合啓，金石華真。謁鬱紫空，鍊形保全。出景藏幽，五靈化分。合明扇虛，時乘六雲。和攝我身，上昇九天。畢，又叩齒七通，咽液七過，乃開目。

守玄白法　常平旦，坐卧任意，存泥丸中有黑氣，心中有白氣，臍中有黃氣，三氣俱出如小豆漸大，纏繞合共成一以覆身，因變成火，火又燒身，使內外洞徹如一，旦行至日中乃止。於是服氣一百二十過。都畢。

朝玉晨　正月四日、二月八日、三月十五日、四月八日、五月九日、六月六日、七月七日、八月八日、九月九日、十月五日、十一月三日、十二月十二日，平旦日出時，北向再拜，自陳本懷所願，畢。咽液三十六過。云：此日太上大道玉晨君登玉霄，琳房四眄，天下有志節遠遊之心者，是故令拜請，先應呼位號如朝。法云：糞土小兆某甲，乞願云云也。若雨雪，可於靜室中啓請。畢，更再拜，仍長跪，咽液止。

守玄丹法　其月一日、三日、七日、十一日、十五日夜半，所存即與三一同法。其常日夕當依今事，其暮夕靜寢，去諸思念。先存北極辰星出一紫氣如弦來，下入玄丹宮，須臾，滿宮溢出，外帀身通洞，與紫氣合體。又存日忽飛來入宮，在紫氣中晃晃然。乃存上清中黃太一真君，從北極紫氣中來，入日中坐，服色名字把執悉如前。因三呼位號名字，忽存我入在太一前，再拜稽首，問道求仙，因乃咽紫氣三十過，咽液三十過。又存北斗魁中出一赤氣如弦，直入來玄丹宮，於是真君與我共乘日，入行赤氣道中，上詣魁中。寢，注想令分明，於是仍以寢，即有真感。其非夕時，亦當恒存太一在玄丹宮，並出紫氣以繞身及咽之也。若聞耳鳴，錯手掩耳祝曰：赤子在宮，九真在房。請聽神命，亦察不祥。太一流火，以威萬兇。手指耳門七過，覺面熟者佳。若項間色色寒者，惡氣入。當急卧，臨目存玄丹太一真君，以火鈴煥而擲之，令惡炁即出耳外，火光亦隨之炯炯以照映一身，良久平復。

凡諸聞見不吉，並精存真君以求救護，則萬兇不干。

朝太素　正月九日、二月八日、三月七日、四月六日、五月五日、六月四日、七月三日、八月二日、九月一日、十月十日、十一月十一日、十二月十二日夜，於寢靜室北向，再拜稽首。跪曰：謹啓太上大道高虛玉晨太素紫宮八靈三元君，中央黃老無英白元太帝五老高真上仙，太極黃精三皇玉君。大洞三景弟子某甲，謹以告日之夜，天關九開之間，上聞太上玉皇真君乞得長生。世上壽無億年，時乘黃晨、綠蓋、龍轅，上詣紫庭，役使萬神，侍衛四明。畢，勿令人知。云：施行太丹隱書，存三元洞房者，此謂修先進之法，非關三一。乃諸訣法，若未行此道，謂亦不得用此拜請，而此日是月中吉辰，宜爲諸善事。

朝青君　丁卯日日出，向日再拜，請乞九月後，正月前，日出同其方，可

因此以服日精。此日東海青童，登方諸東華臺四望，按方諸在會稽東小近南，著則應對乙地。若夏月日出東北，便不得正向日，存拜東華所在啓請。若請乞畢，又再拜，乃修日事。受者但吸服霞精而九咽之。

精思　常以二月二日、三月三日、八月八日、九月九日、十月十日夜，於寢室存思洞中訣事，燒香念真精。苦勿眠，如有所待兼慎，於其日益善。云修洞訣者，其日衛經、玉童、玉女將太極典禁真人來於空中觀察善惡，故令謹慎勿爲他事，唯營道務，修諸善法也。

《上清握中訣》卷下　蘇君傳行事訣　人頭有九宮，兩眉間上卻入三分爲守寸。一寸爲明堂宮，二寸爲洞房宮，三寸爲丹田泥丸宮，四寸爲流珠宮，五寸爲玉帝宮。明堂上一寸爲天庭宮，洞房上一寸爲極真宮，丹田上一寸爲玄丹宮，流珠上一寸爲太皇宮。凡一頭中有九宮，並各方一寸。守一法：立春日夜半，東向平坐，閉氣臨目，握固兩膝上。先存守寸中，左有絳臺，臺中有青房，房中有神著青衣；右有黃闕，中有紫戶，紫戶中有神著紫衣。手並執流金鈴，仍三呼其名。微祝曰：　紫戶青房，有二大神。手把流鈴，身坐風雲。俠衛真道，不聽外前。使我思感，通利靈關。出入貞利，上登九門。即見九真太上之尊。次存明堂中，左有明童真官，中央有明鏡神君，右有明女真官，頭形並如嬰兒，著綠錦衣腰帶，四赤玉鈴，口銜赤玉鏡，長跪坐向外，口並吐赤炁，貫我身令匝，及閉目微咽之。又使鳴玉鈴，吐鏡赤光萬丈。須曳，赤炁繞身變成火燒身，內外同光如一，因三呼名字，叩齒九通。若飢渴，若闇行，若處危難。

次存洞房中，左有無英君，著芙華冠，御紫晨蓋，佩流金鈴，向外坐。乃微祝曰：　三元英炁，太玄紫晨。黃闕金室，中有大神。華冠紫蓋，龍衣虎文。出丹入虛，呼陰召陽。天道有真，名曰無英。扶我生我，與我長存。

又存右有白元君，著黃辰華冠，龍文衣，佩神虎符，向外坐。乃微祝曰：　太上神精，正當神門。龍衣虎帶，黃辰華冠。把籍持書，是爲白元。與我俱遊，上到陽闕。週遊九清，還安黃房。此洞房法，又常以夜半後，生炁時，按手兩膝，閉炁冥目內視，咽液百二十偏，存無英君服色，祝說如法。又以日出東向再拜，閉氣，冥目內視，咽液百二十過，存白元君服色，祝說如法。

又以甲子日夜半後，被髮傳粉，按手兩膝，服氣咽液百四十過，乃呼二神名字。

立春東向，立夏南向，立秋西向，立冬北向。春分日夜半，正坐東向，冥目，存北斗星下紫氣大如絃，從上直注我前，令三一三卿及我合七人，我在中央並覆匝，七星杓指前鷹行，共乘紫氣，上登陽明星，入中共坐，並吞紫氣三十過。畢，乃悉更緣紫炁來下，還入三宮中。心祝曰：　三尊上真，太玄高神。陽明主春，萬童開門。丹元主夏，朱紫合煙。陰精主秋，天威六陳。北極主冬，萬邪塞姦。五土季王，戊己天闕。所摧皆滅，所向莫干。鍊我七魄，和我三魂。生我五藏，使我得真。登飛上清，浮景七元。長生順往，嘯命千神。夏至南向登丹元星，秋西向登陰精星，冬至北向登北極星，皆依此法。若六月一日或十五日，當西南向俱乘絳、紫、青、黃四氣，共登天闕星，吞四色氣各十過，此謂五斗內法。每建日平旦，存三一，從三宮中出，坐我前如實見之，乃小起再拜。心祝曰：　天尊三帝，守其命門。出遊雲中，六氣玄分。養我五神，正我三魂。五藏自生，長生飛仙。乃存從虛中還三宮中，咽液三十過止。除日夜半，密起向北，仰視北斗，存三一從輔星中下來，各入我三宮中，乃還寢靜思，存而微祝曰：　太上天輔，三帝所遊。三卿扶胥與真合，俱下入我身，安寂坐無，吐精灌形，魂魄和柔，使我飛仙，雲車行浮。咽液二十過。每開日夜半起，坐東向去巾。微祝曰：　上元三真，真中嬰兒。成愛開煙，上通天台。泥丸堅疑，與天同時。使卷飛仙，交行洞臺。咽液十九過，乃巾而寢，更存三一三卿各對坐其宮。三一口呼氣三十過，我亦自呼三十偏。甲午、甲辰、甲寅日夜半出庭，露壇上方一丈布席，燒香北向再拜，坐按手膝上，仰視北斗，存紫氣從斗出入我三宮中，三一三卿與我俱來，紫氣上登北極星，恍惚亡身，如昇天之狀，見北極中紫房、玉階、天宮序列，此七人侍帝前對坐論道，請乞飛仙，我乃心拜。次，北向存玄丹宮中，紫房、綠室、朱煙滿內，有太一真君，頭形並如嬰兒，著紫繡錦衣腰帶、流金火鈴，左把北斗星柄，右把北辰綱，向外坐，金床玉帳，存令分明見之。乃又存北極星，紫氣來下，入宮滿溢，出外帀身，通洞合體。又存日來入宮，在紫氣中央曖曖然。又存太一真君從北極紫氣中來，入日中坐。又存我忽上入在君前對坐，心起再拜，稽首膝前，問道求仙。因吞紫氣三十過，咽液三十過。又存北斗內有一赤氣如弦，徑下三宮，太一與我乃俱乘，日行赤氣，上詣斗魁中寢。此法亦獨行，不必待三一也。月一日、三日、七日、十一日、十五日者夜半，存太一真君名字，服色如前，向外坐，口吐青氣，下入我口中，隨咽之五十過止，咽液五十

過。微祝曰：太上真皇，中皇紫君。厥諱規英，字曰化玄。金床玉帳，紫繡錦裙。腰帶火鈴，斬邪滅姦。手把星精，項生日真。正坐吐氣，使我咽吞。五藏自與我共語，同宴玄丹。鍊灌七魄，和柔三魂。神靈奉衛，使我飛仙。五藏自生，還白童顏。受書上請，司命帝官。所願所欲，百福惟新。存我上入官在太一前寢息。兄守一，旦起皆咽液三十過，存令赤色，又手拭面耳令熱。自非應存之日者，唯存三一在三宮中，安坐而已，至於玄宮，自多存之，勿令脫也。

若忽覺頭頸間色色惡者，惡氣入也。當急臥，臨目存玄丹宮太一真君，以流火鈴煥而擲之，令惡氣即出耳外，火光亦隨之炯炯以照一身，良久平復也。若忽耳鳴者，是他鬼邪欲入。故守寸三神，令耳神嬌女，雲儀磬鐘警備也。錯手掩耳祝曰：赤子在宮，九真在房。請聽神命，亦察不祥。太一流火，以滅萬兇。若臨飲食，皆先存一飲食，然後乃食。畢，心祝曰：百穀入胃，與神合氣。填補血液，屍邪亡墜。長生天地，飛登金闕，役使六丁，靈童奉衛。常伺月初出，向月再拜。心祝曰：太陰玄精，明月夫人。初生流光，照我三宮。神仙上飛，高遊八方。所向所願，與福神中。八節之日，朱書三元。真符平旦，向王吞。之一板畢再拜。朔日初服，十六日止。後節復起如初，又朱書白素，錦囊盛佩頭上。正月朔旦，青書寶章，北向再拜吞之。又朱書白素佩左肘，相見以金，長九寸，廣四寸，厚三分刻書之，以封掌五嶽山精神也。赤將子鍊形法，夜臨目向口吸取光存燒身，使內外洞徹如火，爲之三年能入火。此周君訣。

茅君傳行事訣　存明堂玄真法：寢靜之室，平旦瞑目，按手膝上，旦存日，夜存月，並大如鐶，以對口去之九尺。日色赤有紫光九芒，月色黃有白光十芒。芒直如弦以入口。日月中有太玄、上玄、丹霞、玉女，冠紫芙蓉，著朱錦帔裙，正向我面，自稱如此，因吐赤氣注我口中，我隨吐隨咽九十過，覺日月漸來。薄面玉女口亦綴我口上，氣液皆入我口中。乃微祝曰：太霄紫真，明堂陰神。日月生精，玉女纏璇。先自靈誕，厥字密真。首巾紫華，芙蓉靈冠。身披錦帔，朱丹飛裙。出日入月，天光幽芬。口吐絳氣，灌我三元。面覩天井，柔魄制魂。玄液流行，胎精長全。五藏生華，開童反顏。監御萬靈，司命飛仙。存玉女口津液注我口，潄滿咽之九十過正。若不得服時，當存二景還明堂中，日左月右，令光輝與目童合映。又以月旦日、本命日夜半，東向朱書陽符青紙上，黃書陰符青紙上，乃臨目存日紫光、月黃氣在明堂中，明洞一身，以左手執陽符閉氣，心祝曰：二景流精，光映某形。左回日華，右掇月英。混合二氣，灌溉三田。飛霞玄映，保固靈根。使某長生，天地同存。服之畢，再拜。又右手執陰符，閉氣祝曰：黃氣陰華，陽精洞鮮。五神柔鍊，三左□津。二景煇煥，流霞灌真。陰陽通氣，回黃注丹。畢，體遁變，上昇帝官。服之畢，再拜。

王君傳行事訣　生氣時，坐臥任意，叩齒九通，陰祝曰：東方青牙，紫雲流霞。三素徘徊，玄霜玉羅。服食晨暉，飲以朝華。次叩齒九通祝曰：南方朱丹，霞暉太微。九道絳煙，散布景輝。服食靈晨，飲以丹池。次叩齒九通，祝曰：西方明石，飛霞金液。服食太明，素雲之精。飲，以玉液，神華啓靈。使我登虛，上昇高清。次叩齒九通，祝曰：北方玄滋，慶靈啓胎。綠霞敷晨，紫蓋蒼旗。服食丹畢，飲以瓊飴。次叩齒九通祝曰：戊己之元，黃素五雲。四霞紫觀，八景九晨。二明激暉，七曜靈尊。和精灌氣，服食中元。琳華龍胎，飲以醴泉。夜半後皆可行。

魏夫人傳行事訣　暮燒香，讀《黃庭內景經》一通。旦夕朝靜法：本命甲午後，數得九十日是甲子，凡二日平旦入靜，燒香，北向朝太微帝君微祝曰：糞土小兆男生姓名謹稽首再拜：朝太微天帝君玉闕紫宮前，當令某長生神仙，所欲所願，萬事成就，司命紫簡，記在玉皇，得爲物宗，登仙度世再拜。

正月一日後數一百八十二日，夜半入靜燒香。朝太上玉晨大道君，跪微祝曰：姓名小兆謹稽首再拜：太上高聖君瓊闕下，乞得告下司命記籍長生，所向所願萬物自成，神仙飛仙得宴九天。凡入靜，皆先潔口閉氣入戶，先前右足著前進，左足併，乃得趣行耳。出戶，勿反顧之，潄口而退。

修行寶神訣　掌摩兩掌令熱以拭面，使帀熱。月五日、十五日、二十五日、二十九日夜半，存日象從口入在心中，照心內光明。祝曰：太明育精，內鍊丹心。光暉合映，神真來尋。臥起平坐先收兩手，乃度以掩項仰面與爭三四過，乃屈動身體，伸手四極反張，側掣宣搖百關三過，恒以手按兩眉後小穴中三九過，又以手心及指摩目下觀上，又以手旋耳行三十過，又以手從眉中逆乘額上行，入髮際三九過，內存赤子日月雙明，上元歡喜，口傍咽液。服日月象法男服日象，女服月象，日一勿廢。

《丹經極論·內外二藥法》 外藥火候　身心不動，呼吸自然，神氣入於其根也。閉極則失於急，縱放則失於蕩。惟使其綿綿續續，勿令間斷，然後神久自凝，息久自定，其運火之功也，若烹小鮮，無過不及也。一炁初萌，在乎不採之採，若存若亡，在乎微陽養稚陽。然後注意規中，息息歸根，以意定炁，漸漸運火，一升一降，週而復始。不可泥定不運，而反成否塞。所以陰陽運轉，皆乾坤之妙用，罕有人達曉。使天地不運轉，則一氣停積，萬物不生；人若不運轉，則一氣否塞，不産丹藥。豈得與天地同其長久也！一終之功，數在九轉。進火久之，覺得神炁微衝，火候全，清明在躬，陰陽分，即宜退火溫養。頃時，然後復進火，漸至烹鍊，致虛極，守靜篤，身心合，神炁交，百骸九竅如浴起，夾春雙關似火，然後可謂純陽矣。修鍊之士，在臨機圓活，知進退存亡，不失其爲聖人也。

內藥運功　真一之炁，窅然無形。若不得二八陰陽之炁相交，安能降格兆形黍粒者？卻得此黍粒之丹，吞餌之後，若不能得陰陽符火氤氳，安能變化金液丹哉？

真一之炁，在造化爐中，被真火煆鍊，光透簾幃，金華滿室，乃真陰真陽二炁交合，産成黍粒之丹，吞入腹內丹田中，點化陽魂，以消陰魄也。當斯之時，一炁運歸身中，由泥丸而下，但覺五內清涼，金光透體，成功在乎一時之間。及乎在內，卻有十月之功。運用抽添，防危慮陰，所謂井底泥蛇舞柘枝，窗間明月照梅梨，夜來混沌攧落地，萬象森羅總不知，正此時也。得此陽丹點已陰汞之後，在乎虛心運火，忘情諧和。運陰陽合乎呼吸，以呼吸用神炁，以神炁用水火，以水火用胎息，綿綿游泳，坎離交合，而生金液也。運陰陽造化之機，不以初功既升，而由泥丸而下，所謂下鎮人身泥丸絳宮，中理五炁，混合百神，則忘炁以養神，仍直下也。輕輕然運，默默舉。其訣曰：專炁致柔，能如嬰兒。除垢正念，靜心守一。外想不入，內想不出。終日混沌，如在母腹。神定以會乎炁，炁和以合乎神。神即炁而凝，炁戀神而住。於寂然大休歇之場，恍兮無何有之鄉，灰心冥冥，如雞抱卵，似魚在水。呼至於根，吸至於蒂，綿綿若存，再守胎中之一息也。更在屏塵緣，絶視聽，少飲食，不睡眠，則騰騰任運，任運騰騰。不可著於持守，不可泥於進火。久久之後，要溫養子珠，正謂藥熟不須行火候，泥於火疾必傷丹。只須保養無虧損，渴飲困眠飢便餐。

運丹生成之際，忽覺夾脊上衝泥丸，瀝瀝有聲，從頭似有物觸上腦。須臾，如雀卵顆顆自腭下重樓，如冰酥香甜，甘美之味無比。覺有此狀，乃得金液還丹。徐徐咽歸丹田不絶，五臟清涼。閉目內觀藏府，歷歷如照燭，漸次有萬道金光透體也。十月功足，聖胎圓成，調神出殼。

出神　自古神仙出神，別無他法，神即我身之元神。炁足則神靈，神靈則自出，非比存想之法。陽神之出，鬼神不可得而見，不可得而知。鬼神可知可見者，則與陰神同類，非陽神也。三年千日之功，存養既成，炁足神全，出入自由。身外之身即法身，聚則成形，散則成炁，不可以形迹，擬議陰神，即無形迹，不能分身化形。陽神可以一身至百十身，各各可以飲食，可以應酬，合之又復一。所謂聖而不可知之謂神，隱顯莫測，變化無窮，千里萬里，須臾即到。過去未來之事，一一皆先知，方可謂之陽神。陽神出入，皆由天門。天門初開時，如大斧劈腦，不可驚動；如嬰兒顖門，密室聖護，未可輕出。初出於左右盤旋，回顧神室舍屋。神出熟時，開眼閉眼，我皆自見。然後，使去來在空，始亦須自十步，以至百步，至千步。漸漸放出，放出之際即收回。久久之後，方可任意遠出。神出之時，須留一神看舍，及祝。翊衛護戒之。神守之一神，是腦中金甲神，人出時，當分付與吾，托定頂門，恐有假名托象入我神舍，不可放入。吾歸即呼我姓名，便合爲一，非在三載九年之功，安能至此哉？

《太清道林攝生論·調氣法》 彭祖曰：和神導氣，道當得密室閉戶，安床煖席。枕高二寸半，正身偃臥，宜目閉炁於胸膈，中，以鴻毛着鼻上而不動。經三百息，耳無所聞，目無所見，心無所思。如此則寒暑不爲害，蜂蠆不能毒，壽三百六十歲，此隣於真人也。彭祖曰：道不在煩，但能不思衣食，不思聲色，不思勝負，不思曲直，不思得失，不思榮辱，心無煩，形勿極。而兼之導引行氣不已，亦可長生，千歲不死。凡人不可無思，當以漸遣除之。人身虛無，但有遊炁，炁息得理，即百病不生。若消息失宜，即諸痾競起。故善攝養者，須知調氣方焉。

調氣方治萬病，大患百日生眉鬢也，餘者不足言。凡調炁之法，夜半後，日中前，氣生得調。日中後，夜半前，氣死不得調。調氣時仰臥，床鋪厚軟，枕高下共身平，舒手展兩腳，兩手握大母指節，去身四五寸，兩腳相去四五寸。引氣從鼻入足即停止。有力更取，久住氣悶，從口細細吐出，盡。還從

鼻細細引入，出氣一准前法。

若患寒熱及卒患癰腫，不問日中後患未發，前一食間即調，如其不得好差，明日依前式更調之。若患心冷病，氣即呼出。若熱病氣即吹出。若肝病即噓出，若肺病即呵出，若脾病即嘻出，若腎病即呬出。

夜半後八十一，雞鳴前七十二，平旦六十三，日出五十四，食時四十五，巳時三十六。欲作此法，先左右導引三百六十遍。治病有四：一冷、二痓、三風、四熱。右若有患者，安心此法，無有不差也。凡百病不離五藏，事須識其相類，善以知之。心藏病者，體冷熱。相法：心色赤，患者夢中見人者，赤衣、赤刀、杖火怖人。治之法：用呼吹二氣，屬心呼治冷，吹治熱。

肺藏病者，體胸背滿脹，四肢煩悶。相法：肺色白，患者喜夢見美女、美男，詐附人，共相抱持，或作父母兄弟妻子。治法：用噓炁出。肝藏病者，愁憂不樂，悲思不喜，頭眼疼。相法：肝色青，夢見人著青衣、持青杖，或師子虎狼來恐怖人。治法：用呵炁出。

脾藏病者，體上遊風習習痛，悶疼。相法：脾色黃，通土色，或作小兒擊歷人，取猶人或如遊風團攣轉，治法：用唏氣出。

腎病者體冷而陰衰。相法：腎色黑者，夢見黑衣、持黑杖怖人。治法：用呬氣出之。

凡用大呼三十遍，細呼十遍。呼法：鼻中引氣入，口中出。吐氣當令聲相逐呼字而吐之。熱病者，用大吹五十遍，細吹十遍。吹物之法：吹當使字氣聲似字。心悶者，用噓三十遍，細噓十遍。肝病者，用大呵三十遍，細呵十遍。心病者，用大唏三十遍，細唏十遍。有冷者，用大呬五十遍，細呬三十遍。此十二種調氣法，若有病者，依此法恭敬用心，無有不差。皆須左右導引三百六十遍乃爲之。

《真仙秘傳火候法・火候之法》 夫火候之法，非意中存想之虛炁，亦非呼吸腰上之真炁。其傳之有三：心爲之君火，而曰上昧；腎爲之臣火，而曰中昧；膀胱爲之民火，而曰下昧。三炁聚而爲火，散而爲炁，故曰三昧真火也。昇降循環，如天之道，一十五兩三百六十銖而有周天之度，天炁五日一加，炁候也，人之修鍊，五數一進退火。呂公曰：一輪火內養黃婆。海蟾曰：燒丹無使火龍飛。戌亥時下手，子時止。幽室靜坐，頻去思慮，微微凭几，輕輕脇腹，鼻息綿綿，用之不勤，默想丹田，如火輪轉不倦，脇下不動，如困暫歇。再脇者聚，聚散之炁。想火輪以制下心火，炁入黃庭宮，始覺腹微痛，次覺漸熱。若止行此法，自可補虛益炁，穩而安樂延年。以前龍虎交媾，並行百日，下火五兩，自戌至子，鍊成津汞，而藥力餘。二百日下火十兩，自酉至子，諫砂成金砂而聖胎圓。三百日，下火十五兩，自申至子，鍊砂成金，純陽炁生。計日三百，計火三十兩，故號曰功滿三千是也。

時中火候　鉛汞雖得凝結，未能便伏，須憑火力，鍊元自守，立作命基也。《西山會真記》：中子後午前行火法，令腎炁上升，心液下降。服丹之日，便當火在子午寅申之時，子武火一百六十一參抽添，寅文火一百八息，戌己火六十四，甲丙火七十二。平倫卯酉，用在寅申。男生於丙寅，女生於壬申，餌丹羅行己火，存神端坐，正抱外腎，澄绝思慮，抱元守一。然後定息七十二數，自此不得喜怒、急躁恐，或奔逸，不爲小事。

行水　用鼎在懷，神不與交，閉息七十二數。情狂興落，切在把捉，無令失措，謹蓄兵威，陣而不戰。鍊合之時，須行子午。

《醫説》卷九　夜卧　夜卧覺，常叩齒九通，咽唾九過，以手按鼻左右，上下數十過。

存心中氣　《仙經》曰：常存心中有氣，大如雞子，內赤外黃，能辟衆邪，延年益壽。又云：常存心如炎火，如斗煌煌光明，百邪不敢干之。

服玉泉　道人蒯京，年百七十八，而甚丁壯，言朝朝服玉泉、琢齒。玉泉者，口中唾也。朝旦未起早，漱津，令滿口含之。琢齒二七過，名曰練精。

摩面　《太素經》曰：一面之上，兩手常摩拭，令熱使人光澤，皺斑不生。先摩擦兩掌令熱，以拭兩目，又順手摩髮理櫛之狀，兩臂更互，以手摩之，髮不白，脈不浮外。

《顯道經・素道解》　老子曰：初入道室法，先以破除之日，解五過七汙，東流水上，沐浴齋戒，令身鮮潔，五臟平安，志意和適。除損萬事，無爲淡泊，則可治道，明受師法。

或問：初入道室，高燥鮮潔不？老子曰：先以生炭著於室中，令逐濕氣，無令有蟲鼠。帳幃帳床席，無令有塵垢。晝夜燒香，令內中皆香。無令有器物，有器物則意不專一。

或問：初入道先齋戒不？老子曰：先五日沐浴蘭湯，身乾髮燥，飢飽適意，精氣和悅，乃可入室也。

或問：道欲聞，百鳥音不？老子曰：常使人遠逐飛鳥及雞犬，四隣無諠論，以清靜爲本。

或問：道時手足間有尺寸度數不？老子曰：以意適之，各有尺寸，不相干錯，名爲之淡泊矣。

或問：道枕席有高下法不？老子曰：枕高肝縮，枕下肺騫。以四寸爲平，枕席令柔耎，其息乃長。

或問：道臥當偃，或有數者不得正偃云何？老子曰：正偃身安，其氣易行。無傾無側，無屈無伏。正偃者，道之大法。

或問：初道氣息未習，欲長反短，欲散反疾，欲留反還，云何？老子曰：初道務清務靜，無強無長。

或問：息得時何以爲驗？老子曰：氣初至時腸鳴，脈動，手足痛，氣之故也。

或問：氣至身何如？老子曰：氣至身，身漸寒，欲驚。安心定志，無使之驚，聽氣之所爲也。

或問：道氣出入，常從何來？老子曰：氣出丹田者，人之命門，元氣之本根，五臟得之以鮮明，精氣之所出入也。

或問：道氣生丹田，出入何臟？老子曰：吁入肺、心，吸入腎肝，吁吸相逢，交會太倉，三焦和引，拘制魂魄。自然之氣，道之命長，審而行之，必爲真人。

或問：道行氣有晝夜不？老子曰：晝存氣府，夜存神宮。氣府者，名曰丹田。神宮者，名曰明堂。晝不存氣府，元氣不行。夜不存神宮，目不覩神。

或問：道氣未至當如何？須起欲臥，及倦得動摇可不？老子曰：倦須復起，欲臥自恣，氣未至時，爲之無數。

或問：道氣或有能者，或有不能者？老子曰：要在體性，有精者道之易，無精者道之難。要當心專，亦有相禄。

或問：道氣男女同法不？老子曰：丈夫精者，二三日得氣。婦人精者，四五日氣通。則有所聞見。道之證驗，精氣之大效。

或問：道有老少不？老子曰：年少者氣易行，年老者氣難行。用日爲遲，要少氣休矣。

或問：道自以籌，長三寸桂丹田者何？老子曰：初道氣時教恐妄，其丹田氣不流行，故乃以籌柱丹田，舉其柱，令氣到其處。

或問：道時丹田久晝，明日可因之，不將更久乎？老子曰：數明久田無發絶，久久自見其田明如日光，氣到如涌雲。

或問：道時可衣小衣不？老子曰：初道盡解衣去之而淡臥。手足擾被，去身不寒，恐後傷人，衣小衣爲善。

或問：道已解可得起不？老子曰：手足定繫槃鼓，呼侍者取衣，則起步。引以舉槃鼓者，重愛其氣，不欲令氣得越泄矣。

或問：一日可數道不？老子曰：道時一日三、四爲之，百日後道成，且爲之不數道，奪人氣息。

或問：道絶久，復爲之可，得飲酒不？老子曰：可，或有自恣貪酒者，而不常道，後復爲之，氣行如故。

或問：道無室可於外不？老子答之曰：初於室成，百日後自恣，要不如密室鮮潔爲善。

或問：道有輕舉，何等輕舉，意將夢之，其形自舉乎？老子曰：道氣久，精神振之，其形自舉，此道將欲成之。

或問：道求度世，欲止民間成可不？老子曰：民間多欲，令意不專。入山潛處守志，自然功滿形變，則得長生。

或問：道成後，可得入房室不？老子曰：欲得飛仙度世，勿入房室。不欲度世者，百日之後可自恣矣。

或問：冥夜可道不？老子曰：禁之，夜爲死氣邪鬼並行，晝爲生氣，以用鷄鳴平旦日出，令氣易行。

或問：道常以鷄鳴爲始，秋冬云何？老子曰：春夏以鷄鳴，或至平旦。秋冬以日出，或至食時。要取密室和溫，早晏無所在。

或問：道所見怪何物乎？老子曰：道數十日，有白頭老嫗從一女子常侍左右，有頃去，忽不知所在，是其怪也。

或問：道見怪，手足擾，口妄言，瞑目顧念田不？老子曰：專心一意，瞑目念田，行氣如故，勿譯勿疑，久久怪自休。

或問：道常瞑目念田，何容見怪？老子曰：意未專，志未定，則見怪無自是無恐，起爲他事，無與之語。與之語，則將人俱去矣。

或問：道未至時，手足擾，口妄言，豈故爲之，將自然乎？老子曰：是自然氣之所爲，非邪所教。

或問：道手足擾，口妄言不止，云何？老子曰：遠者二時，近者一時，氣定意專則自休矣。

或問：道見怪者，告人已不？老子曰：告人者，神後不復來。怪者，真人之媒驛，勿罵呵，翟爲善。

或問：道已解，得講諸繆惡不？老子曰：講諸不祥，則致兇傷。惡夢恍惚，衆邪合同。正氣難致，邪氣往從。

或問：道已解，何時飲食乎？老子曰：道已起步，步已則食，不步氣合舍，飲食則消矣。

或問：道欲何食乎？老子曰：食之乾輕之物，粳糧麥麨，脯腊棗栗，令息條長，養生之道。

或問：道已後幾日，可得食重物薰菜不？老子曰：道成後百日，欲得爲食，以要節少爲本。

或問：道欲少食，飢云何？老子曰：雖飢，氣息安靖。食飽者五臟交格，令氣難行。

或問：道常道氣，可絶穀不？老子曰：將欲度世離俗；急當絶之。以氣息久久，不飢不渴，道之大要。

或問：道欲習精思，不欲絶穀可不？老子曰：食穀滿腹，腐誇盛糞，神不居形，但道不止，久久自不飢。

或問：道人生從小至大，以穀自長，何爲絶穀乎？老子曰：穀唯生人長大，不欲使人食之，至老老死，皆由於穀矣。

或問：道絶穀可得度世不？老子曰：合無者自知，自然不食，但存氣鍊形，何憂不長存。

或問：道欲絶穀，五臟有微病云何？老子曰：且勿絶穀，節食爲之。又百日之後斷穀，稻米粥及餌清物。

或問：道成後可飲酒不？老子曰：酒令人迷惑。氣脈煩結，百脈不通，留生熱，不如不飲，可爲清潔。

或問：絶酒可以道不？老子曰：不可，傷人血脈。欲道先吸氣滿腹，吐之數十，則可以道。

或問：道飢飽有所傷不？老子曰：大飢氣不藏，大醉氣越，大怒氣竭，大樂氣飛揚，大驚還傷神。

或問：道動止有法禁不？老子曰：久視傷明，久聽傷聰，久臥傷氣，久勞傷精，久住傷骨，久行傷筋。

或問：道五味有所傷不？老子曰：鹹傷血，酸傷髓，甜傷肺，辛傷心，苦傷精。夫五味各有所傷，要取入口，味和爲甘。

或問：風寒雨濕，可以道不？老子曰：禁之，無以閉目豫而避之，積道氣盛，邪氣無所從傷之。

或問：炙刺若創，服藥可以道不？老子曰：禁之，炙刺及創，令氣越泄，服藥傷五臟。

或問：道坐起有法度不？老子曰：坐常平膝垂陰，曳腰直脊，昂頭内視，含氣安息，形充氣盛，精神不越。

或問：道意常不樂，惆悵不安，何所存思？老子曰：常念善，則善氣來。若嘗思念惡，邪來傷人。但專心守道，邪無以干。

或問：道時有所存呼？老子曰：先呼五神名，心神名呴呴，肝神名監監，肺神名嚴嚴，脾神名卑卑，腎神名撫撫。從次呼之以處，丹田，氣則至矣。

或問：道入室，陽氣所從生，本命何所系屬？老子曰：氣所生者，生於膽。命所屬者，屬於目。知此二者，則可入室。不知此二者，道必迷惑。

或問：道氣成積年，以何爲證？老子曰：積年道日久，洞浸萬里，日月星辰，明鏡炬火，輝輝日光來照，形兆諸神，營衛不召自來，是道之證，慎勿妄語。

或問：道成時有限度不？老子曰：六十日爲中度，百日爲大度，其已道成，身不復老，數有日久，氣行如風雨。

或問：道身有規矩，爲何處所？老子曰：規矩之房，中有紀綱。圓則爲規，方則爲矩。安規擊矩，誰知之者？而知規矩，父子相與耳。老子曰：無賣吾道，以行求錢；無銜吾道，強授豪榮；無損吾道，以與詭佞。吾道祕重，萬金不傳。有聖則出，無聖則藏。傳得其人，令道清明。傳非其人，還受其殃。藏之金室，閉以玉闕。舍口結舌，無泄吾文。以血爲盟，上謁元先。

老子曰：　凡世俗人求道德，先存其神，其正白如明珠，平旦存在鼻下人中，食時在髮際中，日中在頭上，哺時在頸項上，二者中，下晡在腰，日入在龜尻，夜半在玉英，頭過在胃間，向晨在脾，鷄鳴在肺，過喉入中，平旦復在鼻下人中。飲食行步出入，意當常念之，是謂存神長壽，種道德之根。

《癸辛雜識・胎息》　東坡云：　養生之方，以胎息爲本。此固不刊之語，更無可議。但以氣若不閉，任其出入，則渺綿泿漭，無卓然近效。待其兀然自往，恐終無此期。若閉而留之，不過三五十息，奔突而出，雖有微暖養下丹田，此一於迂，決非延世之術。近日沉思，似有所得。蓋因看孫真人養生門中調氣第五篇，反復考究，恐是如此。其略曰：　和神之道，當得密室，閉戶安床煖席，枕高二寸半，正身偃臥，瞑目閉氣於胸膈間，以鴻毛著鼻上而不動，經三百息，耳無所聞，目無所見，心無所思，則寒暑不能侵，蜂蠆不能毒，壽三百六十歲，此鄰於真人也。此一段要訣，且靜心細意，字字研究看，既云閉氣於胸膈中，令鼻端鴻毛不動，初學之人安能持三百息之久哉？　恐是元不閉鼻中氣，只以意堅守此氣於胸膈中，令出入息，似動不動，氤氳縹緲，如香爐蓋上煙，湯瓶觜上氣，自在出入，無呼吸之重煩，則鴻毛可以不動。若心不起念，雖過三百息可也。仍須一切依此本訣，臥百爲之，仍須真以鴻毛粘著鼻端，以意守氣於胸中，遇欲吸時不免微吸，及其呼時不免微呼，俱任其氣氤氳縹緲，微微自出盡，氣平則又呼吸，如此出入，元不斷而鴻毛自不動，動亦極微，覺其極微，動則又加意，則勒之以不動爲度。雖云則勒，然終不閉至數百息。出者多則內守充盛，血脈流通，上下相灌輪而生理備矣。予悟此元意甚以爲奇。

《重陽立教十五論・論打坐》　凡打坐者，非言形體端然，瞑目合眼，此是假坐也。真坐者，須要十二時辰住行坐臥，一切動靜中間，心如泰山，不動不搖，把斷四門：　眼耳口鼻，不令外景入內，但有絲毫動靜思念，即不名靜坐。能如此者，雖身處於塵世，名已列於仙位，不須遠參他人，便是身內賢聖。百年功滿，脫殼登真，一粒丹成，神遊八表。

降心　凡論心之道，若常湛然，其心不動，昏昏默默，不見萬物；　冥冥杳杳，不內不外，無絲毫念想。此是定心，不可降也。若隨境生心，顛顛倒倒，尋頭覓尾，此名亂心也，速當剪除，不可縱放，敗壞道德，損失性命，住行坐臥常動降，聞見知覺爲病患矣。

《陳虛白規中指南・規中》　**止念**精滿不思色，炁滿不思食。

耳目聰明男子身，洪鈞賦予不爲貧。

因探月窟方知物，爲躡天根始識人。

乾遇巽時觀月窟，地逢雷處見天根。

天根月窟閑來往，三十六宮都是春。

念起即覺，覺之即元。修行妙門，

○　惟在此已。此法無多，子教人煉，

念頭一毫如未盡，何處覓蹤由。

夫無念者，非同土、石、草、木，塊然無情也。蓋無念之念，謂之正念。正念現前，回光返照。使神御炁，使炁歸神。神凝炁結，乃成汞鉛。

牢擒意馬鎖心猿，慢著工夫鍊汞鉛。

大道教人先止念，念頭不住亦從然。

採藥　心動則神不入炁默然，養心。身動則炁不入神。凝神忘形。夫採藥者，採身中之藥物也。身中之藥者，神炁精也。採之之法，謂之收拾身心，斂藏神炁。心不動則神炁完，乃安爐立鼎，烹鍊神丹。

識爐鼎

玄　　真人潛深淵，

牝　　浮游守規中。

夫玄牝其白如綿，其連如環，縱廣一寸二分，包一身之精粹。

要得谷神長不死，須憑玄牝立根基。

真精既返黃金室，一顆明珠永不離。

入藥起火

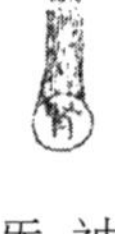　神是火，

炁是藥。

取將坎位中心實，點化離宮腹裏陰。

從此變成乾健體，潛臧飛躍盡由心。

坎離交姤

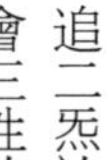　追二炁於黃道，

會三性於元宮。

鉛龍升，汞虎降。驅二物，勿縱放。

夫坎離交姤，亦謂之小周天，在立基百日之内見之。水火升降於中宫，陰陽混合於丹鼎，雲收雨散，炁結神凝，見此驗矣。

紫陽真人曰：

龍虎一交相眷戀，坎離方姤便成胎。

溶溶一掬乾坤髓，著意求他啜取來。

乾坤交姤

大略與別圖同

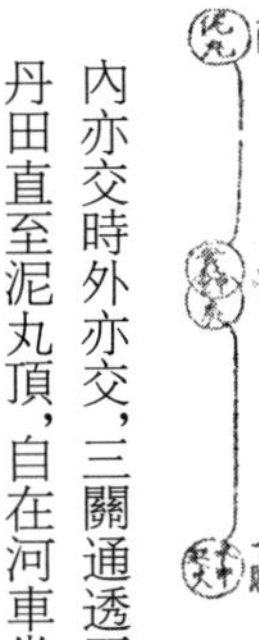

内亦交時外亦交，三關通透不須勞。

丹田直至泥丸頂，自在河車幾百遭。

朗然子曰：

夾脊雙關透頂門，修行逕路此爲尊。

華池神水頻吞咽，紫府元君直上奔。

常使炁冲關節透，自然精滿谷神存。

一朝得到長空路，須感當初指教人。

夫乾坤交姤亦謂之大周天，在坎離交姤之後見之。蓋藥既生矣，於斯出焉。右訣曰：離從坎下起，兑在鼎中生。離者，火也；坎者，水也；兑者，金也；金者，藥也。是説也，乃起水中之火，以煉鼎中之藥。莊子云：水中有火，乃成大塊。玉蟾云：一點真陽生坎内，填卻離宫之闕，造化無聲，水中起火，如在虚危穴。丹陽真人云：水中火發休心景，雪裏花開滅意春。其證驗如此。夾脊如車輪，四肢如山石，兩腎如湯煎，膀胱如火熱。一息之間，天機自動，輕輕然運，默默然氣，微以意而定息，應造化之樞機，則金木自然混融，水火自然升降。忽然一點大如黍珠，落於黄庭之中，仍用採鉛投汞之機，百日之内，結一日之丹也。當此之時，身心混然，與虚空等，不知身之爲我，我之爲身，亦不知神之爲炁，炁之爲神。似此造化，非存想，非作爲，自然而然，亦不知其所以然也。《復命篇》曰：井底泥蛇舞柘枝，窗間明月照梅梨。夜來混沌攧落地，萬象森羅總不知。

攢簇火候

㊛乾 上柱天，下柱地。只這箇，是鼎器。既知下手，工夫容易。

子 朔 子●復 守藏 勿用 初九䷗潛龍勿用 意要誠，心要定。

一陽生，宜守靜。

龍德潛藏，勿宜輕進。

鼓巽風，運火功。

丑○丑●臨 進火 得位 九二䷒見龍在田 刹那間，滿鼎紅。

見龍在田，遍虚空。

天地交，陰陽均。

寅○寅●泰 加火 守城 九三䷊終日乾乾 汞八兩鉛半斤。

姹女劍袂，嬰兒仰從。

水制火，金克木。

卯 或 卯●大壯 沐浴 重淵 九四䷡或躍在淵 到斯時，宜沐浴。

或躍在淵，存誠謹獨。

辰○辰●夬 九五䷪飛龍在天

巳○巳○乾上九䷀亢龍有悔

午○午◐姤 初六䷫

未○遯◐ 六二䷠

申○申◐否 六三䷋

汞要飛，鉛要走。

酉○酉◐觀 六四䷓

至斯時，宜謹守，

把沒底囊，括絶其口。

虚其心，實其腹。

戌○戌●剥 退火 復位 六五䷖黄裳元吉 宜守靜，待陽復，

動一刹間，同天數足。

群陽剥，丹光舉。

亥○亥●坤 野戰 守靜 上六䷁龍戰于野 至精凝，元炁息。

收拾居中，黄裳元吉。

養火 陰既藏，再生陽。到這裏，要隄防。若逢野戰，其血玄黄。

陽神脱胎 掀倒鼎，趯翻爐。功滿也，産玄珠。歸根復命，抱本還虚

○三百日火，一十日胎，其心離身，忽去忽來。回視舊骸，一堆糞土。十步百步，切宜照顧。

孩兒幼小未成人，須藉爺娘養育恩。

九載三年人事盡，縱橫天地不由親。

忘神合虛　身外有神，猶未奇特，虛空粉碎，方露全身。

太上玄門知者少，玄玄元不異如如。

提將日月歸元象，跳出扶與見太虛。

○鍊到形神俱妙處，遂知父母未生初。

這些消息誰傳授，沒口先生說與吾。

張真人解佩令：　陽神離體，冥冥窈窈，刹那間遊遍三島。出入純熟，按捺住。別尋玄妙合真空，虛無事了。

《**清微丹決・坐功**》　坐功睡法　玄牝之門，在兩腎中間，名曰大海，又爲弱水。其爲丹田，左青右白，上赤下黑，中黃。男以藏精，女以藏血，乃孕毓之地，爲人之根本，五炁之元始也。中有神龜，呼吸元氣，流行則爲風雨，激搏則爲雷霆，通貫四肢，無所不至。左右腎爲日月之精華，爲龍虎之變化。前臍則爲崑崙，爲火山，爲淵，爲五城，中有真人，即五帝也。五城之外，有八使，即八卦。大神八使，并大一爲九卿，上有十二重樓，樓中十二子，并三焦神爲二十七大夫，又并四肢神爲八十一元士。太一至真人居臍中，主身中一萬三千神將，郊在頭上腦户中，廟在項後頂上，社在脾左端，稷在大腸窮處，風伯在臍輪下右傍，雨師在小腸盡處，雷公在大海右腎，電母在八門右上弱水之顛。一身之中，神宮凡三十有六，各有官僚宰輔，皆受命於太一真人。凡人當睡法守之，集身神，斬三屍，勘六賊，方可混合造化，窺測乾坤。天地雖大，皆在吾身中也。斂身趺坐，目視鼻心，守玄牝，然後定精神形體氣，神氣相守，命神念之所至。運炁神自然而然降。心神專至誠一，呼集身中之神。時以眼視鼻端，就觀祖府，靜而又靜，一炁七遍。

清微坐功　凡人靜室，跣足端身正坐，兩手握固，萬緣放下，定心如在太極混沌未判之先，虛空圓光之內，又如在圓光一竅之中，混沌一同，身心俱無，澄澄湛湛普照十方，天地莫測，鬼神莫知，早晚靜坐亦然，常要運用。

《**大丹直指・三田返復肘後飛金精**》　此一法號曰：　肘後飛金精。本法用子時後午時前，是氣生時，披衣正坐，握固存神，先存後升，先升後偃，凸胸偃脊，是開中關。平坐昂頭，是開上關。先升後存，下腰自腹，漸漸舉腰升身，而凸胸偃脊，是開下關。已後氣熱威上關之下，方可舉腰升身正坐，一撞三關都過，補腦髓，自然面紅骨健，肌白身輕，是名返老還童而長生不死之法也。年少行之不老，老者行之還童。

口訣：　肘後金精節次般，存身偃仰遇三關。學人能悟玄微理，返老還童自不難。

《**大丹直指・三田返復金液還丹訣**》　肺爲華蓋，咽喉爲重樓，口爲玉池兑户，鼻爲天門，天柱眉間爲玉堂，額爲天庭，頂爲天宮，耳爲雙市門。腎氣傳肝氣，肝氣傳脾氣，脾氣傳肺氣，肺氣傳心氣，心氣傳脾氣，脾氣傳腎氣，是爲五行循環，而曰小還丹也。上田入中田，中田入下田，三田返復，而曰大還丹也。此法：　金液還丹。須要升腰舉身正坐，雙閉兩耳，勿令透出，舌拄上腭，有清涼香美津液，不漱而咽矣。

右件肘後飛金精，節次開關已至，一撞三關，金精入腦，補髓益氣，既而面紅骨健，顔嫩身輕，當依時刻，惟要升腰平坐，不昂不偃，自覺真氣入腦，急用二掌緊閉兩耳，自然腎氣入腦造化，金液下降，姤淋灰相似。每日下火一兩，誠恐火多火少。火氣多則頭痛，火少則金精不飛，須行加減。如行火大猛，遍身壯熱，不可再進火，恐火炎熏燒頭目，太陽作痛，口舌燒破，必傷藥物，當誠息，意離中宮，聽火自然，庶不相傷。卻不要外思邪想，須用沐浴。如行火至金木兩停，欲飛不飛之時，欲濟不濟之際，最要正意守持，一念不生，若思念纔生，即是塵垢。塵者陰也，陰者魔也。被魔所障，三關即閉不通也，須要斬除。其意一正，二氣自合，以結大丹。師云：　洗滌塵垢。道云：　沐浴金丹。《悟真篇》云：　刑德臨門藥相之，到此金丹宜沐浴。二月三陰三陽和暖，花木正開，忽被陰寒風雨所摧，不能結子，謂之德中有刑，如行功陰魔作障也。八月三陰三陽溫涼，萬物漸肅殺之時，得天氣和暖，花木回芽再開，謂之刑中有德，謂守正止念，卻得陽和也。所謂沐浴防危險，妙用在抽添。

口訣：　河車般運入崑崙，須是牢關雙市門。擊動震雷霹靂鼓，急收甘雨洒乾坤。

《**大丹直指・五氣朝元太陽鍊形**》　時皆可行。升腰正坐不動，閉目忘思，默運心火，母氣自然隨氣滿四肢，不覺已身，鼻息綿綿若存，用之不勤。右四時有暇便行，升腰不動，丹中五氣紛紜內起；　正坐不偏，丹中五氣紛紜四出。腎之真氣，鍊骨身輕如毛，可以乘風御霧；　肝之真氣，鍊筋實如

玉，可以走趂奔馬； 心之真氣，鍊血白如膏，可以永耐寒暑； 肺之真氣，鍊肌膚瑩如雪，可以換骨易形； 脾之真氣，鍊肉硬如石，可以化氣如金。始自丹成，五氣朝真氣，聚而不散； 次用前法而般運，內傳五藏，外遍四肢。五氣鍊形，凝而不衰，號曰形神俱妙，與天齊年。

口訣： 丹就自然朝五氣，氣真方可現元神。鍊形換骨非凡客，自是長生物外人。

《大丹直指・神氣交合三田既濟》 此法號曰： 水火既濟。本法用陽時中刻，平坐伸腰，一撞三關，閉耳神水下降，伸腰舉腹，鼻引長息，默運心火上升。

右件震艮之時，一撞三關，金精入腦。補之數足，面紅、肌白如膏，後身輕方可一撞三關，金精入頂，緊閉兩耳，使腎氣不出，併入天宮造化。金精下降，如淋灰相似，自上腭間清涼美味，神水滿口，若咽之歸黃庭，號曰金液還丹。當此上腭有甘美水降，下咽便以伸腰舉腹，默運心火，暗引丹田真氣上升，而又鼻中出息，同舉真氣，遍滿四肢，上水下火，相見於重樓之下，號曰既濟。

口訣： 頂中神水入中源，丹裏真陽返上田。水火合來爲既濟，庭中升入大羅天。

《大丹直指・五氣朝元煉神入頂》 此法曰： 鍊氣成神。本法用子午卯酉時甲乙日鍊肝，丙丁日鍊心，庚辛日鍊肺，壬癸日鍊腎，脾不受鍊，氣寄四臟，戊己日不下功，此爲鍊五臟日也。甲乙日卯時下功，丙丁日午時下功，庚辛日酉時下功，壬癸日子時下功，此爲鍊五臟時也。

右件依前時用法，幽室靜坐，上香一炷，叩齒二十四通，升身平坐，內觀所鍊之藏，鼻息綿綿若存，靜極氣生，氣極神現，如夢非夢，暗中神氣上升。前件日辰不可有差，蓋以神隨日，當真氣隨時運轉，當審日察時，鍊之百日，氣足神現，將欲升仙，非止長生不死。

口訣： 應日隨時自不差，五神會處起河車。靜中真象朝元後，猶恐陰魔作处邪。

《大丹直指・內觀起火煉神合道》 此訣號曰： 內觀起火。本無時候，每日有暇，舉起爲念，略有行持，終日靜坐，神識內守，一意不散。常常升身正坐，默觀五臟，惟要分別真假，勿令陰魔亂真矣。

右件內觀之法，止是靜坐升身，舉起丹中純陽之氣，內鍊五臟，氣附神像，上入頂中，外鍊四肢，氣迸金光，外出神體，非久神合爲道。棄殼昇仙，防其陰鬼、外魔、三屍、七魄，假托形像，以亂天真，混雜陽神，不能合道。所以不計晝夜，常隨氣轉。卯時觀肝，肝氣現青； 午時觀心，心氣現紅； 酉時觀肺，肺氣現白； 子時觀腎，腎氣現黑。五色氣出，壺中真境，不同塵世，車馬威儀，勝及王者，不厭升身起火，真假自然兩向也。

口訣： 旌旆威儀處處同，內觀形像滿壺中。再三熒起焚身火，嘹喨笙簧入上宮。

《抱一子三峰老人丹訣・假性命出陰神是鬼仙小成之法》 口訣曰： 不在言多，凡修仙學道之士，先要識性命根源。根源者，此是人之心腎也。腎是爲命之根，心是性之源。男子婦人以內腎是命之根，以心是性之源也。夫人性命者，此是人心腎中神氣也。心是神之宅，腎是氣之舍。神者，元本在心，心屬陰； 氣者，係根在腎，腎屬陽。神是氣之子，氣是神之母。神氣者，此是假子母也。神是性，鬼是命。神氣者，此是假性命也。又神者，在目爲視，在耳爲聽，在舌爲言，在鼻爲嗅，在手爲把握，在足爲行走； 晝則爲想，夜則爲夢； 散則是意，聚則是氣，聚散無蹤跡； 入爲一身之主宰，出爲靈空無邊； 大包天地，小入芥子。意在心中守定，神在下丹田安靜。口訣曰： 精不散則神不離也。心不可用，意不可動。用心則意動，意動則神移，神移則氣散，氣散則神亡。《周易》云： 陰陽不測之謂神是也。劉真人詩云： 心靜天堂路，意亂地獄門是也。性命二字，如玉隱在頑石中，遇良匠鑿鑒，分剖出來，方可下工。若要下工，十二時中，須是志誠堅守，久久自然純熟矣。夫日用間，飲食則定，萬事俱忘，深居靜室，厚鋪坐褥，寬繫衣帶，疊掌盤膝，正身端坐。莫起一念，晝夜休睡，神依此修行，更去何求是也。若能忘機絶念，勤而行之，如雞抱卵，似蜣蜋轉丸丸成精。思之思無絶斷，常以神守氣，氣守神，神氣相守。聚於下丹田，結成胎仙。一志不散，可以入定，定中以出陰神，千里萬里，如同展臂。陰神出處，他見別人，人不見他，此無名鬼關，修無可歸，止能投胎奪舍，就人軀殼，乃得清虛之鬼，非純陽之仙也，名曰出陰神，是名小成之法也。性長明，眼不視物，耳不聽聲，緊閉其口，鼻中出入氣息，似有似無，莫教間斷，一心存神存想，視聽只在臍下一寸三分下丹田內，安心定意，莫教散亂，抱守元陽真氣，即是長生養命真道，亦是出死入生

妙法，又是仙鑪也。這回下丹田內，安心定意，昏昏默默，綿綿不斷，日積累功，久而見驗。學道之士，古往今來，多不遇明師，安心定意，鎖繫心猿意馬，乃是學道之大病，苦中苦也。如遇明哲師匠，傳其口訣，便會日用於下丹田內，安心定意，鎖繫心猿意馬。此法又如人家養猪、羊、牛、馬，有欄圈相似。不得身外存想，不得身外觀想，不得想包天裹地。虛空一意，既出真性，不知所往，只抛下一間空舍。且下丹田者，此是自己產出仙聖洞天福地也。下丹田內有真陰真陽，金精重一斤，此是神仙之母。學道之士，若不在下丹田內安心定意者，如嬰兒無母自荒也，似迷人失路自迷也。《生天經》云：注想身田，五臟六腑，心目內觀，真氣所有，清靜光明，虛白晃曜是也。劉真人頌曰：心無雜念，意莫外遊。

《抱一子三峰老人丹訣·真性命出陽神是天仙大成之法》口訣曰：不在多言，凡修長生不死，鍊龍虎金丹大藥之士，先要議性命根源。根源者，在離☲坎☵二卦也。言坎離者，此是心腎也。人以心爲離卦，以腎爲坎卦。坎☵離☲二卦，此是性命之根源也。夫人之真性命是☵坎☲離中鉛汞也。鉛汞者，乃龍虎也。離卦生八兩汞，汞者，龍也；坎卦生八兩鉛，鉛者，虎也。離卦藏龍，坎卦藏虎。吕真人曰：陽龍元向離宮出，陰虎還從坎內生。離卦屬南方丙丁火，坎卦屬北方壬癸水。鍾離真人曰：水藏白虎火藏龍，自古神仙向此中是也。太白真人曰：五行顛倒術，龍從火裏出。五行不順行，虎向水中生是也。真性命二字，多包籠說，或言水、火、金、木、夫、婦、日、月，異名千變萬化，不可勝言。口訣曰：只是心、腎中精、血二字，心是血海，腎是精海。心是血之源，腎是精之根。精者是鉛也，血者是汞也。汞生在南方丙丁火，屬陽；鉛生在北方壬癸水，屬陰。真性命只是陰陽二理，陽者是性，陰者是命。若直說陰陽者，陽只作陽說，陰尺作陰說，離中汞者是性，坎中鉛者是命。若顛倒說陰陽者，陽者卻作陰說，陰者卻作陽說，坎中鉛者在下卻是性，離中汞者在上卻是命。顛倒說陰陽者，此是合天地日月造化之理也。鉛是汞之母，汞是鉛之子，鉛汞者，乃是真子母也。鉛者是性，汞者是命，鉛汞者，乃是真性命也。天地無心腎，以日月爲心腎；人無日月，以心腎爲日月。日中有烏，卦屬南方離女，陽中藏陰也；月中有兔，卦屬北方坎男，陰中藏陽也。☲離藏八兩汞，象日中離；☵坎藏八兩鉛，象月中兔。心象日，腎象月，心腎中陰陽，象日月中之造化也。吕真人曰：有人問我修行法，遥指天邊日月輪是也。月上弦下弦，每月初一日，月生一兩金。初二初三到初八日，月生八兩金。月直如弦弓，不高不低，半斤月，名曰上弦。此後七日并前八日，總得十五日，陽生俱圓數滿是矣。十六日陽數漸減數，當生陰。陰退八日至二十三日，月直如有弦弓，不高不低，半斤月，名曰下弦。上弦是八兩，下弦是八兩，上弦又是金，又是火；下弦又是銀，又是水。上弦下弦又是陰陽，又龍虎，變化多端，不可盡言。王祖師曰：上弦金，下弦銀，上下金銀各半斤，彼我合爲十六兩，內中星分怎生均是也。劉海蟾曰：爲君試說大還丹，五色形圓似彈丸。二味合和十六兩，周天火候四邊攢是也。鍾離真人曰：二象包含共一斤，陰陽相制化爲真是也。凡學道之人，得遇明師志友，切勿虛負師友親授之道，急急下手修鍊。和合四象，攢簇五行，匹配鉛汞，二八相合，運周天火候，煆鍊成就一十六兩，赫赤龍虎金丹大藥，形如彈丸，色同朱橘，以應乾坤一斤數，每兩二十四銖，按周天三百八十四支也。修鍊之士，先要固養神氣。神氣者，乃是真戊己土也。戊己爲媒人，又是黃婆。戊土者，乃是坎中氣也；己土者，乃是離中神也。神氣不散，鉛汞自然匹配，烏兔自不相離，鍊成一粒龍虎金丹大藥。鍾離真人曰：鉛汞兩般爲藥本，若無戊己不成丹。三家合一爲真種，始見金丹有返還是也。世人指脾爲戊己，爲黃婆，爲媒人者，此是假戊己也。修鍊之士，先要識鍊丹之火有三等，分於內外兩火。外火者，有形有象，可鍊五金，造化五穀，滋養人物。此火非能鍊丹，鍊丹之火，其在內。內火者，無形無象，發之有焰，藉五谷之氣，即生真火。以精爲民火，氣爲臣火，心爲君火。君火者，神火也；神火者，性火也。惟性火不可發，亦不可用。性火若發，如火生於木，自燒其身。惟火不可用，不可動。動亦是神動，神動則氣動，氣動則精動。性火不動者，則神定，神定則氣定，氣定則精定。三火既定，併會於下丹田，聚燒金鼎，鍛鍊玉鑪，薰蒸關竅，使一身陰消陽長，太真陽氣，上下顛倒，循環自然，鍛鍊成一粒赫赤龍虎金丹大藥也。性命二者，如玉隱在石中，遇良工妙手，鏨鑿分解，剖破出來，方可下工，不悞人之性命也。如要下工，須索依前出陰神小成法行之，爲初從小至大也。天地有自然之氣，氣有自然之數，人禀天地之氣而生，氣數與天地等。修道之士，窮通造化之根源，知陰陽升降之路徑，能於下丹田內，安心定意，一念不生，湛然無欲。從半夜子時一陽生時，自然下丹田內，元陽金精，變成五彩之氣，行如烈火，狀如炎風。穿

過尾閭穴，一撞三關，直至頂門泥丸宮，下降復至下丹田，自下丹田復還過尾閭穴，冲和氣透，醍醐灌頂，黄河倒捲，神、氣、精、血，四物混成一氣，上下顛倒，循環週而復始，自然暗合周天火候，鍛鍊成一粒赫赤龍虎金丹大藥。金丹成而陽神出現，陽神者，此是聖胎也。言聖胎者，即是金丹。金丹者，即是聖胎。聖胎者，與凡胎造化無別。凡胎者，只是父母鉛汞造化成人，鉛者是父之精，汞者是母之血，相合造化成人。將凡比聖，以外見內。聖胎者，全在抽鉛添汞也。所以抽鉛者，自下丹田，真氣直入上丹田，又名河車運轉，又名肘後飛金精，上補腦中，名曰抽鉛。所以添汞者，金精飛從肘後，上補腦中，補之如足，金水注從頂門中降落口內，味甘氣香，嚥過重樓十二環，撞見肺。肺屬西方庚辛金，其色白，水返爲唾。肺有兩道炁脈，氣流入心，心屬南方丙丁火，其色赤。唾返爲血。血者是汞，名曰鉛添汞也，又是鉛生汞也。心有兩道氣脈，注入腎，腎屬北方壬癸水，其色黑。血返爲精。精者是鉛，名曰是汞生鉛也。修學之士，晝夜行持，時無間斷，抽鉛添汞，十月爲足，決定聖胎圓成。張平叔真人詩曰：嬰兒是一含真氣，十月胎圓入聖基是也。又《西江月》半篇詞曰：木性愛金須義，金情戀木慈仁。相吞相啗卻相親，始覺男兒有孕是也。五行不顛倒，龍虎不相交。三田不返復，聖不圓成是也。抽鉛添汞一百日，藥力完全；抽鉛添汞二百日，聖胎堅固；抽鉛添汞三百日，聖胎完備，四肢五臟筋骨俱全。驀然間時動臍下丹田亦動，如婦人懷孕之動。溫養十月胎出，其胎有如金蟬脱殼，身外有身，陽神出現，如嬰兒肌體鮮潔，神彩瑩然體同虛空，聚則成形，散則無窮。次要會調神出殼，神出數步回觀，故軀亦不見有，如見之者，如見糞堆，憎醜萬端。神頃刻還遊，初且莫遠去，初時一步二步，次後二里三里，積日而出入，純熟千里萬里，如同展臂，乃曰出陽神。此是天仙大成之法，長生不死之術盡矣。

金蟬脱殼　天仙之圖

☰　☲離日　☵坎月　☷

口訣曰：凡修長生不死，鍊龍虎金丹大藥之士，先須知陰陽升降之路徑，然後可以下手。抽鉛添汞，飛騰日月，返復陰陽，真氣上下，顛倒循環，週而復始，自然鍜鍊成一粒龍虎金丹大藥。人身脊骨，有二十四節，從下數起，第一節下名尾閭穴，又名龍虎穴，又名曹溪路，又名九重鐵鼓，又名三叉骨，又名河車骨，又名河車路，又名氣海門，又名朝天嶺，又名上天梯。尾閭穴骨樣，如金鼎上有九竅，内外相通，脊骨中間，脊骨兩傍，共有三條徑路，衝直至頂門泥丸宮，從泥丸宮降下，復至下丹田。下丹田復運過尾閭穴，此是從後上升之路徑。泥丸宮，此是從前下降之路徑。泥丸、宮尾閭穴二處是陰陽升降之路徑也。人脊骨上下有三關，尾閭穴名曰下關，有三節。從下關第三節數至第十八節處，名曰中關；又從中關第十八節處數至玉枕關及上大椎三節，直至泥丸宮，名曰上關，此是三關之名也。披雲真人詩曰：撞透三關神泰定，衝開九竅氣冲和。周天火候無凝滯，半夜顛狂獨自歌是也。修學君子於墳墓内、枯骨中看尾閭穴，骨孔穴模樣，如此無別也。洞賓真人詩曰：尾閭九竅爲鐵鼓，周天火候作弓箭。鐵鼓橦透功非小，一泒黄河上下轉是也。

尾閭骨圖

鍊就金丹藥，
推翻造化鑪。
一輪無影月，
天地不能拘。

《抱一函三秘訣·八宝功》　如入室於冬至前，一炁入室，其十五日築固靈根，其十五日謹存神於兩腎之中，候冬至夜子時進火，便應元年。神既存於腎中，陽火運行，其神隨逐而進。其神真金火也。是曰：金火相運，推腎中根也。自根至帶，其神室中者，曰帶結胎成果也。須要根帶相連。故曰呼之於根，吸之於帶，節候周而成大丹也。如冬至夜進陽火，候亥末子初進火，壬上起進火有口訣。一舉三時，其息並無出入，自子歷丑至寅末至申，金火逼逐至神室，其丹漸結。至卯時不進火，卯酉出入謂之沐浴，金眇優游也。至辰復進火，有口訣。至巳末金火逼逐至髓海，陽火至極，即運陰符，曰溫水。有口訣。自丙上符候，行得三時，其息並無出入。自午歷未至申末至庚，金水推運，從雙關鵲橋直入神室，玄珠漸兆。至酉不運符候，卯酉出入謂之沐浴，金砂優游也。至戌復運符候。有口訣。至亥末歸元，一陽復生，根源本始而生神也。如是一日服大一黍米，一年功力還丹始就。一年共三百六十日，四千三百二十時，除去卯酉二時，金水沐浴不進陽火，不運陰符，其息出入。故除出此二時，計兩箇月六十時，則更有三百日是十箇月，以受火符，鍊成金液還丹也。

《抱一函三秘訣·脱胎神化》　聖胎成就，便於室中更修之，多則百日，

少則六十日，聖胎可出。若無此口訣，便出室外，則剛風扇動，頂骨堅硬返費力難出也。訣曰：謹存聖胎於髓海中，知常日月，存守一同。忽然如霹靂一聲，天門忽開，聖胎脱出，兩箇一般無二樣也。未可便縱逸，漸次調用，出入游行，俱無障礙，貫金透石，三界周遊，十方並化，去住在我矣。

訣　凡坐，趺足升身，垂簾塞兑，神凝息定，下提上吸，二炁交合，薰蒸四大，上十二重樓，真津滿口，以炁送下，意歸元宫，既往提吸，微微開兑，繼復如前，以多爲度，遇費力而止。

日中拂榻闔窗坐，夜後垂簾開眼眠。

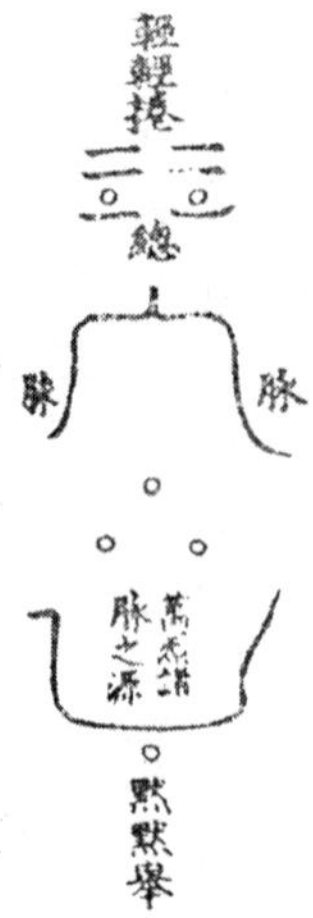

坤外上六竅。共九竅。乾外下三竅。

闕竅未通，必須歸根槖籥，以宣妙用；機緘甚密，毫楮莫陳。神仙云：八萬四千闕棙子，都緣一箇鑰匙開。

《壽親養老新書・太上玉軸六字氣訣》　《道藏》有《玉軸經》言：五臟六腑之氣，因五味薰灼不和，又六欲七情，積久生疾，内傷臟腑，外攻九竅，以至百骸受病，輕則痼癖，甚則盲廢，又重則喪亡。故太上憫之，以六字氣訣治五臟六腑之病。其法以呼而自瀉出臟腑之毒氣，以吸而自採天地之清氣以補之。當日小驗，旬日大驗，年後萬病不生，延年益筭。衛生之寶，非人勿傳。呼有六，曰呵、呼、呬、嘘、嘻、吹也，吸則一而已。呼有六者，以呵字治心氣，以呼字治脾氣，以呬字治肺氣，以嘘字治肝氣，以嘻字治膽氣，以吹字治腎氣。此六字氣訣，分主五臟六腑也。凡天地之氣，自子至巳爲六陽時，自午至亥爲六陰時。如陽時則對東方，勿盡閉窗户，然忌風入，乃解帶正坐，扣齒三十六以定神；先攪口中濁津，漱鍊二三百下，候口中成清水，卽低頭向左而嚥之，以意送下；候汩汩至腹間，卽低頭開口，先念呵字，以吐心中毒氣，念時耳不得聞呵字聲，聞卽氣麄，反損心氣也；念畢，仰頭閉口，以鼻徐徐吸天地之清氣，以補心氣，吸時耳亦不得聞吸聲，聞卽氣麄，亦損心氣也。但呵時令短，吸時令長，卽吐少納多也。吸訖，卽又低頭念呵字，耳復不可聞呵字聲；呵訖，又仰頭以鼻徐徐吸清氣以補心，亦不得聞吸聲。如此吸者六次，卽心之毒氣漸散，又以天地之清氣補之，心之元氣亦漸復矣。再又依此式念呼字，耳亦不可聞呼聲，又吸以補脾，耳亦不可聞吸聲，如此者六，所以散脾毒以補脾元也。次又念呬字，以瀉肺毒，以吸而補肺元，亦須六次。次念嘘字，以瀉肝毒，以吸而補肝元。嘻以瀉膽毒，吸以補膽元。吹以瀉腎毒，吸以補腎元。如此者，並各六次，是謂小周。小周者，六六三十六也。三十六而六氣徧，臟腑之毒氣漸消，病根漸除，祖氣漸完矣。次看是何臟俯受病。如眼病，卽又念嘘嘻二字，各十八徧，仍每次以吸補之，總之爲三十六訖，是爲中周。中周者，第二次三十六，通爲七十二也。次又再依前呵、呼、呬、嘘、嘻、吹六字法，各爲六次，並須呼以瀉之，吸以補之，愈當精虔，不可怠廢，此第三次三十六也，是爲大周，卽總之爲一百單八次，是謂百八訣也。午時屬陰時，有病卽對南方爲之。南方屬火，所以卻陰毒也。然又不若，子後巳前，面東之爲陽時也。如早起床上面東，將六字各爲六次，是为小周，亦可治眼病也。凡眼中諸證，惟此訣能去之，他病亦然。神乎神乎！此太上之慈旨也。畧見《玉軸真經》，而詳則得之師授也。如病重者，每字作五十次，凡三百而六腑周矣，乃漱鍊嚥液叩齒。訖，復爲之又三百次，訖復漱鍊嚥液叩齒如初。如此者三，卽通爲九百次，無病不愈。祕之祕之，非人勿傳。

《張三豐全集・固漏歌》　説玄妙，講玄妙，運精神轉九竅，三關八門都撞到。閉黄房，修丹竈，休將六賊來喧鬧。主人翁，哈哈笑，守住黄庭單檄要。嬰兒來，姹女叫，兩家一處成玄妙。結金丹，懷中抱，渾身一片霞光照。坐丹田，清虚號，紫氣紅光常晃耀。上至須彌泥丸宫，下至湧泉徹幽奥。七寶池内將寶盜，雜精雜氣都不要。瓊枝玉蕊金花新，珊瑚瑪瑙車璖造。固漏身，固漏竅，不鐺鐺，固漏鏊，十二重樓都開導。七經八脈合三焦，百骸四體皆徵效。大腸周，小腸爍，上下鵲橋平穩�。趙州橋上去飲茶，甘河裏邊聽人叫。大運通，小運到，三家相見同歡樂。我把一身固漏堅，萬載千秋無老少。固漏形軀煉太陽，精炁神全守中黄。鉛汞熬煎成至寶，金丹一粒放毫光。嬰兒顯象長相守，與天同壽免無常。有人學得固漏歌，便是長生不老方。

《張三豐全集・打坐歌》　初打坐，學參禪，這個消息在玄闗。祕祕綿綿調呼吸，一陰一陽鼎内煎。性要悟，命要傳，休將火候當等閒。閉目觀心守

本命，清淨無爲是根源。百日內，見應驗，坎中一點往上翻。黃婆其間爲媒妁，嬰兒姹女兩團圓。美不盡，對誰言，渾身上下氣冲天，這箇消息誰知道，啞子做夢不能言。急下手，採先天，靈藥一點透三關。丹田直上泥丸頂，降下重樓入中元。水火卽濟真鉛汞，若非戊己不成丹。心要死，命要堅，神光照耀遍三千。無影樹下金鷄叫，半夜三更現紅蓮。冬至一陽來復始，霹靂一聲震動天。龍又叫，虎又歡，仙樂齊鳴非等閒。恍恍惚惚存有無，無窮造化在其間。玄中妙，妙中玄，河車搬運過三關。天地交泰萬物生，日飲甘露似蜜甜。仙是佛，佛是仙，一性圓明不二般。三教原來是一家，飢則喫飯困則眠。假燒香，拜參禪，豈知大道在目前。昏迷喫齋錯過了，一失人身萬劫難。愚迷妄想西天路，瞎漢夜走入深山。元機妙，非等閒，漏洩天機罪如山。四正理，著意參，打破玄關妙通玄。子午卯酉不斷夜，早拜明師結成丹。有人識得真鉛汞，便是長生不老仙。行一日，一日堅，莫把修行眼下觀，三年九載功成就，煉成一粒紫金丹。

《張三豐全集・煉鉛歌》　太上道，復重宣，抉破先天與後天。只論鉛生於癸後，不言陽產於癸先。拴意馬，鎖心猿，無雜念，意須專。斷卻貪嗔三毒滅，剷除愛慾五賊潛。華池水，上谷泉，古人用此潤三田。若知返本延年藥，須是還丹續命鉛。出北海，走西川，施匠手，種金蓮。生擒虎髓爐中煉，活捉龜精鼎內煎。先天氣，太素烟，醍醐一灌駐容顏。得了任他寒暑變，服之跳出生死關。尋首經，覓初弦，吾今指出妙中元。水火卽濟交一遍，陰陽會合數三千。到彼岸，不須船，滅慮除情絕妄緣。靜靜清清看命寶，昏昏默默守胎仙。受辛苦，一二三年，陽神出現聖功圓。養火無虧全造化，長生不老壽同天。

《道言淺近說・凝神調息》　凝神調息，調息凝神。八個字就是下手工夫，須一片做去，分層次而不斷乃可。凝神者，收已清之心，而入其內也。凡未清時眼勿亂閉，先要自勸自勉，勸得回來清涼恬淡，始行收入氣穴，乃曰凝神。凝起神了，然後如坐高山，而視衆山衆水；如燃天燈，而照九幽九昧。所謂凝神於虛者此也。調息不難，心神一靜，隨息自然，我只守其自然，加以神光下照，卽調息也。調息者調度陰蹻之息，與吾心中之氣相會於氣穴中也。

心止於臍下，曰凝神。氣歸於臍下，曰調息。神息相依，守其清淨自然，曰勿忘。順其清淨自然，曰勿助。勿忘勿助，以默以柔，息活潑而心自在，卽用鑽字訣。以虛空爲藏心之所，以昏默爲息神之鄉。三番兩次，澄之又澄。忽然神息相忘，神炁融合，不覺恍然，陽生而人如醉矣。

真消息，玄關發現時也。凡丹旨中有先天字、真字、元字，皆是陰陽鼎中生出來的，皆是杳冥昏默後產出來的，就如混沌初開，諸聖真一般。以後看丹經可類推矣。

學道甚難，傳道亦不易。傳道者甚勤，學道者可懶乎？傳道者耐煩學道者可不耐煩乎？學不精功不勤，心不清神不真。以此入道，萬無一成。孔子曰：知幾其神乎？不曰其念、其意，而曰其神。可見微動之息，非神不知也。今爲分之曰微動者，幾大動者，直欲知其幾？使心、使意、使念，終不得見也。神乎！神乎！

神要真神，方算先天。真神者，真念是他，真心是他。真意是他。如何辨得真？訣曰：玄關火發，杳冥冲醒，一靈獨覺者是也。丹家云：一念從規中起，卽真神、卽真念也。又云：微茫之中，心光發現，卽真神、卽真心也。又云：定中生慧，一意斡旋，卽真神、卽真意也。真神從不神中煉出，學者知之。

學道人原有常格宜破，乃能引心入理。熱心去則冷心來，人心絕則道心見。此吾所以撇功名勢利，棄兒女家園也。頂真學道，要把道當爲奇貨可居，乃有效驗。

大道以修心煉性爲首，性在心內，心包性外。是性爲定理之主，人心爲棲性之廬舍。修心者，存心也；煉性者，養性也。存心者，堅固城郭，不使房屋倒坍，卽築基也；養性者，澆培鄞鄂，務使內藥成全，卽煉己也。心朗朗，性安安，情欲不干。無思慮，心與性內外坦然。不煩不惱，此修心煉性之效，卽內丹也。

世有學道，數月而不見其寸進者，爲無真心向道也。人若有心於道，自然無事於心；人若心重於道，自然心輕於事；人若心濃於道，自然心淡於事。守其性兮不散亂，存其神兮不昏沉。又安有渴睡雜念之擾哉？咄！理勝欲則存，欲勝理則亡。

潛心於淵，神不外遊。心牽於事，火動於中。火動於中，必搖其精。心靜則息自調，靜久則心自定。死心以養氣。息機以純心。精、氣、神爲內三

寶，耳目口爲外三寶。常使內三寶不逐物而游，外三寶不透中而擾。呼吸綿綿，深入丹田。使呼吸爲夫婦，神氣爲子母。子母夫婦，聚而不離，故心不外馳，意不外想，神不外游，精不妄動，常薰蒸於四肢，此金丹大道之正宗也。

《道元淺近說・中字》 大道從中字入門。所謂中字者，一在身中，一不在身中。功夫須兩層做。第一尋身中之中，朱子云：守中制外。夫守中者，須要回光返照，注意規中於臍下一寸三分處，不即不離，此尋身中之中也。第二求不在身中之中。《中庸》云：喜怒哀樂之未發。此未發時，不聞不見，戒慎幽獨，自然性定神清，神清氣慧，到此方見本來面目。此求不在身中之中也。以在身中之中，求不在身中之中。後人欲易净，天理復明。千古聖賢仙佛，皆以此爲第一步功夫。

打坐之中，最要凝神調息，以暇以整，勿助勿忘，未有不逐日長工夫者。

凝神調息，只要心平氣和。心平則神凝，氣和則息調。心平，平字最妙。心不起波之謂平，心執其中之謂平。平即在此中也。心在此中，乃不起波，此中即丹經之玄關一竅也。

修煉不知玄關，無論其他，只此便如入暗室一般，從何下手？玄關者，氣穴也。氣穴者，神入氣中，如在深穴之中也。神氣相戀，則玄關之體已立。

古仙云：調息要調真息息，煉神須煉不神神。真息之息，息乎其息者也；不神之神，神乎其神者也。總在無人心、有道心，將此道心返入虛無。昏昏默默，存於規中，乃能養真息之息，得不神之神。

《道言淺近說・打坐》 初學必從內呼吸下手，此箇呼吸乃是離父母，重立胞胎之地。人能從此處立功，便如母呼亦呼、母吸亦吸之時，好像重生之身一般。

大凡打坐，須將神抱住氣，意係住息，在丹田中，宛轉悠揚，聚而不散，則內藏之氣與外來之氣交結於丹田，日充月盛，達乎四肢，流乎百脈，撞開夾脊雙關，而上游於泥丸，旋復降下絳宮而下丹田。神氣相守，息息相依，河車之路通矣。功夫到此，築基之效，已得一半了。總是要勤虛煉耳。

調息須以後天呼吸，尋真人呼吸之處。古云：後天呼吸起微風，引起真人呼吸功。然調後天呼吸，須任他自調，方能調得起先天呼吸。我惟致虛守靜而已。真息一動，玄關即不遠矣。照此進功，築基可翹足而至，不必百日也。

《道德經》致虛極，守靜篤二句，可渾講亦可折講。渾言之只是教人以入定之功耳。折言之則虛是虛無，極是中極，靜是安靜，篤是專篤。猶言致吾神於虛無之間而準其中極之地，守其神於安靜之內，必盡其專篤之功。

人心者二，一真一妄。故覓真心者，不生妄念，即是真心。真心之性格，最寬大，最光明。真心之所居，最安然，最自在。以真心理事，千條一貫；以真心尋道，萬殊一本。然人要用他應事，就要養得他壯大，就要守得他安閒，然後勞而不勞，靜而能應。丹訣云：心走即收回，收回又放下，用後復求安，求安即生悟也。誰云鬧中不可取靜耶？

遊方枯坐，固非道也。然不遊行於城市、雲山，當以氣遊行於通身關竅內，乃可不打坐於枯木寒堂，須以神打坐於此身妙竅中乃可。

學道以丹基爲本。丹基既凝，即可回家。躬耕養親，做幾年高士醇儒，然後入山尋師，了全大道。彼抛家絕妻，誦經焚香者，不過混日之徒耳。烏足道！

保身以安心養腎爲主。心能安則離火不外焚，腎能養則坎水不外淵。火不外焚，則無神搖之病，而心愈安。水不外淵，則無精涸之症，而腎愈澄。腎澄則命火不上冲，心安则神火能下照。神精交凝，乃可以卻病，乃可以言修矣。

凡人養神養氣之際，神即爲收氣主宰。收得一分氣，便得一分寶，收得十分氣，便得十分寶。氣之貴重，世上凡金、凡玉雖百兩，不換一分。道人何必與世上爭利息乎？利多生忿恚，忿恚屬火，氣亦火種，忿恚一生，氣隨之走，欲留而不能留。又其甚者，連母帶子一齊飛散。故養氣以戒忿恚爲切，欲戒忿恚，仍以養心養神爲切。

功名多出於意外，不可存干禄之心。孔子曰：學也，禄在其中矣。修道亦然，不可預貪效驗。每逢打坐，必要心靜神凝，一毫不起忖度希冀之心，只要抱住內呼吸做工夫。

煉心之法，自小及大。如今三伏大炎，一盞飯可也，再求飽不可也；一片凉可也，再求大凉不可也；数點蚊不足畏也，必求無蚊不能也。自微及鉅，當前即煉心之境，從苦中求甘，死裏求生。此修道之格論也。

金丹之道，雖曰易知難行，然不可不求其知，以爲行之地也。知苟不正，行於何往？知苟不精，行安所入？知且未熟，奚云口訣。學道之士，須要

清心清意，方得真清之藥物也？毋逞氣質之性，毋運思慮之神。毋使呼吸之氣，毋用交感之精。然真精動於何時？真神生於何地？真氣運於何方？真性養於何所？是不可不得明辨以晳者，而細言之也。

氣慧者，神自清。氣即人身之時神表也。有何難知？特患心不靜定耳。進氣是修道第一步要緊工夫，若不靜心細參，則不能知終知始，如何便得下手。懵懂下手，知此不知彼，心中忙了又忙，遂時時有瑣碎之心而不團聚，故本一心分作數心，何能一心做工夫？凡學道總要誠一，一槍下馬，免得另來打戰。

凡下手打坐，須要心神兩靜，空空寂寂，鬼神不得而知。其功夫只宜自考自信，以求自得。所謂誠其意者，毋自欺也。誠於中，自形於外。是以君子必慎其獨。

《玄機直講・煉丹火候說》 夫功夫下手不可執於有爲，有爲都是後天。今之道門，多流此弊，故世罕全真。亦不可着於無爲，無爲便落頑空。今之釋門多中此弊，故天下少佛子。此道之不行，由於道之不明也。初功在寂滅情緣，掃除雜念。除雜念是第一着築基煉己之功也。人心即除，則天心來復；人欲即淨，則天理常存。每日先靜一時，待身心都安定了，氣息都和平了，始將雙目微閉，垂簾，觀照心下腎上一寸三分之間，不即不離，勿忘勿助，萬念俱泯，一靈獨存，謂之正念。斯時也，於此念中，活活潑潑，於彼氣中，悠悠揚揚。呼之至上，上不衝心；吸之至下，下不衝腎。一闔一闢，一來一往，行之一七二七，自然漸漸兩腎火蒸，丹田氣煖。息不用調而自調，氣不用煉。氣息既和自然，於上中下，不出不入，無來無去，是爲胎息，是爲神息，是爲真橐籥，真鼎爐，是爲歸根復命，是爲玄牝之門，天地之根。氣到此時，如花方蕊，如胎方胞，自然真氣薰蒸。營衛由尾閭空夾脊，昇上泥丸，下鵲橋，過重樓，至絳宮，而落於中丹田，是爲河車初動。但氣至而神未全，非真動也，不可理他。我只微微凝照，守於中宮，自有無盡生機所謂養鄞鄂者此也。行之一月二月，我神益靜，靜久則氣益生，此爲神生氣、氣生神之功也。或百日或百餘日，精神益長，真氣漸充，溫溫火候，血水有餘，自然坎離交媾，乾坤會合，神融氣暢。一霎時間，真氣混合，自有一陣回風上衝百脈，是爲河車真動。中間者若有一點靈光，覺在丹田，是爲水底玄珠，土內黃芽。爾時，一陽來復恍如紅日初昇，照於滄海之內，如霧如煙，若隱若見，則鉛火生焉。方其乾坤坎離未交，虛無寂滅，神凝於中，功無間斷，打成一團，是爲五行配合。至若水火相交，二候採取，河車逆轉，四候得藥，神居於內，丹光不離，謂之大周天，謂之行九轉大還也。此時一點至陽之精凝結於中，隱藏於欲淨情寂之時，而有家有形。到此地位，息住於胎，內外溫養，頃刻無差，又謂之十月功夫也。

又 夫靜功在一刻，一刻之中，亦有煉精化氣，煉氣化神，煉神還虛之功夫在內，不獨十月然也。即一時一日，一月一年皆然。坐下閉目存神，使心靜息調，即是煉精化氣之功也。回光返照，凝神丹穴，使真息往來內中，靜極而動，動極而靜，無限天機即是煉氣化神之功也。如此真氣朝元，陰陽反覆，交媾一番，自然風恬浪靜。我於此時，將正念止於丹田，即是封固火候。年月日時，久久行此三部功夫，不但入圜十月也。故曰運之一刻，有一刻之周天。運之一時、一日、一月、一年即有一時、一日、一月、一年之周天也。然一刻中，上半刻爲溫，爲進火、爲望、爲上弦、爲朝屯、爲春夏。下半刻爲涼、爲退符、爲晦、爲下弦、爲暮蒙、爲秋冬。一時則有上四刻、下四刻之分，即一日、一月、一年皆同，此之謂攢簇陰陽五行。一刻之功夫，奪一年之氣候也。到此乃是真空真靜，或一二年至十年百年，打破虛空，與太虛同體，此爲煉神還虛之功也。前功十月既滿，須時時照顧嬰兒。十步百步出千里萬里，以漸而出倘或放縱不禁，必致迷而不返。《仙經》曰：神入氣成胎，氣歸神結丹。所謂一點落黃庭是也。但入雜念少者得丹早，雜念多者得丹遲。此法簡易，奈人不肯勇猛耳。若能恆久行持，必然透金貫石，入水蹈火，通天達地。再行積功累行，服煉神丹大藥，必然形神俱妙，白晝飛昇，全家拔宅。此又在功德之淺深何如耳。設或不服神丹，只顧陽神冲舉，回視舊骸，一堆塵土。夫亦白日羽翰，萬劫長存，可與宇宙同春者矣。

《玄機直講・返還證驗說》 七返九還之法，下手興功，先將上竅陽裏真陰，入內金鼎氣海之中，與下竅真陽配合。陽裏真陰即是自家元神，屬三魂。下竅真陽，即是身中元氣，屬七魄。其先後二氣一合，則坎離自交，魂魄混合，神氣凝結，胎息自定，每日如外夫婦交情美快，切不可着他。水火自然既濟，發運四肢。如外火之生，焰焰相似，只要水火均平，此是小週天火候。調和薰蒸，喉息倒回元海，則外陽自然入內，真火自然上冲，渾身蘇軟，美快無窮。腹內如活龍動轉升降，一日有數十樣變化，嬰兒姹女，自然成合，此是採

陰補陽一節。修煉玉液還丹，即築基煉己，積内法財，終日逍遥，晝夜常明，乃長生久視之初階也。世人常借五穀養命，數日不食，則氣饑死矣。若人年老，下元虧損，骨髓俱空，不能勝五穀之氣，是五穀能養人亦能殺人。若會内外交接，水火既濟，氣血逆流，五臟氣合，脾胃開暢，食入，腹中亦能化氣，生精養神。人果能得下手天機，直候骨髓盈滿，腹臍如孕婦人一般，卻不是有胎形相，不過是氣滿精盈神全而已。如果三全，則真火煆煉，調神煉虚，大丈夫功成名遂之時也。奉勸學人，參訪宗師，若求至人，抉破一身内外，天機明白，下手速修，煉己待時，候一陽至，擇地入室。煉此龍虎大丹，必要僻靜，雞犬不聞之處，外邊又要知音道友，不要一箇閒雜人來到，恐防驚散元神。先言和光同塵，今言僻靜處何也？煉己於塵俗，養氣於山林，是入室興功下手之時也。要超凡入聖，豈是小可的事，必須要一塵不染，萬慮俱忘，絲毫無挂，一刀兩斷，永作他鄉之客，終無退悔之心。持空煉神，守虚煉性，渾身五臟、筋骨、氣血都化成青氣，專心致志，演神純熟，成形受使，星回斗轉，隨心所變，直養得渾身無有皺紋，如蜘蛛相似。上七竅生光，晝夜常明，身如太虚，纔是正時候。方可求仙道。這應驗氣滿神全，法財廣大，方可煉大丹，繞叫做一箇丹客。工夫既得，時候自至，七竅光明，三陽開泰，神劍成形。趁水順風，發火雷、轟電閃，方奪外天機，下手擒拏，採吾身外真鉛，以龍嫁虎，驅虎就龍，若會攢族，不失時節，湛然攝起海底之金，即開夾脊上泥丸，落入水晶宫之内，與木汞配合，不過半刻，攢簇已定，真火冲入四肢、渾身骨肉，火燒刀割相似，最難禁受，就是十分好漢，到此無一分主張，防危慮險，沐浴身心，水火既濟，頃刻間渾身如炒豆子一般相似，一齊爆開。渾身氣血都會成形說話，就在身上鬧成一堆。舌根下又有兩穴，左爲丹井，右爲石泉，此正是廉泉穴，隨骨脈一齊開下，腎水上湧，到如外水泉一般，嚥納不完，滋味甚異，比糖蜜更不相同。又其至妙者，臨爐下手之初，地將産其全蓮，天亦垂乎寶露。忽然一點真汞下降，透心如冰涼，即運一點神火，隨之攢簇於交感宫内，渾然湛然，如千千戰鼓之鳴，萬萬雷聲之吼。又即是自己一身百脈，氣血變化，休要驚怕。只要踏罡步斗，執劍掌印，這裏正是兇惡處。三回九轉，降帥召將，如此防顧於虚空中，或見龍虎相交，天地交泰，日有交宫，見衆仙諸佛。工夫到此，諸境發現，切不可認他，恐着外邪。既認元神，汞鉛相投，三日才生大藥。三日裏最難過，遍世界都是邪境，四面神號鬼哭，八方殺氣狼煙，此正是大開關。工夫到此，十箇九箇都唬殺了。心不可有恐怖，蓋已雖化成神，卻是陰神。陰神最靈，能千變萬化諸境爲害，他豈肯善善降伏。前人說得好，你會六通神，方纔脱生死。你若不會六通神，休想成道。混沌又至三十，時辰二日半，氣氣相通，氣滿至極，忽然活潑潑地逆出太陽流珠，脱殼入口，百萬龍神書皆失驚，此是元陽真丹藥入口，始知我命不由天也。仙云：這回大死今方活。又云：一戰而天下平。即是此等地位。這纔是天地交泰，日月交宫。真陽之藥到口，頃刻周天火發，骨胎化作一堆肉泥，陽神脱體，撒手無，礙專心致志，持空養虚，以空養神，以虚養心，隨心變神。夫萬物皆天地生發，吾萬神朝拜而賓服。厭居塵世，逍遥蓬島，自有三千玉女奉侍，終日蟠桃會上飲仙酒，戴仙花。四大醺醺，渾身徹底玲瓏，海底龜蛇出現。萬神受使纔是真鉛真汞，顛倒渾身，紫霧毫光，瑞氣千條是五龍大蟄法也。煉之百日，玄關自開，嬰兒顯相，龜蛇出現，自然蟠繞。學者到此地位，口中纔乾，得外汞煉之六箇月，體似銀膏，血化白漿，渾身香氣襲人，口中出氣成雲，此是靈丹成熟，一塊乾汞，人服之永不死矣，亦能治死人返活。煉之十箇月，陽神脱體，一身能化千萬身。只候十二月奪盡天地全數，陽神已就，渾身出入，只萬四千陽神，步日月無影，入金石無礙，入水不溺，入火不焚，刀兵不能傷，鬼神不能測，變化無窮，已成真人也。渾身氣候，無不是真藥，雞餐成鳳，犬食成龍，此理鬼神也難明。若不見過這樣言語，必不信大藥金丹也。造化工夫，三回九轉，七返八還，火候細微，攢簇口訣，只三五日間，把天地都顛倒過，都是自然。人身造化陰陽，亦是自然。卻要體天地造化，方可成就。事從做過、見過，從試應驗到自然處，工夫雖是一年，火候細微，只在百日之内。動靜兇惡，只在幾日。一時裏得内外攢簇，頃刻湛然聖胎成就，産黍米之珠，吞入腹内，周天火足，脱胎換骨。只是要持空養虚，餘皆自然。今人果得明師指示，先煉己於塵俗，積鉛於廛市。攢年簇月，攢日簇時，大定之中只在一刹那間，不出半箇時辰，把天地都顛倒過，運火十月之工，體天地自然之法。若不能死中求活，焉，能逃出三災八難哉。

《遵生八牋·延年卻病牋上·幻真註解胎息經》 胎從伏氣中結，臍下三寸爲氣海，亦爲下丹田，亦爲玄牝。世人多以口鼻爲玄牝，非也，口鼻即玄出人之門。蓋玄者水也，牝者母也。世人以陰陽氣相感，結於水母，三月胎結，十月形體具而能生人。修道者嘗伏其氣於臍下，守其神於

身内，神炁相合，而生玄胎；玄胎既結，乃自生身，即爲内丹，不死之道也。

氣從胎中息。

神爲炁子，炁爲神母，神炁相逐，如形與影。胎母既結，即神子自息，即元炁之不散。

氣入身來謂之生，神去離形謂之死。

《西昇經》云：身者，舍；神者，身之主也。主人安靜，神即居之；主人躁動，神即去之神。神去炁散，安可得生？是以人耳目手足，皆不能自運，必假神以禦之。學道養生之人，常拘其神以爲神主。主既不去，宅豈崩壞也。

知神氣可以長生，固乎虚無以養神氣。

《道經》云：我命在我，不在天地。天地所患，人不能知。至道能知，而不能行。知者但能虚心絶慮，保炁養精，不爲外境愛欲所牽，恬淡以養神氣，即長生之道畢矣。

神行即氣行，神住即氣住。

所謂意是氣馬，行止相隨，欲使元氣不離玄牝，即先拘守至神。神不離身，炁亦不散，自然内實，不饑不渴也。

若欲長生，神氣相注。

相注者，即是神炁不相離。《玄綱》云：錙銖陽氣不滅不爲鬼，纖毫陰炁不盡不爲仙。元炁即陽炁也，食氣即陰氣也。常減食節欲，使元氣内運。元氣若壯，即陰氣自消。陽壯陰衰，則百病不作，神安體悦，可覬長生矣。

心不動念，無來無去，不出不入自然常住。

神之與氣，在母腹中本是一體之物，及生下爲外境愛慾所牽，未嘗一息暫歸於本。人知此道，常泯絶情念，勿使神之出入去來，能不忘，久而習之，神自住矣。

勤而行之，是真道路。

修真之道，備盡於斯，然聖人之言，不可妄洩。凡胎息用功後，關節開通，毛髮踈暢，即但鼻中微微引氣，相從四肢百毛孔中出，往而不返也。後氣續到，但引之而不吐，所引亦不入於喉中，微微而散，如此内氣亦下流散矣。

《遵生八牋·延年卻病牋上·李真人十六字妙訣》 一吸便提，氣氣歸臍。一提便咽，水火相見。

右十六字，仙家名曰十六錠金，乃至簡至易之妙訣也。無分於在官不妨政家務，在俗不妨家務，在士商不妨本業，只於二六時中，略得空閑，及行住坐卧，意一到處，便可行之。口中先須嗽及三五次，舌攪上下腭，仍以舌抵上腭，滿口津生，連津嚥下，汩然有聲。隨於鼻中吸清氣一口，以意會及心寂地，直送至腹臍下一寸三分丹田元海之中，略存一存，謂之一吸。隨用下部輕輕如忍便狀，以意力提起使歸臍，連及夾脊雙關腎門，一路提上，直至後頂玉枕關，透入泥丸頂内。其升而上之，亦不覺氣之上出，謂之一呼。一呼一吸，謂之一息。氣既上升，隨又似前汩然有聲咽下，鼻吸清氣，送至丹田，稍存一存，又自下部如前輕輕提上，與臍相接而上。所謂氣氣歸臍，壽與天齊矣。凡咽下，口中有液愈妙，無液亦要汩然有聲咽之。如是一咽一提，或三五口，七九或十二，或二十四口，要行即行，要止。只要不忘，作爲正事，不使間斷，方爲精進。如有瘋疾，見效尤速。久久行之，卻病延年，形體變，百疾不作，自然不饑不渴，安健勝常。行之一年，永絶感冒痞積，逆滯不和，癰疽瘡毒等疾，耳聰目明，心力强記，宿疾俱瘳，長生可望。如親房事，欲泄未泄之時，亦能以此提呼吸，運而使之歸於元海，把牢春汛，不放龍飛，甚有益處。所謂造化吾手，宇宙吾心，妙莫能述。

《修真至要》曰：精根根而運轉，氣默默而徘徊，神混混而往來，心澄澄而不動。又曰：身外有身，未爲奇特。虚空粉碎，方是全真。可爲至言。

《遵生八牋·延年卻病牋上·服日氣法》 平旦伺日初出，乃對日，坐立任意，叩齒九通，心呼日魂，珠景、炤韜、緣映、回霞、赤童、玄炎、飈象。仍宜目握固，存日中五色流霞皆來接身，下至兩足，上至頭頂。又令光霞中有紫氣，如目童，累數十重，與五色俱來，入口吞之，四十五咽氣。又咽液九過，叩齒九通。微祝曰：赤爐丹氣，圓天育精，剛以受柔，炎水陰英。日辰元景，號曰大明，九陽齊化，二烟俱生。凝魂和魄，五氣之精，中生五帝，秉光御形。探飛以虚，掇根得盈。首巾龍蓋，披朱帶青，欒鳥流玄，霞映上清。賜書玉簡，金閣刻名，服食朝華，與真合靈，飛仙太微，上昇紫庭。再拜而止。

《遵生八牋·延年卻病牋上·服月精法》 伺月初出，對月，坐立任意，叩齒十通，心呼月魄曖蕭、芬艷、翳寥、婉虚、靈蘭、鬱華、結翹、淳金清瑩、火

容、臺標。仍冥目握固，存月中五色流精皆來接身，下至兩足，上至頭頂。又令光精中有黃氣，如目童，累數十重，與五色俱來，入口吞之，五十咽氣。又咽液十過，叩齒十通。微祝曰：黃青玄暈，元陰上氣，散蔚寒飈，條靈斂胃。靈波蘭穎，挺濯渟器，月精夜景，玄宮上貴。五君夫人，各保母位，赤子飛入，嬰兒續至。回陰三舍，光玄萬方，和魂制魄，五胎流通。乘霞飛精，逸虛於東，首結靈雲，景華招風。左帶龍符，左腰虎章，鳳羽朱帔，玉珮金璫，騫樹結阿，號曰木王。神蓋控根，有虧有充，明精內映，玄水吐梁。賜書玉札，刻名靈房，服食月華，與真合同，飛仙紫微，上朝太皇。再拜。若陰，可於寢室存之。山林中旦夕恒行。

《遵生八牋·延年卻病牋上·六氣歌訣》 一曰呬。呬法最靈應須秘，外屬鼻根內關肺。寒熱勞悶又膚瘡，以斯吐納無不濟。

二曰呵。呵屬心王主其舌，口中乾澀身煩熱。量疾深淺以呵之，焦腑疾病自消滅。

三曰呼。呼屬脾神主其土，煩熱氣脹腹如鼓。四肢壅悶氣難通，呼而理之腹如故。

四曰噓。噓屬肝神主其目，赤翳昏昏淚如哭。都緣肝熱氣上衝，噓而理病更神速。

五曰吹。吹屬腎藏主其耳，腰膝冷多陽道萎。微縱氣以吹之，不用外邊求藥餌。

六曰嘻。嘻屬三焦有疾起，三焦所有不和氣。不和之氣損三焦，但使嘻嘻而自理。

《遵生八牋·延年卻病牋上·養五臟五行氣法》 春以六丙之日時加巳，食氣百二十，助於心，令人勝肺，無令肺肝，此養肝之義也。

夏以六戊之日時加未，食氣百二十，以助脾勝腎，不傷於心也。

季月以六庚之日時加申，食氣百二十，以助肺，令肺勝肝，不傷於脾也。

秋以六壬之日時加亥，食氣百二十，以助腎，令腎勝心，不傷於肺也。

冬以六甲之日時加寅，食氣百二十，以助肝，令勝脾，不傷於腎也。

右此法是五行食氣之要，明時各有九，凡一千八十。食氣各以養臟，周而復始，不相尅，精心爲之。

《遵生八牋·延年卻病牋上·反舌塞喉法》 凡守一者，身神常安。若體中不寧，當反舌塞喉，嗽汩醴泉滿口，嚥之訖。又如前嚥液無數，覺寧乃止。止而未寧，重復爲之。須臾之間，不寧之病，即應廓散，自然除也。當時有效。

《遵生八牋·延年卻病牋上·服日月光芒法》 凡存心中有日象，大如錢，在心中，赤色有光芒，從心中上出喉，至齒間即不出，卻回還胃中。如此良久，臨目存見心中胃中分明，用吐氣，訖，嚥液三十九過，止。一日三爲之，日出時，食時，日中行之。一年除疾，五年身有光彩，十八年得道，日中行無影，辟邪千災之氣。常存日在，心月在泥丸中，晝服日，夜服月。

服月法：存月光白色，從腦中下入喉芒亦至齒而嚥入胃。一云，常存月，一日十五日已前服，十五日已後不服。月減光芒，損天氣，故即止也。

《天仙正理·金丹火候經》 沖虛子《集說火候經》諸篇皆論，此獨名曰經者，皆古高真上聖傳於永劫，真當不易之經語也。曰：天仙是本性元神，仙由修命而證性，故初關是修命，中關是證性。不得金丹，不能復至性地而爲證。金丹是真陽元炁，不得火候，不能採取烹煉而爲丹，故曰全憑成功。吉王太和重問火候，沖虛子集聖真諸言而爲此經。意曰古先聖真皆不傳火，雖有《火記》六百篇，篇篇相似採真鉛。《玉皇心印經》曰：三品一理，妙不可聽。觀此言雖曰不傳，似亦傳之矣；雖曰傳之，又似不傳矣。我每亦遵之，不敢傳火，及見在世，人人惑于妖妄邪婬，箇箇不知仙道正門，乃懼未來聖真無所趨向，故又不敢不言。言之簡而人亦不徹悟，猶之夫舊事也；言之詳又嫌于違天誡。因世人于古云火有候有作爲，此言若先入心，便責彼言無候無作爲者爲非，竟不知當有候有爲，我亦當有；當無候無爲，我亦當無。所以紫陽真人歎云：始於用作無人見，及至無爲衆始知。但信無爲爲要妙，孰知有作是根基。昔禪宗人亦云：你有一箇拄杖子，我與你一箇拄杖也。你無一箇拄杖子，我奪你一個拄杖子。即此說也。我故全集衆仙真秘訣，而次第之，說破逐節當有當無，直指世之愚迷，遇師時當以此爲參究。昔我李祖虛庵真人云：饒得真陽決志行，若無真火道難成。周天煉法須仙授，世人說者有誰真。此言仙道必要仙傳，而後可修成仙。俗諺云：要知山下路，須問去來人。若世人所傳者，只是世法，甚非仙道。古仙云：若教愚輩皆知道，天下神化似水流。彼自己尚無學處，將何以教人？前七句是必用真火候之斷，此四句是必用真火候引證之案，以斷案破其題。且謂上古聖真，不立文字，恐人徒見而信受不及；今世人亦不信書，以書正不作巧言，故不足取信于人；邪人能造巧言，故能取信于人。中古聖人，借名火候而略言之，而又不解知，及見薛道光言聖人不傳火，遂委於不參究，雖有略言者亦不用，競取信于妖人之口而已。我故曰：火候誰云不可傳？既不可傳，何故有《火記》

六百篇？　隨機默運入玄玄，達觀往昔千千聖，呼吸分明了卻仙。此道言說出火候只是呼吸二字。豈不見陳虛白曰：　火候口訣之要，當于真息中求之。《靈源大道歌》云：　千經萬論講玄微，命蒂由來在真息。此又直說出火候只是真息。真息者，乃真人之呼吸，而非口鼻呼吸。陳致虛曰：　火候最秘，其妙非可一大概而論，中有逐節事條，即我張李曹三真人相傳以來所云採藥之候，封固之候，起小周天之候，進退顛倒之候，沐浴之候，火足止火之候，採大藥之候，得大藥服食之候，大周天之候，神全之候，出神之候等皆是。不明辨之乎？　張紫陽曰：　始於有作無人見，及至無爲衆始知，但信無爲爲要妙，孰知有作是根基。作有者，小周天也；無爲者，大周天也。蓋火候行於真人呼吸處，此處本無呼吸，自無呼吸而權用爲有呼吸，以交合神炁，久煉而成大藥者，必用有爲也不如是則道不真。無人見者，秘傳之天機而密行之。古先聖真誠人曰：　知之不用向人誇是也。所謂聖人不傳火者，不輕傳此也。世人邪法皆用有爲，仙家之有爲則不同。邪說之有爲皆着相，仙家之有爲不着相，此尤爲無人見者。此以前皆從無人有也，以後皆從有入無也。然呼吸本一身之所有也，先自外而歸于内，則内爲有，故大周天必至于無。然無者，非不用火而而言無，乃是火候行之妙於無者。此火危險甚大，因有爲之火易行，無爲之火難行也。不能無之是危險，能無之而或少有一毫雜于有，亦是危險，無之而或间斷不行，亦是危險。故紫陽亦囑之。世之愚人俗子，但見無爲，便猜爲不用火，遂其所好，安心放曠者有之；或猜爲始終只用一無爲而已，不求所以，當有爲于始者有之。故曰但信無爲，孰知有作。此紫陽甚言當有無雙用之旨也。純陽真人曰：　一陽初動，中宵漏永。此下一段，皆言活子時之火候。魏伯陽真人曰：　晦至朔旦，震來受符。此以一月爲喻也。晦者，月終之夜無光，喻身中陰静之時。晦而至于次月朔旦者，初一也。震來者，震一陽動于下爻，以喻身中真陽精炁之生。蓋藥生即火當生，震陽既動而來，則當受火符，以採取烹煉之也。上節純陽之說。以一日爲喻者。中宵爲夜之半，即子時之義。漏永者，火符之刻漏籌數也。古人或以日喻，或以月喻，或以一年喻，無所不喻，不過借易見者以發明火之不可言者，學者皆不可喻認真，但恍忽喻似身中之理，而猶非實似也。陳朝元曰：　即《玉芝書》。凡煉丹，隨子時陽氣生而起火，則火力方全，餘時起火不得，無藥故也。有藥方能造化生，故起火煉藥無藥時不必用火，故起火不得。若强用火，便是水火煑空鐺。鐺是炊飯器。陳泥丸曰：　十二時辰須認子。丹道一周天之用，須用真活子時而起火。天道一日二十時本有子，夜半之時也。丹道雖喻子，而非可執按其子者，于此十二時中，皆可有陽生火之子。故稱曰真活子時，爲其不拘夜半之死子也。修丹者，當于天時中，認取丹道當生火之活子時。若不知活，則謂之當面錯過。白玉蟾曰：　月圓口訣明明語，時子心傳果不訛。月圓則陽光盛滿，喻陽炁發生之盛，可採取煉之，而可成金丹，仙機採有時者即此。若不及圓，則陽不旺，採之亦不成丹，亦不能長生不死，故千叮萬囑要知時。時子者，身中陽生之子時，必得仙師心傳口授，而後得其時之真。彭鶴林曰：　火藥元來一處居，看時似有覓時無。藥是先天元炁，本無形，而致疑，曰不知有所得無所得，是終于得成。我則信其無之至真，亦可以無之妙用，而採取烹煉，便是真虛無之仙道也。火本呼吸之有形，若即以有形用之，則長邪火，以有而用之似無，火藥一處居，俱於無中得有得有之妙，所以謂之似有似無。予老祖師李虛庵真人曰：　一陽動處初行火，卯酉封爐一樣温。一陽動同純陽之說。但曰採取封固，曰沐浴温養總經無有雙忘，同于太虛。此皆言藥生即是火生，以明採藥起火之候也。此是沖虛子總結上一大段之說者。採藥者，子時火之前也。起火者，子時火之事也。二者必要分明，所以達摩云：　二候採牟尼，四候别神功是也。正陽真人曰結丹火候有時刻。此下皆言從起火於子，行十二時小周天火候，正烹煉金丹之候，故曰結丹有時刻。蕭紫虛曰：　乾坤槖鼓有數，槖籥者，鼓風吹火之具，喻往來呼吸之息，即乾呼而坤，坤吸而乾之義。有數者，即乾用九，坤用六之數也。離坎刀圭採有時。離心中之神曰己土，坎腎中之炁曰戊土。上下二土成圭字，戊己合一者稱刀圭，以喻神炁合一者，亦稱刀圭。然刀圭由得二土合煉而成，又必先知採取二土之時，方能成二土之圭。不知採時，必不成二土之圭也。玉鼎真人曰：　人鼎若無刻漏，靈芽不生，時候不正，有何定其斤兩升降哉！真陽曰：　入鼎者，陽之精炁既還於炁穴，必要刻漏之火候煉之，則黄芽大藥方生。有刻漏則知之時已完，當用二時，六陽用進，六陰用退，方合正理。又能合神炁二者，皆半斤八兩。又如用一時之刻漏，當升當降者，不當升降者，方有定理。《玄學正宗》曰：　刻漏者，出入息也。此直言刻漏是出入息之别號。刻漏者，是晝夜十二時各有刻數，每有幾點漏滴之聲以應一刻，再至多漏以應一時。今言此，以喻呼吸之息也。以漏數定刻數，即如丹道中以真息數定時數也。廣成子曰：　人之反覆呼吸徹於蒂，一吸則天氣下降，一呼吸則地氣上升，我之真炁相接也。黄帝於崆峒山石中得《陰符經》，請問交義於天真皇人及廣成子，記其言曰：　《三皇玉訣》云：　反覆者，上中下三田旋轉之義。呼吸者，真人之呼吸，非凡夫之呼吸。徹於蒂者，通於炁穴之處。吸降呼升者，似於反說。大抵丹書反說者甚多，我以理及事詳究之，皆吸升呼隆，合於自然，方得可有可無之妙。予師曹還陽真人曰：　子卯午酉定真機，顛倒陰陽三白息。子卯午酉者，《入藥境》所謂看四正者，即此四時也。《入藥鏡》所言，在脱胎大周天之後也，此言乃小周天也。小大事不同而用同，何也？《心印經》云：　三品一理是也。我北真孫不二所言，無内藏真有，有裏卻如無，即此真機也。顛倒陰陽者，六陽時用乾之用而進，至六陰時則用坤之用，顛倒之而退。陽時策二百一十六，除卯陽沐浴不用，乾用實一百八十也；陰時坤策一百四十四，除酉陰沐浴不用，坤用實一百二十也。合之得三百息，周天之數也。閏餘之數在外。張紫陽曰：　刻刻調和，真炁凝

結。刻刻言三百六十息，皆要調和合自然，一刻不調則不能入定凝炁而成胎基。薛道光曰：火候抽添思絕塵，一爻看音刊過一爻生。抽添即退。絕塵者，念不着於塵妄幻魔。爻過爻生者，即綿無間也。陳泥丸曰：天上分明十二辰，人間分作煉丹程。天上明明有十二支之辰位，真人效此爲十二時之火候。程者，一周天節制之限數也。若言刻漏無憑信，不會玄機藥不成。若愚人不知始用有作，言刻漏不必用，便是不會悟玄妙天機之人。既不用火煉藥，則藥不成，無以證道升仙也。又曰：百刻之中，切忌昏迷。一日十二時中有百刻，以足周天者。昏迷者，或昏睡或散亂，皆錯失真候，故曰切忌。陳希夷曰：子午工，是火候，兩時活取無昏晝。子午皆活用此喻的，非若天時之晝午夜子。一陽復卦子時生，午後一陰生於姤，三十六，乾用九，故四九三十六也。又二十四。坤用六，故四六二十四也。周天度數同相似，天上度數之周天，與煉丹火候之周天皆相似，同此九六之數。卯時沐浴酉時同，二時同用沐浴。火候足時休恣意。崔公云：火候足，莫傷丹。言不宜恣意行火而不知止也。許旌陽曰：二百一十六，即乾用九之積數。用在陽時；從子至巳六陽之時也，六陽時虛擬之曰二百十六；此大約言者，有卯沐無數之候在中，本無此數。一百四十四，行於陰候。即坤用六之積數，用於陰者，從午至亥六陰之時也，每四六計之，總六陰而虛擬一百四十四也。非真實用數，但言有如此之理。學者當因此粗迹，而求悟精義之妙。金谷野人曰：周天息數微微數，玉漏寒聲滴滴符。微微數者，精妙不著於相，非強制也。滴滴符者。周天之數無差。《真詮》曰：火候本只寓一氣進退之節，非有他也。真火之妙在人，若用意緊則火燥，用意緩則火寒，勿忘勿助，非有定則。尤最怕意散，不升不降，不結大丹。此是明時初學者之說，雖未明大道之人，其言亦可示學者爲教誡者。王果齋曰：口不呼，鼻不吸，橐天籥地徐停息。巽風離火鼎中烹，直使身安命方立。口鼻不呼吸，則循真人呼吸之法而呼吸之。橐籥者，即往來呼吸之義。橐天籥地，即廣成子呼地升、吸天降之說。停息者，不呼吸之義也。邪正皆言停息，採戰者曰切須先學停其息，《胎息廣義》妖書亦論停息，實無所用處，特借此以擒拏愚人，令尊己歸依己耳。況停又爲強閉強忍之邪法，實非停也。仙家之停息，乃自然靜定而寂滅也。唯仙佛同。鼎中烹，呼吸在真金鼎之處，不出入於口鼻，則內有真寶，丹成於此，本性元神安立於此，謂之築基成者。陳泥丸曰：行坐寢食總如如，唯恐火冷丹力遲。行坐者，坐而行工也，非行路。有寢有食，尚未脫凡夫，只是百日內事，若十月胎神之工，則不寢似無而不着空，空而不空，謂之真如。真如如則火合玄妙，火不冷，丹力不遲矣。純陽老祖曰：安排鼎灶煉玄根，進退須明卯酉門。鼎灶者，既炁穴。玄根者，即元陽。精炁歸於根而煉之。鼎灶、玄根皆言用火候之處。須明者，叮嚀之意，言人不可只用陽進火、陰退符，而不用卯酉之沐浴，則亦墮空亡而不得藥，不能成藥。蓋沐浴是成仙成佛最緊要、最玄妙之工，故世尊有入池沐浴之喻。沐浴乃是煉丹之正工，而進火退符不過只是調和，助沐浴之工而已。調和進退而不沐浴，則進退成虛幻；沐浴而不進退，則沐浴不得沖和，故曰須明。禪家馬祖曰：未有常行而不住，未有常住而不行。亦喻此也。正陽老祖師曰：旦暮寅申知火候。本卯酉二時以行沐浴，純陽翁已直言之矣。其師正陽翁曰：寅申者，寅之下即卯，申之下即酉。戒修士至寅申之候，不可忘失卯酉之沐浴也。又曰：沐浴脫胎分卯酉，沐浴之工，固行於卯酉之候，乃脫胎亦同於卯酉。《入藥鏡》謂終脫胎，看四正，即此語。脫胎之沐浴曰分者，前似有而後似無也。人人不洩煉炁化神之工，唯正陽翁於此洩萬古之秘。又曰：沐浴潛藏總是空。沐浴而成空，名曰仙機。不能真空，則墮旁門，強制外道，而亦成大病。《悟真篇註疏》曰：子進陽火，息火謂之沐浴；午退陰符，停符亦謂之沐浴。停符二字亦可發明。正陽老祖曰：果然百日防危險。小周天有進退之火，有不進不退之火。若進退不合進退之數，不合進退之機，不由進退所當行之道，不合進退之所當起止，已合已由不知火足之當止，皆危險所當防者。蕭紫虛曰：防火候之差失，失忌夢寐之昏迷。火候差失，則真炁不能補足，而大藥不能成。夢寐昏迷者，或睡中迷於夢，則麝妄心生，而不能生正覺，或行火迷於昏睡，無周天之候，皆所當防當忌者。《天尊得道了身經》曰：調息綿綿，似有如無，莫教間斷。息不綿綿，則不謂之調；無不似有，有不如無，則亦不謂之調；有間斷則亦不謂之調。張紫陽曰：謾守藥爐看火候，但安神息任天然。神息任天然，似大周天之火，其實止有藥爐，則是言小周天矣。但煉藥爐中之火，雖屬有爲，畢竟要合天然自在爲妙。不如是，則非仙家真火候，乃外道邪說之火矣。石杏林曰：定裏見丹成。石之師紫陽云：惟定可以煉丹，不定而丹不結。此甚至要之語，因是總言，故不入此正文大字。紫陽曰：火候不用時，冬至不在子。及其沐浴時，卯酉時虛比。虛比二字，總貫串四句。不用時者，不用曆書。一日十二之時，而用心中默運十二時，而虛比也。冬至者，是人自身中陽生時候，虛比曰冬至。故身中陽生時，必要起子時之火，即發生之時爲子，不在天時仲冬子月之子也。於一日十二時中遇，生皆可言子，在沐浴當行之時，虛比於卯酉。卯在六陽時之中，酉在六陰時之中，調息每至于六時之中，可以沐浴矣。故古聖遂稱之曰卯酉，豈不誤執天時之卯酉哉！又曰：不刻時中分子午，無爻卦內定乾坤。一日每時有八刻，不刻之時，是心中默運火符之時，虛分子午，不用有刻之時也。每卦有六爻，易也；身中借乾坤虛比鼎爐，故言無爻。此皆言煉藥行火，小周天之候也。此一句是沖虛子之言，總結上文衆聖真所言，百日所用之火也。

○吉王太和問曰：古來言火候者多，何以分別此名？小周天，爲百日煉精化炁之用。伍子答曰：小周天者，有進退、有沐浴、有顛倒、有周天度數。凡言煉藥、煉丹、守爐、看鼎、藥熟、

丹成，皆百日小周天之事。我據此法而分別言小，後之聖真善學者，凡見《大藏》中所未見者，皆當以此法分辨，要知前聖必不以無用之言而從言之。《心印經》曰：迴風混合，百日工靈。迴風者，迴旋其呼吸氣也之喻也。混合者，因元神在心，元炁在腎，本相隔遠，及炁散而馳外，神雖有知而不能用者，無混合之法也。故此經示人用呼吸之氣而迴旋之，方得神炁歸根復命而混合之，方得神宰於炁而合一。倘無迴風之妙用，則神雖在宰炁，亦未知炁曾受宰否？此爲煉金丹至秘之至要者。至於百日之工，則靈驗已顯，炁已足而可定，神已習定，久而可定。故小周天火迴風法之所當止也。自此以下，皆言小周火足當止。正陽老祖曰：丹熟不須行火候，更行火候必傷丹。火足而丹熟，不用火矣。故有止火之候。遇止火之候一到，即不須行火矣，若再行火亦無益。傷丹者，丹熟則必可出鼎，而換入別鼎。若不取入別鼎，則出無歸，不傷丹乎！精化炁穴，炁化神於神室，故曰別鼎。崔公曰：受炁足，防危兇，火候足莫傷丹。炁足，受補法而炁足，亦宜防滿而溢之危險。防者，見止火之候而即止之，則不傷丹而得防之功。何爲滿而溢？我亦不至有此。老師曾囑曰：當不用火必勿用，你若用火不已，丹之成者更無所加，疑而怠慢，但已滿之元精防其易溢，而非真有溢也，以其尚未超脱離此可溢之界耳，此正可凡可聖之分路頭也。紫陽曰：未煉還丹須速煉，煉了還須知止足，若也持盈未已心，不免一朝遭殆辱。未煉還丹之時，一遇丹藥，即當還煉，用一周天之火，藥生即採煉，勿虛負藥生，曰速煉。採得藥歸而煉，火候明白不差，誠心勇心行之，亦曰速煉。如此，藥也真，火也真，速煉必速成。丹成火足，必要知止而，若任丹成至足之炁，持此盈滿，未知止火而止，終限於小成，尚未脱生死輪回之欲界。知止火，採得大藥金丹而超脱之，則行向上轉神入定，斯免生死之始。蕭了真曰：切忌不須行火候，不知止足必傾危。真陽曰：老師曹還陽真人自云曾親見此事來，故深爲我弟兄二人詳囑之。同問師前，煉丹時也知止火，採得大藥衝關，特未過耳。令復爲之，熟路舊事不異，何得有此傾危？老師曰：當初李真人傳我時，言藥火最秘，最要者，盡與你明之矣，即可修而成矣。但關之前有五龍捧聖之法，是至秘天機，非天仙不能傳，非天仙不能知，非天下之可有，非凡夫之敢聞。待你百日工成，止火採大藥時，方與你言之。及師回師家，我居我室，相去日遠，我猛心奮勇，決烈爲之。那怕仙不能成，天不能上！行之五十日而丹成。止火採大藥而得藥，自知轉上衝關而不透，乃思採戰房術，我所知甚多，皆言過關，若得一法，試而透過，也省得待師來，遂將前邪門旁法所聞，一一試用，絶無可透，始知邪門之法，盡是欺人妄語，而無實用者。及年終師來，我詳細訴於師。師曰：真好！決烈仙佛種子！真到此地。你今所說見的，內有此一景，我未曾與你說得，同於李老師所言，你今真到，即能言也，可近來聽受捧聖之法。我聞已，亦即行之，行不數日，止火景到，恨不即得之爲快，即採之，大藥不來，火尚未甚足也，如丘真人所謂金精不飛者是也。再採，再煉，而止火之景又到。疑之曰：初得景到而止火，採之而不得大藥，且待其景到之多而止，大藥必得矣，至四而遇傾危之患。我想尹清和真人云：老師丘真人當止火時，而長安都統設齋，受食已而未及止火，至晚走失三番，謂之走丹，前工廢矣，須從新再煉，乃泣曰：我自福小，敢不勉哉！奮勇爲之，後即成天仙。今我既在其轍，敢不繼芳踪乎？亦奮勇爲之。又思我初煉精時，得景而不知，猛吃一驚而已。及再靜而景再至，猛醒曰：師言當止火也，可惜當面錯過。又靜又至，則知止火用採而即得矣，是採在於三至也。今而後當如之，及後再煉不誤。景初而止，失之速；不待景至四而止，失之遲。不速不遲之中而止火，得藥衝關而點化陽神。凡真修聖真，千辛萬苦，萬萬般可憐，煉成金丹，豈可輕忽，令致傾危哉？凡聖關頭，第一大事。吾弟兄垂淚而詳述丘曹二真人之案，爲七真派下後來聖真勸誡，即此便是止火之候，大有危險之所當知者，學者不可以爲閒言而忽之，是你自己福力。此皆言丹成止火之候也。此一句是冲虛子之言，總結上文，此一段止火之說也。從來世人學道者，並不知有止火之候，雖有前聖多言，皆忽之而不究，故今特別列類而詳言之。故陳致虛亦有云：火候者，候其時之來，候其火之至，看其火之也可發，此火候也；慎其火之時到，此火候也；察其火之無過不及，此火候也；明其火之老嫩溫微，此火候也；若丹已成，急去其火，此亦候也。陳致虛前已言其妙，非可一概而論，中有逐節事條，可不明辨之乎！此又詳列其條，以明申前旨，學者最當參究。天仙九還丹火之秘候宜此。若此數者，煉精化炁之候備矣。此又是冲虛子總結前採取、烹煉、止火等旨，百日關內事止此，令學者知參究前聖之說。此以下，予故曰：起之舍也，句止。又冲虛子自言百日關內之火候等秘機，而總言之者。予故曰：自知藥生，而採取封固，運火天周，其中進退顛倒、沐浴呼噓，行住起止，工法雖殊，此節向致虛逐節事件之說。真機至妙，在乎一氣貫真炁而不失於二緒，一神馭二炁而不少離於他見，三百周天數，猶有分餘象閏數。一候玄妙機，同於三百候，方得炁歸一炁，神定一神，精住炁凝，候足火止，以爲入藥之基，存神之舍也。此一段又冲虛子列言百日煉精用火細微條目，而精言實悟之旨也。蓋小周天是煉精時火候之一總名也，其中事理固多，前聖固有名言。其採藥是一候，而封固一候，達摩亦只言二候採藥者，并採封二者而混言也。又言四候別有妙用者，乃小周天三百六十內之候也。我今遵仙翁而二言之，及周天時言進退候者。若不似進退，而亦虛擬之爲進退。鉛汞丹法言進退者，進則用火入爐，退則不用火而離爐，此實可據而易言。或以加多爲進，減少爲退，亦可據而易言。煉精者，則不似此說，我今亦只勉強而虛比，不似以爲似。意謂六陽時以乾用九，數之多爲進；六陰時以坤用六，數減少爲退。既在周天之內進陽火、陰符，非多少爲言則不可，若以用不用爲言，則遠甚矣。顛倒者，除藥物配合顛倒不必言，但言火候中之顛倒。呂仙翁云：大關節在顛倒。初老師言：六陽火專於進升，而退後隨之而已六；六陰符專於退降，而進又後隨之而已。曰專者，專以進升，主於採取；專以退降，主於烹煉也。曰後隨者，順帶之義，以其

往來之不可無，亦不可與專主並重用也。此聖真秘機之顛倒也。沐浴者，子丑十二支次第之位，凡世法有五行，故內丹有五行之喻。五行各有長生之位，寅申巳亥是也。火生於寅，水生於申，金生於巳，木生於亥。卯酉子午之位，是沐浴之位。故丹法活子時之火，歷丑寅至卯，所當行之火，借沐浴之位，而稱火工曰沐浴，酉亦如之。舉世愚人邪棍，尚不知沐浴何以得名，何由以知沐浴之義之用哉！今此只畧言捷要耳，更詳於《仙佛合宗》語録中。觀此者，可自查語録以考其全機行住起止者，行則仙佛二宗之〇喻也；住則仙佛二宗之前喻也；起則採封二候之後，小周天候之所起也；止則小周候足而止火也。一氣者，呼吸之氣貫串真炁，自採至止不相離，離則間斷，復貫則二頭緒矣。此由昏沉散亂之心所致，甚則二三四緒，皆無成之火矣。戒之戒之！固然以息氣串真炁，必主宰用一神馭之而不離。若內起一他見則離，若外着一他見則離，離則無候無火矣，焉能炁足炁生？三百六十度故曰周一天，猶日五度四分度之一，所謂天度之分，餘爲閏位者非耶！知有閏，則知天之實周矣。能實周，則炁易足，丹易成，而初生之藥亦易生矣。玄機者，不傳之秘機也。火候一一皆要用此，若不用此，則火必不能如法，呼吸則滯於真息，而近凡夫之口鼻，重濁而爲病。不用此，則神亦不能馭二炁，而使之行住得其自然。一息如是，三百息亦皆如是，方可得天然真火候之玄功。此古聖真皆隱然微露，而不敢明言者，亦不敢全言者。不如是，雖曰已周天，近於邪說之周天，亦無用矣。所以玄妙機三字，又百日關煉精火候之樞紐也。採封煉止等候，俱不可少者。於一炁之外，馳欲界爲婬姤之精，爲視聽言動成婬姤之助，皆能復歸於一炁，能真不動，同於無情不動。一神之動，爲婬姤之神，着視聽言動，爲婬姤之助者，不馳外而復歸一神，能真入大定，所得候足火止而基成，如此永爲入藥之基址，爲存神入定之宅舍，此正所謂，先取白金爲鼎器者是也。

而道光薛真人乃有定息採真鉛之旨，既得真鉛大藥服食，正陽謂之抽鉛。大藥者，即最精化炁之金丹也。果從何求而得？亦從丹田炁穴中生出，當未化炁之先，所生也出丹田，但無形炁微，附外體爲形，曹老師因後有大藥之名，便稱此爲小藥之名，以其炁小故也。及煉成金丹，既化炁之後所生也，出丹田，曰大藥，實有形之真炁，如火珠，亦是從無而入有也。黄帝曰赤水玄珠，一曰真一之水，曰真一之精，曰真一之炁，曰華池蓮華，曰地湧金蓮，曰天女獻花，曰地湧寶塔，又曰刀圭，曰黄芽，曰真鉛，如是等仙佛所說異名，不過只一丹田中所生之真炁，既成自有之形，所以不附外形，而唯生於內，用於內，亦我神覺之可知可見者。及渡二橋，過三關，皆可知可見。此所以爲脱生死之果，從此便得其有真驗矣。

即行火候煉神，謂之添汞。此火候是大周天也。添汞者，心中之元神名曰汞。凡人之神半動于晝而陽明，半靜于夜而陰昏昧。陽如生，陰如死。修士必以昏昧而陰者，漸消去之。故消一分陰，令陽添一分，去二分、三分、四分、五分陰，則添二分、三分、四分、五分陽，漸漸逐分掙到消盡十分陰，添足十分陽，謂之純陽。純陽則無陰睡，謂之胎全神全。所以古人云：分陽未盡則不死，分陰未盡則不仙。此皆添汞之說也。然所謂添者，必由於行大周天之火，有火則能使元炁培養元神，元神便不能離二炁，而皆空皆定，直至神陽果滿。若不添汞行火，以神馭火，神不陽明，如何行得火？添得神？三分、五分陽明，方行得三分、五分火。故曰添汞行火。唯神明則行二炁，而培養元神，助成長覺。

則真炁斷而不生；正是不定而藥不生之說，此時乃實證長生不死之初果矣。若不煉神，則陽神不就，終於屍解而已。煉神者，煉去神之陰而至純陽，全無陰睡。火定炁定而神俱定俱空，方是陽神成就。煉神之法，全由二炁靜定，同之入滅，但二炁少有些兒不如法，則神不煉，陽不純，不成就，不能出神。但在十月之內不曾出定者，俱是屍解之果。何故？但有凡夫之呼吸，即有凡夫之生死。人之生，只有口鼻之氣以爲生，最怕水火刀兵。水入鼻而至內，則無呼吸之竅，身雖壞而神或不壞，亦分解形神爲二。火燒身則神無依住，亦分解形神爲二。刀兵截其頸，呼吸斷，神乃去形，而分解爲二。形既無，則神不獨立，亦不能久立，再去投胎轉劫。所謂屍解者，有死生之道也，不行大周天之過也，二炁及神皆不入定之故也。丹既成，生既長，安肯不入一大定哉！後學聖真勉之。

故《九轉琼丹論》云：又恐歇氣多時即滯，神丹變化。此三句是冲虚子引足上五句之意。自而道光至變化止十三句，又冲虚子於此承上起下，分判聖凡至要天機。歇氣者，歇周天火候之氣，或得坎實來，而點離中之陰，勤勤點化離陰爲純陽。若既得坎實而點離陰矣，不即行大周天，則坎實亦不勤生以點離，或行大周天而不合其中玄妙天機，犹之不行也，亦不能動生坎實以點離陰，便遲滯離陰之神，爲純陽之變化。神丹者，即坎實，曰金丹既點離，則二炁漸化神。二炁盡無，獨有神之靈覺在，故亦曰煉炁化神。

純陽真人云：從今別鼓沒絃琴。別鼓者，另行大周天也。明說與前小周天不同。沒絃琴者，無形聲之義。然大小固不同，行火者必先曉得清白，而後可以言行火。

紫陽曰：大凡火候，只此大周天一場大有危險者，切不可以平日火候倒視之也。上世只說周天，未分大小。紫陽言此大周天，不可以平日者一例看，則平日的便隱然言是小的。平日者，平常已行過的口氣。不可一例看，便是候不同，言平日即是言百日事。故仙翁又言始有作，小周也，後無爲大周也。

廣成子曰：丹灶河車休矻矻，音恰鶴胎龜息自綿綿。言不必用河車者，是百日之事已過，故不必用。今當十月之工，只用鶴胎龜息，綿綿然之火也。《上清玉真胎息訣》云：吾以神爲車，以氣爲馬，終日御之而不倦。前百日以陽精轉運，稱河車。此胎息時，則轉神入定，以神爲車，以氣爲馬，以御神車，是喻煉炁以化神，後聖亦須分辨着。

白玉蟾曰：心入虛無行火候。入無是神炁入定而不着相，丘真人所說真空是也。雖行大周天，不見有大周天之相，便得虛無之妙。

范德昭曰：內氣不出，外氣不入，非閉氣也。世人言閉氣者，強制也。強忍之不令出入，邪法旁術，皆是如此。故仙道別有天機，不與世同。雖內不出，外不入，非強忍也，有真息合自然之妙運者，所以入定。

白玉蟾又曰：上品丹法無卦爻。世人見此說上品丹無卦爻，便一概貶有卦爻者爲非，不想自己不遇聖真傳道，不知有爻無爻，將何所用。蓋小周天者，化炁是有卦爻，

小成之火。大周天者，化神無卦爻，大成之火，以其化神，故曰上品。彭鶴林曰：若到丹成須沐浴。凡成是前金丹之成，沐浴是大周天之喻。言丹成不必用小，既入十月之首，必須用大周。正陽老祖真人曰：一年沐浴防危險。伍真陽曰：沐浴在小周天，固爲喻。今有言於大周天，亦爲喻。在小周日二時二月之喻，此大周言一年之喻。在小周可以小喻，在大周可大喻也。防危險者，防一定必有之危險也。若仙機有出入，則不定其沐浴；若佛法不久住，亦不定其沐浴。沐浴最貴有定心，防危險正防其心不定，防其沐浴不如法。又曰：不須行火候，爐裏自温温。此言十月不必用有候之火，當用温温然無候之火，不寒不燥，不有不無，方是温温的真景象。王重陽真人老祖曰：聖胎既凝，養以文火，安神定息，任其自然。聖胎成於真精陽炁，起初煉精，採取烹煉，非武不能，及聖胎既凝金精而成，武則無用矣，只用文火養之。神息定而任自然。正是養文火之功用。道光曰：一年沐浴更防危，十月調和須謹節。沐浴者，無候之火，即大周天也。一年者，大概而言之辭，即十月之說。凡說十月一年者，入定到此時，亦可得大定而出定，故言之。謹節者，謹守沐浴之理也。防危者，防其離沐浴而外馳不定也，若一年而得定之後，必時時在定，年年劫劫俱在定，又非止一年十月之說而已。陳虚白曰：火須有候不須時，些子機關我自知。有候者，大周天之火，無候之候也，乃似有似無之妙。不須時者，不用十二時爲候，故可入無爲。些子機關，是似沐浴而非沐浴，常定而神常覺。故曰：我自知。若不知則昏沉、火冷而丹力遲矣。紫虚曰：定意如如行火候。如如者，如有不有，如無不無，定意於如有如無之候中，方得大周天之真候，方是真行。又曰：看時似有覓時無。大周入定，本入於虚無，右徒然着無，則落空矣。故曰似有，有而非有，不空而空，卻似無，方是真空真定。又曰：不在呼嘘，并數息天然。有呼嘘數息，是言有爲者之事，今既入定，故曰不在有爲，專任天然以證無爲。又曰：守真一則息不往來。真一者，在前煉精時，煉而所得真精曰真一。此煉炁時，乃真精之炁得真神，用真息之氣守之，三者合還神曰真一。俱定不動，則是息已無息，焉有往來？古云：《火記》六百篇，篇篇相似採真鉛。昔《參同契》亦云：《火記》六百篇，篇篇相似。卻未說出採真鉛之妙旨。此言似採真鉛，則玄中又玄者，盡於是矣。採真鉛者，薛道光所謂定息採真鉛是也。篇篇相似，總歸一大定。馬丹陽曰：工夫常不間，定息號靈胎。定息於空，神即守息而爲胎神，定無間斷，神亦常覺無間斷，而胎神始靈。石杏林曰：不須行火候，又恐損嬰兒。初入十月之關，必用火候，煉炁成胎，而化嬰兒之神。嬰兒，喻神之微也。及胎成嬰兒亦成，將出現於外之時，則無用火矣。若專用火，是嬰兒未完成之事，豈不有損於嬰兒乎！《中和集》曰：守之即妄，縱又成非，非守非忘，不收不縱，勘這存存的誰。大周入定化神，似有似無。似有即神炁之定，似無是神炁在定而不見在定之相。若曰守，便着於有，

着有即起有之妄念，縱之而不照，則神氣離，而非定之理。但微有似存，若二炁存則神亦存，神存二气亦存，俱存在定，便俱虚無，無上之妙境在是矣。鶴林曰：及至打熬成一塊，試問時人會不會？不增不減何抽添，無去無來何進退？神炁合一，俱定入一塊，則無火矣，不似百日火之有增減。不增不減，安有抽添？息無去來，何用進退？此歸一而漸歸無之說也。我祖師張靜虚真人曰：真候全非九六爻也，非顛倒，非進退，機同沐浴又還非，定空久定神通慧。真候者，火候定而空矣。不用小周天之九六，不同其顛倒、進退、沐浴等，而唯定空，久定久空，神通慧照，朗然獨耀，同於世尊之入涅槃而滅盡定矣。丘長春真人曰：息有一毫之不定，命非己有。有息則有生死，無息則生死盡矣。必定息至無，則命方爲我所自有自主張，天地陰陽，閻君則不能使我生死，由我得無死之道也。若一些息不盡定，則命在息而不爲我有，由我自己不能主張，猶有可死之道也。此皆言煉炁化神，十月養胎，大周天之火候也。此又冲虚子总結上文衆聖真所言大周天火一段而言之也。予亦曰：大周天之火不計爻象，固非有作，温温相續，又非頑無，初似不着有無，終則全歸大定，切不可執火爲無，以爲自無，則落小解之果，又不可住火於有，以爲常行，則失大定之歸，將有還無，一到真定，則超脱出神，飛昇冲舉之道盡之矣。此予亦曰起盡之矣止，又冲虚子自言大周天之旨，又兼叮嚀勸誡者。不算計爻象，乃無爲之異於小周。有温温，非全無，是大周初之似有似無之實理也。大周之初，正是一二三月之時，曰似有者尚有有，曰似無者未真無。所以猶有些子凡火食性在，由有些子息故也。及至全歸大定，息無而食性亦無，所以《金碧龍虎上經》云：自然之要，先存後亡。俞玉吾又註之曰：先存神於炁穴，而後與之相亡，神自凝，息自定是也。然又當知火本欲歸於無，若不知先似有之妙，而遽執曰本無，何必用似於有，則必墮在全無，而不能至真無，落於屍解之小果矣。又當知此火起於似有，而求必歸於無。若不知有，非了手而遽住於有，常行於有而不無，則亦墮在全有，何以得大定之歸，饒經萬劫而不死，終止於守屍鬼，子亦爲屍解之類，歸生死之途。想當初煉精補炁，費多少萬苦千辛，始得修證千萬劫不傳之秘，而得傳，以至於小成，於此又安可惰忽其大成，而不求必成哉！我又囑之曰：將有還無，一到真大定，而能常定於虚無之妙境，則超脱出神、飛昇冲舉之道盡之矣。此大周天之火，所以爲成仙成佛了道之總要也。我又以化炁化神而總言之，前百日煉精化炁，必用有爲之工，是從無而入有，即佛法中之所言萬法歸一之義也。後十月煉炁化神，必從有息至無息，是從有而入無，即佛入四禪滅盡定也，一歸於無之說也。此仙佛二宗不易之秘法，不可少之要機也。沖虚子今爲後來聖真重宣明之，以接引後聖，印證仙傳，并免後學執有候執無候之爭，立門戸而妄疑之者。若此天機，自此句直至結尾句止，又皆沖虚子總結火候全經之言，再指煉神以後向上秘機，以爲後聖證。羣仙直語，已前羣仙皆有直言在世間，而人不能悟。固非全露，從古至令，言火候者甚衆，並未全言，或一句二句而

已。即不全，後人如何用？如何擬議？所以世之凡夫妄猜，唯有仙分者，自有仙人來度耳。然散之則各言其畧，集之則序言其詳。我見散見於羣書之言，或畧言採取烹煉之名，而不言其理；或畧言採，而不言封固；或畧言小周天，而不言大；或畧言大周天，而不言小；或畧言火候之名理，而不分言小大所當用之時。其意若曰火候原屬不輕傳之秘，且說一件，令參得此一件，任他自己湊合成全去。咦！曾見幾人能湊合得成全耶！而前劫後劫，或聖或凡種子，或真或爲學人，總難致一擬議。世逮於予，藉父清廉盛德之所庇，田園房店之可賣，受盡萬苦千辛，逐日奔求師家，晝夜護師行道，歷十九年而得全旨。追思前劫，或無所庇，或無可賣，未遇真師受萬苦，故不免又生於令劫，又憫後聖。或有出於貧窮，無父庇，無產賣，不能受萬苦，焉能苦心奮志而求全？有奮志於窘迫中者，而志亦不能鋭。所以予不可少此一集，詳而次序之，留俟奮志後聖而助其鋭志耳。亦訴予苦志勤求者，以勵後聖當苦志勤求，後聖其自勉諸。完全火候，不必盡出予之齒頰，出於我口齒者，固是我之言。我既集而序之，即同是我言之出我口者。而此集出世，則爲來劫萬真火經根本。後來見者，自能從斯了悟，不復疑墮旁門。旁門者，有相之火，忍氣着相，稱爲行火。知此仙火自然之定，則不復爲強制之邪火。而胎神自就，陽神自出，劫運自超矣。習定入定，定成皆爲胎神，出神超劫之所必用，而必證果者，故於此歷言所證。但於出神之後，煉神還虛，九年之妙，雖非敢言，而《中和集》曰：九載三年常一定，便是神仙亦且言之矣。出陽神是初成神仙時，即母腹中初生的孩子一般，雖具人形，尚未至具足之人形，故喻神曰嬰兒，幼小未成人，須藉爺娘養育恩，乃喻爲乳哺三年。古人所言成就，只一二年是也。乳哺者，神氣已定，而又加定之意，加至於常常在定，而不必於出，便似乳而又乳，至於成大人一般。神既老成，若即行煉神還虛九年之功，則此即爲九年內之煉數，若有救世之願未完，且不煉九年，而權住世以救世，及欲超世而上昇虛無，則必從九年煉神而還虛矣。實非世學所能輕悟輕用者，必俟了道之士，以虛無實相而用之。了道之士是出定之神仙，唯得定是得虛無之初基，而後可至虛無之極致處，方能悟此用。第不可以一乘既得，遂妄稱了當，不行未後還虛，此言或有小根小器之人，自以少得爲足，不求還虛。而終能還於虛矣。則於神通境界，畢竟住腳不得，神通在化神時，神也通靈而無礙，在還虛時，神更通靈而無礙。此言神通，是言初得之神通，尚未老成，故曰住腳不得。若住腳，則止於神仙，猶有還虛而至天仙者。後來者共勉之。

《天仙正理・煉己直論》 沖虛子曰：諸聖真皆言，最要先煉己。謂煉者，即古所謂苦行其當行之事曰煉。凡證道所當行之事，或曰事易而生輕忽心，或曰事難而生厭畏心。如是不決烈，事不能成。金丹、神丹必當勤苦心力，密密行之方曰苦煉。熟行其當行之事曰煉。當行之事，如採取烹煉周天等，煉精、煉炁等。或行一時而歇一時二時，或煉一日而間一日二日，工夫間斷則生疎錯亂，如何行熟！工夫必純熟，愈覺易行而無錯，必時時日日皆如初起一時，密密行之，方爲熟煉。絕禁其不當爲之事亦曰煉。不當爲者，即非道法。而深有害於道法者，如煉精時，失於不當，爲之思慮，道以思慮爲之障，而不可望成。煉炁時，息神不定而馳外向熟境，亦障道而忘進悟深入，當禁絕之，而純心以爲煉。精進勵志，而求其必成亦曰煉。道成於志堅而進修不已，不精進則怠惰，不勵志則虛談。然志者，是人自已心所之向處，心欲長生，則必煉精，向長生之路而行求，必至長生而後已。心欲成神通，則必煉炁化神，向神通路上而行，求必得神通而後已。此正所以爲煉也。割絕貪愛，而不留餘愛亦曰煉。凡一切貪愛富貴、名利、妻子、珍寶、異物、田宅，割捨盡絕，不留絲毫，方名萬緣不掛。若有一件掛心，便入此一件，不入於道。故必割而又割，絕而又絕。事與念割絕盡，而後可稱真煉。禁止舊習，而全不染習亦曰煉。凡世間一切事之已學者、已知者、已能者、已行者，皆曰舊習。唯此習氣在心，故能阻塞道氣，必須頓然禁止，不許絲毫染污道心。所以古人云：把舊習般般打破。如此而後，可稱真煉。已者，即我靜中之真性，動中之真意，爲元神之別名也。已與性、意元神，名雖四者，實只心中之一靈性也。其靈無極，而機用亦無極，出入無時，生滅不歇。或有時出，令眼、耳、鼻、舌、身、意，躭入於色、聲、香、味、觸法之場，而不知返；或有時出，而自起一色、聲、香、味、觸法之境，牽連眼、耳、鼻、舌、身、意，而苦勞其形。丘真人西遊雪山，而作《西遊記》以明心曰心猿，按其最有神通。禪宗言獼猴跳六牕，狀其輪轉不住，其劣性難馴，惟煉可制。而後來聖真，當以上文六種煉法總要，先致誠意而煉之。然必先煉已者，李清庵云：於平常一境界打得破，不爲物炫，不被緣牽，則未後境誘不得，情緣牽他不得。《元始得道了身經》云：聲色不絕，精炁不全。萬緣不絕，神不安寧。以吾心之真性，本以主宰乎精炁者。宰之順以生人由此性，宰之逆以成聖亦由此性。若不先爲勤煉，熟境難忘，昔鍾離云：易動者片心，難伏者一意。熟境者，心意所常行之事也，如婬事、婬色、婬聲、婬念等，正與煉精者相反相害。一旦頓然要除，未必即能淨盡，或可暫忘而不能久，或可少忘而不能全。焉能煉行得精、煉得炁？必要先煉已者，爲此故也。焉能超脫習染，而復炁胎神哉！習染之念未除，則習染之事必不能頓無，必要以習染念與事俱脫淨盡，而後遇境不生煙火，已方純，炁可復歸，神可靜定而成胎矣。當未煉之先，未煉已之先也。每出萬般變幻，而爲日用之神，平日婬、殺、盜、妄心、貪心、善心、惡心、欺心等，皆是變幻。猶且任精任炁外馳不住。任炁動而化精，任精動而婬姤，而不攝之令歸根復命，由已不煉而不攝也。古云：未煉還丹先煉性，未修大藥先修心。蓋爲此而言也。昔馬自然真人云：煉藥先須學煉心，對境無心是大還。《中和集》云：念慮絕則陰消，幻緣空則魔滅。張虛靖真人云：欲得身中神不出，莫向靈臺留一物。皆同此。能煉之者，因耳逐

聲而用聽，則煉之於不聞；　目逐色而用觀，則煉之於不見；　神逐感而用交，則煉之於不思。此三者，皆真實煉法，正釋上文割絕其所愛之説。平常日用，必須如是。先煉則己念伏降，而性真純靜，譚長真《水雲集》云：絲頭莫向靈臺掛，內結靈丹管得仙。重陽真人《全真集》云：湛然不動，昏昏默默，無絲毫念想，此定心由降而得。及至煉炁煉神，則不被境物顛倒所誘。己有定力，不從外境所誘。採藥而即得，築基而基即成，結胎而胎必脱，方名復性之初，而煉己之功得矣。有不得其先煉者，當藥生之時，不辨其爲時；　百日之初，煉精時貴有藥生。藥生者，元精之生也。辨元精生時而用採法，若婬精犯於婬念，則邪法不可採者。婬念未煉浄者，何以能辨元精。煉藥之候，不終其爲候；　煉藥有周天之候，或驚恐、或聞、或思、或昏沉，以致火候不終者有之。藥將得，或以己念而復失；　元精還補，元精將滿，亦或有婬念未煉淨，乃復失爲婬精者有之。故古人有走丹之喻者，即此。神將出，或以己念而復墮；　心逐見聞，覺知於外馳，則是尚未得大定而有出入，背卻《胎息經》所謂不出不入，自然常住之旨。出馳着境，同儒之物交物，亦同禪人之説獼猴跳六牕，內猴與外猴相見者，如是如何能入定以完胎？欲其炁之清真，己不純必不得其清真；　取採先天炁之時，唯煉己純者，能辨清真，則不失其清真；　若煉己不純，一着思慮習氣，則失清真矣。欲其神之靜定，己未煉必不得其靜定。神能入定則得靜，入得三分、五分定，便得三分、五分靜；　十分定，則得十分靜，常定則常靜。神靜定，則炁亦皆靜定，炁歸神爲一矣，即是炁化神而成胎仙矣。不煉己者，必不能到此。或遇過喜而即喜，或遇可懼而即懼，或遇可疑而即疑，或遇可信而即信，皆未煉己之純也。此四者，皆外來之天魔也。遇而信之，則着其所魔矣。雖由此前，未預爲煉己之過，倘於此遇時即煉己，遇如不有所遇，魔即不如我何。丘真人所以當過一番魔，長福力一番是也。倘於初一遇便不當過，及道愈高魔愈多，如何當得過？吉王太和曾問：魔有種種之多，卻如何知得當過？沖虛子曰：最易。不怕他有萬樣奇，惟我將神炁俱入定中，任他多種魔來，絕不能與我相遇矣。又有內本無而妄起一想念，謂之內魔障。或有生此而不知滅，不知即滅者；　或有滅其所生，而復生復滅者，皆障道，躭遲大周天之候也。必煉己者，而後能生滅滅己。生而即滅，滅而至於無可滅。又有外本無而偶有一見聞，謂之不宜有之外魔障上文喜、懼、疑、信四種，俱屬此見聞之內。或用見聞與之應對而不即遠離者，亦障道，一有應對則着魔，爲魔所轉矣，故障道。必先煉己者，而後能無見無問。能煉己者，即具不睹不聞之本體，即有不睹不聞之實效。此己之所以不可不先煉也。昔有一人，即山東姓張者。坐中見承塵板上一人跳下，立於前，沒人於地，坐中者，在圜中坐時也。見者，心不定於神室而外馳，偶有此一見也。若心在定，則亦何以見此？復從地湧出立於前，見其神通變化，而認爲身外身，誤信常人之言，曰神仙出了陽神，便身外有身，然本性與虛空同體，本無形身，若起一念，要顯有身，便能有身，不可以見外爲我身。不識爲身外之天魔，吉王太和問：彼既不識，今老師及昔二真人是何法識得？沖虛子曰：我本性在定，得到定力足，而後有可出定之景到，由我自性升遷於天門，念起而出，猶是虛空無體，乃六通爲用，無所障礙。若非我念所出而有見者，便是外來之天魔、邪魔。若出神之景未到，則神通未足，不能變化，雖欲顯身而不能有身，豈可以無我念之身而認爲我哉！神通足者，世尊謂之四神是。即爲魔所誘動出。圜而遠叩丘祖曰：見者不可認。不宜出而妄出，雖有妄見，斬退猶恐不速，何敢認爲我！不宜出者，未成定之先，求其入定，而不可得，又何敢妄出，而終於不入不成耶！此所以不可認也。乃不知信，由於無仙師真傳，故不能以信法語。又謁郝祖，郝與邱本同師度，則同道、同知識矣，既不信丘，何必見郝！祖曰：丘哥説者便是。惜乎！猶不知信，不復更居圜中，而廢前功矣。此亦己未煉純之證也。昔丘祖坐於崖下，崖石墜壓折肋，知是天魔，祖不爲之動。如是當過五番，不動一念，直證陽神出現，見山河大地如在掌中。昔世尊坐於菩提樹下，魔王波旬領百萬魔衆以兵戈恐佛而不動，以魔女婬事誘佛而不動。坐至金剛牢固，自言我終不起離於此座。昔費長房師事壺公，隨壺公入山修道，壺公以朽索懸大石於座之上，又令巨蛇囓索將斷，而費全不驚不動者，皆是。此得煉己性定之顯案也，并書以勵同志。

《仙佛合宗·最初還虛》　太和問曰：《直論》中言煉己先務，有當禁止杜絕之端。又言不煉己，有難成玄功之弊，可謂詳言煉己之要矣。昨又蒙老師言，最初煉己，不過初入其門，仍要還虛，方入閫奥。敢請還虛之理何謂也？伍子曰：儒家有執中之心法，仙家有還虛之修持，蓋中即空之性體，執中即還虛之功用也。惟仙佛種子，始能還虛了性，以純於精一之至詣。若夫人心則淚其虛空之性體，沖沖不安，流浪生死，無有出期。故欲修仙體者，先須成載道之器；　欲成載道之器，必須先盡還虛之功。虛也者，鴻濛未判之前，無極之初。斯時也，無天也，無地也，無山也，無川也，亦無人我與昆虫草木也。萬象空空，杳無眹兆，此即本來之性體也。還虛者，復歸無極之初，以完本來之性體也。問曰：然則何所修持，始盡還虛之功也？答曰：還虛之功，惟在对境無心而已。於是見天地，無天地之形也；　見山川，無山川之迹也；　見人我，無人我之相也；　見昆虫草木，無昆虫草木之影也。萬象空空，一念不起，六根大定，一塵不染，此即本來之性體完全也。如是還虛，

則過去心不可得，現在心不可得，未來心不可得，頓證最上一乘，又何必修煉已之漸法也哉！ 佛宗云：無相光中常自在。又云：一念不生全體現，六根纔動被雲遮。合此宗也。

《仙佛合宗·真意》 太和問曰：《直論》中所謂返觀內照，凝神入於炁穴，敢未詳示返觀內照之旨。伍子曰：返觀內照，即真意之妙用也。蓋元神不動爲體，真意感通爲用。元神真意，本一物也。言元神亦可也，言真意亦可也。故真意即虛無中之正覺，所謂相知之微意是也。返觀內照者，返回其馳外之真意，以觀照天內也。煉精之時，真意觀照於煉精之百日；煉炁之時，真意觀照於煉炁之十月；煉神之時，真意觀照於煉神之三年。此返觀內照之大旨也。問曰：凝神入炁穴之大旨，又何謂也？答曰：煉精之時，有行、住、起、止之功。行則採取，如是即運息以合神炁之真意也；住則封固，如是即停息以伏神炁之真意也。起則採封之後，真意運息，合神炁於十二時中，子時而起火也；止則象閏之後，真意停息，合神炁於本根，還虛而止火也。可見行、住、起、止，悉皆元神凝合於虛無中，不謂之凝神入炁穴亦不可也，猶未已也。當大藥服食之後，務宜定覺於黃庭之虛境。雖周三千六百時之天，未嘗一瞬息離於結胎之所，不謂之凝神入炁穴，亦不可也。然真意有動靜兼用之功，有專靜不動之功，尤不可不知也。問曰：何謂動靜兼用之功？答曰：初關煉精，真意採煉屬動，封固屬靜。三年乳哺，真意出收屬動，歸宮還虛屬靜，此動靜兼用之功也。問曰：何謂專靜不動之功？答曰：中關煉炁化神，惟真意定覺於黃庭穴之虛境，爲結胎之主，但任督二炁自然之有無，而不着意於二炁之有無。可見十月常靜，未嘗易毫髮許也。此專靜不動之功也。更進而論之，三年乳哺，已造還虛之極，雖真意一出一收，而實不着意於出收，則是出亦靜，收亦靜，謂之專靜不動之功也。問曰：動靜適宜，自合妙機，倘失真意，其弊云何？答曰：煉精之時，若失真意，則無招攝二炁，真意合神，歸定於玄根，以妙元陽之用；煉炁之時，若失真意，則無以保護二炁，歸定于胎中，以証純陽之果；煉神之時，若失真意，則無以遷神，歸定於泥丸，復戒慎出入於天門，以施乳哺之功。故予向有一誦云和：陽炁生來塵夢醒，攝情合性歸金鼎。運籌三百足周天，伏炁四時歸靜定。七日天心陽復來，五龍捧上崑崙頂。黃庭十月足靈童，頂門出入三年整。屈指從前那六工，般般真意爲綱領。九年打破虛空，乘鸞跨鶴任遊騁。此予總誦《陽關三叠》，咸不離夫真意，真意之用大矣哉！然須知真意不涉校量，一涉校量，即非真意矣。佛宗云：擬議即乘，校量即錯。合此宗也。

《仙佛合宗·火足候止火景採大藥天機》 太和嚴整衣冠拜竟膝下，西立，問曰：《直論》中所謂三百周天，猶有分餘象閏數，一候立玄妙機，同於三百候，义旨云何？伍子曰：此言火足之候也。所謂三百周天者，三百妙周之限數也。欲人知火足之候，在得玄機之周天，滿三百候之限數也。凡行小周天火，有善於行火者，有不善於行火者。善於行火者，水源清真，採封如法，煉止合度，心不散亂，意不昏沉，以至三百息數，斷而復連炁，神不均，時離時合，此一周天，乃失玄妙之周天也。除失玄妙機之周天不計外，獨計得玄妙機之周天，要滿三百候之限數，方爲火足之候、止火之候，此積於內者也；猶有龜縮不舉之景，开陽光二現之景，皆爲火足之候、止爲之候，此形於外者也。故佛宗有倒卻門前殺竿着之句，又有成就如來馬阴藏相之名，皆为缩龟不举之明证也。又有宝腾胜如來放光動地之名，亦爲陽光發現之明證也。問曰：陽光發現之時，從何處而現？答曰：兩眉間號曰是明堂，陽光發現之處也。陽光之時，恍如掣電，虛室生白是也。當煉精之時，即有陽光一現之景，斯時也，火候未全，淫根未縮，一遇陽生，即當採煉。運一周天，以至採煉多番，周而復周，靜而复靜，務期圓滿三百妙周之限數而後已。限數已滿，惟宜入定，以培養其真陽，靜聽陽光之二現可也。於是由靜定之中，忽見眉間之掣電光，室生白，此陽光二現也。正是止火之景、止火之候，是時三百妙周之數，恰恰圓滿，電縮不舉之外景，次第呈驗矣。此內外三事，次第而到者也。間曰：三事既次第而到，彼又謬自行火，是何故也？答曰：此時动气虽不妄驰于肾竅，而生机卻动于气根故气机發動，或一動、二動，亦所有事，彼昏不知覺其二動，以爲可採，輒行採煉者有之，是以有傾危之害也。問曰：欲免傾危，須究其顧驗所以然之理，祈老師更爲歷歷言之。答曰：築基已成，精盡成炁，封好，限數圓滿。限數既滿，則火之已足足微矣。攝此動炁凝成丹藥，方得淫根如龜之縮。既已龜縮，則藥之已成，又足微矣。陽關已閉，無竅可通，方得淫根絕無舉動。既絕不動，無精可煉，則火之當止，又足微矣。所積陽炁，盡復炁根，方得陽光二現。光既二現，則陽炁之可定於炁，又足微矣。故陽光二現，縱有動機，亦去其火，更宜入定，以培

養其真陽，靜聽陽光之三現可也。由是靜定之中，忽有眉間又掣電光，虛室生白，此陽光之三現。真阳團聚，大藥純乾，方得陽光三現。光既三現，則炁根之內，已有大藥可採，又足微矣。要之止火，當自陽光二現爲始，止至三現爲終。故二現、三現皆名止火景、止火之候。猶是陽光三現，方名採大藥之景、大藥之候也。問曰：行火至於陽光四現，遂至傾危，其何故也？答曰：此由不依止法，妄自行之過也。可知陽光三現，大藥可採，若行火至四現，則大藥之可定者，必隨火之不定者，而溢出於外，化爲後天有形之精矣，可不戒哉？佛宗云：如來善護寶珠，自然於光有節。合此宗也。

《仙佛合宗·七日採藥天機》 太和作禮，曲膝問曰：《直論》中所謂七日口授天機，採其大藥，未審大藥，何以必須採於七日也？伍子曰：陽光三現之時，純陽真炁已凝聚於鼎中，但隱而不出耳。必用七日採工，始見鼎中火珠呈象，衹內動內生，不復外馳，故名真鉛內藥，又名金液還丹，又名金丹大藥，異名雖多，衹一真陽，即七日來復之義也。問曰：採大藥天機，求老師垂慈詳訓。答曰：以初採言之，其呼吸之火，自能內運。任火自運，絕不着意於火，亦不馳意於火，方合玄妙機之火也。此時用火，尤當入定，而單用眸光之功，時以日間用雙眸之光，專視中田，夜间用雙眸之光，守留不怠。如是以採之，大藥自生。《陰符經》所謂機在目者，此也。問曰：天機已明，但採之，而採之所以得生之理，尚求教益。答曰：採之而所以得生之理，有四說焉。蓋以交姤而後生，勾引而後生，靜定而後生，息定而後生。問曰：何謂交姤而後生？答曰：心中元神，屬無形之火；腎中元炁，屬無形之水。心中無形之火神，因眸光專視，而得凝於上，則腎中無形之水炁，自然薰蒸上騰，與元神交姤，而無上下之間隔矣。無形之水火，既以交姤於上，則久積純陽之光自然團成大藥，如火珠之形，發露於下矣。如天地氤氳，萬物化生者然。蓋無能生有形，自然之理也。古云：玄黃若也無交姤，怎得陽從坎下飛？即此義也。問曰：何謂勾引而後生？答曰：雙眸之光，乃神中真意之所寄，眸光之所至，真意至焉。真意屬土，土乃中宮之黃婆，黃婆即勾引媒妁也。黃婆勾引於上，則大藥自相隨而出現於下矣。古云：中宮胎息號黃婆。即此義也。問曰：何謂靜定而後生？答曰：元神因眸光專視，歸凝上之本位，而得定機，則元炁亦歸凝於下之本位，而得定機，神炁俱得定機，由是元炁成形，因定而生動，衹動於內、生於內矣。古云：採真鉛於不動之中。又云：不定而陽不生。即此義也。問曰：何謂息定而後生？答曰：此是後天自運之火，亦因神炁之定機，而有所歸依，自然伏定於炁根，而無上下之運行矣。真息一定，大藥自生；真息不定，大藥必不生矣。古云：息定採真鉛。即此義也。四說者，皆以眸光爲招攝，故其至意乃爾也。昔本宗生，丘祖相傳一偈云金丹大藥不難求，日視中田夜守留。水火自交無上下，一專生意在雙眸。旨哉！此偈也。須知大藥生時，六根先自震動，衹知丹田火熾，兩腎湯煎，眼吐金光，耳後風生，腦後鷲鳴，身湧鼻搐之類，皆得藥之景也。大率採藥至於三四日間，真定未定之時得藥，六景即次第而現。若採藥至於五六日間，則真意一定，則大藥已生矣。故七日之期，亦大概而言之耳。佛宗云：天女獻花。又云：龍女獻珠。合此宗也。

《仙佛合宗·大藥過關服食天機》 太和插血盟天，作禮四拜，長跪問曰：七日採藥天機，業已蒙恩傳授，但《直論》中所謂大藥過關，有五龍捧聖之秘機，未審是何取義？箇中幻妙，恭望大慈俯垂詳剖。伍子曰：前派仙師，欲明過關秘旨，故借玄帝捨身得道之事，以喻言之。所以喻言之者，以五乃土數，真意屬土，龍乃元神，元神乃真意之體，真意乃元神之用，體用原不相離，故云五龍，捧聖即大藥之喻。用意引大藥過關，故曰五龍捧聖也。其間有過關服食之正功，向以詳言於三次口傳之內矣，茲不復贅。蓋以童真與夫漏精二度之人，則過關服食之助功，自當應用。若漏精多度，則此助功不復可用，即當行過關服食之正功矣。問曰：正功天機，求老師詳示。答曰：天機示汝，汝当珍重。今且以大藥初生言之，固其多精積累，始得形如火珠。此先天純陽之炁，能生後天真息之火，火藥全而生，故言藥不言火，而火即在其中矣。大藥發生，不附外體，衹內動於炁穴。須知炁穴之下，尾閭界地，有四道岐路，上通心位，前通陽關，後通尾閭，下通谷道。三竅髓實，呼吸不通，谷道一竅，虛而且通，乃炁液皆通之熟路。又炁液皆通，乃平日所有之舊事。故《直論》註中，有熟路舊事四字，即指此言也。尾閭谷道，一實一虛，故名下鵲橋。尾閭關上夾脊三竅至玉枕三竅，與夫鼻上印堂，皆髓实填塞，呼吸不通。鼻下二竅，虛而且通，乃呼吸往來之徑路。印堂、鼻竅，一實一虛，故名上鵲橋。關竅既明，則防危慮險之功，尤不可不知也。蓋大藥將生之時，先有六根震動之景。六根既以震動，即當六根不漏，以遂其生機。大藥既生之後，六根即當遷入中田，以化陰神，務先逆運河車，而超脫之，尤

當六根不漏，以裏其轉軸。故下用木座，抵住谷道，所以使身根不漏也；上用木夾，牢封鼻竅，所以使鼻根不漏也；含兩眼之光，勿令外視，所以使眼根不漏也；凝兩耳之韻，勿令外聽，所以使耳根不漏也；唇齒相合，舌抵上腭，所以使舌根不漏也；一念不生，六塵不染，所以使意根不漏也。既能六根不漏，可謂防備之至密矣。猶未已也，方大藥之生於炁穴也，流動活潑，自能飛昇，而上騰於心位，心位不貯，自轉向下田界地，而前觸夫陽關，陽關已閉，自轉中田界地，而冲夫尾閭，尾閭不通，必自轉動由尾閭而下，奔走谷道，谷道易開，大藥洩去，前工廢矣。此下鵲橋之危險也。即曹、丘二真人走丹之處，預用木座，狀如饅首，覆棉取軟，座抵谷道，其勢上聳，不使大藥下奔。既爲外固之有具矣，又有內固之法焉。大藥冲尾閭不透，自轉動而有下奔谷道之勢，纔見其下奔，即微微輕撮谷道以禁之，斯爲內固之至嚴矣。內外如此固嚴，自能保全大藥，不致下奔於谷道，衹附尾閭，遇阻而不動矣。斯時也，若用真意導引，則失唱隨之機，縱導引頻頻，終難過關，故有善引之正功焉。纔見其過阻不動，即一意不動，凝神不動，動而後引，不可引而使動也。忽有自動衝關，即隨其動機，而有兩相知之微意，輕輕引上，自然度關，尾閭而至夾脊關矣。關前三竅，髓阻不通，大藥通阻不動，惟是一念不生，凝神不動，以待其動，忽又自動衝關，即隨其動機，而有兩相知之微意，輕輕引，自然度關，夾脊而至玉枕關矣。關前三竅，髓阻不通，大藥遇阻不動，惟是一意不生，凝神不動，以待其動，忽又自動衝關，即隨其動機，而有兩相知之微意，輕輕引上，自然度過玉枕，直貫頂門，向前引下至於印堂，印堂髓阻不通，自轉動而妄行於鼻下便道之虛竅矣。若非木夾爲之關鎖，幾何而不淪於洩則也！洩前工廢矣。此上鵲橋之大危險也。故木夾之用，不可不預爲防也。預防有具，則大藥不致下馳於鼻竅，衹附於印堂，遇阻而不動矣。惟是一意不生，凝神不動，以待其動，忽又自動衝矣，即隨其動機，而有兩相知之微意，輕輕引下，自然交過印堂，降下十二重樓，猶如服食而入於丹田神室之中，點化陰神，爲乾坤交姤，蓋通中下二田，合而爲一者也。此過關服食正功也。昔本宗丘祖偈云：金丹中上老斡天罡，何患阻橋又阻關。一意不生神不動，六根不動引循環。旨哉！此偈也。蓋夫天罡居天之正中，一名中黄星，一名天心，一名斗柄，在天爲天心，在人爲真意，大藥憑真意之轉旋而升降，猶天輪藉天心之斡運而循環，皆一理也。須知初用木座抵住谷道之時，因其勢已上聳，不使大藥下奔，故大藥冲尾閭不透，亦有不下奔谷道，即不必行輕撮谷道之事，惟用過關之正功而已。然過關正功，其行住之機，惟在順其自然爲要也。佛宗云：未有常行而不住，亦未有常住而不行。合此宗也。

《仙佛合宗・守中》 太和問曰：《直論》中謂欲將此炁煉而化神，必將此炁合神爲煉。何爲必將此炁合神爲煉也？伍子曰：既是金丹大藥，逆運河車，入於神室之中矣，倘其神光失照，則大藥失其配偶而旋傾。故必以元神爲大藥歸依，以大藥爲元神點化，相與寂照不離，則陽炁自能勤勤發生，乃與真意相運於神室，而元神得其培養以相煉也。問曰：何爲將此炁煉而化神也？答曰：大藥得火炁相運於神室，既能點化神中之陰，陰神賴以降服，而念慮不起，又能培補神中之陽，陽神愈益陽明，而昏睡全無。不謂之煉炁化神不可也。又問曰：《直論》中既言伏炁於丹田炁穴中而結胎，其后正文又言大藥轉舊黄庭結胎之所，蓋炁穴屬下田，黄庭屬中田。何以言結胎之所有二田之别也？答曰：初行大周天之火，元神雖居中田，卻連合下田二炁以爲妙用，必元神寂照於中下二田，相與渾融，化爲一虛空之大境，使二炁助神結胎，故二田皆是落處。若拘守於一田，則神有滯碍，而失大圓鏡之智用矣。問曰：《直論》中所謂守中之理，敢請詳訓。答曰：中也者，非中間之謂中，乃虛空之謂中；守也者，非拘守之謂守，乃致虛之謂守。守中也者，不着意二田，亦不縱意於二田，即所謂元神寂照二田，成一虛空是也。故能保中之體者，一念不生，寂然不動，直守到食脈兩絕，昏睡全無，亦須臾不離於寂也。能靜中之用者，靈光不能超脫塵根，直守到二炁俱無念無生滅，亦須臾不離於照也。從來體用不分，寂然同用，所以全十月養胎之要務者，蓋如此。問曰：《直論》者言胎，又言胎息，又言真胎息，請一一言之。答曰：十月之關，有元神之寂照，以爲二炁之主持，故云胎。有二炁之運行，以爲元神之助養，故云胎息。忘二炁運行助養之迹，而胎神終歸大定，故云真胎息也。問曰：大周天火候，請更詳言之。答曰：是服食大藥之後，三關九竅阻塞之處，盡以開通，須知此後二炁勤生，自能運轉於已通之正路，服食於二田之虛境，以培養夫元神，故其一升一降，循還不已，亦自然而然者也。可見此時之火，自不用意引之火，火既不用意引，又豈可着意於火，而凝滯夫元神之大定也哉！惟是不見有火，方合不有不無之交火，爲大周天之火候也。然非元神寂照於二

田之虚境，又安得二炁之動發生？ 運養不絶，有如斯也。問曰： 十月關中歷月，自有景驗，願聞其詳。答曰： 初入定時，守定三月，則二炁之動機甚微，但微動於臍輪之虚境而已。若守至四五月間，則二炁因元神之寂照，以至服食已盡，而皆歸定滅，元神因元炁之培育，以致陽明不昧，而得證真空，二炁俱停，食惟已絶，獨存一寂照之元神，以爲胎仙之主矣。更守至六七月間，則昏睡全無。守至八九月間，寂照已久，百脈挨住。更守至十月期，候足純陽，神歸大定，於是室能生慧，自有六通之驗矣。六通者，漏盡通、天眼通、天耳通、宿命通、他心通、神境通是也。前煉精時已有漏盡一通，至此方有後五通之驗也。蓋天眼通，則能見天上之事； 天耳通，則能聞天上之言； 宿命通，則能曉前世之因； 他心通，則能知未來之事。惟神境一通，乃識神用事。若不能保扶心君，即爲識神所轉卻，自喜其能修能証，而歡喜魔已入於心矣。日喜言人間之禍福，喜言未來之事機，禍不旋踵而至矣。惟是慧而不用，則能轉識成智，始得證胎圓之果也。古云： 三萬刻中無間斷，行行坐坐轉分明。正所以發明十月養胎，衹在綿密寂照之功而已全也。問曰：《直論》註中，謂卯酉子午之位，是沐浴之位，故初關活子時有沐浴用。何以中至十月，亦有沐浴之用，并防危慮險之機？ 乞師詳示。答曰： 五行各有長生之位，如長生、沐浴、冠帶、臨官、帝旺、衰、病、死、墓、絶、胎、養也。寅申巳亥，爲長生之位。火長生在寅，沐浴在卯，死在酉； 水土長生在申，沐浴在酉，死在卯； 金長生在巳，沐浴在午，死在子； 木長生在亥，沐浴在子，死在午。故卯酉子午之位，是沐浴之位，亦是死而不動之位也。當知洗心滌慮，爲沐浴之首務； 二炁不動，爲沐浴之正功。又當知真炁薰蒸，亦是沐浴之義也。防危慮險，防不洗心滌慮也。若不洗心滌慮，則難得真炁薰蒸，以臻二炁不動之效。故沐浴養之用，衹在綿密寂照之功而已。《直論》註中，有欲知沐浴之義之用，可以查《語録》中者，全機者此也。所謂一年沐浴防危險者，亦此也。問曰： 慧而不用，始證胎圓。胎圓確證，尚冀明詳。答曰： 數月以前，二炁俱無，食脈兩絶，已有明微矣。是以無論在十月關內，十月關外，但有一毫昏沉之意，餘陰尚在，有一毫散亂之念，神未純陽，必須守到昏沉盡絶，散亂俱無之詣，方爲純陽果滿之胎神，而已入於神仙之域矣。佛宗云： 初禪念住，二禪息住，三禪脈住，四禪滅盡定。合此宗也。

《仙佛合宗・出神景出神收神法》 太和問曰：《直論》中所謂神已純全，胎已滿足，必不可久留於胎，再用遷法，自中下而遷於上丹田，以加三年乳哺之法，伏望指示。答曰： 上丹田一名泥丸宫，陽神歸伏之本宫也。歸伏本宫，陽神未壯健，如嬰兒幼小，必憑乳哺，故有乳哺之名焉。倘拘神於上丹田之小境，則失還丹之義旨，大悖乳哺之法矣。其法兼存養之全體，出收之大用而言者也。蓋存養之功，不着意於上丹田，惟一陽神寂照於上丹田，相與混融，化成一虚空之大境，斯爲存養之全體，乃爲乳哺之首務也。存養功純，自有出神之景焉。出神景現，神可出矣。當出而不出，則不脱不超，難入聖階，故出神之景在所當知也。當其存養功純，忽於定中，見空中六出紛紛，即出神之景也。斯時也，即當調神出殼，一出天門，而旋即收焉。則以太虚爲超脱之境，收則以上丹田爲存養之所。須知出收之時少，而存養之時多。又出宜暫而不宜久，宜近而不宜遠。始則出一步而旋收焉，或出多步而旋收焉； 久之或出一里而旋收焉，或出多里而旋收焉乃，至百千里，以漸次而至，不可躐等而至也。所以然者，以嬰兒幼小，迷失難歸，或有天魔來試，亂我心君。故須出入謹慎，方能全虚空之全體，於往來之中，以完夫乳哺之大用也。古云： 道高一尺，魔高一丈。不但天魔來試道行，抑且識神變化，使炁總要保扶心君爲上。若乃仙佛種子，最初還虚功純，則靈台湛寂，不染一塵永無一物，魔自何來？ 此又越度等夷者矣。故修士當此最初還虚爲急務，若夫乳哺謹慎，還虚於三年，則陽神始得老成，自可達地通天，入金石而無礙。佛宗云： 始成正覺，如來出現。又云： 神出胎成，親爲佛子。合此宗也。

《性命圭旨・修性命法》 立禅

隨時隨處，逍遙於莊子無何有之鄉。

不識不知，遊戲於如來大寂滅之海。

若天朗氣清之時，當用立禅納氣法而接命。其法曰： 脚跟着地鼻遼天，兩手相懸在穴邊。一氣引從天上降，吞時汩汩到丹田。

立禪圖

心無所住
湛然見性
體用如如
廓然無聖

或住或立，目心，檢情攝念，息業養神，已往事勿追思，未來事勿迎想，現在事勿留念。欲得保身道訣，莫若閑靜介潔。要求出世禪功，無如照收凝融。昔廣成子告黃帝曰：目無所見，耳無所聞，心無所知，神將守形，形乃長生。其意大同，久爲深切。

坐禪圖

帝堯之安安
文王之雝雝
孔子之申申
莊周之止止

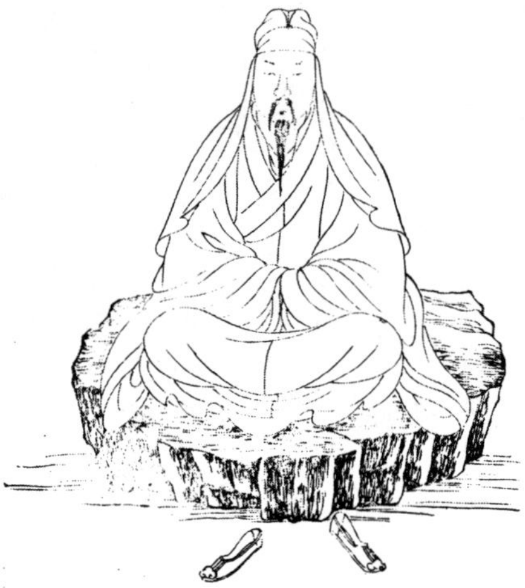

坐久忘所知，忽覺月在地。
泠泠天風來，驀然到肝肺。
俯視一泓水，澄湛無物蔽。
中有纖鱗遊，默默自相契。

無事此靜坐，一日如兩日。
若活七十年，便是百四十。
靜坐少思寡欲，心養氣存神。
此是脩真要訣，學者可以書紳。

坐不必趺跏，當如常坐。夫坐雖與常人同，而能持孔門心法，則與常人異矣。所謂孔門心法者，只要存心在真去處是也。善耳目之竅，吾身之門也。方寸之地，吾身之堂也。立命之竅，吾身之室也。故衆人心處於方寸之地，猶人之處於堂也，則聲色得以從門而搖其中。至人心藏於立命之竅，猶人之處於室也，則聲色無所從入而窺際。故善事心者，潛室以顺晦，而耳目爲虛矣。御堂以聽政，而耳目爲用矣。若坐時不持孔門心法，便是坐馳，便是放心。《壇經》曰：心念不起，名爲坐。自性不動，名爲禪。坐禪妙義，端不外此。

臥禪圖

開心宗之性
示不動之體
悟夢覺之真
入聞思之寂

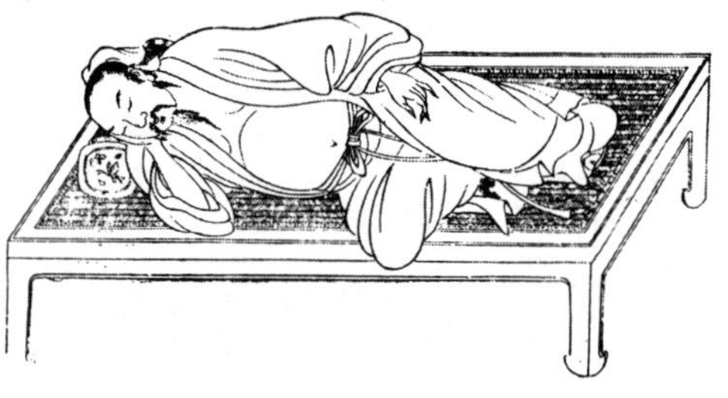

掃石焚香任意眠，醒來時有客談玄。
松風不用蒲葵扇，坐對清崖百丈泉。
古洞幽深絕世人，石床風細不生塵。
日長一覺羲皇睡，又見峰頭上月輪。
人間白日醒猶睡，老子山中睡卻醒。
醒睡兩非還兩是，溪雲漠漠水泠泠。
元神夜宿丹田，雲滿黃庭月滿天。
兩箇鴛鴦浮绿水，水心一朵紫金蓮。

紛擾中亦只如處常則事自順遂。

古人有言：脩道易，鍊魔難。誠哉！是言也。然色魔、食魔易於制伏，獨有睡魔難煉。是以禪家有長坐不卧之法。蓋人之真元，常在夜間走失。苟睡眠不謹，則精自下漏，氣從上洩，元神無依，亦棄軀而出，三寶各自馳散，人身安得而久存哉？至入睡時，收神下藏丹窟，與氣合交，水火互相拘鈐，則神不外馳，而炁自安定矣。今以常人言之，神則寄之於目矣。而夜寐既熟，則藏之於腎。至夙兴之時，而目之神有不爽然清乎？藉其不夜而腎神豈能清？今又以天道言之，日則麗之於天矣，而夜淪地中，則藏之於海。至啟明之候，而天之氣，有不爽然清乎？藉其不夜，而海氣豈能清？此則崔公《入藥境》所謂：水火交，永不老，是也。今之人懵然而睡，忽而醒，是何物主之而使之覺也？夫魂與神併則覺，魄與屍合則昏。昏者，死之根。覺者，生之兆。魂屬陽，而喜清虛；魄屬陰，而好馳騁。魄者，鬼也。魂者，神也。神則日接之於物，夜形之於夢。黃粱未熟，南柯未寤，一生之榮、辱、富、貴，百歲之悲，憂、悦、乐，備嘗於一夢之間。使其去而不還，遊而不返，則生死路隔，幽宜之途絕矣。由是觀之，人不能自生，而其所以生者，夢中之人爲之也。人不能自死，而其所以死者，夢中之人爲之也。然不知所以夢，則亦不知所以死。不知所以覺，則亦不知所以生。夢中之有覺者，以夢之中而自有真覺者在焉。死中之有生者，以死之中而自有長生者在焉。是故因覺知生，因夢知死。知斯二者，可以入道矣。夫人之覺也，耳其有不能聽乎？目其有不能視乎？手其有不能持乎？足其有不能行乎？心其不能、喜、不能怒乎？而人之睡也，耳固在也，何其不能聽乎？目固在也，何其不能視乎？手固在也，何其不能持乎？足固在也，何其不能行乎？心固在也，何其不能喜、不能怒乎？由此觀之，則其死也。似爲無知而無覺矣。而人之睡而夢也，而夢之時亦有耳能聽矣。而其聽也，何其不屬於人之耳乎？亦有目能矣，而其視也，何其不屬於人之目乎？亦有手能持矣，而其持也，何其不屬於人之手乎？亦有足能行矣，而其行也，何其不屬於人之足乎？亦有心能喜、能怒矣，而其喜也，怒也，何其不屬於人之心乎？由此觀之，則其死也，似爲有知而有覺矣。然死生通乎晝夜之道、夢覺之常者乎。古之真人，其覺也，無憂。其寐也，無夢。故無夢地位，非道成之後不能到也。然初機之士，煉心未純，昏多覺少，纔一合眼，元神離腔，睡魔入舍，以致魂夢紛飛，無所不至。不惟神出氣移，恐有漏爐迸鼎之患。若欲敌此睡魔，須用五龍盤體之法。訣曰：東首而寢，側身而卧。如龍之蟠，如犬之曲，一手曲肱枕頭，一手直摩臍腹，一只腳伸，一隻腳縮。未睡心，先睡目，致虛極，守靜篤。神氣自然歸根，呼吸自然含育。不調息，而息自調。不伏氣，而自伏。依此脩行，七祖有福。陳希夷已留形于華山，蔣青霞曾脫殼于屋。此乃卧禪的旨，與那導引之法不同。工夫到時，自然寢寐神相抱，覺悟候存亡，亦能遠離倒夢想。即漆園公所謂：古之真人，其覺也無憂，其寢也無夢是已。然雖睡熟，常要惺惺。及至醒來，慢慢展轉，此時心地湛然，良知自在。如佛境界，正白樂天所云：前後際斷處，一念未生時。此際若放大；靜一場效驗。真有不可形容者。昔尹師靜室中有一聯云：覺寤時，不可妄想，則心便虛明；紛擾中，亦只如處常，則事自順遂。李真人《滿江紅詞》云：好睡家風，別有箇，睡眠三昧，但睡裏心誠，睡中澄意。睡法既能知旨越，便於睡裏調神氣。這睡功消息，睡安神，少人會。又《敵魔詩》云：坐中昏睡怎禁它，鬼面神頭見也麽。昏散皆因由氣濁，念緣未斷屬陰多。潮來水面侵堤岸，風定江心絕浪波。性寂情空心不動，坐無昏散睡無魔。上古之人，有息無睡，故曰：向晦入宴息。若一覺睡熟，陽光盡爲陰濁所陷，就如死人一般。若知宴息之法，當向晦時耳無聞，目無見见，旧無累言心無，鼻息無喘，四肢無動，那一點元神真氣，相依相戀。如爐中種火相似，久久純熟。自然神滿不思睡，氣滿不思食，精滿不思慾。元炁自聚，真精自凝，胎嬰自棲，三屍自滅，九虫自出。所謂睡魔不知從何而去矣。其身自覺安而輕，其心自覺虛而靈，其氣自覺和而清，其神自覺圓而明。若此便入長生路，休問道之成不成。

《性命圭旨・玉液鍊形法則》

小小壺中別有天，鉄牛耕地種金蓮。
這般寶物家家有，因甚時人不覺仙。

初學之人平素勞碌，乍入圜中，一旦安逸，逸則四肢不運動，安則百節不流通，以致脈絡壅塞，氣血凝滯，此通關蕩穢之法不能無也。此法先用行氣主宰照在玄膺一竅，此竅可通氣管，即《黄庭经》所谓膺氣管受精符是也。少頃則津液滿口，如井水然。微漱數遍，徐徐以意引下重樓，漸達膻中、尻尾、中脘、神闕，至氣海而止。就從氣海分開兩路，至左右大腿，从膝至三里，下腳背，及大拇指，又轉入湧泉。由腳跟腳彎，循大腿而上至尾閭，合做一處，過腎堂脊雙關分送兩肩，兩膀、兩臂，至手背，由中指轉手掌，一齊旋回，過手腕，由胸傍歷肥後，從腦灌頂，復下明堂，上腭以舌迎之，至玄膺而止，此爲一轉畢。稍停，又照前行功，則壅滯之處，漸次疏通，不惟貫穿諸經，亦能通達諸竅。即《心印經》所謂：七竅相通，竅竅光明是也。蓋吾人靈明一竅，六合而內，六合而外，本無不周，本無不照。其不能然者，爲形所礙耳。直要鍊到形神俱妙，方纔與道合真。夫行氣用眼者，何也？故施肩吾曰：氣是添年藥，心爲使氣神，若知行氣主，便是得仙人。昔人謂：目之所至，心亦至焉。心之所至，氣亦至焉。斯言返之矣。鍊形用液者，何也？道家謂這蕩穢，玉液是津，玉池是口。《黄庭内景》云：口爲玉池太和官，漱咽靈液灾不干。體生光華炁香蘭，卻滅百邪玉鍊顏。審能脩之登廣寒。蓋液中有氣，氣中有液，液氣相生，日亏月盛，爲金液之基，作潤身之寶。況能穿關透節，無節不到。古歌曰：華池神水頻吞嚥，紫府元君直上奔。常使氣通關節透，自然精滿谷神存。夫玄膺一竅，乃是津液之海，生化之源，溉灌一身，皆本於此。故太上云：舌下玄膺生死岸，子若遇之昇天漢。《法華經》頌云：白玉齒邊流舍利，紅蓮舌上放毫光。喉中日露涓涓潤，心内醍醐滴滴涼。此乃小玉液煉形法也。人之孔竅，所以通乎其虛，達乎其氣而周流於一身之内焉，一或有所蔽塞，則爲瘀痰，爲壅血，而一身脈絡，不能相通便生疾病。今以此法，日行三五次，但得氣血流通，百脈和暢，病既去矣。止而勿行，此與退藏救護，是爲表裏。二段並行，而不相悖。夫涵養本原，雖是去情識，實除生滅心。心無生滅，身無生滅，定矣。欲除生滅心，必自無念始。無念之積習純熟，足可致無夢。無念之靜定純熟，足可致無生。無夢，乃現在之大事也，無念用未後之大事也。無生則不造，無夢則不化，不造不化，即不生不滅也。夫學道之士，不患不成，惟患不勤。苟能專精而勤，未有學而不得也。設使立志不堅，信道不篤，朝爲而夕改。始勤而中輟悅於須臾，厭於持久欲望與天齊壽，不亦難乎。《内觀經》云：知道易，信道難。信道形易，得道難。行道易，行道難。得道易，守道難。若使不難，則滿市皆神仙矣。安足爲異耶盖脩道者，如農夫之去草一般，務扳其根，則吾心天真種子，自然發生矣。況此一字法門，徹首徹尾，甚易行，甚有驗。小而試之，可以卻病延年。大而用之可以超凡入聖，在學者用功深淺何如耳。

《性命圭旨・龍虎交媾法則》

龍呼於虎虎吸龍精　虎在西兮龍在東東龍西虎各爭雄
兩相飲食俱相貪併　若解相吞歸一處神仙頃刻不勞功

夫人也，坎離交則生，分則死。此理之必然，無一人不如此者。善離三爲陽，而居南，外陽而內陰也，謂之真汞。坎三爲陰，而居北，外陰而內陽也，謂之真鉛。故紫陽真人云：日居離位反爲女，坎配蟾宫卻是男。此言坎之男，離之女，猶父之精，母之血也。日之烏，月之兔也。妙之汞，鉛之銀也。天之玄，地之黄也。此數者，皆指示龍虎二氣也。《參同契》曰：離已日光，坎戊月精。故離之已，象龍之弦氣也。坎之戊象虎之弦氣也。夫戊與已，是黄庭真土之體，因太極一判，分居龍虎二體之中。脩丹之士若欲返其本，復其初，使龍虎歸於鼎中，情性合於竅內，當用龍從火裏出，虎向水中生之二訣。則炎烈火中，出飛龍之矯矯；泓澄水底，躍走虎以躭躭。始得龍虎相交向鴻濛，而潛歸混沌。繼則夫妻合體，從恍惚而竟入虚無，共至黄房，互相吞啖，兩情留戀，二氣交加。有如天地之抅精，日月之交光，盤旋於祖竅之間，自然復此先天未判之氣，而成混元真一之精，爲大藥之根元，作還丹之基本也。原夫龍之情性，常在於戊；虎之性，常在於已。只緣彼此各有土氣，二土合併而成刀圭。是以坎離交，而地天泰；龍虎交，而戊已合也。戊已合爲一體，則四象會合，而産大藥也。《易》曰：天地絪緼，萬物化醇。男女抅精，萬物化生。天地以陰陽交媾而生物，丹法以陰陽交媾而生藥。蓋未有不交媾，而可以成造化也。《玉芝書》云：玄黄若也無交媾，爭得陽從坎下飛。是乃作丹之大端，脩仙之第一義也。若天地之氣不絪緼，則甘露不降。坎離之氣不交併，則黄芽不生。龍虎二弦之氣不會合，則真一種子不産。真一種子不産，則將何者爲本柄，而凝成金液大丹耶？然交媾之理有二，有内交者，有外交者。坎離龍虎交，内交也，産藥也。乾坤子午交，外交也，結丹也。此二法天淵不同，學者宜細辨之。張紫陽云：既驅二物歸黄道，爭得金丹不解生，是此義也。也吕純陽云：二物會時爲道本，五行全處得丹名，是此義也。陳抱一云：戊已乍交情性合，坎離纔媾虎龍降，是此義也。張用成云：虎躍龍騰風浪粗，中央正位産玄珠，是此義也。張平叔《金丹四百字》云：龍從東海來，虎向西山起，兩獸戰一場，化作一泓水，亦此義也。夫龍虎交媾者，乃三元合一之法也。所以會乾坤交坎離，簇陰陽，合性命，使二者復變而爲一。以至九宫、八卦、七政、六位、五行、四象、三才之生於二者，莫不皆歸於一矣。一者有物混成，先天地生是也。大哉一乎，以其流行謂之炁，以其凝聚謂之精，以其妙用謂之神。始因太極一判，分居二體之中。日遠日疎，依至危殆。是以聖人則天地之要，知變化之源，取精於水府，召神於靈關，使歸玄牝竅中，得與祖炁聚會，三家相見，合爲一體。先則凝神於混沌，坎則寂照含虚空，抱一無離是爲返本還元之妙道也。《書》曰：人心惟危，道心惟微。惟精惟一，久執厥中。蓋言心與精而爲一，而會歸於黄中之中而久執之者，此堯舜之所以開道統之傳，而爲萬古聖學之宗也。

《性命圭旨·卯酉周天口訣》 復、臨、泰、壯、夬、乾兮，六陽從左而上下

虎西龍東，建緯卯酉。
刑德並會，相見懽喜。

北斗南辰下，眉毛眼睫邊，
灰心行水火，定意採真鉛。

周天旋璣圖

大道分明見此圓，
璇璣卯酉法天然。
由中達外中全外，
自後推前後即前。
陽火進來從左轉，
陰符退去往西旋。
雲時火候周天畢，
煉顆明珠似月圓。

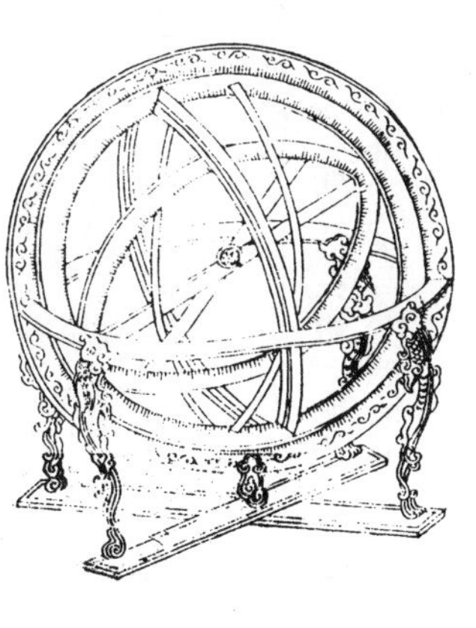

河魁臨卯，天罡據酉。
子南午北，互爲綱紀。

陰向鼻端滅，陽從眼裏生。
這般平易法，因甚沒人行。

姤、遁、否、觀、剥、坤兮，六陰往右而回旋

前段乾坤交媾，收外藥也。此段卯酉周天，收内藥也。外交媾者，後上前下，一升一降也。内交媾者，左旋右轉，一起一伏也。兩者循環，狀似旋璣。故魏伯陽云：循據璇璣，升降上下，周流六爻，難以察覩。世人只知有乾坤交媾，而不知卯酉周天，是猶有車而無輪，有舟而無舵，欲望遠載其可得乎？故《还元篇》云：輪回玉兔與金鷄，道在人身人自迷。滿目盡知調水火，到頭幾箇識東西。東者，木性也。西者，金情也。一物分二，間隔東西，今得斗柄機斡旋，則木性愛金，金情戀木，兩相交結，而金木交併矣。金木交併，方成水火全功。《丹經》謂之和合四象者，此也。故張全一《鉛火秘訣》

云：大藥之生有時節，亥末子初正半夜，精神相媾合光華，恍恍惚惚生明月。媾罷流下噴泡然，一陽來復休輕泄，急須閉住太玄關，火逼藥過尾閭穴。採時用目守泥丸，乘下左上且凝歇，謂之瞻理腦升玄。右邊放下復起折，六六數畢藥升乾，陽極陰生往右遷，須開關門以退火，目光下矚守坤田，右上左下方凝住，三八數了一周天。此是天然真火候，自然升降自抽添，也無弦望與晦朔，也無沐浴共長篇，異名剪除譬喻掃，只斯兩名是真詮。其法在乾坤交媾後行之，則所結金丹不致耗散也。先以法器頂住太玄關口，次以行氣主宰下照坤臍，良久徐徐從左上照乾頂，少停從右降下坤臍，是爲一度。又從坤臍而升上乾頂，又從乾頂而降下坤臍。如此三十六轉，是爲進陽火。三十六度，畢開關以退火，亦用下照坤臍，從右上至乾頂，左邊放下坤臍是爲一度，如此二十四轉，是爲退陰符二十四度畢。故張紫陽云：斗極建四時，八節無不順。斗極實兀然，魁杓自移動。只要兩眼皎，上下交相送，須向靜中行，莫向忙裏送。所以用兩眼皎者，何也？善眼者，陽竅也。人之一身，皆屬陰，惟有這點陽耳！我以這一點之陽，從下至上，從左至右，轉而又轉，戰退群陰則陽道日長，陰道日消。故《易》曰：龍戰於野，其血玄黄，又能使真氣上下循環，如天河之流轉。其眼之功，可謂大矣！蓋人初結胎時，天一生水，先生黑睛，而有瞳人屬腎；地二生火，而有兩眥屬心；天三生木，而有黑珠屬肝；地四生金，而有白珠屬肺；天五生土，而有上下胞胎屬脾。由此觀之，則五臟精華，皆發于目也。因師指竅之後，見婦人小産，牛馬落胎，併抱鷄之蛋，俱先生雙目，而臟腑皆未成形。予始知目乃先天之靈，元神所遊之宅也，《皇極經世書》云：天之神，棲於日。人之神，發於目。大矣哉！人之神發於目也。生身處，此物先天地生，沒身處，此物先天地沒。水、火、木、金、土之五行，攢簇於此。肝、心、脾、肺、腎之五臟，鍾靈於此。唾、涕、精、津、氣、血、液之七物，結秀於此。其大也，天地可容。其小也，纖毫小納。兹非吾一身中之大寶也歟！《内指通玄訣》云：含光便是長生藥，變骨成金上品仙。上陽子云：玄微妙訣無多言，只在眼前人不顧。《崇正篇》云：搬運有功連晝夜，斡旋至妙體旋璣。《火候歌》云：欲透玄玄須謹獨，謹獨工夫機在目。陳泥丸云：真陰真陽是真道，只在眼前何遠討。薛道光云：分明只在眼睛前，自是時人不見天。劉海蟾云：下降上升循轂軸，左旋右覆合樞機。王子真云：昨宵姹女啓靈扉，窺神仙會紫微。北斗南辰前後布，兩輪日月往來飛。

蕭紫虛云：如龍養珠常自顧，如鷄伏卵常自抱。金液還丹在眼前，迷者多而悟者少。陳翠虛云：不是燈光日月星，藥靈自有異常明。乘簾久視光明處，一顆堂堂現本真。《翠虛篇》云：莫謂金丹事等閑，切須勤苦力鑽研。慇懃好與師資論，不在他途在目前。《玄奥集》云：青牛人去幾多年，此道分明在目前。欲識目前真的處，一堂風冷月嬋娟。陳泥丸云：大道分明在眼前，時人不會悮歸泉。黄芽本是乾坤氣，神水根基與汞連。《玄學統宗》云：幾回抖搜上崑崙，運動旋璣造化。分晝夜周而還復始，嬰兒從此命長存。觀吾《判惑歌》云：這骨董，大奥妙，妙在常有觀其竅。此竅分明大目前，下士聞之即大笑。《金丹 賦》云：龍呼虎吸，魂吞魄吐，南北交媾於水火，卯酉輪還於子午，總括乾坤之策，優游變化之主，母子包羅於匡廓，育養因依於鼎釜。《群仙珠玉》云：覺中覺了悟中悟，一點靈光無遮護，放開烈焰照娑婆，法界縱横獨顯露。這些消息甚幽微，本人遥指白雲歸。此箇玄關口難説，目前見得便忘機。南谷子云：至道不透兮，恒在目前，竊天地之機兮，倏成胎仙。純陽子云：有人問我脩行法，遥指天邊日月輪。已上諸仙雅言，皆發明行氣主宰之義也。蓋此節工夫，與第四節共是一理。承上接下，端如貫珠。採取藥物於曲江之下，聚火載之而上升於乾。乾坤交媾於九宫之上，周天運之而凝結於鼎。紫陽云：都來片餉工夫，永保無窮逸樂。輕清者，凝於泥丸，重濁者，流歸氣穴。逐日如此抽添，如此交媾。汞漸多，鉛漸少。久則鉛將盡，汞亦乾，結成一顆摩尼，是爲金液大還丹也。故馬宜甫云：收得水中金，採得菩提子。運得崑崙風，長壽無生死。善坎中之鉛，原是父之真精，離中之汞，原是母之真血。始因乾體一破，二物遂分兩弦。是以常人日離日分，分盡而死。所以至人法乾坤之體，效坎離之用。奪神功，改天命。求坎中之鉛，制離中之汞。取坎之中陽，填離之中陰。陰盡陽純，復成乾元本體。故張紫陽云：取將坎位中心實，點化離宫腹内陰。自此變成乾健體，潛藏飛躍尽由心。

《性命圭旨・袁天綱胎息訣》 夫元氣者，大道之根，天地之母，一陰一陽，生育萬物。在人爲呼吸之氣，在天爲寒暑之氣。能改移四時之氣者，戊已也。春在巽，能發生萬物。夏在坤，能長養萬物。秋在乾，能成熟萬物。冬在艮，能含養萬物。故學道者，當取四時正氣，納入胎中，是爲真種，積久

自得心定、神定、息定，龍親虎會，結就聖胎，謂之真人胎息。

《性命圭旨・太始氏胎息訣》 夫道，太虛而已矣。天地日月，皆從太虛中來。故天地者，太虛之真胎也。日月者，太虛之真息也。人能與太虛同體，則天地即我之胎，日月即我之息。太虛之包羅，即我之包羅。豈非所謂超出天地，日月之外，而爲混虛氏其人歟！

《性命圭旨・達磨祖師胎息經》 胎從伏氣中結，氣從有胎中息。氣入身中爲之生，神去離形爲之死。知神氣可以長生，固守虛無以養神氣。神行則氣行，神住則氣住。若欲長生，神氣相注。心不動念，無來無去，不出不入，自然常住。勤而行之，是真道路。

《性命圭旨・張景和胎息诀》 真玄真牝，自呼自吸，似春沼魚，如百蟲蟄。灝氣融融，靈風習習，不濁不清，非口非鼻，無去無來，無出無入，返本還元，是真胎息。

《性命圭旨・王子喬胎息訣》 奉道之士，須番子午卯酉四時，乃是陰陽出入之門戶。定心不動，謂之曰禪。神通萬變，謂之曰靈。智周萬事，謂之曰慧。道元合炁，謂之曰脩真。氣歸元，謂之曰鍊。龍虎相交，謂之曰丹。三丹同契，謂之曰了。有志於道者，知此根源，依法脩行，自可入於長生大道矣。

《性命圭旨・許棲巖胎息訣》 凡脩道者，常行内觀。遣去三屍，驅除六賊，納氣於丹田，定心於覺海。心定則神寧，神寧則氣住，氣住則胎長矣。胎之長者，由於息之住也。無息不胎，無胎不息，住息長胎，聖母神孩。故曰：胎息定而金木交，心意寧而龍虎會也。

《性命圭旨・王方平胎息诀》 凡所脩行，先定心炁。心炁則神凝，神凝則心安，心安則氣升，氣升則境忘，境忘則清靜，清靜則無物，無物則命全，命全則道生，道生則絕相，絕相則覺明，覺明則神通。經曰：心通萬法皆通，心靜萬法皆滅，此我佛如來真定法門者也。學者果能定心氣，凝胎息，則還丹不遠，金液非遙。

《性命圭旨・赤肚子胎息訣》 氣穴之間，昔人名之曰生門死戶，又謂之天地之根。凝神於此，久之元氣日久，元神日旺。神旺則氣暢，氣暢則血融，血融則骨強，骨強則髓滿，髓滿則腹盈，腹盈則下實，下實則行步輕健，動作不疲，四體康健，顏色如桃，去仙不遠矣。

《性命圭旨・性空子胎息訣》 我之本體，本自圓明。圓明者，是我身中天地之真胎也。我之本體，本自空寂。空寂者，是我身中日月之息也。惟吾身之天地有真胎矣，而後天地之胎與我之胎，相爲混合，而胎我之胎，惟吾身之日月有真息矣。而後日月之息，與我之息，相爲混合，而息我之息。惟吾身之本體，既虛空矣，而後虛空之虛空，與我之虛空，相爲混合，而虛空我之虛空。

《性命圭旨・幻真先生胎息銘》 三十六咽，一咽爲先。吐唯細細，納唯綿綿。坐卧亦爾，行立坦然。戒於喧雜，忌以腥羶，假名胎息，實曰内丹。非只治病，決定延年。久久行之，名列上仙。

已上口訣，舉其大畧，餘者載於丹經，不可得而盡述。此蟄藏工夫，其用大矣。謂人之元神藏於氣穴，猶萬物藏於坤土。神入地中，猶天氣降而至於地，氣與神合，猶地道之承於天。《參同契》曰：恒順地理，承天布宣。《易》曰：至哉坤元，萬物資生。蓋亥月純坤用事之時，時當草木歸根。蟄虫入戶，閉塞成冬。冬雖主藏，然次年發育之功，實胚胎於此。蓋一陽不生於復，而生於坤。坤雖至陰，然陰裏含陽。大藥之生，實根柢於此。藥將産時，就與孕婦懷胎相似，保完真種，不敢於放肆。慎超居，節飲食，忌酒色，戒惱怒。外不役其形骸，内不勞其心志，至於行住坐卧各有方。行則措足於坦途，住則凝神於太虛，坐則調丹田之息，卧則抱臍下之珠。故曰：行住坐卧不離這箇。

《赤凤髓・華山十二睡功總訣》 夫學道修真之士，若習睡功玄訣者，於日間及夜靜無事之時，或一陽來之候，端身正坐，叩齒三十六通，逐一喚集身中諸神，然後鬆寬衣帶而側卧之。訣在閉兑，目半垂簾，赤龍頭抵上腭，並膝，收一足，十指如鈎，陰陽歸竅，是外日月交光也。然後一手掐劍訣掩生門，一手掐劍訣曲肱而枕之，以眼對鼻，鼻對生門，合齒，開天門，閉地戶，心目内觀，坎離會合，是内日月交精也。功法如鹿之運督，鶴之養胎，龜之喘息。夫人之晝夜有一萬三千五百息，行八萬四千里氣，是應天地造化，悉在玄關橐籥，使思慮神歸於元神，内藥也。内爲體，外爲用，體則含精於内，用則法光於外，使内外打成一塊，方是入道工夫。行到此際，六賊自然消滅，五行自然攢簇，火候自然昇降，醖就真液，澆養靈根。故曰：玄牝通一口，睡之飲春酒。朝暮謹行持，真陽永不走。凡睡之功畢，

起時揩摩心地，次揩兩眼，則心身舒暢。行住坐臥，大要聚氣凝神，神住則氣住，氣住則精住，精住則形固。若神住則無思慮，氣住則無呼吸，精住則無淫慾，然後三元歸一，八脈還源，七宝無漏，血化爲膏，始得長生久視。修真之要，性靜則情逸，心動則神疲。蓋神去則氣散，氣散則精耗，精耗則形枯，形枯則死矣。故世人之生死，皆一夢幻。如至人則不然，至人無妄，無妄則無夢，苟有夢亦得其真，非情欲之夢也。故其心堂虛明，神堂澄湛。無來無去，不生不滅，安有此輪回哉？世人妄妄不息，情欲交熾，心被萬緣所染，神無一刻寧靜，茫茫乎晝亦夢也，夜亦夢也，寤亦夢也，寤亦梦也。臨命終時，一片情欲，牽扯不斷，安得不趨入他途，投入異類，受此輪回，無有出期。自無始以來，其性來去皆如此。故佛經云：恩愛斷，生死斷也。今之世人，只以愛慾貪嗔痴爲樂，豈知樂是苦因，如蛾之戀燈，蠅之貪餳，蛾蠅不知自剋其形。此乃人盜萬物，萬物盜人，一切由心之所造也。故心者神之宅，神者身之主。修行人修个甚麼？無過精、氣、神三寶而已。神爲君，氣爲臣，精爲民。故五賊侵而精神耗亂，五賊泯而國泰民安，民安則無治可以長久。先要外伏魔精，内安真性，煉精化炁，煉炁化神，煉神還虛，此是爲物歸三，三歸二，二歸一，一歸空，是爲仙道逆行，常靈常存。如塵世間衆生日用，則神化炁，炁化精，精化形，形化生物。是一生二，二生三，三生萬物。此乃人道順行，有生有死，其生死皆在心之所欲也。至於修仙之人，心要如如不動，如龍之養珠，雞之抱卵，蜣螂之滾毬，蠮螉之呪，蚌含明月，兔子懷胎，鱉之射影，犀之望星。功到則如禾之凝露，瓜之脫蒂，是神之運用。神者氣之母，精者氣之子，神氣相抱，精自歸源，凝結不散，即嬰孩由父母所生也。妙在存神於斯中，始得二氣交感於黄庭，三华混一於無竅，聖胎成而真神蛻化，出離生死，超然成道。如此行持，一百曰龜息，三百日成丹，二年身輕心靈，上開八門七孔及眉心一門，三年飛昇，以達希夷。要在篤志处恪，修持不息，自有妙驗。故曰：工夫不到不方圓，有等修真之士，雖下苦功，未得真傳，以致忘本逐末，盲修瞎煉，或執頑空，或泥幻相，何異於痴猫守於空窟，終不得其鼠也。已上睡功秘法，天機之妙，務在真師心授，不得私意揣度。

毛玄漢降伏龍虎

心中元炁謂之龍，身中元精謂之虎。性定龍歸水，情忘虎隱山。二家和合了，名姓列仙班。

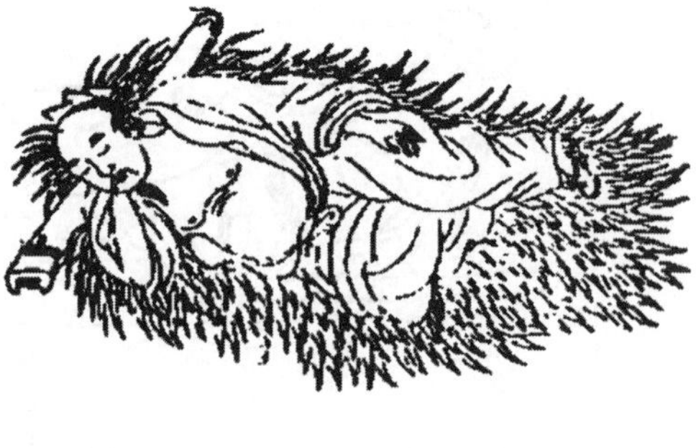

瞿上輪煉魂魄

砂中限汞爲之裏，水裏掏金爲之魄。天以日爲魂，地以月爲魄。日中尋兔隨，月內取烏血。

麻衣真人和調真炁

調和真炁五朝元，心息相依念不偏。二物生居於戊己，虎龍盤結大丹圓。

胡東隣運化陰陽

法天象地謂之體，負陰抱陽謂之用。天地爲立基，陰陽運化穖。這箇關捩子，料得幾人知？

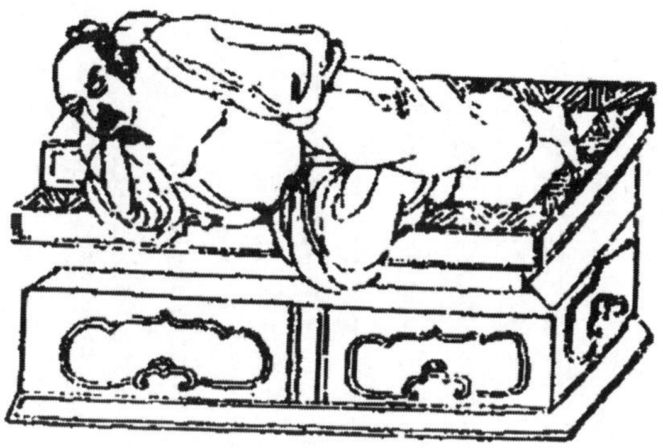

杜勝真陰陽復姤

陰極阳生爲之復，陽極陰生爲之姤。陰極陽來復，陽終姤又侵。學人明火候，撅地見天真。

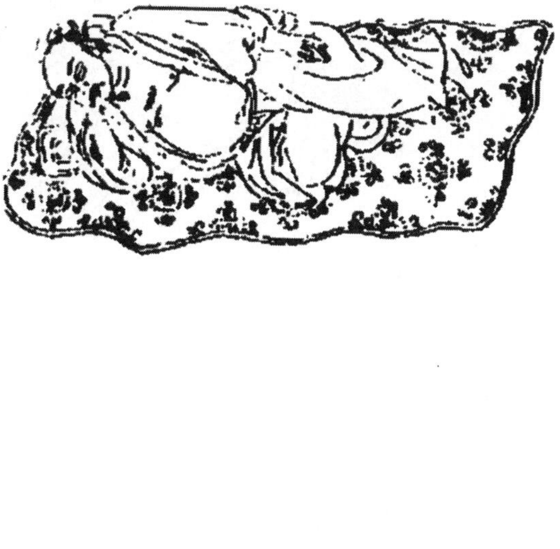

王龍圖靜養火候

靜中陽動爲之火，地下雷轟爲之候。火本生於水，候乃陽來復。雷震攝天根，巽風觀月窟。

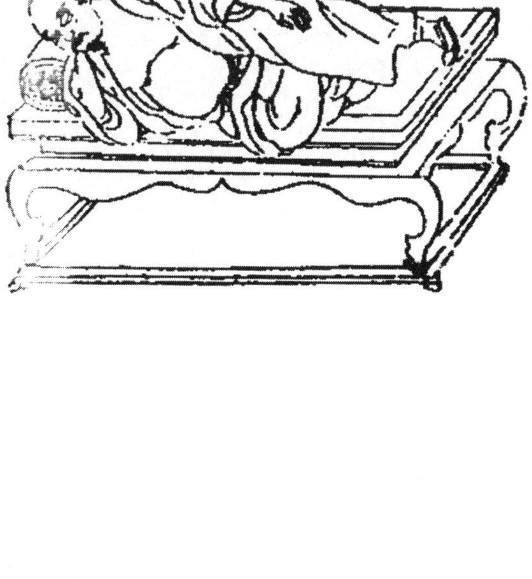

康南岩守爐鼎

乾宮真陽謂之鼎，坤宮真土謂之爐。鼎在乾宮鑄，爐因坤土包。身心端正後，爐鼎自堅牢。

張怡堂煉成靈宝

萬神不散爲之灵，一念常存爲之宝。自存身中宝，施之便有靈。誠能含蓄得，放出大光明。

張玄玄牢拴猿馬：

指摩心地爲之沐，洗滌塵垢爲之浴。要得狂猿伏，先將劣馬擒。纖毫塵不染，神氣合乎心。

彭懶翁收放丹樞

入希夷門爲之收，出離迷境爲之放。亘古靈童子，神功妙莫量。放之弥法累，收則黍珠藏

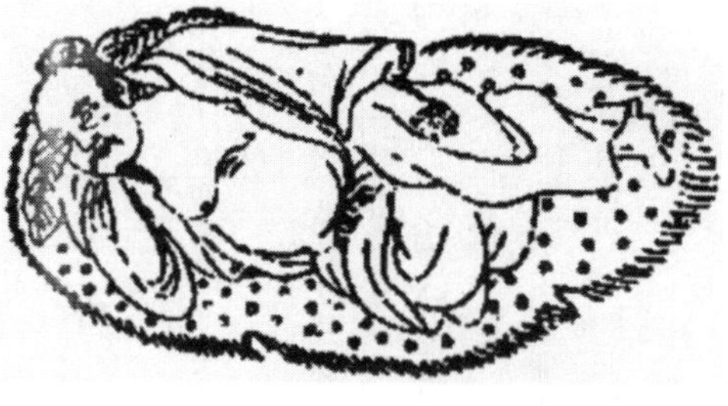

譚自然廓然靈通

悟本知源爲之靈，廓然無礙爲之通。識破娘坐面，都無佛與仙。廓然元不礙，任取海成田。

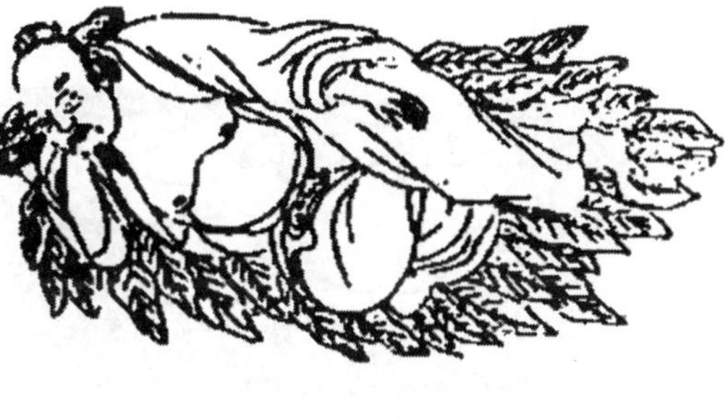

喻一陽出離生死

出離生死爲之了，得道飛昇爲之當。打破鴻濛竅，方知象帝先。只斯爲了當。如是大羅仙。

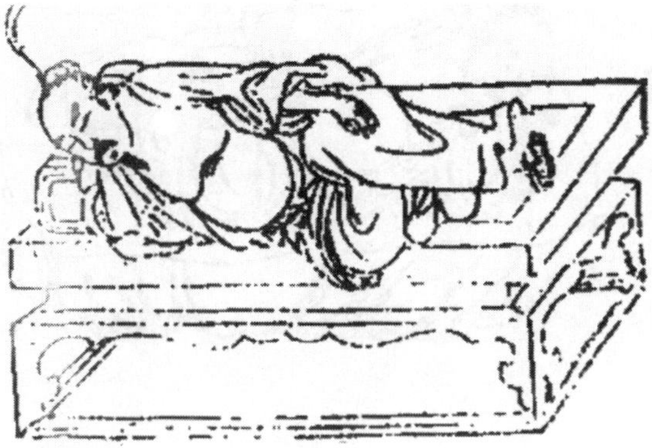

《天仙金丹心法》 精　清者何？水之母，坎之源也。先天之精精而虚，後天之精濁而實。先天曷謂，曰知識未開，氤氳内結，無形無象，藏貫肢節間。先天精，後天之精之本也。迨至情緣起，嗜慾萌，一點真結精變化後天之液，念起精起，念伏精伏，循環生息，不竭不窮。故有形者後天精，非先天之謂。凡基之築，築先天也。築先天何也？曰：後天濁且實，且媾之而化生，而况清虚醖釀於官骸玄牝，勤加採煉。甯不成形成象結聖胎，故示以先天爲秘諦。

詩曰：混沌含苞玉露團，化機恍惚要尋端。可知粒粒崑源採，莫向鮫人泣處看。

氣　曷爲氣？無象無形，無聲無臭，天地之生理，人物所由生。曷爲無聲？曰：有聲者呼吸，是息也氣之用，非氣之真也。氣藏氣海中，息之體也。氣何起？曰：丹田介任督之間，而交會於上齒下齒之尖處。築基築真氣，毋於息求之。築氣云者，伏息於氣中而不動。元氣乃内含，能内含斯不洩。然而意到則氣到，意停則氣停，由勉而安，灑灑洋洋，斯腹皆充實。

詩曰：光回海底耀蟾蜍，翠浪清烟自卷舒。且住何車窺倒影，風播不動恰如如。

神　陰陽不測之謂神，天地之顯藏，而人得之以運用。穎異超忽，莫可名言。然神曰元神，非思慮聰明之謂。藏諸真宰，秉於先天，喜不能傷，怒不能損，故一神兩化，化於元神。神曰元，故能化，迨能化，自成神。是故煉而爲心神，現而爲陽神，飛而爲天神。神之靈，神所運，故曰穎異超忽，莫可名言也。莫名而名之是有訣。

詩曰：空非幻有有非空，一點精英帝謂通。欲見廬山真面目，回光便識主人翁。

固精　精之生也，念生之。精之固也，念固之。念消於無，有精斯守一而不流。消念將奈何？塞聰蔽明，忘聞見也。念不起，妄乃不生，妄不生，精乃固。堅持密守，由勉而幾安，是曰内固。外固者何也？冬毋過暖，夏不過涼，春不觀花，秋毋翫月，疾走如風，側卧如弓，端坐如鐘，直立如松，外斯固。外固則流治，内固則源清。久則筋骸有聲聞百步。是爲精足爲固精。

詩曰：湛寂靈濤浪已平，澄懷對境渾無情。自然截斷横流水，靜看春潮日日生。

養氣　氣曷養也，順以馭，緩以行，窄以通，扣以走，疾徐得法。而過

度適中也，一關未度，則反水逆流，凝結一方成惡症。顧爲馭、爲行、爲通、爲走，關之過，根之由，氣爲之由，而意主之。意導先路，氣步其後塵。曷根之由？氣自丹田氣海來，一脈兩支，分途而交會。外由尾閭穴，周行督脈間；內自前陰，而周行於任脈。迨至上齒下齒肉尖相對處，曰交會關。阳督下度於任，陰任上度於督，陰陽相會，斯充滿而不停。先以意者，假以作探，非長以意尚蹈空虛。馭曷？順任督兩經，分上分下。上者上勿下回，下者下勿上提。倒行逆施，則停滯而生瘡疾。緩以行，何也？上下以漸，毋急遽，致發而難收也。窄也者，謂上下於筋骸際、膏肓間，路如一線微；毋散毋粗，有不歸元之弊。扣者何？上下之行，不離所主。督氣下於任，根繫尾閭穴；任氣上走督，根猶著於前陰。首尾不空，乃蟬聯如貫珠，而生生不息。至疾走傷氣，毋若固精。心性和平毋暴怒，則氣可以養，訣乃許商

詩曰：複道雙回徑易訛，芟夷灌莽散烟蘿。白雲聯絡埋幽谷，保合天根釀太和。

凝神　神曷凝？凝於斂。斂則神深固，無耗散憂。築基當神未足時，戒言，戒多視，戒多聽，戒多思。愈凝愈靈，神斯歸舍。曷爲舍？肺第三叶間，魂魄所棲息也。凝而不放自歸元，丹鍊九還，胎於斯結。故凝神之日，寅則起，亥乃眠，少著重衣，食多辛味。不多視聽，曷如不視聽？不多思與言，何若勿思而勿言？洎能七晝夜無眠，是謂凝神。效爲揭波羅諦，俟有心人。

詩曰：活潑心源朗碧天，涵虛無著影常懸。但將陽燧歸銀浦，照養珠胎指日圓。

《增演真一坤寧妙經·修女金丹》　金丹　萬劫眞修，千秋絕業。金丹大道，萬劫一傳。嗣音莫遇，孰辨焦桐。惟蔡邕始能辨琴。剖玉誰能，焉知荆石？非卞和不能知玉，故曰：欲向人間留秘訣，未逢一箇是知音。兔孤乳馬，異類相求。兔孤必不能乳馬，惟同類易爲功。燕雀巢凰，小德自安。燕雀必不能巢凰，若非類難施力。以斯種趣，希學長生。必不能成。生死未明，丹旨奚識。不墮旁門，甯甘休息。不聞大道，必入旁門。舉世學人，大都如此。睇觀海宇，良可悲悼。男子求仙，難得眞訣。矧夫女子，豈悟元微。井坐閨中，徒延美景。縱有志向，何從得師？女子修道，不得名師。憫而柔姿，用開捷徑。法取眞實，義無支離。自言指示金丹之意。即一身中，窮原溯本。《悟眞》詩云：勸君窮取生身處，返本還元是藥王。女丹甚簡，坤道甚易。原屬易知簡能。曉日東昇，光痕逗露。所謂身中活子時也。運汞配鉛，神氣俱往。汞火鉛水，水升火降，即運汞配鉛法。積氣本生氣之鄉，本生氣以積氣。存神爲鍊神之路。以存神爲煉神。必先絕慾忘情，此藥基煉己法。然後入空打坐。此靜坐調息法。煉己同夫男修，承絕慾忘情句。調息綿綿勿吐。承入室打坐句。一陽動處，行子午卯酉之功；一陽動處，即活子時來。古仙云：不向天邊尋子午，但從身內定乾坤。百脈通時，定乾兑坎離之位。即小週天，大週天法。元牝立，而鼎發黃芽；橐籥開，而天垂甘露。此採藥之功。元精凝汞上泥丸，眞火運行燒玉峰。此行火之功夫。宜審潮信之將至，《入藥境》云：天應星，地應潮。《南華經》云：其中有信，其信甚眞。是也。逆轉黃河水自通。所謂順則生人，逆則仙。河車搬運入丹田是也。金精化液，眞水。朱汞流光。眞火。守靈丹於元室，丹成矣。養眞人於黃房。胎結矣。七七固丹基，百日赤龍降。即斬斷赤龍法。成功之速如此。鍊形即鍊氣，此是大丹方。大陰煉形，與眞人煉氣無二道也。故曰煉形。即煉氣。

演曰：金丹者，得道之原也。配汞制鉛，假借金丹之名；攝氣鍊精，便是龍虎之法。運用抽添，行六十四卦之火；降伏升降，合三百六度之天。隨緣烹鍊，月在心田；任境調馴，日藏海底。既無男女之別，而有同用之功；既有同用之功，不外坎離之妙。一切行願，全恃靈臺放光；萬相超邁，惟憑眞人出現。生化由來順逆，形神妙在功圓。溯於黃庭黑海之中，自有青蓮白雪之粒。勉集大成，待詔之時可期矣。

玉斗　天有七政，聽璇璣之權；此在天之玉斗。人有七竅，運形神之妙。此在人之玉斗。脈絡通乎纏度，星辰會於元竅。在人不殊在天。解悟玉斗樞衡，立躋天眞位號。知祕訣者，可以升仙。用施普渡津梁，道爾直入仙鄉。自言作玉斗章之意。凡諸婦女，虔潔心香。先辨誠心。每於靜夜，子轉一陽。邵子詩云：冬至子之半，天心無改移。一陽初動處，萬物未生時。即其時也。凝神趺坐，靜坐是也。閉息垂光。所謂塞兑垂簾，勿言勿視。叩齒聚精，叩齒聚身之神。默誦靈章。誦《斗毋誥》。注神元海，中黃庭也。直過腎堂。兩腎處。由夾脊關，夾脊雙關在頸後。上朝玉皇，泥丸宮也。運印星斗，天目焜煌。星光，吾心圓明處。天目在天處。上接北斗，紫氣眉揚，以吾身之玉斗，接天之玉斗。存想眞形，想七星之形。照我黃房。中黃之處。丹元靈府。即吾心。光華含吐。吾身玉斗生明。出五臟精，精華相輔。此光華即五臟精華。青赤白黃，肝心肺土，五臟五色，本乎五

行。腎海元精，成色有五。皆聚有元關一竅。直與斗光，交映爲伍。與天之斗光明映。某人入元，蘊諸精海。總攝吾心。化眞人形，迸出天頂。有陽神從顖門出。歷北極宮，志誠朝禮。出神禮斗。週遍斗城，還歸本體。禮斗事畢，仍歸吾身。收聚金光，潛養精髓。此溫養之功。先乃起元海之眞氣，一味水鄉鉛。繼則立崑崙之極體。由尾閭入泥丸。五炁朝元，合五臟之精而禮斗，猶聚五行之氣而朝元。功無踰此。勤而行之，三年遐舉。以其時考之則可矣。是爲玉斗秘蜜之章，可超最上一乘之理。似祕蜜而非祕蜜，似一乘而非一乘。智者實修，有緣得與。得聞者有，能修者誰？

演曰：玉斗者，秘蜜法乘之程度也。轅起北辰，運行南斗，纏聯星宿，脈絡黃河。潮信鼓盪，瀉西江之水；元竅迸開，賽千潭之月。精流神髓，返還七星之房；心映性天，頓脫五行之界。始於有作，演妙法於紅塵；極至無爲，示眞空於紫竹。愚者勿泥形象，智者自鏡如來。悟覺王則常清常淨，心定如引水之珠；了法乘則不秘不蜜，性明猶破空之鏡。清淨秘蜜之道，卽玉斗法乘之功也。

實證　修山修佛，希聖希賢。三教學人。總無男女可分，惟在心志精虔。無分男女，惟在專誠。至誠無息則久，不可間斷。神而明之在人。不可執著。譬彼木植，必固其本。本乃實處。喻如泉流，必清其源。源卽根本。三教同條，共貫一心。不倚不偏，三教實理只在修心。苟能實踐。躬行自得，聖智圓明。但修躬行，自臻圓覺。爾諸婦女，欲聞大道，須解眞修。修不能眞，證何由實？惟眞修而後能實證。故知實證不事枝葉。只在本源處下手用功。窮理盡性，修命不修性，好似鑑容無寶鏡。即幾了命。修性不修命。萬劫陰靈難入聖。跳出凡籠，臻於聖證。超凡入聖。衆生執著，盡屬狥名。以狥名故，終鮮實際。徇名則鮮實。尚以三代而下，惟恐人不好名。飾非文過，一言爲俑。貽悟來學，愈薄世風。不稽之辭，良可悲歎。深斥惟恐人不好名，一言之非。不知三教，皆有實證。只要名心斷絕。同此心理，同此性命。三教同源。不返本原，從何印證？枝葉雖多，總其一本；流派雖別，只是一源。虛不終虛，何空非實。了虛空者，究非眞空，了湛寂者，究非眞寂。三教分門，儒主乎實，道兼虛，而釋主乎虛。然天下之理，空而仍眞，妙而仍有。故空不空，寂不寂，原非滯於一邊，不可以虛無寂滅議二氏也。湛寂虛空。都無名色。無極渾淪，了然眞實。人見虛空體，我知眞實性。不二法門，陰陽消息。實際，本來由空際生。一切羣氓，究心斯義。著實用功，毋狥名譽。務實而不徇名譽，則善矣。太上無情，泯絕思慮。實證非虛，志向上去。不狥名則實，不執實則空，可以言實證矣。

演曰：實證者，行圓之時也。實由空際生，亦由空際滅。何謂證實？實卽是空，卽空卽證。極之微渺，一切有象無象，有形無形，皆在陰陽，消息諸般，若隱若顯，若空若實，全憑氣化轉移。如能解空得實，則眞空眞常之願可圓矣。

《女眞丹訣·太陰煉形祕訣》　女子修眞原有訣，不是憑空妄擬說。人身原自有陰陽，陰陽道理宜三復。男子精液陽中陰，女子精液陰中陽。快尋明師求指破，返老還童在故鄉。靜裏修眞不必猜，專候身中一陽來。還從先天分境界，好把金烏向月栽。阿誰设此脩眞法，惹得佳人來削髮。朝朝日日守空房，心死如灰操生殺。可憾赤龍這妖孽，無端日月長來繞。利刀架上赤龍頭，斬斷龍頭天未曉。雙手緊緊抱戶口，恐防黃虎順牆走。牽他回家亦不難，快快與他一把火。跨鶴坐時將息數，寒聲玉露如香乳。微微送過紫微宮，遍體酥綿直到午。文武火候自家裁，莫使紛紛亂靈台。時時恐防眞種出，提回乳房結聖胎。聖胎一朝聚乳房，壽與天齊不可量。如此脩眞今結局，管教七日復生陽。七日天心如可復，卽是上乘一妙着。以後便同男子功，般般口訣要師說。

《樵陽經·女工脩煉》　太陰煉形，與男子修煉之法大同小異。初功下手，閉目存神，大休歇一場，使心靜息調，而後凝神入於氣穴。在兩乳間心窩上。將兩手交叉捧乳，輕輕揉摩二十遍，將氣自下丹田，微微吸起三十六口，仍用手捧乳，返照調息，久久自然眞氣往來，一開一闔，養成鄞鄂，神氣充足，眞陽自旺，其經水自絕，乳如男子，是謂斬赤龍。如此久久行持後，不必捧乳吸氣，只凝神於炁穴，回光返照，是謂玄牝之門也。眞息悠悠，虛極靜篤，陽炁薰蒸，河車運轉，萬朵紫雲籠玉宇，千條血脈貫泥丸。自覺一點靈光，不內不外，自下田上昇絳宮泥丸，下重樓歸於金胎神室。回光凝神，眞息住於中宮鼎內，是神入室矣。是爲玄牝，是爲胎仙，卽一點落黃庭也。其後十月功夫，陽神出現，粉碎虛空，一路脩眞，與男子同，無彼此之別也。

《女功煉己還丹圖說》

間，內有空穴，凝聚良久，若有動機，照前行持，行之不過四五十日之間，其氣已透，血化爲氣，赤反爲白，斯時丹元已露，道心已誠，若能堅持靜守，再求上進。苟能朝夕不懈，時刻用工，何患大丹不結，女仙不成者哉！此乃女子第一步工課，録之編首，以教後世女子。若能將此段工夫，行到那極玄極妙的地位，以後工夫皆從此有進也。女修之子士宜加勉焉。

第二則九轉煉形　夫形者，天地之所生，父母之所養，稟五行之氣而成，感陰陽之變而産。未受此身，先具此形，是形之與性命相生相感而有得焉。然形既爲我有，何必用煉？女子之體，原屬陰濁，不若男子之體，實秉陽剛，苟不陶煉，不能使血還爲氣，如何孕得出先天，産得出眞氣。若不得眞氣，仍然一片純陰，又焉能復得了還丹，成得了大道？故女子之形，是必先煉，而後可。然煉形者，是調攝之義也。血液屬陰，實重濁凝，居於下，藏於血海胞裏，化於五蘊山頭，灌溉一身，榮養百脈，循環不已，遊溢諸經，變爲渣滓之物，去而不用，直待二百四十刻漏，三十時辰已週，那時鎔華復露，先天化形，留爲生人之用，此卽所謂氣之清者上升於乳，氣之濁者下流爲瘀，生人生仙之機，實分於此。故女子之修煉，預先認定清濁，方能煉得眞形。夫形何以煉？當其坐時，用神機運動，候口中液滿，微漱數遍，俟其清澄，然後用鼻引清氣，隨同玉液，嘓然咽下重樓，入於心舍，下降黄房至關元、血海而止，略凝一凝，從血海運至尾閭，升上夾脊，透頂門逕入泥丸，仍從泥丸復行下降，至兩乳間而止，停聚良久，使津化爲氣，是爲一轉。如是者三三，轉既畢，方用兩手運兩乳，回轉三十六，轉畢。以兩手捧至中間，輕輕運至血海而止，仍又依前，運煉一番，三轉三番，共得九轉煉形。倘女子沈潛莊重，根深器厚者，行之不過百日，而形已煉成，長生有路矣。從此往上再進，大丹可期，獨憐閨閑女子，孽海佳人，不得親覲正傳，以修無上眞正之道。勸諭後世女子，早求師授，共證菩提可耳。

第三則運用火符　女眞之道，原與男子之工大不相同。男子之道，貴在養精。女子之道，貴在煉形。藥是以前段工夫，逐一講明。果能旦夕行之，虔心進步，使身中五臟之血皆返爲氣，自然化生，若眞氣潛生，將陰濁之體變爲純陽，工夫至此，方能用火行符，纔與男子同等，若不分門別類，其工焉能有濟。故男子先煉藥後煉形，女子先煉形後煉藥，因其體相攸分，故前後工夫差別。吾今立法教人，不得不分明指示，方使學者無虧學道。女子照依前段口訣，用心行持，若行到丹田血海之中，氣機溫煖。自然有清氣一縷，上冲心舍，直至兩乳，此時切不可動念，仍前依舊行工運轉，他自然復行下降，仍舊歸於血海。斯時氣機已動，眞氣已生，赤血之陰，變爲白氣之陽。若不用火行符，其氣仍然化爲赤血，白者復變爲紅，枉費工夫。到此時當用眞火以煉之，又用眞符以應之，符到火足，其氣必凝。當此氣凝之候，别有景象，倘不分明講出，恐用火過當，用符差錯，必定有壞丹元。修眞至此，宜細心熟記，毋自忘失。若此刻工夫有悮，不惟前工枉費，後工難修，而且有傷身命，防有血崩之患，終難治療，學者當記清楚。然其景象何等相似，當其氣歸血海時，此氣是血化成，並非是血，故血海不相應。如人出外，變相歸家，卽家人婦子，皆不能識認，安能如前日之相投？血既化氣，與血不相類，仍是不相投。故其下降血海時，血海之中，必如魚吸水一般，斯時四肢若醉，身體難容，如夫婦交媾相似，莫能禁止，到此地位，必須拏定主宰，切忌不可放縱。一念凝守中宫，停聚良久，他自然向上衝關，升入泥丸，化爲玉液，以意引下重樓，還至兩乳間而止。用凝氣之法，以混合之，使其聚而不散，久久行之，自能達本還元，以通胎息。若胎息一通，則仙道可計日而至，女眞修煉之者，當共勉之。

第四則默運胎息　女丹修法，其理原本不繁，當其運煉，亦自不雜。諸丹經內，不傳女子修煉者多。何以不傳女流？蓋因其未能男女雙度故也。吾今垂法教人，實願男女雙度。故此於丹書後編，接列女道十則，以渡有緣之輩。何以女丹之道，至簡不繁？女子之性純全，女子之身安靖，但得一點工夫，便能徹底造就，不似男子之念頗多偏僻。故其身心所向不同，其工亦當淺顯發明，行持之際，原有順逆之分。女眞修士，果能照前口訣盡心行持，自然眞氣日生。眞氣既生，血化爲液，其液自兩乳中間，流通百脈，潤澤周身。此液是血化成，常用身中玉乳以養之，始能鎮靜中田，以爲超生之本。玉乳者，是身中呼吸之氣也。呼吸由中而生，亦由中而定。倘得玉液歸根，故用此氣以凝之，其液方無走失。可倚此而結成還丹。呼吸者，是運煉之呼吸，非口鼻之呼吸也。運煉之時，其勢不著於口鼻，而實不離於口鼻，雖有呼吸之名，實無呼吸之相。何也？是借呼吸以爲呼吸之義也。何以云是借用呼吸？口鼻之呼吸，由先天之呼吸而生，此時是用先天不用後天，故先天之呼吸有名無形，隨後天口鼻之呼吸，一出一入，自然升降。若女工運煉，亦只用中宫內運呼吸。隨着口鼻之呼吸而行，出入自由，無礙無滯，久久行之，自

然息息歸根，呼吸之氣，覺得不由於口鼻一般，行持一月，胎息已成，胎息若成，女仙不難造就。女子修此，宜當盡心。

此段工夫極細極微，女子修行至此步工夫，必待前工養純，性情煉熟，方可行此。若不純熟，必得奇病，爲害不小，女子修此，當自謹省。

第五則廣立功行　女子修行，原本屬至靜之理，靜而生陽，方謂之動，一動一靜，皆由內之所養，非屬外面事出。雖然靜養一身，尚屬至眞妙道，只守靜而無外行幫扶。靜何能久？若女子果能潛修至道，已經産得先天復行煉得玉液，又兼保得住胎息，初工至此，已過半矣。雖然工夫業已小成，必假外行以培養之。方纔內無所虧，外有所補，內外兼成，仙道可期。當其外行，如何行法，女子之身，常居內室，終日閨閫，未嘗出外，如何行得了功行？這等看來，是外行定不能立了，然亦有不須出外而可立功、立行者，譬如翁姑在堂，朝夕孝敬，視膳問寢，善事翁姑，此便是第一大功，第一大行。果能盡心竭力而爲之，則仙女便可立地成就。凡與人應接，當存忠厚之心，切勿瞞心昧己，若見苦貧孤老，當存憐憫矜恤之心，必須損己待人。竈前毋厭穢，廚下勿高聲，供俸神明，尊敬師長，謙恭長幼，和恤鄉鄰，舉動勿輕浮，言語勿暴慢。與夫一切舉動行爲，在在皆歸理法之中。久久行之，自然氣質沖和，行動賅理，不求功而功修，不思行而行立，平心處事常在道中。行到那極則的地位，雖非天上之仙卿，卻是人間之雅婦。苟能若此，行何及焉。凡屬女流，常存內守，切不可出外迎神拜佛，假托行修。似此所行，終屬鬼眷，如何超得過生死，了得脫性命，成聖眞於高上者耶？女眞修士，宜自勉旃。

此則雖屬外行，實爲女子修行莫先於此一着。若先行得此，則工夫前進，不難至矣。

第六則志堅行持　女眞之士，若能覓得明師，求得口訣，又能立得品行，虔心進道，立志潛修，恆久不怠，可謂得訣之眞。修身之要，誠如是也。然女子之性，易漓易變，間有不如意之事，或有不投心之行，定然自失其性必爲歧途所引，終不能立志前行，以期了道。倘存偏僻之見，此道遂不能行了，辜負一生。前工枉費，可憐九泉之下，沒盡許多紅粉骷髏，枉死城中，藏卻無邊閨閣雅秀，那時始知身不自由。造物每多遺憾，孽海翻騰，輪迴無盡，要想出頭，怕莫日子了。吾嘗每至冥司，觀見此等男女，無不悲憫。蓋因世上遇道者寡，求道者難，往往有眞心之女，而不得眞傳實授，以致昧死昧生，無有出期，良可嘆矣。吾今立法教人。故於女丹口訣，顯明指示，願彼有緣之輩，苟能遇此，頓悟迷津，得登彼岸。使那夜台無叫苦之聲，閨房得返魂之旨，長守不失，享樂無窮。雖然此舉口訣易得，人心難齊，若是眞心女流，得授至眞妙道，便能長一而修，終無悔念，志向純一，不爲歧途所惑。兼道心永久，自可造就出塵之相。若彼奇忒之婦，口是而心非，前行而後悖。不愼言語，妄與女友而示奇懷，不守師盟，輒以矢口而泄妙道。言行相違，居心苟且，假借修行而望長生，德寡行微而期體健。如此之人，是孽海中之物耳生受五苦之厄，死遭陰律之刑。吾門不度此輩耳。日後有緣廣度之時，定宜詳審方可示授。若是眞修女流，一心守吾門清規，行吾門口訣，日夕不懈，旦暮施工，自始至終，總要廣務行持。工夫行滿，那時言清行實，身強體健，正氣充溢，返老還童。從此進修，成仙可冀，切不可有乖道念，自將本體喪失了，吾有規戒，女眞記之。【略】

第七則調養元神　女子之工，比男子便捷些，女丹從養眞至胎息，其工已得三分之二，不若男子之工，便有許多作用，方能到得調神地步。所以女道丹書，從養眞直至胎息，工畢，便接録外行工修，俟其外行有餘，方可煉調神一段事體。夫神何以調？因其前日運煉氣血時，已將血化爲氣，氣因血住，其氣便化神了。到此時候，若不陶冶性情，輔立外行，恐將來凝之不住，反失丹道，有悞前工。故行修到此，必須使他照依戒規，嚴遵法度，將他心性磨煉成一塊頑石相似，必須煉而復煉，磨而復磨，直至養道心花開發，本體光明。到此時候，性已養純，神已入定，內外貞白，表裏玲瓏。此誠所謂萬傾冰壺光射目，一輪明月映深潭。纖塵不染，體相皆空。行到此地，若運煉之時，自有一番清靈善化之機，照映在腔子裏，定久之際，渾然若死人一般，不動亦不言，不食亦不飢，此時必須用人扶養，不可因其入定，便妄驚叫喊。若妄驚動，恐傷神體，必走入魔營，爲害不淺也。女修至此，當留心着意，毋致差失。當其入定之後，只見他氣息不存，顔色不改，任其自聚自散，或一二日，或五七日，或十餘日，皆不可動。須當用人日夜護持，待等他鼻息微，神光半露，方可低聲呼之。倘彼出定之後，即凡飲食衣服，隨心所適，以後必須着着防危，庶免丹元有失。此後工夫，直至養到出神之後，方無危險，學者記之，愼之勿忽。

第八則移神出殼　女子之道，原從陰返爲陽，陽極而神全。丹工至此，

長守不懈，使那神體煉而復煉，存而復存，直煉至身若冰壺，神如秋水，然亦不可使之久留身中，如瓜熟自落，神圓則遷，若不遷神，移出身外，終爲守屍之鬼。何足爲異？此時當用出神之法，將神移出身外，倘出之速，恐神迷無所歸。復將所出之神，復轉身內，一出一入，由近及遠，切記不可放縱，調教老成，方可任其去來。純熟之後，自無畏避。雖然出法故爾如是，而出神之工，又當分別。若未出神之前，此神屬至靜，其工仍同養眞規矩，直待至神圓，方可止步；若神既出之後，此神屬動，便不似前面工修，當用逸神之法，使神靈通圓融，並無隔礙，直至煉到神通遠顯，方可休息。從此以後，務宜逸養元神，或遊山而玩水，或靜坐以操琴，常從樂事，快爽無邊。遇有功處且行功，當立行時便立行，神功運用，道妙無窮，苟能八百行滿，三千功圓，那時金書選詔，龍女降臨，眞仙保舉，待度飛昇，九重天上果逍遙，蓬萊洞天眞快樂。誠所謂脫下胎州襖，作箇女神仙，豈不美哉！豈不快哉！信女何憚而不行哉？

《三車秘旨・運氣》 運氣功夫，所以開關築基，得藥結丹也。

其中次叙從虛空中涵養真息爲始，收心調息，閉目存神，靜之又靜，清而又清。一切放下，全體皆忘，混混沌沌，杳杳冥冥。功夫到此，如天之有冬，萬物芸芸，各返其根；如日之有夜，亥漏沉沉，各自成其心。此無知、無識時也。誰曉得無知、無識之際，纔有一陽來復，恰如冬之生春，夜之向曙。驀地一驚，無煙似有煙，無氣似有氣，由下丹田薰至心闕，使人如夢初醒。初醒之候，名曰活子時。急起第一河車，采此運行，遲則無形之氣變爲有形。

此氣也，名壬鉛，名後天，又名陽火，故曰子時進陽火。

何爲進陽火？學人把初醒之心，陡地撥轉，移過下鵲橋，即天罡前一位。誓願不傳之真訣也。

此心名曰天地之心，又名妙心，又名元神，又名真意，又名玄關發現。移至尾閭，守而不亂。霎時間真氣溫溫，從尾閭骨尖兩孔中，透過腰脊，升至玉枕，鑽入泥丸。古仙云：夾脊雙關透頂門，修行路徑此爲尊。即指此也。

愚人不知運氣，便要舌砥上顎，以承甘露。吁！可笑亦可憐也，皆不得師之過也。須知運氣一道，只可引氣入喉。《黃庭經》曰：服食玄氣以長生。因此陽火之氣紫黑色，名曰玄氣耳。服食之法，須要口訣，乃能送入氣管，否則走入食喉。從何處立得丹基？須把這陽氣送下氣喉，至於玄膺，乃化爲甘露之水。《黃庭》曰：玄膺氣管受精符。此之謂也。玄膺名玄雍，又名玄壅，言人之氣至此雍塞也。俗人不知玄妙，氣至泥丸，就想他化爲神水，如吞茶湯一般。吾恐氣管一滴，便叫汝咳而不休矣。蓋水者有形之物，安能入得氣管？故《黃庭》曰：出清入玄二氣煥，子若遇之升天漢。猶言清氣出於丹田，玄氣入于玄膺，二氣轉換云爾。氣化爲水，灑濯心宮，仍落於虛無竅內。寶之裕之，是爲築基。

築基既久，積累益深，乃有一個時候，照常靜坐。忽于丹田中突出一物，有聲如風雷之響，有色如星雷之光，是爲後天先天藥。即按第一車運之，至於泥丸，始化爲液，餌而服之，方得玉液丹頭。此得藥結開之始也。

《三車秘旨・運精》 運精功夫，所以抽坎鉛，制離汞，煉己性也。

前此運氣日久，得了小藥，結了丹頭。以後綿綿內息，天然自在，固守丹田。

每早辰間，清坐清臥，其丹如一團軟綿，升於心府。仍要回虛中，杳然無影，方不走失。訣曰：神返身中氣自還，正此時也。

懷抱日深，忽然間丹田如春水初生，深深漾漾。即守自然之內息，烹之煉之，其水忽化爲熱氣，由兩胯內邊流至湧泉。須要神注兩踵，真息隨之，此所謂真人之息以踵也。

如此片時，湧泉定靜，即將心返尾閭，默默守候。忽覺有物來尾閭間，似綿陀，似饅首，似氣塊，沉滯難行。就要調停內息，專心一志，猛烹急煉。乃有一股熱湯，透出尾閭，徐徐過腰脊，滔滔上泥丸，方謂之黃河倒卷，漕溪逆運。此等河車，《大洞經》所云勒精衛泥丸，呂祖所云搬精入上宮，不與運氣同也。

泥丸宮中，水聲震響，久之而水聲止息，神即休於其中。持守片時，乃以舌倒舐上顎，鼻中忍氣，牙關緊閉，兩手反抵坐榻，頭面仰對空梁，候他金液滿舌，其鼻息忍而不播，伊乃咽了一聲，流入氣管，降下重樓十二階梯，神水灌注華池矣。

這個華池，人多不知。或言舌胎下，或言下丹田，皆非也。此華池在人兩乳中間，名曰上氣海，與玄膺隔一層耳。白玉蟾云：華池正在氣海內。是也。

水滿華池，走而不守。至於絳宮，心地清涼。落于黄庭，心火泰定。此之謂抽鉛制汞，牽虎降龍。既未兩卦，周流不息，即玉液煉己之事也。

但此玉液，不能日日常有，須加前頭運氣功夫，運之數次，乃有一次。若做到玉液長來之時，則黄中通理，皮膚潤澤，心君閒逸，性體光明，對境忘情，在欲出欲，隨緣度日，在塵離塵。真意堅牢，劍鋒犀利，圓陀陀，光灼灼，赤灑灑，亮錚錚，此煉己純熟時也。

《三車秘旨・運先天》　運先天精氣，丹家名汞迎鉛入，情來歸性，七返九還之事也。

前此煉己純熟，汞性通靈，進退自如，雌雄應變，功夫至此，乃可行返還大事。

七返還丹者，先將已成之汞性呼爲内丹，於是入室坐圜，把内丹藏於空洞之中。上邊如乾，下邊如坤，性邊屬有，命邊屬無。先要以有入無，然後從無生有。其象如乾精播於坤母，坤乃實腹而爲坎。坤精感自乾父，乾乃虚心而爲離。乾坤既列，名爲鼎器。既有無妙竅也。離坎二用，借此現形。

原夫以有入無之時也，寂寂靜靜，心死神存。稍焉有自己識神，化爲驚人、愛人之物，試爾内神。又有諸天魔將，化爲好人、惡人之物，試爾内神。諸般不動，元神湛然。乃更一時焉，有一支陽氣發生。譬如坤陰之下，一陽來複。我即吐乾宫一陰以迎之，腎氣上升，心液下降，本乎自然。名曰以汞迎鉛，又曰大坎離交，又曰内外陰陽消息。消息既通，於是命太乙神女儔邱蘭者，捧出雌劍，摘而取之，立爲丹本，此即七返還丹也。

丹本既立，神氣融和，由是一場漸長而爲兑，坎男變爲兑女矣。此即庚方月、西江月、蛾眉月諸喻時也。因此兑女二字，故丹家名曰首經，又曰天癸因類而言耳。愚人不知，盲修瞎煉，未遇真師之故也。丹士采此首經，名曰攝情歸性。五千四十八日歸黄道之時，有如十五明月，金水圓滿。在人身中，總一先天精氣，騰騰壯盛之時也。

學人到此，急起大河車，運上泥丸。稍焉，有美液墜於顎中，大如雀卵葡萄，非麝非蜜，異様甘香，此乃九還金液大丹也。

道人服此金液，然後名之曰鉛投汞，金並木，後天返先天，嬰兒會姹女。

嬰姹相逢，朝夕涵養，久之洞見臟腑，内外光明，中有一真，宛然似我，此嬰姹復生嬰兒矣。

得此嬰兒者，必須默默調養，刻刻温存，由靈谷移上天谷，然後出神入化，高會群仙。

《慧命經・張紫陽八脈經》　衝脈在腦後，任脈在臍前，督脈在臍後，帶脈在腹，陰蹻在囊下，陽蹻在尾閭，上三節。陰腧在頂前一寸三分。陽腧在頂後。一寸三分。人有八脈，俱屬陰神。閉而不開，惟神仙以陽氣沖開，故能得道。採陽氣惟在陰蹻爲先，陰蹻一脈，散在丹經，其名頗多，曰牝門、死戶，曰歸根竅、復命關，曰酆都、野死、生根，有神主之名，曰桃康。上通泥丸，下透湧泉，眞氣聚散，皆從此關竅。尻脈周流，一身貫通；和炁上朝，陽長陰消；水中火發，雪裏花開。天根月窟閑來往，三十六宫都是春。得之者，身體康強，容顔返壯。在坤地尾閭之前，膀胱之後，小腸之下，靈龜之上，此乃天地逐日生炁之根，産鉛之地也，醫家不知有此。

潛虚翁又論調息法云：凡調息以引息者，只要凝神入氣穴，神在氣穴中，默住陰蹻，不交而自交，不接而自接，所謂隔體神交理最詳，古仙已言之確矣。

張三丰眞人云：調息不難，心神一靜，隨息自然。我只守其自然，加以神光下照，卽調息也。調息者，調度陰蹻之息與吾心中之氣，相會於神，凝氣穴之中也。

潛虚翁三論調息法云：今夫水與水合，火與火合，風與風合，雲與雲合，常理也。調息者，以氣合氣，何待強爲。要凝神入氣穴，神光下照，陰蹻脈不期而會者，一氣之感通，自然而然也。

《慧命經・九層煉心》　初層煉心者，是煉未純之心也。未純之心多妄想，多遊思。妄想生於貪欲，遊思起於不覺。學人打坐之際，非不欲屏去塵情，無如妄想方除，遊思忽起，法正止觀，乃可漸漸消鎔。止則止於臍堂之後，命門之前，其中稍下，有箇虚無圈子。吾心止於是，而内觀之心照空中，與炁相守，維繫乎規矩之間，來往乎方圓之内，息息歸根，合自然之造化，巍巍不動，立清淨之玄機。從此一線心光與一縷眞氣相接，渾渾灝灝，安安閒閒，此煉心養炁之初功也。

二層煉心者，是煉入定之心也。前此一線心光，與一縷眞炁相接，若能直造杳冥，自當透出玄竅，奈何定心不固，每爲識神所遷，心與炁離，仍不能見本來面目。法在心息相依之時，卽把知覺泯去，心在炁中而不知，炁包心外而不曉，氤氤氳氳，打成一片，此煉心合炁之功也。

三層煉心者，是煉未復之心也。前此氤氤氳氳，打成一片，重陰之下，一陽來復，是名天地之心，即是立關一竅。此刻精氣神都在先天，鴻濛初判，並不分眞精、眞氣、眞神。即此是眞精、眞氣、眞神。若能一心不動，便可當下採取。運行無奈，見所未見，聞所未聞，美景現前，忙無錯手。心一動而落在後天，遂分爲精氣神矣。法在玄關初現之時，即刻踏住火雲，走到尾閭，堅其心，柔其息，敲鐵鼓而過三關，休息於崑崙焉。此煉心追炁之功也。

四層煉心者，是煉退藏之心也。前此踏火雲，過三關，心與炁相隨，固已入於泥丸矣。然在泥丸宮內，或有識神引動，則炁寒而凝，必不能化爲眞水，洒灌三宮，前功盡去矣。法在崑崙頂上，息心主靜，與炁交融，炁乃化爲美液，從上腭落下，捲舌承露，吞而送之，注心於絳宮，注心於黄庭，注心于元海，一路響聲，直送到底，又待立關之現焉。此煉心得炁之功也。

五層煉心者，是煉築基之心也。前此入泥丸而歸炁穴，已有河車路徑，從此一心做去，日夜不休，基成何待百日乎？然或有懈心，有慾心，作輟相仍，丹基難固，夫築基所以聚精合神也，功夫不勤，精神仍然散亂，何以延年？奉道法在行憑子午，逐日抽添，取坎塡離，積精實腹，此煉心累氣之功也。

六層煉心者，是煉了性之心也。前此河車轉動，聚精會神，則靈根充實矣！從此心液下降，腎氣上升，是爲坎離交。杳冥中有信，浩浩如潮，一半水氣，濛濛如霧，一半雲氣，是名金水。初動方修玉液還丹，倘用心不專，則盡性之事難了。法在金水初生之日，由丹田分下湧泉，霎時而合，到尾閭調停眞息，鼓之舞之，乃能滔滔逆上，至於天谷，涓涓咽下，落於黄庭。如此則朝朝灌溉，心地清涼，血化爲膏，意凝爲土。土中生汞，汞性圓明，遇物不遷，靈劍在手。孟子所謂：盡其心者，知其性也。仙家名爲陰丹、內丹。此煉心明性之功也。

七層煉心者，是煉已明之性也。前此金水河車，仙師名爲內煉。到此還有外煉功夫，以外合內，眞心乃聚而不散。蓋內體雖明，好飛者汞性；內睡雖具，易壞者陰丹。設或保養不純，則心性復滅矣。法在以虛明之心，妙有之理，和砂拌土，種在彼家。彼家虛而由我實之，彼家無而自我有之。以有投無，以實入虛，死心不動，霎時間先天一炁，自虛無中來。一候爲一陽，有如震；二候爲二陽，有如兑。時值候正宜和丹。那邊吐出一弦眞炁，其喻爲虎向水中生；這邊落下一點玄光，其喻爲龍從火裏出。兩支龍虎會合，性情交感，一場大戰，名爲天地晦冥，身心兩靜矣。俄而三陽發動，有如乾卦，如潮、如火、如霧、如煙、如雲、如霜、如雪、如花。身中陽鉛晃耀，我即持劍掌印，踏星步斗，鼓動元和，猛烹極煉，透三關而上泥丸，一身毛竅皆開，比前玉液河車更不同也。吞而服之，以先天制後天，性命合而爲一，即大還丹也。性屬火，其數七；命屬金，其數九。返本還原，故名七返九還金液大丹。從此鉛來制汞，其心常明，永不動搖矣。此煉心成神之功也。

八層煉心者，是煉已伏之心，而使之通神也。前此七返九還，以鉛制汞，心已定矣。但要溫之養之，要使身中之炁，盡化爲神，身中之神，游遊於外。於是服一年十二月氣候，除卯酉二月爲沐浴，餘十月爲進退，故名十月溫養，非言要十箇月功夫也。否則心雖定而不靈，煉之煅之，靈心日見。靈則動，動則變，變則化，故有出神之事，而不爲物情所迷，此煉心成神之功也。

九層煉心者，是煉已靈之心，而使之歸空也。前此溫養胎之神，已出而不感，隨心所欲，無往不宜。高踏雲霞，遍遊行至靈，足樂矣。但靈心不虛，則不能包含萬有，此所以有煉虛之著也。煉虛者，心胸浩蕩，象有皆無，清空一靜，悟得天地間，是我非我，是空不空。世界有壞，惟空不壞，乾坤有礙，惟空無礙。此所以神滿虛空，法周沙界也。爲此煉之，始末絕無加矣。

《慧命經・李涵虛眞人後天串述》 子著《道德》、《黄庭》、《大洞》《無根》諸註，皆言先天之用，而非初學法門也。夫行遠自邇，登高自卑。若不明後天次序，譬諸世上功名，未舉茂才、孝廉，空想進士、翰林也。因作後天串述一篇，爲入德之門也。

一收心，二尋氣，三凝神，四展竅，五開關，六築基，七得樂，八結丹，九煉己。

太上有言：貴以賤爲本，高以下爲基。後天滋補，賤上之道也。賤也者，師所謂說着醜也；下也者，經所謂下而取也。培養丹基，純以精氣爲寶。其行功法也，先要收心入內，以中爲極，以和爲則，以神爲體，以意爲用。尋氣以陰蹻爲先，中是活活潑潑，不見不聞之處；和是專氣致柔，抱神以靜之功。定中生慧，坐照如，媾元神而生元炁，展竅開關不難也。元精者，陰蹻一脈，逐日生人之元炁也。學人採取元精，必尋炁之活動處，而以靜合之。此謂之神氣交，則男女媾精，眞種化生。眞種者，後天鼎之眞氣。後天鼎者，

即元神、元炁交合之所也，一名靈父、靈母。此氣從鼎中煉出，即宜凝其神，柔其意，以柔制剛，自然入我內鼎。和之調之，煆之煉之，潛伏於丹田之中，呼吸乎虛無之內，是名命蒂，又號胎息。忽然而內鼎之間，冲出一物，跳跳躍躍，噓噓噴噴，直由衝脈上至心府，即展竅時，俟其冲突有力時，乃變神爲意也。引出尾閭，一撞三關，飛上泥丸，即開關也。關竅既開，乃行養己之功，而談築基之道。築基者，採彼炁血，補我精神，精神雖壯，又恐動搖，於是以壬鉛制之。壬鉛者，二炁媾而生者也。原夫坎宮之氣，地氣也；離宮之氣，天氣也。天地交合之時，混混沌沌，絪絪緼緼，結爲虛無窟子。虛無窟子旋產一氣，即以此炁爲壬鉛，此得藥時也。鉛之體，有炁無質，以故清而上浮，至崑崙時，要以目光上視，神炁相息於頂中，凝住一時，陽極陰生。始以舌倒抵上腭，鼻息要勻，抵腭久之，乃有美津降下，寒泉滴滴，雖不甚多，然一點下重樓，以意送回黃庭，卻又奇怪，發聲如淵湃一般，始知大士甘露，原不可多得也。降入黃庭，結爲內丹以後，則在慾絕慾，在塵出塵，封境忘情，煉鉛伏汞，趕退三屍五賊，銷磨六慾七情。骨氣俱是金精，肌膚皆成玉質，蓋又是煉己功純，方有此效，未可越等而至也。

《金仙證論·小周天》 華陽曰：仙道煉元精爲丹。凡煉丹下手之仙機，即煉腎中之元精，精滿則炁自發生，復煉此發生之炁，收回補其眞炁，補到炁足，生機不動，是謂丹也。則人之根竅，無漏精之路，便成人仙矣。服食則出神，顯化世間，無不喜而願求者。服食者，是得前小周天。如法修煉，以採大藥，運過三關。故曰服食煉炁，化神出神顯化，世間無不喜矣。奈何天機秘密，學者未必窮其根源，故多在中途而廢矣？天機者，即吾身中之生機。古人云：陽炁生。今人曰：活子時。眞仙上聖秘之，深密不書於竹帛，學者無所覓處，空自磨煉，豈不在中途而廢。所以予今淺說，使學者概而證之。夫精爲萬物之美，即養身立命之至寶。萬物最美曰精，人有其精則生，人無其精則死。所以精者，即性命之根源。《陰符經》云：精是炁之母，神是炁之子。古云：留得陽精，神仙現成，豈不寶哉？如精已敗者，以精補精，保而還初，所謂得生之由。中年年邁之人，因精已耗散，故必用補精之法助之。鍾離眞人云：晚年修持，先論救護。未敗者，即以此而超脫，養胎化神，則亦易爲、易修、易成之果也。未敗者，是童眞。本有陽精足炁，免得補精築基之工。從此下手，採大藥不過七日。靜工十月之期，即可以出神爲神仙樂事。故此易爲、易修、易成是也。若以神順此精，由自然之造化，則人道全。世人每遇精生，不知修煉，順此造化，男女交合，即爲生人之道，由炁順化。若以神逆此精，修自然之造化，則仙道成。眞人知此精生之造化，以神留精，逆歸炁穴，用火煆煉，精化爲炁，脫胎神化，仙佛從此而得，由精逆化也。故精者，乃是入死入生之關鎖。精乃凡聖根由，故名關鎖。精耗必死，保而煉之即生，此理之至也。其名雖然稱之曰精，其裏本自無形，因靜中動而言之，曰元精矣。此精當未動之先，裏本虛無，有何精可名，因人靜極，陽炁從靜而發動，故名之曰元精矣。當其未動之前，渾然空寂，視之不見，聽之無聲，亦非精也，亦非物也，無可名而名，故名之曰先天。《易》曰：無極時也。此正鴻濛未判之時，元門名曰先天，釋氏名曰威音。《易》曰無極。總屬虛無，是無炁之謂也。斯時則神寂機息，萬物歸根，此正謂之虛極靜篤。此正上文鴻濛是也。渾然一團，不見天地人我之相，如萬物逢冬歸根，陽炁潛藏，故曰機息。然則機雖息，而生炁之機即在息機之中矣。靜中恍惚，偶有融會之妙意。此言炁機將萌未動之時也。便可名而有其名，故名之曰道。易曰：太極時也。此正上文炁機將萌是也。因此機一萌，曰元炁也，炁既以萌而又旋動，用元精矣。元炁元精分而言之，其機則是一也。修仙作佛之造化，即從此而入手。凡修丹者，即在此時用工，則神炁自然相投，合而爲一。若夫塵念兼起，必化婬精，順陽關而出。若煉已未熟，逢此炁機，淫念頓起，眞炁必化，後天有形之精順陽關而泄矣。修士正當此時，正念爲主，以神馭炁，起呼吸之氣，留戀元精，可謂還原之道矣。既以神馭炁，必加呼吸之氣，收回元精，其精自然逆回於炁根矣。眞精既得還原，取其神炁混合，兩不相離，使其二物鎔化，合而爲一也。元精不能自鎔，在元神鎔之，綿綿若存，使性情相洽，神炁合而爲一者也。如《易》所謂：天地氤氳，萬物化生。天地之炁不交，萬物無所生焉。金丹之道不交，眞種何所覓乎？《崇正篇》云：兩般靈物天然合，些子神機這裏來。然後先天眞一之炁，仍舊從竅中發出。竅，即丹田炁穴也。所以混然子云：火從臍下發，即此。而爲金丹之主宰。主宰者，依此炁爲主也。所以古云：未有不交媾，而可能成造化者也。此即尹眞人之旨。造化者，即採取運周天之造化。先若無交媾之法，何得有藥產之機發現也。交媾即調藥之法，憺漪眞人云：人身中只是一箇元炁，只要迴光返照，將此炁收斂，沉到極處，久之，其中自有造化。夫既知此炁之生機，即可以行火補炁而煉丹。生機者，即藥產之時也。古人云：藥產神知即此也。行火行周天陰符陽火之法，即升降往來，復還丹田之所，眞炁得此動炁之所補，故謂之煉丹也。故有辨時，採取周天之候。辨時者，即言藥之老嫩。古人常表藥老炁散不能結丹。藥嫩炁力微亦不結丹。然則何時不老不嫩。上陽子云：若人採先天炁之時，以暖炁爲之信。又伍子

云： 如浴之方起，而暖炁融融，然此不辨，辨在其中矣。周天法者，是言子午卯酉之法。子午爲進退，卯酉爲沐浴，然子午亦有沐浴。古云： 時至神知，正言此藥産之先天炁者，是也。藥産神有所知，即上文暖信之謂也。若不知採取，則當面錯過矣。修士宜當此時，須用凝神合炁之法，以歛聚微細之元神，入於炁中。收付於本宮，則是爲我所有之妙藥矣。本宮，即丹田也。藥炁既承受以歸爐，爐，即丹田也。須當徘徊於子午，午屬於頂，子屬於腹。運動身中之璇璣，又必須假呼吸之炁，而吹嘘之方，得乾坤於元關，合而爲一，循環之溝管矣。璇璣者，即黄赤之消息。天道日月之循環，由黄赤而行丹道。神炁之循環，依任成大藥。沖虚子云： 又不可一周完而不歇，雖無大害，亦遲其動機爲無益也。則精窮不漏便可謂之長生矣。李真人云： 陽關一閉，箇箇長生。如有精窮漏者，則未及證，不死之果。有精漏則是有死之凡夫，無精漏則是不死之真人。世亦有一等不漏精之軀，未經火法，久之亦漏，非真人薰蒸不漏。又有老者、弱者，而陰縮者，自無精矣。是精已枯竭，休誤認爲修證。必加精修，以元精盡返成真炁。無精則陽不舉，内裏有真實丹成也。則亦無其竅。無精則陽關之竅自閉矣。而外形亦無萌動之機。竅閉則陽不舉，方是丹成。若有微萌之意，未證有成，必加火以薰煉。則是名爲大藥成矣，便可作大周天之工法也。以上盡言小周天。

《金仙證論・煉己》 華陽曰： 昔日呂祖云，七返還丹在人，先須煉己待時。己即我心中之念耳。若欲成還丹者，必須煉己爲先，己若不純，焉得精還爲炁，炁還神也。蓋七乃火之成數，先以火入水中謂之返也。後以炁升火位，謂之還也。待者，候也。若欲有心待之，則屬於拘滯，而真陽反不生。若欲無心而待之，則落於頑空。錯過真機，此則有無兩失矣。然則若何爲哉？且有還於無，而無内靈似於有。故《離騷・遠遊篇》云： 毋滑而魂兮，彼將自然；一炁孔神兮，於中夜存；虚以待之兮，無爲之先。蓋己者，即本來之虚靈，動者爲意，静者爲性，妙用則爲神也。四者未發之前，渾然如太虚，有何名目，因機萌而言，故有意性之喻。金丹，神雖有歸一，則有雙發之旨。凡煉丹時，先則無爲，寂然不動，渾然空空蕩蕩，不見有無之念，待其機之動時，則發意採取，運周天地，又立念主斗杓，斡旋二炁，槖籥之消息，而神又隨真炁循環。先若不煉己還虚。還虚者，是純乎以静，静乎以化，杳無朕兆，還乎鴻濛，復乎無極，萬象空空，此即本來之性體是也。則臨時熟境難忘。時，即藥産之時。先若己不純，採藥煉藥之際，則有分花之念，神不能主張，炁則散也。神馳炁散。神不宰炁，安有不散也。安能奪得造化之機，奪者，取也。造化者，陽生也。還我神室。此神室，即下丹田也。凡神室，卻有三釜，煉精之造化，即以下丹田爲主。故神炁起由此，歸藏亦由此，是之謂神室，即神炁所居之室也。而爲金丹生發之本耶！由前活子時，用之得法，然後方有炁發生，而爲煉丹之本。故古人煉己者，寂淡直捷，純一不二。不存有無之念，故可以謂純一。以静而渾，正是鴻濛無極之時。以虚而靈，十二時中，不昧曰靈。常飄飄乎，不著一點形迹。隨處隨緣而安止。四相俱忘，安然獨立自在。不究其所在，是過去心則無了。不求其未至，未來心不萌。不喜其現在，現在心不存。醒醒寂寂，照而寂。寂寂醒醒，寂而照。形體者，不拘不滯，不被身之所勞。虚靈者，不有不無。活活潑潑。不生他疑，明心見性。了徹一心，通天徹地，杲日當空。真人於無爲之化境，威音之前，無極之先。此乃智者上根之煉法也。此以上皆言頓法，還虚之煉法者也。若夫中下之流，則未然，未修煉己之人，曰中下。非世俗曰中下，蓋修道本無中下。當未煉之先，己未煉之先也。每被識神所權，凡思慮有心，總是識神用事也。不覺任造化之機而順化。世人每遇身中炁機之生時，不知修煉而行世法則生人矣。亦有不交媾者，此炁而亦耗散。何故炁既發動，不得其法留歸本處焉，有不順化者耶！欲煉精者，不得其精住。煉精是坎離交姤以前之法，名曰調藥。若不知調法，精則不能住矣。欲煉炁者，不得其炁來。煉炁者，是小周天之法，不得炁來，是煉精不住，故此無炁之發生也。古云： 不合虚無不得仙，蓋謂此也。能到虚無，方可煉丹。如不到虚無，丹則不成也。故用漸法而煉矣。由淺而深。且謂煉者，斷欲離愛，不起邪見。欲愛是妻子、富貴、師弟等事，斷而不留，爲煉己有力。邪見者，是眼偶見奇異，或見光，或見光中現神物，或平日所未見者，今始見之，爲外魔。於此信之，即爲魔之所誘。曰天魔，曰邪魔，曰妖魔。眼不見或心見者，爲陰魔。見而喜悦爲好，貪見則著魔矣。心不見或耳見，耳見者，耳聞魔言，或言福，或言禍，喜聞則著魔矣。見而自不見，聞而自不聞，知而自不知，依於正念，魔與我不相干也。不亂者，水、火、刀、兵、劫殺、打駡，凡諸魔來，皆不可妄生懼亂之心也。未遇苦行，勤求勵志，久而不退者，曰煉。未得訣者，當立真志而求師。天地之間，富貴以及妻子，是有定分。若大道則不然，可以苦志而得。古云： 有志者，事竟成。古來多少不該成道者，而竟成之，非生來有分也。虚心利人，不執文字，恭迎而哀懇者，曰煉。世之學道，不得其真傳者，皆因己之假學問，障於他人之真學問，故不得其道矣。若能虚心懇切，執弟子禮，行弟子之事，豈有不得者乎？眼雖見色，而内不受納者，曰煉。耳雖聞聲，而内不受音者，曰煉。神雖感交，而内不起思者，曰煉。此三者，真煉法。見物内醒而不迷者，曰煉。即六祖所謂見物心速起。日用平常如如，而先煉己純熟。己純後可煉丹。重陽云： 湛然不動，昏昏默默，無絲毫念想，此由煉己純熟而得。康節云： 思慮未起，鬼神莫知。不由乎我，更由乎誰？則調藥而得其所調，即前煉精之法。辨真

時即得其真時，即藥産之時，用採藥之法。運周天始終如法生升降，周天是往復之機，升降是進退之工，由己純，則無昏沉散亂矣。己有不得其先煉者，則施法之際，被舊習所弄，錯亂節序，故不得終其候也。錯亂節序者，因己未熟，或知採卦，不知運行；或知升不知降，或知升降，不知沐浴；或知先天之炁，不知後天氣；或炁行神不行；或知周天，不知歸根沐浴。世之好金丹者云有不煉己而能成道者，謬矣。西王母云：聲色不止，神不清，思慮不止，心不寧。心不寧兮神不靈，神不靈兮道不成。煉己者，在於勤，若不勤，則道遙也。己在時刻勤煉，如若放蕩，丹則有走失之患矣。昔日呂祖，被正陽翁十試，正念而不疑。呂祖任他魔來，不生疑心，獨立正念，後六十四歲，隨正陽翁修道，卒能成道。又邱祖受百難於重陽，苦志而不懈。邱祖初至重陽會下，重陽謂邱飲稀粥。邱自知福力小，苦行七年，累遭魔難，當過二番死魔，二次飛石，打折三根肋骨，又險死摸折三番臂膊，恁般魔難，苦志而不動心，自能決烈精修。費長房靜坐，偶視大石墜頂，不驚不動，此得煉己定心之顯案也。昔世尊坐於菩提樹下，魔王波旬領百萬魔衆，以兵戈恐佛而不動，以魔女婬事誘佛而不動，坐坐至堅剛牢固，自言我終不起離於此坐。並書以告同志。

《延齡纂要·睡訣》 每夜欲睡，必須舒行數十步始睡，東首而寢，側身而臥，如龍之蟠，如犬之曲，一手曲肱枕頭，一手直摩臍腹，一隻脚伸，一隻脚縮。未睡心先睡目，致虚氣、守靜篤，神氣自然歸根，呼吸自然含育，不調息而息自調，不伏氣而氣自伏。《論語》曰：寢不屍。且側臥屈足，督任之氣輪流自無息機，與鹿眠相似。午候少飲酒茶，更無夢遺之患。《論語》又曰：寢不言，食不語。臥多言箋。五臟如鍾懸，不懸則不鳴。何者？食則氣下，語則逆上。臥則臟息，言則臟懸。焉有不傷？人若貪睡，則神離於氣，氣無所主，奔潰四溢，故久臥傷氣。

坐行動靜之功，患病不能竪立法則

倘患病者，精神疲倦不能竪立盤坐，行動靜之功。擇寂默潔淨一室，厚加重褥，用靠背蘇椅，止有直枋二根，中無花板間者坐之。庶背脊中督脈夾脊雙關等處，氣路不致壅塞。兩足春夏用矮踏櫈擱之，秋冬以炭末火烘籠踏之，免受地濕氣。朝日陽清氣，不次攬口中華池水吞入丹田，凝神於祖竅穴中。但行靜功，必加小單棹一張，簟以絮物，值於病者面前，如神倦便可隱几臥片時，俟神足則吸以清氣。如法運之，元陽元精，自必漸漸生息回復，病不治而自愈。

《延齡纂要·安神祖竅聚真功及蟄藏歸根胎息妙訣論》 道至精充氣足而神完。凡懲忿窒慾以保護，則不須複論矣。故以身爲輿，以心爲宫，以意爲馬，御之者心君，此下學所自來也。防意馬心猿之顛蹶，除嗜好外誘之一切，信無一之不謹，不致有毁性戕命之事，此下學之實際地也。至其嚥津叩齒、右兜左擦、閉目合口、叩天柱、鳴天鼓諸般淺爲，已成往事，於安神，於翕聚，於蟄藏概無此淺舉。乃皆精進上達，更上一層樓矣。蓋始由心腎修水火以論乎汞鉛，既將水得交泰以壯其精力。夫而後進安神於祖竅，乃爲内交龍虎，魂強魄盛又一翻境地不同矣。原□積汞累鉛，精氣神修到十分有成龍虎氣即得此，翕而聚之於祖竅，即裕大藥於黄庭之謂也。由此而聚之於祖竅，即裕大藥於黄庭之謂也。由此用意送歸土釜，納入如來臟，即蟄藏氣穴之謂，此皆藴蓄以産金丹大藥之妙法。修在任脈用眼神巡鍊，要冥冥默默，恍恍惚惚，隱隱蒙蒙，着令眼神注歸根竅，爲天地絪緼，爲萬物化醇，此種純功，毫不可助長，恬靜平和以養就之。訣云：呼吸之根閤闢門，音聲所出命之元。真神真氣歸中伏，日精月髓依然在。又云：長生不死因胎息，早裕谷神彌六極。土釜牢封固築堅，儲神不測鯤生翼。此翕聚之真功，歸根之妙訣也。功夫能曉深於此極，内交而丹基盡任，家所蓄煉，候動候鳴以抽作外交，剥過陰蹻，抽由督上，又所謂金滿之車奪聖機，亥子運去就璇璣。迨之運上崑崙頂，微軀恒存不老春。於此見内任外督條分，而必於任蓄極蟄藏之。原自翕聚，方見九轉之序次，一層深一層，一步緊一步，前既以涵養縷悉，此則又不得一詳進境，而地仙不老之長春，存乎此矣。延齡之旨，當守之若何如。

《延齡纂要·煉氣捷徑得心要訣》 既言捷徑，又言得心，固當列於卷首。精氣神與靜養調息、吸舐撮閉等功，及任、督、命門、水火、元牝、臟腑、三關、河車、祖竅、蟄藏等處不明言之於前，而突言此捷徑者，得心何由而來也？學者務須先逐一會通以上等功、等處及生死關係，晴和之用功，霜雪風雨之宜避，預得之於心，爲斯捷徑，庶純熟矣。予以捷徑備於斯者，職此故耳。

按：吾欲朝日而吸氣爲捷徑者，以日爲太陽之宗，普照天下萬物得其化育，每早及日中朝日之出，頻吸日光，煉歸丹田，轉歸元牝，守真抱一，與吾先天之氣大相符合矣。月乃太陰之象，羣生賴其覆載，每夜應月之

交，功施亥子，亦吸清氣煉入丹田，回顧元牝，專精致知，與吾後天之氣助成渾鎔矣。倘遇盛夏秋燥，烈日炙膚，採隙中之日，止容鼻吸，亦可避其烈也。或盛夏秋燥，隙中之日猶有烈氣，止乘晴和之天於靜處暗吸之可也。此旨雖未出自真至於春冬，儘可朝日坐吸，歸我壺中純陽之所由來也。此旨雖未出自真人，爲修養之捷徑，而深轍探取之要訣，亦曾會真人之秘囊而心得也。不已發昔人所未言者哉！若徒然三關九轉，次第不明，其煉氣之心得，猶未全也。必須先兩手握固，以大指屈於四指內，握作拳樣，叩齒三十六，口攪上下左右津液，默坐調氣，不縱不喘，有意無意間，頻吸清氣，日夜如是。或乘早及日中，吸日精光，三吸一吞，由上關喉中遞至中關臍間，歸至下關丹田，每次由三關九吞歸煉數畢，丹田聚氣充足，於是閉任，如忍小便狀，盡歸丹田之氣。貫注尾閭，由背夾脊雙關提上泥丸，如忍大便狀，會注腦頂，將腦頂朝日如日之升，隱隱腦內璇轉三十五次，內外陽翕之意也，仍吸日精九次，後將腦頂元氣、元神以意由額門送下兩目、兩顴骨至口中，隨津液嚥下，送歸丹田，逼於尾閭，注於背脊中焦，存於元牝竅內，璇轉團結，由大而水，如一黍之珠，謂之金液歸庫一轉，如此自二轉至九轉，亦照前一轉法則，三吸一吞，九吞歸煉，合爲一轉，九九八十一吞歸煉，共成九轉。由任督璇轉顛倒會注腦頂，逼下三關，照樣日夜以元牝爲樞杻也。九轉功竣後，仍吸清氣九吞煉歸丹田，即謂之靈丹，稍停片刻，周而復始，多煉爲妙。此法勿僅爲朝日而行也，至夜自亥子至巳時，亦可吸清氣，如是而行也。張全一《鉛火秘》云：大藥之生有時節，夜之亥末子初，正在夜半一陽來復，休輕泄，乃是陰陽會合時，活子真機要訣候。急須閉住太元關，火逼藥過尾閭穴，採時用目守泥丸。一身屬陰，惟目屬陽。此是天然真火候，自然升降自抽添。意與氣從任內由尾閭至督，爲外爲抽，從督冲上泥丸轉下額門，至任爲內爲添，中以元牝爲歸宿。三關出進九轉，總是用意引氣，由任達督外爲始，後則由督外上衝腦頂，收轉入任之中，歸於元牝太極，此煉氣法，而內外升降之要訣明矣。不已符三關九轉之意耶！

按：月乃太陽之精，陰陽有循環，上弦下弦，望晦有分別。初二日一陽生，初八日二陽現，魄中魂半，故曰上弦。至十五日三陽備足，乃曰望，十七日一陰生，廿三日二陰現，魂中魄半，故曰下弦。至廿九日、三十日，陽魂之金喪盡，陰魄之水盈輪，故純黑無光，乃曰晦。所以修養家欲吸月精，固宜在上半月，得月陰中之陽。

《延齡纂要・煉數貴多丹成訣》 陰陽會合，活子真機固爲修養之要秘，仙人之真功。或每日先自亥至巳時，吸氣歸聚元牝，由三關而爲九轉，由九吞歸煉而成一轉，由三吸而成一吞，從此九九八十一之數，川流不息而多煉焉。煉至九九八十一日，候精、氣、神自然完固，煉至三年之久，根深蒂固，再由三年煉至九年之時，丹有成局。常常逐一按後之九轉歌中，并視其心，圖之暗者漸明，而尋繹之，涵詠之，深究之，默悟之，愈知丹之火候，足以復其本體之明。有初復半復全復者，圖像歷歷顯然可考。故《大學》朱子曰：人之所得乎天，而虛靈不昧，以其衆理而應萬事者也。但爲氣禀所拘，人欲所蔽，則有未時而昏。然其本體之明，則有嘗息者。故學者當因其所發而遂明之，以復其初也。能於九轉之中久經討探，徹始徹終，不止卻病延年，且予生平修養全體之要訣，於斯得之矣。

《延齡纂要・九轉歸煉元牝法則》 初轉先要三吸一吞，第次共九吞。歸煉其氣，至後八轉，每次亦照初轉煉氣入丹田，爲九轉立逆運河車之基，有固然矣。其九轉之氣，每次先歸丹田，以氣貫尾閭，達於背脊兩腰中間。送上元牝，團結其真氣二十四次，小如一黍，由是每次輪環歸於元牝。九轉悉入元牝者，原欲令真氣結聚這個元神，不但運氣時欲以意注返視，即行立坐臥亦當如是，總以九轉之數，週而復始，則知吾之舉一不以三隅反也。

按：運氣到丹田，意要如日浴於咸池；氣到尾閭，意要如日沐於東海；氣到背脊中焦；意要如日出於扶桑；氣到腦頂。意要如日昇於崑崙。數種想象，輾轉循環而行，陽固而會元牝。【略】

又法則在乾坤交媾後行之，則所結金丹不致耗散也。先以絮物頂住太元關口，次以行氣主宰，下照坤臍良久，徐徐從左上視乾頂少停，從左降下坤臍良久，是爲一度。又從坤臍而升上頂門，又從頂門前降下坤臍，如此三十六轉，是爲進陽火三十六度。開關以退火，亦用下視坤臍，從右上至頂門，左邊放下坤臍，是爲一度。如此二十四轉，是爲退陰符二十四度畢。

按：仙經以九轉之數統言者，蓋九數中有小九轉、大九轉之不可拘論也。以小者言之，數時運煉其氣於元牝，亦謂之九轉也。以大者成數言之，九年之久常常運煉其氣歸於元牝，亦可云九轉也。輾轉不離乎九者，取其數於純陽而合乾道矣。

《延齡纂要·陰陽會合活子真機要訣》 人受天地氣生，原有真種，可以生生無窮，可以不生不滅。但人不知保守，卒至於亡，或有欲求保守，又不知煆煉火法，吸舐撮閉。終不堅固。惟保守無虧，採陽精煆煉，使凝結成丹，必以精氣神藥物歸我身之規中，爲至根本也。何者？四大一身皆屬陰，一點陽精在於規中即元牝。一竅，是爲先天一炁。甯元子曰：不在塵埃不在山，直復求到窈冥端，即虛極靜篤時也。虛極靜篤，陰陽自然交媾，陽精自産，所謂留得陽精，神仙現成。蓋陽精日日發生，但世人不知翕聚，以致散而爲周身之炁，惟以撮閉舐吸之法，追攝聚成一黍之珠於元牝竅，尤貴在活子也。故昔聞尹師曰：欲求大藥爲丹本，復認身中活子時。夜半子陽初動，人身之陽氣亦動於子，何也？其時太陽在此方，人身氣歸尾閭關。吾而夜先於亥常吸清氣，九吞九歸，預收入丹田，乘子時到，由尾閭提上泥丸，璇注三十六次，即是乾坤之闔闢，與天地相應。神仙故知盜天地之氣，奪陰陽之妙，煉魂魄爲一，合性命雙修，以此時乃坤腹之間，天地開闢於此時，日月合璧於此時，草木萌蘗此時，吾人採真藥於此時，内真外應，若合符節。世人若知此機爲活子時，遂於中夜靜坐，凝神聚氣，收視返聽，閉塞其口，築固靈株，一念不生，萬緣頓息，内不覺其有身，外不知有宇宙，俟亥末子初，天地之陽氣至而急採之，於丹田升於泥丸，聚結於元牝，而成一珠。成丹原頭，長生根蒂。若亥子未至，則虛以待之，不敢爲之先，亦爲之後。後即藥老，先即藥嫩之説也。時辰若至，不勞心力，内自相合，自然凝結，癢生毫竅，肢體如棉，心覺恍惚，而陽物勃然舉矣。時至氣化，藥産於丹田，即提升於泥丸。正所謂地氣生動方開門，龍向東潭踴躍來。此是元關透露而金精出鑛之時矣。且大道有陰陽，陰陽隨動靜。何謂動靜？寂然不動，煉氣歸神。返本復靜，坤之時也。吾是靜以待之，靜極而動，陽氣一萌復之時也。我則動以應之，撮閉舐吸。使當動而或雜以靜，當靜而或雜以動。妄用工夫。助長於先，忘失於後，皆非動靜之常矣。

按：夜子時到，坐至一更之久，可以奪百刻之功。再加以鼻息謹閉，谷道緊提，雙手按腹膝九九，兩掌擦外腎腧數百，摩頂四六，轉睛三八，叩齒四九，此動法可配靜功。

《內功圖說·內功》

內功正面圖

內功背面圖

前列按摩導引之既行之於外矣，血脈俱已流暢，肢體無不堅強。再能調和氣息，運而使之降於氣海，升於泥丸，則氣和而神靜，水火有既濟之功，方是疊修真養。其他玄門服氣之術，非有真傳口訣，反無益而有損。今擇其無損有益之調息及黄河逆流二訣，隨時隨地可行，以助內功，附録於後。

此爲分行外功者指出內功，知所選擇，其實已備十二段錦中。每日於暇時，不必拘定子午，擇一片刻之間，使心靜神閑，盤足坐定，寬解衣帶，平直其身，兩手握固，閉目合口，精專一念，兩目內視，叩齒三十六聲，以舌抵上齶，待津生時，鼓漱滿口，汩汩咽下，以目內視，直送至臍下一寸二分丹田之中。再以心想目視丹田之中，仿佛如有熱氣，輕輕如忍大便之狀，將熱氣運至尾閭，從尾閭升至腎關，從夾脊雙關升至天柱，從玉枕升至泥丸，少停，即以舌抵上齶，復從神庭降下鵲橋、重樓、絳宮、臍輪、氣穴、丹田。

按古仙有言曰：夾脊雙關透頂門，修行徑路此爲尊。以其上通天穀，下達尾閭，要識得此爲心腎來往之路，水火既濟之鄉。欲通此竅，先要存想山根，則呼吸之氣漸次由泥丸通夾脊，透混元，而直達於命門。蓋謂常人呼吸，皆從咽喉而下，至中脘而回；若至人呼吸，由明常而上至夾脊，而流於命門。此與前説稍異，然咽津爲自己之氣從中而出，故存想從尾閭升至泥丸；而古仙則吸天地之氣，由山根而泥丸，直達命門也。

《沈氏尊生書·運功規法·南旋式》 歸元訣竅　歸元者，父母生人受炁之初，剪斷臍帶，一點落根元也。有生之後，情欲雕琢，未免精耗氣散，不能返本，須求安土敦仁之法。蓋土者，歸元也。人者，仁也。以一點仁心，敦養于土，六根皆歸于元，心有所注，久久凝定，便覺真種常在，方可用意運行。行之之法，提意出上，斡旋造化，從左而右，先運臍輪，收而放，放而復收，以

還本位。不離這个，念自歸真矣。

週天　先立安土守中，得訣純熟，後行週天。流通一身，散徹四肢滯氣。其法從前運于臍輪，由小而大，大而收小，依次而上至璇璣穴，向左臂打圈而下，至曲池，經內關，遡掌心及指尖，圈出手背外關，而上肘後，肩井及大椎而下，運於子尾閭，由上復下，過玉枕，逾崑崙、泥丸、面部，上鵲橋降熏樓，達胃口，過臍，至玉柱，復氣海，行于右腿，歷膝關，由鞋勞穴，穿足背至指尖，轉湧泉、踵後，上運過陰谷，通尾閭，又圈至頂門，如前下鵲橋，依次送左腿，似右法而落湧泉。又昇泥丸及璇璣穴，右行，照左手轉過肩背，貫崑崙而下攝元海。如此將週身經脈宣暢，徐徐回轉，但意至而氣相隨，是爲有作之週天法，亦可與造化參。

《沈氏尊生書·運功規法·北旋式》　艮背訣竅　《易》曰：艮其背。艮者，止也。其象屬土。背從北方水，屬於陰。心從南方火，屬于陽。人能以南火而投于北水之中，得以水火交而既濟，所謂洗心退藏于密也。蓋五臟六腑根蒂，皆係於此。所謂止者，先立內念之正，而止外念之邪也。然大道貴無念，雖立正念，亦是念也。當明內外兩忘，以妄而離妄。必先忘其外者，而後定其心，自忘其內也。故初學之士，靜坐片時，將萬慮掃除，凝神定志於本穴之中。背之腔子裏，平心元虛處。初起口念太乙救苦，咒四。而漸歸于心，歸于背。存無守有，念茲在茲，有復冥於無，神自虛而靈矣。

行庭　吾身一小天地也，週身三百六十骨節，七孔八竅。一竅相通，竅竅光明，而乾旋坤轉。前屬于天，後屬于地。前從左旋，後運右轉。前後相通，周乎其天，則知人與天一矣。其法，從艮背守念，念而提出腔子，行其背數十回，復收歸腔。稍空，又運行至兩腎之間，念刻許，從腎中意想，遡尾閭起，運上泥丸，經明堂、人中，接下承漿，降重樓至於心臍之間，約以臍上三指爲則，不前不後，不左不右之中，而爲立極定樞。懸一斗杓行於臍下一寸三分，斡旋上升，左轉于心之後，右旋下降于腎之前，循環不息，上行由背之北，下行由臍之南，如北極定樞，斗柄推旋者。若轉則以意隨之，不轉則以意引之。久而煉度，所以混其氣，且所以和其神也。

通關　從北極定樞，斗柄大旋三遍，天地包羅，行於臍下，分開兩路，旋下兩腿之前，聯絡不絕，雙行轉腳底，向後遶元海，上至命門會合，從右轉左，大旋三遍，從椎骨下分行兩肩，經肘後外關達掌心，循內關過肩井，由項後透泥丸，行明堂，漸落雙瞳，自面部下胸膈，會心窩，從左轉下降，大旋三遍。如前，臍下分開，循環遍體，週流運行。卯酉二辰行之，或九度，或二十一度而止。慎勿執着，若有若無，此所謂煉其形和其氣也。

緣法　從歸元注念起，用意左邊，運緣過腰，從右旋上，至左肩膊，緣至胸前行，旋過右膊，後下旋至腰。如法，運數十回。而又復緣上行，週而復始，不必計籌，使前後融洽。或從艮背起手，轉緣而前，左右次序，會意行之。

滌穢　其法，在胃口旋入，憑虛而行，運入大腸，由左繞右，回旋九曲，以真氣滌垢，轉出穀道，噓往吸回，自右而左，旋出胃口，收歸元海，靜念刻許，以還本位。此法不宜輕用。凡送濁氣出穀道外，即隨念吸轉，慎洩真氣。丹法有云：勿使尾閭墜，益謂此也。

運規十二則　身若安和，氣不秘運，宜當守靜定息，節飲除欲，則百病不生。若身稍有絲毫不快，宜速行運動，免氣久滯，積成大病。故設調養之功，用之須得其宜。然運法如風車樣，不疾不徐，皮裏膜外，挨欠運去，可大可小，任意收而放，放而復收。男在女右，陰陽之分；一動一靜，天之行也。

行功之時，目視頂門，微露一線，迎天地之光，返照內景，勿全下視，免致昏沉馳念。

卻病坐功，不比真修磨煉，每按時坐香後，欲睡即睡，睡則病者精神完足。若心血少不寐，可定意想歸元，或依法運轉，神自安而寐矣。

開關之說，學者不必用意，候到自然通透。益靜中運用，無念自是水升，不然則爲火矣。或腹中響聲，或兩腎微動，或背或眉端隱隱如蟻行。手足似一綫冷風，皆現真境也。亦有陽火冲病根，腸內有聲，即用真意逐響運旋，撤而散之。

凡行氣過峽處，或崑頂，須多旋遶數十匝，令氣浸灌爲妙。閑時如不守前後二竅，懸心于空虛地，四大皆空，無人無我，極爲養火之法。又名休息以養其氣。若運法無時度，則神敝疲，譬如伐兵勞頓，而又遇勁敵，豈不危乎！

觀燈玩月，目向外射則傷神，返照于我，多益于我。其他自可以類推。

卻病工夫，須立課程，逐日檢點，勿失其時，日日如是。提醒縝密，自不間斷而效。

運氣當由後而前，以取西北方水，而灌東南方火，不可逆此。或有傳法，各關節處不必打圈，直行亦可。行後定要收歸元位。退慾火法，注念氣海，

記數斡旋，或記運尾閭升降之法。邪火自散，大固元陽。

入定看書，易于通悟。坐下止念爲先，定神元海。不以目覩，而以心視；不以心視，而以内觀。蓋神有所斂，不至散于外，受益自無窮盡矣。

嘻笑場中，最易耗神，令人疲倦。得以内斂音聲，言語少減，或氣穴中發，神氣亦不覺其耗。

上丹田穴最可養性，亦可注念，爲藏神之府。運法，旋至鼻柱七穿插之宗，斡行入内些些，則耳目口三寶，皆有靈矣。

想湧泉穴，最能健步，行動畧得運法，血脈自可以漸漸流通，而不傷筋，省氣。

《沈氏尊生書・心病源流》 心氣滯濇保養法 《保生秘要》曰：凡人氣旺，則血榮而潤澤，氣絶則血枯而滅形。故氣虛弱滯濇而成病，如滯於心，心爲一身之主，統領血海，故心血少，則神不定，寢不安，百病集作。諸痛痒瘡瘍，皆屬心火。當常呵，以泄其火，吸以和其心。諸心切勿食冷，穢氣觸我靈。夏至夜半後，地氣一陰生。大熱勿食，受寒霍亂侵。並忌房中事，元氣離命門。大抵當甚暑，人善于養心，則無秋患。時當飲六一燈心湯，荳蔻香茹水，醉飽勿頂風前臥，慎此則無患矣。

心臟修養 《養生書》曰：常以四月五月朔望、清旦，面南端坐，叩金梁九，漱元泉三。靜思注想，吸離宮赤色氣入口，三吞之，閉氣三十息。

《沈氏尊生書・肝病源流》 肝氣滯澀保養法 《保生秘要》曰：凡人氣旺，則血榮面潤澤，氣絶，則血枯而滅形。故氣虛弱滯澀而成病。如滯于肝，則肝氣不順，或搠脇而疼，或成疸症，或傳目疾，或成瘋患。諸風掉眩，皆屬于肝也。春月木旺，宜常噓吸爲補瀉之法，和其肝氣勿食諸肝，以免死氣入肝，傷其魂也。宜燒蒼术香，清晨飲屠蘇酒、馬齒莧，以祛一年不正之氣。大抵陽春初升，景物融和，當眺覽園林，尋春郊外，以暢春生之氣。

肝臟修養 《養生書》曰：常以正二三月朔旦，東面平坐，叩齒三通，吸震宮青氣入口，九吞之，閉氣九十息。

《沈氏尊生書・腎病源流》 腎氣滯澀保養法 《保生秘要》曰：凡人氣旺，則血榮而潤澤。氣絶，則血枯而滅形。故氣虛弱，則滯澀而成病。如澀於腎，諸寒收引，皆屬腎水氣弱，或作腰疼、水枯瞳人昏暗、兩耳難察律音。冬月水旺，宜吐納按節，吹氣調和，會意掌心。所忌須避寒冷，最宜早臥遲升。大抵冬月斂藏氣閉，至陰已極，宜節慾。養一陽之初生，蓋陰陽交精，子南合璧，萬物氣微，在下不可動搖，守此則保壽無疆。

《沈氏尊生書・脾病源流》 脾氣滯濇保養法 《保生秘要》曰：凡人氣旺，則血榮而潤澤。氣絶，則血枯而滅形。故氣虛弱，則滯濇而成病。如濇於脾，則胃口凝滯，不克飲食，而多瀉泄。久不疏通，則成中滿之症。諸濁腫滿，比屬于脾，四季脾居土，輕呼稍寬胸。大病須服氣，能伏養谷神。蓋脾爲一身之主，氣滯于内，卻内五藏之患。滯于外，防癬疥之憂。皮裹隔膜有積熱，而内外相感，尤防疽毒，所感者七情六慾而生也。

修養 《養生書》曰：常以季夏之月朔旦，并四季之末十八日旭旦，正坐中宫，禁氣五息，鳴天鼓十二通。吸坤宫之黄氣入口，十二嚥之，閉氣五十息。

《沈氏尊生書・虛損癆瘵源流》 運功 《保生秘要》曰：一指歸元，三提三咽，念四字咒，干分寸虛虛抱守。妄念返復，持一死字，世事盡歸於空。抱守二七，痰涎稍清，運功週天，借督脈，按四時進退，有神功。嘔紅起念艮背，運行庭歸元合用，百日功夫，勿使間斷，骨蒸盜汗，痰嗽盡愈。

《沈氏尊生書・遺洩源流》 運功 《保生秘要》曰：常要守靜，存心念臍，勿令弛放。後意想一條水下膀胱，絲尾閭，分行二路，上兩腎，分左右，運收臍輪。臨臥時摩擦足心及腎俞穴。曲一足而側臥，精自固矣。

《沈氏尊生書・五淋二濁源流》 運功 《保生秘要》曰：用雙手抱兩膝，吹吸，念臍下，絲尾閭，升氣降回，吸而咽之。

《坤鑑宝鏡・女丹法》 太陰修煉法曰：太陰煉形之法，與太陽煉炁之法，大同小異。初下手時，閉目存神，大休歇一場，使心靜息調，而後凝神入炁穴，將兩手交叉捧乳，輕輕揉摩三百六十遍，將氣自下丹田，微微吸起二十四口，仍用手捧乳，返照調息。久久自然真息往來，一開一合，養成鄞鄂，神氣充足，真陽自旺，其經水自絶，乳縮如男子，是謂斬赤龍。如此久久行持，後不必捧吸氣，只凝神於炁穴。回光返照，是謂玄牝之門也。真息悠悠，虛極靜篤，陽氣薰蒸，河車逆轉。萬朵紫雲朝玉宇，千條白脈種泥丸。自覺一點靈光，不内不外，由下田上升絳宫、泥丸，下重樓，歸於金胎神室。十月工夫，陽神出現，與男子同，初無彼此之別也。

夫女人修仙，與男子不同。然男子以陽生爲火，火回就水成功。女人以

陰生爲水，水回就火成功，何爲陰生？陰生者，潮信是也。男子煉氣，女人煉形，男牽白虎，女斬赤龍。白虎者，神與氣也。赤龍者，精與血也。男子陽生在子，女人陰生在午。子乃腎經，午乃心經。午是陰之根，子係陽之苗。男子外陽而內陰，女人奪外陰而內陽。男子奪外陽以點陰，女人外陰以點陽。此乃女人修仙之道。此文所論陰生者，潮信是也。乃陰血將生之時而先有信至，信即氣也。氣之行而後血降。女人丹法，當於氣行之際，從丹田微微運歸乳房之內，久久其血自不下行，而赤脈斬，則丹基立也。若悞認濁血下行爲潮信至，而妄爲亂作，是自殺其生者矣。學者慎之。復陽子註

但女人修煉工夫，第一以陰補陽；第二回經返乳。經者，廼砞砂也。乳者，廼水銀也。女人初下手之法，有經無乳，及至有乳無經，則是收有鄞鄂也。有經無乳者，腹內無胎，血脈所以無神室，盡於外按月來潮。若有乳無經，外有要兒食乳，血脈盡昇於上，歸於乳房，化爲甘汁，此廼女人平常順五行，所謂上有漏下有漏也。若明返經回乳之功，必要先鄞鄂也。斬斷赤龍，便爲安胎立座之功矣。砞砂、水銀非有形質之砂銀也，學者不可不辨此喻意也。

女人立基安胎之法者，蓋女人養聖胎，與育化胎不同。初結胎之時，只要一呼一吸，將精盡收於內，采出丹田精血，氣神交合如水見火，煉其氣，自然上騰於乳房，然後化爲甘汁，下降丹田，結成胎息，此廼是鄞鄂也，又爲之神室也，又爲之玄牝也。然後月水不潮，如女人懷胎，如水歸源海也，便爲溫養之功耳。

《坤元經・玄貞五皇姑女丹法言秘訣》 靜養化氣　女子坤柔之性，血液之軀，修煉丹法，入手與男子不同，秉性不一，故形體亦異。男子先煉本元，後煉形質；女子先煉形質，後煉本元。女子初工，先要收心靜養，以有形之質，用有爲之法，行無爲之事。煉伏丹田元氣，調和血海月經。神中靈覺，靜裏動機，趁斯時至，轉輪逆運，到乎兩乳，中間炁穴。月月如此，久自變化，靈脂成氣。自驗月經，由紅變黃，由黃變白，由白化無，由無化炁，方還元貞。始立丹基，志求上進，採藥還丹，胎息出神，與男子丹法並用，了道成仙，同一形神俱妙也。女子修行，用太陰煉形之法，先數月前，日日清心寡慾，刻刻妄念掃除，抛去一切喜怒哀樂，塵緣掛碍斬斷。凡遇大小功德，量力必做。齋口潔身，正心誠意。慎寒暑，節飲食，言聽視動，愛惜精神，然後選擇天清氣爽吉日，掃室焚香，至誠禮拜，方上蒲團，端身正坐，雙足對挽，口架鵲橋，心守玄關，意默血海，二目回光，返照兩乳中間炁穴。凝神調息，靜使至篤，虛令至極，鎮靜不動，一呼一吸，來往沖和。呼由後轉，至乾到肺，吸由前轉，到坤至腎。自然行持，外隨口鼻，綿綿若存。將兩手交叉捧乳，輕輕揉磨，三十六遍。氣自下田，微微吸起，二十四口，仍用雙手捧乳。吾等童貞，不用揉吸之法，婦女要用。此後目微回光照定炁穴，神抱意住，意繫息住，純一自然，真息往來，一開一合，在丹田中，挽轉悠揚，聚而不散，則內藏所伏之氣，與口鼻外來之氣，鎔化無跡，交結在血海中，氤氳融會，不覺若覺，有意無意。呼則微微起意，上照神室，吸則悠悠回氣，下達丹田，久則行乎自然，靜虛到無相之極。候生動機，其氣在無意之間，丹田血海之內，有一縷清氣，自下升上，直入炁穴，凝神照定，運息少刻，舒散周身。此一片太和渾元景象，莫知所之，方可下坐，磨手鋪面。退符一節，是塞毛竅，免受風寒生病，凡行坐後，絕不可少此一番。大凡用功靜坐，要得四時正氣，天青日白，氣和風清，月明靜夜。忌在風雨炎寒之天，陰濕汚穢之地；忌食葷羶辛酸之物，生冷瓜果之品。自己謹慎調養，保護身體。當月經信至後，七日之內，更加一番小心，不可勞乎精神，損乎氣血。女子性柔心靜，無事之中，將自己眼、耳、鼻、舌、心意，不爲外物所引，凝神調息，靜鎮使之不動，惟心出入無時，妄念何止。一覺心走，速收回來，入在腔子之中，目凝神光，下照海底，其心自然不動。久而常清常淨，靈元生乎妙覺矣。然女子用靜工之時，魔考最多，要爾自知自解，倘若福薄緣淺，一魔則退，終沉苦海。須要至死不變，力求上進。古仙云：要求生富貴，須下死工夫。心不死透，絕無效驗。即欲長生先學死，微塵一點隔天淵。能絕後天，方生先天。凡行走坐臥，不離這個。凝神收心，靜中調息，依訣行持，不過半年，氣質由濁變清，身體自少倦臥，神清氣爽。凡處出外事，以戒規自守，細訪仙師賢友，懇求指點玄妙。實在用法，多尋女丹，細對參悟，坐自有效。或一日三坐四坐，從容自然，每日亥子中間一坐，絕不可少。十二時辰在道中，死心修去自成功。仙人都是凡人做，要爾真心真用功。此爲女子靜養化氣之初功也。

斬龍立根　女子靜修，工純見驗，一日一時，不可倦怠。依前坐式，默守關竅，神依氣運，意繫息住。呼吸往來，上至炁穴，下至丹田，婉轉悠揚，聚而不散。內藏接乎外來之氣，融會一片。凝聚真氣，日充月盛，下起丹田，上冲炁穴，斯氣由乳運化，周身脈絡，全體舒暢，口中生滿津液，用鼻上引泥丸，入

來清氣和液咽下，直到炁穴盤聚。用息舒散，液中濁濕之水，少刻入乎中極，落在玄根，意抱氣住，運息烹化。覺熱生腰中，帶脈一圍，下到丹田血海，息用先武後文，靜守自然，此即如男子玉液煉形之工同也。但覺血海液化之炁，涵乎自然，隨息默運，回光照定，丹田煖氣自生。待熱如湯煎，用意涵伏片刻，自然下潛尾閭，提上夾脊三台，直到百會泥丸，少停休息，降下明堂玄闕。斯炁化爲美液，滴落鵲橋，和舌生之津滿口，咽下重樓，送入乳中炁穴，凝聚片刻，意隨息通，烹液化氣，由乳汁經絡，流通週身之氣，與內中呼吸，共合爲一。妙化自然，此即如男子金液煉形之工同也。然女子日日坐中，用此金玉煉法，其月經之血色，臨期斬之，久而自斷。蓋斬法是猶煉化之工，當在信之將至，坐式如前默守，運息神凝，丹田初動之機，將生之炁，意蘊默住，靈覺先天真一，涵中若現，趁用火工，運息收還玄根，意和血海，化氣上升入炁穴，散乎週身，此謂索龍頭也。經之將淨，坐法如前默守，待丹田氣生，真陰自動，露出先天真一之機，回光照定，意抱息住，凝聚丹田熱氣，呼吸烹煉少刻，溫溫團結，使聚不散，用意下引，潛度尾閭，轉輪逆運，落入炁穴蘊釀氣化，舒散周身，自然不歸血海，此謂擒虎尾也。月月應期，用此索擒，中兼金玉煉法，久久行持，水磨之工，不可急求其效，體旺二年可斷，身弱三年可無。果欠真修純實之工，終難斬去還乎元貞之體矣。然斬法全在陰動，露出先天炁機之時，速用呼吸火工，烹煉血海，所蓄皆化爲氣散入身中，以炁穴中，主持自然不入血海，復變陰濁也。斯經漸煉漸化，其色漸漸漸變，行乎自然，紅自黃而黃自白，白自無而氣自化，三命無形，則丹基始立。乳頭自縮，體成男子，則知斬斷之純工也。以上三層妙法，步步實行，見驗做去，方能獲益。言雖有爲著相，要依有爲，行不着相，不可離法行乎無爲也。總要訪求過來女修，此中實在運煉，火候危險，與此同參，萬無一錯。女子工行此步，魔考最多，阻止前進，要心自知，廣積陰德，任其存亡，下純死之工，不求急效，隨其自然，久自化無矣。只在信至將淨，趁乎動機，則用呼吸之力。恰在動處用火，是要小心謹慎，平常息莫用力，動火烹乎空鐺，如回光在未得藥前，一日只可一時，久照恐出陰神也。斬龍下海運神通，劍號清靈用火攻。上借罡風吹入地，霞光湧上籠晴空。此女子斬龍立根之功也。

採取生藥　女子坐工，赤龍斬後，用法與男子相同。前煉斬法，溫運和化，今用採工，趁機收取，煉藏於內，靜候春生。既斬之後，坐法如前，靜篤虛極，凝神入乎炁穴，無一毫念慮，無一絲知覺，隨後天口鼻，呼吸氣軸，運行內息，往來闔闢。吸入一闔，逆轉自乾，升爲進火，呼出一闢，順落至坤。降爲退符，進火即爲採取，退符即是烹煉。此中吸則降火，呼則升水，是要分明透徹，方可下手。採取先天精中化炁，轉煉卦固，靜養生藥，明白息中方採取，得來一刻返魂漿。女子當此，靜中自待，用神抱氣，運意隨息，上至炁穴，下至丹田，靈覺靜中生動，用接栽法時得艮卦，乾坤顛倒，天槖地籥，竅合吸噓，覺丹田熱氣初來，急用呼吸，運意採取，收住涵包，凝聚片刻，遂下尾閭，過夾脊，上泥丸，後升用乾策四九，三十六數，到頂少停片刻。由明堂，入炁穴，順落深藏玄根，前降坤策四六二十四數，是爲一轉輪。然後溫溫，體若蒸籠，團聚不散，日日加工，溫養生藥，一吸入，降火爲溫，一呼出，昇水爲養。用心火、腎水，在內息中，綿綿薰蒸，六門緊閉，待時生春。靜中採取，本心腎之氣，來烘玄根所藏外藥。或十月一年之間，恍兮惚兮，中有物動，身中毛竅若癢，四肢無力，骨節若綿，難明形狀，此正生藥之象，神明自知。其信先必邀女修道伴，靜中扶持。藥生全在運養日久，六門不動，二氣薰蒸，丹房之中，自然真陽，先天元炁，一片熱起，在恍惚渺冥之間，似覺不覺。光定意抱，運息團聚，不至外越走漏，不知在呼吸之中，由鼻口露出，異香遍身，滿室共聞。神明自覺，緩緩意抱息住，收煉片刻，自在醞釀。眉上明堂，忽有火光，外射丈餘，此亦藥生之驗，慎加保守，不要走失，此採外藥，引生內藥。採外藥，先生後採，生內藥，先採後生。無外藥則內藥不生，得外藥而內藥方就。非接栽妙法，外藥從何可得？內藥由誰引而生之乎？內藥養生本易，不過靜中久候，外藥採來本難，怕在當面錯過。外藥在下丹田之內，臨爐之時，無人相，無我相，似有爲，似無爲，寂然不動，感而遂通，留意靜候，一覺藥生炁到，趁其生機，採而取之，收而聚之，轉而煉之。神抱炁住，意擊息住，涵蘊在丹房之中，對固運息，合意和中。日後十二時中卯酉停輪，內用真息呼吸運動，心腎水火，溫養所藏之炁，久久自然丹生。此中險危，要加小心，採外藥時，妄動邪念，永墜地獄。採得外藥，七日混沌，身若酒醉，倘失調養，易生疾病，溫養生藥，最怕憂怒，妄動損乎精神。內藥生後，時刻護持，保守嚴密，不使移動，細心用小周火候，煉結成丹，倘若走漏，枉費前功。然女子採得內藥生時，外自現象，色似桃花，膚若玉脂，舉止莊端，言語低聲，溫柔從容，太和自在，一片神清氣爽，望之令人恭敬。然此段採藥生藥，工夫最細，皆由本身精

中之炁，採來煉之，溫養生之也。斯採藥生藥，工夫最細，皆由本身精中之炁，採來煉之，溫養生之也。斯逆來成仙，第一緊要，判乎仙凡，切記謹慎，不可妄動。依有相法，行無相事，凝神自然而常保之。農耕綠野雨逢春，晚日清風到水濱。天影波搖夾岸柳，煙絲一片碧雲生。此女子採取生藥之功也。

煉結還丹　女子靜候，到了生藥地步，其功非同容易得來，此中天機，前訣發明，至精至微。上言採來之藥，從月信斬後，靜養元貞，身中覺動，月信復至之象。丹田之上，命門之中，先天真一之炁，復隱發現，不鼓精液而化陰血，乃生真元之陽炁。在下丹田之中，時用艮卦，採來逆運轉輪，煉藏在丹房，靜養日久，方生內藥。女子覺到生藥，速採煉結，庶免遺失。此中煉法，吸降心中真火以養之，呼升腎中真水以溫之，神定意抱，息自內運。用真火煉之，真符應之，凝聚烹蒸。生藥之中，日久工用，自然恍惚，炁如蒸籠，漸漸收聚，覺得五臟四肢，精氣似到一處，骨肉毛竅，莫明景象，凝結一團，若起若伏，似散似聚，渺冥覺中有物，微微意隨神照，用息運煉，一時內結粟米之珠，盤桓流走，活潑莫定，此時身不可動，工不可停。十二時辰，如龍養珠，如雞抱卵，綿綿如鶴胎龜息，久自圓明，灼灼一粒，斯中煉法，用小周天火候。一日之中，子至巳六陽時，用乾策二百一十六數，除卯沐浴，乾之實用一百八十。午至亥六陰時，用坤策一百四十四數，除酉沐浴，坤之實用一百二十，各得之數，合成三百，添卯酉六十，謂之周天三百六十，閏餘五度四分之一。爲在息中，以補不足，知閏則知天之實用，炁易結而丹易煉矣。然沐浴正爲進火退符，用在停息調和之中。不沐浴，進退成虛幻，不進退，沐浴不冲和。此子前進火，午後退符中之妙法也。然結而後煉，不同前之煉而後結，前之煉法，運坎離中真土，合成刀圭，方成丹藥，非運內息，水火烹煉，何能聚而成丹乎？即丹結而後，煉遠之工，非同容易。當煉之時，周天火候，莫差時刻，內防危險，方得真還大藥。真藥實在，定中運真息，無中藏真有，有中卻如無。此真息用火妙法，煉藥結丹，日日純工。定息運氣以抽鉛，行火煉形以添汞，乃以呼吸輪轉，河車搬運，烹煉玄根，盤聚元炁，方結成丹。煉到乾砂，紫金霜色，養足圓明，方可移爐換鼎。一團元炁，由丹房中下降尾閭，後轉升入泥丸，落前乳間炁穴，還乎先天本位。刻刻回光照定，息息用意醞釀，三五日內，水火既濟一次，不使爆冷。每日靜中自在，神依炁和，意涵息住。若似虛無，非似真空，在不有不無。若覺不覺，斯境莫明。其中惟用內息，呼吸外隨鼻口，出入若不在鼻口，似未離乎鼻口。綿綿若存，靜養中田，丹還炁穴，光明活潑，方用乾坤大交，炁合神中，服食合丹，運大周天火候，三味會一，結成胎息。人到還丹，目如點漆，光同展電，神明若鏡，未卜前知，此因靜極感通，玄機妙化中得之。斯時可遇仙佛，來指玄奥，暗中護持，吾命仙來保護，成功胎息，不然怕入陰魔，走失大丹，有傷性命。當在未煉以前，將火候二字明透，火有三，君火、相火、民火，候有三，時候、節候、氣候。火分大小緩急，抽添進退；候有動來發起，補足停止。皆以息運意覺。惟神明自知妙機，臨時運用，細防危險。《古仙丹經》火候，未有不傳，要人細悟。此中妙諦。然百日生藥，一時結丹，三年煉丹，七日還丹，内有金液主液，九轉大還，煉之非同容易。此節工夫，最精最細，要死心如灰，磨之又磨，煉性清如青天，方下死工，自然做去。紫金丹結海天中，波蕩霞光倒捲空。飛上蒼臺盤玉斗，一輪滾滾捧雲紅。此女子結煉還丹之功也。

會合胎息　女子修道還丹，大藥成就，煉化元炁，要用煉炁化神之工。當未化神之前，煉炁全用真息，呼吸內運，意調火候，氣尚借鼻口出入，內外若不相應，往來若似相通，即還丹合炁之中，意默氣化，光引神投，交會莫明。所在真息，渾然不覺，若有不有，似無而不覺有，似空非空，似有而不着空。倘非真空。若差失火工，則添夢寐昏迷，墮入旁門，乃成小果，難逃生死，未能超劫。永不離世，須要女修道伴，小心扶持。若覺行坐不一，便使回光，息定靜中，自然化幻無影。然合丹之時，天地交泰，日月合朔。古仙有云：煉到乾坤丹會合，天機口口道傳真。即如來說一合相，即非一合相。妙行師云：太陰交會太陽來，對照生光返照回。此中天機難言，不過五臟之精，百脈之靈。三火之力，將真神在上，元炁在中，意引神往下降，投入炁穴元炁之內，息運氣迎上接，合真神入炁穴之中，會歸一處。初見若不相投，少刻五臟精，百脈靈，三火動，使真神元炁配合，如夫妻結絲羅一般，此全賴意引息運之功能也。然交合融化，隱結珠胎，身不可動，如龍養雞抱。光定息蘊，封固保守，細心用大周天火候，靜養胎中生息，全在默運身中呼吸，不在鼻口，未離鼻口。雖有呼吸之名，實無吸吸之相，要用先天臍輪之呼吸，不用後天鼻口之呼吸。蓋先天呼吸，不由後天鼻口，乃由臍輪。若不在臍輪，實由前臍輪，對後命門。中間丹田氣海，一定衝脈，下至二足心之湧泉，逆行腹中，自然呼吸，即莊子云至人之息以踵是也。此謂真空倒吾機。昔聞古仙言，丹結

如人胎，等我身初時，父之二氣，母之二氣，二氣者，一呼吸，一元炁，兩兩二氣，會合混沌，合爲一氣，如太極圖中包虚空一炁，無胎可覺，無息所動，因母呼吸，運精化炁，始長成胎，因胎而長爲息。妙行師云：胎從伏炁中間結，炁自胎中息裏陶。及至胎全，妙在隨母息以爲呼吸，所以終不悶塞。以臍相通，若有息無息，自我落地，剪斷臍帶，先天路斷，成了後天，空氣逼入，鼻息相接，一呼一吸。今逆修返還呼吸，時以鼻口之氣，復歸仙胎所，漸煉至胎息真無，到滅定盡，還至未生之時，無息無胎，境界不入生死之鄉。然養胎息，制伏呼吸本難，先要元炁依持，靜中息歸乎胎。以胎息養胎神，得神炁乘胎息之氣，在中一定，似不在鼻口，若在臍輪，若不在臍輪，似在虛空，始覺是有，終覺是無，久久綿綿，無時無刻。若在不胎息中景象，則煉氣化足陽神，絕無動靜起滅，即謂胎圓，方還到如母胎初結我一炁之時也。果以後天呼吸，不由鼻口出入，則悶塞氣斷，神無所依，死不長生，難逃水火刀謚之劫。今修到先天大定之中，必要十月温養，完足真陽，而後調運出神矣。乾坤妙合仙胎結，一炁渾然息自綿。呼吸絕無滅盡相，悠悠大定即先天。此女子會合胎息之功也。

調養出神　女子修到胎息成功，其心良苦。方到此步，内中默運，要一年純工，然後出神，十月溫養，一月總煉，一月出神，謂之一年十月靜養胎息，如母懷我未生之初，在母腹中，隨母呼吸，因我臍管通血包外，依在血海之間，接母呼吸，自然相應，感生胎中，神氣養足乃生，瓜熟蒂落焉。蓋溫養胎息，初結之時，百日之内，一日十二時辰，呼吸雖通鼻口，似覺不在鼻口，綿綿内運，不同胎從伏氣中結之呼吸，要在炁從有胎中之呼吸。胎中生息，由内運息鼓動，引胎隨動，相感息住胎中，在有覺而不覺，似有而不有，息中初定自然，呼升水以養之，吸降火以溫之。内自隨息，一感一應，相合如一，若有意無意之中，是空非空之境。火不覺乎始有終無之起止，息不覺乎外入内出之往來，此百日養胎中生息之工也。此必要再加百日，全乎藥力，生乎胎息，以養胎神，一日十二時辰，子午之中，調和五臟精神，隨息朝乎胎中蒸養胎中生神。若在空虛，似不空虛，若似有無，覺不有無，用此五炁朝元之工，以全藥力雖由背中，運入炁穴，胎中在有意無意，使之自然而然，隨乎胎息。内養胎神，此百日養全藥力之功也。然更要再加百日，堅乎聖胎，神炁乘息，氣中一定，内胎息處，中有隨息而不有，中無覺息而不無，化去胎中之息，方能養全胎中之神，自然元炁渾蒸，神得炁化，在乎無息之中，胎靜無息，陽神大定，始覺有動不動，終覺若靜常靜。到無一毫之起止，方還至如母初結我一炁，方謂滅盡胎息，炁化胎神，此百日堅乎聖胎之工也。斯三百日中，每日卯酉皆是沐浴，要自在行乎自然，無有無之起止，無往來之出入。三百日胎神在乎大定，是謂胎圓神全。到化至無一息之動，又謂這之滅盡定，此煉炁化神之工全。是要調養出神，由炁穴中，往上田遷移，一片太和元靈之真性，渾化無極，體相皆空。凝聚清靈善化之機，明圓朗照腦中，混沌無相，此神在泥丸上宮，盤結數周，不能留住，自然炁沖天門，霞光三耀，忽然電閃雷響，莫要驚恐，隨乎自然，泥丸出一縷清氣如烟，直到空際，結雲端坐元神真性，闔開正眼，重見人世，山河大地，如同指掌。此初出胎嬰兒，雖離母腹，其體尚嫩，一出速要收回，養之再出再收，久而由近及遠，不至迷失。此中吾命仙娥，暗中護持，免乎邪物偷盜之患。然神居上宮，鼻口無氣，毛不吹動，渾然如死，最要道伴，日夜扶持，不離左右，看我入定，不可驚動。若要喊叫，恐傷神體，見我氣息不在，顔色不改，任其聚散，倚其正坐，不令歪斜，或一日二日，或三五日，或十餘日，皆不可動。用二三人，不離前後，待至鼻間，微有若無，二目神光，半露不露，方可低聲在耳邊問之，不可高聲驚之。此出定中，着着防危。待三年乳哺，九年絕陰，修至純陽矣。此章言調養之工，正發揮胎息十月，溫養大周天之事。如上章會合之事，爲發明還丹，七日服食大藥之妙。吾雖分說，實以工夫層層，逐節傳乎仙訣。此中玄妙精深，不詳細說透，中等女子讀此，何知其中之妙。焉能進工之速，成仙之易也。陽神養足上田遊，破鼎出胎去又留。方見如來真面目，定功須在性中求。此女子調養出神之工也。

《女金丹・口訣》　養氣　雖能念住持特初禪，息到沖和始見天。養氣方兒無別巧，同行同坐夜同眠。

佛云：　初禪念住，心無生滅也；二禪息住，息無出入也。息無出入，則急住而氣得所養矣。此息非口鼻呼吸之息，蓋人生之初，隨母呼吸之息以成胎。及裂胞而出，此息藏於祖竅穴中。雖與口鼻之息相通，常人之息由口鼻出入。不能入祖竅以歸根，真人則息息歸根。故莊子謂：衆人之息以喉，真人之息以踵，是也。欲尋真人之息，須調後天呼吸之息以尋之。真息歸根於祖竅，其氣即藏於祖竅。故息調則氣和，息住氣不散。古仙所謂氣歸元海，壽無窮者此也。然息必調到沖和時候，乃楞採藥。乃可養胎。故云：

冲和始見天。劉長生曰：冲和結坎離。又曰：冲和養神氣。何謂冲和？伍子曰：不偏不倚，不疾不徐，非有非無。如何作用方能冲和？伍子又曰：夫妻並肩，陰陽合一，晝則同行，不前不後，夜則同住，不逼不離。如斯了悟，方是冲和三昧。總之伍子之言，不過喻心息相依，朝夕不離之謂也。鍾離曰：人能心息長相依，換盡形骸玉液流，故心息相依，調到冲和，養氣之能事畢矣。

凝神　神是夫兮息是妻，休教異路隔雲泥，兩相匹配歸根處，便與同登步月梯。

神者火也，息者風也。煉丹全憑風以扇火，火以煉精，風火同用。神息相依。兩不相離，猶如夫婦一般，故必凝神於氣穴中，神抱住氣，意繫住息，不即不離，勿忘勿助，方是真匹偶，真交媾。朱元育曰：要覓先天真種子，須從混沌立根基。混沌，即歸根復命之處也。海蟾祖曰：先賢明露丹台旨，幾度靈烏宿桂柯。旌陽祖曰：與君說破我家風，太陽移在明月中。無非喻凝神入氣穴之旨也。三丰祖曰：大凡打坐，須將神抱住氣，意繫住息，在丹田中宛轉悠揚，聚而不散，則內藏之氣，與外來之氣交結於丹田，日充月盛，達乎四肢，流乎百脈，撞開夾脊雙關，上泥丸，入絳宮，下重樓，神氣相守，息息相依，河車之路通矣。功夫到此，築基之效已得一半，觀此則知凝神之功，無論剛人柔人，皆不可少也。【略】

火候　《火記》雖垂六百篇，未將真候寫鸞箋。最明莫過冲虛語，呼吸分明瞭卻仙。

紫賢曰：聖人傳藥不傳火，從來火候少人知，丹金萬卷，不筆於書。而冲虛獨曰：火候誰云不可傳，隨機默運入玄玄。達觀往者千千聖，呼吸分明了卻仙。可見火候之要，當於真息中求之。蓋息從心起，心靜息調，息息歸根。金丹之母，然火候不一，古人以內外別之。外火候有作有爲，築基之事也，內火候則丹已得，任其自然，無爲之事也。總不離呼吸二字，不調外火候之呼吸，則不能運行此丹；不調內火候之呼吸，則不能溫養此丹。故柳華陽曰：凡呼吸之火，能化飲食之穀精，而助元精。凡神火能化元精，而助元氣；凡元炁之火，能化呼吸，而助元神。元神之火，又能化形，而還虛助道，成始成終，皆承火之力，以登大羅之仙，又須知火與候，原不相離。火必應候，候至火亦至，故火候二字，有逐節事條，不經師授，終難了徹於心，須修德盟天，以求師授。【略】

胎息　功夫到此莫粗疎，神息綿綿合太虛。借問養胎何所似，恍如父母未生初。

丹結之後，神即炁而凝，炁即神而住，如人懷孕一般，故謂之胎。非真有胎也，神息住於此也。蓋胎者，藏神之府；息者，化胎之源。胎因息生，息因胎住。胎不得息不成，息不得神無主。神息相依，是真胎息，功夫到此，切莫粗疎。必要忘相忘形，體同太虛，而真息往來，綿綿不絕，似有似無，若忘若存，如春沼魚，如百蟲蟄。呼至於根，吸至於蒂，終日混混，如在母腹未生之初一般。不二元君曰息息返乾初者此也。到息住脈停，則神定矣。神定方能出定，而聖胎始完。

《勿藥元詮・調息法》　調息之法，不拘時候，隨便而坐，平直其身，縱任其體，不倚不曲，解衣緩帶，腰帶不寬，則上下氣不流通。務令周適。口中舌攪數遍，微微呵出濁氣。不得有聲。鼻中微微納之，或三五遍，或一二遍，有津嚥下。叩齒數通，舌舐上腭，唇齒相著，兩目垂簾，令朧朧然。漸次調息，不喘不粗，或數息出，或數息入，從一至十，從十至百，攝心在數，勿令散亂。如心息相依，雜念不生，則止勿數，任其自然，坐久愈妙。若欲起身，須徐徐舒放手足，勿得遽起，能勤行之，靜中光景，種種奇特，直可明心悟道。不但養身，全生而已也。調息有四相：呼吸有聲者風也，守風則散。雖無聲而鼻中濇滯者喘也。守喘則結。不聲不滯，而往來有形者氣也。守氣則勞，不聲不滯，出入綿綿，若存若亡，神氣相依，是息相也。息調則心定，真氣往來，自能奪天地之造化，息息歸根，命之蒂也。

《高子遺書・靜坐說》　靜坐之法，不用一毫安排，只平平常常，默然靜去。

《醫學心悟・治陰虛無上妙方》　今立一法，二六時中，常以舌抵上腭，令華池之水，充滿口中，乃正體舒氣，以意目力送至丹田，口復一口，數十乃止。

引用書目

書名	年代	作者	版本	備注
山海經	不詳	佚名	四部叢刊	
周易	周	佚名	阮刻十三經注疏	
管子	春秋	管子	諸子集成	
老子	春秋	原題老聃	諸子集成	
論語	春秋	孔丘	阮刻十三經注疏	
莊子	戰國	莊周	諸子集成	
孟子	戰國	孟軻	阮刻十三經注疏	
荀子	戰國	荀況	諸子集成	
墨子	戰國	墨翟	諸子集成	
文子	戰國	辛研	清光緒湖北崇文書局精刻本	
韓非子	戰國	韓非子	諸子集成	
楚辭	戰國	屈原	清光緒王毓藻刻本	
素問	戰國、漢	佚名	清隆文堂刻本	
靈樞	戰國、漢	佚名	清隆文堂刻本	
難經	戰國、漢	原題秦越人	人民衛生出版社一九九一年	
呂氏春秋	戰國	呂不韋	諸子集成	
春秋繁露	漢	董仲舒	清光緒《二十二子》本	

史記	漢	司馬遷	中華書局點校本
淮南子	漢	劉安	諸子集成
火蓮經	漢	劉安	清光緒刻本
周易參同契	漢	魏伯陽	明嘉靖趙府味經堂本
潛夫論	漢	王符	影印本和珍本
申鑒	漢	荀悅	明文始堂刻本
安般守意經	漢	安世高譯	乾隆大藏經
金匱要略	漢	張仲景	人民衛生出版社一九九〇年
太上老君養生訣	不詳	原題華佗	正統道藏
養生論	三國	嵇康	明吳匏庵叢書堂抄本
浮黎鼻祖金藥秘訣	不詳	原題廣成子	郑觀應重刊明刻本
三國志	晉	陳壽	中華書局點校本
博物志	晉	張華	四部備要本
抱朴子內篇	晉	葛洪	中華書局《新編諸子集成》本
神仙傳	晉	葛洪	清乾隆五十六年刻本
靈劍子	晉	許遜	正統道藏
靈劍子引導子午記	晉	許遜	明嘉靖二十年朝鮮刻本
許真君石函記	晉	許遜	正統道藏
太上黃庭內景玉經	晉	魏華存	明萬曆二年敬義堂刻本
顏氏家訓	北齊	顏之推	明正德刻本
劉子	北齊	劉晝	清光緒刻本
褚氏遺書	南朝齊	褚澄	延寶元年吉田四郎刻本
文心雕龍	南朝梁	劉勰	上海古籍出版社一九九〇年

真氣還元銘	南朝梁	強名子	清刻本
上清握中訣	南朝梁	陶弘景	清刻本
諸病源候論	隋	巢元方	明嘉靖巖镇主一齋刻本
摩訶止觀	隋	智顗	乾隆大藏經
六妙法門	隋	智顗	乾隆大藏經
千金要方	唐	孙思邈	清光緒影宋刻本
存神煉氣銘	唐	孫思邈	明萬曆王肯堂校刻本
千金翼方	唐	孫思邈	明崇禎刻本
保生銘	唐	孫思邈	明萬曆王肯堂校刻本
孫真人攝養論	唐	孫思邈	明嘉靖十二年刻本
枕中記	唐	孫思邈	清文蔚堂刻本
般若波羅蜜多心經	唐	玄奘譯	清光緒刻本
六祖大師法寶壇經	唐	慧能法師	清同治十一年刻本
西山群仙會真記	唐	施肩吾	清康熙十九年通志堂刻本
養生辨疑訣	唐	施肩吾	清康熙十九年通志堂刻本
鐘呂傳道集	唐	鐘離權	明萬曆十九年刻本
太上洞真凝神修行經訣	唐	鐘離權	正統道藏
破迷正道歌	唐	鐘離權	明萬曆精刻本
道德真經廣聖義	唐	杜光庭	正統道藏
天隱子	唐	司馬承禎	清光緒精刻本
坐忘論	唐	司馬承禎	清光緒精刻本
服氣精義論	唐	司馬承禎	上海萃英書局石印本
老子說五廚經注	唐	尹愔	明天順四年刻本

黄庭外景玉經注	唐	白履忠	明萬曆十一年刻本
太上九要心印妙經	唐	張果	正統道藏
心目論	唐	吴筠	清光緒二年刻本
南統大君內丹九章經	唐	吴筠	正統道藏
白氏長慶集	唐	白居易	明萬曆三十四年刻本
敲爻歌	唐	呂喦	清光緒上海翼化堂刻本
靈寶畢法	唐	題鐘離權、呂喦傳	道藏輯要
元陽子金液集	唐	元陽子	清光緒十三年上海掃葉山房刻本
乾元子三始論	唐	乾元子	清乾隆雅雨堂刻本
延陵先生集新舊服氣經	唐	桑榆子評	正統道藏
太清中黄真經	唐	九仙君	清光緒成都二僊庵刻本
大還丹金虎白龍論	唐	還陽子	正統道藏
還丹金液歌注	唐	通玄先生	明萬曆刻本
玄珠歌	唐	通玄先生	正統道藏
胎息秘要歌訣	唐	幻真先生注	正統道藏
幻真先生服內元氣訣	唐	幻真先生	明萬曆金陵荆山書林刻本
胎息經注	唐	幻真先生	明天順四年刻本
太上老君元道真經注解	唐	隱芝內秀	正統道藏
金液還丹百問訣	唐	李光玄	清刻本
玄和子十二月卦金訣	唐	玄和子	正統道藏
龍虎中丹訣	唐	葉法善	清光緒十三年上海掃葉山房刻本
真龍虎九仙經	唐	羅公遠	清刻本
上玄高真延壽赤書	唐	裴鉉	正統道藏

太清中黄真经	唐	九仙君	明慎獨齋刻本	
氣法要妙至訣	唐	佚名	正統道藏	
高上玉皇心印經	唐	佚名	清乾隆存悔堂刻本	
上洞心丹經訣	唐	佚名	正統道藏	
太上妙始經	唐、北宋	佚名	正統道藏	
混元八景真經	唐	佚名	正統道藏	
太上混元真録	唐	佚名	正統道藏	
太上老君說了心經	唐	佚名	正統道藏	
四氣攝生圖	唐	佚名	正統道藏	
胎息抱一歌	不詳	佚名	清光緒上海翼化堂刻本	約成書於五代北宋間
九轉瓊丹論	不詳	佚名	正統道藏	約成書於五代北宋間
固氣還神論	不詳	佚名	正統道藏	約成書於五代北宋間
陳先生內丹訣	五代	陳樸	中國書店一九九零年影印明崇禎刻本	
大還丹照鑒	五代、北宋初	佚名	正統道藏	
還丹歌訣	五代	舊題元陽子	明洪武十三年刻本	約成書於五代時期
陶真人內丹賦	五代	陶植	正統道藏	
真元妙道要略	不詳	舊題鄭思遠	上海衛生出版社一九五六年	約成書於五代北宋間
周易參同契分章通真義	五代	彭曉	清道光敦本堂刻本	
碧虛子親傳直指	宋	碧虛子	清光緒十三年上海掃葉山房刻本	
至真子龍虎大丹詩	宋	周方	正統道藏	
玉清金笥青華秘文金寶內煉丹訣	宋	张伯端	明萬曆十九年金陵閻氏刻本	
悟真篇	宋	張伯端	清道光精刻本	
雲笈七籤	宋	張君房	明嘉靖四年儲洵刻本	

元氣論	宋	張君房	清康熙刻本	
馬自然金丹口訣	宋	馬自然	明天啟三年九如堂刻本	
洞元子內丹訣	宋	洞元子	清光緒十三年上海掃葉山房刻本	
攝生月令	宋	姚稱	明萬曆十七年王道增刻本	
西升經	不詳	趙佶注	明宣德間周思德刻本	
聖濟總錄	宋	趙佶	一八一四年日本東都醫學活字本	
金丹正宗	宋	胡混成	正統道藏	
古文龍虎經注疏	宋	王道	清光緒十三年上海掃葉山房刻本	
保生要錄	宋	蒲虔貫	清康熙十三年刻本	
仇池筆記	宋	蘇軾	明萬曆商濬刻本	
東坡全集	宋	蘇軾	景印文淵閣四庫全書本	
蘇沈良方	宋	蘇軾	景印文淵閣四庫全書本	
內丹还元诀	宋	佚名	清道光精刻本	
學仙辨真訣	宋	張無夢	正統道藏	
還源篇	宋	石泰	明萬曆刻本	
還丹復命篇	宋	薛道光	明萬曆刻本	
太玄朗然子進道詩	宋	劉希岳	清刻本	
養命機關金丹真訣	不詳	佚名	正統道藏	約成書於北宋
還丹顯妙通幽集	不詳	潛真子	清刻本	約成書於北宋
碧虛子親傳直指	宋	碧虛子	清光緒十三年上海掃葉山房刻本	
了明篇	宋	毛日新	明嘉靖刻本	
金液還丹印證圖	宋	龍眉子	清光緒成都二僊庵重刻本	
爰清子至命篇	宋	王慶升	明抄本	

洞玄靈寶自然九天生神玉章經解	宋	王希巢	清光緒成都二僊庵刻本	
紫團丹經	不詳	紫團真人	正統道藏	約成書於南宋
金液大丹口訣	不詳	鄭德安	正統道藏	約成書於宋元
諸真論還丹訣	宋	佚名	清刻本	
上清集	宋	白玉蟾	元建安余氏静庵刻本	
海瓊問道集	宋	白玉蟾	明萬曆四十六年刻本影印	
三極至命筌蹄	宋	王慶升	正統道藏	
路史	宋	羅泌	明嘉靖四年刻本	
近思錄	宋	朱熹、呂祖謙	清乾隆刻本	
朱子語類	宋	朱熹	清寶誥堂刻本	
朱子全書	宋	朱熹	光緒五年长沙重印本	
周易參同契考異	宋	朱熹	清康寶誥堂重刊白鹿洞刻本	
醫說	宋	張杲	清光緒十二年丙戌揚州存濟堂補刻本	
翠虚篇	宋	陳楠	正統道藏	
真一金丹訣	宋	王常	正統道藏	
指歸集	宋	吳悞	正統道藏	
陰符經講義	宋	夏元鼎	清康熙寶誥堂重刊白鹿洞刻本	
修真太極混元圖	宋	蕭道存	清刻本	
金丹四百字	宋	黄自如注	清光緒申江《道統大成》	
先天金丹大道玄奥口訣	宋	霍濟之	明崇禎二年刻本	
長生指要篇	宋	林自然	正統道藏	
太上修真體元妙道經	宋	劉元瑞	清刻本	
悟真篇注疏	宋	翁葆光等	正統道藏	

黃庭內景玉經注	宋	劉長生	清光緒成都二僊庵刻本	
還丹秘訣養赤子神方	宋	許明道	清刻本	
癸辛雜識	宋	周密	清嘉慶十年刻本	
先天玄妙玉女太上聖母資傳仙道	宋	佚名	正統道藏	
存神固氣論	不詳	佚名	正統道藏	約成書於南宋
真仙秘傳火候法	不詳	佚名	正統道藏	約成書於南宋
丹經極論丹經極論	不詳	佚名	清刻本	約成書於南宋
重陽全真集	金	王嚞	清刻本	
重陽立教十五論	金	王嚞	清刻本	
重陽真人授丹陽二十四訣	金	王嚞	清乾隆己丑刻本	
五篇靈文王重陽注	金	清虚道人	清刻本	
水雲集	金	范懌	金大定刻本	
洞玄金玉集	金	馬鈺	清光緒成都二僊庵刻本	
丹陽神光燦	金	馬珏	清光緒成都二僊庵刻本	
悟真集	金	李通玄	清光緒成都二僊庵刻本	
悟真集	金	李通玄	清光緒成都二僊庵刻本	
脾胃論	金	李杲	景印文淵閣四庫全書本	
會真集	金	王吉昌	清道光丁未刻本	
大丹直指	金	丘處機	正統道藏	
諸真內丹集要	金	玄全子	清善成堂刻本	
敬齋先生古今注	元	李治	中華書局一九九五年	
谷神篇	元	林轅	正統道藏	
金丹大要	元	陳致虛	清光緒成都二僊庵刻本	

崔公入藥鏡注解　元　王道淵　正統道藏
還真集　元　王道淵　正統道藏
青天歌注釋　元　王道淵　民國重刻本
中和集　元　李道純　明萬曆十九年刻本
太上老君說常清靜經注　元　李道純　明萬曆十九年刻本
絕學無憂篇　元　李道純　正統道藏
金丹大成集　元　蕭廷芝　上海古籍出版社一九八九年
太上赤文洞古經注　元　長筌子注　明天順四年自刻本
陳虛白規中指南　元　陳沖素　清光緒二十六年千傾堂書局初刻本
紙舟先生全真直指　元　金月巖　清刻本
啟真集　元　劉志淵　明正統道藏
明道篇　元　王惟一　清光緒《道統大成》本
張三豐先生全集　元　張三豐　道藏輯要
諸真內丹集要　元　玄全子　正統道藏
格致餘論　元　朱丹溪　明萬曆吳中珩刻本
抱一函三秘訣　元　黃公望　正統道藏
析疑指迷論　元　神峰逍遙子　正統道藏
呂純陽真人沁園春丹詞注解　元　俞琰　清刻本
周易參同契發揮　元　俞琰　清嘉慶刻本
抱一子三峰老人丹訣　元　金月巖　正統道藏
金蓮正宗記　元　秦志安　正統道藏
道法心傳　元　王惟一　清光緒成都二僊庵刻本
三元延壽參贊書　元　李鵬飛　明正德刻本

鳴鶴餘音	元	佚名	清光绪七年刻本	
世醫得效方	元	危亦林	上海科學技術出版社一九六四年	
壽親養老新書	元	鄒鉉	明萬曆刻本	
金丹真傳	明	孫汝忠	清善成堂刻本	
天仙正理直論增注	明	伍沖虛	清末上海翼化堂刻本	
仙佛合宗	明	伍沖虛	清末上海翼化堂刻本	
天仙正理	明	伍沖虛	清末上海翼化堂刻本	
性命圭旨	明	尹真人	明崇禎三年朱在錫刻本	
西方合論	明	袁宏道	明萬曆刻本	
黃白鏡	明	李文燭	明弘治十一年自刻本	
景岳全書	明	張介賓	清乾隆三十三年刻本	
性命宗指	明	乾貫山人	清光緒敬畏堂本	
金穀歌注解	明	佚名	清康熙二十一年《道書全集》本	作者當爲李涵虛
逍遙子導引訣	明	周履靖	明萬曆刻本	
唐宋衛生歌	明	周履靖	清同治五年上海果育堂精刻本	
金丹真傳	明	孫汝忠	清宣統精刻本	
脈望	明	趙臺鼎	清乾隆二十年內府刻本	
赤鳳髓	明	彭輅	明萬曆刻本	
修齡要指	明	冷謙	明嘉靖刻本	
壽世保元	明	龔廷賢	清尚德堂刻本	
針灸大成	明	楊繼洲	清光緒三義堂刻本	
高子遺書	明	高攀龍	清康熙刻本	
紅爐點雪	明	龔居中	清乾隆二十三年刻本	

紀效新書	明	戚繼光	景印文淵閣四庫全書本
三才圖會	明	王圻	明萬曆三十五年槐蔭草堂刻本
類經圖翼	明	張介賓	明天德堂刻本
遵生八牋	明	高濂	明萬曆刻本
醫旨緒餘	明	孫一奎	上海著易堂書局鉛印本
醫先	明	王文祿	上海著易堂書局鉛印本
陳獻章集	明	陳獻章	清康熙二十七年蔡方炳刻本
删補頤生微論	明	李中梓	明萬曆書林叶仰峰刻本
養生詠玄集	明	佚名	正統道藏
勿藥元詮	清	王畿	清光緒刻本
難經經釋	清	徐大椿	浙江科技出版社一九八五年
沈氏尊生書	清	沈金鰲	清乾隆三十九年刻本
金仙證論	清	柳華陽	清同治九年棲鶴山館刻本
養真集	清	養真子	民國刻本
延齡纂要	清	罗福至	清道光琳瑯室刻本
新編壽世傳真	清	徐蓋山	清康熙五十二年刻本
修真後辨	清	劉一明	清光緒上海翼化堂刻本
通關文	清	劉一明	清光緒刻本
象言破疑	清	劉一明	清嘉慶二十二年刻本
修真辨難	清	劉一明	清光緒庚辰上海翼化堂刻本
指南針	清	劉一明	清光緒庚辰上海翼化堂刻本
會心集	清	劉一明	清光緒庚辰上海翼化堂刻本
孔易闡真	清	劉一明	清嘉慶二十四年刻本

悟道錄	清	劉一明	清光緒庚辰上海翼化堂刻本
修真後辨	清	劉一明	清光緒庚辰上海翼化堂刻本
周易闡真	清	劉一明	清嘉慶二十四年刻本
西池集	清	王夫人	清乾隆四十三年刻本
無根樹解	清	劉悟元	清嘉慶刻本
女金丹	清	貞一子	清光緒成都二僊庵重刻本
明鏡匣	清	太上	清乾隆刻本
天仙金丹心法	清	不詳	乾隆五十八年刻本
試金石	清	傅金銓	清善成堂刻本
女丹詩集	清	傅金銓輯	清光緒申江刻本
慧命經	清	柳華陽	清道光刻本
金仙證論	清	柳華陽	清同治刻本
道竅談	清	李涵虛	清光緒二十年刻本
泥丸李祖師女宗雙修寶筏	清	閔一得注	清道光甲午刻本
女修正途	清	閔一得注	清道光甲午刻本
增演真一坤寧妙經	清	佚名	清乾隆五十三年刊本
坤元經	清	五皇姑	清刻本
坤鑑寶鏡	清	五畝園續輯	清光緒二十年刻本
伍柳仙宗	清	程德燦	清末上海翼化堂刻本
醫學心悟	清	程國彭	人民衛生出版社影印清雍正刻本
女真丹訣	清	陳永清	清光緒申江刻本
延年九轉法	清	方開	清咸豐二年廣東抚署刻本
老老恒言	清	曹廷楝	清乾隆三十八年自刻本

內功圖說	清	潘蔚輯	人民衛生出版社一九五六年影印本
壽人經	清	汪晸	《珍本醫书集成》本
中九轉	不詳	光天道祖	清光緒三年刻本
魏伯陽七返丹砂訣	不詳	黃童君注解	《四庫全書存目叢書》本
太清調氣經	不詳	佚名	正統道藏
元始八威龍文經	不詳	佚名	正統道藏
太上黃庭中景經	不詳	李千乘注	正統道藏
太上老君內丹經	不詳	佚名	清刻本
九還七返龍虎金丹析理真訣	不詳	佚名	清刻本
三要達道篇	不詳	佚名	正統道藏
黃帝陰符經	不詳	佚名	正統道藏
太上老君內觀經	不詳	佚名	道藏輯要
太上元寶金庭無爲妙經	不詳	佚名	清刻本
太乙元真保命長生經	不詳	佚名	正統道藏
元始天尊說生天得道經	不詳	佚名	清光緒三十二年成都二僊庵刻本
龍虎精微論	不詳	佚名	清刻本
內丹秘訣	不詳	佚名	正統道藏
太清玉碑子	不詳	佚名	正統道藏
太上化道度世仙經	不詳	佚名	正統道藏
太上混元真錄	不詳	佚名	正統道藏
彭祖攝生養性論	不詳	舊題彭祖	正統道藏
金晶論	不詳	佚名	正統道藏
擒玄賦	不詳	佚名	清刻本

枕中經	不詳	佚名	正統道藏
還丹至藥篇	不詳	悟玄子	正統道藏
金液大丹詩	不詳	佚名	清光緒十三年上海掃葉山房刻本
莊周氣訣解	不詳	佚名	明如禪室刊本
修真太極混元指玄圖	不詳	佚名	清刻本
三寶心燈	不詳	回春子	清光緒成都二僊庵刻本
增演真一坤寧妙經	不詳	佚名	清乾隆五十年刊本